A Dictionary of Huizhou Culture

徽州文化大辞典

"十二五"国家重点图书出版规划项目

上

《徽州文化大辞典》编委会 编

中国科学技术大学出版社

图书在版编目(CIP)数据

徽州文化大辞典/《徽州文化大辞典》编委会编．—合肥：中国科学技术大学出版社,2015.12
国家出版基金项目
"十二五"国家重点图书出版规划项目
ISBN 978-7-312-03890-7

Ⅰ.徽… Ⅱ.徽… Ⅲ.文化史—徽州地区—词典 Ⅳ.K295.42-61

中国版本图书馆CIP数据核字(2015)第286562号

责任编辑：李雅清　项赟飚　李攀峰
封面设计：敬人设计工作室

出版	中国科学技术大学出版社
	安徽省合肥市金寨路96号,230026
	http://press.ustc.edu.cn
印刷	安徽联众印刷有限公司
发行	中国科学技术大学出版社
经销	全国新华书店
开本	880 mm×1230 mm　1/16
印张	89.25
字数	3482千
版次	2015年12月第1版
印次	2015年12月第1次印刷
定价	680.00元

《徽州文化大辞典》编委会

主　任：任泽锋　孔晓宏
副主任：周　勇　路海燕　周天伟　肖善武　吴建春
　　　　叶长荫　蔡建军　洪永平
成　员：杨永生　翟屯建　王世华　徐健玲　蒋红卫
　　　　汪义生　汪德宝　胡建斌　刘才林　黄建敏
　　　　汪　炜　郑清土　方满棠

《徽州文化大辞典》编写组

主　编：任泽锋
副主编：杨永生　翟屯建　王世华
成　员：洪玉良　吴清健　陈平民　郄延红　洪树林
　　　　陈爱中　陈　琪　陈　政　陈安生　姚存山
　　　　方光禄　郑建新　吴兆民　洪　璟　李　云
　　　　胡　灵　许　琦　吴建平　倪受兵　章锡辉
　　　　唐祖怀　邓根宝　汪顺生　储正茂　张银泉
　　　　舒铭华　施兰萍

梦幻黄山
记忆徽州

徽州文化大辞典

序

  党的十八大以来,以习近平同志为总书记的党中央,赋予了中华优秀传统文化前所未有的地位和作用,强调指出:"一个国家、一个民族的强盛,总是以文化兴盛为支撑的,中华民族伟大复兴需要以中华文化发展繁荣为条件。"站在夺取全面建成小康社会决胜阶段新胜利、实现第一个百年奋斗目标的新起点上,我们要以习近平总书记系列重要讲话精神为指导,按照"挖掘阐发、保护弘扬、传播推广、融合发展"的要求,自觉自信地肩负起保护和弘扬中华优秀传统文化的历史使命,有力有效地推动其创造性转化、创新性发展。

  钟灵毓秀的黄山白岳,孕育了博大精深的徽州文化。在哲学、经济、社会、教育、学术、文学、艺术、工艺、建筑、医学等几乎所有领域,徽州文化都神奇地展现了卓尔不凡的风采、散发出辉煌灿烂的光芒。比如新安理学、新安志学、新安医学、新安文学、新安画派、新安四宝,比如徽州商帮、徽派朴学、徽州教育、徽州科技、徽派建筑、徽派刻书、徽派版画、徽派篆刻、徽派盆景,比如徽剧、徽雕、徽菜等等,都是典型性与普遍性的完美结合,既有浓郁的地域气息和特色,又是那个时代主流文化最高水平的一个代表。作为儒家文化在中国民间社会最完整表现的范本、作为中国传统社会后期文化最有价值的样本,徽州文化无疑是中华优秀传统文化的瑰宝。以徽州文化为根底,以中国历史文化第五大发现——百万件(册)徽州文书的面世研究为发轫,一门新学问——徽学应运而生、勃然而兴。

  在推动徽学成为与敦煌学、藏学鼎足而三的显学进程中,徽州文化的持续深入全面辩证研究,始终是一个重大课题。纵览卷帙浩繁的徽学著述文献,先有分门别类"块状"介绍徽州文化最经典的二十种文化现象的《徽州文化全书》,后有条分缕析"条状"揭示徽州文化演变历程的《徽州文化史》,唯缺一本包罗万象"点状"阐释徽州文化元素的工具书。现在《徽州文化大辞典》的正式出版,适时填补了徽州文化研究的辞书空白。作为"十二五"国家重点图书出版规划项目、国家出版基金项目,中共黄山市委、市政府组织数十位专家学者,历时近三年精心编写这部大辞典,以辞书的形式将徽州文化中的生态、宗族、徽商、文学、艺术、文物、饮食、人物、建筑、古迹遗存、学术宗教、教育科技、方言民俗等悉数表达,让人一册在手,随时查阅,既方便一般读者了解徽州文化的基本情况,又能为专家学者进一步探究提供线索,有着很高的实用价值,确实是一部系统展示徽州文化、体现徽学研究成果的百科全书,一本融资料性、学术性、通俗性于一体的优秀读物,可谓徽州文化研究史上的一座里程碑。

进一步把徽学真正打造成为一门适应国际学术发展潮流而成功走向世界的显学,是各界的热切期盼,也是学界的共同责任。希望徽学同仁求实务实、合力发力,把创新摆在核心位置,让视野面向开放空间,在更广阔的平台上不断推出更多有分量、立得住、打得响的研究成果。

是为序。

中共安徽省委常委、宣传部长 曹征海

2015年12月23日

前 言

徽州地处皖南山区,环绕四周的黄山、天目山、白际山、五龙山山脉,海拔均在1 000米以上,相对高度800米以上,将徽州与其他地区截然分开,形成了一个独立的自然地理单元。以黄山山脉为界,南坡有流向东南钱塘江流域的新安江水系,流向西南鄱阳湖流域的阊江水系、乐安江水系;北坡有直接流入长江的青弋江水系、秋浦河水系。清乾隆时著名诗人黄仲则诗曰:"一滩复一滩,一滩高十丈。三百六十滩,新安在天上。"此诗道出了徽州特殊的地理环境,其中所说的"新安",即为高处钱塘江源头山地的徽州。

徽州历史悠久,文化的源头可以追溯到四五万年以前新安江流域的智人时代,旧石器时期就已经有先民生活。而在新石器时期,这里的先民们已经创造了原始土著文化。西周时期,这里就有了最早的族国——闰。屯溪西郊奕棋村附近发现的西周至战国早期的墓葬,出土了一大批青铜器、陶器、原始瓷器、玉石件和漆器残件,说明当时这一带的文化已经相当发达。

秦始皇统一全国,在徽州境内设黟、歙二县。东汉建安十三年(208年)十二月,孙权派遣威武中郎将贺齐出兵黟、歙,平定山越,将原黟、歙之地析为黟、歙、始新、新定、犁阳(后改为黎阳)、休阳六县,建新都郡,这是徽州州郡府一级行政设置的开始。西晋太康元年(280年),改新都郡为新安郡。隋开皇九年(589年),改新安郡为歙州。唐大历五年(770年),歙州辖歙、休宁、婺源、祁门、绩溪、黟六县,形成延续至清末达1 142年的"一府(州)六县"格局。北宋宣和三年(1121年),方腊起义被镇压,五月,改歙州为徽州。至清宣统三年(1911年),"徽州"二字一直没有变更,或称徽州路,或称徽州府。在长达790年的时间里,这六县一直稳定地隶属于徽州,这在中国历史上是极为罕见的,对徽州文化的形成、发展和繁荣起到极大的作用。

徽州文化指的就是古徽州府属六县(歙、休宁、婺源、祁门、绩溪、黟)物质文明和精神文明的总和,内涵丰富,博大精深,是宋以后中国儒家文化在民间社会最完整的表现和最典型的代表。

徽州文化涉及哲学、经济、社会、教育、学术、文学、艺术、工艺、建筑、医学等诸多学科，凡与徽州社会历史发展有关的内容，都可以归纳入徽州文化的范畴。徽州文化是中国封建社会后期传统文化的典型代表，独树一帜，在各自领域都处于领先位置。

中国思想史大概经历了五个发展阶段：其一是春秋战国时期，百家争鸣，产生了一大批思想家；其二是西汉时期，董仲舒独尊儒术；其三是南宋时期，新儒学兴起；其四是清乾嘉时期，启蒙思想萌芽；其五是"五四"运动，近代思潮发端。其中南宋新儒学的代表人物朱熹是徽州婺源人，乾嘉启蒙思想的代表人物戴震是徽州休宁人，"五四"运动代表人物之一的胡适是徽州绩溪人。中国思想史的五个发展阶段，徽州人就在三个发展阶段占据了主要位置，由此可见一斑。

徽商在明朝中期至清道光年间，无论是经商人数、活动范围、经营行业，还是商业资本，都居全国各商人集团的首位，独领风骚300余年，为社会创造出巨大的物质财富；新安理学是12世纪以后中国哲学史和学术思想史的缩影，对中国封建社会后期历史的发展，特别对明清时期徽州社会的发展产生了巨大的影响。

另外，新安医学注重师承、家传，崇尚医德，追求德艺双馨，形成了一些学有所传、业有所精的医学世家，所主张的"固本培元"理论，是中国传统医学中的精华。文学艺术方面更是硕果累累，在中国文学艺术史上占有一席之地。

宋以后，儒家文化成为中国传统文化的主流，但儒家文化在不同阶层有不同的反映形式。在统治阶层有它的治国之策，在文人阶层有它的理论体系和文论、诗歌等表现载体，反映到民间社会则体现在老百姓生活中的方方面面。儒家文化的其他层面在全国其他地区都有，唯有在民间社会，只有徽州才是它最集中的表现区域和最典型的代表。

譬如，徽州三雕依附于徽州建筑而存在，建筑与人朝夕相伴，作为徽派建筑重要文化元素之一的徽州三雕，除了视觉审美愉悦以外，在宣传儒家思想方面起到了潜移默化的作用，成为儒家文化教化的一种符号。儒家思想中的读书入仕、忠孝节义、中庸和谐等特征在徽州被演绎成一个个故事，定格成一幅幅三雕图画。这些作品在表现儒家文化的本质特征时，采取的是深入浅出的表现方式，而不是说教，取材也都是普通老百姓喜闻乐见的戏曲唱本、文学典故、神话故事、名人轶事等等。手法含蓄，象征意味浓厚，所以也最容易被老百姓所接受、吸纳。其他如楹联、匾额、歌谣、民俗礼仪等等，莫不以儒家思想贯穿其中。徽州人从一生下来就生活在这样一种儒家思想的氛围之中，耳濡目染，每天都在进行精神陶冶浸淫。

徽州文化是中华民族文化的结晶，具有极高的文化价值和审美价值,精神内涵深刻。

在"徽学"视域下,徽州文化属于大文化的范畴,凡与徽州社会历史发展有关的内容,都属于徽州文化,形成一个庞大的文化体系。这一文化体系的构成,建立在地理、社会、思想、经济四大基础之上。徽州地理是徽州文化形成的自然环境基础,徽州宗族是徽州文化形成的社会基础,新安理学是徽州文化形成的思想基础,徽商是徽州文化形成的经济基础。

徽州地处皖南山区,山多地少,俗有"七山一水一分田,一分道路和庄园"的说法。境内峰峦挺秀,河溪环绕,宛如天然公园。黄山七十二峰矗立云间,峥嵘雄奇,气势磅礴,汇奇松、怪石、云海、温泉"四绝"为一体,雄奇幻险,变化无穷,移步换景,涉目成画,被世人誉为"人间仙境"。齐云山与黄山遥遥相望,融丹霞地貌、山水风光、道教文化、摩崖石刻、碑刻和恐龙遗迹化石于一体,是江南著名的道教活动中心。新安江有"山水画廊"之称,江流澄碧,水色如镜,像一条闪闪发亮的银链,穿行于锦峰秀岭、山乡古建筑之间,风光绮丽,娇柔妩媚。徽州的大自然美景历来受到人们的赞誉,半个多世纪前,伟大的人民教育家陶行知曾说过:"世界上只有一个地方和它相类,这个地方就是瑞士。"

地理环境是徽州文化产生的物质基础。新安画派的描绘对象就是徽州大好山水,而徽州山水对新安画派艺术特色的形成又具有对照作用。徽派建筑艺术同徽州的山水特征和地域美饰倾向结合得也很密切。徽州园林受徽州大好山水的影响,崇尚自然,就形造景,寓情于景。尤其徽州自然风光秀丽,处处是景,借景入园,全无人工雕饰的痕迹,是徽州园林的最大特色。众多的木、竹、石、砖资源为木、竹、石、砖雕刻艺术、竹编艺术提供了优越的条件。从经济角度看,山多田少,粮食收不敷食,又促进了徽州商业经济的发展。

徽州社会构成的主体,是徽州的士族。这些士族主要来源于北方,明朝以前可考的大姓有57个,主要有程、汪、吴、黄、胡、王、李、方、洪、余、鲍、戴、曹、江、孙15个大姓,号称"新安十五姓"。中原士族迁徽的主要原因有三:一是封闭型的徽州地理环境,为躲避北方战乱的理想地方;二是外地来徽任职的官员,迷恋徽州的大好山水,留居不归;三是失意仕宦或贬谪文人,将闭塞、景美的徽州选作隐居之地。外来居民迁徽时间集中在三个阶段:第一阶段是两晋之际,当时北方遭"永嘉之乱",形成北方人口南徙的第一次高潮;第二阶段是唐朝,中唐的"安史之乱"与唐末的农民战争,使北方陷入动荡之中,因而出现了第二次北方人口南徙的高潮;第三阶段是两宋之际,当时正值北方"靖康之乱"。徽州外来士族主要来自中原,除了个别姓氏有不同的支派、从不同的地点迁入以外,大多数为同宗、同源派衍而出。这就给徽州这个比较独立而又较为封闭的地理单元形成一种严密的宗族观念创造了条件。有谱、有祠、有田是南宋徽州宗族社会形成的标志，但徽州宗族社会形态在南宋时并不完备，修谱、建祠、置族产也不普遍。直到明嘉靖、万历时期，徽州宗族社会才真正成熟。

新安理学是程朱理学的重要分支，以徽州理学家为主干组成，奉祖籍徽州篁墩的程颢、程颐和祖籍徽州婺源的朱熹为开山宗师，以维护继承、发扬光大程朱理学为基本宗旨。南宋是新安理学的形成时期，理学家们环护在朱熹周围，精研性理之学，著书立说，确立以朱子学为宗旨的基本原则。元朝是新安理学发展较快的时期，这一时期的主要代表人物针对朱熹之后"异说"纷起的学术界状况，致力于维护朱子之学的纯洁性，将排斥"异论"、发扬和阐明朱子学本旨作为学术研究的重心。同时，元朝新安理学家崇尚"气节"，不仕元朝，将精力集中于讲学授徒，培养了一批有一定建树和影响的新安理学学者，出现了人才辈出、学术研究深化和普及读物大量出现等新气象。明朝是新安理学的极盛时期，主要代表人物在批评元朝理学家墨守门户、死抱师门成说之弊的基础上，先后提出了求"本领"、求"真知"、求"实理"的新治经主张，并据此指导思想进行学术研究，形成了或"旁注诸经"发扬和阐明朱子之学，或"和会朱陆"弘扬本门宗旨的不同学术风格。从学术研究的成就和特色来看，这是新安理学发展史上最丰富灿烂的时期之一。而新安理学所倡导的儒家思想也成为徽州人的行为指南。

徽州境内自然条件恶劣，生产技术低下，用力甚勤，所得甚寡。唐宋以后，随着人口的增多，开始出现粮食收不敷食的情况，70%的粮食仰赖江西和江苏、浙江供给。为了获得换取粮食的货币，徽州人充分利用当地山清水秀的自然地理特点，开展多种经营，植茶、造纸、制墨、制砚等，形成了徽州土特产丰富和手工业发达的经济特色。输出特产和手工业品，换回粮食。这种经常性的交换，使徽州人不断地积累从商经验。正是在这种特定的环境下，徽商逐步成长起来。宋朝，随着大量土特产品和著名手工业产品的兴盛，商品交换日趋发达。徽纸远销四川，夺得当地蜀笺的市场。南宋建都临安（今浙江杭州），大兴土木，使竹木和漆的市利百倍，更加刺激了徽州商业资本的发展。这一时期，在徽州人的生业中，经商已经开始占有位置，徽州经商风气兴起，为徽商的成长奠定了基础。元朝，徽州的商品经济得到进一步的发展，产生了不少大商人。徽商的崛起以明初盐业开中制为契机，以经营盐业为中心，开始雄飞于中国商界。明嘉靖四十年（1561年），徽商最早的集团组织——歙县会馆在北京创设，标志着徽商活动进入了一个新的阶段。明朝中期至清道光年间的300余年，是徽商发展的黄金时代，无论是营业人数、活动范围、经营行业，还是商业资本，都居全国各商人集团的首位。

宗族社会是在理学家们的倡导下形成的，修谱、建祠、置族产都需要钱，徽州大规模修谱、建祠、置族产与徽商的崛起同步，徽商是徽州宗族社会形成的经济保障。同时，徽州的理学家们提出"贾何负于儒"，又为徽商的崛起提供理论基础，为徽州人理直气壮地开展商业经营打开思想禁锢。同样，徽商以其充沛的资金，支持教育和学术研讨，为新安理学的繁荣和壮大提供帮助。宗族也以地缘和血缘关系为徽商的发展提供帮助。三大基础的形成和成熟以及三者完全融合，带动教育、学术、文学、艺术、工艺、建筑、医学、民俗等各方面发展，形成新安医学、新安画派、徽派建筑、徽派版画、徽派篆刻、徽派朴学、徽剧、徽菜等学术艺术流派，使明清时期徽州文化进入一个光辉灿烂的时期。而徽州文化在各个领域取得的成绩，也都与地理、宗族、理学、徽商有关，深深打下这四个方面的烙印。

徽州文化的社会基础、思想基础和经济基础夯实以后，促进了徽州文化在五个方面的全面发展。

首先，教育普及，大大提高了徽州人的素质水平。人的素质提高主要依赖于教育的普及。北方士族迁入徽州，带来发达的中原文化，以教化乡里，礼授社会，习俗由此渐变。宋罗愿《新安志》载："其人自昔特多以材力保捍乡土为称，其后浸有文士。黄巢之乱，中原衣冠避地保于此，后或去或留，俗益向文雅，宋兴则名臣辈出。"南宋以后，一个重文重教的社会习俗已在徽州形成。重视教育成为徽州千百年来的传统。

教育普及的第一个成果是人的学问水平大大提高，科举兴旺，名人辈出。明清时期，根据地方志记载统计，明朝徽州有举人1 100余人，清朝徽州有举人1 536人。明朝徽州有进士452人，居全国第13位；清朝徽州有进士684人，居全国第4位。明朝徽州有状元3人。而清朝112科112名状元中，徽州本籍状元4人，寄籍状元15人，共19人，占全国的17%，居全国第1位（原被认为状元数最多的苏州府共有状元24人，但其中有6人为徽州人）。此外，歙县明清两朝共取进士623人，居安徽省诸府首位。徽州历史上人文荟萃，名人代出。《辞海》单列条目中，徽州人有51人，列全国各州府之首。《中国人名大辞典》收集清以前历代人物4万余人，徽州人就有747人（不含侨居外地的徽籍名人）。《中医大辞典》载有安徽籍名医118人，其中徽州84人，占71.2%。

教育普及的第二个成果是徽州人的劳动技能大大提高，百工之作皆备。徽州地处山区的自然环境，限制了人们单一从事农田耕作，不得不从农田以外去想办法。明嘉靖《徽州府志》就记载，为了从农田以外寻求生活出路，于是"百工之作皆备"。唐宋以来，与印刷业有关的造纸、制墨工艺一直很发达，砚雕和墨模制作技艺也已得到高度发展。到了明清时期，徽州刻工大量涌现，尤以汪、黄、仇、刘四姓最为突出。歙县虬村黄氏一族，世代"剞劂"，从明天顺到清道光，近400年时间，称得上"剞劂世家"。黄氏一族世代刻书，积累了丰富的刻书经验，特别在插图雕版上，具有很高的造诣和精湛的技艺，对徽派版画艺术的贡献功不可没。一些绘画、篆刻名家，如丁云鹏、何震、郑旼、汪肇龙等，一度也是以绘画、篆刻作为自己谋生的手段，这对促进绘画和篆刻艺术的发展都起到了一定的作用。

教育普及的第三个成果是徽州人的道德观念大大提高，百姓礼让，官吏廉洁。徽州人非常注重礼节，待人处事有长幼尊卑之分，尊上要行跪拜礼，坐不争上，食不争多，行不争先，称为"三不"礼节。与人交谈，书信往来，对人尊呼，对己谦称。见面互行拱手礼，互致问候。给客人端菜、送饭，用双手捧碗。登门作客或探望病人，一般都要赠送糕点食品。在古徽州历朝历代的杰出人物中，名臣廉吏辈不乏人。如绩溪一都人葛兴，明成化年间在山东济宁州当判官，三年下来，于民有惠政，百姓民谣争相传颂，鲁王特书"德政"匾旌表。后来巡抚都御史侣钟行访知其清廉，也写了一副联语相赠："一官清似水，百姓重如山。"

其次，艺术繁荣，提高了徽州文化的影响力。徽剧对全国各个剧种都产生了影响，婺剧、赣剧、滇剧、粤剧、桂剧、淮剧等，都有徽剧的成分。清乾隆年间，四大徽班进京，徽剧又同汉剧等剧种结合，逐渐演变成中国的国剧——京剧，成就中国戏剧史上辉煌的一页。当徽州人提到徽剧与京剧的关系时，无不骄傲地说："徽剧乃京剧之母。"新安画家以遗民苍凉孤傲之情，化作笔下的峻岭奇松、悬崖峭石、疏流寒柯。作品体现出一种超尘拔俗和凛若冰霜的气质，意境深邃，是明清文人画的正统继承者。徽派版画代表了中国传统版画的最高成就，著名学者郑振铎看精彩的徽派版画代表作《十竹斋笺谱》，大为赞叹，称其"实已跻彩色版画至高之界"。鲁迅也赞誉《十竹斋笺谱》是"明末清初士大夫清玩文化之最高成就"。民国二十二年（1933年）和民国二十五年（1936年），鲁迅与郑振铎两度联手翻刻此书，传为文坛佳话，由此可见《十竹斋笺谱》的魅力。同时，徽派版画所体现的套版印刷法，也是我国在世界印刷史上的第二大贡献。徽派篆刻贯穿整个中国文人篆刻史始终，而且在文人篆刻的每个发展阶段都有贡献，成为中国文人篆刻史上的主流派别。

其三，学术成果丰富，反映了徽州人的思辨能力。徽派朴学是清朝中国学术史上最重要的学术流派。徽州朴学家治学范围广博，具体课题窄而深。在治学方法上，善于提出规律性的问题，发前人所未发。求实求真，敢于突破前人旧说提出己见。以名物训诂通经义，以语义分析阐发哲学思想。徽州朴学家并不局限于考据范畴，戴震曾说："六书、九数等事，如轿夫然，所以舁轿中人也。"又说："经之至者道也，所以明道者其词也，所以成词者字也。由字以通词,由词以通其道。"①考据对于戴震来说只是手段,将文字训诂与名物制度作为名道的工具,阐发"义理"才是目的。戴震是徽派朴学的领袖,他在精严考据的基础上阐发义理,把对理学的批判与对封建特权的批判紧密地结合起来,建立起一套具有人道主义意义的人性理论。

史学领域,程瑶田运用传统史料同博物考古结合起来的治学方法,为近代考古学的建立开启了先河。经济学领域,王茂荫提出将官票宝钞改为可兑现钞票的理论,成为防止通货膨胀的先驱。王茂荫的主张虽然没有被清政府所采纳,但这件事被马克思所得悉,在《资本论》第一卷第一编第三章的一个附注中专门提到这件事,使王茂荫成为《资本论》中提到的唯一中国人。

其四,科学技术成就显著,体现了徽州人的创新能力。新安医学是中医医学领域中的翘楚。南宋歙县张杲淳熙十六年(1189年)撰成《医说》10卷,是我国现存最早的记载大量医学史料的书籍。明歙县江瓘的《名医类案》是我国第一部总结历代医案的专著。明祁门徐春甫的《古今医统大全》100卷与清歙县程杏轩的《医述》16卷同被列入中国十大古代医学著作。徐春甫于明隆庆二年(1568年)发起组织"一体堂仁宅医会",是我国最早的医学学术团体。明歙县方有执撰《伤寒论条辨》8卷,首倡错简说,开医学一派之先河。新安医学注重师承、家传,形成了一些学有所传、业有所精的医学世家,所主张的"固本培元"理论是中国传统医学中的精髓。

程大位的《算法统宗》是中国珠算学的集大成之作,而戴震致力于弘扬祖国数学的历史成就,开古算研究之先河。汪莱则对数学理论本身做出了创造性的成果,他在方程论、组合论及二进制方面的研究,更是令世人瞩目。另外,在地理学、物理学、农学、生物学等方面,徽州都有很多贡献。

其五,经济与文化的提高,极大地丰富了徽州人的物质与精神生活。人们尽量享受精美雅致的物质生活,注重人居环境的营造,强调饮食的可口美味,创造出了徽派建筑与徽菜两大居住与饮食流派。在村落建设上,或枕山傍水,或夹溪而筑,村子四周青山相峙,既得山泉溪水之便利,又有青山绿树为屏障。从宅院里推窗远眺,天然图画尽收眼底。天井洒落进阳光雨露,小院植置着花木假山。在这里,人类与大自然完全融为一体,你中有我,我中有你。宅居、祠堂、牌坊"古建三绝",成为徽派建筑的象征。徽州三雕与建筑整体配合得极为严密稳妥,其布局之工、结构之巧、装饰之美、雕刻之精,令人叹为观止。对饮食的不断改进,促使了徽菜菜系的产生,成为与鲁菜、淮扬菜、川菜、粤菜、湘菜、闽菜、浙菜并峙的八大菜系之一。

---

① 戴震.与是仲明论学书[M]//戴震集.上海:上海古籍出版社,1980:183.

物质生活得到保障,随之而来的是对精神生活的追求。于是,民间娱乐大为盛行,穿插于生产生活礼仪、人生礼仪和岁时节日习俗之中,调节人们的精神生活。徽州民间娱乐风俗表现形式多种多样,内容丰富多彩,洋溢着浓厚的乡土气息。徽州人对戏曲的喜爱,更是到了无以复加的程度。当村民犯了错时,一些惩罚手段也颇具文化色彩,如罚戏。谁犯了错,谁就得请戏班子来村里演出,所有的费用都由犯错者出。这样,既达到了惩罚的目的,又使全村的人得到了娱乐的欢愉。同时,业余时间的把玩与欣赏,也促使徽州民间收藏和徽派盆景大量涌现。

在徽州大地上,触目的都是徽州文化,但徽州文化是有层次的,犹如一棵大树,四大基础是文化之根,五个方面是文化之干,各项具体的表现或者说表象则是这棵文化之树的枝叶。

中国有句老话叫"以史为鉴",只有认真研究一个文明的过去,才能真正了解这个文明,借鉴其中有益部分,为当代发展提供经验。同样,研究徽州文化,也有着现实意义。徽州文化研究的现实意义表现在两个方面:一个是它的学术价值,一个是它的社会价值。

关于学术价值,首先是徽州文化为研究中国封建社会后期农村社会实态提供了一个范本。徽州保存下5 000余处地面文物遗存、4 000余种文献、80余万件文书,跨越千年历史,涵盖政治、经济、文化各个领域,尤其是地面文物遗存、无形文化遗产和文书档案,均为第一手资料,是人们了解中国封建社会后期农村社会实态不可多得的资料,为按历史本来面貌做综合实态研究创造了前所未有的有利条件。中国社会科学院历史研究所周绍泉先生指出,将以徽州文书为代表的历史文书档案作为主要资料,综合研究历史社会实态,将是我们这个时代的学术潮流。

其次,徽州文化是中国封建社会后期传统文化的典型代表。徽州文化独树一帜,在各自领域都处于领先位置。从徽州文化中提炼出来的徽州宗族、新安理学、徽商、徽派朴学、新安医学、新安画派、徽派建筑、徽派版画、徽派篆刻、徽剧、徽菜是徽州文化中的精华,学术界在研究专业史时无法绕开这些课题。因此徽州学研究,实际也就是对中国封建后期传统文化的研究,窥一斑而见全豹,具有普遍的学术意义。

其三,徽州文化具有地理文化单元的人类文化学研究价值。徽州四面环山,作为一个独立的自然地理单元,风景秀丽,人们的审美观自然受到山水环境的影响。徽州三雕艺术、文房四宝艺术、徽派盆景艺术、新安画派、徽派版画等,就是徽州自然环境同徽州人审美观相结合的产物,而新安医学、徽菜、徽州方言的形成,同徽州独特的自然地理环境及资源有关联,徽州宗族社会构成和村落结构,同徽州地理环境也有关系,具有地理文化单元的人类文化学研究价值。

其四,徽州文化具有研究文化融合规律的价值。徽州文化是一种移民文化,首先表现在徽州的社会、人口、文化的本身就是由移民而形成的,由此决定了其社会与文化的诸多现象和特点都由移民问题决定或受其影响。其次是徽州文化的昌盛与发展,本身还存在着一个由徽州本土再向外移民的问题,并对侨寓地的文化产生影响。如徽派朴学、徽剧、徽州园林艺术、徽州建筑艺术、徽派刻书、徽派篆刻、徽菜等对扬州学派、京剧、江南园林、中国版画、篆刻、菜系都有渗透和影响。研究徽州文化,可以获得中华大文化融合各民族文化、各地方文化的一般与个别规律,为繁荣中华大文化做出贡献。

关于社会价值,一是徽州文化中积极的思想因素,如徽州文化中的"和谐"内核和徽商精神(爱国精神、拼搏精神、学习精神、敬业精神、团队精神、奉献精神)值得借鉴。"和谐"思想已经成为中国"和平"崛起的柱础。在处理人际关系时,体现的和谐思想更应该大力推广。

二是徽州文化中一些社会实践行之有效的做法值得借鉴。徽州是宗族社会,徽州农村基层全部都是依靠宗族自治管理,有不少好的做法。现存不少宗族公约中有值得令人学习和借鉴的条文,如禁止滥砍滥伐和禁止赌博等。从内容上看,它们符合我们今天所提倡的环境保护和社会文明,从实施机制上看,它不是依赖于行政系统,而是靠"公约"的形式自我约束。这给我们建设社会主义新农村带来启示。徽州文书中的商业合同,反映了徽州人市场观念的成熟;分家契约,反映了徽州人既遵从中国传统的伦理观,又理性地处理家庭财产等经济问题;诉讼文书,反映了古代徽州民间已经有较强的法制观念。徽州古村落人与自然和谐,一切以人为本的思想贯穿村落建设。村落中的防火措施、水系设计都十分讲究,科学性很强,对我们进行环境规划设计有着重要的启示。

三是徽商的成功是经济与文化互动的结果,是文化软实力的成功,徽州教育的发达,为徽商发展提供了具有优势的人力资本。这也是当前经济发展中最值得注重的发展模式。徽州文化是中国传统文化的重要组成部分,当前随着计算机普及、互联网开通,中国已融入世界,西方文化不断侵蚀和占领中国市场,一些年轻人对中国传统文化失去兴趣。在这种时候,弘扬和宣传中国传统文化尤其显得重要,而徽州文化作为中国传统文化的一部分,很多方面体现了中国传统文化的精华。对徽州文化进行深入研究,弘扬其精华,就是使中国传统文化能"永远立于世界文化之林"。

四是徽州文化的众多遗存,成为把黄山市建成美丽中国先行区的丰富资源,对徽州文化进行深入研究,能够更好地利用这一资源。黄山市以旅游、文化、生态立市。一个人口不多的地级市,有一处世界自然与文化遗产,一处世界文化遗产,世所罕见,这不能不说是徽州文化的功绩。对徽州文化进行研究,有助于高水平、高质量地向世界推介徽州文化,把徽州文化转化成宝贵的旅游资源,促进黄山市旅游经济的发展。

徽州文化博大精深,学术研究不断深入,有不少很有见地的徽学著作问世。编撰《徽州文化大辞典》,以期填补全面涵盖徽州文化元素的辞书空白,力求科学、全面、准确、系统展示徽州文化的各个方面,使之成为一部丰富翔实的徽州文化百科全书,对于徽州文化学术研究和普及传播来说是一件十分有意义的事情。

徽州文化大辞典

凡 例

一、本辞典取广义"徽州文化"概念收词立目,广泛收录生成或起源于徽州地区的物质文化、精神文化和行为(制度)文化内容。这里的徽州地区,指古徽州"一府六县"(歙县、休宁县、祁门县、黟县、婺源县、绩溪县)所有地域;收录的时间上起远古,下迄1949年10月。

二、本辞典所收词条以其内容所属分部归类编排。全书共分13部,部下分若干类,共61类,少数类下酌情分群。所领词条于类名(或群名)后以词目汉字笔画为序排列。

三、本辞典词目、释文用字以国家语言文字工作委员会正式公布的通用规范汉字为准,人名、地名和引用文献中特别需要交代的情况除外。

四、本辞典释文内容注意吸收最新研究成果,凡学术上有共识、定论者,介绍共识、定论;尚无定论者,客观介绍,或诸说并存,或以一说为主,兼述其他。

五、释文中的历史纪年,一般用旧纪年,并括注公元纪年;古地名与今地名不同者注明今地名,必要时指明方位;古今地名相同而所属行政区划变动者,注明今属行政区划(书中"屯溪区""徽州区""黄山区"均属黄山市,未一一注明)。

六、一词多义且属同一部类者,释文中用❶❷❸…分项叙述;同一词目有两个或两个以上含义又分属不同部类者,在所属部类下各自立目释义,其词目分别编入分类词目表及索引。

七、本辞典相关条目处理用"见"和"参见"两种方式。

凡词目文字不同、内容完全相同的条目,其主条立目释义,见条立目不释义,用"见××条"(两条在同部中用此,下同)或"见××部××条"(两条在不同部中用此,下同)表示。

凡词目文字不同、内容相关而不尽同的条目,各自立目释义,释文内容侧重各自特点,相同相关的部分在主条阐释,参见条避免文字重复,末用"参见××条"或"参见××部××条"表示。

八、本辞典选收与词条相关的彩色图片若干,正文后有附录两组。

九、为方便读者查阅检索,本辞典正文前有分类词目表,附录后设有词目音序索引和词目笔画索引。

目 录

序	1
前言	3
凡例	13
分类词目表	17
正文	1~1152
附录	1153
附录一　徽学研究状况概览	1154
附录二　徽州文化大事记	1187
索引	1193
词目音序索引	1194
词目笔画索引	1262
后记	1331

分类词目表

一

文化生态

自然环境

2 大徽州
2 小徽州
2 屯溪盆地
2 吴头楚尾

山

2 一品峰
2 丁峰
2 七姑山
2 七星山
2 九龙峰
2 九老芙蓉山
2 九阳凹山
2 三王山
2 三天子鄣山
2 三云山
3 三观岭
3 三花尖
3 三灵山
3 三府山
3 三姑山
3 三姑尖
3 三姑峰
3 三教峰
3 三新妇山
3 大广山
3 大石头
3 大石塔
3 大共山
3 大尖山
3 大会山
3 大安山
3 大坞尖
3 大连山
3 大连岭
4 大余山
4 大岭
4 大战岭
4 大洪山
4 大屏山
4 大悲顶
4 大游山
4 大鄣山
4 大鳘山
4 大鳌岭
4 大鳙山
4 大鳙岭
4 万岁山
4 万安山
5 万寿山
5 万寿峰
5 万箩山
5 上升峰
5 上阳尖
5 上金山
5 小九华
6 小心坡
6 小龙山
6 小尖山
6 小华山
6 小连岭
6 小岭
6 小南海
6 山口岭
6 山云岭
7 千丈岭
7 千里山
7 飞布山
7 飞龙峰
7 飞蝠山
7 王公峰
7 王石山
7 王石岩
7 王畲峰
7 井南山
7 天门坎
7 天子墓山
7 天马山
7 天井山
8 天目山脉
8 天顶山
8 天柱峰
8 天都峰
8 天堂山
8 天湖山
8 夫子山
8 夫子尖
8 夫子峰
8 云门峰
8 云外峰
8 云岚山
9 云际峰
9 木鱼峰
9 五丁峰
9 五龙山
10 五龙尖山
10 五老山
10 五老峰
10 五花尖
10 五阜山
10 五股尖
10 五重岭
10 五珠山
10 五梅花尖
10 五雷峰
10 五溪山
10 不老山
10 太平岭
10 太白湖山
10 太极山
10 历山
10 巨门峰
10 巨龙峰
10 中虎岭
10 中和岭
11 中和峰
11 牛泉山
11 牛首峰
11 牛鼻峰
11 长岭尖
11 丹霞峰
11 乌泥岭
11 乌聊山
11 凤山
11 凤凰山
12 凤游山
12 六股尖
12 文公山
12 文峰
12 方山
12 方吴岭
12 方家岭
12 斗山
12 引针峰
12 双坦尖
12 双岭
12 双峰山
13 书箱峰
13 玉几山
13 玉山
13 玉台山
13 玉台峰
13 玉兔峰
13 玉屏山
13 玉屏峰
13 石人峰
14 石门山
14 石门峰
14 石印山
14 石老山
14 石耳山
14 石床峰
14 石盂山
14 石林山
14 石岣山

14 石金山	18 西干山	21 来龙山顶	24 采石峰
14 石城山	18 西武岭	21 轩辕峰	24 鱼亭山
14 石柱峰	18 西界岭	21 吴楚山	24 狐狸岭
15 石屋山	18 西瀛峰	21 岐山	24 庙王山
15 石笋峰	18 百桂尖	22 岑山	24 宝塔峰
15 石鼓山	18 百脚尖	22 秀墩山	24 郎山
15 石鼓峰	18 光明顶	22 佛岩山	24 弥陀峰
15 石照山	18 当坑山	22 佛掌峰	25 始信峰
15 石新妇山	18 吊梨尖	22 饭甑尖	25 驻跸山
15 石墙里	18 回岭	22 庐山	25 驼背峰
15 石墨岭	18 回峰	22 灵山	25 拱日峰
15 石鹤山	19 朱相公尖	22 灵鸟山	25 城阳山
15 石螺峰	19 朱砂峰	22 灵金山	25 南山
15 布水峰	19 竹竿尖	23 张公山	25 南山岭
15 龙山	19 竹根尖	23 鸡山	25 南当山
15 龙尾山	19 伏牛岭	23 鸡公峰	25 南坑岭
15 龙须山	19 华山	23 鸡笼山	25 柘木岭
16 平鼻岭	19 血岭	23 武亭山	25 查木岭
16 东山	19 合掌峰	23 武陵岭	25 查公山
16 东坡尖	19 危峰岭	23 青山尖	25 柏山
16 东岳山	19 冲山	23 青岭山	26 柱棒山
16 北山岭	19 齐山	23 青狮峰	26 威风岭
16 北云尖	19 齐云山	23 青莲峰	26 砚山
16 仙人岩尖	19 问政山	23 青鸾峰	26 砚瓦尖
16 仙人指迷峰	20 羊斗岭	23 青蛙峰	26 砚峰
16 仙人峰	20 羊栈岭	23 顶游峰	26 面壁峰
16 仙女峰	20 灯笼峰	23 抱笏峰	26 昱岭
16 仙姑尖	20 汤岭	23 披云峰	26 响山
16 仙都峰	20 兴岭	23 拇指峰	26 钟峰
16 仙寓山	20 安勒山	23 林沥山	26 钟鼓山
16 白山	20 军营山	24 松月岭	26 拜年山
16 白际岭	20 祁山	24 松林峰	26 牯牛降
16 白茅岭	20 阮峰	24 松萝山	26 香炉峰
17 白岳山	20 阳山	24 枕头峰	26 复山
17 白岳峰	21 羽竿尖	24 卧云峰	26 复岩
17 白砂岭	21 观音山	24 歧阳山	26 保安山
17 白象峰	21 观音峰	24 虎岭	26 鬼头尖
17 白鹅岭	21 寿山	24 尚书岭	27 侯峰
17 白鹅峰	21 贡阳山	24 岩山尖	27 狮山
17 白鹤山	21 赤岭	24 罗纹山	27 狮子岭
17 主簿山	21 芙蓉岭	24 罗岭	27 狮子峰
17 立马峰	21 芙蓉峰	24 阜岩	27 狮球峰
17 半岭	21 花山	24 阜陵山	27 独秀峰
17 圣泉峰	21 苍龙山	24 金岭	27 独耸峰
17 对镜岭	21 芦塘山	24 金竺岭	27 将军山
17 母石山	21 杨山尖	24 金炉峰	27 将军石
18 吉阳山	21 杨梅山	24 金砂岭	27 炼丹峰
18 老人峰	21 两坑尖	24 金紫山	27 洪坑尖

27	洪坑岭	31	展诰峰	34	搁船尖	37	蜡烛峰
27	浇岭	31	展旗峰	34	葆真山	37	箬岭
27	济岭	31	陶家岭	34	棋石峰	37	箬帽尖
27	觉山	31	翀山	34	植山	37	谭公岭
27	觉岭	31	掷钵峰	34	椰木岭	37	翠眉山
28	扁担山	31	黄山	34	椰源山	37	翠眉岭
28	屏风山	32	黄山山脉	34	紫云峰	37	翠微峰
28	屏障山	32	黄冈寨山	34	紫石峰	37	鞍山
28	眉山	32	黄花尖	34	紫阳山	37	横弓山
28	眉毛峰	32	黄陂	34	紫金山	37	醉翁峰
28	骆驼峰	32	黄茅尖	35	紫驼峰	37	镇山
28	耕云峰	32	黄泥尖	35	紫屏峰	37	稽灵山
28	莲花山	32	黄狮岭	35	紫霄崖	37	黎明尖
28	莲花尖	32	黄堆山	35	棠梨岭	37	篁岭
28	莲花岭	32	菜坑地	35	蛤蟆峰	37	颜公山
28	莲花峰	32	梢云山	35	鹅头尖	38	燕岭
28	莲金山	32	梅山	35	牌坊峰	38	薄刀峰
28	莲蕊峰	32	梅岭	35	猴形山	38	儒学山
28	恶山	32	梅源山	35	蛮王尖	38	歙岭
28	梅檀岭	32	梓潼山	35	竦岭尖	38	巇崿山
28	桃花峰	32	梓潼屏	35	善山	38	黔山
28	桃源大冲山	33	蚺城山	35	道人山	38	徽岭
29	桃墅山	33	啸天龙	35	道人尖	39	鳌鱼峰
29	鬲山	33	崐毛尖	35	道人峰	39	黟山
29	轿顶峰	33	铜钱炉尖	35	湖田山		
29	峰岭	33	鸰山	35	渡云峰		岩
29	圆尖	33	得胜岭	35	富林山		
29	钵盂峰	33	盘云岭	35	翚岭	39	一线天
30	笔架尖	33	象山	35	鼓峰	39	十里岩
30	笔架峰	33	象眼岭	36	鹊桥峰	39	八戒岩
30	笔峰	33	章山	36	蓬莱岛	39	九龙岩
30	高枧山	33	望仙岭	36	楠木岭	39	大士岩
30	高岭	33	望仙峰	36	榉根岭	40	山君岩
30	高湖山	33	断石山	36	雷岗山	40	门前岩
30	唐金山	33	剪刀峰	36	雷鼓尖	40	天门岩
31	阆山	33	清凉峰	36	照壁峰	40	天井岩
31	烟楼峰	33	清潭峰	36	魁杓山	40	天泉岩
31	浙岭	33	鸿山	36	廓崖	40	天桥岩
31	浙源山	33	渔亭山	36	新安山	40	车盘岩
31	浮云岭	33	密山	36	鄞山	40	毛人岩
31	浮云峰	33	隐云峰	36	鄞公山	40	丹岩
31	浮丘峰	34	隐张山	36	鄞峰	40	乌纱帽岩
31	涌狮山	34	袈裟峰	36	福山	40	凤岩
31	浚源山	34	辇辂岭	36	福泉山	40	石门岩
31	容成峰	34	辇辂峰	36	叠嶂峰	40	石乳岩
31	容溪峰	34	塔山	37	碧山	40	石桥岩
31	朗山	34	塔岭	37	慕云山	40	石棺岩
31	诸潭山	34	插剑峰	37	槛窗峰	40	石榴岩

41	龙须岩		洞	47	狮子洞	50	开门石
41	东密岩			47	迷宫洞	50	天鹅孵蛋石
41	仙人挂画岩	44	一线洞天	47	总灵洞	50	天牌石
41	仙岩	45	八仙洞	47	神仙洞	50	天榜石
41	白云岩	45	九龙洞	47	珠帘洞	50	五百罗汉朝南海
41	白龙岩	45	大安洞	47	莲华洞	50	丹井
41	百丈岩	45	上南洞	47	莲花洞	50	凤凰石
41	当门尖	45	飞云洞	47	真仙洞	50	引针石
41	朱砂岩	45	飞来洞	47	桃源古洞	50	孔雀开屏石
41	华盖岩	45	天星洞	48	桃源洞	50	双龟石
41	舟楫岩	45	夫子洞	48	笑狮洞	50	石龟探海
41	庆云岩	45	云巢洞	48	狼豹洞	50	石笋矼
41	齐云岩	45	水帘洞	48	卿云洞	50	布袋石
42	阮公岩	45	风火水洞	48	凌虚洞	50	龙头石
42	观音岩	45	文殊洞	48	海棠洞	51	龙吟石
42	寿岩	45	打鼓洞	48	容成洞	51	平天矼
42	佛掌岩	45	石龙洞	48	祥云洞	51	仙人下棋
42	青萝岩	45	石佛洞	48	通天岩	51	仙人对弈石
42	虎头岩	45	石佛嵌	48	通天洞	51	仙人床石
42	忠烈岩	45	石屋	48	黄丝洞	51	仙人晒宝石
42	和云岩	45	石燕洞	48	萃灵洞	51	仙人靴石
42	金蟾岩	45	仙人洞	48	梅家洞	51	仙桃石
42	法水岩	45	仙灯洞	48	船洞	51	仙桃峰
42	将隐岩	46	仙道洞	48	麻衣洞	52	印墩
42	烂柯岩	46	仙僧洞	48	混元洞	52	立佛石
42	烂锦岩	46	白云洞	48	涵虚洞	52	尼姑背和尚
43	退思岩	46	白龙洞	49	琼芝洞	52	动石
43	栖真岩	46	半边石屋	49	葫芦洞	52	艻石
43	桃花岩	46	半边洞	49	普贤洞	52	达摩祖师石
43	逍遥岩	46	百花洞	49	道观洞	52	回澜石
43	圆通岩	46	夹身洞	49	锦霞洞	52	朱砂石
43	射霞岩	46	朱砂洞	49	瑶龙洞	52	观音石
43	掐月岩	46	庆云洞	49	翠微洞	52	观音洒净
43	梧桐岩	46	观音洞	49	藏云洞	52	扰龙石
43	船舱岩	46	驯鹿洞	49	鳌鱼洞	52	轩辕船
43	象鼻岩	46	芙蓉洞	49	鳌眬洞	52	龟鱼石
44	密多岩	46	苍龙坞			52	龟蛙跳涧
44	隐佛岩	46	苍龙洞		石	52	青狮石
44	紫云岩	46	轩辕峰石室			52	杵臼石
44	黑虎岩	46	沉香洞	49	十八罗汉朝南海	52	松鼠跳天都
44	楠岩	46	灵岩洞	49	八公石	53	呼龙石
44	蜗牛岩	46	青萝洞	49	九龙矼	53	金牛汲水
44	猿猴岩	46	卧龙洞	49	飞云石	53	金鸡石
44	翡翠岩	47	雨君洞	49	飞来石	53	采莲船
44	滴水岩	47	转身洞	50	飞鱼石	53	兔耳石
44	镜屏岩	47	罗汉洞	50	马头石	53	净瓶石
44	瀛山岩	47	弦歌洞	50	马迹石	53	放光石
		47	驾鹤洞	50	马蹄石	53	法袋石

53	油榨石	55	醉石		水	61	五龙泉
53	泥鳅矼	56	鹦哥石			61	五龙潭
53	波斯进宝石	56	藏舟石	58	七布泉	61	五城水
53	怪石嵯峨	56	麟石	58	人字瀑	61	历水
53	姐妹放羊石			58	九龙池	61	车轮滩
53	指象石		台	58	九龙泉	61	屯溪
53	指路石			58	九龙源	61	戈溪河
53	茶庵巨石	56	七星台	59	九龙溪	61	牛泉水
53	药铫药瓢石	56	千佛台	59	九龙潭	61	长溪水
53	香炉石	56	飞升台	59	九龙瀑	62	月池
53	剑石	56	飞鹤瑶台	59	九曲泉	62	月潭
53	狮子石	56	乌龙台	59	三合河	62	丹霞溪
53	炼心石	56	文殊台	59	三坎潭	62	凤岩溪
53	洪船出海	56	打石降	59	三味泉	62	凤眼泉
53	洋湖矼	56	石牛塔	59	三叠泉	62	文闪河
53	扁担石	56	仙人台	59	大龙井	62	甘泉源
54	莺石	56	白石塔	59	大北河	62	甘泉溪
54	莺谷石	56	外溪岗	59	大北港河	62	古川水
54	破肚石	56	立雪台	59	大洪水	62	古坦水
54	紧浅碗石	56	任公钓台	59	大洋湖	62	古油潭
54	座盘石	56	观星台	59	大洲源	62	古筑河
54	海船石	56	观音台	60	大鄣河	62	石门亭水
54	浣火石	56	李白钓台	60	大源	62	石门源
54	容成朝轩辕石	56	初仙台	60	大源河	62	石门溪
54	探水石	56	钓月台	60	小灵池	62	石门滩
54	笠人石	56	金太史读书台	60	小昌溪	63	石井潭
54	停雪石	56	郑公钓台	60	小洋湖	63	石室源
54	船石	56	法石台	60	小洲源	63	石壁源
54	象石	56	思耻台	60	小潋水	63	布水源
54	猫石	56	炼丹台	60	千秋泉	63	布射水
54	望夫石	57	浔阳台	60	千秋潭	63	龙川水
54	弹琴石	57	诵法台	60	飞雨泉	63	龙井潭
54	棋盘石	57	凌虚台	60	飞泉溪	63	龙须源
54	跑马矼	57	容成台	60	马尾泉	63	龙涎泉
54	蛙石	57	黄荆墩	60	丰乐水	63	龙溪河
54	鹅鼻石	57	野猪垱	60	丰溪	63	龙潭
54	猴子石	57	船槽岭峡	60	天井窟	63	东夹溪
54	童子拜观音	57	望仙台	60	天中泉	63	东港
55	渡云船	57	望敌台	61	天龙池	63	北河
55	鹊桥石	57	清凉台	61	天池	63	甲溪
55	蒲团石	58	琴台	61	天泉	64	白马源
55	楼上楼	58	落石台	61	天眼泉	64	白云溪
55	碰头石	58	雄狮子岗	61	云门源	64	白龙溪
55	跳石	58	富登钓台	61	云门溪	64	白龙潭
55	猿猴石	58	詹东图读书台	61	云门溪诸潭	64	白鹿源
55	慈航石	58	满天星	61	云水泉	64	白鹤溪
55	蜡烛石	58	箬岭头	61	云岩湖	64	永来河
55	横云石			61	五云源	64	尼潭

64 吉阳水	66 杭溪水	69 桐源河	72 街源
64 考川水	66 卓溪河	69 桃花涧	72 富资水
64 考溪水	66 虎滩	69 桃花源	72 富琅潭
64 老龙潭	66 尚田河	69 桃花溪	72 翚溪河
64 扬之水	66 昆溪	69 桃花潭	72 登水
64 百丈泉	66 昌源	69 桃溪水	72 登源河
64 百丈潭	66 昉源	69 原坑水	73 婺水
64 百丈瀑	66 昉溪	69 逍遥溪	73 婺江
64 百花源	66 鸣弦泉	69 逍遥溪诸潭	73 靴石潭
64 百药源	67 岩溪	69 钵盂潭	73 榆花溪
65 夹源水	67 岭脚山温泉	70 铁线潭	73 楹泉
65 曲水	67 金东河	70 铁釜潭	73 雷溪
65 吕公滩	67 金沙河	70 高砂水	73 虞山溪
65 朱砂泉	67 金钟潭	70 资河	73 路公溪
65 朱砂源	67 采药源	70 浙北水	73 锦鱼溪
65 朱砂溪	67 乳水源	70 浙江	73 新安江水系
65 休宁河	67 乳溪河	70 浙源水	73 新安河
65 羊栈岭水	67 鱼鳞潭	70 浮丘源	74 鄣山悬瀑
65 江湾水	67 放生潭	70 浮丘溪	74 霁水
65 汤池	67 弦歌溪	70 浮溪	74 翡翠池
65 汤泉	67 陔源	70 浚源水	74 廖公泉
65 汤泉源	67 练江	70 容成溪	74 潆川
65 汤泉溪	68 荆州河	70 掷钵源	74 潋溪水
66 汊水	68 南宁河	70 黄石坑水	74 漳水
66 阮公源	68 南当水	70 黄连源	74 滴翠潭
66 阮公溪	68 南港	70 梅源水	74 翠微源
66 阮溪	68 南溪	70 梓坑水	74 横江
66 阴坑源	68 相公潭	70 曹公溪	74 横槎水
66 丞相源	68 柏木源	70 曹溪	74 喧潭
66 红术源	68 星江	70 旋溪	74 镇头水
66 红泉溪	68 星江水系	70 率水	74 霓潭
66 赤水	68 香谷源	70 阊江	75 徽水河
66 坞溪	68 香林源	71 清风潭	75 徽溪
66 杏花源	68 香砂池	71 清溪	75 藤溪
66 兵坑河	68 香泉溪	71 清潭	75 黟川
66 孚潭	68 秋泉	71 渐江	75 瀑布泉
66 饮鹿涧	68 秋浦河	71 渔亭水	75 霭山水
66 庐水	68 段莘水	71 谒潭	75 霭山河
66 汪村水	68 炼丹源	72 绩溪	75 鳙水
66 汪波潭	69 洪坑溪	72 棋石源	
66 沧浪水	69 洪潭	72 雁荡	其他
66 武水	69 洗心池	72 雁塘	
66 武溪	69 洗杯泉	72 雁溪	75 八沟
66 武溪水	69 洗药溪	72 紫云溪	75 大圣坑
66 青牛溪	69 洗涤泉	72 紫芝源	75 万贯洲
66 青狮瀑	69 珠帘泉	72 紫烟源	75 天海
66 青莲涧	69 莲花源	72 紫溪	75 云铺海
66 松林溪	69 莫水	72 赋春水	75 石步岔

75	北海	80	山茱萸	84	白山鸡	88	枇杷木
75	西海	80	山柏	84	白尾海雕	89	松砣树
76	西海群峰	80	山树莺	84	白胸翡翠	89	松脂
76	百城襟带	80	山喜鹊	84	白颈长尾雉	89	卧龙松
76	后海	80	山鳗	84	白鹇	89	刺巴
76	齐云天下岩	80	马褂木	84	白腹蛇雕	89	果子狸
76	齐云形胜冠江南	80	马蹄鳖	84	白鹳	89	明朝和尚榧
76	桃花沟	80	天女花	84	冬笋	89	罗汉松
76	原始江南古陆	81	云豹	84	汉朝苦槠	89	金丝猴
76	黄山云海	81	五步龙	84	芝麻雕	89	金钱豹
77	黄山四绝	81	五步倒	84	西府海棠	89	金蟹皂荚
77	黄山冬雪	81	五步蛇	84	灰喜鹊	89	狗熊
77	黄山冰川遗迹	81	五谷树	84	尖吻腹	89	春笋
77	黄山谷口	81	屯溪大王松	84	团结松	89	珊厚古柳树
77	黄山奇松	81	少女花	84	竹芽	89	荆州山核桃
77	黄山怪石	81	水壁虎	84	竹笋	89	南方铁杉
78	黄山峰林地貌	81	牛尾狸	85	竹萌	89	药芹
78	黄山温泉	81	牛乳柿	85	休宁杉	89	相思鸟
78	黄帝坑	81	毛腹水草	85	休宁矮竹	90	相思树
78	散花坞	81	公孙果	85	华东黄杉	90	柿心黑木
78	新安大好山水	81	乌金鹿	86	多花兰	90	竖琴松
78	寨门坞	81	凤凰松	86	问政山笋	90	盼客松
78	寨门源	81	文公杉	86	江湾雪梨	90	虹关巨樟
78	鹤溪洲	82	方竹	86	祁门木瓜	90	贴壁松
		82	方思山红豆杉	86	祁术	90	钟玲三七
		82	孔庙双桂	86	祁蛇	90	香果树
## 物产资源		82	孔雀兰	86	扰龙松	90	香狸猫
		82	孔雀松	87	花山鸡	90	香椿
		82	双龙戏珠金桂	87	花鳗	90	香榧
79	十八罗汉	82	双龙松	87	苎麻	91	段莘古银杏群
79	七节猫	83	玉面狸	87	苏门羚	91	狮子林高山柏
79	七叶胆	83	甘草水鱼	87	李坑古紫薇	91	音乐鸟
79	八音鸟	83	石耳	87	杨梅	91	送客松
79	九死还魂草	83	石鸡	87	来龙神树	91	洙村黄桐
79	三叶竹	83	石城古树群	87	连根松	91	恒河猴
79	三尖杉	83	石鸭	87	连理枝树	91	穿山甲
79	土杉	83	石蛙	87	连理松	91	神鸦
79	大王松	83	石蛤蟆	87	旱芹	91	娃娃鱼
79	大氾古香榧	83	石壁花	87	县衙古槐	91	绞股蓝
79	大灵猫	83	龙山古楠木	87	迎客松	92	荷包红鲤
79	大阜瀛石鸡	83	龙爪松	87	宏村枫杨	92	桃花鱼
80	大鲵	83	龙头菜	88	君鱼	92	桃花鳜
80	万年松	83	东方蝾螈	88	灵芝松	93	栗
80	小木兰花	84	叶村梅树	88	灵猫	93	破石松
80	小赤东	84	兄弟松	88	鸡公尖灯笼柿	93	倒挂松
80	小灵猫	84	四不像	88	青鹿	93	高山柏
80	山乐鸟	84	生笋	88	青螺	93	拳头菜
80	山鸡	84	仙猿	88	披云松	93	浙皖铁杉

93	娑罗园红豆	97	绩溪黑猪	103	鳗鱼	107	槀山铺
93	海石榴	98	绿毛龟	103	麒麟松	107	倒马墩
93	宽耳犬吻蝠	98	绿笋	103	鬣羚	107	高枧铺
93	扇子松	98	棋枰松			107	海宁县
93	陪客松	98	棕噪鹛			107	海阳县
94	通元观古刨花楠	98	椰梅	## 历史地理		107	涨山铺
94	接引松	98	棘胸蛙			107	黄柏铺
94	探海松	98	紫芝			107	梅城
94	黄山木兰	98	紫楠	104	万岁驿	107	阊门县
94	黄山玉兰	98	黑虎松	104	小桃源	108	清华县治
94	黄山白龟	99	黑金树	104	山越	108	渔亭驿
94	黄山异萝松	99	黑麂	104	广德王国	108	绩溪县
94	黄山花楸	99	黑熊	104	马岭关	108	塔坑铺
94	黄山杜鹃花	99	黑鹳	104	马峰凹	108	越
95	黄山灵芝	99	短尾猴	104	五城铺	108	嵇公关
95	黄山鸳鸯	99	鹅掌楸	104	中平营	108	婺源县
95	黄山黄牛	99	富岱枇杷王	104	长充铺	108	婺源都制置
95	黄山黄连	99	婺源杉木	104	丹阳分治	108	新宁郡
95	黄山菊	99	蓝田花猪	104	丹阳郡	109	新安县
95	黄山梅	99	蓝膀鹊	104	凤凰台	109	新安郡
95	黄心楠	99	蒲团松	104	东扬州	109	新都郡
95	黄花	100	楠木谷	105	北野县	109	鄣郡
95	黄猴	100	楠木林	105	归德县	109	瑶岭铺
95	黄精	100	矮竹	105	丛山关	109	镇东铺
96	黄精叶钩吻	100	楮怀樟	105	半流铺	109	黎阳县
96	黄嘴雕	100	辕门松	105	朱村铺	110	憩贤驿
96	黄檀	100	蜡烛松	105	朱塘铺	110	歙州
96	营安馆柳杉	100	鲛鱼	105	休宁县	110	歙县
96	梦笔生花松	100	鲛鲤	105	休阳县	110	磨石铺
96	梅花鹿	100	蕨菜	105	会稽郡	110	黝县
96	梅松	100	蕃村雪梨王	105	冲山营	110	徽州
96	雪柳	100	蕲蛇	105	江南东道	110	徽岭关
96	雀鹰	100	鹞	105	江南第一关	110	黟县
96	野生姜	100	潜口山茶	106	兴安府		
96	野麻	100	歙县千年古樟	106	祁门县		
96	蛇雕	101	歙县石楠王	106	县前总铺	## 人文聚落	
96	盘岭松	101	糙杆苔	106	良安县治		
96	猫爪	101	磻坑奇樟	106	良安驿		
96	猕猴	101	徽州木莲	106	灵鸟山旧治	111	二都
97	猕猴桃	101	徽州古柏	106	鸡公关	111	七贤村
97	望泉松	101	徽州古银杏	106	茅坦铺	111	三阳
97	望客松	102	徽州石斑鱼	106	尚田铺	111	三亩丘
97	粗皮狮头橘	102	徽州牡丹	106	郑司徒营	111	三梧镇
97	清水鳗鲡	102	黟县千年古榧	106	胡仆射营	111	三溪镇
97	清华古槠	102	黟县古桂	106	南云关	111	下水村
97	清明花	103	黟县古槠叶树	106	柘坑	111	下寨山
97	弹琴蛙	103	黟县杉木王	106	昱岭关	111	大石门
97	绩溪李	103	黟柿	107	桥东铺	112	大坑口

112	大谷运	121	龙井宅坦	130	吴辉	138	官路下
112	大谷瓮	121	龙塘镇	130	县街	138	弦高镇
112	大阜	121	平里	130	里方	138	承唐
112	大阜瀛	121	北村	130	岑山渡	138	绍村
112	大畈	121	北岸	130	何家坞	138	草市
112	大鄣	122	卢村	130	余川	138	茗洲
112	万安镇	122	叶村	131	谷川	138	胡里
113	上水村	122	甲路	131	豸下	138	胡家
113	上田	123	田中前	131	豸峰	138	南屏
113	上庄	123	仙石村	131	闵口	138	南溪南
113	上胡家	123	冯村	131	汪口	139	柘林
113	上溪口	123	闪里	131	汪村	139	查湾
114	小溪	123	考水	132	汪前村	139	柏墩
114	广德国城	124	扬溪镇	132	汪满田	139	临溪
114	义成	124	西川	132	沙溪	139	贵溪
114	马蹄岭	124	西门月城	132	宏村	140	虹关
114	丰南	124	西坑	132	灵山村	140	虹瑞关
114	王村	124	西递	133	灵阳村	140	虹源
114	云川	125	西溪	133	张村	140	思溪村
114	五城镇	125	西溪南	134	环砂	140	种玉里
115	五福镇	125	竹林里	134	武口镇	140	段莘
115	太平窝	125	竹源	134	武阳	140	首村
115	历口	125	竹溪	134	武陵源	141	洪坑
115	历溪	125	传桂里	134	坦头	141	洪村
115	屯溪老街	125	伏岭下	135	茅棚座	141	洪琴
116	屯溪镇	126	延川	135	板树坑	141	洪源
116	中云	126	延村	135	松源	141	洋湖
117	水竹坑	126	华阳镇	135	卖花渔村	141	祝山
117	长林村	126	华塘	135	瓯山	141	屏山村
117	长陔	126	后岸村	135	尚田	142	柔川
117	仁里	126	会里	135	尚田降	142	荷嘉坞
118	仆城里	126	庆源	135	尚村	142	莘墟
118	月华街	127	关麓	135	旺川	142	桂林镇
118	乌门	127	江村	136	昌溪	142	桃源
118	凤池	127	江湾	136	忠孝里	142	桃溪
118	六都	128	汊口	136	岩寺	143	栗木
118	方村	128	祁门城	136	岩寺镇	143	晓川
119	孔灵村	128	许村	136	岩脚	143	晓起
119	古林	128	阳产	137	岩镇	143	峰岔
119	石山坞	128	阳村	137	岭脚下	143	高迁
119	石村	128	阳湖	137	和溪	143	唐模
119	石桥村	129	赤山	137	佳源	144	旁溪
119	石浦	129	坑口	137	佳溪	144	烟村
119	石家村	129	杞梓里	137	金字牌	144	浙源
120	石歇	129	李坑	137	瓮城	144	海阳镇
120	石墅	129	李坑口	137	庙口镇	144	流口
120	石潭	129	呈坎	137	郑村	144	润田
120	龙川	130	吴口村	137	定潭	144	润洲

144	陶村	153	蜀源	159	小买	162	典首
144	陪郭	153	锦城	159	小苗	162	金山时雨
145	通镇	153	稠墅	159	小租	163	实物租
145	理田	153	新丰	159	山越经济	163	茗洲茶
145	理坑	153	新屯	159	云雾茶	163	香风茶
145	理源	153	溪口	159	五匠	164	饼茶
145	黄龙口	154	溪子里	159	五坊	164	洋庄茶
145	黄村	154	溪头	159	五溪山毛峰	164	绝卖
146	黄郁	154	溪南	159	屯绿	164	珠兰精
146	黄备	154	碧阳镇	159	屯绿四大名家	164	桃花米
146	蚺城镇	154	蔚林	160	屯溪公济局	164	陷泥田
146	章岐	154	漳岭山	160	屯溪绿茶	164	琅源松萝
146	商山	154	漳潭	160	屯溪港	164	黄山毛峰
146	率口	154	璜田	160	文萃会	164	棚民
146	断石村	155	璜蔚	160	方茶	164	紫霞莲芯
146	清华镇	155	蕃村	160	火耕水耨	164	婺绿
146	清溪村	155	镇头	160	以佃为仆	164	婺源桐油
146	渚口	155	黎阳	160	以秤计田	164	婺源绿茶
147	鸿飞	155	篁墩	160	石墨龙芽茶	165	蒲葵扇
147	渔亭镇	155	潜口	160	甲路油纸伞	165	解渴会
148	渔梁镇	156	潜川	160	田皮	165	歙县花茶
148	深渡镇	156	潜村	160	田底	165	螺钿漆
148	梁下	156	潭渡	161	田面	165	徽州白茶
148	隆阜	156	潺田	161	田骨	165	徽州竹编
148	隆埠	156	澄塘	161	白岳金芽	165	徽州罗绢
149	绩溪城	156	澄溪	161	白岳黄芽	165	徽州烤烟
149	绵潭	156	澄潭	161	永卖	165	徽州扇
149	琴溪	156	磡头	161	老竹大方	166	徽茶
149	塔坊	157	歙县斗山街	161	芝兰日露茶	166	徽漆
149	竭田	157	磻溪	161	杂捐		
149	联墅	157	霞水村	161	凫绿		
150	雄村	158	霞间	161	齐云毛峰		
150	紫阳镇	158	瞻淇	161	祁门功夫红茶		
150	棠樾	158	瀛洲	161	祁门安茶		
150	赋春	158	沦坑	161	祁门红茶		
151	敦仁里			162	祁门瓷土		
151	竦塘			162	祁门瓷器		
151	善和		**社会经济**	162	祁门港		**宗族文化**
151	湖村			162	祁红		
151	湖里			162	找不敷		**宗族姓氏**
152	游山	159	一田二主	162	找价		
152	富竭	159	八家栈	162	两勾照分	168	一鉴胡氏
152	富溪	159	三分分	162	佃仆制	168	十八中
152	瑞川	159	土地租佃	162	饭稻羹鱼	168	十安堂
152	蓝田	159	大买	162	冷水田	168	十府君
153	槐塘	159	大苗	162	灵山米	168	十姓九汪
153	槎湾	159	大租	162	灵山茶	168	七门方氏
153	蜀马	159	小上海	162	松萝茶	168	八隐
						168	三里郑氏
						168	大桥下郑

二

宗族文化

宗族姓氏

168 马氏	180 邵氏	189 葛氏	197 南屏叶氏祖训家风
168 王氏	180 范氏	189 董氏	198 济阳江氏家训
169 天下之汪皆出新安	180 林氏	190 蒋氏	198 姚氏家规
169 五老耆英	180 林塘三房	190 韩氏	198 泰塘程氏祖训
169 不是篁墩不是程	180 明经胡	191 程氏	198 积庆坊葛氏家训
169 仇氏	181 忠孝曹家	191 舒氏	198 逢田则吉
169 方氏	181 岩镇四郑	191 谢氏	198 翀麓齐氏敦彝堂祠规
170 方氏十二派	181 罗氏	192 詹氏	
170 巴氏	181 金氏	192 鲍氏	198 梧川汪氏家训
170 双桂胡氏	181 金紫胡	193 横冈四老	198 梁安高氏祖训
170 石氏	182 周氏	193 遵义胡	198 董氏族规
170 龙川胡	182 庙前程氏	193 潘氏	198 锦营郑氏宗族祖训
170 东关杨氏	182 郑氏	194 戴氏	198 新安王氏家范
170 北蒋居一	183 河西程氏		198 潭渡黄氏祠规
170 北路郑半州家	183 项氏		
170 卢氏	183 赵氏	**宗族管理**	**宗族事务**
170 叶氏	183 胡氏		
171 田氏	184 南山下郑		198 丁米
171 四角方	184 南门夏	*家规家训*	199 下人称
171 务东邵	184 柯氏		199 大户
171 务前郑	184 查氏	195 云川王氏祠规	199 大姓
171 冯氏	184 俞氏	195 水塘纪氏家训	199 小户
171 半街胡	185 饶氏	195 仁里程氏家训	199 小姓
171 毕氏	185 施氏	195 东关冯氏家戒家规	199 门
172 吕氏	185 洪氏	195 仙石周氏祖训	199 义田
172 朱氏	185 洪桥郑	195 仙石周氏家法	199 义庄
173 任氏	185 祝氏	196 西塘黄氏家训	199 义廪
173 仰氏	186 祝氏女位最高	196 朱氏祠规	199 乡党以齿
173 庄氏	186 姚氏	196 呈坎罗氏祖训	199 开门银
173 刘氏	186 真白郑氏	196 呈坎罗氏新祠八则	199 开祠堂门
173 齐氏	186 真胡	196 吴越钱氏家训	199 木主
173 江氏	186 夏氏	196 沙堤叶氏松岩公家训	199 五世一堂
174 江东二吴	186 顾氏		199 五世同炊
174 许氏	186 倪氏	196 沙堤叶氏宗族四箴	199 五世则迁
174 孙氏	187 徐氏	196 宏潭胡氏家规	199 支
175 李氏	187 殷氏	197 环山余氏家规	199 支祠
175 杨氏	187 凌氏	197 武口王氏庭训	199 长子
175 吴氏	188 高氏	197 坦川汪氏家训	200 分家
176 吴氏八龙	188 唐氏	197 旺川曹氏家训	200 火儿
176 邱氏	188 陶氏	197 明善先生家训	200 火佃
176 何氏	188 黄山谢氏	197 鱼川耿氏家训	200 引礼
177 佘氏	188 黄氏	197 河村刘氏家规	200 引赞
177 余氏	189 梅氏	197 河间凌氏家训	200 正主
177 闵氏	189 曹氏	197 居家十慎	200 节俭户
177 汪氏	189 假胡	197 荆州明经胡氏祖训	200 犯十恶不准入祠
179 宋氏	189 康氏	197 茗洲吴氏家典	200 头首
179 张氏	189 章氏	197 南关许氏惇叙堂祠规	200 司过
180 陈氏	189 绩溪四胡		200 司年

200 司帛	202 科举中试银	205 散胙	208 漏泽园
200 司祝	202 修谱	205 散福	
200 司值	202 养老田	205 辈分	
200 司馔	202 首事	205 掌事	
200 司樽	202 派	205 牌位	# 三
200 司盥	202 冠巾银	205 牌谱	
200 司爵	202 祝板	205 傩仆	## 徽商文化
200 纠仪	202 祝活	205 童生入学银	
200 纠过	202 祠户	205 鼓手	### 经营地域
200 母主	202 祠田	205 墓祠	
200 过继	203 祠产	205 旗匾银	210 一根面棍打到苏门答腊
200 百世不迁	203 祠规	205 薪水银	210 上海
200 当年	203 祠首		210 小江村
200 伙佃	203 祠堂		210 山陬海涯无所不至
200 行名	203 祠堂会	## 社会公益	210 广东
200 行实谱	203 诰敕封赠银		210 广州
200 会族	203 贺礼银	206 上游永济桥会	211 天津
200 合食	203 晋主	206 义冢	211 无徽不成镇
200 合馂	203 监视	206 五姓同善会	211 北京
200 众存	203 特主	206 互济会	211 四川
201 庄	203 特禽	206 乌镇新安义园	211 兰溪
201 庄仆	203 特祭祠	206 以妥堂旅榇所	211 汉正街
201 灯油银	203 值年	206 生生局	212 辽阳
201 进主	203 颁胙	206 永济仓	212 扬州
201 进主银	203 家长	206 庆源戒烟所	212 江西
201 进馔儿童	203 家佐	206 运柩会	212 江南诸镇
201 两清明	203 家庙	206 体仁会	213 祁门码头
201 利市田	203 家法	206 罗坑同善桥会	213 红（洪）半边街
201 佃仆	204 家祠	206 和衷粮局	213 芜湖
201 饮福	204 读宗谱	207 周太捐修活人路	213 苏州
201 祀会	204 冢祠	207 育婴堂	213 足迹几半禹内
201 灵牌	204 衬主	207 实备仓	213 足迹常遍天下
201 轮年	204 通赞	207 居养院	213 武汉
201 鸣赞	204 堂仪银	207 茶亭	214 杭州
201 例监生授职银	204 堂谱	207 勉济局	214 金华
201 卷资银	204 领粮经摺	207 急公会	214 京杭大运河
201 宗	204 祭田	207 养济院	214 河南
201 宗长	204 祭会	207 恤孤堂	214 南京
201 宗正	204 祭祖	207 祝三村路会	214 临清
201 宗祠祭礼	204 族长	207 桥路局	214 贵州
201 宗副	204 族佐	207 海阳公所	214 泰州
201 宗谱	205 族规	207 黄何捐筑青陂堨	215 钻天洞庭遍地徽
202 房	205 族谱	208 船福会	215 淮安
202 房长	205 清明祭祀	208 惜字局	215 景德镇
202 承祧	205 添丁银	208 惠民药局	215 詹商岭
202 封山育林	205 添丁谱	208 敦本会	215 鲇鱼套
202 封山禁林	205 隅	208 新德庵	215 新安码头
202 罚胙	205 婚嫁银		

215	新安街	219	提引案	223	茶行	227	詹彦文墨号
215	福建	219	散商	223	茶庄		
216	漂广东	219	窝根	223	茶栈		**刻书业**
216	徽州弄	219	源顺盐号	224	胡万春茶号	227	十竹斋
216	徽临滩	220	整轮	224	胡日顺	227	三胡家刻
216	徽商出行水路	220	融销	224	胡源泰	227	大雅堂
216	徽商出行陆路			224	洪源水茶栈	227	飞鸿堂
216	徽商殖民地		**典当业**	224	恒大有茶叶店	227	马版
				224	培桂山房	228	文会堂

行业字号

		220	大有恒钱庄	224	鸿怡泰茶庄	228	"四元宝"刻书
		220	无典不徽	224	森盛茶庄	228	外埠徽人刻书
		220	无徽不成典	224	谢裕大	228	汉魏丛书
	盐业	220	文谟典	225	谦顺昌茶号	228	亚东图书馆
		220	方用彬典	225	谦泰恒号	228	西爽堂
217	大总	220	永晟典	225	鲍德润茶叶店	228	百家名书
217	久昶油盐号	220	过五			228	有益书报社
217	开中折色	220	孙贞吉典		**木业**	228	存诚堂
217	开中法	220	吴丰典			228	师古斋
217	内商	220	宏元典	225	木业	229	师竹友梅馆
217	水商	220	张恒裕典	225	木簰	229	后知不足斋丛书
217	月折制度	220	张德馨典	225	支天顺木器店	229	齐氏四世刻书
217	引窝	220	典当业	225	森长源木行	229	观化轩
217	业盐甲两淮	221	依仁典	225	徽州旅杭木业福利社	229	《红楼梦》程乙本
217	边商	221	治典者唯休称能	225	徽国文公祠	229	《红楼梦》程甲本
218	场商	221	值十当五	225	徽商木业公所	229	芜湖科学图书社
218	江裕泰号	221	高柜台			229	还雅斋
218	江馨泰号	221	善长当		**丝布业**	229	吴县潘氏刻书
218	运商	221	徽州朝奉			229	忻赏斋
218	抗金误课案			225	大生号织布厂	230	诒清堂
218	匣商		**茶业**	226	大盛织布厂	230	玩虎轩
218	两浙盐场			226	丝布业	230	环翠堂
218	两淮盐场	221	万和号茶铺	226	芜湖浆染业	230	知不足斋丛书
218	两淮提引案	221	亿同昌茶号	226	宏村私营本布厂	230	刻书业
218	灶户	221	元隆茂茶叶号	226	赵怡丰布店	230	泊如斋
218	汪聚和行盐招牌	221	公兴隆茶栈	226	曹恒泰布店	230	胡文焕版
218	改纲为票	221	方大有茶漆号	226	皖南第一纺织厂	230	胡宗宪刻书
218	纲商	222	本庄茶	226	裕生布厂	230	奎壁斋
219	首总制度	222	协和昌	226	新记布店	230	省吾堂
219	总商	222	祁门红茶创制			231	昭代丛书
219	津贴制	222	祁门茶业合作社		**墨业**	231	贻经堂
219	盐户	222	祁门茶业改良场			231	科学图书社
219	盐业	222	孙义顺安茶号	226	方于鲁墨	231	美荫堂
219	盐策祭酒	222	吴裕泰	226	胡开文墨	231	振绮堂
219	根窝	223	汪晋和茶号	226	曹素功墨庄	231	格致丛书
219	铳销	223	汪裕泰	226	程圣文墨店	231	瓶花斋
219	商总	223	怡新祥	227	程君房墨	231	浣月轩
219	商籍	223	茶业	227	詹有乾墨号	231	黄氏刻工
		223	茶号	227	詹成圭墨号		

232	萃文书屋		**药业**		**商业组织**	246	寿昌新安同乡会
232	曹文埴父子刻书					246	茶业公所
232	曹庸斋笔墨庄					246	旅汉绩溪同乡会
232	康山草堂	236	上海中西大药房		**会馆**	246	旅杭绩溪同乡会
232	琳琅秘室丛书	236	正田药店			246	旅京绩溪同乡会
232	程氏墨苑	236	叶开泰药店	241	九江新安笃谊堂征信录序	246	旅淳绩溪同乡会
232	集雅斋书画谱	236	同德仁药店			246	绩溪旅宁新安同乡会
232	尊生馆	236	胡庆馀堂	241	大兴会馆	246	绩溪旅沪同乡会
232	滋兰堂	236	药业	241	上海徽宁会馆	246	景德镇明经会
232	摄元堂	236	保和堂药店	241	广州新安会馆	246	婺源县商会
232	慈仁斋	236	新安陆氏保和堂	241	义乌新安会馆	246	新安六邑旅溧同乡会
232	熙春楼			241	天津徽州会馆	246	歙县旅沪同乡会
233	潘之恒刻书		**酱菜业**	241	北京休宁会馆	246	徽州六邑旅兰同乡会
233	霞举堂			241	北京绩溪会馆		
233	徽州本土刻书	237	老福盛酱园	242	北京婺源老会馆		**商业经营**
233	徽州坊刻	237	胡玉美	242	北京婺源新会馆		
233	徽州版画	237	章恒升酱园	242	北京歙县会馆		
233	徽州刻工	237	程德馨	242	务本堂	247	一文钱开发市场
233	徽州官刻			242	兰溪江南公所	247	八宝药墨
233	徽州家刻		**杂业**	242	兰溪新安会馆	247	人弃我取
233	徽刻商业书			242	扬州徽州会馆	247	三伏酱油
		237	上海飞达凸凹彩印厂	242	江都徽州会馆	247	子母钱
	徽馆业	237	上海公估局	243	芜湖徽州会馆	247	开张
		237	水运快利公司	243	苏州徽郡会馆	247	牙行
233	三里街中和楼	237	打络子	243	武义徽州会馆	247	水客
233	大中华酒菜馆	238	礼百列行厂	243	思义堂刊征信录启	247	权子母
233	大中华酒楼	238	永明电灯公司	243	重修陕西安徽会馆暨议该馆录序	248	团积
233	大中国酒菜馆	238	华昌照相材料行			248	同德仁起死回生
234	大全福酒菜馆	238	祁门瓷商	243	泰州姜堰新安会馆	248	回易
234	大富贵酒楼	238	吴公和油坊	244	泰州海陵新安会馆	248	朱世荣屡败不馁
234	大新酒楼	238	张大隆剪刀铺	244	桐乡崇德新安会馆	248	伙计
234	大嘉福	238	张小泉剪刀店	244	浮梁祁门会馆	248	合伙经商
234	大酺楼	238	明远电气股份有限公司	244	盛泽徽宁会馆	248	合资经营
234	上海菜馆			244	常熟徽州会馆	248	庆成油行重管理
234	中和楼	239	胡宏发南货号	244	淮安新安会馆	249	许谷献策抗倭
234	长和馆	239	胡培春白土行	244	募建唐栖新安会馆缘起	249	阮弼抗倭
234	祁门中和馆	239	振华肥皂厂	245	景德镇徽州会馆	249	阳俸
235	芜湖同庆楼	239	徐万隆杂货店	245	新安恭善堂	249	阴俸
235	沪西大中华菜馆	239	竞兴电气公司	245	黟县京师会馆	249	走贩
235	武汉同庆楼	239	竞兴机器碾米厂	245	衢州徽州会馆	249	苏同裕典规章
235	武昌徽州大中华酒楼	240	海商			249	李宗焖济世疏财
235	宝华楼菜馆	240	诸昌油坊		**同乡会、商会**	249	吴俊德不用添加剂
235	海华楼酒菜馆	240	乾泰永金号			249	吴炽甫广开市场
235	第一春	240	鸿济公司	245	兰溪新安同乡会	250	囤积
235	鸿运酒楼	240	詹源生花爆店	245	休宁旅沪同乡会	250	汪应庚富而好仁
235	鸿运楼	240	福昌隆纸烛爆号	245	休宁绩溪同乡会	250	汪通保四面开门
235	紫云馆	240	漆业	245	祁门县茶业同业公会	250	层级管理
236	徽州同庆楼	240	徽商买办	246	祁门县商会	250	附本经营

250	畅滞搭配批发	254	以义为利	259	文公阙里	265	易经补义
250	易水法制墨	254	以众帮众	259	心性	265	易经释义
250	委托经营	254	左儒右贾	260	心学阵营	265	易指要绎
250	质剂	254	白圭趋时	260	以风节相砥砺	265	易原
250	股份制经营利润分成	254	存好心	260	以实理求之	265	易通
250	变直销为函购	254	自省自悟自揣摩	260	东山存稿	265	易赘
250	店主	254	弛儒而张贾	260	四书发明	265	易疑
250	店伙	254	财自道生，利缘义取	260	四书通	265	知行
250	废著	254	弃儒就贾	260	四书通义	265	周礼述注
250	学徒	255	良贾何负闳儒	260	四书通证	266	周易文诠
251	承揽式经营	255	易贾而儒	260	四书章句集注	266	周易本义
251	降价赢声誉	255	咸近士风	261	四书章图	266	周易本义通释
251	茶客	255	食惟馇粥	261	四易通义	266	周易时义注
251	胡仁之不掺杂使假	255	阀阅家不惮为贾	261	发明朱子之学本旨	266	周易图书质疑
251	胡庆馀堂秘制"龙虎丸"	255	贾而好儒	261	考古编	266	周易宗义
251	胡余德创制集锦墨	255	贾何负于耕	261	师山文集	266	周易独坐谈
251	胡荣命不赁肆名	255	贾何负于儒	262	师山学派	266	周易颂
251	胡雪岩五可七不	255	职虽为利，非义不取	262	朱子大全	266	周易旁注图说
251	胡雪岩送痧药	255	趋时观变	262	朱子之学复兴	266	性即理
252	拜师	255	廉贾归富	262	朱子功臣	267	性理之学
252	独资建"吴桥"	255	徽骆驼	262	朱子学异论	267	性理字训讲义
252	捐资抗倭			262	朱子语类	267	性理学
252	副手			262	朱子家礼	267	学易述谈
252	赊购		**四**		262	朱文公文集	267	学易象数举隅
252	赊销			262	朱文公易说	267	学春秋必自左氏始
252	做神福		**学术宗教**		262	朱陆始异而终同	267	定宇集
252	馆规			263	朱枫林集	267	诗传遗说
252	掌计		**新安理学**		263	朱熹十二弟子	267	诗论
252	跑街先生			263	休宁理学九贤	267	诗志
253	喻起钟不求暴利	258	十七史纂古今通要	263	休宁理学先贤传	267	诗经正义
253	智保胡开文	258	十家易象集说	263	伊雒渊源录	267	诗集传
253	程良锡驰骋抗倭战场	258	七经图	263	会同朱陆	267	绍熙州县释奠仪图
253	程霖生热心公益事业	258	三礼约编	263	阴符经考异	268	经礼补逸
253	雇工经营	258	大头目	263	羽翼之功不可没	268	春秋日食质疑
253	毁墨保名声	258	子思子	264	孝经句解	268	春秋左氏传补注
253	詹元甲拒收回扣	258	王学类禅臆断	264	孝经衍义	268	春秋左传句解
253	鲍志道以俭相戒	258	天理之自然	264	孝经类解	268	春秋师说
253	鲍直润赢利观	258	元之国学	264	求真是之归	268	春秋金锁匙
253	鲍漱芳获御笔"乐善好施"	259	太极	264	纯正蒙求	268	春秋经传附录纂疏
253	螺司	259	历朝通略	264	事文类聚	268	春秋经传阙疑
253	徽商隐语	259	中庸讲义	264	尚书旁注	268	春秋集传
		259	中庸点缀	264	尚书集传纂疏	269	春秋集传释义大成
	徽商理念	259	六爻原意	264	易引	269	春秋集解读本
		259	文公丧礼考异	264	易本义启蒙通释	269	春秋属辞
254	三贾不利犹未餍	259	文公家礼	265	易本义附录纂疏	269	持敬
				265	易学启蒙通释	269	音律节略考
				265	易学启蒙翼传	269	养性结合入世
				265	易经会通	269	洗心斋读易述

269 真知之说	276 仪礼释宫增注	281 徽派朴学	286 考订朱子世家
269 格物致知	276 礼书纲目		286 扬州休园志
269 旁注诸经	276 礼记训义择言	## 史学杂著	286 西干志
270 读易质疑	276 礼经纲目		286 西粤对问
270 理一分殊	276 礼经释例		286 至顺祁闾志
270 理气	276 礼笺	282 一统路程图记	286 光绪两淮盐法志
270 理欲	277 考工记图	282 十六国年表	286 光绪婺源县志
270 理欲之辨	277 朴学先驱	282 士商类要	286 曲洧旧闻
270 授经图	277 死于理	282 万历休宁县志	286 同治祁门县志
270 晦庵先生朱文公文集	277 因声求义	282 万历齐云山志	286 同治祁门县志补
270 敬斋箴	277 血气心知	282 万历祁门县志	286 同治徽州府志辨证
271 紫阳学派	277 次仲学派	282 万历绩溪县志	286 同治黟县三志
271 程朱理学	277 字诂	282 万历歙志	287 朱子实纪
271 程朱阙里	277 远近等差殊科	283 万历黟县志	287 朱翼
271 程朱阙里志	277 志存闻道	283 山居清赏	287 舌华录
271 尊德性	277 求真求是	283 广月令	287 休宁孚潭志
272 尊德性与道问学	278 近思录集注	283 己酉避乱录	287 名山注
272 道一学说	278 易述赞	283 丰南志	287 关中集
272 道一编	278 周礼疑义举要	283 天下水陆路程	287 祁门乡土地理志
272 婺源七哲名家	278 屈原赋注	283 天下路程图引	287 两汉笔记
272 楚辞集注	278 孟子字义疏证	283 天启歙志	287 两浙海防类考续编
273 新安学系录	278 参读礼志疑	283 历代二十一传残本	287 沙溪集略
273 新安理学	278 经世致用	283 中山沿革志	287 宋遗民录
273 新安理学与佛老思想	278 经学三胡	283 水陆平安	287 明万历登坛必究
273 演繁露	278 春秋地理考实	284 凤凰山志略	287 明万历群经考索古今
273 覆瓿集	278 相反之名	284 六朝事迹编类	事文玉屑
	279 钟鼎字源	284 孔子编年	288 明天启五雅
## 徽派朴学	279 律吕阐微	284 正德黟县志	288 明臣谥汇考
	279 律吕新论	284 古今谳略及谳略补	288 明重校唐王焘先生外
	279 独寻其义例	284 古今彝语	台秘要
274 三礼札记	279 音学十书	284 左史谏草	288 明嘉靖天禄阁外史
274 三胡礼学	279 音学辨微	284 北边备对	288 明嘉靖重广注扬子法言
274 义府	279 癸巳类稿及癸巳存稿	284 史书	289 典籍便览
274 乡党图考	280 原善	284 史诠	289 岩镇志草
274 不疏园研讨	280 旁通互证	284 史砭	289 知新录
274 分理	280 通艺录	284 史裁	289 季汉书
274 六书正义	280 通晓字义	284 生意蒙训俚语十则	289 使金录
274 方音偶借说	280 乾嘉学派	284 汉魏别解	289 河防刍议
274 长于推理	280 欲理知	284 永乐祁闾志	289 经史笔记
275 去蔽	280 庸言录	285 民国祁门县志	289 经序录
275 古今伪书考	280 深衣考误	285 民国重修婺源县志	289 城阳山志
275 古韵标准	280 综形名任裁夺	285 民国婺源县志	289 革除逸史
275 东原学派	280 道理气	285 民国歙县志	290 胡梅林行实
276 四书典林	281 慎独格物	285 民国黟县四志	290 顺治歙志
276 四声切韵表	281 群经补义	285 弘治休宁县志	290 顺治黟县志
276 仪礼正义	281 螟蠃负螟蛉	285 弘治徽州府志	290 律古词曲赋叶韵
276 仪礼释例	281 燕乐考原	286 对问编	290 狮山掌录
	281 戴震辨"理"		290 济美录

290	客商规略	294	新安府志	298	成道节	304	天泉书院
290	说颐	294	新安府志续编	298	成道会	304	天都书院
290	读书一得	294	新安原版士商类要	298	传戒法会	304	云门书屋
290	黄山志	294	新安续志	298	齐云山佛教	304	云庄书堂
290	黄山志定本	295	新刻士商要览天下水陆行程图	298	齐云香会	304	友陶书院
291	黄山志略			298	齐云斋戒	304	屯山书院
291	黄山志续集	295	新刻水陆路程便览	298	齐云清规	304	少潭讲院
291	黄山图经	295	雍正两浙盐法志	299	齐云道乐	304	中山书堂
291	黄元龙小品	295	雍正两淮盐法志	299	齐云道场	305	中天书院
291	黄海	295	嘉庆两浙盐法志	300	问政先生	305	月友书院
291	乾隆两淮盐法志	295	嘉庆两淮盐法志	300	观音会	305	凤池书院
291	乾隆绩溪县志	295	嘉庆绩溪县志	300	坟庵	305	文公书院
291	乾隆婺源县志	295	嘉庆婺源县志	300	李氏三师	305	文公祠
291	乾隆歙县志	295	嘉庆徽志补正	300	佛教协会（皖南）	305	方壶书屋
291	乾隆黟县志	295	嘉庆黟县志	300	净土会上叙长幼	305	斗山书院
291	康熙休宁县志	296	嘉靖休宁县志	300	放戒	305	心远书院
292	康熙祁门县志	296	嘉靖两淮盐法志	300	居士林	305	双杉书院
292	康熙两淮盐法志	296	嘉靖新安志补	300	桃源洞天	305	书院
292	康熙婺源县志	296	嘉靖徽州府志	300	黄山佛教	305	玉林书院
292	康熙歙县志	296	橙阳散志	300	曹洞宗僧	305	世贤书院
292	康熙徽州府志	296	歙县乡土志	301	普度大斋水陆法会	306	石龙精舍
292	康熙徽州府通志	296	徽州婺北镜心堂重修浙岭征信录	301	道士戏	306	石丘书院
292	康熙徽州府通志续编			301	道场音乐	306	石泉书院
292	康熙黟县志	296	徽商公所征信录序	301	肇林社	306	龙川书院
292	清康熙二十四年古文渊鉴	296	徽商便览	301	徽州天主教	306	龙峰书院
		296	黟县一志	301	徽州丛林	306	平山书院
292	淮鹾本论	296	黟县二志	301	徽州伊斯兰教	306	东山书院
292	寄园寄所寄	296	黟县乡土地理	301	徽州基督教	306	东山精舍
292	续列女传	296	黟县乡土志	301	徽州道教	306	东园书院
293	续表忠记	296	麟书			306	东源书院
293	粤述	296	曩下语			306	东墅书院
293	善和乡志					306	东麓书院
293	道光休宁县志					306	北园书院
293	道光祁门县志		**宗教信仰**		**五**	306	四友堂
293	道光婺源县志				**教育科技**	306	白云书院
293	道光歙县志					306	白石讲堂
293	道光徽州府志	297	三禅院鼎立			306	白杨书院
293	道光黟县续志	297	开戒		**徽州教育**	306	乐山书院
293	寒松阁集	297	天都社			306	汉口紫阳书院
293	谥苑	297	太平兴国寺戒坛		*书院*	306	汉口新安书院
293	暗然堂类纂	297	打七			307	西山书屋
294	锦城志略	297	打水陆	304	二峰书院	307	西山书院
294	筹海图编	297	打佛七	304	三峰精舍	307	西园书屋
294	新安山水记	297	打禅七	304	万山书院	307	西畴书院
294	新安广录	297	功德寺	304	万春书院	307	师山书院
294	新安文献志	297	甘露仙	304	山屋书院	307	竹山书院
294	新安后续志	297	古岩院	304	飞布书院	307	竹洲书院
294	新安志	297	寺观祠	304	开文书院	307	竹溪书院

307 华山精舍	310 教忠书院	313 曙戒山房	316 歙县县学
307 问政书院	310 教职俸薪银	313 翼经堂	316 歙县儒学
308 江东道院	310 培阆书屋	313 霭门书屋	316 徽州府学
308 汤公书院	310 梧冈书院		316 黟县考棚
308 讲会	310 梅椿书舍	科举	316 黟县会试旅资
308 许氏文会馆	310 虚直楼		316 黟县县学
308 赤山书堂	310 晦庵书院	313 一门八进士	317 黟县学会
308 李源书院	310 崇文书院	314 一门九进士	317 黟县儒学
308 还古书院	310 崇正书院	314 一科同郡两元	
308 时习堂	310 崇本书院	314 一镇四状元	学校
308 岑山书院	310 崇报书院	314 十八进士题名钟	
308 秀山书院	310 商山书院	314 三代进士	317 十家之村,不废诵读
308 汪氏敬斋	311 率溪书院	314 父子四登科	317 又新书屋
309 初山精舍	311 骐阳书院	314 父子尚书	317 万川家塾
309 环溪书屋	311 联璧馆	314 六部四尚书	317 上海法学院附属中学
309 青山书院	311 蒋公书院	314 东南邹鲁	317 义学
309 英山书屋	311 紫阳书院	314 兄弟三进士	317 义塾
309 林沥书院	312 紫阳讲会	314 考棚	317 屯溪市私立行知中学
309 松山书屋	312 紫阳学社	314 同胞翰林	317 屯溪私立天山小学
309 松云书院	312 紫阳课艺	314 同榜六进士	317 屯溪私立进修小学
309 枫林书院	312 紫阳塾讲	314 休宁县学	317 屯溪私立建国中学
309 明经书院	312 蛟潭书院	314 休宁儒学	317 屯溪私立福音小学
309 明善书院	312 集成书院	315 灯油费	317 屯溪博济医院附设助产士学校
309 明德书院	312 集贤馆	315 州学	
309 易安书院	312 道一堂	315 祁门县学	317 中山民众学校
309 鸣阳书院	312 道川书院	315 祁门试院	318 中华民国国立第八中学
309 岩溪书院	312 道存书院	315 祁门科第	318 长淮临中
309 南山书院	312 湖山书院	315 祁门儒学	318 公学
309 南山书堂	312 寒泉精舍	315 两朝十举人	318 以文家塾
309 南门书院	312 谦如书院	315 连科三殿撰,十里四翰林	318 书馆
309 南阳书院	313 翚阳书院		318 东吴大学附属中学(黟校)
309 南轩书院	313 楂山书堂	315 邑小士多	
309 南溪别墅	313 槐溪书院	315 金陵婺源试馆	318 东吴附中
309 柳溪书院	313 蜀川书院	315 学不可私	318 四女中
309 钟山书堂	313 颖滨书院	315 学如击石火	318 民主小学校
309 客座	313 新溪书院	315 官学	318 西溪南农民夜校
309 神交精舍	313 窦山书院	315 赵氏多进士	318 休宁县中
309 费公书院	313 福山书院	315 祖孙四进士	318 休宁县公立初等农业学堂
309 眉公书院	313 碧阳书院	315 宾兴盘费	
310 莱山旧业	313 韬庐	315 清朝休宁科举	318 休宁县立初级中学
310 桂林书院	313 漳溪书院	315 绩溪县学	318 休宁县立海阳小学校
310 桂枝书院	313 翠岩书院	316 绩溪儒学	318 休宁县立海阳中学校
310 桂岩书院	313 横绿书院	316 喜庆银	318 休宁县私立屯溪两等小学堂
310 桃源书院	313 樟源书院	316 婺源县学	
310 秘阁书院	313 翰林书院	316 婺源儒学	318 休宁县私立白岳战时初级中学
310 高第弟子十二人	313 甑山书院	316 鹏咏第一人	
310 阆山书院	313 濂溪书院	316 青火费	318 休宁县私立战时临时中学
310 海阳书院	313 霞源书院	316 青火银	

318 休宁县私立临川初等小学堂	321 安徽省徽州崇一私立中学堂	325 致思馆	327 皖南区歙县初级中学
318 休宁县私立振西初级小学	321 祁门义童学校	325 高等小学堂	327 尊经私塾
318 休宁县私立原道初等小学堂	321 祁门县立简易师范学校	325 基督教中华内地会私立明道小学	327 婺源公立正谊两等小学堂
318 休宁县私立黄氏初等小学堂	321 祁门县民众教育馆	325 崇一小学堂	327 婺源公立初等小学堂
318 休宁县官立海阳高等小学堂	321 祁门县西乡乡立高等小学堂	325 崇一学堂	327 婺源公立初等女学堂
319 灯油田	321 祁门县凫东乡赤桥民主小学	325 崇德女校	327 婺源县立初级中学
319 江苏省立第二临时中学	322 祁门县私立天智初级小学	325 淮安私立新安学校	327 婺源县私立紫阳初级中学
319 江苏省立第五临时中学	322 祁门县私立祁闾初级中学	325 隆阜中学	327 婺源私立初等小学堂
319 安徽省立天长中学	322 祁门县私立育英小学校	326 绩溪中学	328 婺源官立两等小学堂
319 安徽省立屯溪工业职业学校	322 祁门县南乡乡立高等小学堂	326 绩溪公立尚志两等小学堂	328 婺源官立高等小学堂
319 安徽省立屯溪医院附设高级护士学校	322 祁门县梅南高等小学堂	326 绩溪公立临溪两等小学堂	328 简易识字学塾
319 安徽省立长淮临时中学	322 祁门官立高等小学堂	326 绩溪公立振起两等小学堂	328 新安中学堂
319 安徽省立休宁女子中学	322 芜湖芜关中学徽州分校	326 绩溪公立竞实两等小学堂	328 新安公立乡村师范学校
319 安徽省立休宁中学	322 芜湖徽州公学	326 绩溪公立簧进两等小学堂	328 新安公立中等职业学校
319 安徽省立安徽学院皖南分院	322 苏州私立中山体育专科学校	326 绩溪县立女子小学	328 新安公立甲种商业学校
319 安徽省立黄山临时中学	322 苏维埃农民团学校	326 绩溪县立中心实验小学	328 膏火田
319 安徽省立第二女子师范学校	322 两等小学堂	326 绩溪县立初级中学	328 塾学
319 安徽省立第二中学	323 私学	326 绩溪县私立天岑初级小学	328 塾馆
320 安徽省立第二师范学校	323 私塾	326 绩溪县城西女校	328 端则女校
320 安徽省立第八职业学校	323 启蒙田	326 绩溪私立中正职业学校	328 歙县义童学校
320 安徽省立第三中学	323 初等小学堂	326 绩溪私立胡氏两等小学堂	328 歙县中学
320 安徽省立第五师范学校	323 社会即学校	326 绩溪私立胡氏初等小学堂	328 歙县公立大洲两等小学堂
320 安徽省立第四女子中学	323 社学	326 绩溪私立思诚两等小学堂	328 歙县公立凤山两等小学堂
320 安徽省立第四女子师范学校	324 抱一书斋	326 绩溪私立思诚初等小学堂	329 歙县公立乐育两等小学堂
320 安徽省立绩溪农业职业学校	324 国立八中	326 绩溪私立植基两等小学堂	329 歙县公立务本两等小学堂
320 安徽省立绩溪初级中学	324 明伦小学	326 绩溪官立东山高等小学堂	329 歙县公立师山两等小学堂
320 安徽省立绩溪高级农业职业学校	324 明伦堂小学	327 绩溪官立明伦两等小学堂	329 歙县公立求是两等小学堂
321 安徽省立徽州女子中学	324 郑氏师山两等小学堂	327 紫阳师范学堂	329 歙县公立济通两等小学堂
321 安徽省立徽州女子初级中学	324 学田	327 景德镇紫阳中学	329 歙县公立崇正高等小学堂
321 安徽省立徽州中学	324 南京私立安徽中学徽州分校	327 皖南区屯溪女子中学	329 歙县示范中心国民学校
321 安徽省立徽州师范学校	324 南京私立现代中学	327 皖南区屯溪中学	329 歙县行知小学
321 安徽省立徽州初级农林科职业学校	324 南京私立钟英中学	327 皖南区休宁中学	329 歙县许村私立仪耘初级小学
321 安徽省第十区农林实验学校	324 南京国立中央大学实验中学	327 皖南区绩溪中学	329 歙县立初级中学
	324 南湖书院	327 皖南区歙县中学	329 歙县立明伦堂小学
	325 柏山皖中		329 歙县县立城关完全小学
	325 省立二中		329 歙县县立第一高等小学校
	325 复旦大学附属中学（皖校）		

330 歙县县立简易师范学校	332 徽属联立职业学校	336 省立二师	341 心法歌诀
330 歙县县立简易师范学校附属小学	332 黟县县立初级中学	336 省立三中五四学潮	341 古今医统大全
330 歙县私立中正学校	332 黟县私立天主堂小学	336 科学下嫁运动	341 本草择要纲目
330 歙县私立正本初等小学堂	333 黟县私立沥川小学	337 陶姚	341 本草备要
330 歙县私立正谊两等小学堂	333 黟县私立启蒙初等小学堂	337 教学做合一	341 本草蒙荃
330 歙县私立右任中学	333 黟县私立南阳两等小学堂	337 黄社	341 石山医案
330 歙县私立民族中学	333 黟县私立崇德女子初级小学校	337 绩溪文庙	342 生生子医案
330 歙县私立弘光小学	333 黟县私立敬业小学	337 绩溪县官立师范传习所	342 外科理例
330 歙县私立作新两等小学堂	333 黟县私立蔚文小学	337 绩溪县教育会	342 西园女先生
330 歙县私立启悟两等小学堂	333 黟县贫民初等小学堂	337 绩溪学宫	342 西园喉科
330 歙县私立青年中学	333 黟县崇德女子学堂	337 绩溪惠民染织传习所	343 存诚堂
330 歙县私立南山中学	333 黟县碧阳公立高等小学堂	337 道外无文,文外无道	343 伤寒从新
330 歙县私立战时临时中学	333 黟县黎明商业学校	338 婺源公立师范传习所	343 伤寒论后条辨
331 歙县私立剑华小学		338 婺源文庙	343 伤寒论后条辨直解
331 歙县私立崇诚两等小学堂	**综合**	338 婺源县立简易师范学校	343 伤寒论条辨
331 歙县私立惇愫两等小学堂	333 一方硕士,六县宗师	338 婺源学宫	343 伤寒选录
331 歙县私立惇愫初等小学堂	334 十里三贤人	338 新安旅行团	343 杂证会心录
331 歙县私立绳正两等小学堂	334 七政训练班	338 新黟学会	343 名医类案
331 歙县私立敬宗两等小学堂	334 工学团	338 歙县文庙	343 江氏儿科
331 歙县私立端则女子小学堂	334 小三苏	338 歙县县立师范讲习所	343 江氏内科
331 歙县私立潨川两等小学堂	334 小先生制	338 歙县学宫	343 许氏幼科七种
331 歙县私立徽州国医专门学校	334 中山体专	338 歙县第一工学团	343 农经酌雅
332 歙县官立两等小学堂	334 仇学风潮	338 戴氏私立东原图书馆	343 孙文垣医案
332 歙县城中小学	334 孔子先师庙	338 徽州推行平民教育办法	344 红先生
332 歙县城关小学	335 孔庙	339 徽州教育联合会	344 运气易览
332 歙县钟英女子小学堂	335 劝学所	339 黟县文庙	344 赤水玄珠
332 歙县新安六邑联合中学	335 生活即教育	339 黟县民众教育馆	344 赤水玄珠全集
332 徽州乙种农业学堂	335 休宁文庙	339 黟县学宫	344 赤水玄珠医案
332 徽州乙种商业学校	335 休宁县立简易师范学校	339 黟县黄村小学画像灯事件	344 杏轩医案
332 徽州府文庙	335 休宁学宫	339 黟县新学	344 杨氏小儿科
332 徽州府学宫	335 全徽教育协进社		344 医方考
332 徽州府紫阳师范学堂	336 安徽学府	**新安医学**	344 医方集解
332 徽州旅芜公学	336 安徽省立第一茶务讲习所		344 医旨绪余
332 徽城镇示范中心学校	336 国民政府第三战区救济分会第一义童教养院	340 一体堂宅仁医会	344 医补
332 徽属茶钱两商公立小学		340 王氏内科	344 医述
	336 国民政府第三战区救济分会第二义童教养院	340 不居集	345 医法心传
	336 茶商小学	340 丹台玉案	345 医学心悟
	336 茶商崇正学堂	341 丹溪心法	345 医学原理
	336 省立二中驱左学潮	341 丹溪心法附余	345 医宗金鉴
		341 方氏外科	345 医宗粹言
		341 方症会要	345 医说
		341 订正伤寒论注	345 医家必阅
			345 医暇卮言
			345 针灸问对
			345 坐堂医生
			345 证因集要方论
			346 张氏伤寒
			346 松崖医经

346 金匮要略直解	351 勾股割圜记		363 云峰集
346 南园喉科	351 方舆胜览	# 六	363 太平乐府
346 临证指南医案	351 劝农文		363 太函集
346 重楼玉钥	352 四元玉鉴细草	## 徽州文学	363 友于歌
347 脉诀刊误集解	352 尔雅翼		363 长啸台稿
347 脉学精华	352 玄真子	### 诗社文会	363 仁山遗稿
347 脉语	352 民居防火工程		363 六朝声偶删补
347 脉症治方	352 曲尺堰		364 文选颜鲍谢诗评
347 活幼珠玑	353 色散现象	360 丰干诗社	364 文堂诗选
347 活法启微	353 花鸟春秋	360 天都诗社	364 方初庵集
347 神灸经论	353 牡丹荣辱志	360 五友诗社	364 方壶存稿
347 素问灵枢纂约注	353 汪应蛟垦田种稻	360 龙都诗社	364 方壶词
347 素圃医案	353 汪莱数学成就	360 叶氏文会	364 双溪草堂诗集
347 殷氏内科	353 汪莱精研科学	360 白榆社	364 双溪集
347 推求师意	354 沟洫疆理小记	360 兴贤会	364 玉勾十三种
347 黄氏妇科	354 画眉笔谈	360 花神三多诗社	364 玉芝草
348 黄帝内经素问吴注	354 岭南风物记	360 两人诗社	364 玉汝诗集抄存
348 黄帝内经素问校义	354 周髀用矩法	360 林泉诗社	364 古梅吟稿
348 曹氏外科	354 参算两经	360 岳青诗会	364 石竹山房天游稿
348 麻疹备要方论	354 重订水经注	360 修月轩文会	364 北游集
348 望诊遵经	354 段莘养田碣	360 黄陂诗画社	364 四才子
348 续素问钞	354 禹贡三江考	360 萃英文社	364 白云集
348 喉白阐微	354 禹贡山川地理图	361 集诚文会	365 白香山诗集
348 喉科白腐要旨	355 禹贡后论	361 郭山诗社	365 兰皋集
348 程氏内科	355 禹贡论	361 聚奎文会	365 兰簃丛稿
349 程氏伤科	355 胆水浸铜法	361 霞阜诗盟	365 让溪甲集乙集
349 程氏医书六种	355 费隐与知录		365 亘史
349 痘治理辨	355 珠塘坝	### 文学作品	365 亘史钞
349 解毒篇	355 准望简法		365 西山类稿
349 新安医学	356 离心式宇宙起源假说		365 西园遗稿
349 新安医学世家	356 通渠筑防	362 一映吹诗	365 西厢记序
349 新安医学家	356 培植兰菊法	362 一溉堂诗集	365 有恒心斋诗集
349 慈航集	356 野菜博录	362 十五家词	365 有恒心斋骈体文集
349 慈航集三元普济方	356 笺卉	362 十岳山人诗集	366 贞白遗稿
349 摩腹运气图	356 策算	362 入歙	366 贞素斋集
	356 御制佩文斋广群芳谱	362 了拙轩遗稿	366 竹洲集
	356 释虫小记	362 才子牡丹亭	366 竹瑞堂诗抄
## 科技发明	357 释草小记	362 大雅堂杂剧	366 华质英文
	357 鹌鹑谱	362 万年希	366 池草集
	357 新编直指算法统宗	362 万青词	366 祁诗合选
350 一岁芳华	357 雍录	362 万青阁全集	366 论曲绝句三十二首
350 九谷考	357 算法纂要	362 万青阁诗余	366 苍耳斋诗集
350 丈量步车	357 镜镜詅痴	362 山子集	366 杜诗说
350 广菌谱	358 衡斋算学	363 广艳异编	366 杏亭摘稿
350 广群芳谱	358 戴震复原算经十书	363 天问天对解	366 旸谷遗稿
350 天无体	358 徽州图经	363 天都载	366 旸源谢氏诗录
351 五轮沙漏	358 翼梅	363 韦斋集	366 希夷梦
351 日用本草	358 覆载通几		367 汪山人集

367	汪次公集	370	容甫先生遗诗	374	潘象安诗集	378	汪仰陶故居书斋联
367	汪禹乂诗集	370	陶诗汇注	374	霞城集	378	邵万资堂店铺联
367	汪遗民诗	370	绣桥诗存	374	徽郡诗	378	环中亭联
367	词综	370	黄山游草	374	檗庵集	379	杭州徽州会馆殡所灵堂联
367	陈孝廉父子遗著抄存	371	黄元龙诗集	374	瀛奎律髓		
367	环谷集	371	黄宾虹文集·诗词编	374	麈尘莲寸集	379	旺川财神庙联
367	环翠堂乐府	371	梦草堂稿			379	岩寺上街桥亭联
367	环翠堂坐隐集选	371	梧冈集			379	罗文献祠联
367	若庵集	371	梅花杂咏	## 徽州楹联		379	和村沂源桥头亭联
367	茗溪渔隐丛话	371	梅岩小稿			379	金声故居书斋联
368	林卧遥集	371	梅岩文集			379	受经堂联
368	松下笔吟	371	盛明杂剧序	375	八贤堂联	379	育英文约会场联
368	松泉诗文集	371	野趣有声画	375	九成斋联	379	承庆堂联
368	枫林类选小诗	371	晦庵集	375	三眼井古庙联	380	承志堂联
368	画响	372	鄂州小集	375	大夫第联	380	承启堂店铺联
368	味经堂诗集	372	啸余谱	375	大观亭联	380	胡庆馀堂联
368	明文衡	372	笺注牡丹亭	375	万印轩联	380	胡埠口戏台联
368	咏史集解	372	笠阁批评旧戏目	375	开泰染坊联	380	胡霭溪故居联
368	佳日楼集	372	偶有轩诗钞	375	五福祠联	380	南湖书院联
368	性灵稿	372	逸史搜奇	375	太白楼联	380	南薰别墅联
368	学愈轩存稿	372	鸾啸小品	375	中巧村木牌楼联	380	奎光堂联
368	宛陵群英集	372	康范诗集	375	仁本堂联	380	省立第一茶务讲习所联
369	诗学汇选	372	绮咏	375	方家老屋联	380	思诚小学联
369	诚斋文集	372	绿荫轩遗集	376	石亭村门枋联	381	笃敬堂联
369	春草堂诗稿	372	绿滋馆稿	376	龙川胡氏宗祠联	381	济生国花号联
369	蒉言	372	巢云轩诗集	376	乐叙堂联	381	贺陶澍60岁寿诞联
369	草堂随笔	372	辍耕吟稿	376	乐善堂联	381	把秀桥敞轩联
369	荪堂集	372	程幼博集	376	半春园联	381	桃源书院联
369	柳黄同声集	372	程仲权诗文集	376	半茶村财神庙联	381	桃源洞联
369	尝试集	373	粤西诗载文载	376	永安衣服店联	381	唐家坞唐氏宗祠联
369	贻清堂集	373	窗前草	376	同和秤店联	381	浙江嘉善新安会馆联
369	幽梦影	373	谢氏三贤遗稿	376	同德仁药店联	381	海阳书院联
369	秋崖小稿	373	瑞阳阿集	376	回溪村洪氏宗祠联	382	陶村陶氏宗祠联
369	秋崖先生小稿	373	蓬莱观海亭集	376	朱氏支祠承志堂联	382	黄士陵故居联
369	秋崖集	373	廑原文集	376	朱氏支祠树德堂联	382	黄村民居联
369	复初集	373	雷峰塔	377	竹山书院联	382	梦真楼联
369	顺则集	373	虞初新志	377	竹岭石松亭联	382	曹振镛故居联
369	皇明文衡	373	暗香楼乐府	377	庆山土地庙联	382	盛德堂联
370	剑侠传	373	锦城诗存	377	亦政堂联	382	率溪书院联
370	洺水词	373	筠轩集	377	江苏无锡徽州会馆联	382	惇正堂联
370	洺水集	373	新安文粹	377	江湾路亭联	382	隆阜文昌阁联
370	素园存稿	373	新安竹枝词	377	安徽芜湖徽州会馆联	382	绩溪旅沪同乡会联
370	莲饮集	374	新编目连救母劝善戏文	378	安徽繁昌徽州会馆联	382	敬义堂联
370	原本韩文考异	374	疑庵诗	378	志诚堂联	383	敬思堂联
370	笑拙墅稿	374	蕙的风	378	李家村李氏宗祠联	383	敬修堂联
370	唐氏三先生集	374	樗庵类稿	378	杨干寺联	383	敬爱堂联
370	涉江诗选	374	醉经堂诗集	378	还金亭联	383	紫云庵联
370	海国春秋	374	篁墩集	378	吴士龙故居联	383	程大位故居联

383 善化亭联	389 五老上天都	394 买柴护柏	399 斩尾龙挂钱
383 婺源县游山村桥亭联	389 太子鸿避于歙	395 孝子得福地	399 罗洪先题诗睢阳亭
383 瑞玉庭联	389 太医妒杀名医	395 孝女村来历	399 岳飞东松庵题壁
383 嗣昌堂联	389 屯溪桥头卖姜人	395 孝友信义之家	399 岳飞过绩溪
383 新川冯氏宗祠联	389 止原公墓启	395 孝婆岭来历	399 岳飞过婺源
384 慎余庭联	389 仁宗赐墨	395 花钱买打	400 使朱升乡里世沾皇恩
384 镇东阁联	389 乌鸦台的传说	395 苏曼殊力挺徽州茶	400 金声七龄试文
384 黎阳汪公庙大殿联	389 六进士苏州扫墓	395 苏辙游社	400 金瓯奖学
384 德本堂联	389 文公庙复田	395 李氏真人	400 金扁担
384 履福堂联	389 方三应数年寻失主	395 李白徽州府求师	400 郑子莘以书法伴驾
384 靛池水定青联	390 方纮避难	395 李鸿章扬名祁门香	400 法冠卿千里求教
384 赠性腴联	390 方腊鱼的传说	396 李懋延虐政石	400 审石头
385 歙县昌溪村吴氏宗祠联	390 火烧林音寺	396 杨万里过闾门	400 诗送刘夫子
385 燃藜阁联	390 打个巴掌都不放	396 两个儿媳妇	400 诗寄茅山道友
385 濂溪书院联	390 石狮偷麦苗	396 吴伊筑逸豫堂	400 贯休罗汉画
385 徽州农校联	390 平地一声雷	396 吴芮、梅锦兵起鄱阳	400 城北仙岩
385 黟县县衙正堂联	390 东松僧留诗坐化	396 吴克家撕对	400 赵东山助饷献策
385 黟县南屏李氏支祠联	390 叶氏女智救朱元璋	396 吴勉学刻医书	401 草鞋桥
	390 仙姑背石郎	396 牡丹诗寄讽	401 胡元熙独资建桥
	391 鸟门	396 何公坐化碧云庵	401 胡伸蝶梦诗
## 民间文学	391 立马峰的传说	396 余香石雕	401 胡适是吃茶叶长大的
	391 宁可少点田产	397 饭干救驾	401 胡胭兴复县学
	391 讨饭料	397 饮和食德	401 枯柏变翠
386 一文钱	391 老虎报恩	397 系白围裙纪念郑子木	401 查士标年老思乡
386 十八块金砖	391 朱元璋备战快活林	397 汪义和刊刻大学	401 查士标字画谋生
386 丁云鹏默画商人像	391 朱元璋感悟攻城计	397 汪由敦京都题妙联	401 查孔交谊
386 七贤村来历	392 朱升的草鞋生意经	397 汪华据保六州	401 砚贡
386 七姓蜂起	392 朱熹两返故里	397 汪华筑州城	401 洪秀全祖居婺源
386 八家栈来历	392 朱熹智撤水卡	397 汪宋构怨	402 洪秀全祭祖
386 人皮桥	392 朱熹誉茶	397 汪叔举始迁登源	402 洪稚存诗评
387 刀笔手戏弄新知县	392 朱翰尊师刻遗诗	397 汪容甫狂放旷达	402 浔阳钓赤鱼
387 三姑定桥名	392 名医方达抗倭	397 汪敬上疏	402 神蚁救徽商
387 三憾三畏	392 刘津屯田	398 汪道昆与天下文士盛会	402 祝允明为西溪南外甥
387 大刀石传说	392 齐云山望仙亭的传说	398 汪肇施展画才自救	402 莲花峰的传说
387 大坑口来历	393 齐云山道长巧治盗墓贼	398 汪藻新建州学	402 铁拐李报恩
387 大阜小阜来历	393 齐云讲学	398 沐英源出婺源李氏	403 铁拐李捣桥
388 大越徙民	393 问政山来历	398 宋禁中板刻皆用徽墨	403 铁拐李惩治县太爷
388 万知县破龙脉	393 江永观牛论易	398 君鱼搭桥渡元璋	403 铁拐李惩罚封桥官
388 上马石	393 江春一夜建白塔	398 改溪取石	404 笔架山和仙人脚的来历
388 小鬼蒂与小贼	393 江韬削发为僧	398 张小泉后人告状	404 徐霞客两游齐云山
388 口大欺天	393 汤池泛赤	398 张志和诗画	404 唐翁猎虎
388 义重衡嵩	393 祁门多虎	398 陈之茂兴学	404 旅汉徽商运柩回籍
388 飞川来历	393 许国智竖八脚石坊	398 陈婴都渐	404 陶行知赠长城砖
388 马鞍鳝的由来	394 许国智解徽商难	399 环秀桥的故事	404 陶渊明隐居潜口
388 王廷钊五世同堂	394 许宣平题壁诗	399 松萝茶创制	404 陶雅增赋
388 王实杖责从兄	394 许翁散财	399 松萝茶的传说	404 陶潜裔孙卜居诗
388 井水当酒卖	394 如意鸡的传说	399 卧碑立规	404 培筠园赋诗酬答
388 无寿无疆			405 黄成伯得砚

405	黄利中刻书致富	410	十二月劝经	414	嫁女哭别歌	418	弘仁枯槎短荻图
405	黄宗德过闽门	410	十二月花名调	414	蜘蛛吊水过难关	419	弘仁柳岸春居图
405	黄诰兴学	410	十二都地名谣	414	瞌睡虫	419	弘仁临水双松图
405	莱知县纸帐题诗	410	十送郎	414	踢毽歌	419	弘仁幽亭秀木图
405	乾隆御题鲍家茶	410	八八哥	414	嬉在外婆家	419	弘仁晓江风便图
405	萧桢指江易姓	410	九九歌	414	颠倒歌	419	弘仁峭壁竹梅图
405	梅圣俞诗讽刘敞	411	三星照玉堂	414	赞梁词	419	弘仁高桐幽筱图
405	曹振镛巧改佳对	411	大肚病谣	414	歙南九九歌	419	弘仁黄山天都峰图
405	曹振镛坐棺材	411	上梁歌	414	徽州民谣	419	弘仁梅花图
406	商不畏险	411	山里囡	414	徽州民歌	419	弘仁等冈陵图卷
406	望君如镜	411	山里好			420	弘仁疏泉洗研图卷
406	清和桥佳话	411	天竹叶			420	弘仁溪山春霁图
406	浙江面壁	411	木樨花开			420	弘仁溪山清幽图
406	惯煞男儿偷咸鱼	411	长工歌	## 七		420	弘眉草书轴
406	寄信割驴草	411	从今不再拜菩萨			421	圣僧庵壁画
406	隐里来历	411	月光光	### 徽州艺术		421	孙逸夜半听哑哑图
407	董其昌品帖	411	劝诫乌烟歌			421	李流芳山水图
407	棚民垦殖山场	411	打长工	### 新安书画		421	余绍祉草书七绝诗轴
407	棠樾来历	411	节日谣			421	余家鼎行书四条屏
407	程功搜古编诗遗	412	四月天	416	丁云鹏玉川煮茶图	421	余维枢草书七绝诗轴
407	程玠起死回生	412	四季调	416	丁云鹏佛像图	421	汪之瑞山水图
407	程敏政巧对	412	写封信啊上徽州	416	丁云鹏秋景山水图	421	汪由敦行书诗轴
407	程爵义救许阁老	412	对面山上一只鸡	416	丁云鹏绘程氏墨苑原稿散页	421	汪克宽楷书卷
408	谢陛贡四宝	412	早日找个男子汉	416	丁云鹏夏山欲雨图	422	汪采白为爱清淡图轴
408	登第桥来历	412	关起门来砌鞋底	416	丁云鹏漉酒图	423	汪采白仿石涛山水轴
408	毁墨	412	进学堂	416	天都十子	423	汪采白仿查士标山水轴
408	鲍屯十安堂	412	戒烟歌	416	天都派	423	汪采白青鸾峰轴
408	鲍四创徽州砖雕	412	抢亲谣	417	云溪堂帖	423	汪采白青绿山水中堂
408	解缙渔梁对对子	412	两双眼睛	417	方士庶仿古山水图	423	汪采白青绿山水轴
408	新安人歌舞离别之辞	412	松萝茶	417	方元焕秋江渔隐图	423	汪采白松下观景图轴
408	慈孝里来历	412	卖棉花车	417	方琦花画轴	424	汪采白秋壑鸣泉图中堂
408	群犬吠石	412	学徒苦	417	为惟敏画山水图	424	汪采白黄山丘壑图轴
408	裴公出黄檗之门	412	项家山	417	丛林寺壁画	424	汪采白渔村小景立轴
408	墨仙潘谷揣囊知墨	412	城里有官府	417	弘仁丰溪秋色图	424	汪采白巉岩积雪图轴
409	鲫鱼背的传说	413	茶区歌	417	弘仁天都峰图	425	汪家珍乔松图
409	鹤戴金牌,狗不识字	413	牵茶歌	417	弘仁西岩松雪图	425	张绍龄人物山水中堂
409	戴东原质疑	413	点点脚	417	弘仁竹石幽居图	425	邵鸿恩山水轴
409	戴铣赤脚走羊岭	413	看戏	417	弘仁仿倪云林山水图	425	罗聘探梅图轴
409	戴震巧对	413	看指纹	418	弘仁江边独棹图	425	金榜行书诗册
409	戴震珠塘建石坝	413	看娘亲	418	弘仁林泉图	425	京师休宁会馆碑
409	徽商妇与纪岁珠	413	保长儿子	418	弘仁林樾寻梅图	425	郑旼、汪汝谦书法合册
		413	信奉母亲不要愁	418	弘仁松溪石壁图		
		413	扁担钱	418	弘仁松壑清泉图	425	郑旼溪山独径图
### 民间歌谣		413	结竹营	418	弘仁雨余柳色图	425	胡长庚篆书中堂
		413	接外甥	418	弘仁始信峰图	425	胡良铨隶书中堂
410	一天星	413	望春妹	418	弘仁枯木竹石图轴	425	胡明轩书许国撰程公
410	一只鹅	413	葫芦峰				
		413	等郎媳				

	寿中堂	432	黄宾虹秋林图轴		合编插图	445	古稀再度寿印
425	胡宗明金书中堂	432	黄宾虹黄山画稿册页	439	光绪婺源县志插图	445	古蜗篆居印述
425	胡适楷书对联	432	黄宾虹煮茗图	439	华阳十景图	445	四香堂印余
425	胡皋和风烟雨图	432	黄宾虹雁荡山图立轴	439	合刻三国水浒英雄谱	445	四香堂摹印
425	胡澍篆书字轴	432	黄宾虹溪村雨后图轴	439	志书插图	445	印可
426	查士标山水图	432	黄宾虹漓江昭平图轴	439	李卓吾批评忠义水浒	445	印法参同
426	查士标山水轴	433	黄宾虹竭力追古图轴		传插图	445	印经
426	查士标云容水影图	433	黄宾虹篆书联	439	坐隐先生精订捷径	445	印品
427	查士标日长山静图	433	曹榜松鸟图		棋谱	446	印章法
427	查士标仿黄公望富春	433	雪庄画黄山册页	439	状元图考	446	印商
	胜览图	433	程正揆江山卧游图	439	环翠堂园景图	446	印薮
427	查士标行书中堂	433	程宗鲁行书中堂	440	青楼韵语插图	446	汉铜印丛
427	查士标行书通屏	433	程嘉燧设色山水轴	440	忠义水浒传插图	446	汉铜印原
427	查士标行草书法轴	433	程嘉燧孤松高士图	440	知不足斋丛书插图	446	讱庵集古印存
427	查士标空山结屋图	433	程嘉燧幽亭老树图	440	版画画稿作家	446	百寿图印谱
427	查士标秋景山水图	433	程嘉燧信札	440	拱花	446	伊蔚斋印谱
428	查士标信札	433	程璋双猫窥鱼图	440	胡延政报功图	446	冲刀法
428	查士标溪山放棹图	434	程璋秋圃逸趣图	440	耕余剩技插图	446	衣云印存
428	查汝元行书四条屏	434	程邃山水册页	441	套版印刷	447	并笔
428	查稚圭花鸟四条屏	434	詹景凤山水图	441	饾版	447	红术轩印范
428	俞可进楷书临钟繇荐	435	詹景凤千字文长卷	441	黄山真景图	447	苏氏印略
	关内侯季直表册页	436	詹景凤手书杂记册页	441	程氏墨苑插图	447	忍草堂印选
429	洪钧行书七言对	436	新安四大家	442	道光休宁县志插图	447	松谷印遗
429	海阳四家	436	新安四家	442	鉴古斋墨薮插图	447	述古堂印谱
429	黄山画派	436	新安画派	442	新安胡氏历代报功图	447	明臣印谱
429	黄思永行书八言联	436	戴本孝茅斋梅鹤图轴	442	新编目连救母劝善戏	447	金一甫印选
429	黄宾虹山水中堂	436	戴本孝黄山图		文插图	447	单刀刻边款
430	黄宾虹山水方濬颐书	436	戴震题跋江永像	442	徽州木版年画	447	宝印斋印式
	法成扇			442	徽州民俗版画	447	始于摹拟,终于变化
430	黄宾虹山水四屏		**徽派版画**	442	徽州谱牒插图	447	奏新印存
430	黄宾虹山水册页			443	徽派版画	448	珍善斋印谱
430	黄宾虹山水徐识耜书			443	徽派版画刻工	448	拜石山房印谱
	法成扇	437	十竹斋书画谱			448	复古印选
430	黄宾虹水墨山水立轴	437	十竹斋笺谱		**徽派篆刻**	448	叙摹印
431	黄宾虹丹霞峰轴	437	人镜阳秋插图			448	退斋印类
431	黄宾虹书画册页	437	大雅堂杂剧插图			448	秦汉印范
431	黄宾虹玉兰堂诗意图	437	水浒叶子	444	十竹斋印存	448	秦汉印统
	中堂	438	水浒全传插图	444	小竹里馆印存	448	晓采居印
431	黄宾虹齐山纪游图	438	水浒牌	444	广印人传	448	浣月斋印谱
	立轴	438	风流绝唱图	444	飞鸿堂印人传	448	宾虹草堂藏古玺印
431	黄宾虹设色山水中堂	438	方氏墨海	444	飞鸿堂印谱	448	菌阁藏印
431	黄宾虹设色山水成扇	438	方氏墨谱	444	切刀法	448	雪渔派
431	黄宾虹设色山水横幅	438	方志图谱	444	月潭胜景印志	449	唅香阁印谱
431	黄宾虹拟垢道人笔法	438	孔子家语图集校	445	文字原	449	啸月楼印赏
	立轴	438	古歙山川图	445	巴隽堂印存	449	望古遥集
432	黄宾虹连山绝险图轴	438	石守信报功图	445	古印概论	449	鸿栖馆印选
432	黄宾虹金文对联	439	白雪斋选订乐府吴骚	445	古铜印丛	449	续印人传
432	黄宾虹钟鼎文楹联					449	续学古编

449	锦囊印林	454	阳春班	459	徽剧丑行戏	466	纸风车
449	瑶原十六景印谱	454	运留班	459	徽剧旦行戏	466	拍寒山
450	摹印秘论	454	找戏	460	徽剧行头	466	抬角
450	稽古印鉴	454	青萍剑	460	徽剧武戏	466	抬阁
450	翰苑印林	454	奇冤报	460	徽剧的服饰	466	板龙
450	歙四子	454	尚田徽班	460	徽剧须生戏	467	枞竹梅灯
450	徽派篆刻	454	和春班	460	徽剧程式	467	罗汉灯
450	黟山人黄牧甫先生印存	454	金顶	461	徽腔	467	金竹冬瓜灯
450	黟山派	454	金脸	461	徽路徽戏	467	金铃子盒
		454	采庆班			467	周游列国棋
		455	庙桂班			467	鱼灯

徽州戏曲

455	审乌盆			468	姐妹看灯
455	春台班	## 舞乐游艺	468	拼舞奇巧板
455	柯长春			468	草龙舞
455	昭君出塞	462	十番锣鼓	468	荡秋千
451	二阳春	455	重排场	462	人丁龙	468	耍叉
451	十耍	455	鬼火班	462	人物香灯会	468	耍钹
451	十跳	455	送客戏	462	大刀灯会	468	耍流星
451	七擒孟获	455	秦琼逃关	462	天灯	469	桐子龙
451	八达岭	455	笑舞台	463	云端舞	469	晓起高跷
451	八阵图	455	借靴	463	太平锣鼓	469	蚌壳舞
451	九件衣	455	徐新和春班	463	凤灯舞	469	掷鳌
451	三三班	456	高荣班	463	火狮舞	469	梅花灯
451	三庆班	456	常遇春大战伯颜图	463	斗鸟	469	得胜鼓
451	三挡	456	傀儡班	463	孔明灯	469	盘山花灯
451	大块脸	456	跑龙套	463	扑蝶舞	469	猖会
451	大舞台	456	帽子戏	464	布龙舞	469	麻痘灯
451	山门	456	傩戏	464	龙灯舞	469	渔梁灯船
451	开脸	456	傩舞	464	龙舞	470	隆阜花台
452	太平春	456	零戏	464	仗鼓舞	470	跑马灯
452	友声票社	456	新天乐	464	讨饭灯	470	牌楼灯
452	水淹七军	456	新长春	464	出地方	470	游太阳
452	长春班	457	新庆升	465	台阁	470	游太阳降童
452	凤凰山	457	新庆班	465	地戏	470	游花船
452	凤舞台	457	新阳春	465	地狮舞	470	婺城板龙灯
452	劝善班	457	新声票社	465	毕业灯	471	跳场
452	目连戏	457	新采庆	465	吊狮舞	471	跳钟馗
452	四喜班	457	醉打山门	465	竹节龙	471	跳珠
453	老黑班	457	徽池雅调	465	竹板龙	471	跳格
453	老徽调	457	徽戏	465	竹蜻蜓	471	跳童
453	百花赠剑	457	徽声(京)剧团	465	休宁字舞	471	锣鼓担
453	死不回头	457	徽班	465	伏岭舞狗班	471	滚龙
453	团圆戏	457	徽班行规	465	齐云山道教音乐	471	滚铜钱
453	同庆班	458	徽班戏	465	字舞	472	叠罗汉
454	华廉科班	458	徽班进京	466	抗战灯	472	舞草龙
454	庆升班	458	徽剧	466	花棍舞	472	舞狮
454	庆春和	459	徽剧大花戏	466	旱船	473	踢键子
454	祁门采茶戏	459	徽剧小生戏	466	飏灯	473	踩高跷

473	稻穰龙	478	苍玉砚	482	徽州木雕	491	巴慰祖故居
473	黎阳仗鼓	478	李廷珪墨	483	徽州石雕	491	正道居
473	黎阳跑马	478	杨时金星歙石砚	483	徽州四雕	491	世光第
473	嬉鱼灯	478	佛像青石浮雕	483	徽州竹雕	491	世孝祠
473	徽州鼓吹	478	迎客式盆景	484	徽州砖塑	492	石柱厅
474	徽城献彩	478	灶神庙砖雕	484	徽州砖雕	492	石家村古建筑群
474	麒麟灯会	478	汪之仪竹刻帽筒	484	徽纸	492	龙川胡氏宗祠
474	麒麟舞	478	汪伯立笔	484	徽派盆景	493	东园
		478	规则式盆景	485	徽笔	493	东贤堂
		479	松石竹梅石雕漏窗	485	徽墨	493	北岸吴氏宗祠
		479	明荷叶歙砚	486	膺福堂砖雕	493	卢氏宅
徽州工艺		479	金星石玉堂砚	486	镶嵌漆器	493	叶氏宗祠
		479	金星歙砚			494	叶奎光堂
475	十二生肖墨模	479	金粟笺			494	乐叙堂
475	十鹿八骏图	479	周昌谔砚			494	外屋四房厅
475	八大家藻井彩绘	479	疙瘩式盆景	**八**		494	司马第
475	八骏图	479	项元汴瓶砚			494	司谏第
475	九有凝熙墨模	479	赵光弢家砚	**徽州建筑**		494	对门厅
475	三台式盆景	479	复盆			494	老屋阁
475	万安罗盘	479	宣德墨			495	西园
476	木刻食桃模	479	耕织图墨模	**祠堂民居**		495	西递古民居群
476	木雕八仙桌椅	479	桃源问津图石雕			495	百柱宗祠
476	木雕满顶床	479	圆台式盆景			496	贞一堂
476	日月叠璧歙砚	479	徐氏龙尾砚	488	一本堂	496	光裕堂
476	水石盆景	479	海阳八景柱	488	三阳洪氏宗祠	496	同伦堂
477	风雨诗竹木刻画	479	黄经纸	488	下屋	496	朱仁宅
477	文府墨	479	菠萝漆器	488	大夫第	496	朱玉宅
477	正款盆景	480	梓路寺石狮	489	大本堂	497	延村古民居
477	古老焰火	480	悬崖式	489	大屋	497	仰高堂
477	古事焰火	480	野款盆景	489	万村爱敬堂	497	舟庐
477	石马	480	铜柱墨	489	上庄古建筑群	497	合一堂
477	石雕双松图	480	盒子焰火	489	王氏故宅	498	众家厅
477	石雕科举花窗	480	脱胎漆器	489	王家大厅	498	冰凌阁
477	石雕桌凳	480	提根式	489	天心堂	498	关麓八大家
477	龙须纸	480	蒋希鲁砚	489	天官上卿府	499	江湾祠堂
477	叶道卿砚	480	硬黄纸	490	云溪堂	499	许氏宗祠
477	汉白玉石画	480	御园图墨模	490	木雕楼	499	许氏家庙
477	地球墨	480	游龙式	490	五教堂	499	许本智宅
477	西湖名胜图墨模	480	谢枋得桥亭卜卦砚	490	太湖祠	499	许声远宅
478	夹苎脱胎	480	詹氏制墨世家	490	友松祠	499	许承尧故居
478	竹雕如意	480	新安大好山水墨模	490	中和堂	500	孙起孟故居
478	自然式树桩	480	新安四宝	490	仁公祠	500	观察第
478	杂桩	481	墨模雕刻	491	月沼东宅	500	观瀑楼
478	齐云山石像群	481	澄心堂纸	491	六顺堂	500	寿乐堂
478	羊头岭古坑砚	481	歙砚	491	六都祠群	500	坝祠
478	米元章黼字砚	482	歙砚雕刻	491	方士载宅	500	孝思楼
478	抓痒扒	482	凝瑞庵石梅瓶	491	方氏宗祠	501	志诚堂
478	扭旋式	482	徽州三雕	491	方春福宅	501	花厅

501	呈坎村古建筑群	511	胡适故居	523	程氏宗祠	531	冯村进士坊
501	吴氏宗祠	512	胡炳衡宅	524	程庭仂等宅	531	玄天金阙坊
502	吴宝珠宅	512	南屏古民居群	524	舒氏九檐楼	531	司平坊
502	吴承仕宅	513	南溪别墅	524	敦本堂	532	百岁坊
502	吴晓东宅	513	南薰别墅	524	敦睦堂	532	贞白里坊
502	旷古斋	513	奎光祠	524	敦履堂	532	光分列爵坊
502	员公支祠	513	笃谊庭	525	湖村民居	532	同胞翰林坊
503	听涛居	513	笃敬堂	525	瑞玉庭	532	会源堂古戏台
503	秀才第	513	追慕堂	525	鲍氏宗祠	532	齐云二天门
503	序秩堂	514	叙伦堂	525	新屋里	532	齐云三天门
503	汪大燮故居	514	叙秩堂	525	雍睦堂	532	祁门古戏台
503	汪氏住宅	514	俞氏宗祠	526	溪头三槐堂	533	许国石坊
503	汪氏宗祠	515	俞正燮故居	526	慎思堂	533	阳春古戏台
503	宏村古民居群	515	洪家大屋	526	墙里门	534	进士坊
504	张林福宅	515	屏山舒氏宅	526	蔚德堂	534	孝子坊
504	张曙故居	516	姚氏宗祠	526	潘氏宗祠	534	吴中明尚书坊
504	青云轩	516	桂林堂	527	履福堂	534	吴继京功名坊
505	枕石小筑	516	桃花源里人家	527	燕翼堂	534	吴蔚起进士坊
505	尚义堂	516	桃李园	527	戴震读书处	534	余庆堂门坊
505	尚书第	516	铁皮门大屋	527	膺福堂	534	余庆堂古戏台
505	尚素堂	516	倚南别墅			535	张应扬功德坊
505	尚德堂	517	倪望重宅			535	尚宾坊
506	明伦堂及县学甲第坊	517	徐氏宗祠	**牌坊戏台**		535	忠烈祠坊
506	明经祠	517	唐大司徒郑公祠			535	和顺堂古戏台
506	明睦堂	517	黄士陵故居			536	郑氏世科坊
506	迪吉堂	517	黄氏宗祠	528	八脚牌坊	536	治世仁威坊
506	罗东舒祠	518	黄村进士第	528	大夫牌坊	536	宝伦堂坊
507	罗会炳宅	518	黄家大厅	528	大中丞坊	536	宗二公墓道坊
507	罗进木宅	518	黄家基与黄灯耀宅	528	大本堂古戏台	536	妯娌坊
507	罗纯夫宅	518	黄宾虹故居	528	大学士坊	536	胡文光刺史坊
507	罗润坤宅	518	梓坞祠堂	528	大郡伯第门坊	536	南门外牌坊群
507	和义堂	518	曹门厅	528	丰口四面坊	537	显村古戏台
508	金万年宅	519	曹氏二宅	528	天乙真庆坊	537	顺本堂古戏台
508	金兆玉宅	519	崇报祠	528	云程进步坊	537	叙伦堂古戏台
508	金紫祠	519	清懿堂	529	木牌楼	537	奕世尚书坊
508	金舜卿宅	520	惇仁堂	529	五马坊	537	前世牌坊
508	金銮殿	520	惇叙堂	529	中正坊	537	洪家戏台
508	周氏宗祠	520	惇睦堂	529	六都牌坊群	537	宪伯坊
509	周诒春故居	520	敬本堂	529	双节坊	538	恩荣坊
509	周裕民宅	520	敬序堂	529	双寿承恩坊	538	恩谌松筠坊
509	郑氏宗祠	521	敬修堂	530	玉虚坊	538	徐氏祖祠坊及蒋氏节孝坊
510	承志堂	521	敬爱堂	530	古林双节坊		
510	承恩堂	522	敬德堂	530	节孝总坊	538	殷尚书坊及大司徒坊
510	驾睦堂	522	韩氏宗祠	530	龙川古戏台	538	黄山胜境坊
510	绎思堂	522	棠樾古民居	530	龙源坊	538	旌孝坊
511	经义堂	522	程大位故居	530	龙溪天水万年台	538	揭田吴宅古戏台
511	胡天注故居	522	程氏三宅	531	东门万年台	538	蒋氏节孝坊
511	胡正言宅	523	程氏宅	531	四世一品坊	538	紫宸近侍坊

538 棠樾牌坊群	544 大坑桥	549 玉带桥	554 西坑桥
539 敦化堂古戏台	544 大源桥	549 古延寿桥	554 西递桥
539 敦本堂古戏台	544 大溪桥	550 古来桥	554 夹溪桥
539 敦典堂古戏台	544 万年桥	550 古林桥	554 毕家碣桥
540 登封桥坊	544 万松桥	550 古城桥	554 吕公桥
540 登科坊	545 上渡桥	550 古筑桥	554 回龙桥
540 槐塘双坊	545 小石桥	550 古登津木桥	554 竹林桥
540 稠墅牌坊群	545 小补桥	550 古槐桥	554 华阳六桥
540 鲍公墓坊	545 小溪桥	550 古楼桥	555 向阳桥
541 鲍文渊妻节孝坊	545 山头桥	550 古溪桥	555 庆源三桥
541 鲍文龄妻节孝坊	545 山秀桥	551 札溪桥	555 关阳桥
541 鲍灿孝子坊	546 千秋桥	551 石头桥	555 关英桥
541 鲍逢昌孝子坊	546 义方桥	551 石桥	555 关帝桥
541 鲍象贤坊	546 义合桥	551 戊己桥	555 米虹桥
541 鲍漱芳父子义行坊	546 义积桥	551 龙川官桥	555 江南第一桥
541 鹰绣坊	546 王孙桥	551 龙川桥	555 汤口桥
541 新安古戏台	546 云川六桥	551 龙门桥	555 汤泉桥
541 慈孝里坊	546 云岚桥	551 龙桥	555 汤院桥
541 嘉会堂古戏台	546 五门桥	551 龙眼桥	555 安阜桥
541 聚福堂古戏台	546 五男桥	551 龙溪桥	555 安福桥
542 薇省坊	546 五福桥	552 龙蟠桥	555 孙公桥
542 徽州古戏台	546 太乙桥	552 东门桥	555 戏坦桥
	546 太子桥	552 东峡溪桥	555 观龙桥
	546 太平桥	552 东亭桥	555 观音桥
	547 屯溪桥	552 东溪桥	557 寿山桥
	547 戈溪桥	552 北岸廊桥	557 寿民桥
桥塔亭楼	547 中王桥	552 北溪桥	557 赤桥
	547 中渡桥	552 叶村桥	557 护阳桥
桥	547 内翰桥	552 叶源桥	557 报德桥
543 一中桥	547 水村桥	553 叶聪桥	557 花桥
543 二龙桥	547 水南桥	553 四封桥	557 杨林桥
543 十里岩上桥	548 水星桥	553 白板桥	557 来苏桥
543 七贤桥	548 水碓桥	553 乐成桥	557 吴公桥
543 八公溪桥	548 长生亭桥	553 乐寿桥	557 里碓桥
543 八卦桥	548 长生桥	553 乐泉桥	557 利济桥
543 九栋桥	548 长宁八古桥	553 市心桥	557 兵坑口桥
543 三门桥	548 长龄桥	553 冯村十三桥	558 佘公桥
543 三元桥	548 仁寿桥	553 半源桥	558 余川桥
543 三石桥	548 从安桥	553 汇源桥	558 状元桥
543 三庆桥	549 风义桥	554 永吉桥	558 汪口双桥
543 三思桥	549 风雨廊桥	554 永安桥	558 汪村桥
543 三凳石桥	549 凤凰桥	554 永济桥	558 宏济桥
543 下三里桥	549 六合桥	554 司姑桥	558 灵官桥
543 下大桥	549 文济桥	554 考水群桥	558 际下桥
543 下马桥	549 引仙桥	554 老大桥	558 陈间桥
544 下汶溪桥	549 巴陵桥	554 扬溪桥	558 环秀桥
544 下渡桥	549 双桥	554 协济桥	559 茂荫桥
544 大石门桥	549 双溪桥	554 西门桥	559 枧溪桥

559 板桥	562 挹秀桥	569 晴虹三桥	572 大圣菩萨宝塔
559 板桥头桥	562 桂林桥	569 景星桥	572 万寿塔
559 卧龙桥	562 桐源桥	569 景溪桥	572 万峰塔
559 轮车桥	563 桃源古桥	569 傅村桥	573 云门塔
559 虎溪桥	563 桃源桥	569 集福桥	573 水口神皋
559 尚义桥	563 桃溪群桥	569 舜溪桥	573 水口塔
559 尚廉二桥	563 鸭脚树桥	569 善和双桥	573 长庆寺塔
559 旺川桥群	563 殷翁桥	569 普济桥	574 文峰亭
559 昌溪桥	563 高公桥	569 渭桥	574 文峰塔
559 岩口桥	563 高阳桥	569 渡仙桥	574 古城塔
559 岩村溪桥	564 高阳廊桥	569 富村桥	574 龙天宝塔
559 罗昆桥	564 高桥	569 富来桥	575 龙天塔
559 岭下桥	564 斋堂桥	569 翚溪桥	575 东皋塔
559 和尚桥	564 益寿桥	569 登封桥	575 伟溪塔
559 和溪桥	564 浣纱溪桥	570 蓝川桥	575 辛峰塔
559 鱼川桥	564 悦有桥	570 槐桥	576 松谷真人塔
559 河西桥	564 通济桥	570 榆村七桥	576 岩寺塔
560 官山桥	565 通津桥	570 路公桥	576 悟空禅师塔
560 居安桥	565 理源桥	570 蜈蚣桥	576 停凤塔
560 驷车桥	565 培坑桥	570 蜀川桥	576 麻衣祖师塔
560 拱北桥	566 接武桥	570 蜀水桥	576 旋溪塔
560 荣阳桥	566 黄村木桥	571 嵩年桥	576 普门和尚塔
560 胡里桥	566 菜花桥	571 廉让桥	576 普安塔
560 荫秀桥	566 梧赓桥	571 新溪桥	576 富琅塔
560 南山桥	566 梅桥	571 新福桥	577 寓安大师塔
560 南渡桥	566 梓舍桥	571 碧山桥群	577 巽峰塔
560 南塘桥	566 梓桐桥	571 嘉善桥	577 新州石塔
561 南源桥	566 梓棚桥	571 聚星桥	577 潜口塔
561 相公桥	566 曹渡桥	571 蔚林桥	577 黛峰塔
561 临溪桥	566 曹溪桥	571 寡妇桥	577 檗庵大师塔
561 贵溪石桥	566 辅溪桥	571 璜茅木桥	
561 虹形桥	566 铜锣丘桥	571 横冈桥	亭
561 虹溪桥	566 得济桥	571 题柱桥	
561 保命桥	566 彩虹桥	571 镇海桥	577 二程亭
561 胜泉桥	567 阊江双桥	571 篁村双桥	578 大观亭
561 狮子桥	567 断凡桥	572 儒林桥	578 万松亭
561 弯弓桥	567 断桥	572 凝秀桥	578 义姓亭
561 将军桥	567 清潭桥	572 檀干群桥	578 飞云亭
562 施氏桥	567 渔亭桥	572 霞水桥群	578 井亭
562 洪坑三桥	568 渔梁桥	572 徽溪桥	578 长生亭
562 洪桥	568 淙潭桥	572 翼然桥	578 长亭
562 洪福桥	568 隆兴桥	572 瀛洲桥	578 劝农亭
562 洽舍桥	568 绿杨桥	572 麟趾桥	579 世德亭
562 济川桥	568 葫芦潭桥		579 石乳亭
562 济众桥	568 惠政桥	塔	579 半仙亭
562 浔阳桥	568 惠济桥		579 百鸟亭
562 癸酉桥	568 雄路桥	572 丁峰塔	579 同善亭
562 素心桥	568 紫阳桥	572 下尖塔	579 岁寒亭

579	回峰亭
579	刘门亭
579	问余亭
579	戒石亭
579	还金亭
580	步云亭
580	吴羲亭
580	沙堤亭
580	宋家山亭
580	灵官亭
580	松月亭
580	松风亭
580	松谷亭
580	枫树亭
580	居安洞亭
580	南阳亭
580	香炉亭
581	施水路亭
581	浔阳亭
581	扁担亭
581	凌风亭
581	海天一望亭
581	望仙亭
581	绿绕亭
581	绿照亭
581	鲁班亭
581	登高亭
581	睢阳亭
582	箬坑茶亭
582	毓秀亭
582	翠眉亭
582	骢步亭
582	豁然亭

楼阁

583	万竹山楼
583	万卷楼
583	五侯阁
583	太白楼
583	文昌阁
583	方山楼
584	东谯楼
584	向辰楼
584	祁门谯楼
584	阳和门
584	观音阁
584	走马楼
584	赤岭文昌阁
584	听泉楼
584	迎和门
584	闵雨楼
585	环山楼
585	明远楼
585	南谯楼
585	钟英楼
585	屏山楼
585	海阳钟鼓楼
586	诸天阁
586	黄山楼
586	黄村文昌阁
586	梅花初月楼
586	望湖楼
586	寄山楼
586	雄村文昌阁
586	景苏楼
586	跑马楼
586	遗经楼
586	御书楼
586	魁星阁
587	魁星楼
587	敲更楼
587	戴震藏书楼
587	黟县钟楼
587	黟县鼓楼
587	蟾溪楼

寺庙庵观

588	人王寺
588	三贤堂
588	三姑庙
588	三清殿
588	土地祠
588	大悲顶
588	大悲院
588	万春庵
588	上清灵宝道院
588	广安寺
588	天井山道院
588	天尊观
588	无量寿佛宫
588	云艺庵
589	云平庵
589	云谷寺
589	云液庵
589	五郎庙
589	五显行祠
589	五通庙
589	五溪大圣祠
589	太子庙
589	太子堂
589	中五台庵
589	长丰社庙
589	长春社
589	仁王寺
589	文公庙
590	文孝庙
590	文昌祠
590	文殊院
590	文峰庵
590	火神庙
590	斗山寺
590	双门寺
590	双忠庙
590	双清道院
590	玉枢庵
590	玉皇殿
590	玉虚宫
590	正殿
590	世忠庙
590	古城观音殿
590	古城岩五猖庙
591	石门寺
591	石门院
591	石孟庙
591	石孟崇福院
591	石信将军庙
591	石鼓寺
591	龙山寺
591	龙门道院
591	龙王庙
591	东山庵
591	东古寺
591	东松庵
591	东岳庙
591	四贤祠
592	白云岩大雄宝殿
592	白云庵
592	白云禅院
592	白杨院
592	丛林寺
592	玄天太素宫
592	兰宇尼庵
592	兰桂庵
592	永宁寺
592	圣母灵祠
592	圣僧庵
593	吉阳庙
593	老殿
593	地藏宫
593	地藏殿
593	西峰寺
593	吕祖祠
593	同佛庵
593	延庆院
593	华山禅院
593	华佗庙
593	全寺
593	全真庵
593	刘猛将军庙
593	齐祈寺
593	关帝庙
593	汉口世忠行祠
593	观音堂
594	观音庵
594	赤帝庙
594	报国禅院
594	报慈庵
594	芙蓉庵
594	花山寺
594	吴山寺
594	吴长史祠
594	孚灵庙
594	迎恩院
594	冷云庵
594	汪王庙
594	汪王故宫
594	启圣祠
594	灵山庙
594	灵应祠
594	灵官殿
594	灵泉寺
595	灵虚观
595	灵惠庙
595	陈定宇祠
595	青萝寺
595	青萝禅院
595	范不娄庙
595	茅蓬庵

595	林沥庵	598	资溪资福院	602	万安水口	608	蓝田前川三阁台水口
595	松山寺	598	资福寺	602	小西湖	608	槐塘水口
595	松谷庵	598	悟法万安寺	602	马丞相花园	608	碧山半亩园
595	卓锡庵	598	祥符寺	602	五城水口林	608	潜口水口
595	昌溪忠烈庙	598	通元观	602	不疏园	608	歙浦
595	典口庵	598	继兰庵	602	屯浦	608	檀干园
595	忠烈庙	598	黄岗寺	602	六都水口	608	徽州水口
596	钓桥庵	598	黄荆庵	603	古桥村水口	608	徽州园林
596	岳王庙	598	梓路寺	603	古淇园	609	鳌溪
596	岳精忠武王庙	598	崇寿观	603	右龙水口林	609	鳌溪桃谷
596	金竹庵	599	崇教祠	603	龙湾水口林	609	藤浦
596	金吾勋祠	599	银屏寺	603	龙源赵氏园林	609	瞻淇水口
596	金栗庵	599	脚庵	603	平里水口		
596	周王庙	599	董公祠	603	四门新安源古树林		
596	周王阁	599	紫云庵	603	半春园	## 建筑形制	
596	周宣灵王庙	599	紫竹庵	603	汉公坑水口林		
596	净度庵	599	紫阳观	603	朱村冠山园		
596	郑令君庙	599	紫霄宫	603	竹溪水口	610	丁头拱
596	泗洲庵	599	普陀庵	604	华萼园	610	八字门楼
596	学士祠	599	普满寺	604	会里程氏园林	610	三间式
596	宜男宫	600	普慧堂	604	江湾水口林	610	大厅式
596	审坑庵	600	婺源名宦祠	604	许村水口	610	山柱
597	郎官庙	600	婺源道观	604	阳台水口林	610	山墙
597	城山观	600	雷霆纠罚司	604	吴田吴氏园林	610	门头
597	城隍庙	600	新九华	604	里庄水口林	610	门向
597	胡太常祠	600	慈光寺	604	汪口水口	610	门扇
597	胡公祠	600	慈光阁	604	奇岭水口	610	门脸
597	南山院	600	慈光庵	605	岩寺水口	610	门楼
597	南山道院	600	溪口关帝庙	605	岩前水口	611	门罩
597	奎文阁	601	福固寺	605	周家园	611	门鞍
597	奎星阁	601	静乐宫	605	项山村严池水口林	611	门簪
597	皆如庵	601	碧霞元君祠	605	南屏水口	611	飞来椅
597	显济庙	601	精林院	605	南屏西园	611	飞椽
597	昱岭关	601	寥阳殿	605	南湖	611	叉手
597	昭孝积庆寺	601	篁墩忠烈庙	605	首村朱氏园林	612	马头墙
597	重兴寺	601	德安庵	605	桃林村水口林	612	天井
597	狮子林庵	601	褒忠庙	605	桃源水口	612	天花
597	施水庵	601	遵孝寺	606	晓起水口	612	元宝梁
597	闻居寺	601	薛公祠	606	唐模水口	613	木楔
597	洞元观	601	凝瑞庵	606	浯田水口林	613	五岳朝天
597	祖成庵	601	霭山院	607	培筠园	613	中柱
597	胥王庙			607	黄备水口	613	月梁
597	贺将军庙			607	梅园	613	斗拱
598	珠溪寺	## 水口园林		607	清梅园	613	平盘斗
598	真元道院			607	鸿飞水口	613	四水归明堂
598	真应庙			607	琶塘水口	613	四水归堂
598	真武殿	602	三溪水口	607	碣田水口	613	四合式
598	耸翠庵	602	大坦水口	607	雄村水口	614	瓜柱

614	外柱	618	屏风墙	622	攒尖顶	628	祁门古道
614	立柱	618	起翘	623	藻井	628	李白问津处
614	民居建筑功能	618	格子门			629	杨桃岭道
614	出翘	618	格扇			629	佛伦岭道
614	台基	618	础石			629	龟山遗址
614	托脚	618	脊瓜柱			629	汪王故城
614	过街楼	618	通转楼			629	忠周岭道
614	吊平顶	619	排山柱			629	岩寺新四军军部旧址
614	回水	619	梭柱	**九**			
615	回廊三间	619	雀替			630	罗汉级
615	自由组合	619	悬山顶	**古迹遗存**		630	岭北乡道
615	各定式并联	619	悬鱼			630	荆磡岭道
615	各定式串联	619	斜撑	**古道遗迹**		630	胡家村遗址
615	护净	619	廊柱			630	栈阁
615	花牙子	619	望板	626	一线梯	630	栈阁石门
615	花板	619	梁	626	十亩园窑址	630	顺德堂遗址
615	连檐	619	梁柱式构架	626	下林塘遗址	630	独耸梯
615	角柱	620	随梁	626	大石门道	630	闻钟岭道
615	泛水	620	随梁枋	626	大洪(岭)古道	630	神仙廊
615	附阶柱	620	骑门梁	626	大塔岭道	630	埋剑所
615	抬梁式构架	620	博风板	626	大障道	630	桐子山遗址
615	枋	620	博缝板	626	马榨大路	630	逍遥岩道
615	垂花柱	620	插拱	626	王封遗址	631	涉岭道
615	金柱	620	硬山顶	626	太平天国军营遗址	631	陶家岭古道
615	庖刀卡	620	牌坊工艺	626	太平天国题壁字遗址	631	排岭大道
615	闸挡板	620	牌坊形制	627	戈溪源道	631	黄土源唐窑址
616	卷棚顶	620	牌坊材质	627	中土坑新石器遗址	631	黄山登古古道
616	官厅	620	童柱	627	中共皖南特委旧址	631	梅坑岭道
616	驼峰	621	窗扇	627	水岭道	632	崇一学堂旧址
616	挂落	621	隔扇	627	水楂山遗址	632	铜练大路
616	拼合柱	621	隔断	627	长短梯	632	章岭古道
616	草架	621	编苇夹泥墙	627	仁里巷口窑址	632	清华古窑址
616	柱顶石	621	椽	627	方家园遗址	632	韩僧伏虎处
616	柱础	621	歇山顶	627	方家岭古道	632	黑龙岭梯道
616	柱礅	621	照壁	627	方腊寨	632	皖南苏维埃政府旧址
616	栏杆	622	蜀柱	627	龙丛源道		
616	栏板	622	叠梁式构架	627	东文古道	632	竦口瓷窑址
617	复合式连接	622	墙体	627	冯塘遗址	632	竦岭道
617	独立三间	622	墙基	627	老竹古道	632	善山商周遗址
617	庭院布置	622	漏窗	627	扬溪源道	632	湖里窑址
617	美人靠	622	撑拱	628	西武岭古道	633	翚岭驿道
617	举折	622	影壁	628	百步云梯	633	登丁岭道
617	穿斗式构架	622	额枋	628	竹岭古道	633	登源道
617	穿堂式	622	檐枋	628	休龙古道	633	婺化古道
617	神龛	622	檐柱	628	休淳古道	633	婺乐古道
617	祠堂形制	622	檩	628	齐云山唐朝窑址	633	婺休古道
618	屋面板	622	檩子	628	羊栈岭古道	633	婺饶航道
618	屋脊	622	徽州古建三绝	628	关麓大路	633	婺浮古道

633 婺源古道	639 水晶井	644 城中第一泉	647 丰乐河堨群
634 榉根关古长城	639 牛坑渡	644 胡公井	647 方干堨
634 榉根关古徽道	639 月华池	644 虹井	647 石堨头
634 榉根岭古道	639 月潭渡	644 虾蟆井	647 平渡堰
634 碉垒	640 乌岩清泉	644 香砂井	647 东干堨
634 新州遗址	640 凤眼井	644 香泉池	647 东门石坝
634 新安古道	640 凤凰泉	644 胜水泉	647 东关堨
634 新岭驿道	640 文公泉	644 将军井	647 曲尺堨
635 横槎古战场	640 双口古井	644 洗心泉	647 吕堨
635 镇国寺遗址	640 双泉井	644 洗药池	647 休宁堨群
635 霞间古窑址	640 打箍井	644 洗眼泉	648 庆丰堨
636 徽开古道	640 古箭渡	645 神仙井	648 齐堨
636 徽宁驿道	640 石墨井	645 殷公井	648 祁门堨群
636 徽池古道	640 龙池	645 烟村渡	648 芳干堨
636 徽安古道	640 龙泉井	645 浦口渡	648 苏公堤
636 徽青古道	640 龙眼井	645 浴仙池	648 条垄堨
636 徽杭古道	640 东山井	645 流杯池	648 汪口堨
637 徽杭驿道	640 四井	645 琅琊渡	648 张公堤
637 徽泾古道	640 白石井	645 虚危池	648 陈公堨
637 徽浮古道	640 白石涌泉	645 蚺城桥渡	648 青陂堨
637 徽婺古道	641 乐泉井	645 蚺蛇港	648 昌堨
637 黟太古道	641 玄武林古井	645 偃月池	648 柏山堨
637 黟祁古道	641 圣母池	645 渔梁双渡	648 禹门堨
637 黟渔古道	641 圣泉	645 液池	648 觉公堤
	641 西关埠头	645 深渡	649 桥堨
	641 吕仙井	645 隆阜渡	649 清漪堨
渡泉池井	641 休宁津渡	645 裌裟池	649 渔梁坝
	642 祁门津渡	645 蛤蟆井	649 绩溪堨群
	642 孙打渔渡	645 鹄溪渡	650 联村堨
638 一线泉	642 阳湖渡	645 街口渡	650 惠化堨
638 七星井	642 孝子池	646 婺源津渡	650 程堨
638 八卦池	642 孝慈池	646 锡杖泉	650 鲁公堤
638 八眼井	642 吴家古井	646 廉泉	650 富国堤
638 三元井	642 岑山渡	646 溪南渡	650 富堨
638 土井	642 孚潭渡	646 福泉井	650 婺源堨群
638 大塘古井	642 饮马坑	646 静乐池	650 雷堨
638 万安渡	642 应公井	646 碧莲池	650 鲍南堨
638 上三眼井	642 冷水岩泉	646 滴水泉	650 漏斗坝
639 上井	642 间歇泉	646 薛公井	651 横涧堨
639 上叶渡	642 汪口渡	646 歙县津渡	651 歙县堨群
639 上汶溪渡	642 沙溪洞宾井		651 黟县堨群
639 上草市渡	643 灵锡泉		651 蟹钳堨
639 义井	643 环泉井	**堨坝堰堤**	
639 五明寺泉	643 卓锡泉		
639 太乙池	643 岳王井	647 丁村坎坝	**古塘陂渠**
639 太白渡	643 放生池	647 七姓堨	
639 尤溪渡	643 法眼泉	647 大母堨	
639 屯溪津渡	644 陇口渡	647 小母堨	652 方塘

652	朱文公墨池	657	天开图画	661	石桥岩铭	665	阴火潜然
652	朱绯塘	657	天开神秀	661	石桥岩题壁	665	羽客题壁
652	朱塘	657	天池	661	戊子秋夜登齐云	665	观山
652	休宁塘群	657	天都仙子题崖诗	661	龙涎池	665	寿
652	祁门塘群	657	天造名山	661	东门永吉桥碑记	665	寿延桥修建记
652	社屋前陂	658	天海佛像	661	东坑霞照碑	665	寿富康宁
652	兖山渠	658	元武功万六承事太君胡氏生茔	661	东南名岳	665	进香题壁
652	独耸塘			661	东南邹鲁	665	扶柩禁示碑
652	珠塘	658	无量寿佛	662	东源乐输碑	665	坟山冒占诉讼碑
653	效上塍沟渠	658	无量寿佛赞碑	662	卢崖题壁诗	665	护水口碑
653	清浊塘	658	云天一啸	662	卢潘题壁	665	护寺产碑
653	淮渠	658	云天佛国	662	叶公孟婆墓	665	护来龙林碑
653	绩溪塘群	658	云岩	662	申禁公约碑	666	护林永禁碑
653	婺源陂群	658	云岩开辟兴复碑记	662	白云深处	666	护茶碑
653	婺源塘群	658	云岩朝真后览胜有述诗碑	662	白岳山人传碑	666	花山摩崖石刻
653	槐渠			662	白岳山人冰玉姿碑	666	严禁伪谱紊宗碑
654	歙县塘群	658	云深处	662	白岳山房	666	严禁祠庙堆放杂物罚戏碑
654	藕塘	658	云溪堂帖碑	662	白岳文昌祠碑记		
654	黟县塘群	659	木商重建大兴会馆捐款人姓名碑	662	白岳重葺玄君殿记碑	666	严禁霸滩勒诈碑
				662	乐输达钵岭茶庵碑	666	严潭王氏义积会记碑
墓葬题刻		659	五代堆婆冢	662	玄天妙境	666	苏州府为核定踹匠工价严禁恃强生事碑
		659	五老峰碑	662	玄芝洞		
655	一坞白云	659	不浴心也清	662	玄帝传碑	666	苏州府为照ралу听布号择坊发踹给示遵守碑
655	七十二福地真人名氏碑	659	太乙桥碑记	663	永吉桥碑记		
		659	太平军题字	663	永禁匪丐入境碑	667	苏州府禁止地匪棍徒向安徽码头及凉亭晒场作践滋扰碑
655	人世蓬瀛	659	太娘坟	663	永禁碑		
655	人近云天	659	太液玄精	663	亘古奇观		
655	入图画	659	友泉	663	吏部右侍郎林平泉公白岳修路碑记	667	杜冒宗碑
655	三十六洞天碑记	659	车田古墓			667	杏墩碑
655	大石桥	659	中立石铭	663	同游题壁	667	李芾墓
655	大好河山	660	气冠群山	663	吊棺洞	667	李善长祖墓
655	万山拱圣	660	公议碧阳书院规条碑	663	休宁县会馆碑文	667	轩辕行宫
655	万安复办水龙碑	660	丹井	663	仲止仰止	667	轩辕碑
656	万峰晴雪	660	乌聊山明墓	664	伪派盗紊碑	667	吴太子墓
656	万善庵寺产碑	660	文昌正路	664	冰崖	667	吴仁欢墓
656	飞升台藏经楼碑记	660	方汉题壁	664	刘克治题壁	667	吴江盛泽镇徽宁会馆缘始碑记
656	飞身所	660	毋许招佃民姓棚民碑	664	齐云山古墓		
656	飞雨	660	玉堂公遗训碑	664	齐云山石刻	667	吴芮墓
656	飞举冲霄	660	去思亭纪碑	664	齐云山谣碑	667	吴县永禁踹坊垄断把持碑
656	乡约碑	660	古城岩石刻	664	齐云岩组诗碑		
656	王月德墓	660	古洞天	664	齐云岩题壁	667	吴楚分源碑
656	王文治诗碑	660	石上流泉	664	齐云胜景	667	县主禁示碑
656	王璇墓	660	石户	664	齐云崖葬	667	别有天地
657	王璧墓	660	石羊干	664	江永墓	667	岐山劝农题壁
657	天下名泉	660	石亭记	664	江丽田先生墓	668	岐山石桥岩碑记
657	天下奇观	660	石桥观月碑	664	汤岭关	668	岐山题壁
657	天门诗碑	660	石桥岩记	664	宇宙大观	668	秀拔诸峰
		661	石桥岩诗	664	孙王墓	668	何执中题壁

668	何歆德政碑	672	供奉祖祠香灯碑	677	复返坐□	682	菩提本无树碑
669	佛偈	672	岱宗逊色	677	修建水埠亭收支碑	682	梦真桥碑
669	近蓬莱	672	岱峰碑	677	修建水埠亭碑	682	梅花古衲墓
669	邹鲁黄山摩崖题刻	672	金安节墓	677	修建徽郡会馆捐款人姓名及建馆公议合同碑	682	梅园碑
669	冷暖自知	672	采薇子墓			682	梅岭积庆义济茶亭碑
669	汪由敦墓	673	放生池碑	677	修理寝堂碑	682	梅铜墓
669	汪由敦墓石刻	673	郑之珍墓	677	保护祠产碑	683	戚继光游齐云山题壁
669	汪机墓	673	郑玉题壁	677	衍峰传碑	683	雪泥
670	汪伟等题壁	673	法霖玉界	677	俞正燮墓	683	常熟县永禁扰累典铺碑
670	汪纲墓	673	治寿藏记碑	677	独母柴		
670	汪金紫祠记	673	空中闻天鸡	677	养生禁示碑	683	晞阳岩
670	汪金紫祠碑	673	试剑石	677	洞门玉树	683	银河泻碧
670	汪采白墓	673	屈原庙功德碑	678	洞天福地碑记	683	第一洞天
670	汪始历题壁	673	织金池碑	678	浔阳台	683	第一蓬莱
670	汪勃墓	673	春节嬉灯唱戏秩序碑	678	祖训祠规碑	683	第十三楼
670	汪铉登齐云山题壁诗	674	珍珠帘	678	神皋闹时	684	象气岩
670	汪铉题壁	674	按院禁约碑	678	祝确墓	684	章山佛经壁刻
670	汪道安墓	674	胡氏宗祠奉宪永禁碑	678	退思岩	684	章山题壁
670	汪道昆等纪游题壁	674	胡文泰偕妻捐产碑	678	珠帘洞碑	684	望齐云岩
671	宋齐邱墓	674	胡传墓	678	珠泉	684	渐江墓
671	宋黄篆法坛碑	674	胡松墓	678	真仙洞府	684	谒齐云诗碑
671	宋歙州倅江公夫人苏氏墓	674	胡昌翼墓	679	真仙洞府记	684	绩溪龙川胡氏禁碑
		674	胡宗宪墓	679	真灵伟绩	684	绩溪县鼓楼记碑
671	灵惠庙碑	674	胡炳文墓	679	真境	684	琶塘胡氏墓碣
671	张九成诗碑	674	胡贲墓	679	栖真岩	684	越国公汪华墓
671	陈氏建祠碑	674	胡富墓	679	桃源里桥碑	684	越国祠田碑记
671	陈氏捐产觉乘寺碑	674	南无无量寿佛	679	桃源洞石刻	684	葛胜仲题壁
671	陈猛墓	674	南无阿弥陀佛	679	监司袁使君平寇碑	685	董君生祠碑
671	奉宪示禁碑	675	思耻台	679	圆通岩题壁	685	落石台群刻
671	奉宪永禁棚民碑	675	秋日登齐云岩诗碑	679	圆通庵产碑	685	惠济仓条规
671	奉宪永禁赌博碑	675	重建还金亭碑	680	钱时敏题壁	685	雯居士诗碑
671	奉宪禁丐殃良碑	675	重建觉乘寺碑	680	积庆义济茶亭碑	685	紫玉屏
671	环联岭碑	675	重建富村桥碑	680	倪康民墓	685	紫阳书院学田碑
671	范涞墓	675	重修太素宫捐助名氏碑	680	徐婆坑桥碑	685	紫霄宫玄帝碑铭
671	雨君洞	675	重修竹岭碑记	680	高山流水	686	紫霄崖
671	雨岩山人	675	重修色岭梅花岭碑	680	唐式遵青鸾峰摩崖题刻	686	紫霄道人传
671	奇峰郑氏私塾学序碑	675	重修齐云玄君殿记碑	680	唐洪氏墓	686	最高峰
672	奇峰独拔	676	重修羊栈岭路碑	680	唐歙州军事判官赵弘益墓	686	黑虎岩碑
672	具瞻	676	重修金紫祠记			686	程元谭墓
672	明御敕戴嘉猷文碑	676	重修府堂碑记	680	烟云万状	686	程迈墓
672	咏白岳诗碑	676	重修觉乘碑	680	悦山	686	程治题壁
672	罗汝芳题壁	676	重修唐圣僧庵碑	681	通生	686	程珌墓
672	罗春溪题壁	676	重修渔梁坝题名碑	681	通幽	686	程家柽墓
672	罗洪先诗碑	676	重修歙学圣庙碑	681	能者从之	686	程敦临公柏山祠堂记
672	钓台石刻	676	重修徽州府堂记	681	培筠园诗碑	686	程嘉量题壁
672	垂珠洞	677	重游感兴碑	681	勒石永禁碑	687	御制齐云山玄天太素宫之碑
672	岳飞到此	677	复办水龙碑志	681	黄山摩崖石刻		
672	岳飞题壁碑	677	复还天巧	682	黄连凹茶亭碑记	687	竦口东汉墓

687	普门禅师塔铭	691	僧家墓葬	697	女中君子	699	同伦堂
687	道家墓葬	691	演戏申禁碑	697	飞虹	700	同尊五美
687	曾大椿诗碑	691	演戏敬神合同碑	697	乡圣	700	同德仁
687	游齐云岩志山碑	691	醉石	697	乡贤里	700	冰操玉洁
687	游黄山宿狮子林诗碑	691	德兴亭记碑	697	丰溪甲秀	700	许国石坊题额
687	富八郎墓	691	德政碑	697	井花香处	700	农科举人
687	谢村禁碑	691	潘鉴墓	698	天鉴精诚	700	观察河东
687	登齐云山次徐比部韵诗碑	691	镜亭碑刻	698	天锡纯嘏	700	巡栀
688	登齐云山排律八韵碑	691	赞齐云诗碑	698	天锡遐龄	700	进士
688	登齐云岩诗碑	691	赞我中颂碑	698	云林遂思	700	进内交易
688	登齐云碑	692	歙县重修府堂记碑	698	云朗岚光	700	戒欺
688	登峰造极	692	歙绅士公输旧粮碑记	698	五味和	701	远晴阁
688	鼓楼记	692	歙绅捐粜碑记	698	五桂名家	701	孝行里
688	蓬壶深处	692	凝霞	698	太白楼	701	报慈
688	楠崖	692	壁立万仞	698	太宰读书处	701	花好月圆人长寿
688	禁止私宰耕牛碑	693	戴震墓	698	水环岳拱	701	极婺稀龄
688	禁止侵占坟山碑	693	鞠嗣复题壁	698	父子乡贤	701	辰枢拱向
688	禁止勒索阻挠回徽棺柩碑	693	霞外奇观	698	月潭承志堂诸匾	701	来苏桥
688	禁止酗酒赌博打降碑	693	霞光月色	698	六顺堂	701	步月
688	禁止棚民开山种植碑	693	徽杭古道摩崖石刻	698	文元	701	听泉楼
689	禁止赌博碑	693	攀云捧日	698	文肃公祠	701	作退一步想
689	禁止溺婴碑	693	瀹潭方氏宗祠记碑	698	文经魁	701	汪氏家庙
689	禁伐祖茔荫木告示碑			698	文献	701	沙堤
689	禁挖盗砍祖坟荫木碑		**十**	698	文魁	701	怀德堂
689	禁赌碑			698	为国干臣	701	宋代圣人
689	禁强讨强要乞丐碑		**徽州文物**	698	巴慰祖故居匾额群	701	补过轩
689	榉根岭造养茶亭碑			699	玉琳斋	701	坤德永贞
689	榉根岭禁碑		**牌匾题额**	699	世孝祠	701	茂兰艺馆
689	输置祠产碑			699	世恩堂	701	齿福兼隆
689	督府部院禁革颜料当官碑记	696	一善流芳	699	古津	701	尚义堂
689	詹东图读书台	696	二陆齐名	699	古桥物色	701	明伦堂
689	詹景凤题崖	696	七叶衍祥	699	节比松筠	701	明经
690	廓崖题壁诗	696	三立堂	699	龙凤恩永	701	忠孝里
690	新安大好山水	696	三胡商号题额	699	东和	701	迥出诗林
690	新安仙释碑记	696	三槐堂	699	东壁春台	701	钓雪园
690	新安胜境	696	大夫第	699	旧德邻屋	701	佰翰林
690	新安碑园法书刻石	697	大中臣	699	生聚教训	702	所得乃清旷
690	新建碧阳书院碑	697	大司成	699	乐贤堂	702	金殿传胪
690	慈雨谣	697	大司徒	699	乐善可风	702	学达性天
690	源液	697	大学士	699	务本堂	702	学耕处
691	静乐宫兴建记碑	697	大雄宝殿	699	立高见远	702	宝贻堂
691	碧阳书院复旧章记碑	697	上国琳琅	699	半春园	702	宝善堂
691	碧阳书院碑记	697	山中天	699	永思堂	702	宠惠
691	碧阳书院群碑	697	山中邹鲁	699	西安	702	实事求是
691	蔡从题壁	697	山市	699	百世经师	702	绍德堂寿匾
				699	百代蒸尝	702	经文纬武
				699	贞洁可风	702	春回秭谷
				699	贞靖罗东舒先生祠	702	春祈秋报

馆藏文物

- 702 胡开文墨庄
- 702 胡永泰
- 702 树人堂
- 702 树志堂
- 702 临川匾额群
- 702 省会通衢
- 702 是乃仁术
- 702 星岩寺
- 703 贵和堂匾额群
- 703 钦点内阁中书
- 703 钦点翰林
- 703 保障六州
- 703 亲见七代
- 703 首善儒宗
- 703 洪氏宗祠群匾
- 703 济生国药号
- 703 浓泛蒟香
- 703 诰命
- 703 振绮堂
- 703 耆年博学
- 703 桂风秋馥
- 703 桂林里
- 703 桃李园
- 703 桃园居
- 703 桃谷
- 703 根心堂
- 703 培德堂
- 703 黄堂少府
- 703 累世簪缨
- 704 旌烈坊
- 704 维则堂
- 704 棣萼联辉
- 704 惠济邻封
- 704 道脉薪传
- 704 渭水耆贤
- 704 裕和祥
- 704 慈寿堂
- 704 慈帏春永
- 704 潜德堂
- 704 履道含和
- 704 履福堂
- 704 燕舍
- 704 橘井流香
- 704 翼峰塔匾额
- 704 鹰扬发轫
- 704 彝伦攸叙
- 704 瀛洲仙侣
- 705 三代容像中堂
- 705 王问山水中堂
- 705 王澍铁线篆轴
- 705 元元统二年初登第浮雕石刻组群
- 706 元龙泉窑青釉双鱼洗
- 706 元龙泉窑刻花盖罐
- 706 元龙泉窑影青釉高足碗
- 706 元卵白釉印花缠枝牡丹折腰碗
- 706 元卵白釉印花缠枝牡丹纹盘
- 706 元卵白釉葫芦形执壶
- 707 元卵白釉缠枝菊花纹匜
- 707 元青白釉如意枕
- 707 元青白釉连座双耳炉
- 707 元青白釉戗金高足杯
- 707 元刻石瓜匙
- 707 元铭文人物纹铜镜
- 707 元蓝釉爵杯
- 707 元镂雕玉荷鹭圆牌
- 707 元影青高足龙纹杯
- 707 五代青白釉瓜棱形双系壶
- 707 五代越窑青釉碗
- 707 五代越窑浅盘
- 707 太子千秋钟
- 707 太平天国路凭
- 707 太平军攻城图壁画
- 708 父乙铭尊
- 708 文徵明山水大中堂
- 708 方用彬书札
- 708 巴慰祖刻象牙印章
- 708 邓石如隶书屏条
- 708 玉器皮货谱
- 708 东坡观砚图
- 709 东晋青釉盘口壶
- 709 北宋景德镇窑影青钵
- 709 四体千字文横卷
- 709 白瓷五彩佛板
- 709 冯梦龙等十七人书法册页
- 709 冯照秋林返照图立轴
- 709 写怀诗卷
- 709 民国浙东乡第三保公民立公约
- 709 民国浙东乡第六保公民立公约
- 709 民国浙东乡第四保公民立公约
- 709 光绪行盐执照
- 710 同治青花云龙纹碗
- 710 朱元璋赏牌铅券
- 710 休宁鱼鳞图册
- 711 任颐人物扇面
- 711 任熊人物册页
- 711 任薰洛神像立轴
- 711 凫荷图
- 712 刘墉字轴
- 712 孙一骏绘崑源肖像图立轴
- 712 孙湛绘江瑞宇像中堂
- 712 红釉天球瓶
- 712 花桥保长等保吴双龙吴双喜具保状
- 712 李方膺墨梅图
- 712 李鸿章行书七言对
- 712 何绍基行书七言联
- 712 佛像中堂
- 713 余完养容像中堂
- 713 闵贞三老观鹤图中堂
- 713 汪氏典业阄书
- 713 汪采白两江师范学堂毕业文凭
- 713 沈士充设色山水册
- 713 宋长方形抄手端砚
- 713 宋文府墨
- 714 宋龙泉双耳瓶
- 714 宋龙泉盘口执壶
- 714 宋吉州窑绿釉蕉叶纹瓷枕
- 714 宋抄手箕形歙砚
- 714 宋抄手歙砚
- 714 宋青白釉狮形枕
- 714 宋青白釉盘
- 714 宋青白釉魂瓶
- 714 宋青釉四系罐
- 714 宋青釉划花盘
- 714 宋青釉瓷枕
- 715 宋青釉魂瓶
- 715 宋法华三彩诗文枕
- 715 宋活心歙砚
- 715 宋陶马头人身俑
- 715 宋陶牛头人身俑
- 715 宋陶双面虬身连体卧像
- 715 宋陶鸟
- 715 宋陶执笏俑
- 715 宋陶羊头人身俑
- 715 宋陶观音
- 715 宋陶鸡头人身俑
- 715 宋陶虎
- 716 宋陶虎头人身俑
- 716 宋陶鱼
- 716 宋陶狗
- 716 宋陶狗头人身俑
- 716 宋陶带冠半身俑
- 716 宋陶带座鸟
- 716 宋陶俑
- 716 宋陶鸳鸯
- 716 宋陶盘蛇
- 716 宋陶躺姿佛像
- 716 宋陶鹤
- 716 宋陶蟠龙
- 717 宋景德镇窑影青釉八棱四系荷叶盖罐
- 717 宋景德镇窑影青釉弦纹执壶
- 717 宋雍熙三年铜官印
- 717 宋箕形砚
- 717 宋蕉叶纹绿釉瓷枕
- 717 宋影青刻花纹碗
- 717 宋影青葵口暗花碗
- 717 宋影青釉小碟
- 717 宋影青釉兽钮划花执壶
- 717 宋歙石砚板
- 717 张弼草书诗轴
- 717 陆治山水图轴
- 717 陆润庠楷书七言对
- 717 陈继儒书般若波罗蜜多心经立轴
- 718 陈嘉言梅花白头轴
- 718 青铜钟形五柱器
- 718 林良松月双鹤图中堂
- 719 林良垂柳孔雀图中堂
- 719 林良枯木雄鹰图中堂
- 719 国民军财政总局壹串票

719	明八角形银杯盘	722	明法华釉三彩荷叶形枕	726	耕织图册页		漆挂屏
719	明九鹤朝阳抄手砚	722	明砖雕山水鹿纹笔架	727	唐人写大般若波罗蜜多心经	732	清料龙首带勾
719	明三彩仕女瓷枕	722	明尝瞻园铭抄手端砚	727	唐人写经	732	清乾隆甲午年吴梅颠铭文长方形歙砚
719	明万历壬辰年汪廷讷铭文眉纹抄手歙砚	722	明重刊许氏说文解字五音韵谱	727	唐人写经卷	732	清乾隆御赐黄轩漆金福字匾
719	明万历许志古撰城阳山志	722	明眉纹抄手歙砚	727	唐人写经残本卷	732	清象牙龙纹提携
719	明万历青花五彩人物盖罐	722	明荷蟹图竹雕笔筒	728	唐长沙窑青釉褐彩双系执壶	732	清象牙刻山水人物纹饰件
719	明千里制款漆嵌螺钿人物纹盘	723	明圆形青花瓷砚	728	唐"风"字形歙砚	732	清象牙雕山水人物纹臂搁
719	明飞雀祥云纹金霞帔坠子	723	明象牙笏	728	唐抄手"风"字砚	732	清象牙雕佛手摆件
719	明天师像轴	723	明象牙笏板	728	唐菱形花鸟纹镜	732	清兽钮白玉印章
719	明夫妻合葬墓志铭砚石	723	明象牙雕双鹿笔架	728	唐寅清溪泛舟图	732	清随形犀牛望月纹端砚
719	明云蝠纹犀角杯	723	明象牙雕送子观音像	728	唐越窑青釉碗	732	清蓝釉五福捧寿纹盘
719	明水晶雕东方朔骑虎像	723	明鹅形砚	728	黄易山水中堂	733	清蓝釉龙凤耳瓶
720	明长方形抄手十五眼端砚	723	明鹅形歙砚	728	黄易山水扇面	733	清蓝釉描金龙纹贯耳方瓶
720	明长方形抄手眉纹歙砚	723	明碧玉刻花卉云鹤纹拱肩小缸	728	黄慎草书七言诗轴	733	清蓝釉象耳方瓶
720	明长方形抄手端砚	723	明嘉靖齐七府制松鹤鎏金铜渣斗	729	乾隆徽州府抄呈	733	清霁蓝双耳瓶
720	明长方形眉纹歙砚	723	明嘉靖青花双狮戏球纹大缸	729	铜匜	733	清翡翠手镯
721	明双足荷叶形歙砚	723	明蝉形歙砚	729	铜杯	733	清漆剔红山水人物纹屏
721	明龙泉划花小碗	724	明漆竹丝编圆盒	729	银洋珠宝谱	733	清漆描金山水人物纹花口盘
721	明龙泉粉青釉长颈小瓶	724	明漆竹丝编描金花鸟纹果盒	729	凰腾村村民大会决议	734	清漆嵌螺钿山水人物纹方盘
721	明龙泉窑划花葵口小盏	724	明螭虎纹犀角杯	730	清十八罗汉端砚	734	清漆嵌螺钿山水人物纹台屏
721	明归石山房铭文抄手绿端砚	724	典业杂志	730	清王茂荫汪畹腴等人信札	734	清漆嵌螺钿仕女人物纹圆盘
721	明永乐七年金簪	724	典业须知	730	清玉方连牌双喜	734	清鹤纹金星长方形歙砚
721	明竹雕松枝杯	724	典业须知录	730	清白釉五彩双耳瓶	734	清檞圭款红漆描金人物纹盘
721	明交易地契	724	金登逢窑白釉芦雁纹如意形枕	730	清同治休宁茶税告示	734	清鎏金银冠饰
721	明青玉描金凤纹佩	724	郑燮诗轴	730	清竹镂雕人物香筒	734	董良史行书诗轴
721	明青玉蒲纹圭	724	泊如斋重修宣和博古图	731	清竹镂雕松石人物纹摆件	734	董其昌行书五言诗轴
721	明青白玉玉带饰	725	诗经集注	731	清自然形龙纹端砚	735	程氏兄弟分家议约
721	明青花人物四足长方形盖盒	725	春秋青铜剑	731	清江慎修先生古韵标准稿	735	程左笔山水人物中堂
722	明青花昭君出塞图权	725	春秋蟠虺纹铜匜	731	清吴桂圆具款漆描金人物纹盘	735	程左笔东坡游赤壁图中堂
722	明松下宴乐图竹雕笔筒	725	赵之谦花卉扇面	731	清青白玉瓜迭绵绵摆件	735	程昭黄仿王摩诘雪霁图
722	明矾红彩杂宝纹瓷板	725	胡适、江冬秀家书手迹	731	清青灰玉大笔洗	735	集王圣教序拓本碑帖
722	明鱼蝠纹翡璧	725	南宋龙泉窑青釉小盏	731	清单耳白釉杯	736	新石器时代玛瑙钺
722	明刻铭文金簪	725	南宋龙泉窑青釉碗	731	清浅青灰玉桃式连盖水盂	736	新安碑园帖刻
722	明刻谪仙楼集	725	战国谷纹瑗	731	清查士标家书册页	736	翟院深款雪山归猎图中堂
		725	战国楚郢爰金钣	731	清砖雕三国戏剧人物门罩	736	徽河零货捐小史
		725	姜田载指墨山水中堂	731	清砖雕戏剧人物门罩		
		725	洪武祁门户帖	731	清钧红四棱瓶		
		726	洪钧赠联	731	清狮钮三彩罐		
		726	祝允明草书诗卷	732	清套料四君子鸟食罐		
		726	祝世禄草书轴	732	清唐英墨彩山水镶瓷		
		726	费丹旭仕女轴				

民间收藏

- 738 十百斋收藏
- 738 万历程氏染店查算账簿
- 738 万卷方家
- 738 万卷楼藏书
- 738 小胍望馆藏书
- 738 门客
- 738 马曰琯父子藏书献书
- 738 王廷琦收藏
- 738 不疏园藏书
- 738 方用彬收藏
- 738 允忠兄弟顶开茶铺合同
- 739 书画收藏三等
- 739 书画估
- 739 书画舫
- 739 书画船
- 739 书画藏品
- 739 世泽楼藏书
- 739 龙宫寺
- 739 东图玄览编
- 739 丛桂堂藏书
- 739 包条
- 739 写经楼藏书
- 739 西溪南收藏
- 739 传是楼藏书
- 739 休歙收藏名族
- 739 延芬楼藏书
- 739 充头货
- 739 江孟明购藏书画
- 740 安素轩珍藏
- 740 李惟仁茶信
- 740 吴文长收藏
- 740 吴廷鉴藏
- 740 吴守淮收藏
- 740 吴希元收藏
- 740 吴灶根立抵茶票
- 740 吴治收藏
- 740 吴绍浣收藏
- 740 吴能远收藏
- 741 汪氏三子藏书
- 741 汪氏收藏家族
- 741 汪启淑藏书献书
- 741 汪景纯收藏
- 741 汪然明收藏
- 741 宋元徽州藏书家
- 741 玩古
- 741 拆易
- 741 苞雪轩藏书
- 741 明清徽商重收藏
- 741 经历志略
- 741 经畬堂藏书
- 741 草心楼读画集
- 741 胡天春茶票
- 742 胡仔藏书
- 742 胡德源店借种田契
- 742 南海县正堂通告
- 742 查文徽藏书献书
- 742 拜经楼藏书
- 742 适园藏书
- 742 瓶花斋藏书
- 742 请封捐输执照
- 743 黄又收藏
- 743 黄山楼藏书
- 743 乾隆广丰布店账簿
- 743 铜鼓斋收藏
- 743 商山吴氏收藏世家
- 743 琳琅秘室藏书
- 743 遗经楼藏书
- 743 程季白父子收藏
- 743 程晋芳藏书献书
- 743 程浚收藏
- 743 程敏政藏书
- 744 程惟清收藏
- 744 程霖生收藏
- 744 裘杼楼藏书
- 744 詹景凤收藏
- 744 鲍廷博藏书献书
- 744 徽州富人收藏
- 744 徽商收藏记事书

十一

徽州饮食

传统徽菜

- 746 一品锅
- 746 八戒戏球
- 746 八宝葫芦鸭
- 746 八宝鲫鱼
- 747 刀板香
- 747 三叶粉蒸石斑鱼
- 747 三丝鸡卷
- 747 三虾面
- 747 干贝萝卜
- 747 干笋里脊丝
- 747 干渍菜焖肉
- 747 干锅炖
- 748 干锅烧肉
- 748 大鱼退兵将
- 748 大睦段糊汤
- 748 叉烧肉
- 748 马鞍鳝
- 748 中和汤
- 748 毛豆腐
- 749 凤炖牡丹
- 749 方腊鱼
- 749 火烤鳜鱼
- 749 火腿豆腐
- 749 火腿炖甲鱼
- 750 火腿炒冬瓜
- 750 双脆锅巴
- 750 双爆串飞
- 750 石耳豆腐丸
- 750 石耳炖鸡
- 750 龙爪肉丝
- 750 冬瓜鱼锅
- 750 冬瓜盅
- 751 冬瓜焐火腿
- 751 冬笋煨火腿
- 751 扣三丝汤
- 751 当归獐肉
- 751 冲锅面
- 751 米粉糊
- 751 如意鸡
- 751 红烧马鞍桥
- 751 红烧木琴鱼
- 751 红烧瓦块鱼
- 752 红烧石斑鱼
- 752 红烧头尾
- 752 红烧果子狸
- 752 红烧桃花鳜
- 752 红烧臭鳜鱼
- 753 红绿豆腐
- 753 走油拆炖
- 753 贡菊酥鸭
- 753 苋菜粉肉
- 753 苋菜糊
- 753 花菇石鸡
- 753 李坑炙肉
- 753 杨梅丸子
- 753 豆腐肉盒
- 754 两香问政山笋
- 754 时雨鸡丝
- 754 沙地马蹄鳖
- 754 沙地鲫鱼
- 754 鸡蛋饺
- 754 青鱼划水
- 754 青鱼肚裆
- 754 青螺炖鸭
- 754 青螺炖鞭笋
- 755 苦斋火腿
- 755 板栗饭
- 755 板栗蒸鸡
- 755 虎皮毛豆腐
- 755 净炒蟹粉
- 755 卷筒粉蒸肉
- 755 炒青鱼片
- 755 炒板子豆腐
- 756 炒粉丝
- 756 油淋仔鸡
- 756 油煎毛豆腐
- 756 细沙炸肉
- 756 春卷
- 756 胡适一品锅
- 756 相思笋
- 756 面皮汤
- 756 面拖石斑鱼
- 756 面拖黄鱼
- 756 面拖黄鱼条
- 756 面鱼汤
- 756 虾子蹄筋
- 757 虾仁锅巴
- 757 香菇板栗
- 757 香菇金鱼
- 757 香菇盒
- 757 炸扣肉
- 757 炸熘鸡卷
- 757 烂糊面
- 757 荷叶包鸡
- 758 桂花肉
- 758 桃面鱼
- 758 鸭蛋饺
- 758 笋菇素肉
- 758 鸳鸯冬菇
- 758 粉蒸肉

758 粉蒸鸡	764 徽面	770 腌菜	776 豆豉粿
758 粉蒸鱼	764 徽菜	770 腌斋	776 豆腐老鼠
758 粉蒸猪蹄	764 徽菜馆	770 婺源民筵	776 豆腐渣粿
759 剥皮大烤	764 徽馆	770 蒟蒻豆腐	776 两面黄
759 黄山炖鸽	764 徽厨	770 愁娘子豆腐	776 冷饭粿
759 黄斋豆腐	765 糯米狮子头	770 赛琼碗	776 灶粿
759 菊花冬笋		771 蕨粉	776 青精饭
759 菊花锅	## 民筵食材	771 橡子豆腐	776 拓粿
759 菇熘鱼皮		771 霉豆腐	776 拓鲜
760 蛏干烧肉		772 歙县民筵	777 苞芦松
760 银芽火鸡	766 十碗八	772 徽州三石	777 苞芦粿
760 馄饨鸭	766 七碗细点四	772 徽州甲酒	777 茄子瘪
760 焖粉	766 八碗十二盘	772 徽州夹酒	777 枕头粽
760 焖蛋	766 八碗八	772 徽州竹笋	777 炒米片
760 清炖马蹄鳖	766 九碗十二盘	772 徽州米酒	777 炒河螺
760 清炖荷包红鲤	766 九碗六	772 徽州挂面	777 油粿
761 清炖塘鱼头	767 九碗六盘	772 黟县民筵	777 挂纸粿
761 清炒鳝糊	767 三伏老油		777 挞粿
761 清蒸石鸡	767 马兰头	## 风味小吃	777 茧粿
761 清蒸石斑鱼	767 马齿苋		777 南瓜枣
761 清蒸鹰龟	767 五城豆腐干		777 面馓
761 绩溪一品锅	767 五城茶干	773 山芋枣	777 香椿粿
761 绩溪炒粉丝	767 水蕨菜	773 马打滚	778 食桃米粿
761 琥珀玉爿	767 六大盘	773 屯溪烧饼	778 黄山寿桃
761 椒盐排骨	768 田边菊	773 水馅包	778 黄花粿
761 椒盐蹄膀	768 四碗四	773 乌饭	778 梅干菜猪肉烧饼
762 腊鸡萝卜	768 四碗四盘	774 乌饭团	778 野艾粿
762 腌斋煮豆腐	768 冬菇	774 双冬肉包	778 馅心粿
762 碗头面	768 兰花火腿	774 玉川豆豉	778 麻糍
762 路菜鸡	768 休宁民筵	774 玉米粿	778 清明包
762 聚和烤鸭球	768 祁门民筵	774 打食桃	778 清明饼
762 腐乳爆肉	768 观音豆腐	774 石头粿	779 清明粿
762 蕨粉羹	768 杜字虾米豆腐干	774 冬瓜饺	779 深渡包袱
762 蝴蝶面	769 宏潭豆腐乳	774 冬笋茴香豆	779 绩溪糕粑
763 德林儒牛肉脯	769 良蕨	774 冬笋盐水豆	779 葛粉圆子
763 糊汤	769 纱面	774 礼包	779 葱卷
763 糊豆腐	769 板子豆腐	774 发包	779 落苏粿
763 糊猪肺	769 松花蛋	775 灰汁粿	780 落苏瘪
763 歙味笋丝	769 草豆腐	775 灰汁粽	780 腊八粥
763 糖醋鹅颈	769 柞子豆腐	775 夹沙羊尾	780 塌粿
763 糖醋鳝背	769 香菇	775 虫寒	780 蒿粿
763 螺丝块	770 香蕈	775 米脆	780 路饭粿
763 徽式汤面	770 晓鳙老水酒	775 寿桃粿	780 新安关豆腐脑髓
763 徽式酱排	770 甜酒酿	775 花粿	780 煎饼
764 徽式醋鱼	770 清华婺酒	775 苎叶粿	780 蕨打滚
764 徽州汤面	770 绩溪民筵	776 豆沙粿	780 蕨粉团
764 徽州狮子头	770 腊八豆腐	776 豆豉	780 蕨粉圆子
764 徽州圆子			780 镇头香椿粿

780	薄拓鲜	787	炒米香糕	792	方言成语	796	牛福会
781	糖炒栗子	787	贯香糖果	792	方言婉辞	796	打锣封山
781	徽式汤包	787	茯苓糕	792	白读	796	出师酒
781	徽式两面黄	787	南瓜饼	792	休宁方言	796	老大先生
781	徽州豆黄粿	787	香糕	792	休宁话	796	庆熟节
781	徽州烧卖	788	姜糖	792	休黟片方言	796	安苗节
782	徽州裹粽	788	盐饼	793	凫峰话	797	农者十三贾十七
782	蟹壳黄	788	秤管糖	793	祁山话	797	收工福宴
782	霹雳馓	788	鸳鸯饼	793	祁门方言	797	进师酒
		788	鸳鸯粿	793	祁门西路话	797	进香
		788	烘糕	793	祁门城区话	797	求雨
## 糖酥糕点		788	菱角酥	793	祁门南路话	797	谷雨刘青
		789	雪糕	793	祁德片方言	797	初五定事
		789	麻酥糖	793	严州片方言	797	青柴讨吉兆
783	丁饼	789	族丁饼	793	海阳话	798	定事酒
783	寸金糖	789	盖头饼	793	旌占片方言	798	春秋醮
783	千层饼	789	渔亭糕	793	旌阳话	798	茴香萝卜枣
783	千张酥	789	绿豆酥	793	旌德城区话	798	拜祷田公、田母
783	马蹄酥	789	绿豆酥饼	794	淳安城区话	798	保熟节
783	水晶糕	789	朝糕	794	淳城话	798	送出
784	牛皮糖	789	酥月	794	绩溪方言	798	换索
784	方糕	789	酥夹	794	绩歙片方言	798	晒大圣
784	玉兰片	789	蛤蟆酥	794	婺源方言	798	烧六日
784	龙糕	789	嵌字豆糖	794	歙县方言	798	接财神
784	发糕	789	蒸糕	794	徽州方言	798	祭梁
784	百果糕	790	潮糕	795	徽州话	799	商家门背南
784	伏岭玫瑰酥	790	糖人	795	徽城方言	799	散牛犊粿
784	交切糖	790	徽式月饼	795	徽城话	799	敬财神
785	羊角酥	790	徽墨酥	795	徽语	799	腊八收账
785	红包糖	790	糯米子糕	795	黟县方言	799	满师酒
785	红纸包	790	糯米糕	795	黟县方言调查录	799	熏浴斋戒饲养蚕
785	坑口麻饼			795	黟县话	799	徽人重商
785	壳饼			795	黟音便览		
785	块头香糕						
785	芙蓉糕					## 生活习俗	
785	花生酥	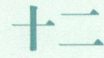		## 生产习俗			
785	芡实糕	## 十二					
785	杏仁酥	## 方言民俗				800	三茶
785	豆香糖			796	下架	800	三套茶
785	冻米糖			796	上正梁	800	小孩发型
786	状元糕	## 徽州方言		796	上梁	800	小孩佩戴
786	汽糕			796	上梁酒	800	小孩鞋式
786	顶市酥			796	小年饭	800	女子发型
786	松子糕	792	七都语	796	开工酒	800	女子佩戴
787	松杆糖	792	八都话	796	开张礼	800	女子服式
787	松糕	792	八都雄	796	开秧门	801	女子帽式
787	金丝琥珀蜜枣	792	文白异读	796	中元保苗	801	女子鞋袜
787	卷酥	792	文读	796	中秋拔路	801	文士茶
		792	方言古语词				

801	世落	805	七七	808	对八字	811	吵新人
801	东瓶西镜	805	人际称呼	808	老汉	811	吵新娘
801	归宁	805	入殓	808	老妪	811	利市人
801	四水归堂	806	入赘	808	老官	811	利市纸
802	用筷禁忌	806	三十夜下并亲	808	老姨	811	利市果
802	写联忌讳	806	三书六礼	808	老婆舅	811	利市茶
802	礼让行走	806	三茶六礼	808	老孺	811	含口钱
802	发利市	806	三朝	808	执定	811	迎亲
802	年头不动帚	806	三朝分大小	808	百子灯	812	迎亲先生
802	丢儿郎帽	806	大生日	808	百日礼	812	灵堂
802	农家茶	806	大庆	808	百岁不庆寿	812	忌日
802	设酒席待客	806	丈汉	808	百晬	812	奉
802	还愿	806	上头茶	808	同衣	812	拈周试晬
802	男子发型	806	小娘	808	同鞋	812	拉面
802	男子佩戴	806	小媳妇	808	回门	812	拦路祭
802	男子服式	806	门当户对	808	回头亲	812	招亲
802	男子帽式	806	尸衣	809	回呼	812	抬尸禁忌
802	男子鞋式	806	子孙钉	809	年庚	812	丧礼
803	住宅禁忌	806	开明灵	809	传宗	812	雨伞下并亲
803	坐月子	806	开面	809	传袋	812	奔丧礼
803	坐轿骑马禁忌	806	开咽喉	809	合卺酒	812	奔丧禁忌
803	饭箩担	806	开洞房门念诗	809	冲喜	812	叔哥代称
803	饮食礼	806	开眉眼	809	庆寿	812	供七
803	忌言卖甜	806	开轿诗	810	交杯酒	812	闹洞房
803	择日进新屋	806	无人问起	810	并亲	812	闹新房
803	茶礼	806	无钱嫁女一箍柴	810	关节	812	定亲
803	面南而居	807	五样红	810	安山	812	官人
803	席次	807	长尾巴	810	安床礼	812	姑父
803	酒席禁忌	807	长钱	810	安葬	812	挂贺联
803	涉药禁忌	807	长幡	810	收发喜馃	813	挂钱
803	家人相处禁忌	807	斗床檐词	810	妇女禁忌	813	挂喜轴
803	宴筵席次	807	订婚礼	810	好命老倌	813	封基
803	婴儿取名	807	办后事	810	好命老孺	813	荣庆
804	婴儿服式	807	打米汉	810	妈	813	点主
804	婴孩帽式	807	打米舅	810	寿木	813	拜堂
804	道家茶	807	打狗馃	810	寿庆	813	拜堂唱词
804	富室茶	807	打锣通知	810	寿衣	813	拜敬
804	催席	807	节礼	810	寿衾	813	看屋宇
804	解枷锁	807	四十不贺	811	扯红布	814	待因
804	徽州茶艺	807	四色礼	811	折打杵	814	送房唱诗
		807	白祭	811	折扁担	814	送终
		807	印钉	811	折扁担配折打杵	814	送嫁
		807	讨饭米钱	811	抓周	814	剃头礼
礼仪习俗		807	礼式	811	抢发利市	814	洗三朝
		807	议婚	811	抢亲	814	洗染
805	一代高一代	807	出嫁衣	811	孝堂	814	冠礼
805	一身暖	808	出殡	811	报讣	814	祝寿
805	一担挑	808	发亲	811	求亲	814	说媒

814 退位	817 朝奉	820 小年	825 喊年
815 贺九不贺十	817 朝朝	820 马鞍山庙会	825 腊八节
815 贺仪	817 棺材头并亲	820 元宵节	825 腊八扫屋尘
815 贺礼	817 等郎媳	820 五都清明	825 善会
815 结椁	817 童养媳	820 五猖会	825 谢灶
815 耗	817 奠仪	821 太子会	825 摸秋
815 赶煞	817 媒合	821 中元节	825 新春节
815 换亲	817 登位	821 中秋节	825 福临祖社嬉菩萨
815 破血湖	817 搬行嫁	821 中秋拖缸片	825 端午节
815 破蒙	817 搬嫁资	821 中秋接月光	825 端阳节
815 轿下食	817 聘礼	821 分岁	
815 笄礼	818 暖生	821 六月会	
815 倌	818 暖寿	821 火把会	**其他风俗**
815 鸳鸯礼书	818 暖坐	821 打鼓送瘟船	
815 离娘衣	818 暖房	822 叶村堆罗汉	
815 烧纸轿	818 催生	822 叶村叠罗汉	826 一品官,二品客
815 家祭	818 催亲	822 田川玉帝会	826 九都社
815 请七	818 新细妇	822 冬至节	826 打飚
815 请六七	818 满月	822 立夏节	826 右文之习
815 请期	818 满月酒	822 关王会	826 占屋柱
815 娘娘	818 殡礼	822 关王爷磨刀日	826 叫吓
815 掉汉	818 舞新娘	822 观音山庙会	826 叫魂
815 接待茶	818 舆礼	822 花朝节	826 老鹰捉鸡
816 接新娘	818 裹尸	822 花朝会	826 吃饼封山
816 野鬼	818 端时节	823 初一朝	826 先农坛
816 做七	818 端喜酒	823 放飏灯	826 杀猪封山
816 做七不做八	818 寡妇再嫁	823 放蒙山	826 争讼
816 做九不做十	818 撒帐	823 春节	826 邑厉坛
816 做三不做四	818 戴缟	823 春节禁忌	826 社
816 做三朝	818 襟兄	823 春祈秋报	826 社稷坛
816 做大夜	818 襟弟	823 城隍会	827 尚武之风
816 做风水		823 重阳节	827 呼猖
816 做礼生祭		823 段莘祭猪	827 和瘟待宴
816 做阴寿	**岁时习俗**	824 鬼节	827 保安会
816 做周岁		824 施孤会	827 送圣
816 做满月		824 送年节	827 郡分五俗
816 盒礼	819 二月二打老虎	824 送灶	827 健讼
816 彩礼	819 二月二祭土地	824 除夕	827 接菩萨
816 领魂香	819 二月八庙会	824 烧年节	827 菩萨重光
816 望朝回门	819 七月半	824 浴佛节	827 蛇崇拜
816 盖面彩	819 八社花朝	824 请鬼节	827 猜中指
816 焐衣衫	819 九都迎三姑神	824 接八老爷菩萨	828 椎髻鸟语
816 清明节祖坟堆土	819 三元节	824 接天地	828 喝形
817 插米仞	820 三元会	824 接灶	828 登第
817 插米舅	820 三福馆做焰口	824 接张康二王	828 献彩
817 期礼	820 土地节	824 做社	828 禁河养生
817 落枕	820 下元节	824 清明节	828 跳无常
817 朝	820 上元节	824 渔梁亮船灯会	828 跳五帝

828	躲索	833	王朝佐	836	方释	840	朱松
828	满顶床	833	王集成	836	方腊	840	朱承泽
828	舞狮祈子	833	王舜举	836	方斌	840	朱钰
828	赛春	833	王瑜	836	方谦	840	朱舫
828	镇宅石	833	王愈	836	方骞	840	朱陵
828	徽州六邑绰号	833	王璋	837	方愿瑛	840	朱通
		833	王震	837	方觐	841	朱埜
		833	王璧	837	方操	841	朱晞颜
		833	毛甘	837	叶天球	841	朱模
		833	仇自坚	837	叶天爵	841	朱稳
		833	仇钺	837	叶元龙	841	任亨泰
		833	仇继恒	837	叶元良	841	任原
		834	文献	837	叶份	841	庄观
		834	方元泰	837	叶时新	841	刘和珍
		834	方日昱	837	叶伯鸣	841	刘荣
		834	方升	838	叶宗茂	841	刘德智
		834	方可权	838	叶宗春	841	齐士宽
		834	方石	838	叶修	841	齐冲
830	于聪	834	方汉	838	叶祖洽	841	江一桂
830	马廷鸾	834	方必元	838	叶蕭	842	江一麟
830	马国宝	834	方邦休	838	叶薑	842	江人镜
830	王之翰	834	方邦庆	838	冯伟	842	江万和
830	王友端	834	方圭	838	冯谧	842	江天一
830	王凤生	834	方百花	838	冯靖	842	江元辅
830	王文企	834	方有开	838	宁本瑜	842	江云梯
830	王文进	834	方舟	838	毕力忠	842	江世璋
830	王文德	834	方兆鳌	838	毕锦	842	江可爱
830	王文藻	834	方纪达	838	毕懋良	842	江东之
831	王以衔	834	方进	838	毕懋康	843	江应晓
831	王仕云	835	方远宜	838	光时亨	843	江应晴
831	王汝舟	835	方贡孙	839	吕午	843	江秉谦
831	王观国	835	方体	839	吕文仲	843	江珍
831	王寿	835	方沛霖	839	吕沆	843	江阎
831	王应桢	835	方宏静	839	吕溱	843	江恂
831	王应超	835	方良曙	839	吕德元	843	江起龙
831	王应瑜	835	方初	839	朱士刚	843	江轼
831	王武扬	835	方若坤	839	朱元贞	843	江致一
831	王茂荫	835	方国儒	839	朱太	843	江致虚
832	王京祥	835	方昂	839	朱文翰	843	江峰青
832	王学书	835	方育明	839	朱为弼	844	江浩
832	王经天	835	方思孝	839	朱权	844	江寅简
832	王昺	835	方勉	840	朱存莹	844	江登云
832	王畏三	835	方洋	840	朱光圉	844	江粹青
832	王俊得	835	方恬	840	朱光裕	844	许万相
832	王泰征	836	方敏	840	朱廷瑞	844	许天赠
832	王珣	836	方清	840	朱安国	844	许元
832	王恩注	836	方瑛	840	朱莞会	845	许友山
832	王梓材	836	方琢	840	朱莞星	845	许文玠
832	王朝兴						

十三

徽州人物

政治军事

845 许文蔚	849 吴士千	853 吴椿	856 汪日章
845 许文瑾	849 吴大吉	853 吴锡龄	856 汪介然
845 许孔明	849 吴之儒	853 吴鹗	856 汪从政
845 许书	849 吴天骥	853 吴箕	856 汪文伟
845 许仕达	849 吴云	853 吴肇荣	856 汪文言
845 许立礼	849 吴中明	853 吴肇新	856 汪文和
845 许廷佐	849 吴仁欢	853 吴镐	857 汪文辉
845 许汝骥	849 吴文炎	853 吴潜	857 汪以时
845 许安治	849 吴孔嘉	853 吴疆	857 汪正元
846 许伯昇	849 吴正治	853 邱龙友	857 汪节
846 许启敏	849 吴宁	853 邱锡	857 汪申
846 许国	850 吴礼	853 何乃容	857 汪由敦
846 许迥	850 吴必昱	853 何子实	857 汪汉文
846 许试	850 吴圣楫	853 何如申	857 汪必达
846 许询尧	850 吴成器	854 何如宠	857 汪必进
846 许珏	850 吴华孙	854 何沛霖	857 汪永聪
847 许将	850 吴自新	854 余一龙	858 汪同
847 许逊	850 吴江	854 余元良	858 汪回显
847 许球	850 吴安朝	854 余光	858 汪廷栋
847 许登瀛	850 吴观国	854 余自怡	858 汪乔林
847 孙士梧	850 吴远	854 余庄	858 汪仲成
847 孙文质	850 吴应明	854 余丽元	858 汪华
847 孙抗	850 吴怀贤	854 余启元	858 汪守珍
847 孙吴会	850 吴良	854 余孟麟	859 汪守鲁
847 孙怡	850 吴范	854 余荫甫	859 汪如洋
847 孙学治	851 吴杰	854 余衍	859 汪进
847 孙适	851 吴郁	855 余泰符	859 汪均信
848 孙球	851 吴贤	855 余莹	859 汪杞
848 孙勤	851 吴国仕	855 余道潜	859 汪佐
848 李士珪	851 吴炜	855 余镛	859 汪作砺
848 李大任	851 吴宗尧	855 余懋学	859 汪伯彦
848 李友闻	851 吴定洲	855 余懋衡	859 汪谷
848 李仁	852 吴显	855 余徽	859 汪应元
848 李训典	852 吴信	855 汪士安	859 汪应凤
848 李西樵	852 吴信中	855 汪大受	859 汪应蛟
848 李均亮	852 吴闻礼	855 汪大章	860 汪应镛
848 李苹	852 吴诵芬	855 汪大燮	860 汪良
848 李泛	852 吴盈安	856 汪山	860 汪纲
848 李叔和	852 吴载勋	856 汪义和	860 汪武
848 李知诚	852 吴格	856 汪义荣	860 汪若海
848 李念祖	852 吴恩诏	856 汪义端	860 汪若容
848 李厚	852 吴继京	856 汪之斌	860 汪叔詹
848 李昭炜	852 吴辅	856 汪子严	860 汪尚宁
848 李起	852 吴渊	856 汪元龙	860 汪尚谊
848 李寅宾	852 吴绶诏	856 汪元兆	861 汪鸣銮
848 李善长	852 吴琼	856 汪元标	861 汪秉元
849 李道同	853 吴雯清	856 汪元锡	861 汪侃
849 杨宁	853 吴景明	856 汪云任	861 汪泳

861	汪波	864	汪滍	868	邵齐焘	872	郑梦龙
861	汪泽民	864	汪镇	868	邵齐然	872	郑绳祖
861	汪宗顺	865	汪德渊	868	邵辅	872	郑维诚
861	汪宗洙	865	汪遴卿	868	邵绮园	872	郑肇
861	汪承霈	865	汪潜	868	范传正	873	单光国
861	汪绂贤	865	汪澈	869	范初	873	单国佐
861	汪珀	865	汪翰	869	范淶	873	项士俊
861	汪标	865	汪镗	869	罗汝楫	873	项国辉
862	汪勃	865	汪镛	869	罗苍期	873	项絅
862	汪奎	865	汪襄	869	罗应鹤	873	项晋蕃
862	汪轸	865	沈坤	869	罗宣明	873	项蕙
862	汪贵	865	宋乞	869	罗颂	873	项德时
862	汪思	866	宋觇	869	金云槐	873	项镛
862	汪勋	866	宋梦兰	869	金允声	873	赵吉士
862	汪恺	866	张一桂	869	金邦平	874	赵时用
862	汪泰来	866	张习孔	870	金自皞	874	赵希衢
862	汪皋会	866	张开祚	870	金庆慈	874	赵景从
862	汪浩然	866	张芝	870	金安	874	赵然明
862	汪理	866	张光祁	870	金安节	874	赵善璙
862	汪彬	866	张全	870	金声	874	赵道元
862	汪彪	866	张应扬	870	金奇	874	赵端
862	汪得时	866	张秉	870	金革	874	胡乙公
862	汪彩	867	张宗杰	870	金烈	874	胡士著
863	汪惟效	867	张珏	870	金符申	874	胡大鹤
863	汪维祺	867	张敏	870	金樟	874	胡元熙
863	汪琦	867	张谔	870	金德瑛	874	胡仁昉
863	汪斯醇	867	张鲁德	870	金慰农	874	胡公著
863	汪辉	867	张敦实	871	周士选	874	胡文光
863	汪铉	867	张霁	871	周廷采	874	胡文学
863	汪舜民	867	张震	871	周启鲁	875	胡文柏
863	汪道安	867	陆梦发	871	周昂	875	胡文摺
863	汪道亨	867	陈于泰	871	周颂	875	胡世英
863	汪溃	867	陈士瀛	871	周继忠	875	胡用宾
863	汪滋畹	867	陈大道	871	郑千龄	875	胡永兴
863	汪谦	867	陈王业	871	郑之文	875	胡永焕
864	汪巽元	867	陈仆	871	郑礼	875	胡有德
864	汪楠	867	陈邦俊	871	郑传	875	胡光
864	汪楫	867	陈庆勉	871	郑行简	875	胡廷凤
864	汪嵩	867	陈孚先	871	郑安	875	胡廷进
864	汪锡魁	867	陈明	871	郑进善	875	胡廷琛
864	汪铎	867	陈宝善	871	郑佐	875	胡廷琠
864	汪靖	868	陈宜孙	872	郑亨	875	胡伟
864	汪溱	868	陈济	872	郑奇树	875	胡传
864	汪溥	868	陈鼎新	872	郑昭祖	875	胡自舜
864	汪殿鳌	868	陈蕃	872	郑恭	876	胡行印
864	汪睿	868	陈篆	872	郑晃	876	胡汝明
864	汪毓洙	868	陈樾	872	郑通授	876	胡阶庆
864	汪漼	868	邵伟	872	郑琎	876	胡寿安

876	胡闳休	880	施海	885	唐鸿举	890	章钊
876	胡良铨	880	姜才	885	黄大本	890	章洪钧
876	胡松	880	姜肇山	885	黄元治	890	章淮
876	胡尚礼	880	洪一新	885	黄云海	890	章道基
876	胡明星	880	洪中孚	885	黄友谅	890	章瑞
876	胡学	880	洪文衡	885	黄文光	890	阎睿
876	胡宝铎	881	洪世俊	885	黄文炜	890	葛良治
877	胡宝琼	881	洪汉	885	黄文炎	890	葛湘
877	胡宗明	881	洪朴	886	黄文珪	890	董诰
877	胡宗宪	881	洪佐圣	886	黄正宾	890	蒋果
877	胡思伸	881	洪作霖	886	黄训	890	蒋贯
877	胡俊杰	881	洪范	886	黄全初	890	蒋贵
877	胡宥	881	洪尚同	886	黄兴仁	890	蒋琬
877	胡晟	881	洪思忠	886	黄孝则	890	蒋雍植
877	胡晓	881	洪钧	886	黄轩	890	程九万
877	胡清隽	881	洪炯	886	黄应坤	891	程大宾
877	胡清瀚	881	洪景行	886	黄叔宏	891	程之藩
877	胡深	881	洪湛	887	黄叔琳	891	程元凤
877	胡遇	882	洪遐昌	887	黄昌辅	891	程元岳
878	胡集成	882	洪璟	887	黄金色	891	程元谭
878	胡舜举	882	洪赞善	887	黄思永	891	程仁寿
878	胡舜陟	882	洪翼圣	887	黄益逊	891	程文季
878	胡湮	882	祝华	887	黄家驹	891	程文著
878	胡富	882	聂冠卿	887	黄葆光	892	程文彝
878	胡煜	882	夏元康	887	黄辉	892	程世绥
878	胡镇孙	882	夏亢善	887	黄遇龙	892	程世绳
878	胡德	882	夏师尧	887	黄赓	892	程世缤
879	胡德迈	882	钱羼	888	黄澈	892	程可久
879	胡潜	882	倪时思	888	萧彩	892	程旦
879	胡曈	883	倪思辉	888	梅友月	892	程吉辅
879	柯大统	883	倪嘉谦	888	梅铒	892	程机
879	柯庆施	883	徐上镛	888	曹士鹤	892	程迈
879	查文徽	883	徐元文	888	曹元瑞	892	程光庭
879	查师诣	883	徐旭龄	888	曹文埴	892	程廷策
879	查陶	883	徐景轼	888	曹允源	892	程仲繁
879	俞士英	883	徐谦	889	曹有光	892	程全
879	俞上运	884	徐嘉会	889	曹观远	893	程安节
879	俞天倪	884	殷正茂	889	曹作云	893	程安道
879	俞文诏	884	凌子俭	889	曹泽	893	程均佐
880	俞乔	884	凌驹	889	曹振镛	893	程均保
880	俞伯华	884	凌唐佐	889	曹祥	893	程芳
880	俞纵	884	凌琯	889	曹深	893	程材
880	俞茂	884	唐仕	889	康人杰	893	程近仁
880	俞昭显	884	唐吉祥	889	康汝芳	893	程应奎
880	俞勋	884	唐廷瑞	889	康佑	893	程沄
880	俞诵芬	884	唐泽	889	康闻韶	893	程宏
880	俞清	885	唐相	889	康海	893	程灵洗
880	饶钦	885	唐晖	890	康戬	894	程若川

894 程叔达	898 程瑞襜	901 鲍元康	906 魏羽
894 程卓	898 程嗣功	901 鲍安国	906 魏绍
894 程尚义	898 程煌	901 鲍应鳌	906 魏琰
894 程昊	898 程嘉赞	902 鲍孟英	906 魏瓘
894 程杲	898 程箕	902 鲍桂星	
894 程国仁	898 程銮	902 鲍冕	
894 程国栋	899 程攀熊	902 鲍象贤	**经济实业**
894 程国胜	899 程骧	902 鲍深	
894 程国祥	899 舒迁	902 鲍颍	
894 程昌	899 舒华先	902 鲍道明	907 丁肇文
894 程昌期	899 舒荣都	902 鲍夔生	907 马曰琯
895 程鸣凤	899 舒崇功	902 蔺亮	907 马曰璐
895 程金	899 舒德辉	902 廖千三	907 马禄
895 程定祥	899 游汉龙	902 熊梦飞	907 王一标
895 程弥寿	899 游有伦	903 滕隆	907 王士汲
895 程珌	899 游有常	903 潘之祥	907 王大善
895 程显	899 游应乾	903 潘世恩	907 王云翔
895 程显祖	899 游悦开	903 潘旦	908 王太祐
895 程思温	900 游震得	903 潘丝	908 王中梅
895 程信	900 游德敬	903 潘廷试	908 王仁宅
895 程洙	900 游潘	903 潘纪恩	908 王文俊
895 程宪	900 谢允伦	903 潘应椿	908 王世勋
896 程祖洛	900 谢有进	903 潘钛	908 王汉山
896 程泰	900 谢存仁	903 潘珏	908 王延宾
896 程珪	900 谢安邦	903 潘珍	908 王华祀
896 程振甲	900 谢杰	904 潘祖荫	908 王时沐
896 程振钧	900 谢泌	904 潘曾沂	908 王应达
896 程哲	900 谢经国	904 潘曾绶	908 王应矩
896 程桓生	900 谢封	904 潘鉴	908 王启仁
896 程烈	900 谢莹	904 潘潢	908 王茂荣
896 程辂	900 谢润	904 潘镒	908 王杰
896 程晟	900 谢骏	905 戴长禄	908 王国椿
897 程资	900 谢崧	905 戴心亨	909 王金
897 程浩	900 谢琼	905 戴世篆	909 王学炜
897 程家柽	900 谢登隽	905 戴兰芬	909 王学洧
897 程通	901 谢瑄	905 戴有祺	909 王城
897 程梦余	901 谢溥	905 戴安	909 王泰邦
897 程梦瑛	901 谢嘉修	905 戴均元	909 王悠炽
898 程盛修	901 谢舆隆	905 戴应昌	909 王康吉
898 程鸾台	901 谢霖	905 戴贵	909 王清
898 程隆	901 谢赞	906 戴振清	909 王朝栋
898 程绳祖	901 谢瀹	906 戴第元	909 王槐康
898 程维铣	901 詹必胜	906 戴敏	909 王锡銮
898 程策	901 詹同	906 戴鸾翔	909 王福启
898 程善	901 詹州	906 戴朝干	909 仇星农
898 程道东	901 詹应甲	906 戴骝	910 方三应
898 程渭老	901 詹崇义	906 戴嘉猷	910 方于鲁
898 程富	901 詹徽	906 魏平仲	910 方文箎

910	方兆钥	914	朱光斗	917	江明生	922	许莲塘
910	方汝梓	914	朱光宅	917	江迪	922	许秩
910	方尚伦	914	朱庆鬵	917	江岷	922	许翁
910	方尚侠	914	朱作楹	917	江承东	922	许烻
910	方岩耕	914	朱宏基	917	江承封	922	许海
910	方泽春	914	朱其传	918	江承联	922	许琎
910	方南滨	914	朱昌孝	918	江承燧	922	许韵清
910	方钟美	914	朱承训	918	江春	922	许溶
911	方勉弟	914	朱钟元	918	江政观	922	许镇
911	方勉柔	914	朱晋侯	918	江南能	922	许赠
911	方振鉴	915	朱继承	918	江禹治	923	阮弼
911	方原生	915	朱继楫	918	江佩	923	孙天庆
911	方善祖	915	朱基	918	江恭埙	923	孙元旦
911	方翔	915	朱嗣初	918	江善积	923	孙从理
911	方道容	915	朱嗣隆	918	江嘉谟	923	孙式道
911	方锡荣	915	朱腾达	918	江嘉霖	923	孙有犧
911	巴源绶	915	朱德灿	918	江演	923	孙华梁
911	石民群	915	任钧	919	江蕃	923	孙志堂
911	石光达	915	邬仕大	919	江璠	923	孙启祥
911	石葵斋	915	刘正实	919	江霖	923	孙岳五
911	石瑞熊	915	刘淮	919	江镛	923	孙美时
911	叶万生	915	刘紫垣	919	江義龄	924	孙洪维
912	叶上林	916	刘燕	919	江懋宜	924	孙理和
912	叶天赐	916	齐彦钱	919	江缵绪	924	孙烺
912	叶日葵	916	江人龙	919	江耀华	924	孙徽五
912	叶文基	916	江才	919	许士魁	924	苏大志
912	叶正运	916	江元凤	919	许大兴	924	李士葆
912	叶本立	916	江元庆	919	许大辂	924	李大鸿
912	叶仕衡	916	江长遂	920	许之涵	924	李大嵩
912	叶自耀	916	江文魁	920	许仁	924	李大镕
912	叶寿萱	916	江玉琦	920	许文才	924	李广璧
912	叶良茂	916	江玉衡	920	许文广	924	李元黑
913	叶贤	916	江正迎	920	许世积	924	李长庚
913	叶明绣	916	江世运	920	许禾	925	李世贤
913	叶峙亭	916	江世俊	920	许立勋	925	李训谟
913	叶兹坐	916	江可烈	920	许达	925	李有诚
913	叶敏东	916	江东达	920	许廷元	925	李守恭
913	叶赏钺	916	江永俅	920	许谷	925	李良朋
913	叶道传	916	江有科	920	许松径	925	李贤
913	叶懋适	917	江廷仲	920	许尚质	925	李尚吉
913	史世椿	917	江孝彰	921	许明大	925	李迪
913	毕成梅	917	江希贤	921	许明贤	925	李宗媚
913	毕兴	917	江应全	921	许岩保	925	李承武
913	毕周万	917	江应萃	921	许俸先	925	李昭燠
913	毕周通	917	江良芳	921	许金	925	李祖纪
913	朱云沾	917	江灵裕	921	许栋	925	李教育
914	朱文灿	917	江茂星	921	许铁	926	李章泮
914	朱文炽	917	江国政	921	许炳勋	926	李荣

926	李登瀛	930	吴南坡	935	余达	939	汪令钰
926	李锡禄	930	吴柯	935	余光焕	939	汪用成
926	杨春元	930	吴思沐	935	余光敦	939	汪立政
926	吴一莲	930	吴钟	935	余光徽	939	汪玄仪
926	吴一新	930	吴钟洪	935	余廷纬	939	汪兰培
926	吴山南	930	吴勉学	935	余廷珪	939	汪永椿
926	吴广厚	930	吴养春	935	余兆骥	939	汪弘
926	吴义斋	931	吴炽甫	935	余观德	939	汪弘运
926	吴之骏	931	吴宪	935	余寿山	939	汪圣林
926	吴天行	931	吴继良	935	余含章	939	汪执中
926	吴天衢	931	吴继祺	935	余应焕	939	汪存朴
926	吴云鋡	931	吴职	935	余启榜	939	汪光元
926	吴少樵	931	吴基承	935	余国镇	940	汪光球
927	吴日连	931	吴琨	936	余荣龄	940	汪光翰
927	吴日法	931	吴敬仲	936	余笏	940	汪当
927	吴公	931	吴鼎英	936	余逢盛	940	汪廷扬
927	吴公进	931	吴景松	936	余益富	940	汪廷俊
927	吴文彦	931	吴铉璋	936	余锡	940	汪廷璋
927	吴文畿	932	吴道暹	936	余锡荣	940	汪乔羽
927	吴孔龙	932	吴瑞鹏	936	余毓焜	940	汪仲英
927	吴玉润	932	吴锡芳	936	余增祥	940	汪任祖
927	吴田	932	吴锡梁	936	闵世璋	940	汪自新
927	吴永评	932	吴鍚	937	汪一龙	941	汪兆璘
927	吴永厚	932	吴鹏翔	937	汪一麟	941	汪庆
928	吴永钥	932	吴耋	937	汪人御	941	汪庆澜
928	吴永琮	932	吴肇福	937	汪士达	941	汪汝雯
928	吴老典	932	吴懋鼎	937	汪士良	941	汪汝蕃
928	吴成溍	932	吴鳌	937	汪士明	941	汪如钺
928	吴光祖	933	邱启立	937	汪士桂	941	汪志俊
928	吴光裕	933	何永昌	937	汪士雅	941	汪志德
928	吴廷芳	933	何老廷	937	汪大录	941	汪声洪
928	吴传芳	933	何庞	937	汪大浚	941	汪材
928	吴延支	933	佘文义	937	汪之萼	941	汪连萼
928	吴自充	933	佘兆鼎	937	汪之蛟	941	汪步元
928	吴亦炜	933	佘兆熹	937	汪开祚	942	汪时英
929	吴亦辉	933	余干臣	938	汪天赋	942	汪时济
929	吴兴周	933	余士英	938	汪元台	942	汪应干
929	吴克成	934	余士恩	938	汪中山	942	汪应川
929	吴时	934	余士溥	938	汪仁晟	942	汪应时
929	吴良儒	934	余士鳌	938	汪从钜	942	汪应亨
929	吴尚相	934	余之叶	938	汪文雅	942	汪应庚
929	吴国诊	934	余之光	938	汪文演	942	汪宏
929	吴国锦	934	余开勋	938	汪文德	942	汪良彬
929	吴昂	934	余文艺	938	汪方锡	942	汪良植
929	吴钏	934	余文芝	938	汪以功	942	汪良谟
929	吴荣让	934	余文彬	938	汪世贤	943	汪启逊
930	吴荣寿	934	余丕盛	938	汪可钦	943	汪社生
930	吴荣运	934	余邦朝	938	汪平山	943	汪君实

943 汪直	947 汪箕	951 陈能	954 郑鉴元
943 汪尚权	947 汪鋆	951 陈碧	954 郑鉴源
943 汪尚松	947 汪肇正	951 陈德	955 郑璋
943 汪国仪	947 汪肃	951 邵天民	955 单启泮
943 汪国柱	947 汪德光	951 邵正已	955 宗谊
943 汪国玺	947 汪德昌	951 邵鸿恩	955 项天瑞
944 汪岩福	947 汪德昭	951 范崇松	955 项英蔚
944 汪秉键	947 汪霖	951 范蔚文	955 项绍裘
944 汪育	947 汪燧	951 林道宏	955 项宪
944 汪学礼	948 汪寰	952 林履平	955 项琥
944 汪学鉴	948 汪徽寿	952 罗福履	955 赵有贵
944 汪承显	948 汪燮	952 金一凤	955 赵连
944 汪承恩	948 汪霭	952 金文燿	955 赵相
944 汪珊	948 宋应祥	952 金玉成	956 胡士诰
944 汪拱乾	948 宋学思	952 金弁	956 胡山
944 汪选敏	948 宋振华	952 金华英	956 胡广耀
944 汪狮	948 宋惟贤	952 金启锳	956 胡之兰
944 汪洪	948 张大雾	952 金坤	956 胡开熙
944 汪泰护	948 张友深	952 金法宝	956 胡天注
944 汪振寰	949 张曰瑷	952 金学烈	956 胡元龙
944 汪晋和	949 张弘治	952 金起凤	957 胡文相
945 汪朔周	949 张守富	952 金起国	957 胡文焕
945 汪涛	949 张观法	952 金敬德	957 胡孔昭
945 汪海	949 张良楷	952 金鼎和	957 胡玉成
945 汪宽也	949 张贤颂	952 金照	957 胡世闻
945 汪家湍	949 张明侗	952 金瑭	957 胡世炳
945 汪通保	949 张荣春	953 金潭	957 胡世卿
945 汪焘	950 张顺	953 周大忠	957 胡吉
945 汪崇镛	950 张恒卿	953 周友仲	957 胡贞观
945 汪琴	950 张辅阳	953 周仲高	958 胡光墉
945 汪琼	950 张淑	953 周宗良	958 胡廷贤
945 汪联洪	950 张翰	953 周绥之	958 胡廷巍
946 汪雅会	950 陈一桂	953 周锡圭	958 胡华伟
946 汪景龙	950 陈一新	953 周锡熊	958 胡名泰
946 汪景晃	950 陈一澜	953 周懋桃	958 胡名教
946 汪鉝	950 陈天从	954 郑士寰	958 胡安定
946 汪鲁门	950 陈天宠	954 郑之彦	958 胡寿六
946 汪翔麟	950 陈元春	954 郑天镇	959 胡远烈
946 汪道斐	950 陈正耀	954 郑永成	959 胡远龄
946 汪献祥	950 陈廷柱	954 郑吉人	959 胡佐唐
946 汪源	950 陈廷斌	954 郑再能	959 胡位宜
946 汪源茂	950 陈志宏	954 郑时祯	959 胡位寅
946 汪溶	950 陈应朝	954 郑明允	959 胡位勤
946 汪福光	951 陈启元	954 郑崇学	959 胡余德
947 汪福坚	951 陈其祥	954 郑铣	959 胡应沂
947 汪福南	951 陈学	954 郑庸	959 胡良祥
947 汪珺	951 陈祖相	954 郑朝霁	959 胡际瑶
947 汪嘉树	951 陈祖卿	954 郑富伟	959 胡顶荣

960 胡尚增	964 俞仁耀	968 倪道昭	972 黄奭
960 胡秉祥	964 俞国桢	968 徐士业	972 黄镛
960 胡秉淳	965 俞培眒	968 徐士修	972 萧南金
960 胡学诏	965 俞盛	968 徐海	972 曹子光
960 胡学济	965 俞铨	968 徐景京	972 曹元恒
960 胡学梓	965 俞悠瑢	968 徐璟庆	972 曹止斋
960 胡宗启	965 俞焕	969 徐赞侯	972 曹圣臣
960 胡宗煌	965 俞瑛	969 凌日荣	973 曹其瑞
960 胡承坤	965 俞鹏万	969 凌世明	973 曹定远
960 胡贯三	965 饶华阶	969 凌顺雷	973 曹显应
960 胡荣命	965 施文德	969 唐祁	973 曹美东
960 胡荣彬	965 施世洰	969 黄义广	973 曹松
961 胡南金	965 施圭锡	969 黄义刚	974 曹景宸
961 胡美坤	965 施德栾	969 黄之采	974 曹敦甫
961 胡美铭	965 洪什	969 黄元芳	974 康达
961 胡炳衡	966 洪正治	969 黄五保	974 章正浩
961 胡振柝	966 洪廷俊	969 黄长寿	974 章必芳
961 胡起川	966 洪伯成	969 黄文茂	974 章必焕
961 胡桂森	966 洪性鈉	969 黄正位	974 章必鉴
961 胡家燕	966 洪宗旷	969 黄世权	974 章传仁
961 胡继杭	966 洪承业	969 黄玄赐	974 章志乾
962 胡继柱	966 洪胜	970 黄玑芳	974 章定春
962 胡继桢	966 洪庭梅	970 黄吉文	974 章健德
962 胡雪岩	966 洪致晖	970 黄存芳	974 章祥华
962 胡敏艺	966 洪乘章	970 黄志礼	975 章绪毓
962 胡商岩	966 洪宾彩	970 黄克念	975 章策
962 胡清溪	966 洪淑鉴	970 黄应宣	975 董大田
963 胡瑛	966 洪辑五	970 黄启高	975 董邦直
963 胡朝金	967 洪德佛	970 黄诏	975 董邦超
963 胡植登	967 洪德税	970 黄明芳	975 董昌瑗
963 胡善增	967 洪檀	970 黄侃	975 韩文治
963 胡椿	967 祝确	970 黄金印	976 韩国仪
963 胡嗣迪	967 姚叶	970 黄承志	976 程士爽
963 胡锡友	967 姚成盈	971 黄美渭	976 程大功
963 胡锡鲁	967 姚贯因	971 黄振甲	976 程大约
963 胡锡意	967 姚柱	971 黄莹	976 程大宪
963 胡锡熊	967 姚家勤	971 黄豹	976 程广富
964 胡德礼	967 姚嘉长	971 黄家珣	976 程之鸿
964 胡德昶	967 姚毅全	971 黄谊	976 程子辅
964 查世章	967 柴景星	971 黄焉学	976 程子谦
964 查有忠	968 倪一圣	971 黄崇敬	976 程元利
964 查有堂	968 倪尚荣	971 黄崇德	976 程仁
964 查杰	968 倪思喜	972 黄铨	977 程文昂
964 查尚庆	968 倪炳经	972 黄朝美	977 程文彬
964 查奎	968 倪起虬	972 黄鼎瑞	977 程文傅
964 查道大	968 倪起蚕	972 黄鉴	977 程文镐
964 俞大霭	968 倪望铨	972 黄锜	977 程允兆
964 俞日昇	968 倪辉远	972 黄嘉惠	977 程双元

977	程正奎	981	程珽	986	舒赐	991	鲍宜瑗
977	程世杰	981	程振基	986	舒廉	991	鲍省吾
977	程世铎	981	程莹	986	舒殿传	991	鲍勋茂
977	程世德	981	程致和	986	舒遵刚	991	鲍峻
977	程生	981	程峻德	986	谢正安	991	鲍继登
977	程乐亭	981	程浚	986	谢玄象	991	鲍雯
977	程永洪	981	程宰	986	谢步梯	991	鲍简锡
977	程永湘	981	程雪卿	987	谢珲	991	鲍漱芳
978	程发禺	982	程焕铨	987	谢晫	992	鲍橐
978	程邦本	982	程鸿弼	987	谢晱	992	潘开祥
978	程邦灿	982	程维宗	987	谢琭	992	潘元达
978	程达昌	982	程琪	987	谢德金	992	潘仕
978	程师达	982	程琼	987	谢德奎	992	潘启权
978	程光国	982	程斯懋	988	谢璐	992	潘祖谦
978	程廷柱	982	程朝宣	988	路文彬	992	潘膺祉
978	程廷辉	982	程森	988	詹万榜	992	潘瓒
978	程后村	982	程量入	988	詹元甲	992	戴英
978	程兆枢	983	程鼎调	988	詹元吉	992	戴尚仪
978	程守奎	983	程锁	988	詹文定	992	戴盛宏
978	程守基	983	程敦裕	988	詹文锡	992	戴渶
978	程志铨	983	程善敏	988	詹世鸾		
979	程时宇	983	程鉴	988	詹务勇		
979	程希道	983	程锡庚	988	詹永樟	## 人文宗教	
979	程应鸿	983	程煜	988	詹伍		
979	程序东	983	程端德	988	詹谷		
979	程灶奎	983	程肇都	989	詹若鲁	993	一九和尚
979	程沣	983	程肇基	989	詹尚熊	993	马大壮
979	程宏弼	983	程增	989	詹思润	993	马泰
979	程奉直	984	程德成	989	詹铨	993	马锡
979	程其贤	984	程德鸣	989	詹添麟	993	王友直
979	程茂梓	984	程德容	989	詹隆梓	993	王日老
979	程英发	984	程德基	989	詹景瑞	993	王以宽
980	程尚隆	984	程德乾	989	鲍士臣	993	王玉麟
980	程国远	984	程霖生	989	鲍士伟	993	王邦柱
980	程国明	984	程镛	989	鲍立然	993	王廷桂
980	程旻	984	程镜宇	989	鲍光甸	993	王守敦
980	程鸣枝	984	程戴	989	鲍光祖	993	王讽
980	程金广	985	程爵	989	鲍光猷	993	王佐治
980	程周	985	程燮卿	989	鲍廷玙	993	王作霖
980	程宗德	985	程璧	990	鲍廷博	993	王伯巨
980	程建	985	程耀庭	990	鲍廷爵	993	王甸青
980	程承津	985	程镶	990	鲍兆瑞	994	王张显
980	程承海	985	舒大信	990	鲍均	994	王环
980	程珏	985	舒凤翔	990	鲍志桐	994	王国本
980	程桱	985	舒先庚	990	鲍志道	994	王佩兰
980	程待诏	986	舒怀	990	鲍汪如	994	王炜
980	程胜恩	986	舒怀勋	991	鲍直润	994	王炎
980	程祖德	986	舒法甲	991	鲍尚志	994	王宗瑞

994	王昭三	997	尹蓬头	1001	朱霈	1005	许琳
994	王钟麒	997	孔愉	1001	朱熹	1005	孙元明
994	王炳燮	997	甘熙	1001	朱濂	1005	孙汉
994	王根	997	石舸	1001	刘伯证	1005	孙冲
994	王恩浩	997	石隐和尚	1002	齐康	1005	孙迪
994	王笔帜	998	叶介夫	1002	江一鸿	1005	孙春洋
995	王家宾	998	叶氏女	1002	江士燝	1005	孙垣
995	王野翁	998	叶正蕃	1002	江大楷	1006	孙济聘
995	王偁	998	叶龙	1002	江之纪	1006	孙嵩
995	王鸿宾	998	叶芗圃	1002	江元宝	1006	如净
995	王寅	998	叶芳炎	1002	江友燮	1006	志满禅师
995	王朝玥	998	叶良仪	1002	江文	1006	苏大
995	王善庆	998	叶起凤	1002	江正月	1006	李士睿
995	王祺	998	叶琦	1002	江世育	1006	李之芬
995	王献荩	998	叶善新	1002	江永	1006	李日新
995	王錞	998	史朝宏	1003	江百谷	1006	李训诰
995	王毓璞	998	丘浚	1003	江有声	1006	李伟
995	王懋赏	998	包西来	1003	江有诰	1006	李赤肚
995	王曜南	998	毕沅	1003	江贞	1006	李希士
995	王曜槐	999	毕恩溥	1003	江光启	1006	李应乾
995	无影和尚	999	毕翰	1003	江旭奇	1006	李季札
995	戈鲲化	999	朱之有	1003	江庆元	1006	李承端
996	仇埰	999	朱之纯	1003	江志修	1006	李健
996	方之庆	999	朱之英	1003	江来岷	1007	李家骧
996	方凤	999	朱升	1004	江秀琼	1007	李鼎
996	方可	999	朱文玉	1004	江宏文	1007	李筠
996	方用	999	朱孔彰	1004	江尚溶	1007	李缙
996	方扬	1000	朱卉	1004	江绍芳	1007	杨玄相
996	方志华	1000	朱世润	1004	江绍莲	1007	杨湄
996	方时化	1000	朱存仁	1004	江南春	1007	吴士奇
996	方甸	1000	朱师辙	1004	江昱	1007	吴大澂
996	方启大	1000	朱同	1004	江彦明	1007	吴之骙
996	方纯仁	1000	朱宏	1004	江振	1008	吴子玉
996	方纲	1000	朱佩湘	1004	江起鹏	1008	吴云山
996	方直	1000	朱泗	1004	江莱甫	1008	吴云岫
996	方牧	1000	朱宗相	1004	江敏求	1008	吴曰慎
996	方侪	1000	朱钟文	1004	江清徵	1008	吴日藻
996	方宗诚	1000	朱洪范	1004	江谦	1008	吴从周
996	方春熙	1000	朱宦	1004	江德中	1008	吴文光
996	方荣翰	1000	朱素和	1005	江德量	1008	吴尹
996	方星	1001	朱骏声	1005	汤余善	1008	吴玉搢
997	方矩	1001	朱彩	1005	汤球	1008	吴龙翰
997	方逢龙	1001	朱麦衣	1005	许月卿	1008	吴甲三
997	方高	1001	朱焕圭	1005	许会昌	1008	吴尔宽
997	方琼真	1001	朱敬舆	1005	许坚	1008	吴永昌
997	方储	1001	朱鉴	1005	许宗尧	1009	吴成志
997	方椿	1001	朱锡珍	1005	许宣平	1009	吴伟
997	方德懋	1001	朱塾	1005	许润	1009	吴汝遴

1009 吴守道	1012 余光耿	1015 汪有章	1019 汪逢辰
1009 吴观万	1012 余华	1015 汪存	1019 汪浚
1009 吴买	1012 余含棻	1015 汪同祖	1019 汪恕
1009 吴甸	1012 余鸣雷	1015 汪屺	1019 汪基
1009 吴应申	1012 余岩显	1016 汪廷铉	1019 汪梦斗
1009 吴应选	1012 余宗英	1016 汪伟	1019 汪梧凤
1009 吴应莲	1012 余垣	1016 汪会授	1019 汪清时
1009 吴应紫	1012 余养元	1016 汪汝安	1019 汪鸿玙
1009 吴苑	1012 余宣和	1016 汪汝渊	1019 汪渐磐
1009 吴昌龄	1013 余冠贤	1016 汪兴祖	1020 汪敬
1009 吴季扬	1013 余振鸿	1016 汪声	1020 汪覃
1009 吴侃	1013 余基	1016 汪芳	1020 汪雄图
1009 吴宗信	1013 余崧	1016 汪克宽	1020 汪鼎和
1009 吴承仕	1013 余维枢	1016 汪丽清	1020 汪晖
1010 吴承煊	1013 余道元	1016 汪时中	1020 汪循
1010 吴珏	1013 余嘉辰	1016 汪鸣相	1020 汪道灵
1010 吴珊	1013 余懋交	1016 汪佑	1020 汪楚材
1010 吴钦	1013 余懋进	1016 汪应铨	1020 汪福谦
1010 吴修月	1013 余懋孳	1017 汪沆	1020 汪禔
1010 吴垩	1013 余瓘	1017 汪若楫	1020 汪嘉宾
1010 吴度	1013 汪九漪	1017 汪松寿	1020 汪端闻
1010 吴姜	1013 汪士仁	1017 汪尚和	1020 汪肇龙
1010 吴昶	1013 汪士汉	1017 汪尚相	1020 汪德
1010 吴逊	1013 汪士逊	1017 汪国楠	1020 汪德元
1010 吴浩	1013 汪士通	1017 汪炎昶	1020 汪德馨
1010 吴彬	1013 汪士魁	1017 汪泽	1021 汪慰
1010 吴梦炎	1014 汪大业	1017 汪学圣	1021 汪豫
1011 吴维佐	1014 汪大发	1017 汪宗讯	1021 汪璈
1011 吴棣	1014 汪大海	1017 汪宗沂	1021 汪璲
1011 吴遇龙	1014 汪云隐	1018 汪宗淳	1021 汪薇
1011 吴景超	1014 汪中	1018 汪孟邹	1021 汪鲸
1011 吴程	1014 汪升	1018 汪绂	1021 汪凝魁
1011 吴瑚	1014 汪文台	1018 汪绎	1021 汪璪
1011 吴锡畴	1014 汪文旺	1018 汪相	1021 汪曦和
1011 吴蔚光	1014 汪以先	1018 汪威	1021 汪衢
1011 吴徽	1014 汪允宗	1018 汪轶群	1021 宋松年
1011 吴翟	1014 汪龙	1018 汪显德	1021 张友正
1011 吴聪	1015 汪四	1018 汪思敬	1021 张节
1011 吴璿	1015 汪仪凤	1018 汪钢	1021 张存中
1011 吴缵修	1015 汪仝	1018 汪洪道	1021 张廷净
1012 何士玉	1015 汪立中	1018 汪洗	1021 张芸芳
1012 何仙姑	1015 汪立烁	1019 汪济	1021 张松谷
1012 何瑞龙	1015 汪汉卿	1019 汪神弩	1021 张学龙
1012 余元昌	1015 汪汉溪	1019 汪泰元	1022 张定功
1012 余元遴	1015 汪幼凤	1019 汪泰初	1022 张孟元
1012 余世儒	1015 汪有训	1019 汪莘	1022 张复
1012 余龙光	1015 汪有烜	1019 汪晋征	1022 张胆
1012 余有敬	1015 汪有常	1019 汪桂	1022 张炳

1022	张振德	1026	金若洙	1029	胡月涧	1033	胡培受
1022	张宾	1026	金若愚	1029	胡月潭	1033	胡培翚
1022	张敦颐	1026	金枢	1029	胡凤池	1034	胡铭琦
1022	张谠	1026	金显德	1029	胡文壁	1034	胡得胜
1022	张瑷	1026	金野仙	1029	胡方平	1034	胡清焘
1022	张聘夫	1026	金象	1029	胡斗元	1034	胡清澍
1022	陈二典	1026	金维嘉	1029	胡玉达	1034	胡淀
1022	陈元祥	1026	金道炤	1029	胡匡定	1034	胡敬庵
1022	陈文玠	1026	金瑶	1029	胡匡宪	1034	胡朝贺
1022	陈业	1026	金榜	1029	胡匡轼	1034	胡舜俞
1022	陈达英	1026	金鹗	1029	胡匡衷	1034	胡赓善
1022	陈光	1026	金德玹	1030	胡匡裁	1034	胡翔云
1023	陈兆骐	1027	周文	1030	胡圭	1034	胡瑞临
1023	陈汝见	1027	周尼	1030	胡在田	1034	胡献忠
1023	陈轩	1027	周圭	1030	胡在渭	1034	胡肇昕
1023	陈良弼	1027	周诒春	1030	胡成浚	1034	胡肇龄
1023	陈郏	1027	周英	1030	胡贞波	1034	胡璇
1023	陈栎	1027	周庠	1030	胡光前	1034	胡德藩
1023	陈昭瑞	1027	周桂	1030	胡光琦	1034	胡澍
1023	陈起敬	1027	周原诚	1030	胡廷玉	1034	胡霖侠
1023	陈浩	1027	周旗	1030	胡廷珏	1035	胡默
1023	陈淳	1027	郑元文	1030	胡行学	1035	柯华辅
1023	陈嵩	1027	郑玉	1030	胡次焱	1035	柯泽舟
1023	陈履祥	1027	郑全福	1030	胡克钊	1035	柯临久
1024	陈禧	1027	郑汝励	1030	胡伸	1035	柯钺
1024	陈鎜	1028	郑肃	1030	胡近仁	1035	查志隆
1024	邵正魁	1028	郑姑	1031	胡际会	1035	查应光
1024	邵作舟	1028	郑钟美	1031	胡昌翼	1035	查显宗
1024	邵悦	1028	郑桓	1031	胡秉元	1035	查慎行
1024	邵庶	1028	郑烛	1031	胡秉虔	1035	查潜
1025	范处修	1028	郑接武	1031	胡秉虞	1035	俞士千
1025	范启	1028	项牧	1031	胡佩芳	1035	俞正禧
1025	范泓	1028	项梦元	1031	胡庚谋	1036	俞正燮
1025	范准	1028	项鸿祚	1031	胡学礼	1036	俞师鲁
1025	范鉥	1028	项淳	1031	胡绍勋	1036	俞桂彬
1025	范瞻云	1028	赵时埪	1031	胡绍煐	1036	俞皋
1025	林中蕙	1028	赵汸	1031	胡珊	1036	俞献
1025	林应节	1028	赵良金	1032	胡思诚	1036	俞靖
1025	罗文佑	1028	赵弥忠	1032	胡适	1036	俞塞
1025	罗愿	1028	赵继序	1032	胡炳文	1036	俞粹纯
1025	罗壁	1028	赵滂	1033	胡恢光	1036	饶世恩
1025	金士林	1028	赵戣	1033	胡宣铎	1036	饶光
1025	金元忠	1029	胡一桂	1033	胡琪	1036	饶际元
1025	金长溥	1029	胡与高	1033	胡晋	1036	饶际可
1025	金邦正	1029	胡广饴	1033	胡晋接	1036	饶恕良
1026	金成连	1029	胡元采	1033	胡原宪	1036	施璜
1026	金约	1029	胡升	1033	胡效颜	1037	闾真人
1026	金译	1029	胡从圣	1033	胡培系	1037	洪志吉

1037	洪志明	1040	唐元	1044	章维嘉	1046	程先
1037	洪启凤	1041	唐仲实	1044	章紫电	1046	程廷祚
1037	洪启蒙	1041	唐皋	1044	章遇鸿	1046	程汝继
1037	洪饴孙	1041	海心和尚	1044	章衡	1047	程汝器
1037	洪垣	1041	海球和尚	1044	章熺	1047	程守
1037	洪亮吉	1041	陶行知	1044	葛士光	1047	程观保
1037	洪载	1041	黄士坝	1044	葛士揆	1047	程寿保
1037	洪莹	1041	黄之隽	1044	葛文显	1047	程杞
1037	洪章	1041	黄中理	1044	葛文献	1047	程岘
1037	洪焱祖	1041	黄中琦	1044	葛文简	1047	程良儒
1037	洪腾蛟	1041	黄生	1044	葛应秋	1047	程启祐
1038	洪嘉木	1042	黄汝济	1044	葛启铭	1047	程坦然
1038	洪嘉植	1042	黄声谐	1044	葛启然	1047	程若庸
1038	恒证据	1042	黄枢	1044	葛惇繁	1047	程直方
1038	祝穆	1042	黄叔裕	1044	葛懋学	1047	程秉钊
1038	姚之骃	1042	黄尚礼	1044	董大鲲	1047	程质
1038	姚允明	1042	黄国瑞	1044	董应崧	1047	程炎震
1038	姚际恒	1042	黄昌衢	1045	董昌玙	1047	程宗泗
1038	姚琏	1042	黄承吉	1045	董昌祠	1048	程定
1038	珠溪谦禅师	1042	黄承增	1045	董彦辉	1048	程组
1038	振妙和尚	1042	黄桂芳	1045	董起予	1048	程珍
1038	耿介	1042	黄崇惺	1045	董桂山	1048	程荣秀
1038	聂师道	1042	黄智孙	1045	董桂林	1048	程标
1038	聂绍元	1042	黄德孚	1045	董桂科	1048	程复
1039	夏弘毅	1043	黄衡	1045	董桂新	1048	程修兹
1039	夏达才	1043	曹天佑	1045	董桂敷	1048	程炯
1039	钱时	1043	曹元忠	1045	董祥晖	1048	程洪溥
1039	倪一升	1043	曹汝弼	1045	韩殿拔	1048	程洵
1039	倪士毅	1043	曹孚	1045	韩懋德	1048	程济
1039	倪尚纲	1043	曹泾	1045	程一	1048	程宣
1039	倪尚谊	1043	曹原宥	1045	程一飞	1048	程晋芳
1039	倪尚德	1043	曹超	1045	程一枝	1049	程恩泽
1039	倪望重	1043	曹嗣轩	1045	程大昌	1049	程牲
1039	倪樾奇	1043	龚栖霞	1046	程万里	1049	程途远
1039	徐同善	1043	虚谷	1046	程义山	1049	程逢午
1039	徐卓	1043	康飞鸣	1046	程元翰	1049	程恕
1040	徐秉义	1043	康怀	1046	程文	1049	程梦龙
1040	徐美	1043	康南龙	1046	程以庄	1049	程梯功
1040	徐振	1043	章天山	1046	程功	1049	程鸾池
1040	徐秘元	1043	章元崇	1046	程可绍	1049	程翊夫
1040	徐宽	1043	章平	1046	程龙	1049	程鸿诏
1040	徐乾学	1043	章汇江	1046	程令说	1049	程惟象
1040	凌子任	1044	章如愚	1046	程用晦	1049	程琢
1040	凌云鹏	1044	章佐圣	1046	程永奇	1049	程鼎
1040	凌廷堪	1044	章法	1046	程式濂	1050	程鼎新
1040	凌如焕	1044	章宝鉴	1046	程存	1050	程景伊
1040	唐子仪	1044	章树逵	1046	程光显	1050	程智
1040	唐子彰	1044	章炤	1046	程同文	1050	程御龙

1050 程善之	1054 释嗣宗	1058 慧融和尚	1061 王一姣
1050 程锡类	1054 释慧明	1058 滕恺	1061 王开
1050 程鹏程	1054 释慧琳	1058 滕珙	1061 王少峰
1050 程猷	1054 普门	1058 滕铅	1061 王从之
1050 程瑶田	1054 普满明禅师	1058 滕璘	1061 王有礼
1050 程霆	1054 游芳远	1058 潘士藻	1061 王廷相
1050 程睿	1054 游国良	1058 潘书馨	1061 王仲奇
1050 程端蒙	1054 游逊	1058 潘邦协	1062 王任之
1051 程震	1054 游琯	1058 潘华	1062 王轮粹
1051 程镐	1054 谢天达	1058 潘步云	1062 王尚
1051 程曈	1054 谢芊	1058 潘宗硕	1062 王国端
1051 程儒	1055 谢希和	1058 潘荣	1062 王学健
1051 程襄	1055 谢显	1058 潘显道	1062 王绍隆
1051 程襄龙	1055 谢复	1058 潘祖同	1062 王荫陵
1051 程缵洛	1055 谢俊民	1059 潘继高	1062 王显璈
1051 舒正大	1055 谢陛	1059 潘继善	1062 王勋
1051 舒远	1055 谢班	1059 潘培	1062 王禹
1051 舒希武	1055 谢理	1059 潘第	1062 王炳照
1051 舒学旦	1055 谢维甸	1059 潘联元	1062 王桂元
1051 舒度	1055 谢喆	1059 潘道南	1063 王琪
1051 舒祥	1055 谢熙和	1059 潘滋	1063 王谟
1051 舒顿	1055 简上座	1059 潘殿昭	1063 王殿人
1051 舒雅	1055 詹大圭	1059 澜大德	1063 方一乐
1051 舒道翁	1055 詹方桂	1059 戴大昌	1063 方士恩
1051 释了容	1055 詹考祥	1059 戴元侃	1063 方广
1051 释广寄	1055 詹初	1059 戴伟	1063 方开
1052 释子珣	1055 詹固维	1059 戴昭	1063 方天士
1052 释云林	1055 詹岩福	1059 戴思孝	1063 方氏
1052 释文齐	1055 詹绍庆	1059 戴祖启	1063 方允淳
1052 释永素	1056 詹轸光	1059 戴祥	1063 方玉蒥
1052 释行印	1056 詹淮	1059 戴铣	1063 方仕恭
1052 释行明	1056 詹惟修	1060 戴鸿绪	1063 方有执
1052 释如本	1056 詹渭	1060 戴鎏	1063 方音
1052 释如镜	1056 鲍云龙	1060 戴嘉谟	1064 方炳文
1052 释氺氺	1056 鲍正元	1060 戴震	1064 方鼎
1052 释茂源	1056 鲍宁	1060 戴瀚	1064 方肇权
1052 释定庄	1056 鲍寿孙	1060 戴衢亨	1064 巴锡麟
1053 释弥本	1056 鲍实		1064 卢云乘
1053 释真松	1057 鲍倚云		1064 帅嘉谟
1053 释真柏	1057 鲍康	## 科学技术	1064 叶天士
1053 释智显	1057 鲍增祥		1065 叶朝采
1053 释智琚	1057 新安道人		1065 叶馨谷
1053 释普信	1057 僧岛云	1061 丁惟曜	1065 史谋
1053 释道宁	1057 僧真达	1061 丁瓒	1065 吕田
1053 释道茂	1057 僧清素	1061 万青	1065 吕和轩
1053 释照宏	1057 僧惠周	1061 马如春	1065 吕献沂
1053 释照通	1058 僧道政	1061 马肃	1065 吕霞
1053 释嗣汉	1058 廖机	1061 王一仁	1065 朱之光

1065	朱日辉	1068	吴文冕	1071	汪立钧	1075	陈士缙
1065	朱世泽	1068	吴文献	1071	汪机	1075	陈文佑
1065	朱有治	1068	吴正伦	1071	汪有光	1075	陈双溪
1065	朱廷銮	1068	吴邦林	1071	汪光爵	1075	陈石麟
1065	朱齐龙	1068	吴百祥	1071	汪廷榜	1075	陈廷善
1065	朱荣国	1068	吴有磬	1071	汪汲	1075	陈进庠
1065	齐功枚	1068	吴任弘	1071	汪汝桂	1075	陈桷
1065	齐彦槐	1068	吴行简	1072	汪汝麟	1075	陈鸿猷
1066	江一道	1068	吴守一	1072	汪寿椿	1075	陈慈祥
1066	江之兰	1068	吴昆	1072	汪时泰	1075	陈嘉宪
1066	江之迈	1068	吴学损	1072	汪时鹃	1075	陈嘉谟
1066	江考卿	1068	吴承忠	1072	汪纯粹	1075	范天赐
1066	江廷镛	1069	吴砚丞	1072	汪松友	1075	罗士琳
1066	江志洪	1069	吴显忠	1072	汪明紫	1075	罗小华
1066	江时途	1069	吴洋	1072	汪昂	1075	罗美
1066	江应宿	1069	吴菊芳	1072	汪香	1075	罗浩
1066	江国龙	1069	吴梅玉	1072	汪宦	1076	罗慕庵
1066	江哲	1069	吴冕	1072	汪莱	1076	金山农
1066	江家伦	1069	吴萼	1072	汪钰	1076	金有奇
1066	江德泮	1069	吴谦	1073	汪容伯	1076	金硕礽
1066	江瑾	1069	吴楚	1073	汪继昌	1076	周镜玉
1066	汤成礼	1069	吴源	1073	汪梧	1076	周懋元
1066	许佐廷	1069	吴墀	1073	汪副护	1076	郑于丰
1066	许国忠	1069	吴德熙	1073	汪喆	1076	郑宏纲
1066	许思文	1069	吴澄	1073	汪朝邦	1076	郑宏绩
1066	许毓人	1070	吴履黄	1073	汪鼎铉	1076	郑承洛
1066	许豫和	1070	吴麟书	1073	汪湛	1076	郑承海
1066	孙一奎	1070	何元巩	1073	汪渭	1076	郑承湘
1067	孙文胤	1070	何多份	1073	汪瑞英	1076	郑重光
1067	孙立鳌	1070	何应勋	1073	汪嘉谟	1076	郑复光
1067	孙佑	1070	何第松	1073	汪镇国	1077	郑晟
1067	孙树澡	1070	何鼎亨	1073	张正金	1077	郑康宸
1067	孙美善	1070	余午亭	1073	张立仁	1077	郑瑚
1067	孙泰来	1070	余介石	1073	张永祚	1077	郑鏖
1067	严春生	1070	余正宗	1073	张扩	1077	郑瀚
1067	李少微	1070	余述祖	1074	张亘	1077	项名达
1067	李文来	1070	余淳	1074	张师孟	1077	胡正心
1067	李永沺	1070	余傅山	1074	张守仁	1077	胡田
1067	李廷圭	1070	余煌	1074	张芳	1077	胡存庆
1067	李能谦	1070	余鹭振	1074	张杲	1077	胡光岳
1067	李培芳	1071	余馨	1074	张明征	1077	胡乔相
1067	杨光先	1071	汪大镛	1074	张挥	1077	胡庆龙
1068	杨松亭	1071	汪元本	1074	张柏	1077	胡学本
1068	吴士云	1071	汪中立	1074	张遂辰	1078	胡宗升
1068	吴士龙	1071	汪文绮	1074	张温	1078	胡品瑜
1068	吴大椿	1071	汪文铿	1074	张腾光	1078	胡铁
1068	吴之龙	1071	汪文誉	1074	张懋辰	1078	胡润川
1068	吴元溟	1071	汪世渡	1074	陆彦功	1078	胡新揖

1078 胡震来	1081 曹若揖	1084 谢调元	1087 王言
1078 查廷章	1081 曹素功	1084 詹天佑	1087 王绍娴
1078 俞世球	1081 康永韶	1084 詹文昇	1087 王胜甫
1078 俞圣瑞	1081 蒋氏	1084 詹汝震	1087 王起龙
1078 俞启华	1081 程士范	1084 詹应城	1087 王梦弼
1078 饶进	1081 程大位	1084 詹钟珣	1087 王维馨
1078 施成章	1081 程门雪	1084 鲍山	1087 王棠
1078 洪正立	1082 程云鹏	1084 鲍子义	1087 王鼎
1078 洪玥	1082 程少轩	1084 鲍同仁	1087 王毂
1078 洪奇达	1082 程公礼	1084 鲍宜翁	1087 王楫
1078 洪桂	1082 程六如	1084 鲍集成	1088 王瑶芬
1078 洪基	1082 程文囿	1084 潘大槐	1088 方士亮
1078 姚仲南	1082 程本退	1085 潘元森	1088 方士庶
1078 姚慎德	1082 程邦贤	1085 潘文源	1088 方士寉
1078 姚嘉通	1082 程芝田	1085 潘为缙	1088 方大炜
1079 倪前松	1082 程有功	1085 潘伦	1088 方元鹿
1079 徐存诚	1082 程伊	1085 潘国珍	1088 方元焕
1079 徐杜真	1082 程充	1085 潘登云	1088 方文隽
1079 徐宗彝	1082 程约	1085 戴式信	1088 方亢宗
1079 徐春甫	1082 程志熙	1085 戴谷孙	1088 方玉瑨
1079 徐道聪	1082 程时彬	1085 戴荣基	1088 方世振
1079 殷云舫	1082 程伯益	1085 戴朝显	1088 方式
1079 殷安涛	1082 程应旄		1088 方式玉
1079 唐世禄	1082 程良书		1088 方成培
1079 唐石英	1082 程珍	## 文学艺术	1089 方回
1079 唐茂修	1082 程林		1089 方廷玺
1079 黄士迪	1083 程国辅		1089 方竹
1079 黄子顺	1083 程国彭	1086 丁云萼	1089 方仲艺
1079 黄予石	1083 程国瑞	1086 丁云鹏	1089 方向
1079 黄古潭	1083 程昂	1086 丁自宣	1089 方兆曾
1079 黄仕纶	1083 程知	1086 丁俊	1089 方如川
1079 黄有祺	1083 程建勋	1086 丁惟暄	1089 方启蒙
1079 黄光霁	1083 程政煌	1086 丁僎	1089 方岳
1080 黄廷杰	1083 程南	1086 马惠	1089 方庙桂
1080 黄竹泉	1083 程相	1086 马锡仁	1089 方秋宇
1080 黄孝通	1083 程衍道	1086 马锡庚	1089 方乾
1080 黄利中	1083 程庭祺	1086 马豫	1089 方梅
1080 黄迎	1083 程绣	1086 王大凡	1089 方辅
1080 黄良佑	1083 程琎	1087 王友亮	1089 方婉仪
1080 黄炜	1083 程深甫	1087 王少华	1089 方维
1080 黄宗山	1083 程琦	1087 王孔嘉	1089 方琦
1080 黄佽	1083 程锐	1087 王玉芬	1089 方掌珍
1080 黄宰	1083 程剩布	1087 王玄度	1090 方善
1080 黄鼎铉	1083 程道周	1087 王伦	1090 方筠雪
1080 黄楷	1083 程履新	1087 王纫佩	1090 方薰
1080 黄德清	1083 程徽灏	1087 王圻	1090 方翼
1080 曹沧洲	1083 游廷受	1087 王声	1090 方璧
1080 曹启梧	1083 谢养弦	1087 王步霞	1090 巴慰祖

1090	孔端木	1093	朱绣	1095	江德新	1098	吴大冀
1090	石芝	1093	朱淑贞	1095	江衡	1098	吴万春
1090	叶大红	1093	朱琪	1095	江濯之	1098	吴山
1090	叶为铭	1093	朱景	1095	许士骐	1098	吴山涛
1090	叶以群	1093	朱集球	1095	许士骥	1098	吴之俊
1090	叶权	1093	朱稚征	1095	许生植	1098	吴之骥
1090	叶达仁	1093	朱简	1095	许尚远	1098	吴之黼
1090	叶朱	1093	朱缨	1095	许实球	1098	吴元澄
1090	叶名沣	1093	朱鹤	1095	许承尧	1098	吴少微
1091	叶志灏	1093	朱懋麟	1096	许承宣	1098	吴日昕
1091	叶应龙	1093	朱鹭	1096	许承家	1098	吴日宣
1091	叶尚标	1093	朱麟	1096	许绍曾	1099	吴介
1091	叶宗昌	1093	刘卫卿	1096	许荣	1099	吴文徵
1091	叶荣	1093	刘光	1096	许钺	1099	吴心来
1091	叶洮	1093	刘然	1096	许棻	1099	吴正贞
1091	叶菁	1094	齐学培	1096	许湘	1099	吴正旸
1091	叶铭	1094	齐学裘	1096	许楚	1099	吴正肃
1091	叶熙锟	1094	齐梅孙	1096	许崶	1099	吴世恩
1091	叶蕙芬	1094	江士相	1096	孙光祖	1099	吴本初
1091	叶德嘉	1094	江万全	1096	孙廷冕	1099	吴可贺
1091	叶瀚	1094	江云锦	1096	孙延瑞	1099	吴龙
1091	冯照	1094	江月娥	1096	孙阳	1099	吴龙锡
1091	弘仁	1094	江玉	1097	孙克述	1099	吴申
1091	毕宏述	1094	江必迈	1097	孙良楹	1099	吴生
1091	毕尚忠	1094	江必名	1097	孙茂芳	1099	吴永成
1091	毕泷	1094	江彤辉	1097	孙采芙	1099	吴邦治
1091	毕星海	1094	江昉	1097	孙学道	1099	吴巩
1092	毕昭文	1094	江念祖	1097	孙绍敖	1099	吴廷羽
1092	毕著	1094	江注	1097	孙耕	1099	吴廷瑛
1092	毕渊明	1094	江泮	1097	孙逸	1099	吴自孚
1092	毕溥	1094	江珏	1097	孙湛	1099	吴兆
1092	吕芝	1094	江南鸣	1097	孙默	1100	吴兆杰
1092	吕志	1094	江钟岷	1097	红嬉	1100	吴旭
1092	吕佐	1094	江炳炎	1097	纪荫老人	1100	吴进贤
1092	吕起朋	1094	江振鸿	1097	苏宣	1100	吴克让
1092	吕鹏	1094	江桂	1097	李永昌	1100	吴求
1092	朱弁	1094	江益	1097	李希乔	1100	吴辰
1092	朱邦	1094	江浦	1097	李杭之	1100	吴希龄
1092	朱佐	1094	江鸿	1097	李流芳	1100	吴谷祥
1092	朱启声	1094	江敬宏	1097	李敏	1100	吴启元
1092	朱松邻	1094	江锐	1097	李淑仪	1100	吴叔元
1092	朱明元	1095	江蓉	1098	李道生	1100	吴国廷
1092	朱侃	1095	江嗣皆	1098	李谦	1100	吴昕
1092	朱弦	1095	江源	1098	杨明时	1100	吴忠
1092	朱承经	1095	江福宝	1098	时幻影	1100	吴迥
1092	朱南一	1095	江缙臣	1098	时惠宝	1100	吴治
1093	朱栋	1095	江嘉梅	1098	吴一桂	1100	吴宝骥
1093	朱树彦	1095	江管生	1098	吴又和	1101	吴宗儒

1101	吴定	1104	何佩芳	1107	汪如	1110	汪渊
1101	吴肃云	1104	何佩珠	1107	汪如椿	1110	汪娴
1101	吴绍泽	1104	何桢	1107	汪志曾	1110	汪绳煐
1101	吴荫培	1104	何涛	1108	汪来贤	1110	汪超
1101	吴秋林	1104	何震	1108	汪肖野	1110	汪联松
1101	吴秋鹿	1105	何濂	1108	汪伯荐	1110	汪景旦
1101	吴保珹	1105	佘华瑞	1108	汪罕	1110	汪然
1101	吴彦国	1105	佘国观	1108	汪阿秀	1110	汪敦敬
1101	吴泰	1105	佘熙璋	1108	汪青萍	1110	汪斌
1101	吴晋	1105	余元英	1108	汪玢	1110	汪道全
1101	吴桢	1105	余圭	1108	汪林苳	1110	汪道会
1101	吴俯	1105	余有道	1108	汪尚阶	1111	汪道昆
1102	吴俆	1105	余尚德	1108	汪鸣珂	1111	汪道贯
1102	吴高节	1105	余国圣	1108	汪图	1111	汪滋
1102	吴宽	1105	余绍祉	1108	汪和友	1111	汪韫玉
1102	吴家风	1105	余香	1108	汪佩玉	1111	汪鋆
1102	吴娟	1105	余逢时	1108	汪采白	1111	汪痴
1102	吴绣砚	1105	余新民	1108	汪注	1111	汪瑶
1102	吴逸	1105	余襄	1108	汪宝光	1111	汪嘉淑
1102	吴清望	1105	余藩卿	1108	汪宗姬	1111	汪蔼
1102	吴鸿勋	1105	余麟	1108	汪绍勋	1111	汪韶
1102	吴淑仪	1105	闵麟嗣	1108	汪绎辰	1111	汪肇
1102	吴淑娟	1105	汪一新	1108	汪荀	1111	汪肇镕
1102	吴绮	1106	汪又苏	1108	汪妟	1111	汪镐京
1103	吴琳	1106	汪士云	1108	汪南鸣	1111	汪德贞
1103	吴喜珠	1106	汪士建	1108	汪是	1111	汪懋麟
1103	吴喈	1106	汪士铉	1109	汪昱庭	1112	汪徽
1103	吴皖生	1106	汪士豹	1109	汪适	1112	汪藻
1103	吴斌	1106	汪士煌	1109	汪律本	1112	汪霦
1103	吴道荣	1106	汪士慎	1109	汪亮	1112	汪灏
1103	吴焯	1106	汪之瑞	1109	汪炳	1112	宋和
1103	吴瑗	1106	汪子祐	1109	汪洪度	1112	张一芳
1103	吴照	1106	汪元麟	1109	汪洋度	1112	张文在
1103	吴颖芳	1106	汪文柏	1109	汪祚	1112	张立夫
1103	吴廉	1106	汪心	1109	汪耕	1112	张成稷
1103	吴滔	1106	汪孔祁	1109	汪珙	1112	张志和
1103	吴睿清	1107	汪玉英	1109	汪都	1112	张启
1103	吴熊	1107	汪世藻	1109	汪恭	1112	张诏
1103	吴震生	1107	汪印泉	1110	汪桂馨	1112	张君逸
1104	吴德修	1107	汪立名	1110	汪烈	1113	张尚玉
1104	吴徵	1107	汪发宰	1110	汪铎	1113	张绍龄
1104	吴瞻泰	1107	汪芝	1110	汪徐	1113	张钧
1104	吴麑	1107	汪芗	1110	汪海鼎	1113	张泉
1104	吴藻	1107	汪廷讷	1110	汪家珍	1113	张苬贞
1104	吴麟	1107	汪廷桂	1110	汪梦燕	1113	张致
1104	何文煌	1107	汪廷儒	1110	汪舸	1113	张崇达
1104	何龙	1107	汪延庆	1110	汪淇	1113	张婉仙
1104	何佩玉	1107	汪关	1110	汪淮	1113	张道浚

1113 张潮	1116 金树彩	1118 赵尹	1121 查道
1113 张翰飞	1116 金品卿	1118 赵时朗	1121 查黉
1113 张儒	1116 金宣哲	1118 赵咏清	1121 查璇继
1113 张曙	1116 金桂科	1118 赵继禾	1121 查羲
1113 陈介祁	1116 金翀	1118 胡士育	1121 俞元膺
1113 陈玉	1116 金塘	1118 胡大有	1121 俞正钟
1114 陈邦华	1116 周沛昌	1118 胡正言	1121 俞可进
1114 陈有守	1116 周桂清	1119 胡本琪	1121 俞珽
1114 陈有寓	1116 周皑	1119 胡仔	1121 俞梅
1114 陈汝继	1116 周懋泰	1119 胡光硕	1121 俞啸
1114 陈希昌	1116 周翼圣	1119 胡廷标	1121 俞富仪
1114 陈尚文	1116 郑九夏	1119 胡廷瑞	1121 俞鹩
1114 陈昂	1116 郑之珍	1119 胡位威	1121 饶芳
1114 陈佩	1116 郑元勋	1119 胡应卿	1121 饶忠良
1114 陈昭祥	1116 郑凤铸	1119 胡尚英	1121 饶景
1114 陈浦	1116 郑为虹	1119 胡佩兰	1122 施宗鲁
1114 陈棣	1116 郑以进	1119 胡春生	1122 施添准
1114 邵士铃	1117 郑由照	1119 胡显灿	1122 姜远
1114 邵士恺	1117 郑由熙	1119 胡思永	1122 洪上庠
1114 邵士燮	1117 郑全	1119 胡峤	1122 洪元志
1114 邵龙	1117 郑圫	1119 胡晋文	1122 洪钊
1114 邵田	1117 郑芬	1119 胡皋	1122 洪昙蕊
1114 邵孜	1117 郑杏花	1119 胡唐	1122 洪承祖
1114 邵振华	1117 郑完	1120 胡唯	1122 洪南秀
1114 邵谊	1117 郑其相	1120 胡清泰	1122 洪柏
1114 邵继贞	1117 郑旼	1120 胡清灏	1122 洪祖培
1114 青生	1117 郑重	1120 胡寅	1122 洪梧
1115 范良	1117 郑桂芳	1120 胡琪	1122 洪野
1115 范淑钟	1117 郑康叙	1120 胡瑞朱	1122 洪超
1115 范满林	1117 郑鸿	1120 胡颐	1122 洪朝采
1115 范满珠	1117 郑瑜	1120 胡锡元	1122 洪皓
1115 罗文瑞	1117 郑嵩	1120 胡慧珠	1122 洪墨卿
1115 罗允绍	1117 郑颖荪	1120 胡璋	1122 洪畿
1115 罗允缵	1117 郑鹓鸰	1120 胡履坦	1123 姚宋
1115 罗龙	1117 单岳	1120 胡翰	1123 姚静芳
1115 罗会煜	1117 春桃	1120 胡燮元	1123 姚潜
1115 罗芳淑	1117 项怀述	1120 查士英	1123 班亭
1115 罗克昭	1118 项松	1120 查士标	1123 素云
1115 罗补衮	1118 项承恩	1120 查士模	1123 夏文纯
1115 罗周旦	1118 项根松	1120 查为义	1123 夏雨金
1115 罗南斗	1118 项绥祖	1120 查成	1123 夏基
1115 罗聘	1118 项绥德	1120 查克承	1123 钱妍
1115 罗煜	1118 项继枲	1120 查若农	1123 倪伟绩
1115 金式玉	1118 项惊	1120 查非异	1123 倪渊侍
1115 金光先	1118 项琳	1121 查昉	1123 徐七宝
1115 金庆旺	1118 项道旷	1121 查岳	1123 徐午
1115 金应宿	1118 项道旸	1121 查容	1123 徐丹甫
1115 金若兰	1118 项道玮	1121 查景璠	1123 徐南苹

1123	徐柱	1127	黄继祖	1129	程于迖	1131	程宗鲁
1123	徐起	1127	黄骏	1129	程士鏮	1131	程宗濂
1123	徐嘉干	1127	黄琳	1129	程门	1131	程孟
1124	殷德徽	1127	黄琬	1129	程义	1132	程绍升
1124	奚冈	1127	黄梧	1129	程之舜	1132	程茯娥
1124	翁燾	1127	黄鼎	1129	程子仙	1132	程南锐
1124	凌畹	1127	黄筏	1129	程元愈	1132	程峤
1124	唐汝龙	1127	黄翔麟	1129	程云	1132	程胜
1124	唐慎微	1127	黄道充	1129	程曰可	1132	程庭鹭
1124	唐熊	1127	黄媛宜	1129	程长铭	1132	程盈
1124	黄士陵	1127	黄照	1129	程凤娥	1132	程泰京
1124	黄之柔	1127	黄熔	1129	程文在	1132	程振铎
1124	黄少云	1127	黄熙	1130	程文运	1132	程起龙
1124	黄凤池	1127	黄燡照	1130	程心宇	1132	程原
1124	黄文	1127	萧氏	1130	程以辛	1132	程衷素
1125	黄文瀚	1127	梅鼎	1130	程正思	1132	程萝
1125	黄以照	1127	曹文在	1130	程正揆	1132	程梦星
1125	黄世恺	1127	曹聿金	1130	程令观	1132	程敏政
1125	黄伋	1127	曹应钟	1130	程永祥	1132	程敏德
1125	黄立庄	1127	曹泓	1130	程永康	1133	程鸿渐
1125	黄在中	1127	曹学诗	1130	程芝云	1133	程鸿绪
1125	黄吕	1127	曹恒占	1130	程芝华	1133	程淑
1125	黄廷荣	1127	曹堂	1130	程达	1133	程琳
1125	黄守孝	1127	曹崇庆	1130	程光祖	1133	程鹄
1125	黄圻	1127	曹鼎	1130	程朱溪	1133	程道显
1125	黄志皋	1127	曹鹏	1130	程廷梁	1133	程谐
1125	黄克巽	1128	曹榜	1130	程份	1133	程瑞祊
1125	黄应澄	1128	曹赞梅	1130	程兆熊	1133	程瑜秀
1125	黄启兴	1128	雪庄	1130	程名世	1133	程嗣立
1125	黄坦	1128	章上松	1130	程庆琰	1133	程督
1125	黄尚文	1128	章延炯	1130	程齐	1133	程嘉木
1125	黄国隆	1128	章衣萍	1131	程汝楫	1133	程嘉燧
1125	黄明邦	1128	章茂林	1131	程均敬	1134	程管侯
1125	黄明扬	1128	章昊	1131	程极	1134	程璋
1125	黄岳	1128	章颂	1131	程丽先	1134	程震佑
1125	黄卷	1128	章熊	1131	程时言	1134	程德椿
1125	黄定华	1128	浙江	1131	程尭轮	1134	程澍
1125	黄珍	1128	葛万庄	1131	程言	1134	程履丰
1125	黄柱	1128	葛文栋	1131	程沧	1134	程赞宁
1126	黄俪祥	1128	葛启林	1131	程宏浩	1134	程赞和
1126	黄垠	1128	葛铨	1131	程玩	1134	程赞皇
1126	黄都	1128	董邦达	1131	程其复	1134	程赞普
1126	黄莆	1128	蒋良赐	1131	程尚甄	1134	程寰
1126	黄桂	1128	蒋锦楼	1131	程昉捷	1134	程遽
1126	黄铎	1128	韩润	1131	程鸣	1134	程蟾仙
1126	黄海	1128	韩琠	1131	程京萼	1135	舒元达
1126	黄浣月	1128	韩铸	1131	程法	1135	舒文炜
1126	黄宾虹	1128	韩廉	1131	程学金	1135	舒姒

1135 舒逊	1137 潘峦	1139 过旭初	1142 汪仕周
1135 舒晓	1137 潘奕均	1140 过惕生	1142 汪兰庭
1135 舒绣文	1137 潘奕萌	1140 吕存吾	1142 汪汉年
1135 游士衡	1137 潘奕隽	1140 朱之赤	1142 汪幼清
1135 游之科	1137 潘涵	1140 朱秋浦	1142 汪成甫
1135 游旭	1137 潘琮与	1140 廷芳	1142 汪如藻
1135 游思道	1137 潘曾莹	1140 刘应组	1142 汪近圣
1135 游遵宪	1138 潘遵祁	1140 刘启先	1143 汪良梦
1135 游襄臣	1138 戴文英	1140 刘铁笔	1143 汪启淑
1135 谢才	1138 戴允让	1140 齐普渊	1143 汪忠信
1135 谢上松	1138 戴本孝	1140 江本立	1143 汪复庆
1135 谢长庚	1138 戴丙南	1140 江用卿	1143 汪桂亮
1135 谢成铸	1138 戴光斗	1140 江仲京	1143 汪培玉
1135 谢承业	1138 戴廷畅	1140 江星羽	1143 汪鸿
1135 谢绍烈	1138 戴仲德	1140 苏亦瞻	1143 汪森
1135 谢春	1138 戴远	1140 李文俊	1143 汪智
1135 谢珍瑛	1138 戴拱微	1140 李邦祥	1143 汪曙
1135 谢荣光	1138 戴省	1140 李芳园	1143 沈珪
1135 谢桢	1138 戴思望	1140 李忠	1143 张小泉
1135 谢黄山	1138 戴胜徵	1140 李景溪	1143 张兆炘
1136 谢景章	1138 戴泰运	1140 吴天章	1143 张希乔
1136 詹大	1138 戴玺	1141 吴凤台	1143 张谷
1136 詹万里	1138 戴烜姒	1141 吴孔祚	1143 张树棠
1136 詹万善	1138 戴彝	1141 吴世玺	1143 陈伯齐
1136 詹天宠		1141 吴贞吉	1144 罗士钰
1136 詹天爵		1141 吴应之	1144 金德舆
1136 詹吉	**体育杂艺**	1141 吴怀敬	1144 郑英才
1136 詹伯麒		1141 吴叔大	1144 郑侠如
1136 詹希贤		1141 吴明本	1144 胡天生
1136 詹希源	1139 子威	1141 吴绍浣	1144 胡存天
1136 詹贵	1139 王存德	1141 吴拭	1144 胡国宾
1136 詹俨	1139 王传文	1141 吴俊甫	1144 胡洪开
1136 詹景凤	1139 仇中	1141 吴振坦	1144 胡琏
1136 詹景宣	1139 仇以才	1141 吴起仍	1144 胡积堂
1136 鲍元侲	1139 仇以寿	1141 吴豹韦	1144 胡舜申
1136 鲍文芸	1139 仇民	1141 吴家驹	1144 柳真保
1136 鲍印	1139 仇寿	1141 吴鲁衡	1144 俞德魁
1136 鲍娄先	1139 仇学	1141 吴滋	1144 施应旭
1137 鲍桂孙	1139 仇剑	1141 吴骞	1144 姜体乾
1137 鲍淑媚	1139 仇高	1141 何可达	1145 洪兆芳
1137 鲍瑞骏	1139 仇源	1142 何令通	1145 洪国良
1137 鲍楷	1139 方子谦	1142 余怀瑾	1145 洪敬沧
1137 蔡汝佐	1139 方正	1142 汪士从	1145 徐广
1137 舞媚娘	1139 方思棠	1142 汪士珩	1145 徐履安
1137 翟善	1139 方瑞生	1142 汪大黉	1145 高庆和
1137 潘之恒	1139 叶泰	1142 汪文佐	1145 陶得和
1137 潘承厚	1139 叶景葵	1142 汪文桂	1145 黄一木
1137 潘柜	1139 白南轩	1142 汪节庵	1145 黄一中

1145 黄一凤	1146 黄仰朱	1148 黄钦	1150 黄德时
1145 黄一心	1146 黄兆文	1148 黄顺吉	1150 黄德宠
1145 黄一枝	1146 黄州	1148 黄俊	1150 黄德新
1145 黄一松	1147 黄汝贞	1148 黄亮中	1150 黄德懋
1145 黄一明	1147 黄汝清	1148 黄庭芳	1150 黄鋑
1145 黄一柱	1147 黄守言	1148 黄炼	1150 黄翰
1145 黄一桂	1147 黄安	1148 黄癸	1150 黄镗
1145 黄一乾	1147 黄异人	1148 黄骅	1150 黄镳
1145 黄一彬	1147 黄玘	1148 黄琪	1150 黄瀚如
1145 黄一梧	1147 黄秀中	1148 黄真如	1150 黄镰
1145 黄一森	1147 黄伯符	1148 黄钱	1150 黄镪
1145 黄一遇	1147 黄应中	1148 黄钺	1150 程九圭
1145 黄一楷	1147 黄应光	1148 黄钿	1150 程大猷
1145 黄一鹤	1147 黄应组	1148 黄铄	1150 程天泽
1145 黄三老	1147 黄应瑞	1149 黄爱	1150 程元
1145 黄山阳	1147 黄应椿	1149 黄宾	1150 程公瑜
1145 黄子成	1147 黄沛	1149 黄祥魁	1150 程以藩
1145 黄子明	1147 黄启钊	1149 黄球	1150 程正言
1146 黄子和	1147 黄启岱	1149 黄梓	1150 程兰如
1146 黄开梧	1147 黄启梓	1149 黄铝	1150 程仲容
1146 黄元吉	1147 黄启模	1149 黄铠	1150 程冲斗
1146 黄元则	1147 黄君蒨	1149 黄铤	1151 程汝亮
1146 黄五中	1147 黄际之	1149 黄铧	1151 程克显
1146 黄升	1147 黄茂中	1149 黄铭	1151 程宗志
1146 黄升士	1147 黄松如	1149 黄惟敬	1151 程梦庚
1146 黄升中	1147 黄杭鼎	1149 黄瑛	1151 程慎诒
1146 黄仁	1147 黄奇	1149 黄琥	1151 游克敬
1146 黄文汉	1147 黄尚汶	1149 黄锋	1151 游恕
1146 黄文迪	1147 黄尚松	1149 黄铉	1151 游朝宗
1146 黄文显	1147 黄尚忠	1149 黄翔甫	1151 游暹
1146 黄文通	1147 黄尚润	1149 黄道	1151 谢尚德
1146 黄文散	1147 黄尚涧	1149 黄棋	1151 詹元生
1146 黄方中	1147 黄尚清	1149 黄锡	1151 詹云鹏
1146 黄允中	1147 黄尚澜	1149 黄锁	1151 詹应虬
1146 黄正达	1148 黄明	1149 黄魁	1151 詹武凤
1146 黄正选	1148 黄鸣岐	1149 黄新之	1151 詹武龙
1146 黄世忠	1148 黄钖	1149 黄慎	1151 詹晁祖
1146 黄龙	1148 黄和卿	1149 黄碧	1152 鲍四
1146 黄四安	1148 黄诚之	1149 黄锴	1152 鲍松
1146 黄仕鑛	1148 黄建中	1149 黄锵	1152 鲍崇城
1146 黄用	1148 黄组	1149 黄镒	1152 鲍蘅
1146 黄用中	1148 黄细	1149 黄銮	1152 潘一驹
1146 黄乐	1148 黄贯	1149 黄端甫	1152 潘方凯
1146 黄吉甫	1148 黄珑	1149 黄镐	1152 潘谷
1146 黄成	1148 黄珀	1149 黄镑	1152 潘怡和
1146 黄师教	1148 黄昱	1150 黄镒	1152 戴彦衡
1146 黄华之	1148 黄钟	1150 黄德进	1152 蟹钳

附录一 徽学研究状况概览

徽学学科

1154 徽学
1154 徽州文化
1154 徽州文化生态
1154 徽州文化生态保护区
1154 徽州文化现实意义
1155 徽州文化学术价值
1155 徽州文化研究方法
1155 徽州文书
1155 徽州学
1156 徽学
1156 徽学学术基础

机构团体

1156 上饶师范学院朱子学研究所
1156 上海师范大学陶行知研究中心
1156 中华朱子学会
1156 中华朱子研究会
1156 中国朱子学会
1156 中国状元博物馆
1157 中国社会科学院徽学研究中心
1157 兰溪市徽学研究会
1157 安徽大学徽文化传承与创新研究中心
1157 安徽大学徽学研究中心
1157 安徽中国徽州文化博物馆
1158 安徽师范大学皖南历史文化研究中心
1158 安徽省朱子研究会
1158 安徽省陶行知研究会
1158 安徽省徽学学会
1158 杭州徽州学研究会
1158 美国国际徽学会
1159 珠算博物馆
1159 海南徽文化研究会
1159 陶行知纪念馆
1159 黄山市三函金瓶梅研究所
1159 黄山市汪华文化研究会
1159 黄山市故园徽州文化促进会
1159 黄山市陶行知教育思想研究会
1159 黄山市程朱理学研究会
1159 黄山市新安朱子研究会
1159 黄山市新安医学研究中心
1160 黄山市新安医学研究所
1160 黄山市戴震研究会
1160 黄山市"徽州之友"俱乐部
1160 黄山市徽州文化研究院
1160 黄山市徽学研究会
1160 黄山市徽学研究会杭州分会
1160 黄山学院徽州文化研究所
1160 绩溪县胡适研究会
1160 绩溪县徽文化研究会
1160 绩溪县徽学研究会
1160 绩溪县徽墨协会
1160 婺源文化研究会
1160 婺源县婺源文公阙里文化协会
1160 歙县陶行知教育思想研究会
1160 歙县歙砚协会
1160 歙县徽州学学会
1160 徽州区徽州文化研究会
1160 徽州文化黟县研究所
1160 徽州师范专科学校徽州文化研究所
1160 黟县徽州文化联谊会

学术活动

1160 1998年国际徽学研讨会
1161 2000年国际徽学学术讨论会
1161 2004年国际徽商论坛与中国徽学国际学术研讨会
1161 2010年安徽省徽学会学术年会
1161 "21世纪徽学"学术研讨会
1161 千年徽州：人才与经济社会发展学术研讨会
1161 "千年徽州家谱与社会变迁研究"启动暨开题报告会
1161 历史档案的多国比较研究研讨会
1162 中央部级文化讲坛徽州文化讲座
1162 中国徽州古街文化论坛
1162 中国徽商学术讨论会
1162 地方社会研究中田野资料的解读学术研讨会
1162 地域中国：民间文献的社会史解读研讨会
1162 回顾·反思·展望徽学百年研讨会
1162 "朱子民本思想与当代"学术研讨会
1162 朱子学与地域文化学术研讨会
1162 朱熹与新安理学国际学术讨论会
1162 全国元明清文学与徽州学讨论会
1163 全国徽学学术讨论会暨徽学研究与黄山建设关系研讨会
1163 安徽省徽学学会二届二次年会暨"徽州文化与和谐社会"学术研讨会
1163 安徽省徽学学会第四次会员代表大会暨2014年学术年会
1163 戏曲·民俗·徽文化国际学术研讨会
1163 纪念戴东原逝世230周年学术座谈会
1163 走向世界的徽学·敦煌学·藏学高端论坛
1163 "汪华文化与皖南国际旅游文化示范区建设"高端论坛
1163 汪华现象与徽州社会学术研讨会
1163 宋明以来的谱牒编纂与地域社会国际学术研讨会
1164 国际朱子学术讨论会
1164 明清契约文书与历史研究国际学术研讨会
1164 明清徽州篆刻学术讨论会
1164 首届国际徽学学术讨论会
1164 第二届国际徽学学术讨论会
1164 程灵洗与徽州社会学术研讨会
1164 儒学与地域文化：徽学国际学术研讨会
1164 戴震文学创作研讨暨戴震研究会2009年会
1164 徽州历史档案与敦煌历史档案开发利用研讨会
1165 徽州历史档案与徽州历史文化国际研讨会
1165 徽州历史档案与徽州文化国际研讨会
1165 徽州文化生态保护实验区建设工作研讨会
1165 徽州文化生态保护研讨会

1165 徽州文化生态保护前端论坛
1165 徽州文化生态保护高峰论坛
1165 徽州文书契约整理学术讨论会
1165 徽州文献与文书学术研讨会
1166 徽州社会经济史学术讨论会
1166 徽州宗族与徽州社会国际研讨会
1166 徽州谱牒：家族与社会国际学术研讨会
1166 徽学与明清安徽典籍研究暨中国历史文献研究会第25届年会
1166 徽学研究百年：回顾、反思与展望研讨会暨安徽省徽学学会2011年学术年会
1166 徽学·徽商·徽文化与安徽文化建设论坛
1166 徽派传统民居保护利用国际论坛
1166 徽商与徽州文化学术研讨会
1166 黟县林沥山文化研讨会

学术成果

1167 15~18世纪的徽州典当商人
1167 1600~1800年皖南的土地占有制和宗法制度
1167 19世纪50年代至60年代：中国社会的战乱与徽州商帮的衰落
1167 GRAVUREHUT徽派版画
1167 上海徽商余之芹的生平及其时代——近代徽州重要史料《经历志略》研究
1167 "千丁之族，未尝散处"：动乱与徽州宗族记忆系统的重建
1167 千山夕阳：王振忠论明清社会与文化
1167 元代契尾翻印件的发现
1168 元代徽州的宗族建设
1168 元代徽州路的手工业
1168 无徽不成镇——明清时期的徽商与城市发展
1168 中国传统社会的资产运作形态——关于徽州宗族"族会"的会产处置
1168 中国徽州文书（民国编）
1168 中国徽商小史
1168 从柳山方氏看明代徽州宗族组织的扩大
1168 从新发现的徽州文书看"叫魂"事件
1168 从谱牒和商业书看明清徽州的商业教育
1169 以歙县虹源王氏为中心看明清徽州宗族的婚姻圈
1169 双子星座：徽商、晋商比较研究
1169 古徽楹联的文化蕴涵
1169 田宅交易中的契尾试探
1169 《永乐大典》徽州方志研究
1169 民国时期徽州方志编纂中的创新与守旧
1169 民国徽商、乡村工业与地方市场——培本有限公司经营账簿研究
1169 对清代徽州分家文书书写程式的考察与分析
1169 朱熹理学体系及其对徽州文化的影响
1169 安徽师范大学馆藏千年徽州契约文书集萃
1169 论当代徽学
1170 论明代徽州刻书
1170 论明清时期徽州地区司法官的思维特点及其影响
1170 论明清徽州文化的阶段性发展
1170 论徽州传统社会的近代化
1170 论徽州宗族祠堂
1170 论徽州商人文化的内涵、特征及其历史地位
1170 论徽州商业资本的形成及其特色
1170 论徽商"贾而好儒"的特色
1170 苏州与徽州
1171 乱世中的商业经营——咸丰年间徽商志成号商业账簿研究
1171 何震的生平与篆刻艺术
1171 近代徽商汪宽也
1171 宋元时期的徽州商人
1171 甬商徽商晋商文化比较研究
1171 卖身婚书与明清徽州下层社会的婚配和人口问题
1171 明代乡村纠纷与秩序——以徽州文书为中心
1171 明代黄册研究
1172 明代徽州文契所见土地关系初探
1172 明代徽州庄仆文约辑存
1172 明代徽州批契及其法律意义
1172 明代徽州的民事纠纷与民事诉讼
1172 明代徽州的地痞无赖与徽州社会
1172 明代徽州洪氏誊契簿研究
1172 明代徽州谱牒的纂修、管理及其家国互动关系研究
1172 明代徽商考
1172 明代徽商染店的一个实例
1173 明后期祁门胡姓农民家族生活状况剖析
1173 明初地主积累兼并土地途径初探
1173 明清以来徽州区域社会经济研究
1173 明清以来徽州村落社会史研究
1173 明清以来徽州的疾疫与宗族医疗保障功能——兼论新安医学兴起的原因
1173 明清时代之宗族与宗教
1173 明清时期徽州出家现象考论
1173 明清时期徽州妇女在土地买卖中的权力与地位
1173 明清时期徽州刻书
1174 明清时期徽州森林保护碑刻初探
1174 明清晋商与徽商之比较研究
1174 明清徽州土地丕业考释
1174 明清徽州土地契约文书选辑及考释
1174 明清徽州生存伦理下的多元文化
1174 明清徽州农村社会与佃仆制
1175 明清徽州村规民约和国家法之间的冲突与整合
1175 明清徽州社会经济资料丛编（第一辑）
1175 明清徽州社会经济资料丛编（第二辑）
1175 明清徽州社会研究
1175 明清徽州典当蠡测
1175 明清徽州典商研究
1175 明清徽州的佃仆制
1175 明清徽州宗族与乡村社会控制
1176 明清徽州宗族与乡村治理：以祁门康氏为中心
1176 明清徽州宗族文书研究
1176 明清徽州宗族史研究
1176 明清徽州宗族的异姓承继
1176 明清徽州家谱与徽州社会风俗
1176 明清徽商人才观考鉴
1176 明清徽商与江南棉织业
1176 明清徽商的诉讼研究
1176 明清徽商资料选编

1176 宗族历史的建构与冲突——以黄墩叙事为中心	1178 清代顺治朝土地清丈在徽州的推行	1181 徽州文书与徽州研究	冲突研究
1176 试论徽州商人资本的形成与发展	1178 清代徽州传统学术文化中心地类型分析	1181 徽州文书的由来、发现、收藏与整理	1183 徽州教育
		1181 徽州文书类目	1184 徽州商人及其网络
1177 话说徽商	1178 清代徽州鱼鳞图册研究	1181 徽州文书(第一辑)	1184 徽州商人的小本起家
1177 战前祁门红茶的海外销售与市场价格分析	1179 清代徽州宗族聚居村庄的社会、经济与文化——以祁门红紫金氏宗族为中心	1181 徽州方志中的重商思想	1184 徽州商人的绅士风度
1177 品鉴与经营:明末清初徽商艺术赞助研究		1181 徽州方志研究	1184 徽州商人研究
		1181 徽州古民居探幽	1184 徽州散件印刷品研究
1177 唐末五代徽州的北方移民与经济开发	1179 清代徽州商帮的慈善设施	1181 徽州记忆	1184 徽学的界定与构建
		1182 徽州民间私约研究及徽州民间习惯调查	1184 徽学漫议
1177 阅读徽州	1179 清代徽州族谱对女性上谱的规范		1184 徽派版画史论集
1177 理学社会化与元代徽州宗族观念的兴起		1182 徽州民俗	1184 徽派版画的兴起与发展
	1179 富甲一方的徽商	1182 徽州地区明清建筑的形成及其类型	1185 徽派篆刻的兴起与发展
1177 略论家谱内容与体例的演变	1179 婺源傩初探		1185 徽商
	1179 新安名医考	1182 徽州传统民居综论	1185 徽商:人才培养的催化剂
1177 略论徽商与吴楚贸易	1179 新安画派史论	1182 徽州传统学术文化地理研究	
1177 商人与中国近世社会	1179 新安理学		1185 徽商大典
1178 商人与文化的双重变奏——徽商与宗族社会的历史考察	1179 新安理学与徽商的崛起	1182 徽州私撰家谱与公修族谱的差异	1185 徽商与长江文化
	1179 新安理学源流考		1185 徽商与明清徽州教育
	1179 新安商人的研究	1182 徽州社会文化史探微	1185 徽商与徽学
	1180 魅力徽商	1183 徽州社屋的诸侧面——以歙南孝女会田野个案为例	1186 徽商:正说明清中国第一商帮
1178 清末徽州户口循环册研究	1180 谱牒的纂修与管理		
	1180 徽州土地关系		1186 徽商史话
1178 清代中后期徽州宗族社会的松解——以《黟县一都榆村邱氏文书》为中心	1180 徽州大姓	1183 徽州明代住宅	1186 徽商利润的封建化与资本主义萌芽
	1180 徽州千年契约文书	1183 徽州典商述论	
	1180 徽州历史上的林木经营初探	1183 徽州的家族文献与宗族文化	1186 徽商的衰落及其历史作用
1178 清代以来徽州家族修谱谱局管理模式研究			
	1180 徽州历史档案总目提要	1183 徽州宗族志与宗族社会构建	1186 徽商的智慧
1178 清代扬州徽商与东南地区文学艺术研究:以"扬州二马"为中心	1180 徽州文化与徽学	1183 徽州宗族社会	1186 徽商研究
	1180 徽州文化史	1183 徽州宗族研究	1186 徽商家风
	1181 徽州文化全书	1183 徽州海盗商人胡胜	1186 徽商密码
	1181 徽州文化的传承与创新	1183 徽州家谱宗族史叙事	1186 黟县宏村古村落旅游形象设计研究

徽州文化大辞典

[二] 文化生态

自然环境
物产资源
历史地理
人文聚落
社会经济

[一] 文化生态

自然环境 物产资源 历史地理 人文聚落 社会经济

大徽州 地域文化概念。相对于"小徽州"而言。随着历代徽州人外出经商、游学、做官，甚至移居当地，必然对当地经济、文化、社会产生一定影响。于是人们将徽州以外的这些地方称作"大徽州"。

小徽州 地域范围。相对于"大徽州"而言。即指徽州府所辖的歙县、黟县、休宁县、婺源县、祁门县、绩溪县等六县范围。

屯溪盆地 徽州地区最大的盆地。包括今屯溪区、休宁县、歙县和绩溪县的一部分，面积超过100平方千米，地面高程大多不足200米，地面平坦，土层深厚，水利便通，是徽州主要粮食产区。

吴头楚尾 指原徽州休宁县与婺源县一带。在先秦时期曾为吴、楚的自然地理交集区域。在休、婺交界的浙岭，是吴、楚二水的分源地：山南的河水流向长江流域的楚地，山北的河水流向钱塘江流域的吴地。

*七姑山

九龙峰 位于黄山洋湖矼东，近芙蓉峰。海拔1510米。据《黄山志定本》载，由远而视，它就是一座山峰，细加辨察，它就是龙，合而言之，就成了九龙，纠缠一起蜿蜒而去，故名。

*九龙峰

山

一品峰 位于黄山东，西北近望仙峰。海拔1535米。峰顶上尖下广，如三"口"垒成"品"字，故称。

丁峰 ❶位于婺源县西南，距县城5千米。以地处县治南偏西，因古代干支"丁"为南偏西位，故名。与方山相对，为婺源县治左右屏障。明万历二十三年（1595年），知县朱一桂应士民之请，在山顶建有丁峰塔。❷见23页"顶游峰"条。

七姑山 位于绩溪县伏岭镇水村南，与歙县交界。海拔994米。因一山并列七峰，形态各异，宛如七女聚其上，故名。东侧山口为水岭道；南通歙县齐武；东北через甘桃岭，接黎明尖；西北为登源河龙须峡。参差秀丽，峭拔可爱。中峰崇耸如阊门状，常有云霭萦绕，上有石棋枰、洞天跌水、水竹坪、鸡头颈、上马石、老虎嘴、观音庙等景。

七星山 见12页"斗山"条。

九老芙蓉山 见12页"文公山"条。

九阳凹山 位于婺源县北，距县城50千米。与休宁县交界，脉连高湖山。双峰拔起，并立相峙，中开豁若天门。坳处有小径通休宁县大连村。

三王山 见4页"大鄣山"②条。

三天子鄣山 见4页"大鄣山"②条。

三云山 位于婺源县东，距县城45千米，左右与芙蓉山、屏障山连脉。山间多珠兰、异卉。

三观岭 又称"天门坎"。位于黄山老人峰背面。据《黄山志定本》载,明朝普门法师曾经说,往东望文殊院,观文殊,这叫做智观;往西北望大悲顶,看观世音,这叫做悲观;又往西望普贤殿,观普贤,这叫做原观。于是定名称为"三观",该岭因此得名。

三花尖 山峰。位于婺源县西北,距县城45千米。主峰海拔1 057米。与婺休五股尖相连,山形如三片花瓣,故名。

三灵山 位于婺源县西,距县城45千米。海拔517米。相传晋时有三位道人修炼于此,故以"三灵"名山。

三府山 位于黟县宏潭乡东南,以位处徽州、池州、宁国三府交界地而得名。主峰海拔1 227米。天气晴朗日立于山巅,可望见三府境内诸峰。

三姑山 又称"三姑尖""吉阳山"。位于黟县东北,距县城7.5千米,三峰屹立,上多石,中峰有瀑布泉,为吉阳水之源。据《新安志》载,吉阳山上有三峰并起,斜倚一起恰如颓衰发髻,故称"三姑尖"。清邑人程学禧《黟山竹枝词》咏三姑山诗云:"东望三姑坐翠微,萝为鬟带薜为衣。春来早发催花雨,社鼓咚咚赛石扉。"

三姑尖 见3页"三姑山"条。

三姑峰 即插剑、展旗、紫霄三峰,位于黄山玉屏峰西南。游者从文昌阁向东仰望,见迎面巨峰斧劈为三,俨然三个窈窕修长、亭亭玉立、螺髻堆翠的村姑,故名。

*三姑峰

三教峰 位于休宁县齐云岩西南,通天洞北。三峰挺然分立,远望如儒、释、道三教之冠戴,故名。

三新妇山 见15页"石新妇山"条。

大广山 又称"大尖山""大安山"。位于婺源县西北,距县城45千米,为大鄣山西南支脉。海拔758米。

大石头 又称"大石塔""将军石"。山。位于绩溪县荆州乡上胡家村东,为皖、浙分界山。海拔1 464米。顶为马蹄形陡崖,形若塔。沿东北山脊有板桥岭、灰石岭和康山岭。康山岭产印章石,其中鸡血石闻名海内外。

大石塔 见3页"大石头"条。

大共山 见4页"大洪山"条。

大尖山 ❶见3页"大广山"条。❷见38页"徽岭"条。

大会山 位于绩溪县旺川村西北。海拔1 259米,面积17平方千米。东南北三向山势挺拔,磅礴峥嵘。四周众峰环峙,宛若群山聚会,故名。山上有石屋,为"粹白道人"修炼处。

*大会山

大安山 见3页"大广山"条。

大坞尖 又称"北云尖"。山峰。位于绩溪县上庄村西5千米与旌德县交界处。海拔1 295米。山顶时有云雾弥漫,故名。据清嘉庆《绩溪县志》载,南云尖,北云尖,两峰屹然并峙,高耸入云。

大连山 位于婺源县西北,距县城60千米。海拔740米。昔乡人避乱保聚于此。

大连岭 位于歙县石门乡东南7千米处,属白际山脉,皆千米以上山脊。最高峰海拔1 395.2米,绵延15千米。周围近百平方千米内林木覆盖,难见村舍。北段为歙县石门、长陔两乡分界山,南段为歙县与浙江淳安分界山。有岭道北起石门,沿山脊到啸天龙下坡,东南通遂安城(今属淳安县)。

*大连岭

大余山 位于婺源县东北,距县城47.5千米。海拔1 257米,北界休宁县境。

大岭 ❶又称"高岭"。位于黄山。岭上有观音庙,庙今不存。❷见29页"峰岭"条。

大战岭 位于黄山夫子峰下。东为罗村,西为夫子山脚。岭旁有跑马矶、黄帝坑等名胜。

大洪山 又称"大共山"。位于祁门、黟县、石台、太平交界处,为徽、池二州的分水岭。海拔789米。因南麓的大洪水(即阊江)而得名。扼南北咽喉,地势险要,历来是兵家必争之地,元时山下设大共镇,为控扼之所。清咸丰年间,太平军与清军在此多次激战。大洪岭上七(里)下八(里),是昔时皖南通向省会安庆的重要通道。其峰卓立,高凌霄汉,登临可瞰长江,故又名"望江峰"。

大屏山 位于绩溪县城东郊扬之水东岸。海拔463米。顶方如屏,冬雪之日,宛若银屏,景尤胜,称"大屏积雪"。山半原有关爷庙,庙内钟声悠长。山麓河畔,清朝建有东山书院,本县人胡培翚讲学于此。

大悲顶 山峰。位于黄山中部,南为莲花峰,西为鳌鱼洞。明杨补有诗咏大悲顶月夜:"千峰过雨怀秋情,一峰抱月壑底明。欲眠不眠恋凉色,登冈望月当峰晴。"

大游山 又称"凤游山""浚源山"。位于婺源县西,距县城55千米。西连江西浮梁、乐平。主峰海拔675米。相传有凤来游,吕洞宾挥剑而剑泉涌出。此山峙列如屏,蜿蜒广奥,山顶平坦广阔,有静隐寺、舍利塔,登临可远眺鄱阳湖。山间石林密布,山旁有大安洞、通天窍。

大鄣山 ❶又称"鄣山""鄣公山"。位于休宁县与婺源县交界处。据称《山海经》所谓"三天子都"即是此山,今主峰仍存"三天子都"的巨形残碑。又云"浙江、庐江皆发源于此地"。相传梁新安太守张率曾隐居于此,终日采药炼丹,故名"张公山",后易为"鄣公山"。主峰擂鼓尖海拔1 630米,高耸入云。有清风岭、瀑布泉、伽井、仰天台、龙井、张公洞、天生棋局、仙人跨涧、仙人药臼等胜景,各具特色,争奇斗胜。明徽州通判汪循在《登大鄣山》一诗中赞道:"清风岭上豁双眸,擂鼓峰前数九州。蟠踞徽饶三百里,平分吴楚两源头。白云有脚乾坤合,远水无波日月浮。谁识本来真面目,乍晴乍雨几时休?"❷古称"三王山""玉山""鄣峰"。位于绩溪县东,东接天目山。或谓"三天子鄣山"。秦立鄣郡取此。鄣含界与隔之意,据《寰宇记》称,春秋时"吴越于此分界"。清乾隆《绩溪县志》有"绩溪之山莫尊于大鄣"之说。山体绵延百里,中有海拔千米以上山峰30余座。重峦叠嶂,直插云霄,溪流纵横,岩谷幽深。宁国西津河、歙县练江及浙江天目溪皆源于此。相传黄帝与容成子、浮丘公曾来此采药炼丹。

*大鄣山(休宁县与婺源县交界处)

大獒山 位于绩溪县校头村西北。海拔759米。山体远望如犬獒,故名。山半有"仙岩",旧传刘叟隐此。岩下有白龙潭,今改建水库。西南有峰耸起,称"小獒峰",旁有小獒庵,今改建小学,并新建小獒庵村。山间树木葱茏,花果飘香。缘麓而上,梯田层层布列至"仙岩"下。立岩旁山坳处,可俯瞰旌德县城,并远眺黄山。北坡有十二岱,古时在此建三圣殿。南麓有吴(梧)村,西麓有西坑。

大鳌岭 位于黄山,近尚书岭。高约50米,形若巨鳌。

大鳙山 位于婺源县东,距县城50千米。与石耳山相接,东南邻浙江开化界。主峰海拔1 166米。据《方舆记》载,尧时洪水暴发,有鳙鱼上游至此,水干涸鳙鱼也死了,其鳞骨如山般堆积起来,故名大鳙山,水名鳙水。

大鳙岭 位于婺源县东,距县城45千米。大鳙山腰,石径长10余千米,通达浙江开化县的坳头。清婺源名儒江之纪有《度大鳙岭》诗:"一入新安境,欢然倦眼开。奇峰攀石耳,仄径度鱼鳃。泉挂松梢落,云奔脚底来。却思卅年事,雪满望乡台。"

万岁山 见4页"万安山"条。

万安山 位于休宁县城东4千米万安老街东。明太祖朱元璋曾到此,故亦称"万岁山""万寿山""寿山"。三国至隋末,曾为休宁县治和新安郡治所在,称"古城岩"。南宋淳熙年间建忠烈庙于后山顶,祭祀唐越国公汪华,称"汪王故宫"。汪华于隋末起兵保障地方,曾以万安山为新安郡治,行太守事。后又据宣、杭、睦、婺、饶五州,号称"吴王"。山右侧有象峰,下有石坊,镌"越国古城"四字。山左前为狮峰,雄峙于汶溪之滨,巅有巨崖悬突广平,相传为明末抗清名将金声炼心之处,名"炼心石"。山南旧有园林,广植花木。另有方竹一丛,棋室、茶座建筑精雅,名"半亭",门额题"溪山一览"。路南石栏下,溪水潴为深潭,为天然放生池,董其昌题"鱼乐国",刻石嵌于路北。明休宁县令邹补之有《题古城岩》诗:"依然雉堞故城基,开创繇来自汉隋。南北两门余旧习,黔黎百岁话当时。循山虢虢陈公凫,凿石岩岩葛令碑。万丈悬崖如削玉,也应容我恣题诗。"

*万安山

万寿山 见4页"万安山"条。

万寿峰 位于齐云山楼上楼景区西,峰北悬崖陡峭。海拔535米。明万历年间建有延庆寺于峰南,民国初年圮毁。有石阶可攀峰巅,北眺黟城,俯瞰渔亭全貌;南望群山叠翠,云岩湖微波荡漾,风景如画。下山行至渔亭南望,则又似稳健驯和的骆驼,故又名"骆驼峰"。

*万寿峰

万箩山 古称"植山"。位于绩溪县大谷村北。海拔737米。据清嘉庆《绩溪县志》载,沿着山麓攀登而上,周遭全是田,一年可收稻万箩,因以为名。顶平宽,南坡陡峻。西北冈峦起伏处有狮子石,高4米。

上升峰 又称"阮峰"。位于黄山。海拔1 510米。其东为黄山石笋峰,西为始信峰。此峰形若宝塔,旁无所依,下无所藉,人谓渣滓淘尽。《黄山志定本》载:"上升何以名?因人也,昔有阮仙翁于此上升,故曰上升也。上升何以名?因云也,峰常为云所拥,浮浮沉沉无定形,远望势若上举,故曰上升也。"相传峰顶可聆天乐,其声似远而近,似近而远。明朝有诗云:"闻昔此溪岩,有客传洁净。功成人上升,至今留阮姓。"

上阳尖 山峰。位于歙县、绩溪县交界处,为黄山山脉东支高峰之一。海拔1 402米。地层形成于中元古代。北坡水汇于绩溪金坑。西流南折入歙,与西南坡水共汇为岩源上游,东南坡水为歙布射水源头。

峰顶主要为草坡,稍下则为密灌丛竹,缓坡辟为茶园,产名茶"南岳毛峰"。

上金山 位于绩溪县上庄西北与旌德县交界处,山体呈"金"字形。海拔1 075米。山上有大塔岭道通旌德白地。山产优质茶,名"金山时雨"。此茶明朝列为贡品,自清迄今畅销海外,被视为茶中珍品。

*上金山

小九华 山。位于绩溪县荆州乡东北边境小九华村。因山水幽奇,可与青阳九华山媲美。相传九华山地藏王曾云游至此,慕其山峦青翠,在丘顶结庵苦修,后归青阳,但每逢闰七月三十日均来此,故名。山

*小九华关刀峰

势突兀,荆州河及其支流蜿蜒其间,谷壑深邃。中有一丘,河水至此曲折萦回,形如半岛,上有地藏殿。山有十景:铁釜深沉、银屏滴翠、刀锋插云、横岩瀑布、狮嘴啸天、双溪烟雨、五龙夺珠、高峰暮霭、九井甘泉、梅岗早雪。为旅游、避暑胜地,历代题咏甚多。

小心坡 山岭。位于黄山蒲团石下,石刻"观止"之上。此处巨崖三面临空,凿石为道,坡左为深渊,右傍险岩,初道路极窄,仅容一人侧身而过。加之处于风口,人行道上,小心异常,故名。后人在坡上凿成阶级,护以石栏,遂而名为石栏杆。清曹钊诗云:"我陟小心坡,放眼增惶怖。山狭势益危,半是欹斜路。前途不可招,后径不堪顾。"

*小心坡

小龙山 又称"柱棒山"。位于休宁县黎阳乡(今属屯溪区)。此山悬崖壁立,拔地而起,山不大而形象奇特;主峰为两巨石相峙,状若龙头,其后山透迤盘亘,状若盘龙,山之名以此。别称"二童讲读",则因两巨石酷似两书童在诵读。山南麓有寺,始建于唐,明弘治十五年(1502年)重修,名"仁寿尼寺"。其后历代均修葺。

*小龙山古民居迁移保护地

小尖山 位于休宁县西乡中部。主峰海拔1 008.4米。

小华山 又称"鸿山"。位于歙县富堨镇冯塘村北,以有九华庙得名。

小连岭 又称"方吴岭"。位于歙县石门乡东南10千米处,属白际山脉,为大连岭中段。海拔1 358米。方、吴两姓居民为此山始开发者,故名。

小岭 见19页"伏牛岭"条。

小南海 又称"岑山"。山。位于歙南雄村段新安江(浙江)中,为一岛形山。西端逆水,巉岩壁立,形如巨鲸浮于江面。唐宋以来,为歙县佛教圣地。唐天祐年间始建周流寺。清康熙年间岑山渡巨商程氏修葺新庙宇,进呈寺图,康熙皇帝御书"星岩寺"额,赐"山灵钟瑞气,溪色映祥光"联。光绪年间寺僧应山圆寂,成"肉身菩萨",供于殿中,一时名噪皖浙。其地古木葱茏,江雾缥缈,寺宇流碧,香烟缭绕,奉为南海普陀胜境,因称"小南海"。

*小南海

山口岭 位于歙县西川村。东达沿舍,西至山口。从歙县上黄山,此岭为必经之路。

山云岭 位于绩溪县家朋乡东南,与荆州乡接壤。巉岩绝壑,石角嶙峋,山顶两峰夹峙,一线洞天,中通窄径,下临山谷。奇松怪石,滴翠凝青。有飞来石,又有石线悬于古树,质如钟乳,斑驳陆离,色彩纷

*远眺山云岭

呈。清方竹《入山云一线天》七律云："矗矗莲峰架石机，杼天块轧线如飞。月梭出入镶痕窄，风剪直斜练影微。缝际霞铺拖彩缕，索间斗错缀明玑。雯谁神臂能抽此，引取长针缉帝衣。"

千丈岭 又称"吴楚山"。位于绩溪县瀛洲镇东南，为绩溪县、歙县分界山。海拔850米。形如屏风，上有留侯庙。庙前有石低平如案，相传其下即留侯墓所。明本县人汪博对此有疑，作诗云："古今张姓知多少，何必拘拘谈子房。"

千里山 见23页"青岭山"条。

飞布山 古称"安勒山"，唐大历元年（766年）敕改"飞布山"。位于歙县城北9千米，属黄山山脉。山巅一石洞，蝙蝠聚集，因又名"飞蝠山"。在燕山构造运动中，西边的黄山上升，相邻地壳出现断层，故此山西边较陡。山坡多松林灌木，东南坡（鸡冠山）产石煤，东坡溪流入扬之水。飞布山为歙县盆地最高点，以其云雾变幻预测气象："飞布山着裙，不晴也要晴；飞布山戴帽，不落也要落（下雨）。"山顶有主簿石、若盘岩、飞布庙等古迹。

飞龙峰 位于黄山北，东为轩辕峰，西为轿顶峰。海拔1 627米。峰形如龙，每为云雾缭绕时，更呈腾跃之态。

飞蝠山 见7页"飞布山"条。

王公峰 位于祁门县南，距县城12.5千米。峰突兀高耸，不与诸峰相接。南唐归宋，银青光禄大夫谢铨弃官挈家隐于峰下。明本县人谢芊《登王公峰诗》云："崖雪未消遮日远，莺花先放得春多。峰头人伴烟霞卧，一枕青天七尺蓑。"

王石山 又称"王石岩"。位于绩溪县城北郎家溪村，扬之水西岸。山顶两峰并列，北峰海拔602米，南峰海拔569米。山脊岩石错耸，西麓为石门里村。

王石岩 见7页"王石山"条。

王畲峰 位于休宁县南，距县城12.5千米。旧址约在今东洲一带。

井南山 位于祁门县渚口乡渚口村。据清道光《祁门县志》载，井南山在十六都渚口南古刹旁，有池如井，水从石罅环出，深不可测。本村人胡士著诗有"日出西山闻虎啸，云开南井见龙飞"之句。

天门坎 ❶位于黄山天都峰与横云岩之间。两边奇峰入云，天然成"门"。出门蹬道，犹如跨过门槛。❷见3页"三观岭"条。

天子墓山 位于绩溪县东与歙县交界处。海拔1 319米。其北麓大鄣河谷有天子墓，故名。北滨河一陡崖，高75米，旁立一孤峰，形如塔，高8米，称"黄泥口塔"。

*天子墓山

天马山 位于祁门县芦溪乡倒湖村。据清道光《祁门县志》载，天马山在县城南47.5千米。自江西省浮梁县东的曹村干逦迤而上，形如天马，高185余米，捍卫保障着祁门一邑，形家说成华表。大北港与南河之水汇流于山下，与浮梁县接界。

天井山 位于黟县西递镇府均村。海拔448.6米。山顶平坦，上有井，清澈见底，俗称"神水"，乡民常求雨于此。相传井被雷击，骤成一塘，因又名"天池"。清本县令孙维龙《黟山杂吟》咏及此山："九华壶在长江口，玉女盆临华岳峰。可似天池山色好，一盂秋水浸芙蓉。"

*天井山

天目山脉 位于绩溪县、歙县与浙江省临安县（今临安市）交界处。全长约25千米，由北东向南西带状延展。天目山脉主峰为清凉峰，是清凉峰自然保护区的最高峰。山脉沿线尚有龙唐山、山云岭、黄毛尖、灰石岭等高峰，海拔均在1 200米以上。参见33页"清凉峰"条。

天顶山 位于绩溪县镇头村西南。海拔709米。东、北两面，下临深邃隘谷，有擎天顶立之势，故名。古名"五老山"，顶五峰并峙，峻拔、奇特。此山高出四邻众山之上，旧有甘露寺。

天柱峰 又称"洪坑尖"。位于休宁县齐云山云岩湖旁。海拔570米，峰中叠峰，冲云而上，似柱石顶天立地。四周山峦层叠，秀峰罗列。

天都峰 位于黄山，西对莲花峰，东连钵盂峰。海拔1 810米。健骨竦桀，卓立天表，五彩云涛，时拥山腰，传为群仙所都，故名。峰顶平阔，有石室嵌立，可容数十人，石室外一石如醉者斜卧，名为"仙人把洞门"，另有数石如桃累累，称"天都仙桃"。立于峰顶，远望云山相搂，俯视千峰竞秀，古人有"任他五岳归来客，一见天都也叫奇"句。民谣有"不到天都峰，白跑一场空"之说。

*天都峰(1)

*天都峰(2)

天堂山 位于婺源县东，距县城50千米，界浙江开化县。主峰海拔1 176.2米。峰高天际，云雾缥缈。相传古时有人在此建炉私铸铜钱，故又名"铜钱炉尖"。

天湖山 位于歙县汤口镇（今属黄山区）东南6千米处，属黄山支脉。海拔1 183.8米。北坡较平旷，密灌中盛产龙胆草类高山植物。山顶低洼积水之地有如湖沼，名"天湖"，为黄山险要之地。

*天湖山

夫子山 ❶位于祁门县平里镇贵溪村。北宋钦宗时，贵溪胡器之在汴京读书，与朱熹之父朱松相友善。回乡后，朱松来访，爱此山水秀美，遂结庐山上，并设书院。南宋时，朱熹曾来此讲学。因建有夫子庙，故称。❷见8页"夫子峰"条。

夫子尖 见8页"夫子峰"条。

夫子峰 又称"夫子山""夫子尖""蜡烛峰"。位于黄山北麓神仙洞北，与轩辕峰相对。海拔755米。其东为碧山胡家，李白求白鹇处，有诗。峰腰有大小山洞七处，最大者高3米余，宽约6米，形如半月，可容百余人。峰之东有太白书院故址。

云门峰 位于黄山汤岭西，石柱峰南。海拔1 645米。峰顶南北向歧为两峰，巉削壁立，中开如门，云从中行，缭绕峭壁，故名。又因两峰对峙，云气飘浮其间，似巨剪裁剪满天锦霞，故亦名"剪刀峰"。明谢肇淛诗云："寒流泱泱草蒙茸，翠壁丹梯千万重。天外云门相对出，居人指是剪刀峰。"

云外峰 位于黄山丹霞峰西北，中隔西海。海拔1 680米。山多杜鹃花，飞云铺海时，众峰俱隐，独此峰浮出云外，故名。清程之鵕有诗纪胜："缥缈离奇峙碧空，浑凝云外复云中。杜鹃开向春光后，烧遍峰头万树红。"

云岚山 位于歙县北，距县城4千米，系飞布山余脉。海拔140米。南北走向，西有布射水南流入练江。古时其地古木森森，岚霭缥缈，因名。隋末汪华起义，归顺唐朝后封越国公，墓即营于此。其墓依山南向，正对府城，左右冈峦屏护。墓前右有享堂，左有家庙，均已废。山北麓有江村江姓始祖夫人苏氏墓。山南1千米处为东山,与县城互为犄角,清初曾屯兵,称"东山营"。

云际峰 位于黄山汤岭东,容成峰西,与云门峰对峙。海拔1 645米。其周围多浓云浊雾,障蔽千山,独此峰直入云际。峰下有藏云洞,明朝有诗咏:"峰头一片云,出自藏云洞。四海望甘霖,莫入襄王梦。"

*云际峰

木鱼峰 见29页"钵盂峰"条。

五丁峰 位于黄山玉屏峰西南。海拔570米。其五峰并峙,气势巍峨,形似武士,故名。

五龙山 位于休宁县,西南与婺源县交界。海拔1 468.5米。山高岩险,尽目云烟,形如五龙起舞,故名。

*云门峰

*五龙山

五龙尖山 位于婺源县西,距县城45千米。主峰海拔1 016米。为婺源县与浮梁县分界山。其山五峰簇列,形似梅花,故又称"五花尖"。

五老山 见8页"天顶山"条。

五老峰 ❶位于黄山北,后海东,南为望仙峰。海拔1 485米。峰顶有五座小山头,耸立如五位老人,姿态各异,惟妙惟肖。❷位于休宁县齐云山北。海拔560米。五峰参差为群,形如五位躬身面北、拱揖参谒的老者。诗云:"五老峰生五色烟,翠华缥缈半浮天。"

*齐云山五老峰

五花尖 见10页"五龙尖山"条。

五阜山 见33页"蚺城山"条。

五股尖 山峰。位于休宁县冯村乡(今属鹤城乡)南,与婺源县交界。海拔1 618.4米。居高俯瞰群山,夕霭朝岚,顷刻变化,不可名状。山间溪水北流至鹤城,会六股尖冯源河为大源河,东北流入率水。五股尖与六股尖,山腰山脚皆有居民小村。风景秀丽,空气清新,可谓世外桃源。

*五股尖

五重岭 位于休宁县齐云岩西。数峰连亘,岭径蜿蜒,一重接一重,民间称作"飞天蜈蚣"。其地崖石奇绝。

五珠山 位于婺源县东,距县城17.5千米。山上有龙湫,邑人祷雨之处,山下为程氏世居。

五梅花尖 山峰。位于休宁县西田乡(今属五城镇)南,与婺源县交界。主峰海拔1 139米。峰形似五瓣梅花,故名。

五雷峰 位于休宁县齐云山西南。海拔485米。峰南崖怪岩纷呈,俗称"群仙楼",道家命其名为"五雷"。

五溪山 位于黟县宏潭乡竹溪村南,距县城30千米。海拔965米。山高林密,云雾常聚其上。山间多岩洞,崖下有潭,传说以壶浮置潭上,水自涌入壶中。宋元年间,有僧自淮上来,在此修持,后为之立祠于崖下。古时天旱,乡人常祷雨于此。

不老山 位于祁门县胥岭乡,其峰称"彭公尖",相传彭祖曾在此修炼仙去,故名。宋道士高景修开创道观基宇。元本县人汪汝肩续建,始具规模,宪使丁时发奏于朝,赐额"龙兴观"。观左有东华楼、丹泉亭,右有乎远阁、金液池,前凿荫观池,后峙长春亭,山腰有"松关",山巅有紫元庵和彭祖炼丹石。观四周有桃树百余株,又有方竹,相传为来此修炼的梅道士植筷所生,故名"筷子竹"。今道观虽废,方竹犹存。

太平岭 位于休宁县东亭村渡河至白云岩一段。岭长2千米,坡峭路陡,蜿蜒曲折。

太白湖山 位于婺源县西南,距县城40千米。山麓两溪夹流,有重湖,湖旁昔有寺,传唐诗人李白曾涉此。后其地称"太白司",山称"太白湖山"。

太极山 见36页"福山"条。

历山 位于祁门县彭龙乡湘东村。海拔1 526米,面积30平方千米。有小历山、历尖、猴子帽、大叉头诸峰。据南宋淳熙《新安志》载,历山在县西42.5千米,高462米,北接石台县地界,绝顶处有水池,池中有石马。

巨门峰 位于休宁县齐云山楼上楼景区观音洞南。海拔530米。数峰连列如屏峰,峰尖高低参差,形似蜈蚣,民间称"飞天蜈蚣"。

巨龙峰 位于黄山玉屏峰南,距紫云关2千米。数峰蜿蜒相连,伸曲起伏,形似巨龙飞跃。

中虎岭 又称"虎岭"。位于黄山辅村东北,距芙蓉岭5千米。岭上有洞,岭下有秀水亭,亭旁石壁中有水涓涓然。

中和岭 又称"半岭"。自休宁县齐云岩北麓登山道口起,经步云亭、登高亭,达中和亭旧址。岭长2千米,沿石阶而上。

*中和岭

中和峰 位于黄山玉屏峰东北，白岳峰西南，与望仙峰相对。海拔445米，峰巅苍松蔚翠。

牛泉山 位于黟县北，距县城18千米。据《舆地志》载，牛泉山自山麓至顶巅，九里一顿，凡九顿，石径25~26厘米，临不测之深。山上多风，虽林深密茂，长不及3.3米。山顶有水。传为"牛以足刨土成池"，故名。山累石为路，是旧时通丹阳古道。

牛首峰 位于齐云山云岩湖紫溪南。海拔440米。峰巅巨岩，酷似耕牛引颈蹲卧，故名。

牛鼻峰 位于黄山中部，西为莲蕊峰，北接莲花峰。海拔1 695米。峰顶有石，状如犀牛，抬头仰视天空，故名。

长岭尖 山峰。位于休宁县郑湾乡（今属榆村乡）、白际乡、璜尖乡交界处。海拔1 297.3米。

丹霞峰 位于黄山松林峰北，东近狮子峰。海拔1 664米。上有石人，如置身烟波上，俗称"达摩渡江"。峰壁悉为赭色，色彩斑斓，如天空之云霞。明朝有诗云："峭石笼丹霞，遥望峰如烧。谁知小华山，通此日华窍。"

*丹霞峰

乌泥岭 位于黄山丞相东源下，南达歙县，北达太平。南宋蒋果曾拒守此岭，与金将马告大战。明崇祯年间在岭上建上、下两关，统称"乌泥关"。上关题额为"天都保障"，下关为"乌泥"。

乌聊山 位于歙县城中部。海拔173米。东汉建安十三年（208年），孙权征山越，邑人毛甘率万户屯此山。《元和郡县志》载："上有毛甘故城。"隋末，歙人汪华起兵反隋，自封吴王，迁郡治于此。后世以山有汪华庙，俗称"庙山"。山有数石，圆白特异，号落星石。另有东岳庙、仙姑井之胜，今已不存。南麓有乌岩清泉，水清冽，久旱不涸。

凤山 见22页"灵乌山"条。

凤凰山 ❶位于祁门县祁山镇南。海拔200米。据清本县人马豫《凤凰山周王庙碑记》载，凤凰山乃是环祁门诸山中的灵秀者。东北之溪河流经它的山麓，藤萝巧石之秀拱卫在它们的旁侧，岩岫连蜷就像飞动着一样，峰峦竦削以藉停崎，古木阴翳，这正是扶舆的钟萃，神灵所赖以栖息的宅第。此山北麓旧有凤凰泉、周宣灵王庙、寄山楼，山巅有文峰塔，是祁城登高驰目的形胜之地。❷位于歙县西北，距县城8千米。海拔213米。其西富资水自北而南流入练江。旧时山多森林，传说有凤凰栖于此。产名茶；又产花岗石，歙人称为凤凰石。❸位于绩溪县临溪镇周坑村东，界绩、歙两县。海拔688米。相传古有凤凰翔集其间，故名。西北坡怪石磊磊，大者高15米。上有洞，称"隐张洞"；山麓有村，名"隐张坑"。清乾隆《绩溪县志》载："传张子房曾隐于此。"故又名"隐张山"。❹见22页"灵乌山"条。

*祁门凤凰泉

凤游山 见4页"大游山"条。

六股尖 山峰。位于休宁县东南,与婺源县交界。海拔1 629.8米。为怀玉山脉主峰,也是休宁县内最高峰。其东北坡之水是钱塘江正源新安江的发源地冯源河。

*六股尖瀑布

文公山 原名"九老芙蓉山"。因山上有朱熹祖墓而改名。位于婺源县南中云镇境内,距县城紫阳镇25千米。山上林木葱翠,主要景点有积庆亭、古驿道、朱熹祖墓、桂花塘等。

*朱熹祖墓

*文公山

文峰 见32页"梓潼山"条。

方山 位于婺源县东南,距县城2.5千米,为县治左翼屏障。古建有白鹿庵,南唐朱宽读书于此,故又名"朱相公尖"。谚云:"方山笑,湖水平,婺源出公卿。"南宋婺源学者滕璘有诗纪胜:"知君夙昔爱登山,特地相携上峻峦。岂但登高如杜牧,故应访旧忆朱宽。凝眸直欲小东鲁,振袂如将近广寒。幸有酒樽供笑语,不愁归路十分难。"

方吴岭 见6页"小连岭"条。

方家岭 位于黟县西北,洪星乡与碧山乡之间。垭口海拔709米。古时,沿岭铺有石路,长约5千米,是与石台县的通道,今已拓为公路。

斗山 又名"七星山""魁杓山"。位于歙县城北。海拔175.8米。山体由七个山冈连贯而成,形似北斗,故名。明嘉靖年间,山上建斗山书院,湛若水曾讲学于此。万历年间,许国亦曾在此建斗山文会。

引针峰 位于黄山北部芙蓉峰西。海拔1 481米。峰下有大、小洋湖。峰顶碎石,有弱磁性,能吸缝衣针,故名。

双坦尖 山峰。位于婺源县北,距县城60千米,为休宁县与婺源县分界山,西连大鄣山。主峰海拔1 084米。山有双峰,顶端平坦,故名。

双岭 位于歙县西乡,距岗村5千米。传说明太祖朱元璋攻取徽州时,曾在此驻扎。岭上有庵,名"御泉庵"。岭左为通歙县大路,岭右为至休宁县大路。清吴瞻泰有诗:"双岭峰平峙,登跻一杖劳。空青生晓日,寒翠落松涛。"

双峰山 位于绩溪县大鄣、小源之巅,为绩溪县与歙县分界山。两峰并峙,东峰海拔1 292米,西峰海拔1 291米。西峰西侧有夹道,南通歙县三阳坑。据清乾隆《绩溪县志》载,双峰山与大鄣山相连,为诸山之祖。

书箱峰 位于黄山后海南,鸡公峰北,与宝塔峰隔谷相峙。海拔1 386米。峰壁裂隙排列有序,呈格子形,远眺酷似书箱,故名。

玉几山 又称"塔山"。位于休宁县城南1.5千米的横江南岸,山势平缓起伏,呈十二峰,正对着本县治所。堪舆家视为县基前环护朝拱的案几,故名。山之丁峰、巽峰建有二塔。

*玉几山

玉山 见4页"大鄣山"②条。

玉台山 见24页"岩山尖"条。

玉台峰 位于休宁县齐云山楼上楼景区观音岩西。海拔575米。峰呈圆台形,传说为观音菩萨的梳妆台。

玉兔峰 位于休宁县齐云山岐山石桥岩西。海拔460米。于石桥岩东向西望,一峰孤耸恰立桥孔中,酷似月宫玉兔捣臼,故名。于石桥岩西向东望,又似石猴揖月。

玉屏山 又称"驻跸山"。位于歙县东,属问政山西侧余脉。古时山上茂林修竹,雾霭氤氲;风吹气动,天籁鸣响;流泉漱石,激玉喷珠。元末,朱元璋率军来徽,屯驻山上,后人乃名之驻跸山,有"玉帐遗迹"之胜。明万历年间,歙县人毕懋康于其麓建西清馆。

玉屏峰 ❶位于黄山中部,天都、莲花两峰之间。海拔1 716米。民谚有"不到文殊院,不见黄山面"之说。峰壁如玉雕屏障,明释普门在此建文殊院。峰前有巨石如平台,东有迎客松、青狮石,西有送客松、白象石。明徐霞客至此,赞为绝胜处:"左天都,右莲花,背倚玉屏风,两峰秀色。俱可手揽。四顾奇峰错列,众壑纵横,真黄山绝胜处。"岩壁多石刻,有"群峭摩天""大巧若拙""不险不奇"等30余处。❷位于齐云山月华街景区的中心。海拔580米。西有鼓峰,东有钟峰,峰巅巨岩(齐云岩)扩展如屏,形如辇车,故旧称"辇辂峰"。南宋宝庆三年(1227年),吏部尚书程珌手书"云岩"二字镌于岩壁,今圮。

石人峰 ❶位于黄山西,近石柱峰。海拔1 310米。山峰小巧秀丽,而势极险峻。峰顶有石,形肖老道。宋焦翠峰诗咏此石:"石为肌骨应成假,铁作肝肠未必真。当日容成丹就处,何当点化作仙人。"❷位于

*黄山玉屏峰

休宁县城西郊汶溪南岸。一岩石竖立山巅，冠冕如人状，面山背水。下有石人前村。民谚有："水打石人前，休宁出状元。"

*休宁石人峰

石门山 ❶位于黟县东，距县城10千米，山麓有石门坦村。其山悬崖四绝，凿石为门，登上俯瞰清泉涓涓，壁立千仞，风景绝佳。沿崖凿路，名为栈阁，仅可通人，绝处架木相接，昔人称此路为栈道，石门为小剑门。南宋黟县人汪义荣有诗云："栈阁依稀蜀道难，石门仿佛剑门关。"❷位于婺源县东，距县城45千米，与大鳙山近，为婺源县与浙江开化县分界山。主峰海拔1 106米。山巅大石岩空洞若门，故名"石门"。古有佛庵，修真者往往栖之。明婺源士人游彦忠寻胜至此，题诗云："万里秋空日未斜，好风吹我到仙家。幽寻胜迹梯云磴，细读残碑剔藓花。古洞呦呦鸣野鹿，珠林点点集昏鸦。石门深锁尘踪少，尽日烧丹养汞芽。"

石门峰 位于黄山中部，光明顶与棋石峰之间。海拔1 823米。此峰中间岔开，两壁夹峙，宛如石门，山半有大石横架。宋吴弘钰有诗："横石架广门，天风自来去。夜半闻洞箫，知是神游处。"

石印山 位于黟县西递镇境内。山顶有一巨石，方如印章，因此得名。县北虞山溪水经奇墅、潭口流至石印，河面渐宽，山即屹立于河东岸。

*石印山

石老山 又称"鸡山"。位于婺源县西，距县城45千米。主峰海拔465.8米。山形似鸡，西汉长沙王吴芮葬此，葬地为鸡笼石，墓碑犹存。

石耳山 ❶位于婺源县东南，距县城45千米，为婺源县与浙江开化县分界山，山脉自信州来，为入婺源境之首峰。主峰海拔1 260米。危崖峭壁间生长石耳，故名。山势高纵奇伟，环山怪石。山南有逼霄峰、连云磴、栖霞洞、秋雪岩、飞升台、占年树（五谷树）、蟠带石、卧龙岩等八景；山北有传声谷、列声屏、碧罗冈、青莲桥、宾日亭、轰雷峡、珠帘岛、天海涛等八景。山顶远眺可见鄱阳湖，相传古时有道人黄道仙、叶依仙、赵真仙栖真于此。明游芳远诗赞："石耳山头望大荒，海门红日上扶桑。山连吴越云涛涌，水接荆扬地脉长。春树抹烟迷近远，晴虹分字人苍茫。蓬莱咫尺无由到，独立东风理鬓霜。"❷位于歙县南。海拔1 234.6米，面积约20平方千米。山巅有巨石状如石耳，故名。白际山脉伸入歙境的支脉至此陡降，使该山隘呈孤兀卓立之态。山体陡峭，上部尽为密灌覆盖，有黄檀、茱萸、山梨、石榴等植物；下部辟有茶园和松杉幼林。气象诡谲，村民常望其云雾变幻以测阴晴风雨。东侧水流经街源，西北侧水流汇入濂溪。西北麓旧有"石耳书院"。

石床峰 位于黄山西海石柱峰与松林峰之间。海拔1 574米。上有石床横陈，长4米，阔1.7米，如白玉琢成，其平如砥，行、住、坐、卧皆宜。又有紫石床三张，碧玉枕三只，传为容成子、浮丘公侍奉黄帝寝息之所。下有石室，深约30米。明汪南山有咏石床峰诗："常约高僧访上方，峰头片片白云藏。仙翁何处归来晚，风落松花满石床。"

石盂山 位于黟县城西北碧山村东。山中有巨石，状如仰盂，有泉不竭，山以此名。山麓昔建李白祠，已毁。

石林山 见21页"花山"①条。

石岣山 见21页"观音山"条。

石金山 位于绩溪县扬溪镇东村坞东。海拔925米。西挟扬之水，东扼登源河，其上巉岩、怪石错荦。清乾隆《绩溪县志》载："山高百仞，周三十里，能兴云雨，时见怪物。顶有庵，远眺千里，有仙人履迹。山之麓有庵，相传为甘露大仙道场，常显光如五台、庐岳所见，或又谓孔灵贞女化身处。"庵早圮。又传李自成败后隐此。

石城山 位于婺源县西北，距县城37.5千米。主峰海拔761米。山东侧为五里石林，山石错列，犹如千军万马隐伏其中，南宋岳飞于岭脊刻有"观山"二字。山南古树林中有白玉兰、山樱花、银杏、香榧、红豆杉等名贵古树10余种。

石柱峰 位于黄山天海西，云际峰北。海拔1 477米。山峰如削，亭亭独立，插地撑天。宋朝有诗云："削石成峦气势雄,岿然一柱插晴空。莫言材大难为用,会有擎天镇地功。"

石屋山 ❶ 位于休宁县回溪乡西南,南麓与婺源县交界。主峰海拔1 041米。山巅有大岩洞敞轩若屋,故名。❷ 位于绩溪县城东梓潼山后,北连石照山。海拔475米。山顶有石穹隆,平踞如台,大如屋,称"石屋",内可坐数十人。前有泉,上喷为骊珠沼。东谷有庙后山村,旧有复旧书院,清嘉庆年间圮。西谷出青玉峡有流云洞,水从中出;洞前一巨石跨洞为天生桥;洞水南流至伏虎洞汇入深潭,下与石镜水合。两水合流处,有石峭立,为蹑虹台。

石笋峰 位于黄山北海散花坞上升峰东。海拔1 683米。峰状如柱,如破土而出挺拔向上的竹笋。峰下有矴与石笋。清钱谦益诗云:"黄帝上升后,灵山忽涌渍。化成千尺峰,乃是双石笋。"

*石笋峰

石鼓山 位于黟县际村,距县城7.5千米。海拔574米。山上一石,形如鼓,并有石人、石驴。据《黟县志》载,每逢刀兵劫难,石鼓辄响。唐天宝六年(747年),凿破之,改名"戢兵山"。五代南唐许坚有石鼓山诗云:"石鼓高悬蕴大音,白云峰顶始铺金。能来斯地鼓斯鼓,尽达曹溪圣祖心。"

石鼓峰 位于黄山狮子峰西南,近西海口。海拔1 590米。峰顶一石,圆矮如鼓,击之亦渊渊有声。峰右原建有石鼓庵。

石照山 位于绩溪县东郊大屏山后。海拔423米。山上有一由乔木、苍藤和山花野草衬映的、面积50余平方米的峭石,石体微微向前倾斜,石面平滑,光可鉴影,相传有照人三生之说,称为"石镜"。镜前有天然石座,似可并坐七位仙女同时梳妆。北宋元丰年间,苏辙贬任绩溪县令时,曾游此,写有"雨开石照正新磨,鸟度猿攀野客过。忽见尘容应笑我,年来底事白须多"的诗句。旧有石照亭、普照寺,现亭、寺已毁,仅留刻石一块。有白泉从石缝泻出,四时不竭,可饮可疗。山中丹崖翠壁,林木葱茏,风景幽丽。

石新妇山 又称"三新妇山"。位于祁门县东北,距县城15千米。海拔76米,与黟县武亭岭相连。《方舆记》云:"山有三石峰,望之如人形,每春雨初霁,朝阳辉映,翠霞明媚,则若彩服靓妆之饰,因名之。"

石墙里 山。位于休宁县大阜乡(今属东临溪镇)、源芳乡、璜尖乡交界处。海拔1 096.6米。

石墨岭 位于黟县渔亭镇桃源村境内,旧时黟渔古道上。山深谷峻,林樾秀朗,产石墨,可书画,可染皂。相传有石墨井。唐李白游黟,曾咏:"磨尽石墨岭,浔阳钓赤鱼。"

石鹤山 位于绩溪县上庄镇西北4千米处。海拔683米。山顶有圣泉洞,水四时不竭,昔遇旱则村民祷雨于此。东有两山对峙,下为绝壁。飞流直泻,名"常溪瀑"。瀑水流经洞中,洞上有石相接如桥,称"仙岩桥"。相传陈武帝祖墓在此,称"天子墓"。

石螺峰 位于齐云山玉屏峰正西,楼上楼景区内,耸立于深壑中。山岩由于长期风雨侵蚀,如一环环层叠、水渍斑斑的海螺,故名。

布水峰 位于黄山东麓,仙都峰东南。海拔1 288.2米。该峰花岗岩石壁高大倾斜,雨后瀑布飞泻,高出云端,宛如白练长垂,故名"布水峰"。明末清初陈恭《布水峰》诗:"谁将飞沫挂危峦?长使穷黎穿眼看。我欲制成真帛练,年年被与此山寒。"

龙山 位于绩溪县瀛洲镇。为石金山南出之支脉,巅称"白虎顶"。海拔777米。上有龙溪水出其南,流经瀛洲大坑口村入登源河。

龙尾山 ❶ 位于婺源县东北,距县城45千米。主峰海拔696米。山石莹洁,有金晕、金星、眉纹、罗纹等砚石名称,因又名"罗纹山""砚山"。所产砚石为中国四大名砚之一——歙砚的主要制作材料,宋黄庭坚曾"步步穿云到龙尾",写下《砚山行》。苏轼亦有《龙尾砚歌》。❷ 见16页"东岳山"条。

龙须山 位于绩溪县瀛洲镇大坑口村登源河东岸。多奇峰怪石,植被丰茂,瀑布流泉,云海雾光,为境内名山之一。东连七姑山,有双峰。明陈章有诗咏曰:"大峰小峰如削铁,绝顶摩空更奇绝。道人何处架飞云,直上峰头看龙穴。"主峰龙峰,海拔1 048米,顶有龙池,四时不涸。山上龙峰禅寺相传为明朝胡宗宪幼年读书之处。山有龙须草,能制信笺,古称"龙须纸",南唐后主李煜珍爱有加,储之于"澄心堂"。故龙须纸名噪天下,倍价巴蜀,山因草而得名。

*龙须山—天门

平鼻岭 位于婺源县北，距县城50千米，接休宁地界。昔为连通休、黟之道路。宋末元初婺源学者许月卿有《登平鼻岭》诗云："冉冉晴岚渍客裾，跻攀直上接层虚。落花啼鸟山逾寂，片石长松画不如。绝巘岿然凝晚照，白云深处是吾庐。缅怀当日太行路，今古行人覆几车。"

*平鼻岭

东山 ❶位于休宁县西蓝渡乡（今属齐云山镇）龙源村北，距县城10千米。元儒赵汸自江西受业归来，筑东山精舍读书于此。后从学者甚众，弟子尊汸为东山先生。精舍所在今为东山村。❷古名"葆真山"。位于休宁县城东南隅。北宋末，县令邵拳迁白鹤观于此，故又名"白鹤山"，而改观名为"崇寿观"。山后倚东城有李花坞，春日花开如琼林。明清两朝，游人、香客如织。咸丰、同治年间毁于兵燹。现已兴建住宅，四周辟为茶园。山西腰有古泉，水质佳绝。现砌石成方池，水清如镜。❸距黟县城7.5千米，山势孤危峭绝。宋黟县人舒道翁筑庵修长生诀于山前，相传时有双鹤来此栖息。

东坡尖 山峰。位于休宁县大阜乡（今属东临溪镇）、璜尖乡、龙田乡交界处。海拔1 216米。

东岳山 又称"龙尾山"。位于黟县城南门外，南宋淳熙年间建东岳庙于此。明朝以后，县志称"东岳山"。今有"瞭望亭"，题额"百里烟霞"。

北山岭 又称"南坑岭"。位于休宁县齐云山。由文昌阁旧址，经青狮瀑，达山麓南坑。岭长3千米。

北云尖 见3页"大坞尖"条。

仙人岩尖 山峰。位于绩溪县，为徽岭主峰。海拔1 117米。山顶三峰排比，紫纡陡峻，凌晓常行云气中。相传有仙人往来其间，炼丹石杵与臼犹存。

仙人指迷峰 见37页"蜡烛峰"❶条。

仙人峰 位于黄山散花坞中，近石笋矼。海拔1 610米。峰顶有双石如人，一坐一立，冠服俨然，人目为黄帝、浮丘。峰下石壁，陡峭如削，势极险峻。

仙女峰 位于黄山始信峰东，近石笋矼。海拔1 650米。深壑之中，一峰突兀，素妆淡裹，秀逸娇娆。明凌炯诗云："髻是岚兮线是烟，恰如飞燕号留仙。望夫羞作胭脂虎，饮药甘为玉露蝉。"

仙姑尖 山峰。位于休宁县山后（今属汪村镇）、江潭（今属溪口镇）、板桥三乡交界处。海拔1 075.5米。

仙都峰 位于黄山丞相源东，布水峰西南。海拔1 513米。明程孟诗云："阆风玄圃知何许，珠树琼芝果有无。仁看黟山北峰上，五云深处有仙都。"峰下旧有仙都观。

仙寓山 位于祁门县新安乡龙安村，为祁门县与石台县分界山。海拔1 375.7米。相传古有仙人于此修炼，故名。

白山 位于婺源县北，距县城55千米，为大鄣山南支。主峰海拔1 174米。山西北陡峭，涧水飞泻，宛如白练高悬，故名。

白际岭 位于休宁县郑湾、白际之间。海拔1 208米。相传元末，乡里民众在此迎接朱元璋未遇，即称此岭为"白接岭"，后为"白际岭"。

白茅岭 位于黄山引针峰北。因山上少树多白茅，又名"菜坑地"。

[一] 文化生态/自然环境

*仙寓山

*白际岭

白岳山 位于休宁县西,距县城7.5千米。因居齐云山诸峰之东,上齐云必首登此山,故齐云山亦称"白岳"。其地奇峰四起,绝壁断崖罗列。山腰白岳园村旧有白岳亭,为登齐云山必经之地。山南旧有密多院,建于北宋大中祥符元年(1008年)。山有小道,凭梯而登,三面陡壁各600余米。东北岩壁呈五彩,崖之湾有武当行祠,石冈围绕,似有层楼环列。

白岳峰 位于齐云山玉屏峰、齐云岩东北,凌风亭南,为白岳山主峰。海拔143米,形如莲座。"白云长向岳中生,此岳因之以白名。"沿峻崖小道拾级而上,临其境,如楼台在云中。

*白岳峰

白砂岭 位于黄山白砂矼上,由皮蓬达丞相源道中。岭为风化石砂,软而滑,履之如积雪。岭上原有洞、亭。清汪士铉有诗云:"荒径渺难臻,沙浮局微步。涧流趋正绝,荆榛眩回顾。"

白象峰 位于齐云山玉屏峰东北,展浩峰西北。形似巨象。

白鹅岭 位于黄山狮子岭东坳。经黑虎松右行至岭,北海去云谷寺之路。岭东为白鹅峰。

白鹅峰 见26页"面壁峰"条。

白鹤山 见16页"东山"②条。

主簿山 位于祁门县西,距县城30千米,为祁门县与江西省浮梁县分界山。相传昔有黟县主簿巡乡到此,爱其山水幽奇,遂解印隐居,终身不返,故名。

立马峰 见23页"青鸾峰"条。

半岭 见10页"中和岭"条。

圣泉峰 位于黄山莲蕊峰南。海拔1 627米。此峰状如腰鼓,绝顶有汤池。从相近峰顶遥望,池水翻浪如沸。据《周书异记》载浮丘公语,黟山中峰之顶有汤池,水味甘美,可以炼丹煮石。其中所说的峰即指此峰。

对镜岭 位于婺源县东北,距县城47.5千米,为婺源通休宁之第二岭。主峰海拔523米。山顶石壁晶莹如镜,对照见影;山间石涧,水声呜咽。宋末元初方回有诗纪其胜:"千钧巨石百十万,乱峙横堆塞山涧。故今流水作呜咽,行人厌闻犹喜阚。芙蓉非花镜非镜,无可充君耳目玩。第一岭望二三岭,蜿蜒似作长蛇缦。努力向前兮不须叹,君不见老夫足垠斗天下,临危岂是越趄者。"

母石山 位于休宁县郑湾乡(今属榆村乡)、白际乡之间,东北坡与歙县交界。海拔1 196米。

吉阳山 见3页"三姑山"条。

老人峰 位于黄山天都峰东。海拔1 530米。在"五老上天都"景中,有一石如人,作前导状,即老人峰。另有一处在朱砂峰北,明凌马同诗云:"有石饮等轩辕药,走向峰头作老人。懒性不蒙萝薜消,右风为晤葛怀民。朝餐菡萏云间露,夕嚼桃花核里红。是石是人都是幻,莫教袍笏玷嶙峋。"

*老人峰

西干山 位于歙县城南、练江之滨。峰峦滴翠,溪水潺潺。古时此山脉中有10座寺庙,为佛门圣地,后毁。有五明寺泉。山下古塔凌空,铜铃叮当。绕塔攀山而上,郁郁葱葱的松树林中,有新安画派祖师渐江、画家汪采白和化学史家曹元宇之墓。沿小道崎岖而上,山巅建有披云亭。倚亭举目,黄山群峰,烟云缥缈,时隐时现;鸟瞰县城,练江似带,古桥如虹,街坊鳞次。

西武岭 位于黟县关麓村西,距县城10千米。海拔377米。据《黟县志》载,唐时始凿石为盘道,北宋黄村人黄葆光继而开拓,始有石磴。清乾隆年间,古筑人孙洪维独资用花岗石建岭路,并在岭头建有亭堡,上嵌"西武雄关"门额。该岭自古为通往祁门、安庆、江西的要道。

西界岭 自休宁县齐云山楼上楼,穿古石门,经观音岩,越三重岭,达棋盘石一带。岭峻坡陡。行道两旁,松竹掩映,危岩争胜。

西瀛峰 位于休宁县齐云山楼上楼景区。数峰竞秀,浮沉于云海缥缈中,形似瀛洲琼岛。

百桂尖 见18页"百脚尖"条。

百脚尖 又称"百桂尖"。山峰。位于歙县、浙江淳安县交界处,为白际山脉东北段高峰之一。海拔1 055.4米,面积20平方千米。山脊南北走向,蜿蜒10余千米。两侧支脉鳞次栉比,形如百脚虫。两侧坡下有煤,曾小规模开采。

光明顶 山峰。位于黄山中部,与平天矼相接。海拔1 840.4米。其顶部坦旷,登临其上,则西海群峰,东海胜景,尽收眼底。明黄汝亨游记中述:"登光明顶,望三海门,廖绝万仞,参差天表,肩垂天都,踵垂丹台,三十六峰森罗混茫中,楚江、庐岩,渺渺在览,大观哉!"普门和尚曾在顶上创建大悲院,现存遗址。

当坑山 见25页"南当山"条。

吊梨尖 山峰。位于婺源县西北,距县城50千米,为婺源县与江西省浮梁县分界山。脉连三花尖,主峰海拔1 030米。以山多吊梨(即棠梨)得名。

回岭 又称"回峰"。位于婺源县东北,距县城50千米,属五龙山西北支脉。海拔1 375米。山峰高耸,为古时婺源赴郡捷道。

回峰 见18页"回岭"条。

*光明顶

*回岭

朱相公尖 见12页"方山"条。

朱砂峰 位于黄山青鸾峰南,慈光寺北。海拔1 370米。峰体纯石质,无寸土,宛若削成。山岩赤色,岩缝中多苍松,丹翠相映。日中时分,尤见色彩绚丽。相传黄帝与浮丘公、容成子曾在此采朱砂炼丹。明释智舷诗云:"云边缥缈是仙家,欲觅神丹岁月赊。尽说容成曾到此,至今峰顶出朱砂。"

*朱砂峰

竹竿尖 又称"竹根尖""羽竿尖"。山峰。位于绩溪县上庄镇西北2千米处。海拔1 056米。与上庄相对高差760余米,显得尤为挺拔。顶尖削如竹竿,故名。

竹根尖 见19页"竹竿尖"条。

伏牛岭 位于黄山汤岭与太平焦村之间。自焦村上黄山,先度伏牛岭,后过汤岭。因汤岭高,伏牛岭低,故又名"小岭"。

华山 又称"花山"。位于休宁县屯溪镇(今属屯溪区)。山南绿水萦绕。据《休宁碎事》载,下汇双流,则渐江自张公山下,汶江自黟山下,西南诸溪,灌注如缕,汇成巨浸大川通达浙江,百艘商船停泊。清光绪年间,天主教渗入屯溪,并逐步发展,华山成为天主教的基地,曾被名为"天主圣山"。

血岭 见21页"赤岭"条。

合掌峰 位于黄山石门源,近皮蓬,北为青蛙峰。海拔1 455米。峰状如僧人合掌膜拜,故名。峰下原有庵,名"兜率庵",为僧一心所建。此庵一名"皮蓬",因以杉皮覆蔽,故名。

危峰岭 见26页"威风岭"条。

冲山 ❶位于婺源县赋春镇。面积约6平方千米,主峰海拔597.7米。山中有太平洞可容千人,平处宽广,陡峭处仅一人出入。❷见20页"军营山"条。

齐山 位于婺源县西,距县城40千米。山上有青苍洞,洞门南北相通。昔建有翠微亭。南宋岳飞过此,登翠微亭,并作有《题齐山翠微亭》诗:"经年尘土满征衣,赢得寻芳上翠微。好水好山观未足,马蹄催送月明归。"

齐云山 位于休宁县境内,距县城15千米。中心面积110平方千米,分为横江、月华街、楼上楼、南山、云岩湖五大区域。有36奇峰、72怪岩、16幽洞、32飞泉,山奇、石怪、水秀、洞幽,更有红墙碧瓦的宫观和白云深处的人家,有"人间天上"之说。齐云山属丹霞地貌,千尺红崖,灿若云霞,一派暖色,令人心生暖意。早在唐乾元年间,有道人龚栖霞在岩下辟谷修炼羽化飞升后,山岩下幽洞中多有道人清修。南宋宝庆三年(1227年),方士余道元建佑圣真武祠,祠中真武大帝神像相传为百鸟衔泥塑立。明嘉靖年间,道教香火达到鼎盛。古往今来,齐云山以其神秘玄奥、奇观胜景以及香火鼎盛,吸引着众多文人雅士、高官大贾和虔诚的信徒,朱熹、王阳明、徐霞客、海瑞、戚继光、唐伯虎、袁宏道、郁达夫等,都曾登临齐云山,寄情于峰岩、幽洞,或赋诗题词或树碑为记,先后胜赞名山,一时传为佳话。就连清乾隆皇帝巡游江南时,也为齐云山留下"天下无双胜境,江南第一名山"的赞语。齐云山是一个集道教、摩崖石刻文化、湖光山色于一体的山岳风景区。

问政山 位于歙县城郊,与方家村、渔梁、新路街、吴川村接壤。东北有承舅岭、高眉尖,西南以川半山为屏,周围有凤形、燕形、虎形、鸡形等小山拱卫,山势如翔鸾舞凤。唐歙州刺史于德晦为其从兄于方外在华屏山筑问政山房,邑人聂师道少师事之,后为吴国师,亦号"问政先生",遂名"问政山"。宋时,聂师道从孙绍元在问政山筑问政草堂。问政山麓曾有一寺二观十三庵,即宝相寺;兴道观、庆福道院;一真庵、观音庵、钟山庵、谧庵、高隅庵、击竹庵、万竹庵、胜莲庵、高山庵、静藏庵、一佛庵、太子庵、新庵。有聂师道炼丹的道童园、候贤亭、庆钟楼、歙县初级中学等遗址;有救助朱元璋的江莱甫妻观音田坟及金盆塘等。

*齐云山

*问政山

然叠嶂，高峻深幽，林樾秀明，风光绮丽，是古时通往太平县(今黄山区)的驿道。明祝世禄夜过羊栈岭，有"归人窥虎迹，铃柝戒前途"句状其幽险，清朱弦有《度羊栈岭》诗道其形胜："好峰看遍恰春晴，岭上烟霞郁不平。谷口路穷随鸟入，山腰云断见人行。长藤古木愁猿啸，薄板疏舆听水声。无复渔郎相问讯，桃花落尽夕阳明。"清乾隆四十六年(1781年)，曾重修山道并立碑记事。

灯笼峰 位于齐云山云岩湖东。数峰相连，因长期风雨侵蚀，形成块块独立、若断若续的石墩，酷似宫廷的灯笼。

汤岭 位于黄山云门峰东麓。岭南属歙县，岭北属太平县(今黄山区)。岭上有汤岭关，系用花岗岩块石砌成。关南道路条石横铺，关北道路条石直砌，以显两县之不同。

兴岭 位于黟县泗溪乡东北，东与黄山毗连。主峰海拔1 431.8米，为黟境内最高山峰。

安勒山 见7页"飞布山"条。

军营山 又称"冲山"。位于婺源县治西南。海拔112米。南唐都制置使刘津屯防兵其上，故名，后以山右下建有孔庙和县学学宫，又称"儒学山"。

祁山 位于祁门县城东阊江河畔。海拔237米。峻峭挺拔，山体呈南北走向，南面主峰高耸云霄犹如旗首，山势逶迤而去，飘舒若旗，祁山乃取"旗"之谐音而名。山之东麓有青萝岩，岩下石室高13米，阔30米，可容百人，旁有涌泉，冬夏不竭。南宋绍兴年间，孙元明栖此修炼，故亦名"栖真岩"。岩下有洞远观，汉时为列侯梅锅故宅，后建有玉皇楼、紫薇阁、三清殿、四圣殿、通明大殿等建筑，金碧辉煌，气势宏伟。距石室不远，有巨石凌空，两条悬崖构成一条夹壁，置身其间，仅见一线苍天，故有"一线天"之称。这里松苍柏翠，绿荫蔽日，景色清幽拔俗，是祁城文人学士赋诗论文之所。

*祁山

羊斗岭 位于婺源县东北，距县城52.5千米，为婺源通休宁第三岭。主峰海拔708米。岭南有岩形如两羊相斗，故名。宋末元初方回有诗云："客谓老夫今老矣，胡为尚落空山里。千艰百难万不平，上岭下岭不肯已。此岭第三未为险，人面兽心险于此。乾坤一纪战旗红，偶脱乱离身不死。流可无行兮坎即止，君不见羊化为石斗即休，两角蜗争何所求。"

羊栈岭 位于黟县宏村镇雉山村北，距县城18千米。岭长8千米，海拔774米，路由石条铺成。其山巍

阮峰 见5页"上升峰"条。

阳山 又称"杨山尖"。位于休宁县西北，距县城2.5千米。相传宋初山有异相，县主簿李解铜钉镇之，抵山下而殁。村民奉为神，立主簿祠于山下祀之。

羽竿尖 见19页"竹竿尖"条。

观音山 又称"石岣山"。位于歙县王村镇东北1千米处,本以山形所肖名"石狗山",后改为"岣"。海拔247米。浙江自山南绕流西麓,山横出如卧虎,其顶为拥髻峰,有三石突出,名"三友石";稍东有两洞,古称"簇石""仙姑洞"。

观音峰 位于黄山北海散花坞中,西临石笋峰。海拔1 686米。每当云雾缭绕时,此峰宛如观音菩萨立于莲花之上,飘摇过海。

寿山 见4页"万安山"条。

贡阳山 位于黄山北海棋石峰与白鹅岭之间。海拔1 800米。此山高拔开阔,松林茂密。

赤岭 位于祁门县安凌镇。据南宋淳熙《新安志》载,赤岭在县北60千米,高55米,旧名"血岭",唐刺史冯宿改焉。据《祥符经》载,赤岭之下有大溪,昔人为石梁取鱼,鱼不得下,于是趁夜飞越赤岭而去。有人重又张开罗网在岭上,那些飞不过的,都化为石头,遇雨则显赤色,故称其为赤岭。岭头有庵,是本村人冯正谱、胡嘉秀同建,并输租施茶,以方便行旅。清咸丰年间,岭头建有望楼,系清军为防御太平军所建,太平军曾多次越岭攻入祁门县。

芙蓉岭 ❶位于黄山芙蓉峰下,距松谷庵1.5千米。岭头有芙蓉洞,岭腋有芙蓉庵。明吴伯与过岭时有诗:"逼似华山顶,池开千叶莲。人疑登万仞,我欲问青天。冷翠沾衣雨,空香炼药烟。仙台应不远,凝望一欣然。"❷位于婺源县东,距县城85千米。主峰海拔713米,为婺源通休宁之第一岭。宋末元初方回诗云:"平生所闻芙蓉岭,上如攀天下入井。老乃来游殊不然,褰裳顷刻升绝顶。南逾大庚鹧鸪啼,北度居庸朔风紧。客行到彼例凄酸,我已恍惚梦中景。视险如夷兮要深省。君不见,芙蓉一岭今已过,我但慢行君奈何。"

芙蓉峰 ❶位于黄山芙蓉岭南,东连磨盘峰,西为探头峰。海拔1 335米。峰势峭拔,如青天削出芙蓉。从辅村方向远眺,峰形又似笔架。唐程杰有诗述其胜:"谁把芙蓉云外栽,亭亭秀丽四时开。清宵皓月峰头挂,宛似佳人对镜台。"❷见22页"灵山"❷条。

花山 ❶又称"石林山"。位于歙县南溪南村(今属屯溪区)东1.5千米处。其危崖怪石,形态殊异,如林而立,不仅有仙人台、仙人石,而且有元朝以来摩崖石刻30余处。明嘉靖年间,歙县人吴建中有题石林壁诗:"莫言祇尔石崖崔,宾似群仙到上台。潮生遥忆浮槎去,秋晓还疑驾鹤来。俯仰此中闲日月,驰驱何处觅蓬莱。浩歌一曲心千里,谁共登论劝羽怀。"❷见19页"华山"条。

苍龙山 位于绩溪县城北7千米扬之水西岸。海拔715米。山半有洞,泉水汇成石潭,潭深莫

*屯溪城郊花山(1)

*屯溪城郊花山(2)

测,洞口多龙须草,俗传龙藏其中,因名"藏龙洞"。潭水下泻如帘,注入龙池,称"苍龙瀑布",为"华阳十景"之一,轩亭楼阁甚多,今除瀑布泉、藏龙洞外,均无存。

芦塘山 位于绩溪县校头乡龙丛村东,为金沙镇与板桥头乡分界山。海拔983米。山半有芦塘,今改水库。北出龙溪河源,南出金沙河源,东北接百萝园尖,属绩溪、宁国分界。

杨山尖 见20页"阳山"条。

杨梅山 见28页"屏障山"条。

两坑尖 山峰。位于婺源县东南,距县城40千米。脉连石耳山,主峰海拔1 032米,以山西麓有坑(溪)汩流而名。

来龙山顶 见36页"雷岗山"条。

轩辕峰 位于黄山望仙峰东,近五老峰,下有神仙洞。海拔1 664米。峰顶有石室、石座、石几,传为黄帝受胎息于容成子之所。宋朝有诗云:"轩皇石室乱云深,万壑千岩何处寻?仙客独居春酿酒,樵夫曾听夜弹琴。红泉溜乳澄丹鼎,紫术飞花盖药砧。空使游人迷回路,朱砂溪洞绕香林。"

吴楚山 见7页"千丈岭"条。

岐山 位于休宁县城西,齐云山西。其地"石壁千尺,凌霄花缕络其上,花时如锦屏"。有石室方30

余米。西北半壁有天然大石桥横亘两山间。桥长90余米，桥穹跨度32米，宽8米，高26米，远望如半月。穹外一孤峰卓然，恰似"玉兔捣月"，又如美人当镜而坐。旁有石桥院、詹东图读书台、天泉书院、龙涎泉和历代碑刻。唐天宝年间有僧住石室修炼，元和四年（809年），刺史韦绶感梦建石门寺。后随道教在齐云山兴起，此处渐趋荒芜。

岑山 见6页"小南海"条。

秀墩山 又称"眉山"。位于祁门县城东，古有汉列侯梅鋗别墅，后为东岳庙，明正德十六年（1521年）改建为东山书院。书院四周峦阜环绕，沿"旋云磴"拾级而上，有红香坡、环香峡、双虹崖、杜鹃嶂、野蔷坞、琅玕坳等环山胜景20余处。依山筑有文峰亭、谷西亭、寿石塔、天香云外馆等亭阁，景色秀美。每当夕阳衔山，山光闪烁，波光摇曳，飞霞散绮，暮霭腾紫，有"东山夕照"之称。

佛岩山 位于祁门县东，距县城25千米。明永乐《祁阊志》载："山高数十仞，临溪，潭上有岩名回龙。有道人掌之，岁旱祷雨，邑人以金帛为质于道人请佛，道人浴潭中，攀萝入岩，信手拈出一石即佛也。"故名。

佛掌峰 位于黄山东海景区。海拔1 690米。峰形奇巧，顶部五石嵯峨，状若巨人手掌，故名。当云雾弥漫时，五石酷似"五老荡船"。清曹来复诗云："灵秀甲天下，佛来大欢喜。伸手数奇峰，已先屈一指。"

*佛掌峰

饭甑尖 山峰。位于绩溪县胡家村东。海拔1 387米。顶立巍岩，状如饭甑，故名。甑高15米，径约8米，顶坦平，面积40余平方米。中有裂隙，剖甑为南北两半。隙阔不足半米，深不见底。其北半有天池三口，水不涸。旁有一长石，称"饭匙"；又有一圆形草坪，上长龙须草，四五人在其上可坐卧自如，称"饭席"。登者须从"甑"底岩缝中屈膝挤身钻出。登其上，俯瞰众山宛若群龙伏于足下，晴日可远眺岩寺塔。

庐山 见24页"金岭"条。

灵山 ❶位于绩溪县城南郊扬之水东岸。海拔397米。顶平衍，上有庵堂、石洞、玄武庙。清雍正年间，又建佛楼和地藏殿于其上，今均圮。相传明太祖朱元璋扎营对河快活林时，曾登览。❷又称"芙蓉峰"。位于婺源县东，距县城42.5千米。海拔997米。山顶有莲花石、金鸡石、石房、石笋和悬瀑，下有深潭；山南有半月岩、五祖岩；山北有龙潭圣岩、磨针石。宋初，南唐国师何令通栖身于此，建有碧云庵。相传何令通坐化后，有遗指一节藏石笋下。古时邑人每遇天旱于此祷雨。❸见22页"灵金山"条。

灵鸟山 又称"凤凰山"，古名"鸻山"，简称"凤山"。位于休宁县城西北，隔夹源水与海阳镇相望。东汉建安十三年（208年），始置休阳县，设县治于此。山之南部巅顶较平，有明末抗清名将金声读书台遗址。清邑人汪紫沧有《凤山》诗凭吊史迹："千载依然唤凤山，高飞凤鸟几时还。步穷草断云连处，身在青围绿障间。堞没荒烟迷世代，溪喧明月斗潺缓。伤哉夜读人何在？一度临风一惨颜。"参见56页"金太史读书台"条。

灵金山 又称"灵山"。位于歙县呈坎村（今属徽州区）东，为黄山支脉在徽州区境内的主要山峰之一。海拔582.9米。西南山腰有灵山村。《歙县志》载："山上古有灵坛、灵山草；多磷火，六七月尤盛，人称'金灯'。"山体60%为灌木所覆，间以松竹丛林。半山坡辟有水田，所产糯米糍香可口；南坡灵山村所产者尤为名贵，称为"灵山米"，曾作贡品。山上原产香草，也称"灵香"，传说道士祈祷时不用焚香而香气浓郁，猎人若践踏则定会一无所获，而且山产金砂，故名"灵金山"。宋朝，山上建有甘露殿，奉甘露仙。元朝以后，山上建有灵金山寺、报德庵等佛庙庵堂，是徽州重要佛教场所之一。传说李善长年轻时曾求学于灵金山上的石山精舍，山上的"李韩公读书台"即为其读书处，为"古歙（县）二十台"之一。报德庵是他封韩国公以后所捐建，后毁。许国未中试前也在灵金山开馆授徒。灵金山"灵火"是徽州一大奇观。"灵火"实为磷火，因该地富含磷矿物质，每年六七月间，受阳光的强烈照射影响，晚上在灵金山顶常可看见远处山谷中青磷点点，远近飘忽，时隐时现，状若传说中的"鬼火""灵火"。古徽州有"不信世间阴阳事，但看灵山鬼点灯"之神谣。明歙县人许楚有诗句"帝星初曜虎将啸，万錾金灯听指挥"，就是借灵金山灵火这一奇观来称赞李善长的。灵金山山腰处还有天门卦印石，石紫色，龟形，上书"天门卦印"，故称。据《歙县志》载，山有石，高数丈，形如车盖，天欲雨时便闻鼓角声。未知何石。

张公山 见4页"大鄣山"①条。

鸡山 见14页"石老山"条。

鸡公峰 位于黄山后海南，北为书箱峰。海拔1 520米。峰形如雄鸡，势若振冠展翼，伸颈欲啼，故名。

鸡笼山 位于婺源县西北，大鄣山南支。形如鸡笼，故名。主峰鸡笼尖海拔1 264.4米。据《婺源县志》载，唐开元年间，有道士卜居于此，谓此山宜为葬地，其徒休宁人洪真遂迁父骨于此。后洪真聚众起事，州发兵三年讨平。

武亭山 位于黟县西南，距县城约9千米。山势危岌，横江水出其山南。北宋黟县人黄葆光凿通盘道，兴建石磴，径通祁门，成为坦途。后由古筑人孙洪维重修，并建有茶亭。

武陵岭 位于祁门县历口镇武陵村。明永乐《祁阊志》载："武陵岭在县西四十里，高三十五仞，周二十八里，始为峻途险隘，扪萝葛乃得上。唐元和中，邑令路旻凿为盘道。"岭头昔有武陵庵，僧普慧始建，清道光元年（1821年）住持僧寂映募资招建，今废。

青山尖 山峰。位于歙县周家村南6千米处。属天目山脉，海拔1 058米。其东南坡属浙江淳安县境。东延3千米有门岭，海拔587米。相传兵过门岭必败。故凡军兵过此，必先于当地物色可靠向导，绕过此岭。

青岭山 又称"千里山"。位于黟县东，距县城约3.5千米。山多植松、桧、杉，林木葱蔚。山巅有村，人视为云间仙境。

青狮峰 位于齐云山紫霄峰西南，五老峰北。海拔526米。此峰昂首匍匐，颇似雄狮俯视横江碧流。如立于东亭桥遥望，则又似巨猿悠然高卧。

*青狮峰

青莲峰 位于休宁县齐云山岐山石桥岩西。与玉兔峰毗邻，形如"出水莲蓬"。

青鸾峰 位于黄山天都峰侧。为天都峰之辅，形如青鸾蹲侍。海拔1 589米。若从不同角度观望，则其状各异。是峰又名"立马峰"，峰壁题刻"立马空东海，登高望太平"十个大字，气势磅礴。峰顶有石，如羽士趺坐，名"仙人打坐石"。宋朝有诗咏此峰云："卓立巉岩青凤形，蹁跹舞翠炫花文。冲霄千载飞腾处，犹剩峰头一片云。"

*青鸾峰

青蛙峰 位于黄山石门源，近白鹅峰，南为合掌峰。海拔1 695米。峰上一石挺出，石色青翠，其形酷似青蛙，故名。

顶游峰 位于黟县西南，距县城约6千米。其山峭峰如削，呈"由"字形，古称"丁峰"，又名"南山"。明弘治《徽州府志》载："下有陶村，多陶姓；里曰'靖节'，社曰'五柳'，意（陶）渊明之后。"

抱笏峰 位于齐云山楼上楼景区。海拔420米。与玉台峰毗邻。形似笏板，故名。

披云峰 位于歙县城西。唐朝山麓建有10座寺院，其地俗称"西干十寺"。山顶有宋朝所建"披云亭"，正对古城，俯临练江。北宋宣和元年（1119年）所建长庆寺塔在此峰麓。东北坡有新安碑园、石潨、五明寺泉、淅江和尚墓等名胜。近现代画家汪采白墓亦在此山。

拇指峰 见37页"蜡烛峰"①条。

林沥山 位于黟县南，距县城5千米。海拔517米。山有八景：炉峰插汉、象鼻锁云、瀑布飞空、棋坪仙迹、石洞流霞、孤松盘翠、烟云铺海、金灯夜观。石洞长10.2米、宽5.5米，石刻门额"垂珠洞"。洞内石壁嵌有碑石一块，文为"鼍云香风"。有泉自葛岭来，流穿象鼻石梁，水激珠溅，转入石罅，下泻数百尺，声如轰雷，远望如练，此为"瀑布飞空"。山为古战场，所谓黄山三寨之一。东汉建安十三年（208年），吴将贺齐破陈仆、祖山所率两万户于林沥山。山有林沥禅院、林沥庵、林沥书院。清康熙三十年（1691年），郡司马曹贞吉改山名为"玉虹"，并建亭。乾隆四十九年（1784年）禅院正殿移建于山巅。乾隆五十三年（1788年）重建头门，额为"林沥古刹"。

松月岭 位于休宁县齐云山。自中和亭旧址西行，经凌风亭、松月亭达海天一望亭，路径平缓渐升。

松林峰 位于黄山平天矼西北，北连丹霞峰，近排云亭。海拔1 310米。山顶多苍松，明朝有赞诗："南国多松林，兹峰独神秀。天风撼翠涛，劲骨弄清瘦。守此岁寒姿，敢谓冰雪厚。岂不怀栋梁，永养山中寿。"

松萝山 位于休宁县城北。主峰在万安镇境内，海拔881.8米。山上原多松萝，故名。为松萝茶产地。山麓有文昌坞村。由村登山巅2千米，山径崎岖。唐朝建有松萝庵，元朝改称"寄萝庵"。清朝修有大悲殿等，民国时焚毁，现存老云洞、天池、殿庵等旧址。明邑人程敏政有《游松萝山》诗："双峡中分一径通，宝坊遥隔片云东。四时山色涵空翠，万折泉声泻断虹。清爱竹孙穿冻雪，静闻松子落香风。登高两屐吾方健，携手无因得赞公。"

*松萝山

枕头峰 位于黄山北，西为松谷庵，东临采石峰，北接磨盘峰。海拔1 005米。峰顶有巨石，状若枕头，清张历有诗："名山多奇书，不入世人目。我欲移石枕，玉简从头读。"

卧云峰 位于黄山东麓，南近槛窗峰，西北临一品峰。海拔1 438米。此峰常被云雾笼罩，峰头终日难得显见，故名。

歧阳山 又称"镇山"。位于休宁县榆村乡，距县城25千米。山脉自马金岭来，璜源、佩琅二水夹流其下。山之阳为唐金紫光禄大夫程沄故里，居民为程、汪、范等姓。

虎岭 见10页"中虎岭"条。

尚书岭 位于黄山望仙峰东北。越岭可至尚书里。相传隋末尚书胡裕曾隐居于此。

岩山尖 山峰。位于绩溪县板桥头乡葛家湾东。海拔825米。顶截陡崖，高30余米，上平坦。山体远望如鞍，故又名"鞍山""玉台山"。崖壁下部，有一裂隙，高十七八米，宽米许，俗传为岳飞所劈。有铁链缘裂隙可攀登至顶。顶有洞，内有"仙"字碑、仙人座之胜。崖底有溶洞，旁有泉，水四时不竭，味甘洌。崖前坪岗上，古建观音庙，庙宇数十间，香火终年不绝。闰年庙会盛况非凡，前来进香者数以千计。民国三十六年（1947年）被烧毁。

罗纹山 见15页"龙尾山"①条。

罗岭 位于黟县泗溪乡东，与歙县交界。海拔775米。黟县至黄山以此最近，约44千米。

阜岩 见26页"复山"条。

阜陵山 见35页"富林山"条。

金岭 又称"庐山"。位于绩溪县冯村西北。海拔788米。有岭道通旌德，岭谷深幽，山顶有金鸡石，作啼状于云雾缥缈间。宋苏辙任绩溪县令时，苏轼过此，曾游此山。南麓有庐山寺，南宋朱熹于寺之西壁题"一坞白云"四字。清嘉庆年间寺圮。

金竺岭 见37页"谭公岭"条。

金炉峰 位于黄山中部皮蓬景区内。海拔1 560米。峰形如炉，环境清幽。

金砂岭 位于黄山慈光寺至文殊院道中。岭上有亭，称"从容亭"。上岭可眺望天都、青鸾诸峰。

金紫山 见34页"紫金山"条。

采石峰 位于黄山北。海拔1 122米。南邻飞龙峰，东为醉翁峰，西为枕木峰。峰下多白石，光洁如玉，相传山中修炼之羽士尝煮而食之。雨后，瀑布沿峰壁飞下，其声澎湃如雷鸣。

鱼亭山 见33页"渔亭山"条。

狐狸岭 见25页"南山岭"条。

庙王山 又称"蛮王尖"。位于绩溪县尚田村与板桥头村之间。海拔717米。山顶古有寺庙，今圮。西北逶迤2千米至尚田村之北有玉屏山，上多怪石，有泉自石中出，四时不竭。

宝塔峰 位于黄山后海书箱、仙人两峰之间。海拔1 314米。此峰突兀耸立，挺拔奇峻，状如天然之宝塔。

郎山 见34页"榔源山"条。

弥陀峰 位于休宁县齐云山云岩湖景区五丁峰西。海拔525米。峰南有巨石，肖然如座。自西往东观望,形如弥陀打坐,自东往西观望,则似古猿。

始信峰 位于黄山石笋矼东北,东南近白鹅峰。海拔1 683米。此峰三面临壑,背北面南,突起于绝壑之上,与东南一峰中隔3米,古时架木为桥,后改为石梁。桥边有松名"接引",游人可扶松枝而渡。峰上巧石林立,奇松遍布,风姿独秀。明僧一乘曾在峰顶筑"定空室",明末歙县人江天一曾书"寒江子独坐"五字于扉,清初汪洪度偕其弟隐居于此,改"定空室"为"始信草堂"。峰上又有清江丽田鼓琴台和"奇景天然""诸天变相"等刻石和诗碑。峰名始信,因其峰峦奇秀,无可言喻,须身临其境,始信其奇。清曹钊诗云:"险绝疑无路可通,天然石壁引长松。侵衣云气都成雨,应谷涛声欲扰龙。夜半常闻吹玉笛,岭头时一遇仙踪。凭君指点身亲历,始信人间有此峰。"

*始信峰(1)

*始信峰(2)

驻跸山 见13页"玉屏山"条。

驼背峰 位于黄山狮子峰东北,南为笔架峰,北近宝塔峰。海拔1 469米。是峰峰腰隆起,状如驼背老人,故名。

*驼背峰

拱日峰 位于黄山玉屏峰东北,钟峰东。海拔520米。正北昔有玉皇殿,今圮。其地一丹台面东南斜拱而出,如双臂托日。现有新拓石阶上达峰巅,并有石栏杆护险。

城阳山 位于歙县南,距县城约2.5千米。北枕练江,南襟渐江,为城郭屏障。海拔437米。唐景云年间,许宣平隐居山之南坞,李白曾慕名来访。山体丰富,四面峰峦环耸。山麓有穿云亭,山上有钵盂峰、礼斗坛、许仙宫,山后有仙姥峰、仙姥谷、分桃石、丰隆岭、丹边、浴仙池诸胜。另有金仙坛,宋金野仙曾隐于此。

南山 ❶位于歙县岩寺镇(今属徽州区)西,颍溪北岸。海拔168米。为古镇登临览胜处,下瞰街市,南望天马、黄罗山。下有紫阳泉,明朝学者姚舜牧曾著书于此。❷见23页"顶游峰"条。

南山岭 俗称"狐狸岭"。位于休宁县齐云山,起自紫云关南,经白云亭、红亭遗址,达山麓蜡烛峰。岭长3千米,道路盘旋而下。山南至月华街多取道此岭。

南当山 又称"当坑山"。位于休宁县西,距县城18千米,在垱金街一带。

南坑岭 见16页"北山岭"条。

柘木岭 又称"查木岭"。位于黄山汤口右1千米处。据《黄山志定本》载,蔷薇花夹道丛生,开时灿若黄金。岭南有扁担亭,亭外1千米为寨西,原设有黄山巡检司署。

查木岭 见25页"柘木岭"条。

查公山 位于婺源县城西关外。海拔254.3米。南唐宣歙观察使查文徽与婺源县令廖平交相讲学于此。后为查文徽墓葬之地。县人刻石其山,名之"查公山";山下有泉,刻石名之"廖公泉"。山势峭拔,霞雾缭绕,谓之"廖坞鹤烟",为县城八景之一。

柏山 位于休宁县阳湖乡(今属屯溪区)。《休宁县志》载:"层岩曲嶂,耸秀峻极。自麓而上,古松夹道,怪石林立。有泉曰柏液,上有齐祈寺……山背一峰,岿然耸绝。循石磴而上百余步,有石敞形如屋,可容数十人。其顶有一窍通天,中奉大士像,名天井岩。"里人程端德有诗云:"怜秋方出户,策杖此中游。悟到清虚乐,方知色相浮。石岸堪作室,麋鹿自为俦。谢却人间事,凭高构一楼。"

柱棒山 见6页"小龙山"条。

威风岭 又称"危峰岭"。位于歙县石门乡南5千米处,属白际山脉。海拔1 210米。其西南坡属休宁县境。北坡溪水流入浙江,南坡溪水流入遂安汾水。由石门至营川岭道从北向南翻山脊而过,部分路段处于悬崖绝壁间。

砚山 见15页"龙尾山"①条。

砚瓦尖 见26页"砚峰"条。

砚峰 又称"砚瓦尖"。位于婺源县城20千米玉坦村附近。山巅大石如砚,且有砚池注水,久晴不涸。

面壁峰 又名"白鹅峰"。位于黄山白鹅岭东,西南为青蛙峰。海拔1 768米。峰壁平整如砥,又名"板壁"。山势险峻,景奇境幽。唐李白有《送温处士归黄山白鹅峰旧居》诗:"仙人炼玉处,羽化留余踪。亦闻温伯雪,独往今相逢。采秀辞五岳,攀岩历万重。归休白鹅岭,渴饮丹砂井。"

昱岭 位于歙县与临安县(今临安市)交界处。是古徽州通往浙江杭州的要道,素有"徽州门户"之称。山势极其险要,历代均为战略要地。岭头有昱岭关,今徽杭公路由此通过。参见106页"昱岭关"条。

响山 位于休宁县黎阳镇(今属屯溪区),与小龙山相邻。平地拔起,南面悬崖壁立,人面壁呼之,辄有回响,因名"响山"。岩壁如刀削,宽展百余米。山下有龙山寺,寺内有联云:"彻夜书声,惊醒世间名利客;游仙山响,唤回苦海梦中人。""山响"即指响山,"游仙",响山之别名。另名"狮山",因从市区远眺此山,状若卧狮。郁达夫游屯溪时,喻之为"金字塔形山"。

钟峰 ❶位于齐云山玉屏峰东,太素宫南。海拔583米。峰形如钟,故名。❷见31页"容成峰"①条。

钟鼓山 位于祁门县东乡。明永乐《祁闻志》载:"钟鼓山,邑东五十里,在东部,山腰有石如鼓,对岸有平冈如卧钟,石鼓有声,实为佳谶。"

拜年山 位于黟县西,距县城约7千米。为雾水发源地,其主峰海拔1 137米。

牯牛降 山。位于祁门县境内,东倚黄山,西接庐山,北邻九华山,南望绵延千里的郭公山山脉。东西长20千米,南北宽14千米,总面积280平方千米,划入地质公园的面积为110平方千米。牯牛降主峰海拔1 727.6米,是安徽南部第三高峰。牯牛降以花岗岩地貌为主体,山体雄伟,峰峦叠嶂,沟壑纵横,奇石遍布,池潭瀑布,云海松涛,百花争艳,环境幽静。这里保存着大面积的天然原始林植被,生态系统完整,天然分布着国家重点保护动植物达42种,区内森林覆盖率90%以上,被誉为"亚热带边缘的绿色自然博物馆、珍稀物种的天然基因库""绿色自然博物馆"。

*牯牛降

香炉峰 ❶位于齐云山玉屏峰北,矗立于太素宫正北深壑中。海拔440米。此峰卓然挺立,如一香炉,天造地设。有"山作香炉云作烟"之赞。明正德年间置铁铸香炉、铁亭于峰巅,并置铁索供人攀登。❷位于黄山丞相源,其北云谷寺。海拔945米。峰状如香炉,故名。峰头常有缕缕淡云飘逸,如轻烟缭绕。

*齐云山香炉峰

复山 又称"复岩""阜岩"。位于黟县渔亭镇,为渔亭山支脉。石峰突起,孤峻四绝,仅通线路,非梯扶接不可登。山顶峻峭壁立,其赭石画屏障,堪称一绝,又有泉常流不绝。昔乡民曾避寇其上,寇欲持久围困之,乡民以鲜鱼投示,乃解围去。

复岩 见26页"复山"条。

保安山 见33页"蚺城山"条。

鬼头尖 山峰。位于绩溪县临溪镇汪坑村南,为绩溪县与歙县分界山。海拔767米。峰奇顶尖,于云雾中时隐时现,变幻无常,故名。西南山口为梅坑岭,上置梅岭关,今圮。

侯峰 又称"猴形山"。位于祁门县祁山镇西北,汉列侯梅鋗封爵于此,因名。海拔200米。唐永泰二年(766年),祁门置县,建县衙于山下。

狮山 见26页"响山"条。

狮子岭 位于黄山狮子峰下。沿岭北向下可至松谷庵,西行可至西海排云亭、飞来石,东去可至始信峰。

狮子峰 ❶位于黄山北海,南近贡阳山。海拔1 690米。是峰状如狮子,庞然雄踞,气势宏伟。峰腰原有正顶清凉寺、狮林精舍,峰之东为清凉台,即古之法台。峰上多奇松、古柏,山岩有"清凉世界""万壑幽邃""灵幻奇秀"等题刻。民谣有"不到狮子峰,不见黄山踪"之说。明朝有诗云:"长日啸青天,卓然一狮子。文殊失控驭,误落空山里。"❷位于绩溪县浩寨乡冯村北。宛若狮子。海拔584米。宋有云庄书堂,为进士汪安行读书处。朱熹曾讲学于此,并题"云庄书堂"额。

*黄山狮子峰

狮球峰 位于齐云山云岩湖东。乘舟达紫溪坞时可见。两峰参差对立,一峰似幼狮,若伏若扑,若即若离,戏耍面前大石球,名"憨狮戏球"。

独秀峰 位于休宁县齐云岩西南,与三教峰隔涧相望。海拔370米。孤峰耸立,挺拔峻峭。

独耸峰 位于休宁县齐云山玉屏峰南,五老峰东。海拔566米。巨峰峭拔,独立不群,峰巅巨岩,三面绝壁悬空,唯一陡峭石阶可攀。相传方腊曾屯兵于此,现存方腊洞、方腊寨、天池等遗迹。今峰巅琢有"方腊寨"三字于岩壁,又新塑方腊、方百花、汪公老佛一组石像。明汪元英有《独耸峰》诗:"壁立峨峨高接天,迥然特出万峰巅。悬崖竟可涵真气,绝顶维时蔼瑞烟。境入无无空眼界,身登净净断心缘。举头一望云霄近,何用乘槎到斗躔。"参见627页"古迹遗存"部"方腊寨"条。

将军山 位于歙县浦口村对岸。海拔330米。山脚渐江、练江合流为新安江。隋大业年间,蔺亮屯兵于此,保境安民,功绩显著。山中有将军祠奉祀,山因祠得名。

*独耸峰

*独耸峰方腊洞

将军石 见3页"大石头"条。

炼丹峰 位于黄山中部,与光明顶相接。海拔1 827米。相传浮丘公炼丹于峰顶,经八甲子,丹始成。黄帝服七粒,不藉云霓,升空游戏。峰上有石室,室内有炼丹灶,峰前有晒药台。宋休宁人凌唐佐有诗咏其事:"炼丹峰畔隐轩皇,石臼空存岁月长。林下宛然含净色,风前依旧发余香。虽留此地千般药,难问当时九转方。独向溪头重拂拭,五云何处日茫茫。"

洪坑尖 见8页"天柱峰"条。

洪坑岭 位于休宁县齐云山仙人峰西。穿楠木林,过毛竹园,登弥陀峰,达洪坑村。岭峻路陡,长达4千米。

浇岭 位于婺源县西,距县城60千米,为婺源县与浮梁县分界山。海拔344米。北坳为婺源通浮梁要道。

济岭 位于婺源县东,距县城50千米。毗邻浙江开化县界。为济溪水源头,婺源、开化之间通衢要道。

觉山 见27页"觉岭"条。

觉岭 又称"觉山"。位于婺源县东北,距县城约45千米,接休宁县界。其主峰海拔1 072米。山之西坳有曲径达休宁,为通郡城古道。

扁担山 位于休宁县白际乡境内。海拔1 033米。

屏风山 位于婺源县西,距县城60千米,与乐平界之吴源山相连。上有天池、仙岩诸胜。山麓有碧玉泉、瀑布泉,银练悬空,澄流四季。

屏障山 位于婺源县东,距县城45千米,属芙蓉山支脉,方峙如屏。山下平壤开广,地名大畈,汪氏世居之。山产杨梅,又名"杨梅山"。明里人汪进有诗咏之:"芙蓉分脉峙平冈,旦夕烟光掩画妆。作镇一乡宜晚对,兴来时自据筠床。"

眉山 见22页"秀墩山"条。

眉毛峰 位于黄山,北连钵盂峰,西连紫石峰,南近清潭峰。海拔1 430米。峰骨状如眼眶,其上松林郁茂,株株挺翠,形如眉毛,故名。

*眉毛峰

骆驼峰 ❶位于黄山后海书箱峰与鸡公峰之间。海拔1 436米。峰形似骆驼,故名。❷见5页"万寿峰"条。

*齐云山骆驼峰

耕云峰 位于黄山中部,傍天都峰。海拔1 685米。峰顶有石"松鼠跳天都"。此石从天都峰腰望去,又似犁尖,似在耕云犁雾,故名。清汪树棋有诗咏其胜:"谁驱黄犊逐云行,片片芙蓉种欲成。布谷春风吹不到,故教山乐代催耕。"参见52页"松鼠跳天都"条。

莲花山 位于婺源县东,距县城52.5千米,为婺源县与浙江开化县分界山。主峰高楼尖海拔1 155米。山高天际,群峰碧翠,状若莲花。中有佛堂及龙湫,昔时里人于此祷雨。明婺源士人汪坚有诗述及:"翘首莲花天际头,白云封处有龙湫。甘霖时应居民祷,山下年年庆有秋。"

莲花尖 山峰。位于黟县宏潭乡竹溪村境内,山峦秀逸,形似莲瓣。主峰海拔1 210米。

莲花岭 位于黄山莲花沟上莲花、莲蕊两峰之间。从岭上东眺,天都景色如画。岭半有洞,亦称"莲花洞",越岭后过石磴,经百步云梯抵天海。

莲花峰 位于黄山中部,玉屏峰西,东对天都峰,是黄山最高峰。海拔1 864.8米。主峰突出如莲蕊,小峰簇拥如莲瓣,整座山峰宛如新莲初绽。明徐霞客谓莲花峰"居黄山之中,独此峰上挺,即天都亦俯首,不敢与之争高"。登峰之径,顺"莲梗"而上,依次穿过四个石洞"莲孔",始达峰巅。南宋咸淳四年(1268年),歙县吴龙翰等三人费时三天,登上峰顶。其游记中有"上丹崖万仞之巅,夜宿莲花峰顶,霜月洗空,一碧万里"语。峰壁有"真好造化""非人间也""天海奇观"等摩崖石刻。明释智舷有诗纪胜:"长林尽处水溶溶,万仞青标一片峰。回首但看云外影,天风吹出玉芙蓉。"

莲金山 位于绩溪县临溪镇南。海拔493米。北坡出庆云岩,海拔337米,上有石井,泉水甘冽不涸,旁有莲金庵,今圮。谷中有石门、石屋。南耸一峰连歙县紫金山,海拔694米,为绩溪县与歙县分界山。

莲蕊峰 又称"渡云峰"。位于黄山中部,莲花峰南。海拔1 770米。此峰奇峭耸立,宛如一朵含苞待放的莲花,与莲花峰相映成趣。峰顶有船石。清曹文埴咏莲蕊峰诗云:"一茎分得蕊相鲜,太华休夸少华莲。应有花将开并蒂,方知藕更大于船。"参见54页"船石"条。

恶山 参见35页"善山"条。

栴檀岭 位于黄山光明顶至炼丹台道中。形若檀炉,高崎180多米。岭上有两石笋,大者不可登,小者耸天。

桃花峰 位于黄山,西连云门峰,东为祥符寺。海拔1 460米。昔时多桃树,夏初始盛开。花来时自峰麓至峰顶,如霞似锦。花谢时,落红满溪,人称"桃花浪"。宋邓宗渡诗云:"刘阮辞世尘,桃花谁复主?无计殢东风,一夜零红雨。"

桃源大冲山 位于婺源县东南,距县城30千米。石壁峭立,有黄冈龙洞、风洞、龙行石、石龟、石牛潭、韩公洞、石壁潭等胜景。昔时岁旱,里人常于此祷雨。

*莲花峰

*莲蕊峰

桃墅山 位于祁门县塔坊镇。四山环谷,遍植桃花,名"小桃园",元汪克宽世居于此。明蒋维桢《访环谷先生》诗云:"独坐空山不掩贫,荆扉静掩谢时人。竹舆直造先生宅,花卉满庭都是春。"

鬲山 位于休宁县新江村与傍霞村(今属屯溪区)之间。山上松柏掩映,四季苍翠,簇拥如屏。山上庙宇自明朝始建至近代,香火均盛。山腰一洞,中有泉,澄明甘冽,终年不枯不盈,恒温50℃左右,酷暑临之,神清气爽。泉穴上额有狂草"鳌头独钓"摩崖石刻,为明万历年间遗迹。现庙宇正殿已毁,尚存地母古庙、地藏洞、残缺石刻神像数尊,另有龙潭、岩刻、甘涌泉可资游览凭吊。

轿顶峰 又称"浮丘峰"。位于黄山后海,状如轿顶。海拔1 032米。

峰岭 又称"大岭"。位于绩溪县东北,顶峰称"峤岭尖"。海拔788米。南侧岭头右置峤岭关,今圮。

圆尖 山峰。位于歙县、浙江淳安县交界处,属白际山脉,东北距街口4.5千米。山体浑圆,因此得名。海拔1 050米。西北侧流水主要汇入街源河,东南侧流经淳安鸠坑。山顶附近主要为草场,陡坡上灌木丛生。

钵盂峰 又称"掷钵峰""木鱼峰"。位于黄山天都峰东,峰腰与天都峰相连。海拔1 496米。山有巨石如覆钵,似从天都峰上掷下。南朝宋元嘉年间,有东国僧结新罗庵于钵盂峰下,断绝色味,枯坐寒山30

余年。相传曾掷钵空中,久而始下,峰遂以此名。明朝有诗纪其事:"维摩云何处?石钵凌青天。古洞无人到,依稀灯尚燃。"

笔峰 位于黄山北海散花坞。海拔1 610米。该峰与扰龙松(明清时誉为"帝松")组合而成奇妙的梦笔生花绝景。

*钵盂峰

*笔峰

笔架尖 山峰。位于绩溪县胡家村东,西隔山云岭与饭甑尖对峙。海拔1 385米。顶出五"凹"状如笔架,下峭壁直落数百米。其北分脉为莲花峰,海拔1 083米,崖岩叠秀如蓓蕾。东北荆磡岭、大龙头尖为磡头通荆州要道。

笔架峰 位于黄山北海散花坞中。海拔1 650米。峰顶呈五岔,酷似笔架,恰好又与笔峰相对。一坞之中,有"笔"有"架",天然成趣。

高枧山 位于绩溪县扬溪镇高枧村西北。山顶双峰并峙,北峰海拔890米,南峰海拔826米。东坡山半有高枧山村,上有石槽如枧,泉水流泻其中,四时不竭,故名。产茶,茶质优。

高岭 见4页"大岭"①条。

高湖山 位于婺源县北,距县城55千米,为婺源县与休宁县分界山。主峰海拔1 116.6米。山上有湖,湖水四时不涸。湖侧悬双洞,玲珑轩敞,一白石如狮,盘踞洞顶,两窍如目,泉流下注。后有通天窍,游人投石其中,响声呖呖不绝。直上为摩天顶,俯眺群峰,极目无际,右转一石台平坦,名为"旭宾",供望日出。余绍祉《题高湖双洞》云:"何用结茆屋,双岩尽好居。宜禅宜炼药,一居一藏书。定有仙人馆,新题处士庐。萧然天地外,或者可容与。"山上昔有铁瓦禅林古刹。

唐金山 位于绩溪县瀛洲镇大庙汪村登源河南岸,为石屋山南出之脉。周皆石岩,三面临水,高40余米。据清乾隆《绩溪县志》载,此山冈阜低平,状若眠弓,中有南朝汪司马并越国公父母墓。其右有泉出石隙,水极清冽。村民云:"饮之可消暑热,止痢疾。"

*笔架峰

石脉延入河中，隆起成丘，称"宝龟墩"。

阆山 见31页"朗山"条。

烟楼峰 位于婺源县汪口村东，距县城25千米。晴霁天站立山顶，可见百里。相传岳飞讨李成过婺源，兵驻中平镇，以此峰顶作为遥望联络点，挥旗举烟相示，故名。

浙岭 见31页"浙源山"条。

浙源山 又称"浙岭"。位于婺源县东北，距县城45千米。主峰海拔814米。婺诸水皆入鄱阳湖，唯此山北水入休宁达浙江，故名"浙源山"。宋权邦彦有诗云："一抹冷云遮岭半，千重古木满岩隈。山深林合失昏昼，路转溪回迷去来。"

*浙源山

浮云岭 由齐云山太素宫西行，经百丈泉，达紫霄崖，长1千米，上段称浮云岭。石阶平缓。

浮云峰 又称"隐云峰"。位于齐云山玉屏峰西南，与鼓峰相邻。海拔580米。每当齐云山月华街天气突变、乌云滚滚之际，峰巅留云岩即隐现于云层中。旧时，道人于此观云以验晴雨。

浮丘峰 ❶又称"箬帽尖"。位于黄山西，距歙县汤口镇（今属黄山区）6千米，与云门峰隔源相望。海拔1 683米。山石崚嶒，峰峦错列，悬崖绝壁，殊为险峻。相传浮丘公曾于此地修道，故名。据《新安志》载，有浮丘先生，居黄山第十三峰下修道，后人名其峰为浮丘。今峰上有浮丘仙坛遗迹，峰下有浮丘观故址。相传有山民至其处，见有楼台，两侧偏房积盐米甚多。其人便率人登山，往取盐米，竟迷不知所在。明朝有诗云："山中有楼台，米盐左右积。云是浮丘居，高峰插天碧。"又据《周书异记》载，浮丘公侍黄帝修炼，曾谓黄帝："黟山为神仙都会，山高木茂，灵泉甘美，能煮石成丹。"黄帝遂从浮丘公炼丹黄山。东南浮溪，南流14千米与阮溪合而汇入丰乐水。❷见29页"轿顶峰"条。

涌狮山 位于绩溪县上庄镇宅坦村西北。海拔663米。清乾隆《绩溪县志》载："三面平畴，一岫环勒，状如狮，拱桂枝书院旧址。"桂枝书院建立于北宋景德四年（1007年），是今安徽境内建立最早的书院。东迤逦出葫芦岭、六和峰、画楼山等串珠伏山丘，抵于常溪北岸。

浚源山 见4页"大游山"条。

容成峰 ❶位于黄山，左连鳌鱼峰，右近云际峰，相传容成子常游憩于此。海拔1 450米。《黄山志定本》载："黟山第十四峰，名容成峰，乃容成子修炼处。"峰下有溪名容成溪，故此峰又名"容溪峰"。状如钟，俗称"钟峰"。明朝有诗感慨仙踪的缥缈无稽："仙客何年往，峰云日日生。山川人自老，无处觅容成。"❷位于歙县呈坎村（今属徽州区）西北5千米处。海拔770米。源出容溪水，南流5千米入丰乐水库。相传容成子曾隐居于此，故名。

容溪峰 见31页"容成峰"①条。

朗山 又称"阆山"。位于婺源县东北，距县城40千米。西连回岭，山路崎岖，为古时赴徽州府城捷径。山上平敞开朗，有村落。昔有龙井庵。元末府治中婺源人汪同于其上建阆山书院。

诸潭山 位于婺源县北梅田村，距县城7.5千米。山上有龙池、龙岩、石房、石笋。唐朝建有庵，毁于火，后重建，婺源学者王炎、胡用宾为之祀。

展诰峰 位于休宁县齐云山玉屏峰东北，洞天福地祠后。海拔460米。丹崖环绕，堆叠如船，宛如宝诰展于瑶台，故名。又似一舟驾云出东海，是观云海日出的理想地。

展旗峰 位于休宁县齐云山紫霄峰西，插剑峰北。海拔487米。游人沿百步云梯上行，至毓秀亭小憩；西南即见三姑、五老、仙桃诸峰，东北可观齐云、白象诸峰。

陶家岭 位于黟县西武赤岭村。海拔578米。《黟县山水记》载："山阴为赤岭，山南为陶岭。"过岭为祁门横路头村。岭路全用花岗石条铺成，长约2千米，宽约2米，为陶渊明后裔所筑。

翀山 见32页"梅源山"条。

掷钵峰 见29页"钵盂峰"条。

黄山 古称"黟山""黝山"，因峰岩苍黛而名。位于安徽省南部，横亘在歙县、黟县、休宁县和太平县（今黄山区）之间。相传轩辕黄帝曾在此修炼成仙，唐玄宗信奉道教，于天宝六年（747年）敕改黟山为黄山。山境南北长40千米，东西宽30千米，面积1 200平方千米，中心精华部分面积160.6平方千米。有36大峰、36小峰，莲花峰、天都峰、光明顶三大主峰海拔均在1 800米以上。全山有30岭、22岩、10台、7矼、29洞、5室、2关。灵秀奇特的巧石，苍劲多姿的奇松，变幻莫测的云海，水色晶莹的温泉，被称为黄山"四绝"。黄山除自然风光甲天下外，历史文化沉积亦颇宏富。历代遗留

*黄山

的寺庙、亭阁、盘道、古桥和摩崖石刻共数百处,散缀于名峰秀水之间,增添了不少古雅意趣。黄山壮丽的景色,被人们誉为"人间仙境"。唐诗人李白有"黄山四千仞,三十二莲峰。丹崖夹石柱,菡萏金芙蓉"的赞诗;明地理学家徐霞客两次登黄山考察,认为"薄海内外,无如徽之黄山。登黄山,天下无山,观止矣"。遂有"五岳归来不看山,黄山归来不看岳"之说。

黄山山脉 位于徽州境内,是皖南山地的中枢山脉。主脊沿北东向南西伸展,东接天目山脉,北接九华山脉,南达屯溪盆地,西南延展入江西省境内,全长150千米。黄山山脉蜿蜒于皖南歙县、休宁县、黟县、石台县、绩溪县、旌德县和太平县(今黄山区)之间,是长江水系和钱塘江水系的分水岭。主脉为黄山风景区,境内有千米以上高山70余座,主峰莲花峰海拔1 864.8米,是安徽省最高峰。另有仙严岩支脉、牯牛降支脉和大会山支脉。

黄冈寨山 位于婺源县西,距县城35千米。山下有黄冈村。明初,村民程都五、程都六为保障地方,结寨于上,里人立庙于山下以祀之。山上有石僧、石臼等胜迹。

黄花尖 山峰。位于绩溪县扬溪镇石街头村与板桥头乡冷水村之间。海拔976米。山顶秀削如蕾,高耸入云。山间多黄花菜,故名。

黄陂 见37页"碧山"条。

黄茅尖 山峰。位于绩溪县何口舍村东。海拔1 303米。顶峰坐落于绩溪县境内,北接太子山,为皖、浙分界山。西北4千米有巨石状若笔架,海拔620米。

黄泥尖 见37页"醉翁峰"条。

黄狮岭 位于黄山黄狮挡自然村下首,岭头为歙县、太平县(今黄山区)分界处,竖有界碑。

黄堆山 位于黟县北,距县城15千米。山顶平旷。相传泗洲、西峰、五溪"三圣"(高僧)同来此修持,遂建西林古寺。古寺废后,其址复建大圣庵。

菜坑地 见16页"白茅岭"条。

梢云山 见34页"椰源山"条。

梅山 见32页"梅源山"条。

梅岭 位于婺源县西,梅源山西,距县城55千米。古为徽饶通衢。岭南有悦来亭。

梅源山 又称"翀山"。位于婺源县西,距县城50千米。主峰海拔597.7米。古名"梅山",唐天宝年间改为今名。山顶有天池、朱湖窟,下有龙岩,为昔时里人祷雨之处。山产杨梅,素为郡守所采。南朝梁天监六年(507年)任昉为新安太守,以采者履险,多殒其身,乃罢采。

梓潼山 又称"梓潼屏"。位于绩溪县东郊扬之水东岸。海拔380米。明弘治《徽州府志》载:"状若楼台,上有白石耸立如人,又有梓潼庙,故名。"庙于明末圯,清初复建文昌祠、魁星阁于山半之石白坪,亦圯。山下有绿杨桥、石坊、阁、杨柳村。此山别号"文峰",景称"文峰雅会"。明清时,县文士多讲学会文于此。

梓潼屏 见32页"梓潼山"条。

蚺城山 又称"五阜山""保安山"。婺源县治所在。海拔82米。山形五阜起伏,逶迤似蚺蛇,因名。唐咸通六年(865年)婺源制置汪武以私资买民房,于此立城,创设弦高镇,屯兵镇守。天复元年(901年),婺源县治自清华迁此。

啸天龙 山峰。位于歙县、浙江淳安县交界处,为白际山脉大连岭中部主峰。海拔1 395.7米,面积近百平方千米。相传朱元璋攻占徽州后,出兵浙江,至此遥望东南,见万山朝拜脚下,不觉豪情满怀,仰天长啸,后人遂称之"啸天龙"。山巅附近10余平方千米山体均在千米以上,灌木交织,夹以松、杉、木荷、毛竹。野生动物曾有大猩猩出没,现有豺、豹、野猪等。

崛毛尖 山峰。位于婺源县西,距县城60千米。东有七星塘、燕咀岩,南有天井池,群峰鼎峙,万壑争流,人曰"岇崛山之祖"。

铜钱炉尖 见8页"天堂山"条。

鸼山 见22页"灵鸟山"条。

得胜岭 见34页"塔岭"条。

盘云岭 位于黄山仙都峰与钵盂峰之间。岭高峻陡峭,盘曲而上,步步入云。岭上有洞,可栖身。

象山 见35页"富林山"条。

象眼岭 位于黄山天都峰麓。传说仙人骑象登天都,舍象于麓,化而为岭。

章山 从黟县碧山沿漳水溯源而上,即章山。山峰叠翠,泉瀑湍飞,巨石错落,景色幽邃。俯望"石枧流虹",另有天地。两岸悬崖,中夹一溪,即漳水。有古诗云:"清浅映涟漪,忽作一泓碧。"

望仙岭 位于齐云山。由海天一望亭,经双松桥,沿途陡峭曲折。游者跨仙关,临胜境,常身疲而神怡。

望仙峰 位于黄山,北连五老峰,西南为石笋矼。海拔1 544米。据《周书异记》载,黄帝、容成、浮丘仙升于此。山下人望之,闻彩云中有弦歌声,故其地有望仙、弦歌二乡。明朝有诗云:"霞衣映山岳,黄帝乘飞龙。丹成去天上,目断望仙峰。"

断石山 位于休宁县南。山临深溪,巨石从岩顶飞坠水面,堆叠为石台。山多琳宫梵刹,隔溪望城郭,恍如图画。

剪刀峰 见8页"云门峰"条。

清凉峰 绩溪县大鄣山主峰,界于绩溪、歙县、浙江临安之间。海拔1 787.4米。顶峰及其北坡坐落在绩溪县境内。由于中生代火山喷发,上部多为流纹岩所覆盖,后在地壳运动中,呈螺体上升,山体有数起环形褶皱与弧形断裂,故多石门、断崖、怪石。著名胜景有一天门、二天门、三天门和金龟望天门、笆篱岩、疱刀背、鲫鱼岭、黄石口崖、天鹅顶、鲤鱼上山、观音石、仙翁下山、尼姑背和尚、石屋等。山间虬松千姿百态,奇花异木、珍禽异兽种类繁多,天然植被破坏较少,生物资源丰富,被列为国家自然保护区。

*清凉峰(1)

*清凉峰(2)

清潭峰 位于黄山逍遥溪北,与紫石峰相邻,近百丈泉。海拔1 512米。从汤口入山,首见此峰。峰上流水倾泻,似从天降,为百丈瀑。下有清潭,潭水清冽。水入逍遥溪。

鸿山 见6页"小华山"条。

渔亭山 古名"鱼亭山"。位于黟县南,距县城17千米。源出渔亭水,东流入休宁。据《方舆记》载,每岁两江渔船至祁门县,均舍舟登上此山,故名。

密山 位于婺源县北,距县城30千米。山下坑头,潘氏所世居。里人潘洪建庵山中,明都御史游震得咏庵有句:"双木为门闲野寺,万松成塔礼塞山。"幽邃佳丽,婺源文士多有篇什纪其胜。游震得《题密山》诗云:"开门面青山,青山青不了。云连千障深,水傍危亭绕。椿萱翠石多,兰桂水霜少。坐观万化工,独酌闻啼鸟。"都转盐运使方舟诗云:"桃溪一道如线坠,溪口只觅桃花去。谁道桃花山最深,密山更在深山处。"

隐云峰 见31页"浮云峰"条。

隐张山 见11页"凤凰山"③条。

袈裟峰 位于齐云山云岩湖畔。海拔380米。游客泛舟湖中远望,似行脚僧身披袈裟,合十相迎。

辇辂岭 位于休宁县齐云山太素宫后。林荫幽径,盘旋而升,经凌虚台,达最高峰。

辇辂峰 见13页"玉屏峰"②条。

塔山 见13页"玉几山"条。

塔岭 位于婺源县东北,距县城57.5千米,为婺源县与休宁县分界山。主峰海拔834米。古时自婺达休宁驿道,由中平经大畈,沿山涧抵休之璜茅,道路崎岖,每遇山洪暴发,路塌桥倾。宋大畈人汪绍捐资开道辟路,从芙蓉、对镜、羊斗、塔岭至扶车岭,抵璜茅,缩短路程7.5千米,且无水患。宋末元初方回有题塔岭诗:"第四岭头分两邑,相背无情水流急。浙河东下彭蠡西,到塔终须合为一。海东闻有沃焦石,万国之水不供吸。世故人心千百岐,有生必死终无迹。焉用皇皇兮仍汲汲,君不见塔岭之塔焉在哉,不如有酒倾金罍。"明正德八年(1513年),休宁县令唐勋率兵在此战胜桃源农民起义军,此岭又名"得胜岭"。

插剑峰 位于齐云山玉屏峰西南,紫霄峰西。高578米。峻而险,形似宝剑入鞘,故名。今在紫霄、插剑两峰间拓登峰石阶,以达峰巅。临其境者,俯视香炉、紫驼诸峰,远在其下,有"一步一层楼,一峰一层天"之感。

*插剑峰

搁船尖 山峰。位于歙县金川乡境内,属天目山脉的余脉白际山脉。海拔1 481米。相传,远古时期洪水滔天,玉帝宝舫以此峰泊船,故名。传说元末朱元璋在此休养与练兵,被仙姑娘娘点化找到打开"十门九锁"宝藏的万能钥匙,题写"十门九不锁,天门夜不关"千古之谜传于后世。清乾隆皇帝赐名"福泉名山"。

葆真山 见16页"东山"②条。

棋石峰 位于黄山,南连石门峰,北接贡阳山,境幽景奇。海拔1 512米。四外诸峰,各具特色:北

*搁船尖

奇峭,南敦厚,东幽邃,西藏秀。相传浮丘公与黄帝对弈,并遗其棋子于此。南宋程元岳有棋石峰诗:"传闻棋石在中峰,曾有樵夫得一逢。自后世人无处觅,云溪花洞几重重。"

植山 见5页"万箩山"条。

椰木岭 见36页"楠木岭"条。

椰源山 位于休宁县东北,距县城约12千米,原名"郎山",唐天宝六年(747年)改名"梢云山"。有椰源水自北南流至万安镇东入横江。

紫云峰 位于黄山紫石峰南。海拔1 665米。峰头常有云雾笼罩,阳光呈紫色云雾。明朝有诗云:"到处环青嶂,孤峰覆紫云。山川灵异气,偶尔弄氤氲。"

紫石峰 位于黄山,近青鸾峰。海拔1 122米。峰石纯紫如玉。峰下为祥符寺,唐开元、天宝年间创建。峰左旧有九峰庵,明僧毒鼓所建。明汪玄锡有咏紫石峰诗:"紫石峰隈老衲关,寻幽谁爱真闲。钟声忽起云遮寺,丹臼初埋雪满山。千丈澄潭留古色,半空悬石溅飞瀑。灵源芝草今犹产,直蹑丹梯顶上攀。"

紫阳山 位于歙县南,距县城2.5千米,临练江,背倚城阳山,隔岸与问政、华屏诸山相望。林木佳胜,景物清幽,相传为许宣平修道处。南宋淳祐五年(1245年)郡守韩补建紫阳书院于此山。《紫阳书院志》言此山葱茏丰郁,秀丽端凝,每晓日将出,则见紫气照耀,山光闪烁,类赤城霞,故名。歙县人祝确在该山附近建有别业,其婿朱松在紫阳山筑室读书有年。朱熹《名堂室记》载:"紫阳山在徽州城南五里,先君子故家婺源,少而学于郡学,因往游而乐之。既来闽中,独思之不置,故尝以'紫阳书堂'者刻其印章,盖其意未尝一日而忘归也。……熹不敢忘先君子之志,敬以印章所刻,榜所居之厅事。"故后世学人以"紫阳"称朱子,以"紫阳之学"称朱子之学,苏、浙、皖、赣、闽各地所置书院,亦以"紫阳"命名。

紫金山 旧名"金紫山"。位于歙县东北,距县城12千米。海拔671米。列若翠屏,相传暮夜常

*紫阳山

有异光闪烁。据《徽州府志》载,南宋绍兴十八年(1148年),郡守章仅睹而异之,因取佛语更名为紫金山,并建白莲院于其上。山有瀑布名"琲泉",九派飞流,如帛如缕。

紫驼峰 位于休宁县齐云山紫霄峰正北。海拔370米。峰奇岩怪,形似骆驼蹒跚缓行。峰北腹部有巨大洞穴——沉香洞。明道士徐秘元曾于洞内结"八卦庵"以居,后圮。

紫屏峰 位于休宁县齐云山紫霄峰东,与鹊桥峰邻,下临洗药池。海拔570米。峰巅石展如屏。明万历年间,峰下筑有玉屏仙馆及无量殿,今圮。

紫霄崖 位于休宁县齐云山西南。海拔570余米。巨石危立,气势磅礴。东西长174米,南北宽17米,

*紫霄崖(1)

*紫霄崖(2)

上下高90米。雨时飞泉下注,如银河泻碧。岩上历代题刻甚多。峰下斜壁深窟,依势砌筑为"玉虚宫""治世仁威宫""天乙真庆宫"。三宫外分内连。

棠梨岭 位于黄山新岭西,近龙山庵。岭南属黟县,岭北属太平县(今黄山区),为徽州府与宁国府之间的交通要道。岭陡峻崎岖,绵延7.5千米。岭腰有万福庵,庵僧煮茶以施行者。

蛤蟆峰 位于黄山南部紫云、紫石两峰之间,峰状如蟾蜍。海拔1 642米。

鹅头尖 山峰。位于婺源县北,距县城55千米。北界休宁,脉连大鄣山。主峰海拔1 224米。峰形若鹅头,故名。

牌坊峰 位于黄山西海松林峰、石床峰之间。海拔1 500米。是峰悬崖壁立,状如牌坊,故名。

猴形山 见27页"侯峰"条。

蛮王尖 见24页"庙王山"条。

竦岭尖 山峰。位于绩溪县上庄村南,为绩溪县与歙县分界山。海拔675米。西侧有岭路南通歙县竦坑、溪头。

善山 位于婺源县西南,距县城22.5千米,中云村水口。与恶山隔溪相峙。《祥符经》载:"善山神为王,恶山神为夫人,两山若各祭则灾,同祭则获福。"明湛若水讲学福山书院时,议改善山名"刚山",恶山名"柔山",并有诗:"左刚而右柔,阴阳合其德。"

道人山 位于祁门县北,距县城10千米。海拔166米。山有石壁,半壁有岩,岩前有池,昔有学道老者居此,因以名之。

道人尖 见35页"道人峰"条。

道人峰 又称"道人尖"。位于黄山北,西北近醉翁峰。海拔988米。

湖田山 位于双峰山西南3千米处,为绩溪县与歙县分界山。海拔1 248米。上有平坦湿地,宛如涸湖之田,故名。中有白鹤池,生席草,昔山民取以编席。

渡云峰 见28页"莲蕊峰"条。

富林山 古称"阜陵山"。位于绩溪县临溪镇蒲川(黄茂坦)村东。海拔425米。其南迤山脊,石牙磊磊,伸入登源河中,长千余米,宛如象鼻俯饮溪流,因名"象山"。象山与对岸狮山夹峙。

翚岭 见38页"徽岭"条。

鼓峰 位于黄山玉屏峰西。海拔584米。形如大鼓,故名。峰巅昔有亭,已圮。

鹊桥峰 位于黄山玉屏峰西南，浮云峰西。海拔579米。峰巅一石，横亘如虹，喻之鹊桥，故名。

蓬莱岛 山峰。位于黄山文殊院转身洞之下，一线天之上。路东三四危峰，尖锐耸立，又有小松环峰而生。每当云雾缭绕，峰尖微露，宛如岛屿挺出海面，因以蓬莱仙境称之。

*蓬莱岛

楠木岭 又称"榔木岭"。位于祁门县与黟县交界处。海拔409米。《江南通志》载："榔木岭在祁门县东五十里，岭下水分东西，东入钱塘江，三百六十滩；西入彭蠡湖，亦三百六十滩。"岭头为祁、黟分界。

榉根岭 位于祁门县箬坑乡和石台县珂田乡、东至县葛天乡之间，榉根岭山脉是祁门县与石台县的界山。据《新安志》载，榉根山在县西35千米，高166米。榉根岭与东至接界，山顶建有望楼。清咸丰年间，太平军曾经9次越岭进入祁门县境，与清军及地方团练交战。岭顶昔有圆通庵，为箬坑王祈寿创建，今废。

雷岗山 又称"来龙山顶"。位于黟县宏村正北，为宏村的风水山。山上有榛子树百余株，树龄在百年以上，形成天然绿色屏障。山势低平，是黄山的延伸部分，有"丹凤含书""美女献羞""后山高楼"等胜景。登上山顶，宏村全貌尽收眼底。

雷鼓尖 山峰。位于绩溪县与旌德县交界处，北连大会山。海拔1 131米。春夏间时有浓云聚集，引发雷暴，故名。《绩溪县志》称此山"悬崖千尺，入夏犹寒。故亦名山"。

照壁峰 位于休宁县齐云山玉屏峰东北，白岳峰西。海拔410米。摩崖峭壁，五彩斑斓，阳光照射，晶莹绚丽。

魁杓山 见12页"斗山"条。

廓崖 位于齐云山最高峰南崖。一石插天，直入云端，为齐云山最高处。崖下有巨石立于丹台之上，不偏不倚，故名"中立石"。明嘉靖年间邹守益撰《中立铭》刻于石上。

*榉根岭

新安山 位于祁门县新安乡新安村。《江南通志》称新安郡名取自此山。

鄣山 见4页"大鄣山"①条。

鄣公山 见4页"大鄣山"①条。

鄣峰 见4页"大鄣山"②条。

福山 又称"太极山"。位于婺源县西南，距县城22.5千米。山形外翕内辟若城郭，内有总灵洞、会仙台、洗心泉、洗心桥、石林诸胜景。明朝建有福山书院，嘉靖时湛若水曾讲学于此。有题诗云："福山福何如，百顺之谓福。左刚而右柔，阴阳合其德。天一以生水，水泉应心澄。是名为洗心，是心亦何形。无形亦无滓，素心无可洗。吾将携素琴，为君鼓于此。"

福泉山 位于歙县金川乡搁船尖西南。海拔1 000米。自然天成十道石门及石长城。据民国《歙县志》载，石壁层叠，如城如堵，石门交错，引人入胜。旁耸一峰，如从空飞掷。南巅有石峻削平正，容数百人。飞泉潺潺，如珠帘远挂，真异境也。山有古岩曰福泉岩，有庵曰福泉庵，俗传有女道士修炼于此。

叠嶂峰 位于黄山北，松谷庵南，九龙峰东。海拔1 500米。峰势层层叠叠，峰形犹如屏障。宋朝有诗赞此峰之胜："架空睥睨三千界，叠起棱层十二楼。明月上来遮不得,翠光浮动万山秋。"北宋元祐四年(1089年)僧普惠在峰下建吕公庵。

碧山 古称"黄陂"。位于黟县西北,距县城4千米,北与石盂山相接,南与霭峰对峙。海拔653米。山麓昔有太白祠、太白楼。山麓之村亦名"碧山",有大圣亭、培筠园、学士祠等名胜。村北1.5千米名"枧溪",曾建遵孝寺。据《新安志》载,李白过漳水至碧山,徘徊不舍,因而栖息于此。

慕云山 位于绩溪县上庄镇瑞川村东南,与大源乡交界,西接竦岭尖。海拔605米。山上时有雾霭弥漫,产名茶。

槛窗峰 位于黄山东麓,北为卧云峰,南为布水峰。海拔1 222米。峰畔有洞穴,透过洞穴,可窥远处山峰,天空云彩,若住房之槛窗,故名。

蜡烛峰 ❶俗称"仙人指迷峰",又称"拇指峰"。位于休宁县齐云山玉屏峰西南,五老峰南。海拔410米。孤峰独拔,不与群峰连属,峻险不可攀。立于紫云关西南遥望此峰,其形似身披袈裟的和尚,手持锡杖,注目东方,若有所思,因称之"仙人指迷",亦名"和尚望天光"。❷见8页"夫子峰"条。

箬岭 位于黄山东,岭上多箬竹。岭高峻,接八里岗,南通歙县,北达太平,岭路为隋末汪华所开,向东拓一支通旌德。岭上有骑龙庵,为明歙县僧文斋上人坐化处。坐化前口占一偈,云:"人法皆空心自休,也无欢喜也无愁。风平浪静云归去,月照寒江一色秋。"

*箬岭

*箬岭头

箬帽尖 见31页"浮丘峰"❶条。

谭公岭 位于婺源县东,距县城37.5千米。古径达郡经中平登芙蓉,人苦其险。明万历三十二年(1604年),县令谭昌言倡筑新道,山程缩短5千米。山上原有金竺庵,岭称"金竺岭",为纪谭令功绩,立石铭为"谭公岭"。清知县左良桢有《过谭公岭》诗:"锦簇花攒数十重,奇峰面面削芙蓉。朝暾散尽中霄雾,冷谷流来五夜钟。绝顶定通斜汉水,深山应有六朝松。行人俱食谭公德,回首苍烟石壑封。"

翠眉山 位于绩溪县西。北宋元丰年间,苏辙任绩溪县令,于县署西望,见双丘列黛眉,遂吟咏其上,慕其故乡眉山,因名之。时未筑城,双丘实指今城内茅山园和城外翠眉墩。后筑翠眉亭、苏公祠于墩上,又于下洗马潭筑苏公堤,以接来苏桥,是为"翠眉春色"。

翠眉岭 位于绩溪县西。两山低平,横列左右,远望如眉,故名。旧有翠眉亭。宋苏辙为县令时曾吟咏于亭上:"谁安双岭曲弯弯,眉势低临户牖间。斜拥千畦铺渌水,稍分八字放遥山。愁霏宿雨峰峦湿,笑卷晴云草木闲。忽忆故乡银色界,举头千里见苍颜。"

翠微峰 ❶位于黄山风景区西北端。海拔1 589米。因处风景区边缘,且峰上松林葱茏,故名。❷见25页"城阳山"条。

鞍山 见24页"岩山尖"条。

横弓山 位于休宁县西田乡(今属五城镇)西北。海拔1 150.3米。山势如弓,故名。

醉翁峰 旧名"黄泥尖"。位于黄山北,东南近道人峰,西为采石峰,东为夫子峰。海拔1 004米。昔人评之:"醉翁至此,宜其意,不在酒也。"

镇山 见24页"歧阳山"条。

稽灵山 位于屯溪南,与屯溪街市隔水相望。山上多松,古木参天,松涛澎湃。山麓原有阳湖孙姓家庙。民国期间,居士汤秉遴主持香火,会同弘伞法师及地方知名人士发起成立"皖南佛教协会",定期举行活动。

黎明尖 山峰。位于绩溪县伏岭镇东,为伏岭、北村、逍遥三乡分界山。海拔1 324米。山顶秀拔端丽,高出邻近众山,南麓有大鄣岭脚村。

篁岭 位于婺源县东,距县城45千米。主峰海拔486米。其地多竹,大者直径盈尺,故名。

颜公山 位于休宁县南西田乡(今属五城镇)西南。海拔1 150.3米。由五岭来,西南接婺源界。山麓有颜公修真庵堂,其处有池,外耸中洼,久雨不溢,久旱不涸。池一隔为二,清者名圣池,浊者名龙池。每隔三五载,洼地自涌白浪,少顷自逝,相传为"洗殿水"。庵有世尊,铜范金装,高不盈尺,呼为金佛。现池涸庵毁,唯井一口,水颇清甘。

*颜公山

燕岭 位于婺源县东北，距县城65千米，为婺源县与休宁县分界山。主峰海拔929米。形似乳燕，因名。山坳砌青石小径通休宁县。

薄刀峰 位于黄山光明顶西。海拔1 677米。峰上巉岩突出，巍然挺立，状如菜刀。是峰险峻奇峭，可望而不可即。

儒学山 见20页"军营山"条。

歙岭 位于歙县、浙江淳安县交界处，白际山脉中部。海拔1 192米，面积约30平方千米。除南侧山坡主要为草被外，余则灌丛交覆，夹以毛竹、松、杉；缓坡处辟有茶园。人烟稀，多野兽；相传曾有大猩猩栖居于树，袭人以石，伐木者误以为"野人"。为歙南陆路通浙的主要岭道，歙县人曾在此建关。

嵰崌山 位于婺源县西，距县城65千米，界乐平。主峰海拔789.2米。此山峰峦林立，古木参天，仙女岩、金钟岩峻入云端。五代时，有五台山僧来此瞑坐数日，乡人筑室为寺。婺源学者张敦颐、许月卿、程文相继读书于此。

黟山 见31页"黄山"条。

徽岭 又称"大尖山""翚岭"。绵亘绩溪县城西北广大山区，为长江水系、钱塘江水系在绩溪境内的一大分水岭。主峰仙人岩尖海拔1 117米。翚溪河出其南，徽水河出其北，南麓古有大徽村。一说北宋宣和三年（1121年），改歙州为徽州就是根据"徽岭"改名。山间有翚岭驿道通太平、宣城、池州；山顶置翚岭关。宋苏辙任绩溪县令时，东坡居士苏轼取此道来绩

*徽岭

*歙岭

溪。王安石出任江东提刑时亦过此,有诗云:"晓渡藤溪霜落后,夜过翚岭月明中。"

鳌鱼峰 位于黄山,紧连天海,峰形酷似鳌鱼。海拔1 780米。峰腰有鳌鱼洞,游人可穿洞而过。洞口上方有"天造"二字石刻。峰前另有数石,远眺如螺蛳,因名其景为"鳌鱼吃螺蛳"。昔人有诗云:"东海有巨鳌,何年飞到此?人行穿鱼腹,沾衣湿玉髓。"

* 鳌鱼峰

黟山 见31页"黄山"条。

岩

一线天 岩。位于祁门县祁山镇东麓青萝岩附近。两道悬崖构成一条夹壁,游人置身其中,惊心动魄。一线天与青萝岩合称"青萝线天"。

十里岩 位于绩溪县城北5千米的扬之水岸。右岸为玉石山东脉之断陷陡崖,高43米,宽100余米,插入河中,与右岸水岸山夹峙成曲颈,上露一线天雄奇险胜,河水绕崖壁东流折西流,为华阳镇北锁钥。下为徽宁古驿道,中有古桥。右岸断崖下,建关帝庙于桥畔,内有关羽塑像,造型逼真入神,称"江南第一相"。左岸山半,建观音庙嵌入石壁中。昔时常有游人来此览胜、进香。

八戒岩 位于齐云岩西南5千米处,通天洞侧。一巨岩坐东面西,昂首而立,形似憨态可掬的猪八戒。故名。

九龙岩 ❶位于黄山九龙峰下。峭壁颓岩,欲堕不堕,欲扑不扑,前临深涧,不可丈尺。俯视令人心寒魄惧。❷位于休宁县齐云岩西南5千米处,与群仙楼南相望。岩呈东西走向,长300余米,高90余米。春夏雨季,山泉涌注,飞瀑九股如银龙腾跃。

大士岩 位于黄山文殊院西侧下方,近转身岩。石壁镌"大士岩"三字,不识为何人所书。

* 一线天(1)

* 一线天(2)

山君岩 见42页"虎头岩"条。

门前岩 又称"当门尖"。位于绩溪县磡头村东南2千米处。海拔1109米,与磡头相对高差850米。山体呈锥状,皆巉岩陡壁,雄伟壮丽。背靠大龙尖,西南山口为荆磡岭古道。

天门岩 位于休宁县齐云山真仙洞府右上角。一石梁横嵌巨岩间,其下如门,以通行人。门长13米,宽3米,高6米,方广若室,称"一天门"。有诗赞其胜:"石门云洞自幽偏,为向云岩隔紫烟。天下名山无此境,世间何处更寻仙。"由黑虎岩回首仰望,此岩酷似象鼻汲水,故又称"象鼻岩"。岩室内碑碣、摩崖石刻满目琳琅。岩巅巨石罗列,草木丛生,阳春三月,山花争妍,俗称"仙人插花"。

*天门岩

天井岩 位于婺源县石老山西南麓。为石灰岩溶洞,长约2千米,由洞内仰望洞口,宛若身处天井中。清本县学者余杲有《天井观》诗:"仙庐结向最高冈,路绕松花万树香。画断紫崖飞瀑落,展开碧嶂远峰长。池边雾暗知蛟伏,槛外天空尽鹤翔。幽萝回时香昼寂,棋声响出竹间房。"

天泉岩 位于休宁县齐云山岐山云岩湖畔,烂锦岩左邻。岩顶飞泉下注,四时不绝,称"天泉"。岩下明时有书院,亦名"天泉"。

天桥岩 见40页"石桥岩"条。

车盘岩 位于休宁县齐云岩东凌风亭、中和亭之间。自白岳峰崩落一巨岩,形如车盘。

毛人岩 位于黄山轩辕峰下。相传曾有樵夫堕入岩下,食黄精得以不死,日久遍体生毛。后复有熟人过岩下,与之交谈,并招其回家,毛人不顾,攀岩而去。

丹岩 位于休宁县齐云岩西南隐云峰下。其处丹泉飞洒。

乌纱帽岩 位于休宁县齐云岩东,凌风亭与松月亭间通道旁。自照壁峰崩坠一岩,古藤绕络,苔藓茸茸,形如官帽,故名。

*天泉岩

凤岩 位于休宁县齐云山万寿峰南。峭崖千仞,五彩斑斓。岩壁怪石嶙峋,一石高踞如鼠,做拱揖状,名为"金鼠拜寿";一石如履,名"仙人晒鞋"。

石门岩 位于休宁县白岳山西。高370米,面积约10平方千米。唐天宝年间有僧居此,石室中有龛像、讲台、石梯等。东高岩之腰有石洞,东西连通,可以往来。唐元和四年(809年),刺史韦绶感梦置精舍,名"石门寺"。

石乳岩 又称"滴水岩"。位于黄山叠嶂峰下。石液盈盈,凝膏下滴。宋邓宗度有诗云:"石壁碎寒流,行人暮已愁。更倾风月耳,无水不生秋。"

石桥岩 又称"天桥岩"。位于休宁县齐云山岐山云岩湖畔。一山横跨而中空,如彩虹飞架成桥。长90余米,桥穹跨度32米,拱宽8米,穹高26米,自东面西观望若半月。桥西,一孤峰卓立,称"玉兔捣月"。每当晨、昏、阴、雨,云雾簇簇自桥下奔涌而出。岩下多题刻、碑碣,岁久荒芜。多有残缺。

石棺岩 位于休宁县齐云岩西南10千米处,与金牛峰相邻。奇石长方如匣,状若古俗空葬的悬棺,故名。

石榴岩 位于黄山松林峰下。岩上有石榴树,甚奇古,相传数十年结果一次,其子纹如花,味甚甜美,故名。

*石桥岩

*石榴岩

*仙人挂画岩

龙须岩 位于黄山望仙峰下。岩石上下，龙须草丛生，故名。

东密岩 位于休宁县南，距县城17.5千米。高120米，周绝壁如城，巅平，广400余米。唐乾符五年（878年），邑人程沄率义士立寨于此，以保障乡里。后程沄引侄孙辈相继为寨帅，至宋寨始废。今堑垒、水池犹在，元帅府仅存遗址，下有落箭丘。明本县人程敏政有诗纪云："一代风尘山戍远，千家烟火石台荒。水田折戟时常露，知是先人旧战场。"

仙人挂画岩 位于休宁县齐云岩西3千米处。一山峭然屹立，岩壁陡峭，突兀起宽约2米，流水自两侧下泻，下方承以丹岩，高突处披苔藓，红紫斑斓，似一幅灿烂绮丽的天然图画；画面左右泉流纷注，似楹联。

仙岩 位于婺源县城北门。岩壁峭立，高30余米，濒临星江。旁有岩泉，深不可测，清冽甘美，行人多取饮。相传吕洞宾曾游其地，因称"仙岩"，并于岩上建庙祀之。

白云岩 位于休宁县齐云岩西北3千米处。玉虚宫前有小径可通，或由东亭过横江沿石阶而上可达。岩高突，中有幽洞，即白云洞。洞外建佛殿斋室，为黟籍孤孀带发修行所。

白龙岩 位于黄山采石峰下。石色纯白，横亘如龙。

百丈岩 位于绩溪县大鄣谷口，为一巨大陡崖。高400余米，宽300余米，上不生草木，俨若一座洪钟，直落大鄣河谷。隔河耸起屏风岩，两岩夹峙成大鄣锁钥。崖壁水蚀流纹缕缕，雨后"银丝"如珠帘从天垂挂，晶莹瞩目。崖前伏拥四小峰，各擅其秀，中有飞涧流泻。下有葫芦潭、龙潭，渊深莫测，葫芦潭俨如石井，投以石，响声久不息。顶西兀立一石，相传仙人曾在此弈棋，称"棋盘石"。缘溪谷而上，两侧重峦叠翠，曲径深幽，景色迷人。

当门尖 见40页"门前岩"条。

朱砂岩 位于黄山朱砂峰半壁。相传岩壑之中产朱砂，故名。《神仙补阙传》载："浮丘公、黄帝同取此砂炼丹。"

华盖岩 位于黄山朱砂峰下。岩前可望朱砂洞，所谓"岩观洞，洞亦观岩"。

舟楫岩 位于休宁县齐云山岐山云岩湖中。其岩如舟泊于湖上，故名。

庆云岩 位于黄山夫子峰下，与天马山相遥峙。其地松竹环翠，山径迂曲。

齐云岩 位于休宁县齐云山玉屏峰南，月华街中部，太素宫后。海拔585米。岩展如屏，绝壁如削，

*百丈岩

*寿岩

抚云摩天,为本山第一高峰。登其巅,可北眺黄山天都、莲花诸峰。南宋少师休宁汉口人程珌题"云岩"二字镌于壁,齐云因此峰而得名。明嘉靖年间曾建碧霄庵于峰巅,已圮,明商辂有《云岩》诗纪胜:"齐云形胜大江东,维石岩岩接太空。门对香炉峰卓立,路穿石户洞旁通。雨余烟岛含晴碧,日旭林霞散晓红。万壑千崖游未尽,不堪归兴夕阳中。"

*齐云岩

阮公岩 位于黄山上升峰下。相传为隐士阮公修炼处。

观音岩 位于黄山赴老人峰道中,与朱砂洞遥相对。佛家视此岩为观音菩萨化身,故名。明凌马同诗云:"山僧指石说观音,松里笙簧石上琴。"

寿岩 位于休宁县齐云山天门岩东。岩似倒挂金钟,壁间镌一巨大"寿"字。

佛掌岩 位于黄山慈光寺上行0.5千米处,有石柱三根如手指,簇出岩端,俨若巨掌。岩上刻有"佛掌"二字。

青萝岩 位于祁门县东麓。有一石室,高16米,阔60余米,中可容百人。旁有涌泉,号乳泉,味甘甜,岩罅滴水,冬夏不竭。明邑人谢复诗云:"乳泉细滴晴檐雨,石室联开小洞天。"

虎头岩 ❶位于黄山白龙桥上方,白云溪旁。又名"山君岩"。此岩如猛虎蹲伏,岩下可行可息,如入虎口。岩上刻有"虎头岩"三字,为南宋歙县人罗愿所题。南宋程元凤有诗:"共趁云龙会,尔何独负嵎?猝逢惊履尾,熟视稍摩须。野老与相狎,行人畏不趋。敢烦猿臂手,射此老於菟。"❷位于黄山炼丹峰北。一岩兀踞峰巅,似虎昂头长啸,故名。

忠烈岩 位于休宁县齐云山天门岩东。岩下筑石坊,祀关帝。

和云岩 位于黄山望仙峰东。岩之顶部又名"火龙尖",稍下有石横亘,长近百米,旁有虎垄、龙潭。昔时天旱,山民在此祈雨。

金蟾岩 位于休宁县齐云山白岳峰北。一巨岩"蹲伏鼓舌"似金蟾。

法水岩 位于黄山大悲顶。石液滴沥,饮之甘醇,相传可治病、益寿,因名"法水"。

将隐岩 位于黄山狮子峰下。从峰顶南下,可见岩前两石,形如寒山和尚拾级上山;黄昏时观之,两石似隐去,故称。

烂柯岩 位于黄山狮子峰前。岩上两石,如人对弈,棋盘方正,棋子清楚。清黄起溪诗云:"有何二仙客,坐隐青林中。千春若流水,一局犹未终。"

烂锦岩 位于休宁县齐云山岐山石桥岩东。峭壁千尺,古藤缠绕,蔓络叠翠,花时似锦。下有石

*忠烈岩

室，东西长120余米。唐元和四年（809年），歙州刺史韦绶建石门寺于岩下。

退思岩 位于休宁县齐云山小壶天石室旁，壁间刻"退思岩"三字。

*退思岩

栖真岩 ❶ 位于祁门县南，以宋时孙元明栖此修炼而得名。山下有洞元观，孙元明于此仙去。相传孙元明盛夏不挥扇，严寒浴于溪，为人书偈，祸福无不验。南宋淳熙二年（1175年）四月自作颂云："佯狂八十六年，识得玄中又玄。今朝摆手归去，笑彻蓬壶洞天。"本县人叶元杰有诗咏栖真岩："孙仙何处未归来？石壁题诗已半苔。惟有岩花常作主，春风依旧几支开。"❷ 位于休宁县齐云岩东北，象鼻岩东。明嘉靖年间建有兴圣祠、初仙馆，今圮。

*休宁栖真岩

桃花岩 位于黄山炼丹峰西崖。下临桃花坞，绝壁数丈。崖壁多呈粉红色斑痕，形似瓣瓣桃花。

逍遥岩 位于绩溪县伏岭村东4千米。海拔1043米。南临幽壑，峭壁直落河底，与对岸山峰夹峙成险隘。南宋宝祐五年（1257年），本县人依岩傍水削石为磴，凿壁成阶，历40余年筑成逍遥岩道。道有石阶1400多级，宛若天梯。谷中怪石磊磊，天冠石、将军石、姐妹石最奇。岩下有磨盘石，道从石下穿过。山顶置"江南第一关"，楣石上镌"徽杭锁钥"四字，为绩溪古时通杭州之捷径。关隘旁有亭，嵌于壁内。太平天国侍王李世贤率部过此，赞为天险。参见105页"江南第一关"条。

圆通岩 位于休宁县齐云山真仙洞府右。岩下奉观音神像。郁达夫《白岳山纪游》载："圆通岩，前有清顺治三年（1646年）所置青石碑二块。碑身薄而刻石颇深，字迹秀丽非凡，拾小石击碑，一似钟声，一似鼓声。"

射霞岩 位于休宁县齐云山岐山石桥岩东。一巨岩长120米，高80余米，呈紫红色。夕阳返照，晶光闪烁如霞。

掐月岩 位于黄山莲花洞上。耸峙凌空，顶部歧开如二指，势若欲掐空中之月，故名。岩旁有树，如华盖。

梧桐岩 位于休宁县西渭桥乡棠源村，上有悬崖可避风雨，下有坦石可当阶墀，本村人因以作社祠。岩左有洞深10米，以横、直九石相抵成梁通行，相传为鲁班先师造，故称"鲁班桥"，已圮。

船舱岩 位于休宁县齐云岩西南8千米处，九龙岩南。悬崖倾覆，其下可避风雨，形似船舱，故名。

象鼻岩 见40页"天门岩"条。

密多岩 位于休宁县齐云山白岳峰南。北宋大中祥符元年（1008年），僧惠周创建密多院于岩下。现仅存寺址及石狮残体。

隐佛岩 位于齐云山独耸峰北。岩面内凹，隐约显人像，如老僧披袈裟端坐，颔首笑相迎。

紫云岩 位于黄山紫云峰下人字瀑前。巨岩如屏，岩壁镌有"紫云岩"三字，清乾隆五十七年（1792年）程振甲题。岩前紫云庵今已改建为疗养院。

黑虎岩 位于休宁县齐云山真仙洞府西。岩壁间有虎行泥淖印迹，故名。

楠岩 位于休宁县齐云山天门岩东。明正德年间植古楠一株于岩下，故名，后称"江南第一楠"。清康熙年间遭雷击枯萎。

*楠岩

蜗牛岩 位于休宁县齐云山九龙岩北。一石形似蜗牛爬壁。

猿猴岩 位于黄山石门峰下，岩势奇险，常有群猴出没其间，故名。

翡翠岩 位于绩溪县城北郎家溪村。岩高95米，宽300余米，西临扬之水，隔水与王石山对峙。南北两端连徽宁驿道。据清嘉庆《绩溪县志》载，岩洞1.5千米，两旁有石道，长数百步，直下数百尺，名翡翠岩，不生草木，有数个石洞。今皖赣铁路、芜屯公路在岩下并行而过。

滴水岩 ❶位于休宁县齐云山岐山，石桥岩东大龙宫石室内。一青石如龙，鳞爪分明，垂头蜿蜒伸展于岩壁间。水自龙口下滴，名"龙涎泉"。❷见40页"石乳岩"条。

镜屏岩 位于绩溪县旺川村北3千米处。海拔848米。东南侧陡崖直落山谷，宛如镜屏，故名。山顶岩峰耸列千米，峥嵘毓秀。崖下洞水萦回，平畴在望，村落散布。石在北坡谷口，塞隘成塘。旁有古塘庙，今圮。

瀛山岩 位于绩溪县瀛洲村。海拔499米。南俯登源河，西隔瀛水与飞凤山并峙。瀛水入登源河，出口处有瀛洲村（油坑口）。

洞

一线洞天 位于黄山仙人桥上，文殊洞下。其外两壁并立，中开石罅，既狭且长，宽处2米，最窄处仅半米。人行罅中，仰视青天如线。清李雯咏诗云："云里石头开锦缝，从来不许嵌斜阳。何人仰见通宵路，一尺青天万丈长。"

*一线洞天（位于黄山）

八仙洞	位于休宁县齐云山真仙洞北,一天门下。依岩为宫,宽广如室,内奉祀三皇、八仙神像。
九龙洞	位于黄山九龙峰下。洞因峰名,有穴无路,不可探其究竟。
大安洞	又称"通天岩"。位于婺源县西大游山麓,距县城55千米。洞府宽平,有石钟、石鼓、石笋、石柳;有通天窍,深近百米,旧传有龙居此,祷雨必应。
上南洞	见48页"凌虚洞"条。
飞云洞	位于绩溪县城东北后外村山上。石洞数个,曲折连通,石如云状,故名。洞顶可坐数十人。洞西有八角亭。洞东有庵,称"栖霞精舍",雕梁画栋,小巧玲珑。庵前有"天池",水不盈斗,四时不涸。
飞来洞	位于黄山中沟西岸。巨石横卧,游人须弓腰从石下穿过。此石四周无所依附,宛若天外飞来者。
天星洞	位于黄山。有两处,一在汤岭北乾坑桥西岗;一在松谷庵上,仙人观榜东壁。洞顶有孔隙,光线从中射入,仰视如天上星,故名。
夫子洞	位于黄山夫子峰下。洞高3米余,形如半月,阔约10米,光明轩敞。
云巢洞	位于黄山小心坡下。佛家称为"真如美",洞口刻"云巢"二字,清曹鈖所书。穿洞而出,即至天都峰麓。
水帘洞	位于黄山桃花峰腰。深10余米,高约5米,宽约2米。洞内岩石黑白相杂,莹洁如玉。洞外乱石参差,峭壁横立,飞泉缕缕,下落如帘,冬夏不竭。洞左悬崖如垂乳。离水帘洞10余步外有两小洞,中隔如堵墙,为餐霞洞,洞口均对天都、莲花诸峰。洞右有轩辕碑。宋石应孙诗云:"珠帘费巧水晶裁,万古垂垂溅碧苔。几度月钩钩不上,孤云难入此中来。"
风火水洞	位于绩溪县浩寨乡飞来峰下。峰上石壁嶙峋,连接地面处有三个石洞,分别名风洞、火洞、水洞。风洞形似大廊檐,深约7米,外宽阔,内低窄,高、长均约2米,人入洞口,微风拂面。其右为火洞,深亦约7米,人入洞口,似有暖流袭身。再右为水洞,洞口高2米,宽3米余,洞内面积约10平方米,洞前后三层,逐级而升,洞尾壁缝里有一股清澈泉水,潺潺流出。洞口周围树木葱茏,洞口外平地边缘是悬崖绝壁。
文殊洞	见47页"转身洞"条。
打鼓洞	位于黄山中沟西岸,立马桥上方。敲击洞壁,其声咚咚如鼓。
石龙洞	位于歙县洪琴村南。洞口高5米,宽10米,洞深8米,左向延伸约20米,再右向折成罅缝。底板为沙碛角砾岩,有石柱、间壁、斜坡;顶板为卵石沉积岩,较平整,略见石乳蔓生。洞内石台上有神座遗迹。洞外东侧原有五代吴顺义六年(926年)所建香油寺(今不存),左侧另有一小洞,洞口高、宽均约1米。
石佛洞	又称"石佛嵌"。位于歙县北蓝田村贵金山。洞口朝天,怪石嶙峋。石阶侧有清泉,传说有明目之效。水深近1米,晶莹见底,四时不竭。洞底明敞,有石桌石凳;壁有钟乳奇石,状如飞禽奔兽。有石镌古佛,不知刻自何年代,洞以此得名。洞内有洞,名"后洞",须举火入,行数十米后而洞渐低窄,有巨石倒悬,名"发财石",相传头触此石即可发财。洞壁前狭,犹须蛇行。据旧志载,萧梁时,司农叶孟游此,爱其幽邃,遂卜居山麓。旧有石坊,额题"亦洞天"。
石佛嵌	见45页"石佛洞"条。
石屋	见48页"黄丝洞"条。
石燕洞	位于黟县城东西递镇石印村石印山崖下。洞口呈"A"形,洞深幽邃,可容百余人。昔有头陀居此,相传击磬而巨蛇群出。洞下方产龙石,其石划然中开,各有首尾,人称石破而龙出。

*石燕洞

仙人洞	❶位于黄山南麓冈村。洞深近3米,敲击洞壁,如发钟鼓之声。❷见47页"神仙洞"条。
仙灯洞	又称"仙僧洞"。位于黄山仙都峰下,与钵盂峰东西相对,中隔丞相源。洞深约8米,高约3米,宽1米余。洞畔有圆池,水甘洌,四时不涸。洞口附近有僧人所植竹木茶棵。相传南朝宋时有东国僧至此,后仙去。《黄山志定本》载:"阴暗之夜,洞口有灯,朗朗如星月,人谓之圣灯。"唐释岛云有诗:"先朝曾有日东僧,向此乘龙忽上升。石径已迷红树密,萝龛犹在紫云凝。钵盂峰下留丹灶,锡杖泉边隐圣灯。从此旧庵遗迹畔,月楼霜殿一层层。"

仙道洞 位于黄山神仙洞下方道旁,相传昔有道士在此修炼,羽化登仙。

仙僧洞 见45页"仙灯洞"条。

白云洞 位于黄山白云岩。洞初入较宽敞,渐进渐狭,愈狭愈险,愈险愈奇,洞尽山穿,豁然开朗。

白龙洞 位于婺源县西北石城山下,距县城约38千米。洞高4米,宽2米许,内有石室,可容数十人。洞门两石对峙,下有池水。

半边石屋 见46页"半边洞"条。

半边洞 又称"半边石屋"。位于黄山芙蓉岭北下路旁。洞宽约3米,昔时常有修道者于此打坐。

百花洞 位于黄山飞龙峰下。洞前多异草奇花,宋石应孙有诗云:"我试问阳和,洞间谁是主?尽日立东风,百花无一语。"

夹身洞 位于黄山神仙洞右。岩石上连下分,罅裂缝宽盈尺。游人过此,衣服擦壁有声。

朱砂洞 位于黄山朱砂峰下。洞如仰盂,相传洞中泉水盈涌时,有朱砂随之而出。明歙县人许国有诗云:"藜杖穿岚度洞松,朱砂洞口白云封。三株树上一声鹤,人在芙蓉第二峰。"

庆云洞 见48页"卿云洞"条。

观音洞 位于距休宁县齐云山齐云岩3千米处。巨岩纵横,洞纵深4米,横宽30余米。洞前石砌墙垣,洞口石门壁立,洞内昔奉观音神像。泉水叮咚,怪石凌空如柱,支撑殿阁,低处弯曲如回廊。

驯鹿洞 位于休宁县齐云山隐云峰下。相传明道长汪泰元晚年绝粒修行于此。其饲养一梅花鹿,善解人意,常吹箫驯鹿自乐。

芙蓉洞 位于黄山芙蓉岭上。洞口上方镌有"清观"二字,清康熙二十年(1681年)陈九陛题。

苍龙坞 见46页"苍龙洞"条。

苍龙洞 又称"苍龙坞"。位于绩溪县扬溪镇南。洞深邃窈冥,常有云雾。洞口有石高近百米,下有石潭,其深莫测,昔传龙藏其中,洞中旧有瀑布泉、水帘洞、飞仙桥、石头门、观嫁轩、逸老庄等六景,并有瀑布、环碧、汝霖、宾日四亭,合为十景。"苍龙瀑布"又为"华阳十景"之一。

轩辕峰石室 洞。位于黄山轩辕峰下,相传为黄帝游憩之所。室中石鼎、石砧尚存,砧上隐约可见刀痕。又天都、炼丹、丹霞、石床四峰皆有石室,诸室以天都为最奇,轩辕为最神。

沉香洞 位于休宁县齐云山紫驼峰北腹。洞宽37米,呈半月形,深7米。前有丹台伸出岩外,垒台为栏。明正德年间,道长徐秘元于洞内创八卦庵以居。

灵岩洞 位于婺源县西北通元观村附近,距县城67千米。有石灰岩溶洞大小30余处,分布在周围2.5千米内的山岩中。洞体大者雄浑奇伟,小者玲珑秀丽,景观奇特神异,总称"灵岩"。其中卿云洞、涵虚洞、凌虚洞、莲华洞、琼芝洞、萃灵洞幽深广邃,面积45 000平方米。洞内有高庭大厅,曲径长廊,地下泉流,石幔、石柱、石笋、石壁,天工奇巧,琳琅满目。其"金阙瑶池""蟠桃赴会""九龙巨壁""镇海神针""老君炼丹""伯乐相马""果老骑驴""天池荷香""三潭印月""百鸟争喧"诸景点,天成地设,造化神奇,被誉为"第一洞天"。据《婺源县志》载,唐开成年间,道士郑全福慕地来迁,在此修真传道,南宋绍兴十八年(1148年)建通元观,后来形成村落,并建有旅店,成为道教圣地。唐诗人独孤筠有"来居洞里长无死,不出人间自有天"的题咏。诸洞保存有宗泽、岳飞、何执中、朱熹、齐彦槐、卢潘等唐宋历代文人游客刻墨2 000余处。明婺源学者戴铣作有《游灵岩洞记》传世。

* 灵岩洞

青萝洞 位于婺源县北,距县城22.5千米。洞中有天尊行道岩、湖来峰、花鞋石、天柱石、芝田、石钟、石鼓、天井诸景。宋婺源人李彦和曾构筑精舍于此,题其景为"青萝印月",故名。

卧龙洞 位于黄山蒲团石上方。昔有古松横生,覆盖洞上,如龙偃卧,游人过松下如进山洞然。清汪天与书"卧龙洞"三字刻于石壁。

雨君洞 位于休宁县齐云山真仙洞左，前临碧莲池。内奉祀东海龙王敖广神像。洞外碑碣石刻，鳞次栉比。

*雨君洞（1）

*雨君洞（2）

转身洞 又称"文殊洞""罗汉洞"。位于黄山玉屏峰迎客松下方。洞深黑且湿，洞壁渗水下滴，游人至此，前疑无路，转身则见亮光，循之盘旋而上，即至洞顶，故名。清钱谦益诗："驾言趋高峰，逶迤争入洞。洞穷峰亦穷，一杖群山动。"

罗汉洞 ❶见47页"转身洞"条。❷见47页"真仙洞"条。

弦歌洞 位于黄山望仙峰下。《黄山志定本》载："洞中尝闻弦歌之声，故名。"元儒赵汸有诗为纪："商声出金石，草树生凉飕。过门有佳客，共赏云风辞。"

驾鹤洞 位于黄山石人峰下。相传为浮丘公驾鹤升空处，故名。

狮子洞 位于黄山慈光寺后东沟，近普门塔。洞形为巨脑虬尾，状如蹲狮，故名。

迷宫洞 位于休宁县齐云岩西南，群仙楼北。洞口朝西，洞内套洞，纵横交错，怪石纷列。主洞深120米，初宽敞，可直立而行；渐进渐窄，不知出处。

总灵洞 位于婺源县西南福山左，距县城22.5千米。洞深广高敞，面积约2 000平方米。内有通天窍、会仙台等景观。旁有天窗洞、黄龙洞、古木洞和洗心泉、洗心桥。福山书院建于此。明嘉靖年间湛若水来书院讲学，尝与门生盘坐洞中，书"总灵"二字镌之洞壁，故名。游人多有题咏，婺源人赵崇善诗，有"千年灵洞开天造，百叠青山带落晖"句。

神仙洞 又称"仙人洞"。位于黄山轩辕峰腰，距福固寺约2.5千米，洞额镌"简默洞天"。洞深15米，高6米，宽3米，原观音座石下有池，石液盈盈，称"流杯池"。来此拜观音求子嗣者，多以手探池中，摸石子一枚，以形状来判断生男生女：长者兆男，圆者兆女。明程法有诗道其胜景："古洞仙居到客稀，萦回蹊径草菲菲。山翁曳杖穿云过，无主桃花乱扑衣。"

珠帘洞 位于休宁县齐云山雨君洞下。上承天池之水，凌空飞洒，如挂珍珠之帘于洞前。盛夏入洞小坐，大有"身在珠帘听雨声，不知人间六月旱"之感。

莲华洞 又称"莲花洞"。位于婺源县大鄣山乡通源村，是婺源县灵岩诸洞之一。洞多莲状乳石，有"狮象把门""神龟出海""钟鼓石""鲲鹏展翅""青牛推磨""老君炼丹""菰蕈山""荔枝山""和尚拜天窗""蟠桃赴会""龙井""迷宫""仙人书堂"等胜景。唐道士郑全福曾修真于此。洞之东北有一井，深邃莫测，相传郑道士曾入井底，有神掌铁船相济，遂羽化去。唐诗人独孤筠有《题莲华洞》诗："路回千曲绕芝田，羽客相携访谪仙。石窦嵌空唯有迹，灵龛隐轸莫知年。来居洞里长无死，不出人间自有天。更欲不眠吟至晓，恐惊龙动起愁烟。"

莲花洞 ❶位于黄山莲花峰腰。洞高10米，宽约5米。《黄山志定本》载："右劈一峡，耸绝凌洞巅，缘级而升，前一峰突立如插圭，正当洞门，顶如二指形，名曰捐月岩。旁一树与峰相耸，如翼卫然。"明许楚《黄山游记》称："大石罗列，瘦松凌巅，清泉环足，参差诣豁，各助其势。"明程明仲有诗云："一宿莲花洞，飞泉映壁清。寒风山寂寂，返照海云晴。旧梦青峰色，奇闻落木声。高僧偏爱客，论茗说游情。"❷见47页"莲华洞"条。

真仙洞 又称"罗汉洞"。位于休宁县齐云岩东北，一天门下。洞深31米，宽9.4米。内供奉玄天上帝、龟蛇二将、十八罗汉、观音菩萨。洞内复有小洞，相传长达10千米，可通蓝渡。

桃源古洞 位于黟县南墨岭南麓，今渔亭栈阁岭下首，距县城8千米。临水依山，巨石凸临河岸，古人凿通一洞，穿洞为路，洞深3米余，石板古道穿洞而过，逶迤连云，为古时府县往来官道。洞口凿有"桃源古洞"题额。清道光二十九年（1849年），易名"桃花源"。清叶兰谷有《桃源洞》诗："我有烟霞癖，来寻太白踪。石门通一线，墨岭踏千重。日出光偏淡，岚生势渐浓。渔郎休问讯,洞口已云封。"

桃源洞 位于黄山展诰峰南。洞口朝南,内多怪石,形似学童课读。

笑狮洞 位于休宁县齐云山真仙洞东,望仙亭左下。洞宽4米,深3米。形如雄狮张口。

狼豹洞 位于黄山石门峰下。相传曾有苍豹栖身洞中。宋邓宋度有诗咏之:"却隐他山雾,来眠此洞云。区区麋鹿辈,战栗敢予群。"

卿云洞 又称"庆云洞"。位于婺源县大鄣山乡通源村,是婺源县灵岩诸洞之一。洞门轩敞,高30米,宽45米,上一倒垂古柏传为吕洞宾所栽,因称"仙柏"。洞府幽深高广,有河长约500米贯穿而过,可通竹筏。洞壁如云崖俯首,有"雄狮仙柏""百鸟争喧""拥春台""天尊阁""雷公阁""九真阙""乌龙洞""聚仙台""玉佛堂""芝田秀墩"诸胜景。台壁有唐大中十一年(857年)御史中丞卢潘等人摩崖石刻。宋婺源诗人张大直《题卿云洞》诗云:"个中别是一乾坤,蔼蔼祥云拥洞门。天柱遥知锁金阙,绛桥仍想接昆仑。仙人幻出珊瑚木,玉女装成锦绣墩。石室霜台更奇绝,桃源从此不须论。"

*卿云洞

凌虚洞 又称"上南洞"。位于婺源县大鄣山乡通源村,是婺源县灵岩诸洞之一。洞两口,如巨兽双目。洞内乳石造型奇特,珠帘垂挂,光彩夺目,有"帘掩青山""月窟仙蟾""伯乐相马""玉屏引胜""琅环金编""云谷游龙"等景。南宋名将岳飞、张浚游此题字勒铭。清婺源学者齐彦槐题诗洞壁:"乘兴来寻小洞天,琅环无处问金编。姓名敢乞山灵护,留向人间五百年。"

海棠洞 位于休宁县南万松山麓,距县城25千米。南宋端明殿学士程珌在此栽海棠、结洞,花时设帐宴游其中。今遗址犹在。

容成洞 位于黄山容成峰下,相传为容成子栖身处。

祥云洞 位于绩溪县华阳镇西北,高迁乡九里坑村口,九里坑古称"祥云镇"。路西有山,上下两洞,盘曲相通。上洞奥广如厦,可纳百人,顶有牖,螺旋而上,可通山顶。下洞略小,内供佛像。据实地调查,山脚尚有小洞,蛇形可入,曲折深邃,相传能通10千米外大源村,但无敢问津者。洞前明清时有庙宇、石坊,坊额刻"祥云洞天",为古华阳一景。洞犹在,坊已圮,庙改民居。

通天岩 见45页"大安洞"条。

通天洞 位于休宁县齐云岩西南,九龙岩北壁,与八戒岩相邻。系巨岩崩落,历经雨水山洪冲击,致洞顶坍塌一穴如井口,上可窥天,故名。

黄丝洞 又称"石屋"。位于黄山东麓黄丝。宽约10米,深5米,幽雅有致。

萃灵洞 位于婺源县大鄣山乡通源村,是婺源县灵岩诸洞之一。洞有四个大厅,第一厅灵霄宫,第二厅震环宫,第三厅霓虹宫,第四厅太虚宫。诸宫胜景纷呈,其著者有"玉帝巡天""玉树琼枝""九龙巨壁""琳宫宝塔""天池荷香""灵芝宝树""百灵仙境""仙猿揽月""雷音宝刹""湘君夜巡""玉磬喧天""银河倒泻""百里桃溪"等30余处。

梅家洞 位于绩溪县金沙镇北部前坑坞中,由石灰岩溶成。口南向,拱形,高3.5米,宽2.5米。洞体似用黑砖卧砌,隙溢钟乳,如石灰嵌缝。传有十数进,游人往探者为前四进。头进顶高7米,内宽4米,深36米。顶与壁间有钟乳下垂,如石笋群生,亦若蟠龙走蛇,内曾发现古陶瓷片。向西下旋1米,有窦通二进。窦窄尺许,长约2米,蛇行而入。洞圆形,可纳10余人。匍于地西北上行,往7米窄道,入三进。如葫芦状,有圆洞相通,亦可纳10余人。再向西下旋,即达四进。呈曲尺形,宽窄不匀,似藕节,其上怪石峥嵘,底脚土软湿滑。另有垂直山洞,深20余米。

船洞 位于婺源县西梅源山过脉处船坑,距县城60千米。洞中多水渠,有石僧跏趺危堂,名为拜天光。

麻衣洞 见49页"翠微洞"条。

混元洞 位于休宁县齐云山真仙洞东,洞天福地祠后。洞宽9米,深3米。内有巨石横陈,光滑平整如床,俗称"仙人床",相传道人"邋遢仙"修真居此。坐化后,肉身入缸,于洞中筑圆筒形墓,石床遂分隔为二。洞口甃先天、后天两八卦池。

涵虚洞 位于婺源县通元观村,号称"第一洞天"。洞分上下7层,层次分明。第一层有天然湖及石林。宋胡康国在此慨然题咏:"寄迹法寰弹宿愿,他年还向洞中归。"第二层有密布历代墨客诗文的"仙人廊"及"一柱阁",这根直径5米的钟乳石柱上书"中流砥柱"四个大字,周围簇拥着近200人的题墨,洞壁多钟乳石。第三层入洞,是70余米之长廊,其上古人题书竟有1 000余处,有唐御史中丞卢潘、宋名将宗泽、明给事中戴铣之墨迹。越"龙门泻玉",进入第四层"连环阁",两侧深谷,幽不可测,立东面石台上,投币谷中,其声悦耳,称"掷钱台"。台右石壁有宗泽、王汝舟留墨;台左石壁有连环洞,其侧凹石,古人题曰:"一洞复一洞,仙云相径还。美人姗姗来,解此玉连环。"沿着约23米高的岩石而下,是第五层,穿香雪台,越牛背石,前为会客厅,传说"八仙"曾聚会于此。第六层为"铁拐仙境",据传是"八仙"之一的铁拐李之仙居。在细沙铺底的小溪中,有"铁拐足印",前行10余米,有"铁拐仙床",床头有根粗如桶、白似玉的"拐杖"。石壁上有齐彦槐的手书阴文题刻"第一洞天",也有岳飞、朱熹的遗墨。洞之底层第七层,有条长100余米、宽10余米的"仙人河",河上有座"楼阁",雕花饰玉。河之尽头石壁,曰"四龙壁",四条张牙舞爪的飞龙跃然壁上。壁下池称"浴龙池",上悬薄如轻纱的"龙帐",人称此处为"龙宫"。

琼芝洞 位于婺源县大鄣山乡通源村,是婺源县灵岩诸洞之一。洞有两厅,乳石晶莹,奇秀如云,有"钓天兽舞""金阙瑶池""龙跃天门""群仙赴会""天河待渡""昆仑积雪""鳌戏仙山""琼芝献瑞""五龙渊""雪花瀑"等景观。岩壁留有北宋宰相何执中和南宋何铸、朱熹等名人题墨。

葫芦洞 位于黄山最高峰西下,神仙廊南。中有屏榻,宽然如室。

普贤洞 位于黄山玉屏峰仙人桥下。其洞上有清泉滴沥,前有石笋峙立,旁有石磨、石臼等,相传普贤菩萨曾驻留于此。

道观洞 位于婺源县北芳岩,距县城30千米。相传唐末有郑真人修真芳岩,后随白鹤入洞。洞内有龙塘胜景,岁旱里人多于此祷雨。婺源人胡德有诗述其事:"洞名道观玉玲珑,曾有真人住此中。洞口庄严蹲石佛,岩头形迹认仙翁。上腾雾气占霖雨,下润田畴卜岁丰。远迩居民时仰止,云来云去景无穷。"

锦霞洞 位于黄山狮子峰下。常有彩霞弥漫洞口,阳光相射,灿烂如锦,故名。

瑶龙洞 位于祁门县新安乡西北10千米处。洞口约2平方米,悬崖峭壁,无路可攀,内洞大小交叠,岩石林立,雾气弥漫。相传洞通东海,因遥远之意得名。

翠微洞 又称"麻衣洞"。位于黄山翠微峰下。唐朝麻衣禅师从印度来黄山,最初在此洞修炼,后移居翠微寺。四周青山绿水,奇石密布,香气浓郁,景色宜人。

藏云洞 位于黄山云际峰下。据《黄山志定本》载,远望洞口,常被云儿遮蔽在暧暧之中。游者至此,多迷惘而不得入。

鳌鱼洞 位于黄山鳌鱼峰腰。洞呈三角形,宛若凿成。洞口刻有"天造"二字。穿洞而上,西折登于巅,出则天高地阔,一望无涯,即达"天海"。清陈逊诗云:"宇宙设大观,乃在黄山腹。一峰一变态,林峦互回复。路从鳌洞来,崎岖踏榛曲。经历经攀援,登穴屡踯躅。豁然出天海,坦步等平陆。"

鳌咙洞 位于黄山西海门下。洞上有钓鱼台,下有螃蟹石。洞口高约1米,进洞后渐高广,可容纳数十人。昔时去西海采药材、石耳者,常带干粮宿于洞中。

石

十八罗汉朝南海 石笋群。位于始信峰和仙人峰之间。其地石笋林立,形态各异,远眺如传说中的罗汉,面向南方,呈前拥后挤,争先恐后之状,人称"十八罗汉朝南海"。此乃言其大者,实则石笋无数,都跟人形相像,故又称"五百罗汉朝南海"。

*十八罗汉朝南海

八公石 位于黄山石笋矼左。八公,传为古代八位有才德的人,巧石形状与之神似。

九龙矼 位于黄山九龙峰下,矼上多岩洞。传说曾有修道者居洞中,以黄精充食。

飞云石 位于黄山西海门。其石所在,如栖片云,其势极险。

飞来石 位于黄山平天矼面端飞来峰上。高12米,长7.5米,宽1.5~2.5米,重约360吨。其下岩石平砥如台,长12~15米,宽8~10米。两石接触面积很小,上下不相属,似从天外飞来,故名。清胡蔚芝有诗云:"何处飞来不可踪,岩阿面面白云封。想伊也爱黄山好,来为黄山添一峰。"又此石状如蟠桃,因亦称"仙桃峰"。颖林庵前石柱峰顶、翠微寺侧、白云溪路东均有飞来石。

*飞来石

飞鱼石 位于距黄山一线天不远处。状若飞鱼，宛然生动，故名。

马头石 位于黄山青牛溪上。石如衢神骏，昂首而鸣，故名。

马迹石 见50页"马蹄石"条。

马蹄石 又称"马迹石"。在黄山芙蓉峰下。石上凹痕如马蹄迹，共有二三十处，深者约30厘米，浅者约5厘米，传说为黄帝骑马之行迹。唐释岛云有诗："堪信曾鸾驾，寻仙道已成。因过盘石上，如印五沙行。苔逐方圆匝，泉随深浅生。临回山色暮，拂拂翠云平。"

开门石 位于黄山苦竹溪至丞相源道中。两石夹立，仅容身过。

天鹅孵蛋石 位于黄山狮子峰北，鸡公峰前。形状如鹅，身下有许多圆形卵石，故名。

天牌石 见50页"天榜石"条。

天榜石 又称"天牌石"。位于黄山松谷道中，中刘门亭对面。巨石长方，形如黄榜，石上似有字迹，故名"天榜"。天榜石旁又有一石形如道士，峨冠博带，作凝目仰观天榜状，故名，俗称为"仙人观榜"。清吴菘有诗云："缘字垂千古，轩皇定有书。古今无复辩，片石竟如何？蝌蚪看明珠，烟云任卷舒。羽衣传劫火，即此是焚余。"

五百罗汉朝南海 见49页"十八罗汉朝南海"条。

丹井 巨石上一圆穴。位于黄山桃花溪南岸，虎头岩附近。巨石上一洞穴，口圆，直径约0.5米，深1.7米，底部呈螺旋状，多彩色卵石。相传黄帝曾在此炼丹，故名。旁刻"丹井"二字，为明汪道昆所题。明释智舷有诗："休心何必更参玄，丹井空余洗药泉。但得八千为一季，一年三万二千年。"

凤凰石 于黄山玉屏峰文殊院前可望见，形如凤凰。相传黄帝炼丹黄山，有凤来仪，变化为石。

引针石 位于黄山引针峰。峰头碎石有弱磁性，能吸针，故名。

孔雀开屏石 位于黄山白岳峰北崖。一石突起，仰头欲鸣，俗称"金鸡报晓"。峰北崖多呈五彩，伸展如屏，恰似孔雀开屏，故名。

双龟石 位于黄山石门峰。两山相遇，山半壁有大石横架其上。两畔相对，各有一大石床，形如龟，可通行人，故名。

石龟探海 石。位于休宁县齐云岩西北，舍身崖绝壁间。一石突兀横伸，下临深涧，若巨龟翘首望天，探身向海，故名。

石笋矼 位于黄山始信峰与仙人峰之间。矼上怪石参差，如雨后春笋。明吴廷简评称："石笋矼益奇益妙。别处一步一叫绝，到石笋矼则一步十叫绝。"清洪力行有诗："矼中石，拔地起，青冥直上三千丈，碧玉丛生几十里。"

*石笋矼

布袋石 见53页"法袋石"条。

龙头石 位于黄山白龙桥上方，桃花溪与白云溪汇合处。巨石形若龙头，双溪奔腾，恰似双龙飞舞，浪花飞溅，"龙头"时潜时露，活灵活现。石上刻有董必武手书"龙头"二字。

*龙头石

龙吟石 位于黄山白龙桥上方,桃花溪与白龙溪汇合处。巨石被水冲击,声若龙吟。石上刻有"且听龙吟"四字。

平天矼 位于黄山天海。海拔1 840米,为黄山之中部,南山、北山以此分界。矼长近千米,矼东为光明顶,矼西为仙桃、石柱、石床诸峰,矼北为后海,矼南为天海。

仙人下棋 见51页"仙人对弈石"条。

*仙人下棋

仙人对弈石 又称"仙人下棋"。位于黄山上升、始信两峰之间。中为古松,树冠平整如条几,两边各有巨石倚几盘立,状若对弈。

仙人床石 位于休宁县齐云山洞天福地祠后,邋遢卧床。昔游人到此,多喜在床上坐卧,俗传可治腰痛。

*仙人床石

仙人晒宝石 位于黄山松谷庵后冈上。有石如几,上有小石,状如元宝,旁刻有"风雨晦"三字。

仙人靴石 位于休宁县齐云岩正东,海天一望亭东。为一崩落岩石,其形似靴。

*仙人靴石

仙桃石 位于黄山天都峰上。过鲫鱼背,穿过第一个石洞,回首可见洞顶有三个圆石相垒,形似一盘蟠桃,故名。

*仙桃石

仙桃峰 见49页"飞来石"条。

*仙桃峰

印墩 石。位于婺源县西甲路村。一石浮于河面,若印,称为"印墩浮虹"。里人张聘夫有《题印墩》诗:"虬龙宝盖压津流,鸾凤腾空架石邱。泉乱春声铿部吹,山横幽影荡层楼。印金肘后应长系,竹叶樽前故自浮。会听渔讴归返照,过桥野色合悠悠。"

立佛石 位于黄山石笋矼右。此石如佛像站直,低眉顾盼众生,故名。

尼姑背和尚 石。位于歙县清凉峰。危崖壁立,中间岔分为两小峰,其形一如尼姑,一如和尚,高低重叠,呈背俯之状,成为清凉峰之奇景之一。天气晴朗时,人在城西太平桥上即可望见,唯角度不同,呈现月牙形态。

动石 位于黄山始信峰上。一巨石竖于峰顶,以手推摇,仿佛能产生晃动感,故名。

芗石 位于黄山夫子山下。明汪道昆曾题"石依林薄"四字刻于石上。明戴澳有诗云:"谁上莲花峰,手把莲叶摘?掷此清涧边,更名曰芗石。岁久风霜多,芗老石骨坼。"

达摩祖师石 位于黄山丹霞峰冈上。从狮子峰顶向西眺望,石状如僧,身披袈裟,若达摩祖师面壁状,故名。

回澜石 位于黄山桃花溪中,白龙桥上方。桃花溪水奔腾而下,一巨石砥其间,致溪水徐行缓流,波转涡回。石上所刻"回澜石"三字,为明歙县人江东之所题。明吴可文游此,恰遇雨,作诗纪之:"峰峻暮烟迷,壑转秋滩咽。凉雨一时过,回风舞乱雪。"

朱砂石 位于黄山朱砂峰下。石呈赭色,故名。唐释岛云有诗:"寒岩万丈陡崔嵬,只恐朱砂势便颓。采药客闻雷霹去,卧云僧见鸟衔来。丹霞回烁嵌空片,红日斜分突兀堆。但得神仙惠纤粟,便能轻举向瑶台。"

观音石 又称"观音洒净"。石前有小矮石,名"童子拜观音"。位于黄山天都峰麓,法象庄严,远近左右审视,皆无二致,可称天然雕塑。原先在观音石肘部,长有松树,如观音手持杨枝。

观音洒净 见52页"观音石"条。

扰龙石 由黄山散花坞小道,过二阜可见。巨石耸立,石顶有扰龙松。石因松名。参见86页"扰龙松"条。

轩辕船 见54页"船石"条。

龟鱼石 位于黄山天门坎下路旁,距莲花峰仅数十步。石窄而险,形如龟鱼,故名。

龟蛙跳涧 石。位于休宁县齐云岩西南6千米处。参差两岩石,匍匐溪涧边,若相将纵跃过涧者。

青狮石 位于黄山玉屏峰上。玉屏楼左、迎客松旁有一巨石,形如雄狮。若从天都峰顶遥视此石,移步换形之后,青狮又化作一只将头探入天池的金牛,故别称"金牛汲水"。

*青狮石

杵臼石 位于黄山炼丹峰下,洗药溪中。相传轩辕黄帝曾在此捣药炼丹。又普贤洞下亦有杵臼石。南宋程元岳有诗云:"药臼空遗千载名,丹成人向九天行。我来欲觅刀圭剂,只听寒泉佩玉声。"

松鼠跳天都 石。位于黄山天都峰侧的耕云峰顶。峰巅有一巧石,头东尾西,形似小松鼠,昂首拖尾,面向天都峰,状若欲跳,想跃过万丈巨壑,跃上高入云霄的天都峰。

*观音石

*松鼠跳天都

呼龙石 位于黄山白龙潭侧。石上刻有"呼龙石"三字。

金牛汲水 见52页"青狮石"条。

金鸡石 ❶位于黄山老人峰上。状如雄鸡,面对天门坎,鼓翼伸颈,作欲啼状,呼为"金鸡叫天门"。岩壁石刻"空中闻天鸡"。清洪惟有诗云:"一声高唱天门开,迎来东方红日来。职在司晨无计较,宁以峭壁不高飞。"❷位于歙县长陔岭西侧坡上。一巨岩高数十米,下部崩落,岩壁远看有文字形迹。民国《歙县志》载:"悬崖峭壁,隐约赤文缘字,俗传能读此则金鸡飞鸣,唐罗隐过,读之果验。"该岩体属紫灰色页岩,岩中嵌有石英石,每块宽约4厘米,长约50厘米,间距约30厘米,相错列如鸡爪纹。经长期风化,远望乃如文字。

采莲船 见54页"船石"条。

兔耳石 位于黄山文殊院至莲花岭道中,左右皆绝壑,石畔可望白岳。明许楚有诗云:"路生疑路处,峰在破峰中。此地许谁到?毛公与雪翁。"

净瓶石 位于黄山皮蓬前。石形如瓶,喻为观音手托之瓶。

放光石 见54页"浣火石"条。

法袋石 又称"布袋石"。位于黄山炼丹台右,有一巧石,形似寺院中弥勒佛的法袋,释家谓此袋中囊括未来三千大千世界,故名。

油榨石 位于黄山松谷庵下,油潭路旁。巨石横亘如床,因近油潭,遂因潭而名。

泥鳅矼 位于黄山云门峰北下。形若泥鳅,欲探云门,故名。

波斯进宝石 位于黄山颖林庵后。石贴峰壁,宛如波斯人,凹目高鼻,手捧奇珍,故名。

怪石嵯峨 位于黄山槛窗峰案门源长岭上。路面有石,状如狮,下唇部被雷击去,又有猫儿石,路东有老鼠石,统称"怪石嵯峨"。

姐妹放羊石 位于黄山莲花峰右侧山冈上。从龙蟠坡远眺,有二石如人并列,形同姐妹。前有石肖羊,故名。

指象石 位于黄山西海,距海棠坝5千米。此处奇松异石,罗列杂陈,东有一石,如人状,以手向西指去。所指乃一石如象,昂首东向而立,故名。

指路石 位于黄山蒲团松后,峰腰有一奇石如掌,食指朝天,名为"指路石"。

茶庵巨石 位于黄山至文殊院道中。石原踞山巅,在茶庵之上。明崇祯七年(1634年)七月,山水暴涨,巨石随之而下,至此而止。

*指路石

药铫药瓢石 位于黄山虎头岩下白云溪中,传说是黄帝炼丹捣药留下的遗迹。明方大治有诗云:"黄帝大丹成,白日骑龙走。石臼恍如新,仙踪今在否?"

香炉石 位于黄山逍遥亭下,如香炉,小巧有致,故名。

剑石 位于黄山落星泉后,有巨石依岩中裂,犹如被利剑所劈开。岩壁刻有"试剑石"三字。

狮子石 位于黄山和云岩下,清潭湾河中。形如狮子搏球。石中一潭,水碧如油。石上刻有字迹,斑驳不可辨认。明刘元凯诗有句云:"爱水心偏远,观山眼更青。"

炼心石 位于休宁县古城岩。明末杭清名将、义军首领休宁人金声每出游至此,于绝壁危崖下,临无底处,辄伫立俯视,足趾出崖外三分之一。旁观者股战,声曰:"吾炼心耳。"后人因谓其所立之石为"炼心石"。此石如巨崖悬突,上部略平,面积约10平方米。

洪船出海 见54页"船石"条。

洋湖矼 位于黄山洋湖旁。千顷洋湖,以矼为障,如同水库大坝。清程兼有诗云:"百道流泉落远峦,日光遥映水光寒。游人未到洋湖上,漫说三秋瀑布干。"

扁担石 位于临近黄山逍遥亭处。状如扁担,故名。

莺石 位于黄山松谷庵附近路旁。一石如莺,松籁寂静时,如闻其啭。

莺谷石 又称"碰头石"。位于黄山金沙岭下。

破肚石 位于婺源县城西南2.5千米处。元至正十八年(1358年),朱元璋部王弼、孙虎兵入婺,州守贴木儿不花御于此,败后杀其三子,与夫人力战死。

紧浅碗石 距黄山虎头岩不远处,上汤岭路东有一石壁。石壁中凹,如浅碗,山上一水如缕,流入此碗,溢而下注,四时不涸。

座盘石 位于黄山芙蓉岭东山。径舒而平,故名。

海船石 位于黄山石鼓峰后。深壑若海,云涌如涛,石如海船,鼓帆而进,故名。

浣火石 又称"放光石"。位于黄山莲花沟上。将石敲碎扔入火中,则彩霞星射,光彩夺目。传说用此石火熏衣,穿之可治痘疹。旧时山僧常以此石作为礼品赠送香客。

容成朝轩辕石 位于黄山鳌鱼洞口,可见对面山峰上耸立两块巨石,状如丈夫冠带临朝,俗称"容成朝轩辕"。

探水石 位于黄山近翠微峰处。久旱将欲雨时,是石如探出水面数尺,山民见之必欢呼雀跃,数日内沛然雨至,故名。

笠人石 位于黄山汤岭上。石状如人戴笠而立,故名。

停雪石 位于黄山醉石旁。泉水淙淙从石壁流下,下有石,朝阳部分洁白,背阳之处黝黑,犹如积雪停留青石上,故名。

船石 原名"轩辕船",又名"采莲船""渡云船""洪船出海"。位于黄山莲蕊峰顶,桅樯毕俱。

象石 位于黄山文殊院右。巨石如大象蹲伏,头部有长石翘起,若大象伸鼻。与青狮石合称为"青狮、白象"。在佛门中,狮象为文殊、普贤两尊菩萨的坐骑,故被视为佛力的象征。

*象石

猫石 位于黄山莲花洞。洞前奇峰嶙峋,顶部有石笋,笋端有石如猫,两耳直竖,尾背俱全,踞伏其上,故名。

望夫石 位于黄山玉屏峰西。从"大士岩"前望,岩壁边有一巧石,形如少妇,立于石台,面对深壑,似在盼望远行的丈夫回来,故名。

弹琴石 原在黄山水帘洞中,后移至桃源庵。石状如琴。明汪道贯有诗云:"山头一片石,流水鸣溅溅。薰风忽相激,吹入伯牙弦。"

棋盘石 ❶位于休宁县齐云山岐山石桥岩。沿小径东北行即达。一石峙立,上圆而平,宽约6米,形如棋盘,明徐霞客《游白岳日记》载:"行山脊二里,则棋盘石高峙山巅,形如擎菌,大且数围。"❷位于黄山钓桥庵下,寿延桥上。石在路面,形方如几,相传有仙人戏弈于此。

*齐云山棋盘石

跑马矼 位于黄山夫子峰下,大战岭旁。传说黄帝曾在此跑马游戏。矼下有黄帝坑。

蛙石 位于祁门县彭龙乡历溪村。村旁溪中多团石,小如坛,大如缸,矮如凳,高如桌。溪边杨柳下,一石如蛙,可容数人,名"蛙石"。有双孔,左右各一,孔中积水,照日有光,恰似蛙眼。降雪时,蛙身皆白,唯双眼黢黑发亮,称"雪蛙"。

鹅鼻石 位于黄山山岔复兴桥西山上,近丞相东源。形态昂昂如鹅首,故名。

猴子石 位于黄山狮子峰北面。一石如猴,蹲于峰顶,名为"猴子过山"。云海起伏时,称"猴子观海"。云消雾散后,远处太平县(今黄山区)乡村风光,历历在目,又称"猴子望太平"。又去皮蓬的三岔路口,右眺山岙间,有巨石独立如猴,怀抱一石如蟠桃,名"猴子捧桃"。又因石桃也像小猴,俗称"猴子抱猴子"。

童子拜观音石 ❶位于黄山天都峰麓。有巨石亭亭,酷似观音菩萨像,面对观音又有一石,如跪地下拜的童子。又在松谷庵附近,有对峙两石,大者若合掌趺坐,小者若鞠躬下拜,亦称"童子拜观音"。❷位于休宁县齐云岩西南6千米处,洪坑村南。一巨岩拔地而起,长裙宽袖,亭亭玉立,其前一小岩,玲珑如童子,因名。岩自东向西观看,又似一龙钟老翁,与一童子结伴,蹒跚前行。

* 黄山童子拜观音

* 跳石

渡云船 见54页"船石"条。

鹊桥石 位于齐云山齐云岩西南,鹊桥峰北。一石横卧,酷似牛郎织女相会于天河,故名。

蒲团石 位于黄山小心坡上,一线天下。石半坦如蒲团,正对天都峰。游人至此,可息足,可仰观天都胜景。

楼上楼 石。位于休宁县齐云山齐云岩西3千米处。北对巨门峰,前临深谷,青松参天,清净幽雅。巨岩垂直如壁,高30余米,长70余米。由风吹雨打形成上下两层天然石室,复经道家依势创辟,成了幽美奇特的楼阁,题名"第十三楼"。

慈航石 位于黄山炼丹台左,石状如船。因近大悲院,以"慈航普度"之意命名。

蜡烛石 位于黄山金沙岭道右山谷内。两石柱相对耸立,顶部风吹日晒,蚀成烛泪斑斑异形,宛如点燃过的一对蜡烛。清曹来复诗云:"露滴蜡流泪,云起篆烟浮。寂寂空山里,仙人好夜游。"

横云石 位于黄山三观岭南腰。从文殊院至此,巨石横卧似阻绳不可通,常有云雾绕于石上不散。明桐城人孙晋题刻"横云"二字于石。

醉石 位于黄山温泉至汤岭道中,近鸣弦泉。巨石斜立,相传李白曾在此饮酒听泉,醉后绕石三呼,故名,石上所刻"醉石"二字,为明嘉靖二十年(1541年)罗渊章题。明谢室《醉石歌》云:"我来拜之复长

* 楼上楼

碰头石 见54页"莺谷石"条。

跳石 位于歙县跳石村。村前溪中有一巨石,离岸数丈,相传古有一罗腰者自河岸一跃而上,并在石上留下足印,故名。后人迁居于此,遂以名村。

猿猴石 位于黄山双龟石左。石如猿,动静各肖其形。

* 醉石

喟,众人皆醒尔独醉。知君埋照不肯言,惟余解尔醉中意。醒者营营不得闲,何如长醉卧空山?"

鹦哥石 位于黄山一线天。石碧,形如鸟,故名。

藏舟石 位于黄山桃花溪中。石首尾状如船头,隐于深壑之中,故名。

麟石 位于黄山虎头岩下溪中,距丹井仅数步。因石头纤小奇巧,故称。

台

七星台 位于休宁县齐云山太素宫西,石鼓峰巅。昔筑"万法雷坛"于此。

千佛台 位于休宁县齐云岩西南,独耸峰北。一巨岩秃净无草木,岩面造化天然,显僧佛群相。

飞升台 位于休宁县齐云山舍身崖左,下临百丈深壑。相传有道士在此羽化登仙。

飞鹤瑶台 位于休宁县齐云山拱日峰巅。一石兀展如台,面积约9平方米,今筑石栏杆,方便游人观览。

乌龙台 位于休宁县汪村镇南,六股尖东约2千米处,南麓与婺源县交界。海拔1 449.4米。

文殊台 位于黄山文殊院前。明万历年间,僧普门感梦入山,至此于台后建文殊院。台前风景绝胜。

打石降 岗台。位于婺源县东,距县城50千米。与五龙山连脉,主峰海拔1 164米,山石风化,多剥落,故名。

石牛塔 岗台。位于婺源县西南玉坦村附近,距县城20千米。山形若塔,上有大石状如牛,下有石池,清泉不竭。池畔峭壁,嵯峨不可攀登。中有仙人杖履迹。据乡民言,久旱时,其山巅有云气即下雨。

仙人台 位于歙县北。台高180余米。台下溪水环流。世传容成子曾居此修炼,有丹灶遗迹。明本村人汪佐追慕仙风,在此刻像立祠。台下有村名容成,汪氏世居。

白石塔 岗台。位于休宁县鹤城乡西南,与婺源县交界。海拔1 019米。

外溪岗 岗台。位于休宁县龙田乡、岭南乡之间,南麓与浙江省开化县交界。海拔1 276米。

立雪台 位于黄山文殊院右,台畔有石如鹤立。清曹鈖诗云:"僧曰兹境佳,严冬益辽廓。积阴寒气浮,散漫天花落。"

任公钓台 位于歙县许村昉溪边。河畔有一巨石,上面可坐数人,相传南朝梁天监年间,新安太守任昉隐于许村,常在此垂钓休闲。后人为纪念任昉,故名。

观星台 位于休宁县齐云山展旗峰巅。石展如台。昔筑有"广济雷坛"于台上,早圮。现建毓秀亭,供游人小憩。

观音台 位于休宁县齐云山齐云岩西南,群仙楼通往洪坑道侧。一巨石形似观音菩萨,故名。

李白钓台 见57页"浔阳台"条。

初仙台 位于休宁县齐云山三天门前,巨石广平如台。

钓月台 位于黄山丞相源龙凤庵。台侧刻有"月岩读书处"五个大字,下署"采老人题"。字迹已剥蚀。

金太史读书台 位于休宁县城北郊凤凰山。山顶较平。明末抗清名将、义军首领休宁人金声青年时曾在此读书。

郑公钓台 又称"富登钓台"。其一位于屯溪区东郊富墩渡口的石壁上,另一处位于黄山温泉附近的崖石上。两处均在岩石上镌刻"郑公钓台"四字。郑公即郑玉,元末著名学者,一生清高狷介,不愿做官,潜心于黄山、白岳之间,平日以讲学、作诗、著述为乐事,尝于此垂钓。钓台石壁有篆书石刻"郑公钓台"四字,平章余廷心所书。明成化二年(1466年)程敏政有《富登钓台》诗一首:"相公湖边一拳石,截断湖光三百尺。射蛟人去今几年,谁扫云根看遗迹。师山先生性爱山,偶然得此青孱颜。临流坐钓不知晚,渔樵并载扁舟还。武威余公天下士,特与先生题篆字。良工刻入断岸傍,遂使溪山增胜事。……钓丝已遂野烟飞,字画多为古藤络。师山之节峻且孤,武威之字人争摹。忠贤所遗众所宝,泉石清奇何处无。"

法石台 见57页"清凉台"条。

思耻台 位于休宁县齐云山最高峰下。凿岩为台,为山间道士犯教规者面壁洗耻处。明学士耿楚侗题"思耻台"三字刻于石。

炼丹台 位于黄山炼丹峰下。高旷平衍,海拔近1 800米,台石皆紫色。台前一小峰,名"紫玉屏"。立身台上,仰视天都、莲花诸峰,如浮屠对峙。清吴蔚有诗云:"黄帝丹成处,遗踪有古台。乱峰吹雨过,绝壑卷云来。松老不知岁,山奇何日开?游人谈往迹,听罢意悠哉。"

*思耻台

浔阳台 位于黟县城至渔亭的公路上。台上有"浔阳台"三个擘窠大字。相传李白曾于此垂钓,故又称"李白钓台"。

诵法台 见57页"清凉台"条。

凌虚台 位于休宁县齐云山太素宫南,石柱峰巅。一石平整如台,突伸岩外。登台俯瞰,月华街尽收眼底;远眺黄山诸峰,若隐若现。

容成台 位于黄山容成溪,近黄山谷口处。游黄山者至此"渐入佳境"。明戴澳咏容成台有诗云:"奇迹久已没,空名今尚存。士人能识处,搜胜暂停轩。经满鹿行迹,崖留水落痕。"

黄荆墩 岗台。位于婺源县西北车田村,距县城35千米。其处平地突起石山,状若长虹,首尾有饮虹两池。山上荆棘丛生,故名。

野猪垱 岗台。位于歙县清凉峰北坡(今绩溪县伏岭镇辖区内)。海拔1 499米。为一山间湿地草甸。小溪流贯其间,分上下两垱。垱南侧为悬崖怪石,直落千米。

船槽岭峡 岗台。位于婺源县西北,距县城30千米。山甚奇秀,大小船槽有五。文献载远古时槽中有水,可以木筏渡人。山后石屏下有两洞,俗传洞内有穴直通鄱阳湖,左右有日山、月山夹峙。

望仙台 ❶位于休宁县齐云山。传说灵乙老道于此驾云登仙,其徒期待超度,彻夜企望,故名。❷位于黄山狮子峰清凉顶后冈。登此台,黄山北麓之乡村、田野,尽收眼底。

望敌台 位于祁门县凫峰镇。清道光《徽州府志》载:"望敌台在十都东瀛尖,其山高五十仞,唐胡仆射命士卒筑台于上,以观巢贼虚实。"今废。

清凉台 原名"诵法台",又名"法石台"。位于黄山狮子峰。台方正平削,纵横丈许,三面临渊,纵目寥廓,是观日出、云海的最佳场所。台侧一松,状如折扇,名"扇子松"。

*齐云山望仙台

*清凉台(1)

*清凉台(2)

琴台 一在黄山始信峰顶定空室,一在黄山丞相源龙凤庵,均为乾隆末年隐士江丽田弹琴之所。

落石台 位于休宁县。横江水经齐云山麓西来,夹源水由北奔腾南下,两流交汇在休宁县西南郊玉几山西北麓。相汇处,有深潭,名"落石潭",潭中有巨石,若白云天下落,名"落石台"。台面平整,可容百人。潭南峭壁间多元、明、清时崖刻,经风化尚存16处,如"落石寒波""嶙峋写照""山高水长""云头石""断石""三山聚秀"等。峭壁之上,旧有寺庙亭阁,今遗址尚存断砖残瓦。昔时舟楫上下,多在此停泊。明夏雨金有《游落石台》诗纪胜:"倚云一座劈壶天,空外松风奏管弦。曲折寻危如线引,仰搭天梯俯入井。老僧指点石从落,半眠潭水半山脚。"

雄狮子岗 位于绩溪县荆州乡朱显村东,东连康山岭。海拔1 782米。南麓出一巨大陡崖,长千余米,自西往东由50米增高至125米,状如狮,故名。

富登钓台 见56页"郑公钓台"条。

詹东图读书台 位于休宁县齐云山岐山石桥岩东。詹景凤,字东图,自号白岳山人,明隆庆年间进士。仕途不得志,遂寄情山水,筑书斋于此,自题"詹东图读书台"。

满天星 岗台。位于休宁县白际乡、璜尖乡之间。海拔1 150米。

箬岭头 岗台。位于歙县与太平县(今黄山区)交界处。顶脊主要为草坡,产有龙胆草等药材;中下部灌木密织,间有松、杉、枫、橡和黄檀等乔木;缓坡辟为茶园。岭道开凿于隋末,为黄山东支山脊的主要隘口,南通歙县许村,北入太平县,东达旌德县,为古代歙北粮运的主要通道。

水

七布泉 位于休宁县齐云山岩西南,天柱峰下。重峦危崖,飞泉飘洒。

人字瀑 位于黄山紫石、朱砂两峰之间。海拔660米。此瀑一源两流,呈26°夹角相交,形如"人"字。瀑长50米,如两条白龙奔注岩下,溅珠喷玉,声震山谷。

*人字瀑

九龙池 又称"九龙潭"。位于黄山丞相源下九龙瀑处。飞泉百丈,直落岩下,注潴成潭。潭叠为九,或方或圆,水色澄虚。前人游记云:"涧落为瀑,瀑落为潭,潭复落为瀑,九叠也,故名九龙。平时涧枯水缓,则潭色澄碧,如悬片玉,远观不畅。雨过则水急潭深,盘旋飞挂,真白龙矣。"明杨补有诗:"欲下青峰趾不前,断崖立杖更依然。直看九派飞流下,消入苍茫破作烟。"

九龙泉 位于休宁县齐云岩西南九龙岩。雨后,九股山泉齐自岩壁飞注而下,气势如虹,故名。

九龙源 位于黄山九龙峰下。源中险峻幽深,晴朗天气亦常有山雨欲来之势。

*詹东图读书台

*九龙源

九龙溪 位于黄山九龙峰下。溪流曲折,水色清纯,呈龙翔之态。

九龙潭 见58页"九龙池"条。

*九龙潭

*九龙瀑

九龙瀑 位于黄山丞相源与苦竹溪之间。此瀑汇天都、玉屏、炼丹诸峰之水,自香炉峰悬崖九折而下,一折一潭,形似九段飞瀑。山僧心智有诗纪胜:"一泉为九叠,万仞落高峰。一叠一潭雪,潭潭似有龙。"

九曲泉 位于休宁县齐云山白岳峰南。水经涧曲折注入白岳园村。

三合河 见70页"旋溪"条。

三坎潭 位于黄山海棠坝上,自天海、西海而下之水,至此分注三潭,称为"头坝""二坝""三坝"。景色深幽静邃,与铁线潭相伯仲。

三味泉 位于黄山天海,近天海庵。泉水清涟,俗传饮此水可使人头脑清醒。

三叠泉 位于黄山南部,抵近鸣弦泉。泉水下泻,沿石壁流经三个陡坎而成为三折,故名。岩旁石壁上,镌有"三叠泉"三字,为明嘉靖二十年(1541年)罗渊章题刻。

大龙井 见60页"天中泉"条。

大北河 又称"历水""北河""大北港河"。源于祁门县古溪乡大洪岭西麓,经历口镇、渚口乡、芦溪乡至倒湖汇入阊江。长71.4千米,流域面积523.9平方千米。

大北港河 见59页"大北河"条。

大洪水 见70页"阊江"条。

大洋湖 位于黄山北部洋湖上,属自然湖。湖面宽广,碧水盈盈,波光粼粼。周围群峰起伏,春天,山花烂漫;夏天,瀑溪泉鸣;秋天,丹枫一片;冬天,银树冰挂,山水相映,增添秀色。

大洲源 发源于皖浙边界老山西,在歙县岔口西流汇入新安江。长约40千米。因河口有大沙洲得名。

*大洲源

大鄣河 古称"小昌溪"。源出绩溪县清凉峰下蕨岭。长13千米。西南流经班肩坞、蛇墓坑、黄泥口塔、岭脚,过百丈岩折南流,出泉坑口入歙。全程处于深山峡谷中,水流湍急。山中有飞泉下注,在百丈岩下有龙潭、葫芦潭,深皆莫测。流域面积41平方千米。

大源 位于歙县周家村,为大洲源支流。长约22千米。

大源河 发源于绩溪县上庄镇西北之上金山。长48千米。因流经大源峡谷,故称。上游称"常溪",纳大会山、庐山合流之水;中游流程22千米,处大源峡谷中,河道扭成18个大弯;下游流经丘陵地带,至蒲州与扬之水汇合。主要支流有昆溪、庐水、庄川水、新溪水、茶源水、新岭水等。流域面积164平方千米。

*大源河

小灵池 见69页"桃花潭"条。

小昌溪 见60页"大鄣河"条。

小洋湖 位于黄山北部大洋湖东北。较大洋湖小,两湖相距2.5千米。自小洋湖下行,向东可至芙蓉岭。

小洲源 发源于歙县黄备村,东流至小川入新安江。长约16千米。因河口有小沙洲得名。

小潋水 见74页"潋溪水"条。

千秋泉 位于黄山。泉水清澈。相传用此水泡茶,有清脑提神之效。

千秋潭 位于休宁县东林塘村(今属屯溪区),距县城8.5千米。相传潭有奥洞,龙潜于内。旧时,民间多来此祷雨。

飞雨泉 位于休宁县齐云山紫霄崖巅。飞泉下注,因风力斜洒入太乙池,溅石跳珠,一年四季从不间断。明梅鼎祚有诗纪胜:"悬崖晴雨飞,横空清吹发。方池湛虚明,恍惚对秋月。"

飞泉溪 位于黄山。泉出高原,飞流直下,冲击巨石,激成大珠小珠,飞洒入溪。

*千秋潭

马尾泉 位于休宁县齐云山紫驼峰北。泉水自崖隙中涌冒、喷射,状若马尾,故名。

丰乐水 位于歙县西部(今徽州区境内),源出黄山南麓剪刀峰,汇集浮溪、阮溪、漕溪、容溪、濲川诸溪之水而成,河水从崇山峻岭中逶迤而出,穿林过镇,浩荡南行,经西溪南村以后折向东流,横穿徽州区岩寺中心城区,经歙县揭田、郑村、潭渡至歙县城西汇入练江。河道长78.3千米,宽57~89米,流域面积514平方千米,其中西溪南至歙县古关段两侧多为河谷盆地,素有"徽州粮仓"之称。其中游流域古称"丰乐里",故以丰乐名水。河水清澈明净,一年中除汛期外,水流基本平稳。河两岸山峦叠翠,林木参天,桑田绿地交错,茶园农舍掩映,一派山水田园风光。东晋以来,其中下游陆续建有昌堨、条垄堨、雷堨、吕堨、鲍南堨等古堨坝,至今仍在农田灌溉中发挥重要作用,有"江南小都江堰"之誉。

*丰乐水

丰溪 发源于黟县方家岭南麓。南流经程家山、丰口入西武,再经光村、余光村与武溪汇合,长约11千米。

天井窟 见61页"天龙池"条。

天中泉 位于休宁县齐云山齐云岩西8千米大龙井处。泉水倾注入潭,浪激轰鸣,水花四溅,潭深莫测,俗称"大龙井"。

天龙池 又称"天井窟"。位于牯牛降历溪坞。该池是历溪坞众多水池中最著名的一处。池水碧绿如玉,深不见底。相传有人用大捆长绳,绑上石块测试深浅,但仍不见底。传说池边巨石是东海龙王的床,故名。

天池 位于黄山玉屏峰东,文殊洞左前方。海拔1 680米。为高山自然水池,后经加工,深7米,直径10米。椭圆形,蓄水1 000立方米,山巅之上,一池碧玉,山水相映,景色秀丽。

天泉 位于休宁县齐云山岐山石桥岩东。泉水溢自岩缝,清澈甘洌。有诗云:"此泉君自酌,中味鲜人知。"明朝有天泉书院,院名取于此泉。

天眼泉 位于黄山狮子峰。细流滴沥,久旱不涸,水味甘美。

云门源 位于黄山云门峰下。源中云水苍茫,不见溪流所在,唯闻潺湲之声。水入云门溪,合浮溪水入丰乐河。

云门溪 位于黄山云门峰下,水出"门"中,东南流注白云溪。

云门溪诸潭 黄山云门溪中多潭,据《黄山志定本》载,其地潭累累,壁崭崭,松青青,偏僻,境幽,径险。山岚树色,倒影潭中,相映成趣。

云水泉 位于黄山双松桥侧,云水亭遗址下。山泉长流,四时不歇。

云岩湖 即今岩坑水库,位于齐云岩西南13千米处,截岐山诸溪涧,蓄流而成。宽90米,水面180万平方米,湖面主航道4千米。其间湖汊纵横,为游览、游泳、垂钓胜境。

*云岩湖

五云源 位于黄山浮丘峰下。相传浮丘公于此处乘五色云彩升空仙去。源水入浮丘溪,合曹溪而下,入丰乐河。

五龙泉 位于休宁县齐云山玉屏峰齐云岩下。五股山泉奔泻下注,状若飞龙,汇于太素宫内仙井,再入龙池。

五龙潭 位于黄山松谷溪中。潭有五,深浅不一,水色各异,依次为赤龙潭、白龙潭、青龙潭、乌龙潭、老龙潭,以乌龙潭、老龙潭最美。历代题名有"漱玉""流翠""玉检""珠渊""瓒玉""空青""澄碧""悬黧"。明徐霞客游记载:"抵青龙潭,一泓深碧,更会两溪,比白龙潭势既雄壮,而大石磊落,奔流乱注,远近群峰环拱,亦佳境也。"

五城水 源出婺源县五岭及休宁县颜公山之水,合流于龙湾、溪口。

*五城水

历水 见59页"大北河"条。

车轮滩 见65页"吕公滩"条。

屯溪 河段名。在新安江上游率水与吉阳水(横江)汇合处,属古渐江率口河段。清朱彝尊《重建屯溪桥记》述及屯溪的由来:"或曰孙吴时毛甘屯兵万户于是,故溪以屯名。"

戈溪河 源出绩溪县太子山西麓,长22千米。经和阳、家朋、金沙三乡。流域内崇山峻岭盘结,支流多,水量丰富。水系如张开之折扇,广布于绩溪县境东北部。至38号桥与金沙河汇合,继过五丰陂入宁国称"西津河",为水阳江河源。主要支流有涧溪、桐源河、中坞水、兵杭河等。流域面积160平方千米。

牛泉水 位于黟县牛泉山下,东南流过石鼓山麓。汇吉阳东水,入休宁东亭,长40千米。

长溪水 婺源县西北水。源出五花尖,经戴村、方家、长溪、港头,至车田流入浮梁县境。全长31千米,流域面积73平方千米。

*戈溪河

*文闪河

月池 又称"香砂池"。位于黄山莲花峰绝顶处,池圆若月,池水常年不涸。《黄山志定本》载:"窟中产放光香砂,倏有倏无,明隐时现。"

月潭 位于休宁县西南20千米月潭村西北。率水在此回流为深潭。潭上两山相揖,对峙如门。潭形圆如满月,故名。

*月潭

丹霞溪 位于黄山丹霞峰下。《黄山志定本》载:"时有流霞随水出,故名。"

凤岩溪 位于休宁县齐云岩西8千米处,万寿峰北麓。溪水流注横江。

凤眼泉 位于休宁县西凤山西南麓。旧有凤湖,涸为池,泉当凤湖之眼,故名。

文闪河 源于祁门县箬坑乡榉根岭,经箬坑、文堂、闪里、坑口,流入江西省杨春河,注入鄱阳湖。境内长22.7千米,流域面积170.1平方千米。

甘泉源 位于黄山圣泉峰下。水味甘美,流入甘泉溪。泉声淙淙,如奏笙簧;芳草茸茸,如铺绣绮。

甘泉溪 位于黄山圣泉峰下。溪水清冽,味甘美。

古川水 见66页"尚田河"条。

古坦水 婺源县西北水。星江水系正源。自郡公山、大广山出,至武口与段莘水汇合。全长67.7千米,流域面积290.7平方千米。

古油潭 见74页"翡翠池"条。

古筑河 见66页"武溪"条。

石门亭水 见68页"荆州河"条。

石门源 位于黄山石门峰下。源口双岭对峙,石峡如门,源水夺门而出,流入石门溪。

石门溪 位于黄山石门峰下,水流入丞相东源。

石门滩 位于婺源县城西下5千米处。其地两石夹峙,因名"石门";滩流喷涌,险比滟滪,故又名"虎滩"。滩长1 000米,宽70米,礁石犬牙交错,波光闪烁,水流湍急。

*石门滩

石井潭　位于黄山新罗源口，近九龙潭，潭阔水深。

石室源　位于黄山石床峰下。有石室，深数十米，清静幽深。《黄山志定本》载："爱居爱处，人世间小歇脚场，真安乐窝也。寄语死心学道人，当无为青山白云所待。"

石壁源　位于黄山石柱峰下。源中石壁峭立，雾气缭绕，壁上石液盈盈，四时不竭。

布水源　位于黄山清潭峰下。源水喷涌，奔射如布，注入清潭。

布射水　位于绩溪县和歙县区域，流长约35千米，源自歙县、绩溪县边境的黄柏凹，夹岸丛山峡谷，曲折南流，至江村始平衍，于歙县城北郊汇入扬之水。此水下游河床无定，古人乃于水边筑射导水。"射"为徽州方言，指石砌方形构筑物。水至射即折而改向，如箭离弦，河亦由此得名。

龙川水　位于绩溪县瀛洲镇中北部，源出龙山，长7千米。流经岭里、岭外，至坑口注入登源河。溪流奔泻于丛山翠谷中，景色雅秀。河口处有明朝所建龙川胡氏宗祠及胡宗宪、胡富奕世尚书坊。

*龙川水

龙井潭　位于休宁县西南冯村乡南部六股尖，潭上有瀑布，为新安江源头第一瀑。高数十米，如银河泻碧、苍龙吐雾。清袁枚有诗赞云："五丈以上尚是水，十丈以下全为烟。"瀑布长300余米，蜿蜒曲折，不见源头。

龙须源　位于黄山望仙峰下。源中产龙须草，长者可织席。相传黄帝与浮丘公、容成子在黄山炼成灵丹，乘龙升天时龙须折断坠落，因成此草。

龙涎泉　位于休宁县齐云山岐山石桥岩大龙宫石室内。室内山石皆紫色，独有一青石状若龙形盘旋蜿蜒，头部垂空，水从龙口涓涓流下，故名。明徐霞客《游白岳日记》载："岩下因岩为殿，山石皆紫。独有一青石龙蜿蜒于内，头垂空尺余，水自龙口下滴，故曰龙涎泉，颇似雁荡龙鼻水。"

*龙井潭

龙溪河　古称"考溪水"。源出绩溪县校头乡枣庄岭，长15千米。北流经仿偶、考溪、楼下，纳西坑水再经大溪，过龙门岭入旌德、宁国汇入西津河。流域面积55平方千米。

龙潭　位于绩溪县浩寨乡社屋坑西，有泉从石洞涌出。洞口阔三四米，岩石犬牙交错，酷似龙嘴，吐水终年不绝。水下成潭，称龙潭。水从悬岩泻下，跌差30余米，形成瀑布。

东夹溪　见65页"夹源水"条。

东港　见74页"横江"条。

北河　见59页"大北河"条。

甲溪　发源于黟县棠梨岭，南流经溪头、甲溪、历舍等村，入休宁境。岩石河床，长约12千米。

*甲溪

白马源 位于黄山芙蓉峰下。相传黄帝曾乘白马游行于此，源南有马蹄石。

白云溪 位于黄山云际峰下，溪水东流注入桃花溪。唐吴巩有诗云："山径入修篁，深林蔽日光。夏云生嶂远，瀑水引溪长。秀迹逢皆胜，清芬坐转凉。遥看玉尊夕，归路赏前忘。"

白龙溪 位于黄山采石峰白龙源下。溪水明莹，清澈如镜，山光树影，倒映成趣。

白龙潭 位于黄山温泉桃花溪中。数巨石围潴成渊，深不可测，高10米有奇。巨石后经开采，现潭水已浅。潭旁悬崖原有元郑玉题刻"龙潭"二字。唐释岛云有诗咏其胜："中有白龙盘，偷湫见说难。风云随步起，雨雹出山寒。鸟道悬青壁，天河泻碧湍。轩皇曾向此，金鼎炼还丹。"

白鹿源 位于黄山石人峰下。《黄山志定本》载："源中昔有白鹿，其毛胜雪，人猎之，莫能获。"

白鹤溪 见74页"横江"条。

*白鹤溪

永来河 古称"沧浪水"。源出绩溪县清凉峰北坡野猪挡。长17千米。北流直泻永来村，折东流，经银龙坞纳清凉峰水，入浙注天目溪。

尼潭 见74页"霓潭"条。

吉阳水 ❶起源于黟县吉阳山，有东西二水：东水过噎潭、潭口，直流白芳渡；西水经屏山村，汇入漳水。两水至东亭相汇，各为横江上源。孙学治《吉阳水》诗云："山南流水下渔亭，山北流水下东亭。行到齐云山下合，水声似说故乡情。"东水即"山北水"，西水即"山南水"。❷见74页"横江"条。

考川水 又称"汪村水"。源于黟县渔亭镇霸王尖，东北流经考川、汪村、李村、岩下、下坦等村入横江。长约9千米。

考溪水 见63页"龙溪河"条。

老龙潭 见66页"汪波潭"条。

扬之水 源出绩溪县仙人岩尖北坡中降山北麓，在绩溪县境内流长40千米。河源东北流，至扬溪纳波川山与歙岭合流之水，折向西南进入中游。中游流至县城，后有际坑源水、王家源水、乳溪水、翚溪河等支流注入，至曹渡桥进入下游。下游河道弯曲，至蒲川与大源河汇合，过临溪西与登源河合流进入歙县境。在歙县境内流长约18千米，自东北向西南，纳竦溪、富溪诸细流，与布射、富资、丰乐三水会于太平桥而成练江。古时渔舟竹筏可溯扬之水而上至绩溪县临溪。

*扬之水

百丈泉 ❶位于绩溪县大鄣山西南口，悬崖深涧，水鸣如雷。❷位于休宁县齐云山齐云岩西。山泉自丹崖飞流奔泻，崖高60余米，气势雄壮。明《齐云山志》称为"丹泉"。

百丈潭 位于黄山紫石、清潭两峰之间。百丈泉自悬崖下泻，趋乎急涧，如积雪之未溶，乱云之初起，下注成潭，潭因泉名。明方大治诗有句云："东风敛夕霏，山色霭晴晖。天上银河落，潭边白练飞。"

百丈瀑 位于黄山紫石、清潭两峰之间。瀑高近百米。晴日，细流涓涓，如轻纱薄雾；雨后，急流直下，如白练长垂。

百花源 位于黄山飞龙峰下。多奇葩异萼，花时五彩缤纷，香气沁人心脾。

百药源 位于黄山布水峰西麓。异草奇花遍生，人称其源为百药源，实际上不止100种。此源之水流入红泉溪。

*绩溪百丈泉

*百丈瀑

*夹源水

夹源水 又称"休宁河""东夹溪"。源出休宁县石坬山。南流,多曲折,三面旋绕休宁县城,回环如带,至城南汇入横江。

曲水 位于婺源县东北段莘村水口,距县城35千米,为段莘水上游。五龙山诸水至此曲折而下,景物佳胜。清段莘学者汪绂常游于此,有记谓:"人当操练性情,乃见山水真趣。"其母江氏亦尝谓女伴:"恨不于此建三间茅屋,读十年书。"

吕公滩 古称"车轮滩"。位于歙县东南新安江中,距县城10千米。其地乱石嶙峋,水流湍急,行船至此,环转不前,若车轮打转。歙州刺史吕秀重募人凿石为港,遂成安流,后人因名以吕公滩。

朱砂泉 ❶位于黄山朱砂峰下。相传黄帝尝取此泉炼丹。元儒赵汸诗云:"空岩荫方池,丹泉何氤氲?炎火孰张设,蒸熬泛春温。"❷见65页"汤池"条。

朱砂源 位于黄山朱砂峰下。源深莫测,唯闻水声潺潺。水入朱砂溪。

朱砂溪 位于黄山朱砂峰下。溪水东流入桃花溪,汇入汤泉溪。

休宁河 见65页"夹源水"条。

羊栈岭水 源自黟县羊栈岭脚,东南流汇黟溪源水、虞山溪水出休宁东亭,与漳水、渔亭水合入新安江。

江湾水 婺源县正东水、段莘水支流。上源溪西水,源自休宁扶车岭,流经黄泥坦、大畈、济口,纳济溪水经浯村,至大鳙源口合鳙水,再经中平、江湾、湖山、汪口汇入段莘水。全长41千米,流域面积24.7平方千米。

汤池 原名"汤泉""朱砂泉"。位于黄山紫云峰下。此泉"口大如碗,涌沸石间",其下细石,皆若丹砂,泉从砂中出,沸若燔汤。有冷泉一缕,从泉上石壁中出,届冬则涸,适以调剂其温凉。泉边石池天成,长约3米,阔约1.5米,池水清澈,水温最高44℃,最低41℃。水质纯正,温度适宜,清澈甘醇,可饮可浴。泉外石壁上,有明朝题刻的"天下名泉""飘然欲仙""蒸云""不浴心不清"等石刻。

汤泉 见65页"汤池"条。

汤泉源 位于黄山紫石峰下,源水流入汤泉溪。

汤泉溪 位于黄山紫石峰下。《歙州图经》载:"黟山东峰下香泉溪中有汤泉。"

汊水　位于休宁县南25千米处。有二源：东出白际、佩琅，南出马金、璜源。逶迤20千米，合流为一，环绕歧阳山。又北流10千米合率口水。

阮公源　位于黄山上升峰下，近始信峰，源水入阮公溪。

阮公溪　位于黄山上升峰下。相传道人阮公常至此游憩。明汪大成有诗云："阮公溪下水平分，倒泻银河漾斗文。赏月有槎过羽客，还丹此地叩神君。崖悬古木常无日，龙卧空潭半是云。熟煮朱砂池上石，归来长啸谷中闻。"

阮溪　源于黄山兴岭，流长约14千米，为丰乐河上游。其水南流经箬箬坑、冈村等地与浮溪汇合，注入丰乐水。相传道人阮公曾在此修炼，故名。

阴坑源　位于黄山叠嶂峰下。因处后海之中，终古不见日影。凉风肃肃，寒气袭人。三伏酷暑时源中却有三秋气候。源水东流入白云溪。

丞相源　位于黄山钵盂峰下。源长15千米余，传为南宋右丞相歙县人程元凤隐居之所。明黄克谦诗云："簇簇青莲拥化城，古原高木石台平。不知丞相埋山骨，多少游人问姓名。"此源又称"掷钵源"，清释震朗诗有"树里钟声群谷应，空山钵影半云衔"之句，丞相源左坞称"丞相东源"。

红术源　位于黄山丹霞峰下。源中丛生红术。红术即白术，因其花色红而名。前人有诗咏红术道："人言峰顶是仙家，点点红舒灿术花。玉女机中织锦缎，乱云吹作满山霞。"

红泉溪　位于黄山布水峰下。溪水泛红，传说有红泉处即有朱砂。

赤水　旧称"莫水"。源出黟县莫溪茅山岭，北流经莫溪，至莫溪口入清溪。

坞溪　位于休宁县齐云岩西6千米处。聚涧水成流，后入横江。

杏花源　位于黄山云外峰下。源内杏树无数，花开时满源粉红，清香扑鼻。

兵坑河　源出绩溪县金沙镇兵坑村。长11千米。北流经兵坑、荷花坪、窑坦、西直坞，至西直坞口注入戈溪河。两侧山岭夹峙，冬季有断流现象。流域面积28平方千米。

孚潭　位于休宁县南洪里。潭有印石，许氏世居潭畔。

饮鹿涧　位于休宁县齐云山五老峰北麓。涓涓长流，水清味甘，经步瀛桥入独耸塘。

庐水　源出绩溪县金岭东麓。长7千米。南流经梧川、坦头，过中屯与寺后水、庄川水合流，至石家村南汇入昆溪。流域面积22平方千米。

汪村水　见64页"考川水"条。

汪波潭　又称"老龙潭"。位于黄山芙蓉岭下。后海诸溪之水汇为此潭。水深且清，须发可鉴。

沧浪水　见64页"永来河"条。

武水　见66页"武溪"条。

武溪　古称"武水"，又名"古筑河"。源于黟县西武东麓，东流横穿西武全境，经古筑、南屏等村至石山入漳水。全长约11千米。

武溪水　婺源县东北水支流。源出五龙山与塔岭之间，流经东溪、青石滩、溪头、砚山、城口、港口，注入段莘水。上游由五条小溪汇流，全长23.5千米，流域面积102.3平方千米。

青牛溪　位于黄山翠微峰下。相传昔有山民于此见青牛，追逐之，入溪即不见。

青狮瀑　位于休宁县齐云岩西文昌阁北青狮峰。逢雨季，独耸塘满溢，水顺崖泻下成瀑布。落水冲击岩石，发出轰鸣声。

青莲涧　位于休宁县齐云山岐山石桥岩西。昔有青莲阁，今圮。涧水流注云岩湖。

松林溪　位于黄山松林峰下。溪中现松林峰倒影。溪畔多石，可坐可卧，游憩其间，可听松涛。

杭溪水　见72页"赋春水"条。

卓溪河　登源河最大支流。长14千米。源出绩溪县登塔岭。西南流，经半坑、卓溪、际下、湖村至石门外双溪口注入登源河。中有石门河、石京水等支流汇入。流域面积46平方千米。

虎滩　见62页"石门滩"条。

尚田河　旧称"古川水"。发源于绩溪县尚田乡水洼里长坞。北流经蒙坑、田圩、尚田；西纳陈村三水；过长岭，东会校头之水；下游出隐塘，北流入旌德县后称"白沙河"。全长9千米，流域面积33平方千米。

昆溪　大源河最大支流。长10千米。源出绩溪县大会山南坡，南流经昆溪上、尚廉，转东流经旺川至石家村之南与庐水合流，称"上溪"。再南流过瑟希桥、太乙桥入常溪。河源有黄会瀑，高约40米。流域面积20平方千米。

昌源　发源于歙县清凉峰，向西南于深渡汇入新安江。长约70千米。

昉源　见66页"昉溪"条。

昉溪　又称"昉源"。位于歙县许村。长约11千米。因南朝梁新安太守任昉隐居于此而名。

鸣弦泉　位于黄山鸣弦桥。悬崖绝壁下，一石横卧，长约9米，高约1.5米，中空，左端略厚，状似古

*昌源

*昉溪

琴。泉水自绝壑而下,沥琴而过,袅袅有声,宛如抚琴。泉旁石壁所刻"鸣弦泉""洗杯泉",传为唐李白所书。明歙县岩寺(今属徽州区)人潘之恒听泉后曾作歌赞之:"层崖叠作七弦琴,流水潺湲断续音。何必知音才为奏,道旁听者皆清心。"

*鸣弦泉

岩溪 纵贯歙县岩源村中部。长约13千米。因两岸岩石耸立,故名。

岭脚山温泉 位于休宁县白际乡结竹营村岭脚。泉温热,四时不变,为村民的天然浴塘。

金东河 源于祁门县与黟县交界处的楠木岭,经横路头、双溪流、金字牌、华桥至祁山镇秀墩街流入阊江。长28.7千米,流域面积130.8平方千米。

金沙河 源出绩溪县校头东坑山。长20千米,上游处于龙丛源峡谷中称"龙丛源水",南流经龙丛至丛山关下出峡谷;折向东北,流贯"宁国—绩溪—歙县"断裂带内,至38号桥与戈溪河汇合。有石门坑水、起坑坞水等支流。流域面积78平方千米。

金钟潭 位于黟县北黄堆山,距县城约15千米。山有西林古寺,寺内一金钟,声闻数十千米。一日,朝廷派员来取金钟,行歇栈阁岭,钟忽飞坠深潭。入水取之,则钟石合一,故名。

采药源 位于黄山青鸾峰下。山崖水浒,药草丛生,相传为黄帝采药处。

乳水源 位于黄山云际峰下。源水清澈,其味甘美,名乳水以此。源下有布水,流入白云溪。

乳溪河 位于绩溪县城北,源出绩溪县翚溪山北大林坑。长5千米。春季因河源溪水溶解深灰色凝灰岩矿物质而呈乳白色,故名。南流经乳川、麻鸭、浣纱溪,至县城北郊上1.5千米注入扬之水。

*乳溪河

鱼鳞潭 位于黄山双河口。相传潭中曾有鱼鳞浮出,大如杯,色金黄,光泽耀目如龙鳞。久旱时山民至此祈雨。

放生潭 ❶又名"清风潭"。位于休宁县南下汶溪。❷位于休宁县东万安镇古城岩万岁山下,旧有碑,题"鱼乐国",明董其昌书。

弦歌溪 位于黄山望仙峰下。溪水潺缓,如奏弦乐。相传空中亦常有神仙步行虚空歌诵之声与之相应。

陇源 见72页"街源"条。

练江 位于歙县城西关,上游为丰乐、富资、布射、扬之水,止于浦口,汇入新安江,长61.6千米,流域面积1 614平方千米。河道由地壳变化形成,先东流,后

*练江

南转,右绕披云、紫阳诸峰,左过乌聊、问政二山,岩岸夹峙,多滩,水流湍急。中游有宋朝兴建的渔梁大坝,新安江木船可直抵坝下。

荆州河 古称"石门亭水"。源出绩溪县竹岭东麓之石门亭。长12千米。流贯绩溪县荆州乡全境,北入浙为天目溪河源。流域面积53平方千米。

南宁河 见70页"阊江"条。

南当水 出自休宁县南当山,东流75千米。清康熙《休宁县志》载:"水从新岭发源,经北山,从中塘出蓝渡入东港,即南当水。"

南港 见70页"率水"条。

南溪 位于黄山五老峰南。汇南涧水为溪,经里渠口,入资河。

相公潭 位于祁门县祁山镇西麓阊江中靴石潭下,与靴石潭相距数丈。旧有谚云:"祁山脚下空,祁门出相公。祁山脚下圆,祁门出状元。"本县人吴云岫有相公潭诗云:"十里青萝山下路,野花红过相公潭。"

柏木源 位于黄山紫云峰下。源中多古柏,嫩绿撑天,浓荫覆地。《黄山志定本》载:"风来柏子落,其声丁丁然;柏之枯,掌掌片片满空山,其者跄跄然。柏之翠,目及之;柏之香,鼻入之;柏之荫,身受之。"

星江 位于婺源县境内。取上应婺女之说而名,亦名"婺水""婺江"。上游为古坦水、段莘水,在武口合流为星江,至县西南之小港出境。全长66.5千米。

星江水系 徽州南流水系。在婺源县境内,为饶河水系乐安河上游。正流上源古坦水,南流至清华纳北来之沱水、浙源水,至武口汇合东北来之段莘水、武溪水和东来之江湾水,合流而下于县城北称绣水,绕县城三面西流,至小港纳东南来之潋溪水,下又纳高砂水、横槎水,至小港口纳县西来之赋春水出境。

香谷源 位于黄山天都峰下。游其间者,时闻异香馥郁。源水注入香泉溪。

香林源 位于黄山狮子峰下。嘉树森森,时有香气随风飘散。《黄山志定本》载:"山中之木屑皆香,亦一奇也。"

香砂池 见62页"月池"条。

香泉溪 位于黄山天都峰下。东沟与中沟合流之处为香泉溪。白石齿齿,出鸣漱间。水因石而飘香,石因水而艳丽。

秋泉 位于黄山石笋矼左壑台下。有两处,均为天然小池。明余书升在立秋之日游黄山时发现此泉,故名"秋泉"。

秋浦河 发源于祁门县大洪岭,东北流向,经石台县、贵池县注入长江。干流从深山峻岭蜿蜒而过,景色以幽逸清纯见长。

段莘水 位于婺源县东北。源出五龙山,流经半岭、西垣、裔村、柄溪、东岸、龙尾,在港口纳武溪水,经洪村至汪口与江湾水合流,再经古坑、黄源潭,又在秋口纳秋溪水,经渔潭至武口。全长69.9千米。

炼丹源 位于黄山炼丹峰丹台下。《黄山志定本》载:"炼丹水出焉。饮之令人寿。"此水流入洗药溪。

洪坑溪 位于休宁县齐云山南侧太山下。聚太山之水,经洪坑村入垱金街,汇于紫溪。

洪潭 位于黄山谭家桥小河口。汤泉水至此汇聚成潭,又纳箬岭水,泱泱如大泽,故名。

洗心池 位于黄山松林峰下。昔日有庵,庵前有池。池虽不大,但泉涌如注,数百人饮之不竭。传说饮后,可以洗心,使人从善,故名。

洗杯泉 位于黄山醉石上方,泉水自岩壁淙淙而下,清澈甘甜。相传李白在醉石赏景饮酒,曾于泉中洗杯而得名。岩壁上有"洗杯泉"三字,据《黄山金石表》载,此字为李白手书。

洗药溪 位于黄山炼丹峰下。相传黄帝洗药于此溪,药臼、石杵,俨然尚存。宋凌唐佐有诗咏之:"红泉声里独徘徊,帝王当年洗药来。怪底余香至今在,四时芝术有花开。"

洗涤泉 位于休宁县齐云山齐云岩西。泉水自观音洞岩巅飞注入池。诗称:"洗濯尘俗无烦嚣,安得此雨洒旱秋。"

珠帘泉 位于休宁县齐云山真仙洞府雨君洞上。一股清流由突兀的危崖飞洒列注,在洞口形成雨帘,发出抛金击玉般的清幽悦耳音响。明旅行家徐霞客赞曰:"珠帘飞洒,奇为第一。"

莲花源 位于黄山莲花峰下。源水入莲药沟,汇于白云溪。宋鲁宗道有诗纪胜:"花开十丈照峰头,露褪红衣烂不收。太乙真人多逸兴,稳眠一叶泛中流。"

莫水 见66页"赤水"条。

桐源河 弋溪河最大支流。长13千米。源出绩溪县社母娘娘尖北麓,河源处于峡谷中,有桐源瀑,垂挂数十米。北流经桐坑、胡家、上门、胡村、梓棚至义溪村注入干流。中有胡家水、山云水等支流注入。流域面积47平方千米。

桃花涧 位于黄山桃花坞。涧流潺潺,经梦真桥入横江。

桃花源 位于黄山桃花峰下。源水与朱砂源汇合,流入桃花溪。明程玉衡有诗纪胜:"静公习静开新筑,流玉粼粼潭水绿。客来不见避秦人,惟有桃花遍山谷。"

*桃花源

桃花溪 位于黄山桃花峰下。沿溪桃花,相传为黄帝所植,花时满溪落红。溪汇莲花、朱砂、白云、阴坑诸水,下注汤泉溪。清沈德潜有诗云:"桃花峰直处,下有桃花溪。溪水去无尽,花林望欲迷。鸣深时见鹿,村断不闻鸡。为忆虞山叟,空怀结屋栖。"

桃花潭 又称"小灵池"。位于黄山桃花峰下,白龙桥左上方,潭近似圆形,直径近4米,深约2米。桃花开时,潭面落英缤纷,随水流溢入桃花溪。

桃溪水 见70页"高砂水"条。

原坑水 源自休宁县鹿牌山。南流,长75千米。

逍遥溪 又称"锦鱼溪"。位于黄山清潭峰下。溪下多潭,溪上多洞。洞石或白或绿或紫,潭形或曲或方或圆。溪中有锦鳞鱼,相传容成子曾在此垂钓。清金之麟有诗云:"锦鱼溪上炼丹峰,轩后当年此豢龙。一夜寒风涛忽涌,晓来鳞爪是苍松。"

*逍遥溪

逍遥溪诸潭 位于黄山逍遥溪。据《黄山志定本》载,满溪都是石头,石隙间都成为潭。潭水行者像银铺一样,止者则如黛蓄一般。凭高望去,有若众星聚集在此地。诸潭中尤以棺材、白沙、孩儿、锅底四潭景色更为奇美。明杨补有诗云:"香色动寒秀,灵幻窈难定。必径无遁深,奇景若来觐。潭光不一,有缘如珠孕。日阳时去来,变与之呼应。摄身在水碧,光动魄亦徇。复如作绿观,虚空同一印。久之肌粟生,凉非远风进。"

钵盂潭 位于黄山钵盂峰顶。两峰相并,古松间一泓澄碧。站在天都峰顶可遥见此潭。

铁线潭 又称"赤线潭"。位于黄山石鼓峰后丹霞峰和狮子峰之间，相传为黄帝探玄珠处。巨石横亘溪流，积成线形深潭。潭长17米，最深处达12米。

铁釜潭 位于歙县南练江中，距县城1千米。《太平寰宇记》载："有斜穴潜通城内殷公井，落井之物可见于此潭中。"今河床沙积，无踪迹可寻。

高砂水 古称"桃溪水"。为婺源县西北溪河，源出鹅峰山，流经坑头、孔村、龙山，纳松溪、沧溪、考川水，再经高砂、双滩、戴家，在福洋注入星江河。全长38千米，流域面积209.5平方千米。

资河 位于休宁县齐云山南。沟涧涓涓，汇成溪河，绕山麓蜿蜒东行，注入渭河。

浙北水 源出婺源县北浙源山。此山东西麓之水汇为境内水；北麓之水入休宁境，汇为新安江，达浙江。山名由此而得。

浙江 见73页"新安江水系"条。

浙源水 古坦水支流，又分浙东、浙西水。在婺源县正北，从浙岭出为浙东水，流经岭脚、虹关、十堡，在双路口纳庐源水，经凤山至沱口与浙西水合流，再经花园、高奢，在清华注入古坦水。全长33.5千米，流域面积138.4平方千米。浙西水源出斧头角，流经塘崛、燕山、许家、沱溪口，在沱口与浙东水汇合。全长20千米，流域面积67平方千米。

*浙源水

浮丘源 位于黄山仙人峰下。源中峭壁崭崭，出产可制作弓弩的"杻"和药用甘草。

浮丘溪 又称"浮溪"。位于黄山浮丘峰下，水东南流入曹公溪。昔时溪涧两旁多梅树，春夏之交始花，梅子大如桃。明鲍颖有《浮溪》诗云："春风陪杖履，百里过浮溪。尚忆曾游处，来寻旧日题。断崖芳草合，幽树老猿啼。坐看山花落，诸峰暮霭迷。"

浮溪 见70页"浮丘溪"条。

浚源水 见74页"镇头水"条。

容成溪 位于黄山容成峰下。溪上有容成台，供游者临清流而怀古。

掷钵源 见66页"丞相源"条。

黄石坑水 见75页"徽水河"条。

黄连源 位于黄山松林峰下。源中盛产黄连，民谣有云："黄山七十二峰，峰峰都有宝。两峰没有宝，盛产黄连和甘草。"源水流入松林溪。

梅源水 见74页"横槎水"条。

梓坑水 发源于黟县际村黄梓坑。境内流长8千米。东南流经上梓坑、下梓坑、岭下朱出境，入休宁县界。

曹公溪 又称"曹溪"。位于黄山东南，近双岭，相传三国时有曹公在此修炼。

曹溪 ❶源于黄山支脉天湖山，南流入丰乐水。流长约23千米，相传曹国舅（八仙之一）曾游于此，故名。❷见70页"曹公溪"条。

旋溪 又称"三合河"。源于黟县柯村镇琅山大坞。东北流至洪家榨与石云河汇流出境。全长约5千米。

率水 又称"南港"。发源于休宁县率山主峰六股尖东北坡，注入龙井潭，北流至冯村，称冯源；至鹤城棣甸汇梅溪源为大源；转而东北至流口，纳小源水，曲折流入祁门县凫峰镇；汇琅溪后，迂回折回东南，至冰潭汇磜溪、杭溪；经江潭到和村，纳沂源到上溪口。上溪口为率水上游，流急、险滩多，落差大，水力丰富。自上溪口至月潭为中游，月潭以下为下游，至屯溪与横江汇为新安江。旧时航运自上溪口可直达杭州。

*率水

阊江 又称"大洪水""南宁河"。发源于祁门县大洪岭，南流至倒湖，与大北河汇合流入江西省境，注入鄱阳湖。其境内流长79.8千米，流域面积1 059.4平方千米。自古是祁门县通往江西的主要通道，粮食、百货由此水道运进，木、竹、茶、瓷土等山货土产亦赖此道输出。《徽商便览》称"阊江西通彭蠡，滩险八十有四"。昔时，春夏汛期，船舶如梭，白帆点点，可直达县城；秋冬水枯，船只难以通行，改用竹筏载运。沿河有阊江双桥、阊门石峡、靴石潭、相公潭等胜景。

*阊江源头

*清溪

渐江 见73页"新安江水系"条。

*渐江

清风潭 见67页"放生潭"①条。

清溪 黟县主要河流之一。岩石河床,流长36千米,属青弋江水系。发源于方家岭北麓,流经洪星,汇入太平湖。流域面积约137平方千米,自古为木材水运通道。

清潭 位于黄山清潭峰下,近百丈潭。山水下泻,汇聚成潭,潭水清澈,潭底岩石历历在目。潭水溢入逍遥溪。

渔亭水 自黟县渔亭山下,东流10千米至渔亭口,汇漳水入休宁。

谒潭 位于休宁县西20千米处。西岸有石崖,旁有龙王祠。旧时岁旱,民辄祷雨于此。

*渔亭水

绩溪 源于扬溪镇一带。向下流约10千米,与东来的乳溪水相汇;又约2.5千米,与南来的徽溪水相合,到临溪汇南乡诸水,入歙县界离而复合犹如纺绩,故名。

棋石源 位于黄山棋石峰下,源水汇入石门溪。相传采药源中,往往能听到棋子落盘声。

雁荡 见72页"雁溪"条。

雁塘 见72页"雁溪"条。

雁溪 位于休宁县南20千米,今商山镇境内。溪上平原肥沃,吴氏世居之。相传昔常有雁群来此栖息,故名"雁荡",又称"雁塘"。

紫云溪 位于黄山轩辕峰下,溪上常有紫雾笼罩。相传有一道士曾在此间石室中修炼,制得好酒,后仙去。

紫芝源 位于黄山轩辕峰下,源水入紫芝溪。《周书异记》载:"黄帝曾于源中采紫芝,迄今紫芝丛生。"

紫烟源 位于黄山容成峰下。源中常有紫色云雾笼罩,昔人谓为灵气聚集所致。相传容成子曾游憩其间,遗迹颇多。有百步云梯、鳌鱼洞诸名胜。

紫溪 位于休宁县齐云岩西南岐山之麓,承云岩湖水下流,萦绕齐云山南麓,俗称"十里紫溪园"。至渠口,汇入资河。

赋春水 古称"杭溪水"。源出婺源县西北,流经源头、胡家、岩前、赋春、东立溪、庄门店、金埠,至许村小港口纳漕溪水,经莲子滩、朗湖纳周溪水,再经中洲、项家埠、曹村,在小港注入星江河。全长74千米,河面宽10~50米,流域面积410平方千米。

街源 古称"陔源"。源于歙县大连岭,东流至街口入新安江。长约40千米。

富资水 位于歙县北。流长约40千米,上游源自绩溪、旌德交界之旌德岭头,称"岩源",南流至丰口与昉溪汇,复经跳石、富竭,到县城北郊汇入扬之水。古时渔舟、竹筏上逆至许村、上丰,为旌德大米输歙之孔道。

富琅潭 位于休宁县东郭富琅村,距县城约1千米。旧时岁旱,村民辄取潭水以祷雨。

翚溪河 又称"徽溪"。源出绩溪县仙人岩尖南麓大漫坑,为扬之水最大支流,长15千米。南流出翚溪源峡谷,经高村过来苏桥,绕县城注入扬之水。流域面积18平方千米。

*翚溪河

登水 见72页"登源河"条。

登源河 又称"登水"。流贯绩溪县境东部。长55千米,流域面积226平方千米,占绩溪总面积的20%,为县内第一大河。源出鄣山、长坪尖,上游流经逍遥峡谷。水流湍急,称"逍遥河"。西流过"江南第一关",至鱼龙川折向西南进入中游。中游经伏岭、北村西乡,有赤石坑水、卓溪河、平银河来汇,水量倍增,至大坑口纳龙川水进入下游。下游支流短小,流经瀛洲、临溪,与扬之水、大源河合流至界牌岭进入歙县。

*富资水

*登源河

婺水 见68页"星江"条。

婺江 见68页"星江"条。

靴石潭 位于祁门县祁山西麓阊江中,形如靴,故名。据《太平寰宇记》载,山的西壁有大石,方圆数米,坠于溪中,石落处成一深潭,潭水翠绿,深不见底。

榆花溪 位于黄山紫云峰下。溪谷两岸多榆树,花时落英缤纷,随波而下,泛入汤泉溪。

楹泉 位于休宁县齐云山紫霄崖巅。骤雨时飞泉如悬瀑,下泻于玉虚宫两侧,俨若楹联下挂,故名。

雷溪 位于休宁县东南草市,今属屯溪,孙氏世居之。宋孙吴会知常州,归谒先茔,方与族众议易草市之名,忽雷声大作,遂改名"雷溪"。

虞山溪 源于黟县际村殷溪岭,南流经宏村汇羊栈河,再经东源潭口出境。全长27千米,流域面积126.9平方千米。

路公溪 位于祁门县南5千米处。阊江为祁门通往江西的重要水道,其中阊门峡段航道艰难,《太平寰宇记》载:"怪石丛峙,迅川奔注,溪险石礐,跳皮激射,摧舻碎舳,商旅经此,十败七八。"为保舟楫平安,江运畅通,唐元和年间,县令路旻避开阊门峡,另辟水道,由丁家湾复入阊江,以平其隘,故号"路公溪",溪长1.7千米。

锦鱼溪 见69页"逍遥溪"条。

新安江水系 新安江为钱塘江上游,古称"浙江""渐江"。其源头分为两大支流,南支称率水,为新安江正源,发源于五龙山脉的六股尖;北支为横江,源于黟县五溪山主峰白顶山。两支在屯溪汇合后,至歙县浦口一段,称"浙江",今亦统称"新安江"。它流经休宁、屯溪、歙县和浙江淳安、建德、桐庐入钱塘江,全长约359千米。从源地六股尖到浙江省新安江水库,全长约242千米,流域面积约5 757平方千米,是安徽省内仅次于长江、淮河的第三大水系。左岸上游有丰乐水、富资水、布射水、扬之水等较大支流,呈扇状分布,在歙县太平桥上游汇合后称"练江",注入新安江。右岸上游主要支流有佩琅溪、桂溪、濂溪、小洲源、街源等;歙县至街口之间还有棉溪、昌溪、大洲溪、太平源诸水直入新安江。左岸面积大于右岸,境内最大河面宽180米,最大底宽80米,汛期最大水深14.5米,枯水期水深小于0.5米,其主流在10千米以上的有57条,10千米以下的有606条,河网密度高,源短流急,坡度陡,落差大。清诗人黄仲则描写新安江:"一滩复一滩,一滩高十丈;三百六十滩,新安在天上。"新安江水清澈如镜,千回百转于崇山峻岭之间,山水辉映,景色秀丽。南朝梁诗人沈约描写新安江:"洞彻随清浅,皎镜无冬春,千仞写乔树,百丈见游鳞。"唐诗人李白称新安江是"人行明镜中,鸟度屏风里"。

新安河 一源于祁门县新安乡良禾岭之汪家河,一源于祁门县仙寓山之江家河,两河汇于新安洲。后称"新安河",流经高塘,入江西省境,注入鄱阳湖。其境内流长40千米,流域面积161.2平方千米。

*新安江

郭山悬瀑 位于婺源县郭公山上。溪流从海拔800米处的峭壁上飞泻,形成高195米的悬瀑,宛如白龙腾飞,气势壮观。身临其境,有飘然若仙之感。

霁水 源于黟县拜年山麓。东南流经宗源、霁头、百户、姚村,在柏山入漳水。长约10千米。

翡翠池 又称"古油潭"。位于黄山松谷景区,溪水飞泻,过五龙潭,悬垂流蚀成一池。长15米,宽8米,深10米。池水清澈见底,旋转流动,满池下溢,山绿水碧,色如翡翠,故名。

廖公泉 位于婺源县西门外查公山。泉水自岩缝涌出,涓涓不绝,清如明镜,甘洌可口,盈杯不溢,投币不沉,沏茶香郁味醇。北宋初,县令廖平与弃官后隐居于此的查文徵,修德讲学之余,常临泉烹茗论道,后人遂在泉上方刻石名为"廖公泉"。

潨川 位于歙县呈坎(今属徽州区)。为丰乐河支流,长约21千米。潨,小河汇集之意。

横江 本名"白鹤溪",又名"东港",旧称"黟川""吉阳水"。其源头有二:一源于黟县漳岭白顶山;二源于黟县武亭山南。东南流14千米与漳水、石鼓山水、吉阳水、方家岭水、西武岭水汇为横江,经渔亭、岩前、万安入屯溪境内,与率水汇流,注入新安江。旧为黟县渔亭镇至杭州货运交通要脉。春夏水涨,即为商贾活跃季节。民谣云:"忙不忙,三日到余杭。"

*横江

*潨川

*横江(齐云山段)

潋溪水 又称"小潋水"。位于婺源县东南,源自石耳山,流经大潋、小潋、胡家庄、钟吕、岭溪、车田、西坑、横坑口、雍家溪、上梅洲,至小港注入星江河。全长62千米,流域面积193平方千米。

漳水 发源于黟县章岭白顶山,属新安江水系。上段称"枧溪河",在柏山村与镜河汇合;绕城东流,至横冈村与龙川河汇合;至石山与丰溪河汇合,至渔亭,汇入横江。主河全长25千米,流域面积256.3平方千米。

滴翠潭 位于黄山神仙洞下,麟趾桥上。轩辕峰、神仙洞诸水所汇,潭深水碧,青翠欲滴,鲜妍喜人。

翠微源 位于黄山翠微峰下。僻涧高悬,源水清碧,注入青牛溪。

横槎水 古称"梅源水"。位于婺源县正西,源出金牛尖,流经上严田、儒家湾、甲路、对坞、霞港、横槎、方村、井塝、潘村,在荷岸注入星江河。全长58.5千米,流域面积249.3平方千米。

噎潭 位于黟县东南18千米处。两岸石壁峭立。水触石盘涡,潭形面狭底阔,深不可测。南宋嘉定年间,立龙王庙于潭侧。每岁旱,乡民常于此祈雨。

镇头水 又称"浚源水"。位于婺源县西南,源出鸡山,流经冷水亭、镇头店,纳浇岭水至梅田,再纳浚源水,过黄砂,至塘坞流向乐平境。全长20千米,流域面积76平方千米。

霓潭 位于休宁县西北30千米处。潭澄澈深百丈,石壁旁耸,古有尼居其侧,又名"尼潭"。

徽水河 古称"黄石坑水"。源出绩溪县仙人岩尖西北麓之黄石坑。长14千米。西流经黄基坦纳北来之锦河折北流,经章家、浩寨、杨滩、仙人塝过分界山入旌德县。流域面积53平方千米。

徽溪 见72页"翚溪河"条。

藤溪 位于休宁县南陈霞乡,经陈村入率水。陈村因此亦名"藤溪",元名儒陈栎故里。

黟川 见74页"横江"条。

瀑布泉 位于黄山云门峰下。匹练长垂,飞珠溅玉,其声轰鸣。

霭山水 又称"霭山河"。位于黟县西递镇,汇霭山、林川二水。长约6千米,经古竹林、艾坑南流入横江。

霭山河 见75页"霭山水"条。

鳙水 源于婺源县东大鳙山。鳙水东西分流:东流水至衢州,过兰溪,入浙江,为婺州水源头之一;西流水至镇头,汇溪西、济溪之水入汪口、武口,为婺源主河星江的水源之一。参见4页"大鳙山"条。

其他

八沟 自黄山云门峰至桃花峰间有八沟。鬼斧神工,沟沟各异,奇秀纷呈。

大圣坑 位于黄山翠微峰下。坑内有石室,奉祀大圣菩萨。坑旁有翠云庵故址。

万贯洲 又称"鹤溪洲"。位于婺源县东鹤溪村旁,距县城约10千米。洲长三四千米,素植茶叶。清波碧叶,相映成趣,似绿岛浮沉。南宋岳飞征李成过婺,屯兵于此。

天海 黄山中心地带。位于光明顶前,鳌鱼峰和平天矼之间一带。从光明顶四望,天高地阔,一望无涯。清钱谦益有诗赞之:"三十六峰离又属,化贸幻出千芙蓉。"天海以云海胜,观云海又以光明顶为最好,明朱茗有诗云:"看云共策光明顶,布壑弥原乱涌涛。四望真成银色海,青青独露几峰高。"

云铺海 景名。黄山以云铺海为最奇绝。天海、北海均常涌出云雾,穿行秀峰危崖间,时而上升,时而下坠,时而回旋,时而舒展。座座山峰,宛如岛屿屹立大海之中。松涛呼啸,如同澎湃潮声,为飞云铺海助势。清诗人江鹤亭有诗云:"白云倒海忽平铺,三十六峰连吞屠。风帆烟艇虽不见,点点螺髻时有无。"

石步岔 隘口。黄山西海附近有一伏牛岭,距岭5千米有一岔口,极其险峻,仅容一人步行而过,名为"鼻孔梁"。岔内较开阔,有土地数十亩,并有小路可通峰岔。

北海 又称"后海"。黄山景区。位于黄山的丹霞峰、狮子峰、始信峰北。悬崖幽谷之间,云雾弥漫舒展,如同海涛起伏,浪涌潮腾。每当天气晴和,旭日东升,霞光万道,照射云海,七彩绚丽,实为奇观。清凉台和狮子峰顶是领略北海风光的最佳场所。明凌马同有诗赞后海胜景:"云里有山人不知,只见黄峨舞狂浪。有时云过一峰开,恍如明镜亲眉髯。杳然灭没若复失,明镜忽尔生尘埃。有云倏忽将山锁,有山处处云中坐。我身想亦在云中,那得见山如见我。山兮云兮两相宜,有山无云山不奇。"

*北海

西海 黄山景区。位于丹霞峰、飞来峰西。群峰叠起,巧石如林,多无路可攀,更添神秘色彩。排云亭观西海,最宜观赏其落日晚霞。飞云铺海时,常观"仙人踩高跷"奇观。明孙晋诗云:"海外青螺数点浮,万顷玻璃一睫收。淡妆浓抹都难似,此际谁能纪胜游。"

*西海美景

西海群峰 位于黄山西部。深谷中群峰涌起，海拔多在1550米左右。大峰气势磅礴，小峰秀丽玲珑，已命名的有石床峰、飞来峰、尖刀峰等。清汪天与诗云："千峰划然开，紫翠呈万状。"当云海形成时，层层峰峦，时隐时现，宛如片片樯帆，点点孤岛。诸峰多无登山之径。

*西海群峰

百城襟带 徽州府城之评语。语出北宋晏殊《类要》："峰峦掩映，状若云屏，实百城之襟带。"意为徽州府城依山而筑，四周群山环抱，峰峦起伏，如襟带萦绕。

*百城襟带

后海 见75页"北海"条。

齐云天下岩 齐云山赞语。语出明袁宏道《云岩》："齐云天下岩，深壁连绀洞。山山玛瑙红，高古复飞动。"该诗称赞齐云山岩石奇巧名天下，咏叹齐云山的丹霞地貌如玛瑙。

齐云形胜冠江南 齐云山赞语。语出南宋汪立信《云岩》诗："齐云形胜冠江南，维石岩岩不尽探。"意为齐云山地理位置的险要在江南数第一。

桃花沟 位于黄山桃花峰上，通桃花溪。雨后山水自沟中下泻，如白练高悬，其声澎湃，其势雄伟，其景壮观。

原始江南古陆 古生代早期，或元古代晚期。距今6亿年前，徽州山地为原始江南古陆之一部分，其中部分境域（今休宁所在）即位于古陆台隆中段。至2.1亿年前，由于华力西运动，这块古陆终与江浙陆连成一片。在江南古陆时期，地球陆表开始繁殖藻与菌类。徽州是今安徽最早成陆地区之一。

黄山云海 黄山景观。黄山"四绝"之一。黄山自古云成海，黄山山志就取名《黄海》，清康熙皇帝给黄山题额，也是"黄海仙都"四个字。每当雨雪初晴，黄山就会出现变化莫测、如梦如幻的云海，时而散如蝶飞，时而聚如幔卷，时而缓慢上升，时而急速下沉，时而回旋如转轮，时而伸展如飘带。此外还有瀑布云、轻纱云和漩涡云等。黄山在瞬息万变的云海烘托下，多姿多彩，扑朔迷离，仿佛人间仙境。人们根据方位，将云海分为东海、南海、西海、北海和天海。

*黄山云海（1）

*黄山云海（2）

黄山四绝 黄山赞语。称奇松、怪石、云海、温泉为"黄山四绝"。清赵吉士称："江南之奇，信在黄山；黄山之奇，信在诸峰；诸峰之奇，信在松石；松石之奇，信在拙古；云雾之奇，信在铺海。"奇松，多盘根于危崖峭壁之中，挺立于峰崖绝壑之上。破石而生，苍劲挺拔；虬枝盘结，百态千姿。著名的有迎客松、送客松、接引松、卧龙松等。怪石，星罗棋布。大者巍然耸峙，小者玲珑剔透，巧夺天工。景区内有名可指的怪石120余处，著名的有"金鸡叫天门""松鼠跳天都""猴子望太平""仙人下棋""达摩面壁""喜鹊登梅"等。云海，多见于雨后初晴。铺云成海时，群峰之间，白浪翻腾，海翰无际，峰尖浮出，时隐时现，犹如孤屿。如飞云铺海，松涛并起，如海潮呼啸，澎湃万状。观览云海地有五处：玉屏楼观南海、清凉台观北海、排云亭观西海、白鹅岭观东海、光明顶观天海。云海在日出日落时成霞海，光华绚丽，色泽斑斓，更为壮观。温泉位于紫石峰南麓，汤泉溪北岸。据宋景祐《黄山图经》载，轩辕黄帝曾在此沐浴，皱折消除，返老还童，温泉因此名声大振，被称为"灵泉"。泉口平均水温为42.5℃。

黄山冬雪 黄山景观。黄山冬天多雪，雪花飘进千条巨壑，飞上万座峰冈，一切都显得那样晶莹透亮。如古人形容："一夜寒风起，万树银花开。"

黄山冰川遗迹 民国二十五年（1936年），地质学家李四光到黄山考察，发现黄山存在第四纪冰川遗迹。他的论文《安徽黄山更新世冰川现象之确据》指明黄山冰川遗迹的典型地貌：青鸾峰的"冰川擦痕"，冰川移动刨蚀而成的逍遥溪、苦竹溪"U"形谷，两条"V"形谷及期间刨蚀残留的薄刀峰、鲫鱼背刃脊，三面冰斗刨蚀遗留下来的角峰——天都峰峰顶，冰川支谷与主谷相汇成的百丈泉、人字瀑悬谷，逍遥溪至汤口等

*黄山冬雪

河谷、河床阶地中由冰川搬运堆积而成的冰碛层。

黄山谷口 位于黄山东南容溪外，当徽州孔道。有亭，距祥符寺数十千米，内嵌"黄山谷口"四字，字甚苍劲，今不存。容溪自源头至汤口，统称"黄山源"。游人由东南上黄山者，入潜口，即上黄山道；过容溪，即进黄山境；至汤口，即已身临黄山胜景。自黄山谷口至汤口，沿途山秀溪清，引人入胜。明诗人谢室有《入黄山》诗云："入山千万曲，曲曲皆清溪。绝溜挂青壁，晴光含翠微。"

黄山奇松 自然景观。黄山"四绝"之一。黄山松造型奇特，树冠扁平，针叶密短，叶色苍翠，多分布在海拔800~1 800米处。是高海拔区域植物群落的主要群种，耐旱耐寒耐瘠薄，在悬崖峭壁的石缝中顽强生长，抗风傲雪，不屈不挠，平顶卧壁，高不盈尺，愈短愈老，愈小愈奇，形成了中外驰名的黄山奇松。

黄山怪石 自然景观。黄山"四绝"之一。黄山无峰不石，著名的就有121处。这些怪石星罗棋布，形态各异，有的似人，有的像物，惟妙惟肖，栩栩如

生，如"猴子观海""仙人晒靴""童子拜观音""天鹅孵蛋""双猫捕鼠"等。有些怪石因观赏位置和角度变了，步移景换。有的怪石几个组合或同奇松巧妙结合成景，如"仙女弹琴""二仙下棋""梦笔生花"等，逼真自然，形神兼备。黄山怪石，是由于花岗岩山体经历了漫长岁月，日晒雨淋，风化剥蚀，流水冲刷，岩石粗坯受到无数次精雕细刻而形成的。黄山巧石的名称虽然千差万别，但其命名的主要依据是取其形似和神似，以状物的手法命名，还有的根据历史故事和民间传说命名。

*黄山怪石（猴子观海）

黄山峰林地貌 黄山四周为低山丘陵，黄山屹立其间，峰林石柱，雄奇壮观，怪石遍布，千姿百态，呈花岗岩峰林地貌。千米以上的高峰77座，平均海拔约1 600米，主峰相对高度亦多在千米左右，形成峰顶尖陡、群峰林立的中高山地形。根据地貌形态，全山又可分为以朱砂、眉毛、鳌鱼等峰为代表的块状峰林，以莲花、天都、莲蕊诸峰为代表的筒状峰林，以狮子林至芙蓉岭数条南北方向平行排列的刃形山脊为代表的刀刃式岭脊，以西海排云亭深谷两侧的陡壁悬崖为代表的破碎峰林。

黄山温泉 黄山景观。黄山"四绝"之一。水温常年保持在42℃左右，水质清净，可饮可浴，属碳酸盐类高温淡泉，含有对人体有益的多种矿物质，对皮肤、风湿、消化系统等疾病有一定的疗效，同时还能促进血液循环、调节内分泌、镇痛、消除疲劳等。邓小平曾亲笔题写"天下名泉"。

*黄山温泉

黄帝坑 位于黄山夫子峰下，近大战岭、跑马矼。传说黄帝曾在此汲水洗药。

散花坞 位于黄山北海散花精舍前，始信峰与狮子峰之间。四周峰峦环峙，若城郭。坞内古松怪石，穿插成行，上下参差，千态万状，"梦笔生花"、扰龙松、扰龙石等诸多胜景皆在此处。清汪洪度《黄山领要录》载："昔人谓，不到散花坞，不知天下无松石，则所称散花指松石也。"春夏之间，坞中百花争艳，万紫千红，如天女散花。清程之竣诗云："何来天女散天花，原来天都仙子家。一坞花香分两度，争传秋实与春华。"

*散花坞（1）

*散花坞（2）

新安大好山水 徽州赞语。语出《梁书》，梁高祖遣徐摛为新安太守时说："新安大好山水，任昉等并经为之，卿为我卧治此郡。"歙县长陔原南源古寺后有岩，形如燕子。朱熹手书"新安大好山水"镌于岩壁。

寨门坞 又称"寨门源"。位于黄山槛窗峰下，源口近长岭，传说黄帝曾在此安营扎寨。怪石磊磊，遍布坞中。

寨门源 见78页"寨门坞"条。

鹤溪洲 见75页"万贯洲"条。

[一] 文化生态

物产资源
自然环境
历史地理
人文聚落
社会经济

十八罗汉 位于歙县岩寺镇（今属徽州区）乌石村的古枫杨树。树龄500余年，高26.5米，围4.5米。该树有18个粗大枝杈，人称"十八罗汉"。相传为明朝建村时所栽，能测丰歉，盛花之年会风调雨顺，预兆丰收，反之则为歉收之年。

七节猫 见80页"小灵猫"条。

七叶胆 见91页"绞股蓝"条。

八音鸟 见80页"山乐鸟"条。

九死还魂草 俗名"万年松"。多年生草本，一般高10厘米左右，多生长于齐云山阴湿崖壁。长势极缓，性耐干旱，久枯不死，遇水返青。

*九死还魂草

三叶竹 见100页"矮竹"条。

三尖杉 齐云山珍贵木材。安徽省一级保护植物。茎、干、皮中可提取抑制肿瘤的药物。

土杉 见89页"罗汉松"条。

大王松 黄山名松。位于黄山北海至西海道中海拔1 560米处。其主干粗壮，高耸挺拔，冠幅庞大，上部分两枝，如剑插云霄，形如巨伞，为这一带松树之王。树龄约470年，高14.4米，围2.23米，冠幅19.7米×18.4米。已列入世界自然遗产名录。

大汜古香榧 位于婺源县大汜村。相传明嘉靖年间户部侍郎游应乾回乡扫墓时，将嘉靖皇帝所赐树苗栽插在祖坟旁，以示"流芳千古"之意。今树高19米，径2.3米，冠幅半径9米。每至深秋，硕果累累。

*大王松

大灵猫 又称"灵猫"。国家二级保护动物。体形比家猫大，毛色灰黄带褐，背部有黑纹和斑点，颈部有黑白相间的波状纹，尾部有黑白环纹。该猫可分泌油质液体，称"灵猫香"，可作香料或供药用，并可代替麝香。徽州各地均有分布。

大阜瀛石鸡 石鸡又名"石蛙""石鸭""棘胸蛙""石蛤蟆"等。休宁东临溪、流口、五城、岩前等地均产，尤以原汊口乡大阜瀛所产最佳、最出名，成为"黄山石鸡"中的上品。宋朝列为贡品。肤黑褐色，或黄褐色，背隆起，长满长方形或圆形疣，后肢发达。趾间有蹼，蹼上有吸盘，能在陡壁上跳跃。喜栖于深山溪涧岩洞里，蹲伏在溪边石上，形似青蛙或蛤蟆而较大。以捕捉知了、毛虫、甲壳虫、金龟子、蚂蚁等昆虫为食，常与毒蛇为伍，鸣声似鸭。石鸡冬季休眠，春末夏初交配后，产卵于浅水中，卵附着于石壁或水草上，像葡萄，晶莹透明，一段时间变成小石鸡，三年后雏鸡才长成300~350克重，大的能长至500克。石鸡喜背山清凉，每当酷暑盛夏，它们来到高山溪流之畔的岩石下面，昼隐夜出；盛夏之夜、下雨之前，它们发出鸣叫声。人们掌握了石鸡的习性，在夏夜燃点火把，沿山溪，循石鸡鸣叫声寻找，只要将火把照至其面前，石鸡便瞪目发呆，束手就擒。不仅肉细嫩、鲜美，而且营养丰富，含有较高的蛋白质，并有清火、明目的功能。

*大阜瀛石鸡

大鲵 又称"娃娃鱼"。国家二级保护动物。绩溪县内分布在大鄣山、徽山、大会山峡谷,同时在徽州境内的溪涧河流里均有分布。此鱼头宽而短扁,前肢四趾,后肢五趾,尾短而侧扁,叫声似婴儿啼。生性凶猛,以鱼、虾、蛙等为食。单身栖息在溪水四流的洞穴中。羞于见光,日间行动呆滞,夜晚异常活跃,出洞寻找食物。体色随栖息环境而异,有棕色、褐色、灰黄色等。

*大鲵

万年松 见79页"九死还魂草"条。

小木兰花 见80页"天女花"条。

小赤东 黄山特有野生植物。草本落叶,主要分布在黄山海拔770米左右的山地上。全国分布极少,目前仅在黄山发现,是非常珍贵的物种。

小灵猫 又称"七节猫""香狸猫"。国家二级保护动物。徽州境内各县山区均有分布,为名贵经济动物之一。形似家猫,吻突出,耳短圆。背部灰棕色,自前至后有数行隐约可见的黑褐色纵纹。尾长尺余,有黑白相间的纹轮。该猫可分泌油质液体,称"灵猫香",可制香料或药用,并可取代麝香。

山乐鸟 即"棕噪鹛",又名"音乐鸟""八音鸟"。背苍腹黄,毛色美丽,八九成群,山中时见,莲花沟、温泉、云谷寺、北海、皮篷、松谷庵一带尤多。鸣声清越,音节多变。元严士贞有诗赞之:"百鸟喧啾正倦听,忽然闻此独关情。声随鱼板常三奏,节合箫韶应九成。窗外晓飞僧梦断,岩前时见客心清。禅林得汝添奇玩,故向祇园久著名。"

山鸡 见84页"白颈长尾雉"条。

山茱萸 药用植物。叶对生,脉弧形,别致风雅;花小,白色,清淡秀丽。果为长圆形,朱红,色泽鲜艳。其果肉为名贵中药,《神农本草经》和《本草纲目》均有药用记载。

*山乐鸟

山柏 见93页"高山柏"条。

山树莺 休宁县齐云山珍禽之一。毛色淡黄,体小身轻,声短而脆。

*山树莺

山喜鹊 见84页"灰喜鹊"条。

山鳗 学名"花鳗"。产于徽州境内诸县,而以黄山多产。体长,圆筒形,背有五色纹,头似蝮蛇。由于长年生长在深山溪水中,营养比江鳗丰富。《本草纲目》云:"食之能补虚损及久病痨瘵。"村民以其为病后滋补品。

马褂木 见99页"鹅掌楸"条。

马蹄鳖 休宁县山区清溪中均有分布,背部隆起如马蹄,肉嫩汁浓,味鲜美,为徽菜中的上品。明初列为贡品,后经太祖豁免。《翼运绩略》载:"户部奏各处土产应贡,注:徽州莲心茶、马蹄鳖、清水鳗鲡。上特洒翰蠲免,曰:'使朱升乡里世世沐皇恩也。'"

天女花 又名"小木兰花"。黄山珍稀花木之一,国家三级保护渐危种。落叶灌木或小乔木,叶膜质,倒卵形。花的新枝与叶对生,呈九瓣,外轮三瓣淡粉红色,其余白色。蕾微张开,洁白淡雅。花期在五六月份。分布于黄山海拔1 200~1 700米湿润的

＊马蹄鳖

沟谷两侧，百步云梯、十八道弯等处多见，尤以散花坞最多。花具长梗，随风招展犹如天女散花，观赏价值颇高。

云豹 国家一级保护动物。徽州境内各县均有分布，在黄山活动较频繁。体较金钱豹小，全身浅灰褐色，体侧至臀部有不规则云块状斑纹，外缘为黑色，故名。额部有密集的小黑斑点，耳小。四肢较短，尾较长。性孤僻，凶猛而机警，善爬树，常独居树上，主食树上栖居动物，如鸟雀、松鼠等。

五步龙 见86页"祁蛇"条。

五步倒 见86页"祁蛇"条。

五步蛇 见86页"祁蛇"条。

五谷树 学名"雪柳"。属木樨科，休宁、婺源等县均有分布。其中婺源县珊厚村有一株，其树龄800余年，根部直径1.1米，高9米。是一种神奇的植物，春天盛开如米粒大的雪白繁花，秋天则结出形状各异的果实，有的像稻谷、黄豆、玉米等谷物，故称"五谷树"。

屯溪大王松 位于屯溪公园内。原产北美，民国二十二年（1933年）由传教士从美国带来少量种子，种植于天主教堂后山（今华山宾馆）。抗日战争期间，移栽数株于此。今仅存一株。树高13.5米，围1.3米，冠幅直径6米。主干圆满，笔直挺拔，气宇轩昂，葱茏秀丽。

少女花 见95页"黄山梅"条。

水壁虎 见83页"东方蝾螈"条。

牛尾狸 又称"果子狸""玉面狸"。为徽州名贵山珍。头带白额，尾似牛，毛皮珍贵，喜好爬树吃野果，捕鼠机灵胜过猫，形似狸猫，肉嫩而细，在民间则少有进行人工蓄养的。明李时珍《本草纲目》载："玉面狸冬令极肥，人多以为珍品。"休宁县山区多有，明朝列为贡品。

牛乳柿 见103页"黟柿"条。

毛腹水草 黄山特有野生植物。草本落叶，分布在黄山海拔550~690米的低山地段上。性喜阴湿，多生水边。属珍稀物种，国内仅见于徽州山区，有较高的科研价值。

公孙果 见90页"香榧"条。

乌金麂 见99页"黑麂"条。

凤凰松 黄山名松。位于黄山天海海心亭东百米，海拔1 650米处。主干下部分两枝，继而又分成四股分枝，若凤凰首尾和两翼，呈展翅欲飞姿势。树龄200年，高3.5米，基围1.33米，冠幅8.5米×6.6米。已列入世界遗产名录。

文公杉 南宋朱熹所植古杉。位于婺源县西南九老芙蓉尖，距县城25千米。山上有朱熹四世祖朱惟甫妻程氏墓。南宋绍兴二十年（1150年）春、淳熙三年（1176年）朱熹两次回乡扫墓，在程氏墓周围植杉24棵。其后，山更名"文公山"，山岭亦称"文公岭"。并在山岭间建"积庆亭"，派兵驻守，立碑保护墓林，碑刻"枯枝败叶，不得挪动"。所植杉现存16棵，苍劲挺拔，最高者38.5米，树围最粗者3.1米，被称为"江南罕见的古杉群"。

＊文公杉

方竹 休宁县特产。竿直立，高3~8米，竹竿呈青绿色，小型竹竿呈圆形，成材时竹竿呈四方形，竹节头带有小刺枝，绿色婆娑成塔形。此竹外方内圆性脆，旧时寺院古刹有种植。齐云山镇余家坦尼庵遗址，原有方竹林，县北南塘人王寺后山深处亦有成片分布。齐云山原有野生方竹，现已不见。

*方竹

方思山红豆杉 位于婺源县方思山村口。树龄千余年，高30米，径2.3米余，冠幅半径18米。红豆杉别称"紫杉""赤柏松"。国家一级保护植物。

*方思山红豆杉

孔庙双桂 位于绩溪县孔庙大成殿前。左右金桂、丹桂各一株，栽植于明正德年间，有方形石坛围护。至今长势仍旺，花期飘香，郁馥弥漫半个县城。

孔雀兰 见86页"多花兰"条。

孔雀松 位于黄山白鹅岭往贡阳山的山道旁，海拔1650米处。主枝向上，侧枝旁伸，头高尾长，树形酷似孔雀昂首挺立，羽翼欲展，美丽动人。树龄150余年，高7米，围1.2米，冠幅直径5米。已列入世界遗产名录。

*孔雀松

双龙戏珠金桂 位于祁门县龙潭寺前，两旁山冈均以龙命名。此树有"仙树""月桂""花中月老"之称，该树绿叶扶疏，清香飘逸，有诱龙嬉戏之势，故名。树龄270年，高13米，围3.2米。权分六股，枝繁叶茂，覆地蔽日，十分壮观。每年可采桂花80余千克。

双龙松 黄山名松。位于黄山回音壁对面的悬崖绝壁间，海拔1600米处，后遭雷击枯死，为第一代双龙松。后开辟白云新道，在步仙桥下方发现第二代双龙松，后亦自然死亡。第三代双龙松位于黄山白云

*双龙松(1)

*双龙松(2)

景区步仙桥往西海大峡谷洞口北，海拔1 550米。树分两干，从岩缝中伸出，如双龙探海。树高6.5米，围95厘米，冠幅5米×4.5米。云雾缭绕时，遥望鳞甲闪动，角崭髯张。已列入世界遗产名录。

玉面狸 见81页"牛尾狸"条。

甘草水鱼 产于黟县霭水河临川至古竹林一段河里。略似石斑鱼，长6~10厘米，通体银白。肉嫩味美，烹食不需去鳞。鱼鳞入嘴，柔软略腻，越嚼越鲜，别有一番风味。霭水河源于黟县东源乡南侧的霭峰，李白称之为"堪画不堪书"。此山松杉茂郁，百草争荣，山溪汩汩，终年不断。山峰生长甘草，草根长年经水浸润，药汁渗在水里，流入河中。所以这种小鱼特别细嫩，并且略带甘草味，故称。

石耳 又称"石壁花"。稀有名贵山珍。产于黄山地区及黟县甲溪、东坑、溪头、石灰坑一带。因其形似耳，并生长在悬崖峭壁阴湿石缝中而得名。体扁平，大小不一，呈不规则圆形，背面呈灰绿色或灰白色，有黑色绒毛。腹面黑褐色居多，黄褐色较少。味鲜，性清凉，能养阴止血，含有高蛋白和多种微量元素，是营养价值较高的滋补食品。黟县有红色石耳，能健胃消炎，利水消胀，驱虫。

石鸡 参见79页"大阜濑石鸡"条。

石城古树群 位于婺源县西北石城山石城村旁。有枫香树近百株，白玉兰、山樱花、银杏、香榧、红豆杉、楠木、槐树、青栲、杭州榆等名木古树间杂其中，尤多白玉兰，为自然生长树群。

*石城古树群

石鸭 参见79页"大阜濑石鸡"条。

石蛙 参见79页"大阜濑石鸡"条。

石蛤蟆 参见79页"大阜濑石鸡"条。

石壁花 见83页"石耳"条。

龙山古楠木 位于婺源县龙山村口，有2株。树龄千余年，树高30余米，径约1.4米，树冠半径约10米。

龙爪松 黄山名松。位于黄山始信峰东南道旁，海拔1 627米处。主侧根裸露土表，树根粗壮，扇形伸张，似龙爪，苍劲有力，深扎岩石之中。树龄200余年，高12.5米，围1.55米，冠幅11.9米×9.8米。已列入世界遗产名录。

*龙爪松（1）

*龙爪松（2）

龙头菜 见100页"蕨菜"条。

东方蝾螈 又称"水壁虎"。休宁县齐云山清水池沼中多见。背部乌黑发亮，头扁平，两眼鼓突，四肢细长，头尾长约17厘米，尾侧扁。常潜伏水底，以狙击方式猎捕水中昆虫为食。

叶村梅树 位于歙县叶村后山，海拔360米处。树龄400余年，高8.5米，主干3米，围2米。树四枝舒展四方，冠如蘑菇，冠幅达8米×8米。圆满通直，枝繁叶茂。

兄弟松 位于歙县下蒲田村。相传400年前，该村有五兄弟接受父命，各栽一松于村前。五松茁壮成长，五个兄弟也能以树为范，和睦相处，博得乡人称赞，故称五松为"兄弟松"。后有三棵被伐，今存两棵。一棵高21.5米，围4.5米；另一棵高10.5米，围2.5米。

四不像 又称"苏门羚""鬣羚"。国家二级重点保护动物。清康熙《黄山志》称此为"天马"。耳长而尖，有短而尖向后弯曲的角，全身毛色棕黑，脚下部毛色棕黄，鬃毛银白色。蹄底构造特殊，四周环以角质，中央柔软，极像吸盘，能立于陡壁，有奔驰如飞的本领。常在悬崖陡壁间，奔跃如飞。据《黄山志定本》载，清康熙元年（1662年）秋，慈光寺僧同来客登上文殊院。远望犀牛峰顶，见有天马，长丈许，毛呈金色，生有四只脚。不一会儿，它就跃过十数个山峰，而每峰隔越数十米远，它却能够一蹿便过。因头像羊，蹄似牛，身如驴，颈背又像马，俗称"四不像"。

*四不像

生笋 见84页"竹笋"条。

仙猿 传说中黄山猿的一种。据记载，明朝曾栖息于黄山上，常在莲花峰腰活动，不与众猿为伍。据《黄山志定本》载，仙猿有三只，一只白色，两只黑色。白色猿踞石如雪，普门和尚呼为雪翁，黑色猿长须。三猿出没不常，见之者少。明黄汝亨有《白猿》诗云："皑如山上雪，皓然山中翁。山僧拍手笑，大声呼猿公。猿公笑不答，踞石看孤松。玩世世亦玩，狙智将无穷。"

白山鸡 见84页"白鹇"条。

白尾海雕 又称"芝麻雕""黄嘴雕"。徽州地区冬候鸟。国家一级保护动物。大型猛禽，成鸟长约0.8米，体重约2千克。上体土褐色，飞羽黑褐色，尾白色，有褐色细斑，形似芝麻，嘴与脚均为黄色。栖息于河湖岸边。常在水面上飞行，捕鱼类为食，也吃小兽、鸟类及动物尸体。在大树上营巢。

白胸翡翠 鸟。体形小，体态轻盈。嘴短尾长，翅形短圆。此鸟色泽美丽，头顶端为赤栗色，腰、尾羽和背后部呈翠绿色，尾上翼羽部为浅灰蓝色，颔、喉与胸部中央一片纯白，绿白两色对比鲜明，故名。

白颈长尾雉 又称"山鸡""花山鸡"。国家一级保护动物。徽州地区分布较广，为我国特产鸟类。雄鸟体长0.9米，颈侧灰白色，喉及前颈黑色，背部栗色。尾较长，灰白色，有栗色宽横斑近10个。栖于混交林中，在树上过夜，白天在林木灌丛中活动。以谷类、浆果、种子和昆虫为食。

白鹇 又称"白山鸡"。禽。雌雄异色。雄性羽毛洁白如雪，行止闲静，体态端庄，面部和脚呈红色，嘴绿色，尾甚长。常在溪边、竹林、灌木丛中觅食，善走。李白至黄山有《赠黄山胡公求白鹇》诗，句云："请以双白璧，买君双白鹇。白鹇白如雪，白雪耻容颜。"

白腹蛇雕 见96页"蛇雕"条。

白鹳 国家一级保护动物。在徽州地区为冬候鸟。成鸟全长1.2米，体重约5千克。形似鹤似鹭，嘴长而直，翼长尾短，飞翔轻快。头颈和背部均为白色，唯两翅大部分为黑色。常活动于溪流近旁，夜宿高树，主食鱼、蛙、蛇和昆虫。

冬笋 见84页"竹笋"条。

汉朝苦槠 古木。位于婺源县王家村。树龄2 000余年，高16米，径4米，冠幅半径16.5米。相传为菩萨化身，村人视为树神。今主干腐空，可置八仙桌，人可出入树窟，仍生机盎然，枝繁叶茂。

芝麻雕 见84页"白尾海雕"条。

西府海棠 常见于徽州古宅庭院。淡红，重瓣。花期在四五月份，盛开时繁花似锦，艳丽非常。清朱弦有《山中看海棠花歌》诗云："安得莲峰紫玉舡，尽载兹山花树去。"

灰喜鹊 又称"蓝膀鹊""山喜鹊"。安徽省省鸟。栖于徽州山坡林地、平原公园的疏林中。羽毛呈蓝灰色，头顶和枕部墨黑，双翅和尾巴为苍蓝色，尾尖缀几翎白羽。不喜久留树上静息，常在树枝间穿飞。食性较杂，能吃松毛虫、金针虫、蛾、蝗等30余种害虫，人称"森林卫士"。

尖吻腹 见86页"祁蛇"条。

团结松 位于黄山北海前往西海的路边，海拔1 520米处。树容苍古，铁根盘结，干枝相抱，6大主枝，团团簇簇，形若锦簇绣球，象征着团结。树龄300余年，高15.5米，围2.22米，冠幅13.6米×12.5米。已列入世界遗产名录。

竹芽 见84页"竹笋"条。

竹笋 又名"竹萌""竹芽""春笋""冬笋""生笋"。是幼竹茎秆的幼嫩生长部分。《安徽通志》载："笋出徽州六邑。"品质繁多，主要有冬笋、苗笋，可鲜食和干制备食。干制品有笋衣、笋干、黄杂等。笋有营养价值和医药功效。《千金要方》称："主消渴、利尿道、益气力。"徽菜中无论是炒、焖、煮、炖、煨、红烧，还是冠塔状，叶长披针形，果实球形。高可达30米。木色白或淡黄，木纹平直，结构细致，易加工，能耐朽，受白蚁的危害较少。六股尖一带山峦重叠，沟壑纵横，气候温和，雨量充沛，云雾多，湿度大，日照短，土质良好，为杉木主要产地。

*休宁杉

休宁矮竹 见100页"矮竹"条。

*团结松

做汤，均以竹笋为配料。徽州竹笋以歙县问政山竹笋最佳。位于歙县城东的问政山出产的毛竹笋过去成为"贡笋"，素有"问政山笋甲天下"之称。笋壳细薄，笋肉白皙，鲜嫩无比，用手指掐捏，即能溢水，当地人名之"白壳苗"。清诗人汪薇有诗赞曰："群夸北地黄芽菜，自爱家乡白壳苗。"

*问政山竹笋

*休宁矮竹

竹萌 见84页"竹笋"条。

休宁杉 主要分布在休宁县西南部中低山区，其产量占安徽省四分之一。常绿乔木，树干高直。

华东黄杉 我国特有的珍贵濒危树种，国家二级保护植物，与号称"世界爷"的北美红杉是近亲。徽州山区海拔600~1500米的局部高山地带，为其天然分布区。在黄山云谷寺古庙遗址左侧，有一株华东黄杉古树，据考证已有500年历史。树高18.4米，围2.65米，冠幅17.9米×19.8米。树姿优美，树干端直，枝叶稠密。树皮灰褐色，有纵裂。叶线形，螺旋状排列。球果十月成熟，但所结种子，大多空粒，发芽率很低。因其枝干上生长着另一种寄生植物——华东松，一体两物，珠联璧合，乍看似一株树上长出两种不同的枝叶和花果，被人誉为"异萝松"。树形雄伟古雅，具有较高的观赏价值。

多花兰 又称"孔雀兰"。为多年生附生草本，假鳞茎粗大长，圆形，须根丛生，肉质柱状，叶丛生，5~6枚，革质，宽条形，长可达85厘米。四五月份开紫红色花，一茎4~16朵，无香气，观赏价值高，产于休宁县齐云山观音岩、白云岩等处。

问政山笋 歙县城东的问政山出产的毛竹笋。南宋时为"贡笋"。参见84页"竹笋"条。

江湾雪梨 因产地婺源县江湾村而得名。据《婺源县志》载，明婺源江湾人从歙县丁字桥引进梨苗，与当地野生棠梨嫁接，落花结果时以油渍纸制梨袋，间选壮实幼果逐个包封。果成熟时色泽雪白，体大肉厚，皮薄核小，松脆香甜，汁多味美，入口消融。品种有"西岗坞""六月雪""白梨""马铃苏"等，以"西岗坞"为上品。

祁门木瓜 古木。位于休宁县齐云山洞天福地外，落叶乔木。树龄400余年，基围1.3米，高12米，枝繁叶茂，与榔梅并立共荣。初春开淡红色花，深秋结黄色果实，香气浓郁，具药用价值。

祁术 药材。上品白术产于祁门县，故名"祁术"。属菊科多年生草本植物，性喜凉爽，耐寒冷，畏高温，多生长在避风半阴1千米左右高山上。其茎紫红，高60~90厘米。叶互生，呈卵状披针形，边缘有锯齿，两面披柔毛。头状花序，直径约3.5厘米，花冠紫红色。瘦果椭圆形，密生黄白色羽状冠毛。根茎拳状，形似如意，与茎秆相连处细长，为鹤颈形。根茎切片呈白色，带有朱砂点，其味先甜后苦。以块茎入药，具有补气、健胃、补血、壮筋等功效。

祁蛇 即"蕲蛇"，又称"尖吻腹""五步蛇""五步龙""五步倒"。蝰蛇科、蝮蛇属，分布于我国东南、西南各省。祁门县森林茂密，清溪纵横，气候温暖，自然环境极宜祁蛇的生长繁衍，产量大，"祁""蕲"同音，故习称"祁蛇"。为爬行纲有鳞目蝰科动物，头大，扁平，呈三角形，吻尖翘起，因又名"尖吻腹"。全身覆盖有对称的大鳞片，头背棕黑色，头侧土黄色，体背以棕褐色为主，稍带白花，背上有24个方形斑纹，腹部乳白色，并有念珠斑，尾后如佛指甲。有剧毒，人畜一旦被咬伤，就会危及生命。祁蛇性温，有毒，味甘，是名贵的中药材。蛇干、蛇粉、蛇毒、蛇胆、蛇血、蛇内脏、蛇皮等皆可入药，具有很高的药用和科研价值。祁门全县均产祁蛇，现存量约15万条。近年来，已开展人工繁殖、饲养的研究。

*祁蛇

扰龙松 位于黄山散花坞一孤立笔峰之巅。黄山九大名松之首，尊为"帝松"。势如苍龙，凌空飞舞，堪称松中奇观，构成"梦笔生花"奇景。明徐霞客游记载："裂石而出，干高不及二尺，而斜拖曲结，蟠翠三丈余，其根穿石上下，几与峰等。"清施润章有诗赞之："左瞰一峰等卓锡，突出倒垂翻峭壁，纠髯奋角肆盘旋，烟霭冥蒙缠霹雳。徐看知是扰龙松，或称帝松莫与敌。"原松因自然衰老而死，现为重新移植而成活的扰龙松。树龄约60年，高1.8米，基围0.18米，冠幅2.34米×2.28米，目前生长发育正常。

*扰龙松

花山鸡　见84页"白颈长尾雉"条。

花鳗　见80页"山鳗"条。

苎麻　又称"野麻"。徽州各地均有出产。旧时,农村屋前房后,多有种植。秋后,剥其皮漂制,用以搓绳绩线。当地习俗,每年立夏日蒸制"苎叶粿"。参见775页"徽州饮食"部"苎叶粿"条。

苏门羚　见84页"四不像"条。

李坑古紫薇　位于婺源县李坑村。栽种于北宋大中祥符三年(1010年)建村时。现残留半边,径0.3米,每年均萌发新枝,结蕾开花。

杨梅　喜湿、耐阴寒的亚热带水果树种,徽州山区均有出产。野生群生,果实味酸甜,粒小。山民采以自食,少量入市售卖。

*杨梅

来龙神树　位于歙县许村黑石塔附近路边石缝中,为石楠树。楠木,又名楠树、桢楠,国家二级保护植物。树龄700余年,高6.8米,围2.1米,侧枝横展,形如巨伞,枝叶浓密,生机盎然。传说南宋岳飞带兵路过此地,石缝中长出一树欢迎他。村民遂称其"来龙神树"。

连根松　位于黄山北海狮林饭店后侧,海拔1 599米处。一根两干,树体极度偏冠,树冠上部分三叉,唯有树干基部与树根相连。树高分别为5.6米、7.5米,围分别为1.58米、1.88米,冠幅分别为8.6米×9米、10.4米×9.7米。已列入世界遗产名录。

连理枝树　又称"相思树"。位于黟县西递镇大坞村。树高39米,围3米,同根两株,枝杈相连。

连理松　位于黄山始信峰道中,海拔1 610米处。拔地而起,一根两干,齐肩而长,直到顶端,如同情侣相依。树高17米,围2.3米,冠幅12.2米×13.7米。清戴友衡有诗:"狮子峰前连理松,柯交叶互碧重重。为怜同气难公剖,纵使风来不化龙。"已列入世界遗产名录。

*连理松

旱芹　又称"药芹"。野菜,双子叶植物。其茎紫红,清香,炒食可口,人多喜好。今人已移入圃中栽培应市。

县衙古槐　位于今绩溪县人民政府后院。栽植于明朝中期,高约20米,围约3米,枝下离地6.5米。枝干苍劲,树冠苍郁,枝杈横展,宛若巨伞,荫覆700多平方米。每逢花期,清香四溢。

*县衙古槐

迎客松　黄山奇松之首。位于黄山玉屏峰东、文殊洞上。破石而生。一枝侧出,似展臂迎客,颔首向来自五湖四海的宾朋致意。姿态挺拔苍劲,翠叶平展如盖。树龄800余年,高10.2米,围2.16米,枝下高3米,冠幅10.7米×13.7米,两只巨臂斜出7.6米。已列入世界遗产名录。

宏村枫杨　位于黟县宏村。树龄400余年,高19米,围5.4米,树荫覆地700余平方米。当地又称"红杨"。相传该村地形似牛,四桥若蹄,小溪为牛绳,大枫杨树似牵牛人。

*迎客松

*宏村枫杨

*鸡公尖灯笼柿

君鱼 又称"刺巴"。新安江流域特有的名贵野生鱼类。形似圆筒,背部青灰色,腹部银白,体侧鳞片基部有一黑斑。杂食,以底栖动物、泥苔、有机腐殖质为食。性躁喜跳跃。成鱼喜群游,白天多隐居岩石洞内,黄昏前后或暴雨初晴,喜沿岸游动觅食。相传刺巴曾以身搭桥救渡朱元璋,被明太祖封为"君鱼",意即皇上之鱼。参见398页"徽州文学"部"君鱼搭桥渡元璋"条。

灵芝松 又称"披云松"。位于黄山鳌鱼洞老鹰石下,海拔1 735米处。树冠浓密,偏向一侧,侧枝斜向伸展,枝叶集中于冠顶,形似一颗巨大的灵芝,又如鳌鱼洞前的一朵浮云。树干自基部分三大主枝,树高3.4米,基围2.13米,冠幅7.7米×8.8米。

灵猫 见79页"大灵猫"条。

鸡公尖灯笼柿 位于歙县上丰乡鸡公尖。这里有得天独厚的气候和酸性土壤,生长的灯笼柿有独特的自然鲜甜味,当地人称"清水柿",有清痰止喘功效。表皮带白霜的灯笼柿饼更是食中佳品。该村盛产灯笼柿有500余年历史,制作柿饼的技艺一直流传至今。

青麂 见99页"黑麂"条。

青螺 以徽州屯溪一带所产最为著名。螺呈青色,只小肉嫩,鲜美可口,性清凉,适于夏令食用。鲜螺肉可应市,还可煮晒成青螺干。屯溪黎阳原为青螺干加工地,昔日徽商外出,多以青螺干、蜜枣、顶市酥等馈赠亲友。民国四年(1915年),青螺干曾选送美国巴拿马万国博览会参赛,其后销上海、香港等地。

披云松 见88页"灵芝松"条。

枇杷木 见98页"紫楠"条。

松砣树 位于黟县洪星乡奕村。树高10米,围1.8米,树形奇特,树干只有半边。相传此树世间只有三株半,奕村为半株。

松脂 松树分泌物。天然树脂类产物,主要成分为松香和松节油,被广泛应用于肥皂、油漆、颜料、皮革、印染物、药物等的制造上。

卧龙松 位于黄山卧云峰东悬崖石壁中,海拔1 679米处。树干分两叉盘屈生长,顶枝反侧融为一体,作伏卧状,如龙昂首,角崭髯张,颇具苍龙凌波之势。树高2.1米,基围1.14米,冠幅6.5米×3.9米。已列入世界遗产名录。

*卧龙松

刺巴 见88页"君鱼"条。

果子狸 见81页"牛尾狸"条。

明朝和尚榧 位于黟县泗溪甲溪村万春庵。树龄500余年,高18米,围5米。明朝庵僧曾以所结榧果进贡,故亦名"贡榧"。

罗汉松 又名"土杉"。徽州共有两株。一株位于绩溪县上庄村胡氏祠堂院内。该树苍劲古朴,枝繁叶茂,郁郁葱葱,年年开花结果。树龄200余年,高8.5米,围2米,6根侧枝由主干相对而出,形成六角亭式奇特树冠,冠幅9.5米×6.5米。相传建祠堂时由胡适的祖辈从歙县带土所植,故名"胡氏罗汉松"。另一株位于婺源县北篁村。北宋初,桐庐主簿余道潜(祖籍徽州)卜地择居,行至篁村,爱其层峦耸翠,遂定居,扦插此松。树高9.5米,径1.5米,冠幅半径7米,仍枝叶繁茂。

金丝猴 见99页"短尾猴"条。

金钱豹 国家一级保护动物。徽州境内山区均有分布。外形似虎,四肢粗壮,体背毛色橙黄,腹毛纯白,全身布满大小不等的黑斑或钱状斑环。常在山脊的深草中单独活动,夜间捕食,善攀树。

金蟹皂荚 位于休宁县齐云山镇下马路村。树龄400余年,高17米,围3.5米,树冠钟形。传说明末齐云山有一丁姓道士,夜过此处,见树下亮光四射,拾一金蟹。此后丁道房香火日盛,遂对此树精心保护,故称。

*金钱豹

狗熊 见99页"黑熊"条。

春笋 见84页"竹笋"条。

珊厚古柳树 位于婺源县珊厚村。树龄800余年,高23米,径1.4米,冠幅半径10米。北宋末年,胡姓祖先移居于此,后裔为纪念先祖,在墓旁栽种此树,世代尊为树神。

荆州山核桃 产于绩溪县荆州乡。壳薄,果仁香脆,含油率67.8%~74%,含蛋白质18.3%,并含有多种维生素。油芳香浓郁,有润肠滋补功效,是制作高级糕点和医药工业的上等原料。鲜果经蒸煮、火焙,果仁即香脆可口。外果皮可制碱。其木细密坚硬,俗称"铁木"。民国时期荆州山核桃畅销杭嘉等地。

南方铁杉 又名"浙皖铁杉""黑金树"。位于黄山800~1 600米的沟谷两侧。树干坚如铁,枝繁叶茂,冠区荫浓,雄伟壮观,是一种珍贵的观赏树木。

药芹 见87页"旱芹"条。

相思鸟 观赏候鸟。黄山风景区、齐云山、璜尖、白际山区亦多见此鸟。春来秋去,南徙越冬。红嘴,背呈橄榄绿,翅有红黄相间的色斑,鸣声清脆。

*相思鸟

相思树 见87页"连理枝树"条。

柿心黑木 产于黟县九都,其树老则心黑,作器物光可鉴。明嘉靖《黟县志》引《新安图经》称,黟县"岁贡柿心黑木,故以名县"。

竖琴松 又称"辕门松"。位于黄山卧云峰侧北坡,海拔1660米处。树龄200余年,高7.5米,围1.62米,冠幅12.1米×12.5米。该松主干挺直,顶状如伞,侧干伸出成倒"U"形,形似竖琴,又如古时官署中的辕门。已列入世界遗产名录。

*辕门松

盼客松 位于黄山天都新道,海拔1670米处。树龄400余年,高7.5米,干围2.01米,冠幅8米×9米。该松粗壮挺拔,树冠一侧,似巨臂前伸,姿态似迎客松,翘首期盼四海宾客。因立于高峰,僻居深山,久盼客人到来,故名。已列入世界遗产名录。

虹关巨樟 位于婺源县浙源乡虹关村溪畔。有"江南第一樟"之誉。树龄800余年,枝繁叶茂,径逾3米,冠幅面积2000余平方米。民国时期,村人詹佩弦汇集为此樟题咏的诸家诗词50余篇(首),编成《古樟吟集》,咏诗有句:"栽培远自南宋前,休黟祁歙盛名传。"

*虹关巨樟

贴壁松 黄山共有两株。一株位于黄山天海白云新道,从天海至步仙桥段海拔1650米处的悬崖峭壁上。树龄200余年,高7米,干围0.6米,冠幅1.5米×4.5米。扎根于岩隙,主干紧贴岩壁,树枝向两侧舒展,似一幅美妙铁画。另一株位于天都新道"试胆石"下,海拔1700米处。树龄400余年,高11.5米,干围约2米。高大挺拔,主干紧贴岩壁,枝梢向前倾斜,形态奇异。已列入世界遗产名录。

*贴壁松

钟玲三七 见95页"黄山梅"条。

香果树 古木。黄山风景区多有分布。是我国特有的古老珍贵树种,国家二级保护树种。生长迅速,树干笔直。高达30米,花期在七八月份,繁花满树,树形高大雄伟,花果奇特而美丽,鲜艳可爱。可作为庭园绿化树种,分布在海拔500~1300米的林中和水沟两旁。既是优良用材树,又是珍贵观赏树。

香狸猫 见80页"小灵猫"条。

香椿 徽州各地有采摘香椿树嫩芽鲜食习俗。绩溪人则采嫩芽腌制,经烘晒成干品,为面食或素食佐料。以浩寨乡百坑村所制香椿为最。

*香椿

香榧 又称"公孙果"。山果珍品。有小圆榧、圆榧、木榧、米榧、小米木榧、长榧、转筋榧、羊角榧多种,分布于黟县泗溪、际联、洪星、大星及休宁县里仁、儒村、南塘、流口、冯村等地。据清同治《黟县志》载,泗溪甲溪村万春庵旁和尚榧,树龄500余年,所产榧"其味特佳,寺僧曾以此进贡朝廷",故又称"贡榧""寸金"。泗溪另有"花生榧",可生食,为国内罕见品种。而与泗溪交界的休宁县北里仁一带的香榧称"细榧",又称"鸡心榧""玉榧",果形瘦长较小,入口清香松酥。儒村、南塘、流口部分山区产"芝麻榧",类似细榧而呈红色,中心有小黑点。冯村一带产"圆榧",大而略圆,又称"桃榧",多用以榨油。

*黟县香榧(1)

*黟县香榧(2)

段莘古银杏群 位于婺源县段莘乡境内。共有四棵古银杏,树龄均在1100年以上。其中汪槎村的两棵,一雌一雄,分居村口小溪两岸,两树高低粗细相似,径1.65米,高27.5米,冠幅半径8.5米,两树根相连,冠相依,如胶似漆,千年不分离,人称"银杏夫妻"。昔时当地村民男女新婚,必前来对树施礼叩拜,相祈白头偕老。

狮子林高山柏 位于黄山狮子林寺庙遗址旁。树龄逾千年,高3.3米,基围1.2米,冠幅直径约8米。疏影苍劲,飘逸豪放。数条枝干盘错曲折,宛若虬龙盘旋。基部侧根裸露,状似龙爪。树皮斑驳如龙鳞,弯曲的新枝如龙须。一幅老龙傲风雪的绝妙图画,令人惊叹。

音乐鸟 见80页"山乐鸟"条。

送客松 位于黄山玉屏峰至好汉坡道旁,海拔1675米处。虬干苍翠,侧伸一枝,似作揖送客。树高3.3米,

*段莘古银杏

围1.47米,冠幅9.2米×11米。已列入世界遗产名录。

洙村黄桐 位于婺源县洙村。树高20米,径2米,冠幅半径10.5米。树龄无考,相传数百年前被雷击开大裂缝,至今生机盎然,年年花开满树。黄桐在皖浙赣一带较为罕见,此树雌性单株,无法繁衍。

恒河猴 见96页"猕猴"条。

穿山甲 又称"鲛鲤"。国家二级保护动物。地栖性动物。产于我国南部,亦为徽州山区特产。其体和尾有覆瓦状的角质鳞,体长一般为40~55厘米。头小,吻尖,口、耳、眼均小,无齿,舌细长,能从口孔伸出舔取食物。四肢短,爪强壮锐利,用以掘地觅食或做洞穴居。主食蚁类。中医以鳞片入药。

神鸦 特指明朝活动在黄山上的一种鸦。据《黄山志定本》载,黄山有两只神鸦,有宾客来到,一只会预告似地鸣叫开来。当客人游山时,另一只则先行而飞,就像引路向导。以山僧掌上的食物为食。明项士文有《双鸦》诗:"呜呜旋绕向径台,就食怀中遭不开。自是黄山双古德,新雏何敢入群来。"

娃娃鱼 见80页"大鲵"条。

绞股蓝 又称"七叶胆"。野生珍贵药材,为葫芦科多年野生草质藤本。生于山阴湿地。祁门全县

*送客松

皆有分布,以牯牛降的中低山麓为多。味苦、性寒、无毒。对人体肥胖、肝炎、高脂血症、动脉硬化、白发、支气管哮喘、胃溃疡等症均有疗效;具有消炎解毒、止咳祛痰、强壮体质的功效。绞股蓝皂甙对癌细胞有抑制作用。还有抑制肝、胃、皮肤、子宫等多种癌细胞增殖功能。临床用于催眠及痔疮、哮喘、偏头痛、多种癌症治疗。

*绞股蓝

*绞股蓝植物

荷包红鲤 产于婺源县。可在各类水域生活。此鱼背侧鲜红,腹部色白,鳞片规则,头小尾短,背高体宽,形似"荷包"。池养此鱼,繁殖日多。相传明万历年间,婺源沱川人余懋学任南京户部右侍郎,神宗念其"代天子巡狩"有功,将御花园池内的数尾红鲤鱼赏赐予他,余懋学视为殊荣珍宝,还乡后特凿大石缸饲养。清初婺源学者汪绂谓此鱼有和脾养肺、平肝补肾、滋阴养阳之功效,所著《医林纂要探源》称此鱼能"妊安孕,好颜色,止咳逆,疗脚气,清水肿,治黄胆"。今婺源县定名荷包红鲤鱼,并经多年提纯复壮培育,成为全国淡水养殖鱼类的优良品种,在全国推广养殖。

*荷包红鲤

桃花鱼 徽州溪流中小型鱼类,可食。体形长,侧扁,银灰带红色,具蓝色横纹。雄性臀鳍较长,生殖季节色泽鲜艳。

桃花鳜 新安江上游所产,在黄山桃花盛开时最肥美,故名。生活在山区溪间石缝中,体形比江河鳜鱼稍长，背色稍黑，有花纹条。其种类有翘嘴鳜、大眼鳜、波纹鳜、斑鳜、竹筒鳜、暗鳜和辐纹鳜等，其中翘嘴鳜尾重可达10千克，大眼鳜有2千克余，斑鳜重者可达1千克。一般栖息于静水或缓流中，白天有卧穴的习惯，夜间常在水草中觅食。到了春天桃花盛开时，山区雨水连绵，溪水上涨，则跃出石隙，随水追食丰盛的鱼虾，此时比其他鱼类更肥美。正如唐诗人张志和《渔歌子》所吟咏："西塞山前白鹭飞，桃花流水鳜鱼肥。"肉白细嫩，营养丰富，中医学认为多食鳜鱼能补虚、益脾、降低胆固醇，益于人体健康。

栗 徽州各地均有出产，在黟县各乡中尤以屏山、际联为最。为落叶乔木，所结果实甘甜鲜美，营养丰富，含有多量淀粉、蛋白质、脂肪及维生素，生食炒食均可。烹饪中用以佐菜，磨成粉还可制成各式精美糕点。

破石松 位于黄山西海排云亭附近。树生石上，根扎石中，将整块岩石劈成三块。树高7.2米，围1.29米，冠幅9米×8米。已列入世界遗产名录。另据《黄山志定本》载，破石松，在一线天，为九大名松之九。明崇祯十一年（1638年），雷震石崩，松被雷电击中而死。

*破石松

倒挂松 位于"一线天"左侧峰壁上，海拔1670米处。松倒挂，根盘生于石隙，主干逆悬危崖，苍劲古雅，侧枝多长，似虬倒挂。树高3.1米，基围1.7米，冠幅7米×7.5米。已列入世界遗产名录。

*倒挂松

高山柏 又称"山柏"。黄山风景区有自然分布，其形态特征与粉柏（翠柏）极为相似。在黄山北海狮子林海拔1586米处有两株高山柏古树，属华东之最，已寿逾千年，一株名"蒲团柏"，树高3.9米，基围0.9米，冠幅8.2米×6.9米；一株名"凤凰柏"，树高3.4米，基围2.14米，冠幅11.4米×10.5米。

拳头菜 见100页"蕨菜"条。

浙皖铁杉 见89页"南方铁杉"条。

娑罗园红豆 位于歙县富堨村娑罗园。共有两株红豆树，树龄均200余年，其中大株树高23.5米，围1.8米。两树并立园中，宛如巨伞，树干圆满通直，树皮灰绿，枝叶茂密。果实呈红色，通称"红豆"，又名"相思子"。相传清乾隆皇帝得了难治之病，御医久治无方，便向民间求医。该村名医汪大顺应诏入宫，药到病除。皇帝念其医术高明，除加封汪氏外，还将宫中的红豆树苗予以赠赐，命其回乡栽植。汪回故里后，建园植树，保存至今。

海石榴 见100页"潜口山茶"条。

宽耳犬吻蝠 蝙蝠的一种。分布于休宁、祁门、歙县等地。哺乳纲，蝙蝠科。耳大似扇，口吻如犬。前肢有一层半透明的皮膜形成双翅。栖息于山洞岩缝中。

扇子松 位于黄山北海清凉台，海拔1640米处。树龄370余年，高仅2.2米，围1.26米，冠幅4.3米×4.9米。该树树干极短，扎根于悬崖峭壁，侧枝似从岩缝中破石而生，凭栏俯视，松冠如展开的折扇，扇面平整，松针青翠，枝叶茂密，奇妙自然。已列入世界遗产名录。

陪客松 黄山名松。位于黄山玉屏峰前文殊台上，海拔1670米处。东侧两棵比西侧两棵略粗。

树龄500余年,冠幅直径均为5.5米。四棵古松,犹如仙女,亭亭玉立,长年累月在此陪伴游人观景。已列入世界遗产名录。

通元观古刨花楠 位于婺源县通元观村口。树高15米,径1.4米,冠幅半径约10米,枝繁叶茂,相传是唐开成年间通元观道士郑全福所栽。

接引松 位于黄山始信峰上,海拔1664米处。树高4.5米,围1.15米,冠幅7.1米×3.9米。始信峰三面临壑,唯东南与另一峰相近,隔丈许。古时断木为桥,以渡游客。此松扎根于北崖,横枝伸展,傍于桥旁,直达南崖,似在接引游人。清刘大櫆记述:"北岸有松,横枝直抵南岸。"后此木桥改为石桥,名"渡仙桥",游者仍扶此松枝过桥。清施闰章有诗赞之:"峰寻始信眩眉睫,断崖恰赖孤柯接。似伸猿臂来引手,位置欹危通步屟。"已列入世界遗产名录。

*接引松

探海松 ❶位于黄山天都峰顶,海拔1650米处。树龄500余年,高4米,围1.5米,冠幅直径5米。古松悬在危崖上,一侧枝银花,倾伸前海,犹如苍龙探海取物。❷生长于黄山卧云峰悬崖,海拔1674米处。树高3.1米,围1.15米,冠幅6米×6.6米。该松枝叶茂盛,根扎悬崖,侧枝倾伸,犹如苍龙探海,戏搅浮云。已列入世界遗产名录。

*卧云峰探海松

黄山木兰 花卉。零星分布于海拔600~1700米处的山坡、沟谷疏林或山顶灌丛中,集中在黄山温泉区、西海、散花坞等处。另在黟县柯村下东坑有一株古木兰,高15米,围2米,主干中空,支干二,一枯一荣。国家三级保护渐危种。今有人工栽培。还可用来嫁接广玉兰、白兰、紫玉兰等。

黄山玉兰 花卉。在黄山分布较广,散生于海拔630~1400米的山坡。温泉、慈光阁、云谷寺较为集中。白鹅岭下的山谷中遍布玉兰,人称"玉兰谷",花开之际,人行其间,如在雪中穿行。明方大治有《黄山玉兰》诗:"深谷名花何处移,森森玉树媚清漪。国真漫拟漪兰操,香色还同冰雪姿。山气凝寒开独后,灵根寄石意偏奇。与君采折充琼佩,独笑旁人应未知。"

黄山白龟 古为宫中珍玩之物。产于黄山,形似常龟,背甲如白金,底甲如象牙。眼为红色,头尾皆白色,置于水中可见光泽。

黄山异萝松 黄山风景区云谷寺古庙遗址附近,一株华东黄杉和一株南方铁杉的俗称。因古时缺乏科学知识,将这两株同科异属的古树统称"异萝松"。两树均为常绿针叶乔木,树形雄伟壮丽,气宇轩昂。均有奇异现象,长有两种枝干和叶子,既有针叶又有阔叶,一体两物,珠联璧合,别有雅趣。黄杉树龄500余年,铁杉树龄800余年。参见85页"华东黄杉"条。

黄山花楸 黄山地区特产树种。国家三级保护的珍贵稀有树木之一。属落叶小乔木,主产于黄山海拔650~1500米的地带。因其模式标本采自黄山而命名。其树姿优美,长圆形的羽状复叶,迎风婆娑,恰似飞燕轻舞。初夏时节,开出簇状白花,犹如绣球悬挂于枝头。秋实累累,赤如珊瑚,朱红鲜艳,别具风采。花楸树皮可提取烤胶或造纸,果实可食或酿酒,入药能治虚劳、支气管炎等病。

黄山杜鹃花 分布于1000~1600米黄山高山地带,"高干浓香,迥异凡种"。清雪庄有诗云:"深山哪有离人泪,也染鲜红血杜鹃?"

*黄山杜鹃花

[一] 文化生态 / 物产资源

黄山灵芝 又称"紫芝"。黄山特产。多野生于潮湿的山地枯树根上,亦有人工培植。性温、味甘,有益血气、补肝气、益肺气、益精气、强筋骨的功能,用于治疗心悸失眠、健忘、乏力等症。

* 黄山灵芝

黄山鸳鸯 栖息于黄山地区的一种珍禽。国家二级保护动物。鸳指雄鸟,鸯指雌鸟。往往雄雌鸟在一起,似情侣相依相随。雄鸟(鸳)头部和身上五颜六色,既鲜艳又和谐,特别是两片橙黄色略有黑边的翅膀帆羽,向上弯成扇形,在上百种的禽类中绝无仅有,素以"世界上最美的水禽"著称。雌鸟(鸯)背部苍褐,腹部洁白。

* 黄山鸳鸯

黄山黄牛 役肉兼用型牛。在绩溪县境内长期饲养选育而成。体型中等偏小,结实匀称,躯短而高,瘤峰显现,垂峰发达,背线明显,皮肤较薄,关节结实,蹄质坚硬,角长而上翘,毛以褐色为多,间有黄色或棕黄色。耐热耐湿、耐粗饲、繁殖力强。适于山区水田作业。

* 黄山黄牛

黄山黄连 归类毛茛科、黄连属。多年生草本,高15~30厘米。一茎三叶,常年青绿。花极小,呈黄绿色。连如莲珠,多分枝,稍有弯曲,每年只长一节。产于黄山海拔600~1 600米的山峰上和沟谷林下。为黄山景区分布最广的中草药。短萼黄连是其变种。国家三级保护濒危种。民谚道:"黄山七十二峰,峰峰都有宝。两峰没有宝,盛产黄连和甘草。"黄连成药材呈金黄色,味极苦。

黄山菊 主要分布于黄山海拔1 500米以上的高山坡上、林缘的石隙中,为黄山高海拔地带裸露地常见地被植物,花大而繁,有较高观赏价值和水土保持功能。为现代菊花的原始母本,在物种起源和演化的研究中具有很高的价值。

* 黄山菊

黄山梅 又称"少女花""钟玲三七"。国家二级保护稀有种。在黄山海拔800~1 600米的阴湿沟谷中多有分布。多年生草本,高0.8~1.2米,茎直立,带紫红色;花大、黄色,钟状。花期在七八月份,花儿美丽娇贵,可栽培观赏,有较高科研价值。

黄心楠 见98页"紫楠"条。

黄花 见95页"黄精"条。

黄猴 见96页"猕猴"条。

黄精 又称"黄花""野生姜"。药材。产于黄山、牯牛降等地。百合科多年生草本植物,地下有横生根状茎,肉质肥大。茎长而较柔弱,叶通常4~5枚轮生,线状披针形。三月生长,五月开花,花白色,钟状,浆果球形,熟时黑色,九月开采,十月蒸晒,色黑味甘,药用部分为根茎。中医学以上根状茎入药,性平,味甘,具有补气、润肺功能,主治脾胃虚弱、肺虚咳嗽、消渴等症。民国《安徽通志稿·物产考》称:"黄精,此物黄山产者最佳。"而祁门县黄精资源比较丰富,药藏量在20吨以上。明万历年间,九华山僧人来祁门及徽州收购黄精,经九蒸九晒,制成"九制黄精",闻名遐迩。

*黄精

黄精叶钩吻 黄山特有野生植物。草本落叶,分布于黄山海拔700米以下的山地中。属珍稀物种,国内仅黄山有少量生长,有较高的研究价值。

黄嘴雕 见84页"白尾海雕"条。

黄檀 古木。徽州共有两株,一株位于歙县西村河畔,树龄200余年,高28.5米,围3.5米。盘根错节,紧附岩面,树冠庞大,孤傲出群。一株位于婺源县黄砂村水口,树龄近千年,高22米,径1.1米,冠幅半径12米。

营安馆柳杉 位于歙县石步坑村,海拔420米处。树龄400余年,高22米,围4.6米。今虽空心,仍枝繁叶茂。相传,此树系明严嵩之子严世华,因父罪株连,随结拜兄弟罗小龙避难于此时所植。罗氏为呈坎人,结营墨业,回乡后隐居于"营安馆",柳杉植在馆内。今馆废树存。

梦笔生花松 位于黄山散花坞中。参见30页"笔峰"、86页"扰龙松"条。

梅花鹿 国家一级保护动物。黄山历史上盛产梅花鹿,徽州境内山区县亦常见其活动。其毛色冬季呈烟灰色,夏季呈栗红色,背部有白斑,形似梅花,颈部有鬣毛。雄性次年起生角,每年增长一叉,五岁后生四叉而止。其性温顺,爱群栖于长有高大草本植物的山上,胆小机警,一遇险情,飞蹄而逃,但不轻易离开栖息地。

梅松 位于黄山云谷寺至白鹅岭道中,喜鹊登梅景点处,海拔1330米。树高3.2米,围1.19米,冠幅4.6米×6米。松似古梅,枝干盘曲古朴,其旁有巧石状如喜鹊,与松石柔和构景称"喜鹊登梅"。已列入世界遗产名录。

雪柳 见81页"五谷树"条。

雀鹰 又称"鹞"。小型猛禽,国家二级保护动物。徽州地区为冬候鸟。雌鸟上体大部灰褐色,下体白色而缀有棕色横斑。雄鸟上体灰色较深,下体斑纹也较深较细。常栖于山地林间,亦见于村落溪河附近。

*梦笔生花松

以鼠类和小鸟为食,猎人常驯养它来捕捉野禽。

野生姜 见95页"黄精"条。

野麻 见87页"苎麻"条。

蛇雕 又称"白腹蛇雕"。大型猛禽。雄鸟体形粗壮,两翼及尾羽长而宽阔,钩状巨喙如同铁铸,强利无比。栖居深山密林,常高居于崖巅高树,或凌空飞翔。嗜食蛇类,故名。兼食鼠类、鸟类和昆虫。主要分布在福建、云南一带,徽州山区是其分布的最北限。

盘岭松 位于黄山天都峰新道中,海拔1670米处。树龄约270年,高2.6米,围1.17米,冠幅6米×4米。树干不高,树冠多层平展,盘根错节于形似羚羊的奇石上。羚羊石状如跳壁,又若翘首觅食,松、石天然搭配成景,极为雅致。已列入世界遗产名录。

猫爪 见100页"蕨菜"条。

猕猴 又称"恒河猴""黄猴"。国家二级保护动物。黄山风景区、清凉峰、牯牛降等深山林中广为分布。头部轮廓呈三角形,脸毛稀短,尾巴细长。毛色灰褐,腰部以下橙黄,有光泽,胸腹部和腿部深灰色。颜面与耳裸出,幼时白色,长成后肉色至红色。臀部有红色臀疣。群居,性嬉闹,以野果、野菜为食。

猕猴桃 分布于徽州境内低山和丘陵地带。果实圆或长圆形,皮黄褐色,上有棕色小点,果肉黄绿或浓绿色,子小而黑。李时珍《本草纲目》释名云:"其形软脆,汁液浓,味初酢,久而香甜,香味浓郁。"被誉为"长生果""水果之王"。祁门县野生猕猴桃资源丰富,年产量110万千克以上。休宁县年产量100~150万千克;休南大阜现已建立人工栽培基地。婺源、黟县、歙县等地产量也颇可观。

*猕猴桃

望泉松 位于黄山天都峰顶上,海拔1 810米处。树龄300余年,高4.2米,围1.02米,冠幅4.9米×5.5米。长于悬崖峭壁旁,主干三折斜伸,树冠朝向西南侧的汤泉,仿佛细观温泉的秘密。已列入世界遗产名录。

望客松 位于黄山玉屏峰至莲花沟道中(好汉坡至玉屏索道上站道中),海拔1 637米处。树龄450年,高4.8米,围1.25米,冠幅7.9米×7.1米。独立生长于石缝之中,枝干苍劲,姿态优美,似眺望游人而点头致意。微风过处,频频点头。已列入世界遗产名录。

*望客松

粗皮狮头橘 柑橘树。位于歙县街口村向阳山处海拔140米的橘园内。树龄140余年,高5.5米,基围1.5米。有19股侧枝粗细不等,枝叶茂盛,郁郁葱葱。该树年产果数百千克,比一般早株产量高六七倍,被村民誉为"摇钱树"。

清水鳗鲡 俗成"鳗鱼"。多产于大江河湖的浑水中,唯徽州山溪清水中有生长,数量少而名贵。富有脂肪,肉质鲜美,为徽菜中之上品。明以前被列为贡品。

清华古樟 位于婺源县清华镇。婺源于唐开元二十八年(740年)建县设治于清华时,此树即在县衙前,迄今1 270余年,仍挺然屹立。树高19米,径2.47米,冠幅半径8米。

*清华古樟

清明花 见100页"潜口山茶"条。

弹琴蛙 两栖珍稀动物。栖息于休宁县齐云山腹地之深洞、池潭。成蛙长6厘米左右,体色棕褐,背有三条浅色纵纹。雄蛙有一条豆样米黄色肩线,上颌有一条黄色的绒纹,入夜则鸣,其声"多—米—索—多—米—索"。音阶分明,轻柔短促,清雅如琴。初夏产卵,入秋成小蛙,捕捉林中水边昆虫为食。

绩溪李 分布于绩溪县。已有200余年种植历史。清咸丰年间,绩溪县瀛洲镇耿川周家潭商人汪应生自浙江遂安县引进李种,在北村乡杨林村种植。后人们复从浙江兰溪引入良种在镇头高山村种植。现种于李乡村,主要分布在登源河两岸。主要品种有早李、黄脂李、酸李、林檎李、苦李、胭脂李、碓头李、红心李、开裂李、鸡血李等,均称"绩溪李",为该县主要外销鲜果之一。

绩溪黑猪 徽州优良猪种。育成于绩溪县荆州乡。清朝以来,荆州农家以饲养母猪为主要家庭副业,由于地处封闭的深山区,通过长期自然隔离饲养和近亲繁殖而培育出耐粗饲、抗病抗逆性强、产仔率高的优良地方纯种，远销皖、苏、浙3省的18个县市。背毛全黑，体形中等偏小，背腰平直，后躯发达，肉质细嫩，是理想的火腿型猪种。

*绩溪黑猪

绿毛龟 一种背上生长着龟背基枝藻的淡水龟。是将动物与水生植物巧妙地融合为一体的生物。多产于徽州山地溪中，昔曾作观赏物贡宫廷，今作珍玩供出口。此龟取自溪间，蓄水缸中，饲以鱼、虾，冬天除水，久之生毛，长13~17厘米。毛中有金钱纹，脊骨有三棱，底甲如象牙色，大如金钱。因龟背上的藻体呈绿色丝状，并长达25厘米，在水中如被毛状，故称。

绿笋 徽州各地均产。明清时期，山区遍制绿笋，畅销江南。其制法为：以燕笋、金竹笋、江南笋和野笋为原料，剥壳、洗净、煮熟、加盐、焙干，制成嫩绿笋干，可长期保存，备以烹饪荤、素菜肴。

棋枰松 位于黄山光明顶至天海道旁，海拔1 790米处。树高4.2米，围1.09米，冠幅10米×8.6米。盘根盖顶，冠幅盈广逾丈，冠平如围棋盘状。游人多误称为"蒲团松"。清洪云行诗云："闻道骖鸾客，时来坐对松。樵柯从烂尽，此局几时终？"已列入世界遗产名录。

棕噪鹛 见80页"山乐鸟"条。

椰梅 分布于休宁县齐云山。属腊梅科，每年严冬花发，清香四溢。一说以椰苗与梅苗嫁接而成。据明《齐云山志》载，明嘉靖五年（1526年），雪崖山人方琼真访武当山，携回苗木二株，植于洞天福地前。现存一株，已历400余年，高12米，干围1.5米，枝杈横空，生机不减。

棘胸蛙 参见79页"大阜瀛石鸡"条。

紫芝 见95页"黄山灵芝"条。

*椰梅

紫楠 又称"黄心楠""枇杷木"。在休宁县齐云山月华街及山南洪坑一带，沿山谷呈带状分布，冠幅绵连，成深邃密林。木质坚韧，纹理细密，为建筑与制作家具的名贵木材。

黑虎松 位于黄山北海至始信峰岔路口，海拔1 620米处。树龄470年，高9.1米，围2.2米，冠幅14.4米×14.2米。传说狮子林有一高僧见一黑虎卧于松顶，后寻黑虎不见，只见古松挺立，高大苍劲，干枝气势雄伟，虎气凛凛，故名"黑虎松"。该松枝稠叶密，遮天蔽日，覆地面积百余平方米。已列入世界遗产名录。

*黑虎松

黑金树 见89页"南方铁杉"条。

黑麂 又名"乌金麂""青麂"。国家一级保护动物。分布范围十分狭小，徽州为全国主要产区。黑麂属体型较大的麂类，成年兽体重约25千克。全身暗灰色，头的两角之间及周围有长的棕黄色毛。尾长，尾背黑色，尾的腹面纯白。臀缘亦呈白色，为珍贵观赏动物。主要栖息于高山常绿阔叶林、落叶及常绿混交林中，多于黄昏活动。以散菌为食，也以绿叶、嫩叶为食。

*黑麂

黑熊 又称"狗熊"。国家二级保护动物。主要分布于歙县、休宁偏僻的深山之中。其体形肥大，尾短。体黑色，前胸有一月牙形白斑，颈和肩部毛较长。杂食，性孤独。能游泳，擅爬树，可直立行走。冬季入洞休眠，可睡一冬季，一旦惊动它，立即苏醒逃遁，称为"冬睡"，与"冬眠"不同。

*黑熊

黑鹳 大型猛禽，徽州地区为冬候鸟。国家一级保护动物。身长1米，体重约2.5千克。体型较白鹳小，上体从头至尾，两翼及胸部均黑色，冷紫绿光泽，下体纯白。活动于江河湖滩等水域附近，主食鱼、蛙、蛇及昆虫类。

短尾猴 国家二级保护动物。分布于黄山风景区诸多山峰。此猴身材高大，四肢粗壮，眼睛有神，因其尾短不过6厘米，好像被人用刀砍断了似的，故名。它们蓄着山羊胡，长眉短尾，面大腮圆，身披深褐色长毛，色彩纯正，犹似金丝，故又称"金丝猴"。大者体重35~40千克，时而站立行走，时而模仿人的动作，活泼可爱。

*短尾猴

鹅掌楸 又称"马褂木"。国家二级保护稀有树种。其叶形如马褂状，又酷似鹅掌，故名。广泛分布于歙县、休宁县、祁门县，在黄山浮溪海拔900~1 300米的落叶阔叶林内，北坡十八道弯处有小片状大树。有数人合抱的鹅掌楸古树。该树喜温凉湿润气候，适生长于肥厚的土壤，生长十分快，适于园林绿化。主干通直挺拔，树冠塔形，枝繁叶茂，春末夏初，枝端布满淡黄色花朵，在翠绿的叶丛中迎风起舞，显得分外娇美，是世界著名的珍贵观赏树种。

富岱枇杷王 古树。位于歙县富岱村。树龄100余年，高7米，基围2米，人称"枇杷王"。其枝条扶疏，呈蘑菇状伸展。年产枇杷200千克。果大肉厚，汁多味甜。

婺源杉木 婺源县盛产杉木，杉木占用材林的20%左右。明弘治《徽州府志》载："新安之木，松杉占为多……婺源、祁门之民尤勤于栽植。"婺源田少粮缺，靠杉木的收入，从饶州换得鱼稻，从休宁县换得所需货品，故村族重视杉木的种植与封禁。清末民国初期，婺源杉木外销有百万根。

蓝田花猪 产于休宁县蓝田镇。体形较小，毛色黑白相间。有大花、小花、马鞍花、两头乌、乌云盖雪等花纹。此猪种瘦肉多，吃不择食，产仔率高，皮张厚韧，适于制革。以蓝田花猪腌制的火腿畅销国内市场。

蓝膀鹊 见84页"灰喜鹊"条。

蒲团松 位于黄山玉屏峰至莲花沟道中（玉屏索道上站附近），海拔1 637米处。树高2.9米，围1.1

米，冠幅10.7米×10.3米。侧枝密集在2米高度，盘曲于四周，然后平伸。针叶簇集冠顶，铺展平整，状如蒲团。清丁廷楗有诗："苍松三尺曲如盘，铁干横披半亩宽。疑是浮丘跌坐处，至今留得一蒲团。"已列入世界遗产名录。

楠木谷 又称"楠木林"。位于休宁县齐云山太素宫北东岳庙遗址。月华街及山南洪坑一带有紫楠，为砍伐后再生林，沿山谷呈带状分布，枝叶连绵。

楠木林 见100页"楠木谷"条。

*楠木林

矮竹 学名"休宁矮竹"，别称"三叶竹"。休宁县地方特产。株高尺余。竿身直立，纤细，中空极小或近于实心，每节分枝3~6枝，分枝通常只有2节，仅上部一节生叶，一般每小枝生3小叶，叶广披针形，厚纸质，表面疏被毛，稍具白粉。生长于浅山荒野，可作盆景观赏。

槠怀樟 位于歙县昌溪古村西岸，一棵数百年树龄的古槠树腐朽树心中长出一株枝叶茂盛的樟树，人称"槠怀樟"。树高10米，围3米，树冠槠树、樟树各占一半，蔚为奇观。

辕门松 见90页"竖琴松"条。

蜡烛松 位于黄山云谷寺旧寺庙址旁，海拔890米处。东西两株相对，树冠整齐，如一对点燃的蜡烛。树高分别为12米、10米，围分别为1.55米、1.49米，冠幅分别为7.8米×9米、9.3米×10.2米。已列入世界遗产名录。

鲛鱼 皱唇鲨科动物。今除祁门县外，仅四川部分地区尚存，濒临灭绝。体呈纺锤形，稍扁，鳞为盾状，胸腹鳍大，均为红色。性凶猛，行动敏捷，以其他鱼类为食。

鲛鲤 见91页"穿山甲"条。

蕨菜 又称"拳头菜""猫爪""龙头菜"。一般生长在山区草坡、乡间空地和林缘地带，喜生于浅山区向阳地块，多分布于稀疏针阔混交林。每年四五月间，

*蜡烛松

是采食野生蕨菜的最佳时期。其可食用部分是未展开的幼嫩叶芽，经处理的蕨菜口感清香滑润，再拌以佐料，清凉爽口，是难得的上乘酒菜。既可炒吃，亦可煮晒成干蕨、做馅或腌制成罐头等备食。蕨根富含淀粉，经研磨过滤可制成蕨粉，可作饴糖、饼干、粉条、粉皮、凉皮，也可酿酒和提取酒精。被誉称为"山菜之王"。此菜味甘、性寒、润滑，根、叶及全草均可入药。

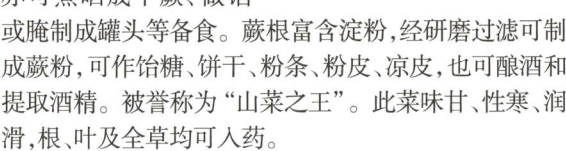
*蕨菜

蕃村雪梨王 古树。位于歙县蕃村。树高11.5米，基围3米，主干分三枝，主枝枝围2米，树冠呈半球形。年产鲜果数百千克，号称"雪梨王"。

蕲蛇 见86页"祁蛇"条。

鹞 见96页"雀鹰"条。

潜口山茶 古名"海石榴"。位于歙县潜口村农家院内。茶树树龄400余年，高5米，围1米。三月开花，满树火红，蔚为壮观。在徽州，此花一般在清明前后开放，故当地又称"清明花"。

歙县千年古樟 位于歙县漳潭村，为徽州古樟之冠。树龄逾千年，高26.5米，围9.5米。四大主枝围径均在1.8米以上，犹如四条蛟龙直耸云天。树冠浓郁蔽日，树荫覆地面积约1 900平方米。

*歙县千年古樟

*宏村古柏

歙县石楠王 古木。位于歙县石耳村。树龄逾千年，高16米，基围4米，树冠盖地650平方米。

糙杆苔 黄山特有野生植物。主要分布在黄山海拔640米左右的山地上。为中国极为罕见的植物品种，仅黄山山区有零星发现，是宝贵的科研实物。

磻坑奇樟 位于婺源县磻坑村。树龄500余年。树身向溪对岸横卧，形成天然树桥，"桥"干长出五根侧枝，茏中寄生一株粗大的糙叶树，浑然一体，可谓奇观。

徽州木莲 古木。常绿乔木，五月中下旬开花，单生枝顶，形似莲花，故名。徽州有两棵古老木莲，一棵位于黄山干部疗养院大门前，树龄400余年，高18米，径2.7米，冠幅10.8米×9.7米。每年当季，繁花怒放，白中有紫的花朵，如出水瑞莲，清香飘逸。另一棵位于松谷庵前，高15米，径2.5米，冠幅14.4米×13.7米。古时僧人将其喻为神话"目莲救母"中目莲的化身。木莲茎枝可作药材，用莲子浸酒，饮后可消灾延寿，故被称为"神树"。

徽州古柏 古柏在祁门县和黟县共有4株：一株位于祁门县柏里村，称为"宋柏"。该树四干合抱，相融一体。高28.5米，围5米，冠幅面积250平方米。前临小河，后倚青山，左接园圃，右连村庄，构成一幅美丽的山村风光图。一株位于祁门县六都（善和）村，称为"报慈古柏"，为"和溪十景"之一。宋家坞有一古刹名"报慈"，寺前古柏森森，亭亭如盖，故名。明汪敬咏古柏诗有句云："报慈庵畔柏森森，月夜乌啼宰树木。""风霜晚节存贞干，雷雨长时入太阴。"一株位于今黟县人民政府院内。树龄800余年。主干枯死，侧枝横空虬曲，根部外露盘结。一株位于黟县宏村南湖书院院内。树龄400余年，高15米，围3.3米。

徽州古银杏 徽州古银杏树共有3株。一株位于歙县唐模村，树龄1 200余年，高22米，围8米，冠幅面积约135平方米。古树苍劲，生机盎

*宏村银杏

*徽州唐朝银杏

*黟县牡丹

*徽州古银杏

黟县千年古槠 位于黟县泗溪下东坑村。树龄800~1 000年，高20米，围9米，为徽州第二古木。

黟县古桂 位于黟县美溪乡庙上村。树龄400余年，高18米，围3.3米。一丛三株，相依而生，乡民目为三姐妹。

然，与"小西湖"园林相邻，景致幽雅。一株位于黟县横冈村，树龄800余年，高22米，围7.4米。一株位于黟县宏村村口，树龄400余年，高20米，围3.3米余，树体枝丫盘曲交错，树冠形如巨伞，状如五剑刺空，又似长鞭驱云。与左侧的古枫杨称"红白二树"，是宏村的"风水树"。村中迎亲须绕枫杨一匝，殡仪举行时须绕银杏一匝。

徽州石斑鱼 皖南山区特有的一种小河鱼。徽州各县均有分布。个头小，最大不足150克。体圆润，肚白，周身布满网状斑纹。常年喜活动于岩石旁，觅食水中腐蚀物。性温顺，色光泽，肉鲜嫩。

徽州牡丹 牡丹为我国特有木本名贵花卉。为多年生落叶小灌木，生长缓慢，株形小。《黟县志》载："黟之牡丹，原自洛阳移植，其后岁盛。宋南渡，无洛花，好事者于此取之。"自此黄陂、屏山、西递、宏村遂多牡丹，常见有深红、粉红、白色数种。古时邑人常用其根皮入药。婺源县还有两株古牡丹：一株位于婺源县坑头村，迄今700余年，每届花期，绚烂似锦；另一株位于婺源县桃溪村民宅院内，每逢花季，繁花似锦，鲜艳夺目，多时有百余朵。相传均为元学者潘荣所植。

*黟县古桂（1）

*黟县古桂（2）

黟县古糙叶树 位于黟县龙江秀里村象形山上。树龄350年，高25米，围4.9米。两株并生，人称"象牙树"。

*黟县古糙叶树

*黟县杉木王

*黟柿

黟县杉木王 位于黟县泗溪石灰坑村。树龄300余年，高22米，围3.1米。

黟柿 又称"牛乳柿"。产自黟县各乡，而以九都（屏山）为最。柿为落叶乔木，四月开花，九月果熟。柿子脱涩后，味甜如蜜。以黄熟后的柿子削去外皮晒干，贮于瓮中，日久表层生出白霜，即成柿饼，味如蜜脯，且有润肺生津化痰功效。

鳗鱼 见97页"清水鳗鲡"条。

麒麟松 位于黄山北海狮子峰腰（北海宾馆至清凉台路边），海拔1 584米处。树龄500余年，高5.1米，围1.6米，冠幅10.4米×6.6米。树干1.5米处分作两枝斜展伸长，两翼高低错落，状如送子麒麟。已列入世界遗产名录。

鬣羚 见84页"四不像"条。

[一] 文化生态

历史地理
自然环境
物产资源
人文聚落
社会经济

万岁驿 又称"良安驿"。驿站名。位于休宁县前街西南。

小桃源 黟县别称。黟有桃源洞,县城有桃源坊,黟县人自称"桃花源里人家"。相传许坚有诗云:"黟县小桃源,烟霞百里间。"后人舒嘉声《即事》诗也说:"我是桃源人,不识桃源路……石罅口通人,筏如蚁珠渡。"

山越 汉末三国至隋朝时期分布于今江苏、浙江、安徽、江西、福建等省部分山区古越族后裔的通称。尤其大多分布于丹阳、会稽、豫章、鄱阳等郡,属百越的一支。其中还包括一部分因逃避政府赋役而入山的汉人。所以山越虽以种族作称谓,但实际上是居于山地的南方土著居民,故亦称"山民"。他们以农业为主,种植谷物;山出铜铁,自铸兵甲。生活方式采取大分散、小聚居,好习武,以山险为依托,组成武装集团,与地方官府对抗。东汉建安十三年(208年),吴主孙权派遣威武中郎将贺齐领兵镇压"不纳王粮"的歙县金奇、毛甘,黟县陈仆、祖山等山越人,略取黟、歙等地,而析分歙县为五:歙县、始新县、新定县、犁阳县、置新都郡,治所在始新县(今浙江淳安县)。建安二十二年(217年),孙权又命陆逊征讨会稽、丹阳、新都三郡的山越,将俘获的强壮之人补为兵卒,赢弱人员补为民户,得精卒数万人。三国吴嘉禾三年(234年),孙权拜诸葛恪为抚越将军,领丹阳太守。恪移书相邻四郡,令各保疆界,然后分兵扼诸险要之地,将山越分割包围。只修缮藩篱,不与交锋。待其谷物将熟,纵兵芟刈,以饥饿迫使山越出山求活。诸葛恪将其中精壮4万人选为兵士,余者迁至平地充作编户。经孙吴数十年的征讨,江南绝大部分山越被迫出山,徙至平地,一部分用以补充兵源;一部分成为编户,调其租赋,或为私家佃客。大量山越人出山,对于江南经济的开发起了重要作用,也大大加速了山越自身的汉化过程。虽然直到南朝末年,甚至隋初史籍中仍有关于山越的零星记载,但绝大部分山越此时早已同汉人完全融合。

广德王国 汉封王国。西汉鸿嘉二年(前19年)六月,以黝(黟)县为广德王国,立中山宪王弟刘云客为广德王。鸿嘉五年(前16年),废除广德王国,复称黝县。元始二年(2年)四月,又立刘伦为广德王。居摄元年(6年),嗣子刘赤继承王位。居摄三年(8年),王莽篡位,贬刘赤为广德公;西汉始建国二年(10年),改广德王国为恩卤,隶属丹阳郡。

马岭关 原名"马峰凹"。关隘。位于婺源县东,距县城45千米余。海拔684米。凹当婺源、休宁二县界,两旁山峰如戟。宋初曾设兵戍守,当地人称为"马岭关"。

马峰凹 见104页"马岭关"条。

五城铺 递铺。位于休宁县南五城镇,距县城25千米。南行5千米接磨石铺。

中平营 古营寨。位于婺源县东中平村,距县城37.5千米。其地处三省要冲,历代设为戍镇:唐设中平营,宋元设中平巡检司,明嘉靖四十五年(1566年)复为中平营,万历七年(1579年)改设中平镇,清顺治五年(1666年)一度罢戍,中平兵移防县城。适饶州潘永禧兵叛,县东村庄惨遭焚掠,其祸为明朝以来300年所未有,因又恢复中平营。

长充铺 递铺。位于休宁县东徽光一带。西行5千米接涨山铺。东行10千米达歙县茆田铺。

丹阳分治 历史建制。汉朝设置丹阳郡时,黝(黟)、歙二县为丹阳分治,职制无可考。所设都尉可知者:汉何比干、黄盖。沈约《宋书》认为"汉末及三国多以诸都尉为郡",故都尉之职相当于郡太守。

丹阳郡 古郡。西汉元封二年(前109年),鄣郡被更名为丹阳郡,领有17县,宛陵、于潜、江乘、春谷、秣陵、故鄣、句容、泾、丹阳、石城、湖熟、陵阳、芜湖、黝(黟)、溧阳、歙、宣城,歙为都尉治。鄣郡初立时为5县,所增12县为从母县分出的子县,其中分于黝(黟)、歙的子县史书未加明载。从鸿嘉二年(前19年)在黝(黟)县置广德王国看,其时宣城以南尚属黝(黟)县辖土。

凤凰台 见106页"灵鸟山旧治"条。

东扬州 又称"会州"。古州。辖浙东诸郡,新安郡属之,南朝宋孝建元年(454年)六月,分扬州之会稽、东阳、新安、永嘉、临海王郡为东扬州,治所设在会稽。至陈,东扬州增新宁、信安、晋安、建安,共9郡。

北野县 古县。唐永徽四年(653年),睦州清溪陈硕真(贞)起义,东南震动。歙州歙县人蒋宝(实)率众响应,活动于崃水、扬之水流域。事态平复后,朝廷将这一地域从歙州境域划出,在五合山增置北野县。县治设于歙北12.5千米的崃口。大历元年(766年),旌德人王万敌起义,活动于旌德、歙县、北野之间。事态平复后,朝廷于大历四年(769年)撤销北野县,另建绩溪县于华阳镇。今崃口村略呈方形,有三条平行街道,其后街即当年衙前街,现崃口小学即原县衙所在。其地后靠花园山,前有"牢间室""浴马池""钱粮柜"等遗址。

归德县 古县。据《新安志》载,唐永泰元年(765年),歙县人方清起义,率众攻占州城,地方豪强据休宁县和歙县的八乡之地顽抗。永泰二年(766年)事态平复,以八乡之地(当在今屯溪和休宁的临溪、五城一带)设归德县,县治设于郡城西南25千米处。有人认为归德县治即今屯溪区之南溪南村,其地处新安江滨三角地带,东、西、北三面临江,南依山丘,易守难攻,宜于屯聚。也有人认为归德县治在今休宁县五城镇。但均无确考。

丛山关 关隘。位于绩溪县扬溪镇北。其地丛山四合,中有驿道,居高临下,地势险要,古称"永安镇",为宣、歙两州界关。明清两朝曾经在此垒石为城,上置楼橹,下设铁门,屯兵驻守。明末,休宁人金声、歙县人江天一曾率义军扼守此关。

半流铺 递铺。位于休宁县西南60千米流口村,旧三十三都。昔有半流寺。寺左为祁门县界。

朱村铺 递铺。位于休宁县南10千米处,经大圣桥接黄柏铺。

朱塘铺 递铺。位于休宁县东南15千米处,接高枧铺。

休宁县 古县。隋开皇十八年(598年),海宁县治迁于南当山水口,改名休宁县,取"休阳""海宁"各一字命名。先后属新安郡、歙州、徽州。唐武德七年(624年),县治由南当山复迁万岁山。天宝九年(750年)始迁县治于"松萝山"之南。

休阳县 休宁县的前身。东汉建安十三年(208年),孙权析歙县西乡新置鸺阳县(不久即改作"休阳县"),治设凤凰山之南,隶属新都郡。

会稽郡 古郡。秦始皇帝二十五年(前222年),秦灭楚,降越君,以吴越地置会稽郡。清道光《徽州府志》载:"黟歙属之。"《史记·始皇本纪》载:"王翦定荆南地,降越君,置会稽郡。"《三国志·吴志》注:"以吴越地为会稽郡,治吴。"

冲山营 古营寨。位于婺源县城西北隅。南唐都制置使刘津在此堆山为冲山,设兵为营垒。

江南东道 唐朝政区。唐开元二十一年(733年),分天下为15道。江南东道治苏州,歙州属之。

江南第一关 关隘。位于绩溪县伏岭镇东。海拔424米。徽杭古道重要关隘,清凉峰主要通道。关脚岩口亭额题"径通江浙"魏碑体大字。其地山势崚嶒,怪石嵯峨,以磨盘石、天冠石、将军石、

*休宁县城

仙人床、漏水砻最奇。高峰巨岩，南北夹峙，中隔深壑，逍遥河水蜿蜒其间。北岩石壁嵌入约2米长花岗石板，筑成磴道，部分石条半悬空际。磴凡1 400余级。顶端一孔云天，即为关口。涧中一川乱石，如兽如爪，重重叠叠，涧水潆洄跌宕。关门由4根大石条横架而成，楣西刻"江南第一关"，东刻"徽杭锁钥"。当关而立，山风猎猎，恍若凌空驾虚。入关后，石径稍夷，仍盘旋陡壁之间。关东施茶亭旁岩壁有古道碑记。磴始凿于南宋宝祐年间，元大德年间复伐石为栏，后历代均有修补。清咸丰十一年（1861年），太平天国侍王李世贤率部经过此处，赞为天险。

*江南第一关

兴安府 古府。元至正十七年（1357年）七月，朱元璋的部将邓愈、胡大海领兵定徽州，属县相继被攻下，改徽州路为兴安府，命邓愈把守。至正二十四年（1364年）改称徽州府。

祁门县 别称"梅城"。古县。位于安徽省南端，黄山市西部，东北与黟县接壤，东南与休宁县相连，西北连石台、东至县，西南与江西省毗邻。南北长74.8千米，东西宽59.9千米，面积2 257平方千米。建县前其地分属黟县和江西省饶州的浮梁二县，唐永泰二年（766年），朝廷析黟县7乡和浮梁县东北新置祁门县。以其县东北有祁山，西南有阊门，乃合名祁门。置县以来，唐属歙州，宋属徽州，元属徽州路，明清属徽州府，民国初期直属安徽省，后属皖南行署第十、第七行政督察区。新中国成立后隶属徽州地区，今属黄山市。周围的山水岩壑向以十二景著称：塔峦高眺、阊门石峡、金粟松涛、双桥夜月、东山夕照、十王潭影、珠溪曲坞、青萝线天、甲第樵市、云艺竹冈、狮峰邃壑、同佛庄严。清顺治年间，嘉定人何雍作有《梅城十二景诗》。

县前总铺 递铺。位于休宁县前街鼓楼外东县前河一带，今为民居。明弘治四年（1491年）《休宁县志》载："总铺下设急递铺十五所，后增至十七所。"

良安县治 旧县治名。南朝梁大同元年（535年），朝廷析歙县华阳镇新置良（梁）安县，县治在

*祁门县城

河东市，即后外村。唐武德年间废，辖土复归歙县。唐大历元年（766年），朝廷又析歙县华阳镇新置绩溪县，县治西迁城东南隅。宋末元初，县署迁城北。

良安驿 见104页"万岁驿"条。

灵鸟山旧治 又称"凤凰台"。古县治。灵鸟山在今休宁县城西北郊，势如凤鸟展翅，由白云峰飞来。山顶较平，可远观远山风景。东汉建安十三年（208年），孙权划歙县西乡地置休阳县，县治设于此。

鸡公关 见108页"嵇公关"条。

茅坦铺 递铺。位于休宁县南35千米处，南行5千米接塔坑铺。

尚田铺 递铺。位于休宁县西10千米处，西行5千米接桥东铺。

郑司徒营 古营寨。位于祁门县闪里镇营前。唐乾符年间，黄巢起义军南下，本县人郑传集众抗御，屯兵于营前，其后裔遂家于此。旧有司徒庙，方岳有诗纪咏。

胡仆射营 古营寨。位于祁门县凫峰镇境内。据清《乾隆通志》载，唐末胡仆射（胡瞳）营在祁门县义成都福洲及归仁都等处，是胡瞳屯军的处所。当地附近还有江衙将军营和徐先锋营，据明万历《祁门县志》载，二营在石壁及长洲，江、徐皆胡仆射的佐官，其营垒遗迹今尚存。

南云关 关隘。位于绩溪县上庄镇黄柏（蘗）凹隘谷南，北与北云尖对峙。海拔1 442米。南连一峰，海拔1 295米，为绩溪、歙县分界，称"上杨尖"。顶坡空旷坦平，牧草丰美，夏季山下村民多来此放牧。

柘坑 见108页"嵇公关"条。

昱岭关 关隘。位于皖浙交界处的歙县竹铺昱岭顶处，坐西朝东，横跨山口隘，用大小不等的花岗岩块石垒砌而成。昱岭北倚清凉峰，南靠搁船尖，

海拔508米,为皖浙间重要通道。该岭岩石多呈灰白色,古人误以为玉,称为"玉岭"。后人知误,乃改玉为昱,称为"昱岭"。四周山坡多密灌所覆,间以松、竹、茶园;西侧即为歙县名茶"老竹大方"产地。关为五代南唐所造,以防吴越。南宋时关口通高8.45米,通宽9米,总长70余米。门洞宽5.95米,高近6米,门洞呈券形,中部设关门,用块石砌筑。敌台两侧设堞墙,中部设关门。堞口高0.74米,宽1.6米,厚0.9米,中间马道宽3.35米。关墙向两翼山脊延伸,左右各约80米。两侧东面山坡留有戍所遗址,民国二十二年(1933年),浙江省在修杭州至屯溪的公路时,对敌台关门进行了维修。关口两面均有关额,行书"昱岭关",边款为"民国二十二年,曾养甫题"。门上有对联两副,外为"光复丰功雄关气壮,堂皇伟迹古郡山高";内为"但道贯通熙攘来往,巍名耸立震烁古今"。为民国浙江公路局长陈体诚题。昱岭关是徽杭交通要道,地理位置重要,历来为兵家必争之地,史籍多次记载昱岭关战事。北宋末年方腊起义,元末朱元璋攻浙,均曾鏖战于此。关隘多次维修。

*昱岭关

桥东铺 递铺。位于休宁县西15千米处,西行可达黟县、祁门县。

鬲山铺 递铺。位于休宁县东南20千米的洪里乡。东有瑶岭铺。

倒马墩 古地名。位于休宁县五城镇近郊。唐乾符六年(879年)冬,黄巢领兵攻打休宁县境,五城人、都将吴九郎率兵拒敌,在五城交战。兵败阵殁,吴氏自刎于马上,战马仍在奔跑,到了近郊,见有乡里行人,始尸体堕地,战马跌倒。故名其地为"倒马墩",并立庙祭祀吴九郎。

高枧铺 递铺。位于休宁县东南,今高枧村(今属屯溪区),距县城15千米,又5千米接鬲山铺。

海宁县 休宁县前身。西晋太康元年(280年),晋武帝灭吴,原海阳县改称"海宁县",隶属新安郡。南朝宋大明八年(464年),并黎阳县入海宁县。梁承圣二年(553年),复置黎阳县,分新安郡置新宁郡,郡治在海宁。陈天嘉三年(562年),又并黎阳县入海宁县,并新宁郡入新安郡。隋开皇九年(589年),改新安郡为歙州,并黟、歙入海宁,其州治设在海宁。开皇十一年(591年)复置黟、歙二县,海宁县所属篁墩划属歙县。

海阳县 休宁县前身,隶属新都郡。三国吴永安元年(258年),为避吴景帝孙休讳,原休阳县被改称为"海阳县",并迁治于万岁山。有凤湖烟柳、屯浦归帆、白岳飞云、夹源春雨、寿山初旭、松萝雪霁、练江秋月、落石寒波8处景观,称"海阳八景"。

*海阳白岳飞云

*海阳夹源春雨

涨山铺 递铺。位于休宁县东万安镇涨山铺,距县城5千米,东行经石岭至长充铺,再东10千米达歙县茆田铺,复接冷水铺至歙县城,共为30千米。

黄柏铺 递铺。位于休宁县南20千米处,南5千米接五城铺。

梅城 见106页"祁门县"条。

阊门县 古县。唐永泰元年(765年),方清起义军攻克歙州后,挥师西进,占据黟县赤山镇。该镇处万山中,形势四塞,险堑天成,于是筑城垣,建营垒,设置阊门县。另说阊门县为吴仁欢所设,据明永乐《祁阊志》卷第一《始建》载,当地人方清起义,在石埭县(今石台县)屯兵,镇人吴仁欢御守阊门县。当起义军来犯阊门县时,吴仁欢则率众击败他们。该县凭借镇西南阊门峡而得名,方清起义失败后,朝廷即在其阊门县原址置祁门县。

清华县治 古县治名。清华又名"清化"。位于婺源县北距县城30千米处。唐开元二十八年(740年)婺源置县时,清华为县治,到天复元年(901年)迁往弦高,历时161年。县衙前的古槠树今仍耸立。南唐时,婺源制置朱瓌在此分兵设戍为镇。

渔亭驿 驿站。位于黟县渔亭,距县城13千米。始建于宋,元至正十二年(1352年)兵毁,明洪武十年(1377年)在原址重建。清初,驿站废除。

绩溪县 古县名。位于安徽省东南部。唐永泰二年(766年)析歙县华阳镇置,载见《方舆志》《寰宇志》。而《新唐书》《旧唐书》《新安志》则谓绩溪县由北野县改置,时间也在永泰二年(766年)。明弘治《徽州府志》、历代《绩溪县志》与《歙县志》在设县时间上均取"华阳镇"之说。县名来历有三说。一是据唐《元和郡县志》载,此县北有乳溪,与徽溪相距0.5千米,并向奔流,离而复合,有如将苎麻去除皮后的盘卷绩物的模样,因取"绩"字作为县名。清乾隆《绩溪县志》有诗句赞乳溪:"南向翚溪交会处,合流如绩邑名佳。"二是据清嘉庆《绩溪县志》载,像扬之水自北而南流,昆、常、芦诸水自西而东流,登源水自东而西流,它们并汇于象山(临溪附近)脚下,也都有"绩"之意。三是据南宋《新安志》载,临溪石在县北1.5千米溪岸之上,其四边六七米见方,其平整如同砥石,溪水很适宜浣纱,方圆数千米之内的妇人悉数前来浣纱,因为离开家门较远,于是在其旁侧纺绩来守候着。春时多见鲜丽服装,妇人群聚纺绩于此,不浣纱的人亦聚会纺绩在那里,县名亦兼取此义。

塔坑铺 见109页"镇东铺"条。

越 徽州古居民为越族。越亦称"粤",相传起源于夏民族。《史记》认为夏帝少康之庶子,封于会稽;《汉书》认为越为芈姓,与楚同祖。越与楚的生活习俗有共同之处,如披发、火耕水耨、饭稻羹鱼。因所居不同,越族分于越(绍兴)、瓯越(温州)、闽越(福建)、南越(两广)、扬越(长江中游)等支。

毯公关 又称"柘坑""鸡公关"。关隘。位于绩溪县大源南3千米处。原属歙县。其地两山夹峙,中建一关,居高临下,甚为险要。关外峭壁深渊,道路萦纡曲折,地势险峻。古为歙县至旌德驿道上的关隘。绩溪县进入歙县亦必经此关。明清两朝曾屯兵于此。今已无存。

婺源县 古县。唐开元二十四年(736年),歙州本郡人洪真聚众起义,在休宁县回玉乡之鸡笼山扎立营寨,活动于歙、衢、睦三州边境200余千米之间。后遭官府征剿,经历三年才平息下来。朝廷为了利于统治,于开元二十八年(740年)正月初八,析歙州休宁县回玉乡和饶州乐平县怀金乡新置婺源县,隶属歙州管辖。北宋宣和三年(1121年)歙州改称徽州时,婺源县仍隶属徽州。民国二十三年(1934年)九月婺源县划属江西省,民国三十六年(1947年)八月回属徽州;民国三十八年(1949年)五月再划属江西省。

婺源都制置 地方区划。婺源、浮梁、祁门、德兴四县毗邻,户口多,兵甲众,盛产茶叶、木材。唐大和年间,升婺源为都制置,统辖婺源、浮梁、祁门、德兴四县。朱熹之先祖朱瓌即以都制率兵三千镇守婺源,于是由篁墩迁徙安家在婺源县。

新宁郡 古郡。南朝梁承圣二年(553年),重又设置黎阳县,并与海宁、黟、歙一起共四县,上置新

*绩溪县城

*婺源县城

宁郡，治所在海宁。这时，新安郡领始新、遂安、寿昌、良安四县。陈天嘉三年（562年），废新宁郡，其所领各县复归新安郡管辖。

新安县 古县。隋开皇九年（589年），废新安郡，以寿昌、遂安并入始新，置新安县，隶属婺州管辖。

新安郡 古郡。西晋太康元年（280年），晋朝灭掉吴国，改新都郡为新安郡，领有始新、遂安、黟、歙、海宁、黎阳六县。

新都郡 古郡。东汉建安十三年（208年），吴主孙权派遣威武中郎将贺齐领兵镇压"不纳王粮"的歙县金奇、毛甘和黟县陈仆、祖山等山越人，析分歙县东部地区为始新县，南为新定县，西为犁阳（后改"黎阳"）县、休宁县，加上原置黟、歙二县，新建新都郡，治所设在始新（今浙江淳安县）。罗愿《新安志》载："新都郡地广大，后又稍稍割之。盖古歙县地之在今者为歙、为休、为绩、为婺、为严州之淳安、遂安；古黟县之地在今者为黟，为祁门，为广德军之广德，为建平，凡三郡十县。"其辖境相当于今安徽黟、歙、祁门、休宁、绩溪和浙江的淳安、遂安，以及江西婺源等地。

鄣郡 古郡。秦末设置，年代未详。辖现在浙江北部、安徽南部、江苏西南各一部。领县五：故鄣、歙、黟、秣陵、溧阳，治故鄣（今浙江湖州长兴）。西汉高帝元年（前206年），项羽封当阳君英布为九江王。高帝四年（前203年），英布投降汉。同年，汉高祖刘邦封英布为淮南王。鄣郡先后属九江国和淮南国。高帝十一年（前196年），汉高祖刘邦将鄣郡分给荆王刘贾作荆国。高帝十二年（前195年），鄣郡属刘濞吴国。景帝三年（前154年），吴王刘濞发动"七国之乱"被平息，吴国被废除。汉景帝封刘非为江都易王，江都国辖东阳郡、鄣郡。元狩元年（前122年）江都王刘建谋反失败自杀，东阳郡、鄣郡归汉王朝。元狩二年（前121年），撤销庐江郡，所辖安徽境内的宣城、泾县、陵阳、春谷四县划归鄣郡，并改鄣郡为丹阳郡，治宛陵（今安徽宣城市宣州区）。

瑶岭铺 递铺。位于休宁县东南20千米处，接歙县篁墩铺。

镇东铺 原名"塔坑铺"。递铺。位于休宁县南得胜岭东。明正德八年（1513年），县尹唐勋曾在岭上击败流贼，故改今名。

黎阳县 古县。东汉建安十三年（208年），吴主孙权遣威武中郎将贺齐统兵征讨丹阳、黟、歙。事平后，从歙县离析划置新定、始新、犁阳（西晋时改作黎阳）、鹄阳（不久即改作休阳）四县。黎阳县治，在今屯溪黎阳镇东北。明弘治《徽州府志》与清道光《休宁县志》均载："黎阳县治，晋置，在黎阳乡。"南朝宋大明八年（464年），废撤黎阳县，其辖地并入海宁县；梁承圣二年（553年）复置；陈天嘉三年（562年），再并入海宁县。

憩贤驿 驿站。位于休宁县南，在五城镇南璜茅一带，距县城约15千米。

歙州 古州。隋开皇九年（589年），改新安郡为歙州，改始新县为新安县，并以遂安、寿昌入新安县，隶属婺州。开皇十八年（598年），"海宁"改为"休宁"。此后，歙州两度复称新安郡：大业元年（605年）至义宁二年（618年），唐天宝元年（742年）至乾元元年（758年）。初置时州治在黟，隋大业元年（605年）徙至休宁古城岩，义宁年间，汪华移治歙县，迁往乌聊山，筑郡城罗城，城内穿九井，所谓殷公井，可以汲灌。自此至北宋末年方腊起义前，徽州均称歙州。

歙县 古县。秦始皇帝三十一年（前216年）于歙浦之地始置歙县，隶属鄣郡。西汉元狩二年（前121年）置丹阳郡，歙县属之。东汉建安十三年（208年），东吴中郎将贺齐领兵镇压"不纳王粮"的山越人后，析分歙东乡地置新县（今淳安），分歙南乡地置新定县（今遂安），分歙西乡地置鸺阳县（不久改作休阳县，即今休宁县）、黎阳县（后改作黎阳县，今屯溪）。南朝梁大同元年（535年）分歙北华阳镇地置良（梁）安县。隋开皇九年（589年）歙县并入海宁县。开皇十一年（591年）复置。唐武德四年（621年），罢良（梁）安县，其地仍属歙县。永徽五年（654年），分歙东竦口地置北野县。开元二十一年（733年）歙县属江南东道。大历元年（766年）析分歙西、休东八乡地置归德县，并分歙县华阳镇地置绩溪县。大历五年（770年）废北野县，其地复属歙县。同时废归德县，其地复原管辖。建中元年（780年）歙县属浙江西道。北宋至道三年（997年）改道为路，歙县划属江南东路。宣和三年（1121年）改歙州为徽州，歙县属之。元至元十四年（1277年）改州为路，歙县隶属徽州路。至正十七年（1357年）朱元璋将徽州路改为兴安府，至正二十四年（1364年），又将兴安府改为徽州府，歙县先后隶之。明洪武初年建都应天府，歙县划属直隶。永乐初年移都北京，直隶改称南直隶，简称南直。清顺治二年（1645年）建江南省。康熙六年（1667年）建安徽省，歙县先后隶属江南省和安徽省。民国元年（1912年）中华民国临时政府废府留县，歙县直属安徽省。民国三年（1914年）六月属芜湖道。民国十七年（1928年）废芜湖道，直属安徽省。民国二十一年（1932年）属安徽第十行政督察区。民国二十九年（1940年）属皖南行署。抗日战争胜利后，皖南行署撤销，属安徽省第七行政督察区。民国三十八年（1949年），歙县解放，划属皖南行署徽州专区。今属黄山市。

磨石铺 递铺。位于休宁县南30千米处，南行5千米接茅坦铺。

黝县 见110页"黟县"条。

徽州 古州府。北宋宣和二年（1120年）方腊起义，次年事平，改歙州为徽州，领有歙县、黟县、休宁县、婺源县、祁门县、绩溪县。元至元十四年（1277年），改徽州为徽州路，属江浙行中书省江东建康道。至正十七年（1357年），朱元璋部攻入徽州后，将徽州路改为兴安府。至正二十四年（1364年），改兴安府为徽州府，此后历经元明清三朝，均领辖歙县、黟县、休宁县、婺源县、祁门县、绩溪县，称为"一府六县"，终止于清宣统三年（1911年），民国元年（1912年）中华民国临时政府废府留县，徽州府被废止。

徽岭关 关隘。徽岭位于绩溪县西北，距县城5千米，海拔630余米。上有通衢，南起高迁，北达长安镇，长约10千米，为古驿道。明正德八年（1513年），岭上垒石为关，设置防卫，称太平镇，即徽岭关。嘉靖三十四年（1555年）重修。

黟县 原称"黝县"。古县。秦始皇帝三十一年（前216年）于黟山（黄山）之南始置黝县，隶属鄣郡。南宋淳熙《新安志》、明嘉靖《徽州府志》载："秦并天下置黝、歙二县，属鄣郡。"西汉高帝六年（前201年），黝县属荆国，后改属吴国、江都国、广陵国。元狩二年（前121年）置丹阳郡，黝县属丹阳郡。鸿嘉二年（前19年）黝县建广德王国。鸿嘉五年（前16年）废除广德王国，复称黝县。王莽篡位后，于始建国二年（10年）改黝县为愬卤，隶属丹阳郡。东汉建武元年（25年）复称黝县。建安十三年（208年）东吴孙权置新都郡，从此改黝为黟。西晋太康元年（280年）吴灭，新都郡被更名为新安郡，黟县隶属新安郡。唐武德四年（621年）改新安郡为歙州，黟县属歙州。北宋宣和三年（1121年）改歙州为徽州，黟县属徽州。元至元十四年（1277年）改州为路，黟县隶属徽州路。明洪武初年建都应天府，歙县划属直隶。永乐初年移都北京，直隶改称南直隶，简称南直。清顺治二年（1645年）建江南省。康熙六年（1667年）建安徽省，黟县先后属江南省和安徽省。民国三十八年（1949年），黟县解放，划属皖南行署徽州专区。今属黄山市。

*黟县城夜景

[一] 文化生态

人文聚落 自然环境 物产资源 历史地理 社会经济

二都 旧称"石墅"。古村。位于祁门县西。相传古有陈姓者在动乱之中由严州避居赤山镇,凭借医术救济人们,因而建村。其地风景秀丽,一条河流汇三溪之水呈半月形绕村而过。两岸民居分列,其间有三座古桥南北相连贯通。村庄水口处为"文星点水",形似凤凰飞腾。该村历代名医荟萃,如明著名药学家陈嘉谟、有神医之称的陈楠等均出自该村。

七贤村 位于歙县东乡,与洪琴、吕华、北岸、白杨毗邻。北宋时,村中有方氏"七贤人",因以"七贤"名村。明弘治、正德年间,明经胡氏迁入,后又有方、范、姚、吴、江、邵等姓迁入。以胡、汪二姓为盛,他们以魏晋"竹林七贤"故事定村名为"竹林里",诸姓结社称为"溪口大社"。参见386页"徽州文学"部"七贤村来历"条。

三阳 古村。位于歙县南,地处皖浙交界处,已有1 000余年的历史。相传为水草丰美、森林茂盛的绝胜地,到了深秋,曾有三只肥羊任人怎么赶也不愿离开此地,一洪姓先生感到惊异,故率家定居于此,筑棚放牧,取名为"三羊","羊"与"阳"谐音,有"三阳开泰"之意,故作村名。村中水口深潭处有一巨石,上有摩崖石刻,立于水中央,遥望如浮起。由于村中贵人辈出,人们于是称之为"青潭浮官印"。村庄周遭有梅溪夜读、观音登远海、龙山松涛、夜半钟声等景点。是远近闻名的徽州民俗文化之乡,集古徽州砖雕、木雕、石雕艺术于一身的洪氏支祠、敬本堂等也在该村。

三亩丘 古村。位于绩溪县东北,距县城30千米。因该村始初仅以一丘三亩(约2 000平方米)的田地建房,故名。更因有小九华而出名。小九华,曾是地藏菩萨的道场,相传地藏菩萨在青阳九华许的愿,可却到绩溪县小九华这里还了愿。附近又有关王刀、生儿洞、铁釜潭等胜景。

三梧镇 位于婺源县东,即今镇头镇,距县城37.5千米。古时为婺休、婺化通衢隘口。唐乾符四年(877年),黄巢军击败婺源官军,镇将罗芝战死,歙州遣游奕使汪武继任(镇守武口),遣汪道安长子汪濆镇三梧,次子汪源分镇五福,首尾控制。汪濆战死后赐号"端公",此地立有端公祠。

三溪镇 见123页"闪里"条。

下水村 见157页"霞水村"条。

下寨山 见115页"太平窝"条。

大石门 古村。位于绩溪县境中部,距县城22千米。因村南水口有狮象两石山夹峙如偌大之石门而得名。为胡、程、姚、唐、张诸姓共聚村落,初建何时,失考。从《新安志》和《绩溪县志》的记载可知,在南宋之前就已建村,迄今800余年。村中太尉庙坐落在和尚山上(今大石门小学),供奉如来佛祖,两旁分列高达5米的雷万春、南霁云、张巡、许远四太尉。正殿正前方建有半月塘,又名火地塘,周边围有石栏。太尉殿侧面,即正南面又兴建古戏台。徽商胡旦、图书馆学家洪范五和徽菜名家路文彬均出自该村。

*三阳

*大石门古戏台

大坑口 见120页"龙川"条。

大谷运 古村。位于歙县溪头镇西北,距县城35千米。周边与汪满田、双河口、桃岭、桃坑接壤。元朝初期,柯氏从绩溪县来此结茅种山,肇开处女地。初时以所居四山围合如瓮称"大谷瓮",后称"大谷运",雅称"谷川"。大谷运地处深山区,新安江二级支流布射河的源头地区,海拔1 402米的上阳尖(又名南云山)为附近除黄山外的最高峰。大谷运境内层峦叠嶂,山高谷深,湾堂僧寺、古刹数间。龙潭观瀑、龟墩赏月、虎腕回澜、牛岗耸翠、钓台垂纶、湾堂习静被称作"谷川六景"。柯氏为大谷运村居民的主姓,系出济阳郡,绩溪县后岸支派。肇基远祖柯元一,于元初自后岸来到大谷运先期结茅种山。元至正十年(1350年),族人柯大统在后岸聚众反元,有绩溪龙川人汪庆导引元军从小路进攻绩溪县后岸,柯大统等猝不及防,全军覆没,村子几被夷为平地,柯氏幸存者四散避祸。柯元一的后人柯庆华举家迁往大谷运,成为大谷运柯氏始祖。村中每年立春、立秋后第五个戊日举行社祭,长春徽戏班演数场"社戏",新中国成立后停止。

*大谷运

大谷瓮 见112页"大谷运"条。

大阜 ❶古村。位于歙县东南,与北岸、金竹岭、蔡坞、显村接壤。北枕船山;南为屏南山,山麓有佛楼峰;东有高峰、花坛山、龟山;西有鹤坪、上界尖。众山间有牛、狮、凤、鼠、钟等风水喝形。村西有苦干源,西南有阜塘源,西北有洪溪,三水在村头汇合。来龙山为船形,村落亦为船形,主街横贯东西。街面用石板横铺,如同"舱板";村东栽枫、松、樟树为水口,以"枫"谐合"封"音。在阜塘源架双孔石桥,封镇水口,名"枫树桥"。江、洪、吕诸姓在水口外定居,日久水口被包在村中。传说,基于船形村考虑,曾邀来姚、蒋二姓定居,谐音"摇""桨"。村周曾有李王庙、尼姑庵、社屋等庙宇;有迪吉堂、宁俭堂、博乡堂、修吉堂、师善堂、萃拔阁、学士楼等名宅;有后山园、花畦、松鳞别墅、黄栀园、得月楼、南山楼、梅石山房、芦庄等园林别墅。其中松鳞别墅为清康熙年间建,有竹径、调鹤处、翠来阁、南轩、西厅、飞云廊、惜阴书屋、须静斋等构筑,十分典雅,惜今不存。村中潘氏宗祠敦本堂气势恢宏,木雕《百马图》甚是精湛。❷又称"大阜瀛"。古村。位于休宁县东南。东至小阜村、璜尖乡,西至龙田乡、璜源村,南至五城镇,北至呈干村。四周青山环抱,其中鸡公岭海拔1 000余米。据明《休宁名族志》载,大阜程氏始迁祖为程炳,早于五代后唐同光二年(924年)由休宁县闵口迁居此地,历代繁衍,程氏为大阜主姓。汪氏也是村中大姓,"扬州八怪"之一的汪士慎就出生于此。此村主要的古祠堂古民居有上德堂、上门厅、下门厅、依仁堂、三余堂、木雕楼等,还有古亭和多口古井。

大阜瀛 见112页"大阜"②条。

大畈 古村。位于婺源县东,距县城45千米,与休宁县接壤。四面高山环围,其间平旷。五代之初,汪中元在此建村,以屋舍一旁有鳙水而名村"鳙溪"。相传元末朱元璋率兵过此,登山远眺村景,赞称"好大的畈!",自此村改称"大畈"。大畈汪氏为徽州名门巨族,人丁兴旺,宋元以降,代有才杰。县志所载人物之中,大畈村士人仕宦至七品以上者50余人,居全县首位。明吏部尚书汪铉,户部侍郎汪元锡,兵部侍郎汪道享,都察院副都御史汪舜民、汪大受皆出于该村。休宁县人才辈出的西门汪氏也是大畈汪族的支裔。

大鄣 古村。位于绩溪县东30千米处,因坐落在大鄣山峡谷中而得名。古时与伏岭、北村等同属十三都。横岩属天目山山脉,海拔千米以上山峰50余座,近80平方千米。唐天宝年间,曾在此开采银铅矿,在村西部山湾尚有当年冶炼银铅的地坦称铁炉头。大鄣人主要以茶为业,清乾隆、嘉庆年间,"大鄣茶"跻身绿茶极品,饮誉沪、杭、汉。清末民国初期,又以"横岩云雾"为最,主要产于海拔700~1 100米的蛇墓坑、横岩下一带。

万安镇 位于休宁县东4千米处,以其东面的万安山而得名。徽州早期外来居民聚居地之一。据明《新安名族志》载,迁入休宁的53族,有11族定居万安,居全县聚居点之首。万安镇有文献可稽的历史有1 800余年。三国吴永安元年(258年)改休阳县为海阳县,迁县治于万安山。南朝梁承圣二年(553年)又设郡治于此。隋末汪华起兵保郡,据歙、宣、杭、睦、婺、饶六州,称"吴王",也曾驻此。直至唐天宝九年(750年),万安作为郡(州)、县政治中心前后有470余年。这里依畔钱塘江上游水运干道横江,溯流可到黟县渔亭,顺水直达浙江杭州;且地近邑城,处于下通屯溪、岩寺,上至黟县、祁门、婺源,远往安庆及赣、闽、鄂、湘等地的陆路交通中心。客商云集,商贸活跃,逐渐成为古徽州重要的水陆码头和商埠,沿河形成街市。明清时期万安街被列为休宁九大街市之首,有"小小休宁县,大大万安街"之誉。狭长的街道,两侧店铺林立，翘檐相接，又有"一线天街市"之称。清末民国初期，沿街仍有布匹、百货、山杂货、糖坊、酱园、典当、徽墨、罗经、国药等50多种行业140多家店铺和作坊。后被列为省级历史文化保护区、全国历史文化名镇。

*万安镇

上水村 见135页"尚村"条。

上田 见135页"尚田"条。

上庄 古村。位于绩溪县西，今上庄镇人民政府所在地，距县城44千米。东临大会山，西凭黄柏凹，南峙贵人峰，北靠竹竿尖。万山环抱，其水口称"杨林"。溪水潺潺，月色宁静，树影婆娑，拱桥横卧，成为"上庄八景"之首（"上庄八景"为杨林夜月、西岩瀑布、竦岭积雪、兹山晚钟、井阜松风、竹峰插云、金山茗雾、曲水澄澜）。常溪河是上庄的护村河，村中街巷纵横交错，曲折深幽，路路相通，而古民居则鳞次栉比。村中有一个胡氏总祠和六个分祠。是近代墨圣胡开文和文化巨擘胡适的故乡。属安徽省重点文化保护区。

*上庄（1）

*上庄（2）

上胡家 古村。位于绩溪县东北53千米处，是今荆州乡人民政府驻地。南宋绍兴十八年（1148年），包拯六世裔孙包聚和为避金兵战乱，从庐州迁到此处建村。该村地处荆磡岭南麓，石门亭河绕村西流。下村开阔、平坦，状如兜肚，俗称"包肚角"。明万历年间，明经胡氏第二十九世胡仁兴也迁此定居。后来包氏分别外迁至钱家坞、下村党、凹塘等村，而"包肚角"则成为胡姓聚落，于是改名"胡家村"。由于此后又有族人分居下游，称"下胡家"，故称原村为"上胡家"。建村之初，修圳引河水入村，萦绕街巷，至村口水碓回河。沿河筑有弧形坝，村内中心街道两侧皆有水圳。村中民居依山傍水，错落分布。

*上胡家廊桥

上溪口 古村。位于休宁县西南，地处沂川、率水汇合之口。唐宋时已形成上下两个村落，与隔河和村鼎足而三。明朝，上溪口下街兴起，倪、李、毕、金、朱五姓居民曾构筑土墙营垒以防盗匪。清咸丰年间，清军即据此地抵御太平军。明中后期始，上街（双凤坊）汪、吴、戴三姓渐兴，商贾所集，市面繁荣，街长达1千米，舟船泊岸凑聚。此地成为水陆要塞，旧有九大盐栈，食盐运销西南各乡，远及浮梁、乐平、祁门、婺源等邻县，商业亦随之而兴。民国二年（1913年），上溪口与和村合并为双河镇，盐栈捐输建成拥有12个石墩的和村大石桥。此村各氏均立有宗祠。汪氏在清朝尤为旺盛：汪由敦官至工部尚书、吏部尚书、左都御史、军机大臣、内阁学士；其子汪承霈，由兵部主事入值军机处，官至左都御史署兵部尚书。村中建有父子乡贤祠、周孝子祠。

*上溪口

小溪 古村。距歙县城35千米,与红庄、二安、驼岗、庄头、清溪村毗邻。后枕五峰山；前屏笔架山；西有岑山如案几,别称"玉几山"；北有莲岩；西北有辛峰；西南有轿顶山、火焰山。富溪、东源二水在村前合流,至岑山下漾洄向北至石潭转而西流,环注钓矶、烈女潭,复又绕回向南,三曲而出,形家称大好风水佳格。小溪原名"桂溪",居住者以项氏为主。南宋淳熙三年(1176年)朱熹回徽扫墓,应同榜进士出身的同窗好友、桂溪人项牧之邀到岑山书堂讲学,曾经赋诗云:"木落空山正道心,一篇终日费沉吟,不知寂寞秋窗里,中有春融睍皖声。"并题"三面潦溪"。即兴之余还写下"莫道溪流小,深源更可寻"的对联。为纪念朱熹,桂溪便改名为"小溪"。村中有岑山堂、翰墨林、半园、陶园、菀园、继园、桂溪亭、魁星楼、梅村亭、申明亭、旌善亭、半亩方塘、半塘亭、丛林寺、多宝庵、关帝阁、东山殿、金轮庙、五福庙、大圣堂、鬼神坛等。

*小溪

广德国城 古城。位于黟县龙江古城村。西汉鸿嘉二年(前19年)六月,以黝(黟)县为广德王国。《黟县志》载:"广德国城于城东五里。"古城为丘陵地带,依山傍水,黟(县)、太(平县)古驿道经此北上,遗址面积3~4平方千米。

义成 古村。位于歙县东南7千米处。西、北环浙江,东北、东与朱家村、庄家村接壤,南邻罗家源。先有童、罗、陆、张、周等姓居住,其中以周姓为盛,因名"周村",古为歙县治所。隋末汪华迁新安郡治于乌聊山,县治附郭,遂改名"义成",寓意"大义告成"。一说当初议建县城之后,此地就被称为"议城"。南宋建炎二年(1128年),许氏自许村迁入,元至大三年(1310年),朱氏自休宁县回溪迁入。其间,陆续迁入还有杨、刘、谢诸姓。清同治初年,因杞梓里故居毁于兵火,从京城告官归里的王茂荫便购宅于义成居住,于是有王姓迁居此地。村中现仍存有朱氏宗祠、王茂荫故居天官第、社屋、文会、官厅、八角亭和朱氏大宅(朱晟为娶雄村都宪曹祥之妹为媳而造,有108个门阙)等徽派古建筑,尚有舞板龙、舞狮、跳钟馗等民俗活动。

马蹄岭 古村。位于祁门县西乡的小村落。相传昔有绿林中人过此村山岭,马不前行,蹄隐岩中,留下蹄痕,故名。郑之珍目连戏写及此地名。

丰南 见125页"西溪南"条。

王村 位于歙县南,西畔浙江,与敬兴、上店、烟西毗邻,是歙南水陆交通要冲之一。村东有霸王山、柏老山,东北有观音山,村西浙江中有三处裸露石,名"三跳石"。霸王山顶有巨石,石上有硕大手掌印,传为西楚霸王项羽所印,于是以此冠名。晚清至民国时期,村中有同泰、广丰泰、张悦茂、怡大发等知名店铺,大多前店后坊,尤其所产的顶市酥与薛坑麻饼齐名,四乡店铺皆趋之订货。旧有柏老山金城寺、观音山观音堂等古迹,今存王公墓道坊、晚清苏氏庆福堂五进住宅。

云川 见156页"磡头"条。

五城镇 位于休宁县东南7.5千米处。相传唐肃宗时,江夏郡一黄氏不堪"安史之乱"兵燹之苦,举家迁徙到歙县篁墩(今属屯溪区),后又分出一支定居五城河西的西涌山坞中。其后,五城黄、宋、姚杂居,相安共荣,黄氏尤盛。最有名望的数五大豪门:军户门、霞天门、正三门、古储门、和祥门,每门分立一宗谱,修建一大厅,大厅临街中建一大门楼,从上街到下街,五座大门楼,酷似五座城门。五大门中,军户门势力最大,房屋前临街,后傍河,进深足有千米长。军户巷河边造有望水楼,设东西花园、鱼池,供观潮、赋诗、作画、弹琴。五城古街建筑整体呈"丁"字状,局部弯来扭去,街中有下水道直通下古溪入河,雨雪天绝无积水积雪之虞。五城河汇牛岭水、璜茅水、阳台水、岩溪水而成。河绕五城西而过。古称五城堨坝多,桥梁多,水碓多。

*五城镇

五福镇 位于婺源县南,即今五店。其地傍星江,南岸为德兴海口,属星江下游河防要地。地名"五福"以附近曹门、坳头和德兴海口等地汪、黄、梁、董、倪五姓建村而来。

太平窝 古称"下寨山"。古聚落。位于婺源县赋春镇冲田村北。其地石山壁立,仅有一条小径可以进入,内部则坦荡宽广,可容千人。明正德年间,有兵骚扰赋春,乡人曾聚此避乱,故称。明婺源学者戴敏、潘旦题有四景"凭虚阁""邀月台""岩云阁""览胜亭"之字。清婺源学者齐翀、齐彦槐则分别写有《太平窝》《观音合掌》诗加以咏赞。

历口 古称"新丰"。古村。位于祁门县西乡,距县城40千米。始建于宋,属仙桂上乡,明属归化乡,清以地处历山、历水之口改今名,属十八都。历水穿村而过,河西名许村,河东有中井、东山、大树三村,一桥横架相连。村四周山高林密,气候湿润,山坡遍植茶树,为祁门县重要茶区。清光绪初,黟县人余干臣来此开设茶庄,试制红茶,为"祁红"创始地之一。除祁红产地外,又为皖南山区木材集散地和蛇类栖息地,故有"三宝地"之称。距村15千米有牯牛降,人称"绿色宝库",为国家级森林和野生动物自然保护区。

*历溪

*历溪桥

*历口

历溪 古村。位于祁门县牯牛降国家自然保护区脚下。村中王姓于宋朝年间从祁西山口迁此定居。这里山清水秀,民风古朴,村中的古桥、古祠、古树、古墓、古碑、古庙众多。至今仍然保留着许多明清古民居。不少碑刻如《修祠记碑》《禁赌碑》《舜溪桥碑》《养生池碑》《修路碑》等仍保存完好。该村还是古代目连戏的主要发源地之一。鸡冠尖远眺、象鼻石登览、舜溪桥临风、罗美台怀古、历峰巅晓日、汲水滩夜月、柱峰墩古松、古寺山旧址、鹅岭望乡烟、骡岭踪地脉、普陀岩焚香、镇南祠祈福为著名的"历溪十二景"。

屯溪老街 位于休宁县屯溪镇(今属屯溪区),是一条保存完好的古老步行商业街,全长1 272米,其核心段东起青春巷口,西至镇海桥,长832米,宽5~8米不等。包括1条直街、3条横街和18条小巷,由不同年代建成的300余幢徽派建筑构成的整个街巷,呈鱼骨架形分布,西部狭窄,东部较宽。因屯溪老街坐落在横江、率水和新安江三江汇流之处,所以又被称为流动的"清明上河图",是保存最完整、最具有南宋和明清建筑风格的古代街市,也是全国重点文物保护单位。屯溪老街的形成和发展,得益于古代的水运交通枢纽地位。顺流而下,可达杭州;逆率水而上,可抵休宁的上溪口;溯横江而北,可至黟县之渔亭。其物资转运能力既辐射近半个徽州地区又可直达海边,是古徽州的经济、交通中心。屯溪老街元末就已初具规模。仅休宁率东程维宗一人就在屯溪建造店房4所47间,用以招徕商贾,囤居货物。明、清两朝,徽商崛起,称雄海内,也刺激了屯溪老街的迅速发展。明弘治《休宁县志》中就以"屯溪街"名目,清康熙《休宁县志》称"屯溪街,县东三十里,镇长四里"。老街的建筑平面,有沿街敞开式,也有内天井式,建筑结构有两进两厢,三进三厢,注重进深,所谓"前面通街,后面通河"往往是大店铺的格局。这种入内深邃、连续几进的房屋结构形成了屯溪老街前店后坊、前店后仓、前店后居或楼下店楼上居的经营、生活方式。老街古朴的徽派建筑艺术、优雅的文化氛围、浓郁的商业气息,使人感受到徽州文化的综合效应。特别是老街两侧店铺门楣上流光溢彩的金字招牌,古色古香,耐人寻味,体现了徽商讲求仁德的"儒商"经营理念。2009年,屯溪老街被评为第一届十大"中国历史文化名街"之一。

* 屯溪老街

屯溪镇 位于休宁县东南约18千米处。南濒新安江(浙江),背倚华山,当率水、横江水(吉阳水)汇合处。徽州水运中心、物资聚散口岸。初为货栈地,随着徽商经济的发展而逐渐成为市集。明朝始设为镇;嘉靖十五年(1536年)屯溪桥建成,与黎阳、隆阜连为一体,市镇日趋繁荣,到天启年间已成"一邑总市";清康熙年间"镇长四里"。清朝以来,屯溪商业以茶叶集中、精制、外销为中心,《清史稿》称之"茶务都会",徽州绿茶故以"屯绿"享名。清末制茶业兴盛,基本形成屯溪街、西镇街、河街三大块布局,并具有"沪杭大商埠风"。抗日战争期间一度成为东南重镇,苏浙机关、学校、难民纷纷迁入,商业畸形繁荣,人口顿增,有"小上海"之称。原属休宁县,后曾两度设为市,先后为徽州地区专员公署、黄山市人民政府所在地。

* 屯溪老照片

中云 古村。位于婺源县西,距县城20千米。含上、下中云,古称"千灶之村"。唐广明元年(880年),歙县篁墩(今属屯溪区)人王云迁到此地,以居处有龙泉井气腾飞如云,因名"钟云",后衍为中云。上中云以王氏为主姓,下中云以吴氏为主姓。中云地面平旷,良田成顷,为婺源县产粮地。村侧有福山、福山洞,明

* 屯溪

朝建有福山书院,湛若水曾经在此讲学,文人学士云集其中。

水竹坑 古村。位于歙县南乡,与郑家溪、新庄、西村、大备坑接壤,西北吴楚山,东北湖田山,南香炉坪为朝案,北七姑尖风形为来龙山。大郜山华源水自北而南流经村后,在村外与蔡水岭珍珠源交汇,形家说是"两水夹垄"风水宝地。珍珠源中有白岩如卧牛,河水从牛颈背流过,称"白牛石碣"。南宋绍定四年(1231年),柯氏迁入,居华源河与蔡水交汇处,建有花桥,名村"花桥头"。后以花桥头基局窄、北风重,逆珍珠源迁地开基,以基址多水竹,故以名村,雅称"竹溪"。

*水竹坑

长林村 古村。位于歙县西溪南镇(今属徽州区)。原名"上长林",与下长林村仅隔1千米。因其村势呈长方形,村后又有林深叶茂的来龙山,故名。始建于南宋,从江西婺源胡氏家族分支繁衍而来。该村于明朝中期至清朝中后期达到鼎盛。尤其是在明万历二十年(1592年)建造了一座全国罕见的"众厅"和清道光年间出了一名"钦点翰林"后,更是锦上添花,吸引着各地达官贵人、文人雅士、商贾宾客前来观光游览,探亲会友。当时,长林村胡氏高朋满座,宾主相得,纵论天下事,畅叙故人情,可谓盛极一时。

长陔 古村。位于歙岭西麓山谷,与硒坑、芝岭、南源、古祝毗邻。村呈长条状,居民沿河而居。外围多土冈墩阜,古人称为陔,故名。河称"陔源"。早年程氏最先居住在东北山溪口及源头。北宋太平兴国初,毕氏迁入,在西北山溪口及两山溪汇源口筑土屋以居,后人称西北山溪口土屋为"上土屋",东北山溪口土屋为"下土屋"。后相连一片,上土屋称"上头谷",下土屋称"下头菇(谷)",上下土屋之间居住有陆、钱二姓,传说为毕氏轿夫后代。小溪项氏迁居陔源南岸,名所居曰项家。

仁里 古村。位于登源河西畔,距绩溪县城3千米。南朝梁大同五年(539年),工部尚书、助国镇天大将军耿源进因雅慕新安山水,与弟耿汝进游历于此,见其地山环水抱,风光旖旎,便举家迁此,取村名为

*长陔

"仁里"。唐光化元年(898年),金乡县尹药公即程东升,也自歙县篁墩(今属屯溪区)举家迁来定居。后耿姓迁出,这里成为程姓独居之村,故又名"程里"。由于人口迅速膨胀,明末清初曾改称"大仁里"。村中有石牌坊10余座,以贞节牌坊居多,现仅存2座。村中耿姓唯一的遗迹,是有近1 500年历史的"百步钦街"。根据耿尚书的功勋,皇帝御赐耿源进"免征地"一块,在村东井地段用砖砌垒"百步钦街"一条。青砖竖排铺筑,俗称"钉栓砖",意为"金砖铺地",并造廊亭,遮阳避雨,文官至此下轿,武官至此下马。如今,虽廊亭已毁,但"百步钦街"保存完好。村中还留有程姓一世

*仁里

祖的墓道坊，横额上刻有"唐金乡尹药公墓道"。村中的槐树，相传是程姓一世祖所栽，距今已有近千年，仍是枝繁叶茂。村中有东西两口井，相传东井是皇帝为下嫁仁里的公主所修。该村元朝就有程燧创办覃阳书院，明清两朝又建多所书院。清末废除科举后，村中还建有徽州第一所洋学堂"思诚学堂"（现改为思诚希望小学）。且有绩溪县最早的女子学校"端本女校"。明兵部给事中程铬、清翰林程秉钊、书法家程宗鲁等均出自该村。槐墩夕照、石洞祥云、龙坪积翠、大庙晚钟、龟屿浮烟、茅山夜月、鹤渚回澜、富阳春晓为著名的"仁里八景"。

仆城里 古村。位于黟县林沥山下。据《太平寰宇记》载，仆城里在黟县西约9千米处，因汉末陈仆、祖山率二万户屯扎于此而得名。

月华街 古村。位于齐云山巅，虽称为街，其实是古村落。全村前临深壑，后倚危崖，于明清之际盛极一时，几经兴衰。村子仅有百十户人家，距山脚有4.5千米蜿蜒曲绕的石阶山道。从登封桥拾级而上，一路要经过13座亭，穿象鼻岩，过三天门，到月华街。整体布局与古建筑的选址朝向十分合理巧妙，建筑工艺和技法亦很有讲究，无论是一间小小的庵堂，还是一组完整的道院，均依山就势，因形而设，或藏或露，非常得体。藏便藏得巧妙，露则露得醒目，充分体现出道家"天人合一"的思想，由此出现了不少巧用自然地势的建筑物，堪称山陵建筑的典范。

*月华街（1）

*月华街（2）

乌门 古村。位于祁门县小路口镇。唐朝，郎中廖嵩为避黄巢军，从福建携两只乌鸦出游，到了祁西二都，乌鸦栖枝不去，廖嵩于是在此卜居，因此取名"乌门"。廖嵩的裔孙廖德凑曾建望乌楼，今已不存。

凤池 古村。位于歙县深渡港码头对面。由凤池、九里潭、五里潭组成。古时的深渡十二景大多与凤池古村落相关。北宋太平兴国四年（979年），成都府探花姚支仲及其子在歙任职，游至凤池，爱其山水，定居于此。凤池民宅多为徽派建筑，现有保存完整的古建筑如孝义第、朱水红宅、姚从娣宅等，古井3处，姚氏宗祠遗址1处。为中国传统村落。

六都 古称"善和""和溪"。古村。位于祁门县北胥岭乡，距县城7.5千米。该村坐北朝南，三山环抱，面临和溪。村庄为椭圆形，临河一条街，河上有和溪桥，青石砌成，始建于明弘治七年（1494年），清同治元年（1862年）倾圮，同治四年（1865年）重建，如今古风依然。桥下屹立着一座门楼式牌坊，名"宪伯坊"，建于明嘉靖年间，青石砌成，现为县级重点文物保护单位。村中心如今最具代表性的建筑：一是"一府六县"，即一个府厅六个县厅；一是"一府六县"前石砌的方形水塘；一是承恩堂。历史上六都村的祠堂很多，计18座，人称"祠堂村"。著名的有承恩堂、光裕堂、敬义堂、修吉堂、钟秀堂、光烈堂、复初堂、慕本堂、永和堂、淳德堂、叙五堂、存著堂、笃本堂、培元堂、昼绣堂等，其中承恩堂是六都村最大的祠堂，是程氏家族议事、祭祀等重大活动的场所。村中牌坊曾有15座之多，其中功德坊10座，贞节坊4座，门楼坊1座，人称"牌坊林"。如今尚存的只有宪伯坊、桂林坊和世美坊3座。窦峰五桂、绿袍万松、日山晓晴、月山晚霁、和溪桃浪、珠浦板桥、报慈古柏、傍云修竹、梧冈书院、兰峰文笔为著名的"和溪十景"。

方村 古村。位于歙县南乡，与洽河、武阳、阳产毗邻。北枕龙岩尖，南对虎929山，东依川铜岭，西接虾形山。村固有火焰山、蛇山、五马奔槽、三星拱月、虾形、黄金锭、牛轭丘等象形地名。依传统风水理论，在村西支流上筑堨坝，使龙坑坞水逆向流入大洲源，既聚财，也减缓水流对村庄侵蚀。水口广植樟、枫、杨、榆等树，围护村垣。先居者为江姓，故得名"江村"。元末方万贯由绩溪县为避战乱来到江村，先在村西结茅而居，因随行家犬每日皆来江村来龙山脚下，蜷伏不走。他又观江村山川地理，认为主贵，于是定居江村来龙山脚下。其间，北岸吴氏、瞻淇汪氏、阳坑庄氏迁居，冠名所居地为"三迁寨"，后雅化为"山旗寨"。尔后，余、凌、项、姚、黄、张、郑、洪诸姓迁入。后江姓渐衰，方姓渐盛，便改名"方村"。结社名"仁义大社"，村周旧有阴潭上帝庙、车金坑大十公庙、山旗寨九老爷庙、村头忠惠庙（供奉关帝）、下水口义大社屋（附供九老爷）。设有桥会、亭会。桥会有管事，管理义安、大安、永安三桥。桥会置有山场，以木竹收入为修桥经费。亭会也有管事，管理茶亭、路亭。

孔灵村 古村。位于绩溪县临溪镇北，大源河东岸，附近有孔家山。孔灵古窑址位于其北。西晋惠帝时会稽人孔愉曾流寓于此，入山读书，采药济人。后忽离去，村人立庙祀之，每祷有灵验，故村名"孔灵"。此村汪姓聚族而居，后亦有客姓迁入。东部有古街，村口即街口，有砖砌门楼。明清古宅较多，汪氏宗祠在村中心。元朝起设都，孔灵为九都首村。历史上，家家户户以养蚕缫丝为主业。

*孔灵村

古林 古村。位于休宁县五城镇，是清乾隆年间休宁状元黄轩的故里。因为村子水口堤上栽植树木蔚然成林，所以也称"蔚林"。此地四面环水，如船漂动，水口庙便是船帆。全村分为五部分，即大门前、古林街、上古溪、下古溪、洪家坦，旧时名门望族都聚居在古林大门前。古林和五城两地黄氏属同源同宗，一世祖黄对南自黟县左田始迁此地居住。此后黄姓族众繁衍，成为大姓，世称"古林黄"。此地原有多处古祠堂、古牌坊、古民居、古桥等徽派建筑，包括《古林黄氏重修族谱》中说到重建于明崇祯年间的古林黄氏宗祠"五凤楼"，就是仿制官家庙建筑的。另有古林双节坊、忠孝坊、秋官第、观察第、邦伯第、程庭仿宅以及蔚林古桥、扁担桥、北溪殿、古林北街等。该村历史上名人辈出，如清朝入仕的黄凝道、黄应培父子，最著名者应是清乾隆三十六年（1771年）状元黄轩，授翰林院编修，掌修国史，又奉召入值上书房，后在四川督办军粮病卒，追加三品按察使官衔。还有清同治、光绪年间的金

殿传胪黄钰，慈禧太后曾经赐其"福"字大匾。村中有笔山联壁、漪水浴虹、金谷藏春、阳台还照、龙砦雪泉、石门秋月、双溪归帆、五城驻节八处景观。

石山坞 聚落。位于祁门县北，相传为唐著名诗人张志和故居地。隋末，张志和七世祖御史张泓以刚直不容于朝廷，外出任江西饶州太守。后弃官溯闻江而上，至黟县赤山镇，爱其山水清幽，于是隐逸居于镇北石坞凤尾园。至唐永泰年间，祁门建县，所居之地为县治，张志和于是迁居镇西的润田，后流寓浙江湖州西塞山。明著名医学家、新安医学奠基人汪机自号石山居士，祖居亦在石山坞，其医著《石山医案》即以所居为名。石山坞东向，三面环山，"野塘桃花"为坞中一景，本县人吴云岫有《石山坞桃花》诗云："野塘春水照人家，塘上夭桃艳似霞。"

石村 位于绩溪县东隅偏北，距县城20千米。北宋元丰六年（1083年），汪华的后裔迁此。南宋宝庆时期张声自歙县满田迁入。明清时期先后有近20个姓氏陆续迁入，是绩溪最大、姓氏最多的混居村落。该村是登源水路运输的终点码头，新安江货物从临溪进入登源河运到石村的杨林潭。清道光年间，全村有760多户，人口3 000多人，村中有80多家店铺，成为当时全县四个小集镇之一。该村于乾隆二十五年（1760年）开始兴办铸造厂，由铸造钟鼎逐渐扩展到犁尖、铁壁、锅、铫、火铲、炉栅、茶锅、龙糟、海糟大锅。先后有永泰、永裕、德祥、恒裕、宏裕等铸作坊。村人也到各地经商，从做茶叶、土特产、水客生意，到开杂货店、百货店、医药店、徽菜馆及油、糟、米、糕点等作坊。近代著名商人有王元煌、张瑞灶、张仲芳、程本辉、张千茂、胡伸斋、许士潘、程观佑、程龙灶、张支定等。

石桥村 古称"石浦"，别称"琴溪"。位于歙县西，明朝称通德乡通兴大社礼教里，坐落在黄山源口、丰乐河畔。村沿芝山东面山脚而建，引丰乐河水进村，从石桥边直流而下，穿过五孔廊桥，流经荷花坦，进入西溪南村。该溪称"外琴溪"。另一股水沿芝山脚，经人工水圳，沿街而行，穿过十字街向南流入田畈灌溉。该溪称"里琴溪"。两条溪流像两根琴弦，合称"里外溪弦"，横穿石桥村的街路形同琴弓。

石浦 见119页"石桥村"条。

石家村 位于绩溪县西，距县城34千米，属上庄镇。北宋名将石守信后裔石荣禄于元末迁此建村。该村背靠旺山，面临庐水，采用"负阳抱阴"的格局营建村庄，坐南朝北，布局方正，构规整。有东西走向的街巷九条，南北走向的街巷五条，以取"九五至尊"之意。街巷纵横交错，彼此相通，形成三五栋民居组成的村落里坊格局。街巷路面用清一色的条石铺筑，其中一侧设有深达70厘米的露明排水沟，沟沟相连。每条街巷的两端均有巷门，巷门多以卷门上架阁楼形式，夜晚关闭，宛若城堡。民居均以南北为轴线，作东西对称布局，且

为"一"字形排列,整齐方正。单体民居面阔皆为三间,进深大致有两种,一种是上下对堂,另一种是一堂两厢。石氏宗祠位于村西,坐南朝北,前、中、后三进,面阔五间,砖木结构,门楼是歇山式屋顶,中、后两进为硬山屋顶。该祠背后是旺山,山上有一株高大挺拔、黛绿茂盛的古松,村人视其为"祖松",并以其为中轴线向北延伸营建宗祠。祠前有一矩形人工池塘,以块石垒砌塘塝,条石铺筑路面。池塘中央,有一长6.7米、宽深各3.3米的"印墩",据说是按照石守信的帅印扩筑而成。印墩上种植柏树两株,象征帅印之柄,四周种植翠竹,褒奖石守信人品的高风亮节。村西入口处,有一座三墩两孔平板石桥,名"南山桥"。清乾隆十六年(1751年),桥东端建有魁星阁,为石守信二十七世孙石承模独建,以激励族中子弟努力读书考中进士。

*石潭

龙川 又称"大坑口"。古村。位于绩溪县瀛洲镇上部。此处原是长满黄荆条的荒河滩,称为"荆林里"。元朝于此设"坑口务",征收登源河流域各都捐税。东晋大兴元年(318年)大将军胡奋的侄子胡焱以散骑常侍领兵镇守歙州。咸康三年(337年),胡焱娶华阳汪氏为妻,于是举家迁居华阳镇。不久,胡焱巡游到荆林里,羡其山水清丽,便于龙川之口荆林里聚族而居。穿越荆林里小河,称"龙川河",村也以河名。后人因登源河与龙川河汇合之处形成一个坑,于是又引《庄子·天运》"在谷满谷,在坑满坑"之意,取名坑口。北宋宣和二年(1120年),章姓迁来下游相距约4千米的油坑口建村,村以地名称"油坑口"(瀛洲村)。坑口人认为本家族比章姓早迁居800年,且又处上游,为了区别,便称坑口为"大坑口"。龙川人文兴盛,明清两朝共出24名进士,鼎盛期在明朝,数胡富、胡光、胡宗明、胡宗宪4人最著名。原村南有

*石家村

石歇 古村。位于绩溪县家朋乡,磜头沿河下行2千米处。又称"仙石村",相传村中有一块露出地面约4平方米的石块,当地石匠锤凿时,村内数十户房屋均受震动,视为仙石不可撼。护河坝的末端有数十棵古朴苍老的柏树,村口有五株枫树,村内一条花岗石铺就的石板路横穿东西,与石板路平行相伴着一条水渠。村有一栋三间两进老屋,挂着"齿福兼隆"的金匾,为明大学士、歙县人许国题写。老屋堂前有一井。老屋是许国为报答资助他赴京赶考的周岩助而建。

石墅 见111页"二都"条。

石潭 古村。位于歙县霞坑镇,与湖山、漯头、三联、进丰毗邻。左有太平尖,西南有大圣岭,东北有密岭,华源河自东北而西南穿村流过。华源古作槐源。华源、昌源汇合处有双峰对峙,喝形狮象。形家云:"狮象把水口,富贵在源头。"村周有关帝庙、真武庙、五圣祠。村口有高丘,名扎营坝,坝对河有打鼓垄。村中有宗祠、支祠、进士第、得月楼、望月楼、乡约所、汪公庙等建筑。村落纵横十八巷,中央巷一端为泰来店,另一端通河埠,埠岸昔有贮盐的上三仓、下三仓,有盐筏往来于华源、昌源,久之名曰盐店。古村每四年举行一次"恭迎太子铳炮隆天诚会",接太子尊神镇安禄山作乱。"中秋打百步",庆祝明灭元,此为独特的徽州风俗。

*龙川(1)

*龙川(2)

石坊 14 座，今仅存奕世尚书坊和胡富尚书坊，均属安徽省重点文物保护单位。龙川胡氏宗祠始建于宋。明嘉靖二十五年（1546年），胡宗宪进行扩建，历代都有修葺，最后一次是清光绪二十四年（1898年）大修。后又整修河道和道路，修复少保府（胡宗宪宅第）、世恩堂（胡富宅第）、胡氏二十一世祖徽商"从善堂"和胡炳衡故居"庆善堂"、都宪坊、"山间庵"以及石笋山上的石笋、石镜、石洞诸胜。现属安徽省历史文化保护区。

龙井宅坦 古村。位于绩溪县上庄镇中部葫芦岭。原居民姓氏渊源已无考。北宋景德四年（1007年），原绩溪县令胡延政子胡忠来此定居。同年在此建起桂枝书院，是安徽省最早的书院。据《黄帝内经》载，宅，择也，择吉处而营之地。所择之地平而宽广，开拓广大，开朗安泰，坦然坦率，因此定村名为"宅坦"。后来，村民见村庄南北各有一口泉眼，掘筑为井，名"南龙井"和"北龙井"，故又称"龙井宅坦"。该村历史上是岭北及相毗邻的歙县、旌德县边境乡村的经济、文化中心，设有商行、米行、木行、杂货店、成衣店、骡马站、轿行和肉铺、药铺、当铺等，至今在村人中流传着"骡驮锁匙马驮印，粮仓积谷大杆称""挑不完后门巷的谷，砍不完竹竿尖的竹"的民谚。两条主街道，沿街水渠，细水潺潺，洗涤、防火、净化空气。街巷短长，因势而筑，交叉纵横，近似"死巷"，远似"迷宫"，是古人防盗窃的精心设计。其中一条名为中门街，宽六七米，长200米左右，贯穿村庄两端，商业店铺、文化设施、人造景观，布点得当合理。题名"绿野天长"和"天光云影"的古楼亭阁点缀其间，蔚为壮观。通往上庄村的道中，有风乎亭、蹲息亭、翼然亭、三百丘亭、永丰亭、继丰亭、民乐亭、可止亭等。可止亭中有一副对联："送君千里，终有一别；步此心贴，期可时待。"

*龙井宅坦

龙塘镇 位于绩溪县临溪镇中部，扬之水东岸。其地东北有大塘一口，相传朱元璋部征战徽州时，驻扎过此地，曾在该塘洗手，因称"龙塘"。清朝曾设为镇，称"龙塘镇"。

平里 古村。位于祁门县西南，始建于宋末，因地域平坦宽阔而名。其环境幽雅，村后有云影尖、龙凤壁、独山潭，古木掩映，满眼苍翠；庄前闻江萦绕，云影山光，气象万千。村尾有水口林，林中建有梅南公园。村中居民相传原为杨氏，宋以后为章氏。民居构筑皆青砖小瓦，道路全以青石铺砌。居民亦耕亦读，学风炽盛，明朝以后，人才辈出。

北村 位于绩溪县东北，距县城18千米。唐大历之前，绩溪尚未置县，该村位于歙县南乡之北，故名"北乡"。绩溪置县后，改称"北村"。是以汪、程、章三姓为主的多姓聚族而居的村庄，原居民姓氏无考。汪姓，于宋朝迁来定居；程姓，于明永乐年间由程文贵从歙县范坑迁此；章姓，于清朝中期从本乡瀛洲村迁来。四周山冈不高，且都是风化砂岩。山下之田都是沙田，产量低。自古以来，村民贫苦，为了生存多出去当学徒、做生意。多从事餐饮业，俗称"吃面饭"。村人程家福在上海拥有"新中华""老中华""第一楼""民和楼"等10余家徽菜馆，成为上海徽宁会馆董事。民国十一年（1922年），为报母亲青年孀居抚孤的深恩懿德，求得匾额"节励松筠"。20世纪初，出现了章依萍、程修兹、程来溪、程万孚等文化教育方面的人才。祭社活动跟其他地方不同的是，活动的费用不是由全村人或者全族人平均分担，而是由村内年届40岁的男子分担，称为"做四十岁"。

*北村

北岸 古村。位于歙县东南，处在徽杭公路线中间，与昌华、大阜、白杨界邻。棉溪河经村东往西，折转南流，旧称"北溪"。南宋宝祐末，吴越奠基溪之北岸，于是以此名村。来龙山两边各有一条小河至此汇入北溪，人称"龙须"。村前有圆包形花山，人称"龙珠"。村庄地形为"渔翁撒网"形。相传北岸吴氏第三代吴蕴知地理，按风水理论设计村基布局。首先在村中心北溪河上，架南北走向的三孔廊桥，蓄气聚财，并在廊亭内设花卉宝座以镇护。又在宗祠两边挖出暗水沟两条，象征"鱼须"。在祠前两边小溪上架设一道石板平桥，称"步半桥"，通向宗祠街道。宗祠东段街道铺成东高西低，对应河水从东往西流，而将宗祠西段街道铺成西高东低，使街面上水从西往东流。廊桥北端门额镌"西流毓秀"，廊桥前端路设计成三弯九曲，以应谶语"三弯九曲步半桥，外姓歇不牢"。村宅布局设计，亦似渔网，街巷纵横交错，多弯幽曲，阳宅分布基本匀称，又在主要街巷口设圆门洞垣墙和骑墙过街楼，使各地段民宅有机相连，象征网眼不断。村东邦公家祠,祠基为蜘蛛形,昔时祠内用铁链吊两具空棺材,寓示雌雄蜘蛛踞网,冀望子孙像蜘蛛般容易发迹,代代朱紫。村中还有祠堂、玄坛庙、南村畈道观、社屋庙、土地庙、茶亭、大夫第、兰桂山房、旌节坊等古建筑。村中吴氏宗祠、北岸廊桥属安徽省重点文物保护单位。

*北岸

卢村 即黟县雉山村,距宏村2千米,坐落于黟北羊栈岭南。据《雉山卢村宗谱》载,唐末梁初,卢玄因黟北山川秀丽,土沃泉甘,欣然购置田地肇基构宇。靠山面水,村西下门溪、村东前街溪,至村南汇合,总称"羊栈河"。村东溪畔临水建宅,溪畔设凉亭,石踏步,青石铺就路面,小木桥横卧溪上。村口彩虹桥、驷车桥在河道转折处互为垂直,设置奇妙。村中一条小水圳,自东流西,七拐八弯碧泉淙淙。最优处为七家里民居群,现完整保存志诚堂、思齐堂、思成堂、玻璃厅等宅院,为卢氏三十三世祖卢邦燮于清道光年间所建。卢邦燮早年经商,后入朝为官,为清奉政大夫、朝政大夫,家富百万。该村龙凤舞独具特色。每逢春节、元宵节,村人扎凤扎龙,由少女舞凤灯,少男舞龙灯,姿态多变,龙灯凤灯相戏,显龙凤呈祥之意。

*卢村

叶村 位于歙县南部,与竹源、珠川、查坑、高山、中村、慈坑毗连。东有官帽山、磨盘山、昱岭关。东南石门岭,中开一口,两旁峭石壁立,今已成河道。先居人为叶姓,故名"叶村",因属王干里,习称"王干叶村"。村落也拓展成树叶形,横穿东西的主街为"叶"之主茎,南北走向六条街巷为"叶"之茎脉。后晋天福年间洪姓迁入,后衍为村族主姓,自称"叶下红(洪)",喻绿叶衬红花之意。洪姓之后有曹、朱、罗、方、陈、潘诸姓迁入。村周昔有解元寺、尼姑庵、五猖庙、玄坛庙、社屋庙等庙宇。相传解元寺原为小寺,明末某地学子应举屡不中,出家为僧,到寺挂单,法名惠安,后又以俗名应考,居然中头名举人,惠安不愿为官,上表愿领罪,皇帝不仅不降罪,反而赐"解元寺"匾额,小寺因此香火旺盛。

甲路 古村。初名"甲道",位于婺源县西北,以地处徽饶通衢要道得名。唐广明元年(880年),张澈由歙县篁墩(今属屯溪区)转徙此地建村。南宋绍兴元年(1131年),岳飞讨李成过此,有《题花桥》诗。淳祐年间,右丞相兼枢密院使马廷鸾因岳家军所在而徙迁于此。甲路以张氏为主姓,代有人才,为学为官之人颇多。该村又是婺源县手工艺特产油纸伞的主要产地,"甲路伞"曾被选送到国际博览会展出。

*甲路古街

田中前 古村。位于绩溪县北,属板桥头乡。清嘉庆年间尚称"天灯前"。旧时村头置有础石,中凿圆洞,竖立木杆,高悬油灯。油灯由住户轮管,日熄夜明,方便行人,保护村庄,谓之天灯。后来天灯停点,村名谐变为"田中前"。

仙石村 见120页"石歙"条。

冯村 位于绩溪县西,距县城32千米。入村处,有两峰对峙,左名"狮子峰",右名"象麓山",称为"狮象把门",村庄之后又有南称龟墩、北曰蛇形的两座山峰,所谓"龟蛇二将"。东南西北四隅钟灵。唐咸通六年(865年),歙州刺史冯子华的长子冯延普举家从太行山迁居于此,沿用祖居地村名,定名"冯村"。处于徽州府通往安庆、武汉和中原的古驿道上,又是古徽州的西北大门,自古以来就设置了驿站,称"冯村铺"。元朝在此设巡检司。冯氏祖先在村口狮子峰麓冯氏支祠的东向挖掘池塘七口,谓之"七星";又在"云庄书屋"的大门前悬挂一盏天灯冠以"月"名,组成一幅"七星赶月"的吉祥画面。冯氏后裔崇尚文化,承继儒学传统,早在南宋咸淳年间就有冯珪、冯云龙登科及第。到了明朝,及第者5人,仕宦者14人;清朝又有冯端光、冯朝元、冯端本、冯汝骐、冯溶路、冯汝骙等人荣登进士。村有"三多",即桥多、府第多、牌坊多。水街旁槐溪水上横架着云庄、龙门、万年、崇礼、荷花、红桥、大树、独石、安仁、崇义、尚德、绿荷、北山共13座石桥,大多建于明弘治年间,均以块石垒筑桥墩,条石架铺桥面。村里拥有皇赐匾额的名门府第8栋:大夫第、协政第、刺史第、旌封第、州牧第、五马第、进士第、州司马第。府第前立有华表,共有9根,与石桥合称为"九华十三桥"。牌坊5座:登庸坊、进士第坊、大夫坊、百岁坊和贞烈坊。

闪里 古称"三溪镇"。古村。坐落于祁门西乡。宋朝即有陈氏迁此建村,属仙桂下乡安定里,元明时期属二十一都,清朝始称"闪上",后名"闪里"。该村依山傍水(沿文闪河),分上、中、下街,街道青石铺砌,沿街布列店铺、作坊、茶号,为祁门西乡商业中心。清光绪初,黟县人余干臣来此设茶庄试制红茶,为"祁红"创始地之一。

考水 古村。位于婺源县中部,距县城紫阳镇17.5千米。村以水名。村周围青山环抱,东有玛瑙峰、北有珊瑚峰、西有西山、南有凤山峙立,清澈的考水围绕村庄潺潺而流。唐天祐元年(904年),朱温叛乱,唐昭宗李晔之子流亡民间,有赖宦游长安的婺源考水人胡清庇护藏匿,并带回家乡,于是从胡姓且改名昌翼。五代后唐同光三年(925年),胡昌翼以明经科登进士第不仕,隐居考川,人号"明经翁"。其后子孙后世以经学传家,乡人称为"明经胡氏"。村中现保存明清时建的宅居26栋、祠堂1座、石拱桥5座(双灵桥、维新桥、迎恩桥、步云桥、四封桥)。重建于清康熙年间的维新桥,桥上架有五开间的亭廊,内有联曰:"桥亭典雅疑别墅,寮阁峥嵘掩村扉。"四封桥则由明尚书潘潢母、

*冯村(1)

*冯村(2)

*考水

都转盐运使方舟母、山西按察佥事潘选妻、江西右参政潘钺妻这四位胡氏女性同建。此外，村头与道旁的莲塘亭、南薰亭、仰止亭、环秀亭，亭亭屹立，便于行旅与农人憩息。该村素来教育发达，仅宋朝，村里就出了16名进士，出任七品以上的文武官员也有9人。宋至清，村里有12人著作37部行世。明清时期，大量的人才转向商业，涌现不少巨商大贾。

扬溪镇 因扬溪源自西向东穿村而过，汇入扬之水而得名。绩溪县城北部屏障，历史悠久。唐末，句容葛晋任绩溪主簿，安家在扬溪，致仕后定居于此。北宋太平兴国元年（976年），扬溪隶属宣政乡。元朝置都，明清时期，设置扬溪镇，先后隶属仁慈乡、扬市乡，俗称"一都"。地处徽宁驿道，设官道驿站，为县北商业中心与交通枢纽，扬溪为一都首村。

西川 见124页"西递"条。

西门月城 又称"瓮城"。古城。位于歙县县城。建于明嘉靖年间。前后有两道城门，是古人经过精心设计的军事防御建筑。

西坑 古村。位于歙县布射河上游支流，古称"横圳"。西连跳岭，北邻汪满田、木岭后，南毗双河。南宋嘉定末年潘氏奠基横圳西岸苦竹坑，名村为"西坑"，雅称"西溪""西川"。后有程氏因与潘氏联姻，自绩溪县瑞川迁入，隔数世即子孙兴旺。潘氏宗族有永定村社等民俗活动，每年正月初一，各门轮值主持祭祖，同时附祭社公社母，还有二月、八月社节，五月"游社、行香"等活动。除此之外，西坑人又与布射河流域各村结成十村社联盟，每十年轮流举办规模较大的神祷社会祭祀。村外有老虎洞、金鸡蛋洞、乌龟照镜、狮子滚绣球、鲤鱼石、蜡烛照天、船山、金牛上轭八景。

西递 古村。位于黟县东南。古名为"西川"，又称"西溪"，均取村中三条溪水东向西流之意。又因其地处徽州府西，古时曾经设过驿站递铺所，故称"西递"。居民主姓胡氏为"明经胡"，北宋元丰年间婺源考水人胡士良途经西递铺，见此地山多拱秀，水势西流，虎阜前蹲，罗峰拱秀，有天马涌泉之胜和犀牛望月之奇，且土地肥沃，泉水甘甜，风水极佳，便举家从婺源迁居西递，是为西递始祖。西递村奠基于北宋时期，发展于明景泰年间，鼎盛于清乾隆、嘉庆年间。当时全村有600多座宅院，99条巷子，90多口井，店铺达到了百家以上，人口近万，有"三千烟灶九千丁"之说。胡氏宗族一向崇尚读书，注重办学，清初村里办了两家书院，光绪年间又办起了一所女子学校。村中有胡文光牌坊、敬爱堂、履福堂、大夫第、瑞玉庭、桃李园、青云轩、膺福堂、笃敬堂、尚德堂等建筑，至今保存有120多栋明清古民居和其他徽派建筑物。罗峰隐豹、天井垂虹、狮石流泉、驿桥进觐、夹道槐荫、沿堤柳荫、西馆燃藜、南郊秉耒为著名的"西递八景"。明荆藩首相胡文光，清巨商胡贯三，著名书画收藏家胡积堂，光绪年间"公车上书"签名者胡殿元、胡嘉楷和胡腾迤，光绪三十二年（1906年）创办崇德女子职业学校的黄杏仙等均出自该村。被联合国教科文组织批准列入世界文化遗产名录，被国家建设部、文物局公布为第一批中国历史文化名村。

*西递（1）

*西递（2）

西溪 见124页"西递"条。

西溪南 古村。位于歙县西黄山南麓，新安江上游，丰乐河畔。现西溪南镇政府所在地。因傍丰乐河南岸，故又称"丰南""溪南"。西溪南方圆数十千米一马平川，堪称歙州之上第一平原。由北始，黄山、金竺、天马、黄罗、石耳、飞布、灵金诸山四周密布，远岫数十千米外，举目远眺，群峰毕现。近倚黄山，千峰万壑，溪泉众多，水源充沛，此地多良田美池，茂林修竹。唐咸通元年（860年），吴氏始祖吴光选此定居，从此子孙繁衍，田地日广，房屋渐稠，于是形成村落。故而西溪南吴姓为大姓。西溪南的村落布局东西走向，坐北朝南，势如棋盘，呈不规则长方形。以街为经，以巷为纬，东西贯通，南北畅达。村以水系的条、陇、雷三堨为主线。街依堨行，屋缘街建，鳞次栉比，两岸夹峙，宽1千米，长2.5千米。前街一色黟县清石板路，宽约1米。房屋南侧，杨柳成行，俗称"杨柳干"。中街街道宽1.7~3.3米，黟县青石路面，平正如磨。陇堨水渠穿街而过。后街随着溪流雷堨走势，格外曲折多姿。雷堨宽6.7~10米，水深可放竹木簰，也可行小木船。古村遗址遗迹中，老屋祠、老屋阁、绿绕亭、十二楼历史悠久。老屋阁和绿绕亭属全国重点文物保护单位。十二楼位于前街南，是一栋园林式住宅，明大徽商吴养春所置别业。果园坐落于前街北，园主系巨富吴天行，相传苏州吴门四才子中的唐伯虎、祝允明赴溪南作客时为其规划。祖祠乔木、梅溪草堂、南山翠屏、东畴绿绕、清溪涵月、西陇藏云、竹坞凤鸣、山源春涨为著名的"溪南八景"。

竹林里 见111页"七贤村"条。

竹源 见129页"坑口"条。

竹溪 见117页"水竹坑"条。

传桂里 见142页"莘墟"条。

伏岭下 古村。位于绩溪县东北登源河上游，因坐落于伏岭山麓，故名。由于当地山溪急流夹带

*西溪南

着砂石在河床岩石上冲刷留下一道道水纹，因此，古时还得了个雅名——纹川。该村是邵氏一姓聚族而居，邵氏四十三世的邵百二，从歙县井潭迁来绩溪县隐张坑。南宋绍兴四年（1134年），邵百二次子邵文亨又由隐张坑迁徙纹川。村人外出经商，以经营徽菜著名，历明、清及民国时期，在全国11个省市经营徽菜馆达120家。该村被誉为"徽厨之乡"。

*伏岭下

延川 见126页"延村"条。

延村 位于婺源县中部思口镇西南2千米的思溪水北岸。始建于北宋，元丰年间，查、吴、程、吕等姓集居于此形成聚落。明正德年间，金姓从婺北沱川迁入，繁衍成大姓。村名原称"延川"，因村面临川流不息的清溪，村人以期后世子孙绵延百世，故名。后俗称为"延村"。明清时期村人外出经营木业、茶业，足迹遍及苏、鄂、湘、赣、沪、粤等省市。清初兴盛之时，村中拥有103栋住宅（今只剩56栋），还有关帝庙、文昌阁、节孝坊、孝女坊、九曲石栏等建筑，如今大多只存残迹。道光二十七年（1847年），该村曾与邻村合建"开文书院"，由村人、候选知县金洪董其事。另外，村人还先后输地捐资建了绍志、善诱、育美、博古、吉斋五所私塾和书舍。

*延村

华阳镇 位于绩溪县南，扬之水、乳溪、翚溪交汇处，东邻瀛洲，南靠临溪，西连高迁，北接扬溪。总面积33平方千米。据清乾隆《绩溪县志》载，华阳镇，汉朝设置，今绩溪县都是其故地。唐大历元年（766年），绩溪置县后，华阳镇才专指县治所在。徽溪桥西畔南称"华阳镇"，属九都。镇名来历有二：一说黄山曾别名小华山，华阳即位于小华山之阳；二说华阳，古山名，跨宣城、宁国、泾县、旌德四县地，镇当华阳山之南麓，故名。华阳古镇历史悠久、物阜人丰，境内山列如屏、溪回如绩、桑园凝翠、文风鼎盛、胜迹焕彩、风光旖旎。古有大会晴峰、鄣山叠翠、苍龙瀑布、大屏积雪、文峰雅会、翠眉春色、石印回澜、飞云天池、石镜清辉、祥云洞天，为著名的"华阳十景"。另有方家园新石器时代遗址、宋朝陶瓷窑址，被誉为"江南一绝"的明朝建筑登科坊——楠木牌楼，集古建筑精华、融徽派三雕为一体的周氏宗祠，江南第一学宫，红顶商人胡雪岩纪念馆及明清时期的古村落、古民居等。

*华阳镇

华塘 见153页"槐塘"条。

后岸村 即现在的河东市。位于绩溪县城东北，扬之水东岸。清嘉庆《绩溪县志》载："梁大同元年析歙置良安县，唐武德中废，县治在后岸村。"又载："河东市在清河门外溪东，今后岸村。"

会里 古村。位于休宁县南15千米处。唐梁国公姚福明由贺川初始迁此而居，后又有程氏迁入定居。程灵洗的后裔中入宋则有程大昌以学术显于当世。大昌侄程卓以学术、宦业闻名。程氏子孙繁衍，各因其宦业散居在外。

庆源 古村落。位于婺源县东北段莘乡，建村于唐开元年间，居民以詹姓为主。四面环围青山，峡谷深幽，山谷两侧，海拔千米以上的两条山脉对面相峙，"合掌观音"主峰抱合"明镜山"，而"天外来龙"主脉下，天生一座"玉屏岭"。一条清溪贯穿村心而过，是詹姓始祖几经选择的避乱胜地。整个村子形似一条船，船身依屏对镜、船头船尾形成狭窄的隘口，这是进出村庄的咽喉之地，也将整个村落严严实实地遮蔽起来。相传当年太平军的一支部队建一路亭，亭壁题有"山穷水尽疑无路，柳暗花明又一村"。现仍留古人绝句："空山隐卧好烟霞，水不通舟陆不车。一任中原戎马乱，桃源深处是吾家。"原亭大门口两侧有联为："车马绝喧阗，忆前人三径怡情，托迹不殊陶靖节；鸡犬声相闻，惟此地四民安堵，落花犹似武陵源。"横联为"桃源深处"。村中架设石板桥七座，木板桥八座，凉亭十余座，沟通两岸人家。溪中筑七座石堨，潴水为潭，放鱼养生。村尾水口有一大赤石，名"朱矶"。旁立石柱，名"玉笔"。一石台高3米余，上生长奇松两株，其叶为松为柏，名"松柏台"。台下有七支石笋相依相偎，名"七姐妹"，其间又建有玉帝、周王、关帝三座古庙宇及叠障、钟灵、毓秀三座石拱桥。村中至今还保存大夫第、资政第、敬慎堂等古民居建筑。该村涌现出不少鸿儒名流、巨商富贾，明清尤甚。明翰林詹养纯、武将詹天表，清进士詹轸光，民国时期富商詹福熙、詹励吾等均出自该村。

*庆源

关麓 古村。位于黟县西南8千米处，地处武亭山麓、西武岭脚。因西武岭有"西武雄关"之称，该村居雄关之东麓而得名。又因黟县通往祁门、安庆、江西等地的主要古驿道经过村岭，故别名"官路"。还因这里古称"堑下"，地势非常隐蔽，此地建村可免战乱侵扰，俗称"官路下"。村为汪姓聚族而居之地。始祖为汪华的七子汪爽的后裔汪迟，相传汪迟子汪真和汪振美叔侄两人同来这里，汪真居今宏田村，紧邻关麓，为上门；汪振美住现关麓村，为下门。上门发展极慢，至今村小人稀；而下门发展极快，人丁兴旺，尤其是在明清时期，汪氏支丁均出外经商，赚得财富后，便回到村里大兴土木，建造豪华宅第数百栋，还建有相当规模的私塾、祠堂、庙宇等。当年在安庆开设恒大钱庄、日进出银票数十万两的汪绅甫故居"迎祥居"就在该村，清汪昭学八子及后裔聚族而居，相继构筑的豪华联体宅第"八大家"最为壮观。

江村 位于歙城北3~4千米处。村后有飞布山，其左右延伸山脉有鸡冠尖、大牛山、岑山、登龙山、火炉尖、栗树山、石骨岭、后山等，形家言登龙山等五山为"木、火、土、金、水五星联络"，以鸡冠尖为村来龙山。布射河自村西流过，临村河段名"布练溪"。北宋明道二年（1033年），浙江开化人江刚中进士后来歙州任州官，任满后，于是选择州城北郊定居，成为江村始祖。村由里村、介塘、外村组成。共有两处水口。一为西北水口，在布练溪上架十墩九孔练溪桥，亦称"江村桥"，桥下为"放生池"；桥东、桥西皆筑水口坝堘。一为西南水口，建有云岚桥、步云桥，明万历时，江东之筑横亘八丈凌云台镇水口。水口一带，建亭多座，其中观间亭、新亭、三里亭、八角亭为村界亭，仁和亭、长湖亭为施茶亭，钱亭为村人钱别之处，申明亭乃申明乡约所。有洪相晓钟、王陵暮鼓、松鸣樵歌、练溪渔唱、云朗岚光、飞蓬月色、白石晴云、紫金霁雪等景观，为著名的"江村八景"。明清时屡有巨商，文风鼎盛。到清嘉庆、道光年间，江村已有3000余户人家，16000多口人。从宋朝到清朝，江村人共高中20名文进士、4名武进士。另据《橙阳散志》载，截至清嘉庆年间，江村人还考中举人54名，其中文举人37名，武举人17名；获荐辟13名、恩袭6名、殊恩15名，取明经92名。70多人著书籍150多部。

*江村

江湾 古村。位于婺源县东江湾水下游梨园河的一个河湾处，西偏南距县城紫阳镇28千米。唐初，有滕、叶、鲍姓等云集于此河湾聚居，因名"云湾"。北宋元丰二年（1079年），萧江八世祖江敌由附近旃坑迁此，后子孙繁衍成巨族，故以姓氏易村名为"江湾"。该村处于群山环抱的河谷地带，梨园河由东而西呈"S"形经村南侧流过。村落坐北朝南，背靠后龙山，前临梨园河，河的南岸有攸山。后龙山是江湾村的龙脉山，山上古木参天，浓荫蔽日。山之东北有仙人桥，系由人工垒土造的一道山梁，长约100米，顶宽70厘米。村中昔有宗祠如萧江宗祠永思堂、萧江斌七公祠等，牌坊如五世承恩坊、三世司徒坊、文光坊、大夫坊、椿桂坊等，庙宇如钟英庙、周王庙等，庵寺如凌云塔庵、礼迦庵、听松庵、点石庵、响石庵、慈德庵、青莲庵、松溪寺，还有文昌阁等，惜今一无所存。原始住宅区原还建有四座防御寨门：东曰"东和"，西曰"西安"，南曰"南关"，北曰"北钥"，现仅存东和门的门楼和南关门的门

*关麓

亭。村中现今保存有培心堂、敦崇堂(中宪第)、三省堂、德庆堂等建筑，风格独特，造型典雅。

*江湾

汉口 古村。位于休宁县东南25千米处，地当源芳、汉水汇合之口。汉水发源于皖、浙分界山白际山脉主峰马金岭，由南而北，经此接纳源于白际山脉另一主峰长岭尖的盈丰河，而后由东临溪镇枧东注入率水，至屯溪汇流入新安江。村中居民有程、黄、汪、谢、孙、范、赵诸姓。汉口程氏为休宁大姓、新安望族。始迁祖程沄能征善战。唐末，黄巢军转战南北，进军歙州时，程沄带着弟弟程湘、儿子程青节招集乡勇，依凭临溪东密岩绝壁如垣的天然屏障，筑寨自保，被淮南节度使杨行密封为都知兵马使、东密岩将兼马金岭防拓事、御史中丞上柱国等要职，汉口程氏人丁也因此而日益兴旺。汉口中街筑有"拦路门亭"，亭翘四角，门呈拱形，上镌"大胜门"三字，是后代子孙为铭记祖上保境安民的功德而建的。由大胜门顺河沿街而下，一路石板，屋连屋，铺挨铺，明沟暗渠，水声潺潺。宋武状元程若川，明朝著名武术家程冲斗，辛亥革命先烈、孙中山的得力助手程家柽等均出自该村。

祁门城 古城。唐永泰元年(765年)，方清义军在黟县赤山镇置阊门县，曾垒石为城。宋筑土城，呈圆形，长近3千米。明嘉靖四十五年(1566年)，知县桂天祥为防倭寇，奉旨修筑石城，费金数万。新城周长35.3千米，山城高6.7米，地城高7.4米，水城高近10米。城门大小9座，东祈春、西宝城、南文昌、北钟秀、东偏上元，城门均筑有城楼；西北阜安门、西偏水门、北折稍东润泽门、下为迎晖门。清乾隆二十七年(1762年)修外城周长8.8千米，内城周长8.3千米。乾隆五十三年(1788年)东南段毁于水灾，知县谢兰修复。咸丰十年(1860年)太平军攻城，西北段被毁。同治七年(1868年)东南段被山洪冲圮，仅余城基。

许村 古村。位于歙县北20千米富资水畔。梁时，任昉任新安郡太守，见此地风景秀丽，便辞官归隐于此。农务之余，常在村边溪流之侧礁石上垂钓，人称"任公钓台"。后人为纪念他，名其水为"昉溪"，称该村为"昉村"。唐大中年间，刺史卢潘为避任昉讳，易昉村为"任公村"。南唐户部尚书许儒，定居于此。此后许姓家族繁衍兴旺，于是改村为今名。明清时期，村人多外出经商，致富后告老还乡，建馆舍广延宾客，扩祠宇敬宗睦族，立牌坊传世显荣，使该村成为一个号称十里长街的富庶小镇。其村口廊桥，始建于元末，重修于清初。还有一亭阁，共三层，一、二层各有八个飞翘的檐角，当地人称为"八角亭"。村中两座明朝牌坊，分别为被称作"人瑞"的百岁夫妇和任过汀州知府的许伯升而建。参见56页"任公钓台"条。

*许村水口

*许村

阳产 古村。位于歙县深渡镇。郑姓于宋时由歙北迁移定潭而居，明朝迁此。据传郑氏狩猎到此，跟随猎犬卧于山凹不愿离去，遂迁居于此。整村依山而建，均以青石砌磅为地基，再建土楼。现有土楼房300余栋，山区民居建筑特色浓郁，风格别致，皖南极少见。为中国传统村落。

阳村 古村。位于休宁县西2.5千米处。当地居民有程、姚、朱、李诸姓。程氏为程升之后，由潜阜迁此。姚氏住此最早，建有姚主簿祠，为姚姓宗庙。旧有阳山寺，毁于太平天国兵燹。

阳湖 原名"洋湖"。古村。位于横江、率溪二水的汇合点。率水从白石厅进入阳湖境内，绕到朱村流出。村外柏山，是休宁县东乡的古名胜之一，其自然景观有天井岩、将军踢球、星月照烂田、天女探花。清同治年间村中吴、汪、孙、金、程、朱各姓富户合建古庙，以行僧法号"稽灵"名庙。民国期间屯溪街上著名商号曹福隆、曹建隆,即由村人所开。

赤山 古地名。位于祁门县中部,面积为94平方千米。自祁门建县始,均为县治所在,是全县政治、经济、文化中心。清咸丰二年(1852年),以镇东祁山更名"祁山镇"。

坑口 古村。位于祁门县西,与江西省浮梁县江村、勒公接壤。旧称"竹源",因村中多竹而得名。村东西北三面冈阜环翠,文闪河呈"S"形绕村而过,下注江西阳春河。村东水口古木参天,有一古亭,砖木结构,典雅古朴。汉太丘长颍川郡王陈实后裔陈京于唐乾符六年(879年)由江西浮梁盐仓岭经过此地,见山水幽幽,木石清奇,于是在此定居,嗣后子孙繁衍,蔚成一村。宋朝又由竹源坑口分迁桃源、文堂、武峰、正冲、南源、双溪、环溪等地,各支均溯此为源,故古祠堂名"会源堂",由戏台、享堂、寝堂三部分组成,总面积约600平方米。坑口村民依山而居,房舍呈梯状分布,高低错落有致。村中多小巷,皆清一色石板铺筑,两侧房屋粉墙黛瓦,多为徽派建筑。

*坑口

杞梓里 古村。位于歙县南,古名"溪子里",宋朝改为现名。杞树和梓树,同属两种优质的木材,古人常借用它们比喻优秀人才。居住者以王氏为主姓。村口里坊亭保存完好,青石铺砌的街路,古朴宜人。马克思在《资本论》中提及的唯一中国人王茂荫,就是出自该村。王茂荫故居原在村中间,清同治初年被太平军焚毁,王茂荫离京告退回歙后,便举家迁往义成村。今仍完好保存着王茂荫的故居"敦仁堂"。

李坑 原名"理田"。古村。为李氏世居之地。位于婺源县东12千米处,建村于北宋大中祥符三年(1010年),因李姓聚居于小溪(亦称"坑")两岸而得名。明清时期外出经商者众,致富后回故里,除了建造住宅外,也修宗祠、桥、路、亭、寺院等。村中明清古建筑遍布,民居宅院沿涧依山而立。村内街巷溪水贯通,青石板道纵横交错,石、木、砖各种溪桥数十座沟通两岸。清末时该村有大小宗祠12座:李氏大宗祠、济德堂、纶恩堂、宏启堂、进士门、四十公祠、六房厅、光禄第、老厅屋、新厅屋、汝祥公祠、沐林公祠;寺观庙宇17所:玉皇殿、观音堂、三相公庙、胡老爹庙、上狮庙、下狮庙、忠观阁、孝义社、理田中社、关帝庙、文昌帝庙、水南社、青轸观、五显庙、胡南庙、土地庙、道观;桥亭、路亭14座:小坑桥亭、慎庆亭、泗洲亭、村头亭、申明亭、挑肩亭、永新桥亭、古箭墩亭、塔山桥亭、留荫亭、永和亭、正坞亭、一脚亭、火把垄亭;还有书院、私塾、文昌阁、文峰塔、公共园林等。另有"五桥、五碓、五堨",五桥即通济桥、永新桥、彩虹桥、中书桥、塔山桥;五碓即华西碓、塔底碓、里碓、外碓、麻榨碓;五堨即柿树屯堨、塔底堨、杨柳堨、华西堨、石堨。又有"七星八斗",七星是指村中的七盏长明灯;八斗则为村内的八口水井。村中现存4栋明朝宅居、数十栋清朝宅居,如大夫第、学堂屋,另有宋建中书桥、明建申明亭等。自宋至清数百年间,村人中进士者19人,出任七品以上文武官员者32人,并有17人留下著作29部。李坑除理田中社外,另有孝义社和水南社。社祭时有庙会,众商云集,百艺杂陈,热闹非常。双峰耸翠、两涧流清、蕉泉浸月、柳堨飞琼、学山静读、道院钟鸣、仙桥毓秀、天马钟灵、锦屏西拱、华盖东呈、金峰北峙、玉几南横为著名的"李坑十二景"。里人李爵曾作《题理田十二景》诗云:"青献双峦涧双流,堨边月挂柳梢头。锦屏华盖东西矗,玉几金峰南北幽。静读学山烟色曙,钟鸣道院籁声悠。仙桥诗渡飞天马,笑取椒塘水上球。"

*李坑

李坑口 古村。位于祁门县东,与休宁、黟县接壤。宋朝建村,居民多为李姓。分里外二村,外村有商业街,里村以农桑为主。村外河洲长数千米,与凫溪口村相连。河洲广植茶树,所产绿茶,为凫峰"四大名家"绿茶之一。此村学风素来旺盛,旧有李坑书院。

呈坎 古村。位于歙县西,今属徽州区,地处风景名胜的黄山南麓。东临灵金山,南接丰山,西南倚龙盘山、马鞍山,西邻鲤王山、葛山,北靠长春山。龙盘山自西北向南延伸,山势犹如江河奔腾,直泻龙盘。过龙盘山则一马平川,潨川河是呈坎的主要河流,全长19千米,流域面积45.58平方千米,属新安江三级支流。除潨川河外,呈坎一带溪涧纵横,俯瞰呈坎,潨川河与众多溪涧如群龙汇聚,故有"九龙戏珠"

*呈坎

之说。呈坎古名"龙溪"由此而来。唐朝末年,江西南昌柏林罗文昌偕堂兄罗秋隐迁此。罗文昌定居于呈坎东南,为前罗族始祖;罗秋隐定居于呈坎西,为后罗族始祖。前罗家庙、后罗家庙、罗东舒祠、前罗长春社等是村落的核心,住宅围绕这一核心布局。该村分布有3街99巷2水圳,2条水圳将河水引入村中,街街巷巷有水沟,门前圳水川流不息,既方便了村民的日常生活,又满足了消防需要。全村共有明清两朝建筑140余处,其中明及明以前建筑40余处,国家级重点文物保护单位2处。在这些古建筑中,为世人称为杰作的是江南名祠罗东舒祠和宋元建筑长春社、罗会泰宅、环秀桥等。村有八景:永兴甘泉、朱村曙光、灵金灯现、众峰凝翠、鲤池鱼化、道院仙升、天都雪霁、山寺晓钟。为安徽省历史文化保护区,村中"江南第一祠"罗东舒祠为全国重点文物保护单位,呈坎古建筑群为全国重点文物保护单位。

吴口村 见146页"断石村"条。

吴辉 见147页"鸿飞"条。

县街 见154页"碧阳镇"条。

里方 古村。位于歙县霞坑镇。与和溪、溪上和绩溪县瀛洲接壤,伏源河自北向南折西环流,村周有千丈岭、火焰尖、前坑、青叶坞、回龙坑、凤云(凰)山;有大毛坑嫦娥池、一线天、石塔头瀑布等自然景观。元末明初,钱姓迁入伏源河北岸,未几村中母鸡皆飞到南岸生蛋、孵小鸡,以为吉地,于是迁居南岸,名村为"孵鸡干",后雅化为富(佛)子干、富川。明洪武末年,明经胡氏迁居钱姓伏源河北岸原居处之上鲤鱼浓,名村为"鲤山"。继有洪琴汪氏迁徙入居。明末,富川钱氏七世数人再次移居伏源河北岸鲤山村下老宅基,视作"克绳祖武"之举,名村居为"祖武"。后有方姓迁入,名所居为"方村"。清道光以前,鲤山、祖武、方村拓展连片,统称"方村"。村之东北有方村头(今名"和溪")。后朱、章、何、杨、黄、吴、李、吕、潘诸姓陆续迁入。民国时方姓不存,统称"里方村"。一说钱氏祖武村呈圆形,在村中心设方形广场,喻钱,故名"里方村"。村有前街、正街、后街,富川、鲤山两自然村如旗形,又分别称"进坞旗""出坞旗"。还有凤凰山寺、五猖庙、鲤山社、富川社、何氏社社屋、大街竭桥、庆丰桥(又名"古楼桥""新桥")等建筑,凤凰山寺在村西北凤凰山麓,清初建,左为观音堂,右为仙翁庙,祀方储、汪华。

岑山渡 古村。位于歙县南,东连雄村,南面浙江。三山环抱,七座山峰相连的"七朵芙蓉尖"山脉蜿蜒而来,在村北分作东西两支,东支为豸山,有王茂荫墓;西支为蛇形山,有许国墓;村口为狮象喝形。浙江中岑山兀立,古木修篁。昔时村前没渡埠,遂名"岑山渡"。村东关帝庙岭路边旧有锦泉,村中有程梦星筱园、漪南别业、程茂文晚甘园、程鸣且闲轩、程家私塾。人文景观以岑山星岩寺为最。五代吴天祐八年(911年)建周流寺,人称"小南海"。元郑玉流连于此,称"小焦山",江畔有师山钓鱼台遗迹。清康熙四十四年(1705年),程芝樟等在扬州参与接待驻跸茱萸湾行宫的康熙皇帝时,进呈《岑山寺图》,求赐寺名,康熙御书"星寺"匾额及"山灵钟瑞气,溪色映祥光"楹联。周流寺遂改称"星岩寺"。

何家坞 见142页"荷嘉坞"条。

余川 古村。位于绩溪县北,与上庄相邻。昔为余姓聚居地,称"余村",后因河穿村而过,改为"余川"。汪姓迁入后,沿用原名。数条小山溪被引入村中。村内古桥很多,环秀桥是余川村的水口桥,连接上庄与该村。清道光三十年(1850年),村人汪立政在沪南独创汪裕泰茶号,在上海众多的徽人茶号中独占鳌头。此后祖孙三代,先后在上海、奉贤、苏州、杭州等地开设茶庄、茶厂、茶号20余处,并在日本、英国、美国、摩洛哥等地设立茂昌茶行6爿,被沪杭商界尊为

*岑山渡

*豸峰

"茶叶大王"。汪氏致富后,一方面在上海开办学校,热心慈善事业;一方面创办余川燃藜小学,村中儿童免费入学,同时建祠铺路造桥。"湖畔诗人"汪静之也出自该村。

谷川 见112页"大谷运"条。

豸下 见131页"豸峰"条。

豸峰 又称"豸下"。古村。位于婺源县中部龙山乡境内,距县城紫阳镇28千米。处于山水环抱之间。村落四周有翠林密蔽的回龙山、雕楼山、庵堂山、笔架山等。源出鹅峰山的桃溪水,北向南蜿蜒流至豸下湾时,似玉带般经村北绕过,然后出村东口。北宋末年,桃溪(今坑头)潘氏孟房派延至十三代时,以潘良俊为首,整派从桃溪迁出,顺溪流而下来到回龙山下结寨,时名"寨峰",按方言谐音将"寨"易为"豸"。村兴旺时,宗祠除总祠企贤堂外,另有棣辉堂、成义堂、立本堂、承志堂、诒远堂、养源堂、尚义堂等分祠。在村入口处有一座社公庙,其隔溪对面高畈上建有周王庙、汪帝庙。船漕山上建有关圣庙。另在村附近的弋潭坞有尼姑草庵,在汪子山、豸峰尖亦各曾建有庵堂一所。在下水口桃源初步亭前,有一孝子坊,表彰豸峰孝子潘荣生。引胜桥桥头明朝建有科第联芳坊,表彰官至河南左参政的潘镒、南京户部主事潘铉两人。出引胜桥,有为行旅施茶的白亭。豸峰最外围又建有一座节妇坊,坊上刻有"玉洁冰心"四字等,表彰豸峰优贡生潘煌继妻俞氏、增贡生潘鸣龠妻俞氏。在上水口一侧有望夫亭,亭旁有一砖石结构的大夫坊。进村跨路建有金茶亭(又称"漱石亭"),亭旁建有水龙庙等。村内还有资深堂、涵庐、延年堂、潘宅等古建筑。寨冈文笔、田心石印、曜潭云影、东岸春阴、水口诰轴、船漕山庵、倒地文笔、鸡冠水石、笔架文案、回龙顾祖为著名的"豸峰十景"。

闵口 古村。位于休宁县高阳乡,地处率水北岸。率水上游山区所产木材多集散于此,人口流动性大。村里世居有毕、项、吴、孙、叶诸姓。村有毕氏宗祠,清朝状元毕源原籍即在此地。

汪口 古村。位于婺源县东北,距县城23千米,始建于北宋政和年间,是一个以俞姓为主聚族而居的古村落。因位居段莘水与江湾水合口处北岸,村前碧水汪汪,故名"汪口"。村落坐北朝南,村前溪流大致由东向西流,微向南弯。四周青山环抱,绿水长流。古为徽州府城陆路经婺源县城至江西饶州的必经之地,又系婺东和东北乡水路货运码头(保存有清经学家江永设计的"平渡堰"曲尺堨遗址)。明清时期,这里店铺林立,商贾云集。古埠头、古商业街、古巷、古祠堂和散落在18条古巷中的众多官宦府第、商宅民居、书屋等各类古建筑保存完好。其中有一经堂、懋德堂、大夫第、养书屋等清朝民居300多栋。这里文风鼎盛,人才辈出。历代中进士者9人,而由科举或荐辟等步入仕途、出任七品官以上之文武官员的有24人;另有9人存世著作21部。为中国民俗文化村、中国历史文化名村。

*汪口

汪村 ❶古村。位于绩溪县登源河畔东岸,距县城5千米。汪村为汪姓聚落,始于南朝宋永初年间。汪叔举选中此地,由新安迁来,成为汪村汪姓始祖。今散居绩溪县各地汪姓,大多根源于此。村北端南川的徽商汪老永故居至今仍然基本完好,共有房屋数十间,占全村四分之一,多而不乱,布局合理,功能齐全,其砖、木、石雕极尽雕、镂、镌、刻技艺,房屋之间有一条麻石板石鼓里巷连通，巷内房屋除三栋主房外，还有书房、水厅、磨碓房和杂物房。❷古村。位于绩溪县临溪镇西大源河南岸。该村因有22口大小水塘，又名"渔塘古里汪村"。村庄沿河造有三个水碓。村内房屋密集，村中路巷全由石板路或卵石铺成。该村原是邵姓、胡姓共住村落。北宋中期汪琛由歙南王村迁入此地。邵家迁往临溪富林坑，胡姓衰落后，汪姓逐渐人丁兴旺。明嘉靖、万历年间号称"千灶万丁"，全村分为东边、西边、里门、外门四处，中心大路街两边设有各种店铺。清"咸同兵乱"时，据说村中有人杀害两名太平军战士，太平军攻进村，烧毁房屋，后又遭瘟疫，从此败落。原汪村古迹较多，村中汪氏总祠一座，堂名"仁锦堂"，支祠两座，里门支祠为敦睦堂，外门为善德堂。现存五六栋古建房屋。村正中尚存一株银杏树，对河山上原有尼姑庵一座，有二三十位尼姑，是绩溪县最大的尼姑庵。后尼姑还俗，庙宇废。

*汪村（登源河畔）

汪前村 见135页"旺川"条。

汪满田 原名"松源"。古村。位于歙县溪头镇，东与大谷运村接壤，南与考坑村、桂林镇西坑村和双河村交界，西、北与双河口和上阳尖毗邻。地处深山，最高峰上阳尖海拔1402米，还有五龙过谷（1295米）、仙人石尖（1268米）、大脚山（1120米）等。在西山降有一大石塔平滑如镜，俗传这是"火镜"，村中火烧屋之祸根，需用水克火。清光绪初，因信形家所言，遂以五个祠堂兴五个"鱼灯会"，每年正月十三至十六日夜，合族男丁抬鱼灯游村。早为程姓居住，南宋绍定之后，陆续迁入三支汪姓四支叶姓，致成"三汪四叶一程人"。三汪结村社为民和社，明朝汪氏成为村族主干，其中以汪奴派为盛。汪奴支裔"七世同居"，在徽州传为佳话，于是改为今名。

沙溪 古村。位于歙县富堨镇。北枕飞布延脉为来龙，南有仙姑山、上下梅山为屏，梅山之麓有赤霞岩，传汉梅福避王莽之乱隐此。西南水口有狮山、象山、龟山喝形。处白沙河、富资水交汇处，称"双溪"，后以溪中沙细晶莹易名"沙溪"。唐显庆年间凌姓迁居。宋以后有方、王、吴、汪等姓迁入，凌氏为村族主干。唐僖宗时，与徐村、冯塘、清流、方家五村结社曰"皇富社"。村沿白沙河两岸构筑，有溪东街、溪西街。清康熙时溪西街遭水毁，居民迁至溪东街，致成"丁"字形街，分四路出入，皆置路栅门。在村西双溪桥头左右筑石台，左台寓金印，右台建六角亭，锡顶攒尖如文笔，以亭处辅星位而名"辅仁亭"，冀启文运。村中曾有水月镜庵、紫云庵、玄坛庙、观音庙、大圣庙、凌偏将军庙、青莲庵、张仙祠、罗汉祠、五猖祠、吕真人祠、社公庙、土地庙、三元阁、素云亭、裔雪楼、淇园、八仙园、双凤馆、六印堂、临清楼、九甲巷、掇秧亭等人文建筑。

*沙溪

宏村 古村。位于黟县东，距县城11千米。始建于宋朝，据《汪氏族谱》载，宋明时期，因村子"扩而成太乙象，故而美曰弘村"，清乾隆年间更名为"宏村"，取"宏广发达"之意。整个村落占地30万平方米，枕雷岗，面南湖，山水明秀。宏村汪九是唐初越国公汪华的后裔。村基址及村落全面规划由海阳人（今休宁县）堪舆师何可达制定，距今有近900年的历史。南宋绍兴年间村人为防火灌田，建造出堪称"中国一绝"的人工水系，建成牛形村。其中水圳是"牛肠"，这是一条用石块砌成的数米宽的人工水渠，凿引于明永乐年间，当时村里人利用地势落差，在村子上首浥溪河上拦河建石坝，把一泓碧水引入村中。水圳九曲十弯，穿堂过屋，经月沼，最后注入南湖。傍泉眼挖掘的"月沼"是"牛胃"，"南湖"是"牛肚"，"牛肠"两旁民居为"牛身"。村口有两棵树龄达500年的古树，一为"枫杨树"，当地称"红杨树"；另一为"银杏树"，当地称"白果树"，它们是牛形村的"牛角"，宏村的"风水树"，也是吉祥的象征。至清朝，宏村已是"烟火千家，栋宇鳞次，森然一大都会矣"。全村现完好保存明清古民居140余栋，承志堂"三雕"精湛，富丽堂皇，被誉为"民间故宫"。其他著名的还有敬修堂、东贤堂、三立堂、树人堂、乐叙堂、桃园居、古祠堂叙仁堂、上元厅以及南湖书院等。西溪雪霭、石濑夕阳、月沼风荷、雷岗秋月、南湖春晓、东山松涛、黄雉秋色、梓路钟声为著名的"宏村八景"。后被联合国教科文组织列入世界文化遗产名录，被国家建设部、文物局公布为第一批中国历史文化名村。

灵山村 古称"灵阳村"。位于歙县呈坎村（今属徽州区）东，南距蜀源约3千米。唐末方杰兴自睦州迁入灵山避乱始居，距今1000余年。村落为群山所环抱，环境清幽。古桥、古亭、古庙、古树、古民居、古祠

*宏村

*宏村水圳

*宏村月沼

堂、古牌坊交错相间，清澈的灵金河水顺着山势自西向东穿村而过，数百栋古老民居依山面溪而建。村中至今保存有翰苑坊、天尊阁、五福庙、灵阳桥、明世祠等明朝建筑。沿溪而上的凤凰街很有特色，街面清一色花岗岩石板铺就，且临溪一端突出，悬空在水面上，既增宽了街面，又不淤塞河道。溪中建有数道水坝以缓解水势，也便于村民浣衣淘米。沿溪建有水碓四五座，今遗址尚存。旧时"灵山贡米"由此舂出，再靠人工畜力，翻山越岭运送到山外。新中国成立前，每年六月二十四日，上灵山赶雷祖庙会、登灵金山看"鬼火"，是古徽州一大盛事。是日，香客云集，邻近村落皆素食，往拜神者塞途，焚香者络绎不绝，其规模、场景可以想见。灵山旧有"十景"：灵峰耸翠、甘露金灯、笔峰贯日、印名浮溪、瑶坛芝草、森秀遗芳、石佛樵歌、柏山牧唱、曲水鱼池、阳坡耕隐。

灵阳村 见132页"灵山村"条。

张村 古村。位于祁门县小路口镇，古称"润田"，相传为唐著名诗人张志和的故居。唐永泰年间祁门置县，以志和所居之赤山镇石山坞凤尾园为县治，志和遂移居镇西润田，后人名之为"张村"。张村门首朝山，山势平缓，形如席帽。村前有醴泉一处，水味香甜，泉上覆亭，匾额"玄真泉"。村后小塘湾，建有御书楼，号称"小壶天"。水口溪上有桥，桥上建亭9座，绘"润田八景"（席帽承恩、旌旗引凤、壶天胜概、

*灵山村

玄真灵泉、仙桂丹青、莲堂昭穆、东郊野牧、西涧渔歌）于内。村口两溪相汇，两岸有鱼池12个。村中有思别堂、顺德堂、梅椿书舍。思别堂为缅怀张志和而建，家祭之所；顺德堂为志和母李氏之墓；梅椿书舍为志和读书之室，右有梅一株，貌甚古，随时世盛衰而荣枯，人称"识时梅"。唐宋两朝，润田繁荣兴盛一时。

环砂 古村。位于祁门县西北彭龙乡境内。村中程姓由祁门北乡六都迁此。因村口风水林多有大白果树而取名"白果树下"。村头水口林古老苍劲，葱葱郁郁。村口会缘桥跨湘东河而立，于清咸丰年间倒塌。桥旁有紫金庵、屈原庙。村中有两块石碑，一块是湘东河畔的放生池碑，一块是村中祠堂院墙内的永禁碑，分别刻成于清雍正和嘉庆年间。村中杂姓金、鲍、李三姓渐衰后，改名"程家"。后又因村落背山环水，湘东河环绕，四周尽砂石，再改为今名。祁门民间有目连戏"出在环砂，编在清溪，打（演）在栗木"的说法。意即目连戏是以环砂为原型编撰的。相传，目连戏的主人翁傅相就是环砂村斜对面的傅家背人，傅家背衰落后，傅相举家迁到环砂村。傅相为人和蔼，待人宽厚，深受村中人的爱戴。傅相想修祠祭祖，苦于无地，程姓乃让其在程姓叙伦堂宗祠后续建一祠，这样便形成了在全国独一无二的"一祠双姓"。此祠左墙上有石碑，记载为明隆庆四年（1570年）建造。整座祠堂为三进，第一进为门厅，旧时演目连戏时就在此搭台；第二进为叙伦堂；第三进为傅相宗祠。

*环砂桥

武口镇 位于婺源县东5千米处。地当水陆交通要口，星江上游古坦、段莘诸水汇合于此，县东、北通休宁县、（浙江）开化县。唐乾符四年（877年），汪武任婺源镇将，视其地势险要，于是立为镇，并且亲自成守，以抗黄巢军。后因此得名"武口"。

武阳 古村。位于歙县南乡，距县城36千米，四周与虎坝、知川、正口、方村、定潭毗邻，大洲源东水西流，至此南折。背靠虎坝山，前屏张家山，村东、东南、西有蛇、狮、象、虎地理喝形。村先有刘姓，居幽岭之阳，名村曰"坞阳"。后以《郡国志》"泰山郡有南武阳侯"句，改坞阳为"武阳"。汪满田人张应周在此建别墅，因其尚武，方腊起义期间，歙、绩、睦士人皆依附求庇。其家殷富，创建长庆寺、塔，捐钱百万助建城阳院等。后有汪、方、程、胡、江、冀、葛、王、柯、范、吴、舒诸姓迁入。村如月形，村周挖水塘7口，寓"七星拱月"。村落主要在南岸，宋朝架有2座木桥通大洲源北岸。北岸为商肆区，临河街有葛天益中药店、洪裕大杂货店等10余家店号，临河店铺均在店前附置廊亭。

*武阳

武陵源 古村。位于祁门县历口镇东2千米处。唐天宝年间，本县进士、浮梁县尉吴仁政寻访建庐之所到此，有一老叟告诉他："此松林源也，有野鹿卧于其间，蓝采和吹笛其上，公可居之。"于是在此卜居。大历年间，祁门建县，其弟吴仁欢为首任县令。历九年，迁升郑王府长史，未赴任就官。故此其村宗祠至今尚存"开邑元勋""建邑堂""长史世家"诸匾额。

坦头 ❶ 古村。位于绩溪县大源乡南，大源河西岸。宋朝建村，汪姓聚族而居。村庄平坦，村心建有南北向三条凌空长弄，夹道民房楼上均有门户相通，传说下通男，上行女，示男女有别。此村宋朝族长曾为一寡妪，胡姓，大坑口人，凌空道路为其所创。后血吸虫病为害，人口锐减，村庄败落。历有客姓迁来，房屋屡经改建。今凌空长弄已废，仅留个别遗迹。❷ 古村。位于绩溪县翚岭北。今属长安镇，是长安镇最大的村庄。五代时期，汪思聪由旌德新建迁入定居。北宋政和年间洪元二由绩溪县岭南横形迁入。南宋淳熙年间吕姓和唐姓相继迁入。从此，四姓和睦共处建村。元明清时，坦头为六都首村。汪姓系大族，有前汪、后汪和礅汪三宗祠，洪姓次之，唐姓少数，其他姓氏人数更少。北宋嘉祐二年（1057年），进士汲构建云庄书院，为绩溪县最早书院之一，苏轼曾游此院，朱熹曾来"云庄书堂"讲学，并于殿之西壁题书"一坞白云"四字。自北宋嘉祐至南宋庆元年间，汪氏曾三代科甲蝉联七进士，史誉"策名天府，书香世家"。南宋德祐年间，汪良登进士，官至大学士。坦头陶器工艺历史悠久，始于宋朝。清咸丰以前，汪、葛、洪三姓建有里坞窑、外坞窑、窑坞窑、下芦过烘窑、老鼠眴仓窑，现旧窑址均存。村原有祠庙20座，分布于村中，庙阁主要在村东南附近。现尚存宗祠、支祠6所，其中后汪世承祠尤为壮观，位于村东来龙山前。

茅棚座 古村。位于祁门县西乡牯牛降大赤岭山麓。昔有茅舍供过往行人歇宿,故名。郑之珍写目连戏,曾取材于此村景物。又剧中目连出家曾过此村。

板树坑 见152页"瑞川"条。

松源 见132页"汪满田"条。

卖花渔村 古村。位于歙县雄村乡,与瀹坑、庄源、夏坑、瀹岭下、瀹岭坞毗连,有夏坑岭官道、东岭山道通县城。唐乾符年间,洪姓肇村,以姓名村为"洪岭"。因村似鱼形,别称"鱼村"。后因洪氏莳花艺盆景远近闻名,俗称"卖花渔村"。洪姓之后有周、江、蔡、赵、徐、卢、吕、丰、胡诸姓陆续迁入。五代时,与洪岭洪氏同根共祖的洪必信,在绩溪县洪村构屋植梅,作梅花百韵自娱,受此影响,村人开始在家前屋后植梅栽竹。洪岭洪氏从自然栽植,逐渐转向人工施"艺",徽派盆景从而诞生。他们以艺花为副业。明朝初叶,徽派盆景已走向京城市场。明万历、崇祯年间,洪时喝、洪善文、洪善武、洪善智先后到京城从事园林盆景制作技艺,或直接从事徽派盆景商业生产。今该地为徽派盆景的生产基地。

*卖花渔村

瓯山 古村。位于休宁县东7.5千米处,因村落形似金瓯而得名。居民主要为金姓。先居者程眉,在瓯山金氏家入赘,于是承续其裔。瓯山自古文风称盛,名人辈出。明末抗清名将金声,清乾隆丙辰科状元金德瑛、内阁大学士兼礼部侍郎金洵、济南知府金榮、两淮盐业大使金翀、名医金硕祢,民国时期安徽省参议员金慰农等均出自该村。

尚田 古村。位于绩溪县板桥头乡。明以前称"上田",又名"蓝田",古为绩溪县三都首村。清乾隆年间改称"尚田"。尚田为清徽墨四大家之一的汪近圣故里。居民多汪姓,分上、下门。

尚田降 古村。位于绩溪县板桥头乡。绩溪县尚田汪姓派生出来的村庄,在尚田东北部山冈上。"降"字,方言音、义同"冈"。

尚村 古村。位于绩溪县东北,距县城约40千米。地势较高,海拔在600米以上,故古名"上水村",与下水村(现霞水村)相呼应。因绩溪县称上村的地名较多,常发生口误或事误,故改名"尚村",有"高尚、尚好"之意。村中多姓聚居,按人口多少依次为高、许、章、周、方、唐、张、汪、胡、王10个姓氏。建村有四五百年,先有许姓来入住,其始祖是轿夫,从歙县许村抬轿至此,见是聚财发家之地,于是在尚村建家立业。其后高姓来自绩溪县城,始祖为三十世高世用。周姓源于临溪镇周坑。方姓则从瀛洲浒里迁来。此地山云深处,昔时曾有一座寺院,称"山云寺",鼎盛时,有100多名僧人。

*尚村

旺川 古村。位于绩溪县西,离县城35千米。原名"汪前村",是汪姓村落。发源于大会山的昆溪由西往东,横穿旺川村,把村子分成南北两部分。北宋太平兴国五年(980年),曹仲经由婺源县汪口迁居于此。倚靠昆溪为其发源之地,以曹姓居所称"曹溪",曹氏五世祖曹伯四改村庄为今名,含来日兴旺发达的美好愿望。元朝,县以下设都,旺川为绩溪县七都的首村,仅次于伏岭村、上庄村,为绩溪县第三大村。旺川有五多:水碓、石桥、石牌坊,加上大房和祠堂。有水碓15处,昆溪河上建了15座石桥,还有石牌坊13座、古民居200多栋。曹氏家族除了一个总祠堂外,另有17个支祠。此外在历史上村里出了7名进士、21名举人、279名生员。旺川为第一批全省重点文物保护单位。

*旺川

昌溪 古村。位于歙县南乡，距歙南名镇深渡约5千米处。由三个自然村组成，沿昌源河西岸呈南北方向条状分布：位于北部福金山南侧的是沧山源，又称"燕窝山庄"；位于村落核心区的是昌溪，主要是吴氏家族聚居之地；南端是昌溪下村周邦头，以周姓为主。古村坐北朝南，村前以70多米宽清澈见底的昌溪河为屏，村后以层峦叠翠的来龙山为障。唐朝，有姚、叶、朱、方、王五大姓在这里生息。南宋淳熙年间，吴姓迁入后便成了这里的主姓。南宋时，昌溪人子孙繁衍，人口剧增，因受耕地限制，寻求向外发展。宋朝起就有居民外出经商和攻读，参加科举考试，逐步形成官、商、学一体的格局。明清时期，这里出现过一门两进士、五举人、二十二秀才和贡举会考一等第一名的传奇，有闻名遐迩的徽商代表"吴茶"和"周漆"。昌溪徽商在外获得发展后，便返回家乡兴建宅第、寺庙、楼台亭阁，兴修水利，治理环境，开办书院等。自明朝始，这里就构筑了西自西静庵、东至务本堂的长达3千米的古建筑群体，包括水口、拱桥、亭阁、书院、学堂、古庙、宗祠和民宅等，并形成前街后路的南北大道。村中200多条巷弄纵横交错，大塘坑、小塘坑两股溪水穿街过巷，在庙坦汇合，形成优美的"S"形，注入昌溪河。村中还有池塘20多口，古迹更多，包括忠烈庙、太湖祠、周氏宗祠、员公支祠木牌坊、吴承仕故居等古建筑201栋，另外还保存着大量珍贵文物，有宋徽宗赵佶、朱元璋、海瑞、王茂荫、康有为、许承尧和当地一批知名书画家的字画、匾额、碑刻等，有嵌象牙床、百子罗汉床、九世坊床等，有金丝绣衣龙袍、真丝象牙朝笏等。

忠孝里 ❶见158页"瞻淇"条。❷参见701页"徽州文物"部"忠孝里"条。

岩寺 见136页"岩寺镇"条。

岩寺镇 又称"岩镇""岩寺"。位于丰乐河畔，地处皖南山区最大的盆地，是南路登临黄山的天然门户，素有"黄山南大门"之称。岩寺近郊桐子山新石器文化遗址可以证明，早在4 500年前，岩寺一带就有原始人类居住。丰乐河南约2.5千米处的山坡上有前贤开凿的岩洞近10处。唐大历元年（766年），唐朝名僧山蕴禅师奉代宗手诏，集四方参学者结厦于此，始创三摩圣地，建有东西序寺庙无数，殿堂鳞次错落其间，当时曾驻僧侣500余人，因寺庙建在石壁岩洞前，故唐王朝赐"岩寺"为名。南宋绍兴二年（1132年）诏命建镇（旧称永昌乡）。明洪武二十四年（1391年），改为永丰乡清泰里，此时岩寺已有一定的规模。延至明嘉靖、隆庆年间，这里更是巨室云集，百业俱兴，舆马辐辏，冠盖丽都，成为鳞次万家、规方十里、商贾云集的繁华重镇。原属歙县，现为徽州区政府所在地。

岩脚 古村。位于休宁县西15千米处。岩脚为"齐云岩脚下"之意。齐云岩高耸云天，是白岳名山主峰。岩脚形成村落是在明嘉靖年间，嘉靖皇帝派祠官来祈祷皇嗣得子，拨内府银两在山上大造宫殿寺宇，游人香客摩肩接踵，纷至沓来。最先抢占该地的是青阳曹氏，他们在岩脚下街一带，开了"曹隆兴"杂货店，经营粮食、杂货、猪肉、糕点乃至棺材等丧葬之物，占了半条街，人称"曹半街"。接着龙源许家村许氏又在上街开了"谊成"杂货、"永昌"糟坊兼饭店。胡、汪、詹、赵等姓也都陆续来此摆摊设点。一时间，理发店、缝纫店、纸扎店、药材铺、鞋匠铺等规模较小的店铺又充塞着大街小巷。到了万历年间，山脚沿河而下，一条狭长街道便有了相当规模，两边房屋店铺林立。万历十五

*昌溪

*岩寺

年（1587年），在徽州知府古之贤倡议下，岩脚建成石砌的"登封桥"。清乾隆五十三年（1788年），特大洪水将大桥冲毁，三年后，由黟县富商胡学梓率子独资重修。在桥的北端，还有一块乾隆年间徽州府立的青石禁碑，文曰："严禁推车晒打，毋许煨曝秽污，栏石不许磨刀，桥脚禁止戳鱼，倘敢故违有犯，定行拿究不饶。"清歙县人曹振镛曾作《重建登封桥记》以垂后世。

*岩脚

岩镇 见136页"岩寺镇"条。

岭脚下 古村。位于绩溪县浙岭、雪堂岭、浪广岭三条古道的岭脚下，故名。距县城东北方向40千米的皖浙交界处，是绩溪人前往浙江经商路途中的最后一个村庄。

和溪 见118页"六都"条。

佳源 见154页"璜田"条。

佳溪 见154页"璜田"条。

金字牌 古村。位于祁门县东乡，距县城10千米。金东河沿村东自北而南，街道石板铺筑，分上、下二街，沿街有商店、作坊和茶号，为祁门东乡一小集市。该村原名"盛村"，元末名儒汪克宽墓葬在村西，墓道前有"环谷神道"金字牌坊，后人于是改称"金字牌"。宋属归化乡，明清属九都。

瓮城 见124页"西门月城"条。

庙口镇 古集镇。位于黟县西10千米处。宋朝建镇，后废圮。

郑村 位于歙县西，距县城5千米，与旸村、向杲、西村、棠樾接壤。丰乐河自西向东环村南流。隋唐时，郑思自丹阳迁徙居此，冠名所居地为双桥。郑思生有二子郑洪、郑渌，郑渌生女郑青洁，她就是汪华的母亲。北宋天禧年间，迁歙北律村的郑氏支裔郑球回迁双桥，其子孙繁衍成大族，于是村改今名。后有毕、汪、李、凌、张等姓迁入。郑村之东为西溪，主姓汪，后连成一体，统称"郑村"。郑村有文昌阁、余园、南园、牌坊、

明正德年间，将纪念郑安的令君庙从冷水铺迁此，改名"施水庵"。西溪有忠烈祠、社屋庙、不疏园、环翠楼、韬庐、和义堂、善继堂、牌坊等。元末建、明弘治年间重立的贞白里石坊，是歙县尚存石坊中最早的石坊。

*郑村

定潭 古村。位于歙县深渡镇，处昌源河畔，周边与高源、跃进、佛坑、昌华界邻，距深渡3千米。村后来龙山山头、山脚各有巨松，称"龙头松""龙尾松"。村前朝山列似柜台，又有山如兔形，山前有半月形河滩，称"兔儿望月"。出水口处有象鼻崖，形家谓大好风水宝地。古时昌源河绕兔形山拐弯，经象鼻崖流向王干村。有一年，兔形山山体崩塌，河水改道直向象鼻崖出口，在村前形成一个大深潭。为祈祷兔形山不再坍塌，在村四周竖如来佛柱镇压，人们把兔形山改名"定山"，称村名为"定潭"。因河水改道，王干村居民迁定潭或他乡，老河道及王干村基遂被改成良田。村周曾有忠烈庙、龙须庙、关帝庙、定山社庙、下岩水月庵及东头道上观等寺庙，其中龙须庙供汪华八子、九子，逢旱至庙拜祭求雨。又有街坊更楼，下为通道上为楼，更夫居楼上，道门楣置门簪四根，上额"大道为公"，传说乃因朱元璋在此扎营而建。村边的定潭渡由张文著捐资设立，其子张承恪遵行不替，故人称"张义渡"。

*定潭

官路下 见127页"关麓"条。

弦高镇 见150页"紫阳镇"条。

承唐 见156页"澄塘"条。

绍村 位于歙县森村乡，与逢村、佑源、坑口乡薛源、雄村乡富岱接壤。胡川、薛源、方家坞、佑源四水汇合于村，将村庄分割成"火"形，东西长1.5千米。村人架溪桥近百座、筑山塘20口，借以克火。邵氏早先入居，故村名"邵村"，后刘、胡、张、方、洪氏陆续迁入。明末，邵姓衰落，迁屯溪阳湖。张姓兴旺发达，于是村改今名，今仍以张姓为盛。有邵姓一支，传说是张姓轿夫发脉。

*绍村

草市 古地名。位于屯溪东郊休宁县与歙县交界处，是民间自行聚集、自相贸易的集市。有上、下草市。宋朝多有名为"草市"的市集兴起。《苏东坡奏仪集》载："城小人多，散在城外，谓之草市者甚众。"

茗洲 古村。位于休宁县流口镇率水河旁。东北与祁门县凫峰镇相连，距凫峰镇仅5千米。是"屯绿"极品茗洲茶产区。古村三面环山，一面环水。村中姓氏以吴、陈、黄为主。茗洲吴氏是唐朝左台监察御史吴少微的后裔，被称"左台吴氏"。古村始建于宋末，由茗洲吴氏家族所建，时吴荣由休宁县江潭逆流而上，至此结庐而居，之后子孙繁衍，人丁兴旺，在明清之际成为富甲一方的望族。清朝依山临水而建的吴氏宗祠"葆和堂"承载着宗族的历史荣耀，而茗洲人吴子玉于明万历年间编写的《茗洲吴氏家记》堪称徽州礼教的典范。整村户户交联，路路相通，设有出入门庭108处。它以青瓦、青石砖、青石条、青石板、青石台阶和古木为基调，设天井、取水井、防火墙、防盗窗、马头墙、雕梁画栋，飞檐走翘，具有典型的徽派建筑风韵。古村的传统民俗活动有元宵龙灯会、端阳跳钟馗、中秋舞香龙等。

胡里 见151页"湖里"条。

胡家 古村。位于绩溪县东北，距县城34千米。程姓先来定居，名"黄甲村"。"饭甑山尖，岱角圆圆，

*茗洲

左钟右鼓，代出俊贤"是对该村地形地貌的概括。该村群山怀抱，水口幽静，迂回曲折。村西山脚水口建有一座五猖庙，庙中有一圳溪水自东向西流去。庙东西两侧均为上圆下方门阙，朝西门楼上书"翼然环抱"四字，向东门楼上书"崖峻峰奇"四字。庙前是胡家廊桥。明末，宋朝金紫光禄大夫胡舜陟后裔从县城迁来，至民国初年，胡氏成为村中大姓，于是更名"胡家村"。历史上胡家人外出经商以开设徽菜馆和茶叶店为多，如胡桂森于20世纪初就在武昌、汉口、黄石港等地开办"胡庆园菜馆""徽州同庆酒楼""胡元泰茶庄""胡庆和酒楼""太和酒楼""望江酒楼"等菜馆、茶店，并身兼汉口总商会会长等职，名扬大江南北。胡元堂、胡观海、胡大顺、胡俊坚、胡康安、胡九成、程怀安等人也先后开办苏州观前街"丹凤楼"、杭州临平镇"泳隆南货店"、上海城隍庙"江南春"、上海老西路"大富贵""沪西大中华""宝山大中华"、大连湾路"大中国"、南京夫子庙"别有天"等酒店饭馆，风靡江、浙、沪。

南屏 古村。位于黟县西南4千米处，因村西南之南屏山而得名。元朝末年叶姓从祁门县白马山迁居此地，曾名"叶村"。随着村庄扩展，明朝已形成叶、程、李三大宗族齐聚分治格局。清朝中期以后，南屏村步入鼎盛时期。全村1000多人，却有36眼井、72条巷、300多栋古民居。村中至今仍保存着"叙秩堂"等8座代表宗族势力的大小祠堂，组成了一个全国罕见的古祠堂建筑群，现存完好的明清民居还有敦睦堂、穆贤堂、怀德堂、冰凌阁、南薰别墅、倚南别墅等，建于民国时期的孝思楼，因其在徽派传统建筑基础上，吸纳罗马建筑中半圆拱门及窗户形式，中西合璧，在古村落中可谓鹤立鸡群，被村人称"小洋楼"。

南溪南 古村。位于歙县南（今属屯溪区），距屯溪仅6.5千米。原名"溪南"，因该村在溪（即渐江）的南岸，故名。由于当时同属歙县管辖的丰乐河南也有一村名溪南。为了不致混淆，所以地处丰乐河南岸的称"西溪南村"，地处渐江南岸的称"南溪南村"。该村古迹众多，不仅有古建筑上帝台、文昌阁和建新亭，有五社庙、三姑娘娘庙和"龙光""覃恩"两座明朝和清朝大石坊，而且还有吴家大祠堂、太史第、苍玉堂、

江家祠堂、官厅、江家厅、司马第、同昌堂、老屋厅、楠木厅、石鼓厅、举人门、义恩堂、甲富堂、甲级堂等近20处。其中保存完好的有老屋厅、苍玉堂等。

*南屏

柘林 古村。位于歙县南源口乡，渐江至此自西向东环村，南接壤柘林培，东连富岱。因为村子多柘树而名，民间习惯写作结林。村南郊曾是古渐江河道，满坡鹅卵石呈现昔日河床痕迹。坡前有山，形如猛虎，相传晚唐时吴姓即居此山脚下，一度族繁人盛，炊烟漫山。吴氏怕烟熏虎神于家族不利，于是合族移居于山前坡地，名"吴家岭"。南宋后，吴氏宗族衰微。景炎元年（1276年），徐、王二姓迁入，尔后潘、叶、江、孙、范、凌、方、张、程等姓陆续迁入。晚清至民国时期，村人在外地开有许春来药店及柯裕茂、江松泰、方同春、永隆等多家商号。村中曾有柘林大社屋、九间楼、五登社、周正庙、奉谕建造的御史祠等建筑。

查湾 又名"槎湾"。古村。位于祁门县南，与江西浮梁县接壤。该村山峦环绕，形势四塞，民风淳朴。五代时有查姓居此，故名。北宋仁宗时，汪华后裔汪廷茂迁此，是为查湾汪姓始祖。望族多佃仆，有"三千郎户八百庄"之说。明嘉靖年间始设津渡以济行人。当时村人汪标、汪溱、汪惟效连举进士，查湾进入人文鼎盛时期，有"科甲世家"之称。村内有钩门、钟门、宏德、清夫等宗祠四座，有白石讲堂、蛟潭书院、叠峰书院、石潭书院、敬修堂、经学堂等书院六所，有金峰耸秀、石壁古松、双溪垂钓、枝巢观鱼、蛟潭印月、书台文笔、罗星回浪、芦苓夕阳等景观八处。

柏墩 见144页"陶村"条。

临溪 ❶古村。位于休宁县城东南20千米处，西滨汊水。唐朝已成村落。居民以方、吴二姓为主，后有程、汪、刘、王、姚、毕、戴、胡、张、许等姓迁入。程氏为程秬之后。程秬在唐末分兵镇守婺源县沱川，其后嗣东密岩将于是把家安在此地。其子孙繁衍，多操儒业，建起程氏宗祠于临溪，构义屋供给族中贫困居住。又有"白玉程家"，同出东密岩将之后，另立宗祠。
❷古村。位于绩溪县南，距县城11千米。绩溪县三条最长的河流——登源河、扬之水和大源河汇集于此。村庄因高于河床34米，岩岸陡峭，下临深渊，村名由此而来。明朝置有临溪铺，清乾隆、嘉庆年间称"临溪镇"。民国初期，临溪陆路通车，水路通船，直通杭州。商贾云集，生意兴隆，为绩溪对外交往和物资吞吐要埠。每日往返临溪、歙县之间的木帆船，多则百余只，少则三四十只，船泊扬之水畔，装卸货物，川流不息。后因河道淤塞，航运线断。临溪街东起于呼龙高坡，顺势而下至登源河口，高踞两河汇合处，南北纵贯600多米长。鼎盛时期，有牌号的店铺已达109家，从业人员700余人。临溪历史悠久，至今仍有不少历史陈迹，如洗马巷，因古代驿站和货栈下河洗马而得名；接官厅，全用白果树所建，为过往官员上下官船时暂时停留而设；殷翁桥，是明歙县殷家村的一位尚书所建。

*临溪桥

*临溪

贵溪 古村。位于祁门县南乡。村四周奇峰耸列，秀水环流，景物清幽。唐广明年间，胡瞳之子胡宅助父起兵保乡里，乱平建茅舍于百垒坡，潜身耕樵。又建寻源桥，取"寻得桃源好避秦"之意。南宋时，里人太学生胡son之归隐，其友朱松来访，慕斯地山水秀丽，于是构庐卜居。传说朱熹尝于此设坛讲学，后人因建夫子庙，名其山为"夫子山"。村中建有一统祠、二分祠、十三支祠，又有兴文祠、五门塾学、文昌会等，文风昌盛，科甲连绵，宋季举进士者9人。清光绪元年（1875年），里人胡元龙据宁红制法创制祁门红茶，为"祁红"发祥地之一。有夫子名山、将军峻岭、孤山梅雪、五岭松风、青岩晓云、白杨夜月、平峰刊翠、大桥横卧八处景观。

虹关 古村。位于婺源县北50千米的浙源乡,由詹姓建于南宋建炎年间。建村者迁居落户时"仰虹瑞紫气聚于阙里",故取名"虹关",又名"虹瑞关"。地处浙岭南麓,因地处要塞,自古被认为是婺源县北大门,是徽州府至饶州府的主要通道。徽饶古驿道从村中穿过,全由青石板铺成。古樟立于村口河畔,树龄800余年,枝繁叶茂,径逾3米,冠幅面积2 000余平方米。被誉为"江南第一樟"。明清时期,虹关是徽墨的主要产地之一,清婺源墨坊在百家以上,仅虹关詹氏一姓就有80多家,所以虹关又有"徽墨名村"的美誉。村落由虹关正街、虹关中路、虹关里路三条南北向街道和风华路、添灯路、守俭路、新屋溪巷、长人巷、元吉巷、玉监堂巷、书院巷、大有巷、大有溪巷、孝子巷、万安巷、长安巷、斯美巷、彩盛巷、如意巷、厅屋上巷、厅屋下巷、吉祥巷、子云巷、中和堂巷、方寰巷、伴三巷、玉映堂巷等24条东西向小巷,分割成若干小方块,一个小方块就是一组古民居建筑。村落中,现有明清古民居60多栋,其中保存较完好的有虑得堂、愿汝堂、继承堂、玉映堂、棣芳堂、务本堂、继志堂、六顺堂等。该村为安徽省历史文化名村。

*虹关

*虹关(徽州府至饶州府的主要通道)

虹瑞关 见140页"虹关"条。

虹源 见141页"洪坑"条。

思溪村 位于婺源县北偏西19千米处。由俞姓建于南宋庆元五年(1199年),因地处清溪旁,故以鱼(俞)水相依之兆而取名"思溪"。村中保存有明清民居30多栋,其中著名的有敬序堂。更为罕见者,是清乾隆年间所建俞氏客馆,客馆内12座隔扇门的中间,分别镌刻着由96个不同字体(楷、行、草、隶、篆)的"寿"字组成的"百寿图",隔扇门上下均雕有人物戏文、鱼虫花鸟、水榭楼台等图案,堪称木雕精品。砖雕、石雕、木雕工艺精湛,充分体现了徽派民居的建筑特色。该村为安徽省历史文化名村。参见520页"徽州建筑"部"敬序堂"条。

*思溪村

种玉里 见152页"蓝田"条。

段莘 古村。位于婺源县东北,距县城35千米。因居段莘水畔而得名。村为汪氏聚居地,长期繁衍,人丁旺盛,故称"千灶大村"。明清以来,村中人才辈出,为官、为学、为商者众。仕有显爵,学有名士,商有巨贾。明户部尚书、太子少保汪应蛟,清著名学者汪绂等皆出此村。

首村 位于休宁县秀阳乡,地处率水中游。始迁祖朱春于唐乾符二年(875年)官至庐州军事,晚年回归故乡,见这里青山绿水,适宜居住,便在此安家。因朱春兄弟五人分居各地,朱春为长,所以村名首村。该村于宋朝出了不少进士,外出为官者多,村庄建筑很有气派。老街两旁,有不少深宅大院,高大的门楼、精致的雕刻,显示家族的显赫和威仪。村中街道皆由大块的青石板铺成,宽1.3米有余。

*首村

洪坑 旧称"洪源""虹源"。古村。位于歙县南5千米处,今属徽州区。村落发展于宋朝洪氏迁入后,鼎盛于明清时期。村口旧有保相庵、张飞庙。村中有上洪家庵、下洪祠堂、洪氏家庙、王家祠堂,以及尚书府、状元厅、社屋、洪坑牌坊群等建筑。其中,洪氏家庙位于村南,依山而建,是明成化十四年(1478年)进士、工部尚书洪远的家庙,前后三进,占地2 000余平方米,粗梁大柱,雕刻精美,十分罕见。尚书府是洪远的家宅,分前后四进,规模宏大。状元厅传说为清嘉庆十四年(1809年)状元洪莹的官宅,占地约1 300平方米,清光绪十八年(1892年)重修。村中至今完好保存有世科坊、进士坊、吴氏贞节坊、吴氏节孝坊四座牌坊。其中世科坊为四柱三间三楼遮檐式,明弘治十一年(1498年)建;进士坊为四柱三间三楼四柱冲天式,清乾隆二年(1737年)建。两座牌坊均雕刻精美,造型工丽,气势恢宏,为徽州石坊之精品。吴氏贞节坊和吴氏节孝坊分别建于清乾隆六年(1741年)和嘉庆二十一年(1816年),全青石建筑,均为双柱单间三楼四柱冲天式。四座牌坊首尾相连,遥相呼应,形成一个有机的建筑群体,被称为"洪坑牌坊群"。村内尚有洪氏花园、大照墙等古建筑,为现今保存较完好的一个古村落。明尚书洪远,清洪迪、洪忠、洪宪及10多位进士,还有知州、知府、知县等官员数十人均出自该村。

*洪坑

洪村 ❶位于祁门县东8千米处。元末洪姓建村,旧称"桃源",后易名"洪村"。南宋名将岳飞于绍兴元年(1131年)途经祁门时,于洪村驻足饮马。饮马处名"岳王井",至今犹存。洪村代有名人。清光绪年间,洪遐昌任驻日本神户兼大阪正理事官,为一代著名外交官和爱国人士。村中有紫台夜月、赤石清泉、三峰拱秀、双桥渡春、松林引鹤、茭溪放鱼、奎楼读画、岳井题留、笏山霁色、石卵雪痕十处景观。❷见150页"雄村"条。

洪琴 古村。位于歙县南霞坑镇,距县城30千米,与里河坑、七贤、白杨、鸿飞界邻。村南前山拦腰断开30米豁口,为天然门户。前山有石龙洞。伏源河自东北流来,折西南而去。前山西侧山腰峭壁建有亭,亭后壁有天然溶洞,洞内供上帝菩萨一尊,俗称"圣僧洞"。晚明建三孔石桥,桥头建小石庙,内供大圣菩萨,

*祁门洪村

逢旱即抬出菩萨曝晒求雨,桥侧立有护桥禁碑。先居该村的洪姓,以村居为鲸龟形,名曰"洪鲸"。元末汪氏迁入。后又有胡、凌等姓迁入。其中汪氏成为村族主干,村居逐渐四向扩容,村落布局渐变成船形,人们在村前河道中建筑多道水圳、竭坝如琴键,于是村改今名。汪氏聚居的正街,称为"人字街"。村头水口有道观、关帝庙、忠烈庙、社屋等庙宇。关帝庙供奉关羽、关平、周仓、东平王、华佗诸神像,香火尤盛。另有淇园、文昌阁、求书轩、顺德堂、是政堂等特色建筑数十处。村周有香油寺、香济寺,香油寺以寺中井水浮油而得名。该村清朝建有仕清书院,民国二十三年(1934年)创办私立启明学堂,民国三十年(1941年)改为国民小学,新中国成立后始设公立洪琴小学。

洪源 见141页"洪坑"条。

洋湖 见128页"阳湖"条。

祝山 古村。位于绩溪县伏岭镇。唐乾符二年(875年),金陵人高戬任绩溪县令,其时黄巢起兵,中州骚动,高戬任满,于是安家居住在绩溪县高村。其后裔一支迁此建村,因山湾里有大片的金竹林而名"竹山",后改今名。"江南第一关"距村仅2千米,数代以来,为保佑行人安全,村民每年十月十五日定为拜山神日,即路会。此日全村男女劳力主动邀集,捧着贡品,带上金银香纸到"江南第一关"拜山神,请山神保佑行人安全,并带着锄头、镰刀等劈柴修路。祝山村北有一石拱桥,名"虹溪桥",是去"江南第一关"的必经之地。民国二十一年(1932年)春,北村人程灶起、程瑞湖去浙江经商,避雨悬岩之下,不料岩崩俱毙,胡家村人胡桂森于是出资筑"二程"庙志哀示诚,后又由邵在炳出资造石亭于旁。

屏山村 位于黟县东北约4千米处。因村北有屏风山而得名。村以舒姓为主。又因古时曾属黟县九都,故又名"九都舒村"。村落背依屏风山,东傍吉阳山,二山均为黄山余脉。吉阳溪九曲十弯,穿村而过。民居、祠堂、商铺夹岸而建,10余座古石桥横跨溪上。村中现存有古祠堂7座,明清古民居200余栋,还

有三姑庙、红庙、长宁湖、舒绣文故居、玉兰庭、葫芦井、小绣楼等古迹。明万历年间进士舒荣都因刚正不阿,弹劾魏忠贤被害,平反后敕建九檐门楼及"望重柏台"牌坊。民国时期表演艺术家舒绣文故居大门门楣上方刻有篆书"春回黍谷"四字。而古祠堂舒庆余堂高大雄伟,步架规矩,雕刻精美。祠堂分下厅、中厅、后厅三进,布局得体,主要构架全用银杏木构造。屏山村古建筑群为安徽省重点文物保护单位,该村为全国历史文化名村。

*屏山村

*屏山村吉阳河

柔川 古村。位于歙县坑口乡,与湖田、中磅、居家坞、薛源、汪村毗邻。村东有日、月形山丘,西有狮、象喝形山崖,村南朝山似展翅之凤凰,"凤尾"落村中,西来薛溪在此打弯转向东南,北有大岭如牛形,因此村名为"牛岭下",后人谐音雅化作"柔岭下""柔川"。牛岭脚下有牛眼泉,水清甘饴,旁有观音亭,供观音塑像,亭旁三座旌节牌坊并立。水口坝遍植樟、桂,建有文会庙、魁星楼,供奉魁星、二郎神等神像。今存清朝古民居20余栋,其中五房的六栋组合居宅,建筑面积1 200余平方米,门户巷道交错,砖木石雕精美,大厅梁柱为白果木,人称"白果厅",厅前红豆树树冠如盖。

荷嘉坞 古村。位于祁门县北。原名"何家坞",因见池中双莲并蒂,于是改今名。南宋著名诗人方岳居此。坞内建有君子亭、归来馆、图书所、百花亭、饭牛庵、草亭茅屋,山上有梅,池中有莲,田园秀美。方岳作有《荷嘉坞记》及荷嘉坞诗,诗句有云:"春来春去棋声外,不管人间局面新。"

莘墟 旧称"传桂里"。古村。位于歙县西溪南乡(今属徽州区)。古有莘桥日出、金竺夕阳、琴溪和鸣、丰南灯火四景。村中有官宅、侍郎厅、敬睦堂、盐库、当铺、红页岩牌楼、社屋等建筑。该村文风昌盛、名人辈出。董其昌曾坐馆该村数年之久,并与陈继儒为吴桢的清鉴堂藏帖选跋上石,成为徽州著名的摹刻丛帖。明兵部侍郎吴宁、清国子监祭酒吴苑均出自该村。

桂林镇 位于歙县东,距县城9千米。地处扬之水下游西岸,古称"金竹垣",先有胡、叶二姓居住。南宋绍兴六年(1136年)洪氏迁入,后成村之主姓,援引韩愈"出宰山水县,读书松桂林"诗句,改村名为"桂林"。名胜古迹主要有牌坊和古墓。有明弘治年间建造的金殿传胪坊,万历年间建造的殷尚书坊和大司徒坊,崇祯年间建造的思褒双节门坊,清康熙年间建造的胡氏进士坊,雍正年间建造的女贞崇祀坊,咸丰年间建造的雪荫贞松坊等七座。另有竦口窑址、竦口东汉墓和云岚山汪华墓(汪墓祠)等。

桃源 古村。位于祁门县闪里镇,因形似陶渊明《桃花源记》中所描写的"世外桃源"而得名。宋进士咸宁知县陈仁四,因爱桃源山川秀美而定居。村庄依山傍水,兔耳溪在村前逶迤而过,村后来龙山古木森森。横在兔耳溪上的桃源廊桥为明成化九年(1473年)由闪里人集资建造,廊桥分上、下两部分,下半部为石质单孔石桥,桥孔当中石勒"桃源桥"三字,上半部粉墙黛瓦。廊亭南北两端砖墙到顶,各有6个什锦窗。在廊桥的东头,有一块明成化九年(1473年)所立的《桃源里桥记》碑,碑文叙述了桃源里桥附近的名胜风景,记载了民众集资建桥的情况。廊桥的西头还有两块石碑,一块禁赌,清嘉庆十一年(1806年)二月立;一块禁丐,道光十一年(1831年)仲春立。村里依然保存着明清时期的风貌。村中民居粉墙黛瓦花窗,马头墙高昂,街道一律青石板铺砌而就,小巷曲曲折折。陈氏来桃源时有五兄弟,随着家族繁衍,五兄弟后裔兴建了七座祠堂,分别是大经堂、持敬堂、保极堂、慎徽堂、思正堂、大本堂、叙五祠,号称"五门七祠"。桃源的古迹很多,除了祠堂、廊桥、古树,还有文会、牌坊。桃源村的村规民约很多,有中秋会约、乐会约、造士文会约、育英文会约、思永会约、冬至会约、兴饼会约、庶母入祠约、崇祀会约、祠规约、急公会约、三瞳会约等。村中有石笔临渚、玉印涵潭、新田古柏、明月野塘、辑峰拱笏、天井灵源、仙人履迹、甲字砑文八处景观。

桃溪 古村。位于婺源县北30千米处,沿溪两岸,桃柳如带而名。唐朝,潘逢辰卜地建村于此,取名"坑头"。潘氏世代书香，文人辈出，入仕者亦多。明清以来，入仕至七品以上者40余人，名流学者10余人。其中明成化二十年（1484年）至万历十一年（1583年）百年间，潘氏登进士者9人，潘璜历任户、工、吏、兵部尚书，潘旦、潘鉴分别任工、兵部侍郎加封尚书，此即所谓"一门九进士，六部四尚书"。村中有石门孤月、峭壁飞泉、岸柳垂荫、桃花流水、松土积雪、碧井噌泉、万卷层峦、金山宝塔、桂花桥、曲池轩十处景观。

栗木 古村。位于祁门县西。民风敦厚，环境幽静，居民主要为王姓。旧时有目连戏班，所扮演目连戏蜚声四方。故有谚说："目连戏出在环砂、编在清溪、打（演）在栗木。"今戏班犹存。

晓川 见143页"晓起"条。

晓起 又称"晓川"。古村。位于婺源县东25千米处。宋休宁人汪万武逃乱至此，天刚破晓，只见青山环绕，地沃草肥，于是搭草棚、起炊烟，将此取名"晓起"。村水口和村后山古樟成片。村中小巷均铺青石，颇多明清古建筑。此外还有双井印月、濯台焕影等景。距晓起1.5千米，又有洪、叶、江、王聚居的上晓起村，村中"进士第""大夫第""荣禄第"等官邸气派堂皇，大门门楼砖雕图案精美，厅堂宽敞深进，显示主人高贵的身份。村头青石护栏的古道、古亭以及梁柱间族人"高中（进士）捷报"依稀可辨的"江氏宗祠"等，古韵深长。该村为安徽省历史文化名村。

*晓起

峰岔 地名。位于黄山翠微峰旁。岔内广阔且深，东南北三方皆陡峭，无路可通，只西口有关隘。清咸丰年间，太平天国部队进入徽州，避战乱之百姓藏身于岔内者近千人。岔之西2.5千米有寨，名"河里寨"，南去2.5千米有石步岔，扼寨守险，互为犄角。

高迁 古村。位于绩溪县西4千米处。元至大四年（1311年），吴祖武和吴祖学兄弟俩自休宁迁来，在大徽村的废墟上建房定居。村后的徽岭山脉，从大源金钢岩至金沙黄岭之间，有14座海拔700~1100米的山峰，由长50余千米的山脊连成为一条通衢，既属黄山余脉，又是黄山山脉和天目山山脉的连接山脉，还是绩溪县岭南和岭北的分界岭。

唐模 古村。位于歙县西南5千米处，今属徽州区，地处黄山之口，紫霞西耸，飞布东横，天马南驰，灵金北倚，处于众山环抱之中。檀干溪穿村而过，全村夹岸而居。古村始建于唐，原居者为程、汪、吴三姓。南宋淳祐五年（1245年）许姓自歙县许村迁入此地，至清乾隆年间达到鼎盛，于是成为主姓。该村许多古建名胜皆与孝道相连，"小西湖"檀干园是其代表作，系清初许氏巨商为娱老母不惜巨资仿杭州西湖而建。檀干园内拥有历代文人骚客、书法名家的碑帖、篆刻、楹联等，至今保存完好。村人崇文重教，许姓尤其热心以教兴族，清康熙年间，许承宣、许承家同胞二人双双由进士考入翰林院，朝廷为此替他们建造一座牌坊以旌表天下。村中名士许承尧成为清朝末代翰林。该村为安徽省历史文化保护区、全国历史文化名村。

*唐模

*唐模小西湖

旁溪 见157页"磻溪"条。

烟村 古村。位于歙县王村镇。东、南滨浙江，东北邻潘村，北邻雄村，西与篁墩交界。村北荔山、古山，如狮如象。海王山、金山环立。临江石崖如金鸡，明万历时吏部郎中袁宏道夜泊崖下，村人请其书"金鸡石"镌其上。据传东汉时即有人烟，最早居民有朱、洪、俞三姓，朱氏名所居为"朱家堡"。洪、俞二姓居处地势低，屡遭水患，后相继移入朱家堡。两宋间，绩溪华阳汪姓、环山方姓、大阜潘姓先后迁入。明清又有绩溪胡姓、篁墩程姓、河南彭城刘姓陆续迁入，散居于朱家堡之东。古代村居附近采石点密布，工棚炊烟终年缭绕于村之上空，又以村滨浙江烟波浩渺，故名村居东片为"烟村"。村有店前街、横街、中街、后街。今朱家堡、烟村已连成一片，统称"烟村"。曾有五渡六桥七亭，其中坑头舍桥、板凳桥、大桥两端均建有砖砌天灯座，夜晚点灯来明示方向。村中木雕精湛。明万历年间，村周建有忠烈庙、五猖庙，供奉汪公、太子、张巡及周、胡二元帅。现残存有九间楼、徐康水宅等明宅3栋、清宅20余栋，其中晚清所建汪宅保存较为完好。

*烟村

浙源 古村。位于婺源县北，与休宁搭界，以地处"浙水之源"得名，由詹、查二氏建村居住。詹氏始祖詹初，号黄隐，隋东阳郡赞治大夫；查氏始祖查文徵，南唐宣歙观察使，先后弃官归隐，卜地徙居于此。后来人丁繁盛，子孙分别就近建有庐坑、虹关、凤山等村庄。詹、查二氏的后裔继承先人遗志，诗礼传家，人才辈出。元末明初吏部尚书詹同、詹徽父子，太常寺卿查秉彝，铁路工程专家詹天佑等，皆出自该村。詹氏后裔亦以能商善贾知名外埠，纸商詹沛霖在上海以"纸头大王"著称。

海阳镇 休宁县治所在地。东汉建安十三年(208年)，设置鄱阳县(不久改为休阳县)，后为避吴景帝孙休的尊讳，休阳县被改称"海阳县"。民国二十八年(1939年)设镇，遂以旧县名命名。背倚松萝山、凤凰山、白鹤山、玉几山，众山环绕，夹溪水、横江水穿绕而过。城东南隅白鹤山腰，两小山之间一股清泉，用红砂石砌成方形井圈，水清味甘，称"城中第一泉"，至今保存完好。一直为休宁县政治、经济、文化中心，明文学

*浙源

家程敏政、出版家胡正言、医学家汪昂，近代著名徽商汪宽也、程敦裕等均出生于此。城内徽派古建筑众多，西街早在明末就是商业中心，如今绝大部分店面仍保留徽派古建筑特色。县前街钟鼓楼原为谯楼，现为休宁县重点文物保护单位。参见644页"古迹遗存"部"城中第一泉"条。

流口 古村。位于休宁县西南山区，距县城53千米。地当大源、小源二河汇流处。元朝形成村落。居民有李、孙、黄、谢、汪、韩、吴等姓，以李氏居多。因处率水上游，竹木排可通江潭、溪口，为附近山区物资集散地。村口有千年挂牌保护的银杏树，村东是流口水电站，北靠青山和茶园，南临河水，对面是四季常青的阔叶林，村民沿河而居，街道两侧商铺房楼林立，历史上"流口八景""八角亭"等都在此，老街全是石板铺成。村中有二水环青、书屋槐荫、方塘云影、竹径清风、扁舟横渡、群山拱翠、野碓春云、椿堂日永八处景观。

*流口

润田 见133页"张村"条。

涧洲 见156页"磡头"条。

陶村 原名"柏墩"。古村。位于黟县顶游山北，林沥山麓，距县城7.5千米，陶渊明后裔所居。其地四面环山，东临一溪，村背陶岭。中一曲道，花岗石铺面，通往祁门横路头，为陶氏后裔所筑。村有社，名"五柳"，意为渊明之后。

陪郭 古村。位于休宁县西街东口，为古城墙之外城，程氏世居之地。唐末程南节以左领军大将军镇

休宁，于是安家在此。其后裔繁盛，人才辈出。如宋程全抗金，死于大义，被追赠太尉；明程信入仕至兵部尚书；程敏政，幼时以神童闻名远近，历官翰林院学士，迁升礼部侍郎，生平著述甚多。陪郭程氏一门，以忠、孝、节、义之士显于县内。

通镇 见151页"湖里"条。

理田 见129页"李坑"条。

理坑 原名"理源"。古村落。位于婺源县沱川乡，距县城56千米。建村于北宋末年，村人好读成风，崇尚"读朱子之书，服朱子之教，秉朱子之礼"，被文人学者赞为"理学渊源"。几百年来这偏僻山村，秉承勤学苦读之风，人才辈出，先后出过尚书余懋学、余懋衡，大理寺正卿余启元，司马余维枢，知府余自怡等七品以上官宦多人。村中至今保存的古建筑有明万历年间户部右侍郎、工部尚书余懋学的"尚书第"，明天启年间吏部尚书余懋衡的"天官上卿府"，清顺治年间兵部主事余维枢的"司马第"等。该村为中国历史文化名村，是全国百个民俗文化村之一。民居属全国重点文物保护单位。

*理坑

理源 见145页"理坑"条。

黄龙口 古村。位于祁门县西北。唐末建村，居民汪姓。村口桥下有石如龙头，故名。村中旧有永安堂、同善堂、中和堂、天合堂等祠堂，有周王庙、关帝庙、华佗庙、越国汪公祠、文昌阁等庙宇，又有金龙遗迹、真君座石、石鞍马、黄龙戏浪、塔山暮雨、石孕金溪、双流合璧、石山题诗、文笔插天等景观。

黄村 ❶古村。位于休宁县商山镇。分上门、下门两部分，相距500米。下门状若燕巢，四周翠绿山头一座连一座，酷似莲花。进村前不见村，进村后不见水，实则水满村。水从浮潭流出，路从东洲引出。古时入村处，有一座石卷洞，洞顶有一古树。黄村进士第坐落于下门村中央。黄村黄氏分两宗，一为休宁黄，居于下门，上门居半；一为安庆黄，居上门。上门厅建于村庄正中，传为一武官黄金台所建。上门村庄规划很具特色。背靠来龙山，面朝罗汉山。下门村庄建筑风格同上门相似，以进士第为界，一条横线拉直，两条暗沟通渠，所有古民居地面均置空，整个村庄呈横"一"字形。后来，黄氏出了一个四品官，村中建房无地基，便在进士第左前方兴土建造了前后四进的中宪第，两侧配置附属厨房、柴房，使整个村庄成了一个倒"7"字形。此外，象鼻山处建有水口楼"乡贤里"、"凤岗"菩萨庙、尼姑庵、村口男祠、女祠及八处牌坊，还有锡底"新井"。参见518页"徽州建筑"部"黄村进士第"条。❷古村。位于黟县碧阳镇，距县城西约7千米。该村原隶属"四都"西武乡。宋时黄氏先祖由祁门经黟城辗转迁入此地，村以姓氏得名。黄氏特别注重后代的读书教育，子孙多有科举入仕者，也多有外出经商者，促使村落迅速发展，日渐形成了繁华热闹的黄村街，俗称"大夫街"。尤其是明清时期，黄村成为一个人口众多、经济富裕、文风昌盛、钟灵毓秀、名人辈出的大村庄，素有"金黄村"之誉。村口有一座古朴典雅的双层"水口亭"（门楣上有"立高见远"四字，为清状元李振钧所书），水口亭往东数百米处有黄士陵晚年返乡修建的故居"旧德邻屋"，村内外还建有灵惠庙（又名"胥王庙"）、文昌阁、武曲楼、涵远楼、红门祠堂、集成书院等徽派古建筑，现仍存有近百栋古民居建筑。北宋官至侍御史的黄葆光，以清廉著称的清康熙进士、被誉为"青菜太守"的黄元治，晚清创立"黟山派"的书画家、篆刻家黄士陵，创办黟县第一所女子学校的"崇德女子学堂"的黄杏仙等名人均出自该村。有竹溪垂钓、枫林称觞、古寺夕阳、芳亭揽秀、葛社催耕、茅岗步日、霞坞横云、前山积雪等景观，称"黄村八景"。

*休宁黄村(1)

*休宁黄村(2)

黄郁 见155页"璜蔚"条。

黄备 古村。位于歙县南森村乡。东邻长源，南接鸡川，西连隐里，北壤公园。后枕石耳山，两条山溪夹流东去，水口建有石坝，长50米，坝上古树参天，两端建有永昌桥、集庆桥，坝下石板路与石坝平行，形成高低双坝锁钥水口。村周有狮头崖、仙人井等自然景观。唐末以黄巢军不杀黄氏、不烧不掠含"黄"字之村，歙县令张正则后人建别墅于此，备作兵战避难所，得名"黄备"，张姓于是成为主姓。后有方、潘、叶、胡、章、朱、李、蔡、余诸姓迁入而居。

蚺城镇 见150页"紫阳镇"条。

章岐 见158页"瞻淇"条。

商山 古村。位于休宁县东南，距屯溪约7.5千米。偏隅新安江源头河率水支流蓝水下游。文肃公祠（祭祀宋吴儆）坐北朝南，前后三进，气宇轩昂，为南宋商山进士吴儆所建。祠院内两棵古圆柏，一株高13米，一株高12米，顶已秃，树干直枝虬，枝叶且繁，树龄已逾千载。东侧童子殿前两石狮雄踞高台之上，雌雄相对。中门之上，金字横匾"忠孝道院"高1.7米，宽2.7米。原有两座石亭楼阁、盘柱双龙。神坛上供奉着上帝、童子和催生娘娘三座佛像。商山九月十六日祭阳庙会，即为祭祀晋朝年少斩蛟射虎除二害的英烈侯王周处，商山人尊之为"东岳老爷"。明朝建有商山书院，同县内的还古书院、海阳书院、天泉书院齐名。商山多姓共居，吴为大姓，历朝历代，商山名人辈出。南宋绍兴十二年（1142年）至乾道二年（1166年）共24年间，吴家就出了吴授、吴儆、吴俯三位进士，吴儆、吴俯弟兄俩且诗文出众，时有"眉山三苏，江东二吴"，将弟兄俩与赫赫有名的苏洵、苏轼、苏辙父子三人并称。至清朝，又出了10余位进士，且著述颇丰。

率口 古村。位于休宁县东18千米处。在率水、横江交汇处下游北岸，与歙县毗邻，西连屯溪，南界新安江。南宋以来为程氏聚居地之一，居民中有程、孙、何、李诸姓，而程氏为大姓。村内建有程氏世忠行祠。始迁祖为程元潭三十六世孙程安尚。孙氏出自黎阳唐田，与闵口孙氏同属唐金吾将军孙万登的后裔。何氏系唐国师何令通的后裔。水陆交通方便，多饭店旅馆。东北瑶岭为古驿道瑶岭铺，地势险要，设有关隘，附近山巅尚有军事建筑遗址。

断石村 旧名"吴口村"。位于休宁县西1.5千米，汶溪南岸，村侧有石壁耸立，下临深溪，行舟泊此者多祭之。宋时南岸山巅有17米巨石下坠，成一台，名为"石台"，村亦以断石命名。

清华镇 唐开元二十八年（740年）析休宁回玉乡、东平怀金乡置婺源县，设治于清华镇。直到天复元年（901年），县治迁到弦高镇（即今县治蚺城），清华曾为县城160余年。清华镇的山形水势较为雄伟。其南方是一座屏风形的山，因东西并列五峰，故称"五老峰"，最高海拔329.4米。源出大鄣山的婺水，东南流直下约30千米弯环经村北，在村东侧寨山下汇合浙溪水，然后向南流往婺源县城。清华夹在山水之间，呈弓状延伸，山、水、聚落三者结合。南宋时清华环街上下有四坊、九井、十三巷。其主干是一条长约1 100米的商业街，几乎首尾贯穿整个聚落。村西的彩虹桥始建于宋朝。旧时曾有荣岭屯云、藻潭浸月、花坞春游、寨山耸翠、东园曙色、南市人烟、双河晚钓、如意晨钟等景观，称"清华八景"。聚落中的大姓胡氏，定居于唐末。宋朝，胡氏经科举中进士者有13人。明朝晚期以后，人才流向商业，科第开始衰落。

*清华镇(1)

*清华镇(2)

清溪村 位于祁门县西南。明大戏剧家、《目连救母劝善戏文》编撰者郑之珍故里。村落三面环水，清流激湍，有高石公骑马石、郑之珍墓等古迹。

渚口 古村。位于祁门县西。以三面环水，因称"渚口"。又因溪水潆洄，环映如锦；背靠成峰，障蔽如城，故又名"锦城"。村基坐北朝南，背靠来龙山，整个村势北高南低，村前大北河自东北而西南缠绕而过，人称渚口是"铜锣形"村庄。为了保护来龙山、古铜锣风水宝地，千百年来，全村只挖两口井，寓铜锣两个穿绳索的眼，决不允许任何一家挖第三口井，如挖了就是破了风水。唐乾符年间，大司马、兵部尚书倪康民，举家从歙州篁墩迁住祁门西乡伊川，成为祁门倪氏始祖。此后吴氏、胡氏相继迁入，其中倪氏人口

*清溪村

最多,居85%以上。三姓和睦相处,又相互竞争。村落古朴,屋宇挨连,路径交错,前街两边店门敞开,这是渚口水路码头入村的主要商业街道。后街巷弄也是商号相连,古屋洞深。倪氏家族的祠堂"贞一堂"端坐村中。古建筑中著名者为"倪望重宅"。村中历代名人辈出,举人4名,武科举人1名,进士3人,武科进士2人。七品以上官员16人,唐有兵部尚书倪康民,明有通政使倪思辉,清有文士倪伟人、资政大臣倪望重等。两淮盐业大贾倪道鲁、倪三松、倪本高,木商倪思喜、倪道昭等均出自该村。

*渚口

鸿飞 古村。位于歙县南霞坑镇,距县城25千米。与霞坑、山后、萌坑、溪上诸村接壤。后枕方山,前临伏源河,河对岸有元宝笔架山,一条小溪自北而南穿村流过汇入伏源河。村东有青山、万鸡山。村东北有狮象山崖喝形水口。村附近有鹰窠,形家视为牛眠吉地。原名"吴辉",唐咸通六年(865年)歙州刺史冯繁到吴辉视察,见鸿雁飞起,死后作为牛眠地,子孙庐墓而居,村改今名。村头一排几十棵高大的水口树,虬枝苍劲,绿树如荫。水口庙,高大辉煌,供奉金光灿灿的大菩萨。村旁山中的太子庙,重檐叠脊,华拱画梁,石柱龙蟠,形态各异。先居此地的人有宋、杨、方、项四姓,自冯姓庐墓居住,逐渐繁衍为村族主干。其后代遍布全国各地及海外。民国时期代总统冯国璋派遣亲信到鸿飞认祖,送来他亲笔题写的"派别源同"横匾。鸿

飞村多商人,做生意讲究薄利多销一步到位,所以宅院以一步台阶居多。清末宅院"蔚德堂"砖雕、木雕、石刻,工艺精湛。

*鸿飞水口

*鸿飞

渔亭镇 位于黟县北13千米处。宋时为里治,归辖新政乡,明清时改称"七都",现为镇政府所在地。《太平寰宇记》载:"鱼亭山在县南二十五里,每岁西江渔船至祁门县,舍舟登陆此此东水次,淹留待船,故云鱼亭焉。"该镇坐落在漳河与渔亭河汇合处的河谷平原,地形起伏,丘陵环抱,北倚渔亭山,南靠复岩山,自北南流的漳河穿镇而过。宋吕本中诗云:"竹密如云不见天,好山无数簇溪田。只因黟县溪山胜,尽在渔亭驿舍前。"镇中一座六墩石桥雄跨漳河之上,距今已有200余年。另有一条石砌长坝护住西镇。镇内两条主街呈"丁"字形排列,镇内数以百计自成格局的徽派建筑自然错落。木雕斗枋,砖雕门楼,彩绘窗楣,显得古朴典雅。渔亭为通往黟城的咽喉,有"七省通衢"之称。古时渔亭至杭州有帆船航运,是黟县盐粮布匹及各种山货的主要集散地。老街两旁店铺林立,远商近贾或肩舆或船载,辐辏云集,贸易繁盛。

*渔亭镇

渔梁镇 又称"梁下"。古徽州著名的商埠重镇,位于歙县东南1.5千米处。千余米长的鱼梁街穿村而过,形成一条约400米长的商业街市。其西端是安徽省最长的16孔石拱桥——明朝河西桥;东端是歙县最高的9孔石拱桥——明朝紫阳桥。渔梁坝是徽州最大的石质滚水坝。渔梁古村落由此而形成,因商业贸易交通运输而繁荣。从渔梁坝北望渔梁街,一色的青石屋基高耸水滨,一色的木板房屋稳建其上,在歙县众多的古村落中,显示出独特风姿。古村渔梁,山水同辉,人文并秀。村内仍保存完好的有唐朝初建、后世重修的"狮子桥";宋朝所建的"百步云梯""龙船坞";明朝所建的"望仙桥""新安关"、"一带云根"刻石、"白云禅院"及清朝所建的"巴慰祖故居"等。有渔梁钓隐、望仙望古、紫阳烟雨、白水晴岚、龙井花香、乌聊翠拥、披云峰影、碎月滩声等景观,称"渔梁八景"。

深渡镇 位于歙县东,地处昌源河、新安江交汇口,是古徽州水陆门户。北枕来龙山,西倚白雾尖,跨河为风池岩。唐朝设驿站,唐诗人张说有《深渡驿》诗。北宋太平兴国四年(979年),成都府探花姚支仲及其子姚治易在歙县任职时,爱其山水,始定居于此。南宋绍兴二十九年(1159年),又有湖州府姚氏迁来,于是逐步发展成为明清徽州重镇,尔后又有鲍、余、胡、吴、汪、张、江、章、曹、贺、郑、钱、李、洪、孙等姓陆续迁入,但以姚姓为盛,故有"深渡渡船深渡渡,姚来姚去两边姚"之说。明朝昌源河上建有深渡石桥,明末在白雾尖山麓梨岭建有聚木庵,在风池岩建有师姑庵、水月尼庵。旧有"九里归帆"等十景。民国十一年(1922年)深渡石桥圮,后重建为钢筋水泥大桥。

*渔梁镇

*深渡

梁下 见148页"渔梁镇"条。

隆阜 古村。位于休宁县东17千米处。紧傍徽州商业古镇屯溪,又处在新安江上游吉阳水白鹤溪、率水两股支流的交汇处,田土肥沃,交通便捷。至明清时期这里已是店铺林立、商贾云集,江面上白帆点点,街巷码头十分热闹的茶务都会。商船常在此地拢岸,故名"隆埠",后改"埠"为"阜"。隆阜为戴氏聚落,还有江氏、吴氏、曹氏、罗氏等部分姓氏,历史上所出经商者多。屯溪镇海桥(老大桥)便是隆阜富商戴时亮于明嘉靖十六年(1537年)出资建造的。尤其是戴氏自唐以来名宦代有,明清之间,这里有丹青名家戴本孝、戴省、戴文英、戴思望等,从此地迁往江西的状元戴衢亨、清著名思想家戴震都出自该村。村水口戴氏宗祠荆墩祠规模宏大,相传当年戴震在生活最困难时,就在这祠堂的厢房写成了《屈原赋注》12卷。在隆阜三门里戴震故居石园门和院墙尚存,故居旁还有戴震读书处。为了纪念这位思想家,戴震后裔在横江边将摇碧楼建成戴震藏书楼。

隆埠 见148页"隆阜"条。

*渔梁街

绩溪城 古城。北宋乾德四年（966年），绩溪县始建土城，周长2.5千米。元至元十四年（1277年），依宋城样式建三门：南新安门，北拱极门，西眉山门。明朝城废，因民居周垣为治，立有4门，城东增立东作门。嘉靖三年（1524年），知县李旦重筑城门。嘉靖十一年（1532年），重建东门。嘉靖四十五年（1566年），因倭寇流窜，知县郁兰重筑城墙，修建城门，扩筑门楼。清乾隆十二年（1747年）、乾隆五十七年（1792年）两次重修城墙。民国时期，县城范围依旧。民国二十三年（1934年）十一月，县长陈必主修南门城楼，并书"众志成城"匾额。抗日战争时期，县城西门增筑望翚门城楼。

绵潭 古村。位于歙县南新安江畔。村后有牛、狮、虎、蜈蚣、铜锣、莲花等喝形，对岸有龟山、象山为屏，环山抱水，环境优越。长蓼尖有多股支脉如折扇骨摊开向江边延伸，村处扇骨末端，东西长近2千米，分上、中、下三大居民区段。古代村畔江潭深不见底，村周多木棉树，村人赖以造纸，因称"棉潭"，后改"绵潭"。汪氏始迁祖汪念一，南宋时迁徙此地时即结茅于后山枇杷园。清康熙四十四年（1705年）任嘉兴府知府的族人汪之礼引进浙江塘栖枇杷树数根，于是有外来品种。同治十一年（1872年），村人汪长才以实生苗嫁接，培育成无性繁殖良种"大红花"（大红袍）。该村与漳潭、瀹潭合称"三潭"。村里曾有关帝庙、观音庙、五猖庙、社屋庙、绵潭山馆、一经堂、存耕堂、大夫第等建筑，有下渡、上渡两个渡口九个埠头。元宵节时兴汪公祭、社公祭、五猖祭，有游灯笼活动。每逢虫灾、旱灾之年，还从街口接汪华第九子汪献九老爷来村镇灾。举行地戏、杂耍、社戏等活动，绵潭演戏年年不断，以至于有"打不完漳潭鱼，看不完绵潭戏，砍不完九砂柴"的民谣流传。民国五年（1916年），庄氏牵头自组戏班演出，民国二十九年（1940年）村人再次组班。绵潭演徽戏、京戏、越剧、歌剧、黄梅戏等，至今不衰。村有戏台和特制的戏凳，前低后高，供人坐凳观戏。

*绵潭

*绵潭枇杷

琴溪 见119页"石桥村"条。

塔坊 古村。位于祁门南乡，距县城15千米。四面环山，阊水至此河面顿然开阔，绕村而过，形成一天然港湾。清朝，旅外商业兴盛，来往商船多泊此，其地人口骤增，发展为商业街市。因近村有佛塔，村中作坊林立，故名"塔坊街"。清末至抗日战争前夕为塔坊鼎盛期，设有茶号5家、肉店3家、油坊2家、豆腐坊23家，另有旅社、饭店、百货杂店等，商号50余家。

竭田 古村。位于歙县郑村镇。与梅村、岩寺、枋塘、西村毗邻。村后金竺山延伸耸立如三台。前临丰乐河，河经村一段称"竺溪"。村周有黄罗、紫霞诸峰。此地原为湖泊，因地壳运动抬升为陆地，故古称"湖田"。南朝梁大通元年（527年）由新安内史吕文达首倡，建成吕竭灌溉农田近330万平方米。竭渠从西溪南经岩寺，至湖田，此后村改今名。汪、鲍、郑、吴、胡五姓先居于此，稍后又有程、朱、吕、喻、谢、蒋六姓陆续迁入。清咸丰、同治年间战乱后，村人锐减，田地荒芜，安庆及县内南乡汪、程、郭、江等姓农民到竭田佃耕定居，今以汪、鲍、郑三姓族繁。村人从竭渠开南北两圳，使渠水环村，皆至龙源巷，汇合流入丰乐河。在村东头架两桥锁钥，一名"普济桥"，一名"通济桥"，因桥畔有观音堂，俗称"观音桥"。三台山麓有塔，清康熙五十七年（1718年）六月，因山洪暴发塔毁，居住于塔周的吕氏一族及房宅几乎消亡殆尽。劫后，在普济桥南筑禹王台，台上建禹王宫，供禹王镇水，宫旁重建石塔。有竹林清幽、芦阳野绿、汪塘夜月、吕冢朝云、古圣斋堂、竺溪禅寺、蓉菰牧笛、菖蒲钓川等景观，称"竭田八景"。

联墅 古村。位于歙县岩寺镇（今属徽州区）西。南临丰乐河，与临河村隔河相对。旧有澄塘春涨、萝舍书声、竹塘夜月、荫山积雪、庵林枫叶等景。明著名书法家方元焕、清著名廉吏方愿瑛均出自该村。清末因血吸虫病致村庄败落，今已无存。

雄村 古村。位于歙县西8千米处,东临渐江,北枕城阳山。雄村古名"洪村",元末曹姓家族迁入此地,取《曹全碑》中"枝分叶布,所在为雄"句,改名为雄村,距今已有800多年的历史。历史上雄村出现过众多的文化、军事、经济、商贸等名流,仅明清两朝,雄村曹姓学子中举者达52人之多,有状元1人。清朝出现过"同科五进士,一朝三学政"的科举奇迹,其中大学士曹振镛在清嘉庆年间,曾以宰相的身份留守京城,代君三月,处理政务,留下了"宰相朝朝有,代君三月无"的佳话。又因其祖上四世均为一品官衔,故有"四世一品"牌坊。古建筑有竹山书院、小南海、慈光庵等。

*雄村

紫阳镇 原名"弦高镇"。位于婺源县城。因城内有蚺城山,又名"蚺城镇"。唐咸通年间始置弦高镇,驻兵镇守。天复元年(901年),婺源县治迁到弦高(即今县城)。南唐昇元二年(938年),都制置使刘津营造新城。县城内除了文公书院(紫阳书院)、虹井、朱熹题字立碑的廉泉古井之外,其他如各种牌坊有43座,文庙、武庙(原灵顺庙)、文昌阁、天香亭、文笔、岳王庙、城隍庙、社庙、三官庙、水府庙、万寿寺、普济寺、东岳庙、华光庙、朱熹之一世祖墓、唐末太子墓,在城西蚺城山与军营山之间西湖函(古称"婺源西湖")等。惜现多已被破坏,所剩寥寥无几。历史上紫阳镇人才辈出,有如唐末检校工部尚书汪衮、南宋文学家朱弁、新安理学集大成者朱熹、宋明学者胡伸与汪敬、清工部尚书董邦达等。民国二十七年(1938年)改称蚺城镇,民国三十五年(1946年)以圣哲先贤朱熹别号"紫阳"而改名为"紫阳镇"。新中国成立后历经城关区、城关乡、婺源镇、城镇公社、城关镇更迭演变,后复名"紫阳镇"。

棠樾 古村。位于歙县西6千米处,始建于宋。棠樾又有上下之分,自村西软桥头、大母堨溪岸向东到郹山公墓、牌楼塘一带称"上棠樾",自此以下为下棠樾。村名"棠樾"二字,来源于《诗经》"甘棠"篇周贤召台伯的故事。村有鲍、汪、董、姚、张等姓居住,以鲍姓为主。南宋建炎年间,在徽州府任文学职官的鲍荣,见棠樾环境很好,便在棠樾村坪头建一别墅——掌书园,生前还把早逝的妻子、孺人葬在该园内,即今村中之鲍氏始祖墓园。鲍荣的曾孙鲍居美,将全家从徽州府城河西搬到棠樾来。村中的建筑,围绕始祖墓园而建。主要有慈孝堂、鲍同仁蒙古文状元坊、大和社、西畴书院等。元明之际,棠樾村人进行大规模的水系改造。棠樾来自灵山之水分为两条,一条自东山、槐塘而来,过村北流入模路塘;另一条去村西沿灵山山脉至西沙溪,此为村中主要水源。元至正年间,鲍佰源倡导族人截流筑成"大姆坝",灌溉田40万平方米,确保棠樾农田旱涝保收,同时引水入村,沿村南环绕如带。又引模路塘水绕村东两股水去骢步亭汇合,潺潺流至七星墩义善亭水口。棠樾鲍氏本支自始祖鲍荣起,已繁衍34代。棠樾鲍氏支祠始建于明嘉靖年间,为十六世祖鲍象贤居家期间集宗人所建,名"敦本堂",俗名"男祠"。清嘉庆年间,敦本堂经历250年风雨,已颓败不堪,时任两淮盐务总商的棠樾鲍志道,捐巨资将支祠重建一新,又于左侧修葺文会,创建世孝祠,崇祀南宋以降的鲍氏孝子。还整修大和社及水口牌坊林园、三元庵等文物古迹。他的弟弟鲍启运,因支祠只奉男主,不附女主,在大和社对面,坐南朝北构筑"女祠"清懿祠,崇祀女主。并捐义田80余万平方米,构筑鳏寡孤独"四穷仓",每年义赈族内穷人。棠樾村历史绵延1 000余年。居住在棠樾村的鲍氏家族,历代或经商或读书,是一个以"孝悌"为核心,奉行封建礼教,倡导儒家伦理道德的家族群体。历史上曾出现众多的忠臣、孝子和节妇。这个家族又以其富商大贾而闻名于世。在清乾隆年间,号称"江南首富"、显赫一时的大商人鲍志道,是扬州六大盐商之首,乾隆皇帝巡游江南时,他曾数次亲接御驾。棠樾村口百余米长的甬道上,井然有序地屹立着7座牌坊。该村为全国历史文化名村。

赋春 古村。位于婺源县西偏北,与浮梁县接壤,距县城45千米。所居主姓为吴氏。南宋建炎年间,本县内莒莙山吴氏的后裔迁入此地建村;绍兴二十五年(1155年)本县内山下齐氏迁入附近的冲田村。吴氏先祖吴显仕官至右仆射,齐氏始祖齐士宽仕至工部尚书。吴、齐两氏皆显宦之后,子孙以耕为业,人才辈出。清著名科学家、文学家齐彦槐,即出自冲田齐氏。

*赋春

敦仁里 古村。位于歙县富堨镇北。据《敦仁里志》载，北宋宣和三年（1121年），宋徽宗改歙州为徽州，宣和四年（1122年），郑姓八十六世惟轸次子郑十一从项村迁居于此。明万历年间，歙县城关人程窥来到东门岭一带伐薪烧炭维持生计。自此，郑、程二姓世代在此繁衍生息，建有郑氏宗祠、程氏宗祠，有别于"聚族而居，不杂他姓"的其他古徽州村落。清末歙县翰林许承尧为郑氏宗祠"怀德堂"撰写楹联："里号敦仁当仁不让，堂名怀德惟德是依。"

竦塘 古村。位于歙县西溪南乡（今属徽州区）。因水口之"竦塘"而得名。为明朝以"业盐甲两淮"而著称的徽州黄氏盐商大族祖居地，村中"富等千户侯，名重素封"的富商巨贾不胜枚举。旧有"十二景"，即竦塘漾月、金竺朝霞、锡杖月窟、铜笋龙池、蓼花仙洞、三台拥翠、马迹神泉、星沙拱秀、天井涵灵、朱山夕照、五马环青、罗石盘云。村域自西溪南西面之仁尼寺始，向西延伸，直至金竺山麓之葆村。旧时有"十里长街"之盛，其遗迹、风俗、旧事甚多。正月初五"嬉龙烛"，家家户户备有"龙烛板"，上面有插红烛的钉座五六个，板两端各有一圆洞。是夜，各家都拿出"龙烛板"，用木楔将各家的"龙烛板"次第穿连成一条数十米的长龙，接上龙头、龙尾，点燃钉座上的蜡烛，游遍全村，甚为壮观，至夜半方散。缺少青壮年的人家，事先请人代之。二月初二土地节敬土地，购一纸人，供奉在厅堂正中桌上，另置果品香烛以祀之，是日中午吃炒米馃。八月十五日中秋节，晚上除拜月亮、戏香龙、摸秋、吃月饼外，还有戏香龙和玩拖尸杀鞑子游戏。

*竦塘

善和 见118页"六都"条。

湖村 位于绩溪县东，距县城19千米。分胡村、槠树下，两村紧紧相连，对外统称"湖村"。槠树下因有一棵千年槠树而得名，全姓胡，元时，胡元龙任枢密使，辞官回乡，举家迁居于此。湖村人家姓章。章姓于明朝中期从绩溪县瀛洲村迁来，居于另一个山湾。章姓人口发展很快，超过胡姓，村名于是更名"湖村"。只在胡字旁，增添三点水，以表示章姓人众尊重早来建村的胡姓邻居。今胡氏宗祠已毁，章氏宗祠幸存。村中有一条"弓"字形小巷——门楼巷。巷内七八栋古民居，栋栋都有一座精美砖雕门罩。各个门罩的题材、风格各呈特色。雕刻精致到门扇窗扇能开启，楼阁上的小灯笼和风铃能随风摆动。此外，全村保存完整的门罩还有近20座。旧时传说，六月十九日是观音菩萨成道日，每逢闰年的这一天，湖村章、胡两姓都要联合举办"观音会"和秋千抬阁民间文艺活动。

*湖村

*湖村民居

湖里 古村。位于绩溪县南，登源河畔，距县城6千米，地处登源河西岸古道。唐朝以前，称"通镇"，取"通达安宁"之意。宋朝早期，胡延政任绩溪县令，因有战功，被敕封为"中王"。羡爱湖里山水清丽，上书朝廷，请求赐居，改名为"胡里"，成了胡氏的聚居地。后来周姓入居胡里，两姓达成协议，村名的读音不能变，为了顾及周姓的未来，可在胡字上加上三点水，含有水方能行舟之意，周、舟音谐。湖里村呈东西走向带状布局。整个村庄分割成南、北两大块，即所谓的后村、前村。前后村之间是一条古街，街面用清一色的青石板直线铺就，又以街为轴，由东向西布置南北走向的巷道5条，宗祠、家庙、社屋及其民居一律坐北朝南安排在街巷之中。在街道的西端有一过街楼，门额上书"湖里"二字，楼上既是瞭望所，也是打更报时之处。历史上，每逢春秋两祭，胡氏宗祠享堂祭龛正中，就会悬挂出巨幅木刻版画《胡延政报功图》，这幅长5米、宽3米的稀世珍品，供胡氏子孙祭拜，以求祖先神灵庇佑。胡氏宗祠已濒临颓废。周氏宗祠，位居村东，坐北朝南,面阔五间,前、中、后三进,规模小于胡氏宗祠,至今保存完整。湖里还有两处古瓷窑址,一处位于湖里村西端的一块坡地上,地面遗迹400平方米;另一处位于湖里西北部的梅树坦,距村1.5千米,地面遗迹600平方米。烧瓷年代大致起始于唐朝晚期。该村出了不少进士仕宦和商贾,其中最为突出的是红顶商人胡雪岩。

*湖里

游山 古村。位于婺源县镇头镇西隅与景德镇市交界处,东距婺源县城65千米,西偏北距景德镇市23千米。相传有一彩凤遨游于村后的一座高山,于是将高山取名为"凤游山",将村更名为"游山"。该村始建于唐天宝年间,一董姓迁来此地繁衍生息形成。明清时期,这里出过众多富商、名人,留下众多的文化古迹。村中现存500多栋明清民居建筑,主要有函谷亭、题柱桥、会宾楼、清泉楼、连枝楼、过关楼、忆旧客栈、一甲楼、双钱过街、儒林桥、进士府第等,各具特色,分布于浚源河两侧。属安徽省历史文化名村。

*游山

富埸 又称"富溪"。古村。位于歙县北。与承狮、徐村、稠墅、棠樾、青山毗邻。北枕凤凰山,南屏双园山。丰源、昉溪合流之水从村西流过,村人称此河段为"富溪"。唐光启二年(886年),绩溪尚田人汪遇迁入,辟野成田,拦溪成埸,于是致五谷丰饶,村因以埸名"富埸"。村有雨粟禅院、五福庙、社屋庙等庙宇。雨粟禅院乃元朝汪、凌二姓筑富埸时合建于埸侧,为管理埸者憩息之所。五福庙在水口,与九如桥、文昌阁等水口风水建筑连为一体。水口外曾筑长400米、宽20米、高8米土坝,名"文星坝"。村头尚有月良园,内附观音堂,明画家唐寅曾在园壁画有吕洞宾像。

富溪 见152页"富埸"条。

瑞川 古村。位于绩溪县西上庄镇,距县城38千米。原名"板树坑",因村后有山坑,多长板栗树,故名。再后,因此村所产麦穗呈双穗,以为是祥瑞之物,从此该村以"产瑞川"为别名,简称"瑞川"。村头有一半为自然、一半为人工营造的水口,筑有一条护村坝,坝内外长有参天古银杏树。村里主要居民有柯、程两大姓,传闻是柯姓外甥过继程姓娘舅。柯、程两家族各有宗祠。元至正十年(1350年),瑞川人柯大统聚众起义,攻取绩溪、旌德两县城,与江淮群雄相呼应,屡败元军,后终因元军众多,兵败,孤身遁逃。村子出有名医柯泽舟,大茶商程有相、程裕和等名人。程有相、程裕和在上海创设的程裕和茶号、程裕新茶号一直是销售徽州茶叶的名店。

蓝田 ❶ 原名"潦田"。古村。处于歙县东乡腹地,东南西北分别与溪头、梓坑、畔岔、双河村毗连。村对面贵金山、富金山,宋曾建贵令尼庵,山间有能容纳数百人的石灰岩溶洞——石沸洞。上水门有狮象喝形山崖,谓"狮象把门",东、南面有钟山、鼓山、旗山,潦溪九曲自北折东注入桃溪河转南流。形家说蓝田的地理形势是"天门开,地户闭"。并栽植四山林木以障遮其空间(今存200年以上古树200余株),筑3道水口坝塍以封其缺口,其中最长一道坝塍近500米。鉴于村南口佛岭小路如蛇,于是在岭两侧山坞挖水塘13口,应龟甲十三格之意,象应龟蛇以镇其垣。南朝梁时此地即有吴、杨二姓居住,后梁天保末户部尚书、大司农叶孟游村东北石佛洞,被此地山水形胜所吸引,他先将夫人萧氏等眷属避居于此,唐贞观元年(627年)自己也定居下来,此

*歙县蓝田

后成为本村的主姓大宗。为纪念先祖曾任陕西蓝田县令,故改村名为"蓝田",又以"蓝田种玉"典故,名村为"种玉里"。曾有胡、程、洪诸姓及柯、汪、江、吴等姓同村居住。明清村人结村社为北团大社。
❷见135页"尚田"条。

槐塘 古名"华塘"。古村。位于歙县富堨镇。唐朝为避越国公汪华之讳,村民又以村中方塘畔有一棵槐树而改今名。清道光年间,村里千灶万丁,商店林立,有九条通道进村,名曰"九龙戏珠"。该村人杰地灵、名人辈出,历史上出过进士31名,举人更多,官吏、学者、医家不计其数,南宋有右丞相程元凤及其从侄程扬祖(状元)和从弟程元岳(亚卿);元末有学者唐元、唐仲实;明朝有状元唐皋,学者唐子彰、程孟;明末清初有名医程敬通;清朝有学者汪沅、汪增,诗人程培坤,画家程义,篆刻家唐燠、程奂轮,书法家程京萼,围棋国手程兰如等。今存丞相状元坊和龙兴独对坊。

槎湾 见139页"查湾"条。

蜀马 古村。位于绩溪县西北与旌德县交界处,距县城36千米。唐末,陈氏后裔徙迁到此山村居住。明崇祯四年(1631年)状元、翰林院修撰陈如泰就出自该村。

*蜀马

蜀源 古村。位于歙县北7千米处,今属徽州区。地处黄山南麓,源于灵金山中的金带溪纵贯全村,溪水清浅,源远流长,环境优美,所处山谷名"优昙谷",又称"小桃花源",以昙花、桃花居多而得名。因环境地貌酷似四川盆地,故名"蜀源"。南宋建炎年间,棠樾鲍居仁葬母于此,移家守墓,以终其身,为蜀源始迁祖。村中另有詹、黄二姓居住,单鲍姓占80%以上。村中具有浓郁明清建筑风貌的石板路、小石桥、古民宅、古祠堂、古牌坊大多保存完好。金带溪上雁塔、登云、德安等6座石桥造型各异,坚固实用。现存的20多栋徽派古建筑中,最具代表性的是德本堂和思恕堂。此外还有节孝坊、赞宪坊、贞寿之门三座牌坊,以及都天庙、天灯阁、虎栅(又称"茶亭")、环翠亭、观音庙、麓泉、板桥仙迹、菜结树、烈女碑等,它们大多伴有脍炙人口的典故、传说。村中旧有八景:仑麓山、金带溪、采芹涧、仑麓泉、仙人石、复春桥、昙花岭、龙窟。现村中尚存有刘墉所题写的"寿存堂"匾额,以及邓石如题写的"小桃花源""优昙谷"篆书碑刻。

*蜀源

锦城 见146页"渚口"条。

稠墅 古村。位于歙县郑村镇。与大里、棠樾、东山、高金接壤,背枕大坞尖。村东南狮形山,俗称"红山",历来传为风水宝地,今存有两汉南北朝墓葬群。北宋初期,汪氏开典当铺迁居于此,这前后尚居住有冯、罗、詹、胡、程、仲、裴、吴、江、贾等姓,以汪姓最盛。相传古代因村里商人多建别墅而得名"稠墅"。村庄北高南低,南方火盛化金,汪氏等进行村庄风水治理。先开沟引水环村,以水克火。清乾隆年间,汪氏嫌环村沟水小,尚不足以发科甲,于是集巨资开挖一条自北而东的桃花溪,弯曲绵延3千米,两岸遍栽紫荆花。溪畔建文昌阁、敬亭。在上水口建有社屋、文会馆,社屋前掘半月形池塘。社屋后山旧有灵康院寺,供奉的四大金刚、十八罗汉造像,高大雄伟。村西有扬州盐纲总商汪廷璋的私家花园,园中四时花艳,是歙西名园之一。今存明崇祯元年(1628年)立汪克明、汪懋功"父子大夫"坊,清乾隆二十七年(1762年)立汪景星、汪允信、汪廷璋"褒荣三世"坊等石牌坊四座。

新丰 见115页"历口"条。

新屯 古村。位于休宁县东12.5千米处,今属屯溪区。村居多姓。先有朱氏首派朱春九世孙朱偕始迁此地。后有郑守和自歙县迁入,戴积由隆阜迁此地,后嗣繁众。曹尚贤由青州益都来此定居,为休宁曹氏始祖。

溪口 古村。位于休宁县西南,浙源水汇入率水之口处。交通水陆两便,于是渐成市镇,有"七省通衢"之称。唐朝即成村落,居民主要有汪、吴、戴、宋四姓,后又有金、叶、余诸姓迁入。汪氏出自旌城派,汪薰迁此;吴氏为吴少微之后,由石舌山分迁;金氏系出京兆,唐末徙入休宁;叶氏自建安南渡,侨居丹阳句容,其五世孙叶承续始迁休宁。境内有吴楚分源浙岭、溪口红庙、汪由敦墓等自然人文景观。

*溪口

溪子里 见129页"杞梓里"条。

溪头 古村。位于歙县东乡腹地，桃溪河至此稍开阔，故名。杨、宋、叶氏肇始开基于该村上段。明洪武末年，程姓因婚迁入。数十年后杨、宋、叶族凋零不旺，形家占卜说是村子所枕富金山被采石烧灰断了龙脉所致，于是建议将村下移400米，改枕贵金山脉建支祠、家宅，房宅向沿河阴岸拓展，称所居地为"富溪"，取名上段原居地为上村。清朝至民国时期，村中开有轿行，轿行前有空坦，供往来者停轿、系骡马。其地免征税赋，称"免征地"。村下段原为曹、蔡、朱、尤诸姓居住，称此村为"店头"。明永乐初年，叶秋自蓝田迁入，数世后成为村中主姓，居宅先邻程姓而建，后向村后两山坞拓展，名为"龙泉坞"，又称"吟泉坞"。叶氏重视村庄风水治理，村南口空旷，丙丁火旺，建荷花塘一口蓄水以克。富溪河自村边直泄南下，兴役筑堤，将河道的一段改向东而后折转南流，使村子处于河湾处。又因村子为燕形，在各路门筑村垣墙，象征"燕窝"，使北村垣成为叶、程两族的分界线，垣门以上程家，垣门以下叶家。东村垣左开小门置水埠迎来水，门额"问渠"，典出朱熹《观书有感》诗句。右开大门供人出入村，称"东门"，门额"日华川上"，日华组合为"晔"，谐喻叶川，族谱即称"日华川上人家"。

*溪头

溪南 见125页"西溪南"条。

碧阳镇 旧称"县街"。自宋朝始为黟县县治。时县城设有六座城门，到明成化年间，改建成四门。嘉靖年间，另辟西南地段沿龙尾山的东北山麓营建城墙，开了五座城门：东设朝阳门，东南设迎霭门，南设明昌门，西设怀璧门，北设临漳门，到民国时期，复建桃源门，仍有六门出入。城墙周长约3.6千米。该镇历史悠久，人文荟萃。至今境内仍保存着数十处古街、古桥、古渠、古井和800余栋明清古建筑，拥有南宋通济桥、明朝程氏古宅、清朝著名学者俞正燮故居、清朝碧阳书院及诸多清朝民居。还有"中国历史文化名村"南屏村、关麓村，宅体相通、造型精美的关麓"八大家"及三国古战场林沥山等。

蔚林 见119页"古林"条。

漳岭山 古村。位于歙县深渡镇。漳源河穿村而过。明朝，黄墩朱氏五兄弟觉此处环境极佳，遂迁移至此定居，逐渐发展成现在的村庄。现仍保留传统徽派建筑120余栋，古廊桥1座。为中国传统村落。

漳潭 古村。位于歙县深渡镇，处新安江南岸。新安江从村南向北再折向东南形成一个大湾潭，村庄在湾内三面环水，江北有漳岭为屏，故名。两条山脉自黄备、森村蜿蜒而来，在村后分出五条小支脉伸向江边，呈折扇状，当地称渔网形，分脉处称"网"顶，村处于"网"上。村周曾有华严院、碧云岩道观、三元庵、观音亭、社屋庙等寺庙。其中南宋宝祐二年（1254年）建华严禅院，明嘉靖时有僧200余人。后寺遭焚毁，寺僧明济在对河潭岭顶重建庙宇，人称"漳岭寺"。社屋庙供太子、张巡等神像。清雍正、乾隆年间筑成防洪堤坝2 000米，用石15 600方，末端为水口林，中段植有紫荆花，建文昌阁，阁顶中有笔形锡柱攒尖。对岸建文心亭，与文昌阁隔江相对。每当旭日东升，阁顶攒尖投影江面，影子伸入文心亭中，人称"笔入套"，兆示着文运。

*漳潭

璜田 古称"佳源""佳溪"。古村。位于歙县南。东至街口10千米，西至长陔20千米。来龙山自小洲盘岭尖延脉而来，村周有蛇、龟、虎、珠等喝形。陔源水从观音岩畔拐弯入村，而后折转东流。观音岩前河中古代有大小18座船形石岩，号称"十八只卜水船"。南岸有蛇形崖，北岸有龟形崖。形家言在观岩上建观音庙可禳灾呈祥,村人依言而行,观岩遂名"观音岩"。

璜蔚 古村。位于歙县璜田乡。与西山、山庙、三岗、璜荆坪、榔芽界邻。原名"黄郁",清道光年间,村人胡怀畏提出:"黄"字寓吉,但与含积滞之意的"郁"字合,反伤其义,不如加半璧玉而为"璜",以"蔚"同音替代"郁",故改今名。村枕白际山脉,北有麻垄石狮、珠墩夹捍水口,东有狮山、虎形、蛇形,面屏为大佛山,穿村而过的山溪汇入街源。附近有仙人香盒石、五福仙人石、观音送子石、鳄鱼石、葫芦井、鸳鸯座等,该村至源头村15千米峡谷多奇崖怪石,溪上有桥20余座,排列如琴键。旧有忠护庙、义合社庙、水口庙、八角亭等庙亭。苏、燕、曹、李、潘诸姓先居此地,南宋绍兴十四年(1144年)璜田胡氏迁入,此后有程、毕诸姓迁入,今以胡氏为盛,村人所结社称"义合大社"。

*璜蔚

蕃村 古村。位于歙县上丰乡。与姬川、禹坑、上丰、赵村毗连。黄柏岗为来龙山,前有黄眉山为屏,周围有鸡冠尖、老虎背、鹰爪兔、尖头眼等山峰环抱,一条小溪自北而南穿村而过,折西注入丰源河。原为沼泽地,杨柳水草蕃茂,名"蕃湖",后居民掘坑排水,择高为宅,曰"蕃坑",后称"蕃村"。先居者有周、杨、吴姓,南宋咸淳年间鲍姓迁入,后有汪、王、许姓陆续迁入,鲍姓为村族主干。诸姓结社称"宁丰大社",后许氏自立宁丰东社。村人在水口两岸遍植梅、柳、紫荆花树以荫。自水口至村建有10座小石桥,第二座为水口桥,桥头建有亭,亭内壁画有三组五岳神、龙王、天官、地官、财神、社公、社母、土地诸神像,亭额曰"慈孝里"。第三座桥由商人鲍梦麟为寿母而建,定名"太平桥",在桥头设天灯,于是获得"天灯桥"别称。第四座桥为双层石板桥,原名"草鞋桥",为一鲍姓卖草鞋的人所造,后有鲍兆泰经商致富,在草鞋桥桥面上加铺一块大石板,更名为"鲍老桥"。

镇头 古村。位于绩溪县长安镇,分上镇头与下镇头。上镇头处安徽省芜屯公路旁,下镇头四面环山。镇头以"香椿馃"闻名省内外,因制作香椿馃的鼻祖师

*蕃村

傅姓郑,历史上曾称镇头为"塌馃郑(镇)"。该村原只有章、朱两姓,后有外姓迁入,现有30多个外姓。长安镇中有一座"三王殿",殿内供奉着"太子""财神""汪公"三尊菩萨。殿内常有一老妇每日为"三王殿"添油点灯,同时向来往行人施舍茶水。东、南、北门直通石板铺成的街道,小溪水从茶亭下的楼板下面长流。镇头老街紧依"三王殿",旅店、茶馆、杂货店旧时生意红火,来往顾客不断。镇头老街上的一栋古民居,建于清光绪年间。此居分上、下堂,典型的六部通转楼的徽派建筑。村里经常开展多种民间艺术活动。

黎阳 古村。位于休宁县东18千米处,今属屯溪区。为汉黎阳县治所在地。黎阳分上黎阳、中黎阳和下黎阳三个部分。黎阳老街与屯溪老街隔江相望,东自西镇桥朝西南延伸,全长1 200米。主要古建筑有路亭、石家大宅院、李氏医寓、贾家大宅院,石库门和鳞次栉比连成片的木板门店面构成黎阳老街的古朴风貌。黎阳街两侧有不少巷弄,如黎新巷、利农巷、炉厂巷、陈家巷、黎明巷、黎中巷、景昌巷、通天巷、黎川巷、邵家巷、地狱门巷等。上黎阳有汪公庙,供奉汪华。下黎阳有九相公庙,单供汪华的第九个儿子。黎阳的汪公庙每年要举行一次称为"八月靖阳"的盛大庙会,纪念汪华。"八月靖阳"庙会前后将近半个月,正日在八月十三日。

篁墩 古村。位于歙县西南15千米处。坐落在黄山南麓半月形徽州盆地的中央,平畴沃野,阡陌纵横,渐江从村南流过,顺流而下直抵三吴两浙。历史上,许多大姓迁来徽州,都是先在篁墩落脚,成为徽州许多族姓的始迁地和避难所。故此,在徽州移民史上,有着显赫的地位。程氏自晋朝始迁祖程元谭涉居新安,任新安太守,居篁墩。至南朝,其裔孙程灵洗曾率领乡人保卫乡土建立功勋,后出任新安太守,也居篁墩。徽州人对其十分敬仰,他死后被尊封为"邑神",建有篁墩庙,钦赐"世宗庙"额。程朱理学的奠基人程颢、程颐、朱熹先祖都曾在篁墩居住,故有"程朱阙里"之称。现尚存朱家巷、朱夫子祖墓、程氏宗祠等。

潜口 古称"潜川"。古村。位于歙县西,今属徽州区。"潜"字有两层含义,其一为纪念陶潜在此隐居,其二指此地为众山之口,有万峰潜伏于后。紫霞峰为黄山山脉南侧起点,有"黄山第一峰"之称,此峰位于潜口村南侧,山下溪水蜿蜒而过,石板大道直通村中心,潜口水口即设于此。潜口水口,是进出黄山的必经

之处,翼峰塔是水口建筑群中唯一幸存的古建筑。塔之左侧有万贯山,右侧有络狮山。潜口古时曾为黄山山区重要的商贸中心,被誉为潜口"市"。黄山出产的木、竹、茶等产品必经潜口运销外地,而京货、南货及粮、油、布、盐等产品又必经潜口销往黄山。唐朝以前,潜口一带以余、陶、詹姓氏为主。唐朝以后,汪氏为大族,有上汪、中汪、下汪之分,名人辈出,为后人留下了很多珍贵的文物遗产和古迹,其中较为著名的是汪氏金紫祠、水香园、汪季周祠、司谏第等。潜口民宅坐落在紫霞山谷中,庄内采用原拆原建的方法,将散落在古徽州各地的荫秀桥、善化亭、乐善堂、曹门厅、司谏第、吴建华宅、方观田宅、方文泰宅、苏雪痕宅等明朝建筑集中于此,形成独具风格的明朝山庄。属全国重点文物保护单位。有"明朝民宅建筑博物馆"之誉,是研究中国建筑史的珍贵实例。其南面相邻的观音山为清朝民居保护工程"清园"之址,已搬迁修复极具清朝建筑风格的民居、祠堂、戏台等,被誉为"清朝民间艺术的活专著"。主要建筑有畔礼堂、谷懿堂、诚仁堂(又名"金家大屋")、万盛记、汪顺昌宅等。潜口民宅附近还有金紫祠、巽峰塔等景点,均为明朝建筑。其中,金紫祠为潜口汪氏家庙,俗称"金銮殿",为安徽省重点文物保护单位;巽峰塔为7层8面砖塔,高37米,嘉靖二十三年(1544年)建,为徽州区重点文物保护单位。内有各种形制的明朝建筑10余座,其中,支祠、家祠3栋,民宅6栋,石拱桥、路亭、牌坊各1座。各建筑依山势地形错落有致自然分布,民居内陈设有明朝的家具和生活用品。潜口旧有十景:云岭樵歌、石池烹茗、珠碣听琴、烈庙晨钟、庙山远眺、洞天暮鼓、竺岭赏桃、梅岭牧笛、荷塘月色、巽峰夕照。现大多无存。著名景观有潜口民宅、巽峰塔和金紫祠等。整个建筑群以山庄村落的组合形式,再现了400余年前徽州社会的历史风貌。

*潜口

潜川 见155页"潜口"条。

潜村 古村。位于黟县北二都。据《太平寰宇记》载,黟县都图中有潜村,进入石洞,洞口全被松萝所翳蔽;每求盐米,早晨就出潜处。宋时见有数十家,同为一村。潜村居民,《新安名族志》称他们为潜氏。民间相传潜村深山有一水泉流,居住的人饮之尽皆长寿,称为"仙源"。

潭渡 古村。位于歙县西北,距县城3千米。东与徽城镇七川村相接,南至丰乐河畔,西与郑村相连,北靠富堨镇徐村。所枕斜山古时遍植黄梅、腊梅、罗汉松。南有小山列屏,濒临丰乐河,北有小河入村环流。村庄为渡船形,昔时村头有深潭,故村名"潭渡"。唐贞元年间,黄氏庐墓定居于此,繁衍成为望族。后又有许、郑、路、程、周、毛诸姓陆续迁入,村人结社称"礼堂大社"。黄氏居民根据村庄的渡船形,在丰乐河两岸,广植杨、柳、樟树、雷竹,锁钥风水,名"练水拖蓝";又在村东架石墩木板桥(清朝改为八墩七孔石桥),名"三元桥",作为"渡船"踏板;在村东北植樟树一株为"船篙",村中民宅为"船舱";南北走向的前、后街为两舷,两条东西走向主巷将船隔为前、中、后舱;为防止北方壬癸水冲走"渡船",在村北小河东埠头掘塘蓄水,名曰"回水塘",雅称"潭湖",使得该村成为宜居处所。

潕田 见152页"蓝田"条。

澄塘 古称"澄溪""澄潭""承唐"。古村。方言为"忠"塘、"井"塘。明朝属歙县孝悌乡和睦里。澄溪南流汇入一口大水塘,称"澄塘",村名缘此而来。澄溪穿村而过,把村子分成东、西两边。溪上有13座小桥,素称"一河两岸十三桥"。其中3座为石拱券桥,其余都是由平直石板搭置而成的便桥。原有吴、潘、余三姓,吴氏于后周显德二年(955年)由休宁凤湖街迁入,至清咸丰年间已有千丁以上。清末又有绩溪胡姓和陈村张姓迁入。吴氏为澄塘大族,集中居住在村西边,其他姓氏集中居住在村东边。公共建筑有余家厅、潘家厅、花厅、胡家厅、汪家厅及吴氏宗祠。村中街道纵横,店肆栉比,著名建筑有吴氏宗祠、冠冕诸姬坊、澄塘寺、澄塘观(又称"苗儒观"),以及众厅、关帝庙、水口、尼庵、土地庙、私塾等。此村东南西北分别有石板路通往包塘、宋村、坤沙、潜口等地。

澄溪 见156页"澄塘"条。

澄潭 见156页"澄塘"条。

磡头 古村。古称"涧洲""云川"。位于绩溪县家朋乡中部。明洪武二年(1369年)许泰来举族迁此建祠定居。其地四面环山,为一幽谷。村长1千米许,宽约0.52千米,金鱼形。此村尚有阳和山、寿山、亭文山"三屏",狮文、八卦亭、东山营、文笔、塔岭"五墩"以及屏开锦帐、甑峰毓秀、石室清虚、逢石作壶、岩存仙迹、洲涌金鱼、峦回天马、玉泉鸣佩"八景"等形胜。涧溪由南向北穿村而过,民居依山傍水而筑,坐落两岸,形成水街。两岸共长1300米,路面均铺石板,多磡。水街原有14条古巷、10座古桥、10座古祠、5座古庙、5栋古碾房、3座古石坊、2座古官第、1座古楼,还有28处取水石坎。民居多明清建筑。古巷曲径通幽,有从民宅楼下穿过者。明建清修石桥名为:永安、聚顺、三德、杨川、艮础、聚秀。许氏宗祠建于明洪武二年(1369年),嘉靖三十一年(1552年)扩建,是县内最古祠堂之一。享堂初名

"叙伦堂",堂匾系明藩王"靖江王"八代孙朱洒翰所题。该堂名起初唯许氏宗祠独有,后来附近又有一些家族祠堂也用其名,许氏宗祠就于万历二十八年(1600年)改名为"追远堂",取意为"远代之祖不可遗忘",现今保存完整。门首有一座节妇坊,系嘉靖十六年(1537年)为许杰的妻子章氏而建。四柱三门五楼,通体用花岗岩雕刻而成。听泉楼建于嘉靖三十五年(1556年),清咸丰九年(1859年)重修,三面凌空,骑路傍溪,雕梁画栋,美人靠栏,檐牙高喙,角悬风铃,泉声铃声,如玉如佩。而明建怀恩堂,至今尚存沣池、客房、钟鼓楼。另外涧洲公祠、章氏宗祠、大夫第等建于清朝。

*磡头

*歙县斗山街

歙县斗山街 位于歙县城内,因依斗山得名。建于明清时期,集古民居、古街、古雕、古井、古牌坊于一体。当时徽州理学名儒多会于此讲论学术,阐发义理,积极推动了新安理学的发展。

磻溪 古村。位于歙县杞梓里镇境内。地处昌源河北岸,山如屏,河如带,从坡山之巅俯视全村,酷似鸟枪形,村头笔直细长,犹如枪管,村末宽而弯,犹如枪把。民谚曰:"村形如枪,习武有方。"村口溪旁有古磻樟一棵,树龄五六百年,径1米,主枝向对岸横卧,树枝曲如台阶,行人可从此过河。该树树身另长出五棵樟树,树高均超六七米,如母抱五子。其树上又生长出一棵糙叶树,与诸樟浑然一体,可谓奇观。先居于此的韩、胡、鲍、戴诸姓,名村"旁溪"。到了宋朝,有位名士隐居于此,因慕周初姜尚隐居陕西的"磻溪"之意而改今名。元末方氏迁入,逐渐繁衍为村族主干。

霞水村 位于绩溪县东北,坐落在一狭长形的山谷中。北宋元祐年间,许氏来此建村。原名"下水村",后认为不吉利,于是改为今名。源于山云山的两条溪流在村东汇成霞川河,从村中淙淙流过。村子东西绵长,河上除有几处"水踏步"(河水较浅时可踏着露出水面的小石墩过河,俗称"水踏步")外,还架有万春桥、柏枝桥、中碣桥、路亭下桥以及回龙桥等六座造型各异的明清古桥。沿河的

*磻溪

商业街穿村而过。清末民国初期，霞水村商贸发达，在周围十几个村子之间位置居中，与各村有石板大道相通。而水路方面，则在水口之外，乘木排可直达宣城、孙家埠。加上村落比较开阔，故竟有恒泰、元泰、源盛和隆泰四家老字号店铺，乐生堂、回春堂、寿春堂和晋寿堂四家老药店，四座水碓，并有油坊、酱油坊、糕饼坊、染坊、当铺以及金银首饰加工铺等作坊。还有周王庙、虹龙庙、太尉殿、太子庙、观音堂和真武殿等六座庙观。水口外约500米有虹龙桥，是一座单孔石拱桥，跨径10米，桥面宽5米。桥东头便是虹龙庙，是一座单进五开间的长廊庙，北向龛台上供奉着四海龙王神像，南向柱间安装一排靠椅，大路从庙中通过。

霞间 古村。位于绩溪县华阳镇西南。历史上是绩溪县的制瓷中心，已发现姑嫂塘、对面窑、栗树下、陈家湾和黄金坦五座古烧瓷窑群，属五代至北宋时的龙窑系。霞间窑烧制的瓷器以青瓷为主，黑釉器物占一定比例。一些器物上刻有"胡、程、汪、周"等姓氏。

瞻淇 古村。位于歙县南，距县城10.5千米，徽杭公路线上。唐朝章姓迁居，名村曰"章岐"。因为昔有章氏二女虎口救母，致使乡、里、村皆以孝女名。到宋朝，罗、郑、汪诸姓先后迁入，汪姓居孝女村之南，后成为村之望族，于是依《诗经》"瞻彼淇奥，绿竹猗猗"之句，定村名为"瞻淇"。明崇祯十五年（1642年），辽东总兵汪鼒与侄汪国伟，在锦州南松山与清兵激战中被俘，拒不降清就义。汪鼒子汪国侨时年12岁，辞母去松山寻得父兄遗骸，由汪鼒属下沙、翟二将护送回徽，人称父忠子孝，于是为村取名"忠孝里"。村子西北李玉岭山脉分为两支蜿蜒，左支为来龙山，右支为毛坞峰、春坞峰延伸环抱，东面稍旷，有秀峰山为屏。大坑水自村东入西折转东南流，上（塘）坑、下坑二水自村西垂直经村汇入大坑，形成东水西流、西水东流水系格局。村中四友堂三台阁，形如城楼，重檐八角，楼供关羽、关平、周仓像，楼下为拱门通道，设木栅门，外门额镌"忠孝里"。现存明清古建筑40余栋，如天心堂、九世问居堂、兰芬堂、京兆第、资政第（汪莱故居）、汪鼒宅等。汪氏昔有一总祠八支祠，祠在村周皆有山场土地，为防止支裔砍树伐薪越界，在交界处植紫荆花，花开灿烂，一横一竖，支裔认界不越，并成笔架紫荆特色景观。每年正月初五至二十五日行汪王祭，村头大樟树边挂灯200盏，汪王庙内挂灯210盏，摆36碗、36盘供菜，请戏班演戏16场。八支祠皆出游鲤鱼灯，正月初八至十五日游红鲤鱼灯，正月十六日以后游青鲤鱼灯。

瀛洲 古村。位于绩溪县东南，距县城9千米。相传北宋宣和二年（1120年），始迁祖章运公，由浙江昌化县览村肩担而来，觅得背靠瀛山岩，面临登源水的"宝地"——油坑口而落脚生根繁衍，成为徽州最大的章姓聚居地。瀛洲地处绩溪登源古驿道上，又是登源

*瞻淇

河中游区域的中心。抗日战争期间，瀛洲上下人口骤增，达到鼎盛局面，瀛洲前街成了商业街，计有大小商号、店铺、摊点50余家。杂货、肉店、百货、糟坊、酱园坊、糕饼坊、药店、豆腐店、饭店、烟草专卖店、理发店、裁缝铺、嫁妆店、铜铁锡匠铺、纸扎店、澡堂、棺材店等应有尽有。瀛洲多徽商，光浙江淳安县四大集镇之一的港口镇，同期经商的瀛洲人就有40多人。浙江衢州创办最早、规模最大的震大钱庄，就是瀛洲的章钟尧及其子孙三代先后任老板。

瀹坑 古村。位于歙县南，与瀹潭、汪村、卖花渔村、瀹岭坞毗邻。北有后邦山，山势雄峻，至瀹坑分为两脉，南以拇坞岭为屏，村子周围有狮、虎、牛、凤、龟、蛇、钟、鼓等风水喝形。村中有三水汇流，使村庄三面环水，成一个口小肚大的宝瓶形。村西北为水口，建有水口亭、水口坝塍及竭坝，坝塍上植樟树，水口亭外踞石雕犬两只看守门户。村中有南北向主街1条，东西向横巷2条，村内外有7桥9井13塘。桥称永安桥、长生桥、永济桥、程家坟桥、悦有桥、前山桥、水碓桥。还有申明亭、旌善亭、藏书阁、忘乐园等。村周另有如意寺、普寿庵、福胜尼庵、西来尼庵、吕洞宾庙、瀹岭庙、观音阁、土地庙等寺庙。至今尚存明清时期9栋三层古楼宅建筑。

*瀹坑

[一] 文化生态

社会经济

自然环境
物产资源
历史地理
人文聚落

一田二主 地权所有形式。指土地的所有权、使用权分离的状态。其起源一是农户典卖土地后仍保留土地的使用权；二是佃户争取到的永佃权。这都使土地的所有权、使用权分离为两个独立的权利，在徽州极为普遍。

八家栈 商栈合称。位于屯溪街西首，与屯溪桥（老大桥）相接，为屯溪街市的发祥地。明朝以前，屯浦一带街市尚未形成，由于水运的需要，商人曾在此设有存储货物的栈户，计八家。栈名由此而来。

*八家栈

三分分 地租率。指在近代徽州农村，租佃户与地主按1∶2摊分土地收益。

土地租佃 经济现象。指在封建社会，农村佃户（农民）向田主租种田地，按约定向田主交纳谷租的现象。

大买 见161页"田骨"条。

大苗 见161页"田骨"条。

大租 见161页"田骨"条。

小上海 屯溪的戏称。抗日战争全面爆发后，沪杭一带沦陷区的避难商民纷纷涌入徽州，机关、团体等大量内迁，以屯溪为中心的徽州商业畸形繁荣，酒楼、旅社日趋兴隆，小吃店、理发店、浴室、照相馆等服务行业顾客盈门，官僚资本如中茶公司、复兴公司也进入徽州商界，导致屯溪由产品集散地转变为消费城市，故有此戏称。

小买 见160页"田皮"条。

小苗 见160页"田皮"条。

小租 见160页"田皮"条。

山越经济 区域经济总称。先秦至魏晋时期，徽州为山越人居住之地，其经济状况为因地制宜的原始自然经济。其时生产力低下，农渔采集兼行，所谓"饭稻羹鱼""火耕水耨"。由于人口较少，故"地势饶食，无饥馑之患""无冻饿之人，亦无千金之家"。

云雾茶 茶品。产于婺源县鄣公山、五龙山，有鄣公山云雾细茶和五龙山云雾茶之分。鄣公山茶芽头粗壮叶厚，汤清叶绿有微孔，香高汁浓回味凉，誉称"婺源之冠"；五龙山茶叶碧绿，汤色清，香气高，味浓郁，白毫显露，回味甘醇。清末民国初期，五龙山下裔村益芳茶庄专制五龙山云雾茶出口，民国四年（1915年）获美国巴拿马万国博览会金奖。

五匠 匠人的统称。徽州指从事铁、木、竹、棕、五金修配的手工匠人。

五坊 手工作坊的统称。徽州指糕点坊、糟坊、酱坊、油坊、豆腐坊。

五溪山毛峰 茶品。五溪山位于黟县宏潭乡境内，该茶由山得名。茶园在海拔1 100~1 300米的莲花峰、三府尖、雾霾尖。这里山峦重叠，林木繁茂，涧流飞溅，春天山花烂漫。此茶芽叶肥壮匀齐，形如雀舌，黄绿油润，清香高爽，味鲜浓醇和，茶汤清澈，叶底均匀成朵。一般在清明后两三天采摘，特级要求一芽一叶初展，采回后要拣剔去不合格的芽头和杂物，力求均匀一致，分别摊放，且需当天采、连夜制。制作分杀青、烘焙两道工序，鲜叶下锅，用双手迅速交替翻炒，翻得快，扬得高，捞得净，撒得开。烘焙时先用毛火，后用足火，最后用文火慢烘，直到烘焙足干。此茶品质优良，可以同黄山特级毛峰相媲美。

屯绿 见160页"屯溪绿茶"条。

屯绿四大名家 徽州"屯绿"的优质产地。有多种说法：一说是休宁县的茗洲、古林、小阜、梓坞；一说是祁门县的上土坑和下土坑、杨村、李坑口、凫溪口；一说是婺源县的大畈、济溪、砚山、溪头。

屯溪公济局 清光绪十五年（1889年）由徽州茶商罗润三等人发起在屯溪成立的慈善机构。实行董事会领导下的经理负责制。经费来源90%出自茶商，采取自愿捐赠和固定征收相结合的方式，所得款项存入屯溪万康等七家钱庄生息，钱庄另外赞助"长生愿钱"。所兴办事业有茶季施医施药、施棺于在屯溪无亲无故的死者、收领弃婴、雇保姆户养、养疴、义渡等项。

屯溪绿茶 简称"屯绿"。为中国传统名茶，曾有"绿色黄金"之美誉。屯绿以叶绿、汤清、香醇、味厚"四绝"蜚声中外，绿茶品种繁多，主要有珍眉、贡熙、特针、雨茶、秀眉、绿片6个花色18个不同级别。绿茶可窨制茉莉、珠兰、玉兰、玳玳、桂花、玫瑰等花茶。主要产地为休宁、婺源、歙县东南乡、黟县南乡、绩溪东北乡、祁门东乡诸地，其中以祁门县的凫溪口、下土坑、杨村、李坑口出产的绿毛茶品质最好，誉称"祁门四大名家"。清朝中期随"五口通商"而畅销海外，徽州各县及比邻地区的绿茶均汇集于屯溪茶市加工出口，故称"屯溪绿茶"。其制作历史悠久，其前身为松萝茶，距今已有1200多年历史。屯溪的茶叶经营始于明而盛于清，开始以内销为主，清嘉庆二十五年（1820年）后，开始销往英国和美洲。清末民国初期为屯绿外销鼎盛时期，民国九年（1920年），屯溪有100多家茶商，形成了婺源、歙县、休宁三大商帮。在以后的十多年间，是"屯溪绿茶"外销的鼎盛期。最高年产销为32万箱，每箱以25千克计，则外销8 000吨。

*屯溪绿茶

屯溪港 内河码头。徽州新安江水系水上交通运输的中心港口码头。是屯杭（屯溪至杭州）线、屯渔（屯溪至渔亭）线、屯上（屯溪至上溪口）线、屯龙（屯溪至龙湾）线等主要航道航线的起点或贸易运输中转站。

文萃会 公益组织。据清道光《休宁县志·程子谦传》载，捐字置建文萃会，以供给宗族中的应试科举人员。文萃会主要活动是筹资置产，以其收入作为同族或非同族士人科举之费。

方茶 茶品。唐歙州人制茶多用蒸青法，即将鲜叶经过蒸汽杀青后烘干捣碎，碾成细末，再蒸软，做成长条形或圆饼形，中间留一孔，穿串起来，烘干即成。称为"方茶"，也称"饼茶"，其茶色黄而香。此法工具简单，工序不繁，适合户家单独生产。唐大中十年（856年），杨华在所著《膳夫经手录》中就曾记载了歙婺二州、祁门一县的方茶制置精好。

火耕水耨 农业生产方式。徽州土著先民古越族所采用的原始耕作方式，即先用火烧开一片空地后播种，然后为了除去空地的杂草再引水入田的耕作方式。具体做法是在播种前，放火烧去田里的杂草，再下种，谓之火耕。待禾苗长出约20厘米，再将水灌入田中淹没并闷死杂草，使之腐烂成为肥料以助作物生长。

以佃为仆 人身依附关系。明清至民国时期，徽州一些贫穷佃户由于"葬主之山、佃主之田、住主之屋"，沦为地主的奴仆，对地主存在强烈的人身依附关系。

以秤计田 土地计量方法。在徽州山区，民间有常以"秤"来计量田地的习俗，徽州农家的"秤"大小不一，大体上每"秤"为9~15千克，而祁门县西乡也有以5千克为一"秤"的。

石墨龙芽茶 茶品。黟县出产。清同治《黟县志》载："茶，六都石墨岭产者最佳，茗家谓之石墨茶。"成品有徽墨光泽，汤色似竹叶青酒，滋味醇厚，香气清郁。

甲路油纸伞 婺源县甲路村所产的伞具。以竹、皮绵纸、桐油为主要原料，有黑油伞、光油伞、透明花伞等品种。清末民国初期颇具名声，曾被选送到国际博览会展出。

田皮 又称"田面""小买""小苗""小租"。地权名称。指土地的所有权、使用权分离后的使用权部分。在古代徽州存在。

田底 见161页"田骨"条。

*甲路油纸伞街

*甲路油纸伞

*老竹大方

田面 见160页"田皮"条。

田骨 又称"田底""大买""大苗""大租"。地权名称。指土地所有权、使用权分离后的所有权部分。

白岳金芽 见161页"白岳黄芽"条。

白岳黄芽 又称"白岳金芽""齐云毛峰"。茶品。产于休宁齐云山,该茶白毫显露,二叶包一芽,泡后芽叶悬浮,汤清兰香,为茶中珍品。

永卖 见164页"绝卖"条。

老竹大方 茶品。明朝与松萝同时扬名的茶品,据传因创制于歙县老竹岭而得名。老竹岭位于皖浙交界的昱岭关附近,茶产在老竹铺、三阳坑、金川等地,品质以老竹岭和福泉山所产最优。此茶属于细嫩炒青绿茶,极品特点是色绿微黄,光泽稍暗,满披金毫,隐而不露;汤色清澈稍黄,香似板栗,滋味醇厚爽口,叶底嫩匀。但又不同于一般的炒青,独特之处在于其外形扁平匀齐,挺秀光滑。原因在制作时有做坯、拷扁、煜锅三道工序,有别于松萝制法,相似于龙井做法。老竹大方名品较多,有"顶谷大方",是老竹大方之极品;还有"竹铺大方""铁色大方""竹叶大方"等。因其有减肥健美之功效,故又有"健美茶"之誉称。大方茶还可加工窨制成花茶,如"珠兰大方""茉莉大方"。

芝兰日露茶 茶品。产于绩溪县黄蘖山、暮云山等处。民国初期,上海程裕新茶号选芽茶以"芝兰芳馥之品"窨制。该茶色如春草,香过畹兰,叶似翠羽,质味浓郁。

杂捐 税种。徽州各县国民党地方政府向农民摊派的各类名目繁多的税收和附加,其负担有的竟然超过正税的数倍。

凫绿 茶品。祁门凫峰炒青绿茶的简称,为"屯绿"极品。该茶条索紧结,匀整壮实,色泽绿润,香高持久,滋味鲜浓,汤色嫩黄明亮,有"一泡香,二泡浓,三泡不减味"特点,誉称为"屯绿之冠"。

齐云毛峰 见161页"白岳黄芽"条。

祁门功夫红茶 见161页"祁门红茶"条。

祁门安茶 茶品。安茶属黑茶类,是一种半发酵紧压茶,介于红茶、绿茶之间,色泽乌黑,汤浓微红,味香而涩,别有风味,产于祁门县南乡一带。创始于清道光年间。其制作分初制和精制两步,初制有晒青、杀青、揉捻、干燥四道工序;精制有筛分、撼簸、拣剔、复烘、装篓五道工序。成品茶装于小竹篓内,每篓装茶0.5千克,内衬箬叶,一般存放2~3年方可出售。因是陈茶上市,茶性温良,有祛湿解暑功能,不仅可作饮料,且为治病良药,在两广及东南亚热带地区颇受欢迎,被尊为"圣茶"。

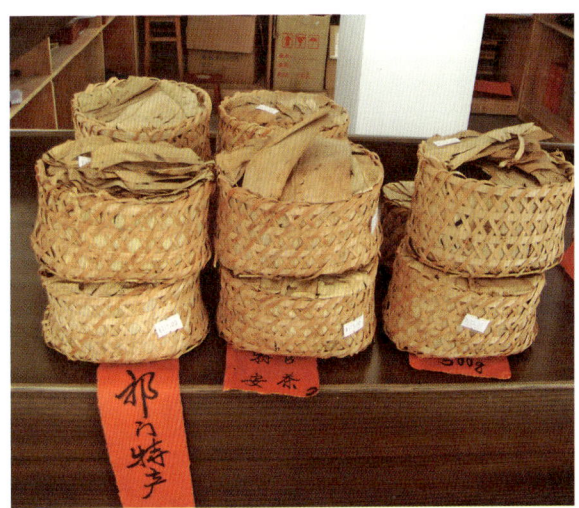
*祁门安茶

祁门红茶 全称"祁门功夫红茶",简称"祁红"。茶品。主产于祁门县,是中国红茶中的珍品,与印度的大吉岭、斯里兰卡的乌伐并称为世界三大高香名茶,在国际茶坛有"茶中英豪""群芳最"誉称,

1915年获美国巴拿马万国博览会金奖。祁红创制于清光绪元年(1875年)。民国五年(1916年)《农商公报》载:"安徽改制红茶,权兴于祁(门)建(德),而祁建有红茶,肇始于胡元龙。"胡元龙为祁门南乡贵溪人,于清咸丰年间在贵溪开辟荒山330余万平方米,兴植茶树,光绪初年,因绿茶销路不畅,特考察制造祁红之法,首先筹资6万元,建设日顺茶厂,改制红茶,亲往各乡教导园户。另据民国二十六年(1937年)出版的《祁红复兴计划》载,光绪二年(1876年),有自至德茶商余某来祁设分庄于历口,以高价诱园户制造红茶,翌年复设红茶庄于闪里。时复有同春荣茶栈来祁放汇,红茶风气因此渐开。19世纪,中国"祁红"茶叶外销英国人经营的东印度公司。英王查理二世的王妃凯瑟琳从该公司购买了100千克红茶,将饮茶作为最新的宫廷乐趣,带入查理二世宫廷。从此,英国上层人士、社会名流均仿效国王、王妃饮用红茶,饮茶之风遂逐渐在民间流行。尤其是年迈者,常把"祁红"作"午后茶"饮用,视为"珍品",加上牛奶、砂糖,赞美为"群芳最"。有人还将"祁红"作为贡献王室的礼品。

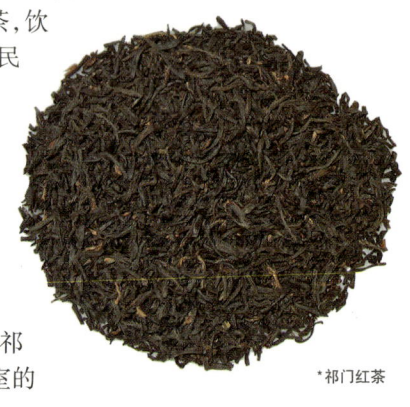
*祁门红茶

祁门瓷土 制瓷原材料。祁门县瓷土即高岭土,从明朝开始,对当地地表瓷矿石的露天或坑道进行开采,大量供应瓷都景德镇的生产需要,有力推动了景德镇瓷业生产的发展。到了近代,祁门的瓷土业开始衰落。

祁门瓷器 祁门县瓷器源于明朝,日本《陶瓷图录》载:"祁门窑,在安徽省祁门县,它是仿照景德镇生产粗糙的瓷印花的窑。"祁门瓷器产品有日用瓷、建筑瓷、工艺瓷、仿古瓷、旅游瓷等。

祁门港 内河码头。祁门是徽州阊江水系水上交通运输的中心港口,是祁倒(倒湖)线、祁黄(黄岭)线等主要航道航线的起点或贸易运输中转站。

祁红 见161页"祁门红茶"条。

找不敷 见162页"找价"条。

找价 土地买卖后的补偿行为。自明清至民国时期,在徽州农村的土地买卖过程中,由于土地价格呈上涨态势,那些最初卖出田地的人往往觉得卖得吃亏,于是向买主寻求补偿,此谓"找价",也称"找不敷"。明朝中期以后,随着土地价格的飞涨,一份田产交易后,有的找价甚至加到五六次之多,稍不如意便状告,所以当时就有"种肥田不如告瘦状"的民谚流传。

两勾照分 地租率。指在近代徽州农村,租佃户与地主五五对拆而匀分土地收益。

佃仆制 人身依附制度。在徽州,佃仆是一种特殊的佃户,比普通佃户地位更低,与主人之间等级森严,不可逾越。平日起居不敢与同,饮食不敢与共,亦不敢以你我相称,对主族中的任何人都不敢轻易触犯,否则可能引来杀身之祸。

饭稻羹鱼 徽州土著先民古越族的生活方式。即一种吃着稻米饭和鱼羹汤汁的简朴生活。

冷水田 山区土田种类。徽州山区深冲垄田中的一种,因为其多在深山垄、塝,日照短,霜重雾大,又受低温山水及冷泉灌溉影响,水冷浆寒,因此农作物产量很有限。

灵山米 灵山是黄山脚下歙县呈坎乡(今属徽州区)的一个山村,此地所产米因品质优良,南北朝时曾作为"贡米"而远近闻名。一般山区的稻米远不如平原产粮区的好,但灵山是高山上的一块小盆地,水源和日照情况都比较好,加上这里土壤含磷等成分高,使得此米具有质软、味甘、粒大、高产等特点。旧时县志记载了数十种稻谷,特别注明:"红甘谷,衢州白,产于灵山者名最著。"

灵山茶 婺源四大名家茶,产于县东大畈灵山。宋初山上建碧云庵,庵周围茶园密布,所产茶叶色碧香浓,味厚汁清。相传明嘉靖年间,时任吏部尚书的大畈村人汪铉以此茶献嘉靖皇帝,嘉靖皇帝品尝后大加赞赏,遂列为贡品,并御赐"金竹峰"金匾悬挂庵门。

松萝茶 产于明朝,据《休宁县志》载,该县镇山叫做松萝,以多长松树冠名,茶却没有。远处山麓是琅源,近来种上了茶株,有山僧偶得制茶之法,于是托名松萝,名噪一时。松萝茶又名"琅源松萝",后来为江南绿茶的代名词。古代茶家将松萝茶概括为"三重":色重、香重、味重,即色绿、香高、味浓。松萝茶还有很高的药用价值,《本草纲目》曰:"徽州松萝,专于化食。"并对通便、收疮口、羊角风、水胀气鼓、绣球疯、痢疾、眼疾等疾病也有疗效。

典首 土地首佃金。旧时黟县因为地狭人稠,有的佃户租佃田地不得,于是向田主交纳某个田块的佃金,田主一旦收受,则此田便永远由他耕种,称作"典首"。如果田主想转手租给他人耕种,那就要偿还那笔佃金。

金山时雨 茶品。始创于晚清,产于绩溪县上庄镇金山村,属特级炒青。取名"金山时雨",其意有二:其一指成茶外形似雨丝,采制于谷雨前后;其二,产于绩溪县金山村。金山是一个山清水秀的山村,

*琅源松萝

具有400年茶叶生产历史。整个地势是坐西北朝东南向的倒锥形凹地,四周山峰均在海拔千米以上,茶园多数分布在海拔500~900米山坡峡谷。茶树以地方良种金山种为主,该品种树冠舒展,芽头肥壮,白毫多而明显,且含多类有机成分。此茶采制要求比较高,采摘在谷雨前后,标准为一芽二叶初展,俗称"鹰嘴甲"。制作均为传统手工操作,大体分杀青、揉捻、烘干三道工序,每千克约为5 000个茶头,条索紧密细嫩,形如雨丝,匀齐纯净,色泽乌绿,有锋苗。汤色黄绿明亮,叶底成朵金黄,香气浓郁清爽,滋味纯和爽口,回味甘美,且耐冲泡。明清时为贡品,邑人章廷炯《金山茗雾》诗赞:"昇草育地灵,香雾蒙崖野。村女摘春归,社火焙檐下。三沸入芳瓷,缕丝犹篆写。"

实物租 以实(谷)物为主的地租。地主所收田租主要是稻谷,有时兼收麦谷。坦租多半收豆子或豆麦兼收,偶尔也收苞芦、粟、山薯粉等杂粮。钱租(货币地租)极少。地租又以定额租为主,分成租更为稀少。有些定额租,有时并非照额征收,而是按年成记租,租额随收成的高低浮动。正式分成租少,但因灾歉收,临时进行监收或监分的现象也多。

茗洲茶 为屯绿之极品,产于休宁县西流口镇茗洲。茶园多分布在率水沿岸的冲积洲地和扇地上,海拔高200米以上。土层深厚,土质肥沃,气候温暖湿润,雨量充沛,山雾弥漫。优越的自然条件,悠久的栽培历史,孕育出高产优质的茗洲种。该种植株高大,生长旺盛,新梢生长力强,叶面隆起,叶色深绿油亮,芽叶肥壮,叶质柔软持嫩性强。茶园于4月下旬开园,采摘一芽2~3叶,经杀青、揉捻、干燥三道工序制成。该茶条索紧结匀整,锋苗显露,色泽绿润,香高持久,有熟板栗香,滋味醇厚,汤色嫩黄清明,叶底嫩绿明亮。素有"头泡香、二泡浓、三泡不减味、四泡味亦醇"之赞语。

*茗洲茶

香风茶 药茶。产于休宁县齐云山一带,对预防感冒、防治慢性气管炎及高血压病症有较好的疗效。"香风茶"多生长于旷野、溪边、山坡上,属宽叶腊梅科落叶灌木,株高2~4米,叶对生,长椭圆形,叶脉明显,叶面粗糙,正面深绿色背面粉绿色,边缘有细锯齿。

花黄白色，气芳香。制成茶，清香扑鼻，香中带甜，别有风味。齐云山山峦起伏，峰奇岩巧，灌木丛生。民间传说唐朝时，这里香火鼎盛，来自四面八方的香客，都要带些"香风茶"回去，煎水当茶喝，预防伤风感冒，因此"香风茶"又被称作"伤风草"，民间流传已久。

饼茶 见160页"方茶"条。

洋庄茶 外销茶。清末民国初期，茶号制作的成品茶，凡运往通商口岸，经茶栈转手销售给洋行，称"洋庄茶"。始于清嘉庆、道光年间，其时屯绿在广州销售。《南京条约》签订后，五口通商，贸易中心移至上海，屯绿则通过上海口岸外销。第一次世界大战后，屯绿逐渐直销，中间环节减少，洋庄茶名称逐渐消失。

绝卖 土地买卖行为。自明清至民国时期，在徽州农村，将土地所有权及其他权利卖断的做法称为"绝卖"，或称"永卖"。

珠兰精 茶品名。清末婺源县协和昌茶庄以高山云雾细茶，配窨珠兰花制成。此茶条索紧实，色泽碧亮，香气醇正，味鲜醇和。茶庄有诗云："北源山翠绿丛丛，吸取精华雾露中。换骨轻身传秘奥，涤烦耐渴著其功。香浮玉盏牙生水，凉透心胸骨有风。寒夜客来茶当酒，至今高傲想坡公。"清末列为贡品，有"官礼名茶"之誉，宣统二年（1910年），获农工商部金牌奖，民国四年（1915年），获美国巴拿马万国博览会一等奖。

桃花米 粮食作物。带粳米性质的籼米型稻米，谷粒微红，富有糯性，黏度适中，品质优良，米粒色泽白中显青，晶莹发亮，米粒细长，腹白小，出饭量大，因产于四川省达州市宣汉县桃花乡而得名。早在6世纪以前，徽州的农民根据农业生产经验发现了这样一个水稻品种，其具有耐旱和早熟的优越品性，其生长期与当地雨季相一致，靠雨水滋润即能收获，所要求的播种条件很低，一般山坞地便可耕种。这种作物使徽州的高地和山坡最大限度地利用，在当地普遍种植。由于种植广泛，产量较高，南朝刘宋时期曾经充作贡米，也是地方官吏作俸秩之粮。

陷泥田 山区土田种类。徽州山区深冲垄田中的一种，因田地之中多有泉水冒出，土性寒冷，土壤的种植条件不良，因此农作物产量很有限。

琅源松萝 见162页"松萝茶"条。

黄山毛峰 茶品。前身为黄山云雾茶，最早见诸《黄山志》，据载，莲花庵旁就着石隙培养一种茶，多清香冷韵，袭人断腭，说是黄山云雾茶。据清江澄云《素壶便录》云，黄山有云雾茶，产于高山绝顶，烟云荡漾，雾露滋培，其树柯有历百年，气息恬雅，芳香扑鼻，绝无俗味，当是茶品中第一。据《徽州商会资料》载，黄山毛峰起源于清光绪年间，歙县茶商谢正安开办谢裕大茶行，为迎合市场需求，清明前后，率人到黄山充川、汤口等高山名园选采肥嫩芽叶，经精细炒焙，创制出风味俱佳的优质茶，因"白毫披身，芽尖似峰"取名"黄山毛峰"，经多年发展，后成为蜚声中外的极品名茶。

*黄山毛峰

棚民 自明初开始，安庆府怀宁、潜山、太湖、宿松、桐城等地农民涌入徽州，与山场主签订租佃契约后，依山搭棚，或三五人，或七八人合垦共居，开山种苞芦，徽人称其为"棚民"。到了清乾隆年间，棚民人数达到高峰。棚民租垦山场，初起于租山者之贪利，荒山百亩所值无多，而棚户可出数百金甚至千金租种。棚户则因垦地成熟后，播获之利倍增，是以趋之若鹜。嘉庆十五年（1810年），徽郡六县有棚1 563座，棚民8 681人，其中以祁门县最多，有棚579座，棚民3 645人。

紫霞莲芯 茶品名。创制于明朝，《弘治·徽州府志》云："近岁茶名细者有雀舌、莲心、金芽。"紫霞山在歙县潜口（今属徽州区）附近，此茶芽圆直匀齐，色银绿油润，香气鲜嫩持久，汤色明亮，叶底匀整。制法与黄山毛峰类似，但对鲜叶要求嫩度更高，曾被列为贡茶。明诗人袁启旭曾赋诗《紫霞山试茶诗为粟亭赋》赞道："阮公溪畔是仙家，山上旗枪带石霞。谷雨过时堪小摘，洞云深处有灵芽。烹来活火三春候，坐傍浓荫一时花。莫道卢仝偏好事，天香未许世人夸。"

婺绿 见164页"婺源绿茶"条。

婺源桐油 经济作物。婺源田少山多，谷米不足，于是人们在山上广种杂粮，并栽植油桐，生产桐油，成为古代婺源县主要林副产品，素以油质纯优享誉外埠。主要销往江、浙、皖，作为工业加工原料。全县每年生产桐油2~2.5万千克，最高可达50万千克。乡人"以杉桐之入，易鱼稻于饶，易诸货于休"。

婺源绿茶 俗称"婺绿"。茶品。以"叶绿、汤清、香浓、味醇"闻名于世。据唐陆羽《茶经》载，歙州茶"生婺源山谷"。《宋史·食货》称"婺源之谢源茶"为绝品。明清时期，溪头梨园茶、砚山桂花树底茶、大畈灵山茶、济溪上坦源茶被列为贡品，嘉靖皇帝奖以金字匾额。清乾隆年间，婺绿外销国际市场，誉满茶界，被美国《茶叶全书》赞为"中国绿茶品质之最优者"。婺绿品种繁多，唐为蒸青饼茶，明制炒青，清制绿茶外销，有炒青、珠兰花茶、毛峰、毛尖等，年产毛茶250万千克以上，精制箱茶10余万箱。民国四年（1915年），汪晋和茶号、益芳茶庄、鼎盛隆茶号绿茶和协和昌茶号珠兰精茶获美国巴拿马万国博览会金奖。

蒲葵扇　徽州多棕榈，人们采其叶做成扇，名蒲葵扇。明弘治《徽州府志·拾遗》曾引李义山诗云："小鼎烹茶面曲池，白须道士竹间棋。何人书破蒲葵扇，记著南塘移树时。"

解渴会　公益团体。人们自发组织的公益团体，于每岁五、六、七月间在路边施茶，满足来往行人解渴之需。所需经费由会众筹置。

歙县花茶　混合茶。将绿茶毛茶经精制成坯后，用花通过窨制工艺加工而成。花茶的窨制是利用茶叶的吸附作用，吸进花香，使茶叶既保持原有的滋味，又兼备鲜花馥郁芬芳，品质别具一格。歙县种茶、栽花，生产花茶的历史悠久，是全国主要花茶生产基地之一。这里窨制花茶主要用花是茉莉和珠兰，恐其香不浓，又以白兰花佐之。花茶的原料为绿茶中的烘青，烘青的特点是条索紧细，色泽鲜亮，香气醇正，滋味甜爽。窨制花茶的程序很讲究，三种花在未开时便将花蕾采下，花蕾放入烘青茶中，让其甜香熏染茶叶，然后适度烘干，这样才能香味醇正而隽永。花茶茶引花香，益增茶味。歙县每年产花茶都在500万千克以上，品种丰富，其中高档的有"茉莉顶谷大方""茉莉黄山芽峰""珠兰黄山芽峰""珠兰黄山芽"等。

螺钿漆　徽州早在唐朝就以螺钿漆著名，宋朝更以螺钿漆器闻名全国，有"宋嵌"之称，当时家在歙县岩寺（今属徽州区）的漆器艺人赵千里便是其创始人。明朝螺钿漆技艺更为精巧，其中有种吴氏漆为绢胎鹿角灰磨而成，螺钿用金银粒杂蚌片成花的制成品，十分精绝。

徽州白茶　自宋朝则有之，因宋徽宗喜爱而成为贡茶。产自歙县璜田乡蜈蚣岭村仙源山脉一带，是黄山茶树群体种因遗传因素和外界因素影响，导致体内叶绿素合成受阻而含量减少、芽叶色泽趋向白色的一个变种。其干茶是以徽州白茶茶树新叶为原料，经杀青、做形、烘干等工序加工制作而成，具有"外形挺直舒展、色泽金黄透绿、匀润显毫，冲泡后花香高长，滋味鲜醇，回味甘甜"的特性。汤色嫩绿明亮，叶底成朵，通体嫩白，似透明玉体。

徽州竹编　竹编工艺起源于民间竹匠、篾匠，个中能工巧匠把一根根竹子剖削成细如发丝、薄如纸张的篾片，然后编成各种古朴典雅、色彩绚丽、具有很强实用价值和欣赏价值的器物。

徽州罗绢　徽州罗绢作为民间传统手工品牌名品，于清宣统二年（1910年）获得了南洋劝业会

*徽州白茶

*徽州竹编

展览农商部颁特等奖。

徽州烤烟　明朝中后期，徽州开始种植烟叶，并制作成烟丝等土烤烟供给吸食者消费。

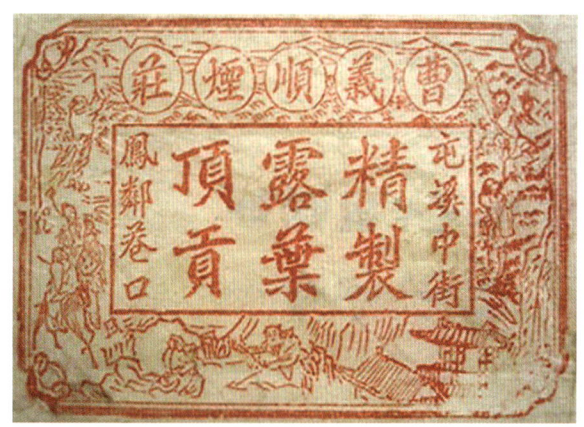

*徽州烤烟

徽州扇　明清时期徽州人制扇工艺精致，有歙县的墩扇、竹丝扇、漆边罗扇、杂色漆边扇、蜀府扇、油纸扇、白纸扇、小篾扇、小纱扇、葵扇、大打扇等。

徽茶 茶叶是徽州仅次于林木的主要特产,也是徽商普遍经营的商品。唐朝即有记载,最早见于唐杨华《膳夫经手录》,据载,歙州、婺州、祁门、婺源饼茶,制置精好,不杂木叶,人皆尚之。此茶制法是将鲜叶经蒸汽杀青后烘干捣碎,碾成细末,再蒸软,做成长条,形成圆饼状,中间留一孔,穿串起来烘干即成。到了宋朝还出现紫霞、雀舌等佳茗,歙县人罗愿《新安

*手工分拣红茶

*制茶流程

*徽州茶

志》云:"茶则有胜金、嫩桑、仙芝、来泉、先春、运合、英华之品;又有不及者,是为片茶八种。其散茶曰茗茶。"此外相传徽州婺源县谢源茶,《宋史·食货志》称之为绝品;休宁县俗称"香风草",又名"山腊梅"的香风茶是齐云山独有的药茶。明清时期又有歙产绿茶、屯绿及黄山毛峰等闻名遐迩,祁门红茶则在清咸丰年间创制问市。

徽漆 即徽州髹漆。徽州山区多漆树,唐宋以后促成了髹漆业的发展,到了明清,漆艺更加提高,漆器制成品非常精美。明隆庆年间,歙县髹漆工黄晟所撰《髹漆录》成为我国保存最早的一部反映髹漆工艺的专著。

*菠萝漆笔筒

*徽茶

徽州文化大辞典

[三]

宗族文化

宗族姓氏
宗族管理
社会公益

[二] 宗族文化

宗族姓氏 宗族管理 社会公益

一鉴胡氏 姓氏支派俗称。歙县东方塘胡氏，为婺源考水胡昌翼之后。子孙多为显达，地方名人，因该处以"一鉴楼"最佳，遂被称为"一鉴胡氏"。

十八中 族众美称。休宁璜源吴氏十四世有兄弟辈18人：吴纯中、吴和中、吴泰中、吴熙中、吴道中、吴咸中、吴积中、吴存中、吴致中、吴齐中、吴诚中、吴敬中、吴畴中、吴执中、吴时中、吴子中、吴敏中、吴本中，并有时望，时人称为"十八中"。

十安堂 家族美称。南朝时，歙县鲍屯人、新安鲍氏始迁祖鲍弘曾孙鲍适，封策进大夫，其三个儿子安国、安民、安福，与堂兄弟安常、安时、安叙、安物、安邦、安禄、安世共爨，亲属有300余人，时人推为尚义之家，称其家为"十安堂"。

十府君 族众美称。婺源武口为王氏世居，始迁祖王希翔，任扬州民曹参军；其子王延剑，生子10人，名皆从"仁"，称"十府君"，孙24人，名皆从"文"，曾孙56人，名皆从"德"，玄孙96人，名皆从"元"。五世同居，鸣鼓而食。后"十府君"派析为"十大房"。

十姓九汪 宗族俗语。汪姓为徽州大姓，自从汪文和东汉建安二年（197年）徙居歙县，成为徽州汪氏一世祖后，徽州汪氏开始兴旺发达。其十四世孙汪华生有9子，后裔在境内分布最广，构成了徽州汪氏的放射形分布，且汪氏人口众多。故宋邓名世《古今姓氏书辩证》称："黟、歙之人，十姓九汪，皆华之后。"另，据《新安名族志》称，汪华的堂弟汪铁佛亦生有8子，这也是徽州形成"十姓九汪"的原因之一。参见177页"汪氏"条。

七门方氏 姓氏支派俗称。歙县岩镇（今属徽州区）东街方氏，聚族而居，明朝时共为一社，称"龙潭"。人丁众多，百业兴旺，子孙列为七门，各以其特征命名。先世曾植葡萄于庭院的称"葡萄门"，宋元以来祖先世居于此的称"党里门"，因先世官名的有"从龙门""教谕门""文武门"，明初因富户被迫迁居京城的称"富户门"，其住宅有前后屋宇的称"前后屋门"。

八隐 族众美称。明初，婺源环溪吴氏有兄弟8人：吴世坚、吴世良、吴世德、吴世贞、吴世祥、吴世荣、吴世华、吴世昌，均有隐德，时人称为"八隐"。

三里郑氏 姓氏支派俗称。歙县律村郑文笔、跳石郑文显同迁堨田，其后，子孙繁衍，分析为东门里、墙里、上园里三门，乡人称为"三里郑氏"。

大桥下郑 姓氏支派俗称。郑元誉从歙县官塘迁居岩镇东南的大桥下，该支被称为"大桥下郑"。

马氏 徽州马氏系。北宋宣和年间，马咸任龙图直秘阁、遂宁府知府。因劝谏权臣蔡京，遭猜忌，于是辞官隐居于婺源北亭山下，后子孙定居于此。此为迁居徽州马氏最早的一支。宋末，世居乐平的马廷鸾，曾任观文殿大学士，入赘婺源甲路张氏，遂居其地。所生六子，五人回迁鄱阳，季子马端益留居婺源甲路。祁门马氏始迁祖马真三，元初从乐平迁居县城东隅及马家巷。又有马皇甫，元至正二年（1342年）由婺源迁祁门伟溪，后裔迁居县城，散处四门，称"四门马氏"。

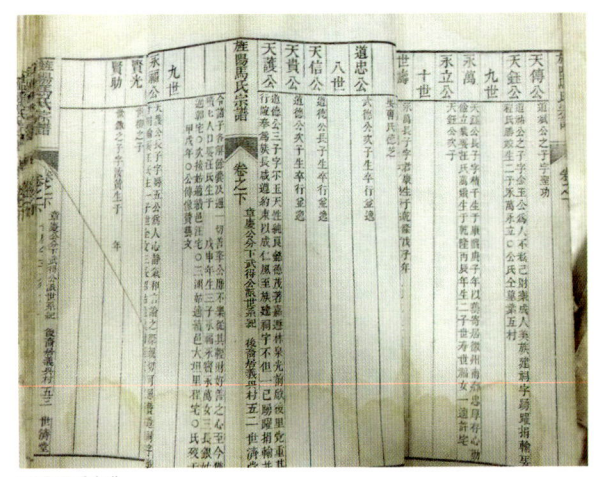

*旌阳马氏宗谱

王氏 徽州王氏系。徽州王姓有两大支，一支望出太原，称"太原王"；一支望出琅琊，称"琅琊王"。"太原王氏"始祖为王希羽，唐乾符五年（878年），与诸弟避战乱于歙之篁墩（今属屯溪区），广明元年（880年），黄巢回兵中原，诸弟也相继迁回或迁往他处。王希羽则徙居歙县泽富（今歙县王村）。"琅琊王氏"始祖为王璧，始居祁门之西苦竹港。王璧好骑射任侠。唐末天下大乱，黄巢军队进入歙州时，王璧与其女婿郑传倡议召集乡民，保障州里，刺史陶雅屡奏其功，历补军职。后官至银青光禄大夫、检校兵部尚书加金紫光禄大夫。

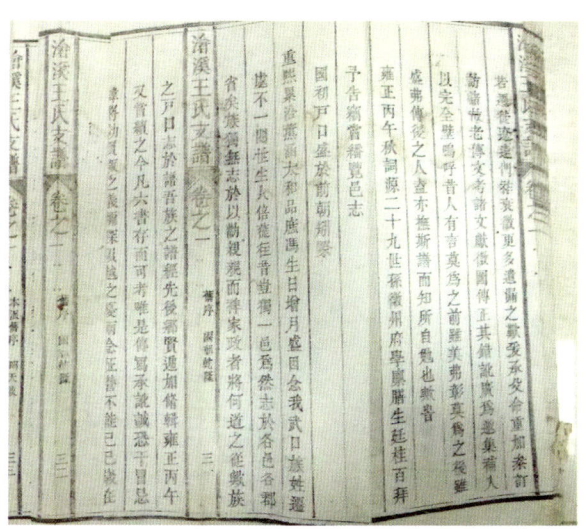
*沧溪王氏支谱

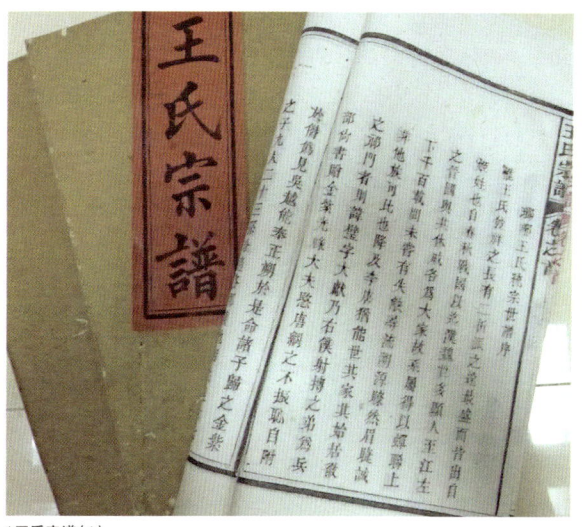
*王氏宗谱(1)

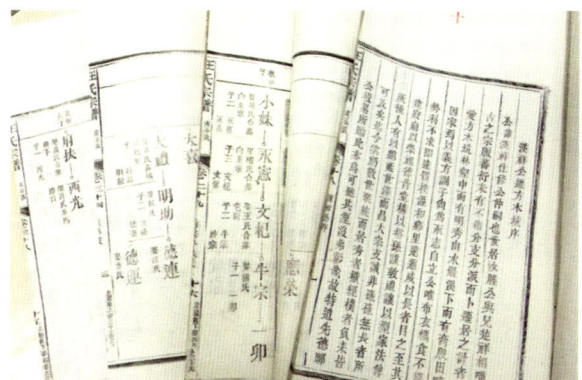
*王氏宗谱(2)

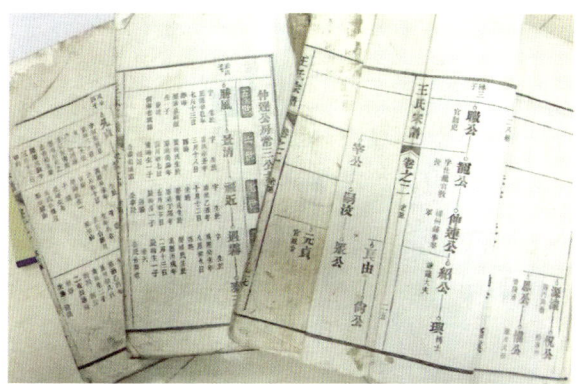
*王氏宗谱(3)

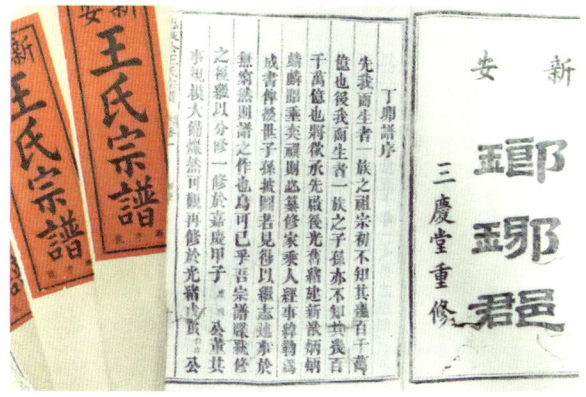
*新安王氏宗谱

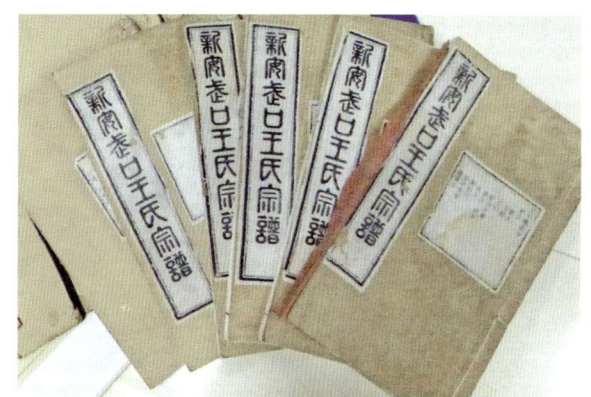
*新安武口王氏宗谱

天下之汪皆出新安 宗族俗语。语出《荆山堂汪氏统谱》。意为唐宋以后，新安汪氏后裔又不断徙居外郡，而成"天下之汪"。

五老耆英 族众美称。休宁邑东石岭，吴氏世居。明朝时，其二十八世有吴希器、吴希宁、吴希允、吴希相、吴希贡五人，德寿兼备，都依例被授予寿官，平日以诗酒自娱，时人称为"五老耆英"。

不是篁墩不是程 宗族俗语。徽州程姓始迁祖为晋新安太守程元谭，定居篁墩，徽州程氏皆出程元谭后裔，故有此语。参见191页"程氏"条。

仇氏 徽州仇氏系。元朝初年，仇悬为徽州路总管，有惠政，卒于官，其8个儿子奉葬其于歙西陈塘寺之侧，并定居于王充。仇悬之孙仇保珍迁礼庄，后裔仇自坚移居仇家塘，仇申、仇甫兄弟因父任职扬州路学录而迁居江苏江都。

方氏 徽州方氏系。西汉始建国元年（9年），大司马长史方纮避难南徙，定居丹阳郡歙县东乡（今浙江淳安），即新安方氏始迁祖。其孙方储，汉和帝时拜太常卿黟县侯，卒赠太常卿尚书令洛阳开国公，葬歙县东乡。方储十世孙方起，唐显庆二年（657年）任婺源知州,任满居婺源清化、横坑,卒葬清化幅林湾。方储二十世孙方羽迁歙县临河。又,方叔四子廷宝后裔、方焕子方秉钧,东汉永平二年(59年)知黟县令,任满居黟县云村,生子广荣,娶妻曹氏,生一子荣清。广荣早卒,曹氏守节,曾造桥造福乡里,当朝赐曹氏所造桥为贞节桥,后名"敕桥"。荣清官至四川成都知府,所生二子德隆、玄隆均居云村,后裔流布黟县、祁门、休宁、婺源。

方氏十二派 宗族支派。徽州方氏始迁祖方纮,生一子方雄,方雄生方储,方储有三子,长子方仪之后,迁湖州、常州、宁波、滁州、杭州、广州、莆田、兴化、九江等地,以莆田最盛。次子方觌、季子方洪之后,汉唐时期主要居住于歙县东乡及浙江一带。至清乾隆年间,徽州方氏认同方储为先祖的有12大派,其中方觌后裔有灵山、环岩2派;方洪后裔以二十九世方干、方羽兄弟分支,方干之后有方村、瀹坑、瀹潭、潜口、沙溪、苏磻、磻苏、佘坡、柘源9派;方羽之后则有联临派。每年九月初六是12派共同祭祀先祖方储的日子。参见169页"方氏"条。

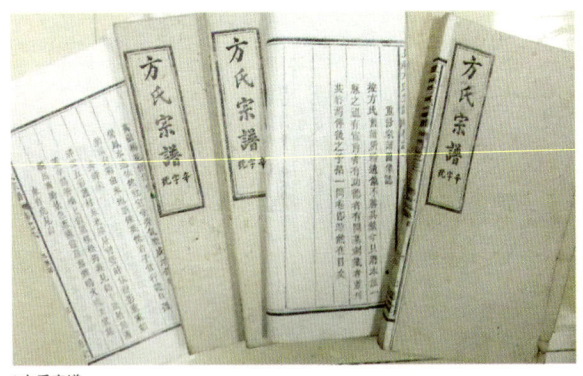
*方氏宗谱

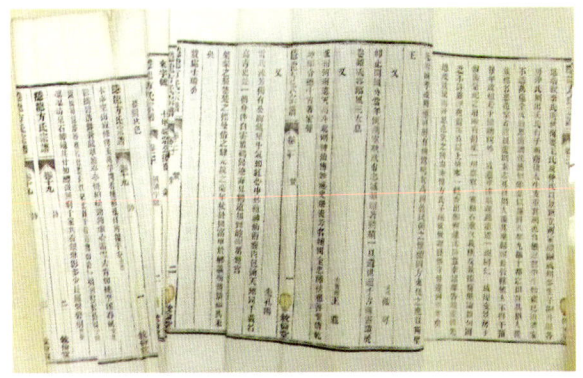
*隐龙方氏宗谱

巴氏 徽州巴氏系。南朝梁武帝时,巴播从丹阳迁居休宁二十四都以避乱,即为徽州巴氏始迁祖。后裔散居休宁南街宣仁巷、临溪、石岭、中街、望干、东林竹岭后、上颜溪等地。宋朝初年,巴珣再迁歙县河西,后世有"东门许,西门巴"的俗语。元朝时又迁歙县渔梁。

双桂胡氏 姓氏支派俗称。歙县郡城东阁,为胡氏世居,其先为东晋山东青州人、新安太守胡育。宋朝时从黟县横冈赘居于此。胡嵩、胡崇兄弟,父亲早亡,侍奉母亲极孝顺,淳祐年间同登进士第,郡守饶虎臣立"双桂坊"以作旌表,该支遂有"双桂胡氏"之称。

石氏 徽州石氏系。元元贞年间,石迁以进士授歙县主簿,自金陵(今江苏南京)泥土巷迁歙。元末,石荣禄由歙县石家坦迁绩溪七都旺山,为旺山石氏始祖。婺源石氏为江西乐平石家石氏支裔,明初徙居婺源东乡,建石家村,后世分居县内各地。

龙川胡 绩溪胡氏支派。即大坑口胡氏,因村依龙须山,山下有龙川而得名。始祖青州濮阳人胡焱,晋朝以散骑常侍镇歙,居华阳镇大松林,再迁荆林里。明户部尚书胡富、兵部尚书胡宗宪即其后裔。

东关杨氏 歙县杨氏支派。歙县郡城上北街杨氏乃宋朝时迁居于此,明成化年间,杨仕琮、杨仕贵兄弟再卜居郡城东关,两门子孙一样繁盛,资产同样丰厚,时人称为"东关杨氏"。

北蒋居一 宗族俗语。全句为:"未立祁门,先有四大姓,北蒋居一。"祁门邑北白塔蒋氏,先世居义兴,唐贞观年间,蒋俨与其子蒋远途经此地,爱其山川佳丽,迁居于此。传三世蒋勋,以勇力闻名当地,协助吴仁欢平定方清起兵,被举为棣州别驾。民间因有此俗语。

北路郑半州家 家族美称。歙县邑北律村,唐朝时郑思始迁居于此。后裔郑再能,家产极为丰厚,年输赋税钱粮数额巨大,官府常赏以锦旗等物,鼓号送回。时人誉之"北路郑半州家",意思是郑家的财富抵得上半个州府。

卢氏 徽州卢氏系。唐末五代时,卢玄从太平县(今黄山区)葛村迁居黟北,因名卢村。

叶氏 徽州叶氏系。东汉建安二年(197年),叶望渡江移居丹阳。六传至叶续,任晋朝行兵都统,迁居新安。唐朝时,叶孟游歙东潺田,爱山水幽邃,迁居于此。后子孙繁衍,形成巨族,号称"东乡叶氏",并改"潺田"为"蓝田"。溪头、板树、大里、新州、梅村、官塘叶氏均为其后裔。另叶茂,唐神龙年间任歙县丞,其子叶勋隐而不仕,迁歙南,定村名"叶村"。唐末,叶徙避战乱居歙县篁墩(今属屯溪区),传三世叶林秀唐长兴年间率兵至婺源御寇,以功授越州司户,安家于婺源中平。休宁叶氏始祖为叶续十六世孙叶斯韶,迁休宁街。后裔又外迁株村、安其、后山、汪村、山旦等地。祁门叶氏源流有二:南宋嘉泰元年(1201年),池州教授叶通茂寓居祁南谢村,后迁城西北隅紫荆湾。后周时有叶衮、叶椿避乱由篁墩迁祁西沙堤,宋时迁居城西、石林、叶村、双溪。后江溪、溶溪、濂溪、里村源、石源、长源、芝溪、罗田等地,叶姓皆系石林分支。绩溪叶氏有四派,均由歙县蓝田迁入:叶支诞在唐朝中期迁入前坦,叶五在北宋开宝三年(970年)迁入东坡,叶芷在元朝时迁上源,叶显荣在明末迁竹塔,其弟叶善荣住大磡上。婺源东乡江湾、旃坑一带唐初即有叶氏居住。唐开元年间，叶氏首先发现龙尾砚石，并制作成砚，为歙砚之始。黟县叶村始迁祖叶留，从处州（今浙江丽水）迁居于此。

*祁门石林叶氏宗谱

*武陵叶氏宗谱（1）

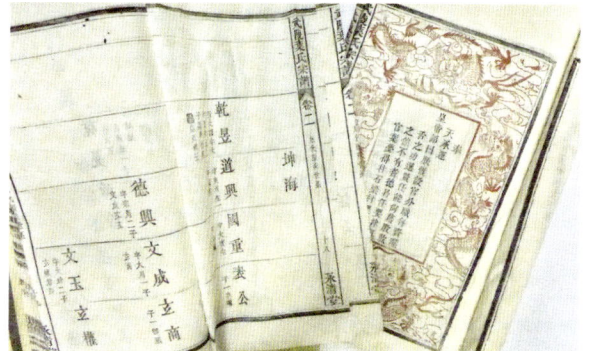
*武陵叶氏宗谱（2）

田氏 徽州田氏系。元朝时田秀实任徽州路总管府知事，郡民爱其德，乃定居歙县东关。

四角方 宗族美称。歙县方氏绝大多数奉东汉方储为先祖，以霞坑真应庙为祖庙，且分布于县境内四面八方，人数多，势力较大，遂有"四角方"之称。参见169页"方氏"条。

务东邵 姓氏支派俗称。休宁城北有邵氏世居，其中邵老一支后迁县城西街的税务东定居，人丁兴旺，称雄当地，遂有"务东邵"之称。

务前郑 姓氏支派俗称。郑文振从歙县长龄里迁居岩镇东税务前，该支被称为"务前郑"。

冯氏 徽州冯氏系。唐时，冯怦任歙州知州，后定居祁门，葬父于祁门横头。冯怦子冯羽任户部尚书，葬仁村。传至户部尚书冯延鲁，隐居润州金坛，其后裔回迁祁西黄杨社，又迁梅上源。冯仲贤分迁大树。唐贞元年间，青州人冯繁任歙县令，卒于官，其子冯定于是在歙县吴辉定居。今鸿飞有冯氏居住。绩溪白沙街冯氏始祖冯延普，于唐咸通六年（865年）由吴辉迁此，后迁冯村。后裔分县内，自成支派的有东关、新川、方村等十多支。南宋绍兴年间冯伯礼由休宁卜居婺源西湖，明永乐年间迁绣溪。

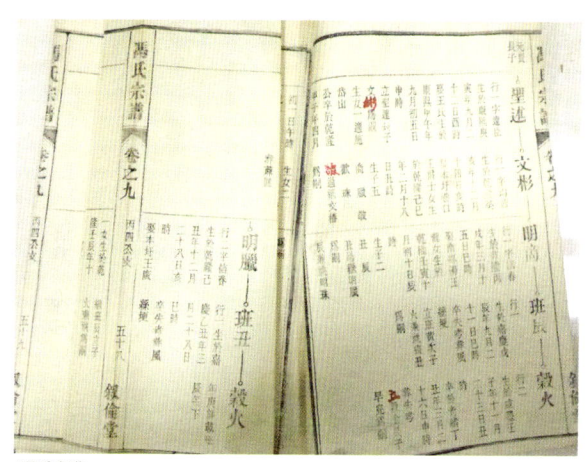
*冯氏宗谱

半街胡 家族美称。元朝歙县岩镇（今属徽州区）忠臣庙前街主要为胡氏居住，其中以胡诞家业宏大，财富雄厚，人遂称其"半街胡"。

毕氏 徽州毕氏系。徽州毕氏先祖在河南偃师县，唐乾符年间，毕师远任歙州中散大夫，黄巢农民起义时，为躲避战乱，安家于篁墩。后裔毕文龙寓居休宁闵口，毕经从闵口迁歙县长陔，毕景安从长陔迁县城上北街，毕克守从上北街迁清流；毕文虎在宋初迁居歙县石耳，分支迁居歙县嘉田。毕师远四世孙毕希万迁碧溪，毕绍迁陈村。毕师远八世孙毕景在镇守绍兴期间曾不理政务闲居家中，游休宁高枧、闵口、鬲山三庄，遂居闵口。今休宁万安、峡东、新田、临溪、苦株、田里、回溪、毕村等地皆有毕氏定居。毕师远九世孙毕文进始迁婺源严溪，后裔再分迁白石。

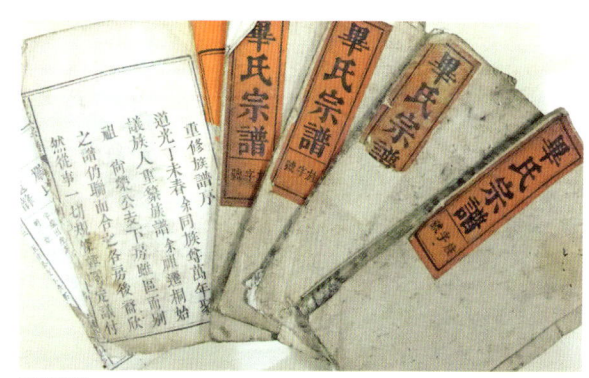
*毕氏宗谱

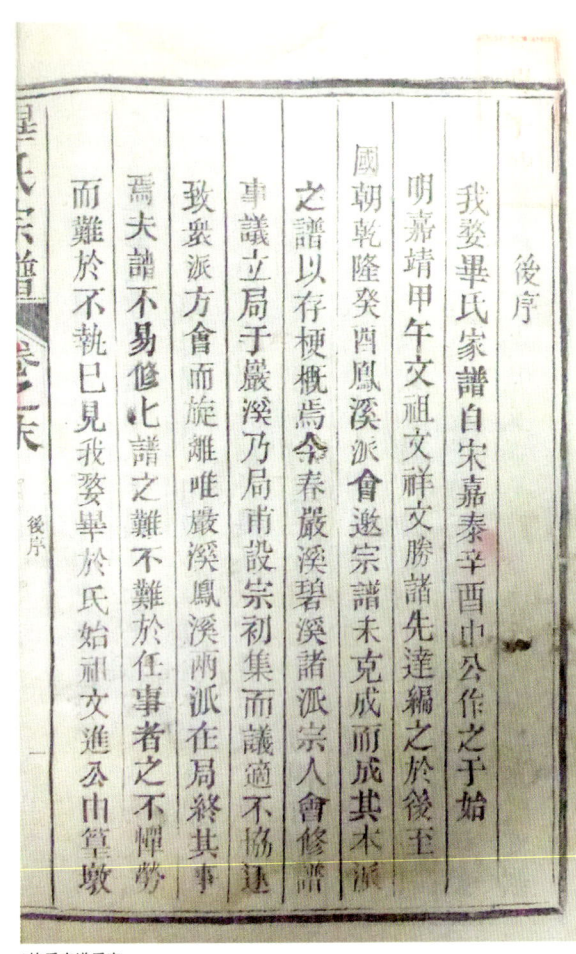

*毕氏宗谱后序

吕氏 徽州吕氏系。歙县吕氏始迁祖吕适，唐元和十年（815年）奉母命返乡，定居向杲。后裔吕若仁为避战乱迁篁墩，吕承恩从篁墩迁李村；吕从谦由向杲迁婺源沣溪，吕猷从沣溪迁槎潭，吕伯文从槎潭迁江村。歙县另一支吕氏始迁祖吕从善，唐广明元年（880年）从金陵（今江苏南京）迁歙县竭田，后裔吕仲明为避方腊起兵迁居岩镇，吕宗宪从岩镇迁方加山。绩溪有阳川吕氏，其先世吕聪二自旌德洪溪徙居绩溪七都高塝上，其七世孙吕护在明末由高塝上迁七都阳川。休宁吕氏居洪水塘、塘田、焦充、回溪等村。婺源吕氏始迁祖吕广问，本河南开封人，北宋宣和七年（1125年）登进士，授婺源县主簿。与兄吕和问同来，传河洛之学，定居婺源汾水。

朱氏 徽州朱氏系。徽州朱氏迁徽始祖为唐末朱涔。朱涔，字山陵，号师古，历官至殿中丞，居姑苏洗马桥。生有四子，朱瓌、朱驯、朱璟、朱重。朱瓌历官至银青光禄大夫大宪御史，爵受江南领将歙州开国亭英侯，晚年隐居休宁亹山。其弟朱璟避战乱，道经歙之篁墩，爱其山水之胜，遂家于此。天祐年间，歙州刺史陶雅命朱璟领兵戍守婺源，官制置茶院。后世奉朱涔为新安朱氏始祖，徽州朱氏基本为朱瓌、朱璟的后裔。

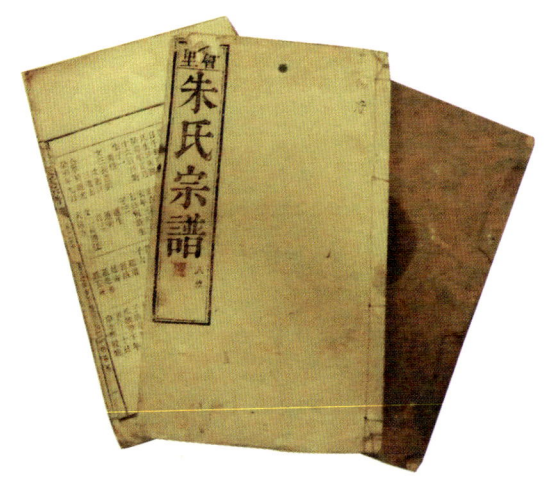

*会里朱氏宗谱

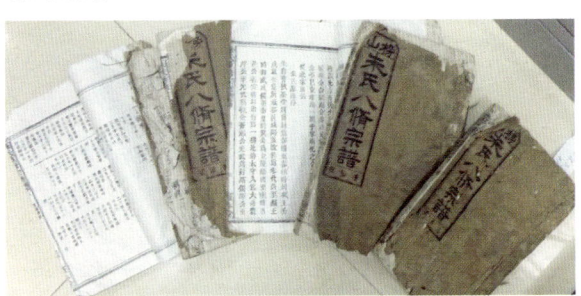

*榜山朱氏八修宗谱

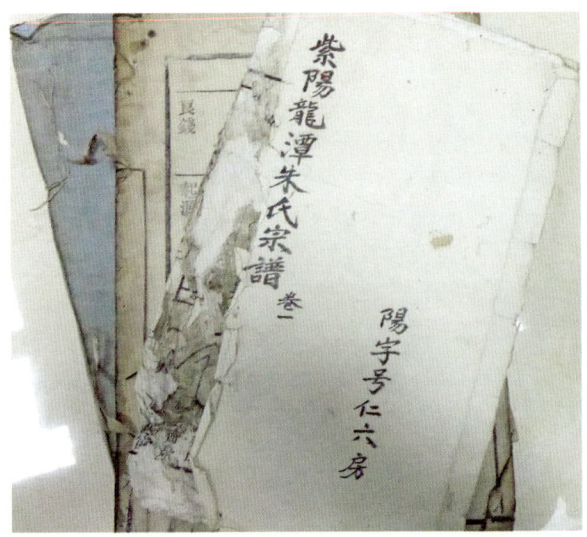

*吕氏宗谱序

*紫阳龙潭朱氏宗谱（1）

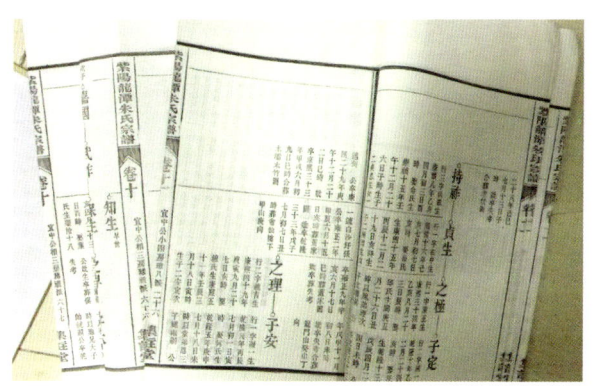
*紫阳龙潭朱氏宗谱(2)

*金溪刘氏宗谱

任氏 徽州任氏系。徽州任氏均为南朝梁新安太守任昉之后，称"太守任氏"。任昉，山东博昌人，任新安太守，爱富资山水，定居于歙北20千米的昉村。其后裔分迁多处。绩溪有梁安任氏，后裔又转徙十四都西川、七都旺川村大磡上等地。祁门任氏为任清二由歙县迁祁西闸里。休宁任氏始迁祖任仲琳，五代时隐居齐云山，宋初任敬迁居休宁万安镇古楼下，后世任云再迁万安街城北，另有外迁青阳、山西等地者。

仰氏 徽州仰氏系。徽州仰氏先祖居河南洛阳，后迁安徽无为。后裔仰敬，为歙州教授，遂留居歙县古溪。六世孙仰恢，北宋咸平年间为清江尉，由歙县古溪迁祁门锦溪。仰敬十世孙仰昌南宋宝祐年间迁祁门东溪。又有后裔于北宋淳化年间徙居祁门五都，即祁北仰村。

庄氏 徽州庄氏系。南宋绍兴年间，庄大十从福建始迁新安东关，再迁城南浦口，不久又南迁阳坑。今绵潭一带有庄氏。

刘氏 徽州刘氏系。唐末，彭城（今江苏徐州）人翰林学士刘依仁奉旨出守江南，因战乱安家于休宁，休宁刘氏皆为其后裔。婺源刘氏始迁祖为刘津，五代南唐昇元二年（938年），身为都置制使率关西军1500人镇守婺源。其时国家分裂，关西军不得回原籍，散兵屯田，刘津也因此定居婺源县城。后世分迁县内各地。歙县刘氏有多支，唐朝刘万六始迁刘村；宋朝时刘濬从婺州（今浙江金华）迁古城关；明初刘英从宣州迁十横街。

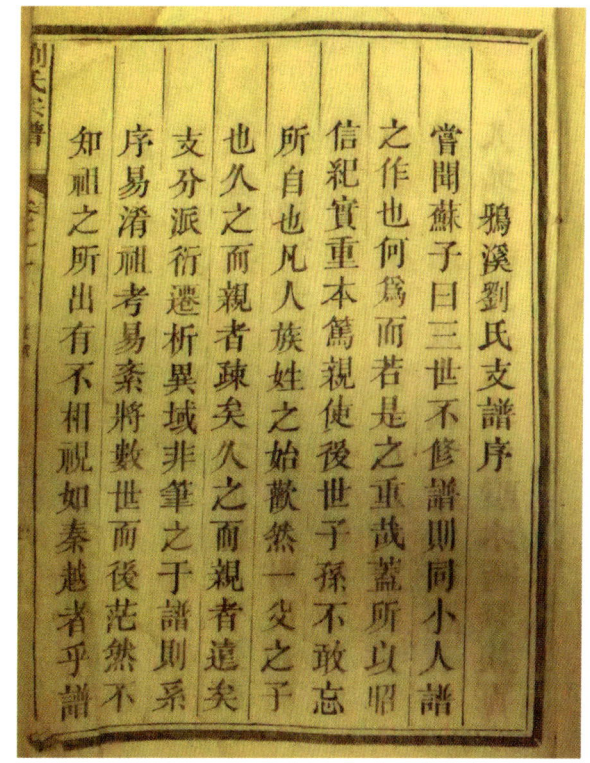
*鸦溪刘氏支谱序

齐氏 徽州齐氏系。唐乾符六年（879年），齐亮始居歙县篁墩（今属屯溪区），因抵御黄巢军队有功，受封兰公，迁居德兴。八世孙齐公绰，北宋景祐元年（1034年）进士，官至工部尚书，由德兴徙居婺源山头里，居地称"齐村"，是为婺源齐氏始祖。兰公十七世孙齐知佑分迁冲田等地。清科学家、文学家齐彦槐即冲田族裔。

江氏 徽州江氏系。徽州江姓有济阳江和萧江之分。济阳江出于嬴姓，嬴玄仲辅佐大禹治水有功，封于江，其地域在长江与汉水之间，于是便以国为姓。玄仲四十八世，有名为江贞者迁徙到济阳，形成郡望，故称"济阳江"。徽州济阳江姓自称为东汉光武帝时期江革之后，始迁居徽州的乃醴陵江滚淹的后裔。江滚淹十四世孙尚质，为歙州护军将军，再世曰洪，仕唐为谏议大夫，因兵乱避居于婺源谢源江村。其二由萧姓改易而来。萧祯避兵乱，南渡时指江为姓，居歙之篁墩

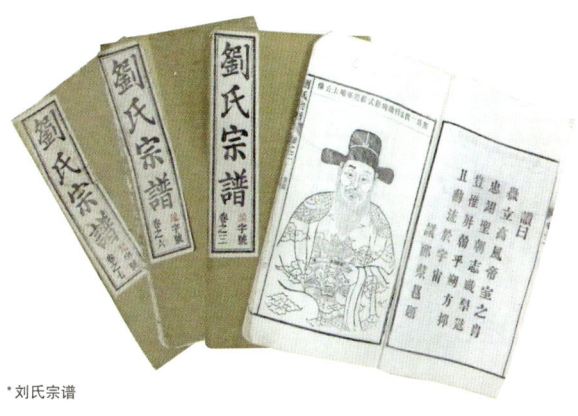
*刘氏宗谱

（今属屯溪区），卒葬歙之溪南（今属徽州区）。祯生三子，长子郑居溪南守墓；次子威迁衢州开化；三子董迁婺源水皋径。此江为萧所易，故称"萧江氏"，奉萧祯为一世祖。

*济阳江氏一世祖

江东二吴 族众美称。休宁商山吴舜选之长子吴俯，南宋乾道年间进士，官至太学录；次子吴儆，绍兴年间进士，官至广南西路安抚使。兄弟两人在太学时，因学问高深而广受赞誉，时人有"眉山三苏，江东二吴"之喻。

许氏 徽州许氏系。中华许姓得姓之后，逐渐形成河北高阳、河南汝南、湖北安陆、江苏晋陵（今常州）、广东中山、山西太原等郡望，其中以"高阳郡"最为著名。徽州许姓一支就属于"高阳许"。唐末，许儒为避战乱，从关中南迁歙之篁墩（今属屯溪区）。许儒次子许知稠迁歙县许村，子孙遍布新安各县，其中又以歙县许村、绩溪涧洲（磡头）、祁门等许氏尤盛。婺源许氏为江西乐平的洛口许氏支裔，于五代南唐昇元年间居婺源西乡，建许村。南宋绍兴年间，又有洛口许氏后裔迁婺源南乡，建许村、墩村。

*古歙许氏宗谱传

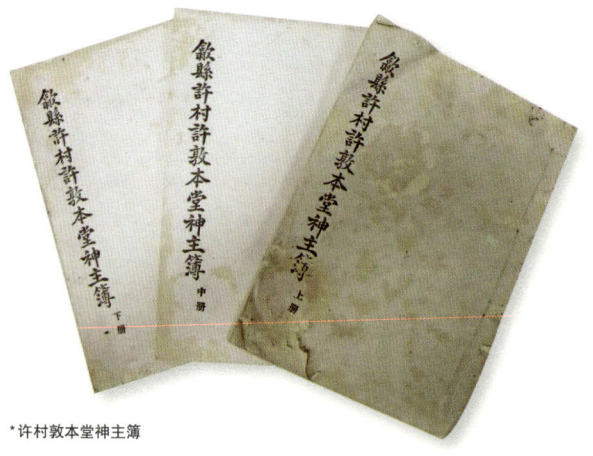

*许村敦本堂神主簿

孙氏 徽州孙氏系。休宁孙氏始迁祖孙万登，本山东青州人。唐咸通五年（864年）任金吾上将军，往岭南平蛮后，班师时路过休宁，爱当地风土，留居黎阳唐田。今休宁坑口、草市、野山、阳湖、溪东、栈山、浯田、梅林、高桥、黄村、汉口、闵口以及南街、南门、霞塘、隐充、石砘、上坦、仙人林、三教塘、前村、率口、孙打渔、下颜溪等村皆孙氏所居。歙县岩寺（今属徽州区）、石际、小北街孙氏也源于该支，先后由休宁迁入。婺源孙氏始迁祖为广东罗浮山人，于唐乾符、文德年间徙居于城郊，建源头村。北宋建隆年间，御史中丞孙万登后裔孙文质摄婺源县事，亦安家于婺源东门，后世分徙湖溪、绣溪、兴孝坊、上坦等处。祁门孙氏先世孙郁，南朝齐时由会稽（今浙江绍兴）迁歙县，宋朝时孙安卿任祁门令，留居县城正街。黟县孙氏有两支：一支为孙友召从休宁溪东迁居横冈；另一支在唐朝时孙师睦从富春迁县城北街，后分迁古筑。绩溪孙氏系清初孙益振从歙县坑口迁居永祥坑，后裔于嘉庆五年（1800年）迁荆州石园。

李氏 徽州李氏系。唐宗室昭王的第三个儿子李祥，为躲避兵乱，迁居歙县。祁门李氏皆此一派。婺源李氏始迁于五代南唐昇元年间，李德鸾由浮梁迁婺源严田。又北宋大中祥符三年（1010年），祁门浮溪新田李氏徙居婺源理田。南宋初年，李镛任太平推官，转饶州司法参军，迁居婺源县城种德坊。休宁李氏主要来源于祁门浮溪、婺源理田、婺源严田、浮梁界田。歙县东山李氏出婺源严田派，槐塘李氏出理田李德鹏之后。黟县李村李氏出祁门浮溪派。绩溪县北美俗坊李氏源于元朝初年李良祯，其父李维曾为歙县令。另有嗣川李氏、庄川李氏、石纹桥李氏。

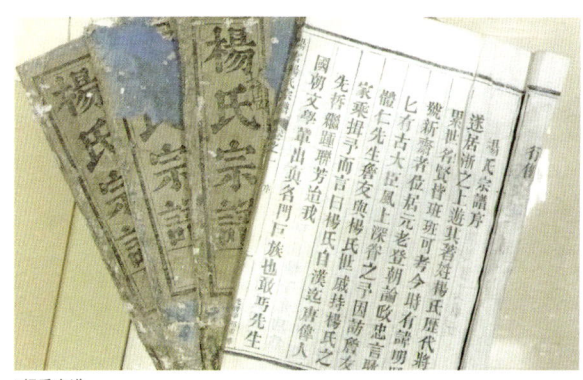
*杨氏宗谱

吴氏 徽州吴氏系。西汉初，在今江西鄱阳县任县令的鄱君吴芮，其第三子吴浅封便顷侯，析居新安。唐时，吴良隐居迁歙，为歙县吴氏之始，葬城东问政山。其孙吴少微中进士，为唐左台监察御史，子孙遂号为"左台吴氏"，尊吴少微为新安始祖。吴少微的儿子吴巩，迁居休宁石舌山。歙县吴氏有岩寺、西溪南、向杲、北岸、莲塘、金竹、方塘、昌溪、牌头、新州、石潭等派。休宁吴氏有石岭、高桥、吴田、长丰等派，遍及休宁城乡。婺源吴氏始祖吴圣，原居歙县篁墩（今属屯溪区），北宋建隆二年（961年）迁居婺源北乡莒莒山。祁门吴氏始于唐天宝年间，吴仁政为浮梁县尉，遇老叟引入松林源，见山水清幽，遂与弟吴仁欢居此，改松林为武陵。后裔分迁石溪、察坑、周家坦。绩溪眉山吴氏始祖吴景文，南宋乾道九年（1173年）由歙县富饶迁县治眉山，建祠城西，今吴姓分布华阳、高迁、龙丛、扬溪等10多处村镇。

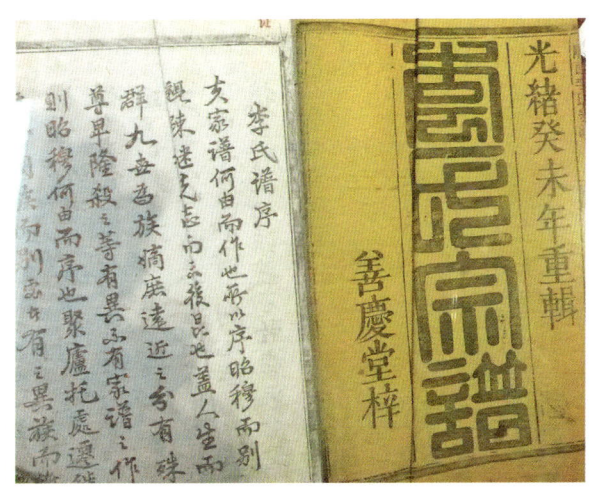
*李氏宗谱

*义门美溪李氏家乘

杨氏 徽州杨氏系。五代吴王杨行密之孙杨隆受，为同州刺史，因避张颢之乱而居休宁松萝山，子孙世居西乡板桥里，后裔先后迁芳溪、重塘。婺源杨氏自北宋末徙入城郊，建村名杨坑，后世分居各地。南宋绍兴元年（1131年），庐州合肥人杨通任徽州路司户参军，太守重其才，在任6年卒。杨通去世后，其子杨清13岁，想把父亲的灵柩送回合肥老家。适逢国都南迁，北方不安宁，不敢行，于是安家歙城上北街，后有"东关杨氏"之称，洪琴、柘林、杨村杨氏均其后裔。祁门杨氏始迁于明正德年间，杨敏材自都昌迁居祁门中和里。参见170页"东关杨氏"条。

*北岸吴氏族谱

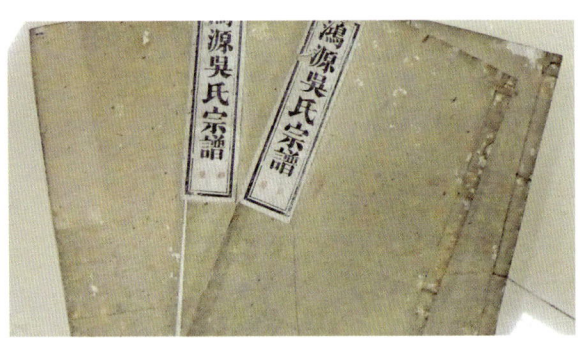
*鸿源吴氏宗谱

*吴氏宗谱

*武陵吴氏宗谱

*左台吴氏大宗谱

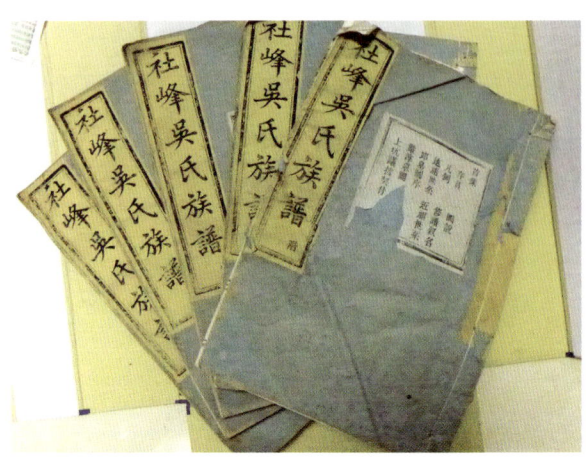
*社峰吴氏族谱

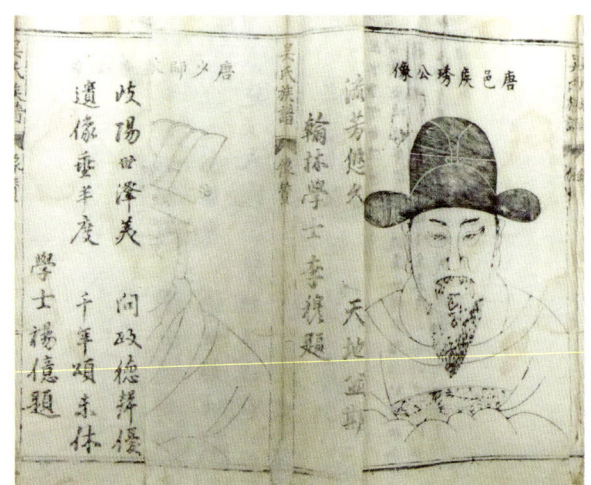
*吴氏族谱像赞

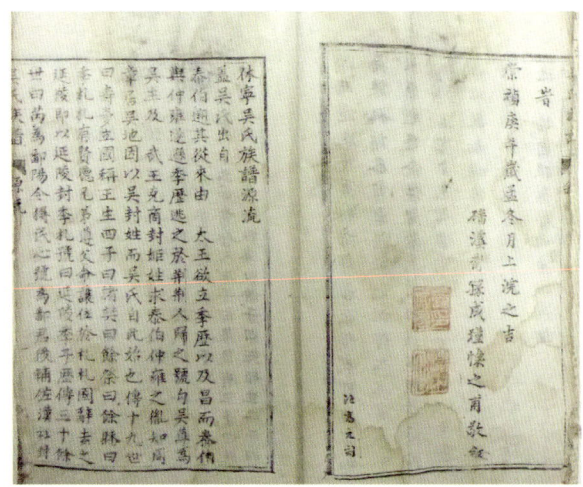
*休宁吴氏族谱源流

吴氏八龙 族众美称。休宁邑东石岭，素有吴氏世居。宋朝时，其十七世有吴霄、吴霖、吴霜、吴霭、吴霏、吴雷、吴露、吴云八人，或进士，或解元，功业显赫，时人称为"吴氏八龙"。

邱氏 徽州邱氏系。唐代宗时邱伯三在歙州任职，由宁化石壁邱坑迁居歙县篁墩（今属屯溪区）。乾符年间为避乱，后裔徙居祁门北花园岭，定居邱村。明永乐年间，邱仕元由休宁流口迁祁南清源，后裔邱敏效于嘉靖二十二年（1543年）由清源分迁祁北龙川，清顺治八年（1651年），后裔又由龙川分迁邱家墩。

何氏 徽州何氏。徽州何氏始于南唐国师何令通，显德年间因事谪休宁，居何坞。其侄何润，随住县前街。后世子孙散居休宁厚田、万安、梅林、兖山、兖山渠、黄口、汪坑、率口何家洲等处。婺源何氏有两支：南宋乾道五年（1169年），江西乐平柳桥何嘉迁北乡古坦，建菊径村；又福建厦门何氏宋时迁东乡，建何田坑村，其后世因仕因商分徙各地。明永乐年间，何营四由婺源菊径迁入祁门，卜居南乡燕里何家村。绩溪何氏三支分三次迁入：南宋咸淳年间，分水何栖任绩溪县丞，辞官后迁居荆州，后裔分居梅树下、松烟塘。元末何喜宗由歙城北迁三都隐塘；清初，其裔何长金由隐塘迁西降，称"西降何氏"。清初，桐庐一何姓小贩到绩溪卖小鸡，定居城南，后成村，名"荷花田"。歙县何姓始迁祖何友信，北宋政和六年（1116年）在歙州任职，后裔定居歙县褒嘉坦。

佘氏 徽州佘氏系。隋朝时佘琼从驾江都（今江苏扬州），遇到宇文化及策划的兵变，退避江南。抵休宁，卜居石骐山金鸡峰，因名"佘家坞"，又名"佘源"。后南市、闵口、车田、椰源、杨源、蓝渡、西馆均有佘氏。歙县佘氏始迁祖为佘潜，南宋建炎三年（1129年），桃源州佘潜以进士身份担任歙县令，遂留居于此。岩镇樟森塘佘氏，始于佘荣。佘荣是扬州人，于北宋宣和年间任徽州教授。宣和三年（1121年），方腊起义被镇压后，歙州改名为"徽州"。佘荣拟谢政回归原籍，当时徽州知州卢宗原让他参知机务，接任的知州唐作求也对其学问、能力推崇有加，竭力挽留。随后的靖康之变，使扬州遭受重创，佘荣无法还乡，只好安家于歙，成为歙县佘氏的又一派祖。

余氏 徽州余氏系。西晋永嘉年间，余祥迁浙江遂安，后改迁歙南余岸。西晋时，遂安隶属于新安郡，余祥即被视为迁徽始祖。休宁万安余头村由余岸派余大信迁入，其他如石叶、水西街、古城、塘芸等地也有余氏居住。婺源余氏始祖余道潜，北宋末任浙江桐庐主簿，因不媚权贵由桐庐卜居婺源沱川，后世分徙各地。祁门余氏，宋时由歙县上冈迁祁城，嗣后分迁北乡枫林、南乡郭潭、龙源、江村、河汾，称"五门余氏"。绩溪石榴村余氏，由余天伦于元末自歙县余岸迁此。明初华阳余氏继许氏外甥为嗣，后余姓和许姓合祠。余姓后裔分布华阳、犟溪口、水村等地。黟县余氏源于始迁歙县篁墩（今属屯溪区）的余荣，其后裔余万三迁休宁蓝田，又十世余十五，因元军南下，再从蓝田迁黟县八都。

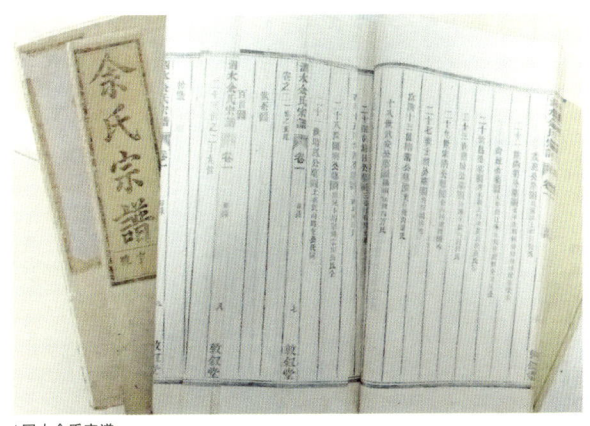

* 回水余氏宗谱

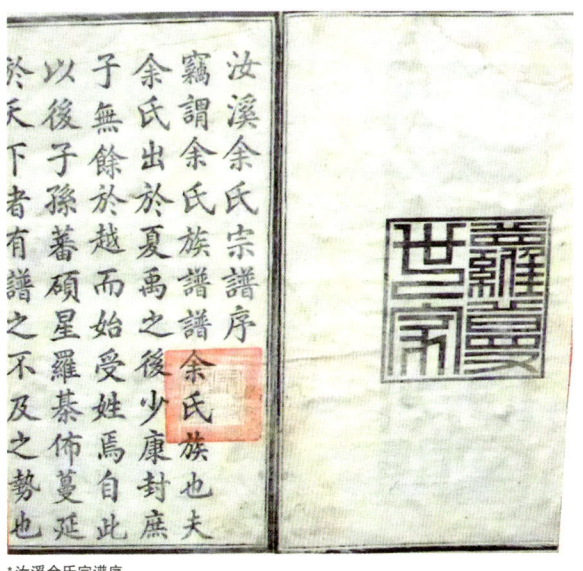

* 汝溪余氏宗谱序

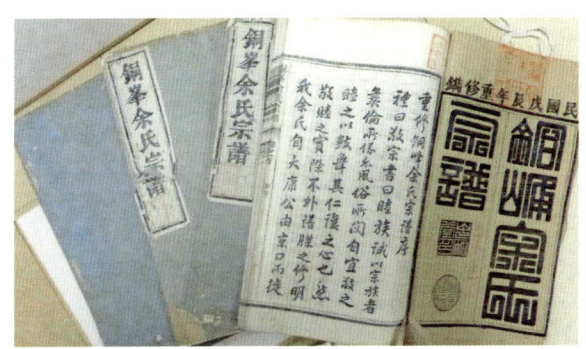

* 铜峰余氏宗谱

闵氏 徽州闵氏系。南朝梁大通元年（527年），闵纮被任命为歙县令，深得民心，任期满后，百姓不舍，请求他留下，以至于无法卸任。太清元年（547年）卒于县，子孙于是在歙西葛子桥安家。唐元和年间有后裔迁岩寺，丰口、大里路口、溪南石桥头、泾县、浮梁、信州、鄱阳等地闵氏都从岩寺分迁。休宁闵氏始迁祖闵一公，任职湖广副使，始迁万安。

汪氏 徽州汪氏系。东汉建安二年（197年），龙骧将军汪文和为避乱渡江，孙策表授会稽令，遂家于歙，为徽州汪氏一世祖。传十四世为汪华，时值隋末，群雄割据，汪华拥兵10万，据歙、宣、杭、睦、婺、饶6州，建号吴王。汪华生9子，后裔遍布徽州全境：歙、黟为长子建、八子俊之后，婺源、休宁、祁门为七子爽之后，绩溪为九子献之后。明朝中期，汪姓主要聚落有歙20处，休宁38处，婺源14处，祁门17处，绩溪9处，黟11处。歙县唐模、古塘、岩寺、葛山、潜口、水界山、上路、松明山、古城关、西沙溪、竭田、篁墩、环山、富竭、信行、竦口、丰溪、稠墅等都是汪氏的重要聚落。休宁汪氏分派于歙，散居于西门、旌城、山背、当坑、方塘、核桃树、东门、城南、柳塘、凤湖、上溪口、石田、资村、上资、渠口、梅林、潜阜、观村、约山、石岭、长丰、充山、藏溪、富昨、首村、上水南、阳湖、黄石等处。

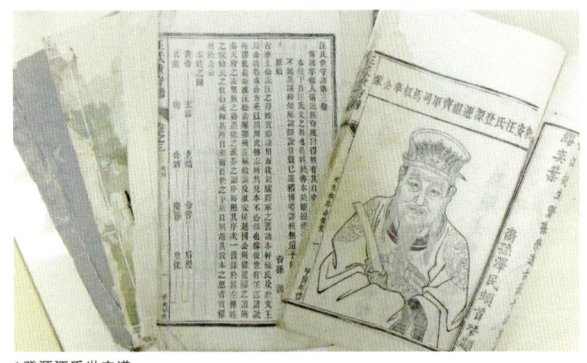
*登源汪氏世守谱

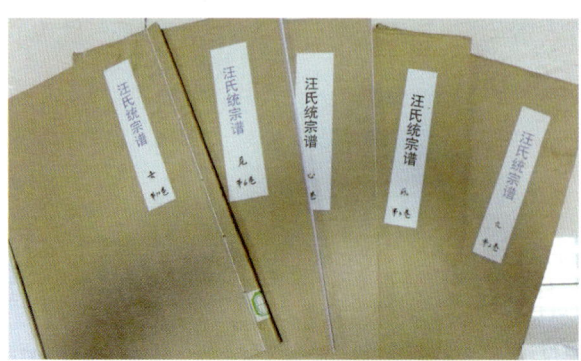
*汪氏统宗谱

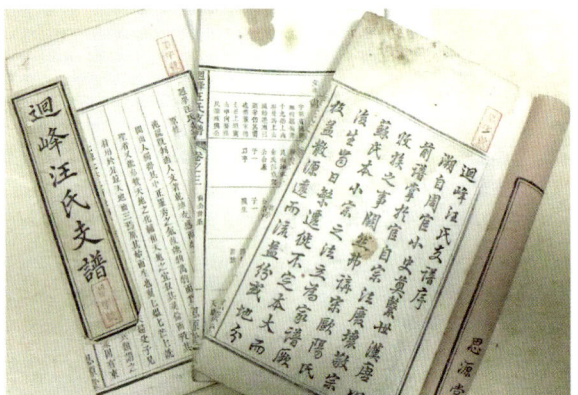
*回峰汪氏支谱

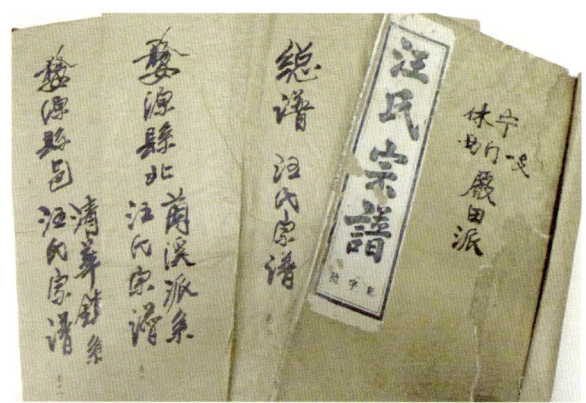
*汪氏宗谱

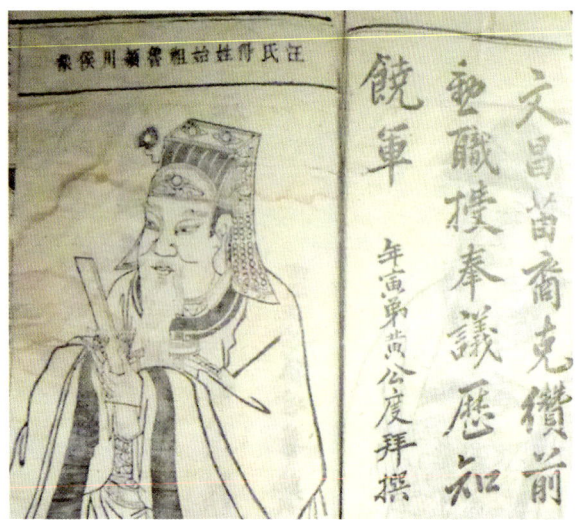
*汪氏始祖

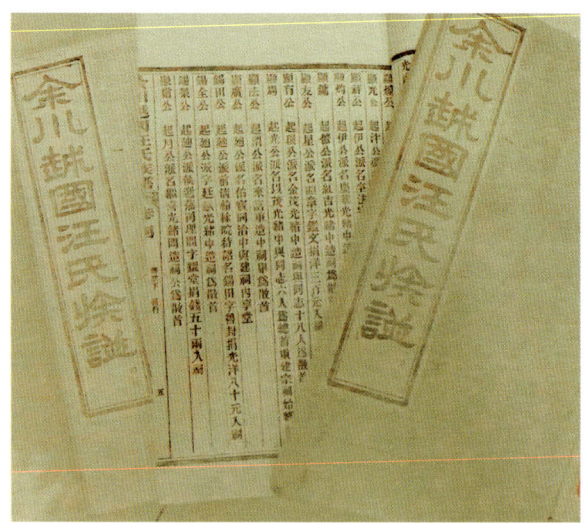
*余川汪氏族谱

*汪氏世守谱

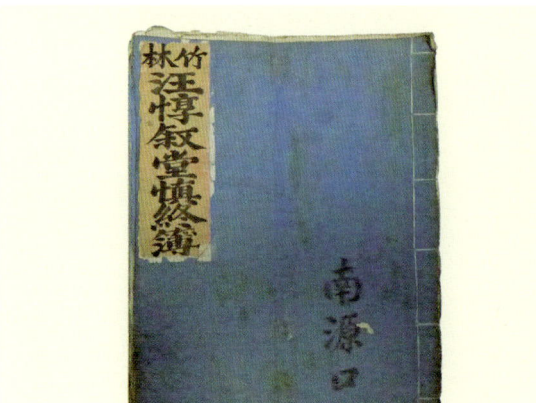
*竹林汪惇叙堂慎终簿

宋氏 徽州宋氏系。婺源宋氏始祖庐陵（今江西吉安）人宋齐邱，南唐开国大臣，曾任中书令、相国，卒葬婺源仰田。北宋初，子孙徙居婺源西安，建宋村坦。后世分居各地。南宋初年，宋觊为歙县尉，喜当地山水之胜，安家于歙城，后裔分迁葛塘、上丰、宋村、岩寺等地。绩溪宋氏始祖宋高良于明初从歙县白石源迁居六都东干。祁门宋氏始迁于元朝，宋茂正为徽州路副使，曾在祁门邑西建山亭，无嗣，以当地王氏子为继，因有村名"宋家山"。

张氏 徽州张氏系。徽州张氏来源较复杂，迁徽的时间长、分支多、路线杂。张舟世居杭州，避战乱迁歙县篁墩（今属屯溪区），其子张君宁迁休宁杭溪；张保望偕父张仁隐居绩溪吴楚山，唐乾符年间避战乱居歙县篁墩，生有衡、从、彻三子，乱后始迁婺源甲路。

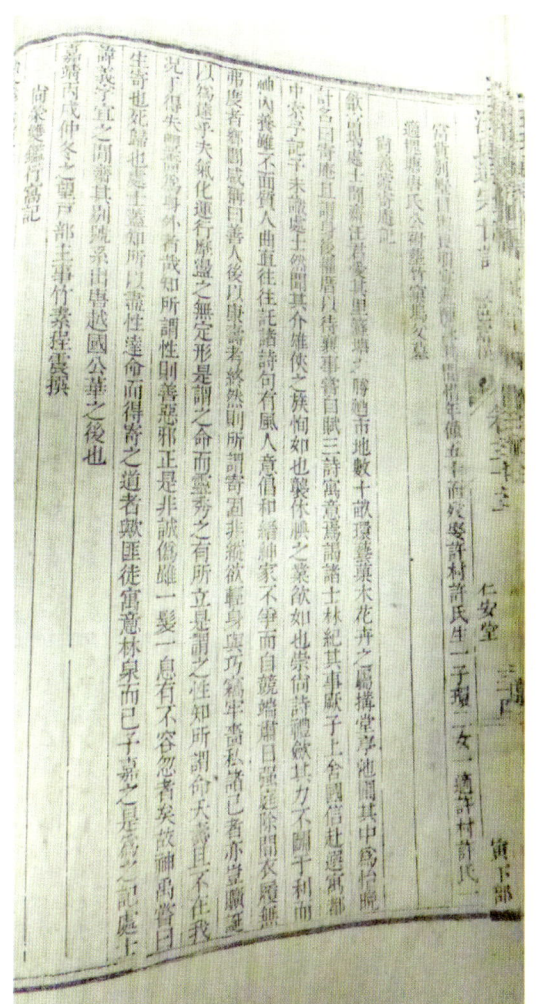

*汪氏宗谱内文

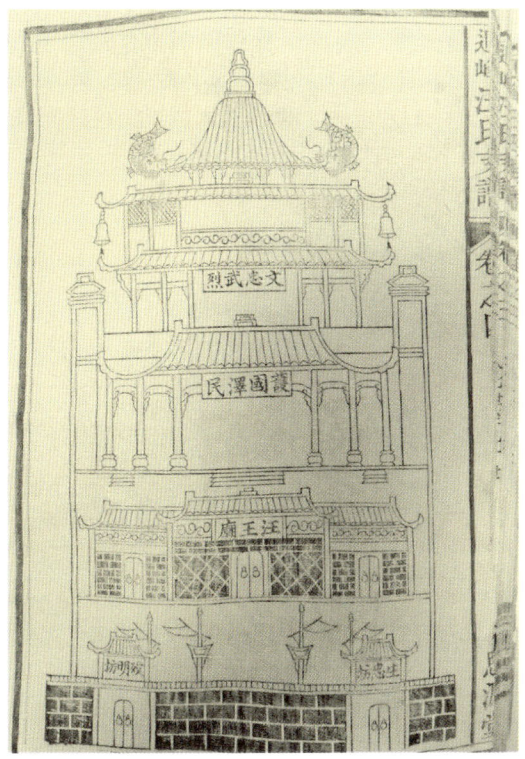

*汪王庙图

*张氏宗谱(1)

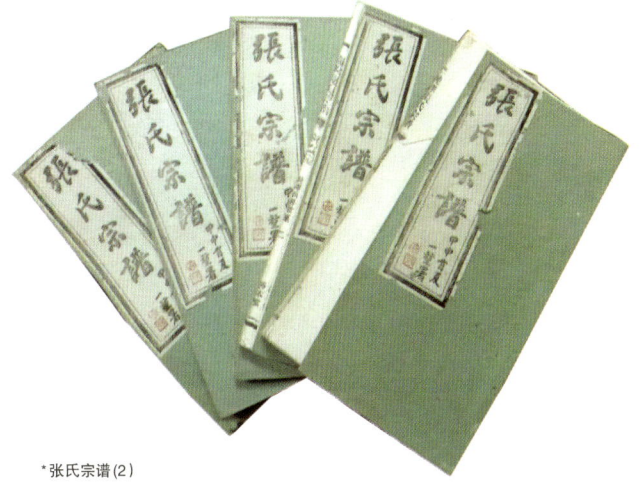

*张氏宗谱(2)

*环峰张氏宗谱

陈氏 徽州陈氏系。徽州陈氏来源繁杂，呈现为诸支从徽州外围地区齐进的态势。休宁陈村（又名"藤溪"）的一支，其先世为浙江严陵人，唐广明年间，陈禧为躲避战乱，始迁于此。祁门县西之石墅陈氏，也是在唐广明年间避战乱，从浙江桐庐迁歙县篁墩（今属屯溪区），始迁祖为陈秀。传二世陈贵，乾祐元年（948年）始迁于此。还有一些宗支，虽然在战乱时没有迁入徽州，但是明显地更靠近了徽州，为后世迁入奠定了基础。如祁门县西之竹源陈氏，其祖陈轶为山东益州人，官至大夫，居江西浮梁，为抵御黄巢军队战死，当地人立祠祭祀。传四世陈京，始迁祁门。婺源县城集贤坊的陈家巷陈氏也是如此。其祖原居颍川（今河南许昌一带），晋朝时先祖移居曲阿（今江苏丹阳一带）。唐广明年间，陈琚避乱南迁，分居饶州德兴，裔孙陈一清，南宋嘉熙年间任婺源州幕，因家于此。绩溪有蜀川陈氏，为南朝陈文帝世胄之裔。文帝第四子陈伯固封新安王，居家新安，祯明三年（589年），陈亡，其子孙陈鉴避乱迁绩溪八都上溪山。陈鉴六世孙陈世昌，晚唐时由上溪山迁三都蜀马，后称"蜀川陈氏"。蜀川之裔分徙大溪、蜀水、双岭下、庙山下等村。歙县石门、黄坑大宅、叶村、黄泥庄陈氏均迁自休宁陈村；东关陈氏则由宋时陈猷迁入。

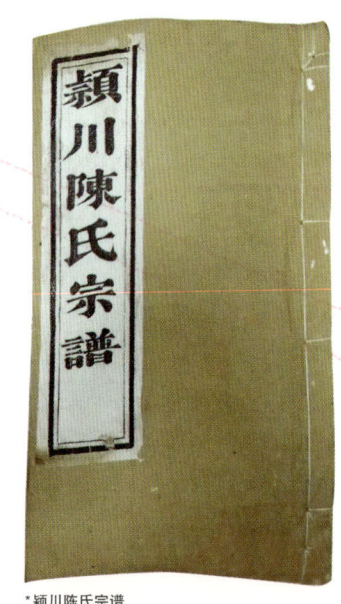
*颍川陈氏宗谱

邵氏 徽州邵氏系。休宁务东邵氏出淳安派。北宋咸平三年（1000年）邵文肇任歙州教授，卒于任上，子孙乃定居于县城班政门；后裔邵老从城北迁务东，后邵莹再迁西门。县前口、万安街以及东流县、福建建宁府邵氏与之同源。东门邵氏始迁祖邵诠，南宋建炎年间任海阳税课司提举，卒于官，其子邵坚遂安家休宁城南。后裔邵存真迁北郭，邵复再迁东门；邵复之子邵谊、孙邵道迁龙源。黎阳邵氏在北宋政和元年（1111年）由邵万成从歙县迁此。今西街、化生桥、南门、竹坑、阳湖、邵家村皆有邵氏。绩溪邵氏始迁祖邵百二，南宋绍兴四年（1134年）自淳安安坑迁歙县井潭，旋迁绩溪隐张坑。邵百二第三子邵文亨，由隐张坑迁十三都纹川；第四子邵文祐之次子邵世师，也由隐张坑迁纹川横巷。后统称"纹川邵氏"。

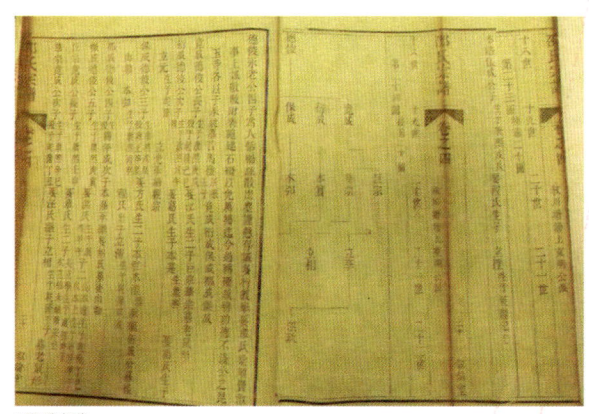
*邵氏宗谱

范氏 徽州范氏系。唐天宝十四年（755年），同凤阁鸾阁平章事、兼修国史范履冰长子范冬芬，为避安史之乱，迁居徽州，成为徽州范氏始祖。唐元和末年，唐宣歙观察使范传正，爱新安山水，遂安家休宁博村。至九世始分三支，复分迁为七族，即林塘、汉口、合干、闵口、高枧、瑶干、安歧。范氏另一支出休宁县丞范进荣，北宋绍圣四年（1097年）安家于博村，查塘、万安皆出此派。

林氏 徽州林氏系。唐林德暾因避乱迁歙县篁墩（今属屯溪区），其裔后迁休宁县北街，又徙居祁门六都、西源。又宋洪州刺史林绍一转任杭州时，途经祁门赤山镇，遂居于此。后迁章溪、东源，分徙七都瑞山、江村、本田。

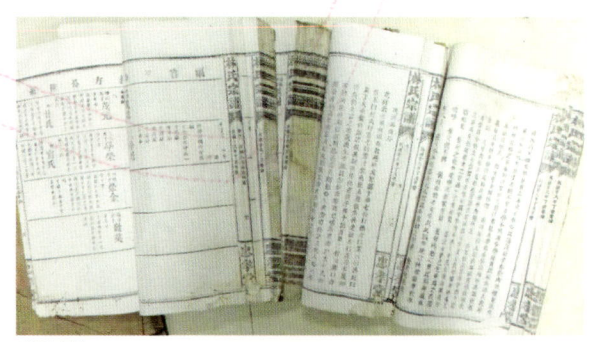
*林氏宗谱

林塘三房 姓氏支派俗称。休宁邑东林塘范氏，始迁祖范应午从博村迁此。其孙有三：范玄佑、范玄保、范玄僅，后世由此分为三支，世称"林塘三房"。

明经胡 参见183页"胡氏"条。

*郑氏宗谱

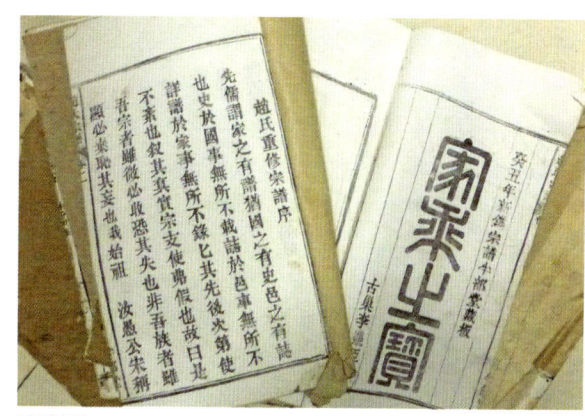
*赵氏宗谱

河西程氏 姓氏支派俗称。程灵洗十世孙程汾，世居郡城河西，子孙繁盛，散居各处，该支遂有"河西程氏"之称。

项氏 徽州项氏系。徽州项氏入迁有前后不同的两支。南朝齐永元二年（500年），项调出仕为湖州德清令，后移居浙江淳安。五代后唐应顺元年（934年），项绶由淳安敦福乡再迁歙县南富溪（又名坑口）；吴天祚二年（936年），项绍也由淳安迁歙县南小溪（又名贵溪），歙县项氏由此始。休宁项氏迁入凡三支：项绍六世孙项安迁闵口；项万一于宋南渡时由淳安迁蓝田，即今溪口项家；项五一于宋南渡时由淳安茶园迁溪阳。今休宁洲阳干、白际岭、城北、祖源等村都有项氏居住。

胡氏 徽州胡氏系。徽州的胡姓有"真假"之分。"真胡"源于胡公满，周阏父为陶正，生子满。满后来封国于陈地，死后谥"胡公"，后裔便以谥号为姓。最早迁徽的是山东青州人散骑常侍胡焱，东晋大兴元年（318年）镇守于歙，当地得以安宁。朝廷赐其田宅，安家于此。开始居住在华阳镇（今绩溪县城），后见龙川山水秀丽，于是卜居川口周家马，又名"坑口"。东晋时，青州人胡育任新安太守，开始居住黟县横冈。胡氏迁居徽州的派系很多，唐宋时期还有其他胡氏陆续迁徽居住。"假胡"原姓李，是唐李世民的后裔。唐天祐元年（904年）昭宗李晔生子，适逢朱温兵变，便将儿子藏匿于民间。当时婺源人胡三公宦游长安，秘密地将李晔子带回婺源考川，改姓胡，并取名昌翼。五代后唐同光三年（925年），胡昌翼以明经科登第，故称"明经胡"。黟县西递胡氏便是"明经胡"。因其为李姓后裔，故明经胡氏忌与李姓通婚。

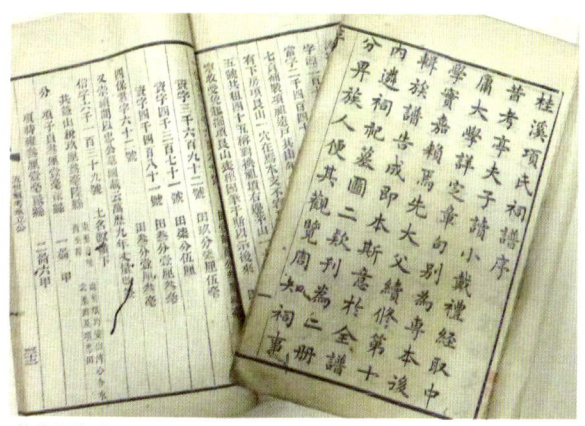
*桂溪项氏祠谱

赵氏 徽州赵氏系。徽州赵氏先世为甘肃陇西人，唐中和年间，赵思避乱，迁休宁县西龙泉村。汊口赵氏为宋朝宗室后裔赵不列南渡时，先留居休宁班政门，后裔赵叔通迁汊口。县西街水碓巷、蓝渡、琅璘、旧市也有赵氏居住。婺源赵氏为宋皇族之裔，始祖赵崇忠为宋恭靖王五世孙，南渡寓居休宁，其子赵善佑再迁婺源绣溪，后裔分迁湖源等地。祁门赵氏先世为陕西人，清道光十一年（1831年），陕西富平县人赵汝铎任祁门吏目，遂家于祁。歙县赵氏源自赵士禬和他的三个儿子不仇、不彼、不俄，均从高宗南渡，始定居岩寺（今属徽州区）。

*胡氏宗谱

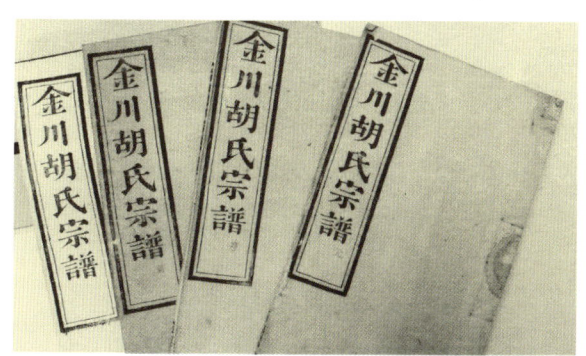
*金川胡氏宗谱

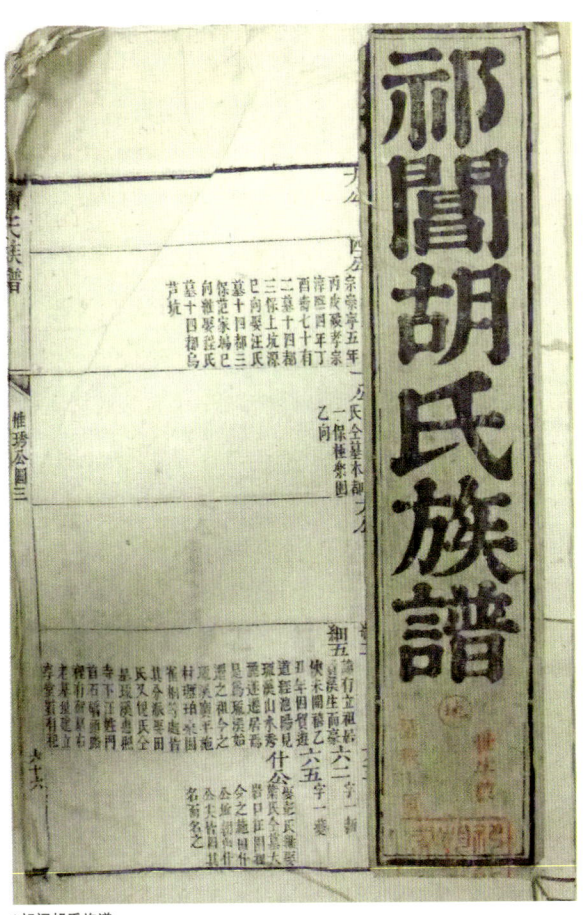

* 祁阊胡氏族谱

* 清华胡氏勋贤总谱

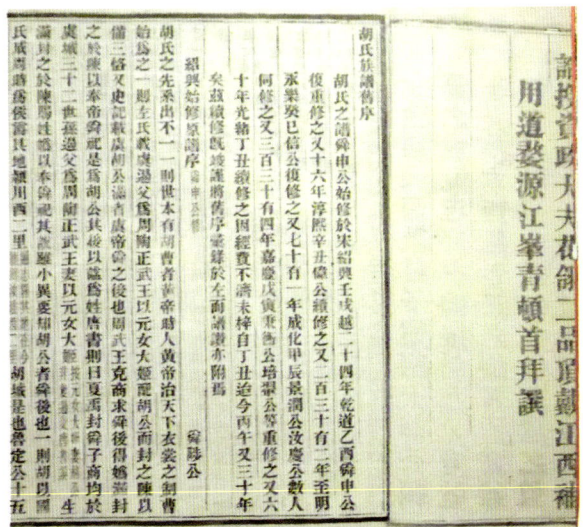

* 婺源胡氏族谱旧序

南山下郑 姓氏支派俗称。郑琬从歙县官塘双桥迁居岩镇（今属徽州区）西南的南山下，该支被称为"南山下郑"。

南门夏 参见186页"夏氏"条。

柯氏 徽州柯氏系。北宋至道年间，池州柯海任绩溪教谕，卸任后，由建德迁绩溪八都后岸。其裔柯昭，元初由后岸迁瑞川。南宋隆兴二年（1164年），柯万三任徽州教授，学生感念其德，一再请留，乃卜地于徽城定居，歙南竹溪、岭北四都皆出于此派。

查氏 徽州查氏系。祖居河内县（今河南沁阳），唐朝游击将军查师诣从九江匡山药炉源迁宣城，转徙歙县篁墩（今属屯溪区）。其子查昌士为吉王长史。后裔查文徽任工部尚书，迁居休宁查氏崛，后裔再迁市西、十四都查家庄、万安、凌霄、北街、凤湖、县前、查村等处。查文徽之弟查文徵，在南唐为宣歙观察使，因与婺源县宰廖平交往讲学，遂安家婺源西门一带，其子查元修迁凤山。祁门查氏也为查文徵之后，元末，查初德由浮梁桂溪迁居祁西。歙县查源、山坑，绩溪查家冲口，婺源山坑、陀口、大平、市南等地查氏皆查文徵之后。

俞氏 徽州俞氏系。先祖为河北沧州河间人。俞纵随晋元帝渡江为征西大将军，居于歙县篁墩（今属屯溪区）。后俞晃迁草市，俞昌迁居婺源长田。婺源鹄溪、严溪、鸡田、石兀、丰田、陀川、新源、丰洛、汪口等均有俞氏居住，且多源自长田派。休宁俞氏分派源于婺源：俞汾从长田迁山斗，俞十三从长田迁古坑，俞千三从古坑迁古塘，俞大从古塘迁钟吕，俞齐从钟吕迁休宁宏忠坦，俞珏从宏忠坦迁溪西，长田派另一支迁休宁万安街。休宁曹村、石窟、充山、中岩溪、溪西、桑木干皆有俞姓。歙县岩寺（今属徽州区）俞氏乃俞千二从休宁宏忠坦迁入。绩溪虹桥俞氏始祖俞俊明，宋时为绩溪县令，任满居家于十四都西川。传至明朝中期，俞显明由西川迁十四都虹桥，称"虹桥俞氏"。居于和阳平坑的俞氏，系清乾隆年间从旌德迁入。

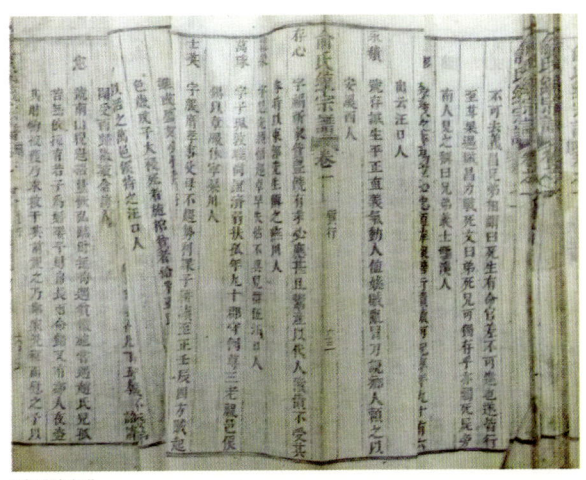

* 俞氏统宗谱

饶氏 徽州饶氏系。北宋宣和年间,武陵人饶弘毅为歙州文学,侨居祁西,后迁胥山。南宋饶虎臣知徽州,子饶镟迁祁城,又迁祁西石墅。饶镟子饶锡迁祁北胥岭。

施氏 徽州施氏系。祖居山东,施雠始南迁浙江吴兴(今湖州)。唐朝通明殿朝请大夫施虘,避战乱迁居歙县篁墩(今属屯溪区),不久再迁浮梁椰木田。其十世孙施敏,南宋绍兴年间分迁婺源施村。至元末,有一支由婺源迁休宁二都。宋高宗南渡时,施礼为参军,留居休宁。今休宁陈坑、瓯山等处皆有施氏居住。

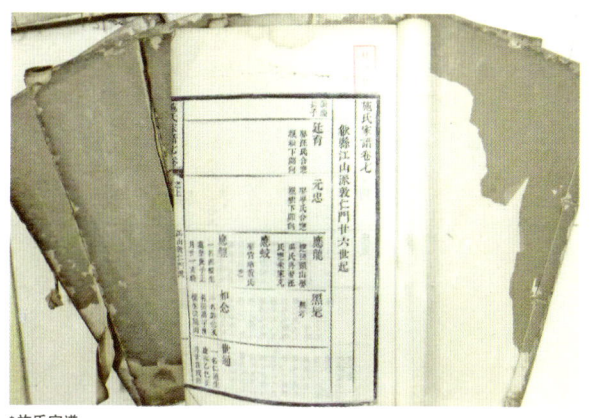
*施氏家谱

洪氏 徽州洪氏系。唐建中年间宣歙观察使洪经纶,隐居婺源官源,成为徽州洪氏始迁祖。洪经纶后裔洪铍、洪佑分别从官源迁休宁黄石、洪家山,休宁回溪洪氏则由洪元怡从婺州(今浙江金华)迁入。今休宁乌山、下曲口、约山、东湖、江村、厚塘、远昌、大塘、伦堂、下庄、巴塘、黄茅、桑树干等村皆洪姓所居。歙县洪氏来源较复杂:棠坞洪氏先世居淳安茶源小溪,五代后唐长兴末年洪进义见此地山水秀美而迁居。中村、王干洪氏先世青州人,洪绍为避乱先迁遂安木莲村,北宋嘉祐年间洪政迁此,与婺源、休宁、宣州、绩溪、遂安、余杭同派。洪源、坤山、三昆洪氏均迁自休宁黄石,上路口洪氏迁自洪源。叶村洪氏则由洪钛从婺源官源迁入,桂林洪氏始祖洪纲则由叶村分迁。绩溪横城洪氏始祖洪钦,南唐时由婺源官源迁此。其后,播迁开族者有坦川等20多处村庄。祁门洪氏始祖为洪经纶十四世孙洪大楠,迁祁北泉水里;二十世孙于元末迁祁东桃源,又名择墅,称"桃源洪氏";十八世孙洪光贲于元末由婺源官源赘于祁东叶村,后徙虎溪,称"虎溪洪氏";另洪大楠后裔一支卜居十四都麦家坦,子孙分迁群源。

洪桥郑 姓氏支派俗称。郑元吉从歙县官塘迁居岩镇(今属徽州区)西洪桥后,该支被称为"洪桥郑"。

祝氏 徽州祝氏系。歙县祝氏先世祝约,唐朝时为银青光禄大夫,居德兴。后裔祝承俊迁歙县

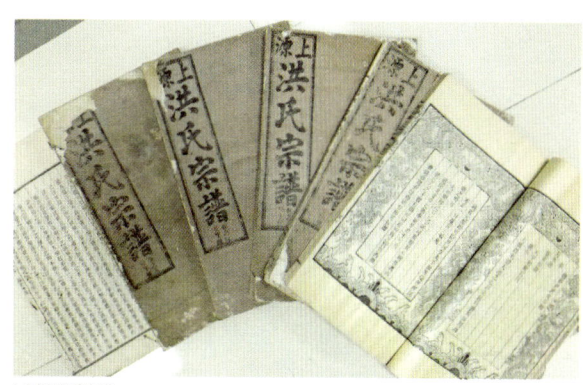
*上源洪氏宗谱

*洪氏宗谱

*洪氏祖宗容

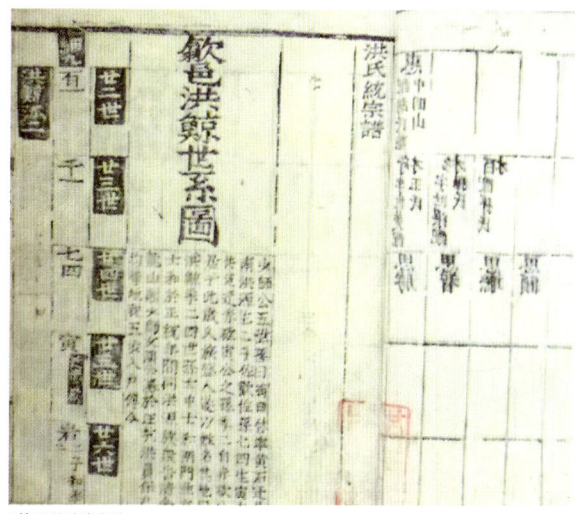
*歙县洪氏统宗谱

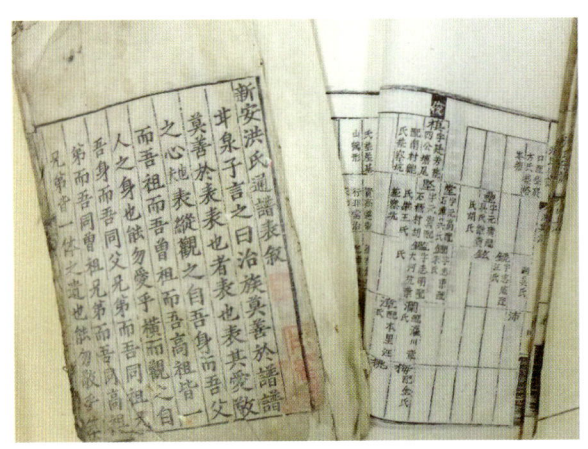

*新安洪氏宗谱

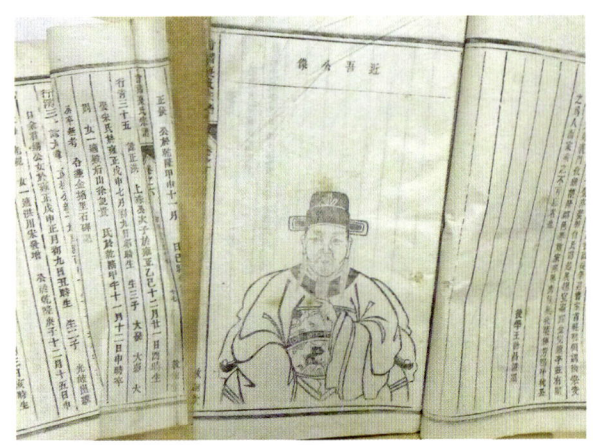

*会稽夏氏宗谱

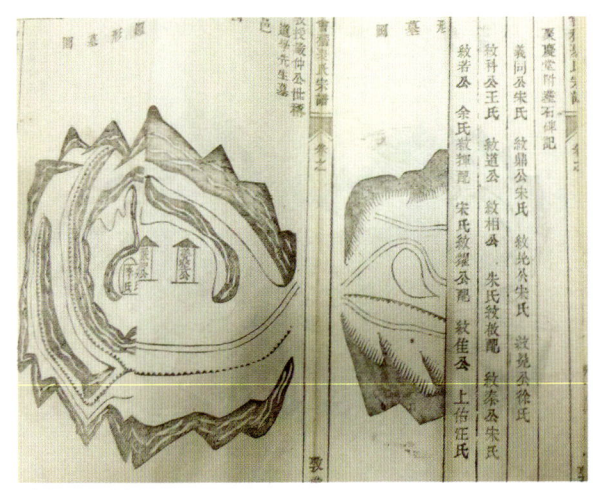

*会稽夏氏宗谱内文

望京门,称"半州祝氏"。婺源祝氏始迁祖祝吉,南宋建炎年间由歙县徙婺源中山。后世分徙湖村、高砂等地。

祝氏女位最高 宗族俗语。祝确,字永叔,歙县人。其女儿嫁婺源朱松,朱松曾任吏部郎,生子朱熹;其四妹嫁黟县人、枢密汪勃;其侄女嫁汪勃之子、提刑汪作砺,生三子皆中进士。故乡人相传"祝氏女位最高"。

姚氏 徽州姚氏系。休宁姚氏有四支,均自唐时迁入。梁国公长子姚彝,避安史之乱迁洽阳;严州刺史姚郁,避乾符之乱迁小贺;同期有姚琮避乱徙首源;富浯潭之姚,先世为都将姚纪兰,避乱迁此。今会里、杨后、榆村、高桥、傍霞、阳湖、荪田、溪洲、易村、清漪竭、王川都居有姚姓。婺源姚氏为休宁县五城姚氏支裔。唐朝时江西新建人姚源清,见绩溪山水秀丽,定居于此。南宋初,后裔姚四二避难于歙县昌溪,其后有一支再迁歙县城新民桥。绩溪姚氏还有两派:一为宋南渡时,姚佛保由建平(今郎溪)徙绩溪市东,明永乐年间姚念四由绩溪市东迁十四都大石门,明末姚林朝迁荆州里庄;二为姚满忠自浙江昌化县板桥源头迁入沙坝,姚明忠自沙坝迁入下村垱。

真白郑氏 姓氏支派俗称。歙县清流郑氏先世居律村,郑通二从丰口迁居于此。其后子孙恪守祖训,多乐隐不仕,重视名节,宗族和睦,为乡邦推崇,被称为"真白郑氏"。

真胡 参见183页"胡氏"条。

夏氏 徽州夏氏系。唐末,会稽人夏元康,初知苏州,后改歙州刺史。当时,正值黄巢军队进入歙州、宣州、浙东,士民到处躲避,夏元康募兵以拒。随后草寇毕鹢、查高、范珠、陈儒等相继侵扰,夏元康又率兵力战乃免。刚平静了年余,又接报董昌占据于越。面对如此窘境,夏元康对国政信心顿失,于是不再为官,安家于休宁之南门,此即徽州有夏氏之始。后裔散居休宁朱村、破塘等处。后世称此支为"南门夏"。祁门夏氏始祖夏诏,明季由秋浦(今贵池)姚源里迁二都解元坦。

顾氏 徽州顾氏系。唐朝末年,海陵(今江苏泰州)顾陵村人顾文森任宣歙节度使,抵御黄巢军有功,一度寓居歙县篁墩(今属屯溪区),其四子后复居海陵。其后裔顾恰于南宋绍兴年间任婺源州判,卜居环石里高安查岭,后分迁高安、石头垓、中云、槎川、湖边等处。

倪氏 徽州倪氏系。始祖倪应,唐时避乱迁居黄山。唐乾符年间,其子倪康民与郑传集众抗黄巢,加封检校兵部尚书,辞谢不仕。倪康民有16子,各因仕

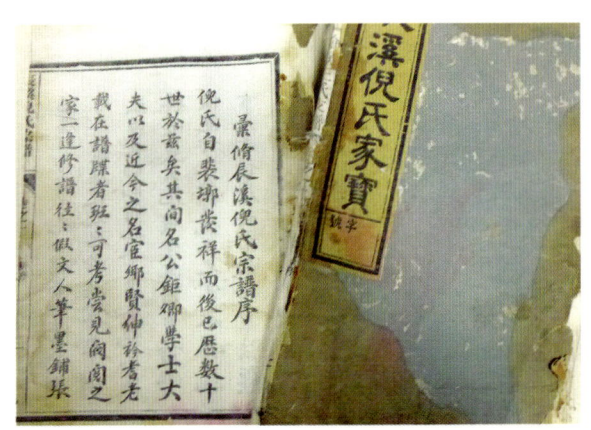

*辰溪倪氏宗谱

官,流寓他郡,独第十子倪匡安侍父居祁门县。后裔分迁祁门县锦城、花城、玉川、渚口等地。休宁倪氏始迁祖倪玄鉴为宣城人,任琅琊王记室参军。北宋宣和年间,其裔尚书左司郎中倪注迁休宁赤丘。后子孙繁盛,以姓名其地,称"倪干"。南门头、海涵渡、藏溪、隐塘、里湾等地皆有其支裔。婺源大田倪氏也出自赤丘派。绩溪长川倪氏始祖倪世宁,北宋景祐年间由婺州(今浙江金华)迁绩溪三都长岭。

徐氏 徽州徐氏系。五代南唐歙州刺史徐昶定居歙北皇呈,为新安徐氏之祖。后裔徐雷发迁朱方,徐得住迁焦村,徐铨迁路口,徐念三迁休宁资口,徐学禄迁休宁徐山。宋时,徐文一任休宁县教谕,定居西街,明洪武年间,兄弟三人迁东南隅,形成三大房。大塘、古楼、公塘、油潭、阜前、叶祁、竹林、洺阳、长干、高枧、南街、石岭、叶村、英树、长干塝、珠里、观音堂等地都有徐氏散处。宋时,徐尧由休宁黎阳迁入祁西木瓜坑,其子再迁西隅崇法寺前,后裔徐炎发迁邑南周璜、徐绍于元至正年间分迁城北石栏杆。北宋庆历年间,徐丙十

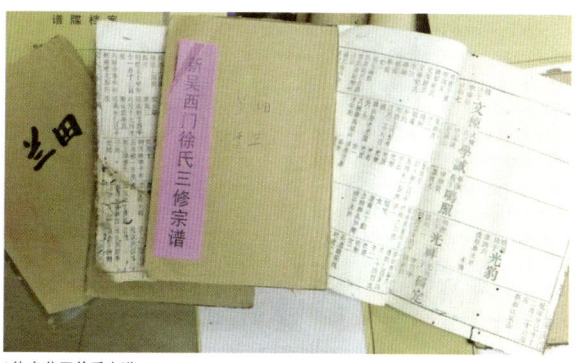

*休宁蓝田徐氏宗谱

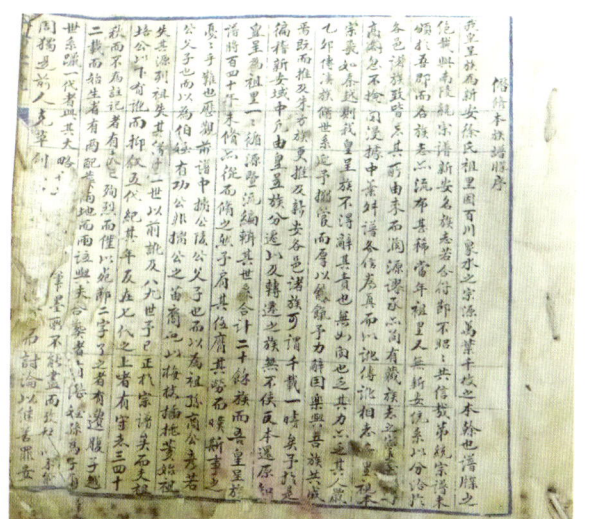

*新安徐氏族谱序

从歙县徐村迁祁门塘头。祁门城北状元坊之徐氏始迁祖徐宽,豫章(今江西)人,宋末弃官隐居祁门,初居城西隅,元时徙居城北。

殷氏 徽州殷氏系。南宋德祐年间,镇江丹阳琪琳镇人殷恂则随贾似道发兵经歙县去芜湖,大败后循原路逃回,留居郡城南门,后有殷公井古迹。后裔殷雄甫迁居歙东上里,造临溪桥。

凌氏 徽州凌氏系。唐显庆年间,世居余杭的凌安任歙州判,卒于任,遗孤凌万一随母亲汪氏定居城北沙溪。后裔凌伏祖迁古溪,凌旺祖迁深渡,凌念六从深渡迁径口,凌桂张、凌晢为避元朝战乱迁白石,

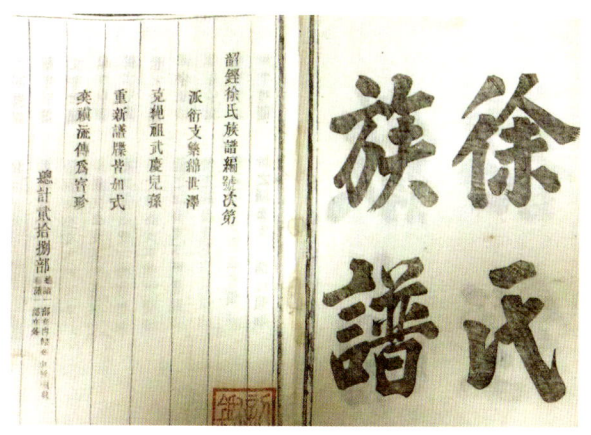

*徐氏族谱

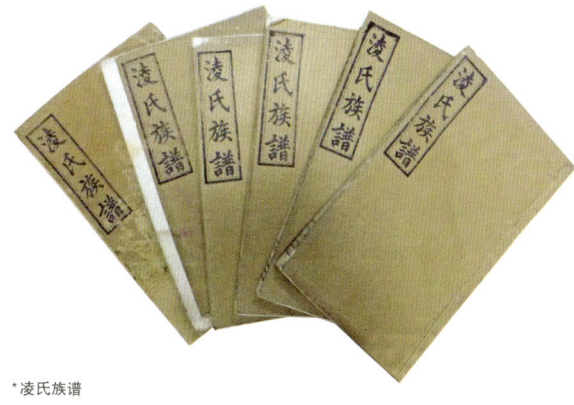

*歙南徐氏宗谱

*凌氏族谱

凌谷宝再迁大川。休宁凌氏居隐充、岭下、蛇脚岭、碜溪等地，县城东南秋宁门之南凌家巷，为宋朝忠臣凌唐佐世居，子孙多迁外地。绩溪一都十里岩凌氏，明宣德年间凌道义自歙县沙溪迁此，后裔散居坡川山、丛山关。

高氏 徽州高氏系。唐乾符二年（875年），高戬为绩溪县令，由金陵（今江苏南京）迁绩溪。绩溪曾名良安县，故称"良安高氏"。休宁高氏世居高家源。其先凤阳人，始祖高荣明洪武初授休宁县尹，因卜居八都，以姓名村称"高家源"。

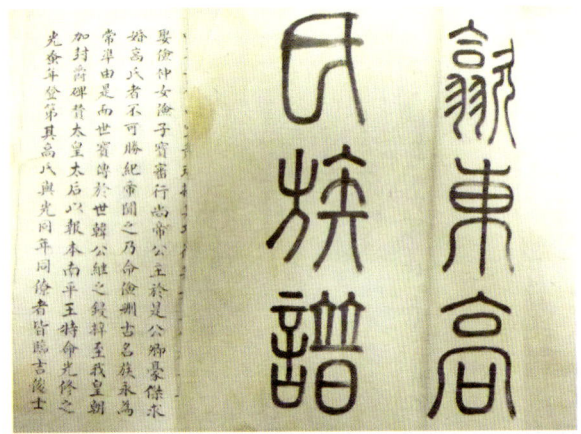
*歙东高氏族谱

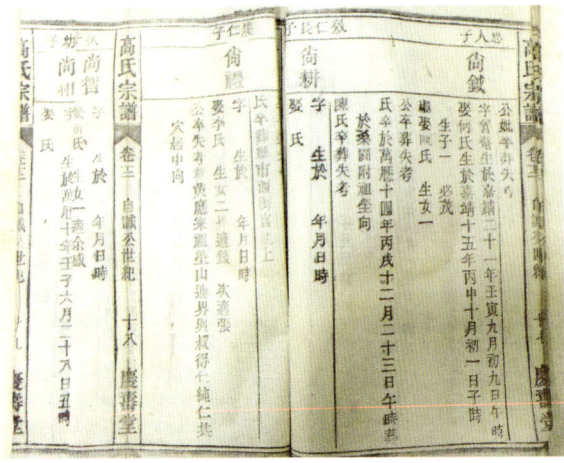
*高氏宗谱

唐氏 徽州唐氏系。本李姓，出婺源严田派李德鸾之后。宋朝时唐廷隽始居歙县表城门，明朝初年唐桂芳卜居槐塘。休宁潜阜唐氏出歙县槐塘派，唐桂芳小儿子文奎迁居岩寺，因他曾在潜阜开设私塾，其孙唐贵遂家于此。钱水塘、唐家洲等处也有唐氏居住。婺源唐氏始祖唐国英，本四川茂州人，明崇祯十四年（1641年）任婺源县丞，遭张献忠之难不得归故里，乃家于婺源石枧。绩溪唐氏徙入于南宋。淳熙三年（1176年）唐汝淳为绩溪教谕，自闽迁绩溪城北崇贤坊。又城北唐氏始祖唐讨得，明初由徽州府城南街迁此，其后又居城南，亦称"城南唐氏"。后裔分布华阳、霞水、坦头、寒荻坞、金家、暮霞等处。

*唐氏族谱

陶氏 徽州陶氏系。迁入始于元朝。元至元三年（1266年），陶祥任婺州（今浙江金华）知州，由浙江会稽徙居婺源。其孙陶朝普迁县城、陶朝孙迁段莘。黟县陶氏原籍江西彭泽，陶庚四因元末兵乱，出游至黟县林沥山，爱其山川形胜，风俗淳古，遂迁居林沥山下。孙陶社子迁赤岭柏墩。歙县黄潭源陶氏出自浙江绍兴，明朝中期迁入，先居古溪，后移黄潭源。

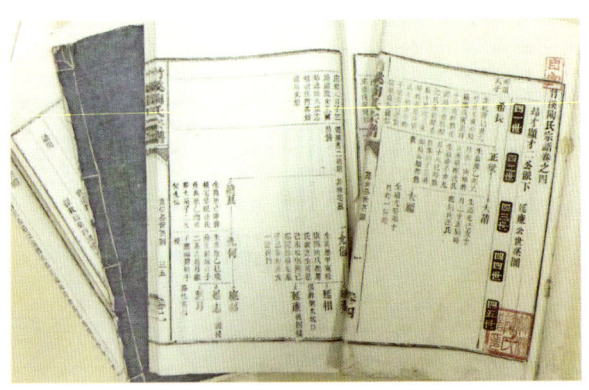
*竹溪陶氏宗谱

黄山谢氏 参见191页"谢氏"条。

黄氏 徽州黄氏系。东晋新安太守黄积卒于任上，其子黄寻庐墓于姚家墩，并定居篁墩。歙县潭渡、向杲、黄屯、虹村、官塘、竦塘、新馆、石岭等地黄氏均为黄积后裔。黄积后裔黄仪，唐大历二年（767年）为祁门县尉，遂安家祁东左田。后裔分迁城内正街、严源、碣田、塘里、韩溪、藤桥、西塘、正冲、淑里、翕桥、古田、田里。休宁黄氏分派于祁门左田。又黄村黄氏原系太塘程氏，程可愿出继黄氏，繁衍至今。县南街、万安、约山、田墩上、上黄、油潭、古楼坦、商山、里田、五城、龙湾、下溪口、星洲、山后、古林、汉口、岭南、巨川等村有黄氏后裔。婺源黄氏，唐朝始居甲路竹坞，后分徙各地。横槎黄氏则从祁门左田迁入。北宋天圣七年（1029年），黄珀知歙州，由湖广麻城迁歙，居县城黄家坞；元大德八年（1304年），后裔黄文四自歙迁绩溪东关，即东关黄氏；明初黄再高又自东关迁六都庄川。后裔分居华阳、方村、石金山、龙丛等18村。黟县黄氏也源自黄积，黄保成始迁古城，宋黄德明分迁石山，黄志庞再迁横冈。

梅氏 徽州梅氏系。始于西汉。鄱阳令吴芮部将梅销率百粤之兵，从高祖伐秦，以功封烈侯，食邑十万户，居祁门县西7.5千米。唐末，梅思忠因避兵乱，迁居歙县篁墩（今属屯溪区），后世先后迁居婺源的有梅士清迁龙泉泽、梅尧臣迁枫角梅村、梅猷迁梅溪、梅季矩迁槎川、梅季意迁长源、梅伯纬迁冲山坞。

曹氏 徽州曹氏系。唐末，曹全晸因长子曹翊追黄巢兵至歙县篁墩（今属屯溪区）阵亡，命次子曹翔之子曹遇守墓篁墩，此为徽州曹氏之始。婺源曹氏由歙县篁墩徙入。北宋崇宁三年（1104年），首建村于汪口河东，居三世移迁晓鳙。休宁曹氏始祖曹尚贤，为避唐乾符之乱，由山东青州益都迁休宁南街。后子孙繁衍，散居后街、北街、水碓巷、林塘、曹村、万安、溪阳、北山、新屯、草市、隆阜、巧坑、浯田等处。歙县叶西曹氏是宋时曹然从休宁南街迁入，岑川曹氏也从南街迁入。明洪武十三年（1380年），曹永卿自晓鳙迁歙南雄村。街源曹氏则是明曹希晦子孙为其守墓而定居。祁门曹氏始于曹全晸八世孙曹仲雍，由婺源迁入。其后，曹守仁由祁北迁曹村梅林，曹千七由梅林迁松林，二十四世孙再迁水村竹林。又清咸丰年间青阳曹荣辉因避乱来祁，定居祁山脚。曹仲经在北宋太平兴国年间由婺源汪口迁绩溪西乡，长子曹小六居旺川，命村名曹溪；次子曹小九居曹村。后裔曹寄关明成化年间迁连坑、曹东寿嘉靖年间迁中屯，另有画楼、茶源梨川、寺后也是该派迁居。

假胡 参见183页"胡氏"条。

康氏 徽州康氏系。唐末，康先避乱居歙县篁墩（今属屯溪区），后迁浮梁化鹏乡，其子康新复迁祁门武山乡尤昌里。后裔康守荣分迁板石，康坦迁双溪、白桃，康俟迁婺州（今浙江金华）。樟源、碧桃、曲坞、礼屋、坑口等地也有康氏居住。

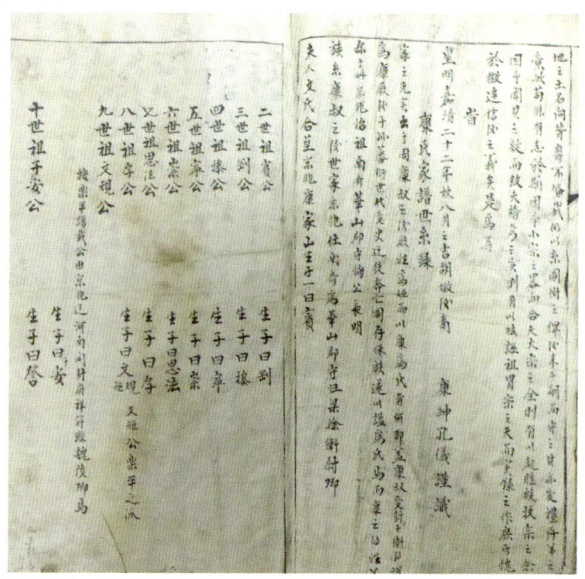

*康氏家谱

章氏 徽州章氏系。唐末，章原杰避乱迁歙县篁墩（今属屯溪区）。生三子，幼名章应和，任江西浮梁县主簿，安家浮梁龙潭。六世孙章铁迁祁门栈山，后裔分迁坳里、大屋里、柳树下、新屋里、平里。歙县章氏源于遂安貂山章村，南宋咸淳年间章胜始迁歙县棠坞。绩溪瀛洲章氏始祖章运之，仕宋为从事郎。北宋崇宁年间自昌化览村迁绩溪十二都瀛洲。后裔分迁湖村、西关、缸窑头、卓溪、和阳坞等地共24支。婺源章氏始祖章碧渊，原居歙县篁墩，于南宋庆元五年（1199年）迁居婺源高砂，建章村。

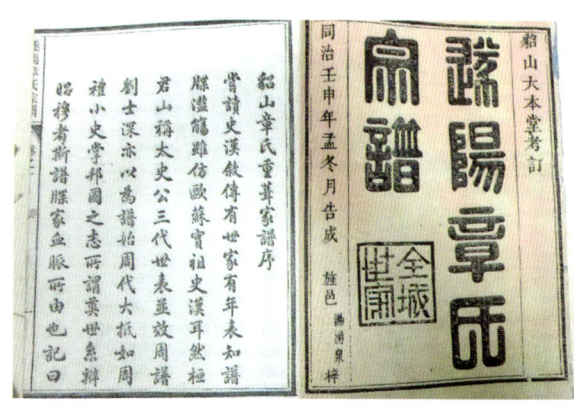

*遂阳章氏宗谱

绩溪四胡 绩溪胡姓的四大支派。即龙川胡、明经胡、金紫胡、遵义胡。

葛氏 徽州葛氏系。唐天祐年间，江苏句容人葛晋任绩溪主簿，定居扬溪。其八世孙、桐庐学录葛宗喻于南宋淳熙年间迁居邑西积庆坊又古井。后裔还迁徙县内葛里、水村、汪家店、葛家湾等地。

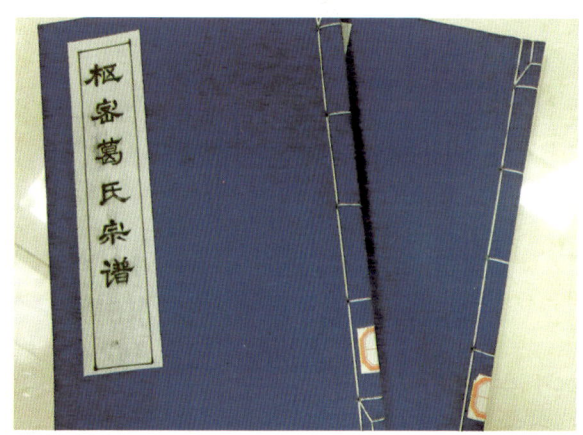

*枢密葛氏宗谱

董氏 徽州董氏系。徽州董氏为江西德兴海日董氏支裔。董知仁于宋初始迁婺源游山，其后，分迁至梅田、宋村、王封等地。北宋元祐年间，董子恭自江西迁休宁东，邻杜部山而居，以姓名地称董干村。五世孙董伯和分迁董干岭。万安街也有董氏世居。绩溪有三坞董氏，其祖董志华由歙县富竭迁旌德里百坞，四世孙董尚烈徙绩溪石㘭坞，董尚烈次子董世文

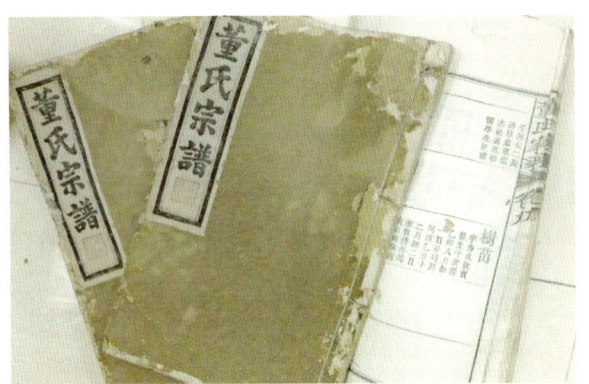
*董氏宗谱(1)

*董氏宗谱(2)

*董氏宗谱(3)

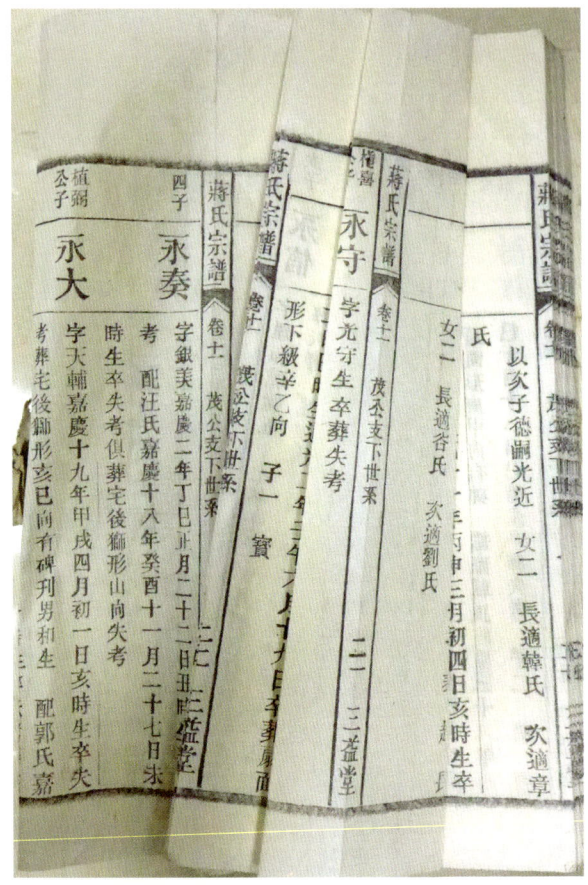
*蒋氏宗谱

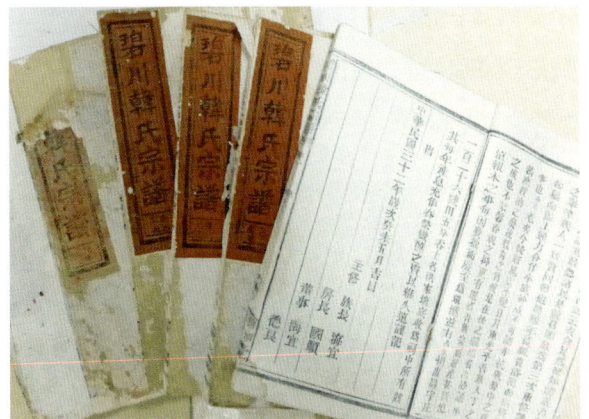
*碧川韩氏宗谱

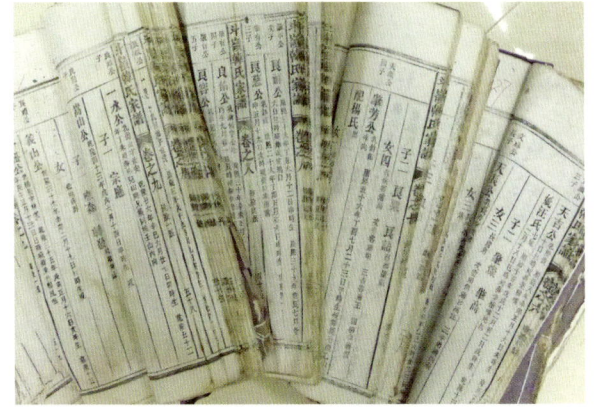
*韩氏家谱

迁续溪枫树坞,合称三坞。三坞董氏合建宗祠,合修《三坞董氏宗谱》4卷。

蒋氏 徽州蒋氏系。唐贞观年间,蒋俨、蒋远父子见徽州山水佳丽,迁居于祁门白塔,后裔分迁县前狮子桥、宋家溪、池州。五代时,蒋晁又由黄山回龙源迁祁门。歙县蒋村蒋氏先祖为浙江天台人,宋初迁居于此。

韩氏 徽州韩氏系。南宋绍兴年间,韩炜任池阳(今安徽贵池)教授,与其子韩实,淳熙年间卜居休宁北街瑞芝坊下,人称韩家巷;端平年间,有后裔为避乱迁洪水唐庄上;又有韩庆七迁断石。后休宁县南街、洽舍、屯溪、韩村、碣上诸村都有韩氏世居。黟县韩村韩氏乃南宋宝庆年间由韩念八迁入;后裔分迁奇墅、万村。峤岭韩氏先在宋朝由韩万一从休宁北街迁排岭,再在元末从排岭分迁至此。婺源韩家巷韩氏始迁祖为韩邦光，宋朝时从江西乐平迁此。后裔分迁邑东、高安、韩家坞等地。

程氏 徽州程氏系。汉末程普随孙权平定江东，大破曹操，封为都亭侯，赐宅第于建业（今江苏南京）。晋永嘉之乱，程普的后人程元谭，辅佐琅琊王有功，后担任新安太守。在徽州有善政，百姓请其留下。被赐宅第于郡西篁墩，遂世居于此。程氏人丁兴旺，散居各地，联络紧密，颇具声势。安徽中国徽州文化博物馆藏清同治《程氏抄谱》据清康熙二十五年（1686年）婺源溪源派程士培所修谱抄录，其中徽州六县程氏分支如下：休宁68支、歙县62支、婺源48支、绩溪17支、祁门5支、黟县2支；徽州六县以外新安程氏分支有：旌德17支、德兴9支、淳安7支、浮梁6支、乐平7支、开化5支、太平3支、鄱阳2支、泾县2支、万年1支、南丰1支、中山博野1支、河南1支。

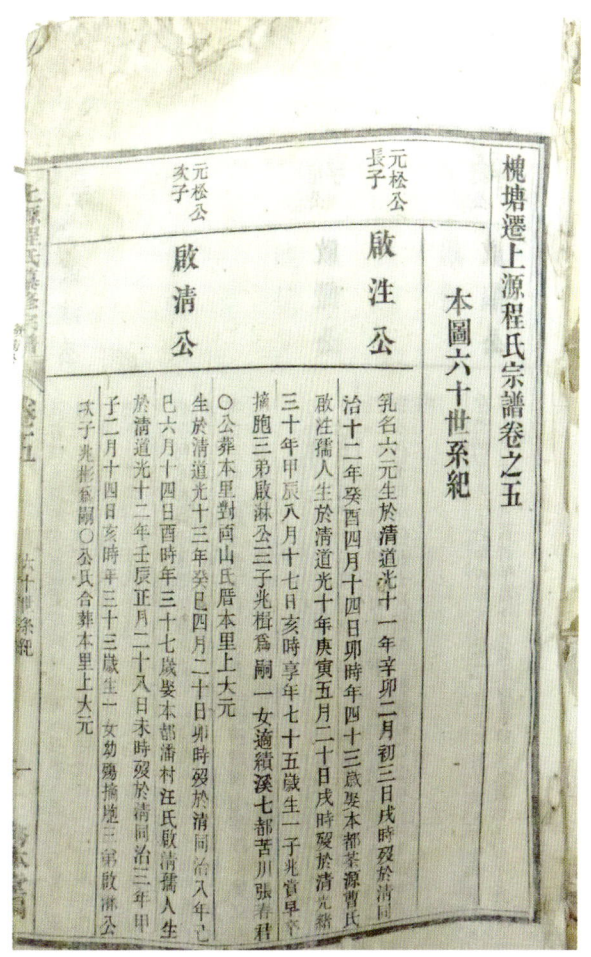
*槐塘程氏宗谱

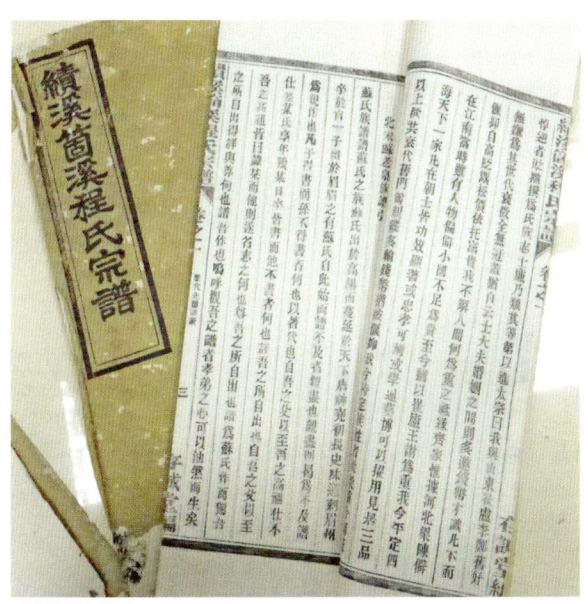
*绩溪箭溪程氏宗谱

*金竹程氏宗谱

*皖江程氏宗谱

舒氏 徽州舒氏系。西汉元朔年间，舒骏任丹阳太守。后裔舒许出任新安太守，见山川秀丽，遂安家于此。歙县舒塘舒氏始迁祖舒雄，宋朝迁此。黟县屏山舒氏乃舒德舆于唐时为避乱而从庐江迁入，后舒寄社明初分迁县首。绩溪城后舒氏源于歙县舒塘派，南宋初舒恕迁此。又有唐歙州别驾舒恒，贞元年间由婺州（今浙江金华）迁歙县舒村，后裔分迁绩溪华阳、西川、东坡村等20多处。

谢氏 徽州谢氏系。起源于隋朝。谢杰任歙州教授，从会稽（今浙江绍兴）迁居歙县中鹄乡，以姓名村为谢村。后裔谢玘在南宋建炎二年（1128年）为避乱分迁黄山曹溪。汪村、石壁山下、梓木坦、大坦、梅村、芳村、山口、岩寺等谢氏也源于曹溪。后世称此支为"黄山谢氏"。五代南唐时，金吾大将军谢诠由会稽迁祁门王源，后裔谢多助迁北楼屋下，谢光迁王源中村，谢韶迁七娘庄，谢龙迁乔山，谢廷友迁安山，谢班迁钟楼下，谢渭迁上山，谢宗舆迁密梓源，谢渊迁前山，谢源迁中山。高田山、北源、舟溪、弓坑也有子孙分迁。谢斛从祁门王源中村迁休宁土涌，谢宣从土涌分迁安歧，另社坛巷、申门亭、山头、杨村、半南、泉坑等处也有谢氏分居。

詹氏 徽州詹氏系。东晋元兴年间，詹敬担任刺史，巡视黄山，见潜口地脉钟秀，于是在此地安家，死后葬万贯山。其后有詹初在南朝陈时任东阳郡赞治，后因郡废弃官不仕。隋大业年间始迁于婺源庐源，成为婺源庐源詹氏始迁祖。唐朝时，詹盛又迁入婺源庆源。后虹关、岭脚等地均有詹氏定居。休宁五城詹氏分派于婺源庐源派，宋詹大圭在会里设私塾，便安家于此；流塘詹氏派出庆源，宋詹初由詹干迁此。秋湖、小塘、乾头山、碛溪等地也见詹氏散居。

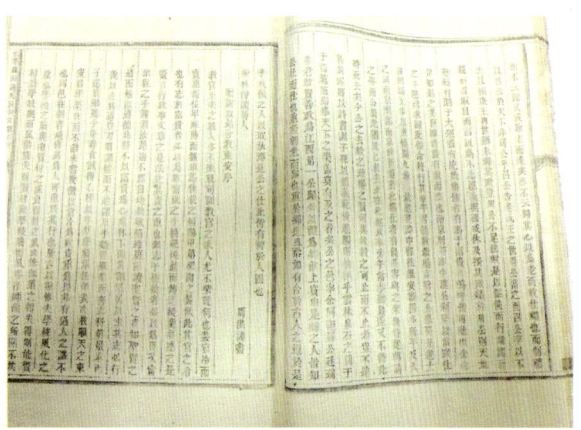
*麻田谢氏族谱

*鸿溪詹氏宗谱

鲍氏 徽州鲍氏系。西晋太康年间，鲍伸拜护军中尉，镇守新安，留居县城西门，是为新安鲍氏之祖。东晋咸和年间，后裔鲍弘任新安太守，居歙县西十五里牌，即鲍屯。后鲍屯鲍氏外迁，散居徽州各地。宋朝时，世居郡城西门的鲍荣，因产业多在西乡，遂营建别墅于棠樾，后举家迁此。婺源鲍氏于唐初始居江湾等地。休宁鲍氏于元至正年间由歙县棠樾迁入。其后散居焦充、高桥、下资、茅山、高枫、南渠桥、范家墩等村。绩溪有上村鲍氏，始祖鲍开德于明正统年间由歙县棠樾迁此。

*谢氏统宗志

*岩镇谢氏家谱

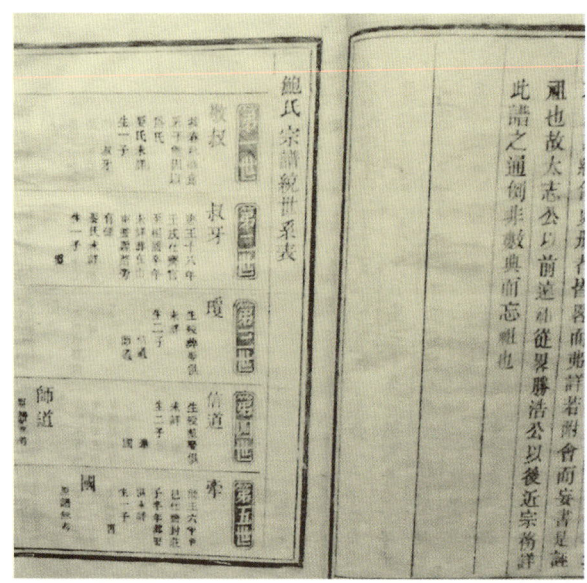
*鲍氏宗谱统世系表

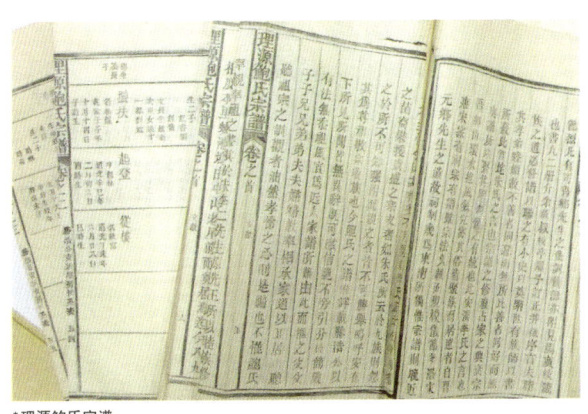
*理源鲍氏宗谱

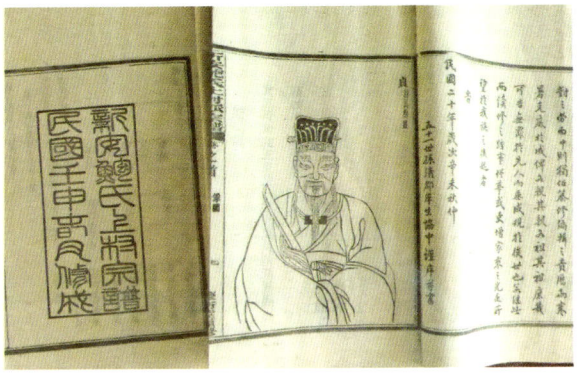
*新安鲍氏宗谱

横冈四老 族众美称。明朝,黟县横冈吴文焕、吴文斐、吴文书、吴文锦兄弟四人,均寿逾八旬,品行高洁,依例授予冠带,人称"横冈四老"。

遵义胡 绩溪胡氏支派。绩溪遵义胡氏先祖为宋教授胡瑗,宋朝南渡时,其后裔胡清由湖州乌程迁绩溪高车。元末,其后裔再迁县治遵义坊,遂称"遵义胡"。

潘氏 徽州潘氏系。先祖在福建三山。唐光启年间,潘良辅担任歙州刺史,因战乱隐居篁墩(今属屯溪区),为迁徽始祖。其后,潘孟和迁浮梁落马桥,后裔潘汝戒分迁屯溪;潘孟阳任判度支盐铁转运使,迁居休宁南门,后裔潘太寿析居十七都江泗坞,潘天寿迁水坑口;潘逢节裔孙潘庆爱休宁槲源山水而从篁墩卜居于此,命名潘村;后潘富分迁芳田。休宁阳后、荒田、黄岚、东岚、龟溪等村皆居有潘氏。潘逢辰后迁婺

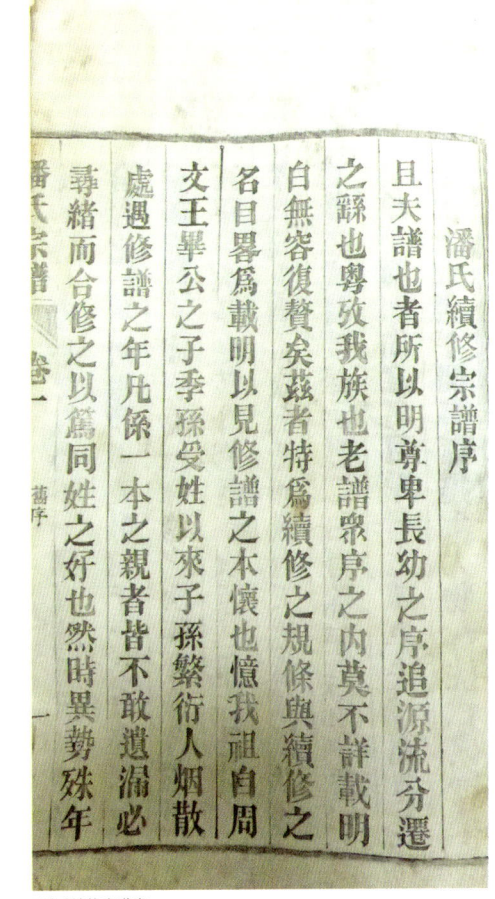
*潘氏续修宗谱序

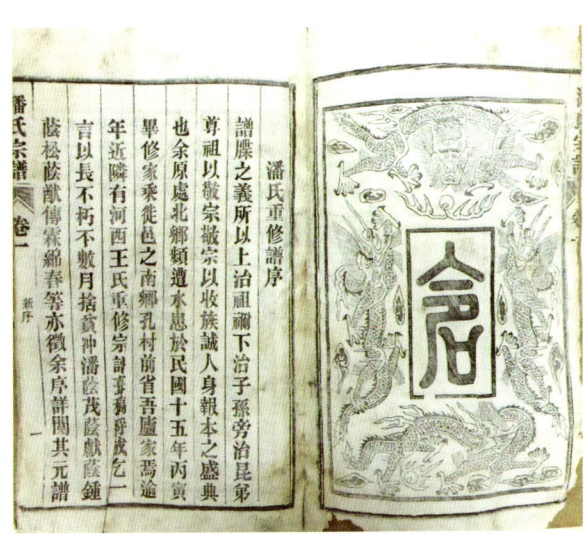
*潘氏重修谱序

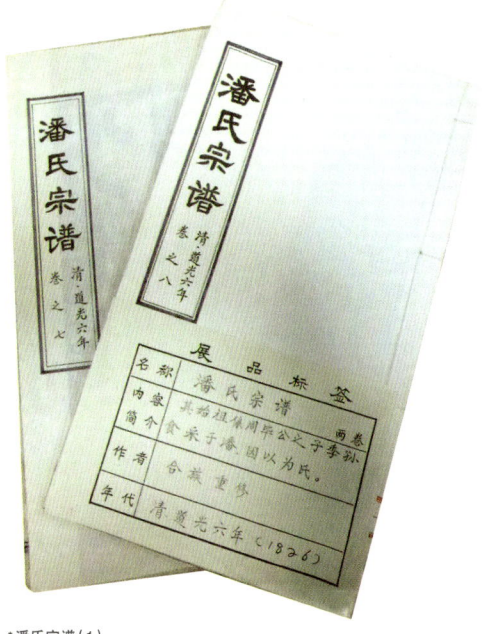
*潘氏宗谱(1)

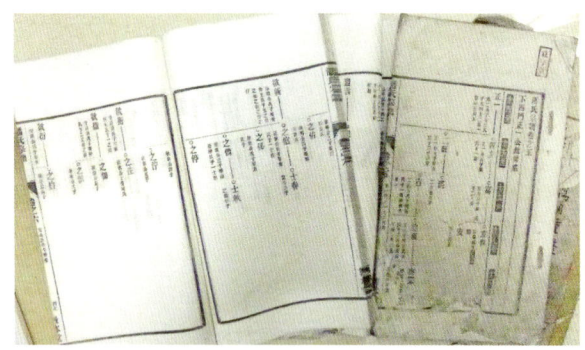
*潘氏宗谱(2)

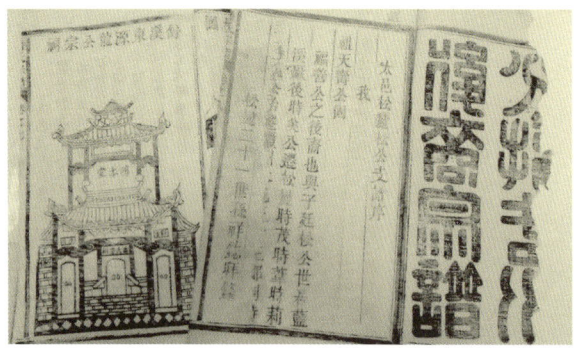
*潘氏宗谱(3)

源县北桃溪,后裔潘叔仪分迁太白,潘旦居郡城,潘莹玉迁松溪,潘子敬明初迁芳溪石牛潭,又有分徙歺峰、孔村。歙县岩镇(今属徽州区)潘氏由潘珏在南宋初年从婺州(今浙江金华)迁此;郡城东潘氏始于明初,潘弘义因父遭罪而冒金姓隐匿舅家,后复姓;甸川潘氏源自岩镇,大阜潘氏元末由篁墩迁入。

戴氏 徽州戴氏系。戴氏自唐末迁入歙县篁墩(今属屯溪区)。有卢、处、睿、虔四支,子孙散处徽饶(徽州与饶州),成为望族。休宁隆阜(今属屯溪区)戴氏始迁祖戴奢,为戴睿之后,自篁墩迁此。今干山下、万安、西馆、上溪口、和村、石湖、阴山背、梅林、新潭、蟾溪、高枧、油潭、珠里、黎阳、博村、临溪、瑶林、瑶溪、东邱、山岭、平干皆有戴氏。婺源桂岩戴氏为篁墩戴卢之后,宋朝迁此;又有乐平涌山戴氏支裔于唐朝始迁游山凤亭。北宋初,涌山戴氏后裔又分迁婺源长溪、岩前等地。祁门戴氏始祖戴升元,宋末由婺源凤亭里迁祁南姚村,后分迁松潭。另祁红榨里戴氏先居胡应源,后戴宏徙此。绩溪前山戴氏,始祖戴杰仕北宋为福建汀州通判,为篁墩戴虔之后,北宋乾德年间由江西宜春迁此,后分迁高枧、东关、镇头、万富山、戈溪等地。

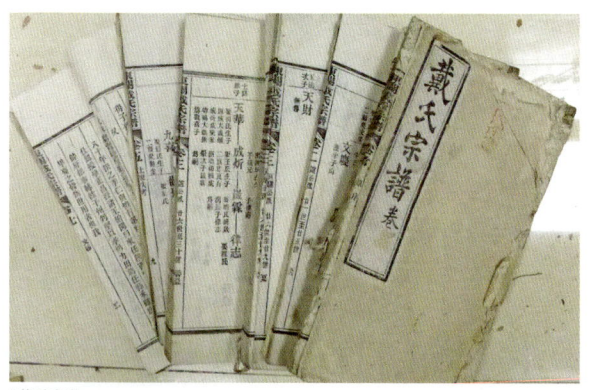
*戴氏宗谱第一次续修谱序

*戴氏宗谱

[二] 宗族文化

宗族姓氏　宗族管理　社会公益

家规家训

云川王氏祠规　婺南云川王氏宗族制定的祠规。内容有：崇孝悌，课《诗》《书》；戒尚气；敦勤俭；明伦理；择嫁娶。各条均有具体规定。后来又新增规条如下：一、元旦合族拜祖，六十以上照排行第拜于堂中，祠首酬丁饼一对，入后寝以次列坐，值年子弟进茶果酒肴，以伸敬老之谊。其未六十及十五以上者照排行第拜于堂下，祠首亦各酬饼一对；其有应试出仕及八十以上者，虽未行团拜礼，亦许亲人领饼。二、祠首设立丁簿，载上年所生之丁，上注房分父名，中注新丁名及月日时，以便后来修谱易编行第。元夕各新丁张灯于祠，十六日祠首点明，各酬丁饼一对。三、嫁女先送公堂礼帖入祠及投帖各绅衿，验明门第，方许鼓吹接轿婚娶迎送花轿定于五服内或三服亲，若有私亲往来，听从其便。所有会大宾客筵席，礼从丰备。族内岁时伏腊常燕，定以六簋为率，无俟多品。殡葬吊奠原以称家为礼，送帛悉照律例服数，不得狗凭陋习。四、祭祀赛神各项会事，概无许用犯讳犯禁器皿服物，违者约保惩治。五、贺礼。文武入泮四两整，国学一两六钱整，八宾八钱整，亲职一两整。恩拔、副岁贡科办石木竖旗，准作贺礼例贡贺仪三两，听其自行竖旗；登科代竖旗外，仍给贺仪十两，会试给盘缠银十两；登第代竖旗外，给贺仪二十两。应乡试每名给卷赀五钱，中途托故不到者勒还。六、赴任程仪，本省八两，邻省十六两，远省二十两，八品以下十两，七品以上二十两，亲职八两。任满荣归拜祖，定输俸置田入祠以襄大典，照例给世胙。

水塘纪氏家训　绩溪水塘纪氏宗族制定的家训。内容为：训子于孩提之初易为力，训子于壮大之后难为功。强调少时训诲子弟的重要性。正如徽州民谚所云："桑条从小揉，长大揉不直。"

仁里程氏家训　绩溪仁里程氏宗族制定的家训。内容为：贵不倦勤，富不忘俭。说明勤俭持家是徽州不少名门望族创立家业的重要法宝。

东关冯氏家戒家规　绩溪东关冯氏宗族制定的家戒、家规。《家戒》的主要条款为：百行奚先，曰忠与孝；五伦孰重，曰君与亲。纲常须正，伦理在明，奈何子孙繁衍，消长不均，毋以强而凌弱，毋以富而欺贫。服族虽远，名分犹存。毋以亲为途人，毋以疏而逾亲。宜患难而相救，勿相稽以反唇。用以光乎祖考，期无愧乎平生。致家和而族睦，使俗厚而风淳。庶斯谱之不虚作，而家范之为有成。愿尔子孙之绳绳，毋忽吾言之谆谆。《家规》的主要条款为：为子者必孝以奉亲，为父者必慈以教子，为兄弟者必友爱以尽手足之情，为夫妇者必敬让以尽友宾之礼。毋徇私情以乖大义，毋贪懒惰以荒厥事，毋纵奢侈以干宪章，毋信妇言以间和气，毋持傲气以乱厥性。有一于兹，既亏尔德，复惰尔乱，眷兹祖训，言须再三，各宜谨省。家之盛衰，系乎积善与积恶而已。何为积善，恤人之孤，周人之急，居家以孝悌，处事以忠恕，凡所以济人者皆是也。何为积恶，欺凌孤寡，阴毒良善，施巧奸佞，暗弄聪明，恃己之势以自强，克人之财以自富，凡所欺心皆是也。是故能爱子孙者遗之以善，不爱子孙者遗之以恶。《诗》曰："毋忝尔祖，聿修厥德。"天理人欲，自宜修克。家之隆喜，关乎妇之贤否。何谓贤，事姑舅以孝顺，奉丈夫以恭敬，待娣姒以温和，接子孙以慈爱，如此之类是也。何谓不贤，淫狎妒忌，恃强凌弱，摇鼓是非，纵意徇情，如此之类是也。呜呼，人同一心，事出多门，福善祸淫，天道昭鉴，为妇人者不可不慎。本支派原同一气，必尊卑有序，无相凌越；弟兄叔伯有同产业，须分明逊让，毋致争竞；尊祖敬宗，和家睦族，毋因利害义，有伤风化；祠宇修葺，春秋祭祀，毋失期废弛，有违祖训；各祠坟墓山林界上，毋失于管顾，有所侵据；读书尚礼，轻财尚义，毋骄而且吝，有玷家声；婚姻择配，朋友择交，毋贪慕富豪，有辱宗规；周贫恤寡，济物利人，毋悭吝弗与，有乖大义；珍玩奇异，丧家斧斤，毋贪爱蓄藏，有累后胤；冠婚丧祭，称家有无，毋袭俗浮屠，有违家礼；房舍如式，服饰从俭，毋僭侈繁华，有干刑宪。

仙石周氏祖训　绩溪仙石周氏宗族制定的祖训。内容共12条：明伦理，孝父母，敬祖宗，重诗书，正闺门，睦宗族，务正业，早完粮，息争讼，杜邪风，积阴功，择交友。每条皆有具体规定。

仙石周氏家法　绩溪仙石周氏宗族制定的家法。内容共5条：一、家法以尊治卑，不得以卑治尊。凡族中子弟犯家法者，叔伯父兄得以家法治之。若长辈犯国法，自有官治，若犯家法，晚辈不得借口祖宗笞责尊长，但公请长亲评论，请其改过，免陷刑戮以辱祖先。二、家法治轻不治重，家法所以济国法之所不及，极重至革出祠堂永不归宗而止。若罪不至此，即当鸣官究办，不得僭用私刑，山乡恶俗有重责伤人及活埋者，此乃犯国法，非行家法也。三、家法老幼妇女无笞责之条，妇人有过惟其姑与夫在家笞之可也。如果不孝翁姑、辱骂丈夫，既不可出又不可坐视，惟入祠罚跪，男子不得动手拖扯，所以重羞耻也。四、家法以跪香服罪为正。以上立法严而行法恕，不可轻用。五、贫人迫于饥寒而犯盗窃，其盗窃尚在本族，比盗他姓罪轻，家法不能不立此条，以重廉耻。然必每年宜讲家训，每岁遵行家谱，每事举行家政，然后可以行家法。若不讲家训是不教而杀，不行家礼是无风化，不举家政是无周恤恩泽，专行家法，人何能服？家法还具体开列：男女逐出，永不归宗例；暂革家胙、逐出、改过取保归宗例；革而不逐，改过归宗例；不革不逐，止停祭胙，改过改业复胙，终身不改，死则贬入幼殇主例；笞责跪香例；跪香例。

西塘黄氏家训
祁门西塘黄氏宗族制定的家训。祁门西塘黄氏乃江夏黄氏，其宗谱定有家训6条：一孝亲，阐述事亲道理；二敬长，附有御妻之法；三读书，因读书能慕圣贤之心，践圣贤之行；四力田，认为生财大道，靠翻种两亩田地；五禁非，如禁止淫乱、偷盗、行骗、窝赌等；六崇俭，崇俭方能裕民。并强调以上皆祖宗之意。

朱氏祠规
歙县义成派朱氏宗族制定的祠规。内容共8条：忠孝节义与有功于族及科甲显著之人，毋论辈数尊卑，当视为榜样，后世奉作仪型，合族钦敬，此在百世不祧之列，不仅煊耀一时已也。不孝父母，不敬伯叔，不和兄弟，及败坏祖产、玷辱家声与奸淫犯义等事，即邀同族众早为戒约，如实不悛，即禀官究治，或逐出不许入祠，毋令效尤，致他人沾染。平等无功无过守公奉法之人，或偶有失检贻笑乡间，或渐即怠荒难供家计，又或丁单力弱，时受欺凌，族众即共同劝诫，共同保护，务令一道同风，毋致此优彼绌。矜孤恤寡，宜思养育之方，吁俊求贤，当助驰驱之费，现今祠产微薄，兼之失业种种，力实不支，然数里荒山，族众联成团体，多种茶竹果木，十年以后计必成林，亦可渐为兴办。江慎修先生有言："凡过一村，见其树木浓荫者，其村必富庶悠久。"盖水泉回衍，蓄气多而富泄少也。若斩伐一尽，其水过而不留，地方衰败矣，此亦可为证之一端，不但果木之生息也。寝室为先灵栖息之所，理宜严密，不得擅行开视，致滋异议。凡新主入祠，男左女右，照旧安置享亭中，俟二八月移入正寝。倘有违例私开，从重议处并惩司钥之人。本身无子，应立昭穆相当之人，不得收养异姓，以致紊乱宗支。祠中产业原为祭祀之需，无论支下耕种，或他姓佃种，必须一律征收，方为正理，即遇年成歉薄，亦当公定分数，不得任意交租，倘有抗行霸种，国课攸关，祖祀亦无出，或共同禀究，或起业另招，临时共同酌议；祠宇务宜洁净，每逢朔望，责令祠役洒扫一周，不许堆积灰炭竹木及零星杂件，霉月大雨，内外巡视，有无湿漏，关会司年，以便随时修理。

呈坎罗氏祖训
歙县呈坎（今属徽州区）罗氏宗族制定的祖训。内容共14条：敬祖，孝亲，刑妻，教子，悌长，奉公，怜孤，恤寡，睦族，和邻，慎交，择配，禁讼，护墓。

呈坎罗氏新祠八则
歙县呈坎（今属徽州区）罗氏宗族制定的祠规。呈坎罗东舒先生祠有《新祠八则》，载于《罗氏宗谱》之中者称《宗仪八条》：妥神灵，严非类，戒妄婚，勉右文，敦本业，勖长厚，警入祀，议综理。

吴越钱氏家训
歙县吴越钱氏宗族制定的家训。共8则：重祠祭，崇孝友，敦诗书，力耕织，禁斗讼，严术业，慎婚娶，急公税。每则皆有具体规定。

沙堤叶氏松岩公家训
明万历年间祁门沙堤叶氏松岩公留下的遗训。内容为：余家世居沙堤，懋春公创之，希圣公拓之，上达公又从而光大之。太华公迄丙乙公，皆克绍前烈，子姓蒸蒸，远而弥芳，果何修而得此哉？《周易》曰："积善之家，必有余庆。"可见族之大小，不在人之众寡，而在泽之修短；不在势之强弱，而在德之污隆。凡我子姓，果能洗心涤虑，饬躬励行，敦诗书，明礼义，士农工商，各执一艺；忠孝节义，惟务自尽。毋游惰，毋健讼，毋荡业，毋作淫巧，毋恣奢靡，毋以众暴寡，毋慢上暴下，毋瘠人肥己。善者奖之，恶者戒之，不悛者黜之，世守勿替，斯天下之令族矣。是为训。

沙堤叶氏宗族四箴
明万历年间祁门沙堤叶氏宗族对宗族成员的4条告诫：忠箴、孝箴、节箴、义箴。忠箴：总总民生，匪君弗治。不笃忠贞，何以昭事？惟我后昆，遵王之意。因时尽道，随分矢志。赋役常输，服政尽瘁。勉作尔忠，庶几无愧。孝箴：父母生我，洪恩罔极。孝思自天，根心生色。惟我后昆，率兹顺德。善养禄养，无忝其职。啜菽尽欢，陟屺时忆。勉修尔孝，实民之则。节箴：人生立身，胡可少柱。一惰大纲，万几糜荡。惟我后昆，名节勿爽。出处取予，惟公惟悫。瑾瑜常洁，日月常晃。正气须存，毋愧俯仰。义箴：古往今来，惟义可久。轻财乐善，炳耀宇宙。惟我后昆，制心须厚。吝骄必祛，藩篱即剖。挂剑明心，捐舟恤友。存尔大义，人情无负。

宏潭胡氏家规
黟县宏潭胡氏宗族制定的家规。名为家规，实乃族规，计10条：孝亲敬长，隆师重道，撑持门户，祠墓当展，宗族当睦，职业当勤，赋役当供，争讼当让，德业相劝，礼俗相交。

环山余氏家规
黟县环山余氏宗族制定的家规。内容有大纲10条：曰严宗庙，曰省茔墓，曰重祭祀，曰正彝伦，曰崇礼教，曰辨内外，曰睦族邻，曰重输纳，曰禁游侠，曰御童仆。

武口王氏庭训
婺源武口王氏宗族制定的庭训。内容有8则：一曰孝，二曰悌，三曰忠，四曰信，五曰礼，六曰义，七曰廉，八曰耻。各则均有具体规定。

坦川汪氏家训
绩溪坦川汪氏宗族制定的家训。内容为：当养生送死时，譬如父母少生一个儿子；当分家受产时，譬如父母多生一个儿子。如此想念，则忿气争心自然瓦解。重视兄友弟恭的悌道。

旺川曹氏家训
清康熙年间绩溪旺川曹氏宗族制定的家训。据谱载，家训乃列祖口泽相传，累世无异。至二十四世邑廪生曹翼宸，本其意而敷衍成文，列入家谱。内容共10则：积阴德，惇孝养，重迁葬，端蒙养，尊师道，慎嫁娶，睦亲党，励名节，崇朴俭，黜异术。每条都有具体规定。嘉庆年间，曹氏后人又加著"训辞"10则，即《旺川家训后十则》，内容为：崇孝养以惇族，序长幼以顺族，别内外以闲族，勤耕种以裕族，敦教训以淑族，谨丧祭以厚族，正婚姻以宜族，恤患难以周族，匡习尚以维族，禁投纳以宁族。每条亦各有具体规定。

明善先生家训
南宋嘉熙前后歙县人张雄飞（号明善）教授乡社子弟，曾作《家训》以规范子孙行为：不履讼庭；不欺暗室；不事生产；无故不入城市；是非不留胸次；喜怒不见颜色；道路逢长者必拱手，遇妇人必以袖遮面；先茔近者三五日一省，远者每月一至；茔旁有鬻地者，族人贫而鬻祖产者，必节缩资金赎回。

鱼川耿氏家训
绩溪鱼川耿氏宗族制定的家训。内容为：遇事让人三分，自有余地；临财放宽一步，自有余味。要量力举事，土木之功、婚嫁之事，宾客酒席之费，切不可好高，求胜一时。

河村刘氏家规
婺源河村刘氏宗族制定的家规。内容共12条：隆孝养，崇悌顺，笃义方，戒伪妄，睦宗族，禁佛老，勤生业，尚俭朴，正婚姻，重丧祭，别内外，择交游。每条均有具体规定。如笃义方条，规定凡宗族子弟均当训诲，如资质可造，要延师授业，以期成材，如家贫不堪，亲房应当量力资补。又如勤生业条，要求宗族子弟，无论士农工商，须各勤其业，不得贪酒、淫色、赌博、好闲，父兄应时时劝诲。再如别内外条，规定男子须正夫纲，不可放纵妇人出入人家及应接宾客等。

河间凌氏家训
祁门河间凌氏宗族制定的家训。内容为：家本第一，积阴功，祛隐恶；家范第二，谨言语，慎举动；家政第三，供子职，敦友于；家礼第四，重婚姻，慎丧葬；家庙第五，明宗祀，严祭礼；家族第六，序尊卑，恤茕苦；家训第七，端蒙养，亲师友；家业第八，勤耕种，精技艺；家声第九，谨闺教，别嫌疑；家劝第十，旌孝顺，旌良善。

居家十慎
家训名称。明歙县路口人胡玠，素有慎行，著《居家十慎》传世。主要内容为：一慎己，二慎私，三慎训，四慎聘，五慎产，六慎医，七慎丧，八慎媚，九慎异，十慎惑。

荆州明经胡氏祖训
绩溪荆州明经胡氏宗族制定的祖训。内容为：孝亲，刑妻（指教妻以正道），教子，弟长（对长上要执弟子之礼），奉公，怜孤，恤寡，睦族，和邻，慎交，择配，禁讼。每条皆有具体规定。

茗洲吴氏家典
休宁邑西茗洲吴氏宗族制定的家典。执笔者吴翟，府学贡生，曾任紫阳书院主讲。家典共8卷。卷一《家规》80条，是为本家族人伦日用制定的规章法则；卷二《通礼》，旨在恢复并确立久废的宗法制度；卷三至卷六，依序为冠、婚、丧、祭四礼；卷七《外神祀》；卷八《释菜礼》。从卷二至卷八，每卷先有"议"，以立论方式阐明实施礼制的主张，并批驳当时有违礼意的谬说及不良习俗；再详细列出礼的种种仪节（包括各类"书启""题主""碑铭""祝文"的格式），附有多幅行礼和器物样式的插图；后是考证，援引儒家经典《仪礼》《礼记》和朱熹的论述，略加疏释，以证其说，与"议""仪节"互为照应。全书遵照"三礼"（《周礼》《仪礼》《礼记》）和朱熹《朱子家礼》的仪礼、制度，结合本地时俗予以斟酌损益，既发挥了儒家"礼意"，又确立了一系列具体操作程式，以便施行，是一部融理论于实践的礼书。结构严谨，条理明晰，具有浓厚的封建宗法伦理色彩。以"典"名书，表明作者要为本家族立下须严格实施，且子孙恪守的大经大法。

南关许氏惇叙堂祠规
绩溪南关许氏惇叙堂制定的祠规。其前言写道：作奸犯科，国家有例。犯国法者，鸣官治之，非家法所当治也。家法只以祖宗前杖责为止，杖责以上，非宗祠所可预闻。但有事关宗祠，非家法所能预定，又非家训所能备载，不得不另立一则以定准绳，谓之规约。该规约19条：一家称呼，同姓不婚，妄行过继，配合女殇（指兵难年时，人家男女死于非命，为父母者痛念不忘，至兵后往往以殇丁选配殇女入祠享祀，遂渐成风俗），发给丁票，净静宗祠，悬挂匾额，进主毁主，公众标挂，与祭礼生，颁胙饮胙，朗读祝版，拜祖留餐，主行事务，管理祠堂，鸣祠品理，选充祠差，认真收租，笃厚根枝。每条都有具体规定。

南屏叶氏祖训家风
南屏叶氏宗族祖宗详立家训，美善多端，阖族奉行，历20世数百年，罔敢懈怠。清嘉庆年间该宗族又重加申训。内容有：崇礼教，正名分，安生业，敦正道，禁邪僻，和宗族，饬风化，杜匪类。每条皆有具体规定。

济阳江氏家训 婺源济阳江氏宗族制定的家训。该族鉴于旧谱有《家训》14条，虽近世文字，然语入情入理，于修身齐家之道不无裨益。辗转缮刻，间有讹舛，参观他谱，亦醇疵互见。于是删其繁芜，而增其所无，析之为16条。家训就父母、兄弟、夫妇、子孙、朋友、宗族、乡党、嫁娶、言行、衣服、饮食、田宅、嗣续、丧葬、祭祀、族长等16个方面提出了具体要求。

姚氏家规 绩溪姚氏宗族制定的家规。内容有：敦孝悌，睦宗族，和闾里，敬君长，隆师友，谨内外，勤生业，崇忠信，保身家，积阴德，惜孤寡，表节义，慎丧葬，省祠墓，严族氏。每条皆有具体规定。

泰塘程氏祖训 休宁泰塘程氏宗族制定的祖训。内容为：凡为吾祖之后，曰：敬父兄，慈子弟，和族里，睦亲旧，善交游，时祭祀，力树艺，勤生殖，攻文学，畏法令，守礼义。毋悖天伦也，毋犯国法也，毋虐孤弱也，毋胥讼也，毋胥欺也，毋斗争也，毋为奸慝以贼身也，毋作恶逆以辱先也。有一于此者，生不齿于族，没不入于祠。

积庆坊葛氏家训 明绩溪积庆坊葛氏宗族制定的家训。家训凡16条。内容均关立心行己、接人处事：为善最乐；深加涵养气质；处世以治生为急务，为子孙者必知稼穑艰难，辛勤干家，乃克有济；子孙要弘其志，上下四方皆男子之所有事，必须志气寥廓，规模远大，思欲做天地间无穷事业；子孙仕进入王会之不求温饱、张咏之不爱轻肥，方是好男子；妇人之言不可轻听；处家之道以和为贵，和生于忍；富贵功名，人所共羡，不可以求，亦不可以必求，惟求之以不求斯可矣，尽其在我以听其在天，此不求之求也；世间物可以益人神智者，书，故凡子孙不可不使读书，惟知读书则识义理；争讼事，不可轻举妄动，讼端一兴即须费财；步向浓时转，人当知进步又当知退步；年少子孙须教绝去轻薄相态，盖其幼而气豪，有学问则恃才以傲物，有资财则挟富以凌人，温、恭二字乃治轻薄之药石；夫妇，人道之始，故嫁娶一事不可苟且；闺门务要严肃，使男正位乎外，女正值乎内，不可淆乱；朋友之责所系匪轻，故人处世必须择友；人之处家在于勤俭，勤以开财之源，俭以节财之流，此生财大道也，子孙必须勤俭方能不坠家声。又制定家规8条，前3条规之以言，后5条规之以罚。虽有轻重之不同，但规警相成之意同。

逢田则吉 李氏祖训。徽州三田李氏分迁时，均遵"逢田则吉"的祖先遗训，凡地名有"田"字或其他与"田"的意境相关联，便以为吉祥。如婺源严田李氏后裔李尚，幼时在郡城从学，见有东山之美、湖田之名，便定居于东山，是为东山李氏始迁祖。

翀麓齐氏敦彝堂祠规 婺源翀麓齐氏宗族敦彝堂制定的祠规。内容有：敦孝悌，兴礼让，严乱宗，禁溺女，禁鬻女，保龙脉，护村基，养坟山，修祠宇，择祠董，催甲催，储义仓，振文会，勤职业，备谱稿。各条均有具体规定。

梧川汪氏家训 绩溪梧川汪氏宗族制定的家训。内容为：同干事则勿避劳苦，同饮食则勿贪甘美，同行走则勿择好路，同睡眠则勿占床席。反映了乡民在生产生活中重视同谋共事的关系。

梁安高氏祖训 绩溪梁安高氏宗族制定的祖训。内容共10条：孝父母，敬祖宗，正婚姻，睦宗族，守正业，兴文教，严闺阃，畏王法，积功德，禁溺女。每条皆有具体规定。

董氏族规 婺源县城董氏族规有别于他氏，即重功名不重辈分，重儒学不重官禄。族祠每祭祖先，主祭、陪祭必由读书成名者充当，其他执事人等也由应试取得功名者担任。为造就儒士，宗族出资于城郊幽静处建有经馆两所，供子弟就读。凡科举中试者，宗祠给以贺仪，以资进取。但需遵祖训：书可读，官不可做。清董氏功名鼎盛，以同胞三进士、兄弟两翰林驰名乡里。废科举后，大学生、留学生亦不乏人。董氏知名人才，均为学术界、教育界人士。

锦营郑氏宗族祖训 祁门锦营郑氏宗族制定的祖训。内容为：敬父兄，慈子弟，和邻里，睦祭祀，力树艺，毋胥欺，毋胥讼，毋犯国法，毋虐寡弱，毋博弈，毋斗争，毋学歌舞以荡俗，毋相攘窃奸以贼身，毋鬻子，毋大故勿出妻，毋为奴隶以辱先。每条皆有具体规定。

新安王氏家范 新安王氏宗族制定的家范规则。内容有10条：敦孝友，睦宗族，勤生业，节财用，戒争讼，毋倚势，崇典礼，远佛老，别男女，重家学。每条皆有具体规定。

潭渡黄氏祠规 清康熙年间，潭渡黄氏宗族鉴于祠堂管理，日久弊生，不肖子孙，染指祠产，为加强管理所制定的立德庵府君祠规。共23条：议重阉司年；议收租；议收贮租粒；议租粒留至次年粜卖；议卖谷麦、豆粟；议租谬照宗祠例；议银两归匣；议房租不必归匣；议完纳钱粮；议修祠屋；议查点屋宇装拆；议新收祀产；议司年辛力及收租日费；议查刷账目；议朔望忌辰；议守祠；议祠中不准堆积、租赁；议祭祀；议鼓励教育子弟；议惩恶；议复祠前壁灯；议四门标挂，禁未冠及不拜祖者；议新产税契载入归户。

宗族事务

丁米 宗族每年新添男丁，由其父于小年（腊月二十三或二十四日）晚向宗厅报述出生月日及所取名字，由宗厅理事人录入添丁簿。此时，要向宗厅缴米若干，称"丁米"。

下人称 无论家主年龄大小，佃仆均自呼其名而不称"我"。如佃仆前来拜年，均高呼："××（自己的名字）前来请安！"然后行礼。

大户 相对于小户而言，宗族家主为大姓，称大户；佃仆为小姓，称小户。大户、小户是主仆关系。对于某村、某祠堂的佃仆而言，村之族众全为大户、家主。

大姓 指名宗大族。主要指程、汪、吴、黄、胡、王、李、方、洪、余、鲍、戴、曹、江、孙15大姓，号称"新安十五姓"。这些姓氏在古徽州六县均有分布，且分布点多。据明嘉靖年间编纂的《新安名族志》载，汪氏在歙县有20处、休宁38处、婺源14处、祁门17处、黟县11处，共100处分布点。这些大姓迁居徽州的时间早，在徽州历史发展过程中贡献大，影响深远。

小户 参见199页"大户"条。

小姓 指依赖大姓而存在的佃仆。其来源或世代为仆，或卖身为奴。小姓不能入谱，不得进祠，不准与大姓联姻。有些小姓人身独立后，人丁兴旺，财货充积，功名显达，亦不得与大姓平起平坐。大姓对小姓的剥削压迫，不断激起小姓的反抗。清顺治二年（1645年），黟县蔡村奴仆宋乞联合全县奴仆暴动，结寨36处，休宁、歙、祁门各县奴仆纷起响应，形成声势浩大的"奴变"。清朝于雍正五年（1727年）四月颁布解放令，奴仆虽获得名义上的人身独立，但社会地位依旧。

门 宗族中同宗子孙分支的一种。大于"支"，小于"派"。如绩溪县伏岭邵氏分称上门、中门、下门。

义田 宗族为赡济族内贫者、资助家贫学子等而设置的田产。南宋初，休宁下东金氏设置义田6万余平方米，南宋淳祐和明弘治年间又陆续增置。祁门城东汪浚也于南宋时置义田。明清时期，徽州义田达到高峰。明天顺、成化年间，婺源鳙溪汪氏宗族中有8人考中举人、进士，在为表彰其功名而树立"聚英坊"时，各捐银两购置义田，称"聚英坊义田"，并定族规：凡中举者，须照例捐资购置义田。清乾隆七年（1742年）和乾隆八年（1743年），歙县潭渡人黄履昊捐银1.06万两，置田近60万平方米作义田，用以抚恤族姓中贫孤者。嘉庆年间，棠樾鲍启运捐义田80余万平方米，构筑鳏寡孤独"四穷仓"，每年义赈族内穷人。

义庄 宗族中人所捐立的田庄。田产所获，既祭祀先祖，又赈济宗族内婚嫁丧祭者，延请塾师训育子弟。如元黟县四都黄村人黄真元，深念祖宗积德数百年，便仿效范仲淹建义庄之举，捐田40余万平方米，建立厚本庄。于是从始祖而下，家木蓊郁；族众百余口，衣食无忧。

义廪 宗族设立的粮仓，也指一种储粮制度。南宋乾道四年（1168年），福建建宁府大饥，朱熹同乡绅刘如愚首创社仓制度：向知府借常平米600石赈贷饥民，贷米在冬天归还，收息20%，待息米相当于原本10倍时不再收息，每石只收耗米3升。孝宗推广此法。南宋黟县人汪绎，曾任霍邱知县、知兴国军、知宁国府，在家乡置有义廪，赈济宗党内贫乏之人，饥荒之年平抑物价。元末明初棠樾人鲍元康，与人为善，常遣嫁孤女，收养孤子，又曾立社仓，即义廪，并赎回婺源文公祠祭田。同时同里人鲍深，也曾立社仓，赈济贫乏。义廪一般没有专门仓库，在祠堂或庙宇储藏粮食，粮食来源是劝捐或募捐，存丰补歉。粮食周转则以借贷形式，春放秋收，利息一般为十分之二，小歉利息减半，大饥全免。

乡党以齿 宗法社会区分尊卑长幼，以求人伦有序的一种风气。在徽州宗族中，以辈分排定尊卑之等。在同辈者中按年龄大小排定长幼之序。若交往活动超出一宗一族的范围，以辈分定尊卑已不可能，便只以年龄来定长幼尊卑。

开门银 宗族成员娶亲前向祠堂交纳的银两。此银需提前交纳，如至期无银，则娶亲之家的该房、门尊长，以及支年首家必须率众闭门不开，故有"开门银"之俗称。

开祠堂门 宗族召集族众于祠堂，当众议事之俗称。凡处理重大事件，如宗族之间的纠纷、宣布并惩戒不肖子弟等，宗族均集众公议。开祠堂门时一般吃"众家饭"，即祠堂开仓发谷，族众老小共炊。

木主 见201页"灵牌"条。

五世一堂 又称"五世同炊"。指五代同居。祁门高塘鸿村王积庆，以积善闻名乡里。生4子9孙，23曾孙，51玄孙，五世一堂，百口同炊，远近传为美谈。又如明祁门南乡礼屋康坚，一家男妇百数十口，五世同炊。康坚持家甚严，虽一钱尺帛也无所私。其父康耀性情友爱，曾为堂弟康煌押解税粮前往池州大同驿，因劳累过度卒于途。一年之后消息传来，康坚即裹粮寻骨，历尽艰辛，乃得归殡。正德年间，又捐助兵饷10万，受赠七品教官。

五世同炊 见199页"五世一堂"条。

五世则迁 徽州祠堂中供奉的祖先牌位，除了始迁祖、爵德兼隆者、有功于祠祖者外，在其第四世即玄孙离世后，也需从神龛中迁出，或存入寝堂之楼上，或埋入墓所，即五世则迁。

支 参见202页"派"条。

支祠 祠堂类型。徽州素重宗法，多聚族而居，并建有宗祠。宗祠之下，有的支派族众势力强盛，又以祭祀支祖之名另立祠堂，即为支祠。

长子 同父兄弟中年龄居长者，一般指嫡长子，即正妻所出且年龄居长之子。在徽州地区，长子除具有家庭财产更多的继承权之外,另具有宗法地位的承袭权,如继承其父为家长。

分家 指兄弟分析家产。徽州民间兄弟分家,由父母做主,娘舅主事。若父母过世,请家族长辈临场襄助,订分家析产之《阄书》(即分家契约)。有长子另坐和"长子不离灶,幼子不离窖(厕所)"的惯例。分妥后,合家团聚吃分家饭。女儿无娘家财产继承权,亦不得过问兄弟分家之事。

火儿 见200页"伙佃"条。

火佃 见200页"伙佃"条。

引礼 见200页"引赞"条。

引赞 又称"引礼"。在祭祀中担任引导任务者。

正主 指宗族内正常亡故可入祠堂祭祀的男丁牌位。

节俭户 宗族税户名。歙县棠樾鲍氏节俭户义田由族人鲍志道妻汪氏于清嘉庆五年(1800年)捐平时所积而立,此田租仅惠及妇女一辈,由宣忠堂三大房女眷按需要者人数平均分配。

犯十恶不准入祠 宗族规定。十恶,是指直接危及君主专制统治秩序以及严重破坏封建伦常关系的重大犯罪行为,指谋反、谋大逆、谋叛、恶逆、不道、大不敬、不孝、不睦、不义和内乱。这些罪行被封建统治者认为是最重的罪。犯十恶者死后不准晋主入祠。在徽州民间,自杀未满三年也不准晋主入祠。

头首 在徽州地区,是祠首的别称,指宗族的首领。

司过 又称"纠过""纠仪"。在祭祀中负责对参与支丁的监视与纠举。

司年 见203页"值年"条。

司帛 在祭祀中负责奉帛者。

司祝 在祭祀中负责捧读祝词者。

司值 见203页"值年"条。

司馔 在祭祀中负责奉献食品者。一般由儿童担任,称"进馔儿童"。

司樽 在祭祀中负责奉酒樽者。

司盥 在祭祀中负责捧水盆供进献者洗手的人。

司爵 在祭祀中负责奉酒爵者。

纠仪 见200页"司过"条。

纠过 见200页"司过"条。

母主 指宗族成员正常亡故可入祠堂祭祀的妻室牌位。

过继 指自己没有儿子,收养同宗之子为后嗣。也指入养父之家为其后嗣。是传统宗族观念中的一种收养行为。徽州宗族中支丁若中年仍无子嗣,可按照由近及远的定则,选同宗子侄顶继,由族长主持立继书。一般不许找外族人顶继,否则革出祠堂,子孙不得入祠。清朝中期后有所放宽,准许外甥过继娘舅,但须经族人认同,改名换姓方可。出继外族者,也有永不回宗,如要回宗割断脚筋之诫。

百世不迁 指徽州祠堂中供奉的祖先牌位永不迁出。主要有始迁祖、爵德兼隆者、有功于祠祖者。

当年 见203页"值年"条。

伙佃 又称"火佃""火儿"。佃仆异名。一说结伙佃种之意,又说伙佃即火佃,是指提供火把的佃仆,有时作为持火把照明和以服劳役之佃仆的通称。

行名 宗族中为区分世次,往往以一首诗作为排行依据,同辈人取名,必须用诗中的同一个字,称为行名。如歙县昌溪太湖吴氏二十八世至四十三世排行字为"云成宝焕,延运笃昌。介以繁祉,茹禄尔康"。第二十八世排行字为"云",即"云"字辈,同辈人取名,其中必有一"云"字,如云富、云善、云旺等,别人一见即可知其人辈分。

行实谱 宗族簿册名。宗族为修谱立传所设的红格草本。宗族成员去世后,符合入祠条件的,其牌位(木主)入祠奉祀。这些牌位中新入者即新主,其名号、生卒年月、妻妾姓氏、葬地及懿德嘉行等,均记录入簿,以备正式修谱时采录。

会族 指全族聚集会餐。由族中之人轮流做主,饮食随家境丰俭而定,上自伯父、叔父及从堂兄弟,下至诸侄,均参与会餐,并由尊长坐而训之。程颐曾提出:凡每有族人自远方来,或族人有吉凶嫁娶等事,全族应集会一次。即便平常无事,每月也应集会一次,以使骨肉常通、情感日厚,增强宗族凝聚力。南宋休宁陪郭人程永奇,居家时经常会族。元休宁率口人、乡贡程梦麟,也每月必一会,少长毕集,孝恭友爱。这样的活动少数村落一直延续到民国时期。

合食 族众祭祀完毕后在祠堂集中会餐的活动。也称"合馂""散福""饮福"。一般都规定每人享用的祭品数量。夏秋两季,族众多在外,故参与者以年高者及礼生为限,春冬两次,则全体族中支丁参与。

合馂 见200页"合食"条。

众存 家产、族产继承方式。徽州的家族或宗族支丁在分析祖产时,往往存留一部分山场、田地不参与分配,只在阄书上注明各支拥有的份额,是为"众存"。如南宋庆元年间绩溪龙川胡氏分析家产时,即将祖墓山地众存。明清时更为常见。对这份集体占有的公共财产的管理，多采取分户轮管、分产到户、分户轮租等方式。

庄 族产管理单位。宋朝以后，徽州不少宗族拥有族产，这些田地山场，如散布在周边较远地区，宗族常常立"庄"，各命以名，派遣专人管理。

庄仆 佃仆异名。徽州大姓聚族而居，佃仆一般不得与主姓同居一村，须另在田头、山边建房，形成新的居民点，称庄。庄从属于村，供佃仆居住，故一些佃仆又称"庄仆"。

灯油银 宗族对于族中有志读书入仕者给予的经济奖励。如休宁《汪氏黎阳家范》规定的给付标准是每年银1两。

进主 见203页"晋主"条。

进主银 宗族成员神主进入祠堂供奉所交纳的银两。一般除始祖、名宦乡贤、节烈为公请入祠外，其余族众去世后，其家属均需依照众评等第交纳不同额度的银两。其标准因宗族地域、经济实力等不同而有很大差异，如歙县《程氏东里祠典》仅规定2~10两，歙县潭渡黄氏德庵公祠则规定每主需银30两。

进馔儿童 见200页"司馔"条。

两清明 绩溪瀛洲章氏的特殊祭祖活动。清明节前几天上坟祭祀远祖（不含始祖），称"小清明"；清明节当天上午祭祀始祖、下午祭祀近祖，称"大清明"。

利市田 兄弟分家时，从田产中特取份额较小的一份授予嫡长子、嫡长孙，此称利市田。

佃仆 与地主有着严格隶属关系的仆人。依徽州风俗，凡葬主之山、佃主之田、住主之屋者，皆为佃仆。佃仆除佃田交租之外，还须承担一定劳役，如守坟、抬轿、修房等。依其流行区域与从事劳役不同，又有庄仆、伙佃、祝活、小户、小姓等不同称呼。地主和佃仆具有主仆名分，佃仆的人身不自由，被束缚于地主的庄屋、土地上，不准迁移逃跑。擅自移居别处的佃仆，以背主逃走罪论处。对逃亡佃仆，地主可自行追捕，或呈请官府代为缉拿。佃仆的婚配、过继等，受主家干预。佃仆对主家族众，凡男子称"朝奉""老爷""相公""官人"，女子称"孺人"。佃仆不准与平民通婚，其子弟不准应试入仕。明清法典把佃仆划入奴仆类，和隶卒、乐户、奴婢等同属于贱民等级。但实际上，佃仆的身份高于奴婢，地主对佃仆的奴役也有条件和限制；地主对佃仆的人身只是部分占有；佃仆是主家之人，生命肢体有保证，婚姻过继虽受干预，但仍被承认为合法；佃仆有独立的家庭经济。徽州佃仆的来源，或为释放的家内奴仆，或因佃种地主或祠堂土地，或无栖身之所被迫投到地主庄屋居住，或因先人葬在地主山场；或由于入赘、婚配佃仆妻女，也有因生活所迫而卖身充当佃仆者。参见201页"庄仆"、200页"伙佃"、202页"祝活"、199页"小户"、199页"小姓"诸条。

饮福 见200页"合食"条。

祀会 又称"祭会"。祭祀组织。为保证祭祀活动的常态化，徽州各宗族内部成立的一种组织。专门组织宗族祭祀活动。从祭祀时间看，有春祭，也有冬祭；从祭祀对象看，有始祖祭、支祖祭，也有宗教神祭，甚至有其他神灵祭；从祭祀地点看，有祠祭、墓祭，也有庙祭。参与者均与祭祀对象有直接关系，且需捐资置办田产及祭祀用具。许多祀会定有书面运作规则，以传之永远。如黟县西递胡氏宗祠本始堂建有"敦本祀会"，由配享每股出银20两成立，购置田地1万余平方米。

灵牌 又称"木主""牌位"。人死后所设的神主牌，宗族成年支丁逝世后，均制一木牌位，奉于宗祠神龛中的相应位置，以供祭祀。

轮年 见203页"值年"条。

鸣赞 见204页"通赞"条。

例监生授职银 族中秀才因贡监（选拔入国子监）、例监（捐纳钱粟取得贡生资格）而被授予官职时向祠堂交纳的银两。如休宁《商山吴氏宗法规条》规定，例监生授职者除办谒祠仪外，出银5两入祠；祠中支1两办贺礼。

卷资银 宗族对于族中参加科举考试者给予的经济奖励。

宗 同族的同一宗派。祖庙里供奉同一祖宗神，称"同宗"。同宗之子孙称"宗支"，同宗的长者称"宗老""宗伯""宗兄"。

宗长 长房长子为宗长，是宗族中子孙的代表。

宗正 由宗族中推选产生以处理一族事务的主要管理者。必须具有制行端方、立心平直的品质。族中一般事务由宗正、宗副商议处置，大事、难事则召集族中品官、举监生员、各房尊长共同商处。

宗祠祭礼 宗族活动。宗祠冬春行祭礼，主要程序为：三献序立—执事者各司其事—陪祭者就位—主祭者就位—启门—瘗毛血—迎神、鞠躬—行降神礼—告神—进馔、奠帛—行初奠礼—读祝—行亚奠礼—行终奠礼—侑食—奏乐—祝嘏歌—进茶—饮福、受胙—嘏词—告利成—司帛者捧帛、司祝者捧祝各诣燎所—辞神—鞠躬—纳主—分馔—礼毕。

宗副 宗族中协助宗正处理一族事务的管理者。由全族推选产生，必须具有制行端方、立心平直的品质。

宗谱 又称"族谱"。主要记述一族的源流迁徙、相衍世系、族贤事略、祖茔分布、村落地理、家规族法等内容。是维系宗法制度的一种手段。徽州宗谱始见于宋朝,至明清则村族皆有谱。以一家世袭为主要内容之谱常称"家谱",同宗数派共立之谱统称"宗谱"。

*宗谱

房 同祖子孙小于"支"的分支。如高祖或曾祖兄弟四人,其子孙即分属长、二、三、四房。在宗族制度中,父死之后,嫡长子承袭家长、房长地位,由其监行族法家规。同父之子四人,已各有儿孙的,亦以"房"相别。

房长 一房中管理家族公共事务的人,一般是一房的家族长。家族长亡故后,则由嫡长子承袭。

承祧 即立嗣、承继。本人无子,按族规择族中昭穆相配者承继。继子属于服内者称"序继",属于服外者称"爱继"。继子在族谱中载于继父母名下,在生父母名下则注出。若兄弟两行只有一子,准许兼祧,但爱继不可兼祧。参见200页"过继"条。

封山育林 见202页"封山禁林"条。

封山禁林 又称"封山育林"。徽州乡村普遍实行的族规村约。凡村族山林,都划定有封禁山场和非禁山场,村民只能采伐柴薪于非禁山场。村头村尾的来龙水口山场及大户人家的祖坟所在山场封禁更严。山场立禁,均事先鸣锣宣告,立碑示禁,违者严惩不贷。一般违者取杀猪祭山的办法,即责令违者宰猪,祭拜"山神",表示悔改,猪肉全村分食。拒不受惩者,即开祠堂门,由族众公议重处。至于造房用材或出售,必经产权房族议决。

罚胙 徽州宗族对于违反宗法家规的族众,不发给祭祀结束后的祭肉等食品,称罚胙。

科举中试银 族中成员在乡试中举或会试考取贡士时向祠堂交纳的银两。如休宁《商山吴氏宗法规条》规定,中举者除办谒祠仪外,出牌坊银10两入祠;祠中支3两办贺礼。考取贡士,入祠堂银加两倍。

修谱 指宗族纂修与续修宗谱的活动。徽州大族纂修族谱的宗旨是奠世系、序昭穆、尊祖、敬宗、收族。新纂之谱如绩溪戴氏宗谱,相对少见。今所见者多为各氏续修之谱。续修之谱以创修谱为基础,或全部照录,或选用部分,再增上后续内容。虽提倡30年一修或三世一修,但由于经费等问题,一般数十年甚至上百年才续修一次。为保证续修谱原始材料的真实与完整,宗祠有添丁簿、丁口簿、行实簿,对每年生卒人口都作记录,对过世族众的懿德善行录入行实簿。若数十年后未能修续谱,先整理上述资料为草谱。故徽州常有千载之谱系,丝毫不紊。

养老田 兄弟分家时,从田产中特取一份作为父母晚年衣食之源,即称"养老田"。养老田子孙耕作,收获归父母。父母去世后,此田仍分授予诸子。

首事 见203页"祠首"条。

派 同宗子孙的分支,小的称"支",大的称"派"。支、派同意,仅所概括的同宗群体大小不一。一般村中分支称支,村乡以上分支论派。如赋川方氏,始祖九子,其后子孙繁衍,分为九支,每支各立宗祠。徽州方氏有联临派,此派源于唐咸通年间自白云源徙入的方羽,初卜居临河,后分迁联墅,经数百年而子孙遍于六邑,子孙均自称属联临派。

冠巾银 族中男子成丁时向祠堂交纳的银两。男子成丁后,准许入祠拜祖受胙,首次入祠即需交银,同时宗谱上名、标注出生时辰。如休宁《商山吴氏宗法规条》规定,依照成丁者家身肥瘦分5等,多者3钱,少者5分,极贫无财力者可任其略表孝诚。

祝板 宗祠祭器。用木板一方,长约0.3米,高约0.2米,以纸书祝文粘于其上,祭毕则揭而焚之,留板后用。

祝活 佃仆异名。徽州大姓宗族均置吹奏班,绩溪岭北称"祝活",岭南称"鼓手"。业此行者均为佃仆,至少需两人,并须是同胞手足。学吹大、小青(唢呐),服役于宗祠祭典及族内婚丧寿庆等活动。他们世袭为奴,平日做杂活,服役吹奏时只吃轿下食或斋饭,无工钱,岭北祝活还负责殓尸。

祠户 庄户类型。徽州很多宗族都有族产,尤其以田、地、山、塘为多。为保持独立、完整,便于管理,田亩数量有限、分布较近者,往往以"祠户"形式单独立户,向官府呈报登记在册。数量庞大、分布较远者,则往往专门设"庄"来组织生产和进行管理。

祠田 以宗祠名义所占有的田产。一般为族人捐赠,租金或租谷用于宗祠祭祀和救济宗族贫寡者。徽州祠田数量甚为可观,民国三十八年(1949年)祁门县属祠堂所有耕地占全县总耕地的36.5%,山林大部分为祠堂所占有。除小祠堂部分耕地为族内农民轮流管理外,占有土地较多的大祠堂均为族内地主所掌握。

祁门县石坑村大众祠、希贤祠拥有土地80余万平方米，被8户地主把持，其收入除了拿出一小部分施惠本族农户外，绝大部分被他们吞没。通过祠田剥削农民，是徽州封建社会的一大特点。

祠产 宗祠置备的财产。一般为地产、房产，另或有存当生息及在借贷中流转的资金。祠产的来源是祖传山场地产、支房及个人的捐献、祠产增值购买等。祠产中的地产一般由本族子弟租佃。

祠规 管理祠堂、祠产的规定条例。由祠首召集祠众公议决定，一经公布，即严格遵照实行。

祠首 又称"首事"。宗族称谓。负责保管宗祠公匣、契约、簿据，司理账务，督办祭祀，并召集祠众公决重要事项。如绩溪鱼川耿氏宗谱明确规定：祠堂设祠首两人，公选公正殷实、办理勤能者充任，除公匣、契约、簿据等项推一人保管外，一司银钱，一司账目。

祠堂 奉祀祖宗的建筑。中等以下聚族而居的村落，一般只立一祠，各支、房不另立祠。大村落除立总祠祭祀共同的祖先外，支、房可各立祠，以祭祀本支、房的先祖。祠又为宗族处理公共事务之所。凡事涉全村者在总祠议决，事涉支房者在支祠讨论。一派共立之祠，或数村、数派共立之祠亦称"总祠"。又各支、房不另立祠的村落，一般都有各支房的宗厅。宗厅为议事之所，亦为支房族众活动之所，但不供祀祖先，仅春节时供奉祖容。

祠堂会 宗族宗祠、支祠的例行集会。春分、冬至日集族丁行祭礼大典，礼后，每人发包子一对，晚上吃酒；清明集族丁扫祖墓，发胙肉、包馃当午餐，晚上吃酒；正月初一或初二、初三上午族丁进祠向祖宗拜年，发给一对壳饼。有的宗祠正月初一倡行外甥进祠拜年，也发壳饼。

诰敕封赠银 族中成员的祖父母、父母、本身妻室受朝廷诰敕封赠时向祠堂交纳的银两。如休宁《商山吴氏宗法规条》规定，受诰敕封赠者除办谒祠仪外，出俸银5两入祠；祠中支1两办贺礼。

贺礼银 宗族对于族中读书入泮或入监、中试者给予的经济奖励。

晋主 又称"进主"。宗族仪式。宗族成员亡故后，符合入祠祭祀标准者，其牌位被送入祠堂，即晋主。

监视 宗族职务。由族中推选刚明公正者担任，一般3人，主要职责是在族(家)长主持下，依照族(家)规裁决判定。黟县环山余氏还赋予监视在《劝善录》《记过簿》上记载族众行为的职责。

特主 指宗族为官宦之家或富商大贾特设的特祭或配享牌位。一般条件较高，如祁门渚口、伊坑、滩下、花城里倪氏宗族《立齐心扶正祀典合文》规定，可在统祠立特主者，或官居四品以上，或需向统祠输田、纳制钱者。

特龛 在祠堂专设龛座，安放有大功于宗祠者的牌位。将捐款达到一定数额者，也将百世不迁之牌主一名，安放在特龛。

特祭祠 祭祀场所名。旧时，不孝有三，无后为大。一个人没有子孙，死后牌位不能进入本族祠堂。即使是大官富贾、有贡献于家族者，或是德高望重的善士侠客，到了中年仍无亲生儿子，都须从本族至亲中过继子侄，或收养孤儿为螟蛉子，以续接香火。若因战争等天灾人祸突发，来不及过继和收养就死于非命，其神主牌位即供奉于特祭祠中。

值年 又称"司年""当年""司值""轮年"。宗族职务。宗族中轮值负责宗祠收租、办祭、散胙、收藏、清洁祭器等项事务。绩溪鱼川耿氏以40岁为承充值年司事之年。如遇同年数人，则按出生月日在前者先充，以后依序递补。值年司事以4年为期，期满退出。因此，每年例定退出一人，补充当年40岁者一人。

颁胙 见205页"散胙"条。

家长 血缘家庭中地位最尊并主持家政的人。在父子兄弟及其儿孙共处的大家庭中，父亲即是家长。父亲去世，则嫡长子为家长。

家佐 又称"族佐"。由宗族中推选产生以协助族(家)长处理一族(家)事务的管理者。一般年岁较大，德望较高。

家庙 又称"家祠"。祠堂的早期形态之一。唐宋以前，官僚士大夫通常在正寝之东建立专祀祖先的家庙。庶民限于财力，只在房宅正厅祭祀。程颐主张不论贵贱，都应建立家庙，以收合人心，并对家庙规制及陈设作了构想：家庙东向，设于地洁不喧之处；其主皆刻木牌，用栗木制作；太祖面东，左昭右穆，男女、姑媳异位。程颐设计的家庙不再与居室混为一体，即后世的祠堂。刘岳申曾为徽州许氏祠堂作记，祭祀的是四代祖先，即是一所家庙。元泰定元年(1324年)，婺源清华胡升将先人别墅改为家庙，一堂五室，中奉始祖散骑常侍胡学，左右二昭二穆，为门三间，藏祭品于东，藏家谱于西，全堂饰以黑色。该庙既祭祀始祖，又祭祀高、曾、祖、祢，表明正处于从家庙向宗祠过渡当中。

家法 家族管理制度。我国家法起源于先秦。北宋程颐倡导在家族中建立一定的法度，防止出现尊卑僭越、少长失序、男女无别、骨肉相残的悲剧。明清时期，徽州宗族普遍立有由家法发展而来的族规。

*家庙

家祠 见203页"家庙"条。

读宗谱 宗族活动。自过小年（腊月二十三或二十四日）至除夕，厅堂挂祖容，族中男丁每晚均集中于此，面朝祖容下跪，听宗族司事者或族中文士按世系读祖宗姓名，直至读到自身家族中最近已故祖先姓名时，才得站起身。读谱时，族长执长鞭端坐高凳上，监视各家子弟。有违规而立起者，则立予惩责。

冢祠 见205页"墓祠"条。

祔主 指宗族专祭祠内配享的宗族成员牌位，也可指宗族内正常亡故且可入祠堂祭祀的妾室牌位。

通赞 又称"鸣赞"。祭祀活动主持人，即司仪，负责全部程序的指挥。

堂仪银 宗族成员嫁女前向祠堂交纳的银两。如黟县《南屏叶叙秩堂值年规则》规定，该支族众若嫁女，需交堂仪银一元五角，若在祠堂上轿，堂仪银则加倍收取。

堂谱 见205页"添丁谱"条。

领粮经摺 族人领谷凭据。徽州宗族中义田规模较大者，为保证操作公平、运行久远，常有规范严密的制度。凡有资格领谷者，均发给经摺，上有编号、户名、规章、年岁、额度等信息，并留有空栏以备随时填写。

祭田 专用于祭祀祖宗的田产。依朱熹《朱子家礼》规定而立，族众以现有田亩数，每亩取其二十分之一，作为祭田。入明以后，在徽州极为盛行。如嘉靖三十五年（1556年），休宁谢氏析产时即将所有田地山场存留17处，逐年收贮于善则堂，永为祭祀祖宗、修理堂宇之用。送祖先神主入祠时交的神主费也往往用来购置祭田。如歙县东门许氏家祠规定：凡是许氏后裔，分支祖入许氏家祠神主，交纹银3~5两，聚买祀田，永供俎豆牌位。

祭会 见201页"祀会"条。

*祖容

祭祖 祭祀祖先的活动。户家祭祖，一般由己身上溯五代，多及至支、房、家族祖先，兼及于茔墓在附近的远祖。清明扫墓与冬至修墓为奉祀祖先的两项重要内容。特别是清明，祭祖是宗族支房的群体活动。开族祖及其上世茔墓由祠堂组织祭祀，并分授胙肉。各支房的分脉祖亦由各支房组织祭祀，亦分授胙肉。分胙只及男丁，面食普施于族众。又有特殊的与赛会相结合的祭祀仪礼，远近他姓族众每以亲戚身份延请前来观礼，形成盛会。

族长 一族中管理宗族事务者。一般由族中年龄大、辈分高者充任。族长维系宗族的传统、监行族法家规，主持祭祀、赛会、公益等事业与活动，其权威与宗法地位终身不替。

族佐 见203页"家佐"条。

*祭祖

族规 宗族对本族成员言行制定的规定。由家法过渡而来。我国家法起源于先秦。南北朝时期，一些士大夫制定家训以指导后代立身处世。宋元时期，出现由家训发展而来的家规，如司马光的《居家杂仪》、朱熹的《朱子家礼》。明清时期，在朱熹的影响下，徽州地区很多宗族都制定族规，并日趋完善。族规皆以强制性的方式推行，维护着宗族内部的秩序。

族谱 见201页"宗谱"条。

清明祭祀 宗族清明时的祭祖活动。徽州宗族尤其看重清明祭祀，届时族众齐诣祖墓祭扫并领胙。胙分为胙肉及面制食品两类。一般全体族众在祖坟上领面食，男丁另在祠堂领胙肉。宗祠或门（房）为清明节祭扫、散胙所立产业，如田、地、山、塘等，由值年司事收租积谷以供祭。

添丁银 宗族成员新生男性婴儿后，到祠堂登记姓名、出生时辰等个人信息时所交纳的银两。歙县潭渡黄氏宗祠规定的纳银标准是初生5分，再诞3分。也有预先交纳以求子者，宗族则回赠染红的鸡蛋4个作发兆。

添丁谱 亦称"堂谱"。宗族簿册名。族内生男者须诣祠报告姓名、年庚，登记入簿，以便春分、冬至按名给胙，也是宗族续修族谱的原始材料之一。

隅 同宗子孙分支的一种称谓。大于"支"，小于"派"。如绩溪县龙川胡氏，分称东隅、南隅、西隅、北隅、中隅。

婚嫁银 宗族成员婚嫁前向祠堂交纳的银两。新娶入祠银因家境贫富分等收取，聘女入祠银由讨亲之家支付，故不分等。如休宁《商山吴氏宗法规条》规定，新娶入祠银1~5钱不等，聘女入祠银为1两。如躲赖不交，当事之家及该房、门尊长一概受罚。

散胙 又称"颁胙"。宗族在祠祭、墓祭结束后，将祭肉、包子等分给参与的族众，称散胙。一般族众平均分发，年高或有功名、官职者加倍，以示褒奖。

散福 见200页"合食"条。

辈分 在宗族、家族世系中表现尊卑之序的名分与身份。辈分在称谓中用祖、父、儿、孙等来称呼，在世系序列中用"第×世"来反映，在名字中用行名来表现。

掌事 宗族职务。由年龄为20~50岁的族众轮流担任，一般每轮10人，负责执行族（家）长主持下监视作出的裁决。

牌位 见201页"灵牌"条。

牌谱 按照宗祠内祠龛牌主抄写的谱系。当宗祠正寝牌主满龛时，即行抄录牌谱，以便保存。然后择吉日举行升祧大典，将寝内原主中需移易的部分升附楼龛，或祀而焚之、埋之。

傩仆 承担表演傩戏的佃仆。在婺源、祁门等傩戏流行地区，宗族祭祀祖先、迎神赛会、节日庆典均需表演傩戏，由于宗族子弟按祖传惯例不得从事此类低贱活动，因而均由佃仆承担表演任务，这些成年男子即是"傩仆"。

童生入学银 族中童生考入县学或府学时向祠堂交纳的银两。该银备谒祠仪之需，一般按照家境分等交纳。如休宁《商山吴氏宗法规条》规定，入县、府学出银5钱至2两，入太学出银2两。祠堂则办花红果酒以示庆贺。

鼓手 见202页"祝活"条。

墓祠 又称"冢祠"。即建于墓旁的祠堂，以供岁时节日上冢祭祀先人。多以堂、亭、庵、精舍命名。宋元时期，墓祠在徽州比较普遍。如汪氏徽州始迁祖汪文和其孙汪澈封新都侯，来孙汪道献为晋黟县令。汪澈、汪道献墓在歙东吴清山，唐天祐三年（906年），后人于墓前建祠，供奉三位祖先画像。永徽年间，越国公汪华葬歙县云岚山，当地父老也建墓祠祭祀。婺源凤亭汪氏系汪华弟开国公后裔，在元朝也捐钱建有墓祠，围以长垣，建屋四楹作为拜扫场所。南宋绍兴初年，婺源汪氏后裔建泽存祠于武经大夫汪介然墓侧，以便祭扫，又收藏大夫手泽，故名"泽存"。歙县潭渡黄氏七里湾墓祠、祁门浮溪李氏先祠等也属此类。

旗匾银 宗族对于族中科举成功者给予的经济奖励。如休宁《汪氏黎阳家范》规定，选为贡生者给银2两，考取举人者给银5两，考取进士者给银10两。

薪水银 宗族对于族中家境贫寒的业儒者给予的经济奖励。如休宁《汪氏黎阳家范》规定的给付标准是每年银2两。

[二] 宗族文化

宗族姓氏　宗族管理　社会公益

上游永济桥会　绩溪县民间公益团体名。永济桥位于绩溪县临溪镇上游村，跨扬之水。为木质结构长板桥，桥长70余米，24节。桥会建于清光绪年间。置田产13 000余平方米，屋2幢，以其租入充修桥资用。每年推选会首2人"管年"，专司永济桥维护修建事宜。

义冢　收埋无主尸骸的墓地。旧时徽州各县城镇和大村皆有义冢山，一姓一处。埋葬贫孤、童幼或外籍恶死人尸。如祁门县城祁山脚原有义冢，明万历二十八年（1600年）知县余士奇复立数处：近城青萝寺前山、汪坑口、东乡祭鬼坛、南乡经岭山、西乡石迹源、白茶湾、黄金坞口、北乡柏溪段，均特置坟山，听由贫民安葬，并置田租6 000余平方米，屋税1.2两，年取其利，助因贫无力埋葬者。清朝时绩溪有漏泽园义山，分设于城厢四周；同仁局义山，在西门外甲第岭右山。

五姓同善会　祁门县城民间慈善组织。明崇祯年间，祁门县城五姓捐资共建。会址始设重兴寺，后迁观音楼，再迁百子堂。是会收埋暴露朽骸及道毙者，每岁中元节命僧做盂兰盆会。清咸丰四年（1854年）兵乱，五姓后裔颠沛流离，会废。同治年间重建。

互济会　徽州民间互助组织。其成员有邀会人与会众，无固定组织形式而有定期活动。邀会人定会金数额，每年行会时各交一次，并将所聚会金授予会众中之一人。行会次数与会众人数相等，故会众每人均可得一次所聚会金。会金之授受除首会例定为邀会人之外，其余各次均以摇骰子的方式确定。邀会人多因经济上有某种特殊需要（如造屋、子女婚嫁等）而邀会。

乌镇新安义园　徽商在浙江桐乡县乌镇的慈善机构。建于清道光元年（1821年），咸丰十年（1860年）被毁，同治三年（1864年）复建。正厅"集义堂"，殡房40余间，置有公葬地2处：一处位于湖州白云山，计1 300余平方米；另一处位于乌镇西乡日辉桥，计1 600平方米。民国二十五年（1936年）时由徽州茶商吴乾峰任董事经管。今尚存部分房舍，已移他用。

以妥堂旅榇所　婺源县城慈善机构。民国初年，婺源县城程述卿等人以婺源人经商外埠者多，客死扶柩回乡至县无处停放，或缺运返乡里之费，因力倡建立旅榇所以济困者。倡议得到各商埠会馆的支持，共捐募数千银元，于县城西关外建造"以妥堂"旅榇所。

生生局　祁门县慈善机构。清咸丰年间，为安置抚恤妇女、儿童，祁门县建有生生局和恤孤堂。生生局兼负劝阻、截留外流出境妇女之职，恤孤堂则专事收养流散无依孩童。

永济仓　祁门县东乡桃源（今洪村）义仓。桃源洪氏分居城乡，共计男妇丁口以及庄仆900余人，有业者少，无业者多，丰则各可谋生，荒则嗷嗷待哺。祁河一遇水旱，即艰于转运，江西之米难以接济，因效古制建义仓，储粮备荒年平粜。各支祠及各户共输银2 000两，推选董事3人主领其事。义仓定有条例张贴于祠，俾全族子孙共同遵循。又刻布捐输者姓名以旌其义。

庆源戒烟所　婺源县庆源村社会公益机构。清末民国初期，鸦片烟毒及婺源县乡村，庆源村即有明暗烟馆4家。为防子弟沦落，庆源村由族长、房长、士绅共议，成立拒毒委员会，利用庙宇设立戒烟所。首先鸣锣示禁，限令烟馆与吸毒者缴交烟具、烟土；继而集中吸毒人员，紧闭戒烟所大门施戒，由限量到断瘾。自此庆源烟毒基本得禁。

运柩会　浙江兰溪徽州同乡会附属慈善团体。为同乡亡故，经济拮据者运柩回故土安葬机构。

体仁会　浙江兰溪徽州同乡会慈善所设机构。专为徽州旅兰同乡施舍棺材，棺材成品定为清、真、雅、正四级，正字号为免费施材品。清、真、雅售给徽州旅兰同乡，按级论价，稍取薄利，以补亏损。

罗坑同善桥会　绩溪县民间公益事业团体。同善桥位于绩溪县登源河上游纹水，桥身木质构造，长50米，13节。为修建该桥，民国三十三年（1944年）建立路会，选任主席、委员等7~9人，负责备料、护修、管理石薪等。取村东石料坎之10%石薪，储作经费。

和衷粮局　祁门县南乡凤田（今景石）民间纳粮代理机构。创立于清嘉庆年间。村中各户计每岁纳粮之多寡，输田租入局，由局代为完纳，以免纳虚粮,误国库。局设正管1人,副管2人,由众推举,并报官厅备案。每年七月初一清理账务。光绪年间,局中入不敷出,供纳艰难,曾一度解体。民国九年(1920年)恢复,并集众公议制定简章条例。

周太捐修活人路 公益事例。元至正年间,绩溪大饥,斗米千钱。邻近的宁国县年成尚丰,但苦于柯溪道路狭隘,不便运输。竹里人周太,捐米200石,凿山开路,交通为之一新,当地人感其德,誉其路为"活人路",并结庵其旁以祭祀。

育婴堂 绩溪县慈善机构。清康熙年间,建在绩溪县治东,嘉庆十五年(1810年)前废。

实备仓 歉年或缺粮期间实行平粜的储谷仓。南宋绍定六年(1233年)刘炳为郡守时在原基础上建端平实备仓,民范钟捐购粮万石,刘炳复增籴5 000石,创添两廒,储以备荒。

居养院 歙县慈善机构。位于歙县城南1.5千米,南宋绍兴初建。置田20万平方米,寺僧主其事,收孤老废疾之民居其间,给其衣食,亡则葬之。

茶亭 供行旅者茶水的路亭。一般设于通衢要道,相隔2.5千米必有一亭。茶亭分村口亭与岭亭两类:村口亭由村之族众轮流供茶,如绩溪县三门亭由中屯村冯姓宗族各户轮流烧水供茶;镇头茶亭由村中章、米、朱三姓宗族轮流供茶。岭上茶亭一般有"歇茶亭"的住户专职供茶。婺源全县路亭常年有专人供应茶水的计150余处。茶水冬热夏凉,免费任人取饮。茶亭内或亭门口,常书悬雅俗共赏的楹联。如秋溪村茶亭有联云:"对面那间小屋,有凳有茶,行家不妨少坐息;两头俱是大路,为名为利,各人自去赶行程。"城东七里亭楹联则劝人息讼:"莫打官司,三个旁人当知县;各勤农务,百般生意不如田。"

勉济局 祁门县慈善机构。始设于清咸丰十一年(1861年)。咸丰、同治年间,百姓逃离家园,流离失所,祁门县城内庙宇祠庵几无隙地。同善一局难以支撑,遂添设勉济局,以每日30钱为一愿,随人乐捐。局给生者米,病者药,死者棺。数年中,施棺54 000余具,堆筑26 000余冢,遣返难民2 000余人。

急公会 徽州互济组织。明清时期赋税苛急,有因歉收而无力完税者,有因税虽清而衣食无着者。急公会以帮助贫困宗族成员(或社会成员)完清赋税为宗旨,亦所谓急于公义。其活动内容是募捐、置产、储粮、代输。其中徽商的乐于捐输起到重要作用。清道光《徽州府志·汪士良传》载:"服贾楚汉四十余年,……倡立急公会,输课税数十年不息。"

养济院 慈善机构。北宋崇宁三年(1104年),婺源县始建"居养院",岁给银米。元朝继之,名称"孤老院"。明洪武元年(1368年)更现名,延至清不变。院收养孤贫,以仓米按口给粮、给银为衣布、柴薪、

*茶亭(1)

*茶亭(2)

棺木之费。原在城西隅,明朝迁县南十三寺左。清康熙十八年(1679年)知县聂世荣移至县东郊坑口,后改建于县西大洪山。绩溪养济院始建于元朝,每人每日给口粮银1份。乾隆七年(1742年),收养孤贫达到98人,口粮仍旧。延至清末废。

恤孤堂 参见206页"生生局"条。

祝三村路会 绩溪县民间公益事业团体。祝三村位于绩溪县东逍遥岩口,其地山势险兀,山路逶迤,每遇山洪,多有毁损。路会于清嘉庆年间成立,订立章程,推选会首"管年",每届两人,一年一选。会首负责集工募资,规定每年十月半组织村民修整逍遥岩道。

桥路局 祁门县民间自发性公益事业组织。其经费来源于田租收入或私人捐赠,由专人掌管,用于修桥补路之需。每年冬春季节,均修理村落间要道,砍除路旁树枝杂草。

海阳公所 休宁县公益性设施。由旅外徽商建立,以病者、丧者为施惠对象。

黄何捐筑青陂堨 公益事例。宋休宁县五城人黄何,少从吴儆、程大昌游,南宋乾道二年(1166年)进士。历知处州、岳州,所至以廉称,封休宁县开国男。里中原有青陂堨,溉田千亩,久废。黄何归里,捐资修复,里人敬重,将其在社屋立像祭祀。

船福会 祁门县民间公益团体。北宋大观年间起,祁门县人仿效蜀俗,天中节裂竹为舟,扮十二神像唱连啰曲,旱游城区以驱瘟疫,相沿演为祁邑每岁盛会。筹办者为船、福二公,由城区周、马、叶、谢四族组成,经费来源于田租收入。两会共192户,24年一周,每年8户,轮流筹办,历800余年不衰。

惜字局 祁门县民间崇文公益组织。建于清朝,职责是收集丢弃和污损的字纸,于朔望日监督焚烧。

惠民药局 绩溪县慈善机构。元朝建于绩溪县城东,救济贫病。明朝迁县衙前街右,屋五间。正德年间重建并完善设施,设医官提领内、外科医生各一名。药于地方出产及税课抽发药材外,县署购买补足。

敦本会 休宁程氏宗族公益组织。主要活动是募集资金,囤储粮食,购置田产,赈济本宗族的贫困民户。

新德庵 浙江兰溪徽州同乡会慈善设施。位于浙江兰溪县城北郊徽州山,以殡葬死者为主。庵内主体建筑有武圣殿、文昌阁、财神殿、观音堂,围绕殿堂而毗连的有桂花厅、有归堂、同善堂、先贤阁、体仁会、运柩会等各有专司的建筑群。庵外置重病室与收殓场。

漏泽园 绩溪县官绅善举。原为绩溪县商户在城南和尚坞,购地2 000平方米,以掩埋死无所归者。明万历三年(1575年)知县陈嘉策捐俸,拓地1 300余平方米,围以墙,并题"漏泽园"三字于院门上楣。

徽州文化大辞典

[三] 徽商文化

经营地域
行业字号
商业组织
商业经营
徽商理念

[三] 徽商文化

经营地域 · 行业字号 · 商业组织 · 商业经营 · 徽商理念

一根面棍打到苏门答腊 俚语。绩溪商人在外经营徽馆业历史悠久。早期多开面馆店，以烹制面食为主，如蝴蝶面、冲锅面、徽式汤包、徽州烧卖等。店多面广，风靡长江中下游市镇，最远开设到印尼等国。面棍即面杖，是面馆店制作面食的基本工具，故有此称。

上海 徽商经营的重要地域之一。上海之地明清时期属松江府。由于松江出产棉布，徽商很早就到松江做生意。歙县汪道茂曾往松江贩布。明成化二十三年（1487年），松江就有"松民之财，多被徽商搬去"的议论。明末，歙县岩寺（今属徽州区）汪通宝在上海开当铺，坚持利民原则，所设的店铺，四面开门，客至则四面迎之，很受百姓欢迎，生意做得十分兴隆。清道光二十三年（1843年），根据《南京条约》和《五口通商章程》的规定，上海正式开埠。从此中外贸易中心逐渐从广州移到上海。外国商品和外资纷纷涌进长江门户，开设行栈、设立码头、划定租界、开办银行。徽商也大批进入上海，经营茶叶和其他生意。道光三十年（1850年），绩溪汪立政在上海开设"汪裕泰"茶庄，生意越做越大，先后在上海设立分店6处、茶栈7处。清末，绩溪路文彬和同行合作在上海四马路开设聚乐园、聚宝园饭店，曾任上海"徽宁会馆"理事长。清末民国时期，歙县程霖生在上海经商，因房产众多，号称上海滩上的"地皮大王"。民国初，歙县周宗良入上海谦信洋行当职员。后与德国商人缔约，独家经营德国"狮马"牌颜料，生意兴隆，获利颇丰，有"中国颜料大王"之称。民国时期，休宁汪宽也在上海"祥泰布庄"管事，在川沙、南汇、青浦设"祥泰布庄"分号，规范农家自纺土布技术标准，聘任名染匠精染制作祥泰毛蓝布，以质优价廉而畅销全国和东南亚、法国。徽商与其他地区的商人为上海的崛起做出了重要贡献。

小江村 地名。在杭州有一处弄堂，主要居住着来自歙县江村的商人，故称。

山陬海涯无所不至 徽商经营足迹的形容语。山陬，山角落，借指山区偏僻处。海涯，海边。指徽州商人活动范围涉及全国，不论是偏僻山村，还是天涯海角，他们没有什么地方不能够到达。甚至远涉外洋，经商异国。

广东 徽商经营地域之一。明朝至清道光二十三年（1843年）上海开埠以前的漫长时期，广州更是特殊开放的口岸，较长时间内曾是全国唯一的对外贸易港口城市。徽州人越八闽，下粤广，起先是由江西赣江溯流而上，跨大庾岭入广东，把茶、瓷、丝绸、中药材等商品运粤。由于陆地运输费力费时，后也从海上往南方进发。从明朝起，徽州人"漂广东，发洋财"者前赴后继，络绎不绝。明正德年间，歙县丰南吴尚相就携带很少的资本至广东发展，经营20年，终至大富。婺源理田李淖然，由于为人诚朴，乡人多愿贷款帮助他经商创业，在广东经商时，事业大发，捐资筑城，襄助军饷。婺源俞文炳、李文富，休宁吴天衢、刘燕，祁门郑钦宠在福建、广东经商致富。上海开埠后，原先赴广东与洋人交易的徽商大多转向上海。

广州 徽商经营地域之一。广州是徽州外销茶叶的重要港口，徽商人几乎垄断了广州的茶业，徽州名茶松萝、毛峰、大方、炒青占领了广州市场，祁红、屯绿、松萝、珠兰则是徽州茶的大宗出口产品，清康熙六十一年（1722年）广州出口英国茶4 500担，其中松萝茶就占1 500担。光绪年间，徽州茶内销不及十分之一二，外销者常及十分之八九。广州《徽属茶务条

*上海

陈》载光绪二十二年（1896年）仅婺源茶即"每年约洋装三万数千引（1引合120斤）"。"广州十三行"，徽商占三行。道光五年（1825年），广东的徽商还为茶叶被扣事在南海县打官司。在广东经营茶业的主要是婺源人，该县的叶上林、李文富、詹添麟、余启榜、朱文炜、程泰仁、朱日轩、方士涣，先后崛起于广州茶界。方士涣在广东经商发财后，还建义仓，筑桥梁，恤贫苦，多有义举。婺源朱文煊在广州经商8年，终致富，凡徽州人在广州经商失败或因其他事情流离失所，他都发给路费10两银子，让他们能够回乡。如果是读书人，则加倍发给路费20两银子。每年下来，光这一项，就要花费200余两。

天津 徽商经营地域之一。自明朝中期始，就有不少徽商来天津经营。万历年间，歙县西溪南（今属徽州区）吴养春，家产丰厚，曾将3 000金委托给吴逢元、方中凡在天津经营盐业。清末，婺源吴懋鼎在天津任银行买办，后为关内外铁路总局总办、京师农工商总局督理。吴懋鼎先后在天津和美、英、德、日、法等国商人合作，开办自来水、打包、煤矿公司以及染织厂、北洋机器硝皮厂等，是天津著名的"四大买办"之一。清廷赏二品顶戴，委以商部三等顾问官之职。

无徽不成镇 民谚。语出民国《歙县志》卷一《风俗》："（徽州）田少民稠，商贾居十之七，虽滇、黔、闽、粤、秦、燕、晋、豫，贸迁无不至焉。淮、浙、楚、汉其迩焉者矣。沿江区域向有'无徽不成镇'之谚。"明清时期流传于江南一带。据胡适先生解释，一个地方如果没有徽州人，那这个地方就只是个村落。徽州人住进来了，他们就开始成立店铺；然后逐渐扩张，就把小村落变成小市镇了。明清时期江南有南翔、塘栖、吴淞、黄溪、外冈、诸翟、周浦、竹桥、璜泾、菉溪、乌青、王江泾、濮院、周庄、平望、盛泽、四安、黄埭和双林市、新市、钱门塘市、新带市、新塍、黄家溪、谢天港、坛丘、周家溪、秋泾桥等等，原都是小村庄，由于出产棉布或丝绸，来此经营的徽州商人或其他商人越来越多，逐渐发展起来，成为小市镇了。此谚是对徽商推动经济发展作用的充分肯定。

北京 徽商经营地域之一。北京很早就是徽商辏集之地。明嘉靖四十年（1561年），在京的徽州人就建立了歙县会馆，这是最早由徽商资助成立的会馆。明末徽州汪箕居北京，有典铺数十处，拥资数百万。清康熙十七年（1678年），歙县王致和在北京延寿寺街西路设立"王致和南酱园"，现成为著名的老字号。康熙年间，北京前门外打磨场"日成祥"布店，是徽商谢定五所开。谢氏从南方字号中提货运往北京发卖，然后汇银到南方付款，多的时候一次达3 000两。为了"以众帮众"，在商场上互相提携拓展事业，乾隆年间，仅歙县商人在北京开设的茶行就有7家，茶商各字号166家，小茶店数千家。清末歙县汪干村在京的茶商汪廷佐，还一个人独力建成了北京内城的歙县试馆，为徽州赴举学子提供方便。在北京城永定门外石榴庄，旧名"下马社"，歙县徽商曾在此设义庄，置义冢，内有六七千座坟，是当年徽籍客商们最后的安息之所。

四川 徽商经营地域之一。四川盛产大米和木材，少数民族地区又是茶叶的销售地。因此明清时期，很多徽商从长江下游运来布绸茶叶到此贸易，又将木材和大米运到长江下游。如明嘉靖年间，歙县许尚质在四川经商20余年，救济灾民，急公好义，很得蜀地人的喜欢。明末，歙县汪伯龄在四川雅安做茶叶生意，每天家中集结着100余客户，四座常满。清顺治、康熙年间，婺源洪庭梅、毕兴曾在四川经营木材。歙县李遴入川贩茶，成为茶商首领，众商纳课办引都由他同意办理。

兰溪 徽商经营地域之一。兰溪市位于浙江省中西部，地处钱塘江中游，金衢盆地北缘，靠近徽州。明清以来，在此经商者主要为歙县人，主营米行、棉布、南北货。清雍正、乾隆年间，歙县喻起钟持银200余两前往浙江经商，与兰溪米行的凌某互相配合，一面从事粮食囤积，一面将粮食运往徽州，高价发卖。抗日战争前，兰溪共有八家布店，其中歙县人开设的就有晋亨裕、大源、永盛、三阳、益大、恒大有、裕茂布店。民国三十一年（1942年），三阳布店为免遭日军破坏，将存货全部运来歙县储存，后又运回兰溪复业。徽商在兰溪建有徽州会馆，及新德庵慈善公益建筑等。清初，歙县西溪汪景晃与四兄景暹、六弟景昴携资至兰溪经商致富。清乾隆十七年（1752年），兰溪发生灾荒，87岁高龄的他还慷慨解囊，捐赈灾民。其子汪泰安、孙汪梧凤等均在兰溪经商，积累了大量财富，在家乡建不疏园，为徽派朴学的发展做出贡献。

汉正街 地名。位于武汉市硚口区，是古汉口正街，处于汉水、长江交汇之处。自古以来，各地商人乘船顺流而下，将货物运到汉正街贩卖中转。汉正街就是由最初的货物集散地发展而来的。明万历年间，汉正街就已形成市镇，这里沿江从西至东，出现了宗三庙、杨家河、武圣庙、老官庙和集家嘴等众多的码头，为商埠吞吐集散物资。由于水上交通便利，沿街店铺行栈日益增多。清康熙七年（1668年），由徽属六邑仕商组合，在六水分源的荒地上，建新安公所。后于康熙三十四年（1695年）又改建为新安书院。雍正十三年（1735年）在南端汉江边开辟了"新安码头"，修建了魁星楼、紫阳坊，此时新街，更具规模。乾隆四十年（1775年）徽商修建新安街道，并新建数十栋房屋，租赁居住，取其房租作为新安书院春秋祭祀之用。新安街逐渐发展成为行栈、手工业和商店集聚之地，形成了老汉口镇著名的"新安市场"。属于新安市场范围内的汉正街中段、新安街、大夹街一带，以经营百货、布匹、参燕、银楼、餐馆、茶社者较多。小夹街，以经营土产、海味、鞭炮者较多。大火路至长堤街一带，以经营小铁器、竹木等手工业为主。关帝街至广东巷一带，以做木屐、雨伞

*武汉汉正街新安巷

为主,共有34家雨伞、木屐店铺,较有名的苏恒泰伞店就是其中的一家老店。苏恒泰雨伞、木屐不仅销于汉口,还远销全国各地。

辽阳 徽商经营地域之一。辽阳位于辽宁省中部。从明朝中期开始,就有徽商来此经营。万历年间,歙县岩寺(今属徽州区)程士章的父亲经商于辽阳,因病死于此。程士章长大后,千辛万苦赴辽阳寻找其父骨骸归乡。凌濛初曾以徽商为素材,撰写了一部《叠居奇程客得助》的故事,讲的就是经商于辽阳的程锁兄弟,生意失利,在替人打工,沮丧失意之时,得到了"辽阳海神"姑娘全力相助的传奇。这位海神姑娘,不仅以身相许,而且在商场上有见识,多谋略,敢担当,聪明贤淑而又果敢精明,在助程氏兄弟做买卖药材、买卖绸缎、买卖白布的几宗生意时,善于观察货物价值高低的规律,人弃我取,把握时机,出奇制胜,迅速转亏为赢。"辽阳海神"实际上是在辽阳善于经营的徽商的化身。

扬州 徽商经营地域之一。明清时期,扬州是两淮盐运司所在地,经营两淮盐业的商人纷纷来此,其中徽商是主体。依据历史记载,徽州人在扬州经商的就有马、鲍、郑、巴、江、黄、吴、徐、程、汪、洪、叶、范等众多家族,很多人都是著名的盐商。歙县江村江氏家族,明朝就在扬州业盐。清初,江演随父迁扬州业盐,成为总商。康熙末年,其子江承瑜继承父业为总商。江承瑜子江春继其父为总商。乾隆六次南巡扬州,都是江春操办接驾,深得乾隆褒嘉。歙县潭渡的黄氏家族,是明清较早在扬州经营盐业而发家的徽州巨商。黄光德是总商之一,黄履晟和其弟黄履暹、黄履灵、黄履昂号称"四大元宝"。汪氏家族也是扬州盐商巨头之一。汪景星,清初在扬州承父业贩盐致富,其子汪允信为两淮总商,汪允信之子汪廷璋由儒而商,20岁承父命出任总商,六次觐见皇上受封赏。廷璋子汪焘继任总商,操办接驾。后汪坦继汪焘为总商,其妻人称"汪太太",是汪坦之后成为两淮八总商中唯一的女总商,以富著称。歙县棠樾鲍氏家族也是扬州的盐业巨贾。明末清初,鲍士臣享誉商界。清乾隆、嘉庆年间,鲍志道20岁开始在盐业施展身手,成为两淮八总商之一。祁门马曰琯、马曰璐兄弟在扬州经营盐业,以文雅闻名,号称"扬州二马",名重一时。歙县雄村曹氏家族也是扬州世代大盐商。歙县桂林的洪氏家族也早就在扬州为商,洪征治、洪淑鉴、洪箴远等都是盐业巨贾。歙县岑山的程氏家族在扬州也是声名远播,程量入为总商,其第四子程俱承父业,生意做得很大。出身于徽商世家的程氏名人很多,如程晋芳、程俭德等。歙县傅溪徐氏家族清初就在扬州业盐。歙县小溪的项氏家族业盐扬州,为两淮巨子。歙县郑村之郑、唐模之许、上丰之宋、丰南之吴、蓝田之叶、林塘之范等都是扬州盐业翘楚。徽商在扬州盐业独占鳌头,扬州的典当业也几乎为徽商所操纵。另据嘉庆《两淮盐法志》载,从明洪武后期至清嘉庆前期,两淮共有陕西、山西、徽州籍科举职官403人,其中陕西96人、山西21人、徽州286人,约占71%。清李斗的《扬州画舫录》较详尽地记载了徽商和徽州人在扬州的活动情况。

江西 徽商经营地域之一。江西与徽州毗邻,徽商较早就涉足江西,经营茶叶、木材、粮食、典当和瓷器等行业,人数相当多。明初,休宁范继宗在江西鄱阳一带经营茶业,歙县方三应在建昌经商。清朝,歙县郑士寰、郑秀圃、程德基先后到江西经商。江嘉谟随父在皖江一线经营盐业,豫章、饶州、吉州诸盐埠的业务均由其管理,生意兴隆,被奉为总商。祁门倪人才在景德镇经营陶瓷业,倪望铨16岁就顺着闽江水把木材贩运到鄱阳湖。休宁程周在江西经商,占籍武宁,在建昌设有典当行,在南昌设有盐铺,成为江西一大巨贾。黟县屏山舒法甲,11岁即随姨夫到九江读书,后在瑞昌一杂货店当学徒,之后在九江创设钱业,兼营土产、杂粮业务,卓有声誉。祁门康达,在景德镇监制御瓷,和吴简延等筹建浮梁、景德镇总商会,并担任会长,主持创办江西省瓷业公司。

江南诸镇 徽商经营地域之一。明清时期的江南一般指太湖流域的苏州、松江、常州、杭州、嘉兴、湖州、镇江、江宁和太仓州等八府一州区域。由于这一区域适宜桑、棉种植,故这一区域内的广大乡村盛产棉花、棉布、丝绸。吸引了大批徽商及其他地区商人前来贩运，他们把此地出产的棉布、丝绸运到全国各地贩卖，又把外地的大米、小麦、大豆运到此地销售。这一区域的经济迅速发展起来，很多小村落发展成小市镇，经济十分繁荣。江南小镇到处都有徽商的活动。清乾隆年间，绩溪徽商王泰邦在周庄镇创设商业，经营筹划，获利颇丰，他还扶植后进，支持家乡人来这里发展。吴江的盛泽镇，本来是一个并不繁华的小村庄，由于这里贸易地理位置不错，许多徽商纷纷在这里驻足做生意，盛泽镇徽宁会馆所署的董事55位，徽商就有45位，其中仅歙县董事就有18位。由于徽商和各地商人群集盛泽，这里很快成为热闹繁华的一方集镇。在仁和塘栖镇，开典囤米、卖丝织绸，多为徽商大贾。而嘉定南翔，百货云集，徽商侨寓占籍最多。塘栖镇附近的罗店，也有徽商聚集，贸易之盛，几乎超过南翔。在桐乡县，典铺司柜大多是徽州人，平湖新带镇也是徽商云集，出纳颇盛。

祁门码头
民间对江西鄱阳的戏称。徽州祁门县旅外商人聚居区以江西鄱阳为盛，最盛时鄱阳祁门商人有2 000余人。清末，县城福隆、益隆、正隆三大商号，均系祁商开设，资本雄厚，业务繁忙，店伙众多，有"三条龙"之称。祁商胡炎熹、胡钰、胡守一在鄱颇享声誉，有"祁门三胡"之目。县城附近之磨刀石、谢家滩、古县渡等地，祁商亦很多。由于祁商操纵鄱阳商业，鄱阳县城通行祁门话，故有"祁门码头"之称。

红（洪）半边街
徽商经营地形容语。清康熙末年，祁门凫峰上土坑洪映衢，在芜湖长街开设"裕泰隆钱庄"，资本雄厚，他又长袖善舞，在商界中颇为活跃。长街各大商店，他皆拥有股份，又安插有家乡人在各商店内帮工，最多时有百余人，其中以洪姓居多，一时有"红（洪）半边街"之誉。民国初年，洪映衢的后裔洪沛棠、洪善先等在长街开设"永丰裕""同兴""同福"等绸布店，生意也很兴隆。洪文彬开设国货公司，亦享有盛名。

芜湖
徽商经营地域之一。芜湖地当长江和青弋江交汇之处，交通便利，商业素称发达。南宋，婺源方姓就已到芜湖为商。明清时期来此经营的徽商更多，主要经营粮食、木材、浆染、丝绸、棉布、陶瓷、药材等行业。明朝有著名徽商阮弼，清康熙、嘉庆年间重要的徽商有江应鹤、许仁。黟县范蔚文是清末芜湖木材巨贾，并在芜湖开有长余、太和钱庄，在大通开聚和钱庄。清末民国时期绩溪吴兴周，在芜湖等地开设大昌火柴厂、面粉厂、恒升机器厂、恒茂五金号、恒星里房地产公司、电话局、生生延记电锻厂、江南汽车公司、国货公司、安徽银行，是芜湖明远电气股份有限公司董事长兼总经理、芜湖商会会长。

苏州
徽商经营地域之一。苏州号称"江南首郡"，是江浙地区商业中心。明清时期江浙盛产丝绸、棉布及其他手工业品，又急需粮食、棉花、木材等物资，而这些商品又是以苏州为枢纽的。因此以长途贩运见长的徽商自然以苏州为其货物集散地。故在苏州的徽商很多，其中尤以布商、丝绸商、粮商、木商、典商为最盛。明朝歙县内阁大学士许国的父亲许铁就曾在苏州经商。明朝中期，徽商汪华携带万两银子至苏州开典铺。婺源江湾木商江大韵，在苏州经营木业，成就突出，成为富商大贾。清朝，苏州青蓝布远销全国，其中81家有色布字号，徽州汪、程二姓所开的就有30家。清同治年间，在苏州经营餐饮业的徽菜馆有数十家，其中以绩溪伏岭下人最多。伏岭下邵培余先在姑苏摆摊卖大饼油条，靠辛苦积累开设"添和馆"，随后同村人邵之曜、邵寿根、邵之望、邵灶家等也相继来苏州开设了"丹凤楼""六宜楼""怡和园""畅乐园""添新楼"等一批徽菜馆。在商界闻名的苏州"酱园潘"，就是歙县大阜潘氏家族在苏州创设的。和"大阜潘"紧邻的蔡坞人王汉山，从小就随父到苏州做米业生意，三年后由米店而扩展为"大有福酱园"，后来又开茶叶行、面粉厂、蜜枣厂，在苏州商界知名。徽商在苏州的经营活动促进了苏州地区商品经济的发展，在苏州城市建设和公益事业中也做出了贡献。

足迹几半禹内
徽商经营范围。语出明万历《休宁县志》："概邑中土不给食，大都以货殖为恒产。商贾之最大者举蓰，次则权母子之轻重而修息之，千百中不一二焉。其余藉怀轻赍，遍游都会，因地有无以通贸易，视时丰歉以计屈伸。诡而海岛，罕而沙漠，足迹几半禹内。"意思是休宁县山多田少，不足以供给百姓所需要的粮食，人们只好去经商谋生。最大的是盐商，其次是典商，但经营盐业和典当业的商人并不多，千百个人中间不到一两个。大部分都是怀揣很少的资金，游走在各大都会，互相调剂商品，根据时间季节囤积货物。为了经营，远至海岛、沙漠，足迹几乎踏遍整个中国。

足迹常遍天下
徽商经营范围。语出金声《金太史集》卷八："（徽州商人）足迹常遍天下。"意思是，天下到处都有徽州人在经商。

武汉
徽商经营地域之一。武汉号称"九省通衢"，既是长江中上游的商业中心，又是商品转输之地。早在明朝中期，就有很多徽商来此经营。经营的行业有：盐、粮、木、茶、棉布、丝绸、墨、典当、药、杂货、酒楼、银楼、珠宝等，行商坐贾兼而有之。号称"中国四大药店之一"的叶开泰，其创始人就是徽商叶文机。当地有句谣谚："哪怕你湖北佬刁，徽州人要买断汉口的腰。"汉口最繁华的主干道（今中山大道一带），都被徽商收购，清康熙年间不但建有豪华宏丽的徽州会馆、新安书院，还在长江边上开辟新安码头，专供徽商停泊在长江上来往的船只。清末民国初期，歙县吴炽甫曾在汉口经营房地产业，同时开办牙刷厂和百货公司。王明福、王明文在武汉倡设自治戒烟讲习所、消防社，组织商团，积极抵制洋货，武昌起义时参与战地救护，战后组织赈济团救济难民。徽菜馆业在武汉也很兴隆。绩溪商人把徽菜馆开进武汉，仅绩溪胡家村胡桂森，就在武汉留下了"胡桂森武汉半边红"的声誉，先后开设胡庆和菜馆、大和酒楼、望江酒楼、同庆酒楼、大中酒楼五家徽菜馆，其中同庆酒楼最负盛名，当地有"登黄鹤楼不到同庆楼，等于武汉没有游"之谚，他还兼营茶庄，富甲一方，曾任武汉市总商会会长20余年。

杭州 徽商经营地域之一。杭州是浙江著名商业城市，也是两浙都转盐运使司所在地，故成为徽商重点经营的城市。南宋以来，徽州人一直把杭州作为从事海内外贸易活动的重要据点。明清时期来杭州经营的徽商更多。明徽州黄汴所著《天下水陆路程》记载了休宁县至杭州府水路365千米，沿途所经之地和里程一一详细载明。新安憺漪子选辑的《新刻士商要览——天下水陆行程图》，共记天下水陆行程100条，其中8条以徽州为出发点，从徽州到杭州300千米，沿途地理、交通情况甚至风情、民俗都有详细记载。在杭州钱塘江畔，徽州人年复一年弃舟登岸的地方，渐渐被叫做"徽州塘"。有一个歙县江村商人聚居的杭州城里弄，竟被人干脆叫成"小江村"。杭州城的一条弄堂住的都是徽州人，被称为"徽州弄"。杭州城里，徽商遍布，明清时期，仅徽州茶庄就有58家之多。杭州为浙盐集散地，徽州盐商在这里事业兴隆。明许光禄、朱性山、吴汝拙就曾在杭州从事盐业，著名文人、学者汪道昆的祖上也是在杭州经营盐业发家的。休宁木商黄义刚，少年时就往来于新安江上，把家乡的木材贩运到杭州、苏州。在典当业方面，不少徽州人开典铺，成为"杭州富人"。徽州粮商在杭州也十分活跃，几乎操纵着江浙粮食市场。餐饮业"徽州馆"遍布杭州城，徽州风味的"小碗面"香飘钱塘江两岸，而号称"五杭"（杭扇、杭线、杭粉、杭烟、杭剪）等特产之一的杭剪，也是出自黟县张小泉。杭州还是许多从事长途贩运贸易徽商的重要水陆埠头。据《海运新志》载，徽商参加海上长途贩运纸张、布匹，从杭州一直贩卖到辽东。徽商还利用杭州这个可直通海外的港口城市，积极开展海外贸易。明末钱塘商人毛文龙曾和"徽州朱相公"一道与朝鲜进行贸易。

金华 徽商经营地域之一。位于浙江省中部，由于邻近徽州，故明清时期不少徽商来此经营。近代更有所发展，如歙县上丰宋振华，在金华先开肉铺，后经营粮食、盐业和房地产，20世纪初期，在金华城内拥有地产300余万平方米，房屋804间，开设南货、酱业、钱业、茶业、浴室等22家店铺，人称"宋半城"。

京杭大运河 世界上里程最长、工程最大、最古老的运河之一。对中国南北地区之间的经济、文化发展与交流，特别是对沿线地区工农业经济的发展起了巨大作用。大运河北起北京（涿郡），南到杭州（余杭），途经北京、天津两市及河北、山东、江苏、浙江四省，贯通海河、黄河、淮河、长江、钱塘江五大水系，全长约1794千米。京杭大运河沿线是中国最富庶的农业区之一，工商业生产很发达。是连接中国南北经济的"黄金水道"，与连通东西向"黄金水道"长江形成互补。也是徽商长途贩运的主要水道之一。徽商沿着运河沿线市镇从事各种商贸活动，建立多个商业网络，一直把生意做到了京城，有力地推进了当地的商业化和城市化。

河南 徽商经营地域之一。明洪武时，歙县方原生就已经在汴梁经商。万历年间，徽商程思山资本雄厚，当他携重资到洛阳做生意时，却被汝宁王做好圈套，张开血盆大口，将其资本全部吞噬。嘉靖时，谢广的父亲在河南经商，生意不顺，很久没有回家，谢广一路寻父，一直找到开封。明歙县郑作在河南经商，喜好文学，拜李梦阳为师，有著作《方山集》。明末歙县丰南吴时英也在河南一带经商。

南京 徽商经营地域之一。南京是明朝的留都，人口众多，商业繁荣。大批徽商云集南京。徽州的木商、典商、粮商、丝绸商在南京势力都很大。当年南京徽商召集梨园兴化班、华林班同演《鸣凤记》以及每年四月闹"徽州灯"举办"天都灯会"，备极奇丽的热闹场面，都让人对徽商的财势有深刻印象。休宁汪廷讷、胡正言是寓居南京的大出版商。凌蒙初在《二刻拍案惊奇》中描写的徽商妇"辽阳海神"出奇制胜、助夫经商的神话故事，就是他听在南京经商的徽商亲口讲述的故事，凌蒙初还特意交代：故事千真万确，无一句不真。

临清 徽商经营地域之一。位于山东省西北部，漳卫河与古运河交汇处。由于运河在明清时期是徽商长途贩运的主要河道，临清又是运河沿线的重要城市，故有大批徽商在此活动，不少徽商子弟也在此参加科考，史载"十九皆徽商占籍"。明洪武年间，歙县徽商毕元在山东贩运粮食，遇大灾之年，设粥救济灾民。万历三十年（1602年），临清32家缎店，73家布店，41家杂货铺，百余家典当铺，全是徽州人和浙人所开，其中徽商占大部分店面。歙县洪琴汪永春在临清创建"江南汪济美酱园店"，声名远扬，远销日本，"进京腐乳"等品牌一直为临清名优特产，享誉内外。在离临清不远的张秋镇，其地处运河之滨，镇上一条最繁华的南京街，绸缎店鳞次栉比，以徽商最多。

贵州 徽商经营地域之一。贵州崇山峻岭很多，盛产名贵木材，明清时期很多徽州木商来此采购各种木材。他们深入不毛之地，克服千难万险，寻找各种名贵木材，利用当地苗疆民众进行砍伐，然后运到长江口，再通过其他徽商运到长江中下游各大城市发卖。不少徽商在这里一待就是几年、十几年甚至几十年。有的因病、因祸死于此地。

泰州 徽商经营地域之一。位于江苏省中部，地处长江下游北岸、长江三角洲北翼，明清时期也有不少徽商在此经营。黟县汪秉键,清乾隆年间就经商于此。绩溪大坑口胡沆源12岁到江苏徽州茶叶店当学徒,后在泰兴与人合开"裕泰和茶庄"。几经周折,胡沆源苦心经营,以货美价廉取信于顾客,店业兴隆,业务大展。其子胡树铭在咸丰、同治战乱期间随父经营茶业。同治初又开设"胡源泰茶号",胡树铭承父业,讲究信誉,注重商德,生意历数十年兴隆不衰,成为当地茶业界名噪苏北的佼佼者。胡树铭三子:胡炳文、胡炳华、胡炳衡中秀才以后,均承祖业习商营茶,炳衡、炳华并发起倡立"新安会馆"。民国六年(1917年)在泰州东大街增开"胡震泰"茶号。民国二十二年(1933年)在泰县增设了"胡裕泰"茶号,在日本侵华战乱中,胡氏茶号元气大伤,胡氏兄弟艰难支撑,在上海开设"胡源泰"茶店作为转运站,一直延续至新中国成立后。

钻天洞庭遍地徽 对洞庭商人和徽州商人经商足迹的形容语。语出东壁山房主人《今古奇闻》卷三。清太湖洞庭一带的"苏商"和"徽商"声名显赫。苏州冯梦龙称苏商为"钻天洞庭",洞庭商人对商机的审度与时局的把握,从容不急躁,心思细密,以本土盛产的丝绸、棉布起家,捎回所需的药材、梨枣、杂粮,一来一往,船只从不空载,小生意稳稳当当。"遍地徽",指徽商声势浩大,"山陬海涯无所不至""无徽不成镇",说明徽商以面广取胜,大开大阖,气势逼人,尤其以经营利润高的盐业为主。两个商帮当时都是经商能手,无孔不入,足迹遍天下。

淮安 徽商经营地域之一。位于江苏省中北部,江淮平原东部,地处长江三角洲地区,是运河线上的重要商业枢纽,许多徽州人在这里经营布帛、食盐等。清嘉庆年间,歙县汪仁晟,就在这里经营盐业。淮安附近的河下在运河河畔,是当年大批徽商集居之地。至今这里还保留着不少徽风徽韵。徽州人较早迁居河下的,有黄氏、程氏,再后来又有汪氏、吴氏、曹氏。康熙年间,这里徽商已经很多,连一些街巷都以徽商店面为名,如"五字店巷""仁字店巷""文字店巷""亘字店巷"等。

景德镇 徽商经营地域之一。位于江西省东北部,与徽州相邻。徽商在景德镇处于举足轻重的地位,经济上把持了商界的各行各业,垄断了金融业。明万历年间休宁汪正科,与同乡在景德镇合资开设绸缎铺,从事丝帛贸易。清初,婺源洪宗旷到景德镇从事瓷器生产和销售。嘉庆、道光年间,婺源徽商詹隆绂在景德镇经理瓷务行。祁门徽商倪炳经在景德镇拥有成片的窑栈,詹本、詹潜兄弟二人经营的瓷务行,名"怡和"。清末民国初期,徽商在景德镇经营的行业有钱庄、典当、绸布、估衣、百货、丝棉线、南北货、中西药、纸烛爆、酱园、油盐、粮食、杂货、土仪、洗染、茶叶、五洋、印刷、黄烟、香烟、颜料、饮食、旅店和瓷土、杉木、窑柴等。每个行业的店铺,少则10余家,多者四五十家,甚至七八十家。每个行业的店员,少则几十人,多者两三百人,甚至五六百人。

詹商岭 地名。在今重庆附近的长江边。婺源商人詹文锡接受父亲之命前往四川,至重庆界,发现涪合处的"惊梦滩",沿江道路险峻,下面江水翻滚,旁边悬崖峭壁,过往船只的拉纤者也行而无路,他暗中牢记在心。数载之后经商致富,积累资金颇为丰裕。当他再次路过此处,便捐助数千金,雇人凿山开道,以至于舟陆皆便。当局对其事迹深为感佩,立碑勒石,取名"詹商岭"。

鲇鱼套 地名。位于镇江。明清时期,镇江是重要的木材集散地之一。沿江而下的木材或由此进入江南运河,销往苏州、松江等府;或由此渡江至瓜州,沿运河北运。清朝自康熙以后,官府采办皇木、架木、桩木时,往往首选南京,其次镇江。镇江港的鲇鱼套,是专停木排的地方,因其靠近运河口,便于买卖运输,曾有大批徽州木商来此经营。

新安码头 徽商码头。位于湖北省武汉市汉口境内。据《重修古歙东门许氏宗谱》载,歙县许蓬园出守邵陵(今湖南邵阳),倡首捐输,置买店房,扩充径路,石镌"新安街"额,开辟新安码头,专让来汉经营的徽商船舶停靠,兼建"魁星楼"一座,为汉镇巨观。

新安街 地名。位于湖北省武汉市汉口境内。参见215页"新安码头"条。

*新安街(昔徽商聚集处)

福建 徽商经营地域之一。明清时期大批徽商入闽经营各种行业。明万历年间,福建北部的崇安县就有由徽商程希彦和洪良弼独资捐建的"高程桥""洪济桥"。明祁门程神保在福建做蓝靛生意,当地人在算账时误算,多给了神保50石,同行商人都以为程神保得了意外之财,程神保却说:"这是客商不小心损失的货物,我怎能昧心欺天,发此不义之财!"他毫不犹豫,如数退还了50石蓝靛。歙县范岩贞,则在江南、福建、广东等地从事长途贩运生意。歙县江村洪仁辅,少年时其父就常年在南方经商,洪仁辅稍长,就和父亲、兄长一起经商,在福建开典当铺,发展事业。福建铁岭多产铁矿,徽州人来此开矿冶铁,规模很大,动逾千人。明休宁朱云沽曾和其兄到福建,在山中开矿冶铁,雇了许多当地的工人,事业非常兴旺。

漂广东 对徽州茶商前往广东经商的俗称。明朝至清道光二十三年(1843年)上海开埠以前的漫长时期,广州较长时间内曾是全国唯一的对外贸易港口城市。故徽商往往将徽州茶叶先运到江西,再由江西运往广州,外销到美国和欧洲,虽然运输非常艰苦,但却盈利颇多。俗称"漂广东"。参见210页"广东"条。

徽州弄 地名。明清乃至民国时期,一些徽商在外地集中居住的街巷,被当地人冠以此名。典型者有三处:一在今杭州市庆春路中段与中河路交叉处的盐桥东南,这里接近杭州城内主水道,众多盐船都聚泊于此;一在今湖州市安吉县梅溪镇上街;一在今苏州市吴江区盛泽镇的花园街,该镇素有"七十二条半弄堂"之誉,徽州弄即其一。

徽临滩 地名。位于安徽省芜湖市,在原芜湖县西滨江处。其江边滩地曾为徽州、临清两郡木商堆贩木材之场所,故有此名。

徽商出行水路 徽商出行通道。徽商行天下,以徽州本土为出发点,沿三条水路走出大山。一是新安江,其支流练水自绩溪县城以下,横江自黟县渔亭镇以下,率水自休宁上溪口镇以下,皆通舟楫。东流至歙县街口出境,下达淳安、建德、杭州、上海及兰溪、金华、衢县各埠,休宁、黟县、歙县、绩溪大多由此路外出经商。二是婺水,北边的支流自婺源清华镇以下,东边的支流自婺源江湾以下,皆通舟楫,婺源人多由此外出经商。三是阊江(又称大洪水),自祁门县城以下,通舟楫,西由倒湖入江西,通浮梁、景德镇、鄱阳,以达九江、汉口,祁门人多由此外出经商。

徽商出行陆路 徽商出行通道。走出徽州大山的陆路有八条:歙县老竹岭路,通往昌化、桐庐、杭州;绩溪余杭路,绩溪逍遥岩,通昌化、于潜、余杭、杭州各埠,道路险峻有栈道;绩溪丛山关路,通宁国、宣城、芜湖及沿江各埠;绩溪新岭路,通旌德、泾县、南陵、芜湖及沿江各埠;歙县箬岭路,通太平、泾县、南陵、芜湖以达沿江各埠;黟县羊栈岭路,通太平、石埭、青阳、大通以达沿江各埠;祁门大洪岭路,经石埭县、贵池县境,以达殷家汇、安庆及沿江各埠;马金岭路,通开化、遂安、常山、衢州等处。

徽商殖民地 对扬州的戏称。语出民国时期陈去病《五石脂》:"扬州之盛实徽商开之,扬盖徽商殖民地也。"明清时期,扬州是两淮盐业营运中心,由盐业而盛,是扬州最为繁华的时期。从明朝中期到清乾隆、嘉庆时期,两淮盐商以徽商为主体。徽商称雄扬州,不仅人数众多,更重要的是,他们资本雄厚,不少人在两淮被称为首商或总商,财力之丰连乾隆皇帝也自叹不如。徽州盐商手中的大量资金,相当一部分用在了扬州,为扬州的城市建设和文化事业立下大功,促进了扬州城市的繁华、文化事业的发达。正是从这个意义上,陈去病才说"扬州是徽商的殖民地"。

*新安江

[三] 徽商文化

行业字号

经营地域　商业组织　商业经营　徽商理念

盐业

大总　清朝两淮盐业总商中的一种。总商分为大总商和小总商。大总商，简称"大总"，是指在原先30总商中选取两三位或四五位办事历练之人为大总商，"一切匣费由其摊派，烦杂事务亦归其办理"。

久昶油盐号　商号名。民国初年休宁吴少樵开设，聘其友黟县程敬庭为经理。在程经营下，资本增至开创时的四倍，成为景德镇的同业大字号。此店货源充足，信誉最佳，拥有大批客户。其店风货真价实，和气生财，公平交易，老少无欺，价格严格按同业公会规定。

开中折色　明朝盐业制度，始于明弘治年间。是在为弥补明初开中制弊端的基础上形成的。开中法下商人要先到九边纳粮换取盐引，然后再到盐场支盐，十分不便。弘治五年（1492年），户部尚书叶淇进行盐政改革，用折色制代替开中法。折色制度下，业盐的商人不必到九边交纳粮食，只需用白银购买盐引，每引三四钱有差，即可到指定的盐场支盐。该制度极大地便利了盐商经营，促进了盐业的发展。其重要意义还在于，用货币交易取代了实物交易，促进了商品经济的发展。

开中法　明朝盐法。始于明洪武三年（1370年）。凡商人输粮边仓，政府发给勘合，赴盐运司换取盐引，再到盐场凭引支盐，到规定的行盐区发卖。洪武四年（1371年）定开中则例，输米临濠、开封、陈桥、襄阳、安陆、荆州、大同、太原、孟津、北平、陈州、北通州诸仓，计道路远近，自1石至5石有差，给盐1引。成祖即位，悉停天下中盐，专于京卫开中。但不久，各边又相继恢复。弘治年间行开中折色后，开中法遂废。

内商　明朝盐商的一种。明弘治年间，盐法变革，引商分为边商、内商、水商三种。内商专买边商盐引，下盐场收盐上堆，并照官定盐价将盐售予水商。到清朝，内商转化为场商，边商、水商转化为运商。

水商　明朝盐商的一种。明弘治年间，盐法变革，引商分为边商、内商、水商三种。水商多是销岸商贩，专收内商食盐，在指定引岸行销。到清朝，内商转化为场商，边商、水商转化为运商。

月折制度　指按月补助财力消乏的盐商及其子孙的制度。这种制度的形成与徽商的乡土背景有着密切联系，由宗族内部原始的赈恤义举转变而来。该制度的存在，使得盐业经营活动始终停留在家族的庇护之下，丧失了进取精神，助长了盐商奢靡心理。在两淮盐务中，"月折"制度的开支，就成为总商们任意花销公共财富的借口。

引窝　明万历以后至清道光以前，在盐业中实行纲运制，引商贩盐均有固定销售区域和范围，称为"引地"，亦称"引窝"。在纲运制下，引地可以世代继承，具有一定的垄断性。若此盐商停业，愿转卖于他人继续经营，双方可议定买卖，称为"窝单"。

业盐甲两淮　对歙县黄氏盐商的誉称。明清时期歙县竦塘黄氏家族中很多人去两淮业盐。黄五保少年时代读书即求通大义，识古今之变，成年后携资到淮阴经营盐业，善于观察盐产量的多寡与价格的高低，把握时机进出货，以致累累赢利而大富。黄豹年轻时即对经商致富者非常仰慕，稍长携带资金到湖南、湖北、云南、贵州一带经商，数度挫折后改到淮南经营盐业，从此业畅，一年自给，二年丰足，三年大盛，成为当地大贾。黄崇敬开始在齐鲁燕赵之间经商，后到淮、扬治盐，其在经营管理中善用人，讲诚信，不计微利，颇有大家的气概，成为扬州著名富户。还有黄存芳、黄莹、黄鉴、黄锜等，他们的成功经营，使竦塘黄氏获得"业盐甲两淮"之誉。

边商　明朝盐商的一种。明初行开中法，凡向边疆输纳军粮交换政府食盐的商人，统称盐商，别无名目。后因开中法流弊甚多，修改办法，盐商分化。弘治以后，凡凭引行盐的盐商（引商）分边商（边地盐商）、内商（内地盐商）、水商（江湖行商）三类。边商交纳盐课，领取盐引，并照官定引价将盐引售与内商；内商专买边引，下盐场收盐上堆，并照官定盐价将盐售予水商；水商多是销岸商贩，专收内商食盐，在指定引岸行销。

场商 清朝盐商的一种。在指定盐场向盐户收盐专卖于政府（以备官运）或运输的中间商。随产区不同而有异名，如长芦称坨商，两淮称垣商，两浙称廒商。其起源为明朝内商。但明朝内商须收买边引，方可下场收盐。清朝场商则有收购场灶全部产盐的垄断特权。常向盐户贷放盐本，实行重利盘剥，又用停止收购、抑价抬秤等手段欺压盐户。

江裕泰号 清嘉庆、道光年间，歙县江村江仲馨顶族人"江裕泰号"3 064引，开始自行运销。该资本为江仲馨盐业经营中的主体。通过数十年的经营，业务不断扩大，资本不断增加，成为拥有数万金的中等商人。后在道光、咸丰年间受到清廷盐法变革和战乱影响，日趋衰落。

江馨泰号 清乾隆至同治年间歙县江村江仲馨家族在和州开设的盐业字号。乾隆五十六年（1791年），江仲馨开始继承祖传的和州"江馨泰号"713引盐以为原始资本，后历经嘉庆、道光两朝数十年的经营，资本不断扩大，日渐丰裕。在道光、咸丰年间受到清廷盐法变革和战乱影响，不断衰落。

运商 指持本运盐行销的商人。一般所说的盐商，主要指运商。他们在行盐过程中所获利润，清乾隆年间规定每引获利3钱，但实际上远不止此数。

抗金误课案 清嘉庆年间发生在淮北盐场的案件。嘉庆初年由于在淮北盐场引盐运费高，商本耽搁时间长，加上私盐泛滥，官盐销售不畅，盐引积压严重，盐商纷纷告退。盐政佶山没有采取积极措施，革除旧弊，扶植乏商，而是强行金派淮南盐商鲍芳陶等人前往淮北口岸承办盐运。鲍芳陶深知淮北盐务之难，提出告退。盐政佶山恶人先告状，以"抗金误课"罪请旨革去鲍芳陶道员职衔，严行究办并追查唆使之人。嘉庆喻令两江总督陈大文赶赴扬州，查办此案。结果，决定于淮北4.5万积压盐引中，酌提2万并引铳销，剩余2万余并引，摊入淮南纲盐之中，由淮南盐商代为完纳。鲍芳陶也被迫拿出5万两银子，"代完淮北退商未运壬戌（1802年）纲盐一万余引"的盐课，从而保住道衔，免于斥革。

匦商 专管匦费的盐商。清康熙年间两淮盐商为了与政府官员交往，在汉口设立专款，名为"匦费"。随着匦费的逐年增多，由扬州众总商提名任用专商管理匦费，称为"匦商"。主要处理淮盐在汉口地区运销时所面临的各种问题。汉口匦商通过支付地方各官的养廉银，来处理盐商与官府之间的关系，从而保证淮盐顺利行销。同时，他们对汉口这一地区发展、社会公益等事业也做出贡献。但是到了后期，匦商与扬州总商操纵盐价，使得汉口行盐价格居高不下，损害民众的利益，因此乾隆二十八年（1763年）被清廷废除。

两浙盐场 明清盐场之一。分布于今上海及浙江东部沿海一带。元至正二十七年（1367年）朱元璋始置两浙都转运盐使司，设治于杭州府城。辖4个分司、批验所、35个盐场、盐课司。明初岁办灶课22万余引。弘治后，改办小引盐，引额倍之。行盐区为浙江、南直隶松江（今属上海市）、江西广信府（今上饶）等州府。每年缴太仓余盐银就达14万两。

两淮盐场 明清最大盐场。分布于江苏东部沿海一带。元至正二十六年（1366年）朱元璋始置两淮都转运盐使司，设治于扬州府城。辖3个分司、2个批验所、30个盐场、盐课司。明初岁办灶课35万余引。弘治后，改办小引盐，引额倍之。两淮盐场行盐区为南直隶应天府（今南京）、河南南阳等州府，江西、湖广（今湖南、湖北二省）二布政司，正统年间亦行于贵州布政司。每年仅缴太仓余盐银就达60万两。

两淮提引案 见219页"提引案"条。

灶户 又称"盐户"。即隶于灶籍之人户。明朝户役之一种，为世袭，不得脱籍。为执役煎盐，政府拨给卤地、草荡等资料，征收灶课，换取余盐，并免其杂泛差役，按从事制盐壮丁之数目免纳不同数量的田粮。明朝中期后，因政府停给工本，加之荡地多被兼并，被迫逃亡或以制售私盐为生。

汪聚和行盐招牌 行盐执照。中国古代，盐的生产、运销一直由官府控制，属于专卖商品。朝廷在重点产盐区，都设有专理盐政的机构，颁发行盐执照，收取盐税。经营盐业向来获利丰厚，是商人最向往的经营行业。明清时期，徽商以其雄厚的资金和精明，把持了重点产盐区两淮和两浙的盐业经营的专利权。清朝，黟县商人汪聚和在渔埠镇开设盐店，将两浙巡抚盐漕部院颁发行盐执照制成招牌，挂在店堂中，突出官盐性质。

改纲为票 清朝盐政改革。即改纲运制为票运制。所谓纲运制，是指每年由政府根据两淮地区盐产量、销售量之多少，确定发售引数，订为"纲册"，每年一纲，招商认引，满额而止。一旦登载在册，便可世代世袭专利权，操纵盐业营销。后来纲运制在实行过程中，弊病丛生，私盐泛滥。为挽救盐务，道光十一年（1831年），两江总督陶澍进行盐政改革，改纲为票，规定只要出钱即可获得盐票，便可行盐。这样一来就打破了长期以来纲商的垄断特权，促进了中小盐商自由贩盐，有利于盐业经济的发展。两淮实行"改纲为票"，从根本上取消了业盐两淮的徽州之垄断特权，导致了徽州盐商的衰落。

纲商 明清盐商的一种。明朝实行纲运法（商人垄断食盐运销的制度）以后，依照每年规定的数额交纳盐税后运销纲盐的商人。纲商出售纲盐的地方称纲岸或纲地。每年开始征税给引，称"开纲"。各纲商将分配数额运销完，称"到纲"。清朝前期继承这一制度。

首总制度 清朝两淮盐务中的一种制度。"首总"为两淮盐商的总代表,把持两淮盐业。其成员多是由与皇室、官僚关系最为密切的总商充当。"首总"的存在,与两淮盐政制度的败坏,也是密不可分的。"首总"把持公事、凌撇众商,对两淮盐务造成一定的危害。

总商 又称"商总"。明清政府在官准的垄断行业特许商人中指定为首领的殷实商户,类似早期的牙行行头。盐业中的总商则是由盐政衙门应派,依据两淮旧例,于商人之中择其家道殷实者,点为30总商,于每年开征之前,将一年应征钱粮数目核明,凡散商分隶30总商名下,令30总商承管催追,名为"滚总"。后来总商又分为大总商和小总商。大总商,简称"大总",是指在原先30总商中选取两三位或四五位办事历练之人为大总商,"一切匪费由其摊派,烦杂事务亦归其办理"。

津贴制 两淮盐商补贴制度。淮盐每年都有大量的盐船装载沿江转运到九江、汉口等口岸,一遇风浪,时有盐船沉没,不少盐商往往因此破产。清乾隆年间,两淮总商鲍志道倡议,如果某舟沉溺,则众商相助,即在经济上给予资助,这样以众帮一,不致其倾家荡产。此议一出,立即得到众商响应,并切实得到执行,淮商称此为"津贴"。这一制度对促进盐运、维护众商利益起到了积极作用。

盐户 见218页"灶户"条。

盐业 徽商主要经营行业之一。盐商是构成徽州商人集团的主体,徽州盐商的崛起得益于明朝初年实行的"开中制"以及弘治时期的"开中折色"制度。由于扬州、杭州分别是两淮、两浙都转运盐使司所在地,故大批徽商涌入扬州和杭州业盐,逐步取得业盐的垄断权。明朝拥资数十万两乃至百万两,清朝徽州盐商资本有千万两。到道光十年(1830年)改行票法之前的200余年可以说是徽州盐商的极盛时期。民国《歙县志》载:"两淮八总商,邑人恒占其四。"身兼场商和运商于一体的总商,聚族经营,多至2 000人。据清光绪《两淮盐法志·列传》载,自明嘉靖至清乾隆年间,移居扬州的80名大盐商,徽商占60名,山西、陕西商人仅各占10名。嘉庆《两浙盐法志》载:"杭州客籍盐商35名,徽商占28名。"而徽州盐商中,继黄、汪、吴诸姓而兴起者,又有江、程、徐、郑、曹、宋、鲍、叶诸族。如江村之江、丰溪澄塘之吴、潭渡辣塘之黄、岑山之程、唐模之许、雄村之曹、上丰之宋、棠樾之鲍、蓝田之叶。当时,盐业集中在淮扬,几乎操纵了全国的金融。

盐策祭酒 古代宴会时酹酒祭神的长者,称祭酒,后也泛称年长者或位尊者。盐策祭酒即盐业总商。

根窝 亦称"窝根"。清朝食盐运商的专利凭证。源于明朝的窝本。清初沿明制,两淮盐课,招商认窝交纳。有根窝的可以世袭其业,称为窝商。盐商取得根窝,起初需要费银一两千两。以后就可凭根窝垄断一定地区的食盐运销。道光时,窝商多不自运,常将"年窝"(每年呈经政府朱批的凭单)转售他人,或将根窝典质于人,凭一纸虚根,坐收厚利。道光十一年(1831年),陶澍改行票法时废止。但后来变相恢复纲法,盐商所领部帖,亦称根窝。

铳销 所谓铳销,即由于历年盐壅,口岸积引尚多,乃将尚未开运的引盐停止运销,盐引销毁。乾隆初年,两淮即已开始出现盐引滞销现象。随着盐政败坏,两淮各口岸盐引滞销日益严重,积引越来越多,铳销也日渐增多。盐引销毁,盐斤停运,但盐课却要如数征纳,形成商人"纳课不行盐"的不合理现象,盐商负担日重。

商总 见219页"总商"条。

商籍 户口"附籍"的一种。明朝时期商人因经商而留居外地,其子孙户籍经批准可以附于行商之省份,称"商籍"。商籍仅能算是临时性的户籍,与"入籍"或"占籍"不同。到了清朝,"商籍"并非反映一般商人的临时户籍,而是两淮、两浙盐商其子弟经批准独有商籍,并可以商籍身份参加科举考试。

提引案 又称"两淮提引案"。清乾隆年间两淮盐场发生的一起大案。乾隆年间部分年份,由于社会经济发展,人口增多,社会比较安定,私盐较少,官盐销量大增,两淮行盐口岸销畅售旺,本年应行盐引往往不敷销售,乃预提下纲部分盐引以资接济。所有预提盐引,皆按引纳课。这自然给盐商带来巨大利润,但也引起清政府的垂涎。于是乾隆三十三年(1768年)清政府策划一起震动两淮的提引案。经调查认为从乾隆十一年(1746年)起至乾隆三十二年(1767年)止,淮南盐商所提纲引共4 425 374道。按年核算,商人除完纳正项钱粮外,共有余利10 922 897.6两,俱系归公之正项,盐商必须补缴。其实这笔银两并未全落盐商腰包,其中辛力膏火银、总商代各任盐政购办器物用银、各商办差用银共用去927万余两,但清政府不认账。盐商只好于乾隆三十三年(1768年)本年一年限内先缴银127万余两,其余从明年开始分八年缴完。后来由于商力艰难,实在难以赔缴,于乾隆三十五年(1770年)、乾隆三十六年(1771年)、乾隆四十五年(1780年)分别钦奉上谕限赔缴,后又于乾隆四十七年(1782年)、乾隆四十九年(1784年)两次奉旨豁免363万余两。一场大案至此结束。

散商 清朝盐商的一种。是些认引办运较少的盐商。行盐须由总商作保,才能获得贩盐的资格。

窝根 见219页"根窝"条。

源顺盐号 清末黟县宏村大盐商汪定贵的盐号。汪氏在扬州、汉口各设一源顺盐号,进行盐业经营。其经营以九江为中心,活动范围十分广泛,举凡淞沪、江浙、汉口等长江中下游地区均有涉及,纵横商场数十年,遂成巨贾,为晚清徽州盐商代表。

整轮 清朝后期盐法败坏之际,盐商走私的一种伎俩。官盐运到汉口,商人抬价居奇,停船挨次发卖,谓之"整轮",这样私贩转得畅行。有些商人将待轮之盐价卖,俟轮到时再买私盐填补,谓之"过笼蒸糕"。

融销 即将滞销口岸积盐运于畅销口岸通融代销。该制度起源于明嘉靖时期。清承明制,在盐业中继续实行。一般来说,融销的引数不多,也只有在少数口岸滞销,绝大多数口岸畅销的情况下,融销才有积极意义。对于疏销积引、回收资金来说是有利的,但最大受益者则为清政府。

典当业

大有恒钱庄 商号名。晚清民国时期黟县孙开初在景德镇创办。开初生性聪明,忠实勤奋,在钱庄当学徒时就崭露头角。后以父业为基础,筹集白银10万两,创办钱庄,自任经理。10余年间,拥有固定和流动资金达30万大洋,进入"福"字号行列(时景德镇100多家钱庄,按资本多少分为三等——福、禄、寿),成为景德镇四大钱庄之一。其营业以信誉为本,汇、兑、放、存业务均十分活跃,如向客户发放银票,开展贴现补水汇兑等。抗日战争期间,歇业关闭。

无典不徽 又称"无徽不成典"。俗谚。指长江中下游的典当业多由徽州人经营。有两层意思:一是说当时的典当铺多为徽州人所开。从南北两京到各省省会,从繁华都市到县城集镇,特别是在江南各地,到处飘扬着徽典的招幌。二是说即使不是徽州人所开的典当铺,其中的职员也常常是徽州人。这些人称为"徽州朝奉"。

无徽不成典 见220页"无典不徽"条。

文谟典 典铺名。清乾隆年间开设,内设执事、柜员、管楼、管栈、管饰、小官和管厨等职。其《文谟典条约》"辛俸"中载"回徽照月扣算",可见典当属徽商所开;"出入"中载"发当钱文照泰邑通例九八底串";"栈货"中载"泰邑所当栈货,麦豆、米稻、穄子、棉籽、豆饼、蚕豆、安豆几种"等字样,可推断文谟典开设于"泰"字开头地区。从徽州典商活动习惯推测,以江苏泰兴可能性最大。该典与休宁茗洲吴芝亭所开的吴丰典,以及泰兴的张恒裕典有业务往来。

方用彬典 明万历年间歙县商人方用彬继承其父辈的一个典当铺。开设于歙县,其典业资本来源于盐业利润。其资本组织属于家族合伙经营。

永晟典 商号名。永晟典为休宁茗洲吴氏、山后黄氏与程氏合开,又名"程永晟典",坐落于江阴杨舍,清雍正、乾隆年间较为活跃。现有《休宁黄松家用收支账》等册藏中国社会科学院历史研究所,其中记有永晟典情况,典铺收入最多为乾隆二十八年(1763年),利银近900两,最少为乾隆二十五年(1760年),利银300余两。

过五 典铺通行规则。明清法律规定,典当明利不得过3分。典当物品后,即使当天赎回,也要付一个月利息。如果当月不赎,以后每月可以让五天,名为"过五",即一个月零五天仍算一个月,过了五天即按两个月计算。

孙贞吉典 清康熙年间休宁充山孙氏开设于江西河口镇的典当字号。其资本主要来源是布业利润。在经营过程中,孙氏本着从商业出发,多业并举的宗旨,在商业投资达到一定程度后,便转向高利贷和购买土地不动产。

吴丰典 商号名。休宁茗洲吴芝亭所创,于清乾隆时期开设于江苏泰兴县,现有《乾隆四十八年吴丰典总账》1册藏于中国社会科学院。

宏元典 商号名。清徽州商人黄子奇开设于屯溪,光绪元年(1875年)顶替给太平人苏怀之。

张恒裕典 商号名。初开于清乾隆十四年(1749年),坐落于江苏泰兴县,为祁门东路石坑张氏家族履绥堂畏斋公、张荫堂子雍熙、张亭立、张飞南、张占文、张廷櫆和休宁茗洲吴氏家族吴宅约庐公、豫轩公、文德房、文功房、文言房、义斋公、其皇公、余庆堂等合资开设。张、吴二姓有姻亲关系,典产主要归张姓所有。现中国社会科学院藏有《乾隆四十二年张恒裕典总账》1册。

张德馨典 清乾隆年间祁门石坑张氏开设于常州府江阴县长泾镇的典业字号。其资本主要来源于张瑗的官僚资本,在合股经营过程中,商业、放贷和土地并举。

典当业 徽商主要经营行业之一。典当是指人们将其一定价值的财产抵押给典当行,交付一定比例费用,取得当金,并在约定期限内支付当金利息、偿还当金、赎回当物的行为。明清时期徽商从事典当业极多,当铺几乎遍布全国。明万历三十五年(1607年),河南有徽商当铺213家。扬州典当业成了徽商的专利,无一当地人参与。浙江平湖县城有徽商当铺数十家。嘉兴当铺多为徽州商人所开,县城的5个城门及各镇都有徽州当铺。镇洋的盐业、当业都由徽州人经营。清朝,徽州典当商长盛不衰。上海典当业是徽商垄断的地盘,当铺押肆中徽州土语最为流行。19世纪80年代,上海有大典当商69户,徽商占一半以上。在北京城,仅徽商汪箕就开了几十家典当铺。而在俞樾所著《右台仙馆笔记》中,记载了歙县许翁,所开典当铺竟有40余家,遍布江浙各地,拥有雇员近2 000人,家产以数百万计。还有10代相传的休宁商山吴氏典业,更是东到上海，西入四川、甘肃，把生意做到人迹罕至之处。徽州典当业的兴盛，首先在于他们有极为雄厚的资本。在当时激烈的商帮竞争中，往往采取联合族人乡党，集中于一地并肩经营的方式，营造垄断之势。同时，以种种优惠条件吸引顾客，使其他商帮难以与之竞争。

旧崇德县城投资10万银洋开设。胡破产后由湖州帮与绍兴帮富商合股接收，职员仍为徽籍人。光绪十八年（1892年）吴兴陈其美（字英士）来铺中为学徒，时年14岁，后升助理账房。光绪二十九年（1903年）春辞职去沪，后在日本东京加入同盟会，民国时出任沪军都督，为辛亥元勋之一。

徽州朝奉　徽州典商代称。"朝奉"一词本指"奉朝请"的官员。而据说凡是典当店开业，必须经朝廷核准，也就是"奉旨经办"，故徽商中经办的典当业也就被称呼为"徽州朝奉"。后来又逐渐演变为徽州典商的代称。

*典当招牌

依仁典　商号名。清朝初期开办，坐落于江苏泰兴县新镇，原为休宁茗洲吴嘉贞和一程姓合伙开设，雍正年间吴嘉贞因管理不便，遂将自己一半出替于程姓，此后该典则归程姓独有。

治典者唯休称能　对休宁典商的誉称。语出清末许承尧《歙事闲谭》："典商大多休宁人，治典者亦惟休称能。"由于从事典当业不仅要有相当多的资本，更重要的是能够识别天南海北各种货品，更要能辨别真假，故一般商人不轻易涉足该行业。休宁商人由于涉足较早，积累了丰富的经验，而且在同宗族、同地缘商人中一代代传下去，故休宁典商特别善于经营典当业。

值十当五　典当铺通行规则。顾客所持当物经典当铺估价后，可贷给估价一半的银两，故称。

高柜台　典当铺别称。典当铺店堂横门一色砖砌的高柜台，差不多超过常人一个头，因此来典当的人只有仰脸踮足高举双手，才能交货接钱，所以"高柜台"也就成了典当店铺的别称。

善长当　典当铺名。位于浙江崇福镇西横街，清同治十一年（1872年），绩溪富商胡光墉（雪岩）在

茶业

万和号茶铺　商号名。绩溪上庄胡氏于清朝中期创办于江苏川沙厅。胡适父亲自撰的《胡铁花年谱》载："余家世以贩茶为主。先曾祖考创开万和号茶铺于江苏川沙厅城内，身自经营，籍以资生。"当地有"先有老万和，后有川沙城"之说。

亿同昌茶号　祁门著名红茶字号。清光绪年间祁门西乡历口汪氏所创，从事红茶的收购、运销，经营红茶贸易数十年。该茶号制造的祁红品质优良，尤其是在20世纪30年代，在皖赣运销委员会的指导下，该茶号解放思想，采用先进技术，积极进行茶业改良，其出产的祁红获得民国二十八年（1939年）祁红开盘之最高价格，打破历年茶价纪录，销路广开，获利甚丰。该号成功转型的事迹，引起社会广泛关注，多家媒体记者采访该号经理汪在宽，探寻成功经验。

元隆茂茶叶号　商号名。清歙县许元昌创办于浙江桐乡县城。太平天国末期，许元昌先在江苏梅堰经营茶叶，后发展至浙江南浔，清末移至桐乡，始开设"元隆茂茶叶号"。此店至抗日战争前达到鼎盛，除桐乡总店外，分号有梅堰1家、南浔3家、石门镇1家。并在绍兴茶区、新昌大市聚设庄收购产地茶叶，专供本店经销。

公兴隆茶栈　晚清民国时期黟县茶商开设于上海天津路，专门从事绿茶的出口贸易。

方大有茶漆号　商号名。民国初由徽州方达甫创办，职员均为徽州人。总店"方大有"设于浙江桐乡洲泉镇中市，胡锦庭任经理；崇福太平坊设分号"方同有"，委托胡鑫庭经营；杭州湖墅有分号"恒泰"，江苏盛泽亦有分号。茶漆号除经营茶叶外，兼营菊花和徽州油漆、笔、墨等特产。茶叶大多由杭州佑圣观路"盛大茶行"等进货。茶漆号大多零售

兼批发,营业向以稳健著称。

本庄茶 屯绿营销茶名,相对于"洋庄茶"而称。即茶号制作的成品茶,凡用于销售国内市场者,称"本庄茶"。

协和昌 商号名。清咸丰年间婺源龙腾村俞顺之先祖,开设于饶州(波阳)德新桥,嗣在湖北沙市设分庄。光绪年间,俞顺之侄俞杰然继承祖业,在龙腾建"祥馨"实业花园,种珠兰、茉莉花数千盆,加工创制"珠兰精"茶和茉莉花茶,供茶庄销售。民国十年(1921年)后,华茶不振,茶庄处于困境。杰然子仰清购进机械设备,在龙腾创建第一个机械制茶厂"祥馨永"茶厂,有两三百名工人,精制珠兰、龙井、家园、香片等茶叶,提高茶质,降低成本,营业转衰为兴。年销茶3 000担。继而在上海又分设天山茶庄。所制茶叶通过上海洋庄销往国外。"珠兰精"茶于民国四年(1915年)巴拿马万国博览会获一等奖。

祁门红茶创制 茶叶品牌。祁门红茶创始人,历史存在三说。一为胡氏说。大清第119号奏折载:"安徽改制红茶,权兴于祁、建,而祁、建有红茶,实肇始于胡元龙。胡元龙为祁门南乡贵溪人,于咸丰年间即在贵溪开辟荒山五千余亩,兴植茶树。光绪元、二年(1875年、1876年),因绿茶销路不畅,特考察制造祁红之法,首先筹资六万元,建设日顺茶厂,改制红茶,亲往各乡教导园户,至今四十余年,孜孜不倦。"同时民国五年(1916年)《农商公报》也有类似报道。二为余氏说。民国二十六年(1937年)出版的《祁红复兴计划》载:"光绪二年(1876年),有自至德茶商余某来祁设分庄于历口,以高价诱园户制造红茶,翌年复设红茶庄于闪里。时复有同春荣茶栈来祁放汇,红茶风气因此渐开。"文中余某,名叫余干臣,黟县人。新编《黟县志》载:"余干臣,名冒恺,立川村人。祁红创始人之一,原在福建为官。清光绪元年(1875年)在至德(今东至)县尧渡街设茶庄,仿福建闽红的方法试制红茶,次年到祁门县历口设茶庄。"三为陈氏说。《杂记》载:"有邑人胡元龙、陈烈清相继在祁门西南乡创设茶厂,招工授以制茶方法,祁红才开始萌芽。这两家茶厂算是制茶最早,厂名胡日顺、陈怡丰。"因《杂记》一书至今无考,故当今持陈氏说者少。

祁门茶业合作社 茶业经营组织。民国二十二年(1933年),为打破中间垄断,实行贸易革新,争得祁红自产自销权利,在祁门茶叶改良场许多爱国茶人的努力和指导下,祁门茶区一改传统茶号的经营模式,创立茶叶运销合作社。合作社属股份性质,入股比较自由,销售相对灵活,且能得到当局的资金支持,故有溶源郑洁斋等人带头尝试,发展势头较好。据资料载,到民国二十五年(1936年),祁门共有合作社39个,社员1 512人,社股9 404股,股本37 660元,已交纳股金28 888元,未交纳股金8 728元,存款21 197元,当年贷款28万元,预计产茶9 000箱。此后,抗日战争爆发,合作社随之夭折。

祁门茶业改良场 祁门茶业改良机构。其前身为民国元年(1912年)农商部在祁门平里村设立的安徽模范种茶场。此后,其权属历经国立和省立两个时期,其名称也不断发生变化,先后有"茶业试验场""安徽省第二模范种茶场""安徽省立第二茶业试验场""安徽省立茶业改良场"等称呼。民国二十二年(1933年),经过改组,最终定名为"祁门茶业改良场"。该场为国民政府主导下的从事祁门茶业改良的主要组织机构。民国三十五年(1946年),安徽省与江西省政府合作,成立皖赣红茶运销委员会,祁门茶业改良场遂在该委员会的指导下,积极从事祁红改良。其业务范围较广,凡茶树种植、栽培、管理,茶叶制造、运输、销售等均有涉及。当时全国著名的学者,如吴觉农、胡浩川、庄晚芳、冯绍裘等茶学专家都集中在该机构,从事祁门茶业改良。该机构成为民国时期全国茶业改良的重要力量,为华茶复兴做出了重要贡献。

孙义顺安茶号 祁门著名安茶字号。孙氏茶商创始于明末清初,至民国时期一直从事安茶经营,安茶主要运往广东销售,在粤东颇负盛名,多出口东南亚地区。

吴裕泰 商号名。中华老字号茶庄,现坐落于北京,全名"北京吴裕泰茶业股份有限公司",为驰名中外的连锁式业茶商家。吴裕泰的起源,流传四说。一说为吴裕泰先祖于明万历年间在京业茶,以及南北杂货和日用百货。清康熙末年在北新桥开设吴裕泰茶栈。一说为清咸丰年间,歙县一举人进京考试,雇佣沧山源一吴姓茶农作其挑夫,后吴姓茶农在京城营茶,打出吴裕泰牌号。一说为歙县吴锡卿兄弟六人曾祖父从歙县挑担来京经营茶业,创设吴裕泰。一说为歙南昌溪沧山源吴锡卿,从小跟随祖上在京业茶,清光绪十三年(1887年),正式挂出吴裕泰茶栈店号。吴裕泰是一家提供茶叶收购、加工、批发、零售一条龙服务的商家,共有大小店铺、工厂10余处,于清末民国初期,尤为鼎盛。

* 吴裕泰茶馆

汪晋和茶号

商号名。清末婺源下晓起村汪晋和创立,设于本村。后在屯溪开设"林茂昌茶号"。两茶号均收购"婺绿"毛茶,进行精制加工,运销国外。所制精茶,于宣统二年(1910年)南洋劝业会获一等奖章,又于民国四年(1915年)巴拿马万国和平博览会获二等奖。大总统黎元洪赐奖黄紫绶银质奖章,文曰"孝思锡类"。

汪裕泰

商号名。清道光三十年(1850年),绩溪汪立政在上海老北门外大街创办汪裕泰南号茶庄。咸丰年间在广东开设汪裕泰北号茶庄。光绪末年,第二代传人汪志学在上海福州路开设汪裕泰第三茶庄,民国四年(1915年)在南京路开设汪裕泰第四茶庄,同时业务往外扩展,先后在杭州西子湖畔购地兴建汪氏别墅,在竹斋街开设茶栈和茶庄,民国十六年(1927年)在上海金陵西路开设汪裕泰第五茶庄,且内部设立茶栈。第三代传人汪振寰,民国十七年(1928年)在浙江中路、建国西路开设汪裕泰第六、第七茶庄,以及正祥源茶庄,同时将茶庄扩展到苏州、奉贤等地,汪氏茶业达到鼎盛。至民国二十八年(1939年),汪裕泰在各地共有庄号8处,茶栈2处,分店4处,卡车轿车5辆,其中以上海第七茶庄和杭州汪氏别墅最具规模。抗日战争爆发后,上海的第一、第二、第三、第四茶庄及外地分店关闭,资金转至台北,分别在绥远路、贵阳路重新开设茶庄,并在日本、英国、美国、摩洛哥等地开设茶行数处。汪裕泰三代经营茶叶,以品种多、制作精、质量好赢得市场,他们有30余个名贵品种,用五色罐包装,采用日本进口机械制茶,店员基本懂英语,并聘请大学生营销,在当时均属时尚。耗银10万两建成的杭州汪氏别墅,坐落在西湖净慈寺对面南屏山畔,一面背山,三面临湖,广1.3万余平方米,内有亭台楼阁,小桥流水,内筑古色古香试茗室和茶叶供应部,为名噪一时的私家花园,属西湖四大名庄之一。

*汪裕泰茶号广告

怡新祥

商号名。清婺源茶商孙启本于光绪年间创立。茶号开始在婺源精制绿茶,自产自销,品质卓越。经两代人努力,于抗日战争前由孙友樵继承祖业,茶号迁至屯溪观音山7号,同时开辟茶园,扩大规模。抗日战争期间又在屯溪老街和横街交叉口新增怡春茶号,精收鲜叶,建厂扩营,并开始外销,通过上海洋行,使茶叶销往国外。品种有特珍、珍眉、特贡、贡熙等。民国中期,怡新祥茶号达到鼎盛期,其中民国二十七年(1938年),屯溪制茶千箱以上茶号有23家,怡新祥为最大者之一,制茶1990箱,成为徽州颇有影响的茶号。

茶业

徽商主要经营行业之一。徽州盛产茶叶,故早在唐朝就已是"千里之内,业于茶者七八矣"。宋朝,徽州人为了经营茶业已行贾四方。北宋宣和年间改茶法,茶商经营茶业只需向榷茶务交纳金钱或帛物,取得官府给券(即茶引),谓之"领引",茶引由户部分配到府县,然后由茶商到府县领引。元明清皆沿用茶引法,对茶引的运销管理有严格的限制。明清时期徽州商人更是大规模经营茶业,成为徽商经营的主要行业之一。徽商把茶叶运到全国各地行销,清朝更有不少徽州茶商通过茶栈或茶行与洋人交易。也有不少徽州茶商将长途贩运改为设店定点经营,即设立茶庄、店号于大都市、大集镇,或以一地为主(总店)辐射状经营(在多地设立分庄、分店)。

茶号

收购、加工茶叶的机构。多设在茶叶产区,茶叶加工有初制、精制两种。初制为从茶农手中收购鲜叶,经粗加工制成半成品,俗称"毛茶"。精制为对毛茶进行筛分、风选、拣剔、复火等工序后,制成成品茶销售。徽州著名茶号有胡日顺、怡新祥等。

*茶号商标

茶行

茶叶销售中间商。类似牙行,代茶号收购毛茶和推销成品茶,靠获佣金生存。清末民国初期较为活跃,后因功能丧失而消亡,名称也逐步与茶庄混用。

茶庄

经销茶叶的商店。主要为内销茶销售机构,广泛分布在徽州各地及徽州以外各大小城市、集镇。多为家族式经营,也有股东合作式经营,自负盈亏,起伏不定。

茶栈

经营茶叶外销的中间商,一般设在有外销口岸的都市,如上海、广州等地,并拥有贮茶仓库等

*茶庄广告

设施。因其时茶号业主与外商不能直接见面,须经茶栈中介方可销售。即茶栈主要业务既向茶号放贷,又统揽茶号成品茶转手出售给外商,从中获取佣金。茶栈多为商帮开设,开设于上海的徽帮茶栈有洪源永、源丰永、仁德永等10余家,徽州人与广东人合作开设的茶栈,俗称"徽广帮茶栈",有永兴隆、慎源、公升永等7家。第一次世界大战后,茶叶逐渐直销,加之银行开始向茶商放贷,茶栈逐渐消失。

胡万春茶号 清末民国时期祁门茶商胡万春经营的茶叶字号。清光绪后期,祁门胡万春在南乡溶口开始设立万春茶号,进行茶叶经营。该号从事的经营业务较广,红茶、安茶均有经营。该号从光绪末年到民国十八年(1929年)一直从事茶叶经营,留下一批茶叶账簿和茶叶商标,是该号从事茶叶收购、制作、运销等茶业经营实态的重要史料。

胡日顺 商号名。祁门县第一家经营祁红的茶号,创办人清胡元龙。其祖上原有培桂山房,茶树万余棵。元龙接手后,扩大规模,亲自带雇工30余人,长年累月耕种深山,扩充茶山13万979平方米,茶树10万余棵。光绪初,绿茶滞销,元龙便大胆创新,雇宁州(今江西修水)茶师舒基立仿宁红制法,试制祁红成功。元龙制茶开始以每箱15斤(7.5千克)为规格,俗称"一五箱",试售九江,销路不畅。此后,再图良策,改在村中设厂,取名"胡日顺",同时改以"二五箱"为规格,运售汉口,销路顿开,英、美、法等国茶商多采购,产量逐年增长,雇佣的制茶工人也逐渐扩展到湖口、婺源等地,茶叶品质也有所提高。祁红市场因此打开,加工技术随之扩散,很快蔓延到祁门茶区,故人称胡元龙为"祁红鼻祖"。

胡源泰 商号名。绩溪老字号茶庄,龙川胡永源创始于清道光末年。永源少时家境贫寒,十六七岁外出谋生,先在江苏东台县一家茶店当学徒,后辗转到江苏泰州黄桥镇,与徽州同乡洪某、曹某合股开一片茶叶店,起名"胡源泰"。积蓄渐丰后,永源开始独办茶庄,先在泰州季家市镇开办胡裕泰茶庄,不久胡源泰两位股东退股,永源便独自撑起胡源泰、胡裕泰两片茶庄,胡氏家族第一代茶商从此诞生。后经第二代胡树铭、第三代胡炳华、胡炳衡、第四代胡增麟、胡增鑫、胡增钰、胡增金等打拼发展,胡氏家族鼎盛时期共有茶庄和分店12家,其中正式茶庄7家,分店5家。

洪源水茶栈 晚清民国时期著名茶叶字号。清同治年间祁门洪氏创办,起初从事大宗绿茶贸易。光绪以后,积极从事红茶经营。其总号设于上海,在九江设有分号。到民国时期由洪孟盘执掌,业务不断扩大,从事茶叶出口的居间贸易,成为上海最为重要的茶栈之一。

恒大有茶叶店 清末民国时期歙县芳坑江耀华创办。同治年间,李鸿章先后任江苏巡抚、两江总督,住在苏州拙政园,闲暇常到此店品茶。李鸿章作为合肥人,与江耀华有大老乡之谊,相交颇亲,于是李给江发了个户部执照,并资助资金,使恒大有茶叶店一跃成为官商。之后,江氏足迹踏遍大半个中国,茶叶店号遍及苏、沪、浙、皖等省市。

培桂山房 茶叶作坊名。清咸丰年间,祁门南乡胡元龙垦山,兴植茶树,并在离村1.5千米的李村坞山上建屋5间,植桂3株,名"培桂山房",以制干茶,后按宁红制法试制祁红成功,年产干茶50担。

鸿怡泰茶庄 茶号名。婺源商人"茶叶大王"郑鉴源民国初设于上海的内销茶号。其经营规模之大、获利之丰,均居沪上茶庄首位。茶庄恪守信誉,质优为先,论茶质云:"龙团雀后,托根万岑之巅,雾谷云罗,得气千岩之上。故名之启锡,自美品之兼收。倘过苏学士之门,自是雪中烹饪;若过卢同家之宅,定教竹里煎来。"

森盛茶庄 茶号名。清歙县杞梓里王槐康随族人到北京一带经营茶叶,往返于皖、浙、闽、京、津间。乾隆四十五年(1780年)在北京通州开设森盛茶庄,该茶庄历经四代,历时120余年。

谢裕大 茶号名。歙县漕溪谢正安于清光绪初在上海创立,专营黄山毛峰茶。其具体含义:"谢"为本姓,"裕"为正安四子名字中间的共用字,"大"则寄托壮大事业的愿望。"诚招天下客,誉满谢公楼。"这是谢裕大茶行门楼的对联,鲜明揭示茶行的经营理念。茶行外售茶叶,均经过严格手续,并印制"和"字记号信誉单,聘请上海著名律师,维护茶行声誉。同时,利用长期与英国怡和洋行的合作平台,向西欧售茶,并将经营品种扩大至屯绿等。谢裕大茶行以家族经营为载体,正安总管统筹大事,其四个儿子均以茶为业,长子在家乡收茶并加工;次子在屯溪主事裕大茶行,负责毛茶调入,精制屯绿;三子精通英语,常驻上海,从事外销;四子在歙县琳村主管茶事。营口、柘皋、运漕等地产业,由亲友承包经营,整个谢裕大茶行管理有条不紊,各得其所。茶号几十年奉行"积善存仁"和"谨身节用、持己良图"的经营理念,到光绪后期,跻身于徽州六大茶庄之列。谢正安去世,四个儿子共继父业,至19世纪20年代中期,民族危机加深,国内局势动荡,加之四子中有人染不良烟习,谢裕大茶行走向衰败。

谦顺昌茶号 清末民国时期歙县芳坑江耀华家族茶叶经营字号之一。该字号于光绪年间经营茶叶规模较大,每年收购毛茶有一两万千克,多从水路、陆路运往广州销售,获利甚丰。民国以后在内外因素的影响下,日趋衰落。

谦泰恒号 清末民国时期歙县芳坑江耀华家族茶叶经营字号之一。该字号于光绪年间设于屯溪,从事大规模的茶叶收购、加工。其生产的茶叶运往广东销售,获利较丰。清末民国初期,在内外双重压力下,生产日渐萎缩,经营难以维系,民国十年(1921年)的火灾,使得江氏茶商一蹶不振,该字号也日趋衰落。

鲍德润茶叶店 清初鲍氏徽商在苏州开设。传说某日有两位北方口音的客人到店中喝茶,店家为客人泡了两碗上等的大方茶,客人边品茶边聊天,觉得十分满意,由于店家听不懂北京官话,只是热情招待而已。客人品完茶后,向店家要了文房四宝,挥毫写了"鲍家名茶"四个大字。谁知客人一走,那字也就扔到一边去了。时隔多日,苏州府派人到鲍德润茶叶店纳贡茶,弄得店主莫名其妙,待差役道明缘由,方知是乾隆皇帝曾驾临本店。因此,民间传有从乾隆开始,徽州大方茶年年进贡的说法。

木业

木业 徽商主要经营行业之一。徽州境内多山,林木资源极为丰富,所产木材以松木和杉木为大宗,是建房屋、造车船和制作器具的理想材料。早在宋朝,徽州木材就销往浙江、江西等地。淳熙《新安志》称:"休宁山多美材,岁联为桴,下浙江,往者多取富。"又称:"祁门水入鄱,民以茗、漆、纸、木行江西,仰其米自给。"尤其是南宋迁都临安(今杭州)时,大兴土木,建筑宫阙和园林,所需木材甚多,使木商们大显身手。明清时期由于商品经济的发展,木材需求量更大,徽州很多人经营木业,不仅将徽州境内的木材运到外地,更有不少徽商深入到四川、云南、贵州等深山老林,采购各种名贵木材,通过长江运到长江中下游各大城市销售,也有在福建采购木材通过海路运到长三角地区销售。木商虽然极其辛苦,但利润丰厚,故人们将其与盐商并称,认为盐商木客,财大气粗。

木簰 清婺源木商程文昂首创。为使木材在江河运输中不致漂散,文昂发明一种方法,即将木材头尾部各凿一孔,以竹制成篾缆,穿孔而过,将多根木材连接成排,称为"木簰"。放于江河,不致漂散,而且极其便于运输。

支天顺木器店 支天顺于民国二十九年(1940年)开设在祁门县城节孝祠。从事各类木器的制造工作,为小本经营。县城解放前夕,支天顺为解放军修理众多装放枪支弹药的木箱。

森长源木行 经营木材的机构。清宣统三年(1911年)黟县木商江辅卿、范蔚文、孙毓民合资在合肥创立,专门进行木材贸易。他们派人携巨资前往江西赣南、吉安等山区收购木材,通过赣江、鄱阳湖等水道转运长江,经彭泽、安庆、无为等地,由巢湖转抵合肥,由该木行进行贸易。随后又在无为、巢湖等地设立办事处,贸易日趋兴盛,后范、孙二人撤股,由江辅卿独资经营,到民国十三年(1924年),其商业资本有10余万两银之多。

徽州旅杭木业福利社 徽州木商同业组织。其前身为乾隆五十一年(1786年)徽商在杭州成立的徽商木业公所。参加者有徽州六县五六百人,在杭州候潮门外建有房舍,作为议事之所,同时在江干购地200余万平方米,用以堆放木材。每年六月初一,徽商均在公所内举行一次集会,商讨商业大计。该组织自乾隆时起到民国二十六年(1937年),从未间断。抗日战争期间,一度停顿。民国三十五年(1946年)恢复,更名为"徽州旅杭木业福利社",当时尚有会员380余人。休宁黄乐民、汪行之先后担任董事长,到新中国成立止。

徽国文公祠 见225页"徽商木业公所"条。

徽商木业公所 又称"徽国文公祠"。清旅浙徽州木商组织。位于杭州候潮门外。乾隆年间,婺源木商江扬言倡建,作为徽州木商议事之所。后其子来喜又于江干购置沙地,上至闸口,下至秋涛宫,共计246万平方米,以供木商堆放木材。后因沙地与当地人引起诉讼,自省到部,最终保全此业。咸丰、同治年间,太平军攻浙,公所被焚,木业蹉跎。战乱平息后,经众木商努力,公所又得以重建。

丝布业

大生号织布厂 民国元年(1912年)胡振朝于休宁万安创办的企业。从业人员8人,资本额有2 500银元,年产布520匹。

大盛织布厂 清光绪三十一年（1905年）休宁余显模创办的企业。使用机器纺织，拥有资金3 400银元。生产规模在当时徽州首屈一指。

丝布业 徽商主要经营行业之一。从明朝中期起，江南苏州、松江、常州、杭州、嘉兴、湖州等地盛产丝绸和棉布，大批徽商深入产地，购买丝绸和棉布，通过长江运到长江中上游各地销售，通过运河，运到北方各地销售，或通过其他陆路、水路运到各地销售，成为徽商主要经营的行业之一。丝布商人不仅从事贩运，而且雇工直接进一步加工。苏浙地区的棉布很大一部分都操纵在徽商手中。

芜湖浆染业 徽商经营行业之一。明歙县岩寺（今属徽州区）阮弼在芜湖开设染织局，经过浆染加工的布料，四方争购，商品行销于吴、越、荆、梁、燕、豫、齐、鲁之间，阮弼并在各商业要津设立染织分局，因此在芜湖被推为染业祭酒。松江是棉布主要产区，徽商在此开设的青蓝布号数十家。在常州、上海等地也有许多徽商开设的字号。他们的染色技术极精，又能选用上等的布料和颜料，所以染出的布鲜艳无比，色泽宜人。为了提高信誉，扩大销路，他们都在自己加工的色布布头上标上本字号的专用图记，以防假冒。清初，苏州府棉织业已十分发达，徽籍商人最为活跃。康熙时，汪某在苏州开设益美字号，他暗中请缝工为他的产品做宣传，结果益美的声誉大起，一年之内售布百万匹。自此以后200年间，滇南漠北无地不把益美的色布奉为名牌货。康熙三十二年（1693年）《苏州府为永禁踹匠齐行增价碑》载，苏州城有81家布号，其中徽商达30家。

宏村私营本布厂 民国十四年（1925年）黟县宏村人创立的企业。起初以木机织布，民国十九年（1930年）增资4 000银元，发展铁木织机6台、木织机20台，从业人员达70人。棉纱从上海购进，每日可产匹长20码、30码白布和花色布30余匹，在屯溪和邻近县份销售。

赵怡丰布店 祁门百年老字号之一。创始于清后期，民国时期的最后一任店主为赵茂林。该店经营的布有乌洋标、里子布、线呢、平布等，业务较广，利润丰厚。

曹恒泰布店 婺源县城著名商号。婺源土午头村曹鉴卿清末弃儒从商，开设此店。后在湖北麻城设庄收购土布，运销乐平、波阳、婺源。继在波阳定点收购棉花，就地织布，并在婺源增设染坊，在乐平另开布庄，驰名波、乐、婺商界。子铸渊承父业，并兼营木、茶、典当，成为巨贾。时婺源流传："三个江峰青（江西道员），抵不上一个曹鉴卿。"

皖南第一纺织厂 徽州官商合营企业。民国二十八年（1939年），开办于休宁隆阜（今属屯溪区），资本额20 000银元，有职工100余人、机器120架。

裕生布厂 徽商企业。清光绪三十四年（1908年），陈朗耀在屯溪首创该厂，年产棉布1 300余匹，民国五年（1916年）歇业。

新记布店 民国时期开设于祁门三里街的一家布店。清末民国初期黟县南屏村的叶新龄和族人合资，在祁门三里街创办"生记"布店。从事布业经营。前者占有3/4的股份，后者占有1/4的股份。后在生意暗淡之时，聘请在屯溪"桂源"布庄学徒出身的王进宜为店堂经理。王进宜凭借多年经验，奋力经营，加强内部管理，努力组织货源，生意兴隆。在叶新龄去世后，叶家败落，遂将店业转于王进宜经营，王进宜将店名改为"新记"，继续从事经营。新中国成立后，该店也进入公私合营，原来独立经营的历史终结。

墨业

方于鲁墨 著名徽州墨业字号。明万历年间由歙县方于鲁创立。方于鲁原本为程家墨工，得程君房制墨秘法，后自立门户，创立墨号。其"九玄三极墨"被誉为前无古人之作。著有《方氏墨谱》6卷。

胡开文墨 著名徽州墨业字号。由绩溪上庄胡天注于清乾隆三十年（1765年）创立。他不惜巨资购买上等原料，聘请良工，精心制模做墨，由于用料考究、制作精细、形式新颖，"苍佩室"墨一炮打响。第二代传人胡余德不仅坚持按"易水法"制墨，而且大胆创新，制造出集锦墨，如"棉花图"（全套16锭）、"十二生肖图"（全套12锭）、"御园图"（全套64锭），使墨名既有实用价值，又有艺术价值。该墨号坚持"分家不分店，分店不起桌，起桌要更名"的原则，使墨号始终由某房继承，并不断发展。墨号传承六代近200年，其墨行销大半个中国。

曹素功墨庄 著名徽州墨业字号。清徽州四大制墨名家、歙县曹素功创立。曹素功早年潜心科举仕宦之途，因不遂心愿，便返乡以制墨为业。最初借用名家吴叔大的墨模和墨名，并开店营业，以后墨质和工艺造型日渐精良，名声亦渐远扬，其墨业更加兴旺。后移店至苏州、上海等地，常为权贵和名流定版制墨，在社会上层影响很大，被誉为"天下之墨推歙州，歙州之墨推曹氏"。曹素功趁康熙皇帝南巡之机，携带得意之作进献，受到称赞，御赐"紫玉光"之名。后又用该名制成漱金紫玉光墨。曹氏墨业世代相传，从曹素功开始，至今已14代，皆以制墨传家，历时300多年。

程圣文墨店 著名徽州墨业字号。歙县程坊城于清道光三年（1823年）开设于兰溪。咸丰、同治年间兵乱，坊城下落不明，乃由其子春兰、幼孙懋功先后继业。刻墨、印制墨、挫墨、揸油、填字等工艺均技术精湛,平均日产墨1 000千克。其半烟、老烟、顶烟、书画墨等产品以精制优质畅销于闽、赣、苏、蜀、浙等省。

程君房墨 著名徽州墨业字号。明万历年间由歙县程君房创立。与当时制墨名家方于鲁齐名,世称"方程"。其制造方法独特,选料配方考究,所制之墨质量甚高,其墨光洁细腻,款式花纹变化多端,深得文人士大夫喜爱,甚至一度作为贡品进献宫廷。程、方二人因利益冲突,展开激烈竞争,最终两败俱伤。程氏编有《程氏墨苑》一书,分为玄工、舆图、人官、物华、儒藏、缁黄等6编,收录不少精品。

詹有乾墨号 著名徽州墨业字号。婺源东北乡岭脚村詹有章、詹乾述叔侄二人,于乾隆年间创设于湖南衡州府城内,为自乾隆至民国时期著名墨号。经营墨业200余年。晚清时期詹逢光参与编纂的《墨业准绳》,详细反映了该墨店经营实态。

詹成圭墨号 著名徽州墨业字号。清乾隆年间由婺源虹关詹成圭创立。自乾隆起到民国时期,前后经营200余年,其商业网络遍及全国,产品不仅行销国内各地,而且远销日本、东南亚各国。

詹彦文墨号 著名徽州墨业字号。清乾隆年间由婺源岭脚詹彦文在湖南长沙创立,专门经营墨业。自乾隆年间创设,到民国时期,代有传人,经营规模日益扩大。在很多地方设有分店,其经营网络遍及湖南、四川、贵州、广东、广西、江西、湖北和湖南等地区。

刻书业

十竹斋 坊刻号名。坊主胡正言,字曰从,休宁文昌坊人。出身于医儒世家,初为郎中,行医于大别山中。明万历末定居南京鸡笼山北极阁下,于庭院种植翠竹10余竿,故自号"十竹斋主人"。自明万历至清初一直为南京徽派著名刻坊,向以刻艺精湛、印刷色泽鲜明为艺林珍视。今传世的有30余种印本,涉及版画、书法、篆刻、杂技、语文、传记、诗文、医学等方面内容。所引图书均为精善本。尤其是天启七年(1627年)印制的《十竹斋书画谱》和崇祯十七年(1644年)印制的《十竹斋笺谱》,以首创的"饾版""拱花"技法印制,开现代彩色印刷的先河,成为世界版画史上的丰碑。

三胡家刻 清朝中期绩溪金紫胡氏家族名人辈出,先后有胡匡衷、胡秉虔、胡培翚三代礼学大师,他们礼学研究自成一家,人称"三胡礼学"。在三胡礼学的影响下,胡氏家族涌现出了一大批经学家。他们著书立说,刻书行世,一直延续至民国中期。代表性刻书有《苕溪渔隐丛话》前后集100卷、《仪礼释官》

*《十竹斋书画谱》内页

6卷、《绩溪胡氏丛书》11种73卷等。

大雅堂 家刻堂名。堂主汪道昆,字伯玉,号太函、南溟、南明、函翁等,歙县岩寺(今属徽州区)人,为明朝中后期享有盛名的戏曲家,文坛"后五子"之一,于家中开设"大雅堂",刻书100多卷,所刻书多善本,代表性的有《大雅堂杂记》4卷、《列女传》16卷、《弘明集》14卷等,其中《大雅堂杂记》插图,纤细精美,是徽派版画的代表作之一。

飞鸿堂 家刻堂名。堂主汪启淑,原名华国,字慎仪、秀峰,号讱庵、槐谷,清乾隆年间歙县人,出身于盐商家庭,寓居杭州,极富收藏,尤嗜收藏古印,人称"印癖先生",名其居为"飞鸿堂"。代表性刻书有《讱庵集古印存》32卷、《飞鸿堂印谱》5集40卷、《汉铜印原》16卷、《汉铜印丛》12卷、《汉铜印存》8卷、《袖珍印赏》4卷、《退斋印类》10卷、《退斋印谱》8卷、《时贤印谱》40余卷等。其刻印图书印刷精美、装帧富丽,极具欣赏价值。

马版 "扬州二马"编辑刻印的书籍版本。"扬州二马"系指徽籍扬州盐商马曰琯、马曰璐兄弟。马曰琯,字秋玉,号嶰谷。马曰璐,字佩兮,号半槎。清乾嘉时期祁门城里人。其祖父、父皆业盐于扬州,遂定居扬州。马氏兄弟继承祖业,继续经营盐业,为扬州徽商巨富之一，因兄弟二人财产不分彼此，志向相同，又均多才艺，同以诗名，故人称"扬州二马"。马氏兄弟雅文好古，考校文艺，酷嗜典籍。家设刻印工场，在短短的60年左右的时间里，前后刻书五六百卷。其刻书无论是装帧还是字体，堪称精美，时称"马版"。代表性刻书有《经义考》300卷、《班马字类》5卷、《宋诗纪事》100卷、《说文解字》30卷、《韩柳年谱》4种8卷等。

文会堂 坊刻号名。堂主胡文焕，字德甫、德文，号全庵、抱琴居士，明婺源人，因经商侨居杭州。胡文焕博学多才，喜好收藏书画，于杭州开设"文会堂"，藏书、刻书、售书。代表性刻书有辑刻《文会堂琴谱》《古器具名》《诗学汇选》《格致丛书》等。文会堂所刻之书，大多纸墨刻印品质俱佳，图文纤丽工巧，彰显徽派风格。

"四元宝"刻书 清朝占籍扬州的徽州盐商黄晟、黄履暹、黄履昊、黄履昂四兄弟，人称"徽商四元宝"，他们原籍在徽州府歙县潭渡，后于扬州经营盐业致富，遂定居扬州。四兄弟均喜好收藏、刻书。代表性刻书有《三古图》42卷、《三才图会》106卷、《合刻山海经》58卷、《圣济总录》200卷、《叶氏指南》10卷等。

外埠徽人刻书 徽州人在徽州府以外的刻书活动。徽州人到外地或做官或游学或经商而长期定居该地，在定居期间亦积极主持或参与刻书活动。外埠徽人家刻主要分布在金陵、杭州、扬州、嘉定、北京、两湖、山东等地。明朝中期以后，金陵、扬州、杭州、湖州、北京等地均是徽州坊刻经营的重要阵地。徽派刻书风格对当地的坊刻产生了重要影响。

汉魏丛书 丛书名。子目38种251卷。明万历二十年（1592年）歙县程荣辑印。该丛书是我国第一部名副其实的以汉魏人著作为主，间有晋、梁、陈、隋人著作，分经、史、子三部分，专收古经逸史、稗官野乘之类著述。该丛书以编校精审、篇什齐全、刻印精美，是古代大型丛书中的精善本，号称中国古代出版史上第一部真正的丛书，也开启了明朝广刻大型丛书之风气。

亚东图书馆 出版社名。是一个小型私营出版社，民国二年（1913年）汪孟邹、汪原放等人在上海创办。民国六年（1917年）陈独秀任北京大学文科学长后，委托亚东图书馆为其在上海的总经销，承担了《新青年》《每周评论》《新潮》等杂志，特别是在大革命时期，作为中共中央机关报《向导》的印刷和发行地，成了新文化运动的传播阵地。先后编辑出版了《独秀文存》《胡适文存》《吴虞文录》《崔东壁遗书》以及"五四"以后涌现的一批新诗集、早期的革命文学作品等，风行一时，产生较大影响。对传播新文化、新思想做出了积极贡献。

西爽堂 坊刻号名。坊主吴琯，字仲虚，明歙县人，在歙县开设"西爽堂"，刻书、藏书，主持刻书约250种，1600余卷。所刻丛书撫拾宏富，刻工精良，配图粗犷豪放，细密工巧。所刻代表作《古今逸史》丛书，辑刻当时罕见之书，以为正史拾遗补阙，收录42种稀见古籍，共182卷；后吴中珩又增刻至55种。该刻汇辑古代史籍舆地诸书，分逸志、逸记、列传等编。其中《雍录》《真腊风土记》等书幸赖此刻得以传世。

百家名书 见231页"格致丛书"条。

有益书报社 商号名。民国时期黟县欧阳华侯创办。华侯早年偕弟到景德镇经营小本生意，后为邮差，往返于景德镇与九江之间，继则设书摊，兼售报纸。民国十七年（1928年），筹资开设"有益书报社"，以印刷业务为主，兼售书籍、文具、纸张、体育用品，设立上海中华书局、申报、大公报、新闻报推销点，声名大振。抗日战争爆发后，经济萧条，业务被迫中断，乃转营印刷业务，利用同乡关系，包揽中国银行、建设银行、裕民银行、源源长银行、国药业、绸布业、南货业，生意稳步发展，久盛不衰。

存诚堂 坊刻号名。堂主黄裔我，字尔昭，明歙县人，虬村刻工名手，在福建建阳开设"存诚堂"，刻书、售书。代表性刻书有《新刻张天如先生增补注释启蒙会海玉堂对类》19卷、《鼎镌吴宁野汇四民切要时制尺牍芳规》4卷、《新刻张侗初先生汇编四民便用注释札束五朵云》4卷、《鼎镌郑道圭先生评点红杏记》等。

师古斋 坊刻号名。坊主吴勉学（明万历前后在世），字师古、肖愚，歙县人，家世代经商。勉学博学且喜收藏古籍，设师古斋，广刻医书，主要有《古今医脉正统全书》44种、《河间六书》8种、《六臣注文选》《性理大全》《二十子全书》《初唐汇诗》《少室山房笔丛》《楚辞》《资治通鉴》《花间集》《前汉书》《史记集解索隐正义》《汉书注》《李何二先生诗集》《广弘明集》《通鉴前编》《世说新语》《医学六种》《痘症大全》《师古斋汇聚简便单方》《东垣十书》《类证活人书》《对类考注》《唐乐府》《十三经》《四史》等，总数300余种，3000余卷。师古斋刻本校勘精审，字体规范，印制均佳，间配插图，多精善本，被誉为"不下宋版"。

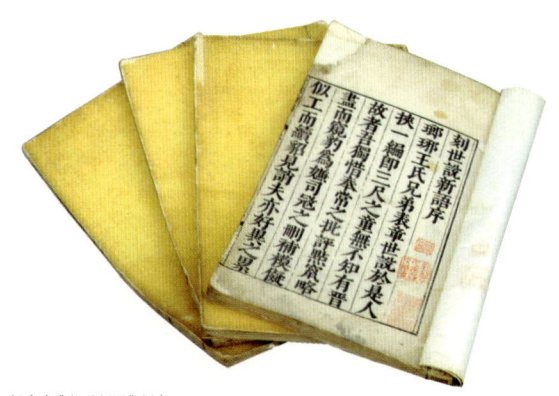

*师古斋《世说新语》刻书

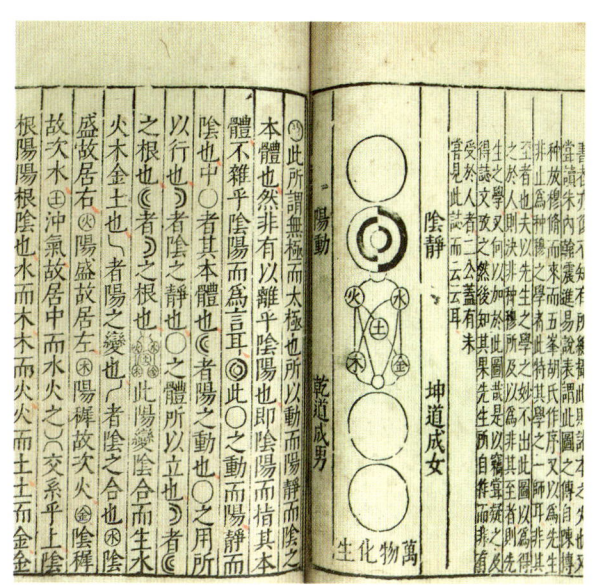

*师古斋《性理大全》刻书

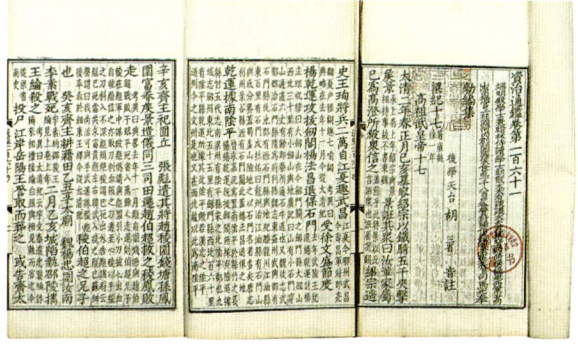

*师古斋《资治通鉴》刻书

师竹友梅馆
原名"曹庸斋笔墨庄"。商号名。徽州绩溪县上庄镇旺川村曹其瑞于清光绪初年在武汉设立。初以经销徽墨湖笔为主,兼营装裱。重金延聘高师,堂轴联屏,均拓裱精良。光绪十一年(1885年)增设装裱、印刷两坊,雇员工30余人,聘经理王逸风,旋在汉口前花楼增设分馆,选曹子久为经理。光绪末,馆、坊业务由长子继发执掌。继发处事勤敏,交游甚广,精通文墨。民国四年(1915年),附设书画研究社于馆内,广交湖北政界、学界、书画界名流,聘名家为顾问,邀集书画友人吟诗作赋,切磋技艺,挥毫泼画,盛极一时。民国三十三年(1944年)店务由其弟媳(曹诚尧之妻)杨芙蓉管理。时值抗日战争时期,财产被洗劫一空。抗日战争胜利后,芙蓉苦心谋划,筹集资金,招回员工,恢复店业。

后知不足斋丛书
丛书名。共计8函57种176卷,前4函25种为初编,刊于清光绪八年(1882年)至光绪十年(1884年),后4函收书32种,为增编,刊于光绪五年(1879年)至光绪十五年(1889年)。由清著名学者、藏书家鲍廷爵编印。该丛书是鲍廷博《知不足斋丛书》的续集,是一部涵盖经史子集,并收纳一些当时珍稀善本的大型综合性丛书,具有很高的文献研究价值。

齐氏四世刻书
清乾隆年间至清末婺源冲田齐氏先后涌现的以齐翀、齐彦槐、齐学裘祖孙三代为代表的家族群体刻书。其所刻之书大多是齐氏自著之书,代表性刻书有齐翀《雨峰诗钞》8卷、齐翀《杜诗本义》2卷,齐彦槐《韬川胡公崇祀乡贤录》1卷和《双溪草堂全集》20卷、齐学裘撰《蕉窗诗钞》12卷等。

观化轩
坊刻号名。坊主谢虚子,明歙县人,开设"观化轩",刻书、售书。代表性刻书有《新镌女贞观重会玉簪记》2卷、《仪礼会通图》等。

《红楼梦》程乙本
参见229页"《红楼梦》程甲本"条。

《红楼梦》程甲本
《红楼梦》的版本。《红楼梦》问世后有两种版本系统:一是有"脂砚斋"批语的抄本,二是程本的活字印刷本。清乾隆五十六年(1791年)徽州籍人程伟元将传抄的曹雪芹80回本和高鹗续的40回本合并,由北京萃文书屋活字版排印,卷首有程伟元序、高鹗序及绣像、木刻插图24幅,前图后赞。插图绘刻,均出自程伟元之手,名为《绣像红楼梦》,是为"程甲本"。此本出版后,因市场需求量大,程伟元、高鹗于乾隆五十七年(1792年)春重新排印,对原程甲本做了2万余字的增删,插图改为18幅,是为"程乙本"。由于"程乙本"与曹雪芹原著的风格有较多偏离,因而"程甲本"便成为《红楼梦》的祖本,被学术界认为是最接近曹雪芹原著风格的版本。

芜湖科学图书社
见231页"科学图书社"条。

还雅斋
坊刻号名。斋主黄德时,字汝中,明歙县人,虬村刻工名手。所刻书籍插图,严谨厚重,博而不散,有骨有肉。万历年间于徽州府开设"还雅斋",刻书、售书。代表性刻书有《新编女贞观重会玉簪记》2卷、《宝古堂重修宣和博古图缘》30卷、《淮南鸿烈解》30卷等。

吴县潘氏刻书
吴县潘氏是明末清初由歙县丰南大阜迁往苏州的潘姓一支,以经营盐业起家,遂寄籍苏州。清朝中期至民国时期潘氏名人辈出,突出代表如潘奕隽、潘世璜、潘祖同、潘祖荫、潘祖年、潘睦先、潘承厚、潘承弼等,他们世代藏书、刻书,延续至新中国成立后。先后建有"三松堂""思补斋""红蕉馆""滂喜斋""著砚楼"等藏书楼、刻书号。代表性刻书有《三松堂集》3种30卷、《思补斋诗集》6卷、《思补斋笔记》8卷、《读史镜古编》32卷、《红蕉馆诗钞》18卷、《滂喜斋丛书》4函32册61种96卷、《功顺堂丛书》4函24册21种80卷、《潘刻五种》6种16卷、《陟冈楼丛书》30种32卷等。

忻赏斋
家刻堂名。斋主程百二,又名开敏,字幼舆,明休宁人,在休宁县开设"忻赏斋"藏书、刻书。代表性刻书有《程氏丛刻》9种13卷、《方舆胜略》18卷附《外夷》6卷。其中《外夷》全载利玛窦《世界舆地全图》,开汉文书籍引西洋地图之先河。其所刻之书,均延请歙县虬村黄氏刻工名手绘刻插图,刻绘精绝。

诒清堂 坊刻号名。堂主张习孔、张潮父子,以张潮刻书为主。张潮,字山来,号心斋,又号三在道人,清歙县人,文学家、刻书家。张习孔于顺治年间创建"诒清堂",为私家刻书之所。习孔殁后,张潮将"诒清堂"变家刻为坊刻,并创建"霞举堂"刻坊,以己之财刻印书籍。其子孙仍延续刻书长达百年之久。代表性刻书有《虞初新志》20卷、《檀几丛书》157种158卷、《昭代丛书》150种150卷等。

玩虎轩 坊刻号名。坊主汪云鹏,字光华,明末歙县人,于金陵(今江苏南京)开设"玩虎轩",广刻戏剧小说类图书。代表性刻书有《养正图解》2卷、《新镌红佛记》3卷、《琵琶记》3卷、《有像列仙全传》9卷等。其中《琵琶记》插图38幅,精雕细镂,为明朝后期徽派版画的上乘作品。

环翠堂 坊刻号名。坊主汪廷讷,字昌朝、无如,号坐隐,休宁汪村人,早年经营盐业致富,喜交文士,明后期重要的戏曲作家,于金陵(今江苏南京)开设"环翠堂",以刻印插图本图书称誉于世。环翠堂刻书众多,今传世有40余种120余卷,大多是精写本,列入国家级善本书目中。代表性刻书有《人镜阳秋》22卷、《文坛列俎》10卷、《坐隐先生全集》4种18卷,另有《高士记》《彩舟记》《种玉记》《彩凤记》《狮吼记》等18种传奇。所刻图书版本精雅、注重插图,绘刻俱佳,在中国版刻史上具有重要影响。

*环翠堂所刻书中插页

知不足斋丛书 丛书名。共计30集240册222种834卷。鲍廷博、鲍士恭、鲍正言三代人的刊刻工程,始于清乾隆三十四年(1769年),终于道光初年,历经半个多世纪完成。该丛书精选经史、算书、金石、地理、书画、诗文、书目等著作。该丛书虽为翻刻,但讲究品质,刻印精美,画图工巧,突出表现了徽派版画的纤细明丽的特征。

刻书业 徽州人在手工制作的基础上采取雕版技术从事图书生产、加工和销售的行业活动。其类型,大体依据其资金来源、经营性质、图书生产人员构成等方面具体而定。从资金来源或主持者看,分为徽州官刻、徽州私刻、徽州坊刻。徽州官刻系指中央与徽州府县官府拨款或主持的刻书活动;徽州私刻系指徽籍官员、士人、学者、乡绅等私人出资或主持的刻书活动以及书院、寺院、道观、家族等出资或主持的刻书活动;徽州坊刻系指以营利为目的的徽州书商出资或主持的刻书活动。从经营性质来看,徽州官刻、徽州私刻是不以营利为目的的,与市场联系不密切,其经济性不突出;而徽州坊刻则是以营利为目的的,具有较强的市场性。从生产人员构成看,包括徽州籍的组织策划者(官刻机构、家刻主人或坊刻主人)、校勘者、刻工(含写工、图绘工、刻工,有时集三者于一体)、印工、装裱工、营销人员等。

泊如斋 坊刻号名。坊主吴养春,明歙县商人,在歙县西溪南开设"泊如斋"刻书、藏书。吴养春利用经商余资刊刻诸多版画插图本。代表刻书有《泊如斋重修宣和博古图》30卷、《泊如斋重修考古图》10卷、《朱子大全集》60种120卷、《闺范》4卷。其中《闺范》为徽派版画代表作品之一。

胡文焕版 胡文焕编辑刻印的书籍版本。胡文焕,字德甫、德文,号全庵、抱琴居士,明万历年间婺源人。经商大江南北,后侨居杭州。胡文焕博识多才,好藏书,喜刻书。专设"文会堂"刻书、藏书。代表性刻书有《格致丛书》《文会堂琴谱》《古器具名》《诗学汇选》等。其所刻之书,人称"胡文焕版"。纸墨刻印俱佳,图文纤丽工巧,具有典型徽派版画风格。

胡宗宪刻书 胡宗宪,字汝真,号梅林,绩溪龙川人,明军事家。在东南倭乱时期任直浙总督,为抗倭名将。其多次组织门人或幕僚辑刻书籍,注重校勘,力求品质,所刻之书多为精善之本。代表性刻书有《筹海图编》13卷、《阳明先生文录》5卷、《外集》5卷、《别录》10卷、《历代史纂左编》142卷、《诗说解颐总论》34卷、《正释》30卷、《字义》8卷、《荆川稗编》120卷等。

奎壁斋 坊刻号名。斋主郑思鸣,字元美,生卒年不详。明万历年间在金陵(今江苏南京)状元桥开设"奎壁斋"。代表性刻书有《养正图解》2卷、《歌林初集》16种、《歌林二集》14种、《新镌乐府名时万家锦》2卷等。其中《养正图解》绘图者丁云鹏、刻工黄奇,书中的60幅插图绘刻精细,为徽派版画中的精品。

省吾堂 家刻堂名。堂主汪士贤,生卒年不详,明歙县人,出身于徽商世家,好读书,喜刻书画,于家中开设"省吾堂",广刻典籍。代表性刻书有《汉魏六朝诸名家集》22种、《山居杂志》21种、《二十一家集》、《扬州芍药谱》1卷等。其中《扬州芍药谱》属于典型徽刻本,刻绘俱佳。

昭代丛书 丛书名。分甲、乙、丙3集150种150卷。甲集、乙集由清初歙县张潮编印，丙集由张潮与张渐合编，以"诒清堂"号刊印。该丛书始刻于康熙三十六年（1697年），完成于康熙三十九年（1700年），是中国历史上第一次当代人编辑当代人作品汇刻成的丛书。该丛书内容广泛，涵盖4部，尤其侧重于收录掌故琐记类著述，保存了大量的清前期文献资料，具有较高的研究价值。

贻经堂 坊刻号名。坊主汪应魁，明末徽州府著名书商。所刻图书以经史子集为主，种类全、版本精，为晚明徽州府著名刻坊。代表性刻书有《春秋四传》38卷、《诗经集传》8卷、《礼记集说》16卷、《周易传义》24卷等，上述近百卷书目被《中国古籍善本书目·经部》所收录。此外还刻有《远西奇器图说录最》3卷、《唐宋八大家选》24卷等。

科学图书社 又称"芜湖科学图书社"。书店名。安徽省第一家书店。位于芜湖市中长街20号，是一座砖木结构的两层楼房。清光绪二十九年（1903年）绩溪汪孟邹创办，现已整体拆除。起初为便利家乡学校图书文具的供应，汪孟邹听从业师胡晋接提议，由朋友周栋臣出面邀集了1 200元的股金，在家乡邀集了1 000多元的股金（每股100元），在芜湖长街徽州会馆隔壁租房而开设。其后，除了经营文具和课本以外，主要经销国内各地出版的有关新文化的书刊。辛亥革命时期，该店承印和发行陈独秀在此编辑的《安徽俗话报》；"五四"之后，在芜湖独家经销陈独秀等人在北京创办的《新青年》杂志、鲁迅创办的《语丝》杂志以及《中国青年》《新潮》《每周评论》《新生活》《建设与改造》《响导》《创造周刊》《拓荒者》《北斗》《生活周刊》等进步刊物。芜湖当时倾向革命的高语罕和沈泽民（茅盾的弟弟）主办的《芜湖》半月刊（1921年）、芜湖学联主办的《芜湖学生会旬刊》（1921年）以及后来阿英主办的《苍茫》杂志（1925年）等刊物，也代为发行。书店还发行鲁迅的《呐喊》《彷徨》，蒋光慈的《少年飘泊者》《短裤党》，郭沫若的《女神》，茅盾的《蚀》等新书。科学图书社还是进步人士、革命者经常往来聚会的地方，其中有柏文蔚、陈独秀、苏曼殊、邓绳侯、鲍继唐、李光炯、沈子修、光明甫、刘希平、李克农、高语罕、卢仲农、朱蕴山、宫乔岩、钱杏邨、卢伯荪、王筱山等人。辛亥革命时期，陈独秀、柏文蔚创建的"岳王会"骨干在此经常聚会。"五四"运动至大革命时期，芜湖响应"五四"运动、支援"五卅"运动等许多重要的群众运动，也都是在这里决定的，对芜湖和徽州地区新文化的传播和马列主义的宣传做出了一定贡献。民国十二年（1923年）开业20周年，陈独秀、胡适、陶孟和、蔡元培等许多知名人士，书写字幅寄来祝贺。胡适写的是："为新文化做了几十年媒婆，给旧世界播下数千颗逆种。"陶行知题词也有"赈济了二十年学术的饥荒"字句。

美荫堂 坊刻号名。堂主于鲁，字建元，明万历年间歙县人。于鲁本是程君房制墨工人，得程氏墨法，后另开门户，制墨有独创，为明朝制墨业"歙派"代表人物，于家中开设"美荫堂"，辑刻《方氏墨谱》《文彩双鸳鸯》《五岳藏书》等书。其中《方氏墨谱》6卷，列墨385式，计分国宝、国华、博古、博物、法宝、洪宝等6类，延请丁云鹏、吴廷羽、俞仲康绘图，黄德懋、黄德时刻写，绘刻极精工，为明朝四大墨谱之一。

振绮堂 家刻堂名。堂主为原籍徽州府黟县汪氏。汪氏在明末经营盐业迁居钱塘（今浙江杭州），汪宪、汪璐（汪宪次子）、汪诚（汪璐子）、汪迈孙（汪诚次子）、汪增本（汪迈孙子）、汪康年（汪增本子）六代人皆喜好收藏。清乾隆年间汪宪于杭州创建"振绮堂"，后为五代后人延续，成为著名的藏书、刻书楼，名声"甲于浙右"。刻书以汪氏自家著述为主，代表性的有《振绮堂丛刻》7种38卷、《振绮堂遗书》7种、《振绮堂丛书》2集24种13册。

格致丛书 又名《百家名书》。丛书名。明万历年间婺源人胡文焕"文会堂"辑录。辑选图书均为古今考证名物专著，包括名物、训诂、文学、艺术等。其中以明人著述为多，且为世间流传较少的图书。由于该丛书随刊随印，成书种数各版本不同。现藏美国国会图书馆万历三十一年（1603年）刊本，收录图书168种，卷端有朱之蕃序，题"百家名书"，文会堂所刻。该丛书纸墨刻印品质俱佳，图文纤丽工巧，具有典型的徽派版画风格。

瓶花斋 家刻堂名。斋主吴焯，字尺凫，号绣谷、啸谷，祖籍歙县严川，因高祖迁徙杭州，入籍钱塘，博学好古，吴焯及其长子吴城、次子吴玉墀俱好藏书、刻书，建有"瓶花斋"。刻书以自著为主，代表性的有吴焯《药园诗稿》2卷、吴焯《渚陆鸿飞集》1卷、吴焯《玲珑帘词》1卷等。

浣月轩 家刻堂名。堂主汪来贤，字樵云，明婺源人，徽派版画插图名家，于家中开设"浣月轩"，藏书、刻书。所刻之书以徽儒典籍、戏曲小说、诗词、传奇为多，且多数为自己创作插图画稿，兼请婺源及徽州其他地方刻工名手镌刻。代表性刻书有《新镌全像蓝桥玉杵记》2卷附1卷。

黄氏刻工 徽州刻工中最著名的刻书家族，世居歙县虬村，自明正统元年（1436年）至清道光十二年（1832年）黄氏刻工活跃了近400年，前后涌现著名刻工有三四百人。虬村黄氏刻工世代相传，雕刻技艺精湛绝伦，有"时人有刻，其刻工往往求之新安黄氏""徽刻之精在于黄，黄刻之精在于画"等赞誉，他们创造出一种工整、秀丽、缜密而妩媚的版画格调，形成线条秀劲流畅，形象逼真活脱，版面清雅简洁，刀法精细入微，具有文人儒雅气息的徽派版画风格。

萃文书屋 坊刻号名。坊主程伟元，清朝人，原籍徽州，后寄籍江苏苏州。乾隆年间于北京开设"萃文书屋"。程伟元在北京花数年之功，搜罗《红楼梦》残稿，并邀友人高鹗共同"细加厘剔，截长补短，抄成全部"，乾隆五十六年（1791年）、乾隆五十七年（1792年）两次于萃文书屋活字版排印，是为《红楼梦》"程甲本""程乙本"，结束了《红楼梦》的抄本时代。

曹文埴父子刻书 清歙县雄村曹氏是扬州大盐商，家资殷厚，更培育出曹文埴、曹振镛父子名臣。曹文埴父子均喜藏书、著述。刻书以曹振镛为突出。曹振镛刻书一般以其父和自己著述为主，代表性刻书有《大宝积经》120卷、《香山诗选》6卷、《石鼓砚斋全集》4种62卷等。

曹庸斋笔墨庄 见229页"师竹友梅馆"条。

康山草堂 家刻堂名。堂主江春，字颖长，号鹤亭，熟悉盐政，为乾隆时期两淮盐业八大总商之首。工制艺，精于诗，富收藏。为江春及江氏家族藏书、刻书之所。代表性刻书有《白石道人四种》7种16卷、《宋淳熙敕编古玉图》100卷、《新安二江先生集》6种10卷等。

琳琅秘室丛书 丛书名。共计4集30种157卷。休宁胡珽于清咸丰三年（1853年）着手编校。该丛书是以宋元旧本为底本，偏重于收录掌故、说部、道释的古籍丛书。该丛书以木活字翻印，校勘精审，印制精美，为木活字印制丛书精品。

程氏墨苑 书名。12卷。由明万历年间制墨名家程大约辑刻。为与对手方于鲁竞争，程大约不惜工本，延请当时著名画家丁云鹏、吴廷羽绘图，名刻工黄镶、黄应泰、黄应道、黄一彬等镌。该书收录了程大约所造名墨图案520式，其中版图50幅，分"玄工""舆图""人官""物华""儒藏""缁黄"6大类，附录"人文爵里"。程氏在墨的造型设计和图式安排上新意迭出，丁云鹏的图稿精丽绝伦，黄氏刻工勾凝断顿，线条细若胎毛、柔如绢丝，曲尽其妙。此书堪称画家与刻家的珠联璧合之作。

集雅斋书画谱 书名。8种。歙县黄凤池于明万历末年辑刻，包括《五言唐诗画谱》《六言唐诗画谱》《七言唐诗画谱》《梅兰竹菊四谱》《木本花鸟谱》《草本花诗谱》《名公扇谱》《古今画谱》等，人物、山水、花卉、禽鸟全然明末版画风气，构图饱满且疏密有致，线条流畅且精细秀美。该画谱为后人多次翻刻，尤其在日本影响很大，一再翻刻、影印。

尊生馆 坊刻号名。坊主黄正位，字叔，明歙县人。早年为官署和士大夫家刻书，后自己开设书铺，专门从事刻书、售书，在徽州府开设"尊生馆"，侧重文学、戏曲、书画类图书。代表性刻书有《阳春奏》、《南

*《集雅斋书画谱》内页

华真经》8卷、《云仙杂记》10卷、《新增格古要论》13卷等，刻书多配以插图，刻工精细，艺术价值很高，时人赞之"悬之国门，纸价为高"。

滋兰堂 坊刻号名。坊主程大约，原名士芳，字君房、幼博，明万历年间歙县岩寺（今属徽州区）人，制墨名家，被誉为李廷珪后第一人，于家中开设"滋兰堂"。代表性刻书有《程氏墨苑》12卷、《人文爵里》9卷。其中《程氏墨苑》由丁云鹏等绘图，黄应泰、黄镶等手刻，套色印刷，是一部杰出的墨法集要和版画珍品，被郑振铎称为版画之国宝；《人文爵里》更采用四色或五色印刷，开我国彩印之先河。

摄元堂 家刻堂名。堂主程嘉祥，明婺源人，酷好收藏古籍，喜爱刻书，于家中开设"摄元堂"，刊刻典籍。代表性刻书有《本草纲目》52卷，其中附插图1 110幅，版画精妙，形象逼真。

慈仁斋 坊刻号名。斋主蔡凤鸣，明徽州人，其刻书自署新都人，开设"慈仁斋"。代表性刻书有《楞严经》10卷。该书扉页"金刚像""佛日增辉"两幅图，刀法严谨，线条粗犷，疏密有致，黑白对比强烈，体现了徽派版画别样的表现手法。

熙春楼 坊刻号名。坊主吴继仕，字公信，号苍舒子，明休宁人，经学家。所刻之书取材精审，文图绘刻精美。代表性刻书有《六经图》《七经图》《音声纪元》《四书图考》等，为当时名版，向为士林所推崇，

《四库全书总目提要》评论其刻《六经图》云："图像俱精,字纸兼美,一照宋本,核刻无讹。"

潘之恒刻书 潘之恒家刻。之恒字景升,号鸾啸生、冰华生,歙县岩寺(今属徽州区)人,文学家、史学家和刻书家。其先祖经营盐业、典当业,家境殷厚,寓居金陵(今江苏南京)。所刻之书250余卷,代表性刻书有《空同子集》71卷、《亘史内纪》10卷、《亘史外纪》6种7卷、《黄帝内经素问》24卷、《合刻三志》81种81卷等。

霞举堂 参见230页"诒清堂"条。

徽州本土刻书 徽州府所辖歙县、黟县、休宁、祁门、绩溪、婺源六县范围内的刻书。据不完全统计,明徽州本土地区各姓氏几乎均有刻书,尤其一些世家大族累世刻书不断,从事家刻、坊刻者有53姓500余家,加上刊刻家谱的刻书人则更多,真正达到"家传户习""村墟刻镂"的程度。清徽州六县家刻的人数和刻书数量上,与明朝相较而言,总体差不多但略有变化。

徽州坊刻 徽州书坊主组织或投资的图书生产和销售活动,其最终目的就是将图书投放市场、谋取利润。是明清徽商经济的重要组成部分。徽州坊刻的类型,按成因的不同,可分为直接投资坊刻、家刻演变成坊刻、刻工上升为坊刻、兼营坊刻等;按投资形式的不同,可分为自刻自销、个体独资而雇人刻印销、多行业兼营、家族合资联营等;按刻书产销所在地的不同,可分为徽州本土产销、外埠徽州产销、徽州本土与外埠徽州联营产销等。

徽州版画 兴起于徽州的一个版画流派。一般将徽州地区本地刻印的或徽州人在外地刊行刻印的木版画统称为徽州版画。源于刻书,起于南宋,盛于明朝中期,至清初渐衰微。明万历至清顺治年间为徽派版画鼎盛时期。以白描手法造型,富丽精工。在中国文化史上具有重要地位,尤其是饾版与拱花印刷术,对国内外版画都产生了重大影响。

徽州刻工 从事图书雕刻行业的徽州手工业生产者。按从事生产形态的不同,可分为专职刻工、兼职刻工、受雇刻工、工商一体的刻工。专职刻工,即以图书雕刻为业谋生,或有自己独立的作坊,或流动专门为人雕刻,但不参与市场买卖。兼职刻工,主要从事其他行业生产,闲暇之时从事图书雕刻活动的刻工。受雇刻工,受他人雇佣,专门为其从事图书雕刻活动的刻工。工商一体的刻工,即其图书雕刻的目的是最终将雕刻的成果投向市场,参与贩卖活动。按活动地区的不同,可分为徽州本土刻工、外埠徽州刻工。服务对象不仅仅是徽州官刻、私刻、坊刻,更多的还在于他们为其他地区非徽州籍的书商服务,但他们的刻书总体是属于徽派风格。徽州刻工家族最具代表性的先后有仇氏、黄氏,他们世居歙县虬村。虬村位于歙县西乡丰乐河畔,原名"仇村",明朝中期以前该村仇姓刻工较多,后黄氏刻工渐多,仇姓刻工渐渐销声匿迹,仇村后改为"虬村"或"虬川",甚至改称"黄村"。

徽州官刻 徽州官方组织或投资的图书生产活动。其生产情形一是官方设立常规机构,组织有关人员进行,如徽州府学、六县县学、官立书院等,往往组织生员进行刻书活动;二是官修某种图书,因工程浩大,往往在民间募人募资进行生产。从明清徽州官刻发展历程来看,民间集资从事图书生产的比重非常大。

徽州家刻 徽州私人组织或投资的图书生产活动。其生产目的不是为谋利,而是在于图书收藏和文化传承。徽州家刻的类型,按刻主身份不同,可分为官员家刻、士绅家刻、商人家刻、私家教育机构刻书、家族家刻等;按刻书地区不同,可分为徽州本土家刻、外埠徽州家刻。

徽刻商业书 徽州人编辑出版的商业书。由于商业启蒙教育的需要,徽商在经商之余,纷纷从事商业书的著述和出版活动。徽商著述的商业书大多由自己刻印或委托徽州坊刻出版。这些商业书内容上至天文、地理、物产、科技、医学,下至行旅路程、书契格式等,一般为商旅出外行程以及百姓居家生活的常识性通俗读物。商业书中不仅有大量的商旅活动知识,而且还包含了丰富的商业经营知识、伦理规范、管理经验,有助于商业经营者以及子弟、学徒提高文化素质和业务技能。商业书的编刻,促进了徽商商业理念和经营经验的传播。

徽馆业

三里街中和楼 见234页"祁门中和馆"条。

大中华酒菜馆 见235页"武昌徽州大中华酒楼"条。

大中华酒楼 原称"宝华楼菜馆"。徽菜馆名。民国十七年(1928年)绩溪伏岭安川胡元堂创设,位于上海宝山路。10间门面,2层楼房,职工60人。抗日战争胜利后,改成4层楼房。以经营徽帮佳肴名点著称,名菜有芙蓉鸡丝、清炒鳝糊、清蒸甲鱼、走油拆炖、红烧里脊、徽州丸子等。民国时期,其特色菜馄饨鸭和大血汤,因味美价廉而闻名于沪。

大中国酒菜馆 徽菜馆名。民国二十九年(1940年)创办,位于上海虹口区大连路。绩溪张荫之任总经理。2层楼房,10间门面。二楼设凤凰厅、舞鹤厅等雅座8间,店内设总务、厨房、堂部、杂务4部,职工70余人。经营徽帮名肴、面食小点。民国三十三年

*大中华酒楼

*大富贵酒楼

(1944年),因日寇侵华歇业,抗日战争胜利后复业。

大全福酒菜馆 徽菜馆名。民国二十年(1931年)由绩溪邵之林等创办,位于上海城内复兴中路。其时,上海老西门城外已相继开办了大富贵、第一春、鸿运楼等徽菜馆,而西门城内的复兴中路一带,还有一些空地未曾建房。绩溪人邵之林即与乡人商议,想在城内再开一爿徽菜馆,当即得到了同乡邵仁卿、胡元堂等人的赞同。由于所选地基面积、投资额较大,为此又联系了宁波人许麒兴一起合办,也得到响应。于是徽、宁两帮联手,以20年的租期,租赁了复兴中路979号宅基地,兴建徽菜馆。这爿徽菜馆总投资额为36 000元,徽、宁两帮各半,共设董事12位,每位董事出资3 000元。馆舍于民国二十一年(1932年)夏季动工兴建,次年十月竣工开业,取名为"大全福酒菜馆"。该馆共有4层,6间门面,6进立深,外观以徽派建筑装饰,古朴典雅,这在当时洋建筑林立的上海滩来说,可谓鹤立鸡群。"大全福酒菜馆"招牌由时任上海市长、著名书法家于右任先生所题。该馆开张时,安徽籍名人段祺瑞、许世英等都赠送了亲笔题写的贺匾。大全福一时成了徽帮菜馆的龙头店。该馆早上以供应面点为主,午间供应和菜(和菜犹如今天的套菜,在徽馆的经营发展过程中,和菜是从面馆店到酒菜馆转型时期的过渡性产物),晚间承办筵席,每天顾客盈门,生意十分兴隆。上海沦陷后,大全福被迫停业,后因无资金复业,馆舍出卖易主。

大富贵酒楼 徽菜馆名。是一家百年老店,坐落在上海南市区老西门中华路口。该店的前身是绩溪伏岭下村的邵运家在清光绪七年(1881年)开设的徽州丹凤楼酒菜馆。民国十九年(1930年)因店主邵运家病逝于上海,即由同乡人邵在杭接任经理。抗日战争初期,社会动荡,市面极不景气,酒楼经营受挫,无奈之下,酒楼于民国二十九年(1940年)由乡人邵之林、邵增仁、邵在雄等8人重组经营,更名为"大富贵酒楼"。以经营徽帮菜肴为主,特色菜有清炒膳糊、杨梅丸子、掌上明珠、沙地鲫鱼、五色绣球、三虾豆腐等,日本烹饪专家曾收其传统名菜印成画册。该店厨师以本帮菜为基础,吸他菜之长,创制新佳肴数百种。从民国三十四年(1945年)至民国三十八年(1949年),酒楼生意一直很兴隆。

大新酒楼 徽菜馆名。民国二十六年(1937年)绩溪水村许文瑜三兄弟与周起源等6人合资开办,位于上海市西藏中路。民国三十四年(1945年)后,许文瑜不断买下其他股份,成为独资经营的饭店。是一家经营徽菜为主的中型饮食店,可同时接纳500余人就餐。当时有程灶根、程灶开等徽帮名厨掌勺。饭店内设荤素菜肴、面食小吃、大众小吃、冷饮甜食等餐厅4个,菜肴、面包、冷热饮加工房3个,主营椒盐爆鸡、炒鳝糊、炸羊尾、马铃蛋等徽菜数百种,兼营徽州馄饨、徽式汤面炒面、锅贴、猪油豆沙包等各式小点,品种丰富,特色浓郁。生意一直很兴隆。

大嘉福 徽菜馆名。民国二十五年(1936年)绩溪人创于上海长治路。开办时招股100份,筹资万元,7间门面,经理邵之林,副经理邵仁卿。以经营冲锅汤面、徽州菜肴为主,名菜有清炒鳝糊、鸳鸯冬菇、八生菊花锅等。

大醑楼 徽菜馆名。清同治三年(1864年),绩溪水村许老海与上庄胡连和兄弟合股开设于上海洪昇码头,资本90万文。生意鼎盛,名播沪上,后又创设新大醑楼,原大醑楼改称老大醑楼。

上海菜馆 见235页"海华楼酒菜馆"条。

中和楼 见234页"祁门中和馆"条。

长和馆 徽菜馆名。绩溪人旅沪开办的第一家徽馆,清咸丰初,由程姓商人所创。同年,程氏于上海十六铺盐码头开设松鹤楼。

祁门中和馆 亦称"中和楼",或"三里街中和楼"。餐饮馆。清末民国时期由祖籍青阳县的陈凤卿开设于祁门县城三里街,从事餐饮业。随着业务扩大,清宣统三年(1911年)在原址上扩建三层砖木建筑,取名"中和馆"。一层为餐厅,二、三两层为客房,计有100余个床位,形成了餐饮与旅馆于一体的经营模式。馆内有厨师、下手、杂役、护院和管账等30余人。该馆重视原地采购原料，注重商品质量，抗日战争初期生意最为红火。

芜湖同庆楼 原名"徽州同庆楼"。徽菜馆名。民国三年（1914年），绩溪胡家西坑村程裕有创办。初为小面食店，经营汤面。后绩溪实业家吴兴周在芜湖创明远电气股份有限公司，来芜湖的绩溪人日多，吴资助增股扩建，加营大菜、酒席，程裕有任经理。后设子店大庆楼于长街状元坊。民国三十五年（1946年），得同乡程中一等人资助4 000元，辟地1 000余平方米，扩建店房，围以竹篱笆，植上垂杨修竹，名花异草，构筑环园凉亭10个。以黄山"天都""莲花""玉屏"等命名。居中建有"黄山厅"，"黄山厅"上方悬挂有名人书写的横额，两旁对联为："黄鳝红烧真可口，山珍翠炒更称心。"联首各冠以"黄""山"二字，字意道出了徽菜独到的地方特色。同庆楼以经营丰盛实惠、味道醇厚的徽州名肴著称，名品有香酥鸭、八宝鸡、凤凰过海、芙蓉鱼翅、蟹粉狮球等数十种。又按不同季节，设应时佳肴小点，如全福火锅、徽式蒸饺、水晶烧卖、桂花方糕、八宝珍羹等。

沪西大中华菜馆 徽菜馆名。民国二十年（1931年）由绩溪伏岭下村邵之林与许彭山、胡元堂、许树滋等人集资创办，位于上海石门二路（新中国成立前称"卡德路"）。该馆为3层楼房，有4间门面。一、二层为营业厅，可摆宴席60桌。当时由于这一带大小流氓经常出没，店里生意受到干扰，但由于富经营经验的邵之林坐镇该店，营业尚能维持。

武汉同庆楼 徽菜馆名。当年在武汉经营徽菜馆最具盛名的当属绩溪胡家村的胡桂森。桂森少年时便离家四处学做面食，20岁时来到汉口大中华酒店当伙计，后在老板邵在寿的资助下，于清宣统二年（1910年）在汉口五街开办"胡庆园菜馆"，独资经营。他由于善于经营，生意越来越兴隆，规模日渐扩大，后来先后开办徽菜馆6家，其中有"胡庆园菜馆""太和酒楼""望江酒楼""徽州同庆酒楼"。在胡桂森经营的徽菜馆中，"同庆酒楼"享誉最盛，当年在武汉曾流传："登黄鹤楼，不到同庆楼，等于武汉没有游。"同庆楼位于武昌斗极营，临江与黄鹤楼相望。同庆楼菜肴以红烧鲤鱼最出名，凡来黄鹤楼的游客，都要以到同庆楼一尝徽菜为乐事。

武昌徽州大中华酒楼 原名"大中华酒菜馆"。徽菜馆名。位于武昌彭刘杨路。民国二年（1913年），绩溪伏岭卓溪村章本桃创办，最早店名为"徽州大中华面馆"。当时店舍为5间门面，3层楼房，主营徽面、徽菜。民国十九年（1930年）绩溪伏岭岭前村章在寿与程明开合资顶下了章本桃的面馆，并更名为"徽州大中华酒楼"，这家由徽州旅汉商人合股投资的股东店，当时在武汉三镇可是规模最大的一家菜馆。酒楼仍以经营徽面、徽菜为主，又兼营浙鄂地方名菜，并上门承办酒席。大中华酒楼以烹调淡水鱼著称，日常应市有武昌鱼、松鼠鳜鱼、红烧肚裆、拔丝鱼条、茄汁鱼片等103种。创新名菜有杨梅武昌鱼、金丝鲤鱼、雪山鱼片等。武昌鱼选用活鲜鳊鱼，加火腿、香菇、冬笋、鸡汤等12种调配料烹制，肉肥细嫩，配料脆软交合。

宝华楼菜馆 见233页"大中华酒楼"条。

海华楼酒菜馆 徽菜馆名。清同治年间由绩溪人开的股份酒店，位于上海浙江北路和海宁路口，最初创始人是绩溪伏岭下村的邵运家，后因故改由他人接替经营。民国初年，早年在苏州经营菜馆的伏岭下村人邵粤庭来到上海，正值海华楼酒菜馆改组，发起人按每股100元计算，共招股70股。邵粤庭当时投股8份，并在该店任厨师。几年后，邵粤庭积累和筹措了部分资金，买下了海华楼的38股股份，按当时协议合同出任经理，邵粤庭成了海华楼的第三任老板，并将海华楼面馆店更名为"海华楼酒菜馆"，以适应不断增加的经营项目。该馆以经营徽菜为主，也经营大众面食，并承办筵席和徽菜外卖业务。生意一直很兴隆。后为支援内地建设，海华楼及40多名员工从繁华的大上海举店迁往河南郑州。海华楼迁豫后，馆址选在郑州西郊五里堡的碧沙港公园附近，更名为"上海菜馆"。

第一春 商号名。绩溪县旅外徽馆，设于上海四马路（今福州路）。民国九年（1920年）由伏岭下唐□苟开设。邵仁卿《徽馆琐忆》称："该店有十六间门面，百余张餐桌，全套红木家具，清一色大石台面，夜间常有十几把胡琴唱堂会，为上海徽馆之冠。"

鸿运酒楼 简称"鸿运楼"。徽菜馆名。民国十八年（1929年）由绩溪伏岭下村邵之林招股集资创办，位于上海南市区（原蓬莱区）中华路1460号。参股人有邵之庭、邵之镇、邵仁卿等。该店有5间门面，3层楼房，一、二楼为营业厅，二楼附设2间包厢和1间新娘化妆房。二楼包厢里挂有胡适手书的木刻白话楹联一副，上联"种瓜得瓜，种豆得豆"，下联"跟好学好，跟衰学衰"。三楼设有点心间、卫生间及店伙计宿舍、晒台等。酒楼以经营徽菜徽面为主，兼营便饭快餐，糕点冷饮，所创名菜有红烧一品鱼、三鲜脱骨鱼、汽锅四宝菜、三色八宝鸡、六生菊花锅等数百种。一、二楼可同时开办酒席80桌。民国二十六年（1937年），淞沪大战，日寇入侵，上海沦陷，鸿运楼被迫停业。民国三十四年（1945年）抗日战争胜利后恢复营业。

鸿运楼 见235页"鸿运酒楼"条。

紫云馆 徽菜馆名。清咸丰初年创办于屯溪当时最热闹的西镇街头，它面临镇海桥，濒临率水。该馆既承办酒席，也经营面点小吃，生意十分兴隆。其"炒双冬"尤受人青睐。相传，清末休宁某显宦荣归故里，在该馆大宴宾客。当吃到一道火锅菜时，恰遇劲风将席边菊花瓣吹入锅中，给这道火锅带来了特殊的香气，宾客争先竞食。该馆厨师以此得到启发，研制出一

*上海鸿运楼

道特殊徽菜——"菊花锅",久而久之便成了徽菜名菜之一。民国二十九年(1940年),该馆在一次地方战乱中被烧毁。

徽州同庆楼 见235页"芜湖同庆楼"条。

药业

上海中西大药房 徽商企业。清光绪十四年(1888年)六月,黟县程宏弼与人合伙开设于上海。所经营西药当时已有万应瘰疬药、霍乱吐泻药、小儿热疮药等70种。初创时,资金仅几千元,系合伙组织,基本上模仿外商药房的经营方式,在初创时期单靠药品一项,对业务的开展有局限性。随着经营逐渐走上轨道,药房经营的品种也日渐增多,除销售进口西药、自制本土成药以外,还兼营医疗手术器械、照相材料、石印器材、油墨材料、铜模铅板、化妆香品、洋酒饮料等高级消费性商品,共17大类。光绪三十二年(1906年),改组为股份有限公司,资本增至5万元,从业人员陆续增至30人,并开始在上海和外埠设立分店。

正田药店 徽商药店。明万历年间汪一龙在芜湖西门外创立。汪一龙,字正田,休宁人。汪氏精通岐黄之术,所售药丸皆慎重选择,精心制作,对症服药,疗效神速,所以四方争购,声播海内外,以至于外蕃入贡者多取道芜湖买药而归。经营200余年,汪氏后裔九世同居而不散,至民国时期仍有经营,影响甚大。

叶开泰药店 徽商药店。明崇祯十年(1637年)叶文机创立于汉口。清咸丰、同治年间,创制出独特的名贵成药,使叶开泰的声誉大大提高。咸丰年间至民国时期,是叶开泰的飞跃发展时期,辛亥革命前,除药店以外,在北京、汉阳有房屋和会馆,汉口、武昌有房产地皮,汉阳七里庙、浠水县下巴河有田数十万平方米,还有书画古玩价值白银万两。民国元年(1912年)春,迁至大夹街陶家巷口。

同德仁药店 徽商药店。清同治二年(1863年)休宁上溪口程德宗和隆阜(今属屯溪区)邵远仁合伙开设,创办于休宁屯溪(今属屯溪区)。营业之初,店员仅五六人,以经销中药批发为主,兼坐堂行医。该店在经营过程中十分重视商品质量。采办药材皆为上等名品,以高薪聘请经验丰富的老职工进行药材加工,对制造过程进行严格监督,对成品药的贮藏亦十分讲究。因该药店十分注重商品质量,讲究商业信誉,故生意兴隆,最盛之时店员有百人以上。在祁门、黟县和休宁设有分店,并在天津、上海和广州等通商口岸与外商有直接业务往来。

胡庆馀堂 徽商药店。绩溪著名徽商胡雪岩于清同治十三年(1874年)在杭州吉祥巷创办。投资18万两白银,聘请富有远见的中药行家余初修当经理,在杭州涌金门外购置土地建成中药厂。此后,胡雪岩又亲书"戒欺"和"真不二价"字匾告诫职工"药性关系性命,尤为万不可欺",要求"采办务真,修制务精"。胡庆馀堂药号所用药材,均直接向主产地采购,并自设养鹿场,成为国内规模较大的全面配置中成药的国药号,有"北有同仁堂,南有庆馀堂"的美誉。光绪九年(1883年),胡雪岩在与洋商的竞争中失败破产,胡庆馀堂被迫出让,其后多次易手,但仍维持原有招牌,新中国成立后经改造成为国有企业。

药业 徽商经营行业之一。徽州是重要的药材产地,又是新安医学的发源地,因此从宋朝开始就有经营药业的记载,明清时期达到鼎盛,徽商所开药店分布全国各地,有的至今尚存。徽商经营药业往往集医疗、药材加工、成药制作与药品经营为一体,形成了一整套的生产管理制度,注重名牌产品的创新,讲究经营策略,促进了中药企业与诊所的分工,通过上百年的中药研究、加工和制作,促进了中国传统医学的发展。晚清和民国时期,徽商在继续经营传统中药的基础上,也有一定数量西式医药业的经营者出现,在中国传统医药向近代医药的转型中发挥了重要作用。

保和堂药店 徽商药店。宋朝徽商陆氏在河北开设的著名药铺。该店药材质量上乘,药效良好,在具体经营中,十分讲究商业宣传,延请名士公卿撰写《保和堂记》,该文将该店生产的药材进行宣传,扩大了该店商品的影响力,有利于其商业发展。

新安陆氏保和堂 徽商药店。陆氏世居歙县南乡桂溪,其先世唐宣公曾究心于针灸之术,为人治病,行医备药,制有丸散,以供医用。到宋朝,陆氏安国公任翰林医官,陆家已有医名,丸丹畅销各地,陆氏保和堂开始形成规模。到明朝,陆氏又出了两位名医陆彦功、陆尚泽,陆彦功曾于成化、弘治年间两次受皇帝征诏入宫治病,名闻天下,保和堂丸散一时为公卿大夫争购之物,在河北、山东等地尤盛。陆氏保和堂是徽州较早名闻全国的药店,其售药皆有定价,不随世人将就贸易,宁肯薄利销售,不以二价欺人。

酱菜业

老福盛酱园 商号名。清歙县江亦安于同治十二年(1873年)创办于景德镇。同治以前,景德镇居民尚不知用酱油为菜肴着色,只用豆豉泡水取汁代之。该园开业后镇上始有自产酱油供应。初创规模不大,占地面积2 000平方米。其资金来源,除其本人在当店员时的积蓄外,大部分告贷于亲戚朋友。光绪十年(1884年)进行扩建,占地面积近8 000平方米,可摆容量千斤大缸400余口,设有牛棚、磨坊、培菌室、豆腐作坊、酒库、酒楼等。此后又承包了饶信硝磺局。该店所产酱货品种繁多,其名品印干、毛豆腐实行保本出售,借以带动各项业务的开展。

胡玉美 商号名。清休宁胡兆祥创办。兆祥于道光十六年(1836年)在安庆开设四美酱园,其子胡椿进一步扩大经营,改名为"胡玉美"。光绪年间,胡椿之子胡远烈自制蚕豆瓣酱成功,品质鲜美,销售畅旺,宣统年间在巴拿马万国博览会上获金质国际荣誉奖章。民国时期胡玉美发展迅速,先后在南京、汉口等地开设分号,在长江中下游地区逐渐取代了川中辣酱并取得垄断地位,其业务经营一直延续至今。

章恒升酱园 商号名。绩溪章筠于清咸丰三年(1853年)在浙江兰溪创设。同治四年(1865年)辞世后由其三子章耀宾继业。耀宾善经营,业务迅速发展,所产酱油销及江西、安徽等省,店业不断扩展。光绪十一年(1885年)六月遭火灾后于废墟重建。光绪二十五年(1899年)九月耀宾病逝,寡妻、遗腹子承业。章妻跪请徽人张声洪全权经营店务,业复盛,在兰溪及金华、衢州、严州三府酱园业中独树一帜。民国四年(1915年),所产"三伏老油"获巴拿马国际博览会金质奖。民国十八年(1929年)获西湖博览会优等奖,授五彩奖章。

程德馨 商号名。屯溪街著名酱园店号,清咸丰十一年(1861年)创设。该店自备耕牛、石磨、碾粉制酱,年产200大缸。其所产"三伏酱油"制法讲究,极为畅销。头年做酱,翌年出油,第三年三伏天日晒夜露,成品装入毛竹筒,严密封口,便于携带。另有甜酱、冰姜、什锦菜、五香豆等数个品种。

*程德馨

杂业

上海飞达凸凹彩印厂 徽商企业。歙县坑口乡上旺村许光辉创办。光辉15岁开始在家乡学木工,后又在上海一徽州酱菜店当学徒。在同乡许汉民的支持下,开办上海飞达凸凹彩印厂,并在同乡中找到产品销路。徽州人在上海开设的五六家袜厂,其商标、装潢彩印,全包给该厂。光辉注意引进新技术,高薪公开招聘科技人员,忍痛出资培训技术工人。他还千方百计地广开门路,不惜高价引进外国先进机器设备和高级纸张。印刷厂职工很快发展到20余人,在上海凸凹彩印厂中称得上是大厂。民国二十四年(1935年),又从日本引进铝纸(钢精纸),并且采用凸凹彩印中的新工艺。生产的商标装潢十分美观,产品质量压倒同行业,销路很好,飞达厂因此走上腾飞之路。

上海公估局 银币鉴定机构。黟县黄陂汪联洪创办。联洪与其子兰庭、祖庭,孙立三先后经营其业,使其成为专门鉴定银币成色的权威机构。该局当时信誉很高,生意红火。凡经公估局鉴定、注明成色的银元宝,始可在上海市流通。如中央银行、中国实业银行、美商花旗银行、英商汇丰银行、日商正井银行等,其银元宝均由公估局鉴定,加盖"公"字钢印,方可入库、上市。局内大部分工作人员是黟县人,估色是局内最主要的业务。民国二十一年(1932年)国民政府实行"废两改元"后,银两退出市场,公估局业务受到极大冲击。民国二十四年(1935年)"法币"制度出台,银本位制被废止,公估局彻底失去了生存的空间,最终歇业。

水运快利公司 民国十年(1921年)于休宁成立的企业。专门经营屯溪至渔亭的水上运输业务。

打络子 徽商经营行业之一。是用竹篾条,在经过包扎茭草的瓷包上编织成篾篓,作为瓷器包装的最后一道工序。从事这一行业的以歙县人居多,其次是黟县人,清末民国初期以后,几乎都是黟县人。络子分"花络""密络"两种,扎上红、黄、蓝、绿的色篾,以示区别瓷器品种、系列、成色。其工艺标准是：打了络子的瓷包，从楼上摔下，瓷器无损。打络子的店，最盛时有300余家。

礼百列行厂 徽商首饰企业。民国时期屯溪人李舫列创办。舫列早年研究人造黄金，积10余年研究制造经验，创造发明出人造黄金首饰。民国二十年（1931年），在上海创设"礼百列行厂"，营业额蒸蒸日上。到了20世纪40年代，已形成中国首饰金物业的全盛局面，无人不知"礼百列"牌号的仿金制品。该厂生产饰品有表带、手镯、脚镯、锁片、戒指等，后又在上海广东路584号开了爿三开间门面的"礼百列行厂发行所"，专门经营仿金制品。抗日战争刚结束，经济萧条，当局颁发经济紧急措施方案后，各银楼均停止发兑黄金首饰，故一时爱用金首饰者，莫不以人造金首饰代替。故"礼百列行厂"更大肆扩大仿金制品的生产，以满足市场需求。

永明电灯公司 徽商企业。民国十二年（1923年），歙县吴谱明、休宁曹芷斋等集资购买35匹柴油机和20千瓦发电机，在屯溪创办该公司。

华昌照相材料行 商号名。旅沪婺源庆源商人詹励吾、詹仲吾、詹新吾三兄弟开设。詹氏兄弟少随父从商于沪，又各擅其长，富有经商经验，互相配合，相得益彰。后生意兴隆，财源日盛，营业迅速扩大。不仅在沪之通衢设有分店，亦在南京、汉口、长沙、广州、厦门、成都、重庆、桂林、昆明等国内大中城市设立分行。"华昌"一时誉满商界，人称"照相材料大王"。

祁门瓷商 瓷土是祁门商业大宗商品之一。自唐朝起，祁门瓷土即以销往景德镇为主。明末，闪里陈姓商人在景德镇开设瓷厂，后回祁门开采瓷土，设碓舂制，运往景德镇销售。嗣后，经营瓷土者渐多，祁南郭口、双凤坑、栅树坞、丁村磡、方家老、祁东庄岭、祁西伊坑等地瓷土矿相继开采，至清末最盛时有四五十家，遍及东、南、西三乡，产量150余万千克，瓷土开采后用船筏装运，顺阊江而下，销往景德镇。清凌汝锦《阊江杂咏》云："重重水碓夹江开，未雨殷传数里雷。春得泥稠米更酱，祁船来到镇船回。"南乡贵溪胡元龙在景德镇开设胡培春白土行，自产自销。其采自太和坑之瓷土，洁白细腻、耐火力强，为瓷土之冠，供不应求。

吴公和油坊 商号名。清末民国时期浙江崇德县最大的徽商产业。创始人吴石琴，原籍徽州，先在德清县新市镇开设酱酒店。清道光六年（1826年）购得洲泉近郊狮子坟头李姓油坊，迁至洲泉镇南市梢，创设"吴公和油坊"，变加工为自营。光绪二年（1876年）于洲泉镇北市梢分设"吴公和油坊北号"，因有"南公和""北公和"之称。光绪二十六年（1900年），出资接收石门镇通市桥"厚成油坊"，更名"敦和"。民国十四年（1925年）分别在崇德县城北门、石门镇东高桥开设"吴裕和油坊"与"吴德和油坊"。以上号称"南、北、敦、德、裕"五大油坊，为洲泉吴氏家族经营油坊业全盛时期。每家油坊固定资产3万~4万元，流动资金8万~10万元，以生产、经营豆油、菜油、柏籽油为主，年营业额36万元左右。

张大隆剪刀铺 商号名。黟县张思家即张小泉之父，自幼在芜湖学艺，后于黟县城开"张大隆剪刀铺"。所制剪刀，钢口坚韧锋利，备受用户称赞。小泉即从其父练就制剪精艺，在杭州开张小泉剪刀店而闻名遐迩。参见238页"张小泉剪刀店"条。

张小泉剪刀店 商号名。张小泉，明末清初黟县会昌人，曾在黟县因开设"张大隆剪刀店"而出名。明崇祯年间，张小泉带领儿子张近高赴杭州，在城隍山（今吴山）北麓大井巷开设张大隆剪刀铺，潜心制作剪刀，并首创剪刀"镶钢锻打"工艺，所制剪刀，刃口锋利，经久耐用，畅销市场。同行们为争夺盈利，也纷纷打出"张大隆"招牌。清康熙二年（1663年），为防止别人盗用"张大隆"招牌而败坏自己名声，张小泉将招牌改为"张小泉剪刀店"，并将自己的名字"张小泉"烙在剪刀上。张小泉去世后，其子张近高，继承父业，发扬光大，并在剪刀的"张小泉"三字下面，加上"近记"二字，以便顾客辨识。近高儿子张树庭受业时，恰逢乾隆皇帝南巡至杭州。据传，乾隆微服到"张小泉近记店"买剪刀，事后责成浙江专办贡品的织造衙门，进贡张小泉剪刀为宫用剪刀，从此"张小泉"剪刀名声更是大振，生意越加红火。宣统二年（1910年），张小泉制剪工艺经过八代传承光大，在南洋第一次"劝业会"上获得银质奖。民国四年（1915年）又在巴拿马万国博览会上荣获二等奖。民国十八年（1929年），刀面抛光镀镍后的张小泉牌剪刀，获杭州西湖博览会特等奖。新中国成立后，"张小泉"剪刀曾三次在全国民用剪刀评比中获第一名。成名于康熙二年（1663年）的张小泉品牌，成为全国剪刀行业中最早的中国驰名商标。

*张小泉剪刀店

明远电气股份有限公司 徽商企业。清光绪三十二年（1906年），绩溪吴兴周和绩溪同乡共同集资招股12万两，经清政府农工商部注册批准，在芜湖成立明远电气股份有限公司。公司设立董事会，下设明远发电厂，吴兴周任总经理。光绪三十四年（1908年）完成厂房建设，并进行发电。厂房设计、设备安装均由德国西门子洋行承办，主要设备为2台125千瓦发电机，2座200匹马力蒸汽引擎，厂区占地26 000余平方米。当时全国范围内只有5家电厂，明远则是安徽第一家民族资本的电力企业。第一次世界大战期间，中国民族资本主义获得了一次难得的发展"黄金时期"，当时芜湖的工商业有所发展，工业用电增长迅速。吴兴周以创办明远电业为基础，在芜湖投资或合股兴办了其他工商业。短短几年的时间里，他陆续与人合伙开办了火柴厂、面粉厂、机器厂、电镀厂、电话局、汽车运输公司等等。到民国十四年（1925年），随着芜湖机械、纺织、火柴、粮食、面粉加工业等不断发展，用电量增加，发电逐步正常，电力供不应求。为适应经济发展的需要，明远电厂召开股东会议，决定投资50万元，添购640千瓦的德国产西门子汽轮发电机1台，英国产拨伯葛5吨/时配套锅炉1台，民国十八年（1929年）安装竣工，电力不足的情况得以缓解。同年，世界资本主义经济危机爆发，对中国也造成严重冲击，吴兴周投资的各厂先后倒闭，明远虽继续营业，但是步履艰难。抗日战争爆发后，民国二十六年（1937年）十二月，芜湖沦陷，明远为日寇侵占，吴兴周被迫弃厂偕眷逃回绩溪避难，民国三十六年（1947年）在老家病逝。明远先遭日寇掠夺，后又一度为国民党政府作为"敌伪资产"而予以"没收"，损失非常惨重，但仍勉强坚持到新中国成立后。

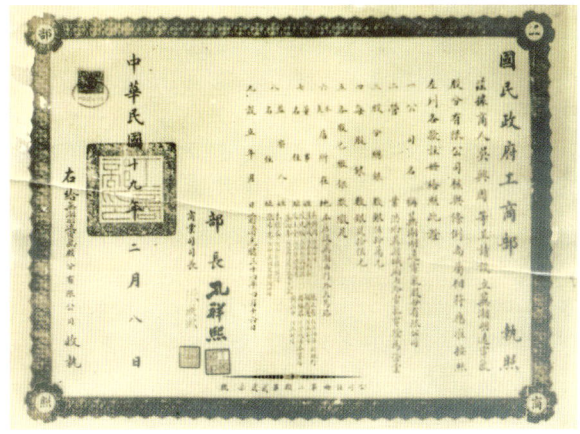

*明远电气股份有限公司营业执照

*明远电气股份有限公司办公楼

*明远电气股份有限公司股票

胡宏发南货号 商号名。清同治四年（1865年）创于江西浮梁县，由黟县西递村人合股经营，共17人24股。创始人胡瑞艺撰有一联，表达其经营思想："艰苦创业、毋忘先志；忠厚传家、佑启后人。"店中每届管事（经理）都能身体力行。鼎盛时期，店内员工50余人，为镇上最大的南货铺。所营有南货、食糖、土特产、杂货、干果蜜饯、自制糕点，共400余种。其批发业务，垄断了浮梁四乡，远至邻县鄱阳、乐平和安徽祁门。此店以"采购货物务真、制作工艺求精"为经营准则，其传统糕点制作集南北特征的配方与制作工艺，选料极其讲究，业务兴盛半个多世纪。

胡培春白土行 商号名。清咸丰年间，祁门贵溪胡春馨与双河口陈培德于县西伊坑合资设碓舂制瓷土，以"培春"字号经营。同治元年（1862年）陈姓退股，胡姓遂在"培春"字号前冠以"胡"字，单独经营。同治四年（1865年），胡元龙开发祁东在庄岭瓷土矿，续用"胡培春"字号销往景德镇。光绪二十九年（1903年），胡元龙在景德镇毕家弄口开设"胡培春白土行"，窑户争相购买，供不应求。

振华肥皂厂 徽商企业。民国二十三年（1934年），巢银生在屯溪长干塝创办。有职工27人，资本金2 600银元，年产肥皂2 000箱。

徐万隆杂货店 商号名。民国时期江西鄱阳徐本富在祁门县城内河下街开设，当时将店名取为"徐万隆"，寓意生意兴隆。主要从事纸张、火炮、咸鱼、皮蛋、大米、黄豆、红糖、白糖、矿烛等日用杂货生意。因经营有方，生意日益红火。为便于客商，在店后设有马棚一间，繁忙之时请10余个帮工帮助打理生意。

竞兴电气公司 见239页"竞兴机器碾米厂"条。

竞兴机器碾米厂 又名"竞兴电气公司"。徽商企业。民国十五年（1926年）徽商"吴裕茂"老板吴瑞元等人创办于浙江寿昌县城。配备8马力柴油引擎、8千瓦发电机、碾米机各1台，职工10余人。由于架设输电线路，为50多户商家和机关安装了100盏电灯。公司聘请兰溪电灯公司工程师和技术工人负责技术指导和操作。两年后，因公司经营不善，转让乡绅程明远继续经营。民国三十一年（1942年），因日寇对县城的侵占和破坏，公司被迫停业。

海商 从事海外贸易的商人。徽州有新安江通往杭州湾，有婺江、阊江连通赣江水系，它们成为联系海洋的纽带。明朝徽商在世界新兴起的海洋热、香料热、黄金热及在杭州湾外舟山群岛出现的海贸热潮面前，积极参与。嘉靖年间，部分徽商曾往广东高州制造巨舰，其规模"舟艇联舫，方一百二十步，能容千人"。由于明政府实行海禁，不得与外国通商，故海商带有走私性质。

诸昌油坊 商号名。20世纪30年代，开设于祁门县城三里街的一家榨油店铺。起初由黟县渔亭陈吉仁与祁门马静吾合伙经营。抗日战争期间，生意暗淡，资金周转困难，遂邀请在北街开设"恭宽信"茶号的青阳曹声伯和曹敦甫兄弟入股，将店名取为"诸昌油坊"，此后生意不断好转。后来陈、马二人退股，该店由曹氏兄弟二人合资经营。此后进行改组，扩大业务经营范围，其产品销往屯溪、上海等地。

乾泰永金号 商号名。景德镇名店，前身为"汪源泰"，歙县汪寿山创设于清光绪年间，经营金银首饰业务，久盛不衰。寿山逝后，汪毅卿继业，改名"乾泰永"。此店经营一直为全行业之冠，能自己打制金叶（金叶须赤金才可打成），顾客放心。此店制定了严格的营业守则，如有违犯，轻则指责，重则开除。所售出的饰金在长江流域乃至全国各城市兑换时，凡见"乾泰永"的印戳收进时均不打扣头。另在经营中要求顾客当面看着加工，如到用膳时间尚未完工，即免费用餐。上门顾客，无论生意成交与否，一律烟茶相待，所谓"买卖不成仁义在"。

鸿济公司 徽商企业。清光绪三十四年（1908年），戴鸿声、吴元济合资，在屯溪首创"鸿济公司"，引进长梭及圆梭缝纫机6台，开始用机器代替手工缝制服装。次年，公司又引进织袜机生产线袜，经营四年后停产。

詹源生花爆店 商号名。徽商詹源生于清咸丰、同治年间创办于兰溪。所制烟花、爆竹可媲美浏阳。该店当时为浙江省最大的花爆店。

福昌隆纸烛爆号 商号名。黟县汪文瀚、汪英瀚、汪美瀚三兄弟于20世纪30年代初期创办。汪氏自幼为景德镇商店学徒，于民国十三年（1924年）开设小土仪店，同心协力，勤俭办店，以所得利润开设"福昌隆"。其经营讲究信誉，礼貌待客，货真价实，薄利多销，且经营方式灵活多变，如先付货、后付款、直接到产地进货等。此后汪氏兄弟析产分业，仍袭原名，汪文瀚为"福昌隆文记"、汪英瀚为"福昌隆英记"、汪美瀚为"福元隆"。分业后，文记、英记竞争激烈，双方都派"水客"去袁州、抚州、万载争夺货源，并了解对方进货品种、数量和进价，同时进行市场调查，争取更多客户。民国三十六年（1947年），英记跃为全行业批发商首，赣东北、皖南一带的零售商店均为英记顾客。

漆业 徽商经营行业之一。茶、漆两项，为徽州著名特产，徽州商人经营茶叶、生漆者，几乎遍布全国各大城市，他们有的专营茶叶，有的专营漆业，有的两项兼营。漆商首推徽帮，次为江西帮和湖北帮。清乾隆年间，因苏州官府无偿取用银朱颜料，徽籍颜料铺户33家联名呈请督抚勒石示禁。清歙县留村章氏、民国歙县周帮头周氏，为前后漆商两大帮。民国初，湖北老河口是生漆主要集散地，该地四大漆庄中，徽商周友仲和吴锡淑各占一席。清末民国初期，我国城乡盛行蓝土布，所用靛青颜料主要来自德国，居宁波的歙县周宗良，以经营颜料起家，后成为德国在华总推销人，同时，自己也设庄经营染料，时称"中国颜料大王"。故有"周漆吴茶潘酱园"之谚。周友仲父亲周青晖为工商界知名人士，在浙江宁波、镇海两地设有"恒升寅号""恒升骏号""恒茂荣号""同茂兴号"四个茶漆商店。清光绪年间，周友仲年方少壮，以国子监生改而从商。先在浙江绍兴攻习银行成本新法会计，学成后协助父亲管理店务，同时还帮外祖父吴鸿泉协理在绍兴所设的"永泰""永大""德昌"等茶漆商店店务。周友仲经营有方，很快成为当地名列前茅的漆商，有资金数十万元。此后他又在杭州、绍兴、临海、宁波等地增设门市部，如"恒升诚号""永泉汇号""同茂隆号""新泰泉""泰丰""长吉"等商店，名声大振。

徽商买办 徽商中的特殊群体。徽商是长江流域最有势力的商帮，近代经营的最大行业——茶业，又以出口为主，在对外贸易不断发展的大背景下，与外商的接触日益增多。徽商素以诚信著称，在中外贸易中诚实可靠，被洋商委为买办者不断增多，出现了一批徽商出身的买办。如婺源延川金氏家族，在上海经营茶业，光绪年间有金廷芳、金銮、金国振、金树焜等数人担任买办。除了从事贸易外，随着洋行在华业务的拓展以及洋商个人事业、生活上的需求不断增加，徽商买办的中介业务所涉及的事项也在不断增多，有的买办还为洋商经理房产、交通官府等。近代中国70名最有势力的大买办中，徽商出身者有5人：婺源吴懋鼎，汇丰银行天津分行首任买办、英商仁记洋行买办，号称天津四大买办之首；绩溪胡寄梅，英商中华汇理银行买办，与姻亲洞庭席氏家族一起，几乎垄断了19世纪后期各主要银行和新沙逊洋行的买办职位；徽州胡二梅，信义洋行买办，华商公议会董事；歙县程德成，英商沙逊洋行买办，上海最大的富豪之一；歙县周宗良，德商谦住洋行买办，后成为德国染料在华总推销人。

[三] 徽商文化

商业组织 / 徽商理念 / 商业经营 / 行业字号 / 经营地域

会馆

九江新安笃谊堂征信录序

徽商会馆文献。清光绪三十二年（1906年）夏江庆楷撰。江庆楷在序文中称自少年起宦游四方，历吴头楚尾，见徽商在濒江大都会皆建有义所，为寄厝之地，集公费为之资送，唯独九江没有，为之唏嘘。光绪二十四年（1898年），江庆楷掌管九江税关，当地徽商查选廷购买九江南门外一片荒山，又得同乡叶配乾、胡瀚臣悉心规划，确立基础。诸人以创建会馆之事与江庆楷相商，江庆楷极为赞成，但因人微力薄，有志未逮。光绪二十七年（1901年），黟县大徽商舒先庚、胡逸卿首先提倡，慷慨乐输，卢献廷、王庆云、胡聚泉、程继宾等皆见义勇为，赞成善举，或收一文愿，或抽茶箱捐，终于集齐资金，鸠工庀材，创造堂屋，堂之旁设两庑作为停柩所，数月之间规模式廓，焕然一新，定名为"新安笃谊堂"。江庆楷与诸同乡议立条规，勒石以垂久远。三年后，经费渐充，在堂棺柩遣送回籍，经办有成效，泽及枯骨，有口皆碑。江庆楷于是将兴建经过、会馆条规与历年收支各款条分缕析，编成征信录，付诸刊刻，并撰此序，期盼续其事者能手蠲除私见，竭力维持，以成长久之业。

大兴会馆

清朝前期由徽州木商在苏州西汇创立，负责处理客居苏州徽商的各种事宜。后在咸丰兵燹中被毁，于同治四年（1865年）重建，有正堂3间，后厢两披1间，为木商集议之所。重建之时，捐建的木行有3家，捐款的木商有48人。该会馆的重建，有利于加强徽州木商的联系，推动了徽州木商商业的发展。

上海徽宁会馆

成立于清乾隆十九年（1754年）。位于上海大南门外。徽州、宁国旅沪茶商集资在大南门外购田20 000余平方米，建思恭堂，栖停棺柩，设立义冢。最初名称是"思恭堂"，后来扩充了设施才称为徽宁会馆。徽宁客商又于嘉庆二十二年（1817年），复议捐资，添建丙舍30余间，并增堂口外铺石路1 000余米。嘉庆年间徽州人在上海创设的思恭堂，其中婺源著名商人胡炳南曾任董事，任司事者，从婺商茶业帮选出4人、木业帮选出8人充当。道光年间休宁籍汪方川太守，摄观察至沪期间，给予大力支持。光绪十四年（1888年）徽宁会馆扩建，绩邑徽菜馆业同仁以路文彬为首，带头捐资，赠宝鼎、石狮。徽宁会馆最兴旺时，有田26万余平方米，建有徽州医院。上海南市斜土东路一带，有一条徽宁路街道，就因此而得名。"八一三"抗战时，会馆大部分建筑遭侵华日军炮火摧毁。抗日战争胜利后，在原徽宁园东侧另建新馆（今徽宁路625号），称原建筑为老馆。墓园首辟于斜土路251号，后于江湾、蒲松、闵行等处扩置，其中闵行杨家台墓园占地2.6万余平方米，这也正是思恭堂所在地。

广州新安会馆

成立于清末。位于广州濠泮街。婺源茶商程泰仁被众商推举为经理，六县商旅，均服其才。

义乌新安会馆

成立于民国四年（1915年）。位于义乌江码头。现存新安会馆已墙倒屋塌，破败不堪。从断壁残垣上仍可看出这是一座三合院建筑，规模等同于民居，会馆右侧有一木质楼梯通向二楼，会馆正房石柱楹联上仍刻有"乙卯年仲春月"的清晰字样。

天津徽州会馆

成立于清乾隆四年（1739年）。位于天津针市后街。此处是海船停泊码头，时为天津市的贸易中心。会馆建筑精美，规模宏大。馆内设有戏楼，非常讲究，雕梁画栋，徽派建筑。戏楼占会馆面积的三分之二，台下可容400余人，既可演戏又可庆典、聚会、宴请等。

北京休宁会馆

建于明万历年间。但与歙县会馆一样，是"专为公车及应试京北而设"。休宁会馆规条称"会馆乃冠裳之地，不得借贮凭物"。民国时期曾铅印《京师休宁会馆公立规约》流行。

北京绩溪会馆

建于明万历二十三年（1595年）。位于北京宣武门外校场口椿树头胡同1号。晚清时曾重修一次，胡适的父亲胡铁花曾捐款。会馆设有"思恭堂"，供邑人有贡献者的列祖列宗的灵牌，临时置放棺椁或墓葬的"义园"。冬至祭祖一天，仪式隆重，炬烛高燃，香案满堂，鞭炮震天，并设席宴会。正月元宵，一般要演戏1~3天。会馆建筑为徽派风格，技艺讲究，古雅优美。

北京婺源老会馆 建立时间不详。位于北京正阳门外西河沿石侯儿胡同路西。清乾隆二十五年（1760年），婺源汪澎按图寻访得旧碑，确认为会馆原址，偕邑诸君倡建。会馆共有房屋14间。嘉庆二十年（1815年），京师婺源新会馆修建竣工后，曾以其余资对馆舍进行修葺。会馆另置有"义园"一区，地在崇文门外大街路南，大门正对五显庙。义园自东抵西53米，自南抵北50米。王于庭员外捐建房屋2间，以为同乡到园者憩息之所。后在京诸士绅复捐资修葺垣墉。

北京婺源新会馆 建于清同治年间。位于北京正阳门外西河沿大耳胡同（今宣武区大耳胡同中部路南旧门牌6号）。乾隆五十八年（1793年），婺源王友亮以婺源赴京科举考试人多，而京师婺源老会馆狭小，很多邑人只得寄寓他所，乃创议重建。嘉庆年间，婺源籍在京官吏和商人踊跃捐资，于嘉庆十九年（1814年）在旧馆附近之大耳胡同购屋30余间。第二年春，撤旧建新。同治年间，会馆房屋重造，地基升高1米，改开中门出入。此外，新馆亦有"义园"，地在中城上唐刀儿胡同路北，今广渠门安化大楼所在地。

北京歙县会馆 始建于明嘉靖三十九年（1560年），是县级在北京最早的会馆。始称"崇义馆"，由旅京歙县杨忠、鲍恩首倡捐资筹建。其址初在菜市口中街，因地处狭小，后改营于正阳门之西，时为西门的最大建筑，嘉靖四十二年（1563年）建成，为三进九室建筑，鲍恩亲自题额，许国题堂名曰"汇征"。清歙县黄履灵，由刑部官至武汉黄德道，其官邸在北京宣武门外，改官时捐为歙县会馆。隆庆三年（1569年），郑楫、江世充、江用仁等又倡议设义阡，为邑人墓地，其址在北京永定门外2.5千米许石榴庄，初有2000平方米，万历三十一年（1603年）歙县商人又捐资扩地，改称义庄，后歙县人屡有捐资扩扯，到清道光年间达9万平方米。会馆建筑规模宏大，共有3间大殿，3间对厅，厢房耳房共10间，厨房1间，义庄住房共7间。周围绕以墙垣。

务本堂 盐商的公共机关。在徽州盐商中推行"月折"制度，即盐商可根据一定条件每月领取补助的制度。清乾隆年间设立于扬州。务本堂组织多由盐商首总控制。该制度的设立有浓厚的乡土背景，与徽州宗族组织密切相关。

兰溪江南公所 成立于清顺治年间。系徽州人与南京及江西旅兰人士共建，成员以徽州人居多。殿厅厂舍，擘划周详。其旁为酒肆茶楼，凡同乡宴客会亲、寿诞喜庆，均来此设筵。咸丰十一年（1861年）遭兵燹，房屋被焚。光绪初复建，并于原址盖关帝殿3椽，憩坐间3间，左廊建奎星楼1座，下供乡贤长生禄位。墙外建对合僧房8小间，招僧人拂尘看守。杭江铁路建成后，所属同乡人士集议组成"江南兴业会"。在公所前建西式楼房11间，招租营业，并于祖师殿旧址设"江南娱乐社"，招班演戏，公所左右空地招租，搭盖平房，作为市场。抗日战争期间，财产损失殆尽。此后，同乡集资修葺，并组织江南公所财产保管委员会。

兰溪新安会馆 建于清乾隆二十一年（1756年），位于兰溪延安路官桥边（今兰溪市邮政大楼处）。门楼高耸，飞檐翘角，雕梁画栋，颇为壮观，徽派特色凸显。有新安阁，纪念关羽、朱熹；有新德庵和义冢。民国三十二年（1943年）七四叟辅卿氏王镇的新安同善堂《册户清誊·序》记："会馆有房产30幢，良田70余亩，山130余亩。抗日战争胜利后，筹办新安小学，会馆曾拨良田40余亩，充作办学经费。"会馆在兰溪旧城的几次拆迁中已荡然无存。新德庵，俗称徽州庵，位于兰溪城北郊，系慈善建筑，庵内主体建筑为武圣殿、文昌阁、财神殿，与殿堂相毗连的还有桂花厅、有归堂、同善堂、先贤阁、体仁会、运柩会等各有专司的建筑群，现大多不存。

扬州徽州会馆 原名"新安恭善堂"。旅扬徽州商人建于清光绪年间。位于盐运河南岸临滨码头口的小流芳巷内，奉祀朱熹，馆舍坐北朝南，与其他馆独异，大门楼上题匾是"徽国文公祠"，门楼边上还建有六角的亭阁，阁上匾书"黄山遗秀"四个字，设有同乡养疴所、厝柩所、义地等会馆馆产。现存会馆前厅的门面墙体建筑，堂内还存有1米多高的碑刻。另留有一块界碑，砌在巷北一幢老房子的旧墙沿下，上刻"新安·恭善堂界"。会馆占地总面积近千平方米，建筑宏伟，时为扬州三冠之一。

*扬州徽州会馆原址

江都徽州会馆 建于清乾隆年间，位于江都市仙女镇盐运河南岸。正殿供奉朱熹塑像，后进为厅房后殿，厅房南檐有斗拱和大型木雕门楣；后殿梁架上部草梁，下部雕花；北檐廊用移步造型法，外设斗拱，内雕鱼龙。横梁刻有"瑶池献瑞图"，上有仙人20余个，皆为高超浮雕：八仙过海，天女散花，麻姑上寿,穷形极态,造型极为生动。而人物周围,群山奔涌,祥云献瑞,鹤舞松风,颇为壮观。该会馆已拆除,现仅有一客厅横梁存放于仙女公园"浮春馆"内。

芜湖徽州会馆

旅芜徽州商人建于清嘉庆年间。康熙十九年(1680年),徽州商人闵遵古与孙继禹、洪一维、汪洪仁等共同发起,在芜湖城索面巷内创建"新安文会馆",祀文昌与朱文公及新安诸先贤。嘉庆年间,徽商孙元镗、许仁、谢崧等人嫌其狭小不足以壮观瞻,于是,一同捐出巨资,在城西下首百家铺买一块地基,重建新会馆,额题"徽国文公祠"。新会馆建成后,因为款项有余,他们又在二街北侧购下荒地,建房筑亭,种竹栽花,围以墙垣,扩建成"徽州会馆",因请来含山籍书法名人倪燮撰联并将此处题名为"新安大好园"。该馆为同乡会所建,故又称"徽州同乡会馆"。徽州会馆由大殿、亭舍、园林、墙垣所组成,规模宏大,为安徽省内徽州会馆之最。咸丰年间,新安大好园被太平军焚毁。辛亥革命后不久,重新集资,在遗址上又先后建起了"新安同善堂"和"徽州旅芜公学"——徽州旅芜国民小学校(新中国成立后改为柳春园小学)。还在体育场北建了100余平方米的义房,用作贫苦同乡死后临时停放灵柩的地方,根据死者家属意见,无论运送回乡或就地安葬,均由徽州会馆出资予以帮助。抗日战争期间,芜湖沦陷时,徽州会馆被日寇炸毁。抗日战争胜利后,原址上盖了一个商场,共有瓦房100余间,除了用于会馆办公,多余的房子出租给他人,房租收入作为会馆日常费用。会馆的遗址在状元坊19号,附近的中二街兴隆巷34号的芜湖市文管局的楼道前遗有一块刻着"徽州会馆界"字样的原碑石。

*芜湖徽州会馆

苏州徽郡会馆

建于清乾隆三十八年(1773年),位于古时多有显贵人家居住的苏州南显子巷内,皮纸帮是三大发起者之一。前身原为明朝洽隐山庄。同治初年,徽州府商人联合庐州府及宁国府商人,将它扩建成安徽会馆(李鸿章改定其名,还易名"惠荫园",别称"皖山别墅"),以敦睦其乡党。徽派建筑风格凸显,门额嵌有"安徽会馆"字样,左右分别还嵌有"敬梓"和"憩棠"两块砖刻。

武义徽州会馆

建于清末。位于浙江武义县壶山老街上。会馆规模宏大,功能齐全,共有七幢房子。平面布局:进大门是带东西厢房(二层楼)的会馆大厅,大厅两侧有翼房;大厅后隔天井是一幢如七间头的二层楼房;从两翼走廊向北走下去七八级台阶,迎面看见的是两排四幢平屋;穿过平房过道后,有一个南北仅十余米、东西三四十米宽的场地;紧挨场地北侧就是竹箬篷餐厅,餐厅西头是厨房,厨房开有小门,出小门就是巷。民国三十四年(1945年)秋无偿地将会馆七幢房子全部捐赠给明招中学作为校舍。

思义堂刊征信录启

徽商会馆文献。清宣统三年(1911年)六月思义堂董事金文藻撰。该文称思诚堂创自嘉庆十八年(1813年),赖同乡先辈经营规划,底于完全。同治元年(1862年),诸同乡又踊跃捐输,集资万两,重建堂宇。至光绪十三年(1887年)夏,仿照上海徽宁思恭堂章程,决定由歙县、休宁、绩溪、婺源四县董事轮流管理,数年间增田3.3万余平方米,添造丙舍,诸废俱举,成效昭然。光绪二十八年(1902年),金文藻被同乡推举主持思义堂事务,赖诸同乡襄赞,幸无贻误。由于该堂重建之后费用浩繁,皆由同乡出资捐助,但尚未刊行征信录,经理者责无可辞,因此将光绪十三年(1887年)至宣统二年(1910年)逐年收支账籍汇列成册,镌印征信录,分送同乡,以示大信而昭慎重。自同治元年(1862年)至光绪十三年(1887年)三月,账籍由胡湄泉掌管,未交出。

重修陕西安徽会馆暨议该馆录序

徽商会馆文献。清同治五年(1866年)冬绩溪胡肇智撰。该序称徽商在西安建立会馆始于嘉庆二十五年(1820年),道光年间拓修殿宇,增议朱子、关帝祀典,规模式廓,礼仪悉备。同治二年(1863年),战乱逼近西安,清军大营粮台设立在安徽馆内,兵勇杂沓,墙宇门屏多半损坏。同治五年(1866年)夏,胡肇智出任陕西按察使,与吴钦曾、李汉章、邹常泰、汪齐辉等安徽籍官员倡议重修安徽会馆,西安徽州籍文武官员绅商皆集资赞助,鸠工庀材,重兴修整,历时三月告竣。九月十五日为朱子诞辰,胡肇智前往会馆周览,看到前后厅堂已焕然一新。当时胡肇智奉命出任顺天府尹,准备北上,而东道被捻军阻断,于是暂住馆中,与司事诸人商立会馆条规,准备刊刻会馆征信录,以为长久之计。胡肇智将旧有条规重新厘正,更搜辑历届捐输姓氏与前后所置产业契据并分录两卷,而以道光九年(1829年)公启、查公崇祀记冠于首篇,其后依次为条规、捐输、契据,共4卷,而义园条规契据并作1卷,附于后。七八十年来徽州籍同乡先贤惨淡经营,精华皆荟萃于此。

泰州姜堰新安会馆

建于清道光年间。会址位于泰县姜埝东风街姚义兴巷10号。由十数爿茶庄组成,既为徽州旅外同乡联谊议事组织,又具有在泰徽商茶叶同业公会性质。会馆前后共3进,置有房屋12间,田地1.2万平方米,新安公墓1处。其经费由各茶庄分年交纳,如其年经费超支,则由胡炳华及一洪姓会员负担。据说姜堰"新安会馆"不止这一处,另一处在今天的姜堰东板桥桥北西下口、老胜利布厂东侧,连会馆旁的巷子,老百姓都一直称之为"新安巷",这个"新安会馆"前后共3进,3进的陈设和东风街的"新安会馆"一样。民国十四年(1925年)第一进曾不慎起火烧毁,姜堰徽商又捐款重建,并把大门改成了铁门,直到20世纪初老城区改造才拆除。

*泰州姜堰新安会馆

泰州海陵新安会馆 建于清道光年间前后。位于泰州府城(海陵)五一路172弄。原来建筑包括朱熹殿、关夫子殿、土地神殿、议事厅等。现许多原建筑都不复存在,残存的又长年破败失修,尚有住户。有"新安会馆"字样的界碑石已被人用作建材嵌砌于屋墙脚外。

桐乡崇德新安会馆 建于清同治五年(1866年)。位于桐乡市崇福镇南门外包角堰桥(俗称"南三里桥")北堍。为旅崇徽人议事及筹谋公益事业之所。民国十年(1921年)于南门外觅地建屋,正厅雄伟高大,供关帝塑像。壁间有宋米芾行书"登岘山"石刻八块,殊为珍贵。厅外为花园,古树森森,有亭台假山之胜。另有客厅,陈设精雅。附属厝园,有屋数十间。会馆费用,按旅崇各徽商资产多寡,自认捐助。民国三十八年(1949年)后渐废,庭园屋舍均无存。

浮梁祁门会馆 建于民国十五年(1926年)。位于景德镇。清末民国初期,祁邑旅浮商人在景德镇先后建立黄烟业、杉木业、饰瓷业等同邑公会。嗣后康达、黄政甫等倡率成立祁门旅浮同乡会,并集资建祁门会馆。民国三十三年(1944年)会馆毁于兵火,继由饶华阶、倪元昌集资重建。

盛泽徽宁会馆 建于清道光年间。位于苏州吴江西场圩(今朝阳新村居住区)一带。由徽州、宁国二郡之商人共建。拥有正殿3间,中供关帝神座,东祀汪华,西供张公大帝,殿东行宫别院则奉紫阳徽国文公朱熹。有房产、田产、义冢和供装卸货物用的驳岸,仅会馆建筑就造了20多年,规模宏大。道光《徽宁会馆碑记》载:"凡江、浙两省之以蚕织为业者,俱萃于是。商贾辐辏,虽弹丸地,而繁华过他郡邑。皖省徽州、宁国二郡之人服贾于外者,所在多有,而盛镇尤汇集之处也。"现今会馆里仍然安置有人居住兼看护。

常熟徽州会馆 建于清乾隆六十年(1795年)。位于南门外西庄。名为"存仁堂",为徽人寄栖医病之所。围墙高耸,规模雄伟,有中轴一组三进平瓦房及附房数十间。嘉庆七年(1802年),县令下令又在北门外购地改建构筑新安梅园公所,有殡舍、墓地。

淮安新安会馆 建于清末。位于江苏淮安楚州城区北门外河下镇莲花街的西端,通济桥的近旁,三面环水。旅居淮安的徽商原先集资兴建了一座"灵王庙"。清末在庙里设立了"新安会馆"。原周宣灵王庙是一色青砖小瓦典型的庙宇式建筑,古色古香。房屋布局为前后三进,左右两厢之外又有两厢。房屋30余间,庙门位于前殿中间。大门两旁有两个圆形的古鼓。进入大门迎面神台上放着韦陀像,两旁是四大金刚。楼上朝北为戏台,中间一进是正殿,供的是灵王像,第三进为后楼,又称"观音楼"。在辟为会馆的同时,徽商又筹资增购田产,用田租收入作为会馆的经费,并推选人员,管理会馆事务。后改为"私立新安学校"。

募建唐栖新安会馆缘起 徽商会馆文献。清同治四年(1865年)五月十六日休宁程嘉武撰。该文称浙江杭州府仁和县塘栖镇是省城首镇,徽州人在当地经商的不下数千,休宁、歙县、黟县、绩溪为盛,婺源、祁门次之。道光初年,当地建有徽商会馆,兼置义地,生馆死殡,有敦睦存恤之意。会馆原址在水北大善禅寺之西界,属德清十六东五庄。道光十年(1830年),兴工起造正厅五间,内外四至厢房,后备厝屋三进,共数十间,容停棺木200余具,董事为汪秋水、王祥发、周德新、程君秀、毕君衡、张国祯等人。道光十六年(1836年),程钧原、戴尚衡、张栢松、方敬中、程韶华等人再次劝捐,在南山之麓买地为义冢,瘗葬无力迁归以及无主之柩。道光二十八年(1848年),方敬中、程韶华、吴思言、蔡子香、洪浩然、胡敦仁、张栢松、王履泰、章文山、吴立成、范士诚、吴次白等人又倡首劝捐,修葺会馆内外,中间供奉关圣帝君,择得当者侍奉香火,以每年正月十六日一集,计议公事。绩溪江振亨助买义地于武林头,因经费充足,尚有余款800两,分存本镇典当生息,以图久远。不料咸丰十年(1860年),太平军进攻杭州,战乱频起,各业荡然,典当存款尽没,会馆也被毁,成为荒墟,只有存棺百余具,几至暴露。浙江战乱平定后,徽商留于塘栖的十不存一,图复旧观,措资维艰,但是朽柩累累,不忍坐视,为此布告同人,相请旧董输捐,仅得葬费。等日后有余力时,再整墙垣,陆续起造后屋,以备停厝之用。希望生理渐裕,同乡云集,经费充裕,以复旧时盛举。

景德镇徽州会馆

建于清嘉庆、道光年间。占地4 052平方米，宏伟、瑰丽和典雅，雕梁画栋，富丽堂皇，为景德镇30余个会馆之最。宫殿式建筑，具有浓厚的徽派风格。两侧弄巷改名"新安上巷"与"新安下巷"。设三门，除祭祀等重大活动开中门外，平常只由两侧厢门出入。大门题额"新安书院"，镶金大字，门前一对石狮，门两旁各有一面汉白玉石锣。第二道门题额"五凤阁"，其下是戏台，青石板台阶，刻有"双龙戏珠"图案。过第二道门是坦场，地面由每块5~6平方米的青石板铺成。中央天井地面上的青石浮雕为"苍龙腾飞"。过坦场为正厅，即"朱夫子殿"，紧邻"关帝殿"。其南"文昌宫"为会首等集会处。宫与殿之间有"义醮祠"，供奉徽州各县先贤先哲灵牌，每年冬至日行祭。馆内外有戏台、文昌殿各一座，独一无二。抗日战争时期，会馆被宪兵队、保安司令部驻扎，长期占用。

新安恭善堂

见242页"扬州徽州会馆"条。

黟县京师会馆

建于清乾隆五十九年（1794年）。位于北京宣武门外南半截胡同。由黟县汪日章倡率在京同乡建立。会馆除厨房、马棚、菜圃等外，有正、厢房共34间，委托在京有职同乡管理，以接待赴京乡亲。嘉庆、道光年间，胡元熙、胡积成又捐资扩展会馆。后因经营不善，集资耗尽，至道光末墙垣舍宇塌坏。同治十二年（1873年），舒之翰捐银600两重修会馆，并由胡朝贺作《重修京师黟县会馆碑记》。

衢州徽州会馆

建于清乾隆二十一年（1756年）。位于浙江衢州市柯城区县学街78号。由徽州六邑商贾合建，乾隆六十年（1795年）重建。光绪初大修，新起花厅三间。光绪三十二年（1906年）设小学，新中国成立前称皖江小学。会馆坐北朝南，占地约612平方米，平面呈纵长方形，其格局为三进两明堂。正厅用材粗大讲究，后进为高台建筑，整体保存完好。前厅天棚上的藻井，是传统的徽式建筑。当年徽州会馆还利用宽敞屋宇，开设学校，供各地客商子弟读书。有困难的客商，也可获得帮助。如今是衢州市文学艺术家联合会的日常办公场所，已列为衢州市级重点文物保护单位。除城内县学街一处外，徽州商人建造的徽州会馆，另有航埠河西、大洲两处。而更早的有常山县城小东门朝京坊新安里的徽州文公祠，建于明天启七年（1627年）。

*衢州县学街78号徽州会馆

同乡会、商会

兰溪新安同乡会

建于清乾隆二十一年（1756年），由徽州六邑商人组成，绩溪籍商人居多，会址在兰溪官桥边。同治年间，建新安会馆，即为同乡会会址。同乡会活动经费由邑人章文高等36家大商号轮流司年支付。光绪年间，建新安阁，为旅兰同乡祭祀之所。后建新德庵于北郊，内设殿堂、阁、厅十数间，作为同乡因病疗养及只身在兰者晚年养老之地。并附设义冢一处。民国三十五年（1946年）会馆创办新安小学。

休宁旅沪同乡会

清末祁门谢上松创办。初设于祁门县城内新开路长源泰报关行，民国二十一年（1932年）迁至民路。继任会长许筱甫，内务经理谢杼章、胡莱峰、谢淮卿掌管对外往来业务。

休宁绩溪同乡会

成立于民国三十二年（1943年）七月二十九日。设理监事会，殷全道、程中一、邵之枢为常务理事，殷全道任理事长。胡养贤任常务干事，曹鲁瞻、高梦飞、周道谋、汪士修分别担任总务、教育、救济、调查等组组长。会址设休宁县城胡俊记店。

祁门县茶业同业公会

创立于清光绪二十四年（1898年），原名"茶业公所"，至民国二十一年（1932年）始改今名。会所设于祁门县城内。该会历史最久。民国二十三年（1934年）委员198名，以茶号为单位，红青茶均在其内。其组织系委员制，由会员大会选举执行委员会39人，再由执行委员会互选常务委员会7人。常务委员会中，选一人为主席，综理会务，又设监察委员会11人，亦由会员大会选举，监察会产及一切会务。该会职责为对外代表茶商交涉问题，转达上海商情，调解同业争执等，至于茶业本身事项无力举办。每年于茶季前召开会议一次，并翻印农商部奖凭，发给各茶号。

祁门县商会 祁门当地商人的一种组织。相传始于清光绪末年，最初设在南乡塔坊街。民国初年，祁门县商会正式成立，除城区外，还包括塔坊、程村碣、历口、闪里等几个商业繁荣的村镇。其宗旨是保障商人正当的经济利益，繁荣地方经济，同时兼办一些地方公益和慈善事业。其组织形式较为完备，先由各行业工会选出委员参加该商会，担任执行委员，由执委选出常委五人，再由常委票选一人，担任会长。会长总理商会工作，担任会长的大多是当时商业资本较大的商人。其第一任会长为胡秉钧，此后历任会长分别为姚仲南、黄元序、胡文波、廖伯常、郑文元、胡致甫和许立予。新中国成立后该商会不复存在。

寿昌新安同乡会 建于民国十二年（1923年）。位于浙江建德市寿昌镇。馆舍面积2 000平方米，房屋34间，设义厝1所，坟山6 000余平方米。

茶业公所 见245页"祁门县茶业同业公会"条。

旅汉绩溪同乡会 建于民国十二年（1923年）。会址位于汉口新安街。前身为"徽州同乡会"，创始人章祥华，汉口总商会会长胡桂生兼任董事长。

旅杭绩溪同乡会 建于民国二十四年（1935年）七月。会址设在杭州紫垛桥12号。唐璋任理事长。

旅京绩溪同乡会 建于清乾隆年间。会址位于北京椿树头条胡同。房舍数十间，为旅居京都绩溪商人聚首议事之所，亦供考生及商旅居住。

旅淳绩溪同乡会 建于清光绪年间。会址位于浙江淳安县城下直街胡成春药堂。胡吉祖孙四代出任会长，同乡会每年活动经费大部分由胡成春药堂支付。会友乐善好施，于当地筑大桥，建义渡，义举甚多。

绩溪旅宁新安同乡会 建于民国二十三年（1934年）。会址位于南京白下路手帕巷。绩溪高子光任董事长，民国三十六年（1947年）十月，绩溪旅宁同乡会成立大会在南京夫子庙万利酒家举行，高子光任会长，黄梦飞等15人任理事，洪范五等3人任监事。同乡会于南门外置有房地产。

绩溪旅沪同乡会 民国十九年（1930年），为凝聚旅沪绩溪人，由胡适和汪孟邹等人发起成立了"绩溪旅沪同乡会"。该同乡会地址是上海英租界劳合路北居易里20号。

景德镇明经会 成立于民国十九年（1930年）。旅景德镇西递村胡姓商人的宗族姓群众组织。清末民国初期，西递村胡姓在景德镇从事商业活动的有200余人，其中有不少富商大贾，如营钱庄业的元兴昌、元兴祥、乾康隆，南货业的宏发、恒顺、时生、俊泰祥，绸布业的大同、华昌、和丰，酱园业的新泰以及国药业的同庆仁，纸烛爆业的宝昌祥等。为了展示西递人在景德镇的经营成就，也为了敦宗睦族，由胡西垣、胡宝光、胡宝述等人发起，成立"景德镇明经会"（西递胡氏号称"明经胡"），集资购置房屋一幢，并在风景区莲花塘修建"胡氏总祭"一家。其会规为：凡旅景西递胡姓男丁均可加入明经会为会员，每丁入会可自由交纳会费2~10元。每年由发起人轮流经办会务，年初召开全体会议一次，商讨有关族中大事，清明节，集中会员结队前往总祭扫墓，发给每人面票两张（两碗）；重阳节，集众结伴登高游乐，每人发给糕饼0.5千克。

婺源县商会 成立于清宣统三年（1911年）。设理事会，会长兼理事长主持日常事务；订有章程，以为商会活动和实施商业管理的准则。商会的主要职能是：筹议兴革事宜，计划发展方案，筹划职工生活改良，消弭同业无益竞争，调解劳资争执，处理会员间纠纷，办理同业公会事业，提供会员一切业务咨询，办理会员常年捐征纳，办理会员登记、投资等事宜。

新安六邑旅溧同乡会 建于清光绪年间。会址位于江苏溧阳西门曹家巷。该会由绩溪、歙县、休宁、黟县、婺源、祁门六县旅溧阳工商业者组成。同乡会设理事会，理事9人，绩溪商人居多，占三分之二。至民国十一年（1922年），已置田产20万平方米，出租房屋80余幢，年收田租谷10余万千克，房租4 800元。另设新安公寓于码头街龚坊场，并建寄棺所一处，义冢多处。民国三十四年（1945年），建新安期成小学。

歙县旅沪同乡会 民国十二年（1923年）在上海成立。成为旅居上海的歙县人与家乡联系的一个重要纽带。该组织有健全的人事制度和精细的经费管理方法。该组织重点开展筹办赈灾、助民维权等社会公益活动。此外，该组织也积极参与财税、文化教育、政治军事等领域的事务。

徽州六邑旅兰同乡会 始建年代无考。清光绪《兰溪县志》载："徽州同乡会所属的新德庵，为乾隆三十一年（1766年）所兴建。"同乡会旨在联络乡谊，互助互济，举办公益和慈善事业，为桑梓服务，并为在兰同乡主持公道，维护旅兰徽人正当权益。设有理监事会，管理会产，处理会务。会产来源于同乡商号及热心公益人士捐助。财务管理由理监事会公举同乡中之殷实商号，分福禄寿财喜五组，轮流司年负责。每年二月初二（土地日）为瓜代之期，上下两班进行交替。旅兰同乡会经历代筹措经营所拥有之会产为浙东各县之佼佼者。会馆建有兰溪紫阳书院、新安小学、新安阁、新德庵等建筑群。

[三] 徽商文化

商业经营

徽商理念　商业组织　行业字号　经营地域

一文钱开发市场　小本徽商经营事例。在徽州流传着"一文钱"的故事。说的是有甲、乙两个徽州人，带着一大笔钱到苏州合伙做生意。一到苏州，就被其繁华所迷，整日游玩挥霍，不久就将带来的资金挥霍一空，无处安身，只好到破庙内住宿。两人相对歔欷，深恨自己不争气，如何回家见父老。甲摸遍全身，衣袋里仅剩一文钱，甲苦笑着说，要这一文钱有何用？打算一扔了之。乙急忙拿过来说，别扔，我有主意了。乙用这一文钱买来面粉，然后两人出去捡来一些竹片、草茎、破纸、鸡鸭毛等物，将面粉调成糨糊，用捡来的废物制作成各种禽鸟纸玩具。天明拿到玄妙观兜售。玄妙观游人如织，见甲乙所持的纸制禽鸟，都觉有趣，纷纷购买，不一会儿，全部卖完。甲乙两人赚了5 000多文钱。此后，他俩专做纸制禽鸟、人物等玩具，到玄妙观销售。几年后，资本积累数万，就在苏州阊门开了一爿布店。为不忘其本，店铺大门上悬挂"一文钱"匾额。

八宝药墨　徽商经营事例。胡开文墨业的创始人胡天注，针对山区民众缺医少药的情况，为了替山区民众消炎解毒和减轻蚊叮虫咬之苦，遍访民间，搜集偏方，独辟蹊径，将中药掺入墨中，制成"八宝药墨"，将一向单一的书画墨变为药用墨，获得了更大的产品市场。

人弃我取　徽商经营事例。徽商汪拱乾擅长财务会计，经商30余年。他在经商活动中，采取的是人弃我取的逆向市场思维。他所收购的货物都是别人以为市场不看好的，或低价处理的，收购之后存储在仓库里，不久这些货物往往成为市场紧缺的商品，价格迅速提升。于是，他便倒手卖出，获利数倍。

三伏酱油　酱油名品。坐落在屯溪街的"程德馨"酱园，创办于清咸丰十年（1860年）。该店致力于拳头产品——"三伏酱油"的产销，声名大噪。所谓"三伏酱油"，后人误认为只要经过初伏、中伏、末伏烈日暴晒即成。实际上，按操作要求，是要经过三个夏天，即头年做酱，第二年出酱油，再经过第三年伏天烈日暴晒和夜露滋润，才能称得上"三伏酱油"。其他酱园所产酱油赖糖稀做色，而程德馨的酱油是靠晒红的。"三伏酱油"在生产过程中，严格操作规程。酱坯要霉成金黄色，下缸时要拌匀，日晒夜露，不得淋雨；每缸的原料如黄豆、面粉、食盐，都有一定比例；酱油提取保持1千克原酱提取1千克酱油的比例；提取的酱油分头遍、二遍、三遍，按质分等论价。

子母钱　犹言本钱和利钱。本钱叫母钱，利钱叫子钱。

开张　徽商经营方式。即司马迁《史记·货殖列传》中所说的"陈椽"。也即经营驰逐。

牙行　中间商。中国古代和近代市场中的居间商人。以经营牲畜、茶叶等农产品和丝绸布匹等手工业品为主，主要职能是为买卖双方说合交易，评定货物价格及质量，司衡商品斤两，判断银两成色，防止买卖过程中的欺诈行为，对买卖双方负责，同时向买卖双方抽取牙佣（亦称牙钱、佣金）。在明清时期，开设牙行，需要政府批准。

水客　旧时徽州茶号、茶庄的外勤人员。一般应具备三年以上从业经验者方可担任此职，主要负责传送茶样、商函、信件等业务。因东去浙江，西去汉口，北到苏南，南抵广州，走的大多是水路，故称。

权子母　犹言高利贷。权，称量，衡量。通过贷出母钱（本钱）获取子钱（利钱）的商业行为。

*八宝药墨

团积 徽商经营方式。即司马迁《史记·货殖列传》中所说的"废著"。即货物价贱时则买进,价贵时则卖出。参见250页"废著"条。

同德仁起死回生 徽商经营事例。屯溪老街上的百年老店"同德仁"中药铺,创办于清同治初年。开始由于经营不善,亏损严重。合伙投资的股东们并没有气馁,而是继续追加本金,但仍不能扭转亏损局面。他们经过认真思考,觉得用人不当是一个重要的因素。光绪二十五年(1899年),"同德仁"的股东们又一次重整旗鼓,增加投资,并大胆起用年仅24岁的记账员程雪卿担任经理。程雪卿主持经营后,"同德仁"面貌为之改观。他在任经理的30余年间,药铺业务不断扩大和发展,压倒了屯溪老街上素有"医药泰斗"之称的药铺"石翼农",主宰了屯溪中药业,并在黟县、休宁、祁门等地设立了"同德仁"分号,成为徽州远近闻名的一大商号。

*同德仁

回易 徽商经营方式。即以自己所多余的商品换取自己所缺少的商品。

朱世荣屡败不馁 徽商拼搏事例。明休宁朱世荣,幼遇祖父经商失意,家贫如洗。朱世荣11岁即自强自立出门学做生意,经历多次失败都没有气馁。23岁时,朱世荣回到阔别多年的休宁渭南,将数年经商所得用于娶妻成婚。不料没多长时间,妻子汪氏病故,再续娶丁氏。两项开支,终使积蓄用尽,生意乏本。不得已,他靠变卖丁氏的陪嫁筹得银子,告别新婚妻子,再次走上经商旅程,到巢县开设典当铺营生。在巢县,朱世荣废寝忘食,备历艰辛,虽雨雪也从不乘车马。一日,行至大通湖,遇深雪迷路误入沟中,脚被坚冰划破,血流不止,大病一场,卧床两月才痊愈。朱世荣45岁时,在典当盈利较微、无法继续的情况下,联合他人合伙出资前往芜湖,改做获利较大的铜坊生意。不料三年后,铜坊因官事而歇业。再次变故,仍未能使朱世荣屈服,随之他先后与昆弟在芜湖合伙开设炼珠铺,同许氏合资开设铜、锡等货的专卖店,又做起贩卖芜湖铜器到苏州的长途贩运贸易。终于成为富甲一方的大贾。

伙计 又称"店伙"。徽商商店员工俗称。大致分为三种:本店学徒出身者为嫡派伙计,由别人保荐并熟悉经营业务者为内行伙计,由别人保荐而不熟悉经营业务者为试用伙计。这三种伙计又大致分为两种级别,即普通伙计和高级伙计。普通伙计一般站柜台(营业员)和守仓库(保管员),高级伙计则可担任经理、副经理或管账、掌秤、外场等职。商行一般都有约束伙计行为以及保障伙计权益的传统规矩。雇佣伙计一般以一年为期,每年正月初五(即商行定事日)由老板或管事同每个伙计分别谈话,宣布去留。对于继续留用的伙计,同时宣布本年的工资待遇,俗称"吃定心丸"。伙计月工资,均以当月大米市价折价计算,一般分为五等。除固定工资外,年终由经理根据伙计本年贡献大小论功劳发"红纸包"。此外还有"小伙"收入,如变卖包装废料所得。除春节外,其他节日一律不放假。端午中餐和中秋晚餐均设宴席,店中大小人员一律入座分享,不拘卑尊。伙计要守道德、讲礼貌,不准与顾客争吵。除经理、管账外,其他人员自早至晚只能站立,不准坐凳,也没有午休,疲劳时只能内外走动一下。不准在柜台内看书、聊天和大声喧哗,要保持安静,热情接待顾客。不准动用或挪用商行的商品、资金、财产。规模较大的商行,伙计每年有半个月至一个月的探亲假,但往返费用自理,工资不扣。凡违反店规的伙计,轻者训斥警告,重者随时辞退或定事日解雇。离店时,由本人主动打开行李,请经理查点,以示清白。

合伙经商 徽商经营方式。由于资本不足,很多徽商在创业时往往联合志同道合者,每人拿出一定资金,联合经商。事先也订有合约,就盈亏、分红、经营等项作出规定。

合资经营 徽商经营方式。一人经商资本有限,乃邀请数位志同道合者共同出资经营。一般来说合资者既出资,又出人,实际是合资合力经营。事先合资者订立合约,规定盈利时各人按出资多少分配利润的权利和亏本时各人所应承担的义务。这种经营方式在徽商中十分普遍。

庆成油行重管理 徽商经营管理事例。庆成油行是徽商在兰溪的主要商号之一。其经营,内外结合,购销并重;现货期货,两手齐抓;以油为主,多种经营;重点批发,兼顾零售。在管理上用人精干,讲究效率,决策求快,经理负有管理全权,管理人员占员工的13%;讲究一钱多用,精细理财,着重抓三项资金的周转,即银行抵押贷款、外地套汇、同城商号拆借;产品讲求质量,以信孚中外为宗旨,被誉称"放心货"。其治店事有章法,人有规矩,立足于公,致力于信。规定老板子女、亲戚不得为本店学徒、店员,老板不得干涉经理行使行政决策权。经理对于下属以"用人勿疑,疑人勿用"为原则,其工作上的差错则主动承担责任,对于生活上的失检者轻者批评,重则辞退。厉行属员考绩升级制度。

许谷献策抗倭 徽商爱国事例。明嘉靖三十四年(1555年),倭寇入侵歙县境,守令惊慌失措。歙县商人许谷先献上抗倭十三策和应急三策,并且自告奋勇,组织群众,拒守东门。在他的指挥下,歙县军民军容威武,城头插满旗帜,夜里举火把巡城,严阵以待,使倭寇望而生畏,绕道而遁。

阮弼抗倭 徽商爱国事例。明朝中期,倭寇侵犯区域从沿海深入到内地,芜湖当时没有城池,地方官束手无策。这时,在芜经商的歙县岩寺(今属徽州区)阮弼站出来,带头捐款,号召年轻力壮的人组织起来,共有壮丁数千人,宰杀牲口发誓。阮弼说:"倭寇是老虎吗?老虎,我们可以捆住它,即使长了翅膀的老虎,我们还是可以用箭射它。至于倭寇,已经穷途末路,虽然猖狂,我们完全可以杀了他们。"大家受到极大鼓舞,同仇敌忾,做好充分准备。倭寇知道芜湖有备,未敢进城,绕道而遁。

阳俸 徽商企业管理方式。胡雪岩为最大限度调动胡庆馀堂职工的积极性,制定了"阳俸"和"阴俸"制度。阳俸是给那些对胡庆馀堂有过贡献的,因年老或生病无法工作的职工照样发给原薪,直到他死亡。阴俸是这些职工死亡后按照工龄的长短发的遗属生活费,如有10年工龄的职工死后,可发阴俸5年,每年按本人薪俸的50%发放。工龄愈长发放阴俸愈多。这一制度,使胡庆馀堂的职工解除了后顾之忧,工作安心,埋头苦干,促进了胡庆馀堂经济效益的提高。

阴俸 徽商企业管理方式。参见249页"阳俸"条。

走贩 徽商经营方式。即长途贩运。在徽商发展初期,徽商的经营以走贩形式居多。这种经营方式是将徽州的土产如竹、木、石料、纸、茶叶等外运,回程则可运输丝绸、百货等商品。或将外地的商品长途贩运到其他地方销售。

苏同裕典规章 徽商典当规章。清同治九年(1870年)屯溪苏同裕典制定规章计有20条,内容如下:(1)典内诸同事,各有专司,不得擅离职守,凡学生皆不准出典门。(2)典内各友,临睡务须互相照应火烛,至二更后,不准点灯看书、烘火,因火烛无情,尤不准点油纸捻进房,违者着执事面斥,以昭慎重。(3)典伙不准私自出门赌博、嬉游、酗酒及外务等。(4)典门每日以夜饭前责令司更关锁,钥匙交进账房收管。(5)各典伙吃烟,不准吃进包房内,以及柜台里,至各楼上尤严禁止,以防火烛。(6)典伙如有正事出外,当禀明执事,不得擅自私出典门,限以二更为度,毋许在外留宿。(7)典伙亲友往来,不得擅自留宿。(8)各伙回宅,须预先与执事商定,每年准以两个月为度。更灶回家,自请替工,钱均己出。(9)典伙不准将自己衣物在本典质当,并不准借用当下衣物。(10)存箱失票,出典售利,各款照分,开章程分派。(11)执事总管各务,筹理出入银钱,督察通典情形,悉心布置,以昭安靖。(12)管楼督同卷包,估值货物,如有信当,不得徇私蒙蔽,立饬经手,照章赔讨,倘楼房内遗失货物,查察不出者,责令照赔。(13)管饰逐日每件封对,过细估值,如有铜饰、假珠皆即声明,经手赔本,倘饰房内遗失货物,查察不出者,责令赔偿。(14)管钱并理钱票,逐日出入,即登簿核明,票根相符,倘有失察舛误,稽查不出,责令照赔,并不准私自移借,即本典伙友,亦不准向钱房内悬宕银钱。(15)分清系专抄票本,核计月利,列明字号,免防弊窦,如有错误,唯经手自问,以专责成。(16)柜友不准徇私信当,如有此情,不独立饬经手赔偿外,仍估计信当若干,按数议罚。(17)柜前倘有无知之人,出言不逊,无宜宽恕,切勿与之较量,设有故意滋事,亦须告知执事与伊理论,缘生意之道,总以忍耐、和气息事为贵。(18)本日即取,及巧日两利,均归经手柜上独受。(19)取赎倘有错号,唯经手柜上与学生对赔。(20)写错花色当本票账相符,柜上独认,如票账不符,各赔一半。

李宗煝济世疏财 乐善好施事例。清同治、光绪年间,黟县南屏村李宗煝是一名百万富商。他乐善好施,是公益事业的建设者。光绪年间,铜陵县的仁丰圩因年久失修,致使这一带农田十年九荒。他捐助白银1.8万两,使长达20千米的水利工程得以顺利完成。通河两岸自有轮船经营航运之初,仍是用木船接送上下,极为不便,若遇风浪,更是危险。他出资首倡建立招商局码头,设趸船靠轮,给上下旅客及货物提供了方便,也保证了安全。当时从大通镇到青阳县有一段5千米长的险道,他出资改建成石板大道。晋豫饥荒时,他向朝廷捐输赈灾银数万两。两燕及苏皖粤等地水灾,他又捐输白银数万两。

吴俊德不用添加剂 注重质量事例。炒青名茶"屯绿"做色、提香都在焙炒过程中完成,以燃香计时,既是为了掌握焙炒火候,又是给炒茶工计算工钱的依据。为了使茶色匀一有光泽,当时厂家普遍使用蓝靛、滑石粉和蜡脂等色料。这些添加剂既有害人体健康,又压抑了茶叶的天然色、香、味。清末歙县著名茶商吴俊德,在屯溪经营外销茶期间,带头减少或不使用添加剂,最终带领所有的茶商在加工"屯绿"过程中都不再使用添加剂。

吴炽甫广开市场 市场开发事例。清末歙县昌溪徽商世家吴炽甫,主营茶叶,兼营百货。他继承家业后，极力拓展业务范围，并在经营管理上逐步形成茶叶收购、加工、窨制、批发、销售一整套管理体制。经营范围遍及皖、浙、苏、闽、赣、鄂、冀、辽诸省，店号有设在歙县、休宁的"吴介号""泰昌发"，北京的"恒瑞""祥瑞"，张家口的"德祥"，宣化的"德裕"等。清末民国初期，转向汉口经营房地产业，同时开办牙刷厂和百货公司。接着，又在扬州开设"协和祥"和"利通"两家盐务商店。

囤积 在商品紧缺时期，大量购存某种商品，待机高价出售以获取暴利的经营行为。

汪应庚富而好仁 徽商义行。清歙县商人汪应庚于扬州业盐，虽富裕而多行义举。雍正九年（1731年）发生海啸，赈灾三个月。雍正十年（1732年）、雍正十一年（1733年）发生水灾，他出资安置灾民，运来数千石粮食供给。灾后瘟疫发作，他还设置药局提供治疗。雍正十二年（1734年），又运来数万石稻谷，哺育灾民。在汪应庚的帮助下，9万人赖以存活。他还帮助邻县丹徒、兴化，运送粮食进行救灾。官府为表彰他，授以光禄少卿。

汪通保四面开门 徽商经营事例。明万历时，歙县汪通保在上海经营典当业，就一改典当铺石库形式，四面开门，令其典当铺人员分头接待顾客，借以提高营业效率，并严格规定，贷出的银子一定要成色好、重量足，利息要公道，收回银两分文不得多要。为时不久，他就由一个小康之家变成首屈一指的大富翁，使他又在其他地方增设了许多典当铺。

层级管理 徽商管理模式。徽商雇佣伙计名目繁多，就管理层次而言，一般分为代理人、副手、掌计、店伙和雇工四个层次。但所有的经营单位不一定都这么完备，称呼与职责也不一定相同。徽商的商业经营一般以宗族乡党为核心进行，所以管理用人，十之八九是由同族者组成，有的甚至是一家兄弟在同一单位协力经营。

附本经营 资本所有者因种种原因不能亲自去经商，乃将资本附在他人资本中运营，以取得利润的一种经营方式。此种方式在徽商中较为常见。

畅滞搭配批发 徽商营销事例。批发商也经常向零售商推销滞销商品。零售商向批发商进货，除了可以得到一部分畅销货外，批发商往往会拿出一些滞销货来，请零售商推销。零售商明知是滞销货，难以脱手，但是出于不能断绝进货渠道，特别是要依靠批发商批点紧俏货，也不能不多多少少接受一点。

易水法制墨 徽商经营事例。清嘉庆年间，徽墨名牌"胡开文"已经创响。"胡开文"创始人胡天注之子胡余德深谙产品质量是取信消费者的根本。他在制墨工艺上，坚持按"易水法"制墨。其墨品标记"苍佩室"深受广大用户欢迎。

委托经营 徽商管理模式。即受聘人受业主的委托而经营商业。一般双方事先订有协议，规定双方的责任和权利。受聘人在具体经营过程中有着较充分的经营自主权。

质剂 明清时期即指典当铺。

股份制经营利润分成 徽商经营管理方式。徽商股份制经营利润分成一般有"五五分成""四六分成"和"挣三辟二"三种。"五五分成"即是把利润分成"钱股""人股"两份，"钱股"由股东拨股均分，"人股"由掌柜或经理、代理人等经营人员按劳分配。"人股"所分利润一般按十股计算，然后根据每人职位应得股数分给各人。"人股"参加分红，究竟每人应分多少，无统一规定，一般由掌柜、账房先生决定或与老板商定。"四六分成"为"钱股"四成，"人股"六成。"挣三辟二"，即为拿出总利润的三分之二分配，三分之一作为积累，俗称"财神股"。

变直销为函购 徽商经营事例。休宁万安吴鲁衡罗经店在产品营销方式上，除直销方式以外，大胆地开办了函购新业务，极大地方便了用户的采购，灵活多变的市场经营方式使其罗盘、日晷、月晷和指南针盘等不断扩大市场份额，畅销国内各地，还拓向海外远销到朝鲜、日本和东南亚诸国。

店主 徽人商店，由店主决定本店的发展大事和投融资行为。店主包括商店的股东、老板和经理，董事会董事长和所有董事。只能在股东会或董事会开会时发表见解，平时不得干涉经理的行使权力。经理是店主派出的全权代表，一般店主都会放心、放手使用，工作上发生一些差错，店主要主动承担责任。但生活失检或经济不廉洁者，后果应由经理本人自负。经理违反店规，由股东会或董事会处理。多数商店对店主也制定了一些规矩，如店主的子女和亲戚一般不准安排在本店工作，即使有个别特殊情况，也要严守店规，一视同仁。店主在本行本店买卖商品，其价格、数量、质量均同样对待，不得优惠。

店伙 见248页"伙计"条。

废著 徽商经营方式。语见司马迁《史记·货殖列传》。也作"废举""废居"。即货物价贱时则买进，价贵时则卖出。

学徒 学做生意的人员。徽商店号一般招收徽籍少年为学徒，年龄在12~14岁。学徒进店需要"荐头"介绍、"保头"担保，进店后拜师傅，开始从日常劳务中学习待人接物、处理商务的方法和技巧。每天清晨，学徒都要提前1~2个小时起床，打扫店堂，洗刷师傅的水烟筒，并协助伙房买米买菜。打扫店堂要由外往里扫，切忌往外扫（避"扫地（财）出门"之讳）。入餐前，由学徒端饭端菜，若有来店的客人，还要站在桌旁侍候添粥盛饭。学徒在店里不准坐，并需待全店人员用膳完毕后，方能上桌吃饭。每晚关上店门后，得搓"纸媒"，以保证次日客商吸食水烟时使用，还要在店堂内搭铺守夜，负责店内人员出入的开门、关门，以及火烛安全。学徒学习期间必须刻苦练习珠算和书法。学徒的膳宿免费供给，但没有工资，每人每年发衣装费4~5元，每月理发费0.2元和少许零用钱，称"月规"。此外，师傅家属如在店中居住，学徒还要帮其料理家务。平时若有差错，师傅、伙计、师兄均有权对其体罚。学徒一般三年满期，期满后如店主同意，可留在店中做伙计，否则另寻出路。

承揽式经营
商店的所有者以收取一定数额的息金为条件，将商店交给他人经营，令其自负盈亏，这种经营方式称作"承揽式经营"。

降价赢声誉
徽商经营事例。清末，绩溪徽商洪金有在浙江兰溪开酒坊。他在妻子的协助下，酒坊的成本大大降低，他和妻子商量，将售价降低三成。开始妻子害怕降多了一来自己钱赚少了，二来可能会招致同行的嫉恨。他却认为，做生意不只自家得利，也要让利给顾客，生意才能做得长久。降低生产成本，不是什么秘方，别的酒坊也可以做到。大家的成本都降下来，整个市场的销售价格也就都下来了。我们的成功，是你的功劳，将来大家都要感谢你呢。妻子同意了他的意见。洪金有的做法，不仅带动了同业一道降低了成本和销售价格，更赢得了声誉，生意越做越红火。

茶客
茶商。每当茶季，茶客（来自市场者）携资上山，设庄收集毛茶。他们独自经营，或隶属于某茶栈。茶客多自己制茶，很少转卖他人。然茶客非必以制茶交易为其专业，依季节或为米客，或为烟客。茶客收集茶叶，有拣选处者，则再制之。于拣选处，一般是筛去沙尘，拣除枯叶，依品质之如何而分别归类。干燥后，售予茶栈，或茶号。其交易或以现金，或以庄票，或先付钱若干。

胡仁之不掺杂使假
徽商诚信事例。明徽商胡仁之，在江西南丰做粮食生意。有一年，天灾大饥，斗米千钱。与他合伙的人想在米中掺假以牟取暴利，但他坚持不肯，表示自己决不能昧着良心赚这违背天理的黑心钱，损坏信誉。

胡庆馀堂秘制"龙虎丸"
重视商品质量事例。"龙虎丸"是专治癫狂病的良药，里面含有剧毒药品砒霜，而且比例很大，按古方要求必须拌得十分均匀，否则服了有生命危险。胡雪岩规定一种貌视神奇的制作方法，在研粉和料过程中要工人用木棒在药粉上写"龙虎"二字各990遍，每顺写一遍后再倒写一遍，而且操作工场必须紧闭门窗，外人不得入内，否则要泄露天机，使药物失灵。实际上，胡雪岩用这种方法令原料拌和均匀，使"龙虎丸"的质量得到保证。

胡余德创制集锦墨
徽商创新事例。清嘉庆年间，徽墨著名字号"胡开文"第二代主持人胡余德认为，高级墨品应集实用与艺术于一体，使墨品既有实用价值，又有艺术欣赏价值。他聘请良师、名工，大胆创新，制造出集锦墨。如"棉花图"（全套16锭）、"十二生肖图"（全套12锭）、"御园图"（全套64锭）。"御园图"将京师"圆明园"中64座楼、阁、堂、院、亭、轩、馆、斋、室等建筑依次绘形入画，雕刻而成，并依这些建筑的不同风格，采取相应不同的造型，工艺精湛，令人叹为观止。集锦墨迅速打开销路，占领市场。

*胡庆馀堂

胡荣命不赁肆名
徽商诚信事例。清黟县商人胡荣命在江西吴城镇从事商业经营50余年，因童叟无欺、讲究信誉而名声大著。晚年，他罢业还乡，有人愿出高价借用他的店名经营，遭到他的断然拒绝。他说："你如果真是一个诚实的人，又何必要借用我的名义？想借用我的名义，说明你不诚实，最终连我的声誉也会被你毁坏。"

胡雪岩五可七不
胡雪岩的生财之道始终贯穿了"五可七不"原则。一是可以为了钱"去刀头上舔血"，但决不在朝廷律令明文规定不能走的道上赚黑心钱；二是可以赚便宜钱，但绝不去贪图对别人不利的便宜，绝不为自己赚钱而去敲碎别人的饭碗；三是可以借助朋友的力量赚钱，但绝不为了赚钱去做对不起朋友的事情；四是可以寻机取巧，但绝不背信弃义靠坑蒙拐骗赚昧心钱；五是可以将如何赚钱放在日常所有事务之首，但该散财行善，掷金买乐时绝不吝啬，绝不做守财奴。

胡雪岩送痧药
重视广告事例。胡庆馀堂开业前，曾免费赠送痧药三年。胡雪岩送痧药是根据信息有的放矢的。他曾派人对杭嘉湖地区和长江流域一带进行调查，发现三种情况。一是当时清政府和太平军的战争刚刚结束，因连年战争，死人很多。这一带瘟疫流行，亟须药品。二是这一带是平原地区，人民生活一般比较富裕，只要药品名气一打出，这免费送药的本钱很快就可赚回。三是这一带的人大多养蚕，每年有大批香客来杭州城隍山烧香，而胡庆馀堂设在城隍山脚下是必经之地，生意市口很好。三年后，胡庆馀堂开业，果然杭嘉湖地区和长江流域一带的顾客蜂拥而至，胡庆馀堂开业大吉。

拜师 徽商学徒从师的礼节仪式。徽州民间流传着"前世不修,生在徽州,十三四岁,往外一丢"的谚语,即小男孩长到十三四岁时即被家长送出去拜师傅当学徒。学徒一般须由至亲好友或同行中的头面人物介绍并作担保。进店时,先要"拜财神""拜先生",有师娘在店中居住的,还要"拜先生娘"。"先生"就是师傅,一般是店中的"阿大"(经理)、"阿念"(副经理)。然后学徒还要向"上手"(即店员伙计)和师兄们叩头,请求关照。进店后须连续习业三年,中途不得离店回家(父母丧事例外)。必须服从"先生"指挥,接受"上手"和师兄的指点。每天早晚,学徒要向财神爷和门神上香祈祷。参见250页"学徒"条。

独资建"吴桥" 乐善好施事例。清末,黟县吴子敬在上海与人合股开办有协和丝厂、协安丝厂,在无锡合股开办有源康丝厂,拥有资金20余万元。民国四年(1915年),当他到无锡开展商务活动时,见河面开阔,却仅有渡船,甚为不便。他问:"为何不再此建座桥呢?"回答说:"工程浩大,经费难筹。"他听后,侠义之情油然而生,当即表示捐资建桥。他回到上海后,马上与上海求新铁厂接洽,嘱按照上海外白渡桥式样建造钢铁桁架结构的公路桥。同年九月,上海求新铁厂完成设计和工程预算。第二年六月,建桥工程正式开工,中途因战事频发,钢材价格飞涨及材料运输经常受阻,施工进度受到影响。求新铁厂经济上也发生困难,乃恳求他将原定竣工后结算的1.2万余元提前支付,他立即筹款于九月底全部付清。求新铁厂深为他热心地方公益事业的精神所感动,于是集中力量,昼夜施工。不料他却在十一月二十九日沪寓病逝,没能看到大桥竣工。民国六年(1917年)二月二十四日,无锡市为他举行隆重的追悼会,当治丧队伍通过新建成的以吴氏命名的"吴桥"时,沿途群众恭立桥旁,在桥中央以"路祭"形式设案祭奠。

捐资抗倭 徽商爱国事例。明朝中期,抗倭斗争在东南沿海蓬勃兴起。徽商积极主动,捐资抗倭。嘉靖年间,休宁商人汪福光首先响应守令号召,带头捐资修筑休宁县城,率先建成一座城门及城楼,花费数千两银子。倭寇兵围嘉定,正在该地经商的休宁人程元利首先捐献财产,招募勇士,抗击倭寇。倭寇重兵围攻桐乡,歙县商人程次公在危急关头首先捐资千金,以保证供给,使桐乡得到保全。

副手 徽商管理人员称呼。经营业主的助手。主要作用有三个方面:首先是经营业主与掌计之间的中间环节,起协调作用;其次是经营业主的耳目,分析市场信息,使主人经商时能够把握商机,正确决策;再次是联络官府,替代主人会客、拜客,因此也称为"大司客"。

赊购 徽商营销方式。徽商根据徽州山区的经济特点,逐步发展和形成了赊购经营的生意经。赊购经营,也是徽商对山区从事林茶竹木、桐籽、柏籽、漆树等木本植物以及香菇、木耳等山货特产生产活动的农民的一种经济上的资助。这些徽商一般与山区农民都有一种特殊的关系,相处极其融洽。在生产季节,当这些农民需要生产物资,需要盐米及资金时,徽商就会慷慨解囊,尽其所需,满足这些农民的需求,兑钱给农户。但有约在先,这些农民必须把自己生产的山货特产销售给这些徽商,这些徽商兑给农民的钱就是商约赊购的"定钱",根据产品的不同俗称为"赊茶钱""赊桐籽钱"或"赊香菇木耳钱"等。待农民出售山货时,定钱与货物银账两清,一笔勾销。这种赊购经营,对于商家来说,可以稳定顾客,以保证山货特产的来源,在竞争中从容不迫,稳操胜券,多经营,多赢利;同时还可以拓宽经营的路子,赢得更多的顾客。对于客户——农民来说,一可以消除平时因经济不足所带来的生活忧虑;二则可以安心从事林茶竹木等山货特产的生产。

赊销 徽商营销方式。明清时期,徽商为了招徕顾客,保持生意的长期性和稳定性,开展赊销经营。徽商的赊销生意,其对象主要为一村一乡或一镇一城中的常年客户,采用立户头、起记摺的记账方法来做买卖。顾客手持账折即可到店家购买物品,无需当下即付现金,由店家上账,同时在账折上写上日期、所购货物及数量金额等即可。店家每年分端午、中秋、年关三节上客户家门结账收款。这种营业方式,在物价稳定的情况下,可以收到稳定顾客、扩大营业额和推广销路的效果。

做神福 徽商店铺福利。每逢初一、十五日,商店老板或管事要祭祀店堂内供奉的财神位,祈称"做神福"。是日午餐,伙计每人加肉。大商店做神福,端午节还发腌鸭蛋,七月半发角豆糖,中秋节发月饼,晚餐设酒席。

馆规 徽馆管理方式。徽菜馆股东、员工共同遵守的合同议据。内容包括人事调配、财务管理、银钱支宕、股东义务、员工行为、股金分红等。如清光绪二十七年(1901年)绩溪旅沪同春楼主议据规定:经理不得兼司账目;店中佣人归经理调配,股东不得硬性荐人;在店股东各当司职,用心经理,各尽心力,不得倚股刁横,荡扰店事;股东不得在外抵押银钱;股东不得向账房宕借银钱,透支伙计俸金;官利逐月汇总存店;员工不准聚赌狂嫖,违者辞歇,以儆颓风。

掌计 掌管计簿的人员。古时商业记账之簿册谓之"计簿",掌管计簿职责的人故称"掌计",是徽商经营活动中最重要的伙计。徽商在经营活动中,使用掌计的现象很普遍。掌计又称"掌事"或"掌权大夥(伙)计"。《至正直记》卷三称:"人家出纳财货者,谓之掌事,盖佣工受雇之役也。"又云:"人家掌事,必记账目,盖惧其事有更变,人有死亡,则笔记分明,虽百年犹可考也。"随着经营活动的发展,掌计的职责也有所扩大,几乎相当于后世经理的职责。

跑街先生 徽商店号中负责跑外勤,进行相关业务联系的店员。其薪金较老大先生、账房先生以外的其他店员要高。

喻起钟不求暴利
重义轻利事例。清乾隆十六年（1751年），徽州年荒米贵，歙县商人喻起钟将其在浙江兰溪储存的500斛米运到了徽州。有人对他说，此时应囤积其货，待价格抬高后再行抛售，则可获暴利。然而，喻起钟不听，且按当时的市场价格出售了这批粮食，以缓解乡里粮食短缺的困顿局面。

智保胡开文
徽商经营事例。清咸丰、同治年间，徽州曾是清政府与太平军激烈争夺的重要战场，战乱持续10余年。位于休宁县城内的"胡开文"老店，多方逢迎曾国藩，求得曾国藩题写的"胡开文墨庄"招牌，使清军士兵自然不敢对"胡开文"妄加非礼。"胡开文"因此在战乱中没有受到重大损失，甚至在徽商遭受重创的情况下，能够独逞一时之秀。

程良锡驰骋抗倭战场
徽商爱国事例。休宁程良锡原本是商人，倭寇猖獗之时，他毅然弃贾从戎，被任命为宣州卫指挥佥事。他在任上，不但纪律严明，注重日常训练，而且作战勇敢，指挥有方，先后在苏松、胜敦、太仓等地多次大败倭寇。倭寇对他心生畏惧，听说他的部队来了，立即撤退。后来他随总兵俞大猷转战浙江、福建沿海一带，每战必捷，屡立战功，成为抗倭战场上的一员名将。

程霖生热心公益事业
民国时期，上海著名徽商程霖生，热心公益事业。徽杭公路建成之初，他独资栽植公路两旁树木，福荫徽州父老乡亲。民国《歙县志》纂修与刊印，他承担大部分资费。他捐赠发电机助创屯溪电灯公司，还曾任蚌埠商务督办，投入巨资用于蚌埠商埠开发和市政建设。其父投资修筑余杭公路，独资修复渔梁坝，每年以2万银元义款资助家乡治病济困。

雇工经营
徽商经营方式。随着徽州商人经营规模的扩大，从明朝中期开始，徽商即开始雇佣员工参与经营。起初雇员多来自徽州故土，与雇主有着密切的血缘或地缘关系；后来也在经营地雇佣员工。少者三五人，在近代甚至有数百上千人。根据经营项目差异，茶号之类以为时数月的临时用工为主，典当铺等则以相对固定的长期雇佣关系为主。依据资历、能力等不同，雇工分属学徒、伙计等不同等级，享受不同的生活和经济待遇。在长期的雇工经营中，雇主制定和总结出颇具特色的管理制度，营造了浓郁的企业文化。雇主在剥夺雇员剩余劳动的过程中，积累了更多的利润。

毁墨保名声
胡开文经营事例。清末，胡开文墨店发现有批墨锭不符合质量要求，老板胡余德立即令所属各店停止制作和销售此种墨品，并将流向市场的部分高价收回，倒入池塘销毁。胡开文此举大大提高了墨店声誉。

詹元甲拒收回扣
徽商诚信事例。有一年，某地大灾，婺源粮商詹元甲受当地地方官的委托，携带20余万两银子去外地采购粮食，当地旅馆老板告诉他："此地买米，例有回扣，你携巨资来采购，可以拿到数千两银的回扣。这是当地的规矩，不会损害你的廉洁。"在数千两银子的回扣诱惑面前，詹元甲不为所动，他说："眼下灾情严重，饥民到处都是，嗷嗷待哺，我多取一文钱，灾民就少一勺粮，瘦了灾民，肥了自己，我不忍心。"

鲍志道以俭相戒
清著名盐商鲍志道，目睹扬州商界的侈靡风气，非常反感，对家中所有人乃至亲朋好友，都以俭相戒。他虽然拥资巨万，然而家中妻子儿女，都要操持家务，门前不容车马，家中不演戏剧，淫巧奢侈之客，不留于宅中。在他身体力行的倡导之下，扬州商界侈靡之风大变。

鲍直润赢利观
清嘉庆年间，歙县商人鲍直润曾说："利者人所同欲，必使彼无所图，虽招之将不来矣。缓急无所恃，所失滋多非善贾之道也。"人人都想得利，如果经商者一味抬高市价，使顾客觉得无利可图，那么顾客就不会来买你的东西，最终商人也就会失去顾客，失去市场，所失去的利益更多，这绝不是善于经商的人所使用的方法。

鲍漱芳获御笔"乐善好施"
清嘉庆年间，著名盐商歙县棠樾鲍志道之子鲍漱芳，是继其父之后的两淮盐商总商之一。鲍漱芳因捐银赈灾济民、疏通河道、培筑范公堤等义举而闻名朝野，深为嘉庆皇帝嘉许，御笔亲题"乐善好施"匾额相赐，并在其故乡歙县棠樾建坊旌表。

* "乐善好施"匾额

螺司
徽州从事毛茶收购的小贩的俗称。每当茶季，小贩们到农家收购毛茶，装在大布袋中，背着行走在山间小路上，远远望去，就像螺丝爬行，故称。他们活跃于茶庄与茶农之间。其收购的毛茶多卖给茶号，由茶号进行精制，然后再进入市场销售。在茶叶产销过程中，"螺司"处于十分重要的位置，对于茶叶的收购、流通起到重要作用。

徽商隐语
徽商经营用语。由于徽州方言极其难懂，徽商在经营过程中，内部人员往往使用徽州方言交流，不被其他商家察知，有利于保守自己的商业秘密，从而形成独特的徽商商业隐语。

[三] 徽商文化

徽商理念
经营地域
行业字号
商业组织
商业经营

三贾不利犹未厌

徽商拼搏精神。语见清光绪祁门《倪氏族谱》卷下："徽之俗,一贾不利再贾,再贾不利三贾,三贾不利犹未厌焉。"意思是,徽州人经商第一次失败再做第二次,第二次失败再做第三次,第三次失败仍不气馁,还要继续做,不成功决不罢休。

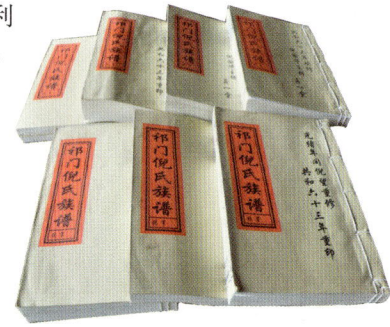

*祁门倪氏族谱

以义为利

清道光年间,黟县徽商舒遵刚说:"生财有大道,以义为利,不以利为利。"他对"义"和"利"的辩证关系有深刻的认识,认为无论经营什么,都应把"义"放在第一位,如果一切从"利"出发,往往会违背"义",只能一时,而不能长久,只有处理好"义"和"利"的关系,才能获得更多的财富。

以众帮众

乡党互助表现。徽州商人在外经商,一旦遇到乡人身陷诉讼纠纷,则感同身受,互相帮助,有钱的出钱,有力的出力,日后若自身遭此不幸,也能获得同乡的帮助。通过会馆和同乡互助的方式来壮大力量,是徽商应对的方式之一。

左儒右贾

语出汪道昆《太函集》卷十八《蒲江黄公七十寿序》:"吾乡左儒右贾,喜厚利而薄名高。"儒与贾孰轻孰重,在不同的环境下有不同的抉择。古人以右为尊,徽州人因治生所迫,在此情况下寄命于商,只能左儒右贾了。此语描述了徽人重商的风气。

白圭趋时

徽商经商策略。语出万历《歙志·食货传》:"河清可俟,人寿几何,畏首畏尾,身其余几?不有白圭趋时,若猛兽鸷鸟之发者哉?"意思是:虽然黄河变清会有这一天,但人能活多久呢?做生意也是这样,廉贾取利虽微,但稳妥保险,当然一般人愿意做。但廉贾致富的时间长,等到致富了,人也老了,有钱也无法享受。要想致大富非得要有冒险精神,要像白圭一样,抓住时机,如猛兽鸷鸟捕捉猎物一样迅猛出击,才能致富。白圭,名丹,战国时东周洛阳人,被誉为商业鼻祖,其商业经营技巧可以概括为:乐观时变,注意生产动向和市场变化;人弃我取,人取我与,相供求之机办事;以气候变化预测产品丰歉;善抓时机,勤俭经营;智谋果断,以"智、勇、仁、强"为经商要领。这些策略也被徽商奉为经典。

存好心

清歙县商人吴鍆晚年告诫其子弟说:"我祖宗七世温饱,惟食此心田之报。"并以十二字留子孙:"存好心,行好事,说好话,亲好人。"又说他自己深深感到"厚"(指厚道、仁厚)这个字,"一生学不尽,亦做不尽也"。

自省自悟自揣摩

据清徽商《贸易须知》载,何为叫做"生意"二字,总要自己之心里格外生出意来。是何推班出色,是何闪赚腾挪,该舍则舍,该取则取。这一笔生意什么做法,那一笔生意怎样做法,都要自家从心所发。故曰生意也。生意经,师可授者,不过是领引入门而已。诸凡点缀变化、布置施为却要自省、自悟、自揣摩则生意越精越高,出类拔萃,不致向下矣。

弛儒而张贾

语出汪道昆《太函集》卷五十二《海阳处士金仲翁配戴氏合葬墓志铭》:"新都三贾一儒,要之文献国也。夫贾为厚利,儒为名高。夫人毕事儒不效,则弛儒而张贾;既侧身飨其利矣,及为子孙计,宁弛贾而张儒。一弛一张,迭相为用,不万钟则千驷,犹之转毂相巡,岂其单厚计然乎哉,择术审矣。"徽州(新都)业贾为生者占大多数。商人重利,士人重名。徽州人原本业儒为生,可惜拥挤的科举道路容纳不下如此多的儒生。但徽州人并未坐以待毙,而是选择了经商的道路,等到贾业有成之时,为后代创造条件,督促子孙钻研儒业。一弛一张,贾儒互相为用。在不同的形势下,做出明智的选择,显示了徽州人审慎而变通的思维。

财自道生,利缘义取

明嘉靖、万历年间婺源李大嚣,在许多地方做过生意,而且都非常成功。许多人就向他请教做生意的诀窍,他说:"财自道生,利缘义取。"意思是说:生财有道,这个道是正道;获利的基础是仁义,讲仁义,才能长久得利。

弃儒就贾

徽州被誉为东南邹鲁、程朱阙里,自古文风昌盛,儒家文化积淀深厚,奉程朱理学为圭臬。但自明清以后,在人多地少、生存维艰的情况下,治生成为第一等大事,很多徽州人只得弃儒经商。即便如此,不少徽商仍不忘儒业,或亦贾亦儒,或经商有成后鞭策子弟业儒,也有毅然弃贾从儒者。

良贾何负闳儒

语出汪道昆《太函集》卷五十五《诰赠奉直大夫户部员外郎程公暨赠宜人闵氏合葬墓志铭》："大江以南,新都以文物著。其俗不儒则贾,相代若践更,要之良贾何负闳儒,则其躬行彰彰矣!"意即徽州文风昌盛,但自明清以后,在人多地少、举业维艰等生存压力面前,徽州人将治生奉为头等大事,不能业儒时就会从商,经商致富后又培养子弟业儒,经商与业儒,更相替代。而且在经商过程中,徽商将儒家伦理道德运用于经营之中,以义为利、诚信为本,生意渐起,并且不忘反哺社会,修桥筑路、赈灾济贫、捐资助学。这样的优秀商人哪里不如那些鸿儒呢!

易贾而儒

语出婺源《三田李氏统宗谱·环田明处士松峰李公行状》："易儒而贾,以拓业于生前;易贾而儒,以贻谋于身后,庶几终身之慕矣。"一语道出徽州人进行儒贾选择的心境,易儒而贾是在迫不得已的情况下解决个人和家族的生存危机;而一旦贾业有成,则易贾而儒,读书取仕方能大名声、亢吾宗,业儒乃是终身的追求。

咸近士风

对徽商的评价。语出《戴震集》上编《戴节妇家传》:"吾郡(徽州)少平原旷野,依山为居,商贾东西行营于外以就口食。……虽为贾者,咸近士风。"徽州山多地少,只得外出经商为生。但是崇奉程朱理学的徽州人,虽寄命于商,却向往儒家文化,或钻研儒学,或捐资助学,或附庸风雅,或以儒道经商,故虽为商人,但所言所行与士颇为相似。

食惟饘粥

徽州风俗。语出明嘉靖《徽州府志》卷二《风俗》:"(徽州人)多雍容雅都,善仪容,有口才,而贾之名擅海内。然其家居也,为俭啬而务畜积。贫者日再食,富者三食,食惟饘粥,客至不为黍。家不畜乘马,不畜鹅鹜,其啬日日以甚,不及姑苏、云间诸郡产相十而用相百。"意思是,徽州商人虽然在外面都是穿着优雅,注意仪表,又有口才,以善于经营名扬海内,但他们在家时都很勤俭,家境差一些的一天只吃两餐,富者三餐,也只是吃粥而已。就是有客人来,也不备酒招待。不养马乘车,不畜鹅鸭享受。不像苏州、松江等地的人,收获十分,就要用掉百分。

阀阅家不惮为贾

语出《唐荆川文集》卷十五《程少君行状》:"新安土硗狭,田蓄少,人庶仰贾而食,即阀阅家不惮为贾。"徽州山多地少,没有很多平原旷野可作耕田,为解决生计问题,唯有仰赖行商坐贾。即使是世家大族,也不怕选择经商道路。

贾而好儒

徽商非常重要的特色,也是区别于其他商帮的显著特点。儒有四层内涵:一是指接受文化教育的人,二是指遵循业儒取仕道路的人,三是指儒家思想,四是指儒家伦理道德。"贾而好儒"意指,徽商大多从小接受过儒家文化教育,经商后也不放松读书学习;徽商始终将业儒取仕作为终极价值取向;徽商会通"儒术"与"贾事",运用儒家传统文化指导做事做人;徽商恪守儒家伦理,以"儒道"经商。他们或是"先儒后贾",或是"先贾后儒",或是"亦贾亦儒"。

贾何负于耕

明朝中期歙县商人许大兴说:"予闻本富为上,末富次之,谓贾不若耕也。吾郡保界山谷间,即富者无可耕之田,不贾何待?且耕者十一,贾之廉者亦十一,贾何负于耕,古人非病贾也,病不廉耳。"意思是说,我听说以农致富为上,以商致富次之,说经商不若务农。我们徽州处于山谷中,就是富者也无可耕之田,不经商还能干什么呢?况且务农能取得十分之一的利,廉洁的商人也只取得十分之一的利,经商有什么不如务农呢?古人不是指责经商,而是指责不廉的贪商。

贾何负于儒

明歙县商人程澧曾说:"故非薄为儒,亲在儒无及矣,籍能贾名而儒行,贾何负于儒?"意思是说,我不是看不起儒,而是双亲在上,为了生活,无法去读书。如果能够做到虽然是个商人,但能按照儒家思想指导自己的行为,这样的商人哪里不如儒生呢?

职虽为利,非义不取

语见休宁《汪氏统宗谱》卷三。汪忠富,字好礼,常年经商,晚年命长子继承已业,并对他说:"职虽为利,非义不可取也。"意思是说,经商就是为了利,但不义之财决不能要。这话也代表了众多徽商的义利观。

趋时观变

徽商经营手法。语出歙县《褒嘉里程氏世谱》:"趋时观变若猛兽鸷鸟之发。"意思是经商要把握时机,一旦机遇到来,就要像猛兽、鸷鸟扑食般果断出击。

廉贾归富

徽商经商策略。语出司马迁《史记·货殖列传》:"是以廉吏久,久更富,廉贾归富。"意思是说,清廉的官吏,可以做得长久;虽然只靠有限的俸禄,但时间积久,长期积累下来,也富裕了。以此例之,廉贾平稳经营,可以长期守业,时间一长,也就富有了,所以说"廉贾归富"。徽商正是遵从这个理念来经商的。

徽骆驼

徽商精神形象语。语出胡适先生为旅台绩溪同乡会的题词:"努力做徽骆驼。"胡适先后将徽州商人吃苦耐劳、坚韧不拔、百折不挠的精神形象地比喻为"徽骆驼"精神。

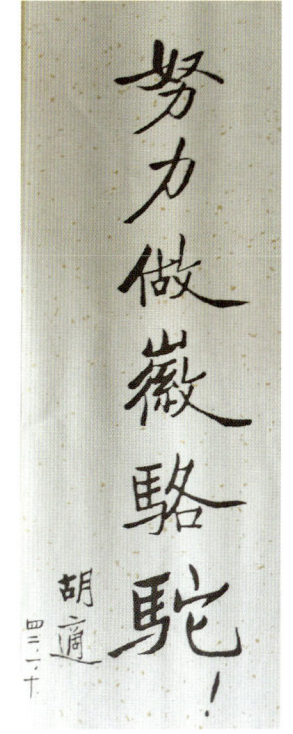

*胡适手迹

[四] 学术宗教

徽州文化大辞典

新安理学
徽派朴学
史学杂著
宗教信仰

[四] 学术宗教

新安理学　徽派朴学　史学杂著　宗教信仰

十七史纂古今通要　史学著作。17卷。元胡一桂撰。是书自三皇以讫五代，裒辑史事，附以论断。前有自序，并地理、世系等13图。钱曾《读书敏求记》极力推崇是书曰："宋以来论史家汗牛充栋，率多庞杂可议，以其不讨论之过也。此书议论颇精允，绝非宋儒隅见者可比。一览令人于古今兴亡理乱，了然胸次。"

十家易象集说　理学著作。90卷。清吴鼎撰。是编采集宋俞琰，元龙仁夫、吴澄、胡一桂，明来知德、钱一本、唐鹤征、高攀龙、郝敬、何楷十家之说。其甄别去取，别为《附录》10卷。是书之编撰乃因汉唐旧说略备于李鼎祚《周易集解》，宋儒新义略备于董楷《周易会通》，唯元明诸解则未有专汇一书者，因集此十家之说以继二书之后。书中大旨主张于明象，其论64卦之对体、覆体、杂卦，传非错简，出于来知德著述者为多。

七经图　经书图画。7卷。明吴继仕编。是书刊于万历七年（1579年），前有继仕自序，云得旧本摹校旧图三百有九，今加校正为三百二十有一。又增《仪礼图》二百二十有七，共为图五百四十有八，所谓旧本即毛邦翰之书，所谓《仪礼图》亦即杨复之书，均非继仕所自撰。

三礼约编　"三礼"删节本。19卷。清汪基撰。是书取《仪礼》《周礼》《礼记》删汰全篇，节录其文而成，便于诵习。然也有不当者，如《周礼》"天官"六十职删"宫正""宫伯"，而"宿卫"之制缺。"地官"七十八职，存"闾师"而删"县师"，则六乡有征税之官，而都鄙丘甸遂无职长，确为删节不当。

大头目　对余懋衡、冯从吾、孙慎行、邹元标的称呼。明天启年间，婺源余懋衡任南京吏部尚书。起初在新安紫阳书院倡兴理学，继而在永新建明新书院讲学，又在京师构首善书院，以为理学讲坛。时魏忠贤专权，贬理学为"伪学"，厉行禁止。御史张讷丑诋讲学诸臣，谓海内书院最盛者四：东林、江右、关中、徽州，南北主盟互相雄长，余懋衡、冯从吾、孙慎行、邹元标为大头目。

子思子　儒家之书。1卷。宋汪晫编。凡9篇，《内篇》"天命"第一，"鸢鱼"第二，"诚明"第三；《外篇》"无忧"第四，"胡母豹"第五，"丧服"第六，"鲁缪公"第七，"任贤"第八，"过齐"第九。书中所录虽真赝互见，然多先贤之格言，故虽编次错乱，但至今仍有价值。

王学类禅臆断　理学著作。无卷数。明末江恒撰。是书辨别王阳明《传习录》所论之非共132条，旨在维护朱子之学，抵排王学。

天理之自然　朱熹的宗法思想。朱熹从理论的高度论证了宗法制度是"天理之自然"，为家族制度的存在提供了理论上的根据。三纲五常是封建宗法制度的统治思想和道德规范的主要内容，对于它的产生，朱熹认为："宇宙之间一理而已，天得之而为天，地得之而为地，而凡生于天地之间者，又各得之以为性，其张之为三纲，其纪之为五常，盖皆此理之流行，无所适而不存。"这样，伦理纲常成了绝对真理。朱熹十分强调封建礼节对于维系与巩固家族制度的重要性，认为一个人不仅要在思想上认同三纲五常、三从四德等伦理道德，更应该在日常生活中主动践行之。在《家礼》中，他对于家族中冠、婚、丧、祭等四项主要活动以及人们起居、言语、出行等日常生活细节都提出了明确的规定。如婚礼，要按照议婚、纳采、纳币、迎亲、见舅姑、庙见等程序依次进行；长者去世，则应该有沐浴、设灵、铭旌、小敛、大敛、成服、迁柩、发引、下棺、成坟等具体环节。为使少年儿童从小就受到良好教育，养成自觉遵守礼仪、循规蹈矩的习惯，朱熹专门编写了《蒙童须知》，其中如"凡为人子弟，须是低声下气、语言详缓""于长上之前，必轻嚼缓咽，不可闻饮食之声""凡侍长者之侧，必正立拱手"等，既细致入微，又表述简明，适合儿童学习。祠堂和族田是近代宗法制度的两大主要特征，程颐在设想重建宗法制度时，曾把立家庙作为重要内容，朱熹则借助历史上人们祭祀乡贤名士的"祠堂"一词，把家庙改称"祠堂"，作为祭祀祖先、团聚族人的中心。为保证祭祀活动的延续和吸引族众，他又提出设置族田作为物质基础。朱熹还特别强调家长、族长在家庭和家族中的地位，维护他们至高无上的权威。唯有这样，整个家族的秩序才会得到维护。朱熹宗法思想主要通过《家礼》《古今家祭礼》等著作得到体现。

元之国学　入元以后，朱子之学被定为国学，学者只能尊信，不能怀疑。虞集《道园学古录》载："朱氏诸书，定为国是，学者尊信，无敢疑贰。"朝廷规定以程朱理学作为科举考试的主要内容，先秦儒家经典的内容，也要以朱熹、程颐、程颢等人对儒家经典的注疏为依据，实际上就是以程朱理学作为科举考试出题的范围。各级儒学、书院、庙学甚至私学，教学的也是这些内容。正是由于元朝统治者的大力提倡，程朱理学到元朝成了官方的统治思想，其在学术上乃至政治上至高无上的正统地位通过科举进一步强化了。

太极 朱熹称理为"太极"。《朱子语类》卷九十四载："太极者，如屋之有极，天之有极，到这里更没去处，理之极至者也。""太极"是最高的理，亦即天地万物之理的总言，不同的万物则是太极的分别体现。正因如此，人人有一太极，物物有一太极。

历朝通略 理学著作。4卷。元陈栎撰。是编叙历代兴废得失，各为论断，每一代为一篇。自伏羲至五代为2卷，北宋、南宋则各占1卷，盖详近略远之意也。南宋止于宁宗，卷末栎自跋谓理、度二朝无史可据也。是书虽撮叙大纲，不免简略，而持论纯正，以资考证则不足，以论是非则对读史者颇有启发。

中庸讲义 理学著作。3卷。元程逢午撰。逢午致力理学，专长《中庸》。所著是书，一本朱熹之说，又辑录《语录》，引朱熹之语疏证朱熹学说，务在得朱子之学本旨，其中也不乏自己的心得体会。时人认为其文可传，于是由紫阳书院雕版刊行。

中庸点缀 理学著作。1卷。明方时化撰。是书首为《中庸总提》，次全载《中庸》之文，每段或总批或旁批，其体例略如时文，其宗旨则纯乎佛氏。

六爻原意 理学著作。明金瑶撰。是书乃其晚年所作。"原意"乃原周公爻辞之意。其自序云："周公作爻辞，必先得一卦之意，然后因爻而布之。此爻是此意，则以此意属此爻。彼意合彼爻，则以彼爻系彼意。"故每卦皆先列六爻于前，而为统论于后。

文公丧礼考异 理学著作。元吴霞举撰。霞举学术出于朱熹一脉。所著是书本之《仪礼》《礼记》，注疏则主要参考朱熹《家礼》，并结合自己的心得体会编撰而成，被视为比《家礼》更为详细的重要著作。

文公家礼 又名《朱子家礼》。家庭礼仪著作。10卷。南宋朱熹撰。是书上承《仪礼》《唐开元礼》，又吸收司马光《书仪》的已有成就，参酌古今，制定了一套冠、婚、丧、祭和其他家常日用的礼仪制度。全书分《通礼》《冠礼》《婚礼》《丧礼》《祭礼》五部分。《通礼》含"祠堂""深衣制度""司马氏居家杂仪"三节，统领全篇。《丧礼》部分述及五服制度和居丧杂仪。全篇文字分正文和注释两种，正文没有规定"厅寝户牖""庭阶升降"的繁文缛节，仅记述礼仪的主体过程。这一方面使"家礼"语言简洁，礼仪安排相对紧凑、连贯，便于熟记和操作，发挥对现实生活的指导作用；另一方面也为平民百姓的运用提供便利，可因人、因地、因时制宜。是宋朝家礼中具有集大成性质的一部礼仪，并由此确立了中国封建社会后期家礼的基本范式。

文公阙里 南宋著名理学家朱熹故里的誉称。"文公"，指朱熹；"阙里"，本孔子住地。喻朱熹故乡可与曲阜相比。南宋咸淳五年（1269年）八月，南宋皇帝诏赐"文公阙里"于婺源，遂称婺源为"文公阙里"。

*文公阙里

心性 理学术语。心在朱熹的思想体系中占有极其重要的地位。朱熹认为，道心与太极、天理、天地之性相对应，人心与气质之性相对应。道心为人的本性，是禀受仁义礼智之心发而为恻隐、羞恶、是非、辞让，但在现实中一般不存在。人心出于形气之私，是饥食渴饮之类，有善恶之辨，人心与道心是船与舵的关系。心的性质与职能是"虚灵知觉"。虚灵是表明心能够禀赋理而构成至善之性；知觉是表明心能够据此性而与事物发生感应作用。据此他认为，心居于"无对"的主宰地位，以"心统性情"并决定着人们的行为。为此，朱熹区分了人心与道心，并进而将人心、道心与天命之性、气质之性联系起来进行考察。《朱子语类》卷四载："若有天命之性，便有气质之性。若以天命之性为根、为心，则气质之性又安顿在何处？谓如'人心惟危，道心惟微'，即是心；不成只道心是心，人心不是心！"在他看来，道心是天理的体现，是"原于性命之正"，是义理之心，是人心的主宰；人心是气质的表现，是"出于形气之私"，故而必须接受道心的主宰和统领，此即"心统性情"，包括性情，主乎性而行乎情，贯通于未发与已发。未发为体，已发为用，因而心又具有"体用"的功能。朱熹在继承张载思想的基础上更为明确地解决了心与性情之间的关系问题。

心学阵营 明朝中后期的新安理学学派。由新安理学家中湛若水、王阳明心学的崇拜者所组成。这一阵营的骨干成员有湛若水门徒婺源洪垣、方瓘，祁门谢显、谢芊，歙县汪道昆、程大宾，休宁程默，婺源程文德、潘士藻等。洪垣是湛若水的四大弟子之一，著有《理学闻言》《论学书》等文，对乃师的学说有所发展。方瓘初从湛若水学于南京，是最受器重之一。谢显从湛若水学，颇得其精髓。汪道昆、程默从学王阳明。程大宾受教于王学传人钱德洪。程文德著有《论学书》，主张"以真心为学之要"；潘士藻著有《暗然堂日录》，讲究"默识二字，终身味之不尽"，他们分别师从王阳明高足王畿和王艮，深得乃师学说要旨，成为此期新安理学中主张心学的重要代表人物。

以风节相砥砺 元新安理学家的气节赞语。朱熹极为推崇"饿死事小，失节事大"的风节，这一命题其实并非专门针对女子，同时也指男子气节。这种气节，既鼓励女子不嫁二夫，也要求男子不做贰臣。蒙古族人入主中原，建立元朝，在新安理学家的观念中，无疑是"夷狄入侵""乱我华夏"。因此，以风节相砥砺，采取与朝廷不合作的政治态度，转而隐居山林，讲学授徒，精研朱子之学。将自身对政治的抱负，注入学术方面。

以实理求之 元明之交的新安理学主张。赵汸提出读书必须"一切以实理求之，反而验之于己，非有以信其必然不已"。所谓"实理"，包含了两层意思：一是指读书求理应求真实之理、本来之理，而非仅止于推究文义中的"理"。二是指对于所得之理，不仅要"知其然"，而且应"知其所以然"，即"非有以信其必然不已"。这是赵汸求"实理"治经主张的核心内容。他认为，仅仅"辨析文义，纂辑群言，即为朱子之学"，不过是学术末流而已。赵氏之见，即要求摆脱盲目迷信之学术指导思想，跳出"推究文义"的末流功夫，代之以探求"实理"，从而达到知其所以然的目的。

东山存稿 诗文集。8卷。元赵汸撰。其中诗词1卷、文6卷、附录1卷。汸于明洪武二年(1369年)应召修《元史》，归未逾月而卒。初编成于其门人汪荫、范准之手。清朱彝尊《静志居诗话》言："赵集岁久沦阙，其裔孙(赵)吉士视榷扬州，镂版以传。"卷一：五言古诗、七言古诗、五言律诗、五言排律、五七言绝句及词；卷二：考、策问、序；卷三：序、书、记；卷四：记；卷五：题跋、对问、说、状、祝文、祭文、赞、碑文；卷六、卷七：行状、传、葬志、墓志铭、铭、墓表。有汪仲鲁序。附录詹垣《东山赵先生渼行状》。有元一代经学莫深于黄泽，文律莫精于虞集，汸经术出于黄泽，文律得于虞集，所学渊源有自，皆天下第一，故其议论有根柢，在元末亦翘然独出。诗词虽不甚留意，然往往颇近北宋元祐之体，无雕镂繁碎之态，盖有本之学。

四书发明 理学著作。38卷。元陈栎撰。其学以朱子为归，汪炎昶称之"精深且纯正"。陈栎因惧朱熹之后诸家之说乱"朱子之学"本真，乃著《四书发明》《书传纂疏》《礼记集义》等书，反复论述数十万言。对与朱熹理论相悖的言予以删除，对朱熹理论的微词隐义引而申之，对朱熹没有谈到的补充发挥。使朱子之学，得到昌明。

四书通 理学著作。26卷。元胡炳文撰。是书以赵顺孙《四书纂疏》、吴真子《四书集成》皆阐朱子之学说，对那些与朱子相违者则重新刊刻，附以己说。作者认为：《六经》是天地，《四书》是行天之日月，也是朱子平生精力之所萃，而孔、孟之心所寄也。学者未曲畅旁通，未易谓之知味；非用力之久，而一日豁然贯通，未易谓之穷理。"此余所以不得不会其同而辨其异也。"(《四书通序》)凡朱子以前之说，嫌于补朱子之遗，皆斥不录，故所取于纂疏集成者仅14家，二书之外又增入45家，则皆恪守朱子之学者也。大抵《四书》经文非其所论，唯以合于朱注之意与否，定其是非。《章句》《集注》所引凡54家，今多不甚可考。蔡模《集疏》间有所注，亦不甚详。是书尚一一载其名字，颇足以资订正。《四书纂疏》《四书集成》之有疏误者，则删正文。虽不免仍有疏漏之处，然炳文于朱子《集注》习其读而会其通，论者甚至比之于《白虎通》。

四书通义 理学著作。20卷。明刘剡撰。是书因倪士毅《四书辑释》重为订正，再加上金履祥《疏义指义》、朱公迁《通旨约说》、程复心《章图》、史伯璇《管窥》、元王善《通考》及当时诸儒著述，改题此名。

四书通证 理学著作。6卷。元张存中撰。初胡炳文作《四书通》，详义理而略名物，存中因排纂旧说成此书，以附其后，故名曰《四书通证》。全书征引详明，于人们习读不察者，一一俱标出处，可省检阅之烦，有补于初学者。

四书章句集注 理学著作。南宋朱熹撰。包括《大学章句》1卷，《中庸章句》1卷，《论语集注》10卷，《孟子集注》7卷。朱熹后半生用大量心血撰写和反复修改"四书"的注释，经过40余年的研索，至70岁去世前一天还在修改《大学·诚意章》的注。他认为"四书"完整地代表了由孔子经过曾参、子思传到孟子这样一个儒家道统，而"二程"(即程颢、程颐）和自己则是继承和发扬者。他为"四书"分别作了注释，给《大学》区分了经传并重新编排了章节，作为一套书刊行。"四书"之名由此而定。

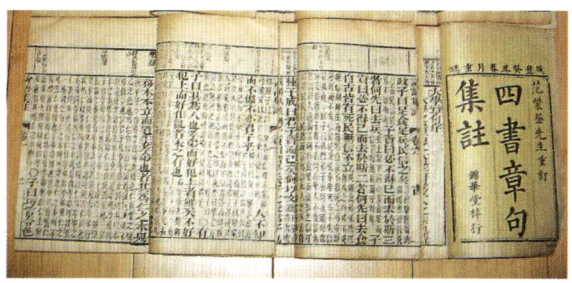

*《四书章句集注》内文

四书章图 理学著作。22卷。元程复心撰。复心学本朱熹，以治《四书》为长，终身致力于阐释朱熹《四书》之旨。曾以30年之功，著成是书。该书取朱熹《大学章句》《中庸章句》《论语集注》《孟子集注》，分章为图，随义立例编纂而成。书中兼采朱熹嫡传弟子黄干等人之说，发明朱熹之微言，间以个人的心得体会，阐扬朱熹学说的未尽之处，被誉为一部有功于后学的理学名著。

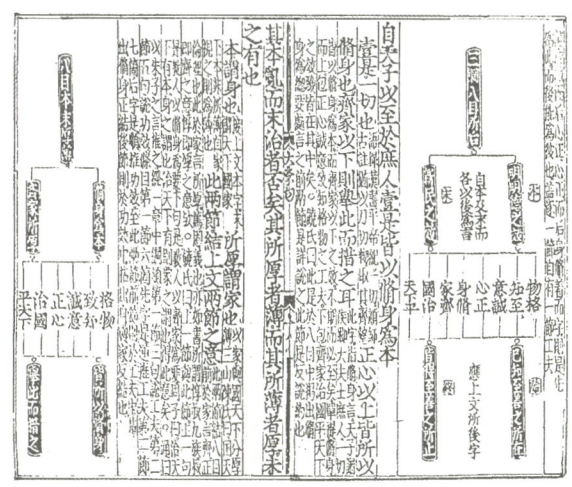

*《四书章图》内文

四易通义 理学著作。6卷。明程观生撰。作者认为以往说《易》者多以己意解《易》，而不能以《易》解《易》，故其义转为传疏所混淆，因作是书。首列《横图、方图、圆图合参要旨》，次《卦象爻定辞微旨》，而于每卦每爻下各系错综互变所在以贯通之，其大旨主于明人事。自序谓时当大乱，非藉四圣之力不足以救。故每发一义以举今之非，而折中于《易》理之是，大多隐喻明末时势而言。书中又极称封建为良法，且言天地一日不改，此法终不可易，则立论未免迂僻。

发明朱子之学本旨 新安理学特征。针对研究朱子思想的"异论"，新安理学家以发明朱子之学本旨，对有悖于朱子之学者，或订正其偏误，或干脆刊而去之。陈栎的《四书发明》《书传纂疏》《三传集注》，便是此类著作。揭傒斯《定宇陈先生栎墓志铭》指出陈栎著书的目的，乃是通过删补以求还原被诸家所乱的本真。胡炳文对朱熹所注《四书》用力尤深，作《四书通》，专门纠正饶鲁之讹错、赵顺孙《四书纂疏》和吴真子《四书集成》对朱子之学的曲解。程复心著《纂释》等书，辨证异同；程显道作《孝经衍义》，辨析贯通朱熹学术本义；吴彬辨朱熹"四游升降"之说，纠正朱熹门人所记之误。诸如此类，以维护朱子之学的纯洁性。对朱子之学中的微词隐义，新安理学家还加以引申；其所未备者，则加以补充发挥。力求朱子之学的正确阐发，使各种"异说"不攻自破，从而在另一面维护朱子之学的纯洁性。胡一桂一生专治易学，著有《易本义附录纂疏》，该书以朱熹《易本义》为宗，辨明其他诸儒易学观点之得失。胡炳文从小受家学影响，对朱子之学尤为用心，以订正异说为己任，著《四书通》《性理及朱子启蒙》《春秋集解》《五经今意》等多部著作，意在阐明朱子之学本旨，以防异说扰乱视听。他"会同辨异，卓然成一家之言"，是元朝新安理学中严守朱学门户的易学代表人物之一。

考古编 理学著作。10卷。南宋程大昌撰。是编乃杂论经义异同，及记传谬误多所订正。其诗论17篇，反复推阐，大抵谓诗有南雅颂之名，无国风之名。至"正朔论"谓周人虽首子以命月，而占星命算修词举事，仍用夏时。"象刑论"谓是刑官取其法悬之象魏，而不取画衣冠异章服之说。全书持论虽颇新异，而旁引曲证却能有所依据。其他所论皆典确明晰，并非泛泛而谈。

师山文集 理学著作。14卷。元郑玉撰。其中文集8卷，遗文5卷，附录1卷。前有至正七年（1347年）程文序，又有至正十年（1350年）玉自序，盖即玉所自编。遗文5卷疑其裔孙虬装潢成册。附录1卷则为当时酬赠诗文及后人题咏也。玉学术本醇，主于明正道，扶世教，尤其是主张调和朱熹和陆九渊的思想。玉认为："近时学者，未知本领所在，先立异同，宗朱则毁陆，党陆则非朱，此等皆是学术风俗之坏，殊非好气象也。"书中既认同陆氏学派的思想"天地一易也，古今一易也，吾身亦一易也。以吾身而论之，心者，易之太极也"，也认同程朱学派"太极之生阴阳，阴阳之生五行，岂有理外之气"的思想。在其《送葛子熙序》中进一步说道："陆子（陆九渊）之质高明，故好简易；朱子（朱熹）之质笃实，故好邃密。所入之途有不同，及其至也，三纲五常、仁义道德岂有不同者哉？况朱陆二人同赞尧舜，同非桀纣，同尊周孔，同排释老，同以天理为公，同以人欲为私，大本达道，无有不同者，学者不求其所以同，惟求其所以异，此岂善学圣贤者哉？"其言皆辨别真伪，洞见症结，无讲学家门户之见。

师山学派 儒学门派。元末歙县郑玉创立。郑玉号师山,一直于歙县师山书院教授儒学,学者称其"师山先生"。郑玉曾师事陆九渊高足杨简的三传弟子吴瓖、夏溥及杨简的私塾弟子洪震老,从而获得陆氏心学真传。继而又接受程朱理学思想,遂将两派思想融会为一,确立自己调和朱(熹)、陆(九渊)的思想体系,从而形成儒学界之"师山学派"。师山学派以调和朱、陆两派之争为主要特色,较为客观公正地分析朱、陆之学各自的利弊,认为应汇两家之长,打破门户之见。郑玉"和会朱陆"的观点影响了当时及后代学者,为理学内部阵营的统一做出了贡献。全祖望在《宋元学案》卷九十四《师山学案》评论时指出:"继草庐(吴澄)而和会朱陆之学者,郑师山也。草庐多右陆,而师山则右朱,斯其所以不同。"郑玉一传数传弟子甚多,著名的有郑潜、鲍元康、鲍深、鲍观、鲍葆、汪自明、王友直、洪斌、洪杰、洪宅、吴虎臣、郑涟、郑忠、郑桓、鲍颖等。

朱子大全 见262页"朱文公文集"条。

朱子之学复兴 清朝新安理学事件。明朝中后期心学渗入徽州,徽州学术文化呈现朱子之学与心学杂存的格局。明亡之后,思想界在反思当时一系列社会问题时,对晚明泛滥的心学进行了深刻批判,学术界出现了复兴朱子之学的潮流。清初徽州学术文化有过短暂的回归朱子之学一统的运动。康熙八年(1669年),杨泗祥、施璜等人制定了《紫阳讲堂会约》,会约核心是"崇正学",这其实是复兴朱子之学的一道宣言。从清初学术文化代表人物的地域分布来看,徽州这场回归朱子之学一统运动的中心区是歙、休宁和祁门三县。主要代表人物有:歙县汪德元、汪知默、胡蕊明、吴苑、吴曰慎,休宁杨泗祥、朱弘、汪浚、施璜、赵继序,祁门张宾、陈二典、谢天达。以上人物均见载于《紫阳书院志》。其中,吴苑为康熙二十一年(1682年)进士,累官至国子监祭酒,曾为徽州紫阳书院请得御笔"学达性天"匾额,并致书紫阳书院诸儒,相与探讨太极、西铭以及河图洛书之理。此外,施璜为学崇尚朱子之学,力主抵排陆王心学,主讲于紫阳、还古两书院40余年。赵继序其学一以朱子为宗,曾会讲于徽州紫阳、还古两书院,主持直隶鸳亭、江西白鹭洲讲席。

朱子功臣 对胡一桂的赞语。婺源胡一桂尝入闽,博访诸名士,以求朱熹绪论。于武夷山结识名儒熊去非,商讨学术,为"道义相交"。以治《易》为学术特长,而学本朱熹。著有《易本义附录纂疏》《易学启蒙翼传》,疏证朱熹之言,阐发朱熹易学思想。其中《易本义附录纂疏》以朱熹《易本义》为宗,取朱熹《语录》《文集》中论及《易》者附之,谓之附录;又取诸儒易说与朱熹《易本义》相合者纂之,谓之纂疏。是书去取诸家之说的标准,都是根据朱熹的论述。这部书是宋元之交新安学派严守门户、发明朱子之学的重要代表作。当时在海内广为流传,产生了重大影响,一桂因此被人目为"朱子功臣"。参见265页"易本义附录纂疏"、265页"易学启蒙翼传"条。

朱子学异论 违背朱熹学术思想的理论。朱熹之后,由于其弟子对他的学术思想领会不同,分离出各种派别,如饶鲁年幼时师从乡贤柴中行,后又师从朱熹女婿黄干,承传朱熹理学,但所著多与朱子抵牾。赵顺孙、吴真子都是朱熹的再传弟子,赵顺孙作《四书纂疏》,吴真子作《四书集成》,都是阐述朱熹《四书集注》的著作,其说也多与朱熹之说不同。有人专从训诂入手,着意于辑录、纂注、训释工作,将朱子之学变得支离破碎,背离了朱子之学寻求义理的本质。有些从事义理研究的学者,不能严守师法,歧说纷起,已失其真。

朱子语类 南宋朱熹讲学语录的分类汇编。140卷。原有池州、饶州、建安所刊三种《语录》,眉州、徽州所刊两种《语类》,后经黎靖德合并,编辑成今本。全书分为"理气""鬼神""性理""学"等26门,内容涉及自然科学、哲学、政治、史学等多方面。此书虽非朱熹亲定,但反映朱熹学说之"大要",是研究朱熹思想的重要资料。《四库全书》收录。

朱子家礼 见259页"文公家礼"条。

朱文公文集 亦即《朱子大全》,全名《晦庵先生朱文公文集》。理学著作。100卷,续集11卷,别集10卷。南宋朱熹著。朱熹著作经后人先后辑编,原有《晦庵集》《晦庵朱先生文集》《晦庵先生集》《朱子文集大全类编》等不同刻本,正、续、别集卷数多不一致。明嘉靖年间胡岳刻本比较完备,内容有各类诗文,并包括朱熹有关论学和部分哲学著作。

朱文公易说 理学著作。23卷。南宋朱鉴编。鉴为朱熹嫡长孙,字子明,以荫补迪功郎,官至湖广总领。朱子注《易》之书有五:《易传》11卷、《易本义》12卷、《易学启蒙》3卷、《古易音训》2卷、《蓍卦考误》1卷,皆有成书。但其与朋友论辩之言论,则散见《语录》中。鉴汇而辑之,以成是编。是书全采《语录》之文,以补《本义》之缺。其中或门人记述,未必尽合师说,或偶然问答,未必能成确论,然能将朱熹言论收集一起,勒成一编,以备考证,亦可谓能传其家学。

朱陆始异而终同 明徽州著名学者程敏政关于朱熹与陆九渊之学的学术思想核心。通过对"道一"学说的阐发,从而认为朱熹与陆九渊之学"早异而晚同",二者经历三个阶段:"始焉如冰炭之相反""中焉则疑信之相半""终焉若辅车之相倚"。从而首次系统、细致地论证朱陆之"道"本质上无二,"始异而终同",对明朝"心学"大师王阳明产生重要影响。

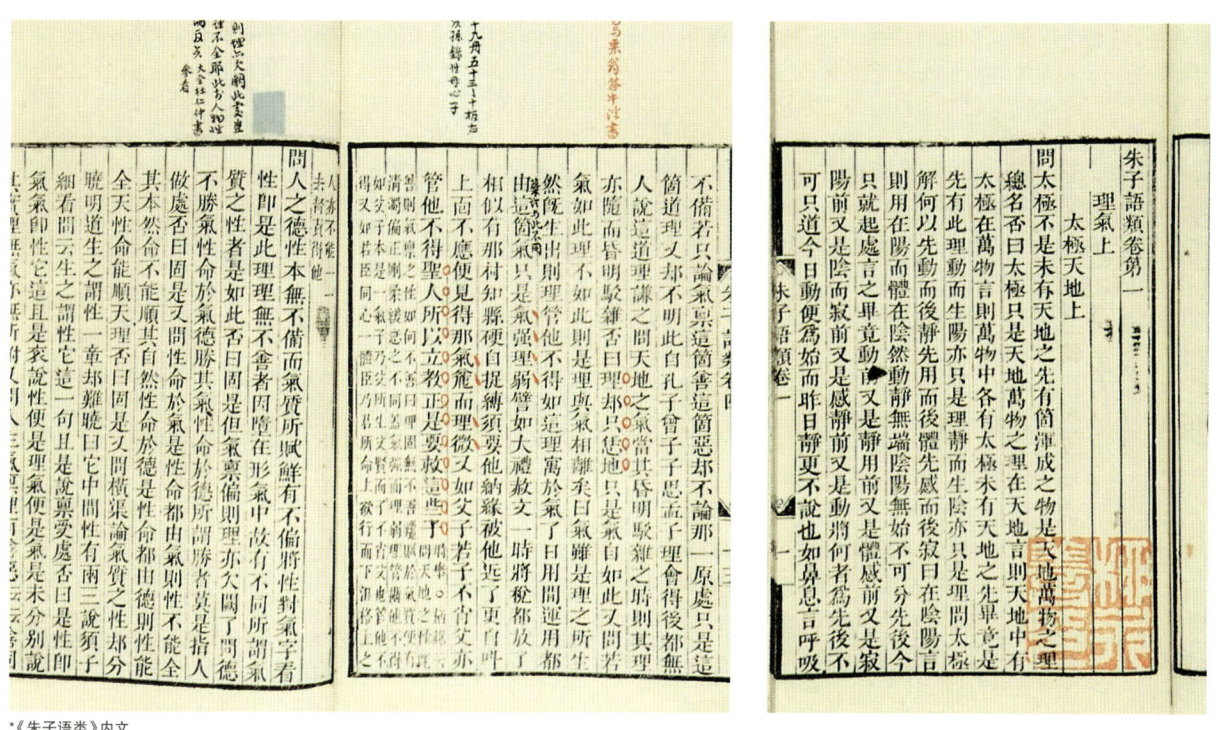

*《朱子语类》内文

朱枫林集 诗文集。10卷。元末明初朱升撰。是编前8卷皆诗文，而以《官诰》及《太祖手敕》编入第一卷首，与升文相连，不近体例。第九卷载《徽州府志》本传1篇，廖道南所撰《诗赞》1首，并《翼运节略》10余则。第十卷为《附录》，皆当时投赠诗文也。

朱熹十二弟子 朱熹徽州及门弟子总称。《紫阳书院志》载："文公归里，乡先正受业者甚众。今论定高第，弟子十二人列于从祀……"即婺源程洵、滕璘、滕珙、李季，绩溪汪晫，歙县祝穆、吴昶，休宁程先、程永奇、汪莘、许文蔚，祁门谢琎。

休宁理学九贤 理学名家尊称。宋、元、明三朝，休宁理学家程大昌、吴儆、程若庸、陈栎、倪士毅、朱升、赵汸、范准、汪循九位理学名儒造诣深邃，名重一时。明万历年间，休宁县人曾在县治东门外为他们建造"九贤坊"，以示景仰。

休宁理学先贤传 理学家传记。1卷。明范涞撰。是书取宋程大昌、吴儆、程若庸，元陈栎、倪士毅，明朱升、赵汸、范准、汪循等九人，分别立传，以述其捍卫朱子之道之功，被人称作一部"综核严正"的著作。

伊雒渊源录 理学著作。14卷。南宋朱熹撰。是书成于乾道年间，书中专门记述了宋周敦颐、程颢、程颐及其弟子的道学思想言行，来说明他们学术的师承传授。《四库全书总目提要》指出："盖宋人谈道学宗派，自此书始。而宋人分道学门户，亦自此书始。"是书对研究宋朝道学流派及其思想发展颇有参考价值。其后声气攀援，转相依附，其君子各执己见，或酿为水火之争，其小人假借因缘，或无所不至。然朱子著此书之意，乃以前言往行示范后人，未尝逆料及此。有人因此而并议此书，有失偏颇。

会同朱陆 元朝新安理学主张。元著名理学家郑玉，学术思想以调和朱（熹）陆（九渊）为宗旨。在郑玉看来，朱陆之学各有长短，只有摒弃门户之见，才能相互取长补短，臻于完善。他认为，朱陆之学大体相同，在基本点上原本就是一致的，在自己的学术活动中自觉地融会朱熹理学与陆九渊心学。他一方面受朱熹所谓穷理必自读书始之观点的影响，取天下之书而读之，以求圣贤之道；另一方面也受陆九渊"心即理"说及切己自反方法论的影响，主张向内用功，用心去体认天理，在元朝会同朱陆的学术思潮中具有较大影响。

阴符经考异 考证著作。1卷。南宋朱熹撰。《阴符经》乃道家书。旧题黄帝撰。相传有太公、范蠡、鬼谷子、张良、诸葛亮、李筌等六家注。内容提出"阴阳相胜之术"，认为"治国之术百数，其要在清净自化；用兵之术百数，其要在奇正权谋"。可能是唐李筌所委托，《朱子语类》亦以为然。然因其书时有精语，非深于道者不能作，故朱熹对其文一一进行考定。

羽翼之功不可没 对胡炳文的赞语。婺源胡炳文自幼好学，专心研究朱子之学，对于诸子百家、阴阳医卜、星历术算也无不精通。由于学问精深，他曾受聘于婺源县学讲学，还先后出任江宁教谕、信州路学录和"道一书院"山长，在学界被尊为一代名儒。学术研究，以朱子为宗，著作被《四库全书》收录的有《四书通》26卷、《云峰集》10卷、《周易本义通释》12卷。所著《周易本义通释》以朱子《周易本义》为蓝本，参考各易学名家的注解，一字一句地进行考证，《四库全书总目提要》称其对朱子之学的"羽翼之功不可没"。所著《四书通》对诸儒的研究成果，凡是不符合朱子之说的解释全部删除，有所发挥而不违背朱子之说的则附录于后。《四库全书总目提要》称《四书通》"虽坚持门户，未免偏主一家，但用心良苦，且考证缜密，章句集注所引凡54家之言，今多难以考证，是书尚一一载其名字，颇足以资订正"。《四书通》为后人研究朱子理学，吸取中华传统文化的精华，提供了翔实宝贵的资料。参见260页"四书通"、266页"周易本义通释"条。

孝经句解 解释《孝经》之书。1卷。元朱申撰。是编注释较粗糙，如"仲尼闲居"句下注曰："孔子名某，字仲尼，闲居谓闲暇居处之时。"卷首题晦庵先生所定《古文孝经句解》，而书中却以今文章次标列其间，其字句又不从朱子刊误本，故显杂乱无绪。

孝经衍义 理学著作。元程显道撰。显道善探究性理之学，经、史、子、传、阴阳、医、卜亦有考究，但重在《孝经》。所著是书根据朱熹《孝经刊误》，采摘尧、舜、禹、汤、文、武之孝以次及于历代明君、贤卿、大夫、士、庶人之孝，著其行事，充实而成。

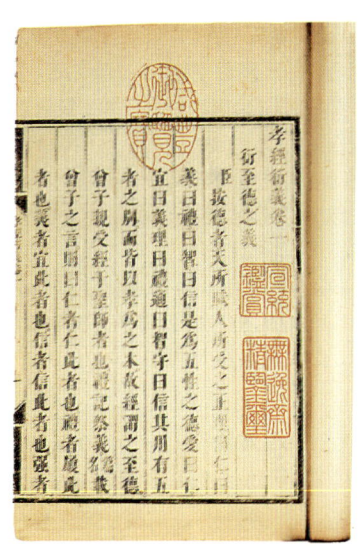

*《孝经衍义》内文

孝经类解 解释《孝经》之书。18卷。清吴之骙撰。之骙，康熙十一年（1672年）举人，官绩溪县教谕，迁镇江府教授。是书多引经、史、子、集以证经文，引证详博，每句之下，几乎成为类书一门，但较繁杂。释经之要在于发挥经文微言大义，而此书往往旁引后代故实，牵合比附，是为失当。

求真是之归 理学指导思想。元明之际，以休宁朱升、赵汸和歙县郑玉等为代表的新安理学家，不满足于墨守门户，认为元朝新安理学家死抱师门成说，层次太低，不利于发扬光大"朱子之学"，遂致力于学风的转变，力倡独立思考、唯真是从的新学风。提出"求真是之归"的口号，要求真正明白朱子之学的真谛，而不是人云亦云，附声唱和。由此出现了朱升"旁注诸经"发明朱子学，郑玉、赵汸通过"和会朱陆"以求弘扬理学要义的不同学术风格。

纯正蒙求 蒙学课本。3卷。元胡炳文撰。所谓"蒙求"，乃言蒙昧当就明者，以求通达，故以名书。是书集古代嘉言善行，各以四字属对成文，而自注其出处于下。所载皆有助幼学之事。上卷叙立教、明伦之事，中卷叙立身、行己之事，下卷叙待人、接物之事。每卷120句，总为360句。卷中又各有子目，每一目多者一二十句，少者不过4句。此书显明易晓，儿童易记易学，与朱子《小学·外篇》足相表里，虽为浅近但也不失其价值。

事文类聚 类书。170卷。南宋祝穆撰。分前集60卷、后集50卷、续集20卷、别集30卷。是书仿《艺文类聚》《初学记》等书体例，搜集古今纪事即诗文，合编成书，供查检典故之用。每集各分总部，而附以子目，条列件系，颇为赅备。每类始以群书要语，次古今事实，次古今文集。其中某些内容辗转贩鬻，不知本始，殊不及前人之精审。然《锦绣万花谷》之类所收古人著作，经编者删摘后全书已不完整，独此书所载必录全文，故前贤遗佚之篇，间有借以足征者。如束皙《饼赋》、张溥《百三家集》前书仅采数语，而此书备载其文，是亦其体裁之一善。在宋朝类书之中，此书搜集材料较丰富，可资检阅。

尚书旁注 解释《尚书》之书。6卷。元末明初朱升撰。是编以《尚书》本文大书正行，以训释字义者细书于旁，间有疏明大旨者，又别作一行书之。是书乃乡塾教授儿童之教本，故较为浅显。梅文鼎序谓升有《四书五经旁注》，明嘉靖年间程闻礼为重刊，止存《易》《诗》《书》，余皆散佚。清康熙五十年（1711年），石城蔡壑再为刊行。坊肆流行《五经旁训》之本，实首倡始于升。

尚书集传纂疏 解释《尚书》之书。6卷。元陈栎撰。是书纂辑诸家之说以疏解蔡沈《书集传》，故曰"纂疏"。又因蔡沈之书实出于朱熹指授，其第一卷曾经朱熹手订，故陈栎于此书第一卷特标朱子订正之目。每条之下，必以朱熹之说冠于诸家之前，间附己意，于蔡氏之说有所增补。

易引 理学著作。9卷。明方时化撰。时化传其高祖社昌之易学，著书6种，其子庞汇辑合刊，此其第一种，共101篇。前后泛论易理，中则每卦为一篇，兼及《系辞》各章。大旨以佛经解《易》，后人难以认同。

易本义启蒙通释 理学著作。2卷。宋胡方平撰。方平长于治《易》，曾沉潜于《易》20余年，反复探究，务得其旨。《宋史》本传称他得朱熹易学原委之正。朱熹著有《易本义》一书，并谓开卷之初，先有一重象数，而后《易》可读。方平因此而著是书及《外翼》4卷，其始明象数，为学者读朱熹《易本义》而设。又有《易余闲汇》，推崇《易本义》一书阐象数义理之源，示开物成务之教，并教人如何把握《易本义》的精髓。方平的三部易学著作，是新安学派阐发朱熹易学思想的重要典籍。

易本义附录纂疏
理学著作。15卷。元胡一桂撰。是书以朱子《周易本义》为宗，取《文集》《语录》之涉及《易》的论述附之，谓之"附录"。又取诸儒《易》说之合于朱熹《周易本义》者纂之，谓之"纂疏"。其取舍鉴别裁定，唯以朱子为标准。实因宋末元初讲学者宗派最严，而新安诸儒于授受源流辨别尤甚。

易学启蒙通释
理学著作。2卷。宋胡方平撰。是书即发明朱子《易学启蒙》之旨，虽亦专门阐释易学，但能根据朱子之书，反复诠释。所采诸书，凡黄干、董铢、刘爚、陈埴、蔡渊、蔡沈六家，皆朱子门人。又蔡模、徐几、翁泳三家。模，蔡渊子。几、泳皆渊之门人。故是书所阐观点，尚不至于偏离朱子之宗。

易学启蒙翼传
理学著作。4卷。元胡一桂撰。一桂之父方平，尝作《易学启蒙通释》，一桂更推阐而辨明之，故曰"翼传"。自序称去朱子才百余年，而承学渐失。因于《易本义附录纂疏》外，复辑为是书。凡为《内篇》者三：一曰《举要》，以发辞变象占之义。二曰《明筮》，以考史传卜筮卦占之法。三曰《辨疑》，以辨《河图》《洛书》之同异。皆发明朱子之说者也。为《外篇》者一，则《易纬候》诸书以及京房《飞候》、焦赣《易林》、扬雄《太玄》、司马光《潜虚》至邵子《皇极经世》诸法，亦附录其概。以其皆《易》之支流，故别之曰"外"。大致与其父之书互补，方平主于明本旨，一桂主于辨异学，故体例殊。参见265页"易学启蒙通释"条。

易经会通
理学著作。12卷。明王邦柱、江柟同撰。是一部为科举考试而设的讲义一类的书。该书所征引至170余家，杂而无统，随文衍义，少有创见。其所标榜者，有《全象合旨》《六爻合旨》《二卦合旨》《系辞合旨》等，亦多如此。至于卷首列取象之义，分正体、互体、变体、复体、积体、移体、半体、似体、反体、伏体、对体诸例，自谓偶有巧合者，录其一二，实则横生枝节，随意立名。后人谓其冗琐无当，反而纠缠不清。

易经补义
理学著作。4卷。明方芬撰。是书全列《周易本义》于前，而以自己创见附赘于末，皆标"补"字以别之。其凡例云述其祖父有度所撰《易旨正宗》及其父希莱《易经要旨》而为之。今二书皆未见，然观芬之书，其大略可知。

易经释义
理学著作。无卷数。清黄中琦撰。《安徽通志》收录。是书荟萃诸家之说参互考订而成。桐城马登贤评说道："奇玉堪深经术，释易一书主理不主数，大旨宋程传而自出精意参之。"

易指要绎
理学著作。3卷。明方时化撰。乃其易学著作之第四种。初，时化高祖社昌尝著《周易指要》5卷，至时化乃取而演绎之。每段之下，凡称"绎曰"者，皆时化之言。

易原
理学著作。8卷。南宋程大昌撰。大昌学术湛深，于诸经皆有论说。由于《易》经本义自汉以来众说纷纭，故作是书以贯通之。苦思力索，四年而成。原，推究本原。《易原》，即推究《周易》之义的本原。陈振孙在《书录解题》中，称其首论五十有五之数，参以《河图》《洛书》大衍之异同，以此为《易》之原，"其见出先儒外"，并对"一生二、二生三、三生万物"的宇宙生成模式，用理学思想进行了解释。他把宇宙乃至万物的本原，归诸"太极"，跳出了老子的命题，而走进了理学范畴。其书久无传本，唯程敏政《新安文献志》载有3篇，《永乐大典》尚存百余篇，皆首尾完整，四库全书馆臣谨加采掇厘定，勒为8卷。

易通
理学著作。1卷。明方时化撰。乃其易学著作之第六种。多取《通书》《正蒙》之言发明易学原理。《通书》又名《易通》，《正蒙》亦多诠释造化阴阳之妙，其理本自相贯。然一经时化之发挥，则儒言皆混淆于异学。

易赘
理学著作。2卷。清王艮撰。是书每条皆泛论易理，不标经文。凡与人问答书中有论及《易》者，亦节录附入。自序云："汉儒乱其数，宋儒凿其理，其有合于《易》而不失厥旨者，要非全《易》矣。"然而书中大旨仍是主张义理而不言象数。

易疑
理学著作。4卷。明方时化撰。乃其易学著作之第五种。首卷《密义疑》21则，二卷《名象疑》12则，三卷《卦爻疑》36则，四卷《凡例疑》24则。所分4类，与《易学述谈》相同。

知行
理学术语。在知与行问题上，朱熹的思想要点有三：一是知先于行，二是行重于知，三是强调知行之间的依存性。在强调知先行后的同时，格外重视对传统道德的践履和笃行，主张致知、力行均应予以相当的重视。这一点对中国后来的思想界影响甚大，即便是与其对立的陆王学派也无法摆脱这一基本的思想框架，尤其是王阳明的知行合一说，与朱熹的见解有着一定的关联。

周礼述注
考订《周礼》之著作。6卷。明金瑶撰。是书成于万历七年（1579年）前。有瑶自序并所作凡例10条，谓《周礼》之文为汉儒所窜改。其中有伪官、乱句，悉为考订，别以阴文书之。大旨本元吴澄《三礼考注》、明何乔新《周礼集注》之说，而又同时阐述自己的观点。

周易文诠 理学著作。4卷。元赵汸撰。是书大旨源出程、朱,主于略数言理。然其门人金居敬跋,称其"契先天内外之旨,且悟后天卦序之义",则亦兼用邵氏之学也。汸平生学力,多在《春秋》,所著说《春秋》之书亦最多,其说《易》只有此本,流传颇为罕见。

周易本义 理学著作。12卷。南宋朱熹撰。是书以《上下经》为2卷,《十翼》自为10卷。朱熹哲学思想继承程颐,而其易学思想则有异于程。程氏以义解《易》,朱熹则认为《易》是卜筮之书,作《周易本义》就是要还《周易》本来面目。

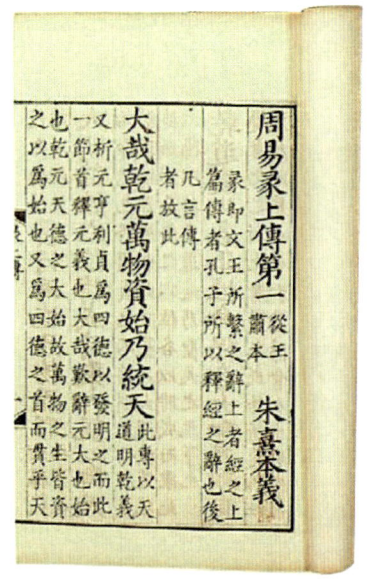

*《周易本义》内文

周易本义通释 理学著作。12卷。元胡炳文撰。是书据朱子《周易本义》,折中是正,复采诸家关于《易》的解说,互相发明。初名"精义",后以其繁冗,删而约之,改名"通释"。

周易时义注 理学著作。无卷数。明章佐圣撰。是书依经训解,而以《卦图》1卷附于后。大旨主于言理,而征引较为芜杂。是书成于崇祯十七年(1644年)正月。前有自序,谓以明经获隽(指科举考试得中),而烽火交并,行路艰阻,因坐卧小楼,自为笺注,大多自忧患中来。故本书乃有寄托而为之,其言论颇讥切时事。

周易图书质疑 理学著作。原书不分卷。清赵继序撰。是书以象数言《易》,而不赞同西晋陈邵的"河洛之说"。首为《古经》12篇。次逐节诠释经义而不载经文,但标卦爻,用汉儒经、传另起一行之例。次为图三十有二,各附以说,而终以《大衍象数考》《春秋传论易考》《易通历数》《周易考异》《卦爻类象》。全书多从卦变起象,而兼取汉宋之说,持论颇为平允。四库全书馆臣据安徽巡抚采进本厘定为24卷,著录至《四库全书》。

周易宗义 理学著作。12卷。明程汝继撰。是书前自述凡例云:"以朱子《本义》为宗,故名曰宗义。"然书中论述亦往往与朱子相异。盖其初本从举业而入,后乃以己意推求,稍稍参以别见,并非能原原本本探究易学之根柢。

周易独坐谈 理学著作。5卷。明洪化昭撰。是书《明史·艺文志》著录,然无卷数。今本5卷,不知何人所分。他认为《说卦》《序卦》《杂卦》三传皆为汉儒所增入,故置而不言,唯论述《上经》《下经》《系辞》。然杂引古事,语皆粗鄙,多有穿凿附会之处。其《自述》乃曰:"日北居士谈《易》,每一卦六爻,合成一片,不知者以为迂,而非迂也。发挥文王、周公心事;不知者以为凿,而非凿也。谓之'独坐谈',聊以自娱,而不可以语人也。"

周易颂 理学著作。2卷。明方时化撰。乃其易学著作之第二种。上卷90颂,下卷亦90颂。前后泛言象数,中间每卦为一颂,亦有两卦为一颂者。其书要义不脱佛家之宗旨。

周易旁注图说 理学著作。2卷。元末明初朱升撰。是书原本10卷,冠以《图说》上、下篇。上篇凡8图,下篇则全录元萧汉中《读易考原》之文。明万历年间姚文蔚易其旁注,列于《经》文之下,已非其旧。此本又尽佚其注,独存此《图说》2篇。

性即理 理学术语。朱熹、"二程"(即程颢、程颐)都主张"性即理",但朱熹把理更加实体化,用本体论进一步论证性即理。朱熹认为,天地之间有理有气,人物的产生都是秉受天地之气为形体,秉受天地之理为本性,发展了"二程"性即理说。朱熹认为所谓"天命之性"或"天地之性",是专指理而言的,是至善、完美无缺的;世人之性由于受污染而不得"理之性",而这便是"气质之性",气质之性"以理与气杂而言之",是具于形气之中的理,有善有不善。通过学习与修养,使不善的成分逐步减少,直至消除,从而逐步恢复本然的天地之性,这便成了贤人、圣人。朱熹认为理在人身上体现为人性,在物身上体现为物性。人性与物性有同有异,他在《孟子集注·告子章句上》的按语中指出:性是天理的体现,是形而上的本然状态;人禀气而生,是形而下的有形存在。人是天理的体现,万物也是天理的体现;人是禀气而生的,万物也是由气而构造的。据此,人与物是相同的。从另一方面看,人与物又有着根本的不同,因为只有人才具备仁义礼智信之全,而任何物则是不可能的。人的这种本性就是天理,天理从来就不可能有不善的状态。故而天命之性与气质之性的意义分别在于强调人的根本使命就是要认识人自身,就是要克服人类那些本然的劣根性,即要在气质之性的改变上下功夫。据《朱子语类》卷四载,人"须知气禀之害,要为去用功克治,裁其胜而归于中乃可"。这便是朱熹所强调的变化气质的功夫。

性理之学 见267页"性理学"条。

性理字训讲义 理学著作。无卷数。南宋程若庸撰。凡百篇,恪守朱熹之学,专门讲释朱熹理学名词,对朱熹理学的阐发、传播有一定助益作用。

性理学 又称"性理之学"。理学流派异名,指程朱派理学。本于程颐"性即理也"一语,以区别于陆(九渊)王(阳明)所持"心即理也"之说。清朝学者多以"性理之学"标举程朱学派。

学易述谈 理学著作。4卷。明方时化撰。乃其易学著作之第三种。大抵为平时关于易学的言论,其子庞听后加以记录,故以"述谈"为名。分《密义述》20则,《名象述》12则,《卦爻述》40则,《凡例述》12则。总以禅机为主,故首卷之末,有佛家三乘之说。

学易象数举隅 理学著作。2卷。明汪敬撰。《明史·艺文志》不著录。朱彝尊《经义考》载此书4卷,而《通释》则缺其卷数。《江南通志》载之,均无卷数。此本2卷,似尚非完书也。其书专明象数,自天地自然之《易》,至邵子《经世》书,全数皆列图于前,而系说于后。大抵皆因袭旧文而作。

学春秋必自左氏始 元赵汸提出的治春秋学主张。其核心思想是先从《左氏春秋传》中求得鲁史之法,然后再通过《公羊传》《穀梁传》以求圣之法。提出"通义"必先"得其事,究其文",而"得其事,究其文"又离不开《左氏春秋传》。故学春秋必自左氏始,赵氏本人也是身体力行者,其在春秋学研究上取得突出成就。

定宇集 诗文合集。17卷。元陈栎撰。是书集陈氏所著文15卷、诗1卷,并附有其高足吴彬的部分著作1卷。陈氏一生深研朱子之学,以醇儒自居,绝不胡乱议论,深得朱学之精要。

诗传遗说 关于朱熹《诗经》之论述的汇编。6卷。宋朱鉴编。是编乃因重刊朱子《诗集传》,而取《文集》《语录》所载关于《诗经》之论述与朱子《诗集传》相补充者,汇而编之,故曰"遗说"。其书首《纲领》,次《序辨》,次《六义》,继之以《风》《雅》《颂》之论断,终之以《逸诗》、《诗》谱、叶韵之义。以朱子之说,阐明朱子未竟之义,犹所编《易传》之例也。

诗论 辨正《诗经》的著作。1卷。南宋程大昌撰。是书本载大昌《考古编》中,故《宋志》不列其名。朱彝尊《经义考》始别立标题,谓之《诗议》,曹溶《学海类编》则作《诗论》,《江南通志》则作《毛诗辨正考》。原本实作《诗论》,则曹溶本是也。其大旨谓《国风》之名出于汉儒之附会,其说甚有道理。全书共18篇,每篇各论一事。专门考究《诗经》体制、入乐、大小序等问题。主要贡献在于论证了《风》《雅》《颂》的分类体制。

诗志 研究《诗经》的著作。26卷。明范王孙撰。是书乃作者住在金声家时所著,金声为之作序而刊行。皆作者杂采诸说而写成。于同时人中多取沈守正《说通》及陈际泰《五经读》、顾梦麟《说约》,不甚研求古义。

诗经正义 研究《诗经》的著作。27卷。明许天赠撰。天赠,黟县人,嘉靖四十四年(1565年)进士,官至山东布政使参政。是书不载《经》文,但标章名节目,附以己说。

诗集传 解释《诗经》之书。8卷。南宋朱熹撰。《宋志》作20卷,今本8卷,盖坊刻所并。朱子注《诗经》,两易其稿。其说初以《小序》为宗,后乃改从郑樵之说,是为今本。卷首自序,作于淳熙四年(1177年),中无一语斥《小序》,盖犹初稿。"五经"之中,唯《诗经》易读,习者十有七八。故书坊刊版最多,其辗转传讹亦为最甚。今悉厘正,俾不失真。至其音叶,朱子初用吴棫《诗补音》。其孙鉴又意为增损,颇多舛误,史荣作《风雅遗音》已详辨之。

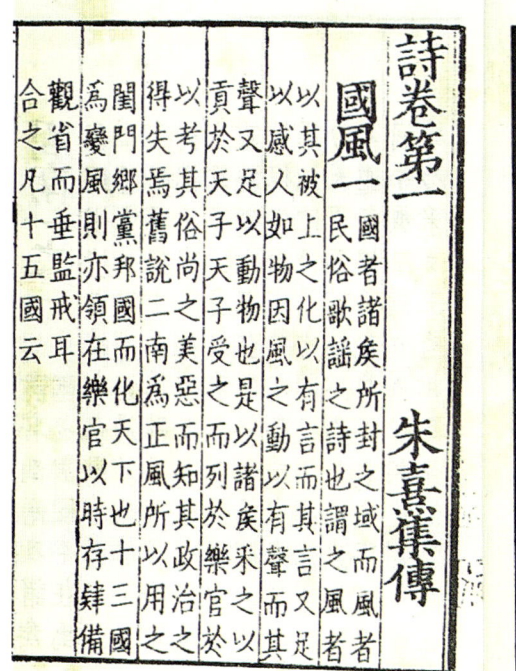

*《诗集传》内文

绍熙州县释奠仪图 理学著作。1卷。南宋朱熹撰。书首载淳熙六年(1179年)《礼部指挥》1通、《尚书省指挥》1通,次载绍熙五年(1194年)《牒潭州州学备准指挥》1通,皆具录原文,次载《州县释奠文宣王仪》,次载《礼器十九图》。其所行仪节,大抵采自杜氏《通典》及《五礼新仪》而折中之。后来虽仪注稍有损益,而所据率本是书。

经礼补逸 理学著作。9卷。元汪克宽撰。是书取《仪礼》《周官》、大小戴《记》、《春秋》"三传"以及诸经之文有关于《礼》者,以吉、凶、军、宾、嘉五礼统之。吉礼之目六十八,凶礼之目五十七,军礼之目二十五,宾礼之目十三,嘉礼之目二十一,而以《礼经附说》终焉。克宽究心道学,于礼家度数,非所深求。于著书体例,亦不甚究。而是一类之中,条条连缀书之,合为一篇,文相属而语不属,遂参差无绪。又此书实考典文,非考故事,乃多载《春秋》失礼之事,杂列古制之中。

*《经礼补逸》内文

春秋日食质疑 天文学著作。1卷。清吴守一撰。是书推考岁差加减,以证春秋所载日食之误。春秋日月以长历考之,往往有讹,见于杜预释例,此书更详其进退迟速,以求交限。末附诗书"日食考"两条,以互相参证。

春秋左氏传补注 理学著作。10卷。元赵汸撰。汸尊黄泽之说,《春秋》以《左传》为主,注则以杜预为宗,左有所不及者,以公羊、穀梁二传通之。杜所不及者,以陈傅良《左传章旨》通之。是书即采傅良之说,以补《左传集解》所未及,其大旨为杜偏于左,傅良偏于穀梁,若用陈之长以补杜之短,用公、穀之是以救左传之非,则两者兼得。笔削义例,触类旁通。传注得失,辨释悉当。不独有补于杜解,为功于《左传》,即圣人不言之旨,亦灼然可见,堪称春秋家持平之论。

春秋左传句解 注释《左传》之书。35卷。元朱申撰。是书唯解《左传》不参以经文,盖犹用杜预以前之本。其一事而始末别见者,各附注本文之下,事件始末亦详。唯传文颇有删节,是其所短。

春秋师说 理学著作。3卷。元赵汸撰。汸曾师事九江黄泽,得口授六十四卦大义,与学《春秋》之要,故题曰"师说",明不忘所自也。汸作《左传补注·序》曰:"黄先生论《春秋》,学以左丘明、杜元凯为主。"又作黄泽行状,述泽之言曰:"说《春秋》,须先识圣人之气象,则一切刻削琐碎之说自然退听。"又称:"尝考古今礼俗之不同,为文十余通,以见虚辞说经之无益。可知其学有原本而其论则持以和平,多深得圣人之旨。"汸本其意,是书分类为11篇,其门人金居敬又集黄泽《思古》10吟,与吴澄2序及行状附录于后。朱彝尊《经义考》又载有《三传义例考》,今皆不传。唯赖汸此书,尚可识黄氏之宗旨。

春秋金锁匙 理学著作。1卷。元赵汸撰。是书撮举圣人之特笔(异于常例的书法)与春秋之大例,以事之相类者,互相推勘,考究其异同,以探讨《春秋》的书法及其"微言大义"。考宋沈棐尝有《春秋比事》一书,与此书大旨相近。疑汸未见其本,故有此作。然两书体例各殊,沈详而尽,赵简而明,两书可以并行不悖。

春秋经传附录纂疏 理学著作。30卷。元汪克宽撰。是书前有克宽自序,称详注诸国纪年谥号,可究事实之悉;备列经文异同,可求圣笔之真;益以诸家之说,而裨胡氏之阙疑;附以辨疑权衡,而知三传之得失。然其大旨始终是以宋胡安国《春秋传》为宗。

春秋经传阙疑 理学著作。45卷。元郑玉撰。是书遵循朱子《通鉴纲目》之例,以经为纲,大字揭之于上,复以传为目,而小字疏之于下。叙事则专于左氏,而附以公穀,合于经者则取之;立论则先于公穀,而参以历代诸儒之说,合于理者则取之。其或经有脱误无从质证,则宁缺之以俟知者。是书讲究经、传并重,且博采诸儒之说形成一家之言,在明清理学界享有盛誉。

春秋集传 理学著作。15卷。元赵汸撰。是书有汸自序,及其门人倪尚谊后序。尚谊称是书初稿始于至正八年(1348年),一再删削,迄至正十七年(1357年)成编。汸自序曰:"学者必知策书之例,然后笔削之义可求。笔削之义既明,则凡以虚辞说经者,皆不攻而自破。"可谓得说经之要领矣。明洪武二年(1369年),汸卒,尚谊据汸原定义例续成之。尚谊补正原本讹误,更定策书之例十之有五,删改十之有八。则此书实成于尚谊手。

春秋集传释义大成

理学著作。12卷。元俞皋撰。是书经文之下备列"三传"（《公羊传》《穀梁传》《左传》），宋胡安国《春秋传》亦与同列。观皋自序称所定16例，悉以程颐《春秋传》为宗，又引程颐所谓微词隐义，时措时宜，于义不同而辞同、事同而辞不同者，反复申明，不可例拘之意。吴澄序称"俞皋其学博，其才优，其质美。从其乡之经师学《春秋》，恪守所传，通之于诸家，述经传释义。经文之下，融会众说，择之精，语之审，粹然无疵。经后备载三传、胡氏传……予喜其有醇厚笃实之风"，给本书以很高评价。

春秋集解读本

《春秋》简明读本。12卷。清吴应申撰。由于《春秋经解》卷帙浩繁，难于遍读，所以作者荟萃众说，择其合于经旨者，详注经文之下，以资借鉴。自序谓词可计日而诵，为愚鲁者计甚便，可视为教学教材之用。

春秋属辞

理学著作。15卷。元赵汸撰。汸信其师黄泽之说，认为孔子因鲁史而修《春秋》，其中有鲁史之书法，亦有孔子之书法。必先考史法，然后孔子之书法可得，孔子书法得而其笔削之旨可明。因据杜预《春秋释例》与陈傅良《春秋后传》，反复研求经传达20年而成此书。将经文区分为8类：一曰存策书之大体；二曰假笔以行权；三曰变文以示义；四曰辨名实之际；五曰谨内外之辨；六曰特笔以正名；七曰因日月以明类；八曰辞从主人。其第一类就是鲁史之书法，余7类则为孔子之书法及"经世之义"。汸《东山集》有《与朱枫林书》曰："谓《春秋》随事笔削，决无凡例，前辈言此亦多至丹阳洪氏之说出。则此段公案不容再举矣。其言曰《春秋》本无例，学者因行事之迹以为例，犹天本无度，历家即周天之数以为度。"此论甚当。至黄先生则谓："鲁史有例，圣经无例，非无例也。以义为例，隐而不彰。"则又精矣。此书淹通贯穿，据传求经多由考证得之，终不似他家之臆说。故附会穿凿虽不能尽免，而宏纲大旨则可取者为多。

持敬

理学术语。朱熹认为，敬是为学修养的立脚处，是圣人第一之要法。《朱子语类》卷十二说："敬字功夫，乃圣门第一义，彻头彻尾，不可顷刻间断。"在"二程"（即程颢、程颐）之前，周敦颐也曾提出过"主静"的主张，但是他认为，"无欲故静"，以牺牲人的合理欲望为代价，具有明显的禁欲主义倾向，故而很难获得实践中的运用。朱熹认为，周敦颐的主静主张稍有偏失，要求过高，主张持敬。敬的要求首先是"正衣冠""肃容貌""整思虑"。在他看来，持敬之说，不必多言，只要能做到上述三点，进而达到"主一"和"专一"，那么不论是有事还是无事，都可以达到持敬的目的。因此持敬不要求放弃日前的事务而去静坐修炼，而是要做到无事时敬在里面，有事时敬在身上。有事无事，持敬的功夫都不应稍有间断。应接宾客，敬便在应接上；宾客去后，敬又在这里。显然朱熹的持敬说要求将敬贯穿动静，并不是专一的居静，而是居敬。

音律节略考

音乐学著作。1卷。清潘继善撰。是编首列律吕损益上下相生之法，次列正半变半诸律长短之法，次列十二律还相为宫之法，后列黄宫七管。至应宫七管十二图即律吕新书，所谓八十四声盖旋宫谱也。其中所云本朱子《仪礼经传通解》者，视野难免有所局限。

养性结合入世

理学特点。宋儒讲心性，主张"养心""复性"。南宋新安理学家不仅强调个人品格修养，且与后世迂儒空谈性命义理不同，他们在提倡心性修养和至诚体道的同时，主张积极入世，参政议政，将其学说付诸实践。《大学》所说的诚意、正心、修身、齐家、治国、平天下，在新安理学家看来，其中并无偏废。修身的目的，在于治国经世。

洗心斋读易述

理学著作。17卷。明潘士藻撰。是书《上经》《下经》10卷，《系辞》至《杂卦》7卷。每条皆先阐述自己的观点，而采缀诸儒之说于后。前有焦竑序。

真知之说

元明之交的新安理学主张。名儒朱升率先提出求"真知"之说，他指出：周敦颐、"二程"（即程颢、程颐）倡明理学之后，朱熹集其大成，圣人之道因而得以大明于世。但后代学者却循着朱子学的成说，不再探究如何会有此"成说"。如此知其然而不知其所以然，并不是"真知"，亦即并没有真正领悟朱子学的真谛。由此，对朱子学中"未明"的道理，也无从可知。其结果是"圣学名明而实晦"。

格物致知

理学术语。"格物致知"本《大学》提出的一种修养方法，但在《大学》中并没有解释如何格物致知。朱熹在整理《大学》时，曾据程颐的一段话作了补充。在朱熹看来，格为至，为尽；上至无极太极，下至一草一木，君臣、父子都可视为物。朱熹的"格物"一方面包括认识一草一木之理，另一方面他又认为认识一草一木之理并不是格物的主要任务，格物的主要任务是"穷天理，明人伦，讲圣言，道世故"。至于如何格物，在朱熹看来，主要还是要读书，"穷理之要必在读书"。以书本上的知识作为人认识的主要来源，是一种不完全的认识论和修养论。

旁注诸经

元末明初朱升提出的治学主张。针对当时朱子之学将经、注混为一谈的流弊，提出通过"旁注诸经"来发明六经之旨，在注经方法上实现新的突破，达到既不失传注，又避免因传注而割裂经文的目的。在求"真知"的旗帜下，朱升注经内容既融合了诸家之说，又有其独到见解。通过"旁注诸经"，从而使得朱子之学得到新发展。

读易质疑 理学著作。20卷。清汪瓒撰。是书不言象数而专言义理。其凡例"今说《易》之家谓《易》以道阴阳，务以圆妙幽渺，笼罩影响，如捕风，如捉影，无当实用。故愚以为学《易》当就平实切近处用功"云云，宗旨可见。故随文诠释，虽无穿凿附会，但亦少有创见。

理一分殊 理学术语。人人物物依理而存在，当然人人物物便具有一个完整的理，这就是"理一分殊"，即千变万化的事物统一于理，又由理分化为天地万物，呈现出多样性。合则为理，分则为万物。犹如一江之水，以勺、碗、桶、缸取之便各有分殊。但毕竟是取之于一江。为了更好地说明理一分殊的道理，朱熹《朱子语类》卷四十九还借用佛教的"月印山川"说来解释："本只是一太极，而万物各有秉受，又各自全具一太极尔。如月在天，只一而已，及散在江湖，则随处可见，不可谓月已分也。""理一分殊"的思想具有一定的哲学意义，它阐明一般与个别的关系，但将一般绝对化却是错误的。

理气 理学术语。朱熹理气思想基本上是承袭"二程"（即程颢、程颐），特别是程颐的理气说。朱熹思想体系的核心是天理论，而天理论的核心是理气说。朱熹所说的"理"，有几种含义：一、理为世界本原。《朱子语类》卷一称："未有天地之先，毕竟也只是理。有此理便有此天地；若无此理便亦无天地、无人、无物，都无该载了。"这种理不依任何事物而永恒、独立地存在于天地之间。二、理是自然规律。《朱子语类》卷一载："如阴阳五行错综不失条绪，便是理。"椅子能坐是椅子之理，舟、车代步即是舟、车之理。椅子、舟、车未发明之前，便已有其定理，即必然的规律，人们只能依理而行。三、理还有道德标准之意。《朱子语类》卷一指出："理则为仁义礼智。"如父慈子孝，君仁臣忠便是古今共遵之理。理解了理只是解决了世界的本原问题，即理是形而上的问题，在理气的关系问题上，朱熹认为理为根本，为主、为先，是第一性的，气为客、为后，是第二性的，气是依附于理的。气为形而下，是有情、有状、有迹的，是铸成万物的质料。理为形而上。天下没有无理之气，也没有无气之理。然而，理也不是能够脱离气而独立存在的，因此必须强调的另一点是理只能存在于气之中。形成我们世界实体的理的具体形式则是气，是理安顿、挂搭、附着的场所，理气结合，生成万物，包括人。在谈到宇宙的统一性与多样性问题时，朱熹着意发挥理一分殊的思想，以为万物都有各自的理，而万理都有一个共同的本质。理是宇宙万物的唯一本原和共同本质，是多样性之所以统一的根据，所以可称之为"理一"。

理欲 理学术语。理与欲是伦理道德与物质欲望之间的关系问题。朱熹融会贯通儒家的理欲观，阐发了明天理、灭人欲的主张。朱熹认为天理是三纲五常，是善，是心之本然。天理未纯，为善不能扩充其量；人欲未尽，恶根不能去。人们要做到"天理纯""人欲尽"，就必须扩充天理，而除尽人欲。在天理与人欲的关系问题上，朱熹的基本看法是，天理与人欲确实是一组相互对立的概念，天理胜，则人欲退。然而他没有像程颐那样去用天理过分地遏制人欲，而是在相当程度上承认人欲存在的合理性，认为天理与人欲之间既没有硬性的界限，也没有明确的规定。关键是人们在天理与人欲之间要体认省察。朱熹强调人欲是一种本然存在，不可能完全遏制。问题在于，要使人的欲望有一合乎情理的限度。圣人也应有人欲，若饥食渴饮之类。如果是合乎情理的人欲，便有其存在的合理依据。然而如果是过分要求美味美食，那便是不合理、不应存在的人欲。食其所当食，欲其所当欲，就不会失去所谓道心。超过这样的限度，便是人欲。

理欲之辨 天理人欲之关系。朱熹在前人的基础上，进一步探讨这一问题，并赋予新的意义，主张"存天理，灭人欲"，其过程便是"克己复礼"的功夫，"克得那一分人欲去，便得这一分天理来"。据此又提出"正其义不谋其利，明其道不计其功"的著名命题。还将天理人欲之辨推广到社会历史领域，认为尧、舜、禹三代专以天理行，而汉唐专以人欲行，要使社会前进，就必须实行以复天理为内容的"王道"。朱熹理欲观中天理与人欲也有统一的一面。他曾说："人欲中自有天理。""人欲便也是天理里面做出来。""天理人欲，同行异情。"但这些思想在其理欲观中不占主要地位，常被人们忽视。

授经图 述经学源流之著作。20卷。明朱睦㮮撰。是编所述，经学源流也。《崇文总目》有《授经图》3卷，叙《易》《诗》《书》《礼》和《春秋》"三传"之学，其书不传。宋章俊卿《山堂考索》尝溯其宗派，各为之图，亦未能完备，且颇有舛讹。睦㮮乃因章氏旧图而增定之。首叙授经世系，次诸儒列传，次诸儒著述，历代经解名目卷数。每经4卷，5经共为20卷。睦㮮之作是书，大旨痛心汉学之失传，因溯其专门授受，欲儒者饮水思源，故所述列传止于两汉。其子勤葵跋亦称"秦烬之余，六经残灭。汉兴诸儒颇传不绝之绪，于是专门之学甚盛。至东京则授受鲜有次第，而经学亦稍稍衰矣。故是编所列，多详于前汉"云云。其著书之意，粲然明白。然朱彝尊《经义考》未出以前，能条析诸经之源流，此书实为先声。

晦庵先生朱文公文集 见262页"朱文公文集"条。

敬斋箴 南宋理学家朱熹撰写的箴言。淳熙三年（1176年），朱熹自考亭归婺源扫墓，寓学者汪清卿家，日与乡人子弟讲学于其家"敬斋"，并为其作《敬斋箴》。箴曰："正其衣冠，尊其瞻视。潜心以居，对越上帝。足容必重，手容必恭。择地而蹈，折旋蚁封。出门如宾，承事如祭。战战兢兢，罔敢或易。守口如瓶，防意如城。洞洞属属，毋敢或轻。不东以西，不南以北。当事而存，靡他其适。勿二以贰，勿三以叁。惟精惟一，万变是监。从事于斯，是曰持敬。动静弗违，表里交正。须臾有间，私欲万端。不火而热，不冰而寒。毫厘有差，天壤易处。三纲既沦，九法亦斁。于乎小子，念哉敬哉。墨卿司戒，敢告灵台。"朱熹在《敬斋箴》中指出了学者应当具备的立身处世原则。

*敬斋箴

紫阳学派 南宋著名理学家朱熹所创学派的别称。朱熹之父朱松曾读书于徽州歙县的紫阳山，后朱熹居福建崇安，题名其书房为"紫阳书室"，学者因称朱熹为"紫阳先生"，称其学派为"紫阳学派"。朱熹初学于朱松，后师事胡宪、刘勉之、刘子翚，受学于李侗为时最长。他由李侗处继承程颐的思想观点，加以发挥，建立严密的理学思想体系。朱熹亲自讲学，广收弟子，门生遍布各地，有学术成就、政治建树者颇多，使朱熹学派成为理学史上最有势力的学派。

程朱理学 程颢、程颐（即"二程"）和朱熹思想的合称。程颢、程颐曾同学于北宋理学开山大师周敦颐，著作被后人合编为《河南程氏遗书》。他们把"理"或"天理"视作哲学的最高范畴，认为理无所不在，不生不灭，不仅是世界的本原，也是社会生活的最高准则。在穷理方法上，程颢"主静"，强调"正心诚意"；程颐"主敬"，强调"格物致知"。在人性论上，"二程"主张"去人欲，存天理"，并深入阐释这一观点使之更加系统化。"二程"学说的出现，标志着宋朝理学思想体系的正式形成。南宋时，朱熹继承和发展了"二程"思想，建立了一个完整而精致的客观唯心主义思想体系。他认为，太极是宇宙的根本和本体，太极本身包含了理与气，理在先，气在后。太极之理是一切理的综合，它至善至美，超越时空，是"万善"的道德标准。在人性论上，朱熹认为人有"天命之性"和"气质之性"，前者源于太极之理，是绝对的善；后者则有清

浊之分、善恶之别。人们应该通过"居敬""穷理"来变化气质。朱熹还把"理"推及人类社会历史，认为"三纲五常"都是理的"流行"，人们应当"去人欲，存天理"，自觉遵守三纲五常的封建道德规范。朱熹学说的出现，标志着理学发展到了成熟的阶段。宋元明清时期，历代统治者多将"二程"和朱熹的理学思想扶为官方统治思想，程朱理学也因此成为人们日常言行的是非标准和识理践履的主要内容。在南宋以后600多年的历史进程中，程朱理学在促进人们的理论思维、教育人们知书识礼、陶冶人们的情操、维护社会稳定、推动历史进步等方面，发挥了积极的作用。同时，它对中国封建社会后期的历史和文化发展，也有负面影响。不少人把程朱理学视为猎取功名的敲门砖，他们死抱一字一义的说教，致使理学发展越来越脱离实际，成为于事无补的空言，成为束缚人们手脚的教条，成为"以理杀人"的工具。

程朱阙里 地方誉称。"程"指宋理学奠基人程颢、程颐；"朱"指宋理学集大成者朱熹。程颢、程颐和朱熹其先世祖居在徽州歙县篁墩（今属屯溪区）。"阙里"，本孔子住地，此处用以喻指篁墩可与孔子的曲阜阙里相比。后人因称篁墩为"程朱阙里"，亦作"古徽州"的泛称。

程朱阙里志 理学著作。8卷。明赵滂编。是书前有高攀龙序，成于明万历年间。该书认为朱熹系出新安，程颐、程颢祖墓亦在新安，故合而志之。滂精心搜集，遍索群书，摘取见闻，凡一言一事有关于程朱者无不载笔，历两载寒暑不辍终成。"阙里"乃孔子故里之名，非推尊之号。

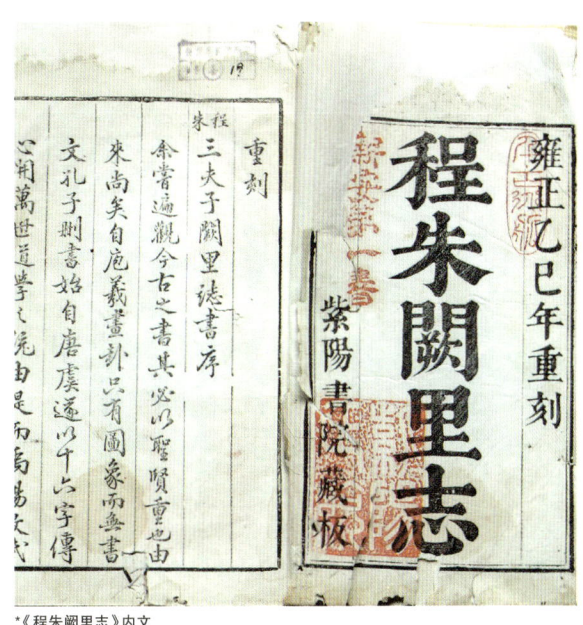
*《程朱阙里志》内文

尊德性 斋名。婺源程洵，以诗文求教朱熹，朱熹一见，非常喜爱，因此也尽量给予指导。他劝程洵多看古代有思想的书籍，不要局限在诗文上

面，并亲自将程洵的"道问学"斋名改为"尊德性"。两人书信往来不断，程洵向朱熹请教的书信有数十封。自从程洵投入朱熹门下，便对理学深入研究，著有《克庵尊德性斋集》10卷。在他担任衡阳主簿时，求学士子云集衡阳，拜见他的都说进了程洵的门，等于进了朱熹的门。由此可知，程洵的学术造诣已经深得朱熹真传。参见272页"尊德性与道问学"条。

尊德性与道问学

"尊德性"和"道问学"是中国传统文化中一对影响深远的概念。语出《礼记·中庸》"君子尊德性而道问学"，后演变为陆九渊和朱熹二人在治学和认识事物上的不同观点。南宋淳熙二年（1175年），陆九渊应吕祖谦之约，与朱熹相会于江西信州铅山鹅湖寺，就如何认识事物及治学等问题展开讨论。"尊德性"与"道问学"，是朱、陆在鹅湖之会辩论后形成的两种代表性观点。陆氏提出"宇宙便是吾心，吾心即是宇宙"的命题，认为"心即理"，万物皆自心发，因此治学用不着去读很多书，只要人人都有颗善良的"心"，"道"（天理）便在心中，所以要"发明本心"，即以本心中固有的仁、义、礼、智等为根本。应"先发明人之本心，而后使之博览"。朱熹则认为"性即理"，万物皆是理的体现，人心只是其一；认为治学要多读书，多格物，从万物各具之"理"中推出"天理同出一源"之"理"，所以要"格物穷理""格物致知"。朱熹和陆九渊的分歧和争论，后被视为二人在学术上差异的标志。朱熹谈"穷理"（"道问学"），陆九渊谈"明心"（"尊德性"）。陆九渊认为朱熹的方法"教人为支离"，太烦琐；朱熹则认为陆九渊的方法太简约，应"欲令人泛观博览，而后归之约"。黄宗羲在《宋元学案》中说："陆九渊以尊德性为宗，朱熹则以道问学为主。"

道一学说

明朝新安理学主张。"道一"学说是明理学家程敏政学术思想的核心，是关于朱熹与陆九渊之学"始异而终同"的阐释。从程敏政的有关著述来看，程氏的"道一"包含两层意思：一是指宇宙之"道"，也就是朱熹与陆九渊两家所求之"道"，乃是同一的，并无二样；二是指朱、陆两家之说及其为学之道，最终归于一致。他将朱熹与陆九渊之学"早异而晚同"分为"始焉如冰炭之相反""中焉则疑信之相半""终焉若辅车之相倚"三个阶段，著有《道一编》，宣扬自己的主张。

道一编

理学著作。6卷。明程敏政撰。朱熹与陆九渊多有书信往来，从中可知他们的理学主张之分歧。是书分朱、陆同异为三节：起初双方观点如冰炭之相反，中期双方各对对方疑信参半，最终两人观点如辅车之相依，相辅相成。朱、陆早异晚同之说，于是乎成为定论。是书对于王阳明创设"心学"大有帮助。

婺源七哲名家

婺源考川明经胡氏宋元两朝七位理学家。明经胡氏自唐末在婺源考川发祥，始祖胡昌翼倡明经学，为世儒宗，尤精易学，并著有《周易传注》3卷、《周易解微》3卷、《易传摘疑》1卷，其后子孙世以经学传家。宋元期间，胡氏宗族先后出了七位理学名儒，即胡伸、胡方平、胡斗元、胡次焱、胡一桂、胡炳文、胡默，世称"七哲名家"。明朝，考川（水）人在村中为他们建造"七贤祠"，供祭祀。

楚辞集注

《楚辞》的注本。8卷。南宋朱熹集注。《楚辞章句》原为17卷，朱熹删去《七谏》等4篇，增入贾谊作品2篇编成是书。注释简明扼要，时出己见，如说《九章》为后人辑集，并非屈原一时之作等，颇为后世研究者所信从。附有《辨证》2卷，评驳旧注。又删定晁补之《续楚辞》《变离骚》2书，为《楚辞后语》6卷，其中录有荀卿至吕大临作品凡52篇。有影印南宋端平年间刊本。

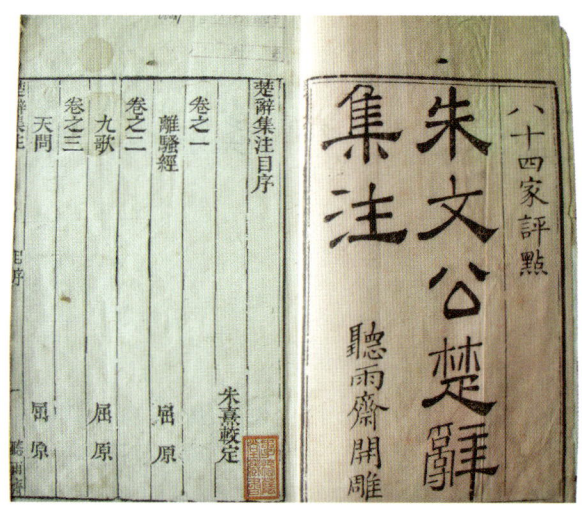

*《楚辞集注》内文

*景元刊本《楚辞集注》

新安学系录

理学著作。16卷。明程瞳撰。是书以朱子为新安人，而引据欧阳修《冀国公神道碑》谓程子远派亦出新安，故辑新安诸儒出于二家之传者编为此书。自宋至明凡101人，皆征引旧文以示有据，介绍了他们的事迹和主要学术观点。《江南通志》列于《儒林传》中，称"所著《新安学系》与朱子合者存、背者去"，足见是书之大旨。此书为系统介绍新安理学家的第一部专著。

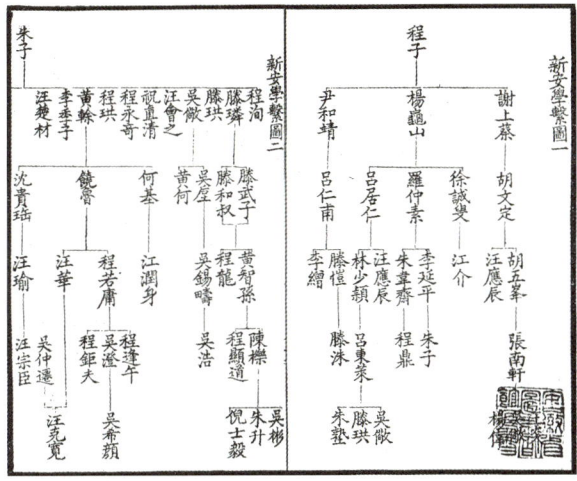

*《新安学系录》内文

新安理学

朱子学的重要分支之一。该学派以徽州籍理学家为主，奉南宋著名理学家朱熹为开山宗师，以维护、继承和发扬光大朱子学为基本宗旨。在近700年的发展、演变过程中，大致经历了四个时期。第一个是南宋形成时期。这一时期的重要代表人物除了朱熹外，还有程大昌、吴儆、汪莘、李绩、程永奇、吴昶等人。他们环护在朱熹周围，精研性理之学，著书立说，确立了以朱子学为宗旨的学派。第二个是宋元之交与元朝的发展时期。这一时期的主要代表人物有程若庸、胡方平、胡一桂、许月卿、陈栎、胡炳文、倪士毅、汪克宽等人。他们针对朱熹之后"异说"纷起的学术界状况，致力于维护朱子之学的纯洁性，将排斥"异论"、发明朱子学本旨作为学术研究的重心。同时，元新安理学家崇尚"气节"，不仕元朝，将精力集中于讲学授徒，培养了一批有一定建树和影响的新安理学学者。此期的新安理学出现了人才辈出、学术研究深化和普及读物大量出现等新气象。第三个是元明之际与明朝的盛极复衰时期。这一时期的主要代表人物有郑玉、朱升、赵汸、朱同、范准、程敏政、汪道昆、程文德、潘士藻等人。明朝前期的郑玉、朱升、赵汸等人在批评元理学家墨守门户、死抱师门成说之弊的基础上，先后提出了求"本领"、求"真知"、求"实理"的新治经主张，并据此指导思想进行学术研究，形成了或"旁注诸经"发明朱子之学，或"和会朱陆"弘扬本门宗旨的不同学术风格。从学术研究的成就及特色来看，这是新安理学发展史上最丰富灿烂的时期之一。明朝中后期的新安理学学者因受"心学"影响，阐释朱子之学不力，整个学派出现萎靡不振的衰落迹象。第四个是清朝终结时期。这一时期的重要代表人物有江永、戴震、程瑶田等人。他们在清初学风的影响下，倡导汉学，培养了一批以考据见长的新安经学家，最终实现了徽州地方学术从新安理学到徽派朴学的转变。新安理学从南宋到清朝的演变过程，正是12世纪以后中国哲学史和学术思想史的缩影，它对中国封建社会后期历史的发展，特别是对明清时期徽州社会的发展产生了巨大影响。

新安理学与佛老思想

理佛道关系。宋著名理学家朱熹早年孜孜于佛学并受其影响，朱熹曾自言："某年十五六时，亦曾留心于禅。"南宋绍兴十八年（1148年），朱熹赴临安应考进士，行李中有一本宗杲的《大慧语录》，在吏部考试时用禅理解释《易》《论语》《孟子》，结果高中进士。朱熹能以禅理说服当时对佛老颇有研究的主考官周执羔、沈该、汤退思等人，可见其对佛老的钻研。不少研究者指出，朱熹的理学思想反映了华严宗的印迹，其《中庸章句》的《序说》，实际上脱胎于华严宗的理事说。此外，朱熹所著《参同契考异》，也明显地表现出对道教典籍的关心。程大昌的学术思想也带有道家色彩，他关于宇宙生成和万物化生的观点，直接由道家宇宙生成观脱胎而来。道教始祖老聃在《老子》中，提出了一个"先天地生"，并且超越时空、无形无象的精神实体"道"，同时勾勒了一个宇宙生成图式："道生一，一生二，二生三，三生万物。"程大昌在《易原》一书中阐述宇宙及万物生成模式，正是老子这一图式的翻版。程大昌在政治论中提出了"无为而治"的思想，尽管赋予"无为"以新意，将"无为"与"有为"有机统一在其政治论中，但我们仍然能够发现道家政治学说的印记。

演繁露

理学著作。16卷。南宋程大昌撰。南宋绍兴年间《春秋繁露》初出，其本不完，大昌证以《通典》所引"剑之在左"诸条、《太平御览》所引"禾实于野"诸条，辨其为伪。因谓董仲舒原书必用一物以发己意，乃自为一编拟之，而名之以《演繁露》。后楼钥参校诸家，复得繁露原本，凡诸书所引者俱在，讥大昌所见不广，误以仲舒为小说家，其论良是。然大昌所演虽非仲舒本意，而名物典故考证详明，实有资于小学。书中所论偶疏者不过一二条，其他实多精深明确，足为典据。

覆瓿集

诗文集。8卷。明朱同著。《汉书·扬雄传》有"恐后人用覆酱瓿"之语，系自谦之词，因以名集。卷一至卷三为诗，卷四至卷七为文，卷八是附录，收录一组友人所赠诗文，卷末有范檩跋，高度评价其诗文："从其后裔求旧迹，见画菊题咏及是稿数种。文追两汉，书逼晋人，诗俪盛唐，泂所谓三绝者也。"并说本集系其裔孙朱无垢所刻。

[四] 学术宗教

新安理学　徽派朴学　史学杂著　宗教信仰

三礼札记　礼学著作。无卷数。清胡匡衷撰。关于礼经的研究著作，主张以经治经，不苟同先儒之说。提出除《周礼》外，只有《仪礼》是周初之制，且其中所记，颇多诸侯之官，故据此书可考当时诸侯国设官的情况。

三胡礼学　又称"经学三胡"。指清乾隆、嘉庆、道光年间，绩溪金紫胡氏一支经学流派，以胡匡衷、胡秉虔、胡培翚为代表。清初，胡匡衷祖胡廷玑，学专《周易》《三礼》，为礼学奠基。匡衷父辈胡清燕、胡清熙，尤以"致知力行"为治学宗旨，刻析义理，成一县硕儒。胡匡衷治学尤谨，于先儒学说，不苟用异。所著《仪礼释官》，足以补注疏之不足。匡宪子秉虔著述凡40余种，遗稿14种，纪昀、汪由敦、王念孙等评为"所论细入毫芒""发扬绝学，见多独得"。匡衷孙培翚，幼承家学，复师汪莱、凌廷堪。以《燕寝考》3卷初露头角，所编《仪礼正义》40卷，集先人研究之大成。卒后，弟培系、侄肇昕、学生杨大堉合力增补校订刊行。"三胡礼学"之形成，乃绩溪金紫胡氏积廷、清、匡、秉、培、肇六代人研究之结晶。自晚清至民国时期，金紫胡氏遗泽犹在，后裔好学之风不殆。

义府　考据学著作。2卷。清黄生撰。是书皆考证札记之文。上卷论经，下卷论诸史、诸子、诸集，附以赵明诚《金石录》、洪适《隶释》、郦道元《水经注》所载古碑，陶弘景、周子良《冥通记》，训诂以别教之书缀之卷末。生于古音、古训皆考究广博，引据精确，不为无稽臆度之谈。虽篇帙无多，其可取者，不在方以智《通雅》之下。

乡党图考　朴学著作。10卷。清江永著。是书取经传中制度名物有涉于乡党者，分为九类：曰图谱、曰圣迹、曰朝聘、曰宫室、曰衣服、曰饮食、曰器用、曰容貌、曰杂典，考核最为精密。其中若深衣、车制及宫室制度尤为专门，非诸家之所及，间有研究未尽者。然全书数百条，其偶尔疏漏者不过数条，亦可谓精于"三礼"者。

不疏园研讨　学术聚会。不疏园位于歙县西溪（今郑村镇），清歙县富商汪泰安建。他让儿子汪梧凤出面召请学者在园中研讨学问，供给饮食和所有用具，并以千金买书供学者参阅。朴学大师江永曾在此园设馆教学，并在此著《乡党图考》。戴震、程瑶田、金榜、汪肇龙等人都在此园拜江永为师。特别是戴震在20岁至30岁入都前的10年，大多在不疏园度过。汪容甫、黄仲则等朴学家也常来此园，与江、戴等人相聚一堂，切磋朴学。故后人称不疏园为徽派朴学发祥地。咸丰年间此园被毁。

分理　朴学术语。戴震认为，生生不息的气化过程是有条理的。气化之所以能连续不已，是因为有条理，如果没有条理，运动变化就不能进行下去。戴震深入论证了气在理先、理寓于事物之中的道理。他认为，理就是气化过程中的条理，是事物中的公理。由于气化流行分化的不同，事物都是具体存在而各不相同的，形成了天地间事物千差万别，每一具体事物都有其自身的特殊本质、特殊规律的状况，所以他强调必须仔细考察事物的具体规律——分理。总之，理是一事物区别于其他事物的特殊本质、特殊规律，具体事物的规律就是理。戴震强调理是不同事物的特殊本质和特殊规律，直接与程朱学派所谓"万物一理"相对立。分理理论的提出，是批判程朱理学的"理在理论上"的突破。

六书正义　文字学著作。12卷。明吴元满撰。此书讲论文字，其体例十分冗琐，既略仿戴侗《六书故》，分数位、天文、地理、人伦、身体、饮食、衣服、宫室、器用、鸟兽、虫鱼、草木12门，分隶540部，又略仿杨桓《六书统》而蔓延之，象形、指事、会意、谐声增广为29体，转注假借敷衍为14门，纷乱异常，此书大抵指摘许慎而推崇戴侗、杨桓，所述多舛漏。

方音偶借说　清徽州朴学家江永在古音研究中提出的学说。针对古音学多偏重时间关系、疏于南北地域差异的现象，江永在古音研究中重视方言解释古韵中的例外，故而提出"方音偶借说"，从而给处理古韵中的特殊现象提出了新的思路，具有重要意义。

长于推理　徽派朴学治学方法。充分地占有材料，分别综合、比较、辨析，最后归纳出其条例，再形成结论。这种在实证基础上长于推理，是徽派朴学重要的治学方法之一。江永在古韵研究中，运用等韵学知识，精审古音，从音质上归纳出元音发音的侈弇规律。侈、弇指的是元音发音时口腔的开、闭以及舌位的高低。发音时，口腔侈（开），舌位就低，发出的声音就洪大；口腔弇（闭），舌位就高，发出的声音就细小。从这一规律出发，江永运用演绎推理的方法，从音质的不同，将古韵的真韵和元韵分为两韵，侵韵和谈韵分为两韵，宵韵和幽韵也分为两韵，从而分古韵为十三韵，很有创见。

去蔽 徽派朴学治学态度。戴震《答郑丈用牧书》提出"不以人蔽己,不以己自蔽"的"去蔽"观点。所谓"以人蔽己",是指被别人的见解所束缚,而看不见真理。所谓"以己自蔽",是指由自己的主观臆断而产生片面的看法。治学必须首先要去"人蔽",除"己蔽",排除治学时干扰、蔽塞认知能力的各种消极因素,这样才能在观察、认识事物时获得真知灼见。本着"去蔽"观点,徽派朴学家竭力反对宋儒"空疏"的学风,主张一切立论建立在牢固的考证基础上。戴震《古经解钩沉序》要求考证做到:"有一字不准六书,一解不贯群经,即无稽者不信,不信者必反复参证而后安。"

古今伪书考 朴学著作。1卷。清姚际恒著。际恒与河北崔述,并为清朝经学家中的怀疑派,对儒家经典文献抱有强烈的怀疑态度。是书专为考证古书真伪而作。书中考证《易传》《庄子》《列子》等以及经、史、子、集各个领域102种经典,指出其中或全伪,或部分作伪的情况,为清朝学者的辨伪工作开启先河,对近代"疑古派史学"的产生有着重大影响。本书有"晋石庵校刊本""知不足斋丛书本""丛书集成本"等多种版本行世。

古韵标准 音韵学著作。4卷。清江永撰。此书是作者晚年研究古音韵学的一部重要著作。由其高足戴震参定。此书之作,旨在订正顾炎武所定的古韵十部。之所以取名《古韵标准》,是因为此前的古音韵学家在研究古音时缺乏严格的时代观念。他们往往把先秦韵文与汉魏六朝韵文,以及隋唐韵文混为一谈,以致难以得出科学的结论。如江永是书例言所说:"以《诗》为主,经传骚子为证,《诗》未用而古今韵异者采他书附益之。"这样"标准既定,由是可考古人韵语,别其同异;又可考屈宋辞赋、汉魏六朝唐宋诸家有韵之文,审其流变、断其是非",故名。

东原学派 清休宁隆阜(今属屯溪区)戴震创建的儒学门派。戴震字东原,故学派因其字而名。戴震17岁就跟从江永学习,出身于汉学又超出汉学,重视文字训诂,精研《尔雅》《方言》诸书及汉儒传注,由声音文字以求训诂,由训诂以寻义理。尤精于古音韵和名物训诂。他从分析《广韵》系统入手,区别等呼洪细与韵类异同,创古音九类二十五部之说及阴、阳、入对转的理论。对经学、语言学有重要贡献。清末以前,戴震在世人眼中主要还是学术上的考据大师,清末及民国时,在章太炎、刘师培、梁启超、胡适等大力阐扬下,戴震的哲学思想,特别是义理学价值得到充分肯定。梁启超在《清代学术概论》中就有"《孟子字义疏证》,盖秩出考证学范围以外,欲建设一'戴氏哲学'矣""综其内容,不外欲以'情感'哲学代'理性哲学'"等论述。这些学者都很重视戴震思想中批判程朱理学的观点,即"反理学"倾向,胡适更是称之为"反理学的思想学"。东原学派治学内容广博,对天文、数学、训诂、音韵、历史、地理均有研究,而且不专主一家。其大旨在精求正诂,以通古代典章制度,而因以确知义理。此学派影响很大,徐世昌的《清儒学案》称戴震为"专门汉学"皖派的代表人物。戴震弟子有段玉裁、王念孙、孔广森等,后来又分别成为懋堂学派、石臞学派、巽轩学派的创始人,可见其学传衍之远。戴震结交的朋友有金榜、郑牧、方矩、汪梧凤、汪肇龙、卢文弨、王鸣盛、纪昀、王昶、程瑶田、钱大昕、朱筠、姚鼐、邵晋涵、任大椿、孔继涵、洪榜、洪梧、汪龙等。该学派代表著作有戴震的《原善》《原象》《孟子字义疏证》《声韵考》《声类表》《方言疏证》,段玉裁的《说文解字注》《六书音韵表》《古文尚书撰异》《诗经小学》《周礼汉读书》《仪礼汉读考》《毛诗故训传定本》《经韵楼集》,王念孙的《广雅疏证》《读书杂志》《古韵谱》,孔广森的《春秋公羊传通义》《诗声类》《大戴礼记补注》《礼学卮言》《经学卮言》《少广正负术内外编》等。

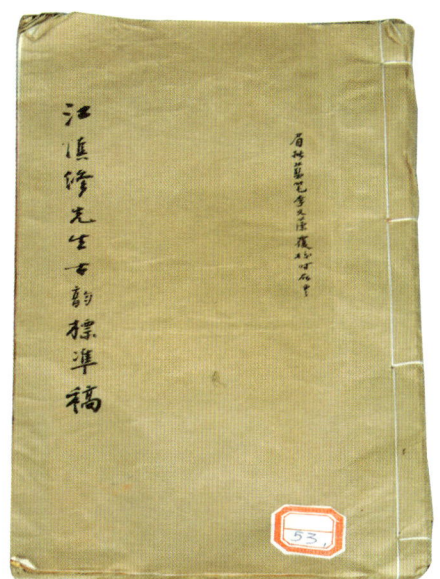

*《江慎修先生古韵标准稿》　　*《古韵标准》内文

四书典林 朴学著作。40卷。清江永撰。是一部集实用性和学术性为一体的经典普及性著作。书中汇辑了诸多先秦古人及其事迹，而以经典史籍资料相参证。分帝王、古臣、圣贤、诸侯、大夫、杂人、列女诸部，凡200余人，内容涉及经、史、子、集，于天文地理、王侯庶民、政事礼制等无不举证详备，条分缕析，是清朝《四书》学的重要研究成果。

四声切韵表 音韵学著作。1卷。清江永著。作于康熙年间，是一部从古音角度分析和表现《广韵》音韵系统的韵图。全书由《凡例六十二条》和《四声切韵表》两部分组成。江氏从中古时代的《广韵》系统出发，对明清时期表现"时音"的韵图持否定态度，总觉得不合于古意。因此他作此书目的在于"述古"。"依古二百六韵，条分缕析，四声相从，各统以母，别其音呼等列。本字之切，即注本字之下，开卷了然。"书中的分韵列字，总体上以中古韵书的音系为依据，沿用宋元时期等韵观念处置字音。《四声切韵表》用36个字母代表声类，韵类分为104个大类。列图格式是每栏纵列平上去入的相应各个韵部，同韵同等同呼的字列为一栏，各类字音依类相从。横列36个字母，纵横交合处列字，每个字下面注明《广韵》反切。他认为古法7音36母不可增减移易，凡更定者皆为妄作。此论最为有见。其论入声尤详，将入声韵兼配阴、阳声韵。在《凡例六十二条》中，他对入声韵与阴、阳声韵的配对有较详细的分析，主要是根据上古音中阴、入韵字通押和偏旁互谐等确定的。这种做法，后人褒贬不一。

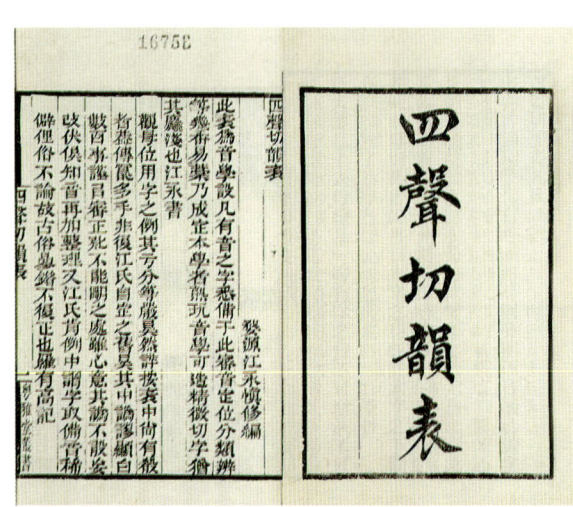

*《四声切韵表》内文

仪礼正义 朴学著作。40卷。清胡培翚撰。作者经历40寒暑的努力，针对《仪礼》历代注疏的纷异之说和不足之处，以东汉郑玄注为基础，广征博引，加以补注、申注、附注、订注，卓然自成一家。有道光二十八年（1848年）木樨香馆刊本、皇清经解续编本等行世。

仪礼释例 朴学著作。1卷。清江永著。是书标曰释例，实仅《释服》一类，寥寥数页，盖未成之书。永学有根柢，考证极精，而此书乃草创之本，故其中偶有失误。

仪礼释宫增注 注释朱熹《仪礼释宫》之著作。1卷。清江永撰。是书取朱子《仪礼释宫》一篇（《仪礼释宫》本李如圭之书，误编于朱子集中。永作此书之时，《永乐大典》尚未显于世，故不知非朱子之笔），为之详注，多所发明补正，其稍有出入者仅一二条，而考证精密者居十之九。其辨订俱有根据，足证前人之误。

礼书纲目 朴学著作。85卷。清江永著。是书虽仿《仪礼经传通解》之例，而参考群经，洞悉条理，实多能补所未及，并非标新立异。尤其是此书于朱子《通解》，未尝曲相附和。因《仪礼经传通解》乃朱子未成之书，不免小有出入，其间分合移易之处亦尚未一一考证，使之融会贯通。永引据诸书厘正发明，颇有参考价值。

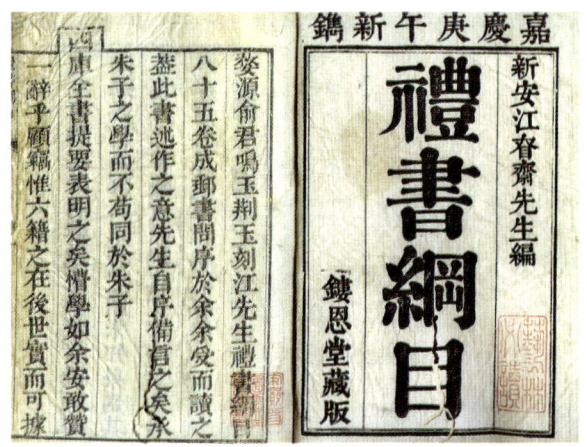

*《礼书纲目》内文

礼记训义择言 朴学著作。8卷。清江永著。是书自《檀弓》至《杂记》，于注家异同之说择其一是为之折中。与陈澔注颇有出入，然持论多为精核，全书持义多平允，非深于古义者不能为。

礼经纲目 朴学著作。88卷。清江永撰。朱熹晚年研究《仪礼经传通解》，但未尽而卒，后其门人续作，多有缺漏。有鉴于此，江永潜心研究，从《周官经·大宗伯》吉、凶、宾、军、嘉五礼次序，数易其稿而成书。由是礼经之"大纲细目，井然可睹"。是书堪称可终朱子未尽之绪。

礼经释例 朴学著作。13卷。清凌廷堪著。分为通例、饮食之例、宾客之例、射例、变例、祭例、器服之例、杂例等8类。寻经析辞，便于学者稽考，是研究中国古代社会生活以及政治制度的重要著作。

礼笺 朴学著作。3卷。清金榜著。金榜少年时与戴震、程瑶田一同师事江永，精于"三礼"，以郑玄为宗，博采旧闻，撮密撷要。是书为金榜研制礼学的重要成果。本书详于名物制度，专做窄而深的研究，引征浩博，而论断则得当审慎。

考工记图 朴学著作。2卷。清戴震著。作于乾隆十一年(1746年)。因《仪礼图》文字艰涩,古奥难懂,戴震一一绘出图像,以"图与传注相表里",解释正文和后人的注释,使之明白易懂。

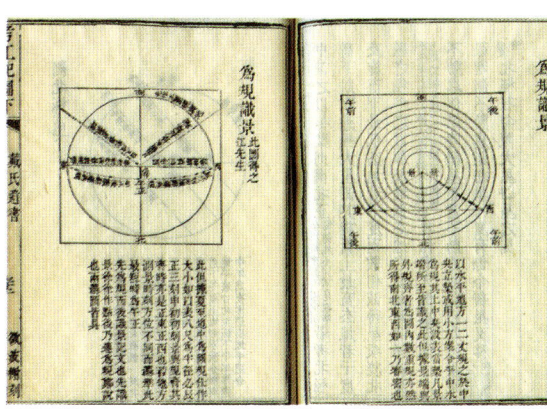

*《考工记图》内文

朴学先驱 对徽派朴学早期代表人物黄生的尊称。黄生是歙县潭渡人,他在学术上的突出成就是开创了以声音通训诂的方法,在训诂实践中自觉运用因声求义,以考释本义、辨明假借、推衍词义关系、贯通联绵词,对声韵通转的认识已达到较高水准。他所开创的以声音通训诂的观点与方法,对徽州朴学体系产生了积极、深远的影响,也使之成为乾嘉朴学的先驱者之一。

死于理 戴震对于"理"所造成的巨大而无形危害提出的控诉和抗议。其《孟子字义疏证》卷上提出:"尊者以理责卑,长者以理责幼,贵者以理责贱,虽失,谓之顺;卑者、幼者、贱者以理争之,虽得,谓之逆……人死于法,犹有怜之;死于理,其谁怜之?"程朱理学中的"理",在本质上同于酷吏之所谓法,酷吏以法杀人,理学家是以理杀人,其后果比以法杀人更严重。戴震揭示了程朱理学以理杀人的哲学根源,是对理学的终结,其深度前无古人。

因声求义 清初徽州朴学家黄生的主要治学方法。黄生在训诂实践中运用"因声求义"的方法,从据声音假借、贯通联绵词和依声探求汉语词族与词源,由此开创了徽州朴学优良的学风。

血气心知 戴震认为,人具有认识能力,人的血气心知来自于阴阳五行。人从阴阳五行的气化流行中分得一份,是物质的形血气,人的认识作用是以人的生理机能为基础的,通过人的感官产生感觉,进而心通其则,通过思考和分析,进而认识事物的规律。感官之外的心是主宰感官的,心可起到神明的作用,是感官的主宰者。味、声、色和理、义都是客观存在的,并不在感觉和心中,却能为人的感觉和心所辨别。从而说明了人的认识不是得于天而具于心,批判了朱熹的"理得于天而具于心"和陆、王"心即理"的先验论。

次仲学派 儒学门派。清歙县凌廷堪创建。廷堪字次仲,故学派因其字而名。这一学派长于考辨,尤其精通礼学,对中国古代礼制、乐律及舆地之学皆有研究。据徐世昌《清儒学案》载,廷堪之学,"无所不窥,于六书、历算以迄古今疆域之沿革、职官之异同、史传之参错、外属之源流,靡不条贯,尤专礼学"。此学派影响较大,尤其在礼乐方面。其弟子有胡培翚、吕飞鹏、张其锦、阮常生等。所结交的朋友有阮元、焦循、江藩、程瑶田、谢启昆、汪中、孔广森、武亿、洪亮吉、孙星衍、许鸿磐、王聘珍等。该学派主要著作有凌廷堪的《礼经释例》《燕乐考原》《校礼堂文集》《梅边吹笛谱》《晋泰始笛律筐谬》《充渠新书》《元遗山年谱》《札记》等;还有胡培翚的《仪礼正义》《燕寝考》《禘祫问答》《研六室文钞》,吕飞鹏的《周礼补注》《周礼古今文义证》,张其锦的《年谱》,王聘珍的《大戴札记解访》《目录》《九经学》《札记》,许鸿磐的《尚书札记》《吴越始末》《河源述》《金川考略》《泗州考古录》《开方图》《简明地图》《黄道赤道经纬度数图》《参伍类存》《考古夷庚》等。

字诂 解释字义之书。1卷。明末清初黄生撰。"六书"是指汉朝学者把汉字的构成和使用方式归纳成象形、指事、会意、形声、转注、假借等六种类型的总称。是编取魏张揖《古今字诂》中二字以名书,作者精于六书训诂之学。全书共107条,取经史群书语词,考辨其音义,订正讹误,与颜师古《目谬正悟》相类。黄生为学极有根柢,能从声音上考察字义,不为文字形体所囿,在清朝学者中极为突出。其书于六书多所发明,每字皆有新义,而征引广博,持之有故,与穿凿附会者有殊。因生致力于汉学研究,而于六书训诂,尤为专长,故不同明人之抄袭陈说,颇有新见。

远近等差殊科 戴震人性论的主要观点。他否定朱子之学中"天地之性"和"气质之性"的差别,认为人性只有智愚之别,而无善恶之分。提出智愚只是"远近等差殊科",只是程度上的差别。

志存闻道 戴震的治学目的。震晚年曾致函段玉裁剖白自己几十年的追求时说道:"仆自十七岁时,有志闻道,谓非求之六经孔孟不得。非从事于字义制度名物,无由以通语言。"同时又强调"由字以通其词,由词以通其道"的主张。他虽十分重视从语言文字入手去阐发孔孟经籍的原意,但志向更重在由考核通乎"性"与"天道"。他曾比喻:"六书九数等事(指考证)如轿夫然,所以舁轿中人(义理)也,以六书九数等事尽我,是犹误认轿夫为轿中人也。"可见他把考证只看作一种工具,而阐述自己哲学思想的义理才是他做学问的终极目的。

求真求是 朴学特点。徽派朴学的经学研究,是一种实证的求知方法,即考据方法。徽派朴学继承了清初儒者治经的优良传统,取前之长,择善而从之,表现出"求真""求是"的治学精神。朴学家们精研覃思,从语言文字入手,笃求深究,耻于轻信,从不株守前说。如戴震对前人之说,既不盲从附会,也不肆意贬斥,采取的是"实事求是,不偏主一家"的态度。

近思录集注 朴学著作。14卷。清江永撰。南宋理学家朱熹、吕祖谦共辑周敦颐、张载、程颢、程颐关于大体而切于日用之言,取子夏"切问近思"之义命名的《近思录》,数经删补,传本颇有异同。明周公恕所刻,妄加分析,增立子目,移置篇章,或佚脱正文,或混淆注语,谬误甚多。江永仍依原本次第为之集注。凡朱熹文集语录有能互相发明者皆采入分注;朱熹说有未备处,则取他家之说以为补充,或以己意为之疏证。是书引据详赡,体例严谨,是研究《近思录》的重要参考著作。《四库全书》收录。

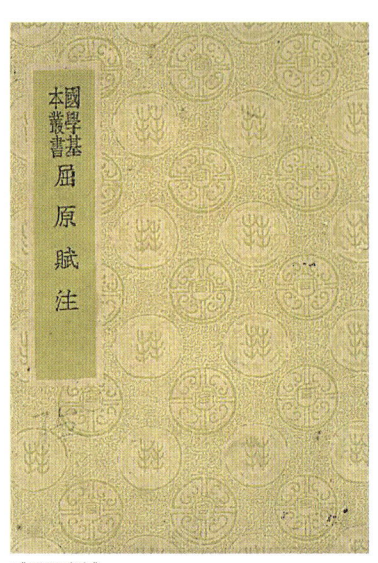

*《屈原赋注》

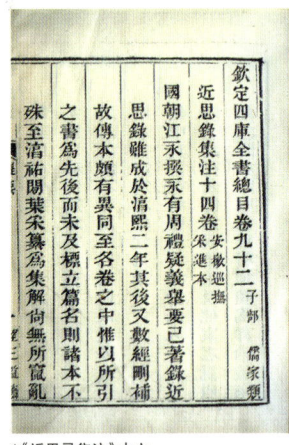 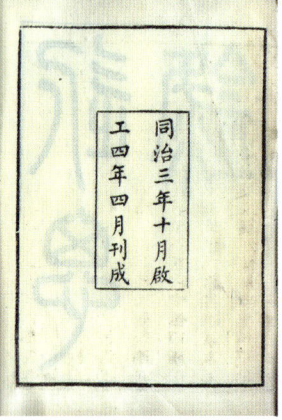

*《近思录集注》内文

易述赞 朴学著作。2卷。清洪榜撰。榜精于卜巫奇遁之术,以东汉郑玄的《易赞》为基础,撰成是书,阐发毕生研究《易》经的心得。该书训诂依据两汉,文风刻意模仿先秦古语。

周礼疑义举要 朴学著作。7卷。清江永撰。是书融会郑玄对《周礼》的注文,参以新说,于经义多所阐发。其解《考工记》2卷,尤为精核。书中关于一些事物的考证,确凿有征。对于古制,亦考之甚详。

屈原赋注 朴学著作。12卷。清戴震撰。乾隆二十五年(1760年)刻本问世。震中年生活贫困,家中乏食,与面铺相约,日取面为饔飧,闭户撰是书。全书包括《赋注》7卷、《音义》3卷、《通释》2卷。卷首有姚江卢文弨序,卢序后有戴震自序,卷末有歙县汪梧凤题跋。是书注释屈原作品25篇,宋玉以下概不收录,训诂解说,颇为精核,"指博而辞约,义创而理确"为其显著特色。《音义》标举古读,稽考旧释,亦多发明。《通释》分笺山川地名及草木鸟兽虫鱼,每每可取。代表乾嘉学派在《楚辞》研究方面的成果,对后世有重要影响。

孟子字义疏证 朴学著作。3卷。清戴震撰。是书从考据训诂阐发"理""天道""性""才""道""仁义礼智""诚""权"等儒家哲学范畴的根本意义。戴震根据古代文献记载,说明"理"本来是事物的肌理、文理,表现于事物的发生发展则为条理。离开具体的事物,无所谓"理"。"天理"也就是自然的条理。本书对"天理"和"人欲"的关系剖析入微,指出宋儒"绝人欲",也就是"绝天理"。主张情与理的和谐,也就是天理与人欲之调解得当。情理之和谐即宇宙之和谐,一个和谐的宇宙是美的世界。

参读礼志疑 朴学著作。2卷。清汪绂撰。是书是专门研究礼学的著作。作者取陆陇其所著《读礼志疑》,以己意附参于各条之下,对于"三礼"大端,多取法王肃的注解,而废弃郑玄的解释,与礼家旧法很不相同。并且对许多礼制提出了自己的精要见解,其考多深得经义,但也偶有失误,可与陇其之书并存不废,相得益彰,学术成就颇高。

经世致用 指学问必须有益于国事。朴学家认为学习、征引古人的文章和行事,应以治事、救世为急务,反对理学家不切实际的空虚之学。这一观点对后人影响很大。

经学三胡 见274页"三胡礼学"条。

春秋地理考实 朴学著作。4卷。清江永撰。是编所列春秋山川国邑地名,悉从经传之次,凡杜预以下旧说,已得者仍之,其未得者始加辩证,皆确指今为何地,俾学者按现在之舆图即可以验当时列国之疆域。及会盟侵伐之路线,悉得其方向道里,意主简明,不事旁摭远引,故名"考实"。对于名同地异,注家牵合混淆者,辩证尤详。其订讹补阙,多有可取,虽卷帙不及高士奇《春秋左传地名考》之富,而精核则较胜之。

相反之名 戴震人性论中关于善恶的著名论断。他否定人性有善恶之分,认为人性只有智愚之别，善恶则是"相反之名"，是性质上的相反。这与朱子之学中善恶之论完全相反。

钟鼎字源

文字书。清汪立名编撰。汪氏有感于朱云《金石韵府》所收钟鼎文"征引讹谬，挂漏甚多"，于是参考诸书，刊谬正误，康熙五十五年(1716年)编成此书。本书只采录钟鼎文，依今韵分为5卷，计平声2卷，上、去、入声各1卷，共收录1107字，重文4321字，共计5428字。正文体例，先列楷书字头，然后将不同形体的钟鼎文依次附下，每形之下附有载器名，字形摹录较为准确、清晰。本书缺点是不知钟鼎有时代之分与真伪之别，而铭文又有音释之异，未能加以详辨细分。卷末列二合三合四合之字，均不注出处，尤为疏失。本书名为"钟鼎"，却又收采石鼓文，不免有乖其例。

律吕阐微

古代乐论。10卷。清江永著。律吕是六律、六吕的合称，即十二律，亦用来泛指乐律或音律。阐微，意为阐明隐微的道理。是书以明朱载堉《律吕精义》为基础，而补其不足。

律吕新论

古代乐论。2卷。清江永著。律吕，乐律的统称。古代乐律有阳律、阴律各六，合为十二律，阳六曰律，阴六曰吕，合称律吕。后来论乐之书，多有以律吕为名者。是编上卷首论蔡氏律书，次论五声、黄钟之宫、黄钟之长、黄钟之积、十二律、三分损益、二变声、变律；下卷论琴、四清声、旋宫、乐调、造律、候气、律吕余论。其大旨以琴音立说，于转弦合调之法，论之极详，阐其奥义，多能成一家之言。

独寻其义例

戴震所提倡的治学方法。《水经》是古代的一部地理著作，北魏郦道元曾为之作注释，撰《水经注》40卷。此书传抄到南宋时，已残缺不全，错误歧出，严重到经文与注文混杂，分辨不清。戴震考校《水经注》时，提倡"独寻其义例"，从中分析出注文与经文的规律，归纳出三条区分的条例：一是经文每写一水，必标明出自某一郡县，以下不再列举其他水名，而注文则详细介绍某水所纳群川，一水之名重复出现；二是经文叙述某水，经州过县，只标一县名，注文则详述所经州县，同一县名再三出现，由于县治不断变迁，注文多称某某故城而经文没有"故城"字样；三是经与注在表述水流经某地时，经文使用"过"字，注文书写"径"字，表述有别。遵循这些条例，再进行推断，经注混淆的问题，自然得到解决。

音学十书

音韵学著作。清江有诰著。是书乃清朝对古韵研究最深入、最全面的一套著作。有诰通音韵之学，得顾炎武、江永两家书，嗜之忘寝食。谓江永书能补顾所未及，而音韵分部仍多罅漏，乃析江氏13部为21部，与戴震、孔广森多暗合。书成寄示段玉裁，玉裁深重之，曰："余与顾氏、孔氏皆一于考古，江氏、戴氏则兼以审音，晋三(有诰字)于前人之说择善而从，无所偏徇，又精于呼等字母，不惟古音大明，亦使今韵分为二百六部者，得其剖析之故，韵学于是大备矣。"著有《诗经韵读》《群经韵读》《楚辞韵读》《先秦韵读》《汉魏韵读》《唐韵四声正》《谐声表》《入声表》《二十一部韵谱》《唐韵再正》《唐韵更定部分》，总名《江氏音学十书》。

音学辨微

朴学著作。1卷。清江永著。阐明音韵学的一些基本概念之作。全书分12部分，包括11辨(即辨平仄、辨四声、辨字母、辨七音、辨清浊、辨疑似、辨开合口、辨等列、辨翻切、辨无字之音、辨婴童之音)，1论(论"图""书"为声音之源)；后附3种等韵著作的辩证。

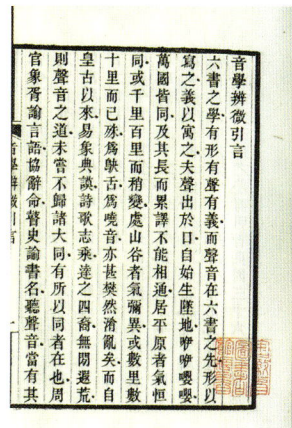
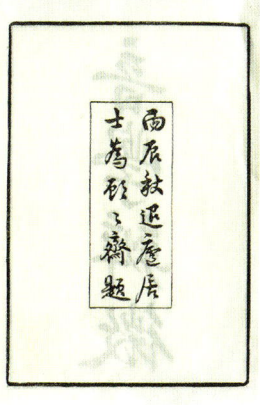

*《音学辨微》内文

癸巳类稿及癸巳存稿

朴学著作。清俞正燮著。因辑成于道光十三年(1833年)，该年为癸巳年，故名。类稿15卷、存稿15卷。俞氏一生致力学术，研究范围很广，举凡经学、史学、诸子、天文、诗词、歌赋、释典、道藏等无所不精。类稿、存稿同为作者研究成果的汇编，是两部风行海内的巨著。内容多为经义、史传、诸子、医理的考证，以类相从，甚为精博，又间及近事记载，足资掌故。其中如《节妇志》《贞女志》颇有与传统立异的见解。鲁迅在《小说旧闻钞》中，曾引述该书中关于清朝禁黜小说的详细记载。

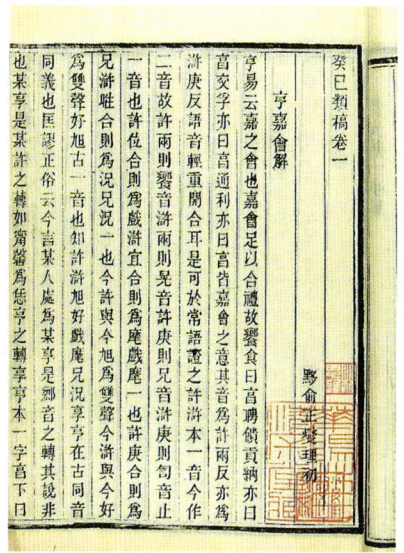

*《癸巳类稿》内文

原善 朴学著作。3卷。清戴震著。反映戴震关于自然与社会问题的唯物主义思想。书中所提重要论题有：道是物质实体；仁、义、礼是善的纲目；耳、目、鼻、口之官接于物而心通其则；反抗暴虐"非民性然也"。此外，《原善》对于"性""理""欲""天道"等问题也都提出了好的见解。

旁通互证 徽派朴学治学方法。徽派朴学家认为研究经学是一个"系统工程"，不但要具备文字训诂、名物制度方面的深厚知识，而且对天文、地理、历算也应当深有研究，只有把各方面知识综合起来，旁通互证，才能达到真正明了经义的目的。戴震在《与是仲明论学书》中指出，要真正弄明白儒家经典的含义，诵读《尧典》，不了解恒星的运行，那么掩卷不能卒业；谈《诗经》，不知古音，那么龃龉失读；读礼学经典，不知古代宫室、衣服等制度，不知晓古今地名之沿革，那么就会莫辨其用、失其处所。因此只要经书中涉及的客观事物，都必须全面、综合地加以研究和考证。徽派朴学家无一例外地在他们的学术研究中广泛涉足语言文字、天文地理、典章制度，正是这种严谨学风和治学方法的具体表现。江永对古今制度、星历、数学、钟吕、声韵无不探赜索引，测其本始，而于"三礼"、音韵尤精。戴震对于天文历算推步之法、测望之方、宫室之制、山川郡治之沿革、钟实管律之术，都有精深的研究。

通艺录 朴学著作。42卷。清程瑶田著。瑶田博艺多能，著述宏富。晚年经他亲手整理的此书，是其一生心血的结晶。是书收录著作24种，近百万言，淹贯浩博，新意迭出，显示了作者在经学、史学、语言文字、数学、天文、地理、生物、音乐、书法、篆刻等方面的精深修养。作者在自叙中说，一个人应该"能乎喻义而绝不喻利"，以此处人伦，酬世务，才可以立于天地之间。

通晓字义 徽派朴学治学方法。徽派朴学家认为，做学问关键在于精研小学。方法主要有三点。一是通晓"六书"。"六书"是前人总结汉字造字的六种条例，即象形、指事、会意、形声、转注、假借等方法。通晓"六书"，对了解字之本义十分有益。二是研究应当从《尔雅》开始。因为《尔雅》是六经的通释，是用来通晓古今异言的重要工具书，读懂了《尔雅》，明白古今异言的含义，才能真正读懂六经，求得其中的至道。三是把故训和音声相结合来考察字义。故训和音声是统一于文字（词语）之中，互为表里的两个方面。戴震认为："六经字多假借，音声失而假借之意何以得？故训、音声互为表里。故训明六经乃可明。"因此，从文字音韵入手，考证字义，辨别名物，弄清古制，疏通传注，便成为徽派朴学治学基本功。

乾嘉学派 清乾隆、嘉庆年间思想学术领域逐渐发展成熟的以考据为主要治学方式的学术流派。因这一时期的学术研究采用了汉朝儒生训诂、考订的治学方法，与着重于理气心性抽象议论的宋明理学有所不同，所以有"汉学"之称。又因此学派的文风朴实简洁，重证据罗列而少理论发挥，而有"朴学""考据学"之称。从乾嘉学派的形成、发展过程来看，若以地域区分，又可分为三个流派：以苏州吴县惠栋为代表的吴派；以徽州休宁戴震为代表的徽派；以扬州阮元以及王念孙、王引之为代表的扬州学派。三个学派形成时间有先后，吴派是继顾炎武启蒙朴学之后，较早开创并确立朴学的学派，徽派则继起大张朴学之帜，扬州学派则是汇集了吴、徽两派传人的后期学派。从治学对象上看，吴、徽两派皆"以肆经为宗"，旨在恢复最可信从的东汉古文经学家的解说，而扬州学派则继承发展了惠栋、戴震的考据之学，将乾嘉汉学进一步推向高峰，并取得总结性的成就。

欲理知 戴震关于欲、理、知之间关系的观点。他认为，人都有喜怒哀乐、怀生畏死之情，都有对饮食男女的需要，都有求生存、平等的欲望。这些都是人的自然情欲，是人的本性，是血气心知反映在人性方面的实在内容。人类有欲而后有为，人欲对人类的存在有重要意义。戴震对于人性情欲的肯定，与其"血气心知"的认识论一致。他总结说："欲"是人对声色臭味的要求，"情"是人喜怒哀乐的表现，"知"是人辨别是非美丑的能力。如果没有这些欲望和要求，人也就不存在了。戴震论证的"欲"是人的本性，是饮食男女和生养之道，是人类赖以生存的条件，也就证明了"气质之性"并不是产生罪恶的渊薮，是合理和至善的，从而批判了程朱理学把性分为"天命之性"和"气质之性"，并把"气质之性"说成是产生人欲、产生罪恶根源的观点。

庸言录 札记。无卷数。清姚际恒撰。是编乃其随笔札记，或立标题或不立标题，盖犹草创未竟之本。际恒生于清初，师从多位大学者，故往往承其绪论。其说经也，如考某书之伪，则本之黄宗羲；考古文尚书之伪，则本之阎若璩；考周礼之伪，则本之万斯同；论小学之为书数，则本之毛奇龄。诸如此类，不一而足。

深衣考误 朴学著作。1卷。清江永著。深衣即汉服，为把上衣、下裳连在一起包住身子，分开裁但上下缝合，用不同色彩的布料作为边缘，因"被体深邃"而得名。关于深衣之制，历史上众说纷纭，永反复考证，力求真解。今以永说求之训诂诸书，虽有合有不合，而衷诸经文其义最当。此书考证精核，多胜前人。

综形名任裁夺 朴学学风。"综形名"指从小学之语言、文学、音韵入手研究经学；"任裁夺"指治学要经过比较、综合的研究，凭借自己的识见，做出是非判断，不墨守旧说。该学风表现为治学讲求征实，不泥古、不佞宋，无派别门户之见，师友自由讨论。

道理气 朴学术语。戴震在《孟子字义疏证》中所阐述的哲学基本观点认为，道指阴阳气化，即物质的运动、变化；理指气化过程中的条理，也就是事物运动的规律；气则是万物的本原。道和理都离不开气。戴震所说的阴阳二气和五行的运动变化就是道的实际内容,表现了世界的物质性和物质与运动不可分的思想内容。戴震指出,程朱关于理是形而上,气是形而下,把理说成是气的主宰,这是背离《易》之原意的。他指出形而上和形而下并不是精神和物质的区别,而是同一物质性的气的不同形态。形而上指的是气化流行尚处混沌未分状态,形而下指的是由于阴阳气化而产生了人和物以后的状态。这种解释论证了只有气才是天地万物的本原,并成为批判程朱学派理气之辨的重要依据。

慎独格物 朴学术语。凌廷堪从礼学的视角重新诠释儒家的"慎独""格物"等重要思想。将"慎独"解释为内心之德或是外心之德,它的指向都与礼学息息相关;将"格物"解释为"格礼",则是从礼学的实践层面来解读"格物"的。这为乾嘉之际的经典诠释提供了新的解释形态。

群经补义 朴学著作。5卷。清江永著。是书取《易》《书》《诗》《春秋》《仪礼》《礼记》《中庸》《论语》《孟子》九经,随笔诠释,末附杂说,多能补注疏所未及。对很多问题,辨析尤为精核。其他于《禹贡》之舆地、《春秋》之朔闰,皆考证赅洽,于经文注义均有发明,实非空谈者所及。

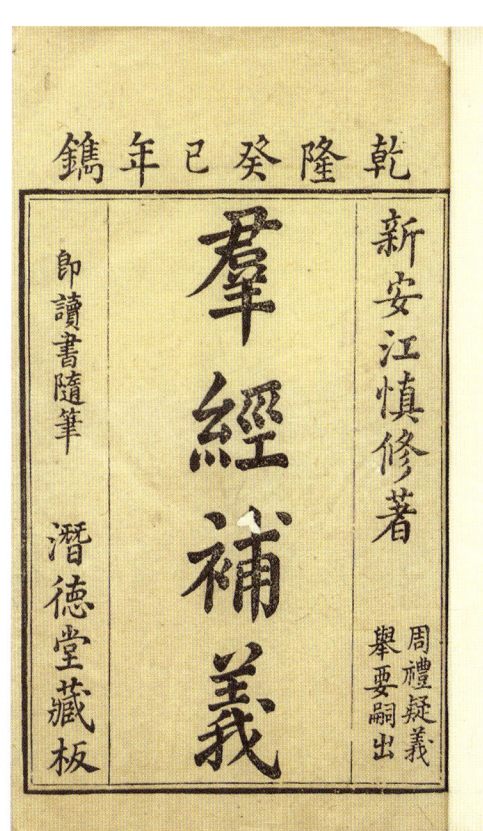

*《群经补义》内文

螟蛉负螟蛉 传说纠误。《诗经》中有一句诗"螟蛉有子,螟蛉负之",汉毛亨、郑玄注释为"螟蛉养螟蛉之子",意思是细腰蜂螟蛉养育螟蛉的幼虫,视螟蛉为子,后人信以为真,遂有"螟蛉之子"为养子的代称。朴学家程瑶田为此对"螟蛉""螟蛉"目验,观察了三年,调研之后得出了螟蛉背负螟蛉,不是养育它,而是把它作为美食喂养自己幼虫的科学结论,纠正了前人传注之误。

燕乐考原 朴学著作。6卷。清凌廷堪撰。是书研究隋唐燕乐乐律理论的来源及其宫调体系(燕乐二十八调)。认为在乐律上后世俗乐与古雅乐之间,隔唐朝燕乐一关,而唐朝燕乐实以郑译所传龟兹人苏祇婆的琵琶乐调为本;又指出琵琶乐调中五旦、七调之说,出于苏祇婆的传授,而十二律、八十四调之说,则出于郑译的推演。这些见解在一定程度上澄清了中国古代乐律发展史上的一些混乱概念。

戴震辨"理" 戴震关于"理"的辨析与朱子之学完全相反。他否定以"理"为世界本原的学说,本着"求是"的态度,直接从六经、孔孟学说中寻求"道"。他反对空谈义理,侧重考证,认为天地间不存在高于物质自然界和人类社会所有事之上之外的"天理"。

徽派朴学 指以清朝江永、戴震等一批徽州籍学者为代表的学术群体。徽派朴学的传承和发展过程,分为三个阶段。第一个阶段是奠基时期(明末至清康熙、雍正年间)。这一时期由歙县黄生开其端,而由婺源江永奠其基。这一时期,徽派朴学的治学特点是以小学为根柢,不分门户,汉宋兼采,说经主实证、重考据,尤重从文字音韵角度训诂名物,在徽派朴学的形成和发展中起到重要的影响和作用。第二个阶段是成熟时期(乾隆、嘉庆年间)。这一时期以戴震为代表的徽派朴学家群体以他们卓越的学术成就把徽派朴学研究推向极致。成熟时期的徽派朴学家主要有戴震、程瑶田、金榜、洪榜、凌廷堪、江有诰、胡培翚等一大批学者。在语言文字训诂之学上的成就显著,江永重于韵而疏于声,戴震则运用发音学方法区分上古声母,分上古声类为20位,这在完善古音体系上有着重要贡献。在训诂方面,戴震把古音学应用于探索语言中的声义关系,提出了"转语"理论,为清朝训诂学的发展奠定了科学基础。程瑶田则另辟研究文字声韵之途,开创汉语词源研究的先河。这一时期,徽派朴学虽以考据而引领乾嘉时期的学术潮流,但并非仅为考据而考据,而是旨在从考据中开出新义理的哲学,例如戴震就建立了唯物主义"气一元论"的哲学体系,并在此基础上,对程朱理学展开全面、猛烈的批判,揭露程朱理学"以理杀人"的本质。第三阶段是衰落、变革时期(道光至清末)。道光后期,考据学日显烦琐僵化,往往只注重文字语言现象的微观研究,缺乏宏大的理论眼光,只把音训考辨作为学问归宿的取向,束缚了人们的思想,阻碍了学术的进一步发展。晚清徽派朴学变革,歙县吴承仕研音韵训诂及古代名物制度,晚年接受马克思主义,以历史唯物主义的观点研究经学和古代历史,成为我国第一位用马克思主义观点研究经学的学者。

[四] 学术宗教

新安理学　徽派朴学　史学杂著　宗教信仰

一统路程图记　见283页"天下水陆路程"条。

十六国年表　史学著作。1卷。清张愉曾撰。是书以崔鸿所录十六国事，仿《史记》十二诸侯年表之例，以年为经，以国为纬，条理分明，颇便于寻览。其从父张潮收之《昭代丛书》乙集中。后有潮跋，谓不知当初崔鸿何以不列年表，今得此书可以补其缺略。

士商类要　又名《新安原版士商类要》。经商工具书。明程春宇撰，文林阁唐锦池梓行，天启六年（1626年）刊刻，4卷，4册。卷首有图3幅，第一卷及第二卷前半部分记载天下水陆里程；第二卷后半部分附载《杂量统论》《船脚总论》《选择出行吉日》《四时占候风云》等，都是直接与经商有关的知识；第三卷为商人须知的各种常识，包括地理知识、历史知识、运粮船数、王府分布情况、王子王孙官职俸禄、文武官员服式和科举成式；第四卷是商人的自我修养，内容庞杂，从乾坤定位、人伦三教到起居之宜等，凡与经商有关的一切几乎无所不包。该书源于万历年间的《三台万用正宗》，但改变了原书中以两京为中心的体系，而以徽州为中心，突出反映了明朝晚期徽商在全国市场中的主导地位。

万历休宁县志　方志。8卷。明李乔岱纂修。乔岱字东山，陕西洋县人，万历二十九年（1601年）进士，授休宁知县。嘱邑生胡九皋、邵辉、程涓、胡斗玑、金鼎铉、范橄、金世忠、余玉言分曹纂辑。其书体例，为纲者8类：舆地、建置、食货、官师、选举、人物、艺文、通考。子目59目，卷前列图6幅。万历三十五年（1607年）朱印本，刊刻精致。

万历齐云山志　志书。5卷。明万历二十七年（1599年）休宁县令鲁点撰，巡按直隶监察御史邑人汪先岸作序。清顺治、康熙、嘉庆年间均有重刻本。

万历祁门县志　方志。4卷。明余士奇主修，谢存仁编纂。31目，7万余字。士奇字才伯，广东东莞县人，万历二十七年（1599年）任祁门知县。存仁字大池，祁门县人。祁志自元至顺汪元相始纂，嗣后明永乐黄汝济又为《祁闻志》，正德庚辰谢大涵继而重修，此志以前已三修矣。万历二十七年（1599年），存仁被黜家居，受聘亲自编撰。夏月开馆，秋始告成。全书体例分地理、山川、土产、官师、宦达、名儒、武功、民行、士行、女贞、良牧、艺术、县宇、城池、秩祀、乡市、赋税、灾祥、古迹、寺观、书籍诸门，分门琐碎，排列亦无次序，绝无编例，记载亦属寥寥。唯今存祁志刻本以此书最古。明万历二十八年（1600年）刊本。

万历绩溪县志　方志。12卷。明陈嘉策修，何棠等纂。嘉策字与偕，号葵心，福建晋江人，万历二年（1574年）进士，授绩溪知县。《绩溪县志》创修于成化年间，侍中侍御李宗仁谪官绩溪时，嘱汪源学所纂，未成中辍。弘治十四年（1501年）知县程佐时嘱本县人戴骝，取其所录稿而增修之，书成于弘治十五年（1502年）；正德年间知县陈约又重修。此志嘉策官绩溪时，嘱教谕何棠、江先省，训导胡以征、王楷，邑人汪秀成、汪士达、张应丁、胡华中、胡献芹、章春、周觉先诸人所采辑。其书体例分为舆地志、建置志、食货志、恤政志、学校志、武备志、祀典志、职官志、选举志、人物志、艺文志、杂志12门，73目。分次未为确当，以祥异、古迹、丘墓、艺术、寺观、仙释，皆入杂志，志例乖舛。明万历九年（1581年）刊本。

万历歙志　方志。30卷。明万历年间张涛修，谢陛主纂。通纪体。涛字元裕，湖广黄陂人，由工科给事中，调任歙县知县。陛字少连，歙县呈坎汪村（古称"开黄里"）（今属徽州区）人，博综典籍，尤精史学。该志主纂、总裁、分裁、督阅、分校，皆为士界精英。体例严谨，章法划一，资料丰富，且文笔优美。首为张涛《草创歙志序》，次为洪文衡《歙志序》，三为谢陛《歙志草创自序》。该志分总纪、考、表、传、载记、艺文、杂记7类。其中总纪1卷，有往代、昭代2目，记历代大事；考6卷，有疆域、建置、户赋、恤政、礼乐、兵防、氏族、风土、物产、丘墓、寺观等11目；表3卷，有因革、邑屋、官师、选举、恩命、任子、中书舍人、资级、掾史等9目；传10卷，有令宰（内外）、通传（上下）、节概、才猷、勋烈（上下）、文苑、士林、孝友、良民、列女（上下）、艺能、货殖、仙释等13目；载记1卷，有唐寇、宋寇、岛寇、国憝等4目；艺文8卷，有辞命、明谟、封事、碑记（2卷）、杂着、诗（2卷）等6目；杂记1卷。正文后依次附有《歙志裁校名氏》和《昭告城隍表》。值得一提的是，志中类目页码下方，刻有各刻工姓名或其名号简称，这是其他刻版书中罕见的。

万历黟县志
方志。明万历十九年（1591年）黟县知县王家光纂。已佚。清嘉庆《黟县志》载有此志《县治图》及《图说》，家光《图说》云："余披县图，图绘以城，视昔加详矣。中间昔有而今无，昔无而今有者，亦宜与时增损……图成，余故为分说，以俟来者。万历辛卯六月。"

山居清赏
笔记。28卷。明程荣编。是编列南方草木状至禽虫述凡15种，多农圃家言，中唯茶谱1种为荣所自著。采摭简漏，亦罕所考据。

广月令
天文历法著作。3卷。明王勋撰。后集2卷，其子璞所补。勋字曰放，璞字伯怀，黟县人。《月令》为古代汉族天文历法著作。即按照一年12个月的时令，记述政府的祭祀礼仪、职务、法令、禁令，并把它们归纳在五行相生的系统中。此书采摭传记，欲为月令，通考诸家，补其未备，而好取新奇，有时失之浅陋。

己酉避乱录
纪实录。1卷。宋胡舜申撰。南宋建炎三年（1129年）为己酉年，此年金兵进攻平江，宣抚周望出走，舜申之兄舜陟时为参谋，举家避难，舜申记录此次避乱情形。其言颇诋韩世忠，末附载韩世忠携妓一事，似有宿憾之言，故未必为实录。

丰南志
村志。10卷。民国吴吉祐纂。稿本。"丰南"为歙县西溪南村（今属徽州区）的别称。卷一、卷二舆地志，分沿革、疆界、山川、水源、都鄙、岭墩坦场潭、街巷、小地名、风土、祠宇、津梁、古迹、园林、寺观、社宇、路亭、堂宇、水利、古墓19目；卷三、卷四人物志，分宦绩、忠节、文苑、孝友、义行、士林、诗林、方技、经济、耆寿、节妇、贞女、孝友、才媛14目；卷五选举志，分文科目（进士、举人、童生）、武科目（举人、进士）、仕宦、荐辟、殊恩、封荫、乡宾，附吴氏历代科第仕宦等简表；卷六至卷九艺文志，其中卷七缺，分书目、寿序、行状、哀词、诰命、序跋、碑记、建置、赠言、诗、词11目；卷十杂志，分杂记、兵事、人瑞、祥瑞4目，附丰南志序。现藏安徽省图书馆。

天下水陆路程
原名《一统路程图记》。商业书。8卷。为根据各种程图和路引编成的明朝国内交通指南，明休宁徽商黄汴编纂，姑苏吴岫校正，是士商行旅的必备之物。一再重印，广为流传。本书最早刊行于隆庆四年（1570年）。书中详细记载2京13布政司水陆路程、各地道路的起讫分合和水陆驿站名称。全书共有8卷：卷一记载从北京出发至各省的主要驿路，卷二记载从南京出发至各省的主要驿路，卷三记载各省至所属府的主要驿路，卷四记载北方各边关主要驿路，卷五记载江北水路，卷六记载江北陆路共25条，卷七记载江南水路共39条，卷八记载江南陆路。全书所记水陆路共144条，均详细记载明驿站名称、驿站所属府县，两驿站之间里程、路况、地形、通行难易程度。记有各水陆道路的变道、改道概况及总里程数。还记载物产行情、食宿条件、社会治安、行会特点、船轿价格等。边疆及少数民族地区还记载历史沿革，族属源流。该书在当时有通商使用价值，至今仍有历史研究价值。

天下路程图引
又名《新刻士商要览天下水陆行程图》。商业书。作者天都憺漪子，乃休宁明末清初侨寓杭州的徽州书商。明天启年间，憺漪子编成《新刻士商要览》一书，崇祯年间进士、抗清义士休宁金声作序。天启六年（1626年）刊行。本书是憺漪子选辑《新刻士商要览》部分内容成书。卷一为江南水陆路程，计53条。卷二介绍了47条江北水陆路程。本书以长江为线，划分为江南、江北两片。以通都大邑、区域性城市为始发地或交通枢纽。按水陆路程的走向，选取沿途城镇、关津驿舍为点，标明各点相距里程，深具实用价值。又兼及各地食宿、物产物价、民情风俗、地形气候、风景古迹、车船运费等内容。为使读者熟记地名，每条路后面，记录了很多用地名编成的歌谣。如"京都九门诗""水程捷要歌""岳阳路诗"等，具有不可多得的史料文献价值。

天启歙志
方志。36卷。明歙县知县戴东明（一说戴东曼）修。与修者有教谕刘振世（蒙城人）、训导江文润（景陵人）、邹邦寅（永丰人）和一批歙籍进士。通纪体。东明，浙江建德人，进士。自天启三年（1623年）二月开局，至天启四年（1624年）九月竣事，历时19个月。该志无舆图，戴东明和邑人唐晖、江秉谦撰有序。内容有：沿革疆域志、建置志、山川物产水利志、田赋志、秩礼兵防志、官师名宦志、选举志、人物烈女志、丘墓寺观仙释志、灾祥志、艺文志。由歙县儒学组织歙县虬村黄氏刻工黄建中、黄季迪等刊刻。

历代二十一传残本
史学著作。12卷。明程元初撰。是书略仿《资治通鉴纲目》之例，以二十一史各编年为传，故曰二十一传，然非传体也。此本唯存《季周传》11卷，《嬴秦传》1卷，是刊刻未完还是散佚，均不可知。据所存者观之，颇多疏漏，体例也不甚严谨。

中山沿革志
史学著作。2卷。清汪楫撰。是编乃其册封琉球国王时所作。楫别有《使琉球录》，备载册封典礼及山川景物。此则专记中山世系，附以考据。前有自序称谕杀故王，入其祖庙，因密录其神主，又得《琉球世缵图》，参以明朝《实录》，约略诠次，览此书可知琉球之沿革。

水陆平安
商业书。清道光二十四年（1844年）抄本。作者不详。记录了徽商在广州经营的情况。书中共记录了由祁门至广州的341处地名，并提及了沿途的几个大市镇，如景德镇、樟树镇、吴城镇等等；提及沿途店名45个，主要是商船获得补给之地；提及了沿途的诸多物产，并对各地风俗民情作了描述，标明了沿途的治安状况，并刻意注明了一些省县

凤凰山志略 山志。3卷。民国二十八年（1939年）本县人胡光钊辑。凤凰山位于祁门县南。分设碑记、题咏、楹联，收碑记5篇，诗30首，楹联18副。

六朝事迹编类 史学著作。2卷。宋张敦颐撰。敦颐为南宋绍兴八年（1138年）进士，由南剑州教授历官知舒、衡二州致仕。其书专记南京地区吴、东晋和南朝宋、齐、梁、陈六朝事迹。全书分为总叙（包括六朝兴废、六朝建都、六朝宫殿、六朝郊社、六朝郡国、六朝保守）、形势、城阙、楼台、江河、山冈、宅舍、谶记、灵典、神仙、寺院、庙宇、坟陵、碑刻等14门。此书材料详备，而碑刻一门尤有丰富资料。但也杂有唐宋事迹，郡国一门述及魏蜀、西晋州郡，颇不合体例。

孔子编年 孔子年谱。5卷。旧本题宋胡舜陟撰。书首有南宋绍兴八年（1138年）舜陟序，乃自静江罢归之日，命其子胡仔所撰，非舜陟自作也。舜陟字汝明，绩溪人，北宋大观三年（1109年）进士，靖康年间官侍御史，南渡初知庐州，有御寇功。更历数镇，最后为广西经略使。欲为秦桧父建祠，高登不同意，因弹劾登以媚桧。会以他事忤桧意亦逮治，死于狱，事迹具《宋史》本传。胡仔字符任，后流寓吴兴，尝辑诗话行于世，即所谓苕溪渔隐者。是书辑录孔子言行，以《论语》、《春秋》"三传"、《礼记》《家语》《史记》诸家所载，按岁编排，体例亦如年谱。其不曰年谱而曰编年，尊圣人也。自周秦之间，谶纬杂出，一切诡异神怪之说，率托诸孔子，大抵荒诞不足信。胡仔独依据经传考寻事实，大旨以《论语》为主而附以他书，其采摭颇为审慎。唯诸书记录圣言不能尽载其岁月，胡仔既限以编年，不免时有牵强。

正德黟县志 方志。明正德十六年（1521年）黟县知县陈九畴总修，许渊、舒演、王大度、程端楷、王钢、舒希旦等参与编纂。已佚。清顺治《黟县志·艺文》载有教谕叶相《明正德辛巳县志序》，嘉庆《黟县志》载有此志凡例。该志之内容分地理、食货、封建职制、公署、学校、祀典、恤政、选举人物、宫室、寺观、祥异、词翰、拾遗等部分。为黟县见诸文献的第一部县志。

古今鹾略及鹾略补 盐政著作。《古今鹾略》9卷，《鹾略补》9卷。明汪砢玉撰。是书前后两编，卷首皆有自序。《古今鹾略》9卷，凡分生息、供用、职掌、会计、政令、利弊、法律、征异、杂考9门，名曰《九府》。《鹾略补》亦按9门分类拾遗。作者当明末国家财政匮乏之时，欲复汉牢盆之制，而用宋转般之法。其意虽善，而于势恐不可行。但其所征引，务为浩博，保存了丰富的历史资料。

古今彝语 史文杂录。12卷。明汪应蛟编。应蛟，婺源人，万历年间进士，官至户部尚书，谥"清简"，事迹具《明史》本传。是书杂录史文，上起唐虞，下迄于元，随兴之所至，材料去取，漫无义例。

左史谏草 奏议汇编。1卷。宋吕午撰。是编凡奏议六篇，后附其子沆奏议一篇及家传诗文之类，最后载吕氏节女事。

北边备对 关于北部边防的对策。1卷。南宋程大昌撰。是书前有大昌自序，称南宋淳熙二年（1175年）因向皇帝进讲《禹贡》，孝宗问以塞外山川，大昌未能详对。绍熙年间奉祠家居，乃补撰此书。以缘起于讲筵顾问，故仍以"备对"为名，全书凡21则，皆摭史传旧文，无所考证。

史书 史学著作。10卷。明姚允明编。是书自三皇以迄元朝，摭采史文，节缩成编。前有张溥、吴应箕二序，盖亦依附复社者，故书止10卷。而卷首列参阅姓氏至283人，其声气标榜可以概见。

史诠 考证。5卷。明程一枝撰。是编专释《史记》字句校考诸本，颇有新见。唯掺杂时人评语，颇近乡塾陋本。体例亦过于呆板，如欲据荀子《乐记》删改礼书、乐书之类，皆不可据为定论。

史砭 史论著作。2卷。明程至善撰。是书所论，上起三皇，下迄于宋。然论两汉者占全书十分之八，余皆寥寥数则，多为迂阔之谈。其偶出新意，则往往乖刺。如谓岳飞得金牌之召，当还戈南指，诛秦桧以清君侧。皆为想当然之论。

史裁 史学杂论。26卷。明吴士奇撰。是书节录史文，始自春秋，迄于宋元，杂采旧论，亦间以己意断之，既非编年，又非纪传，随意抄撮而已。

生意蒙训俚语十则 商业书。作者不详。书中总结了徽商10条经商的要领，内容包括勤谨、诚实、和谦、忍耐、通变、俭朴、知义礼、有主宰、重身惜命和不忘本。这10条要领也是徽商精神的体现。

汉魏别解 丛书。16卷。明黄澍、叶绍泰同编。自《吴越春秋》始，到薛收《元经传》止，共46种。其凡例云六朝诸家文集，一篇不载，而编中收江淹、任昉诸集，不一而足。又云皆录全文，而节录者亦复不少。至近代伪书，如《天禄阁外史》之类，亦一概滥收，殊失鉴别。

永乐祁阊志 方志。10卷。明蒋俊修，黄汝济协修。以祁门东有祁山，南有阊门，故名。永乐九年（1411年）祁门知县路达应本县耄耋之请，委托教谕蒋俊修纂县志。俊以"苦病之余，无能为役"，邀本县人黄汝济协修。汝济字巨川，居城西，永乐元年（1403年）举人，官至南京国子监助教。此志阅六月成稿，黄汝济"搜摭遗稿，编辑散亡"，蒋俊"芟繁撮逸，正讹黜陋"。卷一包括始建、风俗、邑境、城市、坊巷、乡都、官制；卷二包括公署、庙学、社学、坛场、仓库、税务、镇寨、局院、邮铺；卷三包括户口、田土、税则、租赋、金课、皮课、酒课、茶课、税课、盐课、农桑课；卷四包括山阜、水源、桥梁、道路；卷五包括道观、僧寺；卷六包括祠庙、古迹、仙释灵异、邑瑞、邑灾；卷七包括贤宰政绩、邑宰题名、先达、科目、仕宦、艺能；卷八包括题咏、文类（贞节附见）；卷九为碑碣；卷十为物产。该志为明朝手抄本，属善本书，为祁门县传世最早的县志。

民国祁门县志

方志。民国胡光钊纂。光钊字樵碧，居祁门城里，历任县图书馆馆长、第一区区长、县立女子小学校长、省通志馆采访、县志编修委员会主任、县文献委员会主任等职。民国三十一年（1942年），主持编修《祁门县志》，因人力、物力所限，仅编印《祁门艺文考》《祁门氏族考》两个分册。续编有《祁诗合选》，惜已散佚。民国三十三年（1944年）铅印本。

民国重修婺源县志

地方志。70卷，末1卷。民国葛韵芬等修，江峰青等纂。民国十四年（1925年）刻本。卷一纪述、修志源流、旧凡例、旧序、旧引、旧跋；卷二至卷四疆域，分图考、沿革、分野、坊都、山川、古迹、风俗7目；卷五至卷八建置，分城池、公署、水利、学校、祀典、宫室、坊表、津梁、塘堰、寺观、冢墓11目；卷九至卷十一食货，分户口、公赋、杂税、徭役、物产、储蓄、恤政7目；卷十二兵戎，分防营、战守2目，卷十三、卷十四官师，分县职、学职、杂职、武职、名宦5目；卷十五至卷十九选举，分科第、征辟、贡职、监选、椽叙、戎秩、学位、议士、任子、貤恩、戚畹、封赠12目；卷二十至卷六十三人物，分朱子世家、儒林、名臣、学林、宦绩、忠节、孝友、文苑、武略、义行、质行、隐逸、方技、仙释、寓贤、列女16目；卷六十四至卷六十九艺文，分制诰、奏疏、著述、序记、诗词5目，卷七十杂志，分人瑞、祥异、佚事3目。

民国婺源县志

方志。民国婺源县知事葛韵芬总理，县知事修思永、吴澍生、孙沄、蔡继培、代理知事冯锡恩、县知事楼之东总纂。民国十四年（1925年）刻本。

民国歙县志

方志。16卷。民国石国柱、楼文钊修，许承尧总纂。通纪体。该志资料详备，颇受好评。卷一"图类"，有歙县全图、城垣图、县治图、儒学图、古紫阳书院图、问政书院图、府城垣图、府治公廨图、府学宫图，"舆地志"有晷度、疆域、沿革、山川、都图、风土、古迹、丘墓8目；卷二"营建志"，有城池、公署、学校、秩祀、寺观、水利、津梁7目，"官司志"有职官、名宦2目；卷三"武备志"，有兵防、兵事2目，"食货志"有物产、赋役、贡品、盐法、茶纲5目，"恤政志"有仓储、院局、蠲赋、振济、优老5目；卷四、卷五"选举志"，有荐辟、科目、武科目、仕宦、勋爵、殊恩、封荫7目；卷六至卷十四"人物志"，有勋绩、宦迹、忠节、儒林、文苑、材武、孝友、义行、士林、遗佚、方技、烈女12目；卷十五、卷十六"艺文志"，有书目、奏疏、序、记、书、文、碑碣、考辨、议、颂、说、纪事、墓志、行状、诗赋15目；后为"杂记"，有祥异、拾遗、志源、人物志姓名备查表4目。该志填补了道光《歙县志》后至清末志书的空白。其歙县全图，由程霖生（歙县北富堨冯塘人）捐资数千金，汪采白诸人实地测绘3年所成，其资料性、学术性不可替代。其县城府城诸图，艺术、建筑史料价值极高。其杂记中的拾遗内容，大多是以往志载所没有的，弥足珍贵。其人物志姓名备查表，对查找志中人物，极为快捷方便。书成后，许承尧还补纂《歙志补》手写本1册（现存安徽省博物馆）。民国二十六年（1937年）铅印本。

民国黟县四志

方志。16卷，首1卷，末1卷。知县吴克俊、潘升、许复先后任总纂，经理为余攀荣、姚国仪，本县人程寿保、舒斯笏纂修，余灿黎等公校，采访有王诠、王瑞亭等208人。民国十二年（1923年）刊。潘升、许复作序，舒斯笏题跋。潘序云："黟囿万山中，号称小邑，又地极贫，凡百□步，势不得不让人先。而惟此绵绵文献之传，唯恐残编断简。修志之勇，不其伟予！"此志介绍山川、名胜、建置、职官、赋税、物产、风俗、人物、艺文等特点。

弘治休宁县志

方志。38卷。明程敏政编辑，欧阳旦增辑。弘治四年（1491年）刻本。卷首为序、图、凡例；卷一建置沿革、疆域、山川、风俗形胜、治所、公署、门坊、隅都、学校（社学、书院、家塾）、坛场、仓囷、邮传、贡赋、田亩、租税、户口、物产；卷二、卷三宦绩，附县官题名、学官题名；卷四古迹、祠庙；卷五寺院、宫观、镇市、塘堨、桥梁；卷六宫室、坟墓；卷七书目；卷八至卷十八人物，分勋贤、儒硕、忠义、孝行、宦业、遗逸（义民）、进士题名、荐举题名、科贡题名、武臣、列女、方技、流寓等目；卷十九至卷三十五附文，收录各种文章，分山川、桥堨、学校、书院家塾、坛庙、公署、古迹、宦迹、寺观、宫室、人物行实、人物烈女、人物制命、案牍、人物序、人物书、人物祭文等目；卷三十六至卷三十八附诗，收录各种诗赋，分公署、宦迹、山川古迹、山川宫室、人物杂咏等目。

弘治徽州府志

方志。12卷。明弘治十五年（1502年）彭泽修，汪舜民纂。泽字济物，号幸庵，湖广长沙人，成化二十三年（1487年）进士，曾任徽州知府，历升郡御史，官至兵部尚书。舜民字从仁，号静轩，徽州婺源人，成化年间进士，官至右副都御史，巡抚郧阳，改南京都察院。此志是第一部以"徽州"命名的府志。

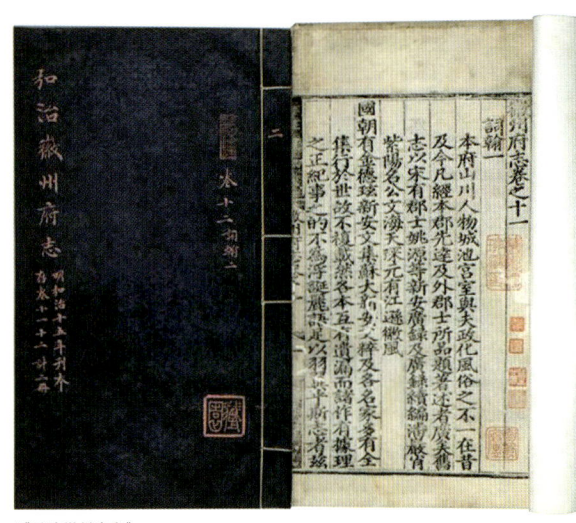

*《弘治徽州府志》

对问编 笔记。8卷。明江应晓撰。应晓嘉靖末官涪州州判。是书选取史籍所载天文地理、人物杂事,分条立说,加以议论。

考订朱子世家 朱熹年谱修订本。1卷。清江永撰。江永家与朱熹同里,故是书取朱熹年谱旧本重加删订,各附考证,并加上婺源子孙承袭支派情况,最后附以朱嘉天宁寺会讲辨一篇专论。

扬州休园志 志书。清乾隆年间歙县郑庆祐撰。扬州休园乃歙县人郑侠如建。其后代又多次重修,使休园成为可游、可观、可居的扬州名园,是扬州徽商与士人诗文之会的著名场所。现存乾隆三十八年(1773年)刻本,已收录至《四库禁毁书丛刊》。

西干志 山志。7卷。民国许承尧纂。稿本。西干山位于歙县城西南,志书以"西干"为名,其实不仅仅记载了西干山,还记载了西干山周边山水的内容。卷一西干;卷二城阳山;卷三披云峰;卷四紫阳山;卷五龙井山;卷六练江;卷七渐江(僧)。每卷前有一段山或水的简短记载,然后主要辑录有关该山或水的各种诗文。第七卷则是对渐江僧的记载,同样也是辑录别人介绍或谈论渐江僧的诗文。现藏安徽省博物馆。

西粤对问 关于广西情况的记载。无卷数。清江德中撰。是书专门记载西粤(广西)山川、风土、物产,颇资异闻。然其证据疏谬亦复不少,间也有失考之处。

至顺祁阊志 方志。10卷。元至顺四年(1333年)汪元相纂修。元相字子相,居祁门县城北,隐居不仕。元时,祁门迭遭兵燹,图籍散佚。元相因以修志事呈准县尹,"研精覃思,穷搜博采,以所得乡间耆旧相传之实,参以郡志所载,质以平日父师之言、耳闻目睹者,以类编辑"(汪元相《祁阊志序》),纂成本县第一部县志,乡邦文献赖以保存。已佚。

光绪两淮盐法志 盐法志书名。清曾国荃督修,王定安总纂。《两淮盐法志》自嘉庆十一年(1806年)重修,至80余年后的光绪十五年(1889年)再度设局编修,至光绪十八年(1892年)成书。其后,遵户部要求重新修订1 300余条,记事以光绪十七年(1891年)为下限。两江总督管理两淮盐政魏光焘作序。全书160卷,分以下12门:王制、沿革、图说、场灶、转运、督销、征榷、邻税、职官、优恤、捐输、杂记。有光绪三十一年(1905年)的木刻本64册流传。

光绪婺源县志 方志。64卷,首1卷。清吴鹗修,汪正元等纂。鹗号秋圃,广东高要人。道光监生,时官婺源知县。正元字展奇,号少霞,婺源人,同治元年(1862年)进士,改庶吉士,后官至刑部郎中。光绪十年(1884年)改授浙江道监察御史。此志继道光后为十修,于光绪九年(1883年)成书,100余万字。内容分疆域、选举、建置、官师、食货、兵防、人物、艺文、通考9志。含图考、坊都、山川、地产、科第、城池、塘堰、公赋、徭役、学林、文苑、典籍、纪述、寺观、古迹、祥异、佚事等60余目。其中图考目含本府六县疆域总图、本县疆域山川乡都总图、城垣街道图、紫阳书院图等。光绪九年(1883年)刊。

曲洧旧闻 史学著作。10卷。宋朱弁撰。作者在南宋建炎年间出使金国被扣留,越17年乃归。此书作于留金时,然皆追述北宋遗事,无一语及金,故曰旧闻。是书唯神怪谐谑数条,不脱小说之体,其余则多记当时祖宗盛德及诸名臣言行,而于王安石之变法、蔡京之绍述、朋党互斗之故,言之尤详。盖意在申明北宋兴衰治乱之由,于史事有补,实非小说家流。是书间有诗话文评及史事考证,颇供参考。

同治祁门县志 方志。36卷,首1卷。清祁门知县周溶主修,汪韵珊主纂。同治十二年(1873年)刻本。同治八年(1869年)开馆,同治十二年(1873年)志成。列"记兵"一节,编年记载太平军在祁门县境内的活动,为研究太平天国运动保存了史料。

同治祁门县志补 方志。清倪望重、倪启畔纂。不分卷。抄本。望重,祁门溶口人,于公余之暇,披阅清同治县志,搜集群书,详稽史籍,于志中讹谬者辨之,缺略者补之,记于片纸,分条附于志中,共补诗88首,文20篇。其子骏初于民国二十四年(1935年)按同治县志条目编次,条加按记,缮抄成书。

同治徽州府志辨证 方志。1卷。清黄崇惺纂。崇惺字次苏,歙县潭渡人,同治年间进士,由翰林出宰归田。此志资料翔实,对道光府志山水地名等进行辨正,对道光府志编纂体例及方法进行评介。

同治黟县三志 方志。14卷。清同治八年(1869年)黟县知县谢永泰总修,杨廷甲、沈道万协修，傅震、商诗颂监刻，本县士人程鸿诏、胡朝贺等150人参与纂修、缮校、经理、绘图、采访。谢永泰作序，程鸿诏题跋，记事自道光六年（1826年）续县志刊成，迄于同治九年（1870年）二都重建龙蟠桥，凡44年。

朱子实纪 关于朱熹一生情况的记载。12卷。明戴铣编。弘治九年（1496年）进士，官至给事中，以疏弹劾太监高凤下诏狱，受廷杖创甚而卒，事迹具《明史》本传。是书详述朱熹始末，首曰道统源流、世系源流，次年谱，次行状，本传，次庙宅，次门人，次褒典，次赞述，次纪题，其书本因年谱而作，其标曰"实纪"者，作者认为，如称之"年谱"，则继承前代、影响后代的就不能写，如称之"实纪"，就能并包而无遗。此书就在于以推崇褒赠、夸耀世俗为荣，立意不同，故名"实纪"。

朱翼 科举辅导书。无卷数。明江旭奇编。《江南通志》列之儒林传，称其在太学日，尝奏上所著《孝经翼》《孝经疏义》，并请敕儒臣补成《孝经大全》，命题取士，盖亦讲学之家。然是书则仅供科举场屋之用，故许成智序谓亦名《论策全书》，是为举业而设。凡分6部，曰管窥，曰曝愚，曰调烛，曰完瓯，曰委质，曰志林，每部之中又各分子目。皆摘取诸书，以类排纂，而是非完全以朱熹为标准，故名《朱翼》。

舌华录 笔记小说集。9卷。明曹臣撰。作者以"舌华"名书，取佛经"舌本莲华"之意。作者记载一些历史上士大夫阶层的逸闻轶事，往往三言两语，通过一些细小情节，把一定历史时期社会风貌和人情世态勾画出来，言简意赅，语近旨远，耐人寻味。

休宁浮潭志 村志。4卷。清雍正元年（1723年）许显祖纂。稿本。卷一山、水、泉、石、亭、桥、洲、墓、祠宇、庵院、图说、十景；卷二名儒、硕德、宦业、仕籍、征辟、科目、舍选、武职、贡士、国学、文学、乡耆（附冠带儒士）、耆寿、方技、封赠、列女；卷三田亩、塘堰、物产、岁时、风俗、礼祥、祀祖、佚事；卷四制书、志铭、行状、传赞、记序、疏引、诗赋。现藏安徽省图书馆。

名山注 记载名山的著作。无卷数。明潘之恒撰。是书首先记载长江上诸山，其次记载四川诸山、淮上诸山、新安山水、越中山水以及三吴山水。书中或载前人行纪、志传、题咏，或自为序纪其他名胜，漏略尚多，似之恒就其所游历者述之。其书不分卷，帙前后亦无序跋，而"名山注"三字仅题于签，似非完本。

关中集 笔记。4卷。明余懋衡撰。是集乃其巡按陕西时所作。凡论说、杂文，共78篇，所评古今人物，皆蹈袭陈言，至谓"封建井田为可行"，尤属拘迂之见。自序称，万历三十五年（1607年），杜门请告，四阅月而成帙，中有《自嗤》一篇云："穷年焚膏，不得一二；偶得一二，索纸书之；纸墨未干，已规规失。"可谓实况。

祁门乡土地理志 方志。民国祁门李家骧纂。民国四年（1915年）刻本。全书分疆域、山脉、河流、交通、险要、田赋、物产、人物、古迹共9章88节。内容大多采自旧志，亦采撷清末民国初期之史料。记载位置，删去天文分野之说，改用经纬度。

两汉笔记 史评著作。12卷。宋钱时撰。此书皆评论两汉历史，南宋嘉熙二年（1238年）尝经奏进。前有尚书省札，称12卷，与此本合。其例以《汉书》《后汉书》旧文为纲，而各附论断于其下。前一、二卷颇染胡寅《读史管见》之习，如萧何收秦图籍则责其不收六经，又萧何劝汉高帝勿攻项羽，归汉中则责其出于诈术。以曹参、文帝为陷溺于邪说，而归其过于张良。于陆贾《新语》则责其不知仁义。皆故为苛论，以自矜高识。三卷以后，乃渐近情理，持论多得是非之平。其中如于张良谏封六国后，论封建必不可复，郡县不能不置。于董仲舒请限民名田，论井田必不可行。于文帝除肉刑，亦不甚以为过。

两浙海防类考续编 海防著作。10卷。明范涞撰。涞，万历年间进士，官至福建右布政使。自嘉靖年间倭寇犯两浙，沿海郡县被害最深，故守土者以海防为首务。胡宗宪作《筹海图编》，后续之者有《海防考》《海防类考》诸书，但多有缺略。万历二十九年（1601年），作者任海道副使期间，在上述诸书基础上复加增广，故名曰"续编"。该书于兵卫、巡防、饷额各事宜，论述颇为详备。前有史继辰序并类考旧序2篇，凡4图、41目。

沙溪集略 村志。8卷。清凌应秋辑。乾隆二十四年（1759年）刻本。沙溪村位于歙县富竭镇。卷一源流、舆地、山川、古迹、建置；卷二桥梁、水利、祠庙、丘坟、里甲、岁时、风俗、祥异；卷三科甲、国学、庠序、仕宦、吏材、武职、封荫；卷四忠节、文行、艺苑、列女；卷五至卷七艺文；卷八诗赋。

宋遗民录 史学著作。15卷。明程敏政撰。所谓"宋遗民"，即指宋亡后不仕元朝的人。是书前列宋遗民王炎午、谢翱、唐珏三人事迹及其遗文，凡后人为三人所作的诗文附在其后。七卷以后则附录宋遗民张宏毅、方属、吴思齐、龚开注、元量、梁栋、郑思肖、林德旸等八人事迹。第十五卷记元顺帝为宋瀛国公子，殊为妄诞。

明万历登坛必究 8函，40卷。淮阴王鸣鹤编辑，袁世忠校。纸本，纸装。版心上下黑口四周单边，每版9行大字20字，小字双行40字。卷首有王鸣鹤于万历二十六年（1598年）岁冬序。卷一至卷五为天文、玉历、太乙、奇门六壬；卷六至卷九为地理；卷十至卷十四为各省事宜、兵柄、选将、简阅、威武；卷十五至卷十九为征讨、军制、用骑、师律；卷二十至卷二十四为攘夷、夷情北秋、东南海夷；卷二十五至卷二十八为江防、边盗、攻城、守城说；卷二十九至三十四为器械、剑经、漕河、祷河、阵图；卷三十五至卷四十为阵图奏疏。二级文物，现藏歙县博物馆。

明万历群经考索古今事文玉屑 12册，24卷。杨淙编。纸本，线装，白口，四周单边，每版8行18字，小字双行18字。内容包括：卷一、卷二为天文部；卷三、卷四为时令部；卷五至卷七为地理部；卷八为人道部；卷九为人品部；卷十为仕宦部；卷十一为臣职、人伦部；卷十二为道德、贤才部；卷十三为人事部；卷十四为官宦部；卷十五至卷十七为器用部；卷十八为音乐图书部；卷十九为百花部；卷二十为百果部；卷二十一为百木部；卷二十二为服饰部；卷二十三为飞禽部；卷二十四为走兽部。前有汪廷讷万历丁酉序。二级文物，现藏歙县博物馆。

*明万历《群经考索古今事文玉屑》

明天启五雅 4册41卷。内容包括尔雅、小尔雅、广雅、逸雅、埤雅五雅。纸本，线装，白口，四周单边，每版9行20字，小字2行20字。书口下端有"明天启六年(1626年)编"等字并刻"策槛"二字。其中尔雅2卷，晋郭璞注；小尔雅1卷，汉孔鲋纂；广雅10卷，魏张揖纂集；逸雅8卷，汉刘熙撰；埤雅20卷，宋陆佃撰。二级文物，现藏歙县博物馆。

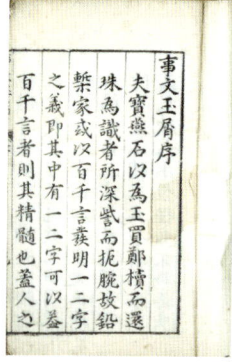

*明天启《五雅》

明臣谥汇考 关于谥号考证的著作。2卷。明鲍应鳌撰。"谥"是古代帝王、大臣等死后被授予的称号。是书载明朝文武诸臣赠谥，与钦定《明史》各传俱相符合。首载各"谥"释义，为当时礼官体例。而所列诸谥，如某人谥某字，皆分注当日定谥取义之文于下，使观者具知其所以然。较他家所记，较有根据。其前代诸臣，如谢枋得之谥"忠节"，纪信、文天祥之谥"忠烈"，邓文进之谥"忠襄"，苏缄之谥"忠壮"，史或不载，世所罕知，亦颇赖此书以存。卷末附万历三十一年(1603年)至万历三十七年(1609年)拟谥者29人，又万历三十八年(1610年)至万历四十年(1612年)拟谥者4人，皆二谥并列。盖神宗荒怠，奏章率不批答，莫知进止，故两存也。最后列《考误》1篇，凡57人，皆据官册以正野史、文集之讹。其中多有无谥而冒称谥某者，亦有谥字相同、美恶顿殊者。或诡词

假借，或传写舛谬，外人无从而知。若非作者身为礼官，亲检故籍，不能一一厘正也，其于一代易名之典，可谓精核。

明重校唐王焘先生外台秘要 32册40卷。程衍道重订，黄一心刻。白绵纸，线装，白口，四周单边，每版10行22字。其内容分为：居卷、物卷、外卷、言卷等。有伤寒、霍乱、心病、心腹痛、肺热、眼疾等疾病药方。扉页题"重校唐王焘外台秘要，唐模许氏藏板"。起首有吴士奇序，是研究医学的重要史料。二级文物，现藏歙县博物馆。

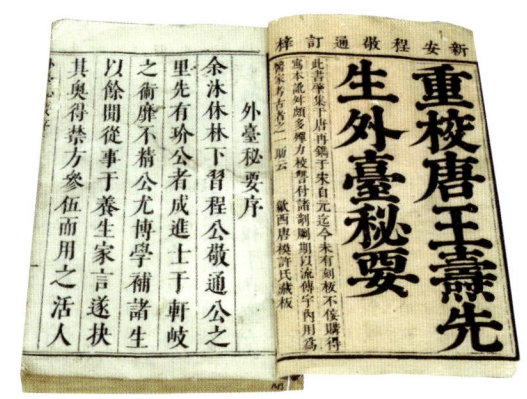

*明《重校唐王焘先生外台秘要》

明嘉靖天禄阁外史 8卷。黄宪著，王鏊序。内容为巡幸、交情、兵法、祝颂、智论、爱憎、时势、招贤等。白绵纸，线装2册，白口，四周单边，每版9行20字。首页右下角钤张世进藏书印。二级文物，现藏歙县博物馆。

*明嘉靖《天禄阁外史》

明嘉靖重广注扬子法言 6册10卷。依集虚斋方婺如校本，李轨、柳宗元、宋成、吴秘、司马光注。白绵纸，白口，单边，每版8行17字，小字2行17字。其卷一为学行篇；卷二为吾子篇，包括修身、问道、问明、寡见；卷三为五百篇；卷四为问神篇；卷五至卷七为重黎篇；卷八为渊骞篇；卷九为君子篇；卷十为孝至篇。二级文物，现藏歙县博物馆。

*明嘉靖《重广注扬子法言》

典籍便览 笔记。8卷。明范泓撰。书前题"新安员一隐士",可知作者乃一布衣。是书分天象、月令、地势、经世、德行、言语、政事、文学、人类、物类10部,每部又各分子目,所采故实,不免芜杂,且多有遗漏。

岩镇志草 方志。4卷。清余华瑞撰。抄本。华瑞字胐生,号西麓,又号桱斋,纳资捐儒林郎州同。岩镇位于歙县东12.5千米,今属徽州区,其乡旧名"永昌",明洪武二十四年(1391年)改曰"永丰"。自嘉靖、隆庆以来,巨室云集,比屋鳞次,遂成巨镇。此志乃华瑞从郡邑志书及诸族之家谱,得其实迹录之,记载止于清乾隆元年(1736年)。同邑贡生程佶,为助校阅,订定体裁。其书编次分元、亨、利、贞4集。元集分原始、形势、山水、建置、桥梁、祠祀;亨集分道院、名园、名贤传、文苑传、宦业传、隐逸传、儒行传、孝友传、义行传、节烈传;利集分宦业续传、武功补传、儒行续传、孝友续传、义行续传、节孝续传、女贞传、文苑续传、艺文上;贞集分艺文下、补遗,补遗又析为选举、轶事、迂谈3目。岩镇前已有旧志。是一部重要地方镇志,全面、系统地展示了乾隆以前岩镇及其周边的人文历史和社会风貌。

知新录 笔记。32卷。清王棠撰。是书成于康熙年间,乃作者晚年汇订而成,内容广采前人议论,间亦参以己意,有论、有记、有说、有题后,大凡经史诸子、天文舆地、诗文辞令、礼乐名物、阴阳土地及星辰方药等,皆有涉及。每一事采集众说,考其原始,参以论断,各为标目,略以类从。是书采摭颇富,而多不注出处。大旨欲仿顾炎武《日知录》体例。

季汉书 关于东汉末到三国的史书。56卷。明谢陛撰。其书遵朱子《纲目》义例,尊汉昭烈(刘备)为正统,自汉献帝迄汉少帝为"本纪"3卷,附以诸臣为"内传",吴魏之君则别为"世家",而以其臣为"外传",复以董卓、袁绍、袁术、公孙瓒、公孙度及吕布、张邈、陶谦诸人为"载记",凡更事数姓与依附董袁诸人者则为"杂传"。又别作《兵戎始末》《人物生殁》2表,以括一书之经纬,卷首冠正论5条、答问22条、凡例44条,以揭一书之宗旨,然书中义例既繁,创立名目往往失当。

使金录 纪行之作。1卷。南宋程卓撰。嘉定四年(1211年)卓以刑部员外郎同赵师岩充"贺金国正旦国信使",出使金国,往返四个月,是书乃途中纪行所作,于山川道里及所见古迹,皆排日载之。中间如顺天军厅梁题名、光武庙石刻诗句之类,亦间可以广见闻,然简略太甚,不能有资考证。又称"接伴使"李希道等往还不交一谈,无可纪述,故于当日金人情事全未之及,所记唯道途琐事。世传宋高宗泥马渡江即出此书所记。

河防刍议 关于治理黄河的著作。6卷。清崔维雅撰。是书成于其任江苏按察使司时。崔氏曾在河工往来20余年,对黄河情况较为熟悉。但其见解多有偏颇。该书卷一为黄运总图,卷二、卷三为分图,卷四、卷五为修防钱粮、河工经费等议论,卷六仿《河防一览》,设或问辩惑。其论治河有七法:曰引河、曰遥堤、曰月堤、曰缕堤、曰格堤、曰护扫、曰截坝。明治河专家潘季驯《河防一览》详于堤坝之说,而不言引黄河,作者独主张引黄河之说,盖当黄河流经悍激之地,不得不进行疏浚以减其势。其书前为总图,后为分图。总图所以审其形势,而分图所以定其工程。图各有说,所以明其致治之原。

经史笔记 经论和史论。无卷数。清潘继善撰。是书皆偶拾经史之文,一一加以评论。其论经如尧典月令,中星不同,合朔置闰,测算南陔无辞,《周礼》阙冬官,周改时月。论史如吕后丧心无耻,不得祔于高祖;孙权吕蒙为汉贼;王守仁所说良知等等,其立论亦颇准于理。

经序录 经学专科目录。5卷。明朱睦㮮撰。是书专门收录经学著作之序,属于辑录体经学专科目录,分易、书、诗、春秋、礼5卷,将各家说经之作的篇首之序集中为一书,共收录各种序文120篇。其中易类37篇,书类18篇,诗类18篇,春秋类31篇,礼类16篇,其意图是为了给读者提供方便,通过读该书之序而明白原书之主旨、作者之意图,从而增长见识,免于孤陋寡闻。从总体看,该书在体例上是对辑录体目录的一次扩展,即由政书中的群书目录扩展至经学专科目录。

城阳山志 山志。3卷。明许志古撰,许志吉、许志才校,黄应遆刊。首有吴士奇、毕懋良序。上卷包括山图、像赞、山川、仙传、宫宝、物产人物、道士;中卷为艺文(诗卷);下卷为艺文(记碑铭、叙、跋、杂记)。城阳山位于歙县南。是书为研究徽州风土人情的重要史料。

革除逸史 史学著作。2卷。明朱睦㮮撰。是书以明初建文帝一朝事迹编年叙之,《明史》"艺文志"载睦㮮《逊国记》2卷,不载此名,然同记一事,卷数又复相同,似即此书之别名也。革除一事(指朱棣推翻建文帝),其初文禁甚严,记载罕传,在当日已无根据。迨明朝中期解禁以后,公论大明,"人人以表章忠义为事",撰述日多,而《从亡录》《致身录》诸书遂相续而出,真伪相半,疑信互争,遂成一聚讼之案,纠结不休。符验、黄佐等稍有辨正,尚未能确断。睦㮮自序,独辨建文帝髡缁逃去及正统年间迎入大内之说,乃好事者为之,故载建文四年(1402年)六月事,只以宫中火起,帝逊位,为传疑之词,可谓善持两家之平。

胡梅林行实 胡宗宪生平事迹介绍。无卷数。明胡桂奇编。是书记胡宗宪一生事迹。梅林是宗宪别号。宗宪平倭之功,载在史册,不容湮没。至其比附严嵩、赵文华,公论亦不可掩。此书出其后人之手,固未可全为征信。

顺治歙志 方志。10卷。清歙县知县宋希肃(辽东凤城人)主修,吴孔嘉、姚宗衡总修,教谕胡尔俊主纂。通纪体。分10纲、8类、57目。凡自明天启四年(1624年)至清顺治四年(1647年)前志所未书者志之;收目所未当者,悉厘正之。不一月而告成。其中徽州府歙县治城垣图为万历、天启两歙志所不载。

顺治黟县志 方志。4本,8卷。清窦士范修,徐道昌纂。附山川图、县治图。士范字方海,陕西蒲城人,顺治六年(1649年)进士,顺治八年(1651年)任黟县知县。道昌,松江府华亭县人,贡生,顺治十一年(1654年)任黟县训导。其体例分地理、食货、建置、职官、选举、人物、艺文、通考8门,而以恤政列食货,祀典列建置,体例未为确当。唯《地理志》叙山川,则概括清晰,其所述山川原委,了如指掌。现黟县地方志办公室藏有该志楷书手写石印版复印本,为当前所存第一部黟县志。该志由窦士范作序。其记事自秦始皇二十六年(前221年)至清顺治十二年(1655年)上下1 876年。每章之末均有窦士范所作结语,概述一章要义。

律古词曲赋叶韵 音韵学著作。12卷。明程元初撰。是书成于万历年间,前有自序及凡例,大旨以古韵律、韵词、韵曲、韵赋、韵叶、韵合为一书,其例每部以四声相从,而纬以三十六母,诸通转之法则冠于各部之首,但体例较为冗杂,持论亦欠严谨。

狮山掌录 笔记。28卷。明吴之俊撰。是编搜罗历史故实,选取奇文轶事加以分类编辑而成。书中每卷标目亦喜为新异,曰甄元,曰控舆,曰挈壶,曰采真,曰测符,曰提灵,曰综掞,曰纬阀,曰襄衮,曰延清,曰宣籁,曰缉章,曰简栖,曰合隽,曰挹温,曰荟芳,曰循蓥,曰登脂,曰抽骑,曰犁潜,曰苑萌,曰连蠕,曰游环,曰折致,曰诠际,曰拾璨凡26类。然多不著出典,失之严谨。

济美录 关于郑氏祖孙三代人物事迹介绍。4卷。明郑烛编。是编成于嘉靖十四年(1535年),专门搜录其祖辈元歙县令郑安、休宁令郑千龄(郑安之子)、征授翰林待制郑玉(郑千龄之子)、歙县令郑琏(郑千龄之子)的有关事迹,凡国史、郡志诸传及制诰、公牒、志状之类记载,一概收录,一人为一卷。

客商规略 商业书。手抄本。作者不详。该手写本内容,曾辑录至明天启六年(1626年)程春宇《士商类要》。本书与明末憺漪子的《新刻士商要览天下水陆行程图》卷三《士商规略》所录内容大同小异,最早收录于万历二十七年(1599年)余象斗编纂的《新刻天下四民便览三台万用正宗》卷二十一商旅门《客商规鉴论》,为民众外出经商必备书。全书共一册,前五条目为:"客商规略""买卖机关""贸易赋""经营说""江湖十二则";后三条目为:自湖口县至徽州府路程、祁门县由饶州至武当山水路程、"居破窑赋"。本书共有三幅手绘地图:长江中下游流域地图、镇江府由长江鄱阳湖至江西省城水程之图、由小姑山九江府至湖广长江洞庭湖永州府水路之图。

说颐 杂著。8卷。明余懋学撰。是书凡352则,每则征引古事相类或相反者2条,撮为四字标题,而以论断数语缀其末,旁见侧出,颇得连珠遗意。然引事不标出典,不够严谨。

读书一得 笔记。4卷。明黄训撰。此编盖每读一书,即摘取其中一两事,论其是非,积久编而成帙,其193条,亦有一书数见者。虽各题曰"读某书",实非,如序录题跋类也。其书议论多而考证少,近乎王世贞之《读书后》。

黄山志 山志。❶10卷。清释弘眉(字紫石山主)辑。卷一为图考、山水、寺观(附灵塔)、书院、物产、赋税、灵异、轶事、古迹;卷二为释、道、金汤、隐逸、文苑、理学;卷三至卷七为文;卷八至卷十为歌、诗。康熙三年(1664年)至康熙五年(1666年)编撰而成,宣城梅清(渊公)、仙源邵晃、陈渭(半山)、江注等绘,旌德李符九刻。有窦遴、陈恭、王国相、刘其仁序及弘眉自序。康熙六年(1667年)刊。❷49卷。清程弘志辑。弘志字圣木,号专愚子,歙县茆田人,大学士。自顺治八年(1651年)至康熙十三年(1674年),积20余年,辑《黄山志》42卷。刊印未完,程氏患病,于是嘱咐内戚汪晋谷(字子臣,号麟檀,歙县人)继承此事。其卷首为序、凡例、订正诸先生姓氏、图;卷一为山水部;卷二为建置部;卷三、卷四为人物部;卷五为山产部;卷六为灵异部;卷七至卷四十九为艺文部。康熙十三年(1674年)刊。❸2卷。清张佩芳编。乾隆三十五年(1770年)新安刻本。佩芳生平不详。首录版画24幅。前有张氏自序、凡例。上卷为形胜、寺观、禽属、兽属、草属、菜属、木属、果属、花属、石属、虫鱼属。下卷为游记。❹7卷。清闵麟嗣撰。麟嗣字宾连,歙县人。其书首列黄山图,次形胜,次建置,次山产,次人物,次灵异,次艺文,次诗赋,搜辑颇博但不尽精核。

黄山志定本 山志。7卷,首1卷。清歙县岩寺(今属徽州区)闵麟嗣辑,萧晨临、周长年、汤能臣、柏青枝刻。康熙十八年(1679年)积翠楼刊,康熙二十五年(1686年)重刊。是书在释弘济原编的基础上删定而成。卷首为序文、发凡、词翰姓氏、山图(汪晋谷绘);卷一为形胜志;卷二为建置志、山产志、人物志;卷三为灵异志、艺文志上;卷四、卷五为艺文志中、艺文志下;卷六、卷七为赋及诗志上、诗志下。该书搜罗宏富,配图16幅。有黄士坦、吴绮序及闵氏自序。这是存世黄山志书中最为完备者,也是迄今流传最广、影响最大的一部旧志。

黄山志略 山志。8册,10卷。清黄身先辑。康熙三十年(1691年)刊。身先字殿友,号纸费居士,歙县人。是书首冠渐江《黄山图》(江注临摹)22景。卷一为图考;卷二为山水;卷三为寺院;卷四为古迹;卷五为游记;卷六为诗歌;卷七为杂文;卷八为图画;卷九为道里;卷十为物产。其图画部只存题识。

黄山志续集 山志。8卷。清汪士铉、吴嵩、吴瞻泰纂修。康熙年间刊,重订本纂修者又增汪志远、汪树琪。是书前有黄宗羲、王炜、周金然序。全书所录皆清初关于黄山的诗文。卷一至卷三为文,卷四至卷八为赋、诗。其中有反映明末遗民如黄宗羲、沈寿民、萧云从等在黄山的活动。而卷三中清初王泰征的《渐江和尚传》,详叙渐江事迹,为他书所不及,是研究新安画派的重要文献。

黄山图经 山志。不分卷。清汪士钦辑,僧雪庄绘。清康熙年间刻本。此为现存第一部黄山志书。

黄元龙小品 笔记。2卷。明黄奂撰。是书分《醒言》1卷,《偶载》1卷。《醒言》皆读书时随笔札记之文,所见颇为迂阔。《偶载》则鬼神怪异之事,亦多荒诞不经。

黄海 山志。60卷。明潘之恒辑。明朝唯一存世的黄山志书。之恒自56岁始,专心编修《黄海》一书,卷帙浩繁,内容丰富。著名文人李维祯在《募刻〈黄海〉序》中说,读此书"可以博古,可以穷理,可以反经,可以解惑"。该书随编随刻,作者去世时,全书尚未完成。

乾隆两淮盐法志 盐法志书名。40卷。清吉庆监修,王世球纂。分转运、课入、场灶、职官、律令、杂志等8纲15目。《清史稿·艺文录》著录,林振翰《盐政辞典》收录,有木刻本20册流传。

乾隆绩溪县志 方志。10卷。清较陈锡主修,庄恭、张拱监修,赵继序、曹天佑、章瑞钟等纂修。乾隆二十一年(1756年)刻本。汪浩,丹青名著两江,与汪龙被时人称为"父子双绝";方式,擅丹青,该书诸图多出其手。

乾隆婺源县志 方志。❶39卷。清俞云耕等修,潘继善、江永、余炼金主纂。乾隆十九年(1754年)刻本。卷首为序、名籍、例言;卷一至卷四疆域志,分图考、沿革、分野、坊都、山川、风俗、地产7目;卷五至卷七选举志,分科第、荐辟、材武、监选、椽史、任子、貤恩、戚畹8目;卷八、卷九建置志,分城池、公署、水利、学校、祀典、宫室、坊表、津梁、塘堰9目;卷十官师志,分县职、学职、杂职、武职、名宦5目;卷十一、卷十二食货志,分赋役、储蓄、恤政3目;卷十三兵防志,设防守1目;卷十四至卷三十人物志,分朱子世家、儒林、名贤、经济、忠节、学林、文苑、武略、孝友、义行、质行、乡善、隐逸、方技、寓贤、列女16目,卷三十一至卷三十七艺文志,分帝制、典籍、纪述、题咏4目,卷三十八、卷三十九通考,分寺观、仙释、古迹、丘墓、祧祥、佚事6目。❷39卷,首1卷。清彭家桂修,张图南、洪腾蛟等纂。乾隆五十二年(1787年)刊本。家桂字兰庭,号馨山,江西庐陵人,贡生,乾隆四十五年(1780年)授婺源知县。乾隆五十四年(1789年)回任,翌年去,乾隆五十六年(1791年)复回任,卒于官。图南,事迹未详。此志继《蒋志》纂成,全书分疆域、选举、建置、官师、食货、兵防、人物、艺文、通考9门,各系子目。

乾隆歙县志 方志。20卷,首1卷。清歙县知县张佩芳修,刘大櫆纂。通纪体。乾隆三十六年(1771年)刻。卷首有凡例和图说。图说设有全邑形式图、全邑山川图、歙县北境隅都村落图、歙县南境隅都村落图、城垣图、县治图、儒学图等,图后均有按语式说明。有图有说,是其特点。卷一"舆地志",有疆域、形势、山川、都图、风土5目;卷二、卷三"建置志",有沿革、城池、公署、学校、秩祀、兵防、水利、津梁8目;卷四"官司志",有职官、名宦传2目;卷五、卷六"食货志",有赋役、盐法、茶纲、贡品、物产5目;卷七"恤政志",有仓储、院局、蠲赋、赈济、优老5目;卷八至卷十"选举志",有荐辟、科第、岁贡、武科第、仕宦、勋爵、殊恩、恩封、恩荫9目;卷十一至卷十五"人物志",有勋绩、宦迹、节概、儒林、文苑、材武、孝友、义行、士林、遗佚、列女、方技传等12目;卷十六至卷十八"艺文志",有书目、奏疏、亭、考辨、记、书、文、碑碣、诗赋、杂著等10目;卷十九、卷二十"杂志",有占迹、丘墓、寺观、祥异、拾遗、志源等6目。该志有诸多关于志书编纂的论述,对志书研究极有价值。

乾隆黟县志 方志。12卷。清乾隆三十一年(1766年)黟县知县孙维龙纂,府学教授胡燮臣,黟县教谕刘大櫆、黄文莲分辑,本县士人江焘、王毂参校。该志除孙维龙序外,另录明正德志叶相序,清顺治志窦士范序、徐道昌跋,清康熙志王景曾序以及各志纂修人姓氏。孙序曰:"黟在昔时,人材之鹊起,科甲之蝉联,端人硕彦,文章政事之彪炳,孝子贤淑,闺门闾里之芳贞,孰非有关于世者,而使其泯泯不传可乎哉!念余之去窦君已百有余年,其去王君又且七八十年。此七八十年间,更历世故,其足以敷陈而纪录者,何限于此。不为之序列,将过此以往,见闻愈渺,阅世久远,文献无征,则黟之英华,晦蒙剥蚀于倏忽之中者,伊谁之咎耶!"于是,"捐公薄俸,授之剞劂"。该志记事自秦始皇二十六年(前221年)至清乾隆三十一年(1766年)秋。

康熙休宁县志 方志。8卷。清廖腾煃修,汪晋徵纂。康熙三十二年(1693年)刻本。卷一图说,分山川、城郭、县治、隅都、坊市、学宫、县境7目,方舆,分建置沿革、疆域、象占、坊市、隅都、山川、风俗7目;卷二建置,分城池、公署、学校(社学、书院附)、约保、坛祠、坊表、津梁、塘堰8目;卷三食货,分户口、公赋、徭役、储蓄、恤政、物产6目；卷四官师，分职官表、兵防、名宦3目；卷五选举，分进士、乡举、荐辟、贡士、武略（职戚眇附）、武科第、舍选、橡史、封赠（恩荫附）9目；卷六人物，分儒硕、勋贤、忠节、文苑、风节、宦业、孝友、隐逸、学林（风雅附）、笃行、寓贤、方技、列女13目；卷七艺文，分制书、奏书、纪述、题咏4目；卷八通考，分礼祥、古迹、书目、丘墓、寺观、仙释、佚事7目。

康熙祁门县志 方志。8卷。清徽州府同知兼祁门县知事姚启元主修，本县人张瑷主纂。康熙二十二年（1683年）开馆，翌年志成。

康熙两淮盐法志 盐法志书名。28卷。清康熙二十三年（1684年）崔华任两淮盐运史使聘请寿春人谢开宠，根据黄暹草创旧稿，纂辑而成。康熙三十二年（1693年）成书，崔华为之撰序。分以下16门：星野、疆域、场考、省考、秩官、署字、额例、诏敕、律例、奏议、风俗、选举、古迹、土产、人物、艺文。林振翰《盐政辞典》著录有16卷，有木刻本12册流传。

康熙婺源县志 方志。❶12卷。清刘光宿修，詹养沉、游有伦纂。康熙八年（1669年）刊本。光宿，奉天人，任婺源知县。养沉、有伦，本县人，事迹均未详。婺源县志可考者，有正德、嘉靖、天启三志。此志继天启志重纂，分疆域、选举、建置、官师、食货、兵防、人物、艺文、通考、外志10类，各系子目。列选举于建置之前，殊失编次，又通考附寺观、仙释、古迹、丘墓、方技、礼祥、佚事6条，尤非体例。❷清知县蒋灿等重新纂修。清康熙三十三年（1694年）续刊本。

康熙歙县志 方志。12卷。清靳治荆修，吴苑等纂。治荆，辽东人，荫监生，康熙九年（1670年）任歙县知县。苑，歙县人，康熙二十一年（1682年）进士，官国子监祭酒。卷一为图说，建置、星野类；卷二、卷三为疆域类；卷四为学校、秩祀、寺观类；卷五为户口田赋、水利、物产类；卷六为官司、兵制、名宦类；卷七、卷八为选举类；卷九、卷十为人物类；卷十一、卷十二为艺文类。该志首创"图说"，依次有徽州府歙垣县治城图、歙县疆域山川图、歙县南境隅都村落图、歙县北境隅都村落图、歙县山川胜图。

康熙徽州府志 方志。18卷，首1卷。清丁廷楗、卢询修，赵吉士纂。康熙三十八年（1699年）刻本。清朝官修的第一部徽州府志。该志正文分舆地、秩官、兵防、食货、营建、恤政、选举、人物、杂志9门60目。

康熙徽州府通志 方志。26卷。清康熙十二年（1673年）高晫纂。晫字苍岩，山西襄陵人，进士，康熙七年（1668年）任徽州同知。

康熙徽州府通志续编 方志。8卷。清康熙二十一年（1682年）林国柱纂。抄本。

康熙黟县志 方志。4卷。清康熙二十二年（1683年）黟县知县王景曾续修，教谕尤何、训导盛可法，贡生程幼孜、程功等纂。王景曾作序，述及编纂原则："记诸载籍，班班可考。""然名亡实存，昔无今创；风影之谈，恐涉讹伪，故经因革者，纵详而弗复；关惩劝者，即细而弗遗。"

清康熙二十四年古文渊鉴 24册，64卷。徐干学编注。白绵纸，三色套印本，每版9行20字。版心上下黑口，四周单边。内容有：左传、战国策、贾谊、苏轼策略、正统论等。时间上至周、秦、汉，下至宋。跨度大，内容丰富。书眉以朱、蓝、黄三色注释，正文用朱色圈点。是一部珍贵古籍善书。二级文物，现藏歙县博物馆。

*清康熙二十四年《古文渊鉴》

淮鹾本论 盐政著作。2卷。清胡文学撰。是书乃文学于顺治年间官两淮巡盐御史时所作。上卷分10篇：曰停兑会、曰附销不带盐、曰复三府、曰关桥掣规、曰厘所掣、曰掣江都食盐、曰淮北改所、曰撤分司、曰废兴庄临湖场、曰草荡不加税。下卷分15篇：曰恤株连、曰缓倒追、曰禁私贩、曰除旋棍、曰谢游客、曰简关防祛吏弊、曰不任承役、曰宽追比、曰便销批、曰公金报、曰均急公窝引、曰去江掣弊、曰酌归纲、曰省繁费、曰修书院。是时尚当清朝定鼎之初，百废新举，往往尚沿明制。作者所论，颇切中一时之利弊。

寄园寄所寄 笔记。清赵吉士撰。是编采撷诸家说部，分12门：曰囊底寄，皆智数事也；曰镜中寄，皆忠孝节义事也；曰倚杖寄，述山川名胜也；曰捻须寄，诗话也；曰灭烛寄，谈神怪也；曰焚麈寄，格言也；曰獭祭寄，杂录故实也；曰豕渡寄，考订谬误也；曰裂眦寄，记明末寇乱及殉寇诸人也；曰驱睡寄，遗事之可为谈助者也；曰泛叶寄，皆徽州佚闻也；曰插菊寄，皆谐谑事也。所载古事十之二三，明末事十之七八，采撷颇富，而雅俗并陈，真伪互见。

续列女传 关于妇女的传记。9卷。明邵正魁撰。是书以续刘向《列女传》，仍按其体例分为七门，唯其中节义、贤明各分一子卷，大多采摭各史后妃列女传，分类汇叙，间也有资料摘自他书者，不过十之二三。每传末必引诸经为咏叹之词。

续表忠记 史学著作。8卷。清赵吉士撰。是书记明万历以后忠义之士，因明钱士升有《表忠记》专记逊国诸臣，故此书以续为名。所载凡123人，然前所载皆死魏忠贤之祸者，后所载皆明末殉节者，而掺杂以叶向高、顾宪成、赵南星、邹元标、冯从吾诸传，体例不纯。

粤述 关于广西情况的记载。1卷。清闵叙撰。是编乃其督学广西期间广收博采典籍文献及民间口头资料写成。内容丰富翔实，尤其对广西山川形势、物产资源及民情风俗记载更详，是研究广西少数民族社会历史的重要资料。书中辨狄青取昆仑关一事，核以理，足订《宋史》之误。唯好穿凿字义，往往牵强附会。

善和乡志 村志。1册。明弘治十二年（1499年）当地人程复纂。手抄本。善和即今祁门县胥岭乡六都村。仿照县志门类，于山水之秀、人物之蕃、仕宦之显、文章之富及丘墓祠宇，皆一一搜罗而写入志书中。明正德年间程昌、清乾隆年间程襄又先后续修。清光绪七年（1881年）程文翰复修，全书8卷，现存一、二、六、七卷。

道光休宁县志 方志。24卷。清何应松修，方崇鼎纂。道光三年（1823年）刊本。

道光祁门县志 方志。16卷，首1卷。清祁门知县王让主修，桂超万编纂。道光六年（1826年）始修，道光七年（1827年）告竣。

道光婺源县志 地方志。39卷。清黄应昀等纂修。道光六年（1826年）刻本。卷首为序、凡例；卷一至卷四疆域志，分图考、沿革、分野、坊都、山川、风俗、地产7目；卷五至卷七选举志，分科第、荐辟、材武、监选、椽史、任子、貤恩、戚畹8目；卷八、卷九建置志，分城池、公署、水利、学校、祀典、宫室、坊表、津梁、塘堰9目；卷十官师志，分县职、学职、杂职、武职、名宦5目；卷十一、卷十二食货志，分赋役、储蓄、恤政3目；卷十三兵防志，设防守1目；卷十四至卷三十人物志，分朱子世家、儒林、补遗、名贤、经济、忠节、学林、文苑、武略、孝友、义行、质行、乡善、隐逸、方技、寓贤、列女17目，卷三十一至卷三十七艺文志，分诰制、典籍、纪述、题咏4目，卷三十八、卷三十九通考，分寺观、仙释、古迹、丘墓、礼祥、佚事6目。

道光歙县志 方志。10卷，首1卷。清歙县知县劳逢源修，沈伯棠等纂。通纪体。道光八年（1828年）刻。卷前有徽州知府马步蟾（会稽人）和劳逢源序。卷首有凡例和图说。全志分10卷10纲（分志）54目。每分志正文前均有"劳逢源曰"作无题概述。卷一"舆地志"，有晷度、疆域、沿革、山川、都图、风土、古迹、丘墓8目；卷二"营建志"，有城池、公署、学校、秩祀、寺观、水利、津梁7目；卷三"宫司志"，有职官、名宦2目；卷四"武备志"，有兵防、武功2目；卷五"食货志"，有物产、赋役、贡品、盐法、茶纲5目；卷六"恤政志"，有仓储、院局、蠲赋、赈济、优老5目；卷七"选举志"，有荐辟、科目、武科目、仕宦、勋爵、殊恩、封荫7目；卷八"人物志"，有勋绩、宦迹、忠节、儒林、文苑、材武、孝友、义行、士林、遗逸、烈女、方技12目；卷九"艺文志"，有书目、奏疏、杂著3目；卷十"杂记"，有祥异、拾遗、志源3目。该志一次设立晷度编目，首次对歙县晷度测定情况有较为详细的记述。该志由歙县徽城乙照斋梓行，刻工有歙县虬村黄杭鼎等。

道光徽州府志 方志。16卷，首1卷。清马步蟾修，夏銮等纂。道光七年（1827年）刊本。清朝官修的第二部徽州府志，包括舆地志、营建志、食货志、武备志、职官志、选举志、人物志、艺文志8类，也是现存徽州府志中保存资料较丰富的一部。

道光黟县续志 又名《黟县二志》。方志。按类分附《黟县一志》后，合刊为16卷。清道光五年（1825年）黟县知县吕子珏、詹锡龄同修，县教谕韩翔、训导薛凤焕协修。詹锡龄序云："凡自嘉庆壬申而后十三年中，官爵、选举、人物、艺文，一仍前志门类，续于其后。"其记事自"清嘉庆十八年（1813年）县绅胡尚增造潭口癸酉桥"起，至道光五年（1825年）四月禁开垦烧挖止，凡12年。

寒松阁集 诗文集。3卷。宋詹初撰。作者读书处曰"寒松草阁"，故以名书。卷一为《翼学》10篇，述学问大旨。又《序经》2篇，《序论语》上、下篇，义例遵《易序卦》之例。卷二为《日录》55条，分上、下篇。卷三为古今体诗49首。有《附录》收诸家书序题跋10余篇。据其子詹阳跋称，初旧有《流塘集》21卷，毁于火；后于族叔体仁先生处乞得数纸，藏于家。又有其十六世孙詹景风、十七世孙詹璧二跋，称嘉靖三十七年（1558年）刻于寒松草阁，故改名为《寒松阁集》。

谥苑 关于谥法的著作。2卷。明朱睦㮮撰。是编上卷辑古谥法12家：曰《史记谥法解》、曰《周书谥法》、曰《蔡邕独断谥法》、曰《苏洵谥法》、曰《周公谥法》、曰《春秋谥法》、曰《广谥法》、曰《沈约谥法》、曰《贺琛谥法》、曰《扈蒙谥法》、曰《郑樵谥法》、曰《陈思谥法》，其周公、春秋、广谥、沈约、贺琛、扈蒙6家，继承王圻《续文献通考》之旧，余6家则睦㮮增辑也。下卷列明朝王侯以下至于守令之谥，不及鲍应鳌书之赅备，又颇舛误。参以诸书，如徐溥谥"文靖"而曰"文穆"，顾鼎臣谥"文康"而曰"文简"，乔字谥"庄简"而曰"端简"，马昂谥"恭襄"而曰"忠襄"，墨麟谥"荣毅"而曰"文毅"，不一而足，则亦不尽可据矣。

暗然堂类纂 笔记。6卷。明潘士藻撰。是书以所闻见杂事分类纂叙，大抵皆警世之意。一训惇、二嘉话、三谈箴、四警喻、五溢损、六征异。成于万历年间，当明末正风俗凋敝之时，故士藻所录，乃是针砭流俗之作。

锦城志略 村志。清光绪年间当地人倪望重纂。锦城即今祁门县渚口村。凡村里学校、水利、驿渡、桥亭、教场、寺观、楼台皆志之,且采当地人登临之作依次附录。

筹海图编 史学著作。13卷。明胡宗宪撰,实出自幕僚郑若曾之手。记明朝抗倭事。是书首载舆地全图、沿海沙山图;次载中日交通、日本事略;次载广东、福建、浙江、直隶、登莱五省御倭事宜,倭患总编年表,倭寇迹分合图谱;再次载重大战役与遇难者事迹;最后载经略始末。对于城守、剿抚、互市以及时人御倭条议等书中均有记载。附有沿海布防形势及战船、武器等详图,具有相当高的史料价值。然记述抗倭大捷均归功胡宗宪,实为攘功。

新安山水记 地记,早期志书。南朝梁萧几撰。已佚。几,新安太守,见郡多山水,正其所好,遂为之记。是目前所知关于新安山水的最早记录。

新安广录 方志。18卷。南宋倪常祖修,姚源纂。已佚。常祖字子武,吴兴人,嘉定十五年(1222年)来徽州。源,事迹不详。弘治《徽州府志》卷十二《拾遗》辑录该书。

新安文献志 专志。100卷。明程敏政撰。集南北朝以后文章之有关新安者。卷一至卷六十为甲集,皆新安乡贤先达诗文,分类辑录。卷六十一至卷一百皆新安先贤行状,内分神迹、道原、忠孝、儒硕、勋贤、风节、才望、吏治、遗逸、世德、寓公、文苑、材武、烈女、方技等15目。书中所集之应行考订者,敏政均以己意参核之。

新安后续志 方志。10卷。元延祐六年(1319年)朱霁修,洪焱祖纂注。霁字景周,号自斋,北谯人,延祐年间知徽州。其体例依罗愿《新安志》,只是在贡赋轻重、户口息耗、州土吏治、风俗人才等方面有所增辑。

新安志 方志。10卷。南宋罗愿撰。愿,徽州歙县呈坎(今属徽州区)人。父罗汝楫,官至吏部尚书。愿天资早慧,才华横溢,乾道二年(1166年)进士及第后官至知鄂州,故又称"罗鄂州"。《新安志》是其学术集成之作,也是中国地方志成型时期的代表作。记载徽州一地的历史沿革、地理险要、典章制度、吏治得失、风俗民情和忠孝节烈等事迹,遍及古今人、事、物诸大端,承上启下,自成一体,成为定型方志的先驱。内容为:卷一"州郡",包括沿革、分野、风俗、封建、境土、治所、城社、道路、户口、姓氏、坊市、官府、庙学、贡院、放生池、馆驿、仓库、刑狱、营寨、邮传、祠庙。卷二"物产",包括谷粟、蔬茹、药物、木果、水族、羽族、兽类、畜扰、货贿;"贡赋"包括税则、杂钱、夏税物帛、小麦、秋税糙米、折帛钱、进贡、供物帛、上供纸、酒课、茶课、盐课、公用。卷三"歙县",包括沿革、县境、镇寨、户口、田亩、租税、酒税、城社、官廨、乡里、道路、桥梁、津渡、山阜、水源、古迹、祠庙、道观、僧寺、丘墓、碑碣、贤宰。卷四"休宁""祁门"(事目略,如"歙县")。卷五"婺源""绩溪""黟县"(事目略,如"歙县")。卷六"先达",包括程仪同、程都督、吴御史、王校正、汪处士、舒状元、吕侍郎、大魏太尉、查秘监、张度支、许司封、许承旨、谢谏议、张密学、小魏太尉、查贤良、俞待制、俞侍郎、洪比部、聂内翰、许待制、许长官、吕状元、孙工部。卷七"先达",包括王提刑、汪宣德、洪尚书、胡金部、胡司业、黄侍御、汪丞相、程显学、凌待制、汪内翰、胡待制、汪少卿、胡殿院、先君尚书、朱吏部、汪枢密、金尚书。卷八"进士题名",包括贤良方正1人、进士贡士234人、明经2人、发运使赐第2人、乐成献颂并铨试赐第共4人、贡士献策1人、特奏名33人、武举4人;"义民"包括黄芮、章氏二女、汪廷美、叶氏女、詹惠明;"仙释"包括方储、许宣平、聂师道、聂绍元、丘寺丞、郑姑、程惟象、张扩、智据、定庄、茂源、谦禅师、澜大德、雪山子、宁道者、宗白头。卷九"牧守",包括吴5人、晋3人、宋12人、齐5人、梁12人、陈5人、唐36人、吴杨氏3人、南唐1人、国朝宣和前29人、宣和后见壁者36人。卷十"杂录",包括人事、诗话、杂艺、砚、纸、墨、定数、神异、记闻。该志为现存33种宋朝方志之一,也是徽州唯一宋朝志书,历史价值高。该志自修纂刊刻以来,宋、元、明、清朝均有续修。

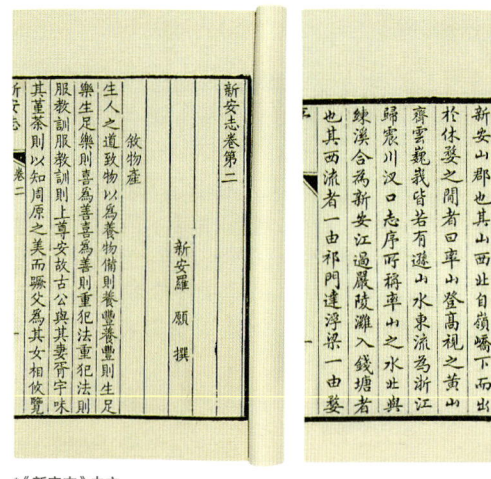

*《新安志》内文

新安府志 方志。10卷。明朱同纂注。朱同所纂《新安府志》,景泰和成化年间两度被续修。《新安府志》是徽州府接元延祐后的第一部府志。已佚。

新安府志续编 方志。明周正纂。正,江西吉水人,成化四年(1468年)任徽州知府,纂成此书。已佚。

新安原版士商类要 见282页"士商类要"条。

新安续志 方志。南宋端平二年(1235年)李以申纂。已佚。其体例悉依罗愿的《新安志》。以申为四明（今浙江宁波市南）人，州学教授。《中国古方志考》《永乐大典》及弘治年间《徽州府志》均录。以申序曰："新安据浙江上游，山水奇秀称于天下，唐人号为水云深处。前代以去京邑差远，地狭瘠而俗质素，语地望者不以为优，然物产之夥流布四方，或曰富州。韩吏部送陆歙州文曰：歙大州也，自建炎南渡驻跸吴京，视三百诸侯之邦被声名文物之盛，送推三辅重地。初，晋太康元年（280年）改新都曰新安郡，隋开皇元年（581年）州始以歙为名，至宋宣和三年（1121年）改歙为徽州，盖郡境有徽岭、徽溪，扬之水出焉，说者以为取诸此，此见之前志者也。前志成于淳熙乙未（1175年）之春，追今阅一甲子。四明刘侯炳郡二年，约己裕民，百废俱兴。独念是邦比岁以来，生聚日蕃，事物日新，人杰地灵，相望辈出，照映当世。至若朝廷蠲减之特恩，郡邑惠养之善政，所以培邦本而宽民力，前言往行，明谟钜业，所以范乡间而光竹帛者，不相继而书之，诚为阙典，兹续志之所由作也。殆若有数存焉。今纲目大体多循其旧，凡无所增损废置者，前志既已备矣，今皆不书，谨序。"

新刻士商要览天下水陆行程图
见283页"天下路程图引"条。

新刻水陆路程便览
商业书。3卷。徽商憺漪子编纂。明天启六年（1626年）刊印。该书辑录了江南水陆路程53条、江北水陆路程47条，且旁搜广罗，详细记载了每条路线的起讫城镇、沿途站点及站点之间的里程，甚至各站点的物产、旅舍、风土民情、运费等均有记述。该书注重实用性，极大地方便了商旅的出行和经营。

雍正两浙盐法志
盐法志书名。16卷。清李卫监修，傅玉露等纂修。分为以下16门：疆域、图说、沿革、课额、引目、场灶、户口、律例、挚挈、成式、奏议、条约、蠲恤、职官、商籍、艺文。志首有雍正六年（1728年）序。林振翰《盐政辞典》、何维凝《中国盐政书目》收录。有乾隆重刊12册木刻本流传。

雍正两淮盐法志
盐法书名。16卷。清噶尔泰监修，程梦星汇纂。分为以下16门：恩纶、职官、廨宇、灶场、煎造、疆域、水道、引目、额征、律令、奏议、名宦、选举、人物、祠祀、艺文。林振翰《盐政辞典》、何维凝《中国盐政书目》收录。有16册木刻本流传。

嘉庆两浙盐法志
盐法志书名。30卷。清阮元等编。主要记载雍正二年（1724年）至嘉庆初70余年两浙盐法的变革损益，含以下16门：疆域、图说、课额、引目、场灶、帑地、挚挈、奏议、律例、条约、成式、优恤、沿革、职官、商籍、艺文。有24册装木刻本。何维凝《中国盐业目录》、林振翰《盐政辞典》收录。

嘉庆两淮盐法志
盐法专门志书名。56卷。清佶山监修，单渠总纂。上承康熙、雍正、乾隆三朝所修《两淮盐法志》，着重记载乾隆十三年（1748年）至嘉庆十一年（1806年）两淮盐法的变革损益，分13门，体例严谨。《清史稿·艺文志》、林振翰《盐政辞典》、何维凝《中国盐政书目》均收录。有同治九年（1870年）刊本32册流传。

嘉庆绩溪县志
方志。12卷。清白清恺、彭志溶主修，席存泰纂。嘉庆十五年（1810年）刻本。卷首为序、图、凡例；卷一"舆地志"，分疆域、山川、形胜、坊市、乡都、风俗6目；卷二"建置志"，分沿革、城垣、公署、水利、津梁、坊表6目；卷三"食货志"，分土田、户口、赋役、积贮、物产5目；卷四"恤政志"，分蠲赋、赈济、优老、院局、义冢5目；卷五"学校志"，分学规、学宫、典礼、生徒、学产、乡学6目，附录乡约；卷六"武备志"，分分防、捕察、保甲、邮铺、兵事5目；卷七"祀典志"，分官祀、乡祀、族祀3目；卷八"职官志"，分秩官、县职官表、学职官表、名宦4目；卷九"选举志"，分荐辟、科第、武科第、岁贡、仕贡、援例、吏材、封赠、荫袭9目；卷十"人物志"，分勋烈、儒硕、经济、忠节、宦业、武功、文苑、学林、孝友、尚义、乡善、隐逸、方技、流寓、烈女15目；卷十一"艺文志"，分书目、奏疏、表、记、序、诗、赋、杂著、补遗9目；卷十二"杂志"，分古迹、丘墓、寺观、仙释、人瑞、耆老、宾介、祥异、拾遗、存旧、校旧11目。

嘉庆婺源县志
方志。39卷，首1卷。清赵汝为修。嘉庆十二年（1807年）刊本。

嘉庆徽志补正
方志。清邵棠纂。嘉庆十九年（1814年）刻本。该书分为"补遗""正误"两部分，末附《大鄣山辨》一文。"补遗"辑录《大明一统志》《资治通鉴》《全唐书》《十国春秋》等文献中有关徽州的内容，补康熙《徽州府志》之遗，共83条，多的300余字，少的几十个字；"正误"提出康熙《徽州府志》的错误41条，逐条加以纠正。

嘉庆黟县志
通称《黟县一志》。方志。16卷。清嘉庆十七年（1812年）黟县知县吴甸华总纂，教谕韩正翔、训导朱士淮协修。本县士人程汝翼、孙学道、俞正燮分纂，叶有广绘图，各都采访士119人。此志附图18幅，始设沿革记事表。吴甸华作序，韩正翔题跋。吴序叙编纂经过曰："自'二十四史'，《江南通志》，淳熙《新安志》，弘治、嘉靖、康熙三府志，篁墩《新安文献志》，以至一切山经、地表、诗集、文集有关黟邑者，皆酌取焉。而邑中坊额可载，金石所镌，及巘山绝壑摩崖之书，网罗无间。余更延友于署，往复数日，审其异同，辨其遗误，参订其次第，然后取从前五志之阙者补之，略者译之，伪者正之，更增入丙戌以来四十余年之事。"该志记事始自《春秋左氏传》哀公十五年（前480年）夏，楚子西子期伐吴及桐讷，迄至清嘉庆十七年（1812年）六月，计2 292年。材料撷取，十分博泛。稿成后又集邑中士绅，公中检阅，然后付梓，凡三易寒暑而成。该志为黟县历史上标志性的一部志书。

嘉靖休宁县志 方志。8卷。明宋国华纂修。国华，江西奉新县人，嘉靖二十三年（1544年）进士，授休宁知县。休宁自歙县分置，迄唐武德元年（618年）始易今名。县志创修于明成化二十一年（1485年），弘治四年（1491年）邑人程敏政重纂，正德十六年（1521年）教谕黄彦重修未成。此志为宋国华官休宁时，嘱庠生吴宗尧、金时中、金洪、徐良玉、汪阶编纂，成于嘉靖二十七年（1548年）。内容分天文、舆地、官政、人物、词翰、杂志6类，编次尚为明晰。嘉靖年间刊本。

嘉靖两淮盐法志 盐法志书名。12卷。明陈聘、史起蛰、张矩编撰。嘉靖二十九年（1550年）至嘉靖三十年（1551年）修成。分以下12门：图说、秩官、署字、地理、土产、法制、户役、贡课、人物、祠祀、官绩、杂志。清康熙、雍正、乾隆、嘉庆、光绪皆有重修。林振翰《盐政辞典》、何维凝《中国盐政书目》均著录。有嘉靖刊本刻本六册藏中国国家图书馆。

嘉靖新安志补 方志。8卷。明方信纂。嘉靖四十一年（1562年）刻本。卷首列秦郡图、丹阳郡图、新都郡图、新安郡图、徽州府图、分野图；卷一沿革表补、大事表补；卷二分野补、封建补、灾祥补、赈恤补、土产删、制科补、丘墓补；卷三监司补；卷四武功补、艺文补；卷五郡守补；卷六邑令补；卷七师儒补；卷八兴学补、除弊补、廉吏补、宰相补、卓异补、甲科补、再任补、效死补、良师补、聚敛补、游田补、判吏补。其凡例称："《新安志补》补弘治壬戌旧志之阙，及拾罗鄂州《新安志》之遗，正讹辨疑，准李肇《国史补》之列。"

嘉靖徽州府志 方志。22卷。明嘉靖四十五年（1566年）何东序修，汪尚宁纂。东序字崇教，山西猗氏县人，曾任徽州知府。此志编例欠佳，分类繁冗，不若弘治府志体例完备。

橙阳散志 村志。12卷。清乾隆四十年（1775年）歙县江村江爱山编。后其子江依濂，扩为15卷，又增1卷，于嘉庆十二年（1807年）再次刻成。因聚居于橙子陪而称村为"橙里"，因聚江姓而称"江村"。该志前9卷依次为村地志、选举志、人物志一、人物志二、植物志、礼仪志、风俗志、舍宇志、营建志，且每卷又分若干目。卷十至卷十四为艺文志，分书籍、碑、记、序文、诗歌5目。卷十五为别志。卷末为备志，著名的《歙风俗礼教考》即在该卷。该志编条的江村作者有75人，著述152部。是一部非常完整的歙县江村村志。

歙县乡土志 方志。1册，不分卷。分6目：歙县沿革、歙县方域、歙县山川、歙县物产、歙县人物、歙县古迹。歙县沿革以纪年方式记述，歙县方域分四至、乡村、关隅三类次记述，歙县山川按山河逐次记述，歙县物产分为特产、谷、蔬茄、果实、飞禽、鱼类、动物、植物几类次记述，歙县人物分勋绩、孝友、义行、节概、文学、宦绩、方技几类记述，歙县古迹，次第记述。

徽州婺北镜心堂重修浙岭征信录 账目实录。民国十六年（1927年）上海宏大善书局石印本。该书记载了重修浙岭过程，包括全国各地人士捐赠钱款物资，修理浙岭的具体道路、桥梁、石畔、碑刻、茶亭以及材料工钱等收支平衡的明细账目。

徽商公所征信录序 文书。清宣统元年（1909年），杭州徽州木商公所刊刻，婺源江有孚作序。据该序称，杭州候潮门外有徽国文公祠，即徽商木业公所，乾隆年间由婺源江扬言首创。他在杭州购地240余万平方米，作为木排停靠集散之地。咸丰年间，公所在战火中被毁，战争结束后重建，到光绪晚年，恢复元气。

徽商便览 商业书。歙县商人吴日法编著。民国八年（1919年）九月成书。全书共21页，装帧简单，繁体竖排，有句读。该书全面记载徽州一府六县的全部疆域、历史名物、本地物产、水陆交通、人物典故等知识，是一部徽商从业入门的地域商路工具书。该书由徽商便览缘起、徽州总论、徽州疆域、徽州扼塞、徽州交通、徽州物产、徽州风俗、徽州在地理上的价值、徽州在历史上的名胜、水陆两路由外埠至徽州里程表10部分组成。

黟县一志 见295页"嘉庆黟县志"条。

黟县二志 见293页"道光黟县续志"条。

黟县乡土地理 书名。不分卷。民国胡存庆、瑞林纂。铅印本。"风俗篇"载："自古以来，民多纯良，守法律，娴礼教，聚族而居……俗重贸易，男子成童，即服贾四方，视农工为贱业，劳力而不可谋蓄积。妇人专主家政，力持节俭。贫乏之家，乃至佣耕以供食，虽极困苦，鬻男卖女之事，亦不常见。"

黟县乡土志 方志。民国胡存庆纂。抄本。分历史、地理、物产3部分，其中内容可补《黟县志》之不足。

麟书 议论著作。1卷。南宋汪若海撰。此书是作者托麟为喻，以俪词作韵语写的一篇上书。其时作者官至直秘阁知江州。时值金兵至汴，作者上书枢密曹辅，请立康王为大元帅。到京城失守，作者复述麟为书以献，即此书。其力主用兵之是而斥和议之非。言不当追回康王，劝钦宗以死社稷。其意甚为剀直，但时值金人已破京城，故不敢用显言而以词寄其意。此书对研究宋史、金史有参考价值。

爨下语 杂著。2卷。明张复撰。每条俱以偶语联比成文，颇似格言，而多杂以街谈巷议。前有天启二年（1622年）陈继儒序。

[四] 学术宗教

新安理学
徽派朴学
史学杂著
宗教信仰

三禅院鼎立 "三禅院"为大悲院、文殊院、普贤院的合称。明万历年间,僧智空授命普门在黄山光明顶建大悲院,因皇太子赐大悲观音像,故名。院内设大悲道场,并募款铸钟,钟刻有《金刚经》全文。后又建文殊院、普贤院。普门曾说:"中观音以悲,左文殊以智,右普贤以行,三禅院鼎立山巅,缺一不可。"

开戒 见298页"传戒法会"条。

天都社 宗教文化社团名。黄山历史上禅诗同修的民间社团,社址设在祥符寺附近。该社于明嘉靖二十一年(1542年)重阳节正式成立,陈有守专门为此作《天都社盟词》。成员有:方弘静、程诰、陈有守、郑恩祈、方大治等16人,即"黄山十六子"。该社成立当日,十六子策杖攀跻,从社址起程,一直攀登到天都峰绝顶,争相命酒赋诗。万历三十八年(1610年),经方弘静、潘之恒、鲍正元、丁自宣等人的再次倡导,天都社的规模发展到伽陀至者3 000余人,真信之士123人,称"高贤者十八"。潘之恒专此作《天都社记》,记述当时徽州文人亦诗亦禅的盛况。天都社《同社规则》称:"是社以禅诵念佛,称净业为常规;以诗画作文,称慧业为游息。非是二者,不敢延入。"普门和尚、印我禅师等均参与其中,王寅、鲍正元等后来均落发为僧。天都社是佛教居士与诗画文人共同禅修的一片净土,历时69年,开徽州文人佛教文化交流之先河。参见360页"徽州文学"部"天都诗社"条。

太平兴国寺戒坛 佛教徒受戒场所。徽州所有寺院,以歙县太平兴国寺的佛教活动规格最高,设有戒坛。按照宋朝的规定,每年释迦牟尼圣诞日开坛,为沙弥受360戒,祠部给戒牒。当时全国沙弥受戒、祠部给戒牒的寺坛只有72处,歙县太平兴国寺就是其中之一。

打七 见297页"打佛七"条。

打水陆 又称"普度大斋水陆法会"。佛教法会的一种。指诵经设斋,礼佛拜忏,超度水陆一切亡魂。时间较长,少者7天,长者49天,规模较大,参加法会的僧众有几十人至上百人。据《黄山翠微寺志》载,明清之际,黄山翠微寺建有忏堂,早晚诵经。并在心空法师的主持下,择吉日开设水陆道场,超度亡灵,使"恒河沙界"同沾康泰,消业往生,共获吉祥。

打佛七 又称"打七""打禅七"。禅宗和净土宗僧人的修行仪式。即在七日之内,专心参究,不涉外务。许多寺院每年冬季都要举行"一七"(一个七日)乃至"十七"(十个七日)的打佛七活动。

打禅七 见297页"打佛七"条。

功德寺 用佛教仪式祭祀祖先亡灵之处。最早出现于唐,皇帝敕赐达官贵人可建功德寺。到了南宋,建寺观招僧守墓,已经较为普及。徽州尤为典型。北宋大中祥符八年(1015年),丞相汪伯彦的祖父重建祁门霄汉资圣院,南宋建炎初年,汪伯彦向朝廷请命,将霄汉资圣院敕改为忠国显亲下院,并在寺中建祠,设置祖宗画像,以便四时祭祀。祁门程伯原之母是丞相汪伯彦秦国夫人之女,绍兴十七年(1147年)在六都建报慈庵以奉丞相。淳祐年间,休宁程氏在汉川建觉慈庵祭祀程珌。咸淳四年(1268年),南宋右丞相程元凤去世,葬在歙县古城关,并在墓旁建祠建寺,招僧住寺管理墓祠。元朝寺毁于兵火,元凤六世孙程孟、程亿捐资重新建寺,同时扩建墓祠,方便岁时子孙前往祭祀。昭孝积庆寺既是程元凤的功德寺,也有墓祠性质。明清时期,徽州的功德寺已经较为普遍。

甘露仙 对宋绩溪叶里汪氏女的称呼。汪氏女自幼洁身奉道不嫁,父母欲嫁之,遂入石金山焚修,岁久成道,莫知其终。当时有歙县石主簿曾亲临本山巡视,见有遗鞋及得道圣迹,也舍身从道。至清朝其遗迹尚存,四方祷雨立应,旁有甘露井四时不竭,人立庵祀之。

古岩院 位于歙县岩寺小岩村(今属徽州区)东侧。相传是古徽州最早的佛教活动场所。此处峰峦峭立,岩石突兀,清泉涓涓,岩形如覆屋。据说汉晋时期,就有僧人在此修身炼性。

寺观祠 以寺庙附设立祠祭祀先祖。唐大历年间,吕渭任歙州司马,曾在城西兴唐寺旁空隙地建堂读书,离任时,将书堂捐赠给寺僧,吕渭后担任礼部侍郎。北宋时,吕渭七世孙吕文仲将读书堂改建为家祠,以纪念吕渭。吕文仲去世后,葬在家祠前,并招僧祝代为看管。太平兴国四年(979年),兴唐寺改为太平兴国寺。宝元元年(1038年),吕渭九世孙吕溱中状元,后来也担任礼部侍郎。吕文仲、吕溱后来都入祀家祠，由于三人都曾担任侍郎一职，故人称"吕侍郎祠"。为了使吕侍郎祠长久运转，吕氏后人先后在太平兴国寺周围建了12座寺院，每寺给地山，按轮奉祖祠香灯。乾德二年（964年），李德鸾从浮梁界田举家迁婺源严田。至明嘉靖年间，严田李氏先后创立9观13寺，寺观旁立祠，奉祀祖先，不仅招僧道行祭礼，还专门招佃仆守祠。婺源永川俞氏南宋咸淳二年（1266年）建道院，设致思祠于寒食、忌日祭祖。休宁率口程氏始祖程敦临有功于齐祈寺，死后寺院为他筑祠立像祭祀，程氏也为寺院捐置祭田；祁门程村程氏因向颐真道院施田，而附设祠堂祭祖。明清时期，徽州寺观立祠极为普遍。

成道节　见298页"成道会"条。

成道会　又称"成道节"。以纪念释迦牟尼在菩提树下觉悟成道而举行的法会，每年十二月初八举行。民间有在这一天吃"腊八粥"的习俗。歙县潜口镇（今属徽州区）历史上有举办"腊八庙会"的习俗。

传戒法会　又称"放戒""开戒"。丛林大寺为尚未正式出家的僧尼或在家的信徒传授戒法的活动。一般仅丛林寺才有传戒法会。古时，歙县天宁万寿寺每年佛诞日开坛为沙弥受360戒，授戒牒。

齐云山佛教　齐云山佛教主要在齐云岩西南的岐山石桥岩和白岳峰南麓，始于唐天宝年间，衰于明初，断续绵延约1 100年。唐元和五年（810年），在齐云山石桥岩创石门寺。北宋大中祥符元年（1008年），僧惠周创建蜜多院于白岳峰南麓。皇祐年间扩建佛祠，僧道政重建金仙如来宝殿。南宋后期，齐云山月华街一带道教逐渐兴盛，佛教渐趋消沉，形成佛、道两教并存于齐云山的局面；至明嘉靖、万历年间，由于当朝皇帝好道，道教一举兴盛，佛教遂被排斥。清朝末年，佛教活动又在齐云岩西白云岩萌发，佛教徒均为黟县西递人，多为带发修行的女尼。

齐云香会　道教活动。活动从七月初一开始，至十月初一结束。七月初一起，各院房道众大斋三日，并在玄天太素宫做大型禳火道场。七月十五日为中元节，各院房道士，汇聚太素宫，为那些无人奉祀、屈死的孤魂野鬼做水陆超度道场。七月十五日以后，各路香客和香会团体组织，依照固定日期起程进香。如休宁县流口区的曾元会、三多会都在七月十九日，屯溪的永敬会定于九月初一，蓝渡的诚敬会为九月十六日等。最高潮是九月初九重阳会期，即玄天上帝登极日，在山香客曾经有5 400余人。白鹤的永安百子会以及各乡有名望的百子香会，都不约而同在这天朝香。这时山上主要道房派道士在三天门守候迎接，至道房待茶，次递敬神。正餐供饭不供酒（香客自备不拘），饭后休息。次日，由香会会首率领，在本道院道士的导引下，遍谒各观祠宫殿，焚香礼神，下午与夜晚举行斋醮法事。香客视自身经济状况捐输香火费。第三天离山返回，行至登封桥回香亭（今圮），即将剩余的香烛纸箔全部烧化。旧时，齐云山除每年皆有朝山的香会外，还有楼上楼、观音洞九月十九日的观音会，山下岩前镇每年正月十五日举行夜龙灯会等。

*齐云香会

齐云斋戒　齐云山道教属正一派，因张天师是世袭制，有家室，与清修道全真派迥然有别，非斋期可饮酒食肉，称为"火居道士"。每年腊月，散斋七日。沐浴更衣，素斋三日。前两日，众道士在所属的道院，烧香跪拜，念《洗罪经》，向神灵历数一年中的罪过，祈求宽恕。后一日，由各道房住持，率领本院道士，聚集太素宫。在太素宫提点主持下，于夜深二更开始，做大型"洗罪"道场。众道士跪拜于玄帝神前，如实告知一年中所犯罪过。朝山香客礼神期间，必须素斋，一般连续三日，不可心怀杂念。

齐云清规　齐云山道教清规戒律有九条。分别为：一、齐云山道教属正一派，但又传留原全真派世袭制，授徒传教，有"父不传子、兄不传弟"

的规定。二、出门迎送香客,双手抱拳,行揖首之礼。对规模较大的"百子香会"或达官显贵来山进香,全体道士必须在三天门迎送。三、不准调戏妇女,一旦出现此情,轻者教育,重者除名,不准再进山。四、上殿诵经礼斗,不严肃慕敬者,罚跪香,误打醮(做法事)时间,偶犯者教育,多次违犯者除名。五、不准私人索取香客的香油、化缘钱财,或偷盗他人钱物,一旦出现则除名。六、贪睡晏起或出门不告假者,罚跪香。七、参与赌博者,罚跪香。八、无故生事、制造流言蜚语、挑拨是非使道众之间不和者,逐出山门。九、违犯国法,奸盗邪淫,败宗害教者,火化示众。

齐云道乐 又称"道场音乐"。道士举行祭祀斋醮活动时的伴奏音乐。根据法事情节的需要,组织串联成颂、赞、诵、倡、步、虚等道曲。法事不同,音乐的组合也随之变化。在做道场中担任较高职务的称为"都讲""高功",必须熟练经咒的念唱、吟表、禹步等动作以及锣、鼓、小锣、板鼓、钹、笙、笛等乐器的演奏,以增加其庄严而强烈的气氛。在做道场时,道士身着五色法衣,在主坛法师的带领下,捧笏持幡,伴和铿锵悦耳的锣鼓声,唱着经文,迈着八卦步,边唱边舞,演示召神遣将的壮观场面,融人、神和自然于一体。

齐云道场 道场是道士根据事主要求而举行的宗教祈禳仪式。又称"法事""斋醮",俗名"做事业"。齐云道场因事主的要求不同,其内容、形式与名称亦异。其中规模最大、时间最长的称"罗天大醮",秉承帝王敕命,为沙场捐躯和天灾大难中众多的牺牲者超度,要举行七昼夜以上的法事。每年中元节(七月十五日),例有"放焰口",即属水陆道场的范围。活动主要有以下类型:"诸天科"是祝愿亡夫在阴曹平安无灾;"解结科"是为儿女体弱多病祈求解除劫难;"禳火科"是求神保佑免遭火灾;"血湖科"是为超度产妇亡魂而做;"超七科"是为亡父母灵魂祈求升天;"过关科"是为儿女祷求易长易成,安度病难亡关;"炼度科"是愿为善积德,以求避免水火两灾难;"百子科"是祈求神法多生贵子;"度人经"是报答父母祖先的恩德;"十王科"是为新丧阴魂祈求十殿阎君舍罪解脱地狱之苦。法官(道士穿上道装行法时,俗称"法官")分着五色法衣,按东绿、南红、西白、北黑、中黄五行方位,执笏(朝笏,又名"牙板")持幡,或参或拜,诵经宣咒,焚符洒水,气氛喧

* 齐云道场

闹而严肃。这类法事，一般需道士13~15人，少则7~8人。其中主坛法师1人，陪坛法师1~4人，吹打锣鼓乐器者数人。

问政先生 对聂师道的尊称。道士聂师道，隐居歙县问政山，在民间很有声望，五代吴王杨行密将其迎至扬州，请他担任国师，专门建紫极宫让他居住，尊称为"逍遥太师""问政先生"。卒后，追赠"银青光禄大夫""鸿胪卿"。

观音会 佛教节日。古徽州一些寺庙庵堂及佛教居士信众对观音菩萨非常敬仰，据传，每年的二月十九日为观音菩萨的诞辰日，六月十九日为观音菩萨得道日，九月十九日为观音菩萨出家纪念日。每逢这三个节日，有关寺庙都要举行传统的纪念盛会，举行祭祀活动，称"观音会"。后信奉佛教的居士和众多善男信女逐渐把观音会作为地方庙会。黄山轩辕峰下福固寺，祀观音菩萨为主座，每年逢六月十九日观音庙会。从六月十七、十八日开始来自境内四乡和徽、宁、池三府所属的善男信女，入庙进香。十八日夜，香客纷纷携手提灯，拾级上行至轩辕峰仙人洞，在洞内观音神座前顶礼膜拜，求子祈福。徽州潜口观音会也很盛行，有清人《新安竹枝词》："观音大士著慈悲，诞日烧香远不辞。逐队岑山潜口去，相随女伴比丘尼。"

坟庵 由家人或族人在祖墓旁自建的祭祠。通常既委托僧道于墓旁房屋守墓，也便于祭祖。婺源武口王玹，号"老椿居士"，富甲六乡，两宋之交立宝严庵守墓。南宋绍兴年间歙县汪若容、汪若思奉敕葬其父王叔敖于县西15千米黄罗峰之北，并奏立金紫院，附祠像于其中。淳祐四年（1244年），休宁孙万登在县东南20千米处建审坑庵，并在庵东建堂，安放孙、吴二姓的神主牌位。程珌还曾在汪潭建玉枢庵，祭祀其父程文夷。明清时期，徽州的坟庵已经较为普遍。

李氏三师 道教人物合称。李玉琳，婺源县李坑人，南宋宝祐二年（1254年）生。自幼崇真慕道，不事家业，遍游江东，参礼道师。在婺源县筑太玄真一元坛居之。子福道、孙真佑均从道，人称"李氏三师"。

佛教协会（皖南） 宗教团体。民国三十二年（1943年），由歙县岩寺（今属徽州区）住持释理岩发起，报歙县政府批准成立佛教会，释理岩法师当选为会长。歙县有僧尼300多人参加佛教会。民国三十三年（1944年），居士汤秉遹主持屯溪稽灵山寺香火，正值全国救济委员会的特派员弘伞法师在屯溪。汤秉遹与"和成银行"行长徐磊生等发起，成立"皖南佛教协会"，由汤秉遹主持会务，经常做"法事"，开坛讲经。屯溪的僧尼全部参加"皖南佛教协会"，不少社会名流也经常参加讲经参禅活动。协会规定，每逢初一、十五两天集中举行拜诵仪式，稽灵山寺遂成为屯溪地区佛教活动的集汇点。

净土会上叙长幼 佛教世俗化事例。歙县向杲寺在新安郡城之西，寺后有弥陀殿，每年九月十五日秋收时节，各地的信众都要集聚到这里做"净土会"，称"西莲社"，至元朝初期已有160多年历史，仍延续不断。徽州宗族势力在元朝已经形成，这个季节，农事已闲，借做"净土会"之际，宗族乡党聚会于此，修设佛事之余，各叙长幼，谈论孝悌忠信之道。

放戒 见298页"传戒法会"条。

居士林 佛教居士聚会活动。明清之际，徽州寺庙众多，佛教活动活跃，社会贤达与寺僧交往甚密，自发组成"居士林"，亦儒亦禅，盛行一时，著名的有"天都社""肇林社"等。

桃源洞天 明张邈遇的道场。位于齐云山，为其徒黄无心等人所建造。明太史氏石门许士桑《桃源洞天集序》曰："天都黄氏推愿黄帝老子之学，道号无心，方少壮时弃家辟谷，为采真之游，遍东南诸名山矣，归而选胜齐云，筑桃源诸宫，延邈遇老人而师事之。"明大学士平湖施凤来《桃源洞天记》曰："张邈遇道人来游，貌古神暗，人莫之识，黄上舍国瑞一见而师事之，因买山结宇居焉。邈遇无名，以貌名。国瑞字无心，休宁五城人，乙未师邈遇，己亥修建桃源洞天殿宇，兄弟犹子咸乐襄事。"

黄山佛教 黄山在明清时期以佛教闻名。明万历年间，黄山先后来了普门、如本、广寄三大佛门高僧。普门创建朱砂庵（慈光阁）、文殊院、法海禅院等，开辟了黄山文殊菩萨的道场，被称为"开山神僧"。如本重建宋朝云林道场，百废更新，遂成盛地。广寄建掷钵禅院，僧俗归信者日众。在他们的影响下，黄山先后吸纳了一大批僧众，开辟了明清时期黄山佛教发展的新气象。

曹洞宗僧 对嗣宗禅师的尊称。南宋初期，徽州出现一位颇有名望的高僧——嗣宗禅师，被佛教界称为"曹洞宗僧"（曹洞宗乃禅宗五家之一）。嗣宗禅师俗姓陈，名嗣宗，歙县徽城人。因头发白，故称"宗白头"。早年在歙县水西寺剃度为僧，20岁时云游四方，游历江浙、庐皖、荆楚、湘汉之间，只要是稍有名气的寺院禅林，都前往造访。在随州洪山寺与首座正觉禅师谈"机锋"。正觉问："皓月当空时如何？"宗云："正是怎么时节。"反复酬答，忽有省悟，于是拜正觉为师。建炎元年（1127年），正觉禅师到泗州普照寺担任首座，宗白头也随其去。正觉离开普照寺后，宗白头任首座，继承正觉禅师曹洞宗正脉，开堂云："喝井庵畔，似真似伪；断足岩前，乃精乃粹。"不久，前往常州善权、明州翠岩、雪窦等寺宣讲曹洞宗。绍兴二十三年（1153年）在雪窦寺圆寂，雪窦寺建塔藏其身,翠岩寺则取其衣藏于无际庵。径山宗杲禅师对其非常钦佩,称赞其:"太湖三万六千顷之渺茫,即师之口也;洞庭七十二峰之峻峭,即师之舌也。不动口,不饶舌,已说未说,今说当说也。大奇也大奇,此是吾家真白眉!"

普度大斋水陆法会 见297页"打水陆"条。

道士戏 阴荐法事。旨在超度母系亡魂,内容采用"目连救母"的情节,俗称"道士戏"。主角刘金蝉、目连僧分别由老幼道士扮演,粉墨登场。其母刘金蝉蹲在纸糊的血湖池畔,哭唱"十月怀胎苦"地方俗曲。目连僧肩挑经担,手持锡杖,围绕血湖池唱起度解劫经,王灵官仗剑相随对唱,鼓乐伴奏。最后由灵官挥剑捣毁血湖池,使母子相会,并大破地狱门,释放孤魂野鬼。

道场音乐 见299页"齐云道乐"条。

肇林社 宗教文化社团名。明朝时,汪道昆在西溪南村(今属徽州区)发起创立肇林社。嘉靖年间,汪道昆曾邀请戚继光来其故里千秋里松明山欢饮数月,同建肇林禅堂,邀请峨眉僧晓公设"圆通忏",开忏之日,拈香膜拜者近万人,一时传为盛事。并礼请高僧主事肇林,延请胤公、珂公两位法师主讲《楞严经》。举行隆重典礼,迎请苏州半唐寺僧善继上人血书《华严经》供奉于肇林。期满后,举行还经仪式,由汪道会等送还。并组织翻印《金刚经》《心经》等佛教经书进行广布流通。汪道昆为此作《肇林社记》《肇林赠言》等。当时徽州缙绅学士方定之、詹景凤、汪道贯、汪道会等20多人曾参加听法。

徽州天主教 清光绪十三年(1887年),法国籍神甫林牧梁在休宁县西街百客厅购买房屋和基地,建成中西合璧式休宁县天主教总堂,成立天主教耶稣会,作为徽州天主教中心传教区,属上海教区管辖。随后,歙、绩溪、婺源、黟、祁门等县相继设立天主教堂,屯溪设立天主教堂公所。民国十八年(1929年),安徽各县的天主教务改由西班牙籍传教士管辖,法国籍传教士陆续撤回上海,徽州教务改由芜湖教区分管。民国十九年(1930年),西班牙籍传教士扶植义到徽州任副主教兼传教士,将屯溪天主教堂公所升格为屯溪天主教堂,改耶稣会为圣母圣心会,负责管理黟、休宁、歙、祁门等县教务。民国二十六年(1937年),屯溪教区升为监牧区,扶植义任主教,直属省教会区领导。教会下设圣母圣心医院、圣体军、圣母军和天山小学等附属机构。下辖休宁、黟、祁门、绩溪、歙、婺源6县的堂口,教徒人数达1 902名。

徽州丛林 即徽州寺院。"丛林"是佛教名词,为佛教多数僧众聚居的寺院。意为比丘和合一处,有如众木相依成林,故名。汉传佛教寺院一般分十方传贤寺院、十方选贤传法寺院、子孙传法寺院、子孙继承寺院(俗称"家庙")四类。旧时徽州除歙县的天宁万寿寺、太平兴国寺、丛林寺,黄山的祥符寺、慈光寺、翠微寺,休宁的普满寺,祁门的悟法寺等是十方选贤传法寺院外,大多是子孙传法寺院或子孙继承寺院。寺院住持均由本寺徒僧弟子中贤能者继承,或由徒辈中以长幼次序承袭。僧侣必须早晚功课、经教学习,严守戒律,整肃僧仪。收徒传戒、佛制戒律清规均有规定。

徽州伊斯兰教 民国十九年(1930年)初,《徽州日报》发行人、回族居民马民导发起,并将自己在柏树街长亭巷十几间房屋捐赠改建成清真寺。民国二十七年(1938年)抗日战争爆发后,芜湖、安庆等地大批回族居民迁至屯溪,伊斯兰教穆斯林日渐增多,最多时2 000余人。民国三十三年(1944年)五月,在屯溪回教堂(清真寺)成立中国回教救国会安徽分会休宁支会。

徽州基督教 清光绪元年(1875年),英国基督教内地会传教士在歙县创设教堂,并于光绪二年(1876年)在歙县基督教堂创办西医诊所。光绪十八年(1892年),绩溪县衙门口设有福音堂。光绪十九年(1893年),内地会英国传教士唐进贤在屯溪黎阳正街设立教堂,进行传教活动。宣统三年(1911年),基督教从婺源县传入祁门县。民国十六年(1927年)祁门开始建基督教堂。同年武昌基督教总会派教士到黟县传教,在黟县城中直街设"福音堂"。民国二十七年(1938年),中华圣公会从江北传到屯溪,会址先设在隆阜。民国二十九年(1940年),中国籍牧师林丙辰到屯溪传教,在老大桥右侧购置一幢房屋作为礼拜堂,正式成立卫理公会,并在休宁、祁门两县发展教徒,成立卫理公会支会"长志会"。民国三十五年(1946年)七月,中国籍基督教宣道会传教士李兴堂到休宁县,十二月二十五日正式成立"中国基督教宣道会休宁福音堂"。

徽州道教 道教在徽州的形成,很难找到准确的文献记载时间。祁门县历山下,很早就有历山庙,为何人所建,无考。相传三国时期魏国术士管辂曾在这里学道,后人为其立庙。祁山梅铜故宅之前,原来也有祭坛祭祀梅铜,梅铜穿古冠服,旁边有一为垂髫女子,相传为梅铜的妹妹,后来成仙,号梅娘。唐大历年间设龙禅观。绩溪梓山下曾是梁良安县治故址,故址旁有一白石,一日化为一双白乌飞去,于是百姓便在山下白乌栖处立庙。大家都非常敬畏白乌神灵,行立举止等生产生活行为,都不敢违背白乌显示的预兆。唐朝时开始有道人龚楼霞在此齐云山修行,至南宋道士余道元建立真武祠,齐云山玄武信仰才开始形成。明朝时,明世宗敕建玄天太素宫,"令侍从之臣作禖祀而兹山之灵遂显""四方士女,顶戴焚香,道路不绝"。齐云山道教由此进入兴盛时期,成为我国道教四大名山之一,也成为徽州道教的代表。

徽州文化大辞典

[五] 教育科技

徽州教育
新安医学
科技发明

[五] 教育科技

新安医学　科技发明　徽州教育

书院

二峰书院　位于婺源县词川。清康熙年间建,冯大山题额。

三峰精舍　位于歙县西槐塘村。元明之际唐仲实兴建。仲实晚年退居槐塘,讲道家塾,买田筑室,匾其居曰"三峰精舍"。时按察佥事陈浩撰有《三峰精舍记》,郑玉曾在此讲学。

万山书院　位于婺源县思口镇金竺村。宋婺源程传宸建。

万春书院　位于绩溪县涧洲。本县人许万三建。后毁。明嘉靖年间,许钥与侄时洞捐资修复。

山屋书院　位于婺源县许村。南宋许月卿建,亦为其藏书处。

*婺源山屋书院

飞布书院　位于歙县府城新安卫前之西。清江村商人江允升偕诸弟创建,为村人应试肄业之所。

开文书院　位于婺源北乡思溪吴河。清道光二十七年(1847年)婺源延村、西冲、渎屋泉、思溪、汪村合建。

天泉书院　位于休宁县齐云山天泉岩下。明嘉靖年间,本县人冯三石建。湛若水曾讲学于此,为诸弟子尊为"甘泉先生"。清道光、咸丰年间,毁于兵燹,仅存遗址。

天都书院　位于歙县城外河西柳堤上。明崇祯十六年(1643年)知府唐良懿、贡士吴经邦建。清康熙十二年(1673年),知府曹鼎望重建。院内立有《紫阳、天都两书院义田碑》,今不存。

云门书屋　汪氏宗族子弟学习教育之所。位于黟县三都黄陂碧山。清乾隆四十七年(1782年)汪氏建,并建文峰塔于其侧。

云庄书堂　位于绩溪县岭北冯村狮子峰麓。南宋淳熙元年(1174年)汪龟从创建。内立科第题名碑二,其一自北宋嘉祐丁酉科至南宋端平甲午科,其二自南宋淳祐丙午科至咸淳癸酉科。明成化年间,书堂圮毁已久,时进士冯镕偶得二碑,乃重建书堂于冯川之东,并补立科第题名碑一通,录明宣德丙午科至成化丁未科进士;又增建宁静楼三楹。书堂后改称书院。

友陶书院　位于歙县西岩寺镇(今属徽州区)颍溪河畔。宋朝兴建。本县人汪维岳入元不仕,以陶渊明自况,隐居教授于其中,故称。

屯山书院　位于休宁县屯溪(今属屯溪区)。元明之际屯溪潘氏宗族子弟潘琪(号屯山)与江西按察副使冯兰来往甚密,经常吟咏。后构建屯山书院,以教子姓。

少潭讲院　书屋。位于祁门县南乡奇岭。明嘉靖二十年(1541年)进士、后任广东海道按察司副使郑维诚归乡时所建。距讲院数步有"今吾园",为维诚读书之所。知县吴嘉善有诗纪胜:"鱼跃方塘惊短梦,月留园影挂高梧。一天暮霭横奇岭,十里溪声下倒湖。"

中山书堂　位于祁门县南10千米桃墅(今桃树里)。商人汪应新建。子汪克宽肄业之所。歙县唐元作有《中山书堂记》。此地有所谓小桃源者,群峰环峙,有峰突起,号中山,书堂就建于其下。明进士周昌亦有诗纪胜:"天地列嶂翠回萦,自古名贤间气生。九野凤麟来异瑞,百年河岳返精英。文章传世千金重,富贵于人一羽轻。江汉东流流不尽,中山长为负高名。"

中天书院　位于黟县七都渔亭。明汪济、湛若水、李希士诸人集资创建。湛若水曾于此地大会徽州六县学者，阐述儒学观点。明末毁于魏忠贤党羽。

月友书院　位于休宁县禹山（今属屯溪区）。元末禹山程氏宗族子弟程翊夫建，并与赵东山、倪尚纲、倪尚谊、陈伯同、陈自新、朱升、金孟章、詹以南、唐以华等讲学其中。

凤池书院　位于歙县深渡镇凤池村。姚琏讲学地。元至正十三年（1353年），姚琏以文学举为池州路学正，授太平路学教授。曾因向董抟参政进献《讨伐十策》而闻名。后以病辞官，隐居讲学于此，人称"凤池先生"。

文公书院　见311页"紫阳书院"①条。

文公祠　见305页"古紫阳书院"条。

方壶书屋　位于休宁县西街。南宋汪莘创办，至今已有700余年历史，今已不存。

斗山书院　位于歙县城斗山上。元明之际，学者姚琏、唐仲实曾于此山建造精舍，聚徒讲学。明嘉靖十年（1531年），知府冯世雍始葺为"斗山精舍"。嘉靖十六年（1537年），湛若水来此授徒讲学，邹守益、王畿等先后在此传播王湛之学，并建有讲会祀王守仁。春秋两季，书院例行讲学会文，称"郡城文会"。万历年间更名为"斗山书院"。万历十九年（1591年），歙县大学士许国、按察使凌瑽重建。万历三十六年（1608年），邑人毕懋良维修。清顺治年间毁，康熙九年（1670年），知府曹鼎望复建，后废。

心远书院　位于婺源县汪口。元初乡贤俞皋建。明永乐年间，下诏书院祭祀"明经著述者"。

双杉书院　位于婺源县城北。清乾隆四年（1739年）王廷鉴建，并捐腴田4万余平方米，以赡族中读书、会课、膏火、考试诸费。又输租500余石，每会文给奖生童，院试、乡会试及选举赴任，量远近馈赆。郡守魏公赠其"光大前猷"匾额。乾隆三十八年（1773年），祠众复建二堂；乾隆四十年（1775年），复建讲堂、号舍。

书院　教育组织。徽州书院始于南唐，清康熙年间仕宦廖腾煃《海阳纪略·瞻云书院序》载："郡邑之有书院，自南唐始也。"北宋景德四年（1007年）绩溪胡忠创设的绩溪桂枝书院，是见于记载的徽州最早书院。最著名的书院是歙县紫阳书院，自南宋淳祐六年（1246年）创建至清光绪三十二年（1906年）改办为紫阳师范学堂，长达660年，一直是新安理学的中心。宋元以后，徽州成为全国书院最多的地区。清道光《徽州府志》卷三《营建志·学校》载："天下书院最盛者无过东林、江右、关中、徽州。"据记载，宋元时期徽州已有几十所书院，明清时期更多。因书院亦有称"精舍""书堂""书屋"等，故所统计的具体数目不一。如歙县的江东道院、三峰精舍、初山精舍，休宁县的东山精舍、心远楼，黟县的南湖书院、双桂书屋，婺源县的四友堂、富孝堂、正经堂，祁门的东山书院、遗经楼、钟山书堂、神交精舍、石龙精舍，绩溪县的石丈斋等，虽无书院之名，却有书院之实。徽州书院大多以朱熹之白鹿书院学规为样本，教学采取自学钻研、相互问答、集中讲解相结合的形式进行，以自学为主。其特点是为了教育、培养人的学问和德性，而非为应试获取功名。规模较大的书院除主要开展研究和学习儒家经典外，间亦议论时政，以甄别取士；一般书院主要是讲学、会文。两者教育宗旨是为国家培养修身、齐家、治国、平天下的人才。徽州书院均设山长，主持书院工作，除元朝由官府任命外，均由地方选聘。大多聘请饱学之士和有名学者作主讲。徽州书院有私办、官办两种，私办书院多为地方士绅热烈倡导，依创立者及经费来源不同而有私建、捐建、族建3类。徽州书院少数位于府治县城，多数分布于村落之中。一般多选佳丽幽静、名胜之地为院址，起屋宇，置学田，延良师，或教诲村族子弟，或集士人研经问道，或集学者讲学为交流学术之所。徽州书院规模较大，一般包括讲堂、藏书楼、祭殿、斋舍以及园林等部分，形成独立的建筑体系。清光绪二十七年（1901年），全国书院改为学堂，徽州书院亦相继改称。

*黟县双桂书屋

玉林书院　位于婺源县周溪。清咸丰年间项儒珍建。为乡族子弟肄业之所。

世贤书院　位于婺源县城牧民坊。明游震得创建。祀武溪先儒北宋皇祐五年（1053年）进士王汝舟、北宋绍圣元年（1094年）进士王愈、南宋乾道五年（1169年）进士王炎及王称、王野翁五贤。嘉靖十一年（1532年）进士、监察御史洪垣为之作记。

石龙精舍 书院。位于祁门县城西重兴寺侧。明嘉靖年间，知县钱同文为解元王讽兴建，知县孙光祖重修。

石丘书院 位于婺源县考水村。元末里人胡孟成建。至正十二年（1352年）毁于兵燹。

石泉书院 位于绩溪县仁里。明嘉靖八年（1529年）程辂创建，有《石泉书院记》，遗址尚存。程辂，号石泉，人称"石泉先生"，书院故名。后来他又在绩溪县城创办"怀林书屋"。

龙川书院 位于婺源县龙川。北宋天禧年间张舜臣建。元婺源理学家胡炳文等曾在此讲学著述。今尚存的院舍，是明初修葺后遗留下来的建筑。

龙峰书院 位于绩溪县龙川。明洪武九年（1376年）里人胡德裕建。成化年间胡富重建。

平山书院 位于休宁县方塘。南宋淳祐年间汪大发建，并在此讲学数十年。

东山书院 ❶位于绩溪县城东门外大屏山麓。清道光八年（1828年）本县人胡培翚、胡秉为发起，集资创建，有斋舍数十间。重金延聘山长主持，名贤课士，远近学子负笈而至，盛极一时。光绪三十一年（1905年）正月，改名为"官立东山高等小学堂"，不久并入县立第一高等小学校。其遗址现仍称此名。❷位于祁门县城东眉山（今秀墩山）。其地旧有汉列侯梅鋗别墅，后为东岳庙。明正德十六年（1521年），知府留志淑令知县洪晰改建为东山书院，有会文所、仰止亭、学舍等。祀朱熹。嘉靖九年（1530年），知县陈光华重修，更名"环谷书院"。嘉靖二十九年（1550年），知县尤烈复修，改名"文公祠"。万历四十四年（1616年），知县陈翀奎首倡，本县人谢心元捐资重建，仍名"东山书院"。后经清乾隆七年（1742年）、嘉庆十年（1805年）历任知县多次修葺和拓建，至同治年间，有堂阁19间：前为仰圣坊，中为风教堂，后有养浩斋、文公阁，左有立礼堂、兴诗堂、择善堂、味道堂、喻义堂、立诚堂，右有求仁堂、崇报祠。重檐赫柱，耀彩流舟，蔚为壮观。咸丰初年，毁于兵火。同治二年（1863年）知县刘瑞重建。明清两朝，祁门进士及第者60余人，举人及第者200余人，大多出自东山书院。光绪三十一年（1905年）改为"高等小学堂"。❸又名"东山精舍"。位于休宁县蓝渡龙源。元龙源东山人赵汸建。

东山精舍 见306页"东山书院"③条。

东园书院 位于绩溪县城。明胡有明建，裔孙胡松重建。

东源书院 位于祁门县北乡善和（今六都）。当地人程杲建。书院枕山襟水，前有水池，后有飞泉；屋左凿石为磴，登山有亭，登亭南瞰，可见诸峰列秀，景色幽胜。

东墅书院 位于绩溪县东市。明洪武十五年（1382年）当地人黄克敬建。

东麓书院 位于绩溪县城西。北宋靖康元年（1126年）胡舜陟建。

北园书院 位于歙县沙溪村南八亩后。明初歙县沙溪凌庆四创建。庆四，人称"北园先生"，书院因此得名。

四友堂 位于婺源县大畈。北宋元丰七年（1084年）汪绍创建。延请吕广问为师，接待四方学者，以"义塾"形式对乡里子弟开展教学。并割田20万平方米以充费，使学习者没有后顾之忧。靖康末年，其子汪存以父在乡设义塾教育子弟，遂弃官回乡讲学。因讲学于四友堂，学者称汪存为"四友先生"。

白云书院 位于歙县槐塘。明初唐仲实讲学于此。

白石讲堂 位于祁门县南乡查湾白石祠前。明弘治年间当地人汪标归隐后创此，并讲学其中。

白杨书院 位于祁门县南乡贵溪。南宋贵溪贡士胡器之创建。贵溪村中一山矗立，山顶平整。北宋时，朱松来访友人胡器之，爱此山水秀丽，遂结庐其上，并于庐侧设书院，与村中文士吟诗论学其中。后朱熹来此看望隐居的父亲朱松，亦在此讲学。因胡器之在村北广植白杨，书院故名。

乐山书院 位于绩溪县磡头沈山。北宋政和年间许润创建，并亲自讲学，名声甚著。

汉口紫阳书院 见306页"汉口新安书院"条。

汉口新安书院 又称"汉口紫阳书院""甑山书院"。位于湖北省汉口循礼坊，即今新安街与大夹街（新安巷）一带。由侨寓汉口的徽属六县商人独立创建和管理，祭祀朱熹。除作为徽州同乡联谊和议事聚会之地，具有"联结乡情，提倡商业，维持本籍及旅居一切公益"的会馆功能外，更凸显"书院"功能。清康熙三年（1664年）旅汉徽商先后买下准提庵和三元殿，建成"新安会所"。康熙三十二年（1693年）旅居汉口的徽州商人吴蕴予、汪文仪、余南宜、余本立等倡建"新安书院"。次年，以重金购得"适当汉脉中区"，即汉口循礼坊部分土地后，遂始建。因工程浩大，资金拮据，康熙三十七年（1698年）劝输倡议；康熙四十二年（1703年）再次劝输，历时12年书院主体终于建成。包括戟门、寝室、尊道堂、半亩池、御书楼、藏书阁、愿学轩、主敬堂等。康熙五十六年（1717年），戴良玉等捐建兼山丽泽。雍正十二年（1734年）歙县人湖南观察许登瀛瞻谒书院后，又一次倡捐，徽州府六县吴璋、吴宗熊等士商，踊跃捐款，得15 000金，开辟"义埠"新安码头，兼建"奎星楼"一座。同时在湖北巡抚杨秘、武昌守道朱潭干涉下，追回被人侵占的房屋与租息。乾隆十三年（1748年）、乾隆十四年（1749）重修并建义学。乾隆五十年（1785年）建新安街、义路。乾隆六十年（1795年）时任湖广总督的毕沅亲自撰写《募修汉镇新安书院序》，汪衡士、吴润苍等积极响应，书院得到又一次大规模修葺、扩建，时间长达8年。乾隆六十年（1795年）文昌阁建成。嘉庆二年（1797年）新安街扩建。嘉庆四年（1799年）六水讲堂、至一斋建成。嘉庆八年（1803年）燕射轩、近圣居、启秀书屋、义舍、东水街等建成。道光十年（1830年）知县张开云率周若鸿等清理书院学田并修葺。光绪二年（1876年）知县邵世恩劝谕典当商人每月捐输2 000两白银用以办学。

西山书屋 位于祁门县城西南隅。明当地人谢复晚年徙居县城西山之麓，自建西山书屋，为藏书讲学之所。书屋旁有塘，名"南塘"；塘上有亭，称"渔樵问答亭"。县人汪显德有《题南塘渔樵问答亭》诗："君才负薪归，我亦收纶罢。一笑唱相逢，悠然叙清话。宁知有秦晋，不复论王霸。相对两忘机，青山夕阳下。"

西山书院 位于休宁县南会里（今洪里乡）。南宋绍兴年间程大昌创办，并亲自讲学其中。

西园书屋 位于黟县五都南屏。清村里人叶华年建。为叶氏宗族子弟学习之所。清桐城派代表人物姚鼐在《西园记》中有记。

西畴书院 位于歙县西棠樾村。宋鲍寿孙建。元曹泾、方回先后讲学其中。清嘉庆八年（1803年），鲍漱芳重建。

师山书院 位于歙县西郑村贞白里。初为学者郑玉讲学之所。元至正年间，郑玉绝意仕进，居师山，教课授徒，由于从学者日益增多，所居处已不能容下，其学生、歙县鲍元康等拓宽其居室，构筑书院，中书省命额"师山书院"，有三乐堂、极高明轩等。郑玉自为记，并且继续讲学于此，授朱熹之学，著有《春秋阙疑》。书院后废。明兵入歙，郑玉自缢死。明太祖嘉许其大义，赐"人文师表"匾额，并下诏以其所在地建"师山书院"。郑氏族人因此建立"师山文会"。清光绪三十三年（1907年），书院改名为"师山两等小学堂"，三乐堂改名为"钟英女子小学堂"。

竹山书院 位于歙县雄村桃花坝上。清乾隆二十四年（1759年）春，曹景廷、曹景宸兄弟捐资建造。"竹山书院"四字出自清著名金石书法家邓石如手笔。正厅壁悬蓝底金字板联为曹文埴所撰，曰："竹解心虚，学然后知不足；山由篑进，为则必要其成。"书院规定凡曹氏家族子弟均可到竹山书院读书，实行免费教育。办学经费一是来自于"学田"，二是来自于曹氏商人的捐助。院内清旷轩又称"桂花厅"。曹氏凡中了举人，均在此庭院内植桂花树一棵，意取"蟾宫折桂"。清旷轩前有彩色鹅卵石铺成的双龙戏珠图案，左侧的水池四周种植杏树，寓意"杏坛讲学"。沈德潜作有《竹山书院记》。

*歙县雄村竹山书院外景

*歙县雄村竹山书院正厅

*歙县雄村竹山书院匾额

竹洲书院 位于休宁县商山村竹洲。南宋吴儆建，与兄吴俯讲学授徒，合称"江东二吴"。

竹溪书院 位于祁门县城北。元至正年间建。宋本县人方贡孙任县尹时，以所居为县治。县治改迁后，县人于故址建书院以纪念方贡孙，并以贡孙号"竹溪"命名书院。

华山精舍 书院。教育机构。位于屯溪华山，清同治四年（1865年）屯溪商家集资创办。

问政书院 原址位于旧歙县学内名宦祠后，有房屋3间。清乾隆三十五年（1770年），知县张佩芳认为这样的规制不适宜学者讲学，请贡生程光国等斥资改建于县学东江家坞。桐城派代表人物刘大櫆曾任山长并教授学员。咸丰、同治年间毁于兵火。

江东道院 书院。位于歙县城原徽州府南门内。北宋时期建。原为古郡学遗址。元朝时曾两次作为紫阳书院所在。后废。

汤公书院 位于绩溪县署左。清乾隆三年（1738年）绩溪士民倡建，祀训导汤显忠。

讲会 讲学形式。徽州书院与乡里学子、学士以儒学为主题，定期或不定期的专题讲习。讲会或聘学者主讲，或自相主讲。清康熙年间续修的《紫阳书院志》里，汪星溪在其跋中云："其坐皋比，主讲席，诸学者环列以听，及谓之讲会。"徽州的讲会活动，发端于宋朝。南宋庆元二年（1196年）九月，朱熹第三次归里，曾在歙县城东北的天宁山房按白鹿洞学规主旨进行讲学，答问40条，听讲的有赵师端、赵师恕兄弟和祝穆、吴昶等人。明朝前期徽州讲会以歙县紫阳书院和休宁还古书院最具代表性。明正德十年（1515年）紫阳书院举行大会，郡守熊桂亲临大会，主讲朱子学说，并与诸生质疑问难。嘉靖三年（1524年）十月，歙县山中紫阳书院又举行大会，郡守郑玉主教，听讲者众多，郑玉每次都要讲到夜分为止。这两次比较盛大和重要的讲会，奠定了徽州紫阳讲会的基础。明朝中期徽州书院的讲会制度开始成为一种有组织、有定期、有规章制度的活动。嘉靖四十五年（1566年），明心学开创者陈献章曾亲临紫阳书院，聚汇徽州六邑人士，每岁一会，并定下讲会的规条，使徽州书院讲会出现制度化的雏形。清康熙八年（1669年）歙县的《紫阳讲堂会约》，对讲会的宗旨、会规、组织、日期、程序和仪式都作了严格的规定。徽州书院讲会形式主要有院会、坊乡之会、邑中之会、六邑大会、四郡大会等5种。一般院会每月举行2次，坊乡之会每季1次，邑中之会每月1次，六邑大会每年1~2次，四郡大会则由徽州、池州、宁国、饶州4府轮流主盟。徽州书院的讲会制度也由先前的书院内部的一种教学形式，演变为具有社会性、区域性特征的学术研讨性质的聚会，并具备了相当规模。乾隆年间，徽州书院讲会开始衰落。

许氏文会馆 文会聚会场所。遗址位于檀溪之南的"荒园山"。民国《歙县志》载："檀干园皆为许氏文会馆，清初建，乾隆间增修。"

赤山书堂 位于祁门县东乡桃墅赤石峰下。明嘉靖十一年（1532年）洪姓建。此地崖谷幽邃，泉涧洁清。中为讲堂，两翼厢房，右辟庖厨，左作斋舍，围以垣墙，规模宏大。

李源书院 位于祁门县凫峰镇李坑口村。明成化、弘治年间，乡人李汕割田为其子李泛读书之费。后李泛举进士入仕，以此田捐书院，助族中子弟读书。学士程敏政有记。

还古书院 位于休宁县古城岩。明万历二十年（1592年）知县祝世禄、邑人邵庶倡建，为讲学之所。只祀孔子，曾七次举办"新安讲学大会"，每次会期长达10天，听众均在千人以上，一时声势浩大。成为继歙县斗山书院、休宁天泉书院、黟县中天书院之后崛起的徽州阳明学派的学术中心。明休宁金声曾在第六次"新安讲学大会"时讲学。清康熙三十一年（1692年）由独祀孔子改为兼祀朱子，与歙县紫阳书院并为徽州两大朱子讲会中心。明天启年间，魏忠贤毁天下书院，还古书院遭毁三分之一。崇祯年间，县人汪先岸命诸生员募资重修。自此至清嘉庆十八年（1813年），历经修缮。咸丰五年（1855年）毁于战火。

时习堂 书院。位于黟县石门、墨岭之间。明天启年间，李希士先是在此创建桃源书院，门徒余心、休宁金声等72人醵金助之。未竣，李希士谢世，余心继承其遗志告成，匾额为"时习堂"。四周建廊房，植树栽花种竹，复置学田以供来学之士。

岑山书院 位于歙县二十六都小溪。北宋村族人项安定于村郊岑山修筑"岑山堂"，与其兄项致、进士毛子廉，日夕讲学，训育乡之俊彦。同有项牧，于南宋淳熙十一年（1184年）和朱熹同榜进士，其子项梦元又于端平二年（1235年）考中进士，世称"父子进士"。淳熙年间，项牧趁朱熹返乡探亲扫墓之时，特邀朱熹至"岑山堂"讲学。朱熹曾题写"三面潆溪"。

秀山书院 位于休宁县东南藏溪南山之阳。北宋崇宁年间汪若楫建。

汪氏敬斋 位于婺源县城东。为汪清卿书屋。南宋淳熙三年（1176年）二月，朱熹自福建考亭回故里省墓，寓城东汪清卿家。时县令张汉率诸生请讲学，朱熹推辞，以程氏、司马氏、高氏、吕氏等书留学中，为作《藏书阁记》。朱熹此次回故乡三四个月，日与乡人子弟讲学于汪家"敬斋"书屋，至六月初离

*许氏文会馆

去。汪清卿事亲孝，朱熹题额"爱日"于书屋嘉许他，又为其作《敬斋铭》。

初山精舍 书院。位于歙县南石耳村。元休宁曹泾创建，并讲学其中。清乾隆年间重修，知县张佩芳题有碑记。

环溪书屋 位于黟县五都石屏江村。清江勋等兄弟八人集资建造，额题"逊敏假馆"。江氏宗族子弟多在此受业，规定考得廪生的可享受膳食津贴。

青山书院 位于婺源县沙阳。元明之际新溪程焕创建。

英山书屋 位于黟县龙江乡秀里村叶馨别墅。清同治初，叶克昌购作书馆，以供子侄肄业，学徒来集。馆中有楼，水蒙峦艳，树木掩映，修竹芭蕉，天云一碧。有联悬于书屋："臣心似水澄冰鉴，子姓如云拥玉珂。"联为俞正燮道光年间赠克昌诗句。书屋后圮，遗迹犹存。

林沥书院 又称"道一堂"。位于黟县五都林沥山。明朝中期本县人朱元英、孙朱济聘请石埭（今石台）人桂大琏在此讲学。天启年间，为魏忠贤党羽所毁。清初，故址犹存，余村余廷芳即借其地讲学。

松山书屋 位于黟县二都白干。汤氏宗族子弟学习之所。清汤嘉益初建，其子永懿续建而成，并集资金购田，为学田。县人胡成浚、金陵梅冲皆有题记。

松云书院 位于黟县美坑村前山。清乾隆年间建。书院依山傍水，有书舍、讲堂、祠宇、花圃。咸丰后倾塌，现仅存基址。

枫林书院 位于歙县石门村。元末明初朱升创建，并读书讲学其中。明太祖曾亲赐"梅花初月"匾额。

明经书院 位于婺源县考水村。元至大三年（1310）里人胡淀、胡澄兄弟捐田23万余平方米，建房200间，以祀其远祖胡昌翼而倡立。昌翼登后唐明经科进士，隐居不仕，人称"明经翁"，书院因名。建成后，知州黄惟中聘胡炳文任山长，掌院事，并奏请钦赐匾额"明经书院"，一时学者云集。至正十二年（1352年）书院毁于兵火。明成化十六年（1480年），胡溶重建。万历十二年（1584年）又重建。清康熙五十三年（1714年），胡氏合族集资移建书院于村之凤山东麓。

明善书院 位于休宁县商山。明商山商人吴继良创建。

明德书院 位于婺源县沱川。明末理学家余懋衡建。

易安书院 位于歙县呈坎村（今属徽州区）。宋元之际呈坎罗氏宗族建。

鸣阳书院 位于祁门县北乡善和（今六都）。明当地人程昌致仕后家居，筑室于凤山之麓，额题"鸣阳书院"，且暮课子读书于其中。又在屋旁架木为亭，匾题"活水"。昌穷年竟月，赋计著书，握笔不辍。

岩溪书院 位于歙县二十六都文公舍。清嘉庆十九年（1814年）建。

南山书院 位于歙县岩寺镇（今属徽州区）南山下。明嘉靖年间本县人唐皋、郑佐建兴建。清初一度移址于镇西，乾隆三十六年（1771年），旋迁故址。当地人于此立南山之会。

南山书堂 位于祁门县南乡旸源（今旸坑）。明成化初年本县人谢复创建，聚徒讲学其中。

南门书院 位于歙县南门。元朝建，明初毁于兵火，唐桂芳重建于东门。

南阳书院 位于黟县南屏村万松林中。为该村叶姓族学。该族郡望为南阳，故名。今已不存。

南轩书院 位于歙县棠樾。元末棠樾鲍氏建。至元年间休宁汪逊曾任山长。

南溪别墅 书屋名。位于黟县九都紫阳里。为朱氏宗族子弟学习之所，同时也是朱氏宗族儒生们会友之所。清道光二十六年（1846年）朱镜蓉建。镜蓉作有《南溪别墅杂咏》为记。参见513页"徽州建筑"部"南溪别墅"条。

柳溪书院 位于休宁县城西门外。元末养晦先生汪洗自柳溪迁居本县南汊川，其六世孙汪尚和筑书室奉先世遗墨，并讲学于此，汪舜民为之作记。明末遭魏党之乱毁。

钟山书堂 位于祁门县北乡柏溪。明景泰七年（1456年）当地人程叙创建。叙字子伦，号钟山，因屡次科考不能登第，隐居教授，乡族子弟多跟从他学习。

客座 学者称呼。书院或府、县学所聘邀来做临时讲学的学者称"客座"。客座讲学是学术交流的一种形式。

神交精舍 位于祁门县南乡旸源（今旸坑）缉功山。明末旸源谢显曾跟随湛若水在明朝的南都（今南京）讲学，回归本地后建"神交馆"，与同乡谢芊、婺源方瓘等研究理学，从学人士众多。嘉靖三十一年（1552年）修葺时，湛若水为之易名"神交精舍"。

费公书院 位于歙县岩镇（今属徽州区）。元闵道源任太平路教授，上章请立。

眉公书院 位于绩溪县儒学基地。清顺治九年（1652年）知县郭四维倡建。乾隆二年（1737年）知县王锡蕃更名"敬业书院"，汤显忠掌教。乾隆四十六年（1781年），刘焕后延师课士。

莱山旧业 学舍。位于祁门县城西。南宋淳祐三年（1243年），方元美于所住处的小溪北面筑造一座房屋，作为学习之所，取诗"北山有莱者"而题匾为"莱山堂"。清嘉庆六年（1801年），以其旧址之半建文昌宫，另半重建"莱山旧业"。

桂林书院 位于婺源县蕉源。清吴氏宗族建。

桂枝书院 位于绩溪岭北龙井（今宅坦）胡氏宗祠右。安徽省最早建立的书院。北宋景德四年（1007年）绩溪胡忠创设。历代均经修建，清末改办"桂枝两等小学堂"，后更名"宅坦小学"。

桂岩书院 位于婺源县岩前村。据《桂岩戴氏宗谱桂岩书院记》载，元末明初，村里人戴天德创建于桂岩之东。明成化七年（1471年），其曾孙戴善美重建。成化二十三年（1487年），戴铣迁建于"里之翁村"，割田2万平方米供费，并购置图书以训乡族子弟。程敏政有记。

桃源书院 参见308页"时习堂"条。

秘阁书院 位于歙县二十三都西溪村。南宋歙县直秘阁汪若海建。明朝兵乱焚毁。

高第弟子十二人 人物誉称。朱子曾三次回徽州省亲。每次回来都应友人之邀讲学授徒，在徽州，直接跟从其学习的人非常多，他们当中很多人以后都成了著名的理学家，如程洵、滕璘、滕珙、吴儆、汪会之、祝直清、程先、汪晫、许文蔚、吴昶、谢琎、程永奇、程珙、李季札、汪楚材、祝穆、汪莘等。其中婺源的程洵、李季札、滕璘、滕珙，绩溪的汪晫，休宁的汪莘、许文蔚、程先、程永奇，歙县的祝穆、吴昶和祁门的谢琎等12人，学行卓著，名列前茅，被世人誉为朱熹"高第弟子十二人"。

阆山书院 位于婺源县阆山。元至正九年（1349年）婺源大畈梧村武弁出身的汪同创建。聘任休宁赵沈为师，以教乡之俊秀者。汪同热心教育，追随赵汸等名儒。赵汸以儒通医，倡导"不为良相，则为良医"。不少受聘于阆山书院的硕儒，皆秉承儒医兼修的教学思想，遂使阆山书院无形中成为培养中医人才的学校。婺源出现大批中医，与该院的影响有关。明弘治年间阆山书院停办以后，程以忠又在下溪桥山林兴办桥山书院，历经明清两朝，培养了不少儒医。

海阳书院 明崇祯八年（1635年）休宁知县王佐就县前街西南之良安驿旧址建。为童生课读之所。崇祯十六年（1643年）改称"瞻云书院"。清康熙二十九年（1690年），知县廖腾煃重修，后毁于火。乾隆十六年（1751年），知县万世宁倡士民输资建书院于北街，仍名"海阳书院"。乾隆四十五年（1780年）置田以增膏火。嘉庆十二年（1807年），全县输资，移建于石羊圩东山之麓，并置院产供膏火。申请府省准其设山长1人，邑人公议延聘、膏火发放不经官吏。邑绅刘启伦董理院事。道光、咸丰年间战乱时毁。光绪三十二年（1906年）改为"官立海阳高等小学堂"。今为"海阳第一小学校"。

教忠书院 位于婺源县北乡清华镇黄家村。清咸丰七年（1857年）建。

教职俸薪银 教谕、训导的俸银。一般在本县所纳赋税中扣留，山长及书院、学校教师的薪俸则在学产或所筹经费中支付。《黟县三志》载："教谕、训导，每人俸银各为四十两。"《碧阳书院条规》载："清嘉庆时，碧阳书院山长每年修金三百两，作三节付；薪水一百六十两，分四季送。"

培阑书屋 位于黟县南屏村西北李氏宗祠武（巷道）中，今犹存。为李氏家族修的学屋（俗称"学堂厅"）。阑，古多通"兰"。内有楹联："事业从五伦做起，文章本六经得来。"

梧冈书院 位于祁门县胥岭六都村。南宋武状元、当地人程鸣凤辞官归里后建，并执教其中，教育乡中子弟。

梅椿书舍 位于祁门县西润田（今张村北）。唐诗人张志和读书之所。润田《张氏宗谱》载："志和回乡葬母于润田的放牛坞口，并筑'梅椿书舍'于墓房。"宋本县人谢琎《识时梅歌·序》称："梅椿书舍在润田，志和张先生室也。右有梅一株，貌奇古。"

虚直楼 学舍。位于祁门县城西桃峰山麓，宋谢升建，并让他的五个儿子都在这里学习。谢升生平爱竹，在楼旁植竹千竿，谓竹"虚曰心，直曰节"，故名"虚直楼"。其子谢琎为宋理学名儒，从学于朱熹，为朱熹十二位高第弟子之一。

晦庵书院 见311页"紫阳书院"①条。

崇文书院 位于歙县西溪南（今属徽州区）。明万历年间，六县四方士绅讲学于此。

崇正书院 位于歙县西堨田村竺溪寺。明嘉靖十年（1531年）知府冯世雍建。清光绪三十三年（1907年）改为"公立崇正两等小学堂"。

崇本书院 位于歙县西溪南（今属徽州区）。宋末元初吴梦炎创建。

崇报书院 位于婺源县东门大街。清同治二年（1863年）邑人捐建，原为"左宗棠生祠"。初附紫阳书院行课，每岁科两课。光绪元年（1875年），产业并入紫阳书院。光绪二十九年（1903年）改设"婺源官立高等小学堂"。

商山书院 位于休宁县东南商山镇浯田。元至正十六年（1356年）婺源汪同创建，并置学田。初聘朱升、赵汸为山长，并延陈光分教。赵汸曾作《商山书院学田记》。

率溪书院 位于休宁县屯溪率口（今屯溪区市区罗汉松广场）。明成化五年（1469年）率口程希隆创建，为程氏家塾。延名师为其孙文杰、曾杰及族中后秀讲学其中。弘治元年（1488年）程敏政回乡省亲，在率溪书院欣然怀作："一堂开迈水云矶，四面波光翠作围。吞墨巨鱼应识字，入帘幽鸟亦忘饥。饮耽酒色溥清露，坐爱书声送落晖。闻说芙蕖花更好，秋来相约制荷衣。"弘治十五年（1502年），程曾杰特请汪舜民作《率溪书院记》，并将"学者，犹种树也，春玩其华，秋取其实。讲说文章，春之华也；修身制行，秋之实也"等语镌于书院左壁。清咸丰年间改为程氏宗祠，原有学产归程氏宗族所有。民国二十八年（1939年）后，曾为率口小学校址。

骐阳书院 位于婺源县中云村。清乾隆年间王在文倡族重建，为族人讲学、会文之所。太史俞炜题额。

联璧馆 学馆。位于祁门县城西北隅。明正统年间，黄文炎、黄文珪兄弟肄业之所。后两人先后中举，当地人因称"联璧馆"。

蒋公书院 位于婺源县东门外四都巷。清康熙年间建。

紫阳书院 ❶位于婺源县文庙侧。汪元圭始建于元至元二十四年（1287年），初以朱熹之名称为"文公书院""晦庵书院"。院址初附孔庙，因几经兵燹火灾，明嘉靖九年（1530年）迁建于县治后保安山之保安寺，复以朱熹之号称"紫阳书院"。清嘉庆九年（1804年），进行了大规模扩建，正厅、三贤堂、述堂、博学审问堂、慎思明辨堂、笃堂，共号舍70间，另账房1间，厨房2间，头门门房3间。先后置有学田近26万平方米，供日常课士之需。书院以研习儒家经籍为主，间亦议论时政，婺源县名士多由此出。明户部尚书汪应蛟、吏部尚书余懋衡、光禄寺卿游汉龙、翰林院五经博士朱德洪等尝集士讲学于此。清光绪三十一年（1905年）废科举，推行学校教育，改书院为"紫阳学社"。民国初年，本县人江峰青又倡名"存古学社"，每月集士一课。民国二十年（1931年），县公署迁此后停办，书院历史长达644年。❷位于歙县城内。建于南宋淳祐六年（1246年），院址在徽州府城南门外，宋理宗赐"紫阳书院"匾额，有明德堂、书楼、披云阁、宸奎阁、风泉云壑轩、左右庑斋等，滕和叔为最早的山长。元至元十五年（1278年）迁于府城南门内江东道院。至正二十年（1360年），歙县唐仲实被朱元璋诏对，特请于部，移建书院于东门，面对紫阳山，有殿三楹，两庑三门。明正统九年（1444年），巡按御史徐郁迁建于县学后之射圃，仍与紫阳山对应。正德十四年（1519年），另建书院一所于紫阳山麓，亦名"紫阳"。明末党祸兴，书院禁讲学，削夺主教诸人，紫阳书院因之废辍。清初恢复讲学，偏重祠祀。顺治十三年（1656年），徽州六邑宗朱之士汪学圣、施璜、吴曰慎、胡渊、杨瑞呈、汪正叔等聚会休宁还古书院，谋复紫阳讲会。顺治十六年（1659年）闰二月，大会于紫阳，讲会得以重振，以阐传理学、崇朱宗孔为宗旨，于每年朱熹生辰或忌日举行讲会，会讲3日，组织严密，会规严格。康熙三十二年（1693年），邑人国子祭酒吴苑藏请御书"学达性天"匾。乾隆九年（1744年），工科给事中吴炜复请御书"道脉薪传"匾悬于院中，书院一时昌盛。乾隆五十五年（1790年），邑人户部尚书曹文埴、内阁中书大盐商鲍志道、邑绅程光国重建于县学后朱文公祠旧址，为别于紫阳山中之紫阳书院，取名"古紫阳书院"，号舍、堂庑、仓厨、淋浴之所俱齐，所费由淮南盐业总商洪箴远等20余人请于运司转详盐院动支营运款银供给。是时桐城文学大师姚鼐、歙县汪宗沂等主讲其中。又曾刊刻汪绂所著《乐经吕通解》《书经诠义》《诗经全义》等书。学额向为内外课生童60名，乾隆后，入学生员由学政于六县录选，正额生监80名，童生附课40名。设山长1人、司匦1人、司事2人，皆由邑人公议延请或推举，官吏俱不为经理。乾隆五十九年（1794年），邑人内阁中书鲍志道捐银8 000两，交商生息，以充岁需。继由邑绅程国光及其子振甲董理院事。此时学额由向取内外课生童60名增倍，每月初五及二十日为大课，习试八股文等制举之

*歙县古紫阳书院

业,初六为小课,习诗古文辞。膏火、奖励之费,经募捐交商生息以充。因费用短缺,由府教授县教谕司其出纳,掌其经费申报。嘉庆年间,官府停支书院经费。清末废科举、兴学堂,书院遂废。光绪三十二年(1906年),古紫阳书院曾改设徽州府紫阳师范学堂,又曾一度举办安徽省立第五师范学校及县立师范讲习所。书院历时长达660年,一直是新安理学的中心。

紫阳讲会 教育活动。源于南宋,庆元二年(1196年)朱熹从福建回徽州,在郡城天宁山房讲学。当时徽州郡守赵师端、休宁县令祝汝玉及各县的"乡先进"人士均到会听讲,余杭县令赵师恕亦闻风而至,盛况空前。元歙县朱升、郑玉、倪道川继承朱子天宁讲学的遗风,在紫阳书院举行讲会,并厘定讲会规章,逐步形成组织。明嘉靖三年(1524年)十月,徽州郡守郑玉在紫阳书院主持讲会,状元唐皋也到会,兴盛一时。紫阳讲会分大会和月会两种。大会定为每年九月十三至十五日,会期三天;月会定于每月初八和二十三日分两次进行。已时聚,申时散。大会会前,由会宗自选讲题写成讲义(论文),誊写散发各会友。会中宣读讲义以后,群起诵习,提出辩论,并歌咏"二程"及朱子诗篇。最后,还要互相检查各会友所带去的家居实录,规定继续学习的课题和课业。在会上,凡讲录、制艺、会友问答、诗歌、策论等都可以提出问题,自由论辩,判明是非。散会后,会友仍按自定的课题、课业继续研究,送交下次大会。会约共5条:一崇正常;二敦实行;三谨士趋;四严招进;五图晚节。每条附加文字,作具体注明。设会宗主持讲会,会长负责会务,会正协助会务,会赞综理庶务、交际应酬,会通专司报事、约友。嘉靖以后,王阳明心学风靡全国,程朱理学一蹶不振,紫阳讲会遂告沉寂。清乾隆、嘉庆年间汉学兴起,也曾利用紫阳讲会的形式,宣扬汉学,但已完全抛弃紫阳讲会会约。及至咸丰、同治兵乱,讲会始告停息。

紫阳学社 书院。清光绪二十九年(1903年)废科举、办学堂,婺源县城紫阳书院停办,改为紫阳学社。由江峰青主持,每年集中县学生员讲学一次。

紫阳课艺 教育活动。课艺是紫阳书院的中心任务。惠州太守韩补在南宋淳祐六年(1246年)创建紫阳书院时,明确指出课艺的目的是"明德"。诸葛泰在《紫阳书院志》中作进一步阐述:"道之统,学之的,在乎以朱子为师法而已。则夫游乎书院者,沈潜乎四书之妙,玩味乎易诗之秘,涵泳乎太极通书西铭之解,而终之以通鉴纲目。"不仅标明目的,且规定四书、易经、诗经、太极通书、西铭、通鉴纲目等课艺的内容。明朝实行八股文取士,紫阳书院课艺内容上,还有"时文",即八股文。歙县状元唐皋、进士郑佐均在紫阳书院就读。清朝紫阳书院课艺分月课和小课两种组织形式。月课在每月初五和二十日,小课在每月初六和二十一日。月课试八股文,小课试诗赋、古文、经解、策论,由主教和抚、藩、臬台轮流出题、评卷,成绩优异者给予奖银3~5钱。

紫阳塾讲 徽州各县塾师加强学术修养、提高塾师素质、培训业务能力的一种进修活动。具体实施办法是:每年召集塾师参加紫阳书院大会,平时在各学塾轮流讲学。轮流讲学以节日解馆暇日为讲期,每年讲学凡7次,会期1天。讲学进行的程序和仪式,与紫阳讲会同。施璜主教紫阳书院时,曾订立《塾讲公约》,内容有9目:一尚道德,二定宗派,三持敬,四绎注,五力行,六习六艺,七育英才,八务谦虚,九防间断。

蛟潭书院 位于祁门县南乡查湾。当地人汪溱由江西布政司左参政致仕后,隐居故里,在祖祠设此书院,训子读书。

集成书院 位于黟县四都黄村。元至正十一年(1351年),黄村黄真元捐田42万余平方米,设立"厚本义庄",庄内建义学,称"集成书院",供族中子弟就读。后书院毁于元末战火。清顺治年间集成殿址尚存,至道光年间仅有遗址。时黄氏于遗址建红庙,垣阁仍题"集成书院",以志不忘其旧。俞正燮所撰《黄村水口亭内楣额跋》云:"今黄村水口外有红庙,殆书院遗迹,而院基无可考。黄氏即水口基筑垣阁,署集成书院,不忘旧也。"

集贤馆 学馆。位于休宁县城内朱紫巷,明县监生公建,为文会的聚会场所。

道一堂 见309页"林沥书院"条。

道川书院 位于婺源县大田五镇。元倪士安建。休宁名儒倪士毅与婺源大田五镇倪士安为五从兄弟。倪士毅前去看望倪士安时,跟随前去的学者众多,倪士安便在其居处旁构建书院以供倪士毅讲学。并捐田26 000余平方米,"以赡四方学者"。学者专门为书院制"道川书院"匾额(倪士毅号"道川")。

道存书院 位于歙县大和坑,旧属五都。明末兴建。清乾隆年间,叶之堪等重修。为五都学子会文之所。

湖山书院 位于婺源县南乡太白。清道光十三年(1833年)建。宋末元初婺源理学家胡一桂结庐讲学于此。

寒泉精舍 书院。位于休宁县,院址不详。宋学者吴昶建。吴昶为朱熹弟子,后许多朱熹弟子改从他师,吴昶独建寒泉精舍,就正所学,从学之人甚多。

谦如书院 又称"蜀川书院"。位于绩溪县蜀马。明陈于泰归籍后创建。

翚阳书院 位于绩溪县瀛洲镇十一都仁里。元至元十六年（1279年）当地人梅州同知程燧因念先祖遗泽而构建，主要教育本族子弟及同乡中优秀子弟。歙县槐塘唐仲实有诗云："槐梓连阴屋数楹，义方有在业犹精。状元宰相君家物，看取青云次第生。"元末毁于兵燹，明弘治初五世孙程儒重建。

楂山书堂 位于祁门县城南。元至正年间汪时中建。汪时中经常与从兄汪克宽讲学其中，远近学者均来听其讲学。后圮。明景泰年间，曾孙汪思浩、汪思敬于其地重建。

槐溪书院 位于绩溪县东门外。南宋淳熙年间本县人戴季仁建。后毁，裔孙戴祥重建。

蜀川书院 见312页"谦如书院"条。

颖滨书院 位于绩溪县城内新西街。原为"文定公祠"，即"苏辙祠"。明嘉靖四十五年（1566年），绩溪知县赵春改建。改建后仍为祠，祠前为讲堂，以为兴讲会、论道观文之所。本县人周绅《颖滨书院讲学会序》云："我邑之专有会，自今日始，每月一会，每季坊乡俱会。"

新溪书院 位于休宁县十五都。明本村人朱暹建。《太平广记》有记。

窦山书院 位于祁门县北乡善和（今六都）。明初，善和程新春依山而建。聘请学者课教乡人子弟。程新春字景华，号窦山，故名。

福山书院 位于婺源县中云福山。湛若水弟子建于明嘉靖年间。湛若水曾于此讲学，门人群集。书院左侧"总灵洞"，即因湛若水与门人盘坐其中讲学，并大书"总灵"二字镌于洞壁而得名。清乾隆三十六年（1771年），重建为书院。中有讲堂，东、西有书舍11所、房60间，后有朱子祠。书院废于民国时期。

碧阳书院 位于黟县城南。明嘉靖四十二年（1563年）黟县知县谢廷杰就儒学旧址扩建而成。因地处碧山之阳，故名。天启年间毁塌，崇祯年间修复。清乾隆年间，撤书院，复儒学。嘉庆十三年（1808年），重建于迎霭门外，嘉庆十六年（1811年）竣工。有祠宇、斋舍、讲堂等126间。主要建筑为：朱子殿、尊道堂、崇教祠、韦斋祠、衍绪斋、卫道斋等。其他尚有格物堂、观善堂、延霭堂、秋知堂、诚意堂、正心堂、修身堂等。书院设山长、鉴院学师、司事、门役、厨役、杂役等人。嘉庆十六年（1811年）在崇教祠立《公议碧阳书院规条》碑，定每月初五、二十日为正课，课生员四书文1篇、经文1篇、五言八韵诗1首，童生为四书文2篇、五言六韵诗1首；十三日、二十八日为小课，由山长命题课考。书院额定监生40名，童生20名。碧阳书院由全县士绅捐资兴建，共收捐银8万余两，田地1.36万平方米，西递人胡尚熷独捐白银1.5万两。书院建成后，余银近6万两，存典商6厘取息，以支付书院开支。咸丰兵燹时经费来源断绝，一度靠渔亭船厘收入来维持日常开支。光绪年间，本县士绅程鸿诏等设局劝捐，得捐银14 738两，连同余银900两除存富户生息外，又在县城和屯溪、休宁两地，购进房产20余地，计息取租，以养书院。光绪三十二年（1906年），书院改名为"碧阳高等小学堂"。

韬庐 清末汪宗沂设馆授徒之处。位于歙县郑村西溪。也是黄宾虹、许承尧和汪宗沂之子福熙、鞠友学习之所。汪宗沂在不疏园遭毁坏后，在紧临不疏园遗址的南边建筑了韬庐。内有抱冲亭、芙蓉池、梅坪、云起石、嘉雨轩、延年室等胜景和建筑。

漳溪书院 位于休宁县城。明詹忍默创建。始筑鉴塘别墅，广辟书塾书楼。乡进士张宗道、令尹项宠、训导程珧、程恭、项慎辈，均肄业其中。

翠岩书院 位于休宁县五城。南宋五城黄氏宗族七世子弟黄发，举明经不就，筑此书院。

横绿书院 位于休宁县方塘。宋休宁方塘汪洽为省元，建此书院，学者云集。

樟源书院 位于婺源县沙阳。元明之际沙阳程焕创建。

翰林书院 位于休宁县方塘中村。宋方塘汪龙孙建。

甑山书院 见306页"汉口新安书院"条。

濂溪书院 位于绩溪县城周氏宗祠左。清道光二十三年（1843年）城西周氏宗族以光霁书屋改建。"濂溪"为宋理学家周敦颐之号。

霞源书院 位于婺源县二十五都霞坞。明知县朱一桂建。清康熙年间毁。

曙戒山房 学舍。位于祁门县西乡伊川（今伊坑）。明朝当地人倪济华建。为儒士陈二典、汪大海、王三策讲学之所。

翼经堂 学舍。位于祁门县东乡左田（今社景）。清康熙年间兴建。当地人、贡士黄中理、黄中琦兄弟读书之所，乡族子弟均跟从他们学习。

霭门书屋 位于黟县一都大宽段。清嘉庆九年（1804年）罗氏建。为大宽段宗族子弟学习之所。训导徐光年有记。

科举

一门八进士 科举佳话。全句为："一门八进士，两朝十举人。"歙县雄村曹氏家族在明清两朝先后有8人考中进士，有10人考中举人。在雄村大中丞坊上列有姓名。8位进士分别为明成化甲辰科进士曹祥、正德戊辰科进士曹深、隆庆辛未科进士曹楼及清乾隆戊辰科进士曹学诗、乾隆庚辰科进士曹文埴、乾隆辛巳恩科进士曹坦、乾隆辛卯恩科会魁曹城、乾隆辛丑科进士曹振镛。10个举人分别是明成化辛卯科经魁曹观、成化丙午科经魁曹祯、弘治己酉科举人曹祹、万历甲午科举人曹士鹤及清康熙己酉科举人曹挺、康熙己酉科举人曹扩、乾隆庚午科举人曹元瑞、乾隆己卯科举人曹桂、乾隆壬午科举人曹榜、乾隆癸卯科举人曹铭。

一门九进士 科举佳话。全句为："一门九进士,六部四尚书。"指原徽州府婺源县桃溪(今中云镇坑头村一带)潘氏家族,自潘珏于明成化二十年(1484年)举进士,至正德十六年(1521年)潘潢进士及第,先后登进士者共9人,故有此称。其中潘鉴官至兵部尚书,潘潢官历户部、工部、吏部、兵部四尚书。

一科同郡两元 科举佳话。清康熙三十年(1691年)辛未科殿试第一名状元为徽州府休宁戴有祺。而在同年前期的辛未科会试中,第一名会元则为徽州府祁门张瑗。同科会考,状元、会元均出自徽州府,这在科举史上实不多见。

一镇四状元 科举佳话。指歙县岩寺镇(今属徽州区)历史上所出4名状元。舒雅,南唐保大八年(950年)状元,也是徽州第一位状元;吕溱,北宋宝元元年(1038年)状元;唐皋,明正德九年(1514年)状元;金榜,清乾隆三十七年(1772年)状元。

十八进士题名钟 南宋咸淳年间,黟县城东一隅的李姓宗族应省、会试膺选者先后18人,即李鹗龙、李炎、李应元、李梦高、李遇风、李景和、李森、李应震、李和、李旂、李奇、李震之、李用宾、李遇奇、李翔龙、李符梦、李桂发等。咸淳九年(1273年),李姓于城南学宫明伦堂内,铸钟题名以示纪念。

三代进士 科举佳话。明祁门县南乡余氏、查湾汪氏三世连科,皆以进士登第,传为美谈。余氏之余光、余孟麟、余大成先后于嘉靖十一年(1532年)、万历二年(1574年)、万历三十五年(1607年)中进士。查湾汪氏有汪梅、汪溱、汪惟效祖孙三人分别于弘治十二年(1499年)、正德十二年(1517年)、崇祯四年(1631年)中进士。

父子四登科 科举佳话。指婺源县考水胡绍一家四人登科考中进士。胡绍,北宋绍圣元年(1094年)进士;长子胡伋、次子胡伸,绍圣四年(1097年)进士;三子胡俌,崇宁二年(1103年)进士。

父子尚书 科举佳话。指歙县雄村曹文埴、曹振镛父子科举入仕,分别于清乾隆、嘉庆年间任户部尚书和工部尚书。

六部四尚书 科举佳话。全句为:"一门九进士,六部四尚书。"参见314页"一门九进士"条。

东南邹鲁 徽州赞语。徽州文风昌盛,名儒辈出,后人以此代指徽州。"邹鲁"原指春秋时的邹国和鲁国,因孟子生于邹,孔子生于鲁,后人代指文化昌盛之地。"东南邹鲁"一词最早见于元末休宁学者赵汸的《商山书院学田记》,其称:"新安自南迁后,人物之多,文学之盛,称于天下……故四方谓东南邹鲁。"

兄弟三进士 科举佳话。指婺源县城人董氏三兄弟均考中进士:董桂新,清嘉庆七年(1802年)进士;董桂敷,嘉庆十年(1805年)进士;董桂科,道光三年(1823年)进士。

考棚 考试场所。徽州府和各县均兴建考棚。一般都位于衙署左侧,也有附设在官办的县学里。一些影响力较大的县级书院如歙县紫阳书院、祁门东山书院、休宁海阳书院、黟县碧阳书院等也建有考棚。徽州府县两级考棚作用有两个。一是作为府县两级岁试和科考童试的考场。主管教育的明朝提学官和清朝学政,每年都要对所属府、县生员及廪生举行考试,此即岁考,或岁试,为甄别考试,以分别优劣,酌定赏罚。二是作为童生"考课"的场所。县学或书院童生每月一次所进行的考试称为"童生大课""大课",又称"官课""堂课",一般县官要亲临考棚监考。徽州府考棚,在府城西北隅,原郡城内试院中,是清朝徽州府府试场所,今已不存。徽州各地考棚现存的仅绩溪县考棚,始建于明洪武五年(1372年)。

同胞翰林 科举佳话。歙县潜口镇唐模村(今属徽州区)同胞兄弟许承宣、许承家,分别于清康熙十五年(1676年)和康熙二十四年(1685年)考中进士。一授编修,一授庶吉士,均属翰林院,人称"同胞翰林"。村口建有同胞翰林坊,今完好。

同榜六进士 科举佳话。南宋咸淳元年(1265年)省试,祁门县中进士的有6人:胡镇孙、赵必赶、方贡孙、胡元符、汪高、胡元采,故称"同榜六进士"。

休宁县学 又称"休宁儒学"。教育机构。始建于北宋庆历年间,原址位于休宁县治东。南宋绍兴六年(1136年),迁南门之左。有大成殿、三夫子祠、名宦祠、乡贤祠、尊经阁、斋舍、崇圣祠、敬一亭、明伦堂、忠义祠、孝悌祠、教谕及训导斋舍、邹鲁坊、贤隽奋勇坊等。清光绪三十一年(1905年)废除科举后,儒学停办。民国后期建筑物毁于火,今不存。从南宋嘉定十年(1217年)至清光绪六年(1880年)间,县学生员中一共考中文武状元19名,其中本籍状元4名,寄籍状元15名。

休宁儒学 见314页"休宁县学"条。

灯油费 见316页"膏火银"条。

州学 见316页"徽州府学"条。

祁门县学 又称"祁门儒学"。教育机构。创始于唐永泰二年(766年),原位于城北。北宋端拱元年(988年)知县张式重建,移至县南。元至元十六年(1279年)县尹张希浚又迁移县治西南(今县政府一带),并始建学宫。后经历代修葺,至清末已颇具规模。大成殿居中,前有大成门,后有明伦堂、崇圣祠,左有教谕厢、训导厢、儒学堂,右有忠义孝悌祠、名宦乡贤祠、尊经阁,共有大小屋宇16间。儒学东为考棚,清道光十年(1830年)知县王让所建,有屋数十间,今俱不存。宣统二年(1910年),县立高等小学堂迁此。唐朝时,县学有生员35人。明初,县学生员定额为20人,不久后即命增广,不拘额数。廪生、增生、附生生员最多时有200余人。清初,县学经童子试录取文童15人,入县为附生,武童12人为武生。咸丰七年(1857年),文武生名额各增加2人。同治元年(1862年),又各增加10人。县学廪生、增生的定额各20人。拔取入府学的生员无定额。自明末至清初,县学有贡生616人。应乡试中举始于元泰定三年(1326年),为县人汪克宽;应礼部试和殿试中进士始于唐贞元元年(785年),为县人黄益逊。到清末止,全县有进士162人,举人215人;武科进士8人,武科举人30人。其中程鸣凤于南宋宝祐元年(1253年)中武状元,余孟麟于明万历二年(1574年)中榜眼,张瑗于清康熙三十年(1691年)中会元。

祁门试院 祁门县向无试院,县试均在县署举行。清道光十年(1830年),知县王让与邑绅洪焵邀集四乡士绅,劝捐购地,于学宫之左建考棚。中为冰鉴堂,两旁有号舍800余座,右为花厅,左为书房,后设庖厨,大门东西为吹鼓所,共有房数十间。宣统二年(1910年)县立高等小学堂迁此。

祁门科第 区域科第总称。《祁门县志》载:"祁门山川奇峭,代有达人,由科举起家者比肩接踵。"唐朝至清朝,祁门县有文科举人215人、进士162人,武科举人30人、进士8人。文科之秀如清康熙三十年(1691年)乡试会元张瑗、明万历二年(1574年)殿试榜眼余孟麟;武科之秀如南宋宝祐元年(1253年)武状元程鸣凤。中试者中,三世连科者4例,父子连科者9例,兄弟连科者3例,祖孙连科者5例,另有"一榜六进士""父传胪,子榜眼"之类佳话。

祁门儒学 见315页"祁门县学"条。

两朝十举人 科举佳话。全句为:"一门八进士,两朝十举人。"参见313页"一门八进士"条。

连科三殿撰,十里四翰林 科举佳话。清乾隆三十六年(1771年)状元黄轩是休宁人,乾隆三十七年(1772年)状元金榜是歙县人,乾隆四十年(1775年)状元吴锡龄是休宁人,接连三科状元俱为徽州人。同治十年(1871年)歙县西乡洪镕、郑成章、黄家惺、汪运轮四人同科得庶吉士,其家相距均不出10里(5千米)。

邑小士多 徽州府绩溪县赞语。出自宋婺源汪藻《汪浮溪文粹》,其中有云:"大江之东,以郡名者十,而古之慕学,新安为最;新安之属,以县名者六,而邑小士多,绩溪为最。"指出长江以东各郡,重视教育以徽州为最,而徽州六县,县小士子之多,又以绩溪为最。

金陵婺源试馆 清同治年间婺源籍人士筹资建立,供本县生员应试时膳宿。

学不可私 朱洪范之诫语。洪范少家贫,苦学,受《易》于胡舜卿。舜卿卒,子幼,洪范以《易》转授之,常谓"学不可私,教不可吝"。

学如击石火 劝学词。出自南宋程珌《休宁县修学记》。南宋淳祐元年(1241年)休宁重修县学,程珌独建礼殿,复葺斋舍,并应县令张抃之请作记。程珌在《休宁县修学记》中指出,德与智都涵于每个人的自性之中,如石中之火,谷中之泉,教育的作用就在"击之,导之,火、泉乃出",以达到"学问以施,德业日广"的目的。

官学 参见323页"私学"条。

赵氏多进士 科举佳话。婺源绣溪北亭山下赵氏,为宋宗室恭靖王后裔。自南宋淳熙十六年(1189年)至咸淳十年(1274年)间,赵氏应试登进士第者48人,其中文科30人,武科18人。

祖孙四进士 科举佳话。指婺源中云人王建,北宋政和八年(1118年)进士,崇阳县令;子王晟,宣和六年(1124年)进士,湖南参议;孙王允恭,南宋绍兴十二年(1142年)进士,邵武通判;孙王允哲,绍兴十三年(1143年)进士,饶州知监,莱阳、石埭(今石台)知县。

宾兴盘费 科考资费。清道光四年(1824年),绩溪胡培翚为县内清贫学子开始劝募筹措"宾兴盘费"基金,至道光八年(1828年)共集资纹银5 000余两、制钱8 180串,并建东山书院房舍数十间,购田地40余万平方米,另置有义仓等资产。直到清末民国初期,"宾兴盘费"基金仍为全县教育经费的主要来源。

清朝休宁科举 区域科举总称。自清顺治四年(1647年)至光绪三十年(1904年),休宁县共1 125人(武榜未计入)中试,其中进士212人,举人527人,贡生386人。外荐辟26人。

绩溪县学 又称"绩溪儒学"。教育机构。宋朝始建于县治东,南宋绍兴二十五年(1155年)

增建。元至元十四年(1277年),教谕胡遂孙、汪梦斗等将县学迁城西。至大元年(1308年)因毁于兵燹重建。明天顺、成化、弘治年间屡经修建,正德九年(1514年)建大成殿。殿广、深各15米,门额"遵经";庑东西各13楹,南北神库各4楹,庙5楹,悬"万世师表"匾,祀孔子。殿外左右有斋。中有泮池,池前有泮宫坊,坊前为棂星门。清教谕端茂起《重修圣庙碑记》载:"绩邑于徽属为弹丸,而学宫宏敞,巨丽几甲江南。"康熙十年(1671年)重修大成殿。乾隆四十二年(1777年)重修文庙,重浚泮池,庙西设射圃。县学东有储俊坊,西有毓才坊。民国时期曾遭日机轰炸。现大成殿、泮池、殿前两庑、庭院完好。

绩溪儒学 见315页"绩溪县学"条。

喜庆银 奖学基金,即庆贺本县、本族士人应试中榜者的经费。据文献记载,宗族为其子弟中榜一般从祀会、祠产中拨出经费若干作为奖励。

婺源县学 又称"婺源儒学"。教育机构。北宋庆历四年(1044年),诏令郡县立学,婺源县学始立。崇宁元年(1102年),诏定学额40人,给廪膳。明洪武二年(1369年),诏定廪生20人,增生20人。清咸丰之后,学额渐增,至光绪年间县学生员有70余人。光绪三十一年(1905年)废科举,县学改为小学堂。县学以教授儒学为主,因又称"庙学"或"儒学"。校舍称学宫,曾多次搬迁,南宋端平元年(1234年)附设于孔庙,后迄未变。经费以学田所入为主,先后共置有学田15万余平方米。婺源县科举及第之士有1 088人。其中进士571人,分别为文科546人,武科25人;举人517人,分别为文科464人,武科53人。进士中,宋以前2人,宋334人,元9人,明119人,清88人。举人中,宋18人,元18人,明214人,清267人。进士盛于宋,占此科总额58.49%;举人盛于明清,占此科总额93.03%。

婺源儒学 见316页"婺源县学"条。

鹏咏第一人 科考佳话。吕溱,北宋宝元元年(1038年)举进士。廷试以"鹏"为题,溱诗云:"千寻离海峤,一息过天池。"论者谓咏此诗者当为第一人。后果然中了状元。

膏火费 见316页"膏火银"条。

膏火银 又称"灯油费""膏火费"。指资助学生求学的费用,类似于今天的助学金。一般按月发放。在儒学或书院中,膏火银一般由学田或息金收入支付。家塾、义塾等私塾的膏火银,多来自个人捐赠。

歙县县学 又称"歙县儒学"。教育机构。南宋淳祐以前,县内生员均入徽州府学受业。淳祐十年(1250年),始于县治东建立学宫。学宫建制一如徽州府学而规模略小。县学教师宋朝设主学、直学、学长、学谕、学宾、斋谕各1人。元朝设学正若干人。明朝设教谕1人、训导2人。清朝设教谕、训导各1人。县学生员均有定额,经县试录取,含文武两科。清同治初年,县学有文生32名,武生28名。咸丰六年(1856年),文、武生额各增2名。咸丰九年(1859年)又各增10名。

歙县儒学 见316页"歙县县学"条。

徽州府学 教育机构。又称"州学"。设府学宫内,为各县生员就学深造之处所。宋元以前,入学生员不限额。明洪武三年(1370年),始定额40员。入学须经县、府、院(由各省提督学使主持)三场考试,视其成绩分别录取为廪膳生、增广生和附学生。清朝学额定为100名,其中廪膳生40名,增广生40名,武生20名。武学生员专习武艺,从武举考场录取。附学生每年有两次考试,每次额定25名。生员入学,官家免除其赋税,并给以一定的禄米待遇。学习期间,每年考选成绩特优生员1名俟贡,称岁贡生。每12年,由学政主持考试,选拔2名,称拔贡生。凡遇皇上恩典,特设恩科考试,得中者称恩贡生。清乾隆朝以后,增优贡例,每6年选贡一次,入选者称优贡生。生员在学习期间,入贡人数极少,大多数生员只有等待参加科举考试。府学教师宋设教授、学正、学录、直学各1名,元增设训导1名,明设教授1名、训导4名,清设教授、训导各1名。府学经费,宋、元、明三朝均由官府支给,清朝官费停支,由地方士族自筹。

黟县考棚 考试场所。清道光朝以前,黟县无试院,童子试均在县署进行。道光五年(1825年),县令吕子珏倡全县捐资建考棚于县署左侧。考棚正中有重门,经角道入大堂,两廊为号房,大堂东设厨房,西设食堂。大堂"选士堂"横额及两旁联文"梦余准授生花笔,昼静如闻食叶声",均出自曹振镛手笔。考棚左有彰善祠,设位刻石,以纪念捐资较巨者。民国初年,考棚为劝学所和教育会会址,后为国民党黟县党部及县民众教育馆办公地。

黟县会试旅资 黟县所筹资助本县举人入京考试的经费。清顺治《黟县志》载:"举人会试盘缠等银三十八两六钱六分强。"《碧阳书院条规》载:"清嘉庆年间,举人入京应试,每人赠银五十两。"

黟县县学 又称"黟县儒学"。教育机构。黟县有学,始于宋初。明洪武二年(1369年),学址位于黟县城南。正德九年(1514年),移至县西北天尊观。万历二十九年(1601年),迁回城南。崇祯二年(1629年),信堪舆说复迁县西北原址。清初耿精忠部攻占县城,学宫被毁。康熙十四年(1675年)重修,乾隆时,知县陈伯仪鉴于城南旧址"山环水聚,地形佳胜",乃于乾隆十七年(1752年)再度迁回城南(今碧阳小学校址)。县学设额取士,康熙年间定额16名。雍正元年（1723年）定额20名。咸丰五年（1855年）九月，加文、武学定额各2名。同治元年（1862年）后，定额文学32名，武学24名。光绪三十一年（1905年）废科举，翌年撤教谕和训导，儒学随之解体。自宋朝至清朝，全县有进士135人，其中北宋42人，南宋51人，元1人，明14人，清27人。

黟县学会 成立于清光绪三十年（1904年）。学会设考棚，会长胡元吉，副会长范汉生、汪芳绩。翌年县学会撤销，成立教育会，人员均由学界公选。程定保、程肇珏、程肇玉、程寿保、舒文铎先后任会长。

黟县儒学 见316页"黟县县学"条。

学校

十家之村，不废诵读 赞语。语出清康熙《婺源县志》，意即在徽州地区，即使是只有十来户人家的小村庄，也可以听到琅琅读书声。宋朝以后，徽州成为教育较发达地区。明清时期，因有徽商财力的大量投入，徽州教育更加兴盛。除府学、县学的正统官学教育外，官民结合或民间私立办学更多的是通过书院以及大量设立的社学、塾学、义学等形式，为乡里子弟或免费为族内贫寒子弟提供教育。

又新书屋 见327页"尊经私塾"条。

万川家塾 位于休宁县万安街。元末当地人汪德懋建，以教乡族子弟。祁门汪克宽曾书文记载。

上海法学院附属中学 民国三十一年（1942年）三月，上海法学院举校辗转于浙江兰溪杨塘及常山、开化一带，最终部分师生于十月在屯溪高枧、瑶溪租借祠堂庙宇复校。附属中学同时复校，代理院长为褚凤仪，曹辛汉兼教务长、总务长。至屯溪不久，院长褚辅成由四川电嘱将上海法学院商科迁至万县创办上海法学院万县分院。附中在屯溪办学3年间，学校生额骤增，师资奇缺，经费困难，仍坚持办学，沈钧儒在重庆闻讯曾致函赞扬。抗日战争胜利后，附属中学迁回上海。

义学 又称"义塾""公学"。教育机构，属私塾类。带有免费教育的性质，以出身于清贫家庭的子弟作为施教对象，为北宋范仲淹所创设。徽州义学始于北宋，清同治《赣州府志》中"义学记"载："义学始于有宋，若衡阳侯氏、建昌洪氏、婺源王氏、莆田林氏。"康熙《徽州府志》对北宋婺源汪绍的介绍中也有对义学的记载："辟义学教授乡里子弟，名曰'四友堂'，割田三百亩以充膳费，四方学者踵至。"汪绍之子汪存亲自以"明经"教授学生，被称为"四友先生"。当时的一些名士，如金安节、胡伸等均出自"四友先生"门下。明清时期徽州义学相当普遍，义学经费基本上来源于宗族、私人及官府的财产资助，主要为每年的定额拨付、私人捐赠、学校资产商业生息等。义学多置有捐赠而来的学田，以田养校是其重要的办学方式之一。

义塾 见317页"义学"条。

屯溪市私立行知中学 参见324页"南京私立安徽中学徽州分校"条。

屯溪私立天山小学 位于屯溪华山。民国二十二年（1933年）天主教西班牙籍传教士扶植义创办。学生最多时达228人。后归属公办。

屯溪私立进修小学 位于屯溪柏树。民国二十九年（1940年）美国中华圣公会创办。校长为张海民、孙诗年。学生410余人。后归属公办。

屯溪私立建国中学 民国二十九年（1940年）在屯溪创办，校长为黄纶书。校址初设奕棋，后迁梅林，再迁上黎阳干训班旧址。经费来源于建国工厂及董事长魏寿永在重庆的募捐。民国三十八年（1949年）四月徽州全境解放，因经费困难，学校申请停办，由屯溪市人民政府接收。当年并入皖南区屯溪中学。

屯溪私立福音小学 位于屯溪上街71号。民国六年（1917年）中华卫理公会美国牧师马丁与中国传教士沈玉书建立基督教堂时创办。民国十八年（1929年）四月，被火毁。

屯溪博济医院附设助产士学校 位于屯溪岑下。民国三十四年（1945年）博济医院创办。招收女生30人。校长为张志圣。时间持续约3年。

中山民众学校 特种教育机构。20世纪30年代，国民政府为配合军事"剿共"，打击共产党及其在苏区的影响，推行一种政教合一、以"反共"为基调的教育，称之为特种教育。徽州各县于民国二十三年（1934年）始设，计歙县、绩溪各3所，休宁、黟县、祁门各4所，旌德5所，共23所。民国二十八年（1939年），休宁6所，旌德5所，歙县、祁门、绩溪、黟县各3所，共23所。同年，根据国民政府特种教育工作会议规定的调整办法及安徽省实施政教合一的原则，适应抗战形势，中山民众学校移向"接近敌伪占领区域""思想特殊地区"及"新收复区"，徽州各县特种教育全部结束。

中华民国国立第八中学 简称"国立八中"。民国二十七年（1938年）五月，根据安徽省教育厅的部署，至德县（今东至县）四临中的数百名师生员工，由校长带领到达屯溪，并很快经由新安江而下抵达浙江金华，转乘浙赣铁路火车，经江西南昌而到湖南省会长沙市，与安徽江北集体后迁的学校汇合。当年秋，在湘西成立"国立安徽第一中学"，旋改名为"国立第八中学"。国立八中未在徽州招生，只在抗战初期于万安潜阜一带收容流亡青年。

长淮临中 见319页"安徽省立长淮临时中学"条。

公学 见317页"义学"条。

以文家塾 见324页"南湖书院"条。

书馆 见323页"私塾"条。

东吴大学附属中学（黟校） 简称"东吴附中"。校址位于黟县碧阳书院。民国二十六年（1937年）冬，苏州东吴大学及附中部分师生因南京沦陷迁移，在附中主任孙蕴璞的带领下，来到黟县躲避战乱。同行的有张梦白、周瘦鹃、程小青及东吴附中黟县籍教师叶芳珪。民国二十七年（1938年）二月，附中主任孙蕴璞和叶芳珪、吴道存、舒绍书等人筹建成立东吴大学附中。男女学生兼收，设高、初中部与商科班。程小青任教导主任兼语文教师。暑假接到东吴大学在上海复校的通知，下半年迁回上海。

东吴附中 见318页"东吴大学附属中学（黟校）"条。

四女中 见320页"安徽省立第四女子中学"条。

民主小学校 全称"祁门县凫东乡赤桥民主小学"。位于祁门县凫东乡（今凫峰镇）赤桥村。民国三十七年（1948年）十月，新四军皖浙赣行政办事处黄山区黄西部队解放了祁门县凫东乡，成立了凫东乡民主政府。经政委苏仁提议，中队长张科、乡长程祖荫负责筹建"祁门县凫东乡赤桥民主小学"。校址设在方家祠堂，校长为方思聪，老师3人，部队指派汤天保驻校，聘请方修政、方修学为专任老师。分6个年级、3个全教学班，学生约110人。开设国语、算术、历史、地理、自然、音乐、体育、图画8门课。学校兼设扫盲夜校。废除公民课、童子军组织，建立儿童团。祁门解放前夕，部分学生主动参加了全乡民兵武装夜袭楠木岭的战斗。

西溪南农民夜校 位于歙县西溪南（今属徽州区）。民国二十五年（1936年）歙县吴立奇受上海中共党组织派遣到歙县开展抗日救亡运动，五月在家乡西溪南创办该校。

休宁县中 见318页"休宁县立初级中学"条。

休宁县公立初等农业学堂 清光绪三十四年（1908年）休宁县隆阜（今属屯溪区）茶商戴英在休宁县奕棋（今属屯溪区）珠里村成立农业公司，同时创办初等农业学堂，设置蚕桑科。宣统元年（1909年）有学生10余人，实习期为3个月，另附速成班。

休宁县立初级中学 简称"休宁县中"。民国三十年（1941年）八月创办。校址位于新塘汪守志宅。民国三十二年（1943年）下半年，迁入县城南街原海阳小学校址。民国三十八年（1949年）八月并入安徽省立休宁中学。

休宁县立海阳小学校 参见318页"休宁县官立海阳高等小学堂"条。

休宁县立海阳中学校 参见318页"休宁县官立海阳高等小学堂"条。

休宁县私立屯溪两等小学堂 位于屯溪。清光绪三十三年（1907年）罗尊创办。

休宁县私立白岳战时初级中学 位于休宁县上溪口。民国二十七年（1938年）创办，不久因经费和师资困难停办。

休宁县私立战时临时中学 位于休宁县城南街。民国二十七年（1938年）创办。不久因经费和师资困难停办。

休宁县私立临川初等小学堂 位于休宁县临溪。参见334页"仇学风潮"条。

休宁县私立振西初级小学 位于休宁县阳干村。民国二年（1913年）金传裕在自家老宅创办。招收本村及邻村的学童就读。民国八年（1919年）迁新建成的"育美厅"。

休宁县私立原道初等小学堂 位于休宁县城后街树德堂。成立于清光绪三十三年（1907年）。

休宁县私立黄氏初等小学堂 位于休宁县黄村。清宣统二年（1910年）成立。系黄村士绅黄厚基发起，黄氏族人集资建立。首任校长为黄洒生。学堂对本族子女入学实行免费，外族子女入学适当收费，贫穷家庭酌情减收或免收。民国后更名为"黄氏小学"，学校设于村口水口庙。民国三年（1914年），著名教育家黄炎培先生考察黄氏小学，题赠一联："知君所学随年进，许我重游到皖南。"

休宁县官立海阳高等小学堂 位于旧海阳书院。清光绪三十二年（1906年）成立。以书院田产与盐捐为主要经费来源。

民国六年（1917年）改名为"休宁县立海阳小学校"。民国十一年（1922年），休宁县长韩煮召集地方贤达，在海阳小学的基础上，又捐资倡办了休宁县立海阳中学校，但不久因经费不足停办。其后又更名为"休宁县立完全小学""海阳镇国民中心小学""休宁县海阳第一小学"。参见310页"海阳书院"条。

灯油田 又称"膏火田"。助学资产，属学田的一种类型。指由私人捐资置田或由宗族划出部分祠产田，以其收入作为乡里、宗族子弟学习的费用，徽州人把这类田产称为"灯油田"。狭义上单指资助学生夜读灯油费，故称"灯油田"。旧时徽州县村普遍置灯油田，为贫寒或本族子弟以劝助学。

江苏省立第二临时中学 民国三十一年（1942年）江苏省立镇江中学迁入屯溪时创办，校长为王梦凡。校址分别设在雁塘、柏树，有苏南学生600余人。民国三十五年（1946年）抗日战争胜利迁回镇江。部分留下人员在瑶溪创办江苏镇江中学。

江苏省立第五临时中学 位于绩溪县坦头。民国三十二年（1943年）春，江苏省迁入的几所中学借私立训勤小学创办，校长为刘庆柯。有普高、中师各6个班，400余人。不招收本地学生。民国三十四年（1945年）十一月抗日战争胜利迁回江苏。

安徽省立天长中学 皖北天长中学于民国三十八年（1949年）三月迁入屯溪，有学生百余人，校长为程逸民。屯溪解放后不久迁回江北。

安徽省立屯溪工业职业学校 位于休宁高枧（今属屯溪区）。民国三十三年（1944年）创建。校长为江植棠。当年徽属联立职业学校（徽职）并入。翌年安徽省立徽州女子中学职业班并入。第一年设有初级商科班，以后只设高级化工科与初高级纺织科。民国三十八年（1949年）更名为"皖南区屯溪中学"。参见327页"皖南区屯溪中学"条。

安徽省立屯溪医院附设高级护士学校 位于屯溪。民国二十七年（1938年）屯溪市民医院创办。初名"屯溪市民医院助理护士训练班"。后更名为"省立屯溪医院附设高级护士学校"。后并入芜湖护士学校。

安徽省立长淮临时中学 简称"长淮临中"。民国三十七年（1948年）九月创办。皖北地区南逃的长淮临中学生2 000余人，到达歙县，在雄村、岩寺（今属徽州区）、西溪南（今属徽州区）等地设立分校。其中第四分部初中学生400余人借西溪南吴氏宗祠、祥里祠、三门祠等处作临时校舍时，半年仅上课3次，因成员复杂，无人管理，学生终日游荡，扰民滋事，或砍毁木桥作取暖燃料，或破坏祥里祠楠木厅构件，或拆毁丰南文会馆，或酗酒强索强买，或偷窃食油家禽，"其行为较诸败长盗匪有过之而无不及"，以致村民求助歙县旅沪同乡会，"恳请贵会赐向旅外同乡呼吁及分电教育主管当局，责令该校校长返歙整顿或迁并雄村高中部上课"。民国三十八年（1949年）五月，学校解散。

安徽省立休宁女子中学 位于休宁县隆阜（今属屯溪区）。民国三十五年（1946年）由"安徽省立徽州女子中学"更名而来。参见321页"安徽省立徽州女子中学"条。

安徽省立休宁中学 民国三十五年（1946年）夏由"安徽省立徽州中学"改名而来，民国三十八年（1949年）秋易名为"皖南区休宁中学"。参见327页"皖南区休宁中学"条。

安徽省立安徽学院皖南分院 位于休宁县万安原徽州中学附小旧址。民国三十三年（1944年）秋由安徽省立安徽学院创办。皖南行署主任张宗良兼主任，后由张明时任副主任，教务主任为茶叶专家胡浩川，继任为鲁昭炜。学校设农林、政经两系和银行会计、茶叶两个专修班。前者学制4年，后者学制2年。共招收学生138人。佘小宋为茶叶专修班主任，夏安修为银行会计专修班主任。民国三十五年（1946年）十月专修班学生毕业，农林、政经两系随分院并入芜湖赭山总院。

安徽省立黄山临时中学 民国三十八年（1949年）正月迁至屯溪，屯溪解放后不久迁回江北。

安徽省立第二女子师范学校 位于原歙县县学。民国三十四年（1945年）创办。首任校长为倪畅予。开办三年制中师和四年制简师，为扩大生源，又设立了两年制幼师。最多时全校有9个班，429人。其中两年制幼师1个班，三年制中师3个班，四年制简师5个班。课程有国文、几何、代数、教育行政、教育概论、儿童心理学、生理卫生、音乐、体育、家事等。家事课主要教学生缝纫。高年级开设英语、古典文学等选修课。民国三十七年（1948年）并入迁回县城的"省立歙县师范学校"。参见321页"安徽省立徽州师范学校"条。

安徽省立第二中学 简称"省立二中"。位于休宁县万安，"安徽省休宁中学"前身。民国十七年（1928年），为执行安徽省政府《安徽省中等学校改选方案》，"省立二师"与"省立三中"合并，成立"安徽省立第二中学"，仍设在休宁万安省立二中原址。参见320页"安徽省立第二师范学校"、320

页"安徽省立第三中学"条。

安徽省立第二师范学校
简称"省立二师"。"皖南区休宁中学"前身。民国三年(1914年)元月,由原省立第五师范改称。同时,筹办附属小学,并租下荷花池程氏住宅为代用校舍。是年七月,购得休宁县万安新塘村任氏故宅,作为"省立二师"永久校址。教育宗旨是:"输入国民之新思想,新学艺……俾异日有文明之启导,无习惯之扞格,注重守信、耐劳、规律、勤勉。"在教务实施上,重视学生人格修养,倡导教、学、做合一,学用一致等原则。强调理论与实践、课堂与课外的结合。在教学方法上,强调"务使学生自得为主;不专注入而重启发"。重视教学研究,成立各科教学研究会,举办"教授参观"活动。民国七年(1918年),二师首创成立"徽州学区教育联合部",翌年牵头成立"全徽教育协进社",后改称"全徽教育联合区",推进徽州教育事业的发展。在巴拿马国际博览会上,二师曾以126种动植物标本和3册资料参加国际竞赛。民国九年(1920年)以后,针对国内"言必称希腊"的民族虚无主义学风,二师改教育方针为"务本主义",并以"诚毅"为校训,以"莲花"为校徽,提倡"道学为体,科学为用"。因矫枉过正,重开读经风气,教学思想开始后退。二师倡导考察社会状况,立足于"国民教育以地方为本位……求一地方人民之最大幸福",而"欲实行地方自治,发展地方经济,无非养成学生改良地方的思想不可。是则关于乡土之历史、地理、物产及社会状况,民生状况,教育状况皆不可不预为讲求"。出于此目的,二师又积极培养学生自学、自理、自治能力。要求学生在学中做、在做中学。民国十七年(1928年),原设于歙县的省立三中并入二师,二师改名为"安徽省立第二中学"。

安徽省立第八职业学校
参见328页"新安公立甲种商业学校"条。

安徽省立第三中学
位于歙县城。清宣统三年(1911年),辛亥革命爆发,徽州府官立新安中学堂经费陷入困境。民国二年(1913年)学堂决定裁减人员,不收寄宿生,引起学生不满。时任堂长的汪劲扶之妻毅然将首饰、珠宝捐赠学堂,以解燃眉之急。但因非长久之计,江炜等人申请安徽省府接办。民国三年(1914年)八月,学堂改为"省立第三中学",徐承祜为校长,原附设中学堂的紫阳师范班随之转入。学校除经费由省拨付及学制由5年改为4年外,其余仍沿旧制。民国十一年(1922年)实行"壬戌学制",普通中学由4年制改为初、高中各3年的"三三制"。次年,省立三中改为三年制初中。民国十五年(1926年),南京东南大学徽州籍教授多人,联名致函安徽省长、教育厅长,遂在省立三中增办了高中。民国十七年(1928年),与休宁的安徽省立第二师范学校合并,成立"安徽省立第二中学"。

安徽省立第五师范学校
位于休宁县万安。"休宁中学"前身。民国元年(1912年),安徽督军柏文蔚与教育司长商承根据孙中山先生普及义务教育的"五项纲领"划安徽为6个学区,各设师范学校1所。徽州属第五学区,所设师范学校即称"安徽省立第五师范学校"。绩溪胡晋接为校长,婺源方新为教育主任,借歙县问政山麓紫阳书院为校舍,次年迁到休宁县屯溪(今属屯溪区)荷花池,租赁胡、毕两处民宅为代用校舍。民国三年(1914年)正月改称"安徽省立第二师范学校",十二月迁休宁县新塘村。

安徽省立第四女子中学
简称"四女中"。位于休宁县隆阜(今属屯溪区)。"隆阜中学"前身。民国十七年(1928年),由安徽省立第四女子师范学校更名而来。分初、高中两部,高中即为师范科。次年增设初中职业班,设织布、织袜、缝纫3个专业。著名作家陈学昭等曾在该校执教。张秉仁、许惇士先后任校长,江植棠为教务主任,以"爱、敬、勤、洁"为校训,高中师范科分必修与选修两类,实行学分制。必修课三学年共有20多门;选修课分理化、史地与音体美3类。由于学校生源不足且中途辍学多,毕业生较少,8年间共毕业42人。民国二十三年(1934年)秋,鉴于生源不足等因素,高中师范科停办,更名为"安徽省立徽州女子初级中学"。

安徽省立第四女子师范学校
位于休宁县隆阜镇三门里(今属屯溪区)。"隆阜中学"前身。陶行知、洪范五、胡晋接、方新等人鉴于徽州女子教育之落后,倡议办女子师范,得到省教育厅长、歙县人江彤侯的赞同。民国十一年(1922年)七月正式成立。首任校长为程宗泗。陶行知在四女师创办时赠"长城砖",刻有"中部"二字,为明永乐年间所制。他在给程宗泗的信中说:"我想四女师校舍不久就要建筑,用此砖来点缀,也是千载一时的盛事。新教育是共和的保障。我们四女师既得万里长城之砖,自然在造就人才、保障共和的路途上迈进。"学校设师范预科及附小、初中,民国十四年(1925年)第一届初中毕业生毕业。民国十六年(1927年)程宗泗离职后,张秉仁继任校长。翌年更名为"安徽省立第四女子中学"。

安徽省立绩溪农业职业学校
参见320页"安徽省立绩溪高级农业职业学校"条。

安徽省立绩溪初级中学
参见320页"安徽省立绩溪高级农业职业学校"条。

安徽省立绩溪高级农业职业学校
初名"安徽省立徽州初

级农林科职业学校",创办于民国二十五年(1936年)八月。原址位于绩溪县孔灵村,首任校长为金瀚。抗日战争爆发后学校陷于停顿,翌年四月,学校恢复上课。学校筹款3 900余元,购得田地20余万平方米、旧屋5间。学校创办后,省教育厅提出了"以农场发展农场"的办法,停发了农场的经费。因此,学校将一部分土地实行出租的办法,其中有66 000余平方米土地称为特约农田,租金较低,但须受学校的指导,带有实验和示范性质。学校还保留了一部分土地,供学生实习和农工耕种。民国二十七年(1938年)学校曾试验出名为"帽子头"的优良品种,在当地推广时颇受农民欢迎,并初步实现了"以农场发展农场"的目标。翌年学校增招一个高级茶科班,校名亦随之更名为"省立徽州农业学校"。后来陆续开办初级蚕桑、高级林科、高级农艺、高级园艺、高级农产制造等科目。民国三十五年(1946年)易名为"安徽省立绩溪农业职业学校"。同年秋,因停办初农,又易名为"安徽省立绩溪高级农业职业学校"。翌年学校由孔灵村迁到县城内,由于失去了实习基地,因而增加了理论课。民国三十六年(1947年)高级农艺科(第四届)计有文化课10门、专业课16门;翌年文化课增至13门,专业课猛增至22门。民国三十七年(1948年)易名为"安徽省立绩溪初级中学"。翌年并入绩溪县立初中,并更名为"皖南区绩溪中学"。

安徽省立徽州女子中学

位于休宁县隆阜(今属屯溪区)。"隆阜中学"前身。民国二十七年(1938年)初,上海、南京失守,内迁学生增多,为解决女青年入学困难问题,同年秋天,安徽省立徽州女子初级中学恢复了高中,更名为"安徽省立徽州女子中学"。参见321页"安徽省立徽州女子初级中学"条。

安徽省立徽州女子初级中学

位于休宁县隆阜(今属屯溪区)。"隆阜中学"前身。民国二十三年(1934年)秋,由于生源不足等因素,高中师范科停办,安徽省立第四女子中学更名为"安徽省立徽州女子初级中学",仍设有简易师范和职业科。民国二十七年(1938年)秋,学校更名为"安徽省立徽州女子中学"。

安徽省立徽州中学

位于休宁县万安。"安徽省休宁中学"前身。原为"安徽省立第五师范学校""安徽省立第二中学"。民国二十三年(1934年)秋改称为"安徽省立徽州中学"。参见327页"皖南区休宁中学"条。

安徽省立徽州师范学校

位于歙县徽城镇。民国二十三年(1934年),由江植棠在徽州府旧试院原安徽省立第八职业学校旧址创办。原安徽省立第四女子师范学校的领导、教员如许惇士、查景韩亦转入此校。方新任教务主任。从民国二十三年(1934年)至民国三十八年(1949年)的15年间,办了三年制高中师范科、一年制高中简师科、四年制简师,还办了三年制体师,开设了政法、文化、专业、军事、劳动、技能等6类40余门课。民国二十六年(1937年)创办了附小和3所简易小学,抗日战争爆发后迁至歙县雄村。次年唐子宗任校长。民国三十一年(1942年)六月遇特大洪水,全部校产付之东流,校址又迁歙县北江村。次年由查景韩任校长。抗日战争胜利后迁至歙县潭渡,胡逢荣任校长,更名为"省立歙县师范学校"。民国三十七年(1948年)迁回县城孔庙,与安徽省立第二女子师范学校合并,共10个班435名学生,周易任校长。民国三十八年(1949年)徽州解放,学校更名为"皖南区歙县师范学校",设在深渡的歙县县立简易师范学校并入为分部。同年,休宁县立简易师范学校原有中师班转入本校。学校设校务委员会,主任委员许惇士、副主任委员兼教导主任卢宜庆。全校有13个班540名学生。后又改称"安徽省徽州师范学校"。

安徽省立徽州初级农林科职业学校
参见320页"安徽省立绩溪高级农业职业学校"条。

安徽省第十区农林实验学校
参见328页"新安公立乡村师范学校"条。

安徽省徽州崇一私立中学堂
参见325页"崇一学堂"条。

祁门义童学校
民国二十九年(1940年)三月,国民政府第三战区救济分会创办。校长为王梁甫。招收义童56人,教员、职员各1人。后废。

祁门县立简易师范学校
参见322页"祁门县私立祁阊初级中学"条。

祁门县民众教育馆
教育机构。民国十七年(1928年)设立。下设演讲所、阅报处,举办通俗讲座。翌年,附设民众实验学校,学生30余人。晚上授课,教读陶行知编写的《平民千字读》。民国二十年(1931年),全县办民教班64个,学生5 120人。民国二十三年(1934年)开办民众学校5所,学生548人。民国二十六年(1937年),各联保举办民众教育班30多个。隔年,渚口成立民众教育馆,各乡保小学附设成人班7个,学生214人。

祁门县西乡乡立高等小学堂
位于祁门县西乡历口资福寺。清光绪三十三年(1907年)汪肇镕、陈郊创办。建校资金就地募捐,日常经费源于茶捐,年均约3 000元。首任堂长汪肇镕,监学陈郊,学生110人,分设3班。现为历口小学。

祁门县凫东乡赤桥民主小学
见318页"民主小学校"条。

祁门县私立天智初级小学
位于绩溪县城内天主堂。民国三十七年（1948年）春天主教会创办。收学生32人。民国三十八年（1949年）冬停办。

祁门县私立祁阊初级中学
位于祁门县城青云桥。民国二十八年（1939年）秋祁门茶商创建，是祁门县第一所中学。经费主要来源于劝募、外销红茶租息提成及支存红茶公积金。首任校长为胡光岳，校员8人。设公民、国文、算学、历史、地理、自然、英语、军训、劳作、音乐、图画、特技12科。民国三十一年（1942年），增设童子军及管理科目。初期招收学生110人，分设两班。后又增设一年制简师班（即"祁门县立简易师范学校"），招收30名本校首届毕业生。翌年改设四年制简师科，招收高小毕业生入读。至民国三十五年（1946年），共招4届，计185人，毕业88人。

祁门县私立育英小学校
位于祁门县塔坊。民国十八年（1929年）祁门南乡板桥人、茶商谢步梯倡建。以其捐出"协大"茶号里的几处房子作为校舍，是年秋招生开学。后扩建成为一所前后三进、上下两层的新校舍。除有数间教室外，还有大礼堂、会客室、校长室、书报室、台球室、教员室、学生宿舍、厨房和饭厅等，规模很大。条件之好，在当时全县小学中，首屈一指。学校办学推行三项原则：一是以高薪选聘良师；二是走读生免收学费和杂费；三是远道的寄膳生，只收大米不收菜金。以至于学生人数曾有120余人。

祁门县南乡乡立高等小学堂
位于祁门县平里。清光绪三十一年（1905年）秋康达、王璋、胡云龙、王献华、李训诰、王济和、谢庆余、章维嘉等创办。首任堂长谢庆余，继任章敬之、李同光等。康达捐私人茶号"会同康"作为校舍，设3班，学生60余人。经费来源以茶捐收入为大宗，报请县政府附征茶厘，年均经费2 000余元，由学校向各茶号征收自用。这是祁门县"立新学"之第一所高等小学堂。民国七年（1918年）更名为"梅南高等小学校"，校舍拆旧建新，建楼房3幢，面积600余平方米。

祁门县梅南高等小学校
位于祁门县平里。参见322页"祁门县南乡乡立高等小学堂"条。

祁门官立高等小学堂
位于祁门县城东山书院。清光绪三十二年（1906年）知县胡德修创办。宣统二年（1910年）迁入城内试院考棚。以东山书院田产、茶园及茶铺捐、园户捐作常年经费。初办时设1班，学生30余人。民国三年（1914年）增至3班，60余人。初期，仅收男生及大户子女，小户子弟入学须捐款。民国三十一年（1942年）实行男女同校，小户子弟亦可入学。首任堂长汪超（一说张兰芬）。新中国成立前七易校名，先后为"官立高等小学堂""祁阊公校""县立小学校""县立中心学校""县立青云桥小学""祁山镇示范中心国民学校""祁山中心国民学校"。民国三十八年（1949年）四月后，改称祁山镇小学。

芜湖芜关中学徽州分校
成立于民国三年（1914年）秋，是芜湖市最早的新式学堂。由吕志元、陈应绶等创办，首任校长为陈应绶。民国二十六年（1937年）"八一三"淞沪战役爆发，芜关中学即迁往南陵。民国二十六年（1937年）十二月芜湖失陷，遂再迁至歙县岩寺（今属徽州区）复课。民国二十七年（1938年）迁往歙县西溪南（今属徽州区），并以"芜湖芜关中学徽州分校"名义在徽州各县招收学生，校长为汪岳年。民国三十四年（1945年）迁回芜湖，歙县分部仍办两年。

芜湖徽州公学
又称"徽州旅芜公学"。位于芜湖西门外二街三圣坊"新安大好园"旧址。初名为"芜湖公立徽州两等小学堂"，清光绪三十一年（1905年）由旅芜徽州人士依托芜湖徽州会馆创办。翌年创办"芜湖徽州公学"，教授初级师范生。民国五年（1916年）改名为"徽州旅芜国民小学校"，有学生2班，经费由徽州会馆从租息项目里常年拨用900元。后改名为"柳春园小学"。

苏州私立中山体育专科学校
简称"中山体专"。位于歙县体育场。民国三十一年（1942年）从苏州迁来，校长为周德。民国三十四年（1945年）抗日战争结束后迁回。

苏维埃农民团学校
位于黟县柯村。徽州最早的由苏维埃政权建立的小学。民国二十三年（1934年）中共太平县（今黄山区）委组织100多位党员领导上万农民举行"柯村暴动"后，"皖南苏维埃政府"在柯村乡柯氏宗祠成立。十一月下旬，中国工农红军北上抗日先遣队在方志敏的率领下，从石台县进入柯村休整，受到了柯村群众的热烈欢迎。负责教育工作的刘毓标在每个自然村设立一所"苏维埃农民团学校"，代替原有私塾。每所学校学生少的10余人，多的四五十人。自编油印教材。教师由农民团选派，编制2~7人不等。同时，农民团还办夜校，每周一、三、五或二、四、六上课。民国二十四年（1935年）停办。

两等小学堂
学校名。清末设小学堂，分初等和高等，合并设立者称两等小学堂。清末在"中学为体，西学为用"的思想指导下，兴办新学，意在"以忠孝为敷教之本，以礼法为训俗之方，以练习艺能为致用治生之具"。光绪二十九年（1903年）《奏请学堂章程》规定：小学修业年限，高等小学堂为4年，初等小学堂为5年。光绪三十三年（1907年）颁布《女子小学章程》，规定高等、初等两级修业期各4年，男女不同校。宣统元年（1909年）分初等小学堂为3种，完全科5年，简易科4或3年。次年又规定高等、初等小学堂修业期限一律为4年。一年两学期，第一学期为正月十六日至夏至后六日，第二学期为处暑前五日至十二月二十五日。自光绪三十年(1904年)至宣统三年(1911年)，徽州六县共创办高等小学堂6所，两等小学堂43所，初等小学堂78所，外加2所初等农业学堂，共为129所。其中官立学堂不足10%。较著名的有绩溪县私立思诚两等小学堂(1904年)、公立尚志两等小学堂(1904年)、私立胡氏两等小学堂(1908年)，歙县崇一小学堂(1900年)、公立明义两等小学堂(1903年)、私立敬宗两等小学堂(1905年)、郑氏师山两等小学堂(1907年)、私立溁川两等小学堂(1906年)，休宁县官立海阳高等小学堂(1906年)，祁门梅南高等小学堂(1905年)，黟县县立碧阳高等小学堂、婺源官立高等小学堂(1903年)等。著名的女子小学堂有婺源私立日安女子小学堂(1906年)和婺源县初等女子小学堂(1908年)、黟县崇德女子初等小学堂(1906年)、歙县私立端则女子小学堂(1905年)和钟英女子小学堂(1909年)，以及绩溪县端木女学堂(1910年)。辛亥革命后，学堂改称学校。参见323页"初等小学堂"、325页"高等小学堂"条。

私学 私人开办的学校。相对于官学而言。徽州古代官立学校主要是府学、县学等，私学则主要是私塾、书院等。书院是徽州私学的高级形态。徽州私塾形式多样，按清末学部所分为义塾、族塾、家塾和自设馆四类，徽州俱有。徽州私学初始于隋唐，宋元时期兴起，明清时期达到全盛，清末走向衰落。参见305页"书院"、323页"私塾"条。

私塾 又称"塾学""塾馆""书馆"。私学的一种。是我国古代社会私人所办的学校，一般开设于家庭、宗族或乡村内部。清末学部把私塾分为义塾、族塾、家塾和自设馆。义塾带有免费教育的性质，以出身于清贫家庭的子弟作为施教对象。族塾依靠宗族捐助钱财、学田等族产支撑，一般设在宗祠内，招收宗族内部儿童。富贵人家聘请名师宿儒，在家教读子弟的私塾，称"家塾"。塾师自行设馆，收费教授生徒的叫自设馆，一般称"学馆"。私塾学生既有儿童，也有成年人。按照施教程度，徽州私塾可分成蒙馆和经馆两类，其中蒙馆占绝大多数。蒙馆的学生主要为儿童，一般6岁启蒙，重点是识字和启蒙，是徽州古代最为普遍的基础性教育；精舍、精庐等属于文化程度较高的经馆类，学生主要是成年人，学习的目的主要是应对科举。私塾教师也称"塾师"，既有儒学大家，也有落第秀才或老童生。在徽州，学问深厚的学者，无论是在朝任职，还是在家赋闲，一般都积极参与私塾教学。徽州私塾初始于隋唐，宋元兴起，明清达到全盛，遍及徽州城乡。清宣统二年(1910年)《私塾改良章程》颁布后，徽州私塾的发展开始受到影响，但至民国时期数量仍很多。徽州私塾在地域性的徽州文化形成与发展过程中，起到了重要的作用，对徽州社会数百年的平稳发展以及徽州商业经济的迅速发展做出了重要贡献。

*祁门私塾

启蒙田 助学资产，属于学田的一种类型。徽州人为资助乡里、宗族子弟入学识字所设的田产。

初等小学堂 学校名。任务为："以启其人生应有之知识，立其明伦理、爱国家之根基，调护儿童身体，令其长育，以识字之明日，多有成效。"

社会即学校 陶行知"生活教育理论"三大主张之一。陶行知认为在"学校即社会"的主张下，学校里的东西太少，不如反过来主张"社会即学校"。犹如"把笼中的小鸟放到天空中，让其任意翱翔，是要把学校的一切伸展到大自然里去"。他还说："到处是生活，即到处是教育；整个的社会是生活的场所，亦即教育之场所。因此，我们又可以说'社会即学校'。"这样，教育的材料、教育的方法、教育的工具、教育的环境，都可以大大增加，学生、先生也可以多起来。陶行知主张要让社会的每一个角落、每一个地方、每一个生活单位都担负起学校的职能，把整个社会作为一个大学校。同时，学校必须突破围墙之限，要与整个社会联系起来，实行开放式办学，这样才能充分发挥教育的作用。

社学 教育组织。是宋朝以后官办的一种免费初等学校，主要对学生进行启蒙教育。办学经费大多数由地方政府筹集，地方乡族、宗祠予以捐助。社学从形式上看起来是官办，实际上却是官民结合的办学形式。社学以地域为单位，遍设在县境之内各乡隅，教育8岁以上幼童。元至元二十三年(1286年)朝廷颁令，凡各县所属村庄以50家为1社，每社设学校1所，每校设教师1人，所学内容为《孝经》《小学》《大学》《论语》《孟子》等，并以教劝农桑为主要任务。明承元制，各府、州、县皆立社学，以教化为主要任务，教育15岁以下之幼童；教育内容更包括御制大诰、本朝律令和冠、婚、丧、祭等礼仪，以及经、史、历、算之类。清初各直省的府、州、县均奉令置社学，每乡置社学1所，凡近乡子弟，12岁以上，20岁以下，有志学文者，皆可入学肄业。雍正时又申"各府县大乡巨堡各置社学一所"之令。乾隆时，官府停给社学经费。之后社学遂致衰亡，而为私费自办的塾学、义学所取代。宋元时期徽州已有社学，至明清时，徽州社学成为乡村一种重要的办学形式。明洪武八年（1375年），徽州六县有社学394所，至弘治十五年（1502年）已发展到462所。徽州社学均设有"教读"即教师1人，入选后免其徭役，量给禄米。

抱一书斋 私塾。位于黟县南屏村。清光绪年间建。为供李氏家族子弟读书之所。南屏富商李宗煝，在故乡捐资兴办教育，办起三所免费私塾，"抱一书斋"即为其中之一。书斋正中为敬贤堂，中间挂孔夫子画像，画像两边对联为："行止无愧天地，褒贬自有春秋。"旁边两副木制楹联分别是："少壮不经勤学苦，老来方悔读书迟。""宝剑锋从磨砺出，梅花香自苦寒来。"院落中有廊有亭，植有金桂、银桂，富意"金榜题名""蟾宫折桂"。院内石缸中有睡莲，寓意"出淤泥而不染"。怡心亭下几株方竹，寓做人要堂堂正正，刚直不阿之意。

国立八中 见318页"中华民国国立第八中学"条。

明伦小学 见326页"绩溪县立中心实验小学"条。

明伦堂小学 见326页"绩溪县立中心实验小学"条。

郑氏师山两等小学堂 见329页"歙县公立师山两等小学堂"条。

学田 助学资产。即用于支持学校办学的田产，是我国封建社会学校教育重要的经济支柱。徽州学田中，属于州府学、县学等官学的，称"官学田"，属官田的一种；属于私塾、书院等私学的，称"私学田"或"义学田"，属义田的一种。徽州学田的来源，一是由官府从官田中拨给或拨款购置，二是由私人捐献或捐款购置。学田是徽州各类官学、私学学校办学经费固定且最重要来源，主要用于学校的修建、维护，聘请教师讲学，资助学生在校学习，帮助和奖励科举参与者，以及供祭祀、祭司人员俸薪等。徽州学田设置始于隋唐，宋元时期随着官学、私学的发展，学田数量不断增加，明清时达到顶峰。学田的存在，使学校师生的生活和学习有了保障，促进了徽州教育发展。

南京私立安徽中学徽州分校 民国二十六年（1937年）七月，抗日战争全面爆发，由陶行知、姚文采先后任校长的"南京私立安徽中学"迁至屯溪，成立徽州分校。由地方茶叶公会姚毅全、叶凤山，茶商吴佩珩、孙友樵等人士资助。学校初设于屯溪还淳巷华胜茶号，旋扩展为三院。第一院设阳湖"茶商小学"，为校本部和高中部；第二、三院为初中部，分设阳湖外边溪与屯溪观音山的怡新祥茶号内。共有6个年级11个班781人。休宁程荷生慨捐课桌椅600套，以供使用。九月初，学校先后招生两次。十月初，南京的新老学生负笈来归者经登记达781人。民国二十七年（1938年）分校开高一以下5个班的课。高二、高三学生，因人数不齐，则分配他们在战地服务团参加抗日工作。为发扬陶行知"教学做合一"的教育思想，校方又在休歙的黄尖、凹上、大岭脚、岭后等处开辟"乡村教育实验区"，派分校部分学生前去宣传动员民众抗日，组织训练。民国二十八年（1939年）七月二十二日，屯溪首遭日军轰炸，分校迁至柏山"齐祈寺"并如期开学，俗称"柏山皖中"。学校每学期学杂费改收大米，人均22.5千克。经济困难的学生，校方减免学费。民国二十九年（1940年）高中部迁兖山渠，一学期后仍回柏山。民国三十三年（1944年）迁回阳湖。民国三十四年（1945年）抗日战争胜利，校本部迁回南京，留下全部图书、仪器设备及部分教师，并由柏山迁回阳湖原校址，续办"徽州分校"，仍由姚文采兼任校长。民国三十八年（1949年）屯溪解放后分校改名为"屯溪市私立行知中学"，后合并于皖南区屯溪中学。

南京私立现代中学 民国二十七年（1938年）迁至屯溪，后并入皖南区屯溪中学。

南京私立钟英中学 民国二十六年（1937年）该校成立分校，招收学生在棠樾开办一学期后，停办西迁。次年少数留屯教师在屯溪复校，仅维持一学期。

南京国立中央大学实验中学 民国二十六年（1937年）由南京迁至屯溪上黎阳，开办一学期停办。旋又西迁贵阳。

南湖书院 位于黟县宏村。明朝末年，宏村人在南湖北畔建六所私塾，称为"依湖六院"。清嘉庆年间，花了四年的时间，将六院合并重建为一所规模极大的私塾，取名"以文家塾"，又叫"南湖书院"。书院是一座具有浓厚徽州建筑风格的古建筑，面积数千平方米，外面与一湖碧水相邻，里面有玲珑的假山，场上有株百年圆柏松。书院由志道堂、文昌阁、启蒙阁、会文阁、望湖楼、祗园六部分组成。"志道堂"是先生讲学之场所；"文昌阁"奉设孔子文位，供学生瞻仰膜拜；"启蒙阁"乃启蒙读书之处；"会文阁"供学子阅鉴四书五经；"望湖楼"为教学闲暇观景休息之地；"祗园"则为内苑。门楼保存完好，原有"以文家塾"金色匾额，是清翰林院侍讲、大书法家梁同书93岁时所书。西侧有"望湖阁"，卷棚式屋顶，楼窗面临南湖，上挂"湖光山色"横匾一幅，登高远眺，湖光山色，尽收眼底。历史上这里是官吏文人兴会讲学的场所，曾任清内阁中书汪康年，民国时期驻英、日公使，代理国务总理汪大燮幼年曾经在这里读过书。徽商注重在家乡教育的投资，南湖书院就是其中的一处。书院宽敞明亮，雄伟华丽；选址于宏村风景最秀美的地方，坐北朝南，视野开阔；建筑选材考究，不亚于家族中心——祠堂，其梁柱精选白果、香樟树实木制成，近200年来没结过蜘蛛网。属安徽省重点文物保护单位。

柏山皖中 参见324页"南京私立安徽中学徽州分校"条。

省立二中 见319页"安徽省立第二中学"条。

复旦大学附属中学（皖校） 民国二十七年（1938年）九月在黟县碧阳书院原东吴大学附属中学（黟校）原址创办，主任为佘凌云，后为谢小鲁。是年，上海复旦大学部分师生避难于黟县，并开设了暑期补习学校。东吴附中迁走后，复旦大学的谢小鲁、马吉先等以及原东吴附中未迁离的教师叶芳珪、黄文望等相议筹办复旦附中。聘请的教师有马吉先、黄文望、章渭煊、蒋蘅、曹欣安、吴道存、叶芳珪、汪学纯等。学校设高一年级1个班，初中3个年级4个班，还附设了1个商业班，共有学生156人。初时，学生主要是当地人和留在黟县未离开的沦陷区东吴附中学生，之后，徽州各县及相邻的贵池、芜湖、青阳、东流、至德学子，远至上海、北京、江西、浙江等地的流亡失学青年纷纷来校学习。到民国二十八年（1939年）第二学年期末，初一至高三共有10个班，其中高中3个班、初中7个班，学生增至406人。民国三十二年（1943年）学生620余人。因办学成绩显著，受到了当时教育部长陈立夫的嘉奖，复旦大学本部亦以书面慰勉。抗日战争胜利后先迁宣城，随后迁回上海。复旦附中在黟县7年，共有高中毕业生271人，其中黟县籍63人。

*1938年复旦大学附属中学（皖校）

致思馆 位于祁门县北乡善和（今六都），明当地人程显归田后建馆，以作子孙修读之所。

高等小学堂 学校名。任务为："以培养国民之善性，扩充国民知识，强壮国民身体为根基，以使学童知做人之正理，长成皆有谋生之计，虑为成效。"

基督教中华内地会私立明道小学 民国十七年（1928年）基督教中华内地会（前身为美以美会）创办。分布于屯溪、潜阜、岩寺等处。

崇一小学堂 参见325页"崇一学堂"条。

崇一学堂 教会学校。徽州最早的学堂。位于歙县城内小北街耶稣堂。由英籍耶稣教会牧师唐进贤于清光绪二十六年（1900年）创办。隶属安徽境内较早的教会组织基督教内地会。教授国文、英语、数学等，相当于旧制的中学程度。连办两期后，定名为"崇一小学堂"。光绪三十一年（1905年），改办为"安徽省徽州崇一私立中学堂"，简称"崇一学堂"。虽为教会办的学校，但并不完全都是基督教义的教育。学堂开设课程有国文、英文、数学、理化、生物、教义等。学制为3年。光绪三十四年（1908年），学堂首届毕业生有16人，陶行知、汪采白、洪范五、姚文采、朱家治等皆在其列。现为陶行知纪念馆。

崇德女校 见333页"黟县私立崇德女子初级小学校"条。

淮安私立新安学校 位于江苏省淮安县河下镇。民国十八年（1929年）陶行知应淮安县徽州同乡会吴荣寿等人要求，委派晓庄师范学生李友梅、黄九盛、吴廷荣而创办，陶行知兼任校长。翌年陶行知委派晓庄师范学生、黟县碧山人汪达之接任。校址设在莲花街新安会馆，即原先由徽商集资兴建的"灵王庙"。学生分走读生和基本生两种。走读生是附近贫苦农民、渔民和小商贩的孩子，来校学习文化知识，回家参加生产劳动，不收学费；基本生全部免费，住校学习并参与劳动，自己管理自己，老师负责指导。在校教师有李友梅、吴廷荣、蓝擅盛、方与严、江忠国、台和中、孙铭勋、刘文悌、郭青等，其中李友梅、刘文悌为中共地下党员。民国二十三年（1934年）十月，学校7个基本生组成"新安儿童自动旅行团"，在校长汪达之的带领下，到镇江、上海旅行了50天，实践了陶行知所提倡的"生活即教育，社会即学校"的教育理念，并产生了巨大的社会影响，被誉为"中国教育史上的创举"。民国二十四年（1935年），14名新学生组成"新安旅行团"，汪达之担任团顾问，旅行全国，进行了更大范围抗日救国的教育与宣传。民国二十七年（1938年）日本侵略者侵占淮安，学校被迫停办。民国二十九年（1940年）底，新安旅行团在桂林致和村复校，民国三十年（1941年）向苏北抗日根据地转移时解散。民国三十二年（1943年）初，在涟水县长蒲河村再次复校。民国三十四年（1945年）二月，学校迁至阜宁县马集，负责干部培训。民国三十四年（1945年）八月迁回到淮安原址。民国三十五年（1946年）国民党军队进攻苏北解放区时停办。民国三十七年（1948年）底，淮安第二次解放后，在河下镇湖嘴街正式复校，定名"新安小学"。参见338页"新安旅行团"条。

隆阜中学 位于休宁县隆阜镇三门里（今属屯溪区）。民国十一年（1922年）陶行知、江彤侯等倡办。初名为"安徽省立第四女子师范学校"。民国十七年(1928年)改名为"安徽省立第四女子中学",分初、高中两部,高中即为师范科。次年增设职业班,设织布、织袜、缝纫3个专业。民国二十三年(1934年)高中师范科停办,更名为"安徽省立徽州女子初级中学",仍设有简易师范和职业科。民国二十七年(1938年)恢复高中,改名为"安徽省立徽州女子中学"。民国三十五年(1946年)更名为"安徽省立休宁女子中学"。民国三十八年(1949年)更名为"皖南区屯溪女子中学",后实行男女同校,更名为"安徽省屯溪隆阜中学",简称"隆阜中学"。

绩溪中学 原名"绩溪县立初级中学"。创办于民国二十七年(1938年)二月,校长为程敷模。次年二月停办后,先后为"县立第一高等小学""县立中心实验小学"。民国二十九年(1940年)九月,绩溪县立初级中学复办。民国三十八年(1949年)八月,省立绩溪高级农业职业学校及附设的安徽省立绩溪初级中学并入学校,更名为"皖南区绩溪中学",后定名为"安徽省绩溪中学"。

绩溪公立尚志两等小学堂 位于绩溪县一都扬溪。清光绪三十年(1904年)正月胡本琪创办,以登云文会拨款及学费为常年经费,堂长胡本烁。

绩溪公立临溪两等小学堂 位于绩溪县十都临溪镇义林寺内。清光绪三十三年(1907年)正月士绅胡毅创办,以牲口、驼货捐及学费为常年经费。

绩溪公立振起两等小学堂 位于绩溪县西乡七都旺川。清光绪三十三年(1907年)二月曹仁浩创办,以聚星、树德两文社存款及学费为常年经费。

绩溪公立竞实两等小学堂 位于绩溪县二都校头周氏祠内。清光绪三十四年(1908年)二月知县文化舒谕周星创办,以本都十村田捐及陈姓捐款为常年经费。

绩溪公立簧进两等小学堂 位于绩溪县三都一图尚田村汪氏祠内。清光绪三十二年(1906年)十月武生汪殿魁创办,以本都一图田捐为常年经费。

绩溪县立女子小学 位于绩溪县城。徽州第一所女子完全小学。清光绪三十一年(1905年)绩溪县城秦家巷汪瑞英(女)创办城西女塾,俗称"绩溪县城西女校"。学校招收女子入学,汪瑞英自任校长兼教员,采用新学课程。民国四年(1915年)改为"县立女子国民学校",初时借城中正坊程氏宗祠为临时校舍,学生增至百人。民国七年(1918年)设高级班。次年,申请县政府拨款和募捐。民国九年(1920年)周栋丞遗嘱捐女校500元充作新校舍建筑费,复由汪瑞英之弟孟邹等发起劝募。民国十三年(1924年)新校舍在育才坊建成。更校名为"绩溪县立女子小学",校牌为黄炎培所书。计有楼房1幢、平房2幢,费资4 000元。民国十九年(1930年)增设幼稚园。民国二十九年(1940年)停办。

绩溪县立中心实验小学 又称"明伦堂小学""明伦小学"。民国十八年(1929年)暑假由绩溪县立第一高等小学校改组成立。胡稼民为校长。校址位于旧学宫的明伦堂处。

绩溪县立初级中学 见326页"绩溪中学"条。

绩溪县私立天岑初级小学 位于绩溪县城内天主堂。民国三十五年(1946年)天主教会创办。校长为章洪刚。民国三十六年(1947年)停办。

绩溪县城西女校 参见326页"绩溪县立女子小学"条。

绩溪私立中正职业学校 位于绩溪县鱼川村。民国三十一年(1942年)绩溪唐少澜创建,并任校长。次年春迁大石门村(现属扬溪镇)。设化工科、纺织科。民国三十七年(1948年)停办。

绩溪私立胡氏两等小学堂 参见326页"绩溪私立胡氏初等小学堂"条。

绩溪私立胡氏初等小学堂 清光绪三十三年(1907年)绩溪县城内金紫胡氏族人胡晋接、胡效颜、胡镜虚、胡树滋、胡春桥等倡议将金紫胡氏家塾改建为"胡氏初等小学堂",胡在渊任校长。后经扩建增设三年制高级班,遂改名为"私立胡氏两等小学堂"。

绩溪私立思诚两等小学堂 参见326页"绩溪私立思诚初等小学堂"条。

绩溪私立思诚初等小学堂 位于绩溪县一都仁里村。清光绪二十九年(1903年),颁令改旧学为新学,次年春,绩溪巨商程序东、程琇斋兄弟及程松堂、程石塘兄弟出资,在程序东原家塾所建,不久改两等小学堂。校址占地3 300余平方米,主楼3层,校园广植花木,聘请名儒胡晋接为堂长。开设国文、英语、数学等课程,教员5人,有留日回国学生江鹏萱(镜川)、程仲沂(宗泗),歙县名儒毕醉春(恩桂)等,年薪为400银元。许怡苏、程士范等是第一批毕业生。学校是绩溪县创办最早的小学堂,也是徽州最早开办的新学之一。

绩溪私立植基两等小学堂 位于绩溪县十一都王村王氏祠内。清光绪三十一年(1905年)正月王德藩创办。以同人捐助及学费为常年经费。

绩溪官立东山高等小学堂 位于绩溪县东门外东山书院。清光绪三十一年（1905年）正月知县李第青创办。以书院旧有田租及宾兴款为常年经费。并附设农商两科。参见306页"东山书院"①条。

绩溪官立明伦两等小学堂 位于绩溪县城西，由绩溪考棚改设。清光绪三十三年（1907年）二月知县刘以信开办，以盐典捐税、书捐及知县捐廉为常年经费。

紫阳师范学堂 见332页"徽州府紫阳师范学堂"条。

景德镇紫阳中学 民国三十二年（1943年）旅景德镇徽州人士为纪念朱熹，让在抗日战争中失学的青年重返校门，即以婺源会馆为基地，创办景德镇紫阳中学。学校设董事会，董事15人，詹纯鉴被推为董事长，程德光被推为校长。中学以"求是"为校训，注重教育质量，在社会上享有盛誉。校徽以紫色阳光为底色，一颗心的外圈光芒四射，中镌"紫阳"二字。校歌由曼虹（王雍仪）作曲，词云："珠山苍苍，昌水泱泱，策群力于百年之大计，述遗绪于徽国之紫阳，格物致吾知，实践笃吾行。"学校对教师要求非常严格，建立了各种形式的考试制度，又成立学生家长联谊会，以加强教学交流与协作。

皖南区屯溪女子中学 位于休宁县隆阜（今属屯溪区）。"隆阜中学"前身。民国三十八年（1949年）由"安徽省立休宁女子中学"更名而来。参见319页"安徽省立休宁女子中学"条。

皖南区屯溪中学 位于屯溪高枧。民国三十八年（1949年）八月初四，皖南区党委及行署指示徽州专署将接管的安徽省立屯溪工业职业学校改为普通完全中学，更名为"皖南区屯溪中学"。由汪启恩、吴正达、曹绥之、金德立、嵇家钰等组成校务委员会，汪启恩、金德立分任正副主任。同时将因经费困难、呈请停办的私立建国中学并入。后改名为"安徽省屯溪中学"。

皖南区休宁中学 位于休宁县万安。民国元年（1912年）初，根据孙中山先生提出的普及义务教育纲领，在当时的徽州六邑创设"省立第五师范学校"，由绩溪胡晋接先生任校长，开徽州师范教育之先河。翌年七月，购得休宁县万安古镇新棠任氏故居为永久性校址，易名为"安徽省立第二师范学校"，并创设附小。民国十七年（1928年）春更名为"安徽省立第二中学"。民国二十三年（1934年）秋更名为"安徽省立徽州中学"。民国三十五年（1946年）夏更名为"安徽省立休宁中学"。民国三十八年（1949年）秋改名为"皖南区休宁中学"。后定名为"安徽省休宁中学"至今。

皖南区绩溪中学 参见326页"绩溪中学"条。

皖南区歙县中学 参见328页"歙县中学"条。

皖南区歙县初级中学 参见328页"歙县中学"条。

尊经私塾 原名"又新书屋"。位于祁门县南乡景石，建于清道光二年（1822年）。置有田产，延师课读。凡族中子弟，无论贫富，6岁以上均可入塾。

婺源公立正谊两等小学堂 位于婺源县北乡凤山，由开渠书院改设。清光绪三十四年（1908年）正月查树德创办。以茶捐、同人捐助为常年经费。

婺源公立初等小学堂 ❶位于婺源县城北闻善坊汪氏祠内。清光绪三十三年（1907年）二月汪开宗合族创办。以本祠贴款及族捐为常年经费。❷位于婺源县东乡八都大畈村。清光绪三十三年（1907年）二月汪大文合族创办。以汪祠津贴及学费为常年经费。❸位于婺源县东乡江湾义丰仓内。清光绪三十二年（1906年）二月江谦合族创办。以本族长庚会贴助及学费为常年经费。❹位于婺源县南乡三十一都曹门，借用汪氏祠。清光绪三十二年（1906年）二月胡时创办。以同人捐助及学费为常年经费。❺位于婺源县北乡沱川村，借湖山书屋改设。清光绪三十三年（1907年）二月余显模创办。以本村文会田租及茶捐为常年经费。

婺源公立初等女学堂 位于婺源县城东昭义坊刘果敏公祠内。清光绪三十四年（1908年）二月汪宗创办。以捐款、学费为常年经费。学生20名。

婺源县立初级中学 民国十六年（1927年）夏，原私立紫阳初级中学改为县立初级中学，校长为董钟汉，校址沿旧。民国二十七年（1938年）抗日战争初期，旅外大中学校师生返乡，校内增办临时高中班。民国三十二年（1943年），初中部增设简师班，学制1年，仅办2学期。民国三十四年（1945年）九月，初、高中合并，改校名为"县立中学"，直至解放。学校开办时，设3个班，学生70余人，教职工14人。新中国成立前夕，设11个班，学生405人，教职员工40人。参见327页"婺源县私立紫阳初级中学"条。

婺源县私立紫阳初级中学 位于婺源县朱文公庙上首。民国十三年（1924年）春江家珮等在县城创办，首任校长为江家珮。当年招收学生35人，次年招收学生44人；教员11人。每年招生40人左右。民国十六年（1927年）夏，县教育局拨款6 000元，省拨款2 000元，更名为"婺源县立初级中学"。

婺源私立初等小学堂 ❶位于婺源县城厢大庙王氏祠双杉书屋内。清光绪三十二年（1906年）二月王文铨创办。以本祠经文纬武两会岁科、宾兴款及学费为常年经费。❷位于婺源县城西培坞口程氏祠内。清光绪三十二年（1906年）二月程氏合族创办。以文会宾兴款及议减丁胙款为常年经费。❸位于婺源县城董氏祠内。清光绪三十二年（1906年）二月董氏合族创办。以本祠宾兴款及各支祠捐助为常年经费。

婺源官立两等小学堂
位于婺源县城西，就儒学署改设。清光绪三十年（1904年）八月知县邓之望创办。堂长程搏。以毛茶捐及知县捐助为常年经费。为徽州开办最早的新式学堂。

婺源官立高等小学堂
位于婺源县城东门内，由崇报书院改设。清光绪二十九年（1903年）正月胡宗程创办。以毛茶捐及学费为常年经费。参见310页"崇报书院"条。

简易识字学塾
清宣统二年（1910年），绩溪县署设官立城区第一简易识字学塾，入塾民众27人。继在镇头设公立简易识字学塾，入塾民众18人。为徽州实施农民教育之创举。

新安中学堂
位于歙县城东门外。清光绪三十年（1904年）歙县人江炜、许承尧等与茶商商议，并报两江总督批准，同意创办新安中学堂，由知府黄曾源任总办。光绪三十一年（1905年），由清末进士、翰林院编修许承尧开办并任监督，四月正式开学，遂成为徽州第一所普通中等教育学校。据《皖政辑要》载，学校"以茶厘及茶商捐助款为常年经费。学生一百零四名"。新安中学堂附设师范科和师范传习所，校址设县城紫阳书院，次年迁于府城旧试院上改建的新校址。紫阳书院遂专门为徽州府紫阳师范学堂所用。新安中学堂新建成校舍60间，可容纳学生200人。每年经费7 000余两白银，设备资产颇可观。学堂实行5年学制，开设修身、经学、国文、英文、历史、算学、植物、图画、体操、理化、法制理财等11门课程。学堂教师多为社会名流。光绪三十二年（1906年），许承尧、程庆琳、黄宾虹、陈钝、江炜、陈去病、汪律本等10余人在学堂组织"黄社"，以"遵梨洲之旨，取新学以明理，忧国家而为文"为名，展开反清活动。学堂学生来自徽州各县，亦有部分来自外地。民国三年（1914年）八月，学堂改为"省立第三中学"，除经费由省拨付外，其余仍沿旧制。民国十七年（1928年）与省立二师合并，成立"安徽省立第二中学"。

新安公立乡村师范学校
民国二十二年（1933年），紫阳书院款产委员会以3万元为基金在休宁县隆阜（今属屯溪区）创办。民国二十四年（1935年）迁往屯溪高枧的新安公立甲种商业学校旧址，并改名为"安徽省第十区农林实验学校"，方新为名誉校长。民国二十七年（1938年）改为商科，易名为"徽属联立职业学校"，原有农林班并到绩溪的安徽省立绩溪高级农业职业学校，校长为方新。民国三十二年（1943年）三月省农业厅同意徽属联立职业学校附设茶科职业班。民国三十三年（1944年）并入安徽省立屯溪工业职业学校。

新安公立中等职业学校
参见328页"新安公立甲种商业学校"条。

新安公立甲种商业学校
民国六年（1917年）由徽州六县省议会议员及徽州商界、学界人士共同发起，以紫阳书院款产为基金而创办。单设商科，招收小学毕业生，学制3年。首任校长为程伯敬，继任校长为沈度如。民国十八年（1929年）一、二年级各1个班，学生46人，教职员9人，并有附设小学；民国十九年（1930年）3个年级各为单班，学生79人，教职员11人；民国二十二年（1933年）学生89人，教职员17人。课程除设有常规的党义、国文、英文、数学、地理、理化、生理卫生、体育外，还专设商业概论、商算、商用文、簿记、经济银行、商业实践等。学校初借办于休宁县阳湖（今属屯溪区）的徽州乙种商业学校，后迁屯溪栗树园。民国十八年（1929年）易名为"新安公立中等职业学校"，迁于屯溪高枧安徽省立第一茶务讲习所旧址。民国二十年（1931年），成为省立二中二部。翌年易名为"安徽省立第八职业学校"，校长为曹强。次年又迁歙县城内试院原省立三中旧址。民国二十三年（1934年）停办。

膏火田
见319页"灯油田"条。

塾学
见323页"私塾"条。

塾馆
见323页"私塾"条。

端则女校
见331页"歙县私立端则女子小学堂"条。

歙县义童学校
民国二十九年（1940年）九月国民政府第三战区救济分会创办。校长为高立齐。招收义童2班，计88人，教员2人。每月经费155元。

歙县中学
位于歙县问政山。创设于民国三十二年（1943年）八月，时名"歙县县立初级中学"，凌集机为首任校长。以问政山珠兰花舍作为校舍，有7个班300余名学生。民国三十八年（1949年）歙县解放，更名为"皖南区歙县中学"。同年秋增设高中部。翌年高中学生并入休宁中学，改名为"皖南区歙县初级中学"。后改称"安徽省歙县中学"。

歙县公立大洲两等小学堂
位于歙县岔口。清光绪元年（1875年），吴灏兄弟创办"大洲公学"，校址位于岔口村脚忠烈庙前，占地面积约400平方米。光绪三十四年（1908年）改称"公立大洲两等小学堂"，清末举人张云锦任堂长。民国十九年（1930年），更名"大洲高级小学"。民国三十二年（1943年），更名"歙县岔口高级国民小学"。

歙县公立凤山两等小学堂
位于歙县西乡岩镇（今属徽州区）。清光绪三十二年（1906年）二月鲍政炳创办。以商捐、渔课为常年经费。

歙县公立乐育两等小学堂
位于歙县北蕃村。清光绪三十二年（1906年）蕃村鲍开林捐资创办，利用村口茶行屋为校舍，荐鲍崇栖为堂长、宋昌炽为副堂长。面向全县招生。陆军上将柏文蔚赠"热心兴学"匾。棠樾举人鲍鸿、唐模翰林许承尧曾受邀讲课。

歙县公立务本两等小学堂
位于歙县许村。清光绪三十三年（1907年）许家修等创办。

歙县公立师山两等小学堂
又称"郑氏师山两等小学堂"。位于歙县西乡郑村。清光绪三十三年（1907年）正月郑沛、郑翊清等合族开办。以郑氏祠捐款及学费为常年经费，并聘请黄宾虹、汪鞠卣、黄高镇为名誉校董。以原师山书院东间房屋作校舍，由郑雨仁出任首任堂长。

歙县公立求是两等小学堂
位于歙县西乡堨田村。清光绪三十三年（1907年）正月鲍中涵创办。以同人捐助及学费为常年经费。

歙县公立济通两等小学堂
位于歙县渔梁。清宣统三年（1911年）姚邦燮在崇报祠创建。民国后改名为"渔梁第三义务小学"。民国二十二年（1933年），创办高小，后更名为"渔梁镇中心国民学校"。民国三十八年（1949年）八月，更名为"县立渔梁完全小学"。

歙县公立崇正高等小学堂
位于歙县西乡堨田村。清光绪三十二年（1906年）正月郑广镇等创办。由崇正书院改设。以谢升瑞、罗会同等捐助及学费为常年经费。光绪三十三年（1907年）改为"公立崇正两等小学堂"。参见310页"崇正书院"条。

歙县示范中心国民学校
位于歙县徽城镇。因国民政府规定每县设一所示范中心学校，民国三十三年（1944年）春，徽城镇示范中心学校更名为"歙县示范中心国民学校"，为县重点小学。同年四月初四民国时期"儿童节"时，县政府在城东公园新建校舍，年底完工。新校舍平房六幢，每幢教室、教师宿舍各两间、休息室一间。民国三十四年（1945年）春，学校迁入新址。小学经费全部由所在地乡镇筹措，学校以征收学生学费为主、争取乡镇补贴为辅。民国三十六年（1947年）秋，濒临停办，时易名为"歙县县立简易师范学校附属小学"。

歙县行知小学
位于歙县上路街。民国三十六年（1947年）七月十八日，在宋庆龄及歙县旅沪同乡会的支持下，由陶行知挚友许士骐在歙县老家宅基上创办，推行生活教育。许士骐任校长。招收一、二年级各1个班，学生不收任何费用，还帮助赤贫子弟解决生活困难。学校成立校董会，许士骐任董事长，章载功、孙维嵩、张国良、项厚轩、柳戟门等任董事，并在上海设立董事会驻沪办事处。民国三十七年（1948年）秋，学校迁入上路街问政山麓一真庵前新建校址。计有教室4间、办公室2间、储藏室2间，共开一、二、三年级各1个班。唐明性任校长。当年冬天，宋庆龄批准学校为中国儿童福利基金会和战灾儿童义养会的赞助单位，确定义养生10名，每月拨美金300元，并经常赈济图书、学习用品、儿童衣裤等物资。除部分给义养生作生活补助外，其余作学校经费开支。

歙县许村私立仪耘初级小学
位于歙县北许村。民国十六年（1927年）本村人、清末两淮盐运使许家泽捐资创办。校舍占地2 000平方米，仿南京育才小学建造。首任校长由家泽长子本震担任。有教师2人，学生20人。学校推行现代教学模式，实行免费教育，统一着装。校训为"学做好人"，开设课程有：国语、数学、自然、体育、音乐、劳动等。

歙县县立初级中学
参见328页"歙县中学"条。

歙县县立明伦堂小学
民国二十一年（1932年），由歙县县立第一高等小学校易名而来。实行"四·二学制"。民国二十五年（1936年）聘请第一位女教员曹志勤。民国二十六年（1937年）秋，学生增至300余名，开设6个班，高、初级各3个班。民国二十七年（1938年）四月，学校迁址于"南街女子小学"旧址，改称"歙县城中小学"。

歙县县立城关完全小学
歙县城关小学的前身。创办于清光绪三十一年（1905年），始称"歙县官立两等小学堂"。后陆续更名为"歙县县立第一高等小学校""歙县县立明伦堂小学""歙县城中小学""徽城镇示范中心学校""歙县示范中心国民学校""歙县县立简易师范学校附属小学"。民国三十八年（1949年）九月改现名，由县政府直管。校长为许翮。此时，学生400余名，开设12个班，沿用"四·二学制"。后校名定为"歙县城关小学"。参见329页"歙县县立第一高等小学校"、329页"歙县县立明伦堂小学"、332页"歙县城中小学"、332页"徽城镇示范中心学校"、329页"歙县示范中心国民学校"、330页"歙县县立简易师范学校附属小学"诸条。

歙县县立第一高等小学校
民国元年（1912年）正月，由歙县官立两等小学堂易名而来，学生87人。在此后的几年内，学校实行"壬子学制"（初级4年，高级3年），聘请文、武秀才以上程度者执教，学生增至155人，6个年级、4个教学班。各乡初等小学毕业之学生升学者，来集于此，寄宿生近百名。民国十三年（1924年）前后，时任校长汪启祚招收第一名女生许似英。民国二十一年（1932年），校名改称"歙县县立明伦堂小学"。

歙县县立简易师范学校 位于歙县深渡。民国三十四年(1945年)八月,歙县县立初级中学在深渡附设四年制简易师范科2个班,学制1年。次年奉令单独设校,定名为"歙县县立简易师范学校",学制4年。首任校长为黄佳源。民国三十八年(1949年)并入皖南区歙县师范学校,更名为"皖南区歙县师范学校深渡分部"。后撤销分部,并入本部。参见321页"安徽省立徽州师范学校"条。

歙县县立简易师范学校附属小学 民国三十六年(1947年)秋,歙县示范中心国民学校濒临停办,为争取县拨经费,遂按当时政府之规定,易名为"歙县县立简易师范学校附属小学",简称"简师附小"。民国三十七年(1948年)冬,国民党第七十三军军部设在本校,学校迁散于上路街毕祠、原行知小学、斗山街32号许宅、武庙等处。民国三十八年(1949年)四月二十八日歙县解放,五月,学校迁回原址,六月,新旧政权交接时,有学生383人,教职员16人,班级10个,九月,改名为"歙县县立城关完全小学"。

*歙县县立简易师范学校附属小学(斗山街)

歙县私立中正学校 位于歙县潭渡。民国三十六年(1947年)秋方念楷等创办。后易名为"私立紫阳中学",校长为凌集机。民国三十八年(1949年)八月并入歙县中学。

歙县私立正本初等小学堂 位于歙县许村金川。清宣统元年(1909年)许玉章创办。

歙县私立正谊两等小学堂 位于歙县东蓝田。清宣统元年(1909年)叶峙亭创办,自任堂长。学生来自邻近7个村,也有少数外县学生。民国五年(1916年),改称"县立第一国民学校",胡志熊任校长。民国十八年(1929年),更名为"县立第一初级小学校"。抗日战争爆发后更名为"歙县大野乡蓝田保国民学校",叶鸿禧任校长。民国二十七年(1938年),中共党员杜维佑来蓝田小学代课,秘密进行党的地下工作。

歙县私立右任中学 位于歙县棠樾。民国二十九年(1940年),国民党皖南行署主任黄绍耿和国民党省党部皖南办事处主任张一寒,为纪念他们在上海大学读书时的恩师于右任而创办。校长为李辛白。民国三十三年(1944年)迁唐模(今属徽州区)。民国三十四年(1945年)停办。

歙县私立民族中学 位于歙县江村。民国三十年(1941年)国民政府第三战区中将参谋邓本殷创办,自任校长。翌年因经费拮据停办。学生转徽州其他学校就读。

歙县私立弘光小学 位于歙县城内天主堂。民国三十一年(1942年)由天主教会创办,校长为洪宝书。实行男女分班。民国三十八年(1949年)停办。

歙县私立作新两等小学堂 位于歙县霞坑真应庙。清光绪三十四年(1908年)创办,堂长方纲。民国初年方纲获"安徽省政府一等嘉禾章"。民国二十八年(1939年),迁余庆堂,改称"霞坑保小学"。民国三十七年(1948年),改称"歙县石潭乡霞坑保国民学校"。民国三十八年(1949年),改称"歙县霞坑初级小学"。

歙县私立启悟两等小学堂 位于歙县城大北街孝义坊南首。清光绪三十二年(1906年)正月唐澍合族创办。以祠族祭款余资及同人捐助为常年经费。

歙县私立青年中学 参见330页"歙县私立战时临时中学"条。

歙县私立南山中学 参见330页"歙县私立战时临时中学"条。

歙县私立战时临时中学 位于歙县大梅口。民国二十六年(1937年)创办。校长为许国均。民国二十八年(1939年)更名为"歙县私立南山中学"。翌年迁霞坑,更名为"歙县私立青年中学",民国三十年(1941年)停办。

歙县私立剑华小学

位于歙县郑村镇西溪村。民国二十七年（1938年）汪采白及其长子汪勖予创办。时抗日战争爆发后，旅外西溪汪氏纷纷回乡，见汪氏子弟就学困难，在征求司祠汪福熙同意后，将汪氏里祠辟为校舍，创办该校。汪勖予为首任校长，汪训昭负责总务。为支持办学，汪采白捐画义卖助教，汪勖予不取薪酬。汪训昭之子汪大经于民国三十四年（1945年）至民国三十六年（1947年）间任校长。后与私立师山小学合并为"郑村小学"。

歙县私立崇诚两等小学堂

位于歙县三阳。清雍正元年（1723年）洪运锦独资在存仁堂创办阳川义学。乾隆时迁入水口馆舍。光绪三十四年（1908年）改名为"私立崇诚两等小学堂"。民国四年（1915年）后，先后易名为"梅溪高小""国民两等学堂""私立梅溪小学校"，购置洋鼓、洋号、风琴、哑铃等。民国二十七年（1938年）改名为"公立梅溪小学"，民国三十年（1941年）停办。

歙县私立惇愫两等小学堂

位于歙县西乡潭渡村。清光绪三十二年（1906年）由黄宾虹在祖屋"怀德堂"创办并任堂长，任期至光绪三十四年（1908年）。时获"文会"和其他贤达人士支持，聘有汪印泉等执教。黄氏子弟在该校任教并担任校长的还有黄仲芳、黄昂清等。

歙县私立惇愫初等小学堂

位于歙县西乡潭渡村。清光绪三十一年（1905年）正月由黄质开办。以同人捐助及学费为常年经费。

歙县私立绳正两等小学堂

位于歙县富堨。清光绪三十四年（1908年）以富堨汪氏宗祠为校址，汪德源、汪标等首倡创办。民国年间转为国民小学。

歙县私立敬宗两等小学堂

位于歙县西乡唐模村（今属徽州区）。清光绪三十一年（1905年）正月许恭寿创办并自任堂长，其孙许承尧助办。以许氏宗祠部分租谷拨助及同人捐款为常年经费，村人扬州盐商许诚凝在他发起和资助的"救贫会"中拨部分银两，作为办学基金。民国后改称"私立敬宗国民学校"，初由村人、秀才许霁峰任堂长。民国六年（1917年）许霁峰出任县教育局长，校长遂由端则女校校长许旭书兼任。次年女校停办，学生并入敬宗国民学校，许旭书出任校长，后许霁峰由教育局卸任返回接任敬宗校长。民国二十七年（1938年）学校易名为"丰山乡国民学校"，民国二十九年（1940年）又改名为"丰山乡中心小学"。

歙县私立端则女子小学堂

简称"端则女校"。位于歙县西乡唐模村（今属徽州区）礼门巷。清宣统元年（1909年）正月由许恭寿创办，其孙许承尧助办。专收该村女子入学。附设于歙县私立敬宗两等小学堂内。以许氏祠款拨助及学费为常年经费，本村人、扬州盐商许诚凝在他发起和资助的"救贫会"中拨部分银两，作为办学基金。村中秀才许霁峰任堂长，教员4人：汪筱溪、程雨峨、苏德源、皮老太（本村许受衡、许声甫之祖母）。开设课程除一般小学堂必设之国文、算术、史地等科外，尚有女子修身、女子尺牍、珠算、女工，颇有女校特色。学生多时仅20余人，许承尧两个女儿也在此就读。民国六年（1917年），校长由私立敬宗国民学校校长许旭书兼任。翌年，女校停办。端则女校首开歙县女子新学之先河，成为我省最早创办的两所女子小学堂之一。参见331页"歙县私立敬宗两等小学堂"条。

歙县私立潨川两等小学堂

位于歙县北乡呈坎村（今属徽州区）。徽州首个由留学生倡办的学堂。清光绪三十二年（1906年），在本村留日学生罗会坦、罗运松、罗会矗的倡导下，由会坦之父凤蓂创办，以罗氏宗祠为校舍，以罗氏族捐及潨川文会款为常年经费。历举罗凤蓂为堂长。学堂参照日本格式，开设国语、算术、历史、地理、自然、常识、体育、音乐、图画、外语等新课，实行男女同校。开办之初，曾发生村民捣毁学堂事件，此事影响之大，引得上海《汇报》迅速做出报道。知府蔡世信支持新办学堂，还亲笔题了"潨川小学堂"校名。据《皖政辑要》载，光绪三十四年（1908年）全校学生达79人，是徽州府同类小学堂中人数最多、影响最大的学堂之一。清宣统二年（1910年）冬第一批学生毕业。

*歙县私立潨川两等小学堂

歙县私立徽州国医专门学校

位于歙县城东门外许氏宗祠。民国二十五年（1936年）歙县妇科名医黄予石后裔黄育庭、黄宜欣创办。当年招收学生18人。抗日战争爆发后停办。

歙县官立两等小学堂 位于歙县城。歙县最早的新学。清光绪三十一年(1905年),歙县城上路街吴棣在时任知县邓瑜的支持下,于县城九管的段宅(现斗山街40-1号)创办,以宾兴、征信册费、肉捐、水碓捐为常年经费。招生42人。堂长、教习由吴棣一人兼之。翌年,歙县城明伦堂修复,光绪三十一年(1905年)学堂迁至明伦堂内的崇圣祠。以问政书院款产租息及水碓捐等官费为办学经费,实行清廷颁布的"癸卯学制"(即初等修业5年,高等修业4年)。历任堂长有吴棣、江友燮、江仁伦、程致泽、李嘉会等。民国元年(1912年)正月,学校易名为"歙县县立第一高等小学校"。

歙县城中小学 民国二十七年(1938年)四月,歙县县立明伦堂小学迁址于南街女子小学旧址,改称"歙县城中小学"。汪洪炯任校长,学生40余名。是年秋,因居民返城,学生猛增近400名,设9个班,本部无法容纳,故辟"张苇庙"西街初小原址为分部。翌年秋,生源继续增多,又索回"明伦堂"为高级分部。民国二十九年(1940年)春,易名为"徽城镇示范中心学校"。

歙县城关小学 见329页"歙县县立城关完全小学"条。

歙县钟英女子小学堂 位于歙县郑村。清宣统元年(1909年),郑自熙独资创办并任堂长。校址为原师山书院三乐堂。

歙县新安六邑联合中学 位于歙县城原新安中学堂旧址。民国十六年(1927年)歙县吴甲三创办。一年后停办。

徽州乙种农业学堂 清宣统二年(1910年)茶商吴荣寿(字永柏,号俊德)、吴永佑等人在屯溪阳湖捐巨资首倡创办,由茶务总会、茶号认加引捐与屯溪钱商分认的年捐共3 000余元为经常费。初名"茶商崇正学堂",以蚕桑为主科,后称"徽州乙种农业学堂"。第二年,扩增中等农科、预科两班。民国元年(1912年)办学经费锐减,中等农科学生毕业后,专办初等农科及附属小学。民国二年(1913年)设商科,改称"徽州乙种商业学校"。民国十三年(1924年)后,经费全部由茶、钱两商担负,更名为"徽属茶钱两商公立小学"。民国十八年(1929年)后,经费仅茶号引捐一项,又更名为"茶商小学"。

徽州乙种商业学校 参见332页"徽州乙种农业学堂"条。

徽州府文庙 又称"徽州府学宫"。位于歙县城东北角,始建于唐朝。北宋太平兴国三年(978年)迁至乌聊山,后又迁到江南道院,至绍圣二年(1095年)仍迁回旧址。南宋绍兴十一年(1141年)增修,颇具规模。左庙右学,中为知新堂(后改称"明伦堂"),辟殖、懋、益、裕、毓、定、觉、浩8斋,不久又辟直舍、射圃,依山城建风雩亭,种松柏百本。宫内藏书丰富。元初,半毁于兵燹,旋告修复,礼请前朝进士陈宜孙为教授。府学宫除文庙、学舍两个主体部分外,还有崇圣祠、朱文公祠、乡贤祠、忠义祠、明伦堂、敬一亭、尊经阁、藏书楼、教授训导厢、射圃、学仓、馔堂,另有泮池、棂星门以及各类牌坊等。民国二十三年(1934年)歙县教育局迁入后,不慎发生火灾,荡然无存。

徽州府学宫 见332页"徽州府文庙"条。

徽州府紫阳师范学堂 简称"紫阳师范学堂"。清光绪三十二年(1906年),为更好地培养小学教师,新安中学堂附设的师范科升级为徽州府紫阳师范学堂,校址仍设在旧试院。先设一年制简易科。新安中学堂监督许承尧兼任监督,鲍振炳协助主持校务。次年正月,迁址于紫阳书院,正式与新安中学堂分址办学。该校为全省第一所师范学堂,也是徽州最早的一所中等师范学校。学生多半是"以馆为业的寒士,年龄稍长、文理清通",学生须经过考试录选。每年招生60名(2个班)不等。学制2年,按光绪二十九年(1903年)《官定初级师范章程》开设修身、教育、读经讲经、中国文学、历史、地理、算学、理化、博物、习字、图画、体操等课程。经费两校匀支,教师两校相互兼课。民国元年(1912年),学校裁减,学生并入新安中学堂,在新安中学堂增设师范科,逐年招生。民国六年(1917年),紫阳师范班最后一班13人按期毕业。

徽州旅芜公学 见322页"芜湖徽州公学"。

徽城镇示范中心学校 民国二十九年(1940年)春,国民政府实行"政教卫合一",小学管理权归属乡镇。歙县城中小学因此改称"徽城镇示范中心学校"。由镇长兼任校长,同年秋,时任县长马垌特邀柯敦厚出任校长。民国三十三年(1944年)春,学校确定为县重点小学,更名为"歙县示范中心国民学校"。

徽属茶钱两商公立小学 参见332页"徽州乙种农业学堂"条。

徽属联立职业学校 参见328页"新安公立乡村师范学校"条。

黟县县立初级中学 位于黟县碧阳小学。民国三十三年(1944年)创办。招收4个初中班,1个简易师范班,录取学生198人。首任校长为舒德轩。

黟县私立天主堂小学 位于黟县城内麻田街。民国二十九年(1940年)天主教会创办,校长为魏平波。学生50余人。民国三十八年(1949年)停办。

黟县私立沥川小学 位于黟县沥川。民国二十七年（1938年）由中共党员余起、汪怀仁和进步青年余芙苏等捐款恢复。

黟县私立启蒙初等小学堂 位于黟县屏山舒氏支祠尚本堂。清光绪三十三年（1907年）开办，校长为舒鸿骞。民国初改名"第四区第一国民学校"。民国十六年（1927年）与第二国民学校合并为"私立屏山小学"，经费取之个人捐助和舒氏支祠祠产补助。小学曾办幼稚班，推动学前启蒙教育，教师舒人文著有启蒙教材《四色写字教材及教学法概况》。学校曾演出《拒毒》《孔雀东南飞》等新剧。

黟县私立南阳两等小学堂 位于黟县五都叶村叶氏宗祠。清光绪三十四年（1908年）开办，校长为叶学逊。叶寿萱于民国后自费支持3年，受到银质嘉禾章奖励。先后改名"第五区第一国民学校""林沥乡双溪保国民学校""南屏小学"。

黟县私立崇德女子初级小学校 简称"崇德女校"。位于黟县西递。清光绪三十二年（1906年）黄杏仙创办，自任堂长并授课，初名为"黟县崇德女子学堂"，招收学生20余人，教材有《女孝经》《烈女传》《女子尺牍》等。民国后改称"私立崇德女子初级小学校"，设国文、常识、算术、书法、图画、女工（缝纫、刺绣）等课程，以国文、女工为主。倡导学用结合，办有小苎布厂。学生胡琦元、胡佩珍、胡绣杏、胡健九、胡淑媛等离校后，曾在县内各地创办"女子家庭工读社"，影响颇大。民国十三年（1924年）四月初十黟县在考棚举行全县学校国文竞进会，崇德女校派出学生20人，两人合坐一乘肩舆，共10乘。女校后又改名为"第二区第一女子国民学校"。

黟县私立敬业小学 位于黟县横冈。民国十二年（1923年）该村旅沪商人吴骞捐资3万元创办。学校占地数千平方米，建有教室、礼堂、办公室、宿舍、厨房、饭厅、晴雨运动场、仪器室等。教学除设置一般课程外，还增开经书（《论语》《孟子》）、英文、选读古文。曾附设商业初中班。教师无偿供膳。对于学生膳宿费，吴姓子弟年交13元，外姓年交26元。每年办学经费4 000元，均由吴子敬独资捐助。民国二十二年（1933年）以后，吴氏家道中落，无力支持学校经费，经吴姓协议，组成董事会，以宗祠"至德堂"租谷收入资助学校。民国二十九年（1940年）后，先后改名"西虹乡中心国民学校""碧阳镇中心国民学校分校""横冈乡中心国民学校"。现为"横冈小学"。

黟县私立蔚文小学 初创于黟县余心六公祠，民国十八年（1929年），柏山人范蔚文捐资4 000余银元创办，并捐出芜湖一处房产计1幢13间，以年房租1 929元维持学校费用。同时又捐资4 000余元，在城隍山麓建造新校舍，民国三十年（1941年）夏全部迁入。首任校长为范治农。民国二十五年（1936年）附设英文、数学补习夜校，担负短期培训县小学师资任务。民国二十九年（1940年）并入碧阳小学，为临漳镇小学分部。民国三十六年（1947年）复校，仍称"蔚文小学"。次年设立柏山分校，以临川别墅为校舍，设高、初级2班。柏山、姚村、立川、榆村的学生均入分校学习。以后高级班并入本校，初级班改为"柏山保校"。

黟县贫民初等小学堂 民国二年（1913年）开办，校址位于黟县横冈书舍。校长胡权勋受陶行知办学影响，专收贫家子弟，不取学费，书籍纸笔都由校方供给。

黟县崇德女子学堂 参见333页"黟县私立崇德女子初级小学校"条。

黟县碧阳公立高等小学堂 位于黟县城郭门外碧阳书院内。建于清光绪三十二年（1906年）九月。首任堂长为留日生汪芳绩，学生40余人。民国时期，先后改名"县立碧阳高等小学校""县立第一完全小学校""县立碧阳完全小学""临漳镇小学""临漳镇中心国民学校""碧阳镇中心国民学校"。民国十八年（1929年）迁城内余氏宗祠，继迁吴氏宗祠，民国二十三年（1934年）春迁城南孔庙址。现为"碧阳小学"。

黟县黎明商业学校 位于黟县黎明俞家祠堂。民国十二年（1923年）黟县"新黟学会"创办。由会员范楚玉、余复生暂行主持，并义务教学，收入学费全作设备开销。实行"新三三学制"，即前三年为普通科，授初小课程；后三年为商业科，选授高小课程，并加入商业知识。提倡男女同校。

综合

一方硕士，六县宗师 对胡晋接的誉称。胡晋接于清光绪二十九年（1903年）受聘主持绩溪仁里思诚学堂校务8年。民国元年（1912年）担任安徽省督学，视察、督导徽州教育。民国二年（1913年），奉命筹建安徽省立第五师范学校并任校长，开徽州地区师范教育之先河。民国三年（1914年），学校改名为"省立二师"，胡晋接任二师校长，直至民国十六年（1927年）退休。任职二师校长期间，大力提倡实用主义教育，追求教育与生活、学习、应用的结合，积极倡导推行职业教育和社会教育，为徽州培养了大批人才。同时为促进徽州教育的发展，还创办了徽州地区规模最大的民间教育组织"全徽教育协进社"，后更名为"徽州教育联合会"。民国三年(1914年)四月，著名教育家黄炎培在自费视察浙、赣、皖教育后，于全国教育学报撰文称誉"省立二师"为"安徽学府"。晚年他作为安徽省通志馆特约编纂，为《安徽通志》撰写了《舆地志》和《艺文志》的部分内容。民国二十二年(1933年)，胡晋接被推举为《绩溪县志》总纂，民国二十三年(1934年)三月病逝。胡晋接先生为近代徽州有较大影响的学者之一，并以精通程朱理学、兼涉百家学说著称，因此被誉为"一方硕士，六县宗师"。

十里三贤人 地方佳话。指宋元之际，休宁陈栎与其学生朱升和倪士毅三人。他们儒学造诣深邃，均曾授徒讲学，潜心著述，因所居住的地方相距不过十里(5千米)而得此尊称。

七政训练班 教育组织。全称"国民政府第七战区司令长官司令部战地政治工作委员会驻歙县岩寺工作团青年救亡干部训练班"。校址设在岩寺凤山小学。民国二十六年(1937年)十二月至次年二月举办两期青年救亡干部训练班，招收学员近百人。内设中共特支，黄诚任书记。"七政"训练班特支与中共休黟特支联合活动，均属皖赣特委领导。"七政"训练班为皖南培养了一大批进步青年，其中很多青年如杜维佑、汪晓云、叶芳炎、胡士林、汪晋侯等参加了共产党，成为恢复皖南地区党组织的骨干力量。

工学团 教育机构。陶行知先生于20世纪30年代初创办的平民教育组织。"工"指工作，"学"指科学，"团"指团体。工以养生，学以明生，团以保生。旨在将工场、学堂、社会融合在一起，对大众实施培养普遍的军事能力、生产能力、科学能力、识字能力、运用民权的能力、节制生育的能力等"六大训练"。民国二十一年(1932年)五月二十一日至八月十五日，陶行知在《申报》副刊"自由谈"上以连载形式发表著名教育小说《古庙敲钟录》，第一次提出以工学团代替传统的农村学校教育。民国二十一年(1932年)，他在上海宝山大场创办"山海工学团"，掀起了富有时代意义的、影响波及十多个省市直至东南亚的工学团运动。

小三苏 人物誉称。元末明初歙县槐塘唐仲实与其父唐元、其子唐文凤三人，俱以文学闻名，时号"小三苏"。

小先生制 陶行知为解决普及大众教育师资问题所创立的教育形式。陶行知认为实行"小先生制"有四大优点：第一，可以解决女子教育；第二，使人进步；第三，使知识为公；第四，使学校与社会流通。该制广泛应用于"工学团"中，在中国教育史上写下了新的一页。

中山体专 见322页"苏州私立中山体育专科学校"条。

仇学风潮 教育事件。清宣统元年(1909年)，在徽州创办新式学堂的热潮中，休宁临溪程管侯与临溪士绅姚公桥、吴仲盘等决议：停废重阳神会，将程、吴、刘氏等祠堂做会的巨款拨作办学经费，推程管侯为私立临川初等小学堂堂长。不料，十一月十二日在封建族长、重阳会首程万能的操控下，掀起了"仇学风潮"，以"兴洋学、不敬神""破坏祖宗老规矩、大逆不道"为由，将程管侯抓了起来，关在中村程家祠堂里，准备活埋。十一月十四日程母范氏服毒自杀以相抗，震动全县。时任休宁县议会议长刘景武、副议长王甸青和劝学所所长王景尧等极力干预"重阳案"，县衙门一连三次"派出"捕差，要将程管侯提押到县"候处"，但终为族长所拒。最后，由王甸青连夜步行到歙县，呈文徽州府。知府刘汝骥随即派府台公差以"押程服役"为名，将程管侯带出临溪村，交给了王甸青，被安置在屯溪王吉祥缸店在枫林巷的栈房里。"仇学"势力尚恐有诈，派人尾随监送。两周后的一个夜晚，王甸青的弟弟王禹声和学生李玉华向屯溪保甲局局长程绣琳商借警服与步枪，"押"着程管侯从梧冈巷口的盐埠头下船，一直护送到歙县深渡，程管侯在此换船去浙江菱湖其父经商处。宣统三年(1911年)程管侯返乡，执教于海阳高等小学堂，同时重办临川小学堂。民国九年(1920年)，休宁县政府为表彰程母助子办学精神，呈准"中华民国"大总统徐世昌颁发"彤管流芳"褒状。休宁县长吴通世又将褒状制成匾额，在临川初等小学开校之日，教育局组织了屯溪、隆阜各个学校高年级学生、兴学志士以及群众200多人，用洋鼓洋号吹吹打打，从屯溪护送到当年关押程管侯的场所临溪中村程家祠堂，为在"仇学风潮"中尽节的程母上匾。临川初等小学堂先后更名为"临川初等小学""临溪小学"。

孔子先师庙 俗称"孔庙"。除山东曲阜孔庙和浙江衢州孔庙是家庙规制外，其余的孔庙都是"庙学合一"的规制，即均属于学庙，或称庙学。是古代官办儒学教育场所和祭孔场所，徽州郡县均设有孔子先师庙。孔庙坐北朝南，主要建筑物为大成殿，其两边是廊庑，殿后为明伦堂。戟门在文庙南，棂星门在戟门南。附设建筑还有斋舍、藏书阁、乡贤祠、名宦祠、文闱阁、仓廪、射圃、泮池等。唐武德七年(624年)诏令州县置学，贞观四年(630年)又诏令州县学要设有孔庙，"庙学合一"遂成定制。此后，徽州州县陆续办学。一些新置县治同时也设县学。北宋"庆历新政"要求所有州县必须有官办学校，校内必须设有孔庙。徽州庙学最早建于南唐保大八年(950年)。祁门庙学始于北宋端拱元年(988年)；休宁庙学始于南宋绍兴六年(1136年)；绩溪庙学始于绍兴二十五年(1155年)；黟县庙学始于淳熙十六年(1189年)；婺源庙学始于端平元年(1234年)；歙县庙学始于淳祐十年(1250年)，之前一直附设于州学。徽州的孔子先师庙不仅庙祀孔子，还祀朱熹等贤儒。

因有学宫的功能,一般都置有官田,以作春秋祭祀和县学廪膳之资。徽州孔庙祭孔,一年两次,称春秋二祀。每次祭孔,均以知县为首,斋戒两天,在大成殿奏乐行祀。

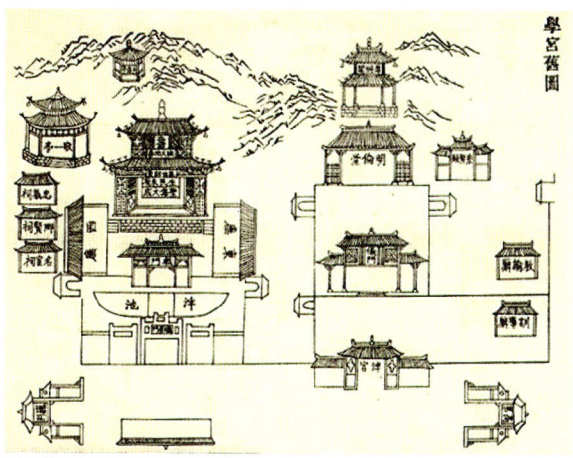

*孔子先师庙平面图

孔庙 见334页"孔子先师庙"条。

劝学所 教育机构。徽州各县劝学所始设于清光绪三十二年(1906年),管理全县教育工作,知县兼监督。宣统三年(1911年)辛亥革命后奉令撤销。民国四年(1915年)复设,唯章程有修改。民国十二年(1923年),各县劝学所相继改为教育局。黟县劝学所成立于光绪三十二年(1906年)十月,首任总董李淦;歙县劝学所成立于光绪三十二年(1906年)十二月,汪国杰为首任总董兼视学员,另设劝学员若干;婺源县劝学所成立于光绪三十二年(1906年)十二月,方新为首任总董兼视学员;祁门县劝学所成立于光绪三十三年(1907年)二月,谢庆余为首任总董兼视学员;绩溪县劝学所成立于光绪三十三年(1907年)五月,胡在渊为首任总董;休宁县劝学所成立于光绪三十四年(1908年)十一月,王世勋为首任总董。

生活即教育 陶行知"生活教育理论"的三大主张之一。认为:"生活教育是生活所原有、生活所自营、生活所必需的教育。教育的根本意义是生活之变化。生活无时不变,即生活无时不含有教育的意义。"生活教育强调的是教育要以生活为中心,反对传统教育以书本为中心,认为不与实际生活相结合的教育是死的教育。陶行知所说的"教育"不是以学校为整体的狭义教育,而是包括学校教育在内的整个社会生活的广义教育。"生活即教育"的主旨包括:生活决定教育,即所谓"过什么生活便是受什么教育;过好的生活,便是受好的教育,过坏的生活,便是受坏的教育",只有在生活中求得的教育才是真正的教育;实际生活是教育的中心,文字、书本只是工具,教育要通过生活才能产生力量,而成为真正的教育;教育的意义在于生活的变化,因此生活教育的内容是随生活的变化而不断发展的;"生活即教育"是终身教育,是与个人生活共始终的教育。

休宁文庙 又称"休宁学宫"。位于休宁县治正南0.5千米许。庙高约15米,广约16.7米,横五大间,深三大间。中楹祀孔子、孟子,东祀四配,西祀十哲。殿南辟门三,中为棂星门,门内凿泮池,上架拱石为桥;东垣为泮宫,其南有启圣祠、名宦祠、乡贤祠、学士墩、程朱祠;西有报功祠、敬一亭、尊经阁。棂星门右100步为仪门,仪门北50步为明伦堂。堂东廊为博文斋,西廊为约礼斋。堂东有尊经阁,堂西有山斗兴思祠,祠南有号舍八区;堂南有讲堂;堂北列衙舍三间,中居教谕,东西居训导。儒学外,左建东南邹鲁坊,右建贤俊奋庸坊,路南有外泮池。又有射圃在东南郭外,土地祠在仪门之右。参见334页"孔子先师庙"、314页"休宁县学"条。

休宁县立简易师范学校 初名"休宁县立师范学校",民国三十二年(1943年)创办,学校招收高小毕业生,学制4年,首任校长为陈绳德。校址初设城郊秀阳乡麦岐村,后迁县城南街。民国三十八年(1949年)迁休宁县中原址,改名"休宁县立简易师范学校",中师班并入皖南区歙县师范学校。参见321页"安徽省立徽州师范学校"条。

休宁学宫 见335页"休宁文庙"条。

全徽教育协进社 教育组织。民国七年(1918年)十一月十九日,安徽省立第二师范学校举办学校五周年纪念活动,受邀的徽属一府六县教育会,共议成立地方教育联络、议事机构。旋即推定"二师"为筹备处,是年十二月即由胡晋接先生起草宣言和组织大纲(草案),征求各县教育会意见后,呈报省教育厅批准。民国八年(1919年)五月十八日成立,胡晋接任主任。为徽州地区成立时间最早、规模最大的民间教育组织。性质定为地方教育联络机关和社会自助事业。宗旨是"一曰改良小学教育,二曰提倡职业教育,三曰推行社会教育"。凡属各县教育会负责人、视学员、小学校长、骨干教师均可入社,同时吸收若干热心教育的社会贤达参加。正式成立时入社社员有169人,胡晋接任主任,并推定"二师"的"学区教育联合部"为该社办事机构,主管文书、经费事宜。社员各缴银元2元为建社基金。主任每两年改选一次,民国九年(1920年)改选,晋接续当主任。活动形式主要有:一、"协进社"每年举行一次全体会议,前两次由"二师"带头筹备召开,做出范例,以后由各县轮值。会议时间限于3天。首先开议事会,各县汇报交流,次则讨论提案,研究问题。二、每次集会,除议事外,配合进行成绩展览会、游艺会、运动会等各种活动,以资观摩。三、举行演讲会。利用夜间,聘请专家或名师到会演讲。四、首倡徽州学区召开联合运动会,民国八年(1919年)召开本学区第一次中等学校联合运动会,每年举行一次。五、对学区经常性工作有:派员视察、调查本学区小学校的状况;辅导小学工作,编辑印发《教育月报》或《教育季刊》;利用寒暑假作专题调查,培养国语教员,在全区推广普通话;派专业教师前往南通、南京、杭州等地考察教育,以促进本学区教育的发展等。后改为"徽州教育联合会"。

安徽学府 安徽省立第二师范学校誉称。民国三年(1914年)四月,著名教育家黄炎培自费到浙、赣、皖视察教育。四月二十九日,他视察了位于休宁县万安的安徽省立第二师范学校(简称"省立二师"),后在视察日记中极力称赞:"师范学校,余此行特别注意者,所见可十数,求最足以移我情者,惟斯校乎!""余观是校,不觉为之神往……"并详细介绍了省立二师的办学情况,刊于全国教育学报上。一时间省立二师名扬全省、全国,被誉为"安徽学府",受到安徽省政府传令嘉奖。

安徽省立第一茶务讲习所 位于屯溪高枧。民国七年(1918年)五月安徽省实业厅创建。省长黄家杰委任婺源俞燮为所长。民国九年(1920年)首届毕业生有胡浩川、方翰周等。

国民政府第三战区救济分会第一义童教养院 位于休宁县隆阜(今属屯溪区)吴氏民宅。民国二十七年(1938年)春国民政府第三战区救济分会创办。收义童621人,分7个年级8个班,教职工13人,每月经常费及义童入学奖励金合计2 687.2元。

国民政府第三战区救济分会第二义童教养院 位于休宁县城。民国二十八年(1939年)七月国民政府第三战区救济分会创办。收义童252人,教职工10人,校长为宫眠云。每月经常费及义童入学奖励金合计1 582.8元。

茶商小学 参见332页"徽州乙种农业学堂"条。

茶商崇正学堂 参见332页"徽州乙种农业学堂"条。

省立二中驱左学潮 指民国二十一年(1932年)十一月至十二月,在中共徽州工作委员会领导下,安徽省立第二中学(简称"省立二中")学生开展的一次政治斗争运动。十一月十四日,因反对学校克扣师范科毕业生参观费,省立二中学生向学校提出"驱逐教务主任左敬忱"等条件,遭到校方拒绝后,学生自发举行全校大罢课。学潮兴起之后,学生中的共产党员朱道煌便成为发起人之一积极参与斗争,中共徽州工作委员会宣传部长汪宽(往届师范科毕业生)以校友身份到省立二中指导斗争,并提出"打倒左敬忱""反对学阀""反对当局压制民主"等政治口号,把自发性的学潮引向政治斗争。同时,以各县学生同乡会代表联席会议名义,列举教务主任左敬忱、校长汪孔祁十大罪状,电告省教育厅;并以省立二中学生会名义,向外界通电;派同乡会代表回原籍请求各县支援。学潮得到黟县教育局长吴星楂及碧阳、敬业、蔚文、屏山等小学校长、教师和安徽省立第四女子中学学生会的支持。休宁县民众教育馆李馆长热情支持学生的正义行动。在中共徽州工作委员会的领导下,学潮不断扩大,学生罢课达45天之久,驱逐了教务主任左敬忱,震动了整个徽州。后因国民党政府当局安徽省第十区行政督察专员兼休宁县长刘秉粹派出武装军警弹压,强令复课,学潮始告平息。学潮中的骨干朱道煌、李文斌、黄承渊、朱道业、汪永堃、胡文侯、陈虎臣、王政、程昌銮、潘志道、程元健、汪日章、包旭东、吴亦瑞、张源训、汪集钊、汪国栋、周至隆、焦潮熙、吴仁杨、叶贞良、汪建民、朱典章、孙步瑛、周铭来等人先后被省教育厅电令开除,孙荣春、程际徽、陈惟旺、汪懿、方城、陈永鸿、项焜、土春生、丁学礼、胡堔、孙世明、陈坤玉等人受记过留校察看处分。

省立二师 见320页"安徽省立第二师范学校"条。

省立三中五四学潮 "五四"运动后,徽州各界纷纷响应,五月十三日省立三中师生聚集学校大会堂前商议,以学校名义发电声援,遭到校长徐承祜反对。会后,由学生程洽生起草电文,派代表骑马至屯溪发电,声援北京爱国学生运动,电文署名为"安徽省立第三中学除校长徐承祜外,全体教职员学生同叩"。徐承祜五月二十日看到上海《申报》报道后,大为不快,密查为首人员未成,于五月二十四日与学生辩论,以开除相恫吓,被学生轰出校门。次日,徐承祜赴省告状。学生一面向省厅申诉,一面请南京陶行知等声援。陶行知闻讯后即对三中师生的正义斗争予以大力支持,致电安徽省政府,要求撤去校长职务,并举荐方新到三中接任,电请北大和南高分配优秀毕业生来三中任教。省府派督学姚毓麟来校调停,调停失败后,授受陶行知等建议,撤销徐承祜校长职务,委派方新接任校长,学潮始告平息。

科学下嫁运动 陶行知于20世纪30年代倡导并实施的大众科普教育理念。陶行知认为:"我们要使做工种田的人、拾垃圾的孩子、烧饭的老太婆也享受近代科学知识,要把科学变得像日光、空气一样普遍,人人都能享受,这就需要一个科学下嫁运动。"他主编出版了不少近代生物、化学、物理、天文、矿物、数学、农业、生理卫生等通俗易懂的自然科学教科书,创办了设有天文、气象、物理、化学、生理卫生等科的儿童科学通信学校,以及利用无线电台传播科学知识的空中学校。民国二十一年(1932年)他于上海创办的自然科学园,也是一所自然科学的函授学校。

陶姚

陶行知与姚文采的并称。两人均为徽州歙县人，且都于清光绪三十四年（1908年）作为首届毕业生毕业于歙县崇一学堂，宣统元年（1909年）共同就读于教会所办的南京汇文书院（后更名为"金陵大学"）。民国六年（1917年）陶行知留美归来，任南京高等师范学堂（后改名"东南大学""国立中央大学"）教务助理、教务长时，聘姚文采教生物学和解剖学。民国十六年（1927年）陶行知创办晓庄师范时，姚文采协助筹划建校并任生物指导员，共同以教学做合一的思想方法教学。民国二十一年（1932年）他们在南京共同创办安徽公学，后更名为"私立南京安徽中学"。两人在教育事业上合作共事20余年。姚文采曾说："我和行知是同乡、同学、同事、同志，相交最深，相知最切，是合作最好的朋友。"陶行知先生与姚文采先生对中国，特别是南京的教育事业做出了重大贡献，以至于被人尊称"陶姚"。

教学做合一

陶行知"生活教育理论"的三大主张之一。是陶行知生活教育理论的教学方法论，该理论认为教、学、做是一件事，其中"做"是中心。教的方法根据学的方法，学的方法根据做的方法。事怎样做便怎样学，怎样学便怎样教。主张"在做上教，在做上学"，要求"以教人者教己，在劳力上劳心"。教学做合一是生活法，也是教育法，从教学方法上改变了教、学、做的分离状态，克服了传统教育上书本知识与生活实践脱节、理论与实际分离的弊端，是教育理论和教学方法上的一大革新。

黄社

社会团体。清光绪三十二年（1906年），由徽州府新安中学堂部分教师秘密成立。以纪念黄宗羲为名，议论诗文，实际上是以此开展反清活动。其社盟为许承尧所撰，主要是："遵梨洲之旨；取新学以明理；忧国家而为文。"社员初为9人，后发展至10余人。主要有许承尧、黄宾虹、陈去病（吴江同里人）、江岘、汪律本、费公直（吴江同里人）、费迈枢、陈鲁德、严达（江苏清河人），另有在歙县县学内任职的湖南人聂伯簏、浙江东阳木商李潮等。由许承尧担任监督之职，黄宾虹任助理。平日常在新安中学堂学生许某家和黄宾虹宅院怀德堂进行集会。光绪三十三年（1907年）初夏，有人以黄宾虹涉嫌"革党"（清末对革命党之称），告发于省城，黄宾虹出走上海。安徽巡抚恩铭得报，准备行动时，却被革命党人徐锡麟所刺杀。安徽省布政使沈曾植和继任巡抚冯煦与黄宾虹、许承尧交好，此案不了了之。当年秋，许承尧辞去监督之职，回到北京任翰林院编修。黄宾虹也返回歙县，但不再在学堂任职。黄社解散。

绩溪文庙

又称"绩溪学宫"。位于绩溪县城北观山麓，即绩溪孔庙。坐北朝南，呈传统的中轴线东西对称布局。位高面阔，规制恢宏。由大成殿、两庑廊、明台、神库、庙门、尊经阁、斋房、泮池、泮宫坊、棂星门等10部分组成。大成殿开间及进深均15米，庙宇面积260平方米。为重檐歇山式屋顶，正脊由三路花砖排砌，脊中置葫芦结顶，两端鳌鱼翘角。结构以明栿、草架并用的做法，以斗拱承挑屋檐。明栿以下的各种木构件以彩绘作饰。明间上首及内间上首高悬"大成殿"和"万世师表"的巨幅匾额，其下方设有祀拜孔圣人的祭坛。东西两庑廊各有13间，单坡屋顶，上下部分别为五分、四分水法，柱梁、枋等构件均有鲜丽的彩绘。旧有"庙貌尊严，亭宇整饬，规模甲于江南"之誉。始建于南宋绍兴二十五年（1155年），元至元二十七年（1290年）毁于兵燹，至大元年（1308年）重建，明正德九年（1514年）重修，清康熙、嘉庆年间及新中国成立后多次修葺。参见334页"孔子先师庙"、315页"绩溪县学"条。

绩溪县官立师范传习所

位于绩溪县东山高等小学堂内。清光绪三十四年（1908年）知县文化舒创办。以劝学所拨款为常年经费。

绩溪县教育会

教育团体。清光绪三十三年（1907年）三月成立，设儒学训导署内。周懋和、胡晋接分任正、副会长。辛亥革命期间活动停止，民国八年（1919年）七月初一复会，会址设于县城外旧学公廨，设会长、副会长各1人，文牍兼干事员1人，评议员13人。七月初九召开的大会上，省立第二师范学校教员黄宗培当选为正会长，县立第一等高小学校教员胡永惠当选为副会长，周氏学校校长周其烈任文牍兼干事员。胡晋接、胡在渊、程士梅、张功伟、程振钟、胡培湝、程树勋、胡振邦、章本祺、曹杰、周赞贤、柯楚、汪立中为评议员。

绩溪学宫

见337页"绩溪文庙"条。

绩溪惠民染织传习所

民国十四年（1925年）绩溪商人芜湖商办明远电灯股份有限公司经理吴兴周与同事周协恭、上海亚东图书馆经理汪孟邹等在绩溪创办。并设厂传技。

道外无文，文外无道

教育理论。元徽州郑玉认为求道必须学习"六经"，唯有从"六经"中才能求得道。这里的"道"即"圣贤之道"，"六经"指儒家经典《易》《诗》《书》和《春秋》"三传"（《左氏春秋传》《春秋公羊传》《春秋谷梁传》）。他指出："《易》《诗》《书》言其理，《春秋》载其事。有《易》《诗》《书》而无《春秋》，则皆空言而已矣！"认为在学习儒家道统的同时，要重视学习古代历史的重要性，通过学习《春秋》"三传"等历史典籍，才可达到以史为鉴的目的，才能从中领悟修身、齐家、治国、平天下之"道"，并身体力行。他说："道外无文，外圣贤之道而为文，非吾所谓文。文外无道，外'六经'之文而求道，非吾所谓道。"认为离开"圣贤之道"的文章,不是他所认同的文章;离开"六经"所求之道,亦非他所倡导之道。

婺源公立师范传习所 位于婺源县城内北门保安山。清光绪三十二年(1906年)七月江藜青创办。以房租、茶税为常年经费。初为一学期毕业,后扩展至一年,又扩展为两年。仿效紫阳师范学堂办学模式。宣统元年(1909年)停办。

婺源文庙 又称"婺源学宫"。始建于南宋端平元年(1234年),仅建礼殿。元朝增建讲堂、斋舍、藏书阁、乡贤祠、名宦祠。明洪武四年(1371年)建大成殿及东西庑、东西斋、明伦堂。后陆续增建棂星门、泮池、敬一亭、天香亭、文昌阁、启圣祠、忠义孝悌祠等。占地2 600余平方米,为全县最大的文化建筑。庙祀孔子和先贤、先儒,朱熹亦以位列十哲从祀。同时又为县学宫,置田15万余平方米,专作春秋祭祀和县学廪膳之资。参见334页"孔子先师庙"、316页"婺源县学"条。

婺源县立简易师范学校 位于婺源县城孔庙。民国三十四年(1945年)八月创办。招收高小毕业生,学制4年;初中毕业生,则修业1年。当年招收学生34人。民国三十七年(1948年)因经费困难停止招生。后停办。

婺源学宫 见338页"婺源文庙"条。

新安旅行团 教育团体。简称"新旅"。民国二十四年(1935年)十月初十,成立于江苏省淮安县河下镇淮安私立新安学校。是中国共产党领导的少年儿童教育团体。初名"江苏淮安新安旅行团",由学校14名学生组成。在团顾问汪达之带领下,按照"生活即教育,社会即学校"的教育理念,遵奉孙中山先生"唤起民众,共赴国难"的遗嘱和共产党抗日救亡的主张,旅行全国,进行抗日救国的教育与宣传。从江苏淮安出发,先后在南京、镇江、合肥、巢湖、杭州等地开展抗日救亡宣传活动,民国二十五年(1936年)五月到达上海。民国二十七年(1938年)二月到达兰州,在八路军驻兰州办事处的帮助下,成立了新旅中共支部。当年六月,按照周恩来同志的指示,到达武汉。十月下旬与八路军办事处一同撤离,前往长沙。十一月转到桂林,次年初在桂林致和村恢复新安小学,成员近90人。皖南事变后,从民国三十年(1941年)五月至民国三十一年(1942年)一月,中共党组织分批把新旅成员秘密转移到江苏盐阜解放区。民国三十年(1941年)七月二十四日,新旅总干事、苏北分团团长张平等在反扫荡战斗中牺牲;民国三十一年(1942年)初,涟水县长蒲河村再次复校,并培训儿童团骨干,至民国三十四年(1945年)组织动员10余万儿童加入儿童团等。创办《华中少年》《儿童生活》《儿童画报》等刊物。这一时期,新旅除演讲、授课外,逐渐发展成为以文艺表演形式宣传抗日救国活动的儿童抗日宣传团体。民国三十四年(1945年)九月,新旅参加了光复淮阴、淮安的战斗。成员发展到150人。解放战争时期,随军转战南北,民国三十八年(1949年)进驻上海。后与上海其他文艺团体合并,组成上海歌剧院。

新黟学会 教育团体。民国十二年(1923年)范治农与范澍生、陈默若、范楚玉、金绶章等筹建,民国十四年(1925年)夏备文立案,正式成立。其宗旨是"研究学术,促进社会"。同时选举委员11人,推荐余节庵为主任委员。并团结进步人士,开展了声援"五卅"运动等活动。

歙县文庙 又称"歙县学宫"。位于县治东(今歙县中学)。创建于南宋淳祐十年(1250年)。此前歙县入学生员均就读于府学宫。明清两朝,县学宫几经修建,至清末拥有大成殿、明伦堂、泮池、斋舍、尊经阁等建筑。参见334页"孔子先师庙"、316页"歙县县学"条。

歙县县立师范讲习所 位于歙县古紫阳书院旧址,民国十七年(1928年)开办。所长鲍年甫,不久停办。

歙县学宫 见338页"歙县文庙"条。

歙县第一工学团 教育组织。民国二十三年(1934年)十一月初一,在歙县王充成立。同年五月,在陶行知倡议下,"歙县旅沪同乡会普及教育助成委员会"成立,程霖生、陶行知任正、副委员长。随即,委员会拨付歙昱公路公债2 000元,派方怀毅回乡仿效山海工学团的做法创办第一工学团。工学团下设纺织、花果、农村、儿童四个分团。纺织工学团从上海购买织机和棉纱,生产芝麻呢、大衣呢、人字呢、白条布等,产品深受用户欢迎,其中大号人字呢在芜屯公路沿线物品流动展览会上曾得到安徽省政府颁发的优等奖。花果工学团采取土地、劳力入股的合作方式创建。农村工学团以村民捐赠的一片土地为基地进行造林种稻生产。儿童工学团组织失学儿童边读书边纺织,以工养学。工学团推行"小先生制",以陶行知所编《老少通》和《平民千字课》为教材,在成人中开展扫盲活动。工学团办有图书馆,由小先生分送图书给各村农民阅读。歙县王充是全国推行小先生活动成绩显著的地方之一。其中"儿童工学团"民国三十八年(1949年)七月改名为"王充小学"。

戴氏私立东原图书馆 位于休宁县隆阜(今属屯溪区)。民国十三年(1924年)戴祖荫在隆阜摇碧楼创办,并自任馆长。收藏了大批戴氏著作等古籍,并编辑印发了200套纪念册。

徽州推行平民教育办法 教育制度。民国十二年(1923年)八月陶行知与

*戴氏私立东原图书馆

晏阳初等人在北京发起成立中华平民教育促进会总会，后赴各地开办平民识字读书处和平民学校，推动平民教育运动。当年十月，安徽省安庆、芜湖等地平民教育促进会在陶行知的帮助下也陆续成立。是年底，陶行知在芜湖与柳戟门、巴竹庄等13位徽州同乡共同草拟了《徽州推行平民教育办法》八条，同时在旅沪同乡会中进行商讨，并发动南京旅宁同乡会，抽拨南京歙县试馆月收，作为歙县开展平民教育费用。民国十三年（1924年）歙县政府通令各地私塾采用《平民千字课》作为教材，确有成绩者发塾师平民教师证书，不采用者限期取缔。

徽州教育联合会 参见335页"全徽教育协进社"条。

黟县文庙 又称"黟县学宫"。自元朝至清朝，黟县学宫几度迁移。建有明伦堂、大成殿、崇圣祠、尊经阁、文昌阁、名宦祠、忠义孝悌祠、乡贤祠、教谕署、训导署等。明伦堂为兴学讲道、宣传政教之所，供文人、生员讲学、聚会用。两侧学舍，东名"进德"，西名"修业"。明正统六年（1441年），知县胡拱辰在堂内立科贡题名碑。清顺治九年（1652年），在堂左立卧碑，载生员守则八条。大成殿，居孔庙正中，仿曲阜孔庙建造。正位祀孔子，配祀门人弟子及六哲。东西两廊各五间，祀先贤、先儒。廊前有大成门、泮池。泮池，在大成门及棂星门之间，池有泮桥。棂星门外又有明堂池（现名"莲花塘"），池南有案山（县学山），山平如案。崇圣池，在大成殿后。正位祀孔子先世五代牌位，东西配祀先贤各五人，两廊配祀先儒各五人。忠义孝悌祠，位于学宫西北，祀本县忠烈、正义、孝悌之士。名宦祠，又名"遗爱堂"，位于明伦堂后、尊经阁右，祀在本县任职能孚信于民的官员。乡贤祠，位于明伦堂后、名宦祠右，祀本县名宦、乡贤。尊经阁，位于明伦堂后，阁楼三间，藏有各类图书。文昌阁，位于学宫前、泮池东，高两层，由五都文会出资兴建。参见334页"孔子先师庙"、316页"黟县县学"条。

黟县民众教育馆 教育机构。民国二十四年（1935年）由国民政府拨款筹建，馆址设在黟县城中直街古楼洞右侧彰善祠内，馆长为王恒禄，设备简陋，经费短绌。抗日战争爆发后，接管原黟县青年图书馆图书及馆产，藏书增至数千册。馆中设馆长、干事、工友共三人，其日常业务包括：开辟报刊室；定期对外借阅书刊；假期招收家庭妇女和失学儿童，举办民众夜校；定期出版墙报，进行抗日宣传，并油印《电讯》刊物；宣传文明结婚，免费提供馆中大会堂作婚礼场所。民国三十四年（1945年）撤销。

黟县学宫 见339页"黟县文庙"条。

黟县黄村小学画像灯事件 民国三十四年（1945年）九月，黟县黄村小学师生40余人，举着毛泽东、朱德、蒋介石、罗斯福、斯大林、丘吉尔画像灯，在本村和古筑村游行，庆祝抗日战争胜利，引起轰动。国民党政府追查责任，但未找到借口，不了了之。

黟县新学 黟县兴办新学，始于清光绪三十二年（1906年）九月改碧阳书院为碧阳高等小学堂。同年，西递成立私立崇德女校；光绪三十三年（1907年）成立碧山初等小学堂、启蒙初等小学堂（屏山）；光绪三十四年（1908年）成立龙江初等小学堂（二都龙蟠桥）、崇实初等小学堂（碧山）、尚志初等小学堂（屏山）、丰川初等小学堂（丰口）、南泽两等小学堂（五都叶村）。宣统元年（1909年）成立环山初级小学堂（县城）、连云初等小学堂（县城）、务实初等小学堂（二都松岭）、梦花初等小学堂（江村）。宣统二年（1910年）成立姚氏乐群初等小学堂（县城）、培基初等小学堂（古筑）。宣统三年（1911年）成立武溪初等小学堂（古筑）、双溪初级小学（佘光）、官路初等小学堂、广培初等小学堂（县城麻田街）。自此，全县共有小学29所。民国时期，小学增至70所，并于民国二十七年（1938年）始创中学。新增小学中较著名的如槐植初等小学（1912年，于县城），贫民初等小学（1913年，于横冈），第二区第三国民学校（1916年，于霭源），第三区第一国民学校（1920年，于渔亭），私立敬业小学（1923年，于横冈），私立蔚文小学（1924年，于柏山）。所办中学为东吴大学附属中学（1937年），复旦大学附属中学（1938年）。

[五] 教育科技

徽州教育 科技发明

新安医学

一体堂宅仁医会 医学团体。明隆庆二年（1568年），供职御医院的祁门名医徐春甫，邀集游学、肄业或行医于京都的名医46人共同创立。与会新安医家有祁门汪宦、歙县应奎等12人，为我国历史上最早的医学团体。该会以穷研医籍、共究医理、克己行仁、共勉互济为宗旨，于治学态度、内容、方法等方面均订有规章。

王氏内科 医学世家。清嘉庆、道光年间，歙县北王家宅村王履中从冯塘名医程有功学医，名渐著，后居富竭村。当时张文毅、左宗棠常请他去治病，医名声誉著闻于江、浙、皖、赣之间。其孙王谟幼承家学，医术尤精，时称"新安王氏医学"。王谟子仲奇寓居沪上行医，也富盛名，其孙王任之亦为名医。

不居集 医学书籍。50卷。清歙县吴澄著。分上、下集，其中上集30卷，下集20卷。专论虚损辨证治疗，以易论医。治并重，单方验方多切实用。"近人评此书："汇集精粹，融会诸说而以己意折中。探索群方，谨守绳尺。"该医书记述导引、气功、摄养等防病健身的方法和对一些常见疾病的预防，以及饮食起居等方面应予注意的问题。

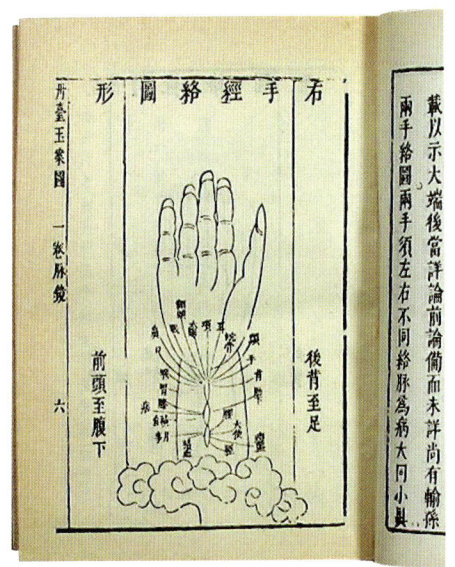

*《丹台玉案》内文

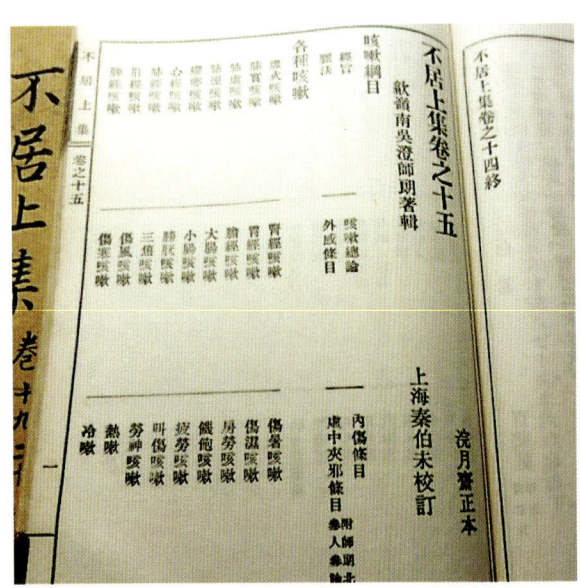

*《不居集》内文

丹台玉案 医学书籍。6卷。明休宁孙文胤著。卷一专谈脉形、调摄养生等。卷二至卷六结合作者多年临床治验，介绍各种病症。医书内容有论，论中次评脉，其后立方。昔人评此书："搜罗务广，详悉无遗。立论虽宗前贤诸说，而多有创新。内治外

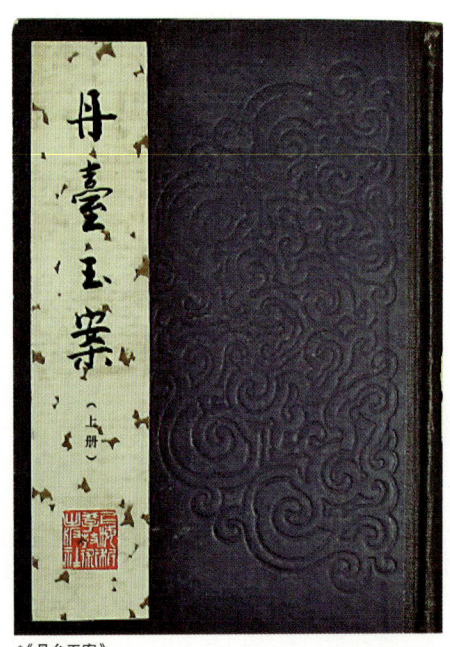

*《丹台玉案》

丹溪心法 医学书籍。5卷。元朱震亨著述,明休宁程充校订。刊于明成化十二年(1476年)。此书并非朱氏自撰,而是由他的学生根据其学术经验和平素所述纂辑而成。明初的刻本均有后世医家增附的一些内容。程氏为了尽可能恢复原著面貌,予以删订校正,即今之流传本。

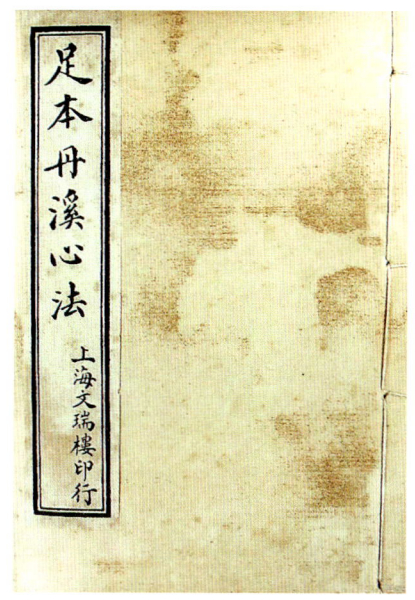

*足本《丹溪心法》

丹溪心法附余 医学书籍。24卷。明休宁方广撰。是书在程充所订朱震亨《丹溪心法》基础上加工删补而成。本书体例,于每症之下,先立丹溪心法,随列群方,附以《明医杂著》方论,使法不离乎方,方不离乎法。对病症欠发明或药方有疑难处,方氏则附以己意以通之。此书基于《丹溪心法》而实高于之。

方氏外科 医学世家。清乾隆年间,歙县南野鸡坞方国梁科举不遂,弃儒习医,研究医籍,搜集民间验方,以擅治外科驰名。其子绪宝承父业,医名更盛。延传至今已七代。

方症会要 医学书籍。清吴迈序刊。系其父所著,于乾隆二十年(1755年)刊行。全书收46症诊治,以内科为主,旁及妇科、五官科。现列入《中医珍本丛书》。

订正伤寒论注 医学书籍。清歙县吴谦编注。书中对各科心法均附歌诀。除自注外并集诸家旧注,再引乾隆以前医说20余家。此书于乾隆十四年(1749年)刊行,民国二十五年(1936年)编入《中国医学大成》。

心法歌诀 医学书籍。1卷。清歙县程衍道撰。内载54症心法。

古今医统大全 医学书籍。100卷。明祁门徐春甫编撰,成书于嘉靖三十五年(1556年)。是书系集嘉靖前历代医籍与有关史料编辑而成,自序称:"合群书而不遗,析诸方而不紊,舍非取是,类聚条分。"内容宏富,含内经要旨、各家医论、脉候、运气、经穴、针灸、各科疾病诊治、历代医案、验方本草、救荒本草、制药、通用诸方、养生等,书前载明初以前医家274人传记,采撷书目496种,为大型综合性医学丛书。

本草择要纲目 医学书籍。2卷。清蒋居祉辑。载药356种。按寒、热、温、平四性分类,各注明气味、主治。刊行于康熙十八年(1679年)。

本草备要 医学书籍。8卷。清休宁汪昂撰。载药478种。汪氏认为《本草纲目》的内容备而不要,而《主治指掌》《药性赋》等篇又要而不备,故删繁就简辑为此编。是书所撰诸药性味、功效详明确切,且多为临床常用之品。

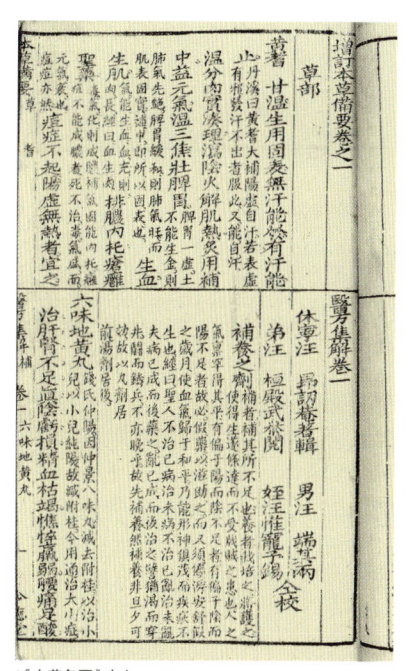

*《本草备要》内文

本草蒙筌 医学书籍。12卷。明祁门陈嘉谟撰,成书于嘉靖四十四年(1565年)。是书本《会通》之例,广《集要》之遗,约《大观》之繁。卷首载有历代名医图考,前置总论,就出产择地土、收采按时间、藏留防耗坏、贸易辨真假、咀片分根梢、制造资水火、治疗用气味、药剂别君臣及四气、五味、七情、七方、十剂、五用等分别阐述。论及本草,按草、谷、菜、果、石、兽、禽、虫、鱼、人10部分类,载药742种,详述其气味、产地、采集、加工、贮藏与治疗。李时珍《本草纲目》评云:"间附己意于后,颇有发明,便于初学。名曰《蒙筌》,诚称其实。"

石山医案 医学书籍。3卷。明祁门陈桷辑于正德十四年(1519年)。《四库全书》收录。陈桷学医于同县名医汪机,取汪氏诸弟子所记临床验案编辑而成。汪氏学宗朱丹溪,临床不拘一格,善取各家之长,尤精于望诊、切脉,强调四诊合参。案中每多记述患者形体、色泽,或从形治,或从脉治。

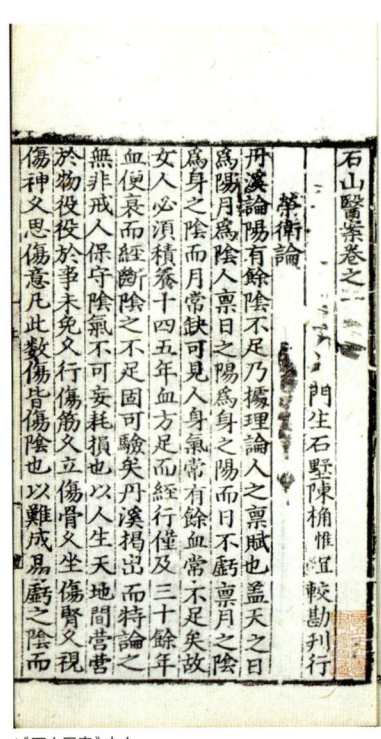

*《石山医案》内文

生生子医案 见343页"孙文垣医案"条。

外科理例 医学书籍。7卷,附方1卷。明祁门汪机撰,成书于嘉靖十年(1531年)。《四库全书总目提要》及《安徽通志》收录。是书集明朝中期前诸家外科之说,凡147类,又补遗7类,共154门。自序称:"外科必本诸内,知乎内以求乎外,其如视诸掌乎?治外遗内,所谓不揣其本而齐其末。"又释"理例"之名:"理例者,谓古人所论治无非理欲,学者仿其例而推广之也。"反映了汪氏治病求本的医术思想。

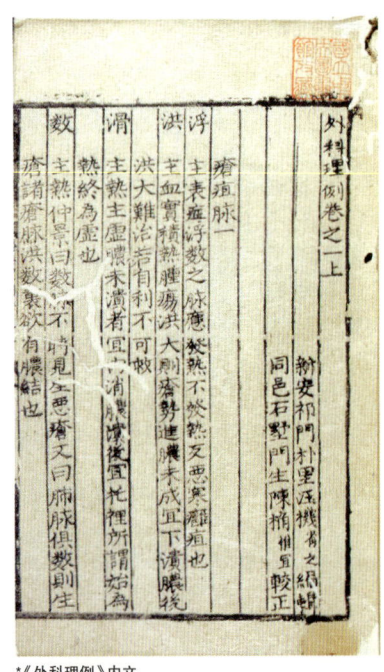

*《外科理例》内文

西园女先生 医家称呼。清歙县郑村郑廛妻许氏,佐夫业医。咸丰元年(1851年)夫殁,许氏矢志抚孤。越5年,幼儿夭折,乃立侄郑永柏为嗣。时永柏贸易江西,许氏乃以世传丹方修合成药,行医乡里,称"西园女先生"。咸丰十年(1860年)避兵灾于黄山,嗣子归而授其术,西园喉科得以承继。

西园喉科 医学专科。歙县郑村郑氏二十四世祖郑以显始创于清康熙年间。康熙五十年(1711年),郑以显偕子郑于丰、郑于蕃客商江西南丰时,因自己患上阴阳结(急喉痹)病,慕名求治到医治咽喉最著名的盱水人黄明生处,仅一诊便平复如初。于是他就想偕子从师于黄明生学医,后来得到了黄明生秘籍上、下卷,并谨以受教。三年后他们父子告归乡里,悉心研究,凡患喉症者求医,他们便依法施治,没有不神验的,享"手到病除,神仙医术"之美誉。后来郑以显在郑村修造门庭,并在自己所居之室处题额"西园",还在门楼上挂上一副"西园世业,东里惠人"的对联。康熙六十年(1721年),郑于丰、郑于蕃兄弟俩分居,郑于丰之宅名"南园"、郑于蕃之宅仍名"西园"。由于郑以显父子及其后裔从医者都以喉科疾病的诊治驰名,且均出自西园之门,故俗称"西园喉科"。西园喉科内服外治、手术针灸、高温烙法合为一体,疗效神速。尤以遵秘配制之喉药,历经精选,择名贵药材,按传承改良之秘方配制而成,从而临床屡见奇效,成为喉病之克星,并对喉部及口腔的早期癌症有较好疗效。西园喉科治医严谨,名医辈出,且善于著书立说,刊有多部专著问世。

*西园喉科旧址

存诚堂 医宅。位于祁门县城北,元徐存诚之诊所兼药房。存诚治病,只诊脉,不开方,家设堂蓄药,以所蓄之药救人,立愈。里人因其宅心信实,以诚待人,与名相符,故名其堂"存诚堂"。汪克宽作《存诚堂说略》。

伤寒从新 医学书籍。16卷。清末休宁王少峰撰。是书从临床角度折中寒温学说,对《伤寒论》条文归并分类为243条,引有历代名家著述,遂条注释,间附己见。

伤寒论后条辨 又名《伤寒论后条辨直解》。医学书籍。15卷。清新安程应旄撰于康熙九年(1670年)。程氏以方有执《伤寒论条辨》内容,根据个人对张仲景原文的理解,"条其所条,辨其所辨",并以张仲景原文及《伤寒论条辨》《尚论篇》的篇次附于后,便于读者参看检阅。

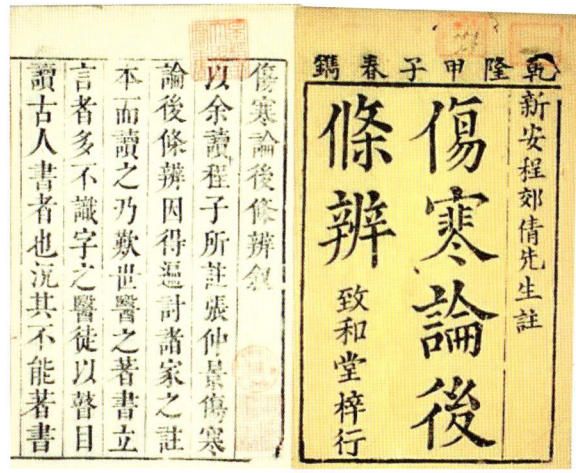

*《伤寒论后条辨》内文

伤寒论后条辨直解 见343页"伤寒论后条辨"条。

伤寒论条辨 医学书籍。8卷。明歙县灵山(今属徽州区)方有执撰,刊于万历二十年(1592年)。方氏认为《伤寒论》一乱于西晋王叔和的重编,再乱于成无已的注释,失去张仲景原著伤寒兼杂病的完整性,遂予重新编注、考订,调整了若干条原文的编次,删去了《伤寒例》一篇,将太阳病归纳为风伤卫、寒伤营、营卫俱伤3种。全书前列图说后附《本草钞》《或问》《痉书》各1卷。此书条辨《伤寒论》六经篇文比较详明,在《伤寒论》注本中卓有影响。

伤寒选录 医学书籍。8卷。明祁门汪机撰。成书于嘉靖十五年(1536年)。原为机披阅《伤寒论》之读书笔记,采辑诸说,少加隐括,分条诠注,后由门人陈桷等补订刊行。

杂证会心录 医学书籍。2卷。清休宁汪蕴谷著。著论54篇。其论主扶阳抑阴,强调辨证施治,间附本人医案。

名医类案 医学书籍。12卷。明嘉靖二十八年(1549年)歙县江瓘编辑,其子江应宿增补,五易其稿,成书于嘉靖三十一年(1552年)。后经清乾隆年间魏之琇等重校,即今流通本。全书集录明以前历朝名医治案,按病症分类编纂。计分205门,包括急、慢性传染病,内科杂病,外、妇、儿、五官科等。病案记录较详,辨证、方药亦较妥善,附有编者按语及其治案。《四库全书总目提要》谓其"可为法式者固十之八九"。今有影印本。

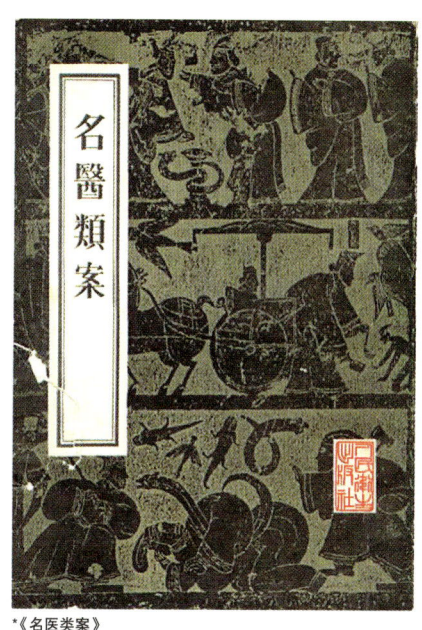

*《名医类案》

江氏儿科 医学世家。清道光末年,歙县江村江文以擅长儿科闻名。徽州知府吴玉崟题"功高保幼"匾赠之。子江懋功、孙江笃生均以儿科闻名于世。计延续三代百余年。

江氏内科 医学世家。歙县王村镇烟村渡村江氏世代行医,至江静平、江律平一辈已历12代,号称"江一帖"。

许氏幼科七种 医学丛书。清歙县许豫和撰,刊于乾隆五十年(1785年)。七种中除《重订幼科痘疹金镜录》为明翁仲仁原作,由作者注释外,《橡村痘诀》《痘诀余义》《怡堂散记》《散记续篇》《小儿诸热辨》及《橡村治验》六种均为作者本人在小儿科方面的临床经验心得、医话或医案。

农经酌雅 药物学著作。2卷。清黄山采药翁撰,撰年不详。作者参阅《神农本草经》《本草纲目》等共29家本草著作编纂而成。共分水、火、土、金、石、草、谷等16部。书中列举药物异名,但略于性味主;末附《炮炙论·序》节文。现仅存抄本。

孙文垣医案 又名《生生子医案》《赤水玄珠医案》。医学书籍。5卷。明休宁孙一奎撰,其子孙泰来、明来同编。此书收载医案250余则。以经治地区分为三吴医案、新都医案、宜兴医案,所治病症列有子目。孙氏精于辨证,治疗能融会前人学术经验,提出新的见解。然按语烦琐,旁文常多于正论。

红先生 坐堂医生吴当三誉称。旧时歙县岩寺(今属徽州区)老街益生仁药号坐堂医生吴当三,擅长外科和小儿科,并懂得推拿、手术,远近闻名。有时遇到赤贫患者,他还自己掏钱购药,施治病人,为人称道,故呼之"红先生"。

运气易览 医学书籍。3卷。明祁门汪机撰,成书于嘉靖七年(1528年)。《四库全书总目提要》及《安徽通志》列目。是书取《素问》中五运六气之说,谓医者当知五运六气,但不可徒泥其法而不求法外之遗,指出:"百里之内,晴雨不同;千里之邦,寒暖各异。世方土之候,各有不齐,所生之病,多随土著,焉可皆以运气相比哉!"其论哲理明达,所制各图亦颇多发明,与张景岳《类经图翼》相得益彰。

赤水玄珠 医学书籍。30卷。明休宁孙一奎撰。分风湿、瘟疫、火热等77门。所述包括内、外、妇、儿各科疾病的病症、病因、症候、处方等,并附有诸家治验。《四库全书总目提要》称其"辨古今病症名称相混处,尤为明晰"。

*《赤水玄珠》

赤水玄珠全集 医学书籍。39卷。是书汇集明新安名医、休宁人孙一奎医学著作为一帙,包括《赤水玄珠》30卷、《医旨绪余》2卷、《痘疹心印》2卷、《孙文垣医案》5卷。

赤水玄珠医案 见343页"孙文垣医案"条。

杏轩医案 医学书籍。3卷。清歙县程文囿著。分初集、续录、辑录,乃程文囿毕生临床经验之结晶,成功、失败均如实述之。民国二十五年(1936年)编入《中国医学大成》,今有重印线装本发行。

杨氏小儿科 医学专科。明万历年间,歙县岩寺潜口村(今属徽州区)杨守伦善治儿科疾病。其后人世守医业,均以儿科著。迄今已历14代。

医方考 医学书籍。6卷。明歙县澄塘吴昆著。万历十二年(1584年)刊行。是书选方564个,分12门,72症。每门先叙病因,次列方剂。对于方剂命名、方义、组成药物、功效、适应证、加减应用、禁忌证等均详细加以考订。后传入国外,朝鲜、日本先后刊行。民国二十五年(1936年)编入《中国医学大成》。

医方集解 医学书籍。6卷。清休宁汪昂撰。汪氏汇数十家之言,上自《内经》《伤寒论》之旨,下迄金元四大家等诸贤之论,参以己见,对医界常用的388首历代名方的方理进行详析。虽名方解,然而病源症候,脏腑经络,药性治法,罔不毕备,被后世医家称为理法方药相应贯通的佳作,理论结合实际的好书。

*《医方集解》内文

医旨绪余 医学书籍。2卷。明休宁孙一奎撰。著论70篇。主要论述太极阴阳五行、脏腑气血、三焦包络、命门相火、经络腧穴及内伤杂病等。其"命门动气学说"对后世医家影响最大,对前代诸家学说评价亦称公允。

医补 医学书籍。2卷。清歙县曹恒占撰。雍正四年(1726年)成书,乾隆十五年(1750年)刊行。上卷载伤寒弁言,下卷为古方注疏。

医述 医学书籍。16卷。清歙县程文囿辑,于道光十三年(1833年)刻成,光绪十七年(1891年)重刊。65万字。内《医学溯源》2卷、《伤寒提钩》1卷、《伤寒释疑》1卷、《杂症汇参》8卷、《女科原旨》1卷、《幼科汇要》1卷、《痘科精华》1卷、《方药补考》1卷。现有宋体宣纸线装本、普及本行世。

医法心传 医学书籍。1卷。清歙县程衍道撰。载52症之病因、病机与辨证施治。

医学心悟 医学书籍。5卷。清歙县程国彭著于雍正十年（1732年）。全书分类清楚，论述简要，选方切于实用，并有个人自拟经验效方，在临床医学门径书中很有影响，为向门人授课之教材。内容涉及养生、诊断、治法、伤寒、杂症、妇产等。另有《外科十法》1卷，述防治背疽痈疮、疥癣、瘰疬等病的施治经验，与《医学心悟》合为6卷。近300年来多次刊行。

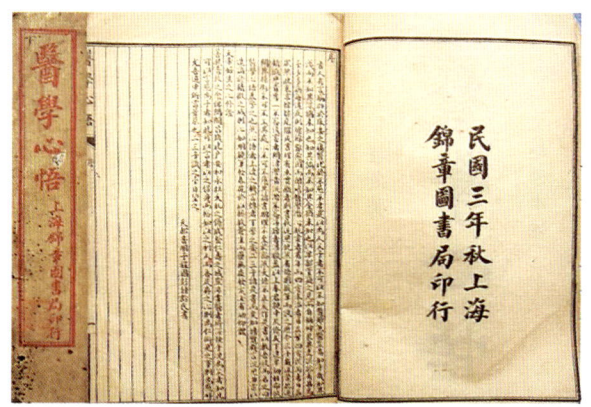
*《医学心悟》

医学原理 医学书籍。13卷。明祁门汪机撰，约成书于嘉靖十六年（1537年）。是书首列经络穴法，继论六淫、气血为病，次论内论、妇幼诸症。其中所论病机、药性，悉本《内经》《本草》，治方脉法，皆据名贤格言。

医宗金鉴 医学书籍。90卷。清歙县吴谦与刘裕铎主编，乾隆皇帝赐书名。全书15种：《订正伤寒论注》17卷、《订正金匮要略注》8卷、《删补名医方论》8卷、《四诊心法要诀》1卷、《运气心法要诀》1卷、《伤寒心法要诀》3卷、《杂症心法要诀》5卷、《妇科心法要诀》6卷、《幼科心法要诀》6卷、《痘疹心法要诀》4卷、《种痘心法要诀》1卷、《眼科心法要诀》2卷、《针灸心法要诀》8卷、《正骨心法要诀》4卷、《外科心法要诀》16卷。

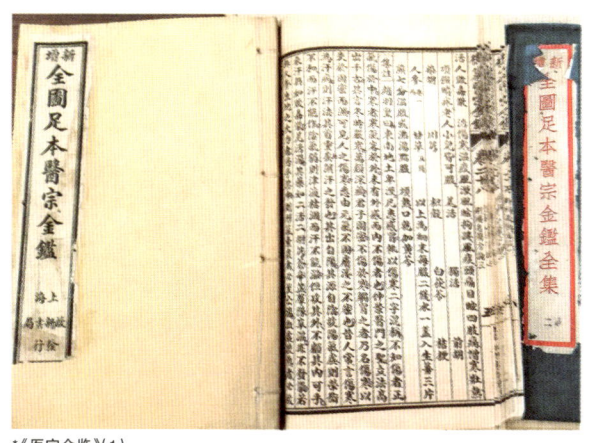
*《医宗金鉴》(1)

*《医宗金鉴》(2)

医宗粹言 医学书籍。9卷。明歙县罗慕庵编。万历四年（1576年）刊行。卷四《药性论》有单行本。是书集张仲景、王叔和、李东恒、刘河间、朱丹溪、罗谦甫等诸名医之名言要论，前列总论，后列各科证治，为综合性医著。

医说 医学书籍。10卷。南宋歙县张杲著。全书分47门，内容涉及养生、治病、古今医学传记，人称"医林之珍海"，是我国现存最早的记载大量医学史料的书籍，也是第一部较为完整的新安医学著作。

医家必阅 医学书籍。2册。明祁门叶起凤编。作者于课徒之暇，采录医家嘉言懿行，凡养生、治病、用药诸法，纤悉具备；于古来业医诸家，或心存济世，或意图牟利，或救人适以自救，或害人适以自害者，著录其事，劝诫昭然。

医暇卮言 医学杂论。2卷。清休宁程林撰。刊于康熙十六年（1677年）。是书杂录各有关医药典故。然而在杂谈自然、物理现象及释医中，也掺杂了一些糟粕性内容。

针灸问对 医学书籍。3卷。明祁门汪机撰。成书于嘉靖十一年（1532年）。《四库全书总目提要》及《安徽通志》收录。上、中卷论针法，下卷论灸法及经络穴道。取《灵枢》《素问》《内经》《难经》及诸家针灸之书，条析其说，设为问答，以发己见，文辞简明。

坐堂医生 旧时徽州人对中药店所设专任医生的称呼，也有的是对药店倌的称呼。他们为病患人员诊疾治病，号脉发药，既不挂号也不收费，既方便了群众，又增加了药店的零售生意。徽州民间曾经流传"一个药倌，半个郎中"的谚语，指的就是坐堂医生。而充当坐堂医生的药店倌，一般都有二三十年的专业工龄，对于一些常见病、流行病等，有一定的辨证治疗经验，对小伤小病能够做到得心应手，药到病除。

证因集要方论 医学书籍。4卷。清休宁汪汝麟著。该书先列病症，次分析病因病机，再附随症选方，每方均以己见著方论一篇。全书计列51病症，精选396方。所选方既有前贤名方，也有近世经验良方，还采撷若干民间秘方。

张氏伤寒 医学专科。始于明歙县张守仁。守仁手创劳力伤寒末药，疗效显著，遂以医名。子张以挥研习方书，医术更精。延续至今已400余年，代不乏人，号称"张一帖"。

松崖医经 医书名。2卷。明歙县程玠著。上卷"伤寒集"，附方165个，阐发伤寒六经的辨证治疗，附六经证治之图；下卷为内、妇、儿科，载44症，阐明其理、法、方、药。程氏在前人"肝肾同治"的启发下，提出"心肺亦当同归于一治"的见解，可供临床研究参考。万历二十八年（1600年）歙县名医郑仲实校刊，天启五年（1625年）程敬道重校刊。民国二十五年（1936年）编入《珍本医书集成》。

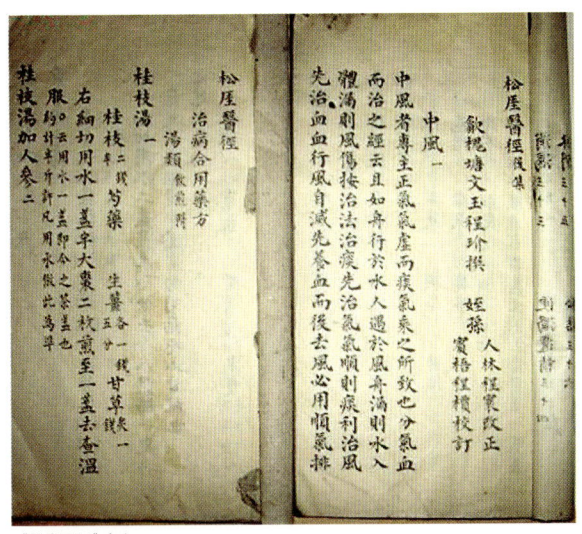

*《松崖医经》内文

金匮要略直解 医学书籍。3卷。清休宁程林编注。刊于康熙十一年（1672年）。程氏诠注《金匮要略》，主要引证《内经》《神农本草经》《伤寒论》《脉经》《甲乙经》等古典医籍，并参考六朝、唐、宋有关著作，"以经证经"，义理详明，期于取用。所谓"直解"，即以编注者融会前人学术经验的方式直接解释原文。程氏之注，言简意赅，通俗易懂，被评为注释《金匮要略》较好的注本之一。

南园喉科 医学专科。为歙县郑村郑氏二十六世祖郑梅涧始创于清乾隆年间。康熙六十年（1721年），歙县郑村郑氏二十四世祖郑以显的儿子郑于丰、郑于蕃兄弟俩分居，郑于丰之宅名"南园"、郑于蕃之宅名"西园"。郑于丰承继父业，一生行医，常在萧县、沛地之间治病，得"喉科善本"。他苦心钻研，终于掌握治疗喉症规律，能妙手回春。乾隆四十年（1775年），"白缠喉风"流行，出身于世医的郑于丰之子郑梅涧创制"养阴清肺"汤，成为治疗"白缠喉风"的灵丹妙药。他还结合前人理论，联系医疗实践，写出喉科专著《重楼玉钥》。郑梅涧及其嗣裔孙也出了多位以诊治白喉而驰名的医家，因他们的居处为郑村南园，所以人称"南园喉科"。参见342页"西园喉科"条。

临证指南医案 医学书籍。清歙县籍世医叶天士著。天士名桂，号香岩，居苏州吴江。扬州徽州盐商黄晟为之刻印刊行。

*《临证指南医案》

重楼玉钥 喉科著作。2卷（又有一卷本及四卷本）。清歙县喉科名家、西园喉科创始人郑于丰之子郑梅涧根据江西黄明生授徒秘本，参以自己的临床经验增订而成。撰于乾隆年间，后其子郑瀚加以补充，道光十八年（1838年）始由冯相棻刊行。上卷为"咽喉说""喉科总论"，下卷专论喉症针灸疗法，载文39篇。卷末附"梅涧医语"一则。该书是最早记载白喉病的医学文献。书中对白喉的病理有独到见解，指出白喉属于少阴一经，邪伏其间，盗其肺金之母气，故"喉间发白"，

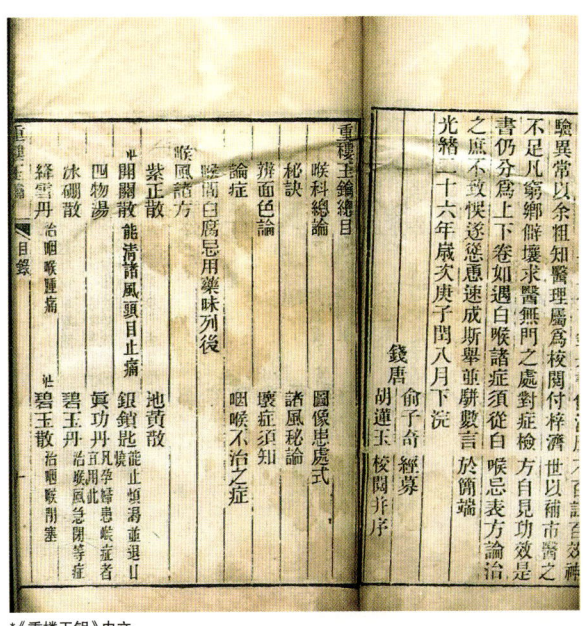

*《重楼玉钥》内文

开创了喉科医学上的"养阴清润派",这为后世创制"养阴清肺汤"奠定了理论基础。郑瀚在嘉庆九年(1804年)另撰《重楼玉钥续编》1卷,未及刊行。民国十八年(1929年)经章洪均整理,并附入郑氏家传的《喉症白腐》一书,由裘吉生收录至《三三医书》第三集中。

脉诀刊误集解 医学书籍。2卷。明祁门汪机撰。《安徽通志》著录。是书原为元戴起宗所作,至明已鲜传。汪机得知休宁朱升于南京家藏有部分节目抄本,遂备重资,手录以归。补其缺而正其讹,复摘诸家论脉之要语及所撰《矫世惑脉论》附录于后,于嘉靖二年(1523年)刊刻行世。《矫世惑脉论》为汪氏脉学之代表作。

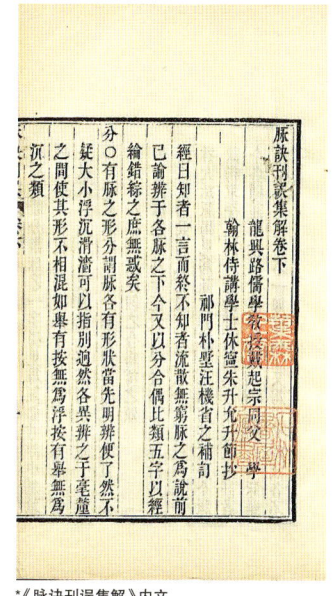

*《脉诀刊误集解》内文

脉学精华 见347页"脉语"条。

脉语 又名《脉学精华》。医学书籍。2卷。明歙县澄塘吴昆著,刊行于万历十二年(1584年)。上卷为"下学篇",共13论,对诸脉均论述精详;下卷为"上达篇",共50论,论述三部九候各种脉象。卷末附有"脉案格式",对写病案提出具体要求。民国二十五年(1936年)编入《中国医学大成》。

脉症治方 医学书籍。4卷,附《医案》1卷。明歙县吴正伦著。强调治病须脉、症、治、方四者俱功。书成秘藏百年,至清康熙十二年(1673年)其曾孙吴仲瑀始刊行于世。

活幼珠玑 医学书籍。3卷。清歙县许佐廷、许维贤合编。末为《补编》。首列"指南赋";次列"总诀",下分21门歌括,32门治法;《补编》汇集各类汤药丸散等方。同治十三年(1874年)刊行。民国二十五年(1936年)编入《中国医学大成》。

活法启微 医学书籍。3卷。清休宁何鼎亨著。上、中卷专论麻痘二症,设痘学问答72条,麻症问答36条,各就症状、病因、病机、兼证、转归指其要略。下卷述小儿杂症60余症,均详其病因、病机、证候、方药。

神灸经论 医学书籍。4卷。清歙县吴亦鼎著。咸丰三年(1853年)刊行。全书强调针灸并用以补汤液之不足。民国二十五年(1936年)编入《中国医学大成》,现有影印本行世。

素问灵枢纂约注 医学书籍。3卷。清休宁汪昂撰。汪氏认为《内经》"理论渊深,包举弘博",为医家必宗之经典。但"全书浩衍,又随文条问,不便观览",故将《内经》原文择精要适用者分为脏象、经络、病机、脉要、诊候、运气、审治、生死、杂论9类,参约王冰、马莳、吴昆等诸家注释,阐发《内经》奥旨。简明易解,为300余年来中医入门的必备教科书之一。

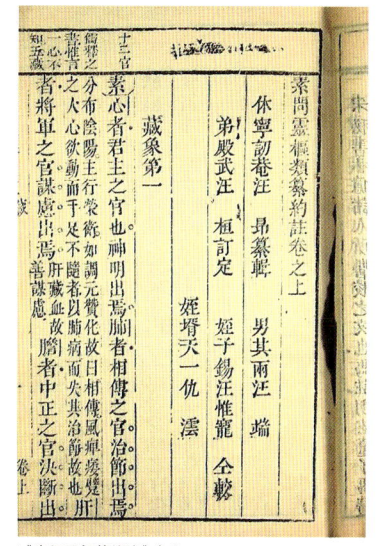

*《素问灵枢纂约注》内文

素圃医案 医学书籍。4卷。清歙县郑重光撰。成书于康熙四十六年(1707年)。卷一伤寒治效;卷二暑证、疟疾、痢疾治效;卷三诸中证、男病治效;卷四女病、胎产治效。郑氏擅长内科杂病及妇产科,诊治疾病颇有胆识。《珍本医书集成》收录。

殷氏内科 医学世家。清乾隆年间歙县殷家村殷世椿精内、妇和痘科,其子殷日初、孙殷长裕均为当世名医。长裕迁居南源口,后代世守医业,长子殷云舫,孙殷巨宾、殷复商均有名于世。至今已传6代,历200余年。

推求师意 医学书籍。2卷。戴思恭撰,明祁门汪机校刊。《四库全书总目提要》及《安徽通志》收录。戴思恭为朱震亨弟子,是书乃思恭追本师未竟之志,未尽之旨,推求阐发,笔之于书。世无传本,嘉靖年间,机睹其本于歙,始录之以归,门人陈桷校而刊之。

黄氏妇科 医学世家。始于南宋淳熙年间。旧志载:"黄孝通,歙县人,妇科名医,御赐名为'医博'。"其十四世孙黄鼎铉,曾应诏赴京治愈崇祯皇帝宠妃田贵妃血崩症,首辅方逢年书赠"医震宏都"匾额,载誉返歙。鼎铉曾孙黄予石医名更盛,著《妇科衣钵》《妇科秘要》等书。黄氏世居徽城,代不乏人,至今已历24代,历时800余年。

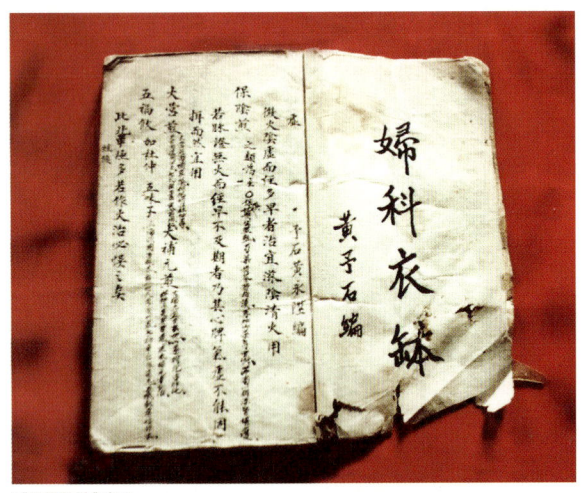

*《妇科衣钵》内文

黄帝内经素问吴注 医学书籍。明歙县澄塘吴昆著。对运气、脏腑、经络及临床诸方面,多有发挥,强调防病为主。于万历二十二年(1594年)刊行,其后多次重刊。

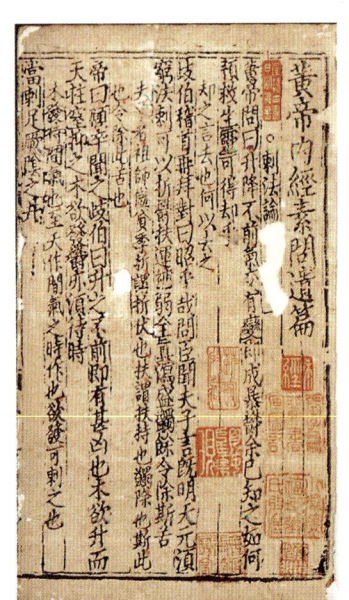

*《黄帝内经素问吴注》内文

黄帝内经素问校义 医学书籍。1卷。清绩溪胡澍撰。刊于光绪六年(1880年)。书中将《素问》中难解的字、句、文义摘出30条,通过考据训诂,加以义释,可供校勘《素问》参考。现有《珍本医书集成》本。

曹氏外科 医学世家。清末歙县蜀口曹氏外科始于曹启梧,子曹益新继其业,继之有曹承隆、曹崇竹、曹典成、曹嘉耆、曹恩泽、曹恩溥等历经6代传承而不衰。传至今130余年。

麻疹备要方论 医学书籍。1卷。清歙县吴亦鼎编。咸丰三年(1853年)西山草堂刊刻。是书采诸家之说汇成,分为元始论、诊脉、辨证、禁忌、方药等10项。民国二十五年(1936年)编入《中国医学大成》。

望诊遵经 医学书籍。2卷。清休宁汪宏撰。汪氏以望诊为四诊之首,望诊确,则知其病,知所治。上卷阐述周身部位及面貌之望诊,分列四时、五方、气质、老少、居养、变色等诊法;下卷分述面目、脸色、舌、齿、眼眉等望诊法以及主病诊筋法、诊骨法、分泌物、排泄物、望诊法等。是一部望诊专著,具有很高的参考价值。

续素问钞 医学书籍。9卷。明祁门汪机著。正德十四年(1519年)成书。《四库全书总目提要》及《安徽通志》收录。是书因滑寿《素问钞》采辑王冰原注太略,故而重为补录。其标目悉依滑氏之旧,凡所增入以"续"字别之。录中间参己见,其中对《素问》病机19条之阐发尤为精辟。

喉白阐微 医学书籍。清歙县郑村郑枢扶撰。成书于嘉庆二年(1797年)。是书论述白喉的辨证治疗,创"养阴清肺汤"。

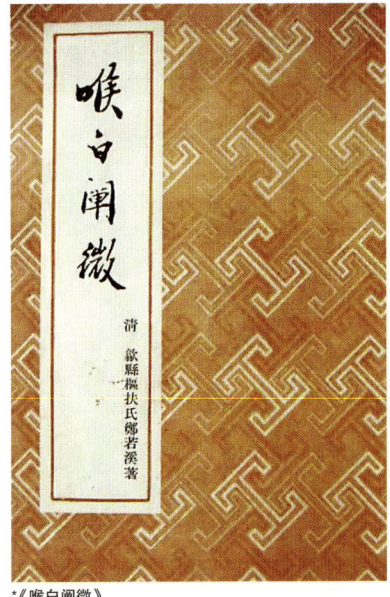

*《喉白阐微》

喉科白腐要旨 医学书籍。2卷。清歙县许佐廷著。佐廷业儒习医,官至太守。得郑氏喉秘本,为人诊治甚效,乃积40余年经验著成此书。光绪元年(1875年)刊行。又民国二十二年(1933年)夏仁培铅印发行。

程氏内科 医学专科。清康熙年间,歙县上丰舍头村程大鉴以医名于世,誉称"龙宫妙手"。

其六世裔孙程道周，学识俱富，医名大盛。道周子程雁宾、孙程亦成，均为徽州名医。程氏内科已传10代。

程氏伤科 医学世家。清康熙末年，歙县程时彬以伤科驰名，其子程士华、孙程鹤生均精伤科。曾孙程永裕迁居吴山铺，闻名遐迩，人称"吴山铺伤科"。永裕孙程继周一支迁居瞻淇村，亦业伤科，有"瞻淇伤科"之名。"吴山铺伤科"至今已传10代，200余年，代不乏人。

程氏医书六种 医学书籍。21卷。明歙县程伊编著。全书包括《释方》4卷、《释药》4卷、《脉荟》2卷、《医林史传》4卷、《医林外史》6卷、《史传拾遗》1卷，均于万历年间刊行。

痘治理辨 医学书籍。1卷，另附方1卷。明祁门汪机撰。前有嘉靖十年（1531年）自序。《四库全书总目提要》及《安徽通志》著录。是书前列诸家治痘之法，后引浙中魏直之说以辨之。自序云："嘉靖九年（1530年）痘灾盛行，机探索群书，见有论痘疮者纂于一编，宗于魏氏'痘疮皆原于淫火之毒'之说。"

解毒篇 医学书籍。清休宁汪汲撰。汪氏认为："物类之相反者，并食足以伤人；物之有裨于人及人性所嗜之物，多食亦能伤人；其他有毒之物，更可毒害人生。然有其毒，亦必有其物解之而除其害。"于是发掘历代方书，综其大要，佐以见闻所及，撰为此书。全书列诸毒15类，并附老少头眩目昏等危急症状之解法。

新安医学 医学流派。新安医学肇自北宋，盛于明清。从宋至清末，有史料可查的名医就有668人，其中225人撰（辑）了461部医学著作。新安医著涉及经典著作的注释整理，临床整治经验的总结，古医著的辑复，类书与丛书的编纂，医学普及读本的撰写，以及各种医案、医话、内、外、妇、儿、喉、眼、伤、疡、针灸、推拿等临床各科专著，还有脉学、诊断、治法等理论专著。南宋歙县张杲所撰《医说》10卷，人称"医林之珍海"，是我国现存最早的记载大量医学史料的书籍，也是第一部较为完整的新安医学著作。明朝，新安医学进入兴盛时期，名医迭出，医集宏富，取得了许多令世人瞩目的成就。祁门汪机是明朝四大医家之一。歙县江瓘辑《名医类案》12卷，是我国第一部总结历代医案的专著。祁门徐春甫撰《古今医统大全》100卷，与清朝歙县程杏轩的《医述》同被列入"中国十大古代医学著作"。徐春甫于明隆庆二年（1568年）发起组织"一体堂宅仁医会"，是我国最早的医学学术团体。歙县方有执撰《伤寒论条辨》8卷，首倡"错简说"，开一派之先河。歙县吴昆所撰《医方考》，则是我国首部注释医方的专著。清朝，徽州又涌现出一大批医学名家。歙县吴谦官至太医院判，被誉为"清朝三大名医之一"。这一时期新安医家在医学理论、临床医学和药物学等方面皆多有建树，在全国具有相当大的影响。新安医学注重师承、家传，崇尚医德，追求德艺双馨，形成了一些学有所传、业有所精的医学世家。较著名的如"新安王氏医学""黄氏妇科""南园喉科""西园喉科""蜀口曹氏外科""吴山铺伤科"等。

新安医学世家 新安医家群体。新安医学一贯崇尚医德，追求德艺双馨，多以儒医群体和世医家族为师承或家传，构成了其自身特有的医学教育模式和家族链特征，以至于学派纷呈、医著宏富，并形成一些学有所传、业有所精的医学世家，自宋以来，数百年的世系医家很多，世代相传，代不乏人。如宋歙县张扩始，经过张挥、张彦仁医术代代流传，到第四代张杲以儒医鸣世，堪称"新安第一代名医世家"。相传张氏后裔传至明嘉靖年间满田张守仁"张一帖"内科，累世驰名杏坛。此外，比较著名的还有如歙县蜀口曹氏外科、黄氏妇科世家、郑村南园喉科与西园喉科、程氏伤科、殷氏内科、歙县的吴正伦、程大鉴等内科世家、许豫和等儿科世家、新安王氏医学世家、新安余氏医学世家、澄塘吴氏医学世家；休宁县汪耘之西门桥儿科、舟山内科、御医江国龙梅林妇科世家；黟县三都李氏内科世家等。据不完全统计，自北宋以来，徽州3代以上至30多代的家传名医"家族链"有63条，记载名医300余人，众多的家族世医相传，对于我国医学事业的发展起到了推动作用。

新安医学家 医家总称。《中医大辞典》载录安徽省医学家共达118人，其中新安医学家84人，占71%。从年代上分析，可看出新安医学发展的轨迹：汉朝医学家安徽省1人，新安医学家无人，其时为山越社会，文化上自成体系；宋朝医学家安徽省13人，新安医学家5人，占38%，其时中原士族自两汉之末相继徙入徽州，完成了汉越民族文化的融合；元朝医学家安徽省10人，新安医学家6人，占60%，是前一时代的延续；明清时期，徽商兴盛，推动了新安医学走向繁荣、成熟，其中明朝医学家安徽省50人，新安医学家39人，占78%，清朝医学家安徽省44人，新安医学家34人，占77%；民国时期医学家安徽省1人，此即为新安医学家，与汉朝恰成对比。以上表明，新安医学的发展取决于文化与经济这两个重要因素。中原文化改造山越社会以及相应的自然经济的长足发展，是徽州宋元医学发展的基础；其后徽商兴起，人文日盛，则是徽州明清医学兴盛的基础。

慈航集 全名《慈航集三元普济方》。医学书籍。4卷。清歙县王勋撰，刊于嘉庆四年（1799年）。作者认为"春瘟、瘟疫，自古至今，无成法可师"。本书专论春瘟、瘟疫诸症，对于病源、治法阐述颇详，并介绍锁喉瘟、大头瘟、蝦蟆瘟、烂喉瘟等诊治。王氏泥于运气，并以此推算受病之源和具体治疗方剂。

慈航集三元普济方 见349页"慈航集"条。

摩腹运气图 医学书籍。1卷，附1卷。清徽州方开抄录整理。书中共列9图，示9种导引动作。民国二十五年（1936年）编入《中国医学大成》。

[五] 教育科技

徽州教育 新安医学 科技发明

一岁芳华 生物学著作。清歙县程羽文著。是书记载了一年四季花木植物生长枯荣的情况。

九谷考 农学著作。清歙县人、著名学者、徽派朴学代表人物程瑶田著。瑶田字易畴，号让堂。九谷指九种农作物，东汉郑玄认定的九谷是粱、黍、稷、稻、麦、大豆、小豆、麻、苽九种。程氏有鉴于言九谷者粱稷不分，于是依据《说文解字》和《周礼》郑玄注本来进行考证而辑成《九谷考》，纠正了历来流传的误释。如分别对小米、黄米、高粱进行了详细的描述和考证，认定小米就是粟，黄米就是黍，高粱就是稷，这个结论，已为当代一些工具书所采用。考证工作之精细，受到学人称赞。

丈量步车 测量工具名。明休宁率口（今属屯溪区）人、珠算大师程大位所著《算法统宗》卷三有丈量步车的结构图和说明。根据图形和解说，丈量步车的制作步骤大致如下：将两根约43厘米长、两头开槽约13厘米、口阔1厘米的竹片合成正"十"字样，中心一眼方约1.3厘米，四头开一小口栓锁。选择竹节平直的嫩竹片（阔稍小于1厘米）做成30步或40步长的尺（接头处须用铜丝扎住），将其一端固定在十字架内，然后缠在十字架的槽里。用一转轴（穿过十字架中心眼部分亦应为1.3厘米，其余部分应为圆形）把十字架固定在上有环、下有钻脚的木框中。木框比十字架稍长，以便摇动转轴时，十字架能转动。木框上面加上锁，即可构成丈量步车。丈量步车为适应当时土地清丈测量工作的需要而创造，是我国古代测量工具的一项重要发明。

广菌谱 食用菌著作。1卷。明歙县潘之恒著。刊于万历十八年（1590年）。是书在宋陈玉仁所著《菌谱》的基础上，收录各种蘑菇40余种，把云南、安徽、广西、湖南、山东、江西等9省出产的19种食用菌做了介绍。其中所记载的20个品种蘑菇均为《菌谱》所未载。此外它所载的品种不限于某一地域，且内容更为详尽。

广群芳谱 全名《御制佩文斋广群芳谱》。100卷。植物学著作。清休宁汪灏编。是书乃康熙皇帝命汪灏等人就明王象晋《群芳谱》增删、改编而成的一部实用植物学著作。汪灏等人对《群芳谱》进行了大幅改编、增删、正误，于康熙四十七年（1708

*丈量步车

年）完成，取名《广群芳谱》。由原来的20卷扩充成100卷，相比《群芳谱》不但在体例上要整齐得多，而且取舍更严谨，内容更丰富，是一部符合实用的大型传统植物志，流传很广。它由天时、谷、桑麻、蔬、茶、花、果、木、竹、卉、药11谱组成，记有四季月份，特别是各种植物，介绍植物性状和栽培技术，广征博引，堪称中国古代的植物大全。除有康熙年间刻本外，乾隆年间编纂《四库全书》时，将《群芳谱》仅列入存目，予以提要，而将《广群芳谱》收录至《四库全书》谱录类。还有同治七年（1868年）姑苏亦西斋刻本和江左书林刻本、锦章书局石印本、万有文库本、国家基本丛书排印本和影印本两种，可见在国内流传之广，影响之大。在19世纪上半叶，日本船商曾先后四次携带《广群芳谱》九部传入日本，对日本农林园艺学的发展有一定的影响。

天无体 宇宙结构术语。对于古人"天有形质否"的疑问，朱熹认为："只是个旋风，下软上坚。道家谓之刚风。人常说天有九重，分九处为号，非也。只是旋有九耳。但下面气较浊而暗，上面至高处，则至清至明耳。"他认为，"天无体"，天由气构成，地只是天的一部分。天是无形之气，地就是气旋转之渣滓而成的"一块实地事物"。根据"天无体"的观点，朱熹认为，日月星辰都由"清气"构成，并且只在外常周环运转，不辍于天球之上。朱熹在物质性气范畴的基础上，将天体演化、宇宙结构和气的运动变化三种学说紧密结合起来，组成了完整的，也可以说是比较先进的宇宙学说。

五轮沙漏

天文仪器名。明婺源詹希元发明。中国古代计时常用的漏刻，用水的均匀流量来精确计量时间的流逝。水计时漏刻虽达到相当精确度，但却无法排除温度对流速的影响，北宋四川长思训曾试验用水银作漏刻的工作物质，可惜成本很高。明徽州詹希元经过长期摸索，终于发明了用沙代水，创造了"五轮沙漏"，其沙漏，四轮侧旋，中轮平旋，轮皆36齿，极像后来的机械钟表。运转时，既解决了水遇冻成冰的难题，又解决了转速变换问题，这是徽州人在古代天文仪器制作中的一项重要发明。

日用本草

生物学著作。8卷。元休宁吴瑞著。成书于天历年间。对可供食用的动植物进行了系统研究，分为米谷、菜、果、禽、兽、鱼、虫、五味等8门。每种除名称外，多有性味和烹煮方法，兼有性状描述和药用价值，间附处方，是按本草学体例而专记可供食用的动植物和菌类的系统著作，原书已佚。现存明万历十八年（1590年）的合刻本，前七卷为李景撰《食物本草》，后三卷是吴瑞的《日用本草》，内存米谷类17种、瓜菜类42种、果品类30种、飞禽类24种、走兽类13种、鳞甲类26种、五味类12种，共计164种，仅是原书的三分之一。

勾股割圜记

古算学著作。3卷。是清休宁县隆阜（今属屯溪区）戴震最完整、篇幅最长的数学著作，清秦蕙田《五礼通考》全载其上中下三篇，乾隆二十二年（1757年）刊行。乾隆三十八年（1773年）曲阜孔继涵刻《算经十书》时，亦收录《策算》和《勾股割圜记》。所谓"勾股割圜"实际上是指直角三角形与圆面（即过圆直径的圆内接直角三角形）的同一性关系的处理。上篇介绍平面三角形解析，涉及正弦定理和正切定理，但没有涉及余弦定理，卷末自注则附录三边求容圆半径、半角正切及面积诸公式。中篇介绍球面直三角形解法，利用弧角相易之法，得到了球面直三角形的全部解法。下篇讨论球面斜三角形解法，备录"次形"大小相易、弧角相易诸法，但没有详细讨论。全书内容与梅氏诸书大致相类，但略有补正。戴震自己在终篇说："终三篇，凡为图五十有五，为术四十有九，共二千四百一十四字。因《周髀》首章之言，衍而极之，以备步算之大全，六艺之逸简，治经之士于博见洽闻，或有涉乎此也。"是书以特有的方式系统推演了平面三角形和球面三角形的勾股原理，大大发展了自《周髀》以来的勾股弦求法。戴震的传统勾股学以其个人的努力达到了同时代的平面三角和球面三角函数学的水平，是一了不起的奇迹。明清之际，我国传统的研究因西

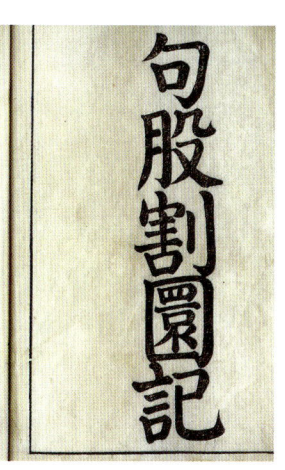

*《勾股割圜记》内文

学的传入而趋于中断，戴震崛起于日趋衰落的中法数学之坛，把传统数学的研究推向一个新的也是最后一个高峰。

方舆胜览

地理学著作。70卷。南宋歙县祝穆、祝洙著。是以南宋行政地理区划为纲撰写的一部全国性地志。全书结构清晰，以南宋行政区划"路"为纲，路下以"府、州、军"为目。各目下面著述的内容分为两大项。一是关于各州（含府、军）的建置沿革。其记述的内容从《禹贡》记载的地理区划开始，一直记述到南宋当代，简明扼要地概括了每一个州（含府、军）建置的历史演变。二是关于各州（含府、军）的重要事项。具体内容有20余个细目，分别是：郡名、风俗、形胜、土产、山川、学馆、堂院、亭台、楼阁、轩榭、馆驿、桥梁、寺观、祠墓、古迹、名宦、人物、名贤、题咏、四六对句等，内容涵盖地理、自然、人文、历史等各个方面。在历史地理上，对南宋州县建置、南宋监司军帅治所的记载明确。在经济地理上，对于各个地区相互联系的各种经济成分、经济活动等，也有较为客观的记述。在地志中增加对地方上人文的记载，在各个分类中，又设立了许多细目。如《方舆胜览》"人物类"中，记述了各地的"名宦""名贤""人物"等；"教育类"中，记述了各地的"学馆""堂院"等；"宗教类"中，记述了各地的"佛寺""道观""祠庙"等；"文化类"中，记述了各地的"风俗""诗文""四六对句""古迹""楼阁""亭榭""井泉"等，这些内容不仅反映了各地文化发展的概貌，也具体显示了各地丰富的人文内容和人文历史轨迹，是人文地学中的一份宝贵遗产。

劝农文

农学文章。南宋婺源人、理学大师朱熹著。淳熙六年（1179年），朱熹在任南康军（治所在今江西星子县）地方官时，曾发布此文以督促当地的农业生产。朱熹提出了如下一些思想：其一，奖励垦荒；其二，保护耕牛；其三，兴修水利；其四，适时播种，不误农时；其五，深耕细作和以肥拌种；其六，因地制宜，多种经营。朱熹的这些主张，不仅推动了当时当地农业生产的发展，而且对古代农学思想也做出了积极的贡献。

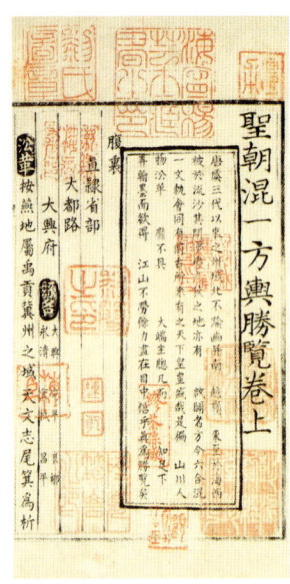
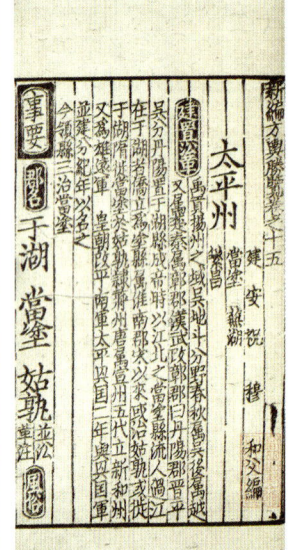

*《方舆胜览》内文

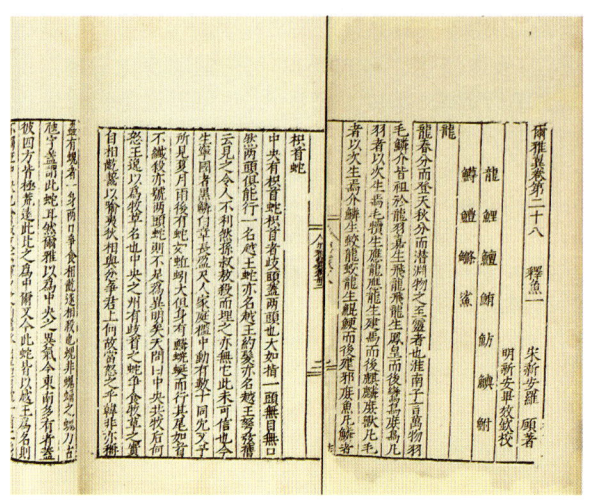

*《尔雅翼》内文

四元玉鉴细草 古算学著作。24卷。元朱世杰的《四元玉鉴》是世界古代数学宝库的精品之一。明朝以后，该书已失传几百年，梅文鼎、戴震都没有见到过它。19世纪初叶阮元发现该书时，已没人能看懂它了。清朝中期歙县人、当时影响较大的著名数学家罗士琳对此书艰苦校订、疏解，做了大量的与数学有关的典籍校正、注疏工作，着力注疏了《四元玉鉴》，经过12年的努力，终于在道光十五年（1835年）完成了《四元玉鉴细草》，使代表我国宋元时期数学最高成就的"四元术"（多元高次代数方程组解法）重新被人理解和重视，也让世人重新认识了我国古代算学的杰出成就。

尔雅翼 训诂学著作。32卷。南宋歙县呈坎（今属徽州区）罗愿著。《尔雅》，训诂汇编，相传为周公所作。《尔雅》按词条义类分篇，共有释诂、释言、释训等19篇，实为我国第一部词典。由于《尔雅》中还有释天、释地、释草、释木、释虫、释鱼、释鸟、释兽、释畜9篇，后7篇著录了大量动植物名称（590多种），因而又被称为博物之书。前人考论名物创获良多，然亦有或不识、或多谬、或相乱者，罗愿因撰《尔雅翼》，意为《尔雅》之羽翼。他以《尔雅》为资料，略其训诂、山川、星辰，而只研究动植物。《尔雅翼》有"释草"8卷，包括58种鸟类；"释木"4卷；"释兽"6卷，包括85种哺乳动物；"释鸟"5卷，包括以昆虫为主的40种无脊椎动物（其中蜘蛛、蟛蛸、蜱蛆属蛛形纲，蚓和蛐蜓分别属于多足纲和寡毛纲，其余几乎为昆虫纲）；"释虫"4卷；"释鱼"5卷，包括55种动物。除鲸外，主要是鱼纲、两栖纲、爬行纲动物，也有软体动物和腔肠动物等，共计238种动物（附见者未计）。就传统图书分类而言，《尔雅翼》无疑属于训诂或称"雅学"之作，就内容而言，全书专述418种动植物，全属于生物学内容，可视为一部生物学著作，内容极其丰富，并有许多超越前人的成就。

玄真子 物理学著作。12卷。唐祁门张志和著。其中就有关于物理的一些科学见解。它以寓言方式谈到了光和影的关系，揭示了影像须有物体存在、影像随物而变、影像大小决定于物之远近、凹面镜聚焦成像、日食形成是一种天象。论述有一定的科学道理。张志和还进行了人造彩虹的实验，对虹霓的本质作出了正确解释，把我国对虹霓的认识提高到一个新的水平。欧洲古代虹霓的人工模拟实验在13世纪才开始，比张志和要晚500多年。张志和还对液体表面张力现象作了正确论述，对液体表面张力效应作了细致的观察和记录。此外，是书还对视觉暂留现象、潮汐形成、雷电和虹的成因等物理现象做了研究，有不少正确认识，有的在当时相当先进。是书对中国古代物理学做出了可贵贡献。

民居防火工程 古代消防科技。徽州古村落的古民居均为砖木结构，百姓在长期的生活实践中创造了许多有效的防火技术。黟县宏村的科学水系规划，既是有效的消防系统，又美化、净化了村落环境。呈坎等地古民居，其大门包以水磨薄砖，木板楼层敷铺方砖，许多古民居建马头墙以阻隔木屋架外露，天井内遍设太平缸蓄水应急，建防火巷、石库门、石库窗以防火患，建更楼、水龙庙、民间消防队以抗御火患之灾。徽州民间消防技术是对中国消防史的重要补充。

曲尺堰 古代水利工程。在婺源县城东北23千米的汪口村西侧河中，有一座清朴学家、婺源县江湾人江永设计倡建的平渡堰，因其呈曲尺形，故被人们称为"曲尺堰"。汪口村是婺源东段莘水与大畈水交汇之处，两面三水合流，洄游凶险，每遇春夏季节，洪水暴涨，辄溺人畜。雍正年间，蛰居乡里执教的江永为免除村民的"覆舟之患"，全面考察了这段河流，观测各个时期的流量，精心筹算，倡议村民以筑堰来平缓水势。他考虑到筑堰后既不能阻碍航运，又不得影响河鱼的回游，于是将堰设计成曲尺形。碣坝从河南岸横过来，在距北岸25米处作一直角转弯，空出通道。便于行船、放木排和鱼产卵后回游。南岸修挖水圳，引水灌田。江永修建成的这座堰，在当时的历史条件下，完美地解决了通航和鱼的回游难题，在中国水利史上有着其不可低估的意义。在筑堰时，江永还考虑到堰的坚固性，为此堰体采用了片石直立的方法，就是将紧贴的大块片石直立起来，窄边对着水流方向，以减少水流对片石的冲击力，中间部位的片石则横过来，与迎水面组"丁"字形，以加强支撑力。这座曲尺堰历经200多年的无数次洪水，仍巍然屹立，完好无损。

色散现象　光学术语。对于小水珠反射、折射日光之后的色散现象。南宋休宁程大昌在《演繁露》一书中指出：凡是雨后初霁或露之未晞，其余点缀在草木枝叶的末端，欲坠却不坠落，则都聚为圆点，光莹可喜。太阳光射入进去，五色俱足，闪烁不定，这便是太阳的光品着色于水的现象，而并不是雨露本身有这五种色彩。他认为光经过一些透明的天然晶体折射后也能产生色散现象。北宋初年杨亿著《杨文公谈苑》一书，曾记载菩萨石折射日光而产生色散的现象。程大昌说："《杨文公谈苑》曰：'嘉州峨嵋山有菩萨石，人们大多收藏它们。其颜色莹白如玉，犹如江西上饶的水晶之类物品一样，太阳光照射到石头上有五色就像佛顶圆光。'杨文公的说法是可信的。然而说峨嵋山有佛，故这种菩萨石能见此光，则恐怕不是这样……峨嵋山佛能现明此类奇异现象，则不得而知。这里的五色，没有太阳则不能自见，则不是因峨嵋山有佛所导致的。"从而否定了五色粲然与佛有关。程大昌认识到，日光通过液滴的色散现象，同日光通过自然晶体（菩萨石、水晶）的色散现象同出一理。明确提出了五色光的生成来源于日光，批判了对于色散现象的神秘传说，表现了科学的态度和精神。

花鸟春秋　生物学著作。清歙县张潮著。是书为记载四季花木植物生长枯荣和候鸟昆虫来去飞鸣之作。

牡丹荣辱志　生物学著作。宋黟县邱濬著。五代、北宋时期，随着印刷术的普及，我国编辑出版了一批植物谱录，本书就是其中之一。本书品题牡丹，以姚黄为王，魏红为妃，又列"九嫔"9种，"世妇"10种，"御妻"81种（具品名者仅18种）。另将其他诸花名目分别列入"花师傅"至"花丛脞"等10个等第中，有的花还标注了产地，最后还列有"花君子""花小人""花亭泰""花屯难"等4目。该书虽然文同游戏，但记载了当时有关牡丹品种和其他花卉名目、产地，从植物学角度来看，具有一定价值。另据《文献通考·农家类》著录，邱濬还有《牡丹贵尚录》1卷，专为牡丹而作，未见传世。

汪应蛟垦田种稻　明婺源汪应蛟，万历二年（1574年）进士，授南京兵部主事、南京礼部郎中等职。他在我国北方盐碱地改造和农田水利建设方面，做出了突出贡献。据《明史·汪应蛟传》载，万历二十八年（1600年），代任天津巡抚的汪应蛟调查到葛沽、白塘口一带遭到荒废的盐碱田地并非不可种植，得出"地无水则碱，得水则润。若营作水田，当必然有力"的结论，预先募集百姓，在葛沽、白塘口两地采用筑堤围田，利用淡水洗碱，垦田种稻300余万平方米，其中四成为水田。这也是天津附近较大规模改造盐碱洼地种植水稻的开始。其后汪氏官居河北保定，鉴于此地也是"荒土连封，蒿莱弥望"，加之天津4 000驻兵需饷6万均敛之于民。他认为如果开渠置堰改作水田，不仅可资天津军饷，亦可支援附近各镇，于是他上疏明神宗，建议利用驻防兵丁垦田，得旨允行。

汪莱数学成就　歙县瞻淇人、清朝著名数学家汪莱在青年时代，就刻苦钻研《数理精蕴》一书，后来对清梅文鼎的《环中黍尺》及梅钰成的《赤水遗珍》，对元李冶的《测圆海镜》《益古演段》及宋秦九韶的《数学九章》等数学著述作了精心的研究，继承并发展了他们的数学研究成果，弥补了他们著作中的不足。他从数学理论本身做出了创造性成果，使中国数学史上关于方程根的研究有了突破，在组合论、级数及二进制方面的研究，令世人瞩目。汪莱在 P 进位制、方程论、弧三角术和组合计算方面取得重要研究成果。当时普遍采用十进位制，汪莱认为不必"尽立数于十"，对于具体问题，究竟采用何种进位制为宜，原则上应当"审法与数相宜而已"。较之20世纪40年代随着电子计算机的出现才兴起的 P 进位制研究早150余年。中国古代方程，多侧重解法（开方术）及布列法（天元法），只求解方程的一个正根，对于方程根的个数及性质认识模糊。汪莱指出，二次方程有两根，并论证了三次方程正根与系数的关系和三次方程有正根的条件。汪莱对于方程的认识、根的存在与判别的研究，是我国方程理论研究的发端。汪莱说："弧三角之算，穷形固难，设形亦难，稍不经意，动乖其方。"他分别论证了已知三边，三角，两角夹边或两边夹角，两角对一边或两边对一角等各种情况下有解的条件，其成就在梅文鼎、戴震、焦循诸家之上。汪莱将组合计算公式建立在中国传统的贾宪三角形规律上，论证了组合运算及其若干性质。所得出的递兼的定义、性质、计算公式以及恒等式均与现代组合运算结果相同，发现了组合规律，更赋予古老的贾宪三角形以组合的意义。

汪莱精研科学　歙县瞻淇人、清著名数学家汪莱毕生专注于数学及天文的研究。嘉庆十一年（1806年），为治理黄河水害，受命测量云梯关（今江苏淮安县东北100千米）、六塘河入海口高程。嘉庆十二年（1807年），以优贡生入京，考取八旗官学教习，入史馆纂修《天文志》《时宪志》。嘉庆十五年

(1810年），调任池州府石埭县（今石台县）训导，因廉洁自奉，尽心办学，卒于任上。池州郡守撰文勒碑于明伦堂，表彰汪莱的办学功绩。汪莱治学严谨，"人所言，不复言。所言皆人所未言与人所不能言"。主要著作有《衡斋算学》《衡斋遗书》《馨氏倨句解》《参两算经》《校正九章算术及戴氏订讹》《四边形算法》《十三经注疏正误》《禹贡图考》《说文声类》《乐津逢源》《衡斋诗集》等，颇富创见，令世人瞩目，这些著作大部分完成于乾隆五十五年（1790年）至嘉庆十五年（1810年）。

沟洫疆理小记 地理学著作。清歙县程瑶田著。是书考匠人为沟洫之制，谓沟，菁也，纵横之说也。象形曰沟，会意曰洫。洫字从血，以血承沟，是血脉之流通也。浍，会也，会上众水，以达于川，初分终合，所以尽水之性情，而不使有泛滥之害也，成《沟洫疆理小记》。

画眉笔谈 生物学著作。1卷。清歙县陈均著。书中对于画眉鸟的形态、行为作了正确描述，并介绍了此鸟的饲养、训练方法，是有关画眉饲养的实用手册。

岭南风物记 生物学著作。歙县西溪南（今属徽州区）吴绮著。除记岭南气候、石、布、香、酒、杂事外，有关岭南动植物共109条，其中记草木花竹60条、记鸟17条、记兽5条、记虫6条、记鳞介17条、记谷蔬4条，占全书条目总数77%以上。每种植物或动物除记物名和产地外，多记别名和形态特征。是书所记100多种动植物，除个别提到由海外引进外，都是岭南原产，所记内容均为吴绮耳闻目睹之实物，繁简不拘，虽然有少数传统化生之说或民间神奇说法，但绝大多数内容真实可靠，而且不乏新奇事物，可以开阔眼界，增长知识，在今天对研究岭南动植物品种资源和风俗民情，或进一步开发利用，有一定的参考价值。

周髀用矩法 科学著作。清歙县程瑶田著。是书系推究数学、天文历算的专著。

参算两经 古算学著作。1册。清歙县汪莱著。清乾隆年间，汪莱返归故里，在家中自制浑仪、简平仪等并用它们来观测天象，其间完成本书，是最早的数学作品。

重订水经注 地理学著作。清休宁县隆阜（今属屯溪区）戴震著。北魏郦道元所写的《水经注》40卷，是一部既有地理史学价值又有文学价值的重要著作。但是在长期的流传抄转中，篇章遗散、错乱，经和注互淆，已经到了无法读解的地步。历代不少考据名家苦苦考订，然而收获不大。戴震擅长考据，治学实事求是，探求"十分之见"，早在二十七八岁时就对《水经注》有专门的考释。稍后，戴震又凭有关校本，批校《水经注》97条。乾隆三十年（1765年），戴震自定《水经》1卷，考定了《水经》123条水的新秩序，已从混淆的经、注中分辨出了全部经文，考订了部分错、漏，在后记中，戴震最早提出了辨析《水经》经、注的办法和标准，简称"四大义例"。乾隆三十七年（1772年），戴震在浙东金华书院主讲时开始刊刻自定《水经注》。乾隆三十八年（1773年），戴震入四库全书馆校书后，又以馆中所藏《永乐大典》《水经注》校本和所见部分刻本，集中精力对《水经注》进行了一次全面的校勘辑佚，补缺漏2 128字，删妄增1 448字，正臆改3 715字，辨别经注，完成了《水经注》的最重要一次考订，编成是书，纠正了前人经文与注文相互混淆的错误，成为《水经注》研究的名著。其校理成果被作为武英殿本刊出，这是此前所有《水经注》校理以来最好的一个本子，代表了当时"郦学"的最高成就。

段莘养田碣 明朝水利工程。位于婺源县段莘村，由官居南京户部尚书的村人汪应蛟捐资兴建。高8米，宽70米，碣两边两条圳的水，能满足段莘、养田两个村逾万人的生活日常用水，灌溉农田面积100余万平方米，是全县用于村庄用水和农田灌溉最大的石碣。

禹贡三江考 地理学著作。清歙县程瑶田著。是书集中研究长江中下游地区的水道问题。全书内容共分三部分：第一部分收集论文7篇，其中心内容是阐释三江的历史演变，并联系历史上诸家关于"三江"的学说，进行讨论，对《禹贡》所说"三江"也进行了考证，谓《禹贡》所云扬州的"三江"，实只一江，以订正郦道元《水经注》；第二部分收集文论10篇，主要论述"东迆""汇水""汉水""南条水""彭蠡""北江"等长江中下游的水系演变情况，并通过考察历史演变的客观过程，论述、总结了长江水系的一些活动规律，提出了治理长江的诸种重要方法；第三部分收集论文4篇，主要内容是关于"三江"问题的进一步讨论，对《禹贡》记载的汉水入海说作出了合理的解释，同时就浙江和浙江水系问题和阮元深入切磋，对阮元的《浙江图考》所作的论断表示赞同，并且补充论证。是程瑶田诸多著述中的一部颇具功力的书，也是我国古代地理学的名著之一。

禹贡山川地理图 地理学著作。原为5卷，现存2卷。南宋休宁程大昌著。该书既绘制了大量地图，也有文字论述，是一部地图与文字兼备的历史地理学学术著作。该书总结前人地理学的学术见解，并按照前人的结论绘成地理图。对前人的错误进行分析，指出其问题所在，同时编绘正确地理图以纠正前人的错误。是书所编制的地理图为彩图，共用了4种颜色绘制。水用青色，黄河用黄色，古今州道用红色，郡县疆界用雌黄色。这不仅在地理图绘制史上是先进的，用地理图的方式来演示学术研究，也是程大昌的重大创造。

是书对《水经注》的研究也取得很大成就，是现存最早的《水经注图》。

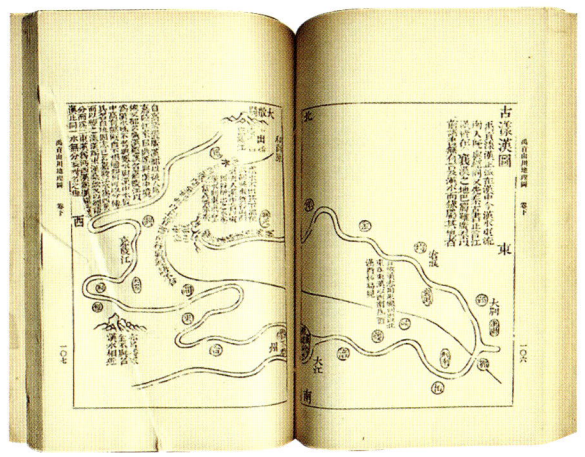

*《禹贡山川地理图》内文

禹贡后论 地理学著作。南宋休宁程大昌著。《禹贡论》写成后，大昌又针对黄河水、汴水经常发生水患的民生问题，进一步研究考察，撰文8篇，深入讨论了水患的原因及其治理的思路，集为一书，名曰《禹贡后论》。其中，关于黄河的论述有3篇，关于汴水的论述有5篇。

禹贡论 地理学著作。8卷。南宋休宁程大昌著。《禹贡》是中国地学中成文最早的重要文献，以名山大川为标志，划分了古代的九个区域，记述了各地的自然地理和人文地理概况。南宋淳熙四年（1177年），程大昌在宫中侍讲《禹贡》。之后，程大昌以《禹贡》经文为蓝本，发明经义，借鉴前人的研究成果，进行系统的分析考证与研究，最后著成《禹贡论》5卷、《禹贡后论》1卷、《山川地理图》2卷。《禹贡论》的内容，包含河水、江水、济水、汉水、弱水、黑水以及荆山、碣石、田赋等问题。

胆水浸铜法 化学科技发明。宋婺源张潜父子祖孙一族发明。西汉时我国劳动人民就发现将铁放入一种胆水（色蓝如胆的硫酸铜矿体）之中就可以产生铜，这其实是一种化学置换反应。宋张潜、张甲、张磐父子对胆水浸铜法作了总结，著成《浸铜要略》专著上、下2卷，详细记载了12条胆水浸铜的工艺程序。此前还写了《浸铜便利》一书。对宋朝胆铜业的兴起和发展产生了很大的促进作用。当时南宋铸钱的铜有一半以上出自胆水炼法。该法是世界化学史上一项重大科技发明。

费隐与知录 著作。清歙县郑复光著。是书于嘉庆二十一年（1816年）开始写作，至道光二十二年（1842年）刊行，历时20余年。是书以问答形式写成，共有问答225条，内容涉及物理、天文、气象、生物、医药、烹饪等诸多方面。作者试图对一些自然现象和日常生活中常见的问题作出简要的解释，因此该书具有科普性质。关于物理学的知识，书中共有30余条，包含力学、热学、光学、电磁学等各个方面。在力学方面，是书解释了水的浮力现象。书中说，金入水而沉，木入水而浮，这是因为金比水重，木比水轻，是由它们的本性决定的。在热学方面，他解释了日光与火性质的不同。书中写道："问：火与日其热孰多？曰：是不同。日为暖之本，火为暖所积之气，胡可比也？第各言其胜。日为神妙于火，火为猛烈于日；日以光为暖，为以气化物。"意思是有人问："火与太阳相比，谁的热量大？"郑复光回答说："这二者不同，不可比。"太阳产生热量，是一切温暖现象的根本，其行为比火神妙；火是热气的积聚，它以热气融化物体，其热效应比太阳猛烈。正因如此，郑复光说："人们可以通过遮挡日光的办法以减弱日光的热量，但却不能利用遮挡火光的办法以减弱火的热量。"在光学方面，书中记载了他做的著名的"冰镜取火"实验。汉朝《淮南万毕术》中有"冰镜取火"记载："削冷令圆，举以各日，以艾承其影则火生。"显然，这是用冰加工制成凸透镜聚集日光取火。冰遇火即熔，但古人偏用其取火。这种方法无论是构思的创新精神，还是反映的认识水平，都堪称一项杰出的科学实验。自《淮南万毕术》之后，有关"冰镜取火"的说法几乎历代不绝，但真正通过实验加以验证者却不多见。郑复光成功地重复了这一实验。在本书第69条中，他记录了这个实验，不仅证实了汉朝这一实验记载的真实性，而且对冰镜的制法、尺寸大小和聚光本领都有了进一步的认识。

珠塘坝 古代水利工程。珠塘位于屯溪华山岭和杨梅山之间，是一自然形成的堰塞湖。早先由于年年梅雨季节，山洪暴发，湖水满溢，冲毁山下农田，水淹老街古镇，百姓深受其害。当时人们迷信并以为珠塘有龟精作怪，心存恐惧。清乾隆年间，戴震筹资建造塘坝，制服山洪，造福乡里。他不辞辛劳，对珠塘一带小龙山、乌山的地形走势进行勘察，并绘制地形图。他从山水走势分析，想在珠塘出口两山之间的狭窄处，修筑一堤坝，旱时能灌溉，涝时能泄洪，化水害为水利。他联系工匠绘制水坝草图，精心计算工程量和施工方法，到屯溪老街找到商界首领，说明事由，强调要保持老街繁荣，就必须先根治水患，就得把珠塘这股洪水管住，众商家纷纷解囊相助。在他亲自主持下，周边居民有钱出钱，有力出力，经过一个冬天的艰苦施工，终于建成了珠塘坝。塘坝高10米，坝顶长43米、宽22米，蓄水百万立方米。塘口用石块造一个塘印（闸门），坝下辟有水沟，直通新安江。平时闸门关闭，以利灌溉农田和养殖鱼鸭，如遇山洪，可开闸放水。从此农田不再受涝，老街也不再被淹。

准望简法 古算学著作。清休宁县隆阜（今属屯溪区）戴震著。是书为戴震在古算学方面研

*屯溪珠塘坝

究的数学专著之一，与《策算》《勾股割圜记》等一起，成为"古今算法大全之范"。

离心式宇宙起源假说

宇宙起源是一个长期困扰古人的问题，"盖天说"和"浑天说"都把天想象为硬壳，北宋张载以其气本体论为天运的物理机制提出了"七曜左旋说"。朱熹从小就被宇宙之谜所困扰，一直想从实践和理论上弄清它。实践中，他最早设想了中国的圆天象仪，曾经力图复原苏颂所造的水运天象仪。在理论上，他在阐述周敦颐和邵雍的两个宇宙图式的基础上，把它们与张载的气化宇宙论结合起来，运用太极生化模型提出了一个离心式宇宙起源假说，依据它反驳前人关于天左旋而七曜右旋的天运图式，论证张载的七曜与天共左旋之说。朱熹设想天地的初始是阴阳二气，他说："天地初间，只是阴阳之气，这一个气运行，磨来磨去，磨得急了，便拶许多渣滓，里面无处出，便结成个地在中央。气之清者便为天、为日月、为星辰。"朱熹提出了阴阳二气处于不停顿的运动，组成庞大的气团，由于摩擦和碰撞作用的加剧而造成渣滓向中心聚拢，导致地球在中间，而气之清者形成天和日月星辰在地球外周运转。这种宇宙生成论，不但克服了东汉张衡以来浑天家所谓"地载水而浮""天表里有水"的严重缺陷，把浑天说的传统理论提高到新的水平，而且给张载关于气的聚散学说提供了一个比较具体的说明，其中"磨来磨去，磨得急了"这种高速运动概念的提出，为张载学说增添了运动力学的性质。

通渠筑防

水利建议规划。明万历三十年（1602年），官居保定巡抚的婺源汪应蛟想根本解决河北的水利问题，提出一个宏远的规划——设想利用众多水渠变河北为江南，于是建议朝廷利用驻防兵丁凿通水渠，构筑堤防，依照南方的水田之法来施行改造垦种，这样可使河北所辖六府，每年都能增收稻谷，从而让京畿一带的百姓从此得到丰饶的供给，再也没有旱灾水潦的后患，即使不幸遇到漕河受到梗阻，也可改折在南方，取籴在北方。这一建议曾经得到工部尚书和明神宗的称许，遗憾的是因为明神宗去世而未能付诸实现。

培植兰菊法

生物学著作。清歙县汪畹腴著。是书分兰花和菊花两部分，详细介绍了它们的栽培技术和注意事项，为作者经验之谈。

野菜博录

生物学著作。明歙县鲍山著。它是一部考订野菜名物并注明性味食法的植物图谱。作者对可供食用的野生植物曾广为采集，深入研究，并对其中的一些可食用植物亲自移植栽种。是书即鲍氏在充分实践的基础上参考文献写成。全书共收可食植物（草类及木类）435种，均附以插图，记其形态与性味和食法。虽未涉及药用，但却收载了一般本草书所未收载的地方草药，故在研究药物方面有一定参考价值。是书与朱橚《救荒本草》、王磐《野菜谱》和周履靖《茹草编》一起，并列为明朝四部通行的植物图谱。《四库全书》收录。

笺卉

生物学著作。1卷。清歙县吴菘编。他首次将画家雪庄所绘黄山的35种奇花异卉加以笺注，一一定名，描述其色香、形态、特征和生长环境，编成是书。该书堪称黄山第一部植物志，其中一些命名和描述相当准确而科学。现代商务印书馆出版《植物学大辞典》曾经引用《笺卉》的不少内容。

策算

古算学著作。清休宁县隆阜（今属屯溪区）戴震著。17世纪初叶，英国数学家耐普尔发明的一种算筹计算法。明末介绍到我国，也称"筹算"，戴震称为"策算"。筹是用竹或木制成的，1～9每筹正反面各分9格，每格斜分为二，个位数写于斜线下角，十位数写于斜线上角。第一筹正面写1～9，第二筹写1～9各数的二倍的数，第三到第九各筹中，分别写1～9各数的3～9倍的数，第一筹的反面与第九筹同，其他筹类此。第五筹的反面为空。计算时把筹拼拢，进行乘除。清梅文鼎改斜格为两半圆合一位格，比较醒目。后来又将横筹改为纵筹，更为方便。又有平方筹、立方筹等专为开方之用。

御制佩文斋广群芳谱

见350页"广群芳谱"条。

释虫小记

生物学著作。清歙县程瑶田撰。他在《通艺录》中附有《释虫记》，图文并茂地介绍了生物学常识。是书所收的《螟蛉蜾蠃异闻记》《蜜蜂记略》《鸤鹈吐雏辨》《蛞蝓蜗牛本草正讹记》《改正尔雅翰毅牝牡转写互讹记》《马齿记》等，都是非常有特色的考证论文，引据确凿，持论精警，结论明确，纠正了不少传统文献的积误，恢复了有关事物的本来面目。

释草小记 生物学著作。清歙县程瑶田撰。他在《通艺录》中附有《释草小记》，图文并茂，介绍生物学知识。是书收有《释藜》《释蓬》《释荼》《释萑苇》《释芸》《释荔》《芄兰疏证》等，都是专题考证的重要著作。

鹌鹑谱 生物学著作。1卷。清休宁陈石麟著。他根据抄自内府的本子，又搜取民间所藏撰成。书中分为原始、相法和名目、养饲各法、养斗宜忌四大部分，内容丰富，实用性强。该书是我国现存最早的一部驯养鹌鹑的专著。全书内容丰富，全面系统。不但对今天以驯养鹌鹑为娱乐者来说，是一本难得的历史文献和经验总结，而且对于研究我国鹌鹑品种资源，甚或改良专供蛋肉两用的家养鹌鹑品种也有一定的参考价值。

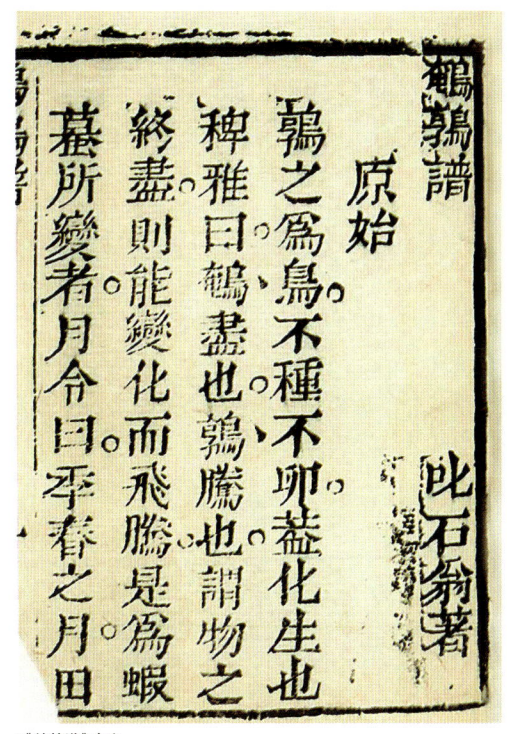

*《鹌鹑谱》内文

新编直指算法统宗 算学著作。17卷。明休宁县率口（今属屯溪区）程大位著。包括算盘图式、珠算口诀和用珠算解决问题。在书中程大位首次将珠算用于解开方问题。书末附有一篇《算经源流》，记载了宋元以来出版的数学著作51种。该书是以珠算盘为计算工具的数学书。共有580余个问题，这些问题主要来自他所搜集的典籍，并全部改用珠算计算，一一详解。《算法统宗》首创定位歌诀：数学定位法为奇，因乘俱向下位推。加减只需认本位，归与归除上位施。法多原实逆上数，法前得零顺下宜。法少原实降下数，法前得零逆上知。把筹算开带从平方和开带从立方用到珠算中。该书在明朝就传入朝鲜、日本，在日本被作为研究珠算的范本，对日本珠算的发展起了重要的促进作用。

雍录 地理学著作。10卷。南宋休宁程大昌著。该书是南宋时期一部记载中国西部地区的方志，"雍"，取义为古雍州之地（古九州之一），其地址范围相当于今陕西、甘肃、宁夏以及青海等地区。该书从地理学的角度切入，考订关中古迹，以《三辅黄图》《唐六典》、宋敏求《长安志》、吕大防《长安图记》及绍兴《秘书省图》诸书，互相考证。于宫殿山水都邑，皆有图有说。

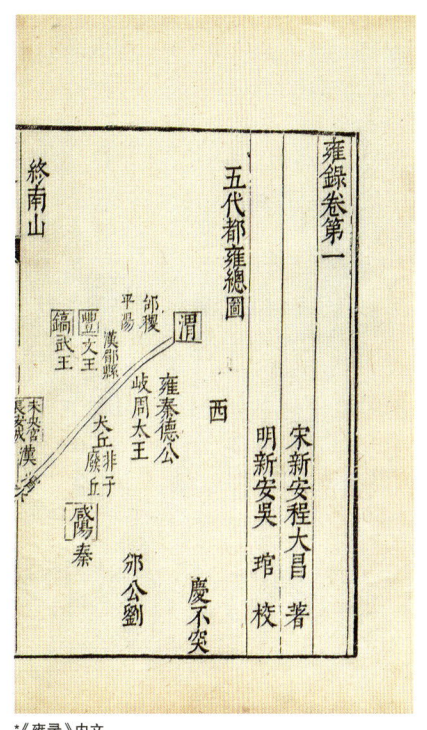

*《雍录》内文

算法纂要 算学著作。4卷。明休宁县率口（今属屯溪区）程大位著。它是一部著名的珠算学经典著作。他于万历二十年（1592年）写就巨著《算法统宗》17卷，万历二十六年（1598年），又对该书删繁就简，取其切要部分，另编写成此书，与《算法统宗》先后在屯溪刊行，成为后世民间算家最基本的读本。这两部巨著是我国古代最完善的珠算经典之作，开创了珠算计数的新纪元。程大位在编此书时，并非只做《算法统宗》的摘编工作，而是以《详明算法》为蓝本进行选材，除采自《算法统宗》者外，也增加了少量内容。它偏重于基本算法介绍及日常计算问题的解决，属于日用型算书。除基本算法外，大多包括以下项目：异乘同除、就物抽分、差分、贵贱差分、斤秤问题、堆垛、盘量仓库、丈量田亩和土方计算，成为明清时期民众易于接受的数学启蒙读物之一，在民间普及珠算及初等数学知识方面，起到了重要的作用。

镜镜詅痴 光学著作。5卷。清歙县郑复光著。是一部总结自己一生光学研究成果的代表性著作。分"明原""类镜""释圆""述作"四个部分，每一部分又包含若干篇。"明原"部分包括"原色""原光""原景""原线""原目""原镜"六篇，集中讨论了一些几何光学的基本概念和基本定律。"类镜"部分包含"镜资""镜质""镜色"和"镜形"四篇，分析了几种反射镜的质料及性能，讨论了玻璃等制镜材料的光学性质和质量标准，也讨论了有色镜的不同用途。"释圆"部分专门讨论圆形透镜的性质，系统地论述了光线通过凸、凹镜和透镜组之后的成像原理，共有"圆理""圆凸""圆凹""圆叠""圆率"五篇内容。全书对物体的颜色光的直进、反射、折射，反射镜和透镜的成像，光学仪器的制造等都作了比较详细的阐述。"述作"部分专门论述了各种光学仪器的制作问题，包括照景镜、眼镜、显微镜、取火镜、地灯镜、诸葛亮镜、取景镜、放字镜、棱镜片、多宝镜、柱镜、透光镜、视日镜、测日食镜、测高远仪镜和望远镜等光学仪器，几乎囊括了当时所有的光学器械。书中还详细介绍了幻灯机的原理、装置和调制方法，介绍了利用望远镜进行天文观测的各种方法。该书初成于道光十五年（1835年），道光二十六年（1846年）正式刊出。该书既有系统的理论分析，又有大量的实验研究，从定性到定量，全面总结了当时中国已有的光学知识，并在许多方面做出了重要发展，代表了当时中国光学发展的最高水平，大大丰富了我国古代科学技术宝库。

衡斋算学 古算学著作。7册。清歙县汪莱著。莱小时家境贫寒，后在苏州课馆三年，并研习数学、天文，回乡后不仅自制浑天仪、一方仪、简平仪等观测天象的仪器，还写了不少数学论文。他先后与自己的同乡好友巴树谷、江玉讨论数学，经过艰苦的研索探求，在嘉庆元年（1796年）和嘉庆三年（1798年），写成《衡斋算学》第一册、第二册和第三册，论述球面三角形、勾股形等数学理论，完成了《弧三角形》和《勾股形》两部书稿。巴树谷将《弧三角形》和《勾股形》书稿各一卷合刻刊行，题名《衡斋算学》，这就是汪莱数学著作的最早刊本。嘉庆四年（1799年），莱又完成了《衡斋算学》第四册，论有关组合数与级数。嘉庆六年（1801年），莱写成了该书第五册，论高次方程问题，为当时方程论研究开辟了一个新方向。这年秋天，莱撰成该书第六册，讨论弧矢关系。嘉庆九年（1804年），又撰成第七册，进一步研究代数方程论。作为中国历史上最具创见的数学家之一，汪莱的数学研究，成就斐然。他的一些创新性工作，其价值和意义直到20世纪才显现出来。

戴震复原算经十书 "算经十书"又称"十部算经"，指唐朝国子监算学馆的10部重要数学教材：《周髀算经》《九章算术》《海岛算经》《孙子算经》《夏侯阳算经》《张丘建算经》《五曹算经》《五经算术》《缀术》《缉古算经》。唐朝国子监内设有算学馆，国家举行的科举考试中也设有"明算"一科，上述10部算经便是当时算学馆内所用的主要教材。由于历代辗转流失，到了清朝，"算经十书"绝大部分世间已湮没不闻。乾隆年间开四库全书馆，戴震奉特诏入馆，负责从明《永乐大典》残本中辑校《九章算术》《海岛算经》等古算学典籍。戴震凭着在经史和数学、天文学等方面深厚的学识和素养，对这些古籍散篇残卷作了校勘、补图，并略加注释，运用科学的考证方法，加以甄别、排比、分析、考订，写出提要，并参考其他版本，发掘出了"算经十书"中的九部（《缀术》失传），基本恢复到了北宋秘书省刻本的状况，再加上北周甄鸾《数术记遗》，凑成了10部算书，这一复原，对推动清朝传统数学的研究起了决定性作用，促成了传统数学研究的高潮，人们公认："戴氏起而算学始尊。"

徽州图经 图经是我国历史上记载地方历史文化的文献，起源于汉朝，兴盛于隋唐，南宋时期演变为方志。隋唐时期，图经引起国家重视，规定各地方官府定期纂修，进而形成制度。徽州是中国历史上纂修图经比较发达的地区之一，有史可考的图经有3类10余种：一为"州图经"：有《新安图经》《新安图》《歙州图经》等；一为"县图经"：有《歙县图经》《（黟县）邑图》等；一为"专门图经"：有《黄山图经》，先后约六次纂修、刻印。

翼梅 著作。8卷。清婺源江永著。该书系对梅文鼎数学著作商榷、辩证之作。经戴震校订而收录至《四库全书》，书名易为《算学》。

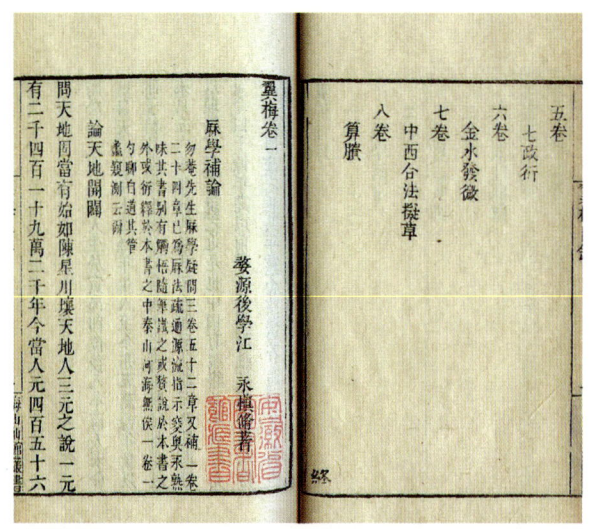

*《翼梅》内文

覆载通几 天文学著作。清歙县汪莱著。乾隆五十七年（1792年），莱在徽州故里制成浑天、简平等仪器，用以观测天象。同年，撰成本书（附《四边形算法》）。该书阐述第谷体系的行星及日月运行规律，其中一些示图是依靠几何定理来作出说明的，创立了天算结合的研究模式，殊为难得。

[六] 徽州文学

徽州文化大辞典

诗社文会
文学作品
徽州楹联
民间文学
民间歌谣

[六] 徽州文学

诗社文会 · 文学作品 · 徽州楹联 · 民间文学 · 民间歌谣

丰干诗社 明文学家、兵部左侍郎汪道昆倡立。道昆致仕后，与乡里名士结社吟诗唱和，隆庆四年(1570年)成立丰干诗社。参加诗社的有其弟汪道贯，从弟汪道会，休宁文昌坊陈笙，歙县岩寺(今属徽州区)方策、方简、方宇、方用彬、方于鲁，歙县开皇里谢陛，歙县托山程本中，歙县西溪南(今属徽州区)吴守准等。道昆有《丰干社记》，见《太函集》卷七十二。

天都诗社 明嘉靖二十一年(1542年)歙县王寅首倡，方弘静、陈有守、程洁、江珍、郑恩祈、方大治、罗逸、王之杰、方一藻等16人结诗社于黄山天都峰下(今祥符寺附近)，故称，为黄山历史上第一个民间文学团体。其成员皆为当时徽州诗坛名流，有"黄山十六子"之称，其中方弘静、程洁、方大治、罗逸、方一藻等人为现徽州区籍人。诗社成立之日为重阳节，十六子策杖攀跻，从祥符寺一直攀登到天都峰顶，沿途争相饮酒赋诗，抒发情怀，极一时之盛。此后，他们定期吟诗酬唱，豪情逸发，所作多有流传。岩寺唐汝龙(唐皋孙)后来也参与该诗社。万历三十八年(1610年)岩寺潘之恒与鲍正之、王之杰、黄奂、丁自宣、丁虞采等人重举天都诗社，赋诗桃花溪上，推方弘静为盟主，入社者近10人，潘之恒作《天都社记》记述当时诗社盛况。对促进黄山及徽州文化的发展有着积极作用。

五友诗社 清黟县际村戴荣基倡立。戴荣基乡试不中，即弃科举，读书于云梯书屋，肆力经史古文辞。诗见赏于当涂黄敏钺，称之无一字无来历。与芜湖龙子方、张杏村、仓山倪弈，绩溪汪棒结五友诗社，极一时唱和之盛。

龙都诗社 明绩溪戴伟与程桥、程校、汪文豹、胡训、冯湛、周士先、周先觉等九人倡立。社友经常聚会吟诗，戴伟著有《龙都集》，汪文豹著有《石门山人诗集》。

叶氏文会 清乾隆四十一年(1776年)黟县南屏叶氏家族创办。谈诗论文，每季一会，县训导黄本骐为作《南屏叶氏文会序》云："今年春，族中起文会，按季月一集，赡其供给，聚则言慈言孝，以余力攻举子业，分曹角艺，一以雅正为宗，期于言文行远。"

白榆社 明万历八年(1580年)成立，汪道昆主盟，龙膺主事，社员有汪道会、汪道贯、郭第、丁应泰、潘之恒。其中汪道昆、汪道会、汪道贯、潘之恒均为徽商子弟。李维桢、屠隆、徐桂、胡应麟、周天球、佘翔，先后成为白榆社延揽的诗人名士，前后入社的至少21人，多为当时东南地区的社会名流。白榆社一直持续到汪道昆卒世，为"后七子"后期规模最大、持续时间最久的诗社，一时聚集了新安诗人和"后七子"时期的精英新秀，奠立了汪道昆在后七子诗盟的地位。

兴贤会 祁门县东乡桃源(今洪村)文会。创立于明万历三十二年(1604年)，由洪氏合族共置义田，以充经费。文会组织族中文人学子每月会文一次，研讨儒家经典，切磋学问或作文赋诗。聚会时，文会供给与会者膳食。

花神三多诗社 清黟县程宏弼倡立。宏弼从贾于浙、沪，闲则徜徉诗酒，所交多名流硕彦，与沪上周湘云、黄吾绅、顾松泉等20余人，结社吟诗。集有《劫余吟》。

两人诗社 明黟县黄陂汪敦敬倡立。敦敬喜吟咏，工书法，绝意仕进。芒鞋竹笠，迹遍名山，广结诗友。至湖北省，遇见缪昌期，相得甚欢，与其结"两人社"。后来汪到燕地，朱子蕃造访，复与朱结"两人诗社"。晚年归居碧山之阿，自号汉绮山人，闭门终老。有《汉绮吟》传世。

林泉诗社 明绩溪胡松倡立。胡松曾任工部尚书，致仕后与乡里好友程标等结林泉诗社。

岳青诗会 清黟县朱村朱钟倡立。朱钟为嘉庆甲子副贡生。不喜举子业，致力古诗文词，倡立岳青诗会，兼以纪念其族祖诗人朱弦。

修月轩文会 清末黟县名士胡朝贺、汪登俊、孙简庭、胡存庆、吴锡年、程尚椿、叶效洛、黄采真等创立，至民国初终止活动。

黄陂诗画社 清黟县黄陂汪清桂倡立。汪清桂字馨山，善诗，工书画，与族人汪焕文、汪家炽等结诗画社。

萃英文社 清黟县二十七姓创立。黟县霭门十二姓曾动议拟捐资置田产，建书屋，事因太平天国军起而终止。后城外十五姓，于光绪二十五年（1899年）捐资立集益文会，并拟设家塾教授子弟。因与霭门同处一乡，乃集二十七姓公议，将霭门房、田产与集益资金合并，组成萃英文社。

集诚文会 清嘉庆五年（1800年）黟县五都合乡创立。除一般集会外，又定每年正月祭孔日赛诗赛文，评选佳作，给予奖励。

郭山诗社 明万历年间绩溪汪士达联络汪士仁、汪士钦、胡桂芳、胡化中、胡廷勋、胡廷廉、唐正音、高有位、郑汝砺、郑汝梅、张应寿共12位名士结社倡立。并建楼于城东梓潼山半山处，名"十二楼"，不时聚会，吟诗唱和。著有《郭山诗集》《台峰集》《灵沧集》等。

聚奎文会 清黟县五都余村余建联、叶琬声、程汝骧等创立。知县李登龙《聚奎文会序》中以"培振士风，扶奖后学，继往哲之坠绪，可来世之芳规"为勉，所作诗载《林沥山诗集》。

霞阜诗盟 元泰定四年（1327年）黟县霞阜汪泰初倡立。因汪泰初为霞阜人，故名。诗盟成立后请休宁名儒陈栎命题，四方文士237人参与吟咏。所集诗请陈栎、胡初翁审读考评，给予优胜者以奖励。

[六] 徽州文学

- 诗社文会
- 文学作品
- 徽州楹联
- 民间文学
- 民间歌谣

一映吹诗 陈履祥诗集。7卷。履祥，明祁门人。是书为宛陵沈懋学校阅刊本。卷一古赋，卷二五言古诗，卷三七言古诗，卷四五言律诗，卷五七言律诗，卷六五言绝句，卷七七言绝句。前有陈昭祥序。

一溉堂诗集 余光耿诗集。1卷。光耿字介遵，清婺源人，康熙初诸生，《江南通志》作康熙乙酉举人。光耿之祖余懋衡为明东林党人。父余维枢，入清官兵部主事。家道中落，少孤苦无援，科举之路坎坷。康熙四十四年（1705年）乡举榜发即卒。"一溉堂"为其居处名。光耿承其父教，淡泊自守，故诗风格亦朴实平近，不崇尚文采辞采。

十五家词 清十五家词集。38卷。孙默编。默字无言，休宁人。所辑当朝词共15家。吴伟业《梅村词》2卷，梁清标《棠村词》3卷，宋琬二《乡亭词》2卷，曹尔堪《南溪词》2卷，王士禄《炊闻词》3卷，尤侗《百末词》2卷，陈世祥《含影词》2卷，黄永《溪南词》2卷，陆求可《月湄词》4卷，邹祇谟《丽农词》2卷，彭孙遹《延露词》3卷，王士禛《衍波词》2卷，董以宁《蓉渡词》3卷，陈维崧《乌丝词》4卷，董俞《玉凫词》2卷。各家以小令、中调、长调为次。载其本集原序于前，并录其同时人评点。

十岳山人诗集 王寅诗集。4卷。寅，明歙县人。王寅曾向李梦阳学诗，又曾往少林寺学拳术。中年习禅，事古峰和尚。古峰曰："吾遍游海内五岳，今将遍历海外五岳，而后出世。"王寅听了古峰和尚的话，非常喜欢，因自号"十岳山人"，自编诗集《十岳山人集》。《四库全书总目提要》称："其诗音节宏亮，皆步趋北地之派，而铸语未坚，时多累句。"

入歙 方岳诗作。岳，南宋祁门人。诗曰："野竹吾乡路，逢人似故知。社寒催燕早，夜雨勒花迟。草入思连梦，山邀到歙诗。客中春一半，煞是负春彝。"诗作写作者入歙后"逢人似故知"的情感体验以及"山邀到歙诗"的创作冲动，在"煞是负春彝"的感慨中，流露出对故乡春天的赞美与珍惜。

了拙轩遗稿 汪承篆诗文集。12卷。承篆，清祁门人。是书分序、跋、论、记、引、启、说、传赞、祭文、书简、志铭、状述、哀词共5卷，《兵燹拾遗》1卷，《读史随笔》1卷，《随笔证伪》1卷，诗1卷，联1卷，《明史询文集》2卷，均有自序。《兵燹拾遗》有歙县吴得英序，《明史询文集》有祁门胡廷琛序。

才子牡丹亭 又称《笺注牡丹亭》。《牡丹亭》笺注本。清休宁程琼笺注。是书为对汤显祖《牡丹亭》的批注，深入挖掘了汤显祖的曲意，认为"情色难坏"是该剧主旨。

大雅堂杂剧 汪道昆杂剧集。4卷。一卷一出短剧，分别为《高唐梦》《五湖游》《远山戏》《洛水悲》。《高唐梦》是据战国时楚国文学家宋玉的《高唐赋》改编，讲述楚襄王游云梦，在梦中和巫山神女相会的故事。《五湖游》讲述春秋时越灭吴后，越大臣范蠡感到越王勾践不可共享安乐，乃携西施避居五湖的故事。《远山戏》讲述汉京兆尹张敞为妻子画眉的故事。《洛水悲》据三国魏曹植的《洛神赋》改编，讲述甄后鬼魂托名洛水水神和曹植相会的故事。剧作文辞清丽，细腻婉约，情趣盎然，雅俗共赏。《曲品》称其具有"清新俊逸之音，调笑诙谐之致"的艺术成就。

万年希 传奇小说。清休宁吴震生撰。共14出：希凡、祭诗、看术、社抑、游遇、见平、谒帅、内召、赐妻、宫宴、献妹、从幸、如纷、选美。讲述隋河东柳誓自刻诗稿，不为时所重，怨愤毁稿。后以诗歌见赏于隋炀帝，被赐为状元，并与豪门联姻，后觉察天下将乱，于是挂冠隐遁的故事。

万青词 见362页"万青阁诗余"条。

万青阁全集 诗文集。8卷。清休宁赵吉士撰。是集为吉士所自编，凡杂文2卷，诗1卷，《勘河诗纪》等13种共2卷，制艺1卷，《平交山寇公牍诗文》1卷，《谳牍》1卷。吉士于顺治初曾任山西交城县令，在任期间，平息山盗，社会安定，百废俱举，深受百姓爱戴。四库全书馆臣谓其："材略有足称者，文章则非专门也。"实际其能诗也能文，颇为有名。

万青阁诗余 又名《万青词》。词集。3卷。清休宁赵吉士撰。其词轻婉入妙，不落俗套，如《扬州慢·游平山堂》句："到而令栏槛依然，半倚晴空。"词风豪情跌宕，如《烛影摇红·京口渡江怀古用来边词韵》句："风挟山鸣，鱼龙喷薄飞晴雪。"

山子集 陈起敬诗文集。32卷。起敬，明祁门人。是书由王三策校勘，华亭陈继儒点评。内分赋、乐府、歌吟、启、书简、序跋、赞铭、记传、祭文等类，前有谢存仁、王三策序，陈用旦小引，陈昭瑞所撰《山子传》《山子自传》。谢存仁称其诗清幽，有罗浮白云之况，又如秋冷芙蓉、淡冶可人。陈用旦称其诗文"雄勇健猛、典重温雅"。

广艳异编 传奇小说选编。明休宁吴大震编。全书分为仙、神、鸿象、梦游、义侠、幻术、诡徂异、定数、冥迹、冤报、珍异、器具、草木鳞介、禽、昆虫、兽、妖怪、鬼、夜叉等25部，共600余篇。所收多为明以前文言小说，尤以《太平广记》所收唐人小说为多。如《板桥三娘子》《大业开河记》等。其中有近百篇明人作品或稀见作品。如《蒋生》篇即"灵狐三束草"的故事，为凌濛初《二刻拍案惊奇》卷二十九《赠芝麻识破假形　撷草药巧谐真偶》所本，较他书所引为详。《瑶华洞天记》篇即林鸿《梦游仙记》，本篇改作第三人称，文字亦多有异同。另如《陈金凤外传》《陈子高传》《玉虚洞记》《紫竹小传》《晁采外传》《扶离佳会录》《杨玉香》《王秋英传》《海月楼记》《妖柳传》《投桃录》《姚月华小传》等，均为元明时期罕见佳作。《广艳异编》是凌濛初"两拍"的另一重要蓝本。

天问天对解 汪瑗文集。1卷。瑗字玉卿，明歙县人。《楚辞》问世以后，由于文字颇有隐喻，寄意深远，故自汉以来，就有各种训诂和解读，而大旨都相差不远。是书以己之见，务为新说，以批判诸家。以"何必怀故都"一语为《离骚》之纲领，认为屈原实有去楚之志，而深诋洪兴祖等谓屈原惓惓念国之非。又认为屈原为圣人之徒，必不肯自沉于水，而批评司马迁以下诸家言死于汨罗之诬。

天都载 马大壮文集。6卷。大壮，明祁门人。京山李维桢为是书作序称，大壮"善谈名理，详核往事，而于朝章时务宗原应变，井井有条，摭遗订伪，按据昭然。故其美者可以劝善，辨者可以解惑，博者可以游艺，精者可以贞教，而隐恶阙疑不失敦厚温柔之意"。《四库全书总目提要》评曰："大抵喜采异闻，亦间有考证，而往往务求博引，不核虚实。"

韦斋集 朱松诗文集。12卷。松字乔年，别字韦斋，宋婺源人，朱熹之父，官至吏部员外郎，以言事得罪秦桧，出知饶州，后改派主管台州崇道观。前有南宋淳熙七年（1180年）傅自得序及元至元三年（1266年）刘性序。卷首为其子朱熹撰《韦斋行状》，卷一至卷七分体录诗，卷八至卷十二为奏启铭志，后附明弘治十六年（1503年）邝瑶题记及朱昌辰题记。其诗高远而幽洁，其文温婉而不失典庄。其表、奏、书、疏，又皆能切中事理。松早年交友李侗，晚年排折秦桧，其学识本殊于俗，故其发为文章，气格高逸，超脱放任。书后附其弟朱槔撰《玉澜集》1卷。

云峰集 胡炳文诗文集。10卷。据林瀚所作序称，是书原本20卷，后毁于兵。明成化年间，其七世孙用光、八世孙浚，乃掇拾散佚，编为此本。凡杂文7卷，附以赋4篇、歌词1篇；诗1卷，附以词3首；附录2卷，收录炳文行状及赠答题咏诗文。炳文之学一以朱熹为宗，故其《答陈栎书》云："我辈居文公（指朱熹）乡，熟文公书，自是本分中事。"其文乃平正淳雅，无宋人将语录、方言入文之习。其诗自然率真，直抒胸襟，不甚讲求格律，然某些篇章也不失雅韵，显露其天然性灵。

太平乐府 又名《玉勾十三种》。传奇合集。清休宁吴震生撰。该书初刊本含传奇12种：《换身荣》《天降福》《世外欢》《秦州乐》《成双谱》《乐安春》《生平足》《万年希》《闹华州》《临濠喜》《人难赛》《三多全》。后又作《地行仙》传奇，重刊本《太平乐府》含此剧。

太函集 汪道昆诗文集。120卷。该编刻于明万历十九年（1591年），凡文106卷，诗14卷，卷首有自序及目录6卷。卷一至卷二十六，序；卷二十七至卷四十，传；卷四十一至卷四十四，行状；卷四十五至卷六十，墓志铭；卷六十一、卷六十二，墓表；卷六十三至卷六十六，碑；卷六十七，墓碑；卷六十八至卷七十，碑记；卷七十一至卷七十七，记；卷七十八，铭；卷七十九，颂；卷八十，赞；卷八十一至卷八十三，祭文；卷八十四，论、说；卷八十五，杂著；卷八十六，偈、跋；卷八十七，议；卷八十八至卷九十四，疏；卷九十五至卷一百零六，书牍；卷一百零七，骚、古乐府、铙歌、四言诗；卷一百零八，五言古诗、七言古诗；卷一百零九至卷一百一十一，五言律诗；卷一百一十二至卷一百一十九，七言律诗；卷一百二十，七言绝句。对研究徽商、徽学乃至明朝历史都有极高的史料价值。

友于歌 诗集。30首。清祁门周圭撰。周圭笃于孝友，此诗集语多真挚，足以风世。如："兄兄弟弟聚堂中，形体虽殊气本同。弟敬兄兮兄爱弟，爷娘相顾乐融融。断无兄弟不相亲，只为资财太认真。若是有无相体恤，自然友爱见天真。"

长啸台稿 诗集。明祁门陈元祥撰。收录古今体诗150首。自序云："昔阮籍之从孙登也，不闻其言，而惟闻其啸。吾今于人亦何言哉？惟付之一长啸焉。"故名。

仁山遗稿 程弥寿诗集。是书由弥寿裔孙程昌于明嘉靖四年（1525年）刊刻，收录遗诗53首。前有方豪、许宗鲁序，许之序称其诗"音和而畅，辞端而则，旨明而当，气洪而博"。其中《登景德镇东山序》《柬钱公浚》两首入选《新安文献志》。

六朝声偶删补 诗评。7卷。邵一儒编。一儒字仲鲁，明休宁人。是书成于万历四十八年（1620年）。明徐献忠著有《六朝声偶集》，大致本杨慎《五言律祖》而扩充之。取南北朝五言诗，以溯唐朝律诗之渊源。此所谓"六朝"，为南朝齐、梁、陈、北朝北齐、北周与隋；所谓"声偶"，也多是列出诗句，加以评说，而不论诗体、诗律之演变。此书又根据献忠之本重为删节补充。

文选颜鲍谢诗评 4卷。宋末元初歙县方回撰。是编取《文选》所录颜延之、鲍照、谢灵运、谢惠连、谢朓五家之诗，分别予以评说。诸家书目皆不著录，唯《永乐大典》载之。此集盖方回手书之册，后人得其遗稿录之成帙。是书评说尚不失公允。

文堂诗选 诗选集。明祁门文堂陈昭祥、陈履祥、陈明良合编，秣陵焦竑、豫章祝世禄、竟陵钟惺、古黟汪宗訫校阅。此集以原、续两编合刊，自唐英烈侯陈彦文起，至清康熙陈茂元止，共选古体诗350首，凡81人。作者姓名、别号、生卒年、所属流派则缀为事略，列于卷首。

方初庵集 方扬诗文集。16卷。扬字思善，号初庵，明歙县人，隆庆五年（1571年）进士，官至杭州府知府。是集第一卷为语录，第二卷为箴论，第三、四卷为诗，第五卷至第十六卷为杂文。其语录、箴论，尚皆切实，唯诗文多应酬之作，末附苂官时诸告条，以为自警、示人。扬另有《山中》《燕中》《中州》《南署》等稿。此集乃其门人贺灿然所合编。

方壶存稿 汪莘诗文集。8卷。莘字叔耕，南宋休宁人。不屑参加科举，隐居家乡苦读。嘉定年间以布衣上陈国事，不被采用，退而筑室柳溪之上，围以方渠，自号"方壶居士"。与朱熹颇相善。是编第一卷为书、辨、序、说、颂；第二卷为赋、歌行；第三卷至第七卷为古今体诗，第八卷为诗余。附录李以申所撰传及交游往来书。前有程珌、孙嵘叟、王应麟三人之序，后有宇文十朋、史唐卿、刘次皋、汪循四人之跋。宇文十朋跋称曰《柳塘集》，盖其初名也。循跋乃称先生著述多不存，存者唯此，故谓之《存稿》。裔孙灿、尚和、孝海辑而传之。则此本为灿等所重编，非其旧矣。集中诸文，皆跌宕奔放，颇具特色。诗效法李白，要亦不俗。至于词，据作者自序，称所爱者唯苏轼、朱希真、辛弃疾三人，谓之词家三变，故其所作稍近粗疏豪放。

方壶词 3卷。汪莘撰。莘字叔耕，南宋休宁人。《水云词》，南宋汪元量撰。莘词本载所著《方壶存稿》中，元量词亦载所著《湖山类稿》中。此本乃休宁汪森从二集摘出合刊者。其词风味、格调颇与苏轼、辛弃疾相似。

双溪草堂诗集 王晋征诗集。1卷，附《游西山诗》1卷。晋征字涵斋，休宁人，清康熙十八年（1679年）进士，官至户部侍郎。是集为晋征所自定，按年月编次，始于康熙十二年（1673年），终于康熙四十七年（1708年）。前有王项龄、劳之辨、吕履恒序，凡642首。

双溪集 王炎诗文集。27卷。炎字晦叔，南宋婺源人。乾道五年（1169年）进士，官至军器少监。所著多种著作，总题曰《双溪类稿》，今已无传，唯诗文集仅存。此集凡赋、乐府1卷，诗、词9卷，文17卷。炎初与朱熹交往甚密，多有与朱熹往还之作。其诗文博雅精深，具有根柢。程敏政辑《新安文献志》，所采最多。其所未采诸篇，议论纯正、引经据典者，尚不可悉数。是书有明万历二十四年（1596年）刊本，为《四库全书》收录。

玉勾十三种 见363页"太平乐府"条。

玉芝草 陈昭祥诗文集。昭祥，明祁门人。昭祥晚年与祝世禄交情最厚，祝亲造其庐，为筑玉芝园。此集收陈昭祥万历年间之作，有诗300余首，文10余篇，清光绪元年（1875年）陈常手抄本，内有祝诗2首并序。

玉汝诗集抄存 胡廷琼诗集。1卷。廷琼，清祁门人。门人郭埅源在清光绪十七年（1891年）刊于成都知畏堂。郭埅源先后抄得其师诗若干首，恐久而散佚，乃汇为一册付梓。

古梅吟稿 吴龙翰诗集。6卷。龙翰字式贤，宋末元初歙县人，咸淳年间贡于乡，以荐授编校国史院、实录院文字。元至元十三年（1276年），乡校请充教授，不久并又弃去。家有老梅，因以古梅为号，并以名集。龙翰工诗，创作风格受刘克庄、方回影响较深，故后人评其诗清新有致，句老意新，足耐咀吟。

石竹山房天游稿 陈昭祥诗集。上、下2卷。昭祥，明祁门人，以布衣身份畅游名山，抒发心声写成诗歌，格调高逸。宛陵沈懋学校阅刊本。该诗集中送光庭赴郡试诗，足可见其行迹襟怀："我生离数奇，独鹤鸣空冈，仰视孤云游，千里何茫茫。"

北游集 汪梦斗诗词集。1卷。梦斗号杏山处士，宋末元初绩溪人，咸淳初为史馆编校，与叶李等议上书劾丞相贾似道。李等坐罪，梦斗亦遁归。宋亡后，尚书谢昌言荐梦斗于元世祖，特召赴京，终不受官，放还。是集乃其北游往返途中所作诗词。集中有《见谢尚书诗》云："正须自爱不赘身。"可知其民族气节，不独律己甚严，也以道义规劝昌言，诗可谓婉转而严正。

四才子 黄之隽杂剧。之隽，清休宁人。是书包括《郁轮袍》《梦扬州》《饮中仙》《蓝桥驿》4剧，每种4折，各自独立，取材于《太平广记》。通过王维、杜牧、张旭和裴航的故事揭露科举制度的黑暗。当时传唱甚广。

白云集 唐桂芳诗文集。7卷。含《白云诗稿》4卷、《白云文稿》3卷。桂芳一名仲，字仲实，号白云,又号三峰,明歙县人,元末习儒业,亦治诗,后亦攻古文,少从洪焱祖学。明太祖定徽州,召对称旨,命之仕,以眼盲辞,后代理紫阳书院山长。此集在程敏政所编《唐氏三先生集》中。其文绝无聱牙晦涩之习,其诗亦清谐婉丽。

白香山诗集 白居易诗集。包括《诗集》40卷,《年谱》2卷。汪立名编。立名号西亭,清婺源人,官工部主事。唐白居易《长庆集》诗文各占其半,宋祁曾谓居易长于诗而文未能称佳,于是立名单刻其诗,以成是集。因白居易晚年长期居住在洛阳香山,人称"香山居士",故本集题曰"香山"。立名参校众本,重加编次,定为《长庆集》20卷,《后集》17卷,《别集》1卷。又采撷诸书为《补遗》2卷。而以新定《年谱》1卷、陈振孙旧本《年谱》1卷并元稹《长庆集序》1篇、《旧唐书》本传1篇冠于首。复采诸书之有关居易诗者,各笺注于其下。立名此本,考证编排,特为精密。其所笺释,虽不能篇篇皆备,而引证确实,持之有故,胜于其他注家,堪称诸刻之中善本。其书成于康熙四十一年(1702年),朱彝尊、宋荦皆为之序。

兰皋集 诗集。2卷。吴锡畴撰。锡畴字符伦,南宋休宁人,广南西路安抚使儆之从孙,处士垕之子也。锡畴4岁而孤,刻志于学,慕徐稚、茅容之为人。咸淳年间,南康太守叶闻聘其主讲白鹿洞书院,辞不肯赴。可知其为笃实潜修之士,不欲以聚徒讲学,嚣竞浮名。性喜种兰,自号曰"兰皋子",因以名集,亦寓以无人自芳之意。其人品心术,超然流俗之外。集所存诗不多,然皆晚年所自删定,简汰颇严。锡畴作诗,刻意清新,虽不免偶涉纤巧,但能别开生面,故集中佳句颇多。亦可谓不愧其家学。

兰簃丛稿 胡廷琭诗文集。其子胡清瀚辑录。4卷,其中古今体诗2卷,文1卷,尺牍1卷。廷琭,清祁门人。是书汇集了胡清瀚之父胡廷琭宦游及家居友朋赠答诗文。胡廷琭生性爱兰,栽植兰花多为佳品。又工绘事,尤善画兰。家居构兰簃,每日坐其间,读书作画,饮酒赋诗,登其堂者如入芝兰之室。故以"兰簃"名书。一时名宿因事来祁门者,大多登门造访,每以诗文相赠答,日久聚集成帙。前有婺源江峰青所作序。

让溪甲集乙集 游震得诗文集。14卷。《甲集》4卷,《乙集》10卷。震得字汝潜,号让溪、蛟漳,明婺源人,嘉靖十七年(1538年)进士,擢监察御史,以疏谏世宗好方士,廷杖谪外,后官至左副都御史,巡抚福建。震得少与欧阳德、邹守益诸人游,故颇讲王守仁之学。是集其所手定,《甲集》4卷,皆讲学之语;《乙集》10卷,为诗文杂著。

亘史 又名《亘史钞》。类书。996卷。明歙县潘之恒编纂。该书内之目十七,外之目三十,杂之目三十二,为目七十九。编首顾起元序云:"内纪内篇以内之,而忠孝节义、懿行名言之要举。外纪外篇以外之,而豪杰奇伟、技术艳异、山川名胜之事彰。杂记杂篇以杂之,而草木鸟兽、鬼怪琐屑、诙谐隐僻之用别。纪以类其事,篇以类其言。"虽为类书,但其中也有不少珍贵罕见的小说资料。既有可资谈谑的里巷新闻,也刻画了一些侠客形象。至于描写侠客的作品,在《亘史》中竟有7卷42篇之多,作品大多突出侠者威武豪雄、桀骜不驯的英雄气概和倜傥张扬的人格特征。同时还辑录了不少有关女剑客与女游侠的故事,作者将唐朝以来著名的描写女剑客的作品《红线》《聂隐娘》《香丸志》《崔慎思妾》《侠妪》《贾人妻》《解洵娶妇》《三鬟女子》《车中女子》与本朝胡汝嘉创作的《韦十一娘传》汇辑起来,构成一组亮丽的女侠形象群体,成为后来武侠小说相关描写的起源。

亘史钞 见365页"亘史"条。

西山类稿 谢复诗文集。5卷。复,明祁门人,人称"西山先生"。该书由其门人辑集,各以体裁分类。本县方谦称:"西山之学,一主于静,涵养本原,寻濂洛关闽之储以达于六经。天分既高,而敬义夹持之功益密,故其文浑厚典则,中正和平。为谢氏三贤稿之一。"

西园遗稿 诗集。无卷数。汪茂槐编。茂槐字廷植,明绩溪人。以岁贡授宜阳主簿。是编一曰《康范诗集》,宋汪晫撰;一曰《北游诗集》,宋汪梦斗撰。茂槐为二人裔孙,遂将二书合刻。西园,乃茂槐先世别墅名。书后有外集,为宋苏轼赠汪覃、苏辙赠汪琛、汪宗臣诸人之诗,以其皆为汪氏而作,故亦附之于书末。

西厢记序 明万历八年(1580年)休宁程涓为徐士范刊本《西厢记》撰写的序言。这是戏曲批评史上第一篇全面辩护与肯定《西厢记》作品的文字。晚明时期,主流社会认为《西厢记》是导淫纵欲的淫书。程涓深入作品内部,提拈出题材风格与艺术表现等创作规律,指出"夫三百篇之中,不废郑卫,桑间濮上,往往而是",用儒家经典中的爱情文学诗篇为《西厢记》辩护。又从古代文人生活情趣的角度,对《西厢记》予以辩护:"阿谷援琴,东山携座,流映史册,以为美谈。"

有恒心斋诗集 程鸿诏诗集。7卷。清同治十三年(1874年)刻本。鸿诏,黟县人。卷首作者自序称:"四十年所为诗不下数千首。不似古人者,不足存;酷似古人者,尤不足存;惟不似却似而适为吾诗者,聊亦存之。"卷一为古体五言诗,卷二为古体七言诗,卷三为古体长短歌,卷四为近体五律诗,卷五为近体七律诗,卷六为近体绝句,卷七为古近体杂诗、排律、四言、六言等。

有恒心斋骈体文集 程鸿诏骈文集。6卷。鸿诏,清黟县人。卷一为奏折,卷二为戒书启，卷三为赋、碑、铭、序，卷四为祭文、哀辞诔、题辞、赞，卷五、卷六为寿文。

贞白遗稿 程通诗文集。10卷，附《显忠录》2卷。通字彦亨，明绩溪人，贞白乃其书斋名。洪武年间曾授辽王府纪善，擢左长史。靖难之役爆发，程通上书数千言呈建文帝，论战守大计。永乐初程通与二子俱被处死。事迹具《明史》本传。所著述凡百余卷，悉毁于官。后十年其弟赴荆州，辽王以所画程通像及遗稿授之。嘉靖中党禁渐弛，其从孙长等乃搜访佚篇，集为6卷，附以辽王并同时诸人赠言及程通行状、小传等篇，别为4卷。天启年间其裔孙枢及子应阶又集前后建祠请谥之文，为《显忠录》2卷，附缀于书末，以成今本。程通诗文俱淳朴有法，虽所存无多，而大节凛然，持论颇正。

贞素斋集 舒顿诗文集。8卷，另《附录》1卷，《北庄遗稿》1卷。顿字道原，元绩溪人。（后）至元三年（1337年）为贵池教谕，秩满调丹徒教谕，后转台州路儒学正，以道梗不赴，归隐山中。明朝建立后屡召不出，名所居曰"贞素"，表明自守之志。所著有《古淡稿》《华阳集》，今皆不传。此本乃嘉靖年间其曾孙旭、元孙孔昭等所辑，绩溪知县遂宁赵春所刊。舒顿文章颇有法，律诗则纵横排宕，不尚纤巧之习，尤擅七言古体。卷首有顿自序及自作小传，均以陶潜自比。《附录》1卷，载俞希鲁、唐仲实等所作铭记数篇，《北庄遗稿》1卷，为顿弟远、逊遗诗，孔昭等一并编入此书。

竹洲集 吴儆诗文集。29卷，附《棣华杂著》1卷。儆字益恭，南宋休宁人。绍兴二十七年（1157年）进士，历朝散郎、广南西路安抚使，主管台州崇道观。卒谥"文肃"。集首有端明殿学士程珌序，称其文"峭直而纡余，严洁而平澹，质而非俚，华而不雕"。今观其诗文，皆意境高深。其诗也雅。四库全书馆臣认为他不仅文章突出，亦具有吏才。

竹瑞堂诗抄 黄德华诗集。18卷。清同治三年（1864年）刻本。德华，黟县人。莫友芝篆书署检，另有多家题词并作书评。卷末有赵对澂跋。其诗或咏物，或言情，或写事，或记游，风骨凌厉，苍凉悲壮。

华质英文 中英文对照的诗词讲稿。清末诗人戈鲲化赴美讲学所撰。据作者自序称，哈佛友人"屡索余诗，爱取《人寿堂》旧作四首，又至美后作十一首译示之，并附诗余、尺牍各一"。书中有中、英文自序和例言以及诗15首、词1首、尺牍1首。是书曾被哈佛大学称作"有史以来最早的一本中国人用中文对照编写的介绍中国文化尤其是中国诗词的教材"。

池草集 诗歌合集。明祁门陈向皋、陈向荣、陈向秀、陈向敏合撰。此集系合秣陵魏之璜所选陈向皋诗99首，天都金声所选陈向荣诗90首，陈光浦所选陈向秀诗90首，陈道立所选陈向敏诗90首。卷首有陈光浦、陈明佐序及陈起敬所撰《四人传》。

祁诗合选 祁门诗人诗选集。10卷。清康熙二十一年（1682年）祁门倪渊侍、陈希昌、方玉缙、汪起鸿合编。选录自北宋至清康熙初祁门县诗人327人、诗734首，前有知县聂世荣及本县人胡士著序。

论曲绝句三十二首 是一组集中表达作者对戏曲艺术的见解以及评论以往作家作品的论曲诗。清歙县凌廷堪作，其《校礼堂诗集》卷二收录。以诗的形式论及戏曲起源、戏曲作家和作品、戏曲体式等。关于戏曲起源，其强调两个问题：一是戏曲和音乐的关系；二是重视元曲的近源——金朝的诸宫调。在对作家作品的评论中，凌氏推崇元杂剧，但认为戏就是戏，不必和历史等同；他肯定创作风格的自然本色，反对模拟，反对庸俗。关于戏曲体式，他认为刻画人物形象的戏曲和抒发诗人主观情感的诗词，在语言运用上有着质的区别；认为中国戏曲自形成就有着音乐性和地方性特点，创作者写的曲词必须符合音乐风格和曲牌规定的格律；强调了戏曲用韵，指出创作中存在的用韵混乱现象，这些都是深谙戏曲创作规律的批评。

苍耳斋诗集 方问孝诗集。17卷。问孝字胄成，明歙县人，仕履未详。《歙县志》亦无其名姓。集中有与汪道昆诗，当是隆庆、万历年间人。

杜诗说 杜诗选注本。12卷。黄生撰。生字扶孟，号白山，明末清初歙县人，明诸生，入清不仕。善文字训诂，所著多销毁于乾隆年间，今存《字诂》1卷、《义府》2卷。此书以杜甫诗分体注释，于句法、字法皆逐一为之剖别，以为纠正以前各注之谬讹。黄生认为前人注杜求之太深，皆出于私臆，故著此书以纠其谬。

杏亭摘稿 洪焱祖诗集。1卷。焱祖字潜夫，元歙县人。自儒官起家，四转而为遂昌主簿，以休宁县尹致仕。据宋濂序称，是集乃其精选后所刊，故名摘稿。共存诗70余首，以古近体分列，包括五七言古诗、五七言律诗及七言绝句。因其所居有银杏树，大百围，焱祖尝以杏亭自号，因以名集。卷前有宋濂、危素等人序。

旸谷遗稿 诗文集。谢荣光撰。荣光，清祁门人。此稿系其后裔抄录留存，诗之外附论，书及联语。其诗洒落有致。

旸源谢氏诗录 家族诗集。谢珍瑛编。珍瑛，明祁门人。该书搜集祁门县旸源谢家历代诗人遗稿，自南唐金吾大将军长子谢芳起，至明谢诏止，共37人，诗182首。

希夷梦 又名《海国春秋》。长篇小说。40回，约40万字。汪寄撰。寄，清乾隆年间徽州人。叙述赵匡胤黄袍加身，举朝归顺。唯韩通全家殉难，李筠起兵讨逆而兵败自杀。韩通弟韩速、李筠幕宾吕仲卿，为复仇而投南唐。南唐君臣不思谋国反思媚敌，韩、吕离唐往西蜀，途经黄山，被引入希夷老祖洞府。二人安寝石上，乃得一梦，仲卿到海国浮石，韩速到海国浮金，二人各为其主，既立军功又肃吏治。然才过50年，却遇陆秀夫抱幼主投海，知中原已历300载，赵氏国亡，元人入主中原。韩、吕惊梦，遂从希夷仙去。作品通过"浮山梦境"表现了作者的历史观点、政治抱负和人生态度。首先，是为表彰殉国忠臣、指斥卖国元勋。作品首回乃据史实敷衍，但从第二回起就凭空结撰，演为300年之大梦。小说结尾，说明宋之为元所灭，皆因周室忠臣义士复仇，乃是因果报应。全书结构、布局较新颖，故事情节也颇曲折。是中国最早演述梦幻故事的长篇小说。现存最早刻本是清嘉庆十四年（1809年）刻本。

汪山人集 诗文别集。❶18卷。汪少廉撰。少廉字古矜，明休宁人。嘉靖年间布衣。其集第一卷为赋，第二卷至第十六卷为诗，末两卷为杂文。诗于分体中又各分类，名目繁细，每类中又注编年于其下。❷7卷。江瓘撰。瓘，明歙县人。是集凡诗5卷，文2卷，汪道昆为其作《传》，称其少补诸生，以病谢举子业，专事吟咏。故其诗较胜于文。别有《武夷游稿》《游金陵诗》集，今皆未见。此集之末，附存其原序2篇。

汪次公集 汪道贯诗文集。12卷。道贯字仲淹，明休宁人，道昆弟也。工辞赋，尤善书法。是集为道贯诗文合集。前有礼部尚书李维桢序。

汪禹乂诗集 汪淮诗集。8卷。淮字禹乂，明休宁人，国子生。是集皆古今体诗，前有陈履、王世贞、刘凤、汪道昆、吴子玉诸人序。其诗皆效法"明七子"，故世贞等颇多褒奖。

汪遗民诗 汪逸诗集。1卷。逸字遗民，明歙县人。是集诗皆与马时良、马仲良兄弟唱和之作。

词综 词选。34卷。清朱彝尊编选，汪森补辑。是编录唐、宋、金、元词，通500余家。于专集及诸选本外，凡稗官野记中有片词足录者，皆为采撷，故多其他选本未见之作。其词名、句读凡为其他选本所混淆，及姓氏、爵里之误者，皆详考而订正之，其去取亦具有鉴别。盖彝尊本工于填词，平日尝以姜夔为词家正宗，而张辑、卢祖皋、史达祖、吴文英、蒋捷、王沂孙、张炎、周密为之羽翼。谓自此以后，得入其门者或寡。又谓"小令当法汴京（指北宋）以前，慢词则取诸南渡（指南宋）"。其立说，大抵精确。故其所选能简择不苟。

陈孝廉父子遗著抄存 诗集。清祁门陈士瀛、陈得荃撰。陈士瀛著有《景园杂锦》，存诗2首、词4首、赋2篇；其子陈得荃著有《柳溪诗集》，存诗50余首。此集由其后裔陈介亭抄录留存。

环谷集 汪克宽诗文集。8卷。克宽字德辅，号环谷，元祁门人，理学家、教育家。其学以朱子为宗，其文皆持论谨严，敷词明达，无支离迂怪之习。诗仅存10余首，其中七言古诗数首，造语新警，乃颇近温庭筠、李贺之格，较之那些演语录以成篇、方言俚字无不可以入集者，亦远胜之。甚至可与陈栎、胡炳文媲美。此集为清康熙初其裔孙宗豫所辑，前列行状、墓表、年谱，末附以汪泽民等序。有康熙年间刻本，《四库全书》收录。

环翠堂乐府 杂剧总集。汪廷讷撰。廷讷，明休宁人。留传至今的有《狮吼记》《种玉记》《彩舟记》《投桃记》《三祝记》《义烈记》《天书记》，已经散佚的包括《同升记》《长生记》《二阁记》《广陵月》《七国记》《威凤记》《飞鱼记》《青梅记》《高士记》等。其中《三祝记》写范仲淹父子之事，"三祝"即他们事功、文章和道德以及福、寿、男皆全，劝善惩恶的旨意贯穿全文。同属于道德教化剧的还有《天书记》，不同的是前者属于家庭道德（妇德），后者为社会道德（忠义）。《天书记》讲述的是春秋时期孙膑、庞涓同为鬼谷子学生，但庞涓妒忌孙膑的军事才华在他之上，而生谋害之心，并阴谋设计，结果却是孙膑杀掉庞涓。作家独到的情节虚构，尤其是对庞涓"小人"本质的揶揄尽显笔端。《狮吼记》《种玉记》《广陵月》最负盛名，前两者被崇祯时期毛晋所编《六十种曲》选录，后者被《盛明杂剧》选录，而喜剧传奇《狮吼记》影响深远，日本东京大学图书馆将其作为珍贵藏书收藏。

环翠堂坐隐集选 汪廷讷诗词集。4卷。廷讷字无如，明休宁人。是书集古今体诗1卷，词1卷，南北曲1卷，随录1卷。据萧和中序称，廷讷本有《环翠堂集》30卷，与此本多重见。"坐隐"乃其园名，故别自摘选为此集，而仍以"环翠堂"冠之。此集多为与陈继儒、方于鲁唱和诗篇，还有与李贽赠答之作。

若庵集 程庭诗文集。5卷。庭字且硕，号若庵，清歙县人，盐商，侨居扬州。是集文1卷；诗1卷；诗余1卷；《停骖随笔》1卷，康熙五十二年（1713年）程庭至京为皇帝祝福，随日纪行，所作附以诗词；《春帆纪程》1卷，则自扬州至歙往返所作，亦有诗词附之。

苕溪渔隐丛话 诗话。前集60卷、后集40卷。胡仔撰。仔字符任，南宋绩溪人，舜陟之子，以荫授迪功郎、两浙转运司干办公事，官至奉议郎、知常州晋陵县。后卜居湖州，自号"苕溪渔隐"。其书继阮阅《诗话总龟》而作。前有自序称"（阮）阅所载者皆不录"。故二书可相辅而行，北宋以前之诗话大略略备矣。然阮阅书多录杂事，颇近小说，此书则论文考义者居多，去取较为谨严。阮阅书分类编辑，多立门目，此书则唯以作者时代为先后，能成家者列其名，琐闻轶句则或附录之，或类聚之，体例亦较为明晰。阮阅书唯采摭旧文，无所考证，此书则多附辨正之语，尤足以资参证。故阮阅书不甚见重于世，而此书则诸家援据，多所取资焉。

林卧遥集 赵吉士诗集。3卷。吉士字天羽，又字渐岸，号恒夫，清休宁人。康熙二十七年（1688年）吉士由户科给事中罢职闲居，侨住宣武门西之寄园，适金坛于汉翔贻诗四首，吉士依韵酬答。后凡遇他题，皆迭此韵，积成千首，命曰《迭韵千律》，分为上、下卷，后又续得500余首，编为1卷，命曰《千迭波余》，两书合刻以为此编。四库全书馆臣谓："和韵为诗，本不能曲折如志，又迭至千五百首，此虽香山（白居易）、东坡（苏轼）亦断无能工之理矣。"言之不无道理。

松下笔吟 张致诗集。1卷。致，清祁门人。此稿取松源山川景物历久常新者，列为25景，分四时各以韵语记之，合成百首。

松泉诗文集 汪由敦撰。文集20卷，诗集26卷。由敦字师茗，号松泉，清休宁人，雍正年间进士，由编修官至吏部尚书，赠太子太师，谥"文端"。由敦记诵广博，文章典重有体。自为诸生，即以才学著名。及登第以后，深受皇帝重用，屡加拔擢，入值禁廷。每应制赓吟，奉敕撰述，无不契合帝意。晚年遗稿颇丰，未及编次。其子工部右侍郎汪承霈谨加排次，编为2集。文集分23门，诗集自康熙四十七年（1708年）迄乾隆二十二年（1757年）凡50年之作，共成46卷，缮本进呈，乾隆皇帝嘉许其诗篇之雅正、文律之清醇，并题词卷首。今存乾隆四十三年（1778年）汪承霈刊本。

枫林类选小诗 分类选编五言诗集。1卷。元末明初朱升编。初名《类选五言小诗》，所录皆五言绝句，始于汉、魏，终于晚唐。据作者自序云，元至正二十二年（1362年）"夏暑异甚，仆居山阁，目益昏，不得遍读素习，乃取五言四句古诗，迄于晚唐，得三百余首，类次之，以授群童。为类凡三十有八"。曰：直致、情义、工致、清新、高逸、富丽、艳冶、凄凉、衰暮、旷达、豪放、俊逸、清润、沉着、边塞、宫怨、闺情、客况、离别、悲愁、异乡、感旧、寤想、寄赠、慨叹、消遣、讽谏、颂善、戏嘲、怀古、景物、风土、时事、乐府、风人、问答、摘句。而附录闺阁、仙鬼诗于末，实39门。

画响 李永昌题画诗集。无卷数。永昌字周生，自署曰黄海厘，明徽州人。是书有林古度为之序。其诗皆自题所画之作，分4册，俱五言绝句。

味经堂诗集 胡廷琜诗集。12卷。廷琜，清祁门人。卷一《春晖堂稿》、卷二《厉吉集》、卷三《蓬蒿集》、卷四《居游集》、卷五《观过集》、卷六《忧畏集》、卷七《天边片云集》、卷八《履贞稿》、卷九《又天边片云集》、卷十《望乡集》、卷十一《知返斋集》、卷十二《游心太初集》，皆道光二十九年（1849年）至光绪二十九年（1903年）间所作。民国十九年（1930年）其子胡清翰付印。

明文衡 又名《皇明文衡》。明朝散文总集。100卷。程敏政编。敏政，明休宁人。全书采摭明文上起洪武、下迄成化末年共1 121篇（其中77篇有目无文），分36类，首先是"代言"，即大臣奉敕代皇帝草拟的檄、诏、制、诰、册文和遗祭文。下面依次是赋、骚、乐府、琴操、表笺、奏议、议、论、说、解、辨、原、箴、铭、颂、赞、七（指《七发》体）、策问、问对、书、记、序、题跋、杂著、传、行状、碑、神道碑、墓碑、墓碣、墓志、墓表、哀诔、祭文、字说。最后，又补29篇诗文为"补缺"2卷。此书不仅采摭了一些较好的作品，还保存了很多可贵的资料。一些没有专集的作家文章，多亏此书收录，得以流传至今。而那些有专集的作家，其文集也可以用此书来校勘、补遗。惜此书编于弘治年间，缺了明后半期，所以还不能反映明文全貌。其收录标准多为四平八稳的作品，格式上规范化，内容上一般化；而那些以手写心、自然生动、毫无雕饰的小品、杂文、寓言、随笔等却失收。而且选录的重点不突出，失之滥杂。编排体例也较为混乱。有《四库全书》本。

咏史集解 咏史诗集。7卷。程敏政编，林乔松注。敏政，明休宁人。是书取古人咏史之作，自三代迄宋末，以年代编次，止七绝一体，采辑颇备。亦有本非咏史，而因类编入者。乔松之注，亦多就事铺叙，依文训义，不足以资考证。

佳日楼集 方于鲁诗文集。13卷。于鲁字建元，明歙县岩寺（今属徽州区）人。是书前集12卷，以各体分编；续集1卷，仅诗29首，文1首，题曰《师心草》，是其子方嘉树所续刻。方于鲁初以制墨著名，但爱好诗文，喜读屈原、宋玉等人的骚赋作品，与汪道昆唱和，被招入丰干诗社，作品多次受到汪道昆的称赞。

性灵稿 朱师孔诗集。2卷。师孔字时行，明徽州人，家于武昌，万历年间贡生。是集名以"性灵"，盖欲抒写襟怀、不落窠臼之意。

学愈轩存稿 陈郊诗文集。郊字遂三，清祁门人。是书分正、续2篇。正篇3卷，卷一为古近体诗及诗余，卷二、卷三为骈散体文及楹联。续篇不分卷，诗文、楹联之外，并辑入《学愈轩日记》32卷。

宛陵群英集 诗歌总集。12卷。汪泽民、张师愚同编。泽民字叔志，元婺源人，延祐五年（1318年）进士，累迁集贤殿直学士，寻以礼部尚书致仕，居宣城，自号堪老真逸，逝世后赠江浙行中书省左丞，追封谯国郡公，谥"文节"，事迹具《元史》本传；师愚字仲愚，元宁国人，与泽民友善。是编为泽民晚年居住宣城时所辑宛陵（宣城古称）士人诗歌，上自宋初，下迄元朝，得诗1393首，分古今体订为28卷，同里施璜为刻版以行。其后久佚不传。四库全书馆臣核《永乐大典》各韵内所录此集之诗，共得746首，作者129人，视原本犹存十之五六。中如王圭等70余人，载于宣城旧志《文苑传》者，其遗篇往往借此以见。又如梅鼎祚《宛雅》所录诸家佚句，以为原诗散亡者，今其全篇亦多见集中。宋元宛陵众多作家著作散佚者赖此集得以保存。四库全书馆臣遂裒集校定，厘为12卷。凡其人之爵里事迹有可考者，俱补注于姓名之下，不可考者阙之。

诗学汇选 诗选。2卷。胡文焕编。文焕字德甫、德文，号全庵、抱琴居士，明婺源人，寄籍仁和。是书即从坊本《诗学大成》中采辑重编，凡39门，遍采六朝至明朝诗，然精粗妍媸并录，难免芜杂。有文焕自序。

诚斋文集 2卷，附1卷。施璜撰。璜字虹玉，明休宁人。是编乃所著杂文，皆讲学士语，排斥陆九渊、王阳明学术，不遗余力。末附《西铭问答》，别为1卷。

春草堂诗稿 诗集。6卷。胡廷珏撰。廷珏，清祁门人。集咸丰二年（1852年）至光绪十六年（1890年）所作。其弟胡廷琛于光绪三十年（1904年）刊于如皋官舍。前有桐城杨逢春序，称其诗多"清越之音"。其兄长胡廷璟作跋。

黄言 诗文集。6卷。余懋孳撰。懋孳字舜仲，明婺源人，万历年间进士，官至给事中。此集乃懋孳所自编，凡文5卷，诗1卷。所谓"黄言"，乃自谦之词，谓学而不合道者"稗学"也，言而不合道者"黄言"也。又谓"命题属草"，多属应酬文字。

草堂随笔 诗文集。方大炽撰。大炽，清祁门人。卷末附有联句，刊于民国九年（1920年）。

荪堂集 诗文集。10卷。吴文奎撰。文奎字茂文，明歙县人。是集乃文奎所作诗文汇刻，分五言古诗、七言古诗、五言排律、五言律诗、七言律诗、五言绝句、七言绝句、序、记、志铭、传、行状、诔、祭文、疏、赞、跋、谱、尺牍等各类。前有李维桢、盛稔等人序。

柳黄同声集 柳贯、黄溍诗合集。2卷。杜桓编。桓字宗表，明徽州人。是编刻于宣德四年（1429年）。以柳贯、黄溍皆其乡人，因采柳贯在元延祐七年（1320年）以国子监助教分教上都（今内蒙古锡林郭勒正蓝旗）时所作诗32首，及至治三年（1323年）上京科考于上都时所作诗9首，黄溍至顺二年（1331年）以翰林应奉扈从上都时所作诗12首，合为一集刊刻。

尝试集 诗集。3编。民国九年（1920年）绩溪胡适撰。上海亚东图书馆印行。第一编大多是脱胎于旧诗词的作品，第二、三编在运用自由诗体和音韵节奏的改革等方面作了尝试，是现代文学史上第一部白话诗集。作品或诅咒封建军阀的黑暗统治和旧礼教的虚伪，或表现个性解放和积极进取精神，或歌颂劳工神圣。该诗集充满了矛盾，显示出从传统诗词中脱胎、蜕变，逐渐寻找、试验新诗形态的艰难过程。

贻清堂集 诗文集。13卷，补遗4卷。张习孔撰。习孔，清歙县人。是集凡诗8卷，附以《诗余补遗》，凡文3卷，诗1卷。多直抒胸臆，无明末那种艰涩轻佻之习。

幽梦影 小品集。1卷。张潮著。潮，清初歙县人。《昭代丛书》本。前有余怀、孙致弥、石庞序。是书采用格言、警句、语录形式，表现哲理思考或生活情趣，着眼于以优雅的心胸、眼光去发现美的事物，是求美的著作。在经传、史鉴、诗文之外别立一体。书中没有强烈的、尖锐的批评，只有不失风度的讽刺，但表现形式也都是温和的。"幽梦影"者，盖取幽人梦境，似幻如影之意。

秋崖小稿 又名《秋崖先生小稿》。方岳文集。83卷。岳字巨山，号秋崖，南宋祁门人。凡文45卷，诗38卷。明嘉靖年间其裔孙方谦刊印。清乾隆四十六年（1781年），纪昀总纂《四库全书》，对方岳作品进行删重补阙，参校南宋宝祐本《秋崖新稿》和明嘉靖本《秋崖新稿》，编成《秋崖集》40卷，《四库全书》收录。

秋崖先生小稿 见369页"秋崖小稿"条。

秋崖集 诗文集。40卷。方岳撰。岳字巨山，号秋崖，南宋祁门人，绍定五年（1232年）进士，淳祐年间为赵葵参议官，移知南康军，后因忤贾似道、丁大全，被劾罢归。岳才锋凌厉。洪焱祖作《秋崖先生传》，谓其"诗文四六不用古律，以意为之，语或天出"。可谓兼尽其得失。尤擅长骈体文，后人认为他可与南宋著名诗人刘克庄相为伯仲。

复初集 方承训诗文集。36卷。承训号郏邺，明徽州人。是集乃承训所自编，前有万历十一年（1583年）自序，称其家世代经商，不乐仕进。承训虽为商人子，但孜孜勤学。此集为承训所作诗文，分为古诗、古歌、琴操、离骚歌、古乐府、五言古诗、七言古诗、五言律诗、五言排律、七言律诗、赋、铭、序、碑、记、论说、墓志、状、传、讽喻、书、祭文等各类。

顺则集 诗集。8卷。程文潞编。文潞字希古，明歙县人。是编成于万历十年（1582年）。辑程氏先世遗诗，自后唐程炳迄明程百教凡104人。只分时代，而皆不详其仕履，因别有谱牒可查。所谓"顺则"，因其世代务农，有顺乎自然法则之意。

皇明文衡 见368页"明文衡"条。

剑侠传 小说集。4卷。吴琯编。琯，明歙县人。刊于《古今逸史》丛书。共收33篇有关剑侠的故事。卷一：《老人化猿》《扶余国王》《嘉兴绳技》《车中女子》《僧侠》《京西店老人》《兰陵老人》；卷二：《卢生》《聂隐娘》《荆十三娘》《红线》《田膨郎》；卷三：《昆仑奴》《许寂》《丁秀才》《潘将军》《宣慈寺门子》《李龟寿》《贾人妻》《虬髯叟》《韦洵美》《李胜》《乖崖剑术》；卷四：《秀州刺客》《张训妻》《潘扆》《洪州书生》《义侠》《任愿》《花月新闻》《侠妇人》《解洵娶妇》《郭伦观灯》。

洺水词 词集。1卷。程珌撰。珌，南宋休宁人。毛晋摘出别行之本。程珌词出入苏轼、辛弃疾，其用字之"萧""歌"通叶，"好""坐"同韵，均系乡音。

洺水集 诗文集。30卷。程珌撰。珌，南宋休宁人。珌立朝以经世济民为己任，诗词皆不甚擅长。至于论备边、蠲税诸疏，则关心国计民瘼，详明切实，剖析利弊，一目了然，反映其远见卓识。是集本60卷，由于岁久散佚，仅存其半。有明嘉靖刻本。

素园存稿 诗文集。18卷。方宏静撰。宏静字定之，明歙县人，嘉靖二十九年（1550年）进士，官至南京户部右侍郎。后自南京罢归。是集目录只16卷，而书实18卷，其目录之次序，前后参互，亦与卷内不合，皆校刊之疏漏。又据《千顷堂书目》载，是集作20卷。殆初刻16卷，后增至18卷，又增至20卷，而目录则仍未改。是集乃宏静所作诗文汇刻，分为四言古诗、乐府、五言古诗、七言古诗、五言绝句、六言绝句、七言绝句、五言律诗、五言排律、七言律诗、序、记、行状、墓志铭、墓碑、传、书、疏、启、论、议、说、辨、语、铭、赞、箴、题跋、祭文、杂著、谱略等各类。卷前有袁宏道引、顾起元序、毕懋康序及宏静自序。

莲饮集 诗集。4卷。程瑶田撰。瑶田，清歙县人。该书首列方粹然（即"雪瓢老人"）序，次列自序，再次列诸名家对程诗的评论。第一卷为《广陵吟稿》，收录其居住广陵时所作之诗，计71首；第二卷为《濠上吟稿》，收录其居住凤阳时所作之诗，计52首；第三卷为《楚游吟稿》，收录其游历湖北、河南等地（古为楚地）所作之诗，计63首；第四卷为《池上吟稿》，收录其回归故里（歙县荷池）时所作之诗，计97首。诸诗或为宦游之感，或为和答之作，或状景绘色，或悼古寓今，或咏物寄意，或因事抒怀，选词朴直，寄兴深至，体现了其"学人之诗"的特色。

原本韩文考异 10卷。朱熹撰。熹，南宋婺源人。其书因韩（愈）集诸本互有异同，方崧卿所作《举正》，虽参校众本，弃短取长，实则唯以馆阁本为主，多所依违迁就，是以复加考订，勒为10卷。凡方本之合者存之，其不合者一一详为辨正。其体例本但摘正文一二字大书，而所考夹注于下。其字为徐用锡所校，点画不苟。

笑拙墅稿 诗集。1卷。金建中撰。建中字仲立，明休宁人，万历年间国子监生。"笑拙墅"乃其园林名。是编前列诸人序记、传赞，次为建中所作诗，多咏园中景物，后附其子麟祥跋并《志感诗》。

唐氏三先生集 诗文合集。28卷，附录3卷。程敏政编。敏政，明休宁人。歙县唐元、唐桂芳、唐文凤祖孙三代是元末明初著名文学家，敏政将三人诗文合编成集。凡唐元《筠轩集》诗8卷，文5卷；唐桂芳《白云集》诗5卷，文2卷；唐文凤《梧冈集》诗4卷，文4卷。书前列诸集原序，后附以传记、志铭之文，稿成而毁于火。正德十三年（1518年），唐氏裔孙泽濂于程师鲁处得其副本，因重为补辑，徽州知府张文林刊之。参见371页"梧冈集"、373页"筠轩集"、364页"白云集"诸条。

涉江诗选 7卷。潘之恒撰。之恒，明歙县人。之恒初以文词受知于汪道昆、王世贞，既而应试举人不得志，渡江历浔阳、武昌，从公安袁宏道兄弟游。是集本20卷，经宏道删后定为此本。凡甲、乙集各3卷，丙集1卷。

海国春秋 见366页"希夷梦"条。

容甫先生遗诗 清歙县古塘汪中诗作汇编。6卷。汪氏存诗不多，后人编为《容甫先生遗诗》5卷，《补遗》1卷。汪氏诗歌的特点是"雅正"，在艺术形式上含蓄蕴藉，符合"温柔敦厚"的"诗教"传统。但感情强烈，譬如《归耕操》《客中食蟹》等诗，表达了他对母亲的深厚感情。特别是《题机声灯影图》组诗，回忆与母亲相依为命的日子，极为动人。汪中的诗也抒写他的个人不幸，如《旅食》《千里》等。即使写不幸，也体现出傲兀、坚韧，虽终身处于逆境但不失其信念操守。汪氏也有批判社会的诗，如《过龙江关》《消息》等。在艺术取向上，其诗歌主要宗法汉魏晋诗和唐诗，大量运用汉魏晋诗中常用于比兴以描写艰辛、不遇、迟暮、悲愤的物象，如惊风、野草、飞蓬、清露、落日、倦鸟、孤鸟、黄鹄、霜雪、秋风等，借以抒发情感。

陶诗汇注 吴瞻泰撰。4卷。瞻泰字东岩，清歙县人。是编成于康熙四十四年（1705年），将历代关于陶渊明诗注汇刻一集。首卷载宋吴仁杰、王质二家年谱，末卷附诗话百余条。其诗注则采宋汤汉，元刘履，明何孟春、张尔躬、黄文焕诸家之说。

绣桥诗存 诗集。程淑撰。淑，清休宁人。该集收录古今体诗91首，《观梅同诗圃联句》1首；附词21阕、集词3阕。淑去世后，汪渊从书叶及针线贴中又搜得徐乃昌序、缪荃孙题词，并汪渊所撰传及摭谈3则。民国八年（1919年），汪渊子汪泽鳌、汪泽銮又将集词3阕附于汪渊所撰《麝尘莲雨集》，《续闺秀选》则收录徐乃昌序。

黄山游草 诗文集。❶清祁门马惠撰。此集为作者与尤荫游黄山时所作，曾刊入尤氏《退静斋诗集》，系抄本。❷清黟县余鸿、雪江道人著。分"黄海纪游"及"黄海游草"两部分。其纪游诸篇，意境空阔；其游草，则寓情于景，情景交融。光绪三十四年（1908年）黟县训导兼教谕陈之澍为之作序。

黄元龙诗集 8卷，附《尺牍》2卷。黄奐撰。奐字元龙，又玄龙，一名允交，明歙县人。清闵麟嗣《黄山志》卷二谓其"性幽静好学，工诗文，其尺牍尤为玄隽"。李京山、汤宣城、钟竟陵见其才品，咸器重之。万历三十四年（1606年）与王之杰、潘之恒诸子订盟天都，爱山水之奇，每岁必流连竟月。其诗意主独造，而失之生硬。集中诸体皆备，独无七言律诗，因奂认为流俗唱和多以七言律诗，故薄此而弗为，实为矫枉过正。

黄宾虹文集·诗词编 民国歙县黄宾虹诗词集。6卷。收录《宾虹诗草》3卷、《宾虹诗草》补遗3卷，计诗700多首。绝大多数诗与山水相关，或是山水诗，或为山水画题诗，体现了黄宾虹诗歌的最高成就。其山水诗多效法古人，上追谢灵运和谢朓，语言精美，音韵和谐；吸收了唐王维与孟浩然之长，通过描绘幽静的景色，借以反映其宁静的心境；又有南宋徐照、徐玑、翁卷、赵师秀"四灵派"诗歌追求平淡自然的诗意境界。综合了中国山水诗多方面的艺术成就，既有外在的自然美、绘画美，又有内在的神韵风度，自成一家。

梦草堂稿 诗集。12卷。胡镇撰。镇字子重，明歙县人，万历年间商人，虽在商界，孜孜于学，尤笃攻诗，其诗颇有可采。此书以宫、商、角、徵、羽分五集，每卷又以"天时""园圃"等门分类，各有圈点评议。

梧冈集 诗文集。8卷。唐文凤撰。文凤字子仪，号梦鹤，明歙县人。与祖（唐）元、父（唐）桂芳俱以文学擅名。永乐年间荐授兴国县知县，改赵王府纪善，卒年86岁。文凤任兴国县知县时著有政绩，泰和刘鸿尝为作《贤令祠记》，见程敏政所编《唐氏三先生集》附录中。其诗文能去除浮华，不失其家法。其五世孙泽撰《墓表》云："先生著述在乡校者，曰《朝阳类稿》，在兴国者曰《政余类稿》，又曰《章贡文稿》，在藩府者曰《进忠类稿》，在洛阳者曰《洛阳文稿》，归田后曰《老学文稿》。"今此编所存者诗4卷、文4卷，不及十之三四，然亦足见其概貌。

梅花杂咏 诗集。清黟县余鸿、雪江道人所题画梅诗。共收录200首，咏物言志，为时人所看重。附录《祇膺明府新构梅园蒙引游览赋》8章及《禽语四种》8首。时黟县知县长白祇膺承寿为之跋。

梅岩小稿 诗文集。30卷。张旭撰。旭字廷曙，明休宁人。成化十年（1474年）举人，历官孝丰、伊阳、高明三县知县。是集凡诗22卷、文8卷。其诗长于集句，采撷成语，往往如出自然。散体诸文，多为应酬之作。

梅岩文集 诗文集。10卷。胡次焱撰。次焱字济鼎，号梅岩，晚号余学，南宋婺源人，咸淳四年（1268年）进士，官贵池县尉。德祐元年（1275年），元兵至贵池，元帅张林以城降，次焱奉母遁归，教授乡里以终。集中有《媒嫠问答》诗，所谓"井底水不波，山头石不迁。什袭藏破镜，他年会黄泉"者，即自寓其志。次焱研心诗学，颇有心得。其诗文本未编集，故藏书家多不著录。此本乃明嘉靖年间其族孙琏搜集而成，琏甥潘滋校刊之并为之序。凡赋、诗、杂文8卷，冠以"雪梅赋"，盖著其素心。九卷以下皆附录，同时赠答往来之作。目录所载往往与集中诗文不相对应，可见编次之粗疏。次焱在宋元作者之中，尚未能自辟门户，而其人有陶渊明之风，故是集至今犹传。

盛明杂剧序 明歙县程羽文为《盛明杂剧》所作的序言。指出戏曲可以再现社会和人生，可以表现和抒发作家的主观情感和思想。他在指出戏曲有"可兴可观，可惩可劝"的社会功能之余，更强调戏曲有让"才人韵士，其牢骚抑郁、啸号激愤之情，与夫慷慨流连、谈谐笑谑之态，拂拂于指尖，而津津于笔底，不能直写而曲摹之，不能庄语而戏喻之者也"的功能。程羽文所强调的戏曲的"再现"和"表现"两个功能，是对戏曲文学功能的全面概括，具有丰富的理论价值。

野趣有声画 诗集。2卷。杨公远撰。公远字叔明，家居不仕，人称"野趣居士"，宋末元初歙县人。北宋苏轼题王维之诗，谓诗中有画；观王维之画，谓画中有诗。后世遂称诗为有声画，因诗可吟咏，且其中有画意。公远采之名集。集中之诗，大多皆为描摹山野田园之趣者，虽不出宋末江湖之格，一丘一壑亦时有佳致，清新堪玩。方回跋称其诗"熟而不腐，新而不怪。诗妙至此，非胸中有所养不能也"。因久无刊本，故选宋元诗者多遗之。明嘉靖十五年（1536年）汪元锡始从其族子瀚处得其稿本，乃复传抄刊刻。

晦庵集 诗文集。100卷，《续集》5卷，《别集》7卷。朱熹撰。熹，南宋婺源人。卷一，赋、词、琴操；卷二至卷十，诗；卷十一、卷十二，封事；卷十三、卷十四，奏札；卷十五，讲义议状札子；卷十六至卷十九，奏状；卷二十、卷二十一，申请；卷二十二、卷二十三，辞免；卷二十四，书；卷二十五、卷二十六，书、札子；卷二十七至卷六十四，书；卷六十五至卷七十四，杂著；卷七十五、卷七十六，序；卷七十七至卷八十，记；卷八十一至卷八十四，跋；卷八十五，铭、箴、赞、表、疏、启、婚书、上梁文；卷八十六，祝文；卷八十七，祭文；卷八十八、卷八十九，碑；卷九十，墓表；卷九十一至卷九十四，墓志铭；卷九十五至卷九十七，行状；卷九十八，事实、年谱、传；卷九十九、卷一百，公移。续集卷一至卷五，书。别集卷一至卷三，书；卷四，诗、题跋；卷五，杂著；卷六、卷七，公移。

鄂州小集 诗文集。6卷，《附录》2卷。罗愿撰。愿，南宋歙县人。淳熙十一年（1184年），愿由知南剑州改鄂州，乙巳卒于官。州佐刘清之为刊其遗稿，名《鄂州小集》，只6卷，《宋史》称10卷，与原集不合。《宋史》多讹，不足为据。此本卷数虽符，然编次不当。又以《新安志》中小序2篇入之，疑经后人掇拾而成，亦非其旧也。愿学问赅博，文章高雅，乃卓然有以自立。其《淳安社坛记》，朱熹自谓不如。其《尔雅翼》后有方回跋曰：＂回闻之先君子，南渡后文章有先秦、西汉风，惟罗鄂州一人。甫七岁，能为《青草赋》，以寿其先尚书。少长，落笔万言。既冠，乃数月不妄下一语，其精思如此。＂郑玉在是集序中曰：＂其《陶令祠堂记》《张烈女庙碑》词严理畅。至于《论成汤之惭德》，则所以著千古圣贤之心，明万世纲常之正。＂朱熹当南宋初，方回当南宋末，其推崇如出一辙。今所传者虽未必淳熙之原本，实皆愿之遗文，弥足珍贵。后2卷，附愿兄颂、弟顾、侄似臣之文。

啸余谱 词曲谱。10卷。程明善撰。明善字若水，明歙县人，天启年间监生。其书总载词曲之式。以歌之源出于啸，故名曰＂啸余＂。首列《啸旨、声音度数、律吕、乐府原题》1卷。次《诗余谱》3卷，致语附后。次《北曲谱》1卷、《中原音韵及务头》1卷。次《南曲谱》3卷、《中州音韵及切韵》1卷。曲谱所载，并不及《南北九宫谱》之详备。但因通俗便用，至今传之。

笺注牡丹亭 见362页＂才子牡丹亭＂条。

笠阁批评旧戏目 戏剧评论。吴震生著。震生，清歙县人。该书著录179种作品，其中明朝49种，有一些是吕天成《曲品》和祁彪佳《远山堂曲品》所失载的作品；所录的清朝作品66种，未见于著录的作品更多，包括洪升的《长虹桥》等。此外，书中记载的一些作家的名、室号、别号等具有一定的文献价值。

偶有轩诗钞 诗集。4卷。陈鸿猷撰。鸿猷，清祁门人。卷一乐府56首，新乐府28首；卷二五言古诗7首，七言古诗8首，五言律诗52首，五言排律1首；卷三七言律诗75首；卷四七言律诗50首，五言绝句17首，七言绝句55首。前有道光二十三年（1843年）胡正仁、李窗训序，咸丰十一年（1861年）陈金镛等序，歙县潘东浦、潘承恩、汪畹、贵池陈之琮、秋浦唐千年、古吴陆克明题的词，末有豫章章洪写的跋，刊于咸丰十一年（1861年）。

逸史搜奇 小说集。汪云程编。云程，明徽州人。明天启年间刊刻。该书杂采汉唐迄宋小说140种，汇为10集。

鸾啸小品 戏曲笔记。12卷。潘之恒撰。之恒，明歙县人。成书于崇祯元年（1628年），由其五子弼时搜集整理而成。该书内容广博，其中有关戏曲表演的内容分为三个部分：一、关于戏曲音乐、唱腔、表演的理论研究和评述；二、当时一些优秀的昆曲男女演员，以及北曲演唱家、海盐和弋阳诸腔的演员传记；三、观剧诗和对戏曲演员的赠诗。潘之恒认为，表演一定要注意分寸，合乎规矩、节奏。只有＂浓淡繁简，折中合度＂，演出才能得其意，传其情，收到良好的效果。

康范诗集 1卷，《附录》3卷。汪晫撰。晫，南宋绩溪人。所谓＂康范＂，乃真德秀参知政事时，曾嘱绩溪令李遇求晫言行之实，将荐于朝，会德秀卒，未果。后晫亦卒，私谥之曰＂康范＂，因以名集。书末有晫三世孙梦斗跋语，称其诗词共70首。其余杂著，亦曾编辑得20篇，并《静观常语》30余卷，惜亡于兵火，唯诗词草本仅存。因掇拾于残毁之余，已非其完帙，故所存仅此集。又有附录、外集，载诸名贤与其先世酬唱题赠之作，皆后人所续辑。

绮咏 诗集。1卷，续集1卷。汪汝谦撰。汝谦字然明，明歙县人。《江南通志》称其移居武林，招集胜流，为湖山诗酒之会，故是集多为征歌选妓之作。其前集陈继儒序之，后集为继儒所选定。

绿荫轩遗集 诗文集。6卷。胡佩芳撰。佩芳，清祁门人。光绪二十三年（1897年），由其子胡廷琛在江宁刊印。卷一、卷二古今体诗；卷三、卷四试帖诗；卷五、卷六赋。前有上元顾云所撰墓志、像赞，本县人饶恕良、黟县程鸿诏、歙县吴得意、太湖赵继元所作序。

绿滋馆稿 诗文集。9卷。吴士奇撰。士奇字无奇，号恒初，明歙县人，万历二十年（1592年）进士。历任宁化、归安知县，南京户部主事，太常寺卿。是集文8卷，诗1卷，其文虽不能步趋归唐，而文从字顺，尚不蹈膺古之习。朱彝尊《静志居诗话》称其长于史学，诗特余艺，其言信然。

巢云轩诗集 吴宗儒撰。6卷，《续集》5卷，《诗余》1卷。宗儒字次鲁，号黄麓，晚号止耕，明休宁人，生活于万历年间。四库全书馆臣谓：＂其诗工于声律，然运意不深，风骨亦未成就。＂词、小令颇得宋人遗韵。

辍耕吟稿 诗集。倪伟人撰。伟人，清祁门人。该集共收古今体诗647首，光绪六年（1880年）其子倪望重在淳安县官舍刊印成书。卷首有南海潘衍桐、古黟许懋和序，郁平陈璃题词。

程幼博集 诗文集。6卷。程大约撰。大约字幼博，明歙县人。是集为于慎行所选，凡杂文2卷，诗4卷，多畅所欲言，不拘格律，如泛驾之马，不可以羁勒范之。大约赋性刚毅，直情而径行者，宜发于文章，与其为人如出一辙。

程仲权诗文集 《诗集》10卷、《文集》12卷。程可中撰。可中字仲权，明休宁人。是集每体为一卷，每卷不过数页；其六言律、七言排律，及赋、颂诸体，至以一首为一卷，编次较为繁碎。

粤西诗载文载 诗载25卷，文载75卷，附《粤西丛载》30卷。汪森编。森字晋贤，桐乡人，清休宁籍，官桂林府通判。森在粤西以舆志阙略殊甚，考据难资，因取历代诗文中有关粤西者，详搜博采，记录成帙。归老后，复借朱彝尊家藏书荟萃订补，共成诗载24卷，附词1卷，文载75卷。又以逸闻琐语可载于诗文者，更辑为丛载30卷。其中虽偶有舛误挂漏，然其体例明整，所录碑版题咏多采诸金石遗刻，不少皆志乘所未备。其文载中所分山川、城郭、官署、学校、书院、宫室、桥梁、祠庙、军功、平蛮诸子目，皆取其有关政体者，故于形势扼塞、兴废利弊诸大端，纪录尤详，相较《全蜀艺文志》，虽博赡不及，而体要殆为胜之。至丛载所分20目，虽颇近冗碎，而遗闻轶事多神见闻，亦足以资考证。

窗前草 诗集。胡光钊撰。光钊，清祁门人。该书收录诗215首，词62首，其子胡初云编纂成帙，刻印本。前有陈佩忍、胡敬庵、梁石隐、廖辛初序及作者自序。

谢氏三贤遗稿 文集。3卷。谢维甸编。维甸，清祁门人。此集汇集其先人谢珽、谢复、谢存仁遗著，各为1卷，并附有墓表、记传、诗文，题名《竹山遗略》《西山类稿》《大涵剩存》。《竹山遗略》前有同县人吴书升序，后有贵池桂超万、同县人饶世思序。《西山类稿》前有高陵吕楠，同县人方谦、陈二典序。《大涵剩存》有徐大伦序。3卷后均有谢维甸所写的跋。

瑞阳阿集 诗文集。10卷。江东之撰。东之字长信，明歙县人，万历五年（1577年）进士，官至右佥都御史，巡抚贵州。事迹具《明史》本传。东之尝筑室瑞金山中，故以"瑞阳阿"名集。其立朝颇著风节，初劾冯保、徐爵，又劾王宗载、于应昌及驸马都尉侯拱宸，继以争寿宫事与李植、杨可立均坐贬。故集中奏议居半。

蓬莱观海亭集 诗文集。10卷。潘滋编。滋，明婺源人。观海亭在登州蓬莱阁，为观海市之地。嘉靖二十九年（1550年），滋为登州府推官，承上官命辑古来诗、赋、碑记之文为1编，集为此书，凡作者117人。

崖原文集 诗文集。胡廷琛撰。廷琛，清祁门人。此集分策论、解疏、传序、书跋、记赞、表铭、联引、檄判、试帖、辞赋诸类。

雷峰塔 剧本。方成培著。成培，清歙县人。原有两个本子，一是黄图珌本，一是两淮盐商延请名流撰写的新本。方成培认为这两种本子都有不足，重撰而成。该本在场次结构上有所调整，改写了曲词、宾白并补入每出的下场诗，但在戏剧冲突和人物形象方面无大改动。同黄图珌的《雷峰塔》相比，新增了"求草""水斗""断桥"等重要场次，故事情节更加完善，白蛇的形象更完美，剧中的法海则成为破坏他人幸福的恶势力代表人物，因而作品的思想性也有了进一步的提高。

虞初新志 丛书。20卷。张潮编。潮，清歙县人。辑录明末清初作家所写的人物传记和传奇故事148篇，所收篇章大抵真人真事。如王思任的《徐霞客传》、吴伟业的《柳敬亭传》等。该书所收故事的题材很广，其中不少篇章用小品文的笔调，一般都带有一些奇异的情节或不寻常的事件和人物，引人入胜。

暗香楼乐府 郑由照纪实性作品。3卷。由熙，晚清歙县人。包含《木樨香》《雾中人》和《雁鸣霜》各1卷。《木樨香》主要记载咸丰五年（1855年）太平军初次攻陷徽州府城歙县，知县廉骧元和县丞张君的殉难事迹。《雾中人》记载和反映咸同兵燹中湘军首领李元度失徽州城的故事。《雁鸣霜》记载"清朝第一女词人"贺双卿遭悍夫恶婆虐待的故事。

锦城诗存 诗集。3卷。倪望重编。望重，清祁门人。该集采录当地19人共186首诗合编而成，其中有尚书倪思辉、宫詹胡士著、岁贡吴书升、司训吴云岫、举人吴诵芬等人诗作。

筠轩集 诗文集。13卷。唐元撰。元字长孺，元歙县人。泰定四年（1327年）以文学授平江路学录，再任建德路分水县教谕，以徽州路学教授致仕卒。元一生始终皆当元朝盛时，故所作多和平温厚之音。又尝著《易大义》《见闻录》诸书，于经术研究颇深，故议论亦不诡于正。据朱文选《行状》，唐元著有《敬堂杂著》《思乐杂著》《吴门杂著》《分阳杂著》《金陵杂著》《老学聚稿》等，凡7 000篇，分为50卷，乃其子桂芳手辑，故集中间有桂芳题识。此本为程敏政编入《唐氏三先生集》者，仅诗稿8卷、文稿5卷，殊非其旧。兵燹之余，十存二三。此集亦蠹蚀零落，幸而得存，殊为珍贵。

新安文粹 15卷。金德玹编，苏大重订正之。德玹字仁本，大字景元，皆明休宁人。此书成于景泰、天顺年间。德玹好学，山经地志诸子百家，无所不究。他遍访徽州先儒遗书，得30余种家藏书籍，抄校既毕待刊。又自著《新安文集》40卷，逝世后其侄苏大取其旧稿，重加订正，依类而编。苏大自撰诗文编为1卷，载之卷末。此书所载之文，虽不及程敏政《新安文献志》之博，而颇有《新安文献志》所不载者，二书固可互为表里。

新安竹枝词 36首。方西畴作。西畴，清歙县人。具有鲜明的民谣风韵，从多个侧面反映了乾隆年间徽州民众的生活和社会风俗,语言清新、通俗、流畅。如:"岩镇迎神正月九,路口禳灾三月三。七月荷花灯若热,琵琶十月演溪南。""烟村数里有人家,溪转峰回一径斜。结伴携钱沽夹酒,虹梁水口看昙花。"分别描绘了古镇岩寺一带民间节令盛会情况,歙县虹梁昙花盛景等。

新编目连救母劝善戏文　杂剧。上、中、下3卷,共100折。郑之珍编著。之珍,明祁门人。上卷32折,写傅相敬佛济贫,得善报而升天;中卷34折,写傅妻刘氏青提不敬神明,破戒杀牲,死后被打入阴曹地府;下卷34折,写傅罗卜为救母亲刘氏出离地狱,历尽千辛万苦,最终超度母亲升天。3本既可连演,也可单独演出。

疑庵诗　诗集。14卷。许承尧撰。承尧,民国歙县唐模(今属徽州区)人。承尧一生诗作甚多,功底扎实,且造诣深厚。晚年经其手订而成这本诗集。马其昶、陈宝琛为之作序。许承尧受龚自珍、黄遵宪影响,主张走诗歌革命的道路。他的诗歌立意高远、风格鲜明,所展现的爱国情怀,颇得世人称道。在艺术表现手法上,许氏诗歌以中国传统思维来理解近代社会,包含了"诗界革命"和近代启蒙的气象。

蕙的风　诗集。汪静之撰。静之,民国绩溪人。民国十一年(1922年)出版。收集诗作33首。内容有的表现诗人对人生价值、友谊和大自然的探索与追求,有的表达对劳动人民悲惨遭遇的同情,也有对新思潮的赞颂,而更多的则是抒写对爱情的渴望,以表现爱的力量。诗句清新自然,感情真挚。

㮮庵类稿　诗文集。2卷。郑潜撰。潜字彦昭,明歙县人。元末由内台掾广东帅府从事上计京师,遂为监修国史掾,历官监察御史,福建行省员外郎,海北道谦访副使,泉州路总管。入明起为宝应县主簿,迁滁州同知,洪武十年(1377年)致仕。程敏政《新安文献志》载其始末甚详。是集皆其在元朝时所作,成于元末官福建时,盖初为《行役稿》2卷,后删并为1卷,而加上《揽辔稿》1卷,仍为2卷,终乃合为1编,改题曰《㮮庵类稿》。此书数经增损,而后勒为定本,实为精心不苟。潜虽起家掾吏,而天资绝异,其诗词意境颇高,惜入明以后名位不显。

醉经堂诗集　胡廷琛撰。廷琛,清祁门人。廷琛子胡清隼将其在咸丰二年(1852年)至光绪三十一年(1905年)所作之古今体诗汇成集,分上、下卷。前有武昌柯逢时序,称其诗典雅雄健,风骨遒劲,卓然名家。其诗曾刊入武陵陈锐的《门存唱和诗钞》,合肥李丹崖的《醉芸轩诗集》。

篁墩集　程敏政所撰散文与诗歌集。93卷。敏政,明休宁人。该书卷六十一至卷九十二,计32卷均为诗歌,在集中占有三分之一的篇幅。该书中散文涉及的文体有30种之多,按其性质特点又可一分为二:议论说理类,叙事抒情类。《四库全书总目提要》评说:"明之中叶,士大夫侈谈性命,其病日流于空疏。敏政独以博学雄才,高视阔步。其考证精当者,亦多有可取,为一时之冠冕。"又说:"敏政学问渊通,著作具有根柢,非游谈无根者可比。"李东阳在《篁墩文集》原序中说:"赜探隐索,注释经传,旁引曲证,而才与力又足以达之,虽皆出于经史之余,而宏博伟丽,成一家之言,质诸今日殆绝无而仅有者也。"

潘象安诗集　4卷。潘纬撰。纬字仲文,一字象安,明歙县人,家于白岳之下。万历年间,捐官武英殿中书舍人。归田以后,有《养疴》《游淮》《卤居》诸集,此其汇刻之本也。四库全书馆臣谓其五言古体多摹《文选》,七言古体学初唐,近体亦颇有唐大历时期诸诗人风调,然音节畅而性情少。

霞城集　诗集。24卷。程诰撰。诰字自邑,号霞城,明歙县人,嘉靖年间布衣。生平好游山赏水,所至山川都邑,多以诗歌记之,其诗学李梦阳,但才情稍钝。故诗卷帙虽多,亦瑕瑜互见。其词风格不拘,兼得豪放与婉约二体。

徽郡诗　诗总集。8卷。陈有守、汪淮、李敏合编。有守字达甫,淮字禹乂,敏字功甫,皆明休宁人。是编创始于嘉靖三十六年(1557年),成于嘉靖三十八年(1559年),盖仿《新安文献志》事略例,自洪武起共得作者146人,计诗754首。皆断自明初,而有守等三人之诗亦附于末。

檗庵集　汪禔诗文集。上、下2卷。禔字介夫,别号檗庵,明祁门人,未仕。《江南通志》称其所著还有《家礼砭俗》《投壶仪节》。禔精于礼学,尝患心难持,制敬恕木简置袖中,出入手握之,以自提醒。卒年41岁。其诗不大注意声律。卷上分书、序、记;卷下分说、原、文、传、墓志铭、议、赋、诗等各类。集前有王讽《檗庵先生行状》、高应经《檗庵先生传》、史桂芳《檗庵先生墓碑》。

瀛奎律髓　诗总集。方回编。回,宋末元初歙县人。此书自序谓书名取"十八学士登瀛洲""五星聚奎"之意,故曰"瀛奎"。又因所选皆五、七言律诗,故曰"律髓"。全书所选律诗均为唐宋作品,分49类编排,详加评点,标明句眼,并分析写作特点,反映了方回的文艺批评观。

麝尘莲寸集　词集。4卷。汪渊、程淑夫妇撰。渊,淑,皆清休宁人。词156调284阕。集宋、元、明名家词句成调。每阕不集同调,一词不采两句,一语不作两用。汪渊、程淑夫妇亦被推崇为清朝词宗。

[六] 徽州文学

诗社文会 / 文学作品 / 民间文学 / 民间歌谣 / **徽州楹联**

八贤堂联
八贤堂位于黟县四都陈闾村。黟县汪龙撰题。联曰："为善读书是安乐法，栽花种竹生明妙心。""安乐"指一种安宁和快乐的心理状态。"明妙"为佛家语，即明其妙，明达智慧不可比量。

九成斋联
"九成斋"为民国时期祁门名医马如春在县城内十字街所开药店名。该联为马如春所撰题，并贴在药店门上。联曰："九晒九蒸秉良心晒蒸九次，成丹成散遵古法丹散成功。"马如春结合其所经营的行业，把"秉良心"行医和"尊古法"制药的经营理念都融入这副楹联内。

三眼井古庙联
三眼井古庙位于祁门县城紫荆湾，以庙中有古井三眼而名。联曰："抱猴峦绕狮岭，展望祁峰，万缕春霞朝庙貌；近黄山临白岳，俯视阊水，一江秋色显神灵。""猴峦"指猴形山，在庙南。"狮岭"指狮子岭，在庙北。"祁峰"指祁山，在庙东。"白岳"指齐云山。"阊水"指阊江。上联记近景，下联写远景。

大夫第联
大夫第位于黟县西递村。联曰："以八千岁为春，之九万里而南。"上联集句《庄子·逍遥游》："上古有大椿者，以八千岁为春，八千岁为秋。此大年也。"下联化用《庄子·逍遥游》文句："鹏之徙于南冥也，水击三千里，抟扶摇而上者九万里。"表示一个人具有崇高的志向和远大的抱负。

大观亭联
大观亭位于歙县许村镇许村，傍临昉溪、西溪，建于明嘉靖三十年（1551年），清康熙二十二年（1683年）重修，为三层檐亭榭建筑。联曰："双溪长水岸，一座大观亭。""双溪"指亭东昉溪、亭西西溪。"长水"因许村境内多山溪，素有"十里长水"之称。

万印轩联
万印轩为胡元熙别居，位于黟县西递村。歙县曹文埴撰题。联曰："开卷心游群玉府，折花身到广寒宫。""群玉府"是帝王藏书处。"广寒宫"是神仙为月中嫦娥建造的宫殿。传说广寒宫中有月桂树，民间则用"蟾宫折桂"比喻科考高中。

开泰染坊联
开泰染坊位于黟县城北街，由邑人余五福开设。联曰："鹅黄鸭绿鸡冠紫，鸳翠鸦青鹤顶红。"该联全用颜色入联，符合染坊特点，颇有特色。

五福祠联
五福祠位于屯溪下街江滨。清末绩溪胡位周撰题。联曰："五水回环通六邑源流，到此一齐收住；福星照耀看半江帆影，都将满载归来。"据《尚书》载，"五福"指寿、富、康宁、攸好德、考终命。"五水"泛指周围来屯溪之诸溪水，如率水、横江、汉水、榆村河、蟾溪等。"六邑"指明清时期徽州六县，即歙、黟、休宁、祁门、绩溪、婺源。上下联头含"五福"二字，点明"五福祠"。联句将五水流经六县汇聚屯溪，临江观景，帆影点点，满载归来的情景描写得淋漓尽致。

太白楼联
太白楼位于歙县城西练江南岸、太平桥西端，背靠山峦，和新安碑园相依偎。清歙县曹振镛撰题。联曰："妙境当前，霁月光风皆学问；会心不远，花香鸟语尽文章。""霁月光风"是成语"光风霁月"的倒装使用，形容雨过天晴时万物明净的景象。也比喻人的胸襟开阔和品格高尚，亦可指政治清明，社会风气好。"会心不远"指领悟大自然情趣，不必跋山涉水去远方寻求。"花香鸟语"形容春天的动人景象。

中巧村木牌楼联
中巧村位于绩溪县瀛洲镇。联曰："明清两代无双事，上下三村第一人。"该联是为庆贺村中一童中秀才所作。明清时期，该村及周边村落经济落后，村民多以种山、烧炭为生，孩童自七八岁就开始劳作，少有读书者。清末，村中一少年参加童考中秀才，全村视为天大喜事，故建木牌楼以示庆贺。

仁本堂联
仁本堂位于婺源县汪口村，为俞氏宗祠。联曰："万石家风当惟孝悌，百年世业乃在诗书。""万石"是汉朝官秩的最高级别。《汉书·百官公卿表》颜师古注："汉制，三公号称万石，其俸月各三百五十斛谷。"此联告诫后人：当再大的官也要将孝悌作为自己的家风，长久家业的承继主要在于读书。

方家老屋联
方家老屋位于歙县璜田乡蜈蚣岭村。联曰："一片云山，天生摩诘画；四时花鸟，人唱杜陵诗。""摩诘"指代唐朝诗人、画家王维（字摩诘），擅画人物、丛竹及山水。"杜陵"指代唐朝现实主义诗人杜甫（自号少陵野老），其诗歌在中国古典诗歌中的影响深远，被后世尊为"诗圣"。该联不仅描写蜈蚣岭村的四时美景如同王维的画一般美妙，同时指出这里是文化底蕴深厚的地方，人人都会吟唱杜甫的诗。

石亭村门枋联

此联在黟县石亭村八角门。联曰："春种满田皆碧玉,秋收遍地是黄金。"联意是指:春种之时满田畈都是碧玉似的绿色庄稼,秋收之季则见到乡间遍地都是黄金般的灿实硕果。

龙川胡氏宗祠联

龙川胡氏宗祠坐落在绩溪县瀛洲镇大坑口村东,龙川是大坑口的古称。联曰:"春祀秋尝,泱泱乎其犹在;祖功宗德,荡荡乎其难名。"春祭曰祀,秋祭曰尝,故称"春祀秋尝"。"泱泱"指祖先庄严的容貌和宏大的气势。"荡荡"为广阔无边的样子。"难名"指难以称述。联意是指:每当春秋两季祭祀祖先的时候,先人庄严的容貌和宏大的气势,仿佛就在眼前。祖先的功德实在数不胜数,难以一件件叙述。

乐叙堂联

乐叙堂位于黟县宏村。联曰:"克己最严,须从难处去克;为善以恒,勿以小而不为。"联意是指:克制自己的私欲,必须极为严格地要求自己,一定要从难处着眼,做到"克己";做好事要持之以恒,千万不要因为事情微小而不去做。联文表达了徽州人克己为善的严格自律要求。

乐善堂联

乐善堂原在歙县潜口村(今属徽州区),为明朝中期祠堂,后拆迁入潜口民居宅。联曰:"和气致祥,晨起百书公艺字;遗经在抱,闲来三复君陈篇。""公艺字"指唐张公艺百忍九世同居,睦族之道在于"忍"字。"遗经"指古代留传下来的经书。《尚书·周书·君陈篇》中提到,君陈这个人尊重父母、孝敬父母、友爱兄弟、善待兄弟。联意是指:对人谦和可以带来吉祥,要做到对人谦和只要像张公艺那样多写"忍"字;读书学习,多看看"君陈篇"君陈的孝悌之道,才是做人的本分。

半春园联

半春园位于黟县南屏村,是一座私塾式园林建筑。联曰:"静乐可忘轩冕贵,清游端胜绮罗尘。"此联表达了一种心境:难得静中取乐,可以忘却官位爵禄之类的荣华富贵;清闲地游历,远远胜过身穿绫罗绸缎在家中享受。

半茶村财神庙联

半茶村位于绩溪县瀛洲镇。联曰:"生财有大道,则拳拳服膺,仁是也,义是也,富哉言乎至足矣;君子无所争,故源源而来,孰与之,天与之,神灵格思如此夫。""拳拳"指诚恳;"服膺"指衷心信服;"格思"指来到。联意是指:发财致富也有大道理,大家衷心信服的是"仁""义"二字,这话说得多么深刻呀!道理极其充足。君子没什么可争的,各种财富、名誉、地位仍然会光临他们,是谁给的呢?是上苍赐予的,求神灵到来也不过如此。

永安衣服店联

永安衣服店位于歙县城。联曰:"永怀武灵王,易俗移风,经纶大国;安得白太傅,热情宏愿,衣被苍生。"上下联首嵌"永安"二字。"武灵王"即赵武灵王,战国中后期赵国君主,死后谥号"武灵"。赵武灵王在位时,推行的"胡服骑射"政策,使得赵国得以强盛,灭中山国、败林胡、楼烦二族,辟云中、雁门、代三郡,并修筑了"赵长城"。"经纶"比喻筹划治理国家大事,原指整理过的蚕丝。"白太傅"指白居易,其乐府诗《红线毯》有"宣城太守知不知,一丈毯,千两丝。地不知寒人要暖,少夺人衣作地衣"的诗句。该联以历史上与"衣"有关的两位名人入联,且将店名嵌入对联,颇为巧妙。

同和秤店联

同和秤店位于休宁屯溪(今属屯溪区)。联曰:"人心不平短四两,秤锤虽小压千斤。"该联结合秤店的行业特色,指出诚信经营的为人之道,通俗易懂。

同德仁药店联

同德仁药店位于屯溪老街,店堂有一幅梅花鹿嘴含灵芝的图画,此为配画联。联曰:"架上丸丹长出妙药,壶中日月不老仙龄。"联意是指:药店柜架上待售的丹丸中,长年备供着诸如"百补全鹿丸"之类的灵丹妙药;而济世壶里所贮藏的凝聚日月星辰之精华的药物,可让凡夫常客们得以延年益寿,成为不老的仙翁。这是为宣传该店名牌产品"百补全鹿丸"名药而精心设计的商业广告。

回溪村洪氏宗祠联

回溪村位于休宁县陈霞乡。元末明初休宁大儒朱升撰题。联曰:"竖屋喜逢黄道日,上梁巧遇紫微星。"朱元璋进攻徽州时,闻朱升名,亲自前往访问求计。朱升献"高筑墙,广积粮,缓称王"之策。朱元璋大喜,命参与帷幄密议。相传就在这次朱元璋访问后,朱升陪其返休宁,路过故里回溪,恰遇该祠大殿建起,请择吉日上梁。朱升即书此联以赠,并说即刻上梁,不需择日。后朱升一直跟随朱元璋,充当"谋士良臣"。明洪武元年(1368年)以翰林学士致仕,后回归故里。"紫微星"号称"斗数之主",所以命宫主星是紫微的人就是帝王之相,这里借指朱元璋。

朱氏支祠承志堂联

朱氏支祠承志堂位于休宁县月潭村。联曰:"读书商贾皆荣路,遵规蹈矩是福庭。"联意是指:读书科第和经商致富都是人生正道,遵守家规族法行事,按照通用行为准则谨守本分而不胡乱来,就是一个幸福的家庭。

朱氏支祠树德堂联

朱氏支祠树德堂位于休宁县月潭村。联曰:"树言树功应归树德,有土有财必先有人。"联意是指:著述或建立功名,应归功于道德高尚;有土地有资产,必须首先做人。

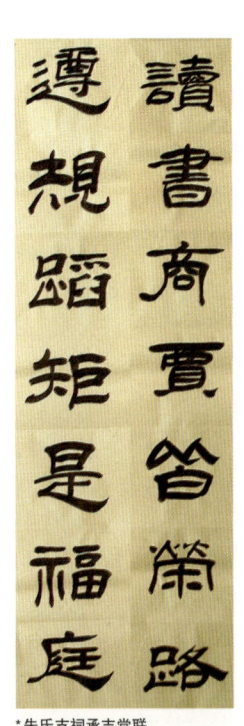

*朱氏支祠承志堂联

竹山书院联

竹山书院位于歙县雄村桃花坝。清曹文埴撰题。联曰："竹解心虚,学然后知不足;山由篑进,为则必要其成。""竹解心虚"集白居易《池上竹下作》:"水能性澹为吾友,竹解心虚即我师。""学然后知不足"集《礼记·学记》:"虽有嘉肴,弗食不知其旨也;虽有至道,弗学不知其善也。是故学然后知不足,教然后知困。知不足,然后能自反也;知困,然后能自强也。故曰:教学相长也。""篑"指竹制土筐;"为则必要其成"集朱熹《四书章句集注》:"君子之学,不为则已,为则必要其成,故事百倍其功,比且而起。"

竹岭石松亭联

竹岭石松亭位于绩溪县伏岭镇桐坑村。绩溪仁里程宗鲁撰题。竹岭,古称"竹岭古道",自胡家经桐坑越竹岭,通往荆州。民国期间,邑人胡商岩为首倡修该道,竣工后并建此亭,以供来往行人休憩。联曰:"舍己为群,谁今是彦;积善余庆,于古有征。""彦"指有才学、德行的人。"积善余庆"指积德行善之家,恩泽及于子孙。该联是对胡商岩善行的褒扬。

庆山土地庙联

庆山土地庙位于歙县徽城镇练江村。清末民国时期歙县汪韵典撰题。联曰:"火树赛银花,八年抗战成功,练水波平民族幸;山城开铁锁,一岁丰登预祝,庆村春暖国家兴。"此联作于民国三十四年(1945年),这一年抗日战争胜利。"开铁锁":古徽州民风淳朴,郡县城门向不落锁,除非兵事急迫。

*竹山书院联

*竹岭石松亭联

这里指战乱结束,和平归来。该联表达了抗日战争胜利后,歙县山城人民喜庆胜利,预祝国家兴旺发达的喜悦心情。

亦政堂联

亦政堂位于歙县坑口乡柔川村,为音乐家张曙的故居。此联为张曙自撰。联曰:"仁义忠信,乐善不倦;富贵福泽,厚吾之生。"上联集《孟子·告子上》:"孟子曰:'有天爵者,有人爵者。仁义忠信,乐善不倦,此天爵也。公卿大夫,此人爵也。'"下联集北宋张载《西铭》:"富贵福泽,将厚吾之生也;贫贱忧戚,庸玉汝于成也。存,吾顺事;没,吾宁也。"

江苏无锡徽州会馆联

❶联曰:"俱是宦游人,从大江南北来,追忆昔贤,犹传鹿洞学规、蠡滨政迹;曾为持节使,登匡庐左右望,瞻言故里,如见黄山烟树、白岳云涛。""鹿洞"指庐山的白鹿洞书院。"蠡滨"指太湖之滨的无锡蠡园,春秋时期越国人范蠡助勾践灭吴王夫差后归隐江湖经商栖居之处。"白岳"即中国四大道教圣地之一的休宁县齐云山。上联是指:往来会馆的都是宦游之人,他们从大江南北来到这里,追忆起昔世的贤达人物,至今还流传着南宋理学大师朱熹为白鹿洞书院题写的规条、先秦范蠡归隐太湖蠡园之前的赫然政绩。下联是指:曾经作为持节出使的一国外交使臣,登临了匡庐仙山左右相望,高瞻并畅言故里家乡的胜景,如同见到了黄山的烟雨树木以及白岳的万顷云涛,真正是令人神往。
❷联曰:"把酒话乡关,最难忘吴苑莺花、石湖虾菜;隔江数人物,问谁是紫阳学派、白岳仙才。""吴苑莺花"为苏州景物;"石湖"为太湖支流,位于苏州古城区西南约4.5千米处,是集吴越遗迹、江南田园山水风光于一体的山水型自然风景名胜区。"紫阳"系朱熹别号。"白岳"即齐云山,南宋新安朱熹,元末明初休宁朱升,明歙县汪道昆、休宁程敏政、江苏吴县唐寅、广东海南海瑞、山东登州戚继光、江苏江阴徐霞客等先后登临此山,并纷纷题诗撰文。联意是指:聚会晤面的同乡们把盏饮酒话说乡关故里的人与事,最难忘的还是眼前可供人们养目娱情的苏州景物——吴苑莺花以及产自石湖的鱼虾之类的水族菜肴;隔着一条清流之江来历数那些古今闻名的人物,不妨问问谁是新创宋明理学中的集大成(即"国学"精髓)——新安朱熹的紫阳学派和曾经游历齐云仙山的才杰之辈。

江湾路亭联

此联悬挂于原婺源县江湾一路亭。联曰:"静坐常思己过,闲谈莫论人非。"能思己过,莫论人非,是严以律己、宽以待人的表现,是事业成功者团结伙伴必备的人格修养。

安徽芜湖徽州会馆联

联曰:"歙浦源长,练江令派,他乡团绩会,望去大千世界,惟推让野人文,况当兹五族共和,天开休运;婺川流广,黄岳归宗,异地集黟黎,分来卅六峰峦,如睹新安景物,毋羡彼远涉重洋,山访祁连。"联句暗扣歙、绩溪、休宁、婺源、黟、祁门六县名和歙浦、练江、婺水、新安江、黄山、白岳等徽州大川名山。指出同为徽州老乡,远涉重洋,在异地相聚,仿佛新安景物历历在目。

安徽繁昌徽州会馆联

联曰:"作客异乡,百家欢聚首;相知旧友,六邑结同心。"联意是指:同乡人到异地商旅作客,携来百家欢乐齐聚首;一群相知相伴的旧日好友均来自徽州一府六县,愿大家永结同心。

志诚堂联

志诚堂位于黟县卢村。联曰:"惜衣惜食非为惜财缘惜福,求名求利但须求己莫求人。"此联意在告诫后人即便在经商致富后也应节俭持家,珍惜日常衣食之物,这不是为爱惜财产,而是珍惜福气之故;人生在世,不懈求取功名利禄,但须明白最终还得求己努力,不要依靠别人。

李家村李氏宗祠联

李家村李氏宗祠位于绩溪县上庄镇。联曰:"堂寝巍峨,永绍宫袍咏月;规模壮丽,远绵紫气临风。""宫袍咏月"指李白受诏入宫醉酒咏月作诗之事。"紫气临风"指老子李耳过函谷关之前,关尹喜见有紫气从东而来,知道将有圣人过关。果然李耳骑着青牛而来。该联是对历史上李氏名人李白和李耳的颂扬,以显示李氏的荣耀。

杨干寺联

杨干寺位于歙县丰乐里(今属徽州区),该寺于南宋宝祐六年(1258年)由歙县程元凤创建。该联由程元凤撰题。联曰:"优钵花开,香满三千世界;菩提树长,荫遮百万人家。""优钵花"即莲花。《绘图三教源流搜神大全》记:林默的母亲"尝梦南海观音与优钵花吞之,已而孕十四月始娩身,得妃(林默)"。"三千世界",佛教用语,系为古代印度人之宇宙观。据文献记载,1 000个小千世界,集成"中千世界",1 000个中千世界,集成"大千世界"。一个大千世界,因为它里面有小千、中千、大千,故称"三千世界"。"菩提树"的梵语原名为"毕钵罗树",因佛教的创始人释迦牟尼在该树下悟道而得名,"菩提"意为"觉悟"。

还金亭联

还金亭位于黟县蓬厦村。联曰:"再生清风远,还金节更高。"据《黟县志》载,明洪武三年(1370年),蓬厦(初名"棚下",后改名"蓬厦")村始祖江复寿来此地放鸭,他的儿子江彦良在北庄放鸭,有一天在一座亭内休息时拾得300两银子,就在那里等候失主认领。没过多久,只见一名男子满头大汗东找西寻地匆忙赶来,江彦良迎上前询明原委,客人说是不慎丢银,而这些银子是他在外营商10余年的全部积攒,打算赶回家娶妻养母,现在银子丢了,无颜回见家人,只有一死了之,说得泪流满面。在确认包裹布料颜色及银子数目等情况之后,江彦良将所捡银子如数奉还。失主激动万分,一再表示要给其银子以作酬谢,可江彦良分文不受。那商客回家之后,再度来到此处,雇请匠人把那座路亭修葺一新,题名曰"还金亭",并在亭中悬挂此副楹联。该联是指江氏一举让丢银寻死的商客获得再生的机会,他仗义还金不图报答,非但清风深远可鉴,而且品德节操更见其高尚可钦。

吴士龙故居联

吴士龙故居位于休宁县东临溪镇。联曰:"一钱罄矣还栽菊;四壁萧然不卖琴。"吴士龙为知名中医,且博通琴箫诗画,其精于中医,对病家诚心医治,不计报酬。"罄"本义为器中空,引申为尽、用尽。"萧然"指萧条,这里暗示贫穷。此联写出了吴士龙虽然贫穷,但潇洒不羁的情怀。

汪仰陶故居书斋联

汪仰陶故居位于休宁县溪口镇石田村。汪仰陶是新安医学名家,善书法。联曰:"赤壁之游前后赋,横渠所学东西铭。"上联写苏轼贬谪黄州时,先后写了《前赤壁赋》和《后赤壁赋》。下联写张载之事。张载字子厚,北宋凤翔府郿县(今陕西眉县)横向渠镇人,理学家,嘉祐二年(1057年)进士,官崇文院校书,不久,退居南山下,教授诸生,学者称"横渠先生",著《正蒙乾称篇》,尝榜于东、西两牖,东曰"砭愚",西曰"订顽"。程颐为之改名为"东铭""西铭"。张载理学在我国思想史上有一定影响,曾与周(敦颐)、程(颢、颐)、朱(熹)并称。

邵万资堂店铺联

邵万资堂系清末至民国时期休宁县榆村临河廊亭街做药材生意的店铺。联曰:"掺合虽无人见,存心自有天知。"联意是指:在制作药丸药剂药膏药散的时候,往里面掺杂或次或假的药材原料混合着使用,虽说并没有别人在旁瞧见,但经营者弄虚作假的用心自有苍天可鉴。自勉要诚信经商。

环中亭联

环中亭位于歙县唐模(今属徽州区)檀干园"小西湖"外湖岸边路旁。联曰:"山红涧碧纷烂漫,天光云影共徘徊。"为集句联。上联集唐韩愈诗《山石》句:"天明独去无道路,出入高下穷烟霏。山红涧碧纷烂漫,时见松枥皆十围。"下联集南宋朱熹诗《观书有感》:"半亩方塘一鉴开,天光云影

*吴士龙故居联

*邵万资堂店铺联

共徘徊。问渠那得清如许？为有源头活水来。"

杭州徽州会馆殡所灵堂联

联曰："何处是乡关，每思百里云山，只瞪咫尺；此间似传舍，惟愿千秋窀穸，勿缓须臾。"联中"窀穸"指墓穴。联意是指：踏足各地何处是乡关故园，每每想着百里云山的佳境胜景，即使睁大眼睛注视也仅能清楚地看到咫尺之地；这样的一间殡所灵堂犹似驿站，唯愿家乡那届时收葬死者骸骨的千秋墓穴营建之事切勿迟缓。

旺川财神庙联

旺川财神庙位于绩溪县旺川村。联曰："福应自求，拜神何益？财源己有，积德而生。"联意是指：世上的福气应当靠自己去求取，叩拜神祇无任何益处；一个人的金钱财源也须凭自己据有，只要行善积德就可生发财气。这是一副劝世联。

岩寺上街桥亭联

歙县岩寺镇（今属徽州区）古有"六街"，即上街、下街、中街、前街、后街、上（下）渡街，并有5千米之长。明正德年间状元唐皋为该地人，撰此亭联。联曰："六街灯火无双镇，十里笙歌第一桥。"写出了明清时期岩寺镇的繁华景象。

罗文献祠联

罗文献祠位于歙县呈坎（今属徽州区）后街，始建于明弘治年间。联曰："新安侯封甲族，江左文献世家。"上联写后罗八世祖罗汝楫以侍御史历任龙图阁学士、吏部尚书，封为新安开国侯。下联写罗氏家族人才辈出，明弘治十二年（1499年），徽州知府彭泽、同知（即知府的副职，正五品，因事而设，每府设一二人，无定员）邝璠等地方官员，曾为罗汝楫、罗颢、罗颀、罗愿、罗士臣、罗楠等34人建置"文献坊"，以表彰罗氏宗族的光辉业绩。

和村沂源桥头亭联

和村位于休宁县溪口镇，和村桥架设于沂源河上，桥头有亭。亭联曰："两水夹明镜，双桥落彩虹。"该联取自李白《秋登宣城谢朓北楼》："江城如画里，山晓望晴空。两水夹明镜，双桥落彩虹。人烟寒橘柚，秋色老梧桐。谁念北楼上，临风怀谢公。"联中"两水"指率水和沂源河；联中"双桥"指和村沂源桥与不远处的宋家洲桥。

金声故居书斋联

金声故居位于休宁县万安镇瓯山村。明末著名抗清义军将领金声自题。联曰："破釜沉舟，百二秦关终属楚；卧薪尝胆，三千越甲可吞吴。""破釜沉舟"见《史记·项羽本纪》，项羽同秦兵打仗，过河后把釜（锅）打破，船弄沉，表示决不后退、战斗到底的决心。"百二秦关终属楚"，典出《史记》项楚灭秦之事，"百二"本义指以二敌百，古代通指函谷关或潼关以西的秦国领地。汉政论家贾谊在《过秦论》中用"秦孝公据崤、函之固"来说明秦国凭借崤山（今河南省洛宁县西北）和函谷关（今河南省灵宝县东北）的天险立国。自此以后，"百二雄关"或"百二秦关"常被后人作为形容一个地区地势险要的典故来引用。项羽以破釜沉舟的决心，终于攻破秦地。指一

个有志向的人，做事情一定会成功。"卧薪尝胆"是指春秋时越王勾践战败，为吴王所执，既放还，欲报吴仇，身卧于柴薪，口尝着苦胆，誓以不忘会稽败辱之耻。比喻发奋磨砺，时刻不忘雪耻。"三千越甲可吞吴"指越国忍辱负重，最终灭吴复仇之事。此处"三千"是虚数。该联反映了金声抗击清兵的决心和意志。

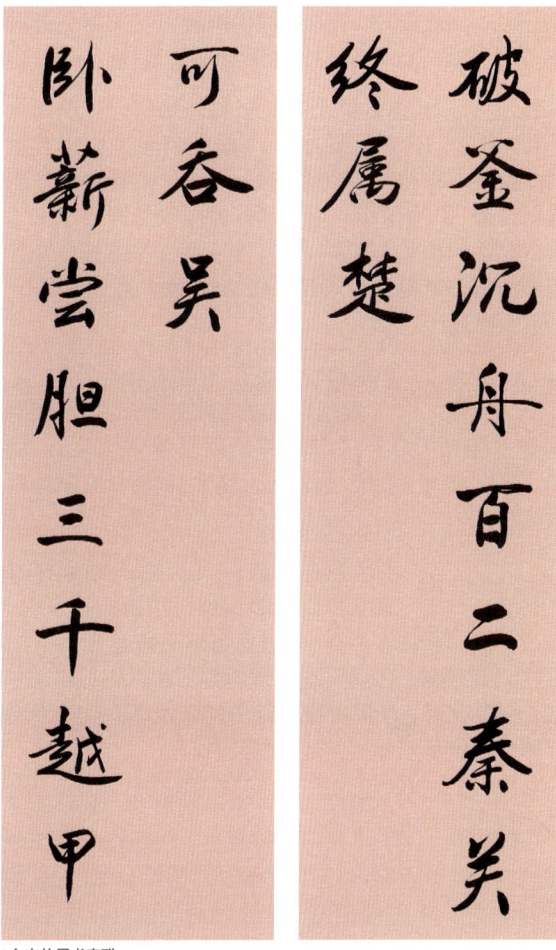

* 金声故居书斋联

受经堂联

受经堂位于婺源县江湾村，为江永旧宅后进厅堂，此处因曾被江永辟为讲学堂得名。联曰："慈乌有反哺之恩，羔羊有跪乳之义。""反哺"用来比喻子女孝养父母。"跪乳"原意指羊羔吃奶都是跪着，亦为感激父母的养育之恩。

育英文约会场联

"育英文约"是祁门县历口镇庚岭里、溶溪、双港口、花城、石渡、里村源六村文人聚会的文会活动。联曰："文士齐临，六村毕集；约期会议，三鞠欢迎。""三鞠"为三鞠躬。在徽州边远山村，都有定期的文人聚会。这正是徽州文化底蕴深厚的社会基础。

承庆堂联

承庆堂为歙县杞梓里王氏宗祠。清歙县王茂荫撰题。联曰："一脉本同源，强毋凌弱，众毋暴寡，贵毋忘贱，富毋嫌贫，但人人痛痒相关，急难相扶，即是敬宗尊祖；四民虽异业，仕必登名，农必积

粟，工必作巧，商必盈资，苟日日侈游不事，匪癖不由，便为孝子贤孙。"此联是要告诫后人：宗亲一脉本来就是同根同源的，彼此之间，强者不要欺凌弱者，势众方不要欺压势寡方，高贵者不要忘却低贱者，富豪者不要嫌弃贫困者，只有人人相互关心痛痒，扶助急难，这才叫做尊祖敬宗。人世间的"四民"虽说从业各异，然而仕宦一定求登功名，农夫一定力耕积粟，工匠一定制作精巧，商贾一定贸易盈资，如果天天奢侈游荡的习气都不去近沾，为匪的癖好也不染上，那便算是孝子贤孙。

承志堂联 承志堂位于黟县宏村。联曰："守身如执玉，积德胜遗金。"联文表述了徽州人对"守身"与"积德"的深刻感悟：坚守自己身上良好的道德情操，必须像小心谨慎地捧着一块易碎的宝玉一样；坚持不懈地做好事、善事，累积起深厚的德行并且把好的道德风范传给子孙后代，远远胜过给他们留下万贯家财遗产。

承启堂店铺联 承启堂店铺位于屯溪老街。联曰："顺国康民雍然乾道嘉千古，治朝熙世正是隆光庆万年。"该联将清朝皇帝年号顺治、康熙、雍正、乾隆、嘉庆、道光嵌入联文，同时具有歌颂盛世的含义。

胡庆馀堂联 该联悬挂于浙江杭州胡庆馀堂穿过"鹤颈"长廊第二道门楼两边柱子上。联曰："高丽野山东西洋参，暹罗官燕毛角鹿茸。"联中"高丽"即朝鲜，"暹罗"是中国对泰国的古称。联意是指：药店货架上经销着朝鲜野山的东西洋参以及泰国官燕毛角鹿茸等养生保健名贵药材。

胡埠口戏台联 胡埠口位于歙县璜田乡。戏台为迎汪九相公神而建。汪九相公是汪华的第九子汪献。联曰："惠泽配乾坤，博厚高明，正直荡平谈百社；颂声闻里巷，翕纯皦绎，气和音雅达千秋。""博厚"指广大深厚。"高明"指崇高明睿、聪明智慧。"百社"指众多村庄。"翕纯"指协调统和。"皦绎"形容音节分明、延续不断。上联称颂汪九相公的聪敏睿智，老百姓一直承受着他的恩泽。下联写歌颂汪九相公神的戏曲悦耳动听。

胡霭溪故居联 胡霭溪故居位于黟县西递村。胡霭溪为清末民国时期人，曾任碧阳小学校长，此联为其自题。抗日战争时期，胡霭溪背上生一恶肿，几乎死去，后得医愈，因戏作一联悬于故居堂屋。联曰："疽生于背，痛彻于心，上帝太糊涂，独对文人多降厄；食肉一斤，饮醇八两，阎王难供养，特教小鬼送还阳。"上联写病痛之苦，埋怨之深。下联写对病痛之乐观，对创愈之愉悦。

南湖书院联 南湖书院位于黟县宏村南湖之畔。联曰："读圣贤书，行仁义事；立修齐志，存忠孝心。""圣贤书"指儒家经典。"仁义事"指做符合封建道德要求的事。"修齐志"指修身齐家的志向。"忠孝心"指忠诚于君国、敬孝于父母的心意。该联是对学子提出的学习、做人要求。

南薰别墅联 南薰别墅位于黟县南屏村。胡适撰题。联曰："忠孝传家本，诗书处世长。""忠孝"是儒家思想中最高的道德标准和境界。"诗书"指的是儒家经典。"处世"为自我修养。意思是要坚持忠孝治家与崇尚儒家思想的修身精神。

奎光堂联 奎光堂为黟县南屏村叶氏祠堂，该联为祠堂大门联。联曰："西州声教流岚谷，南岱簪缨嗣石林。""西州"指祁门，元朝末年叶氏从祁门石马山迁此，祁门在南屏之西，故称西州。该村背靠南屏山，为山之谷地。南屏山，古亦称"岚屏山"，故云"岚谷"。"南岱"即岱山（泰山）之南（阳），这里指南阳，南阳为该族郡望。"石林"指祁门石马山。该联点明了黟县南屏村叶氏渊源。

省立第一茶务讲习所联 民国七年（1918年），安徽省实业厅在屯溪高枧（今属屯溪区黎阳镇）创办省立第一茶务讲习所。婺源江峰青撰题。联曰："新安产品能争雄海内外只此松萝，与诸生加意讲求，总期质美制良欧澳名驰，印度锡兰齐退舍；实业专家咸谓吾国富强端资树艺，愿他日从容推广，行见物华天宝舟车利市，黄支乌戈尽输琛。""退舍"原指退却、退避，这里指比不上，不敢与其争。"黄支""乌戈"均为古国名，"黄支"一般以为在今印度马德拉斯西南的甘吉布勒姆；"乌戈"指乌戈国，在蜀国的版图南中附近（今缅甸北部疆土），这里泛指外国。"琛"为天然宝物。联意是指：徽州的产品能够争雄海内外的只有这松萝茶，诸位要加意讲求，总要使茶叶质量优美、制作精良，驰名欧洲和澳洲，使印度、锡兰的茶甘拜下风。实业专家都说我国要富强，就要依靠先进技术，以后我们要大力推广各种技术，我国物产丰富，物华天宝，要通过舟车贸易，打败外国产品。

思诚小学联 思诚小学位于绩溪县瀛洲镇仁里村，创办于清末民国初期。联文为其十周年校庆而作。联曰："见贤思齐，高墙万仞；心悦诚服，弟子三千。""见贤思齐"指见到德才兼备的人就要向他看齐，出自《论语·里仁》："见贤思齐焉，见不贤而内自省也。""高墙万仞"用以称颂孔子学识渊博高深。"弟子三千"指

*思诚小学联

孔门弟子。联意是指：要向德才兼备的人学习，孔子的学识就很渊博高深，他有3 000弟子，个个对孔子都真心尊崇。

笃敬堂联

笃敬堂位于黟县西递村。相传为清乾隆年间该村盐商胡贯三撰题。联曰："读书好营商好效好便好，创业难守成难知难不难。"联语中的"效"是动词，为仿效之意，效好，即是学好。联意是指：读书是好的出路，营商也是好的出路，只要你学好了做好了，那便是好；创业很难，守业也难，但是只要知晓这点，并尽自己的努力把它做好，也就不难了。

*笃敬堂联

济生国花号联

"济生国花号"是位于祁门县赤桥仁让堂（祠堂）门东边的药铺。祁门方修训题写。联曰："济人师扁鹊，生计作韩康。"扁鹊是战国时期著名的医学家。韩康是东汉人，因卖药30多年从不接受还价而为世人所知，亦泛指采药、卖药者。联意是指：治病救济他人，当师从医术高超、医德高尚的神医扁鹊，谋生不妨做售药从不二价的韩康。此联为藏头联，扣合"济生"二字药铺名号。

贺陶澍60岁寿诞联

清婺源齐彦槐撰题。联曰："八州都督，五柳先生，经济文章，千古心传家学远；六甲初周，一阳来复，宝贵寿考，百年身受国恩长。"陶澍为嘉庆七年（1802年）进士，曾任安徽布政使、安徽巡抚、两江总督兼管两淮盐政。"八州都督"指晋朝陶侃，其曾总领八州都督。"五柳先生"为陶渊明（号五柳先生）。"经济文章"指经世济民的文章。古人用天干地支相配计算时日，其中有甲子、甲戌、甲申、甲午、甲辰、甲寅，故称"六甲初周"，一周期计60年。古人认为天地之间有阴阳二气，每年到冬至日，阴气尽，阳气开始发生。"一阳来复"指春天又来了，意即第二个甲子复始。联意是指：陶澍是晋朝陶侃、陶渊明的后裔，家学源远流长。60岁寿诞已过，第二个60年又将到来，祝贺其健康长寿，永受朝廷恩典。

挹秀桥敞轩联

挹秀桥位于黟县碧阳镇石山村。联曰："踞渐水上游，驷马高车，过此定多题柱客；入桃源深处，渔夫樵父，登临尽是问津人。""踞"指蹲坐或倚靠。"渐水"即渐江，今称新安江。"驷马高车"指显贵者的车乘，引申为显贵者。"题柱"指在桥柱上题词。"桃源"指黟县。"渔夫、樵父、问津人"化用东晋诗人陶渊明《桃花源记》中人物。

桃源书院联

桃源书院在黟县通往渔亭镇的墨岭之上。黟县程其政撰题。联曰："荧光点点，渔郎问津，夜以继日矣；烛焰熠熠，书生耕句，学而时习之。""渔郎问津"典出东晋陶渊明《桃花源记》。联文描写了桃源书院学子认真学习的状态。

桃源洞联

桃源洞位于黟县城南8千米，该处山骨突出，巉岩壁立。古时为境内交通要塞，洞口上方石壁刻有"桃源古洞"四字。联曰："白云芳草疑无路，流水桃花别有天。"上联化用南宋诗人陆游《游山西村》："山重水复疑无路，柳暗花明又一村。"下联化用唐诗人李白《山中问答》："桃花流水窅然去，别有天地非人间。"该联是对桃源洞环境的真实写照。

唐家坞唐氏宗祠联

唐家坞唐氏宗祠位于歙县北岸镇呈村降村。唐家坞唐氏于北宋时迁来徽州，始迁祖唐承寰。联曰："出使朝鲜无二士，一言开国定山河。"上联指明正德歙县岩寺镇（今属徽州区）状元唐皋，曾出使朝鲜。下联是说朱元璋起兵路过徽州，曾以政事询问歙县著名学者唐桂芳，后在唐家口兴建"龙兴独对"坊，朱元璋与唐桂芳的对话内容也刻在牌坊正中的碑文上。

浙江嘉善新安会馆联

嘉善知县、婺源人江峰青撰题。联曰："汾蟹望秋肥，相期案牍余闲，古礼仿行饮乡酒；邮鸿传信稳，为道布帆无恙，新诗休唱念家山。"上联叙述了旅居异地的徽州同乡与当地人士和睦相处的生活情景，而下联则希望故乡亲人不要为他们这些游子牵挂担忧。

海阳书院联

海阳书院位于休宁县城。联曰："敏于事而慎于言，持其志毋暴其气。"上联出自《论语·学而》："君子食无求饱，居无求安，敏于事而慎于言，就有道而正焉，可谓好学矣。"下联出自《孟子·公孙丑》："夫志，气之帅也；气，体之充也。夫志至焉，气次焉。故曰，持其志，无暴其气。"联意是指：希望学生办事勤勉，说话谨慎；为人要保持自身的志向，不要放任脾气。

*海阳书院联

陶村陶氏宗祠联

陶村陶氏宗祠位于黟县赤岭。联曰："光前须种书中粟，裕后还耕心上田。""光前"指光大前业。"裕后"为遗惠后代。联意是指：光大祖宗的基业，还要靠读书，一朝高中进士，家业自然会兴旺发达；遗惠后代要多做好事，积攒功德才会对后代有所帮助。

黄士陵故居联

黄士陵故居位于黟县黄村。黄士陵长子黄石撰题。联曰："笑哭到六七年，才建筑一栋书房，可见他无钱无势；没去了数百载，能保存几间瓦屋，总算我有子有孙。"黄石晚年又号"笑没"，故该联为"嵌名联"。上联从他人言：治学从政到67岁，才有属于自己的一间书房，是一无作为之人；下联从己说：尽管家产微薄，希望后代能珍惜其来之不易，妥为传承。

*陶村陶氏宗祠联

黄村民居联

存于休宁县黄村一民居中。联曰："一粥一饭，当思来之不易；半丝半缕，恒念物力维艰。"该联为集明朱柏庐《朱子家训》句。联意是指：一顿粥饭，都要想着其来之不易；衣服上的半缕丝线，也要时常记着其生产出来的艰难。

梦真楼联

梦真楼位于休宁县齐云山玉虚宫东，又名"悟真楼"。清婺源郎革成撰题。联曰："距戴岭尚隔一程，忆赠友半联，邂逅赤须劳访戴；上齐云如登万仞，诵咏梅百韵，攀跻安得不思齐。""戴岭"指戴公岭，位于休宁至婺源道中。"忆赠友半联"指清婺源齐梅麓在戴公岭与进士戴选邂逅相遇，不期而会，口占半联"戴公岭上逢戴客"嘱对，戴不能答。二人联袂游齐云山，攀登至该亭下，戴触地生灵，乃对曰"齐云山下遇齐君"。"诵咏梅百韵"指齐梅麓曾作有《梅花百首诗》。"思齐"一指思念齐梅麓，一含"见贤思齐"之意。该联通过齐梅麓在戴公岭与进士戴选对对子的事，表达见到德才兼备的人就要向他看齐的意思。

曹振镛故居联

曹振镛故居位于歙县雄村。联曰："再世宫衔，太保少保；两朝宸眷，司徒司空。""再世"指曹氏父子两代。"宫衔"原指太子"东宫"，清制不立太子，但有太子傅保之名，专为大臣及有功者加衔，无职掌也无员额。"太保少保"指曹振镛和曹文埴。"宸眷"指帝王的恩宠。"司徒司空"为古代三公官名，清俗称户部尚书为"大司徒"，这里指曹文埴；称工部尚书为"大司空"，这里指曹振镛。该联主要是对曹氏父子显赫地位的昭示。

盛德堂联

盛德堂位于歙县璜田乡蜈蚣岭村，为方氏宗祠。联曰："承威祖始迁井坞，宗喈公再徙仙源。"该联叙述蜈蚣岭方氏渊源。上联指北宋景德元年（1004年），方承威自浙江桐庐白云村徙歙南渝坑井坞开派，为方氏渝坑派始迁祖。下联指渝坑十九世方宗喈，明正德年间，采购茶叶至街源，缘溪行至蜈蚣岭，见"山不高而冬暖，谷不深而泉甘"，遂定居，名所居为仙源。后世建宗祠"盛德堂"。

率溪书院联

率溪书院位于休宁县率口村（今属屯溪区），率溪之畔。今已不存。联曰："万古帝心常恺恻，千秋文运自昌明。""恺恻"指和乐恻隐。联意是指：朝廷对读书人都有爱护提拔之心，自古以来只要认真读书，自然会有好的前程。

惇正堂联

惇正堂位于黟县屏山村。村人舒斯笏撰题。联曰："守身如执玉，积德胜遗金。""守身"指保持品德和节操。"执玉"即手捧玉器。"遗金"指留给子孙以黄金。联意是指：保持品德和节操就应像手捧玉器那样小心谨慎，多做好事积攒功德比给子孙留下很多财富要重要得多。

*惇正堂联

隆阜文昌阁联

文昌阁位于休宁隆阜（今属屯溪区），始建于清初，高2层，楠木为柱，红墙碧瓦，翘角飞檐。今已不存。联曰："万道文光辉斗极，千层瑞气焕天枢。""万道文光"指绚烂文采。"斗极"指北斗星。"天枢"即天枢星，北斗七星之首。该联主要是对文章华采的赞美。

绩溪旅沪同乡会联

民国绩溪胡适撰题。联曰："旧地宜有高楼，登临纵目，望曲折芦湾、微茫大海；我辈漫萦乡思，羁旅回首，忆峥嵘白岳、秀逸黄山。"联意是指：同乡会旧地宜建有高楼，登临楼上纵目远眺，可以望见曲折的芦湾一水和微波浩渺的东部大海；我辈徽州同乡心中漫萦着浓浓的思乡情绪，长久地寄居异地他乡，总是时时回首勾忆起峥嵘兀立的齐云白岳和秀逸雄奇的大美黄山。此联写出包括徽商在内的旅外（沪）徽州人的强烈思乡之情。

敬义堂联

敬义堂位于黟县南屏村。联曰："书是良田，传世莫嫌无厚产；仁为安宅，居家何必构高堂。"联意是指：知识学问就是传家之宝，仁义待人比建造高堂大厦更能安家。

敬思堂联

敬思堂为婺源县翀田村齐氏宗祠。清婺源诗人齐彦槐撰题。联曰："士恒士，农恒农，商恒商，族少闲民，便有兴隆景象；父是父，子是子，弟是弟，门无乖气，方为孝友之家。"联意是指：士人做士业之事，农夫做农业之事，商贾做商业之事，这样一来，宗族就少有游手好闲之徒，便自然有兴隆旺盛的景象；父亲应有为父者的端仪，儿子应有为人子的行规，弟弟应有当弟弟的样子，如此门第就没有不和谐的气氛，也才能成为对父母孝顺、对兄弟友爱的人家。

敬修堂联

敬修堂位于黟县宏村。联曰："事业从五伦做起，文章本六经得来。""五伦"即古人所谓君臣、父子、兄弟、夫妇、朋友五种人伦关系，以忠、孝、悌、忍、善为"五伦"关系准则。"六经"指《诗经》《尚书》《仪礼》《乐经》《周易》《春秋》六部儒家经典。联意是指：干事业首先要从"五伦"关系做起，写文章一定要依据儒家思想。

敬爱堂联

敬爱堂为黟县西递胡氏宗祠，坐落于西递村中心。联曰："十干衍派源流远，七哲名家气象新。""十干"即"十天干"，明经胡有十大支派，故以十天干为支派名之，西递胡氏为壬派。"七哲名家"指宋元期间明经胡七位经学名家。上联是对明经胡氏源流的记述，下联是对明经胡氏学术的颂扬。

紫云庵联

紫云庵位于黄山紫石峰麓，后依紫云岩，故名。清乾隆年间歙县程振甲撰题。联曰："临风说法花应坠，对月谈禅石不顽。"上联化用佛教"天花乱坠"事，《心地观经·序品》："六欲诸天来供养，天华（花）乱坠遍虚空。"下联化用佛教"顽石点头"事，《莲社高贤传》："竺道生入虎丘山，聚石为徒，讲《涅槃经》，群石皆点头。"联意是指：高山之上，僧尼在大风中说法，感动了上天，天上纷纷落下花来；夜晚僧尼对着月亮讲述禅宗佛法，讲到精彩处，连石头也都点头示意信服。

程大位故居联

程大位故居位于休宁县率口村（今屯溪区前园路西侧巷、前园渠东5号）。联曰："隶首薪传功丰算苑，统宗纂要名炳科坛。""隶首"是黄帝时代始定算数、成律度量衡的史官。"统宗"指程大位著述《算法统宗》。"纂要"指程大位的另一部著述《算法纂要》。联意是指：程大位薪传吏首的算数，写下《算法统宗》和《算法纂要》两部珠算名著，彪炳科坛。

善化亭联

善化亭原位于歙县杨充岭，后迁至徽州区潜口民宅博物馆内。联曰："阳春有脚，九重天上行来；阴德无根，方寸地中种出。""阳春有脚"指用脚走过来的春天，用来赞誉官员的德政。典出五代王仁裕《开元天宝遗事·有脚阳春》："宋璟爱民恤物，朝野归美，时人咸谓璟为有脚阳春，阳春言所至之处，如阳春煦物也。"人们称赞宋璟像长了脚的春天，走到哪里，就把光明和温暖带到哪里。"阴德无根"指暗中所做有德于人的事不需要理由。"方寸地"指一寸见方之地，极言地小，这里指心。该联意在劝人诚心行善方可积德。

婺源县游山村桥亭联

联曰："村大龙尤大，隐隐稠密人烟；桥高亭更高，重重频生财气。"并有横批"桥高亭凉"。联意是指：村子规模大而山体游龙的气势更大，隐隐之中飘荡着乡村人家的稠密炊烟；单孔的石拱桥离地很高，而坐落其上的亭子位势更高，生发出旺盛的财气。

瑞玉庭联

瑞玉庭位于黟县西递村。此联悬挂于两厢厅柱上，系清末该村胡宏方撰题。联曰："快乐每从辛苦得，便宜多自吃亏来。"联意是指：人生的快乐每每会从辛苦里获得，而生活的便宜大多来自吃亏当中。该联颇有哲学意义，它告诫后人做人要勤奋，要厚道，不可以投机取巧。

嗣昌堂联

嗣昌堂位于黟县城桂墩里。联曰："陶公容膝乐天命，刘子作铭惟德馨。""陶公"指东晋陶渊明。"容膝"指容膝之地，形容居室的狭窄。陶渊明《归去来兮辞》中有"倚南窗以寄傲，审容膝之易安"句。"刘子"指唐刘禹锡。"作铭"指刘禹锡所作《陋室铭》。联意是指：陶渊明居室狭窄，但他顺应自然的运转变化，过乐天安命的生活；刘禹锡作《陋室铭》认为陋室虽简，却有流传广远的德行、声誉。

新川冯氏宗祠联

新川冯氏宗祠位于绩溪县长安镇新川村。联曰："燕翼贻谋，家声丕振；象贤克绍，世泽长绵。""燕翼贻谋"指为后嗣做好打算。"象贤克绍"指能够继承先人的贤德。联意是指：为后嗣做好打算，大力弘扬家传的美

*善化亭联

*瑞玉庭联

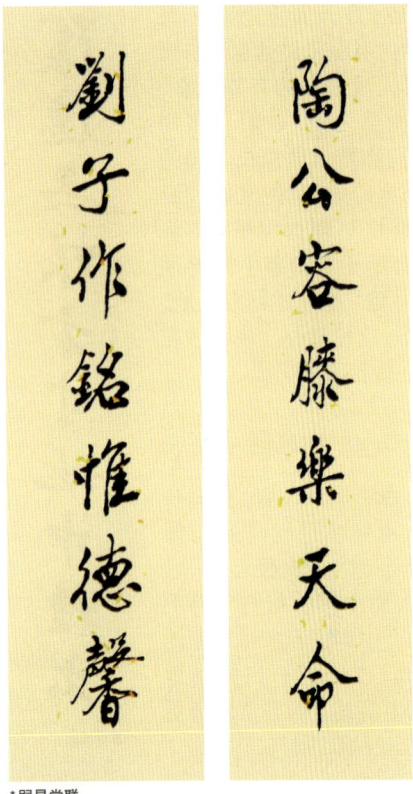

＊嗣昌堂联

德；继承先人的贤德，使祖先留下来的恩泽得以永久保持。

慎余庭联 慎余庭位于黟县宏村。联曰："素位而行，无不自得；居易以俟，乐在其中。"联文用《中庸》文句："君子素其位而行，不愿乎其外……君子居易以俟命，小人行险以侥幸。""素位"指现在所处之地位。"居易"指居于平安的地位，也就是安居现状的意思。联意是指：安于现在所处的地位去做应做的事，不生非分之想，你就会感到非常从容，心情闲适。安居现状来等待机会，你就会在其中获得乐趣。

镇东阁联 镇东阁位于屯溪下首老街，原为休宁知县和相关官吏来屯办事下榻之所，阁有额曰"怀德"，故又称"怀德楼"。联曰："敢嫌案牍劳形，一心为国；专替地方办事，两袖生风。""案牍劳形"形容公事繁忙。"两袖生风"即两袖清风，比喻做官廉洁、严以律己的人。该联既是对知县和相关官吏的赞誉，也是一种警示。

黎阳汪公庙大殿联 黎阳古属休宁县，今属屯溪区。该地汪公庙为祭祀唐越国公汪华而建，今已不存。大殿联曰："保障六州功不朽，英灵千载烈长存。""六州"指歙州、宣州、婺州、杭州、睦州、饶州。"烈"指功业。隋末歙县汪华起义，占领歙、宣、婺、杭、睦、饶六州，入唐后，上表归唐，封越国公，授总管六州军事。在占领六州的数十年里，汪华保境安民，发展生产，促进了六州的社会经济发展，深得百姓热爱。该联主要是对汪华业绩的赞颂。

德本堂联 德本堂位于歙县璜田乡，为钱氏宗祠。联曰："彭城旧族，理学名家。""彭城"为钱氏郡望，商大夫篯铿后人彭孚任周钱府上士，以官为姓氏，郡望彭城郡。"理学名家"指南宋钱时。

履福堂联 履福堂位于黟县西递村。
❶联曰："世事让三分，天宽地阔；心田存一点，子种孙耕。"联意是指：对世上的事只要谦让三分，生活的天地就会宽阔；心里存一点良善仁爱，就有地方让子种孙耕。联文表达了徽州人谦虚退让、留有余地的处世态度。❷联曰："忍片刻风平浪静，退一步海阔天空。"联意是指：与人交往之时如能忍让片刻可致风平浪静；遇有矛盾之时，妥协退后一步往往海阔天空。联文表述了在处理矛盾冲突时的一种处世哲理，启示人们遇到冲突将要发生时，要善于"忍片刻""退一步"，这样就有风平浪静、海阔天空的和谐境界。❸联曰："几百年人家无非积善，第一等好事只是读书。"联意展示了徽商对读书求知和自我道德完善的追求：世上得以长久绵延几百年的人家，其家道无非是多行善积厚德；在人的一生众多美满的事业追求中，唯有读书才是品嚼乐趣求达完善境界的第一等好事。

＊履福堂联

靛池水定青联 联曰："黟县山多黑，靛池水定青。"下联系清黟县西递富商胡贯三读私塾时所对。胡贯三幼年时聪颖过人，曾于本村"燃藜馆"读书。有一次塾师望山观景，出得一句上联为"黟县山多黑"，让学生们对下联。这则上联是拆字格，"多""黑"合为"黟"字，表示地名。学生中所对下联唯独胡贯三的"靛池水定青"恰切巧妙，得到老师的称赞。此处的"定青"合二为一"靛"字，原来学堂附近，有口方方的小水塘，名叫"靛池"，其水深且清，享有甜池的美誉。其后，老师高兴地对胡贯三的父母说："此子才思敏捷，日后必成大器！"

赠性腴联 黟县黄士陵撰题。有题识："性腴二兄先生大人属；丁酉冬月，士陵书于南园。性腴：孔性腴，字颂平，号养性窠主，黄士陵为其刻印多方。"联曰："万卷虽多当具眼，百家屏尽独穷经。"上联集南宋陆游《冬夜对书卷有感》诗句："万卷虽多当具眼，一言惟恕可铭膺。""具眼"指具有眼力，能识事物。下联集南宋陆游诗《自咏》："满梳晨起发凋零，亭午柴门未彻扃。万事忘来尚忧国，百家屏尽独穷经。楠枯倒壑虽无用，龟老撑床故有灵。梦里骑驴华山去，破云巉绝数峰青。""穷经"指极力钻研经籍。联意是指：阅览群书要有判断能力，百家之言都应该听，但专心研究儒家经典才是读书的主要门径。

歙县昌溪村吴氏宗祠联

联曰："科第尚哉！必忠孝节廉，自任畿端，方可无愧祖宗；读书贵矣！但农工商贾，各专一业，便非不孝子孙。"联意是指：科举及第是人们崇尚的上等事，一定要从内心里讲究忠孝节廉之类端正高洁的操守品行，这样才不愧对列祖列宗；而读书博取功名是人们追求的高贵人生之举，大凡农工商贾众多行业只要各专其一务实做起，就不是不肖子孙。

燃藜阁联

燃藜阁位于绩溪县上庄镇余川村汪氏宗祠后，是汪氏子弟攻读、会文之处，后改建为余村小学。清末民国时期绩溪胡采章撰题。联曰："急救燃眉，美雨欧风凌圣学；辉腾藜杖，奎庄壁府焕文章。""燃藜"指夜读或勤学，典出晋王嘉《拾遗记·后汉》："刘向校书天禄阁，专精覃思。夜有老人拄青藜杖，登阁而进，见刘向暗中独坐诵书。老人乃吹杖端，烟然……刘向因受《洪范五行》之文，恐辞说繁广忘之，乃裂裳以记其言。""美雨欧风"指西方文化。"藜杖"是用藜的老茎做的手杖，质轻而坚实，这里指刘向校书天禄阁之事。"奎庄"指文人聚集之处。"壁府"有东壁图书府之意。该联对清末民国时期西方文化的涌入，认为是"急救燃眉"之举，只是临时措施；促进中国的发展，还是要发扬中国传统文化。

濂溪书院联

濂溪书院位于绩溪县城西门，为周氏所办的族学，濂溪取尊崇周敦颐之意。联曰："家学相承，乳水远宗北宋；贤关并峙，紫阳近在东山。""乳水"指绩溪县乳溪河。"北宋"指北宋理学家周敦颐。"贤关"指进入仕途的门径，这里指濂溪书院与紫阳书院并峙。"紫阳"即徽州府城紫阳书院。"东山"为梓潼山，位于绩溪县城东。联意是指：绩溪周氏宗族的家学是从北宋周敦颐理学传承而来的；濂溪书院与紫阳书院相邻，同是理学的旗帜。

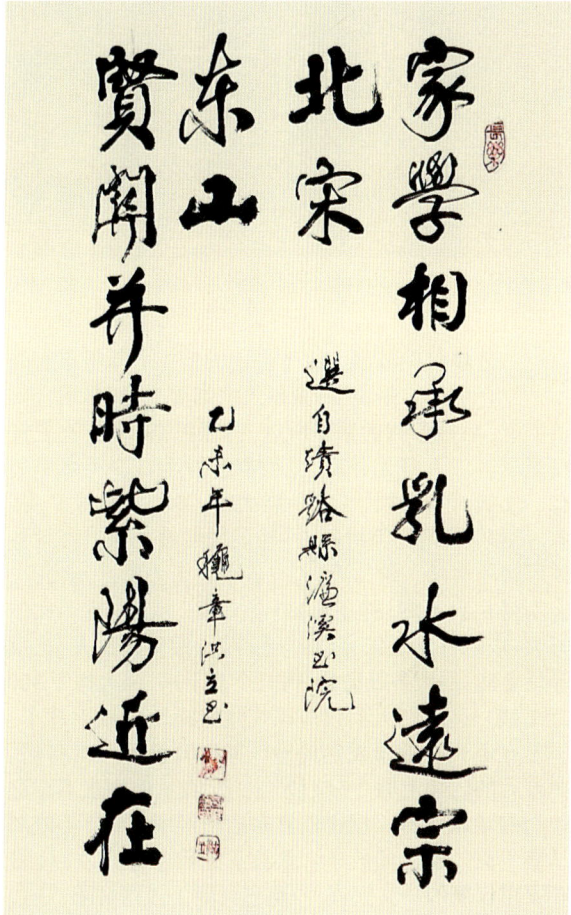

*濂溪书院联

徽州农校联

徽州农校于民国初创办于屯溪高枧村头，抗日战争爆发后停办。民国休宁临溪程管侯撰题。联曰："秀挹鬲山，借兹广厦数间，正合树人树木；门临率水，对此平畴一片，何妨半读半耕。"徽州农校门临率水，对岸即是鬲山。联句以学校周围环境切入，并结合学校教书育人的性质和半读半耕的特点。

黟县县衙正堂联

联曰："忍为最高，到衙前仔细思量，莫如且罢；官虽好见，想事后许多支用，岂不吃亏。""且罢"指停止诉讼。"支用"指支付诉讼的开支。徽州人喜欢打官司，该联则是劝人息讼。

黟县南屏李氏支祠联

联曰："南山为屏，万里祥云天外起；佛池金鉴，一轮明月水中悬。"联意是指：村南的林沥山构成天然屏风，晴空万里，只见那朵朵祥云从天外升腾而起；祠堂里的佛池就好像一面铜镜，一轮皎洁的皓月高悬夜空，清影正投在那湾池水之中。

[六] 徽州文学

民间文学

民间歌谣　徽州楹联　文学作品　诗社文会

一文钱

❶民间故事。故事讲述的是一个苏州布店的由来。甲、乙两徽州人携带重金，到苏州合伙做生意，后被苏州的繁华所迷，肆意挥霍，不久就把钱花光了。二人身无分文，只得靠乞讨度日。所幸甲尚有一文钱，乙用这钱买来一袋面粉，又捡了些竹片、稻草、旧纸、鸡鸭毛等材料，一晚上居然做了两三百只各种形状的禽鸟。第二天，乙拉着甲上街去卖，一会儿工夫卖得一只不剩，挣了5000余文钱。从此，他俩加倍努力，采购各色纸张、杂鸡鸭毛，晚上做鸟、兽、人、花草等玩意儿，白天各处兜售，两三个月下来，两人挣了300万文钱。这时两人商议应该规规矩矩地去做生意了。于是在苏州布业最发达的地区阊门开设了一爿布店，在布店的门牌上书"一文钱"三字，表示他俩永不忘记曾经的艰难历程。据说这家布店历经了200余年依旧昌盛不衰。❷民间故事。歙县棠樾鲍志道11岁时，带着家里仅剩的一文铜钱，一路乞讨到了江西鄱阳，一边帮人打工，一边学习会计。会计学成后，也积攒了一点儿钱，他便离开鄱阳，辗转各地做些小生意。他来到了浙江金华，利用身上的钱开始做些小生意。20岁时，鲍志道又一次来到扬州，被一位歙县大盐商聘为经理。几年经理生涯后，他熟悉了市场行情，结交了许多社会各界的朋友，建立起个人人际关系网。这些使他的事业很快走向成功，家资丰厚。后当上了盐务总商，一干就达20年之久，声望显赫。

十八块金砖

民间传说。黄山脚下，有一对漂亮的同胞姐妹，依靠每天上山挖药材为生。一天，在上山的路上，三十六块金砖奇迹般地先后出现在姐妹面前，于是两人各分一半。妹妹灵翠生性懒惰，贪得无厌，将所得金砖据为己有。而姐姐灵芝手脚勤快，心地善良，她想："如果我把它拿回去，能解救不少穷人！"于是拜谢了山神，带着十八块金砖回到家，救济穷人。妹妹羞愧难当，偷跑到外乡去了。

丁云鹏默画商人像

名人轶事。明画家丁云鹏，休宁人。少年时期，曾随父亲丁瓒行医。丁瓒余暇时常挥毫泼墨，云鹏总是目不转睛地盯着父亲笔墨飞舞，久而久之，云鹏对书画产生了极大的兴趣。丁瓒也很开明，儿子既有志向于绘画，就任其发展这方面的才能。丁云鹏在这方面颇有灵性，其青年时期的人物肖像画就誉满乡里。尤其是他的白描精工，生动纤丽，得众人赏识。一位大盐商想请他画幅真容，特备酒席请其赴宴。宴上主人百般恭维并委婉说明意图，云鹏却装作不懂，弄得主人也不好意思明说。酒宴罢后，他竟扬长而去。这位盐商因为没达到目的，很不甘心，数十日后又备礼品登门拜访。丁云鹏竟出示这位商人的尊容一幅，一副生意经的面孔惟妙惟肖地跃然纸上，商人目瞪口呆，哭笑不得。

七贤村来历

民间传说。相传宋真宗时，歙县北岸镇一村落中有方氏兄弟七人，都在朝廷为官。老大名好，官泰州刺史；老二名学，官黄岩县尉；老三名广，官国子司业；老四名爱，官侍中；老五名多，官浙东金判；老六名威，官徽州教谕；老七名仪，官翰林学士。人们称誉方氏七兄弟为"七贤人"，并以"七贤"名村，即今"七贤村"。

七姓蜂起

历史掌故。唐朝末年黄巢起义，南北响应，徽州也有毕鹞、陈孺、汪彖、赵言、熊宿、李重霸、余公美等"七姓"闻风而起，拥众割据，故称。

八家栈来历

民间传说。明嘉靖十五年（1536年），屯溪桥建成，成为与黟、歙等邻县水陆交通的要冲，这里先后建有栈房8家，人们遂称此地为"八家栈"。此后，这里肩挑驮运日盛，骡马牲口麇集，航运不断扩展，摊贩店铺增多，低棚高楼逐渐从八家栈沿江下延，沿江商业街日趋繁华。

*八家栈舞龙

人皮桥

民间传说。古代造桥有个规定，民间只能用单孔，只有皇家才能造双孔桥。相传，明歙县一个姓李的寡妇没有子女，却有万贯家财，便修桥铺路，以利行人，也图来世。她将所有家产，用了五年时间，修建了歙县西门外太平桥。可是屡次敲诈李寡妇的钱财没有得逞的贪官污吏借此报复陷害,奏告李寡妇造双孔桥,犯了欺君之罪。昏君竟然准奏,"降她以剥皮抽筋之罪"。老百姓纵然不平,却无可奈何,只得以称这座桥为"人皮桥",来表达对李寡妇悲惨遭遇的同情和不满。

刀笔手戏弄新知县

民间故事。歙县白杨村秀才吴克骄,自幼好学,才智超人,且生性好管"闲事",路见不平,敢于出面干涉,曾为穷苦百姓打赢过不少官司。为此,人们取"别人怀宝剑,我有笔如刀"的诗意,送他"刀笔手"的雅号。该县新到任的县令刚愎自用,吴克骄决定让新县令在白杨村出出丑。一日,他递上一张状纸:"光天化日,鸣锣进村,一伤两命,扬长而去。凶手该判何罪?切望老爷明断。谨呈。白杨吴克骄。"人命关天,县令着急地赶到白杨村,命人传"刀笔手"吴克骄前来。想不到吴克骄状纸上所讲的竟是一个瞎眼的算命先生,右手打着镗锣,一步一响,不小心将方老太家的两只雏鸡踩死了。方老太要找算命先生赔偿。吴克骄说:"一个是双眼失明,一个是老态龙钟,两个跌跌撞撞吵在一起,岂不要闹出人命来吗?于是,我便上书请示老爷。想不到老爷爱民如子,一闻命案,即刻亲到现场审理……"县令虽觉被戏弄,却又挑不出毛病。他发现吴克骄的个子比自己矮,于是讥讽道:"吴公学识渊博,老朽敬佩之至。可惜你个子甚小,真乃憾事啊!"吴克骄一听此话,便哈哈大笑,不卑不亢地回敬道:"我说老爷,我个子矮小确是事实。不过,我的儿子站在我面前,也比我确实高得多啊!""这、这、这……"县令又吃了哑巴亏。

三姑定桥名

民间故事。明万历元年(1573年),歙县北门外万年桥竣工那天,练江南北两岸百姓一片欢腾。一日清晨,竟有13户人家要嫁女过江,结果被一排行役挡住。原来郡守有告示,新桥落成10天之内,任何人不得擅自过桥,待有人替此桥取个雅名,方可撤栏放行。就在人们又急又愁,面面相觑之际,突然有三抬花轿轿帘掀起,从花轿上走下三位新娘,她们分别叫善姑、秀姑、巧姑。三位新娘走到守桥官面前说:"愿为此桥定名。"守桥官将三位姑娘领进郡府衙门,郡守命其当堂说出桥名。善姑上前道个万福,说:"民家船,官家桥,官民同贺练江桥。"郡守一拂袖子说:"不好,天下以河川命桥名太多,此名不新!"秀姑上前含颦一笑,说:"东村梨,西村枣,西门砖塔北门桥。"郡守仍以桥名不雅而予以否定。巧姑平日最痛恨官府老财,常替世间女子鸣不平。只见她走上大堂,双手叉腰,不卑不亢地说:"南山虎,西山豹,千年媳妇万年桥!"话音刚落,郡守大喜,对"万年桥"一名拍案叫绝。郡守只道巧姑一赞官家虎威,二赞妇道贞洁,三赞石桥永固,于是下令即刻放行。

三憾三畏

名人轶事。清著名哲学家、文学家、史学家汪中,祖籍歙县井塘,客寓扬州,家贫好学,在帮助书商卖书的过程中,努力学习,博览经史,学称通人。自言生平有三憾:一憾人生不满百,须衣食而生;二憾身无双翼,不能翱翔九霄,驰骋千里;三憾读古人书而不能与古人晤对。又有三畏:一畏雷电;二畏鸡鸣;三畏妇人诟谇声。

大刀石传说

民间传说。在黟县、太平县(今黄山区)西部接壤处的河滩中,有一块巨大的青石横卧中间,名曰"大刀石"。相传800多年前,从歙县来了一位穷桶匠,挑着工具,沿着河堤为生活而奔波。有一天,他来到巨石旁休息,看到河堤倒塌,田地荒芜,山村死寂,民不聊生的惨状,不禁自语:"君不明,官不清,苛税如狼民难生,有朝得来霹雳剑,斩尽赃官救众生。"话毕,忽闻轰隆作响,只见巨石缓缓地分为两块,霎时射出一道亮光,卷起一股寒风,直刺人的双眼。桶匠眨眼之后,一把银光闪烁的大砍刀落在他面前。桶匠如获至宝,抢起大刀兴奋地挥舞起来。他刚舞了几个回合,四周的树木就被砍倒一片。此后,桶匠组织平民百姓,揭起义大旗,率领起义军驰骋江南,所向无敌。他就是农民起义军领袖方腊。如今,经历了数百年的风雨沧桑,多少比大青石还大的岩石,有的被山洪冲走,有的被泥沙淹埋,大刀石却安然无恙,未移一寸,未埋一分,如同浇铸一般。

大坑口来历

民间传说。大坑口位于绩溪县瀛洲镇中部,古称龙川。传说东晋散骑常侍兼中领军胡焱,随元帝南下,镇守歙州。东晋咸康三年(337年),胡焱游华阳镇至此,见地势东耸龙峰,西峙鸡冠,南则天马奔腾而上,北则溪水蜿蜒而来,羡其山水清丽,便于龙川之口荆林里聚族而居,形成居民点,即为大坑口。元朝在此设"坑口务"。明朝,该地胡氏宗族先后出了胡富、胡宗宪两个尚书。村南原有石坊12座,今仅存奕世尚书坊。

大阜小阜来历

民间传说。大阜、小阜,是休宁县的两个村庄,民间俗称大阜瀛、小阜瀛。相传200多年前,大阜村名"富溪",小阜村名"贵溪"。这里山峦苍翠,溪水碧清,鱼虾成群,田地肥沃,年年丰收,家家谷仓满、衣食足。后来一批外乡人羡慕其地,便牵亲带故,陆续迁来。年复一年,这里的人越来越多,田地越来越少,便开始挖山种玉米。村子小,便上山搭草棚,垦荒砍树,渐渐田地越种越瘦,青山变秃,溪流干涸。有一年,暴雨成灾,洪水吞没了田地,冲毁了房屋,跑得快的人们上了山冈,跑得慢的尸体难寻。灾难过后,大家痛定思痛,要追究垦山种粮的"山棚户"责任。他们请来秀才写了状子,告到县衙。内容大概是"铁牛挖了千条沟,水打冲坦致祸灾;淹没良田数百亩,毁灭人畜理何在?富溪殃成'大埠瀛',斫林垦山乃祸根。速将埠瀛罪源究,快止铁牛别垦山"(埠是埠头,即停船的码头。瀛是汪洋大海,形容山洪暴涨时,一片汪洋。铁牛,指垦山的锄头)。这场官司,由于状纸上没有被告人,从休宁县到徽州府,再到江南省,官府都不予受理。最后,一位巡抚准了状子,谕令拆除山棚,严禁开山种粮,官司总算打赢了。但是,从那场水灾后,富溪不富,贵溪不贵。"埠瀛"的叫法却沿传下来,富溪称"大埠瀛",贵溪称"小埠瀛"。后来,由于"瀛"字笔画多,便将它省去。同时,又把"埠"改为"阜"。

大越徙民 历史掌故。秦始皇帝三十三年(前214年),秦始皇掠取南越陆梁地,徙其民于北而散处之;又置三郡,徙民50万戍岭,与越人相处。旨在削减南越势力,便于统治。所徙越人一部分置于黟歙。《绝越书》云:"乌程、余杭、黟、歙、芜湖、石城县以南,皆大越徙民也。秦始皇刻石徙之。"故土著山越、"先世避秦时乱徙民"以及"大越徙民"成为徽州越民的三个来源。

万知县破龙脉 逸闻。清乾隆年间,休宁知县万飞云因与休宁状元吴锡龄有隙,故借街市建设之机欲破县城龙脉。相传城郭属蛇形,南唐国师何令通献议东西街道均以卵石铺砌,以象征"蛇鳞"。万知县下令换卵石路为石板路,并于东门南北山坡分别建猖庙与城隍庙,意为锁卡蛇头;又在其地建孤老院,收容乞丐,意为借讨饭棒打蛇。

上马石 名人轶事。朱元璋第一次攻打徽州府城失利,不但没有攻下,反被陈友谅的守军击溃。朱元璋落荒而逃,逃至绩溪县城东一个深邃的山湾,在过一块长满了青苔的大青石板时,马失前蹄,朱元璋被掀翻在地,幸好被山湾里的尼姑所救。朱元璋称帝后,重修了尼姑庵,赐"四美庵"御书金匾,并在景德镇烧制了瓷观音像,给这位尼姑塑了一尊如真人一样大的金身。那块使他马失前蹄,却救了他性命的大青石被抬进"四美庵",架在院子里,同受人间香火。只是,若让人知道这是让他摔下马的石头,终究是既不好听也不吉利,他刚当上皇帝,怎能供奉一块下马石呢?于是刻"上马石"三个大字于青石上。后来,这山湾成了一个村寨,并以"上马石"为名。

小鬼蒂与小贼 民间故事。一个小贼自以为聪明,盯上了歙县呈坎(今属徽州区)一户有钱人家,并踩好了点。有一天,乘主人外出,欲实施偷窃计划。还没钻出墙洞,就被一个留下看门的八九岁的小鬼蒂(即小男孩)当作大老鼠打昏,后被小孩的父母送到衙门治罪。

口大欺天 民间故事。清乾隆年间,徽州府有甲、乙两举人赴京应考,却双双榜上无名。后来得知原来主考官吴省钦贪赃受贿,录取不公。甲、乙两人不满,决定揭露此事。甲举人拆"省"字撰上联"少目焉能评文字",暗指"省"。乙举人写下联"欠金岂可望功名",暗指"钦"。并书横批"口大欺天",暗指"吴"。两举人和其他落榜的举人一道,敲锣打鼓将对联送到吴省钦门上。朝廷获悉,查清了事实,撤了吴省钦的官职。

义重衡嵩 民间故事。歙县呈坎(今属徽州区)商人罗亨桐在贩运货物的路上,无意中救下洪秀全。清咸丰十年(1860年)的一天,太平军占领江山城,江山府董知府意欲强行夺回江山城,罗亨桐得知后为避免百姓伤亡,出面调解,太平军接受调解,与知府达成了互不侵犯的协议,太平军及时退出江山府,董知府重新回到府内,题匾"义重衡嵩",赞扬他为江山府的百姓做了一件大好事。

飞川来历 民间传说。飞川位于歙州遗址北部,又名"飞布山",古时称"安勒山"。汉末歙帅金奇曾率义民屯聚于此,后为孙吴部将贺齐所破。唐天宝六年(747年)敕改为飞布山。

马鞍鳝的由来 民间传说。相传清乾隆皇帝下江南,游到新安江畔,见一老农从田中夹出一条又一条蛇状动物,问其名,得知为"鳝鱼"。老农见来客颇为风雅,即盛情邀请他到家中,品尝鳝鱼之美味,乾隆欣然赴邀。当一盘红彤彤、香喷喷的鳝鱼端上桌时,乾隆不由胃口大开,伸筷便夹一段送入口中,鲜嫩软稣无骨。他放下筷子问此菜何名,老农一时不知所措,望着盘中的鳝鱼段因加热而皮缩肉翻成马鞍状,即顺势将其名为"马鞍鳝"。后来,经徽菜师傅改进烹制,成为一道传统菜肴。

王廷钊五世同堂 逸闻。王廷钊,南宋婺源县武溪人,官至殿中待制,待人恭和,以孝悌治家。有子11人、孙26人、曾孙56人、元孙96人,儿孙辈共300余人。时人称赞其家为一门雍肃,五世同堂。

王实杖责从兄 轶事。南朝梁天监年间,王实为新安郡太守。其从兄来郡以穷求告,王实给他50万铜钱,但告诫其不得在郡中使用。从兄不听,暗自在市场上买了大批货,打算用船运到京师贩卖求利。及去数十千米,王实乃知其事,命追从兄回来,令卒以杖批其颊。从兄告饶而免。

井水当酒卖 民间传说。相传吕洞宾来到徽州沙溪村,见一酒家老板夫妻为人乐善好施,决定奖励他们,把他们家后院的井水变成酒水。酒家老板从此不必酿酒,可直接从井里"打酒"来卖。一年后,吕洞宾又来到这个酒家,问老板这一年来生意如何。老板说,自打您将我家井水变成酒,我家的猪就可怜了,因为我不再酿酒,没了酒糟,猪就只能吃潲水,口福差好多。可谓:天高不算高,人心第一高;井水当酒卖,还嫌猪无糟。后人为纪念此事,特地建了"吕仙宫"庙,并在庙中铸造了一口大铁井。

无寿无疆 逸闻。民国三十六年(1947年),中国人民解放军开始全面反攻,国民党统治区举行蒋介石60岁生日活动。屯溪《徽州日报》为此刊登了《蒋委员长万寿无疆》的稿件,但由于"万"字排成"无"字,印出来的文章变为《蒋委员长无寿无疆》,这一来文义上起了根本性变化。报纸发行后，国民党党、政、军、团、特的头目们一起到报社追查。结果，编辑的稿子没有错，排字间里的小样稿子却不见了。由于查不出真正的责任人，报社负责人只好将经过原原本本地上报，自请处分。

五老上天都
民间传说。很早以前，凡活到90岁以上未满100岁的人统称作"半仙"。半仙只要上了天都，跨进灵霄，朝拜玉皇大帝，经过御封钦点便可位列仙班，获无量寿福。有一天，从东南西北中来了赵钱孙李周五位半仙。他们一看天都在望，仙位唾手可得，心里乐开了花，不禁相继唱和起来："夏不衣绸缎，冬不着皮裘。""荤腥我无缘，终年食甘蔬。""不慕广华厦，栖居陋室久。""饭后百步走，劳役自动手。""心胸坦荡荡，无愁又无忧。"这正是"衣、食、住、行、思"五个方面的"长寿诀"。可万万没想到这是"泄漏天机"，违犯了天规。玉皇大帝切断了上天都的去路，又将他们点化成寸步难行的石头，这便是"五老上天都"巧石的来历。不过，这"长寿诀"仍不胫而走，世代流传。

太子鸿避于歙
历史掌故。公元前473年，越国打败吴国，并追杀吴王家人。吴王之子鸿（又名友）避难于歙，卒后葬于婺源江湾湖山村，墓称"吴太子鸿墓"。休宁《吴氏家谱》谓鸿为新安吴氏始祖。其后裔吴芮，汉朝封长沙王，卒后葬婺源游汀乡玑珑石（今镇头镇冷水亭）；芮之子臣，袭封长沙王，卒后葬休宁县松萝山麓；臣之子浅，徙于新安，卒后墓在休宁县石圻山。

太医妒杀名医
轶事。明歙县吴正伦在京城设诊所治病，公卿重症多被其治愈。明神宗尚在襁褓中便曾获吴正伦为其治病，其又曾治愈明穆宗贵妃之病，受赏赐甚丰，誉满京师。太医嫉妒他，置酒筵将其毒死。卒年40岁，子扶丧归。

屯溪桥头卖姜人
民间传说。清朝，屯溪桥头有位卖姜老人，长期善观天象，考研物候，到了料天如神的地步。当时，附近的百姓出门办事，只要问他，便知天气情况，而且万无一失。休宁隆阜（今属屯溪区）戴震很敬佩他，后二人结为好友。一次，戴震和老师共同研制了一座"天象仪"，仪器上装有日月星辰，能模拟晴雨阴云、昼夜晨昏和四季变化，取名为"天"。但这"天"的缺陷，就是无法模拟闪电打雷。戴震带上仪器去请教卖姜人。谁知，经卖姜老人几番拨弄之后，果然雷电交加。遗憾的是，这座天象仪在雷电的巨响声中被炸毁了。老人去世后，戴震为他撰写了墓志铭，以寄哀思。可老人姓甚名谁，无人知晓。

止原公墓启
历史掌故。民国二十年（1931年），绩溪县若干热心改革"葬法"者在绩溪县城南3千米处名为止原之地创建公墓。胡适大为推崇此举，特撰《止原公墓启》，认为："文明的葬法是火葬，土葬则宜建公墓。好处有六，如节省葬费、破除风水迷信等。"特别指出："徽州是风水学的中心……徽州的好山水都被泥神、木偶和死人分占完了。"希望徽州人"及早觉悟"，赞助建公墓"这件美事"。

仁宗赐墨
历史掌故。宋仁宗曾在御宴上赐予群臣徽墨各一枚。其墨面文为"新安香墨"，背面文为"歙州李超造"。李超即奚超，南唐赐姓李。

乌鸦台的传说
民间传说。休宁县源芳乡仰山寺，香火旺盛，寺庙发展很快，最兴盛时期僧侣达百人。这时部分和尚开始不安分了，修建暗道，筑造密室，趁年轻女子上山求佛时，将其强行扣留，供花和尚享乐。一天，又有一名年轻美貌女子上山拜佛，花和尚意欲将其劫入暗道。谁知这名女子十分刚烈，为保贞节，纵身跳下万丈悬崖。就在此时，无数只乌鸦展开翅膀将这名女子托住。这名女子获救后，报告了官府。官府派兵，杀掉了寺庙里的和尚，解救出被困女子，将寺庙全部烧毁。后来寺庙得以重建，为纪念乌鸦的功德，单独建了一处乌鸦台。每年七月初七，众和尚和附近乡邻都要举行祭祀乌鸦神的活动，一是纪念乌鸦的救人功绩；二是纪念这位女子的刚烈之举；三是敲响警钟，告诫和尚恶有恶报，为人多行善事。

六进士苏州扫墓
轶事。每逢清明节，徽州吴氏各宗系均派人前往苏州祭扫吴国第一代君主泰伯墓。南宋嘉定八年（1215年），淳熙二年（1175年）进士吴发、吴从龙，淳熙十一年（1184年）进士吴唤，绍熙元年（1190年）进士吴成德，隆兴元年（1163年）进士吴天骥，嘉定七年（1214年）进士吴天球等六进士同拜墓下，时人引以为荣。

文公庙复田
轶事。元（后）至元元年（1335年），诏立徽国文公（朱熹）庙。时干文传为婺源知州，复朱熹故里宅基，建文公庙于其上。歙县鲍鲁卿愿割私田以供祭，未果病亡。其子鲍元康承父遗志，卖有材之山及私田若干，赎得朱熹故里旧田，归之文公庙。

方三应数年寻失主
轶事。明朝歙县岩寺（今属徽州区）徽商方三应，一生疏财好义，济患救灾，深得厚望。某年从外地行商回家，途中夜宿建昌。清晨外出，在客栈门口拾得白银数百两，他背起包袱，上街四处寻找失主，并在客栈逗留一月，也未见失主前来。方三应最后决定每逢出行就把银两带在身边。过了几年，一次他在抚州坐船外出，有一贩鸡者也在船中，其他人纷纷批评贩鸡者不洁，其人说："我原来也是个有钱人啊，那年在建昌客栈遗失了数百两银子，才沦落到今天这一地步。"方三应窃喜，详细询问了当时的情景，证明他就是失主，于是将身上那包银两如数还给失主。失主大喜，叩头拜谢。一再问三应姓名，三应不说，后来还是三应随从偷偷告知。又过了几年，三应子方铉中了进士，并授宜黄县令，一次方铉下乡遇雨，到一路边民宅避雨，看到此人宅中设方三应的牌位烧香供奉，不禁好奇询问，得知他就是当年失金者。主人说："我自从当年承蒙方先生归还失金，才能成家立业，方先生是我的大恩人！"

方纮避难 历史掌故。西汉始建国元年(9年)王莽篡汉，大司马长史方纮为避乱出逃。卒后墓在今淳安县东。由于当时淳安属于歙州，后人认为此为中原士族徙入徽州之始。方纮之子方雄，为西河郡守；方雄三子方俨，为南阳太守，方储死后追封尚书令，方俨为丹阳太守。

方腊鱼的传说 民间故事。相传北宋末年，方腊率起义军在徽州一带与宋军作战，因寡不敌众，退至休宁齐云山独耸峰固守，地势险要，宋军攻不上山，便在山下驻扎，企图使起义军粮草断绝后不攻自破。方腊甚是着急，忽见山上有一大水池，池中有不少鱼虾，遂命士兵捞出池中鱼虾抛向山下，用以迷惑敌人。山下宋军见此势以为山上粮草充足，围困无用，即下令撤军而去，起义军得救。徽州百姓为纪念方腊智退宋兵的故事，创制了传统名菜"方腊鱼"。

火烧林音寺 民间故事。歙县桂林村西有座寺庙叫"林音寺"。寺庙规模庞大，结构严密，气势宏伟。常年香烟缭绕，钟鼓齐鸣，香客不绝。后来，寺中来了一个灰面恶僧，把寺中众僧赶得一干二净，只留下两个小和尚。此恶僧从小习得一身武功，并凭借在京城有很强的靠山，在当地无恶不作。终于激怒全村人，本欲与其拼斗，无奈恶僧武功高强，一时未敢轻举妄动。经过周密计划，村民定出一计，乘恶僧外出化缘，火烧林音寺。恶僧回来见寺庙被毁，告到徽州府，知府大人以无证据为由不准其状。恶僧连夜进京，欲报焚寺之仇。恶僧走后，村人日夜清理寺庙废墟，移栽上苋菜。不久，京里派来一位钦差，只见整齐的菜畦上长满了青嫩苗壮的苋菜，哪有寺庙的痕迹？恶僧也傻了眼。当钦差问起时，恶僧说是村人填平遗址而种。钦差问明起火日期，再看此片苋菜的长势，细算一下时间，根本不可能如此旺盛。此时知府大人即说这是恶僧诬告，钦差无奈，只得将恶僧交给知府定罪处理，随后回京复命去了。

打个巴掌都不放 民间故事。徽州民间流传着"如意鸡，鲜又香，打个巴掌都不放"的谚语。这句民谚的来历是，清嘉庆年间，某年中秋节时，御封钦定"员外郎"徽州人鲍均，用"如意鸡"犒赏佣人。正在这时有乞丐敲门，佣人生怕影响主人过节，开门欲驱之。乞丐见他吃鸡，香气扑鼻，饥肠辘辘之下心生一计，借口佣工骂人，上前左右开弓，打他两个巴掌。尽管嘴巴被打出血，那佣人依然舍不得吐出鸡块，于是便有了这句谚语。

石狮偷麦苗 民间传说。古时歙县郑村郑氏宗祠前的牌坊边有两只石狮，为黟县青石雕刻而成。两只石狮做工精致，威武传神。有一天夜晚，这对石狮偷偷地跑到西溪汪姓人家的地里吃麦苗，凌晨被东家逮住，用大笼子罩起来，牵到汪氏祠堂里，并锁上铁链。后来又在祠堂前建了两座狮子亭，最后将两只狮子关在里面。从此以后，郑家祠堂就没有狮子，而汪氏祠堂前的两只石狮精神抖擞。

平地一声雷 民间故事。传说乾隆皇帝游江南，到了徽州一个山村，时已当午，向一老妇求食。老妇家中没有现成的食品，只剩锅巴和一碗菜汤。她只好用油把锅巴炸脆，把菜汤烧开，然后端上桌，将热菜汤浇在油炸锅巴上，竟发出"哗啪"声响，顿时腾起一缕香气。乾隆已饿极，端来便吃，很是开胃，似乎宫廷中的佳肴珍馐都无法与之相比。吃完后，他问老妇此菜何名，老妇说叫"平地一声雷"。乾隆连声赞妙。

东松僧留诗坐化 历史掌故。南宋时，岳飞遭诬入狱，在狱中曾自言"早从东松长者言，不遭此祸"。"东松长者"即祁门东松庵僧智慧。秦桧得知此事，以为岳飞与该僧有异谋，遂派李吉去取该僧的首级。但李吉尚未到时，僧已先察觉，于是题壁云："李吉从东来，我向西头走。不是佛力大，几乎出场丑。"题完以后，竟坐化。

叶氏女智救朱元璋 民间传说。元朝末年，朱元璋被朝廷官兵追至歙城，躲到僻静幽深的斗山街，刚一进巷，见一位中年妇女(叶氏)坐在门槛外做针线活，于是赶忙向前求救。叶氏见眼前他周身泥尘，满脸是汗，立即放下针线，把朱元璋带进屋。正当她准备拿毛巾给朱元璋擦汗时，门外传来乱哄哄的叫喊声。朱元璋听到声音，当即跪在村妇面前，乞求藏身。叶氏见此情景，急忙甩下手中的毛巾，搬去身后的梳妆台，用木棍撬开两块地板，将朱元璋藏于地下。当叶氏将梳妆台搬回原处时，院门已被打开，叶氏机智地解开头上的发髻，故意将头发弄乱，然后从梳妆盒里取出梳子，镇静地梳起头来。官兵们见房内这般样子，都以为她刚午睡起床，于是调头走了。朱元璋因此躲过一场劫难。

仙姑背石郎 民间传说。歙县旱南福泉山有座福泉庵，庵里住着一老一少两位道姑。老道姑已经修炼成半仙。小道姑名佛云，存怜悯之心，看见山下的穷苦百姓被豪强霸占田地，沿路乞讨为生时，潸然泪下。一日，佛云看见对面白石崖上，一个名叫石柱的小伙子不顾自身安危，杀死正在捕食飞禽走兽的巨蟒，便对石柱的勇敢正义十分敬佩，对他自由自在的生活羡慕不已。老道姑责备其道心不坚。老道姑要外出云游，为防止佛云被世间情事所惑，便念动真言，将庵前10道石门一一锁上。又断了佛泉水源，致河坑干涸，这可苦了周围的百姓。石柱来到锁住佛泉的石山前，挥动挖山锄拼命挖起山来。谁知这石山稍一震动,山上就滚下斗大的石头。石柱一手舞动攀山索护住头顶,一手挥动挖山锄挖山。山石雨点般砸下来,金毛喜鹊和白猿皆来护住石柱。一直挖到夜深,石柱才拖着伤痕累累、疲惫不堪的身子到佛泉旁休息。可是第二天起来一看,昨天挖掉的部分又被石头填满了。石柱索性晚上也不睡觉,饿了啃几个果子,渴了喝几口泉水,日夜挖山不止。佛云十分佩服石柱,同时对老道姑为了禁锢她而殃及百姓的做法不满,决心帮助石柱。她四处寻找,终于在老道姑的经书中找到了解锁诀。石柱咬着牙连挖了七七四十九个日夜,佛云也在暗中陪着他念了七七四十九个日夜的解锁诀。这一天白云开处,佛云急步出观,指着那九道紧闭的石门山,大喝一声"开"。"轰隆隆!"金光耀动,石破天惊,山门启动,佛泉奔腾而下。这时,正在天竺山雷音寺听经的老道姑,忽然掐指一算,已知始末,不由心中大怒,遂将手中佛帚朝空中抛去……此时石柱正在金毛仙鹊和白猿搭的长虹仙桥上向佛云道谢,忽见一把金光闪闪的剪刀凌空飞下,喀嚓一声,将仙桥剪断,石柱和百兽纷纷掉下桥。佛云情急,飞身赶上,背起石柱向白石崖飞去。"迷途不返,苦海无涯,休怪本师无情。"只听一阵狞笑,一柄佛帚在半空中上下翻飞,将佛云和石柱化为石头,成为"仙姑背石郎"。石门随即关闭,佛泉水源再次被阻断。物换星移,多年后,老道姑后悔自己的所为,打开石门。从此,佛泉又飞珠溅玉,奔腾而下。

鸟门 逸闻。祁门廖氏最初迁居之祖廖嵩原籍福建,唐乾符、文德年间仕为金部郎中。后辞官归里,寄情山水,遨游四方,遇名胜常流连忘返。其饲养有二鸟,常携之随行。一日经祁门县西石门桥,二鸟集华表上,屡呼不下。廖嵩知鸟有栖止之意,环顾四方,见山水秀丽,遂迁居于此。后人因此称其地为"鸟门"。廖氏后裔曾建望鸟楼。

立马峰的传说 民间传说。相传古时黄山有一匹青鸾神马,平时沉睡在山洞,每年收割小麦和水稻时,它就会醒来,腾云驾雾,将山下庄稼吃得一干二净。农民无奈,只得求神仙为民除害。观音菩萨得知后,在神马住的山洞前架起一座石桥。这桥是把神锁,能将神马锁住。果然,第二年稻麦熟时,神马正欲腾飞,发现后面两只蹄子已被钉在山岩上,无法拔起。只得腾空而立,头朝西北方向高声嘶叫,后化作一座山峰,这便是立马峰,又称"青鸾峰"。

宁可少点田产 民间故事。相传徽州有汪氏两兄弟,老大留守家园,老二贩卖茶叶行贾于四方。过年的时候,两兄弟又聚到了一起。老大看到黑瘦了一圈的弟弟,心疼地叹息道:"要是家里的田产再多一点,你就用不着四处奔波了。"老二微笑着摇摇头道:"家里的田产要是再少一点就好了。"看着大哥疑惑的目光,老二说:"这样,大哥就不得不跟我一起经商了。每次采购茶叶,为了防止伙计从中获利,都要派出两个以上的伙计。有大哥在,你一个人去就行了,多省人力啊!"老大听后,觉得有理,过完年,就将田产变卖,跟着弟弟经商去了。两兄弟,一个负责山区采购,一个在城里茶庄当掌柜。配合默契,没几年,便富甲一方。

讨饭料 民间故事。徽州休宁县江潭村的宝哥家穷,村里许多人都瞧不起他,连他舅舅也骂他是"讨饭料"。宝哥心中不快,决定戏弄舅舅。因舅舅是个戏迷,他便扎了条稻草龙带舅舅飞到杭州看戏。舅舅在那里只顾看戏,宝哥已骑着稻草龙回到江潭了。舅舅看完戏,没钱买吃的,也无法搭船,只得沿路乞讨回家。杭州到江潭路途遥远,舅舅走了半个多月才到家。遇见宝哥时,已是四肢无力、衣服破烂,宝哥站在门口若无其事地笑着说:"舅舅,谁是讨饭料?"舅舅脸上红一阵青一阵,气不打一处来,算是领教了外甥的厉害。

老虎报恩 民间传说。清末,有一对老夫妇带着2岁的孙子,居住在黄山芙蓉峰的一块小平地上,以种地为生。有一天,老汉下山未归,半夜老媪突然被敲门声惊醒,起床开门,不料进来一只老虎。老媪吓得躲进卧室,从门缝里窥视,原来是一只将生崽的母虎,伏在地上呻吟。老媪顿生怜爱之心,壮着胆走过去,母虎示意向她求救。老媪帮助母虎产下虎崽,并给其喂食。母虎恢复体力后即衔着老媪包好的虎崽离开了。两年后的一天半夜,母虎又来了,叼着一个布包进屋,轻轻放下布包,朝老媪点头而去。老媪打开布包一看,原来是一个熟睡的小女孩,于是收留抚养。女孩长大后,与老媪的孙子成了亲,生下一个男孩。为纪念老虎做媒,老媪将男孩取名为"老虎"。

朱元璋备战快活林 名人轶事。元至正十七年(1357年),朱元璋率部再次攻打徽州府城。徽州府城三面环山,一面临水,没有战船,根本到不了城墙下。他见绩溪城南的码头地势平稳开阔,其后又是连绵数千米的森林,便扎下营寨,伐木造船。虽然时值酷暑,但有参天大树的遮蔽,暑气大减。晚上,凉风习习,没有蚊子。朱元璋情不自禁地高呼道:"快活!快活!"后来,人们便称这片树林为"快活林"。

朱元璋感悟攻城计 名人轶事。朱元璋久攻徽州府城不下,退守雄路驿站。朱元璋坐在一口塘边,苦思破城之计。突然,一只水獭从对岸的一棵古老杨树杈上跳入塘中,逮了一条鱼,游回岸边树根下不见了。朱元璋走到杨树下,发现杨树根部有个洞,树杈也有一个洞口,一只水獭伸出头来,又缩进洞里。朱元璋茅塞顿开,何不如水獭,从一个偏僻的山坳里,挖一个地道通向山头城墙内,居高临下,陈友谅必然不战自败。军师刘伯温说:"主公真神龙也,故上苍借水塘点拨玄机。"攻下徽州城后,这口塘被称为"龙塘",雄路人口也迅速兴旺起来,称为"龙塘镇"。

朱升的草鞋生意经

民间传说。元末名士朱升满腹才华，神机妙算。他在休宁县西的霞瀛设馆教书，邻近的藤溪（即陈村）是个水陆码头，有个姓夏的人在那里开了个店，做豆腐兼酿酒。朱升好酒，每天放学后都到店里喝几杯水酒，吃几块火焙毛豆腐。不论天晴下雨，每天必来，钱不够就赊账。一天，夏某看水牌上，朱升赊欠的钱已经不少，盘算如何开口讨还，朱升突然来到，笑问夏某想不想发财。夏某叹着气说："我本小利微，哪有发财之份！"朱升教他："今夜动手打几双一尺二寸长的大草鞋，明日拿去河下挂在船桅上，有人向你买，只需如此……包你发个小财。"夏某将信将疑，但想到这个朱夫子素来敦厚稳重，从不捉弄人，就照办了。原来，朱元璋在万安古城岩遇险，军师刘伯温急令驻婺源的胡大海火速率军救驾。胡大海领兵昼夜兼程，但因休婺边境都是羊肠小道，他们穿的又都是牛皮靴，步行缓慢。胡大海下令脱掉牛皮靴，换上草鞋，果然步伐轻快了。只是胡大海本人生就一双大脚，沿路都买不到这么大的草鞋，好生着急。这一天，路过陈村驻扎休息，胡大海信步来到水埠头，忽然见渡船桅杆上挂着几双大草鞋，心中大喜，问是什么人的，可否转让？夏某迎上前去，点了点头。胡大海将草鞋一试，正合脚，忙说几双全买了，问要多少钱？夏某伸出一只手，胡大海以为要5钱银子，就让中军付钱。夏某摇摇手，胡大海以为嫌少，吩咐中军拿出5两纹银，夏某还是摇手。胡大海好生恼火。但朱元璋军纪严明，不准强买百姓的东西，加上救驾紧急，只得忍痛让中军拿出50两纹银，夏某喜出望外。从此，夏某逢人便说朱升是神人。

朱熹两返故里

名人轶事。南宋绍兴二十年（1150年）二月，时年21岁的朱熹首次返婺源县城故里扫墓，在内弟程洵和族人陪同下，首先来到城郊香田村边，瞻仰婺源县朱氏始迁祖朱瓌夫妇合葬墓，撰《祭远祖墓文》。继而依次瞻仰墓葬汤村的二世祖建隽、三世祖昭元及墓葬小港的四世祖惟甫、墓葬镇下的五世祖振继，以及各世祖夫人之墓。族人热情款待，朱熹感慨悲凉，独歌《离骚》。又赴歙县拜望外祖父祝确，游历紫阳山、南源寺，并于南源寺石壁上手书梁武帝赞语"新安大好山水"。淳熙三年（1176年）二月，时年47岁的朱熹第二次返故里祭扫祖坟，下榻县城汪清卿家，一一祭拜祖墓，并作《归新安祭墓文》。

朱熹智撤水卡

名人轶事。宋朝歙县、淳安间的街口官府设有水上关卡，公差专门对来往百姓敲诈勒索。有一年，朱熹奉旨巡视浙东，顺道回婺源，了解到这一情况，便决定为民除害。一天，他身穿便衣，扮成商人，雇一只船，放上几十只装满石头的箱子，贴上封条，溯新安江而上。至街口有意不停，公差即驾快船赶上强行检查。朱熹说船从京城来，箱子里装着珠宝、皇粮国税，不得查。公差认定这是私运财宝，将船扣压，没收箱子。次日，朱熹身着官服，怀藏圣旨，带几个随从，到关卡处命公差归还扣压的箱子。公差一见官员来到，只得奉还箱子。朱熹令公差当场开箱复验，谁知打开箱子一看，全是石头，公差顿时惊呆了。朱熹立即拿出圣旨宣布，公差目无王法，竟将国税银两偷换成石头，所有公差发配岭南充军，水卡从此撤除。

朱熹誉茶

历史掌故。朱熹终生爱茶，年少时便戒酒饮茶，说茶有"不重虚华，崇尚俭朴"之德。幼年就读歙县紫阳书院，后来到福建武夷山又建了一座紫阳书院，并种茶一株，取名"文公茶"。朱熹对茶的理解有独到之处，他在《朱子语类·杂说》中以茶喻理："物之甘者，吃过必酸；苦者，吃过却甘。茶本苦物，吃过却甘。"问："此理何如？"曰："也是一理，如始于忧勤，终于逸乐，理而后和。盖理本天下之至严，行之各得其分，则至和。"他从哲学角度提出对茶的理解，核心是"理而后和"，茶能益思。朱熹留下许多茶诗、茶联等文学作品，如《茶坂》写采茶，茶联"客来莫嫌茶当酒，山居偏与竹为邻"，写以茶待客的情怀。

朱翰尊师刻遗诗

轶事。清黟县范瞻，字南浦，秀才，写诗作文，幽深淡远，平时安贫乐道，诗歌自娱，以教授生徒度日，逝世之后，家中四壁萧然。后范瞻门人、砀山知县朱翰梓刻其遗诗《南浦诗稿》行世。

名医方达抗倭

轶事。歙县岩寺（今属徽州区）方达，曾任太医。明嘉靖三十四年（1555年），倭寇50人欲入歙。歙人惶恐闭城，民皆逃入山谷。方达奋然而出，曰："溃贼五十何难，而自乱也？"急召逃民返家，编伍抗御，各村团保自卫，寇知有备，乃逃去。

刘津屯田

轶事。五代南唐昇元二年（938年），南唐都制置使刘津率关西军1 500人镇守婺源。时值五代十国，国家分裂，关西军不能返回原籍。刘津遂将其部与所招募的散兵一同遣散，在婺源四乡溪河两岸垦荒屯田，以为永业。凡所屯田之处，后皆以"田"名村，如武溪的香田、思溪的大田、潋溪的车田、浮溪的言田、古溪的丰田以及杨田、梅田、长田、罗田、冲田、仰田等。

齐云山望仙亭的传说

民间传说。传说1 000多年前的一天，八仙之一的铁拐李扮成乞丐，云游来到齐云山洞天福地静乐宫。静乐宫的灵乙道人每天用上等斋饭款待他，给他熏洗脓疮，煎汤口服，制膏外敷，合床同寐。而道徒布根祖心术不正，脸露嫌弃之色。不知不觉过了九九八十一天，铁拐李"康复"后，便超度灵乙道人成仙。布根祖只能站在冷水亭旁，后悔不已。从此，布根祖天天立在望仙台上望云兴叹，日晒月照，风剥雨蚀，道化成一块立石，冷水亭从此改称"望仙亭"。

*齐云山望仙亭

齐云山道长巧治盗墓贼
民间传说。清光绪年间，歙县有个姓黄的财主，与休宁知县狼狈为奸，干着伤天害理的盗墓勾当。一次，他们千方百计寻盗明崇祯元年（1628年）进士、后任御史的金声的墓。齐云山道长听说此事，很是气愤，决心惩治这对恶棍。道长精心制作了一根"必得金头"的神签和一幅方位标志得十分清楚的坟山图，借知县之手惩罚黄某。黄财主不但没挖着财宝，自家的祖坟却被彻底翻了个遍。

齐云讲学
轶事。休宁齐云山是一方形胜地，历代学士栖幽读书于此者不少，如休宁的詹东图、歙县的许国等。明朝徽州讲学之风盛，齐云山又为学者论道修业之胜地。嘉靖年间，先后有广东增城的湛若水、江西安福的邹守益、湖北黄安的耿定向在此讲学。湛若水讲学于齐云山的岐山天泉书院，授《孟子·尽心章》，撰《心性图说》，刻于洞壁。邹守益讲学于齐云山的最高峰郭岩（亦称"廓岩"），题"能者从之"镌于中立石，并作《中立石铭》。耿定向登齐云山，讲学三日，题"思耻台"于中立石。万历年间，又有浙江兰溪的徐甲检讲学于齐云山的椰梅庵。

问政山来历
民间传说。问政山位于歙县县衙背后。唐歙州刺史于德晦为其从兄于方外在此筑问政山房，村名、山名皆依此取名。

*歙县问政山

江永观牛论易
名人轶事。江永，婺源县江湾人，清经学大师。曾与其徒游陇上，见黄、黑二牛相斗，因问两牛胜败。其徒以《易》义相答："黄是土，黑是水，土克水，黄当胜。"江永不以为然，评说道："理不可拘于一定，而学贵于化。黄黑之间虽有土克水之理，但水土各有旺衰之变。设其时土衰而水旺，土就难以克水，反会为水所克。"其徒深受启发。

江春一夜建白塔
名人轶事。扬州瘦西湖畔有一座白塔，史载为两淮八大盐商之一的江春所建。其时，乾隆皇帝南巡至扬州，在晚宴上随口问道："瘦西湖有无白塔？"豪吏们无言以答。唯在旁的徽商江春随口奉应说有。乾隆当即降旨，明日往瘦西湖观塔。其实湖畔无塔，这欺君之罪如何了得。心急如焚的江春灵机一动，连夜派人搬运食盐，在湖畔的最佳位置堆起一座假塔。翌日茫茫大雾，湖中艘艘画舫荡开碧波轻烟，乾隆在船上透过朦胧的雾气，隐约间看到巍峨耸立的白塔，龙颜大悦。乾隆离开扬州后，江春怕事情败露，就在盐塔的基地上赶建了一座白塔。

江韬削发为僧
名人轶事。清顺治二年（1645年），清兵进入徽州，江韬与好友程守哭别于相公潭上，随后他赴福建投奔唐王朱聿键，反清复明，为国尽忠。不久，清兵入闽，唐王被杀，江韬避难武夷山。后来，为避清廷迫害，他和歙县汪沐日、汪蛟、吴霖等，都投奔古航禅师，削发为僧，皈依佛教。古航为江韬取法名弘仁，弘仁又自取字无智，号渐江，从此不用俗名，时年38岁。弘仁在武夷山居留了三四年，专心受戒学法，做佛门弟子。约于顺治八年（1651年），弘仁回到故乡歙县。在反清复明的希望破灭后，他将全副精力寄托于绘画之中，终成"新安画派"的领袖。

汤池泛赤
逸闻。黄山温泉在歙县汤口镇（今属黄山区），古称汤池、汤泉。汤池有涌流泛赤的现象，见于文献记载者有四次，分别为：北宋元丰三年（1080年）、明成化年间、万历十三年（1585年）和民国三十七年（1948年）。这一现象，前人以为是朱砂流泛所致，故汤泉又名朱砂泉。

祁门多虎
逸闻。宋朝，祁门县多有虎出没，时有伤人的情况。南宋端平元年（1234年），县令傅褒募壮勇之人驱捕之，十擒其一。其驱虎檄文有"耕云锄月，生谷之地不垦；采生茹苦，养生之利或遗"之句。又主簿姚炎作《捕虎记略》，述多虎之害："重冈复岭，参差际天，岩谷幽阻，林莽丛深，有人迹不能到，皆虎豹之所藏聚。日久岁深，其类滋殖，三五而群；磨牙摇毒，前后血于牙者二千余人。其出没处，种艺之地尽废耕樵，一方之民衔痛茹苦。"

许国智竖八脚石坊
民间传说。明许国官居太子太保、礼部尚书、武英殿大学士,希望在家乡歙县建一座石坊。按当时的朝规,大臣只能建四脚石坊。他想,四脚石坊在徽州比比皆是,即使刻上官衔也不那么令人瞩目。他有心竖个八脚石坊,又怕违反大明朝规,惹来杀身之祸。他朝思暮想,终于想好对策。一日早朝,许国向皇上告假半年,回乡竖石坊祭祖宗。皇上心想,许阁老既是自己的老师,又是三朝元老,便慨然答应了。许国兴高采烈地回到家乡,立即宴请徽州府官员和当地巨绅富豪,说是皇上特许他回乡竖一座石坊。在座宾客听后,个个表示愿效犬马之劳。八个月过去,八脚石坊雄伟地竖立在县城之内,好不气派。在一片庆贺声中,许国忧心忡忡,担心能否过得了皇上这一关。许国回到京城,一日上朝,他跪伏丹墀,默不做声。皇上责怪地说:"你怎么回去了这么久,这么长时间?不要说是竖一座四脚石坊,就是竖一座八脚石坊也早就造好了!"听到皇上金口一开,许国马上口呼万岁:"谢陛下!臣正是竖了座八脚石坊。"

许国智解徽商难 民间传说。明万历年间,有个叫曹南生的歙县人,在北京开茶庄,生意很兴隆,不料一场大火把他的茶庄烧掉了。为了恢复茶庄,重整店业,曹南生忍受高利贷盘剥,向皇亲朱威借了1 000两银子。可是因为火灾之后,伤了元气,经营惨淡。转眼一年,借期已到,连本带利要还1 600两银子,这哪里拿得出来?朱府的管家几次上门催债,说是再不归还就要封门抓人了。曹南生一筹莫展,只好去找同乡大学士许国帮忙出主意。许国对曹南生的遭遇非常同情,答应出面帮忙。一日上早朝,百官正在朝房候旨,朱威与几位尚书闲聊,得意洋洋地说:"本府后花园新栽一棵竹子,才一年长得有碗口粗,三丈高,真是罕见。"许国正好在场,他听后灵机一动,说:"敝乡有一种竹子,粗的两三个人抱不住。"朱威听了,板起面孔道:"相爷说话一向稳重,今日为何如此信口开河?"并要和许国打赌。许国见状,胸有成竹地说:"若是下官胡说,愿输给王爷两千两银子。若所言是真,王爷就免了曹南生的债银。如何?"贪婪成性的朱威心想:天下哪有这么大的竹子,这两千两银子是赢定了。于是当场请众官为证,和许国打了赌。不久,许国告假还乡,令人上山摘了几篓箬叶,从中挑出16张最大的,回到京城,他将箬叶带到朝房对朱威说:"敝乡离京城太远,那么大的竹子实在无法搬运,只好摘了十几片竹叶,请王爷验看。"朱威和众官一看,都呆了:这些竹叶张张都有数十厘米长,20余厘米宽,如果不是真有这么大的竹子,哪里会有这样大的竹叶?朱威只好认输,当场吩咐管家把曹南生的借据交给了许国。曹南生连本带利需要还的1 600两银子债务一笔勾销后,高兴地对同乡生意人说:"一片箬叶百两银,难得相国好德行。"

许宣平题壁诗 历史掌故。许宣平,歙县人。唐景云年间隐于城阳山南坞,脸上颜色犹如40多岁的人,行走如奔马。时负薪入城卖之,担上挂花瓢及曲竹杖。醉归自吟:"负薪朝出卖,酤酒日西归。借问家何处?穿云入翠薇。"每拯人之危,救人之难,访之多不见,唯见壁间题诗:"隐居三十载,筑室南山巅。静夜玩明月,闻朝饮碧泉。樵人歌垄上,谷鸟戏岩前。乐矣不知老,都忘甲子年。"

许翁散财 轶事。据俞樾《右台仙馆笔记》载,许翁(名不详),歙县人,由于世代经营典业,家中巨富。到许翁这一代,在江浙间开有典铺40余所。许翁不善言辞,但为人极忠厚,生意日益兴隆。如果其后代能够继承这份家业,生意规模自然会越来越大。遗憾的是他的儿子不争气,三四个儿子在金钱中长大,锦衣玉食,养有家僮一百数十人,马数十匹,青骊彤白。其儿辈每次出门,均前呼后拥,炫耀于乡里,且常干出些违法的事。一日,官府以"豪横乡里"的罪名派人持文书来逮捕他的这几个儿子,他们这才害怕起来。于是行贿求免,费了不少金钱,官府总算网开一面,饶了他们。经过这次教训,他们理应改邪归正,可是他们却在一起商量:"看来家乡不可呆了,何不出去远游!"于是各自备了舟车,出游江浙间。凡家中所设典铺的地方,无远不至。每天到典铺取钱,花天酒地,花完再到铺中索取。铺中掌柜如加劝阻,他们即怒斥:"这都是我家的钱,不关你的事!"各处掌柜纷纷派人送信给许翁,告知此事。由于他的这些儿子不服管教,许翁无奈,只好写信通知各处典铺,定于某月某日,同时关闭,企图以此来阻止几个儿子的任意挥霍。可是这样一来,典铺中的掌柜、伙计不满了,他们认为许翁这样做,会让他们失业。许翁一想,也觉不妥。于是决定索性解散典铺,自管事到伙计每人赠送若干银两,打发他们另谋生路。当时规定,依典铺大小,管事者每人给1 000~2 000两银子不等,以此递降,至厮役皂养也皆有份,最少者也要给10万文铜钱。最初,许翁未曾仔细计算究竟需要多少银钱,便做了这项决定。待到会计按簿籍人数发款时才大吃一惊。许翁共有40余所典铺,人数及2 000人,各人都如数拜领而去,而许翁"十数世之积,数百万之资,一朝而尽"。

如意鸡的传说 民间故事。据说清徽州大盐商鲍漱芳首次外出经商,母亲为其制作烤鸡,装在竹制路菜筒内。一筒烤鸡吃到扬州,依然香气袭人。后来乾隆皇帝南巡至鲍家,富甲一方的鲍漱芳用这道菜招待,乾隆尝后说从未吃过如此色、香、味足的烤鸡,龙心大悦,为祝鲍漱芳生财有道,万事如意,取名"如意鸡"。

买柴护柏 民间传说。古时,歙县师山书院内有一棵大古柏,因柏树衰老,白蚁侵蚀,为了保护这棵千年古树,族人决定由郑氏宗祠出钱,每年派人到灵山购买松树柴,适时放入空心的柏树内,专供白蚁食用,以防白蚁伤害古柏。

孝子得福地
民间传说。祁门县塔坊镇培前村有个王家棚自然村,传说该村始于江北潜山王姓夫妇来此开山种地,盖茅棚,安居起家。有一年冬天,下大雪,王家老母病重在床,儿子是个孝子,在外讨饭未归。平时,儿子为娘求医问药,可这次回来晚了,赶回家老母已去世。儿子悲痛欲绝,只好用稻草将母亲裹起来,找一块没雪的地方安葬。谁知此地正好是块福地。这个孝子后来生下五男二女,人丁兴旺。

孝女村来历
民间传说。孝女村位于今歙县境内。据传唐朝,歙县有章氏二女,与母亲上山干农活,遇老虎袭之并衔住老母,二女挺身与老虎搏斗,终智驱猛虎,救出母亲。歙州刺史将二女虎口救母的事迹奏报朝廷,皇帝赐其村为"孝女村"。

孝友信义之家
轶事。王德聪,字安国,宋婺源武溪人。家有田百顷,作藏书楼收藏经籍教育子孙。一家500余口,同居70余年。同邑汪氏,也笃信蹈义,王德聪恂恂仿效。乡里如有辩讼,王德聪、汪氏一言即平。县令多有褒奖。北宋天圣初年,朝廷赐匾"孝友信义之家"。

孝婆岭来历
民间传说。南宋时,歙县许氏每天翻山越岭去4千米外的村庄,服侍婆婆,照看未成年的侄儿,数年如一日。某年夏天,她在回家途中,因长期劳累过度,昏倒在岭道旁。待家人寻找至此,她早已香消玉殒。府里请旨降诏旌表,其坟命名为"孝婆坟",印记她足迹的山岭命名为"孝婆岭"。

花钱买打
民间故事。从前徽州民间,有个十分怕老婆的知府。有一天,他花了一锭银子从一个酒鬼衙役处学到了借发酒疯打老婆的好办法,便如法炮制,装着醉醺醺的样子发酒疯,借口把老婆打了一顿。老婆见他满口酒气,瞪着眼睛,也不吱声,知府认为老婆怕他了,心里乐滋滋的。过了一段日子,老婆问出了事情原委,非常生气,说道:"你一个堂堂知府,读书人出身,应该通情达理、斯文做人,竟糊涂到听下人的胡言乱语,撒泼赖皮,凭这点就应重重责打!"遂拿起扫帚将他痛打一顿。知府叹道:"哎,没想到老爷我花了一锭银子买来一顿打。"

苏曼殊力挺徽州茶
名人轶事。苏曼殊,近代著名文学家,且能诗善画,通晓英、法、日等多种文字,著译颇多,有"亘古未见稀世之才"的誉称。苏曼殊出身于茶商世家,毕生爱茶。17岁随父亲远涉重洋,到日本横滨经商,初营苏杭布匹,后转营茶叶。24岁在东京编纂出版一本英汉文对照诗集《文学因缘》,其中刊有采茶诗30首。茶诗虽未说明作者,但从诗文的感怀内容来看,字里行间描绘的是徽州茶乡风情,尤其有4首写到松萝茶品和徽州地名,更是力挺徽州茶的证明。4首诗文如下:其一,"晓起临妆略整容,提篮出户露正浓。小姑大妇同携手,问上松萝第几峰?"其二,"芬芳香气似兰荪,品色休宁胜婺源。采罢新芽施又发,今朝又是第三番。"其三,"功夫哪敢自蹉跎,尚觉依家事务多。焙出干茶忙去采,今朝还要上松萝。"其四,"手挽筠篮鬓戴花,松萝山下采山茶。途中姐妹劳相问,笑指前村是妾家。"

苏辙游社
名人轶事。北宋元丰年间,苏辙被谪贬为绩溪县令,与民相从为社,民甚乐之。其后,相沿成俗,里中社辄以酒肉馈长吏,下及佐吏。

李氏真人
民间传说。宋朝,婺源李坑李玉琳某日在县城北门"灵顺庙"遇一满身癞疮、搔痒不歇的疯癫人。此人见了李玉琳,唤其吃他剩下的饭食,玉琳恭敬地接过吃下。疯癫人高兴地说:"是子可教!"叫玉琳"来年今日在此等我"。一年后,玉琳按约赴会,疯癫人给玉琳《玉皇经》和教授《真人符箓》后,忽而不见。从此,李玉琳能驱雷、祷雨,并将法术传给子孙。其子李道轩、孙李真祐、曾孙李祈福,都成了真人。李祈福旅居武林时,正值大旱,官民求雨不应,太守请他祈祷,大雨即下;因此在武林有"暂借两湖三尺水,救活杭城百万家"之赞。武林百姓为感其盛德,在江头洋洋桥为李祈福建"灵麻"庙。

李白徽州府求师
名人轶事。一日,李白在歙县城街头的一个酒店买酒,忽听隔壁的柴草行里有人高声吟出动人的诗句。酒保告诉他,此人是一位叫许宣平的老翁,因看穿了世俗,隐居深山,但谁也不知他住在哪座山里。最近,他常到这一带游历,每天天一亮便挑柴进镇,柴担上挂着花瓢和曲竹杖。卖掉柴就打酒喝,喝醉了就吟诗,一路走一路吟,过路的人以为他是疯子。李白立即转身出门,只见那老翁上了街头的小桥,虽步履艰难,但无论怎样也赶不上。后追上小桥,穿过竹林,绕过江汊(河流的分岔),李白累得气喘吁吁,定神一看,老翁早已无影无踪。李白顿足长叹:"莫不是我真的遇上了仙人!"后坚持不懈地寻找了三个月,最终见到了许宣平。从此,无论是在漫天朝霞里,还是在落日的余晖中,人们经常看到李白和这位老人,坐在溪水边的大青石上饮酒吟诗。黄山过虎头岩,在鸣弦泉下,有一块刻着"醉石"二字的巨石,传说当年李白和许宣平老人就在这里欣赏山景,饮酒吟诗。他们经常用旁边的泉水来洗酒杯,所以这泉称作"洗杯泉"。

李鸿章扬名祁门香
民间传说。相传清末五口通商后,洋务大臣李鸿章一日收到洋人送的2听英国红茶,饮后感觉味道不错。转念一想,自己当年在徽州祁门打太平军时,那里尽是好茶,听说近年也产红茶了,想必味道不会比这外国红茶差吧?当即派人要来祁门红茶,泡开一喝,果然味道非同一般。李鸿章十分高兴,心头一亮:祁门地处深山,森林茂密,雨量充沛,加上做工精细,所产红茶在国际市场最为抢手,尤其在英国,女皇也爱不释手,我等何不以祁门红茶与洋人的红茶比试比试?第二天他便约洋人来现场斗茶。一番投茶冲水,不等茶汤冷却,洋人迫不及待啜了一口,随着微甜茶汤入口,整个人也爽朗起来。再看那茶汤,红如玛瑙,金圈外罩,比英国红茶高级多了,洋人顿时呆住。李鸿章异常高兴,当即下令,送10听祁门红茶给英国使臣,让老外尝尝大中华的红茶。使臣回国不久,李鸿章收到一封信,信上说想不到中国的祁门红茶味道如此绝妙,真乃琼浆玉液,人间难求,特别是那回肠荡气的奇特香味,简直无法描绘,似苹果香,又带兰花香,还有蜜糖香,请问大人这到底属于哪种门类的香气?李鸿章挠头一想,此茶出自祁门,干脆就叫祁门香吧!手下齐声附和。李鸿章当即给洋人回信:此茶叫做"祁门香"。"祁门香"从此流传开来。

李懋延虐政石
历史掌故。民国七年(1918年),为惩戒绩溪新任县知事张承鋆加征田赋,祸害乡里,社会各界在胡景磻、黄梦飞的领导下,开展反对前任知事李懋延的"驱李"斗争。在县城南门外竖立"李懋延虐政石",历数李"殴打新娘,判田笑史,唆诈商家,侮辱士绅,滥用非刑,循用旧例,优待盗贼,夺人之牛,任用私人"等罪行。

杨万里过阊门
名人轶事。南宋诗人杨万里曾经自祁门县悟法寺行10千米,经阊门,见其地两山环合,复立双石,刺天如门,溪水过双石之间极险,诗兴勃发,吟诗10余首。其中《过阊门溪》云:"黟祁二邑水分源,到此同流怒飞奔。忽值两门盘作峡,更峨双石插为门。中通翠浪才容线,仰看青天细似盆。滟滪瞿塘姑未问,只经此险已销魂。"

两个儿媳妇
民间故事。有一户徽州人家,有大小两个儿媳妇,公公很满意大儿媳妇,认为她为人老实;婆婆则喜欢小儿媳妇,说小儿媳妇乖巧。公婆为此争执不休。婆婆对公公说:"老头子,我们也不要争了,我来考考这两个儿媳妇。"婆婆拿出两根甘蔗,分别给了两个儿媳妇,说:"你们两个把甘蔗拿去,给我窨一桶火。"两个儿媳妇拿着甘蔗回到各自的屋里忙开了。大儿媳妇把甘蔗一节节地剁下来,埋在火桶底部,然后用烧红的炭火铺在上面,最后盖上一层薄薄的灰。小儿媳妇不慌不忙地嚼着甘蔗,后把甘蔗渣收在一堆,也埋进火桶底部,用烧红的炭火铺在上面,也盖上一层薄薄的灰。两个儿媳妇都把火桶端到婆婆面前。婆婆一看,大儿媳妇窨的火桶始终是冷的,而小儿媳妇的已经是热烘烘的了。

吴伊筑逸豫堂
历史掌故。休宁吴伊,吴少微裔孙,唐咸通九年(868年)进士。唐末黄巢起兵,吴伊从王铎、李克用讨之,以功为骠骑大将军、淞河节度使。次子莹,使居吴,奉泰伯祀;长子荧,使世居休宁石岭。吴伊归筑逸豫堂。

吴芮、梅铕兵起鄱阳
历史掌故。秦吴芮为鄱阳令,得民心,称鄱君。以梅铕为将,练士卒保鄱。秦二世元年(前209年),陈胜、吴广起义,吴芮亦率越人起兵,遣梅铕从刘邦伐秦,入函谷关。汉兴,芮封长沙王,铕为列侯。铕所居在今祁门城东,"梅铕故城"于县西5千米,其墓距城1千米。后祁门亦称梅城。

吴克家撕对
名人轶事。黄山脚下有位姓陈的人家打算娶儿媳妇,陈老头儿托一个过路人,带话给邻村私塾先生撰写一副上上联。不巧,这带话的人是个结巴,私塾先生把"上上联"听成了"丧…丧联",便抄了副现成的丧联:"流水夕阳千古恨,春露秋霜百年愁。"婚事那天,家亲乡邻纷纷前来祝贺,亲朋中有几个颇通文理的,见喜堂前贴着这么一副丧联,既惊诧又扫兴,因碍于情面,又不便明说。一会儿,磻村的吴克家也应邀赶到,看到喜堂上贴着这么一副对联,不禁倒吸了口气,暗暗埋怨陈老伯办事太荒唐,但事已至此,他不慌不忙走上前,把上下联最后一个字撕了下来。于是,此联即为"流水夕阳千古,春露秋霜百年",虽非喜庆佳联,但立意全然不同,众亲朋无不称赞吴克家博学多才。

吴勉学刻医书
逸闻。清初医学家汪昂的《讱庵偶笔》记载有一则故事:歙人吴勉学,梦为冥司所录,叩头求生,旁有一判官禀曰:"吴生阳录未尽。"吴连叩头曰:"愿做好事。"冥司曰:"汝作何好事?"吴曰:"吾观医集亦多讹舛,当为订正而重梓之。"冥司曰:"刻几何书?"吴曰:"尽家私刻之。"冥司曰:"汝家私几何?"吴曰:"三万。"冥司释之。吴梦醒后,遂广刻医书,成为明朝著名的刻书商。

牡丹诗寄讽
名人轶事。宋黟县丘濬游仪征,见太守不顾百姓贫苦,游看牡丹,便吟诗寄讽:"何事化工情愈重,偏教此卉太妖妍。王孙欲种无余地,颜巷安贷欠买钱。晓槛竞开香世界,夜阑谁结醉因缘。须知村落桑麻处,田叟饥耕妇不眠。"

何公坐化碧云庵
轶事。南唐国师何溥,精通风水,因议牛头山陵一事与皇帝意见相左,被谪休宁。后潜入婺源芙蓉山(又称"灵山")修道,改名"慕真"。北宋太平兴国四年(979年),与乡人江广汉于灵山顶建碧云庵,修道40年。北宋天禧三年(1019年)十月十八日,乡人江广审、叶文义到碧云庵拜访,见他正席跌坐,忽然火从心出,顷刻焚化。

余香石雕
轶事。清黟县八都府均村余香,擅石雕,所制石笛、石箫,镂刻精妙,中律合调,世称一绝。文人雅士多赞咏之。县令孙维龙有绝句两首:"不羡柯亭旧日名,云根雕镂已光莹。倚楼谁奏龙吟曲,犹带喷泉送雨声。""珠帘高卷动云愁,静倚箫声水阁头。白石余音飘紫玉,误入明月梦扬州。"黟县孙学道亦有《石笛》诗:"樵谷琢云根,不用截烟竹。中夜舞鱼龙,为君吹苍玉。"余香还善作诸细巧器物,所镌书画,人称绝技。

饭干救驾 民间传说。元朝末年,休宁朱升在江西鄱阳湖滨某地开馆授徒,有几个学生搭伙,每天都剩下好些残饭,朱升吩咐厨师,将剩饭洗净晒干,装入米袋。几年下来,积了10袋饭干。朱升把这些饭干藏在一个山洞里,外面用土石封牢,而后辞馆还乡,隐居石门教学。后来,朱元璋与陈友谅角逐失利,被围困在鄱阳湖畔的山林里,一时断了粮草,朱元璋和刘伯温非常着急。君臣二人出村察看世情,行至一个山峪,看见许多老鼠在一个土洞进进出出。刘伯温大喜,说:"俗话说老鼠要存三年粮,这么大的洞口,一定有粮食。"于是,调兵来挖,起出10袋饭干,解了燃眉之急。饭干吃完,常遇春领援军赶到,朱元璋脱险后,想起那饭干必是能人所藏,于是派人就近探听,终于访得朱升其人。

饮和食德 名人轶事。绩溪胡雪岩为徽药巨子,产业资金2 000万两,良田万亩,以献军粮之功,皇帝赐其穿黄马褂,授江西候补道,人称"红顶商人"。其爱妾曾患病,佣人去许广和、叶种德两家药店配药时受到奚落,雪岩愤愤不平,遂开设胡庆馀堂国药号,且立"饮和食德"匾,以名志愿,其中"和"即许广和,"德"即叶种德。

系白围裙纪念郑子木 历史掌故。景德镇瓷器皆以茭草卷扎包装,并有定额,劳动强度很大,故茭草工人吃的是白米饭,每逢初一、十五日,每人500克猪肉。清嘉庆年间,老板将白米改为糙米,有时还夹杂沙子,猪肉也被取消。由此引发以祁门郑子木为首的全镇茭草工人大罢工,罢工得到了各行各业的支持。政府逮捕了郑子木等,通令复工。后经谈判,工人提出了复工条件:第一,立即释放郑子木等人;第二,恢复吃白米饭和每人500克猪肉的惯例,并由徽州、饶州、梅州、南昌四府籍的茭草工人派出代表监督执行。老板先是应允,工人复工。不久老板撕毁协约,罢工再起。官府以维持社会秩序为由,重新逮捕郑子木等人,并以戴铁帽、穿铁靴(以火烧红)之酷刑迫使郑等答应复工。郑子木义无反顾,终被酷刑杀害。惨案发生后,茭草工人为纪念郑子木,每人都系上一条白围裙。自此,从事茭草的工人都系白围裙,至今不变。

汪义和刊刻大学 轶事。南宋黟县黄陂汪义和,字会之,为朱熹表亲,曾为朱熹刊刻《大学》。朱熹于《答会之书》云:"所寄《大学》,愧烦刊刻,跋语尤见留意。千圣相传,门户路径不过如此。"

汪由敦京都题妙联 名人轶事。清雍正、乾隆年间,休宁上溪口汪由敦被称为江南才子,名噪一时。他治学严谨,办事干练,乾隆皇帝外巡必令其侍从左右。一次,乾隆游中南海,见北京御河桥头"金鳌""玉蝀"两牌坊柱上没有楹联,遂召集包括纪晓岚在内的众文官征求一联。还没等纪晓岚开口,才思敏捷的汪由敦抢先占一联:"玉宇琼楼天上下,方壶员峤水中央。"乾隆一听,连说:"妙联!妙联!"当即令汪由敦书于纸上,由工匠刻于楹柱。从此,汪由敦京都题妙联的佳话传遍天下。

汪华据保六州 历史掌故。隋大业十二年(616年),义兵纷起,地方大乱。歙县汪华为保境安民,统领歙州、宣州、杭州、饶州、睦州、婺州等六州军民,建吴国,称吴王,实施一系列政策,使吴国境内百姓得以在战火年代安居乐业。唐武德四年(621年),汪华为了促进华夏一统,审时度势,不计个人得失,主动放弃王位,并说服文臣武将,率土归唐,奉表称臣,被唐皇帝李渊授予上柱国、越国公、歙州刺史,总管六州军政。

汪华筑州城 历史掌故。隋义宁年间,汪华称吴王,后为保境安民,移州治于歙,于乌聊山筑州城,城内凿九井,可以汲水灌溉。相传九井通于城北之铜井、城南之釜底二潭。

汪宋构怨 历史掌故。南唐宋齐丘,豫章人(《十国春秋》亦称"歙人"),好学有大志,为文有天才,自以为古今第一,受知于南唐皇帝李昇。汪台符,歙州人,能文章,通古今,好王霸大略,尝上书李昇,陈民间利害,李昇善之。宋齐丘忌其才,屡相诋毁。台符由是不平,尝贻书齐丘诮之:"闻足下齐大圣以为名(孔子名丘),超亚圣(指颜回,齐丘字超回)以称字。"齐丘大惭,乃改字子嵩。齐丘为报复,设计诱使台符乘舟痛饮,趁其大醉将其推沉金陵蚵蚾矶下。齐丘后仕至南唐太傅兼中书令,卒葬婺源仰田。

汪叔举始迁登源 历史掌故。南朝宋孝建、大明年间,汪叔举为军司马,始迁歙县东登源(今绩溪)。叔举为汪华四世祖,爱登源山水之胜而定居其地,墓在登源。后子姓繁衍,为徽州望族,世有徽州之民"十姓九汪"之谚。

汪容甫狂放旷达 名人轶事。清歙县古塘汪中,字容甫,侨寓扬州。在安定书院学习时,每一新院长上任,便以经史疑难相质问,孙志祖、蒋士铨都被他所难倒。尝言"扬州一府,通者三人,不通者三人",而自己属于通者之列。一士绅求容甫为其定评,容甫答以"君不在不通之列"。士绅大喜,容甫又道:"君再读书三十年可以望不通矣。"时毕秋帆为抚陕大臣,人称毕中丞。容甫曾致书毕,谓:"天下有中,公无不知之理。天下有公,中无穷乏之理。""中"指汪中,"公"指毕公。秋帆阅书大笑,即以500金驰送其家,时人赞称汪旷达,毕礼贤。

汪敬上疏 轶事。明天顺二年(1458年),户部主事婺源人汪敬以徽州地瘠粮缺,民不堪以粮纳赋之苦,上《折运疏》。疏陈国家之赋应"取之于其地之所有,不责其地之所无",而"徽非米乡也,民间之食尚仰四方,廪他之储岂能他贷",故徽州"非不当纳米也,不能也;非有米不纳也,无米也"。由此建言徽州之赋以米折钱交纳,即"每石定银若干,岁解户部"。明英宗准奏,全郡乡民称颂其德。

汪道昆与天下文士盛会

名人轶事。据张潮《洪玉图歙问序》载,明朝文坛后七子首领王世贞,曾带领三吴两浙文士宾客100余人,浩浩荡荡,至黄山游览。这些宾客都是各自擅长一技的才子。歙县汪道昆听说他们来了,便以黄山主人的身份,租赁名园数处,予以热情接待。接待之中,每位宾客派一两人作陪,而且以书法对书法,画家敌画家,琴师会琴师,棋手伴棋手,篆刻、堪舆、星相、投壶、蹴鞠、歌吹等,也都一一伴对角技。100余名吴浙文士,竟难以匹敌,大为惊愕。王世贞见徽州有这么多文士才子,不禁大为称赏,遂离去。此事一时传为佳话。

汪肇施展画才自救

轶事。据清康熙《徽州府志》载,明朝中期休宁汪肇因误判入狱。狱中东方司理喜好书画,久闻汪肇善画,便取出上等素绢,欲试汪肇之画。汪肇磨好墨后,竟端起砚台将墨倾泼在素绢上。在场的东方司理及围观者均骇然怵目,不知所为。只见汪肇不慌不忙地用饱蘸水的笔晕开墨团,随即勾、勒、点、染,绘成《薄晓图》,并在画上题诗:"五更风雨时,四野云烟障。行人迷所知,幸得东方亮。"东方司理大喜,连声赞曰:"人有如此才,而使之久困囹圄,非有司之过乎?"于是立即将他释放出狱。

汪藻新建州学

名人轶事。南宋绍兴九年(1139年),汪藻以显谟阁学士闻名于徽州。绍兴十一年(1141年),汪藻新建州学。左庙右学,规制雄丽。中设知新堂,辟八斋:殖斋、懋斋、益斋、裕斋、毓斋、定斋、觉斋、浩斋,所藏书有《周易》《尚书》《毛诗》《周官》《中庸》《春秋》《左传》《论语》等。

沐英源出婺源李氏

名人轶事。明黔宁王沐英源出婺源严田李氏,其七世祖转迁邑中高安打石坞。其父名超,戍定远,沐英因此生于定远。沐英8岁而孤,随母避乱,而母亦殁,后被朱元璋收养,赐姓朱。明洪武元年(1368年)命改姓沐,洪武二十五年(1392年)卒。后三年,沐英子沐春曾派指挥使郑祥赴婺源祭祀祖墓。

宋禁中板刻皆用徽墨

历史掌故。语出北宋黄庭坚《跋翟公巽所藏石刻》:"禁中版刻古法帖十卷,当时皆用歙州贡墨,墨本赐群臣。"其后元祐年间,栾贤从宫中借出书板重印馈送给同僚,用的不是贡墨,而是潘谷制的墨,印出的法帖"光辉有余,而不甚黟黑,又多木横裂纹,士大夫不能尽别也"。

君鱼搭桥渡元璋

民间传说。元朝末年,朱元璋率众起义,转战南北。一次,战斗失利,退至休宁万安的古城岩,前有江水阻隔,后有元兵追击,情况十分危急。忽见古城岩上宝塔尖在微微地向江东方向倾斜,顺着倾斜方向望去,江面上鱼影蒙蒙,成群结队地涌至朱元璋跟前,很快形成了宽大厚实、可以载人渡车的浮桥。朱元璋喜出望外,惊呼"上苍有眼,天不灭朱也",遂急忙率众牵骑踩着鱼背渡过了江。待元兵追到江岸,鱼群早已散去。后来朱元璋做了皇帝,为了感谢鱼群相救之恩,特赐名"君鱼",并谕示徽州府、县官兵不得捕此鱼。

改溪取石

轶事。南唐开始采龙尾石为制砚良材。南唐亡,石不再出。北宋景祐年间,钱仙芝为歙州太守,觅得南唐采石的旧坑。其地为大溪,水深,石工不可入。仙芝改其流由别道出,复采得龙尾石。后县民以官府不时索需为苦,复溪流如初。其后,县官为取石仍导溪流入钱仙芝故道。

张小泉后人告状

轶事。清朝中期,张小泉(黟县会昌乡人)的剪刀闻名遐迩,曾作为地方贡品每年上贡清宫。一些不法之人为图厚利,纷纷仿冒张小泉之名。光绪二年(1876年),张小泉四代孙媳孙氏,以冒牌剪刀影响贡品为由,向钱塘令拦舆告状。知县准状,立了禁牌,杜绝冒名剪刀行市。其后,仿冒"张小泉"剪刀者逐渐减少。

张志和诗画

名人轶事。中唐时期的著名诗人张志和原为唐朝婺州金华人,后迁徙祁门,寓居祁门县西北以终。子孙世居其地,后人遂称此村为张村。张志和诗词、书画、音乐无所不能。16岁举明经,曾向唐肃宗上书献策,颇受赏识,命为待诏翰林,赐名志和,授左金吾卫录事参军。后因事遭贬,降职为南浦县尉。尽管不久遇赦还京,但他从此看破官场,不复仕进,归隐江湖,自号烟波钓徒。张志和好酒,每于酒酣后作画。《新唐书》说他"酒后击鼓吹笛,或闭目,或背面舞笔飞墨而成,景象奇绝"。他善画山水、人物、舟梁、烟波、风月、鸟兽,皆以其文写之,并常撰渔歌。可惜张志和的画今人已无从看到。明董其昌在《画旨》中说:"昔人以逸品置神品之上,历代惟张志和可无愧色。"陈继儒在《清河书画舫》中说,张志和与郭忠恕、高克恭、倪瓒等人"又如方外不食烟火人,另具一骨相者"。黄宾虹认为张志和为徽州画家开创了"山林野逸之画风"。

陈之茂兴学

轶事。南宋绍兴六年(1136年),陈之茂为休宁县尉。休宁县士争从讲学,学舍不能容,乃相率捐资,于绍兴七年(1137年)建新学舍于南门外的左侧,又以余资买书千卷。陈之茂每日至学舍,为诸生授经。洪适作《休宁建学记》,记新学舍"为厦屋五十楹,殿居中间,问答有堂,退息有舍"。在此学习者,多有所成就,成显达之士,如程大昌、朱安国等。志称休宁县自此"益多学者"。

陈婴都渐

历史掌故。秦末陈胜、吴广起义,东阳陈婴亦揭竿而起,克东阳,归项梁。汉高祖元年(前206年),又归顺汉刘邦,接着陈婴"定豫章、浙江,都渐"。颜师古注云:"渐,水名,在丹阳黟县南蛮中。(陈)

婴既定诸地而都之。""渐"即今浙江;"黝县"即黟县。

环秀桥的故事

民间故事。宋末元初,歙县呈坎(今属徽州区)罗环秀随族人外出经商,不幸遭意外客死他乡。他老婆程氏只身一人来到扬州做生意。十几年后,回到呈坎,变卖田地和房屋,请来造桥师傅,历经几年的艰辛,建成一座长25米、宽4米的石拱桥,桥上建了一座供来往客人休息的亭,并刻"环秀桥"三个字纪念已故的老公。

松萝茶创制

轶事。相传松萝茶创制人为明朝僧侣大方和尚。隆庆年间,大方和尚云游来到休宁县松萝山,传授虎丘焙茶法,研制成松萝茶。明冯时可《茶录》载:"徽郡向无茶,近出松萝茶,最为时尚,是茶始比丘大方。大方居虎丘最久,得采制法,其后于徽之松萝结庵,采诸山茶于庵焙制。"

松萝茶的传说

民间传说。相传400年前,休宁县松萝山半山腰庙宇的篱笆旁,长年弃放着两只破损的大水缸。天长日久,昼晒夜露,缸里积水浑浊泛绿,漂浮着枯枝落叶。一年早春,有一位银须飘胸的长者到此游玩,发现了这两只大缸,察看许久后,找到守庙老僧,说定每只缸白银30两,待次日携银两来取。客家走后,老僧想这两只破缸竟如此值钱,恐怕摆在外面过夜被人盗走,连忙趁着月色把缸内污水、杂物一并倒尽,并将缸底抹洗干净,拼力将两只大缸搬入庙中,以待客家明日来取。第二日早晨,长者带来七八个人取缸,见两只破缸已被冲洗得干干净净,连连顿足道:"糟、糟、糟!缸,我不要了!"老僧惊异地问道:"这是何故?"长者说:"我出重金,要的是缸里的水和杂物。你已将它倒掉,我还要这两只破缸做什么!"老僧听后很是后悔。长者又问:"那缸里的东西呢?"老僧指着庙旁的一块茶地说:"我顺手倒在那里了。"长者"哦"了一声,见老僧耷拉着脑袋呆立在一旁,安慰他说:"不打紧。那里定会长出一片好茶树来的!"不久,正如那长者所说,茶地里的茶树长得特别好。采制成的茶,叶片嫩绿滴翠,香味醇厚,这便是名扬中外的松萝茶。

卧碑立规

轶事。清顺治九年(1652年),黟县在县学明伦堂左立卧碑,刊载生员守则,进行严格要求。要旨如下:生员立志,当学为忠臣清官,凡利国爱民之事,更宜留心;生员居心忠厚正直,读书方有实用,出仕心作良吏;生员不可干求官长,结交势要,希图进身;生员当爱身忍性,凡有司官衙门,不可轻入;为学当尊敬先生,若讲说皆须诚心听受,如有未明从容再问;军民一切利病,不许生员上书陈言,如有一言建白,以违制论,黜革治罪;生员不许纠党多人,立盟结社,把持官府,武断乡曲,所作文章,不许妄行刊刻,违者听提调官治罪。

斩尾龙挂钱

民间传说。据说生性残暴的乌龙精杀害了知府,并幻化为知府,荒唐地发号施令,后被许真人识破。许真人找到知府夫人吴氏,带着她看到了乌龙精洗澡,详告知府遇害的实情。吴氏知道真相后,为丈夫报仇,协助许真人诛杀乌龙精,不料乌龙精借水遁之术逃走了。后来被观音设计抓住,锁在龙虎山的井里悔过自新。不料吴氏却怀上了龙种,为解除后患,在吴氏临盆之际,许真人特地守在门后,将出生的八条小龙一一斩杀,直至第九条小龙出生时,吴氏实在不忍心了,便苦苦哀求许真人饶其性命,许真人动了恻隐之心,只斩除其尾巴,减少其威力,并训斥一顿,将其放生了。吴氏去世后,葬在歙县问政山,每年清明节前后,月朗星稀的徽州上空会突然阴云密布,风雨交加,持续很长时间后才渐渐散去,这便是斩尾龙来给母亲上坟造成的。

罗洪先题诗睢阳亭

历史掌故。汪积学,字心鉴,黟县人,明嘉靖年间肄业国子监,与吉水罗洪先交谊甚厚。洪先曾来黟相访,而积学已卒,乃题《春日过雷冈怀汪心鉴》于村口睢阳亭。诗云:"清流如带漾涟漪,白板桥头与客期。指点侬家村口路,睢阳亭外柳丝丝。"族人将此诗镌刻于石壁。

岳飞东松庵题壁

名人轶事。南宋熙宁年间,祁门悟法寺长老子珣,在祁门县城西20余千米的东松山下建东松庵,并设床榻薪蔬,方便行旅人。南宋绍兴元年(1131年),叛将李成围困江西南昌,朝廷命张俊为招讨使、岳飞为副,同讨李成。岳飞自河南江阴提兵起发,前赴江西与张俊会合,于同年经祁门县城来到东松庵驻节,受到庵僧子珣的热情款待。岳飞在庵壁题字留念:"余自江阴军提兵起发,前赴饶郡与张招讨会合。崎岖山路,殆及千里,过祁门西约一舍余,当途有庵一所,问其僧,曰'东松',遂邀后军王团练并幕属随嬉焉。观其基址,乃凿山开地,创立廊庑,三山环算,势凌碧落,万木森郁,密掩烟霭,胜景潇洒,实为可爱。所恨不能款曲,进程遄速。他日殄灭盗贼,凯旋回归,复得至此,即当聊结善缘,以慰庵僧。绍兴改元仲春十有四日,河朔岳飞题。"

岳飞过绩溪

名人轶事。北宋靖康元年(1126年),岳飞过绩溪县华阳镇,拜访挚友胡舜陟及其父胡咸,共抒抗金壮志,留有五言律诗《靖康初过华阳镇宿胡殿中东麓书院与咸公话别》:"杲杲日初出,浮云已半空。梳头促鞍马,不觉东方红。别酒洒行泪,挥戈敢立功。闻公侍御子,奋臂折奸雄。"又南宋绩溪仁里程九皋,年少时弃文习武,读孙子兵事,久而有得。南宋绍兴六年(1136年),程九皋弃家投奔岳飞,岳飞与其论兵事,对答如流,遂收入帐下。后岳飞转战江西,途经绩溪时,特登门看望程九皋之父由发,并赠以"笃于孝友"的匾额。绍兴十一年(1141年),岳飞遭诬陷遇害后,程九皋愤而归故里。

岳飞过婺源

名人轶事。南宋绍兴元年(1131年),岳飞讨叛将李成经过婺源,路过江湾时,村人江致恭随军任幕僚,并捐家财助军饷。经过鹤溪,驻兵万贯洲。到甲路,有《题花桥》诗:"上下街连五里遥,青帘酒肆接花桥。十年争战风光别,满地芊芊草色娇。"到齐山,又写了《题齐山翠微亭》诗:"经年尘土满征衣,赢得寻芳上翠微。好水好山观未足,马蹄催送月明归。"经灵岩洞,留下"岳飞过此"墨宝和"观山"石刻。

使朱升乡里世沾皇恩 历史掌故。此为明太祖朱元璋语。明初户部奏各处应贡土产,徽州应为莲心茶、马蹄鳖、清水鳗鲡。朱元璋命蠲免,言"使朱升乡里世世沾皇恩也"。

金声七龄试文 历史掌故。金声7岁时同做生意的父亲到湖北嘉鱼。县令闻其能文,以"学而第一,为政第二"召试。声即挥笔破题,文曰:"学而后入政,未闻以政学者也。"县令大惊,谓:"子他日必以文章名世,岂终为商人之子哉。"事载清阎若璩《潜邱札记》。

金瓯奖学 轶事。南宋绍定年间,徐拱辰为祁门知县,时徽州科举盛行,祁门县独逊。徐乃宴集诸生,出其家所藏御赐金瓯,举酒相祝:"今秋赴试获选者,以此赠之。"当年,方岳举于乡,因得金瓯。

金扁担 民间传说。相传黟县三都附近枧溪河岸边的岩壁上,突然被刻上100多个梵文的小字。据说,谁能一口气读完这100字的梵文,就能得到一根金扁担。一个青年书生,读到第98个字时,石壁突然"忽喇"一声裂开了一道缝,一段光彩夺目的金扁担头露了出来。书生贪财心切,不等读完最后2个字,便急不可待地伸手去抓那根金扁担头。金扁担立即缩了回去,书生只扳下了一颗金扁担签头。此后,任凭书生如何一口气读完几遍,金扁担就是不再出现了。书生回家后生了一场大病。直到把家里的钱财,包括卖掉金扁担签头的钱都花光,他的病才痊愈。

郑子莘以书法伴驾 民间传说。歙县郑村郑子莘,有个亲戚是洪坑人,因科举成名,在翰林院供职。子莘年少时,这位亲戚就把他带到京城谋生。由于子莘爱好书法,楷书尤为工整有力,许多官邸都想要他。有一天,相国梁公很推崇他的才能,便将他引荐到内府,专为乾隆皇帝誊写御诗。乾隆皇帝对子莘的书法倍加赏识。有一年乾隆皇帝南巡,特意让子莘随驾。

法冠卿千里求教 轶事。汪荃,清黟县宏村人,精通妇、内诸科,医名远扬。时常州名医法冠卿为病者治水肿遇挫,闻荃名,派人专程携方求教。汪荃谓处方合理,仅缺药引一味。法冠卿遵嘱而施,果然痊愈。

审石头 民间故事。婺源齐彦槐任金匮县令时,一个卖油条的人来报案,说放在摊边石头上的铜钱被人偷走了。齐彦槐立即带领衙役来到那块石头前,让卖油条的在一边当原告,石头当被告,当街审石头。听说县太爷审石头,人们都围过来,齐彦槐让人准备一个清水盆置于路中,要求围观的都掏出几文钱放于水中,过后归还。大家照办了,当一人将钱放入水中时,水面上立即浮起一层油渍。齐彦槐大喝一声"拿下"。衙役一把将此人抓住,经查审,此人正是偷钱的小偷。

诗送刘夫子 历史掌故。刘大櫆,字耕南,桐城人。清文章大家,乾隆二十六年(1761年)任黟县教谕。在黟四年,四方从学者甚众。后解任归枞阳,从学文士多赋诗惜别。余逢时诗云:"铎解黟山谁嗣音,儒宗大雅杳难寻。红灯绿酒先生句,化雨春风弟子心。孝悌传家躬已逮,文章报国意殊深。海峰千仞云飘渺,遥溯枞江碧一浔。"程汝楫诗云:"夫子欧苏才,著作渊海深。文章满天下,四顾无知音。""白首一儒官,行吟碧山岑。流水去不息,桃花开至今。"

诗寄茅山道友 名人轶事。宋黟县丘濬,为句容县令,得常游句容的茅山诸道观。秩满离去,以诗寄茅山道友:"鸣凤相邀览德辉,松萝从此与心违。孤峰万仞月正照,古屋数间人未归。欲助唐虞开有道,深惭巢许劝忘机。明朝又引轻帆去,紫术年年空自肥。"

贯休罗汉画 名人轶事。五代时期歙县贯休,擅长画罗汉佛像人物,称誉一时。其造型有着庞眉大目、朵颐隆鼻的特征,自谓其构思"从梦中来"。所画用笔遒劲,线条紧密。他不但继承阎立本、吴道子、周昉三家的画法,而且与尉迟乙僧的画法也有联系。贯休塑造的罗汉形象,貌多奇野,超凡绝俗,在画史上独树一帜。

城北仙岩 民间传说。宋朝某年的四月初八,婺源县城集聚上善道场斋会,有异人手持挂竹连环拐杖到场。众皆惊奇,纷纷跟随着他。此人行至北门泉水岩处,忽然不见,大家始醒悟,其人貌似洞宾,竹环似"吕"字,定是仙翁吕洞宾所至。于是在北门岩建庙,塑吕洞宾像祭祀。此岩亦遂称"仙岩"。

赵东山助饷献策 民间传说。元末,休宁龙源有个学馆,坐馆课徒的是本村的东山先生(此人姓赵,名汸,字子常,号东山)。元至正年间,四方兵起,赵东山预感政局动荡,必将带来饥荒。于是,他让家人、村民多种山芋。他把这些山芋收集起来做成山芋粉,并制成"砖块",晒干砌成墙壁。有人问他何为,他只说"将有大用"。没过几年,天下饥荒,徽州地区亦饿殍遍野,时有饥民流入龙源,东山先生辄取芋砖,投于沸汤以餐之。这时,朱元璋率兵驻扎徽州,军中粮草将尽,慕东山之名,领官兵38人,前来龙源访贤问计。这天早晨,东山先生料算朱元璋要来,有意避而不见,他对弟子说:"今日放假,我去高山采药。"又吩咐两个年龄大一些的弟子："如果有生客来，你可如此如此。"说罢，背着篓上山了。朱元璋一行策马来到村口，路边恰好有一排木桩，大伙下马拴缰休息。朱元璋独自寻到学馆，两个学童趋前，躬身说："先生上山采药去了，行踪不定，教我二人在此等候，贵客要什么尽管说，先生都安排好了。"朱元璋又惊又喜，打趣地说："你先猜猜看，如何？"两个学童从容地说道："是不是三件事？一件是吃的，两件是用的？"朱元璋更惊讶，他寻思此行只为借粮与问策二事，第三件是什么呢？学童指着不远处两堵墙说："先生有话，请贵客将那两堵墙拆走。先生还说他力不从心，聊助三日军饷，用它可做羹。"朱元璋央学童带他去看，这墙全是山芋粉砖砌成，上有木楼长檐，下为砖石台基，既通风，又避雨，所以芋砖久存不坏，心中大喜，立即安排士兵前来拆运。学童又引朱元璋来到水口桥亭，指着神龛前覆盖的一只碗说："贵人请看。"朱元璋掀开一看，一只朝天的螃蟹，肚脐上插了一根针。朱元璋沉思良久，点头称善。原来，朱元璋此时正愁虑着集庆路（今江苏南京）固若金汤，急切不得下，赵东山道出了"蟹形甲兵坚，唯有脐门一虚"的奥秘，使朱元璋豁然开朗。这时天气突变，随从官兵先后寻到桥亭，请示行止。朱元璋辞别学童，下令启行。两学童又说："乌云滚滚，眼看大雨将至，神座下一堆雨伞箬帽，是先生给贵客们预备的，请带着吧！"于是，朱元璋和近侍取了雨伞，士兵各取箬笠，恰如其数。朱元璋到集庆路外围后，采用赵东山的策略，找到敌方兵力部署的薄弱环节，攻其不备，一举获胜。

草鞋桥 民间故事。歙县蕃村鲍氏家族中有一长者，孤身一人，结茅为舍，以打草鞋卖草鞋为生，日子过得十分清苦。他却用省吃俭用攒下来的钱，在蕃坑上建起一座石桥，方便大家行走。桥为打草鞋的老人所造，故在桥上石刻"草鞋桥"三字。

胡元熙独资建桥 轶事。清道光年间，徽州府河西太平桥毁于洪水，著名徽商胡贯三之子胡元熙与歙县程祖洛等倡建，集银10万两重修。后程祖洛去世，胡元熙独力承担建设资金，历时7年而成，取名"太平桥"。太平桥现为安徽省内最长的古桥。

胡伸蝶梦诗 历史掌故。胡伸，字彦时，北宋婺源人。7岁，父命其二兄伟、仮作《庄周梦蝶》诗，伸亦随作。其诗末句云："谁能分梦觉，真妄两悠悠。"14岁，随兄游学杭州，时苏轼为太守，遣鞍马召之，与语，大悦。北宋绍圣四年（1097年），与其兄仮为同榜进士。

胡适是吃茶叶长大的 名人轶事。清康熙末年，胡适高祖胡德仁在江苏川沙厅开创"胡万和茶庄"，借以资生。胡适在上海出生，幼年生活在绩溪。自14岁起，在上海读书6年，后出国留学。其在上海求学的费用，均由"胡万和茶庄"开支，有学者戏称"胡适是吃茶叶长大的"。胡适成年后去过川沙多次，一次胡适自北平到上海参加太平洋国际学会会议，坐火车先到川沙，在胡万和茶庄休息后，再去上海市区开会。

胡㮣兴复县学 轶事。胡㮣，字然明，宋婺源清华人。南宋绍定五年（1232年）进士，仕至朝奉大夫。婺源县学毁于火，胡㮣捐建大成殿，建晦庵祠，并割田2万平方米作为学田养士。

枯柏变翠 逸闻。歙县郑村汪氏出嫁后，24岁死了丈夫。她悲痛欲绝，想以身殉夫，终被公婆制止。汪氏膝下无子，便托人在外地抱养了一个。她对抱养的孩子如亲生，母子相依为命，生活以苦为乐。汪氏住在祖传的老房子里，院里的一棵千年古柏已枯死多年，自从汪氏母子移居其屋后，古柏竟然一天天地恢复了生机，并长出茂盛的枝叶。此事传开，四亲八邻都说是汪氏人品感动了古柏。

查士标年老思乡 名人轶事。清画家、休宁查士标暮年思乡心切，心境亦是悲凉的。曾写下《欲还黄山寄山中老宿二首》云："黄山相距千余里，名胜夕关洵可夸。""烦与轩辕猿鹤约，八旬野老欲还家。"他在给女婿的诗中说："残山剩水似梦中，天涯飘泊一孤篷。欲谈往事无人识，避地如今是老翁。"对漂泊他乡的日子似已厌倦，他亦有诗云："旅食吾将老，依人汝未安。"但查士标终未能回到家乡。清康熙三十七年（1698年），他84岁，卒于外乡扬州。

查士标字画谋生 名人轶事。清画家、休宁查士标（字二瞻）流寓扬州时家境窘迫，以字画谋生。《啸虹笔记》载："查二瞻以书画名世，画尤工，然不肯轻易下笔。家人告罂中无粟，乃握管，计一纸可易数日粮，辄又搁笔。二女年将三十，未尝及嫁事，客诘其所以，曰：余几忘之矣。"查士标晚年与京都的满族显贵博尔都有诗画往来，亦是迫于生计不得已而为之。他曾有诗云："画幅青山卖，看来亦孳钱。"表达了内疚的心情。查士标性懒喜卧。靳治荆《思旧录》说他："晓起极迟，午余乃出，临池挥洒，必于深夜烛前。"

查孔交谊 名人轶事。清康熙二十六年（1687年），在扬州的秘园宴会上，73岁的查士标与大戏剧家孔尚任相识，两人一见如故。他还与龚贤、石涛等人一同参加了春江诗社。一年后，孔尚任回京，查士标与其他七位画家合作了《还影图册》，送给孔尚任。

砚贡 历史掌故。北宋元祐年间，徽州始以龙尾砚贡于朝。自是龙尾砚名扬天下，求之者众。黄庭坚《砚山行》有句云："自从元祐献朝贡，至今人求不曾止。"

洪秀全祖居婺源 民间传说。太平天国天王洪秀全祖居为婺源。据记载，唐朝，洪氏二十七世祖洪延寿(官至长史),自歙县篁墩(今属屯溪区)迁婺源荆墩(后为浙源乡轮溪,今大鄣山乡车田村)定居。唐广明年间,洪氏二十九世祖洪古雅(官至大司农)的次子洪玉,因黄巢起义避居乐平枫木桥。再经十四世或十六世,其后裔洪贵生又迁潮州丰顺县(今属广东梅州市)汤田(今丰良镇)布心村定居。洪秀全为潮州洪氏第十六世。《洪氏宗谱》所述与婺源县旧志记载吻合。洪秀全祖先洪氏二十六世祖洪师敏、二十七世祖洪延寿、二十八世祖洪宗汉、二十九世祖洪古雅墓葬均在婺源,现婺源县大鄣山乡车田村一带洪姓居民,均属洪延寿后裔。

洪秀全祭祖 民间传说。相传太平天国定都天京后,洪秀全与军师钱江微服回乡,至婺源轮溪(大鄣山乡车田村)洪氏宗祠大训堂拜祭祖先,嗣后拜谒樟树下祖宅,作《驰车祭始祖》诗:"如盖亭亭樟覆霓,专程祭祖到轮溪。残庐依旧莽荆发,故墅犹新鸡鸟啼。河曲流长翁醉钓,山崇峰峭月忧低。裔今壮志乘天马,大训堂开阅战车。"

洪稚存诗评 历史掌故。洪稚存,清歙县人,尝遣戍伊犁,及归,自号更生居士。诗与同邑孙季逑齐名,人称"孙洪"。尝仿钟嵘《诗品》,评骘同时名家诗。其评徽州诸诗人云:毕沅诗"如飞瀑万仞,不择地流";程晋芳诗"如白傅作诗,老妪都解";方薰诗"如独行空谷,时逗幽香";凌廷堪诗"如画壁蜗涎,篆碑藓蚀";罗聘诗"如仙人奴隶,曾入蓬莱"。评其友黄景仁诗则云:"如咽露秋虫,舞风病鹤。"有人问:"君诗何如?"答曰:"仆诗如激湍峻岭,殊少回旋。"

浔阳钓赤鱼 历史掌故。黟县南9千米处临漳水,水落石出有浔阳钓台,景色绝佳。相传李白游黟尝钓于此,有诗曰:"磨尽石岭墨,浔阳钓赤鱼。霭峰尖似笔,堪画不堪书。"浔阳钓台因又名太白钓台。

神蚁救徽商 民间传说。清乾隆年间,休宁汪志霖结婚才一年,便随舅舅去杭州做绸庄生意。他和舅舅同心协力,悉心经营,生意越做越大,先后将分店开到了常州、无锡和湖州。因业务繁忙,一晃三年过去了,他也没空回家。有位浪荡公子赵小才,企图调戏汪志霖的漂亮妻子吴碧云,遭到吴碧云的严词拒绝。吴碧云再三写信给远在外地的丈夫,字里行间无不充满着思念之情。汪志霖接到妻子的多封来信后,决定回家。打理好店铺之事,打轿回家,行至村口,内急,下轿小解,一低头,看见石板路上一群蚂蚁在地上排成一行字:"油头莫洗,冤伸清白。"汪志霖不解其意,纳闷上了轿。回到家中,晚饭时,汪志霖执意下厨帮妻子打下手,忙乱中将橱柜中的一壶菜油打翻在灶台上,他的头发上也沾上了菜油,妻子要丈夫快快去洗,汪志霖忽然想起"油头莫洗"四个字,便没有去洗。赵小才听说吴碧云的丈夫回来了,当晚夜深人静时,带上尖刀,蒙上面具,潜入汪志霖的房中,趁天黑摸到汪志霖沾满香油的头发,以为是吴碧云,于是,他用尖刀对准旁边人的咽喉处猛刺下去。这惊动了汪志霖,大叫起来,赵小才发现误杀了汪妻。赵小才在和汪志霖搏斗中,身上掉下了一样东西,但也无暇顾及,趁着夜色,跳出窗户,逃之夭夭。妻子被杀后,汪志霖便来到县衙,击鼓报案,不曾想赵小才已经恶人先告状,告汪志霖因有外遇杀妻。案子惊动了徽州府,府衙提刑官披阅卷宗之时,只见一群蚂蚁在纸头上排成一个"冤"字,心想必有蹊跷,立即赶赴现场。发现床下有一枚猴雕玉佩。经玉器店老板作证,此乃赵小才三月前买去之物。遂在河边草丛中搜到尖刀一把,上面沾满血迹,经检验,刀把上的血并非汪志霖的,提刑官立即将赵小才抓捕入狱。铁证如山,赵小才供认不讳。汪志霖得以昭雪。徽州府台念吴碧云清白一生,赠"贞节流芳"匾额一块。这正是:善恶自有报,天理作主张;府衙旌节妇,神蚁救徽商。

祝允明为西溪南外甥 名人轶事。明著名书法家、文学家祝允明,文思横溢,书尤精妙,与唐寅、文徵明、徐祯卿并称"吴中四才子"(四人均生活在吴中地区),著有《怀星堂集》。祝允明母吴氏为歙县西溪南(今属徽州区)人,祝允明多次至西溪南舅家,并游历徽州各地。明弘治十一年(1498年),祝允明在西溪南,据西溪南八景意境,各赋诗一首,书成《歙西溪南吴氏八景诗帖》,由著名文士唐允甲题跋,留赠于舅家。该诗流传数十年,后归西溪南吴尔世珍藏。清康熙三十七年(1698年),吴氏后人南高以宋罗纹纸,请清汀老人石源按八景诗意绘图八帧(祖祠乔木、梅溪草堂、南山翠屏、东畴绿绕、清溪涵月、西陇藏云、竹坞凤鸣、山源春涨)。图真迹现藏上海博物馆。八景诗帧刻石已泯,残石一方为歙县新安碑园所得。

莲花峰的传说 民间传说。相传很久以前,观音菩萨下凡巡视。来到黄山时,见山奇水秀,云霞灿烂,草木生辉,是个普度众生的好地方,便久久盘桓。天帝认为这是他修行得道的祖山,观音菩萨侵犯了他的领地,便派天兵天将前来驱赶她回南海。观音认为,无论道家佛家,都要普度众生,还分什么谁的地盘,但又念及道佛相斗,遭殃黎民,何必跟天帝争这一席之地。观音便将自己的莲花宝座,点化成了雄奇秀丽的莲花峰,点缀人间。

铁拐李报恩 民间传说。相传铁拐李云游到徽州朱村,看见有一户割稻的农家正在田里吃午饭,感觉有点饿了,于是走向前讨些饭吃。那户农家的主人见他样子挺可怜,于是在一只装有半碗肉的碗里满满地装了一大碗饭,还在饭上放了些腌菜和辣椒酱,热情地端来给铁拐李吃,还说"不够再添吧"。铁拐李快要吃完时,忽然发现碗底全是很肥的肉块,不禁大声说道:"哎呀,你这户人家是从底下肥出来啊!"那户人家听了也没有在意。铁拐李吃完饭,向主

*莲花峰

人作揖道谢，又说："你这户人家是从底下肥出来啊！"然后转身走了。第二年春天，那户人家正准备给稻子施肥，可是到田里一看，稻秧长得旺盛壮实，可以不用再施肥了。到了秋天，稻棵又高又粗，稻穗沉甸甸的，稻粒饱满，割完后一过秤，竟然比往年多收了1 000余千克。那户主人家才想起割稻时，那个讨饭人说了两次的"你这户人家是从底下肥出来啊"。原来是给他吃的肥肉放在碗底，所以田从底下肥出来，根本不用下肥料了。

铁拐李捣桥

民间传说。早在400多年前，屯溪附近的林塘村有一座千秋堨，可灌溉周围18个村的农田。当年该村有富户范某，其母对早晚鸣锣开闸放水很烦，范某倚仗有钱有势，便拆堨建桥。千秋堨一旦被拆，农田非旱即涝，出现"拆了千秋堨，一败十八村"的惨状。某天，一个乞丐在建桥完工之日来到桥上，用拐棍在桥上一捣，并念咒语："林塘桥，仙人捣。中间做，两头倒。两头做，中间倒。"话毕，桥断了，乞丐也不见了。原来此人便是八仙中的铁拐李。他走后，这桥怎么也建不起来，建了中间断了两头，建了两头断了中间。

铁拐李惩治县太爷

民间传说。铁拐李一日来到徽州城，听一位老人诉说家里的房子被知县的父亲仗势强拆了，一家人有冤无处诉，只有外出讨饭。铁拐李于是准备惩治知县的父亲。铁拐李来到老人所在的村中，看见知县的父亲正在指挥工匠们为他造新屋，新屋就造在老人房子的地基上面。铁拐李让他停下来，知县的父亲不但不听劝告，还叫人来打铁拐李，然而被铁拐李一口气吹得东倒西歪，爬都爬不起来。铁拐李手握铁拐，绕着正在建造的新屋走了一圈，一边走一边说："白天造，夜里倒，坏心不除别想造。"说完就带着无家可归的老人离开了。知县的父亲见铁拐李走了，就继续施工。到了深夜，只听"哗"的一声巨响，白天造的房子全都倒了。他不服气，第二天接着造，半夜又全倒了，连续几天都是如此。村里的人都说那天来人是八仙之一的铁拐李，之所以白天造好的夜里就倒，是因为铁拐李念过的那句词。知县的父亲听到这些也慌了，赶快把儿子叫回来商量。知县也慌了手脚，与父亲商量到半夜，只好按照铁拐李之前提出的要求办，建一栋新屋赔给那位老人，自家另外选址造房，这场风波才算暂时平息。然而不久，知县的父亲因为知道自己得罪了仙人，一天到晚处于惊恐中，没有多久就一命呜呼了。那个知县也因为同僚的揭发检举被朝廷罢了官，终日闷闷不乐，很快得病死了。

铁拐李惩罚封桥官

民间传说。传说铁拐李一日云游到休宁县林潭"观瀑看湖桥"，看到吏部尚书和徽州知府及众多陪同官员只顾在桥上一边看风景，一边寻欢作乐，又是喝酒，又是唱歌，而且还封住了桥的两头,不准两岸行人继续通行,逼得正在赶路的人心急如焚,但又无可奈何,只能在桥边叹气。铁拐李决定教训这群昏官,说了句"大家跟我来",便要带头冲上桥,岂知遭到衙役们一阵棍打。铁拐李火冒三丈,用他的铁拐在桥阶上用力敲了三下,口中念到:"林潭桥,林潭桥,恶人上桥掉下桥,淹死喂鱼吃个饱;林潭桥,林潭桥,善人上桥乐逍遥,一路顺风拾个宝。"随后大喊一声:"起!"只见桥上的人,做官的及陪同者全滚落湖中,"救命"声喊成一片。守在桥两边的衙役看见这种情形,一个个全吓跑了。行人们知道来了仙人,在一片欢呼声中正要向铁拐李跪地叩拜,铁拐李已经不知去向。

笔架山和仙人脚的来历 民间传说。相传徽州大山里有两条修炼成精的大蟒蛇,在将要功德圆满的时候,母蛇却怀孕了,公蛇闲来无事,常化作人形跑到灵山闲逛,行凶作恶,被雷祖劈了个粉碎。雷祖可怜大腹便便的母蟒蛇,用笔架化成一座山峰,将母蟒蛇压在其底。甘露王正好路过,见雷祖扔下的笔架不太稳固,怕它倒下伤害其他生灵,就用脚在笔架上使劲儿地踩了一脚,留下了一个大脚印。这便是徽州呈坎灵金山"笔架山"和"仙人脚"的来历。

徐霞客两游齐云山 名人轶事。明万历四十四年(1616年)正月二十六日,著名地理学家、旅行家徐霞客首登休宁齐云山。时值寒冬,满山玉树银花,徐霞客攀览岐山石桥岩、棋盘石、龙井诸胜。两年后,齐云山红叶黄花,徐霞客再次登览白岳天门、珠帘等胜迹。有《游白岳日记》传世。

唐翁猎虎 民间故事。清乾隆年间,纪晓岚的族兄任旌德知县时,发生了虎患。纪县令听人说,歙县有个专门打虎的唐打猎,便派人带着礼金专程去请。唐打猎到了以后,众人一看,很是失望。一个是身材瘦小的老翁,头发胡子全白了,说话的时候不时咳嗽,似乎随时都可能摔倒在地;另一个是十六七岁的大男孩儿,看样子根本没有力气。纪县令想,人既然来了,就先安顿下来。老翁却说:"不必忙乎,听说那只老虎在离城不到五里的地方,先去把它抓回来,再吃饭不迟!"纪县令客气了几句,便派人带他们去老虎经常出没的地方。县衙来的人领他们到山谷口,就不敢再往里走了。老翁对大男孩儿说:"看情形,这个畜生还在睡觉,你把它叫醒。"大男孩儿张口模仿老虎的啸声,声震林木。不一会儿,老虎果然从林中出来。众人吓得纷纷后退,大男孩儿也退后十几步,然后远远站定,留下老翁站在原地。老虎径直向老翁扑来,老翁手里攥着一把短小的斧头,觑定扑来的老虎,奋起右臂,屹立不动。老虎半空中扑到,老翁侧头避过虎势,眨眼间,老虎从头顶越过,落地时已经血流一片,颤动几下就不动了。众人确信老虎死了,才跑近去看。只见老虎的身子,从下颔、肚子到尾巴,一条长长的裂痕,早被老翁的斧头劈成两半。

旅汉徽商运柩回籍 轶事。明清时期,大批徽商曾在汉口从事经营,因有的病逝者家属无力运柩回乡,只得把灵柩放在当地暂存。清光绪年间,旅居湖北汉口的徽州同乡会,尝筹措经费,运同乡灵柩百余副回徽州安葬。运柩船只沿江东下九江,经鄱阳湖至景德镇,溯闾江而上抵祁城,起船旱运至渔亭,再由水、旱二路,分运黟、休、婺、歙、绩五县。

陶行知赠长城砖 名人轶事。民国十二年(1923年)一日下午,陶行知在北京八达岭游览长城,返回青龙桥车站时,遇到安徽的一位老人,认了同乡。临别时,老人拿出自己珍藏的一块刻有"中部"二字的明永乐年间的长城砖赠给陶行知,说外国人曾出高价他都没答应卖。陶行知为老人挚情感动,只得收下。回到住处,他想到家乡正在筹建安徽省立第四女子师范学校,便将这块砖寄给该校校长程仲沂,并附信说:"新教育是共和的保障,我们四女师既得万里长城之砖,自然在造就人才、保障共和的路途上进行了。不过为这块砖计,既入黄山,就不能出洋了。要说它是为贵校牺牲,亦无不可。务必请先生好好地待它。"

陶渊明隐居潜口 民间传说。东晋名士陶渊明,一名潜,因看到政治上的黑暗,加上自己仕途上受挫,遂毅然解绶挂冠回乡,隐居于歙(今徽州区岩寺镇潜口村)。他排除了世俗的纷扰,过着清闲安逸的晚年生活。他死后,村人在南山竖了一个很高的墓碑,供后人凭吊,又把村名改为"潜口",并把潜口最繁华的一条街定名为渊明旧里坊,直到元末毁于兵燹。

陶雅增赋 轶事。徽州地处五代十国时期吴国(杨行密所建)南疆,三面临敌。陶雅为州刺史20余年,频经兵战。旧赋不足于用,因增新赋。除婺源外,州赋税都较邻境为高。如税钱,州上、中、下田平均每亩150文,浮梁14~20文,太平9~12文,旌德40~60文,开化4.8~7文,石埭8~12文。

陶潜裔孙卜居诗 历史掌故。元陶庚四为陶潜次子陶俟之后裔,颇具乃祖遗风。《陶氏宗谱》说他"性情迥异,谈书好道,不慕于富,无慕于贵"。元末天下大乱,庚四出游于外,遍览山川,吟咏自乐。至黟南林沥,爱此地山川奇胜,风俗淳古,择地定居下来,并赋诗云:"卜宅南山下,依然气象新。地钟淋沥秀,俗爱古风淳。怀德多君子,论交有善人。故乡今不问,从此结芳邻。"诗中"淋沥"为黟县名山,"南山"即顶游峰。明弘治《徽州府志》载:"顶游峰又名南山。其下有陶村,里名靖节,社名五柳。"(陶潜自号"五柳先生",谥"靖节"。)

培筠园赋诗酬答 历史掌故。黟县黄陂汪勃,南宋绍兴年间官至签书枢密院兼权参知政事,因与秦桧不合,退隐乡里,居培筠园

（位于今黟县碧山乡碧西村）。其同榜状元开封张九成来访，作《碧山访友》诗："万仞巍然叠嶂中，泻来峻落几千重。森森桧柏松杉老，又见黄山六六峰。"勃亦成《喜张子韶学士见过》相答，有句云："故人江上来，顾我万山中。别久十余年，相见颜若童。契阔言窗好，叹我已成翁。"张诗镌于石，今诗碑仍存培筠园中。

黄成伯得砚 轶事。据宋何薳《春渚纪闻》载，黄成伯嗜砚，因婺源龙尾砚为歙砚中最优，故求为婺源县主簿。在婺三年，对一老砚工关怀备至。秩满卸任时，老砚工相送百里，为其饯行，并从怀中取一砚相赠，说："你在婺三年，所收藏的砚中，没有比这好的。"成伯始责其不诚，不信此说。老砚工说："凡来婺源者，谁不想得到佳砚？但佳砚必须用珍石制成，珍石莫过于龙尾溪所产之石，龙尾石一年只采十几次，终得保存下来。此砚和平常之砚看起来差不多，但使用以后即使灰尘垢积，哪怕一个月不洗涤，磨起墨来仍如新的一样，这是绝胜他砚之处。我看先生性情率直，不喜经常洗涤石砚，得此砚可用之终生。"黄成伯喜出望外，恭敬受之。

黄利中刻书致富 轶事。清康熙时，歙县虬村黄利中以种田为业，闲暇时贩卖书籍补贴家用。后来学习做刻工，自己动手刻书出售，先是专门刻一些蒙童书籍。时间一长，刻工技艺越来越熟练，所刻书籍的内容也越来越广泛，经史、古文、诗赋、试艺等无所不镌，县里的士绅也乐于同他交往，家业从此致富。

黄宗德过阊门 轶事。宋黄宗德途经祁门县城南5千米的阊门峡，联想到苏州阊门，赋诗云："姑苏西去是阊门，何事祁山亦共名？落月乌啼人睡觉，晓钟空动故乡情。"

黄诰兴学 轶事。黄诰，字君谟，岳阳人。北宋绍圣二年（1095年）知歙州。到了歙地后，首谒孔子庙，升堂讲《周礼》，劝谕父老遣子弟入学听讲，创新学舍，作《歙州新学记》云："君子慕其在己者，任其在物者。诗书礼乐之文，仁义道德性命之理，求则得之，舍者失之，此其在己者，故君子慕之……今歙之父老不爱其财力而爱其子弟，不违庠序之教，子弟亦能钦承父老之意，孜孜匪懈。"新学即州学，时移建于城东北隅。黄诰作记，米芾书。

菜知县纸帐题诗 历史掌故。明胡寿安，字克仁，黟县横冈人。明洪武、永乐年间，曾任四川新繁、河南信阳、河北获鹿等大县县令。上任时不偕妻子，居行俭朴，捐俸劝农。其离信阳任时有《告城隍》诗云："一官到此几经春，不负苍天不负民。神道有灵应识我，去时仍似到时贫。"在任所尝于后圃种菜自食，待客赠友。其子来省亲，两月烹鸡两只，寿安怒责之："饮食之人，则人贱之矣。"人感其清廉，称

之"菜知县"。寿安清苦自持而怡然自乐，淡雅之情尤见其《题纸帐》诗："紫丝步障簇春华，卧雪眠云自一家。雪又不寒云又暖，扶持清梦到梅花。"及其离任赴京，百姓沿途泣送者数千。

乾隆御题鲍家茶 民间传说。清乾隆年间，苏州城内有间徽州人开设的老鲍德润茶店，经营徽州名茶，老板是歙县上丰人。一个风雨交加的夜晚，茶店正要关门，两个操京腔的外乡人来到店中。店学徒虽听不懂京都话，但还是热情地为客人泡了两碗浓酽的好茶。客人一口气喝干，然后用赞许的目光相互看了一眼，会心一笑。其中一位客人要了笔墨，看看商家招牌，龙飞凤舞地写下"鲍家名茶"四个古朴遒劲的大字，写毕便匆匆而去，弄得店人莫名其妙。两个月后，苏州府台派人来到鲍德润茶店，说要买上等贡茶。店主不知店内有什么贡茶，只管尽数拿出各种高档茶品，差人也认不出哪种是贡茶，只说两月前的一个晚上，皇帝来喝的那种茶。学徒恍然大悟，忆起那晚外乡客人来店喝茶一事，急忙取出那幅字给差人看，差人大吃一惊，说这可是当今皇帝乾隆的手迹！原来，老鲍德润的徽州名茶在苏州很有名气，乾隆早在下江南时，就有所闻，为证实传闻，便在那晚微服私访。店主急忙包好徽州名茶送上，龙颜大悦。事后，府台重赏了店主。消息传出，徽州名茶名气更大，茶店生意更加兴隆。店主用牌匾装裱"鲍家名茶"四字，日夜烛香侍奉，并将"鲍家名茶"作为商标，印在所有包装上。

萧桢指江易姓 历史掌故。黄巢义军南下，萧桢起义旅，保障一方，志复唐业。后以功为护军兵马使，封柱国上将军，驻兵歙之篁墩（今属屯溪区）。而终以谋复唐业不克，为避祸遂指江为誓，易姓江，隐居。此即后之"萧江氏"。萧桢亦称江桢。

梅圣俞诗讽刘攽 历史掌故。北宋刘攽尝官于婺源，梅尧臣（字圣俞）有诗送之，有句云："案头龙尾砚，切莫苦求精。"暗指宋黄成伯嗜砚，故求为婺源主簿。故以此讽攽，劝莫贪求。

曹振镛巧改佳对 名人轶事。清嘉庆年间，歙县文士鲍桂星和曹振镛同在北京会馆品茗。至兴时，鲍桂星挥毫作联："钟毓本山川，看白岳黄峰，几多豪杰；功名关福分，知状元宰相，不在文章。"那时，曹振镛已任当朝宰相，鲍暗指自己文章不亚于曹，他认为状元宰相只不过是福分而已，不在文章水平高低。曹振镛阅后，悟其所指，当即接过斗笔，为之易一字，致末句为"不仅文章"。一字之异，各执己见。

曹振镛坐棺材 民间故事。歙县雄村曹振镛虽然贵为宰相，但其生母却是丫鬟出身的小妾，所以一生地位卑微。他生母在徽州老家病故后，曹宰相返乡奔丧。按照曹氏族规，小妾出丧，棺材

不能从正门抬出，只能走偏门。曹振镛非常气愤，但又不能违反祖宗家法。他为生母遭受的待遇很是不平。出丧那天，他待棺材启运时爬到棺材头上，堂而皇之坐了上去。于是随从喝道："相爷出门了。"顿时中门大开，母亲的棺材从正门抬了出去。曹振镛总算了却了心中夙愿。

商不畏险 民间传说。清朝的一位徽州老人，带着儿子欲把货物卖到新疆、西藏。在穿越塔克拉玛干沙漠时，年轻人抱怨："这沙漠实在太辽阔了！要是狭小点就好了。"老人说："不，孩子，这沙漠还不够宽！要是再广阔一些就好了。"年轻人听了，一脸的疑惑。"如果这沙漠再宽广一倍，那么，来这里经商的人十成中至多只剩下一成。这样我们的利润就能翻上几番。"沙漠的风，干燥凛冽，刮在脸上如刀割一般，然而年轻人心中却忽然亮堂了。43年后，这个年轻人成了一方巨商。

望君如镜 历史掌故。南宋汪纲，黟县黄陂人，淳熙年间历知平阳、金坛、太平，所至有政声。后至越，越人期望甚殷，赠以诗云："人望使君如望月，要须如镜莫如钩。"汪纲果不负所望，在越多所修创。《宋史·汪纲传》赞称："汪纲之遗爱在越。"浙文士洪瑾、张浚、王栐、程震龙、诸葛兴等以诗咏赞。纲后官至户部侍郎。及卒，越人闻之多坠泪，或相率哭于寺观。

清和桥佳话 民间故事。相传清康熙年间，时任绩溪县令的是位姓胡的新科进士，他看中了登源汪村一位品貌皆佳的汪青禾小姐，欲娶为妻。青禾小姐提出聘礼不要金银，只要胡县令在县城清和门外扬之河上新筑起一座长长的木板桥，便于城中百姓去河东田里干活。胡县令见其如此为百姓着想，且所提要求又能使他成就政绩，何乐不为？于是用自己的俸禄很快架起木桥，取名"清和桥"。大桥通行的日子，绩溪县万人空巷，十里八乡的人都赶来看热闹。人们齐声要求青禾小姐先过桥。青禾小姐微微一笑，说："感谢大家，绩溪县是诗书之乡，今天我们就以清和桥为题，想先过桥的就以这三个字中的任意一个字为题作一首诗，众人认为最好的可先过桥。"话声刚落，只见一人说："让我先以'清'为题来一首：有水也是清，无水也是青。去掉清边水，加争就是静，清清静静有人爱，我到西天拜如来。"大家一听，齐声叫好。原来这人是个和尚。又见一人说："让我以'和'字赋诗一首：有口也是和，无口也是禾。去掉和边口，加斗就是科，科科举举要爱民，我来绩溪当县台。"大家仔细一瞧，原来是换穿了一身布衣的胡县令，众人更是欢呼鼓掌。又有一人说："让我以'桥'为题凑一首：有木也是桥，无木也是乔。去掉桥边木，加女就是娇，娇娇滴滴我好爱，来、来、来，一家四口过桥来。"说完，只见她左手揽着胡县令，右手揽着汪青禾，和尚紧随其后。大家定睛一看，原来正是胡县令的母亲，于是欢声如雷，众人簇拥着四人一起过了桥。清和桥于是成就了一段佳话。

渐江面壁 名人轶事。新安画派创始人渐江早年欲购倪瓒画数年，苦不得其真迹。歙县西溪南（今属徽州区）吴氏四世富收藏，家藏倪瓒画最富，其精品如《幽涧寒松》《东冈草堂》《汀树遥岑》《吴淞山色》，渐江一日获观于吴氏宅第，喜出望外。遂伴疾不归，面壁三月，朝夕观摩，终于心领神会，恍然有得，落笔便觉超逸。因而，取自己以前所作之画尽数毁之。

惯煞男儿偷咸鱼 民间故事。相传徽州某地有位妇人，生一遗腹子，娇生惯养。其子七八岁时曾偷来一条咸鱼而受母夸耀。日久盗窃成性，被处极刑。行刑前，请求再吮吸母乳一次，其母应允。谁料他竟咬下母亲乳头，骂道："娘啊，我第一次偷咸鱼时，你为什么不狠狠教训我呢！"徽州人以此告诫为父母者要严格教子。

寄信割驴草 民间故事。相传明万历年间，歙县竦塘村一女子黄秀英，嫁到歙县徽城城里大北街郭家。新婚第二天早晨，丈夫郭宏便不知去向，婆媳心急如焚，到处托人寻访。第六天早上，渔梁坝里捞起一具尸体，水肿溃烂，无法断定。郭母仅因尸体与郭宏一样，左脚是六趾，便认定是媳妇谋害了丈夫，揪住秀英去见官。徽州知府潘某，不问青红皂白，判决黄秀英骑磨驴游街，然后拉到刑场处斩，刀举头落。郭宏恰好赶到，痛诉事情原委：由于多年经商，养成早起的习惯。虽头天成亲，但因商事在身，故五更披衣启程，未唤醒爱妻，又因上船之前做成一笔合伙生意，便匆匆托嘱在路边割驴草的吴鸣皋捎信回家。谁知吴鸣皋回村后在酒店里多喝了几杯，捎信之事忘在九霄云外，后来去绩溪运货物，好长时间也没回家。潘知府只好差人查清六趾男尸一事。原来那是绩溪县的一位男子，趁河水暴涨下河捞木溺死。案明之后，潘知府如挨重棒，喝令把郭宏、吴鸣皋押上堂来，将郭宏打了20大板，以怨他重利忘家；割去吴鸣皋一只耳朵，警他寄信误人。然后命人抬来"明察秋毫，铁面无私"的匾额，亲手砸碎，又将乌纱取下放在公案上，把府印暂委府学训导执掌，回故里种田去了。到了清朝，徽州府学教谕周赟为警示世人，在河西桥头路边建黄秀英墓碑一座，碑上刻着"重利忘家者戒，寄信误人者戒，酷刑枉杀者戒"。这便是有名的"三戒"碑。虽几百年过去了，"寄信割驴草"的故事仍在徽州各地广泛流传。现在，每逢托人带信，总会习惯性地加一句"不要寄信割驴草啊"。

隐里来历 民间传说。相传歙县曾有一古村名徐家太，为徐姓聚居村。一天夜晚，村中一小男孩啼哭不休，吵着要去岭里外婆家，于是母亲带他连夜离开了村子。他们走后不久，官兵即包围了徐家

*《寄信割驴草》剧照

太,以剿匪名义,将全村人杀光,唯那小孩母子得以幸免。那个小孩就是后来做官发迹的徐又闻,他在岭里延续了徐家太徐氏一脉,并逐渐繁衍成村中主姓。至今当地仍流传着"抄斩徐家太,只留一条根"的民谣。后人为纪念先祖无意中隐遁免祸的传闻,改"岭里"为"隐里"。

董其昌品帖　名人轶事。明书法家董其昌访徽州时,寓居歙县丰南(今属徽州区)著名收藏家吴桢的余清斋最久,为撰《墨禅轩说》。收藏家吴桢所镌《清鉴堂帖》《余清斋帖》,均请董为之品次。二帖并为海内所重。

*董其昌品帖旧址

棚民垦殖山场　轶事。清乾隆、嘉庆年间,怀宁、潜山、太湖、宿松、桐城等地大批农民涌入徽州各县,依山搭棚,或三五人,或七八人,合垦共居,开山种苞芦,邑人称之"棚民"。棚民租垦山场,始于明,盛于清乾隆年间。其初起于租山者之贪利,荒山百亩所值无多,而棚户可出千金、数百金租种;棚户则因垦地成熟后,播获之利倍增,是以趋之若鹜,越来越多。清嘉庆十五年(1810年),徽郡六县有棚1 563座,棚民8 681人,其中祁门最多,有棚579座,棚民3 645人。徽郡棚民垦殖山场,对发展地方经济有积极作用,但因棚民滥伐森林,破坏生态平衡,造成水旱灾害频繁,严重危害地方。徽民曾多次发起驱棚护林的行动。

棠樾来历　民间传说。棠樾位于歙县郑村北端。棠,即甘棠。周初召伯尝于甘棠之下布文王之政,后世遂以"甘棠"称颂惠民官吏。樾,两木交聚而成的树荫。棠樾,意为惠政所荫处。该村鲍氏宗族明清之际大官富商辈出,故以棠樾为村名。

程功搜古编诗遗　历史掌故。清康熙年间,黟县城南人程功悯前贤之诗作湮没不传,乃朝夕殷殷搜访,积十年有余,得宋自孙叔和而下近200人遗诗,计1 400余首,题为《樵贵谷诗遗》。此后,又有《樵贵谷诗存》一编。县中诸士黄涵斋、程闲庵等捐金,于康熙四十年(1701年)刻以成册。吴鹗及孙继龙均有序。

程玠起死回生　名人轶事。明歙县名医程玠,为人正直,不苟合。为秀才时读书于山寺,精研文学及《春秋》42年,旁通星历等众技,懂得兵法和木牛流马之窍,因其父皆以医术驰名,乃好医济人,抢救了许多垂危重症病人。登进士后,医名播京师,后常出游。某日遇丧车过,见有血从棺中出,以指染而嗅,怒喝道:"棺中人未死也!"众人大惧。死者丈夫以为程玠误疑有冤状,遂泣告:"吾妇不幸病亡,君无致疑。"程玠笑道:"你们不懂这些,赶快打开棺材,我能救活你夫人。"众人大骇,遂置棺道旁,观者云集。启棺后,程玠以针刺胸,妇忽能言。其家人相抱,悲喜交集,观者呼声如沸,以为医神。

程敏政巧对　名人轶事。明礼部右侍郎、文学家、休宁人程敏政,自幼聪慧,有神童之称。据传,他五六岁时随父寓于京师,能文善对。一天,英宗皇帝闻名召见,过宫门时,因门槛高,敏政难以跨过,英宗随口吟上联:"书生脚短。"敏政越过门槛,跪下答道:"天子门高。"英宗命坐。适御膳监进蟹,英宗手指盘中吟道:"螃蟹一身甲胄。"敏政立即应对下联:"凤凰遍体文章。"英宗大喜,称赞他说:"鹏翅高飞,压风云于万里。"敏政知道是皇上的勉励,于是奏对:"鳌头独占,依日月于九霄。"

程爵义救许阁老　民间故事。许国还是秀才时,全家都靠他写字卖文度日。竟遇天灾人祸,又欠下捐税银10两,官府限期交纳,逾期不交,学籍革除,绳绑入狱。可怜他告贷无门,与其入牢受辱,不如一死百了,于是纵身跳入新安江,后被榆村商人程爵所救。程爵知道许国跳江的原因后,开导了他一番,又资助他纹银百两交纳了捐税,余数可作其赴京应试之盘缠。第二年,许国金榜题名,为报答程爵当年的救命之恩、救难之德,许国对程爵一家提拔尽至。程爵当上了光禄寺署丞,其父程绣当上了太医院吏目,其子程梦阳被授予大理寺右寺正加四品服,程家宦业不绝。许国还举荐当时尚未发迹的才子董其昌到榆村坐馆教学。在许国的荫庇下,程家得意步入仕途,享尽了人间荣华富贵。皇上还恩准许国的奏章,在榆村水口为程家建御牌楼一座,名曰"义佐国家"。许国过世后，程爵感恩图报，在一个大旱之年，以工代赈，修成了辛峰塔，借以寄托哀思，超度许国之灵早日升入天堂。

谢堲贡四宝 轶事。南宋宝祐二年（1254年），谢堲知徽州。谢堲与宋理宗有椒房之亲，至即贡新安四宝于朝：澄心堂纸、汪伯立笔、李廷珪墨、龙尾砚。

登第桥来历 民间传说。登第桥位于歙县扬之水上。北宋端拱、咸平年间，族中俞献可、俞献卿兄弟先后登进士第，族人建登第桥以庆贺。

毁墨 民间故事。绩溪胡天注是胡开文墨的创始人，被列入清朝四大徽墨名家之一。其次子胡余德继承了在休宁县的老店。相传胡余德曾研制出一种墨，这种墨在水中久浸不散，购买的人很多。一次有位顾客购得此墨，不慎将墨袋掉入水中，捞起来发现墨有的已经溶化。顾客找来后，胡余德连声道歉，并以一袋更好的墨作为赔偿，同时他立即停售这批未按规定制成的墨，还将已出售的墨以高价收回，予以销毁。"毁墨"的故事为徽商诚信经营留下了一段佳话。

鲍屯十安堂 轶事。南朝梁时，歙县鲍屯鲍安国，与兄弟安民、安福，堂兄弟安常、安时、安叙、安物、安邦、安禄、安世10人，田置六邑，富甲一乡，同族300余口同爨，人称其居为十安堂。

鲍四创徽州砖雕 民间传说。相传鲍四是明朝歙县的窑匠，他感到砖瓦生意虽好，但赚不了多少钱。他羡慕那些致富归乡的徽商，便卖了砖窑到淮安去做生意。几年后，竟成为徽州首富。他非常得意，便在淮安修了鲍四庙，塑自己的全身像。为显富，他还揭榜要造一条鲍四街。这时一个手抱长颈瓶，瓶插杨柳枝的人，来到鲍四面前说："鲍老板，你别吹牛，世上只有技艺无尽头，哪有什么钱财无限。"鲍四涨红了脸，说："你会什么技艺？"此人说："我会做莲花。"鲍四不信，凭借自己钱多，要打赌，自己一步放一个元宝，对方得跟着放一朵莲花，一决输赢。那人满口答应，向前走一步，用手往地上一指，地上便现出一朵莲花，鲍四便跟在后面放一只元宝。这样一步一放，一路下来，那人的莲花还有，但鲍四的元宝却没有了。鲍四只好认输，淮安人使用地上的元宝在那放莲花的路面上盖了街房，取名"莲花街"。鲍四一下身无分文，只得砸了庙中自己的像，凑了点盘缠，回到徽州重操旧业——烧窑。有人告诉他那以莲花赌元宝的人是观世音，鲍四顿时醒悟过来，"钱财有限，技艺无穷"是神仙的教诲。从此一心烧砖，由于对莲花印象太深，便烧起莲花砖，渐渐又在砖上雕刻花木、虫鱼、人物、楼阁等进行装饰。三年后，鲍四技艺逐渐娴熟，收了几个门人一心研究砖雕。其时，一些徽商发财致富后，纷纷回故乡大兴土木，不惜重金修祠堂、建宅第。鲍四秀丽精美、清新淡雅的砖雕被广泛应用。从此，徽州砖雕发展起来，名扬全国。

解缙渔梁对对子 民间传说。古时，歙县渔梁为徽州第一码头，经常有文人雅士光临。有一年，渔梁坝重修，徽州府县官员们去巡察，巧遇江西才子解缙在坝上游玩，巡察队伍劝不走解缙。因当时解缙只是一个少年，有官员提出要解缙对对子，如果对得上便可留下。于是官员瞪着解缙，手摸胡子，片刻间说出上联："三捋千须动。"解缙漫不经心地抓抓头发，脱口而出："一梳万发通。"语惊众官，没人再想赶他走了。

新安人歌舞离别之辞 轶事。三国时，徽州土著山越社会遭受孙吴政权的严重破坏，越民或死于战争，或强编入部伍，或远徙会佃他郡，离别歌舞之辞，其声甚悲。晋元帝第四子、武陵王司马晞喜为挽歌，自摇大铃为唱，使左右和之。又燕会，辄令倡伎作新安人歌舞离别，其声甚悲。四五年后，果徙于新安郡，家属悉从之。是年，卒于新安，享年66岁。

慈孝里来历 民间传说。南宋德祐二年（1276年），徽州守将李世达兵乱歙西，抓捕富户，勒索钱物。棠樾鲍宗岩和族人逃入村郊龙山避难，乱军到处搜查，鲍宗岩不幸被抓，儿子寿孙闻讯赶来求救，恳请军爷放了父亲。军爷下令："爷儿俩必死一人，趁早决断。"乱兵欲绑寿孙时，宗岩求道："我已年老，愿以死留住独子奉祀祖先，传承香火。"当刀手举刀走向宗岩时，寿孙哀求："谁没有父母？没有父母哪有我身，我愿以死谢毕忠孝。"父子俩争着代死之举，令众兵感动，一时不忍下手。正僵持间，狂风四起，铃声大作，乱军以为官兵追来，急忙下山而逃。事后，世人争相赋诗，颂扬父慈子孝。明永乐皇帝建坊表彰，坊上刻有"慈孝里"三个大字。清乾隆皇帝下江南时闻此美谈，即御赐"慈孝天下无双里，锦绣江南第一乡"的对联。后"慈孝里"成为棠樾村的别称。

群犬吠石 逸闻。相传唐永徽元年（650年），婺源县上空忽有大黄石（陨石）坠落于溪边，莹澈可爱，群犬见之狂吠。将石砸碎后，犬吠才止。

裴公出黄檗之门 轶事。唐大中年间，裴休为歙州刺史，入歙县黄檗山禅院烧香，得识希运禅师，投拜门下。裴休欲延禅师入府治，留之供养。希运坚辞，仍住黄檗山，裴休于暇日即入山顶谒。自此博通禅学，人谓"裴公不浪出黄檗之门"。裴休曾为希运禅师辑《黄檗语要》，并为之序。

墨仙潘谷揣囊知墨 民间传说。据《春渚纪闻》卷八《杂书琴事墨说》载，宋歙县潘谷乃制墨名家，东坡先生尝赠之诗，有"一朝入海寻李白，空看人间画墨仙"之句，遂被人称为墨仙。谷曾卖墨京师，负墨箧而酣咏自若，每笏止取百钱。或就而乞，探箧取断碎者与之，不吝也。一日谷过山谷道人所，取所藏墨示之，谷隔着锦囊揣摸之曰："此李承宴软剂，今不易得。"又揣摸一墨曰："此谷二十年造者，今精力不及，无此墨也。"取出视之，果如所说。后传谷醉饮郊外，经日不归，家人到处寻找，发现谷坐于枯井而死。

鲫鱼背的传说

民间传说。相传在遥远的古代，有一条鲫鱼想变成龙，每年都跟着鲤鱼群去黄河跳"龙门"，但总是跳不过去，于是去请教神仙。神仙告诉它："你必须为人间做好事，积功德，才可以跳过龙门。""怎样才能为人间办一件好事呢？"它边游边想，不知不觉游到了黄山的"黄海"，见通往天都峰的道路被一条峡谷割断，云水阻隔，游人无法过峡登峰，它自言自语道："这里多么需要搭一座桥啊！"于是置身峡谷间的云水中，耸起脊背，给游人当桥。千百年过去了，也不知有多少游人从它脊背上走过，去饱览天都峰顶的无限风光。有一天，那位指点它的神仙来对它说："小鲫鱼，你已积满了功德，可以去跳龙门变成龙了。"但小鲫鱼已改变了主意，它愿一辈子为天都峰的游人做"桥"，再也不想去跳"龙门"了。

鹤戴金牌，狗不识字

民间传说。一个山里人挑着柴带着猎狗在歙县岩寺镇（今属徽州区）穿街走巷叫卖。猎狗咬死了财主金老爷家挂着一块"金"牌的仙鹤。金老爷即命家丁捉拿卖柴的，打得他脸上青一块紫一块，五花大绑地押往徽州府，一定要"鹤死，人抵命！"。烂肚宝看到事情的始末，本想拔刀相助，无奈金家的势力强，硬拼无异于以卵击石。恰巧皇帝要派八府巡按来徽州巡视，烂肚宝于是假扮巡按，设计审理狗咬仙鹤一案，判决："鹤戴金牌，狗不识字，禽畜相争，与人何干！释放。"并留下一封说明案情原委的信，趁夜离去。第二日，真巡按先看书信，再看案卷，件件批得依法合规、近情人理。又想到自己判案被人当庭做了手脚，声张出去，终非上策，于是不再深究。烂肚宝由此出名。

戴东原质疑

名人轶事。清朴学大师戴震（字东原）10岁始能言，年少时聪明出众，读书过目不忘。读《大学章句》时，问老师："怎知是曾子传述孔子之言？怎知曾子门人所述的是曾子的思想？"当老师以"朱熹如此说"相答时，又问："孔子、曾子是何时人？朱熹是何时人？朱、孔相去两千年，朱熹又怎么知其然？"老师不能回答上来。

戴铣赤脚走羊岭

名人轶事。明弘治年间，婺源戴铣，聪慧过人。一日，父亲宴请先生，先生因戴铣顽皮，一气之下，转身便走。父亲打了儿子一顿，并责令去请先生回来。其时先生已上羊岭，又下雨，戴铣赤着脚赶上先生，请他回去。先生说："我出个对子，对上了就同你回去。"随出上句："赤脚走羊岭。"戴铣脱口而出："翻身跳龙门。"往回走时到了村头河边，先生让戴铣脱下衣服洗澡，并将其衣服挂在柳树上，又出对："千条杨柳当衣架。"戴铣迅速对答："万里江河作澡盆。"先生感叹道："此子定成国器。"后戴铣果举进士，授官给事中。

戴震巧对

名人轶事。清著名学者戴震幼时才思敏捷，又十分顽皮，读书时常弄得先生狼狈不堪。一日，戴震的父亲漫步来到学馆，先生向其汇报，说戴震如何调皮。其父大怒，责令戴震跪下赔罪。戴震跪在地上哭着说："我不过是请教先生学问，从未做过调皮捣蛋之事。"其父斥道："小小年纪，竟敢刁难先生，好，今天当着我面，请先生考考你。"先生凝思间，见壁上挂着一幅墨竹图，遂以此为题，吟出上联："画竹终难生笋。"先生的意思很明显，油腔滑调，没有真才实学，将来是不会有出息的。戴震脱口而出："书灯也可开花。"先生一听，知道戴震年纪虽小，却有很大抱负。不禁拱手向戴震之父说："令郎出口成章，气宇不凡，将来必出人头地。老朽庸才，望另请高明，免误令郎前程。"遂辞馆而去。

戴震珠塘建石坝

名人轶事。相传200多年前，位于华山岭和杨梅山之间的珠塘，年年梅雨季节山洪暴发，不仅冲毁沿途农田水稻，而且水淹屯溪。当时，人们都以为洪水是珠塘龟精作怪。正值青年的戴震，不信神怪。他自告奋勇勘察洪灾现场，根据"决之使导"的规律，精心设计，提出了防洪抗洪方案。他和当地有识之士一道集资，在珠塘筑起一座石坝，高达10米，坝顶长43米、宽22米，蓄水百万立方米。塘口用石块造成闸门，坝下辟有水沟，直通河里。平时关闸门，以利养殖和灌溉。遇山洪肆虐，开闸放水。从此，农田不再受涝，屯溪街不再被淹。

*珠塘旁戴震塑像

徽商妇与纪岁珠

轶事。某徽商娶妇才一个月，即外出经商。徽商妇在家中以刺绣为生，用积攒的钱每年购一颗珍珠，以记丈夫外出经商的岁月。后来丈夫归来时，徽商妇已去世三年，打开盛珠的箧子，已积珍珠20余颗。诗人汪洪度有《纪岁珠》诗，诗云："鸳鸯鸂鶒凫雁鹚，柔黄惯绣双双逐。几度抛针背人哭，一岁眼泪成一珠。莫爱珠多眼易枯，小时绣得合欢被。线断重缘结未解，珠累累，天涯归未归？"清俞樾将此事记入《右台仙馆笔记》。

[六] 徽州文学

民间歌谣 | 徽州楹联 | 文学作品 | 诗社文会
民间文学

一天星 民谣。流行于休宁县。谣词为："一天星，密致致。扡枪扡棒赶狐狸。赶到先生门前过，剥得先生一层皮。先生骂我坏种，还要压我挑粪桶。一挑挑到那边河，一蹉碰着一只鹅。伯母叫我烧烧吃，叔母叫我留着讨老婆。别家讨个红花女，我家讨个矮秤砣。前鸡胸，后背驼。挑担随地拖，做饭头齐锅。上床凳接脚，下床卖鸡驮。隔壁邻居不要笑我，结发夫妻没奈何！"这是一个深受包办婚姻之害男子的怅叹，语言不乏幽默，道出了对封建包办婚姻的不满而又无可奈何。

一只鹅 民谣。流行于休宁县。谣词为："一只鹅，白驼驼，爹爹教我杀杀吃，姨仂（母亲）教我卖卖讨个好老婆。本想讨个红花女，偏偏讨个'矮秤砣'。前鸡胸，后背驼，上床榻（低凳）接脚，下床卖鸡驮（肩背）。隔壁邻厢别笑我，结发夫妻没奈何。"歌谣透露对封建包办婚姻的不满。

十二月劝经 民谣。流行于绩溪县。谣词为："正月茶花开来早分春，媳妇贤良敬大人。二月杏花开来是春分，儿女孝顺敬双亲。三月桃花开来是清明，夫妻恩爱两相亲。四月蔷薇花开立夏近，兄弟和睦度光阴。五月石榴花开是端阳，姑嫂做事要商量。六月荷花开来是暑天，邻舍和睦贵相亲。七月凤仙花开是立秋，劝人清晨就起身。八月桂花开来是中秋，劝人行善莫横行。九月菊花开来是重阳，教子有方老来好。十月芙蓉花开赛牡丹，劝人心胸要开阔。十一月冬至无花采，寒冬雨雪已来临。十二月梅花开来是腊天，转眼就要过新年。"歌谣借用一年12个月所特有的花名，劝人尊老爱幼，家人相亲相爱，乡邻和睦，戒恶行善，勤俭持家。

十二月花名调 民歌。流行于祁门县。歌词为："正月梅花斗雪开，二月杏花送春来，三月桃花红搭白，四月蔷薇朵朵开，五月石榴红又红，六月莲子结莲蓬，七月菱角漂水面，八月桂花满园香，九月金菊家家有，十月芙蓉赛牡丹，十一月腊月无花草，霜打雪压腊梅香。"歌中唱出12个月盛开的主要花卉，教儿童哼唱，具有一定的启蒙作用。

十二都地名谣 民谣。流行于黟县。谣词为："一都历下——县背岭，二都蓬下——四岭，三都石门下——松岭，四都关麓下——长岭，五都桯树下——赤岭，六都株林下——长演岭，七都岩下——楠木岭，八都阜岭下——严岭，九都高山下——金家岭，十都岭下——梓岭，十一都椹树下——羊栈岭，十二都西山下——方家岭。"民谣表达了全县12都的地理分布，每都均有岭，通俗形象，简约易记。

十送郎 民谣。流行于歙县。谣词为："一送郎，送到枕头边，拍拍枕头睡睡添；二送郎，送到床面前，拍拍床沿坐坐添；三送郎，送到槛闼（窗）边，开开槛闼看看天，有风有雨快点落，留我的郎哥歇夜添；四送郎，送到房门边，左手摸门闩，右手摸门闩，不晓得门闩往哪边；五送郎，送到阁桥（楼梯）头，左手搭栏杆，眼泪往那流，右手提起罗裙揩眼泪，放下罗裙透地拖；六送郎，送到厅堂上，左手帮哥哥撑雨伞，右手帮哥哥拔门闩；七送郎，送到后门头，望望后门一棵好石榴，心想摘个石榴给郎吃，吃着味道好回头；八送郎，送到荷花塘，摘些荷叶拼张床，生男叫个荷花宝，生女就叫宝荷花；九送郎，送到灯笼店，别做灯笼千个眼，要学蜡烛一条心；十送郎，送到渡船头，叫一声撑船哥、摇橹哥，帮我家哥哥撑得稳端端。"谣词缠绵悱恻，如诉如泣，淋漓尽致地反映了一位徽商妇百感交集的内心世界。

八八哥 儿歌。流行于休宁县。歌词为："八八哥，浴盆籍，媳妇家里窃面打浆饼。婆婆不识得，锅里浆饼迹。婆婆不得知，锅里浆饼衣。婆婆不相信，锅里浆饼印。"这首儿歌本在一则故事里。据说从前有一户人家养了一只很有灵性的八哥，家中有什么事情它都能编成歌唱出来。有一回，这家的媳妇趁着婆婆外出，偷偷在家里打浆饼（烙饼）吃，又生怕被八哥说出来，便先把八哥盖在浴盆下面。可聪明的八哥还是知道了，待婆婆一回家，它便扯开嗓子唱起了这首歌，唱得媳妇羞愧难当。后来人们常以这则故事来教育孩子做人诚实。

九九歌 民歌。流行于黟县。黟县民间流传"夏至"和"冬至"两首"九九歌"。"夏至九九歌"词为："头一个九，手巾不离手；二九一十八，热得没办法；三九二十七，热得汗滴滴；四九三十六，时刻想洗浴；五九四十五，正是秋老虎；六九五十四，不凉无意思；七九六十三，箱底寻衣衫；八九七十二，防寒早朝黑；九九八十一，收谷上仓柜。""冬至九九歌"词为："冬至起九，冻破碓臼；二九一十八，冻煞冻煞！三九二十七，冻得连踢踢；四九三十六，冻得连抖抖；五九四十五，穷侬冻得苦；六九五十四，冻得咕吱吱；

七九六十三，火篮不离担；八九七十二，到啦暖时刻；九九八十一，犁耙要准备。"这两首民歌，结合夏冬两季气候特点与民间风情，运用乘法数九口诀，以古黟方言押韵成句，形象地表达了人们在这两个季节的感受。

三星照玉堂

民歌。流行于休宁县。歌词为："三星照玉堂，姻缘会佳期。松萝结喜果，玉蕊绽金枝。粮食堆满仓，黄金当马骑。生男占鳌头，生女巧针黹。公婆福寿高，夫妇双齐眉。"这是一首贺婚民歌，颇有地方特色。

大肚病谣

民歌。流行于休宁县。歌词为："肚大腿细人变形，田地荒芜没人问。租户债主凶如虎，十户九家人断根。"此民歌反映血吸虫危害健康，祸及民生。

上梁歌

民歌。徽州民间建屋上梁时，要行祭梁。祭梁时由木匠师傅领唱，众工匠和唱、欢呼。歌曰："金斧一动天地开，鲁班先师下凡来。东家择个黄道日，要做高楼大厦万年台。百样材料都备足，今朝正上栋梁材。金斧响到东，文官在朝中；金斧响到西，福寿与天齐。上有金鸡叫，下有凤凰啼。金斧落地，大吉大利。"

山里囡

儿歌。流行于休宁县溪口镇。歌词为："山里囡，炒扁豆（蚕豆），扁豆松，嫁老公。嫁到哪里？嫁到杨冲。杨冲没人要，嫁到板桥（地名）。板桥没人家，嫁到祖源山。祖源山没门没壁，让老虎拖拖吃。""囡"为休宁方言"女孩"的意思。"杨冲""板桥""祖源山"均为溪口镇附近的村名。歌中串入这些地名，歌词流畅，富有韵律。歌中的女孩被嫁来嫁去，最后落得被"老虎拖拖吃"的结局。这首儿歌实为休宁民间教稚童学语的流行谣，意思是要小女孩从小学好、听话，长大了讨人喜欢，大家抢着要。如果不听话，没人要，会让老虎拖去吃了。

山里好

民谣。流行于休宁县流口山区。谣词为："手捧苞萝馃，脚踏硬炭火，除掉皇帝就是我。""苞萝"为玉米，易于在山地生长，为旧时山民的主食。"硬炭火"指冬季取暖的火桶、火箱、火塘之类。玉米充饥，火炭取暖，与世无争。该民谣表现了山民热爱生活，并且流露出对旧日高层人士的蔑视，也反映了一种自给自足的小农意识。

天竹叶

民谣。流行于歙县。谣词为："天竹叶，绿汪汪。写封信，托我端（拿）。叫爹不要愁，我在苏州做伙头。一日三餐锅巴饭，两日两个咸鱼头。脚嘛乌鸡爪，手嘛火柴头，头嘛是个癞痢头。""癞痢头"，指没有钱到店里理发，师兄弟相互剃头，剃得不光滑，头发一块有，一块无，像生了癞痢疮一般。该民谣反映了旧时徽州人出门学做生意期间的艰辛经历。

木樨花开

民歌。流行于黟县。歌词为："（男）墙里小姐摘木樨，墙外书生讨一朵。（女）一朵两朵有之可，就怕闲人多是非……俺家爹娘规矩好，俺家爹娘家教好；前门上了双金锁，后门贴了纸封边；白绫地底石灰液（走动有脚印），红绫帐上吊金钟（启动有响声）。（男）男有心，女有意，哪怕山高水又深……"情歌反映了青年男女冲破封建礼教束缚对爱情的勇敢追求。

长工歌

民歌。流行于婺源县。歌词为："二月长工二月中，东家搭信叫上工；早上挑水十八担，撞撞跌跌到山中；一日割草七八担，当天俵踏到田中。五月长工五月长，肩挑禾苗去栽秧；一天大千几百行，东家还说我是'乞人郎'……七月长工七月天，挑起谷箩割早籼；清早下田割到夜，腰酸背痛口冒烟……十一月长工十一月中，衣单被薄无火烘；东家大小穿皮袄，何怕冻死老长工。十二月长工十二月终，东家开腔叫下工；拿起算盘来结账，七除八扣两手空。"歌词按12个月时间顺序编写，描绘旧社会长工的劳苦生活，颇具普遍性。

从今不再拜菩萨

民歌。流行于歙县东乡。歌词为："三月三，四月八。油菜花，满头插。芥麦粉，满脸搽。手巾面布腰里插。青布衫，黑背褡。红鞋面，绿鞋褡，扭儿扭儿，城隍庙里拜菩萨。少爷公子一见攀辫搭，拖来扯去，姑娘活吓煞。脸上羞答答，心里火辣辣，对天发誓：从今不再拜菩萨！"该民歌语言淳朴风趣，通过一位乡下姑娘到城隍庙拜菩萨的遭遇，表现了菩萨的虚幻和姑娘心理的微妙、复杂变化。

月光光

儿歌。流行于休宁县。歌词为："月光光，斫柴郎；骑白马，过伦堂（村名）。伦堂铃铛响，金凤银凤对鸳鸯。鸳鸯对，卖韭菜。韭菜不曾秧，去家卖生姜。生姜辣徐徐，去家卖雪梨。雪梨水渍渍，去家卖畚摵。畚摵不摵银，去家讨新人。新人不插花，去家卖冬瓜。冬瓜一肚子，生个好儿子。冬瓜水洋洋，生个好姑娘。姑娘会做花，做枝祷物（什么）花？做枝牡丹花。牡丹花上一点油，观音菩萨坐龙头。龙头龙尾巴，观音菩萨坐莲花。"该儿歌实为启蒙、训练幼儿学语。

劝诫乌烟歌

民歌。流传于休宁县。歌词为："石榴开花杨柳青，劝人不要吃乌烟。吃着乌烟犹自可，驼起背来又叉肩。乌烟本是外国生，外国人家害人精。不知害着人家多少好子弟，不知害着人家多少好后生！""乌烟"即鸦片。该民歌流传于20世纪30年代，指出了吸食鸦片的危害，劝人戒除，语词恳切。一声"害人精"道出了对外国殖民主义者毒害我国同胞的强烈愤慨。

打长工

民歌。流行于歙县。歌词为："腊月腊月中呀，腊月里算钱回家中。东家拨拨算盘子，长工只有两手空。原定工钱二两五，一年又是白辛苦。"该民歌反映旧时长工辛苦劳动一年，年终两手空空的凄惨状况。

节日谣

民谣。流传于歙县东乡。谣词为："正月半，家家户户嬉龙灯；二月二，三粒苞芦一粒豆；三月三，清明上坟家家忙；四月四，不算；五月五，插艾裹粽过端午；六月六，家家户户晒被窝；七月半，家家上祖坟；八月半，中秋月饼香喷喷；九月九，重阳登高吃喜酒；十月半，粮食归仓满囤囤；十一月，又不算；

十二月，杀猪煎糖迎新春。"该谣以农历的节日习俗，反映不同月份的民俗现象。

四月天 民谣。流行于绩溪县。谣词为："四月天，实艰难，秧要暖，麦要寒。种田哥哥要落雨，采桑娘子要晴干。顾得秧来茶要老，顾得蚕来茶要残。"该民谣运用对比的手法，道出了种田哥哥和采桑娘子对四月气候的不同期盼，反映这一季节农家的繁忙，教育儿童从小知道庄稼人的辛苦。

四季调 民歌。流行于祁门县。歌词为："春季里来雨绵绵，日夜那个愁米又愁钱。地主家呀高堂聚，穷人那个人家泪涟涟。夏季里来日难当，日夜那个辛苦为谁忙？流尽血汗呀浇田地，指望那个今年有余粮。秋季里来秋风凉，一家那个大小收稻忙。看看稻谷已割完，地主一量尽收光。冬季里来雪花飘，地主那个身穿大皮袄。餐餐不离鱼和肉，穷人那个饥寒真难熬。"歌词描述了旧社会农民一年四季的劳作生活，揭露了地主阶级的残酷剥削，反映了农民的艰辛与不满。

写封信啊上徽州 民谣。流行于绩溪县。谣词为："青竹叶，青纠纠，写封信啊上徽州。叫爷不要急，叫娘不要愁，儿在苏州做伙头。一日三顿锅巴饭，一餐两个咸鱼头。儿的那双手像乌鸡爪，儿的那双脚像炭柴头。天啊地啊老子娘啊，儿在外面吃苦头。青竹叶，青纠纠，写封信啊上徽州。叫爷不要急，叫娘不要愁，儿在苏州做伙头。儿今在外学生意，心中记住爹娘的话：茴香豆腐干，不能自己端，吃得苦中苦，方为人上人。学好了生意我再上徽州。天啊地啊老子娘啊，没有出息我就不回头。""纠纠"是绩溪方言，指青颜色。"茴香"谐音"回乡"。旧时，徽州人"十三四岁，往外一丢"，在外学生意甚是吃苦耐劳，有"徽骆驼"之称。他们出门时，父母一再叮嘱不能怕吃苦，要好好干，绝不能做"茴香豆腐干"。该民谣以书信的形式反映徽州人出门从贾不怕吃苦，励志成才的心理历练。

对面山上一只鸡 儿歌。流行于休宁县。歌词为："对面山上一只鸡，不孝爹娘只孝妻。爹娘想吃糖烧饼，哪有闲钱买东西。老婆要吃树上梨，通街买遍也没得。老婆吵又骂，丈夫哭悲悲。"该歌谣嘲讽了只知唯妻命是从，而对生身父母不孝顺的儿子。

早日找个男子汉 民谣。流行于歙县。谣词为："红萝卜根，白萝卜根，跟着爹娘无终身。早日找个男子汉，喝茶吃水也宽心。"该民谣以通俗明快的语言，揭示了年轻待嫁姑娘的内心世界。

关起门来砌鞋底 童谣。流行于歙县。谣词为："尼姑头，尼姑蒂，半夜生个小大细。哥哥出门做生意，嫂嫂在家里，关起门来砌鞋底。""细"为方言，即小孩。该童谣反映了徽商出门经商，妻子在家的生活状况。

进学堂 民谣。流行于休宁县。谣词为："摘茶姐，卖茶郎，两斤糕，一斤糖，打发哥哥进学堂。读得三年书，中个状元郎。金童来报喜，玉女来送房。阿姐做新人，阿哥做新郎。"此为一首用语通俗、朗朗上口的劝学民谣。

戒烟歌 民歌。流行于婺源县。歌词为："石榴开花一里尖，姐劝郎哥别吃烟。洋烟本是外国出，解到中原坑杀人。吃得黄皮又骨瘦，吃得驼背又扛肩。百样田地都卖了，老婆儿子也卖光。病在床上无人问，死在床上无人亲。要茶要水到河边，一跤跌倒脚朝天。一个铜锣两下敲，扛到山上去土壅。扛猪扛狗随山去，葬在深山无人哭。"这里所说的烟指旧时鸦片，反映吸食鸦片所造成的种种恶果。

抢亲谣 民谣。流行于黟县。谣词为："东山站着姑，西河蹲着哥。姑儿红着脸，哥儿打哆嗦：你爹心肠狠，彩礼要得多，可我穷哥没奈何？姑儿开了口：说你是傻哥，侬家老规矩，穷汉无钱抢老婆。"该民谣从一个侧面反映了青年女子冲破封建婚姻束缚的反抗精神。

两双眼睛 民谣。流行于绩溪县。谣词为："十八岁哥哥打土块，十八岁姑娘剜韭菜。两双眼睛对呀对，你要韭菜拿把去，你要谈心夜里来。"该民谣反映了旧时农家青年男女敢于自由恋爱的勇气，俚雅兼备。

松萝茶 民歌。流行于休宁县。歌词为："松萝茶，喷喷香，松萝人，好悲怆，爬山爬岭摘茶忙。山越高，茶越好，石壁岩里茶更香，跌断骨头哭断肠。"该民歌真实地反映了昔时山区茶农的艰辛。

卖棉花车 民歌。流行于黟县。歌词为："老朝奉爹，卖棉花车。一卖卖到里山尖，贪侬家三个子鳖滚颠颠。一壶酒，醉腊冽；一碗饭，堆到尖，豆腐腊肉加又添。吃饱饭，好谈天，盐米果糖皮丝烟。拿俺冤孽嫁到山脚底，前也是岭，后也是岭；拿俺冤孽嫁到山中间，前也是山，后也是山。看不见相公骑白马，只见猕猴攀树桠，桂园荔枝不见面，杨桃水楂挂铃啷；听不见大锣大鼓响，只听见山泉响叮当。""侬家三个子鳖滚颠颠"比喻一家三女都长得好。该民歌反映了旧时包办婚姻的现象。

学徒苦 民歌。流行于休宁县。歌词为："学徒苦，学徒愁。头上戴栗包，背脊驮拳头。三餐白米饭，两个咸鱼头。"该民歌反映了徽商学徒的艰辛痛苦。

项家山 民歌。流行于休宁县。歌词为："白际岭，项家山，一棵白菜吃三餐。脚踏碓，水难担，一担水要转三个湾。情愿嫁个种田佬，切莫嫁到项家山。"民歌从一个侧面反映了旧时休宁县"白际岭""项家山"这些山区生活条件艰苦、人民群众盼望得到改善的心情。

城里有官府 民谣。流行于绩溪县。谣词为："城里有官府，乡下有山坞。城里有铁索狞狞，山里有红藤葛藤。""红藤""葛藤"为蔓生植物，细长柔韧，缚物十分牢固。该民谣反映了旧时农民对官府的蔑视及针锋相对,如果官逼民反,民不得不反,野藤也是可以用来缚官的。

茶区歌 民歌。流行于徽州茶乡。歌词为:"阳春三月谷雨前,男男女女进茶园。走到茶园一身汗,弯腰采摘累难言。手工制茶苦难当,一夜三代熬天光。插得秧来茶又老,采得茶来秧又黄。茶叶两头尖,三年两头要发癫。二十两秤当一斤,茶农有冤无处申。茶叶不值钱,磨碎当黄烟。茶叶贱如糠,捐税凶似狼,沿门讨饭飘异乡。"该民歌一般唱于茶季,反映旧时茶农的辛苦和备受欺压。

牵茶歌 儿歌。流行于休宁县。歌词为:"牵茶哥,磨茶郎。一斤糕,两斤糖,打发团仂家进学堂。读得三年书,中个状元郎。金童来报喜,玉女来送房。阿妹做新人,阿哥做新郎。"该儿歌为游戏时所唱,唱时多两人手牵手,一俯一仰地摇动。该歌词表现了旧时人们对男孩的期望。

点点脚 民谣。流行于休宁县。谣词为:"点点脚,绕阿绕,绕上田摘羊角。羊角不曾生,上山摘黄樱。黄樱不曾红,下城买灯笼。灯笼红彤彤,照我嫁老公。嫁个洋学生,讲我有眼不识丁,一双小脚得人憎。公婆犹自可,丈夫要离婚。我怨娘亲心肠狠,娘讲裹脚是正经。我想读书识个字,娘亲骂我囡儿精。只讲娘亲千般苦,害着做囡的一生。"该民谣产生于清末民国初期,看似一个饱受缠足和没文化之苦的女儿对母亲的怨恨,其实真正被怨恨的是摧残妇女的旧式伦理制度。

看戏 民歌。流行于绩溪县。歌词为:"一只鸟,吱啊吱,吱到娘家去看戏。看了么仂戏?看了沿路祭。么仂陪戏果子?苞萝炒萝蒂。做么仂不看看添?俺要去家领大细。做么仂不带起?尿屎不漓至!""沿路祭"为绩溪民间习俗,是送葬时在路上祭奠的一种形式。"么仂"为绩溪方言"什么"之意。"苞萝""萝蒂"指玉米、高粱。"大细"指孩子多,大的大、小的小。"不漓至"即不干净。该民歌具有浓郁的地方特点,虽是讥笑山里妇女缺少见识,把路祭当戏看,但透过字里行间,不禁令人深思造成这种现象的原因;同时也反映了农家妇女生活的艰辛和清苦。

看指纹 儿歌。流行于徽州各地。歌词为:"一罗穷,二罗富,三罗开当铺,四罗打草鞋,五罗卖柴,六罗挑合,七罗做贼,八罗八相公,九罗九不识,十罗打煞人。"该儿歌将民间迷信观念中有关指罗圈数的预示之兆编入歌词,表现了一种幼稚、朴素的信念。

看娘亲 民歌。流行于休宁县。歌词为:"一只鸟,绿茵茵;买花钱,穿花针,做双花鞋看娘亲。娘亲带我十个月,月月都担心。生男犹自可,生女冷冰冰。"该民歌表现出嫁女儿体恤母亲养女的艰辛。"生男犹自可,生女冷冰冰"一句,揭示了旧社会重男轻女的观念。

保长儿子 民歌。流行于黟县。歌词为:"保长儿子甲长孙,把侬金钱一口吞。土棍挂皮带,私娼当太太,日高抽大烟,夜里寻外快。"该民歌揭露了旧社会一些保长、甲长和土棍的不法行为。

信奉母亲不要愁 民谣。流行于徽州各县。谣词为:"信奉母亲不要愁,男儿在外当伙头。初一十五三块肉,一精一肥一骨头。猫弟弟,拖了去;狗哥哥,咬转来。手竟好像乌鸡爪,脚竟如同火把头。周身一个污糟片,捧起碗来眼泪滚。伏望加珍要保重,男儿叩上又磕头。"该民谣以书信形式反映了旧时徽州人出门经商当学徒的艰辛生活。

扁担钱 民谣。流行于绩溪县。谣词为:"赌博钱,水边沿。生意钱,三十年。扁担钱,万万年。"该民谣意思是赌博赢得的钱来得快去得也快,不是真正的财富,而辛苦挣的钱才最值钱。劝人勿将赌博作为生财之道,真正的财富要靠辛勤劳动得来。

结竹营 民歌。流行于休宁县。歌词为:"一路攀上结竹营,山又高来路又窄。满山茅草棚真多,不知哪个棚里好做窝。"这是一首反映棚民生活的民谣。由于战乱和灾荒,始于明、盛于清,一些外地人迁入休宁一带垦荒为生,他们多在穷乡僻壤之地搭棚而居。民歌中的"结竹营"位于休宁县偏远的白际乡东端,是棚民的聚居点。该民歌以姑娘挑婆家的口吻反映了棚民生活的艰苦。

接外甥 俗称"嬉在外婆家"。儿歌。流行于休宁县。歌词为:"一只鸟儿叫喳喳,叫到伦堂接外甥。外甥堂前坐,舅母灶下走马灯。一碗茶,冷冰冰;一碗面,两三根;一碗萝卜没得肉,一碗青菜没油腥。"该儿歌反映外甥被接到舅舅家,外婆虽是欢喜,但当家的舅母接待却不热情。

望春妹 民歌。流行于歙县东乡。歌词为:"这山望到那山冈,望到春妹在砍柴。春妹无柴我来砍,春妹无水我来挑。葛藤开花藤连藤,你我都是年轻人。你不嫌我单身汉,我不嫌你是穷人。庄稼枯了无人帮,衣服破了无人补。哪天才能娶亲人,一个穿线一个补。"这是一首感情淳朴的农家情歌,唱出了穷后生渴望成家的心情。

葫芦峰 儿歌。流行于绩溪县。歌词为:"葫芦峰,抖忙忙,抖过山,抖过岭。问你家姑娘肯不肯?肯,肯,肯,三担包,两担饼;花花轿,门口等,萝秸秆,当轿杠,喜喜菜花盖轿顶。"包子、糕饼为旧时绩溪婚嫁时必备的吉祥物。"喜喜菜"即荠菜。该儿歌反映了绩溪一带的婚俗。

等郎媳 民歌。流行于休宁县。歌词为:"娘啊娘,做事真荒唐。你讲把我掭(给)个好人家,童养媳等童年郎。我大渠(他)十岁甚样讲,不像老婆不像娘。驮(抱)着要撒尿,哭着要吃糖。日间领渠嬉,夜间驮上床,清早起来还要帮渠着衣裳。等得郎大我已老,等到有儿又同样。"该歌谣通过一个童养媳哀怨的叙述,反映了封建婚姻制度对妇女的摧残。但在当时,她们发出了"等到郎大我又老,等到有儿又同样"的哀叹之后,也只

嫁女哭别歌 民歌。流行于黟县。姑娘出嫁离开娘家前，由男方红婆将姑娘从房中背出，坐于厅堂正中椅上，两边放着长櫈，坐着母亲、嫂子、叔伯、婶娘等10人，以示十全十美。哭别从母亲开始，其哭如歌如唱，多谆谆嘱咐之词，如："在家结九人好，出嫁要结十人缘。尊敬公婆天样大，夫妻恩爱日月长；和睦邻里第一事，看见长辈讲礼仪；叔伯妯娌宜谦让，大姑小姑勿逞强。"母亲哭后，由婶娘等人分别哭。谓"不哭不发，一哭大发"。哭后，由红婆对新娘跪拜，换上龙凤花衣，坐上花轿而去。

蜘蛛吊水过难关 民歌。流行于绩溪县。歌词为："蜘蛛吊水过难关，初做媳妇实艰难。灯盏量米大锅饭，指甲蘸盐当三餐。堂前来把公婆问，走到堂前开口难。今朝有米何消问，明朝无米靠何人？锣靠鼓，鼓靠锣，山上树木靠石塔，年轻媳妇靠公婆。"绩溪儿童将蜘蛛结网挂丝称作"蜘蛛吊水"。该民歌以此形容新媳妇诚惶诚恐、小心翼翼操持家务的情形，反映了旧时妇女的不平等地位。

瞌睡虫 民谣。流行于休宁县。谣词为："瞌睡虫，瞌睡虫，瞌睡来了不由人。但愿公婆早早死，童年媳妇好做人。（婆婆：狗□，讲什么？ 媳妇：我讲呀——）瞌睡虫，瞌睡虫，瞌睡来了不由人。但愿公婆千百岁，童年媳妇好做人。（婆婆：狗□，讲得好，灶下一碗冷粥端去吃吧。）"该歌谣有唱有白，表现了一个童养媳的怨恨与机智。婆婆给童养媳的"奖赏"竟然是一碗冷粥，这最后一句道白反映了童养媳生活的凄苦。

踢毽歌 民歌。流行于祁门县。歌词为："正月一个礼，二月一个宵，三月清明节，四月谷雨中，五月端午节，六月绿豆香，七月七七夕，八月中秋会，九月九重阳，十月做衣裳，今年着明年补，后年赤屁股。"该民歌为踢毽子时所唱。唱完一首也正是踢者所踢之数，中途毽子不落地者胜出。

嬉在外婆家 见413页"接外甥"条。

颠倒歌 儿歌。流行于原徽州各地。绩溪县流行的一首为："姐在房中头梳手，听见门外人咬狗，拿起狗来掷石头，又怕石头咬了手。"歙县曾流行一首："倒唱歌，顺唱歌，河里石头滚上坡。先生我，后生哥。爷婆娘，我打锣。我从外婆门前过，舅舅还在摇外婆。"这类儿歌故意颠倒事理，妙语错综，情趣横生，对好奇心求知欲强烈的儿童有较强的诱惑力，促使他们去寻思与探索。

赞梁词 民歌。流行于徽州各县。民间造新房"起屋上梁"时，要行祭梁。祭梁时由木匠师傅念赞梁词，词为："手拿一把双锤，此锤是对非凡锤。一锤打得天门开，二锤打得地门开，三锤打得荣华富贵，四锤打得四子发财，五锤打得五子登料，六锤打得六六大顺，七锤打得七女下凡，八锤打得八仙都到，九锤打得九世同堂，十锤打得高高起，荣华富贵万万年。双锤落地，万事吉利。"建房东家为图上梁吉利，希望木匠师傅多说好话，往往备猪头一个、四色礼和红纸包（钱数不定），送给木匠作头。

歙南九九歌 民歌。流传于歙县南乡。歌词为："一九得九，雪里行走；二九一十八，冻煞下巴塌；三九二十七，凌丁挂板壁；四九三十六，老头焐被窝；五九四十五，起劲打锣鼓；六九五十四，蜜蜂叫嗞嗞；七九六十三，衣衫挂扁担；八九七十二，燕子飞进门；九九八十一，老牛没得嬉。""四九"大冷，所以老人爱"焐被窝"；"五九"一般在春节后，正是农村娱乐的时候；"九九"春耕已开始，休整一冬的老牛自然"没得嬉"，要开始干活了。该民歌用歙县南乡方言同算术乘法口诀搭对，将当地风情与气候紧密结合。

徽州民谣 徽州民谣从地域上来分，有歙县民谣、绩溪民谣、休宁民谣、黟县民谣、祁门民谣、婺源民谣，并因方言不同有着各自的特点；从内容上来分，有徽商民谣、生活民谣、劳动民谣、爱情民谣、哲理民谣、风尚民谣、游戏民谣等。它们具有地域性鲜明、题材多样性和艺术独创性的特点。有些民谣在徽州境内广泛流传，但在不同县境有不同的流传版本。如徽商民谣中的"前世不修，生在徽州。十三四岁，往外一丢"，就有歙县、绩溪和祁门的不同版本，而在绩溪又有两个版本："徽馆学徒"和"爹娘高兴煞"，一苦一乐。徽商民谣曾对徽商的形成和发展产生过积极的影响，是徽商历史的生动写照，具有特别的价值和重要的历史地位。不少民谣能够密切反映当时的社会生活，而有些民谣在流传的过程中，随着社会的变迁而不断发展。

徽州民歌 地方民歌类别。古徽州人在辛勤劳作之余，用民歌装点生活、记录生活。徽州民歌内容丰富，涉及劳动、节气、婚姻、建筑、风水、民俗等。具有鲜明的地域性，古朴、典雅、高亢、委婉兼具，一波三折，具有鲜明的江南文化色彩与富有特色的古山越文化气息。徽州民歌来源于生活，反映了生活的状况。徽州民歌是徽州人民劳动、生活、情感的写照，融入了徽州人民一代又一代的丰富感情，经过不断吟咏、创作，口口相传，浓缩了徽州的人文精华。每一首民歌背后，都是或骄傲或酸楚的故事，或诉说生活的快乐，或抒发复杂的情感、宣泄心中的苦闷与烦恼。语言朴素，情感真挚，保留着徽州文化的原生态。体裁多样，有号子、山歌、小调及佛教、道教歌曲。小调中又有不少民俗、歌舞。徽州民歌皆用徽州的土语吟唱，其中保留了大量徽州方言俚语、古词古调，且由于徽州方言的复杂多样性而呈现不同的风采。如方言中的"细"意为"小"，"嬉"意为"玩"，另如"簇簇新""圆糯糯""甜丝丝"等叠词的运用都颇具风味。徽州民歌语言形式活泼、多样，有五言、七言句，也有长短句结合，方言发音多为押韵。徽州民歌表现力丰富、节奏明快，具有徽州咏叹调的艺术魅力，特别是一些饱经风霜的老人如痴如醉、一唱三叹，能深深打动每一位听者。

徽州文化大辞典

[七] 徽州艺术

新安书画
徽派版画
徽派篆刻
徽州戏曲
舞乐游艺
徽州工艺

[七] 徽州艺术

新安书画　徽派版画　徽派篆刻　徽州戏曲　舞乐游艺　徽州工艺

丁云鹏玉川煮茶图　明休宁丁云鹏绘画作品。此画取材于唐诗人卢仝(号玉川子)嗜茶的传闻，取其《走笔谢孟谏议寄新茶》诗意，于万历四十年(1612年)在虎丘为陈眉公而作。画为长卷，背景是一片蕉林修篁和一座太湖石假山，前景为卢仝与茶友煮茶。卢仝坐其中，手执团扇，目视茶炉，全神贯注。图左一仆，拎壶而去，图右一婢，捧盘而来。整幅画宁静闲适，画活了煮茶人神情举态，透出作者对茶意的深刻理解。画布局疏密得当，上部大块空白，显出天意高远；下部错落有致，植物脉络清晰，假山筋骨挺立，人物须发可辨，仪态可人。着色以绿为主，整个画面绿韵盎然，宛如茶汤浸润漫透，缕缕茶香袅袅而出。现藏北京故宫博物院。

丁云鹏佛像图　明休宁丁云鹏绘画作品。此画作于万历十八年(1590年)。绵纸，横幅。纵21.4厘米，横29.2厘米。画中央一罗汉端坐在一块长毯子上，旁边一只小猴手捧仙桃献罗汉，罗汉右手扶膝，左手伸出欲接仙桃。作者采用白描手法，细细勾勒。右下方题"庚寅春月丁云鹏熏沐敬写"，下钤朱文"南羽"方印。现藏歙县博物馆。

丁云鹏秋景山水图　明休宁丁云鹏绘画作品。绢本，设色。纵63.5厘米，横27厘米。此图写秋季天高气爽，万木红绿相间，高人曳杖桥头赏景。远山毕现，屋舍掩藏。山水相环，景致宜人。图取法董巨，用笔凝重圆润，有别于丁氏的平常手法。丁云鹏的画法，早期细秀，晚年粗略，此幅已由工致趋向简劲，应为其中年所作。画中石法、树法浑厚拙重，别有韵味。现藏广东省博物馆。

丁云鹏绘程氏墨苑原稿散页　明休宁丁云鹏绘画作品。两开绢本，一页行书题"玉堂花瑞"，下用白描绘圆形双界框，内绘一坛盛开的牡丹。左下钤云鹏朱文长方形篆书印。左边白描绘长方形双界框，内绘一枝从右伸入画面的盛开数朵菊花的菊枝。另一页行书题"天禄青藜"，下用白描绘长方形双界框，内绘一执杖老翁，左下钤云鹏朱文长方形篆书印。左边白描绘椭圆形云海，内题"金不换"和"万历甲辰年"。图下由程君房自题，并钤"约"白文方印。现藏安徽中国徽州文化博物馆。

丁云鹏夏山欲雨图　明休宁丁云鹏绘画作品。画上云山、烟树、农舍、舟桥布局精工，笔墨遒劲，层次丰富，柔润而有骨，达到枯而求润、元气淋漓的艺术效果。丁云鹏以人物画名世，传世山水画不多。现藏日本东京松涛美术馆。

丁云鹏漉酒图　明休宁丁云鹏绘画作品。此画作于万历二十年(1592年)。纸本，设色。纵137.4厘米，横56.8厘米。画中描绘的是东晋陶渊明漉酒的生活情景(漉酒即将所酿的新酒用纱布过滤澄清的一道工序)。画为郊外绿树成荫，野菊丛生。平坡上陶渊明脱巾散发，籍虎皮而坐，风神潇洒，气宇轩昂，倾身与二童子漉酒。三人的动态、神情真切，其倒酒之状，若有声响出绢素。此画设色古艳，笔法精练又富有变化，人物的衣纹简劲锐利，恰当地表现了麻布的质感。须眉、头发的笔法精细而蓬松，描绘生动。背景为古柳参天，柳菊相应，点明了夏末秋初酿酒的节候特征，也渲染了陶渊明的独特品格。树干和岩石用笔皴染结合，干湿互用，笔法和墨色疏密、浓淡不同，层次分明。在布局上，高大叶密的柳树和短小的白菊对比，显出菊花的傲霜不凋，隐喻了人物性格的高洁。漉酒人物安排在画幅正中，比例为一高二低，利用对比，相互烘托，使主题和主要人物更加突出。石案上的琴书酒具，既和人物有联系，又体现了陶渊明多方面的修养。这些都可看出画家的别具匠心。此图左下石上署有"漉酒图丁云鹏"，钤"云鹏"朱文椭圆印、"南羽"朱文印。款署"壬辰"。现藏上海博物馆。

天都十子　对清初龚贤所列举的天都画派中程嘉燧、李永昌、方式玉、王尊素、渐江、吴岱观、汪之瑞、孙逸、程邃、查士标10位画家的统称。这10位画家有的生活在徽州本地，有的寓居外地，但他们的籍贯都属徽州，故后人以其家乡名山黄山上的奇峰"天都"二字冠名。他们都是新安画派的主要画家。

天都派　新安画派的别称。清康熙年间，龚贤在题山水卷的一段跋语中谈道："孟阳开天都一派，至周生始气足力大。孟阳似云林，周生似石田仿云林。孟阳程姓，名嘉燧；周生李姓，名永昌，俱天都人。后来方式玉、王尊素、僧渐江、吴岱观、汪之瑞、孙逸、程邃、查士标，又皆学此二人也。诸君子并皆天都人，故曰天都派。"意思是徽州画家中，程嘉燧开创"天都派"，到了李永昌稍有成就，后来的方式玉、王尊素、僧渐江、吴岱观、汪之瑞、孙逸、程邃、查士标风格也都是学习程嘉燧、李永昌。龚贤上述画跋大致勾勒出了一个画派的轮廓，"天都派"由此得名。

云溪堂帖 云溪堂中的书法丛刻。云溪堂是歙县许村许氏家族的一个支祠，建于明万历年间。该帖由歙县许世魁于万历三十三年（1605年）前后汇刻于吴郡。此帖为表彰许氏先德所作，青石质地、规格不一。共有四个部分：一是赞云溪公（许克复）输家以资佐军国，义而旌其里的"大宅世家"钦赐匾书，祝吏垣书；二是"云溪草堂诗帖"，许梅先集当时名公巨卿庆贺诗赋，文宪光书；三是王安石撰《古歙许氏宗谱传》和许元撰《古歙许氏世次图序》，文宪光书；四是董其昌、申时行、祝世禄、范允、凌汉翀、潘振、张凤翼等为《云溪堂》所书跋文，杜国祯镌刻。云溪堂中进因年久失修现已倒塌，只留有最后一进，其宽12.7米，深35.6米，左右山墙嵌有"云溪堂帖"刻石15块。

方士庶仿古山水图 清歙县方士庶绘画作品。纸本，设色，册页。纵38.6厘米，横26.7厘米。画中飞泉高挂，溪流曲折，草木萧疏，墨色酣畅，自然生动；两岸的高崖和平冈错落，城门楼阁点缀其间；后山群峰峥嵘，山外有山，境界幽奇。虽然画面构图较满，景物繁杂，但通过巧妙的布局与丰富的笔墨变化，达到井然有序、辽阔深远的效果。近处的山石和远处的层层高山，由实到虚，渐次推远；平冈上的树木由浓至淡、虚实有度，与近石远山、近泉远瀑在空间上达到了自然的协调与统一。笔法也灵活多变，或中锋勾画，或侧锋挥洒，或圈或点，或皴或染，皆自由松动；尤其是远处山峰表现得十分舒放，与树木楼阁的谨严勾勒形成鲜明的对比。现藏上海博物馆。

方元焕秋江渔隐图 明歙县方元焕绘画作品。绢本，墨笔。纵147.8厘米，横41.8厘米。图中以写意的笔法，描绘了远岫缓坡浮于江天之间的自然景观。只见堤岸之上，秃柯醉枫三两交立，水边一叶扁舟点破沧浪，闲者踞坐船头，独钓寒江。此图笔简意赅，出新意于法度之中，寄妙理于豪放之外，极具墨法之趣。图左上书有自题诗一首，款署"两江""两江方季子印""小山居士"。左下钤"海昌钱镜堂"藏印，右下钤"新安汪文图籍"印。现藏安徽省博物馆。

方琦花画轴 清绩溪方琦绘画作品。纸本，设色。画面为菊、石，角题七言诗两句。款落"方琦画"，钤"方琦"白文印一方。现藏绩溪县文物管理局。

为惟敏画山水图 见418页"弘仁松壑清泉图"条。

丛林寺壁画 壁画作品。丛林寺位于歙县绍濂乡小溪村，始建于唐太和五年（831年），北宋宣和四年（1122年）徙建，曾于明天启六年（1626年）大修，清同治七年（1868年）重修。大殿影壁背面绘有一幅宽4.16米、高2.6米的水墨壁画，由于粉墙磨损甚，画作已漶漫不清，从残留墨迹中，可见仙佛人物、云林胜境。在大殿后壁、侧壁上绘有白描观音像24幅，俱为圆形构图，直径67厘米，有"童子拜观音""渡海观音""侧坐观音"等形象，除一幅外都绘有山水花树背景，画面线条流畅，构图精妙。人物风姿怡态，眉目传情，然皆无款识。清道光《歙县志》载："殿后有丁云鹏水墨罗汉像。"民国《歙县志》载："壁有丁云鹏水墨观音罗汉像。"故认为丛林寺壁画为明休宁画家丁云鹏所绘。

弘仁丰溪秋色图 明末清初歙县弘仁绘画作品。此画作于清顺治十七年（1660年）。纸本，立轴，水墨。此幅山水笔墨取法于倪（瓒）、黄（公望）之间，而自具面目。山石尚简，用干笔淡墨勾勒，线条爽利，转折处或圆转露棱角，少皴擦而有山石方硬的形体，布局精密，结构严谨。左上角有渐江钤印、题识。现藏中国台湾"历史博物馆"。

弘仁天都峰图 明末清初歙县弘仁绘画作品。此画作于清顺治十七年（1660年）。纸本，立轴，设色。纵307.5厘米，横99.6厘米，此画近景为两古松虬曲扭结，中景山峰陡峭，直插云天，笔法松秀，山石棱角方硬，行笔极清劲，笔笔清晰可见。山迎阳一面浓墨勾皴，不加罩染，稍后染以淡墨，托出了主峰的体积感。现藏南京博物馆。

弘仁西岩松雪图 明末清初歙县弘仁绘画作品。此画作于清顺治十八年（1661年）。纸本，设色。纵192.2厘米，横104.8厘米。题款"西岩松雪，辛丑春为象也居土图。弘仁"。作品中大山兀立，山石如刀削般险峻而清朗，岩石上的偃松则冷峻静寂。整幅作品布局精密，结构严谨而无板滞感，得风神懒散、气韵荒寒的奇致。现藏北京故宫博物院。

弘仁竹石幽居图 明末清初歙县弘仁绘画作品。此画作于清顺治十六年（1659年）。纸本，立轴，水墨。画断崖脚下，孤室筑于巨石之上，疏竹依傍，泉溪回绕，青松与枯木皆挺拔而立，意境简淡清逸，远离尘埃。现藏天津艺术博物馆。

弘仁仿倪云林山水图 明末清初歙县弘仁仿倪云林山水画作。❶清顺治十八年（1661年）作，纸本，立轴，墨笔。题款"辛丑九月，雄右属为且先居士。弘仁"，钤白文"渐江"印。题跋："枫香吹遍荻花天，何事明湖不着船。欲抛渔竿乘月去，笛声吹彻万山烟。"现藏北京故宫博物院。❷纸本手卷，水墨。题款"七月十日写图并为长歌赠古民先生瓒"，钤"弘""仁"印。卷首有陈鸿寿题端"溪山淡宕"。画面近景为几树枯槎立于水滨；中景为几间村舍横斜错落，小桥流水，一座茅亭；远景为一带丘山绵亘开去,境界开阔。似一首冷逸淡雅的田园诗。此作表现手法得倪云林的简淡,疏放秀逸,但是比倪画更简括生秀,用笔也更见刚直。小楷长款亦端严瘦硬,意在欧阳率更与柳诚恳之间,与画面颇为协调。

弘仁江边独棹图 明末清初歙县弘仁绘画作品。此画作于明崇祯十年(1637年)。纸本,立轴,水墨。题款"淡山如客树如禅,意到无声各杳然。落笔不知谁是画,和身都入水精天。丁丑六月于水香庵。渐江",钤"弘仁之印"印。此作为弘仁学倪瓒的山水画,画面与景色基本遵循倪瓒画的程序,近景坡岸古树,中景一片空白,是为水的世界,后为远山。豁出寥廓天宇,境界荒凉空寂。所不同者,倪瓒画中多不见人,而此江上有一小舟,舟上尚有高士独坐。

弘仁林泉图 明末清初歙县弘仁绘画作品。此画作于清顺治十六年(1659年)。纸本,立轴,设色。纵89.4厘米,横41.8厘米。此画江中巨礁上虬枝恣肆飘逸,迎风微荡;占据画面中心的是以简笔勾画的山石,同样用笔寥寥而意蕴跃然。现藏上海博物馆。

弘仁林樾寻梅图 明末清初歙县弘仁绘画作品。此画作于清顺治十五年(1658年)。纸本,立轴,设色。此图写南京聚宝门(今中华门)外梅岗惠应寺的景色。题款"惠应寺林樾荒古,游屐罕通。元美居士渊穆爱静,停装偃息其中,许子逢尧与俱焉。良友异乡昕夕相对,信足乐也。学人探梅南郊,移筇过访,集言两日,颇洽清欢。隔畦普照,化化火逢老导。余至前又出近所作梅花诗歌咏其下,意兴酣适。俄而,夕阳在山,天风拂拂,竹影琳宫,荡为金碧。生平韵事,于此轶畅。别归涂此用赠元翁,以志一时良遘。戊戌二月初旬,渐江学人弘仁",钤"弘仁""渐江僧"印。据《弘仁年表》载,这一年春天,弘仁在南京宿惠应寺。画面构图巧妙,山水环抱,大出古人畦径。用笔简约,林木萧疏,屋宇清樾,人物传神。

弘仁松溪石壁图 明末清初歙县弘仁绘画作品。此画作于清顺治十三年(1656年)。纸本立轴,设色。画面右上作者自题"渐江学人寄伯行居士"。作品笔墨苍劲整洁,设色淡雅,多干笔焦墨,营造出清寂冷逸的山川画面,寓伟峻沉重于清淡简远之中,意趣高洁。整体画面,格调高古清雅,有浓重的宋元之遗风残留在画面当中。现藏天津艺术博物馆。

弘仁松壑清泉图 又称"为惟敏画山水图"。明末清初歙县弘仁绘画作品。此画作于清顺治十三年(1656年)。纸本,图轴,水墨。纵135.8厘米,横60厘米。钤朱文"弘仁"、白文"渐江僧"印。题款"渐江学人弘仁为惟敏先生写"。是弘仁晚年作品。画面左繁右简,大山斜立,顶部转折,轮廓疏朗,间有碎石松树倚傍点缀。疏中有密,密中见疏。山侧有水口溪流,流水呈装饰性趣味而少鲜活流动之姿。笔墨取法倪黄,山石尚简,用干笔淡墨勾勒,线条简练,转折处有棱角,岩石中的松树疏朗清丽,大山斜立,山转水流,画面生动,富自然意趣。整幅画风神懒散,气韵荒寒,如世外高人,纤尘不染。现藏广东省博物馆。

弘仁雨余柳色图 明末清初歙县弘仁绘画作品。此画作于清顺治十三年(1656年)。纸本,墨笔。纵84.4厘米,横45.3厘米。自识"雨余复雨鹃声急,能不于斯感暮春。花事既零吟莫倦,松风还可慰宵晨。为闲止社兄写意于丰溪书舍,丙申三月渐江弘仁",钤"弘仁"朱文圆印。另钤"润州戴植字培之鉴藏书画章"朱文印。此图江渚遥岑,水波不兴,山体坚凝,村舍掩映。山石结构严谨而用笔松灵,墨色滋润,呈现出一派春柳又绿江南岸的清新气息。现藏上海博物馆。

弘仁始信峰图 明末清初歙县弘仁绘画作品。此画作于清康熙二年(1663年)。纸本,立轴,设色。纵124厘米,横84厘米。描写黄山始信峰景色,右下部以简洁的线条,勾出大片空白,略作皴点,作坡石状,显得纯净空灵。一块巨岩从右下角直插画面中部;岩下一溪,岩上一径,溪径旁数株古松,点缀其间。画的左部,坡石之上,一片石林,参差嵯峨,如凿如削;岩石缝中,奇松或丛或片,隐现其中。右部巨岩之上为一平坡,坡上丛树茅庐,庐内空无一人。茅庐之上,直插云霄者,即为始信峰。峰上曲径盘绕,峰下千仞壁立。左上部有渐江自书款,右部有王艮题识。现藏广州美术馆。

弘仁枯木竹石图轴 明末清初歙县弘仁绘画作品。此画作于清顺治十七年(1660年)。纸本,水墨。渴笔淡墨写寒柯片石,几丛小竹点缀其间,格调冷峭秀逸。题款耐人寻味:"古木鸣寒鸟,深山闻夜猿。唐句也。"这是作者借诗抒怀,以画寄情,追求一种空远寥廓的岑寂意境。自署"庚子腊月灯下重题于澄观轩中,弘仁"(澄观轩位于歙县五明寺内)。现藏浙江省博物馆。

弘仁枯槎短荻图 明末清初歙县弘仁绘画作品。纸本,立轴,水墨。此图所绘为弘仁的诗友香士的书斋。简陋的茅舍与陈设衬托出主人品格的高洁与孤傲,虚堂静敞,门外二树枯槎直指苍穹,一湾清浅的溪流汇集成潭,环绕在高低错落的岩石间,水波不兴,犹如主人不逐名利的平淡心境。石边,水际短荻丛生,清润可爱,为这幽寂的贫士生活增添了几许生趣。前景池环石抱,池边岩石用棱角分明的直线、横线空勾,几无皴染;池水用大片的留白来表达,不擦一笔;塘侧,几丛芦花迎风而立,笔致柔婉。不远处野屋一椽,亦用直线勾画,线条规整、细劲,屋内空寂无人,两株古槎高耸屋前,枝疏叶落,给人以纯净、空漠之感。远处大片空白,不着一笔,似天、似水或水天一色,显得空明、悠远。整幅画墨色枯淡,用笔简疏,无大块点染,无跃动的笔触,一股洁净、冷寂、清逸之气从纸上溢出。

弘仁柳岸春居图

明末清初歙县弘仁绘画作品。纸本,扇面,设色。纵16.8厘米,横51厘米。画面尺幅虽小,但极尽丘壑之深远。扇面的右边高冈上悠然矗立一亭,边上一丛青竹飘逸而俊雅。随着山势的逐渐降低,豁然于眼前的是一曲铁盘丝的虬松,其随意清雅的风姿是画中的点睛之笔。画面右侧则用淡泊之笔勾勒出一片山石,更突出了画面的深远和宽广。现藏南京博物馆。

弘仁临水双松图

明末清初歙县弘仁绘画作品。纸本,斗方,设色。纵25.2厘米,横25.3厘米。此图弘仁极少用粗笔浓墨,也少点染皴擦,不让作品中出现丝毫粗犷霸悍、张扬外露的习气,全以精细的松灵之笔徐徐写出,于空灵中显充实,呈现出一派纯净、幽旷而又俊逸的意境。现藏上海博物馆。

弘仁幽亭秀木图

明末清初歙县弘仁绘画作品。此画作于清顺治十八年(1661年)。纸本,水墨。此画为赠送歙县呈坎(今属徽州区)一位信奉佛教的儒生罗衮期(字岳生)所作。题款"辛丑结夏澄观轩为作幽亭秀木图,奉岳生大居士教。渐江学人弘仁",钤"弘仁""渐江"印。有罗衮期小跋:"启悟师久慕渐江笔意,属予代索,遂以寄予者转赠之。"又有弘仁侄江注题诗:"吾师漫写倪迂意,古木孤亭水石幽。优钵昙花题品在,禅门珍秘抗王侯。为启公题家师笔。"此作为倪瓒风格之变,作平远布局,近处坡岸茅亭,亭前后有松杉杂木高耸,略去浅水遥岑,使前景成为独立的主体,加强了山石结构的表现,产生较为平和的亲切感。画上坡石用笔为倪瓒独特的折带皴,若淡若疏,骨力内蕴。树木的勾勒点染也出之以简疏的笔法,中锋下笔,复笔皴擦,看似简淡,实含腴润。现藏北京故宫博物院。

弘仁晓江风便图

明末清初歙县弘仁绘画作品。此画作于清顺治十八年(1661年)。纸本,浅设色。纵28厘米,横243厘米。弘仁与歙县西溪南(今属徽州区)吴羲是好友,《晓江风便图》就是送给吴羲赴扬州的赠别之作。自题"辛丑十一月,伯炎居士将俶广陵之装,学人写晓江风便图以送。揆有数月之间,蹊桃初绽,瞻望旋旌。弘仁"。后有石涛、吴羲、程守、许楚等四家长跋。此图写练江入新安江一带的实景,右景、中景写练江沿岸霞山、将军山诸山嶙岩峭峙,林木萧疏,溪寒水涸,饶有冬意;左景写新安江对岸晓雾迷蒙,烟峦重叠,远处两帆齐驶,近处一舟挂帆而行,并有人物点缀其间。点出"晓江风便"题意。采用平远法构图,画面横向展开,境界辽阔,悠远壮丽,峻逸幽旷。用笔出自倪瓒的"折带皴",但更加灵活多变,富有生活气息,表现出自家风格。所绘江面平静,山石秀丽,富有较强的生活气息。现藏安徽省博物馆。

弘仁峭壁竹梅图

明末清初歙县弘仁绘画作品。纸本,水墨。构图简致,古风流韵,禅宗奥旨,意境高远。全幅左侧大半留白,右侧画峭壁,中仅以一枝老枝干连接,经营布局极见功力。题款"渐江学人",钤"弘仁""渐江僧"印。题跋"弘仁字渐江,休宁人,峭壁凌清溪,高寒自终古。梅竹有贞性,咫尺精灵聚。同心托嵯岩,根株互相抚。所以君子交,不与尘凡伍。中江袁启旭",钤"袁启旭印""士旦"印。

弘仁高桐幽筱图

明末清初歙县弘仁绘画作品。纸本,墨笔。画以文石、翠竹、秋桐为题,画面朴素、简洁,用笔持重稳定,体现了弘仁擅用侧锋、枯笔的特点。寥寥数笔,略略点染,便将山石之坚硬冷峭、翠竹之疏密清韵以及秋桐的清幽之态表现得淋漓尽致,格调超凡脱俗。现藏安徽省博物馆。

弘仁黄山天都峰图

明末清初歙县弘仁绘画作品。此画作于清顺治十七年(1660年)。构图奇纵稳定,层峦陡壑,空旷幽深,主峰奇兀高耸。几乎所有山石都用大大小小的方形几何体组成,有的大几何体(长矩形或横矩形)中套中几何体,中几何体中又套小几何体,大几何体和中小而繁多的几何体相间组成,疏密有致。往往于两块简单、几近抽象的空白大石(几何体)当中画上一些碎石和小树。画中石多树少,山下坡上或水旁画上几株大松树,或于山头上倒悬一松,或于峭壁悬瀑旁伸出一些虬枝。在笔墨处理上,其几何体的山石多用线空勾,没有大片的墨,没有粗倔跃动的线,除了少量坡脚及夹石外,山石上几乎没有繁复的皴笔和过多的点染。画右上弘仁自题"历尽巉屼霞满衣,归筇心与意俱违。披图瞥尔松风激,犹似天都歌翠微。为去疑居士写图并题正。渐江学人弘仁",钤"弘仁""渐江""家在黄山白岳之间"印。现藏南京博物馆。

弘仁梅花图

明末清初歙县弘仁绘画作品。此画作于清顺治十四年(1657年)。纸本,墨梅。图虽简率,但给人以清新的感受。题款"吹灯转觉纸窗明,一树空蒙夜雪晴。尝拟抛书闲半月,不妨闭户坐三更。冬春之际复何事,耕凿以先无此情。幸未成蹊生处远,板桥冻滑碍人行。丁酉春,坐桃源草堂戏为修己居士写意,并书徐巢友梅诗。渐江学人弘仁",钤"渐江"印。

弘仁等冈陵图卷

弘仁、李永昌、汪度、刘上延、孙逸合作的绘画作品。此画作于明崇祯十二年(1639年)。纸本,墨笔。崇祯十二年(1639年)三月,新安李生白40寿辰,弘仁与李永昌、孙逸、汪度、刘上延五人联画《冈陵图》卷为之祝寿。其

*弘仁天都峰图

弘仁疏泉洗研图卷 明末清初歙县弘仁绘画作品。此画作于清康熙二年（1663年）。纸本，设色。画以山居屋宇两幢为中心，树木参差，修竹丛生，疏柳一株，迎风摇曳。围墙内的正屋，是幽静简朴的书斋。围墙外小屋内一垂须老人，倚窗眺望。屋宇周围丘壑绵密，山顶松树挺拔，茅亭半现，泉水自东向西湍流，潺潺有声。屋外一冠书生，移步于山涧流泉，一童子捧砚紧随，生动地表现了疏泉洗砚之情景，极富生活气息。此图结构严密，笔法老练娴熟，画面清逸怡静。现藏上海博物馆。

弘仁溪山春霁图 明末清初歙县弘仁绘画作品。纸本，立轴，设色。此画写高寒过后，暖风乍起，山灵复苏的景象，简约粹厉而和气熏人。对江南景物的赞叹之中，溢出了作者的入世情怀，恰如画中的一泓春水。题款"溪山春霁。为治先居士写于丰干书舍。渐江"，钤"渐江"印。张大千题有边跋"渐师画笔实黄多于倪。观此《溪山春霁》，竟全师一峰道人《富春大岭》也。今人但刻意以云林求之，剑去远矣。承显道兄雅好明季诸逸民书画，尤崇渐师，请归供养，为题数语，即求印正。丙戌夏日，大千弟张爰，沱水村居"，钤"张爰之印""大千"印。又有题签"渐江上人溪山春霁图真迹。邦达署"，钤"邦达审定"印。

弘仁溪山清幽图 明末清初歙县弘仁绘画作品。此画作于清顺治十八年（1661年）。纸本，手卷，水墨。作平远布局，近处坡岸茅亭，亭前后有松杉杂木高耸，略去浅水遥岑，使前景成为独立的主体，加强了山石结构的表现。画上坡石用笔为倪瓒独特的折带皴，若淡若疏，骨力内蕴。树木的勾勒点染以简疏的笔法，中锋下笔，复笔皴擦，看似简淡，实含腴润。题款"辛丑八月渐江弘仁。为岳生居士作。渐江学人弘仁写"，钤朱文"弘仁"、朱白相间"渐江"、白文"何处有我"印。为歙县呈坎（今属徽州区）一位信奉佛教的儒生罗衮期所作。引首"清幽图。光绪十八年正月郎园叶德辉题"，钤朱文"叶德辉""奂彬"印。拖尾有三：其一，"弘仁此山水卷笔法枯瘦简洁，意境极为清幽，山石皴擦并用，刚柔相济，奇峭之笔显现其间，画中景致高低晕澹自然和谐，树叶勾点横斜曲直，序列谨严，颇具倪瓒笔法，其结构繁密，气势雄伟，又出于倪法之外。光绪六年仲秋师郐江标敬识"，钤白文"江标之印"印。其二，"道人与沧州杳，放棹清溪水自流，我亦收编归虚隐，碧山烟月五湖秋。观弘仁《溪山清幽图卷》，壬辰正月郎园叶德辉题"，钤朱白相间"叶德辉"印。其三，"零落苔花春雨多，旧溪何处问沤波。披图不画怀贤意，谁为青山茸薜萝。岩空谷迥野云深，路绕溪桥岸远林。何处幽人专一壑，数间茅屋对山阴。辛丑七月既望葱石刘世珩"，钤白文"刘世珩""镏五"、朱文"葱石"印。

弘眉草书轴 清弘眉书法作品。弘眉，又名紫石，黄山寺僧，弘仁友，工书能文，著有《黄山

《冈陵松屋》，自题"己卯春日为生白社兄寿。江韬"，钤"六奇"印。从诸跋知此图所作时间，作者皆新安人。现藏上海博物馆。

志》。纸本,草书。纵125厘米,横28.5厘米。内容为五言两句:"鹤声兼野静,清溪带雨新。"书类怀素,笔力苍劲,疏朗有致。款"紫石",钤朱文"弘眉"、白文"紫石氏"两印。现藏婺源县博物馆。

圣僧庵壁画

明歙县黄柱壁画作品。作于万历六年(1578年)。圣僧庵位于歙县城西郊七里头村,唐武德年间始建。壁画现存4幅,其一为南海观音,画于前殿屏风墙背面,屏风墙砌在当心间后檐内柱处,墙前为佛坛。殿西壁画降龙定性尊者等九罗汉,殿东壁画伏虎驱魔精进尊者等九罗汉,两幅画各被山柱隔成三部分,均可独立成幅,为折屏画表现形式。后进东廊内画古柏一株,并题有一绝句。壁画构图生动,用笔洒脱,十八罗汉神态各异,极富个性。在流传至今的明朝寺庙壁画中,黄柱壁画接近明朝文人的写意人物画。

孙逸夜半听哑哑图

明末清初休宁孙逸绘画作品。纸本,直幅,水墨,设色。纵89厘米,横45厘米。此画采用高远法构图,远景危崖奇峰,高耸入云,悬崖间飞瀑如练,烟岚缥缈;近景密林中,露出草庐一间,点出其不随世俗的隐逸主题。在表现手法上,淡墨勾山石,枯墨皴擦,层层晕染。题诗"慈乌所栖处,城南孝义家。月明霜满树,夜半听哑哑"。题款"为敬老社兄画"。印章共七方,左上方所钤"孙逸""无逸"两方印模糊不清。现藏安徽中国徽州文化博物馆。

李流芳山水图

明歙县李流芳绘画作品。此画作于万历三十九年(1611年)。纸本,金笺,扇面。纵16.5厘米,横47.5厘米。此画布局上巧妙运用扇面上下、左右都存在隐形的可延展因素,在构图上大胆取舍和剪裁,在有限的扇面上将画中所要表现的山石、树木、亭阁等江南绵延锦绣的山川景物尽收盈尺之中,使画面有无穷之意境,令观者浮想联翩。墨笔淡彩绘山峦、树木、亭阁,水墨氤氲,表现了江南山水的景致,令人赏心悦目。扇面上部中央位置题有"辛亥腊日为子将兄仿沈启南笔。李流芳"的落款,款下钤"李流芳印"白文印一方。现藏吉林省博物院。

余绍祉草书七绝诗轴

清婺源沱川余绍祉书法作品。纸本。纵132厘米,横35.5厘米。此轴自作诗:"长铗无归不汪弹,闭门终日懒衣冠。醉眼木榻秋云冷,借得奇花月下看。"款落"余绍祉",钤白文"余绍祉印"、朱文"子畴"印两方。现藏婺源县博物馆。

余家鼎行书四条屏

清婺源余家鼎书法作品。纸本,行书。纵144厘米,横37厘米。此屏用笔劲险锋利,墨色酣畅淋漓。款落"芹塘先生大雅之嘱。己未夏日余家鼎彝伯甫书",钤白文"家鼎"、朱文"卿贤循吏之孙"印两方。现藏婺源县博物馆。

余维枢草书七绝诗轴

清婺源沱川余维枢书法作品。纸本,条幅。纵120.5厘米,横30厘米。书苏轼《赠莘老七绝》云:"嗟余与子久离群,耳冷心灰百不闻,若对青山谈世事,当须举白便浮君。"款落"维枢",钤白文"中台"、朱文"余维枢印"印。现藏婺源县博物馆。

汪之瑞山水图

明末清初休宁汪之瑞绘画作品。此画作于清顺治六年(1649年)。此画用渴笔、焦墨,画远山疏林、小桥流水,山石有皴无染,画风近黄公望。笔墨简淡,苍秀卓立,轮廓中锋勾勒,山作背面少皴。画坡树萧疏,水中野亭,高峰见顶。自题"己丑夏五月,画似跨千老盟兄,时余游豫,不觉笔下有离别之气。瑞识"。有戴洪魁的题语:"此前辈汪之瑞真迹,其势高洁,其笔简老,亦一时名手也。"

*汪之瑞山水图

汪由敦行书诗轴

清休宁汪由敦书法作品。绫本,行书。正文题七言诗一首:"树亚宫墙一色红,雪光深处翠烟簇。低迷剩欲随风舞,幂晋初疑向日融。远聘明露还片片,偶经宿雨更蒙蒙。曲江看后题新句,谁似西昆礼物工。"款落"馆课旧句录似亦霖贤弟教正。由敦",钤"汪由敦印""谨堂"白文印两方。右上角钤方形白文"让溪"印,左下角钤"薛邦襄藏"方形朱文印。现藏安徽中国徽州文化博物馆。

汪克宽楷书卷

元祁门汪克宽书法作品。纸本,楷书。纵24.8厘米,横56.2厘米。内

*汪由敦行书诗轴

汪采白为爱清淡图轴 民国歙县汪采白绘画作品。纸本,设色青绿山水。画面悬崖峭壁上长满树木,有房舍在山崖下,远处渔船扬帆,画面布局合理,浓淡咸宜。右上角题"为爱清淡共倚楼,江中风影动人愁。寒江秋水无穷尽,揽入星云去不收。戊寅十一月洗桐居士",钤"汪孔祁"方形白文印一方。现藏安徽中国徽州文化博物馆。

容是婺源名医汪哲的小传《汪先生传》。文末署"延祐五年,衢州路儒学教授洪森祖撰,泰定二年乙丑祁门桃墅里人汪克宽书",钤有"汪克宽字德辅"印一方。卷后有吴得英、程鸿诰等人题跋。汪克宽楷书结体严谨,气韵朴厚,卓然大家风范。现藏安徽省博物馆。

*汪采白为爱清淡图轴

汪采白仿石涛山水轴

民国歙县汪采白绘画作品。纸本，设色山水。描绘山谷中，一条小溪流水潺潺，山谷巨石林立，而谷口豁然开朗，水面泛舟一只，船上两人正在欣赏岸边风景。左上角题"曾见石涛有此本，背临一帧藏之敝箧。癸酉为绮川尊兄擭去属题即持赠清鉴，孔祁"，钤"汪采白印"方形白文印一方。现藏安徽中国徽州文化博物馆。

*汪采白仿石涛山水轴

*汪采白仿查士标山水轴

汪采白仿查士标山水轴

民国歙县汪采白绘画作品。纸本，设色山水。画面清淡枯冷，几棵参天大树，茅舍一间，水边杂石乱草，远处崇山峻岭。左上角题"乙亥春三月为遂侯表侄拟梅壑老人法。孔祁"，钤"汪孔祁"方形白文印一方。现藏安徽中国徽州文化博物馆。

汪采白青鸾峰轴

民国歙县汪采白绘画作品。纸本，设色山水。画中山峰、群树、云海，气势磅礴。远处用淡彩绘出崇山峻岭。左上角题"筑屋汤岭上，门对青鸾峰。白云时往环，流水长淙淙。绕屋有修竹，绿荫攀重重。古树覆桐下，苍髯落虬龙。浓翠落九席，清响开心胸。尽日契天籁，不闻人世波。馨吾仁兄大雅两正。孔祁"，钤"汪孔祁"方形白文印。现藏安徽中国徽州文化博物馆。

汪采白青绿山水中堂

民国歙县汪采白绘画作品。纸本，设色。绘远处山峰耸起，瀑布飞流，近处松石林立，松林间挂杖老翁似在聆听松涛声，怡然自得。题款"绍周仁丈清赏。壬申汪孔祁"，钤朱方印"新安汪氏采白"，右下押角白方印"得失寸心知"。现藏歙县博物馆。

汪采白青绿山水轴

民国歙县汪采白绘画作品。纸本，设色山水。河流、湖泊、山路、亭阁、山峰尽在画面中，清新淡雅。左上角题"戊寅春三月，洗桐居士采白"，钤"汪孔祁"方形白文印一方。现藏安徽中国徽州文化博物馆。

汪采白松下观景图轴

民国歙县汪采白绘画作品。纸本，设色青绿山水。画中巨松下，两老者正在观景，远处大山雄伟，近处水流潺潺，隔岸桃花盛开。左上角题"乙亥春三月下瀚。采白"，钤"汪孔祁"方形白文印、"洗桐居士汪采白"

*汪采白松下观景图轴

方形朱文印两方。现藏安徽中国徽州文化博物馆。

汪采白秋壑鸣泉图中堂 民国歙县汪采白绘画作品。纸本，设色。描绘秋天景色，远处山峰耸立，云雾缭绕，松树点缀其间，近处古树参天，枫叶姿裟，溪水潺潺，左边有一茅屋，屋内两位老者正坐，似在倾听外面的泉水声。左上题"秋壑鸣泉。癸酉十一月洗桐居士采白"，钤"汪孔祁"白文方印。现藏歙县博物馆。

汪采白黄山丘壑图轴 民国歙县汪采白绘画作品。纸本，设色山水。作品描绘黄山景色，松树、怪石、云海尽现画中。上方题"献南老世叔索画，久未报命。辛未冬来沪，晦中写此，见者谓颇具黄山丘壑，因题奉粲，未设大雅以为何为？孔祁"，钤"汪采白印"白文印一方。现藏安徽中国徽州文化博物馆。

汪采白渔村小景立轴 民国歙县汪采白绘画作品。纸本，设色山水。作品尺幅小，布局饱满，描绘渔村的景色。右上角题"丙辰为次仲写一小幅，壬申十月以此纸写之。采白"，钤"汪孔祁"方形白文印一方。现藏安徽中国徽州文化博物馆。

汪采白巉岩积雪图轴 民国歙县汪采白绘画作品。纸本，设色山水。画面描绘的是一幅雪景图，大山参天，树木凋谢。右上角题"巉岩积雪，次范仁丈教正。戊辰春日汪孔祁"，钤"孔祁私印"方形白文印一方。现藏安徽中国徽州文化博物馆。

*汪采白巉岩积雪图轴

汪家珍乔松图 清歙县汪家珍绘画作品。纸本，立轴，设色。纵156.7厘米，横71厘米。此画展现了优美静谧的自然画面，图绘远山浮游于云烟雾海之中，山下江天辽阔，水面如镜，近岸上乔松独立于坡岸之上。树下有高士盘踞而坐，开卷诵读，另有一人与其对坐，身旁古琴横陈。附近童仆于炉前扇火煮茶，坡下岸边立一童子，颇具生活情趣。此图采用高远法构图，结景疏旷，笔致精湛，风格秀润。左上角有作者自题诗一首，款署"门人汪家珍画并题"，钤"汪家珍印""叔向"印鉴。右上角有他人题诗一首并题文一段，款署"世脱弟叶尽臣题"，钤"叶尽臣印""立酸翁"印。左下钤"黄宾虹"等印，右下钤"汪聪""李风"等印。此图流传有序，由此可窥见一斑。现藏安徽省博物馆。

张绍龄人物山水中堂 清绩溪张绍龄绘画作品。中堂绢本，设色，全绫裱。图为山水，舫中数士吟哦赋诗。现藏绩溪县文物管理局。

邵鸿恩山水轴 清绩溪邵鸿恩绘画作品。绢本，墨色山水图。上题五言诗一首。款落"略用石谷子法。臣棠邵鸿恩"，钤白、朱文印各一方。

罗聘探梅图轴 清歙县罗聘绘画作品。此画作于乾隆五十五年（1790年）。纸本，着色，全绫裱。图为二士踏雪赏梅，上题数百字。款落"乾隆庚戌八月望日扬州后学、歙县人罗聘画于京师宣武坊之僧舍"，钤朱文印章四方。现藏绩溪县文物管理局。

金榜行书诗册 清歙县金榜书法作品。行书。内容为七律诗一首："重向明湖问碧流，寒云漠漠水悠悠。游人已断寻芳迹，我辈还缘啜茗留。艳菊殿枫呈晚照，败荷衰柳伫深秋。归途感得殷勤意，满酌芳醪洗客装。"署"柬寄樊桐明府。金榜"，钤白文"柘田金榜之印"、朱文"壬辰状元"印两方。右上角钤印模糊不清。现藏安徽中国徽州文化博物馆。

京师休宁会馆碑 书法碑刻。京师休宁会馆创办于清乾隆十七年（1752年），当时的主事者主要是位居军机大臣的休宁上溪口汪由敦和状元出身的休宁瓯山金德瑛。会馆落成后，汪由敦亲自撰碑文记述盛况，金德瑛书写碑文，后来的休宁古林状元黄轩也撰文志其事。碑文原有八块，北京石刻艺术博物馆尚存七块。

郑旼、汪汝谦书法合册 明末清初歙县郑旼、汪汝谦书法作品。郑旼所书为纸本，裱边两侧有许承尧跋。汪汝谦所书为绢本，裱左边有许承尧跋。现藏歙县博物馆。

郑旼溪山独径图 明末清初歙县郑旼绘画作品。纸本，立轴，水墨。纵137.8厘米，横71.8厘米。上题陆象山七绝一首："长蹊窈窕晴沙暖，绿树交加细草香。归去不缘吾兴尽，月明应得更寒裳。"末署"郑旼敬识"。后又题董太史跋画册语150字。画上钤有起首章"深心许毫素"、闲章"古歙遗民""师山后学郑旼""拜花人""慕倩"五枚，应是郑旼自镌印文。现藏歙县博物馆。

胡长庚篆书中堂 清歙县胡长庚书法作品。绢本，篆书。字体饱满，墨色浓郁。钤"胡长庚"白文方印、"子西"朱文方印。现藏歙县博物馆。

胡良铨隶书中堂 清末民国时期绩溪胡良铨书法作品。纸本，隶书，全绫裱。纵169厘米，横88厘米。内容书刘禹锡《陋室铭》。款落"慕陶仁兄大人指疵，弟胡良铨书于古专瑞芝室"。钤白、朱文印各一方。现藏绩溪县文物管理局。

胡明轩书许国撰程公寿中堂 明歙县胡明轩书法作品。作于万历十八年（1590年）。绢本，楷书。内容为胡明轩用金粉书写的许国《寿思源程公六十序》。右上角金粉手绘阳文"赢州亭"印，左中间金粉手绘阳文"颖阳""大学士章"两方印。现藏安徽中国徽州文化博物馆。

胡宗明金书中堂 明绩溪胡宗明书法作品。作于嘉靖八年（1529年）。纸本，行书。整篇书法采用金粉写成，内容是"寿母孺人程士七旬叙"，落款为"皇明嘉靖己丑岁仲冬月穀旦，赐进士出身、东政大夫、广东承宣布政使司左议、前北京户郎中绩邑东峰胡宗明书"，钤"宗明""丁丑进士"两方印。现藏歙县博物馆。

胡适楷书对联 民国绩溪胡适书法作品。纸本，全绫裱。纵146厘米，横38厘米。联为"随遇而安,因树为屋；会心不远,开门见山"。上款"仲芳先生"，下款"胡适"，钤白、朱文印各一方。现藏绩溪县文物管理局。

胡皋和风烟雨图 明末清初婺源胡皋绘画作品。此画作于清顺治四年（1647年）。纸本，墨笔。纵81.7厘米，横31厘米。描绘群峰叠嶂，主峰高耸，侧峰迷茫的自然景观。在中景与近景内，古刹名寺隐于微风细雨之中。宽阔的湖面上洲渚静卧，野树成林，村居散落。堤岸坡脚茂林下围筑茅屋，岸边独木横架。右上自题诗为"和风烟雨至，恍惚失山村"。末识"丁亥重九前三日写于蚖城客次，似于王词兄一笑。胡皋"，钤"胡皋私印""字公迈"等印。现藏安徽省博物馆。

胡澍篆书字轴 清绩溪胡澍书法作品。作于同治六年（1867年）。纸本，全绫裱。纵62厘米，横29厘米。篆书"观止当谓秉命有定分非，智乐所□唯获恭亏宗循"。款落"同治丁卯胡澍"，钤白文

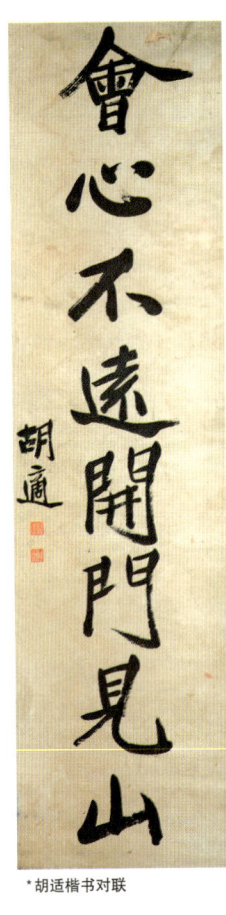 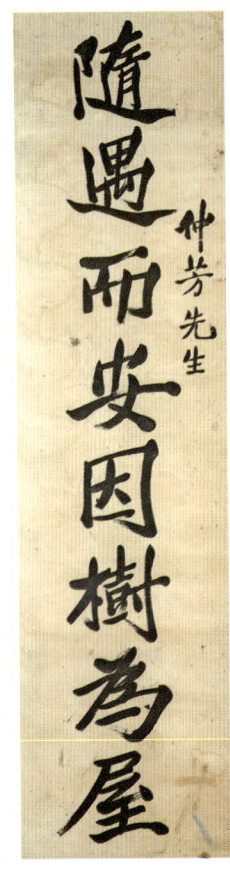

*胡适楷书对联

印一方。现藏绩溪县文物管理局。

查士标山水图 清休宁查士标绘画作品。此画作于康熙十五年（1676年）。绢本，墨色。纵105厘米，横30厘米。此画采用三段式平远法构图。近景坡石上直立几株柳、竹；坡外大片留白为水面；中景枯木疏枝，露出几间房屋；隔水远山横卧。布局简洁幽寂，气氛萧瑟荒凉。画面题诗云："沙清岸曲水潆洄，谁个幽居傍水偎，几拟追寻逢意懒，却将风景画中开。"款落"丙辰十月为孚翁先生教正"。左上方钤有"梅壑""二瞻"两印，左下角钤有"新篁审定"四字收藏章。此画是查士标的代表作。现藏安徽中国徽州文化博物馆。

查士标山水轴 清休宁查士标绘画作品。绢本，水墨画。画面墨色淡雅，山石、树林、茅舍布局合理，远山近景布局分明，钤"梅壑""查二瞻"朱文印两方。左下角钤方形朱文印"新篁审定"一方。现藏安徽中国徽州文化博物馆。

查士标云容水影图 清休宁查士标绘画作品。纸本，立轴，浅绛。纵143.6厘米，横72厘米。此图仿沈周笔意，图中峭壁崦岩，高山屏列，瀑布川流不息，汇成山溪。水阔处，飘浮两只渔艇，二老翁坐艇垂钓，悠然而自得。山石间，板桥茅屋，景物相宜，云容水影，一片萧疏，情景入妙。现藏天津艺术博物馆。

*查士标山水轴

查士标日长山静图

清休宁查士标绘画作品。此画作于康熙十五年（1676年）。绫本，墨笔。纵179.3厘米，横50.4厘米。自题"日长山静净无尘，风下松花满葛巾。自是人间清回处，辋川盘谷总天真。丙辰九月画。请象老道年翁教正。弟查士标"，钤"士标私印"白文印、"查二瞻"朱文印。图绘远景山峦，高耸如壁。近水岸边，长松杂树。一高士携童子踱桥而至。布局以高远法取势，笔法轻快疏秀，墨气华润蕴藉，意境荒寒清旷，是作者在仿倪瓒基础上的变体画，堪称其艺术成熟期的代表作。现藏北京故宫博物院。

查士标仿黄公望富春胜览图

清休宁查士标绘画作品。纸本，立轴，墨笔。纵92.5厘米，横44.9厘米。此图仿黄公望富春胜览图笔意。山坡近景，木叶瑟瑟，苔绿点地，坡后几幢小屋，是幽静读书之处。几片沙渚之间，小桥连接。中景山坡平地，树丛之中又是几户人家，木桥上一老丈拄杖缓行。浅溪对岸地势渐高，山头隆起，房屋、拱形砖桥、短亭、溪流点缀其中，景色宜人。笔触清快，用墨精致，墨彩斑斓，构图虽取富春图，但画面更多地采用深远法。现藏上海博物馆。

查士标行书中堂

清休宁查士标书法作品。作于康熙二十三年（1684年）。纸本，行书。所书内容为"高情期五岳，小隐得佳山。嘉树成蹊径，奇峰出市阛。微吟时倚石，爱客不开关。谢氏云林宅，风流此共攀。甲子夏四月书，士楷年道兄正。查士标"，钤白方"查士标"印和白方"二瞻"印，右上钤起首朱文长方形印"梅壑"。现藏歙县博物馆。

查士标行书通屏

清休宁查士标书法作品。作于康熙十八年（1679年）。纸本，全绫裱。12幅，书白居易《草堂记》全文。末幅署"己未十一月梅壑道人查士标书"，下钤朱色白文印两方。现藏绩溪县文物管理局。

查士标行草书法轴

清休宁查士标书法作品。绫本，行草。正文为七言诗："东山残雨挂斜晖，野客巢由指翠微。别酒稍酣乘兴去，知君不羡白云归。"末署"查士标"，左下钤"查士标印""二瞻"白文方形印，右上角钤"梅壑"长方形朱文印。现藏安徽中国徽州文化博物馆。

查士标空山结屋图

清休宁查士标绘画作品。纸本，淡设色。纵98.7厘米，横53.3厘米。自题七言诗："幽人结屋空山里，终日开窗面流水。何当有约过溪来，溪上泉声落如雨。"款题"癸亥四月邗上画寄玉峰道长先生正。弟查士标"，钤"士标""二瞻"两印。并钤有鉴藏印"某景书屋""吴湖帆潘静淑珍藏印""孙邦瑞珍藏印""梅景书屋秘笈""铭心绝品""丙戌小千"。吴湖帆、葛有慧等裱边题记。画中群山重峦，清泉细瀑，松林茂郁，江水清澈。苍翠密林间或露屋脊，或藏屋身。文

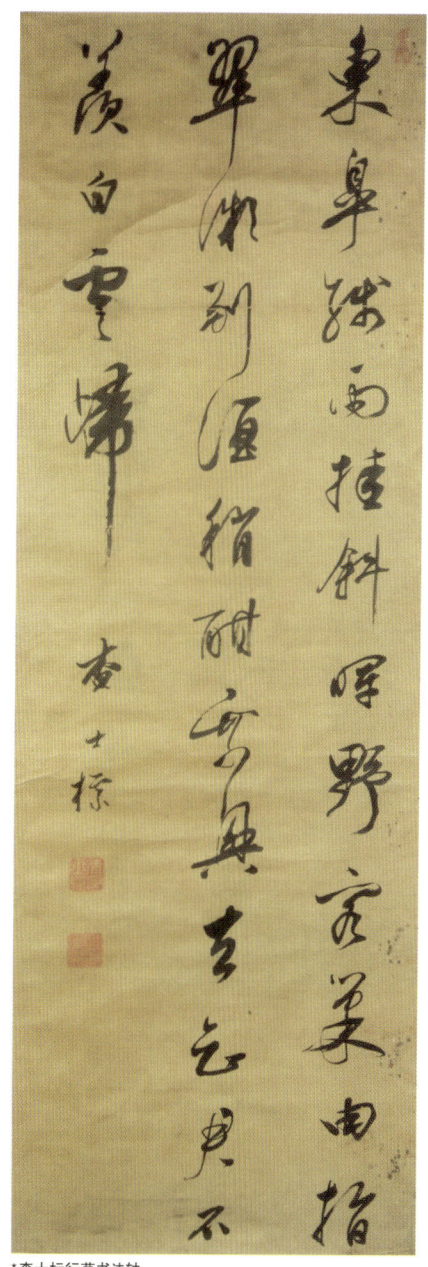

*查士标行草书法轴

人逸士则盘桓于茅屋之中，有的泛舟江面。山中云气蒸腾，在山隙林间穿行，江中水面如镜，与岸边茅屋相互映衬，清雅幽静。技法上干笔皴擦写山峰，以浓墨淡彩细写茅屋堂舍，用笔稳重，运墨兼具五色。构图上则采用高远构图法，由平静的水面开始，向远山展开，将人的视线逐渐带入茂林屋舍之中。现藏北京故宫博物院。

查士标秋景山水图

清休宁查士标绘画作品。纸本，浅绛色。纵127.6厘米，横41.9厘米。两岸岩石错落对峙，杂树丛生，坡上孤亭，空无一人，舟上一渔父，陶醉于江边晚景中。此作笔法疏简，以粗笔湿墨写山绘树设色，意境荒寒。画中自题诗："雨后飞泉下碧湾，长松修竹草堂寒。无人识得高人意，溪上青山独自看。"现藏日本大阪市美术馆。

查士标信札 清休宁查士标书法作品。草书，共三页。为查士标日常生活中的书信。钤"士标私印"方形白文印和"梅壑"朱、白文印。现藏安徽中国徽州文化博物馆。

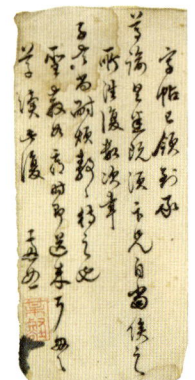
*查士标信札（1）

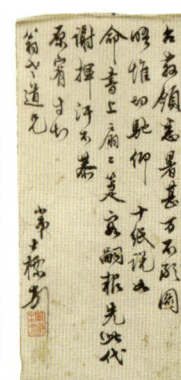
*查士标信札（2）

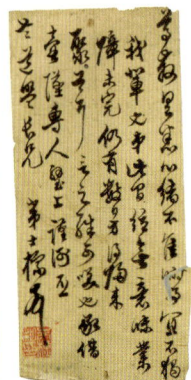
*查士标信札（3）

查士标溪山放棹图 清休宁查士标绘画作品。纸本，墨笔。纵133厘米，横42厘米。其近景坡树，中景断崖，间有一叶扁舟摇曳而出。画面空间疏朗，断崖干笔渴墨，倪黄笔法，山石结构画法与渐江相似，在平远山水的构图中略显突兀。坡上之树各具其态，墨法滋润，清淡疏简中含浓茂纵放、幽闲淡雅之致。扁舟内一个撑篙人，一个天涯羁客，隐见淡淡乡愁。作者借此图寄寓思乡之情，自题"何处溪山好，今朝天放晴。随流浮一叶，望入棹歌声。石城旅人查士标画"，下钤"查士标印""二瞻"印两方。侧有刘继祖、芥舟鉴藏印。现藏沈阳故宫博物馆。

查汝元行书四条屏 清婺源查汝元书法作品。纸本，行书。纵137厘米，横31厘米。内容叙述几位诗友出游吟唱的过程。书法循魏晋之法，潇洒自信，飘逸淳古，针藏不露。自识"丙午之夏日拓溪氏，汝元"。钤白文"汝元道人"、朱文"三十年□旧拓溪"印。现藏婺源县博物馆。

查稚圭花鸟四条屏 清婺源查稚圭绘画作品。工笔重彩。每幅纵135厘米，横48厘米。第一幅，牡丹白头翁，题款"师访徐崇嗣画本，愧未神似。寒溪生写于鸣濑琴馆"，钤白、朱印各一方。第二幅，梅花丹顶鹤，题款"舜模叔祖大人命画并请指正，癸卯夏月，紫圭"，钤两白文印。第三幅，夹竹桃、芙蓉、锦鸡，题款"陆包山画意，摅道人作于古杭"，钤白、朱印各一方。第四幅，紫藤孔雀，题款"遇琴画于古杭"，钤白、朱印各一方。现藏婺源县博物馆。

俞可进楷书临钟繇荐关内侯季直表册页 明婺源俞可进书法作品。纸本。纵26厘米，横11厘米。所临钟繇《荐关内侯季直表》册页四页，乌纸泥金楷书，其布

*查士标溪山放棹图

局空灵，结体疏朗、宽博，深得钟氏正书之妙。自识"崇祯四年三月蚺邑俞可进临"，钤阴文"可进""于渐"两印。现藏婺源县博物馆。

洪钧行书七言对 清歙县洪钧书法作品。纸本，行书。纵126厘米，横28.5厘米。此对上联"明月正当同席坐"，下联"故人还喜致书来"。上署"振声仁兄大骏之嘱"，款落"文卿洪钧"。用笔娴熟雄浑，超逸脱俗，结构严谨疏爽。钤白文"臣洪钧印"、朱文"文卿"两印。现藏婺源县博物馆。

*洪钧行书七言对

海阳四家 见436页"新安四大家"条。

黄山画派 中国画流派之一。指一些不同籍贯的山水画家扎根黄山，潜心体味黄山神韵，独辟山水画蹊径，勇于创新的山水画家群。"黄山画派"作为专有名称始于黄宾虹的《黄山丹青志》，他提出渐江、梅清、石涛三人为"黄山画派"三大代表。此后，潘天寿在《中国绘画史》中指出："盖黄山一派天资、人力、气魄、学养四者并重。"贺天健在《黄山派与黄山》中认为，石涛得黄山之灵，梅清得黄山之影，渐江得黄山之质。将渐江、梅清、石涛作为黄山派代表人物的提法得到学术界的普遍认同。其后学术界对黄山画派的范围和时限定得更为宽泛，既包括清前期的髡残、雪庄、法若真、梅庚、梅翀、程鸣等人，又包括近现代画黄山出名的黄宾虹、张大千、汪采白、刘海粟、赖少其诸人。代表性作品有：石涛的《黄山八胜图册》和《黄山图卷》、梅清的《黄山图册》和《梅清写黄山册》、渐江的《黄山真景图册》和《黄海蟠龙松》诸轴、雪庄的《黄山图册》和《黄山卉册》、黄宾虹的《黄山纪游册》等。

黄思永行书八言联 清末民国时期休宁黄思永书法作品。纸本，行书。上联"报国宏文济时高议"，下联"居家和乐作吏廉平"。现藏休宁县博物馆。

黄宾虹山水中堂 民国歙县黄宾虹山水中堂。纸本，设色，全绫裱。纵127厘米，横67厘米。正文为七言诗："无诸台上月长明，宋帝行宫草自生。沽客舟横参易落，夜深唯听海潮声。"右上角题"置泊舟山，诵林衡古诗，仿佛新境，

*黄宾虹山水中堂

兹偶写之。庚辰秋日宾虹散人"。款落"秋生先生博粲。黄宾虹",钤白、朱文印三方。现藏绩溪县文物管理局。

黄宾虹山水方濬颐书法成扇

民国歙县黄宾虹、方濬颐书画作品。纸本。扇正面画近树、山水、楼阁,用墨浓淡适宜,布局合理。画面中题"拟董思翁笔意画,应静夫老伯大人教正。侄黄质",钤"黄质之印"白文方形印。扇背面书行草文章一篇,钤"濬""颐"两方形白文印。现藏安徽中国徽州文化博物馆。

黄宾虹山水四屏

民国歙县黄宾虹绘画作品。此画作于清光绪十九年(1893年)。纸本,设色山水。绘山石、人物、小船、树木,远山近景层次分明,画面布局合理。最后一张左下题"光绪癸巳秋仲,吉修仁兄世大人雅鉴。朴丞弟黄质",钤方形白文印"黄质之印"。现藏安徽中国徽州文化博物馆。

*黄宾虹山水四屏(3)

*黄宾虹山水四屏(4)

*黄宾虹山水四屏(1)

*黄宾虹山水四屏(2)

黄宾虹山水册页

民国歙县黄宾虹绘画作品。纸本,设色山水。画江边水景,树木参天,怪石矗立,茅舍两间。右上题"石涛师大意,朴存黄质写",钤方形白文"绿雪轩"印一方。现藏安徽中国徽州文化博物馆。

黄宾虹山水徐识耜书法成扇

民国歙县黄宾虹、徐识耜书画作品。竹制扇骨,上刻"汉宝鼎"三字。扇正面为黄宾虹设色山水,远山以淡墨画出,近处山石雄立,古松参差,树下有一老者持杖前行,后有一小童跟随,笔墨精练,人物形象生动。题款"仿写麟笔意,雅与吾乡丁南羽、郑千里两画师为近晴初世长兄大雅正之",印文模糊不清。背面为徐识耜行书。现藏歙县博物馆。

黄宾虹水墨山水立轴

民国歙县黄宾虹绘画作品。纸本,立轴。画面中,远山

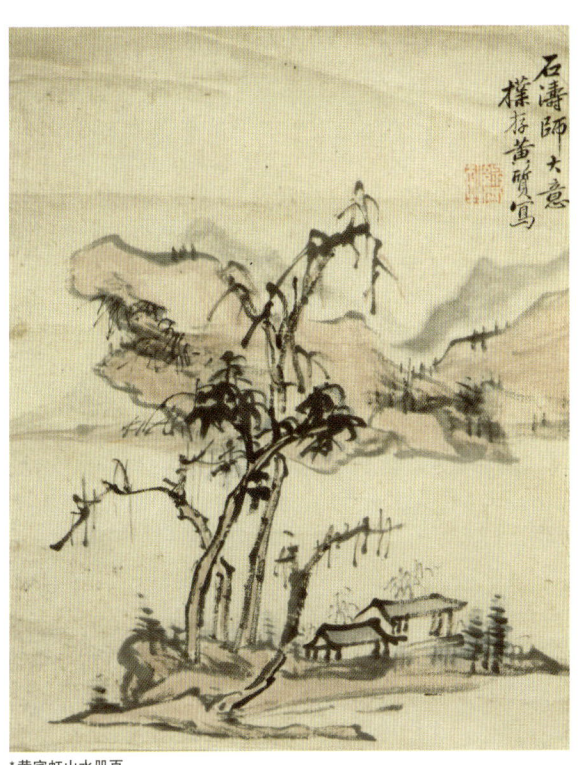

*黄宾虹山水册页

山峰耸立,近处数棵老树下有几间房屋,绿叶青翠,意境高古。钤"臣质印信"白文方印。现藏歙县博物馆。

黄宾虹丹霞峰轴

民国歙县黄宾虹绘画作品。纸本,设色山水。画面较小,但布局合理,绘出了黄山的山峰特点。左上角题"丹霞峰细峰如儿孙",钤"黄宾虹"方形印,"黄"字朱文,"宾虹"白文。现藏安徽中国徽州文化博物馆。

黄宾虹书画册页

民国歙县黄宾虹书画作品。纸本,册页。主要为黄宾虹书法和山水写生稿。书法主要是临苏东坡、米南宫、贯休书法,以行草为主。写生稿为黄山山川景色,山川、瀑布绘画细致、精练。现藏歙县博物馆。

黄宾虹玉兰堂诗意图中堂

民国歙县黄宾虹绘画作品。纸本。描绘雨后山川景色,远处山峰叠嶂,近处几棵松树底下有一房屋,右边山坡平坦,坐有两老翁,似在观赏雨后的风景。右上方题"千山叠翠斜阳外,万壑争流春雨余。景色撩人归未得,高情原石在溪鱼。玉兰堂诗意。宾虹画",钤"黄山宾虹""向予"两白文方印。现藏歙县博物馆。

黄宾虹齐山纪游图立轴

民国歙县黄宾虹绘画作品。纸本,设色。山石皴后又用赭石复染,绘高山流水村落。画左上题"水涨回沙东,山高截石奇。荒江青石岸,天就蓄鱼池。齐山纪游,□□先生属粲。八十三岁宾虹",下钤"黄宾虹"白方印。左下钤"宾虹八十以后作"朱方押角印。现藏歙县博物馆。

*黄宾虹丹霞峰轴

黄宾虹设色山水中堂

民国歙县黄宾虹绘画作品。纸本,设色。此图描绘了秋天景致,远处山峰耸立,近处松枝参差,近处有房屋几幢,其中一屋内有两人正对坐交谈,左边有一条船,船上一老翁正在垂钓。右上方题"戊辰闰月,绍祖先生博粲。黄宾虹画",钤"黄质之印""宾虹"两白文方印。现藏歙县博物馆。

黄宾虹设色山水成扇

民国歙县黄宾虹绘画作品。正面纸本,设色;背面为行书。竹制扇骨,一边刻人物,另一边刻溪水鸳鸯。远处山峰以淡墨绘出,近处画山水树丛,房屋亭台,屋内有人,似在读书。钤"黄宾虹"朱文方印。现藏歙县博物馆。

黄宾虹设色山水横幅

民国歙县黄宾虹绘画作品。纸本,设色。画面远处山峰耸立,近处左边怪石突兀,飞泉一泻而下,中间有老树和草亭,右边近景有一老翁正在河边悠闲垂钓。钤"潭上质印"白文印。现藏歙县博物馆。

黄宾虹拟垢道人笔法立轴

民国歙县黄宾虹绘画作品。纸本。为黄宾

虹送给曹益承旧物,拟垢道人(程邃别号"垢道人")画意所作。画面由远山、小桥、行人、房屋构成,采用干枯皴擦笔法,意境高远。钤有"黄宾虹"白文印、"曹一尘"朱文印。现藏歙县博物馆。

黄宾虹连山绝险图轴 民国歙县黄宾虹绘画作品。纸本,设色山水。画中描绘蜀汉景色,近处为河流、民居、参天大树,山腰有亭台楼阁、寺庙等。近处山峰施以焦墨重彩,远处山峰泼洒淡墨,层次分明,气势磅礴。左上角题"连山绝险,飞阁通衢,谓之剑阁,蜀中凿石,架空为飞阁,道以通蜀汉。兹写所见,兆龙先生属。丁亥八十四叟宾虹",钤"黄宾虹"朱文印一方。右下角钤"□□自□"朱文印一方。现藏安徽中国徽州文化博物馆。

黄宾虹金文对联 民国歙县黄宾虹书法作品。纸本,金文。上联"嘉什典中风雅颂",下联"宝章临得草真行"。款落"黄宾虹书于宙合斋艎",钤"黄质印信"朱文印。现藏歙县博物馆。

黄宾虹钟鼎文楹联 民国歙县黄宾虹书法作品。纸本,钟鼎文。上联"老成盖欧苍宫树",下联"灵炼丹成黄帝仙"。上款"信生先生清鉴。去秋余游黄山看松轩轩辕峰顶得句,因集金文书此",钤"冰上飞鸿馆"朱文长方形印一枚。下款"丁丑春日,黄宾虹时客秋陵",钤"黄质印信"朱文印、"宾虹字予向"白文方印各一方。现藏歙县博物馆。

黄宾虹秋林图轴 民国歙县黄宾虹绘画作品。此画作于民国二十一年(1932年)。纸本,着色。纵122.8厘米,横48.8厘米。此图一眼望去山峦重叠,林木扶疏,云雾缭绕。远景为山坡,古松苍郁,有几间平房,前后错落。园后有四角亭,亭中坐一人。山腰树木丛生,枝条欹斜,往上高山耸峙,岿然独立。左侧为一片广阔的湖面,有两只帆船顺风行驶于两山之间,以山衬水,以水烘山。画面尽管崇山峻岭,山路曲折盘旋,林木丛生,层次颇多,但仍清妍秀润,意趣生动。构思平中觅奇,近取其质,远取其势,不落寻常蹊径,笔墨枯润相间,有虚有实,繁而不乱。现藏天津人民美术出版社。

黄宾虹黄山画稿册页 民国歙县黄宾虹绘画作品。纸本,册页。黄宾虹的写生稿,内容有狮子林、老人峰、洗药溪、始信峰、文殊院、仙人洞、石门峰、莲花峰、天都峰、飞来石、光明顶等黄山胜景。现藏歙县博物馆。

黄宾虹煮茗图 民国歙县黄宾虹绘画作品。描绘山居闲适生活情趣。画面是山间林木葱郁,溪水回流,山径小桥边,小屋数楹,主人凭栏独坐,看溪水飞瀑,意静神闲。桌上茶具备好,桌旁童子煮茶。画上题语"前得佳纸为拙画,置箧衍中忽忽数年。丁亥八十四叟宾虹重题"。画意不失徽州茶乡风貌。

黄宾虹雁荡山图立轴 民国歙县黄宾虹绘画作品。纸本,水墨。绘山石飞瀑,小桥人家。画右上题"雁荡瀑布以大小二龙湫为最胜,其次以千百计,余尝拟筑室于三折瀑而未果,兹戏图之。宾虹",钤"黄宾虹"白方印。左下钤"宾虹八十以后作"朱方押角印。现藏歙县博物馆。

黄宾虹溪村雨后图轴 民国歙县黄宾虹绘画作品。纸本,设色。图绘江南溪村雨后景色,画上方题"云坐山头树,烟横雨后村。小桥通草阁,临水自开门。溪村雨后,宾虹",钤"黄质私印"白文印一方。现藏黄山市屯溪区博物馆。

黄宾虹漓江昭平图轴 民国歙县黄宾虹绘画作品。纸本,设色山水。远山近景,浓淡适宜,描绘漓江山水。钤"黄宾虹"方形印。上部有许承尧题跋,钤"疑庵"长方形朱文印。现藏安徽中国徽州文化博物馆。

*黄宾虹漓江昭平图轴(1)

*黄宾虹漓江昭平图轴(2)

黄宾虹竭力追古图轴　民国歙县黄宾虹绘画作品。纸本，设色山水。近处树木参天，隔岸远处重峦叠嶂，云雾缥缈。钤"黄宾虹"方形白文印。右下角钤"性到笔随"方形朱文印。现藏安徽中国徽州文化博物馆。

黄宾虹篆书联　民国歙县黄宾虹书法作品。纸本，篆书七言联。钤"高蹈独往萧然自得"白文印、"黄质之印""宾虹"朱文印。外有旧签条"黄朴存篆书七言联"。现藏黄山市屯溪区博物馆。

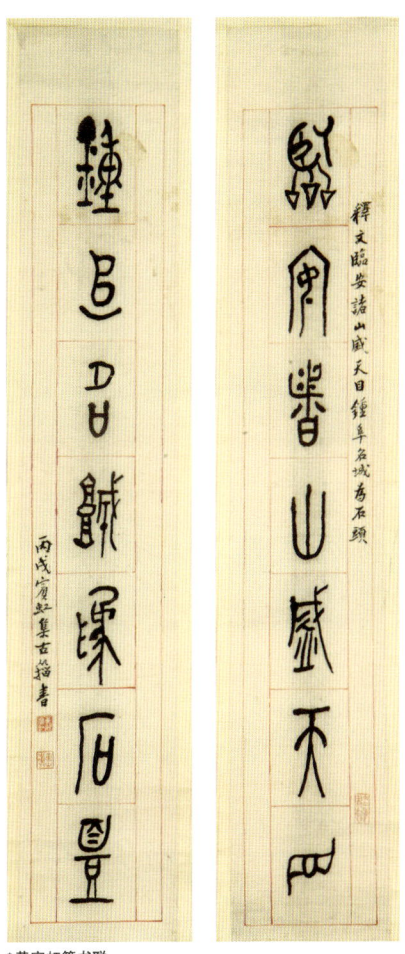

*黄宾虹篆书联

曹榜松鸟图　清歙县曹榜绘画作品。纸本，条幅，墨水色。纵135厘米，横53厘米。一株独立微弓松树，近枝右向斜下垂浓墨重写，上枝淡墨向左横出，松顶枯枝上立一只八哥向右远视。款落"个斋曹榜画"，钤白文"榜印"、朱文"曹"印两方。现藏婺源县博物馆。

雪庄画黄山册页　清雪庄绘画作品。纸本，水墨。其一绘黄山脚下，良田数亩，钤"雪庄"白文长方形印；其一绘一渔夫在河边捕鱼，钤"憎悟"方形朱文印；其一画黄山景色，山石与奇松神韵俱现，钤"憎""悟"两方白文印；其一画黄山飞来石及四周美景，钤"雪庄"朱文椭圆印。现藏安徽中国徽州文化博物馆。

程正揆江山卧游图　明末清初歙县程正揆绘画作品。纸本，设色。纵26厘米，横305厘米。为程正揆系列山水总汇，画面上有水光山色、楼台亭阁、人物花鸟，各卷意境、构图迥异，表现出不同的思想感情。画家以一条崎岖的山径为脉络，自山庄屋宇间蜿蜒伸出，一路上清泉淙淙，碧潭如镜，瀑布飞泻，林木葱茏，景色旖旎。独创了在总题之下冠以众多副题进行师法造化的艺术形式。据清周亮工在《读画录》中载，程正揆计划绘《卧游图》500卷，其风格、画法有多种，受元黄公望、倪瓒和明沈周的影响，随意结构，任其自然。他见过300余幅，大者过丈，小者仅尺余，系统地表现了画家心境中映现的山水韵意。现藏北京故宫博物院。

程宗鲁行书中堂　民国绩溪程宗鲁书法作品。作于民国二十二年（1933年）。纸本，全绫裱。纵138厘米，横70厘米。行书七绝："鄂州试上火轮船，震耳风涛废食眠。雨尽一宵飞似鸟，中关欣过酒如泉。"款落"癸酉初冬东屏程宗鲁"，钤白、朱文印各一方。现藏绩溪县文物管理局。

程嘉燧设色山水轴　明休宁程嘉燧绘画作品。纸本，设色山水。画面布局合理，笔法细腻。钤"孟阳"方形朱文印一方。现藏安徽中国徽州文化博物馆。

程嘉燧孤松高士图　明休宁程嘉燧绘画作品。此画作于崇祯四年（1631年）。纸本，淡设色。纵130.2厘米，横31.2厘米。构图简练，意境清旷悠远，笔法细秀，皴擦有度。图中高士仰首凝视头顶之上的松冠，神态闲逸潇洒，书童则抱琴侧立身旁，并立于石坡上。人物的衣纹用笔遒劲，颤笔细描。上部山峰如破土之笋，层次分明。画面上人物和高松居中，坡石压角，杂树挺直而生，成为虬曲巨松的衬托。整个画面敷色单纯，清雅可观，颇见元人之笔意。现藏北京故宫博物院。

程嘉燧幽亭老树图　明休宁程嘉燧绘画作品。此画作于崇祯八年（1635年）。纸本，墨笔。纵131.6厘米，横27.2厘米。画中山峦叠翠，山麓平坡处有古树三，或斜或直，或高或低，旁置一草亭，境界清旷幽静，全图笔墨细劲，风格秀逸。现藏常熟市博物馆。

程嘉燧信札　明休宁程嘉燧书法作品。行书。其一为"张茂才学问渐深，人品卓荣……嘉燧拜书"；其二为"大风怒号，亭木如浪声澎湃……"。其一钤朱文方形"孟阳"、长方形"牛人收藏"印；其一钤方形白文"程嘉燧印"、长方形朱文"牛人收藏"印。有"程嘉燧行书信札"题签。现藏安徽中国徽州文化博物馆。

程璋双猫窥鱼图　民国休宁程璋绘画作品。纸本，设色。纵148厘米，横80.8厘米。

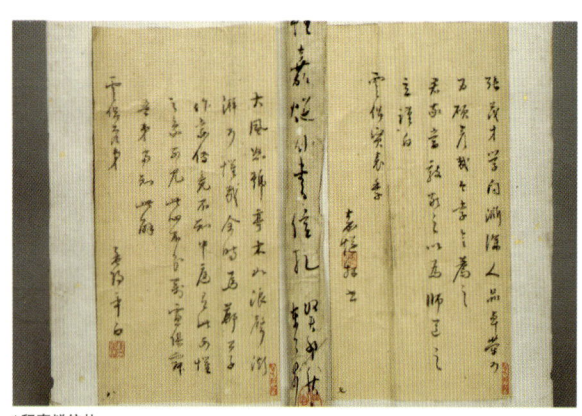

*程嘉燧信札

此图描绘秋天的美景。一弯池水迂回流淌，岸边苇草萌发，树枝随风而动，显得遒劲与洒脱。池塘边两只花猫，匍匐在岸上，双眼紧盯着池塘中的游鱼，仿佛在欣赏它们欢快的舞姿。溪水远处，淡色轻染，烟霭迷蒙。全画以水墨设色技法来表现物象，工整细致，将岸石的坚实，猫、鱼的柔滑，苇草的飘逸，树枝的风动，表现得惟妙惟肖。由于画家深谙生物百态，所以画出的石头、苇草、浮萍、树干、树枝及红叶，在透视处理上，远近、前后、浓淡、深浅等，都能合乎自然景物的真实性。并运用干、湿、浓、淡的笔法、墨法所造成的变化，表现出儒雅、秀润。现藏北京故宫博物院。

程璋秋圃逸趣图

民国休宁程璋绘画作品。设色，纸本。纵103.5厘米，横47厘米。此画采用没骨画法，画面中所绘海棠，不但得其形色之似，且花的娇嫩单薄和叶的粗糙厚重都表现得准确得体。数枝斜偃的兰花正在盛开，色泽典雅，几只螳螂俯在枝头，与蝴蝶攀约花间。花枝因为受压而微微弯垂，似在摇曳动荡，柔美异常。从整体上看，此画构图明快，穿插有致，色彩明艳洁净，群芳婀娜多姿，顾盼生情，使人领略到不似春光胜似春光的气象。画上的题跋为"秋圃逸趣。庚申七月新安瑶笙程璋"。现藏中国美术馆。

程邃山水册页

清歙县程邃绘画作品。创作时间在康熙二十五年（1686年）以后，是程邃晚年的作品。纸本，水墨。册页共八开，每开纵35.7厘米、横57.7厘米。画面均为山水小景，浅滩流水，远山近树，虬松磐石，丘陵坡崖，小桥古塔。构图虚实对照，深沉含蓄，境深意远。用笔极简，枯笔皴擦，风格独特。每幅画都有题句和自镌的印章。印章有"程邃""穆倩""万历遗民""江东布衣""抱甕轩""安贫八十年，自幸如一日"等，篆文古朴，刀法遒劲，可以看出程邃治印的风格。现藏歙县博物馆。

詹景凤山水图

明休宁詹景凤绘画作品。纸本，水墨扇面。此图集中表现了湖面坡岸场景。近景中数柳并生，乱石相间，扁舟横卧。中景则水波涟漪，连接两岸，意境隽永。远处溪水淙淙，画面虽显紧凑，却给人留有丰富的想象空间。整体布局严

*程邃山水册页

谨、笔法坚实，树石苍厚劲健，于干笔皴染中更加突出所表现对象的深邃之气。构图则以"高远"和"平远"二法结合，在进深、技法上尽得其当，层次井然，线条流畅，充分发挥了水墨画的长处。实际上詹景凤注重对山水的体察，善于图绘自然的山川风貌，在艺术上富有新的创造和突破，在构建画面意境方面有着独到的见解。扇面右上角款署"新安詹景凤画"。现藏安徽省博物馆。

詹景凤千字文长卷

明休宁詹景凤书法作品。纸本，轴心。纵31.8厘米，横1030厘米。全篇字体为狂草，大小参差，布局疏密相兼，笔势开宕，雄浑自然。尽管是狂草，但用笔规矩，丝毫不苟，字与字间，穿插搭配巧妙，变化无穷，笔墨气

*詹景凤山水图

*詹景凤千字文长卷

韵，浑然一体，为草书精品。现藏休宁县博物馆。

詹景凤手书杂记册页
明休宁詹景凤书法作品。纸本，行草。中间钤"谷印父""詹绍治印""绍治""君理"等印，装裱成六册。册尾题"此帧詹东图公手录杂记，是祖考云溪公珍藏。蝶仙氏书于玉凤山房并识"，并钤"詹泰文印"白方篆书印，另一枚朱方印文不清。每册均有民国歙县许承尧题跋。第一页跋为："詹东图手写杂记共五半册，詹本婺源人，子孙□居婺，此数纸亦世守之，有其孙蝶仙题记。近年婺源被兵，乃流转于外。余同时得明拓草书二帖，亦东图故物也。"钤"疑庵"朱方篆书印。尾页左边跋为："詹奎，字泰文，号蝶仙，婺源人，工画山水，东图裔也。"现藏安徽中国徽州文化博物馆。

新安四大家
亦称"新安四家""海阳四家"。徽州地区渐江、查士标、孙逸、汪之瑞四位画家的统称。常用以代指新安画派。清张庚在《国朝画征录》一书中首次提出"海阳四家"。休宁在三国吴时称"海阳"，查士标、孙逸、汪之瑞皆休宁人，渐江是歙县人，因张庚误以为他也是休宁人，故以"海阳四家"统称之。

新安四家
见436页"新安四大家"条。

新安画派
明末清初一批遗民画家以黄山、齐云山及徽州山水为创作题材而形成的绘画流派。最早把新安山水画家群体称为"派"的是龚贤，他在题山水卷的一段跋语中提出了"天都派"。"天都"为天都峰，是黄山72峰中最为险峻雄奇、最具代表性的峰峦，人们常用"天都"指代黄山、新安。龚贤所说的"天都派"即后人所称的"新安派"。其后，张庚在《浦山论画》中正式提出"新安派"，人们多沿用，"新安画派"遂成定称。稍有名气的新安派画家有130多人。早期代表有程嘉燧、李永昌、李流芳；成熟期则以渐江、汪之瑞、孙逸、查士标、程邃、汪家珍、戴本孝、郑旼等为代表。这些画家经常在一起观览大好山水、切磋技艺，寻求表达他们心目中的新安山水意象的特征，形成诸多共性。如都是以学习"元四家"，尤其是倪瓒的绘法技法开始，以师法自然为归；共同以遗民苍凉孤傲之情，化作笔下的峻岭奇松、悬崖峭石、疏流寒柯。作品均体现出一种超尘拔俗和凛若冰霜的气质，意境深邃，是明清文人画的正统继承者。参见416页"天都派"条。

戴本孝茅斋梅鹤图轴
明末清初休宁戴本孝绘画作品。此画作于康熙三十二年（1693年）。绢本，墨笔，纵99.8厘米，横43.9厘米。此图运用中锋渴笔，圆厚拙朴，沉着蕴藉，苍中含润，于清淡疏朗中透出一股高逸之气。注重虚实对比，草屋以淡笔皴擦，与树石相映；而草屋周围的草、树枝却以稍浓的笔墨勾画，形成一种对比和互为衬托。画上自题："茅斋碧崖里，何人此著书？松声何其高，梅影固自疏。伊人不可见，独鹤趋前除。试听岭上音，鸾凤今何如？"款署"癸酉如月画似子青先生吟坛并题请正。鹰阿山老樵本孝"，下钤"鹰阿山樵"白文方印、"本孝"朱文方印。上部右半行书五言诗："冷冷山容鲜，漠漠野云薄。中有羲皇人，披襟作高阁。壁挂无弦琴，灵籁悠然作。老鹤一声啼，松花满径落。何年谢尘嚣，愿言此栖托。"款署"浣枫细题"，旁钤"细"朱文圆印。现藏中国历史博物馆。

戴本孝黄山图
明末清初休宁戴本孝绘画作品。此画作于康熙十四年（1675年）。纸本，册页，水墨，12开。纵21.5厘米，横17厘米。一开一图，一图一景，通过画面上所题的诗文，可知描绘的是黄山诸景点：双溪、杨干道、桃花岩狮浪阁、白龙潭飞瀑、朱砂庵炼魔堂、天都峰、文殊院、莲花峰绝顶、炼丹台、云谷、掷钵禅院、后海、洋湖。所描绘的景点从入山到洋湖，正好在一条常规旅游线上。所题文字，也清楚地表明了画家的路线及观感，画家饶有兴趣地描述了游黄山所见：远处的山峰，满岩的杜鹃花，屋角的飞轮，乃至引水的竹笕。画家看来悠然自得，心境愉快。画面结构清晰，构图疏秀，意境清远枯淡，善用干笔焦墨，画面用笔细腻周到，干笔湿笔互用。现藏广东省博物馆。

戴震题跋江永像
清休宁戴震书法作品。此画作于乾隆七年（1742年）。纸本。江永容像工笔重彩，江永头戴官帽，着官服，脚穿官靴端坐于太师椅上。诗堂为蓝色蜡笺纸，由戴震行楷书题"慎修夫子玉容。赞曰：神范端庄，和若春阳。中秉刚直，严若秋霜。仕止有道，进退可法。允矣令德，匹休前哲。学冠群儒，才优德纯。岁在皇清乾隆壬戌仲秋月既望日，受业东原戴震题"，并钤"戴氏东原"朱方篆文印和"震印"白方印及"壬戌翰林"朱方篆文印，右上方朱方印文不清。现藏安徽中国徽州文化博物馆。

[七] 徽州艺术

新安书画
徽派版画
徽派篆刻
徽州戏曲
舞乐游艺
徽州工艺

十竹斋书画谱 明休宁胡正言辑选，胡正言、汪楷等所刻画谱。崇祯十七年（1644年）南京十竹斋彩色套印本。蝴蝶装画册，8卷，兼有收录名画、讲授画法并供人们鉴赏和临摹的功能。分为《书画谱》《墨华谱》《果谱》《翎毛谱》《兰谱》《竹谱》《梅谱》《石谱》等八大类，收胡正言本人的绘画作品和复制古人及明朝的名作30家。每谱中约有40幅画，每幅皆配有书法题词和诗，共180幅画和140件书法作品。

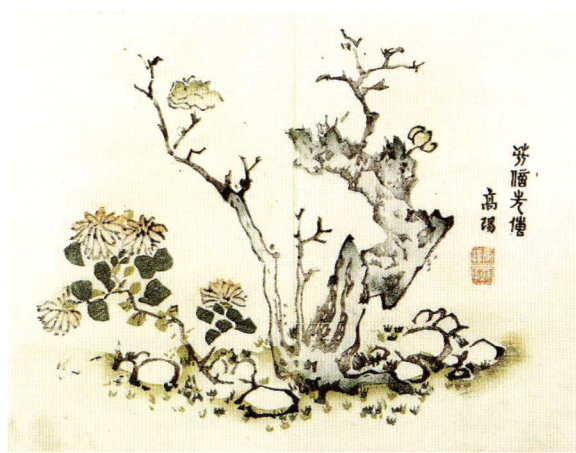
*十竹斋书画谱

*十竹斋笺谱

十竹斋笺谱 明休宁胡正言辑印版画作品。最初印行于崇祯十七年（1644年）。4卷，每卷按"清供""胜览""孺慕"等专题形式，共汇印了近300幅笺纸纹饰，内容多样，形式新颖。尤其是印刷《笺谱》所采用的"饾版""拱花"技术，推陈出新，将传统版画艺术推向更高境界。

人镜阳秋插图 版画插图集。明休宁汪廷讷撰，汪耕画，黄应组所刻。万历三十八年（1610年）汪氏环翠堂刻本，20卷。辑历史人物故事，每事一图，插图双面大版或左右连式，规模宏富、精工雄伟。黄应组刀刻精工，繁而不乱，线条一丝不苟。其"堂会"一图为双面大版，描绘帝王用膳、戏曲侍候。画面共12个人物，帝王上方居中坐，两贵妃坐两侧，众侍从端菜、持酒壶、把盏的直立于后、两侧，目光均注视着下方表演者。屏风后，露出两个司锣、司鼓和一位还在戴长须者准备登场。人物主次分明，有聚有散，动态自然。静与动、疏与密、曲与直的对比灵活运用，使画面活跃。此画绘刻俱精，刀法细腻，刚柔并重。画面上使用界画手法绘刻不动的地面砖、屏风、栏杆隔墙等，而对人物则重视表情刻画，运用柔软遒劲的曲线，细若发丝，使衣褶纹路富有动感。

大雅堂杂剧插图 版画作品。明歙县松明山（今属徽州区）汪道昆撰，黄伯符所刻。《大雅堂杂剧》4卷，主要有《高唐梦》讲述楚襄王游高唐，梦中与神女相会的故事；《五湖游》讲述范蠡帮助勾践攻灭吴国之后功成身退，与西施一道泛舟五湖的故事；《远山戏》讲述汉京北尹张敞为他妻子画眉的故事；《洛水悲》讲述曹植在少水遇见洛神的故事；《唐明皇七夕长生殿》讲述李隆基与杨玉环的爱情故事。剧作插图绘刻俱精美。

水浒叶子 又称《水浒牌》。以水浒人物为内容的木板画集。描绘《水浒传》中40名英雄人物而成的酒令牌子。有四种刻本，皆属明末清初前后刊本。郑振铎与顾炳鑫处藏本不刻页码，而潘

*大雅堂杂剧插图

景郑和李一氓藏本按《千字文》天地玄黄至寒未著止，20页，40个图样先后有序，排列井然。郑振铎与顾炳鑫刻本，不注刻工姓名，而潘氏本在朱武页书口处注"黄肇初刻"字样，李氏本也在朱武页书口处注"徽州黄君倩刻"。刻本均技艺精巧，被誉为绘、刻双美。

水浒全传插图 版画作品。明徽州刘君裕刻。崇祯年间苏州刻本。120回，120个插图。其中100幅是翻刻黄诚之、刘启先刻本，真正属于刘君裕所刻的，是根据文字内容新绘的20幅图。

水浒牌 见437页"水浒叶子"条。

风流绝唱图 版画作品。明东海病鹤居士书，新安黄一明刻。万历三十四年（1606年）刊本。1册24幅图，图内容男女裸体者多，属秘戏色情类书，但绘刻技艺均属上乘。《风流绝唱图》所有图绘，用黑、蓝、红、绿、黄五色套印，人物、衣履、窗帷、桌椅、外景等都套印得出色。

方氏墨海 版画作品。明歙县岩寺（今属徽州区）方瑞生辑刻，郑重、魏之璜绘图，黄伯符镌刻。万历四十六年（1618年）刊。分"内辑"与"外辑"两部分。内辑三卷，记墨法与墨家的故事、文献；外辑七卷，专刊汉魏以下古墨图及自己制墨的图形；卷末为题赞，内容丰富，堪称墨海。共收古代墨图148式，方瑞生墨图234式。

方氏墨谱 版画作品。明歙县岩寺（今属徽州区）方于鲁辑刻，丁云鹏、吴廷羽、俞仲康绘图，黄德时、黄德懋等刻。万历十六年（1588年）方于鲁美荫堂刊。全谱共385式，分国宝、国华、博古、法宝、洪宝、博物六类。雕刻精美，线纹细如毫发，飘如游丝，纤现逼真。

方志图谱 见439页"志书插图"条。

孔子家语图集校 版画作品。明吴嘉谟撰，新都程起龙（伯阳）画，黄组所刻。万历年间刊本。共11卷，此书图绘刻精细，人物线条白描线刻，刀法清晰，不留痕迹，几乎与墨稿相混，尤其是《先圣像》衣褶处理得有节奏感，柔中见刚，形体优美。

古歙山川图 版画作品。清歙县向杲、吴逸绘图，黄松如、黄正如刻。此图原是吴逸为康熙《歙县志》所作插图。原版后来辗转归歙县西潜口（今属徽州区）汪氏水香园所藏，乾隆二十二年（1757年）以单行本重印，题名为《古歙山川图》。24图，写歙县境内实景，多幅摹诸家笔法。连嶂叠秀，仿国画布局和技法，或以大面积的黑白对比，或以皴擦衬山石，刀笔纵横、生动流畅。风格变化多样，或浑厚凝重，或清新明快。绘刻皆高手，技艺高超，技法多变，且富创造性。刀笔生动，书法、印章俱全，为清初徽派版画杰出代表。

*古歙山川图（1）

*古歙山川图（2）

石守信报功图 版画作品。全名《□武威石氏源流世家朝代忠良报功图》，纵1.88米，横2.67米，是一副雕刻千百人马的大型木刻印版。款署"宋太平兴国元年四月"，刻有宋太祖玉玺。石守信为北宋开国元勋，其后裔谪居绩溪县山岭北石家村。该图表现"蟹形战"，五路兵士从左至右，另五路兵士从右至左，各率一军，联合作战。相传宋太祖曾问石守信何以屡战屡胜，石守信即以此图上奏。原藏绩溪县旺川石家村石姓宗祠，现藏安徽省博物馆。

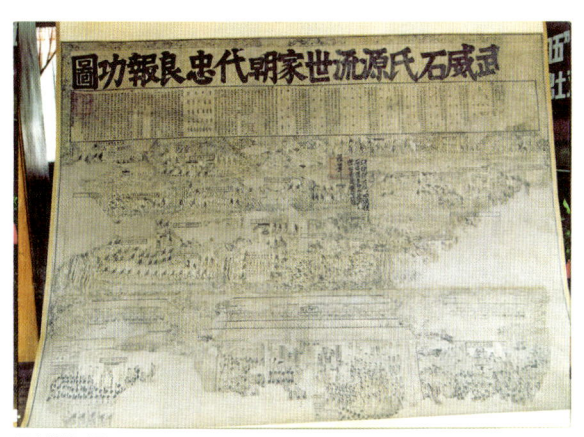
*石守信报功图

白雪斋选订乐府吴骚合编插图
版画作品。明张楚叔原选，张旭初重订，歙县汪成甫、洪国良，武林（今浙江杭州）项南洲同刻。崇祯十年（1637年）刊本。4卷，此本插图22幅，工致秀丽，无与伦比。刻工汪成甫和洪国良皆徽州高手，项南洲虽为武林籍，而深受新安诸刻家影响，又常与汪、洪二氏合刻插图，其作品刻技，皆徽派风格。从绘画的风格气韵来看，与《青楼韵语》插图作风相近。

光绪婺源县志插图
版画作品。清光绪九年（1883年）刻本《婺源县志》中版画，峰阳山人绘，游冠英、程汝仕、程景繁刻。共5幅名胜图：大鄣山图、高湖山图、龙尾山图、太白湖图、福山图，风格简朴而有气势。是目前保存较晚的徽派版画作品。

*光绪婺源县志插图

华阳十景图
以古华阳十景为表现对象的版画作品。清绩溪汪垣、黄登绘，刻工佚名。刊载于乾隆《绩溪县志》。十景图为：大会晴峰、鄣山叠翠、石印回澜、大屏积雪、石照清辉、翠眉春色、苍龙瀑布、飞云天池、文峰雅会、祥云洞天。绘刻俱精。

合刻三国水浒英雄谱
以《三国演义》《水浒传》人物故事为内容的版画作品。明徽州刻工刘次泉刻。崇祯年间雄飞馆刻本。内容基本上来源于容与堂本，但也有其个人的创造，人物放大，更为细致，服饰也有所变化，加工配景比原来要精致得多，正面是图，背面有赞加圈点，朱墨套印，十分精细，是属插图本另一种形式。

志书插图
又名《方志图谱》。版画类别。徽州方志中的图版，主要包括徽州府志、歙县志、休宁县志、黟县志、婺源县志、祁门县志、绩溪县志和黄山志、齐云山志及部分乡镇志、庙志、村志、书院志、山河志、家乘谱牒。方志中的风景插画为各地实景，并具有代表性的名胜风光、文物、古迹遗址、地形图、先贤、祖容肖像。志书中的图版，不论是自然风光还是人物肖像，都是通过运用艺术手法，表达作者思想感情的版画作品。

李卓吾批评忠义水浒传插图
明徽州黄应光、吴凤台所镌刻版画作品。万历年间容与堂刻本。100回，图为单面页形式，按回目插图的，每回2幅，计200幅。插图人物较长、大，对梁山英雄形象塑造和性格的刻画，更加个性鲜明和细腻。

坐隐先生精订捷径棋谱
版画作品。明休宁汪廷讷订，汪耕画，黄应组刻。万历三十七年（1609年）环翠堂刊本。8卷8册，卷首附《坐隐图》，绘汪廷讷与诸友人在园中煮茶、饮酒、弈棋、论道等。长卷六面连式，白绵纸初印。绘刻皆精工，人物线条细若毛发，山石皴点虽粗犷，但一丝不苟，切刀和涩刀并用，在变化和对比中追求统一，刀法纯熟流畅。

状元图考
版画作品。明顾鼎臣辑，吴承恩补刊，黄应澄绘图、黄应缵书写、黄应瑞、黄应泰、黄德修、黄应孝、黄元吉等刻。万历三十七年（1609年）刊本。6卷。此书是供知识分子阅读的明朝历科状元"实录"，几乎每事一图，宣扬"学而优则仕"的观念。此书绘画、书写、雕镂皆歙县黄氏所作，极为精美。

环翠堂园景图
版画作品。明吴县钱贡根据休宁汪廷讷"坐隐园"为蓝本绘制，歙县黄应祖刻，汪廷讷环翠堂刊印。原卷纵24厘米，横1 488厘米，为我国古版画史上最长的版画作品。图中描绘昌公湖湖心亭、高士里至大夫第、环翠堂大厅、百鹤楼、无无居等建筑群及景点，园外白岳、松萝山、田园风光、金鸡峰、广莫山、黄山等。该图通过坐隐园这座典型的徽派园林和园林中景物、人物布局和活动，展示了当时农民、奴仆、书童和文人、墨客等的社会生活。图卷分则为45幅画面，合起来是一个完整长卷的庞大构图。作者巧妙地处理复杂的画面，在多样中见统一，特别是在刻画人物与环境方面，经过细致的取舍经营，使画面主次分明，虚实结合，形象与动态富有变化，展现了坐隐园中各种人物的生活情态和复杂奇巧的建筑群落以及安谧秀美的风景名胜。同时还刻画园内各种舟船桥舆、走兽飞禽、花卉盆景、道具摆设等,囊括内容之繁,展示生活面之大,表现场景之宏,运用手法之细,刻工刀法之精,皆令人赞叹。

青楼韵语插图
版画作品。明朱元亮辑,张梦徵绘图,歙县虬村黄一彬、黄桂芳、黄端甫刻。万历四十六年(1618年)杭州刊本。4卷4册。插图画面繁复,人物背景和谐,人物姿态和面容纤细入微。插图人物华服盛装、雍容大方。环境优雅,人工造园痕迹明显。构图多俯视,每页虽属片段,但能看到全貌,每张构图中的景点,均精美卓绝。山石、楼台亭阁、回廊、树木均雅致秀丽,绘刻精细。

*知不足斋丛书

*青楼韵语

忠义水浒传插图
明徽州黄诚之、刘启先所镌刻版画作品。万历年间刻本。100回,插图100幅。此本有少数回目没有插图,但有的回目有两三幅插图。绘刻均精细,气势磅礴,人物多,场面大,人物个性鲜明,姿态生动,山水树丛屋宇楼台置景饱满,层次分明,线条勾勒流畅,须眉毕现。一点一画刀法纯熟,极见功夫。

知不足斋丛书插图
版画作品。清歙县鲍廷博知不足斋刊刻《知不足斋丛书》,刊刻经史、算书、金石、地理、书画艺术、诗文集、书目等著作,共30集,每集8册,计240册,连同细目的分目,计有222种,834卷。《知不足斋丛书》插图刻线纤细、明丽爽朗。其中《画薮》分五类专题:人物画谱,称为"天形道貌";竹谱,名为"淇园尚影";梅谱,则称"罗浮幻质";兰谱,称为"九畹遗容";翎毛草虫谱,名曰"春谷嘤翔"。翻刻精美,纤细工巧。

版画画稿作家
明万历以前,版画的绘、刻、印基本由工匠群体完成。工匠群体有着专门的分工,有写工、绘画工、刻工和印工。万历以后,一大批著名画家投身于版画艺术中来,刻工、印工的技艺也得到显著提高,使徽派版画的艺术水平达到了一个无与伦比的高度。徽派画家介入版画创作的同时,也影响了其他地区的画家投入版画创作。著名的徽派版画稿本土作家有丁云鹏、吴廷羽、郑重、程起龙、汪耕、蔡汝佐、黄应澄、汪樵云、张梦征、吴逸、渐江、江注、雪庄、陈邦华、张一芳、萧晨、汪洪度、丁俊等、俞仲康、汪懋孝、何龙、汪佐镗、汪修、黄凤池、吴文藻、吴熔、吕燮雅、方式玉、黄登、汪垣、汪植、李文、许生植等。外地画家参与徽派版画刻本作画的有:明仇英画《烈女传》,陈洪绶画《楚辞述注》《九歌图》,王翚、禹之鼎绘康熙三十二年(1693年)《徽州府志》插图,沈士充画《御制观无量寿福经》附图卷,陈蔚画《九华纪胜》图,钱塘陈一贯、郭之屏画《新镌海内奇观》插图,王以中画《重刻订正本批点画意西厢记》插图,钱谷画《新校注古本西厢记》插图,陈洵画《小瀛洲十老社会诗图》六卷,唐寅画《唐六如古今画谱》,孙继光绘《梅竹菊兰四谱》,还有为《黄山志》作画的梅清、陈渭、邵晃、半山、沈埏等。

拱花
版画印刷技法。雕版相当于现代的凹凸版,印时不用任何色彩,只把纸在版上压印,凸现无色图像,造成浮雕效果,时称"拱花"。《十竹斋笺谱》是"拱花"和"饾版"印刷技法的代表作。徽派版画中的拱花印刷术,对国内外版画都产生了重大影响。

胡延政报功图
又名《新安胡氏历代报功图》。版画作品。宋绩溪胡延政致仕后绘制,元至大年间刻制。纵3米,横5米。原藏绩溪县湖里村,现藏上海博物馆。

耕余剩技插图
版画作品。明休宁程宗猷撰《蹶张心法》插图,上文下图,天启元年

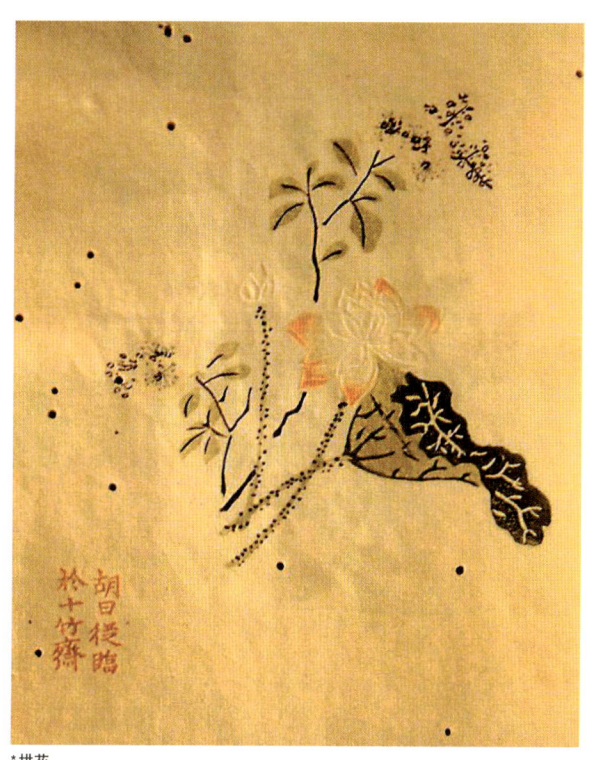

*拱花

(1621年)程氏刊刻,有四种本。

套版印刷 版画印刷技法。明朝的彩色套版是中国古代出版事业发展史上的第三次技术跃进,徽州则是套版印刷技术的起源地。最初,套版印刷是在一块版上的不同部位,分别涂上不同的颜色,一次印成。严格地说,这还不能算是套印,只能称之为"涂色"。后来发明了将需要不同颜色的部分,分别刻成大小规格相同的版,逐次印到一张纸上。这种技术方法,才叫做"套版印刷术",也称之为"整版套印"。用这种方法印出的书籍,称为"套印本"。在套版印刷发明的初期,主要用朱、墨两种颜色印刷。以这种方法印出的书籍,称为"朱墨套印本",或叫"双印"。后来,进一步发展为用三色、四色、五色来套印,根据用颜色的多少,印出的书被称为"三色套印本""四色套印本""五色套印本"等。嘉靖年间赵汸《春秋集传》采用靛青两色套印,经万历二十三年(1595年)程君房《程氏墨苑》50幅四至五色彩印,万历三十年(1602年)《闺范》彩色套印,再到万历三十四年(1606年)黄一明刻《风流绝唱图》采用红、黄、蓝、绿、黑五套色,万历四十七年(1619年)到天启七年(1627年)胡正言印《十竹斋书画谱》首创彩色版套印。

饾版 版画印刷技法。是以色彩分版套印,将彩色画稿先行分开各种颜色,然后逐色依次套印,有时一幅画多至几十块版,用墨和水及颜色根据需要调配,印出颜色浓淡深浅,阴阳向背,妍丽雅致,几与原作无异。明万历四十七年(1619年)到天启七年(1627年)胡正言运用"饾版""拱花"二法,编印《十竹斋书画谱》《十竹斋笺谱》,把版画套色和印刷术推向新的高峰。

黄山真景图 版画作品。清歙县汪扶晨辑,康熙《黄山志续集》附刻本,康熙三十七年(1698年)歙县吴荃重刊为单行本。图43幅,为清初画家雪庄遍历黄山诸峰,择其最灵奇者的传神写照。如《隔岸望洛池》《慈光寺》《文殊院》《阮溪去黄山途中》《祥符寺远眺》《迎送松》等,构图饱满,疏密对比,树与山石组织线条纵横处理十分协调匀称,绘刻双美。

程氏墨苑插图 版画作品。明歙县程大约辑,休宁丁云鹏画,歙县黄鏻、黄应泰、黄应道等刻。万历三十三年(1605年)程氏滋兰堂刊本。12卷,人文爵里9卷,20册,共分玄工、舆地、人官、物华、儒藏、缁黄6类,计520图,其中彩色50帧。《墨苑》上自符玺圭璧、下至杂佩以及花卉、禽鸟、走兽、虫鱼等无不各尽其妙。绘图精湛,刻工勾凝断顿、线条细若胎毛,柔如绢丝,尤其首创四、五色套印。

*程氏墨苑插图(飞龙在天)

*程氏墨苑插图(圣母怀抱婴儿)

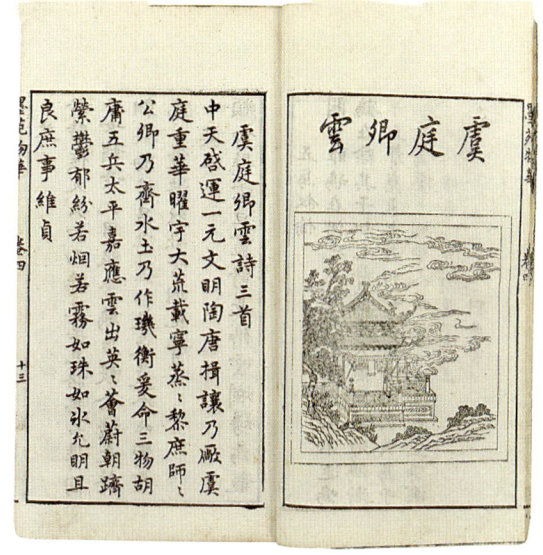

*程氏墨苑插图(虞庭卿云)

道光休宁县志插图

版画作品。清休宁鲁庵、歙县丁俊绘画，刻者佚名。名胜图7幅：大鄣山、齐云山、岐山、颜公山、商山、率山、东密岩。风景图8幅：寿山初旭、夹溪春雨、白岳飞云、风湖烟柳、屯浦归帆、练江秋月、落石寒波、松萝雪霁。山石、树木运刀遒劲，凝顿时钩斫，显得粗犷沉雄、苍劲古拙；人物楼阁、行水流云则运刀爽约、运转流畅，呈以细腻明快、挺进秀丽。两种刀法交替结合，增加了层次感。

鉴古斋墨薮插图

版画作品。清绩溪汪近圣撰。4卷，有8册、4册、2册等不同年代的多种刻本。卷一，刊鉴古斋在乾隆朝制的《御制耕织图诗》94图、《御制罗汉赞》34图、《御制重排石鼓文》20图、《御制四库文阁诗》10图、《御制仿古砚》26图、《御制淳化轩》《御制快雪堂记》各1图、《御制四友图诗》《御制四灵图诗》各8图、《御制咏墨诗》《御制题画诗》各18图，总共11种238图。卷二，刊《御制花卉图诗》96图、《御制关槐洋菊诗》18图并附《关槐题汪氏墨薮》1篇、《御制棉花图诗》32图、《御制西湖名胜图诗》20图、《进呈辋川图诗》42图，末附《御用彩朱》30幅彩图，当为汪氏的仿制墨。卷三，刊《御制铭园图》128图，末附嘉庆六年（1801年）王绶集《文心雕龙》句的"鉴古斋墨谱铭"。这套墨就是后世的"圆明园墨"。该套墨大部分墨名取材于北京紫禁城（大内，今故宫）、西苑（今中南海、北海）和圆明园三园中诸景观园或建筑物的匾额铭文，其花纹、图案，皆由宫廷内务府如意馆画师所绘。一说这128图及卷一、卷二图，或为汪维高在大内所制之墨的图式，或为汪维高在大内所获拓片后的翻版图式。卷四，刊《鉴古斋制墨》《诸家题赞》。

新安胡氏历代报功图

见440页"胡延政报功图"条。

新编目连救母劝善戏文插图

版画作品。明祁门清溪郑之珍撰文，黄铤、黄铦刻（黄铤、黄铦皆虬村黄氏第二十五世孙），万历十年（1582年）高石山房本。插图作者不详。该书有插图57幅，单双面不一，绘图者想象力丰富，天上、地下、阳间、阴府，人物富有性格化，笔致章法，粗豪有力，表现人物栩栩如生。刻技豪放，大胆泼辣，线条粗壮坚实，阴刻与阳刻互用，线面结合，变化多端，民间气息较浓，是徽派版画早期作品，与徽派兴盛时期的精细纤巧，雅秀风格不同。它的出现，使世人开始对徽刻刮目相看，成为徽派版画的分水岭。原藏祁门清溪，现藏安徽省博物馆。

徽州木版年画

版画类别。在徽州，木版年画与民间版画的组画、插图、独幅画同属一个范畴。徽州木板年画从题材内容上看，以宗教、神话故事、民间传说、人物和儒、释、道家圣贤事迹，以及古代文学戏曲故事、民间习俗等为主。徽州木版年画非常风行，是广大农村逢年过节时张贴的装饰品，自产自销。明朝已形成规模，清朝更为兴盛。20世纪50年代，歙县岩寺镇（今属徽州区）原桂芳斋花纸老店，还保存有明清年画、纸马、信笺和旧木版片50余块。休宁环居、首村、岩前、商山等地20世纪80年代相继发现木版画的原刻板模。在屯溪东里巷明朝古建筑程氏三宅楼上，还贴有署款丁云鹏绘刻的《慈航普渡》木版年画等。

*徽州木版年画

徽州民俗版画

版画类别。在明清时期相当丰富，大体包括五个方面内容。一是宗教活动：敬神朝拜，信士弟子赠送给庵堂寺院的仙佛神像及其成道成佛业绩和功德图。庵堂寺院发、赐给求神者符及仙佛祖师像。二是年节活动：木版年画、门神画、财神、龛王像、房门上横四幅或六幅印画连屏及压岁钱袋（红纸包）。三是日常生活：钟馗像、麒麟送子、麒麟护子图、麻姑献寿、张果老献寿图、八卦图以及结婚用的鸳鸯礼书等。四是祭奠活动：多为符、冥币和人物、家禽家畜等半印半画的纸马。五是民间家乘、宗谱：祖容、乡邦先贤像，及村舍、水口、祠宇、厅屋、祖茔图等。

徽州谱牒插图

版画类别。徽州宗族家谱中图考、插图、先贤像、列世祖容肖像、风景名胜、祠宇、庵堂、地形图等。是研究我国版画史以及各地方版画风貌、流派的重要资料。明弘治十二年（1499年）《休宁流塘詹氏宗谱》为徽州方志谱牒较早刊本。安徽省博物馆收藏的巨幅《□武威石氏源流世家朝代忠良报功图》，即该类版画。

徽派版画

中国版画艺术流派之一。徽派版画是受徽州刻书业直接影响而迅速崛起的派别，明末清初达到高峰，独步海内，盛极一时，以精丽、生动、明快的格调和朴厚遒劲的风格著称。徽派版画的出现，据现存资料可以追溯到元末明初绩溪石氏家刻本《囗武威石氏源流世家朝代忠良报功图》，此图是分刻成许多小块图像连续捺印而成的。早期的徽派版画作品还有明天顺刊本《黄山图经》、弘治刊本《休宁流塘詹氏宗谱》、正德刊本《余氏会通谱》、嘉靖刊本《欣赏编续》中几幅明万历以前的版画，这些早期作品绘刻均显得比较粗糙，是工匠自绘自刻之作。万历以后，徽州商人积极介入出版行业，为了使自己的图书具有市场竞争力，在插图上大做文章，往往不惜重金招聘名画家和名刻工绘刻图版。同时在印刷质量上下工夫，创造出多彩套印和"饾版""拱花"等一系列新的印刷技法，使徽派版画进入光辉灿烂的辉煌时期。版画艺术由于徽商的参与和操作，把名画家、名刻工和名印工集合到一起，由集体的力量而臻完善，从而达到至高之界。但发展到一定程度，又暴露出集体合作的弊病。因为作为集体创作的产物，绘、刻、印和主持者，缺少一个环节或某环节薄弱，作品都不能成功。清乾隆以后，作为徽派版画最大支持者和主持者的徽商开始走下坡路，徽派版画也开始走下坡路。

徽派版画刻工

版画刻工群体。始于明天顺年间的歙县虬村黄氏刻工，一直以善雕书版而著名。弘治《休宁流塘詹氏宗谱》和嘉靖《欣赏编续》即为虬村黄氏刻工所雕，刀法娴熟圆润。经过几代人的努力，到了万历时期，虬村黄氏刻工创造了一套秘不示人的雕图刀法。虬村黄氏刻工一般都要具有

*徽派版画（余岸八景图）

较高的文化水平，有的本身便是画家。因此，他们能够领悟书籍插图所要表达的意境，根据不同的内容、风格、画面来确定刀法的运用。苏州、杭州、金陵等地的出版商为了保证插图质量，不得不高价聘请他们。因此徽州不少刻工在全国出版界享有盛名。著名的虬村黄氏刻工有：黄应济、黄应光、黄鏻、黄鼎、黄应澄、黄德新、黄利中、黄子光、黄子和、黄启高等。除虬村黄氏刻工外，从事徽派版画的徽州刻工还有汪、刘、洪、姜、谢诸姓。比较著名的有汪成甫、洪国良、刘启先、叶耀辉、项南洲、王玉生、吴应芝、刘功臣、汪梓琴、吴凤台、姜体乾、汪忠信、谢茂阳等。

[七] 徽州艺术

新安书画　徽派版画　徽派篆刻　徽州戏曲　舞乐游艺　徽州工艺

十竹斋印存　明末清初休宁胡正言印谱。"十竹斋"为其室名。成书于清顺治四年（1647年），有周亮工、杜濬诸人序。4卷。其所刻印章多为忠臣烈士及诸遗老，如钱士升、倪元璐、范景文、杨文骢、冯如京、孙必显、徐石麒、钟惺、谭元春、王思任、杨嗣昌、史可法、道邻、龚鼎孳、周亮工、杜濬、萧士玮等，包罗明万历末至清顺治初诸文人名流，亦见胡氏交友之广。末处附《胡氏篆草》1册，皆为"出游五岳，归卧一丘""纫秋兰以为佩""文章有神交有道"诸闲章。

小竹里馆印存　清休宁画家金桂科篆刻印作集。8册。金桂科号小竹馆主人。此谱为其录自刻印作钤拓而成。成书于光绪七年（1881年）。无序跋，亦无释文。光洁挺劲，颇具黄士陵印风。

广印人传　篆刻家传记。清歙县叶铭撰。宣统三年（1911年）西泠印社刻本。16卷，补遗1卷，4册。自从《续印人传》后100余年，没有再为印人立传的续作出现，叶铭以为憾事。于是花了几年的精力，搜集资料，凡史传、志乘、文集无所不采，上起元明，下迄近代，成《再续印人小传》，收印人551人，补遗50人，于宣统二年（1910年）夏付梓。同年冬，在《再续印人小传》的基础上，又广事采掇，增补成本书。《广印人传》卷首有叶铭50岁像，广印人传参阅姓氏，例言，余杭鲁宝清序，吴江陈去病序，仁和汪厚昌叙，山阴吴隐叙。是书按古今时代，分姓分韵编排，共收印人1886人。其中第15卷收"方外"印人26人，"闺秀"印人17人，第16卷收日本印人63人。补遗部分为参阅者提供，多有名无传，或夤缘得以附入，未必真正长于治印。

飞鸿堂印人传　见449页"续印人传"条。

飞鸿堂印谱　清康熙、乾隆年间印人印作汇录。歙县商人汪启淑辑。成书于乾隆四十一年（1776年）。5集，每集4册，每册2卷，共40卷。由金农、丁敬校定。第一集辑印741方，第二集辑印696方，第三集辑印691方，第四集辑印663方，第五集辑印724方，共辑印3515方。印文以诗文句为主，印下注释文和刻者姓名。部分印章只有释文而无刻者。收录至印谱的作者有100余人，其中篆刻名家有丁敬、林皋、吴麐、汪肇龙、黄易、高翔、高凤翰、董洵、张燕昌、程瑶田、黄吕、桂馥、陈炼、沈凤、黄景仁、张燕昌等，几乎囊括了当时印坛上的所有名人。谱首有凌如焕序，金农漆书"偶爱闲静"题词，黄吕绘《秀峰先生二十一岁小像》，沈德潜题词，汪启淑作凡例。每卷均有时贤序跋诗题，题跋者有鲍珍、李果、阎沛年等51人。此谱为汪启淑不惜重金，邀请当时篆刻名家汇聚飞鸿堂，互相商榷探讨，方才奏刀。部分印章乃购求所得。是古来汇辑印人最多、收印最多的一部印谱，同时也是乾隆时期全国印作的一次大汇展。此谱印刷、装潢极考究。其凡例中说："不惜资费，咸用朱砂泥、洁越楮、顶烟墨、文锦函以装潢之，非射利者所可同日语也。"全书收徽州印人总计27人，其中歙县21人，休宁3人，黟县1人，婺源1人，另署新安1人。

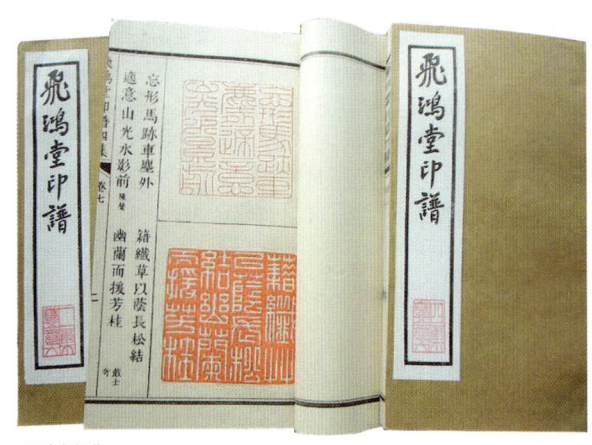

*飞鸿堂印谱

切刀法　篆刻技法。始于徽州朱简。他篆刻时改变运刀方式，持刀向下压切，稍微前推，进刀的长度较短，长的笔画需用数刀连接刻成，刻出来的笔画由于线条呈现不规则的弯曲，长的显苍老，短的显平实。从而使笔画线条产生一种跌宕起伏的节奏感与韵律感，具涩滞苍莽的金石效果，开启了以刀见长的"刀笔结合"的新风气。这种刀法被后来浙派的丁敬所吸收，又经浙派群体日臻完善推向顶峰，成为篆刻艺术中的主要刀法之一。

月潭胜景印志　清休宁朱霞印谱。成书于同治十二年（1873年）。1册。以休宁县月潭胜景"月潭""石门""观澜亭""临清阁""平林小隐""钓雪舟""星洲寺""颜公山""柳堤莺""松石晴岚""南屏叠翠""钓台烟雨""澄潭印月""石门瀑涨""玉峰积雪""西山晚烟""东林小正""静室参禅""绿野采茶""学圃劝农""南峦拥瑞""幽涧鸣琴""紫阳义居""萝坞樵歌""半潭秋月""夹洲垂钓""北溪晚渡""群峰聚秀"为印28方。前有元赵汸《月潭前八景记》、朱国兰《月潭前八景题跋》、李恩普跋、朱霞跋和志叙。每页上方印，下方或左边配有赵汸、戴琥、朱家修、朱国兰、朱霞等人咏景诗。

文字原 见447页"红术轩印范"条。

巴隽堂印存 清歙县巴慰祖印谱。成书于乾隆五十三年（1788年）。1册。为手制五层套印，每层五印的钤本，共收印25方，追秦摹汉，风格不一。五层套印为歙县吴之黼所作。有巴氏楷书双刀四面款，曰："竹屏廉仿工书，善书画，尤嗜图章，皆四方名流所为，积石累累不下数百颗，以椟贮之。历官所在必携随行，不知者以为资重也。岁己亥，慰祖曾为刻写蓝题记印，谬承奖许。今复命制套印，因辑诸家规范为之，都二十五方为一函。他日鉴廉仿者兼鉴此印，有足征也。戊申三月二十七日，隽堂居士巴慰祖识。"

古印概论 民国歙县黄宾虹篆刻论著。载民国十九年（1930年）《东方杂志》第27卷2号。分为文字蜕变之大因、名称施用之实证、形质制作之代异、谱录传世之提要、考证经史之阙误、篆刻名家之法古六个部分，附印蜕7方。该篇是黄宾虹治印，由镌刻向以印文为研究对象的转折。黄宾虹为了篆刻的需要，从20余岁开始，大量搜集收藏古玺印。对古玺印的摹拓中，开始对玺印文字产生兴趣。《古印概论》明确提出古玺印可以"考证经史之阙"，认为"缪篆官私印资于考史，奇字大小兼以证经"。从此以后，黄宾虹刻印愈来愈少，而以古玺印文做研究的文章却时见发表。如民国二十八年（1939年）在《古学丛刊》第2期发表《古印中之三代图画》（署名予向），民国二十九年（1940年）在《中和月刊》第1卷第7期发表《凤文古玺》（署名予向），次年又在《中和月刊》第2卷第5期、第7期连续发表《古印文字证（一）》《古印文字证（二）》，以古印文字证《经》、证《史》，颇多创见。

古铜印丛 清歙县汪启淑辑古玺印录。成书于乾隆三十一年（1766年）。4册。每面2~3印，旁注钮式，有郑鸿撰序。

古稀再度寿印 清休宁朱霞印谱。成书于咸丰六年（1856年），吴铃题书名，有云台奎、冯云鹓、姚鹏春、汤莲渚、项金浩序，朱霞自序、跋。1册。朱霞辑经史子集言寿的句子，刻印140方，名曰"古稀再度"，成语配合，各有章法，疏密相间，备极自然。每页1~2印，附释文，并注明句子出处。如"伊尹寿百有五岁"印句，注出《竹书纪年》。

古蜗篆居印述 清休宁程芝华摹刻程邃、汪肇龙、巴慰祖、胡唐的印作汇录。成书于道光七年（1827年）。2册4卷。卷首有胡唐题字"古蜗篆居印述"，程恩泽、胡唐序，程芝华订凡例及程芝云跋。卷一摹程邃印，共59方；卷二摹汪肇龙印，共39方；卷三摹巴慰祖印，共47方；卷四摹胡唐印，共51方。

四香堂印余 清歙县巴慰祖印谱。"四香堂"为其室名。8册8卷。有胡唐序。前7卷以摹秦以降历朝印，成书于乾隆三十八年（1773年）。卷一摹汉官印48方，卷二摹秦汉私印51方，卷三摹汉私印48方，卷四摹秦汉私印46方，卷五摹秦汉私印46方，卷六摹唐宋以后名印62方，卷七摹程邃名印47方，卷八附其子巴树谷所作私印39方。共收印387方。有释方。所摹之印均得原作风韵。由此谱可知巴氏远溯秦汉，近收程邃，融冶古今，自成一格。

四香堂摹印 清歙县巴慰祖印谱。"四香堂"为其室名。乾隆三十九年（1774年）巴慰祖从金榜处借得《顾氏集古印谱》墨渡卷子（有沈明臣手书序跋），尽数月之功摹刻而成。2卷。此谱ский官印40余方，其余为私印，共230方，仿效顾氏卷子亦作墨钤本。有巴慰祖自序一则。

印可 明休宁吴正旸印作集。2卷。成书于天启五年（1625年）。因其早逝，是书由其侄继心、维心辑成。有潘胤先、郑圭序及自序。

印法参同 明歙县徐上达篆刻论著。成书于万历四十二年（1614年）。42卷，有16册本和20册本。署"新都徐上达伯达著，长男凤来注，宛陵梅鼎祚禹金校"。有自序及凡例21则，正文1~4卷主要介绍官私玺印制度及形成；5~15卷阐述古来篆书及印学知识；第16卷介绍印章钮式；第17卷以后为印谱，集古印和徐上达、徐凤起父子所摹之印。该书论印，有论，有据，有实践，叙述详细，通俗明畅。尤其在技法理论上有突破，是明末印学界具有代表性的学术著作。

印经 明休宁朱简篆刻论著。成书于万历后期。1卷。该书共分8节，依次为溯源、谱系、型训、游刃、临摹、缵首、欣赏、针伪。是作者一生印学思想的结晶，包括了《印品》（含《印章要论》）中的主要精神。

印品 ❶明休宁朱简篆刻论著。成书于万历三十八年（1610年）。8集5册。该书是朱简的第一部印学著作，为了立论的需要，朱简手摹周、秦至元、明玺印，并详加评论，涉及范围有玺印考证、篆法、章法理论的研讨，辨别印章真赝，评论印作优劣，是一部具有相当理论深度的印学著作。该书首集为印章要论；一集为正始，摹古铜印；二集为正则，摹古铜印；三集为正宗，摹古铜印；四集为正变，摹古玉印；五集为复古，摹明人石印；六集为赝印，刊顾氏《印薮》中赝印；七集为谬印，刊《印薮》及当时名篆刻家的失败之作。有陈继儒、赵宧光、邹迪光序，朱简自序及发凡。首集印章要论共录印论44则，其中一部分并见于《印经》，其余为作者有关印学杂录，亦有取前人论述加以重申者。❷明休宁范孟嘉印谱。成书于崇祯九年（1636年）。2册。有王守谦、吴宗道、增吉序跋。

印章法 明歙县潘茂弘篆刻论著。成书于天启五年（1625年）。上、下集。上集论及文字、印章辨、官制、秦汉印、缪篆印、铁线文等历朝印式与印学常识，下集阐述官私印及落墨、章法字法、运刀等篆刻技法及艺术修养等。董其昌所作序对该书极为推崇。该书论印强调"悟"，主张多学习多实践，只有将所看所学到的"形"，转化为"意"，成为自己的东西，才能得心应手。

印商 明歙县程云衢印谱。成书于崇祯七年（1634年）。1册。每页1印或数印，注有释文。有程名世序、方祖皋跋，另有清末郑文焯墨书题。

印薮 明休宁陈九卿印谱。成书于万历年间。4卷。九卿为何震表弟，刻之技得何震指授。此谱前三卷为九卿临摹何震的印作，后一卷为九卿自作，每页1~6印不等，有释文。

汉铜印丛 清歙县汪启淑集古印谱。成书于乾隆十七年（1752年）。有8卷本和12卷本两种版本，收印亦有异同，版框均为绿色花格，每页2~6印。其中12卷本收官印152方，私印及杂印93方。有朱樟序，汪澎跋。此谱有翻印8卷本，印章失真。又有商务印书馆据12卷本影印出版本。

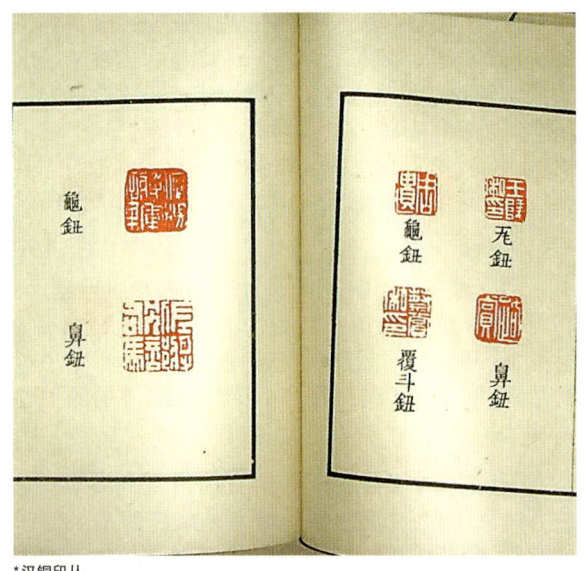

*汉铜印丛

汉铜印原 清歙县汪启淑辑古玺印录。成书于乾隆三十二年（1767年）。16卷。所录汪氏收藏的古铜印钤拓而成，总计收印近2 000方，每面1~4印，末附钮式绘图20种。有钱载序，曹仁虎跋。

讱庵集古印存 清歙县汪启淑所辑刊的印谱。成书于乾隆十五年（1750年）。32卷，分装16册。每面1~5印，下注印质。内收古玺39方，汉晋官印284方、私印587方，元明杂印160方。有金农题签，鲁曾煜、徐文光序，冯冲绘汪启淑小像，金洪铨跋。从文字形体和刻印风格来看，该谱所收录印章中大部分都是汉印，也有部分战国古玺和魏晋南北朝直至清乾隆年间的印章。

百寿图印谱 清歙县巴慰祖印谱。成书于乾隆三十九年（1774年）。1册。该印谱采撷有"寿"字的文辞100句，分别刻石，末附"天都巴氏雪坪辑寿""男慰祖奉命摹篆藏石"两印，共收印102方。雪坪是慰祖之父，所谓"摹篆"也不是摹刻，而是指由其父辑字，慰祖刻。

伊蔚斋印谱 篆刻作品。清歙县项怀述印谱。"伊蔚斋"为其书斋名。成书于乾隆二十四年（1759年），道光二十七年（1847年）其子项元翰，外孙程芝云、程芝华，外曾孙程上奎为之刊刻序跋题词，以原印钤拓行世。2册。有秦大士、罗廷梅、范岩弟、吴汉、项松崖、吴去尘、吴士境、鲍倚云、朱陵、刘兼善、袁谷芳序，项怀述自序，郑燮、王国栋、凤鸣、管涛、汪秦钧、汪之珩、江干、吴士临、梦昶、查祖馥、王世煜、罗廷槐题词，吴华孙、汪秦钧、鲍嘉邕跋。每页1~4印不等，共收印436方，无释文。

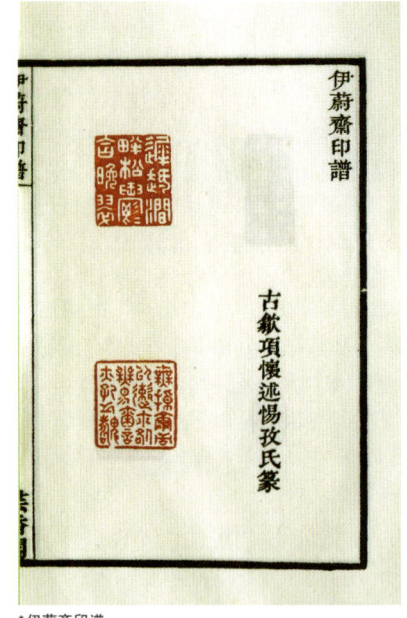

*伊蔚斋印谱

冲刀法 篆刻技法。由休宁何震在摹汉凿印的基础上发明。冲刀即"执刀直冲"，运刀时持用正锋或侧锋向前推进，刻出的笔画爽利劲健，泼辣生动，不假修饰，刀味十足。

衣云印存 清乾隆、嘉庆年间歙县罗聘所刻印章汇录。"衣云"为其号。1册。原钤本前有

"衣云印存"四字篆题,裱本,无框格,每页钤1~7印,印侧有罗聘手录边款或注刻者姓名,其中刻印者有丁敬、邓琰、桂馥、董洵、黄易、奚冈、杨谦、于河、巴慰祖等。有徐懋、顾洛、赵魏、赵之琛等题词或观感。

并笔 篆刻技法。歙县汪关所创。是指为了造成特殊的视觉效果,对印面上相邻近的平行笔画线条加以合并或连接的处理方法。汪关在保留基本字廓的前提下,变化白文线条的粗细轻重,并且重新留朱,使之产生整与碎的变化。这种篆刻章法上的并笔手法,是印章方寸之间表现艺术创作魅力的一种特别有效的方式,后来广泛地被篆刻艺术创作者所采用。并笔的产生源于烂铜印的剥蚀、风化,使笔画粘连形成的自然效果,这种自然效果使原来的平行呆板重复的线条起了变化,产生了新的视觉感受。汪关的"并笔",是受此启发而创新的。

红术轩印范 清歙县汪镐京篆刻论著。"红术轩"为其书斋名。成书于康熙三十五年(1696年)。1册。该书意为谈印规范,即篆刻要懂得文字源流,故又名"文字原"。按秦、汉、唐、宋各代篆体刻有360方甲子印,后附《红术轩紫泥法定本》,谈印泥制作。汪镐京另有《红术轩印谱》1册,成于康熙二十一年(1682年)。每页1~2印,旁注黄山风景铭,有张英序。

苏氏印略 明歙县苏宣印谱。成书于万历四十五年(1617年)。4册。谱以印的大小编次,第1册收大印71方,长印36方;第2册收印74方;第3册收印272方;第4册收印212方。共收印665方。多为姓名、斋室、里籍、闲散印。每册后均系序文,共有施凤来、马维诏、钦叔阳等序跋及自序。国家国书馆另藏有《苏氏印略》1册本,所成年代近于4册本,存印则为260。此外又有《苏宣印册》粘本2册,内存印约100方,下册并载苏氏摹刻汉印。印文与《苏氏印略》4册本多不相同。

忍草堂印选 明休宁程朴摹刻的印谱。4卷。原题:"海阳何震长卿篆,同邑程原孟长选,男程朴元素摹。"程朴之父程原酷嗜何震之印,搜集何氏印蜕5 000余方,精选1 000余方,令其子朴摹刻,朴于天启六年(1626年)完成。后方去疾在藏石名家汪忒翁处,发现程朴摹何震印原石7方,极其神似。

松谷印遗 清歙县项泰增印谱。"松谷"为其号。是谱为泰增去世后,由其同里项怀述和门生程鸿绪集其印而成。成书于乾隆四十五年(1780年)以前。1册。印谱前有项怀述作《松谷小传》。谱收印91方,姓名印、斋堂印、闲印均有,如"项泰增印""燕喜堂印""以石为邻,以松为侣,立烟云中,俯看风雨"等。印作篆法精严,作篆规范,布局匠心巧运,光洁浑穆,不敲边,无运刀痕迹,如玉人治玉,有徽派雅逸纯正之风。

述古堂印谱 篆刻作品。清歙县程椿摹印谱。成书于道光十九年(1839年)。4册8卷,有季锡畴、严熙豫序及自序,蒋赟跋。道光十年(1830年),程椿游虞山,得结识虞山大收藏家严熙豫。严氏嗜篆刻,藏印可与学山堂、赖古堂、飞鸿堂比富。闻程椿善刻印,遂请程至寓斋,请其摹刻所藏名人印章,于道光十九年(1839年)辑程椿摹印成《述古堂印谱》行世。该谱共收印640方,每页2~4印不等。严熙豫称:"程君素工此事,章法典雅,运笔遒劲,其临摹处,几欲乱真。"

明臣印谱 明休宁詹荷印谱。成书于万历三十六年(1608年)。1册。有邵久嘉、张二成序和詹荷自序,茹师闵、阮泰元跋。印谱所收均为明朝先贤朱升、丘濬等私印,故名。共辑印274方。

金一甫印选 又名《复古印选》。明休宁金光先印谱。成书于万历四十年(1612年)。2册。有自序及王穉登、李维桢、邹迪光、赵宧光序。上册为摹秦汉官私印,下册为自刻印。

单刀刻边款 篆刻技法。明休宁何震发明,欹斜错落,奇趣横生。这种单刀边款一刀即成一笔,产生的点画,一侧光洁,一侧微毛,虽不及双刀刻法的点画圆融光洁,但他简洁写意,苍莽生辣,兼具笔意刀趣。这种刻法后来被丁敬、蒋仁、陈豫钟以至近代吴昌硕等印学大家用来刻印文,运刀似笔,如书纸帛,从而使单刀刻款升华到更纯熟的境地,极大地提高了篆刻艺术表现力。

宝印斋印式 明歙县汪关印谱。"宝印斋"为其居室名。是谱成书于万历四十二年(1614年)。2册2卷。第一卷为自藏印61方,第二卷为自刻印。有李流芳手书题记二则和汪关自跋一则,宋荦亦有手题。后上海书画出版社用《宝印斋印式》旧谱选辑成《汪关印谱》1册,胶版影印出版,共收印263方。

始于摹拟,终于变化 语出明歙县苏宣《苏氏印略·自序》:"如诗,非不法魏晋也,而非复魏晋;书,非不法钟王也,而复非钟王。始于摹拟,终于变化。"此为苏宣篆刻创作实践的经验之谈。从苏宣遗留下来的印迹来看,他摹拟的范围同何震一样极为广泛。秦汉印章凡官印、私印、铸印、凿印、白文、朱文、朱白文等都曾涉及。尤其很多印章摹拟何震,体现了苏宣对何震印风的传承和提高。但摹拟对苏宣来说,只是手段,而非目的。苏宣的过人之处,在于懂得创新求变,刻出自己的风格。苏宣的印冲刀雄健滞涩,同何震的猛利相比较,区别于刀法上他继承了何震的握刀直冲,但在冲刀时取涩势,内质更显凝重。在边款艺术上,苏宣也有创新,最早用草书刻写边款。他在何震用单刀的基础上,灵活地以单刀、切刀相济而行,所刻草书边款潇洒豪放,别开新路。苏宣处于文人篆刻的草创时期,勇于创新,在篆法、章法和刀法上都有探索,开阔了篆刻创作思路和艺术表现力。

奏新印存 民国休宁隆阜(今属屯溪区)戴德瑞印谱。成书于民国三十二年(1943年)。1

册。该谱铅印边框，原石钤印，每页1印，共31方。无释文，无序跋，后附《奏新居士戴德瑞治印润例》。

珍善斋印谱 明歙县吴迥印谱。成书于万历四十六年（1618年）。2册4卷。每页4~6印，有释文。有刘锡玄、董其昌、高出、黄汝亨、欧阳灿、周仕国、朱承彩、虞国伦等人序跋。

拜石山房印谱 清黟县范名旺印谱。成书于宣统元年（1909年）。4册，有顾元熙、孙宏吉、许国琛、高瀛、史恩官序和题词，均为手写。每页1~3印，共353印，附释文。在每方印下，又附印章质地，如石印、竹根印、冻石印、鸡血石印、墨石印、牙印等。印风光洁挺劲，属黄士陵一派。

复古印选 见447页"金一甫印选"条。

叙摹印 民国歙县黄宾虹篆刻论著。连载于清光绪三十三年（1907年）《国粹学报》第三年第十册30、33期，光绪三十四年（1908年）第四年第七册38、39期，署名黄质。原题《宾虹羼抹·叙摹印》。全篇分为总论、上古三代——玺印之原始、秦汉——铜玉印之时代、六朝唐宋——杂品印之时代、元明——刻石印之时代、国朝——摹印之复古、历代伪托前古之印、古印之流传、铜玉印之制作、杂品印之优劣、刻石印之精美、篆刻为文人旁及之学、新安篆刻之学派、印文歧异之原因、古人相印之术、考证古今玺印、集古印谱之源流、古今印文之变迁、古代玺印之制、古今印制之殊异、古印成文、摹印篆法、缪篆笔法、摹印刀法、玺印之朱白文、品题摹印、宝爱古印、印钮篆刻石章、篆刻余论，多取前人之说而阐发之。全篇流露出黄宾虹对家乡先贤的偏爱，文中对乡贤印人多有赞语，并专列《新安篆刻之学派》加以论述。

退斋印类 清歙县汪启淑专门汇辑印材的印谱。成书于乾隆三十二年（1667年）。10卷。分为金银、宝石、晶玉、名刻、冻石、牙角、瓷器、名印、竹木、杂石等10类。晶玉类收有白玉、黑玉、黄玉、雄晶、茶晶、玛瑙、珍珠、密蜡等多种；牙角类收有象牙、犀角、雕漆、小鸡骨、羚骨、驼骨、虎牙、鹤项骨、鱼骨等多种；杂石类则收集了寿山、青田、昌化、楚石、辽石等多省市、多品种的石章。阅此谱足令观者大长见识，但全书只注重印材的多样性和丰富性，较少顾及篆刻作品本身的艺术性。

秦汉印范 明歙县苏宣摹刻的印谱。成书于万历三十四年（1606年）。2册6卷。潘云杰集印，陆陇编选，杨当时、苏宣摹刻成谱。有张所敬序、潘云杰自序。卷一、三、五题："云间潘云杰源甫编辑，甬东杨当时汉卿甫摹篆。"卷二、四、六题："云间陆陇元美编辑，鄱郡苏尔宣朗公甫摹镌。"自顾从德《集古印谱》行世以后，篆刻复古之风大盛。一些古印收藏家，纷纷以家藏秦汉古印及印蜕，付诸篆刻名家摹刻行世。此书即为该类作品。

秦汉印统 明歙县罗南斗所集刊的印谱。成书于万历三十六年（1608年）。8卷。卷一、三、五、七题："鄱郡罗王常延年编，新都吴元维伯张校。"卷二、四、六、八题："鄱郡罗王常延年编，武陵顾晋享伯明校。"此谱是顾从德《集古印谱》的重编本，《集古印谱》为顾从德集印，罗南斗辑拓，用原印钤拓，共6卷。谱成后，求者甚众，于是顾、罗二人重加编订，加以充实，改原印钤拓为雕版摹刻，题名"印薮"，广泛行世。署名亦改为罗南斗编，顾从德校。《秦汉印统》又是《印薮》的重刻本，为新者吴氏树滋堂镌梓。

晓采居印 明歙县吴迥印谱。成书于万历四十年（1612年）。2册2卷。有周仕国序，徐改之、雯园跋。每页8印，共收印556方。多为明人私印，如李永昌、潘之恒等。

浣月斋印谱 清休宁尤溪（今属屯溪区）印人程鸿绪辑所刻印章汇录。成书于乾隆后期。6卷。此谱所录印人中大部分为徽州印人，是乾隆时期徽州印人印作的一次大汇展。收印232方，其中项怀述19方，项道30方，项赤崖9方，项宗礼3方，项泰增27方，项千木1方，项香谷8方，项雪梅2方，项芷香1方，项仲眉1方，项逊2方，戴启伟16方，江之瀛1方，江肖卿2方，胡唐7方，胡基1方，胡咏陶3方，胡心震1方，胡柏坡1方，胡乐君1方，程标1方，巴慰祖1方，林皋1方，巴树烜7方，巴树谷2方，巴昱亭2方，郭清10方，孙克述5方，吴巨文4方，吴兆杰3方，吴荔山1方，吴榕1方，吴秋南2方，吴士珍1方，吴才甫1方，吴陶宰1方，吴仰堂1方，柳洲17方，柳河南5方，柳镜塘3方，周宗1方，吴天仪2方，曙南4方，叶北溟1方，汪士懋2方，汪肇3方，汪桂2方，汪聂夫1方，邓石如1方，仇墺1方，沈谦斋1方，沈凡民1方，黄桐谷1方，程鸿绪6方。每页1~4印不等，印下附刻者姓名，另起一页为释文。此谱整体印风体现了徽派篆刻雅逸隽秀、端庄纯正的风格。

宾虹草堂藏古玺印 民国歙县黄宾虹辑集古印谱。有初、二集，各8册。初集成于民国十五年（1926年），收古玺131方，官印73方，私印254方，有自序和例言13则；二集收古玺159方，官印48方，私印241方。又一种，共4册，内收古玺66方，官印44方，私印99方。

菌阁藏印 明休宁朱简印谱。成书于天启五年（1625年）。2册。有韩霖序，归昌世、王琪、李流芳、沈守正题，朱简自题2则。名为"藏印"，实际都是自己创作，并非收藏他人作品。

雪渔派 篆刻艺术流派。"雪渔"是篆刻家何震的号，何震以刀法再现秦汉古风，猛利泼辣的印风风靡一时，对当时不会运刀的文人篆刻群体是极大的震动。不少人纷纷效法。"雪渔派"知名印人有沈千秋、吴午叔、吴孟贞、罗伯伦、刘卫卿、梁千秋、陈文叔、沈子云、胡曰从、谭君常、杨长倩、汪不易、邵潜夫等。"雪渔派"的产生，是文人篆刻艺术兴起之初，印人们对何震印风的一种肯定。

啥香阁印谱 清休宁吴绂印谱。成书于乾隆五十四年（1789年）。1册。有自序，王昶、袁枚、谢溶生、蒋宗海、程世淳、程度、周必华序，马登华、许详龄、汪坤、李澍跋。每页4印，共30页120印。每页上面两方为闲章，下面两方为甲子印。

啸月楼印赏 清休宁戴启伟篆刻论著。成书于乾隆末年。分篆源、篆流、印文之可为法者、印文之不可为法者、印文源流考略、章法与书法、刀法、古印、印式、印质、制印色法11则。文中多取前人之说，但在谈到印章的审美价值时，主张"天性说"。所谓"天性"是性格的体现、情感的发泄。无论清秀、雄浑、字畅、字怒、字顿、字圆，只要率性而为，得其情趣，便是佳品。凡得情趣者，通常是"胸中有书，眼底无物，笔墨间另有一种别致"。启伟将这类印章归为"逸品"。

望古遥集 清歙县程棣印谱。成书于康熙二十九年（1690年）。1册。有同里汪虬、洪嘉植序及自跋。程棣一直客寓汉口，时常登临黄鹤楼，见楼壁诗句很是精美，于是择优篆为印章，如"天下江山第一楼""此地空余黄鹤楼"等，共刻印54方。

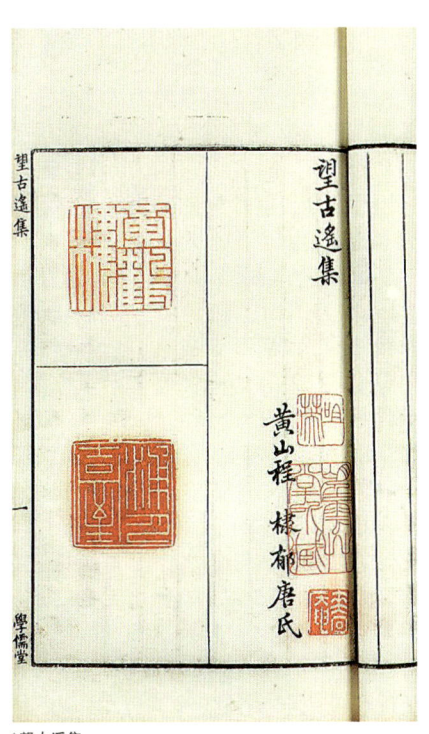

*望古遥集

鸿栖馆印选 明歙县吴忠印谱。成书于万历四十三年（1615年）。1册。收印117方，其中有很多名人印章，如米万钟、郑重等，有王野、朱多序及自跋。

续印人传 又名《飞鸿堂印人传》。清歙县汪启淑撰印人小传集。成书于乾隆后期。8卷。此书所收传主，均曾为《飞鸿堂印谱》刻印。《飞鸿堂印谱·凡例》载："每方之下笺署刻印人名，随手率书，不拘字号，其爵里事实则各为小传，另在一册。"即是指该书。该书收乾隆时印人121人，很多为当时的印坛名人，如高凤翰、丁敬、潘西凤、张燕昌、董洵、黄景仁、黄易、许钺等。其中徽州印人18人，分别为黄吕、俞珽、张钧、吴兆杰、王毂、佘国观、汪芬、吴晋、汪斌、程瑶田、戴厚光、汪成、许钺、黄圳、江源、孙克述、方成培、释佛基。《续印人传》没有尽收为《飞鸿堂印谱》刻印的印人，如徽州印人中的汪肇龙、戴启伟、吴天仪、吴麟、巴雪坪等都曾为《飞鸿堂印谱》刻印，但《续印人传》缺载。

续学古编 明休宁何震篆刻论著。上、下卷。该书仿照元吾丘衍《学古编》体例，在《学古编》原旨的基础上，阐发印学见解。上卷仿《学古编》《三十五举》作《二十五举》，下卷仿《学古编》《合用文籍品目》作《小篆篇》8则、《钟鼎品》2则、《古文品》1则、《碑刻品》8则、《器用品》11则、《辨谬品》10则、《隶书品》8则。此书现存最早的版本为明天启二年（1622年）沈延铨校刻本，现藏国家图书馆。

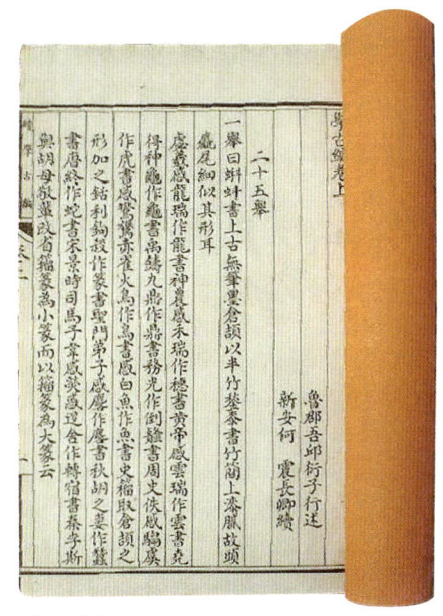

*《续学古编》内文

锦囊印林 清歙县汪启淑辑印谱。成书于乾隆十九年（1754年）。2卷。隶书扉页，每页2~4印，下注释文，共收录256印。此谱纵7.2厘米，横5.3厘米，是历代印谱中最小的一种，整部书籍完全可以覆盖于手掌之下，所刊载的印作微小如豆，是地道的袖珍印谱，流传极少，颇为珍贵。

瑶原十六景印谱 清休宁程芝华印谱。成书于道光十七年（1837年）。瑶原系其先人隐居之地，芝华取其处16景，每景一印，旁附朱蓝湖、朱柳溪和其兄程芝云16景诗赋，印下方由胡唐对印作予以点评。如《瑶源谷口》一印，旁附朱柳溪诗句为："夹道松篁径曲通，涧泉如玉漱丁东。夕阳飞上苑亭去，时听归樵唱晚风。"胡唐的点评是："笔意流利，秀骨天成，是能得秦汉人之神髓，而不袭其貌者。"印谱前有戴熙题词"瑶原十六景"，程鸿绪撰《瑶原记》，孙承勋题词"刻露清秀"，后附胡唐跋。

摹印秘论 清休宁汪维堂篆刻论著。成书于嘉庆、道光年间。1册。分为印考、雕虫清话、十二刀法、歌等部分。印考论印之起源、演变，多袭吾丘衍《学古编》；雕虫清话从制印、画格、落墨、用刀、蘸墨、击边、润石、落款8个方面，细论印章的制作过程，称"摹印八法"；十二刀法提出用刀的12种方式：正入正刀法、双入正刀法、冲刀法、涩刀法、迟刀法、留刀法、复刀法、埋刀法、切刀法、舞刀法、平刀法、轻刀法，取许容十三刀法，去单入正刀法而发挥之；歌则论印之布局、制度和刀、笔之病，多袭何震《续学古编》。该书论刀法最为详尽，除十二刀法专论之外，印考、雕虫清话中亦多有论刀法之处。

稽古印鉴 明休宁程齐印谱。成书于崇祯年间。4册不分卷。有程世培、邵朴元、何如君、汪天荣等序跋。印谱分为两部分，第一部分为"名贤姓氏"，记有先秦屈原、汉郑崇、杨雄、晋周处之、唐孙思邈、李白、南宋朱熹等人印章392方。第二部分为"今古粹言"，如《心悟至交》《落笔摇五岳》《笑傲凌沧洲》《一觉万缘空》《黄山白岳之长》《好读书击剑》等印769方。现藏上海图书馆。

翰苑印林 明休宁吴日章印谱。成书于崇祯七年（1634年）。有吴继仕、吴明郊、吴名世、吴闻札序。

歙四子 清初程邃与乾嘉年间的汪肇龙、巴慰祖、胡唐四位歙县籍篆刻家。休宁程芝华对这四人特别推崇，精心摹刻四人印作，并汇辑为《古蜗篆居印述》4卷行世。其弟程芝云为《古蜗篆居印述》作跋，指出：程邃、汪肇龙、巴慰祖、胡唐"歙四子"深得秦、汉印章精髓，又广为吸收宋元文人印章中的优点，容纳百家，艺术造诣非常高。由于程、汪、巴、胡四人虽名声较著，但印谱流传不广，人们难以见到他们的真迹。程芝华的摹作颇得原作风采，遂使世人赖此书一睹四人风貌，"歙四子"的名号也由此广为流传。

徽派篆刻 发源并形成于徽州的篆刻艺术流派。兴起于明嘉靖、万历年间，以休宁何震等篆刻名家为中心形成徽州印人群体，称"徽派"。明初，印坛庸俗怪异，杜撰擅改篆字形义，趋向屈曲乖缪。何震与之针锋相对，认为作篆治印的关键在于用笔运刀，笔有尖square圆健，刀宜坚利平锋。提出篆刻章法要整齐，更要活泼。他篆刻执刀有力，运刀迅速，刀随意动，意指刀达，刀中有笔，相得益彰，实现了刀法与书法的一致，内容与风格的统一。并独创单刀边款，顿挫跌宕，敧斜错落。在何震的影响下，徽州篆刻名家迭起，高手辈出。其中享有盛名者有歙县汪关和休宁朱简。明末清初在徽派篆刻上有成就的还有李流芳、金光先、胡正言等人。清初，歙县程邃、汪肇龙、巴慰祖、胡唐师承何震而又变革创新，专学秦汉，变化多姿，用力简涩，自成一体，人称"歙四子"，其中程邃成就最大。这一时期徽州其他篆刻名家还有汪镐京、王毅、孙克述、吴兆杰、方成培、项怀述等。晚清，黟县黄村黄士陵一派崛起，人称"黟山派"。黄士陵篆法横平竖直，结构紧凑自如，富有隶意，并杂取钟鼎、诏版、泉币等文字入印；章法虚实对照，妥帖自然，在奇险中得平衡，在朴实中求逸趣，富有旋律感；刀法光洁挺劲，圆转自然，线条饱满，简练传神，腕力之强，一时无双。黄印多数刻有笔意古拙、文词隽永的边款，与印文相照，独具特色。近代黄宾虹治印师事巴慰祖，自刻"黄质宾虹"，风格逼似巴慰祖，对徽派篆刻有所发扬。徽派篆刻艺术特征是：一以贯之的"崇古"思维，注重学养的创作取向，追求雅逸平和的审美意趣，突出个性的印学理念。参见450页"歙四子"、450页"黟山派"条。

黟山人黄牧甫先生印存 晚清黟县书画篆刻家黄士陵的印谱。黄士陵，字牧甫，号黟山人。该谱由其子黄石辑，民国二十四年（1935年）西泠印社石印出版。分上、下2集，每集2册。谱前印黄氏肖像，有罗惇、王易、黄节、易忠箓、徐文镜、李易桑、黄石序跋。此谱底本当系黄士陵旧留之印蜕，印面完整，钤拓极精。汇集黄士陵各个时期刻印887方，有边款。谱末附黄石刻印68方。

黟山派 篆刻艺术流派。创始者为清黟县黄士陵。他在广州停留10余年，经过长时间艰苦细致的探索，遍摹古印和当时各名家印，形成自己独特的风格，也由此而成为名重岭南的篆刻和书画大师，直接师从黄士陵的篆刻家有广东刘庆嵩、李茗柯、易孺、邓尔雅等。其篆刻艺术对当时的岭南篆刻发展起了很大影响，时人称为"黟山派"。黄士陵治印最初受邓石如和吴熙载影响，以后日渐成熟，逐渐脱开某家某派风格的约束，从古玺和商周铜器文字里推陈出新，为篆艺继承传统开拓一条全新的路径。在章法上，"黟山派"篆刻讲究疏密、穿插，仿佛匠心独运，又好似随手拈来，密字清疏，意趣横溢；大胆开拓篆刻取资范围，彝鼎、权量、诏版、泉币、镜铭、古陶、砖瓦、石刻等，都被熔铸到印章艺术中，使之作品不少带有鼎彝、镜铭等文字风味，看似平常，却变化无穷。在刀法上，"黟山派"篆刻大巧若拙、归真返朴，黄士陵改切刀为薄刃冲刀，完全遵照传统，执刀极竖，无异笔正，每作一画都轻行取势，猛辣刚健、洗练沉厚，每一线条的起讫，一气呵成，干脆利落，运刀气韵和线条的美感都非常强烈。"黟山派"篆刻艺术还体现在印章边款的镌刻上，边款独具一格，以单刀拟六朝楷书款刻，沉厚而又棱厉，一如其书，或大或小，无不有笔有墨，大者每见沉雄，小者时露秀雅。更可贵的是，黄士陵后期不少印章的边款是其子黄少牧所刻，其布局、刀法无不与其父形神略具。

[七] 徽州艺术

徽州戏曲　徽派篆刻　徽派版画　新安书画　徽州工艺　舞乐游艺

二阳春　见457页"新阳春"条。

十耍　徽剧术语。即耍盆子、耍扇子、耍念珠、耍辫子、耍髯口、耍甩发、耍帽翅、耍翎子、耍牙、耍叉。

十跳　徽剧术语。即跳魁星、跳加官、跳财神、跳僵尸、跳判官、跳八仙、跳土地、跳寿星、跳大头鬼、跳小头鬼。也有人说徽戏有132跳。

七擒孟获　徽剧剧目。为"徽昆"剧目，是徽戏中保留武昆曲牌最多的剧目之一。讲述诸葛亮南征的故事。原剧62场，气势宏大。曲牌有"梧桐雨""山坡羊""竹枝词""楚江吟""浪淘沙""沽美酒""水仙子"等，每种曲牌在演唱时又有许多变化。武功要求极严苛，表演艺术也很丰富，古时演出还有木牛流马上台。徽州名班，每到一处，必演此戏。

八达岭　又名《常遇春大战伯颜图》。徽剧剧目。属武昆戏，为徽班常演剧目之一。讲述常遇春奉命北征，攻八达岭得胜，又与元将伯颜图战于柳河川，常遇春中枪受毒，感受风寒，暴病而亡。其女常瑞凤见朱元璋，请报父仇；因命朱亮祖为帅，瑞凤与李文忠之子玉麟为先锋，大败伯颜图，元顺帝逃走。后瑞凤与玉麟结为百年之好。此戏规模宏大，出场人物众多。昔时演出须有八蟒八靠、三十二龙套，满台生辉，气派非凡。观众常以此剧衡量班社的阵营、角色行当及行头服饰是否强大富有。

八阵图　徽剧剧目。属徽昆武戏。讲述三国时吴将陆逊，火烧连营，大败蜀兵一事。诸葛亮设八阵图，诱陆逊中计，陆误入，不得出，后得到诸葛亮岳父黄承彦的指引，才走出八卦阵。陆逊心悦诚服。此戏排场大、人物多，有八官衣、八蟒、八靠、八件八卦衣、八堂龙套。过去徽班新到一地，多首演此剧，以显示阵营之强大，服饰之华丽。

九件衣　徽剧剧目。讲述唐贞观年间，钱雨林欲进京赴试，无奈家境贫寒，至舅舅家借当，表妹巧云见父亲不在家，又拿不出多少银两，便将自己珍藏的九件嫁衣赠与表兄质当，以作为赴京应试的盘缠。怕九件嫁衣当银有限，又在包内放官宝十两纹银一锭，暗藏绣鞋一只，以此作为暗托终身的信物。此戏以情节曲折和表演动人为特色，其中特技和绝活，历来为观众所称道。以曾经的徽州名班"采庆班"演出为最佳，演出中县官角色的表演撼人心弦：一个"扑虎"，从案上翻下，并接连用"硬僵尸"闷倒，演得精当、利索。

三三班　徽戏戏班。民国十六年（1927年），徽州歙县南璜田胡汉余创办，以璜田的"田"字四面皆"三"字取名，一说是三月初三因璜田有庙会演戏命名。是由儿童为主组成的半职业半公益性鬼火班。推选胡尚文、胡尚高、胡尚秋三人负责戏班一应事务。学戏儿童自愿报名，胡汉余请师傅来村教戏。起班之日，学戏众人喝鸡血酒，祭拜盟誓，绝不中途退出。教戏师傅由学员轮流供饭，教戏工钱由祠堂补贴一部分，学员挑米打工负担一部分，学戏的灯火费由胡汉余负担。夜晚和农闲、雨天集中学戏，以能唱三天三夜戏码为一单元，也称一场，每场教学40天。先后受聘教师有黄敦善、胡尚金（武三花）、方金苟（老生）、方妙桂、王政同、王祖黄、小金宝（老生须生）、萧阿璧（武生）、王明贵、方丁顺（武生）等。学员学而有成者有：胡尚文，生、丑、净、武行全能，尤擅猴王戏；胡文荣，老生，形神兼备；胡尚林，工丑；方灶顺，大花脸有名。演出剧目先后有150多出。所演剧目京、徽并陈。每年十月开始排练，次年正月出外演出，采茶季节归家。县内演出外，至淳安、遂安乡村演出最多，在此二县民间声誉最大。民国末年，演出中断。

三庆班　徽戏戏班。"四大徽班"之一。参见458页"徽班进京"条。

三挡　原名《秦琼逃关》。徽剧剧目。讲述秦琼归瓦岗的故事。属武昆剧目，为徽路徽班常演剧目之一。一般只演《逃关》一折，演唱时以吹打伴奏，与其他武昆剧目不同。演此戏需唱、做并重，其中人不离鞍、手不离枪、身不离铜，走三个不同的"霸"，以表现秦琼逃关时的复杂心情，堪称绝艺。

大块脸　徽剧脸谱的一种。一般指绘大面积的红、白、黑三色脸谱。

大舞台　徽戏戏班。活动于20世纪20年代。班主郑云维，乳名园伢，歙县东门岭人，自演武小生，擅长《伐子都》一类剧目，为该班主要台柱。花旦"石榴红"（艺名）亦颇负盛名。活动范围主要在歙县城乡及浙江淳安、昌化一带，亦曾演出于上海"大世界"舞台。

山门　见457页"醉打山门"条。

开脸　原指中国旧时女子出嫁上轿前，用新镊子、五色丝线或钱币等，去除面部汗毛，剪齐额发和鬓角的程式。后被借用于徽剧人物的面部化妆。

太平春 徽戏戏班。民国二十二年（1933年），歙县璜蔚保保长胡春寿重招新庆班演员起班，因每场第一出皆演戏帽《长春》，亦称"长春班"。胡春寿不懂戏，以身份、地位特殊而任班主，他将内务交由胡宏桂负责，并聘名丑胡政同管水牌。胡春寿率班外出演戏时，常带六七名武装保丁跟随，因此外地一些痞棍不敢找太平春麻烦。初期有演职员近80人，名角有方妙桂、胡文根（青衣）、方贤仂（武旦）、刘发荣（老生）、方金苟、程发全（小生）、王三丁、阿璧（武生）等。有《蓝桥会》《荡湖船》等著名剧目。除外聘名角各具特色外，璜蔚胡文根也声闻遐迩，其擅长剧目有《莲花庵》《蝴蝶梦》《庄子失妻》《大劈棺》等，在《大劈棺》中能连唱10余小时，声情并茂，每演皆获打彩金、银奖牌。鼓师姚存菊及姚静周、姚观其父子，琴师胡林有，烟火师胡在章，皆璜蔚人，同著时名。胡在章幕后口喷烟火，能一口喷满全台，且存留时间较长，配合演员变脸，达到别的烟火师难以企及的效果。王政同、阿璧在其烟火掩饰下，将脸谱由白变黄、黄变蓝、蓝变红、红变紫、紫变黑，在烟雾消散时一气呵成，令人叫绝。民国二十九年（1940年），该班又招收演员胡尚金、胡文峰（老生）、胡仲值（青衣）、胡在源、杨红桃、胡文岳等。其中，胡在源师从王三丁，擅演周瑜戏，有"活周瑜"之誉。此时，太平春班所演已是京、徽合流，且演演停停，延续至新中国成立后。

友声票社 民间戏剧票友社。民国二十五年（1936年）由新声票社扩大组织而更名。社长由民众教育馆长兼任，活动范围仅限于在徽城入戏班票演。歙县雄村曹靖陶为之撰联云："流水高山求好友，黄钟太簇发新声。"次年解散。参见457页"新声票社"条。

水淹七军 徽剧剧目。属吹腔、拨子戏。讲述刘备自主汉中王后，命关羽以荆州之师攻襄阳，再攻樊城。曹操遣大将于禁、庞德前去求援。庞德勇猛，力战关羽，于禁妒功，撤兵于罾鱼川口。关羽夜观《春秋》，勘察地形，决定乘襄阳水涨，开闸放水攻之。曹军大败，于禁、庞德被擒。此戏为"功架戏"，当年左俊鹏饰关羽，史双奎饰周仓，汪云廷饰关平，均有出色的表演，成为新中国成立后徽州地区徽剧团的保留剧目。

*《水淹七军》剧照

长春班 见452页"太平春"条。

凤凰山 见453页"百花赠剑"条。

凤舞台 徽戏"新四大徽班"之一。民国十五年（1926年）成立，班主郑杏花（女）。主要演员有花旦"红彩"（艺名，俗称"先生旦"）、顺仂、正旦长发，武丑"癞痢喜"（外号），武小生汪先球，文丑老宋，大花郭拐进等。鲍进昌与"大癞"崔月楼、"小癞"崔月奎也参与串演。该班技艺甚高，行头齐全。活动范围较广，主要在徽州与浙江淳安、昌化一带。民国二十三年（1934年）演于舍华、兰溪时，逢大旱，卖行头以归，散班。

劝善班 目连戏戏班。始建于清光绪二十八年（1902年）。歙县南长标王孔嘉发起组建。属半职业性班社，演出于歙县南长标乡。唱腔方面因受安徽青阳腔和浙江调腔影响，句末出现帮腔形式。除在歙县、屯溪阳湖演出外，还到淳安、港口等地乡村演出，每年从秋收一直唱到年底。1950年前后解散。

目连戏 以"目连故事"为演出题材的戏曲剧种。"目连故事"源自西晋竺法护译的《佛说盂兰盆经》及唐朝的《目连缘起》和《大目乾连冥间救母变文》。讲述的是王舍城中一个虔诚信佛的家庭中，傅相、刘青提夫妻生前和死后的一些经历，以及他们的儿子傅罗卜（法号"目连"）为救母脱离苦海，只身前往西天取经，学得佛法，深入地狱，救出母亲，全家团圆。最早的演出，是北宋末年在汴梁（今开封）演出的《目连救母》杂剧。民间艺人演《目连救母》和卖《尊胜目连经》、焚盂兰盆等相关联，是佛教中元节的一项内容，带有祭祖、报丰收、祭新坟、赈孤魂的含义。元杂剧中也有《目连救母》剧目。可见从宋至元《目连救母》杂剧一直在民间流传，但一直没有系统的文字剧本。明嘉靖至万历年间，祁门清溪郑之珍对民间流传的《目连救母》戏文，进行了系统的整理，编写完成《新编目连救母劝善戏文》3册，于万历十一年（1583年）刻成行世。郑之珍《新编目连救母劝善戏文》是最早、最完整的目连剧本，对后来的祁剧、湘剧、辰河戏、绍剧、徽剧、京剧、昆剧、川剧的目连戏故事剧本都有影响。宋元时期徽州就有目连杂剧的演出活动，郑之珍《新编目连救母劝善戏文》一经产生，更加推动了徽州目连戏的发展，演出活动更为盛大。祁门民间流传目连戏"出在环砂，编在清溪，打在栗木"的说法。明清时期，徽属六县的目连戏班不下10个，其中影响较大、活动面较广的有祁门县箬坑乡的马山班、彭龙乡的沥溪班、渚口乡的樵溪班以及清溪、环山、栗木等地的班社；歙县长陔乡的徐新和春班、长标乡的劝善班。清乾隆以后分别在徽州各县的60多个徽剧班社，也大多能搬演目连戏或目连折子戏。

四喜班 徽戏戏班。"四大徽班"之一。参见458页"徽班进京"条。

*目连戏(1)

*目连戏(2)

*目连戏(3)

*目连戏(4)

老黑班 徽戏戏班。班主为歙县徽城北门外人，绰号"老黑"，故俗称其班为老黑班。存在于民国十九年（1930年）至民国二十九年（1940年），活动范围限于歙县与邻县农村。

老徽调 见458页"徽剧"条。

百花赠剑 原名《凤凰山》，又名《青萍剑》。徽剧剧目。剧出明人传奇，今传《百花赠剑》《点将斩巴》两折，为徽剧、昆曲常演剧目。故事讲述方腊起义，命女百花公主与老将巴腊镇守凤凰山寨，公主却与混入寨内的宋军奸细江海俊相爱，委以重任，许以终身，相赠青萍剑。凤凰山寨被攻破后，公主刺死江海俊并自刎，以报其父。

死不回头 徽剧术语。有的徽戏戏班，为显示角色行当齐全，演出时，当一个演员在第一场戏中所扮演的角色"死"了，该演员当天将不再出台。

团圆戏 见455页"送客戏"条。

同庆班 徽戏"京外四大徽班"之一。艺人有百人以上，清乾隆、道光年间为其鼎盛期。其演出正规，行当整齐，以"乱弹"戏见长，包括各种花腔杂调，形式多样，深得当时群众喜爱。

*《百花赠剑》剧照(1)

*《百花赠剑》剧照（2）

*祁门采茶戏

华廉科班 徽戏戏班。歙县雄村曹文埴（曾任户部尚书）的戏曲家班，创建于清乾隆五十二年（1787年）。时曹文埴为户部尚书，因朝廷权势之争，借口为母养老请归。为丰富母亲晚年生活，他从扬州带回几个昆曲艺人和一些童伶，设立家乐班，取名"华廉"。开始演唱昆曲子戏，因老母听不懂，便四出招请名优，培养童伶，改为以演唱徽戏为主。其族兄曹学诗主持编改剧本。

庆升班 ❶徽戏"京外四大徽班"之一。由清曹振镛在"华廉科班"基础上于道光十年（1830年）改建而成。太平天国期间流至北京，以后演变为民间职业性徽班。相传乾隆末年，为太后寿庆，曹文埴将"华廉"改名"庆升"，入京城献演。所演《凤凰山》《水淹七军》《奇双会》《三挡》《闹天宫》等戏大获好评。自此，"庆升班"名声大振，四乡八里及同僚、亲友之家，凡有喜庆，都以能聘得"庆升班"演出为荣。为示"与民同乐"，曹振镛改变"华廉科班"传统，遣赴民间巡回演出，唯曹府喜庆之日必归。庆升班每外出演戏时，台口均挂两盏大红灯笼：一曰"庆升班"，一曰"曹相府"，桌围上绣着"曹相府家班"字样，后台供奉沉香木雕制的"老郎"菩萨，气派非凡。❷徽戏戏班。民国二十三年（1934年）成立，班主为高贯一。主要演员有"麻子老生"曹云奎（俗称"徽州麒麟童"）、花旦吕子仙（俗称"徽州梅兰芳"）、二花史双奎、小生王丁。该班唱腔受京戏影响颇大，俗称"土京戏"。活动范围主要在徽州一带。民国二十六年（1937年）前后解散。

庆春和 歙县程祖洛组织的徽戏家班。清道光十六年（1836年）成立。程祖洛曾任浙闽总督，因病乞休归里后组成。祖洛死后，该班沦为民间戏班。

祁门采茶戏 流传于祁门县一带的地方戏。清初流传至祁门闪里、历口、闫头等地的戏曲，因不断融入祁门地方艺术因子，形成具有茶乡特色的祁门采茶戏。祁门采茶戏曲调丰富，有西皮、唢呐皮、二凡、反二凡、拨子、秦腔、高二凡吹腔、文词、南词、北词、花调等数十种。清初艺人以清唱形式表演，曲调主要是文词，乐器有二胡、三弦、锣鼓，以后又增加月琴、琵琶、扬琴、板胡。民国初年始以戏剧表演的形式出现在舞台上。

阳春班 徽戏"京外四大徽班"之一。始成立于清乾隆年间休宁县，盛于清同治至民国初年，活动时间延续近200年。初期称"老阳春"，后分成"兴阳寿""新阳春""新兴阳春"三个班，又名"大阳春""二阳春""三阳春"。全盛时期有男女艺员150余人，四大行角色齐全，有衣箱、盔箱30余个，常演出的传统剧目400余个。以唱昆曲、高腔，善演"三小戏"见长。晚期亦擅演出武打剧目。活动范围遍及徽属六县以及浙江淳安、衢州，江西乐平一带。民国二十三年（1934年）停班歇演，后恢复成一个班子，名"新阳春"。

运留班 徽戏戏班。绩溪县境内第一个民间职业戏班。清道光三十年（1850年）伏岭下邵运留组建，共招集闲散徽剧演员40余人。年余即遣散。

找戏 见455页"送客戏"条。

青萍剑 见453页"百花赠剑"条。

奇冤报 见455页"审乌盆"条。

尚田徽班 徽戏戏班。清末，绩溪县岭北尚田村上、下门，于元宵、中元、中秋各节庙会均分别请职业徽班演戏酬神。后自立戏班，学小调小戏，借服装演出。又各聘师教习，自置行头。上门购"柯长春"箱底，下门购"庆春和"箱底，成为民间业余戏班。民国期间，两班合并，演员有百余人，兼演京剧，京徽合流。

和春班 徽戏戏班。"四大徽班"之一。参见458页"徽班进京"条。

金顶 见454页"金脸"条。

金脸 又称"金顶"。徽剧艺术中指全用金粉或以金粉为主涂绘的脸谱。

采庆班 徽戏"京外四大徽班"之一。为徽州地区规模较大、活动范围较广的正规徽班，拥有艺人百人以上。清乾隆至光绪年间，此班活动于徽属六县的较大城镇和庙会，能演出传统剧目千余个。其班规严格，演出作风认真严肃，有"宁可穿破，不可穿错"之定规，群众戏称为"破布彩庆"。艺人中名角荟萃，有正生存根、正旦大道士、小旦小道士、大花脸

*和春班

"歪头鱼"、二花脸王石、三花脸小宝等名优。清末曾一度衰落，民国初，部分艺人重新组班，改名"新采庆"。名角有老生小秋香、武老生贤通、小生"猪头双寿"、花旦顺仿（即项少轩）等。抗日战争初期解散。

庙桂班 见455页"笑舞台"条。

审乌盆 又名《奇冤报》。徽剧剧目。讲述包公审案故事，始见元人《叮叮当当盆儿鬼》杂剧。此戏以"徽州高腔"演唱，艺人称之"高平调"，是徽戏当中以丑为主的"公堂戏"，表演颇具特色。

*《审乌盆》剧照

春台班 徽戏戏班。"四大徽班"之一。参见458页"徽班进京"条。

柯长春 又名"高荣班"。徽戏"新四大徽班"之一。民国初年由万长班更名。班主柯日旭，歙县大谷运人，兄弟三人俱系演员。"大癞"崔月楼、"小癞"崔月奎也参与串演。该戏班鼎盛时有40余人。主要活动

于歙县城乡，亦赴江浙演出。胡适结婚时，曾用十数顶大轿接送戏班演戏。民国二十六年（1937年）前后解散。

昭君出塞 徽剧剧目。讲述王昭君被元帝立为明妃后，毛延寿畏罪逃往匈奴，献昭君画像。匈奴发兵索昭君，元帝感兵力不足，乃割爱送昭君和亲。演出为昆弋腔，载歌载舞，画面性、舞蹈性强；唱腔中尚存滚白、滚唱和后台帮腔，颇具特色。此戏是以旦、丑、武小生为主的"对子戏"，演员需要有高、昆、乱和文武不挡的功力，表演难度较大。后成为徽州地区徽剧团的保留剧目。

重排场 徽剧术语。指演出讲究场面大、气派大、行头服饰富丽堂皇，角色行当样样齐全。过去的徽班，每到一地，必演《采莲》《八达岭》《七擒孟获》《八阵图》等剧目，以展现全班的阵势和面貌。

鬼火班 农忙务农、农闲聚唱，时有时无、时聚时散的戏班。"鬼火"为戏谑之喻。

送客戏 又称"零戏""团圆戏""找戏"。徽戏在演出结束时，加演以送客的戏剧小品。多为一些调笑、打诨的小戏，如《打砂锅》《小放牛》《打窑》《冲喜》等，这也是徽剧演出的特点。

秦琼逃关 见451页"三挡"条。

笑舞台 又称"庙桂班"。徽戏戏班。班主方庙桂，因其自演旦角，颇负盛名。民国九年（1920年）前后成立，主要活动于歙县城乡与浙江省淳安县一带。民国十九年（1930年）前后解散。

借靴 徽剧剧目。讽刺喜剧。唱四平腔，徽路戏代表剧目之一。讲述穷秀才张旦因赴宴，向其友土财主刘二借靴。刘百般刁难，后经"祭靴"才借与。哪知宴席散后，张赌气枕靴睡于街头。刘二见此，与其发生争吵。后刘二穿上靴子，双膝跪地，两脚朝天，膝行而归。剧情具有浓郁的乡土气息。"徽州名丑"程秋桂曾扮演剧中刘二，演唱土腔土调，夹以"徽州官话"，动作夸张，妙趣横生。

*《借靴》剧照

徐新和春班 目连戏戏班。清乾隆三十七年（1772年），歙县韶坑徐光有发起学唱目连戏的活动，以村社为单位，形成两套学戏班子，一为"韶坑大

社"，一为"仙源大社"。每年除正月、二月二、七月十五盂兰会在村内演出外，几乎常年在外演出。凡演出，两班均争着用轿子抬师傅去镇台，常常为此红脸。师傅无奈，便决定回开化老家。两班又敲锣打鼓放鞭炮，轿送师傅，并安排好师傅以后的生活。师傅感动，拿出原本预作保留的《半腿》小鬼本（此前师傅只拿出按九个主要角色词、白分列的《九腿》本，也就是把完整剧本分割成九本，以防外传）。韶坑目连戏有了《半腿》本，多了小鬼角色，增加许多插科打诨、调笑情节，更受观众欢迎。由于外地来韶坑接班演出者络绎不绝，于是两班一度分为四班。

高荣班 见455页"柯长春"条。

常遇春大战伯颜图 见451页"八达岭"条。

傀儡班 戏班名。民国初，歙县竹铺人往往步行10千米至浙江昌化冷水铺一带看戏，对当地傀儡戏极感兴趣。该戏无须搭台，演员、行头少。于是，歙县竹铺村民洪茂林、洪春椅、洪茂海等人分别去冷水铺、车盘岭下学艺，学成后回村组班演出，先有两个班，不久合二为一，推洪允夫为班头。主要演员洪茂海旦、净兼能，尤其是以所演大花脸最负盛名，其声音高亢激越，有"茂海大花"之称，一些徽班常邀他搭腔班演徽戏。老生洪茂林、青衣洪芳庆、丑角洪春椅亦有名气。文场京胡洪声水、洪金炳技艺娴熟，武场洪允夫一人操全套锣鼓。演出主要节目有《玉堂春》《二进宫》《大保国》《探皇陵》《三娘教子》《程敬诗解宝》《霸王别姬》《白马驮经》《流沙河》《大头和尚戏柳翠娘》等目连折子戏。

跑龙套 戏剧术语。指扮演随从或兵卒等非重要的角色。每堂龙套一般四人，有些徽班演出时，能出10~14堂龙套。

帽子戏 为正戏开演之前，演出的一些祝贺性短剧。如《八仙》《四喜》《五福》《封相》《大三星》《小三星》《大财神》《小财神》《齐天乐》等，以吸引、娱乐观众，为正戏作铺垫。

傩戏 戏曲名。参见456页"傩舞"条。

傩舞 戏曲名。傩，是中国远古时代腊月里驱鬼逐疫的一种祭仪，源于原始巫舞。后来傩逐渐向娱人悦众方向演变，增强了娱乐成分，发展成为戏剧形式，形成"傩戏"。徽州的傩祭活动，历史上很普遍，明清时期更为盛行。立春这一天，各县地方官吏都要祭祀太岁，行傩驱邪。清乾隆年间，歙县吴梅颠所写的《徽歙竹枝词》中，描写了当时徽州人傩祭活动的热闹场面："逐疫时当四月八，装形扮样嬉菩萨。傩虽古礼迁于嬉，镜鼓喧天人闹煞。"春祀傩仪带有古傩驱鬼逐疫意义，民间迎神赛会中出现的傩，则纯粹是一种娱乐。黟县西武乡章墩及碧山乡西山下等村，旧时正月初三，村人迎接傩神。迎神行列前，一人高擎"傩神爷"画像，后面跟着由两人扮成的"傩神塔"，或称"傩伴"。其一人头戴狮子头具，两颚可上下张合；另一人戴头具，头具牙齿如锯，两耳如尖刀，状极狰狞，顶端并列塑有四个小傩神。"傩伴"随锣鼓节奏转动跳跃，祈祷驱鬼避邪而消灾。傩舞不需要舞台，傩戏则需要舞台。清朝中期开始，傩舞向傩戏方向演变。光绪年间，休宁县茗洲村吴氏春秋祭祖活动，都要请傩戏演员前来演戏，成为宗族的一项固定活动，并把佃仆搭戏台的工钱写入《葆和堂需役给工定例》。通过"搭戏台"的记载，可知茗洲吴氏傩，已经是舞台表演，成为傩戏。徽州傩舞，以婺源县最为丰富。有的同驱鬼逐疫有关，有的已经纯粹属于戏曲，只是保留着傩不歌而舞的动作和朴素稚拙、粗犷雄劲、夸张简练的独特风格。剧目有《开天辟地》《后羿射日》《舞花》《魁星点斗》《太阳寻月》等。

*傩舞（1）

*傩舞（2）

零戏 见455页"送客戏"条。

新天乐 徽戏戏班。民国中期创办于歙县南黄备，班主瘌痢福。主要为村中保安会起班，属鬼火班。盛时有演员30多人，名角有方妙桂、大瘌痢、小瘌痢、朱荣辉、张彩仍等。张彩仍，黄备人，擅青衣，代表剧目有《白蛇传》《水淹泗州城》等。黄备村每年三月保安会，要演五场戏，下半年演五场收冬戏。两次演戏时，第一场必演《九世同居》，其余四场由主持保安会者点演。抗日战争时散班。

新长春 徽戏戏班。抗日战争初期，创办于歙县街口横溪（今滩头村），全班30余人，班主金莲娣（女），属徽戏正规班。搭班名角有方炳顺（武大花、旦）、三孝（二花）、大旺（三花）、耿金榜（老生）、宋云飞

(生)、凌灶春(二花)等。台柱方炳顺,少年时入寺习武,不久入彩庆班学戏,攻武生,后改武旦,身怀多种绝技,在《水漫金山》中饰白娘子,能踮脚在戏台前花栏杆舷上行走,身段矫健优美,或从三张叠起的桌上抢背翻下,立地气定神闲;其演出《泗州城》时,能口衔一桶水,手指转动金铜,稳步走向两层桌子搭的城楼,令人叫绝。民国二十八年(1939年)前后散班。

新庆升 徽戏戏班。清歙县雄村曹振镛的家班"庆升班"在京解散后,由部分成员返歙后另行组合而成。该班仍标"曹相府家班"之名,实已沦为"草台班"。民国初年解散。

新庆班 民国初歙县南璜蔚胡光荣创办的徽戏戏班。属半职业鬼火班。胡光荣先学老旦,后改攻铜锤花脸,在其代表剧目《大保国》中饰徐延昭,嗓音洪亮,唱做俱佳,有"歙县出南门第一花脸"之称。当地人以其先学老旦,再唱花脸而称之为"母大花"。全班30余人,名角尚有王政同(老生兼武生、小丑)、王祖黄(一作程祖黄,二花)、程发全(武小生)、胡忠炎(开口跳)等。因演员不齐,演演停停,民国十六年(1927年)散班。

新阳春 又名"二阳春"。徽戏"新四大徽班"之一。民国初,组建于歙县富竭,班主储兴旺,属徽戏正规班,鼎盛时有27个箱子,72名演员,56顶网巾。常演剧目200余个,重昆曲、乱弹。名角有:曹云奎(绰号麻子(须)生),生行,升东,武生,后入彩庆班;李少青,又名浦松,生行;鲍进昌,绰号"打渔进",正旦青衣。常演剧目有《昭君出塞》《惊变》《另姬》《凤还巢》《起解》《百花赠剑》《红梅阁》《白蛇传》《贩马记》《女审》《醉酒》等。民国中期,演员压缩至40多人,已偏重演京剧。民国二十四年(1935年)前后散班。

新声票社 民间戏剧票友社。民国二十三年(1934年)由京剧业余爱好者组成,组织者为歙县汪兆烈,其家即设为社址。民国二十五年(1936年)扩大组织,改称"友声票社"。

新采庆 徽戏"新四大徽班"之一。民国初年组建。因同人中有原采庆班人马,故沿袭其声誉而称之。名角有老生小秋香,武老生贤通,二花青松,三花小宝,花旦红嬉、顺仿等。无固定演出地点,抗日战争初期解散。

醉打山门 又名《山门》。徽剧剧目。属徽昆戏,是徽班中唱、做并重,颇具功力的剧目之一。着重表现《水浒》中鲁智深复杂的人物思想感情,塑造了一个因仗义救人而落魄山门的英勇豪侠的和尚形象。徽剧老艺人程发金擅演此剧,其唱腔浑厚粗放,表演精当有功力。表演中有一套"醉八仙"的拳路,精妙绝伦,惜今已失传。

徽池雅调 徽州腔和青阳腔的别称,是徽剧的先声与雏形。徽州腔是徽州地区古老的戏曲声腔,由明嘉靖年间来自江西的弋阳腔与徽州的土音土调相结合而产生。弋阳腔在池州一带也与当地的土音土调和余姚腔相结合,产生了青阳腔。这两种声腔统称为"徽池雅调",万历年间广泛流行于徽州、池州和江南各地。它继承了弋阳腔"一唱众和,其节以鼓,其调喧"的特点。以后通过艺人的创造,发展了弋阳腔中"滚"的因素,形成别开生面的"滚调"。滚调就是在唱词和宾白中加入许多叙述性的词句或成语、俗语,夹在其中"滚唱""滚白",使剧本更加通俗易懂,音乐节奏更加爽朗明快,感情更加真挚强烈。"滚调"突破了曲牌体制的制约,既长于作长段生动的叙述,更有利于演员充分地表达喜、怒、哀、乐之情。这两种声腔在万历年间曾一度凌驾于昆曲之上,被誉称为"天下时尚南北徽池雅调"或"时兴新调""乐府官腔"而风靡大江南北。当时刊出的徽池雅调剧本有《新刻东板青阳时调词林一枝》4卷、《鼎刻时兴滚调歌令玉谷调簧》6卷、《新刊徽板合像滚调乐府官腔摘锦奇音》6卷、《鼎锲徽池雅调南北官腔乐府点板曲响大明春》6卷、《新锲天下时尚南北新调尧天乐》2卷等。徽州腔后来因受昆曲影响演变成四平腔。

徽戏 见458页"徽剧"条。

徽声(京)剧团 徽戏戏班。民国三十一年(1942年)成立。理事长徐溥人,主要演员有"大癫"崔月楼、"小癫"崔月奎、鲍进昌等。活动范围主要在歙县城乡。

徽班 "徽戏班社"的简称。包括徽商蓄养或创办的班社。明清两朝,聚集在苏州、扬州、松江、南京等地的徽州富商,普遍兴起蓄养家班的风气。清乾隆中叶以后,扬州著名戏班一半以上是徽商的家班。家班一为自娱,二为炫示于人,三为商业上的应酬交结。乾隆五十五年(1790年),"四大徽班"等安徽戏班相继进京,促进徽、汉合流,形成京剧。清朝后期,京剧兴盛,徽剧艺人多改学新腔,徽剧渐渐衰落。但在徽州当地,徽剧仍十分兴盛,并有"唱徽不唱京"之说。清末活动于徽州城乡的班社有大阳春、大寿春、二阳春、三阳春、新阳春、庆升班、彩庆班、同庆班、柯长春等60多个,其中以"京外四大徽班"(同庆班、庆升班、阳春班、采庆班)最为著名。参见458页"徽班进京"条。

徽班行规 徽班演出规定和管理制度。徽剧戏班供奉"老郎"神,相传即唐明皇。徽班逢演出,每场必由一人装扮皇帝,笼手蹀步至台前正中,道几句开场白,而后退场,意即臣下不能僭越或代替皇帝,而后以袍袖遮脸走过场。后演变成戴面具、穿宰相服饰的"跳加官"。四出正戏毕,另有小戏杂陈,如《小放牛》之类。徽班生、旦、净、丑诸行当,以丑为大,据说当年无人肯应此角,由"皇上"亲串。逢场丑角无论有无戏,均先往脸上涂一笔,诸伶方得开始化装扮戏,谓之"三花不上脸,小旦不梳头"。旦角最小,扮演女人,便以女人待之,红旦亦然。鼓佬为尊,有"鼓佬不到不开饭"的规矩。打过闹场,两只鼓签一放下,任何人不得碰。演戏用的假娃娃,尊称为"老郎子",演员场上随剧情需要任意摆弄,下场则极敬重地俯置于箱底,任何人不得再碰。

*徽班

传为当年宫中演戏，后妃宫女都去观赏，致使襁褓中的皇子闷死在"龙窝"内，故有此俗。若班子内部闹纷争，在戏班住处升堂审问处理，由大面演员坐堂，打板子则由伙夫掌板。伙夫睡门边，兼充守卫。班子演出期间不得跳槽，如有演员跳槽影响戏班演出，必须追拿回班，须生割耳，旦角削鼻。点戏者给赏谓之"打采"，先拿钱向戏班兑成"银牌"，奖谁便当众当场将牌子插于该演员头上；如系奖大家，则将牌子放在台板上；如演员获"银牌"失手滑落台板上，也算大家有份。

徽班戏 见458页"徽剧"条。

徽班进京 中国戏曲史上的重要事件。清乾隆五十五（1790年），乾隆皇帝80岁生日，浙江盐务大臣征集徽剧三庆班入都祝寿，随后四喜、启秀、霓翠、和春、春台徽班亦相继进入北京演出。不久，因演出力量分散，把六班并为四班，即三庆班、四喜班、和春班、春台班。其余启秀、霓翠两班中专唱昆山腔的一些角色并入四喜班，唱其他声调者并入三庆班，擅武功者并入和春班，而春台班则多为年轻演员。这就是当时驰名北京城的"四大徽班"。徽班进京之后，徽腔逐渐取代当时流行于北京的秦腔地位，成为北京剧坛的主流。清道光至咸丰年间，徽班为适应北京人的口味，逐渐结合北京语音演唱，向京腔演变。徽剧的二黄调同汉剧的西皮调结合，最终产生京剧。京剧不仅继承了徽剧声腔，而且从剧本、脸谱到舞台表演艺术，乃至伴奏音乐，都秉承了徽剧的传统。因此，有人说"徽剧乃京剧之母"。

徽剧 俗称"徽戏""老徽调""徽班戏"。戏曲剧种名。由明嘉靖、万历年间流行于徽州、池州一带的徽州腔、青阳腔，吸收明末清初优秀戏曲艺术营养逐渐丰富、发展而成。在中国戏曲发展史上起着重要作用。京剧在其基础上发展形成，淮剧、婺剧、赣剧、湘剧、桂剧、滇剧、川剧等都与其有着深远的历史渊源。其表演具有动作粗犷、气势豪壮的特点，尤擅长武功，具有浓郁的乡土气息。其特技、绝技有：高台翻、跌、倒僵尸及"十耍""十变""十跳"。主要唱腔有：吹腔、拨子、二黄，另有青阳腔、四平腔、徽昆、昆弋腔、西皮、花腔小调等九类。徽路徽班的徽昆剧目尤具特色，以武戏为主，唱腔雄浑、苍劲、豪壮。徽剧全盛时期为清朝中期至民国初年。清乾隆五十五年（1790年）"四大徽班"先后进京，占据京城戏曲舞台。道光、咸丰年间，徽剧又吸收了汉调成分，徽、汉合流，逐渐演变成京剧。其后，京剧替代了徽剧，使徽剧几成绝

*徽班进京

*《借东风》剧照

＊徽剧（1）

＊徽剧（2）

＊徽剧（3）

＊徽剧（4）

响。民国三十八年（1949年）以后，徽剧逐步恢复。徽剧的传统剧目共有1 000余个，其中大多是三国戏、东周列国戏、水浒戏。现能录其名目的尚有730余个。其中三国戏占18%，东周列国、水浒戏占11%，杨家将、岳飞传、飞龙传、隋唐戏占14%，三侠五义、征东征西、五代残唐、西汉、东汉、封神榜、彭公案、今古奇观、西游记戏占28%，其他题材戏占14%。此外，还有用于祈祷丰年、祝福庆寿的"戏帽子"，如《仙缘》《四海》《万花》《长春》《四喜》《五福》《大财神》《小财神》，以及收场必演的"送客戏"等约占15%。按声腔来分类，其中昆曲剧目约占22%，早期的高腔剧目约占11%，后期的吹腔、拨子、皮黄、花腔小调剧目则占67%。

＊徽剧大花戏

徽剧大花戏 徽剧中以面部勾画脸谱的男性为主角色的戏。角色有戴胡子的，也有不戴胡子的。剧目有《训子·单刀》《北饯》《宫宴》《回营》《水擒》《古城会》《铡包勉》等。

徽剧小生戏 徽剧中以青少年男子为主角色的戏。小生戏分文、武两类。文小生里又分为：袍带小生、扇子生、翎子生、穷生等。袍带小生也可称为纱帽小生，扮演一般做官的青年人。这些角色大多是文人，扮相后，既不能带杀气、不能粗野，也不能带稚气。武小生又分成穿长靠的武小生和穿短衣裳的短打武小生两种。剧目有《惊变》《赏荷》《水斗》《断桥》《折柳》《阳关》《闻铃》等。

徽剧丑行戏 徽剧中滑稽幽默或相貌丑陋的人物戏。有男性也有女性，男性多在鼻眼间勾画豆腐块状脸谱，故又称"小花脸"。剧目有《借靴》《拾金》《乌盆记》《打面缸》《打秦》《拿虎》等。

徽剧旦行戏 徽剧中以女性为主角色的戏。旦行又分为正旦、花旦、刀马旦、武旦、老旦等专行。正旦俗称"青衣"，因所扮演的角色常穿青色褶子而得名。主要扮演庄重的中青年妇女，表演以唱功为主，动作幅度较小，行动比较稳重。花旦则大多扮演活泼开朗、动作敏捷伶俐的青年女性。身多着短衣裳，也有穿色彩艳丽的长衣裳。表演以做功、说白为主。刀马旦大多扮演擅长武艺的青壮年妇女，武打不如武旦激烈,不用"打出手"(即抛、掷、踢、接、武器的特技表演),较重唱、做和舞蹈。武旦扮演擅长武打、勇武的女性,表演上着重武打,不重唱念。老旦专门扮演老年妇女角色的行当,扮相、身段、台步都要突出老年女性婉转迂回的韵味。剧目有《昭君》《思凡》《梳妆》《跪池》《凤凰山》《烈火旗》《扈家庄》《破秦州》《娘子军》等。

*徽剧旦行戏

徽剧行头 又称"徽剧的服饰"。泛指徽剧中的服饰、脸谱、道具等。分大衣箱、二衣箱、盔头箱、把子箱、杂物箱五类,各有专人管理。大衣箱、二衣箱保管蟒袍和官衣等贵重服装;盔头箱保管各种盔、帽;把子箱保管刀枪把子。服装类分蟒袍、开氅、靠甲、官衣、女帔以及时衣、宫装、采莲衣、龙统、箭衣、斗篷、女裙、黄马褂、百卦衣、龙套衣等10多种。根据不同的角色、性格选用不同式样与色彩的服饰。徽剧脸谱共有90余个,常用的40余个。这些脸谱按用途分"正脸"(即形式已经固定并常用的)、"草脸"(指"画脸定格"和可以互相兼用的)。按画法分有"整脸"(如包公、关公等)、"歪脸"(如《郑恩闹殿》中的郑恩)、"象形脸"(如在周仓脸上画鱼鳞,形似水獭;庞德脸上画螃蟹,形似鲤鱼)、"会意脸"(如贪官脸上画大元宝,小花脸鼻梁上画块豆腐干)等。徽戏脸谱的使用使人物性格明朗化,通过不同色彩、图案,表现各种人物的不同性格。一般是红脸表示忠勇,黑脸表示铁面无私,白脸表示奸诈,绿脸表示凶猛,青(灰色)脸表示妖邪,紫脸表示智勇,金脸表示超尘。

*徽剧行头

徽剧武戏 徽剧种类。老徽班的武功、特技誉满大江南北。刀、枪、棍、棒、翻、打、扑、跌均十分精湛。"平台"技艺有"独脚单提""叉腿单提""跑马壳子""刀门""飞叉""火圈"等;"高台"技艺有从三四张或六七张桌子高处往下翻的"台提""倒爬""倒僵尸";武打有"摞八挡"(徽州艺人称"鲤鱼窜滩")、"四六八挡""双五梅花""换枪五档""三扭棍"等;还有从目连戏和民间杂耍中吸取的"爬杆""跳圈""窜火""窜剑""滚灯",以及"十耍""十变""十跳"等特技和绝技。

徽剧的服饰 见460页"徽剧行头"条。

徽剧须生戏 徽剧中以戴胡子男性为主角的戏。须生不画脸谱,只戴三绺胡子或整片的满口胡子,分别有黑胡子、花白胡子、白胡子三种。可从表演的侧重点划分为文武两种,文须生重在唱工,武须生重在做工。传统剧目有《追韩信》《探山》《劝农》《兰关渡》《观画·跑城》《百忍图》等。

*徽剧须生戏

徽剧程式 徽剧表演的规格样式。徽剧程式重排场、擅武功,风格朴实、粗犷,具有浓郁的乡土气息。过去老徽班每到一地,必先演《采莲》《八达岭》《七擒孟获》《八阵图》等剧目,以显示全班的阵营及行头服饰,讲究"三十六顶网巾会面,十蟒十靠,八大红袍"。有些徽班演《惊变》,可出10~14堂龙套,演《八阵图》时诸葛亮先后换8件八卦衣。徽剧的徽昆剧目重武功,如演出《英雄义》(又名《一箭仇》)时,演员须从7张桌子的高台上翻下来且纹丝不动。有些剧目重功架,如《水淹七军》中,关羽"观春秋""察营盘",画面、造型多彩绚丽。有些剧目重歌舞,如《百花赠剑》《昭君出塞》,优美的唱腔伴随轻歌曼舞。有些剧目以生活气息、乡土气息见长,如《借靴》《打龙篷》,大多用徽州土音土语演唱,动作粗俗、诙谐。徽剧的角色行当,早期以"三小戏"为主,只分生、旦、丑3行。后在目连戏的影响下,增至生、小生、末、外、旦、贴、夫、净、丑9行,徽班艺人称为"九顶网中唱闹台"。清乾隆、嘉庆年间,因"四大徽班"进京,不断吸收其他剧种的优秀成分，表演艺术日趋成熟，并形成唱、做、念、打、手、眼、身、法、步等一套完整的程式。此后行当即分为"十大行"，即正生（须生）、老生（包括末）、武老生、小生、正旦、花旦、丑旦（包括老旦）、大花、二花、三花（即丑）。

徽腔 徽剧腔调。徽剧唱腔分青阳腔、四平腔、徽昆、昆弋腔、吹腔、拨子、二黄、西皮、花腔小调共九类。徽州腔是徽剧中最古老的声腔，产生于明嘉靖年间，直接由弋阳腔脱胎而来，曲调古朴、典雅、优美，仍保留并丰富了后台帮腔的特点，并加入管弦伴奏。如《出猎·回书》《磨房会》《贵妃醉酒》等剧目。四平腔字多腔少，多用以刻画丑的形象，诙谐幽默。徽昆（昆弋腔）是早期"徽路徽戏"经常演出的剧目，分文昆、武昆。文昆近似苏昆。武昆又称粗昆，近弋阳腔，多用于武戏，以大、小唢呐伴奏。分曲牌体、板式变化加曲牌体、板式变化体三种唱腔结构。吹腔分正板、又叠板、散板、哭板、顿脚板等多种板式。武戏较多，如《七擒孟获》《八阵图》《八达岭》《英雄义》《铁笼山》《倒铜旗》《白鹿血》等，唱腔气势雄浑，豪迈粗犷，既有昆曲的余韵，又有老"徽州腔"的土味，听来令人荡气回肠、舒畅振奋。吹腔轻柔委婉、情意绵绵，有弋阳腔的古风，又有昆曲的韵味，大多适用于男女爱情和轻歌曼舞一类的剧目，如《百花赠剑》《昭君出塞》等。拨子以梆击节，初用弹拨乐器伴奏，与吹腔结合后改用唢呐、笛子和徽胡，计有导板、回龙、原板、流水、叠板、散板等板式，它是徽剧中常用的声腔，特点是高亢激越，苍劲豪迈，适宜表现战争题材剧目和人物的悲怆、深沉感情，代表剧目有《水淹七军》《千里驹》《游泥河》等。二黄除老二黄用唢呐伴奏外，其他都以徽胡为主，分男女宫，有导板、厚板、回龙、哭板、散板、流水等板式。西皮也以徽胡为主要伴奏乐器，有文武导板、散板、摇板、二六、流水、原板、叠板、哭板等板式。徽剧的二黄、西皮与京剧的二黄、西皮近似，但风格更为古朴、豪爽、粗犷。花腔小调多为民间俗曲俚歌，生活气息较浓，已记录的有70余个曲调。徽剧唱腔和伴奏音乐的曲牌有"山坡羊""驻云飞""小桃红""梧桐雨""落山""新水令"及"朝天子""玉芙蓉""风入松""六幺令"等共210多首。

徽路徽戏 对"四大徽班"进京之后，活动于徽属六县及邻省的淳安、昌化等地徽戏的称呼。由于是徽剧发源地，且扎根民间，因而更多地保持着徽剧老的传统特色与风格，在剧目、唱腔、表演诸方面均更加古老和纯朴。早期南来徽州组班的是石牌艺人程秋香，本地艺人著名的有歙县街口的朱瑞堂，人称"瑞堂师"，擅长剧本传授、场面指挥。另外武生朱正元、花旦王顺田等均很著名。他们组建的班社多是民间班，主要在农村流动演出。而最早由官家组建的班社，是歙县雄村人、曾任清户部尚书曹文埴组建的"华廉科班"。"四大徽班"进京后，徽州各地徽班林立，每逢迎春、秋收或祭祀、庙会、寿庆，演出活动均十分频繁。自清乾隆至民国初年，活跃于徽属六县的徽班有60余

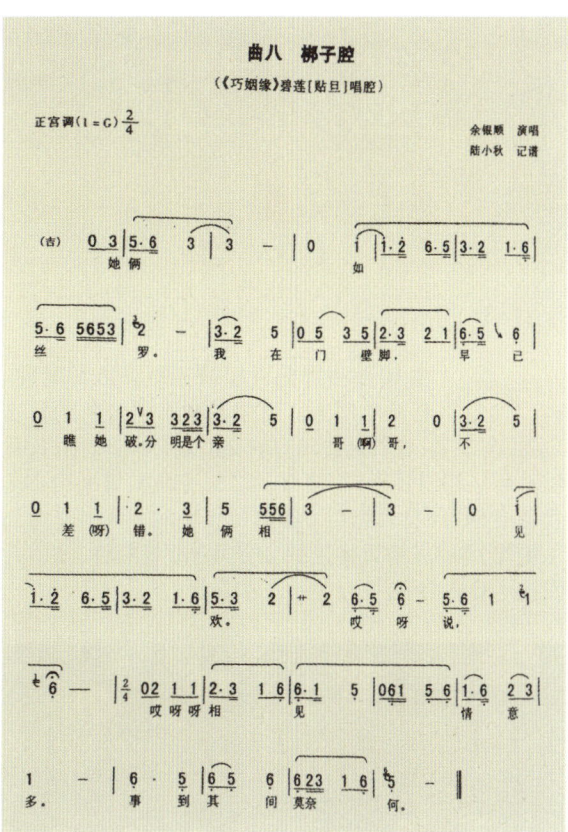

*徽腔

个。这些班社又分正规班和半正规班两种，正规班多在城镇和大的庙会演出；半正规班时聚时散，又称"鬼火班"，多在农村和边远山区演出。"徽路徽班"演出的特点是讲排场，擅武功，民间有"苏州曲子徽州打"之说，意即昆曲重唱，徽剧重武打。

*徽路徽戏（徽剧《黄鹤楼》）

*徽路徽戏（徽剧《狸猫换太子》）

[七] 徽州艺术

舞乐游艺 徽州工艺 徽派篆刻 徽州戏曲 徽派版画 新安书画

十番锣鼓 由10种曲牌配以锣鼓连缀而成的套曲。起源于明末。运用各种不同音色的打击乐器，与唢呐、丝竹的旋律音响交汇融合，细吹细打，优雅动听。祁门县历口、渚口、溶口、李坑口等地均盛传且各有创造，自具特色。如溶口乡民间艺人对套曲加工创作，增入《清风摇月》《游龙戏水》等曲牌，丰富并发扬了套曲内容。

*十番锣鼓

人丁龙 见466页"板龙"条。

人物香灯会 休宁县岩前村彩灯会。该村的习俗是于中秋节迎人物香灯。据传，此灯为明弘治年间给事中戴铣告老还乡后，将所见京城灯彩与本县乡间的"桂花灯"结合起来加以改进而创造的，人物造型取材于三国、水浒、杨家将、白蛇传等故事。香灯以芭蕉、南瓜为主要材料制作而成。即先用木料做一个1米见方的架子，两侧安装抬扛，中间置一根木料为灯柱，再按照人物设计要求，将芭蕉树锯断作人物腿脚，用大圆南瓜作人物腹胸，长柄南瓜作人物头、颈，用野生的观音座莲梗作人物手臂，分别插入灯柱上构成人物框架，然后将特制的长短不等的香火按照人物造型有规则地插在人物框架上。白天看似大刺猬，晚间香火点燃后则形神兼备。迎灯时，各户香灯出动，衔尾相随，塑造不同人物的香灯争奇斗胜。

大刀灯会 歙县许村暨各自然村彩灯会。清同治三年（1864年），许村许氏六份种福厅派始兴大刀灯会，每年正月十五、十六夜活动，冀以驱邪避妖。没过多久，周边村竞相仿效，尊种福厅大刀灯为天王灯。大刀灯，制作时将整根毛竹剖开一端，编扎成刀形，大号长8米，内点48支烛；中号长6米，内点36支烛；小号长4米，内点24支烛。同时，还要扎龙灯、长钱灯（一串12盏，代表12个月）、花灯、伞灯等。山下坦村还扎旱船，船身彩饰，头尾1.67米长，分两截系于少女之前后腰。花灯以塘头所扎最为精致，花瓣多者12瓣，该村与金村所扎的伞灯也很别致，圆盖形，伞峰有珠形小灯。许村暨各自然村有18个刀会、灯会、龙会，出灯先后有定例。正月十五日晚上，三通锣响后，塘头灯先出，前有10余面清道旗、龙旗、蜈蚣幡，两面大锣开道，一长老执长钱灯慢步引路，接下来是4把大刀灯、各煞花灯、地戏鱼贯而行，蛤蜊、旱船舞蹈行进。金本灯紧随其后，有13把大中小号大刀灯，喻"十三太保"，其后是40多盏圆盖伞灯和无数儿童花灯、杂灯，最后是舞板龙，势仗十分气派。接着是山下坦灯队，有中小号大刀灯4杆，另有龙灯、杂灯。湾里灯紧接出动，3杆大刀灯，后面是一条威猛的火龙，嘴中不时喷出流星，火龙后是精美秋千架，4个小观音在架上缓缓旋转，唱着民歌小调，其后，是各色杂灯。大宅祠也竖灯出行，有一大一小刀灯2杆，后面是龙灯、杂灯。最后出灯的是六份种福厅，只有一杆小刀灯和杂灯，压阵有一乘亮轿，轿衣绘有许村全景图，别具一格。许村人有几句口头禅概括各村派刀灯的规模特色："金村刀，湾里龙，塘头花，六份虫。"

*大刀灯会

天灯 飓灯的一种。歙县民间每年正月放天灯。制作时以薄竹片扎成架子，糊纸彩绘，上下开口即成。一般高四五米，内盛松明、猪油、煤油、棉纱等，点燃后借热力上升,小灯随下。天灯下缀小灯;或悬以鞭炮,乃在空中炸响。参见466页"飚灯"条。

云端舞 又名"休宁字舞"。以竹篾扎成盾牌状舞具,糊纸、彩绘,画上云朵,内点蜡烛,名为"云端"。舞时四个少年为一队,各穿短装,头戴书生巾,额插英雄结,手执云端。为首的指引队形变化,队形常组合成字,如"天下太平""太平丰年"等。

太平锣鼓 一种打击乐与丝竹合奏的乐曲。徽州民间凡节日、婚寿喜庆或丧仪祭礼,均有鼓乐伴奏。演奏以笛子为主,伴以京胡、二胡、三弦、月琴等弦乐,以鼓板、锣钹等打击乐器配合。所奏流行曲牌有《八板》《四合如意》《柳青娘》《一枝花》《双鸳鸯》《鲜花调》等,单以喇叭、唢呐演奏就有《大开门》《小开门》等。

凤灯舞 黟县际联(今宏村镇)雉山元宵节晚上出凤灯、行凤舞。所扎凤灯,细巧精致。凤头、凤颈、凤翅下均有引棍,抽动引棍即出现昂首、引颈、展翅等凤舞姿态。每逢灯会,凤灯由少女扎腰间,凤身内点蜡烛,色彩鲜艳。行进时,随鼓乐而起舞步,牵动引棍,展现不同凤姿。凤灯与龙灯相戏成"龙凤呈祥",与红日灯相戏成"丹凤朝阳"等。

*凤灯舞

火狮舞 一种狮子灯舞。火狮形如幼狮,竹胎纸糊,内点蜡烛。一人高持两根竹竿,狮置竿上,操纵其头尾,表现出前扑、上跃等动作。一般由两人或四人对舞。徽州各地均流行。

*火狮舞

斗鸟 一种比斗宠物鸟的活动。流行于黟县,以宏村镇联合村一带为最盛。每到农闲时,养殖鸟者以鸟会友,相互赛鸟、斗鸟,斗鸟为主,赛鸟则比画眉的形态和鸣声。斗鸟为淘汰赛,每天从上午9时开始,至下午2时结束,按胜负评出1~5个名次,以奖状和不同档次的鸟笼作为奖品。

*斗鸟

孔明灯 见466页"飚灯"条。

*孔明灯

扑蝶舞 流传于祁门县西乡彭龙、渚口的民间舞蹈。由四个村姑唱十月花名和农事,手握团扇,扑蝶嬉戏。载歌载舞,优美活泼。被列为安徽省优秀民间艺术节目。

*扑蝶舞

*仗鼓舞

布龙舞 见464页"龙灯舞"条。

龙灯舞 又称"布龙舞"。流传于徽州各县。龙身为圆筒篾架,外围鳞纹彩布。节数不等,至少5节,多则30余节。每节1.67~2米,装有木棍用于撑柄,外围以画有鳞甲的白布、绳索联结成龙身骨架。一人持一节。龙头为竹扎,头如牛,角如鹿,鼻如虎,龙须飘动。龙尾高翘,中嵌一珠灯。头尾亦各有撑柄,由人操持。从头到尾,每节均内燃蜡烛,光彩夺目。舞龙时,锣鼓声中一人举龙珠前导。珠走龙趋,或翔游,或旋转,或盘桓,或蹲伏。依龙身色彩不同而有红龙、青龙、黄龙之分,群舞中有"双龙戏珠""群龙竞舞"等组合舞。

龙舞 古徽州各县素有舞龙活动,以酬神和祈祝人寿年丰。常于元宵节、端午节、中秋节举行,因此元宵节在当地又称灯节。龙以灯陪衬,龙有板龙、草龙、滚龙、布龙几种;灯主要有龙珠、云端、鱼等。舞龙时鸣放鞭炮,锣鼓唢呐等鼓乐齐奏。

*龙舞

仗鼓舞 起源于古代战场上的"击鼓助战",逐步发展为欢庆胜利、祈天娱神的民间娱乐形式。此舞以鼓乐、竹笛、唢呐或云板、分健铃伴奏,表演者腰系一鼓,击鼓而舞。

讨饭灯 一种由饰扮的三十六行人物手提彩灯表演与唱莲花落结合的灯彩曲艺形式。流行于徽州各地。灯为竹扎纸糊彩绘,样式贴近人物身份,如铁匠的铁砧灯,士人的书箱灯,牙婆的花鼓灯,农人的五谷灯,商贩的元宝灯,或托,或提,或撑。出行时无旗幡,只有锣鼓。卖解、牙婆等江湖人物则边走边唱。到了表扬场地,由一个身系草马人物出来"跳场",使拥挤的观众散开,围成人圈,然后按身份表演一番技艺后,合唱《十不清》等12套曲。皆以种种滑稽表演和夸张身段,令观众捧腹。唱词4~10句不等,以7字句为基础,时不时夹入村俚俗语,甚至有长达34句的滚白。曲与曲之间有不同的曲间锣鼓点,12套唱完,活动结束。最大特色是以五花八门的灯为道具,进行曲艺演唱,唱词通俗易懂,贴近生活,曲调悦耳动听,表演不拘形式,诙谐幽默。每年正月初五,各店开门应市,多于店前演出"讨饭灯"。

出地方 流行于黟县城乡的一种傩舞。"地方"即《周礼》"方相氏",相传为古代驱妖镇邪之神,傩舞中扮地方者白衣白帽,面绘脸谱,项挂纸钱,手执兵器。十月初一,城乡"地方"齐集城中,至五猖庙前请猖,因又名"猖会"。"地方"中有"小地方",又称"地方子"。"地方子"前跑,"大地方"后追,于街头来回追逐,以表现驱邪捉鬼内容,故又称"走猖"。"走猖"者于锣鼓声中讲究步法的进退疾徐节奏,成为自古相传的一种舞蹈。

*出地方

台阁 见466页"抬阁"条。

地戏 民间游艺活动。流行于徽州各地,为扮演各种戏剧人物场景进行游行娱乐。婺源地戏扮演者穿戴戏衣,生、旦、丑、末、净角色分明,组成各个戏剧场景或扮演小剧目,如《三结义》《闹天宫》《八仙过海》《三岔口》《单刀赴会》《拾玉镯》《小放牛》等,演时伴以鼓乐。黟县城中、西递、际联(今宏村镇)一带,由儿童按戏文、人物扮饰,在锣鼓声中沿街游行,一般不演唱。城中余族地戏规模庞大,行头考究,队前为"大开台",以"福禄寿"三星开台领阵,继之为"万仙阵",天神地将,盔甲鲜明,阵容庞大。西递村地戏一般扮演"群英会"。人物众多,后面跟着锣鼓担,均由儿童演奏。

*地戏(1)

*地戏(2)

地狮舞 流行于古徽州各县。彩布制成狮衣,上缀彩麻丝、小铜铃。狮头木制,彩绘漆饰,大嘴可开合,双眼安装灯泡,尾呈如意状,与狮衣衔牢,由两个壮汉一前一后披上狮衣,摇头摆尾,目光如电,浑身叮当响,纵跳爬滚,随鼓乐起舞。

毕业灯 婺源县北坑头村彩灯会。婺源县北坑头村每逢学生毕业之年的春节,必迎毕业灯。此灯用"T"形的灯架提举,上悬两盏小巧玲珑的三角形彩灯,持之排队游行。

吊狮舞 民间舞蹈。吊狮以丝布竹篾制成,形如幼狮子,以活动吊索置于木柱上。舞时牵动吊索,

*地狮舞

狮即沿木柱上下爬行,随着锣鼓节奏,或快或慢,跳跃翻滚。徽州各地均流行。

竹节龙 儿童玩具。流行于徽州各地。用小毛竹锯削成小节,彩绘龙鳞,每节间用铁丝或细绳相连,可弯曲活动,以为龙身,头尾亦各雕成龙形。又有竹节蛇,制法相同,唯其外形为蛇状,均形象逼真。

竹板龙 见466页"板龙"条。

竹蜻蜓 儿童玩具。流行于徽州各地。用竹片削成双叶螺旋桨形,中间安装一个细竹竿即成。玩时用手一搓竹竿,竹蜻蜓即飞升。

休宁字舞 见463页"云端舞"条。

伏岭舞狐班 舞蹈组织名。流行于绩溪县伏岭村。清道光十年(1830年)绩溪县伏岭村民组成"永义会",于每年元宵节舞火把驱邪。咸丰元年(1851年)改为游灯,后聚于邵氏宗祠内舞狐。光绪元年(1875年)村内三门各组少儿舞狐班,又称"童子班",延师教习徽剧,于元宵节舞狐后演出,每夜各门上演一出,由于得旅外商人资助,舞狐班之服装、行头、道具、乐器甚丰。

齐云山道教音乐 齐云山道教音乐与各类大小斋醮科仪活动相辅相成。道乐演奏人员为道场中的"文场",由器乐、声乐两部分组成,道场上道士们有说有唱,有音乐有舞蹈,登场者少则七八人,多则十四五人。锣鼓笙箫,经声悠扬,既喧闹悦耳又庄严肃穆。齐云山道场音乐名目繁多,主要有《绪天科》《水火连度》等25种;演奏道乐的民族乐器有鼓、大锣、磬、木鱼、二胡、琵琶、箫、笙、笛、唢呐等。道乐主要曲牌有"步虚韵""主云飞""真香初炷""大开门"等。齐云山道场音乐以原始"工尺"谱——工、尺、上、乙、是五个音符进行演奏,韵律优美,缥缈悠扬。

字舞 流行于歙县街口滩头村,每年正月初二至十八日进行。此舞演化于唐朝"字舞",亦名

"拼舞奇巧板"。奇巧板有10余块,各为形状,表面蒙以白布,画上云雾和八仙法器,板块扣横断面亦有花边,聚集时可拼成2米见方。表演者或獐装束,或武士装束,或仙姑装束,各执板一块,在锣鼓声中边舞边拼板组字、兵器、建筑物。如拼"天下太平""五子三元"等寓字以及刀、枪、剑、戟等兵器,元宝、金钱等珠宝,桥梁、城门等建筑物,还可拼成牛、马、鱼形象,字舞也应邀到各户表演,进门拼一个元宝,再拼物、拼字,东家招待果子或给谢仪,出门时,由少数人拼一个城门洞,多数人从此出门,寓意东家有人官至封疆大吏,守城扼关。奇巧板拼"天下太平"字,与承狮麒麟舞中拼字相似,当是徽班艺人交流、借鉴的结果。闰年,字舞也配合舞狮、竹马灯一同表演。

抗战灯 抗日战争时期,徽州各地开展抗日救亡宣传活动时,将传统杂灯画上抗战时题材漫画及写上标语。新扎两盏灯引人注目,一盏是一人捧一大铜钱,脸挂自得媚笑,名曰"铜钱眼里打躬斗",讽刺对抗战不出钱、不出力者;一盏是前面一头牛,后面一日军,将一节竹筒插入牛屁股拼命吹,全身牛皮到处被吹破,名曰"吹破牛皮",讽刺日军的狼子野心不能得逞。传统灯出新面目,令人耳目一新,且当时社会影响很大。

花棍舞 徽州花棍舞脱胎于凤阳民间说唱舞蹈莲花落,清末民国初复流行。花棍由1.67米长小圆竹制作,两端各抽去两侧竹片成槽,槽内安2~3挡铜钱4~6枚,棍身用红、绿、黄三色纸条成螺旋状缠绕、糊实,有的两端还各扎红、绿绒花一朵。表演以青少年为主,化妆、服饰与腰鼓舞大同小异。主要表演程式有《靠肩》《碰手》《顺飞脚》《反飞脚》《左手花》《右手花》《顿地》《横天》《斜背棍》等。舞时,随跳跃腾挪,棍端铜钱"嚓嚓"作响,彩棍翻飞,亦不时夹入"嘿嘿"喊声,令人感到阳刚之气和视觉之美。分两种表演方式,一是一人打凤阳花鼓或竹板在前说唱,后面由2~4人表演花棍作说唱伴舞,时不时与说唱者对答或为之帮腔;一是没有说唱者,直接由舞花棍者舞一段花棍,间或穿插一段说唱。

旱船 见470页"游花船"条。

飚灯 即"孔明灯",多于下雪天制作。制作时用纸拼裁成上尖下平中间宽的五边形,四张纸边相黏合,下面安装带铁丝架的篾圈子,一人握住上顶,站在高处,其他人在铁丝架上堆上松楣(有很浓厚的松脂柴块)或扎紧浸透煤油的棉花,点燃后,热气将飚灯鼓起,牵顶和四角的人放开手,由一人捧着下圈,走到旷野处,松开手,飚灯便冉冉而上,大伙儿顺着飚灯走向,争先恐后地呼喊着去追赶,谁捡到了飚灯,便归谁所有,一说是下次放飚灯的起始。有的大飚灯需要用三四张大的整张纸拼成,放灯时,下面还挂上一串,多至三串鞭炮。

纸风车 儿童玩具。流行于徽州各地。分为两种:一用三条折纸叠嵌而成,用一细木棒顶住迎风跑动;另一种以纸糊成若干四叶涡轮形风车,安上轴棒,分插在用高粱秆制成的支架上,迎风转动,属组合型风车。

拍寒山 民间游艺。绩溪县民间祈禳游艺活动。明朝始流行于城区和扬溪一带,城内称"滚瘟车",扬溪称"拍寒山"。七月二十三日,城内滚瘟车,驱疫疠。"瘟车"在前,三太子张巡由扮"二脸"者肩驮随后慢行,称摆太子;饰古代两高僧寒山、拾得者,戴假面具,穿麻衣草鞋,随瘟车左右拍扇跳跃,疯癫作态。扬溪于七月二十四至二十六日举行,无瘟车,由三人饰武士,其一舞棍开道,一驮三太子居中,一撑龙凤伞殿后。另二人扮寒山、拾得,伴太子左右,均戴假面具。敲锣打鼓,走街串户。每至户前,即随鼓点、鞭炮声围圈起舞,每跳至第四拍则齐呼"呵!"以助兴。鞭炮尽则舞止。

抬角 见466页"抬阁"条。

抬阁 又称"抬角""台阁"。民间游艺。即抬着小戏楼。流行于徽州各地,尤其以休宁县隆阜(今属屯溪区)和绩溪县湖村的抬阁远近闻名。为木制四方平台,四周有镂雕木栏杆围护。台面约1.5米见方,高约1米,前后各有杠洞,用长杠穿过,4人扛抬。每架立6~9岁幼童2~3名,扮戏文人物,用钢筋按戏文场景造型把幼童分层次、不露铁架形迹固定阁上,由数人抬着游行。常扮节目有《王维折柳》《断桥相会》《双星斗》《武松杀嫂》《打渔杀家》《昭君出塞》等,可扮演100多出。配上锣钹鼓乐。该村在抬阁出动时,有火铳30门,大锣8面,香轿开道,场面甚为壮观。各地举办该项游艺活动的时间不同,如黟县昔日于十月初一城隍会时举行,绩溪县湖村过去在二月十九日观音会时举行,现在则多在正月十五日闹元宵举行。

*抬阁

板龙 又称"竹板龙""人丁龙"。民间游艺。徽州民间戏龙活动,板龙由一村或一族兴办,每丁一段,故村中男丁越多则龙身越长,故亦称"人丁龙"。

龙头、龙尾之间,衔接若干灯段,俗称"桥烛",每个灯段为一条凳式木板,长1.33~1.67米,上安装五只冬瓜形彩色灯笼,板下中间装置1米左右长的木把以便手举;板两头各凿榫眼,以便自相衔接。龙头、龙尾以竹篾扎成,糊纸描绘。戏灯前点,燃灯笼,每段由一人擎举,各段按户主年龄辈分衔接,而后按习惯路线游动行进,远观如一条火龙。

*板龙

枞竹梅灯 春节花灯的一种。流行于婺源县西赋春一带。以藤本植物大血藤为主要材料装饰。制作时先用木料做架子,底层方架,两侧安装抬扛,二层、三层为六角形,四层又是方形,五层一盏红灯,用柿子做灯顶。一般五层,也有七层的。每层间隔0.3米左右,木板做灯烛托板。各层灯架边缘用大血藤满满吊挂成"老虎网"作为垂檐,蜡烛燃插于各层托板上,抬着迎游。

罗汉灯 歙县三阳叠罗汉的配套灯彩,故名。主体为青狮、白象、火牛、獬豸、麒麟五兽灯,竹扎纸糊,下有四木轮,由两名饰武士者推、拉。此外尚有钟灯、鼓灯及里外两层可相互逆向滚动的滚灯。正月十一日,先出青狮、滚灯,正月十二至十五日每夜递增一灯,正月十四日夜,儿童地戏班接来四兽灯,列队出行。队伍序列为:各种罗汉会旗幡、观音车轿(儿童扮的善财、龙女随侍两侧)、白袍白甲骑白马的太子宝座、白旗五面、白盖伞一把、吹打器乐、五兽灯、人扮铁拐李打竹板唱莲花落、提灯笼地戏队伍、大锣大鼓。游村时,爆竹欢炸,利市场彩纸纷飞。正月十五日夜,观音、太子在祠堂安坐,撤去地戏,加入麒麟灯和化妆好的罗汉队伍,至各户敷演"麒麟送子"故事。正月十六、十七日夜,五兽同出。至正月十七日夜半,年轻力壮者驱动五兽灯,绕村巷飞跑后推出村口,抠去五兽眼珠,撕去纸皮焚化,一齐大喊:"去啊,到外村看戏去哇!"谓赶走妖魔恶鬼,各人散去。

金竹冬瓜灯 歙县金竹村彩灯会。当地于每年中秋节夜迎冬瓜灯。灯以鲜冬瓜雕制而成。按其造型有楼阁灯、牌坊灯、宝塔灯、扁额灯、八角亭灯、狮虎灯、鱼龙灯、鸡兔灯、花篮灯、花瓶灯等。中秋前夕,各户入蔬菜园挑选冬瓜,按其外形设计灯式,精心雕刻,而后剜去内瓤,放入猪油,插上灯芯,用线牵挂提迎。中秋节夜晚,全村灯彩出迎,各显手艺。

金铃子盒 儿童玩具。徽州夏天草丛中金铃子(即蝉)鸣声清脆动人。儿童喜爱糊制纸盒,饲养金铃子。纸盒用硬纸制成,外糊彩纸或彩布。盒上嵌玻璃片以便观赏,盒底开小孔以便透气饲食。盒极小巧,可随身携带。

周游列国棋 儿童游戏。棋盘上画若干圆圈,各代表春秋战国时期一大国,其间以箭头相连,表示走向,终点为周。与戏三人各从秦、齐、楚出游,以掷数或抽数决定行止。在1~9个数中,1、4、7为一家,2、5、8为一家,3、6、9为一家,各依所示数而走,先游遍各国而最终到达"周"者为胜。

鱼灯 歙县汪满田村彩灯会。始于清光绪初年,该村兴鱼会嬉灯以克水灾。鱼灯以竹扎纸糊,彩绘鱼鳞,额书"王"字,大的长约7米,高约3米,三节,内点烛100余支,鱼嘴有喷火装置,每灯需20余人抬游;小的1米以下,点烛数支。村有五(祠)鱼会,每会扎大号鱼灯,总祠雍睦堂又扎一龙头鱼身灯,谓鲫鱼化龙灯,十分别致。杂灯虽小却精巧,有十二月花篮灯、五谷灯、瓜菜果灯,狮、猴、猪、牛、羊、兔动物灯,皆五彩斑斓,活灵活现,尤其是狮灯、猴灯,可以拉线舞动。入夜,大鱼灯搭腔架点烛、封门。锣鼓声中,按总祠、支祠尊卑次序列队,前面旗幡幢幢,大开锣开道。接着是一盏竖着薄刀形灯,及两只人扮的狮子边走边舞。后面是鲤鱼化龙灯领大鱼灯队,少女花篮灯、少男狮子大开口灯、猴灯、儿童杂灯。队伍中还杂有十多根大杉树火把熊熊燃烧着,很有气势。大鱼灯随抬灯人步履摇头摆尾,口中不时喷发"流星",游戏到各户门前,各户皆放爆竹迎接,年长者、新婚之家可以从鱼灯内换得寿烛、子烛。对村中坦场,各花灯、杂灯围成一圈大鱼灯会合在坦上奔跑,谓"滩花得子"。最后游出村口,拜神庙,返回祠堂。

*鱼灯(1)

*鱼灯(2)

*荡秋千

姐妹看灯 流传于祁门县渚口一带的民间舞蹈。表现山姑元宵节观灯时的情趣。舞姿优美，质朴清新。

拼舞奇巧板 见465页"字舞"条。

草龙舞 见472页"舞草龙"条。

荡秋千 民间游艺。迎神赛会游艺活动内容。流行于黟县西递村和绩溪县湖村、坦头一带。在木制花船或花亭内框架中间安装半径约2米、转动自如的风车形十字木架，其四个顶端各吊两根粗索，下系坐板。由四个衣着华丽古装的幼女分坐板上，每人手执鲜花一束，名为"采花女"。两边各随一人，用手转动亭中十字木架，在惯性作用下使其旋转，稍用力推动，幼女即顺着一个方向旋转。花船或花亭底部装滑轮推行或八人抬行，船顶盖绸缎绣花蓬幔。出游时，在锣鼓、唢呐伴舞下，与台阁、地戏等依次排列，鼓乐行进。有笛、唢呐伴奏，少女齐唱徽腔、小调。唱《采莲》《赏荷》等徽调，伴以吹奏乐。

耍叉 民间杂耍。徽州各地民间庙会中常见。擅此技者有歙县南周家村凌利达等人。道具有0.6米长三股叉一把，0.43米长拨棍两根，0.47米长对径竹木箍两个。叉、棍、箍皆缠绕黄、黑布条。耍叉程式有拨叉、筛叉两大项，每项各有套路。拨叉是基本功，即双手执拨棍，拨叉翻滚、飞旋、抛接，又配以扭腰、单脚立、腾挪等身法步法，使叉的跳跃、飞旋变化多端。拨叉主要套路有双拨、左手单拨、右手单拨、叉翻筋斗、一盏灯、连跌三跤、上马、下马、金鸡独立、抛叉、单手放高叉、双手放高叉等。筛叉，表演者双手捏一圆箍，不停旋动，如筛米，将叉直接投入箍中，以箍旋动的惯力带动叉在箍中飞旋而不落地。筛叉主要套路有双手筛、叉传左手、叉传右手，叉翻左筋斗、叉翻右筋斗、叉连跌三跤、上马、下马、种花盆、左单手接叉、右单手接叉等。耍叉、耍流星配套表演时，尚有一戴草帽、执芭蕉扇、挑着老郎担的武士相随，在表演者不慎将道具掉下路沟、河滩时，负责递送备用道具。既要亦步亦趋，又要躲避飞舞的流星，常常扭头矬腰、缩颈勾腿应付，避之不及时便用芭蕉扇护住面门，种种窘态被有意夸张，频添情趣。

耍钹 民间杂耍。徽州各地庙会中常见。原为道士请五猖做道场活动，在明朝中期由江西龙虎山道士传入。歙县南武阳道士方德发擅此技艺，惜人故而未传。套路主要有单飞蝶、双飞蝶、单蛇钓鳖、蜜蜂进洞、滚钹、龙戏水、海底捞针、旋钹、双钹飞舞、刘海戏金蟾、跷脚下金鸡等18套。执打击乐器铜钹两片，时而双手单掌吸钹，上举下提，悬而未坠，时而双手单指旋钹，一横一竖，纵横飞舞；时而双钹上抛，凌空击打；时而踢钹飞旋，翻身抢接，招招惊险，却又妙在取胜于毫发之间。

耍流星 民间杂耍。徽州各地庙会中的杂耍技艺，多与耍叉配套表演。流星，用一根要与表演者身高相等的纤绳，两端拴铜钱制成。表演时手抓绳中部耍动，或以柔力拉直如棍，在五指上逐一绕指飞舞，谓过五关；或双手抓住中部如耍三截棍；或双手交叉耍槌摇鼓。流星抛上高空，表演者用打风车、翻筋斗、乌风扫地等多种身法接，曼妙之极。主要套路有双打鼓、原地扭丝、顺扭丝、反扭丝（有单、双手）、雪花盖顶、双手掷棍、单手掷棍、过五关、开四门、五龙盘胫、大闹天宫、黄蛇进洞、朝天举香、放流星等。

桐子龙 民间舞艺。婺源县江村舞龙游艺。每年中秋月夜举行。其龙与众不同，龙头龙尾用稻草扎，龙身用桐子、麻绳穿透，每颗桐子密插香火，迎舞时火球连串起伏，如真龙再现。

晓起高跷 民间游艺。踩高跷是流行于徽州各地的一种民间游艺活动。婺源县晓起村高跷尤为突出。每年三月初三，相传为玄帝生日。晓起村一带举行娱神活动，扮演地戏游行。地戏中有一组高跷，高3.33米，扮演者如履平地，演出折子戏，如《小放牛》《牡丹姑娘对药方》等戏目。

*晓起高跷

蚌壳舞 流行于黟县城乡和绩溪县旺川等地。蚌壳大可包掩人身，用篾扎纸糊而成，壳面饰以彩绘。饰蚌壳精的姑娘居壳中，两手分持蚌壳，随锣鼓声一张一合，脚踩舞步，或前或后，或跑圆场，翩翩起舞。

*蚌壳舞

掷鳖 见471页"滚铜钱"条。

梅花灯 婺源县北坑头村彩灯会。多于春节期间举行。此灯用梅花、柏枝穿插编成各种图案，安置在13截长木板上，以活楔连接为龙身。龙头另用篾扎纸裱。迎灯时，龙身的13板花枝丛中均燃上蜡烛，构成灯映翠柏、光照梅花的画面。村迎此灯，既为娱乐观赏，亦含驱兽逐虫保人畜平安之意。

得胜鼓 根据仗鼓编创的民间舞蹈形式。不同于仗鼓的是：音乐上，将管乐、锣（鼓）经、仗鼓、大钹、云板、健铃等融于一体；服饰上，演员穿白衬衣、黑坎肩，下围素蓝花围裙，足蹬布山袜，头戴插有野鸡毛的平顶小竹笠，额前横插两串银珠，富有古朴的山野风情，动作也多有变换。

*得胜鼓

盘山花灯 婺源县盘山村彩灯会。春节时开展活动。前面"五虎头"牌灯开路，四面蜈蚣旗跟随，十番锣鼓伴奏，接着是排排长长队列的各式各样花灯对对游来，后面紧跟着装扮"关公送皇嫂"的车灯、"五骑士"的马灯和"鲤鱼跳水""蚌壳""乌龟""猴子"等地脚戏，其后是狮灯与白玉凉伞压阵，灯火斗艳，金鼓齐鸣，灯列浩浩荡荡。

猖会 见464页"出地方"条。

麻痘灯 歙县南乡灯彩会。源流起始年代不详，为驱麻痘而兴。儿童为游艺主体，饰成地戏人物，操持着战马、兵器、道具灯，异彩纷呈。有二灯场，分别为十二、十三日出灯，十八、十九日收灯。儿童要按戏文人物化妆，一夜一出戏文人物。出灯序列：夜鹰火篮两盏，少儿敲细锣细鼓开路，接下来是旗幡，幡后是戏文人物，小兵在前，再旗牌、皂隶、小官、弁将、将军、尚书，越排后官职越大，皆执兵器、道具灯或"骑"马灯，或"坐"亮轿，浩浩荡荡，摆着各种姿势行进，阵势不凡。灯队后是大人执掌的大锣大鼓，须按戏文敲出锣鼓点子，押后的又是两盏火篮。十三日，两队分别从村两头出动，在村中交会而过。十八、十九日收灯后，转由关公等五神巡村、赶鬼。

渔梁灯船 歙县渔梁彩太子会主要活动。每年十月与旱游太子活动交叉进行，为期限四天四夜，起始年代不详。灯船以载货船或渡船两艘，拆去船篷用桥板钉连为一艘，船舶上扎牌楼和亭台馆榭。以彩纸彩绘遍加藻饰。又结花束，挂职彩灯，悬绣幕，垂珠帘，务求精致绚丽美轮美奂。渔梁有"八管"（管为地段），制灯船八艘，其中三艘八管公制，不扎亭台，却挂灯结彩。一艘载大王、二王及水手纸扎龙舟，一艘载五帝、七圣纸扎像，一艘容纳龙灯、鱼灯之舞。临期，鼓乐齐鸣，爆竹、利市彩纸满天飞扬,练江上亮船次第排开,从渔梁坝往上游。只见龙灯、鱼灯在船上翻滚盘旋,嘴中吐出流星簇簇;五艘扎彩亭台船,文士、丽女错杂隐现,敷演着"闺阁梳妆""旗亭举酒",种种社会百态故事,美不胜收。第二次从渔梁坝下游至紫阳桥,一字横排,各自环绕桥墩行穿梭桥洞竞赛,顿时彩浪翻飞,万众欢腾,把活动推上高潮。

*渔梁灯船

*跑马灯

隆阜花台 民间游艺。流行于休宁县隆阜(今属屯溪区)。花台,又称台戏、抬阁,是按戏剧场景作人物空间位置固定造型的微型戏台,使用时挑选男女儿童化装角色安置其上,由四人抬着串游,鼓乐相随,以娱民众。一般有上下两层,多可达三层。抬游时,前面用方形灯笼开道,两旁各有二人手持长叉护卫。赵吉士《寄园寄所寄》载:"万历二十七年(1599年)休宁迎春,共台戏一百零九座,邑东隆阜戴姓更甚,戏场奇巧壮丽,人马斗舞亦然。"

牌楼灯 歙县沙溪民间元宵灯会活动之一。六年一次,于正月十三、十四日供赏。灯扎于凌氏宗祠内,以木为架,结成牌坊,其外绫罗包裹,饰以各种丹青图案,内置蜡烛数百支。供赏前紧闭祠门,唯燃蜡者数人在内。瞬间三声爆竹,祠门大开;只见牌楼周体通明,艳丽夺目。

游太阳 民间舞蹈,属巫舞的一种。太阳会是一种古老的祭祀活动,流行于黟县和祁门。每年一次,历时3天(六月十二至十四日)。六月十二日为接神,十三日为游太阳,十四日为大游行。十三日清晨,人们从东家将八灵王、九相公两尊菩萨抬至祠堂,仪仗队鸣锣开道,四男童挥斧作舞,东家随后边撒五谷边喊:"风调雨顺,五谷丰登。"至祠堂,分两排向菩萨跪拜后,主事者口念咒语,男童用斧刀在前额划破见血(称"开天门"),然后分别在胸前和后背划破见血。此时,钢斧的碰击声、鞭炮声、鼓乐声、欢呼声大作,男童手中的钢斧鲜血点点,闪闪发光,场面十分壮观,祭祀活动进入高潮。

游太阳降童 民间舞艺。流行于黟县渔亭各村。迎神庙会中的傩舞。"太阳降童"即太阳神降临而附于一童子身上,此降童由庄户某童子扮演。化妆后的降童似"以利刃刺额,血流于胸",谓之"开天门",而后手舞足蹈,蹿跳若狂,以舞蹈形态表示驱妖邪、除虫害。

游花船 又名"旱船"。迎神赛会活动之一。流行于黟县城、西递等处。船身木制,底装四轮,用人推着前进。船身、船篷结扎花灯,船中由儿童表演与船有关的戏文,如《梁红玉击鼓战金兵》《关云长单刀赴会》《诸葛亮草船借箭》《水斗》《采莲》等。花船有不演唱者。

*隆阜花台

跑马灯 绩溪县乡间普遍盛行,以岭北为胜。制作时以篾骨纸(布)皮,分两节,内燃蜡烛,系人腰间,成骑马状。舞时伴以吹奏、锣鼓。

婺城板龙灯 板龙灯是婺源县每年灯节中的一种游动式大型灯彩,遍及全县四乡,而县城板龙灯之多之美又居其最。乡村一般是一村或一族出

*游花船

*跳钟馗

一条灯，县城则每年正月十三、十五、十八日为灯节日，按厢坊、宗祠出灯，年出灯多的有20余条。每条龙灯按户或按男丁各出一板，以活楔连板为龙身，短的数十板，长的一二百板。龙头、龙尾由灯会制作，头长2.33~2.67米，尾长2米许，以约0.3米宽的木板为垫，上置篾扎纸，裱形态威赫逼真的龙头龙尾，内有四人扛抬。龙尾形状不一，有龙尾、虎尾、鱼尾，俗称"东门老虎西郊鱼"。龙身每格一般1.67米长，上置彩灯，灯数二、三、四、五盏不等。东北乡一般是椭圆形灶笼，而县城是华丽多姿的花灯，每条龙的灯式一样。龙灯前还配有牌灯和莲灯。迎灯时十番锣鼓相伴，在喧天鼓乐、鞭炮轰鸣中巨龙起舞，表演"窜阵""打旋""翻蛇皮""双龙进水""鱼龙相戏""龙虎斗""五龙出入"等动作。

跳场 杂耍术语。在徽州地区庙会广场表演杂耍节目时，首先舞弄兵器，让拥挤的观众自动让出一定的空场地，以便于表演。

跳钟馗 民间舞艺。流行于歙县、绩溪县华阳等地古老的民间傩舞。始于宋朝。活动于端午节举行，四乡竞舞，锣鼓喧天，如钟馗赛会。饰钟馗人头顶乌纱，足蹬草鞋，面涂青绿，口戴长髯，以笤篱垫肚，畚箕挂股，外罩紫红官衣，手持宝剑，或握朝官玉板。前有蝙蝠引路，后有黄罗伞盖，旁有酒坛侍者。情节四乡不同，有《除五毒》《斩鬼》《驱邪》《出巡》《嫁妹》《降福》诸目，舞时大锣大鼓，亦步亦趋，诙谐风趣。若跳《出巡》，则加唢呐伴奏。有感家宅不祥者，是日亦可延入家中作舞。

跳珠 儿童游戏。流行于徽州各地。以核桃或杏核若干为赛珠，撒于桌上。比赛者随手捡一颗向上抛，当其落下之前，当即用手捋去桌上剩珠，并将落下赛珠按住。上抛赛珠数越增加，则难度越大，而以全能按住者为胜。

跳格 儿童游戏。一般在两个以上孩童间进行。在地面上画一个蜻蜓式格子图，即尾部和翅膀部分分别划成3~4格，头部画一个半圆。大家先站在尾部，向半圆内抛掷一个小沙包或小石块，以远近来定跳的先后次序。然后，按次序从尾部开始，将小沙包再次抛掷到半圆内，勾起一脚，单脚一格一格跳过去捡拾起，反身跳回。如果勾起的脚落地了，便罚停一次；如果勾起的脚一直没落地，便可"买"下一格，当作自己的"房屋"，下次跳到此格时，便可以双脚落地休息一会儿。而别人则必须跳过此格，如跳不过或者踩线了，则罚停一次。最后以"买房"多者胜。

跳童 民间舞艺。黟县渔亭"游太阳"神会的活动。由4~8人于广场表演。扮演者为儿童，头缠英雄巾身穿对襟衣或光头赤膊，脚穿彩鞋，白布绑腿，手执银色木斧，按音乐伴奏边跳舞，边用双斧碰击头、肩、腿等部位，同时口喊"嘿！嘿！嘿！"。舞蹈粗犷有力，振奋人心。

锣鼓担 流行于黟县西递等地。西递村迎神赛会时，锣鼓担均跟随在地戏之后。是将打击乐器配置在一个特制的木架上，其上罩布，张灯结彩，以供沿途敲击演奏的器乐设备。锣鼓担或与吹奏弹拨乐器合奏。该村胡族有六房，各有锣鼓担出游，各逞匠心，相互比美。至祠前开阔地带，六房锣鼓担排开，进行演奏比赛。常奏锣鼓点有"平锣鼓""闹花灯""长锤""拨水""三铛""闹场"等；管弦乐所奏则有"小开门""大开门""八宝""全家乐"及京昆曲牌等。

滚龙 民间游艺。流行于徽州各县。属于民间戏龙游艺的一种，以示屠凶龙来禳灾。龙以竹篾编成圆筒形，1.33~1.67米为一段，白布画鳞甲系于外。段中间安插木棍以便手举。段与段之间各用红布块联结。舞时，龙身向左右就地翻滚，象征腰斩凶龙；红布表示血，翻滚为疼痛之状。滚龙不燃烛，而以桑皮纸搓条，缠绕于特制的"Y"形篾片上，再经桐油浸泡。舞时着火，火光不受滚动时的气浪影响。

滚铜钱 儿童游戏。绩溪称"掷鳖"。三五个儿童将铜钱从祠堂门前斜阶上滚下，远者为胜。继之，最远者拾起铜钱，投掷近者的铜钱，依次投掷，中则为胜，连中连胜。最近者无投掷权，其他人原则上依次享有投掷权，而取决于先享此权者能否掷中或连掷连中。多用铜板掷击铜钱，掷中的铜钱则为奖励。

叠罗汉 民间杂耍。流传于歙县三阳乡一带。据传明朝解元寺起火，村民闻讯扑救，寺僧感激，遂于每年元宵表演叠罗汉，遂流传至今。表演需先于春节前夕举行"请罗汉出阁"仪式，至正月十五日夜，由24个罗汉涂七色脸谱，执明灯环村延请观众，汇于祠堂前，杂耍一番后，相叠造型，即为叠罗汉。有各种造型：童子拜观音、仙人桥、金鸡独立、刘海戏金蟾、水帘洞、斜角旗、六柱牌坊等60套。

*元宵节叠罗汉

舞草龙 又称"草龙舞"。徽州民间于中秋夜举行的一种娱神报年祈福游艺活动。扎若干条草龙（至少公、母两条），遍体插香，每条由四五丁壮撑持，于黄昏后敲锣打鼓，遍游街巷。每到一家门口即停下，由该户点烛焚香、鸣炮礼拜，香即插在龙体上。游毕送至江边，抛入水中。火龙即旱龙，带有祛旱祈年的宗教巫术性质。时在谷收后，又会有报年性质。跟大龙同游而更热闹的是大孩子们的小龙。小龙扎束简单，长者3.33米，短者0.33米。三五成队，沿街走店，高喊："龙来龙来，恭喜四季大发财。"随即舞于店堂。店家则点燃香火，插在草龙身上，群孩遂又喊："龙去龙去，生个儿子伴皇帝。"如遇吝啬怠慢之家，群孩立即报复："龙尾龙尾，你家出个吊死鬼。"然后垂下龙尾，将草龙拖出店门。

*舞草龙（2）

*舞草龙（3）

舞狮 流行于徽州各地。相传绩溪县伏岭下及仁里两村朝恶山，山中妖兽每年元宵节进村伤害人畜，故村人于元宵之夜舞狮，意在驱邪消灾，狮以麻布制成，舞时鸣锣击鼓，爆竹喧天。后舞狮又与演徽剧结合，元宵即成村民喜庆娱乐的节日。表演时一般由两位健男合舞，由扮"狮小鬼"者，持彩球逗耍指挥。台上舞全堂狮：大狮雄雌各一，另一由少儿扮幼狮。颜色有青、彩之分，表演有文、武之别。文狮（雌）温驯，表演细腻，动作有搔痒、舔毛、抖毛、瞌睡、摇头、摆尾、伸腰、横滚、坐立、产子等；武狮（雄）勇猛，动作有腾跃、直立、登高、扑跌、滚翻、旋转、爬柱、抢球等。绩溪县岭北旺川一带有火狮，身内燃烛，口中喷火，独人扮演，双狮对舞。

*舞草龙（1）

*舞狮

踢毽子 流行于徽州各地。毽子多自制，先用木或泥雕成蝴蝶、梅花、古钱等约1厘米见方凹模，内灌熔锡，而成"锡墩"；随后用彩色呢绒缝制成毽体，上缀皮管，内插鸡毛即成。每到冬季即盛行踢毽比赛，有里踢、外踢、前踢、脚尖踢、脚腿踢，还有双脚前夹踢、双脚侧夹踢，不仅比花式，还比踢的高度及连续次数。

踩高跷 流行于徽州各地。黟县城中郭门街高跷最为民众称赏。郭门高跷高1~1.5米，每次出游，成群结队，浩浩荡荡。表演者或穿戏装，表演戏文。各式小丑扮作村妞、小贩、醉汉等，载歌载舞，插科打诨，谐趣横生。

*踩高跷

稻穰龙 黟县乡间农民于中秋节晚或秋收时节游舞稻穰龙，以庆秋收。此龙用新割的稻草扎成，龙身每节下扎入木棍以便操舞。稻穰龙不点灯，但龙体遍插点燃的香。舞时，锣鼓声中，香火点点，在地上旋转、滚动，故称。

黎阳仗鼓 流行于休宁黎阳（今属屯溪区）的民间打击乐。传说隋末汪华保境安民血战沙场时，就用"仗鼓"以壮军威，得胜之日，则用"仗鼓"欢庆胜利。因此，"仗鼓"又叫"战鼓""得胜鼓"。为纪念唐越国公汪华，黎阳每年八月十三日为"靖阳节"，举办祭祀活动，会连续10晚过街穿巷打"仗鼓"。仗鼓以杂木作圈，呈扁圆形，直径约40厘米，高约20厘米。用牛皮蒙双面，上下鼓边镶嵌着两圈密集的铜泡钉。打击时，一人一鼓用红缎带斜背于胸前，左手持鼓环，右手执鼓槌。仗鼓的击法有单击、双击、前后左右绕边击等多种，演奏时无限反复，并配以曲笛、云锣等民族乐器伴奏。四鼓、两笛、一云锣为一班。一般庆典不得少于一班。庆典越隆重，场面越大，启用的班数就越多。在黎阳，仗鼓一直被视为"神祇"，平时不得轻易摇鼓，只有在祭神、祀祖、庙会等隆重、庄严的场合才能组织队伍演奏。屯溪地区流传着"听见仗鼓响，就往黎阳赶"的民谚。明清时期，官府在重大节庆典礼或迎接重要官员时也借用仗鼓班以作仪仗。参见473页"黎阳跑马"条。

*黎阳仗鼓

黎阳跑马 民间游艺。流行于休宁县黎阳（今属屯溪区）的民间游艺。每年八月十三日，黎阳祭祀唐越国公汪华。八月初一晚上起，连续10晚过街串巷打"仗鼓"；八月十一日，沿街各户打扫街道，准备接菩萨；八月十二日，将九相公出游到隆阜上村，在粮店象征性地"买豆"，当晚，黎阳"汪公庙""九相公庙"中所供菩萨，按先锋、任元帅、程元帅、赵元帅、钱将军、二相公、八大帝、九相公、新关帝、老关帝、汪公佬位次列队，集中于小龙山祭坛，受群众祭拜，礼毕，游坛一圈而返；八月十三日，再请出所有神像游上、下黎阳一匝，下午集于上黎阳汪公庙前的戏台下，将汪公和新、老关帝放在当中，其余以先锋领头，在群众围观中，跑三圈，唯九相公要跑九圈，每跑一圈，脱换袍甲一件，谓之"跑马""磨豆腐"。其时全场放鞭炮、金鼓齐鸣，人声鼎沸。民谚云："隆阜花台率口礼，黎阳跑马临溪挤。"

嬉鱼灯 流行于徽州各地的灯彩游艺活动，多于春节或元宵节嬉游。灯身以竹架扎成，上糊绵纸或绸巾，彩绘鱼鳞，有鲤鱼灯、青鱼灯、鲢鱼灯等。一般高四五米，宽3米，长六七米，分头、尾、身三段，每节能活动，内燃百支蜡烛。鱼灯出游，领前为一盏薄刀形垂直扁灯，上写"五谷丰登""风调雨顺"等字样，后为两狮、鼓乐，继为鱼灯，周围有数盏小鱼灯及虾灯伴随，紧锣密鼓缀后，再后为各家小灯，有兔、花篮等造型，千姿百态。鱼灯边游边舞，表演《鲤鱼出洞》《咬尾前进》《鲤鱼觅食》《上水翻潭》《跳龙门》等节目。

徽州鼓吹 锣、鼓、钹、唢呐等乐器共同演奏的一种艺术表演形式。其曲调主要来源于徽剧曲目和民歌小调。鼓吹的运用范围非常广泛，是徽州民俗活动的重要组成部分，诸如红白喜事、舞龙迎灯、生日做寿等。鼓吹乐在婚俗中运用，其内容一般按场面进行。迎亲时，两人吹唢呐，一人打小锣，一人敲小鼓，一人扇双钹，在新娘尚未入门之前，先奏《小开门》，轻松欢快，增添喜庆气氛；迎新队伍到达家门时，唢呐率先奏《大开门》，随即锣鼓合鸣，双钹

*嬉鱼灯

激越;拜堂时,鼓吹班分立两边,在鞭炮声和齐喝声中奏《铁银灯》,祝愿新人永远和睦、白头偕老;入洞房时奏《万年欢》;喜宴时鼓吹班坐在堂后,每上一道菜,均奏一曲《上调皮子》或《榜庄台》。丧葬中运用鼓吹乐,主要在收殓、出葬、回家等几个场面中,一般演奏《玉华清江引》《哭皇天》《哭相思》《泣颜面》等悲伤曲调。舞龙迎灯时的鼓吹,由大鼓、横笛、小铙、唢呐等组成,吹奏的多半是民歌小调,如《茶歌》《十送》等,曲调轻快悠扬,富有节奏感,表现出节日的欢乐和升平气象。寿庆鼓吹《八仙上寿》《满堂福》《寿荣》《寿筵开》等曲目。阴寿则专门有《做阴寿》曲调。

徽城献彩 民间灯艺。徽城店家祭祀财神的彩灯会。每年正月初五,请能工巧匠于店前扎彩牌楼,制精致玲珑的灯彩陈列架。灯彩有形似花篮、元宝、聚宝盆、摇钱树,有形似福、寿、禧字,花样百出。更有富贾,竞巧炫奇,制作能动的组合模型。其中有"风吹树摇",金钱纷纷落下;有"回回进宝",八个回回手捧各类珍宝,跳舞而过,神态诙谐幽默;有"高山流水",背景是高山、白云、瀑布,主景是俞伯牙、钟子期弹琴、听琴,竟能发出优美的乐声;还有"农夫耕田""夫妻推磨",牛能走,磨能转。模型动力主要有热空气力、发条、拉绳及电。据说早期还用水作动力,在楼上置水斗,搭笕接入模型。是日,各店精制菜肴供财神、飨客,谓之"献菜"。四乡小店主皆于是日进货,大快朵颐。

麒麟灯会 见474页"麒麟舞"条。

麒麟舞 又称"麒麟灯会"。歙县北富竭镇呈狮村的游艺活动。麒麟以竹木为架蒙以布,彩绘制成,体长2.33米许。由两男子入其内,支撑之而起舞,一控麟头,一作麟身。同舞者尚有麟童、魁星及其他角色。扮魁星者头戴面具,敞腹跣足,手持笔、斗。开场时麟童引路,麒麟献舞,魁星跳跃于前后左右,伴以鼓吹丝竹。麟舞起源当在狮舞之后,狮舞尚武,麟舞崇文,动作悠闲,举止安详,魁星伴舞则示文光相照。后受徽剧影响,麟舞亦情节化、戏剧化、演变为曲牌体戏帽形式,而以颂扬唐皇盛世为宗旨。先上"四回回"即四方酋长进宝朝贡,扮演者各托供物花灯;次上"八云雾",象征雨露调匀,扮演者各携云灯二盏;继上"吉星",扮吉星者怀抱如意灯,由两位手捧净瓶灯的童子引出;再上"五路财神",扮演者各捧巨大的元宝灯。每一上场,俱唱一段谱入曲牌的祝颂之词。继财神之后跳出魁星,并共同登上三层高台。而后在花灯争艳、流彩飞光的场面中,手持玉书灯的麟童倏然引出麒麟。其时麒麟五孔通明,内燃蜡烛,口喷焰火,麟甲闪烁,骤起大锣大鼓,锣鼓声断,箫管齐起,麒麟按乐起舞,"蹈四拐""踏八宝""献玉书"等。舞时有烟雾、焰火衬托,随曲变幻。

*麒麟舞

[七] 徽州艺术

徽州工艺　舞乐游艺　徽州戏曲　徽派篆刻　徽派版画　新安书画

十二生肖墨模　绩溪胡开文所制墨模作品。取材生肖，融入历史神话，构思精巧。如苏武牧"羊"、伯乐相"马"、嫦娥奔月（兔）、李密拉角（牛）等。正面图画，背面题赞，风格古朴。人物形象、生动，衣褶线条遒劲圆融。

十鹿八骏图　石雕作品。在黟县东源乡珠坑村王文叙堂大门两侧，嵌于壁内。两图各长150厘米，高60厘米。"十鹿图"刻10只梅花鹿于山崖溪旁，各具形态，造型生动；"八骏图"刻骏马8匹，或奔、或立、或卧、或昂首嘶鸣、或凝目远睇，栩栩如生。

八大家藻井彩绘　建筑装饰工艺。藻井是我国传统建筑中顶棚天花上一种装饰处理，黟县"关麓八大家"的厅堂藻井彩绘形状多为民间喜闻乐见的吉祥物，并由外框图案和框内画面两部分组成。如用蝙蝠图案作为外框，框内配画一个"寿桃"；用双钱作为外框，里面画一"寿仙"，或画"子孙满堂"，象征"福寿双全"（黟方言"钱"与"全"谐音）；有的外框画一石榴，框内画一个胖娃娃或是橘子，寓意"多子多孙"；有的画如意或钟、鼓开头，象征"万事如意""晨钟暮鼓"之意；还有的为体现"清白传家"，便画一棵大白菜；也有的画各式各样的鱼，寓意"年年有余"，并特别青睐画青、白、鲤、鳜四种鱼，取其谐音"清、白、礼、贵"。居堂内板壁窗门上的彩绘，主要内容有"麒麟送子""富贵花开""五子登科""孔融让梨"及"冰清玉洁"（即画一冰裂纹花瓶，内插一枝梅花图案）等，还有其他山水风景、人物故事等图案，无不形象生动。

八骏图　石雕作品。黟县石山黛峰，清乾隆时建有文峰塔，塔底层原嵌有青石浮雕多块。民国二十七年（1938年）塔倒塌，石雕散失。其中的《八骏图》，长120厘米，高50厘米，刻八匹骏马，神态各具，今存渔亭松川。

九有凝熙墨模　绩溪汪近圣所制墨模作品。一套9锭，圆形，正面镌刻篆字，漱金，分别为九鼎、九苞、九如、九艺、九畴、九章、九泰、九贡、九道等。背面有相应图式，均为表示祥瑞光明之物，艺术价值极高。

三台式盆景　徽派盆景样式。主要用于梅花、圆柏、罗汉松等盆景的主干造型。主干作二弯半，上方一顶，左右两侧各伸出一臂，三片经营的位置呈不等边三角形，形成三个台，寓意着仙界的"蓬莱三岛"。三台式盆景一般为中小型，大型很少（圆柏三台式盆景有大型的），可置于几案上欣赏，也可放于阳台上、厅堂内欣赏。

万安罗盘　由磁针和方位盘构成的指示方位的仪器。是中国古代堪舆活动中常用的基本工具。因生产地为休宁县万安镇得名。罗盘的制成，一般要经过六道工序。第一道工序是制坯，即选用质地坚韧细密不显纹理的特等木料（一般用虎骨树料），锯好罗盘毛坯；第二道工序是车圆磨光，将毛坯用车床车圆成型，再以细砂纸和木贼草磨光，并挖好装磁针的圆孔；第三道工序是分格，依照不同型号、盘式的图谱，从同一圆心以长短不同的半径画圆周为横格，再按阴阳八卦、天干地支等刻直格；第四道工序是书写盘面，按照秘藏图谱，用毛笔蝇头小楷，依各种盘式书写分格的内容，须端正无误；第五道工序是上油，包括熬炼

*万安罗盘(1)

*万安罗盘(2)

桐油，技艺超过对漆匠的要求；第六道工序是安装磁针，将钢针置放在天然磁石上经半个月以上，使其磁化，然后再安装磁针。磁针装毕，最后封盖圆玻璃片，一具罗盘才制作完成。各个工种各司其职，每道工序不得混淆。

木刻食桃模 一种制作糕点的木雕模具。徽州民间制作食品所用，依所制食品的立体形状，以硬木阴刻成模。横周有齿纹，模底面刻各种图案。用时填入揉透的米粉团，压实，拍出，上蒸笼蒸熟，即成具有艺术造型的糕粿之类食品。不同图案的模具，选用时依季节、节庆内容而定：春节多用"双叶托桃"，元宵节用"五子闹元宵"，婚嫁时用"麒麟送子"，其他还有"双喜""秋叶""鱼""福禄寿三星""黄金万两"等，均视需要而选用、配用。

*木刻食桃模

*木刻寿桃印

木雕八仙桌椅 徽州民居厅堂，沿正壁一般置以长条形案桌，其前正中置一方桌，方桌左右各置椅一把；沿左右侧壁各置椅三把，椅间置茶几。桌约1米见方，设席可纳八人，称"八仙桌"。桌脚与桌面之间，连一雕镂桌面，四面花色相同，常见图案有蝙蝠、并蒂莲等。椅计八把，称八仙椅。椅座下连椅围，雕镂花色与桌围相近；上连椅背，背饰以八仙浮雕。八仙有明暗之别，雕镂八仙形象的为"明八仙"；雕镂八仙所持法宝的为"暗八仙"，如以葫芦代表铁拐李、宝剑代表吕洞宾等。

木雕满顶床 徽州卧床盛行神龛式满顶床。四腿撑座（铺位），铺设散板七块，称"七子板"。座上起架，架四合，红漆描金雕镂，上复以顶，故称"满顶"。四合床架前沿一面为雕镂床栏，由四部分组成，俗称"四块头"：上为床额，镂刻"凤龙呈祥""丹凤朝阳""郭子仪上寿"之类浮雕；左右为床门，敞其中，相对称，为主人倚靠、搁手处，一般饰以"麒麟送子""五子夺魁"之类浮雕，扶手处有柱头伸出，雕成主体金狮或麒麟；其下至床腿上端为床梯，饰以"百子图""百果图"之类浮雕。架中张帐幔，有的于顶与铺之间仍设曲尺形层架，可放置什物。满顶床多于新婚前由男家置办，婚前十日须请木工名匠行安床礼。

*木雕满顶床

日月叠璧歙砚 歙砚名品。砚长21厘米，宽13.33厘米，厚2.33厘米。以龙尾石琢为日月合璧形，受墨处外环石渠为墨池，上隐偃月，中镌篆书"两饼乾坤，双丸日月"；上镌隶书"沫日浴月光华生"；左镌楷书识语54字；右镌隶书"如月之恒，如日之升"。背面亦为合璧形，可受墨，周环墨池而上方较深广，中镌行书"日月会于龙尾"。原砚又镌有欧阳修"晦明"说："藏精于晦则明，养神于静则安。晦所以蓄用，静所以应动；善蓄者不竭，善应者无穷。"此砚著录于《西清砚谱》，有清高宗题铭。

水石盆景 徽派盆景样式。利用山石与一些特殊植物资源进行徽派盆景的造型制作而成。盆大多用黟县青石凿成，多为深盆，有长方形、圆形等。山石大多挑选形状奇特的自然石，有的虽经人为加工，但不留痕迹。有单峰、双峰和峰、峦、丘、麓、谷之状，有的也凿有洞穴。山石上种植虎耳草、菖蒲、藓、蕨之类。石置于石盆中，盆面大多为山石所占，水面很小。有的山石下部凿有洞穴，水漫洞中，有极小游鱼出没。景物虽小，但生机勃勃。

风雨诗竹木刻画 木雕作品。雕刻年代不详。画面下端一玲珑怪石拔地而起，旁出翠竹两根，一倾斜如临大风，一竹叶下垂若遇暴雨。木雕上刻有朱熹所题五言诗："不谢东君意，丹青独立名。莫嫌孤叶淡，终久不凋零。"款落"诲翁"。现存于婺源县。

文府墨 徽墨作品。制作时间在北宋以前，1978年6月在祁门县城基建工地出土。墨重18.2克，长8.3厘米，厚1厘米，扁长方形；墨面铭文"文府"，楷书，凝重古朴。为国内迄今为止最古老的出土墨之一，曾送日本展出。现藏安徽中国徽州文化博物馆。

*文府墨

正款盆景 见478页"规则式盆景"条。

古老焰火 见480页"盒子焰火"条。

古事焰火 见480页"盒子焰火"条。

石马 石雕作品。无款。刻于休宁县齐云山风虎关遗址侧岩壁下，依岩雕琢而凸于壁面。高130厘米，长200厘米，竖鬃扬尾，引颈长嘶，纵蹄腾跃，如迎风疾驰。

石雕双松图 石雕作品。原镶嵌在黟县宏村的清朝建筑三立堂天井侧墙，以黟县西递青石为材料，呈书画手卷造型。长135厘米，高80厘米，用透雕手法，雕镂双松，疏密有致，层次分明，刀法刚劲细腻。图上刻诗云："林梦缭曲辟新居，壁写双松翠有余。石径绕来云气重，粉垣遮住俗尘疏。风前每讶虬枝舞，顶上还疑鹤发疏。此景最宜秋雨后，满庭凉影落窗虚。"题诗者"学椿"。现存于黟县文物管理局。

石雕科举花窗 石雕作品。休宁县状元文化广场北面钟鼓楼两侧围墙上依次镶嵌着16个以千年科举文化为主题的石雕花窗，一个花窗一个内容。分别为童子夺冠、冠带传流、寒窗课子、埋首穷经、长亭送考、离乡应试、麒麟报喜、金榜题名、魁星点斗、蟾宫折桂、五子登科、状元及第、衣锦还乡、耀祖光宗、文经武纬、安邦报国。构图新颖，雕镂精美，生动地展示了科举时代学子苦读成才的艰辛历程和"文成武就"后的荣耀。

石雕桌凳 石雕作品。黟县际联（今宏村镇）雉山村今存1桌、2凳。桌以青石为材，长约100厘米、宽约50厘米、高约70厘米，凳长约40厘米、宽约30厘米、高约50厘米。桌面抛光如镜，四周饰以云纹，以两雕石为脚。石凳形如两捆竹节，竹捆成方形，凳腰雕以束带。竹筒粗细不一，两端中空，纹理如出天然。其上覆以菱形镶花边坐垫，坐垫仍为石之一体。此凳雕刻构思新颖、刀法细腻，形象逼真自然。

龙须纸 民间手工纸。产于绩溪县龙须山。宋《新安志》载："绩溪县界中有地名龙须者，纸出其间，故世号龙须纸。"

*造纸

叶道卿砚 歙砚名品。清金陵叶道卿翰林家藏歙砚。方13.33~16.66厘米，色淡青，如秋雨新霁；远望暮天，表里莹洁，几无纹理。

汉白玉石画 石雕作品。相传为明嘉靖皇帝赐予御医王琠的宫中之物。正方形，边长40厘米，厚0.5厘米，用紫檀香木作框镶嵌而成。正面为"八仙过海"图，其间仙山琼阁，烟云海雾，飘逸欲飞，人物栩栩如生；背面"老妪送子"图，山野草庵，小桥流水，人物情态逼真。两面图案均以汉白玉自然爆花纹为底络，因形状物，精雕细琢，十分精美。现藏祁门县彭龙乡历溪村。

地球墨 徽墨名品。民国初年，徽州休宁胡开文墨厂第六代店主胡洪椿生产。墨直径12.2厘米，重365克，中部微凸，厚约1.5厘米，边缘略薄，厚仅1厘米。墨块通体漱金，局部或填朱彩绘或露底留白。外观饱满圆厚，余馨怡人，色彩经久不褪。墨的两面如同地球仪一般，分别代表了东西两半球，并绘制有清晰的经线和纬线。正面的中国图形上刻有"安徽省"三个中文正楷字，周边的一段中英文中有"中国休宁老胡开文造"字样。清宣统二年（1910年）和民国四年（1915年），"地球墨"分别获得南洋劝业会优等奖状和巴拿马万国博览会金质奖章。

*地球墨（1）　　*地球墨（2）

西湖名胜图墨模 墨模作品。绩溪汪近圣所作，称"西湖十景墨"，后胡开文增至45图。该墨模以写实手法绘形绘景，雕镂精细，尤以平底小楷见长,如"小有天"墨,长不盈6.67厘米,宽1.67厘米,刻有140余字乾隆所撰七言诗。铁画银钩,笔锋清晰,为胡开文墨模代表作。

夹苎脱胎 见480页"脱胎漆器"条。

竹雕如意 又称"抓痒扒"。传统手工艺品。一般以竹为材雕制而成。扒爪或雕灵芝,或雕云纹,多数雕镂成手掌形,五指弯曲,手掌部分镂空成古钱、梅花或竹叶等。扒柄刻连云纹或连环珠纹。

*竹雕如意

自然式树桩 又称"野款盆景"。徽派盆景样式。徽派盆景中仿照山野自然树木形态的款式。参见478页"杂桩"条。

杂桩 徽派盆景样式。徽派盆景中,未能按一定规则蟠扎、培养成的树桩盆景。形式多样,不同于规则式树桩盆景。可以是因失去蟠扎时机而不能蟠扎正款的家养树桩,如梅桩、柏桩、罗汉松等进行树冠造型而成;也有到山野选取有欣赏价值的野桩进行树冠造型而成的,如榆桩、三角枫桩、紫藤桩、紫薇、黄山松等,还有一些灌木如天竺、虎刺、木绣球、雀舌花(小叶栀子)、杜鹃、贴梗海棠、腊梅等。参见478页"规则式盆景"条。

齐云山石像群 石雕作品。休宁县齐云山旧时大小神像不胜枚举,现仅200余尊,多用红砂石和黟县青石雕琢而成。大者高达220厘米,小者仅8厘米。造型千姿百态、栩栩如生。这些神像主要立于栖真岩、忠烈庙、八仙洞、碧霞灵应宫、真仙洞、玉虚宫等处。

*齐云山石像

羊头岭古坑砚 歙砚名品。参见481页"歙砚"条。

米元章黼字砚 歙砚名品。宋著名书法家米元章所藏,清婺源汪士铉得之歙县丰溪吴太史家。此砚石色淡青,如秋雨新霁,表里莹洁,其友闵宾连酷爱之,每过其家,必摩挲珍重,后竟归之。

抓痒扒 见478页"竹雕如意"条。

扭旋式 徽派盆景样式。徽派盆景中,常用于梅花、罗汉松、圆柏、紫薇、栀子花等树种的主干造型。其特点是主干用螺旋弯,即徽州花农所说的磨盘弯蟠扎,而出枝也都在弯的外侧,枝片虽有前有后,但基本上是左右出枝。一般为中小型盆景,主干仅2~3弯,邻近弯之间的水平间距15~20厘米或更小。

苍玉砚 歙砚名品。砚长20.67厘米,宽10厘米,厚2厘米。采用旧坑歙溪石,随砚材屈曲为之,受墨处宽平直下,与墨池通。砚道镌"歙溪苍玉",左侧镌"康熙壬午",右侧镌"石友",俱行书;砚背面镌铭57字,下署"鋋对铭"。质理密致,眉纹隐起,如枯松化石。匣盖镌清高宗隶书砚铭"观文含星,抱质守黑;黄海之松,同生其宅;曰维眉寿,在棐几之侧"。现藏台北故宫博物院。

李廷珪墨 徽墨名品。参见485页"徽墨"条。

杨时金星歙石砚 歙砚名品。砚长29.33厘米,宽18厘米,厚5厘米。质细而黝,遍体金星,砚面宽平,墨池深广,上镌"宣和五年五月五日,帝召迩英殿说书赐此砚,其子孙世守之",末有"杨时识"三字。钦定《西清砚谱》载此砚,清高宗题诗一首于砚匣,称之"金星佳品",钤"会心不远""德充符"印。现藏台北故宫博物院。

佛像青石浮雕 石雕作品。浮雕高70厘米,宽40厘米,为明朝半身佛像,刀法浑厚洗练。现藏黟县文化馆。

迎客式盆景 徽派盆景样式。主干略曲,两臂从主干基部三分之一处向同一方向稍伸展出去,枝梢扎成两小片,上方一片大而圆满,整体造型如同迎客松展臂迎客。

灶神庙砖雕 砖雕作品。仅33厘米见方的砖面上,雕刻着头戴金盔、身披甲胄、手握钢锏的圆雕菩萨,据传这块砖雕中凝聚着1 200个匠工的劳动。现藏歙县博物馆。

汪之仪竹刻帽筒 木雕作品。清末黟县碧山汪之仪制。共一对,筒高25厘米,口径10厘米。其一刻群峰,峰间有塔,山水弯曲处有茅舍、酒肆,湖面一舟乘风而至,有"廷瑞仁兄大人雅属 铁梅弟汪芝茂"款。另一重峦叠嶂,树荫间茅舍重重,湖面渔父棹舟,落款相同。

汪伯立笔 徽笔名品。参见485页"徽笔"条。

规则式盆景 又称"正款盆景"。徽派树桩盆景样式。即徽派盆景中那些按一定款式蟠扎、培养成形的树桩盆景。具体包括梅花(含碧桃)龙桩盆景,梅花、罗汉松、圆柏三台式盆景,扭旋式盆景,疙瘩式盆景,劈干式盆景,屏风式盆景等,在这些样式中,梅花龙桩盆景是徽派盆景的代表。

松石竹梅石雕漏窗 石雕作品。现存黟县西递村民居"西园"庭院中。以西递青石为材料,高70厘米,宽50厘米。"松石图"为两株奇松斜立嶙峋怪石上,刚劲有力;"竹梅图"雕弯竹曲梅,婀娜多姿。两图构思巧妙,虚实有致,布局得当,刀法刚劲有力。

明荷叶歙砚 歙砚名品。制作于明朝。该砚荷叶形,内卷成沿,长32厘米,腹阔28厘米,厚27厘米。池深研平,背面上端稍厚,下端两圆锥足,保持砚面平衡。现藏绩溪县文物管理局。

*明荷叶歙砚

金星石玉堂砚 歙砚作品。采老坑金星石,制为玉堂式。砚高26.67厘米,宽17厘米,厚4.33厘米。色黝而泽,遍体金星密布,砚面微有驳蚀,墨池深广。此砚著录于《西清砚谱》,上方侧面镌清乾隆皇帝楷书题铭"金其星,玉堂其式,凡几百年墨锈沉。寄语拈毫制词者,尔音毋似有遐心"。

金星歙砚 歙砚名品。砚长16厘米,宽9厘米,厚3.5厘米。池上端雕成龙首、喜鹊,周刻波涛为护边。上沿口边阳文印章"定阳古岩"。砚背有密集金星六处,红木盆盛装。现藏绩溪县文物管理局。

*金星歙砚

金粟笺 又称"黄经纸""硬黄纸"。民间手工纸。北宋时期徽州所产的一种具有浓淡斑纹的藏经纸。专门供给浙江海盐县金粟山寺僧们抄写和印刷经书所用。

周昌谔砚 歙砚作品。制作于宋朝。圆而小,青罗纹,砚面有紫金星,鹅眼钱。

疙瘩式盆景 徽派盆景样式。其特点是在主干基部(有时在中部)将主干绕结成疙瘩形状,以增加局部粗度和形态变化,以此增强盆景的韵味和新奇感。徽派盆景中,疙瘩式主要用于罗汉松、圆柏和梅花盆景主干造型。树冠的造型则一般为三台式、变化台式或杂桩(自然式)树冠。疙瘩式造型具体操作以罗汉梢,促使它们形成台片。如果是花树,则可进行多次留短桩修剪,减弱其长势,然后均匀布于圈内,并用棕丝将这些侧枝扎缚在圈内骨干枝上,形成平面,使其开花。经过几年的修剪培养和调整,圈内花屏得以形成。

项元汴瓶砚 歙砚名品。砚高13.33厘米,宽8厘米,厚1.67厘米。石质润如乌玉,光可以鉴,砚面琢为瓶形,极朴雅,镌有"墨林珍赏"四字。匣盖内镌清高宗题铭"朴而黝,唯所受,墨林之珍,光我文囿"。

赵光弢家砚 歙砚作品。宋砚。上宽3.33厘米,下宽20厘米。色绿,点如紫金,斑斑匀布,点中无窾,无罗纹。载见于《砚林胜录》。

复盆 徽派盆景制作术语。指徽派盆景中的梅花在地栽情况下根会长得很长,小侧根却少,这不但影响以后起桩上盆,而且树势容易减弱。因此每隔三四年将梅树掘起,修剪根系,再移栽,这就是复盆。

宣德墨 徽墨名品。墨长17.5厘米,宽7厘米,厚2厘米。椭圆柱形,正面"双龙盘绕",中间楷书"国宝",背面楷体"大明宣德年造"。四边云纹、图、纹、字均描金。现藏绩溪县文物管理局。

耕织图墨模 墨模作品。徽州绩溪汪近圣制作。全套墨模计有47锭。以连环画形式,反映粮棉生产和加工的全过程,并按耕部、织部分装两只漆盒。墨为长方体,耕部图式从浸种到祭神,计24锭;织部图式从育蚕至成衣计23锭。墨模精美。

桃源问津图石雕 石雕作品。长180厘米,高120厘米。图为黟县桃源景色:山峦叠翠,流水潺潺,修竹艳桃,渔郎泛舟,寻胜问津。运用透雕手法,刀法细腻,层次分明。现存黟县东源。

圆台式盆景 徽派盆景样式。主干弯曲成稍斜,枝条放射状伸出,扎剪成椭圆形云片状或云朵状树冠,其状如黄山之蒲团松。

徐氏龙尾砚 歙砚作品。浙江衢州徐氏藏龙尾砚,砚石贮水处有一圆晕,形如月,其色明暗随月盈亏而异。

*徐氏龙尾砚

海阳八景柱 石雕作品。自古闻名休宁"海阳八景"为:"白岳飞云""松萝雪霁""夹源春雨""凤湖烟柳""落石寒波""练江秋月""寿山初旭""屯浦归帆"。八景柱即以休宁县旧志八景图为蓝本,注入现代理念,采用深、浅、镂等徽派石雕工艺,以装饰画风格,将昔日海阳八景依次再现于八根青石圆柱上,布局合理,线条流畅,画面逼真。每柱高680厘米,直径80厘米,四周砌以平台,围以石栏,高大挺拔,典雅大方。

黄经纸 见479页"金粟笺"条。

菠萝漆器 漆器种类。采用徽州土漆为主要原料,掺以绿松石、丹砂、珊瑚、石黄、青筋蓝、朱砂等粉末混合制成。其漆器外墨内朱,高艳度,强对比,典雅卓绝,绚丽多彩。徽州菠萝漆器南宋时已闻名遐迩,被作为贡品送入皇宫,是皇家御用和赏赐功臣的珍品。

梓路寺石狮 石雕作品。所雕石狮蹲坐，雌雄成对，左雄右雌，连底座各高130厘米。左雄狮前脚抓雕花石球，右雌狮前脚抚幼狮，均威猛传神。原系黟县际联梓路寺门狮，现由该县东方红水库管理处保管。

悬崖式 徽派盆景样式。主干、大枝作多次不规则弯曲，向一侧下垂伸出，配以高盆，恰如神龙缘臂探涧，极富动感。

野款盆景 见478页"自然式树桩"条。

铜柱墨 徽墨作品。清末屯溪胡开文墨店根据光绪十二年（1886年）勘定的中俄边界上的铜质界柱仿制而成的圆柱形墨，上有著名金石家吴大澂书写的铭文。

盒子焰火 原称"古老焰火""古事焰火"。民间手工艺品。民国初年，屯溪纸扎艺人采用纸扎与花爆相结合，发展成为具有地方特色的"盒子焰火"。制作时于盒内装各种折叠灯彩，以引线相互连接。燃放前，将盒子悬挂在网状高架上，点燃引线后，折叠的彩灯逐层挂落，蜡烛齐明，烟花爆竹同时喷射，声、色、形、光俱全，灿烂夺目。纸扎艺人李文俊等曾在杭州、上海、新加坡等地制作和燃放焰火。1951年的劳动节和国庆节，盒子焰火两次进京燃放。1959年，屯溪曾将盒子焰火送往北京，向建国十周年献礼。该焰火内装"巨龙腾飞""百鸟出巢"等120种灯彩。

脱胎漆器 又称"夹苎脱胎"。漆器种类。采用木模制成漆器外形，在木模上缚一层苎麻，再用漆灰使之成型。模型干后，除去木模，在成型的外壳上多次上漆，最后彩绘而成。一般制成装饰工艺品，薄如纸，轻如鸿毛，外表精致光滑，彩绘绚丽多彩。

提根式 徽派盆景样式。主干略作弯曲，或任其自然，根部外露悬空，或曲如龙爪，显得自然、洒脱。

蒋希鲁砚 歙砚作品。砚为拱壁形，墨池如缺月，其石涩不留笔，滑不拒墨。后为昙秀所用，《东坡杂说》有记。

硬黄纸 见479页"金粟笺"条。

御园图墨模 清嘉庆年间胡开文墨店制造的集锦墨模。共64幅，所刻画面分别取材于大内、西苑和圆明、畅春、清漪三园的胜景。胡开文墨店在曹振镛的帮助下，派人进入内廷取景摹图，延请名家绘画，巧匠镂刻，费时数年而成。这套墨模摹绘清新逼真，雕刻精巧细腻，艺术地再现了昔日清宫名园的宏丽景观。

游龙式 徽派盆景样式。桩头大如龙头，干如龙身，枝如龙爪，故称。主干呈螺旋状或"S"形弯曲，小枝在弯曲的主干凸起处左右交互伸出。培植游龙式盆景，一般需先在露地上压条和培育，每年二、三月份用棕皮、木棍进行一次人工蟠扎、盘弯，年复一年。要使主干似龙身盘曲一二十个弯，需经过10年、20年，甚至上百年的工艺处理才能培育成型。成型后的梅桩，主干似龙身盘旋，两边伸张二侧枝，犹如龙爪飞舞。整体造型如蛟龙腾云，雅致美观。

谢枋得桥亭卜卦砚 歙砚名品。制作于宋朝。以歙石为材，长32.33厘米，宽约16厘米，两侧面有程文海题铭。后为闽赵元所题云："永乐丙申七月，洪水，去桥亭易为先生初，得之。"

詹氏制墨世家 婺源县北虹关詹氏，明清以来多以制墨为业，世代相传，见誉于世。明末詹有乾墨局于湖南衡阳名世以后，继有清朝的詹大有、詹同文、詹彦文、詹成圭等墨庄、墨铺，均闻名京省。詹氏业墨者居婺源墨商的一半以上，技艺精湛，能手辈出。据周绍良《清代名墨谈丛》载，婺源"制品也有绝精的，与歙县、休宁诸大墨肆所制足相伯仲，所以乾隆曾向婺源定制御墨"。嘉庆十七年（1812年）日本人市河米庵所撰《墨谈》中，高度评价了婺源詹氏墨庄的制墨技艺，并记载了明詹华山、詹文生，清詹鸣歧、詹文魁、詹成圭、詹方寰、詹西园、詹子云、詹子雯、詹衡襄、詹茂圭、詹成宇、詹公五、詹云鹏、詹云峰、詹武龙等家的制品。见载于墨工史册的还有詹廷选、詹角甫、詹彦文、詹大有、詹致和、詹彩巨、詹从先、詹俸三、詹达三等诸家。詹方寰、詹成圭等诸家所制之墨，曾被列为贡品。

新安大好山水墨模 绩溪汪近圣制作的墨模。全套计32锭，以黄山、白岳等徽州山川名胜为题材，浓缩了32处景观。

新安四宝 宋朝产于徽州的笔、墨、纸、砚四种文房用品。亦为后世"文房四宝"之称的来历。"新安"为古郡名，后为徽州地区的别称。唐宋时期徽（歙）州地区笔、墨、纸、砚制作业十分发达。南宋绍兴二十九年（1159年）至绍兴三十一年（1161年）洪适任徽

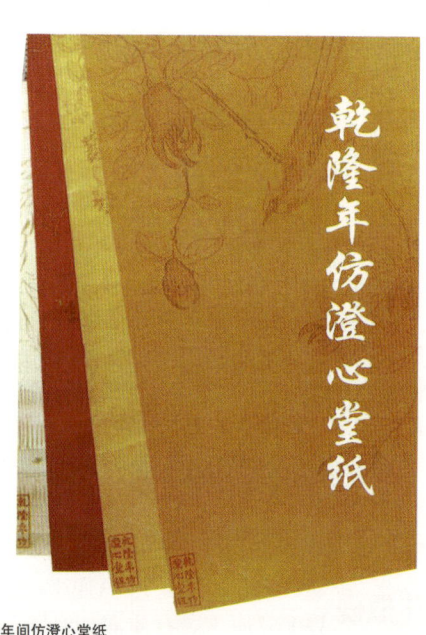

*清乾隆年间仿澄心堂纸

州知府时，对当地传统的文房四宝工艺品生产非常重视，积极扶持推广。他在府城建了一座类似于展览馆的建筑，专门陈列当地的笔、墨、纸、砚产品，并将北宋苏易简所著专门介绍笔、墨、纸、砚历史和发展情况的《文房四谱》书于展室四壁，取室名为"四宝堂"。南宋宝祐年间徽州知府谢墍与宋理宗赵昀有亲戚关系，每年都要向理宗进贡"澄心堂纸""李廷珪墨""汪伯立笔"和"羊头岭古坑砚"（一说为"婺源枣心砚"）四种文房珍品，这四种文房珍品被称作"新安四宝"。参见485页"徽笔"、485页"徽墨"、484页"徽纸"、481页"歙砚"诸条。

墨模雕刻 徽州工艺名。墨模雕刻始于唐朝，步骤是先请绘图工或画家绘图，然后将图分别拓在数块木制内模印版上按图刻制。宋朝以后，徽州一带的制墨业日渐兴盛，墨式造型和雕制艺术也获得了长足的进展，至明朝中期邵格之等四大制墨名家产生，墨模艺术进入了黄金时期。墨模雕刻是制墨家、画家和刻工共同努力的结晶，历代所制墨模数量很大，模版或图谱传世的经典名品有：《程氏墨苑》520式，由明朝墨家程君房聘请著名画家丁云鹏和刻工黄鏻等人完成；《方氏墨谱》385式，由墨家方于鲁聘请丁云鹏和刻工黄德时等人完成。清朝，集墨业大成的胡开文墨庄制有墨模近2 000式，其中嘉庆年间的大型集锦墨"御制铭园图"64种最为精工，由清朝宫廷画家绘图、御书处工匠镌刻完成，现藏安徽省博物馆。

澄心堂纸 徽纸名品。参见484页"徽纸"条。

歙砚 用歙州所产石材制作的砚。其中以婺源县溪头乡龙尾山芙蓉溪涧中的石材所制最优，又称"龙尾砚"。龙尾山是大部分存世歙砚珍品的石料出产地。

*宋活心歙砚

*明长方形抄手眉纹歙砚

*明鹅形歙砚

*金丝罗纹砚

*墨模雕刻（1）

*宋坑龙尾歙砚板

*墨模雕刻（2）

*制砚

其中被称为"新安四宝"之一的"羊头岭古坑砚"产地为羊头岭，与龙尾山相连，即龙尾古砚。北宋欧阳修《砚谱》云："歙石出龙尾溪，其石坚劲，多发墨。龙尾以深溪为上。较其优势，龙尾远出端溪上。"我国砚石的开采制作，龙尾与端溪并名，龙尾始盛于唐，早于端溪。"端溪以后出见贵耳。"（《砚谱》）此外，歙县、休宁、祁门亦产歙砚。歙砚石品质有5类25种：一类为眉子石，有7种；二类为外山罗纹，有13种；三类为里山罗纹，有1种；四类为金星，有3种；五类为驴坑，有1种。纹色尤以罗纹、眉子之奇特者为上品。罗纹中的犀角纹、鳅背纹、细罗纹、暗罗纹，都是莹润发墨、呵之水出的精品。歙砚有"坚、润、柔、键、细、腻、洁、美"八德。嫩而坚，润而不滑，扣之有声，抚之若肤，磨之如锋，宜于发墨。兼以纹理灿烂，色拟碧天，长久使用，砚上残墨陈垢，入水一濯即莹洁，焕然一新。

歙砚雕刻 徽州工艺名。歙砚雕刻始于唐朝歙州叶姓猎人发现龙尾山砚石以后，历代砚式风格各异。唐砚多箕形，宋砚多抄手形，均以朴拙务实见长。明清两朝渐趋精雕细琢，造型变化丰富多彩，但仍保持着简洁大方的本色，主要有玉堂式和大冠式两大类别。现代以来，除传统几大砚式继续存在，自然式和仿古式逐渐成为中高档砚的主流形式。砚雕是绘画、书法和石雕技艺的综汇，要求图案布局得当，整体造型形神兼美，砚铭得体含气韵，刀法刚柔相济，能掩疵显美，不露刀痕。砚雕步骤有三：先根据取形后的砚坯设计砚式和图案，其次凿刻出基本形和图案轮廓（打坯），最后根据大形精修细刻（出细并考虑刀法的风格）。歙砚雕刻有极高的艺术水平，名品甚多，如宋朝米芾36峰砚，尺余长的砚石上精刻36座山峰，绕砚池分布延伸，砚堂一泓碧水荡漾，令人叹为观止，砚石收藏家苏仲恭不惜以一座豪华宅邸来交换米芾此砚，一时传为佳话。由于历代统治者对砚雕工艺家们多有偏见，因而制作出绝代工艺名品的民间砚雕大师佚名较多，史籍可查者仅李少微、叶瓖、汪复庆、张纯、胡子良等寥寥数人。

凝瑞庵石梅瓶 石雕作品。取材西递青石。高1.5米，腹直径0.85米，长颈坦肩鼓腹，两耳为龙头衔环。原系黟县西递村凝瑞庵祭器，现由东源中学保管。

徽州三雕 徽州砖雕、木雕、石雕三种雕刻工艺。从广义上说，凡是砖、木、石三种质材的工艺雕刻都应该是徽州三雕的范畴，如属于石质的砚雕、碑雕等，属于木质的墨模、木板刻书等。狭义的三雕，仅指主要用于民居、祠堂、牌坊、庙宇、园林等建筑物的装饰雕刻。参见484页"徽州砖雕"、482页"徽州木雕"、483页"徽州石雕"诸条。

徽州木雕 徽州以实木为质材的雕刻艺术。木雕在徽州各县分布之广位居全国前列，宅院内的屏风、门扇、窗棂、栏柱、梁枋、雀替，日常使用的床、桌、椅、案、几和文房用具上均可一睹木雕的风采。几乎无村不有，无户不见。典型的如黟县西递村现存的120幢清朝民居，绝大多数都存有古木雕。明朝初年，徽派木雕已初具规模，雕风朴拙粗犷，以平面浅浮雕手法为主。明朝中期以后，随着徽商财力增强，荣耀乡里

*徽州木雕（1）

*徽州木雕（2）

*徽州木雕（3）

*徽州木雕（4）

的意识日益浓厚，木雕艺术也逐渐向精雕细刻过渡，多层透雕取代平面浅浮雕成为主流。入清以后，对木雕装饰美感的追求更强，涂金透缕，穷极华丽。虽极为精工，反而失于烦琐。徽州宅第木雕取材以柏、梓、棒、桷、柩、银杏、松等为主；家具木雕则以红木、乌木、楠木为贵。木雕题材以江南民间吉祥图案、宗教人物、戏曲故事、山水、花鸟鱼虫等为多，少数由著名艺术家参与的木雕在取材上显示出较鲜明的文人绘画情调。其中绩溪县龙川胡氏宗祠内100多扇隔门，布局讲究，雕工精细。正厅20扇荷花图裙板和22扇鹿嬉图千姿百态，惟妙惟肖，无一雷同。徽州木雕艺术历代名工辈出，刘铁笔、汪晟、汪老五、黄异人、张立夫等都是闻名遐迩的木雕大师。

徽州石雕　徽州以石料为质材的雕刻艺术。徽州民居、寺庙廊柱、石栏板、门墙、桥梁、人物牌坊、墓廓等处浮雕和圆雕艺术的简称。徽州石雕取料来源主要有二：一是青黑色的黟县青石；二是淡褐色的茶园石。徽州石雕题材受雕刻材料本身的限制，不及木雕与砖雕复杂，主要是动植物形象、博古纹样和法书，人物故事和山水较为少见。在雕刻风格上，浮雕以浅层透雕与平面雕为主，圆雕整合趋势明显。刀法融精致于古朴大方，没有清朝木雕那样细腻烦琐。徽州历代石雕艺人佚名者甚多，仅黄鼎、朱云亮、余香等数人留下了姓名。

*徽州石雕(2)

*徽州石雕(3)

*徽州石雕(1)

徽州四雕　徽州砖雕、木雕、石雕、竹雕的总称。四雕主要用于民居、祠堂、庙宇、园林等建筑的装饰，以及古式家具、屏联、笔筒、果盘等工艺雕刻。四雕的历史源于宋朝，至明清而至极盛。明朝雕刻粗犷、古朴，一般只有平雕和浅浮雕，借助于线条造型，而缺乏透视变化，但强调对称，富于装饰趣味。清朝雕刻细腻繁复，构图、布局吸收了新安画派的表现手法，讲究艺术美，多用深浮雕和圆雕，提倡镂空效果，有的镂空层次有10余层，亭台楼榭、树木山水、人物走兽、花鸟虫鱼集于同一画面，玲珑剔透、错落有致、层次分明、栩栩如生，显示了雕刻工匠高超的艺术才能。参见484页"徽州砖雕"、482页"徽州木雕"、483页"徽州石雕"、483页"徽州竹雕"诸条。

徽州竹雕　以徽州盛产的毛竹为原料，以刀代笔，因材施艺，运用线刻、浅浮雕、深浮雕等工艺，雕出各种书画的艺术。这些作品，有名人的书法墨迹；有名胜古迹的山川风貌；有民间传说的神话故事；有珍禽异兽的千姿百态，题材极其广泛。竹雕主要用于摆设装饰，如常见的工艺品，包括屏风、告屏、挂屏、插花瓶、文具盒、牙签盒、烟灰盒、茶叶筒、笔筒、筷筒、楹联、腕枕、餐具等，都饰以竹雕。徽州竹雕盛于明清。有的还在半弧形竹片上雕成画面，用作建筑物的装饰部件，但多数是独立成画，雕刻较为精细。竹雕有的用漆，有的保持竹质本色；即使用漆，一般也都用浅色，或用桐油涂于表面，既有光泽，又

*徽州竹雕

*竹雕楹联

*紫阳书院砖雕

*湖村门楼砖雕

能透出竹质纤维的脉理,以达清新淡雅的审美效果。入清以后,随着整个徽雕工艺的发展,竹雕在内容、形式、技术各方面都日趋丰富和完善。由于拼接工艺的创造和使用,竹雕突破了原来大小的限制,使较大面积的竹雕成为可能,从而使竹雕器具的制作更加方便灵活。

徽州砖塑 徽州地区以泥土捏塑成型、入窑烧制成砖的装饰品。砖塑同砖雕的区别在于,砖雕是在已烧制完成的细腻青砖之上由砖雕艺人构思图案,精心雕刻而成的;砖塑则是精选精筛纯细无滓之土,捏塑成型,然后入窑烧制完成。砖塑主要用于大型屋脊脊吻装饰。徽州古建筑的祠堂、庙宇、府宅等大型建筑,沿袭《宋营造法》官式作法,采用大屋顶脊吻,有正吻、蹲脊兽、垂脊吻、角戗兽、套兽等。造型与官式作法有所区别,属徽派特色。且来历附会了许多有趣的传说。如正吻,指正脊两头衔屋脊的鳌鱼(龙鱼),究其起源比较早,据说汉武帝造"柏梁殿",遭火殃,方士说:"南海有鱼虬,水之精,激浪降雨,作殿吻,以镇火殃。"正吻就由此产生沿袭下来。又如垂脊吻,位于同正脊相垂之脊头的人物饰件,称"仙人"。究竟指哪位仙人说法不一。民间常有姜太公在此"镇妖捉祟"之说。亦有指"大禹"恐屋脊聚鳌鱼太多,怕鳌鱼翻身发大水成灾,必须有所制约,故请"禹王"镇守。还说是劈山救母的大力士"二郎神",脊上立兽为"哮天犬",其意也是二郎神在此镇邪捉妖。诸种说法皆为庇护平安,寄寓生生不息之吉意。

徽州砖雕 徽州以青砖为质材的雕刻艺术。广泛用于建筑物门楼、门罩、窗楣作为装饰。徽州砖雕艺术始于明朝,由歙县鲍四首创。制作过程分为三步:首先精选精筛纯净无渣细土,烧成砖;然后由艺人构思图案,凿出大致轮廓和立体层次(俗称打坯);最后由助手精心修刻,局部"出细",打磨。徽州砖雕具有浓郁的民间色彩,较为常见的是戏曲故事和动物花草,诸如"古城会""打金枝",以及梅、兰、竹、菊等。徽州砖雕在不同时期风格各异,明朝稚拙粗犷,金石味和装饰味很强;清朝细巧精美,逼真度大大增强,技术难度很高,从远景到近景,最多的有9个层面,玲珑剔透。

徽纸 徽州历史上所产的优质纸。古代徽州造纸业非常发达,唐宋时期徽州一带出产的纸有"凝霜""麦光""冰翼""龙须"等。宋朝休宁水南及虞芮、和睦、良乡一带出产"进札""殿札""玉版""观音""京帘""堂札"等名号的优质纸。元朝的徽纸有"团花笺""碧云笺""春树笺""龙凤笺"等。明朝的徽纸有"宣德贡纸""五色粉笺""金花五色笺""五色大帘笺""磁青纸""罗纹笺""月白笺""花格之白鹿笺""蜡研五色笺"以及由宋朝匹纸派生的"丈二匹""丈六匹"等。清朝的徽纸有"仿澄心堂""棉料""净皮""皮料""单宣""云母纸""楮槌纸""蝉翼纸""夹贡纸""虎皮纸""泥金纸""珊瑚纸"等。唐、宋、元、明诸朝,徽州均需向朝廷纳贡纸张。徽纸不但受到皇宫和士大夫阶层的器重,而且行销全国各地,深受欢迎,尤以"澄心堂纸"最为著名。该纸始于南唐,是以徽州为产地的书画贡纸。南唐时黟、歙之间多产良纸,南唐后主李煜酷爱,将其视为珍宝,特辟烈祖李昪节度金陵时宴居、读书、阅览奏章的"澄心堂"来贮藏,因名"澄心堂纸",并设置专门机构监制,以供宫中长期使用。纸质肤卵如膜,坚洁如玉,细薄光润,冠绝一时。"澄心堂纸"体现了徽州造纸业的高超工艺,代表了徽纸的最高水平,后世屡屡承袭其名而仿制,因此"澄心堂"也就成为历史上徽纸的代名词。

徽派盆景 以徽州命名的盆景艺术流派。其中以歙县卖花渔村(又名洪岭)为代表。徽州盆

*徽纸（1）

*徽纸（2）

*徽派盆景（2）

景起源于唐朝，南宋时已出现规则式游龙盆景。明清时期因达官巨贾宅第园林建筑和文人雅士庭院陈设的需要，使徽派盆景进入蓬勃发展的鼎盛时期。当时绩溪一带每12年举行一次盆景赛会，名为"花果会"，清沈复《浮生六记》就记载了光绪四年（1878年）绩溪仁里村的花果会盛况。徽派盆景主要是树桩盆景，特点是古朴、苍老、遒劲、庄重、幽静。主要树种有梅、圆柏、翠柏、黄山松、罗汉松、榔榆、天竹、南天竺、紫薇、山茶、杜鹃等，以梅花、茶花为上品。徽派盆景以枝干虬曲的木本植物为培养对象，经移栽、修凿、剪扎、摘心、去芽等手法，创作出较之于自然树木更丰富多彩的艺术品。如松柏之葱郁劲健、竹子之潇洒清秀、梅桩之古雅幽芳、榔榆、鹊梅之拙朴苍古、黄杨之清朗茂密等，具有独特的艺术风格。

徽笔 产于徽州的毛笔。中国毛笔中优秀品种之一。唐宋时期徽州制笔业非常发达，据黄庭坚《山谷笔说》及相关记载，制笔名家有吕道人、吕大渊、张遇等。黄庭坚曾评价张遇的笔比宫廷制笔名家诸葛元的笔还要好，可见当时徽笔质量之高、影响之大。北宋江南东道歙州歙县汪伯立继承发展了徽笔诸名家的工艺传统，选料精细，制作精致，命名精巧，所制之笔在当时堪称一绝，人称"汪伯立笔"，是徽州历史上文房四宝中最具影响的产品之一，也成为优质徽笔的代名词。

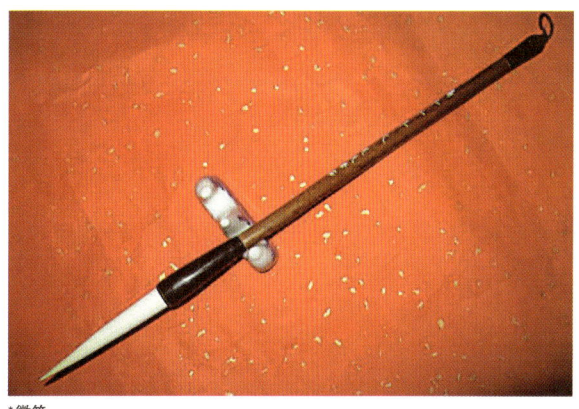
*徽笔

徽墨 因墨产于古徽州府而得名。始创于唐末。易水（今河北易州）奚氏制墨世家之后奚超，因避战乱偕全家南逃至歙州，见这里松林茂密、溪水清澈，便定居下来，重操制墨旧业。他造出的墨"丰肌腻理，光泽如漆"。南唐后主李煜得奚氏墨，视为珍宝，遂令奚超之子廷珪为"墨务官"，并赐国姓李作为奖赏，奚氏一家从此更姓李。歙州李墨遂名扬天下，世有"黄金易得，李墨难获"之誉，全国制墨中心也南移到歙州，其所制之墨为著名的"李廷珪墨"。此后，制墨高手纷纷涌现，徽州墨业进入鼎盛期。徽墨品种主要有漆烟、油烟、松烟、全烟、净烟、减胶、加香等。高级漆烟墨，是用桐油烟、麝香、冰片、金箔、珍珠粉等10余种名贵材料制成的。素有拈来轻、磨来清、嗅来馨、坚如玉、研无声、一点如漆、万载存真的美誉。徽墨的另一个特点是造型美观、质量上乘。这主要是因为使用墨模的缘故。南唐李廷珪造小挺双脊龙纹墨锭，就是用墨模压制而

*徽派盆景（1）

*徽墨（1）

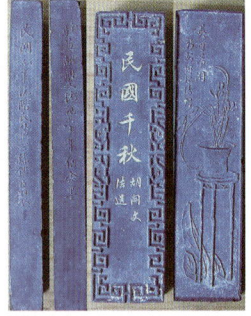
*徽墨（2）

*制墨

成的。至宋以后，墨模大量使用，而且墨模绘画和雕刻都很讲究。明清时期墨模艺术也达到其巅峰。

膺福堂砖雕 砖雕作品。黟县西递膺福堂门罩顶上覆以三层五檐的楼阁状，雀替构件精美华贵，特别是一砖雕饰件，站在左右不同的角度，这边看似"金龙吐水"，而转到那边看则似"丹凤展翅"，这种工艺设计极为精巧，非一般工匠所能为。

镶嵌漆器 漆器种类。以竹、木、金、银、锡等为胎，涂上各种颜色的漆层，运用雕镂或剔刻等技艺，将彩色珠光蚌壳、彩石和金、银、铜丝等嵌入漆层，呈现人物、山水、鸟兽等花纹，再经过打磨、抛光等工艺处理，形成五彩斑斓、绚丽夺目的纹饰图案。其品种有银胎嵌甸、红黑退光诸种。传世珍品有"杨茂造"款剔红山水人物观瀑图、八仙图，"张成造"款剔红"老人观瀑图"圆盒和"嫦娥奔月""大观园"春盒等。镶嵌漆器中最典型的螺甸漆器，是用彩色珠光蚌壳嵌入漆层而成的。歙县岩寺（今属徽州区）漆器艺人赵千里，便是宋朝螺甸漆器的创始人。相传当时歙县郑村村口附近有一口水塘，所产蚌壳珠光闪闪，不同角度呈现不同颜色。赵千里用这种蚌壳嵌入漆器，形成了独特的螺甸漆器工艺。明清时期，徽州螺甸漆器工艺随盐商传到扬州，后来便发展成为举世闻名的扬州螺甸漆器。

徽州文化大辞典

[八] 徽州建筑

祠堂民居
牌坊戏台
桥塔亭楼
寺庙庵观
水口园林
建筑形制

[八] 徽州建筑

祠堂民居　牌坊戏台　桥塔亭楼　寺庙庵观　水口园林　建筑形制

一本堂　又称"唐大司徒郑公祠"。祁门西南乡郑氏七门总祠，规模居祁门县祠堂之首。位于祁门县芦溪乡奇口村。始建于唐朝，原为家庙，毁于元朝，重建于明正德年间，大修于民国时期。总面积1533平方米。祠堂长64.7米，宽23.7米，分为门楼、仪门、享堂、寝堂四进。属安徽省重点文物保护单位。

三阳洪氏宗祠　又称"叙伦堂"。位于歙县三阳乡三阳村。始建于明万历末年。占地面积近2000平方米。三进两明堂，进深34.5米，开阔18米，庭院开阔10米，进深22.5米，宽敞庄穆。祠堂前低后高，前进为天井门厅，两扇大祠门上留有威武的门神彩像遗迹。门两旁各竖立一座高大、光滑似黛玉的抱鼓石，前面装有木栅隔扇门。中间为享堂，月梁、金柱粗硕宏大。享堂前有近20米长的黟县青石所雕长栏，望柱刻有石狮，洗练精致。后进为寝殿，寝殿上面为楼上堂。属黄山市重点文物保护单位。

*三阳洪氏宗祠

下屋　相传为明制墨名家罗小华的住宅。位于歙县呈坎村（今属徽州区）。坐西朝东，与呈坎古村落的整体布局一致。五幢连体三层，是古民居中的高楼大厦。每幢前进为会客厅，后进为住宅区并通厨房。每幢楼上楼下皆相通。后墙右拐角处刻有"泰山石敢当"，力避后直街对下屋的冲煞。下屋的正门是贴墙牌坊式门楼，门楼上有精致砖雕，大门两侧为八字墙。

大夫第　胡氏二十五世祖胡文照（四品列朝大夫）的故居。位于黟县西递村中正街。建于清康熙三十年（1691年）。占地面积199平方米，总建筑面积381平方米。正厅为四合院楼房，大门砖雕门罩上刻有

*下屋

"大夫第"三字。入门口左右柱上挂有郑板桥所书木制楹联："之九万里而南，以八千岁为春。"正厅堂额为"大雅堂"。上厅三间，下厅两边间各为厢房。天井四周隔扇均为精雕冰梅图案，槛棂、窗花简朴，仿明朝格调。门窗木雕有变形夔龙、灵芝、荷花和"万"字形图案。楼上绕天井一周安装有美人靠，斜撑为倒爬狮。该第左右分别为桂馥庭和观景楼。桂馥庭为三间两楼结构，取"木樨芬香，馥郁盈庭"之意。建于道光十年（1830年），大厅明亮高大。观景楼，飞檐翘角，三面有栏杆、排窗，楼檐一侧悬挂"山市"匾额，明进士祝世禄书。楼檐正面挂有"桃花源里人家"匾额，为清初书法家、黟县人汪士道书。楼下方的门楣上，嵌一块刻有五个篆字"作退一步想"的石雕题额。厨房比正屋退后了一步，正屋的墙角也被削去了三分之一，方便了交通。

筑组成。胡适故居建于清光绪年间，是胡适童年生活以及胡适与江冬秀结婚的住宅。胡适私塾建于晚清，前后两进，是胡适读书之地。胡传旧居建于清朝早期，是一幢一进三开间厅式建筑，为胡适父亲胡传出生、生活的住宅。胡寿基宅（胡寿基是胡适的学生，新华社记者，与胡适同族同宗）建于晚清，是一幢集书法与雕刻于一身的徽派建筑。敦履堂建于明末清初，是一幢上下对堂两楼通转的建筑，也是古村落上庄村唯一一幢明朝建筑。胡天注旧居建于清朝，前后两进，是县境内最先吸收外来建筑式样的民宅建筑。胡恒德祖屋现位于胡开文纪念馆，建于清朝，是一幢上下对堂两楼通转的建筑，是胡天注的嫡系后裔自办的纪念馆，属典型徽派建筑。该古建筑群属全国重点文物保护单位。

王氏故宅 "新安王氏医学"传人王氏住宅。位于歙县徽城镇大北街100号。始建于清朝。占地面积373.91平方米。主楼为三开间三进深两天井两层木结构建筑。南北开间平均为9.26米，东西进深为20.67米；门前坦开间为9.05米，进深为3.35米；后院开间为13.29米，进深为8.48米，厨房开间为3.83米，进深为5.92米；偏房开间为2.78米，进深为4.05米；石板阶梯宽1.32米，长4.05米。整体建筑造型古朴大方，体现了徽派建筑的主要特色。属安徽省重点文物保护单位。

王家大厅 见526页"溪头三槐堂"条。

天心堂 因董其昌手书"天心堂"匾额得名。位于歙县北岸镇瞻淇村。建于明万历年间。三进五开间楼房，面阔9.85米，进深17米，占地面积167平方米。以其布局经典和雕刻精美著称，平面为"五间官厅""一屋两井"式，是明朝官宦人家建房的特点。前进三间，中为门厅，两侧为房；中进明、次间合一，稍间为房；后进两侧为房，中间前为廊，后靠墙开小天井，堂匾"天心堂"三字。室内梭柱、斗拱、鹰嘴、蝉肚等构件做法正规古朴。楼上中前置飞来椅，靠背精雕细琢，有如锦带。属安徽省重点文物保护单位。

天官上卿府 明末吏部尚书余懋衡告老还乡时修建的宅院。位于婺源县理坑村。坐南朝北，占地面积132平方米。大门砖雕门头，两侧有窄窄的八字墙，形成牌楼式，上下枋之间的字牌上浅刻"天官上卿"四字。主体屋面宽9.85米，深8.5米，三间两搭厢，无后堂，太师壁后只有很窄的一小间。屋内天井不设前墙披檐，两厢虽有吸壁樘板但不作装修而全部敞开，使之与前堂连成一片，形成整洁且通畅的多用途空间。因为前堂没有"退步"，所以大小木作上都不做复杂的雕饰，反映出明朝建筑质朴的格调。正厅之上有第三层，进深只占一半，是为晒楼。主体屋的左后侧有厨房等辅助房间。右侧是个院落，院落的西南侧本是花园和花厅，现已荒废。

*大夫第

大本堂 黟县碧山村汪氏祠堂。建成于清乾隆年间。咸丰年间，清军与太平军战，祠宇焚毁。光绪中期，仿新式房舍重建。西式门楼，圆顶，顶饰地球图案。正厅及两廊顶部，各构筑穹窿以代替传统的斗拱，梁柱结构。歇山式屋顶墙，上覆青瓦。新祠中西合璧，气象一新。

大屋 见493页"东贤堂"条。

万村爱敬堂 见522页"韩氏宗祠"条。

*万村爱敬堂

上庄古建筑群 位于绩溪县上庄镇上庄村。建筑群由胡适故居、胡适私塾、胡传旧居、胡寿基宅、敦履堂、胡天注旧居、胡恒德祖屋7处古建

*木雕楼

*天官上卿府

顶，山墙脊上叠砌呈叠落型4级封火墙。柱础为覆盆式，上垫莲花瓣纹柱木榻，顶撑粗大的梭柱。梁、柱的接点处采用丁头拱连接，蜀柱下的梁托雕刻有一朵朵内卷外翻的莲花。叉手则以云龙纹装饰，与"人"字轩顶相映生辉。隔扇、槛窗为方格花心，绦环板、裙板略带雕刻。属安徽省重点文物保护单位。

太湖祠 歙县昌溪村吴氏宗祠。始建于元末明初，后经多次重修。祠长40米，宽17.5米，两边建有议事厅、生活区所、戏台和其他配套设施。祠为三进两天井，五间六厢，后进三层，为砖、木、石结构。共有柱80根，主厅的两根大柱柱围1.7米，中段略粗，呈梭形，下嵌楠木铜圈。梁枋、柱础、斗拱、雀替、屋面上皆有精致雕刻装饰。悬挂的"第一世家"额匾传说为朱元璋亲书。民间传说朱元璋在出兵徽州时曾来到昌溪休整，避雨太湖祠下，得到吴家真诚款待，有感于此，故题"第一世家"额匾以赠。

云溪堂 歙县许村许氏支祠。建于明万历年间。中进因年久失修已倒塌，现存后进，宽12.7米，深35.6米。左右山墙嵌有《云溪堂帖》，刻石15块，依稀可辨，为书法家董其昌等名流手迹。后进栏板刻有净瓶荷叶的浮雕，寓意平安、和睦、肃静。

*云溪堂

*太湖祠

木雕楼 见501页"志诚堂"条。

五教堂 "五教"取自儒学中的仁、义、礼、智、信。位于绩溪县华阳镇东大街白石鼓。建于明朝中期。总建筑面积288平方米。堂屋坐北朝南，设计以传统的中轴线布局，东西对称，由前、中、后三进组成。前进为门厅，面阔5间，进深4间，东西厢设房。后进以一狭长的天井和东西厢房组成，与客厅紧连，硬山式屋

友松祠 见510页"驾睦堂"条。

中和堂 黟县西递村胡氏支祠。祠祀明嘉靖胶州刺史、奉直大夫、朝列大夫胡文光，门额为"大夫第"。祠前低后高，中开天井，明堂设三面青石栏杆。

仁公祠 黟县宏村镇龙江何氏宗祠。建于清朝中期。占地面积790平方米。门楼高大端庄，气势轩昂。祠堂分祀堂和享堂两大进。进入大门是礼堂

的下厅，为过渡性空间。上厅是举行祭祀仪式的地方，开阔明朗，梁架采用抬梁式结构。享堂地面高出祀堂地面，整个祠堂较为完整。属安徽省重点文物保护单位。

月沼东宅 位于黟县宏村月沼东侧的民居。清咸丰初期建。为联幢民居，门前有一长廊式公共过弄。内部栏板、华板、椇格、扇门、梁垫的雕饰或彩绘极为精细，其中有长2米余的长幅精缕透雕华版，用整块上等银杏木雕成。正厅和两厢房天花的彩绘图案，特别是数十尾鲤鱼图案，历百余年仍如新。东首外大门为八字门罩，正厅以天井为合院，室内雕饰精美。

*月沼东宅

六顺堂 见508页"周氏宗祠"②条。

六都祠群 位于祁门县胥岭乡六都村。共16座：报慈祠、同伦堂、承恩堂、光裕堂、敬义堂、还公祠、修吉堂、钟秀堂、笃本堂、光烈堂、复初堂、慕本堂、永和堂、淳德堂、叙五堂、存著堂。其中光烈堂、复初堂除供祭祀外，还用来办学及生员祭孔，又称"光烈义学"和"复初义学"。钟秀堂匾额为国民党元老于右任所书。除部分拆建外，现多数仍存。

方士载宅 为许国"阁老府"的部分遗构。位于歙县县城向阳路15号。建于明朝中期。占地面积120.6平方米。坐东朝西，"凹"字形平面，一进两层，面阔13.94米，进深8.65米。大门开位于左侧，两旁为廊房，中央为天井。山面穿斗式梁架，月梁雕刻华丽，双步梁端雕饰的构图下面用两朵小云承托上部的大云，有的大云前后两端作尖状。三架梁上立有脊瓜柱承托脊檩，两侧置雕花叉手，整个形状很像一条飘带，不用平盘斗时，脊瓜柱下端咬杀成鹰嘴形。属安徽省重点文物保护单位。

方氏宗祠 位于歙县杞梓里镇苏村。始建于明景泰元年（1450年），清康熙、雍正、乾隆年间重修。由敦本堂、爱敬堂两座祠堂组成。坐北朝南相依并立。前有祠堂广场，广场南有并列的三口池塘。

*方士载宅

祠堂西20米处建有"苏坡管钥"门楼。敦本堂面阔14.8米，进深24.84米，五开间三大进两天井格局，门楼为牌楼式砖门罩。爱敬堂三进三开间，面阔11.24米，进深26.76米。祠后并设厨房、杂物大间。大梁挂有堂名匾及"仁德可风""黟侯世家""寿庆期颐""耄耋星辉"等金字蓝底大匾以及"爱敬家声远，黟侯世泽长"等楹联。中进照壁左右挂有"忠""孝""廉""节"及"忠孝仁爱，信义和平"木刻字。属黄山市重点文物保护单位。

方春福宅 又称"敦睦堂""对门厅"。相传宅主为明大学士许国之娘舅。位于歙县坑口乡瀹坑村。建于隆庆年间。面阔15.85米，进深19.28米，占地面积305.6平方米，是典型的明朝徽派建筑。为砖木结构，三进五开间，三层楼房。建有三个天井五座楼梯，规模宏大，属官宦大宅。四面墙头高耸，房间靠天井采光，后进当中延出两间，两边为天井，俗称"老鼠尾"。底层较低，楼上较高，沿天井皆有飞来椅等设施。梁头等处设丁头拱，隔间墙上部用芦苇编筋抹灰。属安徽省重点文物保护单位。

巴慰祖故居 清篆刻家巴慰祖故居。位于歙县渔梁街。始建于明末。坐北朝南，分前、中、后三进，两层，四个天井，占地面积1 188平方米，总建筑面积约1 500平方米。前进是客厅，中、后进为住房，皆为三合院。客厅梁柱雕刻精美，角檐柱上有丁头拱，中进为梭柱，柱础呈覆盆状，是明清徽州儒商居家的典型建筑。后这座建筑已显破败，1998年经巴氏后裔进行精心修缮，于2000年4月在故居设巴慰祖纪念馆，成为安徽省第一家民办博物馆。

正道居 见503页"听涛居"条。

世光第 见520页"敬本堂"条。

世孝祠 专门供奉棠樾鲍氏孝子牌位的祠堂。位于歙县郑村镇棠樾村。清嘉庆六年（1801年）建。占地面积551.78平方米。南向，三进，面阔12.3米，通进深44.86米。原存砖门罩和后进寝堂。寝堂保存有《世孝事实碑》六方和《重修慈孝、孝子两坊碑记》《世

*巴慰祖故居

*石柱厅

*石家村古建筑群

*巴慰祖故居（敦本堂）

孝祠碑记》各一通。属全国重点文物保护单位。

石柱厅 见507页"罗会炳宅"条。

石家村古建筑群 位于绩溪县西石家村，距县城约34千米，距上庄5千米。村中的石氏宗族是北宋开国功臣石守信的后裔。该村建于明初，始祖石荣禄为安葬其父，求访风水之地。后经此地见风水颇佳，于是葬父庐墓于此，后来逐渐形成颇具规模的村落。该村背倚旺山，面朝桃花溪，坐南向北。据说因为石氏起源于甘肃武威，如此布局是为了不忘北方的故乡。村里曾遍植石榴树，取"石"字来纪念祖先。全村为棋盘式布局。相传石家以战功起家，村落布局也模拟行军大营的格局。又有一说是象征石守信与宋太祖对弈的情形。村西头有魁星阁，其与旁边的石桥共同形成石家村优美的水口景观。水口与石山对峙，形成"狮象守门"之势。村后原有一大祠是棋盘村的"帅府"所位，祠前方塘半亩，象征帅印的印泥盒，塘中筑石坛，坛长约6.7米，高、阔各3米，按照石守信帅印比例砌成，上面还植有古柏翠竹。属安徽省重点文物保护单位。参见586页"魁星阁"条。

龙川胡氏宗祠 位于绩溪县瀛洲镇大坑口（古称"龙川"）村南。始建于宋，明嘉靖年间重建，清光绪二十四年（1898年）重修。占地面积1564平方米。祠前广场、望柱、栏板、旗础石和阶墀地坪均为花岗石。南向照壁隔龙川河，左右置青石板桥。三进七开间。前进门楼重檐歇山式，戗角8只，台阶5级，面宽22米。仪门高2.3米，阔3.4米。门前石鼓、石狮对峙。门楼前后向有10根方石柱架、5根月梁和4块额枋。门楼后天井进深13.77米，阔13.10米。东西廊庑各有12根方石柱架，24根月梁。越天井登4级台阶为中进祭典正厅，进深17.47米，阔22.16米，顶高9.3米。14根围粗1.66米银杏圆柱和大小12根冬瓜梁构成屋架。圆柱由莲花形枣木柱和八边形石磉承顶。东、西序各10扇高3.68米荷花裙板隔扇门。上首有22扇鹿图裙板隔扇门。后进享堂上下两层，前有狭长小天井，东西两廊现存高2.65米落地隔扇门24扇。整体建筑融砖、木、石三雕工艺于一体，尤以木雕"多、精、美"著称。有浅浮雕、深浮雕、镂空雕，浮镂雕相配，线浮雕并用。内容有吉禽祥兽、花草竹木、山水云霞、天体水族、楼台亭榭、戏文故事、人物博古等。属全国重点文物保护单位。

＊龙川胡氏宗祠

＊龙川胡氏宗祠内景

＊东园

东园 胡氏二十五世祖胡文照的祖先胡星阁所建庭院。位于黟县西递村。建于清雍正二年（1724年）。占地面积308.7平方米，总建筑面积501平方米。该园门罩上方有一扇形漏窗，左侧院墙上镶嵌着叶形漏窗，房子对面有题额眉刻"百可园"。书卷状的门额上刻有"东园"二字，并有胡星阁的题跋："颜以东园，志古也。古昔街之西名西园，柳下其东则曰东园。今人见此屋以居，均忘乎其所自矣，故著而存云，俾访古者一览焉。屋后有井名东园井，是其一证云。"该园包括凉厅、正厅、前厅三进。正厅为"厚光堂"，用于接见贵客之用。前厅为接待亲眷内宾。凉厅为书厅，左边厢房房门外框为六边形状，门上雕刻"五蝠捧寿"的图案。右边厢房门外框为圆形，上面雕刻一幅"冰梅图"，俗称"冰裂图"，寓意"梅花香自苦寒来"。凉厅天井墙上，嵌着一块碑刻，有行草"结自得趣"四字，由胡星阁拟定，清西泠八大家之一的陈鸿寿所书。寓意无意仕途，以书为友，以文为乐的生活情趣和追求。

东贤堂 俗称"大屋"。位于黟县宏村正街北侧的宅院。始建于清顺治年间，雍正年间加接三单元。占地面积近千平方米，梁柱宏伟，厅堂高敞宽广，梁头柱间挑木。全由斗拱承托。建筑布局呈前后序列，前为敞厅，后为庭院，中间三单元环长方形天井为合院。其二、四单元坐北朝南，三单元与后院坐南朝北。厅间高墙有透窗，楼厅窗扇规整明快。

北岸吴氏宗祠 位于歙县北岸镇北岸村。始建于明末，重建于清道光六年（1826年）。面阔18.37米，进深44.11米。三进两明堂五开间的建筑格局，粉墙黛瓦，飞檐翘角，气势磅礴。中进院栏由七块黟县青石组成一幅全景的"西湖山水风光图"。八根护柱栏板，威武的八狮雄踞其中，"八仙神符"烙印位于柱头上。两梢间的八字墙须弥座石刻与檐下砖雕、博缝板木雕均极华美。大堂木柱擎起了整个屋顶，粗大的月梁饰以花垫、衬子、象鼻。宗祠集木雕、砖雕、石雕为一体，是徽派建筑雕刻装饰工艺的精华，集中反映了清朝祠堂在建筑布局、形制、工艺、装饰艺术等各方面的高超水平。属全国重点文物保护单位。

卢氏宅 见501页"志诚堂"条。

叶氏宗祠 又称"雍睦堂"。位于歙县上丰乡赵村。明末清初建。坐东朝西，三进五开间，面阔13.81米，进深36.77米。祠堂前有青石板坦，并有照壁墙、圆门洞。门厅稍窄，八字墙，分心式，大门外立一对石鼓，梁架前卷后轩。中进两层，楼层比较简陋，疑为后来所加。楼下梁架为彻上明造，前檐为卷棚，月梁上立瓜棱形童柱，其下为花瓣平盘斗，非常精美。主梁架"人"字形，梁下雀替、丁头拱共用。后进有高台，

* 北岸吴氏宗祠

* 乐叙堂

前面石栏板的柱头雕石兽和束莲。前腰檐用斗拱出挑，柱头增设撑拱，为过渡形式。底层梁架为卷、轩结合，彻上明造，上承楼板。祠内抹角石柱、卷云梁撑、荷叶斗及"编苇造"等做法极具特色，虽经历代维修，但大多保留原建风格，弥足珍贵。属黄山市重点文物保护单位。

叶奎光堂 南屏叶氏支祠。位于黟县南屏村。建于明弘治年间，清雍正年间改建门楼和大门，乾隆年间重修享堂及门楼。占地面积约700平方米。相传南屏叶文圭曾任山西太原府岚县知县，在任期间为官清廉，两袖清风，有很高的声誉，告老还乡时，岚县百姓送给他一副楹联"西川声教流岚谷，南国簪缨嗣石林"来赞扬他的美德。后代希望能发扬光大他的品德，就在"圭"上加了个"大"字，祠堂取名为"奎光堂"。祠堂门口悬挂着三块匾额，分别是"钦点翰林""钦赐翰林""钦取知县"。祠堂门口立有一对黟县青大理石抱鼓，纹理细腻，晶莹光亮，触手平滑、凉爽。石座雕刻工艺精湛，图案优美，"月宫桂树图"和"十鹿图"象征着蟾宫折桂，食君之禄，丰衣足食之意。祠堂门前有照壁，形成护垣，门楼高大，四根40厘米见方的石质檐柱，托着硕厚的额枋和曲梁。四柱三间三楼木质结构，明间三楼近10米宽的额枋上，开列着四攒九踩四翘"品"字斗拱。次间二楼各列两攒九踩四翘"品"字斗拱，各托着流线优美、结构相称的飞檐，参差相衬。寝堂有楼，比享堂大30平方米。从门楼到寝堂，全长46米，阔16米，脊高12米。整座祠堂前后共有木柱86根，用料是白果树，横梁为樟木。属黟县重点文物保护单位。

乐叙堂 又称"众家厅"。黟县宏村汪氏总祠。建于明永乐年间，后经多次重修。占地面积74平方米。门厅保存完整，建筑风格仍保留明朝特点，月梁上的莲花托雕刻线条朴素大方。中门高大，前院四柱三间五分贴墙门楼气势恢宏，门楼正中写有"恩荣"二字。议事厅门口屏风写有《思齐公乐叙堂记略》，记录了宏村七十六世祖汪思齐邀好友县尹黄彪为汪氏宗祠取名的全过程。"乐叙堂"屏风背面写有《朱子家训》。屏风两侧木雕刻画出宏村一年中最热闹的节庆民俗活动，有斗鸟、击鼓卖货、天官迎福、打食桃、祭祖、风舞等。天井四周悬挂的匾额都是汪氏宗族中表彰的贤能之人。议事厅供奉着汪氏家族的始祖。

外屋四房厅 见524页"舒氏九檐楼"条。

司马第 清初兵部职方司督捕主事余维枢的宅院，宅因其曾任司马一职得名。位于婺源县理坑村。占地面积447平方米。坐西朝东，大门位于屋的左前角，三间的水磨青砖门头上雕饰繁复细腻，檐下有四个灵芝砖拱。枋头作云卷，脊端有鳌鱼。字牌上浅刻"司马第"三字。主体屋面宽10.52米，深20.20米，有前后天井及三间两厢。前堂前檐和两厢前檐的梁和花枋都做深雕，中央的开光盒子雕人物像，廊步做卷棚轩，有狮子形的撑拱。后堂亦雕饰华丽。除了堂屋前后敞开外，正屋和厢房、楼上与楼下，全做隔扇，工艺精巧，尤其是护净窗的雕刻更为精美。主体屋右厢通往轩斋，轩斋前有天井花台，内三间两厢，隔扇门窗，梁枋、雀替等处雕琢精致。此外，还有花园、庭院、厨房等附属建筑。

司谏第 明永乐初进士、吏科给事中汪善的五位孙子为祭祖所建之家祠。因其祖曾任"司谏"一职，故名。原位于歙县潜口村（今属徽州区），现移建于"潜口民宅明园"。始建于明弘治八年（1495年）。砖木结构厅堂，三间两进，是江南现存明朝遗构中最早的建筑之一。该建筑木构架，用材宏大，梭柱、月梁、荷花墩、叉手、单步梁和斗拱都有精美雕刻。枫拱于唐以前就已出现，宋元沿用，都素无雕碾，而该第枫拱宛如流云飞卷，显示出明朝营造风尚。上昂铺作，在江南明朝大木作中极为罕见，是研究宋元以后斗拱演化的珍贵实物。该祠后进保存较为完整，前进木构架于"文革"中被拆除，墙体和柱础尚存；天井水池栏杆和拱桥也被拆掉，池底和池壁尚存。上述两部分于拆迁中经反复调查访问，并发掘考证后而复原。

对门厅 见491页"方春福宅"条。

老屋阁 位于歙县西溪南村（今属徽州区）。建于明朝中期。占地面积1 041平方米。砖木结构，两层，下层矮，上层高。坐东北朝西南，五间三进，通面阔17.7米，通进深38.06米。前进楼下明间为门厅，中、

*司谏第

后进楼下明间为客厅。大门中轴线上，天井下中央有石板砌成的水池。从外形上看，正面是水平高墙，大门上有水磨砖砌成的门罩，不事雕琢，与铁皮包的厚实大门相协调，显得庄重古朴。侧面是错落的山墙与院墙，倒影入池，幽深静雅。楼上厅堂宽敞，沿天井四周有一圈齐整的栏板，雕有精美的飞禽走兽和花朵，还设有带扶手的飞来椅。跨进大门，第一眼便看见楼下正间两根又粗又黑的梭形柱，柱下是覆盆础。柱上的黑色是防腐保护层，用皮麻纤维外涂生漆制成。楼上沿天井四周有一圈整齐的栏板，雕花缀朵，富丽繁华，飞禽走兽，栩栩如生。该阁摒弃烦琐，注重洗练，栏板上只用扁圆垂直的木条，间隔均匀地压住板缝。檐口四周以八根雕工精细的垂莲柱支撑着，柱下端镂出含苞待放的荷花，给人以宁静而不沉寂的感觉。楼上厅宽敞宏丽，硕大的冬瓜梁纵横架设，浑实圆柱如侍卫林立。这些梁柱、斗拱、雀替、叉手上都雕刻了云纹飘带，花鸟虫鱼。房壁以芦苇编篱，表面敷泥及石灰，紧密牢固。此阁对于研究与明朝建筑相关的技艺，是一件珍贵的实物资料。属全国重点文物保护单位。

*老屋阁外景

*老屋阁

西园 胡氏二十五世祖胡文照（四品列朝大夫）的故居。位于黟县西递村。建于清道光四年（1824年）。门楼内有落轿门亭，院内住宅是三个三间单元的联幢建筑。三幢楼房一字摆开，由一个长方形的庭院连为整体，中间用大的砖雕漏窗以及形态各异的门洞隔开，分为前园、中园、后园。园中栽种花卉，设有假山、鱼池。透过前院漏窗，隐约可见中院、后院的景物。整个庭院处于"界与未界，隔与未隔"之间，庭院深深，层层相连。园内有很多精美的石雕。"西递"二字石刻，是古代的村碑，原来砌于村口，"文革"时被丢置一旁，由现在的房屋主人保存至今。中院的门额上刻"西园"二字篆书。大门两侧墙上各嵌有一个石雕漏窗，是"徽州三雕"中的代表作品。左边"松石图"，右边"竹梅图"，构图生动、刀功精湛。中院住宅大门门罩上有一块石雕，刻有"周文王访贤"故事。后园门额石雕上刻有"井花香处"四字。

*西园

西递古民居群 又称"桃花源里人家"。位于黟县城东南8千米处。开辟于北宋元丰年间，明景泰年间渐兴，至18世纪中期为鼎盛期，形成规模宏敞之村落。村有正街、横路街、后边溪3条街道和40余条巷弄，60余口水井。主要有迪吉堂、瑞玉庭、桃李园、西园、大夫第、履福堂等。街贯巷连之路均为青石铺砌。村中至今保存有明清民居300余幢，完整的122幢，还保存明清祠堂9幢，主要有敬爱堂、追慕堂等。民居建筑，多为以合院为基本单元的木结构封闭式砖墙围护，建筑呈前后三间、廊步三间、四合、五间的两楼或三楼结构。布局灵活多变，装饰各具匠心。外墙多缀砖石雕漏窗、门罩，室内置木雕门扇栏板，雕梁画栋，描金绘彩。庭院因地制宜，设花坛、置水池，摆奇石、垒假山，比例和谐，气致典雅。室内装饰、题额、题匾古朴典雅，家具摆设简洁洗练、浑厚庄穆。村落环境的文化气息和园林化情调相得益彰。西递民居充分显示了古徽州砖、木、石雕的精湛技艺，被国内外学者誉为"古民居建筑艺术的宝库""东方文化的立体史书"。属全国重点文物保护单位，被列入世界文化遗产名录。

百柱宗祠 见511页"经义堂"条。

*西递古民居群

贞一堂 祁门县渚口乡渚口村倪氏宗祠。建于明初,后毁于兵火。清康熙十二年(1673年)重建,两年后落成。宣统二年(1910年)复毁于元宵灯火,村人集资重建,新祠成于民国三年(1914年)。坐北朝南,占地1200多平方米,三进七开间。渚口为倪氏贞一堂支派,故得名。该堂前为仪门。中间是享堂,为祠堂的主体,是举行祭祀和庆典的地方。后进是寝堂,为两层式建筑,供奉祖先牌位。整个祠堂由108根大柱支撑,取三十六天罡、七十二地煞之意。该堂用料精良,规模宏大,被誉为"徽州民国第一祠堂"。属安徽省重点文物保护单位。

*光裕堂

*贞一堂

光裕堂 黟县屏山村舒氏祠堂。属大三房(又称"里屋")志道公支祠。总建筑面积375平方米。堂前后三进。门楼高大巍峨,饰以彩雕。八字门左壁为松鹤,右壁为梅鹿,层层饰以文昌、武曲、八仙等人物彩塑,俗称"菩萨厅"。其门联为:"光昭令德传忠义,裕庆升平育英雄。"后进庆余堂建于明朝。属黟县重点文物保护单位。

同伦堂 祁门县胥岭乡六都村祁门程氏总祠。其前进为八柱七间的门楼。中进为祭堂,两壁挂有武状元程鸣凤等43名进士匾额。后进为牌位间。

朱仁宅 位于休宁县月潭村。由朱熹后裔朱奋建于清嘉庆年间。原占地面积约700平方米,总建筑面积为1300平方米。现保存部分是宅的后进,占地面积140平方米,总建筑面积422平方米。三层砖木式结构。木结构为穿斗式,正梁绘饰"双龙戏珠",与背面的"鸾凤和鸣"相对称,寓意"龙凤呈祥"。边梁绘饰包袱锦图案,边檐绘饰梅花朵朵,中间绘饰古线格锦纹。窗棂透雕夔龙图案精巧雅致,共有10条龙,蕴涵"十全十美"之意。花窗栏板雕刻一组组图案以表现徽州人的祈望:"鸿雁传书"祈望在外经商的亲人书信常来;"四鹊报喜"寓意喜报频传;"鲤鱼跳龙门"祈望子孙科考夺魁、事业腾达;"丹凤朝阳"寓意国泰民安,合家呈祥。后窗栏板雕刻"五牛戏水"和"骏马奔驰"图案,寓意徽州人崇尚做人、经商都要勤劳耕作、奋发图强,才能发家致富。大厅正中央摆一张圆桌,称作"鸳鸯桌",桌有六条腿,可以拆分为两张半圆桌,通常在男主人出远门做生意的日子里,会把桌子分开,一边摆放一张,访客到了门口,便知男主人不在家,男客就不便登门拜访了。

朱玉宅 原位于休宁县南首村乡汪金桥村柳许巷,现迁入休宁县古城岩景区集中保护。建于明嘉靖年间。占地面积90平方米。房屋原坐北朝南,两进五开间。涵盖了明朝民居的诸多特征,最突出的

[八] 徽州建筑/祠堂民居

乡里。居房均四合院或三合院结构，封火山墙，石库门坊，木柱石础，青瓦坡顶，石板铺地。凡门楼、门罩、门楣、梁枋、斗拱、脊吻、檐椽、雀替、驼峰、鸱尾、窗棂等处，皆饰以砖雕、木雕，所雕或为戏文人物、山水楼台，或为飞禽走兽、鱼虫花鸟。原有古民居100余幢，现仍存50余幢。

*朱仁宅

是木装修具有浓郁的徽州特点。前檐处是木装修"如意莲花托"，整个为荷花叶状，当中有一如意，是明朝建筑的特征之一。上有飞来椅，高近1米，外栏雕有精细的鸟兽几何图饰，在横梁与直柱连接处精心雕制了四个小巧的"倒挂金狮"，狮的前后爪依附于如意之上，谐音"事事如意"，既增加了栏梁的稳定性，又提高了房子的品位。柱为披麻捉灰口，也是明朝最常见的防腐工艺。

*延村古民居

仰高堂 黟县西递村现存古民居中时间最早的古建筑。建于明万历年间。大门处于正屋的边侧，进门一侧有偏厅，门上有"浣月"门额，后通小厅和后庭院。堂为五间三楼结构，一楼的中间厅堂较为狭小，基本为原木色，结构简朴严谨，毫无粉饰。二楼为三间结构，圆柱，厅堂宽敞，空间处理开阔通明，多出一楼的"两房一厅"的三间面积，高约4米。三楼建筑较为简朴，但月梁步架、芦苇粉墙、方形望砖天花等明朝建筑特色明显。中间设有神座，供家庭陈列祖宗牌位祭祀。三楼虽简陋，却设计独特，即阳裙不置门窗，对面的天井墙的长条石块盖檐，与阳裙持平，主人随时可从阳裙向墙上搭放木料、竹竿，使其成为晒晾衣物的阳台。

*朱玉宅

*朱玉宅（如意莲花托）

延村古民居 位于婺源县城北延村。建于北宋初，主姓金氏。明清时期，村人业茶、业木、经商外埠者众，且多致富，乃以所获巨资大兴土木，炫耀

*仰高堂

舟庐 见519页"曹氏二宅"条。

合一堂 祁门县历溪村王氏宗祠。明御医王琠所建。整座祠堂由120根柱子托起，分为三进。飞檐翘角仪门为仿"五凤楼"格式。仪门前一对汉白玉

雕琢的抱鼓石,是明嘉靖皇帝御赐王琠,为表彰其医治太子有功,由京城运来历溪的。这对抱鼓石高1.2米、宽0.8米、厚0.2米,正反两面均为吉祥物,高浮雕图案,其中有"龙狮戏球""麒麟送子",还有传说中的"独角龙兽""天马驰骋"以及"学鹿银铃"等,安置在大门的中门两侧。祠堂内天井四周,石板上雕刻有"金刚力士"和花卉图案。属安徽省重点文物保护单位。

*冰凌阁

*合一堂

众家厅 见494页"乐叙堂"条。

冰凌阁 位于黟县南屏村。建于清朝中期。为水磨砖砌成的八字门楼,大门用白铁皮镶面,数百枚铆钉嵌成规则的吉祥图案。大门内是一个四方小庭院,右首是游廊,有圆形木雕拱门与正屋大门相对。游廊完全是木结构,饰以梅花、冰纹为主的精美木雕,取意"梅花香自苦寒来"。偏厅为上下两层楼房,均装有木板莲花门,莲花门上部镶有玻璃,下部绘有梅兰竹菊及山水松柏等图案,呈西洋风格。楼下六扇莲花的"腰板"上为"西湖十景",雕工精细,层次分明。

关麓八大家 清汪氏八兄弟的联幢建筑,为相对独立的八幢民宅。位于黟县城西西武乡关麓村。占地面积约10 000平方米。每幢自成一体,各有天井、厅堂、庭院、花园,而又互为关联。各幢间皆有门户串联,结构别致、精巧。八家由南向北,连成一片,村后为山麓,村前有人工水渠,渠

*关麓八大家(吾爱吾庐立面近景)

*关麓八大家

间有下河踏步，路、桥、屋的关系处理得体。"春满庭"建于清咸丰年间，为"八大家"最早的建筑。"四合屋"前有围墙，经内门通往另一幢廊步三间，后有回廊通向"双桂书室"。往北为一幢乾隆年间所建的三间屋，屋内有一月形门洞通往"问渠书屋"，内建有亭台楼阁，回廊水榭。隔壁西向为"崇德堂"，乃汪姓支祠，祠前为"安雅书屋"。其北有"容膝易安"小书斋。"春满庭"往南，有一幢书斋式建筑，屋前有一小院，门口横额"吾爱吾庐"，系晚清著名书法家赵之谦所题。邻近有一"学堂厅"，系回廊三间建筑，为同治年间所建，名"涵远楼"。再东南有"武亭山房"，系清著名书画家汪曙旧居。各家民居室内大厅描金绘彩，雕刻精细。各有铁皮大门和莲花小门。家具造型典雅，匾额古色古香。整体建筑特色是足不出户而相通连，节省地基，利于封建家族治理家事。

江湾祠堂 位于婺源县江湾村。堂名"永思"。占地面积3 300余平方米，由前院、前堂、正堂、后堂四进组成。民国十三年（1924年）由村人江知源和江谦献资重造，耗银两以万计。选采本县粗大挺直的古杉、古樟，石料采运于湖口县，砖、瓦特制，每块砖上都模镌有"永"字。前院为花园。前堂九脊顶，五凤楼，并筑两廊月楼。正堂高于前堂，粗梁大柱，鼓式楼板，精雕细琢，厅内可容纳3 000人。后堂又高于正堂、三排石阶而上，四层楼阁，最高层仿宫殿式构筑。从后到前一堂高出一堂，寓意"后人代代胜前人"。每堂屋顶排列砖雕饰物，多为动物，鳌鱼翘角，上悬响铃。地面以青石板铺砌，大者约3米见方。厅内8根两人围抱之石柱，木柱同样粗大，石础均鼓式石雕。祠堂门前空地6 600余平方米，排列石旗杆16柱。后祠尽毁，并在原址重建。

*江湾祠堂

许氏宗祠 位于绩溪县家朋乡磡头村。始建于明洪武二年（1369年），嘉靖年间扩建。总建筑面积319平方米。祠宇坐东南朝西北，门临涧溪，溪上有石拱桥。祠由门楼、庭院、廊庑、享堂和寝堂组成。现仅存享堂和寝堂前檐栏板。享堂面阔7间，进深4间，建筑面积319平方米。硬山屋顶，外围封火山墙，梁架为抬梁、穿斗并用，斗拱承挑出檐，方砖地坪。梭柱、丁头拱、垂莲柱、荷花驼峰、卷云叉手等构件皆具典型的明朝徽派建筑风格。祠前竖立一座节妇坊。属安徽省重点文物保护单位。

*许氏宗祠

许氏家庙 位于歙县上丰乡蕃村。建于明朝。占地面积351平方米。坐东南朝西北，三进五开间，面阔11.15米，进深31.5米。八字门墙，祠前有坦，栅栏门套，门楼砖雕装饰。祠内"叙伦堂"匾额高悬正厅。享堂前卷后轩，月梁下有丁头拱，平盘斗上雕有荷花。后进中间拾级而上，里天井辟为两明堂。后进寝堂保存有完好的牌位神龛，前面有一排隔扇门。前进与后进天井均有廊环抱。属黄山市重点文物保护单位。

许本智宅 清许村大徽商许本智的宅院。位于歙县许村。建筑三进结构，大门厅为表现福禄寿喜的镂空木雕。两进住房，窗棂雕有龙凤呈祥、桃园结义等戏剧故事，刀法细腻，华贵富丽。后厅有小花园。此宅耳房设计独特，既增大了住宅的实用空间，又丰富了设计艺术。

许声远宅 位于歙县许村。建于清朝中期。天井设计，因地制宜，体现徽派园林建筑小中见大的表现手法。厅堂四块窗栏板，木雕精美，上堂是郭子仪拜寿、刘关张大战吕布，下堂为三顾茅庐、姜太公钓鱼，寄托了主人"达则兼济天下，穷则独善其身"的儒家哲学和企求修身、治国、平天下的观念。另外，木栏板四周雕有暗八仙（即八仙手持的器具）。此宅已制成模型，长期于瑞士展出。

许承尧故居 清方志学家、诗人、书法家、文物鉴赏家许承尧的宅院。位于歙县潜口镇唐模村（今属徽州区）。有住宅、大厅、书房，以及一个较大的花园。圆门上刻有许承尧自书的"眠琴别圃"四个大字。故居整体结构宏伟，基本没有精雕细琢，整体较庄严。

*许声远宅

*许承尧故居

孙起孟故居 原中国民主建国会主席、全国人大常务委员会副委员长孙起孟出生于此。位于休宁县商山镇商山村。为清朝后期建筑。占地面积419.4平方米，总建筑面积838.8平方米。民国七年(1918年)后转给汪静安开设"南先一学"私塾，具有典型的清朝徽派建筑风格。属安徽省重点文物保护单位。

*孙起孟故居

观察第 许天相的府第。位于歙县许村。建于明洪武年间。天相时任观察使，故称。是较典型的明朝徽派官家民宅建筑。总建筑面积274平方米。天相父早逝，其母守节，终生未改嫁，伯父许伯升承担了他们的一切生活费用。许伯升为让许天相之母守节，于该府第之外砌起一道高墙，使之与外界隔绝，食物和生活用品均从墙上吊送，并特地于府第里挖一口水井"福泉井"，所以该府第又称为"墙里门"。北侧临街的圆门上刻有"墙里记"，是封建道德思想对徽州女人禁锢的实物见证。

*观察第

观瀑楼 位于黄山桃花峰下。为宫殿式两层楼房。面积626平方米。底层正面为水泥圆柱，内、外走廊，楼层设阳台。石砌外墙，砖木结构。此楼飞檐翘角，造型别致。二楼阳台，是观人字瀑的最佳处，故名"观瀑楼"。

*观瀑楼

寿乐堂 见502页"员公支祠"条。

坝祠 见519页"崇报祠"条。

孝思楼 徽商叶坚吾发迹返乡后，为显孝道，为其母所营建，故名"孝思"。位于黟县南屏村。建于民国期间。因其建筑风格大胆，打破了徽州传统古民居结构布局，并结合罗马建筑中半圆拱门及窗户，村里

*孝思楼

人称之为"小洋楼"。楼共三层,三楼顶上建有一座亭子,面积约10平方米,四周有栏杆,登楼远眺,南屏村风光尽收眼底。

志诚堂 又称"卢氏宅""木雕楼"。位于黟县宏村镇卢村。清道光年间富商卢邦燮所建。占地面积243.5平方米。前后三间两层结构,前有庭院和偏厅,石雕门罩高大精巧,尤以前进三间的木雕为胜。系采用混雕、线雕、剔雕、透雕等多种手法雕刻而成。雀替、挂落、斜撑、隔扇雕刻精细,画面内容不仅雕刻有历史典故和戏文,而且有反映当地人民生活情趣的题材,如元宵灯会、玩龙灯、凤灯、舞狮场面等,逼真生动。属黄山市重点文物保护单位。

*志诚堂

花厅 见502页"吴宝珠宅"条。

呈坎村古建筑群 位于歙县呈坎村(今属徽州区)。该村至今仍比较完整地保存着明朝古村落的整体布局和街巷水系,有明清古民居建筑140处,其中20处被公布为全国重点文物保护单位,后扩展项目28处,时间涵盖明朝至民国时期。这28处古建筑包括1处祠堂、22处古民居、1处门楼、2处更楼和2口水井。1处祠堂,即一善支祠,位于前街,是呈坎清嘉庆年间进士罗廷梅主持修建的支祠堂,包括男祠和女祠。22处古民居中,桂花厅、罗时根宅、罗永宁宅三处明朝建筑,具有徽州明朝建筑的典型特色和营建风格。清朝民居中,汪和平宅包括居室以及私塾边厅与罗伟宅并峙而立于天灯巷;汪日辉宅、罗时照宅、胡德义宅集中分布在广德里巷;鲍世德宅位于溪东街,是清末当地一户富家的住宅,与罗青益宅、罗时强宅并立于溪东街中心位置。程开复宅是出租骡马运输的宅院,主楼后有马厩。王裕成为前街药店老字号,有百余年历史。钟二街店面房是"三十六天井"的大户开办的一家百货店面。潊川小学堂在前街,是清末留洋归国的罗会坦等创办的新式小学堂,有着明显的西洋建筑风格。一处门楼,即首善儒宗宅门楼,门楼为明朝遗构,砖、石、木混合结构,四柱三间牌坊式样。两处更楼,即上、下更楼。两口水井,即后冈井、溪东井,分别位于村西后冈和村东溪东街。属全国重点文物保护单位。

*呈坎村古建筑群

吴氏宗祠 位于歙县霞坑镇石潭村。始建于明嘉靖年间,清朝曾维修。宗祠包括叙伦堂和春晖堂。叙伦堂又称"下门祠堂""百梁厅",五间三进,宽15米,进深45米,中进有大小梁100根。前进为清朝样式,门楼上的关檐板和斜撑木雕细腻精美,有八仙图案。中进仍保留明朝风格,覆盆础,月梁下有藏花丁头拱,瓜柱和金柱下有莲花盘头,枋与小梁相接处,装倒柳花插,配上枋下雕作的垫木和梁下雕花雀替,非常精美。后进已改建。该堂为徽州传统廊院式祠堂,三进两明堂建筑,五凤楼门厅,翼角飞扬,梁架结构精巧,雕刻装饰繁复,空间层次丰富,具有独特风格。春晖堂又称"上门祠堂",建于清朝,坐东朝西,三进三开间,通面阔10.8米,通进深42.2米,四面群山环抱,东面有来龙山,南面是百梁厅,北面至善堂联壁,西面是石潭村主街道。大门石鼓耸立两边,正堂宽敞,梁柱粗大,其内砖木石雕各具特色,后进有石栏石柱。该堂三进完整,结构高敞。中进前檐额与面阔通长,满堂刷以红色油漆,为民国时期所建的徽州传统祠堂。这两座祠堂都是吴氏宗族祠堂,一为宗祠,一为支祠,代表了不同时期、不同类型的徽州宗祠典型特征。属安徽省重点文物保护单位。

*吴氏宗祠(春晖堂)

吴宝珠宅 又称"花厅"。位于休宁县儒村。建于清朝。大门开于北侧。整幢建筑小巧玲珑,其独特之处在于其斜撑"倒悬狮"上还雕有金刚力士,另有"福""寿"二字。两边盘斗,一边雕刻"香山九老",一边雕刻"荣赐冠带"。正梁枋下雕刻一幅"十八学士"图案,较为罕见,造型古朴又不失精巧,图案精练且生动传神。

吴承仕宅 清末民国时期著名经学家、古文字学家、教育家吴承仕故居。位于歙县昌溪乡昌溪村沧山源。建于清乾隆年间。庭院式建筑,右侧置大门,饰以砖雕门罩。进门廊为天井。左廊用隔扇拼装为厢房。天井边柱础为青石雕,房窗及柱头撑木为木雕。中厅后置楼梯间,有后门通厨房。楼上格局与楼下相同,但后楼较高。经多次维修,现主体基本完好,结构完整,布局合理,窗门等均有雕饰,是典型的徽派古民居。属安徽省重点文物保护单位。

吴晓东宅 位于休宁县万安镇吴田村,距县城6千米。建于明万历年间。整座建筑有立柱38根,柱形上下较细,中间略粗,俗称"梭子柱"。前后两进,各设小天井,大门开于边侧。内为两层楼房,楼上有厅,窗门雕刻镂空,图案古雅。属休宁县重点文物保护单位。

旷古斋 一座由庭院、花园和多单元房子组成的私家宅院。位于黟县西递村。建于清康熙年间。为上下两层楼、左右三开间。两边为东西厢房,厅堂上方悬挂一块隶书大匾,书"旷古斋",陈设为典型的古徽州风格。大堂中央和两边柱子挂有诸多楹联,其中著名的一副为:"世事让三分天宽地阔,心田存一点子种孙耕。"另一副为:"孝悌传家根本,诗书经世文章。"

*旷古斋

员公支祠 又称"寿乐堂"。歙县昌溪村吴氏支祠。建于清嘉庆年间。占地面积630平方米。该祠规模稍小,但建筑艺术精湛。柱梁全部选用优质柏木,为徽州第一大梁。前后三进,正梁长13.3米,进深45米,天井围栏的12块石料选用带天然石纹的景纹石,上有山水、花草、雷电等自然生成的图案。祠前的木牌坊,是员公支祠的门坊,四柱三楼。四柱为优质柏木造,用抱鼓石紧抱,上部木架为宫殿式,明间高出次间一层。祠前有一个方形水池,水池与大门之间有一座木门坊,高瓴垂脊,八角翘起,圆檐滴水,四柱三楼式,宽8.8米,高1米,坊明间字牌匾上书"员公支祠"四个大字。明间屋面升起,类五凤楼,但翼角不起翘,透空的花砖屋脊上安有四只鳌鱼吻兽,门外悬七星衍祥直匾。中进享堂,悬乐寿堂匾，明间前檐不使用檐柱，额枋通长。梁架抬梁式，梁头雕象鼻，雀替、驼峰雕祥云纹，用料考究。后进天井中有一椭圆形水井，可作消防用。寝堂有楼，额枋通长。该祠为典型的徽州廊院式祠堂，规模不大而富有气势，祠堂以池、坊、五凤楼、享堂、寝堂为序列，三进两明堂，空间层次丰富，建筑古朴典雅，巧妙应用减柱造，使中进、后进的前檐开阔。属全国重点文物保护单位。

＊员公支祠

听涛居 原名"正道居"。位于黄山人字瀑前，紫云岩上侧。建于民国二十四年（1935年），面积378平方米。两层民族式建筑，石墙，碧绿色琉璃瓦，建造精致。最初由许世英、张治中以黄山建设委员会名义兴建，由张治中题额"正道居"，送给蒋介石作别墅，蒋介石又转送给段祺瑞。别墅未建成，段已去世。民国二十六年（1937年），张学良曾被囚禁于此数日。后因近人字瀑，可听涛声而改名"听涛居"。属全国重点文物保护单位。

秀才第 位于黟县柯村翠林汪家。建于清末，房主为清末秀才。三间两楼结构，两侧均有偏厅。正厅的梁枋、裙板、梁垫、窗棂、隔扇、雀替无不精雕细刻，分别饰以"三国演义""九世同堂"等戏文图和山川钟秀、稚童嬉趣、花卉修竹、飞禽走兽图，以及格言、诗词等。

序秩堂 黟县南屏村叶氏总祠。建于清初。占地面积2 000平方米。歇山重檐，端庄轩敞。门楼石柱四根，撑托额枋，上雕古鼎、宝瓶等图案。大门两侧有石鼓一对，鼓基四周为回纹图案，中雕鸟兽；鼓托雕云纹图案，极为精美。堂为上中下三厅，楹联云："石林派衍家声远，武水澜回气象新。"

汪大燮故居 民国初期国务总理汪大燮的故居。位于黟县宏村正街中段南边。建于清道光二十五年（1845年）前后。占地面积400余平方米。正厅为前后三间两楼结构。大门朝北，门口有宽4米、进深3米的石板敞地，东西两边各摆有长1.6米、宽0.5米的条石。青石门坊，门罩饰砖雕图案。正厅堂内的厢房扇门、房窗、额枋等部位所饰木雕图案形态各异，天井柱拱间镶有整幅精镂华版，刀法精湛，图案多为吉祥如意、渔樵耕读、八骏十鹿、龙凤呈祥、武辅文佐等题材。厅堂东侧为一花园，西为偏厅、厨房。整幢建筑宽敞明亮，山墙高大，气势雄伟。

＊汪大燮故居

汪氏住宅 位于绩溪县瀛洲镇南观村。建于清光绪年间。总建筑面积238平方米。由堂宅、客房、水厅、书斋、庭院等部分组成。东向洞门入室，先过门厅，后至庭院。庭院北为堂屋、客房。客房西为水厅和书斋。堂屋为一四合院，坐北朝南，面阔三间，硬山屋顶，外围砌封火墙，穿斗式梁架，二楼前后通转。隔扇、斜撑、雀替、驼峰等均以细腻的木雕作饰。庭院南向置影壁，门罩有精美的装饰砖雕。属安徽省重点文物保护单位。

汪氏宗祠 位于歙县霞坑镇山后村。建于清乾隆年间。三进三开间，面阔9米，进深19.65米。正面墙上有两柱单间砖门罩，门屋顶为卷棚轩，中进、后进俱有楼，为其特色。祠内驼峰、雀替、斜撑雕刻精美，材质优良。属黄山市重点文物保护单位。

＊汪氏宗祠

宏村古民居群 位于黟县城东北11千米，地处古黟赴京要道。南宋绍兴元年（1131年），汪氏始迁至此，建十三楼，定名"弘村"，后改"宏

*宏村古民居群

村"。建筑主要为住宅和私家园林，也有书院和祠堂等公共设施，建筑组群比较完整。现存古建筑138幢，各类建筑注重雕饰，木雕、砖雕和石雕等细腻精美，具有很高的艺术价值。村内街巷大多傍水而建，民居也都围绕着月沼布局。住宅多为两进院落，有些人家还将圳水引入宅内，形成水院，开辟了鱼池。高低马头墙层层叠落，水榭曲廊曲径通幽，漏窗低墙砖雕石镂，盆景假山小巧玲珑，一派江南园林建筑风光。厅堂内额枋、雀替、斗拱上飞金走彩，雕刻各异，为民间美术、建筑装饰之佳作。比较典型的建筑有南湖书院、乐叙堂、承志堂、德义堂、松鹤堂、碧园等。承志堂富丽堂皇，精雕细刻，可谓皖南古民居之最；南湖书院的亭台楼阁与湖光山色交相辉映，深具传统徽派建筑风格；敬修堂、东贤堂、三立堂、叙仁堂，或气度恢宏，或朴实端庄，加上村中的参天古木、民居墙头的青藤老树，庭中的百年牡丹，构成一个完美的艺术整体。宏村古民居群砖、木、石三雕工艺精细、层次繁复、富丽堂皇，体现出徽州人的艺术品位。作为中国皖南古村落的杰出代表，被列入世界文化遗产名录。

张林福宅 位于歙县街口镇街口村。建于明朝中期。占地面积118.8平方米。三间两进楼屋，通面阔9.66米，进深12.3米。正立面为水平高墙，大门上有门罩。门厅左右有耳房，天井两边为走廊，左廊有侧门，右廊置楼梯。后堂中为厅，左为房，后有小倒厅，面对小院。楼下矮，梭柱覆盆础，密栅。天井栏板以枨压缝，上有方格隔扇。楼上有八角斗拱、鹰嘴式童柱等。属安徽省重点文物保护单位。

张曙故居 近代著名音乐家张曙故居。位于歙县坑口乡柔川村。建于清朝。占地面积约348平方米。为砖木结构。外观由四面墙（风火墙）包裹，内部布局为三开间，前后两进，双天井。前两楼、后三楼为砖木楼房。进大门为一小院，前厅三楹，楼上左右两厢房，中为厅。临小院为敞廊，后进三间三楼，左侧通厨房。保存基本完好。属安徽省重点文物保护单位。

青云轩 位于黟县西递村。建于清同治年间。占地面积383平方米，总建筑面积438平方米。为整幢民居的一个书厅，又作便厅，原是提供主人修身养性、吟诗作画的场所。整个院落类似四合院，便厅居中，双层结构，两侧平房，环绕一小庭院，院门临巷，设有门亭。长方形的庭院中石条花台，假山盆景，错落有致。便厅的满月形门框由黟县青石砌成，面对院中一株百年牡丹，构成了一幅"花好月圆"的美景。厅内菱花隔扇，彩绘天花，院内两厢较为宽敞，隔窗拼成梅花棂，格调优雅。厅堂正中地面上有一个小圆洞，上有石盖，俗称"地风井"。冬天掀开，暖气上升；夏天掀开，凉风送爽。冬暖夏凉，如同天然空调。圆洞较深，与地下洞道相通，梅雨季节洗刷地面的水可以进洞流入阴沟。

*青云轩

枕石小筑　又称"笃谊庭"。位于黟县西递村。建于清道光年间。占地面积277平方米。三间两楼建筑。大门为砖砌八字门楼,上嵌砖刻"紫气东来"四字,门内有石雕"枕石小筑"横额。两侧有瓶式、叶状门洞,上嵌砖刻"玉壶""莺春"门额。庭院宽敞,有花卉、假山、石凳、石桌、石几。室内天花彩绘,飞金走彩,扇门、梁垫、撑拱、裙板雕饰精细。

尚书第　明万历年间户部右侍郎、工部尚书余懋学故居。位于婺源县理坑村。后遭火灾,现仅剩一座三间五楼式的青砖牌楼门头,内部于火灾后改建,鱼池尚存,花园已为菜园。尚存牌楼较朴素,凹凸大,雕刻很少且刀法稚拙,构图作散点式,灵芝砖拱下镂有如意,中央的字牌处浅刻"尚书第"三字。

尚素堂　黟县南屏村叶氏家祠。始建于清康熙年间。后经数次修整,最后一次修整在清末,祠堂建设中使用水泥,且具有西洋风格。

尚德堂　❶ 位于黟县宏村。建于明万历年间。五间两楼结构,厅堂左右各有两个厢房,一楼柱枋清朝曾重修。次楼的月梁、斗拱、瓜柱、斜撑、柱榫均为明朝建筑风格。室内木雕装饰简洁明快。八字门楼系整块黟县青石砌成,端庄大方、气势不凡。❷ 位于黟县西递村。建于明天启年间。民居保存完整,大门朝东,八字门楼用整块黟县青石贴墙雕砌而成,上有大型门罩,顶上覆以楼檐,两侧用大型黟县青石建成门楼映壁,瓦檐覆盖。富丽堂皇,气势非凡。正屋五间两楼,装饰简朴,雕饰也较少,具有明朝遗风。一楼梁柱雀替格式已有演变,为清初重修。楼梯单跑,设在天井左侧。二楼步架形制,楼板直接铺位于梁上,月梁呈圆形断面,两端稍低较细,中央稍为粗大成缓和的弧形,并雕花成卷草和云朵,极为精美。瓜柱、平盘斗、叉手、丁头拱具有明朝徽派民居的建筑特征。

* 枕石小筑

尚义堂　歙县潜口镇唐模村(今属徽州区)许氏支祠。建于明正统年间。该祠堂由前庭、中堂和后殿三部分组成。前低后高,气势恢宏,为三进两院五开间祠堂。祠堂前庭为八字门,门前还建有一座木质牌坊,现仅存中间两柱和一木雕月梁,梁上面雕有199朵牡丹花,梁托上雕有飞鹤和奔鹿,牌坊两边各有一个大石墩,称为"上马石"和"下马石",祠堂的石门槛上还加有木门槛,近1米高。

* 尚义堂

* 西递尚德堂

明伦堂及县学甲第坊

古县学学宫的讲堂。位于歙县徽城镇城东路歙县中学内。学宫初创于南宋淳祐十年(1250年)，明清时期屡经修建。占地面积1020平方米。明伦堂位于县学的最北部，堂阔五开间，面阔15.22米，进深17.57米，梁架为抬梁式与穿斗式结构，双坡屋顶，木雕隔扇门的裙板上绘有花卉彩绘，其前檐柱则采用石质方柱，以防止受潮后损坏，檐下悬有白底黑字"明伦堂"横匾，堂前有丹墀，左右有成德斋、达材斋及其庭院甬道等。此外，在学宫遗址内还存有科名坊、方泮池和部分庑廊。科名坊又称"三元坊"，四柱三间五楼式，宽8.58米，高9.25米，坊南面上额刻有"甲第"，下额正中刻有"状元"，左右分刻"榜眼""探花"字样，其下刻有县学历朝考中的状元、榜眼、探花名字，北面则刻有"会元""解元""传胪"名录，故又称"县学甲第坊"。属黄山市重点文物保护单位。

明经祠

黟县西递村胡氏祠堂。建于清乾隆年间。西递胡族本明经胡氏支裔，自北宋元丰年间迁到黟县。清乾隆五十三年(1788年)，胡学梓倡建此祠于西川旁，立家塾，仿明经书院遗意。祠正对胡文光大夫坊。门额"明经胡氏宗祠"，乾隆年间户部尚书歙县曹文埴书。东西围墙各有拱门，上刻"东阜日华""西流虹亘"门额。祠内有长联："枝繁实茂，托上苑仙振，洞洞乎，属属乎，数曲无忒，十八叶绳其祖武；源远流长，沿考川嫡派，绵绵乎，延延乎，通经致用，亿万年贻厥孙谋。"后圮。

* 明经祠

明睦堂

黟县碧山村汪志祥支祠。建于清初。志祥早居适安堂，后构居于前升阶，额称"明睦堂"。汪元标赠联云："堂标明睦仁风蔼，里书升阶地步高。"汪志祥子三人，各衍一派，后世均构楼屋于鼻祖初居之西北，以为宗祠，仍称"明睦堂"。祠分前后两进，前堂后寝。后进为高台式，明堂有麻石护栏，大门仍书原联。

迪吉堂

清胡丙培、胡应海和胡贯三祖孙三代的故居。位于黟县西递村。建于康熙三年(1664年)。占地面积282平方米。乾隆五十三年(1788年)，胡贯三曾于此接待过三朝元老、宰相亲家曹振镛。三进四楼五间建筑，气势端庄，古朴典雅。院前为八字门楼，上嵌"官厅"二字。正厅门楼为贴墙牌坊，"恩荣"两侧双龙盘旋。厅内四根长石柱直撑梁拱，为西递村建筑的一大特色。堂上方高悬"迪吉堂"三个大字的堂匾；厅正中的楹联"鹤寿不知其纪，龙灵时化为云"为罗天保所书。

* 迪吉堂

罗东舒祠

位于歙县呈坎村(今属徽州区)。建于明嘉靖、万历年间。总建筑面积3300余平方米。祠堂共四进。祠堂的头门为棂星门，五开间六根石柱，牌坊式木制黑栅栏，上有朝天吼、哮天犬、哺鸡兽三种吉祥动物。过棂星门左右靠墙各设一个碑亭，亭内有碑文，刻有祠堂记和考工记。二道门为仪门，上方悬挂"贞靖罗东舒先生祠"牌匾，原为明兵部尚书郭子章题，"文革"期间被毁。现匾为罗哲文所题，两边有抱鼓石耸立。进中门，中间为长16米、宽4.77米的甬道。甬道两侧为丹墀，各130平方米。原有8棵古树，现仅存400年的银桂，枝繁叶茂，长势良好，姿态优美。直通甬道上有一个68平方米的露台，一组青石板固定，上刻奇花异卉：有喜鹊登梅、石榴多子、宫中折桂等。露台是罗氏家族祭祖活动的地方。过露台进入宽敞的五大开间，即为享堂。纵深21.6米，开阔25.8米，脊高13.6米。柱、梁均很粗，需两人合抱。梁为银杏树所造，柱为金丝楠木造，屏门的上方悬挂着明董其昌题书的"彝伦攸叙"金字横匾，字径约1米。紧靠大厅后天井，分三道七级台阶进入后寝。寝殿是整个祠堂建筑中的精华部分，按北京太和殿格局建，取名"宝纶阁"，系明徽州孝子吴士鸿所书。旧时阁楼内珍藏有圣旨、官诰、黄榜、御赐品、族谱及文献资料。属全国重点文物保护单位。

* 罗东舒祠(宝纶阁)

* 罗东舒祠

* 罗纯夫宅

* 罗润坤宅

罗会炳宅 又称"石柱厅"。位于歙县呈坎村（今属徽州区）。建于明万历年间。总建筑面积800平方米。门楼为宽大的木制牌坊式结构，两边设有须弥座，共三进，第一进是厅堂，柱高梁粗，几案宽大，其他两进为住宅。除去天井、厅堂之外，占地面积不足100平方米，住房狭小，故三进住宅建了三层，以充分利用空间。

罗进木宅 歙县呈坎村（今属徽州区）古建筑。始建于宋末元初，明清均曾重修。楼上靠天井的两个窗台，造型别致，在徽州古建筑中也很少见。柱子、冬瓜梁、斗拱、虾须拱、莲花托等工艺都有明显的宋元特点。整幢房子的内部结构恢宏、厚重，散发着贵族气息。

罗纯夫宅 位于歙县呈坎村（今属徽州区）。建于清朝。建筑风格与明朝建筑有所不同，大门由花岗岩石块与青砖混合建造，饰以精美的砖石浮雕，马头墙高耸。主宅分前后两进，长幼尊卑，各得其所。凡门、窗、梁均饰以精美的木雕，窗栏板上有"立马封侯""福禄寿喜""平升三级""事事如意"等木雕。主宅右侧建有辅宅，作私塾用，名"琴书轩"，供子女读书，以及教书先生和男女佣人起居用。

罗润坤宅 位于歙县呈坎村（今属徽州区）。建于明朝中期。两进两层楼房，前后进之间为廊，中间为天井，形成一个"口"字形四合院，小巧玲珑。结构特别，底层低，楼层高。底层下层狭小，二层正厅宽敞。古时二楼为会客厅，靠窗设有美人靠。对面置四个小房间，为闺房。楼层梁架构件雕刻精致，线条粗犷大气，简洁大方。沿天井的格子窗、遮羞板、月梁都为典型的明朝建筑风格。

和义堂 歙县"三里三翰林"之一的汪运轮故居，由汪氏后裔汪为炳在父亲资助下建造。位于歙县郑村镇郑村。建于清乾隆四十五年（1780年）。总建筑面积1 612.3平方米。分东西两个大门，坐北朝南。此建筑结构为九宫全封闭式，宽48米，进深33.8米。由西到东，两巷隔为三列，每列从南到北又分前、中、后多进，布局合理，无一雷同，十分壮观。内有大小厅堂

15座，天井17个，楼上楼下住房及偏房共计76间，门41道，路路皆通，设置了防盗防震隔墙，还有防火墙火警等装置。结构复杂精密，气势宏伟，属徽派民居建筑之精品。属安徽省重点文物保护单位。

金万年宅 位于休宁县南首村乡汪金桥村后街。明朝建筑。占地面积114平方米。两进五开间楼房。八字大门开于偏左侧，门上用铁钉镶嵌小方砖。天井凹形，楼上靠天井四边栏板置飞来椅。楼下堂前及两厢朱漆，窗庸门槛雕镂描金，柱与石礅之间垫以精雕的鲤鱼木托，造型别致。属休宁县重点文物保护单位。

金兆玉宅 位于休宁县南首村乡汪金桥村柳许巷。建于明末清初。占地面积118平方米。两进五开间。大门开在阁厢处，建有八字门套。梁柱接榫处和檐口均用丁斗拱和二头拱承托。楼上、下门窗雕刻花卉图案，阁檐栏杆用六根木雕如意支撑，油漆描金。靠天井处置飞来椅，椅脚为镂雕的金鱼头形。属休宁县重点文物保护单位。

*金紫祠

*金兆玉宅

金紫祠 又称"金銮殿"。歙县潜口镇潜口村（今属徽州区）汪氏宗祠。南宋隆兴二年（1164年）赐建，明正德九年（1514年）迁于现址，嘉靖、万历年间扩建，清康熙三年（1664年）大修，2013年重修。占地面积近7 000平方米。该祠坐北朝南，通进深达196米。整个建筑群沿中轴线对称布局，由南至北依次为：牌坊、三源桥、棂门、戟门、碑亭、仪阁、露台、驰道、回廊、享堂、寝殿。寝殿后配有坐西朝东之汪华公庙，为祭祀汪氏先祖越国公汪华而建。属安徽省重点文物保护单位。

金舜卿宅 位于休宁县海阳镇汪金桥村敦善巷。建于明嘉靖年间。占地面积83平方米。门前两个石雕似虎非虎，似狮非狮，一雄一雌，起镇宅避邪的作用。大门贴水磨方砖成斜格，用圆头铁钉固定，背面为栗树板，以防火防盗。该宅特色还在于，楼下窗栏板的雕刻分别为阴刻和阳刻，一阴一阳，俗称"鸳鸯窗"。属休宁县重点文物保护单位。

*金舜卿宅

金銮殿 见508页"金紫祠"条。

周氏宗祠 ❶绩溪周氏宗祠。位于绩溪县城西门曹家井。建于明嘉靖年间，清乾隆间曾两次扩建和修葺。总建筑面积1 156平方米，三进七开间。由影壁、门楼、回廊、庭院、正厅、厢房及奉先楼七个部分组成。门楼为重檐歇山式顶，戗角腾空飞挑，大小鸱吻相视，脊顶以砖雕排砌，脊兽昂首挺立。祠内的额枋、曲梁、梁托、斗拱、护撑、雀替、平盘斗、拱枫板等木质构架上，镂雕着精致的戏文百宝、神兽异草图案。正厅和奉先楼前，由望柱、华板、地栿等构成的青石栏栖上，雕刻着石狮和象征平安的各式花瓶图案。祠左侧有濂溪书院、桂花厅、瑞二公祠、特祭祠；祠右侧有文昌阁。该祠今辟作"安徽绩溪三雕博物馆"，除周祠本身建筑构件上的砖、木、石雕可供观赏外，还收藏了明清时期各式建筑物上的砖、木、石雕艺术精品等数百件。属安徽省重点文物保护单位。❷ 又称"六顺堂"。歙县周氏宗祠。位于歙县昌溪乡周邦头村。始建于明弘治十年（1497年），重建于清道光年间。占地面积805平方米，主体建筑面积747.12平方米。坐北朝南，背靠来龙山，门临昌源河。三进五开间，进深43.5米，面阔18.5米。整个祠堂布局分为栅棚、丹墀、正厅、后进和陵寝五大部分，由门厅、廊、享堂、寝堂、天井、耳房等建筑组成。祠堂东西两侧有较宽的通长夹巷。大门五凤楼式，前有广场。祠内木构件雕刻精致，中进享堂前檐梁撑为圆雕和合二仙、刘海戏金蟾，祠堂木构件全部油漆。正门之上高悬"周世宗祠""钦点主政""恩赐进士""四世二品"等匾额。正厅左右大梁之上悬挂的"进士""文魁""少廷尉""礼部尚书"等匾额，昭示着周氏的显赫功名。横梁两端斜撑，高约1米，雕成和合二仙图案，神采飞扬，栩栩如生。因该祠后裔中近代曾出过油漆大王周宗良，因此全堂木构件采用油漆髹饰，在徽州建筑中并不常见。属全国重点文物保护单位。

*昌溪周氏宗祠(3)

周诒春故居

民国初清华大学校长周诒春故居。位于休宁县蓝田镇迪岭村。建于清末。占地面积近120平方米。坐北朝南。该建筑是一幢两层结构的徽派建筑。属安徽省重点文物保护单位。

*昌溪周氏宗祠(1)

*周诒春故居

周裕民宅

位于休宁县南东临溪镇枧东村。建于明末清初。占地面积249平方米。坐北朝南，正面宽10.3米，进深23.8米，四进两楼。大门开于中轴线上，门后有门庭。前进与二、三进之间开天井采光。楼上高，楼下低。木架结构以抬梁式为主，边贴穿斗式，梁架露明造、平盘斗等，颇具特色，且保存完好。楼下天花板，月梁间饰有精致图案，窗棂上门雕有如意花纹。柱下有莲花瓣形柱磉。总体结构严谨，古典华丽。属休宁县重点文物保护单位。

郑氏宗祠

位于歙县郑村镇郑村。始建于明成化二年（1466年），万历四十三年（1615年）扩建祠前石坊，重整祠堂规模。占地面积1 856平方米，包括祠前的门坊、门前坦在内。因额枋上镌有"奕世忠贞"，时称"忠贞祠"。为旌表师山先生方玉，故又称"师山先生祠"。坐西北朝东南，面阔24.9米，通进深73米。大门前建有四柱五楼门楼式

*昌溪周氏宗祠(2)

石坊，麻石墁地的门前坦中轴线上，依次为门屋、廊院（明堂）、享堂、天井及寝堂。门屋七开间，内柱纵向装修隔断，形成前后门廊。中进享堂，五开间，梁柱用材硕大，楹柱需两人合抱。享堂悬匾曰"济美堂"，雀替、叉手、瓜柱、平盘斗与垫木等处，均施云头卷草雕饰，为典型的明朝江南厅堂式建筑。其大木构架古朴典雅，工艺精湛，且保留众多宋元时期做法，如梭柱、叉手、枫拱、丁头拱、平盘斗等，对研究我国古代建筑技术的演变具有重要价值。属全国重点文物保护单位。

*郑氏宗祠

*承志堂

承志堂 清徽商汪定贵的住宅。位于黟县宏村上水圳。始建于清咸丰五年（1855年）。占地面积2100平方米。坐北朝南，通面阔40米，通进深52米。全宅布局合理，结构完整，被誉为"人间小故宫"。整个建筑包括正厅、后厅、吞云轩、排山阁、鱼塘厅及厨房、院落等建筑。其正厅、后厅为回廊三间结构，全屋共有内房28间。整个厅堂雕梁画栋，金碧辉煌，木雕精美绝伦。前厅中门之上雕刻"百子闹元宵图"，东西边门月梁呈古钱币形状。东边上图为"董卓进京"，下图为"三英战吕布"；西边上图是"战长沙"，下图是"战宛城"。横梁上雕刻的是"甘露寺""长坂坡""定军山"等三国演义战争场面。额枋上的木雕图案是"唐肃宗宴官图"。属安徽省重点文物保护单位。

承恩堂 祁门县六都村程氏宗祠。占地面积1 000余平方米。门前有石狮、石栏、旗杆石。大门六柱五间，雕梁画栋，高大雄伟。中进正中上方悬挂明郑王朱载玺赐书的直匾"承恩"，两壁挂满匾额，其中有柏文蔚手书的"椿荫长春"匾。

驾睦堂 明副都御史余自怡敕建的府邸，后改为"友松祠"。位于婺源县理坑村。建于明末。整个建筑面宽23.15米，深18.4米，高8.5米，占地面积426平方米。院门高大轩昂，石库门枋，青砖门楼作四柱三间五凤楼式，贴"富贵万字"砖，上下枋间雕"双龙戏珠"图案，顶层中间镶嵌"圣旨"石匾。院门内的一面

*承恩堂

有木披檐，上盖青瓦，檐下有四组木质斗拱，上下枋之间仿竖匾隐刻"圣旨"二字，枋下又有青砖仿木单拱。厅内两进，前后均五间，四周重檐。檐下有斗拱，三面回廊，轩廊木质卷棚，深天井，方柱雕础，青砖铺地。楼梯从右侧上，楼上为"走马楼"。后间为双天井。正厅右面还有余屋，余屋外部墙面与正屋为一整体，同样是三进一天井。

绎思堂 黟县西递村胡氏家祠。清胡巽建。胡巽得道篆施药10余年，悟道，建此堂。自立木像于堂后，额曰"还我处"。又自题联文："身中还有身，莫因百劫千磨，误却真消息；我外了无我，直到归根复命，才是

*驾睦堂

*经义堂

大收藏。"他死后,葬于堂后,其子孙以堂为祠祀之。

经义堂 婺源县古坦乡黄村黄氏宗祠。因祠堂内有102根柱子,俗称"百柱宗祠"。建于清康熙年间。占地面积1 200平方米。宗祠坐北朝南,由前院、门屋、享堂和两层的寝堂四部分组成。前院两侧有圆拱门相通,内列乾隆年间置的八棱旗杆石四对。祠堂大门以门阀为界,内外两半分别处理,外半是华丽的三间"五凤楼",内半是一个简单的三间单檐歇山顶。大门的梁、枋和花板,有浅浮雕、深雕的几何纹样和人物场景图案。明间门槛两端的石板和抱鼓石的基座,都作浮雕。前檐四根方形石柱的柱础,四面作"搭巾",搭巾内的浮雕分别是"鹭鸶戏莲""凤戏牡丹""仙鹤凌云"和"喜鹊登梅",构图极富装饰性。大门左右梢间前有青砖影壁,壁身大面贴水磨"富贵万字"砖。上部仿木结构,作上、下枋和垂花柱。枋子表面满覆薄薄的绵纹和"万字不到头",上面再点缀仙鹤、云头、卷草等。"兜头"作人物高浮雕,雀替为灵芝。祠内五开间,享堂前后檐都作卷棚轩,太师壁上方悬挂"经义堂"匾额。整个祠堂,包括享堂前的两翼敞廊,都安装吸壁檩板。全堂分别用青砖和石板铺地。属全国重点文物保护单位。

胡天注故居 清胡开文墨店创始人胡天注的故居。位于绩溪县上庄村口水圳边的村巷里。占地面积400多平方米。馆屋坐西朝东,两层楼舍为砖木结构通转楼。门额为砖雕花纹,门楣有一匾额,顶端为尖形,其下为空心圆洞。故居迎面照壁上悬着黄澎手书的"百捻古庐,千年墨苑"玻璃横框。正堂正中悬挂着徽墨创始人胡天注的巨型像,其上方挂着金字匾额"思齐堂",两旁悬挂着名流楹联条屏,诸如"徽墨千秋唯天注,江山万代独思齐""天注创开文名驰禹城,端斋研徽墨誉满人寰"及杨振宁亲笔题写的横匾等。故居陈列着胡开文祖传名墨复制品标本,诸如百子图、八宝奇珍、十二生肖墨、千秋光、朱子家训、黄山松烟、御园图、鉴真东渡及梦笔生花等,以及民国四年(1915年)生产的于巴拿马万国博览会展出的地球墨标本及其金质奖状照片等。

*胡天注故居

胡正言宅 明末清初著名出版家、艺术家、画家胡正言故居。位于休宁县海阳镇文昌巷。始建于明末。占地面积168平方米。宅为坐南朝北庭院式建筑,门罩砖雕有花卉、人物、鲤鱼图案。正房三开间,设左右厢房。斜撑雕花卉,额枋饰花卉、宝瓶,木隔扇窗饰蝙蝠、竖条格,裙板雕暗八仙,地袱石装饰花卉。于清朝做了补充和修复,现存为清式建筑。属安徽省重点文物保护单位。

胡适故居 位于绩溪县上庄村。建于清光绪二十三年(1897年)。胡适先后在此生活了11

*胡正言宅

*胡适故居

*胡适故居外景

年。总建筑面积近千平方米。该宅由正屋、附属屋、院落三个部分组成。正屋是一幢坐北面南、砖木结构、三间两进、粉墙黛瓦的典型徽派建筑。大门为两柱一楼式门罩,上嵌砖雕、鸱吻。前进为厅式客堂。堂壁上方悬挂着沙孟海手书的"胡适故居"匾额。客厅陈设着条桌、八仙桌、八仙椅及茶几等徽式家具,壁间挂着"胡适直系亲属"图表、照片等,还有胡适创作"我从山中来"新诗书法条幅。西边正房是胡适与江冬秀于民国六年(1917年)结婚的新房,房内置有朱漆描金的月宫床及马鞍桌、高橱等。前进西厢房,是胡适童年时读书处。今东西厢房展出胡适家书、手稿、胡氏家谱及名人字画等。后进为楼房,堂壁上悬民国三十一年(1942年)绩溪县长朱亚云赠送的朱底金字巨匾,上书"持节宣威"。壁间置有胡适父亲画像及胡适全家福照片。故居内的12幅落地隔扇和4幅窗棂板上,皆由著名的徽派墨模雕刻家胡国宾以阴文、平底、浅雕手法刻制的兰花草。故居内还陈列着胡适手书的范缜《神灭论》立轴、张之洞赠胡适父亲的帽筒和胡父遗留的七星剑、诰命箱等珍贵文物。胡适书屋内,陈列着胡适参加学术、教学及各种社会活动的历史照片。后故居进行扩修,院落扩大,正屋左右原有的堂屋得到整修。属全国重点文物保护单位。

胡炳衡宅 位于绩溪县瀛洲镇龙川村。建于清朝中期。占地面积180平方米。坐北朝南,面阔三间,前后两进,前厅后室,砖木结构,硬山屋顶,四周封砌马头墙。步入大门为方形天井,前厅面阔三间,进深三间,人字轩顶。穿过太师壁后面的过道为后室,系两层小楼,宅右有厨房、庭院、古井。整幢建筑保存完整,木构件、木门窗雕饰精美。属全国重点文物保护单位。

*胡炳衡宅

南屏古民居群 建筑群落名。位于黟县西武乡南屏村,全村现尚保存明清民居近300幢。主要建筑有南薰别墅、倚南别墅、敦睦堂、叶奎光堂、序秩堂等。高墙深巷,纵横交错。村中有72条巷,36眼井,整个村落布局合理,立面造型层层叠落。村前横路店街保存8座祠堂,规模宏伟,气势不凡,构成古雅肃穆的古祠堂群。村东水口"万松桥"横卧武水之上，水口尚存文昌楼、观音阁遗迹。文昌楼为双层飞檐建筑，楼北有四季竹园；观音阁二楼有美人靠栏杆，可供登高望远。

*奎光祠

*南屏古民居群

南溪别墅 位于黟县龙江乡朱村。清朱镜蓉建。别墅外围短垣，内栽松竹花草。正室为祠，名"尚志堂"。东西有厢，阶下有廊，镌先人家传于石。其他构筑计有：醉六斋、味腴书屋、棣华楼、楼外楼、听雨听风楼、回廊、撷秀亭、景徽亭、听耕亭、文昌阁、梅窗、月榭、春雨山庐、乐道山房、延晖楼等。园中叠石为洞，耸石作峰，峰顶为放鹤冈，冈立招鹤亭。另有仃月廊、花谷、醴泉、系船石。立石系船，其布局取陆游"花为四壁船为家"意。今仅存残迹。

南薰别墅 因其大门正对风光秀丽的南屏山而得名。"薰"是指花草的香味。位于黟县南屏村。建于清道光年间。正厅为明三间结构，宽敞明亮，太师壁正中挂有"忠孝传家永，诗书处世长"金底黑字楹联，条案上摆放着东瓶西镜、自鸣钟，取其谐音"终身平静"。两边窗下分别是"吕洞宾三戏白牡丹"和"秋胡戏妻"图。小姐绣楼"望云轩"很有特色，从摆设可以看出主人的富有。清晰光洁的镜子，是主人外出经商时买来的德国货。一张描金的满顶床上绣画的是"郭子仪上寿图"。一张沙发在当时的南屏村绝无仅有。房间的整体摆设是中西合璧，舒适而新潮。别墅虽小，但布局合理、紧凑。

奎光祠 黟县南屏村叶氏支祠。始建于明弘治年间，清雍正十年（1732年）改建门楼大门，后又多次重修。占地面积1 200平方米。祠堂门楼巍峨，石柱上托额枋曲梁。内厅高大轩敞，梁柱相间，斗拱相托，结构匀称且富于变化。大门两侧有黟县青石鼓一对，鼓沿鼓托浮雕精致。全祠两进，前堂后寝。现为南屏小学校舍。属黟县重点文物保护单位。

笃谊庭 见505页"枕石小筑"条。

*奎光祠正门

笃敬堂 原为胡贯三之孙、胡如川之子胡积堂居住地。位于黟县西递村。建于清康熙四十三年（1704年）。占地面积174平方米，总建筑面积309平方米。进前庭院的大门有两柱三楼砖砌门罩，内设亭间，正屋大门里外均有门罩。

追慕堂 黟县西递村胡贯三所建的支祠，奉祀祖父胡丙培和父亲胡应海。建于清乾隆五十八年（1793年）。前有高大的三檐四翘门楼，西侧八字门墙用整块黟县青石贴面砌建，气势不凡。门楼前原来安放一对雕刻细腻生动，威猛传神的石狮，后被毁。1992年投资修缮。整座祠堂分为三进。首进为门厅，门厅有四根青石柱，下垫石墩。进入

*笃敬堂

*追慕堂外景

祭祀大厅,地面青石铺设,斗拱莲花托枋形制精美,天井沿斗拱层层挑出,上厅两根长石柱,撑托着硕大的梁架,空间宽敞。后进为台式构筑,凿明堂、护石栏,两侧设石阶上下。修缮后的后进厅堂神座上陈列了李世民、李靖和魏征三人的塑像,意在告知后人西递胡氏家族是李唐的后裔。两侧挂有字屏,一幅是:"以铜为镜,可以正衣冠;以古为镜,可以知兴替;以人为镜,可以明得失。"另一幅是:"去奢省费,轻征薄赋,选用廉吏,使民衣食有余,为君之道,必须先存百姓。"

叙伦堂 ❶黟县城南隅桂林程氏(下程)总祠。建于清朝中期。门楼面对槐渠,入门楼过小院为正祠,槐渠穿小院流经祠门前。祠分前后两进,祠前立石鼓一对。现门楼拆除,祠宇基本完好,已改作黟县城关粮站及其宿舍。❷祁门县历口镇环砂村傅、程两姓共用祠堂。始建于明朝。坐东朝西,分前、中、后三进,由门楼、大天井、正厅、小天井、寝堂及楼阁组成。祠堂内立柱和横梁均挂有楹联和匾额,书法秀丽、金碧辉煌。高悬于中堂上方的有"叙伦堂"三字和矗立两侧的程氏祖训"孝悌忠信、礼义廉耻"八个斗大金字。自古宗祠无二姓,该祠堂却为傅、程两姓共用,实属罕见。祠堂院墙上嵌有一块"永禁碑",碑文刻于清嘉庆二年(1797年)冬,内容为养山造林,防止乱砍滥伐,注重山林资源和生态环境保护。属安徽省重点文物保护单位。❸见488页"三阳洪氏宗祠"条。

*追慕堂

*环砂叙伦堂

叙秩堂 黟县南屏村叶氏宗祠。建于明成化年间。占地面积1 200平方米。祠堂由80根粗大圆柱支撑起来,规模宏伟。宗祠门前的石鼓,用料为黟县青大理石,鼓座上雕有夔,寓意是把所有美好的事物都吸收到本家族中来。

俞氏宗祠 清乾隆年间为祀始迁祖宋议大夫俞杲而建。位于婺源县汪口村东端溪畔。占地面积1 100平方米。坐北朝南,面阔15.5米,进深62.2米。宗祠构造宏大巍峨,主祠堂高达三层。祠前是一个石板墁地广场，直抵溪边，正对宽阔深远的大明堂。祠由大门、享堂和后寝组成。大门为"五凤楼"格式。明间上、下花枋之间悬挂"俞氏宗祠"字牌，上花枋高浮雕"双龙戏珠"，下花枋是"双凤朝阳"，合而为"龙凤呈祥"。两廊各三间，前檐用通长的过海梁，长8.6米。享堂三开间，明间的前檐柱移向外侧接两廊前檐柱，骑门梁长9.6米，使享堂开间显得十分宽阔。后寝为五开间，前檐做得华丽，构图类似大门，中央高起，用网状斗拱。次间前檐枋上雕"龙凤呈祥"图案。楼上通间花隔扇，神主供于内。祠堂东侧原为义塾，西侧是花园，今两者均无存，仅义塾里剩下两棵月桂。属全国重点文物保护单位。

*洪家大屋

*俞氏宗祠

*洪家大屋（承泽堂）

俞正燮故居　清著名学者俞正燮的故居。位于黟县县城北街心六巷内。建于清朝中期。其西侧楼房为背向三间两楼结构。门口在南首，正大厅宽5米余，进深8米余，厢房门多为套八方锦、斜井口纹等图案，起着疏朗空漏的效果。厅堂楼高4米，次楼高3米余。厅堂内梁柱、天花、栏板都曾油漆，因年久剥落。后厅狭窄，一长形小天井，砖砌水枧。靠北侧有一小门与东侧另一幢房屋相通。东侧宅院坐西朝东，为另一独立的暗三间两楼建筑。大门为青石门坊，外门罩砖雕花瓶莲花、飞禽走兽等吉祥图案，凹凸成型，立体感强。北侧有厨房，与三角形花园相通。楼柱间隔以泥芦苇墙为壁，梁枋仿明建筑。

*洪家大屋（承恩堂）

洪家大屋　原为一洪姓大茶商的私宅，为洪姓由择墅（洪村）迁入时所建。位于祁门县祁山镇东大街敦仁里。始建于清朝中期。占地面积约1 200平方米。为几幢主房连成一体的清朝民居。共有大小屋宇数十间，包括承恩堂、养心斋、承泽堂、思补斋。现存四组建筑，东邻右横街，南邻敦仁里巷道，西邻中心路，北邻谭家大院。主体建筑均坐北朝南，建筑布局为两进两层式砖木结构。整幢大屋房房相连、屋屋相通。咸丰年间湘军老营驻祁时，曾是曾国藩的行辕驻地。属全国重点文物保护单位。

屏山舒氏宅　位于黟县龙江乡屏峰山麓的屏山村。建于明万历年间。占地面积约110平方米。系五开间三楼木结构。厅宽近15米，进深7米余。内部斗拱、月梁、棱柱、柱础都具明朝建筑特色。一楼高3.5米，西有厢房，东为厨房；次楼高4.3米，高敞宏亮，粗梁伟柱，光线充足。大门朝南，上镶有砖砌双柱单间三楼贴墙牌楼，飞檐翘出，翼角欲飞。飞檐下的偷心砖砌斗拱，以铁条为骨。贴墙牌楼中轴线上饰以砖雕漏窗；两侧扁平形抹角砖柱，中部略显呈弧形。属黟县重点文物保护单位。

姚氏宗祠 位于歙县许村镇塔山村。建于明朝。三进五开间,面阔11.2米,进深27.8米。门墙嵌有砖雕垂花门罩,上书"姚氏宗祠"四字。门屋上有一斗三升襻间斗拱。中进享堂基本保持原貌,前面是"人"字轩,有花瓶式童柱、仰莲平盘斗、叉手;出檐部分原为斗拱,现改为斜撑挑头。丁头拱拱眼雕花一朵,童柱为瓜棱形,皆为明朝建筑典型特征。后进寝堂为清以后改建,梁架较为简陋。属黄山市重点文物保护单位。

桂林堂 黟县城北街桂林程氏(上程)总祠。祠前设栅栏门楼,俗称"程家门楼下"。左径甬道至祠前。祠前为斗拱翅檐门楼,面对槐渠。祠分前后两进。前进正门左右立浮雕石鼓一对,雕工精细。

桃花源里人家 见495页"西递古民居群"条。

桃李园 由一儒一商两兄弟共同构思后营造,取名有"桃李满天下"之意。位于黟县西递村。建于清咸丰四年(1854年)。占地面积294平方米,总建筑面积454平方米。前厅两侧的柱子上有一副名联,上联是"读书好营商好效好便好",下联是"创业难守成难知难不难"。中厅较为窄小,为经商的弟弟居住。通向后厅又有一道堂墙,为了确保中厅明亮采光和通风,除了开有天井外,中厅楼上设置一木拱相围的"楼上井",这一独特的设计在徽派古民居建筑中很少见。后进为私塾厅,有石刻隶书"桃花源里人家"门额一幅,为清初书法家、黟县人汪士道题写。厅堂坐西朝东,左右两侧的板壁上各装有六块木雕屏门,全文漆雕欧阳修的《醉翁亭记》,出自黟县西武村书法家黄元治的手笔。后厅南侧有门直通花园,园内有石砌鱼池、石花圃、石几石凳,并栽有石榴桃李等果木。园临街门厅上刻有"桃李园"三个篆字石额。整幢宅院粉墙青瓦马头墙,红榴石桌围鱼池,占地面积不大,却显得疏朗开敞、高雅清新。

铁皮门大屋 见523页"程氏宅"条。

倚南别墅 南屏村中四大财主之一叶自珂的住宅。因背倚南屏山而得名。位于黟县南屏村。

*桃李园

建于清咸丰年间。占地面积约1 200平方米。有厅堂三处,门楼五间。正屋厅堂为四合结构,上下厅堂,上厅长辈居住,下厅晚辈居住。上厅地面高出下厅,结构规模上下一致。厅堂之间有宽敞的明廊相连,楼上有走马楼相互沟通。室内有门户相连,四通八达。上厅内雕梁画栋,描金绘彩,其楼板斗拱、雀替、莲花门等处木雕工艺精巧。上厅挂有"行吾素轩"匾额,右侧的木雕为"三顾茅庐"的典故,整幅木雕保存完好,层次分明,人物众多,神态清晰生动。下厅右侧窗栏上的木雕为"刘备招亲"的故事,从木雕上可以分辨出孙权、周瑜、刘备、孙夫人等人物。

*倚南别墅

*桃花源里人家

倪望重宅 又称"新屋里"。倪望重故宅。位于祁门县渚口村。建于清光绪十年（1884年）前后。宅坐西朝东，占地面积1 600平方米。该宅有正厅、花厅各1个，小厅6个，各成单元。由于徽州府辖六县，故曾将此宅戏称为"一府六县"。正厅宏大，气宇轩昂，乃倪氏迎宾宴客之所；小厅精巧，为家人起居之处；花厅雅致，为屋主读书休闲之所。楼上"求我斋"为藏书之所，号称"万卷楼"。整座建筑由回廊、曲栏连缀，梁头、门阙、隔扇、窗棂均有木雕装饰。属安徽省重点文物保护单位。参见583页"万卷楼"条。

黄士陵故居 位于黟县西武黄村下头园。建于清光绪二十七年（1901年）。坐西朝东，四合院两楼结构，院子正中大门上墙内嵌有一块石匾，上有石刻"旧德邻屋"，左下方落款为"穆甫属西垣题"，并有一方"汪奎印"。前有庭院，门设于左首，右侧有书斋、餐室等。正厅原有黄士陵自书篆字木联："古槐择美里，瑞竹延清芬。"书斋名"古槐邻屋"，因宅门外的肇殷公祠有两株古槐树，故称，现已毁。原有清诗人黄道宪书写的楹联："处士节独苦，先生艺绝伦。"均已散佚。

黄氏宗祠 ❶位于休宁县五城村。建于清乾隆间。修建历时41年，规模大，由五部分组成，分别为五凤楼、庭院、廊庑、享堂、寝堂。现仅存享堂，整体搬迁至古城岩景区保护。黄氏共出过16位进士，其中2位还中了状元。中间"状元及第"匾是黄轩于乾隆三十六年（1771年）中状元后，在四川为官，因颇有政绩，皇帝御笔所赐。旁边两块"钦点翰林""金殿传胪"匾也是皇帝旌表黄家子孙所赐。❷见511页"经义堂"条。

*五城黄氏宗祠

*倪望重宅

徐氏宗祠 位于歙县长陔乡韶坑村。始建于清乾隆四十六年（1781年）。系该村徐氏家族祠堂。三进三开间，面阔14.35米，进深46.1米。门厅两侧有砖质八字墙，大门设有石鼓，前后均为卷棚轩顶。前进庭院宽敞，两边为敞廊。中进享堂彻上明造，前檐卷棚轩，中为"人"字形梁架，上覆草架，堂悬"惠宗堂"匾额。后进两层，前加腰檐，卷棚顶。砖、木、石雕刻精湛，全祠用株树、银杏树所建，较少虫蚁侵蚀。属黄山市重点文物保护单位。

唐大司徒郑公祠 见488页"一本堂"条。

*五城黄氏宗祠对联(1) 　*五城黄氏宗祠对联(2)

黄村进士第 又称"黄家大厅"。位于休宁县商山镇黄村黄氏家祠。建于明末。占地面积约790平方米。四进五开间,进深51米,通面阔15.5米。坐南朝北,外观呈封闭式。门楼正中,镶嵌有嘉靖十年(1531年)十一月地方官员为嘉靖己丑科赐进士出身黄福立的"进士第"木匾。前后共四进,依次为门楼、门屋、正厅、后楼,每进庭院两侧均有侧廊相连。其建筑布局在门屋前增设门楼,在后楼后又加一天井,并在后天井的垣墙上做假门楼,位于纵轴线上,形成进深为五进的格局。门楼为三间三楼,檐下用叠涩出跳承托,不用斗拱。为了丰富空间序列,又在楼后复建门屋,以增加建筑群的进深感。门屋中间为门道,两侧为耳房,前部三开间,后部五开间,前后柱网布置各不相同。其剖面位于五架梁前后加轩式前后廊。在门屋中采用七踩斗拱,较后楼还多出一跳,予以重点强调。后楼后设有主屏风、次屏风,是较为少见的形式。属全国重点文物保护单位。

*黄村进士第

黄家大厅 见518页"黄村进士第"条。

黄家基与黄灯耀宅 位于休宁县五城镇中街。明朝建筑。黄家基宅为两楼四合院,占地面积297平方米;黄灯耀宅为两楼两进五开间,占地面积246.5平方米。大门均开在中轴线上,内有门庭。黑漆柱下承正方形石磉。楼上梁架为露明造,平盘斗莲花形,檐口用二跳斗拱承托。靠天井处置飞来椅,挡板上雕镂花卉,造型别致,装置华丽。属休宁县重点文物保护单位。

黄宾虹故居 位于歙县郑村镇潭渡村。建于清同治四年(1865年)。占地面积约400平方米。正屋为三开间楼屋,前有廊庑和小天井。宾虹自题为"宾虹草堂"和"虹庐"。左廊通厨下,屋前为小院。出左院门,即至"玉森斋",为三开间平房,前院有块假山石,名"石芝",宾虹部分画作题"石芝室""石芝阁",即为此处。现辟为"黄宾虹纪念馆"。属安徽省重点文物保护单位。

梓坞祠堂 宋氏宗祠。位于休宁县板桥乡梓坞村。建于明朝。占地面积约640平方米,总建筑面积约800平方米。该祠堂坐北朝南,三进五开间。后进寝堂起楼,通面宽约16米,通进深约40米。整个建筑由门厅、享堂、寝殿、廊、天井、厢房、耳房等组成。建筑木结构严密,梁架用料硕大,技艺熟练,工艺精巧,月梁曲线自然优美,雀替、象鼻、梁托、撑拱、柱托等构件雕刻精美。属安徽省重点文物保护单位。

*梓坞祠堂

曹门厅 系潜口汪氏一支祠。原位于歙县潜口村(今属徽州区),现移建"潜口民宅明园"。建于明嘉靖年间。厅堂在"文革"期间被毁,目前仅剩前廊、门厅及廊庑,现存平面呈凹形。砖木结构,悬山屋顶。山面饰博缝墙。谰额上置有补间斗拱,出双抄五铺作,一跳出45°斜拱承椽,拱头券分瓣苍劲有力。丁头拱眼雕花,大方砖斜铺地,有天井水池。该厅不但在覆盆础梭柱、斗拱、雀替等构造式样上体现了明朝中期的特点,而且一些构件沿袭了宋元以来的"禅宗样"古法。该厅堂屋所存部分柱础和阶沿条石,现作遗址处理。属全国重点文物保护单位。

*曹门厅

曹氏二宅 又称"舟庐"。位于歙县徽城镇打箍井街。由徽商曹霆生建于清末。地处府城内，占地不多，南宅占地面积138平方米，北宅占地面积136平方米。南北二宅设计巧妙，通宽11米，进深13米，为四合院式楼房，壁联通达，布局实用独特，宅内构件雕饰精美，保存完好。南宅是曹家迎宾待客的大厅，豪华砖雕门罩，下砌水磨青砖墙面，简洁大方，门左右墙脚，特选配坚固的石雕刻件防雨防损，稳健、端庄、有气势，寓意福禄临门。北宅是居家，大门以安全为重，饰以传统的小门罩，其雕刻工艺显露出大户门第的实力。正壁上挂中堂对联，为先祖曹振镛的手迹。下廊两厢房，为主人处理事务及休闲之所，陈设简洁。北宅厅堂，是曹家内眷家属生活区。中厅也称"堂前"，两侧为老爷、长子卧房，前为天井，天井两侧雕花隔扇内称"阁厢"。下堂两房通过阁厢与上房相通，故称"厢

*曹氏二宅（3）

*曹氏二宅（1）

*曹氏二宅（2）

房"，俗称此类型为"通转屋"或"上下对堂"。天井功能是通风采光，曹家后人加盖了天棚，扩大了雨天的实用面积。太师壁后一进称"后堂"，为家人就餐处，也有小辈分家后作"堂前"用。右边小门通厨房。属安徽省重点文物保护单位。

崇报祠 又称"坝祠"。祀奉自宋明以来修建渔梁坝有功官绅的祠堂，为渔梁坝的重要附属建筑。位于歙县渔梁街。建于清光绪三十一年（1905年）。占地面积344平方米。三进三开间两天井，仪门、享堂位于下，上台阶有寝堂，建筑古朴典雅。中进享堂前的天井左侧竖有"重修渔梁坝题名碑"和严禁货物上坝的禁碑。右侧是明清时期保护商旅以免被"敲诈勒索"的禁碑。内堂左右墙上各种碑刻，记载着重修渔梁坝的经过和一批乐善好施、乐于奉献的人员名单。享堂内供奉着自隋至清历朝为修坝做出重要贡献的名士，以表达后辈尊敬之意。坝修好后，知府黄曾源题额"崇报立达"，并作《修坝记》勒碑于祠，故称"崇报祠"。属全国重点文物保护单位。

清懿堂 歙县棠樾村用于专门祭祀女性的祠堂，即女祠。建于清嘉庆初年。占地面积792.63平方米。祠坐南朝北，三进，面阔16.52米，通进深47.98米。门厅前有庭院，上开花窗。门厅硬山式，前后为卷棚轩顶。大门外有抱鼓石一对，门框上方有门簪。门两侧八字墙，由砖雕砌成，其图案典雅纤丽，雕刻精湛。中

*崇报祠

进有宽敞庭院。享堂为五开间硬山式,进深15.7米,梁架露明造,前、后轩为卷顶,中部为人字顶,均为抬梁式结构。三进寝堂为五开间九檩硬山,进深10.55米,地面抬高1.3米,前轩、中部结构与中进相似,后檐步顶上设天花,下部做有石须弥座,雕有如意云纹。祠堂木材采用银杏树,用材硕大,冬瓜梁、雀替、象鼻、撑拱、平盘斗等构件制作工艺精湛,具有清朝中期建筑的典型特征。寝堂栏杆、阶级、檐柱采用茶园青石制作,天井墁铺茶园青石板,地面墁铺大方砖。与棠樾牌坊群同列为全国重点文物保护单位。

*清懿堂

惇仁堂 胡应海、胡贯三父子两代的故居。位于黟县西递村。建于清康熙六十年(1721年)前后。占地面积230平方米,总建筑面积442平方米。中间厅堂十分宽敞,堂内陈列摆设古朴典雅。"惇仁堂"匾额高悬太师壁上方,是嘉庆年间自称"菊叟"的汪承需手书。厅堂上悬挂两副木刻楹联,一副是:"几百年人家无非积善,第一等好事只是读书。"另一副是:"寿本乎仁,乐生于智;勤能补拙,俭可养廉。"

*惇仁堂

惇叙堂 见525页"鲍氏宗祠"条。

惇睦堂 位于歙县许村镇金村。始建于明嘉靖十五年(1536年)。占地面积315.25平方米。四进五开间,通宽13.25米,大门前置有廊,小梁两边雀替刻有十二生肖图案。前进入深10米,清式。中进入深13.8米,明式。梁柱粗硕,大梁绘包袱锦,其中部分绘八仙人物等,柱子披麻捉灰刷有黑漆;月梁下用丁头拱,瓜柱下作鹰嘴,叉手奔浪形。檩下雕刻花垫木,双步梁上有成对驼峰,月梁间用斗拱,上昂托起小梁,小梁上饰双龙戏珠,上接轩枋,整套轩上木构金光灿烂。后进入深13米(已倒塌),仅存遗址。属安徽省重点文物保护单位。

敬本堂 又称"世光第"。洪氏支祠。位于歙县三阳乡叶村。始建于明嘉靖三十三年(1554年),清嘉庆十二年(1807年)大修扩建,光绪二十三年(1897年)再次重修。总建筑面积540平方米。坐北朝南,面阔18米,进深30米。三进五开间,面阔16.2米,进深28.65米。大门为四柱三间三楼砖雕门罩,雕工精美。过门廊为庭院,两侧有廊。中进享堂高敞,明、次间为堂,两梢间为厢房,照壁上悬"敬本堂"匾。后进天井狭窄,寝堂上有楼。祠内梁头、雀替、平盘斗、梁托均雕有花草图案。享堂内保存有"进士""贡士""望重老传""五世同堂"等匾额。宗祠整体形制与室内陈设保存完整,构架宏大,结构精美,雕饰华丽,体现了不同时期的建筑风格。属全国重点文物保护单位。

敬序堂 婺源县思溪村俞氏宗祠。建于清嘉庆年间。占地面积约664平方米,正厅70余平方米,构长方形藻顶。有六个天井,楼有回廊护栏,书斋、客馆兼备。粗梁大柱,雕琢精美,镏金匾额光彩夺目。庭院幽雅有致。

*敬序堂

敬爱堂 黟县西递村胡氏家祠。始建于明万历二十八年（1600年），后毁于火，清乾隆年间重建。进深62米，跨度30米，占地面积1 755平方米，总建筑面积1 817平方米。原为胡仕亨的住宅，他的三个儿子胡廷俊、胡廷杰、胡廷仁将其扩建为胡氏祠堂的总支祠，并于祀厅正中立下巨匾，上书"敬爱堂"三字，表示兄弟之间要互敬互爱，也启示后人须敬老爱幼，族人要互敬互爱。该堂整体为砖木结构，坐南朝北，祠堂前有前边溪，后有后边溪，清碧如泉。门楼飞檐翘角，上挂铜铃。大门两边建有木栅门，门楼内两边有抱鼓石，鼓座上装饰有骏马、松鹤等浮雕。祭祀大厅分上下庭，中间辟有大型天井。下厅两根6米高的黑色大理石柱与上厅两根直径近0.67米的白果木柱相望对称，气势雄伟壮观。大厅后进是供奉厅，楼下作为先人父母的享堂，楼上供奉着列祖列宗的牌位。大厅的两壁挂有"忠孝廉义"四个大字，粗大的堂柱上挂有一副先祖遗

敬修堂 位于黟县宏村月塘北侧。建于清道光年间。占地面积286平方米。门前有青石晒坦，为村民聚会中心。西侧大庭院左右回抄。院中石砌花坛六个，左右对称，植有百年牡丹一丛，驰名远近。门罩高大，正厅两侧莲花门雕饰端庄别致，左右对称，雕刻有"松鹤同庆""福在眼前""平安富贵""福寿双全""草龙托寿"等图案。厅堂有花梨木八仙桌、八仙椅、茶几以及楹联、字画等。上方有楹联："事业从五伦做起，文章本六经得来。"两侧有楹联："淡泊明志，清白传家。"厅堂处处雕有吉祥图案。内门罩有戏文图绘。内部楼层栏板、柱拱、天花板均有装饰图案，飞金走彩。楼厅窗扇，扇扇相环，可关可开，可装可卸。厅堂两侧扇门以中线为轴，左右对称，精雕镂空，古朴大方。后厅是长辈生活和居住的地方，前厅与后厅之间由几扇装饰门隔开。

*敬爱堂外景

*敬爱堂

训的长对联。后厅正中挂有祖宗遗像,上面悬挂的匾额上写着"百代蒸尝"四个大字。祠堂中有朱熹书写的一个2米见方的"孝"字。

敬德堂 位于黟县宏村。建于清顺治年间。为"H"形民居。厅堂背向排列,前后厅均有天井,采光性能好。两侧为厢房,南侧为前院,北侧为厨房,厨房里还有一个小天井。东侧还有一坐西朝东的小偏厅和大花园。门楼雕刻十分讲究。楼角处砖雕有鳌鱼,龙头鱼尾,鳌鱼的下方是梅兰竹菊四喜图,下面又是喜鹊登梅、东鹿西马、吉祥水兽、鲫鱼跳龙门等图。正厅东西两侧各有六扇莲花门,中间栏板上雕刻有蝙蝠,为"五蝠奉寿、万福万行"之意。东西厢房窗子上镂空雕刻铜钱图案,窗下栏板上雕刻"万"字图案,意为多财多福。厅前有一副楹联:"立志不随流俗转,留心学到古人难。"

韩氏宗祠 又称"万村爱敬堂"。位于黟县宏村镇万村。建于明万历年间。面积约750平方米,东邻入村道路,路东为池塘,为七间三进深结构,有梭柱、大月梁、青石质荷花墩。全祠内梁架、雀替、平盘斗、额枋均有"鲤鱼跳龙门""百花争艳""百鸟齐鸣""飞禽走兽"等浮雕、透雕,其斗拱共有一斗一跳、一斗三跳等式样,整个木构架具有典型的明朝风格。祠屋、享堂的营造风格,特别是享堂中的上昂斗拱和枫拱的做法,在江南明朝木作中极为罕见,具有重要的历史和艺术价值,是研究中国建筑历史和建筑艺术的珍贵实例。属安徽省重点文物保护单位。

棠樾古民居 棠樾古村落始建于宋,盛极于明、清,是徽州地区历史悠久的古村落之一。位于歙县城西南郑村镇棠樾村。其古民居类型齐全,布局合理,工艺精湛,雕饰精美。村中现存鲍氏始祖墓园、社屋坦明宅、天灯巷明清住宅、前街明宅、存爱堂、从心堂、慎德堂、静修堂、保艾堂、承启堂、存养山房及欣所遇斋、鲍兴斋中药店等12处古建筑。属全国重点文物保护单位。

程大位故居 明商人、珠算大师程大位故居。位于休宁县率口(今属屯溪区)渠东5号。始建于明弘治年间。总建筑面积540平方米。主楼维新堂坐北朝南,为三开间一脊两堂两层砖木结构楼房。西侧为祀祖楼,五开间,倚主楼而建。入口处就势建"宾园"一座,园内有仿古回廊、草坪及花圃。临"宾园"有人工水渠一道,称"宾公渠"。西侧为祭祖楼,五开间,倚主楼而建。坐西朝东,五开间两层。两座建筑均为抬梁式木构架,硬山式屋顶,前后各有天井。构架严谨规整,大量使用丁头拱插入柱内,梁枋、门窗等构件质朴无华。从祭祖楼偏门可入宾园,系故居的花园,院墙上饰有三扇算盘漏窗,沿院墙有三曲回廊,回廊临空设有飞来椅,园内有花坛、鱼池、修篁、假山等。故居底层设瞻仰堂,前堂案桌上立漆刻程大位像,左右厢壁

*程大位故居

悬挂反映程大位"师生问难""遨游吴楚""丈量步车""覃思于率水之上"等10幅生平丹青。属全国重点文物保护单位。

程氏三宅 ❶清休宁县程裴囷、程金达、程成安叔伯兄弟三人宅居。位于休宁县凰腾村。建于清朝中期。裴囷宅门罩上雕刻有"暗八仙",进门抬头即可见"福禄寿财喜",上面是"周文王私访"。横梁上左边刻有牡丹,右边刻有三朵荷花,暗喻连生三子。两边额枋分别为"进士省亲"和"状元叩母"。下方的四扇窗棂上雕刻"花瓶",花瓶里雕有菊花、荷花、牡丹、梅花,寓意"四季平安"。金达宅门罩雕刻以人物图案为主,左边为"观音送子",右边为"周穆王拜西王母",尤其珍贵的是雕刻了一组《商妇送君图》,内容依次为"话别、送行、难舍、登船"。厅堂正中额枋雕刻《百忍图》。两边雕饰琴、棋、书、画风雅之物。左梁刻有"杨宗保招亲",右梁刻有"穆桂英挂帅"。周边雕有牡丹、荷花、菊花、梅花,寓意春夏秋冬四季富贵。左雀替为"二进宫",右雀替为"程咬金上朝",左边斜撑为"指日高升",右边斜撑为"天官赐福"。成安宅因最后建房,地势狭窄,位于底层难以有横向发展空间,故在设计时厅堂两侧做了假厢房,其实仅作通道用。美人靠雕饰有水浪纹、麒麟、孔雀等吉祥动物图案;正额枋为"文经武纬,安邦定国",左右两枋分别是"八贤王夜访寇准"和"周文王访贤"。属休宁县重点文物保护单位。❷位于休宁县柏树街东里巷(今属屯溪区)6号、7号、28号。建于明朝中后期。三宅均属封闭式砖木结构两层楼房,分前后两进,其屋面盖蝴蝶瓦,四周墙体封护,东西马头山墙起伏呈三级封护至脊顶,前后檐墙砌成凹形,高低落差在1米左右,是以天井采光、通风、排水为一体的独立建筑。6号宅为五开间,占地面积477平方米,其中院落及附属建筑225平方米;7号、28号宅三开间,占地面积分别为154平方米和187平方米。6号宅以砖雕见长,内门楼上的"凤戏牡丹"采用高浮雕手法,画面清晰异常,一凤一凰、一雌一雄,形态各异。7号宅木雕精美,寓意深刻。"瓶插莲叶"意即"平安是福",喜鹊站在枝头意为"喜上眉梢",以及"太平宝象""鲤

鱼跳龙门""麒麟送子""鹿回头"和《山海经》故事等都有不同的喻意。木雕中最为精致的是如意形状的鹅颈轩,六面镂雕,赋予木头以鲜活的生命。28号宅的石雕保存得最为完好,牌楼式的门楼下,石雕"凤戏牡丹图"栩栩如生,"双狮滚绣球"上的双狮肌肉饱满,绣球上缨穗飘飞,活灵活现。属全国重点文物保护单位。

*程氏三宅(屯溪)

程氏宅 俗称"铁皮门大屋"。是徽州现存完整的明朝民居之一。位于黟县城泮邻街三眼井附近。建于明万历后期。为前后三间两楼结构,占地面积156平方米。大门设在左侧,朝北,建有木栅栏门亭,亭内大门高2.5米,宽1.8米,厚0.1米,以铁皮压缝包边,庄重轩宏。地面用方砖铺就,成斜方格形,通厨房的侧门,也属同样构造。天井的水平墙高9米,两侧山墙高13米。厅堂宏丽宽敞,梭柱、月梁、斗拱、斜撑、覆盆柱磉都具明朝民居特色。房窗饰以方格窗扇,朴实洗练。二楼厅亦宽敞明亮。楼柱间隔以泥芦苇墙为壁。两侧山墙与柱枋有一定距离,具有防火功能。天花板上饰以彩绘,图案华丽典雅。二楼阳裙前后厅共有五抹头方格窗扇44块,图案规整明快。建筑内部装饰都曾油漆,但年久剥落。古建筑学家认为此宅具有长江下游明朝民居建筑的特色。属安徽省重点文物保护单位。

程氏宗祠 ❶歙县程氏宗祠。位于歙县富堨镇仁里村。始建年代不详,重建于清同治十二年(1873年)。三进三开间两天井,深22.85米,宽11.35米。前进为门楼,中进享堂前有卷棚轩,后为"人"字形梁架,彻上明造。内有大小立柱44根,材质为白果树、槠树,木梁材质为松树,中进冬瓜梁直径近1米。后进上廊前檐有黟县青花石栏杆一套,柱头雕刻成小狮头,雕刻精细,现保存完整。中进正厅上面高悬"德善堂"匾额,前、中、后进两边均有抱柱楹联(现已换新)。祠堂正面墙上嵌有四柱三间五楼式砖雕门楼,马头墙上绘有彩绘,至今色彩清晰。祠堂前面有200平方米左右祠堂坦及照壁,照壁上画有吉祥动物麒麟。属黄山市重点文物保护单位。❷休宁程氏宗祠。位于休宁县率口(今属屯溪区)。建于清康熙末年。总建筑面积554平方米。为悬山式五开间三进砖木结构祠堂,墙体木构架基本完好,正脊用薄砖漏孔堆砌三层,两端有鳌鱼吻,五架梁粗大,地面、正厅和四廊铺磨面麻石板,其他均铺设方砖。属安徽省重点文物保护单位。❸黟县程氏宗祠。位于黟县南屏村。建于清乾隆年间。祠堂大门两侧各有一组由黟县青石雕琢的护栏、鼓座和石鼓。由"三龙腾云""五凤朝阳"托起石鼓,谓之"龙凤呈祥",鼓座刻有"高山流水""苍松飞鹤""亭台楼阁""宝塔城郭"等四幅山水画。鼓座下面按照国画的格式雕刻,除玉瓶、宝鼎、青狮、白象外,还有题头、落款,并有篆体印章。两块石雕1米余高,2米余长,两边护栏上有"十鹿""八骏"两幅图,一幅是苍松翠柏图,10只梅花鹿各具神态;另一幅图流水旁、柳树下,8匹骏马或立或卧,形态悠闲自如。

*歙县富堨程氏宗祠

*休宁汊口程氏宗祠

*舒氏九檐楼

程庭仿等宅 位于休宁县五城镇下古林村。建于明朝后期。占地面积140平方米,坐北朝南、两进三开间,有门庭。门楼上饰以砖雕,刻工精细,逼真传神。屋架以抬梁式为主,边贴穿斗式、檐口斗拱、莲花瓣形平盘斗拱等。造型美观,保存完好。属休宁县重点文物保护单位。

舒氏九檐楼 又称"外屋四房厅"。黟县屏山村舒永溃祠。建于清初。气势宏伟。祠前为过街甬道,两侧各有拱门相通。门楼为九檐,中一,左右各四,层层掩复,斗拱翘角,故称"九檐门楼"。祠内开间宽敞,堂柱合抱;堂前天井空宽,四水来归,流入明堂。祠祀明御史舒荣都。荣都因与杨涟、左光斗弹劾魏忠贤,被害。明崇祯初平魏党,因亦平反,后人建祠纪念之。

敦本堂 歙县棠樾村鲍氏万四公支祠。始建于明嘉靖末年,清嘉庆初重修。占地面积750余平方米。共三进,分为仪门、享堂和寝堂。仪门为五凤楼,有砖雕八字墙,前天井两侧有廊庑,二进享堂为五开间硬山,后进柱间装有16扇漆屏,上刻邓石如录书《鲍氏五纶述》。后檐明间立有嘉庆皇帝上谕三首碑一座,两侧山墙原悬挂有朱熹书"忠""孝""仁""爱"四个大字,每字约有2米见方。后天井两庑壁上至今仍有保存完好的《公议敦本户夫条》《议田禁碑》等碑文8方,是研究徽州家法制度和徽商历史的重要文物。与棠樾牌坊群同列为全国重点文物保护单位。

*许村敦睦堂

敦睦堂 ❶为当时南屏四大富翁之一叶环川所有。位于黟县南屏村。建于清同治年间。廊步三间结构,前后两进,整幢民居雕梁画栋,描金绘彩,集砖、石、木、漆、铁画多项工艺于一体。房子中间的太师壁可以开启,能使前厅的光线更加充足。后厅天井下摆着一口吉祥缸,起着避邪防火的功用。❷位于歙县许村。三进三开间。明嘉靖十五年(1536年)动工,分三次修建,直至万历七年(1579年)才完工。现属安徽省重点文物保护单位。❸见491页"方春福宅"条。

敦履堂 位于绩溪县上庄镇上庄村。建于明末清初。总建筑面积278平方米。主体建筑坐北朝南，面阔三间，进深七间，为南北中轴线对称布局。砖木结构，两楼通转。外围封火墙，中部设有天井，四周以木制矮栏护围。丁头拱、月梁、鹰嘴柱、芦苇房坯墙，楼板下置搁栅等均体现出明朝建筑向清朝过渡的特征。现保存较完整。属安徽省重点文物保护单位。

*湖村民居

两边各有一块元宝式的砖雕，刻着"富贵"二字。庭院内放置有石几、石凳、石盆，摆设了假山、盆景、花卉，还有一个用黟县青石雕成的石缸，右边墙上石刻"履道含和"四个字。天井四周的斜撑上雕刻有四季花鸟图，分别是"丹凤朝阳""鸳鸯戏水""凤打牡丹""喜鹊登梅"。太师壁两侧的穿堂过道上有元宝梁。厅堂上的柱子悬挂着一副楹联："快乐每从辛苦得，便宜多自吃亏来。"

*敦履堂

湖村民居 绩溪县胡村民居群落。村舍沿河道而筑，一条山溪纵贯村中，溪畔东西，房舍栉比，略呈跌宕。溪上有若干桥梁沟通两岸。溪边筑有一飞檐翘角的阁楼。溪、桥、楼、舍组成一幅江南山村特有的水街景致。村西部有章氏宗祠，宗祠北侧有一特祭祠。在村溪的南端尽头处，有一门楼巷，巷内连片的民宅门罩，皆以风格各异、刻工精细的砖雕作饰。这些雕刻精致的门楼，在村内各民居中均可见。除此之外，还有近代的彩绘门楼。至今保存较完整的旧时民宅不下百幢，以余社照、章祖望、章祖强、章秀珍等宅为最。这些建筑，虽具有砖木结构、三间两厢、明堂天井、粉墙黛瓦、马头山墙等徽派建筑的基本特征，但其结构序列却各有不同，有单进、前后进的，有前厅后楼的，还有如祠堂大厅的，甚至还有一组合房舍中有石阶达50级，宅内还有天然的水井。属安徽省重点文物保护单位。

*瑞玉庭

瑞玉庭 位于黟县西递村。建于清咸丰三年（1853年）。占地面积约145平方米。是一幢前后向背三间两楼建筑。堂屋结构严谨，华丽典雅。门罩上左右

鲍氏宗祠 又称"惇叙堂"。位于歙县上丰乡蕃村。清乾隆五十二年（1787年）竣工落成。总面积680平方米。宗祠坐西朝东，三进三开间。面阔13.3米，进深51.2米，均采用木栅栏护祠外套。两边八字墙，磨砖对缝，"万"字花纹嵌入其中，上有葵花砖雕修饰，下为"虎门纹"，上下均有石基护衬，祠内卷棚轩顶、雕梁画栋。享堂三格分设，里外天井，两廊环抱，石柱、木柱林立。"鲍氏宗祠"匾额高悬，门前"百兽坛"，旗杆墩六个分两组，端坐坛前，气势恢宏。该祠三进两天井，前后高低有序。一进为天井庭院，廊西廊北合抱。二进为正堂，"惇叙堂"匾额高悬。属安徽省重点文物保护单位。

新屋里 见517页"倪望重宅"条。

雍睦堂 见493页"叶氏宗祠"条。

溪头三槐堂 又称"王家大厅"。原系王经天三兄弟故宅。位于休宁县秀阳乡溪头村（今属海阳镇）。建于明朝中期。为王氏族人聚族议事和举行庆典之所。共三进，现存两进，通高阔30.88米，通进深33.82米，占地面积1 124.88平方米。堂中轴线为门屋、享堂、后寝（已圮），轴线两侧有大面积的辅助用房，以备聚食待馐和方便远道族众食宿，其主体建筑组成了一组庞大的建筑群。头进门屋五开间，通面阔15.26米，通进梁15.47米，梢间为塾。门屋后部分七架椽，四柱，草架下四椽栿，前架后卷，剳牵对乳栿，内四架及卷用覆水椽。前部分廊三间，一架椽，两柱，弓形轩，轩梁月梁造，上置驼峰、十字拱。前后以砖墙隔断，屋面设陶制天沟。两进享堂五开间，梢间为楼梯间及夹室。深9.87米，八架椽，草架下前卷后架，覆水椽，四椽栿对剳牵，内四架四椽栿，用四柱。斗拱外跳五铺作，间缝柱用插拱，补间并里向一跳。享堂铺作第一跳，华拱交互，斗上承托木枋，枋头刻卷叶。两侧辅助建筑现存两进三间，东、西对称，相对独立，曲房奥室，均衡有序，每进均设天井通风采光，交通便捷。楹柱林立，廊庑环接，平面复杂，结构严谨，木构架采用银杏木，十分名贵。属全国重点文物保护单位。

*溪头三槐堂

*溪头三槐堂内景

慎思堂 黟县南屏村叶氏家祠。始建于清光绪年间。坐西朝东，前后两进，廊步三间结构。正屋前厅中堂上方的黑漆匾额上有斗大的"慎思堂"金色楷书，为著名书法家黄天壁所书。中堂画面错落有致地绘有红硕的南天竹，曲虬古松，峥嵘牡丹及点点梅花，并配有兰、百合、灵芝、柿子等，寓意"富贵平安"，落款为"光绪庚夏六月中伏，客人王友德定生"。前厅是宴请宾客的场所，设有八仙桌、太师椅、方茶几、罗汉椅等，为典型的徽派民居摆设。后进为女眷活动场所，场地比前进小。一幅"月夜行舟图"木雕保存完好，人物活灵活现，均为《岳飞传》里的人物，造型、意境美好。

*慎思堂

墙里门 见500页"观察第"条。

蔚德堂 位于歙县霞坑镇鸿飞村。房主为在北京经营茶叶生意的冯瑞山、冯云辅兄弟，民国二十四年（1935年）建成，历时四年。坐北朝南，分上、下堂，俱为两进三开间结构，面阔8.62米，通进深22.84米，伴以厨房、庭院。上堂两进，进砖雕门罩有狭窄天井，天井上盖有"人"字形屋面，是民国时期特有的做法。正屋高敞，两层，悬"蔚德堂"匾额。下堂为两层倒厅，堂悬"瑞云轩"匾额，后有宽敞庭院及两廊，光照充足。上堂后面临街，东侧有三角形庭院，院门上有画卷式砖雕门额，上刻"积厚流光"四字，其上还有八卦图案，花纹极为繁复细腻。该屋的砖、木、石雕及墙头彩绘精美细致，体现了徽派建筑的高超水平。属黄山市重点文物保护单位。

潘氏宗祠 位于歙县北岸镇大阜村。始建于明万历十三年（1585年），清同治十三年（1874年）重修。占地面积801平方米。宗祠为三进，通宽19米，通进深42.6米，门厅为五凤楼，中有庭院，两侧为庑廊，中进五开间。雀替、平盘头等处雕藏百骏，俗称"百马图"。月梁上高悬历朝潘氏名人所题匾额。现存13块。后进七开间，有楼，青石檐柱，重檐。该祠气势壮观，雕饰独特。属安徽省重点文物保护单位。

*潘氏宗祠

*燕翼堂

履福堂 清收藏家胡积堂故居。位于黟县西递村。建于清康熙二十三年（1684年）。占地面积204平方米，总建筑面积311平方米。前后两进背向三间三楼结构，典雅庄穆，古色古香。厅堂字画楹联布置及瓶镜摆设颇具古风。前厅厅堂挂一"松鹤"中堂，上方匾额为"履福堂"。厅堂柱上挂有"世事让三分天宽地阔，心田存一点子种孙耕""几百年人家无非积善，第一等好事只是读书""诗书朝夕，学问性天；慈孝后先，人伦乐地"等古训楹联。长条案桌上东瓶西镜、文房四宝。前置古拙的罗汉椅、八仙桌。西侧厢房板壁上挂有一幅"祖德流芳"题额及郑板桥的竹黄贴画。后厅天井间置有鱼缸、石几、盆景等。厅侧挂一"清风徐来"木质古挂扇悬于半空，一边刻着"凌云"二字。天井两旁各有12扇木门，雕刻花草、飞禽、走兽，在每扇门中段各雕一则孝义故事，合起来是一幅《二十四孝图》。后厅的天井中有一方1米多高用黟县青石砌成的大水池，可养鱼观赏，又有调节湿度、消防蓄水的功能。现主人仍收藏着胡氏《五世传知录》及祖宗遗像、水浮石等。

*履福堂

燕翼堂 相传为扬州八怪之一罗聘的祖宅。位于歙县呈坎村（今属徽州区）。建于明朝。为两进三层建筑。外围有水系包围，活水长年流动。门和窗都有方砖镶嵌，四面是很高的封火墙，起到防火防盗的功能。楼地板上面铺了一层沙子，沙子上铺有地砖。三楼屋椽上铺有望砖，望砖上面再盖瓦。二楼的地砖和三楼的望砖都能起到阻隔火情的作用。

戴震读书处 戴震故居遗址。位于休宁县隆阜（今属屯溪区）三门里。有长36米，高2.43米的短垣围墙和边门门罩，门洞、门柱、脚踏石均用磨面红褐色石条砌成。园内存栗树一棵。故居旁有一水池，水面近百平方米，相传为戴震洗砚池。

*戴震读书处

膺福堂 商人胡尚熷故居。位于黟县西递村。建于清康熙三年（1664年）。占地面积183平方米，总建筑面积516平方米。其高大贴墙八字门楼，飞檐翘角，方柱月梁和精美砖雕，气势宏伟，显示了非同一般的官第形制。门罩顶上覆以三层五檐的楼阁状，雀替构件精美华贵，特别是一砖雕饰件，站在一边看是"金龙吐水"，而转到另一边看则是"丹凤展翅"，工艺设计极为精巧。仪门有一道高门槛。整个大厅宽敞高大，堂皇肃穆。前进由上下厅堂、三间房和左右两庑两间厢房组成的四合格局建筑。天井摆放盆景假山，情趣盎然。四围檐柱斜撑雕成倒匐的狮子，天井两边的厢房全用木雕花翻扇连接楼上楼下的房间，古朴华丽，典雅别致。屋内木雕的莲花门，以及一些古家具，均玲珑精致。

[八] 徽州建筑

祠堂民居　牌坊戏台　桥塔亭楼　寺庙庵观　水口园林　建筑形制

八脚牌坊　见533页"许国石坊"条。

大夫牌坊　见534页"吴继京功名坊"条。

大中丞坊　又称"光分列爵坊"。位于歙县雄村。建于清乾隆二十七年（1762年）。三间三楼冲天柱的青石牌坊，高13米，宽8.5米。坊三楼双升龙板上有"恩荣"二字，二楼中央前面字牌书"光分列爵"四个大字，一楼正中央书"大中丞"三个大字。"大中丞"是官名，明清时期监督各省巡抚的官员称"中丞"，这里指明成化年间进士曹祥；左边"学宪"二字，也是官名，指进士曹楼，官至四川学政；右边的"传胪"，是当时科举考试名次，指的就是曹文埴在清乾隆二十五年（1760年）高中的殿试二甲第一名，位居状元、榜眼、探花之后，名列第四。牌坊背面镌刻明曹氏家族中举者和显宦的姓名，光分列爵，门楣生辉。"光分列爵"和"世济其美"就是对曹氏家族里成就最显赫之人进行的褒奖。

*大中丞坊

大本堂古戏台　是徽州目前保存较完整的古戏台之一。位于祁门县新安乡李坑村。建于清同治十三年（1874年）。坐北朝南，三进三开间。通面阔10.42米，通进深32.8米，占地面积341.8平方米。整个建筑由祠前广场、门厅、古戏台、边廊、前天井、享堂、后天井、耳门、寝堂、厢房、神龛等组成。前天井东西两侧耳门外靠巷道，与民居相通。原享堂正壁悬挂有"大本堂"以及字匾和楹联。整个地坪除天井及阶条石以外，其余均为卵石垫层，三合土夯打出光地面，整个建筑外观朴素大方，充分体现了徽派建筑特色，有着较高的建筑艺术价值。该祠前进门厅同徽州传统祠宇建筑风格一致，中进金柱间设有仪门，门前设有抱鼓石。仪门内设可拆卸活动戏台，在演戏时搭设，祭祀等大型活动时拆除。

大学士坊　见533页"许国石坊"条。

大郡伯第门坊　位于歙县许村。建于明末。大郡伯即许伯升，系元处士许友山的孙子，出身于许村的徽商世家，明初任福建汀州知府。门坊四柱五楼，高8.6米，宽9.6米，水磨砖砌，梁枋、雀替均有细腻精美的雕刻，三层檐四角翘起，带鸱吻，中脊两端装鳌鱼，门匾书"大郡伯第"四个大字，下一行书小字"为中宪大夫福建汀州知府许伯升重立"。

*大郡伯第门坊

丰口四面坊　位于歙县许村镇丰口村。明万历年间为旌表丰口郑绮而建。形制独特，为四柱四面的正方形，每面看去均为一座两柱三楼式石坊，即为四座石坊的组合。石质主要为花岗岩，字牌坊板为红砂岩。南面额枋上刻有"宪台"二字，垫板上刻有"云南按察司佥事郑绮"。北面刻有"敕赠""廷尉"，西面刻有"恩荣""进士"。该坊脊檐下有华拱，恩荣匾左右雕龙纹，檐柱下雀替雕饰花草。此坊是现存年代较早的徽州立体式石坊。属安徽省重点文物保护单位。

天乙真庆坊　位于休宁县齐云山玉虚宫左，天乙真庆宫前。明正德十二年（1517年），由道士汪泰元募建。坊高15米，红砂岩石凿琢，四柱两层楼阁式，二层横额镌有"天乙真庆"四个大字，至今完好。

云程进步坊　位于休宁县齐云山太素宫大门外前，通道之南，与香炉峰相对。建于明末，清朝重修。原称"玄天金阙坊"，清朝重修改名"云程进步坊"。坊为六柱五层楼阁式，石质青亮，雕琢精工。

*丰口四面坊

*中正坊

木牌楼 位于绩溪县城内西大街中段十字路口。明成化元年（1465年）为举人章英立。为跨街楠木牌楼，上覆瓦。旧志称其为"登科坊"，被誉为"江南一绝"。

五马坊 位于歙县许村。建于明正德二年（1507年）。石质，四柱三间五楼，高9.7米，宽8.2米。该坊由砂岩雕刻而成，雕工精美。此为洪武年间曾在福建汀州任知府的许伯升所建造。牌坊上的"哺鸡兽"是明朝早期建筑的重要标志。封建社会等级森严，不同级别的官员出行乘坐的马车有明确规定，如皇帝乘坐八匹马拉的马车出行，知府只能坐五匹马拉的马车，故将知府又称为"五马"。

*五马坊

中正坊 位于绩溪县城内。宋初筑城时，先测定中心点，建此亭坊，后圮。明朝重建，历代均修葺。亭坊为正方形砖木结构，基座面积约16平方米，有阁无梯，脊高6.37米。四面拱门，高阔各2.5米，直通东南西北四街，故俗称"四门川"。门额上书"中正坊"三个楷字。

六都牌坊群 位于祁门县胥岭乡六都村。共10座，6座位于村前大路，4座位于村内通衢。村前作为门楼的一座，称"世美坊"，清道光二十五年（1845年）建，砖构，四柱三间三楼，上嵌砖雕，是六都村进出的总大门。此外，有节孝坊2座，并立于村口大路两旁；功德坊7座，是明进士程泰、程宏、程杲、程昊、程昌、程文、程原佐的纪念坊。均为石坊，大多为两柱一间两层，第二层的内外两向分别镌刻坊主的官职、姓名及科举膺选时间。今已圮毁其七，仅存世美坊和程昌、程文两座功德坊。

双节坊 位于歙县许村镇许村。建于清嘉庆年间。坊高4.7米，宽1.8米，以弧形的石条构筑而成。是歙县牌坊中最小的一座，此坊为旌表许俊业妻妾而立。许俊业年轻外出经商，英年早逝，继妻金氏和妾贺氏以做鞋底和绣花维持生活，供养公婆，勤俭持家。她俩守节的故事被上奏朝廷，皇帝赐建双节坊，后人用她们留下的微薄积蓄建造了这座小牌坊。

双寿承恩坊 位于歙县许村镇许村。建于明隆庆年间。四柱三间五楼，高9.5米，宽7.9米，砂岩石质。在位于楹柱两侧的奔狮图簇拥下，以精美细腻的雕刻相映衬，匾额上书写着"双寿承恩"四个醒目大字。双寿承恩，指当时村中一对寿过百岁的许世积夫妇，男101岁，女103岁。封建时代称老寿星为"人瑞"，在社会上是值得庆祝的荣耀喜事。

*双节坊

*双寿承恩坊

*玉虚坊

玉虚坊 位于休宁县齐云山玉虚宫前。明正德十年（1515年）道士汪泰元募建。四柱三层楼阁式，红色砂岩筑成。石瓦飞檐，巍峨壮观；坊脊、梁柱、拱托皆雕刻精细。横额左侧镌一玉兔面西而坐，表示月亮；右侧镌一金鸡面东而啼，表示旭日东升。坊有联："徽郡称秀区望对峙黄山天都多藏隐君子；海阳果胜地登最高白岳玉虚争拜活神仙。"属安徽省重点文物保护单位。

古林双节坊 又称"妯娌坊"。位于休宁县五城镇古林村村口，是"旌表"黄樟妻程氏和黄鉴妻朱氏的"双节牌坊"。建于清雍正八年（1730年），现搬迁至古城岩景区保护。四柱三楼冲天式，高10.65米，宽8.41米，用料精细，为一色的黟县青石。其中，正额枋书刻"恩奖幽贞""旌表黄樟妻程氏节孝"；背额枋书刻"荣褒冰节""旌表黄鉴妻朱氏节孝"。是明清时期休宁节妇、烈女牌坊中级别极高的一座，因为有礼部尚书、兵部尚书等三品以上官员为其题名。

节孝总坊 位于黟县石山口北。清道光年间奉旨所建。为六柱五坊联建，黟县青石雕砌。上刻孝节贞烈妇女共3 967人姓名。后拆除。

龙川古戏台 位于绩溪县龙川村。胡宗宪尚书府曾建有内外两个戏台：徽戏园是个家族内的小戏台；而外戏台，乃大戏台，是专门对村里百姓开放的。可惜的是，这个外戏台因年久失修已不存在。据说徽戏园是明兵部尚书胡宗宪为招徽班进府演戏娱亲而设计搭建的。胡宗宪小时候就喜欢徽戏，入仕为官后，常有"家班"在身旁侍候，省亲回家自有必要搭建戏台。整个"徽戏园"舞台院落，分看台、院坦、舞台三部分，一间小巧玲珑的轩厅，是父母长辈看戏的地方，前有小栏围护。脊檩两侧各有双象驮峰，寓意"四象应四时"，脊柱"人"字元宝托木雕图，一为"麒麟吐书"，是孔子降生的吉兆；一为"龙凤呈祥"，是祥和的象征。中隔小院，院坦上，昔时两旁植有奇花异卉，今存棕榈、丹桂各一，谐音"尊贵"。舞台虽小，但精巧别致，看台做工独特，是徽州戏台建筑的典型之作。两台柱上狮子雀替，为雌雄对狮。雄的戏球，雌的怀拥小狮，寓意为"太师（狮）、少师（狮）"。前正梁元宝木雕图案：右为佛手，寓"福"；左为仙桃，寓"寿"。两边图案：右为"狮啸太平"，左为"象送天香"。戏园堂匾"敦厚堂"，是希望代代子孙通过戏文教化，存敦厚、尚忠义、远奸佞。

龙源坊 又称"孝子坊"。位于休宁县蓝渡乡龙源村村口，现搬迁至古城岩景区保护。明万历三十四年（1606年）壬辰科进士胡玠为其母程氏请旨旌表贤德而建。清光绪十七年（1891年）重修，至今坊下层尚完整。坊为四柱冲天式，石质青润坚亮，柱下石磉置有石狮护柱，雕琢精工，古朴典雅。

龙溪天水万年台 见534页"余庆堂古戏台"条。

东门万年台 位于黟县城东门外。台有三层：下基台，中主台，上楼台。主台三间，中为舞台，两侧厢间分别有"出将""入相"门通于舞台；楼台三间，侧厢亦各有门出入台中。正台、楼台均悬宫灯，饰以彩幔，各有楹联。台顶则飞檐翘角，气势雄伟。

四世一品坊 位于歙县雄村乡雄村，立于村西曹氏一本堂正前方。清乾隆二十四年（1759年）建。是一座三间三楼四柱冲天式青石牌坊，高11米，宽8米，用灰凝石构建。雕刻精美、色质厚重、气势雄伟。两侧两只雄狮相蹬。其三楼正中镶嵌一块刻有"覃恩"二字的双龙版，二楼正中阴刻"四世一品"四个大字，一楼正中刻有清尚书曹文埴和曾祖、祖父、父等分别受皇清诰授、诰赠、诰封为一品的名讳。四代中诰授、诰赠一品官衔五人，诰封、诰赠一品夫人七人。四世一品功名牌坊全国罕见。属安徽省重点文物保护单位。

*冯村进士坊

司平坊 位于绩溪县家朋乡硼头村。建于明万历五年（1577年）。沿溪跨道，两柱三楼歇山式，花岗石结构。高10米，宽4米。石柱底层两侧以石狻猊四只撑护。上下大额枋分别镂刻"鲲鹏展翅""双龙戏珠"。中间平板正面楷刻"元戎分理"，为广西都司正断事许时润立。

*四世一品坊

冯村进士坊 位于绩溪县浩寨乡冯村。建于明成化十五年（1479年）。立坊人冯琛，字时鸣，冯村人，成化十四年（1478年）进士。授福州府推官，擢兵部车驾司主事。为政有声，廉洁奉公。三间四柱五楼，高8米，宽8.2米，进深2.45米。通体用花岗岩石雕凿而成。结构采用侧角做法，四柱抹角，微向内敛，八大抱鼓石依偎四柱。坊顶用石板雕成歇山式，单路花脊，两端装饰鳌鱼，主楼正脊中部置火焰珠。斗拱承拱屋檐，中央安置竖式"恩荣"匾。梁枋用浮雕工艺，饰以双龙戏珠、祥云织锦、鸿鹄腾飞、骏马驰骋、麒麟降福、平安如意等图案。刀法娴熟，线条奔放。明间花板镌成书卷式，中书"进士第"楷书，左右两侧分别镌刻被立坊者和立坊人的头衔姓名及立坊时间。属安徽省重点文物保护单位。

玄天金阙坊 见528页"云程进步坊"条。

*司平坊

百岁坊 位于黟县石山大路。清道光二十七年(1847年)为旌表黟县孙洪甲建。孙洪甲,字焕芳,立身端厚,寿登百岁。道光十六年(1836年)恩赏银缎并敕建此坊。

贞白里坊 位于歙县郑村。始建于元末。明弘治和嘉靖年间、清乾隆年间曾重修。仿木结构,两柱一间三楼,高8米,宽5.7米。石柱内侧面有门框卯口,最早装有木栅门。二楼匾额上有元翰林国史院编修程文等撰写的《贞白里门铭》,旨在旌表元里人郑千龄一家三代乡贤。一楼额枋上有"贞白里"三个篆刻大字,为"奉政大夫金浙江东海右道肃政廉访司事余阙书"。坊的主要构件外形尚好,梁上深浮雕及部分文字剥蚀严重。属安徽省重点文物保护单位。

*贞白里坊

光分列爵坊 见528页"大中丞坊"条。

同胞翰林坊 位于歙县潜口镇唐模村(今属徽州区)村口。建于清康熙年间。为表彰唐模许氏同胞兄弟许承宣和许承家而建造。两兄弟分别于康熙十五年(1676年)和康熙二十四年(1685年)考中进士,被康熙皇帝钦点为翰林。

会源堂古戏台 位于祁门县闪里镇坑口村。会源堂乃竹源陈氏宗祠,建于明万历十五年

*同胞翰林坊

(1587年),由戏台、享堂、寝堂三部分组成,总面积600平方米。戏台坐南朝北,面积97平方米,两厢看台及天井面积206平方米。台前基础以砖石砌成,台面以木柱支撑,上铺台板。戏台后壁即祠堂南墙,不设大门,是该祠的一大特色。前台明间为演出区,两侧各有厢室一个,为乐队伴奏处。台前设有石雕栏板,两侧有楼梯与看台相连。戏台正中央顶部有穹形藻井,梁架结构为硬山搁檩式,额枋、月梁、斜撑、雀替等雕饰各种浮雕图案及立体木雕,整个戏台雕梁彩栋,装饰性较强。两侧廊式看台前檐柱为方形石柱,柱台上设有菱形装斗拱。檐枋、柱台、斜撑均雕有精美纹饰和人物饰件。天井以青石板铺地,十分规整。

齐云二天门 齐云山门坊。位于休宁县齐云山真仙洞府西侧。两岩夹峙,中空如巷,上高下低,凿石砌天梯以登。入口处旧有石坊,现仅存遗址。有天门楼,可供憩息。

齐云三天门 齐云山门坊。位于齐云山风景区。门坊为四角双层建筑,红砂岩建造。高12米,占地面积46平方米。有石坊8柱耸立,刻八仙像。门前石栏,龙头狮柱,雕琢精工。

祁门古戏台 主要分布位于祁门县城西新安乡、闪里镇汪家村、文闪河流域,共有11处。其中新安乡8处,包括余庆堂古戏台、聚福堂古戏台、叙伦堂古戏台、大本堂古戏台、和顺堂古戏台、顺本堂古戏台、敦化堂古戏台、新安古戏台;闪里镇3处,包括会源堂古戏台、敦典堂古戏台和嘉会堂古戏台。历史上这一带文风昌盛。古戏台作为一种演出场所,不仅有娱乐功能,更有宗族教化功能:一方面可以维系宗族的血缘关系,徽州人讲究忠孝节义、尊祖敬上,演戏时打开享堂的隔门,可与祖宗同乐,使人感到宗族的荣耀;另一方面体现出宗族的威严。祠堂是执法的场所,通过演戏既处罚了违法和触犯村规民约的族人,由他们出资请戏班演出,又教育了全村人,起到警世的作用。古戏台主要设置在祠堂内前部,与享堂相对,这是有别于其他地区戏台设置的典型特征之一。这些古戏台风格各异、各具特色,是明清以来徽州古戏台的代

＊齐云二天门

＊齐云三天门

＊余庆堂古戏台

＊许国石坊

许国石坊 又称"大学士坊"。因有八根立柱，又被称为"八脚牌坊"。位于歙县城内。建于明万历十二年（1584年）。坊主许国是歙县人，嘉靖四十四年（1565年）进士，为嘉靖、隆庆、万历三朝重臣。万历十一年（1583年）以礼部尚书兼东阁大学士成为内阁成员。坊上"少保兼太子太保礼部尚书武英殿大学士许国"题字出自明书画家董其昌手笔。坊石质，为沉含砾凝灰岩，"口"字形平面，南北长11.56米，东西宽6.77米，通高11.50米。南、北两面作两柱三楼冲天柱式，东、西两面作四柱三楼冲天柱式，结构稳固，造型丰满。石坊施以仿木结构建筑包袱锦画的雕饰，图案典雅，刀法娴熟。属全国重点文物保护单位。

表。其建筑风格不同于城市的戏台，也不同于北方农村的戏台。戏台分前台和后台。前台明间为演出区，次间为文、武场乐间，梢间为回廊，两侧廊庑设有观戏楼。戏台正立面及构件上均雕刻精美的纹饰，使人感到优美、恬静。祁门古戏台后被整体列为全国重点文物保护单位。参见534页"余庆堂古戏台"、541页"聚福堂古戏台"、537页"叙伦堂古戏台"、528页"大本堂古戏台"、535页"和顺堂古戏台"、537页"顺本堂古戏台"、539页"敦化堂古戏台"、541页"新安古戏台"、532页"会源堂古戏台"、539页"敦典堂古戏台"、541页"嘉会堂古戏台"诸条。

阳春古戏台 位于婺源县镇头镇阳春村。建于明嘉靖年间。面阔10米，进深7米，高8米，占地面积700平方米，可容纳观众四五百人。戏台上屋为大木榫卯组合建筑，飞檐戗角，16个反翘式飞檐左右前后对称。梁架角斗拱，圆形尖角藻井，层层重叠，外形美观，结构牢固。戏台前明枋雕刻有"双狮戏珠"图案。戏台高1.7米，由8根方柱、26根圆柱支撑。前台设置有8门（正面4门，台侧左右各4门），方便演员同时出入。中有照壁，后台略小于前台，次间呈"八"字形，左右有抱鼓石各一。前后台面积共50平方米。粉墙上记录了众多戏班的题壁。

进士坊 见534页"张应扬功德坊"条。

孝子坊 ❶位于休宁县渠口乡珰金村东,现搬迁至休宁状元广场保护。清乾隆二年(1737年)为孝子朱元俨所建。四柱三层冲天式,两根中柱左右,各有石狮一对,高1.3米。坊上部横额刻有"光被孝思"四个大字。❷见530页"龙源坊"条。

*珰金孝子坊

吴中明尚书坊 位于歙县南溪南村(今属屯溪区)。建于明万历年间。为花岗岩四柱三门冲天式结构。坊通阔8.8米,柱高12.6米,方形,雕饰朵云和织锦图案。明间柱须弥座上,两面各立石狮一对,次间置抱鼓石。正中坊心直书楷体"龙光",横额书"恩荣三代"。

*吴中明尚书坊

吴继京功名坊 又称"大夫牌坊""前世牌坊"。位于休宁县商山村水口,现搬迁至古城岩景区保护。明万历年间为吴继京而建。坊为四柱三楼冲天式,青石结构,宽9.1米,高11.66米,牌坊上布满了精细的雕刻。柱为正方形,雕刻"万"字纹和"包袱锦"用以装饰。奠基石宽0.66米,长1.3米,雕刻麒麟、仙鹤用以象征吉祥,四边雕有回纹、如意云纹以衬托;奠基石后部雕刻"喜鹊登梅"和"孔雀戏牡丹"图案。四柱基石前后共有八只身高1米的倚柱狮,刻工精湛,形态各异。正面右额枋雕有玉兔、仙鹤,以祈求高寿;左额枋雕有猛虎、锦鸡、喜鹊,以示威严、喜庆;中间雕刻八角塔、凤凰、鳌鱼、巨龙,寓意国泰民安。牌坊正匾额镌雕"广东德庆州知州吴继京"几个斗大楷书。

*吴继京功名坊

吴蔚起进士坊 吴氏后裔为清康熙四十二年(1703年)科举进士、贵州道监察御史加九级吴蔚起建。位于歙县南溪南村(今属屯溪区)。建于清朝中期。与吴中明尚书坊相距约50米。坊的结构、尺寸、图样同吴中明尚书坊。正中坊心楷书"覃恩",坊额书"荣封三代"。参见534页"吴中明尚书坊"条。

余庆堂门坊 位于歙县雄村乡雄村南隅,三间三楼四柱式青石牌坊。坊高13米,宽8.5米。三楼正中有双龙版"恩荣"二字,二楼中央版署有贡进士人名。坊的背面三楼正中有双龙版"恩荣"二字,二楼中版和一楼左中右三版署各人名受朝廷封赐的详细官职爵位。坊后有一长方形大水塘,长70米,宽20米,一座三孔石桥横跨于上,桥面用青石板铺砌,平整宽敞。越桥即为曹氏支祠"余庆堂"遗址。属安徽省重点文物保护单位。

余庆堂古戏台 又称"龙溪天水万年台"。位于祁门县新安乡珠林村。建于清同治八年(1869年),有戏台、乐池、两厢楼座看台等部分。前檐、穹顶均有浮雕。前檐人物浮雕造型生动,刻工精

*吴蔚起进士坊

双柱单间三楼，开间约3米，高约5米，南面额枋上镌"京闱乡贡进士江衷之门"十字，上坊镂双凤朝阳图，月梁镂鲤鱼纹饰图案。栏板镌"尚宾"二字，北面月梁镌牡丹纹饰图案，额枋镌"风云庆会"四字，上坊镂双鹤翔云图。在建筑结构上，两侧护斗板八出，中间置斜拱和枫拱，为宋、元斗拱制作的典型样式。属安徽省重点文物保护单位。

*尚宾坊

致。整座戏台富丽堂皇。坐东朝西，与祠堂正厅相对，分前台、后台、看台三部分。前面看台为表演区，台面高2米，面积98.6平方米，台沿贯连左右两厢。台亭有小仓，为演员化妆场所。台口两侧设有看台，左右对称，面积38.12平方米。前台正中天花为佛冠式彩绘藻井，前檐额枋、斜撑、雀替、月梁均饰有戏剧人物和花鸟图案，造型生动，人物栩栩如生。整座建筑以木为主，砖石为辅，结构紧凑，装饰性很强。

张应扬功德坊 又称"进士坊"。位于休宁县溪口镇冰潭小硔村，现搬迁至古城岩景区保护。建于明天启二年（1622年）。为四柱三楼冲天式，高10.42米，宽9.48米。采用白麻石建造，牌坊雕刻各种历史故事和动物图案，有"鸿门宴""刘邦进咸阳"和"日出东海""狮子滚绣球"，周边雕有麒麟予以衬托；右侧为"萧何月下追韩信"，正匾额书刻"巡按直隶山东云南福建监察御史张应扬"，背匾额书刻"万历癸未科张应扬"。整座牌坊雕刻精美，威严而庄重，今基本完好。

*张应扬功德坊

尚宾坊 位于歙县城原县学宫、今歙县中学大门右侧。建于明成化十二年（1476年）。花岗岩石料，

忠烈祠坊 为忠烈祠坊、直秘阁坊、司农卿坊三坊。位于歙县郑村忠烈祠前。建于明正德五年（1510年）。忠烈祠坊为崇祀汪华而建，直秘阁坊为旌表南宋直秘阁汪若海而立，司农卿坊为旌表宋司农少卿汪叔詹而立。白麻石质，鳌鱼吻纹头脊，挑檐下为仿木结构的一组斗拱。忠烈祠坊四柱三间五楼，通面阔8.45米，进深2.6米，高10米；直秘阁坊为两柱一间五楼，通面阔4.15米，进深2.6米，高8.5米；司农卿坊样式尺寸基本同直秘阁坊。三坊并列矗立，气宇不凡。属安徽省重点文物保护单位。

和顺堂古戏台 位于祁门县新安乡长滩村。建于清同治年间。坐北朝南，占地面积378.8平方米，总建筑面积454.5平方米。三进三开间，

*忠烈祠坊

*治世仁威宫

通面阔11.63米,进深32.57米。整个建筑由祠前广场、门厅、古戏台、边廊、前天井、享堂、后天井、耳门、寝堂、耳房、楼上堂、神龛等组成。原堂正壁悬挂的"和顺堂"以及享堂檐梁柱上字匾、楹联均已不存,仅存痕迹。地坪除前天井为卵石地坪、后天井为石板地坪、阶条石以外,其余均为三合土打光地面。整个建筑外观朴素大方,充分体现了徽派建筑的特色,有着较高的建筑艺术价值。该祠前进门厅同徽州传统祠宇建筑风格一致,大门位于檐柱中列间,前檐柱外封护砖墙上,门上有门罩。门扇已失,进入大门后即为古戏台。古戏台除祠堂本身柱为戏台柱以外,根据需要另设短柱支撑台面,该柱础较简易。

郑氏世科坊 郑氏家族科举考试功名坊。位于歙县富堨镇丰口村南。建于明嘉靖二十七年(1548年)。主体结构为花岗岩石质,仅字牌为白砂岩石质。坊宽6.37米,高7.84米。四柱三间五楼,二楼字牌上刻"世科"二字,三楼字牌上刻有历年科举名录。脊吻为卷尾鳌鱼,屋面板刻筒瓦形,装饰构件有如意纹与束莲柱,靠背石形状为"雕日月卷象鼻格桨腿"。该坊与"丰口四面坊"为同一家族所建。属黄山市重点文物保护单位。参见528页"丰口四面坊"条。

治世仁威坊 位于休宁县齐云山玉虚宫右,治世仁威宫前。明正德十五年(1520年),道士汪泰元、方琼真、汪相如募建。红色砂岩镌成,高15米,四柱两层楼阁式,二层横额有"治世仁威"四个大字。坊有联:"白岳肇丕基由安徽其往朝拜金身渡日月,黟山为对峙自唐宋而来恩罩赤子传尘寰。"

宝伦堂坊 宅第门楼坊。位于休宁县东临溪镇上街。建于明隆庆元年(1567年)。四柱三层,高6.2米,宽5.5米,占地面积32平方米。坊额书"宸章世赐"四个大字。四周雕镂双龙戏珠等图案。坊顶及靠柱石狮已无存,宅第早毁。

宗二公墓道坊 位于歙县雄村乡雄村。建于清乾隆二十六年(1761年)。是一座两柱两楼青石墓道坊。坊高7.5米,宽3.5米。二层楼之内框文字出自乾隆年间尚书曹文埴手笔,笔法恭正,苍劲有力。框右书"大清乾隆二十六年,岁次辛巳嘉平谷旦立"小字,框左书"钦赐传胪翰林院编修加一级十一世孙曹文埴百拜敬书"小字,中为"宗二公墓道"五个大字。属安徽省重点文物保护单位。

妯娌坊 见530页"古林双节坊"条。

胡文光刺史坊 位于黟县西递村口。建于明万历年间。胡文光系西递人,由举人为万载县令,升胶州刺史,兼理海运,寻迁升荆州府长史加四品服色。牌坊以西递青石为材,精工雕建,高12.3米,宽9.95米,四柱三间五楼单体仿木结构,造型宏伟。各层饰以凤凰、麒麟、仙鹤等石雕图像,柱梁部均用石斗拱承托,中间两柱前后各雕一对高达2.5米倒匍石狮,以为石柱支撑,造型逼真,威武传神。二楼西向横梁刻"胶州刺史",东向刻"荆藩首相"斗大遒劲双钩楷书。三楼中刻"恩荣"二字,饰以盘龙浮雕。各层两侧及顶端皆飞檐翘角,脊头吻兽为鳌鱼砖雕、四柱及穿榫各托以八仙文臣武将雕像,栩栩如生。属安徽省重点文物保护单位。

南门外牌坊群 位于绩溪县城南门外至徽溪桥东。旧有明清石牌坊18座。分别为:三进士坊,为胡富、汪滢、冯璐立;尚书坊,为胡富立;科第传芳坊,为进士胡光、举人胡宗华立;登俊坊,为举人许魁立;大司空坊,为胡松立;绣衣坊有二,一为御史胡松立,一为御史胡宗宪立;世登科第坊,为戴骝、戴祥、戴嘉猷立;进士坊有二,一为知府郑恭立,一为知府汪仲成立;达尊坊,为尚书胡松立;都宪坊,为御史胡宗明立;少保坊,为胡宗宪立;诰封坊,为参政胡淳立;恩隆节钺坊,为御史胡思伸、赠按察使胡儒、赠都御史胡守贵立;大夫坊,为同知程伯祥立;节孝坊有二,一为章珙妻洪氏立,一为程应弟妻胡氏立。

显村古戏台 又称"洪家戏台"。系传统戏台。原位于歙县显村，后拆迁至潜口民宅清园集中保护。建于清朝后期。为洪氏家族合族而建，分上、下两层。上层为演出场所，下层是逢年过节、喜庆或洪氏家族办大事聘请戏班演戏时，供戏班住宿和置放"行头""道具"的仓库。下层未进行空间分隔装修，必要时可进行临时性分隔组合，以供演戏或活动需要。

顺本堂古戏台 位于祁门县新安乡良禾仓村。建于清末。占地面积303.5平方米，总建筑面积396.3平方米。坐北朝南，共三进三开间。通面阔11.32米，通进深26.81米。整个建筑由门厅、戏台、边廊廊上楼（包厢）、前天井、享堂、后天井、寝堂、耳房、楼上房、神龛等组成，前进天井有耳门通向两边巷道及民居。原享堂正壁悬挂的"顺本堂"以及各梁额及柱上字匾、楹联均已不存，仅存痕迹。整个建筑体量不大，却十分精致，梁柱用料较为考究，雕刻部分虽少，但朴实大方。边廊连接戏台设看台长廊，起二层楼，楼上称作"包厢"。

叙伦堂古戏台 位于祁门县新安乡上汪村。建于民国十六年（1927年）。坐北朝南略偏东，占地面积约291平方米。共三进，现存前进古戏台及享堂、边廊厢房，三开间，总面阔13.75米，通进深21.59米。原建筑由祠前巷、院墙、卷拱门洞、门厅、戏台、边廊楼上厢房、前天井、享堂、后天井、耳门、寝殿组成。天井东西两侧耳门外有巷道房相通，原享堂正壁上悬挂"叙伦堂"字匾，享堂前檐额梁上分别悬挂"贡元""四世同堂""椿萱并茂"三块镏金字匾，现已不存。整个建筑精致小巧，但梁架用料硕大，技艺熟练，工艺精巧，木雕饰件精致，线形流畅，结构均为徽州常见的叠梁式，梁架作冬瓜月梁，梁下用插拱或雀替承插梁头，檐口为反向罗锅椽。前进按徽州传统古戏台做法布设戏台，前天井边廊设跃层楼上厢房，该祠属于徽州传统的祠堂与戏台相结合的典型范例。整个地坪除天井通道及阶沿石为石板铺设，天井为卵石拼花铺设外，其余均为卵石拼花砌垫层，三合土夯打出光地面。

奕世尚书坊 为明成化戊戌科进士户部尚书胡富和嘉靖戊戌科进士兵部尚书胡宗宪所立。因同宗二尚书先后时隔60年，故名。位于绩溪县瀛洲镇大坑口村的龙川河南岸。建成于明嘉靖四十一年（1562年）九月二十六日。坊高10米，宽9米，进深3米，为四柱三门五楼的抬梁式建筑。主体构架为花岗岩材料，额枋、平板、檐口板、斗拱、石头拱、挂落、鳌鱼、脊兽以茶园石雕琢。柱下两向有八块抱鼓石护撑。主、次楼及边楼以斗拱出挑。主楼上下鸱吻紧抱正脊，歇山式顶，中坐仙人，四角飞翼。"恩荣"竖匾周雕"双龙戏珠"纹饰。南向的主楼花板刻有"奕世尚书"四个楷字，大额枋镂"鲲鹏展翅"，中额枋为"仙鹤飞翔"，小额枋分别为"双狮滚球"与"双龙衔珠"。上花板刻着"成化戊戌科进士户部胡富嘉靖戊戌科进士兵部尚书胡宗宪"字样，下花板刻有敬立者官职、姓名及年代等。次楼的结构同主楼，左右分别刻有"大司徒"和"大司马"字样。北向的"恩荣"竖匾下的花板上刻有"奕世宫保"，大中额枋间的花板刻有坊主"太子少保胡富""太子太保胡宗宪"字样。两边间花板分刻"青宫少保"和"青宫太保"，为明书画家文徵明手书。主楼的大额枋镂刻"二龙戏珠"图案，中额枋刻着山水人物、亭台楼阁。左右边间大小额枋刻有狻猊、麒麟、鹦鹉和仙鹤等珍禽异兽。属全国重点文物保护单位。

*奕世尚书坊

前世牌坊 见534页"吴继京功名坊"条。

洪家戏台 见537页"显村古戏台"条。

宪伯坊 明崇祯年间为本县人程昌所建的功德坊。位于祁门县祁山镇六都。四柱三楼门楼式，高8.8米，宽7.16米，青石结构，镂空浮雕，庄重古朴，正面上额刻"大宪伯"，下面刻"四川按察使程昌"，背面刻有"戊辰进士程昌"字样。属祁门县重点文物保护单位。

*宪伯坊

恩荣坊 见538页"紫宸近侍坊"条。

恩谌松筠坊 清乾隆二十二年(1757年),为旌表中宪大夫汪以宝之妻程氏节孝而立。位于休宁县东南榆村乡富溪村东。青石精雕四柱三层冲天式。坊额上方正中直书"圣旨"二字,其下横刻"恩谌松筠"四字,两边有小楷碑文记述节孝事迹。书法刚劲洒脱,至今字迹清晰。主柱两边抱鼓石已毁,其余尚完好。

徐氏祖祠坊及蒋氏节孝坊 位于歙县富堨镇徐村。建于清乾隆十七年(1752年)。四柱冲天式,茶园青石质。坊宽9.78米,高10.71米。明间柱前后共蹲有四只狮子,两边柱是靠背石,梁柱光洁。顶楼上枋雕刻有三组"寿"字图案,花板上也都为"寿"字图案。竖匾上刻"恩纶累著"四个古体字,两旁刻瑞鹤翔云图案。上枋上刻"徐氏祖祠"四个大字。属黄山市重点文物保护单位。

殷尚书坊及大司徒坊 位于歙县桂林镇殷家村。殷尚书坊建于明万历四年(1576年),大司徒坊建于万历五年(1577年)。殷尚书坊四柱三间三楼,开间12.2米,通高11.5米,额枋上刻"尚书"二字,落款为"户部尚书前奉总督两广军务兼理粮饷盐法巡地方兵部尚书都察院右都御史殷正茂立"。坊为灰凝石,梁柱粗硕,浅镌锦纹图案,典雅庄重。明神宗器重殷正茂,追赠其祖父为兵部右侍郎、户部尚书,父亲为资政大夫、户部尚书,并立大司徒坊以显恩荣。大司徒坊三间五楼,楼匾上刻"大司徒"三字,装饰华丽,坊架构件上镂刻花卉、流云及双狮抢球、双凤朝阳等图案,构图生动,艺术精湛。属安徽省重点文物保护单位。

黄山胜境坊 位于黄山苦竹溪。清乾隆三十二年(1767年)高宗拟游黄山,两江总督高晋赶建。为石柱石坊,上镌"黄山胜境"四字,以为接驾之门。终未成行。

旌孝坊 位于歙县郑村镇潭渡村。明弘治六年(1493年)为表彰黄姓孝子而建。白砂岩和红砂岩石质,四柱三间三楼,高8.5米,宽8.26米。顶楼用四组斗拱承檐,下面直匾上有"恩光"二字。两边楼有三组斗拱挑檐,中间的横匾上有"旌孝坊"三字。立柱有靠背石支撑。属黄山市重点文物保护单位。

堨田吴宅古戏台 位于歙县郑村镇堨田村吴宅戏园内。建于清光绪元年(1875年)前后。戏台平面为"凸"字形,宽11米,深4.5米,脊高9.6米,台高2米。三开间。台前壁砌砖抹灰,饰以"平安吉庆"图案。化妆室原建于空场右侧,为一长廊,既便于演员上下台,又便于和雅座联系,对有限的空间作了巧妙的安排。当时宅主吴筱晴称其为"凹凸山房"。戏园建在宅厅后院,正屋后墙背面建有观戏楼,正面呈"凹"字形,宽9.9米,深4.2米。楼上为雅座,临院通间装方格窗扉。楼前空场长8.6米。

蒋氏节孝坊 位于歙县富堨镇徐村。建于清雍正三年(1725年)。坊宽6.7米,高7.04米,四柱三楼冲天柱式,茶园青石质。上枋正面上刻巡抚刘光美题"霜松垂荫"四字,后刻"节孝佑启"四字。下面小字为"旌表徐廷鲤妻蒋氏节孝"。属黄山市文物保护单位。

紫宸近侍坊 又称"恩荣坊"。位于休宁县东南榆村乡大塘村口。明万历年间为鸿胪寺序班程元化立。四柱三层门楼式,高10米,正中横额刻有"紫宸近侍"四字,两边雕刻人物山水鸟兽花卉图案。四只2米多高的石狮,分置两边护柱。

棠樾牌坊群 为一组明清建筑群,包括七座石坊、三座祠堂和一座路亭。位于歙县富堨镇棠樾村。七座石坊依入村方向依次为鲍象贤坊、鲍逢昌孝子坊、鲍文渊妻节孝坊、鲍漱芳父子义行坊、鲍文龄妻节孝坊、慈孝里坊、鲍灿孝子坊。其中有明朝建造的三座,清朝建造的四座。建造最早的是慈孝里坊,建于明永乐十八年(1420年)前后,建造最迟的是鲍漱芳父子义行坊,建于清嘉庆二十五年(1820年),前后历

*殷尚书坊

*大司徒坊

*棠樾牌坊群

经400年。石坊分别表彰"忠""孝""节""义",反映了儒家文化对徽州地区的深刻影响。牌坊群建在水口,长堤一线,群坊矗立,古梅夹道,平畴绿绕,成为气势恢宏的村口景观。属全国重点文物保护单位。参见541页"鲍象贤坊"、541页"鲍逢昌孝子坊"、541页"鲍文渊妻节孝坊"、541页"鲍漱芳父子义行坊"、541页"鲍文龄妻节孝坊"、541页"慈孝里坊"、541页"鲍灿孝子坊"诸条。

敦化堂古戏台 位于祁门县新安乡洪家村。建于清道光年间。占地面积186.83平方米,总建筑面积240平方米。坐北朝南,三进三开间,通面阔9.45米,通进深19.77米。整个建筑由门厅、戏台、边廊、前天井、享堂、后天井、寝堂等组成。正壁原悬挂有"敦化堂"字匾,梁柱上挂有楹联。建筑结构为徽州祠宇常见的叠梁式及穿斗式,享堂前檐柱与金柱之间为卷棚轩廊,厅堂覆水轩顶,寝堂正间后金檐柱之间设神龛,今存有供桌等物品。该祠前进门厅、戏台同徽州传统祠宇建筑风格较为一致,入口大门设位于中列前檐柱间,前檐柱外封砖墙,门开在砖墙上。进入大门后即为古戏台。古戏台除祠堂门厅本身置柱以外,另根据需要设短柱支撑台面,该柱础较简易,额梁上雕刻人物戏文,檐口为反向变弓卷棚木基层,雀替、斜撑、隔扇、梁枋上雕刻极为精致,线条流畅。边廊连接戏台,结构从戏台门厅边列檐柱起斜撑挑头出檐,顶为弯弓椽望板顶,檐出老椽、飞椽。

敦本堂古戏台 位于歙县瑸田乡瑸田村敦本堂中。始建于清康熙四十七年(1708年),重建于民国二年(1913年)至民国六年(1917年)。坐南朝北,前有广场。戏台整体开间15米,入深10米,脊高10米左右,檐高8米左右,台高1.7米。台基前部竖以料石。台口呈"八"字形,八字墙外壁做成假门,门柱、门楣饰以细腻木雕。左右副台的壶门、隔扇和上部都有细腻雕作。檐口大梁正中悬"和声鸣盛"横匾,金碧辉煌。后台通间作化妆室和演员寝室。属安徽省重点文物保护单位。

*敦本堂古戏台

敦典堂古戏台 位于祁门县闪里镇磻村,是村中陈氏宗祠敦典堂的一部分。建于清同治年间。敦典堂建筑总面积340平方米,戏台、天井、廊庑面积170平方米,其中戏台面积86平方米。宗祠坐北朝南,由门楼、戏台、天井、享堂、寝堂组成。戏台底层以活动短柱支撑台枋,上覆以台板,为可拆活动式戏台。二层前台为演出区,正中顶部设有穹形藻井(作用相当于今天的扩音设备),后台两侧各设一厢室,为乐队伴奏区域。明间额枋上刻有"五福捧寿"及其他装饰。柱头、斜撑、雀替、梁托、平盘斗、柱础浮雕极尽雕刻之能事。

*敦典堂古戏台

登封桥坊 位于休宁县齐云山登封桥南垗。桥南北原均有坊,始建于明万历十五年(1587年),与桥同时完成。清乾隆五十三年(1788年)山洪暴发,桥与坊皆毁。又三年,黟县西递村富商胡学梓父子重修此桥,仍以黟县青石筑四柱冲天式坊两座,原立于桥南北两端,坊高9米,北端石坊已毁,现存桥南端石坊一座。

*登封桥坊

登科坊 见529页"木牌楼"条。

槐塘双坊 位于歙县郑村镇棠樾村槐塘自然村。包括龙兴独对坊和丞相状元坊。龙兴独对坊建于明正德年间,为纪念元末明初槐塘唐仲实和朱元璋对话而建。明末进行大的修复改建,清朝中期进行维修,后又对牌坊四周石基进行加固维护,本体状况基本完好。该坊四柱三间五楼,坊阔8.63米,白麻石(砂岩)鳌鱼吻脊饰,挑檐下作仿木结构斗拱、梁枋、雀替。明间二柱外础石上立蹲狮一对。枋额镌"龙兴独对"四字,龙凤牌上镌铭文一篇,记录明太祖与唐仲实对话内容,记载了元末明初朝代更替过程中的一段重要历史事实,具有很高的文物价值。南宋理宗时,槐塘程元凤官至右丞相,弟元岳官至工部侍郎,因称"亚卿",侄扬祖为廷对御赐状元,侄念祖官至秘阁学士,四人共立一丞相状元坊。该坊为四柱三间楼阁式牌坊,卷草式纹头脊,中有宝顶,宽约8.4米,高约9.1米。明间龙凤板上镌"丞相"二字,额枋镌"状元坊"三字,左间题"亚卿",右间题"学士",因额枋、圣旨牌用红色砂砾岩制成,故村民称该坊为"红牌楼"。牌坊其他材质为茶园青石,当为明清重修时所换。属安徽省重点文物保护单位。

*丞相状元坊

稠墅牌坊群 位于歙县郑村镇稠墅村,分别为明、清时建。该牌坊群是徽州古村落稠墅的有机组成部分,保存了徽州建筑、宗族制度、商业经济等众多历史信息。牌坊群由四座石牌坊组成,明朝一座,清朝三座,俱为四柱三间天柱式,一座为功名坊,两座为节孝坊,另外一座为徽商汪廷璋建。汪廷璋因迎接乾隆皇帝南巡有功而获赐奉宸苑卿等职,该坊对于研究两淮盐商历史具有重要意义。属安徽省重点文物保护单位。

鲍公墓坊 棠樾鲍氏祖墓坊。位于歙县雄村乡雄村。是一座两柱一楼青石墓坊。坊与墓相距

14米,坊后有600余平方米的坟地,四周用青砖围墙,高约2米。坊高3米,宽3米,属单层墓坊。坊前地面用大块青石板铺设,面积约60平方米。坊檐下框以碑文"宋登仕郎鲍公墓"七个大字。属安徽省重点文物保护单位。

鲍文渊妻节孝坊

棠樾牌坊群之一。建于清乾隆五十二年(1787年)冬。坊主吴氏是上海嘉定人,25岁嫁给鲍文渊,29岁丈夫去世。吴氏抚养前室儿子成人,又修九世以下祖墓,葬夫及祖族未葬者,守节至60余岁卒。乾隆三十六年(1771年)奉旨旌表。牌坊形制与尚书坊同。其正背面字牌为"节劲三冬""脉存一线",下书"旌表故民诰赠朝议大夫鲍文渊之继妻诰封恭人吴氏节孝"。

鲍文龄妻节孝坊

棠樾牌坊群之一。建于清乾隆三十四年(1769年)十二月。鲍文龄妻汪氏,25岁守节,抚养孤儿成人,45岁殁。该坊形制与尚书坊同,字牌正背面书"知贞全孝""立节完孤",下书"旌表故民鲍文龄妻汪氏节孝"。

鲍灿孝子坊

棠樾牌坊群之一。建于明嘉靖十三年(1534年),清乾隆十四年(1749年)冬重修。鲍灿为明弘治时人,极孝顺,母亲患脓疽,其用口吸吮,为当时文人竞相歌颂,奏请朝廷,立坊旌表。嘉靖时,以其孙鲍象贤官禄庇荫,封赠兵部右侍郎。坊为四柱三间三楼式石坊,近楼的栏板,镂有精致的图案,梢间横坊各刻三攒斗拱,镂刻通明,下有高浮雕狮子滚球飘带纹饰的月梁,四柱的磉墩,安放位于较高的台基上,整个牌坊典雅、质朴而厚重。两面字牌刻"旌表孝行赠兵部右侍郎鲍灿"字样。

鲍逢昌孝子坊

棠樾牌坊群之一。建于清嘉庆二年(1797年)十一月。明末世乱,鲍逢昌的父亲外出久无音信。顺治三年(1646年),时年14岁的逢昌外出寻父,终于在甘肃雁门关古寺中相遇,奉父以归。后来逢昌又割股为母治病,孝行闻名乡里。乾隆三十九年(1774年)奉旨旌表,牌坊形制与尚书坊同,正背面书"天鉴精诚""人钦真孝","恩荣"版两侧雕有龙纹,花版镂空,其余构件则不加纹饰。

鲍象贤坊

棠樾牌坊群之一。初建于明天启二年(1622年),清乾隆六十年(1795年)重修。鲍象贤为明嘉靖八年(1529年)进士,初授御史,后任兵部右侍郎,死后封赠工部尚书。牌坊上有"赠工部尚书鲍象贤"8个大字,是一座旌表鲍象贤的"忠字坊"。因其在云南平定叛乱,两广击退倭寇立大功,所以牌坊两侧,分别刻有"命涣丝纶""官联台斗",这是朝廷赐予的极高荣誉。

鲍漱芳父子义行坊

棠樾牌坊群之一。建于清嘉庆二十五年(1820年)八月。鲍漱芳与其子鲍均为乾隆、嘉庆年间的盐业巨商,为朝廷捐资甚多,并在乡里出资修复建造书院、祠堂、牌坊、桥梁、道路、水利设施以及举办义田、义学等。嘉庆十九年(1814年)奉旨旌表。形制与尚书坊同,字牌正背面均书"乐善好施",下书"旌表诰授通奉大夫议叙盐运使司鲍漱芳同子即用员外郎鲍均"。

鹰绣坊

位于黟县南5千米石山口北。明崇祯时奉旨建,以表彰因疏劾魏忠贤遭迫害至死的黟县屏山御史舒荣都。为四柱三门跨路牌坊,北向书额"望重柏台",南向"恩申鹰绣"。高大巍峨,材取花岗石。

新安古戏台

位于祁门县新安乡新安村。建于清光绪年间。坐南朝北,占地面积约306平方米。现存前进古戏台及前天井卵石地坪。戏台部分通面阔9.46米,进深32.38米。整个建筑原由戏台、边廊、前天井、享堂、后天井、耳门、寝堂等组成,后进部分现已毁。戏台为徽州传统戏台做法布设,可随时拆设。整个戏台架空于人行道路之上。天井为卵石地坪,外观朴素大方,体现徽派建筑特色。

慈孝里坊

棠樾牌坊群之一。建于明永乐十八年(1420年)前后,弘治十四年(1501年)、清乾隆十四年(1749年)重修。此坊为表彰宋末元初鲍宗岩、鲍寿松父子被强盗抓住以后,争着赴死一事而建。事载《宋史·孝义传》。明成祖赐立诗碑,追表所居乡里——棠樾为"慈孝里"。坊为四柱三间三楼式石坊。卷草纹脊,顶楼由四组斗拱承托,边楼各有三组斗拱。字牌正中为"御制"二字,左右各镌永乐皇帝御制诗一首,诗曰:"父遭盗缚迫凶危,生死存亡在一时;有子诣前求代死,此身遂保百年期。""救父由来孝义深,顿令强暴肯回心;鲍家父子全仁孝,留取声名照古今。"下枋上大书"慈孝里"。

嘉会堂古戏台

位于祁门县闪里镇磻村。嘉会堂建于清同治年间。占地面积505平方米,坐北朝南,共三进三开间。现存前进古戏台及后进寝堂部分。由门厅、戏台、边廊楼上厢房、前天井、耳门、享堂、后天井、寝殿、楼上堂等组成。其中古戏台部分通面阔10.3米,进深7.63米。从祠堂大门进入即为戏台部分,也即门厅部分。台柱除借用祠堂本身结构主柱外,另根据台面设置需要附加了短柱支撑台板。整个建筑朴素大方,马头墙高翘,显得端庄怡人,充分体现了徽派建筑独有的特色,有着较高的建筑艺术价值。

聚福堂古戏台

位于祁门县新安乡叶源村。建于清朝早期。坐北朝南偏东,共三进三开间,占地面积332平方米。现存前进门厅古戏台及享堂、边廊、寝堂。通面阔10.14米,通进深33.01米。整个建筑由祠前广场、门厅、戏台、边廊、前天井、享堂、后天井、耳门、寝殿等组成。天井东西两侧耳门外与巷

*嘉会堂古戏台

道及民居相通。主体建筑梁架规整，作冬瓜月梁，梁下用插拱或雀替承插梁头，檐口铺椽，设正椽。依徽州传统古戏台做法布设戏台。

薇省坊 位于歙县许村。明嘉靖年间为旌表嘉靖元年（1522年）进士湖广参政许琯而立。造型为四柱三间三楼，宽8.8米，高11米。相传许琯和明奸臣严嵩同朝为官，许琯深知严党猖獗一时必不长久，所以在与同朝为官的交往中，每有文书传交严嵩，他用专门打制的金字落款镶嵌于文书后面，传送文书的差役因贪财都将金字落款扣了下来。严党最终倒台，抄出一批没有落款的文书，经查均是许琯所为，朝廷认为许琯不与奸党同流合污难能可贵，因此下旨树立该坊。此坊为花岗岩石柱，砂岩梁柱花板，雕刻精美，装饰典雅，是罕见的明朝功名石坊。

徽州古戏台 位于休宁屯溪徽山路24号（今属屯溪区），清至民国时期建筑。占地面积448平方米。由戏台、偏厅、院落三部分组成。主大门设青砖门罩，山庑殿式屋顶。戏台坐东朝西，砖木结构，青石台基，八字墙，三开间。台前天井以青石板铺地，两边设有连廊。南面置楼梯与戏台相接，东边为两层观戏楼，饰以精细的木雕花窗、隔扇。建筑中进为两层三开间偏厅；后进为庭院。属黄山市重点文物保护单位。

*薇省坊

[八] 徽州建筑

祠堂民居　牌坊戏台　寺庙庵观　水口园林　建筑形制　**桥塔亭楼**

桥

一中桥　位于黟县西递镇叶村。明弘治年间当地人杨彬所建。单孔石拱，长5.3米，宽3.4米。杨于激在清顺治年间、杨载德在嘉庆元年（1796年）先后重修。

二龙桥　位于黄山松谷庵脚下，由木、石两座小桥衔接而成。两条山间小道似两条白龙，游向桥头回合，故名。北桥建于明成化年间，南桥系民国十三年（1924年）江宁居士李莲华募建。

十里岩上桥　见548页"从安桥"条。

七贤桥　位于歙县北岸镇七贤村。因歙州"七贤人"得名，桥头竖着一块写有"七贤"二字的地名牌。歙州"七贤人"为方氏同门亲兄弟，宋真宗时期人，在朝廷当官。当他们告老返乡时，宋真宗赐他们的故里为"锦庭里"。七兄弟去世后，被安葬在其住宅偏东2.5千米处的同一墓茔里，铭其墓为"七贤"。村名、地名牌亦从之。参见386页"徽州文学"部"七贤村来历"条。

八公溪桥　又称"永济桥"。位于绩溪县伏岭镇际下村东0.5千米处，跨卓溪河。清道光十八年（1838年）祝三村高永福建。石拱，单孔，长15米，宽4米，高6米。

八卦桥　位于祁门县城区。明永乐《祁阊志》载："桥曰八卦桥，一位于县治前，一位于尉司前，一位于明善坊，一位于依绿坊，一位于市心，一位于慈爱坊，一位于朱紫巷，一位于县学前。"八桥依八卦方位布列，故名。至万历年间，仅存四桥，即绛桥、虹桥、青云桥、秀水桥。均为长不过3米的跨沟小桥，用长条石铺成，无桥墩、桥栏。

九栋桥　黟县城通太平要道，位于黟县城北1千米江柏山。为七孔石梁，长43米，宽2米，高3米。其下游为漳河故道，每遇大洪水，桥下水仍夺故道出。

三门桥　见551页"龙桥"条。

三元桥　位于歙县郑村镇潭渡村。清乾隆四年（1739年）秋，扬州盐商黄晓峰回潭渡探亲、扫墓，遵其母徐氏之命，带头捐资建造石桥。后乡人纷纷响应，共集资14 000余两，费时数年，终于造成。为长约110米，宽约5.3米，七孔石桥。

三石桥　位于歙县潜口镇唐模村（今属徽州区）。由三块长6.9米，宽、厚均为0.35米的正方形大青石架设而成。中间立一桥墩。每根石柱重1.5吨以上。

*三石桥

三庆桥　位于歙县石门村。该村呈半月形，村前有土石坡七座，风水先生赞为"七星捧月"。河旁有一道弧形护村坝，坝接石桥名"三庆桥"。桥两端立有如来佛柱、天灯菩萨。

三思桥　位于休宁县衙前。明万历年间铺石为垣，成此桥。

三凳石桥　位于潜口镇蜀源村（今属徽州区）村口。建于清乾隆二十三年（1758年）。为单孔石拱桥，桥面两边设有三条长石凳。因鲍氏原籍由山东迁来，三条石凳意为"三凳石桥"，取"山东石桥"谐音。桥东建有一座四角凉亭，亭边有一株南方少有的三须松。距桥20多米处，有一座"都天庙"。庙前有一株千年古杨树，直径达1.5米，虽饱经风霜，仍傲然挺立。今不存。

下三里桥　见572页"徽溪桥"条。

下大桥　见557页"护阳桥"条。

下马桥　位于歙县汤口镇岗村龙溪汇入阮溪处。始建于宋，后经多次重建。由花岗岩鹅卵石砌成。

*三凳石桥

*下马桥

下汶溪桥 位于休宁县城南，为横江与夹源水汇合之口。明嘉靖年间曾先后在此修建石拱大桥两座，后均遭山洪毁圮。后建有五孔空腹式石拱桥，混凝土桥面，长151.3米，高10米，宽7米。

下渡桥 见555页"孙公桥"条。

大石门桥 位于绩溪县大石门村。清道光年间当地人程、张两姓合建。上、下桥均为三孔，长25米，宽2米，高3米。石梁桥，跨石门河。

大坑桥 位于黟县南浔阳台畔。桥连李白钓台、龟山两岸。原为多墩木桥，后改为石墩拱桥。

*大坑桥

大源桥 位于绩溪县大源乡大源村。清乾隆四十六年（1781年）建。石拱，三孔，长18.5米，宽3米，高3米。

大溪桥 位于绩溪大源乡大溪店村头。清康熙年间建。跨大源河。道光二十四年（1844年）重建。石拱，三孔，长39米，宽5米，高7.5米。后圮。

万年桥 ❶位于歙县城。建于明万历元年（1573年）。九孔，长150余米，高10米，宽6.7米。桥初建成时，任明兵部左侍郎的歙县松明山汪道昆，曾赋《万年桥》诗一首。原桥东端有一石碑坊，上有"北钥云龙""道岸津梁"等题词，毁于清朝。建筑精美，结构科学，桥体坚固，独特的防洪及水利科学技术提供了了解古代科学技术的途径。属安徽省重点文物保护单位。❷位于绩溪县荆州乡。建于明朝。跨荆州河，原为石墩木梁桥，民国十六年（1927年）当地人胡能煌捐资改为石梁。三孔，长25米，宽1.5米，高4.5米。❸位于黟县宏村镇奇墅村口。清嘉庆三年（1798年）当地人韩善乐建。同治七年（1868年）当地人韩文站再次重建。双孔石拱，其处古木参天。

*宏村万年桥

万松桥 位于黟县南屏村万松亭北。原系木桥，清嘉庆年间南屏叶氏族议改建为石桥，叶有广董其事。时值洪水，山殒巨石，石质坚理直，因取为材，余石复以建上流西干等桥。嘉庆七年（1802

*万松桥

年)九月桥成,长22米,宽4.4米,高4米,适桐城人姚鼐游黟,为作《万松桥记》。其文盛赞徽州桥梁之特色,叶氏因势为利之功效:"徽州之县六,其民依山谷为村舍。山谷之水湍悍,易盛衰,为行者患。故贵得石桥,为固以济民。吾至徽州,观其石梁之制,坚整异于他郡,盖由为之者多石工,习而善于其事故也""今叶氏为桥,反因其殒石之力,因祸而福,转败为功,岂非智乎!"

上渡桥 清初曹太乙裔孙辈建。位于绩溪县旺川村上首。跨昆溪,石梁,六孔,长35米,宽1.3米,高3米。桥旁有高大古银杏树,故俗称"鸭脚树桥"。

小石桥 位于休宁县齐云岩西南5千米,与群仙楼相望。一石横跨,穹如弯月。

小补桥 原名"卧龙桥",又称"汤院桥""胜泉桥""汤泉桥"。位于黄山温泉景区。始建于明朝,清乾隆五年(1740年)被山洪冲没,道光四年(1824年)旌德方锦贤等重建。桥横跨汤泉溪,连接温泉与祥符寺,可小补览胜之兴,故名。桥原为一半石桥一半木桥,后被山洪冲毁,今桥体只剩一半,故又称"断桥"。

小溪桥 ❶位于休宁县北蓝田镇小溪村头。明朝胡氏族建,为通向黟县支道。两墩三孔,石梁铺面。后改建为钢筋混凝土桥。❷位于休宁县商山镇,雁溪村北。清乾隆五十三年(1788年),雁塘吴锦文、吴景安捐修。为石墩木梁。

山头桥 见545页"山秀桥"条。

山秀桥 又称"山头桥"。位于休宁县城西山头村。原为石墩三孔木梁板桥,因主梁断裂,改在上游百米处重建圆弧石拱桥。

*小补桥

千秋桥 ❶位于休宁屯溪奕棋镇林塘村（今属屯溪区）。明万历二十四年（1596年）由范涞个人与两村出资共同建造。此桥13孔，长100余米。古代从林塘去往万安、海阳或屯溪须经此桥到达北岸的官道。今圮。❷见554页"夹溪桥"条。

义方桥 见557页"花桥"条。

义合桥 因桥附近有"义合大社"而得名。位于歙县潜口镇唐模村（今属徽州区）。建于清朝中期。此桥有两个桥墩，原由12根柱石搭建而成。据说因桥太窄，后由一富户每排又添一根柱石，所以现在桥面有5列3排共15根柱石。靠西一列3根柱石与其他12根柱石，石料明显不同。该桥石料较粗糙，保留了开采时的原始凿痕。

*杨川桥

风生，涌起练江千浪白；亭前云散，放开黄海数峰青。"

五门桥 位于绩溪县章家村外，跨徽水河。建于明朝。石拱，五孔，长50米，宽3.5米，高5米。

五男桥 位于绩溪乡大溪村上首，跨龙溪河。清道光十七年（1837年）建。石拱，单孔，长15米，宽5米，高6米。

五福桥 位于歙县潜口镇唐模村（今属徽州区）。建于明末，因其北有"五福庙"而得名。两个桥墩，由3列3排9根宽约35厘米、厚18.5厘米的柱石铺设而成，与檀干园大门遥遥相对。

*义合桥

义积桥 位于婺源县南文公山西麓朱家村村头。清乾隆二十年（1755年）冬建。青石块叠砌，单孔石拱桥。长5米，宽3.70米，高3米。桥南面龙门石上"义积桥"三字旁，刻有建桥年月字样。桥旁还有口石砌的"桂花塘"。

王孙桥 位于休宁县南商山镇会里村率水之上。宋朝建。原为石垛，南宋德祐二年（1276年）改石拱桥。

云川六桥 位于绩溪县家朋乡磡头村中。云川溪穿村而下，明朝于溪上建单孔石拱桥六座。自村首至村尾依次为：永安桥，长6.4米，宽4米，高3米；聚顺桥，长4.6米，宽5.6米，高3.3米；三德桥，长6.6米，宽7.5米，高3.4米；杨川桥，长9米，宽10.5米，高4.1米；艮桥，长7米，宽5.5米，高3.6米；聚秀桥，长7米，宽6.8米，高4.2米。后因水毁，清道光年间许族集资重建。其中，杨川桥位于许氏宗祠前居村之中心，俗称"祠堂桥"。其东侧有听泉楼，跨村街，临溪涧，明朝先贤题匾"玉泉鸣佩"，为"云川八景"之一。道光十七年（1837年）听泉楼毁没，族人修复。

云岚桥 位于歙县徽城镇江村。桥上有亭，为宋元时建。清乾隆四十五年（1780年）重造。江承玠题亭额"云朗岚光"。里人江以埁书亭柱联："座上

*五福桥

太乙桥 位于绩溪县上庄镇旺川村，跨大源河。明旺川曹志让建，志让号太乙，故名。石拱桥。清乾隆二十六年（1761年）其裔孙重建。

太子桥 位于婺源县朱源村。五代时胡昌翼建。昌翼本唐哀帝李柷子，朱温篡唐时，婺源胡三偕归婺源县考水，乃更名姓。后中明经，归隐乡里，人称"明经公"。

太平桥 中国著名的联拱长桥之一。位于歙县城西练江之上，又称"河西桥"。南宋端平元年（1234年）郡守刘炳在该处创浮桥，元末毁于兵燹。明初架木为梁，弘治年间知府何歆易为石桥。清康熙

五十六年（1717年）徽商程建重建，乾隆九年（1744年）中书程大瑛重修，规模宏敞。后道光、光绪年间亦有修葺。现存的联拱石桥形式，完成于清朝。桥长279.8米，宽6.9米，高9.5米。上部为等截面实腹式半圆拱，横联拱券。由于歙县春夏之交洪水暴涨，故桥墩建成厚墩，并砌有缓冲护墩的风水尖。桥面和桥栅采用沉含砾凝灰岩，其余部位采用红砂岩。我国拱桥从单孔至多孔，多为奇数，偶数较少，此桥16孔，长虹饮涧、新月出云，宏伟壮观。桥心旧有亭及碑，现已不存。属安徽省重点文物保护单位。

*中王桥

*太平桥

屯溪桥 又称"镇海桥"，俗称"老大桥"。位于休宁屯溪（今属屯溪区）率水横江交汇处。石质，六墩七孔拱券。跨横江江口，连接老街与黎阳。古人以桥取景名"屯浦归帆"，为"休宁八景"之一。桥身长133米，两端引桥各15米，拱券高10米。拱洞桥基跨度13～15米不等，墩砌等腰三角形，墩顶端避水石石尖翘起。拱脚、拱券均用褐红麻条石交错砌筑，拱内横向联系紧密，使全拱紧连一体。拱券顶端条石，凿斧形投放。条石用糯米、猕猴桃藤汁、灰浆胶结。中洞有楷书"禁止取鱼"。桥面桥栏，用花岗石铺设。桥栏用大条石堆砌三层，纵向条石两头凿阴阳榫，互为衔接。连接处凿蝴蝶形卯榫，然后用铁梢卡锁，形成整体。桥的东西两端，建有飞檐五脊庑殿顶建筑。桥东临街处，建有高大拱门，上有"镇海桥"三个隶书金字。属安徽省重点文物保护单位。

戈溪桥 位于绩溪县家朋乡戈溪村外0.5千米，跨戈溪河。清光绪年间礅头许松光建。石拱，两孔，长30米，宽6米，高8米。

中王桥 又称"胡里桥"。因其创村祖胡延政封中王，故名。位于绩溪县临溪镇湖里村与中王村之间，跨登源河。始建于宋朝。花岗石结构，五孔四墩，拱形。长74米，宽6米，高8米，孔跨10米，为县内现存最长古石桥。明胡彦瞻、胡恺夏募资修整。清道光十七年（1837年）洪水冲圮，胡开泰、吴德全等倡捐重修，有碑文立桥畔。光绪二年（1876年）当地人又集资重修。属绩溪县重点文物保护单位。

中渡桥 位于绩溪县上庄镇旺川村中。清康熙九年（1670年）里人曹以贤建，乾隆五十三年（1788年）、道光十七年（1837年）其子曹家传等重修。跨昆溪。石梁，三孔，长20米，宽2.2米，高2.5米。

*中渡桥

内翰桥 位于休宁县城原西门城河上。南宋宝庆三年（1227年）内相休宁汊口程珌建。为石梁石垛构筑。

水村桥 见554页"协济桥"条。

水南桥 又称"古城桥"。位于休宁县万安镇古城岩。明万历十年（1582年），知府高时倡议，本县人黄廷侃捐造，故又称"高公桥"。清乾隆三十八年（1773年）圮，两岸往来阻隔14年。后本县人汪柽捐资再建。长180米，宽6.4米，10墩11孔。桥上筑亭，以憩行者。

*水南桥

水星桥 位于休宁县南10千米。宋登仕郎许应祥始编木为梁，建水星、巴陵两桥。元大德七年（1303年），其孙许道山募化改为石桥。

水碓桥 位于歙县岩寺镇上长林村（今属徽州区）东水口。占地面积2 000余平方米，三孔。桥面宽3米，高2.5米，全用同样大小的厚石砌成。是上长林与下长林的分界线。古人别出心裁，先于桥下建造"人造湖"，然后在水碓桥与人造湖的连接处，用一色青石块垒成一道宽6.67米、长16.67米的斜坡，水流由高向低，形成"瀑布"。自上流下的清水，经斜坡急泻而下，流入人造湖，然后静静地流过"观音亭"，向下流去。溪水经过下长林、长龄桥、茆田、丛睦，直流进岩寺境内的丰乐河。人造湖南北两岸各有一条"S"形青石板路，将小湖紧紧环抱。人造湖东岸，即是"观音亭"。"观音亭"建在一座单孔观音桥上。亭呈八角，两层。每层四角，每角均飞檐翘起，上有精细的石雕。角端呈龙头状，古色古香。

长生亭桥 位于黟县城北麻田街尽头。清嘉庆七年（1802年）本县人王廷虎建，同治九年（1870年）重建。跨漳水，旧时黟县城通羊栈岭至省垣孔道。四孔石梁，长25米，宽2.6米，高3米。

长生桥 位于歙县森村乡绍村。建于明末。单孔石桥，长17米，宽6.5米。构造独特，仅西侧1.3米为走道，顺两端登引石阶上下，其余5.2米宽砌成平台，上盖神庙，庙开五间，庙内有神龛，从前供奉"胡大帝""周大帝""关老爷""观音"诸神，且有判官、小鬼把门。天花板上有大笔彩绘，朝廊开有圆窗，临溪开花格窗。

长宁八古桥 位于黟县宏村镇屏山村。屏山古名"长宁里"，吉阳溪流过村中，两岸原架木桥多处。明成化四年（1468年），当地人舒志道倡建小石桥八座：通震桥、舒家冢前桥、黄丝坎桥、西村下桥、朴村湾桥、姚家突桥、岩山坑桥、中村桥。其造型各异，方便交通。两岸粉墙黛瓦，徽派民居，鳞次栉比，相依而建。桥成，八桥联袂，立碑显济庙东，祁门程若有记。清进士、族人舒斯笏有诗咏之："八座桥梁一日成，岂徒利涉便行人。虹霓普驾通沟洫，乌鹊平填看耨耕。"

*长宁八古桥（部分）

长龄桥 位于歙县岩寺镇长龄桥村（今属徽州区）东。建于清初。单拱，两侧爬满青藤。桥拱两面均刻有"长龄桥"三个字，至今依稀可辨。桥南矗立一根石柱，俗称"如来佛"，实际是刻着佛号的石幢。石柱脸盆粗细，八面八棱，上刻花纹图案。石柱顶端有一坐立的如来。位于石拱桥南桥头还有一个菩萨庙，为"长龄桥"配套建筑，庙的大门两侧有对联："水声无昼夜，山色永春秋。"庙今不存。

*长龄桥

仁寿桥 ❶位于绩溪县荆州乡上胡家村。村人胡商岩独资数万元建造。桥长约18米、宽约2米，四墩三孔，白石桥。完工之日，适逢商岩70寿辰，村人因此赞为"仁寿桥"。❷位于婺源县中云镇横槎村东南侧的通道上。始建于元朝。桥长84米，面宽7米，为三墩四孔（每孔跨径15米）的石拱桥。据民国《婺源县志·津梁》载，元末县人程本中为便利人马交通，于此创建仁寿桥。明洪武初，桥被洪水冲塌，成化二十三年（1487年）本中裔孙宗振、宗坝、宗正等重造。

从安桥 又称"十里岩上桥"。位于绩溪县扬溪镇十里岩旁，跨扬之水。明嘉靖年间县人胡廷英、廷杰、承文、魁志等建。石拱，三孔，长30米，宽4米，高6米。后圮。清康熙年间许国佐募资重建。

*从安桥

风义桥 位于黟县宏村镇万村。清嘉庆八年（1803年）当地人韩爱敬等建。为单孔石拱桥。

风雨廊桥 见552页"北岸廊桥"条。

凤凰桥 又称"横冈桥"。位于黟县城南2.5千米。清乾隆时圮坏，乾隆二十七年（1762年）知县孙维龙捐俸倡修，本县士绅汪元佑、胡丙培等共输金重建于凤凰池侧，更名"凤凰桥"。为三孔石拱，现经拓宽加固，长57.4米，高、宽各6米。

六合桥 位于歙县篁墩村（今属屯溪区）。由麻石砌筑而成，拱桥，单孔，长17米，宽3.5米。桥面石板上已浇筑混凝土加固升高，改建为路面，桥墩保存较好。属黄山市重点文物保护单位。

*六合桥

文济桥 位于绩溪县上庄镇旺川村南。明万历年间建。清康熙二十一年（1682年）曹龙文重建，乾隆五十一年（1786年）曹武应重建。跨大源河支流昆溪。石梁，五孔，长35米，宽1.8米，高3米。

引仙桥 位于绩溪县上庄镇金山村水口，跨常溪河源。明万历十七年（1589年）建。石拱，单孔，长16米，宽4.5米，高8米。

巴陵桥 位于休宁县海阳镇首村，距县城10千米。元大德七年（1303年）重建。为石垛石梁构筑。

双桥 位于歙县溪头镇晔岔村。明万历十三年（1585年），太原、和丰二社结盟，跨晔溪合建上桥社屋。桥亭式建筑，南向为社屋，北向为东西走向之过路桥亭，下铺茶园石桥面，敞北面迎水设飞来椅，供人闲坐。飞来椅栏杆外两步，又有两块茶园石组成的平桥，是为丧家抬棺材特设。

双溪桥 ❶又称"利济桥"。位于黟县城北1.5千米，漳、济二溪相汇处，后因以名桥。建于北宋元符年间。碧山汪维佐捐钱20万，桥上覆以屋，供行者休憩。桥成，进士汪舜昭题额"利涉桥"。明朝圮，汪志善重修，更名"双溪"。清乾隆五十九年（1794年）汪廷炽捐银2 300两重建。三孔，花岗岩砌梁。现改建为三孔石拱公路桥。❷位于绩溪县北村乡双溪口（石门外），跨登源河支流卓溪河。清朝建。石拱，三孔，长35米，宽3.8米，高8米。后改为公路桥。

玉带桥 位于歙县潜口镇唐模村（今属徽州区）檀干园内。"花香洞里天"水榭至镜亭途中跨前湖水面的一处石桥。桥面为六块青石铺就，桥下有石柱支撑。

*玉带桥

古延寿桥 位于歙县篁墩村（今属屯溪区）水口处。是连接村庄与公路的要道，由麻石砌筑而成。明嘉靖年间建。桥面板侧边刻有"古延寿桥""明嘉靖己未□建□"楷字，桥墩砌长方形，长9.91米，宽1.26米，距河底高约2.7米。属黄山市重点文物保护单位。

*古延寿桥

*古延寿桥铭文

古来桥 位于黟县西递村头,东有古来井,以井名桥。明天启年间建。石拱,单孔,长2.5米,宽3.8米,高2.5米。

*古来桥

*古槐桥

——落溪里。荇藻交横积,鱼乐吾知矣。前村犬吠声,悠然忽到耳。"

古楼桥 位于黟县宏村镇屏山村口。跨吉阳水,石拱,单孔,长7米,宽5.3米,高3米。明成化年间当地人舒志道建桥并亭,祀神其上,题额"古桥物色"。

古林桥 位于休宁县五城镇古林村,横跨率水支流颜公溪上。始建于明万历四年(1576年),婺源香客、富商也捐资助建。清康熙二十一年(1682年),邑人黄大顺出资重建。乾隆五十三年(1788年)大洪水冲毁古林桥,乾隆六十年(1795年)五城村黄学、黄本桂等募集捐资重建,易名为"蔚林桥"。石拱,长140米,八墩九孔,气贯如虹。桥上原有桥头亭,亭前有桥碑,细说桥史及捐建名单。一对石狮吼立桥头,民国时期均毁弃。下桥通道两排石凳,植有梅花,人称"梅甬"。

*古楼桥

古溪桥 位于黟县宏村镇古溪村。为渔亭直通羊栈岭的必经之路。清一都潘村潘文杲捐资建,并建立桥会负责维修事宜。石拱,三孔,长33米,宽5米。

*古林桥

古城桥 见547页"水南桥"条。

古筑桥 位于黟县城西南古筑村口。旧为木桥,明永乐年间当地人建为单孔石桥,清咸丰十年(1860年)重建。

古登津木桥 见562页"济川桥"条。

古槐桥 又称"槐桥"。位于黟县宏村镇朱村,横跨龙川河上。建于清朝。三孔石拱桥,"槐桥夜月"为村落景致之一,至今犹存。朱云书《槐桥夜月》诗云:"踏月过溪桥,月更清于水。槐影与月光,

*古溪桥

札溪桥 位于黟县南桃花源外桃花铺侧。清光绪十八年（1892年）建。桥通札坑村，即传说之古樵贵谷。原为八墩九板木桥，后改建成石垛木桥。

*札溪桥

石头桥 位于歙县潜口镇唐模村（今属徽州区）村西。中无桥墩，由三块等长茶园青石架成。桥南原立有一大型拱门，进入拱门，即进入村庄。过去村民们迎宾送客，嬉灯舞龙，送丧接嫁，均以此为界。

*石头桥

石桥 位于歙县西溪南镇石桥村（今属徽州区）。石桥村原名"石浦"。传说由疎塘村明正德年间以经营盐业发家致富的"黄百万"独资捐建。单孔石桥。桥建成后，石浦与琶村为了桥的冠名权发生争执，两村各选一名代表，穿着烧红的铁靴于桥上行走，以谁走得快、距离远为胜。结果石浦得胜，桥被命名为石桥，后来连"石浦"村也更名为"石桥"村。

戊己桥 见564页"通济桥"③条。

龙川官桥 位于绩溪县龙川村（今坑口村）。横跨登源河，为20多节的木板桥，当地人称为"官桥"，因它是明户部尚书胡富清正廉明的象征。胡富因屡次得罪宦官刘瑾和众多权贵而辞官归里，逸臣反诬他贪赃归隐。皇帝派御史暗访龙川，胡富正身着布衣草履率领村人勘探河道，拟架木桥。御史明察暗访，方知胡富为官数十载，而今家境并不富裕。逸臣奏本上所谓的胡富带回家的有24担贪污来的金银财宝，完全是诬陷。24担全是书籍。胡富息隐家园后，又屡捐所蓄，修桥补路，福泽桑梓。皇帝闻奏后，降旨立坊旌表，并命地方官助资架设此桥。

*龙川官桥

龙川桥 位于黟县宏村镇龙蟠桥村水口处。建于清朝中期。单孔石桥，跨河而建。桥南河堤有一条长约100米、宽20余米的森林带，其中多为松柏和枫树。桥左侧建有一座小庙，彩绘雷公电母众神像，生动逼真。庙前置有石凳，供人休息。桥右侧砌有高三四米直筒式的"天灯"（谐音添丁生贵子之意），由村中各户男丁轮流值日点灯。

*龙川桥

龙门桥 见555页"汤口桥"条。

龙桥 又称"三门桥"。位于绩溪县长安镇北，跨徽水河。建于明朝。石拱，三孔，长25米，宽4.5米，高5米，为绩溪古通旌德北大门之要津。附近有明尚书胡松墓及石坊，今皆圮。

龙眼桥 位于歙县北岸镇大阜村东，横跨于玉带河上。双拱石桥。传说大阜潘世恩一次与皇上闲谈，说："家乡欲建桥，单拱显短，三拱过长，奈何？"皇上时未在意，随口应道："如何不建双拱？"于是潘世恩便奉旨位于家乡建造了这座双拱龙眼桥。

龙溪桥 位于绩溪县校头乡大溪村下首，跨龙溪河。宋任祀建。石拱，单孔，长15米，宽5米，高6

*龙桥

米。明弘治年间叶姓众修，清朝又重修。桥下水汹涌澎湃，如群龙腾舞长吟，故又称"观龙桥"。

龙蟠桥 位于黟县宏村镇上轴村，跨龙川。清初屏山舒善贤建。石拱，双孔。其右有蓬墩，圆如龙蟠，故名。乾隆三十五年（1770年）重修，勒碑桥侧。桥当黟城通省垣大道，现另建公路桥于其侧，因废。

东门桥 见554页"永吉桥"条。

东峡溪桥 见554页"夹溪桥"条。

东亭桥 位于休宁县齐云山镇东亭村，处北源小溪水入横江之口。明弘治年间朱衍始建。石拱四墩五孔，桥面甚高，两端砌登桥石阶10级。民间就桥面筑屋，经营饭铺。民国后期桥毁，就原址改建石墩木面公路桥，成为慈张线（南京慈湖至祁门张王庙）重要桥梁之一。后改建为长76.7米，宽7米，高8.3米的钢筋混凝土拱桥。

东溪桥 见555页"向阳桥"条。

北岸廊桥 原名"北溪桥"，即"风雨廊桥"。位于歙县北岸镇北岸村棉溪河上。建于明末。长33米，宽4.8米，高6米，两墩三孔，古朴典雅，玲珑剔透。廊建于清朝中期，高5米。廊内11间，砖木结构，木梁架，正中间桥屋开间较大，其西侧设有佛龛，东侧墙上辟8个各式空窗，正中间为圆窗，使光线投向神像，造成佛光效果。砖砌龟贝纹、梅花纹。西侧墙上辟设8个水磨砖漏窗，风洞窗，按花瓶、满月、桂叶、葫芦等样式开出。拱桥的门洞上分别嵌有"乡贤里""谦庵旧址"，桥身则写有"西流毓秀"四个大字。"东有方窗，西有漏窗"，除了装饰作用外，也借鉴了苏州园林的造景手法，走在桥廊里，起着移步换景的效果。坐在西面的美人靠上，看到的是一幅山水全景图：远山近水，石榴花开，栩栩如生，美轮美奂。廊屋南北两端有桥门，各建弓形山墙，东西为封护檐。此桥是徽州现存规模较大的古代廊桥。桥廊建筑精美，是徽州建筑与交通设施的完美结合，生动地展示了徽州村落建筑的独特魅力。属全国重点文物保护单位。

北溪桥 见552页"北岸廊桥"条。

叶村桥 又称"永济桥"。位于黟县西递镇叶村。明当地人合资建造。九墩石砌，长97.6米，宽25米，高8米。东岸有亭与关帝庙，立桥会筹修葺之费。

叶源桥 位于祁门县新安乡叶源村口。为里人王仪始建，其裔孙王福荣重建于明嘉靖年间。石质单孔桥，桥身爬满陈年老藤，将"叶源桥"三字盖得严严实实。

*北岸廊桥

*叶村桥

*乐泉桥

叶聪桥 位于黟县西南钟山。元南屏叶思聪所建,因此名桥。石拱,单孔,长3.5米,宽1.2米。

四封桥 石拱桥。位于婺源县紫阳镇考水村。明考水胡氏女"四夫人"所建。"四夫人"为尚书潘潢母、都转盐运使方舟母、山西按察佥事潘选妻、江西右参政潘钺妻。四女均诰封为夫人,因称"四封桥"。

*四封桥

*乐泉桥局部铭文

白板桥 位于黟县宏村镇宏村、际联二村间,跨于西溪上。溪中有洲,原有板桥两座相接,后桥時为洪水冲圮。清道光年间村人吴立达妻捐资,独建新桥,长10余板,并立桥会以维修永久。桥成,黟县知县褒以"乐善好施"匾额。后改建为水泥拱桥。

乐成桥 位于黟县碧阳镇何村,原为木桥,为何村通黟城孔道。清嘉庆四年(1799年)当地人何学楷倡率族人改建为石桥。单孔,长12米,宽、高均6米。两端与桥券(桥孔之圆顶)相衬如弓,乡人因称"弯弓桥"。旧时桥两侧古木参天,桥西有碧山云门古塔。

乐寿桥 见555页"关帝桥"条。

乐泉桥 位于歙县篁墩村(今属屯溪区)。清道光八年(1828年)建。桥面板侧边刻有"乐泉桥""道光八年建立"楷字。桥由麻石砌筑而成,桥面为"一"字形,桥墩砌等腰三角形,墩顶端分水石尖翘起。长14.1米,宽2.1米。属黄山市重点文物保护单位。

市心桥 见564页"通济桥"④条。

冯村十三桥 位于绩溪县浩寨乡冯村。徽水河支流尺碉水,穿村而过,上跨13座单孔石拱桥,其名为:云庄、龙门、万年、崇礼、荷花、红旗、大树、狮石、安仁、崇义、尚德、绿荷、北山。云庄桥建于明成化年间。安仁桥居村中心,建于明弘治元年(1488年),跨度5米,连两岸,俗称"大坦桥"。其余11座桥均建于明末清初。

半源桥 位于绩溪县校头乡,跨金沙河上游龙丛源水。清道光年间大溪村陈岩老建。石拱,单孔,长12米,宽3.5米,高10米。

汇源桥 ❶位于休宁县城南门外,通向巽峰塔下。明天启四年(1624年)知县侯安国建。早圮。❷位于黟县西递镇西递村双溪口。石拱,单孔,长5.2米,宽3.2米,因双溪汇聚以名。

*西递汇源桥

永吉桥 又称"东门桥"。位于黟县城朝阳门外。明九都舒志道捐资建。清康熙五十七年（1718年）、乾隆元年（1736年）两度为洪水冲圮，均由九都舒氏族孙舒德伯独力重建。乾隆二年（1737年）桥再成，立碑更名"永吉"，取"与山并峙，与川常存"之意。山指吉阳山，川即吉阳水。现已改建为钢筋水泥桥。

永安桥 位于绩溪县大石门乡楼基村村口。明当地人姚淳、胡亮等倡建。跨石门河，石拱，单孔，长18米，宽6.5米，高10米。

*永安桥

永济桥 ❶见543页"八公溪桥"条。❷见559页"罗昆桥"条。❸见552页"叶村桥"条。

司姑桥 位于黟县宏村镇蜀里村西边的水口。建于清末。四墩五孔，石板桥，长20余米，宽2米，高3米。桥面共有88块石板铺就，目前仍完好无损。

考水群桥 位于婺源县紫阳镇考水村。村有双灵桥、维新桥、步云桥、四封桥等多座古石拱桥。双灵桥位于考水水口处，据民国《婺源县志·津梁》载，因水底有石形似龟、蛇而得名。维新桥重建于清康熙年间，桥上架有五开间亭廊，内有联："桥亭典雅疑别墅，寮阁峥嵘掩村扉。"步云桥始建于宋，后经历代多次修葺。四封桥则由胡氏女明尚书潘潢母、都转盐运使方舟母、山西按察佥事潘选妻、江西右参政潘钺妻同建。此外，村头与道旁的莲塘亭、南薰亭、仰止亭、环秀亭，亭亭屹立，便于旅人与农人憩息。

老大桥 见547页"屯溪桥"条。

扬溪桥 绩溪县最古石桥之一。位于绩溪县扬溪南首，跨扬之水。南宋淳熙年间圮。开禧初年洪塘商贾汪太独资重建，后圮。元延祐五年（1318年）县主簿兵俊捐俸倡众复建，又圮。明正德六年（1511年）知县张魁、县丞詹合督民许绍宗、葛文彬募资重建，后又圮。嘉靖年间，当地人胡廷杰捐资伐石重修。石拱，三孔，长30米，宽5米，高3.5米。

协济桥 又称"水村桥"。位于绩溪县伏岭镇北村、水村间，跨登源河。清康熙四十一年（1702年）水村许国佐募建。石拱，五孔，长81米，宽5米，高7米，是绩溪县境内最长的古石拱桥。

西门桥 见562页"济川桥"条。

西坑桥 位于绩溪县胡家乡西坑村外，横跨桐源河。清乾隆四十八年（1783年）建。石梁，六孔，长60米，宽1.1米，高2.5米，是绩溪县现存最长的古石梁桥。同治五年（1866年）水毁东三孔，民国六年（1917年）当地里人集资修复。

西递桥 位于黟县西递镇西递铺。石拱，单孔，长7米，宽3.8米，西递之水由此出。

夹溪桥 俗称"东峡溪桥"。位于休宁县城西门外，跨于夹源水上。明嘉靖四年（1525年），本县人程一募建。桥正中有亭，额曰"千秋"，故又称"千秋桥"。桥墩船形，10墩11孔，桥面长189米，宽6.6米，铺青石板237块。两旁青石栏杆高近1米，是本县最大的一座石拱古桥。为黟、祁等县赴郡要道。桥上原有庙、亭、石碑、石坊以及桥两头石阶。

*夹溪桥

毕家塥桥 位于绩溪县伏岭镇水村南0.5千米。横跨登源河支流平银水。清乾隆年间里人葛学舜建。石拱，三孔，长20米，宽1.5米，高3米。

吕公桥 见572页"麟趾桥"条。

回龙桥 ❶位于绩溪县家朋乡露水村外，跨桐源河支流山云水。石拱，单孔，长10米，宽5米，高6米。桥畔有回龙庙、回龙亭，均建于清朝。❷位于黄山温泉景区人字瀑前，连接温泉至慈光阁的登山路。原有古桥已废，后重建，为石砌拱桥。长15米，宽5米。桥下方为桃花溪与人字瀑汇合处。人字瀑水从北流入奔腾如龙的桃花溪流，颇似白龙回首，故名。

竹林桥 位于绩溪县长安镇浩寨村旁，横跨徽水河。明成化年间当地人冯志观等建。石梁，三孔，长30米，宽5米，高8米。

华阳六桥 位于绩溪县华阳镇。老城区一面靠山，三面临水。扬之水由北向南绕过城东；乳溪从乳坑流出，在城北和尚岱地方注进扬之水；徽溪穿过大徽村（今高迁村地段），滔滔奔华阳而来，在城南下1.5千米处汇入扬之水。三河上各有两桥，各呈特色。乳溪河上是两座单孔石拱桥，为辅溪桥和上三里桥，至今完好；扬之水上，有后岸村桥和杨柳村桥，两座长板桥为绩溪东北部乡民进城提供方便；徽溪之上是来苏桥和徽溪桥，来苏桥原为五孔石拱桥，现改为两孔公路桥，徽溪桥也已改为公路桥。

向阳桥 古称"东溪桥"。位于黟县城桃园门外。南宋庆元年间建，明正德初本县人胡永固、王仕瑞等重建。石拱，三孔，此桥现改建为三孔钢筋双曲拱桥，更名"向阳桥"。

庆源三桥 为三座建于明朝的石拱桥——福庆桥、福济桥和嘉会桥。位于婺源县段莘乡庆源村的水口处。福庆桥由里人詹仁偕弟詹义、詹礼、詹柔、詹正同建，明天顺元年（1457年）进士、户部福建司主事程广记之。福济桥，由里人詹汝烈输资建。介于福庆、福济二桥间的嘉会桥，则由里中好义者共建。桥上架有双层廊亭，亭四门的门头上分别题有"半空浮壁""翠映银屏""空谷传声""祥云出岫"字样。廊桥内壁正中央，留存古人题诗一首："翠园深处淡烟笼，古木森森一径通。流水小桥花细落，行人笑指武陵中。"

关阳桥 见555页"关帝桥"条。

*关阳桥

关英桥 位于绩溪县金沙镇关英桥村。建于明洪武年间，后圮，弘治元年（1488年）饶佐重建。跨金沙河支流新坑水。石拱，单孔，长14米，宽6米，高4米。

关帝桥 又称"乐寿桥"。位于休宁县奕棋镇蟾川村（今属屯溪区），跨蟾溪河而建。因桥上供奉关圣大帝，村人称为"关帝桥"，谐音变为"关阳桥"。该桥是一座木石结构的风雨廊桥，始建于明万历年间，之后两度重修。该桥两台一墩两孔，杂木为梁，麻石铺面。木构架，七开间，合梁庙宇为一体，融廊桥水榭于一身。结构奇特，造型美观。桥上，靠南一排飞来椅，连接粗大木柱。

米虹桥 位于黟县碧阳镇百户村后。当碧山入太平、石台孔道。清乾隆三十四年（1769年）当地人王应超建。三孔，砌石为梁。

江南第一桥 又称"岩口桥"。位于绩溪县伏岭镇逍遥岩口。建于清末。因其上有"江南第一关"而名，跨登源河。石拱，单孔，长20米，宽5米，高10米。后因水毁，当地人胡泉波捐资重建。

汤口桥 又称"龙门桥"。位于歙县汤口镇（今属黄山区）。明弘治二年（1489年）程姓所建。为三孔石桥。

汤泉桥 见545页"小补桥"条。

汤院桥 见545页"小补桥"条。

安阜桥 位于祁门县大坦乡右侧下水口处。建于明嘉靖年间。长30余米，为石质单孔石桥，上建廊屋。桥廊前低后高的建筑造型十分独特，桥身显得凝重秀美。桥的西首建有两层楼阁，阁上曾供奉有观音及韦陀菩萨。楼阁盘舞若飞，翼然于桥上。风铃挂于飞檐，微风吹过，叮当作响。在公路未通前，自东往西穿过桥廊即可达村前的石板路。旧时，这里是徽州前往省垣的通道。

安福桥 位于祁门县闪里镇红紫村，横跨金溪河上。桥为石质，单孔，长约4米。有古诗云："结构层桥属孔衢，好将文笔及锋储。长途有客曾题柱，古道何人并绘图。陌路纷纷容万马，溪涛滚滚治双凫。欣逢朝霁夕阳后，杖策来游不用扶。"

孙公桥 又称"下渡桥"。位于歙县岩寺镇（今属徽州区）丰乐河上。人们原以竹筏渡河，明弘治九年（1496年），里人孙仕铨投资建成石桥。长110米，宽15米，高5米。桥上建有桥廊40多间，左侧为店铺，右侧置飞来椅，供行人休息。民国二十四年（1935年）"青（青阳）—屯（屯溪）公路"建成，改为公路桥。

戏坦桥 位于歙县潜口镇唐模村（今属徽州区）。桥北侧原有一可容千人的鹅卵石广场。旧时秋后或年边，常在此搭台唱戏。台是活动的，便于临时拆搭。做"保安""舞龙灯""跳钟馗""做把戏"等民俗活动，都可利用这一场所，桥也因此而得名。但村民聚集戏坦看戏，坦临水街，街位于溪旁，难免因拥挤而落水，故置大量"桥板"，作为蒙盖河面之用，又在桥两边建栏杆，帮助防护。今栏杆已不存，所凿凹面石榫尚清晰可见。

观龙桥 见551页"龙溪桥"条。

观音桥 ❶位于休宁县万安镇旧市村。由赵氏家族重建于清道光年间。村西水口横跨琅源河。两墩三孔，是衔接万安街、沟通休歙古道的要道。

*安福桥

*孙公桥

*戏坦桥

❷位于徽州区西溪南镇石桥村(今属徽州区)。建于清朝中期。该桥横跨外琴溪,为徽州廊桥建筑格式。五孔八开间,长20余米。五孔共用37根厚0.47米、宽0.53米、长约4米的茶园石石柱铺就。桥中间设有美人靠,供行客游人休息。中间设有观音神位、香炉,供人们祭拜。明朝建筑风格。桥两头有圆门洞,南头圆门洞上方有黟县青行书石刻"礼教里"三字。桥中间上横梁上有楷书"大清光绪三十年吉日谷旦重修""大清同治三年谷旦吴东白堂修"。❸见563页"高阳桥"②条。

*西溪南观音桥

寿山桥　位于绩溪县家朋乡磡头村外。建于明朝，清乾隆年间里人许时清募资重建。横跨戈溪河支流。石拱，单孔，长18米，宽5米，高10米。

寿民桥　见568页"紫阳桥"条。

赤桥　位于祁门县凫峰镇赤桥村。在村东靠近赤溪河水坝的河面上原有一座用朱红色石料筑成的石拱桥，赤桥村因此而得名。相传此桥建于明初，清乾隆五十三年（1788年）一场特大洪水将石桥冲毁，后改建成木桥，今改建成水泥桥。

护阳桥　又称"下大桥"。位于绩溪县荆州乡上胡家村外，跨荆州河（石门亭水）。清乾隆年间当地人胡忠富建。石拱，单孔，长16米，宽6米，高8米。

报德桥　位于婺源县清华镇凤山村西南端水口。清道光《徽州府志·营建志》载："报德桥，位于凤山孝子祠前，宋御史查元建。"后改成钢筋混凝土结构的公路桥。

花桥　又称"义方桥"。位于婺源县城六山南路甲道村。石拱，单孔，长8.8米，宽4.7米，高1.8米。桥上有亭，砖柱，木椽青瓦结顶，内设有坐凳。亭内原设有供奉南宋抗金名将岳飞牌位的神龛，神龛旁悬"武穆题诗存古迹，留侯进履仰遗风"木联。岳飞曾过此留题"花桥"二字，桥因此而名。始建于北宋中期，历数百载后圮。里人张文华孀妻俞氏命其子呆果重造。不久桥亭遭火，村人张彦仪兄弟奉母命又造。至明万历初，桥亭再次毁，张彦仪之孙应庚又重修。

*花桥

杨林桥　位于绩溪县上庄村口。明村中宗族胡氏、邓氏众建。清康熙年间两次水毁（1696年、1718年），胡姓修复。跨大源河上游常溪。石梁，四孔，长30米，宽2.8米，高6米。

来苏桥　位于绩溪县城西1千米土名潭石头处。原为徽溪渡口，后市民葛岩等为纪念苏东坡来绩募资筹建。宋苏辙为绩溪县令，其兄苏轼自海南来，苏辙领士大夫迎于此。清顺治七年（1650年），被洪水冲毁，知县朱国杰捐俸重建，又圮。乾隆年间募众复修。桥跨徽溪。花岗石结构，五孔四墩，拱形，长40米，宽4

*杨林桥

*来苏桥

米，高4米。中拱北侧上端嵌"来苏桥"楷体石刻，今仍完整清晰。

吴公桥　位于祁门县溶口乡溶口村，横跨溶溪河上。建于清康熙年间。溶溪河中由两青石砌成的桥墩，上架三块以桥木拼成的木桥。传说一个叫吴彦青的外地商人到此，因经商事急，又不能过河，心急如焚。巧遇当地一位村民带路，翻山越岭，才得以到河对岸办事。彦青便萌发投资建桥的念头，建起了两个石墩的木板桥。无大洪水时，行人可安全行走。后该村村民为纪念彦青，取今名。

里碓桥　见566页"铜锣丘桥"条。

利济桥　❶旧称"集福桥"。位于祁门县历口镇大北河上。始建于清乾隆三十七年（1772年），后曾三圮三修。嘉庆三年（1798年）重建，移至今址，更今名。五孔石桥，长85米，宽8米，高11米。全桥垛竖如木柱五根，西垛建有观音庙，东垛有惜字炉，炉体正方形，上下两层，下层为焚纸炉。炉顶椽椽薨瓦，檐角高挑，风铎叮当，古色古香。后修建公路时改建为公路桥。❷位于绩溪县上庄镇瑞川村。清嘉庆年间当地人程正建。后圮架木，民国十八年（1929年）瑞川旅沪茶商程裕新等集资改建为石梁桥。横跨常溪支流。五孔，长30米，宽1.5米，高4米。❸见549页"双溪桥"①条。

兵坑口桥　位于绩溪县金沙镇兵坑源山口，横跨兵坑河。清末建。石拱，单孔，长25米，宽4.6米。今为公路桥。

佘公桥 位于歙县岩寺镇(今属徽州区)丰乐河上。明嘉靖十五年(1536年)里人佘文义独资建造。许承尧《歙事闲谭·佘公桥》载:"佘文义,字邦直,岩寺人。晚种梅以自娱,因号梅庄。少贫,操奇赢,辛勤起家,性不好华靡,布衣游名卿大贾间,泊如也。置义田、义屋、义塾、义冢,以赡族济贫,所费万缗。又捐四千金,造石桥于岩镇水口以利行人,人谓之佘公桥。年逾八十,行义不衰。"该桥后被洪水冲毁。

余川桥 位于休宁县东1.5千米处。明宣德八年(1433年)当地人余永敬伐石建造。

状元桥 ❶位于歙县西溪南镇竦塘村(今属徽州区)。桥之右俗名"塔边",现为一片农田。桥之左名"和尚山"。塔边与和尚山有溪水相隔,昔时无桥,由塔边至和尚山必须涉水而过。溪水源于金竺山,流入太平溪后汇向丰乐河。桥架于溪水之上,遂使塔边与和尚山一线贯通。塔边原有村民聚居,至今遗迹尚存。该桥藤蔓丛生,题名自右向左横书,"桥"字尚清,"元"字仅存一点,"状"字一捺仍可辨认。相传该村黄氏祖上出过状元,以示炫耀。❷见572页"麟趾桥"条。

汪口双桥 位于婺源县汪口村。建于明朝。村东、西口有两道桥。一桥位于俞氏总祠前,称"聚星桥"。《婺源县志》载:"聚星桥位于汪口渡。邑侯谭题名,有谭侯遗爱碑。"另一桥位于水口附近,称"曹公桥"。桥北端堤岸上有石碑刻"中流砥柱"四字。两桥原为木板桥,均100多米长,高架在河溪上,现已改作水泥桥。

汪村桥 位于歙县呈坎镇汪村(今属徽州区)东。石拱,单孔,是通往许村的必经之地。

*汪村桥

宏济桥 位于休宁县东湖山。地处江湾水下游,为赴郡通衢要道。清康熙年间改木桥建石拱桥,桥洞有五。桥为村族集资,故名"宏济"。乾隆、同治年间两次被洪水冲塌,均捐资重建,更名"嘉善桥"。

灵官桥 位于歙县潜口镇唐模村(今属徽州区),横跨檀干溪上,因桥南有灵官殿而得名。单拱,桥面宽3米余。由路上桥原有三级台阶,桥两边有石栏,后因修机耕路拆除。桥下溪水与檀干园相通。桥上游有三个圆形石墩,桥下游10余米处有三个圆形深潭,隔水看去,深不见底,人们将其比作西湖的"三潭印月"。

*灵官桥

际下桥 位于绩溪县伏岭镇际下村,横跨石门河。建于清初。石梁,三孔,长16米,宽2米,高4米。民国十四年(1925年)水毁石梁,村人修复。

陈间桥 位于黟县碧阳镇陈间村外。原系木桥,当地人王懋德募建。其侄王仁荣及僧见朗后复募建为石桥,本县士绅程大瑛等捐资。清乾隆五十三年(1788年)被洪水冲毁,孙洪维重修。其后溪水改道,水患无常,桥垛尽坏,同治年间乃由孙式元等劝输重建。石拱,三孔,长40米,宽6米,高5米,当西武岭通祁门大道。

环秀桥 ❶位于歙县呈坎村(今属徽州区),横跨潊川河。系溪东街和前后街的主要通道,也是休宁通往歙县许村的交通要道。建于元朝,该村一位妇人秉承客死他乡的亡夫(商人)之遗志,捐资建成此桥,并以丈夫名字命名。石桥,五孔,其中有两孔因河道拉直被湮,长26.5米,宽3.85米,高距水位4.55米。桥上有亭,亭中有座。桥上廊亭为清罗福俊议建,因其小名"黑",村民将其称作"黑桥"。❷位于绩溪县上庄镇余川村水口。四墩三孔,长27米,宽4米,高7米。村中汪立政祖孙三代经商致富后,在上海开办学校,热心慈善事业,同时创办余川燃藜小学,并独资兴建此桥。

*呈坎环秀桥

茂荫桥 位于黟县碧阳镇玕田村前。石拱,单孔,清周嘉椿建,训导朱骏声题额"茂荫"。

枧溪桥 位于黟县碧山乡枧溪村。本县人汪志震募建。石拱,单孔,长13米,宽6.5米,高6米。

板桥 位于休宁县板桥乡板桥村。宋太守、里人杨隆受建。原为木板桥,其裔孙杨伦易之以石,村以桥名。

板桥头桥 位于绩溪县板桥乡下村水口,跨扬之水。清康熙年间当地人张段铣建。后水毁架木,道光年间方体倡捐重建。石拱,单孔,长7米,宽4米,高4米。

卧龙桥 见545页"小补桥"条。

轮车桥 位于休宁县万安镇,为单孔石梁平桥。建于富来桥北侧,横跨松萝水。

*轮车桥

虎溪桥 位于祁门县凫峰镇上土坑村。桥额上有"虎溪"二字。桥上原有一个八角亭,亭额有"古柏源"三个大字,亭内有关帝、上帝、文昌三位菩萨。

尚义桥 横跨婺源县珊田村和赋春村。始建于明朝中期。桥基全部由麻条石砌成。该桥处于珊田和赋春两村之间,两村都争建此桥,互不相让,恰好一和尚经过,用"倒杖"的方法平息了这场风波(即和尚将杖立于中间,杖往哪边倒就由哪边来建,最后赋春村获得资格)。当地人为纪念这个和尚,将桥取名"尚义"。

*尚义桥

尚廉二桥 位于绩溪县上庄镇尚廉村。该村首尾跨昆溪各建一桥,称"上桥""下桥"。均石梁,三孔,长20米,宽2米,上桥高8米,下桥高5米。

旺川桥群 位于绩溪县上庄镇旺川村。旺川村人在昆溪河上先后建筑了10余座石桥。德寿桥,在杨桃岭脚下,几根石梁横跨昆溪两岸,自然成桥。这里溪狭水急,巨石嶙峋,流水从石罅中流出,飞下悬崖,如同一条垂挂的白练。杨桃岭,是古时绩溪县岭北七、八都通往旌德、泾县、安庆的要道。当地人为纪念曹世科等历代修路人的功德,并祝愿他们长寿,故称。凤栖桥,单孔石拱桥,长8米,宽2米,高7.5米,飞架位于两山的山腰上,桥南头一条从崖壁间凿成的栈道,又奇又险。德贷桥,昆溪流至铜锣丘,汇集黄会山、青罗山流下来的支流,直泻山谷,谷口架有一座高12米、宽4米、跨度10米的大单孔桥,为明曹德所建。中渡桥,在村中央,四墩三孔,石梁桥,连接旺川村南北岸的主街道,长30米,宽2.5米,每孔七根石梁,是曹以贤、曹家传父子建于清康熙年间。新桥,三孔石拱桥,古称"瑟希桥"。另外还有社屋桥、上渡桥、文济桥、新溪桥、中济桥、曹溪桥、南山桥、太乙桥等等。

昌溪桥 位于绩溪县北村乡,跨大鄣河(小昌溪)。清初建,同治五年(1866年)因水毁,民国十三年(1924年)本地商人与上海徽宁同乡会募资重建。石拱,五孔,长70米。民国二十二年(1933年)又因水毁,现仅存部分石墩。

岩口桥 见555页"江南第一桥"条。

岩村溪桥 位于黟县宏村镇朱村。双孔石拱,明正德年间当地人朱万硕等捐资同建,清顺治年间朱应极重修。

罗昆桥 又称"永济桥"。位于绩溪县临溪镇罗昆村旁,跨登源河。建于明朝。石墩石梁,五孔,长70米。清康熙年间因水毁,改架木梁。抗日战争期间改架钢梁铺木板。

岭下桥 见560页"拱北桥"条。

和尚桥 位于休宁县黎阳镇毕村。为平板石桥,原是供禺山寺庙中的僧众过河专用,故称。

和溪桥 位于祁门县祁山镇六都村。始建于明弘治七年(1494年),清同治元年(1862年)圮,同治四年(1865年)重建,青石砌成,桥拱很高,至今古风依然。

鱼川桥 位于绩溪县伏岭镇银龙坑村外,跨登源河。建于清道光年间。石拱,三孔,长30米,宽4米,高6米。

河西桥 见546页"太平桥"条。

官山桥 又称"新溪桥"。位于绩溪县尚田乡长岭村外0.5千米,跨尚田河。石拱,单孔,长15米,宽5米,高8米。

居安桥 位于婺源县洪村水口处。桥身由块石砌筑成大石拱,长14米,宽4米,高3.5米。桥上有亭五间,木椽青瓦结顶,廊内两侧设有坐凳,可供行人憩息。桥拱的龙门石上,中央刻"居安桥"三个大字,旁侧能看清"大明正德岁□□□菊月吉旦洪良书"等小字,可知此桥建于明正德年间。

*居安桥

驷车桥 位于黟县宏村镇卢村宋卢谏议故居祠前。原为木桥,明宣德八年(1433年)裔孙卢得辛等改建为石桥。后圮,族裔卢志良、卢世俱等重建,并立《重建驷车桥记》碑,教谕郑宏撰记:"仗义疏财,懿彼卢氏。率众重修,工巧壮丽。我往我来,咸惠弗替。"石拱,单孔,长7米,宽4米,高3.5米。

拱北桥 又称"岭下桥"。位于休宁县北蓝田镇岭下村。是一座古雅的"廊屋桥"。砌石为墩,架巨木为梁,四墩五孔,长70.7米,宽5米,高7.6米。桥上筑长廊,廊屋内两沿置靠背长条椅,供行人憩息。

*拱北桥

荣阳桥 位于祁门县大坦乡湘源村。现存石桥为明崇祯初年重修。万历年间祁门诗人吴国宗曾为湘源建桥赋七绝一首:"寻源几曲度三湘,蜿蜒飞来架石梁。莫遣登临虚胜会,好携冰雪入诗囊。"说明该桥在万历年间已经存在。桥上建有长亭,朝村的一边是一排栅栏式长窗,而朝村外那边则砖封到顶,亭中曾供奉观音菩萨,此处有一联:"流水明月,紫竹林中观自在;和风甘雨,青莲座上澄如来。"横批为"慈航普渡"。

胡里桥 见547页"中王桥"条。

荫秀桥 位于歙县潜口镇(今属徽州区)。建于明嘉靖三十三年(1554年)。桥用紫红砾岩石砌筑,单孔跨溪,长2.7米,宽2.45米,拱高0.92米。下游桥拱上方嵌有桥名刻石,有"荫秀桥"和"嘉靖甲寅夏"字样。"荫秀桥"三字,琢刻不同。"荫"字阴刻,"桥"字阳刻,"秀"字上半阴刻,下半阳刻。据传说,对面山上有座尼姑庵,桥系出家人集资建造。

*荫秀桥

南山桥 位于绩溪县上庄镇石家村。清康熙四十九年(1710年)建。三孔石梁桥,长15米,宽2米,高4米,中孔跨径4.1米,每孔为七根花岗岩石梁构成。桥东首有乾隆十六年(1751年)所建的"魁星阁",四角飞檐,造型古朴典雅。

*南山桥

南渡桥 位于绩溪县尚田村,跨尚田河。清初建。石拱,单孔,长10米,宽5米,高5米。

南塘桥 位于休宁县北蓝田镇南塘村。原为四孔石墩木板桥,现改为三孔石拱桥。

南源桥 位于祁门县箬坑乡伦坑村口古庙后。青石单孔，古时桥下可以走马。桥上建有一座古亭，亭有两层，上层木雕花窗可眺远处峰峦，下层石砌围栏可观近处田畴。石桥接着石板故道，故道一面依山，一面邻水。

相公桥 位于歙县岩寺镇石岭（又称"四岭"）村（今属徽州区）。单拱石桥，用石条砌成。桥南有一根"如来佛"石柱，柱六角形，柱顶端雕有"如来佛"像，法相庄严。从岩塘进入石岭，要过此桥。

临溪桥 建于宋朝，明永乐年间因水毁，歙县殷荣信重建，故又称"殷翁桥"。位于绩溪县临溪镇临溪村南首，跨登源河。石拱，三孔，长62米，宽5米，高7米。后改造重建为公路桥。

贵溪石桥 位于祁门县平里镇贵溪村中，当南北通衢。村人架石为桥，形似虹蜺横卧。有诗赞曰："驱石为桥阆苑东，桃如银汉夜流虹。吐金白鹤腾华表，化玉青龙见碧空。向怪骞裳频踏月，今来题柱日乘骢。镜中人共呼卢饮，谁识当年乌鹊功。"

虹形桥 位于绩溪县胡家乡横形头村旁，横跨桐源河。清乾隆十九年（1754年）方从矩倡建。石梁，三孔，长27米，宽1米，高3.5米。

虹溪桥 位于绩溪县伏岭镇虹溪桥村，横跨登源河。清咸丰年间祝三村旅扬州珠宝商高永福建。石拱，五孔，长40米，宽4米，高7米。

保命桥 位于黟县东北部的佘溪村。建于清雍正年间。佘溪的石拱桥大小有十几座，其中还有两座廊桥，一座桥上的房子已拆除，但桥身基本没受损坏；另一座则保存完好。石拱桥中以此桥最宏伟，长50米，宽10米，高15米。古时是佘溪通往石埭（今石台）及池州的要冲，桥的下首山上原有一座五层青云塔。

*保命桥

胜泉桥 见545页"小补桥"条。

狮子桥 原名"施氏桥"。位于歙县徽城镇渔梁街。传说始建于唐。桥为单孔，桥上建亭。

*狮子桥

弯弓桥 见553页"乐成桥"条。

将军桥 祁门县现存最古老的石拱桥。位于祁门县乔山乡旸源村。石拱，单孔，长10米，高10米。

*临溪桥

*弯弓桥

*洽舍桥

南唐时所建,相传南唐金吾大将军谢诠到祁门隐居时,为避开追兵,躲于桥下,人们便将此桥称作"将军桥"。

施氏桥 见561页"狮子桥"条。

洪坑三桥 位于歙县岩寺镇洪坑村(今属徽州区)。洪坑村分为上洪和下洪,下洪处,有一座建于清朝的"进士"牌坊,牌坊旁边有一个彩楼,名为"一角亭"。亭边有一条溪涧,涧上有三座小桥,亭、桥相连,古朴雅致。

洪桥 见562页"洪福桥"条。

洪福桥 又称"洪桥"。位于歙县岩寺镇(今属徽州区)后街丰乐河支流颍溪上。是一座结构精巧的廊桥。明成化五年(1469年)郑荣彦始建,四垛三洞,上置五间廊屋,设佛龛。清雍正年间郑为翰重修,民国初年方德又重修。桥面改为石块,廊屋顶上盖有薄砖和屋瓦。桥上有木柱二十四根,全部用红漆漆成。桥东有小屋名"香积",曾为新四军军部机要室、电报房。

*洪福桥

洽舍桥 位于歙县岩寺镇城北15千米洽舍村(今属徽州区)水口。石墩石梁,三墩四孔,长66.6米,宽6.6米,墩高7.3米。多次被洪水冲毁,均经维修,后改用木梁铺木板成桥。

济川桥 ❶旧称"古登津木桥",又称"西门桥"。位于黟县西北碧山村外。清当地人汪长卿重建。石墩木梁。❷见564页"通济桥"①条。

济众桥 位于绩溪城北2.5千米洪富村外。明初城北黄石建。后圮,成化年间知县李芳督民重建。民国元年(1912年),村人集资再建。跨扬之水支流王家源水。石拱,单孔,长15米,宽5米,高6米。

浔阳桥 位于黟县城东南5千米石山。清嘉庆二年(1797年)横冈吴焘建。石拱,单孔,现加宽桥面,铺以沥青。

癸酉桥 位于黟县西递镇潭口村。建于清嘉庆十八年(1813年),因以名桥。石拱,五孔,长180米,宽8米,高6米,石栏高约1米。婺源潘造南撰《癸酉桥记》云:"潭口……为达宛陵及江以北通衢,商旅络绎,向仅架木以渡,今垒石为桥。"

素心桥 位于婺源县中云村福山书院遗址洗心泉。明嘉靖年间建。单孔石拱桥,长6.6米,面宽3.8米,高2.4米。桥上架有亭廊,名曰"素心亭"。湛若水有《题福山书院素心亭》诗:"福山福何如,百顺之谓福。左刚而右柔,阴阳合其德。天一以生水,水泉应心澄。是名以洗心,是心亦何形。无形亦无滓,素心无可洗。吾将携素琴,为君鼓于此。"

挹秀桥 位于黟县城东南5千米石山。其地为黟县盆地诸水所汇。清顺治十二年(1655年),邑人余起光、汪琼、吴经世等捐资建。石拱,五孔,长55米,宽4.5米,高15米。桥成,知县窦士范所撰碑记云:"兹为通祁孔道,又邑水口。""刻其名为挹秀,盖取召祥纳祉之义。"

桂林桥 位于歙县桂林镇东阳街。清乾隆二十九年(1764年),桂林村民集资修建。同时在桥西建举觞亭。历经洪水风雨侵袭,桥和亭均圮。洪昭则独自出资于光绪二十七年(1901年)重修,桥、亭焕然一新。

桐源桥 位于绩溪县胡家乡桐坑源谷口,横跨桐源河。建于清朝。石拱,单孔,长15米,宽4.5

米,高8米。民国二十一年(1933年)因水毁,当地人集资重建。

桃源古桥 位于祁门县闪里镇桃源村。桃溪、田溪、金溪三水与源于榉根岭的溪流形成树状水系,而文闪河则是主干。文闪河古有复圆、桃源二桥。有《双桥锁钥》诗:"大地横双锁,名桥石砌工。行人欣上下,古径接西东。柳岸波摇绿,桃津影映红。吟情饶夜月,廿四绘图中。"复圆、桃源二桥均由条石砌筑,但复圆古桥已毁,仅存桃源古桥,桥身古朴而沧桑,桥沿的藤蔓泻瀑般垂挂,几近水面。

桃源桥 位于祁门县闪里镇桃源村。明成化九年(1473年)由闪里人集资建造。此桥为廊桥,分上下两部分。下半部为石质单孔石桥,桥孔当中石勒"桃源桥"三字;上半部粉墙黛瓦为廊。廊亭南北两边砖墙到顶,各有六个什锦窗,两端两个分别为满月和蒲扇,中间两个为花瓶和葫芦。廊桥门额有同治五年(1866年)祁门县名绅吴德英题写的"古津"石匾。廊桥两边设有美人靠,北望古树掩映下村中参差不齐的马头墙。廊桥东头有一块明成化九年(1473年)立的《桃源里桥记》碑,碑文叙述了桃源桥附近的名胜风景,记载了民众集资建桥的情况,由明成化二年(1466年)进士、户科给事中汪直(祁门城里人)撰文,曾任河南偃师知县的祁门新安人汪冕书丹上石。碑高2.04米,宽0.95米,碑文为楷书阴刻,字迹仍清晰易辨。廊桥西头还有两块石碑,一块禁赌,一块禁丐。禁赌碑于嘉庆十一年(1806年)二月立,禁丐碑是道光十一年(1831年)仲春立。

桃溪群桥 位于婺源县西北部桃溪村。村中多石拱桥,横架于穿村而过的小溪之上。至今村中仍保留有历代所建的36座半小型石拱桥,其中蕴涵着意味深长的传说:村中出了37位达官,其中36位系寒窗苦读考取功名,村人允许其各建一桥(谐"轿"音),以示荣耀。仅有一位的官职是花钱捐来的,村人只允许他建半座桥,以警后人。其中五桂桥由潘峰建于明初,单孔石拱,长9.4米,宽4米,高5米,桥头有木樨五棵,古有诗云:"桥头有五桂,月窟移仙根;八月开金粟,清香度几村。"

鸭脚树桥 见545页"上渡桥"条。

殷翁桥 见561页"临溪桥"条。

高公桥 见547页"水南桥"条。

高阳桥 ❶位于休宁县商山镇浮潭村水口之上。始建于明嘉靖年间。单孔石桥,额曰"高阳"。其上藤萝密织,苔痕斑驳。桥下,石板水埠,平整光滑。其景名"澄潭夜月",有诗颂曰:"百亩空潭一□平,秋河耿耿夜无声。光分远浦星初出,月浸澄波浪不生。漏静水天同一色,更深风露共双清。何当倚棹芦花岸,坐卧船头玩月明。"❷位于歙县潜口镇唐模村(今属徽

*桃溪群桥(部分)

州区)。为唐模水街10座石桥中之主桥,廊桥形式。石质,双孔券,单孔跨度近7米。因唐模许氏出自高阳郡(今河南许昌),故名,以示郡望。因桥内供奉观音菩萨,该桥又称"观音桥""高阳廊桥"。与桥右毗连的里门额上,刻有"飞虹"二字,旁署"雍正癸丑桂月望日,里人许锡龄题"字样。桥双券中间桥名刻石,署"嘉庆十七年冬月吉旦造"字样。桥面建五开间小殿。梁、柱、檐、拱仿明式建筑。桥面面积60余平方米。东面竖一排青石砖雕栏杆,设1米宽人行道。小殿上方置有彩绘天花板。四壁以壁画为饰,色彩至今仍鲜明艳丽。地面铺地砖,光洁平坦。南北梢间各有门户相通。东西两面檐柱之间装有隔窗。下为栏板。西面檐下悬挂蓝底金字"高阳桥"木匾。左右柱上分挂木质楹联:"南海岸来一瓶甘露,高阳桥渡千载行人。"桥屋正脊中央,安有圆锥形锡铸宝顶,银光闪耀,颇为壮观。

*唐模高阳桥

高阳廊桥 ❶位于歙县许村,横跨西溪。初建于元朝,由当时的处士许友山所建。为双孔石墩木桥,明弘治年间改为石拱桥,嘉靖三十六年(1557年)重修增建了廊桥,清康熙五十八年(1719年)再修。长廊砖木结构,计有七间,两侧各置坐凳,中间和南侧设有佛座。❷见563页"高阳桥"②条。

*许村高阳廊桥(1)

*许村高阳廊桥(2)

高桥 位于黟县宏村镇蓬厦村东。当地人江钺建。石拱,双孔,接连北庄通衢。

斋堂桥 见566页"得济桥"条。

益寿桥 位于黄山芙蓉岭下,为芙蓉岭南下第二桥。石质,建筑年代不详。相传古有李姓者因病前来求松谷神,至此阻于水,不得过,望空遥祷而返。未几病即愈,因筑此桥,并以"益寿"名之。

浣纱溪桥 位于绩溪县北郊浣纱溪村外。明朝以前修建。民国十五年(1926年),里人张世国

*高桥

独资重建,更名"辅溪桥"。横跨扬之水支流乳溪河。石拱,单孔,长15米,宽4米,高6米。桥墩与桥拱,是用人工凿成的大块麻石垒成的,高耸的桥面,虽然是用水泥浇筑,但中间仍保留了古朴的人行台阶。桥中两侧的石刻,其一铭"辅溪桥""民国丙寅年十月张世锣造",其二是新镌"辅溪桥"。

悦有桥 位于歙县徽城镇渝岭坞村头。单孔石桥,桥后数步建有一四方小亭,名"悦有亭"。据说早年此地遇灾,民不聊生,官家在此放赈救灾,使黎民有救,民有则悦,桥遂以此命名。而今桥仍安在,亭却不存,徒留一方亭基。

通济桥 ❶位于绩溪县际坑口。明成化年间胡以宏、程善明、僧福录募资修建。后圮,程伯佐重建,更名"济川桥"。清顺治年间,孙时晓、孙时敏,向众人募资重修。后又圮,乾隆年间,本县人程瑞祥、胡承相妻方氏重修。横跨扬之水支流际坑源水。石拱,三孔,长20米,宽5米,高5米。现为公路桥。❷位于婺源县思溪村与延村之间。延村位于北岸,思溪村位于南岸,桥跨河而建。始建于明景泰年间,以后多次倾圮和重修。清乾隆五十七年(1792年)桥被洪水冲毁后,村人俞德任捐田2 000平方米倡修,嘉庆九年(1804年)告竣。现桥长约22米,宽约3.8米,桥廊亭为八开间,建筑体结构和构造十分简洁,方棱方角,没有过多的雕饰,只是梁架稍作处理。河中央的桥墩,西侧前端砌成半截船形,俗称"燕嘴",利于分水,以减少水流对桥墩的冲力。东侧墩尾建有一间"河神祠",祠内供奉有治平洪水的禹王牌位。由于桥亭木椽青瓦结顶,廊内两侧设有桥栏靠凳,使这里自然而然成为全村的聚会场所,终日有人坐此谈天说地。燕嘴墩上有一根"如来佛柱",立于嘉庆三年(1798年)十二月。❸位于黟县城北漳河上。南宋淳熙五年(1178年)县尉李称筹建。明嘉靖戊子年(1528年)圮,嘉靖己丑年(1529年),县主簿江山率耆民余枝华、汪隐等复建,因称"戊己桥"。至清乾隆十九年(1754年),余种德独资重建,更名"通

济"。石拱，三孔，长32米，宽5.6米，高8米。桥身以花岗石垒砌，桥栏以青石砌结。桥上立青石莲座如来柱，今圮。以桥衔接北街、麻田桥，正对临漳门城楼，为黟县城熙攘之区。现桥经修整加固。属黟县重点保护文物。❹位于歙县岩寺镇（今属徽州区）丰乐河支流颍溪上。古代为槐源、临河、长林等村前往岩寺的必经之桥，又称"市心桥"。原为一座木桥，明成化十年（1474年），徽州知府敦促里人建造石桥，由里人汪用本建成三孔石拱桥。清康熙年间，汪氏后裔宏佐、宏用奉母程氏之命重修。

*婺源通济桥（1）

*婺源通济桥（2）

*婺源通济桥（3）

*黟县通济桥（4）

通津桥 位于婺源县虹关村水口。由村人詹元吉复建于清同治年间。单孔石拱桥，长16米，宽4米。

*通津桥

理源桥 位于婺源北边陲理坑村水口。桥以块石砌筑而成，单孔石拱桥，桥上架有五开间的亭廊。桥亭门额上，西南题"山中邹鲁"，西北题"理学渊源"，东南题"闳开阀阅"，东北题"笔峰达汉"。

*理源桥

培坑桥 位于休宁县北培坑村水口。石拱，单孔。桥上原有神座，为培坑金氏宗族建。

接武桥　位于黟县碧阳镇潘村。赤岭之水自南往西北注于武林水,桥跨其上,因名"接武"。清乾隆五十三年(1788年)桥为洪水冲圮,关麓汪氏、潘氏、王氏重建。石拱,单孔,长8米,宽3.2米,高5米。现经加固改作公路桥。

黄村木桥　位于婺源县古坦乡黄村。村前溪流上共架有两座木板桥,东桥北端,正对一条小巷,巷口有栋雕镂精致的"过街楼",即黄村村口。"过街楼"下的门洞里,左右设有木条凳。

菜花桥　位于歙县岩寺镇(今属徽州区)丰乐河支流颍溪之上。建造年代不详。是岩寺通往翰山的必经之路。长6米,宽1.4米,中间一垛,桥面为四块青石板。桥面有一砖刀形状的深凹,传说是藏宝所用。

*菜花桥

梧赓桥　位于黟县西递镇西递村水口。清乾隆四十八年(1783年)当地人胡应海、胡应鸣重建。石拱,单孔,长4.5米,宽3米。桥畔有七哲祠、太史坊、明经祠,为西递胜景集汇之所。

梅桥　位于绩溪县家朋乡梅村,跨戈溪河支流。明村人周鉴、周永昌合建。石拱,单孔,长8米,宽4米,高4米。

梓舍桥　位于绩溪县家朋乡梓舍村旁,横跨戈溪河支流。建于明朝。石拱,单孔,长10米,宽4米,高6米。

梓桐桥　位于黟县宏村镇下梓坑村。明宣德年间当地人余富宗建,并筑茶庵以施行人。石拱,单孔,长9米,宽3.7米,高3.5米。

梓棚桥　位于绩溪县胡家乡梓棚村南,横跨桐源河。民国十四年(1925年)胡桂森募资修建。石拱,单孔,长20米,宽7米,高8米。

曹渡桥　位于绩溪县城南5千米,跨扬之水。明成化年间知县吴钰倡建,歙县殷文清捐资造,后遭水毁,清乾隆年间殷姓修复。石拱,三洞,长28米,宽9米,高7米。现为新建桥。

曹溪桥　位于绩溪县上庄镇旺川村中,横跨昆溪。明嘉靖二十八年(1549年)村人曹显应、曹信、曹忠、曹德筹建。石拱,三孔,长30米,宽6米,高5米。现为公路桥。

*曹溪桥

辅溪桥　见564页"浣纱溪桥"条。

铜锣丘桥　又称"里碓桥"。位于绩溪县会川谷口,横跨昆溪。为绩溪县内最高的古桥,明末清初建。石拱,单孔,飞架两岸山崖,长15米,宽4米,高12米。

得济桥　又称"斋堂桥""寡妇桥"。位于歙县岩寺镇(今属徽州区)丰乐河支流颍溪之上,是南山通往荫山的大道。明正德年间里人汪世昂妻胡氏年轻守寡,将平时积蓄捐出建成此桥。桥由红紫砂石砌筑,单孔,长10米,宽3.7米,拱高3.4米。

*得济桥

彩虹桥　位于婺源县清华镇西。因其横跨于婺水之上,状若彩虹卧波而得名。南宋初年邑人胡济祥弃家削发为僧,四处募化捐资,终于建成此桥。为长廊式人行桥，长140米，桥面宽3.1米，有四个青石叠砌而成的桥墩，五个桥洞。桥墩长13.8米，中宽9米，高12米，迎上流筑成利于分水的半截船形，俗称"燕嘴"。桥洞跨度12米左右，每洞间架四根大木梁，上密铺杉木板形成桥面。桥上造廊，两坡顶，洞上跨度4.5米，墩上跨度11.5米，前后都凸出，因此墩上和桥上的廊子结构分开，各自独立。而且墩上的廊，屋脊明显高于洞上的。桥内的空间也因宽窄的变化而不同，墩上的廊向北凸出较大，形成完整的小空间，内设有石桌石凳，盛暑时可供人们纳凉歇晌、弈棋品茶。墩尾的凸间里是一座神橱，内供奉三个神位，正中是"治水有功大夏禹王"，左右两侧分别是"募化僧人胡济祥"和"创始理首胡永班"。属全国重点文物保护单位。

德镇。仁济桥为明嘉靖九年（1530年）主簿卢默捐俸劝输倡建，至今旧貌犹存，古色古香。属黄山市重点文物保护单位。

*阊江双桥

断凡桥 见569页"渡仙桥"条。

断桥 见545页"小补桥"条。

清潭桥 位于绩溪县胡家乡胡村上首水口，横跨桐源河。明许栋筹建，民国十六年（1927年）当地人胡云彰、张俊锦集资重修。石拱，单孔，长20米，宽8米，高10米。桥处于狮、象二山夹道下，旁有潭，深莫测；旁树木苍翠，风光绮丽。

渔亭桥 位于黟县渔亭镇。为通连浙皖赣各省孔道。原有两座，各连沙洲。西岸木桥，东岸石桥，名"永济"，岁久倾圮。清乾隆二十八年（1763年），当地人杨乃贤捐银2 000余两重建此桥，未竣而卒，其子天培续成之。乾隆三十七年（1772年），知县孙维龙捐俸为倡，本县士绅输资，改建西岸桥为石桥，名"通济"。乾隆五十三年（1788年）大水，河洲庐舍漂没，西递胡学梓及渔亭士商连接两桥为一桥，名"渔亭桥"。今桥东西段仍分嵌"通济""永济"桥额。桥红石铺砌，石拱，七孔，长114米，宽5.6米，高8.2米。现经加宽加固，为南京慈湖至祁门县张王庙一线名桥之一。

*彩虹桥

阊江双桥 祁门胜景之一。位于祁门县城东阊江上。上桥名"平政"，五孔，长78米，宽7米；下桥名"仁济"，五孔，长79.4米，宽7米。均用紫砂石砌成，两桥相距170米。平政桥原叠石为垛，用木为梁，以板铺面。明嘉靖二十九年（1550年）知县尤烈令僧人圆泽募众伐石，重建为石拱桥。民国二十四年（1935年）建设"慈张公路"时辟为公路桥，东通屯溪，西连江西景

*渔亭桥

渔梁桥 见568页"紫阳桥"条。

淙潭桥 位于休宁县蓝田镇磻村。始建于明朝,毁于清康熙五十七年(1718年)大水。雍正四年(1726年),村中一大户吴钟林独资重建两墩三孔石拱桥,桥上加建廊屋,题写"钟灵毓秀"。至今保存完好。

*淙潭桥

*隆兴桥

隆兴桥 位于歙县呈坎镇呈坎村(今属徽州区)。为"前罗"家族十九世罗弥达于明弘治年间建造。是当时徽州最大的单孔石拱桥。桥北建有祭奉唐睢阳太守许远的"都天庙"。桥南下结山脚有"后罗"二十三世罗必端于嘉靖年间建的隆兴禅院。过桥南左侧上百步云梯在观音山较高的平坦上,"前罗"二十世罗震孙于弘治年间建有隆兴观(俗称"上观")。除桥保存完好外,其他建筑今均不存。

绿杨桥 位于绩溪县城东南郊,横跨扬之水。明洪武二十年(1387年)知县周舟建。后圮,正统年间邑中老人高友润、许绍宗募资重建。后又圮,清康熙年间,本县人再建,程勋缵捐桥面。石拱,五孔,长64米,宽5米,高7米。后废,重建新桥。

葫芦潭桥 位于绩溪县家朋乡周村外,横跨戈溪河。明叶文昇建。后圮,清光绪年间磡头许佩仓重建。石拱,单孔,长15米,宽7米,高8米。

惠政桥 位于休宁县城内西街。始建于南宋淳熙年间。明洪武六年(1373年)更名"德泽",洪武二十一年(1388年)当地人程德成加建。万历二十五年(1597年)都谏邵庶倡修成单孔石拱桥。今筑街路,下通水道。

惠济桥 位于绩溪县和阳乡水碓下村,横跨戈溪河。明朝人许楠建。石拱,单孔,长10米,宽、高各4米。

雄路桥 位于绩溪县临溪镇雄路村,横跨扬之水。明歙县程以贤建。清乾隆年间龙塘胡良傅重建。石拱,五孔,长66米。后改建为钢筋混凝土桥。

紫阳桥 初名"寿民桥",又称"渔梁桥"。位于歙县徽城镇紫阳村。建于明万历三十四年(1606年)至万历四十二年(1614年)间。八墩九孔石桥,清朝重修,长140米,宽10米,高14米,所用石材为红砂岩。该桥是歙县古桥中最具代表性的石拱桥,宽高为

*紫阳桥

最。位于古徽州通往杭州之徽商"黄金水道"的出航地及物资集散地,既方便居民通行,又使商船不落帆樯穿行,是研究古代桥梁的重要实物资料。属安徽省重点文物保护单位。

晴虹三桥 位于绩溪县胡家乡胡家村,横跨桐源河。三桥均由当地人胡观定捐建。石梁,单孔。上桥系清同治十三年(1874年)建,长5米,宽1.8米,高2.5米。中桥系光绪七年(1881年)建,上有亭,长6米,宽1.9米,高4米。下桥系光绪十一年(1885年)建,长5米,宽1.8米,高3米。

*晴虹三桥(中桥)

景星桥 见569页"景溪桥"条。

景溪桥 又名"景星桥"。位于黟县洪星乡奕村。明初当地人李金祖等建。成化、嘉靖年间三度毁圮,李原用及子钜、曾孙申先后复建。石拱,单孔,长10米,宽3米。

傅村桥 见569页"富村桥"条。

集福桥 见557页"利济桥"①条。

舜溪桥 位于祁门县历口镇历溪村。建于明景泰五年(1454年)。石质,单孔。桥旁有高大水口树,原先桥头倚峭壁处有一座观音阁,后仅存神龛,残留"漂海观音"牌位和"历峰锁钥"木匾。

*舜溪桥

善和双桥 位于祁门县祁山镇六都村口。上桥名"和溪",当地人程显于明成化七年(1471年)建,桥北的宪伯坊和桥南的善和亭隔桥相望,是村人进出的必经之道。下桥名"广济",弘治七年(1494年)当地人程昂倡建,是连接尚书府与报慈古刹的纽带。两桥均为单孔石拱,长、宽相同,相距200米,横陈溪上,上下相望,仿佛双龙卧波。

普济桥 位于绩溪县伏岭镇伏岭下村,横跨登源河。清乾隆年间里人邵时玉建。石梁板面,四孔,长34米,宽2米,高5米。后水毁桥面,村人重修。

渭桥 位于休宁县渭桥乡渭桥村。清乾隆十五年(1750年)因洪水冲损,朱氏族人重修。石拱,单孔,两端有石阶。

渡仙桥 位于黄山玉屏景区"一线天"下,小心坡后。始建于明万历四十一年(1613年)。原为木桥,清乾隆三十年(1765年),临河程征荣改建为单孔石拱桥,桥长3米,宽1.8米。桥又称"断凡桥",意为"过桥成仙侣,归来无俗人"。

富村桥 又称"傅村桥"。位于祁门县历口镇环砂村。桥梁已圮,但明万历二年(1574年)孟秋月立的"富村桥记碑"尚在。碑高2.6米,宽1.05米。石碑中央凿成一圆洞,做了井盖,碑文模糊不清,仅见"刻工何金祜、方桃、方海、方标"等字。村人说"富村桥"原叫"傅村桥",为傅相所建,后桥倒塌。再建时,村人为讨吉利改今名。

富来桥 位于休宁县万安镇中街。明将军吴广成建。石拱,单孔。桥下松萝水经此汇入横江。

*富来桥

翚溪桥 见572页"徽溪桥"条。

登封桥 位于休宁县齐云山镇。明万历十五年(1587年)徽州知府古之贤登览齐云山,见行旅不便,对随行的休宁知县丁应泰提出修建横江石桥的倡议,之后又动员徽州各地士绅捐资相助。桥成之时,恰逢古之贤升任广东按察副使。县民感其德,将桥名为"登封桥"。清乾隆五十三年(1788年),一

*登封桥

场特大洪水将大桥冲毁。乾隆五十六年（1791年），黟县富商胡学梓率子独资重修。八墩九孔，墩尖似船，洞孔如门，长148米，宽8米，高12米，两侧立近1米高的石栏杆，中间旧有亭庙，两端各竖四柱冲天式青石坊一座，上镌"登封桥"。桥北端，还有一块乾隆年间徽州府立的青石禁碑，文曰："严禁推车晒打，毋许煨曝秽污，栏石不许磨刀，桥脚禁止戳鱼，倘敢故违有犯，定行拿究不饶。"属安徽省重点文物保护单位。

蓝川桥 位于休宁县蓝渡乡琅珰村。宋村中缙绅陈严德曾建有一座石墩三孔廊屋式板桥，自宋至清历经毁建，今桥为清本县富商汪柽捐银重修。为四墩五孔大桥，中间一孔穹顶上嵌的青石，额曰"蓝川桥"。左右四孔依次分别镌以"春夏秋冬"四字。长88米，宽6.6米，高12.4米，比原桥高出许多。桥面铺石132块，两边砌石条护栏。桥上有亭有庙有碑，碑上记载着修桥始末和捐资助修者名单。桥两端有石台阶，北端42级，南端只有38级。拾级而上到14级，两端均为11块石板铺就的平台。由平台往上，南端24级，北端28级。桥两头河岸全部用石块垒砌成塝，以防洪水冲刷导致桥身下陷。

槐桥 见550页"古槐桥"条。

榆村七桥 位于休宁县榆村乡榆村。"七桥赏月"是榆村一道亮丽的风景。廊亭街与富昨村隔河相望，架桥相连。笔直的河道流水悠悠，两岸10余个埠头捣衣声声，从上村方坑源到下桥江祈山，虽然只有500余米长，昔日却建有七座木桥，这是因为廊亭街上商家为争取营业兴旺，凡资本大者均在自家门前建木桥，以便招揽生意。随着商家的衰落，后来只剩上、下两桥。后木桥彻底消失。

路公桥 位于祁门县溶口乡严潭村。为严潭王氏所建，是祁门南乡人进城必经的石板桥。明嘉靖三十八年（1559年）王之翰赴京会试，路经该处，由几根木头搭建的木板桥已被洪水冲走，之翰只好蹚水过河。急水险滩处，幸好有一老翁迎来携扶他过河，得以化险为夷。之翰后考中第五名进士，授建昌府推官之职。为感谢老翁相救之恩，他投资在此兴建了一座石桥，取名"路翁桥"，后称"路公桥"。

蜈蚣桥 位于歙县潜口镇唐模村（今属徽州区）东入口处。桥身为"S"形，由两座桥墩和六块长石板架设而成，坚固平稳，状如蜈蚣。桥头一棵百年古樟，枝繁叶茂，将蜈蚣桥隐于虬枝茂叶之中。

*蜈蚣桥

蜀川桥 位于黟县龙江乡蜀里川口。石梁，五孔，长28米，宽1.8米，高3米。桥头大树如盖，行人多憩其下。

蜀水桥 位于绩溪县校头乡蜀水村外，横跨龙溪河支流西坑水。清朝所建。石梁桥，三孔，长25

米,宽1.2米,高5米。

嵩年桥 位于婺源县下晓起村水口。建于清初。里人汪继蕃捐资独建,并建亭于其上,以祈母寿,故名。石拱,单孔。如今木梁廊亭已改成砖砌粉墙、飞檐翘角的茶楼。

廉让桥 位于黟县城北郊柏山。晚清徽商范蔚文13岁到芜湖学做生意,通过努力成为芜湖木材巨商,并在沿江一带开设多家钱庄。范蔚文经商成功后,投资将村中木桥改造成九孔石桥,并取名为"廉让桥",以纪念其母亲高尚的人格。

新溪桥 见560页"官山桥"条。

新福桥 位于歙县潜口镇潜坑中村(今属徽州区)。横跨阮溪而造,拱上有红石匾额"新福桥"。左面下款为"十五都六十一图孝悌乡和睦里保宁里信士汪信铭"。右面上款为"成化五年重阳月初四日工师詹以文"。桥上有亭,亭中有木靠,并有明天启年间所立禁约石碑。

碧山桥群 位于黟县碧山双溪亭旁。原桥于清乾隆年间圮,行人受阻。碧山汪廷炽抱病卧床,闻后毅然捐银1300余两修建双溪桥。廷炽仅中产之家,桥成后家资已倾大半,人皆感动。此外,碧山还有乐成桥、缓溪桥、西门桥、彩虹石桥多座。乐成桥位于何家溪,清嘉庆四年(1799年)秀才何家揩率族人所建。石拱,单孔,长12米,宽6米,高6米,位于云门塔北首,造型秀丽。后黟县山洪暴发,桥被大水冲倒。重建后,以水泥平铺桥面,两侧配有雕花石栏杆,桥身加长为25米。缓溪桥位于碧西雾水出口处,原为双孔石桥,桥面用石板条铺成,长约20米,大水冲塌后,为一墩水泥面石桥。西门桥位于何家溪,为石拱木面桥,原为李凤岐集资筹建。彩虹石桥位于百户村前,为乾隆三十四年(1769年)村人王应超捐资所建。

嘉善桥 见558页"宏济桥"条。

聚星桥 位于婺源县清华镇。原系石墩木梁风雨桥,桥上有晚清进士、江西省审判厅丞江峰青所题"东井聚星多,爱此间山水清华,倚柱留题,跌宕文章湖海气;北仓遗址在,想当日金汤建设,凭栏吊古,模糊烟雨晋唐碑"楹联。现为钢筋水泥桥。

蔚林桥 见550页"古林桥"条。

寡妇桥 见566页"得济桥"条。

璜茅木桥 位于休宁县岭南乡璜茅村双河口。左右各有一座木桥,左边木桥通往陈家,有一棵古老的桂花树,迄今有360多年树龄。树高14米,冠幅12米,树势旺盛,枝叶稠密,树姿优美,为陈家祖先人工栽培的古木。右边木桥去往新市街,桥头也有一棵古老的桂花树,花香径直飘进水边的桥亭,桥亭一面临水,一面接楼,靠水一侧设美人靠,专为行人歇息而用。

横冈桥 见549页"凤凰桥"条。

题柱桥 位于婺源县游山村。建于明万历二十七年(1599年)。石拱,单孔,桥身用大青石叠砌而成。桥上设亭廊,五开间,穿斗式木构架,顶盖青瓦。桥廊两侧设有围栏和坐凳,可供行人凭眺憩息。亭廊内有楹联两副,一副为"村大龙尤大隐隐稠密人烟,桥高亭更高重重频生财气",横批"桥高亭凉";另一副为"登高桥远眺儒林赞扬先辈,站幽谷遐思文笔羡慕前徽",横批"风景可观"。

镇海桥 见547页"屯溪桥"条。

篁村双桥 位于歙县杨村乡篁村(今属徽州区)。清道光年间由该村在汉口、上海等地经商的

*镇海桥

生意人出资建造。一座叫"同行桥",一座叫"双溪桥"。两桥造型古朴,均为单孔桥,全部用青石拼砌而成。桥面宽5~6米。

儒林桥 位于婺源县镇头镇游山村西。始建于北宋太平兴国年间。由董氏始祖知仁公建造。梁式石桥,下有两座石墩,上架九块长条大石铺成桥面,清乾隆四十二年(1777年),秀才董兆礼有《儒林雅趣》诗:"桥结儒林碧水滨,不忧厉揭渡芳津。临流作赋成真趣,把酒催诗妙入神。老我惭非题柱客,后生谁是济川人。奚须取履推谦退,待聘恒多席上珍。"

凝秀桥 位于祁门县祁红乡老胡村口。建于明万历年间。单孔石桥,乃进出老胡村的必经之路。旧时桥头一边有关帝庙,一边有观音阁。整座桥犹如一座封闭通道,两边花窗雕刻精美,有花鸟山水、人物故事。古桥和庙宇亭阁构建精致、气派。距水面3米高处有两只铁锚。每当河水涨至铁锚处,铁锚便唧唧作响,发出警报。

檀干群桥 位于歙县潜口镇唐模村(今属徽州区)。檀干溪自西向东将唐模村分成南北两片,架在溪上的10座古桥,又把被分割的南北两半连成一个整体。有玉带桥、五福桥、石头桥、三石桥、戏坦桥、高阳桥、观音桥、义合桥、灵官桥、蜈蚣桥等。这些古桥虽短小,但式样不同,风格各异,有"十桥九貌"之雅称。小桥、流水、人家相互映衬,构成一幅古朴幽美的江南乡村图画。

*檀干群桥(部分)

霞水桥群 位于绩溪县家朋乡霞水村。霞川河从村中淙淙流过,河上除有几处"水踏步"(河水较浅时可踏着露出水面的小石墩过河,俗称"水踏步")外,还架有万春桥、柏枝桥、中碣桥、路亭下桥、云川桥以及回龙桥等六座造型各异的明清古桥。

徽溪桥 又称"翚溪桥""下三里桥"。绩溪县现存的最古老石桥之一。位于绩溪县华阳镇下三里村东。五孔四墩(现存四孔三墩),拱形、青石、花岗石结构,长60米,宽6米,高5米。南宋淳熙二年(1175年)《新安志》已有记载。清《绩溪县志》载:"元延祐二年(1315年)僧普通募众改造石桥。明洪武七年(1374年)建亭桥上。后圮,梁以木。弘治十一年(1498年)知县胡汉委、冯赞、章以惠、刘仲华、方昌龄督工重造石桥。康熙间重修。"民国十七年(1928年)改设为公路桥。现在古桥上首另建公路桥。人称"双桥"。属绩溪县重点文物保护单位。

翼然桥 位于黄山钓桥景区、翠微峰旁的青牛溪上。由两根花岗岩条形巨石铺设而成,长约4米,宽约0.5米。元汪泽民(后)至元六年(1340年)"游记"载:"古松修篁,石涧横道,僧桥焉,覆之屋,以息游者。清冷静邃,已隔尘杂,予为榜曰'翼然'。"

瀛洲桥 位于绩溪县瀛洲村口,横跨登源河支流茂井水。桥上有亭,明永乐年间桥、亭皆圮。成化初,当地人章仲润重建。石梁,两孔,长8米,宽1.2米,高2米。

麟趾桥 又称"吕公桥""状元桥"。位于黄山轩辕峰下。宋吕溱建。单拱石桥,桥长16米,拱高8.3米。

*麟趾桥

塔

丁峰塔 又称"停凤塔"。位于休宁县城汶溪南岸玉几山西。建于明嘉靖二十三年(1544年)。为楼阁式实心结构,七层八角,高30米。属于辽古塔格局。

下尖塔 原名"文峰塔",俗称"潜口塔"。位于歙县潜口村(今属徽州区)南原雨花庵旁。七层八角,层层缩小。塔内实为四层,底层直径10.66米,四面均砌须弥宝座,墙上绘有佛像。二层壁间嵌有砖雕楣匾,内镌"巽峰"二字,旁署"嘉靖二十三年(1544年)甲辰岁,竹溪翁汪道植谨立"。

大圣菩萨宝塔 见577页"新州石塔"条。

万寿塔 见574页"古城塔"条。

万峰塔 位于休宁县海阳镇汪金桥村太阳坞山头。明嘉靖年间建。五层六角,高约20米,底层高2.7米,以上逐层递减。塔内有盘旋梯阶以便攀览。

*下尖塔

*万峰塔

*云门塔

云门塔 位于黟县碧山之麓、漳水之西，距县城西3千米许。清乾隆四十七年（1782年）县人汪景文、汪丹文兄弟捐资建。塔旁下设有云门书屋，为碧山汪族会友之所。共五层，高36.37米，系筒形楼阁式砖体木檐结构。平面继承宋塔六角形，边长2.4米，墙厚1.2米。砖砌斗拱，飞檐流角。塔身内部为空心式，有折转阶梯，梯宽0.5米。砖梯曲折回旋而上，坚实稳定。层层设有门窗，既供通风采光，又宜远眺。内壁彩绘，淡雅别致。檐下饰以砖雕，每层翘角悬挂铁马。塔刹为宝珠顶，下有宝盖、相轮、复钵等，高5米余，宏伟奇峻。清汪燮延有《碧山塔》诗："一塔凌霄起，晴云足下浮。遥天连野碧，远水抱村流。树入层峦隐，山横暮霭稠。登临情未极，欲下且夷犹。"属黟县重点文物保护单位。

水口神皋 见576页"富琅塔"条。

水口塔 ❶见574页"文峰塔"①条。❷见577页"黛峰塔"条。

长庆寺塔 位于歙县徽城镇西干山之披云峰麓。此山原有10寺，又称"十寺塔"。今他寺皆毁，唯此塔存。北宋重和二年（1119年），歙县南黄备村信士张应周为敬佛在长庆寺前创建此塔。后世屡有乡民出资修葺，保存较为完整。塔呈方形楼阁式，砖木结构，实心七层。砖、木、石混合结构，总高21.1米，由须弥座、副阶、塔身、腰檐、塔顶、塔刹等部分构成。五层须弥座为石质，边长5.28米，高2.34米，有间柱、角柱和束腰（高66厘米）。塔身砖砌，第一层较高，有副阶，自下而上递减。底层有木廊。石檐柱间面宽4.33米,四根石柱上架立木梁栿与屋檐。各层塔身均为砖砌,黄泥抹缝。一层塔身四面辟券门,内置石雕莲瓣佛座。二层以上塔身四隅均有方形倚柱半隐半露,柱头作方形栌斗,塔壁四面辟卷窗,卷窗内及其两侧塔壁均彩绘佛像。二层以上的檐部均用砖叠涩五层菱角牙子出挑,上覆木檐,盖筒板瓦。每层飞檐翼角下悬铁制风铎。塔顶为铁质葫芦形塔刹,由四条铁链系牢塔角。该塔出檐舒展飘逸,造型优美挺秀,其塔体与副阶立于高高的须弥座上,形态较为别致。自明以来,文人雅士游歇常到此。塔经历代多次修缮,至今仍表现出鲜明的南方宋塔风格,又有浓郁的地方特点。作为安徽省留存极少的方形宋塔之一,保存完整,在建筑形制、构造工艺、彩绘风格等方面保留了一定的古制和地方特点。属全国重点文物保护单位。

竣工,参照浙江绍兴的大禅寺塔、南京报恩寺塔式样。七层八面,现高62米。塔身底径8米,逐层内收;塔檐底层外伸1.5米,逐层外延,至第七层檐出2.93米。檐水直下,层层无碍,构造极其精巧。塔阶砖砌,缘夹壁盘旋而上。每层具有佛龛、金匾。清康熙、道光年间皆经修葺。清末塔檐被焚,民国三年(1914年)塔顶遭到雷击,现仅存珠墩以下砖砌塔身。❷ 位于祁门县城南凤凰山文峰。建于明万历三十二年(1604年)。塔体呈六边形,五层,砖石结构。塔以七层为常,此塔五层,故俗称"文峰亭"。塔内有石磴110级,盘旋而上。塔顶为铁质葫芦形塔刹。登塔眺望,祁门县城山光水色尽收眼底。属祁门县重点文物保护单位。❸ 见572页"下尖塔"条。

*岩寺文峰塔

古城塔 又称"万寿塔"。位于休宁县万安镇东万寿山(即古城岩)。建于明嘉靖初年。塔下层外围21.3米,高29.6米,内空直径3.37米。红砂石为塔基,砖砌塔身,七层六角。底层两个拱门,其余每层一门。翘角挑檐,镂刻有花草波浪图案。生铁塔顶稍向东南倾斜,后坠落,计重2 400千克。

*长庆寺塔

文峰亭 见574页"文峰塔"②条。

文峰塔 ❶ 始名"水口塔",俗称"岩寺塔"。位于歙县岩寺镇(今属徽州区)东郊,北临丰乐河。明嘉靖二十三年(1544年)起建,嘉靖三十四年(1555年)

龙天宝塔 位于婺源县北凤山村头浙溪之畔。建于明万历年间,为砖石结构,七层六角,高30余米。腰檐层层向外递出,宽度向上递减,每层檐角上悬挂着铁铃,风起时,铁铃会发出叮叮当当的响声。塔内有阶梯通到顶层。

*古城塔

*龙天塔

龙天塔 位于婺源县北凤山村头浙溪河畔。始建于宋朝，后毁，明万历年间重建。相传凤山村多火灾，筑此塔为借"天龙"而镇火神，因名。塔为楼阁式砖石结构，高37米，七层六面，层层飞檐翘角，角悬铁马，风中铮铮有声。内有阶梯盘曲而升。

东皋塔 位于祁门县凫峰镇赤桥村。明嘉靖年间当地人方楷倡建。原为五层，万历年间修建时增为七层。塔高43米，底层直径7米，六边形，砖石结构。底层一面有门，入门一佛龛，龛后有石阶贴壁盘旋而上。塔顶用生铁铸成，呈葫芦状。每层塔檐悬有风铎，微风拂铎，金韵悠扬。二至三层四面有窗，登塔远眺，附近山岭、田畴、河流、村舍尽收眼底，为一乡之胜景。属黄山市重点文物保护单位。

伟溪塔 位于祁门县胥岭乡塔下村。建于南宋时期。塔为六边形，砖石结构，平面直径6米，塔内中空，抬头见顶。外观上看有五层，每层均设有佛龛，还有六个卷门，塔层之间的砖檐，叠涩外挑，间以四层斜角犬牙，塔身外整齐地镶嵌着同样大小的佛像砖400余块。因原有的铁制塔刹早已遗失，因此后人在五层之上用石块垒积成锥状六面体。造型苍劲粗犷，庄重古朴，其建筑风格与明清时期的风水塔大相径庭。镶嵌位于塔体的佛像砖雕，无不精妙绝伦。菩萨造像，宝缯垂肩，面相端庄，肌肉丰腴，双手合十作跏趺坐式。莲座下部有高束腰的须弥座，身后有缘饰火焰的背光，晚唐风格清晰可见。属安徽省重点文物保护单位。

*东皋塔

辛峰塔 位于休宁县富溪村西山头。明万历年间当地人程爵所建。塔高36米，基底周长21米，密檐七层六角，全砖结构，门洞两侧墙上置佛龛。塔内设219级盘旋阶梯，上达塔顶。各层壁间原有砖雕佛像659尊，现存三分之一。佛像造型生动，神态逼真，对研究古代徽派砖雕艺术颇有价值。

*伟溪塔

*辛峰塔

松谷真人塔 位于黄山松谷庵内的墓塔。真人俗姓张，名尹甫，别号松谷。少习儒，偕妻隐梅塘江。此塔为其与夫人同墓。塔高五层。南宋宝祐年间曾为天水郡伯，以谪居狮子峰下，后迁至松谷庵。

岩寺塔 见574页"文峰塔"①条。

悟空禅师塔 位于祁门县城金粟庵内的墓塔。明万历三十二年（1604年），住持僧人真川坐化，其徒如圆筑塔藏师骨，名"悟空禅师塔"。塔为八角形砖质佛龛，有地上地下两室，地上室供奉真川法像，地下室贮藏真川真身。后该庵荒废，此塔亦朽坏不堪，县人周菊溪于清光绪元年（1875年）捐金重建，至今尚存。

停凤塔 见572页"丁峰塔"条。

麻衣祖师塔 位于黄山翠微寺山脚的墓塔。唐中和三年（883年）麻衣祖师包西来所建。四面五级，高耸近10米。

旋溪塔 位于黟县柯村镇三合孙村。始建于清乾隆元年（1736年），咸丰元年（1851年）重修。塔为砖、木、石结合并以砖为主体的锥形建筑。平面呈六角形，五层，高23米。飞檐翘角，以琉璃宝瓶为塔顶，宏伟挺拔，古朴精美。塔基用石块砌成，基20余米。底层有一拱形塔门，门楣刻"溪山钟秀"题额。塔内有夹壁墙甬，砖砌阶梯，共48级，螺旋而上。每层均有佛龛，供有雕塑彩绘的佛像。三面开有拱形窗口。塔碑中有文字记述："相与登绝顶而望曰，立千仞之峭壁，环九曲之溪湾，烟村深锁，图画天然。"

*旋溪塔

普门和尚塔 位于黄山慈光寺大殿后的墓塔。普门，俗姓奚，名淮安，陕西郡县人。明万历三十四年（1606年）来黄山，创建法海禅院。万历三十八年（1610年）赴京，神宗赐名"护国慈光寺"，并有赐赠。卒后为立此塔，许鼎臣撰有《黄山护国慈光寺开山普门大师塔铭》。

普安塔 位于歙县城北隅护国天王院。北宋庆历三年（1043年）院僧省先募建。塔13层，高约24米，广约33米，其下有屋百余间。今不存。

富琅塔 原称"水口神皋"。位于休宁县城东南隅富琅村前，与古城、巽峰两塔成鼎立之势。明万历二十一年（1593年），本县人邵庶倡建，两年后竣工。七层八角，砖石结构，砌突伸重檐，工艺精巧。塔砖长约0.3米，宽约0.2米，厚约0.1米，上有"万历癸巳寅"或"万历癸巳宿"字样。现外形尚完整，内已圮，唯基二层尚称完好。

*富琅塔

寓安大师塔　位于黄山丞相源掷钵禅院。寓安，俗姓余，名广寄，浙江开化人。明万历三十八年（1610年）来黄山，于钵盂峰下创掷钵禅院。天启元年（1621年）坐化，享年48岁。释德清为之撰《黄山掷钵禅院寓安寄公塔铭》，释正志为之撰《黄山掷钵院寓安禅师塔铭补遗》。

巽峰塔　位于休宁县汶溪南岸玉几山东，与丁峰塔隔山相望。始建于明嘉靖四十一年（1562年），成于隆庆元年（1567年）。塔高35米，七层八角，砖砌楼阁式塔身。每层拱门四，内置168级盘旋梯道，上达顶层。塔尖为瓷器葫芦装置，具唐朝佛塔风格。塔内各层，皆绘有壁画。

* 巽峰塔

新州石塔　原名"大圣菩萨宝塔"。位于歙县城北郊，今歙县第二中学校园内。建于南宋建炎三年（1129年）。用赭色麻石凿砌而成，重楼式，五层八面，形状如铜。高4.6米，每层高度不同，均有棱形挑檐。第二层香火炉窟，第三层左右两侧镌有斗大"佛"字。正面刻有建炎年间建塔和明嘉靖年间重修之铭记。第四层八面均为如来神位字样。第五层发券内为如来佛像浮雕。这是一座乡人为了祈求子嗣建造的佛塔。

潜口塔　见572页"下尖塔"条。

黛峰塔　又称"水口塔"。位于黟县城水口石山之下，黛峰之巅，与文庙遥遥相对，距县城约7千

* 新州石塔

米。清乾隆五十五年（1790年）县民捐资兴建。七层八角，围34米，高84米，于乾隆六十年（1795年）竣工。塔身第一层有石刻匾额"水口神"。边款两行，上款"乾隆甲寅年冬月"；下款"阖邑文峰会建"。民国二十七年（1938年），塔遭雷击而倒塌，今遗址残砖遗瓦可见。

檗庵大师塔　位于黄山云谷寺山门外的墓塔。大师名正志，俗姓熊，名开元，号鱼山。明天启五年（1625年）进士，崇祯四年（1631年）殿试第一，授吏部，因直言下狱。出狱后即入佛门，隐居黄山七年，人不知其姓名。清顺治八年（1651年）圆寂。新安士绅承大师遗志，归其骨于丞相源塔中。

亭

二程亭　位于绩溪县徽杭古道江南第一关隘口东侧。建于民国时期。坐东北朝西南，面阔8米，进深3.5米，高4米，用麻石白灰勾缝垒砌成圆拱形。属全国重点文物保护单位。

*二程亭

*万松亭

大观亭 位于歙县许村西溪与昉溪之间。两水在此相汇,大观亭犹如两水之间的一颗璀璨明珠,所以人们又称其为"二龙戏珠"。建于明嘉靖年间,砖木结构,平面呈八角形,三层楼阁。底层和二层为八边形,底层每边长3.5米,占地面积64.6平方米。第三层转为四边形,歇山顶,通高11.75米。登此亭大观,有眼观八方揽天地于怀,耳听四方藏忧乐于心之感。望高处仰视,翼角飞翘,重台叠阁,木构架采用斗拱与斜撑相结合的方式,形制极有特色,所有梁柱枋,都有装饰彩绘,显得容雍华贵,秀丽壮观。

万松亭 位于黟县碧阳镇南屏村。清叶氏族人所建。临武林水,其地万松叠翠,旁有醴泉,冬夏不竭。亭侧为万松桥。亭、桥现均存。

义姓亭 见580页"南阳亭"条。

飞云亭 位于休宁县齐云山望仙峰前侧望仙台上。四角双层苏式园林建筑,钢管铁板结构。高5.4米,占地面积12平方米。内置石桌、石鼓,供游人小憩。立亭中东北望,横江两岸尽收眼底。

井亭 原为唐汪雅旧居。位于祁门县城北今祁山小学。旁有井,味甘,人争汲饮。汪雅遂建亭于井上,以憩汲者。其地因名"井亭里",后为县治。

长生亭 位于黟县城北麻田漳水故道河畔。当黟城至池宁之羊栈岭古道,过往行客商旅甚多。清初城西余正长重建此亭,以施茶汤。后圮,同治三年(1864年)麻田江礼门重建。

长亭 位于休宁县屯溪镇柏树街(今属屯溪区)。据《休宁风物志》载,(屯溪)镇东有亭,建于明万历二年(1574年),亭径十六寻(1寻约等于2.67米),乃为长亭,为车马行旅歇足休憩,里人称便焉。长亭在历代的战乱中曾多次被毁,民国期间,当地人曹、程两姓集资重建,亭内可同时直列停放六顶花轿。亭今已不存,亭西首石板古道和亭旁古店舍尚存。

劝农亭 位于祁门县沙塔里周家坞口官田内。明知县路达所建,以为劝农所。许松山有《劝农亭》诗:"半簑烟雨过西津,叱犊穿云物色新。为忆隆中高蹈士,躬耕不愧布衣人。"

*大观亭

[八] 徽州建筑 / 桥塔亭楼　　579

*飞云亭

*百鸟亭

世德亭　位于绩溪县城南。明正德年间民众为邑人尚书胡松建。方豪有记。胡松曾伐石自城外东北隅沿扬之水而南筑坝，形若半环，襟抱城市，使堤内田地免去水患，且得灌溉。民众构此亭，故名"世德"。

石乳亭　位于黟县碧阳镇古筑东山之麓。其地有泉出石窦，甘洌不竭，称"乳泉"。明时里人建此亭，因名"石乳"。清乾隆年间孙洪维重建，冬夏施茶汤，以济行人。清黟县知县施源有诗："石乳亭连古筑庄，青山花发笋舆香。偶思定惠坡仙句，亦拟敲门看海棠。"

半仙亭　位于黄山伏牛岭头。初为太平焦姓所建，清光绪初由陈姓重修。上达吊桥庵，下通票溪坦，皆2.5千米。

百鸟亭　位于屯溪区南郊充山村头。石柱砖墙，飞檐斗拱，占地面积40平方米。相传是明末充山阉党为魏忠贤所建生祠。后魏氏伏诛，乃改祠为亭，内塑关帝神像。亭之横梁悬挂"汉威远镇"匾额，字为仿古鸟书，入字笔画恰好由一百只鸟组成，"百鸟亭"之名因此得来。今亭仍存，匾额已毁。

同善亭　❶位于祁门县东乡。清乾隆初年，徽州六邑士绅许安裕、吴鼎和、吴继祺等倡捐，僧人文水集众，修石路30千米，工竣建亭。亭当要道，行旅频繁，旧有解渴会，每岁五、六、七月于亭中施茶，所需费用由本乡人筹集。❷位于黟县城南5千米石山原青涟庵侧。建于明末清初，临漳河，面对挹秀桥，夏茶冬汤，以济行人。亭有楹联一副："踞渐水上游，驷马高车，过此定多题柱客；入桃源深处，渔父樵夫，登临尽是问津人。"亭后圮。清末民国初期，横冈人吴子敬捐资重修挹秀桥，并重建亭，易名"吴翥亭"。

岁寒亭　原名"松风亭"。位于歙县。北宋元丰八年（1085年），知州张慎修，易今名。绩溪县令苏辙为之赋诗，发运使蒋之奇为之作赋，并刻石亭上。苏诗云："槛外甘棠锦绣屏，长松何者擅亭名。浮花过眼无多日，劲节凌寒尽此生。暗长茯苓根自大，旋收金粉气尤清。长官不用求琴谱，但听风吹作汎声。"

回峰亭　位于黟县西古道漳岭巅石门头。清初毁，同治六年（1867年）长川源徐正熻、漳源林荣等集资重建。亭当通太平古道，商旅多于此歇息。

刘门亭　位于黄山松谷道中。有上、中、下三亭。上亭又称"如意亭"，清乾隆年间刘景洲建。中亭前可眺"仙人观榜"。下亭"刘门亭"，距松谷庵2.5千米。

问余亭　位于黟县碧山村头，近夫子峰。相传李白至碧山访胡晖，问路于村头，后人筑亭于此，即名"问余"。亭联为："绿柳桥边山径，青莲马上诗机。"

戒石亭　位于徽州府署。府署建有紫翠楼、黄山堂、清心阁，基前立此亭，石上篆文："尔俸尔禄，民脂民膏；下民易虐，上天难欺。"

还金亭　❶位于休宁县商山乡洪里村。始建于明崇祯七年（1634年），民国十七年（1928年）重建。亭由八根红砂柱支撑，长4.2米，宽4.1米，高4.2米，内竖青石碑。碑载明洪武十一年（1378年）商山吴清拾金不昧，还金原主事迹。背面镌"吴夷轩公还金处"篆体大字，下款为"十八世裔孙国彦谨录并篆额"。另有碑二，分别镌有《重建还金亭记》及建亭收支账目。❷位于黟县宏村镇蓬厦村。明宣德年间蓬厦江彦良，家贫躬耕，拾遗金300两于路亭，守待行中，还于失者。失者分金以酬，却不受。乡人因名其亭为"还金亭"。参见378页"徽州文学"部"还金亭联"条。

*商山还金亭

步云亭 又称"枫树亭"。位于休宁县齐云山。为旧时九里十三亭之第二亭。现新建。亭高6米,占地面积43平方米。为苏州园林四角单层式,水泥钢筋仿古结构,朱漆彩绘"松鹤延年"等图案。

吴翥亭 见579页"同善亭"②条。

沙堤亭 位于歙县潜口镇唐模村(今属徽州区)。建于清康熙年间。旧时唐模村男性多在外经商或为官,每逢年节衣锦还乡、荣归故里之时,村中家人为迎接他们,便在进村的青石板道上铺一层厚厚的黄沙,名"黄沙铺道",以示欢迎。又因此亭建在旁边小溪的堤坝上,有沙有堤,故称。亭有三层,中空,有回廊。平面方形,边长6.1米,外观呈三层假阁,底层外檐12根石柱。中有砖砌方形内室,供人歇息。四处望去没有登高的楼梯,建在村口处起到镇风水的作用。下方牌匾上有"云路"二字。

*沙堤亭

宋家山亭 位于祁门县城西北隅。元二都章溪宋茂正主祁门税务司,遂筑室于此。山有海棠洞,四周建亭九座:瞻胜、拥翠、衍香、源头活水、恬静、连云、春霁、百花、君子。今皆圮。

灵官亭 位于休宁县东临溪镇北。建于明初。亭呈正方形,由16根0.3米见方、4米高的石柱支撑,下垫方石磉。亭檐四角鳌鱼飞翘,铁马叮当;亭内供灵官神像,神座上悬"一鞭惊人"横匾。

松月亭 位于休宁县齐云山。为旧时九里十三亭之第八亭,白岳峰北。现重建为四角双层苏派园林建筑,水泥仿古结构,油漆彩饰,顶绘嫦娥奔月,壁画齐云山水。东北俯瞰登封古桥跨越横江,雄伟如画。

*松月亭

松风亭 见579页"岁寒亭"条。

松谷亭 位于黄山松谷道中,乌龙潭巨石上。原亭于明嘉靖十八年(1539年)被山洪冲没,嘉靖二十四年(1545年)僧钻坚募资重建。立身亭上,可眺望松谷庵。

枫树亭 见580页"步云亭"条。

居安洞亭 位于休宁县万安镇居安村外西北角。跨大路正中,用红砂石砌成拱桥式洞,宽3米,深6米,高3米许。既为村口屏障,亦为路亭。

南阳亭 又称"义姓亭"。位于黄山夫子山脚。上距福固寺2.5千米,游神仙洞可先小憩于此。

香炉亭 位于休宁县齐云山香炉峰巅。铁结构,亭内置大铁香炉,均毁。后重建铁亭,高2.6米,四柱翘角单层结构。

*香炉亭

*望仙亭

施水路亭 位于休宁县南云溪官路。明正统年间，当地人孙贤童输资凿石修路，并跨路建此亭施茶，以憩行旅。郡人都御史程富记其事，孙真勇重修。

浔阳亭 位于黟县南漳水畔浔阳台侧。相传为唐李白垂钓吟诗处。清乾隆年间，本县人胡德蔼偕邑绅开浔阳大路，立此亭。亭飞檐翘角，临溪敞开，南北拱门相通，黟渔古道穿亭而过。拱门各有石刻横额，北向为"飞泉天外"，南向为"耸散来彤"。

扁担亭 位于黄山查木岭南，距汤口1千米许。古时徽属六县入黄山俱经由此亭。

凌风亭 位于休宁县齐云山白岳峰北。为旧时九里十三亭之第六亭。四角双层式徽派园林建筑，高约7米，占地面积约27平方米。亭南侧有关帝庙。

*凌风亭

海天一望亭 位于休宁县齐云山。旧时九里十三亭之第九亭。现为八角单层徽派园林款式，砖木结构，高约5米，占地面积约24平方米。

望仙亭 位于休宁县齐云山望仙、中和两峰之间。形似关隘，为旧时九里十三亭之第十二亭。现为两层四角楼阁徽派园林款式，水泥钢筋仿古结构。高9.6米，占地面积54平方米。居高临下，可供旅游者放眼远眺。

绿绕亭 位于歙县西溪南村（今属徽州区）。老屋阁东南面墙外，为一池塘，池畔有此亭，亭呈正方形，通阔4米，边长4.36米，高5.9米。梁架上有"明景泰七年重建"字样，月梁上绘彩色包袱锦，临池有飞来椅供人歇息。老屋阁及此亭部分建筑特征沿袭宋元旧制，突出反映徽派建筑早期的风格。后曾多次进行维修。

*绿绕亭

绿照亭 位于绩溪县汪村登源庙左。明洪武年间知县唐昊建。其地登源水有深潭，绿光鲜照石壁，故名。成化年间龙川胡天龄重建，讲学其中，有诗纪胜："潭底镜涵天地阔，亭边松荫晦明图。莫教山径半茅塞，直把冰轮浸玉壶。"

鲁班亭 位于祁门县历口镇曹村。亭无墙垣，四面临风，数百年不圮。相传鲁班过此，助建此亭，故名。

登高亭 位于休宁县齐云山。为旧时九里十三亭之第四亭。后重建，苏派园林六角单层式，筒瓦盖顶，飞檐翘角，高5米，占地面积约22平方米。

睢阳亭 位于黟县宏村口溪畔。亭前有百年古银杏、红杨各一株，树冠如盖，行者多行此休憩避风雨。旧时宏村亲友外出或游归，常于此亭相迎送。明罗洪先来访汪心鉴，而汪已死，乃题诗《春过雷冈怀汪心鉴》以归。后人在亭壁间镌刻该诗。现亭仍在，已改为商肆。参见399页"徽州文学"部"罗洪先题诗睢阳亭"条。

*鲁班亭

*登高亭

*毓秀亭

箬坑茶亭 位于祁门县箬坑乡道旁。旧有茶亭四座：报慈亭，位于箬坑，当地人国学生汪宗泗为母建于双节坊侧；中元亭，位于宋家园，当地人郑启邦建；同乐亭，位于查树坑口，清乾隆年间当地人王春煌建；黄荆亭，位于黄金庵下，当地人王嘉狂建。均捐租施茶，以济行旅。

毓秀亭 位于休宁县齐云山展旗峰巅。现新建，高8米，占地面积18平方米。整体结构用红砂石榫合，呈六角形，石梁雕镂六幅民间神话故事图。亭内置石桌、石鼓，供游人小憩。

翠眉亭 位于绩溪县城西郊。北宋元丰八年（1085年），县令苏辙行于西郊，见原处双岭弯蹙如眉，名之"翠眉"，并筑亭，以寄故乡峨眉之思。亭后焚于宣和年间。南宋绍兴六年（1136年），知县贾讷复建。明弘治年间亭后建苏公祠，后均废。清康熙五年（1666年），知县苏霍祚建望眉堂，后又圮。

骢步亭 位于歙县棠樾村。始建于明隆庆年间，后屡圮屡修，现亭为清乾隆年间重建。"骢步"典出《列异记》，讲述的是汉鲍子都好义行，曾于路上收葬一无名书生。于是有一匹骢马（青白色马）一直跟着，任他驱使。后来子孙三代俱为司隶（相当于御史），直言敢谏，无所回避。亭名"骢步"，标志建亭者心存祖道，乐善好义，且有远大前程。亭为砖木结构，面阔4.56米，进深4.17米，通高7.4米。单檐攒尖方亭，屋角采用嫩戗做法，宝顶形似官帽，为他处少见。甬道贯通东西，南北两边有石凳。额文"骢步亭"三字，相传为清书法家邓石如手笔。与棠樾牌坊群同列为全国重点文物保护单位。

豁然亭 位于绩溪县城。宋绩溪知县汪琛建。苏辙宰邑，常与琛登亭吟哦。辙有诗云："南看城市北看山，每到令人意豁然。"故名。

楼阁

万竹山楼 位于黟县宏村北2.5千米黄堆山南麓。为明末清初汪元池读书处。其地深崖邃壑，鸟语泉声，拾级而登，地始平旷，其间万竹森然，"清风徐来，虽盛夏不知有日色"。小楼三间，构于竹间，读书之暇，与农野老相过从。春秋佳日，则聚文学之士，觞咏于此。昔人题此楼云："竹之为物，其材劲直，其心虚而节密，有君子之道，学者乐于此观焉。"

万卷楼 位于祁门县渚口村。清光绪十年（1884年）进士倪望重晚年居住在其"一府六县"宅第中。他酷爱读书，并将此宅的花厅辟为书房，藏书极丰，号称"万卷楼"，供贫寒子弟阅览。参见517页"倪望重宅"条。

*万卷楼

五侯阁 原位于黟县城中心。后因改建儒学，余循、许复初等捐资移建于城东淮渠二郎桥上，跨街而立。该阁奉祀唐张巡、许远及贾贲、南霁云、雷万春三将军。

太白楼 位于歙县城太平桥头。背靠披云峰，面对练江水，飞檐雕栋，是一座幽雅的双层楼阁。相传为纪念诗仙李白来歙州寻访隐士许宣平而建。当年李白来歙县寻访许宣平，到西干山麓，见山清水碧，风景宜人，赞叹不已，即兴留吟一首："天台国清寺，天下称四绝。我来兴唐游，与中更无别。卉木划断云，高峰顶参雪。槛外一条溪，几回流碎月。"后人为纪念李白，将太平桥之下练水中的一片浅滩取名为"碎月滩"。现存楼阁为明朝所建，1980年又作较大修整。整个建筑分前后两部分，前楼平面呈"凸"字形，歇山顶，高瓴重檐，翘角昂起，鳌鱼腾尾。能依窗观水胜景；后楼为五开间，中三间为明堂，左右各一厢房，是文人雅士聚会之所。楼檐下悬"太白楼"三字匾额。南门上的"六水回澜"指太白楼地处丰乐、富资、布射、扬之、练江、浙江六水汇合之处。北门上的"五峰拱秀"指楼西的五魁山有五座峰岚。太白楼现辟为李白纪念堂。属歙县重点文物保护单位。

*太白楼

文昌阁 ❶位于黟县城南学宫前泮池之东。旧以文昌帝君主持文运，遂建阁祀之，每岁春秋择吉致祭。此阁后圮。黟县另有文昌阁二，一位于上都黄村水口，高楼危立，现尚存；一位于二都蓬厦。❷位于歙县溪头镇蓝田村外。此阁系著名盐商叶天赐于清乾隆二十二年（1757年）倡首酾资建造，资助贫寒子弟在此念书。阁为两层亭台式，石砌基脚高约3米，周径约11米，偏长方形。阁主体为6.6米正方，四周为四廊，高12米，葫芦顶直刺苍穹。亭柱相对，阁梁描金，莲花檐托，美轮美奂。八条鳄鱼尾翘角上下呼应，铁马叮当，气势恢宏。阁内半是粉墙半是窗扉，朱梁画栋。登斜梯，到二层，远峰近水，一览无余。阁南阁北榫接坝塍，若届好春，青帘出树，花影临窗。阁东是阡陌田园；阁西则是蓝田村逶迤起伏的新楼旧屋。当年歙县翰林许承尧曾书"览胜"匾额悬于阁北。阁于民国二十二年（1933年）复修，首倡者也是以商助学的雅士。

*歙县文昌阁

方山楼 位于屯溪东郊尤溪村。元末休宁率东程观华建。程氏谱《保一公传略》载："（程观华）退居乡里，欲求宁静，乃定于率东方山之前建重屋，名曰方山楼。"楼成，时与四方名士，登楼赋诗，极一时之盛。驸马都尉王诚斋诗云："为慕方山久，今岁两登临。维舟依古岸，结屋在疏林。人静常亲鸟，客来且罢琴。东西犹格斗，惟尔不关心。"朱升有诗云："牛郎幻出牛泾景,竹树云山入镜中。我老还山经此地,如何不羡角中翁。"楼今已不存,尚留桂花树一株、石拱水道及"时止"亭遗基等,依稀可见当时的规模。

东谯楼 又称"迎和门""阳和门"。位于歙县府衙东侧。始建于南宋绍兴二十年(1150年),高13米,宽12米,进深10米,三层。歇山顶,重檐,高脊翘角,大梁架于高台上,下为门阙,街道从中穿过,右侧有石阶曲折而上。明弘治十六年(1503年)以前,楼内设有铜壶、夜天池、日天池、平壶、万水壶、水海影表、定南针、更筹、漏箭等报时设备,并配有军人轮流值班,阴阳生一人候筹报时。清同治末年曾大修。现开辟为歙县历史陈列馆。属安徽省重点文物保护单位。

*齐云山观音阁

走马楼 又称"跑马楼"。位于黟县西递村。是黟县西递村江南六大首富之一、正三品通议大夫胡贯三为迎接亲家曹振镛于清乾隆五十二年(1787年)耗巨资兴建的。乾隆五十三年(1788年),曹振镛趁返乡省亲之际,专程来西递会晤亲家。来到村口,登楼远眺,心旷神怡,赞不绝口。后毁,近年依旧楼式样仿建。

*东谯楼

*走马楼

向辰楼 位于黟县城北城隍山。城西余氏建。清光绪二十一年(1895年)重修,并加高一层,因改亭为楼,上塑元昌帝君神像。登楼,日迎朝阳,夜向北斗,全城尽收眼底,为一方胜境。后圮。

祁门谯楼 位于祁门县衙内。建于明初,为司时用的鼓楼。成化九年(1473年)圮,弘治年间重建。凡五间,东为行台、阴阳学、医学,西为察院,设钟楼,"以严更曙,以时作息"。其东有申明亭,西有旌善亭。旧有题记:"登斯楼者,见民之庶则思复之,见民之逸则思教之,见民之饥寒疾苦颠连无告则思所以拯救之⋯⋯则其为明远,因无愧于斯楼也。"故又称"明远楼"。

阳和门 见584页"东谯楼"条。

观音阁 ❶位于休宁县白云岩。建于石崖前,下临万丈深壑,登者无敢俯视。阁北向,倚窗远眺,黄海诸峰隐约云外,远近庐田,历历在目。阁后侧有洞颇深,且险且奇,洞尽山穿,豁然开朗,似别有天地。❷位于祁门县城东平政桥东。明初祁门知县余宝捐禄米倡修。塑普陀大士像于其中。夏月施茶以解行人道渴。后圮,清康熙十五年(1676年)重建,招僧为住持,题额"观音楼"。曾多次修葺。同治七年(1868年)毁于水,后重建,宽广约33米,易今名。❸见599页"紫竹庵"条。

赤岭文昌阁 位于黟县碧阳镇赤岭村水口。构筑雅秀,登阁凭眺,南山悠然在目。亭建于清以前,后经当地人程氏支丁葺新,程元銮题记其胜。后圮。

听泉楼 位于绩溪县家朋乡磡头村许氏宗祠右侧。临涧溪,为两层跨街楼,坐东南面西北。占地面积34平方米。临溪一面悬挂"听泉"匾额。歇山式屋顶,中部设腰檐,翼角腾飞,风铃叮当。置美人靠。雀替、驼峰、撑拱均饰雕刻。

迎和门 见584页"东谯楼"条。

闳雨楼 位于歙县城。宋朝兴建。紫阳、披云二山皆高于州治所在的乌聊山,且居离位,离为火,故临城筑闳雨楼,垩饰皆黑,取水胜火之意。

*听泉楼

*南谯楼

*钟英楼

环山楼 位于黟县城西隅。明初黟县余荫甫所建之读书楼。休宁朱同题额，庐陵王敬作《余氏环山楼记》，有句云："佳哉，黟邑据多山之胜，而斯楼又尽得夫环山之胜者也。"楼亦为士人讲学之所。已圮。

明远楼 见584页"祁门谯楼"条。

南谯楼 位于歙县府衙旧址前。传为汪华吴王府子城的正门，始建于隋末，北宋宣和年间重建，明弘治十四年（1501年）进行大规模修建。中辟方形门阙（宋朝风格），底层砖石台基上木构高台建筑，两层楼阁，副阶周匝，悬山顶，形制奇特。共立柱26根，中门阙门扇隐去2根，只显出24根，故当地人通常称为"二十四根柱"。古时楼上置有铜壶，用以滴漏定时，还有鼓具及察看星象推算历法的仪器。南宋绍兴二十年（1150年）因风水之说，建迎和门于仪门东，以替代谯楼，筑台为楼，如谯楼形式，原置于谯楼的铜壶等报时设备曾迁往，所以又称"东谯楼"，该原谯楼则冠以"南"字，以示区别。后进行大修，基本上保持木构清朝风格，门阙为宋朝风格。属安徽省重点文物保护单位。

钟英楼 明朝更楼。位于歙县呈坎镇呈坎村（今属徽州区）。旧时有每年定期宴请之俗，底层四面开门洞，便于街巷通行。楼下能避雨，楼层四面开窗用于瞭望。东西门额上原有"钟英"二字，寓钟灵毓秀、英才辈出之意。

屏山楼 位于黟县宏村镇屏山之麓。明里人舒志道建，河南郑雍言篆额，吉水刘静作《屏山楼记》述其胜概："因江山之胜而所处益高，遂建楼其中。左则吉阳山峰屹立，森然如战之列；右则栖碧山群岫耸拔，峙然如螺之堆；文笔凌霄，则有丁峰、巽峰之在前也；清澈可掬，则有溪流之在下也。是则斯楼又尽夫屏山之胜。"明黟县知县胡拱辰来游，有《屏山楼》诗句云："楼外佳山列画屏，楼中榜字袭山名。泉垂一道流千古，月到重筵夜四更。"

海阳钟鼓楼 位于休宁县城。是休宁县衙前的谯楼和前门楼，楼前拱门上一直悬有"休宁县"三字直匾。始建于元至正五年（1345年），由当时的县尹唐棣集14个富户之资修建，为两层楼阁

*屏山楼

式建筑。其后几经兵火,历代又几度修复。大修后成为中国状元博物馆的主体建筑。门洞上方横梁上"中国状元博物馆"匾额是著名文物专家罗哲文题写的。属安徽省重点文物保护单位。

*海阳钟鼓楼

诸天阁 位于歙县太平兴国寺前。北宋宣和年间黎确建。诸寺(西干十寺)均由此出入。

黄山楼 位于歙州郡治后。唐大中年间所建。登此楼,北望天都、莲花诸峰如列荣,森秀天表,是为一方名胜。

黄村文昌阁 位于黟县黄村水口。元朝为集成书院,后圮。清当地人黄善长建此阁。

梅花初月楼 位于休宁县南回溪村。朱升建,明太祖朱元璋御书赐额。今不存。

望湖楼 位于黟县宏村南湖北岸以文家塾侧。建于清朝,黟县碧阳书院山长歙县罗尹孚曾题"湖光山色"匾额。今位于南湖小学内,楼额仍在。

寄山楼 位于祁门县凤凰山北麓。民国初年县人胡清瀚集资建。《凤凰山寄山楼跋》述楼之命名云:"老杜登惠义寺,有句'莺花随世界,楼阁寄山巅',恰是此间风景,用拈二字以名斯楼。因思弱草轻尘,浮生如寄,大千世界,更何物而非寄,山灵有知,似当首肯。"黟县胡元吉所作《凤凰山寄山楼记》碑嵌于墙内,四壁楹联,玑珠映目。楼也为祁门县文人聚会之所。

雄村文昌阁 位于歙县雄村。阁顶用纯锡铸造成宝葫芦形,既寓意为文曲星高照,又示意曹氏家族是以才入仕、先学后臣的翰墨人家。文昌阁一层的两柱悬有曹文埴撰书的楹联:"扶君臣朋友之伦,心悬日月;证圣贤豪杰之果,道在春秋。"表达了徽州文人崇圣贤、读春秋、当忠臣、讲仁义的心态。挂有曹文埴手书的"俯掖群伦"四字匾额一块。阁楼下供奉的是武财神关公,关平、周仓二将侍立两边。楼上原有文昌帝像,魁星与之面对。

*雄村文昌阁

景苏楼 位于绩溪县治后。宋县令曹训慕前令苏辙之贤,摹其遗像,镌其诗于石,而建楼以贮之。楼名"景苏"。

跑马楼 见584页"走马楼"条。

遗经楼 位于黟县渔亭镇霞阜村。元末,里人汪泰初建。泰初家世以儒学相传,所居遗经楼,多集经史,延名儒陈定宇、胡存庵、赵东山、倪道川四人,相与研阐经学。

御书楼 位于祁门县城西北隅。明景泰年间,本县人、工部郎中李友闻建,以收藏朝廷所颁赐制书。

魁星阁 位于绩溪县上庄镇石家村西。建于清乾隆十六年(1751年),为北宋开国元勋石守信的第十七代孙石承谟所建。阁为歇山顶,石柱粉墙,鸱吻高翘,四角悬铃,脊兽排列,顶置葫芦。正面六扇隔扇门。原悬"魁星阁"匾额。阁结构奇特,设计颇具匠心,传说蕴涵了"贬清褒明"或"反清复明"之意。石氏后裔,宋明俱荣,清时被贬为"小家",故仇视清廷。阁基1.33米见方,高0.67米,较阁楼少约0.8米,寓意明位于上清位于下,明强清弱;阁顶七分水法,四面落檐,显示明朝最强盛时期。檐水落地17尺(约5.67米),喻明沿袭

17代；阁四角离地19尺（约6.33米），每方用椽50根，两数相加乘以4向，正合明朝276年之数。阁左有按石守信帅印比例建"印堆"平台，上植红枫一棵如"印柄"。后重修，增张恺帆书写的"胜揽溪山"横匾和"十里西流溪水绕青襟翠带，一村北向山峰环凤阁龙楼"联。

*魁星阁

*敲更楼

魁星楼 位于黟县文庙东南。黟县城程姓建于清嘉庆三年（1798年）。两层，祀魁星。魁星即二十八宿中之"奎宿"，传为主宰文章兴衰之神。

敲更楼 位于绩溪县上庄镇石家村沿河高塝上。属防盗贼和防火建筑物。敲更人一般为老年男性。更深夜静，串家走户，绕宅而转，边敲边喊："寒冬腊月，河水干浅，火烛小心——""缸中多放水，灶前少堆柴，祈求太平——"旧时，敲更与报时相结合，其计时依燃棒香为号。

戴震藏书楼 位于休宁县隆阜中街（今属屯溪区）。原为一幢清朝建筑，称"摇碧楼"，因其濒临横江，楼影与碧水交映而得名。民国十三年（1924年），戴震诞生200周年之际，乡里名人和戴震后裔献出此楼创办"隆阜私立戴氏东原图书馆"。后该馆所有图书、文物及馆址，均交国家管理，并成立"戴震纪念馆筹备处"。重新修葺后正式定名为"戴震纪念馆"。属黄山市重点文物保护单位。

黟县钟楼 位于黟县城东。元至正十二年（1352年）毁，明洪武九年（1376年）重建，正德三年（1508年）又毁。次年夏由知县杨传重建，后亦圮。现仅存钟楼厦地名。

黟县鼓楼 鼓楼即古代报时之谯楼。位于黟县城县前街。明洪武元年（1368年），建于县治东景西门旧基。嘉靖十八年（1539年）毁，未久，知县左翼复建于县岭背上，以地高声远，额题"明远"。清孙学道有诗云："更鼓咚咚响丽谯，归人城外马萧萧。绕枝惊鹊起山月，晚市初收戊已桥。"此楼当衢而立，下为跨街洞券，设有长条青石凳供人憩息，俗称之"鼓楼洞"。

*戴震藏书楼

蟾溪楼 位于休宁县蟾川村。村前有溪名蟾溪，楼从溪名，为明嘉靖十三年（1534年）进士程燮所建。楼匾为"吴中四才子"之一、大书画家文徵明所书。后楼是程燮当年以文会友之所。

[八] 徽州建筑

寺庙庵观　祠堂民居　牌坊戏台　桥塔亭楼　水口园林　建筑形制

人王寺　又称"仁王寺",原名"全寺"。位于休宁县蓝田镇南塘村洽舍溪南岸。建于唐咸通八年(867年),元朝时从祁门请来舍利塑像。相传朱元璋反元,经县北休、黟、歙交界的双岭,南行至洽舍对河,因元军追赶得紧,便策马循溪边小径奔逃,遇寺得以藏身。及出,误认"全"为人王两字,后登极,敕改名"护国人王寺"。新中国成立后寺毁。寺后山有曲折三进的洞府,古称"里空庵",相传曾有僧修行其中得道而去。山有方竹,系昔时寺僧所植,今仍青翠成荫。

三贤堂　位于祁门县城南闾门。祀吴仁欢、路旻、陈甘节三县令。吴仁欢是奏请和筹建祁门县的邑人,后任祁门县令。路旻、陈甘节任祁门县令期间,先后捐俸募民,开路、疏通闾溪河道,使闾门舟楫得以安航。

三姑庙　位于黟县宏村镇屏山村。其地山有三峰,妍丽可观。相传昔盖山舒氏有三女,履吉阳水而来,欲卜居于此,言罢而逝。三峰即三女所化,后人因立三姑庙,四时奉祀。

*三姑庙

三清殿　即"寥阳殿",又称"玉皇殿"。位于休宁县齐云山太素宫东,背倚拱日峰。明宣德四年(1429年),道士汪以先募建。嘉靖三十七年(1558年)扩建,占地面积1 260平方米。两层楼,坐南朝北,重檐飞角,雕梁画栋,粉墙丹壁,奉玉清、上清、太清三天尊。上层分为紫虚、通明两楼。民国初毁于火。

土地祠　又称"薛公祠"。位于黟县县衙大门内东侧。唐永泰元年(765年)建。奉祀唐黟县令薛稷。南宋端平元年(1234年)知县舒咏之修建大门,并祀宋黟县令鲜于侁。

大悲顶　见"大悲院"条。参见4页"文化生态"部"大悲顶"条。

大悲院　又称"大悲顶"。位于黄山光明顶。明万历年间僧智空创建,皇太子赐大悲观音像。院内设大悲道场,并募款铸钟,钟上有《金刚经》文5 176字。僧普门曾说:"中观音以悲,左文殊以智,右普贤以行,三禅院鼎立,山巅缺一不可。"院久废。后在旧址兴建气象站。

万春庵　位于黟县宏村镇甲溪村水口。明正德年间当地人捐资同建。清乾隆年间住持僧笑微广植竹树,翳然成荫,为一方幽胜之地。

上清灵宝道院　位于祁门县城南。元大德五年(1301年)谢本真创。法师甲乙住持。谢氏本是儒家子,而好寄迹道宫熏修,因舍家宅为道院。

广安寺　原名"永宁寺"。位于黟县城麻田街。隔漳河与临漳门相望。南朝梁大同元年(535年)建。北宋大中祥符元年(1008年)改称"广安寺"。元、明两朝屡经兵火。明嘉靖二十三年(1544年)夏,僧会如、心及莘劝募,合邑士绅重建。洪武二十四年(1391年)曾设为丛林,相近梓路寺、霭山院、延庆院、精林院、遵孝寺僧众,一度归并该寺,信徒四集,香火倍盛。至清朝,绵延未衰。

天井山道院　位于休宁县北天井山顶。其地平坦,有山泉如井,四时不涸。相传清乾隆年间,采樵者发现石佛陀而建。大殿奉弥陀大佛,两厢十八罗汉,山门置灵宫神座,殿左观音阁。本乡堡上坑正一道士率家属住山司香火。现不存。

天尊观　位于黟县城北隅。元大德十年(1306年)始创,道士胡守法(元)、吴守中(明)先后住持。明洪武二十四年(1391年)一度改为佛教丛林,永乐元年(1403年)复为道观,并经复建,长史孟简有记。后废圮。

无量寿佛宫　位于休宁县齐云山太素宫西,洗药池侧。明万历十年(1582年),郡人、兵部左侍郎汪道昆捐资修建。坐南朝北,占地面积约600平方米,两层楼,重檐飞角,环绕清幽。上层为阆香楼,供香客、游人品茗休憩;下层奉福禄寿喜四大神像。圮于清末。

云艺庵　位于祁门县祁山镇西。僧如义始建造此庵,名"永义"。明万历年间知县李希泌改名

"云艺"。如义的徒弟海清购请大藏法宝在山左建阁藏经。其地翠竹修篁，摇曳多姿，谓之"云艺竹冈"。

云平庵 位于祁门县南22.5千米。五代时，罗汉院僧道云置田于平里，号罗汉庄。北宋景德年间，道云的徒弟在罗汉庄建庵，名"云平"，以志不忘其师。后庵僧庆修，以医药济世，当地人王舜中以其事闻于朝廷，赐予紫衣，号佛光无碍大师。其徒总恭继其业，亦赐予紫衣，号普元照大师。本县人方贡孙宿云平庵有诗："松房闲却卧云僧，老子枯髯尚葛藤。尘世许多桑海事，山中古寺旧时灯。"

云谷寺 又称"丞相源"。位于黄山钵盂峰下山坞中，原为歙县岩寺（今属徽州区）汪氏书院。明万历三十八年（1610年），寓安禅师到此，募建梵刹，数月遂成。潘之恒初名之"一钵"，后经汤宾尹易为"掷钵"，遂名"掷钵禅院"。崇祯年间歙县令傅严题书"云谷"二字，因更今名。清俞绶有诗："何年呈幻术，掷钵挂千峰。境寂疑无寺，云奇欲化龙。残灯参丰偈，清梵逼孤松。惟有新罗鹧，遥天未可逢。"宣统三年（1911年），一场火灾使寺宇化为灰烬。嗣后由李法周捐款，重建侧房数间，以供游人息足。又有僧人隆光，募化10年，竖起大殿。民国三十二年（1943年），建房约400平方米。后又因火灾烧毁侧房八间。

云液庵 位于黟县西递村。清顺治初建。庵左有双桂亭，施济茶汤。乾隆二十二年（1757年），开云和尚募缘，本县人胡日夏捐资重修，并募砌西递铺至桃源洞石板路。

五郎庙 位于黟县北。宋朝建。相传唐末越国公有将名五郎，有捍御乡土的功劳，县里人立庙祭祀。

五显行祠 又称"五通庙"。位于黟县城北城隍庙右，祀五神。五神在北宋宣和五年（1123年）时封为通贶侯、通佑侯、通泽侯、通志侯、通济侯，故称"五通"。南宋嘉泰二年（1202年）又赐封五爵：显聪王、显明王、显正王、显直王、显德王，因又称"五显"。黟县另有五显行祠四处。

五通庙 见589页"五显行祠"条。

五溪大圣祠 位于黟县东北五溪山。山有深潭，俗称"龙潭"。旧时天旱，四乡祈雨者云集敬祀。宋当地人建大圣祠，岁时祀立。明洪武十三年（1380年）重建。清乾隆时知县孙维龙有记并诗，记谓："五溪山，位于县北，有龙湫。宋元丰中有僧卓锡于此，乡人为之立祠。"诗云："支筇晓向五溪行，雾气云光石上去。禅客不逢茅屋冷，满山红叶落无声。"

太子庙 供奉唐越国公汪华儿子的庙宇。广泛分布于徽州各地。汪华在隋末保境安民，殁而为神，俗称"汪公大帝"，民间又尊奉为"太阳菩萨"。汪华有九子，均有赐封，民间各地均建庙祭祀。

*太子庙

太子堂 为奉祀汪华三子之神祉。位于歙县城内新南街，已无存，今仍名其街坊为太子堂前。

中五台庵 位于黄山北海贡阳山下。左为狮子峰，右为始信峰，前为散花坞，风景奇绝。庵为黟县僧宗教所创，黟县商人朱晋侯多有资助。

长丰社庙 庙礼社公、社婆，春秋两祭，位于黟县舒村。有泉自社庙后坞中流出，乡人多取之洗疗眼疾、治耳聋以及酿酒。庙后有社公井。

长春社 位于歙县呈坎村（今属徽州区）。是古徽州仅存的社屋类公共建筑。宋朝迁建于此，明朝中期由罗震孙等人首创捐资，清朝时修葺。该社由门坦、五凤楼、大堂、祭殿四个部分组成，总面积1 100平方米，门首悬挂着蓝底金字"长春大社"四个大字，原系苏东坡所书，后被毁。梁架彩绘精美绝伦，色彩清晰。靠墙的基座上供有土地神与五谷神，还有孙权之子孙和的坐像，逢节祭日进贡烧香之人络绎不绝。每年正月十五日及九月初九，为祈求好年时或为庆祝好年景，村民聚集于此祭祀拜神，并将各寺院、道观的诸神请下祭坛，抬着诸神出巡，俗称"抬阁"，同时伴以舞龙观狮，唱社戏，热闹非凡，共庆国泰民安。

*长春社

仁王寺 见588页"人王寺"条。

文公庙 位于婺源县城内朱熹故宅。用于祀朱熹。故宅遗址先已侵于邻居，田亦售于朱氏族人。元（后）至元元年（1335年），州守干文传因朱熹裔孙之诉始复其地,于是向朝廷奏请,立徽国文公庙,其资费全部出于汪镐,给祭田20 000平方米,以五世孙朱勋主祠。歙县鲍元康又赎得朱氏旧田归之庙。婺源汪仲鲁撰有《重修徽国文公庙记》。

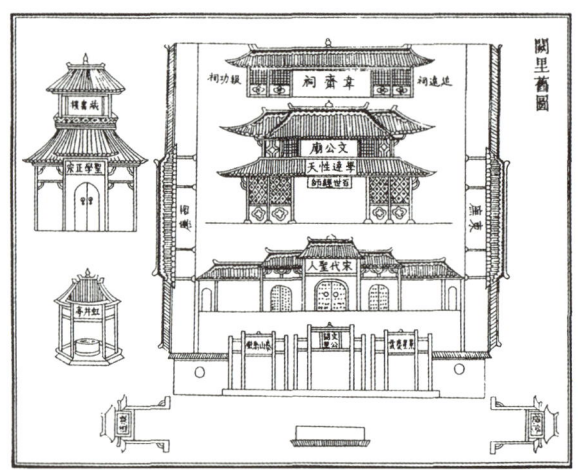

*文公庙

文孝庙 位于黟县城西南2.5千米处。奉祀梁昭明太子萧统。

文昌祠 位于齐云山太素宫西,五老峰北麓。明万历五年(1577年)居士冯叔吉建。两层楼,徽派风格。上层文昌阁,丹漆彩绘,明亮雅致,旧为道徒研习经典之所。下层文昌祠,奉文昌帝君。占地面积144平方米。清末祠毁址存。

文殊院 位于黄山天都、莲花两峰间。后依玉屏峰,前有文殊台,左右为狮、象二石。明万历四十一年(1613年)八月,释普门创建。崇祯十年(1637年)毁于火。次年,休宁汪之龙重建,院额"到者方知",为歙县江沭日所题,柱联"孤云卧此中,万山拜其下",释道据书。咸丰年间又遭兵燹,光绪十三年(1887年)重建,运文殊神像至山上。院宇为石砖楼房,门额篆有"文殊禅院"四字。古人游山者,多以文殊院为投宿点。明吴仲南夜宿文殊院诗:"此宵莫作等闲看,身已飘然云雾端。子夜披衣山籁寂,九天星斗正芒寒。"民国时期改为慈光寺支寺,由慈光寺住持僧心定之徒智成看守,后又由游脚僧持善代管。

文峰庵 位于祁门县城南凤凰山文峰。明万历年间知县李希泌为僧性淳在此建庵,以文峰名庵,后圮。

火神庙 见594页"赤帝庙"条。

斗山寺 位于黄山龙蟠坡下中沟左侧,依山而筑。民国十三年(1924年)夏,江宁观音庵僧人明光云游至此,结茅而住,后建成佛殿三间,名为无量庵。次年,休宁县知事韩焘改题为"半山寺"。

双门寺 位于休宁县五城镇。明弘治《徽州府志》载:"去五城十里许,穷山幽谷间,两岩壁立,洞水中流,曰双门。"唐咸通二年(861年)有异僧来此建寺,

元至顺二年(1334年)迁衡溪,至正十二年(1352年)兵毁,至正二十三年(1363年)僧寺楠重建。

双忠庙 奉祀唐代张巡、许远二人。祁门县双忠庙有两处,一处位于县城西重兴寺内,后移建于祁山南麓。清乾隆、道光、同治年间均经修葺、重建。新中国成立前,庙内尚供奉史老爹塑像。史老爹,名史东,四川人,北宋大观三年(1109年)任祁门县尉。每年端阳节前,双忠庙前有扎神船的群祭活动,所谓"酬神""娱神"。另一处位于县城东金字牌村,今已废。

双清道院 位于休宁县南枫林园。宋朝人吴存远营寿倡建,毁于兵。入元,曾孙吴仁重建,汪克宽作记。

玉枢庵 位于休宁县西南江潭。南宋少师程珌建,奉祀其父文夷。

玉皇殿 见588页"三清殿"条。

玉虚宫 旧称"老殿",又称"紫霄宫"。位于齐云山紫霄崖下。明正德十年(1515年),养素道人汪泰元倚崖临洞建宫三:中为玉虚宫,供玄帝坐像,文武辅神分立左右;左为治世仁威宫,玉帝神座居中,上方供三清,雷神护立玉帝两侧;右为天乙真庆宫,内塑大小神像百余尊,展示玄帝少时云游四海八方,访师求道事迹。三宫连通,各有石坊门楼。《玉虚宫玄帝碑铭》立于宫外左侧崖下,为唐寅撰文。

*玉虚宫

正殿 见592页"玄天太素宫"条。

世忠庙 见601页"篁墩忠烈庙"条。

古城观音殿 位于休宁县万安镇古城岩。清乾隆五十二年(1787年),汪柽、胡应榛同修。后毁。

古城岩五猖庙 位于休宁县万安镇古城岩汪王故宫旁。所祀五猖神为忠烈王越国公汪华的护法神。今庙已毁,唯存遗址。五猖庙塑五位猖神,唯古城此庙奉猖神六位,其中有石埭县(今石台县)一猖神。相传朱元璋征伐陈友谅败退时,石埭县

城隍命一猳神传递信息至古城，因时间迟延未能归家，故寄寓于此。

石门寺 位于休宁县齐云山岐山。唐天宝年间，已有僧人住在岐山石室，室内有佛像、石讲堂等。元和四年（809年），歙州刺史韦绶，梦见古貌僧来访，因捐俸建寺于岐山石门岩，僧本立住持，卒成一方之胜。及僧光聪继为住持，增建青莲寺、观音阁，香火兴盛。

石门院 位于祁门县石门村口。院僧惠满佛印大师与宋邑人汪伯彦先世相善，汪伯彦未显时在此读书，为题"净庵"二字匾。王伯俞亦读书于此，后仕至直阁，有诗云："昔年去学深山里，今日来游小石门。"

石盂庙 位于黟县碧山村。传说南宋嘉定年间大旱，乡人于此祷雨有应，黟县户部侍郎汪纲请旨封灵济王立庙以祀。后圮。

石盂崇福院 见601页"遵孝寺"条。

石信将军庙 又称"孚灵庙"。位于黟县北，所祀神祇为东晋信州石敬纯。相传石为父报仇，山为鸣震，后人立庙祭祀他。宋时封此神为王，元至大三年（1310年）改封为真君。

石鼓寺 位于黟县十都石鼓山岭头。始建于唐会昌五年（845年），元初建"相儒堂"，明洪武十五年（1382年）重建佛座。山有一石，其状如鼓，东西横卧，色黝黑，昂然耸立，圆而光滑，平整如削，下有三块岩石承托，中有空罅，鼓架其上，离地0.7米。故山、寺皆以石鼓名。寺后有泉井，水色乳白。

龙山寺 位于休宁县黎阳镇（今属屯溪区）西。始建于唐朝。明清、民国及新中国成立后多次维修。主殿为三开间硬山式重檐建筑，殿堂中央供奉观音菩萨，文殊、普贤菩萨分坐两侧佛龛内。东边附殿为弥勒殿，西边附殿供奉地藏菩萨。寺院山门为宫殿式，进门处置万年宝鼎香炉一尊，右边旱池内为龟跌负碑，碑上撰《龙山寺记》。属黄山市重点文物保护单位。

*龙山寺

龙门道院 又称"南山院"。位于黟县南城子山之巅。其地峭壁巉岩，石洞中有泉终年不涸，称"龙湫"，乡人祈雨处。明当地人胡伯安、吴伯忠、黄仲机捐资修葺，并捐田为香火之需。

龙王庙 位于黟县城东南迎霭门外。清道光二十年（1840年）重建。知县刘东书撰《建造龙王庙碑记》云："庙貌壮丽，可与邑中诸神庙相鼎峙。"另一龙王庙位于黟县八都噎潭边。后均圮。

东山庵 位于黟县宏村镇蜀里东山。元延祐七年（1320年）鲍从善捐资建立，月堂、德纲两僧人相继住持。明初，僧人隆兴建圆通阁。洪武十五年（1382年）其徒永川于青龙山建三门，置有庙田，本县人汪仲瀚写有《东山庵记》。清朝香火仍极盛，庵内有楹联："亦圣亦仙，三教同归一致；即心即佛，东山何异西天。"清江维城撰书："昔年零雨斧斨，上座高僧，同御修罗完舍卫；今日清风丝竹，诸天老佛，重开法会说华严。"本县人程伯敷撰书。庵后圮废。

东古寺 位于黄山松谷庵左。前临志成桥。清康熙年间敕建，为十方丛林。嘉庆二十一年（1816年），大开期场，弘扬戒法。咸丰兵火后，寺宇如墟。

东松庵 位于祁门县十四都，当官道之冲。北宋熙宁年间悟法寺僧人子询建。寺设庐舍数十楹，设床榻、备蔬菜，以供给来往客旅，至者如归。士大夫多为诗赞美之。祁门县人、丞相汪伯彦有诗云："万山屹立若临冲，四十年来谒上峰。名遂归来人物改，青青唯有岁寒松。"南宋绍兴元年（1131年），岳飞奉诏去江西，曾于庵中游憩，并题壁以记。参见399页"徽州文学"部"岳飞东松庵题壁"条。

东岳庙 位于黟县城南0.5千米东岳山。历宋元明清，屡经修建，正殿气势巍峨，殿前高悬白底黑字"到头有报"横匾，远近可见。有楹联两副，其一为："是是非非地，明明白白天。"另一是清本县人林芳谷撰书："天地为炉，阴阳为炭，鼓铸成太上金身，应贞元而出世；山川同固，日月同明，永镇此大生宝殿，锡福祉以康民。"两廊为十殿阎罗五殿。大门、二门、殿前各有一对黟县西递青雕石狮，栩栩如生。今已毁。

四贤祠 位于黟县城东郭。奉祀明嘉靖年间的四位黟县知县：杜铨、刘栏、魏元吉、周舜岳。杜铨，嘉靖十二年（1533年）莅任，在任清苦。冬月衙斋无炭，令家人曝于檐下。有一馈鱼者，却而责之。召至京，吏索馈，贫无所与。刘栏，嘉靖二十七年（1548年）莅任，政尚简易，恬静省事，教民以礼。魏元吉，嘉靖三十二年（1553年）莅任，锄强劝善，为事刚明敏断，朝廷方以倭寇加赋而征输不扰，百姓充足，尤加意于学校，士民爱戴之。周舜岳，嘉靖三十五年（1556年）莅任，廉政聪察，筑江柏山堨，引漳河水入槐沟以溉横冈田。

白云岩大雄宝殿 位于休宁县齐云山西白云岩。其地峰峦竞秀,风景清幽。清末,有黟县西递一位富商遗孀,携家财结伴,在岩上建筑大雄宝殿、观音阁、斋舍、净室等,焚香礼佛,带发修行。现殿宇无存,尼众亦还俗。

白云庵 位于祁门县历口镇下汪村白云峰下。建于清道光十一年(1831年)。正殿雄伟恢宏,门楼展翅飘檐。门前清水环流,翠竹竿竿。殿后峰峦起伏,松涛声声。门联为:"流水环门,花落不随流水去;白云满榻,心闲却与白云期。"

白云禅院 位于歙县渔梁。始建于明万历四十六年(1618年)。徽派寺院风格,青瓦灰墙,马头挑檐。历代几毁几修。清初禅院破败,康熙年间曾作修葺,乾隆年间又作修理,咸丰、光绪年间再次重修,但民国时期已经倒塌,后重新大修,恢复原貌原样。禅院规模不算宏大,但却远近闻名。明末清初画家渐江曾在此泼墨作画。

*白云禅院

白杨院 位于祁门县南22.5千米。建于宋朝。当地人、朝散郎胡俊杰先世布福田之所。院内有四亭:松萝亭、竹间亭、碧波亭、般若亭。相传朱熹曾来此讲学。元时废。

丛林寺 位于歙县小溪村东南1千米。始建于唐大和五年(831年),历代均曾修葺。明初,歙县有十大丛林(一丛林管十寺),丛林寺为第十丛林所在。寺兴盛时有文殊院、大雄宝殿、普贤行宫、晨钟楼等,现仅存大雄宝殿和僧房。大殿正方形,边长9米,绕以敞廊,歇山顶。殿内中间四柱上架横枋,枋上用12座斗拱托起藻井,天花板上彩绘云龙图案。寺内殿壁上画有24幅水墨观音罗汉像,相传为明画家丁云鹏所作。属安徽省重点文物保护单位。参见417页"徽州艺术"部"丛林寺壁画"条。

玄天太素宫 又称"正殿"。位于休宁县齐云岩下月华街中心。面对香炉峰,背倚玉屏、钟、鼓三峰。峰下泉流五股汇入宫前虚危池。南宋宝庆二年(1226年),方士余道元初建"佑圣真武祠",

*丛林寺

*玄天太素宫

相传所供真武神像为百鸟衔泥而成,历经水火无恙。明嘉靖三十七年(1558年),明世宗祈嗣有验,拨内府银建三进殿宇并配殿,置钟鼓楼、宫门,易名"玄天太素宫"。

兰宇尼庵 位于休宁县万安镇旧市。清同治四年(1865年)前后建,内有大佛殿、十阎王殿、十八罗汉、二十八宿、观音诸殿堂,香客远及黟县,香火兴盛。现改建为民宅。

兰桂庵 位于休宁县蓝田镇石岭村口。为徐姓家庙,建于清朝。现佛像尽毁,尼还俗,仅庵在。

永宁寺 见588页"广安寺"条。

圣母灵祠 旧称"碧霞元君祠",祭祀泰山女神。宋真宗时敕建,位于黟县城南龙尾山下。明崇祯十三年(1640年),加号为天仙圣母清宁普化碧霞元君,因称"圣母灵祠"。祠后有圣母灵池,随祠圮而淤。清嘉庆九年(1804年)黟县城桂林程氏重构祠宇,并浚圣母灵池,教谕徐奕韩有记。

圣僧庵 位于歙县西郊七里头。坐落于天马山北麓,门对丰乐河,四围茂林修竹,环境清幽。始建于唐武德年间,明隆庆年间汪道昆司马为庵创建"精蓝",今存门房、大殿、享殿及庭院。三进三开间,面阔9.24米,进深29.97米。庵壁有万历年间歙县画家黄柱所绘观音、罗汉壁画,享殿须弥座上有金刚经石刻,汪道昆为之题跋。据方志载,僧慧明用庵左灵脉泉水为病人洗眼,云翳全消,人尊其为"圣僧",故名。圣僧庵壁画属安徽省重点文物保护单位。

吉阳庙 见594页"灵山庙"条。

老殿 见590页"玉虚宫"条。

地藏宫 位于黟县碧阳镇秀里九莲山。明初僧人忠达劝募,村人叶景科献地兴建,清乾隆年间住持僧人幻如募缘重修。清黟县令施源有《游九莲山》咏其香火之盛:"篝火村村七佛柱,龛灯岁岁九莲山。愿分无尽光明烛,照彻灵台方寸间。"后圮。

地藏殿 位于绩溪县荆州乡小九华山。有孤丘形如覆碗,上建该殿。丘底拱门有橙底金字巨额"第一名山"。门内设"牛头""马面"巨像,左右庙内各供神像10余尊。过拱门,登81级栏于石阶抵该殿。殿中砖塔周环8尊装金佛像,坐立参丰,其趺坐者地藏。两壁下立十殿阎罗与一对鬼判。此殿粉墙朱柱,画梁雕甍,飞檐翘角,铁马风铃。殿前置巨鼎,殿后架鼓钟。

西峰寺 位于祁门县闪里镇北西峰山。相传唐光化二年(899年),僧清素自五台山来,飞锡杖于其巅。本县人郑传为其在西峰山建卓锡亭,亭下筑室百余间,吴王杨行密赐额"上元西峰宝林禅院"。入宋,赐号"神惠永济禅院",熙宁年间改"寿圣宝林",隆兴年间改"广福宝林",嘉定年间奏加"普林"二字,后称今名。寺内古木曲涧,山水清幽,钟鸣磬响,香火旺盛千余年。宋顾士龙有《咏西峰山》诗:"三十六溪清浅水,二十四重高下山。卓锡自无风雨厄,不然俗驾便须还。"寺今废,仅存碑林10余块石碑、铜鼎、铁笛、锡杖。

吕祖祠 奉祀道教"八仙之一"吕洞宾之祠。位于黟县城南灵虚观内,祠后圮。

同佛庵 位于祁门县城西七里桥。初为大圣庵,明万历年间知县祝以庭因庵有铜佛,"同""铜"谐音,易名"同佛庵"。

延庆院 位于黟县渔亭镇。建于唐大中三年(849年),旧名"阜口院",北宋大中祥符四年(1011年)改今名。宋黄轸有《延庆寺》诗:"宝刹标奇处,烟萝响乱流。地灵僧得住,山好客多游。灯影连金像,钟声散石流。风雷等闲作,咫尺是龙湫。"后圮。明初住持僧维则募士绅捐资重修。今已无存。

华山禅院 位于休宁县屯溪镇(今属屯溪区)华山之巅。清初,地方士绅及商界筹资兴建,香火之盛,为屯溪禅林之冠。光绪十七年(1891年),住持长老募化重修,除主体建筑大雄宝殿外,还有昭明殿、圆通院等建筑。民国初年,徽州六县巡缉队驻进华山禅院,寺内住持僧等被驱驻柏山齐祈寺。民国三年(1914年),巡缉队哗变,寺院破败,后拆除。遗址今已建为华山宾馆。

华佗庙 位于黟县宏村镇舒村。奉祀东汉名医华佗。疾病者每来祈祷求方,并汲庙后的井水归时带走。县南五都新庵亦立华佗庙。

全寺 见588页"人王寺"条。

全真庵 位于休宁县五城镇颜公山。南宋建炎四年(1130年),僧人惠缘所建。休宁士人吴师礼、朱权、朱况、朱申相前后寓此读书,并均登进士第。

刘猛将军庙 位于黟县城南门外。原有庙,清乾隆三十一年(1766年)城南舒世求捐地重建。据《降神录》载,将军名承忠,吴川人,元末指挥,功绩卓异。平寇,兵不血刃。江淮飞蝗千里,将军挥剑追逐,蝗尽飞境外,因得授猛将军名号。雍正年间特敕建庙,岁时致祭,敕云:"飞蝗犯境,渐食嘉禾,赖而神力,扫荡无余。"

齐祈寺 位于屯溪东南郊柏山。宋程敦临卜居休宁率口,又捐资将里中的齐祈梵刹徙至柏山。程敦临去世后,住持僧净景为感激其恩德,于寺中西庑画像以祀。程氏后人又为寺院割祭田,使得祭祀有常。汪循作有《柏山祠堂记》。

关帝庙 ❶位于黟县城东南迎霭门外。奉祀关圣大帝,岁以春秋第二月择吉日及仲夏中的三日度祭。清康熙五年(1666年)庙宇为狂风所毁,知县江溉义捐俸倡,本县人乐输重建。堂宇峻洁,旁列庖湢,环植树木。❷位于歙县森村乡渔岸村。建于清道光二十七年(1847年),坐西朝东,分南北两部分,总面阔18.4米,通进深13.6米,占地面积250平方米。北为关帝庙,两进三开间,前进、两廊倒塌不存,后进有楼,保存比较完好,后墙壁上绘有壁画。南部为石泉庵,也为两进三开间楼房,布局、规模与庙相近。

汉口世忠行祠 位于休宁县汉口乾龙山。兴建于元末。"世忠"是南宋嘉定十六年(1223年)赐封程灵洗庙额的名称。汉口程氏系南朝梁、陈时休宁篁墩(今属屯溪区)程灵洗后裔,南宋嘉定年间,程珌倡议休歙族人捐田入篁墩庙,每年合一乡六社之人迎神至汉口祭祀。入元以后,因路远不便,即倡修世忠行祠于汉口。该庙具有始祖祭祀与地方神灵祭祀合二为一的特征。

观音堂 位于黟县城桃源门侧八角亭。明天顺八年(1464年)本县人汪子芳、胡志广捐地共建,奉祀观音菩萨。乾隆初年,城东王大经重修。因地处直街、东街、郭门街交汇闹区,游人熙攘,香火很旺。乾隆年间黟县知县孙维龙有"夕阳人影三姑殿,残夜灯光八角亭"句记其实。新中国成立后因开通马路被拆除。

*观音堂

观音庵 位于休宁县蓝田镇南塘前山。为余姓家庙。新中国成立后，尼离散，庵亦颓毁。

赤帝庙 又称"火神庙"。位于黟县城南门外灵虚观。清道光二十一年（1841年）本县士绅朱承珪、朱承瑾、朱承璨、朱承玮昆仲重建，沿袭明末习俗，每年以六月二十三日祭祀火德神。时黟县知县刘东书有《赤帝庙记》。庙今圮。

报国禅院 见599页"普满寺"条。

报慈庵 位于祁门县祁山镇六都村。南宋绍兴十七年（1147年），当地人程伯原、汪伯彦兄弟在村口宋家坞庐守母亲的坟墓，于墓旁建祠，御赐"报慈"。祠旁建庵，亦以"报慈"名庵。庵有大雄宝殿、孝子祠、观音阁等建筑。大雄宝殿前有灵官塑像，大门两侧为哼哈二将。殿中为释迦牟尼坐像，两侧有十八罗汉塑像，姿态各异。塑像后壁又有十八罗汉画像6幅，每幅3尊，绢裱贴于壁。佛殿后进为"南海"，置一幅五十三参故事的巨型雕塑，人物栩栩如生，画面生动恢宏。庵四周苍松翠柏，杉竹窈窕。庵前长有古柏一株，参天立地。报慈庵以境地之幽、翠柏之古、罗汉之精、南海之奇闻名遐迩。

芙蓉庵 位于黄山芙蓉岭东，距松谷庵1.5千米。庵为太平县沟村（今属黄山区）潭姓香火，古朴简陋。庵外栽桃千树，开花时妖艳可人。

花山寺 见595页"松山寺"条。

吴山寺 位于休宁县齐云山镇龙源村外。建于五代后梁开平四年（910年）。旧时九月十三日观音会，附近48村社火群众，均来寺迎神赛会，相沿至民国不衰。现寺已辟为民宅。

吴长史祠 位于祁门县西石门桥吴仁欢墓旁。唐永泰年间，吴仁欢助官军击败方清后，奏准置祁门县，并任祁门县令九年，升郑王府长史（未赴）。后祁门人为纪念这位开县邑人，于唐元和二年（807年）在其墓旁建祠。五代时祠遭兵火，北宋端拱元年（988年）知县张式移祠于城南闾门，南宋淳熙年间复毁于水，乃迁于县西塘坞口。其地离城远，祭祀不便，其裔孙吴伯贤移建于县治西侧。明万历二十六年（1598年）秋再毁于火，万历三十六年（1608年）在旧址重建。现已废。

孚灵庙 见591页"石信将军庙"条。

迎恩院 位于黟县城南2.5千米横冈。明成化十二年（1476年）为迎接恩命兴建，道士舒希真董其事，成化十六年（1480年）建成，原县西道因院移并于此，弘治十六年（1503年）本县人吴景恩曾加修葺。清乾隆五十五年（1790年）由横冈的吴、胡、汪等五姓合修。后圮。

冷云庵 位于休宁县城南黄土岭。明天启四年（1624年）僧人皈道募建。清康熙二年（1663年）修葺，重建准提阁。内有大佛殿、准提阁，庵后有僧骨塔多所。同治初汶溪寺毁。民国期间，由带发修行的尼姑司香火，师姑凤住持，有徒江莲芳等人。凤圆寂，师姑桂继主该庵。抗日战争期间，庵曾遭匪抢劫，香火遂至冷落。后庵宇、佛像等尽毁。

汪王庙 见595页"忠烈庙"①条。

汪王故宫 即休宁县万岁山忠烈庙。隋末汪华起兵，据六州，称吴王，设治于此。庙自南宋淳熙年间建，邹补之有记。每岁正月十八日为汪华生辰，有司均诣庙致祭。明弘治年间毁，万历年间邑人重修。现不存。

启圣祠 位于休宁县城，祀圣父（孔子父），配以颜子、曾子、孟子、周子、朱子父等。明弘治年间县人、学士程敏政奏建，崇祯三年（1630年）重修。堂屋横三间，深两间，周砌墙垣。

灵山庙 又称"吉阳庙"。位于黟县宏村镇朱村。因庙对三姑山，故名"灵山庙"。清嘉庆十四年（1809年）当地人朱作楹重修。

灵应祠 位于祁门县祁山南麓洞元观旁。北宋大观年间丞相张商英过祁，夜宿驿站，称有神应，拜谢洞元观旁土神像而去。入朝，经奏请敕封此土神为"灵应真官"。今废。

灵官殿 位于齐云山太素宫西侧。明正德年间初建，单层徽派风格，粉墙黛瓦。内所奉灵官铜像，传为道士张正一朝武当时带回。现神像无存，殿改为民宅。

灵泉寺 位于祁门县北15千米。唐乾宁三年（896年）建。寺前水由石出，春夏不盈，秋冬不枯，味甘色洁，名之"灵泉"。元至正十二年（1352年）经历兵燹，寺存如故，明初设为丛林。

灵虚观 位于黟县城南0.5千米龙尾山。北宋元丰年间道士范处修建洞灵观，历20年而成，授为元素大夫。崇宁四年(1105年)诏改今名。明宣德七年(1432年)，道士吴守中、李明道募资兴建正殿、玉皇楼、紫微楼、祖师堂。次年，当地人程世宗捐资建通明殿于后山巅，胡文秀绘神像供祀。此观古时香火不绝，义士文人多吟咏其间。

灵惠庙 又称"胥王庙"。位于黟县黄村上堂山。祀胥公，相传祷雨有应。南宋绍兴二十七年(1157年)，立灵惠庙碑。乾道二年(1166年)敕封善应侯，敕文镌碑立于庙。后庙圮，碑尚存。

陈定宇祠 奉祀元儒陈栎(世称"定宇先生")之祠。位于休宁县南陈村。明朝历经修建，清初成废墟，康熙二十五年(1686年)，本县人汪晋征上疏奏请重建。

青萝寺 又称"青萝禅院"。位于祁门县城东2.5千米。倚青萝岩而筑，故名。唐大历五年(770年)建。前有悬崖，上建七级浮屠；下有滴泉，冬夏不竭，注入石池，有石佛守之；寺前立佛舍利塔碑。元至正年间毁于兵燹，明万历年间僧广节改寺于山左。其地松翠柏苍，绿荫蔽日，景色清幽拔俗，是祁门县文人墨客谈诗论学之所。清咸丰四年(1854年)兵毁，同治元年(1862年)重建，今不存。

青萝禅院 见595页"青萝寺"条。

范不娄庙 位于祁门县西40千米。奉祀南朝刘宋时鄱阳县尉范不娄。范曾奉命领数百人斫明堂木于吴山中。木长，川谷阻深不可出，惧而据山作乱，竟死于此。

茅蓬庵 见599页"紫云庵"条。

林沥庵 位于黟县南5千米林沥山上。林沥山为历史名山，东汉末山越陈仆、祖山曾在此建寨。山有八景，历朝诗人名流相继登临咏赋。明觉海和尚建庵。清乾隆四十九年(1784年)，皓月和尚募缘将正殿移建于山巅。乾隆五十三年(1788年)，黟县程汝弼重建寺门，题额为"林沥古刹"。庵内有雷祖殿，其楹联为："有功德于民则祀，能正直而一者神。"有客厅道一堂，其楹联为："棋酒有时著酌，琴书无事弹谈。"

松山寺 原名"花山寺"。位于太平县南乡(今属黄山区)。清康熙十五年(1676年)，大殿重建。自宋至清，住持皆为黄山僧，达官贵人赠匾额者40余人。诸匾书法劲苍雄秀，可为黄山诸寺之冠。清咸丰年间，寺毁于兵火。嗣后虽有僧人重修佛宇，终未能复其旧观。宋柳月涧有诗："翠色浓浓万树春，幽怀宜共竹为邻。黄山只在阑干外，溪阁云深认不真。"

松谷庵 位于黄山叠嶂峰下，近乌龙潭。南宋宝祐年间张尹甫创建。尹甫别号松谷，元大德四年(1300年)卒于黄山，逝前留偈云："只有人难做，容人识得么。这汉实风流，世人识不破。噫！铁牛鞭向四禅天，金身已寄莲花座。"明宣德年间重建，宁国知府罗汝芳手书"松谷庵"额名，又题"东土云山"四字。堂后"褅黄"二字，为汤宾尹所书。清咸丰兵燹，俱为灰烬。清光绪年间，太平李姓集资重建。元程仲清有诗纪胜："庵前少立望峰头，洞府云深隐玉楼。欲挟飞仙游汗漫，偶逢樵叟话绸缪。岩泉晴喷中天雨，松谷凉生六月秋。两袖清风归路晚，此身何异在瀛州。"

卓锡庵 位于黟县碧阳镇朱村。传为舒道翁遇异人处。明当地人朱廷璋建庵并濯霞亭。亭傍漱心泉，为一方之胜。现圮。

昌溪忠烈庙 古建筑名。位于歙县昌溪乡昌溪村。为元明清建筑。建于元至正十四年(1354年)，共分三间。正间供汪公大帝(越国公汪华)及其第八子汪俊(村人尊称为"八老爷")父子神像。庙前广场即庙坦，占地面积约500平方米，用各色石英石、云母石铺缀成"鹤鹿同春""丹凤朝阳""连升三级"等图案。庙坦正前方为昌溪古水口，形成于元朝末年。村外大塘坑、小塘坑两股清澈的溪水穿街过巷，于庙坦处融汇后成"S"形(也称为"八卦形")溪流，注入昌源河。属安徽省重点文物保护单位。

*昌溪忠烈庙

典口庵 位于休宁县海阳镇典口村。自清末至民国年间，香火较盛，与蓝田的德安庵、兰桂庵以及南塘的观音庵，因承接民间大法事，多相串联。后庵毁，尼散。

忠烈庙 ❶ 又称"汪王庙"。位于黟县城北街。奉祀唐越国公汪华。此庙旧时香火极盛，黟县所辖如霭冈、横冈、栈阁岭、碧山、古筑、屏山、鲍村、官路下等地均为立庙。据载，宋横冈程士龙建横冈忠烈诸庙，元至正四年(1344年)程仪凤兄弟重修，祁门汪克宽撰《横冈汪王庙碑记》记述其盛:"栋宇宏丽,丹漆辉耀,肖像尊严,轩牖疏达。"❷ 位于歙县潜口镇唐模村(今属徽州区)。供奉在"安史之乱"时献身的唐模许氏家族第十六氏祖先许远和他手下大将张巡。二人在安史之乱时镇守河南睢阳城,舍小家保大家,最终因寡不敌众,壮烈牺牲。因为他们献身时间是正月初九,所以,为纪念此二人而形成了民间传统节日"上九庙会"。二人也被看成保佑一方平安的神,在江南各地都有供奉他们的神庙。庙门两侧有楹联:"童可烹,妾可杀,城不可亡,矢志保江淮半壁;生同岁,死同年,神亦同祀,精忠比日月双辉。"为文天祥所撰。

*唐模忠烈庙

钓桥庵 位于黄山汤岭北石人峰下,介两桥之间。始建于明,为通院,后毁于兵。清康熙初年,僧神立改建为庵。光绪二十六年(1900年)居士陈仁梅建亭。

岳王庙 全称"岳精忠武王庙"。位于祁门县小路口镇东松岭。南宋绍兴元年(1131年),岳飞率军经过祁门,夜宿东松庵,并在庵壁上题记,此庙后为纪念岳飞的生祠。明弘治十四年(1501年),徽州知府彭泽巡视祁门,深仰岳飞忠烈之节,命知县韩伯清撤其禅宇,易为王祠,移建于县治之南1千米,以便祀事。祠塑岳飞像于忠堂,铸秦桧跪像于庙前阶下。凡谒庙者,均以杖击秦桧像,铿然有声。清乾隆、咸丰年间曾三圮三修。今已废弃。

岳精忠武王庙 见596页"岳王庙"条。

金竹庵 位于黟县南7.5千米南山溪潭。清本县人程廷琛兄弟捐资重建,增垒祈雨坛,并捐田入庵。庵旁有龙湫,冬夏不竭,每遇干旱,乡人前来祈雨。后圮。

金吾勋祠 见596页"审坑庵"条。

金粟庵 位于祁门县城西北隅。明万历十八年(1590年),五台山僧人真川云游至祁,爱其地山水清幽,在重兴寺觉庵内院内残基上结庐建庵,名"金粟庵"。筑亭冈上,名"陟陂亭",供人登而眺望。邑中士绅、善男信女重又捐资塑金身罗汉像18尊。其时,晨钟暮鼓,香烟缭绕,香客纷至,盛极一时。后经几度兴废,清康熙、光绪年间两次修葺。民国二十六年(1937年),九华山僧人妙海来庵住持,苦心经营,修缮一新。妙海圆寂后,妙莲继自九华来。庵四周茂林修竹,芝草繁盛,溪水潆洄,游鳞嬉逐。参见597页"重兴寺"条。

周王庙 祁门县有三:一位于城西隅,旧名"庆安庙",后改"万寿宫";一位于闾岭;一位于城南凤凰山北麓,此庙奉祀周宣灵王,庙宇肇始于宋朝,清咸丰年间毁于兵燹,同治五年(1866年)重建。

周王阁 见596页"周宣灵王庙"条。

周宣灵王庙 又称"周王阁"。位于黟县城东街。所奉祀的周王名雄,是个孝子,南宋宁宗和理宗时临安新城太平里人。雄幼年家境贫困,靠卖椒奉养母亲。有一年遇病疫之灾,相传食用其椒的人,病皆痊愈。后自衢州归家,舟船在鸬鹚滩受阻,破浪而行,被水淹没。死后人们尊他为神祇,庙祀在江、浙、徽州一带。南宋淳祐元年(1241年)因谢后妃之病愈,理宗授封其为护国广平正烈周宣灵王(一说为元至正年间被封)。黟县另有庙五处:郭门外、枧溪、古筑、屏山、红庙。

净度庵 见600页"新九华"条。

郑令君庙 位于歙县城内。元至元年间李世达反叛时,歙县郑村郑安保卫郡城有功,被授歙县令。安亡故后,民众立庙宇以祭祀,故称。

泗洲庵 位于黟县碧阳镇青山西。南宋嘉泰年间僧人天庵偕徒古石募资兴建。因为该地是唐高僧泗洲大士拄杖涌泉处,故名。明洪武二十四年(1391年)此庵一度并于石鼓丛林,永乐十二年(1414年)僧人义路重修大雄宝殿。后开法堂基地而获古碑,碑记泗洲庵由来,成化十九年(1483年)因立碑记其事。庵后圮。

学士祠 位于黟县碧山村,用以奉祀当地人宋龙图阁学士汪勃。祠内立彩塑坐像,高冠、蟒袍、博带,展眉垂髯。有楹联两副:"万山冠冕天宫耸,全浙源流掌上看。""流水桃花天别有,金堂玉马运重开。"旧时香火不绝。

宜男宫 位于齐云山太素宫西。坐南朝北。清嘉庆十一年(1806年)重建。两层楼阁,翘檐飞角,朱墙青瓦。上层藏经阁,旧时道徒诵经修业于此。下层法事厅,内奉玄帝坐像及护卫神,为道士建醮做道场之所。

审坑庵 位于休宁县十六都,即今屯溪区坑口、黄石一带。据《徽州府志》载,其旧名天王堂,宋淳祐四年(1244年)孙万登建。有大佛殿、钟楼、华严阁。东偏筑堂,奉孙吴二氏神主。明嘉靖十九年(1540年),孙万登后裔争讼。平其讼,改为"金吾勋祠"。

郎官庙 又称"显济庙"。"郎官"即胡文焕,梁太常卿胡明星子,助父穿渠,溉田利民。元初,黟县城王善翁捐地为倡,与众人立此庙于闻琴社,胡氏裔孙胡仲贤塑像。庙后迁于横冈凤凰桥侧。明正德年间张显率众修葺。

城山观 位于黄山翠微峰下。南宋嘉定年间太平焦源所建,名"黄山堂"。后焦颐重加修葺,改名为"城山书院",命两子读书其中,皆举科名,所谓:"山川可隐神仙迹,草木犹馨文武香。"该观祭祀玉虚真人,每年三月上巳赛会。

城隍庙 位于黟县城北城隍山。宋朝始建。年代久远,屡经修葺。明洪武三年(1370年)重建正殿、两廊,清乾隆二十七年(1762年)重建六曹配殿,乾隆三十一年(1766年)本县人汪锡辂复加藻绘。堂阶甬道俱墁以石,殿宇焕然改观,知县孙维龙有记。每岁清明节、七月十五日、十月初一祭厉坛,同时祭祀城隍之神。抗日战争时期修县堂,拆毁。

胡太常祠 奉祀当地人梁太常卿胡明星,位于黟县城东南2.5千米横冈。南朝梁普通六年(525年)胡明星归隐横冈,见城郭外荒田没有开辟,乃穿凿两条水渠灌田,今城内槐渠就是他的遗绩。乡人感德于他,在横冈为他立祠,瞻仰、奉祀千余年不衰。该祠于元初经裔孙胡享重建,明裔孙胡伯安、胡以佐及子孙相继修葺。

胡公祠 位于黟县城北。胡公名拱宸,浙江淳安人,明正统六年(1441年)为黟知县,莅事廉明仁恕,讼简赋平,买民地以广学宫,文学政事称重一时。黟县民众感怀其德行,立生祠奉祀他。正德十一年(1516年),该祠移建于儒学旧基。

南山院 见591页"龙门道院"条。

南山道院 位于休宁县南商山镇会里村。明弘治年间程天经建作家庙。

奎文阁 又称"奎星阁"。位于休宁县儒学(孔庙)大门之左。清康熙五十二年(1713年),休宁县教谕朱大复、训导钱淮建。后改为儒学启圣祠,再改为崇圣祠。清末毁。

奎星阁 见597页"奎文阁"条。

皆如庵 位于黟县东北岩峰。元泰定元年(1324年)僧人月堂募缘,当地人舒逢辰等捐资建。后圮。

显济庙 见597页"郎官庙"条。

昱岭关 位于歙县三阳乡的岭脚村皖浙交界处。建于五代,用大小不等的花岗岩垒砌而成。关通高8.1米,门高5.7米,阔6米,深5米。关墙向两翼山脊延伸,左右各约80米。两侧有门联为"但道贯通熙攘来往,巍名耸立震烁古今"。关口有关额,行书"昱岭关"。门联及关额字迹有少许损坏,已不清晰。属安徽省重点文物保护单位。参见106页"文化生态"部"昱岭关"条。

昭孝积庆寺 南宋右丞相程元凤的祠墓。位于歙县古城关。元朝寺毁,赡坟田被住僧私卖。后程孟、程亿与住僧常贵募财鸠工建寺,有正堂三间,左右披室两间,门庑、畜廪、宾舍、僧房次第完工,环以围墙,油漆粉刷。赎田归寺,以便子孙岁时展墓拜谒。程敏政作有《宋丞相程文清公墓祠记》。

重兴寺 位于祁门县城西北隅。建于五代吴天祐十年(913年)。北宋宣和四年(1122年),住持、僧会司圆照在其旧址拓建,新造殿宇,分内外二院。本县人方岳题额,内院称觉庵,外院号重兴。觉庵院有石临涧,塞门若树屏,本县人谢尚宾题联石上:"迷津渡处原无筏,山石飞来不碍空。"元至正年间寺毁于兵燹。参见596页"金粟庵"条。

狮子林庵 位于黄山后海狮子峰下。明万历三十九年(1611年),五台僧一乘到此结茅,旋扩为庵。孙湛有诗:"精庐听夜雨,清话对瞿昙。半塌空尘梦,孤灯傍佛龛。景从真处幻,禅向静中参。自幸携双屐,千峰拟遍探。"清顺治初,释灵闻继居林中。康熙二十年(1681年),太平县知县陈九陛偕川绅暨竹林会七子捐金重葺,祀观音,故又称"观音庵"。陈九陛为其手书明人楹联:"岂有此理,说也不信;真正妙绝,到此方知。"殿宇毁于咸丰、同治年间兵燹。光绪五年(1879年)太平川绅暨竹林会之后裔又募款重建。后又废,民国十一年(1922年)、民国十二年(1923年)陈仁梅、李法周又捐金重建。

施水庵 位于休宁县商山镇霞阜村。南宋淳祐二年(1242年)建。

闻居寺 位于黟县城槐沟一侧。南朝梁大同元年(535年)建。元(后)至元二年(1336年)及至正十二年(1352年)两度毁于兵火。明洪武初年当地人李景明捐资重建。清朝中期圮。

洞元观 位于祁门县城祁山南麓栖真岩下。汉时为列侯梅铒故宅。唐大历二年(767年),庐山虎溪道士创龙潭观于此,旋废。北宋乾德四年(966年)本县人周继忠重建,敕改通元观,后因为避朝廷忌讳而改今名。观有玉泉楼、紫微阁、三清殿、四圣殿、百子堂、通明大殿等建筑,金碧辉煌,气势宏伟。后改为东岳庙,明正德年间庙毁,又改为祭祀朱熹的享坛。此观背山面水,幽雅清净。

祖成庵 位于祁门县南20千米。宋当地人王伯俞偕同弟王季俞建。该地山川奇秀,茂林修竹,为幽居者之胜境。县人方岳曾在此读书。

胥王庙 见595页"灵惠庙"条。

贺将军庙 位于黟县城南门外寨。奉祀三国吴将新都太守贺齐,附祀吴将蒋钦。东汉建安十三年（208年）吴遣中郎将贺齐领兵讨剿黟、歙山越人，蒋钦为副。事平，分黟、歙为六县，设新都郡，贺齐为太守。"寨下"为贺齐屯兵处。

珠溪寺 位于祁门县城祁山东麓朱家坞。建于唐光化二年（899年），旧称"资溪资福院"，北宋大中祥符年间敕改为"寿圣院"。南宋嘉定五年（1212年），僧法秀改今名。绍定六年（1233年），知县徐拱辰在该寺宴请本县中文人学士，流传"金瓯激士子"的佳话。明洪武年间僧璘重建，又造三桥。万历年间僧悟林重修之。昔时文人骚客多修禊于此，盘桓其间，寻幽访古。今圮。

真元道院 位于黟县城东2.5千米屏山村。前对屏峰山，后倚三姑峰。元泰定年间当地人舒逢辰捐资建。明宣德初道士舒守道、当地人舒志道等捐资修葺，并延请歙县南山观道士吴懋元、黄元真来院住持。万历四十四年（1616年），当地人舒業功返里，捐资为倡，当地人义输，重建三清大殿，并勒石以记。道院附有读书山房，为屏山舒氏子弟从学处。民国时期圮。

真应庙 位于歙县霞坑村对面柳亭山下。为徽州方氏祭祀先祖方储的庙宇。方储为徽州歙县人，东汉永元年间为洛阳令。永元五年（93年）蒙冤自到后，和帝追赠方储太常卿、尚书令，封黟县侯，下诏护其丧还葬歙县东，立祠享祭。相传方储化羽成仙，故方储祠堂又称"方仙翁庙"。北宋政和七年（1117年），徽宗赐以"真应庙"额。祠堂原先在淳安县城，后迁建现址。后真应庙逐渐成为歙淳方氏子孙结集的场所，每年仲春三日诞辰，远近各派子孙，轮流主祭，声势浩大。

真武殿 位于齐云山太素宫东邻。两层楼阁，坐南朝北，占地面积72平方米，朱墙青瓦，殿内雕梁画栋，油漆彩绘。下层法事厅、中奉玄帝坐像。原殿已毁，现在原址重建。

耸翠庵 位于齐云山独耸岩。相传北宋末，农民义军首领方腊，屯兵于此，筑有寨堡、烽火台，后人称"方腊寨"。明嘉靖年间重修，命今名，奉观世音神像。孤庵高踞，偏僻路陡，香客裹足。民国时期坍毁。

资溪资福院 见598页"珠溪寺"条。

资福寺 位于祁门县历口镇。为旧时十七、十八、十九都村民合建。清乾隆三十七年（1772年），寺僧亦云募资兴建集福桥。咸丰四年（1854年），寺毁于兵燹。同治七年（1868年）重建。今废。

悟法万安寺 原位于祁门县城西，唐咸通二年（861年）移建于城南。北宋大中祥符年间赐额"悟法"。该寺旧有多宝、普贤、宝圣、天王、文殊、十方、弥勒、柏山、尊胜、十王、罗汉、泗洲（梅烈侯祠）

12院。明洪武十五年（1382年）县设僧会司于此。后遭兵燹圮，唯存十王院。十王院背山临溪，四周茂林修竹，院前山泉冲聚成潭，潭水清莹澈澄，院宇倒映其中，风光奇胜。

祥符寺 位于黄山桃花峰麓。前身为汤院，唐开元十八年（730年），志满禅师始建于桃花峰麓的桃花洞。大中五年（851年），徽州刺史李敬方梦见白龙，移建于汤泉对面，号为龙堂。天祐二年（905年），歙婺衢睦观察使陶雅重建，复名汤院。南唐保大二年（944年），敕名灵泉院。北宋大中祥符元年（1008年）十月，敕名祥符寺。寺为宫殿式建筑，古朴轩敞，外有回廊。四周群峰耸秀，汤泉生香，古木青翠，幽静秀雅。寺壁旧有"南宫谪史兼云谷樵夫"罗洪先所题之诗两首。其一："紫翠林中便赤脚，白龙潭上看青山。药炉丹井知何处？三十六峰烟月寒。"其二："何年白日骑鸾鹤，踏碎天都峰上云。欲起轩辕问九鼎，道衣重侍玉虚君。"据民国《黄山指南》载，清乾隆五年（1740年）六月初三，大雨三天三夜，山洪暴发，似野马脱缰，浸漫山岭，冲毁寺宇，除幸存一小沙弥外，诸僧淹毙，名寺成为废墟。山洪毁寺时间，旧志记载不一。民国《歙县志》载在乾隆二年（1737年）。

通元观 位于婺源县灵岩三洞前。县人李三长与道士郑全福建。该地清幽，汪竹素有诗纪胜："蓬壶咫尺隔尘氛，流水桃源上下村。游遍东西南北洞，风光别是一乾坤。"

继兰庵 又称"脚庵"。位于黄山苦竹溪。为掷钵禅院的别筑。庵中僧人务农，所获输给禅院使用。故庵中多置农用器具，如同农家一般。

黄岗寺 位于休宁县蓝田镇儒村。明朝建。抗日战争前，僧德亮住持，收同文、同元两僧徒。德亮圆寂后，同元继主该寺。后就寺屋办学，拆除灵官殿，毁佛像。佛殿今犹在。

黄荆庵 位于黟县渔亭山中。明渡海和尚建。寺境清幽，香客、游人甚众。清程汝楫《黄荆庵》诗状其胜境云："精庐依绝壁，杖策一跻攀。涧断疑无路，峰回又有山。荒庭红叶满，古屋白云间。明月流祥榻，翛然未掩关。"后圮。

梓路寺 位于黟县宏村镇梓路村。唐会昌三年（843年）建，元延祐六年（1319年）僧绍复募缘重建，明洪武二十四年（1391年）一度归并黟县城广安寺。寺有明汪谦子撰书楹联："到此便为浮海客，于今谁是问津人。"现在遗址处复建寺庙。

崇寿观 位于休宁县城东南的葆真山。前身为白鹤观，在休宁县城西1.5千米。是县内最早的道观。始建年代无考。北宋大观二年（1108年），县令邵氏将其迁今址，更今名。后县令黄维奏请敕额。早圮。

*梓路寺

崇教祠 位于县城迎霭门外黟县中学校园内。清嘉庆十三年（1808年）黟县乡贤胡尚熷等捐巨资重建碧阳书院，建成朱子殿、崇教祠、书斋祠、尊道堂等。该祠位于朱子殿左，前后两进。用于祭祀为建碧阳书院捐地、捐银及诸董事者，即崇文重教、诗理传家的乡老名贤。建筑至今仍然完好保存。

银屏寺 位于绩溪县荆州乡小九华山。相传唐开元年间新罗国金乔觉（地藏）来此结庵修行，后去青阳九华山。明崇祯初荆州胡氏五义、五经、叙伦三人在旧庵基址上共建此寺。清乾隆后，寺宇频增，装饰日臻精美。香火旺盛，每逢闰七月三十日为最。有"两省四府三十县"进香酬愿之说。寺门石刻阴文镏金"银屏古寺"题额，寺供灵官、韦驮、释迦佛、弥勒、观音、十八罗汉、二十四诸天等大小佛像共60余尊。堂上楹联、匾额甚多，中有长联一副，木质金底黑字楷书，悬释伽像于前柱上："问苦海茫茫，骇浪惊涛，飘流何底？要只有四方，过十万亿佛土极乐国，宝地楼阁，乃是吾家。到此地，香花微妙，永绝尘缘。所愿众生发回向心，信奉经言，虔修净业；叹坤舆莽莽，天灾人祸，浩劫同临！倘再逢列邦，开二三次惨案大战场，世界都成，恐无噍类。至其时，物质文明，悉成灰烬。安得仁者出广长舌，弘宣正法，早救环球。"本县人胡晋接撰立。盛时，有僧百余人。

脚庵 见598页"继兰庵"条。

董公祠 奉祀时知县董复，位于黟县县署东。复字德初，浙江会稽人，在黟县制服豪猾，抑制兼并，抚恤孤贫，筑堤坝捍洪水，开垦史、叶二村之田。黟县民众感念其恩德，建去思亭，并立生祠奉祀。

紫云庵 又称"茅蓬庵"。位于黄山紫石峰麓。清乾隆七年（1742年），慈光寺住持印闻和尚建，三年始成。印闻自题为"黄山一茅蓬"，取释家的把茅盖头为足之意。咸丰九年（1859年）大殿毁于兵火。同治年间重修，月得和尚书额"紫云禅林"，并请自上海来游之僧代募文殊法身。光绪年间重建大殿、前楼、寮房等。歙县人蒋龙章重书"黄山一茅蓬"匾额，又题楹联："地近丹泉，岩涌飞流千峰雪；院依紫石，门开曲径一茅蓬。"

紫竹庵 又称"观音阁"。位于黟县南桃源洞左侧山上。此地上依剑阁，下瞰钟潭，为全县水口关键。阁分为两层，下奉观音菩萨白玉石雕像，上为小阁楼，外悬"普渡慈航"匾额。庵宇建于石梁之上，俨若峭壁悬宫。庵后于道光十六年（1836年）重建，今圮。

紫阳观 位于歙县紫阳山。原有许真君祠。北宋天圣二年（1024年），敕改紫阳观，赐予匾额。山林幽秀，赵象元有诗纪胜："晚烟横断紫阳峰，松叶成林翠几重。我正来时不知路，隔溪忽听一声钟。"

紫霄宫 见590页"玉虚宫"条。

普陀庵 位于祁门县溶口乡溶口村。建于唐初。庵有萝石，名小青萝。明万历年间僧人道铉栽植桂树百株，又称"百桂庵"。后经僧人名节重修。今废。

普满寺 原名"报国禅院"。位于休宁县城南街。建于唐咸通六年（865年），北宋大中祥符元年（1008年）十月改此名。元至正二年（1342年），鄱阳僧净能来主，该寺面目一新，学士虞集曾作记。至正十二年（1352年）兵毁。明洪武三年（1370年），僧永寿重建殿宇、钟楼。洪武十五年（1382年）设僧会司。洪武三十年（1397年）寺毁，仅存钟楼、天王殿。次年，主持僧照回（一作"昭因"）与其徒智晓、惟亨重建，并位于偏南处构亭憩息。后又重设山门，邑令祝世禄题额"大云山"。门内凿池、架石桥。即景命题八处："大云山""古柏林""浣月池""渡云桥""宝珠林""玉带泉""觉音楼""善法堂"。毁于清咸丰、同治年间兵燹，后陆续修复。民国期间，僧益住持，尚有僧林、徒茗心三人，此时香火已衰。后老僧圆寂，茗心回南乡原籍还俗务农，寺院、佛像尽毁。

普慧堂 位于休宁县海阳镇易村。元当地人吴道祥、吴普通募建。

婺源名宦祠 与婺源县乡贤祠同附设于县城孔子先师庙侧。始建于元朝。奉祀仕宦于婺源县廉明清政、勤事爱民、著有业绩的文武官员76人，其中宋朝13人、元朝8人、明朝31人、清朝24人。

婺源道观 南宋绍兴十八年（1148年），婺源县首建通元观，郑全福于此修真参道。继而天仙观、龙潭观、栖真观、紫虚观、神光寿圣观、玲珑道院、山房道院等先后建立。元朝新建太清观、龙门观、朝宗观、桃源观、白石观、郎湖道院、高峰道院。明清时新建玉虚观、太清凌云观、灵隐道院、明惠道院。全县先后共有道观道院30余座。

雷霆纠罚司 位于齐云山太素宫东，天门岩北。明嘉靖十六年（1537年）建，红砂石结构，造型小巧，奉祀火神王灵官塑像。

*雷霆纠罚司

新九华 又称"净度庵"。位于歙县富堨镇冯塘村北侧鸿山之下。庵建于明崇祯年间，清雍正七年（1729年），僧源一复造殿宇，乾隆十九年（1754年），僧本耀更拓而广之。此处天然山凹，背靠鸿山，左右冈峦翼护，南距百米为北山，上有九峰突起，称"九龙盘柱"，其势如屏。佛殿主供地藏菩萨，并供十八罗汉、一千手观音。殿外东侧竹径深处有一宽碑，上镌历代长老法号十数名次。清末香火渐衰。庵左另有天台庵、长生庵、北山庵，现均仅存遗址。

慈光寺 又称"慈光阁"。位于黄山朱砂峰下，为明嘉靖年间玄阳道人旧居。万历三十四年（1606年），僧普门入山后，玄阳之徒福阳将庵转给普门，改创法海禅院。万历三十八年（1610年）秋，普门赴京，请求皇室支持。明神宗、李太后及郑贵妃，先后赐予佛牙、金佛、万佛像及建寺帑银300两。明神宗敕赐寺名为"护国慈光寺"。万历四十年（1612年），万佛像从京城运抵歙县，两年之后，从岩寺镇转运至汤口，复于万历四十三年（1615年）夏，自汤口抬挽十余日，方入寺。清康熙五年（1666年），歙县黄僎捐建大殿，并修藏经阁及余屋百余间，阅四载落成。金碧辉煌，共费银4万余两，为徽州、宁国二府梵宇之冠。康熙四十年（1701年），释中洲募银2万两重修，康熙皇帝御书"黄海仙都"匾额，悬于大殿。乾隆二年（1737年），寺遭火灾，藏经被焚，御匾及七层万佛像幸无恙。次年，住持僧悟千将毗卢殿缩小修竣，因经费支绌，中殿未建。咸丰年间，七层万佛像被土匪焚化瓜分。此后，寺宇圮，景况萧条。民国初年，住持僧雪岭添造功德堂，重修门楼及罗汉佛像80余尊，并悬"钦赐护国慈光寺"匾于山门。后雪岭之徒脱尘又建大悲阁五间。寺盛时，僧众甚多，有"千僧灶"遗迹。民国三十八年（1949年）仅存后殿和山门。现为黄山游客接待站。属全国重点文物保护单位。

慈光阁 见600页"慈光寺"条。

慈光庵 位于歙县城西7千米的雄村对河。始建于清乾隆年间。坐东朝西，两进三开间，面阔18米，进深10米。上堂为统间，柱头雕刻精美。下堂有厢房，大门外有平台，有石雕。门右为尼道修女生活间，亦两进三开间，上下堂皆设厢房，后门通厨下。传说为清乾隆年间大学士曹振镛之姐带发修行之所。属黄山市重点文物保护单位。

溪口关帝庙 位于休宁县溪口镇东北。初建于清雍正年间，光绪年间重修。两进三开间建筑，前进两间住僧人，后进为正厅，龛座内供关帝、关平、周仓。正梁高悬木匾，上书"日舞丹心"，出自官居吏部尚书的本村人汪由敦手笔。庙右侧有关帝亭，内设王灵官神位。亭立柱26根，外柱四周置长条靠椅。整体为八角两层楼阁式，顶尖竖置七节瓷葫芦亭顶，高约1米。脊檐饰有鳌鱼、松鼠等砖雕。

*慈光寺

*溪口关帝庙

福固寺 位于黄山轩辕峰神仙洞下。据《敕赐轩辕古刹碑记》和《大藏碑记》(碑现存于三口镇汪家桥村)载，晋朝时在此建有轩辕古刹。唐天宝六年(747年)，月轮禅师至此建寺，清咸丰、同治年间毁于兵燹。光绪二十四年(1898年)，鄂僧能学重修大殿，太平胡继瑗手书"福固"二字寺额。今寺宇已废，遗址犹存。

静乐宫 位于齐云山洞天福地祠前。明嘉靖年间住持杨玄相募缘建。两层楼阁式，坐南朝北，占地面积约540平方米，内奉玄帝本生父母净乐天君明真大帝与善胜太后瑗真上仙。清末宫坍像毁。

碧霞元君祠 见592页"圣母灵祠"条。

精林院 位于黟县碧阳镇历川村。唐乾宁五年(898年)建。元至正十二年(1352年)毁于兵火，寺僧秀师于原址募缘复建。明宣德七年(1432年)，南京僧恩溥来黟，在此院住持，本县人胡仲赟、江子方等捐地建大雄宝殿。后圮。

寥阳殿 见588页"三清殿"条。

篁墩忠烈庙 又称"世忠庙"。祭祀南朝陈梁时人程灵洗，位于歙县篁墩(今属屯溪区)。灵洗是南北朝时期将领，能与士卒同甘共苦，又躬勤耕稼，老农不能及。去世后，里人在其墓下设坛祭祀。篁墩里的社庙与祭坛相邻，后便以灵洗配入社庙祭祀。南宋嘉定十六年(1223年)，休宁汉口程珌，陪郭程琸、程瑜，会里程卓、程覃，歙县槐塘程旅买地立庙于篁墩，又捐田入庙，作为修理之资费。庙修成后，端明殿学士程珌、同知枢密院程琸请赐庙额，诏赐"忠烈"。南宋宝庆三年(1227年)改赐"世忠"。

德安庵 位于休宁县蓝田镇石壁山村水口。清初余氏族众建为家庙。后因建公路而拆毁。

褒忠庙 位于黟县宏村镇卢村。奉祀当地人宋朝谏议卢臣忠。南宋端平三年(1236年)立祠，赐庙额"褒忠"。明成化年间重建，弘治三年(1490年)卢志义、卢志辅等修葺。

遵孝寺 旧称"石盂崇福院"。位于黟县原碧山乡枧溪。建于唐天复三年(903年)。宋孝宗时，赐为枢密汪勃追修之地，改称今名。寺旁枧溪，流水如虹。山有佛经摩崖壁刻。元至正十二年(1352年)该寺毁于兵火，明洪武初僧吉绍重建，清初复毁。

薛公祠 见588页"土地祠"条。

凝瑞庵 位于黟县西递村。清顺治元年(1644年)僧人瑞生募缘兴建，自拟额名为"凝瑞庵"。此庵当处西递水口，一亭临水，竹树荫翳，石桥曲折，清本县人胡朝贺为之撰书楹联云："雨过莲塘，拂座花香思结社；晴烘竹径，攒篱笋长欲参禅。"庵曾经为东源中学校址，石桥曲折依旧，并保留有青石雕瓶等佛具。

霭山院 位于黟县西递镇霭山村。建于唐大中三年(849年)。北宋宣和年间方腊起义军一度来寺，秋毫无犯而去。宋黟县显谟阁直学士程迈视为"神护"，作诗云："丙午峰前翠作堆，白云深处见楼台。老僧住久有神护，能使凶徒到却回。"元(后)至元元年(1335年)当地人余永超等新修正殿，明正统年间僧人永忠、永懋、法嗣等募缘重建。本县人程表有诗咏之："古寺溪声里，旧时记未真，云阴时覆竹，鸟语尚依人。日午钟偏静，僧闲暑不生。偶然谈四谛，清籁在林津。"后又毁于兵火，现存残迹。

[八] 徽州建筑

建筑形制　水口园林　寺庙庵观　桥塔亭楼　牌坊戏台　祠堂民居

三溪水口　位于休宁县岭南乡三溪村。水口山横卧，山口逼隘，溪流湍急，绕水口而出。两岸茂林修竹，苍翠佳秀。隘口水口林杂植青冈、木荷、红楠、杜英、枫、栎、桦等，现尚存百年以上古树望春花、枫、檀、紫楠等23株。旧有水口庙、七层塔、石拱桥、桥亭、关帝庙，桥与塔为明朝建筑。

*三溪水口

大坦水口　位于祁门县大坦乡，距县城15千米。村口溪上建有石拱桥，桥上起屋，名"安浮桥"。桥西有两层楼阁，青石题额"东信揽秀""西俪昭华"。楼阁设圆券门各一，什锦花窗数孔，造型秀美。桥阁西侧紧傍山麓，木林茂密，环境幽雅。桥东以月山为屏，翠竹千竿，苍郁欲滴。石板大道沿溪而伸展，南通县城，北接大洪岭。

万安水口　位于休宁县万安镇。古城山东隅有古城岩塔，即万安水口塔。塔下青山对峙成峡，高公桥纵贯南北。桥西设半亭，置茶站、吃食摊。路北依山筑林园亭榭，广植花木，筑墙为园，供人憩息游览。塔、山、石桥构成呈环线的万安水口。

小西湖　见608页"檀干园"条。

马丞相花园　位于婺源县甲路村。占地面积3 300余平方米。为南宋右丞相马廷鸾府第花园。现存留有石山、石井、鱼塘、洗马潭及古柏、古槠各一株。古柏为马丞相手植，名"金盆插柏"，仍枝叶茂密，高30米，围4.5米。

五城水口林　休宁县五城水口临率水支流颜公溪（即五城河），古为州、县要道。水口林带西起蔚林桥，东至水滨，长约200米，深约80米。古树参天，密林深邃。

*五城水口林

不疏园　位于歙县郑村镇西溪。园主汪梧凤及其父景晃以千金购书藏于园，延请江永、戴东原等住之，饮食供具，唯其所欲。又招好学之士，日夜诵读讲贯其中。休宁郑用牧，歙县程瑶田、汪稚川、方晞原、金蕊中、吴蕙川等皆从游。有在园中研读10余年之久，业成以后始离去者。今不存。

屯浦　又称"藤浦"。位于屯溪桥两岸一带。新安江上游两条支流率水、横江分别自南、北而汇于此。屯浦即当横江口。屯浦为新安江的重要港湾，旧时有"无船三百只"之说。清人诗《屯浦》可见其胜概："一片遥帆势欲奔，客舟来集若云屯。将归巧趁秋风便，欲落仍衔夕照痕。山外人烟熔翠霭，渡头沽舶聚黄昏。喧阗晚市明灯火，不是江南黄叶村。"

六都水口　位于祁门县祁山镇六都村。坐山面水，东、西、北群山环抱，村南日、月二山夹峙，和溪穿山口而出，形成一天然水口。溪南筑堤宽5米余，长近百米，横卧于村前。隔溪相望，堤上遍植桃、桂、山茶、松柏，村人名之为"桃花塍"。暮春时节，春水泛涨，桃花盛开，谓之"和溪桃浪"，为"善和十景"之一。距桃花塍50米处，有条100米长的"毛田降"东西横亘于村前。三株三人合抱的风水林古枫参天伫立，枝繁叶茂。此降系明永乐年间人工堆筑，似一道护村"屏风"。降西有牌坊,村人称之为牌坊岗。岗上栽枫、栗数株,枝干参天,浓荫蔽日。桃花睦东,明朝所建和溪古桥横陈溪上,桥北宪伯坊与桥南善和亭隔溪相望。一条宽数尺之大道,穿宪伯坊、跨和溪桥、过善和亭、绕牌坊岗,成"S"形向村外延伸。程昊、程泰、程果三座石坊,跨道而立,各相距数百米;又节孝坊两座并立于村口路侧。村外东有尚书祠,西有报慈庵,广济古桥架连其间。"绿袍万松""月山晚霁""报慈古柏""傍云修竹""梧冈书院""兰峰文笔",诸景散列于大道两侧,与溪流、阡陌互相映衬,构成一座集自然景观与人文景观于一体的游赏型水口公园。

古桥村水口 位于歙县古桥村。属交通型水口。水口架梁式桥接通陆路,上建廊屋三间,供祀观音,因名"观音桥"。敞廊内为抬梁式梁架,两侧叠次出跳为檩头,有轻巧感。桥周林木葱翠,益显廊桥之虚灵空透。

古淇园 位于黟县城临漳门外。清初为金氏别业,后归桂林程学祖、程学禧兄弟,而重加修葺。园之布局不详。有观澜阁翼然临于漳水上,乾隆六年(1741年)知县李作梅题额。后因沿河建路拆除。

右龙水口林 位于休宁县西南鹤城乡五股尖西麓。村口高耸10余株高大的千年红豆杉,还有大小不等的数百株香榧、枫树、银杏等古树名木,石板古道经村而过,直达岭顶,全长约5千米。四周群山环抱,绿树翠竹成荫,水流潺潺。

龙湾水口林 位于休宁县龙湾颜公溪与率水汇合处南岸。村口河湾处为水口林,杂植香樟、枫香、枫杨、榆、栎等。一古樟高25米,围3.9米,基围4.4米;一枫香高32米,围4.5米,基围5.2米。

*龙湾水口林

龙源赵氏园林 位于休宁县龙源村。宋赵弥忠所建。内有云屋、省心亭、翠待亭、问道亭等名胜。

平里水口 位于祁门县平里村口。阊江缓流经此而南折,泥沙沉积,成一三角洲。洲上林木萧郁,枫树、杨树、黄柏树等树龄有500余年。树荫深处,有翠竹、灌木,一年四季,绿荫覆合,花香鸟语。林占地面积24 000平方米,本为水口公园,现辟为梅南公园。园内南边有一排徽式建筑,为学校所在。园北一组园林式建筑,其中"翠凤轩"由吴建之题额。另有通幽曲径,亭榭点缀其间。

*平里水口

四门新安源古树林 位于休宁县西南鹤城乡六股尖北麓、新安源村四门自然村冯源河畔。古树群面积1万余平方米,是徽州地区最大的水口林之一。树种繁多,主要有枫香、红豆杉、银杏、栾树、香榧、松树等数十种。树龄长者有1 200余年,短的也有百余年。高者近30米,粗者需五六人合抱,非常绮丽壮观。

半春园 又称"梅园"。建于清光绪年间,是黟县南屏村中富商叶自璋子女读书而营造的私塾庭院。园内有三大间书屋及半月形的庭院。还有对联曰:"静乐可忘轩冕贵,清游端胜绮罗尘。"

汉公坑水口林 位于休宁县南颜公河之滨汉公坑。水口为一东北向山坳入口处,石阶路傍山蜿蜒而上。水口植林,有青冈、椆栎、锥栗、肉桂、柃木等。一椆栎高29米,围2.85米,基围3.55米,枝下高7米;一古泡桐高22.5米,围2.7米,基围3.1米,枝下高6米,冠盖如伞,树皮棕褐色,纵裂深沟。

朱村冠山园 位于黟县宏村镇朱村。清康熙年间朱家祐建。后圮,仅存凤鸣书屋。书屋后亦圮,仅存遗址。

竹溪水口 位于歙县杞梓里镇竹溪村。有两处古树参天的水口。该村为柯氏聚居村落,据民国《新安柯氏宗谱》载,先人按照"栽枫松以塞水口,建花桥以壮山川"的构思建设村庄的水口门户,使村庄门开户合,人丁兴旺。门开即指蔡水河流向的村庄枕山面水,视野开阔,阳光充足;户合则是在溪水流走的方向栽松枫、建桥亭以镇守,使水口成为集聚竹溪柯氏灵气、人气、财气的源泉。村头水口有相公庙、上水碓桥、清澈的蔡水河及数百年历史的皂荚树和银杏树。

村末水口有亭两座，一座建于水口桥上，一座为进村之路亭，因两亭相连，故称"上桥亭"和"下桥亭"，亭内均供有神像。村末水口，有枫树、银杏、沙棠梓等多种古木，巨樟虬柏，参天蔽日。

华萼园 位于黟县碧阳镇古筑村。为明崇祯年间岁贡孙时新别业。有天香阁、乐数轩、琅玕坞、松亭等。手植花木，蔚然深秀。孙氏晚年筑此园，隐居教授其间。

会里程氏园林 位于休宁县商山镇会里村。元村人程天经建。天经少失父母，依养于祖母。既冠，葬亲于鸿荒，庐居墓侧。又重葺居室以奉祖母。其居有祀祖之坛，题名"著存"；有兄弟相处之堂，题名"棣辉"；有藏修之室，题名"醉经"；有游憩之园，中有"环翠""听雪""石堂空翠""成趣"诸胜景。

江湾水口林 位于休宁县东南白际河源头盆地江湾。海拔400米，四周环峙相对高度500米以上的高山。其水口林占地面积约4 000平方米，古木参天，百年以上古树20余株。一柳杉高30米，围4.6米，基围4.8米，枝下高度13.6米。林间杂植红豆杉、甜槠、枫香、栎等。村外山隘口有"百丈冲"瀑布，亦称"白际瀑"，落差70米以上。当雨季，声闻数里。

许村水口 ❶位于歙县许村镇许村。该村东临大西坑，西临小西坑，二水汇于村南为昉溪。元末，村人位于村口小西坑建桥。明朝中期，桥上增架廊屋，并于桥东村头建大观亭、五马坊。亭侧辟小花园，亭东建宗祠，沿溪植花、树。明末，又于亭、桥间建双寿承恩坊。❷位于祁门县历口镇许村。村口溪中石砌过水坝10余米。村外一片高大水口林，其中古槐两株，树冠铺天盖地，苍茂翠郁。出村处有水口亭、昭明殿、地母堂。殿堂为村民祈祷祀神处，亦有点缀风景的作用，已圮。石板路通河边水埠，又利用坝的落差作动力，位于河岸开渠引水，建造水车碾坊。水坝中段过水处，水流如瀑，激珠溅玉。溪流如镜，青山如黛，景物清幽。沿河路口建有一座门坊，额题"凤山钟秀"，联云："历源锁匙，中流砥柱。"

*歙县许村水口

阳台水口林 位于休宁县五城镇阳台村东。现存数百年古红豆杉（俗名血柏）10余株，古望春花4株。古望春枝叶繁茂，早春开花，洁白如玉，香气袭人。相传此村先有此树，后有民居。

*阳台水口林

吴田吴氏园林 位于休宁县万安镇吴田村。有安乐窝、鑫亭、泉声亭、野色亭、略杓桥、狮子泉等名胜。宋吴伯冈所建。

里庄水口林 位于休宁县里庄村。占地面积4 600余平方米，条状分布于村落边，杂红豆杉、望春花、枫香、槭等。现尚存围3米以上的古树11株，多为元明时期所植。

汪口水口 位于婺源县汪口村。古树蔽天，楼阁俨然。关帝庙如"门神"守镇，门联为："义结桃源，笑天下同胞不睦；忠扶汉室，叹后人怕死贪生。"三相公庙门开"八"字，有门联道其景胜："鸟语鸡鸣传境外，水光山色入图中。"文昌阁为八角楼阁，风来四面，铁马叮当。还有石人、石马、石狮排列道旁，俨如卫士守护。

奇岭水口 位于祁门县南乡奇岭。村庄四面环山，村口二山夹峙，形成一狭小谷口。溪水流贯村中，经谷口泄出。谷口溪上建有重檐楼阁，村民称为"水口亭"。楼亭两侧有楼屋数楹，用垣墙相连。外墙开有拱券，有门与外相通。两圆形小窗分置大门两侧，可从此处向外瞭望。山川形势与楼垣建筑共同形成水口。

岩寺水口　位于歙县岩寺镇（今属徽州区）东北500米。四野空阔，左临丰乐水。亢宗桥横跨水面，青石建筑，明嘉靖年间佘瀾建造，俗名"佘公桥"。距桥10米，耸立七层水口塔，亦名"文峰塔"。塔侧10米处筑岩岭，俗名"凤凰台"，嘉靖二十三年（1544年）与塔同时建造。台长40米，宽20米，高5米，平顶，中间开阙，状若城门。阙之尽头，石刻"岩岭"题额。台两侧各植两行枫树，每株长达百米，粗数围。"枫"意为"封"，以之荫庇村落。相传该村形如巨筏，建塔为篙，以定此筏。又传佘公桥为墨，塔为笔，台为砚，天作纸。所谓"塔尖似笔，上写青天一张纸"。

岩前水口　位于休宁县齐云山镇岩前村。地处齐云岩下，横江两岸。横江有堨，一水中分，北岸成洲，植林其上。叶村之东，一山自北而南，止于江沿，与洲林斜对，呈环抱状，只容一道通过，是为岩前水口所在。

*岩前水口

周家园　清黟县城西余佐园林。其内树木交荫。又别辟小园，植四时花卉，其叠石庭砌，取象黄山三十六峰。余佐好读书，工诗画，常草衣箬履，与友杯茗论诗。

项山村严池水口林　位于休宁县白际山麓项山村严池。为高山盆地，海拔550米，四周环绕相对高度500米以上的高山。水口林呈带状分布，占地面积3 300余平方米，现尚存古树27株，有红豆杉、银杏、南方铁杉、迎春、麻栎、黄檀、梓树等，树龄均在百年以上。其中围3米以上者10余株。

南屏水口　位于黟县南屏村。有古桥、文昌阁、雷祖殿、观音楼以及一大片古树林，形成村中一处赏心悦目的休憩之地。万松桥，三孔石桥，始建于清乾隆末年，文学大师姚鼐曾留下《万松桥记》，并在两侧留有"万松桥"的手迹。文昌阁雷主殿大门联曰："有功德于民则祀，能正直而一者神。"万松林是一大片苍老挺拔的古树林，村中有人外出家人必送至此。而游子归来看见古树林就意味着到家了。

*项山村严池水口林

*南屏水口

南屏西园　位于黟县碧阳镇南屏村。清乾隆年间叶华年及其子有和建。园筑于宅西，构屋数间，背山临水，为课子读书之所，故名"西园"。占地面积近10 000平方米，内设牡丹园、梅竹园、山水园、松柏园四大部分。姚鼐曾任该园教席，撰《西园记》。今遗屋尚存，"西园"青石门额存南屏李邦勋家。

南湖　位于黟县宏村南首。明万历三十五年（1607年），宏村汪氏家族将村南百亩良田"凿深数丈，周围四傍砌石立岸"，仿造西湖"平湖秋月"的形式建成南湖。南湖呈大弓形，湖堤分上下层，上层宽4米，原为石板铺地，后来建际（联）泗（溪）公路改为沙石路面。下层沿湖栽柳植杨。南湖历史上大修三次，后重建中堤，造"画桥"。

首村朱氏园林　位于休宁县首村。宋本县人朱权建，以为居休游乐之所。有芳洲景星楼、濯缨亭、拂云亭等。朱权，南宋淳熙十四年（1187年）知惠州。

桃林村水口林　位于休宁县南龙田河西岸桃林。水口一片古林，现尚存槠树40余株，树龄有数百年。林中间有青冈、化香、枫等，成林于明朝中期。

桃源水口　位于祁门县闪里镇桃源村。水口建廊桥，桥一端起楼阁，八角攒尖重檐式，典雅华丽。桥成于明成化年间，已历500余年。有碑纪胜：此

*南湖

*桃林村水口林

*晓起水口

*唐模水口

桥"为一源之巩镇,故于北首之旁培山植木,倍前高美,有如罗星之形,巍然岿焉……朝夕以游焉,息焉,便之;而凡往来经其地者,无不便之"。属交通兼游憩型水口。

晓起水口 位于婺源县晓起村。晓起村分上晓起和下晓起两个村落。上晓起村左靠山嘴,右临清溪,巨樟夹岸,林荫蔽日。花亭式的"文昌阁"立于道口,供行人小憩或登楼览胜;其两侧,"三宝庙"金碧辉煌,"品池"院清静幽雅,路底清流筑以石碣,水漫波平,流碧泻玉。路沿高岸,临溪筑石栏围护,借以凭瞰碧潭,观赏鱼跃。下晓起村水口,为两溪汇合处。道旁古樟、古枫成行,浓荫下"嵩年桥"古色古香,"眷桥庵"令行者徘徊反顾。石径铺坡,栏杆回护,供人扶栏拾级而上。

唐模水口 位于歙县潜口镇唐模村(今属徽州区)。左右皆山,东边豁然开阔,成为缺口。村人于此筑坝,宽6米,高2米,长千米,蜿蜒横贯,其上遍植檀花、紫荆花,间以枫、樟,密密层层,连同千米大坝,宛如巨栅,障护唐模。坝首小路,青石铺砌,路畔檀溪,依山南折,横跨小桥。桥身之折,曲似蜈蚣(相传蜈蚣可镇蛟)。桥畔建一木构路亭,三层八角,意在引人入胜,兼镇"龙脉"。

浯田水口林 位于白际山脉西北休宁县浯田村。地处崇山峻岭,村头水口为一缓坡,古木葱茏,现仍存古柳杉五株,其密处冠交枝接,荫覆其下。中一柳杉,高33.6米,围6.65米,树下有民居建筑。

*浯田水口林

培筠园 位于黟县碧山村西南侧。为南宋绍兴年间签书枢密院兼权参知政事汪勃别墅。园历久残圮，仍留有玲珑假山、清澈池塘、通幽曲径、子韶诗碑。子韶即汪勃同榜进士状元张九成，曾访培筠园，所咏黄山诗镌碑于园中。清本县人氏孙学治诗云："野花蔓草障清池，为问培筠竹几枝。双桧依然青似染，更无人读子韶诗。"该园为徽州唯一一所遗迹存留至今的宋园。

黄备水口 位于歙县森村乡黄备村东侧。村落背倚石耳山，村中两条小溪夹流而下，溪上有桥10余座，或平或拱。水口坝建于南宋，坝高3.6米，宽4米，长50米，全用石砌。坝上栽有樟树、榆树、槠树、冬青树，历时800载，仍然参天耸立，绿荫如盖。六只精雕威武古石狮，守候绿树丛中。坝下有一条宽1.5米的石板路，通向东、西两座古石桥，一名"永昌桥"，一名"集庆桥"，遥相呼应。

梅园 见603页"半春园"条。

清梅园 位于黟县城原县署内。清道光二十八年（1848年）知县承寿曾加修葺。园位于县堂西，植古梅30树，修竹数千竿。其北为春雨山房，奉神。西南有亭，题额"锄月"，为衙中小憩之所。承寿有《梅园记》，训导朱骏声、本县人余鸿有梅园诗。同治年间，知县谢永泰为园题额"学道素心"。

鸿飞水口 位于歙县霞坑镇鸿飞村。村口有两峰对峙，左为狮子峰，右为白象山，形成一个袋形环抱，称为"狮象把门"。水口古道旁有一条小河，筑有不同风格的拦水坝，溪流上建有两座石桥，它们被一小木桥间隔在村庄的首尾。古道两旁水口林木荫蔽，青山、绿水、古木和桥坝相映成景。

琶塘水口 位于歙县琶塘村。村口凿大水塘二，水口因呈双连湖面。缘湖筑堤，堤上遍植枫树。古荫森森，映衬湖面闲戏鹅鸭。

*琶塘水口

堨田水口 位于歙县堨田村东北。左侧依山，右侧临水，水名竺溪。有石桥横跨水面，名普济，桥畔接一小桥，石砌，单孔，名金桥。衔接金桥有抵村石径，青石横铺密砌，名银路。两株巨大红枫夹路相对斜出，枝叶繁交，蔚然上封路口。沿溪一排枫树长百米以上。普济桥东岸之东北垒起土丘，有屋宇似殿非殿，名金武殿。殿左侧亦垒土丘，上立七层宝塔，实心，高5米许。殿之右侧建一路亭，名六丫。建亭时，曾埋20余千克铜钱以作亭基。

雄村水口 位于歙县城南5千米雄村东北端。建于清初，以竹山书院、文昌阁为中心。阁北围墙外石板铺道，东下河滩渡头，西连村中街道。路北砌一石块坝，高2米，长20余米，上植巨樟。阁下为桂花厅，阁南沿江为桃花坝。沿江长堤，石栏透迤，形如雉堞。堤上遍植桃花，异种繁多，备具五色。春日繁花竞发，隔河望之，如一片红云。人称"十里红云"。

*雄村水口

蓝田前川三阁台水口 位于休宁县夹溪（即休宁河）上游蓝田村。占地面积约6 000平方米。蓝水流贯村中，西岸前川有三阁台，平地茂林，古木婆娑，障荫村宅。现犹存古树23株。

*蓝田前川三阁台水口

*歙浦

槐塘水口 位于歙县城西7千米槐塘村。其村四周冈丘罗列，小溪从东南谷地流出。南宋时，村民担土位于村口筑坝，并将溪水自坝南端引出，再沿坝导至北端，折而东流。坝上密植槐、杨、樟、柏等树。大道从北端入村，"丞相状元"石坊立于坝上道中。坊侧有亭，为村人迎送宾客之所。

碧山半亩园 位于黟县碧山村汪氏家塾。园有亭池之胜，古松、梧桐甚茂，清汪承恩有《半亩园访阮如不遇》诗云："梅径荒寒凭鹤守，池边吟咏有鱼听。高踪来往殊无定，曾向何山剧茯苓。"清咸丰年间毁于兵燹。

潜口水口 位于歙县潜口村（今属徽州区）。水口山为观音山，即紫霞峰。山呈环抱状，古树茂密，其下溪水蜿蜒，石板大道直通镇市，夹道栽紫荆，花时如锦。山坳建观音殿，附设二厢。过小桥，迎面有灵宫殿。石级迂回而上，有览胜亭。

歙浦 位于离歙县城2.5千米许，浙江与练江汇合口之西，义成村口。义成据水路要冲，将军山据其东北，白际山脉逶迤于西南，上溯浙江可达徽州腹地，民间相传古歙县治所位于此，故称歙浦为"徽州大水口"。

檀干园 又称"小西湖"。位于歙县潜口镇唐模村（今属徽州区）。园名取自诗经《伐檀》当中"坎坎伐檀兮，置之河之干兮"诗句。为唐模村水口园林。以池台花木之胜，书法石刻之精，驰名遐迩，昔为许氏文会馆，清初建，乾隆年间增修。相传清初唐模许氏有一位拥有36处当铺（时称"三十六典"）的富商许以诚，事母至孝，其母听说"上有天堂，下有苏杭"，便想去杭州西湖游览，因山川阻隔，年老体衰，不便成行。于是该富商不惜巨资位于唐模挖塘垒坝，筑楼建亭，模拟西湖景致建造一个小西湖，湖堤四周遍植檀花、紫荆，以娱老母。该园占地面积6 600余平方米，园内"三塘相连"，有三潭印月、湖心亭、白堤、玉带桥、镜亭等胜景，并与周围山水、田野、村舍融为一体，形成一种独特的徽州水口园林风格。咸丰、同治年间曾毁于战火，后由许承尧修复。

徽州水口 村落依水而居，其溪流的进水口和出水口均称为"水口"。其中，进水口称"天门"，出水口称"地户"。徽州处于万山间，各个村落四面皆山，形成较封闭的完整空间，水口也就自然成为村落的咽喉，被看成关系到村落人丁财富的兴衰聚散。徽州村落营建的风水理念极其浓厚，水口往往有很多树木及文昌阁、奎星楼、庙宇等建筑，这些布局是基于风水"障空补缺"理论之上的。绩溪县冯村在上水口架安仁桥，并在桥上方围墙设"天门"；在下水口筑理仁桥关锁水流，并建台榭于桥下方，是为"地户"。再衬以四周狮、象、龟、蛇儿座山，天门开，地户闭。借助风水，表达了吉凶观。天门要求开敞，水主财，门开则财来。地户要求封闭，水主财，户闭则财用不竭。为了封闭地户，徽州村落往往在下水口建筑桥、台、楼、塔等建筑，大量种植树木，增加锁钥气势，扼住关口，形成水口园林，至今仍然保留有大量的水口园林。如歙县雄村水口、唐模（今属徽州区）水口，婺源县上晓起村水口，休宁县三溪村水口等。水口的实际作用，一是"保瑞避邪"，即保住村庄的瑞气不外泄，避免外面的邪气冲进村庄里来；二是使村庄"谨慎"，即有隐蔽性，安全感；三是可为过路人提供乘凉纳荫、歇息躲雨的场所。风水在水口上的处理，改善了村落的环境及景观，形成"绿树村边合，青山郭外斜"的总体环境特征，使水口成为村落园林。

徽州园林 徽州园林之营筑，有文献可考者始于北宋。政和年间，绩溪许润构乐山书院，建有天月亭和南楼数楹，常登临览景。婺源朱氏园有池亭小筑，朱松（朱熹之父）写有"方塘荫瓦影，净见鲂鲤行"诗。南宋至元，徽州园林营筑较多，较著者有宋婺源县"宋氏园"，歙县"醉园""先月楼"，休宁县竹洲吴

*檀干园

氏园亭、首村朱氏园亭、东野山房、璜源吴氏园亭、龙源赵氏园亭,黟县培筠园等;元休宁有林泉风月亭、醉经堂、月潭朱氏园亭、秋江钓月楼等。除黟县培筠园尚存部分水石遗构,其余均已不存。明清时期,徽商投大量金钱于园林建设,徽州园林由此达于极盛。岩寺一镇,即有八大名园:娑罗园、莱园、檀山苑、西墅、会心园、茂林修竹、香雪窝、方氏园。一般民宅屋前房后,亦有庭院,栽花植草,或修水池,筑假山,颇具园林意趣。徽州园林崇尚自然,就形造景,寓情于景。由于"新安大好山水",处处是景,园林营建中的"借景入园"便成为徽州园林的最大特色。

植桃100余株,利用泉水甃砌桃花泉、浣花塘,又建桃花亭、桃花夫人祠、双鱼洗、老人窝。园右筑七星路、印须亭,亭额为"桃都招隐";左建灼华山馆,楼阁三层,分别名"锦云楼""红尘阁""避秦台";园后达荣禄公祠,祠左右山石若狮,因建驯狮亭。江峰青作有《鳌溪桃谷记》。

藤浦 见602页"屯浦"条。

瞻淇水口 位于歙县瞻淇村。处于山间谷地,略呈侧三角形。西南一山,伸至村南。溪水东北而来,直射至山嘴。水口即建在山嘴与溪水之间。其间石坝横亘,上植古槲。石路贯穿石坝、亭阁。前为广场,北侧建汪王庙、汪氏宗祠、岐山书院和关帝楼。楼跨路道,过楼入村舍。该水口建筑群兴筑于清朝。

*徽州园林

鳌溪 见609页"鳌溪桃谷"条。

鳌溪桃谷 又称"鳌溪"。位于婺源县东北乡东山村。清末村人江峰青于水口建成。圈地

*瞻淇水口

[八] 徽州建筑

建筑形制　祠堂民居　牌坊戏台　桥塔亭楼　寺庙庵观　水口园林

丁头拱　建筑构件名称。位于柱头部分出来的半个拱，上面托有大梁。

八字门楼　门上有牌楼式的顶，门两侧墙壁呈"八"字形的建筑。黟县民居大门一般有两重，正门之外先有八字门楼。门楼先立青石门坊，再由门坊左右外缘斜出，成"八"字形墙面。墙面为水磨青砖结构，石灰泥压缝，上端嵌砌雕砖，所雕或花卉或几何图案。门坊之上伸出雨檐，砖砌瓦覆，层层挑出，两角翘起，顶端砌嵌雕花瓦当及滴水，呈一整齐雁齿。八字门楼表现出民居浑厚、端庄、稳重的气象。

*八字门楼

三间式　民居建筑形式。这是徽州民居中最基本的标准住宅形式，一明两暗，带厢房或不带厢房，有楼或无楼，楼梯在明堂背后，两个房间分隔均用木板，窗向天井。厢房用活动木隔扇，房门有的向明堂，有的向厢房，一般可以设两个房门方便灵活使用。这种建筑均为居住活动用，使用最广，并延续至今。也有五间式，但为数不多，而且只能采取"明三暗五"的方式建筑。

大厅式　民居建筑形式。这种大厅，在徽州民居中主要用于礼节性活动，如迎接贵宾、办理婚丧大礼等，平常也作为起居活动场所，它往往成为整套住宅的主体部分。大厅多为明厅，三间敞开，两根圆柱显示了大厅的气派。为便于冬季使用，也可用活动隔扇封闭。一般大厅设两廊，面对天井。大厅的正中入口大多设屏门，日常从屏门两侧出入，可增强大厅内的隐蔽性。遇有礼节性活动，则打开屏门，以示庄重。有时因地形或交通条件的限制，大厅改由边门入口，天井下方设客房，以招待来客居住。或者由正门入口，天井下方设倒厅，与大厅形成四合样式，正门两侧设置两间厢房。

山柱　又称"排山柱"。山墙屋架的柱子，属建筑构件。或将山墙正中、直顶屋脊的柱子称为"山柱""脊柱"。四面坡即四向出檐的建筑，其柱常称为"山面檐柱"。

山墙　房屋左右两头的封护墙体。一般不设门窗，多为一面实墙。如果屋顶为硬山式，则山墙与屋顶直接相连，位于相连处，有一排瓦当与滴水，称为"勾头滴水"，它们像是镶在山墙边上的一道花边，并没有实际的排水作用。在其下面，按木结构的形式，用砖沿着"人"字形的山墙头砌出一条博风板，在左右两条博风板相交处，也像木结构一样，用一条"悬鱼"挡住接缝。

门头　传统建筑院墙大门的形式。左右两根木柱，上面一条横木组成门框，框内安门扇。门框上有简单的屋顶，可以遮阳和挡雨，门上的小屋顶称"门头"。如果门开在墙上，则门头就成了从墙上伸出的一面坡屋顶。

门向　门的朝向。徽州造新房，先要定门向。左青龙，右白虎，青龙首上可以高万丈，白虎首上不可高一尺。若门向对着前面人家屋角、屋脊和窗户，最为忌讳，必须在门前砌上照墙，以便避邪。

门扇　建筑中房门的形式。一般有两种：一为版门，一为格子门。格子门又称"隔扇"，多用于房屋的外门和室内。隔扇视其抹头数量而称，如五抹头、六抹头等。

门脸　门头装饰向门两侧延伸的部分。常见的形式是用石料做成门框，在门框两侧用砖或石砌出壁柱，由地面向上，连着门头，形成门四周一幅完整的门脸。将牌楼的式样贴在建筑的大门上，成为一种特殊的门脸形式，称之为"牌楼门脸"。

门楼　又称"门罩"。徽州民居大门口的装饰物。门楼位于门鞍的上方，左右竖墙为细泥砖筑砌，灰浆净缝。门楼有简有繁，类型不下10种。普通门楼只有简单的瓦檐，形式有一间两楼或一间三楼。名

*门脸

门富户宅第门楼十分豪华，上罩达三门五楼，构件有瓦檐、飞檐、驼峰、横梁、额枋、挂落、雀替，两侧置柱枋、抱鼓石。其间以镂刻精细的戏文、花草、山水、禽兽等图案的砖雕作饰。繁复精制的门楼，其高度为房屋的十分之八。门罩既有防护大门的作用，又以壮观瞻，具有很高的艺术观赏价值。门楼是徽派建筑特色，它用青砖雕刻成整套的戏曲人物、飞禽走兽、龙凤图案、各种纹饰，配以楼台亭阁、水榭花卉，雕工精细，巧夺天工。

*门楼

*门鞍

*门簪

门罩 见610页"门楼"条。

门鞍 绩溪县某些民居大门上的特制门框。门鞍由一块横鞍、两根竖柱、两个柱墩组成，俗称"五件头"。一般以花岗岩、黟县青或昌沅石为材料凿制成。

门簪 连楹和门框上方的横槛相连的木栓插入横槛与连楹卯孔中的部件。木栓头留在门框上的横槛外，如同门扇上的钉子头，成为装饰。门不宽则用两只木栓，门宽用四只。因木栓的位置与作用都类似妇女头上的发簪，故称。门簪有圆形、六角形、八角形、花瓣形，有的还涂彩。甚至于平面上雕"吉祥如意""福禄寿喜"字样。

飞来椅 见617页"美人靠"条。

飞椽 较短的椽子。椽头断面呈方形，后尾呈楔形，以附贴于圆形的檐椽前端之上，又向外挑出一段檐头略向上翘起欲飞之状，故称。其作用不仅有利于更好地保护柱墙、台基使之不受雨淋，同时又是平出或略上翘的，从而避免了因出檐过深而对采光造成影响。

叉手 脊檩两侧的两个斜撑。宋式建筑脊檩之下的支撑构件，在蜀柱之外往往并用"叉手"（人字木），其相当于在脊檩前后与平梁间分别设置的两条对称的托脚。

*飞来椅

*马头墙

马头墙 徽派建筑中高于两山墙屋面的墙垣。因形似马头，故称。徽州建筑因防火、防风之需，位于居宅的两山墙顶部砌筑有高出屋面的"封火墙"。其构造随屋面坡度层层叠落，以斜坡长度定为若干档，墙顶挑三线排檐砖，上覆以小青瓦，并于每只垛头顶端安装博风板（金花板）。上面再安装各种式样的"座头"，有"鹊尾式""印斗式""坐吻式"等数种。"鹊尾式"即雕琢一似喜鹊尾巴的砖作为座头。"印斗式"即由窑烧制形似方斗之砖，但位于印斗托的处理上又有"坐斗"与"挑斗"两种做法。"坐吻式"是由窑烧"吻兽"构件安在座头上，常见有哺鸡、鳌鱼、天狗等兽类。将这种建筑防火技术措施运用推广于民间民居建筑，始于明弘治年间的徽州知府何歆。当时徽州府城火患频繁，因房屋建筑多为木质结构，损失严重。何歆经过深入调查研究，提出每五户人家组成一伍，共同出资，用砖砌成"火墙"阻止火势蔓延的有效方法，以政令形式在全徽州强制推行。一个月时间，徽州城乡就建造了"火墙"数千道，有效遏制了火烧连片的问题。何歆创制的"火墙"因能有效封闭火势，阻止火灾蔓延，后人便称之为"封火墙"。随着对封火墙防火优越性认识的深入和社会生产力的提高，人们已不满足于"一屋一墙"，逐渐发展为每家每户都独立建造封火墙。后来徽州建筑工匠们在建造房屋时又对封火墙进行了美化装饰，使其造型如高昂的马头。于是，"粉墙黛瓦"的马头墙便成为徽派建筑的重要特征之一。

天井 建筑术语。徽州民居中两廊与厅之间，围成一长方形的敞亮小区，上可见天、下可排水。其作用在于通风、采光。

*天井

*婺源汪口俞氏宗祠内天井

天花 又称"吊平顶"。室内屋顶装饰。徽州建筑中有两种形式：一为大方格，上面贴装饰花纹，宋朝称为"平棋"；二为小方格，用木条做成，嵌于天花顶上，宋朝称"平暗"，这种做法比较古老。此外，还有两坡顶、覆斗式等。

元宝梁 建筑构件名称。在中心堂屋的"太师壁"两侧，各有一道雕花木梁，梁身高大，下有梁托相承，上置座斗承托上梁，整体形状如元宝，故称。

*天花

*五岳朝天

木栀 垫在柱础与立柱之间的木片。也可以用石质或金属材质。木栀现仅见于苏州、皖南等地的民居宅邸和祠堂建筑中。一般采取横纹平置方式，防止潮气沿立柱纵向毛细管侵入柱体。但普通木栀本身高度太低，最大不超过20厘米，而且按木结构原理横纹承压强度大大低于顺纹承压强度，受潮后其强度更为降低，变形亦更甚，因而后代很少使用木栀而改用石质材料，既利于防腐也利于抗压。

五岳朝天 徽派建筑封火墙的一种造型。封火墙高于屋顶超过屋脊，砌成马头翘角的阶梯形，一般正面封闭高墙都采取均衡对称的形式，左右高，中间低。随着徽州民居建筑密度的日趋增大和房屋高度的增加，为加强民居的消防功能，封火墙逐渐增高。尤其是进次多而深长的高大楼房，随着屋脊的伸延变化，马头墙被建成三叠式、五叠式、七叠式等，由于其尺度合适，高低错落有致，形状变化多样，给人以外部造型上的整体美。其中五叠式封火墙造型形似五座山峰，故称。

中柱 位于建筑内部的纵中线上的柱子。

月梁 梁的左右两头向下弯曲，梁下面向上起弧，使梁形如弯月，故称。月梁卷杀为两端（肩）细薄、中间厚实、底微内凹、背微拱起的形式，而且两侧面也要卷杀做成微凸起的弧面，整条梁轻盈美观，且给人背驮千钧的力度感。

斗拱 由许多小块方形的"斗"和长方形的"拱"拼合而成，常用在屋檐下与梁枋之间的构件。其作用一是在屋檐下支撑伸出的屋顶檐部，减少雨水对屋身墙面与门窗、立柱的侵蚀；二是传递由上而下的荷载。"斗"有大斗、小斗（又称升）。大斗搁在柱头上。斗拱多见于徽州大式建筑上，如祠堂、庙宇等。根据其所在部位分为几种：柱头上的斗拱，清朝称"柱头科"（"科"为一组斗拱），宋朝称"柱头铺作"；在角柱上的斗拱叫"角科"，宋朝称"角头铺作"；在角科与柱头科或柱头科与柱头科之间的斗拱称"平身科"，宋朝称"补间铺作"；在外檐柱上的斗拱，柱子在室内部分的称"内檐斗拱"，外檐能看到的通称"外檐斗拱"。此外，伸出外檐的栏杆下面的斗拱称"平座斗拱"，宋朝称"平座铺作"。

*斗拱

平盘斗 支撑瓜柱的构件。徽州建筑平盘斗多有精美的雕刻。

四水归明堂 见613页"四水归堂"条。

四水归堂 又称"四水归明堂"。建筑术语。徽州民居中因天井有四沿四角，以水枧承接，使雨水均沿水枧流向屋内下道（明堂坑）。这种内聚暗泄的排水法，俗称"四水归堂"，寓意为聚敛财气。

四合式 民居建筑形式。多为两组三间式相向的组合。有大四合和小四合两种：大四合式，上厅与下厅相向，中间是大天井，上厅是三间式，但地坪

*四水归明堂

较高,是为正厅堂,下厅也是三间式,但进深可略浅,地坪面较上厅低,上下厅之间两侧以厢房相连接,临天井一侧均为活动隔扇。楼梯间有设在厢房内的,也有设在上厅"太师壁"背后的。天井则根据地形和大厅的进深可大可小。大厅还可根据采光的需要在檐口处改设卷棚,增加光线的入射角。大厅背后还可以根据需要增加穿堂。上下厅均有楼层,层数可达三层。楼上沿天井均有回廊。小四合式,大厅三间与大四合式相同,下厅则为平房,也更小,进深浅,一般中间明堂不能构成正厅,而只能作为通道,两个房间供居住,天井较小,楼梯均在上厅"太师壁"后。

瓜柱 见620页"童柱"条。

外柱 见622页"檐柱"条。

立柱 建筑构件名称。直立于地面或柱础之上,承受上面重量的构件。建筑物的平面首先要布置柱网,即柱子的中心线在平面上组成的网格。柱子应落在柱网的交叉点上。交叉点上布满柱子的称"满堂柱",没有布满柱子的称"减柱",多见于祠堂和大厅类建筑。圆柱是建筑用柱的主流。除去不落地的短柱一类,所有圆柱很少是上下完全等径的圆柱体,而是根部(柱脚、柱根)略粗,顶部(柱头)略细,这种做法,称为"收溜",又称"收分"。柱子做出收分,既稳定又轻巧,给人以舒适的感觉。柱身上下基本等径,或收分不显著(有时属自然收分)的柱子,则称为"直柱"。清式用柱多属圆直柱。除圆柱之外,还有方柱、八角柱、瓜楞柱、梭柱等柱式。

民居建筑功能 徽州民居房屋构筑朝南居多。砖木瓦结构,一般有楼,格局多为三间两过厢。两边卧房,当中堂前,堂下为明堂、天井。堂前是亲友聚会和待客地方。东厢父母卧房,西厢子媳卧房。楼上一般不住人或住孙辈孩童,或作客房。大户人家通转楼有上下堂和前后进。中等以上人家,居住较宽敞,房内置1~2卧铺。一般厅堂大,卧房小。俗称为"三间屋",有明三间、暗三间、回廊三间之别。

出翘 参见618页"起翘"条。

台基 古建筑中承受柱子、高出地面的基础部分。传统古建筑的柱子柱脚下面是石质柱础,柱础下是砖或石砌的磉墩,磉墩之间再以砖或石砌为拦土墙,拦土墙内填土夯实,上面墁砖形成室内地坪,拦土墙外以砖石包砌高至柱础,这样就形成了一个高出地面的台子,作为整个建筑物的基座,故称。台基除了本身的结构功能外,又与柱、墙的收分等相配合,可以增加建筑的稳定感。有的还配有栏杆,也成为一种富有装饰性的结构。

*台基

托脚 建筑构件名称。为其他各檩下的单向斜撑。

过街楼 徽派建筑的一种特殊建筑格式。一般建在房屋正厅之外的街道上空,依托街道或巷弄两旁的屋墙,架木铺设楼板筑成,颇为雅致。楼一般高约2米,长3~5米,宽4~5米。纵向街道两侧,楼的下半段砖墙砌位于楼板上,上半段为可装可拆的槽板。过街楼在形制上属大屋的附属建筑,起点缀群居作用。每逢红白喜事,拆下过街楼上段墙板,由喇叭鼓手立楼上奏曲,主人在屋内可依据过街楼上吹奏的不同曲牌,得知客人的身份,确定迎接的礼节。

*过街楼

吊平顶 见612页"天花"条。

回水 台基外缘比檐头缩进的一段距离。可使柱脚及墙身免受檐头滴水的淋溅。

回廊三间 见618页"通转楼"条。

自由组合 民居建筑组合形式。在基本建筑定式的基础上，采取根据需要和可能而形成的各种组合。如大厅、三间之间以内廊结合，构成一组带附屋、宅院的建筑群。此外，还可多套三间、四合式的纵横连接，形成套套相通，但又相对独立的巨大住宅组合群体，拥有十几个甚至数十个天井。

各定式并联 民居建筑组合形式。并联的组合主要有：大厅—三间，横向连接。四合—三间，横向连接。四合—大厅，横向连接。这种横向并联往往日常活动都从三间或四合等居室直接进出，遇有礼节性活动便由大厅出入。

各定式串联 民居建筑组合形式。串联的组合主要有：大厅—穿堂—四合，位于一轴线上前后连接。大厅—穿堂—三间，在一轴线上前后连接。四合—四合，在一轴线上前后连接。四合—三间，在一轴线上前后连接。在各定式串联组合中，根据具体情况配以走廊、附屋（厨房、厕所、仓库、畜圈等）和院落、花园，构成大小各异的住宅形式。

护净 悬挂在卧室窗户外以遮掩卧室的构件。呈长方形，分上下两段，上段中央有两扇可以开启的窗户，四周均用空透花格装饰，下段为实心木板，其高度相当于人站立于天井地面的头部。护净之内才是卧室墙上的窗。有的仅保留下段栏板。

*护净

花牙子 建筑构件名称。处于梁柱交接处，外形如雀替，由回文、动物纹、植物纹组成空梹花板，是一种纯装饰性的构件。

花板 为满布雕饰的长条木板，用于装饰。多置于梁枋下，也用于封住屋檐口。封住屋檐口的花板称"封檐板"。

连檐 檐椽和飞椽头之间相连接的横木。在檐椽上的称小连檐，断面呈直角梯形或矩形，高为望板厚的1.5倍，宽与椽径同。在飞椽上的称"大连檐"，断面呈梯形。其作用在于联系固定椽头和使檐口齐平，大连檐并有保护椽头使其免受雨水侵蚀。大小连檐的外皮距各自的椽头外皮都要留出1/5~1/4椽径的空距，称为"雀台"。

角柱 角隅处的柱子。一般建筑多为长方形或正方形平面，位于其四个转角上所设的四根柱子称"角柱"。建筑平面为曲尺形或"十"字形时，出角部位的柱子仍称"角柱"，入（窝）角部位的柱子称为"窝角柱"。

泛水 柱的外台基表面做出微有斜度的平面。以防积水。

附阶柱 见619页"廊柱"条。

抬梁式构架 又称"叠梁式构架""梁柱式构架"。梁架形式。是中国古代建筑使用最广、最正规并居于正统和主要地位的官式建筑做法，北方民间也多采用，只是形式简化。其基本结构方式是，在基础上沿着房屋的前后进深方向立两柱，柱上承架横木大梁，梁上从两端后退再立短柱以承上一层梁，如此根据屋顶高度需要向上叠架数层，形成一排前后进深方向的梁架，以这样左右两排平行的梁架构成一个长方形或方形平面的建筑空间单元，称为一个开间或一间，按需要可以在左右增加开间数，每增加一间即再增加一排梁架，在每件左右各层梁端和上层梁上的短柱上承架横木为檩，这样形成房屋的主要骨架。檩上与之垂直正交密排椽条，椽上铺以木板或草席，再抹泥灰铺瓦顶，柱间砌墙和安门窗，围合成房屋的外观形体和内部空间。如需要增加进深而梁的跨度又不能太大，则可在前、后另加柱子和短梁，扩出进深。

枋 又称"额枋"。柱子之间的联系构件，是尺寸较小的梁，与房屋正面平行。其功能与梁相同。有置于开间方向檩木之下的，也有置于进深方向的梁之下的，断面呈矩形，一般较梁要薄。在徽州，外柱间的额枋叫"外额枋"，内柱间的额枋叫"内额枋"。大斗与柱头之间的一层垫板叫"平板枋"。

垂花柱 建筑构件名称。既不立在地面上又不立在梁枋上而是悬吊在半空中的短柱。

金柱 檐柱以内与檐柱平行的除山柱和中柱外的柱子。以屋顶前后坡分为前檐金柱和后檐金柱。进深较大的建筑，往往有数列金柱（中国古代单体建筑很少有使用超过四列金柱的情况），根据它们离檐柱的远近而有里、外（围）金柱之分。

庖刀卡 窗名。徽州民居建筑，注重紧密。正屋楼下一般不开窗户，但为采光透气，房间只开外小内大的斗形小窗。

闸挡板 钉在小连檐上飞椽之间的封板。可以防止鸟雀飞入筑巢。小连檐与闸挡板合二为一成为里口木，一般由整块方木刻成，按飞椽之间的距

*庖刀卡

*官厅

离刻出槽口,以安装飞椽,未刻掉的部分卡在两椽之间,兼起到闸挡板的作用。使用里口木的大多是比较考究的建筑。

卷棚顶 屋顶规制。卷棚顶虽有正脊,但不起脊,这是区别于其他建筑屋顶形式的重要标志,以此为基础,结合其他屋脊,可产生各种卷棚式屋顶,如卷棚歇山、卷棚悬山、卷棚硬山或卷棚重檐屋顶等。决定卷棚式屋顶的木构件,是脊檩上弯弧的顶椽和两侧的顶瓜柱。在官式或重要的古建筑总体布局中,中轴线上一般没有卷棚式的建筑,其等级显然低于起脊的建筑形式,因此,多见于园林建筑和配殿。

官厅 建筑形式。徽州官宦士绅人家为接待官员而建造的客厅,为避楼上住女眷而对官员不尊之忌讳,多系单层,也有明厅暗阁楼。

驼峰 在两层梁或者两层额枋之间,为使上层梁达到一定高度而垫于下层梁上的木构件。通常做成骆驼峰的形状。

挂落 用于外檐檐口下作装饰之用的部件。多以细木条组成几何纹样。

拼合柱 用两根、三根木料拼合为一根整柱,即现代所说的两拼柱、三拼柱。由于宋以后建筑的柱身普遍增高,受材料缺乏的限制,常用此柱。露明构件为解决拼缝保护和美观问题,需要在油饰彩画前于木料外表披麻挂灰打地仗,故也促进了油饰彩画技术中地仗工艺的发展。现存徽州不少建筑中,其立柱都是拼合、斗接、包镶而成的,外表披麻挂灰打地仗后,再加以油饰彩绘,看起来像是一根整柱。

草架 建筑构件名称。为降低室内高度,采用"轩顶"做法缓铺。轩顶上的屋架,因不外露,制作可以稍微粗糙,故称。

柱顶石 见616页"柱础"条。

柱础 垫衬在木柱之下用以承托柱子的构件。多为石质,故又称"础石""柱顶石"等,徽州习称"柱磉"。其作用是作为平整和牢固柱子的底脚,匀载传递柱子荷重,同时防止地面潮湿侵入和外力碰磕损破柱脚。唐至元流行的是覆盆柱础,地面之下部分为方形,地面之上为覆盆形,称覆盆础。清朝以后地面以下部分称为柱顶石,地面以上部分称为石磉(柱础)。石磉造型有鼓形础(圆础)、方形础、多棱础。

*柱础

柱磉 见616页"柱础"条。

栏杆 民居建筑中的安全设施。民居中有楼层并带外廊的皆有栏杆,上有扶手,下为栏板,栏板又分上下两段,上段空格条文,下段实心木板。有的栏板由棂条组成网格。

栏板 在窗扇之外下方起遮挡作用的部件。

*栏板

复合式连接 民居建筑组合形式。是指纵横均有连接，呈串联与并联复合组成状态，成直角形、近似直角形或"丁"字形。主要表现形式有：大厅—三间—三间为串联，另一三间并联；大厅—穿堂串联，横联三间；大厅—四合串联，横联三间。

独立三间 民居建筑组合形式。又有简易三间和带院三间、明三间和暗三间之分。简易三间不带院落，没有附屋。带院三间配有单坡的厨房等附屋，并有畜圈、厕所等配套设施，且厨房边有一个院落。明三间进大门后有天井，三开间均对天井。暗三间不设天井，仅以大门或门上方的天窗采光，房间采光靠对外的小窗户。

庭院布置 徽州古民居一般庭院面积不大，为大门与厅堂间通道。多用花岗石铺地，而留部分地面栽种花木。院中点缀盆景，有鱼池，池围以青石栏杆。花架多用条石层层铺设，其上陈放青瓷紫陶花盆，栽种四时花卉，成一斜面花屏风。有的庭院置假山，其上筑有亭台楼塔。长廊檐下，有的还挂鸟笼，饲养黄头、画眉之类。

美人靠 置于柱间或栏槛处的长条靠椅的雅称。多用于楼阁、亭廊等建筑。徽州民宅常将楼上作为日常的主要憩息和活动场所。古代闺中女子不能轻易下楼外出，寂寞时只能倚靠在位于天井四周椅子上，遥望外面的世界，或窥视楼下迎来送往的应酬，故雅称此椅为"美人靠"。此椅靠背外突，超出天井四周的栏板，临空悬飞，故又称"飞来椅"。

*美人靠

举折 建筑规制。前后两坡屋面都不是直坡，而是呈一种越往上坡度越陡峭、越往下坡度越和缓的凹曲面形式，反映在侧立面投影上就是一条凹曲线。这是古建筑屋顶最基本的一条曲线形式，是由梁架结构的举架做法造成的。关于举架的具体方法，有五举、七举、九举等制度。所谓几举，是指各步举高是本步长的几折，亦即举高是步长的十分之几，这就是举架系数。清式做法，檐步一般定为五举，称"五举拿头"，小式房屋或园林亭榭也有采用四五举或五五举的；脊步，七檩以上多按九举，一般不超过十举。七檩以下多按七举，七檩可定为九举、八举或八五举等。位于檐步和脊步之间的金步，视金檩数目的多少，而灵活分配以六举、六五举、七举、七五举、八举、八五举等。

穿斗式构架 梁架形式。也是沿着房屋进深的方向立柱，但柱较抬梁式多而密集，柱上不架梁而直接承檩，柱间上下以多层木板条贯穿联系，称为"穿"或"穿枋"，从而"斗"成房架。穿斗式的柱间距也即檩间距比抬梁式要小得多，大约只及抬梁式的一半，檩材和柱材也都比较细。这种构架比较简便易行，经济省力，是南方民间住宅房屋所普遍采用的构架方式。

穿堂式 民居建筑形式。穿堂又称"回厅"，位置在大厅背后，与大厅紧连，是由大厅进入内室的过渡建筑。小三间与大厅背向，入口则由大厅正面"太师壁"的两侧门进入。穿堂由一间明堂、两个小房间组成，可供客人居住。这种穿堂较正式三间为小，有天井采光，天井多为狭长形。

*穿堂式

神龛 设在住宅中央堂屋、固定在两根柱子中间的龛位。基本形式是左右两边是隔扇，隔扇之间用挂落装饰，其上方设横匾。

祠堂形制 建筑规制。祠堂是祭祖的场所，也是族人团拜的地方。通过祭祀、团拜活动，可使血缘关系不至于淡薄。宗族内不同阶层的族人都在宗族关系下集会，祠堂成为维系宗族团聚的纽带。祠堂

*神龛

还是执行家法宗规、惩治族众的场所,起到法庭的作用,是封建社会基层统治的重要补充。祠堂类别主要有总祠(或称"本始祠")、支祠、家祠、女祠、专祠。一般来说,祠堂建筑主要部分有门厅、两庑、享堂、寝堂等,但也有大的祠堂门厅前有棂星门,棂星门对面还有高大的照壁。

*祠堂形制

屋面板 又称"望板"。铺在椽上的横板。厚约3.3厘米,是屋面木基层的主要部分。与椽身平行为顺(竖)望板,顺屋椽钉装,在椽子下面看时显得整齐,但受力不甚合理,这类望板比较厚,现存古建筑望板实物有厚达3厘米或4.5厘米的;板的方向与椽身垂直的为横望板,板与板之间的接茬处刮成斜茬以便搭接,俗称"柳叶缝"。这类望板比较薄,厚度多是柱径的1/10,通用用的有2.5厘米或1.5厘米厚的。小式房屋一般都铺钉横望板,简陋的民房有时还常以席箔代替望板铺钉在椽子上。还有压飞望板,钉在飞椽之上,特别是飞椽后尾。这部分望板可以做成柳叶缝铺钉,也可以直茬对接。还有的在两椽之间铺以薄砖,称"望砖"。

屋脊 屋顶规制。是屋顶不同坡面交界转折凸起处或屋面与前面、梁架交界处的砖瓦砌筑物。由于处于整个屋面防水的薄弱环节,故需作特殊的处理,用砖瓦件覆盖拼砌形成凸起状,上有线脚和装饰,在满足防水要求的基础上,也成为中国古代建筑屋顶极具装饰性的部位。不论是何种形式的屋顶,正脊一般都比垂脊高大突出,做法层次也显复杂,两端用瓦件拼砌为团身高起的兽形装饰称为"正脊兽"。地方建筑则造型多变,但大多数仍为龙形。在垂脊前段安置一件兽头形饰件称为"垂兽"(宋式也称"垂脊兽"),也常用人物。民居的小式硬山瓦作,虽也有垂脊,但更多是仅有正脊。如果是卷棚顶或圆山顶,可视为无正脊,也称"圆山正脊""圆脊""元宝脊""过垄脊""罗锅(蝼蛄)脊"等,不设吻兽,两边垂脊也是前后坡相通,称"箍头脊"或"卷棚垂脊"等。

屏风墙 见621页"照壁"条。

起翘 建筑规制。传统建筑凡有屋角的,转角处两面檐口并不是一条水平直线,而是往角端渐向上翘起,称为"起翘";同时,檐口俯视也不是一条直线,而是往角端渐向外伸出,称为"出翘"(或出冲、冲出)。

*起翘

格子门 见618页"格扇"条。

格扇 原称"隔扇",隔即木格,宋朝称为"格子门"。格扇的木框之内分作三部分,上部为格心,下部为裙板,格心与裙板之间为绦环板。如果格扇要加高,还可位于格心之上与裙板之下架设绦环板。绦环板宋朝称"腰华板"。格心部分用于采光,以木棂条组成各种花纹,有的在格网中嵌入小幅绘画,或饰以小块雕花。

础石 见616页"柱础"条。

脊瓜柱 见620页"童柱"条。

通转楼 又称"回廊三间"。建筑形式名。主结构为上下对堂,天井两侧有阁厢,厢廊相通,上下堂楼上亦相通。按一层的卧房数有六部通转楼、八部通转楼和十部通转楼。

*格扇

*通转楼

排山柱 见610页"山柱"条。

梭柱 建筑构件名称。立柱上、下部多有"卷杀",形成两头细、中间粗的造型,称"梭柱"。出现于南北朝后期。宋朝建筑以圆柱为主,又以直柱为多。宋《营造法式》卷五记有卷杀为"梭柱"之法:"凡杀梭柱之法,随柱之长分为三分,上一分又分为三分,如拱卷杀渐收至上径比栌斗底四周各出四分。又量柱头四分,紧杀如覆盆样,令柱顶与栌斗底相副。其柱身下一分,杀令径围与中一分同。"柱身高度分三段,中段和下段柱径相同为直柱形,仅于上段收杀略细,即是并非完全梭形的"上梭柱"。现北方地区所存北宋及辽金时期木构实例,多类于《营造法式》所说上部卷杀形式,而在徽州却多中间粗而上下卷杀收细的梭柱。

雀替 位于房屋外檐柱与梁枋相交处的构件。它自柱内伸出,承托梁枋两头,能起到减少梁枋跨度和梁柱相接处剪力的作用,同时还能防止立柱与横梁垂直相交的倾斜变形。主要有两种:一种极短,普遍用于梁枋

*雀替

间;另一种较长,常用于额枋下部,成为梁架艺术加工手段之一。

悬山顶 屋顶规制。结构与硬山大致相同,只是山面梁架上的各道檩子伸出山墙或山面梁架以外一段距离。这样,屋面就有一部分悬挑于山墙或山面梁架之外,故称为"悬山"或"挑山"。其挑出部分称"出梢",可防止雨水侵蚀墙身。为建筑外形美观和保护木构架端头,在挑出的檩木外端钉一道随屋面坡度弯曲的"人"字形厚木板,称"博风板"。悬山建筑山墙也有不同的做法。常见有三种:一种满砌式,即墙面一直封砌到顶,仅把檩子挑出部分及燕尾枋露在外面;一种是五花山墙的做法,山墙只砌于每层梁架的下皮,随着梁架的举架层次砌成阶梯状,将梁架暴露在外面,余下的梁架间的三角形空当称为"象眼",用木板封堵称为"象眼板",不仅透风防腐,同时美观;第三种是半砌式,山墙只砌在大柁下面,主梁以上木构更全部外露,梁架之间的空当用木板(封山板)来封堵。这种做法中山面外露的梁架常做彩画,也具有较强的装饰效果。

悬鱼 建筑构件名称。明朝以前山花较小而多不做山花板,为透空式山花,可以看到内部的木构。位于博风板下合尖处安悬鱼,其余出际檩木头处安惹草。悬鱼、惹草都以木板另外雕成。据说,此种装饰源于东汉时的一个典故。《后汉书》卷三十一记有个叫羊续的清官,任南阳太守时,府丞向他敬献活鱼,他接受后把鱼悬挂在庭院中,以后府丞又来送鱼,羊续就指着悬挂在庭中的鱼以婉拒,"悬鱼"因以成为廉洁的代名词。在住宅房屋上悬鱼以示主人的清廉高洁。悬鱼式样繁多,有的发生了变异,如用蝙蝠以喻"福"意。

斜撑 见622页"撑拱"条。

廊柱 建筑物中构建长廊的柱子,宋朝称"附阶柱"。

望板 见618页"屋面板"条。

梁 架设在立柱上的横向水平构件,与房屋正面垂直。它承受上部构件的重量,并通过立柱传至地面。断面呈矩形(南方也多有用圆形者)。宋式中称为"栿"。梁位于同一立面要叠架多层,上层梁的长度要短于下层梁,上层梁两端头下支承以短小的竖木,称"瓜柱"或"柁墩",底脚立于下层梁上,如此逐架而上,构成一排横向梁架。唐宋辽金时期,有天花的建筑梁架分为两部分,一部分在天花之上,因为下不可见而不需做细致加工,称为"草栿";一部分在天花之下露明,需做精细加工,称为"明栿",是天花梁和柱头上(斗拱)之间的联系梁,并不承受屋顶荷载。如不设天花,梁架全部露明,即都是明栿做法,称"彻上明造"。

梁柱式构架 见615页"抬梁式构架"条。

*梁

随梁 见620页"随梁枋"条。

随梁枋 又称"随梁"。顺梁之下的枋,以增强承重梁架的抗弯能力。在小型建筑中很少用。檩木与其下枋子之间,还安装一道垫板,这种檩、垫板、枋子三件叠在一起的做法称作"檩三件"。它们依檩的位置称作"檐枋"和"檐垫板"、"脊枋"和"脊垫板"、"金枋"和"金垫板"(也有上、中、下金之分)。

骑门梁 横跨在房屋厅堂中央开间檐柱间的大梁。因为中央开间都是房屋的入口大门,故称。

博风板 见620页"博缝板"条。

博缝板 又称"博风板"。用以遮挡稍檩、燕尾枋端头以及边缘、望板等部位的构件。用于挑山建筑山面或歇山建筑的挑山部分。

插拱 建筑构件名称。位于柱头部分出来的半个拱,向檐外伸出。

硬山顶 屋顶规制。屋面仅有前后两坡,左右两侧山墙与屋面边缘相交,并将山部一缝檩木梁架全部封砌于山墙内,山面裸露向上,显得质朴刚硬,故名。其构架组合形式是古建筑中最基本的形式。以小式为最普遍。主要形式有:七檩前后檐式,是小式民居中体量最大、地位最高的建筑,常用它来作主房,有时也用作过厅;六檩前出廊式,可用作带廊子的厢房、配房,也可用作前廊(无后廊)式的正房或后罩房;五檩无廊式,多用于无廊厢房、后罩房、倒座房等。大式硬山建筑有带斗拱和不带斗拱两种做法,带斗拱者实例较少。无斗拱者较多,它与小式硬山的区别主要在建筑尺度(如面宽、进深、柱高均大于一般小式建筑)、屋面做法(如屋面多饰有青筒瓦、置吻兽,或使用琉璃瓦)、建筑装饰(如梁枋多施油漆彩画,不似小式简单素雅)等方面。硬山屋顶的前后两坡,尤其是后坡,往往也有不出檐的做法,椽子只架到檐檩上而不往外伸出(称为哑巴椽),墙一直砌到檐口并将椽头封住,不令露位于外面,称为"封护檐"。

牌坊工艺 牌坊建筑特色。徽州明朝石坊皆施斗拱,其具体构造经历了从整体雕琢到分块拼装的过程。石坊柱子明朝皆方柱抹角,清朝几乎为一式方柱。靠背石早期采用"雕日月卷象鼻格浆腿",明朝中期出现以圆雕狮子代替。开始为蹲坐式石狮,因不利于支撑作用的体现,所以又将其中至少一对石狮作倒立状,使尾部达到一定的高度以支撑石柱。或用一对蹲狮,一对靠背石。明末,靠背石开始简化,一般石坊仅用素板。石坊的"屋顶"早期多为悬山,仿木构之举折作平缓曲线,屋角起翘已有嫩戗、发戗的做法。石坊的上、下枋明末盛行月梁,丁头拱、花牙也被雀替取代。到清朝,有的雀替变成镂空的雕刻装饰构件。石坊的雕饰花纹图案大部分是仿木的彩绘,主要集中在上、下枋,构图颇为自由。图案的内容早期多花卉鱼鸟,后来几乎全为双狮戏球、凤凰牡丹、云纹仙鹤之类。

牌坊形制 建筑规制。从结构造型上来看,徽州石牌坊都是仿木结构,其中的斗拱、梁柱、屋顶等细部做法尚保留着许多当时的木结构建筑特征。石牌坊有门楼式、冲天柱式和四面式三类。早期石牌坊采用两柱三楼形制,至明弘治年间开始出现四柱三楼形制,很快又被更大的四柱五楼式所取代。明朝后期出现的四面式石牌坊,是徽州石牌坊造型上的一个重大突破。首个实例是建于嘉靖四十四年(1565年)的歙县丰口"进士"坊,平面呈四方形,柱下有柱础,形似石亭,四面均作两柱三楼门楼式,形象丰满,比例良好。歙县城内的"大学士"石坊(即许国石坊)是"进士"坊的进一步发展。

*牌坊形制

牌坊材质 徽州牌坊按建筑材质可分石、木、砖三类。徽州木牌坊现仍有存在。如昌溪村清朝中期建造的"员公支祠"门坊。由于木质结构不耐久,容易毁坏,逐渐被坚固耐久的石牌坊所取代。砖砌坊多与门楼结合在一起,最具典型的是歙县城内光绪年间表彰徽州府所有孝贞节烈的牌坊。

童柱 又称"瓜柱""脊瓜柱""蜀柱"。支撑上下梁枋和支撑脊檩的短柱。立于下架梁上,支承着上架梁两端的短小竖木。一般来说,如果这根竖木的高度(即上下两梁架的净距)大于或等于其直径(或侧

*牌坊材质

面宽度)就称"瓜柱",如果其高度小于直径(或侧面宽度)则叫"柁墩"。支承于各金檩下的是金瓜柱或柁墩,随金檩也有上、中、下金瓜柱之分。最上三架梁上居中安置脊瓜柱以支承脊檩。因作收分卷杀似瓜形,故名。但在明清官式建筑中已不再雕成瓜形,江南地方称为"童柱",宋式中则统称"脊瓜柱",金瓜柱称为"蜀柱""侏儒柱",皆取其短小之意。元以前蜀柱多用小八角形、八角形及圆形,柱头都有卷杀,明清全为圆形。

窗扇 建筑中窗门的形式。主要有直棂窗和隔扇窗两种。直棂窗外边用框,中间嵌以三角形长条木。隔扇窗形似隔扇门。

*窗扇

隔扇 见618页"格扇"条。

隔断 在柱子之间用木板拼合形成各自独立的空间。一般多用木隔断。

编苇夹泥墙 用芦苇编成并涂以灰泥的壁体。宋《营造法式》中称为"隔截编道"。徽州明朝古建筑中常见。

*编苇夹泥墙

椽 建筑构件名称。檩之上,与檩成垂直方向均匀地排列,断面或圆或方的木构件。清式大式做法多为圆椽,小式做法多为方椽。其作用是供铺设屋顶瓦面。椽子出檐一般有两层,伸出外面的称"飞檐椽",其横断面呈方形;里面一段叫"檐椽"。椽子挑出的水平距离称"上檐出"。工匠所谓"檐不过步",意指上檐出要比每个步架之间的水平距离小一点。建筑下面台阶从檐柱中线朝外伸出的距离叫"下檐出",一般为上檐出的4/5或3/4。屋椽分四段计算:脊檩到上金檩这一段称"脑椽";上金檩到下金檩这一段称"平椽",也称"花架椽";下金檩到檐檩称"檐椽";伸出外的部分称"飞檐椽"。

歇山顶 屋顶规制。有重檐和单檐两种。即由悬山顶再向四周伸出坡面屋檐。歇山上部的垂直山尖子在清朝称"小红山",两侧坡面称"撒头"。歇山屋顶共有11条脊:1条正脊、4条垂脊、4条戗脊、2条博脊。上面正脊、垂脊的做法相应与悬山顶一致,较重要的建筑一般采用尖山正脊,园林建筑则常采用卷棚过垄脊。两山坡面与上部山尖相交处所做的两条脊称"博脊"。下部四坡相交处所做的四条脊称"戗脊"(俗称"岔脊"),与上面的垂脊位于平面上成45°角相交。

照壁 又称"影壁""屏风墙"。徽州民居门外或门内一堵独立的墙。是在风水文化影响下产生的一种独具特色的建筑形式。风水讲究导气,但气不能直冲厅堂或卧室。避免气冲的方法,便是位于门前或门内置一堵墙。而为了保持"气畅",这堵墙

*照壁

又须四无依傍。照壁不论设在门外或门内,都有挡风、遮蔽视线的作用,墙面若有装饰(如九龙壁),则造成对景效果。

蜀柱 见620页"童柱"条。

叠梁式构架 见615页"抬梁式构架"条。

墙体 用于封护木构屋架的部分。其形式有空斗式和扁砖实砌式两种。房屋正面的称"面墙",房屋背面的称"后檐墙",房屋两侧的称"山墙"。

墙基 建筑部件名称。多用条石扁砌、竖砌。

漏窗 设在院墙或房屋墙上没有窗扇的窗户。多用石材雕制而成,亦有用砖、瓦建筑材料拼花而成。除可以采光和通气以外,还有观赏景致的功能。

撑拱 又称"斜撑"。建筑构件名称。上端支托在屋顶出檐的檐檩下,下端支撑在立柱上,是一般建筑替代斗拱的简易做法。

影壁 见621页"照壁"条。

额枋 见615页"枋"条。

檐枋 用在檐柱头上以连接檐柱的构件。用于大式带斗拱建筑中称为"额枋",常做上下两道:上面与柱头相平、断面较大的叫大额枋(宋式叫"阑额"),下面较小的叫小额枋(宋式叫"由额")。宋朝阑额断面皆为长方形,没有做月梁式的,但两侧面常卷杀做成外凸弧面,或称"琴面形",明清则仅于额枋的四角稍加卷杀,明朝南方民居仍有沿用琴面形的。额枋(大额枋)除作为檐柱的联系外,其上还要承放檐下斗拱。房屋尽间的檐枋或额枋(大额枋)要伸出角柱之外,称为"箍头枋"。如四面出檐或多角形建筑,转角两面的箍头枋称为"搭交箍头枋",并用两向出头,带斗拱的大式建筑箍头枋出头约为1/2柱径,头饰常做成"霸王拳"形状(由中间三个凸

*漏窗

半圆和两端两个凹半圆连续而成的花状头饰);无斗拱的小式建筑箍头枋出头约3/4柱径,做成"三岔头"。这样,四边两个方向的枋子在柱头间形成围合的拉结联系框架,对于稳定梁架结构、加强建筑的整体性起着十分重要的作用。

檐柱 又称"外柱"。柱网前后的两列外柱。用于前檐的称"前檐柱",用于后檐的称"后檐柱"。

檩 又称"檩子"。架设位于梁枋之上,两副梁架之间,平行于房屋正面的圆木。宋朝称"槫",清朝又叫"桁"。徽州地区称"桁条"。两头简支上有三檩的称"三架梁",有五檩的称"五架梁"。檩的作用是承接屋顶上的椽,同时又起到连接固定左右两副梁架的作用。檩由屋檐至屋脊,随梁架之高低而等距离地排列,屋檐的称"檐檩",屋脊的称"脊檩"。檐檩与脊檩之间的檩称"金檩",金檩又可分为上、中、下金檩。檐柱斗拱外侧挑出的檩称为"挑檐檩"。

檩子 见622页"檩"条。

徽州古建三绝 誉称。徽派建筑以祠堂、牌坊、民宅最具特色,号称"古建三绝"。

攒尖顶 屋顶规制。传统建筑形式,由于受到平面和梁架结构的影响,产生了基于正方形或长方形的屋顶造型,比如庑殿顶、歇山顶、悬山顶、硬

*徽州古建三绝（牌坊）

*徽州古建三绝（民宅）

*徽州古建三绝（祠堂）

山顶等，但由于梁架结构的丰富变化，导致屋顶形式也随之变化，则出现完全不同于以正脊为中心的屋顶造型"攒尖顶"。这种屋顶形式，其脊饰的组合比较灵活，垂脊可有可无，可多可少，但屋顶尖部的宝顶必不可少。四角攒尖、三角攒尖、圆攒尖、八角攒尖、六角攒尖是常见形式。明清时期在徽州园林建筑中盛行。

藻井 天棚的另一种形式。其做法与形式都与天花不同。其工艺较为复杂，造型为上圆下方，一层一层往里收进一直到顶，各层之间多用成排小斗拱承托，且装饰精美，多饰彩画。其平面有矩形、八角形、圆形等，亦可相互套用。

*藻井

A Dictionary of Huizhou Culture

徽州文化大辞典

"十二五"国家重点图书出版规划项目

《徽州文化大辞典》编委会 编

中国科学技术大学出版社

徽州文化大辞典

[九] 古迹遗存

古道遗迹
渡泉池井
堨坝堰堤
古塘陂渠
墓葬题刻

[九] 古迹遗存

古道遗迹

渡泉池井　堨坝堰堤　古塘陂渠　墓葬题刻

一线梯　磴道名。徽州地区共有两处：一处位于休宁县齐云岩西，经一径达观音岩，其径宽 0.35 米；一处位于休宁县齐云山玉虚宫左，紫霄峰与插剑峰之间，两峰相倚，中隙一线，石级陡峭，计 246 级。

十亩园窑址　位于绩溪县城北 1 千米处，通乳坑路南山坡上。窑址长 40 米，宽 20 米。坡地腹部散布大量瓷片，地段内新开水渠两侧剖面，均有瓷片堆积层。为五代至北宋时期窑址。

下林塘遗址　位于休宁县奕棋镇（今属屯溪区）。出土鼎足、石锛、石镞、陶纺轮、印纹硬陶残片，硬陶纹饰主要为云雷纹。下林塘遗址的第四层在年代上相当于良渚文化阶段，第三层相当于西周春秋时期。

大石门道　自绩溪县登源道双溪口（石门外）起，至黄土磡止。全长 15 千米。往北途经湖村，越石京岭至大石门，过楼基、宅坦，出楼下关至黄土磡接徽宁驿道。石板铺路，宽 1~2 米。民国时期，湖村胡志庭捐修石门至湖村段。

大洪（岭）古道　南自祁门县燕窝村起，北至雷湖鸦坑止。全长 150 余千米。为旧时徽州赴省会安庆的重要通道，有"省会通衢"之称。中段大洪岭行走极为困难。明万历年间，节妇郑氏捐金辟道，行旅称便。清道光三年（1823 年），祁门县、黟县士绅，在徽州六邑范围内劝募捐钱重修，历时六载，耗金数万两，开山凿石，更曲为直，削险为夷，铺石路 25 千米余，宽 2~3 米，在临崖之处筑有石栏杆，途中建起石桥三座，于是成为坦途。为保护岭上道路，又在岭头庙亭刻石立碑，严禁人们种植苞芦。庙亭有联云："大地回春，众鸟声喧飞巧燕。洪山耸秀，万龙翔集似闻雷。"

大塔岭道　自绩溪县岭北上庄起，至旌德县止。全长 12.5 千米。往西北途经余川、金山村越大塔岭入旌德。金山村以南段为石板路，宽 1.5~2 米；以北段多为泥石路，宽 1~1.5 米。明万历十七年（1589 年），在金山村水口修建引仙桥。清乾隆年间，上庄胡国宝修高圳路段 230 余米。光绪年间，胡贞永捐资再修来龙路段。

大障道　自绩溪县登源道的水村起，至浙江省昌化县止。全长 15 千米。往东北越甘桃岭，过百丈岩，经岭脚、黄泥口、塔班、肩坞等村，接逍遥岩道，越雪堂岭入昌化县境内。石板路间碎石沙泥路，宽 1~1.5 米。依山傍谷，崎岖险峻。清康熙年间，纹川邵飞凰建雪堂岭房亭，置田 2 000 平方米，以收入给行人施以茶水。乾隆年间，水村葛学舜修岭脚段道路 5 千米。

马榨大路　古道。黟县古道。自黟县石山村起，北至羊栈岭古道，南至黟渔古道。北道傍龙川北上，过古溪（黟县古城），经马榨、北庄，与羊栈岭古道相接；南道则自石山接黟渔古道。此路屡经修整。清道光二十四年（1844 年），朱村朱承玮集资重修，横条麻石铺砌。此路今已部分废圮。

王封遗址　位于婺源县王封村的先秦遗址。出土印纹陶片、石斧、石凿等，为春秋战国时古文化遗物。

太平天国军营遗址　共有两处。一处位于休宁县万安镇高霞村的山上，占地面积 4 500 平方米，地形长圆，四周原有防卫工事，经山洪冲洗、风侵、泥埋，现已成为深 0.3 米、宽 1 米的土沟；另一处位于休宁县蓝田镇岭下村对河、拱北桥西南，方圆约 4 000 平方米，防卫壕沟痕尚存。

太平天国题壁字遗址　位于休宁县溪口镇金城村一座老宅的二楼北面墙壁上。字为："天寒地冻，水无一点不成冰。国乱民愁，王不出头谁是主。"落款为："天国拾年十二月初一日至拾一年正月五日无柴无米。"整幅字作高约 1 米，宽 4.5 厘米。毛笔书写，字迹清晰可辨。

*大洪（岭）古道

戈溪源道 位于绩溪县。自徽宁驿道关英桥起,至峤岭止。全长27.5千米。往东入戈溪源,经戈溪、汪家店、石歇至磡头,长15千米,再往东北经石门口、和阳坞,至大岭脚、越峤岭,长12.5千米。路面均铺设石板,宽1.5~2米。民国十一年(1922年),胡家胡桂森劝募徽商集资倡辟岩岭新路,并建有两路亭。此道沿途有兵坑口桥、戈溪桥、寿山桥、周村桥、惠济桥等古桥。

中土坑新石器遗址 位于祁门县凫峰镇土坑村的新石器时代遗址。遗址坐落于率水"S"形河道边,为椭圆形台地,总面积2万余平方米。遗址由当地村民发现,考古出土了尖状磨制石矛14件、石镞1件、石锛2件、玉石器1件、陶制鼎足2件,此外还有石斧、石铲、石网坠、石球以及纺轮、罐、豆、鬲、盆等陶器制品。属安徽省重点文物保护单位。

中共皖南特委旧址 位于屯溪老街69号的遗址。为砖木结构的两层临街旧式楼房。原为"合记春"中药店,正门与相邻店面相仿,整个建筑属前店后宿格局。一进是店堂,二进三室一厅,前后楼全是阁房。民国二十二年(1933年)冬,中共闽浙赣省委派李杰三等人到屯溪秘密组建皖南特委,特委机关设在"合记春"店内。民国二十四年(1935年),特委机关被破坏。属屯溪区重点文物保护单位。

水岭道 自绩溪县登源起,至歙县止。途经水村往东南,经平银,越水岭,入歙县。全长10千米。此为石板铺路,宽1.5~2米。道中建有平银茶亭和岭头路亭。

水楂山遗址 位于绩溪县镇头乡中屯村通旺川乡李家路东的新石器时代遗址。出土石镞2件、双孔小石刀1件、残镞2件、陶片9件。

长短梯 磴道名。位于黄山汤岭南下3千米处。其道路峻峭,状若一长木梯。

仁里巷口窑址 位于绩溪县瀛洲镇仁里村西1千米处。野地散布窑柱、瓷片。器型有碗、盏、壶、罐等,属青瓷系。初步断定为宋朝窑址。

方家园遗址 位于绩溪县华阳镇方家园村东,距县城1.5千米。出土有石斧、石镞、石凿、石锛多种,为新石器时代文化遗物。属绩溪县重点文物保护单位。

方家岭古道 自黟县城起,至太平县、石台县止。出黟县南门,途经百户、丰口,越方家岭,继经洪径、大星、厢口至太平县美溪(今属黟县),再越茅山岭达石台县柯村(今属黟县)。全长58.5千米。道中方家岭为县西隘口,清咸丰年间,太平天国军队曾由此入县攻城。此道以横条花岗石铺砌,现改建为黟县城通美溪、柯村公路。

方腊寨 位于休宁县齐云山独耸峰上的遗址。相传北宋末年,农民起义首领方腊曾安营扎寨于独耸峰上。沿一条狭长陡峭的磴道至山顶,迎面为著名书画家赖少其镌题的"方腊寨"三个大字。上有方腊、汪公老佛、方百花三尊高达2.5米的石雕。沿石板小道前行200米,为"议事厅"和"方腊洞"。议事厅为一天然岩洞,古人依山就势附以砖瓦人工建筑,内可纳百人。方腊洞是方腊寝宫,约6平方米,设在危岩绝壁之上,无路通行入洞,脚尖需扣住寸寸大小的岩穴,手脚并用,小心翼翼,方可进得洞内。稍不留意,就会失足洞底。议事厅附近,尚存有囤粮的洞穴、养鱼的水池和春谷、碾硝的石臼等古迹。

龙丛源道 位于绩溪县。自徽宁驿道的丛山关起,至旌德县境止。往西北入龙丛源,7.5千米至龙丛,越吴周岭过校头、西坑至蜀水,或走八公堂,经考溪楼下至蜀水,再经大溪、下溪,出龙门岭入旌德县境。全程30千米。大部分是石板路,宽1~2米。龙丛源段多碎石泥路,崎岖险峻。沿途有半源庵、八公堂、三叉口、龙门岭茶亭、吴周岭路亭及明朝所建龙溪桥,清朝所建五男桥、蜀水桥、半源桥等。

东文古道 自黟县城起,至黄山止。全长45千米。途经桃源门、古溪,越东文岭,至善禾、潭口、阜岭;过阜岭即到休宁儒村,复越双岭至歙县岗村、汤口(今属黄山区)抵达黄山。横条石板铺砌。旧时黟、祁各地登黄山者均循此条捷径。明黟县六都胡耀则始辟东文岭路,朱村朱思信亦建东文岭亭以供行者休憩。现潭口以下已改建为公路。

* 东文古道

冯塘遗址 位于歙县冯塘村的新石器时代遗址。出土文物有:属于旧石器时代的砍砸器、尖状器、石矛,属于新石器时代的石斧、半月形石挂饰、柳叶形石镞、石锛、石凿、刮削器等;有直径5厘米左右的圆饼形鹅卵石,上面刻有一条表示半径的沟槽,以及青铜盉、剑等。所代表的文化从旧石器一直延续到铜石并用时代。

老竹古道 见628页"竹岭古道"①条。

扬溪源道 位于绩溪县。自绩溪县扬溪起,至绩溪县岭北乡道止。全长10千米。起点往西北入扬溪源,过八节坦至板桥头乡下村,接岭北乡道。全道处于峡谷中,石板铺路,宽1~2米。八节坦设有一座茶亭。

西武岭古道 见628页"关麓大路"条。

百步云梯 磴道。❶位于齐云山玉虚宫左，嵌于展旗、插剑两峰之间。石梯今重修，计156级。沿梯而登，立毓秀亭，大有"一览众山小"之感。❷位于黄山莲花峰西，石壁上凿出石梯百余级，下临深渊，上接云雾。明许启洪有诗："曲曲桃源路已迷，游人莫倚得青藜。老猴笑作吾前导，百尺竿头说有梯。"

竹岭古道 ❶又称"老竹古道"。位于歙县竹岭，系徽杭古道之一段。自歙县竹岭起，至浙江临安县境止。竹岭位于歙县东北，北邻绩溪县，东与浙江临安县接壤，天目山脉自东北向西南蜿蜒而过。其地山高岭峻，峰峦重叠，昱岭关为皖浙交通要隘。自宋朝以来形成此条重要官道，南宋岳飞当年曾经挥师路经此地并留有胜迹，明李日华《味水轩日记》也写到他由老竹岭入徽的经历。徽杭盘山公路开通以前，官商吏民来往杭、徽二府，陆路必取老竹岭、昱岭一带山间小道，出入昱岭关，沿途设有路亭、递铺。❷位于歙、绩交界处，自绩溪县胡家起，至荆州上胡家止。全长12.5千米。起点往东南入桐坑源，经桐坑越竹岭过金家、方家湾至荆州上胡家。为石板铺路，宽1～2米。清末民国初期，荆州上胡家人胡寿六及其子商岩倡修，徽商千余人捐银3 100余元，铺砌石板路7.5千米，建石桥4座，路亭3处，茶亭1座，历7年竣工。

休龙古道 自休宁县城起，至浙江淳安县龙山街止。途经屯溪，东南行经歙县横关、呈田、石门，由啸天龙入浙江遂安县境，前行达龙山街。全长59千米。啸天龙为白际山脉主脊，海拔1 300余米。自横关至啸天龙31千米，地势自北而南逐渐开阔，路宽1～3米，石板路面。相传元末朱元璋由浙入皖，经过此地，率军民开辟此道。

休淳古道 自休宁县城起，至浙江淳安县城止。全长90千米。途经屯溪，入歙县境；经篁墩、王村、森村、黄备、小洲、小川，折向东南于街口，入淳安境；复经威坪至淳安县城。此路宽1～1.5米，大部分是石板路面，间有石子路面，为徽州商旅至淳安的要道。休宁至淳安虽有新安江通航，但滩多，流急，船行滞缓，远不如陆路便捷。

齐云山唐朝窑址 位于休宁县齐云山镇上街。遗址呈小山丘形，上面为当地居民的菜园地，占地面积约1 000平方米。遗址上发现的碗、油盏、模具、瓷片等，经鉴定，确认为唐朝器物。属休宁县重点文物保护单位。

羊栈岭古道 ❶自黟县城北起，至安庆止。起点出临漳门，过通济桥，经麻田、秀里、北庄、际村、卢村、越羊栈岭，由扁担铺到达太平县，长25千米，由此西经太平、贵池、青阳达江北安庆。❷自黟县城北起，至南京止。起点出临漳门，过通济桥，经麻田、秀里、北庄、际村、卢村、越羊栈岭，由扁担铺到达太平县；由此东经泾县、南陵达芜湖、江宁（南京）。此道始为僧人悟澄募缘开辟，清乾隆四十六年（1781年）重修，长条麻石砌接。其羊栈岭段高耸入云，下临深壑，经过此处行走的文士多有题咏。如朱骏声《晓月过羊栈岭》句云："树欹风有影，鸟静月无声。路折山腰转，人磨屋顶行。"羊栈岭段亦为黟北军防要地，太平军曾过往10余次以击清军。咸丰十年（1860年）十月，忠王李秀成即自芜湖率军度羊栈岭入黟。此道沿途多胜景，如梁广安寺、宋石鼓院、通济桥、明地藏宫、南湖等。现已建为黟太公路，凿隧道过羊栈岭。

关麓大路 又称"西武岭古道"。古道。自黟县城起，至祁门县城止。全长11.5千米。为黟县商旅自县城往来祁门、景德镇，远及闽、粤、赣必经之路。此道出南门，经五里牌、陈闾、古筑、关麓，越西武岭至祁门县界。横条麻石砌结。《西武岭古道》诗述岭路之宽坦："西武岭高高插霞，西武岭平平辗车。上岭下岭踏镜面，中亭打拄吃凉茶。"亭名"石乳茶亭"，清乾隆五十四年（1789年）建，当年邑绅孙洪维倡率重修古道，并置此亭。关麓大路西武岭段亦为县西关钥，岭巅垒石为关，题额"西武雄关"。太平天国军队曾五次进出此关，与祁门县大营清军激战。

祁门古道 自祁门县城起，至江西景德镇止。全长45千米。祁门县古代陆路交通为一条东西横穿县境的驿道。自祁门县城出上元门，过仁济桥，往东经金字牌、楠木岭至黟县渔亭，长30千米；出宝城门西行，经小路口、大北埠、大观桥至江西景德镇。清乾隆初年，六邑士绅许安裕、吴鼎和、吴继祺等倡捐，僧人文水集众力修祁门至渔亭路段。在驿道外，另有东北古道：经胥岭、柏溪、西武岭至黟县古筑，或经胥岭、大坦至黟县美溪；西北古道：经闪里、新安岭、龙安，越仙寓山抵东至县姚家村；西南古道：由县城出上元门，沿河南行至塔坊后分两途，一路经平里、程村碣山、店铺滩、一心岭至江西兴田，另一路由塔坊过渡，经汉口、老胡村、查湾、芦溪、倒湖至江西浮梁。

李白问津处 位于歙县城东新安江边古道旁的名人遗迹。相传为唐诗仙李白问路的地方，后人建有一座三角亭，称为"李白问津亭"。隐士许宣平有一首诗写道："负薪朝出卖，酤酒日西归。借问家何处？穿云入翠微。"其志趣和追求，与李白情趣相投。许宣平还有一首诗说："隐居三十载，筑室南山巅。静夜玩明月，闻朝饮碧泉。樵人歌垄上，谷鸟戏岩前。乐矣不知老，都忘甲子年。"这首诗，几经相传，有人把它题写在洛阳同华传舍（旅馆）的墙壁上，李白读后拍手称赞："妙哉，此仙人诗也！"于是，唐天宝年间，李白来歙县寻访许宣平，见江上停泊的一只破船上有一老翁，神态飘逸，容颜超然，便打揖拜问："请问许宣平先生家在何处？"老翁捋胡微微一笑，脱口而吟："门前一竿竹，便是许公家。"李白听后照直前去，没出多远，他恍然大悟："门前一竿竹，不就是船头一竿笔直的竹篙么？老翁当是许宣平了。"可当李白转道返回时，老翁已无踪影。诗仙访隐士，失之交臂，成千古憾事。而新安古道的李白问津处则成了后人怀念诗仙的胜迹。

*李白问津处

*龟山遗址

城"。北宋太平兴国五年（980年），在故城遗址敕建忠烈庙奉祀汪华，又称"登源祖庙"，俗称"汪公大庙"。清同治五年（1866年）洪水冲毁前三进。

忠周岭道 位于绩溪县。自登源道仁里起，至歙县境止。全长5千米。途经忠周，越忠周岭入歙境。石板路，路面宽1~2米。此道是古代由绩溪通往歙县深渡之捷径，行旅往返频繁。

岩寺新四军军部旧址（今属徽州区）。主要包括新四军军部旧址、新四军机要科旧址和新四军练兵、点验处。民国二十七年（1938年）三月十四日，叶挺、陈毅、李一氓等率部队从南昌启程。四月初，陈毅到达岩寺。四月初五，军部就设在岩寺后街荫山巷22号的金家大院，此宅坐北朝南，由砖木结构楼房、平房组成一个建筑群体，占地面积约3 000平方米，其中建筑面积近2 000平方米。叶挺住在金家大院居中楼房（即金霭时宅），左右的金霁时、金雨时宅分别为项英住处和政治部驻地。新四军机要科旧址位于洪桥桥西的"香积"小屋。军部参谋处和副官处设在金家大院附近的吴小亭家，军需处设在时任岩寺镇长的潘瑞亭家，卫士排设在金家大院隔壁的曹氏住宅。新四军练兵、点验处位于岩寺文峰塔和凤山台处，是新四军在岩寺集中整编时的主要练兵场所。四月二十日，叶挺等军部主要负责人在凤山台阅兵，至今人们仍称凤山台为"点将台"。属全国重点文物保护单位。

杨桃岭道 自绩溪县岭北旺川起，至旌德县白地止。全长15千米。起点往西北入昆溪河谷，经尚廉、黄会山村越杨桃岭至白地。该石板路宽1~2米。明旺川曹世科独资铺筑岭段石级7.5千米，并建岭头拱天济美亭。民国三十年（1941年），胡适妻江冬秀捐资重修。沿途有上渡桥、尚廉桥、铜罗丘（里碓）桥等古桥和茶亭、路亭5座，是绩溪县通往太平县、池州之捷径要道。

佛伦岭道 自绩溪县登源起，至歙县境止。全长6.5千米。起点至瀛洲往东南去佛岭关，经半茶、孔雀坑入歙县境。道宽1~2米。沿途有佛岭、公福两座茶亭。

龟山遗址 位于绩溪县瀛洲镇仁里村南，濒临登源河。上层散布石器、彩陶、骨片。属于新石器文化遗物。

汪王故城 位于绩溪县瀛洲镇大庙汪村登源河西岸的古村遗址。据胡伸《越国公行状》载，汪华初起兵时，还没有立城之所，于是引弓远射，箭矢所坠之地为建城之地，即绩溪登源，后人称"汪王故

*岩寺新四军军部旧址

罗汉级 石道。位于黄山南。在紫石峰和朱砂峰之间有巨大岩壁,岩腹欹挺,若罗汉大腹。清流淙淙,走壁而下,岔为二流,俗称"人字瀑布"。陡壁凿有梯道,约500级,人称"罗汉级"。明朝以前登山道路尚未开辟,从歙县方向来游黄山者多取此道。

岭北乡道 斜贯绩溪县翚岭以北各乡主要村庄。北自校头起,至上庄止。全长32.5千米。起点往西南,经板桥、庙山、杨村、高村至镇头或经蜀马、尚田、大谷、柳村至镇头;穿翚岭驿道,再经庄台上、旺川、宅坦至上庄。或自大谷越石洞岭至冯村铺接翚岭驿道。大部分为石板路,宽1.5~2米。民国二十三年(1934年),旺川旅沪徽商曹佳度捐资,以工代赈,铺砌宅坦至旺川段石板路2千米。

荆磡岭道 位于绩溪县。自戈溪源起,途经磡头,往东南经岩下越荆磡岭至荆州上胡家。全长10千米。石板路,宽1.5~2米。清乾隆年间,村人胡忠富建上胡家护阳桥。光绪三十年(1904年)上胡家胡寿六及其子与方国卿募修,历五载竣工。东南接浪广岭道,东北接板桥岭道、康山岭道,通往浙江昌化县。

胡家村遗址 位于绩溪县北长安镇胡家村北。面积约1 320平方米。为皖南地区首次发现的新石器时代遗址。出土物有陶片、陶轮、鼎足、石凿、石镞等器具。陶片多为红色,图案丰富,有席纹、回纹、篮纹、云雷纹、几何纹。陶片质粗,厚薄不均匀,有手工制作痕迹。属安徽省重点文物保护单位。

*胡家村遗址

*胡家村遗址(新石器时代出土文物)

栈阁 又称"栈阁石门"。古道。位于黟县石门山。凿石为道,其绝处则架木置板以行。

栈阁石门 见630页"栈阁"条。

顺德堂遗址 位于祁门县城内石山坞的张志和祖宅遗址。隋末,张志和七世祖饶州别驾张宏,弃官卜居赤山镇,筑顺德堂。唐永泰二年(766年)初置祁门县,设县署于顺德堂,张氏移居润田。大历五年(770年),张志和子张衡奏请朝廷,赐还旧居。

独耸梯 磴道。位于休宁县齐云山,自千佛岭达独耸岭,凿岩筑阶,陡峭峻险。游人俯首折腰,攀援而登,有"一夫当关,万人莫入"之势。

闻钟岭道 位于绩溪县。自登源道北岭前村起,越闻钟岭,过鸭子庄至胡家。全长7.5千米。石板路,宽1.5~2米。

神仙廊 磴道。位于休宁县齐云山齐云岩西至方腊寨途中。其处巨岩倾覆,石阶穿其下而过,蜿蜒如长廊。

埋剑所 位于祁门县凫峰镇的遗迹。据清道光《徽州府志》载,唐仆射胡瞳埋剑于古城山之麓,当地人掘得此剑,但见它精彩异常,于是藏在家中,几年之后,此剑腾空化去。

桐子山遗址 位于徽州区朱坊农场。台地高出四周水田2~3米,面积约2 000平方米。发现大量新石器时代遗物,有石斧、石磅、石凿、石磁、刮削器、石网坠和各式陶鼎足、陶器口沿、器壁、陶纺轮等。多数石器为利用河卵石的自然形状稍事敲击而成,陶器主要为夹砂红陶,制作粗糙,吸水性强。鼎足上有刻画纹和点戳纹,器壁上有绳纹。陶器中还有一件"且"形器,疑为陶祖,有人认为是器把或陶把。遗址内也有印纹硬陶,纹饰为大方格纹、小方格纹、席纹等。属黄山市重点文物保护单位。

逍遥岩道 绩溪县通达杭州的古道捷径。自绩溪登源道虹溪桥头起,往东出"江南第一关",经黄茅培,越雪堂岭,经大坦至岭脚下村,过阴山、银龙坞,出栈岭界碑,入浙江昌化接徽杭大道。全长35千米,绩溪境内长20千米。大部分为石板、石阶路,宽1.5~2米。逍遥岩段依岩傍水,十分险峻。南宋宝祐五年(1257年),大石门胡旦削石为磴。元大德年间,程氏伐石为阶。明成化年间,汪以茂重修,共成140余级,宛若天梯。太平军侍王李世贤率部过此赞为天险。清同治二年(1863年),张洪凹筑关隘,西面楣石刻额"江南第一关",东面楣石刻额"徽杭锁钥"。民国十一年(1922年)旅沪徽商邵在炳、邵之华、程彦卿等筹银3 000余元修险段石级;民国十九年(1930年),邵在炳建石拱亭于关隘东;民国三十二年(1943年),旅沪徽馆业主胡元堂、邵叔伟、程克藩等集资2.2万元修磨盘石段、半坞亭段和岩口亭。民国时期,上庄胡卓霖独资重建雪堂茶亭。

*逍遥岩道

*黄山登山古道

涉岭道 位于绩溪县。自徽宁驿道的扬溪起，往东经涉树、柏枝树下，越涉岭至大石门，再经际下至伏岭下接登源道。全长10千米。石板路，宽1~1.5米。中有涉岭亭和际下桥。

陶家岭古道 由黟县城起，至祁门县止。起点沿关麓古道至古筑南行，经陶家岭达祁门县。岭麓昔有陶村，宋时属怀远乡，有"靖节里"，社名"五柳"，所居为陶潜后裔，陶家岭亦因此名。岭上古道即为陶氏开辟。今陶氏裔所居赤岭村为后徙居地。

排岭大道 自黟县渔亭起，至排岭止。起点南行，经新村、霞阜至排岭。石板铺砌。翻越排岭可抵达休宁县溪口及婺源县。渔亭为黟县水陆输运中心，此道衔接黟渔古道并延接黟城北至羊栈岭古道，使黟境行旅往来、物资交流形成南北纵贯之势。

黄土源唐窑址 位于婺源县齐村黄土源。出土唐朝瓷窑具、瓷罐、壶、碗、碟等瓷器。附近渔场亦出土有同类唐瓷。

黄山登山古道 位于黄山风景区。初始于唐朝，形成于明清，发展于民国，完善于当代。历代铺筑磴道的同时，还在沿线修建了一批时代特色鲜明并与自然风光融合的楼、台、亭、桥等景观建筑。古道以天海为中心，分为东、西、南、北四条主干道，辅以支道连接，形成贯通各景区景点的盘道网络。四条登山古道总长约40千米，有石阶2.6万余级。民国期间曾整修，新中国成立后陆续对全山磴道进行维护。目前，全山磴道总长约85千米，有石阶6.3万余级。现保存较好的登山古道有10条：温泉至玉屏古道（包括罗汉级、朱砂峰与天都峰老道、渡仙桥、披云桥、翼然亭、慈光阁、半山寺、小心坡等）；玉屏至北海古道（主要遗存有立雪台、莲花沟、阎王壁、百步云梯、鳌鱼洞等）；北海至西海古道（含排云亭）；清凉台至始信峰古道（包括狮林石坊、天眼泉、慧明桥、仙人桥、石笋矼等）；二龙桥至北海古道（包括二龙桥、芙蓉桥、福元桥、缘成桥、松谷亭、刘门亭、松谷庵等）；云谷寺至北海古道（包括仙灯洞、皮蓬路、吟啸桥等）；苦竹溪至云谷古道（包括九龙瀑、灵锡泉等）；温泉至云谷寺古道（包括紫云楼、紫霞桥、观瀑亭、万松亭、梅屋等）；温泉至小岭脚古道（包括观瀑楼、听涛居、汤岭关、白龙桥、续古桥、延寿桥、白云庵等）；夫子山至轩辕峰古道（主要遗存有麟趾桥、重兴桥、福固寺遗址等）。除上述登山古道遗迹外，黄山在桃花峰、云门峰、洋湖、翠微寺、绿柳桥、新罗庵遗址等地段尚有零星分布的古道。黄山登山古道开发历史早，延续时间长，分布区域广，是黄山建设发展的历史物证。黄山登山古道与古建筑属全国重点文物保护单位。

梅坑岭道 位于绩溪县。自登源道湖里起，至歙县境止。全长5千米。途经中王桥，越梅坑岭，出梅坑岭关入歙县境。石板路,宽1~1.5米。

崇一学堂旧址 位于歙县城内小北街。建于清朝后期。坐东朝西,三间两进,中有天井。原为住宅,光绪三十一年(1905年)歙县耶稣教会在此创办崇一学堂。占地面积约500平方米,前进为教学区,通面阔10.4米,进深9米;后进为生活区,面阔10.4米,进深17.3米,教育家陶行知少年时曾在此读书。崇一学堂后扩建为"陶行知纪念馆"。

铜练大路 古道。自黟县北际村起,至休宁县城止。起点经宏村、奇墅、虞山溪、潭口、叶村达铜练入休宁县境小溪、东亭、岩脚、休宁县城,为太平、石台经羊栈岭转往休宁之捷径。此道花岗条石横铺,商旅往来不绝,为黟境东、北乡通衢。清同治七年(1868年)五月,洪水毁奇墅至潭口段桥路10余千米,邑绅韩文治等集资修复。知县谢永泰倡其事,为撰《重修奇墅玉潭口大路记》。后修建东方红水库,奇墅湮没。

章岭古道 黟县城通石台、太平二县远及池、宁二府之要道。此道起于临漳门,经江柏山、石亭、水磨岭、枧溪,越章岭后至石栏杆分两道:左道经宏潭、溪下至石台大河口,全长47.5千米,可达青阳、贵池以远;右道经余溪、越余岭至太平,可达芜湖、江宁以远。章岭高峻险隘,古设岭防,有章溪战地,太平天国军曾多次进出章岭,与清军激战。章岭古道在清朝曾经得到修拓:枧溪邵世兴修枧溪路,邵元平建章岭下至宏潭石路15千米余,金福钦建茶亭于章岭、水磨岭。古道由花岗岩条石砌成,沿途多古迹名胜。清邑人程绶诗云:"章岭高万仞,势同蜀道难。西北峙石柱,浙源此发端⋯⋯天梯横斜上,径摩穹苍盘。风门辟石阙,隘可封泥丸。"今章岭盘山石径古貌依然,虽自黟城至宏潭已建公路,走近道者仍攀章岭往返。

清华古窑址 位于婺源县北清华镇东园一带。出土大量唐朝至明朝的瓷片、瓷罐、壶、碗、碟和窑具等物,证明此地曾为窑址。属江西省重点文物保护单位。

韩僧伏虎处 位于祁门县东九都五峰岩的名人遗迹。相传昔有韩氏子坐禅于此,尝驯养一虎,令之守岩。

黑龙岭梯道 位于休宁县齐云山。自二天门至三天门,崖石夹峙,阶梯齐整,蜿蜒伸展,游人拾级攀登,大有"一上天梯岭,奇观觉更多"之感。

皖南苏维埃政府旧址 遗址。皖南苏维埃政府又称皖南苏区江边特区革命委员会,成立于民国二十三年(1934年)十月,设在黟县柯村柯氏宗祠。民国二十三年(1934年)十一月,方志敏率北方抗日先遣队路过柯村,曾在皖南苏维埃政府召开群众大会和干部会议。现柯氏宗祠内陈列有《皖南苏区江边特区革命斗争史料》及其他文物、图片等。属安徽省重点文物保护单位。

竦口瓷窑址 位于歙县竦口村外,东临扬之水,北襟双竦水,窑址在两水汇合处的小山丘上,主要产青瓷,胎色乌黑或深蓝,产品主要为碗、盏、盘,亦有壶、盅等,釉色多系青灰,深浅不一,部分有碎裂纹。早期瓷釉呈酱色。部分釉浸全身,部分釉不及圈脚。碗、盏多系正叠烧,以大套小,有十数个一叠者,用支钉分隔。支钉4~13个不等。每叠用一匣钵,也有一器用一匣钵者。器式多样,大小不一。碗口径小的14厘米,大的19.5厘米;碗口有厚唇、五瓣葵花;碗内底有球面和太平底等多种形式。碟口径一般11~15厘米,高3.5~4厘米,平底折腹或双折腹。窑具除匣钵外,还有垫柱、墩子、窑砖等。该窑属龙窑,存在于唐朝后期至北宋,以五代时为盛。后期产品壁薄釉匀,晶莹银亮,工艺精湛。属歙县重点文物保护单位。

竦岭道 自绩溪县岭北上庄起,至歙县竦坑止。全长10千米。起点经余川、瑞川越竦岭通竦坑。石板路,宽1~2米。明余川汪姓集资建环秀桥。清乾隆年间,上庄胡兆铠建竦岭亭。光绪年间胡常廷修路250余米,胡贞永捐资于竦岭亭施烛火,旅歙胡开文墨庄业主胡钧华修竦岭亭并捐资设"赠灯还灯"基金,胡贞焰独资铺石级300余米。

善山商周遗址 位于婺源西善山,距县城21千米。文化堆积层厚达2米,面积约3 000平方米。发掘出土西周早期制作的兽面纹青铜鼎和商周陶器、原始瓷器残片、陶纺轮、石礁、石网坠、骨针等古文物。为研究南方文化与中原文化的关系,提供了重要的实物资料。

湖里窑址 位于绩溪县临溪乡湖里村的唐宋古窑址。共有两处:一在村西南,东西30米,南北50米。堆积层厚1米。以青、黑釉为主,间有白、黄、灰釉。器皿有碗、盏、瓶、罐、壶、盂等。大型瓷器胎厚质疏,敷釉不匀,有垂滴状,部分仅施半截釉。小型器皿胎薄质密,瓷化度高,敷釉匀薄。器底有平底、假圈足、玉璧底,支钉呈条状,纹饰多弦纹。碗盏葵瓣式、罐瓶壶瓜棱形。初步鉴定为唐宋窑。一在村西1千米山坡上,范围略小,瓷器胎质、釉色、装饰和烧制技术较前窑进步,初步鉴定为宋窑。

*湖里窑址

翚岭驿道 自绩溪县城起,至旌德县境止。全长40千米。石板大路,宽2~2.5米。南起绩溪县西门,往西北经大徽村、翚岭铺,越翚岭经镇头铺、冯村铺、界首铺入旌德。翚岭段10千米,崎岖险峻。明正德八年(1513年)于岭顶置关隘。明清时期,本县人葛邦璇、朱旺等曾多次修缮。民国二十九年(1940年),县政府拨款,邑人捐资,曹诚琪主持整修。沿途绩溪境内有来苏桥、镇头官铺桥、壕寨章家五门桥、壕寨竹林桥、杨滩迎思桥、仙人塝龙桥等,有茶亭、路亭13座。新中国成立后,镇头铺以北段,改建南(陵)雄(路)公路。另自冯村铺往西北有金岭道、天勘岭道通旌德。

登丁岭道 自绩溪县城起,至登源道止。全长5千米。起点出南门,过缘构桥,经白石亭,越过登岭,至汪公庙接登源道。明嘉靖年间,邑人胡宗宪捐砌石板,筑亭隘口。宽1.5~2米。

登源道 斜贯绩溪县东部登源河沿岸主要乡村,为石板大路,宽1.5~2米。南起临溪,北至岭前。全长40千米。经罗昆、高车、周坑、中王、湖里、仁里、汪村、梧村、瀛洲、大坑口、北村、水村、德锦、伏岭、虹溪桥、鱼龙川至岭前。沿途有中王桥、瀛洲桥、坑口桥、石门外双溪桥、北村协济桥、伏岭石纹桥、虹溪桥、鱼川桥等古桥及茶亭11座、路亭5座、骡马店5处。北端接闻钟岭道通胡家、磡头、荆州。东南侧有梅坑岭道、忠周岭道、佛伦岭道、水岭道,通歙县南乡抵深渡;大障道、逍遥岩道通浙江昌化。西北侧有登岭道通绩溪县城,大石门道通黄土磡,石京道、涉岭道通扬溪。

婺化古道 自婺源县起,至浙江开化县止。全长55千米余。起点向东,经樟木、鹄溪、古箭、古坑、汪口、湖山、江湾等七个驿铺,至三梧镇道分左右:左道经悟村、大畈、济溪、里庄越济岭,出开化马金;右道经源口、岭脚,越大鲭岭,至坳头入开化境。

婺乐古道 自婺源县城起,至江西省乐平县境止。全长60余千米。起点西向,经太子桥、高砂、齐村、中云、横槎,至汾水西南分两道:一经盘山、朗湖、朱村、彰睦、项村、烂泥湾达乐平段家;一经岑渡、山头、西湾、秀山入乐平境。

婺休古道 婺源县通往休宁县的古道有三条。一自县城向东,经樟木铺、鹄溪铺、古箭铺、古坑铺、汪口铺、湖山铺、烈矶铺、金竺铺、谭公岭、芙蓉岭、茗坦铺、对镜岭、官亭铺、羊斗岭、塔坑铺、塔岭抵休宁黄茅,长60余千米,此为东道。自县城北向为北道,有二:一自县城经武口、前坦铺、清华铺、花园、沱口,转东北向经山坑、虹关、浙岭、庄前入休宁境,长70余千米;一自清华北向经十亩坦、鄣村、充头铺、平鼻岭达休宁界,长60余千米。

婺饶航道 婺源县至饶州航道。在婺源县境内长47.5千米。自县城沿星江而下,至小港

* 婺化古道

* 婺休古道

出境,复经乐安河过德兴、乐平、万年达鄱阳湖。此航道通船运,上游分两支:东起江湾经汪口到婺源县城,长35千米;北起清华镇,经思口至婺源县城,长30千米。

婺浮古道 婺源县通达浮梁县的古道有二:一自县城西向经太子桥、高砂、齐村、中云、横槎、汾水、万田庄、西坑、镇头、浇岭入浮梁界,长45千米余;一自清华经长林、石岭、船槽岭、严田、甲路、梅岭、澄坑、排前、虎埠出浮梁,长65千米余。

婺源古道 婺源古道曲折而平稳便行。其与他县之间的通道有婺休(宁)、婺化(开化)、婺梁(浮梁)、婺乐(乐平)、婺德(德兴)道。乡间道路纵横相通。路面均铺垫石板,山冈高岭则砌石级,用料多为

青石，每隔2.5千米或5千米都建有凉亭、茶亭，通衢要道的茶亭村族有专项田租雇人主持，为行人提供茶水。山间道路依山傍溪，人行其中满目山清水秀、鸟语花香。清婺源学者王友亮有《婺源道中》诗："隔坞人家叫午鸡，幽深不让武陵溪。白沙翠羽一双浴，红树画眉无数啼。"

*婺源古道

榉根关古长城 始建于太平天国时期，东起祁门县流源村，西至石台县仙寓镇珂田村王村组，以榉根岭为界。古长城中的关隘，史称"榉根关"，坐落于海拔710米的榉根岭古徽道岭头，关隘高3.5米，关隘中间设有大门，门高2米，门宽1.5米，石墙厚5米，用青石板砌成。古长城原有14千米，大部分现仅存基础，其中有1千米保存较好。启源亭、玉泉亭、古稀亭、继保亭等遗址，石块砌筑的建筑框架仍很坚固。属全国重点文物保护单位。

榉根关古徽道 位于皖南祁门、石台、东至三县交界处的石台县仙寓山上，由古道及榉根关关隘、古长城、古亭、石碑、石刻、石雕、寺院及古墓葬、古战场等遗迹共同构成。古道在唐朝已是交通、军事要道，并沿用至民国时期。古道遗存丰富，环境优美，具有较高历史文化价值。属全国重点文物保护单位。

榉根岭古道 从祁门县箬坑乡红旗村至石台县榉根关止，是徽州古道西线的一段。徽州古道西线全部用青石板铺设，总长约11千米，早在唐咸通十四年（873年）就已经是交通、军事要道。祁门段长约3.5千米，青石板长约1.4米，宽约0.4米。古道为徽州的茶叶、文房四宝等与外界商贸交易提供了重要的运输通道，有大量明清时期古建筑、古墓葬及古战场遗址等。属安徽省重点文物保护单位。

*榉根岭古道

碉垒 位于祁门县的战场遗迹。清咸丰十年（1860年）六月，为进剿太平军，曾国藩曾设行营于祁门县城敦仁里的洪家大屋。他在察看了祁门四周皆山的地形后，主张"守城不如守山"，于是下令在城北、城西山上建垒一座，碉三所，碉名"敦仁""敦良""敦厚"，并令四乡各设碉建垒。华桥、小路口、石门桥、十里牌、倒湖等处均建碉垒。同治元年（1862年），太平军第七次攻城时，焚毁城西北碉两座。

新州遗址 位于歙县城北郊新州。出土文物有新石器、陶片、玉璜残件。石器有锛、凿、柳叶形镞、网坠。陶器有商周时期的印纹硬陶片，战国秦汉间的原始青瓷、紫砂陶、筒瓦等。二号坑下层有大量烧土块，上面残留编笆的痕迹和草筋留下的孔隙，属原始建筑上的遗物。

新安古道 位于歙县原府城南门练江左岸，穿过古代繁华商埠渔梁镇，通向渔梁坝下的水埠码头，长约1000米。初建于唐朝，路面石条镶边，卵石铺中，状如鱼鳞，错落有致。古道依山傍水，沿江筑有石质扶栏，又名"张公堤"，为明万历年间歙县令张涛主持修建。渔梁古街两侧店面还基本保持明清风格。古建筑有白云禅院、忠护庙、元和堂药店、巴慰祖故居、巴道夫运输过塘行、渔梁坝、新安关、紫阳桥等。另有"一带云根"摩崖、放生池、禁鱼亭（今碑存）、李白问津处等古迹遗存。属黄山市重点文物保护单位。

新岭驿道 南起徽宁驿道——雄路铺，北至翚岭驿道。起点往北经孔灵、祥云铺，越新岭至官铺桥，接翚岭驿道。新岭位于今绩溪西、卢水与扬

*新安古道(1)

*新安古道(2)

之水之间,岭西有稽公关,驿道直通宁国。古为绩溪、歙县商旅往返旌德、太平、宣城、池州间捷径。新岭岭高路险,行人视为畏途。清歙县江村江演独立捐资数万两银开辟新路20千米。石板路面,宽2~2.5米。雍正三年(1725年)在新岭筑关隘,驻兵防守。建有瞭望楼、烟墩和营房。绩溪境内沿途有雄路桥、孔灵桥、前坦桥等古桥,有茶亭、路亭4处。今雄路至孔灵段建南雄公路。

横槎古战场 位于婺源县横槎村东南侧仁寿桥附近山地的遗址。清咸丰年间,太平军石达开部将张宗相(外号"铁公鸡")由景德镇直取婺源,意图夺取浙西诸县。清江南大营统帅向荣先后调派浙江知府毕大钰、江宁大营提督邓绍良、皖南镇总兵江长贵、浙江南河参将师长镰等率兵6万,分堵设防。张宗相骁勇善战,首与师长镰相遇于横槎仁寿桥及附近山地,激战三昼夜,将师长镰腰斩三段,清兵陈尸数千米,血染河水。后又毙毕大钰于汤坞,太平军声威大振,曾陷婺源县城11次,牵制清军10余万。当地群众编歌云:"毕邓江师,必定扛尸;天理昭昭,岂有不死。"相传京剧《铁公鸡》系取此战役内容而编。

镇国寺遗址 位于石台县杉山顶。始建于唐贞观年间,历代重修,民国时期毁于兵火。原寺分外寺、中寺、里寺三重,鼎盛时期寺内僧侣有数百人。外寺遗址尚存新中国成立前夕建造的庙宇,高5米,外观两层,殿壁绘有地藏菩萨坐像。中寺被毁最甚。里寺遗址面积400多平方米,青石板路面及台阶完整。从外寺至里寺,中间相距2 000多米,可见当时寺院规模之大。明末爱国诗人吴应箕在《题镇国寺壁》中写道:"杉山山自万山开,梦里曾经几度来。云外僧居天外寺,雨中花散石中台。茗香此日同清磬,诗名他年照绿苔。不索空门烦信宿,谁令身世绝尘埃。"现杉山仍散落不少记载寺院兴衰的碑记。

霞间古窑址 五代至北宋时期的陶瓷窑址。窑群散布于绩溪县花根村(又称"霞间村")西南,距县城2.5千米。有黄金坦、陈家湾口、栗树山、对面窑、姑嫂塘5处堆积,总面积8 000余平方米。属龙窑系,窑道竖筑山坡,内有木炭残渣。产品以瓷器为主。瓷器分青、黑釉,有碗、盏、盘、钵、壶、瓶等;陶器分青釉陶、红陶和灰陶,有缸、钵、盆、碗、罈、罐、瓮、屈轮等。多数窑柱支烧,部分盘碗以匣钵装烧,碗间支钉痕显。瓷釉温润明亮,青瓷器有细开片(俗称"碎瓷"),胎薄、烧结度高。部分盘碗口沿呈葵瓣状,壶身瓜棱形,执壶鋬手模印纹饰。属安徽省重点文物保护单位。

*霞间古窑址

*霞间古窑址(霞间宋代古窑出土文物)

徽开古道 自徽州府城起，至浙江省开化县止。出徽州府城西门西南行，沿丰乐水，过圣僧庵，经七里头、冷水铺、梅村至岩寺；自岩寺南行，经干村至篁墩、屯溪；再南行，经阳湖、临溪、汊口、璜源、越马金岭，直趋浙江开化县城。

徽宁驿道 自徽州府城起，至宁国府城止。起点向北经富竭、许村，全长30千米，越箬岭关，经太平县而达宁国府。此道纵贯歙县北部及绩溪、宁国中部南北，为古徽州、宁国二府之通衢。石板大路，宽2~3米。绩溪境内长26.5千米，南起界碑岭，经临溪铺、雄路铺、县前总铺、十里岩铺、扬溪铺、丛山关铺，北入宁国达宣州。沿途主要古桥，绩溪有临溪桥、曹渡桥、徽溪桥、绿杨桥、扬溪桥等，宁国有关英桥、胡乐桥、河沥溪桥等；有茶亭、路亭10余座。各站铺设有骡马店，供行旅住宿。民国时期，胡士元修砌界碑岭到临溪段5千米石板路。今芜屯公路大致沿此道而筑。

* 徽安古道

* 徽宁驿道

徽池古道 自徽州府城起，至贵池县城止。全长200千米。前段沿徽安古道，后段自石埭县（今石台县）唐家渡分路，北经沟汀、鹉鹑入贵池县境；至虎子渡，沿秋浦河直下，经高坦、殷家汇，东北行抵贵池城。

徽安古道 自徽州府城起，至安庆府城止。全长210千米。起点沿徽浮古道至祁门县城，北经胥岭、大坦、大洪岭、雷湖；转西北经琅田、古楼墩至金汉培，入石埭县（今石台县）境；再经横渡、七里、矶滩、沿鸿陵北行，过唐家渡，经塔坑、九里冲入贵池县境；经十字路、牌楼、吴田、黄溢至安庆。此道以祁门县境内大洪岭段最为难行。明万历年间，祁门县有孀妇郑氏，曾捐银修辟。其后，年久失修，洪水冲刷，山崩道塞，石磴剥蚀，几至断绝交通。清道光年间，复由地方人士捐款修整，凿山平路，改善弯道，加铺石板，路况遂有改观。整段岭路上3.5千米下4千米，岭头有石碑两座，一刻修路经过及捐款、开支情况；一刻养护道路规定。现屯溪至安庆已通公路，古道已废。

徽青古道 自徽州府城起，至青阳县城止。起点西北行至富竭、许村；北经五猖庙、茅舍、茶坦至箬岭关，全长30千米；过箬岭，入太平县境，经上岭脚、西潭、谭家桥、感梓里、迄溪、马兰地、三口至仙源；西行至甘棠，转西北，经秧溪河至广阳，由广阳北上直通青阳县城。此路多为石板道，石面光滑，路宽1~2米。

* 徽青古道

徽杭古道 连接徽州府、杭州府的重要通道。共有两条：一是徽杭古道歙县段，即由徽州古城歙县东门至浙江昌化县。起点东北方向行经渔梁、鲍家庄、呈村降、大阜、霞坑、苏村、杞梓里、三阳、老竹铺、昱岭关至昌化新桥铺，再通杭州。其间歙县城至昱岭关62千米。三阳之东，从竹铺至昱岭关为高山地带，岭峻路险。其余路段依山傍河，形似走廊。昱岭关路段相传为南宋绍兴元年（1131年）岳飞提兵讨杨么过此而建。北宋末，方腊军曾在昱岭关一带与宋军大战；元末，农民起义军亦在此与元军反复争夺。民国二十一年（1932年），在古道对面山上的徽杭盘山公路开辟后，此道开始荒芜。之后修建徽杭高速公路打通老竹岭涵洞时，又使该古道受到重创。二是徽杭古道绩溪段（或称"绩杭古道"）：以绩溪县登源河古坝商道为基础，以湖里村为起点，经瀛洲至伏岭而入浙江省境内。古道西起江南第一关隘关脚的岩口亭，东至伏岭镇永来村，入浙江省接临安市清凉峰镇，呈东西走向，全长15千米。前半段用长约1.7米、宽0.4~0.6米石阶或凿筑或铺筑而成，沿途有众多古村落、古亭，至今保存较为完整。徽杭古道绩溪段初成于南宋，历代均重修，由明迄民国初期，是徽州商人入苏浙经商的主要陆路通道。属全国重点文物保护单位。

徽杭驿道 自徽州府城起,至杭州城止。起点向东经五里牌、大阜、霞坑、苏村、杞梓里、三阳、老竹铺,全长62千米,出昱岭关至浙境,直达杭州。

徽泾古道 自徽州府城起,至泾县城止。全长94千米。自起点东北行,经吴山铺、牌头、新管、上新入绩溪县境;经临溪、雄路至绩溪县城;折西北行,经高村、翚岭、镇头、浩寨、分界山(绩溪与旌德县界)、七里铺至旌德县城;又西北行,经新桥、柳山铺、高口铺、三溪铺至浙溪入泾县境;再北经榔桥至泾县城。此道歙绩段长30千米,路平坦,宽2~3米;绩溪、旌德段亘有翚岭,陡峻难行,宋朝设有翚岭关,明嘉靖三十四年(1555年)重建城堞,为战事要塞。此段为往来宣、徽间重要官道之一。宋王安石为江东提刑时过此道,有"夜过翚岭月明中"的诗句;清施润章入徽州亦有《过翚岭》诗:"崇冈郁峻嶒,鸟道绕山腹。仰探白日短,俯瞰阴霞伏。鱼贯度行人,疲马艰蹑躅。春晴多好风,吹我岩壑绿。农耕岭上云,妇饭溪中犊。羁心旷登陟,瘠土见风俗。华阳灵迹闷,杖策寻石屋。"

徽浮古道 自徽州府城起,至江西浮梁县驿道止。全长200千米。此道在歙境经棠樾、唐模、潜口、塘坞;在休宁境经瓯山、万安、川湖、蓝渡、岩脚;在黟境经渔亭;在祁门境经横路头、金字牌、洪村、县城、大北埠、闪里,由闪里南入江西境直趋浮梁县城。徽浮古道横穿徽州西部,今大部分路段为慈张公路所利用。

*徽浮古道

徽婺古道 自徽州府城起,至婺源县城止。起点至屯溪,西南行,经黎阳、高枧、瑶溪、新村、霞阜、龙湾至五城;转南经山斗、千金坦、官铺街、黄土岭、下坦,出休宁县界前通婺源。瑶溪至五城段古道仍存,石板路面。其余路段多为公路利用。此道古时为婺源和徽州的联系孔道,婺源茶叶经此道挑运至休宁龙湾,然后由水路或陆路运抵屯溪;并由屯溪运回食盐、布匹、粮食和其他日用品。休宁西南部的茶叶及其他土产,也大部分由此道运至屯溪。

黟太古道 自黟县城起,至太平县甘棠镇止。出黟县城北行,经际村、卢村、越羊栈岭入太平县境,经榧树下、扁担铺、郭村、九里溪、焦村、章村、胡家、兴村,至水岭脚北上甘棠镇。黟县城至扁担铺长达25千米,路宽2米,麻石板铺砌。其中羊栈岭段,上3.5千米,下4千米,石板台阶,宽约0.5米,每隔若干级置一宽阶(加宽一倍),备行人休憩。沿途有亭有庙,各有风致。

黟祁古道 自黟县城起,至祁门县城止。全长30千米。由起点西行,经月塘、闾山、古筑、西武岭,入祁门县境;西行柏溪,南下金字牌,复折西至祁门县城。黟城至西武岭长12千米,地势渐升,近岭头坡度陡峻,级级向上。这段路基宽2~3米,路面全用长1米、厚0.1米的花岗岩石板横铺,两边镶嵌小石子,与石板平。沿途有路亭9座、庙宇4座、堡垒1座。堡垒在石武岭头,石结构,跨路砌筑;西向圆门,东向方门,圆门属祁门,方门属黟县,俗称"猴子洞""蛤蟆洞"。清咸丰年间,曾国藩驻祁门,太平军杨秀清部驻黟县,曾大战于此。

黟渔古道 自黟县城起,至黟县渔亭止。为古黟外出孔道,起点出迎霭门,行经古楼岭、横冈桥、石山,沿长演岭道至栈阁岭,而后经桃源洞、石门至渔亭。由渔亭东北达休宁、屯溪、歙县,远及江、浙;西通祁门而远及闽、赣。以上长演岭道称"古道",中经朱岭下、长演岭、石墨岭。此段曲折崎岖,行旅为艰。清乾隆年间,邑人程学禧、王毅等捐资开通浔阳大道,自石山沿河而下,经枧灶、浔阳台达栈阁岭,较古道稍称平夷,且缩短行程2千米,名为新道。黟渔古道过黟县盆地后即依山傍水,青山夹峙,碧水中流,沿途有永安寺、望乡台、望重柏台、盛峰塔、浔阳台、龟台、栈阁岭、桃源洞、钟潭诸胜景。钟潭在桃源洞下,相传为"武陵人"入桃花源泊舟处。唐奚贾有诗云:"桃源若远近,渔子棹轻舟。川路行难尽,人家到渐幽。"又陶誉相咏黟风物诗:"到来芳草地,都是旧秦村。城郭山为县,人家花抱门。"古道为石板大道,现已改建为黟渔公路。

*黟渔古道

[九] 古迹遗存

古道遗迹　渡泉池井　圩坝堰堤　古塘陂渠　墓葬题刻

一线泉　位于休宁县齐云山小壶天石室内。昔道士凿岩引泉,称为"元液",供游客品茗。有诗云:"泉水泻岩麓,清如贮玉壶。人间携一勺,中有夜明珠。"

*一线泉

七星井　❶位于休宁县城县前及南街。布列七井,县前双井是它的辅助。唐末至南唐,国师何溥(字令通)任休宁县令时凿以镇火险。❷位于婺源县城内。设县治时即置七井,象征七星。七井分布于明道坊、昭义坊、集贤坊、兴孝坊、双桂坊、牧民坊、泽民坊。❸位于祁门县城。明永乐《祁阊志》载:"井曰七星井,一在县治前,一在近民坊,一在尉司前,一在直街,一在庆安祠前,一在迎仙门,一在横街。"因年代久远,世变事迁,或废或存,所载已无可考。后居民自行掘井10余座,一般深3~5米,高约1米井圈,今部分已废。

八卦池　位于休宁县齐云山洞天福地祠后,邋遢仙墓前。左右各一,周筑八角形石栏及雕刻八卦图形。

八眼井　位于歙县城内南街八眼巷。此井开凿于宋初,原名"殷公井",民国《歙县志》据井内碑刻更名为"应公井"。井栏设四个麻石墩,各凿两圆孔,按九宫格方法,构成一正方形方框,使得方框的每一边单看都有三个井眼。石墩下各有横架的石梁承托。方框正中,是一小整块的正方形石板,铺在横架的石梁上,供放吊桶。井壁砌砖,底径3米许,深约7米。常年不需要换井(掏去井底淤泥),而水自清冽净洁,从未干涸过。据《新安志》载,井底有二穴,一通铜井潭,一通釜底潭,落井之物可见于练江中此两潭内,盖徽城属"徽宁大断层"南端,井、潭处同一断面上,故泉穴互通。

*八眼井

三元井　位于黟县南屏村中。"三元"即解元、会元、状元,有连中三元之意。井圈用整块"黟县青"石凿成,高约1米,井圈狭小,为全封闭式,方便三人同时取水,又可防止小孩不慎落水,美观而实用。

*三元井

土井　位于歙县城内斗山街乾明观口。相传为朱元璋坐骑饮水之处,故又称"饮马坑"。井水较浅,但久旱不竭。井长1米,宽0.5米,深1.5米,井壁由石块砌成,井口上设有井栏。

大塘古井　位于休宁县齐云山镇大塘村右大路边。成井于明朝。其水清甘,四季满盈,取汲不用绳索。

万安渡　位于休宁县万安镇中街,近松萝水汇入横江之口。为万安与上水南来往要津。

上三眼井　见642页"吴家古井"条。

*万安渡

| 上井 | 位于休宁县南15千米处。夏季天旱，汲水不竭，可以灌溉良田数万平方米。

上叶渡　位于休宁县奕棋村（今属屯溪区）。为横江流经屯溪境内的第一道渡口，对岸是休宁县梅林，旧称"梅林渡"。旧时该渡是屯溪赴休宁的捷径。

上汶溪渡　位于休宁县城南隅，川湖乡万全山村南。对岸有落石台，其右侧即上汶溪村，渡连接汶溪南北岸。

上草市渡　位于休宁县上草市村（今属屯溪区），为境内下游水域最后一道渡口，对岸是歙县南溪南村（今属屯溪区），又称"溪南渡"。该渡旧时是游玩花山的必经之路。

义井　❶位于休宁县柏山（今属屯溪区）齐祈寺下的充山，为告老退休在家的知县、本县人汪道浚所凿，并建憩息亭以便行人。❷位于婺源县西甲路村内。村有仁、义、礼、智、信五井，义井水最甘美，相传饮之能抵御当时的疫病之灾。

五明寺泉　位于歙县太平兴国寺北五明寺遗址处。五明寺（即五明禅院）为明末渐江大师（弘仁）隐居处。他54岁时病卒于此，葬在寺后西干山披云峰，墓上梅花数十株。五明寺遗址处只留下了一处古名泉，泉水甘洌，据说为歙县四大名泉之一，条石砌筑，青苔满布，石碑上有前清末代翰林许承尧题额的"五明寺泉"。现为歙县重点文物保护单位。

太乙池　位于休宁县齐云山玉虚宫右。

太白渡　太白沿河各古渡口总称。位于婺源县西南之太白河。有梅溪渡、司前渡、临河渡、平盈渡、镇头渡、泗州渡、济川渡等。皆通德兴要道，专设渡夫，常年摆渡。

尤溪渡　原名"牛坑渡"。位于休宁县尤溪村（今属屯溪区）。南岸渡口存有古渡亭，阁楼式建筑，出入口有高大卷门，明亮透风，内设石条长凳，供行人憩息。

屯溪津渡　旧时屯溪境内有古渡口16处：林塘渡、鹭鸶渡、长干塝渡、许家墙渡、黄荆坦渡、上

*五明寺泉

*尤溪渡

叶渡、隆阜渡、孙打渔渡、闵口渡、高枧渡、黎阳渡、阳湖渡、黄口渡、尤溪渡、湖边渡、上草市渡等。

水晶井　位于黄山天海西隅石壁中，距大悲院2.5千米。井圆如满月，直径约0.5米，深10余米，自口至底，均系水晶石。井旁有翠柏一株，状如覆盖。

牛坑渡　见639页"尤溪渡"条。

月华池　位于休宁县齐云山月华街椰梅庵遗址前。呈弯月形，街因池名。

月潭渡　位于休宁县南月潭。连贯着率水南北两岸的交通。

乌岩清泉 位于歙县乌聊山南麓,现南街长青中学校舍内。石窟密孔泉出,水声泠泠,凉而忘暑,久旱不枯。上嵌"乌岩清泉"四字篆额一方,佚名书。

凤眼井 位于休宁县城西凤凰山西南麓。旧有凤湖,后涸为地,此井正当凤湖之眼,故名。

凤凰泉 位于祁门县凤凰山北麓。泉水清莹澄澈,可饮可灌,四时不竭。旧时邑人谓为神水,病者多取饮之,奉为灵泉。泉上建魁星阁,阁檐高翘欲飞,铃铎风摇清韵。楼上塑"魁星点斗",楼下供观音菩萨。邑人胡廷琜撰联云:"山游到此参泉脉,檐铎呼人洗俗肠。"

文公泉 位于歙县城内紫阳书院前。南宋嘉定十五年(1222年),县令筑文公祠。祠处小山坳中,前有墙,墙下一井,深4米许,其水甘美,人称"文公泉",为古徽名泉。昔尝有人专汲此泉卖与人沏茶,注水杯中,盈而不溢。

*文公泉

双口古井 位于休宁县城县前街南口。明朝,当地人开两个圆井口,直径0.33米,红砂石为圈,井内条石结砌,储水丰富。长1.02米,宽0.52米,高0.43米。井圈外刻有"崇祯壬午岁孟冬月众修"字样。旧有亭阁,久圮。

双泉井 位于休宁县万安镇霞塘村。明朝建。一石凿井口二,直径各0.38米。前后刻"双泉"两大字,左侧刻"万历庚戌岁仲冬吉日",右侧刻"咸川延陵郡吴氏□"。井内深约8米,红条麻石围砌为正方形,井水清澈甘洌,四时不竭,是该村居民的主要饮用水井。相传为休宁瓯山状元金德瑛嫁妹的妆奁之一。

打箍井 位于歙县城内打箍井街。该井为青石井圈,脖颈处打着箍,井口上沿已不完整。现已废弃。

古箭渡 位于婺源县东古箭州,距县城15千米。设渡夫2名。其地为赴郡要道。

石墨井 位于黟县南墨林山,距县城7千米。是古时采石墨之所,久采成井。石墨即石炭、石煤。《太平寰宇记》载:"墨岭上有石特起十余丈,峰若剑

*双泉井

*打箍井

峙。"元萨都剌咏石墨诗有云:"云根老墨吐烟雾,月窟秋毫阁翠峰。"此处"月窟"兼指石墨井。

龙池 位于休宁县齐云山太素宫第三进殿前。五股山泉聚汇入池,俗称"五龙到堂"。旧时,每遇旱灾,乡民集众来到此山,以葫芦灌龙池水,延道士设坛祈雨。

龙泉井 位于婺源县西南中云村后门塘,距县城22.5千米。相传唐末有名王云者避乱寓此,望井气上腾为云,渐成彩色,谓为"祥云所钟",于是定居下来,名其地为"钟云"(后更名为"中云")。此井水味甘美,气清芬。

龙眼井 位于黄山狮子岭下,小平天矼山上。深不可测。

东山井 参见644页"城中第一泉"条。

四井 位于绩溪县东南仁里村,距县城5千米。该村东西南北四角各凿一井为镇,称"四井"。"镇"之意其一为镇火,意在消弭火灾。

白石井 见640页"白石涌泉"条。

白石涌泉 位于歙县桂林镇芳塘村的古井。宋朝始凿,又名"白石井",掘于平地,有圆形低矮石井圈,井后墙壁上嵌有清乾隆年间"白石涌泉"石刻及嘉庆年间重修记事碑。古时逢子、午二时,水溢井栏,是为奇观。现属歙县重点文物保护单位。

*白石涌泉

吕仙井 位于歙县城内。吕仙即八仙中的吕洞宾。传说他曾饮此水,故名。

休宁津渡 清道光三年(1823年)以前休宁县境内有旻溪渡(五明渡)、上溪口渡、泰州渡(泰溪渡)、彦仁渡(冰潭渡)、当溪渡(小珰渡)、陈村渡、伦堂渡、霞阜渡、新渡、瑶溪渡等15处。自道光三年(1823年)至民国时期,先后增设渡口29处。分布在横江与夹源水的有琅琊渡、典口渡、石人前渡(今海阳镇汪村)、上汶溪渡、万安渡、潜阜渡、梅林渡、南源渡(今齐云山镇)、西馆渡等9处。分布在率水的有龙湾渡、孚潭渡、水口渡(今首村乡)、雁塘渡、洪里渡、月潭渡、茗洲渡、下矶渡(今溪口乡下矶溪)、江潭渡、南村渡(今溪口镇木坞)、阳干渡、金城渡、西岸渡(今陈霞乡)、罗洲渡(今陈霞乡)、下富渡(今陈霞乡)、霞瀛渡、藤溪渡、企滩渡、毕村渡(今陈霞乡)、枧东渡(今东临溪镇)共20处。以上渡口均为来往行人必经的交通要道。如:孚潭渡是休宁到婺源的必经渡口;瑶溪渡是婺源赴郡途经休宁的必经渡口;万安渡位于横江下游万安镇,为境内较为繁华的码头,每天有千余人次往来;琅琊渡位于夹源水中游,是通往南塘、蓝田、儒村的必经渡口。

乐泉井 位于歙县西溪南镇过塘村(今属徽州区)。掘建年代不考,清咸丰八年(1858年)重修,宣统元年(1909年)再重修,现在仍然使用,历史上曾作为歙、休两县的分界标记。

玄武林古井 位于休宁县蓝田镇小溪村东。辟于明万历年间。卵石砌井壁,青石琢井圈,井台、井圈内外皆圆形,高约0.7米,口径0.45米。水质清甘,久旱不涸,久雨不溢。

圣母池 黟县东岳庙后山有圣母祠,前有池,泉白如玉。相传民间藏物相诬者各执纸钱密祷于神,实者钱沉,虚者钱浮。人甚敬惮此泉。旧时有出土石碑云:"鉴物是非多老识,辨人真伪有池灵。"

圣泉 位于休宁县南商山镇荪田村叶岩下。相传为明太祖朱元璋访汪同时马蹄所踩出。泉水甘馨,清明如镜,日汲不竭。里人作石室以护之,并凿碑记其事,题曰"龙窝"。

西关埠头 位于婺源县城西门外的古渡口。其地为星江两岸通衢。清光绪十七年(1891年),县城乡约朱守先等10余人捐资,买地纵43.3米、横53.3米,用石砌起,建为埠头。

*龙湾渡

*罗洲渡

*茗洲渡

*阳干渡

*洪里渡

孝子池 见642页"孝慈池"条。

孝慈池 又称"孝子池"。位于祁门县金字牌镇双溪流村。明初,双溪许志谦因受牵连被处以死刑,长子许以泰毅然请代受死,他戴着械具到达大通,遇上皇帝改元恩赦而回归家园,许志谦就将他的舍旁之池命名为"孝子池"。清同治四年(1865年),督学朱兰改名"孝慈池"。

吴家古井 又称"上三眼井"。位于黟县城洋邻街。其井口三眼,可供三人同时取水。其外形为正方体的青色大理石,井圈四壁有"吴家古井"四个大字,还有"壬申年公泉重修"的字样,刻工精细,外观气势恢宏。相传吴家祖先住在学宫边上,耳濡目染,希望子孙也能读书做官,所以建这座井时在井圈上凿了三个圆眼,这样后人从这三个圆眼里汲水便称之为"三元及第"。

岑山渡 位于歙县城南5千米,新安江西侧,江心岛"小南海"对岸。为从县城到岑山、柘林、富岱必经之地。渡口有石砌埠头、磴道,岸壁古树葱茏,绿荫如盖。江水在此弯折,平展如镜。宋元以来,"小南海"香火鼎盛,渡口迎送四方香客,输渡之繁,益称要津。参见130页"文化生态"部"岑山渡"条。

*岑山渡

祁门津渡 旧时祁门县有渡口8处,以济行人。凤凰山渡,位于县城南凤凰山脚;大北港口渡,位于芦溪乡曲坞村前,康姓所建;程村塌渡,位于平里村,章姓所建;店铺滩渡,位于芦溪乡源内,汪姓所建;倒湖渡,位于芦溪乡倒湖村;芦溪渡,位于芦溪乡芦溪村口;范村渡,位于芦溪乡;大北铺渡,位于渚口乡大北埠,汪国雷所建。

孙打渔渡 位于休宁县孙打渔村(今属屯溪区)。为率水流经屯溪的第一道渡口,对岸是傍霞村,由此通往休宁县商山。

阳湖渡 位于屯溪老街榆林巷口临江处。对岸是阳湖,旧时为最繁忙渡口,来往行人甚多,设上、下2个渡口,各有渡船4只。自新安江桥建成后,渡口行人往来日益减少,仅保存渡口1处。

孚潭渡 位于休宁县南商山镇孚潭村。

饮马坑 见638页"土井"条。

应公井 见638页"八眼井"条。

冷水岩泉 位于休宁县蓝田镇冷水岩村外。岩穹如室,泉水泻于石罅。水质清澈,冬温夏冽,四时不竭,为北乡第一泉。岩当儒村、蓝田、南塘三地赴县城的古道处,旧有亭立,以便行人憩息消渴。

间歇泉 见646页"滴水泉"条。

汪口渡 位于婺源县东汪口村头,距县城25千米。设渡夫2名。其地为东赴郡城要津。

沙溪洞宾井 位于歙县城北郊沙溪村吕洞宾祠左侧。建于唐僖宗年间,井口用两块巨大的长

*汪口渡

*沙溪洞宾井

方形青石板铺砌成井台面,石板上刻着两条首尾衔接的双龙戏珠图,井面上制有井栏圈,外围八棱形,直径74厘米,内径56.5厘米,井栏高85厘米,其中基座高22厘米,基座铸蟠龙图饰,井栏镌有楷书《沙溪重修仙井新置铁栏记》250字,字迹清晰。属歙县重点文物保护单位。

灵锡泉 见646页"锡杖泉"条。

环泉井 位于歙县许村镇泉泽十字街口。建于明万历四十一年(1613年),井台铺设大石板,井圈围两人合抱,可容数十人汲水,水质纯洁香甜,清可见底,水位平稳,山洪暴发季节水位不升,大旱之年水位不降。

卓锡泉 祁门县卓锡泉有二,均为西峰山僧人青素所掘。据清康熙《徽州府志》载,卓锡泉在重兴院,唐时西峰僧过此,以锡杖击地,于是成为一泉。水味甘甜,为祁泉第一。西峰僧复游九都蛇坑,亦以杖击之,两穴并涌。后来,一穴很快枯竭,另一穴至康熙年间犹存。现均废弃。

*环泉井

岳王井 位于祁门县金字牌镇洪村。南宋绍兴元年(1131年),岳飞领兵过祁门,在洪村歇息曾在此饮马。后里人呼饮马处为"岳王井",并建亭以记之。明学人洪志吉撰记。井今犹存,四季不枯。

放生池 位于休宁县齐云山洞天福地祠右。昔时道人凿岩蓄水以供饮用。池水清澈见底。

法眼泉 位于黄山慈光寺。泉水可注千钵,泉口有片状石遮盖其上,如同眼睑。

*岳王井

陔口渡 见645页"街口渡"条。

城中第一泉 位于休宁县城东南隅白鹤山脚。一泓清泉,红砂石依山砌为方形井圈,水质清甘。井称"东山井"。清本县人汪紫沧有诗赞:"雪魄暗翻凉人梦,冰满瓮贮澹如空。"素称"城中第一泉"。

胡公井 位于黟县城儒学(今碧阳小学)前。明正德年间,黟县令胡拱辰以奉祀需洁水,遂凿此井。今仍为民用。

虹井 位于婺源县城南街朱熹故居旁。相传南宋朱熹父亲朱松出生时,宅旁水井忽出白气。后来朱松为井作铭,词为:"道寓斯人,如水在地。汲之益深,有味外味。"又相传朱熹出生时,此井又有紫气上蒸,后因称之"虹井"。

*虹井

虾蟆井 又称"蛤蟆井"。位于歙县城斗山街。相传唐贞元年间,人见虾蟆聚宿二坎中,乃掘去其土,得二井。北井深6米,口径0.6米,底径2米许,周壁为岩石,泉出泠泠然,味甘洌;南井稍逊。

香砂井 位于黄山莲花峰绝顶。其形如罐,深尺许。相传游者以手摸井中之砂嗅之,有香气,若先言砂香而后探之,则无香气。

香泉池 位于黟县汪村水口下。其地茂林修竹,香泉冬温夏凉。清道光十五年(1835年),黟地大旱,溪井皆涸,而此池不竭。相传香泉可疗疫疠,民间

*蛤蟆井

因呼为"恩泉"。

胜水泉 位于黄山莲花峰腰处。泉脉细微,僧惟安疏凿成池。后取佛经"胜莲"之意,题为"胜水"。

将军井 位于绩溪县城西裕丰仓右,今县人民医院一侧小院内。始掘于隋末,相传汪华起兵时,屯兵秀野,坐骑渴无水,举足踢石,石落泉涌,遂以此石落地处掘井,故名"将军井"。后井废,明嘉靖二年(1523年),知县李帮直见民苦汲,搜获旧井,重建以便民。今井尚存。

洗心泉 位于婺源县西南总灵洞旁,福山寺右,距县城22.5千米。相传此地原无水,一行脚僧卓锡涌泉,并告诫不要用砖石砌成井壁,一旦开始砌,水就会变浑浊。后来,寺僧偏偏用砖石砌筑,水果然变浑浊,于是拆除砖石而水又清澈起来。又传饮此水则愚者聪明,浊者清醒,恶者从善。所以北宋婺源进士胡侃有诗云:"岩根石溜自涓涓,一见尘劳顿洒然。惟有开山老尊宿,无心可洗亦无泉。"

洗药池 位于齐云山浮云峰下。俗传取池水沐浴可去百病。

洗眼泉 位于歙县西七里头圣僧庵东南角。庵坐落于天马山北麓,门对丰乐河,四围茂林修竹,环境清幽。始建于唐武德年间,明隆庆年间汪道昆司马为庵创建"精蓝",庵壁有万历年间歙县画家黄柱所绘

壁画。今存门房、大殿、享殿及庭院。据方志载，有僧慧明善医术，时人多患眼病，慧明用庵左灵脉泉为病人洗眼，云翳全消，人尊其为"圣僧"。泉故得名。现庵、泉均为安徽省重点文物保护单位。

神仙井 位于黟县城内直街鼓楼下。传说八仙中的吕洞宾曾饮过此井的水。今仍饮用。

殷公井 见638页"八眼井"条。

烟村渡 位于歙县南12千米处。为王村至县城、岩寺镇要津。北岸为烟村，潭水较深，埠头石磴较陡；南岸为烟西村，有沙碛，石砌埠头较大，磴道舒缓。入村处有过街楼，下设门阙，阙外两侧竹树荫翳。行人于此待渡，可观览渐江景色。

浦口渡 位于歙县东南练江、渐江相汇口，距县城5千米。渡口为沙碛地，江水时涨时落，以简易木构引桥与渡相接。渡口之南有朱家村，设东、北两码头：北码头临渐江，有沙滩，不利重载航船停泊；东码头临新安江，石埠前水深数寻，便于装卸。

*浦口渡

浴仙池 位于休宁县齐云山月华街胡伯阳房西。池水清澈常满。池旁昔有更衣亭，香客取池水盥洗而后礼神。今亭圮。现为月华街饮用水源。

流杯池 位于黄山神仙洞观音座后。此池之水大旱不涸，久雨不溢。明罗汝芳有诗："仙瓢浮玉液，仙子坐来收。尚记瑶池宴，银河载月流。"

琅琊渡 位于休宁县城北新塘乡。夹源水由北南下，至柳洲西折经琅琊再折南行。此渡为县城通往南塘、蓝田、黄山源要道。

虚危池 位于休宁县齐云山太素宫迎仙桥下。池因架桥而分为二，四周砌石筑栏，池内置龟蛇二石。俗传此二石为"镇水位之精"。

蚺城桥渡 蚺城即婺源县城。其城垣三面环水，两岸以桥渡相通。城沿共有桥13座，渡6处，著名的有：东门桥——宋朝时为绣溪渡，元朝为绣溪浮桥，后改木桥；南门桥——原为横济浮桥，后改木桥；西门桥——宋朝为瀛洲渡，元朝建瀛洲浮桥，明朝设登瀛木桥；钓桥——石拱桥，设西湖口，供游人垂钓。凡木桥处，洪水期均设渡。

蚺蛇港 位于婺源县城内，后堙废。其地危岩峭壁夹峙，星江至此南转西面而下。东岸蚺蛇山，有村称弦高。唐乾符四年（877年），汪武为婺源镇将，以私财买弦高民房，建木栅城池，创为镇。天复元年（901年），汪武迁县治于弦高镇，在蚺蛇港首尾筑坝，储水为西湖。后市民稠密，西湖渐被填为居址，称之"西湖闳"。

偃月池 位于休宁县齐云山宜男宫前，孙叔一房后。

渔梁双渡 位于歙县南水北岸渔梁渡和南岸古巷口渡。清光绪二十二年（1896年），渔梁坝修复后，水深岸阔，增置一船，成为双渡。

*渔梁双渡

液池 位于休宁县齐云山太素宫东，石柱峰麓。池水满溢则汇入龙池。

深渡 位于歙县深渡镇东新安江上。为徽州重要码头，两岸居民多姚姓，有"深渡渡船深渡渡，摇（姚）来摇（姚）去两边摇（姚）"之说。

隆阜渡 位于休宁县隆阜中村（今属屯溪区）境内。旧时有上、下两处渡口，对岸是新潭。介于新潭与隆阜之间的横江新河开通后，在横江口增加渡船一只，以便人们往来。

袈裟池 位于黄山翠微寺内。相传为唐麻衣祖师浣袈裟处，池水长清。清乾隆年间，暴雨后山水泥涌，弥漫寺内，与池水平，而池水仍清澈如故。

蛤蟆井 见644页"虾蟆井"条。

鹊溪渡 位于婺源县东10千米鹊溪村口处。设渡夫1名。其地北通回岭，为通达郡城的要津。

街口渡 又称"陔口渡"。为徽州通往浙江的水上咽喉，素有歙县东南门户之称。据民国《歙县志》载，陔口渡在巡司署前，通往淳安县。其创始甚为古远，清光绪三年（1877年），街口人姚贵福、张伯堂、张伦发、汪观进等募资置产，出租为经久之费，不取渡资，行旅称惠。

*隆阜渡

婺源津渡 婺源县属中低山区,水源多出,溪河纵横,两岸交通赖于逢河设渡,遇水搭桥。建桥多为社会捐资,设渡多属宗族义举。全县城乡共有大小人行桥671座,城乡渡口78处。许多村口桥头或堰咀桥上,还建有凉亭、楼阁,既便行人又为村庄增添胜景。

锡杖泉 又称"灵锡泉"。位于黄山云谷寺前。南宋时,有"东国僧"在此结茅,用锡杖捣石,泉水破石而出,故名。今寺无泉在,终年不涸。

廉泉 位于婺源县东门大桥南端城墙下。凿石为泉池。约2米见方,池圈青苔斑驳,池水清澈见底。南宋绍兴二十年(1150年),朱熹与门人漫游至此,小憩时畅饮后,感泉水凉冽,甘醇可口,于是挥毫题名"廉泉",立石碑于泉旁。

*廉泉

溪南渡 见639页"上草市渡"条。

福泉井 位于歙县许村镇十里长街中心地段的一处丁字街口。该井建于明洪武二年(1369年),清康熙二年(1663年)和嘉庆十七年(1812年)两次进行修理,井圈上有30厘米见方的"福泉"二字,至今字迹仍清晰可辨。一年四季井中水位平稳,升降不大。数百年来,水质纯净,清可见底,味醇香甜。

*福泉井

静乐池 位于休宁县齐云山洞天福地、静乐宫遗址后。一泓池水清澈,萍藻簇簇依依,内栖有稀有动物"弹琴蛙"。

碧莲池 位于休宁县齐云山真仙洞府前。珠帘泉飞洒入池,久旱不涸,久雨不溢,长年晶莹碧透。真仙洞府全景,映入池中,尤见瑰丽。

滴水泉 又称"间歇泉"。位于休宁县齐云山岐山石桥岩东烂锦岩。泉水自岩中溢出,点点滴滴,时歇时淌,故名。有诗云:"丹井原无底,瑶浆滴土台。昔时天帝凿,今复世人开。脉续银河细,声飞玉滴来。穿崖分外沼,长得濯灵台。"泉旁旧有观音像,今圮。

薛公井 位于黟县城中北街口。唐黟县令薛稷浚凿,共掘九处,一处水冬暖不竭。此井今仍民用。

歙县津渡 据民国《歙县志》载,旧时歙县境内有渡口49处:扬之水水域有黄荆渡、水济渡、高兴渡、竦水渡(周潭渡)、毛角渡、新管渡;布射河水域有小溪渡;富资河水域有仰村渡、沙溪渡;丰乐河水域有古关渡、西溪渡、集济渡、大圣堂渡、上渡、昌堨渡;练江水域有渔梁双渡、青石淇渡;浙江水域有义成渡、竹山渡、航埠渡、岑山渡、潘村渡、烟村渡、小孤渡、环溪渡、犁耙渡、富墩渡、浮桥渡、盐皇渡;新安江水域有浦口渡、梅口渡、郎源口渡、宗宝渡、金滩渡、薛坑口渡、梓潭渡、绵潭渡、九沙渡、防寨渡、深渡、正口渡、大河渡、小川渡、凌家划渡、梁溪渡、山港渡、太平源渡、八郎庙渡、陇口渡。

[九] 古迹遗存

坝堰堤
古道遗迹
渡泉池井
古塘陂渠
墓葬题刻

丁村坎坝 位于距祁门县城30千米处。清康熙二十五年（1686年），平里章贻仁始筑，其后章氏子孙整修该坝。

七姓堨 见650页"惠化堨"条。

大母堨 参见647页"小母堨"条。

小母堨 歙县灵山（今属徽州区）水有二堨，名"大母""小母"。《郡乘赋》曾为"小母"作注，云双桥人郑绍始筑石堨，截住水流以灌溉田地。郑绍死后，其妾金氏捐出家资置办田产，以其田租收入作为修堨费用。乡人感念其德祭祀她，因她是妾，故名堨为"小母堨"。然大母堨来历不详。

丰乐河堨群 新安江支流的丰乐河流域，旧时分布有小母堨、大母堨、塞堨、梅堨、长湖堨等古堨，形成堨群。

方干堨 位于休宁县南临溪。元元贞元年（1295年），知县陈发重开筑，民众立碑于临溪汪王祠。该堨灌溉良田40余万平方米。

石堨头 位于黟县宏村西溪上。筑堨截水引入村中，为月沼及南湖等古水利工程的源头活水出处。

平渡堰 又称"曲尺堨"，俗称"汪口堨"。位于婺源县东汪口村头，梨园河下游，江湾西8千米的汪口。段莘水与江湾水在此处汇合。水流湍急、回旋凶险，洪水发则覆舟溺人。为平水势，著名学者江永设计筑堰，采用独特的片石直立修筑法，建造了一座拦河坝，堰用鹅卵石砌成曲尺形，坚固无比，一端连南岸，一端与北岸夹成一条数米宽的船道，既煞水势，又利行舟。堰长120米，面宽15米，时历200余年，至今完好无损。

东干堨 见647页"东关堨"条。

东门石坝 位于绩溪县东门外。为扬溪、乳溪之堤。明本县人、御史胡松对巡抚陈凤梧、知县陈约要求发放国帑筑造而成。该坝延衾长610米、高5.3米，水患于是止息。此后胡氏子孙多次对冲毁的水坝予以捐资修复。

东关堨 又称"东干堨"。位于休宁县海阳镇新塘观音阁。属横江支流夹源水下游，始建于元朝，为

*平渡堰

休宁县尹陈发倡修。据清道光《休宁县志》载，陈发，江西人，为休宁县尹，他单骑入邑，勤政爱民，在二都监筑东干堨渠，远近均利，灌溉田地数千顷。后人为纪念陈发，曾名"陈公堨"。民国二十二年（1933年），休宁县政府据公民曹丞等13人联名呈批示，重修东关堨。东关堨控制来水面积208平方千米，拦河坝分主、副两个坝段。

曲尺堨 见647页"平渡堰"条。

吕堨 位于歙县西溪南（今属徽州区）附近丰乐河上游。系古代徽州较大规模的水利建设。南朝梁天监初，歙县吕湖突然湮塞。大通元年（527年）新安内史吕文达偕妻兄郑孟公疏凿水渠数千米，筑堨横绝中流。堨高17米余，横阔70余米，引水入渠，灌田数百万平方米，名之"吕堨"。历代屡坏屡修10余次。民国时期，洪水毁石坝，百姓用鹅卵石堆砌成临时性软坝。

休宁堨群 休宁县拥有水堨数：南宋淳熙年间210处、元延祐年间225处、明朝166处、清朝（道光以前）172处。主要包括金堨、凤山堨、广武桥堨、东堨、观音堂堨、坟亭塘堨、金湖堨、栋子堨、下堨、罗川古堨、双古堨、申充堨、塔石堨、手壁堨、青陂堨、阜字堨、塘芸庄堨、望堨、琅斯堨、弓堨、洽舍堨、八公堨、禹门堨、倪堨、下北堨、五滩堨、皮园堨、茶堨、汪村堨、枧潭堨、叶杨堨、方干堨、新城堨、江塘堨、竹林堨、金大堨、杨堨、蓼堨、溪南堨、三阳堨、琅源堨、许家堨、黄公堨、胡田堨、刘公堨、历堨、显公堨、木客堨、查木堨、言坑堨、洪滩堨、石坑堨、陈公堨、东溪石堨、芳干堨、杨家堨、千秋堨、付吾

埧、杨公埧、金婆埧、沙埧、程埧、公溪埧、大坦埧、孤山头埧、江潭埧、三公埧、岩山埧、杨安埧、二亩干埧、大溪墩埧、孙村埧、大王干埧、杨干埧、大方埧、临溪埧、古溪干埧、洪锦埧、余坑埧、西山埧、四亩干埧、社屋干埧、祈雨坛埧、中心干埧、石伏埧、塔田埧、子埧、后山埧、和尚埧、庙埧、沙干埧、泉水干埧、良泉埧、新思埧、程树坞埧、小伏埧、良村干埧、镇头埧、沙邱埧、栏山埧、麻窄干埧、石壁埧、乌石埧、水干埧、十亩埧、牛栏埧、刘家滩埧、章干埧、杨林埧、毕圩埧、古溪埧、黄潭埧、东干埧、山下埧、夙延干埧、藏玗埧、汪祈埧、西干埧、郑安埧、杨桃埧、程齐二埧、全埧、古冈埧、富昨埧、蟹钳埧、程文埧、朱村埧、青苗(2)、瑶埧、富秋埧、前坑埧、吴三公埧、古埧、四柱埧、石埧、平阔埧、姚埧、画充埧、墩后埧、吕安埧、后干埧、驴驼埧、阜坞埧、陈家埧、韩有埧、黄枧埧、莫子埧、高仓埧、余干埧、陈家段埧、萃秀桥埧、三宝桥埧、岭下埧、韩班埧、徐子埧、枫木埧、呈干埧、鹭儿潭埧、隐陀埧、金家埧、言埧、桑木埧、清漪埧、齐埧、释林埧、汪家埧、程干埧、兰山埧、顷田埧、张埧等。

庆丰埧 位于歙县牌头村附近扬之水上。明洪武元年(1368年),洪庆仁创建。初为木桩坝,自高兴渡头引扬之水,经桂林大街、潭石,至黄荆渡复入扬之水,灌田100余万平方米。清咸丰、同治年间,埧坝倾圮。光绪二十年(1894年)修复。光绪二十六年(1900年)冬,黄宾虹主持埧务,筹款续修,并垦复全部荒田。民国期间,灌区流行血吸虫病,人口锐减,设施失修。

齐埧 见651页"蟹钳埧"条。

祁门埧群 祁门县拥有水埧数:宋朝975处、元朝975处、明朝142处、清朝(道光以前)185处。主要包括石陂埧、汪家埧(3)、陈家埧(2)、横江埧、万石口埧、廖家埧、古垣埧、和尚埧、牛家埧、罗星埧、刘家埧(2)、苦竹埧、牌前埧、桐木段埧、八亩坦埧、洪村埧、胡村埧、宋坑埧、江桐埧、于木埧、方村埧、砰肆埧、株村埧、饶坑埧、石山埧、东源大埧、周村埧、相思埧、清塘埧、榷坑埧、胡家埧、石湾埧、棕榈埧、水口埧(3)、中庄埧、石壁埧、程村埧、石仓埧、三亩埧、狐狸埧、江村埧、众村埧、汪村埧、大埧(3)、项村埧、旱田埧、黄田埧、黄村埧、中埧、栏头埧、塘砰埧、黄连埧、沙埧、鲍家埧、破缺埧、李家埧、庙前埧、小埧(3)、黄玗埧、将军埧(3)、石埧(2)、溪头埧(2)、魁溪埧、二村埧、言塘埧、李溪埧、贵溪埧、李枧埧、吴家埧(2)、杨林埧、牌垣埧、宋村源埧、太平段埧、溪寺埧、李四住前埧、女儿埧、黄梅埧、方家埧、南岸埧、木埧、王同住前埧、田段埧、田埧、钱坑埧、樵溪埧、村下坑埧、鹁鸪埧、泥宗埧、南坑埧、杨树根埧、汪羊埧、郑家埧(2)、北埧、高埧、潘家埧、黄家埧、岩塘坑口埧、江祥坑口埧、九龙埧、泥家埧、莫家埧、程家埧、金潭埧、放生埧、星埧、东西岭下埧、盘龙埧、黄轮埧(2)、黄泽坑口埧、牛郎埧、西埧、九里埧、油榨埧、猪磨埧、米老埧、叶家埧、曹家埧、椰木坑埧、黄泥埧、顾山埧、株树埧、椰源大埧、王村埧、新埧、乾坑、罗龙埧、弯村埧、福田埧、塘背埧、黄潭埧、店头埧、福盛埧、长滩埧、青山埧、新里埧、牛靴埧、上坑埧、柿树埧、查家埧、陈枥埧、黄土埧、曹家坞水口埧、峡山埧、黄秀口埧、朱家埧、长潭放生埧、光子埧、玉楼前埧、陈尚埧、泥村埧、佛子段埧、看子埧、枫木埧、枧头埧、枫树埧、土公埧、寺前埧、鸿溪埧、入埧、双溪埧等。

芳干埧 位于率水支流汊水下游的休宁县东临溪镇上村头。建于明洪武年间。始建人程维宗弃儒行商后,获利甚丰,家业大兴,曾于休宁、歙县置田产200余万平方米,庄园5所。但常为干旱无收所困扰,于是雇佣工做堰,开渠1千米,引流以灌干涧之田,计80余万平方米。长100米,高2.2米,干砌石结构,灌田240平方米,历代均有重修。

苏公堤 位于绩溪县翠眉山下刘家门前村。徽溪两岸筑有长堤,为北宋元丰八年(1085年)县令苏辙所建,便民灌溉、饮用,人称"苏公堤"。历代有修筑,至今犹存。

条垄埧 又称"桥埧"。位于歙县西溪南镇琶村(今属徽州区)边丰乐河上。明正德元年(1506年),西溪南吴姓兴建。自新桥口引丰乐水经石桥至雷埧。灌田80万平方米。

汪口埧 见647页"平渡堰"条。

张公堤 位于歙县西练江北岸。从河西桥东至县南门止。明万历三十五年(1607年)夏,山洪暴发,淹没民居无数,知县张涛率民伐石为堤,并得到抚院资助。堤高数米,叠白石为桥,题曰"练影",堤旁栽植杨树,后人称"张公堤"。

陈公埧 位于休宁县东6千米处。北宋熙宁年间,为知县陈时所开筑,因而得名。县尉杜昱有记。该埧灌溉良田6 000余万平方米。

青陂埧 位于休宁县五城镇。南宋乾道二年(1166年)进士、五城人黄何归里捐资所筑,溉田数十万平方米,久废。

昌埧 位于歙县西溪南镇琶村(今属徽州区)边丰乐河上。宋朝莘墟村吴大用、余希亮捐资兴建。引丰乐河水经谷山、田干、里干、莘墟、下宅、光坼、田里至余家山,灌田260余万平方米。清同治八年(1869年)修复后,灌田仅130余万平方米。

柏山埧 位于黟县城郊柏山村。为黟县境内最早的横沟弦引水工程,由胡明星于南朝梁中大通元年(529年)倾资募工开建。疏筑二渠,长5千米以上,引城北溪水入埧,灌溉良田数千万平方米。

禹门埧 位于休宁县南博村(今属屯溪区)。

觉公堤 位于歙县岩寺镇富饶村(今属徽州区)附近的丰乐河北岸。民国《歙县志》载:"顺治初,

*昌堨

有游僧觉公至此，见溪水泛涨，淹及村墅，尝有浮尸遗骸，募钱数千缗，甃石成堤。"后人称"觉公堤"。

桥堨 见648页"条垄堨"条。

清漪堨 位于休宁县南龙湾之上。

渔梁坝 位于歙县南练江中。始建于隋末唐初，当时汪华徙新安郡治于歙县，在渔梁筑坝截流，以便利水上军需民运。南宋嘉定十四年（1221年），州守宋济在此立栅聚石为坝。绍定二年（1229年）江东指挥使袁甫指派徽州推官赵希恕主持重修，易以大石，筑8层石坝，使其经久，坝的设计因此得以改进。明弘治十二年（1499年），徽州知府张祯拨官帑修葺，增为9层。此次修葺采用的"顺流栉比"和"纳锭于凿"的条石砌筑技术，一直沿用至今。弘治十四年（1501年），知府彭泽命通判陈理督工重修，并作了重大改进，尽去坝心灰沙，表里皆嵌方石，并节为梯级，使水过坝斜平而下，渔梁坝因此成为全部砌石的重力滚水坝。此后万历、崇祯年间皆曾修葺。清康熙二十六年（1687年），知府朱廷梅主持重修，除保留原先成功之处外，将坝面不耐冲刷的红砂岩石改为花岗岩石材，"凡叠十石，中立一柱，左右相维"，并"洒为三门，层级而下，以时停蓄众流"。乾隆三十七年（1772年）、光绪三十一年（1905年）又两次进行维修。现存石质结构重力溢流坝（滚水坝），为明清时期所筑。坝长143米，顶宽6米，底宽28米，高约5米，断面呈不等腰梯形，坝头近乎垂直，其下游边坡十分平缓。坝面偏南设置三道水门（泄洪道），并由此向南渐次低落，以调节流量。坝身石砌，面石用花岗岩，条石三间用石银锭榫（石锁）、石键等连接，竖向每隔1.5米左右埋设石柱，以增加上下层间的结构强度，坝脚有护甾（护坝脚短石桩）。坝北端有神庙、石幢、石兽等。坝南岸原有明万历年间地方官捐俸修坝题名碑，现移置奉祀宋以降修坝有功人士神主的崇报祠。新中国成立后，渔梁坝及其环境得到充分重视和保护。属全国重点文物保护单位。

绩溪堨群 绩溪县拥有水堨数：宋朝117处、元朝106处、明朝108处、清朝（道光以前）108处。主要包括隆堨、脚山堨、九隆堨、东林堨、西林

*渔梁坝

塌、䏱干塌、柽干塌、隆干塌、于干塌、金竹塌、汪塌、王源塌、下丰塌、末干塌、汪干塌、胡村塌、永定塌、秧田塌、九公塌、石塌(2)、新塌、上圳塌、下圳塌、上丰塌、花干塌、王塌、决塌、前坦塌、东干塌、西干塌、辛田塌、庙头塌、中车塌、麻榨塌、松菇塌、龙须塌、考坑塌、白石塌、上干塌、岩脚塌、大石门塌、小石门塌、麻果塌、内鼓塌、前干塌、副塌、地基塌、梅树塌、高家塌、新进塌、高塌、绿塌、寺前塌、洪塌、尚春塌、十八塌、水塌、胡父塌等。

联村塌 见650页"富塌"条。

惠化塌 又称"七姓塌"。位于歙县徐村边富资河上。宋朝时，宋、汪、仰、路、王、赵、姚七姓合建。渠起沙溪，经徐村、宋村、仰村、新村至万年桥头。

程塌 位于休宁县率东(今属屯溪区)。元末明初程维宗，在其临溪高远庄不惜重金掘堰开渠1千米，可引流灌田80余万平方米，一方之人皆受其利，世人称其塌曰"程塌"。

鲁公堤 位于休宁县忠孝乡。明万历年间，休宁县知县鲁点主要采取官府出帑的方式予以修筑。

富国堤 位于休宁县吉阳乡。明万历年间，五都塌川因水患致使决堤300多米，良田积淤20余万平方米。知县李乔岱躬亲勘测，委命义民胡世用、胡文新、胡鹤琳等督工监修，修成此堤。

富塌 又称"联村塌"。位于歙县富塌附近富资河上。隋义宁二年(618年)，沙溪凌姓家族建造。唐初，凌姓在富塌村边的富资河上创建隆塌，灌田30余万平方米。宋元之间汪姓迁入富塌后，由汪姓筑堤，凌姓疏渠，渠道经富塌村后街至沙溪村，灌田40万平方米。参见152页"文化生态"部"富塌"条。

婺源塌群 婺源县拥有水塌数：宋朝17处、明朝138处、清朝(道光以前)185处，至民国十四年(1925年)有石塌210座。主要包括程师塌、杨树塌、结竹塌、十亩丘塌、胡塌、玉坦塌、余山塌、出水塌、词源塌、真武塌、外榨塌、内榨塌、狮形塌、教场塌、新田塌(2)、鲍丘塌、撩丘塌、下山坞塌、平渡塌、程村中洲上下塌、高车塌、狮墩塌、柳家塌、江村段塌、前塘塌、中洲塌、汪村塌(2)、陈村塌、小灏滩塌、陈潭塌、鱼鳞塌、沈潭塌、富衷塌、万屏塌、双溪塌、畲田塌、新村塌、大畈塌、裘村塌、马岭外塌、方坑塌、荒田塌、马颈塌、黄塌、济溪塌、目莲塌、济口塌、洋塌、五亩塌、十亩段塌、汪家塌(2)、王家塌、高瑶塌、瑶坑塌、和兴塌、金钱塌、八亩塌、张湾坑塌、董眉坦口塌、程门塌、大塌、石枧塌、圣潭塌、龙聚塌、润泽塌、萃源陈家塌、小塌、福亭塌、石龙塌、王村塌、怡养塌、庙基塌、大路场底塌、清源中村碓塌、养田塌、黄村塌、横石塌、斗潭塌、永青塌、柘塌、充并塌、黄泥塌、汇源塌、环川塌、青山塌(2)、上青山塌、程村塌、朱紫塌、余公塌、理源桥塌、程五塌、二十四亩塌、石佛塌、郭田塌、五亩黄村塌、汪山吴村塌、句栗塌、金家塌、环秀塌、江湾麻榨桥头塌、晓鳙双折塌、思溪红庙塌、齐村千亩塌、孩子塌、项村社会塌、福溪水口塌、拦路塌、吴坑猪麻塌、东塌、方坑充田塌、吕田塌、青龙塌、单家塌、白石塌、中塌、慈塘塌、杨家塌、延村水口塌、长临塌、官塌、大田水口塌、石塌(2)、砵石坑塌、沙塌、石桥塌、方家塌、石岭塌、程小塌、阎家塌、沙陂塌、岩溪塌、龙溪塌、润宅塌、水口碓塌、含塌、剑浦塌、大陂塌、杨林塌、印墩塌、张九塌、大石塌、程家坦塌、水口塌、百亩塌、古城塌、砺斋塌、上汪静塌、下汪静塌、周村塌、坳口塌、鼋石塌、屏峰塌、老郎塌、水碓塌、朱家塌、大婆塌、池口塌、黄栋树塌、句栗树塌、古楼塌、板桥塌、龙山塌、叶里塌、石陂塌、车田塌、引袋塌、洋湖潭塌、板桥陂塌、吉曲塌、珠岸塌、琼车塌、坦上塌、安头塌等。其中灌溉面积30万平方米以上的石塌有：江湾麻榨桥头塌、大畈塌、晓鳙双折塌、思溪红庙塌、齐村千亩塌；60万平方米以上的石塌有115座。

雷塌 位于歙县西溪南村(今属徽州区)边丰乐河上。南宋祥兴元年(1278年)，程迁率子8人兴建，灌田110余万平方米。

*雷塌

鲍南塌 位于歙县岩寺镇(今属徽州区)丰乐河上。东晋咸和二年(327年)，新安太守鲍宏倡建。初为木桩石坝，干渠自岩寺镇潜虬山下入口，流至路口分南、北两大支渠，北支渠经梅村至后村，南支渠经下路口、鲍屯、上市、大址村、向杲，迤北穿衮绣至黄潭出口。灌田240余万平方米。新中国成立后，将北支渠延伸至下市，南支渠延伸至七里头。

漏斗坝 位于黟县五溪山竹溪河上游的宏潭竹溪村。清朝中期，当地村民为了灌溉新开垦的荒田，利用横卧溪间一块天然巨石作坝，在巨石右端凿一孔穴，形状如同漏斗，故名。溪水从漏斗流入长沟，灌溉26万余平方米，后来在地形较低的南山桥下，又开挖一道新沟，长达1千米，扩大灌溉面积13万余平方米。

*漏斗坝

横涧堨 位于祁门县十里牌谢家山村。始建于清康熙年间，后被水毁，光绪三年（1877年）复建，可灌溉良田13万余平方米。

歙县堨群 歙县拥有水堨数：宋朝262处、明朝35处、清朝（道光以前）63处。主要包括新田堨、荆堨、金竹堨、丰堨（2）、官干堨、涌泉堨、休堨、侧堨、勋堨、黄成堨、梅堨、宗堨、塞堨、石瑶堨、汪眼堨、竹金堨、水晶堨、米堨、花五堨、亩滴堨、西堨、昌堨、雷堨、江坑堨、胡堨、十八亩堨、鲍南堨、龙堨、吕堨、永丰新堨、庆丰堨、富余堨、秋堨、瑶堨（2）、寺堨、大母堨、小母堨、新堨、条垄堨、张潭堨、小梅堨、黄潭堨、大佛堨、小坑堨、大堨、小堨、白毛堨、殿子堨、濠堨、汪堨、良堨、惠化堨、隆堨、垄堨、青山堨、澄清堨、湖干古堨、头堨、虾蟆堨、渔塘堨、水碓堨等。

黟县堨群 黟县拥有水堨数：宋朝190处、元朝165处、明朝172处、清朝（道光以前）127处。主要包括历下堨、龙潭堨、城北堨、上寺堨、下寺堨、东门堨、王三堨、古田堨（2）、劾上塍堨、江柏山堨、瑜村堨、桂堨、枧堨（2）、庄前堨、开干堨、高围堨、柴堨、大杩堨、古楼堨、天井堨、王田堨、胡村堨、邵家堨、赤土堨、新溪堨、金家堨、枧丘堨、车头堨、三郎堨、西门堨、李树堨、社下堨、鱼塘古堨、降下堨、三十五工堨、黄陂堨、沙冈堨、汪光堨、青山堨、旱溪堨、横山堨、根脚堨、假山堨、塘下堨、鱼鳞堨、头堨（2）、井林堨、老鸦堨、塘下堨、庄金堨、新丘堨、培下堨、狮子石堨、棋盘堨、鲍村堨、鸦头堨、杨村堨、尖丘堨、新田堨（2）、杨树堨（2）、杨田堨（2）、胡丘堨、牛角堨、鲤鱼涨堨、千金堨、麻石堨、杨林堨、垄里堨、鱼塘堨、小段堨、庄墩堨、天功堨、徐堨、榉木堨、葫芦堨、溪北堨、三百堨、高桥堨、庙背堨、间堨、查堨（3）、猪头堨、天竹堨、三角堨、车公堨、道士堨、社公堨、石桥堨、小圳堨、碓堨、月邱堨、山嘴堨、尺四堨、胡大堨、倪村堨、胡堨（2）、膳庵堨、查下堨、芦树堨、兰家堨、石堨（4）、辽墩堨、南山堨、汪漆堨、南山下堨、汤田堨、汤田上堨、石燕堨、曹成堨、黄家堨、大坦堨、车田堨、四百八十工堨、史文保堨、塘堨、汪村堨、林堨、叶堨、谢家堨、里堨、吴田堨、岩坑堨、杨柳堨、陈堨、张堨、良堨、古堨、村前堨、辛堨、白沙堨、乌石堨、东山堨（2）、尴丘堨、达麦堨、郭漆堨、李家堨、村口堨、车定堨、桂丘堨、和尚堨、双堨、十二堨、柘树堨、苦竹堨、西堨、六亩堨、叶里堨、桥下堨、胡隆堨、郭大丘堨、江家堨、桥头堨、大堨、中段堨、叶村堨（2）、小坑堨、吴村堨、小堨、冈崛堨、考溪堨、郭坑堨、横塝堨、中堨、汪堨、庙堨、杨家堨、胡家堨、程家堨、何村堨、富堨、福林堨、庙前堨、顾家堨、何家堨、汪王堨、南渡堨、朱家堨、小凤堨、霍溪堨、赏坑堨、高堨、朱堨、竹林堨、黄泥堨、插降堨等。

蟹钳堨 原名"齐堨"。位于休宁县阳湖充溪（今属屯溪区）洽阳河（又称"佩琅河"）上。明弘治年间改建并开渠4 000米，名"充山渠"，因堨址在蟹钳，后更名"蟹钳堨"。原堨体系木桩卵石堆筑而成。

[九] 古迹遗存

古塘陂渠
古道遗迹
渡泉池井
堨坝堰堤
墓葬题刻

方塘 位于婺源县清华镇内。相传南宋岳飞过此所筑。长、宽均约12米，周为石栏。

朱文公墨池 见653页"清浊塘"条。

朱绯塘 位于婺源县城北三都村旁。南宋淳熙三年（1176年），朱熹回故里扫墓，与门人滕璘游至此，见一泓塘水，清澈幽静，似昔梦中所见。因问滕璘此何处，滕答："朱绯塘，璘世业也。"朱熹谓"早有神交"，可在此建亭，并书"草堂"二字相赠。后朱熹为婺源藏书阁撰文，翻阅典籍，想起朱绯塘，遂作《观书有感》："半亩方塘一鉴开，天光云影共徘徊。问渠那得清如许？为有源头活水来。"

朱塘 见652页"珠塘"条。

休宁塘群 休宁县拥有水塘数：宋朝510处、元朝379处、明朝278处、清朝（道光以前）295处。主要包括四郎塘、大塘（8）、平山塘、石羊塘、小塘（4）、古塘、林家塘（2）、长塘（6）、杨塘、南塘（5）、莲塘（2）、白水塘、新塘（9）、布政塘、囊兜塘、钟家塘、塘舟塘、山川坛下塘、厚均塘、流塘、湖塘、和尚塘、栗凤塘、八亩塘、上高塘、张湖塘、野鸭塘、寺前塘、浮塘、乌儿塘、藕塘、石岭大塘、双隔塘、北充塘、思寻塘、梁头塘、料头塘、查木塘、金家里塘、独耸塘、外干塘、鱼亭塘、柿树塘、四充塘、巴梨塘、大充塘、吴塘、罗洪中塘、约公塘、千源塘、倪家塘、吴大塘、猪栏塘、程十伯塘、三义塘、潘塘（2）、张家山塘、汪道充塘、汪塘（3）、小坞塘、邓塘、交塘、陈家塘、东山上下塘、独笋塘、木瓜塘、乌株塘、唐坞塘、陂小塘、前山塘、瑶塘、潘村塘、双车塘、方塘（3）、栏山塘、三义塘、莲花塘、下村塘、社屋下塘、北塘、胡高塘、仙环塘、迎善塘、上塘、大沉松塘、坑塘、黄泥塘、盔塘、前坑塘、李家塘、下塘（2）、后下塘、观音塘、黄充塘、吴失塘、木塘、仁安塘、戴家塘（2）、孝塘（2）、孝来塘、叶四塘、麻窄塘（3）、江塘、孙家瓦塘、牛栏塘、朱源塘、尖塘、下山塘（2）、双塘、东宫塘、茶塘、远充塘、珠塘（2）、中沙塘、东海塘、觉公塘、张塘、大坞塘、陈言塘、毕坑塘、义塘、大口水塘、后塘、呈塘（2）、云塘、崇湖塘、黄干塘、汪陂塘、宋坑塘、龙亭塘、杨梅塘、石灰塘、影塘、舅公塘（2）、冢塔塘、前山塘、起角塘、北充塘、汪充塘、莲婆塘、狐狸塘、弼灶塘、球家塘、林塘、村中塘、查岭塘、荄笋塘、易村大塘、石山塘、瓦窑塘（2）、由山塘、毕塘（2）、西塘、叶塘、呈社塘、前门塘、新言塘、呈什伯塘、湖塘、言坑塘、湖官塘、酒浆塘、外想塘、吴言塘、塔山塘、福坑塘、孙村塘、泉郎塘、全充塘、栏山塘、洪真巷塘、水互岭塘、王细八公塘、隐塘、典马塘、春塘、程山塘、九公塘、方付山塘、新付塘、程田塘、林坞塘、齐塘、石塘、山塘、六士山盘塘、大石塘、梅塘、小儿塘、北塘、石进塘、籍塘、荒塘、隔山塘、巴滩塘、吴大塘、柿木塘、车塘、汪村塘、八伏塘、东塘、连绵塘、巴充塘、江家塘、下罗塘、金家充塘、退富塘、上充塘、黄村吴已塘、葛塘、跃龙塘、呈休塘、宝林塘、朱塘、天伯山塘、林婆塘、麻鸭塘、木瓜塘、古柏塘、西充塘、吕安塘、言塘、仓厅塘、后干塘、四洗塘、程北塘、后充尾塘、上中塘、真塘、江舟塘、汪三塘、南岸塘、岭井塘、罗州上村塘、八斗塘、陈潭塘、闸上塘、苦竹坑塘、后干塘、塘尾塘、汪六塘、亩半塘、朱宅塘、观音塘、二保大塘、胡家塘、千山塘、莲花塘、三角塘、塘堨塘等。

祁门塘群 祁门县拥有水塘数：宋朝237处、元朝272处、明朝30处、清朝（道光以前）40处。主要包括临清塘、陈家塘、汪村塘、老坑塘、南岸塘、前山坞塘、石头塘、榨坞塘、云坑坞塘、大树坞塘、田坑坞塘、青山塘、汪家塘（2）、胡宾塘、庄家塘、候潭塘、姚村塘、西山塘、林村塘、江桐坞塘、汪湖塘、谕坑塘、杨坑塘、杨坞塘、郑坑塘、吴坑塘、水树坊塘、凤凰塘、程公塘、蒋家塘、毕家塘、杨村塘、贵溪塘、戴家塘、箬垣塘、黄家塘、西坑塘、栖隐塘等。

社屋前陂 位于休宁县吉阳乡，灌溉田地5万余平方米。清康熙年间修建。

兖山渠 位于休宁县阳湖镇（今属屯溪区）兖溪至兖山村。明弘治年间因筑蟹钳堨并开凿一条人工水渠长达4 000米，名"兖山渠"，清周光镛有《兖山渠五魁梅歌》："兖山之渠清且漪，兖山之梅古而奇。……清横浅水湛冰雪，红喷晴雾凝胭脂。"

独耸塘 位于休宁县齐云山齐云岩西，五老峰北。汇近处泉流，筑塘蓄水，分里、中、外三塘。春夏水满，漂崖挂瀑，泻入横江。

珠塘 位于屯溪戴震公园旁。为黄山市中心城区唯一的池塘，西自四季葱翠之华山岭仙人洞，延绵到南接古木灌丛之老虎山，东及杨梅山。据史料记载，珠塘，原名"朱塘"，因居家朱姓而得名，后以珠塘名之。其塘域深广，每逢梅雨季节，山洪肆虐，塘水暴涨，无不殃及田舍，泛滥成灾。传说奉供不及，龟精作怪，危害于此。隆阜名贤戴震不信此谣，他勘察洪灾现场，精心考究，提出了防洪抗洪方案，并和地方有识之士一道集资，鸠工植树造林，筑坝拦塘，驯服了洪兽。他们在珠塘建筑的这座石坝，高达10米，顶长43米，宽22米，蓄水百万立方米。塘口用石块造一个塘印（闸门），坝下辟有水沟，直通新安江。平时关闭闸门，以利养殖鱼鸭和灌溉农田。遇到山洪肆虐，当即打开闸门放水，农田不再受涝，屯溪街也不再被淹。

＊珠塘

效上塍沟渠 位于黟县城北门外柏山村口。清乾隆十九年（1754年），黟县余种德捐资修筑效上塍（别称"和尚池"），拦河砌堨，开渠引漳水向东南，经麻田长生亭流向高歧、江家段，至古溪黄村，入龙川河，全长3700米，沿途灌溉两岸农田40余万平方米。

清浊塘 位于婺源县高砂乡龙居村边。两塘相对，一清一浊。此为朱熹祖墓龙脉过处，故又称"朱文公墨池"。

淮渠 见653页"槐渠"条。

绩溪塘群 绩溪县拥有水塘数：宋朝95处、元朝64处、明朝66处、清朝（道光以前）43处。主要包括眉山塘、八公塘、东山塘、水救塘、洪源塘、冲塘、乌塘、毛屋塘、泉塘、冷坦塘、莲花塘、古塘、深塘、墓前塘、大古塘、小古塘、鸬鹚塘、凿石塘、大塘、外塘、水塘、江塘、社屋塘、新塘、汪母塘、新源塘、菱塘、叶毛塘、到塘、长塘、大胜塘、和尚塘、公塘、子坞塘、茭笋塘、叶朝塘、沙塘、木瓜塘、银钱塘、山元塘、坞塘等。

婺源陂群 婺源县拥有古陂数：宋朝157处、明朝121处、清朝（道光以前）122处。主要包括塘陂、大庄前大陂、杨树陂、慈坑口陂、五亩陂、石龙陂、女儿陂、汇秀陂、羊岩陂、张陂、七亩陂、黄牛陂、石门陂、汇波陂、湖田陂、长林陂、黄土陂、荷花陂、高陂（3）、湖头陂、汪家陂（2）、王家陂、九瑶陂、长沟陂、旱禾陂（2）、丛老陂、殷家陂、徐家陂、和木陂、油田陂、枫树陂、沙陂、吴家陂、李陂、王师陂、象陂、义济陂、小陂、结龙陂、古楼陂、头陂、吴村陂、石田陂、清镜陂、湖口陂、大陂（2）、和木桥陂、柘木陂、寺林陂、石山陂、项原陂、官田陂、社屋陂、马鞍陂、敦田陂、晏公陂（2）、赤土陂、保公陂、月山陂、寺岭陂、九亩陂、长婆桥陂、马肠陂、石陂、太古陂、胡家陂、土地陂、深陂、汪陂、黄荆陂、庙前陂、松林陂（2）、胡村陂、洪林陂、千金陂、颓来陂、黄莺陂、武陵陂、香潭陂、化龙陂、周溪陂、粽陂、南山大田陂、新陂、燕陂、张九郎陂、社桥陂、长田陂、菜陂、彭家陂、下砂陂、社陂、庙陂、丁家陂、梨树陂、余村陂、冲陂、石牛陂、闸陂、江田陂、翁村陂、华村陂、林村陂、龙塘陂、尚书陂、樟树陂、程柏陂、石桥陂、杨林陂等。

婺源塘群 婺源县拥有水塘数：明朝43处、清朝（道光以前）70处，至民国十四年（1925年）山塘85口。主要包括义塘、伶仃塘、上塘、会后塘、朱绯塘、赤朱塘、静鉴塘、古塘（2）、南塘、石塘、旱塘（3）、新庄塘、塔塘、三善塘、鉴塘、双溪口养生潭塘、石木坞塘、镇宅塘、庙坞塘、方塘、罗村大塘、小路口塘、龙王塘、牛屎坞塘、长塘、上坞塘、杨塘、麻榨塘、莲塘、南充塘、石山塘、董充塘、江村泉塘、栏路塘、漫塘、枫树塘、荷花塘、莲房塘、翰塘、后门塘、玉印塘、桂林塘、冷水塘、清浊塘、石印塘、沙丘塘、成德塘、箬叶塘、藕塘、松塘、鲍华塘、荫宅塘、张公塘、桂湖塘、龙岩塘、下岩塘、员塘、天羊角湾塘、春草塘、七星塘、养生塘、荫塘、瑶塘、振达塘等。

槐渠 又称"淮渠"。位于黟县城区。是黟县现存最早的引水工程柏山堨引水渠。南朝梁中大通元年（529年），太常卿胡明星归里（六都横冈）兴建柏山堨时捐资开凿。横沟"导城北溪水，逶迤而南，溉民田千余顷，岁屡有秋"。渠长2500多米，宽约2米，自北向南，引漳水，过八张，经临漳门（县城北门）侧入城。沿北街，直穿北街口，又经过上程、杏墩里、下程，从郭门出城，沿渔亭古驿道，到达横冈，灌溉郭门外、横冈村大片农田260余万平方米，时为黟县最大规模水利工程。明嘉靖三十五年（1556年），知县周舜岳曾对横沟进行过全面加固整治。1400多年来，横沟引漳河水，源流不断，世代相益，既为灌溉农田，也为城区消防和居民浣涤提供水源。长渠流入城内，几与北街完全平行，横沟不少地段穿注北街民居屋下。每年麦收后，横冈村、郭门外农民都要进城启浚横沟，既通水利，又除积垢，此约定俗成乡规延续千年至今依旧。届时横沟两岸人群熙攘，热闹非凡。清黟县程学禧的《黟山竹枝词》生动描述了这一时令乡俗："穿城一水是槐沟，开浚年年趁麦秋。人集街心携畚锸，人归月下荷锄头。环山城北绿成阴，人住城南是桂林。城北城南花信到，叶如碧玉粟如金。"

歙县塘群 歙县拥有水塘数：宋朝1 207处、明朝72处、清朝（道光以前）149处。主要包括新塘(3)、源塘、上呈塘、下呈塘、刘塘(2)、神仙塘、谷塘、坑塘、汪塘(3)、陈可塘、秦塘、众塘、野坑塘、子樟塘、王武塘、汪义塘、胡谷塘、外子塘、坊塘、长塘(2)、蛮塘、周塘、古塘(3)、汪从塘、朱叶塘、原塘(3)、大塘(4)、五里塘、石禾塘、牙塘、连塘、淮塘、胡禾塘、叶塘、章塘(2)、程塘、涌泉塘、青琉塘、次塘、慈姑塘、长兴塘、山后塘、藕塘、油坑塘、锅塘、佐府塘、正河塘、枋塘、后梯塘、下山塘、横路塘、竦塘、琶塘、汪伯塘、春前塘、黄社塘、大莲塘、社屋塘、排充塘、梅村塘、中塘(2)、朗塘、榜塘、鲍塘、竹塘、胡塘、仲兴塘、得公塘、上塘、辛塘(2)、舒塘、涌塘、张塘、东山塘、成坎塘、后山塘、方塘(2)、朱塘、高塘(2)、古城塘、富停塘、积景塘、七亩塘、社义塘、淡塘、泉水塘、岸塘、古亩塘、汪淫塘、尖山塘、西塘、荒塘、西坞塘、河塘、桑塘、芦贵塘、付真塘、下宥塘、江坑塘、里塘、外塘、上里塘、左昌塘、溪子塘、洪秦塘(2)、樟塘、上流塘、米塘、流塘、十亩段水塘、云雾塘、吴塘、仲孙塘、葛塘、洪塘、命新塘、槐塘、汪明塘、尹山塘、大马塘、武田塘、将塘、大圣塘、黄富塘、官塘、黄塘、结稍塘、詹塘等。

藕塘 位于休宁县齐云山紫霄崖前。塘内外杂草丛生，落土淤积，现已缩为小沼。

黟县塘群 黟县拥有水塘数：宋朝6处、明朝7处、清朝（道光以前）111处。主要包括李坑塘、张家背塘、麻榨塘、深田湾塘、东岳坑塘、石门下塘、江柏山塘、上岩头塘、上垄塘、长窑塘、瑜村塘(4)、亭前塘(2)、塘丘塘、石村塘、屎溏塘、大宽段塘(5)、田段塘、后山塘(2)、井丘塘、岭下塘、轴上塘、三元桥塘、下村口塘、林前塘、百户塘、黄陂头塘、上村塘、深坑塘、后深坑塘、中村塘、四眼塘、泉窟塘、新田塘、新田舍塘、蒲村塘、胥王庙塘、百尺段塘、大路下塘、百石塘、古筑塘、路下丘塘、三郎庙塘、泉水塘、下江村塘、乌潭塘、余村塘、前塘、黄柏坞塘、石门塘、大丘塘、下坞塘、坮里塘、金朱里塘、横山塘、上西坑塘、山坞降塘、山水下塘、坞口塘、间竭塘、胡村塘、坟林坮塘、上横路塘、老鸦井塘、红庙塘、小坞塘、前山塘、大坞里塘、渐水田塘、浅降塘、牛路塘、胡婆井塘、长演岭塘、前段塘、外段塘、坦前塘、石头坦塘、珠林下塘、岩下塘、霭江塘、札坑塘、李村塘、金林塘、乔岭塘、潭口塘、叶村塘、朱坑塘、长丰塘、村口塘(2)、中田塘、李田塘、横降塘、门背塘、宏村南湖、石鼓段塘、宏村口塘、际村口塘、山背塘、山后塘、上大塘、西山下塘、下田塘、双塘、篱塘、冷水塘等。

*宏村南湖

[九] 古迹遗存

墓葬题刻

古道遗迹
渡泉池井
堨坝堰堤
古塘陂渠

一坞白云 位于绩溪县今浩寨乡鸡雄岭（即卢山）卢山寺朱熹题字。寺唐初敕建，宋苏辙宰县时，曾与兄苏轼同游。后朱熹来县，讲学于云庄书堂时亦曾游览胜寺，并于殿之西壁题此四字。清乾隆年间，寺僧心逸折移西壁于殿后，盖数椽以荫之，邑人曹天佑有记。

七十二福地真人名氏碑 位于休宁县齐云山，竖嵌于八仙洞内。高37厘米，宽127厘米，红砂石琢成。碑文记载道教七十二福地之所在及各福地真人名氏。

人世蓬瀛 镌于休宁县齐云山真仙洞府圆通岩的崖刻。清康熙六年（1667年）题。全文为："人世蓬瀛。康熙丁未仲夏吉旦，滨苑刘芳洪题。"楷书，字幅宽160厘米，高50厘米，字径50厘米。

*人世蓬瀛

人近云天 镌于休宁县齐云山忠烈岩的崖刻。明嘉靖年间题。楷书，字幅宽190厘米，高70厘米，"人""天"二字剥落。

入图画 镌于休宁县齐云山真仙洞府的崖刻。明嘉靖年间题。正文为"入图画"。款落"邵正宁陪□松山金天云□南张懋鲁□□并题"。楷书，字幅宽100厘米，高40厘米。

三十六洞天碑记 位于休宁县齐云山，竖嵌于八仙洞内的碑刻。高37厘米，宽110厘米，红砂石琢成，碑文记载道教十大洞天、三十六小洞天、海中五岳洞天之所在与诸仙名号。

大石桥 镌于休宁县齐云山岐山石桥岩东侧危崖的崖刻。明正德年间题。楷书，字径150厘米。

*三十六洞天碑记

大好河山 位于黄山温泉之西崖壁的石刻。字径2米，参以汉简和魏碑笔意，字体朴实清秀。款落"中华民国八年（1919年）春唐式遵题"。唐式遵，国民党将领。四字为石工朱为玉、王文德、朱立宗等刻。

万山拱圣 镌于休宁县齐云山小壶天石室舍身崖的崖刻。明万历四十四年（1616年）题。楷书，字幅宽60厘米，高25厘米。崖下深壑万丈。隔壑群山面向玉虚宫，有似朝圣。

万安复办水龙碑 位于休宁县万安下街民居院内。清光绪二年（1876年）立。原来碑刻立于下街的水龙庙中，后水龙庙被拆毁，碑刻仍留存于旧墙之上。碑文详细记叙了同治、光绪年间水龙会的捐款和开张的经过，从碑上可得知，光绪元年（1875年）为万安水龙庙捐款的店铺达到92家。水龙庙负责筹集消防经费，购置与管理消防器材，组织开展各种消防活动，奖励救火有功人员。

*万安复办水龙碑

万峰晴雪 镌于休宁县齐云山隐云峰的崖刻。明嘉靖十五年（1536年）冯世雍书。正文为"万峰晴雪"。款落"三石山人"。楷书，字幅宽230厘米，高30厘米，字径50厘米。

*万峰晴雪

万善庵寺产碑 位于婺源县浙岭头。清道光四年（1824年）盈秋月立。碑文记载："乾隆四十四年（1779年）王世兴众将浙岭大路食字一千二百五十九号山场公输入庵，长养树木，以籍济荫行人。恐日久废弛，或有不肖觊觎盗砍，或借口毗连越占，是以僧禀前情吁请，获准凭给示勒石。"

飞升台藏经楼碑记 位于休宁县齐云山，立于齐云岩宜男宫前藏经楼内的碑刻。高141厘米，宽53厘米，厚8厘米，黟县青石琢成。碑文载清顺治年间建楼实况。

飞身所 镌于休宁县齐云山小壶天石室舍身崖的崖刻。明万历十八年（1590年）题。正文为"飞身所"。款落"万历十八年（1590年）十月二十四日"。楷书，字幅宽60厘米，高30厘米。相传昔有道人在此纵崖舍身求仙。

*飞身所

飞雨 崖刻。❶镌于休宁县齐云山朗灵院（凤虎关旧址）。明天启五年（1625年）岭南方豪题。正文为"飞雨"。款落"方豪书"。草书，字幅宽60厘米，高90厘米，字径63厘米。❷镌于休宁县齐云山紫霄崖。明嘉靖元年（1522年）题。正文为"飞雨"。款落"梧冈书"。草书，字幅宽80厘米，高45厘米，字径27厘米。

*飞雨（紫霄崖）

飞举冲霄 镌于休宁县齐云山真仙洞府危崖的崖刻。明万历二十八年（1600年）秋，河北大城刘朝用题。正文为"飞举冲霄"。款落"万历庚子（1600年）岁菊月吉旦立，大城岳村居士刘朝用书"。楷书，字幅宽180厘米，高50厘米，字径26厘米。

*飞举冲霄

乡约碑 位于祁门县渚口乡滩下村倪氏继善堂宗祠前。清道光十八年（1838年）立。碑文记载公私祖坟、来龙山、河洲的树木，毋许砍斫开挖。禁止公私兴养松杉杂苗竹以及春笋、五谷、菜蔬并收桐子、采摘茶籽。如违罚戏一台。

王月德墓 位于黟县西递镇叶村大周山麓。王月德，明黟县人，隐士。

王文治诗碑 发现于黟县陈闾村汪馨家花园。清碑，王文治书，年月不详。本有四块，现仅存一块，已作为菜园栏石。汪馨，清举人，曾为学部员外郎；王文治，清著名书法家。黟县西递青石制碑，行书阴文，文为："春潮未满客行迟，花坠清波鱼不知。一局残棋簾乍卷，丹徒城外雨如丝。梦楼王文治。"

王琠墓 位于祁门县历溪村后来龙山中。王琠为明朝御医，墓为王琠与夫人火氏、李氏合葬墓，占地面积约30平方米。墓冢以卵石垒砌而成，十分简朴。墓碑为其裔孙王三接所立，碑上写有"历溪王氏曾祖考琠府君、祖妣火、李氏之墓"。属黄山市重点文物保护单位。

*王璧墓

王璧墓 位于祁门县闪里镇湾坦（即铜锣湾）。此墓为五代后梁乾化二年（912年）始建，坐北朝南，由墓道、拜台、墓冢组成，墓前原有石兽、翁仲、华表、享堂、碑亭，今已不见。王璧，唐末人，"生有奇节，好读书任侠"，由杭州迁居祁门县北部一隅。唐乾符年间，他与女婿郑传集众抵御前来寇犯江东及歙州的黄巢军，因此被守歙的陶雅屡奏请功，时逢宣歙观察使杨行密得承制封拜，累授银青光禄大夫检校兵部尚书加金紫光禄大夫。他后来出任祁门县令，请求允准告老卜居筑家在祁门县苦竹港，在此寿终正寝，享年68岁。后唐朝散大夫检校吏部尚书刘昫曾经为之撰写《唐检校兵部尚书王公墓志铭》，而王璧也被尊为琅琊王氏迁祁之始祖。

天下名泉 镌于黄山温泉石壁的崖刻。明万历十一年（1583年）程师周、戴国辅、戴国良、□胜绂题。楷书。

天下奇观 镌于休宁县齐云山紫霄崖的崖刻。明嘉靖年间姑苏徐敦题。行书，四字幅，宽270厘米，高45厘米。

天门诗碑 立于齐云山一天门内。青石，高100厘米，宽40厘米，行书。原碑无题。诗曰："天门倚云石，夜静不须关。鸟渡栏杆外，人行图画间。水帘晴作雨，泥雪画生寒。今古归谈笑，偷闲一跻攀。"后有"奉政大夫同知宁国府山阴亭峰虞俊"诸字。

天开图画 镌于休宁县齐云山真仙洞府黑虎岩的崖刻。清康熙五年（1666年）燕山龚锡蕃书题。楷书，字幅宽400厘米，高130厘米，字径80厘米。刻石深约6厘米，笔法苍劲洒脱。

天开神秀 镌于休宁县齐云山真仙洞府黑虎岩的崖刻。明嘉靖二十八年（1549年）吴蕃伯题。楷书，字幅宽560厘米，高160厘米，字径130厘米。笔法刚劲浑厚，神逸洒脱。

*天开图画

*天开神秀

天池 镌于休宁县齐云山真仙洞府黑虎岩的崖刻。明隆庆三年（1569年）何人题。楷书，字幅宽100厘米，高30厘米，字径20厘米。

天都仙子题崖诗 镌于休宁县齐云山岐山石桥岩的崖刻。明隆庆六年（1572年）汪金币题。正文为五律一首："丹井原无底，瑶浆滴土台。昔时天帝凿，今复世人开。脉续银河细，声飞玉滴来。穿崖分外沼，长得濯灵台。"行书，字幅宽40厘米，高30厘米。

天造名山 镌于休宁县齐云山插剑峰东壁的崖刻。明嘉靖四十三年（1564年）彭维亨题。行书，四字幅，宽180厘米，高40厘米。

*天造名山

天海佛像 位于黄山天海招待所(天海庵旧址)后侧山冈石壁的石刻。佛像高约4米,宽约1.5米,为花岗岩壁浮雕。佛像面相圆满,眉浓目张,狮鼻阔口,两耳垂肩,法相庄严。明王之杰《游黄山前记》载:"谒天海庵,庵后石壁,新镌一佛……"王氏此次游山,时在万历"丙午春",据此初步断定,佛像刻于明万历三十四年(1606年)以前。

元武功万六承事太君胡氏生茔 位于歙县璜蔚村。建于元元统二年(1334年)。墓坐东朝西,有并列两个砖砌拱顶墓室,平面呈"凸"字形,前廊后堂,石板铺底,三面置祭台,台下竖石东面正中为墓志碑,上为三角形刻福字及鹿蜂猴(寓意"福禄封侯")图案碑额,宽170厘米,高41厘米,题额为"元武功万六承事太君胡氏生茔"(实际为苏氏家坟),碑文记述苏氏迁居歙县璜蔚村定居、家事并在此营造墓室的情形。其左右分别为"得意回"和"初登第"画像碑,均宽为53厘米,高为41厘米,北面为唐崔护《题都城南庄》诗画碑,碑石全青色页岩,画像全为浅浮雕。现均藏于歙县博物馆。

无量寿佛 镌于休宁县齐云山一天门外的崖刻。明万历九年(1581年)詹东镜、瞿用建题。行书,字幅宽25厘米,高70厘米,字径12厘米。

无量寿佛赞碑 位于休宁县齐云山。明兵部左侍郎、郡人汪道昆撰文,立于齐云岩西鹊桥峰下,碑已毁。文载明《齐云山志》,凡128字,有"其国极乐,其寿无量。……无量无凡,无显无密。无度无迷,无道无塞。既无无史,亦无无极。十方三世,斯其第一"等句。

云天一啸 镌于休宁县齐云山一天门内的崖刻。明万历二十九年(1601年)范懈题。正文为"云天一啸"。款落"万历辛丑(1601年)范懈读书此山"。楷书,字幅宽250厘米,高65厘米,字径53厘米。

*云天一啸

云天佛国 位于休宁县齐云山二天门下的碑刻。高107厘米,宽44厘米,隶书,字径32厘米,黟县青石琢成。明万历三十八年(1610年)何寿南题。

*云天佛国

云岩 镌于休宁县齐云山齐云岩的崖刻。南宋宝庆三年(1227年)端明殿学士程珌题。楷书。

云岩开辟兴复碑记 位于休宁县齐云山齐云岩太素宫三进殿前的碑刻。碑文载齐云山开山奠基历史,南宋德祐元年(1275年)邑人金大镛撰。据明《齐云山志》载,云岩为一丹台,卓立于齐云峰之中,坐南朝北,夹于两山之间,南宋内相邑人程珌题"云岩"二字刊于石。先是方士余道元得山主金士龙之助,建祐圣真武祠于岩下。曾经水火两变,而神像俨然。殿宇一再重建,改名"齐云观"。嘉靖年间赐额"玄天太素宫"。

云岩朝真后览胜有述诗碑 位于休宁县齐云山真仙洞府黑虎岩。高180厘米,宽90厘米,厚18厘米,黟县青石琢成。明嘉靖年间元峰山人慈溪袁炜草书:"玄宫万仞依天开,潜力寻真犯雪来。风落寒声钟鼓动,山凝紫气虎龙回。金银仙阙丹霄近,赤绿灵芝玉帝栽。独立晴峰看碧宇,含毫欲赋愧非才。"

云深处 镌于休宁县齐云山真仙洞府黑龙岩的崖刻。佚名题。草书,字径20厘米。

云溪堂帖碑 镶嵌于歙县许村许氏宗祠大宅门内。共15块,均为黟县青石质。宗祠左壁碑6块,为首的2块碑一上一下,各用楷书刻有"大宅世家"四字,字径6.6厘米,为明江西德清祝世禄书。上碑后部镌刻题写说明。接着为自署"菩上布衣潘振""吴郡范永临"的书法题刻。第六块碑为明末著名书画家董其昌的行书题跋,其中云:"高阳氏为古钦巨族,宋时有云溪者捐资助边,一时名公为之题。"右壁碑9块,从左至右,分别为《云溪草堂诗序》一篇、《云溪草堂诗》13首及后序1篇。前、后序分别为吴郡申时行、长州张凤翼的行书,诗为翰林傅泊城等人撰书,均为直径0.5厘米的楷书。碑上均用隶书镌刻有"歙北许氏大宅云溪堂帖"字样。摹刻上石者为杜国帧。

木商重建大兴会馆捐款人姓名碑 位于江苏苏州大兴镇徽商会馆。清同治四年(1865年)五月立。碑文记载,太平天国战争结束后,徽商在大兴重建会馆,建造正堂三间,供奉关公和朱子神位,共用银洋547元。当地徽州木商包括同仁会、单介眉、阳丰记、单逢甫、汪芸圃、俞茂亭、程漆园、程子章、程仰山、程伯鸾、汪晓峰、程裕兴、程怡裕、汪暗然、朱立元、金杏林、阳典卿、何瀛州、施子云、张丽泉、吴同文、阳湘州、王冠西、胡德模、朱明五、汪礼端、黄若皋、程复兴、何绩臣、章焕文、程华春、俞春泉、金子赏、汪倬云、潘月帆、俞丽文、赵万亭、石松岩、毕子荣、朱锦帆、胡书田、单尚林、王朴臣、施子荣、程香圃、程荔帆、汪燕山、吕鼎盛、吴雨香、章益友、潘招源,共51家。经理人为程仰山,司事为程荔帆。

五代堆婆冢 五代时,一方氏老妪(名不详),在婺源县浙岭设缸施茶,方便行旅,善事感人。方氏死后被葬身浙岭,过往行人拾石堆冢,以示报德。冢由大小瓦砾、石块、砖头堆砌而成,高约6米,面积约60平方米。明许仕叔《题浙岭堆婆石》诗有"乃知一饮一滴水,恩至久远不可磨"之句。

五老峰碑 位于休宁县齐云山,立于真仙洞府黑龙岩。高68厘米,宽47厘米,红砂石琢成。清光绪八年(1882年)刻。

不浴心也清 镌于黄山温泉石壁的崖刻。清乾隆五十七年(1792年)程振甲题。

太乙桥碑记 位于绩溪县旺川村的碑刻。明崇祯十四年(1641年)立。碑文记叙了太乙桥所处的地理形势、建桥史略和桥名的由来。崇祯年间,时局动荡,社会不宁,灾害连年,民不聊生。旺川曹志让,号太乙,为解民困,捐资建桥,以饱饥民。乡人感其恩德,命桥"太乙桥"。

太平军题字 位于祁门县城东大街敦仁里洪家大屋左侧础石墙上。题为"太平天国粤东前营叶高"。墨笔手书,字迹清晰,题字面积约1平方米。清同治元年(1862年)十一月初七,太平军刘官芳部取道黟县,第七次攻陷祁门县城,驻城三日,题字即为该部前营叶高手书。属安徽省重点文物保护单位。

太娘坟 位于歙县西7.5千米处。原有元里村,程氏世居地。明朝初年,族人程千四潜心业儒,不幸早逝。其妻梁氏,未满30岁就守节抚孤。婆婆患病失明,梁氏不断舔目使其复明,寡居50多年才去世。族人称梁氏之坟为"太娘坟"。

太液玄精 镌于休宁县齐云山真仙洞府文昌岩的崖刻。祁门叶正荣题,齐云山朱斋宁刻。行书,字幅宽210厘米,高60厘米,字径28厘米。

*太液玄精

友泉 镌于休宁县齐云山真仙洞府黑虎岩的崖刻。明嘉靖二十八年(1549年)程丁良题。正文为"友泉"。款落"嘉靖己酉(1549年)端阳日立,礼部儒士竹亭黄齐思友人程丁良"。楷书,字幅宽110厘米,高50厘米,字径26厘米。

车田古墓 位于休宁县东南郊坝里(俗名"车田")。其地有唐程南节墓、明程敏政墓及内阁中书舍人汪文言墓。

中立石铭 镌于休宁县齐云山最高峰廊崖中立石的崖刻。明嘉靖年间安福邹守益撰,行草。刘师泉、王一峰等镌。铭文为:"廊崖前奇石突立,命曰中立。予为之铭,以期我同游无负兹石。维汝之直兮可以语性,维汝之方兮可以语行,维汝之平兮可以语政。肆中立而不倚,廓乎乾坤之正矣。"刻石面宽63厘米,高82厘米。

*中立石铭

气冠群山 镌于黄山"龙虎斗"巨石上的崖刻。苏州吴似兰题。全文为:"气冠群山,神仙止焉。"

公议碧阳书院规条碑 立于黟县碧阳书院(今黟县中学)内。计两方。清嘉庆十六年(1811年)黟县合邑士绅立,方燮书,楷书阴文,计3 632字,详载碧阳书院招生、课试、奖惩、择师、财务等制度,为国内少有的书院史料。

丹井 位于黄山丹井旁石上的石刻。隶书,为明歙县松明山汪道昆题。参见50页"文化生态"部"丹井"条。

乌聊山明墓 位于歙县乌聊山东麓。墓主为明永乐年间一位未详其名的贵妇人。此为砖砌木棺墓,距离地面约5米,砖室呈长方形,顶部砌成拱券,长3.2米,宽1.4米,通高1.5米,出土器物甚丰:金首饰包括金簪、金凤钗、金步摇、金花等8件,金霞帔坠子1件(重42克,上有挂钩,两面镂空,各雕凤凰一只,并饰以祥云,装饰华美),金钱42枚及一些金丝、金箔等,玉器(包括青玉、玉圭、玉牌等)30件。在3只金簪和金霞帔坠子挂钩上均刻有文字,其中一枚金簪上写有"永乐七年(1409年)十二月十四日承奉司造八成色金簪一支四钱重"。这些器物均藏于歙县博物馆。

文昌正路 镌于休宁县齐云山三姑峰西的崖刻。明万历四年(1576年)刘守复题。楷书,字幅宽210厘米,高80厘米,字径135厘米。结构丰润严谨。

*文昌正路

方汉题壁 镌于休宁县齐云山岐山石桥岩的崖刻。方汉题。正文为五绝一首:"石桥驾长虹,洞若下弦月。子爽养晦心,深省向此发。"隶书。

毋许招佃民姓棚民碑 位于祁门县新安乡长滩村和顺堂内。清嘉庆十七年(1812年)立。碑文指出:"毋许招佃民姓蓬(棚)民;山场无论远近肥瘦栽种杉松务要满密;材山出售价银每两共取五分入杉松会,以防盗贼野火之需。"

玉堂公遗训碑 民国十八年(1929年)立。碑文记载玉堂公在清咸丰年间因病不能外出避难,被太平军中仁义之人帮助救治之事。现存黟县档案馆。

去思亭纪碑 位于黟县旧县衙去思亭中。明成化年间立。碑以黟县西递青石制,边雕云纹,楷书阴文,碑额"黟令董侯去思碑"。《黟县志·名宦》载:"董复,字德初,浙江会稽人。成化十一年(1475年)由进士知黟县事……去,民感其德,建去思亭,立生祠祀之。"今存断碑一截。

古城岩石刻 位于休宁县万安镇古城岩。原有明董其昌手书《鱼乐国》《放生潭》两块青石碑,砌嵌于林园外墙。现河边赤砂巨石之上尚有"枕流"二字,系明万历十三年(1585年)张葆淳题,汪衡书。

古洞天 镌于休宁县齐云山展旗峰北的崖刻。楷书,字径8厘米。无年月名款。

石上流泉 镌于休宁县齐云山小壶天石室的崖刻。楷书,无年月名款。

石户 镌于休宁县齐云山天门岩的崖刻。明嘉靖年间方豪为道士汪晞和题。行书,字径40厘米。晞和法名震玄,道号石户,休宁上资人。

*石户

石羊干 位于休宁县城东山的墓葬名。相传为五代吴王杨行密疑冢所在,歙州刺史陶雅奉遗命筑。后不知所在,唯两石羊夹道。又传吴太子(杨行密子)葬于此。

石亭记 位于绩溪县冯村至旌德古道的七磡岭洞的碑刻。明嘉靖十七年(1538年)立。碑文记叙了冯瑊一家人修缮石拱亭之事。

石桥观月碑 位于休宁县齐云山岐山石桥岩下。隶书。高89厘米,宽57厘米,红砂石琢成。"石桥观月"四字,字径25厘米。今已破损。

石桥岩记 碑刻。❶位于休宁县齐云山石桥岩。明万历十二年(1584年)春月,大鄣山吴子玉撰。楷书,700余字。刻石高110厘米,宽84厘米。碑文记载:"里邑西数六十有岐山。当脊冈悬,垣巨石而桥,是曰'石桥岩'。计广二丈,延袤十倍之,下空,洞高三丈有余,天建之邦,非神人祝石可就者。从东山桥门仰窥,月半圆如清虚府,外有碧霄峰障其口,状如捣月之兔。"记中并述龙宫石室、大龙井、天泉池诸胜迹。❷位于休宁县齐云山岐山石门寺。楷书,北宋熙宁九年(1076年)镌。已断裂,于遗址瓦砾中发现。

石桥岩诗
镌于休宁县齐云山岐山石桥岩的崖刻。❶南宋绍熙四年(1193年)学者邹补之题。正文为七绝一首:"吾家石室烂柯山,空洞虚中十亩宽。此处石桥浑相似,只稍一局片时闲。"并有"癸丑三衢邹补之"诸字。隶书,字幅宽55厘米,高45厘米。❷南宋嘉定八年(1215年)十月初九池阳王东题。正文为七绝一首:"两山环合势相迎,中有修梁石幻成。天地既能开此秘,我来识面胜闻名。"行书,笔力遒劲。

石桥岩铭
镌于休宁县齐云山岐山石桥岩的崖刻。明隆庆二年(1568年)汪道昆撰,万历元年(1573年)夏詹景凤书,张试刻。字幅宽194厘米,高157厘米。铭文云:"西暨石林,有堂有奥,跨山为梁,实惟天造……"

*石桥岩铭

石桥岩题壁
镌于休宁县齐云山岐山石桥岩的崖刻。❶北宋大观三年(1109年)鄱阳程德林、余杭史洵美题。全文为:"鄱阳程德林,余杭史洵美,北宋大观三年九月二十七日。"楷书,字体洒脱。❷明嘉靖四十五年(1566年)黄来然题。全文为:"结伴到来幽意偏,殊怜胜景隔尘缘。石龙泉落寒侵骨,岩势如虹驾碧天。嘉靖丙寅九月初一日,是邑黄来然同叔□明弟叔明游此。"行书,字幅宽35厘米,高42厘米。诗中"石龙泉"为龙宫石室中之龙涎泉。❸明万历十六年(1588年)题。全文为:"汪兰谷、金斗阳、王松宾于万历十六年(1588年)季夏二十四日游齐云山。汪爱谷、程天宁五旬,避客隐于此,同徒程礼经记。"楷书,字幅宽36厘米,高30厘米。❹北宋大观四年(1110年)姜补之题。全文为:"桐江姜补之大观庚寅(1110年)孟冬六日游。"楷书,字幅宽20厘米,高60厘米。❺北宋元祐三年(1088年)周格舜题。全文为:"括苍周格舜承独游。元祐三年(1088年)立夏后一日。"楷书,字幅宽30厘米,高55厘米。

戊子秋夜登齐云
位于休宁县齐云山,立于天门岩内的碑刻。碑文正楷。高130厘米,宽50厘米,黟县青石琢成。歙县知县彭好古题。

龙涎池
镌于休宁县齐云山岐山石桥岩大龙宫崖壁的崖刻。楷书,字径约18厘米。

东门永吉桥碑记
碑刻。清乾隆二年(1737年)孟夏月立。碑文记载康熙年间,黟治城东滨河之上岸石桥被水毁,屏山舒谦吉慷慨捐资重建,以济行旅,历十月即将竣工之时,复被水毁,众人叹息欲止,而舒君"志益坚,气愈奋",于乾隆二年(1737年)终成伟业。时人勒碑以褒舒君乐善好施之义举。现藏黟县档案局。

东坑霞照碑
位于黟县原际联乡下东坑。清康熙三十一年(1692年)秋月重修东原庵立,住持僧逸材碑记,黟县黄元治撰,约460字。红石为碑,行书阴刻,碑文记创修本末。碑因砌为路桥,多磨损。

东南名岳
镌于休宁县齐云山紫霄崖的崖刻。明万历九年(1581年)楚龙德题。楷书,四字幅,宽360厘米,高47厘米。笔法苍劲丰润。

*东南名岳

东南邹鲁
位于黄山温泉之西崖壁的石刻。"大好河山"石刻下方左侧,四字横排。款落"丙寅(1926年)仲夏,储观笙、方槐三题"。方槐三,安徽歙县人,善画梅。

东源乐输碑 位于休宁县到婺源县回岭古道上。清乾隆五十二年（1787年）夏月立。碑文记载当时重建龙堂基芳名以及捐输数量。

卢崖题壁诗 镌于休宁县齐云山真仙洞府龙王岩的崖刻。昆陵顾可学题。草书，宽66厘米，高120厘米。诗咏碧莲池上珍珠帘，为："面壁云垂膜，晴听天雨珠。水中食爆米，图象许谁知。"

卢潘题壁 镌于婺源县灵岩洞的崖刻。唐大中十一年（857年），卢潘游婺源灵岩洞，于灵岩洞壁上题刻："兼御史中丞卢潘大中十一年（857年）游。"

叶公孟婆墓 位于歙县溪头镇蓝田村中。南朝陈末隋初时建，墓垣范围约1 962平方米，围墙高3.5米，门额镌"王姬叶母"，门两侧有石护栏。进门为祭场，墓有封堆，后立墓名碑"梁故仪宾户部尚书始祖考孟府君叶公、郡主一品夫人始祖妣孟夫人萧氏之墓"。西围墙上嵌有两方重修墓志碑，一为清道光二年（1822年）立，一为1987年立。宋、元、明、清屡经修葺。蓝田叶氏三世祖叶文进，南朝梁时拜大司农，夫人萧氏为梁兴王之郡主，故称"王姬"。墓结构在古墓中有一定代表性。属歙县重点文物保护单位。

申禁公约碑 位于祁门县渚口乡渚口村东0.25千米大路边。清道光三年（1823年）立。道光年间，徽州茶产区社会治安混乱，一些茶贩虽见茶叶市场有利可图，但苦于资本短缺，无力置办茶号，只能拎着杆秤四处奔波，从茶农手中压价收购毛茶，转手卖给茶号，从中获得差价利益。其中一些茶贩乘机扰乱市场，争夺、偷窃、抬价，并时有斗殴事件发生，茶农苦不堪言。为整治市场，确保茶农的正当利益，渚口村民发起"申禁公约"的倡议，得到茶农的一致同意。为此，签订协议，产茶之时夏前七日，方许开摘、采卖、收买。为使"申禁公约"家喻户晓，特演戏告示，并勒石竖碑以垂久远。如有违反者，罚戏一台，尚强横不遵，送官处理。现藏祁门县博物馆。

白云深处 镌于休宁县齐云山楠木谷东岳庙右的崖刻。明万历年间佚名题。行书，四字幅，宽670厘米，高127厘米。字体刚遒秀逸，苍劲洒脱。

*白云深处

白岳山人传碑 位于休宁县齐云山。高47厘米，宽10厘米，厚16厘米，红砂石琢成，碑文载山人朱素和潜心修道事迹。明嘉靖四年（1525年），方豪撰文并作楷书，字径4厘米。嵌于真仙洞府黑虎岩。

白岳山人冰玉姿碑 位于休宁县齐云山的诗碑。草书。诗曰："白岳山人冰玉姿，月明吹笛鹤来时。骑鹤飞回山月落，自诵黄庭茹紫芝。"高48厘米，宽170厘米，红砂石琢成。明嘉靖十四年（1535年）夏黄志泉题书。嵌于真仙洞府黑虎岩。

白岳山房 镌于休宁县齐云山二天门下的崖刻。明万历年间岭南方豪题。行书，字径17厘米。其地旧有石室、石榻。

白岳文昌祠碑记 位于休宁县齐云山原文昌祠内的碑刻。高176厘米，宽76厘米，厚12厘米，黟西青石琢成。碑文记载建祠缘起及环境形胜。明兵部左侍郎、郡人汪道昆撰，翰林院国史检讨邑人张应元篆，河南道监察御史邑人胡宥书。全文2 000余字。

白岳重葺玄君殿记碑 位于休宁县齐云山三天门太微楼侧。高232厘米，宽88厘米，厚20厘米，红砂石琢成。碑文载明万历八年（1580年）重修玄君殿始末。邑人胡宥撰文，周天球书丹。

乐输达钵岭茶庵碑 位于祁门县黄龙口村。清康熙五十九年（1720年）孟冬月由募化僧照铉、黄龙口汪氏同立。碑文记载众人捐款修建茶庵的乐输芳名。

玄天妙境 镌于休宁县齐云山真仙洞府黑虎岩的崖刻。明万历年间俞华书。行书，四字横，宽260厘米，高53厘米。

*玄天妙境

玄芝洞 镌于休宁县齐云山真仙洞府龙王岩的崖刻。朱麟题。隶书，字径56厘米，无年月款。

玄帝传碑 位于休宁县齐云山。明正德年间养素道人汪泰元立。嵌于玉虚宫壁间，由十数块岩石组刻而成。碑文详述玄天上帝出生、悟道、修炼正果经过。

永吉桥碑记 位于黟县城朝阳门永吉桥的碑刻。永吉桥为明舒志道及其后裔清舒谦吉先后所建,其间圮于蛟水。清乾隆二年(1737年)重建该桥时立碑。碑材西递青石,碑托花岗石。楷书阴文,约500字,知县董家甲撰书。碑文载自明至清永吉桥之兴废,桥名永吉则寄意于"斯桥高建,与山并峙、川常存"。碑原藏屏山村周光庭家,今存黟县档案馆。

永禁匪丐入境碑 位于祁门县新安乡政府所在地。清道光五年(1825年)闰六月初二立。碑文记述石埭(今石台)陈贵地方王喇子、庐州王陈草包等,以讨乞为名,恃强滋扰,最为民害。因此,禁止他们入境骚扰老姓。

永禁碑 位于祁门县西原彭龙乡环砂村。清嘉庆二年(1797年)立。高2米,宽1米,厚0.3米。乾隆、嘉庆年间,彭龙环砂一带垦山棚民日益增多,地方上的懒惰者起而效之,竞求近利,乱砍滥伐,盗卖木材,砍树挖桩,毁林开荒,严重破坏山林资源。村人发起民众公议,申报官府,立约禁山,呈请知县赵敬修批准,将禁约连同村规民约,勒碑刊石,定名"永禁碑",以警后世。碑文千字,揭明乱砍滥伐之害,保护山林资源之旨,规定凡在界内山场纵火烧山,挖取树桩、采薪带取松杉二木,伐者罚戏一台或施以其他惩罚措施,呼吁"子孙遵守,如违规条,合境同攻"。文阴刻楷书,字迹清晰,现今尚保存完好。

*永禁碑

亘古奇观 镌于休宁县齐云山岐山石桥岩左侧危崖的崖刻。明正德三年(1508年)题。楷书,字径120厘米。笔法刚劲潇洒。

*亘古奇观

吏部右侍郎林平泉公白岳修路碑记 位于休宁县齐云山,立于天门岩内的碑刻。楷书,高261厘米,宽70厘米,厚16厘米,黟县青石琢成。碑文记载明隆庆元年(1567年)白岳山修路始末,王景象撰文。

同游题壁 镌于休宁县齐云山岐山石桥岩的崖刻。明嘉靖四十二年(1563年)八月二十三日题。全文为:"四明沈嘉则、张平叔、歙人吴汝章、吴子荆、吴有柏同游。嘉靖癸亥(1563年)八月二十三日。"楷书,字幅宽50厘米,高46厘米。

吊棺洞 位于黄山东麓谭家桥下的冢穴名。属人工洞穴,为千年古迹,反映古代墓葬风习。

休宁县会馆碑文 清乾隆十八年(1753年),赐进士出身、光禄大夫、经筵讲官、太子少师、工部尚书上溪口汪由敦撰文,赐进士及第、通奉大夫、太常寺卿瓯山金德瑛书并篆额。碑文叙述北京休宁会馆的筹建缘起、建设过程和功能作用,是研制徽商会馆的珍贵资料。现存北京东城区文化委文物科。

仲止仰止 镌于休宁县齐云山真仙洞府圆通岩的崖刻。题刻人及年代不详。楷书,字径48厘米。

*仲止仰止

伪派盗祭碑 位于祁门县金字牌镇社景村一本堂祠堂遗址围墙上。清乾隆五十一年(1786年)四月初二立。碑文记载左田黄氏自唐至今从无作伪乱宗之事,而西头的小姓冒充休宁县古林大姓,升竖"状元及第"匾额,被祁门的左田同宗发现,经协调后西头小姓将匾额撤毁。为防止类似事情再次发生,左田同宗将此事报告到黟县正堂,以别宗派,以重名器。黟县正堂批准立碑严禁。

冰崖 镌于休宁县齐云山真仙洞府的崖刻。明万历年间杨建宁题。行书,字径38厘米。

刘克治题壁 镌于休宁县齐云山真仙洞府圆通岩左的崖刻。明嘉靖十五年(1536年)八月刘克治题。行书,字径约8厘米,计12字,为"万历丙申(1536年)八月岭南刘克治游"。

齐云山古墓 位于休宁县齐云山上。有道士古墓16座(处),其中明朝9座,清朝7座。明朝墓葬风格多种多样,墓堂有葫芦形、八卦形、圆形、椭圆形等,墓顶一般用一块或三块长条石封盖,亦有用三层磨盘石块垒叠压顶,墓前立碑,额圆形或日晷形、八卦形、尖形。祭堂呈长方形或弧形,边沿筑石栏杆。清朝墓葬较简单,一般分墓堂和祭堂两部分,墓多土冢,基脚围以石头或砖砌,立有青石墓碑。

齐云山石刻 位于休宁县齐云山。原有碑刻和摩崖石刻1 400余处,现仅存462处,其中石碑206处,石刻256处。遍布全山,以罗汉洞、紫霄崖和石桥岩一带为多。其中年代最早的是北宋大观年间的石刻,大多数为明、清两朝的石刻和碑刻,占总数80%以上。石刻大多镌于悬崖绝壁之上,有的字大逾丈,有的字小如拳。碑刻及石刻字体,楷、行、草、篆、隶俱全,流派纷呈,各具风格,镌刻工艺精湛。属全国重点文物保护单位。

齐云山谣碑 位于休宁县齐云山,立于望仙亭内。高257厘米,宽89厘米,厚18厘米,黟县西递青石琢成。明万历二十二年(1594年)休宁程时言撰碑谣,楷书,字径5厘米,全文266字。谣有"齐云镇南天,众星拱北极。道途人肩摩,万国梯航继"等语。

齐云岩组诗碑 位于休宁县齐云山,嵌于真仙洞府黑龙岩。高56厘米,宽260厘米,红砂石琢成。碑文正楷,字径4厘米,记载天门、香炉峰、望仙亭、五老峰、珍珠帘、玉虚宫等胜迹吟咏绝句。明万历三年(1575年)刘唐书。

齐云岩题壁 镌于休宁县齐云山插剑峰的崖刻。明嘉靖十五年(1536年)正月二十六日,古杭祝继龙、知府武昌冯世雍、御史方远宜、歙县郑佐、婺源汪玄锡合题。草书,字幅宽520厘米,高130厘米。

齐云胜景 镌于休宁县齐云山真仙洞府黑虎岩的崖刻。明隆庆元年(1567年)佚名题。行草,字幅宽470厘米,高210厘米,字径120厘米。

*齐云胜景

齐云崖葬 位于休宁县齐云山小壶天悬崖绝壁上。崖壁中有一大洞,由两道砖墙隔成三间,每间置放有一口棺木,分别安葬着明嘉靖年间齐云山道教代表人物余道元、程秘元、汪泰元三位道长。

江永墓 位于婺源县江湾乡湖山村后山。为江永与夫人汪氏之合葬墓。呈弧形封土,前端砌以青石,背负青山,前临清溪。古墓占地面积25平方米,高1.60米,直径5米,墓碑高1.2米,上镌:"皇清进士、从祀紫阳儒江慎斋先生偕元配汪氏孺人之墓,赐进士及第、诰授奉直大夫、翰林院修撰、加二级记录五次、授业门人金榜顿首百拜题。"

江丽田先生墓 位于黄山丞相源中。江丽田,歙县人,清乾隆年间在世。隐居丞相源,盖一茅屋,鼓琴自娱,晚年自号"天都山人"。墓地为其生前自卜。墓旁有歙县程瑶田所写"此移我情"四字题刻。

汤岭关 位于黄山汤岭关额两侧的石刻。清张苎题。款落为"咸丰己未(1859年)孟冬月,泾阳张苎立,华桐王桐监造"。汤岭关系陕西泾阳张苎在皖南督办团练时,为与太平军作战而建。

宇宙大观 镌于黄山玉屏峰上的崖刻。每字约1米见方,豪放清润。

孙王墓 位于屯溪东郊尤溪村后孙王山。当地居民称孙王山为"太阳山",山上旧有孙王庙,其墓在庙后。孙王,俗传为孙权,民间称"孙帝老"。程敏政经考订谓为孙策,并有孙王庙诗:"庙食青山岁月长,居人多未识孙王。江东讨逆功初著,许下迎銮志莫偿。一代英豪存太史,三分名节愧元方。何当订入新图志,祀典分明重此乡。"旧时六月初一,村民抬孙王塑像鼓乐巡行,祈祷丰收。今墓与庙均不存,尚余遗迹。

阴火潜然 位于黄山温泉石壁的石刻。清翰林院编修、歙县江村江德量书。篆书。

羽客题壁 镌于休宁县齐云山岐山石桥岩的崖刻。明崇祯二年（1629年）题。全文为："羽客胡一微同到此游。明崇祯二年（1629年）。"行书。

观山 位于婺源县石城山东向岭头的石刻。其地有石林，南宋岳飞过此，俯眺石林，即兴题刻两个大字"观山"于石壁。

寿 镌于休宁县齐云山天门岩下右侧的崖刻。明嘉靖年间佚名题。楷书，字幅宽250厘米，高350厘米，字径250厘米。民国三十一年（1942年）海阳程敦裕重勒。

* 寿富康宁

文为："浙江钱塘悦山聂爱敬、友徐良佐于嘉靖癸亥（1563年）冬望，特此进香，同本山雪峰道人朱佑桐立。"行书。

扶柩禁示碑 ❶原立于祁门县三里街码头，现藏祁门县博物馆。清光绪元年（1875年）七月初十立。碑文上说，徽州人在湖北经商的特别多，以前徽州会馆建在汉阳十里铺，有笃谊堂暂厝旅榇，越积越多。于是约同乡立愿输钱，送柩回徽，水陆兼行，但恐各处埠头船户脚夫等人勒诈讹索。便呈文汉阳府正堂移文商请徽州府正堂何府。徽州府正堂立碑告诫郡属埠头船户脚夫，绅商捐资运柩属于义举，不得耽延，亦不准另索钱文。❷原立于祁门县三里街码头，现藏祁门县博物馆。清道光九年（1829年）六月十四日立。碑文说的是江西省南昌遗爱堂为客死江西南昌的徽州商人，从阊江运棺回原籍，三里街埠头扛夫不准阻挠、勒索讹诈之事。

* 寿

寿延桥修建记 位于黄山钓桥庵寿延桥旁山崖石壁上的石刻。全文为："太平西乡文武状元里，上贝西社施财造桥，信士陈员孙男胜安、张氏宋贞男焦琳源、琛源、焦彬容，保男延寿福寿永康，□缘人周容。明弘治八年（1495年）立。"

寿富康宁 镌于休宁县齐云山岐山石桥岩的崖刻。南宋开禧二年（1206年）佚名题。楷书，字径115厘米。

进香题壁 镌于休宁县齐云山真仙洞府圆通岩左的崖刻。明嘉靖四十二年（1563年）题。全

坟山冒占诉讼碑 位于祁门县黄龙口村，镶嵌在"同善堂"仪门右边厢房墙上。清乾隆五十二年（1787年）立。碑文内容为汪大楚等人控吴利等恃强霸占坟山一案。

护水口碑 位于祁门县新安乡叶源村宗祠"聚福堂"内。清嘉庆十八年（1813年）立。碑文刻录乾隆五十一年（1786年）合族公议六条保护水口的乡规民约。

护寺产碑 位于祁门榉根岭圆通庵寺庙前。清嘉庆十六年（1811年）孟冬月由上箬山王祈寿公秩下公立。碑文记载此庵明嘉靖三十年（1551年）开基建造，并"置田给僧，以耕收供佛"，到了清嘉庆十六年（1811年），圆通庵重造告竣，"恐后贤愚不一，私犯祖规，公议演戏申禁，所有庵内山场田地并亭内各项条规逐一载明，勒石以垂久远"。

护来龙林碑 位于婺源县樟村忠靖祠门口墙中。清乾隆二十七年（1762年）五月初十立。碑文告示村民，来龙山栽种杉松竹木，需长养保护，不得乱砍滥伐。

护林永禁碑 位于祁门县彭龙乡环砂村叙伦堂。清嘉庆二年（1797年）冬月立。乾隆末至嘉庆初，环砂村一带乱砍滥伐，盗卖木材风气盛行，毁林垦荒，砍树挖根现象随处可见，严重破坏了山林资源，并滋生许多事端。环砂村有识之士订立"养山合墨文约"封山育林。时任祁门县正堂的赵敬修非常重视，亲笔作了批示。环砂人决定除了演戏集会当众宣布外，还将此公议文约连同知县赵敬修的批示一并勒碑刻石，定名"永禁碑"，以警后世。碑文分两部分，上部分为当年祁门县正堂赵敬修的亲笔批示，下部分为立约正文、所禁四至界线和立约人程加灿等22人姓名。

护茶碑 位于婺源县清华镇洪村光裕堂侧门旁。清道光四年（1824年）五月初一立。碑文记载为维持茶区秩序，演戏勒石公禁。以后茶商收茶需经主家校秤，照货议价，并将茶样放入茶袋过秤，不得私取。过样通过校秤、议价、过秤方算公平买卖。否则，罚戏一台，以示惩处。

花山摩崖石刻 位于歙县南溪南村（今属屯溪区）后1千米处的花山。花山山崖巍峨，怪石突兀，绿树葱茏，景色秀丽，吸引了历代文人雅士，留下众多的摩崖石刻。其中篆书"石林"、隶书"仙人石"均为擘窠大字。另有郑玉等人游题："大元至正九年（1349年）己丑八月，邑人郑玉、吴席臣、鲍元康、婺源胡公留、王友直来游，席臣子贯侍。"还有歙县吴建中题刻："莫言祇迷石崖嵬，以似群仙列上台。潮生遥忆浮槎去，秋晓还疑驾鹤来。俯仰此中闲日月，驰驱何处觅蓬莱。浩歌一曲心千里，谁共登论劝羽杯。大明嘉靖丁未（1547年）立春南溪南吴建中题。"其他题刻尚有10余处。

*花山摩崖石刻

严禁伪谱紊宗碑 清康熙二十六年（1687年）正月立。碑文称程士培等伪造程氏谱牒，广骗多金。被程氏提起诉讼，经徽州府判决，程士培等所造伪谱显属冒诈之具，除立即焚毁外，并出示勒石永禁此类伪谱紊宗行为。现藏屯溪博物馆。

严禁祠庙堆放杂物罚戏碑 位于祁门县彭龙村光庆堂墙上。清道光十七年（1837年）立。碑文中严禁在光庆堂、敬典祠、仁忠殿、关帝庙等地堆放物件，祠首广场亦毋得晒谷、晒衣及堆树料，匠工造作等事，如违罚戏一部。

严禁霸滩勒诈碑 清嘉庆五年（1800年）八月立。嘉庆年间，屯溪至歙县街口一带常有地棍霸滩勒诈之事。江南徽州府正堂给示严禁，并且分别在街口、尾滩、横石滩、屯溪镇立碑（现存三块）。现藏屯溪程氏三宅博物馆。

严潭王氏义积会记碑 位于祁门县溶口乡严潭村。清同治元年（1862年）孟夏月立。碑文详细记录了陶章公祠倡输义积田租以济贫度荒情况及10项规条。

苏州府为核定踹匠工价严禁恃强生事碑 清康熙九年（1670年）十月立。据该碑记载，康熙九年（1670年）六月间，苏州布店踹匠（即布业工人）窦桂甫等人倡言年荒米贵，以传单约会众踹匠罢工，要求增加工钱，对不肯加入罢工行动的王明浩等人罚其唱戏酬神。徽州布商遂向府、县衙门控告，由苏州知府作出判决，认为踹匠"跳梁煽惑""众心摇动"，应予严惩。窦桂甫被处以杖刑，驱逐出境。其余参与罢工行动的踹匠依情形或处理，或宽免。判决要求踹匠要听作头稽查，而作头应听商家约束。如有来历不明及恃强生事者，即严行摈斥。规定踹匠的踹布工价仍照旧例，每匹纹银一分一厘，徽商不能短少，工匠不许增价。同年十月徽商将此判决勒石刻碑，碑后附后徽州布号名单如下：程益高、金胜记、吴元震、程义茂、汪元新、程泰顺、程源高、隆记、程范升、朱紫阳、金和记、程恒升、吴义盛、程日升、余允谦、朱日茂、余益谦、姚聚源、程义昌、程隆泰、张升记，共21家。原碑位置不详，碑文载于《明清苏州工商业碑刻集》。

苏州府为照章听布号择坊发踹给示遵守碑 位于吴县新安会馆。清道光十四年（1834年）十月立。据碑文记载，嘉庆二十五年（1820年）之后，苏州府辖下布商和踹匠之间曾多次爆发冲突，双方互控，道光十二年（1832年）吴县判决禁止踹坊垄断把持之后，踹匠不服，于次年再次煽动停工。经苏州府弹压后，踹坊指责布商发布不公，再次上告，引发布商和踹匠间的再次冲突。苏州府审理后，支持布商的诉讼请求，禁止踹坊把持勒借，借机挟持布号。此后仍应听布号自行择坊发踹。踹坊若踹踏光明，又无勒借之事，布号也应行照旧交踹，不得无端更换，以致平民失去生计。如果踹坊领布积压，不能如期交货，或质量灰暗，不能行销，则布号可另择发踹，不准踹坊把持。道光十二年（1832年）判决的勒借案仍予维持，不准再兴事端。倘有遇到灾害时，坊户如果从前没有勒借，布号应当照旧通融，以示体恤,可于工价内扣还归款,不致悬宕。从此之后,踹坊无从把持,布号不致累业,踹匠不致失生,彼此各安生业,不得再行滋事。

苏州府禁止地匪棍徒向安徽码头及凉亭晒场作践滋扰碑 原立于苏州杨王庙官街码头。清光绪二年(1876年)立。据碑文记载,光绪初年,徽商在苏州阊四图北濠城根杨王庙北首官街建立码头,并建石牌坊两座,另盖看守夫役住屋一所,并于界内,设立义渡船一只,歇凉亭一所,茶亭、晒场各一处。根据徽商请求,苏州府出示布告,严禁地匪棍徒作践滋扰,如敢故违,定即提案,从严惩办,地保若有循纵,察出并究不贷。

杜冒宗碑 位于婺源县理坑村河埠头。清康熙五十五年(1716年)清明日立。因当时有人冒充余姓宗人,混进余姓宗祠"衍庆堂"进行祭祀,被族人发现后,立即给予制止。后在申明亭通过公议严禁,并以祠堂的名义立碑告示。

杏墩碑 黟县城横沟弦胡氏家宅门额。黟县西递青石为碑,清嘉庆年间胡介人勒"杏墩"于石以作门额。杏墩为其先祖居地,于明初始迁往城南横沟,黟县名士胡元专撰有《杏墩记》。

李苤墓 位于婺源县五都上河满秀庵祖垄一侧。李苤为宋大学士。

李善长祖墓 位于歙县东桂林狮塘。明嘉靖《徽州府志·拾遗》载:"国初丞相李善长乃歙县人,祖墓在一都四图狮塘,产税在汪宗远户后。"

轩辕行宫 镌于黄山温泉石壁的崖刻。题刻人及年代不详。

轩辕碑 位于黄山桃花峰水簾洞下。相传轩辕黄帝于此飞升,山人立此碑记之。

吴太子墓 位于婺源县北江湾吴村(现名"湖山"),距城约35千米。据《江南通志》载,越王勾践灭吴时,夫差二子流亡,长子鸿死于此,遂葬之。地因名吴山里,后衍为湖山。其地有婺女庙,又名婺女里。《方舆记》载:"昔吴王为越灭,勾践流其三子,长子鸿逃于此死,遂名其葬处为吴山里。"

吴仁欢墓 位于祁门县西后门桥。吴仁欢,古黟赤山镇(今祁门县祁山镇)人,唐永泰年间为祁门首任县令。唐墓,相传宋初有发现其冢者,见二鳅涌出,乃止,其地因名"金鳅坑"。其后裔予以重修立碑。

吴江盛泽镇徽宁会馆缘始碑记 位于江苏苏州吴江县徽宁会馆的碑刻。清道光十二年(1832年)立。据碑文记载,嘉庆十四年(1809年),徽商在吴江县盛泽镇西场圩璇霞浜买地创建积功堂殡舍。道光年间,徽商与宁国府旌德商人共同建成徽宁会馆,前后费用超过1.7万两,由徽商承担十分之七,旌德商人承担十分之三。参与立碑的徽商有歙县吴跃廷、郑城、方汉梁、洪宇和、汪秀华、洪青田、汪丽天、程玉丰、方规定、洪晴川、姚集芳、郑培、吴敬孚、程礼和、潘玉阶、汪树声、郑君衡、吴金波;休宁程志攀、陈世坤、孙立熊、张廷梅、杨吟谷、程志揆、张纯武、张胜四、吴履思、黄旭光、项敬之、吴体乾;婺源俞廷选、吕步蟾、江玉辉;祁门洪九龄、谢庭珊、方胜堂、谢佩琳;黟县程秉和、金熙宁;绩溪程世来、程冠五、程廷江、汪元星、陈嘉添、汪绍渭等。列名徽商共45家。

吴芮墓 位于婺源县镇头乡冷水亭村鸡山上。吴芮,生年不详,卒于公元前202年。秦时为番阳(今鄱阳)首任县令。秦末,吴芮率越人反秦,曾被项羽封为衡山王,项羽兵败,又事刘邦,受封长沙王。墓分三座,间距百米,俱坐南朝北。墓前立门石,围之以青石。墓碑两块,其一上刻"延陵郡三十世祖汉长沙王讳芮谥吴文公之墓",另一块是阴纹字,上刻"汉长沙王吴文王芮墓"。

吴县永禁踹坊垄断把持碑 位于吴县新安会馆。清道光十二年(1832年)十二月立。据碑文记载,道光十二年(1832年),徽州布商指控吴县踹坊中有坊棍王协昌、陶善、缪万和、程阿三等私自把持议价,制造事端向徽商勒借,加重徽商负担,王协昌等人则辩称无辜,要求宽免。经苏州府上报江苏省,作出判决,永远禁止坊户私自把持议价,布匹应由布号自行选择踹坊,并允许徽商勒石立碑,周示踹坊坊户,此后不得再行垄断把持,不得硬行霸折,不得向布商强借钱米。如敢有违抗,一经布商指告,严行查办,决不宽贷。参与此次控告的布商有程三茂、元记、正记、陶乾泰、朱庆长、大记、信记、朱淮孚、查人和、朱乾元、汪益美、周万升、张义隆、谢长兴、坤记、昌记、杨泰顺、大顺、公记、姜同和、朱元孚、程仁茂、汪文元、张元升、程骏记、顾乾利、朱肇祥、成大顺共28家,绝大多数为徽商。

吴楚分源碑 位于婺源县北浙源山浙岭,距县城45千米。浙岭为春秋时吴、楚疆界。北宋参知政事程邦彦咏浙岭诗称其地"巍峨府吴中,盘结亘楚尾"。岭脊上立有"吴楚分源"碑。清康熙年间制,书法家詹奎(婺源人)隶书镌刻。原碑现藏婺源县博物馆,岭头所立为仿碑。

县主禁示碑 位于休宁县板桥乡呈村路边。清乾隆四年(1739年)立。村中胡姓将他人盗窃坟山林木之事告到县衙门,县官给示永禁,村民立碑公示。

别有天地 镌于休宁县齐云山真仙洞府黑虎岩的崖刻。隶书,字径13厘米。

岐山劝农题壁 镌于休宁县齐云山岐山石桥岩的崖刻。❶南宋淳熙十三年(1186年)题。

*吴楚分源碑

*岐山石桥岩碑记

全文为:"邑宰邢铖、尉詹岩以□淳熙丙午(1186年)望日,劝农于岐山。"行书。❷南宋绍熙四年(1193年)刻。全文为:"绍熙癸丑(1193年)二月既望,知县事缙云叶崏仲虞,劳农石门,丞长安李龟年德翁,薄东阳黄公槐伯华,尉天台李闳伯皋。"楷书,住山钟敏题。

*岐山劝农题壁(1193年刻)

*岐山题壁

岐山石桥岩碑记 位于休宁县齐云山岐山石桥岩下的碑刻。碑高140厘米,宽60厘米,黟县青石琢成。明万历十二年(1584年)吴子玉撰文,记述石桥岩附近一带玉兔捣月、唐古刹石门寺、龙宫石室、龙涎泉、定时泉、大龙井、天泉书院、滴水岩、棋盘石等山岩胜迹。

岐山题壁 镌于休宁县齐云山岐山石桥岩左的崖刻。北宋政和二年(1112年)王子常同孙□明题。全文为:"知县事葛胜仲鲁卿、洪州新建丞曹文中政和壬辰(1112年)正月丁丑日游岐山。郡人王子常同孙□明刊。"楷书,字幅长300厘米,宽200厘米。

秀拔诸峰 镌于休宁县齐云山紫霄崖的崖刻。明嘉靖四年(1525年)夏佚名题。楷书,字径120厘米,笔法刚正遒劲,洒丽夺目。

何执中题壁 位于婺源县灵岩洞壁的石刻。北宋政和五年(1115年),宰相何执中偕子南京刑部侍郎何铸游灵岩洞时题写:"宣和殿大学士何执中同男何铸游。乙未(1115年)中秋记。"

何歆德政碑 位于歙县博物馆的新安碑园里。明正德元年(1506年)立。碑文记录明弘治年间徽州太守何歆实行德政事迹,尤以创建"封火墙"使市民受益匪浅,深受民爱。下部碑文刻着树碑立亭的官民生员姓名及捐资数额。

*秀拔诸峰

佛偈 镌于休宁县齐云山岐山石桥岩的崖刻。明境道人题。偈文:"菩提本无树,明镜亦非台。本来无一物,何处染尘埃。"

近蓬莱 镌于休宁县齐云山真仙洞府圆通岩绝壁的崖刻。明嘉靖三十六年(1557年)方历有题。楷书,字径98厘米。

*近蓬莱

邹鲁黄山摩崖题刻 位于黄山风景区松谷庵、鳌鱼峰、温泉西壁和莲花峰顶。共7处。邹鲁,广东大埔人,民国时期,曾任国民党中央执行委员、中山大学校长。民国二十六年(1937年)夏游黄山,惊叹黄山造化,遂题刻留念。松谷庵桥下有4处,分刻于溪中大石上。一为"怒马奔腾";一为五言诗:"种柏有余地,补种桃与梅。移来数株桂,区老手自培。沈子娴园艺,花木满园栽。即此小庭苑,亦见规画才。黄山新面目,启此一山隈。邀朋共欣赏,行当年年来。"一为七言诗:"引流辟地沸堂前,我与黄山结一缘。殿建慈云环种柏,他年劲节看参天。"一为"听涛观瀑"四字隶书,字径10~50厘米。鳌鱼峰上题"大块文章",楷书,字径约70厘米。莲花峰顶题"突兀撑苍穹",楷书,字径约50厘米。温泉西壁题"东南邹鲁",在"大好河山"石刻下左侧,四字横排。

冷暖自知 位于黄山温泉池壁的石刻。款落"乾隆壬子(1792年)韩廷秀题"。韩廷秀,字绍真,金陵(今江苏南京)人,清乾隆五十五年(1790年)进士,曾为著名诗人袁枚门生。

汪由敦墓 位于休宁县溪口镇木干村北。其墓葬前临率水,北倚峰峦,周围群山环抱,风景清幽。墓地面积570平方米,坐北朝南,建造宏伟。该墓最前端,原为一座四柱三楼冲天式石牌坊,上雕有龙虎狮象及各种花卉图案,雕工极为精湛。牌坊前为"三步禁地",有禁碑一块:"文官来此下轿,武官到此下马。"牌坊后建一石亭,内有石雕赑屃负石碑,碑上用满汉两种文字刻祭文,亭后有三层拜台和墓道,墓道中也立有石刻碑碣。拜台分3层,距拜台3米的入口处,耸立着一对6米多高的石华表,华表下端为圆柱,上端为雕有双龙的方柱,柱上蹲有石狮。拜台两边立有石俑石兽等,建筑规模宏壮,对称排列着石人、石马、石虎、石羊。石人均为文官打扮,手执牙笏,肃穆而立;石马配有马鞍,跃跃欲驰;高2米左右的石虎双爪扑地,二目露威;石羊温顺、静卧似眠。该墓的牌坊石亭后被拆毁,石料成为木干小学的墙基石。至今还能看到雕刻图案及"汪文端公""乾隆二十三年(1758年)三月奉"等字样。石华表、石人、石兽中,除一只石马被盗外,其余仍很完整,且均体积高大,雕工细,造型逼真,栩栩如生,体现出高超的石雕技艺。属安徽省重点文物保护单位。

*汪由敦墓

汪由敦墓石刻 位于休宁县溪口镇木干村北。汪由敦墓石牌坊前有禁碑一块:"文官来此下轿,武官到此下马。"牌坊后建一石亭,内有石雕赑屃负石碑,碑上用满、汉两种文字刻祭文。在木干小学的走廊石块上雕刻有图案及"汪文端公""乾隆二十三年(1758年)三月奉"等字样。属省级重点文物保护单位。

汪机墓 位于祁门县金字牌镇小坞口。其墓坐东北朝西南,青石罗圈,石柱拱列,冢后有鳌鱼顶石碑一块,规模宏大。今旧貌已不复见,仅存一丘黄土,几道石壁。

汪伟等题壁 镌于休宁县齐云山岐山石桥岩的崖刻。北宋元祐七年(1092年)题。全文为:"鄱阳宋希圣,新安汪公伟、朱彦资,庐陵刘子仲。元祐壬申(1092年)季冬初五日同游。"楷书,字幅宽40厘米,高50厘米。

汪纲墓 位于黟县十二都金鸡源。汪纲,南宋黟县人,曾任户部侍郎。

汪金紫祠记 位于歙县潜口(今属徽州区)金紫祠里的碑刻。明万历二十九年(1601年)孟冬日立。碑文叙述潜口汪姓源流,由汪应蛟撰文,程奎篆额,佘懋衡书丹。

汪金紫祠碑 位于歙县潜口(今属徽州区)金紫祠里。明万历二十四年(1596年)仲春立。叙述了潜口汪姓历史源流、金紫祠周边风景以及建祠堂的规制与过程。

*汪金紫祠碑

汪采白墓 位于歙县南披云峰北坡中部山冈上。民国三十三年(1944年)公建。前为祭坪,后为封堆,四周绿树环绕。门碑上有抗日战争时第23集团军副司令陶广所写"山高水长"四个大字。靠山碑上的字为"洗桐居士汪采白先生之墓",为当时皖南行署主任张宗良所书。墓前原有"采白亭",现已倾圮。属歙县重点文物保护单位。

汪始历题壁 镌于休宁县齐云山岐山石桥岩的崖刻。清顺治十六年(1659年)汪始历题。正文为七言一首:"恒观往哲题桥句,不觉六旬有四年。泉石依然胜迹在,蚪蝌犹自盛名传。神龙滴水知丰歉,

*汪采白墓

玉兔蛮伏望缺圆。我欲攀龙腾驾去,姮娥宫里召登瀛。"行书,刻石宽38厘米,高58厘米。

汪勃墓 位于黟县龙江上轴地段。汪勃,南宋黟县人,官至枢密使。现墓唯存坟包轮廓,杂草丛生,墓碑已失。

汪铉登齐云山题壁诗 镌于休宁县齐云山展旗峰东侧的崖刻。明嘉靖十五年(1536年)三月,进士、光禄大夫、柱国、太子太保、吏部尚书兼兵部尚书婺源汪铉题。草书,字幅宽260厘米,高140厘米。崖刻日久剥落,字迹已不甚清晰。

汪铉题壁 位于黄山温泉石壁的石刻。全文为:"皇明嘉靖丙申(1536年)五月朔,太子太保吏部尚书汪铉,同徽州府知府冯世雍、弟太仆卿汪玄锡、乡友参政郑佐、参议方纪达、主事黄训来游,随处赋诗,爰刻石以纪岁月云。三石冯世雍。"冯世雍,字三石,江夏人,进士,明嘉靖十四年(1535年)任徽州府知府。

汪道安墓 位于婺源县三都。其后裔汪泽民于明朝立石于墓上。汪道安为唐兵马指挥使。

汪道昆等纪游题壁 镌于休宁县齐云山岐山石桥岩的崖刻。明隆庆二年(1568年)詹景凤题。全文为:"隆庆二年(1568年)十月初七日,都御史汪道昆,知县王瑶,山人陈有守,南京进士詹景凤,都御史弟文学道贯、道会,僧祖启,自齐云山而西抵岐山,登石桥,寻棋盘石,下观大龙井,与山中主人国子生朱家相、家宝,文学汪尚嗣遇,遂宿于此。景凤题。"行书,刻石宽40厘米,高48厘米。

宋齐邱墓 位于婺源县仰田。宋齐邱佐南唐建国,仕为丞相,《十国春秋》载宋齐邱为歙州人。

宋黄箓法坛碑 长40厘米,宽12厘米,厚2厘米,楷书阴文,205字,南宋嘉泰元年(1201年)立。此年,黄陂汪义端于其母程氏忌辰建"无上盟真主匮(超)生度死黄箓道场",刻碑以记。汪义端,字克之,仕为侍讲、鄂州知州。现藏黟县档案馆。

宋歙州倅江公夫人苏氏墓 位于歙县江村东南田野。筑于北宋政和年间,明隆庆年间重修。系江村江姓始祖歙州倅江汝刚夫人苏氏墓。现存花岗岩(凤凰石)墓碑,高2米,宽0.8米,碑文"宋歙州倅江公夫人苏氏墓",两边小字简叙始祖江公迁歙经过及支脉,字迹漶漫不清。

灵惠庙碑 位于黟县黄村上堂山灵惠庙内。南宋乾道二年(1166年)立。此庙原名"胥公庙",碑文述及方腊军入县境时胥公"保全生灵,安业连年"之事。绍兴二十七年(1157年)特敕赐"灵惠"庙额。现存安徽省博物馆。

张九成诗碑 又称"培筠园诗碑"。位于黟县碧山培筠园。培筠园为南宋黟县汪勃之别墅。宋碑,黟县西递青石制,行书阴文,刻张九成《碧山访友》:"万仞巍然叠嶂中,泻来峻落几千重。森森桧柏松杉老,又见黄山六六峰。"友即黄陂人汪勃,南宋绍兴二年(1132年)进士,绍兴十七年(1147年)以与秦桧相忤退居返里。张九成与汪勃同榜,对策第一,仕为礼部侍郎兼侍讲,亦因反对秦桧所倡宋金和议而落职,因访汪勃,爱碧山林泉之胜,流连数月,赠诗而返。诗勒于石,碑植汪勃培筠园。此碑虽风雨剥蚀,字迹依稀可辨,至今仍竖立培筠园废墟中。

陈氏建祠碑 位于绩溪县灵川。清光绪二十二年(1896年)五月立。碑文叙述灵川陈姓元元统二年(1334年)始祖潼公迁灵川,清嘉庆、道光、光绪年间三次建设祠堂的过程。

陈氏捐产觉乘寺碑 位于绩溪县校头乡蜀马村小学大堂西向房墙中。明崇祯四年(1631年)立。碑文记述陈尚爵二伯、三伯无嗣而捐田给觉乘寺作为香油灯费一事。陈尚爵与僧人性皑、性曜等为其立碑记之。

陈猛墓 位于绩溪县八都石鹤山。陈猛为陈太祖陈霸先的曾祖,南朝宋时任安成太守,初起时曾受封爵为新安子。

奉宪示禁碑 位于黟县枧溪村。清道光二十一年(1841年)立。碑文记载枧溪耕田极少,口粮不能自给,于是有人毁林开荒,种植苞芦,造成水土流失。为此,勒石刻碑,严禁伐山开荒,以护水土。

奉宪永禁棚民碑 位于祁门县胥岭乡黄古田村。清道光六年(1826年)三月立。碑文内容是不准召异租山,锄种苞芦。若有违反,许指名赴县禀究,断不姑息。

奉宪永禁赌博碑 位于婺源县洪村村头的八字门墙上。清嘉庆十五年(1810年)四月二十七日立。内容是禁止赌博。

奉宪禁丐殃良碑 位于祁门县环砂村祠堂。清嘉庆十四年(1809年)六月二十七日立。碑文记载黄家源地穷山僻,家家种田为业,住居零星散处。时有流丐到来,挨家逐户凶索恶讨,讹要米粮,稍不满欲,捉鸡捉犬。且皆身带器械,口出厉言,为所欲为。村民禀告到县,允许立碑严禁。嗣后,除老幼残疾之外,其余概行驱逐。

环联岭碑 位于歙县与绩溪县交界的黄连凹古道茶亭中。为一块有镌刻乐输芳名的功德碑。清光绪三十四年(1908年)立。黄连凹茶亭建在山坡南面,分里外两间,外面是施茶的路亭,屋顶已倒塌,两块碑刻镶在墙上,用砖砌成四边。

范涞墓 位于休宁县奕棋镇上林塘村(今属屯溪区)茶林山。其墓前神道两侧立有石人、石马,后遭拆毁,仅存残迹。墓室亦曾被盗。

雨君洞 镌于休宁县齐云山真仙洞府龙王岩的崖刻。明嘉靖三十四年(1555年)季冬方豪书,白岳山人朱素和立。隶书,字径50厘米。笔锋遒劲。参见47页"文化生态"部"雨君洞"条。

*雨君洞

雨岩山人 镌于休宁县齐云山真仙洞府黑龙岩的崖刻。明嘉靖二十二年(1543年)道会陈銮相题。行书,字径18厘米。銮相法名道初,道号雨岩,任齐云山道会35年。

奇峰郑氏私塾学序碑 位于祁门县芦溪乡奇口村。为一组关于捐助塾学的碑刻。前部分是关于塾学的一篇序文,后部分是各门捐输学租芳名。碑文记载清乾隆五十三年(1788

年)、嘉庆二十四年(1819年)、道光二十二年(1842年)、咸丰三年(1853年)及同治元年(1862年)五次为塾学输银输租情况及奖励标准。

奇峰独拔 镌于休宁县齐云山插剑峰北的崖刻。明万历八年(1580年)胡宥题。正楷，笔力苍劲丰润。

*奇峰独拔

具瞻 镌于休宁县齐云山紫霄崖的崖刻。题刻人及年代不详。楷书，字径45厘米。

明御敕戴嘉猷文碑 位于绩溪县城内东街口戴氏宗祠内。红石，高1.5米，阔0.7米，厚0.15米。上方书"御敕"二字，雕饰双龙戏珠，敕文上下均刻龙纹图案。碑文251字，记载明嘉靖二十六年(1547年)六月十八日御敕，有"总理兵备，兼管分巡，往来提督各卫操练军马、修理城池、查考仓粮、问理刑名、禁革奸弊；仍总理金、衢、严三府一应兵备事务"等语。其时戴嘉猷为浙江巡海副使。

咏白岳诗碑 位于休宁县齐云山天门岩。高110厘米，宽44厘米，红砂石琢成。草体，书画名家邑人金塘题。吴伯宁立。诗曰："登临欲就天门上，白岳青春万壑前。风蹬俯瞰阴洞雨，炉峰远接晓山烟。孤云江海风尘回，北极恩波草木边。今日此身高雾里，人间醉梦实堪怜。"

*咏白岳诗碑

罗汝芳题壁 位于黄山温泉石壁下端的石刻。题刻内容为："□人罗汝芳同兄子公瑾颂愿兄孙宗白晔石□□□□□□□。"罗汝芳，南城(今属江西)人，明嘉靖年间进士。任宁国府知府期间，每年必游黄山。

罗春溪题壁 镌于休宁县齐云山真仙洞府圆通岩左的崖刻。明嘉靖二十八年(1549年)罗春溪题。全文为："明嘉靖己酉(1549年)武林钱塘罗春溪到此。"楷书。

罗洪先诗碑 位于黟县宏村村口睢阳亭内。明碑，青石碑材，碑刻罗洪先《春日过雷冈怀汪心鉴》诗："清流如带漾涟漪，白板桥头与客期。指点依家村口路，睢阳亭外柳丝丝。"罗氏系明嘉靖年间进士，江西吉水人，官居殿撰，与宏村人汪积学为道谊交，汪积学字心鉴，肄业国子监，与罗氏相约览宏村湖山之胜而先卒。罗氏至，太息题诗去。

钓台石刻 位于婺源县中部金竹村水口的石刻，距县城16千米。明天启年间，学者余绍祉漫游山川，尝钓于此，并题诗两首刻于石上，字大径寸。其一为："明天启年间，有余子畤尝钓于此，拍手而曰：'山光淡兮潭水清，履峰器兮倚空清；钓大泽兮匪逃名，群峰明兮月盈盈。'歌已，卷扁鼓而去，宿于机田山中先垄之侧。"另一首字迹模糊，难以辨认。

垂珠洞 位于黟县林沥山的石刻。山有八景，垂珠洞为其一。洞口有"垂珠洞"壁刻门额；洞中观音神座上方篆有"鬓云春雨"，清康熙时黟县知县曹贞吉书。

岳飞到此 镌于婺源县凌虚洞壁的崖刻。南宋绍兴初年，岳飞奉命讨李成，过婺源，游灵岩洞时题。

岳飞题壁碑 位于祁门西东松庵。岳飞题于庵壁，壁记书法飞动，笔力遒劲。参见399页"徽州学"部"岳飞东松庵题壁"条。

供奉祖祠香灯碑 位于祁门县新安乡车坦村。清光绪二十三年(1897年)立。碑文记载众人为尊辉祠乐输置田，供奉祖祠香灯、架桥修路之事。

岱宗逊色 镌于黄山玉屏峰象石上的崖刻。题刻人及年代不详。

岱峰碑 位于黟县南黛峰塔旁亭内，距县城7.5千米。近年移置东岳山。清乾隆年间立。镌刻行书"岱峰"二字，有上下款。

金安节墓 位于休宁县城东郊葆真山。金安节，休宁县人。

采薇子墓 位于绩溪县上庄乡上金山口。采薇子，明遗民，姓氏里邑不详。清初来到绩溪县北上溪山（今上金山），有养子忠随侍。宿路亭中，拾枯枝、挑野菜煮食，鹑衣百结。有时入书塾题诗，诗多不解，字甚工。有索文者，不起草，摇笔挥洒，称幅而止，自署采薇子。后常住余川汪辅老家。康熙年间卒，汪氏葬其于上溪山。后其子忠死后，亦随附葬于此。乾隆十一年（1746年），里人汪云赴伐石立碑，题"采薇子墓"。民国六年（1917年）胡适偕友游采薇子墓，归途中作诗："枯竹皆荒冢，残碑识故臣。千年亡虏日，几个采薇人。"

放生池碑 位于祁门县环砂村河边。清雍正九年（1731年）立。碑文记载："奉县主示禁放生池，上至双河口起，下至湾袋坑止。雍正九年孟春月吉旦立。"实为划一段河流禁止捕捞鱼类之意。

*郑之珍墓

*放生池碑

郑之珍墓 位于祁门县渚口乡清溪村西北1.5千米圣堂坞山坡上。明剧作家郑之珍夫妇的合葬墓。依山面水，坐西朝东，整个墓地呈椭圆形，直径14.7米，宽8.7米，占地面积142.6平方米。墓葬外圈为碎石砌成的矮墙，高0.5米，宽0.6米，两侧开口进入墓地，整个墓地分墓冢、祭坛、拜台三部分，墓冢直径4.4米，宽4米，墓冢后靠墙围处有高1.47米、宽0.64米墓碑一块，阴刻碑文"明庠生高石郑公讳之珍夫妇墓"。冢前祭坛及二级拜台，益附台阶，可拾级而上，皆用碎石片铺砌而成，冢前祭坛部分嵌有宽1.4米、高1米的墓志铭一块，阴刻铭文24行，详细记载郑氏生平事迹，铭文为郑之珍之婿、河南按察司知事进秩修职郎叶宗泰撰。墓地居高临下，气势开阔，墓墙四周松柏竞茂，使古墓更显庄重肃穆。属安徽省重点文物保护单位。

郑玉题壁 位于黄山温泉石壁的石刻。在汪铉题名右侧，共8行，隶书，部分已脱落。从题款看，为黄山具款最早的石刻。题刻全文为："邑人郑玉子美，旧尝读书山下寺中，后迁紫阳南埠，遂耕于师山之阴，钓于岑山之阳。久而天子知名，出内府酒帛，遣使者持以车，诏玉为翰林待制。玉以德凉辞辟不获，乃从使者至海上，以疾而返。复游山中，访寻旧馆。时丧乱之余，半已煨烬，独川流山峙，不改依旧。乃浴汤泉，题名石上而去。时侍行者吴明焱、鲍观、鲍葆、谢真保、吴阳复。有元至正十七年（1357年）春二月辛亥郑玉题。"

法霖玉界 镌于休宁县齐云山真仙洞府黑虎岩的崖刻。明朝遗迹，紫郝君书。行楷，字径24厘米。

治寿藏记碑 又称"琶塘胡氏墓碣"。位于歙县西溪南镇（今属徽州区）琶村祠堂门口。明嘉靖八年（1529年）立。"藏"通"葬"，"寿藏记"是古代的一种文体。碑文内容为明胡璨介绍琶塘胡氏世系来龙去脉及墓地。

空中闻天鸡 镌于黄山龙蟠坡下半山寺前路侧岩壁上的崖刻。题刻人及年代不详。篆体。字古朴。

试剑石 位于黄山试剑石上的石刻。明歙县松明山汪道昆书。篆书，字径约50厘米。

屈原庙功德碑 位于祁门县环砂村祠堂。明成化二十三年（1487年）立。碑文记录"孝上乡文溪里富村社奉神众信弟子，喜舍己财，做造龙牌、香案、石鼓、槽门入庙供奉，祈保各家清洁，百事兴隆，福有所归"，以及26人名单。

织金池碑 位于祁门县渚口村贞一堂中。民国三年（1914年）立。族人为表彰尚荣公及其副室金氏等，立碑颂扬他们捐巨资重建祠堂的义举。

春节嬉灯唱戏秩序碑 位于婺源县理坑村天官上卿第门口的道路上。清道光二十七年（1847年）正月立。碑文记载每年正月要嬉灯唱戏以敬祖酬神,正月十一日、十三日、十五日等夜三大房兴灯敬祖,然后于十六日、十七日、十八日等夜各会演戏酬神,二事日期相近,立碑规定不得抢占搬搭凳桌,有碍灯事进行。

珍珠帘 镌于休宁县齐云山真仙洞府雨君洞岩壁的崖刻。题刻人及年代不详。草书,字径20厘米。

*珍珠帘

按院禁约碑 位于歙县潜口镇潜坑村(今属徽州区)新福桥廊亭内。明天启二年(1622年)二月立。碑文记载"黄山大狱"冤案后,为保护黄山山场,经县府两级批准,重申宗族制定的"五禁",即"非时有禁;大木有禁;擅葬有禁;侵占有禁;斧锯有禁"等内容。

胡氏宗祠奉宪永禁碑 位于绩溪县龙川胡氏宗祠。清咸丰七年(1857年)六月立。碑文记载保护祖坟龙脉不受损害等胡氏族规。

胡文泰偕妻捐产碑 位于绩溪县校头乡蜀马村小学大堂东向房墙中。明万历二十七年(1599年)八月初一立。碑文记载胡文泰一家12口为祈求菩萨保佑而捐田地给觉乘寺一事。

胡传墓 位于绩溪县上庄乡余川村东曹家湾。清光绪二十一年(1895年)七月初三胡传由台返大陆,病逝厦门,归葬绩溪。墓为胡传父母、胡传夫妇四穴墓,郑孝胥题碑文:"胡公奎熙及其妻程夫人之墓,胡公传及其继配冯夫人之墓。"墓旁筑亭。墓面两侧立石刻词联4块,均系胡适亲撰。

胡松墓 位于绩溪县浩寨乡龙桥湾村西山麓胡松夫妇合葬墓。立于明万历五年(1577年)。胡松,绩溪县龙川人,官至明工部尚书。南向,由墓基、祭坛、拜台、享堂、神道组成。花岗石结构。神道口有坊,道两旁立石马、石犬、跪羊、文臣各一对。

胡昌翼墓 位于婺源县考水古村外。昌翼为唐皇子、徽州明经胡氏始祖。其墓已有1 000多年历史,几经修整,至今保存完好。古墓四周群山围拱,现有墓地为"凤"字形,墓葬为八卦形。门堂前立有一方青石古碑,刻阴文篆书"始祖明经胡公之墓"八个大字;碑座左右分别镌有篆书"明经胡氏""三延并茂"字样,期望胡昌翼三个儿子(延进、延宾、延臻)宗族繁茂,代有名流。考水村明经胡氏本姓李,为李唐帝室之胄。对明经胡氏改姓和迁入婺源,《婺源县志》《考川明经胡氏宗谱》中都有较详的记载。

胡宗宪墓 位于绩溪县瀛洲镇浒里村南登源河畔天马山北麓。明万历十七年(1589年)赐葬。坟墓北向,占地数百平方米。墓及神道坊、石像等均花岗石质。拜台两层,以两侧拾级而上。

*胡宗宪墓复原图

胡炳文墓 位于婺源县考水村。

胡羾墓 位于婺源县清华镇东源村。胡羾,字然明,婺源清华人,国史编校胡升之父,随祖寄籍开封。南宋绍定五年(1232年)进士,官至朝奉大夫,德安府知府,终老于故里清华。

胡富墓 位于绩溪县瀛洲镇浒里村东南龙须山麓。立于明嘉靖年间。墓东向,墓堂砖砌,占地亩余,内设祭坛、拜台。神道有坊,两旁列石马、石羊、石人等。

南无无量寿佛 镌于休宁县齐云山天门岩外崖壁的崖刻。明万历十三年(1585年)钱塘金氏及其男希贤立。行书,字径18厘米。

南无阿弥陀佛 镌于休宁县齐云山真仙洞府黑虎岩的崖刻。明万历年间佚名题。楷书,字径12厘米。

*南无无量寿佛

思耻台 位于齐云山最高峰廊崖的石刻。道士有犯者规者，罚其坐思耻台面壁反省。明嘉靖四十三年（1564年）黄安耿楚侗为诸生讲学时题刻于石。楷书，字径42厘米。参见56页"文化生态"部"思耻台"条。

*思耻台

秋日登齐云岩诗碑 位于休宁县齐云山真仙洞府黑虎岩。高60厘米，宽244厘米，红砂石琢成，草书。明嘉靖三十四年（1555年）余姚胡正蒙书。碑文为五言古体《秋日登齐云岩》诗，诗曰："白岳奠金枢，胜境标灵造。积翠郁氤氲，崔嵬壮清昊。天门奕奕开，石洞俨铺缟。飞瀑洒珠帘，悬崖势欲倒。丹台最卓杰，屹立对云岛。径转华林西，嶂屼峙五老。回流清且涟，叠□环如抱。纷吾尘网暇，缅爱兹山好。浮骖越重关，宁辞千里道。初乃事远游，亦复事祈祷。碧落秋气澄，蒸暑亦如扫。晨策恣遐观，夕息叩鸿宝。探云意未穷，了悟悔不早。愿结白云期，相将拾瑶草。"

重建还金亭碑 位于休宁县商山乡率水河畔。民国三十七年（1948年）立。碑刻两块，一块镌"重建还金亭记"，较清楚；一块镌"重建还金亭收支总账"，已漫漶不清。

重建觉乘寺碑 位于绩溪县校头乡蜀马村小学大堂墙中。清道光十四年（1834年）季夏月立。碑文记载觉乘寺历次修缮，特别是本次重建经16年之久的情况。

重建富村桥碑 位于祁门县环砂村祠堂。碑文记载富村桥历史和重建经过。

重修太素宫捐助名氏碑 位于休宁县齐云山太微楼侧。刻于明万历年间。高203厘米，宽98厘米，厚16厘米，红砂石琢成，刻载重修宫殿捐助人姓名及银数。

重修竹岭碑记 位于绩溪县通往浙江省古道上的碑刻。民国五年（1916年）立。碑文记述了胡寿六、胡商岩父子捐献巨资修理古道的事迹，并记录了1 022人芳名。

重修色岭梅花岭碑 位于歙县箬岭。清道光十五年（1835年）四月立。碑文上半部记载色岭梅花岭的险峻及重修经过，下半部镌刻捐款人名单。

*重修色岭梅花岭碑

重修齐云玄君殿碑记 位于休宁县齐云山三天门太微楼侧的碑刻。高220厘米，宽100厘米，厚18厘米，黟西青石琢成。碑文记载重修齐云玄君殿的经过，明万历十二年（1584年）邑人詹景凤撰文并书。

重修羊栈岭路碑 位于黟县羊栈岭头茶亭内。清乾隆四十六年（1781年）立。碑石系黟县青石所制，楷书阴文，约500字，徐立纲撰书。碑文记载重修羊栈岭路始末。碑今犹立岭头。

重修金紫祠记 位于歙县潜口镇（今属徽州区）金紫祠里的碑刻。清康熙五年（1666年）孟秋月立。碑文记载了金紫祠的历史以及维修过程。

*重修金紫祠记

重修府堂碑记 位于徽州府衙内墙上的碑刻。清乾隆二年（1737年）季夏立。碑文记载徽州府知府杨云服募捐重修府衙的经过及开支情况。

重修觉乘寺碑 位于绩溪县校头乡蜀马村小学大堂东向房墙中。民国十二年（1923年）十一月二十日立。碑文记载觉乘寺的历史及本次修理之经过。

重修唐圣僧庵碑 位于歙县七里头圣僧庵。明万历三十年（1602年）仲冬住持僧性佐立。碑文记载了圣僧庵建造过程。

重修渔梁坝题名碑 位于歙县渔梁街崇报祠中。明万历三十五年（1607年）秋月立。碑文记载当时重修渔梁坝情况。

*重修渔梁坝题名碑

重修歙学圣庙碑 位于歙县中学明伦堂前。清顺治十三年（1656年）九月立。碑文记载该年大成殿损毁，教谕王昕主持修缮之事，并镌刻集资者的姓名。

重修徽州府堂记 碑刻。❶位于徽州府衙内墙上。清乾隆三十八年（1773年）立。

*重修歙学圣庙碑

碑文由徽州府知府张廷炳撰，记载本次重修府衙情况。❷位于徽州府衙内。清道光六年（1826年）仲秋立。碑文由徽州府知府马步蟾撰，记载徽州府衙迄今300余年历史，屡有损坏，屡有修复。今适值其历年既久，堂屋倾坏，仅存基址。于是，号召六邑捐款以及鸠工修理的经过。

重游感兴碑 位于休宁县齐云山真仙洞府黑虎岩。高54厘米,宽95厘米,红砂石琢成。字径5厘米,正楷。明嘉靖四十年(1561年)歙县昌溪吴居畏题书。诗曰:"四顾无云霞,空荡几万里。明瞻已坠西,红轮复东起。高峰接大荒,寒泉赵沧水。霁雨洒华池,清风生洞起。坐谈今古情,不觉忘尔汝。静观霄嚷间,有物包乎此。"

复办水龙碑志 原位于休宁县万安下街水龙庙内,现镶嵌于万安镇武洪村一幢民居院子老墙上的碑刻。清光绪二年(1876年)立。万安街水龙庙会是当地的民间消防组织,位于下街当铺巷内。碑刻记述了同治水龙会开张和光绪复办水龙会的经过。据碑文记载,光绪元年(1875年)为万安水龙庙捐款的店铺有同兴典、鼎泰典、叶益隆等92家。水龙会负责筹集消防经费,购置与管理消防器材,组织开展各种消防活动,奖励救火有功人员。所筹经费除用于购置消防器材外,还用于奖励积极参与救火的人员,如挑一担水到火场,就发给一支竹筹,竹筹上印有"火印",灭火后次日,凭竹筹到水龙会领取报酬。

复还天巧 镌于休宁县齐云山天门岩的崖刻。题刻人及年代不详。楷书,字径110厘米,笔力苍劲刚健。

*复还天巧

复返坐□ 镌于休宁县齐云山天门岩的崖刻。题刻人及年代不详。草书,字径15厘米,末一字风化剥落。

修建水埠亭收支碑 位于休宁县万安中街船埠头水埠亭。清嘉庆二十一年(1816年)立。万安为休宁商业重镇,横江沿镇而过,下通歙县、杭州,上连县城并通达黟县、祁门,是古徽州重要水运码头,来往行商者众多。此碑记载了修建水埠亭的捐款和使用情况。捐款者有舒源丰、程光裕、怡源号、益泰号、吴德昌、益盛号、益丰号、焦广生、□盛号、正太典、苏隆兴、杜元茂、隆盛号、德源馆、颐生堂、聚和号、源泰号、茶饭馆等18家商号,捐款银八十三两六钱三分。支出不够,尚缺银二十三两五钱二分,由程光裕、舒源丰对半派出。

修建水埠亭碑 位于万安中街水埠亭。清嘉庆二十一年(1816年)立。碑文记载了当年修建水埠亭的捐款和使用情况。

修建徽郡会馆捐款人姓名及建馆公议合同碑 位于江苏苏州吴县徽郡会馆。清乾隆三十九年(1774年)立。碑文记载,吴县徽郡会馆草创于乾隆三十五年(1770年),由徽州商号詹元升、汪乾一、汪绍五、朱益安、张耀文、潘维长、孙御标、汪旦模、姚宸章、汪国相、汪于天、俞锡贤、程列三、汪则亭、黄肇曦、孙修馨、金应之、黄殿平、汪启华、汪御农、汪士隽、詹济石等负责,在吴县阊五图地方建造会馆,詹元升捐献地基,建造大殿,大殿中供奉朱子神位。捞油、蜜枣、皮纸三帮徽商捐款助工,作为葺理之费。其中"捞油徽商捐一千五百四十工,收钱二百两;蜜枣帮徽商捐三百二十工,收钱四十一两六钱;皮纸帮徽商捐一百八十工,收钱二十三两五钱"。

修理寝堂碑 位于祁门县环砂村祠堂中,镶嵌在寝祠墙上。明隆庆四年(1570年)立。碑文记载修理寝祠过程。

保护祠产碑 位于祁门县横联乡莲花村。清道光十五年(1835年)立。碑文内容为严禁将祠产私行典卖,加强管理祠务及田租公示等。

衍峰传碑 位于祁门资福寺内。高60厘米,宽70厘米,青石质。据碑文记载,清咸丰十年(1860年)三月,湘军韦志俊、观察萧某督军援浙,经祁门西榉根岭。兵众悍暴,一路蹂躏,民皆切齿。二十三日宿历口,一兵卒至资福寺掳掠,被殴打毙命。韦、萧欲踏平历口,为之报仇。寺僧衍峰愿舍一身以保生灵,挺身揽罪,系于祁狱。韦、萧调援太平,抵石埭,移文提解衍峰。囚车押至石埭城下,韦兵枪刀齐加,衍峰血肉如泥。光绪六年(1880年),乡诸生汪轶群撰文记其事,利济桥局勒碑纪念。

俞正燮墓 位于黟县九都深冲一带。《俞正燮年谱》载:"俞正燮陵墓在黟县九都深冲。"墓址可辨,坟包有待修复。

独母柴 墓葬名。位于黟县南7千米处。传说昔时当地有一寡妇死去,无以为葬,村人替她用薪柴覆盖。后人行经其处者,都以柴投向它,而成墓葬。

养生禁示碑 位于婺源县思口镇樟村王氏忠靖祠。清乾隆二十五年(1760年)六月二十日立。碑文不仅告示人们养护鱼类,而且要求人们不要裸体在河里洗澡,以免有伤风化,有碍观瞻。

洞门玉树 镌于休宁县齐云山天门岩的崖刻。明崇祯十二年(1639年)临川陈志忠题。楷书,字径30厘米。"玉树"指天门岩侧紫楠,昔称"江南第一楠"。

*养生禁示碑刻

*洞门玉树

洞天福地碑记 位于休宁县齐云山洞天福地祠前的碑刻。高160厘米，宽76厘米，红砂石琢成。碑文载明嘉靖年间兴修洞天福地始末。

*洞天福地碑记

浔阳台 位于黟县南漳水畔浔阳台右侧的石刻，距县城10千米。为西递青石刻，嵌岩壁间。正楷，字约67厘米见方，传为一补锅匠所书。民间有"寻遍江南无好字，唯见浔阳半边昜"之说，足见评价之高。"阳"字繁体为"陽"，故称"半边昜"。参见57页"文化生态"部"浔阳台"条。

*浔阳台石刻

祖训祠规碑 位于歙县瞻淇村敦睦堂享堂两侧墙上。清光绪二十八年（1902年）仲春月立。一为《祠规十条》，一为《祖训十条》。

神皋闹时 镌于休宁县齐云山真仙洞府危崖的崖刻。题刻人及年代不详。隶书，字径30厘米。

祝确墓 位于歙县渔梁对岸紫阳山。祝确为南宋理学家朱熹之外祖父，人称"祝半州"。墓今已无存。

退思岩 位于休宁县齐云山小壶天石室外的石刻。楷书，字径23厘米。参见43页"文化生态"部"退思岩"条。

*退思岩

珠帘洞碑 位于休宁县齐云山真仙洞府珠帘洞。高46厘米，宽86厘米。行书，字径33厘米。红砂石琢成。

珠泉 镌于休宁县齐云山真仙洞府雨君洞的崖刻。万元焕题，题刻年代不详。楷书，字径47厘米。

真仙洞府 镌于休宁县齐云山真仙洞府岩壁的崖刻。明正德年间道长汪泰元题。楷书，字径72厘米。

真仙洞府记　位于休宁县齐云山真仙洞（罗汉洞）左侧的碑刻。高240厘米、宽90厘米、厚18厘米，红砂石琢成。碑文记载明正德九年（1514年）真仙洞府一带岩洞群的开辟建设情况。碑砘以石龟为座，书法秀脱，刻工精致。

*真仙洞府

真灵伟绩　镌于休宁县齐云山真仙洞府黑虎岩的崖刻。明万历九年（1581年）浙江嘉兴周履靖题。楷书，四字幅，宽230厘米，高47厘米。笔法刚正清丽。

*真灵伟绩

真境　位于休宁县齐云山的碑刻名。即紫霄崖云龙关门额。红砂石琢成，行书，字径30厘米。

栖真岩　镌于休宁县齐云山天门岩下忠烈坊右的崖刻。明嘉靖年间佚名题。楷书，字径32厘米。岩下有洞穴，为唐乾元年间道士龚栖霞修真处。参见43页"文化生态"部"栖真岩"条。

桃源里桥碑　位于祁门县闪里镇桃源村头亭内。明成化十五年（1479年）冬立。桃源里桥又称"廊桥"，由闪里人集资建于成化九年（1473年）。碑由本县汪直撰文，湖广杨一清篆额，本县王冕书丹。碑文为楷书阴刻，上部有小篆阴刻"桃源里桥记"五字，四周用云纹装饰，中部为铭文内容，记载桃源古村及源之里外二桥的由来、周边景物、廊桥的营造经过等。下部为捐款造桥人员的姓名及捐款数额。此碑高204厘米、宽为95厘米、厚12厘米，现保存完好。

桃源洞石刻　位于黟县南石墨岭南麓，距县城8千米。相传为渔郎泊舟处。石刻有门额、楹联。清道光二十六年（1846年）原洞口所凿"桃源古洞"易名"桃花源"，碑刻横额，黟县黄陂汪联松分书。门联有二，古洞南门为"白云芳草疑无路，流水桃花别有天"；北门为"地多灵草木，人尚古衣冠"。其南门联现存栈阁岭村民家。

*桃源洞石刻

监司袁使君平寇碑　位于休宁县齐云山天门岩内。高320厘米，宽118厘米，厚16厘米，黟县青石琢成。明万历十七年（1589年），兵部左侍郎郡人汪道昆撰文，罗应鹤篆额，许立功楷书，知县丁应泰立碑。

圆通岩题壁　镌于休宁县齐云山真仙洞府圆通岩左的崖刻。明隆庆六年（1572年）五月题。全文为："姑苏曾小楼、古杭徐凤山、娄江黄待明，隆庆六年（1572年）五月游齐云山。"行书。

圆通庵产碑　位于祁门县箬坑乡榉根岭圆通庵古道旁。清康熙三十年（1691年）立。碑文记载该年王武昭建造茶庵，给僧烹茶济客。其儿孙于明万历三年（1575年）建造圆通庵。康熙三十年（1691年），裔孙仁亮同僧祖培于等将庵中田地重新登记造册，并勒碑刻石，以示永远。

钱时敏题壁 镌于休宁县齐云山岐山石桥岩的崖刻。北宋政和六年（1116年）八月钱时敏题。行书，全文为："金陵钱时敏端修，政和丙申（1116年）八月，自黟山来游。"

积庆义济茶亭碑 位于婺源县冲田梅岭脚积庆义济茶亭。清光绪二十七年（1901年）立。由于茶亭设在荒郊野岭，住亭人无人管束，若行为不端，不仅影响村邻，对社会也是一种危害。为此众议勒石示禁。碑文上半部为茶亭捐（输）租芳名、租额及地点。下半部为茶亭管理条规："一、设添灯一炷，夜照人行，灯火不得熄灭，如违议罚；二、长生茶一所，无论日夜不得间断匮乏，如违重罚；三、客行李什物倘有失落，查出住亭人私匿，先行议罚，再行逐出不贷；四、住亭人不得引诱赌博，查出议罚逐出；五、住亭人不得开设洋烟，查出议罚逐出；六、住亭人不得窝藏匪类留宿异端，查出议罚逐出；七、住亭人恃势逞凶，无故闹事，报知村内定行议处；八、梅岭勘每逢朔望之日，住亭人须扫净，如违查出议罚。"

倪康民墓 位于祁门县渚口乡大北埠官驿坦寅山脚下。坐北朝南，原墓面貌今已难辨。唯留有两块石碑，均为倪氏后人于明万历十八年（1590年）重修此墓时所立。一块是横嵌于祭台前，由明歙县人、朝廷重臣许国撰写千余字的倪康民墓志铭碑；另一块则是立于坟头的石制重檐墓碑，由本县南乡塔坊村人、明万历二年（1574年）殿试文举榜眼（一甲第二名）余孟麟撰写碑文。

徐婆坑桥碑 位于宏潭乡徐婆坑村。明嘉靖三十一年（1552年）立。碑文记载建造徐婆坑桥的情况。

高山流水 位于黄山鸣弦泉西石壁上的石刻。民国许汉卿题。字下题词："许子汉卿偕室许孙绮卿、社友郑诵先、蔡楚昂、钱翼如游黄山。民国二十五年（1936年）五月十有七日，许汉卿题记。导游汪崇治，刻石韩历山。"

唐式遵青鸾峰摩崖题刻 镌于黄山风景区青鸾峰石壁上的崖刻。民国二十八年（1939年），国民党第23集团军副司令长官唐式遵募工在青鸾峰石壁上，凿刻"立马空东海，登高望太平" 10个大字，每字直径6米，间隔5米，"平"字一竖长9.4米。远望此题刻，雄俊挺拔，气势非凡。歙县罗长铭有"近来上将挥神笔，何处老翁来赋诗"的诗句赞誉之。此10字是唐式遵本人手笔，放大后崖刻。

唐洪氏墓 位于婺源县。清太平天国天王洪秀全之先祖洪氏二十六世祖洪师敏（官至四川郡守，赠护国太师）、二十七世祖洪延寿（官至长史）、二十八世祖洪汉宗（官至内史）、二十九世祖洪古雅

*唐式遵青鸾峰摩崖题刻

（官至大司农）、处士洪献象均墓葬在婺源。洪师敏葬于龙山乡银峰上市，洪延寿葬于赋春乡福亭店仙桥，洪汉宗葬于赋春乡绿溪谢家小坞，洪古雅、洪献象葬于甲路乡洪源小塘坞口。据《婺源县志》载，唐大顺二年（891年），洪氏二十七世祖洪延寿偕家从歙县篁墩（今属屯溪区）迁婺源浙源乡黄荆墩（后称"轮溪"，今为大鄣山乡车田村）定居，为婺源洪氏之祖。据《洪氏宗谱》载，洪氏二十九世祖洪古雅次子洪玉，因兵乱避居乐平枫木桥，经十四或十六世后，其后裔洪贵生再迁潮州（今广东）府丰顺县汤田布心定居。洪秀全是潮州洪氏世系的第十六世。

唐歙州军事判官赵弘益墓 位于歙县披云峰下。该墓为长方形拱券砖室墓，墓砖较薄，墓底墁铺方形地砖，坐南朝北，长约350厘米，宽约80厘米，高约100厘米，墓顶已损坏，墓内积满淤泥，仅发现"开元通宝"钱二枚、白瓷盏托和酱釉壶残片各一件，显系早年已遭受破坏。靠近墓门处覆有一方红砂岩石墓志，碑石方形，边长约52厘米，厚约7厘米，自右至左直行楷书，共23行，除标题外每行10~28字不等。据墓志，墓主人姓赵，名弘益，字福谦，唐光启二年（886年），任歙州军事判官之职，同年因病卒于衙署。

烟云万状 镌于齐云山玉屏峰狮石上的崖刻。徐厚庵题，题刻年代不详。

悦山 镌于休宁县齐云山真仙洞府圆通岩左的崖刻。古杭徐佐题，题刻年代不详。行书，字径16厘米。

通生 镌于休宁县齐云山小壶天石室内的崖刻。明紫郝君题。楷书,字径32厘米。

*通生

通幽 位于黄山云谷寺下方道边石上的石刻。清歙县徐士业题。笔力遒劲。徐士业,乾隆时著名盐商。据《歙县志》载,乾隆二十二年(1757年)、乾隆二十七年(1762年),乾隆南巡时,两次踊跃捐输,承办差务,受到特别嘉奖。

能者从之 镌于休宁县齐云山中立石的崖刻。明嘉靖年间安福邹守益讲学于廊岩时题。楷书,字径63厘米。

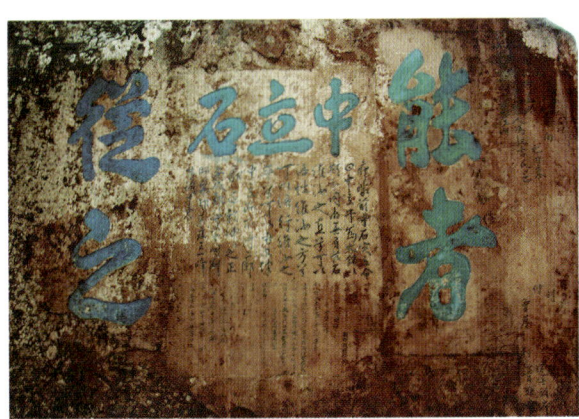
*能者从之

培筠园诗碑 见671页"张九成诗碑"条。

勒石永禁碑 位于休宁县蓝田镇迪岭村周村。民国五年(1916年)正月十四日立。碑文记载清华大学校长周诒春致函休宁县刘知事,告知乡中无赖竟将周村黄岗山变易原名,认为私产,招人开垦。请求厉禁开垦,以保水利。休宁县知事给示,勒石永禁。现藏休宁县博物馆。

黄山摩崖石刻 镌于黄山风景区的崖刻。黄山有从唐朝至当代集文化、书法和石刻艺术为一体的摩崖石刻200余处,诸多刻于悬崖峭壁上,尤以温泉、玉屏峰、云谷寺、狮子峰、始信峰、莲花峰、天都峰、松谷庵等景区、景点最为集中。石刻内容或咏赞风景,或寄情抒怀,或题名记游,或记载古迹,或志历史要闻,或写宗教传说。如描述黄山绝妙景色的有"群峭摩天""刻削千仞""万壑幽邃""一览众山小"等;赞誉景物的有"奇景天成""岱宗逊色""宇宙大观""云巢""天梯"等;反映景观特色的有"伟奇幻险""清凉世界""灵幻奇秀""云海大千""不险不奇"等;评价黄山的有"观止""果然""天然仙境""不愧好山""此山尊"等;命名或记载地名的有"琴台""老龙潭""鸣弦泉""洗杯泉""梅屋""翡翠池"等;触景生情的有"不垢不净""大巧若拙""登峰造极""别有天地""大块文章"等;表现宗教文化的有"佛院境""净土门""仙

*黄山摩崖石刻(1)

*黄山摩崖石刻(2)

*黄山摩崖石刻(3)

人榜""大士岩""轩辕道场""阿弥陀佛""药师琉璃光佛"等；记怀史事的有始信峰上"寒江子独坐"李一泯补记等。摩崖石刻集篆、隶、行、草、楷等各种书体，精湛、古朴、典雅。"鸣弦泉""洗杯泉"据载为唐代大诗人李白手书，"江山如此多娇""风景如画"为毛泽东、朱德墨宝。"大块文章""岂有此理，说也不信。真正妙绝，到此方知"的石刻，耐人寻味。黄山摩崖石刻不仅有较高的文学价值，而且体现了中华民族特有的审美意识、审美情趣和表达形式。属全国重点文物保护单位。

黄连凹茶亭碑记 位于歙县与绩溪交界的黄连凹古道上的碑刻。清乾隆五十九年(1794年)孟冬月立。歙县白杨通往绩溪的黄连凹山路，为人们往来道。两县交界处，现保留一古茶亭，立于南坡，分里外两间，外间为施茶路亭，屋顶已塌落，里间为施茶人住宿之地，基本完好。里间亭壁镶《黄连凹茶亭记碑》，碑高121厘米，宽53厘米，碑文千余字，共分为两部分。前部分叙述茶亭来历和修亭动机："叹山路之崎岖，停骖苦无税驾，匪自今始，望梅止渴，饮马思泉。嗟行路之艰难，憩息更乏茶浆，自昔然矣。伏念我乡黄连凹岭，歙绩交界，两邑通衢，行人络绎，不减名区。是以乡先达吴讳宗枋公，捐建茶亭，息行人之影，解空山之渴。泽流数代，仰德百年。今者，亭宇日就倾颓，茶浆渐以不继。慨先锋之将息，思后贤之续芳。爱集同族共同善举。"后部分记载吴姓产业及捐款者名单，其中既有祠堂，如崇德堂、怀德堂等；又有文会，如义兴会、李王会等；还有个人，如自乐公、元曹公等。

菩提本无树碑 位于休宁县齐云山烂锦岩。楷书，字幅宽45厘米，高35厘米。碑文为："阿弥陀佛偈曰：菩提本无树，明镜亦非台，本来无一物，何处染尘埃。道人明镜勒石。"即为明镜道人所题。

梦真桥碑 位于休宁县齐云山洞天福地外梦真桥。高54厘米，宽120厘米。黄树题碑。碑文记载建桥缘由。

*菩提本无树碑

*梦真桥碑

梅花古衲墓 见684页"渐江墓"条。

梅园碑 位于黟县县署。县署有梅园。清道光二十八年(1848年)秋月立。黟县青石为碑，草书阴文。碑文由县令白祇膺撰书，记载园内古梅、修竹、锄月亭、春雨山房诸胜景。

梅岭积庆义济茶亭碑 位于婺源县冲田村。清光绪二十七年(1901年)立。碑文上半部镌茶亭捐(输)租芳名，租额及地点；下半部镌茶亭有关规定。

梅鋗墓 位于祁门县城南悟法万安寺后山林中。梅鋗，秦末将领，死后归葬封地祁门。墓旁旧有梅列侯祠,毁于元至元二十九年(1292年)兵燹,墓亦荒废。

戚继光游齐云山题壁 镌于休宁县齐云山真仙洞府雨君洞的崖刻。为抗倭名将戚继光等于明万历十三年(1585年)游齐云山时所立。全文为:"定远戚继光同新都汪时元、邵正魁、汪道会游此。时于万历乙酉(1585年)八月既望。本山道会吴伯宇、胡日章立石。"楷书,刻字宽52厘米,高48厘米。

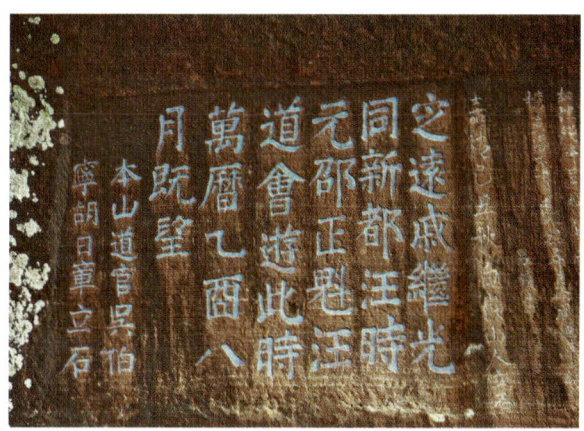
*戚继光游齐云山题壁

*晒阳岩

雪泥 镌于休宁县齐云山真仙洞府的崖刻。明嘉靖四年(1525年)汪景清题。行书,字径37厘米。

常熟县永禁扰累典铺碑 位于江苏常熟县城。清康熙二十年(1681年)六月十四日立。据碑文记载,康熙初年,在常熟县的徽州典铺有数十家,大多为小本经营。清初兵燹频仍,官府又加派典税,典铺本已困难,不料县中胥吏借用各种名目趁机勒索,当地徽商毕义和、曹恒达、叶咸贞、巴恒盛、汪谦吉、孙浩源、罗仁兴、汪宗、吴奇、程隆向官府控告,常熟县作出判决,严禁胥吏勒索典铺,以后如有胥吏指官撮借,假公乐输,及着备铺供应,采买各色货物,修筑城垣,飞派炭价工价,点充保里,准许商人典头(即典商首领)立即指名报县,以凭提究,解宪重惩,决不姑宽。碑上记载当地徽州典商有毕义和、曹恒达、叶咸贞、巴恒盛、汪谦吉、孙浩源、罗仁兴、叶永贞、邵永隆、汪松茂、孙永丰、程隆兆、邵万育、孙和益、傅礼、曹之传、汪同泰、吴源昌、程万源、程兆禧、陈隆泰、程德记、席恒、吴道盛、胡懋、程贞兆、项隆文、程敦义、吴永兴、曹鼎新、程启泰、张亮隆、方启茂、孙永澳,共34家,典头是吴奇、汪宗、程隆3人。

晒阳岩 镌于休宁县齐云山岐山天泉书院左的崖刻。明湛若水讲学天泉书院时所题。行书,字径20厘米。晒阳为范涞之号。

银河泻碧 镌于休宁县齐云山紫霄崖的崖刻。明万历年间桐城游元浮题。行书,四字幅,宽180厘米,高42厘米。

*银河泻碧

第一洞天 镌于休宁县齐云山紫霄崖的崖刻。明正德年间雪崖山人方琼真题。行书,四字幅,宽147厘米,高37厘米。崖下有玉虚宫,依崖砌殿,俗称"老殿基",亦称"第一洞天"。

第一蓬莱 镌于休宁县齐云山二天门的崖刻。明万历年间白岳山人朱素和题。行书,字径60厘米。笔法雄浑遒劲。道家称东海三仙境,蓬莱为首。

*第一蓬莱

第十三楼 镌于休宁县齐云岩西坡"楼上楼"危崖的崖刻。清乾隆三十三年(1768年)白云道人题。字径12厘米。该处丹崖垂直高耸,若层楼高阁。旧说月华街有十二楼,此处即为第十三楼。

象气岩 镌于休宁县齐云山插剑峰东壁的崖刻。明正德年间题。楷书,三字幅,宽124厘米,高32厘米。

*象气岩

章山佛经壁刻 位于黟县碧山枧溪崇福寺的石刻。该寺建于唐天复三年(903年),又称"遵孝寺"。寺傍章山,昔人刻佛经于章山崖壁,文今漫漶难辨。

章山题壁 位于黟县章山的石刻。南宋开禧三年(1207年),黟县碧山汪廷珪、汪玉、汪玼等13人游遵孝寺时的题字石刻,共166字。文中叙及游寺时间、同游者以及游览经过。楷书,题壁高10余米,宽约5米,字高0.2米。题壁字由汪世济书刻,虽已风化,字迹均能辨识。题壁下方,有佛经石刻。

望齐云岩 位于休宁县齐云山真仙洞府黑虎岩的石刻。明嘉靖二十年(1541年)罗敬远题。红砂石琢成。草书,宽53厘米,高103厘米。

渐江墓 位于歙县徽城西干山披云峰原五明寺后。建于清康熙二年(1663年)。渐江,新安画派开创大师,晚年常居五明寺,去世后迁葬寺侧,其友王泰征为其作墓志铭,许楚书写墓碑,并遵渐江遗愿,在墓旁植梅数十株,故又称"梅花古衲墓"。后大修,重立墓碑,刻新的墓志,砌筑祭台、石栏等。属安徽省重点文物保护单位。

谒齐云诗碑 位于休宁县齐云山天门岩外。高120厘米,宽53厘米,黟西青石琢成。字径6厘米,行书。明崇祯十一年(1638年)陈超龙题。诗曰:"千里迢迢得大观,天门一望入云端。幽溪鹤唳秋风晚,绝□猿啼夜色寒。仙梵云间惊犬吠,药炉潭底试龙蟠。倒垂星斗尘氛远,海上空劳说大丹。"

绩溪龙川胡氏禁碑 位于绩溪龙川胡氏宗祠正厅西过厢墙壁上。长约1.4米,宽约0.8米,黟县青石镌刻。胡氏宗族为保护祖坟龙脉,各派房代表43人联名禀报绩溪知县,并得到知县批准,立碑永禁。碑文规定:龙须山至正班坞、金紫山一带祖坟山场,无论是家族共有还是各家私有,都禁止取石料、烧石灰和出卖山场于他姓。如有不肖子孙,勾通顽梗石工,胆敢破禁开山取石,须报告县衙,立即缉拿,严厉追究,按律重办,绝不姑息宽容。

绩溪县鼓楼记碑 原立于绩溪县鼓楼。明嘉靖四年(1525年)立。碑文记载知县李邦直建设鼓楼、防御天灾人祸的经过。现藏绩溪县档案馆。

琶塘胡氏墓碣 见673页"治寿藏记碑"条。

越国公汪华墓 位于歙县北云岚山。唐永徽二年(651年)营葬,旧有"汪墓祠"。神道引入宝城,有牌坊、翁仲。宝城依山南向,左右冈峦屏护。墓前右有享堂,两进五开间,飞檐高瓴;左为家庙,两进,有左右廊房,供人理事住宿。民国三十六年(1947年)之前屡有修葺,现仅存遗址。墓穴于唐末曾遭盗掘,今其墓略呈封土堆积。

越国祠田碑记 位于黟县屏山的碑刻。明万历二十二年(1594年)立。碑文记录越国祠的田产情况。

*越国祠田碑记

葛胜仲题壁 崖刻。镌于休宁县齐云山岐山石桥岩。❶北宋大观四年(1110年)休宁县令葛胜仲题。全文为:"丹阳葛胜仲游。大观四年(1110年)

五月，时贬令此邑。"楷书，字幅宽35厘米，高70厘米。❷北宋政和元年（1111年）休宁县令葛胜仲题。全文为："仙都祝廷同晋陵葛胜仲游。宋政和辛卯（1111年）季冬初四日。"楷书，字幅宽40厘米，高40厘米。

董君生祠碑
位于黟县县衙董公祠。明弘治年间立。董公名复，成化十一年（1475年）为黟县令，有德政。离任后，民为其建生祠祀之。弘治年间圮而复建，因立碑记其事。碑以黟县西递青石制，四周饰云纹浮雕，楷书阴文，李东阳撰书。此碑今已不全。

落石台群刻
位于休宁县南汶溪南岸的崖刻。有崖崩落而成大石台于水中，名"落石台"。溪滨岩壁削立，其间旧有寺院，毁于清朝。壁间仍存摩崖题刻16处。其中有宋邑令吕大防所书"断石"，另有"山高水长""云头石""嶙峋写照""山山聚秀""落石寒波"等。因年久风化，字迹多有模糊。题字年代有元元贞、明天启、清康熙等。

*落石台群刻（部分）

惠济仓条规
位于徽州府城天宁寺惠济仓前的碑刻。据碑文记载，清乾隆十六年（1751年），歙县大旱，发生饥荒，知府何达善劝阖邑士绅捐款买米运济民众。又向两淮徽商募捐，在扬州经商的程扬宗、程梦发、徐士修、黄履暹、洪徽治、程柟、汪玉枢、江春、汪立德、汪允佑、马曰琯、黄为荃、闵世严、吴凤华、朱嘉勤、汪宜晋、吴如棠、江楠、汪玉玑、汪永求、吴裕祖、罗本俅等人，共捐款银6万两，除赈济所需外，仍有结余。于是决定以余款买谷积贮，在府城天宁寺前建惠济仓，遴选才干之士为其经营，并制定了惠济仓条规。条规主要内容为："建仓六十间，每仓贮谷五百石，共买谷三万石，分贮编列字号，锁匙交士绅收掌，凡遇收放粮米，由知府临时于首领各员及歙县佐杂同内遴选诚实可靠之人会同经理。徽商所捐六万两中，余银三万两，交典铺按长年七厘起息，息银按两季缴存，府库登记印簿。选择殷实好义公正老成士绅十五人，每人经管仓谷二千石，认定厫口，登打印簿。其一切存放买补各事宜，俱交经管士绅自为经理，以十二年一换，期满后由知府会同原管士绅另举殷实好义之人交代接管。义仓粮米，除非确有商贩阻滞、市米缺乏，不得妄请开粜，永远不许出借。粮米久贮，恐有蒸霉，允许临时斟酌存八粜二，逐渐抽换，但不得多为出脱。凡遇应粜之时，地方官会同士绅酌议既定，务将粜费、运费以及将来买补情形逐一通盘筹划，然后定价开粜。粜米后，秋收仍由各经理士绅领出买补，若遇谷贱盈余，各自登记归入正项，若秋后价贵，不敷买补，将银两贮库，统俟下年还仓，不得于原粜价银之外另动息银，致亏成本。缴仓谷石，务要干燥洁净，以便久贮。仓中遇有买补粜动之处，各管士绅将动存数目就近报府查核备案，府中核明之后，只将动存总数通报上宪，查核存案，倘于成本无亏，地方官不得勒令报销，苛求指驳，以使办理士绅不受吏胥需索勒掯烦扰之累。"

雯居士诗碑
位于黄山立马桥畔岩壁中。民国三十一年（1942年）冬山中居士雯题诗曰："元戍小此经过，落英风洒薜萝。只有山灵和秘惜，长教云气护岩阿。"

紫玉屏
镌于休宁县齐云山鹊桥峰左的崖刻。明万历九年（1581年）楚德龙题。行书，字幅宽230厘米，高60厘米。

紫阳书院学田碑
位于歙县中学教学楼后。明嘉靖四十五年（1566年）十月立。碑文记载紫阳书院学田分布于歙县和休宁县，学田采取租佃经营方式，一般由学田所在地居民租种。佃户自主经营，按一定地租率定期向书院交纳地租。

紫霄宫玄帝碑铭
位于休宁县齐云山紫霄崖下玉虚宫西侧的碑刻。高760厘米，宽140厘米，厚20厘米。整块由红砂石琢成，下以石龟承托，面北巍然屹立。碑文系唐寅于明弘治十三年（1500年）登游齐云山时，应道长江泰元之请所作骈体文。首尾共1 028字，新安名家汪肇篆额，戴炼书丹，名匠朱云亮、汪阳熙执錾主镌，费时两年完成。碑北刻《紫霄崖兴建记》，记述玉虚宫修建始末。碑之文、字、镌工皆出于名家，世称"三绝碑"。

*紫霄宫玄帝碑铭

紫霄崖 镌于休宁县齐云山紫霄崖上的崖刻。明正德八年（1513年）养素道人汪泰元题。三字幅，宽370厘米，高100厘米，字径98厘米。参见35页"文化生态"部"紫霄崖"条。

*紫霄崖

紫霄道人传 镌于休宁县齐云山朗灵院（风虎关旧址）的崖刻。题刻人及年代不详。正文记述养素道人汪泰元生平业绩。楷书，刻石高250厘米，宽110厘米。

最高峰 崖刻。❶镌于休宁县齐云山最高峰廓崖。明嘉靖三十六年（1557年）南阳方万有题。楷书，字径60厘米。❷镌于休宁县齐云山最高峰廓崖。胡文孚题。草书。字幅宽53厘米，高112厘米。

*最高峰（方万有题）

黑虎岩碑 位于休宁县齐云山真仙洞府黑虎岩。高123厘米，宽40厘米，红砂石琢成。楷书，字径28厘米。

程元谭墓 位于歙县冷水铺马路南。程元谭为徽州程姓始祖。此墓坐北朝南，略见封堆隆起，旧称"双石"。堪舆家谓之"锦被盖孩儿"。墓前原有坊，坊额为"东晋新安太守程公元谭墓"，今已不存。

程迈墓 位于黟县碧阳深冲。今墓包已平，清雍正十年（1732年）重立墓碑犹存。

程治题壁 镌于休宁县齐云山岐山石桥岩的崖刻。程治题，汪从龙书。正文为七律诗："素岳岩峣万仞巅，西来览胜画岩前。白泉缥缈云根出，赤带回蟠洞顶悬。踪步稳栖河鹊驾，凌空飞渡斗中边。秦封汉时今逾王，紫气时时候列仙。"楷书，字幅宽42厘米，高63厘米。

程珌墓 位于休宁县南25千米歧阳山。歧阳山由马金岭蜿蜒而来，其支脉为万松山，南宋内相少师程珌墓在此。山阳平衍，风景幽雅。山下有程端明公祠。

程家柽墓 位于休宁县东临溪林竹村。程家柽于民国三年（1914年）九月二十三日北京就义。后由其弟家鸣迎柩归葬故里。属休宁县重点文物保护单位。

*程家柽墓

程敦临公柏山祠堂记 位于屯溪二中院内的碑刻。明万历五年（1577年）十一月立。碑文记载祠堂修建过程和日常管理规定。

程嘉量题壁 镌于休宁县齐云山岐山石桥岩的崖刻。北宋政和元年（1111年）题。全文为："黄墩程嘉量良器、汝南何安中得之游。政和辛卯（1111年）三月十日。"楷书，字幅宽60厘米，高40厘米。

御制齐云山玄天太素宫之碑

位于休宁县齐云山太素宫第一进殿内。明嘉靖三十七年（1558年）立。高300厘米，宽120厘米，厚20厘米，黟县青石琢成，额刻双龙戏珠，边围镂以云龙翔凤瑞草图案，下置石龟驮负。碑文楷书，字体洒逸。据碑文记载，嘉靖十一年（1532年），诏令龙虎山正一嗣教真人张彦頨率道众诣齐云山建醮祈嗣，果获灵应，于是设官焚修。而祠宇卑隘倾颓，不称崇奉至意。爰命巡按御史修建真武正殿并左右配殿与前中后进，添置供器与钟鼓楼等外仪物，更题曰"玄天太素宫"。

竦口东汉墓

位于歙县竦口村西山坡。墓平面呈刀形，坐西朝东，墓长约6米，宽约2.6米，高约2米，甬道长约1米，宽约0.8米。拱顶、墓门已毁。出土文物有红陶大瓮、五铢钱、红铜长刀、白陶虎子、印纹硬陶罐等。白陶虎子与淳安县出土的东汉谢伯文墓同类器相近，推测墓葬年代与之相当。大部分出土文物藏歙县博物馆。

普门禅师塔铭

位于黄山慈光寺后。据《黄山志·金石表》载，明崇祯三年（1630年）勒石，清康熙三年（1664年）立。由许鼎臣撰文，吴孔嘉书，徐开禧篆额。

道家墓葬

位于休宁县岩前镇西1千米处。旧有道教的西山祖殿，南宋齐云山道教创始人余道元、女道士刘四娘等遗骸葬于殿后山坡，俗称"十八棺"。民国中期开辟公路时，殿毁墓平。

曾大椿诗碑

位于黄山立马桥头岩壁上。曾大椿民国三十年（1941年）秋题诗："君不见伏波将军事南征，铸勋铜柱交趾平。将军挥橄挞倭奴，目空东海三岛枯。摩崖千仞舒壮气，笔峰更比剑锋利。名垂金石山不改，时人交赞唐空海。马伏波，唐空海，共传勋业昭千载。"曾大椿为民国时期同盟会员，四川井研人。民国三十年（1941年）秋游黄山，见唐式遵"立马空东海，登高望太平"摩崖石刻，颇为感慨，于是作此诗并立碑。

游齐云岩志山碑

位于休宁县齐云山真仙洞府文昌岩。高198厘米，宽85厘米，红砂石琢成。行书，字径5厘米。明万历八年（1580年）三月黟县许天题。

游黄山宿狮子林诗碑

嵌于始信峰石壁。清光绪十年（1884年）夏刻。光绪十年（1884年），翰林院侍读、国史馆编修崔国因游黄山宿狮子林后题七律两首，其一为："三十年前此地游，禅房草榻暂淹留。湿云侵岫晴疑雨，深谷藏风夏已秋。

自惜鸿泥成往迹，重携蜡屐豁新眸。山灵见我应相识，清瘦形容似旧不？"其二为："解组归来历九瀛，看山又作步虚行。廿年宦辙身犹健，半榻茶烟梦已清。萝月朗离尘垢相，松风嘘出海潮声。文殊欲证前因果，我是仙猿再世生。"后刻成诗碑并嵌石壁。

富八郎墓

位于歙县城。原在歙县县衙大堂与二堂之间，坟已不存，坟后大樟树尚在，今属歙县中学。相传富八郎为唐宗室，藩封于歙。富于资，行八，人称"富八郎"，县署为其故居。生性不屑求人，终以无火不解举炊，阖户毙命。

谢村禁碑

位于歙县雄村乡荃村（古名"谢村"）浙江左岸（俗称"砥柱堤"）。清光绪二十一年（1895年）立。青石刻制，高104厘米，宽50厘米，厚7厘米。歙县知县为保护江边古樟树和堤岸将文告勒石而立。碑上端楷书"禁碑"二字；告示正文楷书6行，计217字；余为落款14字；另刻附告小字2行26字，钤歙县县衙正堂大印一枚。文告近白话文体，通俗易懂。

登齐云山次徐比部韵诗碑

位于休宁县齐云山紫霄崖玉虚宫前。高200厘米，宽135厘米，红砂石琢成。行书，字径15厘米。明嘉靖三十五年（1556年）冬，眉山张景贤题。其诗为："嵯峨白岳倚长空，势入层霄鸟道通。路接天门云宛转，崖悬晴瀑雨溟蒙。香炉缥缈承朝雾，金殿参差动晓风。西望太和应咫尺，更从何处向崆峒。"

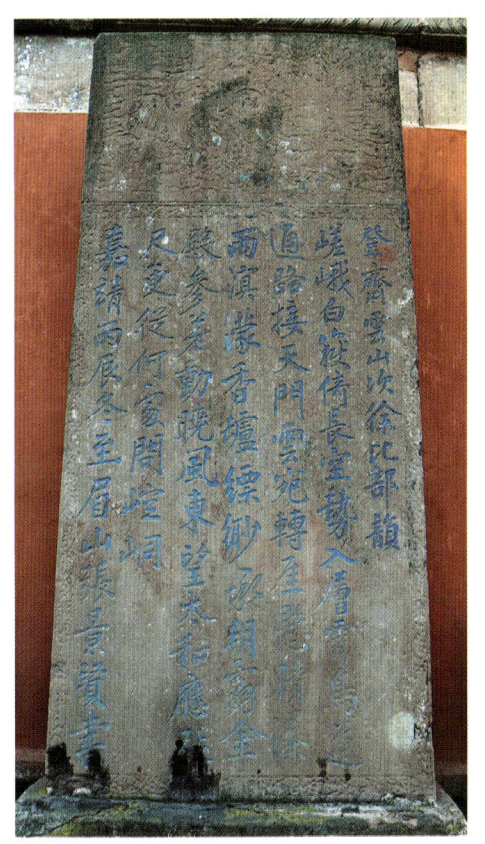

*登齐云山次徐比部韵诗碑

登齐云山排律八韵碑 位于休宁县齐云山真仙洞府文昌岩下。高190厘米，宽100厘米，厚18厘米，黟县青石琢成。楷书，字径7厘米。笔画圆润，洒脱秀丽。明万历二十三年（1595年）东莱綦才书。

登齐云岩诗碑 位于休宁县齐云山天门岩内。高157厘米，宽76厘米，厚18厘米。明万历元年（1573年）新安太守崔孔昕题。诗曰："羽驾灵山问宝诀，临风浩荡真奇绝。道人指点白龙穴，拔剑一麾山头裂。头上青天不盈尺，巉岩峭石伤心碧。此身不落风尘中，俯视人间多浪迹。蓬头道士人不识，上山下山鹤一双。夜来营就紫河车，奚必采药青溪碛。烟霞为食白岩屋，啸倚乾坤何不足。便欲□轮游太虚，长□□众相驰逐。"

*登齐云岩诗碑

登齐云碑 位于休宁县齐云山真仙洞府黑虎岩。高60厘米，宽187厘米，红砂石琢成。行书"登齐云"三大字。明隆庆二年（1568年）十一月刘秉礼题。

登峰造极 位于黄山天都峰绝顶的石刻。碑有小记，已模糊不清，极难辨认。依稀可辨者为："建国二十五年（1936年）夏，余与□徐二君有事乘兴游，欲登□□，峭□□□，自攀援崖石□□□□，于兹山之极巅，距平地七千尺，观万类真有沧□□□□□人咸慕之，今则石栏铁索开始建置，□□□□，已不复如是艰巨，□□纪念，合肥段宏钢勒石。"段宏钢，北洋政府总理段祺瑞之侄，与孙科、张学良、卢小嘉一起被称为"民国四大公子"。

鼓楼记 位于绩溪县治门内的碑刻。明嘉靖四年（1525年）正月初十立。方豪撰文。红砂石琢成，高2.23米，阔0.94米，厚0.2米。碑文记载绩溪鼓楼修建经过。碑现存绩溪县档案馆。

蓬壶深处 镌于休宁县齐云山小壶天石室的崖刻。明万历九年（1581年）浙江嘉兴周履靖书。篆体，字幅宽213厘米，高57厘米。

楠崖 镌于休宁县齐云山天门岩右的崖刻。明嘉靖十四年（1535年）方汉题。行书，字径21厘米。此处昔有楠树，粗数围，传称"江南第一楠"。

禁止私宰耕牛碑 位于婺源县甲路河埠头。清朝（年份不详）立。据碑文记载，查得甲路地方仍有不法之徒，违例私宰，殊属可恶，除密访严拿外，合行示禁。自示之后如有胆敢私宰耕牛者，或经拿获，或经告发，定行严究，决不稍宽。

禁止侵占坟山碑 位于歙县渔梁街上。清乾隆四十六年（1781年）立。据碑文记载，汪姓因祖坟被胡姓侵占，告到县衙，县官以当时地契为证，判祖坟为汪姓所有。并要求该处附近居民人等，嗣后毋许在汪姓地内掘泥挖土，尚有不遵，指名呈究，以不孝治罪。

禁止勒索阻挠回徽棺柩碑 位于歙县渔梁街崇报祠内。清同治九年（1870年）十二月，徽州府正堂何知府根据苏州府正堂李知府移文而立。据碑文记载，苏州府诚善局一向出资帮助徽州府六县在外经商的旅榇盘费，以及安置浙江、福建、江西做茶业生意、无力归乡之柩。道光十年（1830年）此项活动开始在积功堂举办，道光十六年（1836年）另立公局。但是自遭庚申之变，局房被毁，经费无着，以致无力之家，旅榇难归。现在茶叶、酱园两个行业倡议，愿意捐资兴复，仍然在积功堂中附办，诚善局负责棺柩杠抬下船，仍用积功堂土夫。为了盘运棺柩回到徽州，防止各处脚夫勒索阻挠，并且允许各棺柩亲属自行起水杠抬。联名苏州府禀乞给示晓谕，凡杠抬棺柩悉用积功堂土夫，不许各处阻挠，并移徽州府转饬六邑循照前章示禁通晓等情。

禁止酗酒赌博打降碑 位于歙县紫阳桥头新安第一关的关亭内。清雍正七年（1729年）二月立。碑文强调新安关之险峻与重要性，但一些游手好闲的匪棍及船户，在新安关亭阁等处酗酒、聚赌、生事，并往来乞丐住宿，严重影响了关隘的正常秩序，必须严查驱逐，倘有抗违不遵，以凭立拿究处，如敢容隐一并惩治，断不姑息。

禁止棚民开山种植碑 位于祁门县金字牌镇社景村一本堂祠堂。清嘉庆九年(1804年)五月立。碑文强调"有山可木,住基保,坟墓安,课不虚,族人亦守分矣",而一些人将山场出租给棚民开垦种植,使山头被挖,祖林被盗,造成水土流失。据政府批准立碑严禁,要求西坑上坞、西坑下坞、水平坑、南坑、高培等处各山场,无论家山已业,永远不许盗租棚民,亦不许借名自种,免致土松沙卸,壅塞河流,有害良田。

禁止赌博碑 位于祁门县环砂村祠堂。清道光二年(1822年)七月环砂公立。碑刻明确在环砂村境内奉宪禁止赌博。

禁止溺婴碑 位于婺源县翀田村河埠头。清光绪七年(1881年)立。碑文针对当时陋俗,禁止溺婴。

禁伐祖茔荫木告示碑 位于歙县三阳坑洪氏宗祠大门右侧。清同治十二年(1873年)八月立。碑文记述该年三十二都一图族长耆民洪开燧、房长洪本光等人,为保护永平公祖坟上的荫木,呈请县官,批准给示,勒碑严禁。

禁挖盗砍祖坟荫木碑 位于婺源县理坑敦复堂分祠门前。清嘉庆二十三年(1818年)三月立。碑文严禁盗砍挖掘侵占祖墓以及纵牛残害树枝,违者一并议罚。

禁赌碑 位于祁门县桃源村廊桥头。清嘉庆十一年(1806年)二月立。碑文记载关于禁赌规定和违约处罚。

*禁赌碑

禁强讨强要乞丐碑 位于祁门县环砂村祠堂。清乾隆五十年(1785年)九月立。碑文记载奉宪演戏,广为宣传,禁止强讨强要乞丐窜入。

榉根岭造养茶亭碑 位于祁门县箬坑乡榉根岭圆通庵古道旁。碑文由文堂陈履祥于明万历五年(1577年)撰。记载其游玩路过此地,有僧人请铭,他根据两僧人叙述写了铭文。

榉根岭禁碑 位于祁门县箬坑乡榉根岭圆通庵古道旁。清朝中后期(具体年代不详)立。碑文为:"近路居民,存心嗜利,砍伐树木,锄种苞芦。路陷山倾,道途日损。于是请示县令,许勒一石于当途,永作千年之烟戒,将使斧斤不入,康庄永固。"

输置祠产碑 位于祁门县新安乡李坑。清同治十三年(1874年)立。碑刻记录了永秀公捐输置祠产及兑捐各号田租的情况,目的是为了筹措祠堂春冬祭祀之资。

督府部院禁革颜料当官碑记 碑刻。清乾隆年间立。据碑文记载,乾隆年间,苏州吴县颜料铺户汪永丰等人联名向县府控告,指控武弁标厅各营官方持强恃威,动辄以各种名目向当地徽商经营颜料铺户摊派差事,滥取苛剥,导致徽商颜料铺户经营陷入严重困境,请求苏州府进行查禁。苏州知府支持颜料铺户,下令严禁,并将其勒石刻碑。该碑碑文有多处漫灭,碑后所载徽商颜料铺户共33家,可辨识的有汪永丰、江德懋、江德震、程恒升、江德福、吴南坤、江德隆、孙永享、朱万顺、李万隆、夏义茂、黄中和、吴道生、姚日升、夏诚、夏爵、江德顺、洪德盛、胡德升、吴暴嘉、鲍尔攀、吴贞甫、朱无震、陈隆胜、江和义、金丽永、吴德甫等27家。原碑位置不详,碑文收录于《江苏明清以来碑刻资料选集》。

詹东图读书台 镌于休宁县齐云山岐山天泉书院左的崖刻。明万历年间詹景凤(字东图)自题。行书,字幅宽40厘米,高60厘米。参见58页"文化生态"部"詹东图读书台"条。

詹景凤题崖 镌于休宁县齐云山岐山石桥岩的崖刻。❶明嘉靖三十五年(1556年)詹景凤题。全文为:"嘉靖丙辰(1556年)秋,詹景凤同友吴钦仪、吴景明、侄万里来游,题山曰文岐山。"楷书,字幅宽45厘米,高60厘米。❷明隆庆二年(1568年)詹景凤题。全文为:"明隆庆二年(1568年)十月初七日,都御史汪道昆,知县王瑶、山人、陈有守,南京进士詹景凤,都御史弟文学衘贯、道会,僧祖肩,自齐云山而抵岐山,登石桥,寻棋盘石,下观大龙井,与山中主人国子生朱家相、家宝,文学汪尚嗣遇,遂宿此。"行书,刻石宽40厘米,高48厘米。

*詹东图读书台遗址(1)

*詹东图读书台遗址(2)

*新安胜境

廊崖题壁诗 镌于休宁县齐云山最高峰廊崖的崖刻。耿随卿题。诗曰:"鬼斧何年壁巨灵,丹岩万仞依青冥。纷纷车马无人到,留于山翁记姓名。"楷书,字径240厘米。

新安大好山水 位于歙县长陔南源寺后燕石岩上的石刻。相传为南宋朱熹所题,现仅残存痕迹。

新安仙释碑记 位于休宁县齐云山八仙洞内的碑刻。高37厘米,宽100厘米,红砂石琢成。碑文镌刻徽州历代仙姑1人、佛家禅师3人、道家真人11人的法名道号。

新安胜境 镌于休宁县齐云山真仙洞府龙王崖的崖刻。明万历年间祁门叶宗昌书。行楷,字幅宽180厘米,高60厘米。笔力刚劲雄厚。

新安碑园法书刻石 位于歙县城西太白楼后披云峰新安碑园内。分别有《余清斋帖》和《清鉴堂帖》两套丛帖刻石,及其他碑刻。《余清斋帖》正篇6册,明万历二十四年(1596年)秋刻;续篇2册,万历四十二年(1614年)夏刻。正篇6册为:第一册序题、王右军十七帖;第二册王右军迟汝帖、兰亭序、乐毅论、黄庭经、霜寒帖;第三册王珣伯远帖,王献之中秋帖、兰草帖、东山帖,智永归田赋,虞世南积时帖;第四册孙过庭千字文、颜鲁公祭侄稿;第五册苏轼后赤壁赋、米芾千字文;第六册米芾评纸帖、米芾临右军至洛帖。续篇2册为:第一册王右军行穰帖、思想帖、东方朔画赞、王大令鸭头丸帖、洛神赋十三行;第二册王右军胡母帖、谢大傅中郎帖、颜鲁公明远帖。共有石刻碑版6面。该帖系明歙县收藏家吴廷所藏晋、唐、宋名迹墨本,经当时著名书画家董其昌、陈继儒鉴定评判,并延请邑人名书画家杨名时双钩上石,汇刻而成。《清鉴堂帖》刻于崇祯七年(1634年),为明末歙县收藏家吴桢所刻,亦经董其昌、陈继儒鉴定评判。现存此帖牌版103块,收有从晋到明24位名家的31件作品。其中有王羲之的《澄清堂主帖》上、下卷,还有唐虞世南、褚遂良、欧阳询、怀素,宋黄庭坚、米芾,元赵孟頫、鲜于枢,明董其昌等人手迹。两帖摹刻取之名人真迹,集诸家精华,风格各异,加之摹刻精致,毫发不爽,为世人所重。新安碑园内的书法刻石还有董其昌的《五百罗汉记》、祝枝山的《西溪南吴氏八景诗》等。

新建碧阳书院碑 位于黟县碧阳书院。清嘉庆十六年(1811年)立。黟县知县吴甸华撰文,方燮书,楷书阴文。碑文记载碧阳书院沿革及重建缘起,并勉励书院师生"为师者以朱子之教为教,学者以朱子之书为学,深造有得而发为事业"。

慈雨谣 镌于休宁县齐云山天门岩外的崖刻。江西玉山程福生题。隶书,字幅宽310厘米,高560厘米。今字迹大多剥落。

源液 镌于休宁县齐云山小壶天石室的崖刻。明万历四年(1576年)修吾道人题。行草,字径23厘米。小壶天道士壶公凿石引山泉入室,沏茗待客,泉甘洌,故称"源液"。

静乐宫兴建记碑 位于休宁县齐云山三天门太微楼侧。高220厘米,宽100厘米,厚20厘米,红砂石琢成。碑文记载明正德十五年(1520年)兴建静乐宫始末。周史纂、唐皋撰文,汪涧书,道会徐秘元立碑。

碧阳书院复旧章记碑 位于黟县碧阳书院。清道光五年(1825年)立。黟县知县吕子珏撰书,楷书阴文。据碑文记载,由于书院采用轮管制,"岁易其人,旧章尽废",以至"昔则岁支有余,至是转为不足""事不画一,日就因循"。故决定"访邑诸生之老成公正者二人,专司书院之事,率由旧章,谨其出纳"。

碧阳书院碑记 位于黟县碧阳书院内的碑刻。清嘉庆十七年(1812年)立。黟县知县吴甸华撰书,楷书阴文。碑文记载西递胡尚熷捐资15 000两白银及经理监造书院经过,并为"垂功将来",应绅耆所请将胡尚熷"以卫道配位"。

碧阳书院群碑 位于黟县碧阳书院内。碧阳书院建于明嘉靖四十三年(1564年),废于清光绪三十二年(1906年),其间迁革勒石以记者凡20余碑,现尚存明碑一、清碑六。另有"源头活水"刻石嵌于梅园门楣,以颜其额。书院现为黟县中学校址,碑存校内。

蔡从题壁 镌于休宁县齐云山岐山石桥岩左的崖刻。南宋绍兴十七年(1147年)题。全文为:"蔡从、张绍孙绍兴丁卯(1147年)九月初三同游石桥。"楷书,字径20厘米。

僧家墓葬 位于休宁县岩前镇白云岩西500米许,有红砂石垒成的四层六角塔状古墓葬一座,高2米余,传为古代僧家藏骨灰之所。现墓侧古碑已失,仅存塔墓、广场、石栏。

演戏申禁碑 位于婺源鄣山里村余氏宗祠门前。清同治八年(1869年)六月立。碑文申明:自此以后凡售茶叶要经主家平衡,外客毋得擅自挟秤主家。茶样照货品价之后,仍将原样放入袋中,均行过秤,毋得私取。违者处罚演戏一台。

演戏敬神合同碑 位于祁门县闪里镇文堂村一本堂宗祠内。清乾隆四十三年(1778年)立。碑文记载本宗为文洪公祖坟打了6年官司,如今官司了结,尚余100两银子,公议将此移交重阳会作为演戏敬神的经费。

醉石 位于黄山鸣弦泉上侧一巨石上的石刻。明嘉靖二十年(1541年)罗章渊等题。"醉石"二字下,有罗章渊、王演等题名,共18行,每行4字,末行3字。全文如下:"明嘉靖辛丑(1541年)暮春望日,□□罗小华、罗章渊携壶搯约淮孺王演、□□罗明萧、南华郑默,草衣斗笠来游,□欲□汤岭,眺九子峰招谪仙人游,□晚不能宿,还□□歌□□,醉即题石记也。"参见55页"文化生态"部"醉石"条。

*醉石

德兴亭记碑 位于绩溪县伏岭镇。清咸丰四年(1854年)九月十八日立。碑文记载高永福捐田建造茶亭,并建路亭三间、住屋三间、厨房三间,后来又捐田用于茶亭日常开支。恐日后无籍生端,叩请县令给示刻碑,以保亭产。

德政碑 镌于休宁县齐云山天门岩外崖壁的崖刻。明万历年间汪道昆撰,玉山程福生书。正楷,字幅宽320厘米,高570厘米。字迹部分剥落。

潘鉴墓 位于婺源县中云新屋村后潘岭坞。墓葬占地面积约2 000平方米;墓穴坐西北朝东南,以石块垒砌,封土呈弧形,高5.5米,直径20米;墓前有石人、石虎、石马、石羊各一对,石天灯一盏,赑屃负碑7座。墓地周围林木苍郁,幽雅寂静。

镜亭碑刻 位于歙县潜口镇唐模檀干园镜亭。镜亭藏碑大小共18方,有朱熹、苏轼、倪元璐、赵孟頫、文徵明、查士标的草书书法真迹。较大的12方,为米芾、蔡襄、黄庭坚、董其昌、祝枝山、罗洪先、罗牧、程京萼、陈奕禧及八大山人的行书,还有陆岳的篆书和郑簠的分书。置身其中,但见长幅巨轴,笔走龙蛇,铁画银钩,书法镌刻极为传神。

赞齐云诗碑 位于休宁县齐云山紫霄崖下玉虚宫侧。高250厘米,宽95厘米,厚20厘米,红砂石琢成。行书,字径10厘米。明嘉靖元年(1522年)四月梧冈题诗。诗云:"石蹬盘空上,天门傍日开。深山饶草木,灵境易风雷。龙下玄元殿,鹤鸣降节台。秦皇徒泛海,此地即蓬莱。"

赞我中颂碑 镌于休宁县齐云山展旗峰东的崖刻。明万历年间汪道昆、丁应泰撰写。字幅宽400厘米,高470厘米。字迹部分剥落。

*德政碑

歙县重修府堂记碑
位于徽州府衙内。明天顺元年（1457年）六月立。徽州府知府孙遇记载当时修葺府堂的情况。

歙绅士公输旧粮碑记
碑刻。清雍正七年（1729年）立。歙县知县汪文咀撰碑文。据碑文记载，雍正年间，朝廷严厉整顿钱粮，歙县10年间共积欠钱粮13万两，各宗族大姓代为输纳。至雍正七年（1729年）尚欠2.8万余两。在淮南经营盐业歙县商人以谊关桑梓，共倡义举，愿于四年之内公派捐输，代为完纳。贫穷无告之民无不额手相庆。碑后附有捐款徽商名单，其中在两淮经营盐业的有黄光德、程宏益、江日起、吴起昌、程谦六、汪勤裕、汪晋德、罗振裕、程致中、江助周、朱荣实、江日泰、汪日初、黄嘉德、闵德裕、汪仁裕、汪怀丰、徐尚志、汪启源、汪德睦、江永茂、刘鼎、程宣荣、徐东泰、江日丰、黄和顺、方遂德、刘光大，共28家，另有其他地方徽商35家。碑已不存，碑记收录至道光《徽州府志》。

歙绅捐粜碑记
碑刻。清乾隆十七年（1752年）立。徽州知府何达善撰文。据碑文记载，徽商好德行善，凡修举废坠，如桥梁、道路、学舍、公廨诸项，耗费金钱数万，各省郡州邑即使不乏富室，未见有如此之争先为善。乾隆十六年（1751年）夏，徽州大旱，歙县尤为严重，溪流日益干涸，商船难以通行，粮价大涨。何达善与歙县王知县将官仓所积米谷酌情平粜，但因所存有限，短时间内便告匮，几致束手无策。欲劝有力者出资平粜，但仍忧虑杯水车薪，恐难为继。然知府一言甫出，地方绅商均伸出援手，自数十百两至数千两，踊跃争先，县中各大宗族还以其蔬菜和粮食提供援助。外地经商的则捐款到江浙一带买粮，引索浮航，肩输背负送入徽州，减价出粜，直至米通金尽而止。何达善本以为世俗浇漓，即使是亲族中，各人往往自谋身家骨肉，反目成仇者多。对于途人更难顾及，即使慷慨解囊，也往往沾沾有德色。现在徽州绅商好义成风一至于此，如果不是亲眼目睹此次救荒之事，实在难以相信，完全出乎预料。何达善因此感叹徽州人情朴茂，古道热肠，故写此记，予以赞颂。碑记后附有捐款者名单，共281家，共捐白银3万两。碑已不存，碑文收录至道光《徽州府志》。

凝霞
镌于休宁县齐云山紫霄崖玉虚宫的崖刻。明嘉靖三年（1524年）佚名题。楷书，字径28厘米。

*凝霞

壁立万仞
镌于休宁县齐云山紫霄崖的崖刻。明嘉靖三十六年（1557年）卢俊题。楷书，四字幅，宽290厘米，高47厘米。

*壁立万仞

戴震墓 位于休宁县商山镇境内的几山头前。墓地背靠小山,面临水田,极为俭朴,周围山清水秀,阡陌连绵。占地面积40余平方米,系夫妇合葬墓。墓向朝北,地面封土堆高1.5米,封土堆前有其子嗣所立青石碑一块,上有"隆阜戴氏,皇清特赐进士出身,敕授文林郎翰林院庶吉士,先考东原府君,先妣朱氏孺人合墓"等字样。墓前面有红砂岩长条石砌成的约20平方米的墓堂,堂口宽1.2米。墓堂四周的长条石所砌不高,可供人小憩。属安徽省重点文物保护单位。

*戴震墓

鞠嗣复题壁 镌于休宁县齐云山岐山石桥岩的崖刻。北宋元符二年(1099年)题。全文为:"邑令东莱鞠嗣复、主簿浚仪李宾各因公干同游石桥岩。北宋元符二年(1099年)九月二十三日。"

霞外奇观 镌于休宁县齐云山浮云岭巅的崖刻。明万历九年(1581年)浙江嘉兴周覆靖题。楷书,四字幅,宽210厘米,高51厘米。

霞光月色 镌于休宁县齐云山紫霄崖的崖刻。明嘉靖四年(1525年)方万有题。隶书,四字幅,宽210厘米,高40厘米。

*霞光月色

徽杭古道摩崖石刻 位于绩溪县徽杭古道前段中部,距地面高4米的一块自然天成的青石上。在1平方米范围内镌刻50余个竖排楷体字,记述了古道石磴开凿事宜。内容为:"圣宋宝祐丁巳(1257年)六月旦日,胡八十府属讳润捐金用工,开关凿去巉岩,髼成阶级,以便往来,永无危险,至中秋前五日毕。乙卯×××月六日。"属全国重点文物保护单位。

攀云捧日 镌于休宁县齐云山真仙洞府弥陀岩上的崖刻。休宁县丞稷康题。行书,字幅宽220厘米,高60厘米。

瀹潭方氏宗祠记碑 位于歙县瀹潭村方氏祠堂的寝堂内。明万历二十一年(1593年)孟冬月立。碑文内容分前后两部分:前一部分先述瀹潭方氏由瀹坑迁来,以及祠堂的机构与大小;后一部分记载宗祠修建始末,以及许国应瀹潭方氏邀请来此撰写碑文之情景。

*瀹潭方氏宗祠记碑

徽州文化大辞典

[十] 徽州文物

牌匾题额
馆藏文物
民间收藏

[十] 徽州文物

牌匾题额
馆藏文物 民间收藏

一善流芳 匾额。存于歙县呈坎村(今属徽州区)。悬挂于前罗家庙南侧一善祠之高堂中央,系罗廷梅为罗士元手书。该祠为罗氏二十八世祖罗廷梅于清乾隆年间所建。

二陆齐名 匾额。存于黟县县学山西南麓一小村。因清乾隆年间村中程獣、程堃兄弟同时膺选,一为贡生,一为监生,族众赠以"二陆齐名"匾额。"二陆"原指西晋著名文学家陆机、陆云兄弟,此喻指程氏兄弟。

七叶衍祥 匾额。存于歙县呈坎村(今属徽州区)罗东舒祠。清乾隆皇帝曾下旨各地如有上见祖、父,下见曾孙、玄孙者,可具结呈报,经核实后给予奖赏。呈坎罗氏是徽州望族,至罗廷梅时,罗家已连续七代,代代有高官,于是嘉庆皇帝御赐村人罗廷梅"七叶衍祥"匾以示恩荣。"七叶"即指七代,"衍祥"即繁衍子孙,呈现祥瑞之象。

三立堂 匾额。存于黟县宏村一古民居中。民居坐落于该村茶行弄桃源居东侧,始建于清康熙三十五年(1696年),为宏村清初汪氏后裔所建"三大堂屋"之一。"三立"即立德、立言、立功之意。

三胡商号题额 匾额。存于江苏泰州。即"胡源泰""胡震泰""胡裕泰",为清徽州绩溪龙川商人胡氏在江苏泰州姜堰、泰兴、泰县开设的三家茶业字号牌匾。

三槐堂 休宁县秀阳乡溪头村三槐堂匾额。悬挂于三槐堂正厅中央。参见526页"徽州建筑"部"溪头三槐堂"条。

大夫第 匾额。❶存于黟县西递村古民居"大夫第"。高大的砖雕门罩上刻有"大夫第"三个楷书大字。参见488页"徽州建筑"部"大夫第"条。❷存于黟县关麓八大家之敦睦庭。其八字门楼前进大门上

*三槐堂

方嵌有"大夫第"门额。❸ 存于黟县西递村中和堂。参见"中和堂"条。

大中臣 匾额。存于歙县雄村。一座牌坊中悬"大中臣"横匾，是为纪念明成化年间进士、雄村人曹祥。

大司成 匾额。存于歙县呈坎村（今属徽州区）罗东舒祠。系元光禄大夫、上柱国平章中书兼领国学李孟于元至大四年（1311年）书赠国子监祭酒罗绮之匾，距今已有700多年的历史。国子监祭酒古称"大司成"。此匾是徽州现存最早的牌匾。

*大司成匾

大司徒 匾额。存于歙县呈坎村（今属徽州区）罗东舒祠。悬挂在祠堂享堂正间格门上方，由明大书画家董其昌为罗应鹤题书。罗应鹤曾任明户部侍郎，古称大司徒。

大学士 匾额。存于歙县雄村。村中一座牌楼悬"大学士"横匾，系指清歙县雄村人曹振镛。

大雄宝殿 匾额。存于歙县雄村小南海。歙县书法家徐丹甫所书。

上国琳琅 匾额。存于黟县西递村古祠堂敬爱堂，悬于大堂梁檩间。

*上国琳琅匾

山中天 匾额。存于祁门县马山村。商人叶文蔚所建茂兰家塾的厅堂。

山中邹鲁 匾额。存于婺源县理坑村。为村中理源桥廊亭门额之一。

山市 匾额。存于黟县西递村大夫第绣楼上。绣楼为清知府胡文照宅居临街处的一座小楼，建于康熙三十年（1691年），为一小巧玲珑、古朴典雅的亭阁式建筑。檐角飞翘，三面有栏杆、排窗，显得突兀和别

致。悬此匾额，取"山花若市"之意。匾额为清进士祝世禄所书。

女中君子 匾额。存于婺源县延村。村中通奉大夫金大乾之女金欢容，"性仁慈，凡修桥、筑路、育婴诸善举，行之数十年"。婺源知县魏某书赠此额。

飞虹 歙县唐模村高阳桥匾额。参见563页"徽州建筑"部"高阳桥"②条。

*乡圣匾

乡圣 休宁县黄村进士第大门处门楼匾额。

乡贤里 匾额。原存于歙县大阜村。村中棉溪河上风雨廊桥拱桥门洞嵌有此匾额。

丰溪甲秀 匾额。存于歙县潭渡村水口三官殿。为清诗、书、画、印"四绝"人物黄白山手书。

井花香处 匾额。存于黟县西递村古民居西园院落内。系西园后园门额。

*井花香处匾

天鉴精诚 匾额。存于歙县棠樾村头鲍逢昌孝子坊上。参见541页"徽州建筑"部"鲍逢昌孝子坊"条。

天锡纯嘏 匾额。存于黟县宏村镇岭下朱村(原名"礼厦村")朱氏宗祠,悬挂于前厅大梁上。系清嘉庆二年(1797年)仲春朱永廷题。

天锡遐龄 匾额。存于歙南临川李氏宗祠"修爵堂",悬挂于左梁上。此寿匾系清乾隆十五年(1750年)监察御史汤聘为"心一太翁李老亲台及德配汪太夫人"八旬双庆而送。

云林遂思 匾额。存于黟县西递村古民居西园院落内。系清休宁著名书画家查士标所书,表现对元画家倪瓒(字云林)之思念。

云朗岚光 存于歙县徽城镇江村"云岚桥"匾额。参见546页"徽州建筑"部"云岚桥"条。

五味和 匾额。存于浙江杭州。系清徽州商人汪昌隆在杭州创办的食品店商号牌匾。

五桂名家 匾额。存于祁门县六都村承恩堂,悬挂于祠堂正中上方。明朝中期村中考中进士的有程泰、程宏、程昊、程杲、程昌5人。牌匾意指程氏5人蟾宫折桂。

太白楼 匾额。存于歙县城太平桥头太白楼楼檐正中。参见583页"徽州建筑"部"太白楼"条。

*太白楼

太宰读书处 匾额。原存于婺源县坑头村中潘潢书屋门额上。明嘉靖三十六年(1557年)婺源知县郑国宾题,后由两京吏部尚书潘潢改题,清咸丰五年(1855年)春月吉旦重修。

水环岳拱 匾额。存于黟县西递村一巷弄前的高大拱券上。意指西递周遭溪水环流,四面山峦相拱。

父子乡贤 匾额。存于休宁县古林村忠孝坊。誉称清黄凝道、黄应培父子。黄凝道雍正十三年(1735年)任湖南凤凰厅巡道,后任岳州知府。黄应培嘉庆年间历任湖南新田、醴陵知县和凤凰厅同知。

月潭承志堂诸匾 存于休宁县月潭村朱氏宗祠承志堂。堂内有匾额"文魁""文元""贡元"等。

六顺堂 歙县昌溪乡周氏宗祠正厅悬匾。匾额绿底金字。参见491页"徽州建筑"部"六顺堂"条。

文元 匾额。存于歙县呈坎村(今属徽州区)罗东舒祠。明崇祯六年(1633年)制挂。"文元"指文举人,意在祝贺罗氏子弟中举。

*文元匾

文肃公祠 匾额。存于休宁县商山村吴家九房祠。题书者不详。

文经魁 匾额。存于绩溪县西川村舒氏宗祠。系对一位中得文举人的褒奖。

文献 匾额。存于歙县呈坎村(今属徽州区)罗东舒祠。是明翰林学士宋濂于洪武二年(1369年)为呈坎"双贤"罗氏九世祖罗颂、罗愿兄弟所题写。

*文献匾

文魁 匾额。❶存于歙县呈坎村(今属徽州区)罗东舒祠。"文魁"即文星和魁星,俗称"主文星宿"。明清新科举人第一名称"解元",第二名称"亚元",第三、四、五名称"经魁",第六名称"亚魁",其余称"文魁",均由官家颁给20两牌坊银和顶戴衣帽及匾额。匾额则悬挂在住宅大门之上,门前可树立牌坊。❷存于绩溪县湖村章氏宗祠正堂照壁旁。题书者不详。

为国干臣 匾额。存于祁门县六都村承恩堂,悬挂于祠堂门内上方。誉指南宋理宗时期程氏于朝廷有功的武状元程鸣凤等。

巴慰祖故居匾额群 存于歙县渔梁街巴慰祖故居。客厅上方悬挂"敦本堂"匾额,前梁上挂"莲淑长春"匾额,系清康熙皇帝赐给巴慰祖祖父之匾。中进厅上挂"南极凝晖"匾额，是曹文埴送给巴慰祖叔叔巴连海八十寿匾。后进左侧挂"功德名颂"匾，为扬州名流表彰巴慰祖募捐修建秦淮河河堤经费所赠。画室挂有"星璨南天"匾额，系乾隆皇帝赐予巴慰祖之匾。

玉琳斋 清末绩溪县仁里辛田村汪振淦在杭州涌金门创立的著名糕饼点商号牌匾。存于浙江杭州。

世孝祠 歙县棠樾村古祠堂门额。该祠建于清嘉庆六年（1801年），门额为清书法家邓石如手笔。参见491页"徽州建筑"部"世孝祠"条。

世恩堂 绩溪县瀛洲镇大坑口村（龙川）明户部尚书胡富宅中悬匾。嘉靖二十五年（1546年）制，文徵明书。

古津 祁门县闪里桃源村桃源桥廊桥门额。清同治五年（1866年）祁门县名绅吴德英题写。

古桥物色 黟县屏山村古楼桥题额。参见550页"徽州建筑"部"古楼桥"条。

节比松筠 匾额。今藏于屯溪老街瀚兴堂。"松筠"指松和竹。松竹皆岁寒不凋，用以比喻女性节操坚贞。

龙凤恩永 匾额。原存于绩溪县胡家乡树林下村。系明万历三十七年（1609年）绩溪知县胡民仰为程汝舟家所书。该匾朱底金字，楷体，龙凤边纹。明太祖未得天下时，带兵路过绩溪，得到程家的帮助，后朱元璋特下封赏此立匾。现藏北京故宫博物院。

东和 匾额。原为寨门门额，存于婺源县江湾村。其原始住宅区曾建有四座防御寨门，东曰"东和"，西曰"西安"，南曰"南关"，北曰"北钥"。现仅存东和门的门楼和南关门的门亭。

东壁春台 匾额。存于歙县潭渡村水口三官殿内。明著名书法家、呈坎人罗伯符所书。

旧德邻屋 黟县黄村黄士陵故居所嵌门额。清光绪二十七年（1901年）汪国钧题。汪国钧为黄士陵挚友，亦擅长金石书画。

生聚教训 婺源县汪口村俞氏宗祠内悬匾。取"十年生聚""十年教训"之典故。

*生聚教训匾

乐贤堂 黟县宏村民居乐贤堂悬匾。该民居俗称"大屋"，建于清康熙三十八年（1699年），为宏村清初汪氏后裔所建"三大堂屋"之一。

乐善可风 匾额。存于长洲县。歙县七贤村胡象九在江苏浒墅关经商，他捐资建旅享堂、设殡房、置义冢并立碑志。其子胡均在长洲县解囊施粟赈济，以度饥荒。地方当局向胡象九父子赠此匾额，以为表彰。

务本堂 ❶黟县宏村汪氏下四房支祠"务本堂"（又名"四房厅"）悬匾。❷歙县昌溪村吴氏宗祠务本堂悬匾。明清官海瑞手书。

立高见远 黟县黄村文昌阁（俗称"水口亭"）门匾。石质，清道光九年（1829年）状元李振钧题写。该阁建于清朝，双层四角楼阁。

半春园 黟县南屏村徽商叶自璋所建私塾园林门额。石刻篆体。参见603页"徽州建筑"部"半春园"条。

永思堂 歙县磻溪村永思堂堂匾。为明胡宗宪请幕僚徐渭代书。

*永思堂匾

西安 婺源县江湾村原始住宅区西边防御寨门题额。

百世经师 歙县县学（今歙县中学）匾额。系清朝古匾，为乾隆皇帝御题。

百代蒸尝 黟县西递村敬爱堂内悬匾。古时，皇帝有四时之祭：春祀、夏礿、秋尝、冬蒸。蒸尝是古时的秋冬二祭，后来则泛指祭祀。百代蒸尝，是追远慎终、怀念先人之意。

*百代蒸尝匾

贞洁可风 祁门县六都村永恩堂悬匾。此匾是对程氏贞节烈妇的表彰。

贞靖罗东舒先生祠 匾额。存于歙县呈坎村（今属徽州区）罗东舒祠，悬挂于仪门处。该匾原为明万历年间大司马太和郭子章题识，今所见是已故我国现代著名古建筑专家罗哲文先生手迹。参见506页"徽州建筑"部"罗东舒祠"条。

同伦堂 祁门县六都村同伦堂额匾。该堂原位于宋家坞报慈祠后，据载为祁门县面积最大的祠堂，巍峨雄伟,十分壮观,惜已毁废。明嘉靖年间在东山南麓重建,为善和程氏最高祠,奉祀善和始迁祖程仲繁,是六都村和本县中村、芳村、柏溪、环砂、枫林及太平杨林等地程氏的总祠。参见496页"徽州建筑"部"同伦堂"条。

同尊五美 黟县塔川村宝善堂大门题额。孔子《论语·尧曰》中有君子要有"尊五美"一说,即"惠而不费,劳而不怨,欲而不贪,泰而不骄,威而不猛",并认为尊重这五种美德的人就可以从政了。

同德仁 休宁屯溪(今属屯溪区)一药店店号牌匾。该店为休宁程德宗、邵运仁合创于清咸丰十三年(1863年),从俩人名中各取一字作店号,寓有"同心同德,利国利民"之意。

*同德仁匾

冰操玉洁 祁门县六都村永恩堂悬匾。此匾是对程氏贞节烈妇的表彰。

许国石坊题额 歙县城内许国石坊前后左右题额镌刻。所有题额,均为馆阁体、擘窠书,出自明大书法家董其昌之手。石坊前后两面的顶层和侧面的第三层,正中镶嵌着双龙盘边的匾额,直书"恩荣"二字,表明为皇帝赐予的"恩典"和"荣光";底层四面额枋上镌刻"大学士"三字;前后两面小坊上署有"少保兼太子太保礼部尚书武英殿大学士许国";前后两面的第二层枋上名为"先学后臣""上台元老"斗大楷书刻字。"先学后臣"是指许国凭文才而登上仕途。"上台元老"中"上台"即"三台"(上台、中台、下台)之一。"三台"常用以象征"三公"(太师、太傅、太保)、"三孤"(少师、少傅、少保)。许国此时已晋少保兼太子太保,居位辅臣,名列三孤,故有此称。

*许国石坊题额匾

农科举人 匾额。存于歙县呈坎村(今属徽州区)罗东舒祠。清光绪年间,曾经官费留学或自费游学回国的青年学子,对科举博取功名情有独钟,主动参加留学生考试。呈坎罗会坦在光绪三十二年(1906年)的首次考试中,以第十二名获得"农科举人"。他自立此匾悬挂家乡祖居,以光宗耀祖。

*农科举人匾

观察河东 匾额。存于歙县呈坎村(今属徽州区)罗东舒祠。系两广总督林则徐于清道光十九年(1839年)题书,赠予在黄河东部处理河务兵备道罗绥其人。

巡栀 黟县南屏村半春园前花园门洞前向上方门额。

进士 横匾。共四块,两块存于歙县呈坎村(今属徽州区)罗东舒祠,一系明崇祯年间制挂,另一为清军机大臣、歙县雄村曹振镛所题。第三块存于歙县昌溪村务本堂,由明右佥都御史海瑞手书。第四块存于歙县祊塘里庄仇氏进士第,为一大门匾额,长2米,宽0.8米。

*进士匾

进内交易 绩溪湖里村商人胡雪岩所开设的"胡庆馀堂国药号"门匾。

戒欺 绩溪湖里村商人胡雪岩在杭州大井巷内开设的"胡庆馀堂国药号"悬匾。胡雪岩自撰自写。匾曰:"凡百贸易,均着不得欺字,药业关系性命,尤为万不可欺。余存心济世,誓不以劣品弋取厚利,惟愿诸君心余之心,采办务真,修制务精,不至欺予以欺世人,是则造福冥冥。谓诸君之善为余谋也可,谓诸君之善自为谋也亦可。"

*戒欺匾

远晴阁 歙县江村远晴阁悬匾。为清顺治年间解州太守江阎题书。

孝行里 匾额。存于歙县潭渡村。孝行里为该村庄别名，明贡士、书法家方焕书题。

报慈 祁门县六都村报慈祠悬匾。该祠为六都村最早的祠堂，位于村前宋家坞。南宋初，善和程氏八世孙伯源、伯椿、伯彦、伯祥四兄弟，葬母余氏于宋家坞，并在山麓建祠奉祀。时南宋右仆射汪伯彦感念孝心，启奏宋高宗，得御赐此匾。

花好月圆人长寿 歙县瞻淇村资政第悬匾。该第为清著名数学家汪莱故居。

*资政第匾

极婺稀龄 匾额。现藏屯溪黎阳故邸。意指七十古稀的寿龄。

辰枢拱向 黟县朱村商界名流朱晋侯故居临溪北门题额。晋侯少年离乡外出经商，在芜湖从事钱庄业务，被誉为芜湖"金融巨子"。题此门额意指家乡是北极星所指向的地方，应为人间福地。

来苏桥 绩溪县城附近徽溪河上来苏桥（五拱石桥）的中拱北侧上端题刻的桥名。参见557页"徽州建筑"部"来苏桥"条。

步月 黟县南屏村半春园前花园门洞后向上方门额。

听泉楼 匾额。存于绩溪县硼头村，清咸丰年间绩溪县令王峻题赠。参见584页"徽州建筑"部"听泉楼"条。

作退一步想 黟县西递村大夫第中石雕题额。参见488页"徽州建筑"部"大夫第"条。

*作退一步想石雕匾

汪氏家庙 歙县潜口村（今属徽州区）汪氏金紫祠戟门门匾。为宗人汪文显所题。

沙堤 歙县唐模村东沙堤亭题额。该亭建于清康熙年间。

*沙堤匾

怀德堂 歙县潭渡古民居怀德堂悬匾。清初无锡人、书法家秦道然所书。该堂为黄宾虹故居。

宋代圣人 婺源县朱文公庙旁门楼式山门题匾。据说为南宋淳祐二年（1242年）宋理宗钦赐御书。

补过轩 歙县瞻淇村清朝数学家汪莱故居读书楼题额。

坤德永贞 匾额。今藏于屯溪老街汲古斋。"坤德"喻指女性的品德，"永贞"指永远贞洁。

茂兰艺馆 祁门县马山村茂兰家塾厅堂上方悬匾。该家塾为商人叶文蔚仿歙县雄村竹山书院所建。

齿福兼隆 绩溪县石歇村（仙石村）水井堂前老屋悬匾。该屋是明大学士歙县许国为农夫周岩助所建，匾额亦为许国题书。

尚义堂 歙县唐模村许氏三厅支祠之一尚义堂悬匾。参见505页"徽州建筑"部"尚义堂"条。

*尚义堂匾

明伦堂 匾额。存于歙县县学（今歙县中学）中。明朝古匾，至今保存完好。

明经 婺源县考水村明经书院悬匾。为元知州黄惟中聘请村人胡云峰担任山长，并请于朝廷御赐。

忠孝里 歙县瞻淇村三台阁下骑路而建木栅拱门题额，明末举人汪作霖题。该阁为城楼式建筑，俗称"八角楼"。

迥出诗林 祁门县马山村文昌阁悬匾。为县令特赠。

钓雪园 歙县西溪南村（今属徽州区）后街北侧钓雪园悬匾。为明赵寒山题书。

佰翰林 匾额。存于歙县北岸村。系清大学士刘墉书。

所得乃清旷 歙县雄村清旷轩中题额。为书法家郑燮手书。

*所得乃清旷匾

金殿传胪 ❶歙县雄村功名坊门直匾。题书者不详。❷歙县雄村大中丞牌楼匾。纪念明成化年间进士、清廉太守曹祥。

*雄村大中丞金殿传胪匾

学达性天 歙县县学（今歙县中学）悬匾。清康熙皇帝御题。

*学达性天匾

学耕处 婺源县理坑村明理学家余璀居屋自题门额。

宝贻堂 黟县宏村古民居宝贻堂悬匾。该堂系清初宏村汪氏后裔所建"三大堂屋"之一。"宝贻"意即将德仁信义等作为家中珍宝传给后人。

宝善堂 黟县塔川村宝善堂悬匾。隶书，晚清翰林许承尧手书，意指以善行为宝。

宠惠 匾额。系明万历年间汪大成礼请岩寺商人方元素书写。

实事求是 歙县昌溪村务本堂悬匾。为清末维新派人物康有为手书。

*实事求是匾

绍德堂寿匾 存于祁门县舜溪汪村绍德堂。其正堂匾额有"硕德遐龄""操凛冷霜""健柏凌霜""齿德兼优"等。

经文纬武 匾额。存于歙县呈坎村（今属徽州区）罗东舒祠。系明翰林院侍讲学士程敏政为罗氏十六世祖罗宣明所题。赞扬罗宣明文武兼用，经邦济世，功绩显然。

*经文纬武匾

春回黍谷 黟县屏山村舒绣文故居黍谷庭之大门门额。《太平御览》载："方士传言邹衍在燕，有谷地美而寒，不生五谷。邹子居之，吹律而温气至而生黍谷，今名黍谷。"意即音乐能够给人间带来春的生机。

春祈秋报 歙县呈坎村（今属徽州区）长春社内悬匾。蓝底金字，反映村民对五谷丰登的祈盼。

胡开文墨庄 休宁县城胡开文墨号牌匾。为晚清曾国藩所题写。

胡永泰 休宁县城西街一家杂货糕饼店商号牌匾。该商号由绩溪胡廷然在清道光年间创办，同时经营蜡烛、酒、粮食、南北货等。是休宁县城糕饼业中经营时间最长的商号，有110年历史。

树人堂 黟县宏村古民居树人堂悬匾。该堂为清刺授奉政大夫诰赠朝仪大夫汪星聚于同治元年（1862年）所建。此匾寄寓"百年树人"的冀望。

树志堂 黟县宏村古民居树志堂悬匾。该堂建于清道光年间，俗称"月塘下新屋"。"树志"表达了主人树立志向不懈进取的意愿。

临川匾额群 存于歙县南临川村李氏宗祠。内有横匾"修爵堂"、门口直匾"钦赐副榜"、头进横匾"李氏家庙"、前梁匾"贞节维风"、左梁匾"天锡遐龄"、右梁匾"钓璜际遇"、大厅正梁匾"贡元"、后进横匾"著存不忘"等。

省会通衢 祁门县湘源村枫林街跨街石阶拱门处门楼题额。

是乃仁术 绩溪湖里商人胡雪岩在杭州开设的"胡庆馀堂国药号"门楼背面悬匾。楷体大字，胡雪岩所立。意在表明他把施药治病、救死扶伤当作"仁术"来施行。

星岩寺 匾额。存于歙县雄村小南海。据《御书星岩寺恭纪》载，清康熙四十四年（1705年），程芝稽等在扬州参与接待康熙皇帝时，进呈《岑山寺图》，求赐寺名，康熙御赐"星岩寺"额。

贵和堂匾额群 存于祁门县严潭古村王氏支祠。该祠悬挂"贵和堂"大横匾，拥有百余块功名、贞节金匾，包括"琅琊望族""忠孝节义""文章华国""诗礼传家"等。

钦点内阁中书 匾额。存于歙县呈坎村（今属徽州区）罗东舒祠。呈坎潆川高等小学堂创办者之一罗会坦于清光绪三十三年（1907年）被殿授"钦点内阁中书"。他自立此匾悬挂祖居，以光宗耀祖。

钦点翰林 ❶休宁县汪村中街汪氏宗祠远荫堂悬匾。其所指为晚清进士汪鸣銮。❷匾额。存于歙县唐模村。清末翰林许承尧题。

* 汪村钦点翰林匾

保障六州 歙县潜口村金紫祠后"汪公殿"悬匾。该匾额意在纪念隋末汪华的功劳。

亲见七代 匾额。存于歙县唐模村（今属徽州区）清末翰林许承尧家。系辛亥革命后安徽省都督柏文蔚所题，以此称赏许承尧的祖母亲眼见到一家七代人同堂。

首善儒宗 匾额。存于歙县呈坎村（今属徽州区）罗东舒祠。系明三朝元老、歙县人许国为万历年间致仕归里的罗应鹤所建府邸题写。

洪氏宗祠群匾 存于歙县桂林村洪氏宗祠。该祠除巨匾"状元及第"与"五进士"外，其正殿梁柱间曾挂满了洪氏历朝取得功名者匾额100余块，其大小、形式、色彩各异，为一般祠堂所少见。今存甚少。

济生国药号 祁门县湘源村一中药铺悬匾。由本村人方修训题写。

浓泛蒻香 屯溪老街程德馨酱园悬匾。为吴县书法家汪胪甲题。

诰命 歙县瞻淇村资政第悬匾。该第为清著名数学家汪莱故居。

振绮堂 黟县宏村古民居振绮堂悬匾。该堂建于清道光二十五年（1845年），为汪大燮故居。参见231页"徽商文化"部"振绮堂"条。

耆年博学 匾额。存于歙县呈坎村（今属徽州区）罗东舒祠。为清康熙九年（1670年）云南曲靖府推官高氏为呈坎罗氏二十五世祖罗志华题书。

* 耆年博学匾

桂风秋馥 歙县唐模村（今属徽州区）檀干园悬匾。为黄宾虹篆题。

桂林里 休宁县流口洞门悬匾。

桃李园 黟县西递村古民居桃李园悬匾。该园于清咸丰四年（1854年）为秀才胡允明所建。参见516页"徽州建筑"部"桃李园"条。

桃园居 黟县宏村古民居桃园居悬匾。此居建于清咸丰十年（1860年），因房东曾于院内植一稀有品种的桃树而得名。

桃谷 婺源县东山村（古名"鳌溪"）水口园林桃谷园悬匾。清江峰青建。

根心堂 黟县宏村古民居根心堂悬匾。该堂建于清乾隆年间。意指培植仁德信义之心是安身立命之根本。

培德堂 黟县宏村古民居培德堂悬匾。该堂又称"聚顺庭"，建于清光绪六年（1880年）。

黄堂少府 歙县呈坎村（今属徽州区）罗东舒祠匾额。明万历十二年（1584年）制挂。"黄堂"是古代知府的称谓之一，"少府"则是典史的称谓之一。

累世簪缨 歙县呈坎村（今属徽州区）罗东舒祠横匾。粉红底白字，系两广总督林则徐于清道光十九年（1839年）题书，赠处理河务兵备道罗绶和朝议大夫罗宏化等9人，喻示呈坎罗氏数代为官的腾达景象。

* 累世簪缨匾

旌烈坊 歙县潭渡旌烈坊题匾。潭渡黄良玉书。

维则堂 休宁县月潭村五凤楼悬匾。清探花、工部尚书潘祖荫手书。

棣萼联辉 匾额。现藏屯溪黎阳故邸。"棣萼"指棠棣树木及其花萼,后以此多就友爱、才华而言,明喻兄弟同享美名。

惠济邻封 匾额。存于休宁县岩脚村桥南。黟县富商胡学梓率子独资重修登封桥,清翰林学士、歙县人曹振镛为此题写"惠济邻封"。

道脉薪传 匾额。系歙县城东门问政山麓的紫阳书院悬匾。南宋理宗御题。

渭水耆贤 歙县瀹岭坞村一老屋堂上悬挂的寿匾。清咸丰元年(1851年)户部右侍郎、歙县人王茂荫书赠瀹岭坞张士佑八旬荣庆。"渭水"即关中渭河,"耆贤"指贤能的长者。周文王在渭水之滨访得贤才姜子牙。此匾乃赞颂式的暗喻。

裕和祥 屯溪老街一南北货商号牌匾。该商号由陆晋源、陆晋亭等兄弟三人于清宣统二年(1910年)创办,以经营桂圆、宁波草席为主。

慈寿堂 歙县三阳村王氏支祠慈寿堂悬匾。金粉字匾。清王茂荫手笔。

慈帏春永 匾额。现藏屯溪黎阳故邸。"慈帏"旧时为母亲的代称,"春永"含永葆青春之意,寄寓题写者的美好心愿。

潜德堂 歙县唐模村(今属徽州区)清末翰林许承尧祖辈宅第悬匾。清咸丰武英殿大学士、状元孙家鼐为许承尧祖父题写。

履道含和 黟县西递村古民居瑞玉庭中庭院门洞题额。语出《大藏经》:"夫履道者,当含和蕴素,笃信务实。"

*履道含和匾

履福堂 黟县西递村古民居履福堂悬匾。参见527页"徽州建筑"部"履福堂"条。

燕舍 祁门县城王家大屋悬匾。现位于县城东大街内66号,为徽商王寿山五兄弟的故居。匾额记云:"二十年来辛苦经营,薄有囊蓄,陆续购置前后屋宇,与诸弟共同居住,燕安之禽如也。今鸠工修缮,此间略窄,因于厅事前颜其额曰燕舍。盖品先年堂前之燕,自去自来,复寻旧主,宜其家道之兴,有若汽之蒸机之速,而不得以隘小视之者。他日重建高堂,宏开大厦,将不仅于斯宅卜其蕃昌也……"

橘井流香 屯溪老街同德仁药店柜台上立匾(大竖匾)。清著名书法家李汉亭所书。传说橘井之神水能治愈百病,从而流芳百世。

翼峰塔匾额 存于歙县潜口村(今属徽州区)翼峰塔。该塔底层北门内上方有一块红石楷书匾额,上书"嘉靖二十三年甲辰岁"及"竹溪汪道植敬立";第六层南壁题有匾额"翼峰"及"大明嘉靖二十三年甲辰十月初三日潜川竹溪翁汪道植谨立",高2米,宽0.5米。

鹰扬发轫 匾额。存于歙县呈坎村(今属徽州区)罗东舒祠。赞颂呈坎罗氏中某位显赫人物。比喻新的事业刚刚开始。

*鹰扬发轫匾

彝伦攸叙 歙县呈坎村(今属徽州区)罗东舒祠享堂照壁正中上方悬匾。明书法家董其昌书。长5.5米,高2.3米,字径约1米见方,堪称"古匾之王",有"天下第一匾"之称。"彝伦攸叙"出自《尚书》,意为要以严格的宗法族规和伦理道德来规范人们的各种社会关系。

*彝伦攸叙匾

瀛洲仙侣 歙县汪满田村上五家老屋正堂悬匾。相传为清乾隆皇帝御题寿匾。汪满田村商人汪玄铿在芜湖经商,某日看到一落魄少年坐在其门前井栏上落泪,细询得知那人为桐城张廷玉,因不容于兄嫂而无家可归。玄铿怜而收留,与两子共读,后又助其应试科考,竟一举中得进士,历官康熙、雍正、乾隆三朝保和殿大学士、军机大臣。乾隆时,适逢汪玄铿寿诞,张廷玉奏请乾隆皇帝御书四字制成寿匾送到汪府祝寿。此匾后被烧毁。

[十] 徽州文物

馆藏文物

牌匾题额　民间收藏

三代容像中堂　绘画作品。出于明朝，佚名作。纸本，设色。画中描绘了三代人物容像。上、中为一男一女各两人，男居左，女居右。下部两女一男共三人，男居中，坐虎垫皮椅，女坐锦丝垫。笔画细腻，衣着鲜亮，相貌描绘生动。二级文物，现藏歙县博物馆。

*三代容像中堂

*王问山水中堂

王问山水中堂　明王问绘画作品。绢本，设色。远处山峰耸立，近处瀑布飞泻而下，古松参差不齐，小桥流水。有几位老者或坐或站，似在交谈，旁边有两个书童侍立。古松下有一男子正挑着一担书往桥上赶。山石采用皴法，山峦间饰以苔点，人物描绘惟妙惟肖，笔力精炼深厚。题款及所钤两印皆模糊，无法辨识其意。二级文物，现藏歙县博物馆。

王澍铁线篆轴　清王澍书法作品。纸本，篆书，五行。内容选自《孟子·滕文公章句》一节："居天下之广居，立天下之正位，行天下之大道，得志与民由之，不得志独行其道。富贵不能淫，贫贱不能移，威武不能屈。"前题："雍正甲寅（1734年）夏四月二十有八日。"后款落"琅琊王澍摹"。钤白方"天官大夫"和白方"王澍印"。两下角有押角印：朱方"长平祁氏之镠叔私又鉴藏金石书画记"和朱方"运臂习勤之室图书记"。布局严谨，重复字体不同笔画。是其生平书法最精者。一级文物，现藏歙县博物馆。

元元统二年初登第浮雕石刻组群　元朝石雕。长方形，浅浮雕。分别为：一、雕刻人马、仙鹤、乌龟、柳树，表现

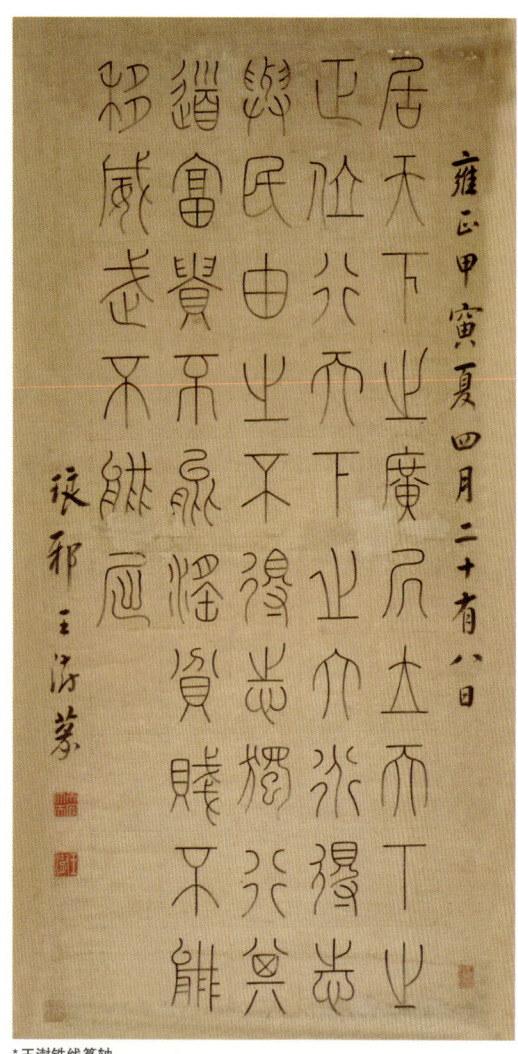

*王澍铁线篆轴

初登第场景，右侧刻"初登第"三字，左侧一人手执一旗，旗上刻："此酒劝长寿长生更长延，愿子有孙，孙有子，子孙昌盛更长延，寿酒劝长。"二、雕刻人马、楼阁，楼台正中刻"珠廉张看"四字，右边一旗上刻有："元统二年（1334年）得意归。"三、雕刻人物8人，一房屋斜挑出，一旗上有"酒魁"二字，左侧上雕刻一莲花台荷叶盖的碑，上刻杜牧诗一首："清明时节雨纷纷，路上行人欲断魂。借问酒家何处有，牧童遥指杏花村。"四、碑额上为三角形，雕刻一棵桂树长于山石上，树下有鹿和一"福"字，桂花间有一猴、一蜂、一鹊。寓意"福禄封侯"。五、碑边沿雕刻缠枝花卉纹一周。题额横刻为空心楷体："武功万六承事太君胡氏生茔。"碑文纵刻，33行，每行6~15字不等，楷体。记述苏氏迁歙县璜蔚村定居，家事在此营墓的情形及具体时间。六、纹饰集中于石的中上部，并向下凿出凹槽，内雕刻有盛开的缠枝莲花，两侧为如意纹。七、纹饰集中于石的中上部，并向下凿出凹槽，内雕刻有盛开的缠枝莲花，两侧为如意纹。八、右边雕刻山石松枝，一龙从山石中飞出，张嘴伸舌瞪目，追赶一火球，周围祥云四起，龙尾隐于山石间。九、雕刻有人马、桃花、房屋，右边刻诗句："夜来宿酒未曾酥，告密良□意有无。"以及崔护

《都城南庄》诗："去年今日此门中，人面桃花相映红。人面不知何处去，桃花依旧笑春风。"十、纹饰集中于石的中上部，并向下凿出凹槽，内雕刻有如意纹、兽纹。一级文物，现藏歙县博物馆。

元龙泉窑青釉双鱼洗

敞口，折沿，深腹，内外通体施青釉，釉层滋润肥厚，盘心模印双鱼生动逼真、清晰，洗外壁刻一圈莲瓣纹，为青瓷中的珍品。二级文物，现藏歙县博物馆。

*元龙泉窑青釉双鱼洗

元龙泉窑刻花盖罐

元朝瓷器。直口、丰肩，圆腰腹，下渐收，圈足。胎体厚重，旋环纹明显，口沿、底足露胎处有火石红，内外施青釉，腹部刻缠枝莲花以及"清香美酒"四字，荷叶形盖，瓜棱形钮，造型美观大气。一级文物，现藏安徽中国徽州文化博物馆。

元龙泉窑影青釉高足碗

碗呈菊瓣，内外施青釉，釉色厚重，碗内壁刻花卉纹，足呈竹节形，器底不施釉，有火石红。此件瓷器端庄大方，堪为珍品。二级文物，现藏歙县博物馆。

*元龙泉窑影青釉高足碗

元卵白釉印花缠枝牡丹折腰碗

元朝瓷器。釉色卵白，盘内壁满布缠枝牡丹印花，并对书"枢府"二字，故称"枢府瓷"。敞口，弧腹，小圈足，足心有一小乳钉突起，为元朝枢府瓷的研究提供了重要实物资料。二级文物，现藏歙县博物馆。

*元卵白釉印花缠枝牡丹折腰碗

元卵白釉印花缠枝牡丹纹盘

元朝瓷器。盘撇口，弧腹，小圈足，足心有一小乳钉突起。内外皆施卵白釉，盘底无釉。内壁模印缠枝牡丹花卉纹，花卉纹饰间相对印有"枢府"二字。底足有墨书"椿"字。一级文物，现藏歙县博物馆。

*元卵白釉印花缠枝牡丹纹盘

元卵白釉葫芦形执壶

元朝瓷器。卵白釉。通体呈葫芦形，流细长，柄呈"S"形，上有一环形穿。壶盖为半圆形，边有一环形穿，顶部有心形宝珠。圈足外撇，无釉。一级文物，现藏歙县博物馆。

元卵白釉缠枝菊花纹匜

元朝瓷器。深腹,卧足,器内外均施卵白釉,底足和口沿无釉,露火石红。流下有双环形系。外壁模印菊花纹一周。一级文物,现藏歙县博物馆。

元青白釉如意枕

枕呈腰圆形,枕面以珍珠纹为地,同时刻有折枝花卉纹,四周为一圈凹纹,枕背中部有一透气孔。二级文物,现藏歙县博物馆。

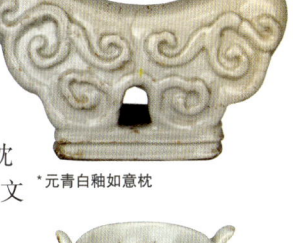
*元青白釉如意枕

元青白釉连座双耳炉

炉为侈口,小折边,直颈,鼓腹,三兽足,口与肩处有两对称耳。下承菱形镂空座,通体施以影青釉,釉色光泽,釉面滋润,制作精巧,保存完好,是元朝瓷器中精品。二级文物,现藏歙县博物馆。

*元青白釉连座双耳炉

元青白釉戗金高足杯

元朝瓷器。卵白釉,口沿外撇,深腹,高圈足。杯外隐约可见戗金装饰。一级文物,现藏歙县博物馆。

元刻石瓜匙

元朝瓷器。由盏和匙组成。匙为半个瓜形,内外皆阴刻瓜棱,外壁阴刻有瓜蒂和一片叶脉清晰的瓜叶,一边高浮雕两片瓜叶为匙鋬。盏为椭圆形,浅底,内底浅浮雕满饰瓜藤叶,中心为一绽放的花朵,围绕花朵四周有三个高浮雕小瓜。底足亦为椭圆形。一级文物,现藏歙县博物馆。

元铭文人物纹铜镜

镜面光滑,镜背双外廓,圆形钮,人物纹、花卉纹众多。阳文"假充李镜,真乃猪狗",画面人物为神仙,纹饰刻画细腻。二级文物,现藏安徽中国徽州文化博物馆。

*元铭文人物纹铜镜

元蓝釉爵杯

元朝瓷器。蓝釉,仿青铜爵形,口沿两边有菌形柱,腹部有起棱一周,三足截面呈三棱形,外撇。一级文物,现藏歙县博物馆。

元镂雕玉荷鹭圆牌

元朝玉器。青白玉饰,略呈圆形,正面鼓突,雕刻荷叶下栖鹭鸟、水草图案,采用重刀深刻镂空出荷叶与鹭鸟形体,周边还雕饰一些荷花与水草纹,形成环状。一级文物,现藏安徽中国徽州文化博物馆。

元影青高足龙纹杯

元朝瓷器。卵白釉,口沿外撇,深腹,高圈足。杯内壁模印龙纹,杯心模印花卉纹。一级文物,现藏歙县博物馆。

五代青白釉瓜棱形双系壶

五代时期瓷器。通体施青白釉,底露胎。盘口、短颈、双系、短直流、短柄。收肩,腹部下渐收,瓜棱形,饼形足。二级文物,现藏黟县文物管理局。

五代越窑青釉碗

敛口,玉璧底,浅腹,内外满施青釉,底有乳钉状突起,器外壁周身有许多器泡,为五代瓷器中精品。二级文物,现藏歙县博物馆。

*五代越窑青釉碗

五代越窑浅盘

荷叶形,平口浅盘。内外通体施青釉,胎质细腻,发色纯正。此盘为五代烧制的越窑精品。二级文物,现藏歙县博物馆。

*五代越窑浅盘

太子千秋钟

明朝铸钟。嘉靖十三年(1534年)生铁浇铸。甬部有双倒"U"与双倒"山"纹,倒文上铸兽面。顶饰凸弦纹、莲瓣纹。钲部饰回文、凸弦纹、树叶纹等。铭文为"国泰民安""皇帝万岁""太子千秋",款"冶士黄寄龙造,大明嘉靖甲午年(1534年)仲秋月日之吉"。钟另刊捐资者姓名、银数于其上。鼓部饰4道凸弦纹、12匹奔马,下为波浪纹。原悬绩溪县瀛洲大坑口寺庙内,现存绩溪县文物管理局。

太平天国路凭

纸本,木版印刷。正上方横额为"路凭"二字,版心内容为:"天朝开朝勋臣请天福兼王宗堂卫军主将文经政司协理徽郡民务,许为发给路凭以便稽查事。缘本爵恭奉王宗堂卫军主将洪大人钧命,偕同堂卫军正总提懔天义谢大人提理徽郡民务。兹有徽郡南乡乡民姚社有壹名,带夫壹名、马匹、船条,前赴街口一带买货贸易,限日缴销。为此,特给路凭,仰沿途守城守卡官员兄弟验明放行,准其往返,切勿阻滞。而该民亦不执凭滋扰,夹带禁物,混杂奸细,致于查究,切切须至。路凭者。太平天国辛酉拾壹年贰月拾壹日给。"钤长方形朱文官印"太平天国天朝九门御林开朝勋臣请天福许根远",后书"自深渡镇发天字第贰号"。一级文物,现藏歙县博物馆。

太平军攻城图壁画

位于绩溪县旺川村曹氏家祠九思堂。清咸丰十年(1860年)至同治三年(1864年),太平军曾八进绩溪。咸丰十年(1860年),曾有太平军李世贤、杨辅清部由宁国胡乐司进攻丛山关,后占领绩溪并驻军8个多月。其间,有一部分太平军战士驻守在旺川村的曹氏家祠九思堂,留下了记录太平军战斗场面的7幅壁画。其中一幅主题为"攻城胜利图"。据考证,此画为当年太平军首次攻克旌德县城的真实写照。壁画长200厘米,高150厘米。系墨笔所绘。壁画描绘了旌德县城的特点:西北两面负山,北门外有七级浮屠,文昌阁耸立坡上,前为县衙,旁有孔圣殿,并有营房数座。东门有清军团练局招牌和旗帜。攻城部队自左向右行进,前有"粤东同义"大旗开路,大旗左右分别有写着"炮""队"二字的黑旗两面。有2人骑马,手执令旗在指挥战斗。太平军先头部队在架设云梯。右梯的战士已达顶端,城头清军以长矛阻击,双方开展肉搏;左梯的战士已登上城头,砍下清军军官头颅坠落城下。另一官员正屈膝求饶。北门大开,百姓纷纷拥出城外投奔太平军。此画显示了太平军气势。此外还有进军图、神怪故事、俚歌、题字等壁画、壁书6幅。属省级重点文物保护单位。

父乙铭尊 西周青铜器。仪礼器具。出土于安徽省屯溪奕棋西周墓葬1号墓。尊内底有铭刻,其文为"父乙"。按殷周彝器通例,"父乙"是人名,"闫"是国族名。"闫"字不见于《说文解字》,其义尚不得其解。根据汉字的构造规律推测,可能是个会意字,指的是徽州早先的土著族国。"门"表示山的闭锁性,"子"之意与"人"或"民"通,意为山居之民或族国。现藏安徽省博物馆。

文徵明山水大中堂 明文徵明绘画作品。纸本直幅,水墨。纵250厘米,横105.5厘米。画以高大的松树为主题,树荫前,一人持竿,一人双手作揖交谈。浅笔勾水纹,树石密布,枝叶茂盛,山顶飞瀑直泻,万壑松风;粗细兼具,清润自然。押印两枚,一为白文"文徵明印";一为朱文"衡山"。现藏歙县博物馆。

方用彬书札 明方用彬与友人往来书信。用彬字元素,号黟江,国学生,歙县岩寺镇(今属徽州区)人。出身于徽商世家,自祖父开始在扬州经营盐业,家境富饶。年轻时科举考试失败,遂走上经商之路。这批书信最早为嘉靖四十三年(1564年),最迟为万历二十六年(1598年),历时34年,分为日、月、金、木、水、火、土7册,合计有书信733封,名衔190张,账单1份。这批书信皆为亲友写给方用彬的,共有344人,包括当时领导文坛的王世贞、汪道昆,后七子中的吴国伦,末五子中的李维桢、胡应麟,公安派健将丘坦,抗倭名将戚继光等。从内容看,书信反映了嘉靖至万历年间社会生活的多个方面,是罕见的文物,更是珍贵的徽商研究史料。现藏哈佛大学燕京图书馆。

巴慰祖刻象牙印章 清朝牙雕。该印章为长方体,上窄下宽。印文阳刻,内容为:"红满枝,绿满枝,宿雨厌厌睡起迟,闲庭花影移。忆归期,数归期,梦见虽多相见稀,相逢知几时。"边款刻"慰祖"。一级文物,现藏安徽中国徽州文化博物馆。

邓石如隶书屏条 清邓石如书法作品。纸本,全绫裱。4幅。汉隶七律1首,款落"完白邓石如",钤白、朱文印各1方。现藏绩溪县文物管理局。

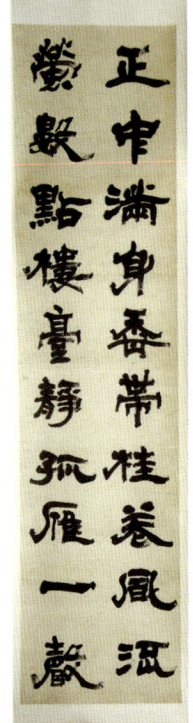

*邓石如隶书屏条(1) *邓石如隶书屏条(2) *邓石如隶书屏条(3)

玉器皮货谱 玉器皮货典当手册。抄本。作者不详。内里题作"玉器皮货绸料价目谱",封面有"共两本"的字样。书中的前一部分讨论玉器,后有玉纪原叙,稍后继以杜文澜的跋,后一部分则分别记载有关皮货、绸料方面的内容。作者自称出身于典当世家,其父博学好古,尤精赏鉴,闻有古玉,不惜重资购求,其辨别真伪,虽暗中摸索,却百无一爽。作者本人得到父亲的指点,对玉器也粗知梗概,后浪游南北,进一步增长了见闻和经验,遂在其父遗留的古玉八十一事的基础上,参考群书,择其言之信而有征者汇集成卷,写成本书。现藏美国哈佛燕京图书馆。

东坡观砚图 清黄慎绘画作品。纸本立轴,水墨。纵129厘米,横76厘米。画面描绘宋名士苏东坡双手捧砚,全神贯注鉴赏的神情。画家采用狂草笔法作画,简单几笔便勾勒出人物的衣饰特征和面部表情,形象生动逼真。画面左上方有题跋数语:"与水为人,玉灵之液,天富为出,阴鉴之宝。懿星之石,君子之侧,匪以玩物,惟以观注。"后有"乾隆丙子(1756年)夏写于邗上旅次,宁化瘿瓢子慎"题款及"黄慎""瘿瓢"印章。画右有当代书法家林散之民国三十六年(1947年)鉴定题跋:"黄瘿瓢真迹精品。"现藏安徽中国徽州文化博物馆。

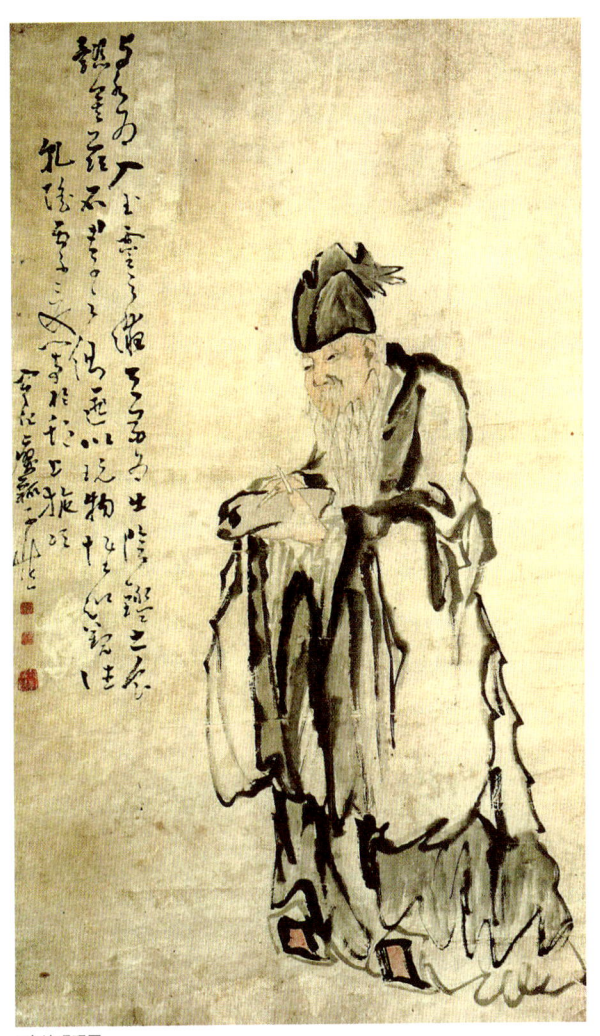
*东坡观砚图

东晋青釉盘口壶
晋朝瓷器。盘口,直颈,溜肩,平底,双耳,两耳间均匀分布兽面纹2个,肩部有网格纹、连珠纹。釉层较浅,造型美观大方。二级文物,现藏休宁县博物馆。

*东晋青釉盘口壶

北宋景德镇窑影青钵
器口外侈,曲颈折腹,斜壁小底,壁薄如纸,内外施青釉,釉面有细小开片,瓷底无釉有旋纹。二级文物,现藏歙县博物馆。

*北宋景德镇窑影青钵

四体千字文横卷
清邓石如为曹振镛所作书法作品。一日而成,曹为叹绝。因盛情邀其入京。曹先行三日,会邓于山东开城。宴间,曹延之上座,遍赞于群公:"此江南高士邓先生也,其四体书皆国朝第一。"现藏绩溪县文物管理局。

白瓷五彩佛板
清朝瓷器。四帧,木框,长58.5厘米,宽40.7厘米。嵌瓷板长38.5厘米,阔25厘米。板平,彩绘佛像、山水、花卉、木石,题:"底事是非声太浊,不妨洗耳免当风。"同治年间产品。现藏绩溪县文物管理局。

冯梦龙等十七人书法册页
明冯梦龙等17人书法作品。纸本。共17页半,每页纵35厘米,横56厘米。万历三十八年(1610年)梦龙等为时任余杭县令、婺源人程汝继《后醒子诗集》而作的跋。现藏婺源县博物馆。

冯照秋林返照图立轴
清冯照绘画作品。绢本,立轴。以淡墨描写远山,近处松树、房屋、怪石、枫树,构成一幅秋景。笔法细腻干练,画面由远及近,层次分明。题款:"秋林返照。丙寅(1806年)仲夏于溪山。高客仿北苑太守笔意,华屏樵老写此。"钤"冯叔堂"白文方印。二级文物,现藏歙县博物馆。

写怀诗卷
明祝允明书法作品。行书。全卷手录《写怀》《悲悉》《穷吟》《虎丘》《赠孙山人》《宿僧院》《秋蝉》《和太原相公白莲韵》等七律诗14首,计833字。系作者酣饮后纵情挥毫一气呵成之作。笔法通灵自如,时而宕逸畅放,雄健遒劲;时而嘎然而顿,深沉古雅。转折与牵丝乍似漫不经心,轻巧随意,实则匠心独运,结体精美。书卷风格如行云流水,颇具王羲之《兰亭序》的韵致,堪称祝允明代表作。现藏婺源县博物馆。

民国浙东乡第三保公民立公约
文物。该公约为浙东乡第三保公民拥护新四军、反对蒋介石政权所订立的公约。内容为13条决议,并有石岭、板桥、杨林湾三个村代表人姓名、印章或手印,但无具体立约日期。一级文物,现藏休宁县博物馆。

民国浙东乡第六保公民立公约
文物。该公约为浙东乡第六保公民拥护新四军、反对蒋介石政权所订立的公约。内容为13条决议,并有立约人的姓名及手印。立约日期为"民国三十七年(1948年)十月二十七日"。一级文物,现藏休宁县博物馆。

民国浙东乡第四保公民立公约
文物。该公约为浙东乡第四保公民拥护新四军、反对蒋介石政权所订立的公约。内容为13条决议,并有立约人的姓名、印章或手印,没有具体立约日期。一级文物,现藏休宁县博物馆。

光绪行盐执照
文书。长方形雕版印刷,有朱批。内容为:"两江总督部堂管理两淮盐务左颁发 右照给商贩义和泰 准此 光绪九年(1883年)二月二十六给。"督盐部堂下为一押。左下朱印:"监印官江苏试用府经历阎懋曾。"一级文物,现藏安徽中国徽州文化博物馆。

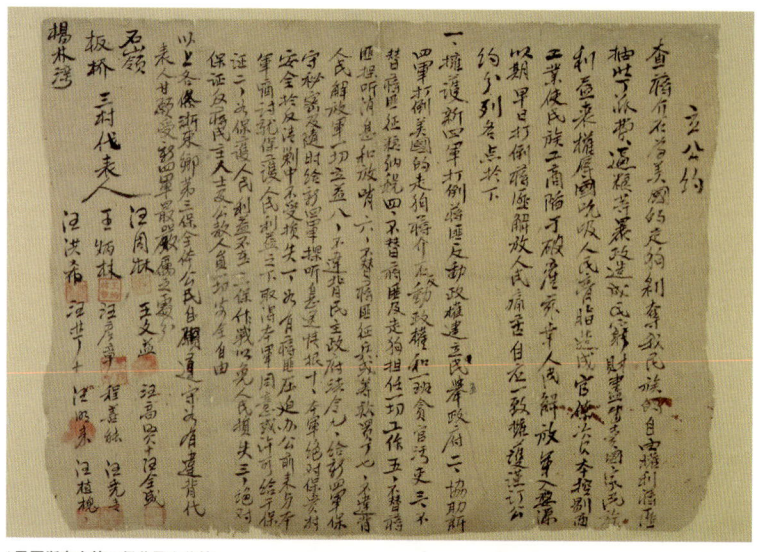
*民国浙东乡第三保公民立公约

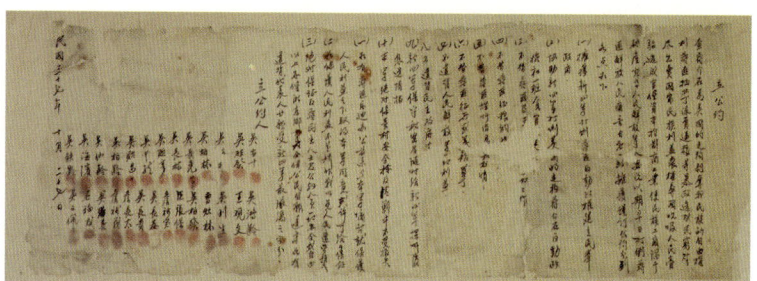
*民国浙东乡第六保公民立公约

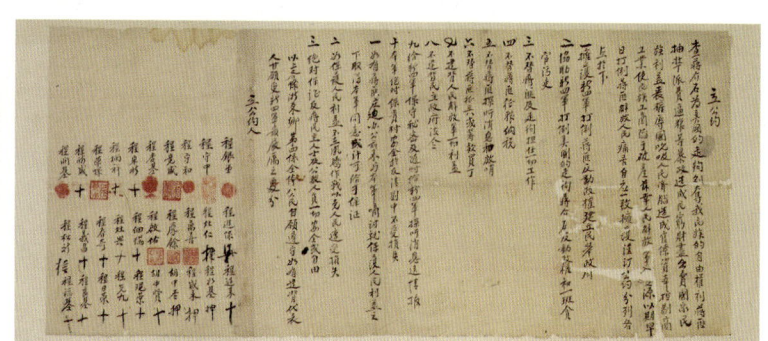
*民国浙东乡第四保公民立公约

*冯照秋林返照图立轴

同治青花云龙纹碗 敞口、圈足、青花云龙纹，口沿和外围未施釉。碗中心有一寿字，寿字周边围字"五子登科品"，靠口沿字"连连生贵子"，外有墨写"王灯林办，同治九年（1870年）六月初六日"，碗底有"大清同治庚午（1870年）仲夏月吉日制"字样。二级文物，现藏祁门县博物馆。

朱元璋赏牌铅券 元末杂件。城南船山快活林出土。铝锡合金，蛋形。长12.5厘米，中间阔9.2厘米，厚1.4厘米。版心阴刻葫芦形图案；正中反文竖刻楷体"中军主将朱赏"，"朱"字环以太阳光轮，"赏"字稍大。两侧双龙向日，尾上翘，饰云朵。现藏绩溪县文物管理局。

休宁鱼鳞图册 文书。古代根据户口编造"地籍"的档案，因图册上许多图形像鱼鳞，便称鱼鳞图册。土地册自古就有，但完整保留下来的很少。休宁县现存图册多达1 153卷，是国内规模最大、数量最多、保存最完整的古代地方土地册。其编造非常周密，在县城4隅以天干编号，都图则采用"千字文"编号，开本大小不等，内容、格式亦有细微差别。图册载明了所有户主姓名、田亩方圆、四周界至、土地肥瘠以及日后使用过程中业主变化、挂税转移记录等详细内容，真实反映了清至民国时期，休宁乃至徽州私有土地管理中的土地转让、租佃、买卖、课税等关系，是研究徽州当时农村经济状况、农业荒垦政策、水利灌溉、土地测绘和田地转移频率节奏的依据，也是研究徽州商业与徽州农业之间关系的有力佐证。同时，作为人类历史记忆的共同遗产，受到国内外档案学家、史学家的青睐。现藏休宁县档案馆。

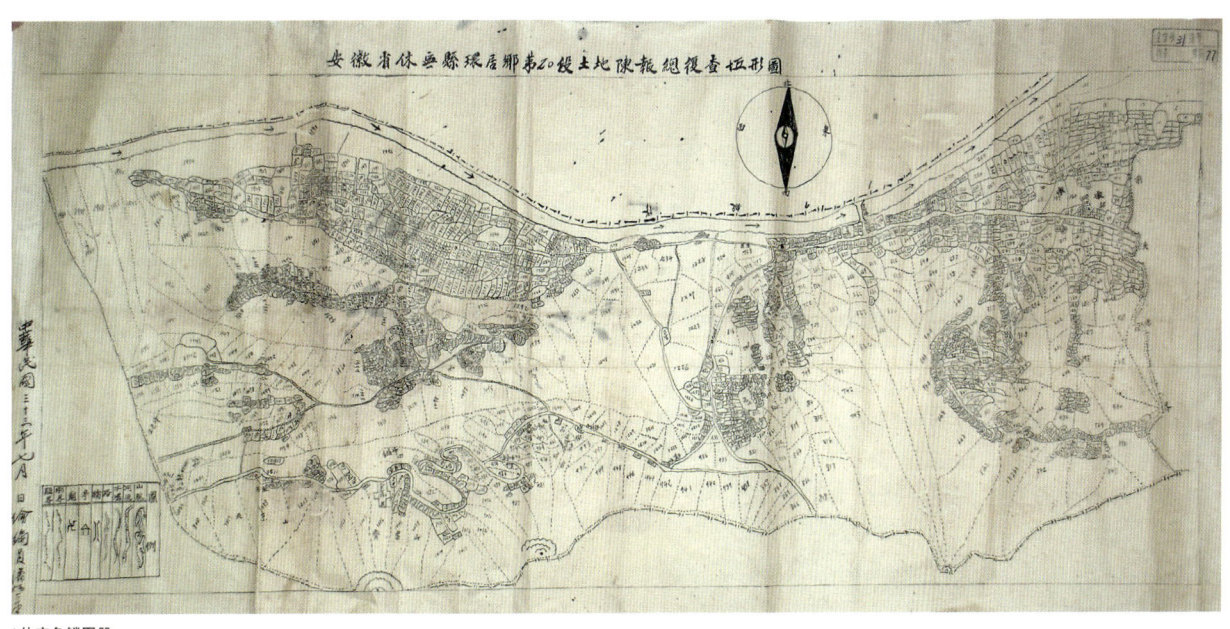

*休宁鱼鳞图册

任颐人物扇面 清末任颐绘画作品。绢本，设色，全绫裱。图为一壮士焚香祷天。左角题："光绪丙戌（1886年）新秋山阴任颐伯年画。"钤朱文印章二。现藏绩溪县文物管理局。

任熊人物册页 清任熊绘画作品。纸本，设色，共八开。描绘人物、花鸟、虫草等，形态逼真。其一画红衣渔夫坐于船头，岸边古树参天；题"任熊"，钤"渭长"朱文长方形印。其一画红衣达摩打坐面壁；题"渭长熊"，钤"熊"朱文正方形印。其一画树枝上停蚂蚱一只；题"渭长熊"，钤"渭长"白文长方形印。其一画绽放花朵一只，蜻蜓停在绿叶之上；题"渭长写"，钤"任熊印信"白文正方形印。其一画花丛之中，一野鸟站立于怪石之上；题"渭长"，钤"渭长"长方形白文印。其一画仙山楼阁，仕女倚窗而望；题"任熊"，钤"任熊"长方形朱文印。其一画一人坐于坪石之上，题"渭长"，钤"渭长"长方形白文印。其一画一老者坐地弹琴，题"任熊"，钤"熊"朱文正方形印。二级文物，现藏安徽中国徽州文化博物馆。

任薰洛神像立轴 清任薰绘画作品。纸本，描金人物画。画面上方用金粉题《洛神赋》一篇，下面为洛神漂于水面之上，高高的发髻，飘逸的服装，用笔刚劲古朴，恰如春蚕吐丝。右上"洛神赋"三字下钤蕉叶朱文印一方，赋词左边钤朱文长方形"云甫"，方形朱文"观山樵"印两方。右中处题："辛巳（1881年）四月阜长任薰写。"钤"阜长"方形朱文印。二级文物，现藏安徽中国徽州文化博物馆。

凫荷图 清朱耷之弟牛石慧绘画作品。纸本斗方，水墨。纵89厘米，横85厘米。画面主要由水鸦和荷花组成，荷叶错落有致，浓淡相宜。叶下藏一孤鸭，翘尾浸水，白眼之中，墨点分明。整个作品立意深远，布局简洁，用笔粗犷老练。此画落款"牛石慧"三字用草书写成"生

*任薰洛神像立轴

不拜君"的奇特字形。石慧作品传世极少,仅上海、北京有少量收藏。现藏安徽中国徽州文化博物馆。

刘墉字轴 清刘墉书法作品。绢本,全绫裱。纵111厘米,横34厘米。行书七绝:"晓烟如幕柳垂丝,曲曲春塘望欲迷。一个轻舟仍载酒,赤栏桥外听莺啼。"署"石庵刘墉",钤白、朱文印3方。现藏绩溪县文物管理局。

孙一骏绘崑源肖像图立轴 明孙一骏绘画作品。纸本,设色,立轴。图上方绘一古松,松枝斜撑,松树旁绘一假山,有一老者席地而坐,面目慈祥,白须修长,衣着华丽,人物刻画精细。老者旁有一灵芝,正前方有一孩童坐于地上,两眼望着老者,右边角一岩石,上布满野草。左上题:"万历庚申(1620年)夏月为崑源尊长写寿,千秋里孙一骏。"钤"千秋里""孙一骏"白文方印。二级文物,现藏歙县博物馆。

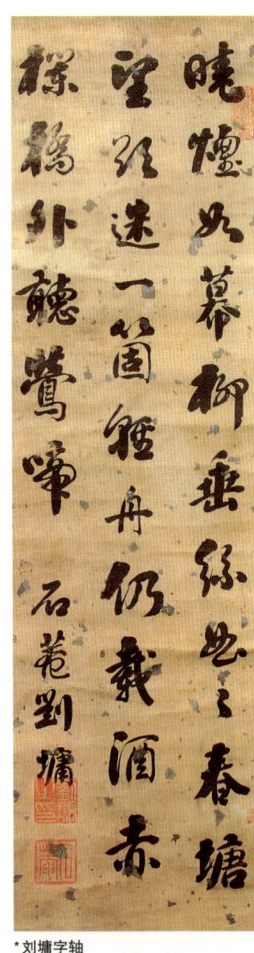
*刘墉字轴

*孙一骏绘崑源肖像图立轴

孙湛绘江瑞宇像中堂 明孙湛绘画作品。纸本,设色。所绘为江瑞宇人物坐像。头戴官帽,长须,面部刻画传神细腻,衣饰鲜亮,绘画工整。款落"天启壬戌(1622年)长夏为江瑞宇先生写,七十有卯纪容天游外史孙湛",钤"孙子真"印、"孙堂酒楼"白文方印。二级文物,现藏歙县博物馆。

红釉天球瓶 清朝瓷器。系清仿明宣德产品。高45.8厘米,口径7.5厘米,足径14.5厘米。长颈球腹,胎厚质细,釉色红亮均匀,有冰裂纹。瓶口白如玉。现藏绩溪县文物管理局。

花桥保长等保吴双龙吴双喜具保状 文物。普通宣纸,已托裱,内容为民国三十七年(1948年)花桥保长向人民解放军皖浙赣支队部具保吴双龙、吴双喜两人无罪的行状,有具保人的姓名和印章。二级文物,现藏休宁县博物馆。

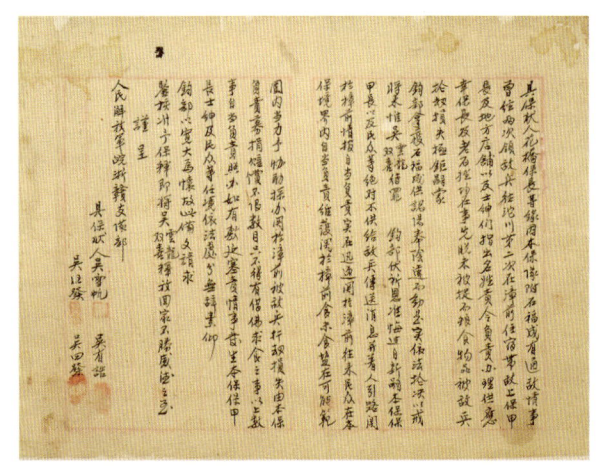
*花桥保长等保吴双龙吴双喜具保状

李方膺墨梅图 清李方膺绘画作品。纸本,直幅。纵158厘米,横58厘米。画中古干倒悬,柔枝着花,以破笔着墨自由挥洒。题诗:"手握春风任卷舒,何须负郭计田无。行厨米积三千石,换去梅花一两株。"末署:"乾隆十有九年(1754年)十一月写于金陵借园,晴江李方膺。"下钤闲章"不得其门而入";另有起首章"山水小居""小字龙角"两枚。现藏歙县博物馆。

李鸿章行书七言对 清李鸿章书法作品。纸本,行书。纵136厘米,横33.5厘米。上联"宫中诗句元才子",下联"天下神仙李邺侯"。上署"筱云三兄嘱",款落"李鸿章"。行笔凝重,结体严谨,有颜之风。钤白文"李鸿章"、朱文"少荃"两印。现藏婺源县博物馆。

何绍基行书七言联 晚清何绍基书法作品。纸本,行书。七言联为"明珠翠羽黄初赋,红树青山白下诗"。题"子贞何绍基",钤方形"何绍基印"朱文印、"子贞"白文印两方。二级文物,现藏安徽中国徽州文化博物馆。

佛像中堂 佚名画作。纸本,设色。人物画,纵175厘米,横94厘米。采用矿物颜料描绘佛像及鬼神人物共5个,人物夸张。左下题:"孝上乡儒教里新建中社奉……成化十三年丁酉(1477年)四月□日 妙融谨题。"二级文物,现藏安徽中国徽州文化博物馆。

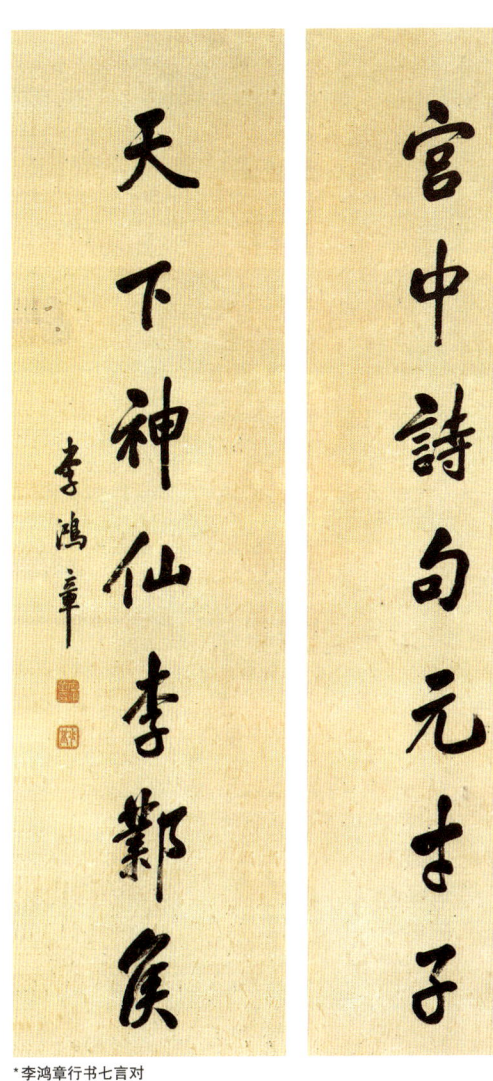

*李鸿章行书七言对

*闵贞三老观鹤图中堂

余完养容像中堂 清朝绘画作品。纸本,设色。画中人物身着大红朝服。上部跋:"奉议公余完养先生像,'威仪孔时'曹振邦。"二级文物,现藏安徽中国徽州文化博物馆。

闵贞三老观鹤图中堂 清闵贞绘画作品。纸本,水墨。粗笔写意绘三老昂首仰望一飞翔的仙鹤,三老中一老持羽扇,一老执杖,一老一手挡日一手拿拂尘。图左上题:"乾隆乙未年(1775年)新秋应大痴老道长命意正斋弟闵贞画。"下钤白方"闵贞"和朱方"正斋"印。图左中钤"欢喜道人",右下钤"看山读书楼"朱文长方形印。一级文物,现藏歙县博物馆。

汪氏典业阄书 道光二十六年(1846年)徽州典商汪左淇等兄弟分析资本的凭据。析产账目载明汪氏典业资本构成、资本规模及其经营会票等情况。现藏安徽省博物馆。

汪采白两江师范学堂毕业文凭 南京两江师范学堂颁发给汪采白的毕业文凭。丝制。由四对八条纹龙组成方框,框内右半刻印清光绪三十三年(1907年)慈禧太后懿旨,直书,馆阁体,17行,共计864字。左半为学生毕业成绩单,有学科教员姓名印章、毕业考试分数,还有汪采白年龄身份及曾祖、祖父和父亲名字等。二级文物,现藏歙县博物馆。

沈士充设色山水册 明沈士充绘画作品。纸本,蝴蝶装,8开册页。均绘山水小景,用笔洗练不繁,或水墨一色,或略施淡色,气韵浑润。款落"沈士充""士充",钤"子居"朱文方印。二级文物,现藏歙县博物馆。

宋长方形抄手端砚 砚呈长方形,抄手式,素面无雕刻。砚顶端为砚池,呈斜坡状,背面亦呈斜坡状,线条流畅。二级文物,现藏歙县博物馆。

宋文府墨 宋朝古墨。长方形松烟墨,颜色乌黑,出土时残断,现存下半截。一面残存"文府"二字,一面残存"制"字,皆为楷书。此墨出土于宋墓,是已知安徽省现存较早的古墨之一。一级文物,现藏安徽中国徽州文化博物馆。

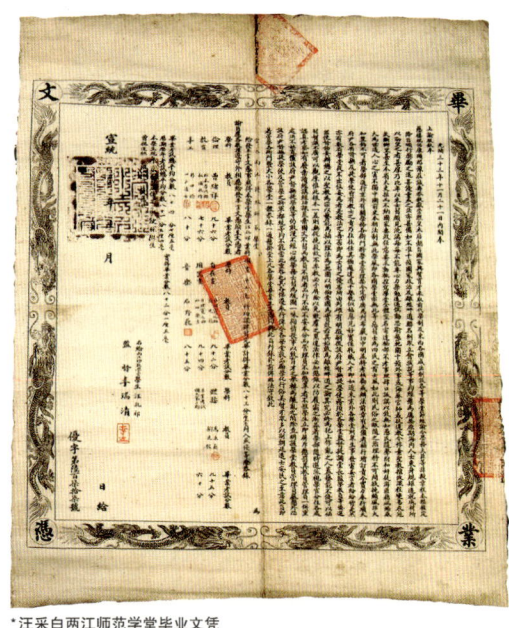

*汪采白两江师范学堂毕业文凭　　　　　*沈士充设色山水册　　　　　*宋长方形抄手端砚

宋龙泉双耳瓶　南宋窑瓷器。高15厘米，口径6.7厘米。侈口细颈，鼓腹圈足。粉青釉，通体细开片，翠色卷草纹。象鼻耳，耳环套下有"八"字形纹两道。腹部弦纹两道。内壁厚，有镟痕。口沿、底部无釉，呈火石红。现藏绩溪县文物管理局。

宋龙泉盘口执壶　宋朝瓷器。盘口，双系，鼓腹，口沿及外壁施釉，釉色发青。二级文物，现藏安徽中国徽州文化博物馆。

*宋龙泉盘口执壶

宋吉州窑绿釉蕉叶纹瓷枕　枕通体施绿釉，底部无釉。八角长方体，枕面后高前低，中间微微下凹，并依枕形外周划复线开光，开光内刻画蕉叶纹五片。枕壁模印叶纹、花卉纹和菱形纹饰。枕的一侧有四个支烧痕迹。底部有"严家记匠"戳记。一级文物，现藏歙县博物馆。

宋抄手箕形歙砚　磻村宋墓出土的抄手砚。长18.5厘米，宽13.5厘米，高3厘米。宋朝流行砚式，箕形，歙石制。砚四周线条平正、明晰，砚池较深，池面为一斜坡。砚底掏空，两边为墙足，砚墙较窄，砚堂直斜，砚面与砚背呈反向双斜坡状，整体造型古朴典雅。一级文物，现藏祁门县博物馆。

宋抄手歙砚　宋朝古砚。长方形。砚堂平整，淌池砚面微突。砚背为抄手式。两侧砚墙为倒梯形。一级文物，现藏歙县博物馆。

宋青白釉狮形枕　宋朝瓷器。白胎，青白釉，底部未施釉。枕面为长方委角，两边微微上翘。下为卧狮形，采用堆塑、刻画等雕刻技法表现。一级文物，现藏安徽中国徽州文化博物馆。

宋青白釉盘　撇口，浅腹，圈足。碗内外施青白釉，底足不施釉，且有乳钉状突起，碗内有随形划花，内底有四个钉痕，是宋朝青白瓷中的珍品。二级文物，现藏歙县博物馆。

*宋青白釉盘

宋青白釉魂瓶　宋朝瓷器。通体施青白釉。弦纹锥形盖，顶立一仙鹤，盘口，长颈，口沿下方呈荷叶形，下置四系，颈部三层贴塑，上层为祥云、太阳、龙凤，中层为瑞兽，下层为十二生肖及一跪拜人像。腹微鼓，圈足露胎，胎体厚重。一级文物，现藏黄山市屯溪区博物馆。

宋青釉四系罐　宋朝瓷器。罐直口，圆鼓腹，圈足，肩部对称置四系，塑贴花卉，胎体厚重，青白釉，釉面局部开片，底足不施釉。二级文物，现藏黄山市屯溪区博物馆。

宋青釉划花盘　宋朝瓷器。敛口，浅底，盘内外施青釉，底足不施釉，有乳钉状突起，圈足规整，盘内刻有花卉。二级文物，现藏歙县博物馆。

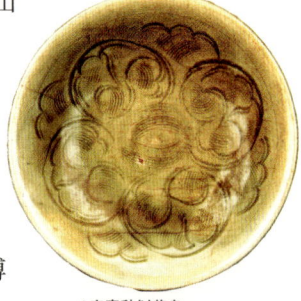
*宋青釉划花盘

宋青釉瓷枕　宋朝瓷器。枕呈长方形，中部呈弧形内收，表面施青釉，光滑柔润。器形线条优美。器物上下饰有婴孩图案。二级文物，现藏休宁县博物馆。

宋青釉魂瓶 宋朝瓷器。弦纹高盖，盖部捏塑如意云纹、仙鹤，盘口，四系，颈部捏塑太阳、云龙、人物、瑞兽等纹饰，肩部捏塑十二生肖人像，腹微鼓，圈足外撇。胎体厚重，施青釉。二级文物，现藏黄山市屯溪区博物馆。

*宋青釉瓷枕

宋法华三彩诗文枕 宋朝瓷器。枕呈不规则长方体。上部施绿、黄、红三色釉。下部仅施化妆土，有剥落现象。枕三面有透气孔。正面中间刻"寄生草"一首："再不想荣华贵，将相才。入山林倒大无灾害。将君王舞道扬尘，拜取下这纱仆头。放下这象牙笏，脱下领紫罗袍，纳了条黄金带。"两边饰三彩花卉纹。二级文物，现藏安徽中国徽州文化博物馆。

*宋法华三彩诗文枕

宋活心歙砚 长方形，为一歙石嵌入另一石中，密合边有水槽，构思新颖，制作精巧，为宋砚中又一代表作。二级文物，现藏歙县博物馆。

*宋活心歙砚

宋陶马头人身俑 宋墓出土，红土烧制，呈红褐色，马首人身，双手执笏合胸前。二级文物，现藏休宁县博物馆。

宋陶牛头人身俑 宋墓出土，红土烧制，呈红褐色，牛头人身，着长袍，双手执笏合胸前。二级文物，现藏休宁县博物馆。

宋陶双面虺身连体卧像 宋墓出土，红土烧制，呈红褐色，人首虺身，抬首，双手伏地支撑，后半身弓起相连。二级文物，现藏休宁县博物馆。

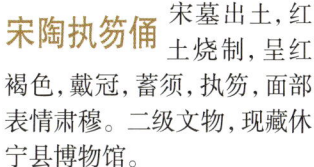
*宋陶双面虺身连体卧像

宋陶鸟 宋墓出土，红土烧制，呈褐色，陶鸟呈俯瞰状，头下倾，身体及尾翼上翘，有底座，造型朴实生动，栩栩如生。二级文物，现藏休宁县博物馆。

宋陶执笏俑 宋墓出土，红土烧制，呈红褐色，戴冠，蓄须，执笏，面部表情肃穆。二级文物，现藏休宁县博物馆。

宋陶羊头人身俑 宋墓出土，红土烧制，呈红褐色；羊首人身，造型朴实生动。二级文物，现藏休宁县博物馆。

宋陶观音 宋墓出土，红土烧制，呈褐色，有头冠头巾，双手微合胸前，面部表情祥和，造型细腻生动。二级文物，现藏休宁县博物馆。

*宋陶执笏俑

宋陶鸡头人身俑 宋墓出土，红土烧制，呈红褐色，鸡首人身，着长袍，双手执笏合胸前。二级文物，现藏休宁县博物馆。

宋陶虎 宋墓出土，红土烧制，呈红褐色，虎身修长，四肢粗壮有力，尾紧贴身体，弯曲上翘，造型

*宋陶马头人身俑

*宋陶牛头人身俑

*宋陶羊头人身俑

*宋陶观音

*宋陶鸡头人身俑

生动有趣。二级文物,现藏休宁县博物馆。

宋陶虎头人身俑
宋墓出土,红土烧制,呈红褐色,虎首人身,着长袍,双手抱合胸前。二级文物,现藏休宁县博物馆。

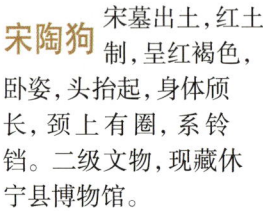
*宋陶虎

宋陶鱼
宋墓出土,红土烧制,呈红褐色,陶鱼身体呈弓形,鳃、鳍、鳞清晰可见,犹如刚跃出水面。二级文物,现藏休宁县博物馆。

*宋陶鱼

宋陶狗
宋墓出土,红土烧制,呈红褐色,卧姿,头抬起,身体颀长,颈上有圈,系铃铛。二级文物,现藏休宁县博物馆。

*宋陶狗

宋陶狗头人身俑
宋墓出土,红土烧制,呈红褐色,狗头人身,双耳直竖,着长袍,双手执笏合胸前。二级文物,现藏休宁县博物馆。

宋陶带冠半身俑
宋墓出土,红土烧制,呈红褐色,戴冠,蓄长须。二级文物,现藏休宁县博物馆。

宋陶带座鸟
宋墓出土,红土烧制,呈红褐色,陶鸟仰首远眺状,尾修长,有底座,便于放置,造型朴实生动。二级文物,现藏休宁县博物馆。

宋陶俑
宋墓出土,红土烧制,呈红褐色,戴冠,着长袍,双手执笏合胸前,面部表情祥和。二级文物,现藏休宁县博物馆。

宋陶鸳鸯
宋墓出土,红土烧制,呈红褐色,鸳鸯游泳姿态,无足,低温烧制,质地较软。二级文物,现藏休宁县博物馆。

*宋陶鸳鸯

宋陶盘蛇
宋墓出土,红土烧制,呈褐色,仰首,躯干盘起呈圆形,造型朴实生动。二级文物,现藏休宁县博物馆。

宋陶躺姿佛像
宋墓出土,红土烧制,呈红褐色,附着灰黑色斑块,佛像呈卧状,束发,双耳垂肩,披袈裟。二级文物,现藏休宁县博物馆。

宋陶鹤
宋墓出土,红土烧制,呈红褐色,低温烧制,质地较软。陶鹤有鹤冠,颈弯曲,侧目,身体呈弓形,有底座,便于放置。二级文物,现藏休宁县博物馆。

宋陶蟠龙
宋墓出土,红土烧制,呈红褐色,身体摆动呈"S"形,头有角,背生鳍,身披鳞,四肢粗壮,尾上翘。二级文物,现藏休宁县博物馆。

*宋陶虎头人身俑　　*宋陶狗头人身俑　　*宋陶带冠半身俑　　*宋陶带座鸟　　*宋陶俑　　*宋陶盘蛇

*宋陶躺姿佛像　　*宋陶鹤　　*宋陶蟠龙

宋景德镇窑影青釉八棱四系荷叶盖罐

磻村宋墓出土的瓷器。荷叶盖，直口，鼓腹，平底，颈部有四钩形钮。罐盖、口、腹、底足均为八棱形。影青釉，釉面小开片受泥水侵蚀，无款识，器型个体较小，纹饰造型精致，系当地墓葬中出土的精品。一级文物，现藏祁门县博物馆。

宋景德镇窑影青釉弦纹执壶

祁门县城西七里桥出土的宋朝瓷器。敞口，长颈，弧形流，曲柄，鼓腹，圈足。影青釉，颈下部和腹肩部饰有双圈弦纹，底部有垫烧痕。整器线条柔和，造型优美。一级文物，现藏祁门县博物馆。

宋雍熙三年铜官印

印面呈方形，底刻阳文篆书"□□县□□酒税朱记"九字。印上方有长方形板状钮，钮两侧阴刻有楷书款"雍熙三年（1664年）六月铸造"八字。二级文物，现藏歙县博物馆。

*宋雍熙三年铜官印

宋箕形砚

杂石，石质青灰。砚首略弧，外翘而内陷，自然形成墨池，墨池与砚堂无明显分割。砚两边随砚首折起，四侧壁由上向下倾斜，底平似簸箕。砚首边刻画简单鱼鳞纹。二级文物，现藏安徽中国徽州文化博物馆。

*宋箕形砚

宋蕉叶纹绿釉瓷枕

枕通体施绿色釉，为不规则长方体，共10面，有土沁。正面刻芭蕉叶纹，侧面刻凤戏牡丹纹和钱纹以及花卉纹饰，侧面有4个垫烧痕迹。二级文物，现藏安徽中国徽州文化博物馆。

*宋蕉叶纹绿釉瓷枕

宋影青刻花纹碗

宋朝瓷器。敞口，圈足，外壁刻花莲瓣图案，青白釉，釉面布满土沁，底足不施釉。二级文物，现藏黄山市屯溪区博物馆。

宋影青葵口暗花碗

宋朝瓷器。葵口，浅圈足，足心未施釉，暗刻花卉纹饰，胎薄轻巧。二级文物，现藏安徽中国徽州文化博物馆。

宋影青釉小碟

六瓣葵口形，浅腹，内外施影青釉，器底无釉，胎薄，小巧精致，实为青瓷中的珍品。二级文物，现藏歙县博物馆。

*宋影青葵口暗花碗

*宋影青釉小碟

宋影青釉兽钮划花执壶

宋朝瓷器。兽钮盖、直口、鼓腹、圈足、短流、曲柄。腹大，重心偏下，兽钮盖造型精美，施影青釉，划花纹。二级文物，现藏祁门县博物馆。

宋歙石砚板

宋砚石材。双面平整，无雕饰。正面为细罗纹，背面满布金星、银星、金晕，色泽青苍，温润光洁，纹理缜密，为婺源龙尾坑旧坑砚材。一级文物，现藏黄山市屯溪区博物馆。

张弼草书诗轴

明张弼书法作品。纸本，草书诗立轴。狂草疾如风雨，矫如龙蛇，用笔奇崛，线条流畅，挥洒自如。二级文物，现藏祁门县博物馆。

陆治山水图轴

明陆治绘画作品。纸本，设色山水。近处坡岸起伏，草亭茅舍隐映红枫丛林之中。中景水面开阔，岛屿参差呼应。远景峻岭巍峨，峰峦屏障。布局由近及远，疏密适宜，描绘出一幅秋天的景色。右上题："八月风高秋气分，平沙落木淡生文。闲亭夕月无机事，惟有寒泉隔水闻。壬戌（1562年）新秋包山陆治。"钤"包山子""陆氏叔平"方形白文印，右下角钤"溧阳狄毅图书"长方形白文印、"海棠船"方形朱文印，左下角钤方形"云江"朱文印、"狄毅之印"白文印。二级文物，现藏安徽中国徽州文化博物馆。

陆润庠楷书七言对

清陆润庠书法作品。纸本，楷书。纵133.5厘米，横65.5厘米。书法清华朗润，意近欧、虞，有馆阁体之气。上联"不除庭草留生意"，下联"爱养池鱼悟化机"。上署"秉衡仁兄大人雅正"，款落"凤石陆润庠"。钤白文"陆润庠"、朱文"凤石"两印。现藏婺源县博物馆。

陈继儒书般若波罗蜜多心经立轴

明陈继儒书法作品。纸本，立轴，楷书。内容为："观自在菩萨，行深般若波罗蜜多时，照见五蕴皆空……华亭陈继儒合掌拜书。"钤白文印，印文不清。《般若波罗蜜多心经》为佛教经典，共260字，是汉传佛教中文字最简练的一部典籍。此

*陆治山水图轴

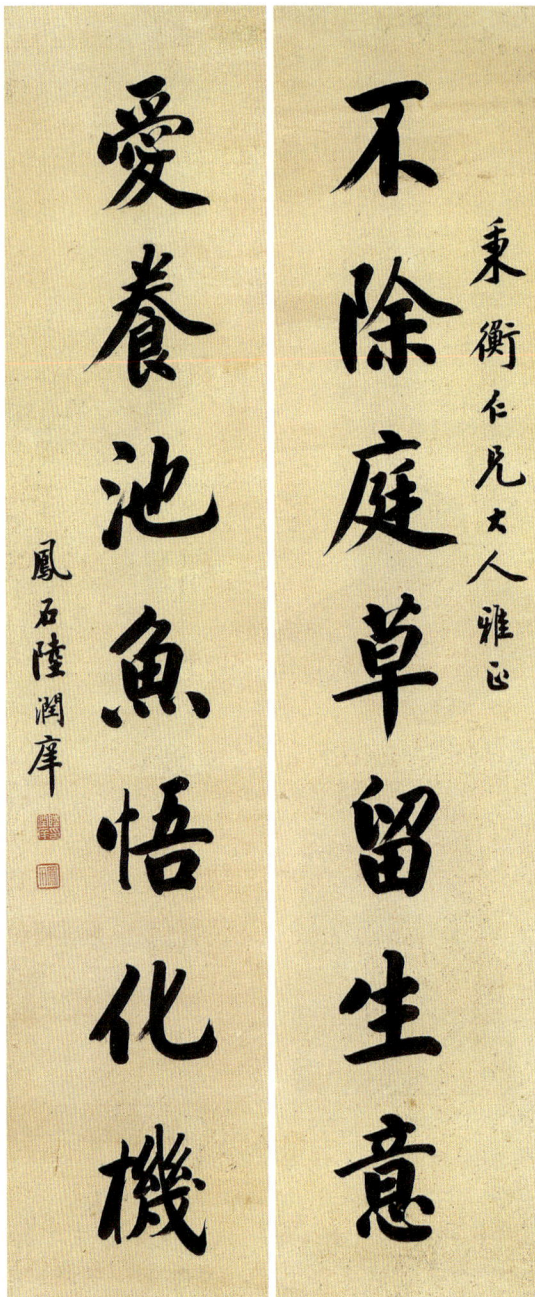
*陆润庠楷书七言对

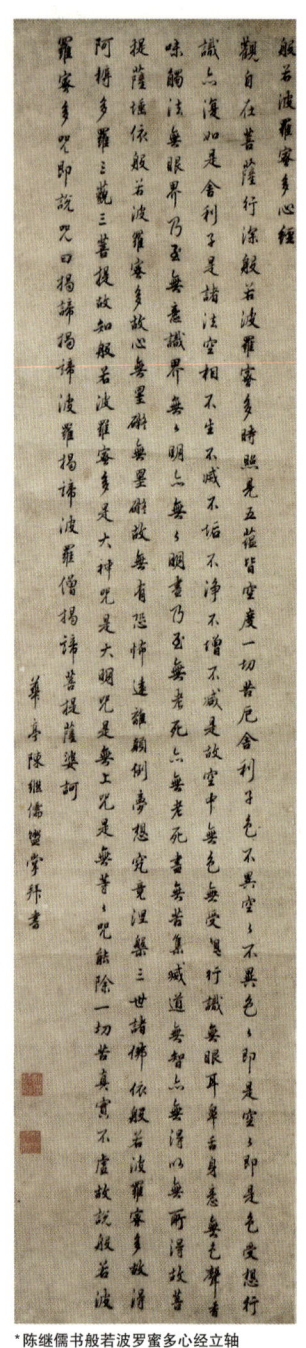
*陈继儒书般若波罗蜜多心经立轴

书法融入了书法家对佛法的虔敬，同时又带有生拙特点，堪称书法艺术珍品。二级文物，现藏歙县博物馆。

陈嘉言梅花白头轴 明陈嘉言绘画作品。绢本，水墨。松梅，耿直不柔曲，鸟雀，随意点斫，皴鳞勾叶，皆随笔而成。左上题款："东风吹腊去，淑气散群芳。独有寒葩在，垂簾惜故香。戊午（1678年）之夏写于梧草堂拟圣符道兄　八十老人陈嘉言。"钤"陈嘉言印"和"孔彰"白方两印，款右上钤"松下风"朱圆篆书印，图右下钤朱文方印，印文不清。一级文物，现藏歙县博物馆。

青铜钟形五柱器 西周青铜器。出土于屯溪奕棋西周墓葬1号墓，为古乐器，共2件。器形特异，未见于北宋以来著录。击之，五柱之音各不相同，且每柱不同部位的声音也各有异。此两器中左端第一柱干内沟槽深宽者音较高，浅窄者音较低。其他各柱音之高低，两器也不相同。其用途不明，或认为是插置管乐器的用具，或认为是用来校正音律和音阶的定音器。现藏安徽省博物馆。

林良松月双鹤图中堂 明林良绘画作品。绢本，水墨。用写意手法绘双鹤立于松下，一只低头正专注梳理胸羽，一只回首望日作欲引项长鸣状。右中题款："林良写。"下钤"蓬莱仙史"白圆和"水月山房"朱方两印。诗塘题："上达治民。红日团团止上升，九皋振翮鹤长鸣。人能自处无偏暗，普照乾坤万国明。竹庵吴守愚书。"一级文物，现藏歙县博物馆。

林良垂柳孔雀图中堂

明林良绘画作品。绢本，水墨。用写意手法绘孔雀立于池边柳下，左题款："寓善庆堂，林良写。"下钤"蓬莱仙史"白圆和"水月山房"朱方两印。诗塘题："下斋修己　绿柳丝丝拂煖烟，芳馥红紫各争妍。此心勿使生蟊贼，始信东风理一原。竹庵吴守愚书。"一级文物，现藏歙县博物馆。

林良枯木雄鹰图中堂

明林良绘画作品。绢本，水墨。用写意手法绘雄鹰立于枝间。图右中题："林良。"下钤"蓬莱仙史"白圆和"水月山房"朱方两印。诗塘题："全节守难。彤云密布散严寒，雄立岩鹰倚故山。始信英豪从古今，终能坚节历艰难。竹庵吴守愚书。"一级文物，现藏歙县博物馆。

国民军财政总局壹串票

文物。长方形，正面有"淮上国民军财政总局""壹串"字样，蓝黑套印花纹，背面绿色花纹边框，内有"通行军用钞票告示"一篇，署"黄帝纪元四千六百零九年十一月吉日"。一级文物，现藏安徽中国徽州文化博物馆。

明八角形银杯盘

明朝银器。由杯和托盘两部分组成，杯托呈八角形，饰有八仙人物、松、鹿，杯外口呈八角形，双耳，杯内有人物，坐姿。二级文物，现藏休宁县博物馆。

*明八角形银杯盘

明九鹤朝阳抄手砚

砚堂为长方形委角，花形砚池，边浮雕形态各异九鹤穿于云间，上方正中一祥云托丹阳冉冉升起。砚背有银星，为抄手式。一级文物，现藏歙县博物馆。

明三彩仕女瓷枕

瓷枕通体施法华釉，枕面为一荷叶，呈椭圆形，中部一仕女侧卧于束腰须弥座上，左手支颐，右手持荷叶自胸前弯曲而上。人物头部、脚底及底部露胎。一级文物，现藏黄山市屯溪区博物馆。

明万历壬辰年汪廷讷铭文眉纹抄手歙砚

长方形歙砚，砚堂中间微下凹，砚池深，砚面有眉纹，砚背为抄手式。砚左侧壁镌隶书铭文："龙池烨烨，峙镇斋中，斯文千载，以草玄同。万历壬辰（1592年）无如主人汪廷讷铭。"下刻阴文篆书长方形印："环翠斋图书记。"一级文物，现藏歙县博物馆。

明万历许志古撰城阳山志

许志古撰，许志吉、许志才校，黄应逵刊。上、中、下2册3卷。白绵纸，线装，每版10行，每行20字。一级文物，现藏歙县博物馆。

明万历青花五彩人物盖罐

胎体较粗，微侈口，丰肩，自肩部下渐收。浅圈足，旋坯痕明显，露胎处泛火石红斑。口沿饰一圈青花，红彩绘云雷纹一圈。整个器物被四道弦纹分成口、肩、腹、底四部分，肩部题"长命富贵"四字。腹部用红、黄、绿三彩绘教子图。器底红彩双圈"大明年造"款。是典型的明万历五彩青花器。二级文物，现藏安徽中国徽州文化博物馆。

*明万历青花五彩人物盖罐

明千里制款漆嵌螺钿人物纹盘

明朝漆器。撇口，圈足。口部饰斜纹，器面用细螺钿装饰刀马人物、山石、树木等，光彩照人。底部有"千里制"款。二级文物，现藏安徽中国徽州文化博物馆。

明飞雀祥云纹金霞帔坠子

明朝金器。金霞帔坠子为悬胆形，有两片组合的金片，一片稍大，折边，包压另一片，边饰席纹。坠面镂空，两面各雕一孔雀。坠上有一挂钩，金钩的内侧还饰有铭文："内官监造足色金计贰两重钩圈金。"金坠采用捶鍱、透雕、焊接、线刻、压模等工艺。一级文物，现藏歙县博物馆。

明天师像轴

绘画作品。佚名作。纸本。纵156厘米，横90.5厘米。画面为一红衣天师像，坐于虎背之上。为木刻版画，采用七色套印之法。人物栩栩如生，尤其是朱砂颜料使整个画面明亮，为木刻版画中的精品。画面上方还有黑底白字拓片两处，正中有"天师"二字，钤方形朱文印三方。二级文物，现藏安徽中国徽州文化博物馆。

明夫妻合葬墓志铭砚石

为龙尾砚石，两面均有眉纹，正面小篆"明故显考石溪方公显妣孺人黄氏合葬墓志"，背面小楷，记石溪先祖唐朝自浙迁歙后家族嫡传情况，尚文修德家风，石溪与黄氏生卒年月，明嘉靖四十二年（1563年）迁葬经过等，石面精磨，篆、楷优美，对研究方氏家族的迁徙情况有重要价值。二级文物，现藏歙县博物馆。

明云蝠纹犀角杯

明朝杂件。器身呈马蹄形，杯身刻两道弦纹，中间浅刻细密花卉纹。杯口椭圆形，口沿内饰一圈回纹，杯一侧浮雕一蝙蝠为鋬。通体呈酱褐色。一级文物，现藏安徽中国徽州文化博物馆。

明水晶雕东方朔骑虎像

明朝水晶雕件。水晶呈茶色，颜色均匀无杂质。

*明天师像轴

*明长方形抄手十五眼端砚

*明长方形抄手端砚(1)

*明长方形抄手端砚(2)

*明长方形抄手眉纹歙砚

*明夫妻合葬墓志铭砚石

刻一长须老者,神态可掬,手持树枝,侧骑在一虎之上。虎身刻"米"字纹。缘自传说"东方朔偷桃"典故。二级文物,现藏安徽中国徽州文化博物馆。

明长方形抄手十五眼端砚

端砚有石眼者为上品,此砚为明朝砚工之佳作,长方形,外形为抄手式,石色紫中泛青,温润厚实,并利用背面石眼15个巧琢成古代轩辕星座图,实属罕见。二级文物,现藏歙县博物馆。

明长方形抄手眉纹歙砚

歙石,石质肌理细腻坚润,石色黑。长方抄手形。砚面有鱼子纹、眉纹,砚首与砚尾等宽,砚边如门。三侧边与砚面呈直角,截面为长方形,线条刚劲古朴,砚面平扩,墨池窄小深陷,砚堂有使用痕迹。二级文物,现藏安徽中国徽州文化博物馆。

明长方形抄手端砚

❶ 石质,长方形,墨池较深,砚有边款铭文:"自制砚二方,其小者得之于水岩,甲品也;其大者,色浓甚佳,勿从署中尘埃内识之,琢之制为巨形,堪佐挥洒,均非市上物也。弟鏊顿首。"印"陆鏊"二字。二级文物,现藏歙县博物馆。❷ 端石制,石质坚且厚重,色紫且赤。长方抄手形,形制古朴,线条刚劲有力。墨池深凹较窄小,砚堂宽阔因墨研作浅凹状,有明显使用痕迹,砚背呈弧三侧壁削直。二级文物,现藏安徽中国徽州文化博物馆。

明长方形眉纹歙砚

石质坚润,肌理细腻,石色黑。形制古朴,剖面为长方形,砚通体有眉纹,砚堂开阔,略低于砚面。墨池深陷,墨池与砚面有一弧线分割,砚边以阳刻两条线条饰之。四侧壁削直，四角圆润。砚底部似回纹，分三层由外向内凹。二级文物，现藏安徽中国徽州文化博物馆。

*明长方形眉纹歙砚

明双足荷叶形歙砚 石色青紫，石质坚润，纹理细密，砚随石形雕琢为荷叶式，砚堂宽阔，砚池边缘琢作卷叶形，自然形成凹池，前底琢有双圆足。二级文物，现藏歙县博物馆。

明龙泉划花小碗 胎体轻薄，修胎规整。通体施青釉，敞口，收腹，浅圈足，圈足露胎处泛火石红。底部施青釉，碗内刻莲瓣纹，釉面有大小不等的开片。二级文物，现藏安徽中国徽州文化博物馆。

明龙泉粉青釉长颈小瓶 敞口，长颈，收肩，圆鼓腹，深圈足。底足露胎处泛火石红。内外均施粉青釉，施釉均匀，釉色肥厚滋润，是龙泉粉青釉中的上品。二级文物，现藏安徽中国徽州文化博物馆。

*明双足荷叶形歙砚
*明龙泉划花小碗
*明龙泉粉青釉长颈小瓶

明龙泉窑划花葵口小盏 明朝瓷器。胎体厚重，通体施青釉，釉肥厚滋润。葵口，浅圈足，划花纹，底部泛火石红斑。二级文物，现藏安徽中国徽州文化博物馆。

明归石山房铭文抄手绿端砚 石质，仿宋琢抄手式，色青而润。侧面视之若浅绿色，正面池浅，堂稍高低不平，左边铭刻

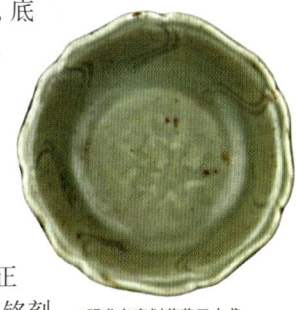
*明龙泉窑划花葵口小盏

"其体直方，高自位置，谁与周旋，龙寅十二，丁酉春，归石山房铭"，楷书，工整。二级文物，现藏歙县博物馆。

明永乐七年金簪 明朝金器。簪作锥状，上端呈菌形，下为圆柱体，并阴刻有铭文："永乐七年（1409年）十二月十四日承奉司造八成色金簪一支四钱重。"一级文物，现藏歙县博物馆。

明竹雕松枝杯 截取近根处竹肉肥厚老干，雕作松树形，阳刻朵云纹布满器身，借以表现树皮的纹理，一侧有枝杈穿插虬结，松针茂盛，重重叠叠，如云如盖。另一侧树皮开裂剥落，露出瘿瘤罅隙，小枝均倾倒欹侧，如经风雨，表现竹匠精巧构思和高超技艺。二级文物，现藏歙县博物馆。

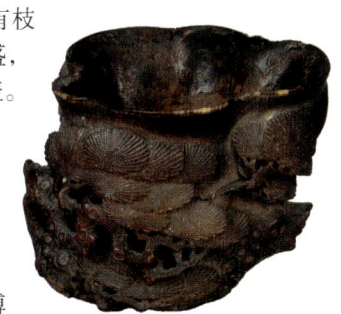
*明竹雕松枝杯

明交易地契 程氏三宅6号楼交易地契。为明天启元年（1621年）闰二月十二日休宁十六都十二图程伯　所立卖屋赤契，卖主与见证人都有签名画押。手书文字于皮纸上。字面上方钤一朱色官印，印面模糊，无法识读，部分字磨损。一级文物，现藏黄山市屯溪区博物馆。

明青玉描金凤纹佩 明朝玉器。一副两套，均为青白玉。每套有云形佩两件、梯形佩一件，葵花形佩一件、小玉圭两件（一套缺少圭一件）、璜两件、滴形坠两件及742粒玉珠。均用阴线浅刻边框及展翅欲飞的凤鸟及云纹，并用描金手法勾勒。云凤纹佩件，一面阴刻祥云，一面阴刻凤纹并填金。凤昂首翘尾，展翅欲飞。顶部有一小孔。凤纹玉佩件有朵云与覆钟形两种。两者正面都阴刻凤纹并填金，背面无纹饰。朵云状的四周均匀地分布八个小孔，覆钟形顶部有两个小孔，底部均匀分布三个小孔。一级文物，现藏歙县博物馆。

明青玉蒲纹圭 明朝玉器。和田青玉质，局部有白斑。形体呈扁平状，长方形身，尖首，平底。整体外缘立边，斜坡较缓。斜方格中雕琢五排乳钉纹，斜线错位，乳钉浑圆高凸。两面纹饰相同。一级文物，现藏歙县博物馆。

明青白玉玉带饰 明朝玉器。由一件铊尾和七件带銙组成，铊尾呈圭形，带銙呈桃形，光素无纹。一级文物，现藏歙县博物馆。

明青花人物四足长方形盖盒 长方形盒，盖描绘青花人物，四周绘一周如意纹，盒四周绘青花人物图，青花发色纯正，盒下有四足，为明朝青花瓷中珍品。二级文物，现藏歙县博物馆。

*明青花人物四足长方形盖盒

明青花昭君出塞图杈 明朝瓷器。底部呈长方形，四侧面呈梯形。胎体较粗，上部有穿孔，施釉不到底，底部及下部无釉。露胎处泛火石红斑。一面青花绘"昭君出塞图"，另三面青花绘松、竹、菊纹。青花发色灰暗纹饰，写意潇洒。二级文物，现藏安徽中国徽州文化博物馆。

*明青花昭君出塞图杈

明松下宴乐图竹雕笔筒 笔筒圆柱形，上口沿紫檀镶嵌，器身通体用镂雕、圆雕、浮雕等技法雕刻一幅松下宴乐图画，松树、山石、芭蕉、栏杆、人物或歇或舞或坐，无不形象生动，栩栩如生，精妙绝伦。一级文物，现藏安徽中国徽州文化博物馆。

明矾红彩杂宝纹瓷板 瓷板用矾红彩上色，上部分描绘了杂宝纹，右侧书矾红"哲"字，下部分描绘了海水云崖纹，海面的山崖象征寿石，海水象征福寿。此板为明朝瓷器中的珍品。二级文物，现藏歙县博物馆。

*明矾红彩杂宝纹瓷板

明鱼蝠纹翡璧 明朝玉器。圆形，呈深红色，间有青色杂质。一面浅刻鱼蝠纹，一面刻瓜蝶纹。寓意福寿绵长，子孙满堂。二级文物，现藏安徽中国徽州文化博物馆。

明刻铭文金簪 明朝金器。簪作锥状，上端呈菌形，下为圆柱体，并阴刻有铭文："内官监造九成五色金壹对壹两重。"一级文物，现藏歙县博物馆。

*明鱼蝠纹翡璧

明刻谪仙楼集 《谪仙楼集》明朝刻本。3卷。全1册，半页9行，每行30字，黑口，单黑鱼尾半框，白绵纸初印。骆骘曾辑并序，胡尔憡跋，封面无题签，书名处于版心鱼尾上。有插图"谪仙楼形胜全图"，每卷卷端钤"喜闻书屋"白文长方形印。二级文物，现藏黄山市屯溪区博物馆。

明法华釉三彩荷叶形枕 明朝瓷器。枕分两部分，上部荷为叶形，叶面用刻画方式表现叶脉，以两堆塑山石分别支撑荷叶的两边，叶下堆塑装饰莲花和根茎。底座为长方形，束腰，中部贴塑装饰有云头、花朵。通体以施绿釉为主，间施黄、紫、蓝等各色釉。一级文物，现藏安徽中国徽州文化博物馆。

明砖雕山水鹿纹笔架 明朝砖雕。笔架呈五指状，为砖刻成，所雕山峦层次分明，正面雕有绣球、流水、灵芝、双鹿，是文房用具中的精品。现藏安徽中国徽州文化博物馆。

明尝瞻园铭抄手端砚 端石制，石质坚，色褐紫。长方抄手形，砚边如门，砚首与砚尾等宽，三侧边与砚面呈直角，截面为长方形，线条刚劲古朴。墨池窄小深陷，砚面平扩，砚面有使用痕迹，侧壁有"明川东山尝瞻园"铭。二级文物，现藏安徽中国徽州文化博物馆。

*明尝瞻园铭抄手端砚

明重刊许氏说文解字五音韵谱 主要记录了古文解释和音韵方面的内容。8册12卷。白绵纸，影宋大字刻本，大黑口，四周双边，大字7行，小字14行20字。二级文物，现藏歙县博物馆。

明眉纹抄手歙砚 砚呈长方形，仿宋朝琢制抄手，砚面密布眉纹，整方砚台沉实厚重，为歙砚中精品之作。二级文物，现藏歙县博物馆。

*明眉纹抄手歙砚

明荷蟹图竹雕笔筒 笔筒呈暗红色，口沿及底足外撇，筒身为浮雕荷蟹图，荷花盛开，荷叶有的舒张，有的卷曲，一只螃蟹匍匐在荷叶上，另一侧有一只仙鹤在低头觅食，器身通体采用高浮雕技法，刻画出一副生机盎然的夏趣图。口沿下方阳刻"三松"款。三松款左边阴刻"三松"篆书方形印。一级文物，现藏安徽中国徽州文化博物馆。

明圆形青花瓷砚

瓷质，呈圆形，上底凹陷为砚池，砚上下用青花分别画双线圈，腹部双线间款书："嘉靖十年（1531年）林钟月置用。"该砚对研究明朝瓷砚以及青花瓷提供了珍贵的实物资料。二级文物，现藏歙县博物馆。

*明圆形青花瓷砚

明象牙笏

明朝牙雕。象牙质地，素面。上宽下窄，略有弧度，呈暗红色。包浆古雅。二级文物，现藏黟县文物管理局。

明象牙笏板

笏板上窄下宽，为长条形，材质硕大，纹理致密，包浆古雅。为大臣入朝奏事所用，也是功名地位的象征。明朝规定：五品以上的官员执象牙笏，五品以下的官员不执笏。清朝废弃不用。二级文物，现藏歙县博物馆。

*明象牙笏板

明象牙雕双鹿笔架

明朝牙雕。牙身雕刻双鹿，卧型，一鹿朝前，一鹿回头望，嘴衔灵芝，寓意"禄寿"。二级文物，现藏安徽中国徽州文化博物馆。

明象牙雕送子观音像

明朝牙雕。材质优良，刻工随牙的形状刻出观音，手持一孩童，服饰飘逸。由于年代久远，包浆厚重，呈红色。二级文物，现藏安徽中国徽州文化博物馆。

明鹅形砚

砚呈睡鹅形，前低后高，砚堂与砚池通过两边漕相连，下底中部被平切，两边旋切成足。整方砚台设计精巧。二级文物，现藏歙县博物馆。

明鹅形歙砚

歙石，石质细腻，石色黑。造型独特，整砚作鹅造型，砚面、砚池位于鹅被，砚边刻绘羽毛，鹅首及颈刻于砚首，延伸至砚池内，砚下三足，似两脚一腹。二级文物，现藏安徽中国徽州文化博物馆。

*明鹅形砚

*明鹅形歙砚

明碧玉刻花卉云鹤纹拱肩小缸

明朝玉器。碧玉，直口，拱肩，向下收敛小缸，平底刻以四鹤成行飞态，云纹四朵，下部刻花。二级文物，现藏安徽中国徽州文化博物馆。

明嘉靖齐七府制松鹤鎏金铜渣斗

撇口，圈足，口沿处刻一圈回纹，口内部刻"齐七府制"印。铜渣斗外壁刻仙鹤和松竹梅纹并鎏金，圈足刻一圈回纹，底足刻"嘉靖三十七年（1558年）五月吉日造"。二级文物，现藏歙县博物馆。

*明碧玉刻花卉云鹤纹拱肩小缸

*明嘉靖齐七府制松鹤鎏金铜渣斗

明嘉靖青花双狮戏球纹大缸

明朝瓷器。平口，鼓腹，圈足，颈部绘一周卷草纹，肩部饰一圈莲瓣纹，腹部绘双狮戏球纹，并书明嘉靖年间制三行青花款，底部绘一圈莲瓣纹。此缸器形硕大，青花花色纯正。二级文物，现藏歙县博物馆。

明蝉形歙砚

砚呈蝉形，砚堂较宽，砚池较深，两边有漕相连，砚背雕有两乳足。此砚器形硕大，造型优美。二级文物，现藏歙县博物馆。

*明嘉靖青花双狮戏球纹大缸

*明蝉形歙砚

明漆竹丝编圆盒 明朝漆器。盒体硕大，圆形，圈足。盒盖盒身大小相等，顶面饰黑漆，盖身用细竹丝编织而成，下部及盒内饰黑漆，有"崇祯己巳（1629年）"红漆款。工艺精致，是典型的徽州漆器。二级文物，现藏安徽中国徽州文化博物馆。

明漆竹丝编描金花鸟纹果盒 明朝漆器。圆形，圈足，正面黑漆底上用描金绘花草、飞鸟、蝴蝶。四周用纤细竹丝编制，工艺细腻、烦琐，底部有"崇祯戊寅（1638年）"四字红漆款。二级文物，现藏安徽中国徽州文化博物馆。

明螭虎纹犀角杯 明朝杂件。器型大体呈不规则马蹄形。花口褐色，口沿及器底各饰回纹。杯身浅浮雕各种花草鸟虫，杯一侧高浮雕两螭虎为鋬，角质光滑温润。一级文物，现藏安徽中国徽州文化博物馆。

典业杂志 徽州典商手册。抄本。作者不详。成书于近代。该书包括多份典商资料，对典当利率确定的原则、支付方式、取赎期限、人员管理方面都有详细记载，还保存了大量要求官府减轻捐税的资料，对研究近代徽州典当经营有一定价值。现藏安徽师范大学图书馆。

典业须知 又名《典业须知录》。抄本。作者名不详。该书有清朝晚期稿本。作者在序中自称出身于典业世家，拟将典业情由汇成一册，以劝将来，使习业后辈人人案头藏置一本，未始无小补。全书的内容大致可分为两方面：一、典业学徒如何正确从业，这是全书的重点。二、书中从行业自律乃至从因果报应的角度，谈到了典当业不少戒律。另外，书中还提到不少典当行业的禁忌。从本书列举的各项规章制度来看，徽州典当业的组织最为严密，责任明晰，典无废人，其分工体系达到了中国典当业传统劳动分工的最高水平。为有关清朝徽州典当业运作记载最为系统、内容最为丰富的一份商业文献，具有很高的价值。现藏美国哈佛燕京图书馆。

典业须知录 见724页"典业须知"条。

金登逢窑白釉芦雁纹如意形枕 枕施白釉，呈黄褐色，两头微翘，前低后高，呈椭圆形。枕面浅刻芦雁荷花纹，枕四周刻缠枝花卉纹，底不施釉。二级文物，现藏歙县博物馆。

*金登逢窑白釉芦雁纹如意形枕

郑燮诗轴 清郑燮书法作品。纸本。纵99.3厘米，横75厘米。此诗轴采用行、草、隶、金文多种书体，参以绘画中兰竹笔意，大小穿插，挥洒自如，是板桥"六分半书"的代表作。现藏婺源县博物馆。

*郑燮诗轴

泊如斋重修宣和博古图 黄德时刻。10册，30卷。竹纸。前有程士庄博古图录序。卷一，鼎，鼎总说；卷二至卷五，鼎；卷六，尊罍总说，尊；卷七，尊附罍；卷八，彝舟总说；卷九，卣总说；卷十至卷十一，卣；卷十二，瓶壶总说，瓶；卷十三，壶；卷十四，爵；卷十五，斝觚斗卮觯角；卷十六，斗卮觯角杯敦；卷十七，敦；卷十八，簠簋立铺；卷十九，鬲鍑；卷二十，盒，镰斗，瓿，冰鉴，冰斗；卷二十一，匜；卷二十二至卷二十五，钟；卷二十六，磬；卷二十七，弩机、镦、夌、钱、砚滴、托辕、承辕；卷二十八至卷三十，鉴。一级文物,现藏歙县博物馆。

诗经集注

南宋朱熹撰,明邓应奎校正,吴世良梓行。2册8卷。白绵纸。书首页有朱熹自序:"人生而静,天之性也……淳熙四年丁酉(1177年)冬戊子新安朱熹书。"内容包括:卷一为国风;卷二为邶、墉、卫、天;卷三为郑、魏、唐;卷四为小雅;卷五至卷六为彤弓之什、北山之什;卷七为荡之什;卷八为周颂,清庙之什,鲁,商。朱熹为全书作详细注释。卷首尾钤有董其昌、曾国藩等鉴赏印。书末有雪琴观跋。二级文物,现藏歙县博物馆。

*诗经集注

春秋青铜剑

春秋时期青铜器。出土于绩溪县旺川水查山。剑身长28厘米,阔3厘米。断柄残刃,格饰饕餮纹,脊左右开护槽,两腊线锯齿状,寒光闪烁。现藏绩溪县文物管理局。

春秋蟠虺纹铜匜

春秋时期青铜器。椭圆形,平底,虎头形流口,流口上部饰以蟠虺纹,把为虺形,沿饰回纹和蟠虺纹,三角形纹饰内为夔纹,纹饰细腻。器身下部为素面。一级文物,现藏黄山市屯溪区博物馆。

赵之谦花卉扇面

清赵之谦绘画作品。纸本,水墨。写意画,草草几笔荷叶和盛开的荷花,画意尽显。中部题:"酷暑历堂无畏态,依然君子旧风流。筱卿仁兄属画,赵之谦。"钤"赵之谦"方形白文印,"臣㧑叔"方形朱文印。二级文物,现藏安徽中国徽州文化博物馆。

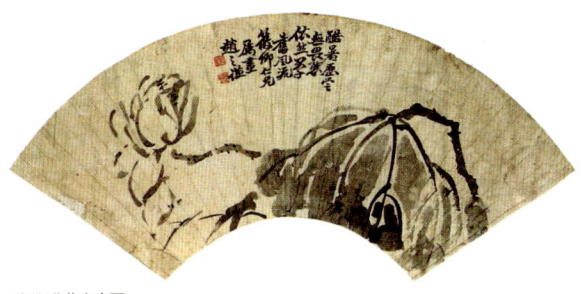
*赵之谦花卉扇面

胡适、江冬秀家书手迹

所辑家书自清光绪三十一年(1905年)至民国二十二年(1933年)。共37封,其中5封为江冬秀写给胡近仁

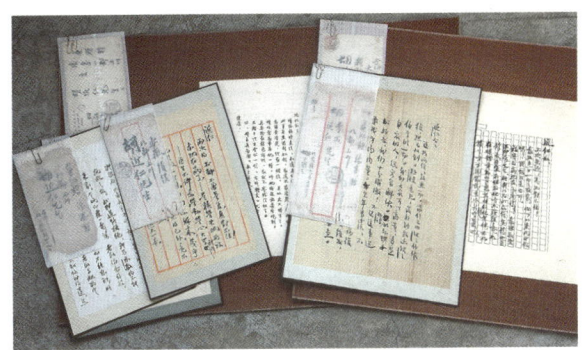
*胡适、江冬秀家书手迹

和胡福来的,1封是胡适写给黄应君医生的,其余31封是胡适写给胡近仁的。现藏绩溪县文物管理局。

南宋龙泉窑青釉小盏

南宋瓷器。青釉,开片,胎体厚重。敞口,深腹,圈足。通体光素无纹。一级文物,现藏安徽中国徽州文化博物馆。

南宋龙泉窑青釉碗

南宋瓷器。撇口,圈足,施青釉,开片,釉面润泽丰厚,器形雅致美观。二级文物,现藏休宁县博物馆。

*南宋龙泉窑青釉碗

战国谷纹瑗

战国时期玉器。青白玉,圆形扁平状,两面均匀谷纹,有土沁。一级文物,现藏黄山市屯溪区博物馆。

战国楚郢爰金钣

战国时期金器。正方形,一戳印文,两面有切割痕,表面凹凸不平,面阴刻篆书"郢爰"二字,加阴刻方框。字缝间的红彩是后来的印油所致。一级文物,现藏安徽中国徽州文化博物馆。

姜田载指墨山水中堂

清姜田载绘画作品。绢本,指画。远山以淡墨画出,近处浓墨画山石、松树、小桥、河水。古松下有两位老者,一位手持拐杖,一位手指远方,似在交谈。题款"新定姜田载指墨",钤"姜田载"白文方印。另有许承尧题款:"指画始于王秋山高铁岭,铁岭埃而终露,广养之色,此作雄奇横劲,意能豪迈,深秀之气仍盎然可掬,诚指墨中之绝佳省。癸未(1943年)秋苍叟为允孝题。"钤题盒朱文印。二级文物,现藏歙县博物馆。

洪武祁门户帖

文书。明洪武三年(1370年),户部颁全国户籍普查诏令,且附祁门县十四都住民谢允宪户户帖一份,令各州县仿效。户帖原件为麻纸,长27.5厘米,宽34厘米,载该户姓名、性别、年龄、成丁与未成丁口、身份、职业等。此帖现藏中国第一历史档案馆。

*姜田载指墨山水中堂

洪钧赠联 清洪钧书法作品。红底墨字，联曰："明月正当同席坐，故人还喜致书来。"上款"振声仁兄大雅之属"，下款"文仰洪钧"，钤白文"臣洪钧印"，朱文"文仰"。现藏婺源县博物馆。

祝允明草书诗卷 明祝允明书法作品。纸本，草书。纵26.8厘米，横521.5厘米。书其旧作10首诗，洋洋800余字，融怀素、山谷为一体，兴之所至，一气呵成。纵情挥洒，转折回环，运笔如狂风骤雨，变化无穷。打破了行距宽松、字距紧密的传统，与其直泻千里的气势相吻合。自识"吾旧作书于逍遥亭中，时癸未（1523年）暮春三日也，枝山祝允明"。钤白文"祝允明印"、朱文"希哲"两印。现藏婺源县博物馆。

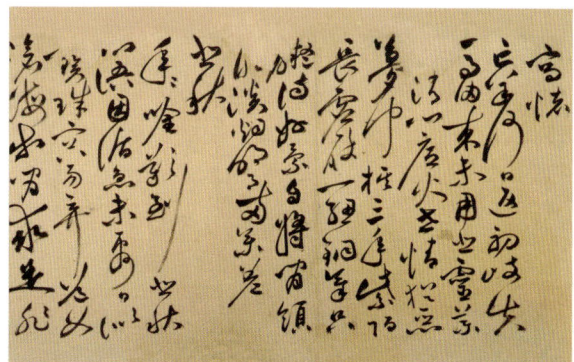

*祝允明草书诗卷（1）

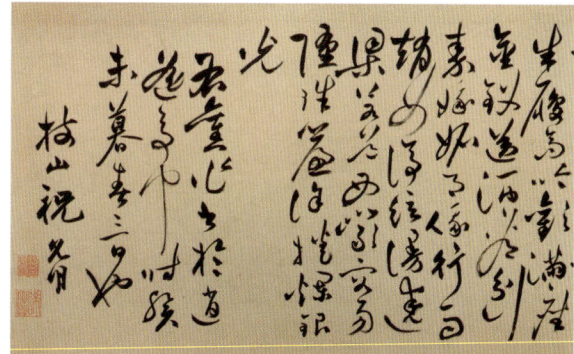

*祝允明草书诗卷（2）

祝世禄草书轴 明祝世禄书法作品。纸本，草书。纵151厘米，横38.5厘米。书七言诗一首："东风吹水水生春，隔水桃花最可人。已向沧洲称傲吏，不从渔父问通津。"刚劲有力。钤"世禄"朱文圆形印，"天垣谏议之章"白文方形印。二级文物，现藏安徽中国徽州文化博物馆。

费丹旭仕女轴 清费丹旭绘画作品。纸本，水墨人物。描绘一仕女在树下赏梅。梅树根部粗壮，仕女正折枝观赏，人物发丝清晰可辨，表情忧郁，线条流畅。题："己亥（1839年）秋八月，晓楼费丹旭写。"钤"晓楼书画"方形白文印。二级文物，现藏安徽中国徽州文化博物馆。

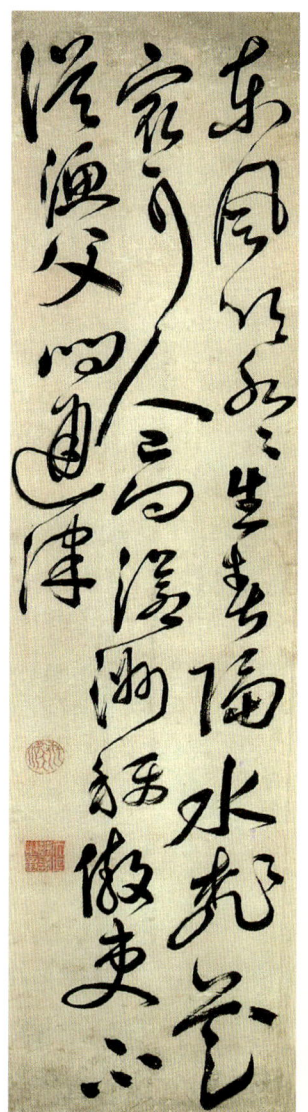

*祝世禄草书轴

*费丹旭仕女轴

耕织图册页 佚名画作。水墨。用笔线条细腻，画面反映农民耕耘、灌溉、插秧、播种、入仓等农作物种植至收获的过程及从种棉到纺织的工序。是指导百姓如何耕织的作品，每张都介绍耕作要领。二级文物，现藏安徽中国徽州文化博物馆。

唐人写大般若波罗蜜多心经 唐朝书法作品。纸本，长卷。内容为："大般若波罗蜜多心经卷第四回七十回……旨大欢喜信受奉金刚般若波罗蜜经。"对研究唐朝佛教及书法提供重要实物资料。二级文物，现藏歙县博物馆。

唐人写经 唐朝书法作品。纸本，写经体。起首处题："唐精书经内有武氏新造字。疑盦藏。"钤白方"承尧私印"、朱文长方形"许"大印和朱文长方形"疑盦"印。后跋："余所藏敦煌写经甚多，而有武氏新造字者竟未一观，得此可备一格。"钤朱方"际唐"印。一级文物，现藏歙县博物馆。

唐人写经卷 唐朝书法作品。纸本，长卷。内容："復次世尊菩萨……般若波罗蜜多名大波罗蜜多……"卷末有许承尧跋："此敦煌鸣沙山古三思寺唐人写经，千年之墨宝褚色如新，且非经生书。为经生书多腴泽整满，如世所传灵飞经，此则瘦劲古拙，有篆分余意，当为沙门或居士所写。至不易得，非寻常金石碑帖所同语也。壬午（1942年）屯叟记。"钤"疑庵"朱文印。二级文物，现藏歙县博物馆。

唐人写经残本卷 唐朝书法作品。纸本，手卷。内容："□□□即我清净伺故是我清净……清净无二无二分无别无断故□□□。"跋文："唐人写经距今一千八百余年，考敦煌旧为西域要冲，鸣沙山以沙回风聚上下鸣得名，夙称胜地。石室造写略同云冈龙门，其中一室封闭。于北宋初至光绪庚子（1900年），崩豁奇书秘籍悉为外攫去，写经其残余也。仇广震识于松古轩。"二级文物，现藏歙县博物馆。

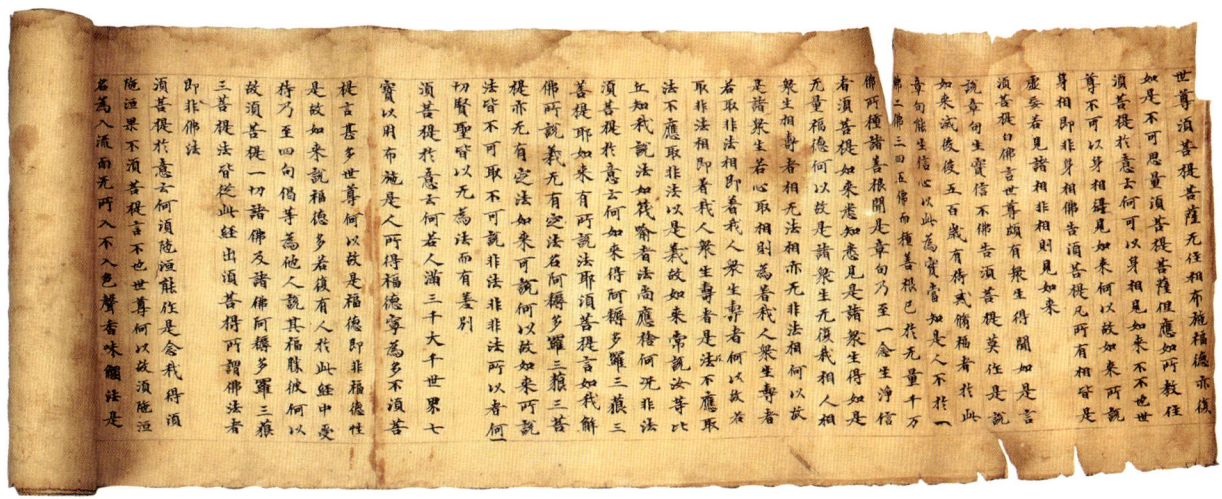

*唐人写大般若波罗蜜多心经

*唐人写经卷

唐长沙窑青釉褐彩双系执壶

直口微撇，平底，外部施青釉不到底，肩部腹部施酱色釉斑，壶肩部有双系，壶腹为椭圆形，短流，曲柄，底稍内凹，壶内施青釉。二级文物，现藏歙县博物馆。

*唐长沙窑青釉褐彩双系执壶

唐"风"字形歙砚

歙石，"风"字形，上下端皆为弧形。砚堂与砚池为一大一小两圆形，由一内穿孔相连。砚堂底部由外向内倾斜，砚池内壁倾斜，上大底小。四周刻花卉纹装饰。一级文物，现藏歙县博物馆。

唐抄手"风"字砚

歙石，砚中部内收呈"风"字形，上下端皆为弧形。砚堂与砚池相连，由外向内倾斜呈一坡，上有眉纹。砚背为抄手式。一级文物，现藏歙县博物馆。

唐菱形花鸟纹镜

唐朝铜镜。菱形，厚重，中间为龟钮，分内外两圈，内圈刻四飞鹤，四折枝花，外圈刻折枝花卉，分布于每格菱形中。二级文物，现藏歙县博物馆。

*唐菱形花鸟纹镜

唐寅清溪泛舟图

明唐寅绘画作品。绢本，横幅，水墨。纵80厘米，横130厘米。近景有坡石、树丛，大面积空旷处为水面，岸头停一船，船上一人捧书正视前方，船头一竿垂立河中；中景浅滩上有茅屋两间，远景极淡，简笔画出。押印朱文："六如居士。"现藏歙县博物馆。

唐越窑青釉碗

碗撇口，浅腹斜收，里外满施青釉，玉璧形底，底心有乳钉状突起，为唐朝越窑中精品。二级文物，现藏歙县博物馆。

*唐越窑青釉碗

黄易山水中堂

清黄易绘画作品。纸本，设色，全绫裱。山水图，右上角题七绝一首。款落"乙卯（1795年）初冬黄易画"，钤白、朱文印章各一。现存绩溪县文物管理局。

黄易山水扇面

清黄易绘画作品。纸本，设色。山水人物扇面。画面中心绘树木、茅亭，有人正在埠头等待渡船，上方题："亭前春来绿，每到斜阳散。牧时、稼庭二兄正之，黄易。"钤"小松"方

*黄易山水中堂

*黄易山水扇面

形朱文印一方。二级文物，现藏安徽中国徽州文化博物馆。

黄慎草书七言诗轴

清黄慎书法作品。纸本，草书。纵159.5厘米，横45厘米。内容为："相逢得共按歌回，慷慨如公卓越才。官舍海棠新旧雨，草桥春柳别离杯。愁怜白发三千

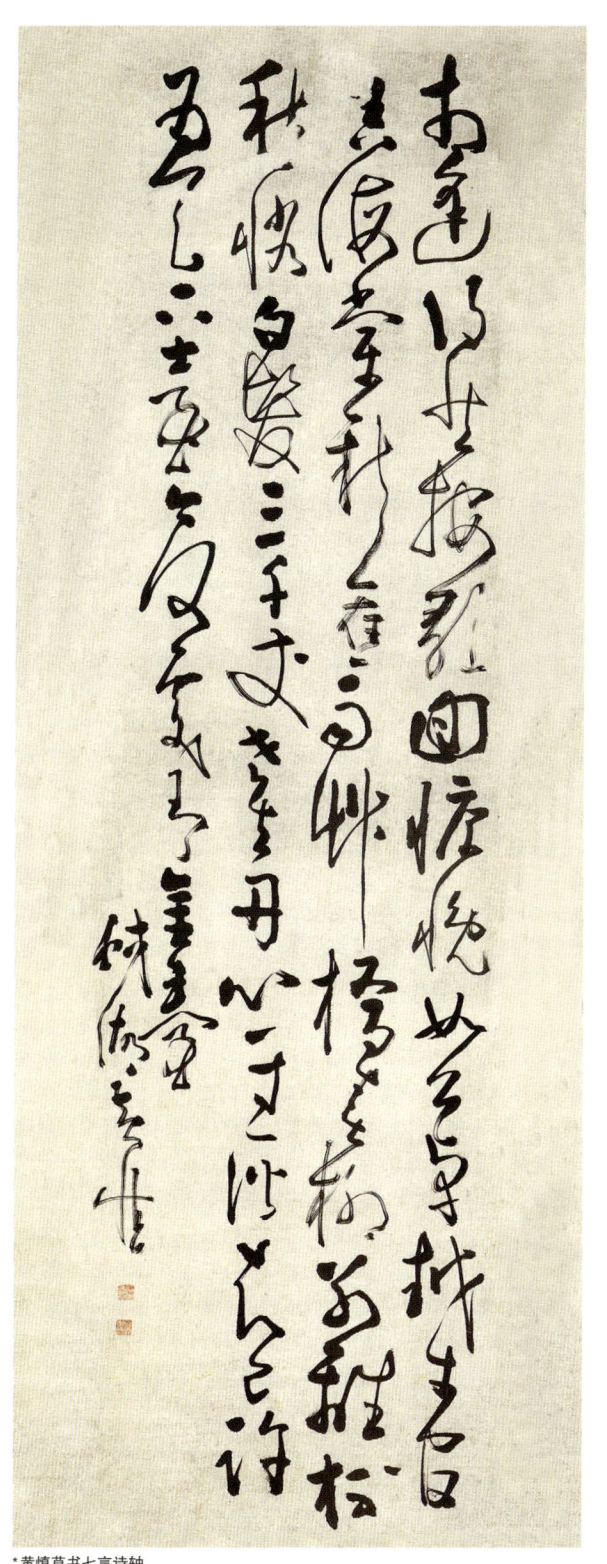

*黄慎草书七言诗轴

丈,老去丹心一寸灰。知己许为天下士,不知何处有金台。"一气呵成,笔墨豪放。自识"蛟湖黄慎",钤白文"瘿瓢"、朱文"黄慎"两印。现藏婺源县博物馆。

乾隆徽州府抄呈 文书。清婺源与休宁盐商诉讼案卷抄底。徽州六县盐业,一向由休宁分销婺源之盐。乾隆年间,休宁商人江篁等在屯溪将盐运到溪口,在溪口开设有汪万盛、汪怡盛、叶豫源三行收贮囤盐,代客雇夫发行到婺源。婺源县盐铺商人俞永泰等到溪口运盐转销,影响了婺源盐铺商人汪近仁的利益。乾隆二十三年(1758年)四月,汪近仁突然越级诉至两浙盐驿道,控称屯溪运盐溪口、龙湾等地有囤积影射之弊,要求严禁。休宁县知县奉檄覆查,双方因此互相控告,引发讼端。从四月到十一月的多次诉讼中,俞永泰等强调休宁盐船到溪口后,往婺源皆崎岖峻岭,必须人肩挑运,既不能雇夫候船,又不能留船雇夫,势不得不于龙湾、溪口地方暂租寓所,以便船到交卸,陆续发夫,所开盐店有烙牌,官地官盐,绝非私盐。汪近仁则声称汪怡盛只是杂货铺户,将盐囤积,以便收船户偷窃之盐斤,不但影射行私,而且开门揖盗,要求饬令婺源盐贩运盐抵达溪口,应该检示印烙,随买随发,不能赁屋贮囤。在府县两级官员中,休宁县知县倾向支持汪近仁,而徽州知府则倾向支持俞永泰,最终判决允许俞永泰等水运盐斤,但只能就船夫挑,不得船载囤积。诉讼双方达成妥协,都未能完全控制当地的销盐渠道。现藏南京大学历史系资料室。

铜匜 春秋战国青铜器。高9厘米,口径17厘米,弇口鼓腹。口部有子口,原当有盖。六边形素面,两道"VW"纹和卷草纹。腹有双耳,直径2厘米。平足,底有阴刻铭文"惟八月初十日□十乙卯□□□□□用作□□之宝"字样。现藏绩溪县文物管理局。

铜杯 元朝铜器。侈口斜壁圈足。高3厘米,口径5.4厘米,足径2.1厘米。通体凸弦纹、莲瓣与缠枝花卉。篆刻"大元至正五年(1345年)卯月作,宜长生在内延寿,富贵子孙之永藏"字样。现藏绩溪县文物管理局。

银洋珠宝谱 珠宝皮货典当手册。抄本。作者不详。其目次主要有:首饰论、试金石、金器、满洲首饰捷径、折银法例、学看本洋板式、估看鹰洋法、鹰洋论、看英洋板式、银经发秘、各珠定价之由、珠目、湖珠论和看金珠诀等,是一部典当业中鉴别银洋和珠宝的手册。现藏美国哈佛燕京图书馆。

凰腾村村民大会决议 文物。普通宣纸,记录了凰腾村村民于民国三十八年(1949年)二月初一召开大会所作的决议。内容为"兹为奉刘主任、王队长令,召开全村民众大会。地点:凰腾村程氏宗祠"。罗列6条拥护解放军的决议。附有与会人员名单,开会时间为民国三十八年(1949年)二月初一下午三时,对研究解放战争后期基层人民工作开展情况有重要历史价值。一级文物,现藏休宁县博物馆。

*凰腾村村民大会决议

清十八罗汉端砚

端石制,石质坚润细腻,石色深赤,四侧壁以浅浮雕刻罗汉,砚面围绕砚堂刻绘山水图。砚堂上部以镂空的四块小石作为砚池,与整个画面协调统一。底及底边均阴刻"同治二年(1863年),李印生"款。二级文物,现藏安徽中国徽州文化博物馆。

*清十八罗汉端砚

清王茂荫汪畹腴等人信札

纸本,册页,内容为曹应钟、潘世镛、汪畹腴、王茂荫、程简敬、鲍文淳往来书信。另信边上有许承尧对书写人的生平介绍。是研究王茂荫等人活动情况及书法的重要史料。二级文物,现藏歙县博物馆。

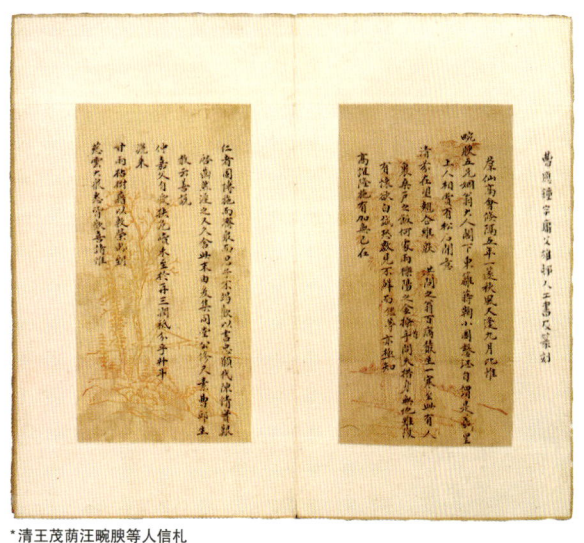
*清王茂荫汪畹腴等人信札

清玉方连牌双喜

清朝玉器。浅青灰玉连牌,一方浮雕仙鹿灵芝,一方浮雕蝙蝠、仙桃,背面亮洁,连带,钮方形立凸刻。双喜字,刻工精美,色泽光润。二级文物,现藏安徽中国徽州文化博物馆。

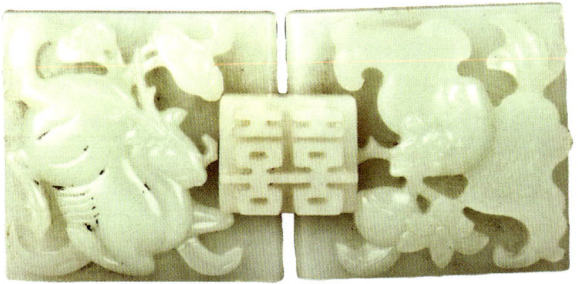
*清玉方连牌双喜

清白釉五彩双耳瓶

清光绪年间民窑瓷器。高58厘米,口径20厘米,足径17厘米。细颈直腹圈足。胎薄质密。口沿、圈足无釉,淡红色。颈对称凤耳。外壁彩绘有:颈部"仙童骑鹤",腹部"麻姑献寿""黛玉葬花",下腹部为花卉山水。底部有暗紫色篆体阴文"圆义兴造"。现藏绩溪县文物管理局。

清同治休宁茶税告示

清同治八年(1869年)徽州府休宁县茶叶落地税告示。毛笔书写,内容如下:"钦加五品衔赏戴蓝翎署休宁县正堂加十级随带加一级纪录十次易为出示严禁事。案照休邑茶厘,前奉各大宪札饬,以同治六年为始,统改为落地税。于业户售卖茶斤价内扣存税银,责成牙行按数缴局,请照给客贩运,严禁偷漏在案。刻届新茶登市,访闻有等不法园户及茶贩人等,不凭牙行过秤,胆敢包揽私售,偷漏厘金。于茶务大有窒碍,除签贩查拿外,合行出示严禁。为此,示仰茶牙并产茶业户及茶贩保捕人等知悉,自示之后,尔等务须将茶斤凭行议价过秤,由行扣存税厘赴局完缴,请领休照,方准贩运出境。不得私运他处,请照致滋影射弊混,亦不得以零星为辞,私相买卖。如敢藐玩不遵,或私售私贩,或越境买卖,以及棍徒包揽偷漏情弊,许该茶牙及保捕人等指名禀县以凭立拿究办,该茶牙及保捕人等包庇隐匿查出一并严惩,决不宽贷。各宜禀遵,毋违特示。右仰知悉,同治八年(1869年)四月初三。"现藏黄山市徽州税文化博物馆。

清竹镂雕人物香筒

清朝竹雕。此筒细长,色棕黄略发暗。采用通景方式,筒体雕刻充实、繁缛,外壁透雕山石人物。树下侍女在采花,孩童提篮紧跟其后。猎人获取了野兔正准备回家烹调,一儿童用农具在采摘树上的坚果,近处一孩童紧捂耳朵,另一孩童正在点响鞭炮,画面表现出节日就要来临。人物、山石、果树刻画到位,情景生动,雕琢精细,惟妙惟肖。二级文物,现藏安徽中国徽州文化博物馆。

清竹镂雕松石人物纹摆件
清朝竹雕。用一片竹子雕成山石、人物、松树。松树及人物可以与画面翻开呈90°。雕刻工艺高超，器型别致。二级文物，现藏安徽中国徽州文化博物馆。

清自然形龙纹端砚
端石制，石质精良厚重，纹理细腻，呈褐色。此砚依形而琢，砚堂上部刻云龙图，石眼明显，以眼刻绘云纹，线条流畅舒展清晰。砚一侧刻："友而词林，龙香载笔，云叹之章，金玉文质。紫岩居士铭。"二级文物，现藏安徽中国徽州文化博物馆。

清江慎修先生古韵标准稿
江永稿本。1卷。白绵纸。书中江永除了明确研究古韵的标准，还在顾炎武分部的基础上，进一步分古韵为13部，并以语音学原理来分析古音，提出考古与审音并重的原则。在对入声的处理上也与顾氏不同，对后世古韵分部产生了深远影响。二级文物，现藏歙县博物馆。

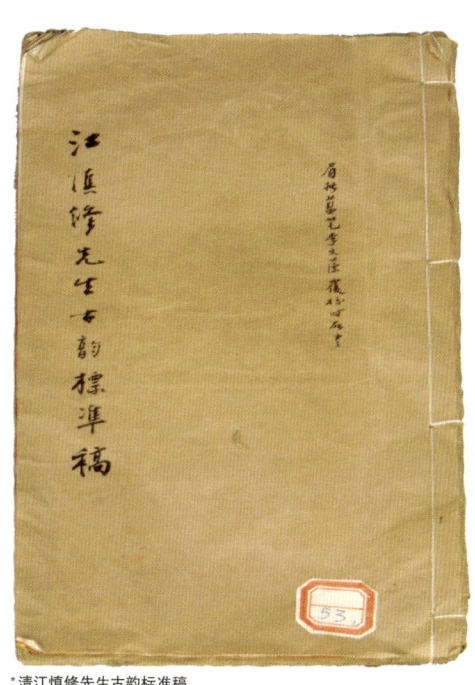

*清江慎修先生古韵标准稿

清吴桂圆具款漆描金人物纹盘
清朝漆器。圆形，盘口，矮圈足，碟口一圈用金漆描出线条很细的菱形，留黑处为祥云和花瓣纹饰，弧壁上饰"米"字金漆纹和黑色花瓣，花瓣内又用金漆绘出四幅"喜鹊登梅"图。中心绘山水人物，亭台楼阁，人物服饰线条流畅，面部表情细致入微，栩栩如生，底部有"吴桂圆具"四字款识。二级文物，现藏安徽中国徽州文化博物馆。

清青白玉瓜迭绵绵摆件
清朝玉器。圆雕双瓜，一长一圆，瓜上浮雕两只蝴蝶、藤蔓，寓意瓜迭绵绵。二级文物，现藏黄山市屯溪区博物馆。

清青灰玉大笔洗
清朝玉器。青灰玉，从口至底部有黄金合口绺纹，底部又有呈石质带白色一片，伸展笔洗边沿，边沿有三处绺纹，花瓣四片椭圆形，厚边，四足，素面无雕刻。二级文物，现藏安徽中国徽州文化博物馆。

清单耳白釉杯
盘口，鼓腹，三足，腹部有单耳，通体施白釉，底有款，腹部有凸印花纹。底部青花双行楷书"乾隆五年（1740年）湛恩堂制"款。二级文物，现藏安徽中国徽州文化博物馆。

*清单耳白釉杯

清浅青灰玉桃式连盖水盂
清朝玉器。桃式连枝叶雕贴于桃上，中间镂空贮水。刻桃花为盖，盖为褐色。二级文物，现藏安徽中国徽州文化博物馆。

*清浅青灰玉桃式连盖水盂

清查士标家书册页
纸本。册页三开，内容："昨蔡使来……已将四两会在弟处，为搬柩之费矣。附中二月二十四日弟士标书。"许承尧跋文："《啸虹笔记》：查二瞻以书法名世，画尤工，然不肯轻下笔，家人告罄无粟，乃握管，计一纸可易数日粮，辄又搁笔。二女年将三十，未尝及嫁事，客诘其所以。曰：'余几忘之矣。'年八十尚童颜。"为研究查士标书法及生活情况提供了珍贵实物资料。二级文物，现藏歙县博物馆。

清砖雕三国戏剧人物门罩
清朝砖雕。水磨青砖，共52块拼接而成，主板雕有三国故事，周边饰以花卉、蝙蝠、寿字等纹饰。浮雕、透雕技法相结合，工艺精湛。二级文物，现藏黄山市屯溪区博物馆。

清砖雕戏剧人物门罩
清朝砖雕。水磨青砖，共40块拼接而成。主板5块雕有戏剧人物，花边饰以暗八仙、花卉纹。浮雕、透雕技法相结合。二级文物，现藏黄山市屯溪区博物馆。

清钧红四棱瓶
瓶胎体厚重，颈部双系，鼓腹，色艳红。二级文物，现藏安徽中国徽州文化博物馆。

清狮钮三彩罐
罐口微撇，短颈丰肩，肩下

*清钧红四棱瓶

渐收至底,平底圈足,底部无釉,罐身施绿釉不到底。罐腹部对称堆塑折枝花卉一对,叶为黄色,花为紫红色,盖为荷叶形,以绿釉为底,钮为黄釉座狮。整件器鲜明亮丽,为清朝三彩器中珍品。二级文物,现藏歙县博物馆。

*清狮钮三彩罐

清套料四君子鸟食罐 清朝瓷器。底白料,器表用绿料绘梅兰竹菊四种花草及飞蝶一只,有"小某"椭圆款,圈足。有方形把,上有刻花。二级文物,现藏安徽中国徽州文化博物馆。

*清套料四君子鸟食罐

清唐英墨彩山水镶瓷漆挂屏 清朝漆器。长方形,挂屏所嵌瓷板分左下和右上两部分。左下角镶嵌山石、松树,草坪上有两人席地而坐,似在交谈,一旁停有一只小船。右上角镶嵌树木、房屋、小屋、小船。右下角嵌"唐英之印""永隽"两方印。此件嵌瓷挂屏保存较好,又是名家唐英之作,堪称艺术珍品。二级文物,现藏歙县博物馆。

*清唐英墨彩山水镶瓷漆挂屏

清料龙首带勾 清朝玉器。料质温润如玉,洁白无瑕。雕龙首带勾,龙嘴处穿孔,龙尾和龙首相对。另一侧刻圆钮,边缘有残。刀法简捷。二级文物,现藏安徽中国徽州文化博物馆。

*清料龙首带勾

清乾隆甲午年吴梅颠铭文长方形歙砚 长方形歙砚,砚堂微凹,与砚池相连,背面有凸起边框。砚侧三面均有铭文。一级文物,现藏歙县博物馆。

清乾隆御赐黄轩漆金福字匾 清朝漆器。乾隆四十九年(1784年),皇帝御赐休宁状元黄轩"福"字匾,木材质,朱漆,漆金,四周饰有蝙蝠纹,富丽堂皇。二级文物,现藏休宁县博物馆。

*清乾隆御赐黄轩漆金福字匾

清象牙龙纹提携 清朝牙雕。由环和牌两部分组成。牌面雕双龙戏珠,地饰水纹,包浆温润,器形规整。提携环上雕双龙纹,背面有一扣眼,素面。环与牌用金属线相扣,活动自如。二级文物,现藏安徽中国徽州文化博物馆。

清象牙刻山水人物纹饰件 清朝牙雕。长方形,插牌融浮雕、圆雕技艺于一炉,表现了小桥、流水、瀑布、人物、山石,背面刻梅花数朵。牙质莹润,刀法细腻。二级文物,现藏安徽中国徽州文化博物馆。

清象牙雕山水人物纹臂搁 象牙镂空雕刻。画面虽小,却刻有山水、楼阁、人物,层次分明,技艺精湛。二级文物,现藏安徽中国徽州文化博物馆。

清象牙雕佛手摆件 清朝牙雕。佛手及叶均为象牙雕刻,叶为染色。佛手谐音"福",是吉祥的象征。两个佛手为"双福"。配有木底座,工艺精湛,巧夺天工。二级文物,现藏安徽中国徽州文化博物馆。

清兽钮白玉方印章 清朝玉器。浅乳白色玉正方印章,钮刻成立式独角兽,印文:"格其非心。"二级文物,现藏安徽中国徽州文化博物馆。

清随形犀牛望月纹端砚 砚正面顶端为砚池,砚池上方有一端眼,宛如高空悬月,砚右边雕一犀牛,回首仰望明月,砚池上方的端眼巧琢为月亮,构思奇巧。二级文物,现藏歙县博物馆。

清蓝釉五福捧寿纹盘 清朝瓷器。盘花口施满釉,在盘内壁塑"五蝠"及"团

*清蓝釉龙凤双耳瓶

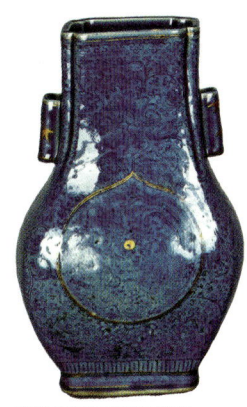
*清蓝釉描金龙纹贯耳方瓶

*清象牙雕山水人物纹臂搁

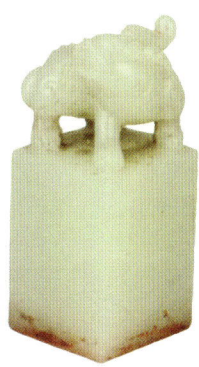
*清兽钮白玉方印章

*清兽钮白玉方印章

清霁蓝双耳瓶 清朝瓷器。敞口，平肩，鼓腹，圈足，上腹部带仿兽耳，通体施釉，发色蓝艳，且雅致古朴，底款"大清乾隆年制"。二级文物，现藏安徽中国徽州文化博物馆。

*清随形犀牛望月纹端砚

*清蓝釉象耳方瓶

*清霁蓝双耳瓶

*清蓝釉五福捧寿纹盘

清翡翠手镯 环形，绿色均匀，晶莹圆润，透明度高，雕琢精细，翠绿中又有翡色，是集翡、翠于一身的一件极美的老坑手镯。二级文物，现藏歙县博物馆。

*清翡翠手镯

寿"，色泽淡雅莹润。二级文物，现藏安徽中国徽州文化博物馆。

清蓝釉龙凤双耳瓶 清朝瓷器。瓶胎体厚重，颈部双系形兽耳，鼓腹，唇口，通体施釉，腹部汇有白色龙形图案。二级文物，现藏安徽中国徽州文化博物馆。

清蓝釉描金龙纹贯耳方瓶 清朝瓷器。通体施釉，外壁刻画暗花，腹中心绘"龙凤戏珠"，其余绘缠枝，双耳以金料绘竹。二级文物，现藏安徽中国徽州文化博物馆。

清蓝釉象耳方瓶 瓶直口，方腹，腹部双仿象耳，圈足，通体施釉。二级文物，现藏安徽中国徽州文化博物馆。

清漆剔红山水人物纹屏 清朝漆器。此屏一面为山水楼阁人物，众山、亭台、人物为剔红，留白处为水面及天空。黑地处一轮弯月升起，湖面中荡着几条渔船。屏的另一面为渡船前送友人的画面：天空乌云密布，近处高山耸立，远处小山层叠，渡船头友人依依话别。屏风的四周布满了回纹、缠枝纹、大小花卉纹等众多纹饰。屏托为花瓶形，四只倒立布满纹饰的瑞兽加固了对屏身的支撑。此件剔红双面插屏为清中期制作，工艺烦琐，工期长，漆身最厚处达1.5厘米。二级文物，现藏安徽中国徽州文化博物馆。

清漆描金山水人物纹花口盘 清朝漆器。红底，圆形，花口，花瓣口部用金漆描出花鸟、海水等纹饰。中心开光处用金漆和黑漆绘出人物、山川、古树,把一对夫妻告别的场景表现得淋漓尽致。二级文物,现藏安徽中国徽州文化博物馆。

清漆嵌螺钿山水人物纹方盘

清朝漆器。方形,委角,主题部分为山水人物,外侧有细花装饰绕碟一圈。此碟点螺工艺精湛,用工极细,全部采用五彩的薄螺片,内外图案的钿片在亮光处交相辉映。二级文物,现藏安徽中国徽州文化博物馆。

清漆嵌螺钿山水人物纹台屏

清朝漆器。屏的主面用细螺钿嵌出山石、亭子、树木、人物等,环一圈三角纹。边框用细螺钿饰云蝠纹、菱形纹、扇形纹及竹叶纹等,整件台屏做工细腻,光彩照人。二级文物,现藏安徽中国徽州文化博物馆。

清漆嵌螺钿仕女人物纹圆盘

清朝漆器。圆形,圈足,画面用细螺钿镶嵌而成,人物姿态各异,衣服华丽,线条清晰。人面部略加细刻,十分传神。点螺之外是黑漆衬底,漆皮厚重,黝黑发亮,光可鉴人,雅而不俗。盘底有螺钿花卉纹饰。二级文物,现藏安徽中国徽州文化博物馆。

清鹤纹金星长方形歙砚

清朝古砚。长方形,满布雨点金星,砚上方雕刻有松枝,一鹤正抬头望空,另一鹤正飞往松树上,左下角刻有一梅花鹿。二级文物,现藏歙县博物馆。

*清鹤纹金星长方形歙砚

清槺圭款红漆描金人物纹盘

清朝漆器。圆形,圈口内敛,矮圈足,碟口部分用金漆配合红色装饰出花鸟纹及树枝纹,中心主画面为山水人物、古树参天。构图层次分明,画面人物表现细腻,生动有神。底部有"槺圭"款。二级文物,现藏安徽中国徽州文化博物馆。

清鎏金银冠饰

清朝银器。造型生动,银片薄而有韧性,锤打拼接及鎏金工艺细腻,通体金黄色。二级文物,现藏安徽中国徽州文化博物馆。

董良史行书诗轴

明董良史书法作品。作者生卒年月不详。共2张。其一为董良史行书登东海山诗轴。纸本,立轴,行书。内容为七言诗:"幽寻不厌远山重,近寺微闻度竹钟。万里风烟吟眺里,百年心迹酒杯中。虚檐老树横苍霭,古洞流泉挂夕口。欲访蓬壶知近远,独余双眼送飞鸿。"款落"右登东海山作,董良史",引首印"大山中人",钤印"董良史印""述夫"。其二为董良史送友西还诗轴。纸本,立轴,行书。内容为七言诗:"十年同忆旧山微,岂意君先棹首归。沧海月明孤鹤远,长安钟散故人稀。万峰跃马云居出,三经盈门柳正辉。为讯文星老方朔,年来玄草定深微。"款落"右送友西还兼讯别文如提学,董良史",钤印"董良史印""述夫"。二级文物,现藏祁门县博物馆。

董其昌行书五言诗轴

明董其昌书法作品。绫本,行书。纵147厘米,横51.5厘米。此轴3行20个字,书白居易《友人夜访》:"檐间清风箪,松下明月杯。幽意正如此,况乃故人来。"款落"董其昌",钤白文"董玄宰""宗伯学士"两印。钤首"玄赏斋"印。笔画圆劲秀逸,平淡古朴,分行布局,疏朗匀称,力追究古法。现藏婺源县博物馆。

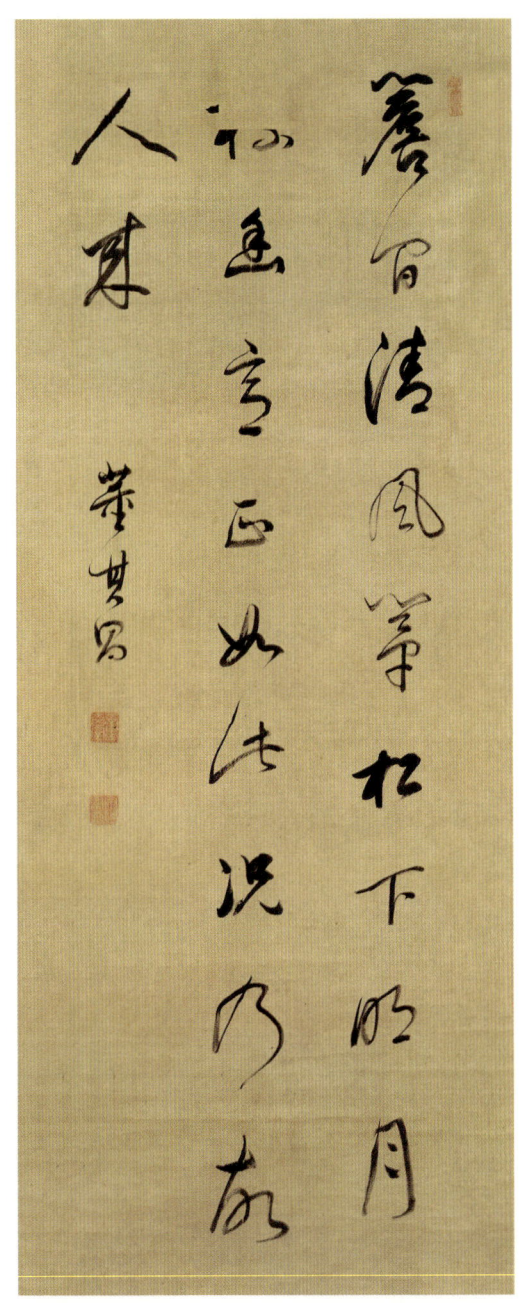

*董其昌行书五言诗轴

程氏兄弟分家议约

明万历三十八年（1610年）程氏兄弟分家议约一册。该程氏为休宁榆村人，分家者为程梦旸、程梦雄、程梦龙、程梦蛟、程寿生五兄弟。其典业规模庞大，祖父程绣于嘉靖年间外出经商，并转营典业，至分家时商业资本已达79万两。后人继续扩张，典业于万历年间涉及江浙两省。其中江苏4处，分别位于苏州吴江震泽、松江城区、松江金山亭林、松江上海吴淞；浙江省15处，分别位于嘉兴府平湖、嘉兴城、王江泾，湖州府的湖州南2处、湖州西内、湖州西外、湖州北内、湖州北外、吴兴、德清东、德清西、乌程南浔、归安菱湖南、归安菱湖北。该议约现藏安徽师范大学图书馆。

程左笔山水人物中堂

明程左笔绘画作品。绢本，墨笔。图为冬景。远景峰峦叠嶂，松枝参差。近景人物，前面一人引路，中间一人骑马，后面三侍从挑行李。枯树冬雪，板桥流水，人物形态逼真。技法上以焦墨、淡墨为主。款落"长湖左笔"。钤"长湖左笔"白文方印。二级文物，现藏歙县博物馆。

程左笔东坡游赤壁图中堂

明程左笔绘画作品。绢本，中堂，墨笔。图以远山、瀑布、芦苇、淡水相衬托。画面左右为赤壁矶，东坡与游人一起泛舟江上，其中两人在船上对饮，另一人在旁侍立。人物线条、衣褶流畅，形态逼真，表现出高超的绘画技艺。二级文物，现藏歙县博物馆。

*程左笔山水人物中堂

*程左笔东坡游赤壁图中堂

程昭黄仿王摩诘雪霁图

清程昭黄绘画仿作。绢本，设色。用白粉复点山头苔点，复勾树枝，复染屋檐，表现雪霁山林的景色。右上题款："壬子（1672年）秋月仿王摩诘画法。程鹄。"并钤白方两印，印文不清。一级文物，现藏歙县博物馆。

集王圣教序拓本碑帖

书法丛帖名。全称《大唐三藏圣教序》。共41页，每页5行，字数不一，唐拓本，为明汤氏所裱。纵25.7厘米，横14.8厘米。此帖为南唐澄心堂收藏，有"绍兴十八年（1148年）八月敕鉴定"米氏代高宗的题

*程昭黄仿王摩诘雪霁图

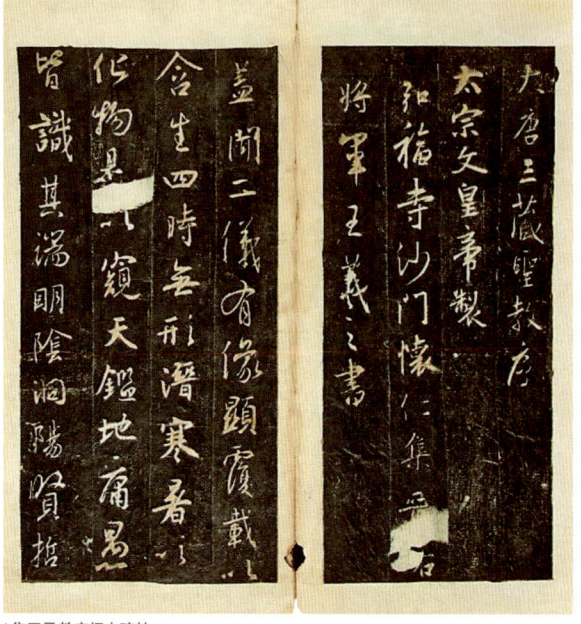

*集王圣教序拓本碑帖

识。清康熙时方亨咸题识"康熙六年(1667年)四月十五日邵村亨咸观南唐李氏澄心堂藏本"。钤"御府珍秘"朱文葫芦印,朱文"绍兴"方印,白文"司马氏家藏书帖记""赵夷"印,朱文"参知政事东平汶上张庄宪郡公印章",白文"栎园居士",朱文"周亮工印""俨斋秘玩"等。另有王鸿绪题识"天下第一法书"。现藏婺源县博物馆。

新石器时代玛瑙钺

斧形器,上部对穿圆孔,打磨光滑,纹理细腻,有很高的研究价值。二级文物,现藏安徽中国徽州文化博物馆。

新安碑园帖刻

碑帖。碑园位于歙县西干山。歙县历来崇碑善帖,尤其是宋元以后,汇刻集帖成风。此园在一条200余米的长廊里陈列了晋至明各大书法家真迹珍品200余方。最精彩的碑是《余清斋帖》《清鉴堂帖》。最为书法界所重视的,一是王羲之的《兰亭序》,一是颜真卿的《祭侄稿》。《兰亭序》非王羲之之真迹,而是唐书法家虞世南的摹本,属当今范本中的佳本。

翟院深款雪山归猎图中堂

元人绘画作品。绢本,水墨。小斧劈皴画山石,蟹爪枝绘树木。皴染兼备表现雪霁山林的景色。左下落楷书款:"营丘翟院深画。"整体画面虽为北宋风格,但绘画技法较翟院深略逊一筹,疑为元人临摹的作品。一级文物,现藏歙县博物馆。

徽河零货捐小史

近代徽商为维护自身权利对官府进行抗争的资料汇编。据该书记载,清咸丰四年(1854年),新安江各局卡挖空心思,炮制"徽零货"名目,凡有船只到卡,查出货物,即令报捐,如无大宗货物,即以各搭客名下之零星货物总共计之,照章估本报捐,其捐额为每担400文。

*新安碑园

经新安江往来的徽商一般随身行李皆被当作零货抽捐,成为一大负担。光绪二十一年(1895年)六月,徽商发起抗争,由具有功名官衔的若干绅商出面,向兰溪、严州的厘局呈递禀文,痛陈苛捐病商,并通过各种关系全力寻求官场上的支持,经过多方活动,得到了浙江牙厘总局的重视。光绪二十三年(1897年)三月,浙江牙厘总局颁布告示,作出四项规定,将货物抽捐正常化,同时放弃或革除了信货、零货等名目,明确规定对行李不得抽捐,满足了徽商的大部分要求。民国十一年(1922年)夏天,某司员个人承包了浙江威坪厘局黄家潭分卡,对过境徽商船只勒索盖印费,其他局卡亦趁火打劫。徽商被迫再次起而抗争,由旅苏徽州同乡会出面组织发动,歙县茶商吴世美茶号经理汪巨川、苏州顺康钱庄老板洪玉麟、著名学者吴其昌等领衔,通电抗争。旅苏徽州同乡会代表和苏州徽商茶号、典号、酒栈、书局还联合通过了十条决议,主要内容为:在杭州组织徽商零货拒捐团总部;凡有会馆地点组织支部;除同乡团体进行电请外,运动各地商会、省议员要求主持公道;要求泾县、旌德旅浙商人共同加入抗捐行列;在苏州成立拒捐通信处等。书中未记录此次民国时期抗争的最后结果。该书为民国十一年(1922年)铅印本。藏于安徽中国徽州文化博物馆。

[十] 徽州文物

民间收藏

馆藏文物 牌匾题额

十百斋收藏 收藏事例。金瑷是清雍乾年间歙县岩寺（今属徽州区）人，出身于徽商世家。一心从事古物收集，辟有十百斋藏室，曾将所藏所见撰写成《十百斋书画录》。所谓"十百"，是指立幅百轴、横幅百卷、册页百轶、奇书百部、旧拓百种、佳砚百方、铜印百颗、汉镜百圆、古瓷百器、时花百盘。总计有1 060件作品。

万历程氏染店查算账簿 账簿共84页，时间跨度从明万历十九年(1591年)五月至万历三十二年(1604年)五月止。主要内容为：一、首页记录收程本修付本总账。二、记录结算实在本银。三、查算实在账目，如存挂账，存青布、碱、灰等；记录还人本利账目。四、记录本利银支出进账和存在数额、缺本账目等。从中可了解其经营状况。

万卷方家 藏书事例。明初，歙县岩寺（今属徽州区）人方富祯、方銮、方大治一门，累世积书，人称"万卷方家"。

万卷楼藏书 藏书事例。清祁门渚口倪望重于光绪十年(1884年)耗银万两，在家兴建藏书楼，人称"万卷楼"，该楼今仍存。

小脈望馆藏书 藏书事例。清歙县潘祖荫寄籍吴县，斋名"滂喜"，藏书处称"小脈望馆"。

门客 收藏市场牵线人。明清时期徽商收藏家身边围拥的文化交易居间人物，他们的艺术品交易活动大多通过门客进行。

马曰琯父子藏书献书 藏书事例。清侨居扬州的祁门马曰琯、马曰璐兄弟二人，酷嗜经典，常出高价购旷世奇书，家中有"丛书楼"，藏书10余万卷，闻名大江南北。另有"小玲珑山馆"不仅藏书，尚且聚集着江浙文人全祖望、蒋士铨、厉鹗、金农、惠栋等名流切磋诗艺，研究学问。乾隆三十八年(1773年)，四库全书馆开馆，向民间征集书籍，马曰琯的儿子马裕献出由他高价购来的旷世奇书776种，成为当时全国献书最多的徽州藏书家。乾隆皇帝特赏赐马家《古今图书集成》一部，以示奖励。

王廷琚收藏 收藏事例。明末清初休宁居安王廷琚，字越石，古董世家出身，经营古董行业，且目力过人，长期在徽州故里以及江南各地进行艺术品交易，名闻遐迩。元倪瓒《水竹居图》及《雨后空林图》（故宫博物院藏）二图向以其为罕见的设色山水画而著称于世，此二图在明清之际即为廷琚收藏。明崇祯十五年(1642年)，廷琚回到徽州故里，特地携带诸件玩物造访吴其贞的怡春堂，吴氏也多次观赏廷琚所收藏的书画，其中如沈周《匡山秋霁图》大纸画一幅，其画法柔软，这是效法巨然、价值百金的一幅传世名画。吴氏曾经从王氏手中购得画品若干件。廷琚有一只白定圆顶炉，毫无瑕疵，精好程度与程季白家的彝炉没有差异。

不疏园藏书 藏书事例。清徽州本土藏书家有歙县汪梧凤，在家乡西溪村建"不疏园"，藏书极富。他与江永、戴震、汪肇龙、程瑶田诵读其间，合称"五友"。秀水（嘉兴）郑虎文、桐城刘大櫆、江都汪中、武进黄仲则等也曾经在此集中阅读并探讨学问，使不疏园成为清皖派经学（考据学）的研讨中心。

方用彬收藏 收藏事例。明嘉靖、万历年间歙县岩寺（今属徽州区）人方用彬祖、父辈均在淮扬一带经商，家业昌盛。用彬屡试不第后便弃儒从贾，与族人共同开有店铺和典肆。除典当外，又销售墨、砚、香、笺等文化商品。一边经商，一边倾心于诗画酬酢，图章创作，放情交游，徜徉云壑。中年以后，诗画才艺日臻成熟。他在家园"竹里馆"中特意建造起一所玲珑别致的"清音阁"，富积藏书，内有古籍善本、诗篇法帖、书画印章等，藏品颇丰，且具有较高价值。

允忠兄弟顶开茶铺合同 合同文书。清雍正七年(1729年)四月徽州人名允忠者兄弟合股顶开公义成茶铺。其合同文书为绵纸，毛笔书写："立合同兄书升弟允忠。今有茶铺一座，坐落海岱门外花市内羊田街街口，坐南向北，今书升携弟允忠公同出本，合伙顶开，茶铺现有前后事宜，并铺中银钱出入等项，开载于右：一、茶铺原系公义成家之店，今出顶铺本九五银八十两，另换诚睦字号，其所顶铺内顶牌框架锡罐家伙等项，另有顶契，此不赘载。二、公义号向存钱货共计九五银壹佰六十两，其银随即付讫，另再添九五银壹十六两，并前顶铺残笑（屑）银，共合成本银肆佰两，以作铺本。三、铺内本银书、允二人公同各出贰佰两,合伙均开,每年所得余利亦是二股均分,或欲加添铺本,或铺中暂有挪借等情,各随其便,不□应加息,不在议内。四、铺中新造顶牌,添置物件,具系铺中文银置办。五、铺中生意半年公同清算,或有余利富饶,亦须公同分息,毋得私自文同,如遭老罚□一,铺中诸事银钱出入,并伙计劳金等项,皆系允忠司揽。六、公同合伙间,铺皆系两厢情愿,并无勉强等情,务必全始全终,无负手足连枝之谊。以上六条,公同嫡(商)约,并非一人私先,彼此乐从。恐口中无凭,立此合同,一样二纸,各执一纸,永远存据。雍正七年四月立合同书升(画押)弟允忠(画押)兄合同叔正公、云上(均画押),兄撝五、殿英(均画押),代书叔绅儒(画押)。"边款:"合同一样二纸,各执一纸,永远存据。"

书画收藏三等 收藏家类型。清学者钱泳根据人们对待书画收藏品的不同心态和目的,将书画收藏家划为三等类型:一为赏鉴,二为好事,三为谋利。

书画估 书画评估师。明清时期江南艺术品交易市场上出现的一种专门对书画进行真伪、价格等评估鉴定的文化专业人士。

书画舫 见739页"书画船"条。

书画船 又称"书画舫"。泛指载有书画作品以供旅途鉴赏,或可以在其中创作书画甚至进行书画交易的船只。无大小、规格和设备限制。晚明士大夫拥有资财者,多自购或租赁画舫作为旅游及交通工具,利用江南水网密布的便利条件,北至长江之滨的京口(镇江),南到钱塘(杭州一带)。当时文人墨客大多乘这类船只来往江南各地,搜寻、交易书画文物等文化产品。

书画藏品 明清至民国时期徽商收藏家所藏书画大致分为大堂幅、立幅、横幅、屏幅、对联、册页、扇面、金石名拓、近人书画等。

世泽楼藏书 藏书事例。绩溪胡培翚于清道光十七年(1837年)创建"世泽楼",与族人购置大批图书藏之,成为有名的胡氏家族公用图书馆。

龙宫寺 民间古玩市场。位于休宁县商山村口。本是一座古刹,每年秋月百物荟萃云集,成为商品交易胜地,后演变为民间书画古玩市场。据商山吴其贞《书画记》记述,每年八九月时,四面八方的古玩都汇集销售在龙宫寺中,可见徽州民间收藏之多。

东图玄览编 收藏著作。明詹景凤撰。书中记载了许多徽州收藏家的书画藏品以及他与江南鉴藏家评鉴书画的事迹。

丛桂堂藏书 藏书事例。明末清初歙县郑侠如建有"丛桂堂",其藏书之富,闻名海内,黄宗羲晚年为搜抄稀有书籍,特地到歙县向郑借书抄录。

包条 承包字据。清道光年间,徽州茶商之间有承包销售茶叶现象。婺源县梓坞(今属休宁县)王姓茶商立下包条:"上箱熙春议二十担,每担司(起)马加三斤,计价二十六两两钱,十五担秤照加,每担计价十八两。珠茶五担,秤照加,每担计价二十六两。道光八年(1828年)五月十七日。王义成包到宋祥春宝号名下,文炜执笔。"

写经楼藏书 藏书事例。清末代翰林、歙县唐模(今属徽州区)人许承尧宦游甘肃凉州时,曾经得到敦煌写本藏经甚多,携带归里后建有"写经楼"珍藏晋魏隋唐40卷写本藏经,其书法、名画、珍籍收藏也很丰富。

西溪南收藏 书画收藏盛况。西溪南位于黄山南麓、歙县西部,宋元时期,吴姓成为西溪南第一大姓。明朝吴氏多为盐商世家,拥有巨额财产,且吴氏大多十分热衷艺术收藏,明末清初出现了"家家书画,户户鼎彝"的收藏盛况,为"休歙之最"。

传是楼藏书 藏书事例。寓居江苏昆山的歙县徐乾学,筑楼贮书数万卷,名其楼为"传是",告诫子孙:"所传者惟是矣!"

休歙收藏名族 徽州收藏群体。清道光、咸丰年间,徽州休宁、歙县的名门望族,包括程氏的铜鼓斋、鲍氏的安素轩、汪氏的涵星研斋、程氏的寻乐草堂,都是百年巨室,大多收藏蓄积宋元书籍法帖、名墨佳砚、奇香珍药、尊彝、圭璧、盆盎之类属,每拿出一件器物,都是历来鉴赏家们所津津乐道的宝物。卷册的收藏,尤其极盛。作为古徽州著名的收藏家族,西溪南吴氏为"休歙之最"。

延芬楼藏书 藏书事例。宋歙县吴豫创建延芬楼,藏书万卷有余。

充头货 赝品别称。明清时期徽州地区收藏界对那些伪造的名人书画的称呼。

江孟明购藏书画 收藏事例。清初歙县南溪南(今属屯溪区)江孟明笃好古玩,家多收藏,藏有范中立《溪山行旅图》、宋徽宗《山水图》、倪云林《十题图》等12种书画。康熙年间,从江苏宜兴吴子文那里得到吴忠惠《杂诗一十二首》卷,且每首分开裱入法书册中;又从休宁县商山吴其贞处获得《洪容斋七言绝句一首》以及倪云林《江岸望山》、陈惟允《仙山图》、赵松雪《六简》,还有吴氏在扬州从董其昌之子董思履处为其购得李营丘《密雪待渡图》大绢画一幅、倪云林《古木竹石图》小纸画一幅,吴氏从扬州书画市场上获得然后转让给江氏的梁楷《白描罗汉图》、郭河阳《溪山霁色图》,另有从他人处购得的王荆公《才德帖》、贯休《十六罗汉图》1卷等。

安素轩珍藏 收藏事例。清歙县棠樾鲍漱芳,自幼随其父鲍志道在扬州经理盐务,后为盐运使。家中有一处世袭的古书斋——安素轩,珍藏文物极为宏富,其中有稀世的唐宋元明时期各大家书法墨迹,弥足珍贵。他还毕生搜访,亲自鉴定评判,择其精要者,汇为《安素轩法帖》,于嘉庆四年(1799年),延请扬州著名篆刻家党锡龄,精心勾勒上石,后其子鲍冶亭、鲍均亭兄弟俩遵父临终嘱托,继承父志,专心辑刻垂20余载,终于在道光九年(1829年)将这部内容丰富、镌刻精美的丛帖大功告成,并扬名海内外。

李惟仁茶信 徽商信函。李惟仁,清末民国初期祁门闪里白云村人,生卒年不详。其经营永同昌茶号,每于茶季,奔波在外,且不时给家中带回信札。如某年春其带给儿子炳焱家信云:"我儿见字知之,父自本月十八日别家。"云云。

吴文长收藏 收藏事例。明末清初歙县西溪南(今属徽州区)吴文长,家中字画古董玉铜窑器等收藏相当丰富,当时休宁商山鉴赏家吴其贞以及吴可权、汪三益三人到他家观赏时,吴氏拿出画200余幅、手卷四五十个、画册好几本、玉铜窑器若干种,里面有周铜方瓠、花纹青翠,其精彩程度与休宁榆村徽商收藏家程正言家毫无差异,全国仅此两件,价值千金,为当世名物。

吴廷鉴藏 收藏事例。吴廷,字用卿,号江村,明末清初歙县丰南(今属徽州区)人,是徽商书画鉴藏大家。吴廷博古善书,鉴藏晋唐以来的名迹甚富。吴廷与董其昌为好友,董其昌、陈继儒来游,一般都居住在吴氏余清斋。"余清斋"的匾额为董其昌亲笔书写。两人在书画鉴藏方面长期交流、切磋。董其昌在书画题跋中对吴廷多有提及,如某一珍品得于其手,或借来临摹,其间不但有金钱交易,也有物物交换。他曾拿来米南宫真迹送给董其昌,董其昌还作了跋。藏有王羲之《官奴帖》真本。主持刻《余清斋帖》,杨明时为其双钩入石,刻石现收藏于歙县新安碑园。所藏书画多钤有"余清斋图书印""吴廷书印"。清朝大内所藏书画,佳者一半是吴廷旧藏,像王羲之《快雪时晴帖》与褚遂良《小楷阴符经》,王献之《鸭头丸帖》,颜真卿《祭侄文稿》,米芾《蜀素帖》,王叔明《有余清图》,柯九思《竹谱图》,王蒙《有余清图》,夏圭绢写《江天晓色》一小轴、《祈雨图》一大轴,皆真本,都有吴廷所藏印识。吴廷鉴定文物的眼力极高,许多人请吴廷为之鉴定藏品。吴廷还时常邀请文人墨客到其宅中雅集,共同鉴赏鼎彝书画,谈古论今。吴廷书画收藏不但在徽州首屈一指,而且名震江南。他去世后没多久,这些珍品大多流入江南收藏家之手,最后归于大清内府。

吴守淮收藏 收藏事例。吴守淮是明歙县溪南(今属徽州区)人,其父是两淮盐商,守淮年轻时,携带资本经商业贾于江南一带,豪游于江淮吴越之间,斥资购买重器名物,珍藏法书名画。在一次游玩杭州西湖时邂逅徐渭,受其教导而诚服感佩,两人成了忘年交。吴氏因为收藏并善于鉴赏书画古玩而受到徐渭的赏识与器重。吴守淮是溪南最早收藏书画古玩的商人,开溪南收藏风气之先河。《明代徽州方氏亲友手札七百通考释》收录了艺术品商人方用彬所记的一份《吴守淮账》,其中多有吴守淮交易艺术品情况。吴守淮晚年因穷困而死,所收藏的书画玩器大多流散。

吴希元收藏 收藏事例。晚明歙县西溪南(今属徽州区)人、巨富鉴赏家吴希元,字汝明,号新宇,属溪南吴氏第二十四世,是当地开徽商收藏风气之先河的吴守淮的族侄。他喜好风雅,家中贮藏不少古法书名画、琴剑彝鼎等物。平时跟名流雅士们一道以鉴赏为乐事。所藏有王献之的《鸭头丸帖》、阎立本的《步辇图》、颜真卿的《祭侄稿》等名家手迹,在这些藏品上,均留有"新宇"和"吴希元印"的鉴藏印鉴。

吴灶根立抵茶票 民国十六年(1927年)七月吴灶根以春茶作抵押物立下的抵押借据。内容为:"因欠少正用,将来年春茶愿托中抵到钱俭富名下,三面言定得抵价银洋十五元正,其洋即日收足,其利每年二分行息不得欠少,本利准定来年春茶下树之日壹应归清缴票。"茶农因生活困难,将与茶商签定的茶票转抵,实际上也是抵押借据。

吴治收藏 收藏事例。吴治,号梦竹,人称"梦竹先生"。明歙县溪南(今属徽州区)人,商居在銮江(今江苏仪征)。其鉴赏力过人,名满天下。与当世公卿名流常有交游。王世贞曾经多次为吴氏所藏书画作品题跋,有时吴氏也将诸如《赵文敏(赵孟頫)篆书千字文》等书画艺术品抵押在王家所开的当铺中甚至售卖给王氏。晚年居住仪征真州古镇时,特请苏州画家钱谷为之绘制《黄山图》以寄托乡思。

吴绍浣收藏 收藏事例。清乾隆年间,歙县丰南(今徽州区西溪南村)吴绍浣因家族在扬州经商,侨居扬州。绍浣是个嗜好书画收藏的文物鉴赏家,藏有颜鲁公竹山联句,徐季海、朱巨川告身,怀素小草千字文,王摩诘辋川图,贯休十八应真像等稀世之珍。

吴能远收藏 收藏事例。吴能远是明末清初歙县西溪南(今属徽州区)人,先是商居扬州,明崇祯年间定居苏州阊门。家中曾经藏有赵松雪的《归去来图》、马和之设色《山庄图》等五图。凡是西溪南人携持古玩到苏州出卖,都寄宿在吴能远家,故多有所得。文人书画家、鉴赏家董其昌多次泊舟路过阊门,并登门吴家观赏书画。

汪氏三子藏书 藏书事例。清寄籍在浙江桐乡的休宁"汪氏三子":汪文桂(字周士)、汪森(原名文梓,字晋贤)、汪文柏(字季青)兄弟三人,同以藏书而负盛名,汪文桂和汪森共同修建了"裘杼楼",聚书万卷;另外汪森还独自建有"碧巢书屋";汪文柏家有"古香楼",收藏秘籍珍本以及名书名画。

汪氏收藏家族 明清时期商居浙江嘉兴的徽州歙县籍人汪怀荆及其子汪爱荆凭借经商积财,从年少时就喜爱收购图史古物,通宵达旦展玩不休,最喜收购苏州名手制作的葊扇,还与嘉兴的书画家、鉴藏家项元汴交好,筑"凝霞阁"以贮书、画,收藏之富甲于一时。到孙子汪珂玉、曾孙汪渊时都有收藏雅好,并苦心固守先世故业。然而在晚明崇祯元年(1628年)春,汪氏家族因为内外艰难,便被迫典质古玩,多年世守的藏品几乎流散殆尽,有些艺术品经过徽州交易人之手而流往徽州和扬州等地。

汪启淑藏书献书 藏书事例。清侨居浙江钱塘的歙县汪启淑,工诗好古,建有"飞鸿堂",藏书甚富,号称10万卷。乾隆三十八年(1773年),四库全书馆开馆,向民间征集书籍,汪启淑献出精醇秘本524种,成为当时全国献书最多的三大徽州藏书家之一。

汪景纯收藏 收藏事例。歙县汪宗孝,字景纯,晚明在淮阴业盐,富而任侠。常常卧病,后来就干脆将生意托给同县丰南吴孔龙主持经营。因得在诗酒之中优游交友,而收藏金石、古文、法书、名画、彝器、古玉很丰富,名士钱谦益曾作诗赞誉。他死后,藏品散落人间,唯独他手书的收藏目录尚存。其子汪权奇将它们装潢成卷,钱谦益在《牧斋有学集》卷二附有《新安汪氏收藏目录歌》。

汪然明收藏 收藏事例。明清之际歙县丛睦坊汪汝谦,号然明,经商客居浙江杭州,为人风雅,多具才艺,交识朋友满天下,与介入收藏界的文坛领袖钱谦益交往深厚,受到士林推崇。家中藏品包括赵千里的《明皇幸蜀图》。曾经出资赞助名妓柳如是刊刻诗集《湖上草》和书信集《柳如是尺牍》,并将柳如是介绍给了钱谦益,撮成一对才子佳人的姻缘,一时传为佳话。故汪氏死后,钱谦益为他亲自撰写《新安汪然明合葬墓志铭》以志纪念。

宋元徽州藏书家 藏书家群体。徽州私人藏书大兴于两宋时期。其中有代表性的藏书家就有24人,他们分别是:歙县的闵景芬、黄宣、祝穆、汪杲、潘纶、吴豫;休宁的程大昌、金青松、吴瓘、宋松年、汪一龙、程珌、程卓、程明;婺源的汪藻、朱熹、詹廷坚、许大宁、王舟、胡霖、胡博、游克敬、汪杞、滕璘。元朝徽州私人藏书,相对于其他地方是比较集中的。元朝徽州私人藏书家著名者有歙县的吴以宁、鲍深;祁门的李伟、李与廉;黟县的汪泰初、王仲祥;婺源的程直方、戴煟;休宁的程文海。

玩古 收藏别称。徽州自古文风昌盛,随着明清商品经济的发展繁荣,从而形成了古董收藏的风尚。

拆易 书画市场上的牟利伎俩。明清徽州书画艺术品市场上出现的一种做法,即把一画拆成两画售卖获利。

苞雪轩藏书 藏书事例。明歙县吕旭,曾经在先世的祖墓之侧,修瓦屋10余间,蓄书史图集,并取室名"苞雪轩"。

明清徽商重收藏 收藏文化现象。从明朝中期至清朝中期的300余年间,徽商发展到鼎盛时期,积累了大量财富。徽商贾而好儒,酷爱收藏,不惜重金购买各种书籍、古玩、字画。尤其是休宁、歙县的一些名门望族,涌现出一批近百年的收藏世家。如程氏铜鼓斋、鲍氏安素轩、汪氏涵星研斋、程氏寻乐草堂等,皆藏有大量宋元书籍、法帖、名墨、佳砚、奇香、珍药以及尊彝、圭璧、盘盏等器物。故使徽州号称"文物之海"。

经历志略 生平自叙。抄本。近代徽州典商余之芹撰。之芹字鲁卿,黟县艾溪人,徽商世家出身,早年在江西乐平当学徒,后赴上海经营典当60余年,曾任上海典当公会会长、上海总商会董事,是典商界领袖人物之一。本书刊印于民国十年(1921年),共3万余字,分为家事出身(14篇)、徽州发匪乱时情况(9篇)、善举公益(11篇)、交际(16篇)、杂记(43篇)、时论(10篇)、小言(20篇)。书中对太平天国战争之后的徽州社会情况、近代上海徽州典商的经营、上海徽商与徽州本土的互动都有详细的记叙,对当时各类社会问题也有思考,具有较高史料价值。

经畲堂藏书 藏书事例。宋歙县潘洋发,自号经畲居士,在溪上建堂,为堂取名"经畲",收藏古今异书。

草心楼读画集 清黄崇惺撰。该书记述黄氏家族所藏过的大量名人字画,如吴道子《黄氏先圣像》、张择端《清明上河图》、李龙眠《白描十八应真渡海长卷》、阎立本《孔子事迹二十四图》、姚少师《百八罗汉图》、沈石田《杏花卷子》等历代珍品。该书还记载咸丰、同治兵燹后,金冬心、郑板桥的书法作品一联一幅都值数万钱,而在此前承平岁月,一般中人之家,用此类楹联粘柱障壁,比比皆是。

胡天春茶票 祁门县溶口胡天春号安茶防伪标记。清道光年间,祁门南路阊江沿岸村庄创制安茶，其包装内习惯置放三张茶票，分别称底票、腰票、面票，以作防伪之用。置放茶篓底部者称底票。胡天春底票为黄色纸质，长11.5厘米，宽9厘米。该票图案丰满，雕刻精美。图案上部正中为双童展卷"胡天春"三字，围此三字，上有"涵记提庄"四字，下有"日隆昌"三字，左右各竖四字"六安贡品""四海驰名"。童侧各立花瓶，内有"气味香浓、有益卫生"字样。图案下部为山水人物，左右似八仙图，下方似竹林七贤，刻工精细，纤毫毕现。正中文字："敬启者，我号安茶历有年所，不惜资本，提选雨前上品芽蕾，加工精制，以图久远驰名，饮之不苦，气香味厚，清新止渴，且有提神益智消滞之功，辟疫除瘴解饥之效，实于卫生大有神益。近因无耻徒辈，假冒我号招牌，希图射利，以致鱼目混珠。今加刊日隆昌三字，分别布告，绅商光顾，请认明此为记，庶不致误，是祷。新安祁南溶口胡天春号监制主人胡象涵记。"

胡仔藏书 藏书事例。宋绩溪胡仔，藏书极为丰富，并从中采撷各家诗话，撰写了《苕溪渔隐丛话》前后集共100卷。

胡德源店借种田契 文书。清咸丰八年（1858年）正月胡三元立契，内容为："借种胡德源店大小买田一丘，计税一亩八分。言定每年秋收之日送交车净硬租午谷三十六斗，不得欠少。倘遇年成荒歉，眼同监割，三股均分一概在内。其田种过稀鸭花、蚕豆，日后照原，立据存照。"

南海县正堂通告 南海县为严防奸商假冒祁门孙义顺号安茶的通告。清末民国初期，祁门孙义顺安茶在广东广为畅销，不法商贩，制假造假，影射渔利，以假乱真。为此，孙义顺茶号请求南海县衙出面干预，南海县欣然应允，专门为此出示公文通告。全文如下："钦加五品衔署南海正堂加十级纪录十次董为给示晓谕事。现据孙义顺茶号职员查泽邦等呈称：窃职等向在安徽开设孙义顺茶号，拣选正六安嫩叶，贩运至粤，交佛山镇北胜街广丰行发售，历百余年，并无分交别行代沽。乃近有无耻之徒，或假正义顺及新庄义顺等号，更恐暗中有假孙义顺字号，影射渔利，以致职等生意不前，叩乞给示晓谕，并申请分宪一体存票，如有奸商假冒，许职等查获送究等情。据此除申请分宪备案外，合就给示晓谕：为此示谕诸色人等知悉，尔等须知佛山广丰行所贩孙义顺字号六安茶叶，的系由安徽孙义顺贩运至粤，交该行发售，如有奸商假冒孙义顺字号茶叶，影射渔利，许原商查泽邦等查获送究，以杜影射而重商务，毋违切切，特示。光绪二十四年（1898年）二十一日示。"

查文徽藏书献书 藏书事例。南唐休宁查文徽，官至工部尚书，他在青年时代曾手抄书数百卷之多。休宁洪庆之在南唐后主李煜征集天下遗书时，因为献书有功，授奉礼郎、新喻令。这是有文献可考的最早的徽州私人藏书与献书。

拜经楼藏书 藏书事例。吴骞，字槎客，幼字益郎，一字葵里，号兔床，又号愚谷，72岁时别署齐云采药翁，为清乾隆年间名震一时的徽州休宁籍藏书家，修建于浙江海宁的拜经楼（自名"千元十驾"）为其藏书之所。其先世为徽州休宁人，至其曾祖吴万钟开始迁徙浙江海宁长平乡。吴骞嗜藏书，"无日不以此为事"，还尤喜抄书、校书。他是乾隆、嘉庆年间与鲍廷博齐名的大藏书家。收藏不下四五万卷，皆为节衣缩食，竭平生之精力而成。吴骞藏书之精品极多。据《拜经楼藏书题跋记》，计有宋本21种；元本24种；有蒙古中统本《史记》、元抄本《方叔渊稿》；稿本有朱彝尊、查慎余等16人手稿，旧抄及自抄150余种，名人校本50余种。所藏还有抄本宋《乾道临安志》3卷、抄本宋《淳祐临安志》6卷、宋大字本《咸淳临安志》95卷，三志共百余卷，所以吴骞曾刻一印曰"临安志百卷人家"。又得宋本《周礼纂图互注重言重意》，正好他的次子吴寿旸出生，遂字其曰周官。又得宋本《百家注苏东坡集》，遂将其藏书处曰"苏阁"，又以苏阁为次子寿旸之号。所藏其他佳本更是不胜枚举。

适园藏书 藏书事例。民国时期，浙江吴兴（今湖州）南浔镇张钧衡，字石铭，号适园主人，其先祖是安徽休宁人。他不仅是名噪一时的儒商巨富，而且是清末民国初期著名藏书家。他酷爱收藏古籍、金石碑刻和玩赏奇石、名砚，所藏多精善，不惜重金收购善本、古本和孤本。于宋元旧刊抄本名校刻意搜求，藏书共10余万卷。清光绪三十三年（1907年），他在南浔西郊南栅补船村鹁鸪溪畔原明董说读书隐居处的丰草庵和黄叶台故址处，建造了一座比刘氏小莲庄和庞氏宜园规模更宏丽的园林，并建筑藏书楼名为"适园"，适园因而得以与蒋汝藻密韵楼、刘承干嘉业堂藏书楼并称于世。珍贵的适园藏书版本，据《适园藏书志》著录有善本960余部，还刻印《张氏适园丛书初集》收书7种、《适园丛书》收书74种分12集、《择是居丛书》收书19种，其中15种为宋元古本，以及宋本47种、元本64种、明本302种。他还收藏有历朝名家书画、碑刻，较名贵的是晋、东魏、六朝及隋唐时期的一些墓志铭原石七八方。如晋碑《张口志》、东魏《元贝卒墓志铭》、唐《王守廉墓志铭》，还有宋苏轼手书的《赤壁赋碑》、元赵孟頫手书的《胡笳十八拍碑》等。有《适园善本藏书志》16卷等，均为影宋精刊本。他在适园内建"六宜阁"，收藏碑刻古籍。同时他也爱好金石碑刻和玩赏奇石，故取字石铭。

瓶花斋藏书 藏书事例。清寓居杭州的歙县吴焯筑有"瓶花斋"，以藏书著称。

请封捐输执照 文书。此照为宣纸版刻填写，上首横书"户部执照"，直书正文"汪润熙报捐加四纳请封父母赐封祖父覃恩五品封典，交正银米四十四石四斗，票二百二十二两……右照给汪润熙收执"。文中并书汪润熙籍贯、年龄、外貌特征及三代祖先姓名，发照日期为清同治十三年（1874年）十二月初三。

黄又收藏 收藏事例。清初歙县潭渡黄又，寓居江都经营盐业。喜好藏书和蓄砚，多藏书画。他与新安画派大师石涛相交很深，石涛多次为黄氏创作绘画作品，包括《奇峰图扇》（现藏北京故宫博物院）、《山水册》等。黄又也订购其他画家的作品，通过居于江宁的歙县槐塘程京萼的介绍，就曾经于康熙三十七年（1698年）夏购得八大山人的一套册页。

黄山楼藏书 藏书事例。清歙县黄修博在潭渡建"黄山楼"，贮书万卷。

乾隆广丰布店账簿 账簿共35页，时间跨度自清乾隆四十年（1775年）正月至乾隆四十九年（1784年）正月止。主要内容为：一、记录了遂安店收支账。二、遂安店结总账。三、遂安店查存实在账，所存现钱、欠钱、两抵后余钱；正本钱数额，本年得利数额。四、广丰布店买卖布账。五、广丰裕记布店钱出入总账。六、个人存本利借支账。账簿记录了该店及分号的各类账目，反映了经营状况。

铜鼓斋收藏 收藏事例。清乾隆年间，歙县程国光因为从事边界军需运输而成为巨富。他嗜好古玩，建有一室专事收藏，其子程振甲将它命名为"铜鼓斋"，据说是得到诸葛亮铜鼓而取名。程国光曾经邀请著名画家、鉴赏家沈铨在家中一住数年，鉴定自己收藏的文物，又兼鉴赏徽州许多藏家的藏品，如渔梁巴家"还香室""六砚十琴斋"所藏等等，并著有《读画记》一册，原稿现藏于北京国家图书馆。道光年间，程振甲又陆续请了鉴赏家僧六舟为之品鉴藏品，主要包括三代彝器大屏24幅、汉雁足镫字、方铜钪、叔单鼎等，僧六舟为程振甲先后拓彝器铭文数千种。程氏也送给六舟"蕤宾铁"题咏卷、唐伯虎《沧浪图》、汉宫玉印、石笋等。

商山吴氏收藏世家 明清时期，休宁商山吴豹韦是位笃好古玩书画，生性嗜爱真迹的徽商，经商颇为成功，家里富有收藏，且号千扇主人。其子吴其贞在《书画记》里开篇记的五幅画，分别是夏珪《夏日泛棹图》、关仝《江村积雪图》、徐熙《粉红莲花图》《风芙蓉图》、元无名氏《野草图》，记曰："以上五图，大人所藏物。大人笃好古玩书画，性嗜真迹，尤甚于扇头，号千扇主人，然不止千也。"吴其贞还经常和儿子外出看画。其长子吴振启、次子吴振明均承父业，投身于书画交易业。吴其贞三代都经营书画，是一个典型的徽商收藏世家。

琳琅秘室藏书 藏书事例。清侨居苏州的歙县胡珽好宋元旧本，藏书楼名"琳琅秘室"，所藏多为珍善本书籍，并用活字排印《琳琅秘室丛书》4集30种。

遗经楼藏书 藏书事例。元黟县汪大初以家富藏书著称。汪大初的"遗经楼"，贮书万卷，当时的名儒陈栎、赵汸、倪道川、胡存庵常聚此研讨理学。

程季白父子收藏 收藏事例。晚明休宁榆村程季白，笃好古玩，辨博高明，识见过人，人称鉴赏家，所得物品都是精品。他与旅居秀水的徽商鉴藏家汪珂玉，嘉兴书画家、鉴赏家李日华，松江华亭书画家、鉴赏家董其昌等人均有交往。其中汪氏曾经以中介人身份，替程季白约李氏书写书法屏。因为吴伯昌案冤遭魏忠贤阉党陷害，于天启六年（1626年）丧身亡家。其子程明诏奢豪之风跟父亲类似，善于临池而书。他与徽商鉴藏家吴其贞是莫逆之交。其收藏仍有一定规模：铜器有姜万方鼎、方觚；窑器有官窑彝、白定彝；汉玉器、项氏所集图章百方，皆各值千金；又有双鸠镇纸雌雄各一，雄者可栖于雌者背上，雌者则卧榻在下，可见汉人做工之精巧；还有大眼𬭚宝环歪头勾压胜，皆为汉朝著名器物。

程晋芳藏书献书 藏书事例。歙县商人程晋芳，初名廷璜，字鱼门，号蕺园，是清乾隆时期的著名藏书家，好读书，并嗜藏书，在寓居地淮安有藏书室名"桂宦"，他生平不惜靡其资财用以购书，皮阁之丰富，有五六万卷之多，其中3万多册藏于"桂宦"。他在乾隆朝纂修《四库全书》期间，献出"桂宦"藏书多种，《四库全书总目提要》中所注"编修程晋芳家藏本"，就有350种。

程浚收藏 收藏事例。歙县岑山渡程氏在清初盛极一时，众多家族成员广泛分布于扬州、淮安等地行商，并产生过数位两淮盐务总商。"松风堂主人"程浚凭借先世产业，所藏颇富，人称"望隆艺苑"。他生平绘画效法倪瓒，书法学于董其昌，具有一定的诗文和艺术修养。他还是清初名画家石涛及八大山人、查士标的老友。他本人与众子也都是石涛晚年主要的艺术赞助人。家藏有元名画家倪瓒的名画，明书画家、鉴赏家董其昌的书法精品，清书画家、休宁人查士标于康熙二十六年（1687年）为他祝寿而画的《仿宋元山水八条屏》（现藏沈阳故宫博物院有四条屏）、新安画派大师浙江所作的《晓江风便图》（石涛曾为之题跋）、名画家石涛于康熙四十年（1701年）所作的《听泉图》、八大山人的草书尺牍（书法信札）等等。

程敏政藏书 藏书事例。明休宁程敏政是藏书最丰富的藏书家之一，依据自己丰富的藏书纂辑而成《新安文献志》和《皇明文衡》等。

程惟清收藏 收藏事例。明休宁程惟清,在金陵经营典当业,雅好金石古玩。凡是见有金石古文、名家法帖,他都手摹指画务得其真,无不加以研习;至于绘画作品则涵括从李唐直至蒙元历朝的东西,名品则自宗室彝器到玩好宝物,无论是多达百金的高价,还是异属什袭的奇珍,他都无不购藏。

程霖生收藏 收藏事例。歙县富曷程霖生,清末民国时期在上海经商,因房产众多,号称上海滩上的"地皮大王"。嗜好收藏古铜器和古书画,藏有古彝器150余件,所印《新安程氏收藏古金铜器影印册》,受到国内外专家重视。另外他还重金收藏石涛、八大山人、雪庄及新安画派诸家的作品,辑有《石涛题画录》5卷。

裘杼楼藏书 藏书事例。清侨居嘉兴的休宁商人汪森藏书甲于浙西,其兄汪青士,弟汪季青,曾孙汪孟铜、汪仲鈖都喜好藏书,一门称盛。家设的"裘杼楼"是当时江南著名的藏书楼和家刻堂号,至孙汪孟铜时裘杼楼犹保存完整,多达万卷的藏书依旧存在。孟铜兄弟搜讨其间,甚为珍惜。乾隆后期,藏书渐次散佚。乾隆三十八年(1773年)四库全书馆开馆,汪森曾孙汪汝藻献家藏图书137种。

詹景凤收藏 收藏事例。明朝中期,休宁流塘村詹氏家族世代好古,收藏书画和古玩甚丰。到嘉靖、万历年间的詹景凤时,虽然家道中落,但他还是喜好收藏,藏品如元倪云林的《五巢树》、姚彦卿的《雪溪渔父卷》、定武本《兰亭序》宋拓等。他还曾购得龙舌砚、三星捧日端砚,礼请大文学家王世贞和汪道昆题铭。他还收藏有两架奇峭天成、可卜雨晴气象的研山,堪为天下奇珍。他善于鉴定,当时徽州及江南徽商家中有收藏,多请其鉴赏。凡寓目古玩,均记录下来,后来将其编成《詹东图玄览编》一书,成为专门记载徽商收藏雅事的书籍。

鲍廷博藏书献书 藏书事例。清寄居在浙江桐乡的歙县商人鲍廷博,特别喜欢收买散佚书籍,曾经建有"知不足斋"作为藏书之所,家中收藏的古异书籍有数千种。曾辑有《知不足斋丛书》等。乾隆三十八年(1773年),四库全书馆开馆,向民间征集书籍,其子鲍士恭代他献书600余种,而且大多是宋元旧版,成为当时全国献书数量居于第二位的徽州藏书家。

徽州富人收藏 收藏事例。明末徽州籍人吴濂水寓居上海,由于十分富有,被称为"徽州富人"。隆庆六年(1572年),顾从德用家藏祖孙三代收集的古印并部分好友如著名鉴藏家项元汴的收藏精品,请了徽州文人篆刻家罗王常辑成《顾氏集古印谱》问世,其中收录古玉印160余方,铜印1 600余方。万历三年(1575年),顾氏将它再作补充后以木刻本行世,改名《印薮》。其中所列及顾氏续收玉章,多达800方,大半出自汉朝。这批汉玉印章后均被秀水(嘉兴)项元汴收得,再后来顾氏所刻《印薮》并秦汉铜玉章被吴濂水用高价购去。重增数百方,集成一书,共8卷,以书名《印统》重刻,王百谷作序,罗王常所刻。

徽商收藏记事书 徽商收藏书籍总称。明清时期,徽商重视收藏,也出版了不少收藏雅事的书籍,既有收藏目录也有收藏笔记。主要有:明休宁流塘詹景凤的《詹东图玄览编》、歙县寓居嘉兴汪珂玉的《珊瑚网》、休宁程敏政的《跋西门汪氏所藏名公翰墨》、歙县岩寺(今属徽州区)金瑗的《十百斋书画录》、歙县雄村曹振镛的《家藏书画目》、歙县程国光的《读画记》、黟县西递著名收藏家胡积堂的《笔啸轩书画录》、休宁商山吴其贞的《书画记》、歙县潭渡黄崇惺的《草心楼读画集》、清末民国初期歙县唐模(今属徽州区)许承尧的《收藏目录》等等。

[十二] 徽州饮食

徽州文化大辞典

传统徽菜
民筵食材
风味小吃
糖酥糕点

[十一] 徽州饮食

传统徽菜

民谚食材　风味小吃　糖酥糕点

一品锅　徽菜中的一种火锅，为传统名菜。最先流行于绩溪县岭北一带，为冬季酒席上的主菜。相传由明尚书、石台人毕锵的一品诰命夫人余氏创制。一天，嘉靖皇帝驾临尚书府，席间有这道徽州家常火锅。皇帝品尝后赞不绝口，得知是诰命夫人亲手所制，便说，原来还是"一品锅"啊！此菜因此得名。及至民国绩溪胡适留美时，多以此菜招待外宾，故又称"绩溪一品锅"或"胡适一品锅"。用料：各种荤素半成品菜肴。制作方法：将用料荤素相间分层（四至八层不等）铺入双耳铁锅，然后用小火炖1~2小时即成。普通的一品锅，底层放腌菜或干萝卜丝、干角豆、蔬菜等，各层依次放鸡、鱼、肉、圆子（或蛋饺、油豆腐包），顶层盖豆腐。上等的一品锅也称"三鲜锅"，以香菇、木耳、冬笋及全鸡垫底，此外还有鸡蛋（或蛋饺）12枚（闰年13枚），其上分层铺蹄膀1只、荷包蛋16个、肉圆48个、豆腐包32只，顶盖全鱼1条。鸡为凤在底，鱼为龙在面，肉圆为星宿，寓意"龙凤呈祥""龙腾凤舞满天星"，象征吉祥。"一品锅"底层放素菜，上层放荤菜，有荤有素，相互渗透，风味独特。

*一品锅(1)

*一品锅(2)

八戒戏球　传统徽菜中用猪脚、肉圆制成的一道意会菜，为上海徽馆大嘉福酒楼创制。主料：猪脚、猪脊肉。制作方法：取猪脚10只，每只脚尖留6.6厘米长，剖开，下沸水氽过后，以酱油、盐、料酒、生姜等作料烧熟，待用。脊肉切片后漂去血水，沥干制成肉茸，放入容器内，加盐、味精、蛋清、淀粉搅打均匀，做成李子大小的肉圆，滚上胡萝卜丁，入笼蒸熟待用。在盘子中央铺一层洗净的生香菜，把熟肉圆逐个码放于香菜上。可垒成堆，也可排成圆形。10只红烧的猪脚以脚尖朝外置于盘子周围。最后，用鲜汤加水淀粉调成卤浇于菜上即成。此菜将猪脚喻为八戒，肉圆喻为彩球，香菜作为绿地，组合为八戒戏球，形象逼真，饶有趣味。

八宝葫芦鸭　将鸭子扎成葫芦状并精心烹制的传统名菜。主料：肥鸭。辅料：冬笋、冬菇、木耳。制作方法：取肥鸭一只，宰杀洗净，取出内脏，斩翅脚，剔鸭骨，留鸭头，内外洗净后沥干水分。将冬笋、冬菇、木耳切成丝。炒锅置大火上，放少许麻油，投入冬笋丝、冬菇丝、木耳丝及调料，煸炒即熟，起锅装盘待用。待冬笋丝、冬菇丝、木耳丝冷却后，将其装入鸭腹内，在距鸭头三分之一处用绳子拦腰将鸭扎成葫芦状。然后将"葫芦鸭"放入盘内，撒上盐、花椒、香葱、姜片，洒料酒，上笼屉蒸1小时取出待用。取铁锅一只，放入锅巴、白糖及浸湿的黄山毛峰等，在作料上架一个铁丝算子，将"葫芦鸭"置上，锅以大火烧烤至冒烟时，转用小火熏5分钟，复用大火熏1分钟。待"葫芦鸭"身熏上茶味后，再用毛刷刷麻油，并将葫芦鸭身原系的绳子解开，换系上一条红绸带，即可装盘食用。此菜形如葫芦，色泽黄亮，酥烂清香，味蕴其中，可作宴席上的一道主菜。

八宝鲫鱼　将八宝馅料放入鲫鱼腹腔内进行烹制的传统名菜。主料：鲫鱼一条、猪夹心肉。辅料：香菇、冬笋、葱、姜、黄酒、白糖等。制作方法：洗净鲫鱼，去鱼腔黑腹，用酱油、料酒、盐腌制待用。将猪夹心肉剁成肉茸，拌入切碎的香菇、冬笋等辅料，加入葱姜末、黄酒、盐、白糖，调成八宝肉馅，装入鱼腹腔。炒锅置于大火上，烧热，用少量油滑锅，再放适量油，将鲫鱼推入锅内，两面煎至略呈黄色时，加入料酒焖一两分钟，再加入盐、白糖、姜末、汤水，以大火烧开，再以小火焖约20分钟，放入水淀粉、麻油做成的汤卤淋于鱼身，撒香葱即可出锅。

刀板香 绩溪名人胡宗宪命名的传统徽菜。传说明兵部尚书胡宗宪返绩溪龙川，拜访恩师，师母在家中为胡宗宪烹制了一道菜肴。即将腌制的整块腊肉放于干笋上一同蒸煮，待干笋和腊肉都蒸熟后，将整块腊肉放于刀板上，切成约2厘米厚的薄片，散发着热气的腊肉片，裹挟着淡淡的刀板香，味道鲜香，胡宗宪即将这道菜命名为"刀板香"。用料：腊肉、冬笋。制作方法：将冬笋切成条状或块状，与整块腊肉一同蒸煮，待腊肉煮熟后取出，稍冷却，然后将保持有一定热度的腊肉放在香樟木刀板上，最后切成约2厘米厚的薄片装盘即可。此菜腊肉中散发出淡淡的刀板香，并带有冬笋的鲜香，是一道风味独特的传统菜肴。

*刀板香

三叶粉蒸石斑鱼 以石斑鱼为主料制作的传统菜肴。石斑鱼是产于徽州乡间的野生淡水鱼，鱼身呈灰褐色，并有黑色斑纹，鱼体不大，故多以全鱼烹饪入席。用料：石斑鱼、荷叶、紫苏叶、南瓜叶、籼米粉、火腿等。制作方法：石斑鱼去内脏，洗净，用少许盐拌匀放入大碗，再用籼米粉拌匀；在蒸笼底部自下而上分别铺南瓜叶、紫苏叶、荷叶；把用籼米粉拌好的石斑鱼，整齐地放在三种叶子上；将火腿切成丝状，撒在鱼上，上笼用大火蒸约15分钟，原笼上桌。三种叶子香味互相渗透，鱼肉鲜嫩离骨，清凉解暑，滋补宜人。

三丝鸡卷 传统菜肴。用料：鸡脯肉、火腿、香菇、冬笋等。制作方法：将火腿、香菇、冬笋切丝，作鸡卷的馅料，其他烹调方法与"炸熘鸡卷"相同。此菜外酥内软，味道鲜嫩。参见757页"炸熘鸡卷"条。

三虾面 绩溪县旅沪徽菜馆鼎兴楼创制的传统面食。用料：面条、虾脑、虾籽、虾仁等。制作方法：面条煮熟，入碗后覆以虾脑、虾籽、虾仁清炒的浇头菜。汤浓味鲜，可口宜人。

干贝萝卜 徽菜中以萝卜、干贝为原料的一种传统炖菜。徽州民谚云："冬吃萝卜夏吃姜，不劳医生开药方。"主料：白萝卜、干贝、火腿、冰糖、黄酒、淀粉、鸡汤等。制作方法：将干贝洗净放在小碗内，加入黄酒、水，上笼蒸烂后取出，放在汤碗底中间，旁边围火腿片，将萝卜片炸软、捞起、沥油后围放在火腿片四周。加入鸡汤、蒸干贝汤及冰糖、盐，上笼用大火蒸约45分钟后取出。先将原汤汁沥入锅中，另取一汤盘盖在碗上并翻身扣在盘中，锅中原汁加湿淀粉调芡，淋入少量熟猪油，撒上葱末，浇上芡即成。此菜清淡、甘鲜，萝卜与海产干贝同炖，味道互补，汤味清醇。

*干贝萝卜

干笋里脊丝 传统菜肴。主料：大障干笋、猪里脊肉。大障干笋肉厚嫩，以其做菜尤为鲜美。制作方法：将干笋水发后撕成丝，切成5厘米长的笋段，并配入胡萝卜丝、青椒丝。将里脊肉切成丝，拌入调料并上浆后入油锅滑炒，再将切好的笋丝、胡萝卜丝、青椒丝下锅同炒至熟即可。此菜色泽丰富，脆嫩相宜，十分爽口。

干渍菜焖肉 以干渍菜、鲜猪肉为主料烧制的民间菜肴。在徽州民间，每年初春，将新鲜的雪里蕻去掉黄叶，晒一两天后用清水洗净沥干，以盐腌制，放于陶罐内一周，取出晒干制成干渍菜，可作烹饪原料使用。制作方法：将五花肉洗净后切成3厘米见方、1.5厘米厚的肉块。将干渍菜用热水发过后漂去部分咸味，切段待用。锅置于大火上，放植物油及葱姜片入锅煸炒后，放入肉块，随即放料酒及少许盐、酱油翻炒，再加清水，以浸没肉块为宜，待汤汁烧开，改以小火慢炖，至肉块六七成熟时，加入干渍菜段焖烧，收汤，起锅装盘。此菜醇香独特，滋味厚重，不易变质，炎夏时节徽州人常烹制此菜。

*干渍菜焖肉

干锅炖 传统菜肴。用料：猪五花肉、冰糖、料酒等。制作方法：将带皮的猪五花肉切成4厘米见方的肉块，取砂锅一只，用箬叶垫底，放入五花肉（皮朝上），加冰糖、料酒、盐、酱油、姜片入锅，用炭火慢炖，至肉酥烂即可。此菜用炭火烧制，味道浓郁，油而不腻。

干锅烧肉　徽州民间的净肉菜。用料：肥膘适中的猪五花肉、料酒、酱油等。制作方法：取猪五花肉，刮洗干净肉皮，切成3.3厘米见方的肉块。锅置于大火上，烧热后用少量素油滑锅，放葱姜片煸出香味后，投入肉块，加料酒、酱油、白糖等调味品。将锅盖严实，改用小火慢炖2~3个小时至肉酥烂，即可起锅装盘。慢炖时，需提起锅晃动几次，以免肉料粘锅。此菜色泽红润，原味鲜美，肥而不腻，醇浓可口。

*干锅烧肉

大鱼退兵将　见749页"方腊鱼"条。

大睦段糊汤　徽菜汤品。大睦段为婺源县古村落。婺源过年时，一些宗族正月初一在祠堂举行比赛，各户端大盆糊汤上桌，供众人品尝。大睦段的糊汤，味道最为鲜美。主料：籼米粉、糯米粉。辅料：鸡汤、鸡丝、瘦肉、虾米、香菇、木耳、冬笋、豆芽、豆腐等。制作方法：将配料切碎与米粉一同倒入锅中，加水并不停搅动，烧开后即可。粉多则成糊，粉少会成汤，须在这两者之间，才是真正的糊汤。

*大睦段糊汤

叉烧肉　徽帮卤菜中的一种。制作时只用调料，不用配料。主料：猪二刀肉。制作方法：将猪肉切成约16厘米长、3.3厘米宽、1.7厘米厚的条块，两面剞花刀。将葱、姜、料酒、盐、白糖、酱油、五香粉加入清水制成卤汁，把长条肉入卤汁中浸渍1~2个小时。捞出沥干后，入油锅炸两遍，第一遍油烧至五六成热便可放入肉条，余至变色，捞起；待油烧至六七成热时，再炸一次，捞起放入另一锅内，将浸泡的卤汁倒入锅中，以中火将肉焖至可收卤时起锅，冷却后切片即可食用。此菜味道浓郁，咸中带甜，风味独特。

*叉烧肉

马鞍鳝　又称"红烧马鞍桥"。民国时期屯溪"万利馆"创制的传统菜肴。因制作时将鳝鱼从脊背划开，下锅受热后皮缩肉翻，形似"马鞍"，故得名。用料：鳝鱼、熟火腿、笋、葱、蒜、白胡椒、芝麻油等。制作方法：鳝鱼开背剔骨，去内脏，洗净，切成4厘米左右长的小段，放入八成热的油锅内炸至四成熟；将锅中油倒出，笋、火腿、蒜切片，同配好的调味品放入鳝鱼锅中烧至熟起锅；撒葱花、白胡椒，淋芝麻油即成。此菜色泽红润，鱼酥汤浓，味道鲜醇。参见388页"徽州文学"部"马鞍鳝的由来"条。

*马鞍鳝

中和汤　原流行于祁门县一带的传统名菜。民间说法由来有二：一是其主要用料虾米来自望江县中河；二是江西鄱阳境内有三条河入鄱阳湖，唯中河源于祁门闾江，南宋祁门方岳在鄱阳湖畔的星子县为官，常至中河泛舟，捞取中河虾烧豆腐，取名为中河汤。"河""和"同音，后取"和气"之意得名。用料：豆腐、虾米、冬笋、香菇、瘦肉、火腿肉、鲜猪油膏等。制作方法：豆腐、冬笋、香菇、瘦肉、火腿肉切丁；豆腐煮熟过清水，再入虾米及冬笋丁、香菇丁、肉丁、火腿丁稍煮，加盐调味；放鲜猪油膏，小火炖约30分钟即成。此汤清澈鲜嫩，食用时可放葱花、胡椒粉提味。

毛豆腐　又名"油煎毛豆腐""虎皮毛豆腐"（油煎后两面焦黄，形似虎皮）。以豆腐经过发酵，长出茸毛而得名的一道传统名菜。可根据毛的长短及颜色不同分为"虎皮毛""兔皮毛""鼠皮毛"等。虎皮毛,起条,多呈酱黄色;兔皮毛呈白色;鼠皮毛较短,呈灰色。毛的长短、颜色的差异,除豆腐本身品质外,还取决于制作时的气候变化及温度调节。毛豆腐的鲜醇味在于对温度和发酵时间的掌握。传说朱元璋兵败徽州,逃至休宁,饥饿难熬,寻找食物。一随从在豆腐坊内发现了长毛的豆腐,便将其置于炭火上烤,烘烤后的豆腐散发出奇特的香味,朱元璋尝后大加赞赏,毛豆腐因此出名。此后,许多店家仿效制作,毛豆腐便在徽州传开。用料:毛豆腐、葱、姜、蒜、辣椒酱等。制作方法:毛豆腐入平底锅煎炕至两面焦黄,调味烧烩即成。食用时蘸辣椒酱,豆腐"臭"中带香,异常爽口。根据各自不同喜好,毛豆腐还可制作成"红烧毛豆腐""铁板毛豆腐"等。

*毛豆腐

*油煎毛豆腐

*生毛豆腐

凤炖牡丹 传统徽式炖菜的典型代表。流行于徽州与江南一带,是徽州筵席上的一道大菜。用料:鸡、猪肚、火腿等。制作方法:整鸡煮熟代凤,猪肚切成牡丹花状,火腿切丝作花蕊;将以上一并入砂锅,用木炭炖至烂,调味即成。此菜造型美观、汤浓如乳,鸡嫩含汁,猪肚软烂醇香,保持了徽菜原汤、原汁的特点。

方腊鱼 又名"大鱼退兵将"。百姓为纪念方腊智退宋兵而创制的传统名菜。用料:鳜鱼(尤以桃花鳜为佳)、大虾、番茄酱等。制作方法:鳜鱼切下鱼头鱼尾,红烧后放于长盘两端;鱼中段油炸至金黄色,加番茄酱,清汤烧制,放于长盘中间;盘子周边配以12只炸熟的大虾。此菜造型独特,咸鲜、香松、酸甜,一菜多味。这道菜也可采用蒸制的烹调方法制作。参见390页"徽州文学"部"方腊鱼的传说"条。

火烤鳜鱼 徽州山区风味菜肴,是将生鳜鱼调味后,在明火上直接燎烤而成。用料:鳜鱼、花椒、蜂蜜、芝麻油、甜面酱等。制作方法:将鳜鱼从腮部抠出内脏,用经花椒水浸泡的小葱或新鲜荷叶及料酒、姜末填满鱼腹,然后插于烤叉,置炭火上,用小火边烤边翻边刷椒盐水,待鱼腹转黄并溢出香味时,涂蜂蜜烤干,再涂芝麻油。经燎烤的鳜鱼,油亮红润,外焦脆,肉鲜美,配以姜丝、辣椒丝、醋、葱白段、甜面酱等多种调料佐食,回味隽永。

火腿豆腐 传统菜肴。用料:火腿、豆腐等。火腿采用上一年腊月腌制的"陈火腿",且选用火腿的中心部位。用时,必须去掉火腿皮,用清水洗净后,切成薄片。选用的豆腐则以细腻、鲜嫩的水豆腐为最佳,必须先沥去豆腐中多余的水才可使用。制作方法:先在豆腐上铺一层火腿片,接着在铺好的火腿片上撒一些生姜末、大蒜末等,然后放入锅中隔水大火蒸15分钟即可。此菜做法简单,一淡一咸,相互融合,味道醇正。

*火腿豆腐

火腿炖甲鱼 又称"沙地马蹄鳖"。徽州地区传统名菜。甲鱼(当地称"鳖")入菜时以马蹄大小最佳,故称。明初,徽州士绅将马蹄鳖进贡朱元璋,遂为贡品。用料:甲鱼、火腿、香菇、葱、姜、鸡汤、黄酒、冰糖等。制作方法:甲鱼去皮膜、甲盖、爪尾,除内脏,水煮一遍入砂锅;加火腿、香菇、葱、

*火腿炖甲鱼

姜、鸡汤、黄酒，大火烧开，去浮沫，加冰糖；小火炖约一小时即成。此菜汤色清醇，肉烂香浓，丝毫无泥腥气。

火腿炒冬瓜 雅称"琥珀玉片"。传统菜肴。用料：火腿、冬瓜等。制作方法：将火腿肉切成薄片，锅内放素油烧至六成热，放入火腿片煸炒，再放水焖片刻，然后将切好的冬瓜片与火腿片共炒，十几分钟后即成。此菜冬瓜玉白火腿猩红，鲜美可口。

*火腿炒冬瓜

双脆锅巴 民间菜肴。源自徽州乡间。用料：双脆（即猪肚头和鸭肫）、锅巴等。制作方法：猪肚头、鸭肫剞成十字刀花，切小块，以碱、葱、姜配制的冷水泡松；漂净碱味，用水烧开，配鸡汤、香菇、冬笋、火腿片制成汤菜；锅巴在八成热的油锅中炸至金黄，装盘后与汤一起上桌，趁热将锅巴倒入汤中。此菜肚肫脆嫩，锅巴吸收汤汁后酥香鲜美。

*双脆锅巴

双爆串飞 传统名菜。源于徽州山区。主料：山鸡和野鸭的脯肉。辅料：青豆、鸡蛋清、香菜等。制作方法：山鸡和野鸭的脯肉洗净沥干水，剞成十字刀花并做成麻花状，加少许花椒粉、盐腌片刻；锅中煮开水，腌过的肉脯入沸水余烫至变色即捞出，沥水后用蛋清液拌匀；青豆入沸水烫去豆腥味；起油锅，下青豆和葱、姜炒，入脯肉炒至熟，盛盘时挑出葱段、姜片，加香菜调味即可。一菜两禽，白绿相间，形如麻花，风味独特，色、香、味俱全，是冬令食补佳品。

石耳豆腐丸 传统菜肴。主料：鲜肉、豆腐、石耳。制作方法：将鲜肉剁成肉末，与豆腐搅拌成豆腐肉泥，加入姜末、盐等调味品调匀，做成直径约8厘米的丸子，下入沸水中煮沸后，加洗净发软的高山石耳，调味烧煮5分钟即可。此菜豆腐肉丸滑嫩，汤汁鲜美，徽州人家经常用以待客。

*石耳豆腐丸

石耳炖鸡 传统菜肴。用料：母鸡、石耳、火腿骨、葱、姜等。制作方法：母鸡配以火腿骨、葱、姜，小火炖至八成熟；将火腿骨拣出，加入石耳、葱、姜等，以小火炖至鸡肉松烂即可。炖时为使汤味更加浓鲜，加入火腿骨。此菜鸡肉酥烂，汤汁醇厚，保留原汁原味。

*石耳炖鸡

龙爪肉丝 传统菜肴。用料：新鲜野蕨菜、猪肉（咸猪肉、火腿肉更佳）等。制作方法：蕨菜取嫩茎秆，洗净，切段，与猪肉丝合炒。猪肉炒蕨菜，两种食材相合，猪肉的油腻中和了蕨菜的涩味，蕨菜又吸取了猪肉的油腻，味道独特。

冬瓜鱼锅 传统名菜。主料：草鱼、冬瓜。鱼须池塘草鱼。民间制作一般以食客每人半斤（250克）鱼、一斤（500克）冬瓜计料入锅，故有"半鱼斤瓜"之说。辅料：葱、姜、辣椒等。制作方法：将活草鱼剖肚洗净，切成鱼块。炒锅置于大火上，将油入锅烧至七成热，放入葱、姜、辣椒等作料爆炒，随即投入鱼块，加入盐、酱油，翻炒至鱼块成酱红色，即沿锅四周浇入清水，然后加盖以大火烧至鱼块即将收汤时起锅，盛入盘中待用。将冬瓜去皮剖籽洗净，切成冬瓜块。取大号双耳锅一只，放入猪油，烧至七成热，投入冬瓜块，加入适量盐、白汤，翻炒后盖上锅盖烧至六成熟时，将盘中的鱼块均匀铺入锅内的冬瓜上面，将味精兑入清水浇在鱼块上，覆上锅盖，以大火烧至锅内冒气，再以小火焖烧数分钟后即成。此菜味道酥嫩鲜美，而以鲜鱼汤汁煨煮过的冬瓜，更是别有一番风味。

冬瓜盅 传统菜肴。主料：冬瓜、鸡肉、火腿、冬菇、笋尖等。辅料：麻油、料酒、干贝、虾米等。制作方法：将冬菇、虾米、笋尖分别以温水发开。干贝洗净加姜片，调入料酒后在笼中蒸熟，后把干贝用刀压碎。鸡肉、火腿、冬菇、笋尖均切成约2厘米见方的丁块，于水中煮沸后捞起，加入麻油、料酒、干贝碎、虾米、

*冬瓜鱼锅

鸡汤调匀,制成菜料。将一个1 500~2 000克重的冬瓜洗净,切去顶蒂作盖,剜去冬瓜芯,用沸水将冬瓜烫一遍,再放入凉水中漂片刻,然后将菜料倒入冬瓜内,将冬瓜放于大盘中入笼蒸约30分钟即成。此菜用料精细,讲究火候,荤素搭配,味道鲜美。

*冬瓜盅

冬瓜焐火腿 传统菜肴。主料:冬瓜、火腿。制作方法:取肥瘦相间的火腿肉若干,削去外面的腐质层,再将腿肉切成约3.3厘米见方、2厘米厚的肉块,放入沸水锅内煮到六七成熟时,将切好的冬瓜块放入锅内,先以大火炖,待汤汁煮沸时改用小火煨。待闻到陈年腊肉特有的香味和冬瓜的清香即可。此菜的火腿肉味醇厚浓郁,而冬瓜则味道清淡,一荤一素,一咸一淡,连菜加汤,互补其味。

冬笋煨火腿 传统菜肴。相传过去徽州妇女留守家中,思念在外经商的丈夫,每逢阳春三月,将上一年冬天埋在沙里的冬笋取出,带上火腿,乘小船或竹筏探望夫君。船上开始剥笋、切肉,烹制这道家乡菜,船到菜熟。在码头等候的丈夫闻到菜的香味,思念家乡,更感激妻子的真情。用料:冬笋、肥瘦相间火腿等。制

*冬笋煨火腿

作方法:冬笋去壳,洗净,一分为二,切成片状;火腿洗净,切成片,入锅,大火烧开后改用文火,八成熟后加入冬笋,继续用小火炖半小时左右即成。此菜味道爽口,香气沁人,风味独特。

扣三丝汤 徽菜中的汤菜名品。主料:鸡脯肉、冬笋、火腿、猪臀肉(瘦、肥比例为9:1)等。配料:高汤(肉骨汤)、虾米等。制作方法:将猪臀肉的瘦、肥肉分别切丝,用少许盐、水淀粉渍一下,待用。将去皮的鸡脯肉、冬笋、火腿分别切成约5厘米长的细丝,要求长短一致、粗细均匀。取中号碗一只,碗底仰放一枚直径约5厘米的水发香菇,须完整、形圆。再将鸡丝、笋丝、火腿丝叉开排于碗的周围,把瘦肉丝放于其上,最后一层放肥肉丝。然后在碗里放入盐、料酒、白汤,入笼蒸30~40分钟,以菜的多少决定蒸的时间长短。三丝蒸熟后,覆扣于一浅底的汤碗正中。炒锅置于大火上,放入高汤半碗,下入虾米、调料,煮开后,将锅内的汤徐徐倒入碗中,撒上葱、胡椒粉即成。此菜味道鲜美,造型优美。

当归獐肉 徽州山区食疗菜品。用料:獐肉、当归、雪里蕻等。制作方法:獐肉切大块,于冷水浸泡,煮开洗净,再切小块煸炒,去除异腥味;加当归及调料,小火细炖,放雪里蕻提鲜。炖至獐肉松烂、汤汁剩一半,勾芡即成。此菜肉酥味鲜,具有补血、降血压、降血脂之功效。

冲锅面 又名"烂糊面"。传统面食。用料:面条,各种荤、素菜菜肴。制作方法:面条煮熟,倒出多余水分,然后将各种做好的菜肴放入锅中与面条同煮,待菜的味道与面条相容后即可。此面经济实用,有汤有菜,味道鲜美,食用者可根据自己的喜好选择不同菜肴。

米粉糊 见763页"糊汤"条。

如意鸡 原名"路菜鸡"。相传为歙县棠樾村鲍氏家族的私房菜。用料:童子鸡、茴香、丁香、姜、冰糖等。制作方法:鸡宰杀后除内脏,洗净,沥水,鸡腹中填满茴香、丁香、姜、冰糖等,用炭火熏烤而成(如今"如意鸡"烹制方法多改为砂锅炖)。此菜味道醇厚,鸡肉酥烂嫩细。参见394页"徽州文学"部"如意鸡的传说"条。

*如意鸡

红烧马鞍桥 见748页"马鞍鳝"条。

红烧木琴鱼 见751页"红烧瓦块鱼"条。

红烧瓦块鱼 一种形似瓦块的红烧鱼。由武汉徽菜馆的徽厨根据当地食客喜好创制的传

统名菜,以其形似屋瓦而名。相传竟陵学派创始人之一的谭友夏,酷爱丝竹之音,对岭南木片琴尤为钟爱。一日发现去掉头尾的青鱼段酷似木片琴,于是命人顺着鱼肋剖出花纹后红烧佐酒。眼观佳肴,如闻木琴雅韵,又名"红烧木琴鱼"。传至民间,因形似屋瓦,得此名。用料:青鱼、木耳、淀粉、蚕豆等。制作方法:青鱼一条,洗净,去头尾,撒盐稍腌制,待油烧热后,入油锅翻炒,加其他配料和水,旺火烧制数分钟即可。此菜鱼块软嫩透味,芡汁明亮,醇香滑爽,咸中略带酸甜。

红烧石斑鱼 传统菜肴。用料:石斑鱼数条、姜、蒜、辣椒、海鲜酱、料酒等。制作方法:将石斑鱼去鳞,洗净;锅内放适量油,烧七成热,放入石斑鱼滑锅,投入姜、蒜、辣椒、料酒、少量海鲜酱及汤水,以中火焖烧片刻,待收汤即起锅装盘。此菜浓汁赤酱,色泽滑亮,鱼质细嫩,其味醇厚。

* 红烧石斑鱼

红烧头尾 以鱼头、鱼尾为主料烹制的传统菜肴。由上海徽馆的徽厨根据当地食客吃鱼头、鱼尾的嗜好而创制。用料:青鱼头及鱼尾、葱、姜、蒜、淀粉等。制作方法:将青鱼头去鳃并与尾洗净,以少量油滑锅,加葱、姜、蒜调味,以大火红烧几分钟至断生,用水淀粉勾芡即成。这种急烧法是徽菜烹调的独特技艺。此菜未经煎炒,烹饪时间短,鱼水分损失少,皮软柔嫩、本味浓。

红烧果子狸 传统名菜。源自歙县山区。《徽州府志》载:"宋高宗问歙味于学士汪藻,汪藻以梅圣俞诗答:'沙地马蹄鳖,雪天牛尾狸。'"宋高宗听罢,越发感到徽菜深奥,顿生食欲,召厨师烹制,食后龙颜大悦,遂成宫廷美味,列为御膳。用料:果子狸(即牛尾狸,为八珍之一)、徽州雪梨、酱油、冰糖、葱、姜等。制作方法:将果子狸肉切块,入淘米水中浸泡去腥,捞出后用清水冲洗,加酱油、冰糖、葱、姜等调料,由大火烧沸后转小火;加徽州雪梨肉,梨酥烂时,以大火收汁即可。此菜肉色金红、醇香,汤汁稠亮,咸鲜中带甜。

红烧桃花鳜 徽州地区春季时令名菜。用料:新鲜桃花鳜(桃花盛开时的鳜鱼)、五花肉、春笋、鸡汤、葱、姜、酱油、料酒等。制作方法:将桃花鳜去鳞、去内脏,洗净,在鱼身两侧打上菱形刀花,用酱油稍作腌制后,入油炸至色淡黄;五花肉、春笋切丁,同鱼及葱、姜、盐、料酒、鸡汤入锅,小火红烧即成。此菜色红味鲜,鱼肉软嫩。参见92页"文化生态"部"桃花鳜"条。

* 红烧桃花鳜

红烧臭鳜鱼 由臭鳜鱼(即腌鲜鳜鱼)烹制而成的传统名菜。相传200多年前,徽州交通不便,鱼贩将鲜鳜鱼用木桶运至徽州往往需要很多天,为防鲜鱼变质,鱼贩将鳜鱼一层层地放于木桶中,然后按"斤水钱盐"的比例倒入配制好的淡盐水,以将鱼完全浸没为度,上面压一块石头,每天将桶里的水换一次。冬天需浸泡20~30天,夏天浸五六天即可。后来,绩溪徽菜馆师傅发明了干腌法,即不用盐水浸泡,而是将粗粒盐拌花椒炒熟后,擦抹每条鱼的鱼身和两腮,腌制时间仍为冬日长夏日短。经这种方法处理的鲜鳜鱼,鳃呈红色、鱼鳞不脱,闻起来有点臭,但经烹饪后却风味独特。用料:臭鳜鱼、猪肉、笋、姜末、青蒜、熟猪油、酱油、黄酒、白糖、淀粉等。制作方法:将臭鳜鱼除鳞、去鳃及内脏,洗净,鱼身划斜刀花,晾干,用大火以熟猪油将其炸至呈淡黄色,沥油;原锅中放猪肉丁、笋片,把鱼放入,加姜末、酱油、黄酒、白糖、大火烧开;收汁后撒青蒜,用淀粉勾芡,淋麻油起锅即成。经这种烹饪工艺的臭鳜鱼香鲜透骨,鱼肉酥弹,流传甚广。

* 红烧臭鳜鱼

红绿豆腐 传统菜肴。流行于徽州民间。主料：火腿、豆腐及底板菜（小青菜或菠菜等）。制作方法：将火腿、老豆腐分别切成约10厘米长、3.3厘米宽、0.6厘米厚的薄片（火腿可适当再切薄）；将两种薄片交错斜排于中号碗底，碗内放入高汤、调味品，入笼以大火蒸五六分钟；底板菜经过油煸炒后调味，放入蒸好的火腿、豆腐碗内，用菜盘覆于碗上，翻转过来，脱去扣碗，淋上高汤即可。此菜红、白、绿相间，荤素兼备，色泽美观，味道清香。

走油拆炖 徽州民间过节时餐桌上的一道大菜。主料：猪前蹄、青菜。制作方法：取猪前蹄，剔去骨头。洗净蹄肉，入沸水锅内烧煮，5分钟后捞去汤表面的血沫，投入姜块，撒盐，改以文火慢炖，至八成熟时，起锅放于漏勺中，沥去汤汁，皮上用酱油涂抹一遍，稍干后，将蹄肉放入八成热的油锅中炸，并立即盖上锅盖，待听不到锅内煎炸声时，即可掀盖捞出蹄肉，投入温水里浸泡半小时，至蹄皮收缩呈绉纱纹时，再投入锅内，加原汤、料酒、白糖等调料焖烧5分钟即成。取一菜盘，铺上烧好的青菜垫底，然后将烧熟后的猪蹄皮朝上码放于菜上，浇上汤卤即成。此菜色泽酱红，肉质酥烂，肥而不腻，口味醇香。

贡菊酥鸭 传统菜肴。用料：老鸭、笋、冬菇、鸡蛋等。制作方法：老鸭洗净后加入冬笋、冬菇及调料等，入锅炖至酥烂取出，待冷却后，剔尽骨骼，将鸭肉撕成丝，拌入贡菊。以鸭丝贡菊作馅料，用猪网油包成长方形的鸭肉饼，轻压至约1厘米厚，淋上蛋清糊，拍上面包渣，入油锅炸至金黄色后捞出，切成酥鸭片，码放于菜盘中。锅里的原汤、冬笋、冬菇分别盛至各小汤盅中，与贡菊酥鸭一道上桌。此菜一鸭两吃，鸭肉香酥，汤汁鲜醇，并伴有贡菊清香。

苋菜粉肉 流行于祁门县的民间菜肴。用料：苋菜、粉蒸肉等。制作方法：将苋菜拌酱油、味精、细盐，再拌五香米粉为底，上铺肥瘦相间的粉蒸肉，入竹笼蒸熟即成。此菜荤素搭配，油而不腻。

*苋菜粉肉

苋菜糊 徽州民间的夏令食品，一般作为主食。用料：面粉、苋菜、干笋、虾米等。制作方法：将面粉和水搓成半干半湿的小面块，再用刀将小面块斩成面屑。锅里放清水，煮沸；放入干笋丁、苋菜、水发虾米，再煮沸；然后将面屑均匀地撒入锅中，并用筷子不停地搅动，逐渐形成面糊，熟后放入盐、熟猪油等调味品即成。因苋菜汤呈红色，民间传说食之有补血及防暑的作用。

花菇石鸡 源自徽州山区的传统菜肴。用料：花菇、石鸡、姜汁、盐、甜酒、味精、熟猪油、鸡汤等。制作方法：将石鸡腿用开水余一下并洗净，后以姜汁、盐、甜酒、味精腌制入味。水发花菇去蒂洗净，将腌好的石鸡腿排齐于碗中，花菇置其上，加熟猪油、鸡汤，上笼大火蒸15分钟取出，扣入盘中即成。此菜香鲜甜润，酥嫩爽口。

*花菇石鸡

李坑炙肉 起源于婺源县李坑村的传统名菜。始于唐朝，《朱子语类》载："婺源俗，岁暮二十六日，烹豕一只祭家先祖……亦以炙肉及以鱼佐之。"清朝一度列为贡品。用料：猪五花肉、桂皮、茴香、胡椒粉末、白糖、酱油等。制作方法：取五花肉洗净，切成巴掌大小的肉片，用竹条串起来，放于作料中稍浸泡，然后置于燃烧着的米糠灰上方悬空炙烤，烤至肉油滴入火灰即成。烤熟的五花肉，形体收缩，焦黄略红，外脆内松，其味特香。可长时间贮藏，食用时复蒸，香味独特。

杨梅丸子 传统名菜。因菜形、色与杨梅相似，故得名。用料：猪腿肉、马蹄（即荸荠）、杨梅汁、鸡蛋、面包屑等。制作方法：将猪腿肉与马蹄剁成泥状，放于碗内，打入鸡蛋，加盐、适量水搅拌，与面包屑拌匀成馅。肉馅用手挤成杨梅大小的圆球，滚上面包屑。下锅炸至呈金黄色浮起，倒入漏勺滤油；原锅中放适量水，加杨梅汁、白糖、醋、盐等熬制即成。此菜造型美观、酸甜适口。

豆腐肉盒 传统菜肴。用料：鲜肉、豆腐、淀粉、蛋清等。制作方法：先将鲜肉剁成肉泥，加入料酒、盐（略多）拌匀。取普通老豆腐，切成直径约3厘米的圆形豆腐柱，再将其切成约0.6厘米厚的豆腐片。将每片豆腐抹上干淀粉，放适量鲜肉馅，再盖一块豆腐片于肉馅上，做成圆形豆腐盒。将鸡蛋清打匀后，加入适量淀粉调成蛋清糊。锅置于大火上，加入素油烧至五成热时，将豆腐盒逐个粘上蛋清糊，入油锅余至豆腐盒定型封皮，外表呈金黄色时即捞起装盘，浇上鸡汤汁，撒上胡椒粉即成。此菜荤素搭配，制作考究，徽州人逢年过节常以此菜招待客人。

两香问政山笋 源自歙县问政山的时令名菜。《歙县志》载:"春笋以问政山为冠,红籛白肉,坠地即碎。"但问政山春笋不够香,加香肠(即腊肠)、香菇可弥补不足。用料:问政山笋、香肠、香菇、火腿骨、鲜猪骨等。制作方法:笋加火腿骨、鲜猪骨焖烧,中途加香肠、香菇,菜熟后去骨装盘。此菜有红(香肠)、褐(香菇)、奶黄(问政山笋)三色,笋脆嫩入味,有香肠、香菇等混合香气。

＊两香问政山笋

时雨鸡丝 传统茶菜(菜中有茶)。徽州绩溪上庄,为胡适先生故乡,其村西有一海拔千米的上金山,终年云雾缭绕,雨水充沛,盛产高山绿茶,名为"金山时雨"。这种高山茶经冲泡以后,散发出淡淡的兰花香。徽厨善于利用当地土特产作烹饪原料,于是创制此菜。主料:时雨茶、鸡脯肉。制作方法:将一小撮谷雨前的时雨茶,以沸水冲泡开,待用;取徽州的土鸡脯肉,切成丝,用盐、料酒、水淀粉腌制片刻;锅置于大火上,放入适量菜油,烧至六成热后,将鸡丝散入油锅内,煸炒后即将起锅时,将泡开的时雨茶叶带汁倒入锅内同炒即成。起锅装盘后立即入席。此菜鸡丝鲜嫩,茶香沁人心肺,让人食欲大开。

沙地马蹄鳖 见749页"火腿炖甲鱼"条。

沙地鲫鱼 以冬季的沙地鲫鱼为主料的传统菜肴。配料:鸡蛋。制作方法:将鲫鱼洗净,鱼背上刳花刀,抹上盐,塞入葱结、姜片于鱼腹,将鲫鱼放入一深盘中。另取一碗,叩入几枚鸡蛋,加适量水、盐,搅打后将其倒入鱼盘中,上笼屉中火蒸至熟。出笼后,在鱼身及蒸蛋上撒上熟火腿、榨菜或胡萝卜米和葱米即成。此菜鱼肉鲜嫩,富含营养。

鸡蛋饺 传统菜肴。用料、制作方法基本与"鸭蛋饺"相同,唯独所用为鸡蛋而非鸭蛋。参见758页"鸭蛋饺"条。

青鱼划水 源自绩溪县的传统名菜。鱼在水中以尾巴划动而畅游行进,绩溪徽厨则将以鱼尾为主的菜称"划水",当地方言中"划"和"发"音近,象征吉利。用料:青鱼鱼尾、料酒、姜末、酱油、白糖等。制作方法:斩青鱼鱼尾,需连尾带肉13~17厘米长,每块鱼尾纵向斩成数块;炒锅置于大火上,以少量油滑锅,放猪油,入葱段炒出香味,捞弃;推鱼尾入锅,整齐排放,不能堆砌;烹饪时,端锅晃滑几次,以免鱼皮粘锅;双面煎制,放入料酒、姜末、酱油、盐、白糖和高汤,加盖煮沸,移至小火焖烧5分钟,即将收卤时,将炒锅移至大火上,边勾水淀粉边晃动炒锅,淋上麻油,出锅。此菜鱼肉鲜嫩,醇浓入味。

＊青鱼划水

青鱼肚裆 传统徽菜中一鱼多吃的一种做法,徽州普通百姓家中也常做此菜。用料:鲜青鱼一条、姜末、酱油、白糖等。制作方法:将鲜活的青鱼洗净后,去头尾,剔背肉,留下肚裆(青鱼腹部的肉),切成约长5厘米、宽3.3厘米的肚裆块;炒锅置于大火上,烧热后以少量油滑锅,再放入适量油烧热,加入葱段煸炒出香味后,将葱段捞出。推入肚裆块,端锅后再加姜末、酱油、白糖,以大火烧开,在小火上焖4分钟后,再将锅置于大火上,以水淀粉勾芡,颠炒后淋上麻油,撒香葱米、胡椒粉即可。此菜色泽棕红,味道醇厚,鱼肉鲜嫩。

青螺炖鸭 传统菜肴。源自徽州民间。用料:鸭、青螺、火腿、香菇、葱、姜、冰糖等。制作方法:将鸭宰杀去毛,从脊背处抠除内脏,洗净、沥干,放入冷水锅中煮开后捞起;放于砂锅,加水淹没,大火烧开,撇去浮沫,转小火炖至六成熟,加盐、葱段、姜片、冰糖炖至九成熟;青螺反复换水洗净,去除沙泥,与火腿丁、香菇丁共同放入砂锅,大火烧10分钟左右;捞出炖熟的鸭子,剔去大骨,保持原形;取大汤碗一只,放大骨垫底,上置鸭肉;拣除砂锅中的葱、姜,捞出青螺、火腿、香菇放于鸭肉上,浇鸭汤即成。此菜原锅清炖,汤醇鸭香,青螺鲜嫩,色绿如翡翠。

青螺炖鞭笋 传统菜肴。用料:青螺、鞭笋、火腿、冬菇等。制作方法:将青螺肉与切斜刀块的鞭笋,配以火腿丁、冬菇丁入砂锅,加冰糖,小火炖至鞭笋由白转黄即成。此菜青白相间，味鲜醇美。

苦斋火腿 民间菜肴。苦斋菜是生长于徽州丘陵的一种野菜，有清凉去火的作用，徽民常用它作夏令佳肴食用。新鲜苦斋菜有苦涩味，一般都是晒干备用。将采回的新鲜苦斋菜洗净后，在沸水锅中氽一遍，然后放入木盆，浸泡半天，再捞起晒干存放。用料：苦斋菜、火腿等。制作方法：取苦斋菜以温水发开，经高汤（一般为火腿、咸肉汤）调煨。取中号碗一只，碗底铺上火腿片，再将煨过的苦斋菜放于碗中，入笼屉蒸15分钟后出锅，在碗上盖一菜盘，将碗翻过来，菜入盘中，火腿在菜上。野菜与火腿同烧，其味互补，香气四溢。

板栗饭 民间主食。主料：糯米、板栗、五花肉。制作方法：取糯米若干，以清水浸泡三四小时待用。板栗若干脱壳、去衣膜后洗净。锅置于大火上，放少许素油，烧至八成热时，将切成片的五花肉下锅，翻炒至肉片出油，即将板栗入锅，同时加入盐等调料，放入适量清水焖烧，待板栗六七成熟时，将糯米均匀地铺于板栗上，再放清水，以浸没糯米为度，撒上适量盐，盖上锅盖，先以大火急烧，待米饭煮沸后，改以小火焖烧，待闻到饭香时，撒味精及韭菜段，用锅铲将板栗米饭翻炒、搅匀，再焖烧三五分钟，一锅以玉白色、金黄色、翠绿色构成的板栗饭就做成了。此饭糯米绵软、酥烂，板栗咸中带甜，口感极好，颇富营养，是一种集色、香、味于一体的理想主食。

板栗蒸鸡 徽州人家春节期间的传统菜肴。用料：母鸡一只，板栗、小葱、姜、酱油、绍酒、冰糖等。制作方法：将宰杀好的鸡从脊背处剖开，取出肠杂，洗净鸡腔。板栗用刀剖开，下冷水锅煮至壳裂栗肉露出，剥壳除衣膜待用。用刀后尖在鸡肋骨处扎几下（不扎破皮），在鸡大腿内侧用力划一下，投入开水锅中煮至鸡皮绷紧，浮沫飘起，迅速捞出沥水，趁鸡皮尚热时，涂抹一层酱油。炒锅置于大火上，放入菜油，烧至七成热时，将抹过酱油的鸡下锅，至鸡皮呈金红色时捞出沥油。取大碗一只，放入葱、姜，将鸡脯向下放入碗中，摆上板栗肉，加入盐、冰糖、绍酒、鸡汤，上笼用大火蒸至鸡肉熟烂时取出，反扣在盘中即成。此菜鸡色红，板栗黄，鸡肉香酥、味醇，板栗绵软。

*板栗蒸鸡

虎皮毛豆腐 见748页"毛豆腐"条。

净炒蟹粉 民间菜肴。此菜由当年江浙一带的徽菜馆创制。主料：蟹肉（江浙一带称蟹肉为蟹粉）、肥膘肉等。制作方法：取河蟹数只，剥出蟹肉、蟹黄、钳肉和脚肉。另取少许肥膘肉，剁成肉米。锅置于大火上，烧热后以猪油滑锅，用适量猪油烧热，投入葱花，煸出香味，倒入蟹粉、肥膘肉米、姜末同炒。再加入黄酒、酱油、盐、白糖、高汤，烧至即将收卤时，勾入水淀粉推匀，淋上猪油及适量米醋，翻炒后出锅装盘，撒上胡椒粉。此菜色泽金黄，鲜味浓郁。

卷筒粉蒸肉 传统菜肴。主料：猪二刀肉、豆腐皮等。制作方法：将猪二刀肉切成一头带皮的长薄片儿，加酱油、料酒、白糖等调料腌制，拌入五香炒米粉；将豆腐皮泡软，铺于蒸笼上；肉片卷成圆筒状，整齐地立于豆腐皮上，以大火蒸熟，原笼入席。此菜味厚浓香，肥而不腻，豆腐皮渗入肉香，香鲜耐嚼。（在肉卷上包上糯米，外包箬叶，味道更香。）

*卷筒粉蒸肉

炒青鱼片 传统菜肴。用料：青鱼一条、香菇、鲜笋等。制作方法：将青鱼洗净，斩头去尾，剥皮剔骨后，将鱼肉块顺纹路切成长方形的鱼片，加入适量黄酒、盐拌渍，然后用鸡蛋清、干淀粉上浆待用。将香菇、鲜笋切成薄片（如用冬菇、冬笋味道更佳）。炒锅置于大火上，用油滑锅后，再放入适量菜油烧至五成热，将浆渍过的鱼片散开抖入油锅中，炸至鱼片呈玉白色时，捞入漏勺，沥去油。锅内留少许油，放入菇、笋片煸炒后，加一大勺高汤及黄酒、盐、味精，翻炒几下，将漏勺内的鱼片倒入锅中，加水淀粉，再淋上热油，翻炒几下即可装盘。此菜色调柔和，肉质鲜嫩。

炒板子豆腐 民间菜肴。板子豆腐是由徽州山野间的板托树果实制成的。用料：板子豆腐、葱花、蒜米等。制作方法：锅置于大火上，放入植物油，加姜片煸炒出香味，然后取一大块板子豆腐，切成约3厘米见方、2厘米厚的豆腐块放入锅中，随即调入盐、葱花、蒜米、味精，放少量水滑锅翻炒后，淋上油，撒胡椒粉即成。因板子豆腐是熟料，故翻炒时间不宜过长，只要入味便可起锅。此菜口感滑嫩，别具风味。

炒粉丝 又名"绩溪炒粉丝"。民间菜肴。用料：粉丝、半瘦半肥肉、干笋（鲜笋亦可）、豆腐干、辣椒等。制作方法：将粉丝用热水泡软待用，将肉、干笋、豆腐干、辣椒切丝待用。先将肉丝入锅，加盐煸炒出油后，放入笋丝、豆腐干丝煸炒至七分熟，放入泡好的粉丝，加盐、酱油并放少许水焖烧数分钟，待汤汁即将收完时，放辣椒丝翻炒并撒上葱花即可出锅。此菜制作简单，粉丝柔软，味道爽口，是深受欢迎的一道家常菜。

*炒粉丝

油淋仔鸡 传统菜肴。用料：仔鸡、料酒、酱油、姜丝、葱花等。制作方法：将鸡去内脏洗干净，去头，斩成约长5厘米、宽3.3厘米鸡块，以椒盐、料酒、酱油、姜丝浸渍10分钟；然后投入七成热的油锅，将鸡块炸至半熟后捞起待用。将锅中菜油烧至八九成热后，再次投入鸡块炸至金黄色，沥油后装入盘内。锅置于大火上，放适量麻油烧热，入葱花煸炒，连油带葱花淋于鸡块上即成。此菜色泽艳丽，葱油香醇，肉质鲜嫩，鸡骨酥脆。

油煎毛豆腐 见748页"毛豆腐"条。

细沙炸肉 又称"徽州圆子"。源于歙县的传统菜肴。用料：肥膘肉、橘饼、蜜枣、青梅、鸡蛋、淀粉等。制作方法：熟肥膘肉、橘饼、蜜枣、青梅等切细丁，拌入白糖、桂花，做馅心；生鸡蛋、肥膘泥、水淀粉、膨化米拌匀，包馅心做成乒乓球大小圆子，用油炸熟后浇上卤汁即成。此菜色泽金黄，外酥内软。

春卷 徽州百姓春节期间餐桌上的一道必备菜。春卷的起源与养蚕业有关，最初，古人在立春这一天，只是鞭牛，民间有"得牛肉者宜蚕"的说法。在南方，人们在立春日，除了鞭牛外，还要用面粉擀成薄皮包上馅料，做成蚕茧形状的食品，称之为"面茧"，后来在流传过程中称为"春卷"。用料：面粉、馅料（馅料一般可根据各人喜好而定，多数有肉丁、切碎的蔬菜、豆干、冬笋等）。制作方法：将面粉加水制成面浆，在平底锅上摊成春卷皮，然后包馅料，下锅炸成金黄色捞出装盘即成。此菜色泽金黄，香脆爽口。

胡适一品锅 见746页"一品锅"条。

相思笋 徽州地区节日期间传统菜肴。主料：冬笋、鲜肉。制作方法：取10厘米长的冬笋，削去笋

*春卷

尖，除尽笋衣，下沸水焯过后以旋刀将其切剥成长形大薄片，再将大笋片切成约长5厘米、宽3.3厘米的小笋片。将鲜肉剁成肉泥，加入盐、味精、料酒、水淀粉拌匀。在笋片上拍干淀粉，抹上鲜肉馅，再盖一个笋片，做成笋盒。在鸡蛋清中加入适量淀粉，调成蛋清糊，在每一个笋盒外敷上蛋清糊。锅置于中火上，待油烧至五成热，放入笋盒，炸至封皮，笋盒起锅；待油锅内的油温升至七成热时，再将笋盒下油锅炸至外观呈金黄色后捞起装盘。锅内放适量高汤，调好味后，勾水淀粉制成玻璃芡，浇于笋盒上即成。此菜造型美观，外脆里软，别具风味。

面皮汤 见762页"蝴蝶面"条。

面拖石斑鱼 传统菜肴。用料：石斑鱼（须取体型小的）、面粉、鸡蛋、姜、蒜、辣椒粉等。制作方法：石斑鱼洗净，将面粉加适量水、鸡蛋液，搅匀成面糊；将洗净的石斑鱼放入面糊，粘满面糊后下油锅煎炸，待两面金黄即可。此菜外脆里嫩，可作下酒菜。

面拖黄鱼 亦称"面拖黄鱼条"。传统菜肴。原料：黄鱼（以500克左右为宜）、料酒、胡椒粉等。制作方法：洗净黄鱼，斩去头尾，将鱼身剖开后，切成约长5厘米、宽4厘米的黄鱼条，先以盐、味精、料酒、胡椒粉等调料腌制；以面粉、发酵粉加水调成粉浆待用。锅内放麻油烧至五成热，将粘满粉浆的黄鱼逐一放入锅内氽至鱼条外粉浆封皮时取出。油锅烧至七成热，将鱼条全部投入其中再炸，用漏勺翻动鱼条，使其均匀受热，至鱼条呈金黄色时捞起，沥油装盘。此菜色泽金黄，鱼香醇浓，外层酥脆，鱼肉鲜嫩。以番茄酱或甜面酱蘸食，味道更佳。

面拖黄鱼条 见756页"面拖黄鱼"条。

面鱼汤 又称"桃面鱼""螺丝块"。最早流行于绩溪一带的传统面食。用料：面粉、山蕨菜、干笋、蔬菜（一般为南瓜及叶类蔬菜等）等。制作方法：将山蕨菜、干笋、蔬菜等加汤煮熟；将面粉与水调成糊状，加盐拌匀，用筷子沿碗口将面糊刮入菜汤中煮熟即成。此面食可临时制作，味美有嚼劲，耐饥。

虾子蹄筋 传统菜肴。主料：油发猪蹄筋、鲜虾（即虾子），入锅比例为3:1。制作方法：先将油

发猪蹄筋用热水浸泡片刻，再放入温水浸泡2小时，至蹄筋软透。撕净蹄筋外包膜，入温碱水中用力捏去油质，反复洗几次后，挤干水分，切成约3厘米长的筋段。鲜虾用黄酒浸渍，除去腥味后捞起待用（如果用干虾，则要水发回软后再用黄酒浸渍）。炒锅置于大火上，放适量猪油，入葱段煸出香味后捞出，随即放入虾，加酱油、白糖及高汤翻炒，再放入蹄筋，焖烧5分钟至蹄筋入味，勾水淀粉，加少许热油颠翻几次即可出锅装盘。此菜蹄筋色泽黄亮，质感软中带韧，虾子味鲜，营养丰富。

虾仁锅巴 传统菜肴。主料：虾仁、锅巴。配料：青豆（或嫩蚕豆）、胡萝卜。制作方法：将炒锅烧热，滑油，将以少许盐、味精、干淀粉浆渍过的虾仁入锅滑炒后，起锅入漏勺沥油。锅内放鸡汤、青豆、虾仁、胡萝卜丁及调料，煮片刻后以水淀粉勾薄芡。取另一锅放油，烧至八成热，投入干锅巴，炸至略显金黄色时出锅沥油后装盘。将锅巴与虾仁卤同时上桌，以热卤浇于热锅巴上，发出"噼嚓"的响声（抗日战争时期，上海徽馆的徽厨曾称此菜为"炸东京"）。此菜色泽丰富，汤卤鲜美，锅巴酥脆香糯。

香菇板栗 传统菜肴。用料：徽州山区的特产板栗、香菇等。制作方法：将板栗与香菇合烧调味而成。此菜呈黄褐色，酥香脆嫩，清鲜爽口。

香菇金鱼 徽州传统工艺菜。香菇以徽州黟县所产为佳，据元吴瑞《日用本草》载，香菇有"益气不饥、治伤破血"之功。用料：鱼肉、肥膘肉、青豆、香菇等。制作方法：将鱼肉、肥膘肉剁成细泥，加调料搅拌成馅；用12只汤匙作模具，填入馅心作鱼身，镶上青豆作鱼眼，用香菇作鱼鳍、鱼骨等，入笼蒸熟，脱去汤匙，另加鸡汤、青菜丝勾芡，淋明油而成。此菜形似金鱼，鱼肉嫩而油润，味道鲜美。

香菇盒 徽州民间传统菜肴。用料：香菇、猪前夹肉、鸡蛋、干淀粉、鸡汤等。制作方法：将猪肉剁成肉泥加料酒，放盐、白糖、鸡蛋清搅拌待用；水发香菇洗净去蒂，用鸡汤煨透待用。取一个香菇，抹上肉馅，然后盖上另一个香菇，上笼蒸10分钟后，取出装盘，浇上芡汁即可。此菜形如初放的灵芝，入口醇香，象征"和合如意"，徽州人在喜庆之时多选用这道菜。

炸扣肉 传统菜肴。徽州民间逢年过节常做此菜。用料：猪五花肉、蛋清、水淀粉等。此菜有净肉的，也有加配料的。制作方法：将猪五花肉（肥膘不宜太厚）切成约3.3厘米见方的肉块，用盐、味精、蛋清、水淀粉拌和，渍片刻后入六成热的油锅内煎炸至外表封皮。将炸好的肉块码放于中号碗内。码放第一层时，要将猪肉皮紧贴于碗，置于笼中蒸半个小时左右。出锅后，用一个比碗口大的盘子盖于碗上，再将碗翻转过来，脱开肉碗，扣肉便如馒头一样覆在盘中。用高汤熬制适量的鲜卤汁，浇于肉上，撒上葱米、胡椒粉即成。如果做混菜扣肉，则在第一层肉块于碗中码放好后，第二层放上已烧至半熟的豆角干或冬笋片、梅干菜，这样做成的扣肉即称"角豆干扣肉"或"冬笋扣肉""梅干菜扣肉"。一般徽州人喜欢做混菜扣肉，因为荤素搭配，油而不腻，味道更佳。

炸熘鸡卷 传统菜肴。主料：鸡脯肉、火腿、虾茸。配料：冬笋丝、香菇丝、蛋清、葱、姜等。制作方法：将鸡脯肉用刀切成约长5厘米、宽3.3厘米的薄片，将火腿切丁，与虾茸加入适当的调料后拌成馅，用薄鸡片逐一包卷馅心制成鸡卷，码放于盘内。将蛋清调入干淀粉，搅匀后制成薄蛋糊。炒锅置于大火上，倒油烧至四五成热时，将鸡卷逐一抹上蛋糊后入锅煎炸，至封皮后捞入漏勺中，油锅再于大火上烧至六成热，将蛋卷倒入锅内，轻轻翻动，复炸至淡金黄色时，捞入漏勺，沥去油。炒锅中放少量油，烧热后放入葱姜煸炒，再放入冬笋丝、香菇丝等配料及调料共炒，然后放入鸡卷，随即将高汤、米酒、料酒、盐、水淀粉调制的卤汁从四周缓缓倒入锅中，轻轻颠翻几下，待即将收卤时，浇上熟油起锅装盘。此菜外酥内软，味道鲜嫩。

烂糊面 见751页"冲锅面"条。

荷叶包鸡 传统菜肴。用料：仔鸡、五香粉、鲜荷叶、白糖、甜米酒等。制作方法：将鸡去骨（一般为整鸡，也可切块），加入盐、白糖、酱油、甜米酒、熟猪油拌匀，稍加腌制，15分钟后加炒米粉、五香粉和少许水拌匀，上笼蒸熟取出。然后包上荷叶，装入碗内或器物中，复上笼用旺火蒸3分钟左右取出，剥出荷叶，上桌即成。此菜鸡肉鲜嫩，保持原味，荷叶清香渗入鸡肉，香气诱人，为夏令佳肴。

*香菇盒

*荷叶包鸡

桂花肉 传统菜肴。用料：猪肋肉、鸡蛋清、干淀粉、黄酒、葱花、酱油等。制作方法：将猪肋肉洗净后，以平刀法将肉片切成厚约0.6厘米的大薄片，用刀背轻敲其肌理，使其肉质疏松，再改刀切成约6厘米长、5厘米宽的肉片。将肉片放入碗里，加黄酒、葱花、酱油、鸡蛋清、干淀粉、盐搅成厚糊，用手将肉片与厚糊调拌均匀。炒锅内放适量油，烧至五六成热时，将挂糊肉片逐片散入油锅内，并用漏勺不停翻动肉片，至肉片封皮，并呈淡黄色后捞起沥油；再将锅内油烧至八成热，将肉片入锅略煎炸后，肉片外皮呈金黄色时快速用漏勺捞起即成。如将炸好的桂花肉放入糖醋卤锅内翻炒后起锅装盘，即成糖醋桂花肉。此菜色泽金黄，外脆里嫩，风味独特。

*桂花肉

桃面鱼 见756页"面鱼汤"条。

鸭蛋饺 传统菜肴。一品锅中的主要配菜。用料：瘦猪肉、茭白笋、虾米、菠菜、水豆腐、鸭蛋、面粉等。制作方法：瘦猪肉、茭白笋、虾米及菠菜、水豆腐剁成末状，调匀制成馅料；鸭蛋与面粉加水调匀做蛋糊（也有不加面粉，用纯鸭蛋糊）；以中火将锅烧热，用一块肥膘在烧热的锅内来回擦几圈，锅底便粘上了猪油；舀一汤匙蛋糊倒入锅里，并迅速摇晃转动铁锅，使锅内蛋糊均匀地分布于锅底，制成蛋皮。接着，舀一汤匙馅料放于蛋皮的一边，用筷子夹住蛋皮的另一半覆盖于馅料上，再用手指轻轻地将蛋皮黏合处撅实，一只鸭蛋饺便做成了。手艺精巧的，每只鸭蛋可做七八张皮，且厚薄匀称，不焦不破。鸭蛋饺做成后，可作配菜食用，其味鲜美。

笋菇素肉 传统菜肴。用料：冬瓜、干笋、香菇、高汤等。制作方法：将冬瓜剖开，去籽削皮后切成约6厘米见方的冬瓜块（4块或6块），在冬瓜块上划十字花刀至三分之二的深度。锅置于大火上，放适量油，烧至五成热，放入冬瓜块，炸至五成熟时捞起。锅内底油烧热，将干笋、香菇切成末入锅中煸炒，加入酱油、盐等调味品（略浓），炒出香味后，将冬瓜块排放于锅内，加入高汤焖烧至冬瓜酥熟出锅。把冬瓜块整齐地码放于盘内，笋、菇末带汤汁浇于冬瓜块上即成。此菜造型美观，形似肉块，色泽红润，酥嫩可口。

鸳鸯冬菇 传统菜肴。当年流行于各大徽菜馆。主料：冬菇、猪腿瘦肉、蔬菜（用菠菜、青菜心等绿叶蔬菜均可）。配料：鸡蛋、水淀粉、料酒、姜末、盐。制作方法：选用直径约3.3厘米，大小均匀、完整的冬菇24只（可视情况而定），剪去菇蒂洗净，用清水发开，沥干水待用。瘦肉剁成肉茸，调入盐、料酒、姜末、鸡蛋清、水淀粉后搅匀。将12枚冬菇仰放，逐一拍上干淀粉，用汤匙将肉茸装入每个冬菇中，再用剩余12枚冬菇分别覆于盛有肉茸的冬菇上，组成冬菇盒（故此菜又有"和合冬菇""冬菇盒"之称）。12只冬菇盒做好后，码放于盘子，盘内放入用冬菇水及调料制成的汤汁，入笼以大火蒸15分钟。取另一只盘子，铺上蔬菜，再将蒸好的冬菇盒码于蔬菜上，将蒸香菇的汤汁入锅，勾入水淀粉后浇于盘中菇盒上即成。此菜造型美观，有荤有素，味道鲜美。

*鸳鸯冬菇

粉蒸肉 民间菜肴。用料：猪肉、米（籼米或糯米）粉、米酒等。制作方法：猪肉切块，加盐、酱油，掺少许米酒，拌匀略置片刻；肉粘匀米粉，上笼蒸熟即成。食用时可撒香葱，亦可掺萝卜丝粉蒸。此菜有肉有粉，肥而不腻，是徽州人餐桌上的一道传统菜。

粉蒸鸡 源自婺源民间的传统菜肴。用料：鸡、米粉等。制作方法参见758页"粉蒸肉"条。

*粉蒸鸡

粉蒸鱼 源自婺源民间的传统菜肴。用料：草鱼（或鲇鱼）、米粉等。制作方法参见758页"粉蒸肉"条。

粉蒸猪蹄 源自婺源民间的传统菜肴。用料：猪蹄、米粉等。制作方法参见758页"粉蒸肉"条。

*粉蒸鱼

*粉蒸猪蹄

剥皮大烤 徽菜中的净肉菜。用料：猪臀肉、葱、姜、红腐乳等。制作方法：将猪臀肉剔骨，去皮带膘，切成约长5厘米、宽4厘米、厚0.6厘米的大肉片。炒锅置于大火上，用少量菜油滑锅，再放入适量菜油烧热，放入肉片煸炒至肉片卷缩变色，外膘封皮；然后放入料酒、肉汤、葱结、姜片等烧2分钟后，改小火焖30分钟；拣去葱结、姜片，加入红腐乳汁、白糖等，再焖5分钟后，勾入水淀粉，翻炒颠锅后淋上适量麻油起锅装盘。此菜是传统徽菜中的一种，当年上海徽馆应当地食客要求，烹调时不放盐，而放腐乳汁及白糖，故菜偏甜，色如玫瑰，肉质酥烂。

黄山炖鸽 传统菜肴。用料：野鸽、山药、鸡汤、料酒、冰糖、葱、姜、熟鸡油等。

制作方法：将野鸽肉洗净，山药切片，共同放入汤钵，加鸡汤、料酒、冰糖、葱、姜等调料，入笼蒸约1.5小时，在鸽子上淋一层熟鸡油即成。此菜汤清肉烂，山药绵香，滋润爽口。

*黄山炖鸽

黄齑豆腐 民间菜肴。用料：青菜、豆腐、冬笋、辣椒等。制作方法：将青菜洗净，入锅至水沸捞出，放于木桶内，用石头压两三天后菜叶呈黄色，且略带酸味。将处理好的青菜略切数刀，放入烧好的豆腐中，加冬笋、细辣椒皮等，调味稍煮即成。此菜酸中带辣，颇为爽口。

菊花冬笋 传统菜肴。用料：青鱼肉、肥膘肉、火腿、冬笋、鸡蛋、绿叶蔬菜等。制作方法：将冬笋切成柳叶片，蒸熟；将青鱼肉、肥膘肉剁成肉泥，加鸡蛋清及盐等调料，做成圆饼；以冬笋片作菊花瓣斜插于饼上（共4层），火腿末作花蕊，蔬菜叶作菊花叶；经蒸煮、勾芡即成。此菜看上去如朵朵盛开的菊花，鱼饼洁白松软，笋片脆嫩，汤鲜味美。

菊花锅 徽州著名的功夫菜。传说一日屯溪"紫云楼"菜馆的宴席上，劲风将席边盆景的菊花瓣吹入火锅中，散发馨香，宾客遂摘菊花瓣，投入火锅，并得名"菊花锅"。此菜曾传入京城，列入宫廷食谱。用料：鸡肫、瘦猪肉、鱼肉、鸡蛋、鲜虾、虾米、熟火腿、干粉丝、菠菜、熟笋、腌雪里蕻、香菇、绍酒、葱汁、姜汁、鸡清汤、酱油、芝麻油、菊花等。制作方法：鸡肫切成薄片，摆牡丹花形；瘦猪肉切长薄片，摆喜鹊和梅花形；香菇洗净、去蒂，切成丝，作梅花枝干；鱼肉切薄片，摆松鼠形；鲜虾洗净，除头壳，留尾部壳尖，摆金鱼形。将以上生坯分别摆放于四只碟中，用葱汁、姜汁、绍酒浇于生坯。干粉丝入油锅略炸捞出；菠菜、鸡蛋洗净，各放于盘中；笋、火腿切片，雪里蕻切成3~4厘米的段，同虾米、盐、鸡清汤一同放入砂锅，烧开后倒入火锅，连同以上生坯盘上桌摆好。待锅中汤烧开，夹取生坯烫熟，蘸芝麻油、酱油食用。生坯烫食完后，油炸粉丝入锅，将鸡蛋打入锅内煮熟，连汤食用。食用过程中可不时往火锅内撒入菊花瓣。此菜用料丰富，制作考究，有荤有素。

*菊花锅

菇熘鱼皮 传统菜肴。用料：青鱼（或草鱼）、花菇、姜汁、高汤、料酒、酱油等。制作方法：将青鱼洗净，斩头去尾，取下带肉的鱼皮，在鱼皮上剞上浅花刀，再切成约3厘米见方的鱼皮块，然后用姜汁、料酒、酱油腌制后上浆。热锅冷油烧至四成热时放入鱼皮块，烧熟后捞出。花菇水发后切片，加调料滑炒，倒入鱼皮块共炒，然后加高汤，勾水淀粉，淋上麻油即可起锅装盘。此菜鲜嫩可口，香味袭人。

蛏干烧肉　传统名菜。用料：猪五花肉、蛏干、笋（鲜笋、干笋均可）、火腿等。制作方法：将猪五花肉切成长方块，先红烧至五成熟，将蒸熟的蛏干连汤汁加入，并配以笋片、火腿及调料，继续烧烂而成。此菜色泽酱红，蛏干与肉同烧，更显鲜美。

银芽火鸡　传统名菜。用料：鸡脯肉、火腿、黄豆芽、料酒、姜汁、淀粉等。制作方法：将鸡脯肉切丝，用料酒、姜汁、盐、水淀粉浆渍。取火腿切成丝（此菜中的火腿丝作点缀提鲜用，数量可少于鸡丝），另取黄豆芽若干，摘除豆瓣、根蒂，过一遍沸水后，于漏勺中沥水。锅置于大火上，放适量猪油，烧至五成热，鸡丝入锅煸炒约3分钟，放入火腿丝共炒2分钟，再放入豆芽、盐，经翻炒后即成。此菜条形统一，色泽和谐，荤素搭配，腌鲜共炒，相得益彰。

馄饨鸭　传统名菜。由徽厨于清末在上海创制。据传当年有位徽厨偶然将徽州传统小吃"深渡包袱"（类似馄饨，形如包袱，但包馅时搭口处不严，下高汤煮时易吸汤汁）放入汤菜，使筵席大菜与小吃合二为一，深受顾客欢迎，从而创出此道徽菜名馔。用料：鸭子、鲜肉馄饨、葱等。制作方法：清炖全鸭一只，放20只左右馄饨，煮至馄饨浮起，撒以葱段儿即成。此菜取意"春江水暖鸭先知"，菜、汤、点心合一，别具风味。

*馄饨鸭

焖粉　徽州民间的一种宴席食品，既可当菜又可作主食。用料：熟米粉（籼米拌以茴香、桂皮等共炒后，磨成适度粗细的熟米粉）、干笋、火腿（或鲜肉）、豆腐干、虾米等。制作方法：将干笋、火腿、豆腐干切丁，与虾米共同放入锅中煮沸，将熟米粉缓慢、均匀地撒入沸水锅中，用长筷以顺时针方向搅拌，改大火为小火焖煮片刻即成。焖粉的浓度以用汤匙舀起时不易流淌为度。此菜汤鲜味浓。

焖蛋　民间菜肴。绩溪县岭北一带婚嫁中，女婿上门时，流行做这道菜，因当地"门"与"焖"音同，寓意"过门得子"。用料：瘦猪肉、豆腐干、鸭蛋、香菇、冬笋、虾米、膨化米、菱粉、发酵粉等。制作方法：猪肉剁成肉末，以4只鸭蛋清调匀肉末；豆腐干、香菇、冬笋切丁，加膨化米、虾米拌匀，与肉末加适量菱粉、发酵粉拌成糊状；锅置于小火上，用菜油将做好的菜糊煎黄，起锅切成菱形；复入锅，加汤汁烧焖即成。此菜外观呈金黄色，汤汁渗入馅料，松软味浓。

*焖粉

*焖蛋

清炖马蹄鳖　见749页"火腿炖甲鱼"条。

*清炖马蹄鳖

清炖荷包红鲤　传统菜肴。起源于婺源县一带。用料：荷包红鲤、香菇、白糖、姜、鲜猪油等。制作方法：荷包红鲤去除内脏洗净，置砂锅内，加清水、盐、白糖、姜片、香菇、鲜猪油，炖20分钟左右即可。此菜鱼色金红，鱼肉肥嫩，汤汁浓郁。

清炖塘鱼头 传统菜肴。徽州人视鱼头、鱼尾、鱼翅为珍贵，塘鱼即草鱼。用料：塘鱼头、甜米酒、猪油、姜等。制作方法：塘鱼头洗净，加猪油、姜、甜米酒炖熟即成。鱼汤呈乳白色，鱼肉鲜嫩，清爽可口。

清炒鳝糊 传统名菜。在徽州一带，清明至立夏，鳝鱼肉最嫩，人称"笔杆青"，民间有"小暑黄鳝赛人参"之谚。用料：黄鳝、黄酒、高汤、白糖、葱、蒜、姜等。制作方法：鳝鱼数条，以水烫杀（其方法是将鳝鱼置入大木桶或罐中，倒入沸水，盖上桶盖），后加入少许盐及醋，用木棍轻轻搅拌，至鳝鱼嘴张开、身曲蜷为止。将鳝鱼捞起，除内脏，洗净，切成长约5厘米的鳝丝段（精致的炒鳝糊多取鳝背作主料）。炒锅置于大火上，放菜油滑锅，待油烧至五六成热时，加入葱末、蒜末、姜末煸炒出香味，随即放入鳝丝炒约1分钟，加入料酒、酱油、盐、白糖翻炒，待鳝丝上色后即从锅边缓缓加入高汤，稍后放入湿淀粉勾芡，再翻炒，淋少许熟猪油，起锅装盘并撒上胡椒粉。此菜味道鲜嫩，是春季餐桌上的一道佳肴。

*清炒鳝糊

清蒸石鸡 传统菜肴。用料：石鸡、火腿、香菇、黄酒、熟猪油、姜、蒜等。制作方法：石鸡（以每只250克左右为宜）切块，佐以香菇、火腿、黄酒、熟猪油、姜、蒜等，以盘覆盖，入笼蒸半小时即成。此菜汤清见底，香气浓郁，肉嫩柔滑。

*清蒸石鸡

清蒸石斑鱼 传统菜肴。用料：石斑鱼、姜、蒜、盐、料酒。将洗净并加入适量姜、蒜、盐、料酒的石斑鱼放于盘内，清蒸10余分钟即可。此菜保留了鱼原有的鲜嫩。

清蒸鹰龟 传统名菜，也是徽州山区的珍品菜肴。用料：鹰龟、火腿、姜、冰糖、绍酒、熟鸡油等。制作方法：将鹰龟放入冷水锅中，以大火烧开后捞起，用刀从龟的背腹间剁开，剖成两半，除去内脏。将龟肉放入开水锅里略氽捞起，再放入冷水，刮去龟的皮膜，洗净，剁去龟脚尖爪，切成四块，留头与尾，按龟的原形放入汤盘内。选用半肥半瘦的火腿，切成约3.3厘米见方的象眼片盖在龟肉上，加入姜片、盐、冰糖、绍酒，再加水淹没龟肉。上笼用大火蒸约1.5小时取出，拣去姜片，淋上熟鸡油即成。此菜汤汁浓稠，龟肉鲜嫩。

绩溪一品锅 见746页"一品锅"条。

绩溪炒粉丝 见756页"炒粉丝"条。

琥珀玉片 见750页"火腿炒冬瓜"条。

椒盐排骨 传统菜肴。主料：猪肋骨肉、脊骨肉（做大排与小排刀工不同，做小排的肋骨带肉剁成约3厘米长则够；而做大排，每块要横斩成约8厘米宽的长条排肉，每块肉均要带有脊骨）。辅料：鸡蛋、淀粉、酱油、黄酒、盐等。制作方法：将排骨以盐（少许）、酱油、黄酒、鸡蛋清、水淀粉拌和，腌制待用。锅置于大火上，倒入菜油，烧至六成热，放入排骨，初炸至封皮时即捞起；稍冷却后，再将油锅烧至八成热，放入炸过的排骨，第二次炸比第一次时间要短，炸至略呈金黄色，骨肉稍分离时即起锅，入漏勺沥油即成。食用时，将排骨蘸椒盐（如用椒盐腌制，食用时便不需蘸椒盐）。此菜排骨色泽金黄，骨不粘肉，外脆里嫩。

*椒盐排骨

椒盐蹄膀 传统菜肴。用料：猪蹄膀、鸡蛋、姜、黄酒、酱油、葱、胡椒粉、淀粉等。制作方法：取猪蹄膀一只，在温水中剔毛、洗净，在蹄膀内侧的软面顺肌纹剖开，深至大骨，再从大骨两侧各剖一刀，使蹄膀可以摊开。蹄膀置沸水锅内煮约20分钟，氽清血水，捞出后，以皮朝下盛入一只大碗，加入葱结、姜片黄酒、酱油,放于笼屉中以大火蒸2小时,至皮肉酥烂出笼。然后将蒸熟后的蹄膀放入盘内,剁下大骨,剥去猪皮,在较厚的瘦肉处用筷子将肉捣松。叩鸡蛋清入碗,加入葱花、盐、胡椒粉、淀粉及适量清水搅成厚糊,抹于蹄膀上。将抹上蛋糊的蹄膀放入五成热的油锅中炸数分钟,至外表略呈焦红色捞起,沥油,待其冷却后切成条块,码放于盘中。食用时蘸椒盐。此菜味道醇浓,带有椒盐味的猪蹄无油腻感。

*椒盐蹄膀

腊鸡萝卜 传统菜肴。用料:腊鸡、白萝卜等。制作方法:将腊鸡用温水浸泡后切块,放于碗中入笼屉大火蒸约10分钟取出;将白萝卜做成圆柱形,再切成约1厘米厚的片。炒锅置于大火上,油浇至四成热,倒入萝卜片过油后捞起、沥油;再将萝卜片放入炒锅内,同时放入蒸腊鸡块的余汤及调料烧至七成熟。另取一碗,把腊鸡块码放于碗中,将萝卜片放于腊鸡块上再入笼屉蒸至酥烂后,倒扣于盘中,再将汤汁淋于腊鸡块上即成。此菜红白相间,色泽丰富,味道香浓。

*腊鸡萝卜

腌菹煮豆腐 民间菜肴。用料:腌菹(腌制好的酸白菜)、豆腐。制作方法:腌菹切碎,与豆腐同煮即成,不需加调料。此菜有汤有菜,酸菜汁经烧煮渗入豆腐,清爽可口。

碗头面 最早由徽州面馆经营创制的传统面食。用料:面条、浇头菜等。制作方法:用特制铜锅加汤汁将面条煮熟,起锅入碗,配浇头菜即成。浇头菜一般为炒三丝(炒肉丝、笋丝、豆干丝)、炒猪杂、炒禽杂等。汤料、浇头菜可按需配制。面清淋爽滑,入口即化,菜美汤鲜。

路菜鸡 见751页"如意鸡"条。

聚和烤鸭球 徽州功夫菜。用料:板鸭、糯米皮、冬笋、葱、蒜、料酒、白糖、面酱、鸡蛋、面粉等。将板鸭加调料(葱、蒜、料酒、盐、白糖等)烘烤制作成脆皮烤鸭,然后剔骨取肉,拌入大葱碎、冬笋丁,再调入徽州面酱,入热锅煸炒后待用。用糯米皮将炒好的料逐一包成直径约3厘米的圆球形,外面涂鸡蛋清,粘面粉,放入五成热的油锅中炸至金黄色,捞起盛盘。此菜色泽金黄,馅料醇香。

腐乳爆肉 传统菜肴。用料:猪里脊肉、红腐乳汁、黄酒、白糖、湿淀粉、鸡蛋、猪肉汤、熟猪油等。制作方法:将猪里脊肉切成薄片,粘上蛋清浆拌,用红腐乳汁作主要调料,配以黄酒、白糖、湿淀粉和猪肉汤调匀后,用油急炒而成。此菜色泽红艳,肉质滑嫩,味鲜而微甜。

蕨粉羹 民间菜肴。用料:蕨粉、猪肉末、葱、蒜等。制作方法:将蕨粉、猪肉末、葱、蒜与水煮成糊状,调味即成。此菜味道鲜香,常出现在民间宴席上。

蝴蝶面 又称"面皮汤"。流行于绩溪县的传统面食。曾被徽厨带至上海、江苏一带。因面片形似蝴蝶得名。用料:面粉、肉片、冬笋、虾米、火腿、香菇、青菜、肉汤等。制作方法:和面制作面皮,切成宽长条,条形面皮顺反斜刀切成梯形,用手稍一捏形成蝴蝶状;加肉片、冬笋、虾米、火腿、香菇、青菜、肉汤炒焖入味即成。此面面皮绵软中带韧劲,味道鲜香。

*蝴蝶面

*面皮汤

德林儒牛肉脯 源于黟县西递村的传统名菜。清末民国间,驰名于外。用料:牛肉、桂皮、八角、葱、姜、酱油、白糖、黄酒等。制作方法:锅内盛肉汤,加桂皮、八角、葱、姜、酱油、白糖、黄酒等;牛肉切块入锅,以大火烧沸,去浮沫,再以小火焖煮约3小时,肉熟卤稠时,加麻油等调味即成。此菜肉酥味浓,颇为鲜美。

糊汤 又称"米粉糊"。民间菜品。当地民谚有云:"糊汤糊田塍;米粉馃,塞穹窿。"用料:米粉、香菇、冬笋、豆腐、蔬菜(可根据季节选用)等。制作方法:将米粉与香菇、冬笋、豆腐、蔬菜入锅,加适量水同煮即成(若加鸡汤味道更佳)。此汤味道鲜美,既可当菜又可当饭。

*米粉糊

糊豆腐 流行于婺源县的民间菜肴。宴席必先上此菜,寓意"满堂福""全家福"。用料:白豆腐、蔬菜(主要为菠菜、菊花菜)、嫩笋、肉末、米粉等。制作方法:将白豆腐、笋切成丁,水煮去青味,将蔬菜切碎投入,加肉末、米粉掺水调糊。盛出后加熟油、葱姜末(或胡椒粉)即成。此菜鲜香可口,是婺源县民间宴席上的下酒菜。

糊猪肺 流行于婺源县的民间菜肴。用料:猪肺、籼米粉、姜、油、米酒等。制作方法:将猪肺初煮去腥味,捞出切碎;加盐、油、米酒、姜,再煮透;用籼米粉调糊煮熟,撒胡椒粉即成。此菜因猪肺中加入米粉,吸取了猪肺中的多余油脂,吃起来荤而不腻。

歙味笋丝 传统菜肴。用料:问政山笋、瘦火腿、鸡脯肉等。制作方法:取问政山笋腰部脆嫩部位切成丝(做此菜着重刀工,要求笋丝细如金针,柔如茸毛,唯有这样,笋的鲜味才可全部溶进汤汁),同时切火腿、鸡脯肉成丝相佐衬。将火腿丝、鸡脯肉丝煸炒出油,然后放入笋丝同炒,相互融味后即可(也可炖食)。此菜黄(笋丝)、红(火腿丝)、白(鸡脯肉丝)相间,鲜香脆爽。

糖醋鹅颈 徽州民间传统菜肴。用料:瘦猪肉、豆腐皮、葱、姜等。制作方法:将猪肉剁成蓉状,佐以葱、姜,加淀粉搅拌成馅料;用豆腐皮将馅料裹成圆条,入油锅煎成金黄色,形似鹅颈,后切小段。食用时蘸以用淀粉、白糖、醋制成的佐料,酥脆爽口。

糖醋鳝背 传统菜肴。用料:鳝鱼、白糖、醋、淀粉、胡椒粉等。制作方法:将杀好的鳝鱼数条剔去脊骨,斩头去尾,以刀拍平鱼背。将鳝背切成边长约3厘米的菱形鱼片,用少许盐腌制后,再用干淀粉拌匀。锅置于大火上,用少许油滑锅,再放入油烧至九成热,将鳝片煸炒2分钟后捞起;再将油烧至八成热,将鳝片炸1分钟,捞起后沥去油,倒入另一只烧制有糖醋卤的锅内,勾芡,淋麻油,撒上胡椒粉即可。此菜色泽深黄,酸中带甜,鲜嫩香醇。

*糖醋鳝背

螺丝块 见756页"面鱼汤"条。

徽式汤面 又称"徽面""徽州汤面"。传统面食。用料:面粉、浇头(可以制作不同种类和口味,如火腿、鳝丝、鸡丝、虾仁等)。制作方法:按照"一和二做三切"的步骤制作面条(讲究面要和得透、坯要做得结、条要切得细)。把面条放入锅内煮制后还要回锅,回锅的汤汁按顾客的需要来定。这种汤面入口爽滑,面骨坚韧,菜美汤鲜。徽式汤面按照浇头搁置方式的不同,又分为盖浇面和各浇面。

徽式酱排 传统菜肴。用料:猪小排、水淀粉、豆瓣酱、高汤、料酒、白糖等。制作方法:将猪小排剁成长约6厘米的排骨段,用少量盐、料酒、水淀粉腌制。炒锅内放素油,待烧至五成热时,入排骨段,余至外表收缩、封皮起锅。炒锅置于大火上,将豆瓣酱用汤调开,放入适量白糖,待酱汤烧开后,投入排骨段,以中火烧焖至熟,收汁出锅装盘。此菜味道浓醇,酥香可口。

*徽式酱排

徽式醋鱼 传统菜肴。用料：鲜活草鱼（以1.5千克左右为宜）、酱油、白糖、葱、姜、米醋等。制作方法：将鱼去鳞破背，除内脏及黑膜，洗净后将鱼身剞斜花刀。锅中放清水，将鱼皮朝上摊入锅内，以大火煮沸5分钟后捞起沥干，仍将鱼皮朝上摊铺于盘中。锅内放入原汤，加酱油、白糖、葱姜末烧开后，加入米醋，再烧开，勾水淀粉，搅成薄芡，淋麻油后浇在鱼上，并撒胡椒粉即成。由于入锅时间短，此菜鱼肉鲜嫩，酸中带甜，是一道开胃佳肴。

徽州汤面 见763页"徽式汤面"条。

徽州狮子头 徽州民间传统名菜。用料：猪五花肉、青菜（或菠菜）、高汤、葱汁、姜汁、料酒、酱油、白糖等。制作方法：五花肉剁成粗肉泥，加适量葱汁、姜汁、料酒、盐，不断搅拌，在肉泥中拌入膨化米；将肉泥做成直径7厘米左右的稍扁肉圆，外抹适量水淀粉，片刻后入五成热的油锅中氽至表面封皮起锅。锅置于中火上，将高汤、酱油、白糖、肉圆（一般4只）放入锅内焖烧，收汁出锅，置于以炒好的青菜为底的盘中，浇芡卤即成。此菜酥烂鲜嫩，味美醇香。

*徽州狮子头

徽州圆子 见756页"细沙炸肉"条。

*徽州圆子

徽面 见763页"徽式汤面"条。

徽菜 即徽州菜。中国八大菜系之一。起源于南宋时徽州歙县，发扬光大于绩溪县徽帮厨师。主要特点：一是充分利用本地资源，采用山珍野味、特产作为原料。徽州地区山高林多，溪水清澈，盛产的石鸡、甲鱼、桃花鳜鱼、果子狸、竹笋、香菇、木耳、板栗等山珍异果，皆可作为徽菜原料。二是制作时恰到好处地掌握火候，根据菜肴的特点和要求，在蒸、煮、炒、炸、炖时，会分别用大火、中火、小火烹调食材，或运用几种不同的火温烹调一种菜肴。三是保持味道适中，咸、甜、酸、辣灵活运用，浓淡相宜；并擅长烧、炖、蒸，重油重色。烧菜讲究软糯可口，其味隽永；炖菜汤醇味鲜，熟透酥嫩；蒸菜力求原汁原味，爽口宜人，并常用火腿佐味，冰、白糖提鲜，料酒除腥引香，烹饪时注重保留菜肴的原汁原味。四是注重天然，以食养身。徽菜继承我国药食同源的传统，讲究食补。

徽菜馆 简称"徽馆"。多指徽商开设于外地的面馆、菜馆。据载，明末清初，擅长烹饪的绩溪人率先在苏州和徽州本地府城（歙县）及屯溪一带开设菜馆。清朝以后，随着徽商的足迹逐步向外拓展，至民国时旅外徽馆遍布全国，主要集中于上海、南京、武汉、衡阳、柳州、昆明等地。八大菜系中徽菜最先进入上海，且徽馆生意十分兴隆。至宣统年间，徽州人在沪开设徽馆70余家，从业人数2 000余人。民国期间，全国各地徽馆总计在500家以上。新中国成立前夕的上海徽馆在120家以上。

徽馆 见764页"徽菜馆"条。

徽厨 徽帮厨师的简称。当年的徽厨多来自绩溪县伏岭下村，当地群山环抱，交通闭塞，田少人多，水土流失严重，草木不旺。恶劣的自然环境造就了当地人勤俭节约、吃苦耐劳、坚韧不拔的性格，也激发了他们出外谋生的强烈欲望。清同治初年，伏岭下村村民

*老徽馆外景

*徽厨（邵仁卿）

*徽厨（张仲芳）

*徽厨（路远）

*徽厨（路文彬）

*苏州老徽菜馆

*糯米狮子头

邵培余第一个走出山门，流落姑苏，同治十一年（1872年）在苏州阊门内泰伯庙桥头，与人合开了"添和馆"，这是伏岭下村人开设最早的旅外徽面馆。接着，伏岭下邵子曜、邵寿根、邵之望、邵灶家等人也相继开设徽面馆、徽菜馆。以后逐渐增多，形成了厨师群体，他们善于因地制宜，就地取材，创制了许多著名徽菜并形成特色。

糯米狮子头 传统菜肴。用料：猪肉、糯米、葱汁、姜汁、料酒等。制作方法：将猪肉剁成肉泥，拌上葱汁、姜汁、料酒、盐，做成肉圆，粘满水浸泡过的糯米，放入蒸笼蒸熟即可，为白糯米狮子头。也可在糯米中放少许酱油，做成红烧糯米狮子头。此菜鲜香软糯，醇香可口。

[十一] 徽州饮食

传统徽菜　民筵食材　风味小吃　糖酥糕点

十碗八 筵席名。流行于绩溪县。在"九碗六"的基础上，加一道银耳莲子汤或八宝饭之类的点心和两个冷盘。参见766页"九碗六"条。

七碗细点四 筵席名。曾流行于绩溪县。七碗为：红烧鸡、清炖海参、烧鱼翅、炒黄鱼肚、红烧肉、虾米汤、红烧鱼；配四道任意冷盘；四样点心为：马打滚、鲜肉油馃、麻糍、月酥饺（地方特色点心）。

八碗十二盘 筵席名。流行于歙县，大多出现在富家筵席上。这一档次的八大碗中除鸡、鸭、鱼、肉外，必有海鲜。海鲜有鱼翅、燕窝、海参等。对筵席的称呼也很有讲究，一般以上席的第一道菜命名，如上桌的第一碗为鱼翅，则这一筵席称为鱼翅席，也有燕窝席、海参席等。八大碗一般为芙蓉鱼翅、八宝蒸鸡、干烧全鱼、清炖蹄膀、火腿炖鳖、红焖牛肉、徽州肉圆和黄山焖蛋等，外加一盘发包。十二盘即四冷盘、四热炒、四果点。四冷盘如花生、瓜子、海蜇、皮蛋等，四冷盘中其他菜可根据个人喜好有所变化，唯独花生、瓜子属必备，其寓意着"加子加孙"；四热炒如炒三丝、炒猪肝、炒肚片、炒虾仁；四果点为两盘水果、两盘糕点。

八碗八 徽州民间较隆重的喜庆筵席名。内容为八盘土特产和八碗传统菜。八盘土特产为四咸：皮蛋瓣、鸡什丁、花生、瓜子；四甜：苹果瓣、蜜橘瓣、甘蔗段、荸荠。苹果瓣、蜜橘瓣摆成盛开的花朵，甘蔗段、荸荠摆成七层宝塔状。八碗传统菜依上席次序为：清炖鸡、炒肉片、圆子（一般为肉圆）、红烧肉、蜜枣白糖炖木耳或干贝汤、小炒（一般是半荤半素的炒菜，比如干笋炒肉丝、冬笋炒肉片、辣椒炒肉丝等）、肉皮肚、红烧鱼。

九碗十二盘 徽州民间筵席名。九碗：全鸡、刺参、干贝、肉圆、糖包、冰莲、鱼肚、蹄膀、全鱼；十二盘为四甜、四咸、四种水果，四甜即煎糖油渣、煎糖排骨、煎金钱饼、煎米糕，四咸即猪肝、鸡什、海蜇、皮蛋，四种水果即荔枝、蜜枣、荸荠、甘蔗段。

九碗六 全称"九碗六盘"。婚丧喜庆所用的筵席名。九碗：清炖全鸡（或红烧鸡）、炖猪蹄、

*十碗八

热炒（炒三鲜或炒四鲜）、红烧肉、发包、焖粉、萝卜杂烩、虾米汤、红烧鱼；六盘：卤猪肝、卤猪耳、米粉小排或椒盐小排、桂花肉、瓜子、花生。九碗的内容后有所变动，六盘除瓜子、花生外，随季节、宾客等情况不同可调整。

九碗六盘 见766页"九碗六"条。

三伏老油 调味品。因其制作需经三伏天暴晒酱坯后压榨而出得名，是美食中不可缺少的调味品。由绩溪章筠于兰溪章恒升酱园创制。用料：黄豆、面粉等。制作方法：将黄豆煮熟，拌上面粉，置于竹匾内发酵，制成酱豆；入缸加盐水搅拌均匀，经过三伏太阳暴晒成酱，然后用压榨法榨出三伏酱油，再将酱油经过三年暴晒形成三伏老油。此酱油色浓，烹调食物着色快，味道鲜美。

马兰头 又名"田边菊"。野菜名。据徽州民俗，清明时居民多采食此菜。有谚语："清明吃一根，到老都不昏；清明吃一夹，到老都不瞎。"马兰头还可捞水（放沸水中过水）晒干，制成干菜，干马兰头烧肉是一道美味佳肴。此食材性凉，焯食最美。

*马兰头

马齿苋 野菜名。春夏之交，徽州乡村农妇常采食，马齿苋可凉拌食用，也可与面粉掺和烙饼或蒸食。还可制成干菜，干马齿苋烧肉也是一道美味。

五城豆腐干 又称"五城茶干"。一种豆制品，可直接食用。休宁县传统特产。相传当年乾隆皇帝游齐云山时，山上道长设素斋宴请皇上，乾隆尝到五城豆腐干，连连称赞："真是天下第一美食。"用料：黄豆、原酱、冰糖等。制作方法：黄豆制浆，过滤，紧压，加原酱、冰糖、香油、丁香、桂皮、茴香等熬煮即成。此食材选料配料讲究，制作精细、色香味美，既可当零食又可配菜。

五城茶干 见767页"五城豆腐干"条。

*马齿苋

*五城豆腐干

*五城茶干

水蕨菜 又名"良蕨"。野菜名。生长于河边、沟谷，质地清秀，甜鲜绵柔。水蕨菜富含蛋白质、碳水化合物、维生素矿物质以及脂肪等多种营养成分，其性味甘淡凉，具有活血解毒、止血止痛的功效，常食有益健康。普通蕨菜实际上是蕨芽，蕨叶粗硬不可食，但水蕨菜的蕨叶也一样柔嫩可作菜。

六大盘 筵席名。盛行于绩溪县城区一带。六盘为：红烧鸡、炒粉丝、炒三鲜、红烧肉、虾米汤、红烧鱼，配一盘顶端盖有红"喜"字或红"寿"字印的圆形发包。

*水蕨菜

*兰花火腿

田边菊 见767页"马兰头"条。

四碗四 全称"四碗四盘"。是徽州民间筵席中档次较低的一种。通常为杀年猪所用，称"吃猪散伙"。四碗：猪肉、猪肠、猪肺、猪血；四盘：花生、瓜子、猪肝、猪耳。

四碗四盘 见768页"四碗四"条。

冬菇 见769页"香菇"条。

兰花火腿 火腿的一种。主产于休宁县。徽州腌制火腿的历史最早可追溯到唐宋时期。罗愿《新安志》载："中家以上岁别饲大猪至二三百斤，岁终以祭享，谓之年彘，而方兴记以火肉（即腊肉、火腿）石芥为农民之珍。"用料：皖南花猪鲜猪腿一只（以腿肉饱满、脚细、皮薄、个体偏小为宜）等。制作方法：剔除猪腿表面肉膜，于阴凉处晾2~7天；火腿表面抹少许盐，1~2天后以多盐涂抹（需把肉中的血水挤出），3天后除去表面的盐，再上一次盐。抹盐很讲究，皮和肥肉处，盐要略少，然后再过5天于骨头上补盐，7天后再次补盐。兰花火腿腌制过程中需涂抹5次盐，一般的用盐比例为每10千克鲜火腿用1千克盐。腌制时切忌猪腿肉浸泡在渗出的血水中，腌制用缸内部要架空，火腿与火腿之间要有空隙。兰花火腿一般过冬腌制，时间约为45天，正月十五日前要出缸。火腿出缸后需清洗干净，放于太阳下晾晒，直至皮肉发红，渗出油脂为佳。兰花火腿肉色红润，香味浓郁，是徽菜烹饪时最重要的食材之一。徽州百姓家，几乎家家都会腌制。

休宁民筵 休宁县民间筵席。大致分为三个档次、六大类。一般档次为"四碗""六碗""八碗"；中等档次有"四小盘四大盘""四冷盘四热炒四大菜"，外加两至四样点心和果品。高档筵席有鱼翅席、海参席、燕窝席和白木耳席等。

祁门民筵 祁门县民间筵席。主要有八盘四碟十六碗。民国时期演变为了八大八小、十碗八碟、四盘四碗和十碗头等数种规格，其中以八大八小最为流行。席间每上两盘菜，即上一例汤，号称"流星广月"。一般饭馆菜谱有定规，以鱼翅海参为尊。乡间宴请，套用八大八小形式配菜，但选用何种菜不定，大体以豆腐、猪肉为主，配以猪内脏、鸡蛋、鸡、鱼及山珍等。乡间红白喜事，宴请1~3天。早餐吃浇头面（浇头以肉丝、豆干丝、香菇丝、冬笋丝、菠菜炒成）；中餐上十碗头（四汤六菜）；晚餐上八大八小。正宴无论规格，必先上中和汤，酒过三巡上整鸡（这是主人敬酒信号），接着上整鱼，待肉圆上桌，众客便可酒醉尽欢。

观音豆腐 又名"草豆腐""愁娘子豆腐"。豆制品的一种。起源于祁门县民间，因古代民间将这种菜肴看作素食供奉观音菩萨而得名。用料：观音树嫩叶等。制作方法：将观音树嫩叶洗净，倒入清水，搓捏成胶状物，用白布过滤，加草木灰汁（杂木柴烧过的灰汁），入胶状叶汁中，以木棒搅动，使叶汁变稠变硬成块即成。成品墨绿色，入口滑爽清凉。

*观音豆腐

杜字虾米豆腐干 豆制品的一种。起源于休宁县万安镇，以"杜"字产品商标为著名。用料：黄豆、小虾米等。制作方法：将黄豆筛去杂质，小虾米除去杂质并发开；将大茴、小茴、桂皮、花椒等拌入黄豆同磨，制成豆腐干粗坯，将虾米包入豆腐干粗坯中，压榨成型；加三伏酱油、虾米汁、冰糖、茴香、桂皮等一同入卤锅熬煮,直至入味即可。成品颜色淡褐,光滑有韧性,撕开可见细密纹理,中有虾米一只。

宏潭豆腐乳 产于黟县宏潭一带的一种豆制品。用料:豆腐、辣椒粉、五香粉等。制作方法:豆腐切小方块,烘后放入铺稻草或箬叶的竹筛,于保温器皿中盖好,待长出灰白菌毛,取出拌以辣椒粉、五香粉、盐,腌制装坛,加米酒封严坛口,置阴凉处多日即成。成品外红里白,水分较少,质地较硬,偏辣,贮放愈久,风味愈浓。

*宏潭豆腐乳

良蕨 见767页"水蕨菜"条。

纱面 产于歙县南乡的一种面条。用料:面粉、菜油等。制作方法:盐水和面,揉匀,搓成条状,涂菜油,盘放于盒内;片刻后搓成细条,均匀、交叉绕于两根长芭茅杆上;于稻桶中静置0.5小时后,移至户外的面挂上;下架后盘成饼状,晒干即成。由于刚制作好的面条纤细如棉纱,故得此名。此面韧性足,咸淡适宜,口味醇正,宜于久贮。倘若返潮,包生石灰块置于其中,可脆燥如初。

板子豆腐 采集徽州山野间的板托树果实(即"板子")制成的豆腐状食品。秋季将板子采回来,晒干,用石磨脱去其衣壳。因果肉有苦涩味,故须在清水中漂一个昼夜,其间要换几次水。将板子粒用石磨磨成粉浆,再用白粗布袋将粉浆淋水过滤,沥洗出粉液于大木盆中,经沉淀,倒去浮水,将沉于盆底的淡赭色粉膏铲入竹匾中晾晒至干,碾成干粉末,即成板子粉(这种干粉易于存放,不易变质,方便烹饪使用)。制作方法:锅内放适量水煮沸,将少量板子粉用冷水调匀,缓缓倒入沸水中,并不停搅拌,待锅中水粉凝结成稠粉糊状即成,冷却后将凝成的类似果冻样的粉胶体倒入放有冷水的大木盆中,待完全冷却,用刀划成豆腐块即成。

松花蛋 用鸭蛋制成的一种食品。因成品蛋青上有像松针一样的花纹,故称。用料:鸭蛋、纯碱、生石灰、黄丹粉、红茶末、松叶、竹叶等。制作方法:将备好的盐、红茶末、柏树枝放于锅内,加水煮沸后倒入预先放好生石灰、黄丹粉、纯碱等辅料的缸内,用木棍不断搅拌。待以上全部辅料溶化后,即成料液,冷却后备用。将鲜鸭蛋排放于清洁的缸内(事先在缸底铺一层垫草,如麦秸等,以免下层鸭蛋直接与缸底相碰而破损)。装缸后用竹篦轻压,以免加料液后鸭蛋漂浮。将料液拌匀,沿缸壁徐徐倒入缸内,直至将鸭蛋全部淹没为止,盖上缸盖,静置安放于室内。入坛三日后取出,调整鸭蛋上下位置,重新入坛三日,如此反复三次,待封藏一个月左右即成。腌制好的松花蛋黝光发亮,有白色的花纹,香气独特。

*松花蛋

草豆腐 见768页"观音豆腐"条。

柞子豆腐 又称"橡子豆腐"。一种用橡树果制作的豆腐状食品。徽州民间把橡树称为"柞子树",橡果呈紫酱色,去壳后,将果仁磨粉制作(制作方法与观音豆腐相似)。可以入锅烹调做菜。参见768页"观音豆腐"条。

*柞子豆腐(1)

*柞子豆腐(2)

香菇 又名"香蕈""冬菇"。为有香气而味鲜美的食用菌。营养丰富,历来为徽菜中最重要的调味食材之一,堪称席上珍品。徽州山林适合香菇生长,祁门、休宁、黟县等地均产,今多为人工培植,黟县、祁门为我国香菇生产基地。

*香菇

*清华婺酒

香蕈 见769页"香菇"条。

晓鳙老水酒 民间自酿酒。流行于婺源县晓鳙、篁岭、大潋、小潋一带。用料：糯米、酒曲、山泉水等。制作方法：立冬后晴暖天气制作，方法与"徽州米酒"相似，酿成后以坛盛装埋地下，封闭一段时间后使用。此种酒汁浓、香高、味醇和。参见772页"徽州米酒"条。

甜酒酿 民间自酿酒。用料：上等糯米、酒曲等。制作方法：将糯米洗净，于清水中浸泡12小时（夏季4小时），沥水蒸熟，糯米拨至松散；酒药碾成粉末，与糯米拌匀，装入发酵盆或玻璃缸中，静置发酵即成。有凉吃、热吃两种。凉吃为直接食用，清甜爽口；热吃是将酒酿与金丝琥珀蜜枣或鸡蛋煮沸后食用，甘甜醇香。

*甜酒酿

清华婺酒 地方名酒。产于婺源县清华镇。用料：大米大曲、淡竹叶、当归、砂仁、檀香、冰糖等。制作方法：以传统方法酿造的优质清香型大曲为酒基；用淡竹叶、当归、砂仁、檀香等12种名贵中药浸汁；冰糖、白糖煎成糖液；将以上3种液体按配方精制，经抽清、过滤、封缸，长期贮藏后即成。此酒色泽金黄透明，芳香浓郁，口味醇正。

绩溪民筵 绩溪县民间筵席。绩溪县城、岭南等地民筵习俗各有不同。县城一带的民筵一般分两个档次，流行"六大盘"和"七碗细点四"。岭南的民筵规格大致有"九碗六""十碗八"两个档次。参见766页"九碗六"、766页"十碗八"、766页"七碗细点四"诸条。

腊八豆腐 一种经晒制而成的豆制品。流行于黟县民间，常用来送寄旅外亲人。因其晒制时间为每年腊月初八前后而得名。用料：豆腐等。制作方法：将豆腐制成小南瓜大小的扁圆形，上部中间部位挖一小坑，小坑处放适量盐（放盐这道程序需反复几次，直至盐分被豆腐充分吸收为止）；置于阳光下，使其在暴晒过程中变黄、变硬即成。食用时切成薄片，也可用于配菜。此食材保存方便，味道爽口。

*腊八豆腐

腌菜 又称"腌齑"。腌制的蔬菜。用料：新鲜青菜（或角豆、辣椒等）等。制作方法一：青菜整棵洗净、沥水晾干，放盐腌入缸内，半月后即可食用。制作方法二：青菜洗净、晾半干后，切碎，加盐、大蒜、姜末、辣椒粉等一同揉出菜汁，腌入缸内压实待用。来年取出晒干为干腌菜，可保存一年半载，与肉同烧为佳。

腌齑 见770页"腌菜"条。

婺源民筵 婺源县民间筵席。普通筵席主要有"四碗四""八碗八"等，档次较高的有"八碟二十四盘"。"八碟"是佐酒菜，"二十四盘"是"四蒸""四炒""四煮""四海（海鲜）""四汤""四点心"，极为丰盛。参见768页"四碗四"、766页"八碗八"条。

蒟蒻豆腐 用鲜蒟蒻制作的豆腐状食品。流行于徽州民间。用料：鲜蒟蒻（即魔芋）、糯米等。制作方法：鲜蒟蒻洗净、去皮、切丁，加糯米拌匀，磨浆入锅，加清水及经沉淀的石灰水，边搅拌边加热至熟即成。此食材味道醇正，既可作菜也可当主食。

愁娘子豆腐 见768页"观音豆腐"条。

赛琼碗 民间徽菜赛会形式。典型的民间徽菜博览会，原为绩溪县民间每年正月十八日为纪念汪华诞生所举办的神会活动。相传汪华为古歙州（歙县）登源里（今属绩溪）人，隋末农民起义领袖，百姓感其"保境安民"，立庙塑像，供后裔祀祭。初由绩溪汪姓民众发起祭拜，后沿传至他姓名族。正月十八日至二月二十五日，轮流在宗祠、村庙举行花朝会。最初有闹花灯、敲锣鼓、放鞭炮、抬会猪、摆供献、诵祭词、燃香烛、拜汪会等内容。后供品愈摆愈多，规模越办越大，发展为赛琼碗。活动中，案桌上摆放大红神烛、会猪、茶、酒、果点，以及山珍、野味、佳肴。山珍、野味用名贵瓷盘、瓷碗盛装，佳肴由农家土产精制，隐喻"五谷丰登""吉祥如意""洪福无边""福寿绵长"。乡民充分利用冬笋的嫩黄、豆腐的玉白、香菇的灰褐、蕨菜的青紫、辣椒的艳红、馃品的金黄，增添供品的观赏性。大规模的祀祭活动，案桌上会排放24行，每行12盘（碗）。

*蕨粉

蕨粉 蕨菜根粉。徽州民间，人们喜欢挖取鲜蕨菜根，洗净后用棒槌和石臼将其舂打成蕨渣，放入布袋，入水过滤，搓洗后沉淀取粉，其粉洁白如同面粉，称为蕨粉，可用于制作饴糖、饼干、粉条、粉皮、凉皮等，也可酿酒和提取酒精。

橡子豆腐 见769页"柞子豆腐"条。

霉豆腐 新鲜豆腐干经放置发酵，发霉后制成的食品。徽州地区冬季必备菜肴。用料：豆腐干、辣椒粉等。制作方法：将豆腐干切成约3厘米见方的块，晾干，放于铺有箬叶或稻草的竹篁上，待长出白毛，逐块粘上盐掺拌的辣椒粉及味精，腌制而成。此食材味道鲜辣，可直接食用，并易于存放。

*霉豆腐

*赛琼碗

歙县民筵 歙县民间筵席。一般有三个档次，即"四碗四""八碗八"和"八碗十二盘"。参见768页"四碗四"、766页"八碗八"、766页"八碗十二盘"诸条。

徽州三石 石耳、石鸡、石斑鱼的统称。石耳为徽州山区出产的地衣类植物，其正面呈灰褐色，背面为银灰色，长年攀伏在悬崖峭壁上，生命力极强，每隔三五年，山民将其采摘下作菜肴。石鸡（即棘胸蛙）则生长在徽州高山峡谷地带的溪涧石罅中，身皮呈深褐色，类似青蛙，其肉鲜嫩。石斑鱼，斑条光唇鱼的俗称，体梭形，背较低，全身深青或棕褐色，腹色较浅，体侧各有八条黑色横斑纹，生长于徽州东部地区的沙质河道清凉河水中，一般身长不超过20厘米，重量不超过250克，肉质厚实、细腻，可作徽菜佳品。

徽州甲酒 又名"徽州夹酒"。产于绩溪县一带的地方名酒。最早酿制于唐宋期间，迄今有1000多年的历史。此酒秉承千年传统工艺手工醇酿，投料前须先将大米浸泡18天，进行乳酸发酵，然后将浸泡过的大米蒸熟冷却后放酒曲发酵，将发酵后的酒醅（酿成而未滤的酒）装入小陶坛并置于露天，经三个多月的自然发酵后，藏于半埋式地窖中，使得酒中芳香更浓郁。酒体醇厚丰满、香醇味美；酒色微黄清澈，香气袭人，入口微甜，加热后饮用更觉浓郁。

*徽州甲酒

徽州夹酒 见772页"徽州甲酒"条。

徽州竹笋 食材。品种有数十种。主要有苗笋、燕笋、江南笋、木黄笋、金笋、水笋、木笋等。徽州竹笋以大障笋最为著名，其产于绩溪东部的大鄣山，主峰清凉峰海拔1787.4米，为华东第二高峰。大鄣山地势高峻，气候湿润，雨量充沛，土脉厚良，绵延数十里的山麓蕴藏着上千亩的竹笋资源。这里竹笋的种类很多，有燕笋、苗笋、金笋、江南笋、木笋、水笋等，味道最好的当数以燕笋加工成的大障干笋。每年春雨过后，燕笋竞相出土生长，待长到约25厘米长便可采拔加工，此时笋质最嫩。经盐水煮、炭火烘焙后的笋外表呈淡绿色，故大障干笋又有绿笋之称。徽州苗笋以问政山笋质地为上，产自歙县问政山，其笋色如象牙，笋质细嫩，掷地即碎，为徽菜炖鲜的好原料。在南宋时，问政山笋被列为朝廷"贡笋"。

徽州米酒 民间自酿酒。用料：糯米、酒曲等。制作方法：以水蒸糯米，放酒曲经发酵成米酒。装瓶时，以红纸蒙口，上书"喜"字。此酒洁白如玉，甘甜清香，性温和。

*徽州米酒

徽州挂面 食材。绩溪县岭北庄川、宋家、寺后一带特产，多于霜降后制作。用料：面粉、麻油等。制作方法：以水、盐和面，揉成面团；面团盘条搓细，每层涂沫麻油，盘放于盆中；成条的细面绕于竹筷，置于挂面箱；取出，插于木架，轻轻拉扯，面条变细；晾晒，用刀沿竹筷削下即可。成品细长软滑，宜于久贮。

*徽州挂面

黟县民筵 民间筵席。黟县民筵中正规的酒席一般有四盘四碗，再隆重一些的有四大盘、四小盘、四冷盘加几个大碗；更高档一点的有"燕窝席""鱼翅席""海参席""鸡鱼席"等，无论如何变化，鸡、鱼、红烧肉、肉圆一般都不可缺少。

[十一] 徽州饮食

传统徽菜　民建食材　糖酥糕点　风味小吃

山芋枣　用山芋（红薯）制作的食品。其形、味皆似枣，故名。以歙县长标乡所产最为著名。此地出产的山芋以其瓤的颜色不同分为红心、白心两种。制作方法：山芋煮熟，烤晒干后存放（个儿大的切成长条形，个儿小的则整个晒干）。嚼来味甜且韧劲足，可作充饥、休闲食品。

*山芋枣

马打滚　又名"蔴打滚"。流行于绩溪县的一种民间小吃。用料、制作方法同"茧粿"。食用时蘸芝麻糖粉，成为黑、香、甜的粿品。参见777页"茧粿"条。

屯溪烧饼　见782页"蟹壳黄"条。

水馅包　一种形似饺子的灌汤包。原流行于绩溪县。既作祀神供品，又作小吃。馅料有荤有素。荤馅的主要用料为：面粉、肉（猪肉或牛肉）、豆腐、虾米（虾米作为调料，做牛肉馅时，拌入适量萝卜泥）等。素馅的主要用料多为不同季节的蔬菜。制作方法：将面粉和水揉成面团，揉搓摘段，将小面团擀成直径约9厘米的面皮；将各种原料剁碎并调制好，包入面皮，对折黏合，形如半月，并有褶皱。上乘的水馅包褶皱密均，多的有24个褶。将做好的水馅包上笼蒸熟即成，皮薄灌汤、风味独特。

*马打滚

*水馅包

乌饭　又名"青精饭"。一种用乌饭树叶浸泡糯米后煮成的饭，色泽乌黑，故称。徽州地区有每年四月初八制作乌饭的习俗。传说古时江南一员外名叫傅相，与夫人刘氏中年生一子。后傅相父子外出，刘氏因思夫念子染重病，一日在其弟的劝说下破戒开荤，触怒阎罗，被打入十八层地狱，沦入饿鬼道。其子孝顺，在地藏菩萨的帮助下经常为母送饭。然而每次送饭都被饿死鬼抢走，后儿子发现有一种树叶能将米饭染黑，而且味道清香，便开始用其煮饭。饭送到地狱，饿鬼发现是黑的，不敢吃。这一天恰好是四月初八。后来当地就有了这一习俗，四月初八吃乌饭。用料：乌饭树叶、糯米、鲜笋、咸肉、豌豆等。制作方法：将乌饭树叶洗净，置于石臼捣成泥，用粗纱布过滤榨汁；糯米洗净，与乌饭树叶汁浸泡约一天，呈紫黑色，捞起沥干；与鲜笋丁、咸肉丁、豌豆一起蒸熟即成。如果制作甜味乌饭，则不放其他辅料，蒸熟后加糖食用。

*青精饭

乌饭团 时令小吃。用料：乌饭树叶汁浸泡过的糯米、馅料等。制作方法：将糯米磨成粉，揉成团，摘成小团坯，包入馅料（用豆沙、芝麻粉、白糖做甜馅儿乌饭团，笋丁、肉丁做咸馅儿乌饭团），再将团坯搓成直径约6厘米的圆子，粘上乌饭汁浸泡的糯米，入笼蒸熟即成。饭团乌紫发亮，润滑可口。

双冬肉包 馅料中配有冬菇、冬笋的肉包子。相传300年前，屯溪黎阳一家夫妻小店开始经营这种小吃，取名"冬菇冬笋肉包"。后来城内最有名气的紫云楼餐馆，也制作这种包子，但改进了方法，馅心原料除鲜猪肉、冬菇、冬笋外，又添加虾米，不放味精，保持原汁原味，更名"双冬肉包"。制作时不仅讲究馅心用料，做工也精细，并利用马尾松毛垫笼蒸制。用料：面粉、猪肉、冬菇、冬笋、虾米等。制作方法：和面制作包子皮，以猪肉、冬菇、冬笋、虾米切碎搅拌为馅，包制、蒸熟即成。食之鲜润爽口，风味独特。

*双冬肉包

玉川豆豉 民间小吃。产于祁门县渚口、滩下、樵溪、清溪等地。用料：黄豆、糯米饭、姜、蒜、辣椒等。制作方法：将黄豆煮熟晾干，以黄荆覆盖数日，待长出真菌，以绿茶水拌入钵，日晒夜收数日；以糯米饭、姜末、蒜末、盐和碎辣椒皮掺入拌匀，舂出压扁，晒干收藏。色黛味鲜，香辣开胃。

玉米粿 见777页"苞芦粿"条。

打食桃 见778页"食桃米粿"条。

石头粿 又称"徽州豆黄粿"。一种常见的民间小吃。最早流行于歙县。"粿"即饼，以制作时粿上要压一块圆石而得名。旧时徽州人外出经商，出门前家中母亲或妻子要为其准备一些石头粿作为干粮。相传乾隆皇帝微服南巡时，在客栈中遇一汪姓徽商正在就着茶水吃着此粿，乾隆闻到一阵淡淡的油香，引发食欲，尝后赞不绝口，称其为食中佳品。这种小吃，辣味、咸淡可任意调制。用料：面粉、黄豆粉、腌菜、肥肉等。制作方法：和面做面皮；将黄豆炒熟磨碎，与肥肉丁放入锅内炒熟并加腌菜拌匀做馅料；擀面皮并包上调制好的馅料，然后放入平底锅，小火焙烤，上面压上一块烧热的圆石头，待粿表面渗出油，便可出锅。皮薄馅多，油足酥脆，香浓且耐饥，不易变质。

*石头粿

冬瓜饺 一种以冬瓜拌肉馅做成的饺子。始于清康熙年间的屯溪。相传康熙甲子大暑，名医汪昂采药归来，在屯溪镇海桥头德茂点心店休息，见对面菜摊上有待售的冬瓜，便说："冬瓜肉厚、疏松多汁，性寒味甘，清热除暑，何不以其用作点心馅料？"经此点拨，德茂点心店等店家先后卖起了冬瓜饺。用料：面粉、冬瓜、猪肉、火腿、香菇等。制作方法：和面做面皮，以葛粉作垫（可使饺皮薄而不裂）；沸水烫过的冬瓜块切碎，去掉多余水分，与切碎的猪肉、火腿、香菇等拌匀，淀粉勾芡成馅儿；饺子包好上笼蒸熟即成。成品晶莹剔透，馅嫩汁浓，微带冬瓜清香。

*冬瓜饺

冬笋茴香豆 见774页"冬笋盐水豆"条。

冬笋盐水豆 又名"冬笋茴香豆"。一种以冬笋、角茴香（野茴香）煮黄豆制成的小吃。流行于祁门县。制作方法：将黄豆洗净，加角茴香煮沸，放新鲜笋丝、盐煮熟，晒干即可。

礼包 见774页"发包"条。

发包 又名"礼包"。徽州民间喜庆筵席上必上的一道点心。用料：面粉、酒酿。制作方法：用面粉调入适量的酒酿和水揉成团,分成数个小面团(视情况而定),做成半圆形馒头状,放入笼屉蒸熟即可。制作方便,老少皆宜。可在发包的顶端盖上福寿字形图案的红印,以增添喜庆色彩。

*发包

灰汁粿 流行于徽州乡村的时令小吃。每年七月十五日新谷登场时,各家各户都会制作。用料:籼米、油茶籽壳(或油桐籽壳、碱汁)等。制作方法:将浸泡后的籼米磨成浆,加入灰汁(灰汁多是以油茶籽壳或油桐籽壳、稻草烧成的灰并与水搅拌沉淀后的汁,可用碱汁替代)。灰汁与米浆拌和,揉成面团并分成大小相同的小面团,然后放入粿印模板中印成饼形;或者揉成圆筒,再用线拉切成片状,蒸熟待用。食用时可蒸、可炒,或依个人口味掺入少许红辣椒。用腌菜炒制味道尤佳。滑嫩柔软,香辣可口。

灰汁粽 民间小吃。用料:箬叶、糯米、猪肉(或排骨、板栗、豆沙、红枣、红豆等)。制作方法与"徽州裹粽"相似,不同的是糯米要用灰汁(一般是用稻草等植物烧成的灰与清水浸泡,经沉淀后取用)浸泡过。柔软富有弹性,不用加热,随时可食。参见782页"徽州裹粽"条。

夹沙羊尾 民间小吃。始创于清朝末年,原本是用羊尾作馅炸成,因其油腻且膻,不太受欢迎,后来厨师将羊尾馅换成豆沙馅,其形状和颜色都保持原样,大受欢迎。用料:猪网油、赤豆沙、鸡蛋、淀粉、绵白糖等。制作方法:将赤豆沙搓捏成橄榄状的豆沙球,将每个豆沙球用猪网油包紧。将鸡蛋清搅打成蛋泡沫(如做12只羊尾须用鸡蛋8枚),以一根筷子插入蛋泡沫中不倒为度,再调入适量淀粉。炒锅置于中火上,倒入素油,烧至四成热时炒锅离火,将猪油豆沙球逐个裹上蛋泡沫入油氽至金黄色。氽时用筷子轻轻拨动,使其外表均匀受热呈圆形。起锅装盘后,在豆沙球上撒绵白糖即成。造型美观,绵甜可口。

虫窠 一种特色米粿。在歙县南乡,每到二月初二,就要做虫窠。用料:籼米、酒酿等。制作方法:将上等的籼米用凉水泡软,浸泡到用手一捻就碎即可;然后把老酒酿掺在米里,用手推小石磨,连水带米、酒酿磨成细糊状(水与米的比例为1∶1)。等米酒开始发酵,即糊状的米粉泛起大量水泡时,在热锅中放油,把糊状的米粉用瓢舀至锅中慢慢煎熟。煎好的虫窠,白中带黄,油滋香软。

*虫窠

米脆 民间小吃。用料:籼米等。制作方法:将籼米磨浆,加盐煮熟,稍作冷却后,切成薄片,放于竹盘晒干即成。食用时,投入滚油中炸,待薄片舒展、膨胀、上浮,捞起即可。清香松脆,宜作茶食。

寿桃粿 又称"花粿""黄山寿桃"。因粿饼表面染上一点红色,形同寿桃而得名。是徽州民间为长者准备寿宴上的点心,或者为老人祝寿时作为礼品。以籼、糯米粉混合,不包馅料,掺入白糖,也有的掺少许芝麻,制作而成。制作一般要用模具(模具大多用乌桕或杨木雕刻而成),图案有狮子滚球、鲤鱼跳龙门、和合利市、八仙等,而使用最多的图案是寿桃形(一般为尖嘴桃形,蒂的两边分披桃叶;也有雕成连体双桃,桃蒂被美化成寿星模样)。型具内镂刻有蝙蝠、鹿、如意、双钱、元宝、花瓶、牡丹等图案,有的则镂刻诗句和山水图案。用料:籼米粉、糯米粉、白糖、芝麻等。制作方法:将籼、糯米粉混合,和水揉面,以白糖、芝麻作馅儿,揉成粿的雏形,然后放入寿桃模具,揿实后反脱,放入笼屉蒸熟,趁热在桃蒂部位盖红印即成。造型鲜活,易于保存(冷却后,放入清水中,便能保留数月不变质)。

*寿桃粿

花粿 见775页"寿桃粿"条。

苎叶粿 用苎麻叶制作的饼食。每年立夏,徽州人皆采摘苎麻叶做粿,当地有"立夏吃苎叶粿,热天不中暑"之说。用料：苎麻叶、糯米粉、白糖、豆沙、芝麻、果仁等。制作方法：将苎麻叶剁成泥状，掺入沸水烫过的糯米粉中，揉匀，包上白糖、豆沙、芝麻、果仁等馅心（也可做咸味馅心），放入带有图案的粿模中成型（也有不用粿模的），入笼蒸熟即成。色如翡翠，清香柔软。

豆沙粿 民间小吃。用料：红豆、面粉（或米粉）、白糖（或红糖）等。制作方法：将红豆洗净、煮熟、搓烂，用粗纱布挤出细豆粉（挤时不断加清水以便出净细粉），粉浆沉淀后沥去清水，拌白糖（或红糖）制成甜馅心；取一团经发酵的面（米）团，捏出凹窝，添入豆沙，捏合凹口成半球形馒头；置于蒸笼，待进一步发酵后，入锅蒸熟即成。绵软可口，既是点心又可当主食，但不易长期存放。

豆豉 民间小吃。用料：黄豆、鲜笋、八角、茴香等。制作方法：将黄豆、鲜笋洗净，按比例放入盐、八角、茴香、糖等，一同倒入锅中并放酱油、味精等拌匀煮熟即可，煮熟的豆子经过太阳晒干或烘干即成。味鲜美独特，便于携带。

*豆豉

豆豉粿 民间小吃。流行于祁门县芦溪乡奇口村一带，逢年过节百姓人家大多制作。用料：糯米、豆酱、辣椒酱、蒜、姜、辣椒、盐等。制作方法：将前一天晚上浸泡的糯米熬粥至稠，再倒进熬过的菜油，以防粘锅；随后放豆酱、辣椒酱等主要调料，再加入蒜、姜、辣椒、盐等辅料，盖上锅盖焖片刻。待熟后舀出冷却，放于竹簟上暴晒。晒干后，剪切成片状即可食用。既辣又鲜，咸淡适口。

豆腐老鼠 民间小吃。用料：瘦猪肉、白豆腐、姜、鸡蛋、小麦粉等。制作方法：以上好瘦猪肉、白豆腐为主料，配以姜、鸡蛋、盐，剁碎如泥，揉成鸡蛋般大小一团，置于碗内的小麦粉上，双手捧碗，反复簸滚，使之裹成一个白团，然后投入沸水余煮，形状似上下跳动的老鼠，待漂浮水面，捞起放入事先配好佐料的鲜汤内即成。细嫩鲜美。

豆腐渣粿 民间小吃。用料：豆腐渣、糯米粉、辣椒、蒜、姜、盐等。制作方法：霉豆腐渣，加糯米粉、辣椒、蒜、姜、盐拌，蒸熟，掺入少许熟油做成圆形状，晾晒几日，等干爽不粘手时，用刀切成片状放在盘中继续晒，晒干后装入密封容器，如食用随时取出来，可当零食。微辣有嚼劲，还可做菜。

两面黄 见781页"徽式两面黄"条。

冷饭粿 见777页"挞粿"条。

灶粿 徽州民间专为祭灶制作的供品。用料：糯米粉等。制作方法：用开水冲泡糯米粉，揉搓成粿；蒸熟后，于粿心处点红点，冷却置于盘中。灶粿出笼时，如凹处有水，预示来年五谷丰登。

青精饭 见773页"乌饭"条。

挞粿 见777页"挞粿"条。

*挞粿

挞馃 又称"煎饼"。民间小吃。用料：面粉、鸡蛋、葱、蔬菜等。制作方法：将面粉和水调匀，于平底锅内放素油烧至五成热，铺入面糊，双面反复煎，成金黄色即可。冷却后依然柔韧有光泽。酥脆爽口，常作早餐食品。既可作主食，也可作宴席上的辅食。和面调糊时，亦可加入鸡蛋或切碎的韭菜、南瓜花、紫苏、苋菜等蔬菜，可称为"鸡蛋挞馃""韭菜挞馃""南瓜花挞馃""紫苏挞馃""苋菜挞馃"等；或以葛根粉、蕨根粉、苞芦粉加入配料，称为"葛粉挞馃""蕨粉挞馃""苞芦粉挞馃"。

*煎饼

苞芦松 民间小吃。流行于徽州山区。用料：山苞芦（即山玉米）等。制作方法：将山苞芦磨细粉，箩筛去皮，和水搅拌，煮成糊状，冷却凝固；刨成薄片，置于竹匾晒干即成。食用时将薄片投入滚油中炸，膨胀上浮即可捞起。清香松脆，宜作茶食及佐餐用。

苞芦粿 苞芦即玉米，又称"玉米粿"。流行于徽州山区的民间小吃。用料：苞芦等。制作方法一：将苞芦磨成粉，加开水拌和并揉成面团，以腌制过的猪板油、雪里蕻为馅（也有用鲜菜的，用鲜菜作馅的苞芦粿不宜久存），将玉米面团擀成圆形薄饼，包上馅料，然后放入平底锅烤熟即可。制作方法二：用尚未完全成熟的嫩苞芦，添加适量水，磨成浆，然后拌上调料（辣椒粉或各种酱料、盐等），用瓢舀到锅里，烤成饼形。颜色金黄，清香松脆。制作方法三：将苞芦粉加开水揉成团，然后在五桶锅（徽州农村里家中最大的一种锅）里烧一大锅老南瓜，或其他菜，炒到五成熟时，把苞芦粿放于菜上方，铁锅上沿烤，蒸烤熟后即可食用。既是小吃，又可作主食，深受山区人们喜爱。民谣赞："脚下一炉火，手上苞芦粿。板凳家中坐，皇帝不如我。"

茄子瘪 又称"落苏瘪"。多见于祁门县的民间小吃。用料：圆头茄子、姜、蒜、辣椒粉等。制作方法：将茄子切半，煮熟捞出，平放于竹盘，将姜末、蒜末、辣椒粉、盐撒于茄子刀切面，晒干即成。鲜辣开味。

枕头粽 见782页"徽州裹粽"条。

炒米片 民间小吃。用料：糯米、芝麻、白糖、饴糖等。制作方法：糯米蒸熟，置于露天晒干；入锅炒熟使其膨化，拌芝麻、白糖、饴糖并切成片状，食用时分片即可。甜而不腻。

炒河螺 民间小吃。用料：河螺、葱、姜、醋等。制作方法：将河螺剪去尾端，加葱段、姜片入锅烧炒，加醋提鲜。河螺肉白细嫩，无泥腥气，味道鲜美。

*炒河螺

油粿 时令小吃。徽州民间多在过年前制作。用料：糯米、籼米等。制作方法：将糯米碾成粉，掺少量籼米粉，用热水拌均匀做粿（以芝麻粉、白糖为馅包制，和面时还可拌上煮熟的老南瓜等）；在豆油或菜油中煎炸，炸熟捞起，或放于油中储藏，食用时蒸热即可。柔软甜润。

挂纸粿 见779页"清明粿"条。

挞粿 又称"拓粿""塌粿""路饭粿""冷饭粿"。民间小吃。旧时徽州人出外经商时，会随身带一定数量挞粿以备途中食用。农民去远处山地劳作，不便中午送饭，也会自带，燃火烘热而食。用料：面粉（玉米粉）、馅儿料等。素馅以新鲜蔬菜为主，如竹笋、苋菜、四季豆、豇豆、南瓜、萝卜等；荤馅以猪肉、香椿、芝麻等为主。也有用肉丁、腌菜、干萝卜丝作馅料的，以这种馅料制作的挞粿，其保存的时间可稍长。制作方法：和面擀皮，包裹馅儿料，制成薄圆形饼，入平底锅烙至夹馅凸起、两面微黄即成。色泽金黄，似主食又有菜馅，是徽州人普遍喜爱的食品，被称为"中国的比萨饼"。

*挞粿

茧粿 流行于黟县的民间小吃。大小、形状、颜色似蚕茧，故名。用料：糯米粉等。制作方法：将糯米粉用开水拌和揉透，摘段搓成圆形，入笼蒸熟即成。柔软味甜，食用时拌白糖，亦可佐菜。

南瓜枣 民间小吃。用料：老南瓜等。制作方法：将南瓜切串晒干、蒸熟、晒干，反复数次即成。香甜津润。

*南瓜枣

面徽 民间小吃。在徽州民间，中秋馈赠或七月半祭祖时所用。用料：面粉、糖等。制作方法：以糖、水和面，搓成形如门栅的面条状（似北方的馓子），然后入油锅炸制而成。酥脆爽口。

香椿粿 见780页"镇头香椿粿"条。

食桃米粿 又名"打食桃"。民间小吃。因所做米粿多用食桃模具拍打而成，故名。用于寿宴、喜宴，也是农忙时的主要食物。用料：籼米、糯米等。制作方法：将籼米与少量糯米浸水、沥水，后磨成粉，用热水搅拌均匀，然后用粿印（食桃模具）拍打成各种图案的米饼。如用于祝寿，就选有"福、禄、寿"字样及图案的；如结婚嫁女所用，则选"囍"字及相关图案，上锅蒸熟即成，一般无馅心。冷却后，可用水浸泡于缸内（需常换水），可保存数月，食用时捞起。可蒸、煮、炒。

法：将糯米于清水中浸泡一夜，入笼蒸熟，然后把蒸熟的糯米趁热倒进一个石臼中，由两个壮汉手执木槌轮流捶，直到把糯米捶成细腻的糊状为止，然后把热气腾腾的糯米糊从石臼中掏出，平摊在面板上，用刀切成块儿，撒上细细的芝麻、白糖粉制成。整个过程须一气呵成，否则糯米变凉变硬就会前功尽弃。绵软微甜，有芝麻香味。

*食桃米粿(1)

*麻糍

清明包 时令小吃。清明节期间用于分送前来扫墓的同宗子裔的食品。用料：野艾草、籼米粉、糯米粉等。制作方法：将野艾草嫩叶洗净，用开水泡软，捣成泥状；将籼米粉、糯米粉掺拌，搅匀，同野艾草泥拌和揉团，取小团擀皮，内包馅料（可据喜好调制馅料，可咸可甜），捏成荸荠圆团，画上红绿线条，蒸熟即成。软糯清香。

*食桃米粿(2)

*清明包

黄山寿桃 见775页"寿桃粿"条。
黄花粿 见779页"清明粿"条。
梅干菜猪肉烧饼 见782页"蟹壳黄"条。
野艾粿 见779页"清明粿"条。

清明饼 民间小吃。清明节期间用于分送前来扫墓的同宗子裔。用料、制作方法、特色与"清明粿"相似。参见779页"清明粿"条。

馅心粿 民间小吃。用料：籼米、糯米、豆腐、蔬菜等。制作方法：将籼米加糯米洗净、沥干，通过水碓碰（绩溪县一带方言，将稻米在水碓窝里捣成粉，边捣边筛出细粉，称为"碰"）出混合米粉；开水泡熟米粉，边泡边用筷子拌匀成团，揉透；摘一小团粉，用手拍成圆薄皮；将鲜笋、菠菜、角豆等含水较少的蔬菜切碎，与豆腐拌和作馅儿（可加少量瘦肉）；在米粉皮上放馅儿，对折捏合，蒸熟即成。软糯鲜香，既可当点心又可作主食。

麻糍 民间小吃。九月初九重阳节，徽州民间有打麻糍的习俗。用料：糯米、芝麻、白糖等。制作方

*清明饼

清明粿 又称"野艾粿""挂纸粿""蒿粿""黄花粿"。时令小吃。原用作清明扫墓之用,故得名。用料:籼米粉、糯米粉、野艾草等。制作方法:将野艾草嫩叶洗净,开水泡软,捣成泥状;籼米粉、糯米粉掺拌,搅匀,与野艾草泥拌和揉团,取小团擀皮,内包馅料,制成约巴掌大小圆形(也可制作成椭圆形、半圆形带花边的);将箬叶切小块铺底,蒸熟即成。馅料有四种:一是以蘁叶(是蘁白的亚种,为多年生草本百合科植物的地下鳞茎,叶细长,开紫色小花,嫩叶也可食用)、烟熏豆腐为主,掺少许腊猪肠、冬笋;二是以萝卜丝为主,掺少许干虾仁、辣椒粉;三是脆菜掺入少许腊肉;四是芝麻、糖混合馅。蒸熟之后用箬叶托着,一串串既绿又软,清香软糯。

*清明粿

深渡包袱 民间小吃。深渡为旧时歙县古渡口,浙江方向出入徽州的客商大多经过此渡口,行商者多背包袱出行,此食品仿照包袱形状创制,故名。用料:面粉、鲜瘦肉(一般为纯鲜肉,也可放少许火腿末)、香菇等。制作方法:用面粉做皮儿,鲜瘦肉、香菇末切碎调馅儿,包制成型,放入熟猪油、酱油、猪油渣、葱花、蒜末等做汤,煮熟捞出,配汤食用。鲜嫩香美,清爽可口。

*深渡包袱

绩溪糍粑 民间小吃。徽州民间多在每年重阳节和秋收时制作。用料:籼米、糯米等。制作方法:将籼米加少量糯米,洗净、沥干,拌适量盐,蒸熟或煮熟,摊于面板上,用面杖压平至约1厘米厚,冷却,切成约长10厘米、宽6厘米的块儿,入油锅煎至深黄色即成。外脆里软,常作早餐食品。

葛粉圆子 民间小吃。徽州山区盛产葛根(性凉、味甜),将葛根榨洗出的淀粉称为葛粉,又名山粉,徽州民间常用此制作点心类食品。用料:葛粉、香菇、冬笋、豆腐干(讲究的放少量虾仁)、高汤等。制作方法:将香菇、冬笋、豆腐干切成稍大的丁,与葛粉一同拌入高汤中,待充分拌匀后,将拌好的葛粉等搓成一个个圆形,上笼蒸煮,蒸至外皮呈黑色发亮时即成。软糯有弹性,味鲜香。

*葛粉圆子

葱卷 民间小吃。以西递所产最为著名。用料:面粉、葱、姜、芝麻等。制作方法:以面粉和水,与葱末、姜末、芝麻、盐揉成团,压成薄片,形状为"U"形,用油炸制而成。咸香酥脆。

*葱卷

落苏粿 民间小吃。因茄子在徽州地区俗称落苏,故名。用料:茄子、糯米粉、辣椒、姜、蒜、紫苏等。制作方法：将茄子切片晒干，入水浸泡后切碎；与糯米粉、辣椒、姜、蒜、紫苏、盐拌和蒸熟，掺少许熟油、芝麻做成饼状晒干；食用时切条即可。微辣有嚼劲。

落苏瘪 见777页"茄子瘪"条。

腊八粥 民间小吃。相传腊月初八（腊八节）为释迦牟尼成道日，佛寺取香谷及果实等煮粥供佛而得名。按旧俗，要先作供品，才可食用，后成为徽州民间习俗。用料：米、青菜、南瓜、山芋、干笋、干豆角、干萝卜片、黄豆、赤豆、蚕豆、芝麻、花生仁等。制作方法：用料洗净，加水煮粥即成。习惯于腊八节作早餐食用。后腊八粥中还可加入腌肉、腌制过的猪油、香菇、虾米等。粥鲜香浓郁，营养丰富。

*腊八粿

塌粿 见777页"挞粿"条。

*塌粿

蒿粿 见779页"清明粿"条。

路饭粿 见777页"挞粿"条。

新安关豆腐脑髓 民间小吃。新安关位于歙县渔梁与琳村之间。旧时在关外临河的地方，有人支了一间棚屋，设摊专卖此种食品，故名。主要原料：水豆腐、面粉等。制作方法：将水豆腐放在纱布里滤去水分，然后倒入钵内，放入适量盐，用筷子搅拌成糊状；另取一只大碗盛满面粉，用手把面粉压实，中间稍凹；在豆腐糊中放一小丁咸肉，舀一匙豆腐糊放在粉中，双手捧碗旋动，给豆腐糊裹上一层面粉，再轻轻将制成的生"豆腐脑髓"滑入沸汤中（锅里放有一块肥肉和一些粉条）。食用时，把"豆腐脑髓"连带粉条舀入碗中，撒葱花、姜末。豆腐鲜嫩，汤美味鲜。

煎饼 见776页"拓鲜"条。

蔴打滚 见773页"马打滚"条。

蕨粉团 又称"蕨粉圆子"。民间小吃。用料：蕨粉、芝麻糖粉。制作方法：将干蕨粉和水制成粉团，内包芝麻糖粉，水煮后即成。类似汤圆，糯软微甜。

*蕨粉圆子

蕨粉圆子 见780页"蕨粉团"条。

镇头香椿粿 又称"香椿粿"。民间小吃。立夏时节，绩溪县镇头流行用香椿嫩苗做粿，因香椿粿鼻祖姓郑，历史上称镇头为"塌粿郑（镇）"。用料：面粉、香椿芽、五花猪肉等。制作方法：将香椿嫩芽晾干，与五花猪肉一起剁碎，拌和调馅儿；和面做面皮，包馅儿煎烤即成。外脆里嫩，清香可口。

*香椿粿

薄拓鲜 民间小吃。用料：面粉、五花肉及馅料等。与拓鲜不同的是，薄拓鲜的制作分皮儿和馅料两部分。馅料多为苋菜或大白菜。苋菜馅以鲜嫩苋菜为主料，放入荤素油、大蒜子、盐等炒熟后勾入薄芡即成;大白菜馅则以五花肉、大白菜为主料,先将五花肉切成丝,以盐等腌制后下油锅翻炒,再放入切成丝状的大白菜共炒,勾芡后起锅。制法方法:将面粉调入适量水,直至调匀成稀薄的糯糊状为止;平底锅置于中火上,用一块带皮肥肉在热的平锅底上擦油,随后舀一汤匙粉浆倒入锅内,轻轻摇晃铁锅,让粉浆均匀铺于锅底。面皮呈圆形,直径约15厘米,厚度为普通春卷皮的两三倍,但面皮绵软。面皮包入炒熟的馅料便可食用。皮儿薄馅儿多,唇齿留香。

*薄拓鲜

糖炒栗子 民间小吃。用料:板栗、糖(或蜜糖)、粗砂。制作方法:于铁锅中放入粗砂粒翻炒,并放入糖粉,待砂粒炒烫后放入被切开小口(这样糖分容易渗入)的板栗同炒,炒熟为止。呈深棕色,油光锃亮,香甜可口。

*糖炒栗子

徽式汤包 民间小吃。用料:面粉、香菇、冬笋、韭菜、鲜肉等。制作方法:将面粉和水,经适度发酵,揉成面团,摘成大小统一的小面团用作皮儿;将香菇、冬笋、韭菜、鲜肉剁碎,搅拌为馅。用皮儿包调制好的馅料,做成包子形状,上笼蒸熟即可。馅料考究,有荤有素,清淡可口。

*徽式汤包

徽式两面黄 又名"两面黄"。民间小吃。用料:面条、猪里脊肉、鸡蛋、香菇、冬笋、火腿、韭黄等。制作方法:将猪里脊肉、鸡蛋(炒熟)、香菇、冬笋、火腿、韭黄切成丝,炒至七成熟作配料待用;取面条放沸水中过水,然后放冷水中稍作漂凉,捞出并拌入酱油、熟菜油,接着倒入锅中煎制,待煎炒至金黄色时,将炒制好的配料放于其面上即可起锅。松脆爽口,外表似蛋饼,外酥里嫩,香鲜可口。在旧时的上海徽馆中,特别受顾客青睐。

*徽式两面黄

徽州豆黄粿 见774页"石头粿"条。

徽州烧卖 民间小吃。主料:面粉、糯米、冬笋、冬菇、猪肉等。制作方法:将冬笋、冬菇切丁,加

*徽州豆黄馃

*徽州裹粽

猪肉末，入锅炒熟、调味、拌入蒸熟的糯米饭做成馅料；开水烫面，揉成团，搓长条，切小段，擀成圆饼（边呈荷叶状）；包入馅料，上端用手以环形捏合，使呈康乃馨的花形状，入笼屉蒸熟即可食用。香糯可口，是早期徽州面馆的主营食品之一。

徽州裹粽 因形如枕头，又名"枕头粽"。民间小吃。用料：箬叶、糯米、猪肉（或排骨）、板栗、豆沙、红枣、红豆等。制作方法：将箬叶洗净、稍煮，板栗、豆沙、红枣、红豆备好待用，猪肉需稍作腌制（拌入酱料味道更佳）；用两张箬叶将粽子所用料捆扎2~3道，煮熟即成。其中，若制作咸味粽，用糯米拌红豆，包肉而成；若制作甜味粽，用糯米加豆沙、板栗包制而成（包豆沙不可将糯米嵌入豆沙中，不然糯米就不容易煮熟）。香糯绵软，易携带和存放，冬季将煮好的粽子挂于通风处，可保存一个月不变质。徽州地区多选择春节、端午节等节日或农闲时制作，粽子个头偏大，适合山民远途劳作携带食用。

蟹壳黄 又称"屯溪烧饼""梅干菜猪肉烧饼"。民间小吃。流行于徽州地区。因出炉时色泽泛黄，形似蒸熟的小螃蟹壳而得名。用料：面粉、肥猪肉、梅干菜、菜油、饴糖、碱等。制作方法：将肥猪肉切小方丁，梅干菜切碎，加调料拌匀作馅儿；面粉加入菜油、碱水搅拌成油面，搓成长条，摘分成小团儿；把馅

*蟹壳黄

儿包入粉团，拍打成饼状，涂饴糖、涂抹菜油、撒芝麻；贴于烘炉（炉内要热，四周热度均匀），待成黄色，即可出炉。色泽金黄，外皮酥脆，透出梅干菜的清香鲜味。不易变质，适合于旅途食用。

霹雳徽 民间小吃。旧时徽州民间每逢端午节，女子娘家送婆家作节礼用。用料：面粉、芝麻等。制作方法：将面粉加水和面，适度发酵，加适量盐，搓成长条状，然后放于专用炉上烘焙而成。外脆中空，鲜香适中。

[十一] 徽州饮食

糖酥糕点

传统徽菜　民筵食材　风味小吃

丁饼　又称"族丁饼"。旧时徽州人以宗族名义所做，分给本族男丁祭祖等活动用的糕点。上面印有祠堂名，如"桂林礼饼""明睦礼饼"，四周环以吉祥图案。用料：面粉、白芝麻、糖、豆沙等。制作方法：和面做薄皮儿；白芝麻研粉，与糖、豆沙以猪油调和做馅儿；包制碗口大小的饼，表皮密撒白芝麻，烤制而成。饼皮酥软，香甜可口。

寸金糖　因成品为1寸（约3.3厘米）长条而得名。用料：熟面粉、芝麻、桂花、橘皮、饴糖、白砂糖、绵白糖、香油、米饴等。制作方法：将桂花洗净捞出切碎；将橘皮切碎与绵白糖、熟面粉拌匀做馅儿；白砂糖、水入锅加热化糖，糖溶化后倒入铜锅，加米饴、香油熬；熬好倒在冷却台上，边冷却边折叠成糖坯；压出粗细一致的糖条，切段儿；凉透、洒水、饴糖，放于有芝麻的竹匾上不停摇晃，糖块均匀地粘上芝麻，晾干即成。糖皮坚脆，夹馅松软。

*千层饼

碾成粉；加入用米熬成的糖稀，一层粉上倒入一层糖稀，用滚轴式擀面杖将其压实；经过六层叠加后，切成小块，用五彩纸包裹即成。香甜可口，酥不粘牙，甜而不腻。

马蹄酥　因形似马蹄而得名。用料：面粉、白糖、猪油等。制作方法：将面粉、猪油拌匀，搓成油酥面；摘分油酥面团，将油酥面团反复擀摺，切成两半、擀扁、折成马蹄形；放入五成热油，炸至起酥，浮起捞出沥油，撒上白糖即成。甜香适口，食之酥松。

*寸金糖

*马蹄酥

千层饼　用料：面粉、腌猪油、葱、姜、黑芝麻等。制作方法：和面，将面团擀成薄片，抹腌猪油，撒葱末、姜末、黑芝麻于表面，折叠成片，放于油锅炸熟，切块即成。层层相叠，香脆酥松。

千张酥　用料：黑芝麻（或白芝麻）、白砂糖、熟面粉、金橘饼、干桂花等。制作方法：将用料

水晶糕　用料：糯米、糖桂花、白糖、花生油、金糕、青梅等。制作方法：将糯米洗净，用凉水浸泡，磨成稀糊状，装入布袋沥干；糯米置于屉布上，大火蒸半小时后取出，加糖桂花、白糖反复揉；待白糖全部溶化、揉匀，摊于涂抹花生油的盘内；金糕、青梅切成丁，撒在糕块上即可。晶莹透亮，黏软耐嚼，清凉甘美。

*水晶糕

牛皮糖 用料：面粉、白砂糖、麦芽糖、白芝麻、淀粉、花生、桂花等。制作方法：将面粉放入容器中，取适量清水，逐渐加入面粉中不断搅拌，调制成粉浆，不得有面渣；将白砂糖和猪油入锅，加适量水煮沸，然后倒入粉浆一同熬煮；约过半小时，浓度为薄糯糊状时，加入饴糖继续熬煮；一小时后，加入猪油，继续熬约半小时；然后拌入桂花，搅拌均匀，端锅离火（整个过程要不断铲拌）；在铁盘中铺一层芝麻，将糖浆倒在芝麻上，并在糖浆上再撒一层芝麻，待其稍凉后（一般冬季半小时，夏季一小时）用擀面杖压成厚约0.8厘米的薄片，切成长条，再切成块。外层芝麻均匀，切面棕色光亮，呈半透明状，有弹性，口味香甜。

*牛皮糖

方糕 用料：糯米、粳米、白糖、芝麻、枣泥、赤豆、桂花等。制作方法：将糯米、粳米掺和淘净，泡水静置，至米粒可捻碎时，沥干，磨粉过筛；将米粉与白糖、冷水拌和，捻成糕粉过筛；上铺洁净湿布，再架上活络方框，取方糕粉上笼蒸热，并将大块方糕横划两刀，直划三刀，割成生糕坯12块。最后将配置好的糕坯放进特制的印版里，糕坯中放入芝麻、枣泥、赤豆、桂花等各种馅料，然后将成型糕坯放入笼屉，蒸少许时间即成。色呈淡红，松软清香，入口甜糯，不粘牙。

玉兰片 糕点名。用料：糯米粉、糖等。制作方法：将湿糯米粉与糖拌和，蒸熟，切薄片晒干即成。色泽如玉，松软爽口。

*方糕

龙糕 见786页"汽糕"条。

发糕 见789页"蒸糕"条。

百果糕 用料：糯米、粳米、核桃、芝麻、冬瓜、樱桃、柑橘、白萝卜、白糖、麻油等。制作方法：将核桃仁泡水去皮，入油锅炸酥，捞起切碎；将熟芝麻研细；把各种蜜饯（冬瓜条、樱桃、柑橘、白萝卜条加糖制成）切成细粒，与核桃仁、熟芝麻、糯米、粳米拌匀，加水揉粉团，分小块，入笼用大火蒸熟，稍凉后撒糖、抹麻油，反复折叠、揉匀，抹麻油，擀开，卷成长条，一层米糕撒一层蜜饯糖，切块即成。口味多样，松软甜蜜。

伏岭玫瑰酥 产于绩溪县伏岭村，因制作时加入玫瑰花得名。用料：面粉、芝麻、白糖、饴糖、玫瑰花、青梅、橘饼、红绿丝等。制作方法：将芝麻炒熟，碾细过筛，拌白糖烘干；将饴糖和拌有芝麻粉的面粉分层卷叠，切块；表面撒白糖、玫瑰花、青梅碎、橘饼碎、红绿丝即成。造型美观，香甜可口，伴有玫瑰花香和青梅、橘饼味。

*伏岭玫瑰酥

交切糖 用料：麦芽糖、黑芝麻、白芝麻等。制作方法：将麦芽糖熬稀，与炒熟的黑、白芝麻混合均匀，压成薄片冷却即成。酥脆香甜。

羊角酥 见788页"菱角酥"条。

红包糖 见786页"顶市酥"条。

红纸包 见786页"顶市酥"条。

坑口麻饼 产自歙县坑口的糕点。用料：面粉、细米粉、黑（白）芝麻、菜油、发酵粉、桂花糖、金橘饼、红绿丝等。制作方法：按一定比例将面粉、细米粉混合，加入适量熟菜油及发酵粉揉成软硬适中的糊状，制成大小统一的薄饼，放入桂花糖、金橘饼、红绿丝等馅料。将包好后的半成品（直径9~10厘米）放入特制的金属环中，然后将脱壳水浸的白芝麻压入饼的两面，上锅烘烤。成饼的烘烤十分考究，必须两面同时进行，烘烤炉分三层，上下层同时升火，生麻饼平放在中间层，上层的平底炭锅可以升降，以确保烘烤均匀。麻饼一般采用纯炭火烘烤，保证无烟、无明火、热量均匀，用这种特制烤炉烤出的麻饼香甜酥脆。

*坑口麻饼

壳饼 节日时的必备糕点。形如民间的小提篮盖，故又称"盖头饼"。若为普通食用，做成直径约9厘米的圆形饼；若为婚嫁喜庆作食礼所用，需做成直径约18厘米。有民谚提到这种饼："葫芦蜂，抖忙忙，抖过山，抖过岭，问你家姑娘肯不肯，肯肯肯，三担包，两担饼，花花轿，门口等，喜喜菜花盖轿顶。"用料：面粉、糖、油等。制作方法：面粉和水，分别调入糖、油，做成油面、糖面，用油面包裹糖面，揉成扁圆形饼，粘芝麻，上炉烘烤。扁圆形饼受热后变成馒头形壳饼，壳薄甜脆。

块头香糕 清末民国初时黟县西递的名产。用料：米粉、白糖等。制作方法：将米粉、白糖和水拌匀，揉成团，蒸熟成糕，切条形薄片，炭火烘烤至微黄即成。香甜松脆，久贮不易变质。

芙蓉糕 徽州民间，农历新年前后经常用以招待来客。用料：精细糯米粉、白糖、饴糖等。制作方法：将糯米粉拌适量水，做成米糕，切片，然后入锅油炸，炸至两面金黄，然后在糕的两面撒白糖、饴糖即可。其中浸泡糯米的时间要掌握恰当，下油锅煎炸时要注意火候和时间，以免糕片太嫩或炸焦。外酥内嫩，香甜可口。

花生酥 用料：花生米、油、糖粉、面粉、白糖、花生酱等。制作方法：将花生米炒熟，去皮压碎，入

*芙蓉糕

碗中加白糖、花生酱拌匀；和面并做成一张张面皮，取面皮，包入花生馅料，收紧饼皮边缘，按成饼形；油锅置于中火上，放入饼坯，不停翻动，至两面金黄，捞出沥油即成。甜而不腻，香甜酥松。

*花生酥

芡实糕 用料：面粉、搅糖（白糖、清水加醋少许，清水煮沸加入白糖，立刻转小火，熬至糖化，加醋，转为小火搅拌熬至糖水有胶性即可）、糕粉、芡实粉等。制作方法：搅糖、糕粉、芡实粉加水混合揉擦，揉至滑润时，过筛，成糕坯粉（不宜过分揉擦，防止擦胀）；再用盆框套上盆底，将擦好的糕坯粉装入盆内，用手刨匀，再用铁梳刮平，铜压子轻压成（不宜过紧）厚薄均匀、整齐的长方块形。放置约一小时（使糕粉涨润凝结），再用彩印纸逐封包装，即为成品（多为白色和紫色）。松软细润，口味醇正。

杏仁酥 用料：面粉、泡打粉、碱、植物油、鸡蛋、白糖、杏仁碎、杏仁片等。制作方法：将油、糖、鸡蛋液混合均匀；面粉、泡打粉、碱过筛，倒入杏仁碎，混合均匀；与油、糖、鸡蛋液揉面团，分揉成小球，放入烤盘，小球压扁，放杏仁片做装饰，烤熟即成。酥脆可口，有浓郁杏仁香味。

豆香糖 见789页"嵌字豆糖"条。

冻米糖 徽州民间春节前夕，家家户户都要制作，传说这一习俗已流传近千年。用料：糯米、白糖、饴糖

*芡实糕

*杏仁酥

等。制作方法：将糯米蒸熟，放于露天晒、冻，入锅炒至膨化，拌白糖、饴糖，分层压制，切出一片片痕，食用时分片即可。还可加桂花、芝麻等。质松脆，味香甜，不粘牙。

*冻米糖

状元糕 旧时的徽州，儿童初入学，都要带上状元糕分赠给学堂老师、同窗，寄望学有所成。用料：米粉、白糖等。制作方法：将米粉、白糖加适量水拌匀，揉压入长方形、雕有天宫等图案的木模，脱模，烘制而成。质地松软，入口即化。

*状元糕

汽糕 因蒸熟后有许多气孔得名。相传元至正年间的一个五月初五，朱元璋战争失利，只身逃至婺源县城东的回头岭。至一老妪家讨食，老妪正在蒸汽糕，给了朱元璋一碗。数年后，朱元璋做了皇帝，为报答救助之恩，命人给老妪家送去官银。从此，每逢五月初五，当地都要蒸汽糕。且食用时切成菱形小块，民间认为似龙鳞，所以又名"龙糕"，婺源县一带流行。用料：籼米、虾皮、笋干、豆芽、辣椒、葱等。制作方法：将籼米磨成浆，摊成大的圆薄饼，撒虾皮和切碎的笋干、豆芽、辣椒、葱，蒸熟即成。鲜嫩松软、味美爽口。

*汽糕

顶市酥 前身为徽州土产"麻酥糖"。每逢过大年，徽州家家以此招待客人，给亲朋拜年也要送此糕点。有民谚："拜年不带麻酥糖，请君不要进厅堂。"清末，当时徽商重镇屯溪的南北货行业同仁，在歙县杨村（今王村）制作的"麻酥糖"的基础上，加以改进，在制作中提高白芝麻的比例，选用优质糖料精制，终于创造出一种完全崭新的徽式糕点，命名为"顶市酥"，意为"市面上顶好的酥糖"。因用红纸包装，又称"红包糖""红纸包"。从南宋流传至今，是徽州酥糖类传统糕点。用料：白芝麻、白糖、饴糖、少许面粉（或米粉）等。制作方法：将脱壳的白芝麻、白糖，配以少量的面粉（或米粉），用炒熟的芝麻研粉，拌和以饴糖制作而成，味道香甜，质地松软。其成品白中露黄，抓起成块，提起成带，进口甜酥，不粘牙也不粘纸。

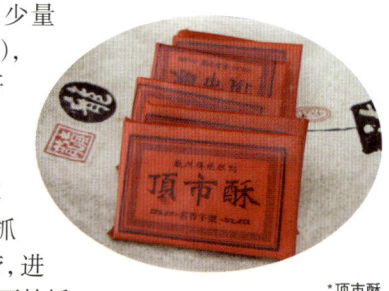
*顶市酥

松子糕 用料：糯米、白砂糖、松子仁、麻油等。制作方法：将糯米过筛，筛去碎粒，淘洗干净，将水沥干，然后将砂用大火炒热，放入糯米，不停翻炒，炒至糯米成圆形即可（糯米不可开花）；炒完过筛，拣去未膨胀的米粒，经冷却后碾成细粉；松子仁小火干炒至熟，研磨成粉并和入糯米粉，制成糕粉待用；将白砂糖加水，溶化成糖浆水，至糖全部溶解后，冷却待用；在案板上涂上麻油，将糕粉和入糖浆水（糖浆水宜分次逐步放入，边放边折），至质地软糯有光泽即可切成边角完整的薄长方条形，呈玉色，细腻均匀一致，松子仁分布均匀，有韧性和松子清香，松软可口。

松杆糖 用料：麦芽糖、砂糖、熟芝麻等。制作方法：将麦芽糖倒入锅内熬热，加砂糖、熟芝麻，不断搅拌均匀；取一长柄薄刀，蘸取正在熬煮的糖浆，熬至糖浆黏稠起锅，倒入铁盘冷却，加少量小苏打粉，用水拍成球形，用力摔打，使之产生许多小气孔；以烘热的铁刀按一定长度切断，平摊于竹筛，放在沸水锅上，把糖条表面蒸潮，撒熟芝麻，边撒边滚，均匀粘满芝麻即成。入口松脆，不粘牙。

*松杆糖

松糕 用料：粳米、糯米、白糖等。制作方法：将粳米、糯米用水浸泡后舂成粉，拌以白糖，再次舂粉过筛，放入蒸笼；用薄刀切成条状，入灶蒸熟；将蒸好的糕倒出蒸笼，按原有刀路手掰成条，置烘笼烘干即可。成品为长状，每条长约10厘米，厚约1厘米。

*松糕

金丝琥珀蜜枣 盛产于歙县三阳乡一带。该地蜜枣加工已有300多年历史。《歙县志》载："始于咸同以后，其制为蜜枣，有京庄天香、贡枣诸目，武阳、深渡制之。以三阳东南山上之高山枣所制品为最上，行销全国。外人因购自沪，呼为春申枣云。"三阳蜜枣，晶莹透亮，形似琥珀，故名。用料：三阳所产枣、糖等。制作方法：经过拣选（选枣）、发切（在枣的表皮用小刀切数十道口子）、收切（将切过口子的枣理顺）、锅煮（加糖熬煮）、生焙（微火烘烤）、分级等8道工序。其中的"发切"工艺十分讲究，而且刀距均匀，深度适中。制成后色泽金黄，镂纹如丝，晶莹透亮，质地糯软，味道甜美。

*金丝琥珀蜜枣

卷酥 用料：熟面粉、炒米粉等。制作方法：熟面粉中加适量水，揉成面团，擀成面皮；面皮与面皮中间放入一层炒米粉，加水（最好用热水）揉成团，擀平；再次将面粉皮与米粉皮擀成皮（以上称为夹皮面粉），揉捏成卷状，放入滚烫的油锅煎炸而成。酥脆香甜。

炒米香糕 见788页"烘糕"条。

贯香糖果 流行于黟县一带，以西递附近所产最为著名。用料：糯米、白糖等。制作方法：糯米加糖、适量清水，上锅熬成糖油，以触手不粘时为佳；将糖油边冷却边拉成条状，再敲成块状，称之糖果。如果以黑芝麻粉拌白糖卷心，即成贯香糖果，香甜可口。

茯苓糕 用料：茯苓、面粉等。制作方法：将茯苓烘干，打成粉，与面粉拌匀，揉成面团发酵，发好后制成方块糕（饼）状。上笼用大火蒸熟即成。质地松软，可当主食。

南瓜饼 用料：南瓜、糯米粉、奶粉、白糖、豆沙、猪油等。制作方法：将南瓜去皮，去籽，切块，蒸熟，捣烂，趁热加糯米粉、奶粉、白糖、猪油，拌匀糅合，以粉团不粘手为宜。取汤圆大小的一块，包入豆沙，压扁呈圆饼形，裹芝麻；锅内注入清油，待油温升至五成热，把南瓜饼放入漏勺，入油用小火浸炸，至南瓜饼膨胀捞出，待油温升至七成热，再次放入南瓜饼炸至脆即成。外脆里酥，香甜适口，既可当点心，又可当饭。

*南瓜饼

香糕 可制成各种形状，印"福、禄、寿"等字及各式吉祥图案。用料：粳米、糯米、糖、桂花等。制作方法：将粳米、糯米淘净晾干，磨成米粉；将糖粉与米粉拌匀，加入桂花末（如做椒盐香糕可用盐代替桂花末），拌时如米粉过分干燥，可稍加温开水促使糖粉自溶；隔约三小时过筛，再用烘糕箱进行小火烘燥（中途需将粉翻一次），在取出干燥的米粉时，用滚筒将黏结的粉块压碎再行过筛；再将干燥的细粉放于糕盘中，刮平按实后，用长薄刀或用摇糕机将糕盘内的燥粉划成条，这样糕坯就做好了。将划好的糕坯连同糕盘放入沸水锅内，隔水蒸制，蒸熟取出，待冷却后，用薄刮刀片按之前划好的糕片痕线将其分开。将糕片依次摊平，放在烘箱烘焙至第二天，再进炉烘制（火力不宜太大，以防烘焦），两面呈焦黄色即成。香脆微甜。

姜糖 徽州民间传统保健点心。用料：姜、白糖、红糖、花生、芝麻、枸杞、核桃仁等。制作方法：将白糖、红糖加适量水熬制糖稀，当糖稀凝固成半流质半固体时，加姜、花生、芝麻、枸杞、核桃仁等用中火继续熬制，边熬边搅拌均匀，停火冷却即可。绵软滋润、味甜微带姜味，清香爽口。

*姜糖

盐饼 用料：面粉、芝麻、香油等。制作方法：面粉和水揉团，摊成薄片，淋香油，撒盐，卷成团，反复揉搓，摊成薄饼，撒芝麻，于平底锅内烘烤即成。色泽油黄，松脆多层。

*盐饼

秤管糖 始产于休宁县万安镇，其形状像一根根切断的大秤管，故名。用料：饴糖、芝麻、白糖、米粉等。制作方法：一般做法是用长条形饴糖裹上白芝麻或黑芝麻制作而成，考究者在饴糖内层包裹一层白色的糖

*秤管糖

心，糖心以白糖拌以芝麻粉、米粉做成。糖松脆不粘牙，甜香适口。如将此糖搓捏得更细，即称之为"一品香"。

鸳鸯饼 又名"鸳鸯粿"。用料：面粉、菜油、猪油、白糖、芝麻等。制作方法：将白糖、猪油、芝麻（炒熟、磨细）、盐按一定比例，拌匀成油酥馅心待用；用面粉、菜油、温水，在案板上反复揉成油面；接着将油酥和油面各搓成长条，每样摘成同等个数的团儿，将油酥包入油面反复摺、擀平，包入馅心，收口压平成月饼形状，入平锅烤成金黄色即可。金黄酥香，甜中带咸。

*鸳鸯饼

鸳鸯粿 见788页"鸳鸯饼"条。

烘糕 又名"炒米香糕"。用料：米、饴糖等。制作方法：用开水将米浸泡一小时左右，沥干，炒至微黄，磨成粉，加水调和，放适量饴糖、凉开水拌匀，揉成粉块，切条（考究的还用糕模在香糕表面印出各种图案），然后置箱笼烘干即可。香甜可口，易于存放。

菱角酥 又名"羊角酥"。流行于黟县及屯溪一带。用料：熟面粉、炒米粉、白糖、食用油等。制作方法：将熟面粉中加入适量水，揉成面团，擀成面皮，面皮与面皮中间放入一层米粉皮（炒米粉加热水揉成并擀平），再次将面粉皮与米粉皮擀成皮（以上称为夹皮面粉，这种夹皮面粉可使成品内部空松，更加酥

脆），捏成菱角（或称羊角）状，放入滚烫的油锅煎炸，起锅后淋上糖浆，外壳蘸白糖粉即成。酥脆香甜。

雪糕 用料：籼米、糖等。制作方法：将籼米研粉，和适量糖水，将半干半湿状粉捻碎，筛入糕甑，以糕模印出红"寿"字和"蝙蝠捧寿"的图案，蒸熟即成。松软味甜，覆以"喜""寿""蝙蝠"等红纸，寓意着良好祝愿。

麻酥糖 见786页"顶市酥"条。

族丁饼 见783页"丁饼"条。

盖头饼 见785页"壳饼"条。

渔亭糕 明清时期黟县古镇渔亭商业繁荣，当地所产芝麻糕因口味独特、易贮藏而流行，故名。用料：当地所产的上等大米、芝麻、桂花、花生等。制作方法：将大米经筛选后淘洗、晾晒、烘炒，与芝麻、桂花、花生等精研成糕粉，再放置三天三夜让其充分冷却后待用。按照一定比例将特制的糖浆与糕粉混合，将其充分搅拌，然后将糕粉压入模具之中，压实成型，切除杂边，最后脱模放于特制的竹筐中用炭火烘干即可。口感细腻、香酥松脆、可作茶食。因用黑芝麻、白芝麻不同，所做的糕分别呈黑色、灰白色，与徽派传统建筑中"粉墙黛瓦"切合，表现出浓郁的地方特色。所用模具采用质地坚硬的木材制作，可复制徽派建筑木雕、石雕、砖雕中的各种造型，多以象征富贵、吉祥为主。

*渔亭糕

绿豆酥 又称"绿豆酥饼"。用料：绿豆、熟面粉、白砂糖、优质花生油等。制作方法：将面粉加适量水揉成面团，并分成数个小面团作外皮，面粉外皮先包入油皮（面粉与油的混合物），再包入油酥（放入更多油脂比例的面油混合物，这道工序能使烤制后的绿豆酥外皮更加酥脆），最里层包入糖、绿豆粉。香浓

*绿豆酥饼

酥软，馅心冰甜。

绿豆酥饼 见789页"绿豆酥"条。

朝糕 又名"潮糕"。清末，以徽州古镇岩寺"永成"糕饼店生产的最著名。《新安竹枝词》有："铜巢双簧铁剪刀，唐诗摘句印潮糕，鲍花笋豆珍珠菜，都逊松烟品格高。"因此得名。是米糕的一种，呈方块状，稍大于绿豆糕，色泽米黄，正面印着各式图案或一些古诗句。用料：米粉、芝麻、香料、糖等。制作方法：选用上等的米粉，佐以芝麻、香料、糖等，和水揉成团状，然后按在木制的糕模里，压实后脱模，再放入箱炉内烘焙干透即成。色泽米黄，质地紧实，香甜可口。

*朝糕

酥月 见790页"徽式月饼"条。

酥夹 以西递所制最为著名。用料：面粉、黑芝麻粉、白糖等。制作方法：将面粉中加适量水，揉成面团，并分成数个小面团，制作外皮，面粉外皮先包入油皮（面粉与油的混合物），再包入油酥（放入更多比例的油脂面油混合物，这道工序能使烤制后的夹酥外皮更加酥脆），最里层包入白糖、黑芝麻，形状呈半月形饺子状，再放入滚烫的油锅煎炸而成。香甜松脆。

蛤蟆酥 因其形似蛤蟆得名。用料：面粉、绵白糖、花生油、芝麻仁等。制作方法同"菱角酥"。层层相叠，薄如蝉翼，酥脆绵软，入口即化，香甜怡人。参见788页"菱角酥"条。

嵌字豆糖 一称"豆香糖"。流行于祁门闪里一带。因制作以黄豆为主，且糖内嵌有清晰汉字而得名，汉字多为福、禄、寿、喜等。用料：黄豆、麦芽糖、黑芝麻等。制作方法：黄豆洗净，沥干，炒至微黄，磨成细粉；黑芝麻漂洗，沥干，炒至香味出，磨成细粉；麦芽糖小火加热，待成琥珀状黏稠液体时，掺入黄豆粉、黑芝麻粉，快速搓成黄豆粉团和黑芝麻粉团，用木制夹板做成规则糖条；黄、黑色糖条上下左右搭配，形成各种字，并在糖条外包裹黄色糖条；拉抻，糖条不断变细，最后成为边长1厘米的正方形糖块；趁热切成均匀薄片即成。口感绵软，且有观赏性。

蒸糕 又称"发糕"。"糕"与"高"音同，寓意高福、高寿。既可作食品，又可作供品。民间多以蒸糕作初次上门的婴儿或新媳、新婚的回赠礼品。用料：米粉、鲜肉、油豆腐、干角豆丁等。制作方法：将米粉加水调成粉糊，加适量酵母，拌入鲜肉、油豆腐、干角豆丁等，大块入笼蒸熟后，切成6~10厘米见方的糕块即可。若粉糊中调入白

*嵌字豆糖

*蒸糕(1)

*蒸糕(2)

*徽式月饼

*徽墨酥

糖,则成甜蒸糕,入笼时撒上红糯米作花,以增添喜气。

潮糕 见789页"朝糕"条。

糖人 黟县为老人做寿时的馈赠糖果,为指头大小寿星像,故名。用料:糖、油、面粉等。制作方法:以糖、油拌面粉,均匀后以模子成型即可。造型逼真,甜蜜可口。

徽式月饼 婺源人称为"酥月"。用料:面粉、白糖、黑芝麻、桂花、花生蓉、植物油(或猪油)等。制作方法:将面粉加菜油(或猪油)调制,包馅(馅料主要有白糖、黑芝麻、桂花、花生蓉等甜馅料,也有火腿加梅干菜等咸馅料),然后烘烤。由于饼皮略重易碎,所以每块都以一方纸片托着。饼皮很薄,入口酥软,油而不腻。

徽墨酥 因外形似徽墨而得名。用料:黑芝麻、绵白糖等。制作方法:将黑芝麻炒熟、精磨,拌入绵白糖,入模成型即可。由内至外乌黑油亮,油酥柔韧,甜而不腻。

糯米子糕 因制作时用到鸡子(即鸡蛋)而得名。用料:糯米、鸡蛋等。制作方法:将糯米泡水浸透,沥干,捣碎成糯米粉,过筛,晒干,调成糊状,拌以酒酿。制作分甜、咸两种,若做甜的,于糯米粉糊中拌入白糖、小红枣及红绿丝;若做咸的,将炒好的瘦肉丁、豆腐干丁、干豇豆丁均匀地撒在糯米粉糊中。发酵后放入蒸笼(糕厚约1厘米),先大火,后小火蒸熟。颜色金黄、香糯适口。

糯米糕 常用于馈赠亲友,覆以有"喜""寿"字或"蝙蝠捧寿"等图案的红纸,以寓良好祝愿。用料:糯米、黑芝麻、红枣、莲子、红绿丝、糖油等。制作方法:将糯米蒸熟,槌成黏糊状,装入方匣,压实,抹糖油以添色彩,表面嵌上黑芝麻、红枣、莲子、红绿丝即成。软糯香甜,有嚼劲。

徽州文化大辞典

[十二] 方言民俗

徽州方言
生产习俗
生活习俗
礼仪习俗
岁时习俗
其他风俗

[十二] 方言民俗

徽州方言

生产习俗　生活习俗　礼仪习俗　岁时习俗　其他风俗

七都语 明清时期，渔亭话被称作"七都语"（因渔亭属黟县行政区划七都，故称）。渔亭古为重要的驿站、商埠，素称"七省通衢"，人口流动量大，居民来源不一，对当地语音影响颇大。有韵母36个，多于黟县话7个。声调5个，无入声，而上声分阴阳。

八都话 又称"八都雄"。以叶村和源川为代表的徽州地区方言（今黟县东源乡潭口、石印、叶村、源川等村为"古黟八都"）。八都原流行的是黟县方言，因历史上与休宁蓝田交往较多，方言受其影响，个别词语带有蓝田音尾。人名称呼与黟县方言也有差异，如为双字名则仅称一字，黟县方言则取前一字，例如"少滨"称"老少"，八都话取后一字，如"少滨"称"老滨"，且带尾音。

八都雄 见792页"八都话"条。

文白异读 各地徽州方言中对于一批常用字兼取书面语和口头语两种不同读音的语言使用方式。

文读 各地徽州方言中对于一批常用字采取书面语读音的语言使用方式。

方言古语词 徽州方言中所大量使用的古汉语词汇。以歙县方言和黟县方言中居多。如：歙县人称祖父为"朝奉"，衍为"朝朝""朝""奉"。徽州多商人，典当为徽商传统经营门类，人称其店主为"徽州朝奉"。后引申为尊称而及于祖父。"相"为尊称"相公"的省略，前可冠以大、二、三等序数。"朴"，在《尚书·梓材》中有"既勤朴斫"，马融注"朴，未成器也"，引申及人畜，《荀子·臣道》有"若驭朴马"，歙县人则称少年为"伢儿朴""饭朴"，于未长成的猪、猫称"猪朴""猫朴"。"肃"，咸菜的古称。"夥色"，用以形容多。"夥"是楚语，《史记·陈涉世家》"楚人谓多为夥"。歙县地处吴头楚尾，尚保留此楚语。在黟县方言中也有不少语词沿用了古义。如"挈水"（提水）、"墨瓦"（砚台）、"洗面"（洗脸）、"冻"（冷）、"桁竿"（竹竿）、"吃烟"（吸烟）、"吃酒"（喝酒）等。又如"聒噪"，仍为黟县人接受馈赠时表示感谢的礼貌用语；"不亦乐乎"移用于表示手忙脚乱；"我借百元钱给他"则说作"俺想界（将）这一百块钱借界（给）他"。

方言成语 徽州方言在其历史演变中形成的特有成语，为重要的方言构成元素。有的来源于古语词，如"不亦乐乎"；而更多的来源于民间语言的创造，体现对现实生活的总结与升华，如"风吹凉亭""黄牛叫更""新娘行茶""捧着一碗油"等。由于社会生活与语言实践的地方差异性，多数徽州方言成语的含义很难为方言区以外的人所理解，如"六脉牵斜"（胡说八道）、"吃糯米饭"（有力气）、"倒板一十六"（极快活）、"锣鼓翻向天"（最末了）等。

方言婉辞 徽州方言在表述时不直述事项本身的婉转说法。徽州方言婉辞丰富，而以涉及事讳、名讳者居多。关于事讳的如：称死为"过背""百年"（上年纪的）、"走掉"（夭折）等，生病说作"不舒服""面色不好"等；关于名讳的如：棺材称"寿木"，妻子哭死去的丈夫时称"天"，母亲哭死去的儿子时称"肝心"、哭死去的女儿时称"肝心肉"等。

白读 各地徽州方言中对于一批常用字采取口头语读音的语言使用方式。

休宁方言 又称"休宁话"。属徽州方言中休黟片方言。使用范围在今休宁县大部、屯溪区（除屯光镇的篁墩村）、祁门县凫峰乡及靠近休宁的新安江下游歙县石门、横关二乡。休宁方言共分海阳、五城、临溪、溪口、流口5个小片区，以休宁县海阳话为代表。休宁方言音系中知照系声母形成两套，无全浊声母，尖团音分类清楚，泥、来相混，阳声韵鼻韵尾丢失最多最严重，入声韵为舒调、开尾，入声韵不带后塞辅音尾。在词汇方面，常用词汇中单音节词占优势，轻声词语不发达，儿化词丰富，偏正式语词结构不严密。在语法方面，休宁方言也有特殊语式，例如：动词"添"的补语前置，如"你吃一碗添"（即再吃一碗）、"你坐一下儿添"（即再坐一会儿）；动词"起"的补语前置，如"你走起，我马上来"，"走起"即先走一会儿。参见793页"海阳话"条。

休宁话 见792页"休宁方言"条。

休黟片方言 黟县（除去美溪乡、柯村乡之外）、休宁县、屯溪区、婺源县、祁门县东南部凫峰乡与原太平县（今黄山区，限于西南部郭村等乡）所使用的方言，这一带均地处徽语区的中部。为地道的本土徽语。其主要特征为：古全浊声母今读清音，逢塞音平声常用字多读不送气声母，大多具有长介音韵尾，有丰富的以 n（儿）尾的词和 AnB 结构形式的嵌 n（儿）词语。

凫峰话 凫峰一带的方言。凫峰地处祁门县东南隅，与休宁县为邻，境内率水属新安江流域，与祁门本地话差异较大，但同属徽州方言，发音平和，有声母 19 个、韵母 32 个、声调 5 个。与祁门本地话相比，声母无平翘舌的对立，仅有平舌音一组。韵母，祁门本地话的梗摄字和山摄字尚保留鼻化韵，凫峰话梗摄字与山摄字的鼻韵尾已全部消失，连鼻化亦不保留。

祁山话 见 793 页"祁门城区话"条。

祁门方言 属徽州方言中祁德片方言。祁门县处万山中，方音极重，甚至相去百米，邑人对话也难以很快领会。祁门方言可分为祁门本地话、外县徽州话和北方官话三种。祁门本地话为徽州话分支，覆盖面大，使用人口多，细分又有城区话、西路话、南路话之别。外县徽州话概指位于东南隅的凫峰话。此外，境内尚散居一定数量的江北客民，其语言属北方官话。

祁门西路话 以祁门县历口居民所使用的语言为代表的方言。包括历口、渚口、古溪、彭龙、闪里、箬坑、新安诸乡镇。此区域属历水和文闪河流域，邻江西，言辞较粗雄。有声母 22 个、韵母 36 个、声调 5 个，其特点是流摄字韵母之主要元音一般为较高的圆唇元音。

祁门城区话 即"祁山话"。是以祁门县城关居民所使用的语言为代表的方言，属祁德片方言中具有代表性的一支方言。使用区域包括今祁山、小路口、塔坊、平里、金字牌、胥岭、大坦诸乡镇，此区域属阊江上游流域。出语平和，其音系共有声母 23 个（含零声母）、韵母 37 个（包括 m、n、三个鼻辅音韵母）、6 个单字声调。儿化很丰富，方式主要是在音节的末尾加上舌尖鼻音 n（即儿的白读音），词语中的轻声音节较少，双音节的明显变调主要是阴去与其他声调组合时发生的变化。其音韵呈现出古全浊塞音、塞擦音声母字大多读送气清音声母，来自古效摄字韵母衍为今不同，咸山摄、宕江摄和阳声韵字以及深臻摄和曾梗摄阳声韵字衍为今大多混同，古上声字不分清浊而今却仍读上声等特征。

祁门南路话 以祁门县溶口居民所使用的语言为代表的方言。包括芦溪、溶口及祁红、平里两乡镇之西南部，该地域属阊江中游，与江西毗邻，发音粗雄，流摄字韵母之主要元音为较低的圆唇元音。

祁德片方言 祁门县（除去凫峰、安凌、城安、赤岭之外）、东至县（限于东部木塔一带）、江西省的浮梁县和德兴市一带所使用的方言。这一带属徽语区的西部，为徽州方言的辐射区，受到赣语的影响较大。祁门城区话是本片徽州方言的代表。参见 793 页"祁门城区话"条。

严州片方言 浙江淳安县（含旧遂安县，并除去西部唐村等地之外）、建德市（含旧寿昌县）一带所使用的方言。淳安县、遂安县、建德县（现建德市）、寿昌县自北宋至清朝一直归浙西严州府管辖。这一带属于徽州方言延伸至吴语区的区域，属于辐射性的徽州方言。因淳安和遂安两县原来在秦汉时期同属鄣郡，后改为丹阳郡的歙县，直至东汉建安十三年（208 年）东吴孙权时才划分歙县东部叶乡置始新县（淳安县的前身）、划分歙县南部武强乡置新定县（遂安县的前身）。且严州府在历史上曾是皖南山货外销和徽州人采购生活必需品的出入口，也是徽商云集和徽州人移居较多的地方，故而本片区方言的形成既与历史上政治区属相同有关，也与徽严两地频繁的经贸往来有关。在吴语的长期影响下，依然存在徽州方言的基本特征，如：古全浊声母今音全部清化，泥、来母字大多相混，古深、臻、曾、梗、通等摄收不同鼻韵尾的字，大多混同为 n 尾韵音，有收 m 尾的鼻韵母等。

海阳话 休宁方言中语音势力最强的一支，是休宁方言的代表。它的音系包括 20 个声母（含 1 个零声母）、29 个韵母、6 个单字声调，声调无去声，而有阴入、阳入二声。由单音节词与"儿"音合音形成儿化，平声字加平声字的词在连说时前字由 33 变为 44 而形成双音节词，具有文白异读现象，且古全浊声母今音一律变为清音，在塞擦音中读送气的为多，其阴上、阳上和阴入、阳入是按古上、入声母的清浊分化为两类的，深臻摄阳声韵与曾梗通摄阳声韵今音韵尾混同为 n 尾，中古音的韵尾已经大量脱落。

旌占片方言 旌德县（除去西部洪川一带之外）、祁门县（安凌、城安、赤岭一带）、石台县（限于占大区）、黟县（限于美溪乡、柯村乡）所使用的方言。这一带地处徽语区的北部边缘地带，属于徽州方言的辐射区。受接壤的宣州吴语和江淮官话的影响很大，内部一致性较小。其主要特征有：语音差异较大，子缀词较多，用"着""之"作为表示进行时态和完成时态的常用助词，ABAB 结构形式是本片方言加强形容词意义的常用方式。

旌阳话 见 793 页"旌德城区话"条。

旌德城区话 即"旌阳话"。旌德县一带属徽语区北部边缘中势力较强的具有代表性的方言。其音系共有辅音声母 18 个和零声母 1 个、韵母 31 个（包括 2 个鼻辅音韵母和 4 个鼻尾韵）、4 个单字声调。其轻声音节与叠音字常用，儿化以缀词形式出现并写成"伲"或"宜"，音韵方面具有古全浊变清音读送气，古韵母大量归并，而古去声分化形成以上声最为稳定的四个声调等特征。

淳安城区话 即"淳城话"。严州徽语区中势力较强的一种属支方言。其音系共有辅音声母19个(含零声母)、韵母48个、6个单字声调。音韵方面具有古全浊声母今音一律清化，今读塞音、塞擦音时不论平仄都读送气音，只有少数字例外，泥母在洪音韵前今读声母，日母字今音大多读零声母，一部分非组字今音还保存重唇音的读法，大部分咸山摄、宕江摄和阳声韵字以及很多深臻摄和曾梗摄阳声韵字今音大多混同，古上声今音不分阴阳仍读上声等特征。

淳城话 见794页"淳安城区话"条。

绩溪方言 属徽州方言中绩歙片方言。与徽州其他五县方言一样，绩溪方言也是四境有别，隔山相异，从语音上大体可分四种：第一种是以县治华阳镇为中心的岭南话，人口约12万人，占总人口70%，其中大部分是本地居民的后代，小部分是清光绪年间从江北(主要是安庆、庐州、凤阳、颍州)迁来的后裔，还有民国时期由安庆、浙江江山迁来的移民后裔；第二种是长安、上庄两个镇的岭北话，人口3.4万余人，占总人口的20%；第三种是荆州乡自古以来与浙江昌化交往，多于县内其他乡镇，因此荆州话带有明显的昌化语音，人口0.7万余人，占总人口的4%；第四种是临溪镇土地与歙县北乡犬牙交错，民间日常交往频繁，大部分村庄原属歙县，因此这两地的话接近歙县北乡方言，人口1万余人，占总人口的6%。岭南话语音方面有尖音，鼻音声母n为标准的舌根音，没有"日"母，唇齿擦音分清浊，带有儿化功能的n尾消失，有入声而不分阴入、阳入。词汇方面，富于个性化的语词非常丰富。许多语词对外地人翻译时只能传达其大意，而不能道出其意态与韵味来。只有讲绩溪方言的人才可以意会，并品其神韵、意蕴所在。有不少独特的方言词，如桌子称"台盘"，似与商业有关；妇女称"孺人"，属士族的古词语；媳妇称"新妇"，似着眼于家庭中上下两辈妇女的关系。

绩歙片方言 歙县、绩溪县及旌德县(限于西部洪川一带)、原宁国县(限于南部洪门乡等地)、淳安县(限于西部唐村等地)所使用的方言。这一带地处徽州方言区的东部，属于地道的本土徽州方言。受吴语和江淮官话的影响较大，其主要特征有：古全浊声母今读塞音和塞擦音时不论平仄大多变成送气清音，古入声字大多带有喉塞音韵尾，并具有丰富的AAB和BAA结构形式的词语。

婺源方言 属徽州方言中休黟片方言，与吴语、赣语存在一定联系。婺源县东南西北四乡和县城的语言，调类大多6个，辅音声母大多18个，韵母大多40个。调类的分化大致相同，调型调值也同多于异。其中，东乡与北乡的语言比较接近，西乡与南乡的语言比较接近；县城话既有四乡乡音的成分，又有北方话的某些成分，是一个综合系统，江湾话的某些词、字接近北方的读音。语音系统比较稳定的是北乡的清华，在全县有较大代表性。

歙县方言 属徽州方言中绩歙片方言，是徽州方言中最大的分支。根据语音特点，该方言大致可分南北两片。南片方言的语音特征是古咸、山、宕、江四摄阳声韵字，今音失仍作鼻尾韵或鼻化韵。北片方言的读音特征是古咸、山、宕、江四摄阳声韵字，今音失去鼻音，转化为元音韵母。所属歙县城关方言声母18个；韵母包括自成音节的鼻辅音声调数6个：阴平、阳平、上声、阴去、阳去与阴入。歙县方言今仍有古汉语遗存现象。凡微母字皆作重唇，如"问""望""蚊"今白读分别读若"孟""磨""门"音；"晚"读"蛮"之上声；"物"归明母，今读"物事"之"物"如"面"；"甫"，《广韵》属非母，今白读仍作重唇如"普"。此皆为古元轻唇音之遗存。古无舌上声，歙县方言今仍如此，凡属知、彻、澄三母之字，分别归入齿头音或正齿音。日母字归入泥母，读"热"如"业"音。古见，溪、疑母之字白读尚保留古音：见母假、效、蟹、山、咸诸摄开口二等字除个别外，白读仍归见母，如"家""加""假""价""交"(交椅)、"教"(教书)、"胶""解""介""戒""届""艰""间""奸""监""简""柬""谏""甲""夹""胛"。溪母开口二等入声字，白读仍为溪母，如"掐""恰"。疑母字绝大部分白读仍如古音，如"牙""鹅""讹""岩""颜""昂""瓦""咬""偶""眼""饿""卧""碍""艾""傲""岸""额""恶""岳""扼"。歙县方言今仍保留许多古汉语词语。称祖父为"朝奉""朝朝""朝""奉"。"相"，"相公"之省略，尊称，前可冠以大、二、三等序数。吴越地区所说的梅干菜，歙县仍称"蔀菜"。"战战兢兢"，《诗经·小雅》有"战战兢兢，如履薄冰"，歙县方言用以形容认真、正经状，合《毛传》"战战，恐也，兢兢，戒也"之释。"斫"，《孟子》"匠人斫而小之"，歙县称砍柴为"斫柴"，伐木为"斫树"，"斫"读若"作"，属精母，为古音。"濯"，《诗经·大雅》"可以濯罍"，《孟子》"有孺子歌曰：'沧浪之水清兮，可以濯我缨；沧浪之水浊兮，可以濯我足。'"歙县方言仍称以水冲洗为"濯"，读若"造"，由古浊入转阳去。

徽州方言 又称"徽州话""徽语"。是一种与一般普通话差别很大的徽州地区土语群。集中分布于新安江流域及周边地区，包括安徽省绩溪县、歙县、旌德县、黄山市(屯溪区、徽州区以及黄山风景区)、休宁县、黟县、祁门县、原宁国县(部分地区)、石台县(占大区)、原太平县(西南部郭村等乡)、东至县(部分地区)、江西省婺源县、浮梁县、德兴市、浙江省淳安县(含旧遂安县)、建德市(含旧寿昌县)等3省16个市县。共划分为作为本土区(基本区)的绩歙片、休黟片，作为辐射区或延伸区的祁德片、旌占片、严州片5个片区。徽州方言跟吴越方言有一定联系,而徽州区域内各县的方言又互有差异。徽州方言是单一体系的方言整体,语音、词汇、语法诸方面,都有其自身的规律和共同特点。语音上,六县均有尖音,部分县的唇齿擦音分清浊,而黟县方言、祁门方言没有唇齿浊擦音,只有唇齿清擦音。各县均有儿化韵,如休宁方言中的"猫"。这种带n尾的词,在性质功能方面类似普通话的儿化词,所不同的是非卷舌音。徽州方言各地的入声不分阴入和阳入,近似吴方言的喉塞声,但又不是真喉声。词汇上,徽州方言有不少独特的方言词,如歙县方言"官客"(男人)、"落地"(地方),休宁方言"竹翼"(翅膀)、"天光"(早饭),绩溪方言"台盘"(桌子)、"翘楚"(俏丽)等。有些词汇近似吴方言,如"物事"(东西)、"龙头"(邮票)、"畚出"(畚箕)等。一些词语至今仍沿用古义,如"先"(先生)、"种种"(短)、"造化"(天幸、运气)。语法上,徽州方言中有一些具有语法作用的语素,其中有些表示复数,如"俺人""俺大家"即"我们";有的具有结构上的组合作用,如"卖花仍"即"卖花的人";有的表示领属关系,如"俺个"即"我的";有的表示名词性的连接关系,如祁门方言"tir"类似"和";某些独特的介(动)词,如休宁方言"ter",义项多而在句中不模糊,有"到""在""被""把"等多种作用。部分县表示动作重复,除了在谓语前面加副词"再"作状语,有时还在词尾附加"添"来表示,如休宁方言和绩溪方言"再吃一碗添"。

徽州话 见794页"徽州方言"条。

徽城方言 见795页"徽城话"条。

徽城话 即"徽城方言"。绩歙片方言中的代表性地点方言,歙县方言的属支。主要流行于徽州府所在地歙县城关徽城镇一带,是徽州方言中语音势力最强的方言属支。共有19个辅音声母和1个零声母,韵母包括自成音节的鼻辅音共39个,声调包括阴平、阳平、上声、阴去、阳去、阴入共6个。其轻声字大多读成略降式的弱短调,在少数词里仍残存着以鼻化韵或弯曲调形式的儿化现象,且存在文白异读现象。音韵方面具有古全浊音今读清音,逢塞音塞擦音不论平仄大多送气,泥母字今音大多不与来母字混同,精组和见组字在开口细音韵前分尖音和团音,相近韵腹同化类化,韵尾大量脱落,很多深臻摄和曾梗摄阳声韵字今音大多混同,都读成鼻化韵母,且阴平、阳平、阴去、阳去按照古平声字和去声字声母的清浊分成两类等特征。

徽语 见794页"徽州方言"条。

黟县方言 属徽州方言中休黟片方言。黟县话、渔亭话、美溪话、柯村话、宏潭话五个小片区方言的总称。黟县方言的韵母与吴语较为接近:《广韵》咸摄("甘""敢"除外)、深摄、山摄、臻摄三等、曾摄、梗摄的古鼻音尾消失("阴""盲"等少数字例外);鼻音韵尾只有1个,儿化音变收尾等。渔亭镇人口流动性大,渔亭话同纯黟县方言有所不同。渔亭话也有n、l声母,但互有混杂,区分不明显,现隶属黟县的柯村、美溪、宏潭三个乡,原分属太平(今黄山区)、石台两县,语言同黟县方言也有所区别。古代通摄合口三等见组字"供""共""胸"等,黟县话和渔亭话,都念成舌叶音声母,美溪、柯村、宏潭话则读舌面音声母。黟县方言中,"到"除作动词使用外,还可以作介词"把""替"等使用。表示程度,不用副词"很",而多用"老",如"老早"(很早)、"老重"(很重)。表示感觉的程度,黟县方言用"生"字,作用相当于普通话"很"字,如"生瘦"(很瘦)、"生酸"(很酸)。

黟县方言调查录 较全面介绍黟县方言的著作。民国十四年(1925年)夏,黟县屏山舒耀宗运用现代语言科学对黟县方言进行全面调查,写成调查报告。民国二十四年(1935年),刘复、魏建功等根据报告进行调查核对,撰成《黟县方言调查录》,发表于北京大学《国学季刊》第4卷第4期。内容分为四个部分:"方言同意字辑录"(舒耀宗)、"方言同音词读音"(胡榮)、"方言同音字读音记录"(刘复、白涤洲、魏建功)、"方言音素之整理"(魏建功)。

黟县话 黟县方言属支。以城关镇、碧阳镇为代表,在县城、碧阳镇(含原碧山、西武两乡)、西递镇(即原东源乡)、宏村镇(含原龙江、际联、泗溪诸乡)、洪星乡及渔亭镇桃源村广为流行。黟县话共20个声母、29个韵母,有阴平、阳平、上声、阴去、阳去5个声调。其中声母、声调多与普通话接近;中古"泥母"和"来母"字区分清楚,没有n、l混读现象("论"字例外);古全浊塞音、塞擦音、擦音多变成清声母。

黟音便览 清朝中期黟县柏山村范尚文撰写的黟县方言著作。抄本。全书收录了2 300多个黟县方言词,按读音编成764类,每一单字后面都附有词组。如:天类,"天"(苍天)、"添"(添减);地类,"地"(土地)、"剔"(剔开)、"踢"(脚踢)、"惕"(怵惕)、"悳"(淑悳)、"忒"(不忒)、"遬"(祖遬)。

[十二] 方言民俗

徽州方言　生产习俗　生活习俗　礼仪习俗　岁时习俗　其他风俗

下架　徽州民间建房习俗。建房起屋时，在上梁、祭梁、上瓦之后，拆除脚手架的工作。下架最好选定良辰吉日，且以雨日为好兆头，视为大吉大利。俗语说"屋宇要雨，檐水落地，大吉大利"。

上正梁　见796页"上梁"条。

上梁　又称"上正梁"。歙县民间建房习俗。建房立屋架时众亲属必前来祝贺，且礼仪最为隆重。正梁为屋神象征，选中材料砍伐时，拴绳扯定，不能让它落地，也不能跨越、践踏它；加工时以木马承架。上梁之日，需行"祭梁"仪式。祭梁之后撤去供品，正梁在爆竹声中徐徐上升、落榫。至此，仪式结束。上梁当天，要盖好屋瓦，并摆上梁酒。参见798页"祭梁"条。

上梁酒　建房习俗。徽州民间建房，上梁之日白天的礼仪最隆重。晚上，东家会宴请工匠及亲邻，称"上梁酒"。

小年饭　商业习俗。在徽州各县，十二月二十四日晚，商店吃小年饭，饭后结账，付清店员薪金，以便各自回家团聚。席间如有被尊为上座的店员，即暗示店主欲将其辞退，来年不再雇佣。

开工酒　建房习俗。徽州民间建房，首先要请风水先生看风水，据此择地基，并将新鲜猪血（或鸡血）洒在地基上，俗称"杀生压邪"。开工前一天，东家请吃"开工酒"。

开张礼　商业习俗。徽商店家在新店开张之日，须在财神神龛前设香案，焚香敬礼。其招牌披红插花，开店门时燃放爆竹，有的还奏乐。对第一个上门者和顾客，象征性地收下红纸包（货币退还），同时赠送一定货物，如布店赠送红布，百货店赠送日用品等。凡是当天来购货的顾客，一律享受8~9折优惠或赠送1~2成货物。有的店家还将这种做法延续3~7天。

开秧门　婺源县民间农事习俗。农家在插秧第一天，清早至秧田点香、烧纸、放爆竹，然后拔秧，谓"开秧门"。拔好回家吃鸡子（即鸡蛋），晚餐丰盛。故俗话说："不吃鸡子苗要死，吃了鸡子壮谷子"。

中元保苗　农事习俗。每年中元节（七月十五日）当天，农户要做灰汁粿或新米粿，到田间敬"五谷神"，祈求"保苗"。

*开秧门

中秋拔路　婺源县农事习俗。当地农村习惯于在中秋节前几日，全部村民出动，清除道路两旁的灌木杂草。徽州农村有"路会"组织专行此事。

牛福会　绩溪县农户为耕牛保安祈福而结成的组织。每年春耕之前或秋收之后，凡有耕牛之家，均牵着耕牛、带上祭品到祭坛祭祀牛神，并在牛角上挂几条红布，作为避祸就福的标志。有的牛福会在秋收后行祭时，还选班唱戏酬谢牛神。

打锣封山　护林习俗。在徽州民间，每年冬令，一村或一乡确定人员，一边鸣锣，一边口呼所封山场地名，串村走乡，以昭示禁戒规约。同时，在各要道路口和山界立木碑、石碑，或系上稻草，以标明禁山范围。犯禁者，除罚款外，还须持锣串村敲打，承认错误。检举者可得罚款半数，另一半用于公益。若走火烧山，失火者要付灭火者工资，并保证火场的还林更新，另有"砍一（株）罚三（元）栽五（株）"、演戏及出义务工修桥、修路等惩罚措施。

出师酒　又称"满师酒"。行业习俗。在徽州民间，工匠学徒习艺期满，会设宴谢师，这是学徒艺成、从此自立的一个标志。师傅亦须赠工具一件或数件，以示回礼。

老大先生　徽商店铺经理。一般由店主聘任或自任，负责店号的进货、经营等一切事务。

庆熟节　见798页"保熟节"条。

安苗节　农事节日。徽州民间传说六月初六是天公、天母寿辰。此日须在田头地脚鸣锣、烧香纸、

*安苗节

插上纸制小彩旗，谓之"安苗"。有的地方安苗，则旌旗锣鼓，抬着"太尉老爷"巡游田畈，祈求风调雨顺。中午，农家做米粉粿、水馅包作餐，以庆农事大忙已过。一说：元末朱元璋与陈友谅多次激战于徽州一带，战后明军插旗于所辖田中以为标志，秋后这些田均获丰收，而陈友谅所辖田皆歉收。此后，每逢六月初六，农家均插旗于田中，且家家蒸发糕、做米粿、磨豆腐，分送亲友，以祈丰收。此俗相沿至今。

农者十三贾十七 明清徽州社会农商分化现象。徽州山多田少，且土地贫瘠，粮食产量很低，随着人口的不断增加，人地矛盾逐渐尖锐，粮食日益紧张。为寻找新的生存出路，大批村民走出去经商。一般而言，服田力农的人只占十分之三，而业贾经商的人则占十分之七。有的地方弃农经商之人达到九成。

收工福宴 徽州民间一些地方建房竣工后，东家会专备宴席，酬谢石匠、木匠、砖瓦匠、竹匠的辛劳。入席时，须以石匠为首，次为木匠、砖瓦匠、竹匠，不得乱序。工匠在东家吃饭，吃肉忌"粗"（不可多夹），俗话说："一块先生二块匠，三块四块打工匠，五块六块不像样。"后来建房过程中的繁杂礼节逐渐消失，一般只在上梁之日宴请工匠及亲友。

进师酒 行业习俗。在徽州民间，工匠学艺时，经人介绍师傅，双方就相关事宜进行协商，达成一致后，学徒家写"拜师帖"，明确所议事项，并备进师酒宴请师傅，以正式确定师徒关系。

进香 每年秋收后，徽州百姓常结队至东岳庙、城隍庙或齐云山、九华山进香朝拜，祈祷风调雨顺、人畜兴旺、五谷丰登。每过一村，均奏鼓乐，朝香者双手合十朝天，口念祷词。每逢闰年，进香景况更盛。

求雨 每逢大旱，徽州民间会集体举行"求雨"祈祷活动。活动形式各不相同。有的地方是将村庙内的太子或观音、太尉、城隍菩萨抬置旷野暴晒，意为使其身感大旱之苦而申报天庭，速降甘霖。有的地方是与事者先素食斋戒，穿净洁布衣、草鞋，进深山"躁龙池"，偷取"圣水"，倒水入田中，以盼雨降。有的地方是结队前往寺庙烧香，跪天拜地，抬菩萨游乡进城。一路放火铳、鸣爆竹、撑旗幡、舞钢叉、打霸王鞭、抛枯禾，拥集县衙，偕县官穿草鞋，脱帽跪地，向天祈雨。多数地方，众人至一名潭或名泉所在，以一葫芦汲取其水而返。往返途中不能戴草帽、打阳伞。

谷雨刈青 农事习俗。徽州乡民一般于谷雨节气开始刈青草，施于农田作基肥。

初五定事 正月初五"财神日"，徽商店铺多在此日定事。当日清晨先接财神，然后老板或管事逐个召见伙计，告知其当年的调职、加薪情况，并发上一年的"赢利"。晚上吃定事酒。

青柴讨吉兆 劳动习俗。徽州一些地方有此习俗，即新年后第一次上山劳作，不论做什么事，完工时都要砍一根青柴带回家，以示青青吉吉。

定事酒 商业习俗。在徽州民间,商店于正月初五"财神日"开张营业。店家设晚宴请所有店员入席"利市",称为"定事酒",意为人已定盘,事已成局,自此开始一年的营运。席间,老板或管事公告定事情况及当年经营打算,向继续留用的伙计敬酒说:"有劳,借重。"而向将被解雇的伙计敬酒说:"请另谋高就。"

春秋醮 农事习俗。每年正月、二月春耕开始前,徽州部分村庄择日设道场,请道士打"春醮"(又称"春祈"),祈求五谷丰登、六畜兴旺。秋收完毕,又行"秋醮",祈求合村平安,消灾禳祸。

* 春秋醮

茴香萝卜枣 被遣返学徒的俗称。在徽州民间,出外的学徒期未满因违反店规被开除回家者,都为家乡人所不齿,被称作"茴香萝卜枣"或"茴香豆腐干"("茴香"与"回乡"、"萝卜"与"落魄"、"枣"与"早"谐音)。

拜祷田公、田母 农事习俗。徽州民间农户在春耕前有开秧门、莳田日的习俗,届时要设宴拜请田公、田母。朝拜时,先燃三根香插于田埂,然后虔诚跪拜,并念祈祷歌:"田公、田母、田伯伯,上丘不长禾,下丘不出蕾,保佑我家田里长满蕾,喜乐种田人,挑坏割稻客。"有的地方春耕时,有击鼓催耕之俗,早上要吃五香茶叶蛋,晚上有主餐,以喜庆席相待。参见796页"开秧门"条。

保熟节 又称"庆熟节"。农事节日。在徽州民间,"六月初一""六月初十""六月半""七月半"等日,人们皆做面包、煎米稞、裹粽子,互相馈送,以祈庆丰年"保熟"。

送出 旅外徽馆经营服务项目。食客因故不能来店堂的,徽馆便将烹制好的菜肴送上门,称"送出",须增收菜金百分之十的送出金。送出的大多为宴席。

换索 交易习俗。在徽州农村牛场交易中,卖方如将拴牛鼻的绳索交给买方,即表示买卖做成,双方不得反悔。

晒大圣 农事习俗。在徽州民间,每逢久旱不雨,村民们便选出年轻力壮的小伙子,将大圣庙中的大圣石像背出庙外,置于村头或田畈内暴晒,直到降雨为止。一旦"晒大圣",地主就必须减免当年的租谷。参见797页"求雨"条。

烧六日 民间习俗。每逢初六、十六、二十六日,在徽州民间,人们都要煮一块大猪肉向财神爷拜祭,祈求发财。

接财神 商家习俗。徽州以正月初五为"财神日",商店多在这一天接财神。清晨要在门上贴"开门大吉",斗、钱柜和账本上贴"日进斗金"等红纸字条,焚香、放爆竹将财神菩萨请入神龛,燃香点烛,上供跪拜,随后开始营业。前几名进店的顾客,不论购置何物,均赠送1~3成该货物,稍后来的顾客在这一两天内,也享受适当优惠。

* 接财神

祭梁 建房习俗。徽州民间起屋上梁,中午前举行"祭梁"仪式,由木匠当家师傅主祭。祭梁开始前,梁坊和柱上需张贴"紫微高照"横批和"竖屋喜逢黄道日,上梁巧遇紫微星"等吉利对联。先将正中缠悬红布的正梁架于房地当中,上缚一只大红公鸡。正梁两端插金花,并写上"东文""西武",接着摆案几,陈三牲,燃双烛,时辰一到,鞭炮齐鸣,当家师傅唱"上梁歌"、念"赞梁词"。赞毕,向八方神灵跪拜,梁上挂九对、坊上挂十三对"八角槌",取九子十三孙之兆。梁榫处嵌五色小布条以避邪、兆发。随即进行"撒五谷""撒果子""撒百子槌"等程序,以示彩发。其中"五谷"一般为多年的稻谷和麦子,越陈越好,喻为五谷丰登。百子槌上写有"寿比南山""福如东海""五子登科""个个状元"等吉利词。由两位木工站在梁上撒五谷等,任人抢拾。上梁最后一项仪式是"摔金鸡"。木匠用斧刃杀两只公鸡(谓长生鸡),沥尽其血,滴血于屋柱后,即将公鸡往上一抛,猛落于地,高诵:"金鸡落地,大吉大利。"顿时锣鼓频敲,爆竹齐鸣。之后撤去供品,正梁在爆竹声中上升,一鼓作气上梁、落榫。上梁完毕,木匠又行一番礼赞,众人齐声帮腔"接口彩",至此,仪式结束。参见411页"徽州文学"部"上梁歌"、414页"徽州文学"部"赞梁词"条。

商家门背南 徽商建房习俗。虽然徽州民间有"面南而居"的居住习俗，但是，由于"南"与"难"谐音，宅院门窗向南，则举目即见"难"，举事首遇"难"，所以外出经商的徽州人十分在意，他们建房时一般将自家的宅院门窗朝向背南，或朝向其他方位而设，以避"难"。一说：古时《图宅术》说"商家门不宜南向""则商金，南方火也"。商业活动跟金银打交道最密切，南方主火盛，金银遇到火会被熔化，遭克而不利，所以在笃信堪舆风水之术的徽州，形成这种"商家门不宜南向"的禁忌，以致宋明以后，徽州富商大贾的豪门巨宅很多门窗朝向一律背南。

散牛犊粿 农事习俗。在徽州一些地方，养牛户遇到母牛生小牛的情况，要用米粉做成牛犊粿，到野外岔路口敬"山神""土地"，祈保小牛平安，并以粿为礼品散发给各户，庆祝小牛出生。

敬财神 商业习俗。徽州商家逢每年正月初五"财神日"，都要到财神庙或店中所供财神像前祭拜，称"敬财神"，以祈求新的一年生意兴隆、财源茂盛。

腊八收账 商业习俗。逢每年十二月初八腊八节，商家要吃"腊八饭"，饭后开始收取一年中顾客赊欠的账款。对还清欠款的顾客，店家会赠送一两件货物以示欢迎来年继续光顾；对还不清欠款且躲避的顾客，称为"做皇帝"。

满师酒 见796页"出师酒"条。

熏浴斋戒饲养蚕 养蚕习俗。徽州山区素产桑树，养蚕风盛。因蚕娇气又重洁净，为使蚕顺利成活，养蚕人家在每年三四月份蚕出生之时，由妇女打扫庭院，洗净蚕具，熏香沐浴并行斋戒，专心致志照顾蚕。孵化蚕蚁时，一般也不让男人操办，而是由姑娘将蚕种布片钉在身上棉衣的后背夹层里保暖进行。

徽人重商 明清徽州社会生产现象。由于当时徽州耕地较少，随着人口的不断增加，粮食供不应求，为了生存需要，徽州男子十三四岁就要出门当学徒，期满后独立经商。徽州约十分之七的人在外经商，有的地方经商人数高达十分之九，几乎是家家经商、世代经商。久而久之，在徽州形成了重商的习俗。参见797页"农者十三贾十七"条。

[十二] 方言民俗

徽州方言　生产习俗　礼仪习俗　岁时习俗　其他风俗　**生活习俗**

三茶　见800页"三套茶"条。

三套茶　又称"三茶"。待客礼俗。即清茶、甜茶、鸡子茶（即鸡蛋茶）。在徽州民间，人们将以此敬客视为最高礼遇。清茶，即用有盖、有"船"瓷碗泡优质绿茶。甜茶，有莲子汤、桂圆汤、荔枝汤、枣栗汤、银耳汤等多种，通常盛入小盅或小碗中配以特制的银质小汤匙。鸡子茶有甜、咸两种。甜者称"鸡子滚水"或"鸡子鳖"。"鸡子滚水"是将3或4枚鸡蛋打入开水锅中煮成。"鸡子鳖"是先将鸡蛋用油煎，然后加水煮成。咸的鸡子茶即五香茶叶蛋。春节待客、娶亲待新娘、嫁女待新女婿、庆寿敬寿翁或寿婆、贵客登门等均以"三套茶"相待。

小孩发型　在徽州民间，小孩出生满月即要剃光胎发，将胎发珍藏或放于小孩身上以辟邪。稍长大后，女孩将头发养长扎双辫或单辫；男孩剃发，但在头顶留一长方块蓄短发，称为"喜喜旦"，长大蓄发梳长辫。有些地方的男孩出生三天剃胎头，后剃"囟门瘩"（头顶留发一块）、平顶头，五六岁后开始额顶前部削发、后部蓄辫，辫扎黑头绳。

小孩佩戴　在徽州民间，刚出生婴儿，无金属佩戴，仅两臂内衣外用红头绳束紧，名为"捆手"。儿童时戴缀有银铃的手镯，金或银项圈，俗称"狗项圈"，圈前悬"天宫锁"，上镌"长命富贵"字样。有些人直到结婚才卸去项圈。端午节小孩都要佩戴"香牌"，意在避邪。

*小孩佩戴

小孩鞋式　在徽州民间，小孩周岁前只能穿软底鞋，周岁后开始穿硬底鞋，一般均为红花布或缎料缝制。周岁鞋绣有"长命百岁"四字，鞋式有虎头鞋（鞋前端绣以虎头）、圆口鞋等。鞋底用麻绳缉紧，中间留一空针不缉，称为"放书"，以为吉利。

女子发型　旧时徽州女子均梳头髻，其名称因形状而定。主要有扁馃髻、螺丝髻、高髻、元宝髻、麻花髻等，以扁馃髻、螺丝髻、高髻居多。梳头髻时要抹菜油，每种发髻外面都需戴发网。扁馃髻，又称"握簪髻"，盘发成圆扁馃形，髻心扎红头绳，髻外沿横边又扎几圈绿头绳，髻心用一根金（银、玉）制两头尖的簪子固定，四边用翡翠、荷花簪插牢。螺丝髻，髻心稍突出，发盘成螺丝形，髻心扎一道红或绿头绳。高髻，盘发部位稍近头顶，要扎多道红头绳，这种发型以新娘子使用为多。髻发一般要扎12圈红头绳，多的扎24圈，髻心要用大握簪（俗称"扁了"）固定，四边用簪扎牢，盘好髻、戴好网后开始插花。髻心插一枝绿蝶珠花，髻上左右各插一枝蝙蝠形珠花，髻下插珍珠拖挂（俗称"五件花"），髻两边还要插几枝"草花"。年老的妇人因头发少，梳髻后还要戴一个藤篾制的髻兜，以便插戴"五件花"。戴"五件花"的打扮主要用于年节拜菩萨时，平日多戴"草花"。

女子佩戴　在徽州民间，女子佩戴装饰物较多。发髻中间横闩一金、银或骨质发卉。发髻上端插"三枝头"，即金或镀金的钗簪、如意、小锤。逢喜庆、节日时，发髻下端左右分别插一对绸制的小红花，小红花上有一排丝绦，称为"挂绦花"。女孩长到四五岁，在春秋日由老年妇女用银针在耳垂上扎孔，长大后戴耳坠。姑娘只能戴短耳坠，寡妇只能戴无花纹小环。戴孝期间，只戴宝蓝色首饰。手上依家境不同戴金、银或玉质的手镯、戒指。新娘头戴"眉箍"；绣花红鞋后跟缀上带有五颗小铃的或金或银刻花鞋牌，上刻"五子登科"字样以示吉利。

女子服式　在徽州民间，女子的着装一般上衣较长，襟左，宽袖。以手帕为装饰，系于右袖底纽扣间。衣裤均较宽大，缀有较宽衣边以为饰。衣料为呢绒、绸缎、麻布等。未出嫁的姑娘多着蓝衣黑裤，新娘着红彩花衣，随年龄的增长色彩日趋单一。外出必系百摺式长裙。

女子帽式 在徽州民间，女子在冬天戴腰形帽，质地为缎或绒呢。帽由两瓣合成，相接处以金银花叶嵌珍珠或宝石为装饰。帽瓣绣以同色暗花或彩花。两瓣另一端缀有红头绳，以系于后发髻上，可护头护耳。

女子鞋袜 在徽州民间，一般女子穿黑布白底圆口鞋，新娘要穿大红色或粉红色绣花鞋，而后穿玄色绣花鞋，中年以后鞋子一般不绣花彩。因清朝妇女以小足为美，自幼缠足，故其鞋又尖又小，称"三寸金莲"。女孩至六七岁即裹脚，裹脚布使脚变得尖而小。下雨天穿油布钉鞋，更多穿"笋壳草鞋"。辛亥革命后，女子缠足之俗废除，百姓多穿白细布袜。民国后开始有纱袜。女鞋主要有头部翘起似凤凰头的"凤头鞋"，前沿口拼凑一块其他颜色布料的"挖背鞋"，前沿口用线拼织成三角形鞋面的"剪刀鞋"，蚌壳式的"单梁鞋"，后跟钉块木板似现在中跟底的"板底鞋"，还有软缎底的"睡鞋"（又称"夜鞋"）。

文士茶 一种彰显徽州文人个性的茶艺。其特点为：重环境、重氛围、重器具、重程序。选择环境或在幽林庭园，或傍竹坞流泉，或临山光水色；氛围选择上多追求与三五知音、同道好友共品；器具讲究泥炉薪炭、瓦罐竹勺和精美瓷器，再加上等名茶。茶艺程序为18道环节：备具、焚香、盥手、备茶、赏茶、涤器、置茶、投茶、洗茶、冲泡、献茗、受茗、闻香、观色、初品、上水、再品、收具。整套茶艺幽雅别致，演示性强，特色可概括为"三雅"：人雅、器雅、境雅。再加上冲泡茶时用水讲究，或采高山名泉，或集冬令雪水，可谓"三清"，即汤色清、气韵清、心境清。

世落 画相的别称。徽州人一旦临近花甲之年，往往请画师画相，以备百年后（去世）按图绘入容中。此画相谓之世落。

东瓶西镜 居住习俗。在徽州民居中，一般都在明堂的正中央处、太师壁前摆放一长条形案桌（即厢椅桌），中置自鸣钟，东摆插花瓶，西设屏风镜。因"瓶"与"平"、"镜"与"静"谐音，如此摆设，寓意外出亲人风平浪静、平安归来，也寓意全家生活平静安宁、幸福美满。

*女子鞋袜（1）

*女子鞋袜（2）

*东瓶西镜

归宁 徽州民间，妇女怀孕后，择日回娘家小住，帮母亲一道缝制婴儿衣物，称"归宁"。

四水归堂 居住习俗。在徽州，民居特别是商贾宅院，一般都开有天井，天上下的雨水从东南西北四个方向聚汇流注在天井内，这叫做"四水归堂",肥水不流外人田。而水拟财,所以又反映出徽州商人聚财不散的一种心态。

用筷禁忌 在徽州民间,在别人家做客或学徒在主人家吃饭时,一般忌拣菜、抬轿、油筷、咬筷、强筷、搁筷等动作。拣菜指夹菜时,夹了放下又夹;抬轿指用筷叉菜、翻菜;油筷意思是从较远处夹菜,菜的油汤滴入别的菜碗中;咬筷是用筷头挑牙齿;强筷是不顾别人的口味,为其强行夹菜;搁筷是吃好饭后筷子搁在碗上,主人会以为你未吃饱。

写联忌讳 徽州民间,人们书写贺喜、祝寿对联时,落款中"××率子同敬贺"的"同"字,切忌写成"仝"字。因"仝"字只专用于丧事或祭祖中。

礼让行走 在徽州民间,人们行路、过桥时遇到长辈要让长辈先行。挑担让路时要让在不妨碍挑担的一边,或者放下担子。进客村时,铁头担子不得落地,以示尊重。

发利市 徽州民间,旧时新娘"三朝回门"转返婆家后的风俗。即婆家人命老姬带新娘到厨房,指导新娘切肉、切鹅,并唱诵:"一切肉,二切鹅,先做媳妇后做婆。"既而提一火篮,一面畚灰,一面畚火,唱诵:"一畚金,二畚银,畚到团囡焙孩裙。"接着再切肉,唱道:"切婆家肉,挃婆婆嘴,挃得婆婆心欢喜。"这些做法,俗称"发利市",合于古风"三日入厨下,洗手做羹汤"之意。

年头不动帚 春节禁忌。在徽州民间,正月初一、初二不准扫地、畚垃圾,要到初三才可。传说初一、初二是笤帚、畚箕的生日,要为它们"做生"(过生日),故有此禁忌。

丢儿郎帽 地方民俗活动。在徽州一些地方,端午节举行的游街庆祝活动中,"陆地行舟"将至终点时,"船上"站着的儿郎将纸扎古帽沿街抛掷,任儿童抢拾作玩物。"丢儿郎帽"在祁门方言中被引申为"乘机卸责"。

农家茶 徽州民间沿用乡村饮茶习俗并稍加改变后的茶艺。程序有涤器、投茶、洗茶、冲注、敬茶等,手法为蜻蜓点水、快而不乱。该茶艺对环境不做特殊要求,厅堂院落、地头田埂,因地制宜、因陋就简;器具上不求奢华,而是实惠俭朴,大壶粗碗、茶筒茶篓等,就地取材。所用水为普通水,用火在大小之间,顺其自然。有时还佐以茶点(多为土产,如盐笋、乳酪、豆糖、松糕、盐水豆、苞芦松、荞麦松等)。

设酒席待客 徽州民间,逢节日、喜庆日等,均按一定风俗设置酒席招待宾客。在婚、丧、嫁、娶、寿庆、建房等日子,早上要招待客人吃五香茶叶蛋和肉丝盖浇面。平时来客,一般先以3个"鸡子滚水"(将3枚鸡蛋打入开水锅中煮成)或3个油煎荷包蛋招待。若家中添(生)孩子,用米酒酿煮荷包蛋招待,中、晚餐设宴或酒席招待。根据贺客的辈分、身份安排座次。此外,还有专用于祝寿的"八仙庆寿席",该席中间要安排一位女客,凑足"八仙"数。红(喜)事,吃酒要"三请四接";白(丧)事只要招呼一次。红事可以猜拳行令,一醉方休;白事浅饮吃饱为宜。如果死者是70岁以上的老者,可视作喜事(白喜事),但猜拳行令仍要适可而止。

还愿 求菩萨保佑的人实践对菩萨许下的报答承诺。在徽州民间,生病时要去寺庙许愿求病愈,病愈或脱离险境后,必须带着供献、香烛等祭品去寺庙还愿。祭祀后,捐香油或出资给菩萨"开光"修葺庙宇,以感谢菩萨的保佑。

男子发型 在徽州民间,清朝男子头上前面的头发剃去,头顶及后部蓄发梳辫。辫用丝织黑色反绳(反搓)扎紧,直垂背后。清末男子以长辫为英俊,从小蓄辫,劳作时,将发辫缠于颈上或盘于头顶。辛亥革命后,男子蓄辫虽废,但直至民国时期,仍有留辫未剪者。农民则以和尚头为多,或平头或圆顶,或留发"三七"分梳。

男子佩戴 在徽州民间,男子所戴瓜皮帽前沿缀一绿宝石之类饰物,而在穿长袍时常系上丝腰带,丝腰带上悬挂眼镜匣、鼻烟壶之类,亦有手上佩戴戒指者。

男子服式 在徽州民间,清末和民国时期,凡读书、经商人家,在家都穿长袍,质地为冬呢夏绸。贫寒者穿布衫,夏季外出或穿夏布衫(夏布为一种用麻纤维做的布,因麻纤维遇汗不粘皮肤,故该布常用来做夏衣)。天气稍冷时,袍外加马甲。外出拜客必加穿马褂。寒冬则衣裘、衣棉不等,而下身穿夹裤,外加裤腿。裤腿为棉制,自臀套护至胫,无裤裆,便于行动,脚口可扎紧。讲究人家还腰悬眼镜匣、鼻烟壶之类,以为装饰,示庄重。此外,还有仅两只裤腿、背带挂钩的套裤和折叠高腰口系带的便裤。

男子帽式 在徽州民间,成人男帽有庆帽、毡帽、礼帽、风帽诸类。庆帽圆顶有帽蒂,有的帽前沿钉一块玉饰,俗称"西瓜皮帽";毡帽用毛毡制成,平顶长筒形,放下来可以罩到头颈,半腰有一条开眼缝,平时都折叠成火熥钵式戴在头上,故又称"火熥钵帽";礼帽用毡、呢制作,铜盆式,俗称"铜盆帽";风帽圆形平顶,脑后有披风,大多为老年人戴。农民劳动时戴自制的圆形平顶麦秆草帽。男婴帽式参见804页"婴孩帽式"条。

男子鞋式 在徽州民间,男子常穿黑布白底圆口鞋,讲究者穿缎、呢制或皮制深统靴。冬季穿白布袜及黑色单梁或双梁棉鞋。雨天一般穿钉鞋,即布鞋底钉上较大鞋钉,漆上桐油,以防渗水;亦有穿木板鞋者,俗称"高木踏"。

住宅禁忌 在徽州民间,房屋朝向,忌石壁、恶山、池塘,亦忌右侧地势高于左侧、门阙与邻居彼此相对。凡大门口右向对门阙者为白虎首,必避。住宅如有所犯忌,一般在门楣上悬一明镜或一把剪刀,或者以"泰山石敢当"碑石立于墙下,以抗凶煞。亦有人家于门前砌立一面照壁,以遮挡避邪的。

坐月子 在徽州民间,产妇在第一个月内,每天只吃"鸡子烧酒"(油煎鸡蛋加红糖水烧滚)和白米粥,以红糖去污物,鸡蛋补身子。满月后,才逐渐吃鸡、鱼、肉等营养食品,但仍须烧得清淡,少放盐。奶水足的产妇,可逐渐加量,直到跟平日一样。在月子内,产妇一般不沾冷水。

坐轿骑马禁忌 在徽州民间,坐轿(婚轿除外)、骑马不能进村,必须在村外下轿下马,否则视为对该村的不敬。

饭箩担 民间礼俗。在徽州民间,人们在定亲、娶亲、拜会长老和寿庆时,多送礼担,即除四色礼外,另加米酒、油、糖、鸡蛋、茶食等若干,均取双数装入饭箩成担,数量多少视具体情况而定,最少2担,多的4担,以示诚意。参见807页"四色礼"条。

饮食礼 待客习俗。在徽州民间,家中招待来客,早点以圆形锡制分格食品盒盛糕点数样,泡清茶一杯,上茶叶蛋,俗称"锡格子茶";中餐一般四样菜,称"四碗头"。婚嫁丧葬,一般是十碗头,或四盘四碗一暖锅,均以鸡、鱼、红烧肉、肉圆为主菜。女婿或贵客上门,盛行将海参或鱼翅作为第一道主菜,再配四荤四素小盘、四热炒菜,加糖包、米糕、烧卖、春卷、莲子等茶点,炖蹄膀等汤点,富家还设燕窝席。寺庵宴请施主,待以素席,用豆腐衣折成鸡、鱼等形状,以苎麻紧扎,插入竹枝为腿骨,下锅,加香菇、木耳等作料烧焖,装盘入席。

忌言卖甜 生活习俗。徽州方言,称"断奶"为"卖甜"。正月初一,忌讳对"断奶"的孩子说"卖甜",因"卖甜"与"卖田"谐音,不吉利。

择日进新屋 居住习俗。徽州人家新屋建好后,需择日搬进新屋。一般要选双月双日,十二月因是年尾末月,不宜进屋。进新屋当天多于夜里鸡叫两遍时,全家老少每人手中各拿一件东西,表示家运发达。进入新屋后,堂前、房间、楼上、厨房等处,全部点起红烛,寓意满堂红。接着点燃爆竹,表示人丁兴旺,大吉大利。然后,全家老少围桌吃三套茶。参见800页"三套茶"条。

茶礼 向客人献茶的礼节。在徽州民间,客人进门,敬茶为先。平日双方不睦,一方泡碗清茶敬上,即视为"赔礼"言和。晚辈失礼,给长辈敬碗清茶,必得长辈宽容。平日接待新客、远客、贵客,敬清茶后亦有奉"鸡子茶"的。春节、接待新女婿、长老寿庆、恭迎贵宾时,一般不只奉鸡子茶,而多做"三套茶"。春节做客称"吃茶"。走亲戚送鸡蛋和百拜糕,称"端鸡子茶"。炒冻米加白糖冲滚水待童客,称"吃藏饭茶"。客人、工匠饭后泡碗头茶,称"三顿饭茶"。参见800页"三套茶"条。

面南而居 居住习俗。徽州人家的住房门窗,其朝向一般都是面对南方,即通常所说的"坐北朝南,面南而居",这样宜于向阳采光、通风透气。

席次 见803页"宴筵席次"条。

酒席禁忌 在歙县民间,到别人家做客吃饭,同桌还有客人吃饭时,先吃好者最好离座,忌在座位上高谈阔论、剔牙齿、挖鼻孔、掏耳朵,甚至毫无顾忌地吐痰。喝酒后吃饭,吃了饭又喝酒,谓之"大小不分",若主人家父母健在,则是极大的不敬。喝酒、吃饭时,不可喝茶喝水,也不可勉强别人添酒、添饭,中途离席要打招呼说明,自己吃好饭,应对别人打招呼:"请慢吃,我少陪。"忌漠然离席。客人在时,抹桌子要从四边抹到中间,再往自己身边抹。忌乱抹,更不可往客人坐的那边抹。父子、婆媳、翁婿不于同桌吃酒。叔侄不坐一排吃酒,兄弟不坐同一长凳吃酒。

涉药禁忌 在徽州民间,人们去药店买中药回家,中途若到别户串门,"中药包"要挂于门外,忌带进屋。看见主人家煎药,谈论此事时,只能说"煎茶",忌说"煎药"。向别人借药罐时,要说"借莲子罐",忌说"借药罐"。

家人相处禁忌 在歙县民间,大哥不能到弟妇房里去,尤其是弟弟不在家时。反之,弟弟可到嫂嫂房里去,俗云"长嫂为娘"。此外,公公忌到媳妇房里去,媳妇却可到公公房里来,俗云"晨昏三省,以尽孝道"。

宴筵席次 简称"席次"。筵席礼仪。在徽州民间,按性别、尊卑分开设席,旧时一般男席在晚餐,女席在中餐,现演变为男女同时开宴、混合入座。但首席和次席仍分男女宾。婚宴上舅父居首席首位,舅母居次席首位,姑姨次之;寿宴上寿者首席单座;丧宴上抬重者居首席,舅家或娘家亲戚次之。建房起屋之宴,石匠、木匠、砖瓦匠师傅坐首席和次席,朋友次之,亲戚再次之。

婴儿取名 在徽州民间,婴儿取名多在三朝之日,由父、祖父确定或请年长有识者、算命先生参与酌定。所取名字书于红纸,贴在房壁或衣橱门上。男孩必以祠族排行辈分字加一字为名,并取小名。女孩不循此规。其加取之字或看婴儿"五行"所缺,或用贱义词以求孩儿平安成长。有的寄名于菩萨,小名多冠以观、社、灶、关、财之类字。女孩取名，多比拟珍宝及天地间之美好事物，常用玉、翠、云、霞、雪、月、娟、娇、凤、仙、花、萍之类字为名。期望生男孩的人家，多给女孩取添娣、连娣、顺娣、来娣等名。

婴儿服式　在徽州民间，婴儿多穿长领折上衣，下穿开裆裤。胸系围兜，以承口涎。兜以多瓣菱形红布绣花拼成，下垂丝绦，又名"石榴衣"。端午节，外婆家送来红布或红绸绣花兜肚，入夏以护胸、护肚。或另送"扁肚"，即腰带前一半月形绣花护肚。

婴孩帽式　在徽州民间，刚出生的幼婴所戴帽一般质料细软，上缀四角，中一小顶，称为"被窝帽"。其中男婴出生后戴6天"六祠帽"（圆形，6个祠，无顶，每祠均有一小块红布，帽前檐钉小剪刀、筛尺等银饰品，中间一只棕毛扎的老虎）；6天后改戴和尚帽，又称"罗汉圈"，以圆形束祠为顶，帽前檐钉有罗汉菩萨及"长命富贵"4块字饰，也有用4块银质饰片代4块字饰的。婴儿稍长大后戴"狗头帽"，为红缎绣花，有两耳竖起，前沿缀上整套纯金或镀金罗汉、兽头及"长命富贵""福禄寿喜"等字；帽缨下悬一虎爪或古钱以避邪。至冬季，帽后檐加长成风披式，并加护耳，称"师姑披"，脑后有两条长丝绸辫，下缀一金质或银质大马铃及若干小铃，每当小孩走动，叮当声响。春天转暖，即戴"端午瓢"。此帽由两片绣花帽檐缀合而成，头顶外露，既护头，又通风，帽前亦缀以金银兽头之类为装饰。

道家茶　为休宁县齐云山独创茶艺。道家坚信"我命在我不在天"，认为健康来自修炼。道家茶艺以齐云山本土天然的白岳黄芽、香风茶和山泉为载体，或大缸施茶，任人饮用；或捧献药茶，回应求医者；或备下茶点佐供香茶，以迎贵客。其表现形式不在程序，而重在内涵，旨在宣传道家顺应自然、返璞归真、清静无为的思想，以追求"人与自然和谐、人与人和谐、人身心和谐"的目标。

富室茶　徽州富人家的茶艺。其特点为重排场、重气派、重器具。要求高堂花厅，华贵茶具，嫩芽新茶，一切以气度不凡、富丽堂皇为宗旨。茶具追求质地优良、造型高雅，饮者多为达官贵人和富贾豪商等。茶艺共有11道程序：备具、备茶、赏茶、涤器、投茶、浸润泡、冲泡、敬茶、受茶、品茶、收具。手法似"燕子衔泥"，有条不紊，慢而不断，行家称为"千金"泡法。

催席　在徽州民间，人们宴请宾客，以鸣双响爆竹为信号，催客人入席。共催3次，第一次放1个，第二次放2个，第三次放3个。3次爆竹放过，即开席。

解枷锁　求神还愿的一种仪式。在徽州民间，孩童患重病，家长多去城隍庙"许愿"。病愈后，家长把孩童装扮成黄忠、孔明、赵云、穆桂英、宋江、武松、林冲、梁红玉等历史或戏剧人物，由家人带领，携带祭

*道家茶

品，于中元节（七月十五日）前一天去城隍庙烧香"还愿"。奉献三五碗供礼，虔诚祀拜。孩童跪在神案前，戴上制作精美而轻巧的"枷锁"，表示因有"罪孽"致患重病，回家后在"灶司爷"前解开。七月十五日复于灶司爷前锁好，家人再带着孩童去城隍庙向菩萨跪拜，并开锁，视作解除病魔。参见802页"还愿"条。

徽州茶艺　明朝，徽商崛起，随着生活水平的提升和社会交往的需要，商家为满足亦儒亦贾的精神追求，经钻研摸索，总结、整理出一套完整茶艺：文士茶、富室茶、农家茶、道家茶，成为中国较早的茶艺。参见801页"文士茶"、804页"富室茶"、802页"农家茶"、804页"道家茶"诸条。

*徽州茶艺

[十二] 方言民俗

徽州方言
礼仪习俗
生产习俗
生活习俗
岁时习俗
其他风俗

礼仪习俗

一代高一代 黟县民间婚嫁习俗。男女结婚前，男方家请好命老倌、好命老孺陪侍新郎、新娘。还要请1~2位小户的中年妇女做"红婆"，迎娶时随行搀扶，照料新娘。一般情况下，迎娶新娘用花轿，少数沿河地区用船。迎亲人员一般为媒人、喜娘、舅父、姑父以及与新郎、新娘年龄相仿的青年男女。花轿抵达女方家村头时，燃放爆竹，女方家闻花轿已到，便将大门紧闭，拒轿于门外，待男方从门缝中塞足了"喜包"，才打开大门，鸣炮迎客。花轿停放在厅堂中事先铺好的大红纸上，防止花轿与女方家地面接触，带走财气。接下来就是女方家"哭嫁"。三声催亲爆竹响后，新娘在伴娘的陪送下，以红绸蒙头盖脸，由哥哥或叔伯背上花轿。轿至男方家，停放于厅堂。新娘下轿后，行"传袋"仪式，取其谐音"传代"。同时高呼"一代高一代，一代胜一代"，直至入洞房。新娘刚至男方家大门时，公婆、新郎都要赶快上楼，以示高于新娘。参见809页"传袋"条。

*一代高一代

一身暖 嫁妆一套棉衣、一床棉被、一张竹席的简称。徽州普通人家姑娘出嫁，嫁妆只一身暖、五样红。参见807页"五样红"条。

一担挑 徽州民间穷人嫁女，嫁妆仅一床被、两双鞋、三只盆、两支烛台、一盏灯、一只马桶，以两只青布袋装好，俗称"一担挑"。

七七 在徽州民间，"七七"指人去世后的七个七天，分别称头七、二七、三七……七七(满七)。丧者之家逢"七"之日，须举行"供七仪式"并上坟拜祭。参见812页"供七"条。

人际称呼 在徽州民间，对各种人际关系的称呼有着严格的规定，且各县、各地大同小异。对本籍同宗、同学或亲戚为官者，均按辈分称呼，不称官职；其中同辈间、长辈对晚辈可直呼其名。女子对婆家、女婿对岳父家亲戚，以晚一辈身份称呼，表示谦恭，如女子称丈夫的兄、弟、姐妹为伯、叔、姑，称其配偶为妈、婶、姑父。孙子辈称祖父、祖母为朝、婆，称曾祖父、曾祖母为太朝、太婆。子女称父母为爸妈。称父之兄弟为伯叔。多兄弟者，长兄子女称父为伯，其他称叔。民国时期有子女呼父母名字者。称他人夫、妻为老倌、老妪，称妾为细老妪，夫妻当面直呼其名。称后妻为填房，称新婚女子为新人。称童养媳为细新妇。称继父、继母为买爹、买娘。称奶娘为妹姨或妹娘，称其丈夫为妹爹。称女仆为婢妾或丫头。称男仆为作活，民国时期称长工。对未婚男青年、商店学徒称小倌。对未婚女青年称女方家。小孩对老人统称公、婆或娘娘。而歙县人称父亲为爷、伯、爹、叔、哥及名字等；称母亲为姆、娘、姨、婶及名字等；称祖父为公、朝、奉、朝奉；再上一辈则加"太"字，即太朝、太奉等；称兄为哥，称弟可按排行称老二、老三等。非亲属的，教书的称先生、老师，授艺的称师傅。介绍时，称儿子为伢儿、细家伙、小鬼等；对妻子称家里、女人、堂客；大小姨父称大小连襟；妻之兄弟称老婆舅。孩子称不认识的大人时，只宜称"叔叔""阿姨"等，忌称"哥哥""姐姐"。

入殓 将死者装入棺材的程序和仪式。长辈临终，嫡子、孙在旁送终。入殓灵堂贴"奠"字，四周挂挽联、挽幛，棺材前摆祭桌。病人死后，必停放床上，待所有亲属到齐，方能入殓。入殓开始，先由死者之子用湿毛巾将尸体擦洗一遍，以示沐浴，然后由其子将"寿衣"给死者穿上。穿衣前，由死者长子进行"焐衣衫"仪式，以尽孝心。穿衣完毕，由整尸者用两幅白布将尸体吊入棺内。尸体摆正后，将死者嘴巴处裹着的丝绵剪开一个口子，俗称"开密口"。此时，儿孙披麻戴孝跪献果盒，将少量糕点放入死者口中，并滴酒告别酒。入殓时鼓手吹奏，祭奠者依序敬香、跪拜。两人一组，一人端酒杯，一人捧果盒，分别从祭桌前两边走向棺材头前，跪地向遗体敬酒、敬果。若有旅外嫡子在归途中，则酌情推迟盖棺。盖棺前，所有参祭者都用火纸揩脸后，丢入棺中。殷富门户，晚上还要"做大夜"，请道士设醮，点"树灯"，为死者解劫、超度。丧男请道士"破地狱"，丧女请道士"破血湖"。

入赘 见812页"招亲"条。

三十夜下并亲 婚俗。旧时徽州童养媳完婚,多在除夕。吃过年饭,再吃鸡子面(即鸡蛋面),即拜堂同房。

三书六礼 婚俗。在徽州民间,男子结婚,婚前礼仪非常烦琐。首先在行聘、送日子、迎娶三个环节均须备红书,称"三书";还均需在问名、纳采、求亲、过书、送竖头担、迎娶六个环节送礼,称"六礼"。具体而言:男子先由父母选定对象,再央媒人求取女子生辰八字和姓名,谓之"问名";若男女生辰八字相合,男方即择日备红书、礼盒行聘,谓之"纳采";女方同意后,男方再备礼品去女方家商定结婚日期,谓之"求亲";女方允准后,男方再用红纸写上迎娶日期,备礼送至女方家,谓之"过书";婚前两日,男方再备猪肉一片、米一斗送至女方家,谓之"送竖头担";婚前一日,男方备彩轿、红书和礼品去女方家迎亲,谓之"迎娶"。参见811页"求亲"条。

三茶六礼 又称"彩礼"。徽州联姻娶亲时,男方先后送女方的钱礼、物礼统称。礼单由女方开列,经双方商定后,由男方开回单如数送达。三茶即利市茶、上头茶和接待茶。六礼,系男方用梅红多页帖开出的一份礼单:一是聘礼,即姑娘身价银,不同时期有不同标准;二是盒礼,即姑娘首饰银,一般金质一两件,银质三五件;三是节礼,即送姑娘的帛布、铺盖银;四是期礼,即送"日子书"的压银及饭箩担;五是笋礼,即提供女方因姑娘即将出嫁而做油粿分送亲戚的相关费用;六是舆礼,俗称"轿下食",即姑娘上轿之日送女方家的酒席。参见817页"聘礼"、816页"盒礼"、807页"节礼"、817页"期礼"、815页"笋礼"、818页"舆礼"诸条。

三朝 人诞生后、婚后、死后第三天的礼仪。按徽州民俗,人出生后的第三天要"剃胎头";婚后的第三天要"回门";死后的第三天要"赶煞"。参见816页"望朝回门"、815页"赶煞"条。

三朝分大小 徽州民间婚俗。婚礼后的第三日,好命老孺陪同新婚夫妇到厅堂上,向亲戚长辈依次叩拜、敬茶,明确辈分、称呼,俗称"分大小"。自此以后,长幼有序,遵循规矩。

大生日 在徽州民间,人每逢虚龄10岁均要隆重庆贺,谓"大生日"。

大庆 在徽州民间,家中的小辈要为到了60岁的长辈做寿诞庆典,大宴亲朋,谓"大庆"。

丈汉 黟县人称自己的岳丈,或他人称人之岳丈为"丈汉"。

上头茶 见815页"笋礼"条。

小娘 在徽州民间,旧称男主之妾为"小娘",或女主之仆称女主之媳为"小娘",亦有小孩随仆称其母为"小娘"的。

小媳妇 见817页"童养媳"条。

门当户对 婚嫁习俗。徽州人的婚姻嫁娶讲求门当户对。即两家的经济状况和社会地位应相对平衡。一般嫁女宜嫁稍胜于我者,娶妇宜娶稍不如我者。嫁女论礼不论财,娶妇论德不论色。

尸衣 见810页"寿衣"条。

子孙钉 俗称"印钉"。丧葬用语。在徽州民间,人死后盖棺时,死者的儿孙要依次跪在灵柩旁,手持秤砣,轻轻敲击铁钉三下,同时呼喊死者,谓"子孙钉"。

开明灵 徽州民间丧葬礼仪。当亲人去世下棺入殓后,富裕人家须停殡一月,甚至七七四十九天。其时用白布扎起灵堂,并在水口外插起"开明灵"幡。从灵堂一直到插幡地点,沿途空中罩上一层白布,不见天日。"开明灵"时,每日请和尚、道士轮流做斋场,或做礼生祭,连续不绝。凡上门吊唁的人,不问亲友与否,一律招待吃压灾饭。直至丧事结束。

开面 见812页"拉面"条。

开咽喉 徽州民间,家有丧事,亲戚奔丧至村口,即放声恸哭,谓之"开咽喉"。

开洞房门念诗 在徽州民间婚嫁习俗。新婚之日,伴娘将新娘从花轿背入家中,立于米筛内。新郎先入洞房,关上房门,新娘请人代念开门诗:"娇养深闺十六秋,幼娴女训坐妆楼。久闻郎府家风好,愿托终身共白头。"念毕,新郎方开门迎新娘入洞房。

开眉眼 徽州民间丧葬习俗。旧时死者下棺后,将其蒙脸丝棉剪开,露出脸部,以供亲属告别时瞻仰,谓之"开眉眼"。

开轿诗 婚俗。徽州一些地方逢新婚之日,新娘乘花轿到家后,新郎接轿进入宗祠。拜轿后,由一长者念开轿诗:"素仰名门一淑媛,凭媒遵礼配成婚。彩舆迎入祠堂内,拜请新娘出轿门。"红娘验过轿上封联,开启轿门锁,由伴娘将新娘背入家中。

无人问起 旧时在徽州,一般青壮年人的生日没有请客庆贺的惯例,故形成民谚:"三十四十,无人问起。"

无钱嫁女一箍柴 婚嫁习俗。完整的说法为"有钱嫁女一路财,无钱嫁女一箍柴"。意指徽州婚嫁中的贫富悬殊。富家嫁女,嫁妆有"一身暖,五样红",讲求"满路架担",生活日用,无不齐备,甚至有预先到婆家打井的。贫家嫁女只能配齐3~5件木制嫁妆,称"三件头""五件头",如马桶、脚盆之类,戏称"一箍柴"。参见805页"一身暖"、807页"五样红"条。

五样红 徽州民间姑娘出嫁时随身带走的嫁妆物品。即漆成红色的子孙桶（马桶）、脸盆、脚盆、灯盏盆（油灯）、梳头盆（镜箱）五件。一说指红漆盆、桶、箱、柜,生活日用,无不齐备。

长尾巴 在徽州民间,孩子10岁生日时,一般由外公外婆或舅父舅母送米稞和衣着鞋帽以示庆贺,谓之"长尾巴"。

长钱 徽州民间丧葬物品。由彩纸制成,圆柱形,套挂于竹竿中,长四五米。旧时父母逝世,出殡时出嫁女儿必持"长钱"两竿,在前引路。

长幡 丧葬物品。由白纸制成,蜈蚣形,悬于竹竿顶,长两三米。在徽州民间,旧时父母逝世,出殡时居家兄弟必持"长幡"两竿,在前引路。

斗床檐词 徽州民间婚俗。俗语"斗"即安装。男方须于发轿迎亲前夜,请木匠来安装床的前檐,谓之"斗床檐"。斗床檐时,先将床檐置于床上,以鱼、肉、米祭祀后,新郎向床和木匠各作一揖,木匠口念祝词:"伏以日出东方,吉日良辰斗床檐。我今特请鲁班师傅到,手执金斧到洞房,左边斗起鸳鸯帐,右边斗起象牙床。象牙床呀象牙床,床撑本是千年木,床撑本是紫檀香。紫檀香呀紫檀香,四块金砖垫四方,生下五男并二女,夫妻福寿永绵长。"

订婚礼 见817页"聘礼"条。

办后事 在老人生前为其办理好身后的事。徽州人崇尚孝义,盛行子辈给老人筹办寿衣、寿木,看风水地,谓之"办后事"。意在给父母添寿,多于闰年或老人寿庆之年,择大吉大利之日进行。

打米汉 又称"打米舅"。在徽州民间,对妻之兄弟或对他人妻之兄弟的称呼,实为妻舅。

打米舅 见807页"打米汉"条。

打狗稞 徽州旧时死者出殡时的一种仪式。传说人死后会去下界,必经恶狗村。出殡时,死者的女性后辈需用米粉做稞,为死者驱赶恶狗。稞大如香橼,小如苹果,九大十三小,喻"九子十三孙"之意。打稞时将稞在棺柩上滚动数下,哭吉利话,并将稞抛向四周。哭声哀婉凄凉,有词有调,词如"狗稞圆又圆,儿孙中状元;狗稞方又方,儿孙做大官""狗稞打四角,子子孙孙坐四角;狗稞打四形,儿孙万万年"等。传说吃此稞者万事平安,故抛稞时,人们争先恐后,抢而食之。

打锣通知 徽州民间人生礼仪。旧时人到了50岁开始做寿,一般由家中儿女为父母长辈操办庆典,大宴亲朋,故有民谚:"五十六十,打锣通知。"

节礼 徽州民间婚嫁习俗。男女联姻中"三茶六礼"之一,指迎娶前男方依约给女方的帛布银。一般为8~24条领（衣裳）,按约定件数照不同帛料比价折钱交给女方。

四十不贺 人生礼俗。因"四"与"死"谐音,故在徽州民间,人过40岁生日时不请酒,不庆贺,以图吉利。

四色礼 徽州民间婚嫁习俗。指猪肉、鱼、包、饼四样礼品。鱼必两尾,包可用面条代替,饼必用壳饼（盖头饼）。

白祭 见815页"家祭"条。

印钉 见806页"子孙钉"条。

讨饭米钱 徽州民间婚嫁习俗。女子出嫁须坐花轿。过子时（晚上11点至次日凌晨1点）上轿后,小弟捧官斗跪轿前,新娘摘下发簪投入官斗,小弟抱官斗将发簪倒入米瓮中,谓之"讨饭米钱"。

礼式 在徽州民间,旧时人们相见均有较严格的礼仪规定。百姓见官员行跪礼。男女平辈、文人和公职人员相见,拱手作揖。晋见长辈作揖后,侍立其侧,俯首躬身,表示尊敬。"五四"运动后,平辈间点头招呼或握手,对长辈则施鞠躬礼。邻里平辈之间直呼其名。祭祖、请神均施跪拜礼,有"一跪三拜""三跪九拜""四跪八拜"之别。贵客、长者登门来访,须于次日或短期内作礼节性回拜。客归,必送至大门口或村庄水口。婚礼上客人恭喜新人时,家主侧立致答礼。丧礼入殓祭奠时,子、孙侧立灵侧向长辈和年长的平辈跪地叩首回拜。逢年过节,接受长辈、平辈亲属和友人礼品要以鸡子糕（即鸡蛋糕）等作回礼。专程看望长辈或病人要备带礼品。婚嫁喜事,对长辈亲属盛行送赆礼,俗称"拜敬"。初次见到晚辈孩童,亦送赆礼。接受赆礼时要以尊称感谢。参见813页"拜敬"条。

*礼式（发红包）

议婚 徽州民间婚嫁习俗。男女到了适婚年龄（或未成年）,由媒人往来通言,互告双方年龄、家境、门第,撮合两家婚事,谓之"议婚"。

出嫁衣 在徽州民间,新嫁姑娘上轿,外穿大裾朱青褂、朱青裥裙,背挂铜镜,胸吊长寿绒（青白色棉支线）,以隔邪,表清白,并祷长寿。

出殡 徽州民间丧葬习俗。旧时,天微明,丧家请人将死者灵柩移至大门口或村中场坦,此时家人回避,谓之"偷丧"。亲人寻着灵柩后哭泣哀告,祈求死者回家主持家务。然后亲友做"上路祭",出嫁女儿做"拦路祭"。灵柩八人抬行,一人挎小篓引路,沿途丢撒白纸,付"买路钱",篓上插纸幡。高举长钱、长幡,长孙捧牌位,孝子扶灵柩,子媳举麻秸火把,出嫁女儿撑娘家灯笼,亲友撑花圈,一路燃放爆竹,鼓乐吹奏至墓地。灵柩入墓穴后,送者揖拜,捧香原路返回,到家待以碗头面。豪门富户,死者牌位入祠堂龛座,还举行祭祀仪式,谓之"点主"。中午或晚上设筵席,或吃祭包、祭馃。

发亲 徽州民间婚嫁习俗。出嫁当天,新嫁姑娘在鼓乐声中辞拜父母及众亲友上轿出娘家大门,谓之"发亲"。花轿一出门,女方家马上闭门,放倒犁尖、石磨,以镇"龙脉",防止"龙气"被姑娘带走。

对八字 婚嫁习俗。"八字"是一个人出生的年、月、日、时,各有天干、地支相配,每项用两个字代替,四项就是八个字。徽州民间认为男女结婚必须双方"八字"相合,不能冲突,婚后才能和谐。故男方家看中某位女子,须先由媒人去女方家提出意向,女方家同意后,男方再备礼由媒人去讨要女子生辰"八字",男方再将自己和女方"八字"交由算命先生推算,谓之"对八字"。如"八字"不合,双方不能结婚;如"八字"相合,后续工作如礼进行。

老汉 在徽州民间,别人对自己的父亲或对他人父亲的称谓。

老妪 又称"老姨"。徽州一些地方对祖母的称呼。

老官 徽州旧时对老年男子的称呼之一。适用范围有:孙称其祖父、媳妇称其翁、婿称岳丈、佃仆称大姓男性之年长者、两亲家及两家亲属之互称。某些地方则为女子称其丈夫。

老姨 见808页"老妪"条。

老婆舅 徽州人对妻兄弟的称呼。

老孺 徽州人对老年妇女的称呼之一。适用范围有:孙称祖母、媳妇称其婆、婿称岳母、佃仆称大姓女性之年长者、两亲家及两家亲属之互称。

执定 徽州民间婚嫁习俗。经议婚,男女双方同意结亲,即由男方携定礼至女方家,女方回定,谓之"执定",即订婚。双方均择喜日进行,自此男女双方正式结成亲戚关系。礼物丰俭视家境而定,并以女方能接受为原则。一般在议婚时,女方即提出礼物要求,一些人家常因此议不合致议婚不成。在个别情况下,有女方资助男方或男方资助女方备礼的。

百子灯 徽州民间人生礼俗。有的宗族男子新婚,祠堂要给新婚夫妇送一盏"百子灯",寓意多生贵子。直到生了小孩,才将这盏灯送回祠堂了愿。

百日礼 又称"百晬"。徽州民间人生礼节。旧时人们认为孩子出生百日是个大关,因此要举行庆贺仪式,以示过关。"晬"意指"子生一岁",百晬即"百岁",故从明朝起,人们称百日礼为百岁,生下百日的婴孩被称为"百岁儿",以图吉利。这一天,主人家设酒宴招待亲朋好友。大家携带礼品如约而至,礼物中最具祝福意义的要数外婆送的刻有"长命富贵""状元及第"等吉祥文字的"长命锁"。屯溪一带还流行认干亲的习俗,为了祈求孩子健康长寿,一些人家大多为"百岁儿"认姓刘(音同留)或姓程(音同成)的人(一般忌认音同"亡"或"死"的姓王或姓史的人)做"干老子"(干爸)和"干姆"(干妈),且多喜欢选择不爱娇惯的贫寒之家或人气旺盛的多子多女人家,双方都要互相送礼,轻重不等,只是干亲绝不可不送"吃饭碗"(碗可以是金属特制的,也可从寺庙中买木制的,但不能是瓷制的,因忌打碎)。

百岁不庆寿 徽州民间人生礼俗。认为"百"是满数,太满则溢则损,庆之不寿,所以为长辈做寿,遇百则避开,只有提前一年庆贺才能"寿福双至"。

百晬 见808页"百日礼"条。

同衣 见816页"焐衣衫"条。

同鞋 徽州民间婚嫁习俗。为追求婚姻吉利,女方家人要精心做一双别致的鞋,将新娘的鞋放于新郎鞋内,意为"同偕(鞋)到老"。无论贫富,均不可缺少。

回门 徽州民间婚嫁习俗。新婚第三日,新娘回娘家探望,俗称"回门"。新郎伴新娘回门的,称"双回门"。新女婿上门,向岳父家诸长辈行"拜见礼",岳父家开筵宴婿,俗称"接女婿"。主筵为5人一桌,新女婿坐于正中上座,由平辈亲友4人作陪,左右各二。宴席特别丰盛,富家摆鱼翅、海参席,一般人家摆鸡、鱼席。下座系桌围,摆放"五祀体"香案。岳父戴礼帽,穿长袍马褂,拈香在天井沿口朝外拜,称"祭天地",女婿站在右侧陪拜。随后岳父到女婿座位边,整一下椅帔,拂一下灰尘,提壶斟酒,双手(表示敬重)把筷子重摆一下,把酒杯端一下,女婿这时站在座位右侧,弯腰低头,双手抱拳加额;岳父又到桌下座,接过仆人点的香,朝上对女婿的座位深施一揖,然后入席。此所谓"女婿上门活祖宗"。开席后,由岳父或内兄斟酒(旁站不入座)。新娘回门,当日须返婆家。旧例认为新娘结婚不满月,不能在娘家住宿。有的地方亦称"回门"为"三朝",即成亲第三天是新夫妇拜见翁姑、亲属、戚属长辈的日子。凡是长辈及平辈年长者,都要一一拜见。长辈接受跪拜后,须给新媳妇红包见面礼。新媳妇对所有长辈的称呼要比丈夫低一辈,如称丈夫的舅父舅母为舅公舅婆,称丈夫的大哥大嫂为大伯大妈。此种风俗至今仍在徽州少数山村流行。

回头亲 又称"换亲"。徽州民间婚嫁习俗。贫穷人家之间,由于付不起彩礼,常互相嫁娶,即甲

*回门

家的儿子娶乙家的女儿为妻,同时将女儿嫁于乙家的儿子为妻,而互免彩礼。乡间又有血亲(五服之内)通婚者,俗称"亲上加亲"。

回呼 徽州民间丧葬习俗。旧时认为死者鬼魂会于死后第三个七日回家,死者亲人应摆"回呼敬"以待,并要上坟烧衣箱。"回呼"前一夜要"偷呼",据说此夜鬼魂可独自回家自由活动。"回呼"夜则有"内侍哥"跟随,要在窗户等洞隙处贴上"佛"字。

年庚 徽州民间的生辰帖子。指装在红封套内,写有男女双方生辰"八字"(出生年月日时)的红帖。

传宗 见816页"焙衣衫"条。

传袋 徽州民间婚嫁习俗。新娘花轿抬到婆家,停放于厅堂。一对青年礼生随即将青布袋(装稻谷的青色麻质布袋——姑娘嫁妆物)铺在地上,女利市人开轿门,扶新娘出轿,缓步行进。每走过一袋,礼生即将此袋传到前面去再铺好,两袋轮替,踏袋而行。取其谐音"传代"。使新娘步步踩在袋上,不沾尘埃。"传袋"时,花烛前引后照,男利市人一路领诵颂词,众人随声和唱:领——"前袋(代)传后袋(代)",众——"代代高";领——"后代高("交"之谐音)前代(已走过的长袋传到前面铺地)",众——"一代高一代";领——"传袋过堂前",众——"买牛又买田";领——"传袋传上楼",众——"吃用都不愁";领——"传袋传进房",众——"生个状元郎";合——"子孙红满堂"。

合巹酒 见810页"交杯酒"条。

冲喜 徽州民间婚嫁习俗。已订婚的男子病危时,常不按通常仪式与程序迎娶女方,以求病愈,谓之"冲喜"。既行婚礼,则夫婿一旦身亡,女子须终身守寡。

庆寿 又称"祝寿""寿庆"。徽州民间人生礼俗。依旧俗男女至30岁方可做寿,但40岁不做寿,百岁不贺寿。"四"与"死"谐音,不吉利,百岁太"满"易招"损",故"做三不做四,贺九不贺十"。70岁以下称"荣庆",70岁以上则称"大庆"。女性做寿称"悦旦",两老同寿为"双寿"。祝寿以女儿女婿为主,儿子儿媳作陪。女婿要送六包寿礼,即:一双寿鞋、一对寿烛、一副寿联、一包枣栗和2千克猪肉、寿面。别的亲戚除不送寿鞋、寿烛外,其余皆同。做寿之日,堂前挂金色"寿"字,两边挂寿幛,寿星座椅上披红帷。早上吃鸡子茶(即鸡蛋茶)、长寿面;下午拜寿,行四跪八拜礼;晚上开桌吃寿酒,或有演戏等庆祝活动。在一些地方,为50岁以上的长辈做寿庆贺,一般都要安排一系列仪式礼节:"散寿桃"(即为寿星蒸制米粉或面粉做的"寿桃"并分送给亲族友朋,同时告知寿期);备送贺寿礼(由女儿女

*庆寿

婿准备寿糕、寿面、寿屏、寿联、寿幛、寿烛、寿酒、猪肉、鸡蛋、枣栗、衣饰、鞋帽、鞭炮等物,儿子媳妇只送寿鞋、寿烛,其他亲友送寿糕寿面等礼品及贺金);"暖寿"(所有寿礼必须在寿星寿辰前一日送到);"摆寿堂"(祝寿前一夜,寿礼要陈列在寿堂上让人观赏);"设寿堂"(张灯结彩,在厅堂正中挂上女婿献的寿屏、寿联,其他寿联则以侄女婿、外甥女婿、亲友的顺序依次悬挂,寿幛则分别挂于两侧);"上寿"(寿辰前一天晚上,寿堂内红烛高烧,喜气洋洋,先由长子夫妇奉觞上寿,寿星焚香礼拜天地、祖宗,然后端坐于上座,受众人行礼叩拜祝寿);鸣炮祝寿;吃早点寿面;拜生日(寿诞日下午进行,一般由前来贺寿的亲友轮流向寿堂上空设的寿星夫妇齐眉双虚座行礼,儿孙侍立一旁答礼);中晚餐吃寿宴(寿星坐首席,接受众人的敬酒);观寿戏(有的官宦人家或商人富户还会请来戏班唱祝寿戏曲)。

交杯酒 又称"合卺酒"。徽州民间婚嫁习俗。旧时新郎、新娘入洞房后,好命老倌、好命老孺即请新婚夫妇将手中的酒先各饮半杯,然后交换一齐饮干,谓之"交杯酒"。其时好命老孺口道贺词:"东边酒也香,西边酒也甜,二杯合一杯,到老不相嫌。"

并亲 徽州民间婚嫁习俗。贫寒人家子女经人撮合择日拜堂成亲,谓之"并亲"。婚礼简单,一般会置办几桌便席,赤贫人家则只吃碗鸡子面(即鸡蛋面)。童养媳成亲亦如此。

关节 在徽州民间,旧时人们相信人生在世有许多坎,俗称"关节"。诸如"二十三岁"(罗成逝龄)、"三十六岁"(本寿)、"三十九岁"(岳飞逝龄)、"六十六岁"(俗谚云:"年到六十六,阎王要吃肉。"所以在生日那天,只要一口气吃了女儿或儿媳送来的66小块熟猪肉,不仅能够度过"关节",而且还能更加添寿)、"七十三岁"(孔子逝龄)、"八十四岁"(孟子逝龄)。俗谚云:"七十三、八十四,阎王不请自己去。"因此,"七十三"与"八十四"成为芸芸众生寿元之大忌年龄,所以每到这两个生日,老人要是吃到了女儿或儿媳亲手烧的活鲤鱼,那么在这道"关节"前,就会像活鲤鱼那样一下就跳过去了;万一没有活鲤鱼,也可以偷偷地吃下由女儿或儿媳煮熟的鸡蛋,只不过吃前要在门枕上磕几下,以此象征神不知鬼不觉地过了关。

安山 徽州民间丧葬习俗。逝世的老人安葬后,孝子、孝孙及至亲到墓地祭山神、土地,谓之"安山"。安山时敲锣放炮,插三角彩纸安山旗于墓地及其后山。

安床礼 徽州民间婚嫁习俗。即将结婚的男子要置办满顶床,婚前10日须请木工名匠行安床礼,即将床装好,并用斧对床敲击节拍,领唱"白头到老""子孙满堂""多福多寿"等颂词,家人齐声以"好"应之。

安葬 徽州民间丧葬习俗。旧时死者"满七"(即七七四十九日)后举行葬礼,谓之"出殡"。出殡仪式结束后,即谓死者得到安葬。乡俗安葬无定期,富裕人家,以未得风水宝地为由,往往停柩数年乃至数十年不葬。参见808页"出殡"条。

收发喜粿 徽州民间礼俗。新婚或生子后,其岳父家送来的米粿要分发给亲朋邻居,收了"喜粿"的人家则在除夕夜前回送其他礼物。

妇女禁忌 在徽州民间,死人入殓、出殡时,禁孕妇在场,谓孕妇是"四眼煞"(胎儿有两眼),有犯再婚、重丧之祸。喜庆时节,忌孕妇在场。上楼时忌妇女在前,下楼时忌妇女在后;忌过道晒女裤;禁妇女上灰灶;禁孕妇看庙会、砌灶孔、开门阙、开窗口。夫妇在外作客时禁同房,女儿、女婿亦不能在岳家同房过夜。

好命老倌 对婚礼中吉祥人的尊称。男女结婚前,男方家会先请一位族中长辈做"好命老倌",其妻子做"好命老孺",且他们必须是夫妇齐眉、子孙满堂、家庭和睦的人。举行婚礼时,好命老倌陪侍新郎,新娘入门后由好命老孺接待。

好命老孺 对婚礼中吉祥人的尊称。参见810页"好命老倌"条。

妈 徽州人对其伯母、叔母的称呼。如有数位伯母、叔母,即按伯叔的年龄大小称大妈、二妈等。

寿木 徽州民间对棺材的讳称。人们为上了年纪的老人预先准备的棺材,多取老杉木底段料三开板并合制成。12块板合成者称"十二合",10块板合成者称"十合","四合"者少见。有靴式、庖刀式两种,均"轮缝""公母榫"并合。小头雕主者牌位,周边绘以吉祥图案;大头雕龙凤或三星图,均描金。棺材身油漆2~3遍。

寿庆 见809页"庆寿"条。

＊寿庆

寿衣 又称"尸衣"。徽州旧时为死者装殓之衣饰,意为寿终正寝后所穿的衣服。有"三领二腰"(三衣二裤)、"五领三腰""九领七腰"三种。清朝尸衣外尚青,贴身为白色,以示"来青去白"。

寿衾 徽州民间丧葬物品。给死者穿的入殓之特别衾裳,多为红绫面、白布里,四角贴青、黄、黑吉祥图案,中为太极图。

扯红布 徽州民间婚嫁习俗。姑娘出嫁时,如遇月经来潮,由男方备红布1米,从中剪开,留一点不剪断。待新人上轿之后,将红布骑披在轿顶上。轿子抬动时,由新郎和女方亲属一人,将红布各扯取一半,表示两家都"红"。

折打杵 徽州民间婚嫁习俗。死了妻室的男子再娶改嫁的女子,即谓之"折打杵"。按习俗,未婚男子不敢娶改嫁的女子,怕"犯煞"。改嫁女子只能嫁给再娶的男子。

折扁担 徽州民间婚嫁习俗。女子已聘而未婚,夫即去世,女方则须将所受聘金、彩礼退还给男方。此女即谓"折扁担"。

折扁担配折打杵 婚嫁习俗。徽州妇女"折扁担"被视为"八字硬",一般未婚男子不会再提亲,只能专找"折打杵",即死了妻室的男子,俗称"折扁担配折打杵"。参见811页"折扁担"、811页"折打杵"条。

抓周 又称"拈周试晬"。小孩满周岁时,人们预卜孩子日后的习性、爱好、前途和职业的一种仪式。抓周前,要为孩子沐浴盛装,然后在堂前燃香炳烛,放置锦席,将果实糕点、文房四宝、书籍玩具、秤尺刀剪、口琴、皮球、摇鼓等物品放在席上,让孩子坐于其间,听凭抓取。以婴儿所抓之物测定其前途命运。人们相信,孩子抓取的第一件东西,就是他日后的志趣所在——如抓毛笔预示爱读书写字,有望金榜题名;抓算盘预示会经商做生意,有望发家致富等。民间抓周甚至有"周岁定百岁"之意。其实,无论孩子抓到什么,在场的亲友都会借题发挥,说些助兴的吉利话。

*抓周

抢发利市 徽州民间婚嫁习俗。男方娶亲时,喜日前一天去岳父家搬嫁妆。嫁妆里装利市果子(百子糕、花生、瓜子、枣、栗、桂圆等),进门后,众人抢取,称"抢发利市"。

抢亲 旧时徽州民间婚俗。男女双方已明媒订婚,但因男方无力迎娶,或因女方家贫穷而拖延婚期时,常行抢亲。即由男子领着壮汉数十人于黄昏潜入女方家村庄,出其不意闯入女方家。男子先动手,众汉将姑娘背走。村人遇见,概不阻拦。出村庄水口后,扶姑娘上青轿,鸣炮抬走,至此即便是姑娘兄弟亦不得追阻。次日清晨告知亲友,拜堂成亲。满月,女婿领人携带礼物去岳父家赔礼道歉,接岳父家上门会亲。抢亲也发生于女方父母虽不同意成亲,但男女双方自行沟通,女方自愿接受男方抢亲的情况。

孝堂 通称"灵堂"。徽州民间丧礼中,停放灵柩、做"法事"和亲人吊祭之所。一般设两个月。

报讣 在徽州民间,人死后,家人通知各位亲戚,谓之"报讣"。报讣者至,先将预带的一把伞挂于堂左椅背上,然后坐在对面座上,口报:"你家×××多谢了。"这时,主人要摆出"锡格"(糕点),泡两碗茶,左边一碗敬献死者,右边一碗给报讣人。另煮汤蛋三个款待报讣人。待报讣人离去,才哭泣哀悼。有的地方称"报喜",既因"喜"与"死"谐音,又意为老人寿终升天。

求亲 婚嫁习俗。即男方请媒人去女方家提出婚期请求。在徽州民间,男子求婚如蒙允诺,则依女方家意愿选定结婚日期,写就红帖,请媒人送到女方家,俗称"送日子",送红帖谓"送日子书"。也有少数是女方家选定日子送到男方家的。旧俗一般是四月求亲,腊月或翌年正月举办婚礼。

吵新人 见818页"舞新娘"条。

吵新娘 见812页"闹洞房"条。

利市人 徽州民间对吉祥人的称呼。婚嫁喜事中代表吉祥的人物。由有福有寿、一生荣禄、三代同堂的翁婆担任,是婚礼中自始至终主持各种礼仪、奉行乡风习俗的权威人物。

利市纸 徽州民间表示吉利的纸品。用三色或五色彩纸,剪成10厘米左右见方,重叠一起撒于祭祀场地,谓之"撒利市纸"。旧时除夕"接天地"、拜祖宗、烧年、接灶谢灶、庙会祭神、起屋、庆寿等均撒利市纸。

利市果 徽州民间婚嫁、寿庆、生育等喜庆所必备的果品。以枣、栗、花生、瓜子、桂圆、荔枝、百子糕等掺杂在一起,散装于嫁妆或饭箩担、手提篮所盛的礼物中。其中,百子糕用米粉、白糖制成,红、黄、白三色,扁圆形,大小如纽扣。嫁妆中得利市果,到了婆家任人抢取,谓之"抢发利市"。参见811页"抢发利市"条。

利市茶 见817页"期礼"条。

含口钱 在徽州民间,死者入殓时,放入死者口中的钱币或贵重物品(或玉或金或银或铜钱,各以家庭贫富而异)。此举是防止万一"假死"者被闷死,含物在口,可以透气呼吸,利于复苏。与此相应,钉棺之前棺盖与棺体之间亦以短棒(一般为麻秆)卡隔,不盖严,以便透气。

迎亲 徽州民间婚嫁习俗。新人成亲之日,男方发轿至女方家,执事人员一般是媒人、喜娘、舅父、姑父以及与新郎新娘年龄相仿的青年男女。迎娶的轿子有大红轿、蓝呢轿和青衣小轿三种。抬轿者一般为四人,大户人家为八人。沿河一带,亦有用船迎亲的。依徽俗,喜事不用鼓乐(丧事反用鼓乐),不要新郎上门迎亲。

*迎亲

迎亲先生 徽州民间婚仪主事人。迎娶之日,男方请一位有身份的长者为迎亲先生,陪同迎亲人员到女方家,以便排解临时发生的问题(如女方争"红纸包"、劝酒等),敦促女方按时发亲。

灵堂 见811页"孝堂"条。

忌日 旧指不宜做某事的日子。俗逢"甲"日不开仓舂米,"乙"日不栽桑树、茶树、果树,"丙"日不装灶烧石灰,"丁"日不剃头。逢初七、十七、二十七日不出远门;逢初八、十八、二十八日不从远道归家。婚嫁、出殡亦避此忌日。初一、十五日忌厕栏、厕所去粪。"立春"日妇女忌回娘家。

奉 见817页"朝奉"条。

拈周试晬 见811页"抓周"条。

拉面 又称"开面"。即用棉线绞去新娘脸上的汗毛,搽以蛋清,使之白嫩。多在迎亲的当天,由姑母或舅母(有些地方是利市人)给新娘"拉面"。拉面时还会唱拉面歌,如"一线金,二线银,三线做夫人,四线事事如意,五线五子登科,六线六六大顺,七线七仙美貌,八线八仙童寿,九线九子十三孙,十线十全俱足。好、好、好,白头偕老。喜、喜、喜,夫妇齐眉"。有的地方,拉面当天,女方家还要特意为新娘烧好一缸"浴汤",新娘沐浴后,换上"离娘衣",喻为从此离开亲娘,以后日子青青吉吉。参见815页"离娘衣"条。

拦路祭 丧葬祭礼。即出丧途中由儿女拦棺做祭。旧俗做法为:儿子共做一祭,女儿须一人一祭。也有亲朋好友在出殡路上做拦路祭的。

招亲 俗称"入赘"。徽州民间婚嫁习俗。一户人家如果只有女孩没有男孩,常由女方家"招女婿"上门,谓之"招亲"。入赘女婿需写契约,注明生下孩子须随女方家姓,并愿在妻族长辈监督下经营家业。

抬尸禁忌 徽州民间丧葬习俗。旧时抬死人则脚朝前,头朝后。抬死人不可进村,须绕道走。到了死者村舍,则停尸于村口,搭席棚收尸。

丧礼 徽州民间丧葬习俗。办丧礼有三:第一,做佛事,谓之超度死者;第二,亲家不举火而就食于丧家,丧家以酒食宴客;第三,惑于风水,多停柩不葬以待择地。后提倡棺椁衣衾视家之贫富,金玉不得入殓。孝子哭奠,用一司祝代为孝子盥洗;行香以降神,用一执事代敬酒肴。而在一些地方,操办丧事要送锡箔、香纸、奠仪(礼金)或挽联、挽幛。出嫁女儿父母去世,必送长钱或伞盖。兄弟相应如数配做长幡。

雨伞下并亲 徽州民间婚嫁习俗。男子长年在外谋生,一旦回家,即择日完婚小住,谓之雨伞下并亲。

奔丧礼 绩溪县民间丧葬礼仪。人们奔丧悼念,须备礼四种:柱香、锡箔、火纸、爆竹。

奔丧禁忌 徽州民间丧祭习俗。奔丧者送香、烛、纸时,要直接送到死者家中,忌带着这些物品中途到别家串门。

叔哥代称 徽州民间的特殊称呼。旧时妇女产子不顺时,以为是父子相克之故,此子以后即对其父亲特称叔、哥。

供七 又称"做七""请七"。祭悼死者仪式。死者下葬后49日内,家人逢每"七"(七日)均上坟进供、哭拜祭奠。也有人家满"七七"才下葬的。停丧期间,灵柩旁点长明灯,早晚插柱香,点白烛;子孙不远出,不理发,禁欢娱,在家守灵。每逢"七",夜祭祀,超度亡人。其中,三七最隆兴,亲戚均备奠礼临墓谒拜。

闹洞房 又称"吵新娘"。徽州民间婚嫁习俗。婚宴酒席散后,亲友乡邻欢送新郎、新娘进入洞房,并以各种文而不武的形式逗新娘发笑,以此取乐。也有用巧妙方法诱新娘发放糖果之类的活动。有些地方,闹洞房后还须吃"暖房酒",由舅父、舅母、姑父、姑母等亲眷陪同。

闹新房 见818页"舞新娘"条。

定亲 徽州民间婚嫁习俗。联姻讲门当户对,遵父母之命、媒妁之言。男子童年、少年时父母即行提亲、定亲。定亲有小定、大定两次,由媒人领男子携带聘礼、饭笋担去女方家互换"庚帖",确定婚姻关系。

官人 徽州旧时佃仆称男主为"官人"。而小孩亦有随仆称其父亲为"官人"的。

姑父 在徽州民间,妻子称丈夫姐妹的丈夫为姑父。

挂贺联 又称"挂喜轴"。徽州婚嫁、寿诞中亲友送的联轴。每逢婚嫁寿诞喜事,亲戚朋友均带喜

*定亲

庆联轴上门庆贺。娶亲贺联,以舅父为大,挂于堂前正中,姑父次之,姨父再次之。师傅及本地辈分大的朋友,贺联可与姑父、姨父并列。辈分大的外地朋友可与舅父并列。舅父若多,按年龄大小依次排列。新郎父母的舅父、姑父、姨父一般由其子挂名参加婚礼。贺联挂在自家屋内,为"正屋",借邻居的为"偏屋"。堂左厢为"大边",右厢为"小边"。凡长辈、父亲的朋友和同学,依次从上横头挂在"大边";新郎自己的朋友、平辈挂在"小边",以新郎的姐夫、妹夫为最小,排于尾后。贺联的落款必须显露。"女婿如半子",故祝寿贺联,以女婿为大,挂在正中,侄女婿次之,外甥女婿再次之,其后为侄子、表侄子,从小辈到做寿者本人的平辈止,依次从上到下排列。

挂钱 徽州人在清明节扫墓时的最后一道程序。用彩色纸或白纸,剪出中间为铜钱的连环状带,两边为流苏,一端以"万"字形相连,两三张纸钱连环状带在上,下挂流苏一束。用线挂于墓碑额坊下。一家挂一束,挂的纸钱多,表示子孙众多,家族兴旺。

*挂钱

挂喜轴 见812页"挂贺联"条。

封基 丧葬习俗。在徽州民间,灵柩入穴,风水先生用罗盘校正方向,然后宰杀公鸡,把鸡血淋在棺盖上,并把小红布袋里的米抓一把,撒一把。子、婿则跪在墓穴前,扯起衣襟来接。此仪式谓之"封基",米称"封基米"。

荣庆 徽州民间人生礼节。旧时人们过了50岁,事业已成,子女男婚女嫁,于是儿女小辈们为父母长辈做寿诞庆典,大宴亲朋,此乃"福寿荣华"、家业旺盛之时。

点主 徽州民间丧葬习俗。亲人死后,要在祠堂牌位龛里立一神主牌,上面写世系名字,若为妇女则只写姓氏。神主牌由祠堂首事先雇工制好。入位时由孝子捧着神主牌,割破一只雄鸡的鸡冠,请一位乡绅用新毛笔蘸鸡冠血,在神主牌的"王"字上头加点,使成为"主"字,称"点主"。

拜堂 徽州民间婚嫁习俗。新人的婚礼在宗祠举行,俗称"拜堂"。新郎新娘步入正厅堂前,即进行拜堂大礼。

拜堂唱词 徽州民间婚嫁习俗。新郎新娘拜堂时,由赞礼人和利市人齐声合唱拜堂词:"一拜天地,二拜高堂,夫妻相拜,子孙满堂。"三拜礼毕,由赞礼人和利市人共擎由红绳连着的锡酒杯,要新郎新娘碰头喝交杯酒,即行合卺之仪。接着赞礼人和利市人共致别具一格的祝词,俗称"撒帐"。先撒天地帐,继而撒东南西北四方帐,后撒楼、屋、房、梁帐。帐词内容大多是吉利、祝贺、雅谑之语,押韵协调,朗朗上口。如:"撒帐撒向东,撒向黄山十八峰,峰峰都有珍和宝,不出黄连必出甘草。撒帐撒过场,夫妻心欢畅,夫妻恩爱同到老,子子孙孙坐满堂。"又如:"撒帐撒开场,一对红烛亮厅堂,今日洞房花烛夜,生下贵子状元郎。"民间花轿迎娶、拜堂成亲多在夜里,白天少见。有的地方赞礼人主持婚礼时,高唱拜堂词:"伏以礼重婚姻,事关人伦之大;理当婚配,乃成宗祀之传。堂前香烟缥缈,案上灯烛辉煌,上当见面之初,下当拜堂之礼。请新郎新娘面向堂前,拜上天地三界,东王公、西王母,深深礼下四全拜。"新郎新娘双双对天四跪四拜。继续唱:"请转身向堂中,拜过堂上诸世辈,香火长生,深深礼下四全拜。"新郎新娘双双向上四跪四拜。又唱:"再拜堂上祖宗,诸位众神,深深礼下四全拜。向诸位亲友宾朋拜一拜,新郎新娘互相拜一拜。"新郎新娘一一如礼拜过后,送入洞房。

拜敬 在徽州民间,长辈、亲属盛行送贽礼,俗称"拜敬"。"拜敬"时用红纸包银元一枚或两枚,礼厚十枚、八枚,最少银角四枚。

看屋宇 徽州民间婚嫁习俗。在议婚过程中,女方父母亲自或委托信得过的至亲,前往探看男方

*拜堂

家住宿环境、经济条件和邻居关系,以决定是否同意婚姻。

待囡 徽州民间婚嫁习俗。新人结婚前一天,女方家邀请4~8位姑娘,陪侍新娘坐房,俗称"坐房囡"。晚餐还要特为新娘备一桌饭菜,由坐房囡陪同新娘吃离娘饭,俗称"待囡"。

送房唱诗 徽州民间婚嫁习俗。人们在新婚之夜闹洞房后,父母将新郎送入洞房,谓之"送房"。由一人唱送房诗:"张生送子入洞房,洞房花烛亮堂堂。新娘堪称贤淑女,新郎乃是画眉郎。今日鸳鸯结连理,明年生下状元郎。"众人续唱:"一送一品当朝,二送二朵金花,三送三元及弟,四送四季平安,五送五男二女,六送六亲和顺,七送七子团圆,八送八仙过海,九送九子十三孙,十送全家福禄寿。"

送终 徽州民间丧葬习俗。旧时病人临终前,儿孙及其他直系亲属均守居病室,看准断气时辰,焚烧事先准备好的纸轿并哭送永诀。

送嫁 徽州民间婚嫁习俗。姑娘出嫁前,长辈和亲友送衣料、衣服、鞋、帽和银箍、银锁链等,厚礼则有皮袍、金戒指、玉镯、玉簪等衣物饰物,谓之"送嫁"。礼物必须在姑娘出嫁前送到,新娘上轿后送到则意味着诅咒新娘再嫁。

剃头礼 婴儿满月时的剃发仪式。在徽州民间,依旧俗新生孩子满月要剃去胎发,据说胎发沾有母体的血污和秽气,必须在产妇满月出产房之前剃去,以免触犯神灵会带来厄运。若是男婴,外婆家要备办五牲福礼等并把礼堂布置好后再恭请菩萨保佑,还请一位有福气的亲戚抱着小孩坐在礼堂前,由事先接来的剃头师傅给他剃发。胎发不能全部剃光,脑壳后须留一绺"兽尾",说是"留有兽头尾,出门不怕鬼"。剃下的胎发不能丢弃,须装入用丝线编织的锦袋中,挂在床前保存起来。孩子剃好胎发,穿戴齐整,要先拜菩萨,再拜祖宗,然后再拜长辈。而长辈们都要递上"百岁"礼,谓之"剃头礼"。主人家摆"满月"酒席庆贺。参见816页"做满月"条。

洗三朝 又称"做三朝""洗染"。婴儿出生三日的洗礼。以艾草熬水洗身,以黄连、甘草熬水洗嘴。洗后,抱婴儿拜天地、祖宗。亲友均来贺喜。主人或以"沙糖酒"、碗头面待客,或请吃米粉粿、茧粿,或办"洗染饭"宴请亲朋,殷实人家则摆酒席招待。此日请外祖母给孩子起乳名。此礼亦可行于生后第七日。

洗染 见814页"洗三朝"条。

冠礼 徽州民间男子成人仪式。此礼于男子16~20岁之间举行。"冠所以责成人之义",冠礼表示男子已成人。冠礼本来隆重,经南宋朱熹改革后,简化了仪式,不再遍告亲戚,大张庆宴,只在本族内举行,加冠命字即可。

祝寿 见809页"庆寿"条。

说媒 见817页"媒合"条。

退位 在徽州民间,依旧俗在人死后,家人即撤除死者床上帐幔,使死者灵魂得离于人世归升于天,谓之"退位"。

贺九不贺十 见816页"做九不做十"条。

贺仪 旧时徽俗,婚丧喜庆,亲朋好友一般馈送钱礼或物礼表示祝贺。

贺礼 旧时徽俗,贺婚四包礼为喜轴、红烛、礼金、朝糕;贺寿四包礼为猪肉、面条、寿鞋、寿轴;贺建屋四包礼为贺联、金花、礼金、爆竹。

结椁 又称"做风水"。即为死者造坟。按徽州旧俗,坟地大多选在坐阴朝阳,前对灵峰,后靠来龙,地势高爽,两边厚实,避风避水之处。有钱人家会高价购"风水"宝地。明清两朝,常因争夺"风水"地而兴讼。穷人则葬于"义冢山"。坟地选定后,择吉日动工"开穴",雇砖匠"下脚",砌66.67厘米高青砖墙,转起"n"形轮廓,俗称"转廊"。两边以炭沟排水,用三合土堆在墓顶,俗称"打灰盖"。又在灰盖之上撒一层草木灰,以防树根伸入。随后加上泥土,堆成馒包形,称之为"坟头脑"。在其四周,垒成微型石坝,俗称"罗圈"。墓前两厢,安置大石块护坟,俗称"坝首"。墓前上下,用石料架成上下引,左右立笠柱,当中安坟面内五件,上刻葬者姓名、年庚、世数、山向以明示后人。根据坟体的大小用石料砌成半圆形的"坟明堂"。富人家造坟如同造屋,墓体宏大,上有石面雕花、石柱镌刻楹联。也有数户友好人家联合将墓做在一起的。

耗 徽州民间丧祭物品。死者亲朋所佩戴的以示哀悼之物。或以麻为帽,或黑纱缠臂,或佩纸花,或缝布于鞋上等。

赶煞 徽州民间丧葬习俗。家中有人逝世,家人要请和尚、道士来家作法,驱煞赶邪,谓之"赶煞"。

换亲 见808页"回头亲"条。

破血湖 徽州民间丧葬习俗。旧时为妇女死后做的法事。即扎一座纸糊的牢城,上画四个城门和垛堞。牢城的大小刚好罩住一条方凳。凳上置一脸盆,盆中盛加红糖的赤豆汤,代表血水。上浮一碟,中放一纸船,船里一纸扎小人。表示逝者的灵魂正在阴曹牢城的血湖中受苦。法事中道士唱《三大苦》:"十月怀胎苦,服侍丈夫读书求职苦,操劳儿女成人婚嫁苦。"唱词通俗真挚,曲谱喜闻乐见,并用笛子伴奏。唱完,众僧紧敲锣鼓,主僧披上袈裟,手持锡杖,仿照"目莲救母",用锡杖戳破四处城门,表示逝者的灵魂已被救出地狱,脱离苦海。

破蒙 在徽州民间,为6岁孩子入塾读书而举行的仪式。儿童入学前,家长事先要邀请有学识的人(如秀才、举人等)作为儿童破蒙老师。破蒙时,家长要在厅堂上摆果盒、香案及笔、墨、砚台、描红簿等物,破蒙老师将儿童扶坐在桌子上首中间位置,然后手把手地教完描红内容,边描边读,最后再领读一遍,破蒙至此结束。旧时蒙学课程所用的书一般为《三字经》《百家姓》《千字文》及四书、五经等。

轿下食 见818页"舆礼"条。

笄礼 又称"上头茶"。男女联姻中"三茶六礼"之一。因在徽州民间,女子15岁为"及笄",行过笄礼,视为成年。一般会用糯米、菜油、白糖、芝麻做成油粿分送其亲戚。后发展为男女结婚前,男方提供给女方因姑娘即将出嫁而做油粿分送亲戚的相关费用。

倌 旧时徽州人对男子的称呼。"官""倌"谐音,男子见面时均称"倌",即名字后加"倌",寓今后为官之意。后来对从事某职业者也称"倌",如厨倌等。

鸳鸯礼书 徽州民间婚约凭证。新人订婚时,男方送与女方并经女方批"允"以为缔结婚姻的凭证。为洒银红纸烫熨各种金色图案而成,四折而成折页状。背面烫"鸳鸯礼书"四金字,并衬以八仙图,上饰双刘海,下饰飞凤。正面上饰双凤,中饰百子图,边饰福禄百子图,其间所空部位,由男方用墨笔左右并排填乾造(男方)、坤造(女方)生辰八字(均用天干地支标明出生年月日时辰)。其上留出空位有四个金图,送聘时持此礼书及聘礼送至女方,由女方家长亲批"亲允大吉"四字,即告礼成。

离娘衣 徽州民间婚嫁物品。待嫁姑娘上轿前沐浴,换穿贴身白色内衣,以表示纯洁。此衣四角有四眼线避邪,谓之"离娘衣"。此衣须保存到老。

烧纸轿 徽州民间丧葬习俗。当亲人将要断气时,把预先制好的一顶纸轿摆在门口,陈列贡献(祭品)。一旦亲人断气,后辈跪在地上,对着纸轿,将其焚毁,表示送亲人坐轿归天。

家祭 又称"白祭"。在徽州一些地方,依旧俗出丧前一天要在孝堂举行的祭祀仪式。亲属披麻戴孝,仪式由大赞主持,陪赞、引赞、陪引、司尊、礼生、吹鼓手等在场。祭时宣读祭文以告亡灵。

请七 见812页"供七"条。

请六七 徽州民间丧葬习俗。父、母亡后,至"六七"(死后第六个七天),出嫁女儿携带祭品前来祭祀。祭毕,分取死者生前衣物、饰物。

请期 徽州民间婚嫁习俗。新人定亲后,经男女双方家庭商议,由男方选定结婚日期通知女方,谓之"请期"。民间有"只有男家选日子讨媳妇,没有女家选日子嫁囡儿"的说法。

娘娘 黟县人称姑母为"娘"或"娘娘"。如有几位姑母,即按年龄称大娘、二娘、三娘等。而在休宁方言里指代继母。

掉汉 徽州黟县人对他人称其弟为"掉汉"。其意今难稽考。

接待茶 见818页"舆礼"条。

接新娘 婚俗。在徽州祁门县民间，迎娶新娘仪式与其他地方略有不同。先由男方发出花轿，停驻于女方家祠堂厅上专设的轿座，轿座上铺垫大红纸，以防花轿沾到女方家祠堂地面，带走女方家族的财气。红婆到女方家将新娘从房中背出，让新娘坐在厅正中椅子上，两边放长凳，排坐母亲、嫂子、叔伯婶娘等10人，缺一不行，以示"十全十足"。经"哭别"和"红婆解"后，新娘站在椅子上，换上凤冠霞帔后由红婆背上轿。父亲、兄弟在轿门前敬酒三杯，关上轿门。礼炮三响，花轿起行。花轿一出门，女方家祠堂立即关上大门，用扫帚朝里扫三下，再将大门重开。

*接新娘

野鬼 徽州民间对死于野外或异地者的称呼。死者尸体不能进村，一般在村外入殓，而后殡葬。

做七 见812页"供七"条。

做七不做八 徽州民间人生礼俗。旧时老人80岁的寿辰既不能像70岁那样提前一年庆贺，更不能在当年庆贺，只有等到下一年81岁时再补做。因为81岁是人生一道大坎儿，九九八十一有数字算尽之意，届时如不礼神祈祷，便有人寿之劫，故在81岁时做80岁寿辰，更有可能添寿。

做九不做十 又称"贺九不贺十"。徽州民间人生礼俗。旧俗认为"十"是满数，太满则溢则损，庆之不寿，所以一般为长辈做寿，逢十则避开，只有提前一年庆贺才能"寿福双至"。

做三不做四 人生礼俗。徽州人到虚龄30岁时，一般由同辈兄弟姐妹操办做生日。由于"四"与"死"谐音，故四十岁生日则不庆贺，以避忌求福。

做三朝 见814页"洗三朝"条。

做大夜 徽州民间丧葬习俗。人死入殓之夜，要请道士设醮，为死者解劫、超度，灵堂内点"树灯"亦即置10余盏灯于小柱四周点燃，道士领亲属绕"树灯"念经。谓之"做大夜"。男性死者称"破地狱"；女性死者称"破血湖"。

做风水 见815页"结椁"条。

做礼生祭 徽州一些地方的丧葬习俗。旧俗亲人逝世，由死者家属聘请当地有声望人士10人担任主祭、陪祭等，在出殡前，按一定仪式做礼生祭，并将死者一生之事略写成祭文。做祭时，由主祭者纵声诵读，悲切动容。

做阴寿 徽州民间人生礼俗。旧俗中有的人家为已故的父母或祖父母做生日，焚烧几身纸扎的冥服（衣、裤、袜）和箱笼，陈列八碗菜，燃香祭祀，谓之"做阴寿"。

做周岁 徽州民间人生礼节。男孩一周岁时，一般人家都要预备酒菜，邀请至亲好友共餐欢庆，以帮助孩子迈过周岁这道坎。这一天，除了亲友送礼、饮酒庆贺以外，最重要的内容就是"抓周"。参见811页"抓周"条。

做满月 又称"满月"或"满月酒"。在徽州民间，新生孩子满月时，家长邀请亲朋好友赴宴庆贺。

盒礼 徽州民间婚嫁礼俗。男女联姻中"三茶六礼"之一，指男方迎娶前依约给女方的首饰银等，由女方代行办置。

彩礼 见806页"三茶六礼"条。

领魂香 徽州民间丧葬习俗。人死后，送葬者捧三根香揖拜，其中两根插于墓前，持剩下一根香原路返回。据说是引领死者灵魂回家，故谓之领魂香。

望朝回门 徽州民间婚嫁习俗。新婚第三、四天，新郎亲自去岳父家迎接岳父母来家作客，大户人家还得发大红请帖和轿子去请，谓之"望朝"。男方家须办"望朝酒"招待。第五、六天，新娘在新郎陪同下回家探望父母，谓之"回门"。女方家亲属要给新郎"见面礼"，女方家须办"回门酒"招待。新中国成立后，婚嫁礼仪从简，大多改为上午嫁女，下午"回门"，次日"望朝"；或头天嫁女，次日"回门"，第三天"望朝"。

盖面彩 徽州民间丧葬习俗。依旧俗，死者下棺，家属在尸体上盖上红绫面巾或红被单，谓之"盖面彩"。

焐衣衫 又称"同衣""传宗"。徽州民间丧葬习俗。依旧俗，长辈死者入殓前，死者长子站在凳子上，将死者入棺时穿的外衣（即"寿衣"），从内到外依次套在自己身上，名为"焐衣衫"。然后将套好的"寿衣"依长幼次序，在各子女身上披一披，表示焐暖以后再给父母穿上，以尽孝心。"焐衣衫"时，要用鼓手吹奏哀乐，燃放鞭炮。

清明节祖坟堆土 徽州民间祭礼。每逢清明节，人们都去祖坟扫墓，并在坟头上加添新土，表示生我养我的土地是祖宗留下的，只能增加，不可减少。

插米仉 又称"插米舅"。在徽州民间，对自己或他人妻之兄弟的称呼。

插米舅 见817页"插米仉"条。

期礼 又称"利市茶"。在徽州民间，男女联姻中"三茶六礼"之一，指男方定下迎娶日期（即"日子书"）后，应备礼书面通知女方，谓之"期礼"。礼品有"日子书"压银若干和饭笋担两或四担。饭笋担内装肉、鱼、包、饼若干，大米或米粿、面粉或面条若干，菜油、白糖、鸡蛋、百子糕、枣、栗各若干，数量由男方视家境丰俭自定。

落枕 按绩溪县民间旧俗，指抽去死者头下枕头，垫入瓦片，表示返于土。

朝 见817页"朝奉"条。

朝奉 又称"朝朝""朝""奉"。称呼。"朝奉"一词本指"奉朝请"的官员。汉有奉朝请，本为贵族、官僚定期朝见皇帝的称谓。清吕种玉《言鲭》云："东京罢省，三公、外戚、皇室、诸侯，多奉朝请。奉朝请者，逢朝会请召而已。"元末，"太祖（指朱元璋）初定徽，民迎之者皆自称曰朝奉。太祖曰：'多劳汝朝奉的。'"从此以后，"朝奉"一词在徽州流传开来。由于当初迎接明太祖的大多是徽州富民，故徽俗称富翁为朝奉。后来，在徽州民间，逐渐演变为孙辈对祖父的口头称呼。

朝朝 见817页"朝奉"条。

棺材头并亲 徽州民间婚丧习俗。指男方父或母逝世，缺人料理家务，因而丧事、喜事同办或连办，既安葬亲人，又娶媳妇入门。

等郎媳 见817页"童养媳"条。

童养媳 又称"小媳妇""等郎媳""新细妇"。儿女自幼联姻，而女方家贫穷无力抚养其女，遂送至男方家生活，谓之"童养媳"。待童养媳长大成人，由男方择日完婚。童养媳更多见于以养媳为目的，或兼以使用劳力为目的，而以少许礼金取穷家童女扶养。童养媳进入男方家后，一因身份已定，二因父母贫贱，常备受男方家虐待。其以使用劳力兼为目的者，则多女大于夫，所谓"十八姑娘七岁郎"。

奠仪 徽州民间，每逢丧事，亲朋好友皆送金钱和礼品用于祭奠死者，以示哀悼，谓之"奠仪"。

媒合 又称"说媒"。在婺源县民间，男女婚姻均由喜娘和大媒撮合，称"媒合"。在歙县民间，女孩长到十三四岁，即有人上门说媒。说媒者大多是中年以上的妇女，俗称"媒婆"。她们平时看准对象，从女方家取得年庚八字红单送到男方家，男方收下后供在灶司台上，若厨房中三日内不失盘打碗，不缺瓢少箸，认为初步吉利，乃托人另用红纸写上男女双方年庚八字，送往合婚命馆，推算男女命上是否相合，是否可以婚配。偏僻山村一般请算命先生推算决定。实际上，女方的生辰八字大多在推算中修改，故民间有"十女九不真，改命做夫人"之说。

* 媒合

登位 在徽州民间，旧时人死后出殡至墓地，灵柩入墓穴后，风水先生校准灵柩方位，谓之"登位"。

搬行嫁 又称"搬嫁资"。在徽州民间，男方家在结婚前一天或迎娶当天，派人前往女方家中搬嫁妆，谓之"搬行嫁"。搬行嫁期间，男女双方的住宅均张灯结彩，鸣炮奏乐。嫁妆多少视女方家境丰俭而定。富裕人家嫁妆，有"八杠抬"和"十六杠抬"（即8人或16人抬着）之称。吃、穿及家常日用品、房间家具一应俱全，并在拜匣内放有金银珠宝首饰、手镯、戒指等贵重物品，甚至加上房产、田地。贫寒人家的嫁妆仅"一担挑"。无论贫富，两样东西不可少，一样是马桶，另一样是鞋。马桶内有女方家事先摆下的红枣、花生、橘子等彩头物，寓意"早生贵子"。到了男方家，首先要让一个男童揭开桶盖，拿起彩头物，撒一泡尿，众人则拍手哄笑，庆贺"生发"。新娘的鞋也要放在新郎的鞋内，意为"同偕（鞋）到老"。这两双鞋要做得特别精致，以供大家欣赏。参见805页"一担挑"、808页"同鞋"条。

搬嫁资 见817页"搬行嫁"条。

聘礼 又称"订婚礼"。在徽州民间，男女联姻中"三茶六礼"之一，指订婚时，男方家给女方家的财礼。一般为银元、猪肉、包、饼等。聘礼多少视男方家境贫富和女方身价高低而定。

暖生 又称"暖寿""暖坐"。在徽州民间,给老人做寿前夕要扯寿堂、点寿烛,子女及孙辈欢聚一堂陪老人进餐,畅叙往事,谓之"暖生"。

暖寿 见818页"暖生"条。

暖坐 见818页"暖生"条。

暖房 徽州民间婚俗。结婚前一天晚上,男方家在新房内摆一桌酒席,新郎坐上座,席间要猜拳行令,宴席开始要放鞭炮,谓之"暖房"。

催生 在徽州民间,妇女头胎临月,娘家送鸡子糕(即鸡蛋糕)置孕妇床上,婆家做"天狗馃""天狗棍"请社公老爷,并分送亲友,谓之"催生"。也有一些地方的妇女在产前数月就行催生礼,娘家须择吉日送婴儿衣物。送时须撑伞遮天,且不能说话。

催亲 徽州民间婚俗。男方接亲队伍催待嫁姑娘上轿,以放三个爆竹为信号,谓之"催亲"。催三次,第三次爆竹一响,待嫁姑娘母女相抱号哭,有的人家还请人帮哭,意在"号发"。

新细妇 见817页"童养媳"条。

满月 见816页"做满月"条。

满月酒 见816页"做满月"条。

殡礼 徽州民间丧葬习俗。旧时死者入殓后,在灵柩前的案桌上摆好果盒、烛台和香炉,家属及亲友一一焚香跪拜。嗣后,布置灵堂,悬挂孝子联和亲友的挽联。灵位前,三餐供茶饭,由儿媳奉献。灵柩前面要点"长明灯",由孝子贤孙日夜守灵。死后至49日止,每隔7日一祭,俗称"做七"。"三七"为回呼日,焚烧纸扎衣着及用具。"七七"届满,要做孝子祭。死后百日祭坟,至周年,再行祭祀,俗称"做周年"。

舞新娘 又称"吵新人""闹新房"。徽州民间婚俗。新婚之夜,亲戚好友聚集新房,在好命老孺的护持下向新郎新娘敬茶敬烟。众人可任意与新人调笑取乐,插科打诨。或出难题捉弄新人,如要求新郎、新娘同咬悬枣、过仙桥(走板凳)等。有的地方与此同时进行"撒帐",气氛更为热烈。旧俗认为新婚三日无大小,长辈小辈均可参与。

舆礼 又称"接待茶""轿下食"。在徽州民间,男女联姻中"三茶六礼"之一,指男方迎亲人员到女方家,女方家要摆酒席招待,一般是男方按言定数折钱给女方家,由女方家代办。

裹尸 在徽州民间,用丝棉、麻绳给死者扎裹,称"裹尸"。

端时节 在徽州民间,人们过节时,晚辈送长辈亲戚礼品称"端时节"。礼品多为茶食和肉、鱼、鸡子糕(即鸡蛋糕),数量不定。端午、中秋、春节必送。未婚女婿应"端四色礼",礼厚者送饭箩担,婚后可随意。

端喜酒 徽州民间人生礼俗。婴儿出生次日,丈夫即"端喜酒"去岳父家、亲戚家报喜。"喜酒"用油煎鸡蛋、红糖、糯米酒煮成,俗称"沙糖酒"。生男用锡茶壶盛沙糖酒,壶嘴插柏枝、天竺叶;生女则用锡酒壶盛沙糖酒,壶嘴插红纸卷。有的地方则全用酒壶。另送米粉馃若干。岳父家回送鸡蛋、红糖、香油、婴儿衣物;亲戚回送鸡子糕(即鸡蛋糕),依米粉馃数回送鸡蛋。

寡妇再嫁 徽州民间婚俗。依旧俗寡妇再嫁时,要在水口外荒野里,找一位孤老婆婆陪伴住宿三夜,然后才由男方雇轿到原地迎娶。起身时,还须宰杀一只公鸡蘸血淋地以避邪。轿到男方家就成婚,不行姑娘嫁时的礼仪。

撒帐 亲朋好友在新人结婚当日,对新人祝福的一种活动。在徽州民间,结婚当日,新人饮过交杯酒,众人送新郎、新娘入洞房后,好命老倌、好命老孺向床上撒赤豆、红枣、花生等果品。一边撒,一边唱似歌非歌的道贺词,如"祝愿新婚夫妇互敬互爱、白头偕老"等。一般都由德高望重而又有较高文学水平的老者或能说会道的中年人进行,并根据新郎新娘的人品、为人及联姻过程等真实情况临场编造叙述,意在赞美、祝福。为婚礼中之高潮阶段。

*撒帐

戴缟 在徽州民间,旧时长辈过世,晚辈服孝谓之"戴缟"。戴缟有不同形式:男人帽蒂蒙以白帛,妇女头蒂嵌以白帛褶条,姑娘辫上系白帛结或扎白头绳,戴白花;男长衫、女衣裙镶以白边,男左女右手腕系白帛带,布鞋蒙白帛。子、媳、女、孙,白帛用麻布,其他亲属用棉布。戴缟时间,子媳三年,女一年;女婿及孙辈一年或九个月、五个月、三个月不等;其他晚辈亲属以满"七七"为限。丧夫之妇,终生缟素。

襟兄 小姨父对大姨父的书面称呼。

襟弟 大姨父对小姨父的书面称呼。

[十二] 方言民俗

徽州方言　生产习俗　生活习俗　礼仪习俗　岁时习俗　其他风俗

二月二打老虎　时令民俗活动。在徽州民间，人们于二月初二用米粉做一只猪脚，又做些铜钱大小的米粿，蒸熟后装入红漆茶盘。中午或晚上，点起蜡烛，焚烧香纸，挂一张"勇士打虎"的纸画，祭拜神明。再用一个生鸡蛋对着墙上砸，口中念："上不打天，下不打地，单打白虎连厉厉。"念后放一串鞭炮，全家人吃"老虎粿"。二月，一年农事之始。此当为山越祈祛虎害的遗俗。

二月二祭土地　时令民俗活动。在徽州民间，二月初二，人们举行活动祭祀土地神生日，谓之"小年"。届时置祭桌于大堂正中，前端横摆五祀件，花瓶内插天竺叶、柏枝；其后摆祭品，为三荤三素，三荤即鸡、鱼、肉，三素即朝糕、寿桃、寿面。另以圆形托盘，满盛元宝（面粉制品）。桌后设三个神座，上置衣冠（纸衣纸帽），象征土地神与文、武财神在座。子时祭祀开始，打开中门，点燃红烛，由户之尊长持香自户外引入三神，全家依序跪拜。一炷香尽即送神，祭祀结束。黎明时，挨户索币，买爆竹庆祀于土地庙前。此日活动有舞龙、舞狮、舞鲤鱼、踩高跷或唱戏等。

*二月二祭土地（祭祀）

二月八庙会　时令民俗活动。在徽州，相传在屯溪西郊蟾川与休宁县秀阳乡交界处的余家湾有一座马鞍山，山中有一小庙，供祀一黑脸菩萨，即周孝侯王周处的雕像。俗传周处于二月初八诞生，每年此日，他的分管风、雨、雪的三个女儿均来叩拜，分别带来了风、雨、雪。故每年由余家湾和相邻的瑶干村轮流值年主持庙会，自二月初六起，来自徽州各县及浙江、江西等地的进香者，携带香烛与纸扎人、头、手、脚、牛、马、猪、羊等还愿物，三五成群，络绎不绝，以求庇佑。庙会并以农村春耕准备活动为中心，开展市集贸易，交易商品多为农具、家具、耕牛。二月初八为正日，进香达到高潮，沿途小吃摊点和携山杂货赶集者到处可见。此庙会风雨无阻，代代相传。因为在马鞍山举行，又称"马鞍山庙会"。

*二月八庙会

七月半　见821页"中元节"条。

八社花朝　时令民俗活动。每年二月十五日（一说二月初二、二月十二日）是花朝，又称"花朝节"。因同时举办庙会，所以又称"花朝会"。绩溪县城东有登源庙与汪氏祖坟。登源河流域诸村落以花朝日祭奠越国公汪王（汪华）。花朝会以"社"为单位举办，共有8社，涉及19个村落，大的村落自成一社，连续做会两或三年。小村落则两村或三村合为一社，做一年。8社轮值，每社12年做一次。年复一年。故称"八社花朝"。庙会内容有三项：一是接神，即至登源庙迎汪王神像供于村庙；二是演戏娱神；三是盆花比赛。

九都迎三姑神　时令民俗活动。黟县九都屏山村前有三姑山。三峰骈连，如姐妹联袂而坐。相传原有姐妹三人，共食仙桃，羽化而成三峰。《舆地志》谓之灵山，言称山多石，三年一遇野火，林木尽烧，谓之三姑磨。屏山村舒姓宗族建三姑庙于村前，每年正月十五日祭祀它。祭品以桂圆、花生、莲子、瓜子等缀成花卉图纹，堪称别致。祭日亦为赶集日，历代相沿。

三元节　时令民俗活动。上元节、中元节、下元节的合称。自唐朝起，以一、七、十月之十五日分称上元、中元、下元；上元祭天官，中元祭地官，下元祭水官,各地奉祀三官大帝的寺庙都会举办盛大的庆贺活动。据传,这三日分别是这三官的诞生日,因而在民俗中演变为节日:上元节(元宵节)、中元节(盂兰盆节)、下元节(水官节),合称三元,或三元节。徽州民间的三元节活动大多在此基础上有所延伸。参见820页"上元节"、821页"中元节"、820页"下元节"诸条。

三元会 又称"施孤会"。地方民俗活动。流行于绩溪县镇头、旺川、浩寨和县城北街等地,三五年或十余年于中元节(七月十五日)或下元节(十月十五日)举行一次。借祠堂或神庙设法场,内供纸制菩萨数十尊:进门四大金刚、四大元帅或十大元帅,上下堂文殊、普贤、观音三世佛、二十四诸天、十八罗汉、灵官、韦陀、城隍、土地、十殿阎王,故又称"四帅会"或"十帅会"。此会由会众集资,举斋官、会首筹办,会期三五天或七八天,会众吃素。做会期间,佛堂香烛夜以继日,案桌陈列会众琼碗供品,僧侣日夜诵经做佛事,施斋饭,超度亡灵。会场前用竹木搭纸糊亡人亭,内贴会众祖宗名单,收会之日焚烧。会场外,辟一空地设"九曲河""迷津阵",前来烧香拜佛者多为妇女。晚上演目连戏,放焰火。

三福馆做焰口 时令民俗活动。在歙县,三福馆为县治城中二馆之一,做焰口是超度孤魂野鬼的一种祭祀活动。每年十一月前后,于县治城东门城头上,搭起道士法台,台前竖立四尊纸菩萨,一为地方(白无常)、一为地方奶奶、一为地方小姐、一为邋遢相(黑无常),祭祀历时三天结束。

土地节 在徽州民间,俗传二月初二是土地老爷生日,称"土地节"。节前家家裹粽子,初二凌晨以特制大粽和三牲接土地神。农家早餐吃米粉糊、米粉粿,寓意塞田塍窟窿、田不漏水。上午携带特制大粽、炒冻米、炒黄豆和剪成3.33厘米长的稻草秸拌葱花油煎蛋等供品,到土地庙朝拜。稻草秸比作害虫,炒冻米、炒黄豆比作虫卵、虫蛹,油煎蛋比作虫窠,经火炒杀死,借以祈求五谷丰登、六畜兴旺。中午食粽子。是日,各家首次登门的如是男子,则意会为"土地公公",主人欣喜。首次登门的如是妇女,主人则很忌讳。

下元节 时令民俗活动。十月十五日为下元日,相传是水官的诞辰。俗传水官解厄,故而该日道观做道场,民间则祭祀亡灵,并祈求下元水官排忧解难。徽州民间的祭祀活动多是做包粿祭祖、酬神。遭病逢难人家或村、坊"放蒙山"还愿,施斋孤魂野鬼,祈求安吉。是日,不问亲疏,皆可到斋主家吃面或茶饭。

上元节 时令民俗活动。正月十五日为上元日,相传是天官大帝的诞辰,民俗中习惯于此日为天官大帝做生日,故称"上元节"。由于正月为元月,古人称夜为"宵",而十五日又是一年中第一个月圆之夜,所以又称正月十五日为"元宵节"。徽州民间家家户户于当天张灯结彩,欢度新年。彩灯名目、式样繁多,如门前悬挂"如意灯",堂屋悬挂"走马灯",厨房灶神龛前悬挂"长寿灯"等。另外,还有供小孩提嬉的各种飞禽走兽灯,如"兔子灯""蝴蝶灯""花果灯"等。当晚,人们在祖宗像前摆上酒等,焚香祭拜。拜毕,取下祖宗像、孝思图,收藏入匣。家家吃汤圆、灶粿。各地乡俗夜晚有玩灯、舞龙、滚狮、花船、秋千、抬阁、唱戏、放烟火等各种活动,将新年气氛推向高潮。故有"清闲春节,热闹元宵"之说。

小年 在徽州民间,腊月二十四日过小年,俗称"烧年"。亦有在二十六、二十七或二十八日烧年的。是日,中堂挂祖宗像或新写祖宗牌,摆供礼、系桌围、铺椅帔,傍晚祭拜祖宗后全家吃年饭。菜肴多有青菜、牛角豆、肉圆,兆全家青吉、团圆和睦。半夜供三牲、米粉粿,燃炮祭天,称"谢神"。是日祀灶神,称"送灶"。已出嫁的姑娘必须回到婆家。

＊年货

马鞍山庙会 见819页"二月八庙会"条。

元宵节 见820页"上元节"条。

＊元宵节灯会

五都清明 节令习俗。今黟县西南的南屏村,因明清时期黟县行政区划设置12都,南屏村属五都,故又名"五都南屏"。南屏村的叶族,清明日祭祀始祖的活动极为隆重。是日,合族支丁共聚,齐往月塘草饼担始祖茔前祭拜。与祭人众手持纸钱,抬着猪、牛、羊三牲,幼童须戴缀以珍珠的状元冠。民间有"五都清明九都社"之说。参见826页"九都社"条。

五猖会 民俗文化活动。传说"五猖"为邪恶之神,在人间常做坏事,但他们又喜欢恶作剧,把偷抢来的张家东西，放到李家去，甚至把所有东西都给某个人家。老百姓对"五猖"既怕又敬，于是对其祭祀，祈求降福。一说元末，朱元璋和陈友谅曾经在皖南鏖战，军士百姓死伤枕藉。朱元璋做了皇帝后，下令江南百姓，村村建"尺五小庙"，阵亡士卒"五人为伍"，受百姓供奉。一说朱元璋建立大明政权后，大封有功之臣，却忘了捐躯的官民，这些战死者"阴魂"向他诉苦讨功。于是朱元璋就以东、南、西、北、中五路之鬼魂概括为"五猖"，让百姓举行活动纪念。久而久之，这种祭祀慢慢演变成一种庙会，谓之"五猖会"。徽州各地"五猖会"时间不一，五月初一，是休宁县海阳五猖庙会之日。届时四乡百姓云集海阳烧香，祈求五猖神主驱鬼祛邪，消凶化吉。庙会游行，青白黑红黄绿蓝各色彩旗飘扬，十景担、肃静牌、万民伞、纸扎猪马牛羊像、牌楼紧随其后，还有地方戏队伍、杂耍队伍。绩溪县上庄宅坦村，每年十月初九举行五猖会。四处善男信女，均手携一只公鸡和香纸赴会。至则朝拜五猖，宰鸡、焚香祭拜。活动表达了人们祛邪、避灾、祈福的美好愿望。

太子会 地方庙会名。汪华及其九子均为徽州民间地方神祇，汪华被称为"太阳菩萨"，其子被称为"太子菩萨"。绩溪县四乡各村轮值祭祀，每年或隔年七八月间举行。镇头、上庄等地会期五天，扬溪、县城一带三天。会期抬"太子老爷"塑像游乡、跳神，许愿者一路"吊香"。或有"秋千台阁"，演戏。扬溪太子会跳神，有农民反抗财主掠夺田地的情节。

中元节 俗称"鬼节"，又称"七月半"。时令民俗活动。七月十五日为中元日，相传是地官的诞辰。传说该日地府放出全部鬼魂，故民间普遍进行祭祀鬼魂的活动。佛教称为"盂兰盆节"，徽州地区也有称"盂兰会"的。徽州民间的祭祀活动多是做包粿、炸紫苏面，蒸茧粿当餐，摆供献请祖宗。曾"许愿"的人家，另在村口、门口请神，沿路撒米饭（意为施舍给孤魂野鬼）。县城还有跳无常、还枷锁、城隍庙放鬼神等活动。逢闰年还上演目连戏。民国期间，盂兰会渐衰，但仍至村头烧纸钱、撒米豆，俗称"放焰口"。此外，徽州民间还有"中元保苗"的习俗。参见796页"中元保苗"条。

*中元节（齐云中元节法事）

中秋节 节令习俗。八月十五日即中秋节，俗称"团圆节"。在徽州民间，该日合家团聚，以晚宴为正餐。入夜，宴案上供大南瓜一个，配以雪梨、月饼等食物，人们燃点香烛，对月跪拜。小孩以新稻草缠夹芋叶茎扎成辫状蛇形"中秋蛇"，长短不一，浸水后于石板上击打，"嚡叭"作响，称"打中秋蛇"（也叫"中秋炮"）。姑娘、妇女有的会于子夜设香案于庭前，拈香拜月，祈表心愿。夜深人静，大家悄悄走出家门，钻进庄稼地，窃取成熟的瓜果，务必摸取一物回来，才算吉利，即使物主看见，也任其为之，俗称"摸秋"。有些地方该日还舞龙以庆丰收，并祈祷来年风调雨顺。文人雅士则以赏月为兴。参见825页"摸秋"条。

中秋拖缸片 徽州民间民俗游戏。中秋之日，儿童三五成群，找块大缸片，凸面着地，凹面向上，一童手握绳，坐其中，其他儿童或搡背，或手握绳的另一端，在前牵引、奔跑，边跑边喊："死鞑子来啰！"相传元末在歙县杀鞑子是在中秋之夜，并将其装入粪缸内，满街拖搡，故其后演变成这种游戏。

中秋接月光 徽州民间节令习俗。八月十五日，合家晚宴，餐后赏月、吃月饼。半夜拜月亮，俗称"接月光"。

分岁 见825页"腊八节"条。

六月会 见821页"火把会"条。

火把会 绩溪县上庄村独有的民间习俗。该会每10年举行一次，与"善会"（又名"船会"）结合，在六月中旬举行，所以又称"六月会"。会期前三个月，全村胡姓均登山选择杉、柏两种树料制火把，每户并选砍大碗口粗干直的树一株。村中还要选三个长8.33米的大火把，作鸣鞭炮的木架。在选砍火把木料时，山主不会干涉，以示行善。火把树料晒干后，用松明制成楔子嵌入火把内。会期，村中火把同时点燃，循着规定的路线游行，同时锣鼓齐鸣，爆竹震耳。会期10天10夜，内容丰富多彩：向观音求子，向"大王"求财。神会的过程是：净街、食素、拜佛、演戏、做斋、收信、送信、跳旗、祭旗、祭神、赛王、送神、追僧、送舟、开荤等。做会经费由上庄胡氏宗祠照人丁摊派和开赌抽头筹集。会期还会请徽班演戏。

打鼓送瘟船 地方民俗活动。祁门县古有端午节"陆地行舟"之习俗。亦即用粗竹12根为船身，扎大小篾篓为船头船尾，糊纸涂漆如怪兽。行舟时，着古衣冠者11人为"儿郎"，一"土地"骑纸马步行，另10人坐船中，各有名号，如"太阳""笛手"等。24位壮汉抬船遍游全城，以收瘟疫。清晨自东岳庙出发，经平政桥入城，沿途锣鼓喧天，爆竹动地，观者如堵，至西街终点已成破船。而后返回平政桥，掷破船于河中，任漂流而去，谓之"打鼓送瘟船"。祁门方言中每于除掉所厌恶的人、物时，亦常用此语喻之。

叶村堆罗汉 又称"叶村叠罗汉"。歙县南乡叶村民众的一种传统礼佛禳灾活动。起源于明末，其时该村解元寺和尚任气尚武，多行不法，激起民愤，以致某年元宵夜（此年为闰年，即大年）群起焚寺，寺内和尚无一幸免于难。相传此后即连年荒旱，瘟疫流行，村民为祈福禳灾，于烧寺日（大年元宵夜）举行堆罗汉的特殊宗教活动。每逢此夜，全村民众会聚广场，打火堆、叠罗汉、大锣大鼓，直至天明。这一活动的全套程序为：先由扮小和尚者打扫佛堂，扮老和尚者虔诚礼拜；继由二仙童引出观音菩萨、韦陀菩萨、灵官菩萨、四大金刚，各就各位；然后众罗汉入场、走场，开始堆叠。节目有：文柱牌坊、仙人桥、水帘洞、斛角旗、童子拜观音等60余套。饰罗汉者赤膊跣足，面涂丹采，以发罩套头。堆罗汉时，其他民众并非观者，而是毕恭毕敬、焚香默告的祈祷者。商旅在外者也及时回村，参与此项群祷活动。

*叶村堆罗汉（1）

*叶村堆罗汉（2）

叶村叠罗汉 见822页"叶村堆罗汉"条。

田川玉帝会 地方民俗活动。黟县一都田川村程姓各房于正月初八做"玉帝会"，将玉皇大帝画像供奉于本族祠内，高燃红烛，供族人进香跪拜，并请道士做道场，以超度亡灵。

冬至节 冬至日祭祖活动。每年十二月二十一日（或二十二日）为冬至。当日，徽州民间专为祖宗做佳肴供品，诚心祭拜，以示秋收冬藏，五谷盈实，而不忘祖先勤俭持家之道。

立夏节 节令习俗。徽州民间农家在立夏之日，一般都做韭菜、笋丁塌馃，或做包、馃当午餐。另外采野生大麦穗插于大门、灶台和碗橱以防蚂蚁。

关王会 黟县城区每年五月十五日有迎关王（即关羽）的祀神活动。由城中程、余、王、胡等72姓各族按年轮值。五月十三日迎神开始，俗称"关王爷磨刀"。如下雨，称为"磨刀水"，视为吉庆。此日由当届轮值族姓，至神像前焚香，为神像沐浴装金，更换新蟒袍。十五日为接神正日，轮值族人以全副銮驾将神像迎至本族祠堂供奉。神像宝座由四人肩抬，銮驾前导，金鼓齐鸣，所过之处，两侧店铺人员必须供香礼拜。夜晚，于祠内神像前张宴欢庆。迎来神像在祠内供奉一年，至次年，由下届轮值者迎走。参见822页"关王爷磨刀日"条。

关王爷磨刀日 徽州民间以五月十三日为雨节，俗传为关王爷（即关羽）磨刀日。是日常下小雨（称"磨刀水"），或有连续阴雨，利于水稻生长，故农民多借祭祀关王爷而虔诚祈祷。

观音山庙会 地方民俗活动。观音山在屯溪城区，东临珠塘，西连小华山，以山麓建有观音殿，故名。殿中神龛内供祀描金观音佛像。当地群众求子、祈福，常前往朝拜。旧时人们为祈求小孩长寿，多于庙会日将小孩送到庙中，"过继"到观音门下，称为"过门团"。相传六月十九日为观音菩萨生日，朝拜者更多。每逢丰收等太平年景，还搭台唱戏，盛况空前。届时均选徽戏名班演出，一般是3日6本，加演则6日12本、9日18本或36本不等。屯溪自古为商贾云集之地，观音山庙香火旺盛。观音山现辟为戴震公园。

花朝节 节令习俗。为百花生日，即每年二月十五日（一说二月初二、二月十二日）。在徽州民间，是日城乡各地文人集会，赛文赋诗，称"文昌会"。

花朝会 绩溪县登源河流域的风俗活动。于每年二月十五日（一说二月初二、二月十二日）举行。绩溪县的庙会以登源的"花朝"最为盛大，由登源河畔的19个村庄轮流举办，每12年一轮，每年举行一次。花朝会的兴起，源于越国公汪华。登源是越国公汪华的家乡，隋末动乱期间汪华保护了六州百姓的安全，功德无量。二月十五日是汪华的生日，家乡人为了纪念他，从唐至今一直举办花朝会。旧时花朝会规模大且隆重，当时敬神的供品蜡烛如屋柱般粗，要四个人才能抬得动。而祭品用的肥猪要经过公共饲养12年，大的像牯牛。用的南北果品、山珍海鲜，都要盘龙镂凤，极其精致。加上二月十五日也是百花的生长期，各种盆花、古树都拿到庙会上陈列。登源的11

个村都有"万年台",飞檐翘角,雕梁画栋,用作花朝期间演戏。因登源花朝各村12年才轮一回,主事的"斋官"们争强好胜,都以搭"花台"、演"对台戏"为荣。"花台"用几百匹布扎成。正台三层,彩壁画屏。两侧的凉亭抬阁,都抹上了油漆,极其富丽堂皇。同时请来两个徽班演出。开场时先由武打演员竞技,要扑叠到2张桌子,然后各亮出8蟒、8靠、32龙套。两家演员都在百人以上。花朝会从二月十五日花朝起,一直持续到二月底。戏是日夜场连演不停,远近村镇都来看戏,热闹无比。

初一朝 徽州民间节令习俗。正月初一早晨,男人漱洗毕,燃爆竹开门"接门神"、拜祖宗,向长辈、平辈拜年。孩童起床,先用火纸擦嘴,称"揩屁股",以防说错话。早餐为"三套茶"、鸡子面(即鸡蛋面)。邻里熟人相见,相互作揖"恭喜"。亲友来往拜年。是日男不干活,女不做针线,有"清闲初一朝"之谚。参见800页"三套茶"条。

放飚灯 徽州民间时令民俗活动。人们在春节闲隙中,喜中作乐,每凑钱制飚灯。用薄白纸或者旧书拼接裁成四张上尖底平的等腰五边形,腰边相粘连成上尖、腰粗、底口小的纸筒子,底口粘连在一个青竹篾扎的圆圈上,圆圈中间扎上铁丝架,内置松明或油脂一类易燃的多烟物质,点燃后因飚灯内热空气轻,则会升上天空,给大家哄闹取乐。大人糊大灯,小孩糊小灯。特大者能牵上二三十只子灯并垂挂鞭炮,任其在半空中鸣放。为防失火,多于雪后施放。飚灯上升后,人们往往随其飘浮方向追赶,防止飚灯中的残火掉落地面引起火灾,同时追回火熄烟消后跌落的飚灯,称"赶飚灯"。

放蒙山 徽州民间时令民俗活动。逢闰年十月十五日,一些地方的人们在村庄土地庙搭台,夜间请道士做佛事,施食孤魂野鬼,祈求地方安宁,谓之"放蒙山"。斋官(会众于上年摇骰子决定)主事,承担一切费用,斋元(上次斋官)协办。事毕,斋官请吃"散伙"——锅面,见者有份。

春节 徽州节令习俗。正月初一俗称"过年"。习惯上,正月初一至正月十八日都称春节。年三十夜正子时(即零时),由男子开门,鸣炮焚香,敬拜四方神明,叫做"出行"。这一天,家家贴喜联、门神(一般除夕贴好),人们穿戴一新。早起,先烧香焚纸敬拜祖宗像。后吃"锡格子茶"、喝糖水,有的还吃赤豆煮红枣和米粿(圆形),寓意全家团圆。男子再上祠堂祭拜祖先,行团拜礼:众人站成一圈作揖、跪拜。族长致祝词,拜毕领"族丁饼"。

春节禁忌 在徽州民间,大年初一到初三(有的地方是大年三十日夜起至正月十八日),堂前垃圾扫归上位头桌底下,厨房垃圾扫归灶门前,其他室内垃圾归到各处旮旯里,禁止倒在屋外。客人走后,茶倒入专备的缸中,亦禁倒于屋外。谓财气不外泄。且不扫地,用过的水不能倒掉,表示财不外流;须从外面挑回一担水,表示祥瑞入门。不用剪刀,只能用针线,寓意许成不许破(败),有的地方不动针线。晚上,堂前点灯,有"祖宗灯""堂前灯""天地灯"等。房里、灶下、猪栏、鸡窝、水缸、鱼池等处也都点灯,谓之"发灯"。(黟县话"灯""丁"同音,取添丁之意。)从初二开始,亲戚朋友互相拜年。路遇行人,一律抱拳,互道"恭喜"。乡村旧俗,出嫁女不得在娘家过年,谓"不能看娘家灯火"。

春祈秋报 徽州旧日农村春秋两季的社庙祭祀活动。春祈又称"小保安",即向神求福,祈祝丰收;秋报即五谷有收成后向神的酬谢与庆祝,敲锣打鼓,祭以三牲。参见827页"保安会"条。

* 春祈秋报

城隍会 徽州民间地方民俗活动。每逢十月初一举行的大会。此会沿袭于古之大傩礼。自九月初一"罗汉扫街"开始,继之"地方王"夜间出巡,且每逢三、四、八、十,白天,四乡"地方"均分别进城游街。至十月初一,各乡"地方"全集城区出会,伐金鼓、吹口哨,城中各姓焚香列炉亭,鼓吹前导,以迎城隍出巡。会期,有踩高跷、台阁、地戏等民间艺术表演。另有四乡健壮青年进行"丢叉"武术表演。会期四乡人集,商市贸易极称繁盛。

重阳节 节令习俗。九月初九为重阳节。昔时文人多结伴登高,饮酒赋诗。徽州民间此日吃糯米糍糕。

段莘祭猪 时令民俗活动。在婺源县段莘村,汪氏族人于每年正月十八日起祭祖三天,祭品中以四头大祭猪最为注目。祭猪由饲养户专养,饲养户于上一年中秋前后抓阄确定。村众均以得养祭猪为荣。祠堂每年拨租谷若干给所定饲养户,一年四户,每户养一头。饲养户选购膘壮易长的大猪进栏,此猪称"老大",以玉米、红薯、南瓜或萝卜熬粥为食。喂食时还为其搔痒,以刺激其食欲。猪栏天天打扫,有蚊蝇时还要挂帐子。猪出栏前,煮鸡蛋、包粽子、做糕饼撑饱"老大"的肚子,以增加重量。祭猪体重均有二三百千克,最重的插金花戴金镯,次重的插银花戴银镯,再次之戴翡翠花镯。赢得金花金镯的祭猪的饲养者,会获得饲众的好评。

鬼节 见821页"中元节"条。

施孤会 见820页"三元会"条。

送年节 年俗。在徽州民间,旧俗男方婚前每逢端午、中秋、春节均要给岳父家送礼。端午、中秋送礼称"送时节"。春节送礼称"送年节"。绩溪人称"端时节""端年节"。

送灶 又称"谢灶"。年俗。"灶"即"灶司老爷"。据说,灶司老爷也要回到天庭去过年,玉皇大帝会设宴款待他们,同时听取他们对驻户人家的善事恶行的汇报。因此户主要给灶司老爷送行,还得接回来。"送灶"要送得晚,致使灶司老爷上到天庭时,天宴已开始,来不及多汇报。一般是腊月二十四日"送灶",家家做米粉粿,晚上在灶头点红烛,供粉粿、油煎豆腐和净水一杯,烧香纸谢灶神,求其"上天奏好事"。徽州某些地方则是年三十夜"送灶",晚餐全家食谢灶粿。

除夕 农历每年最后一日(二十九日或三十日)晚,为"三十夜",即除夕。在徽州民间,日间进行悬挂祖宗像、孝思图及贴春联等活动。傍晚祭拜列祖列宗,全家团聚吃年饭。鱼设而不食,留到大年初一聚餐,意取"年年有余"。入夜,孩子持西瓜灯笼向长辈"辞岁",长辈赐给"压岁钱"。是夜放爆竹,全家伴灯叙旧道新,即通宵不睡,亦称"守岁"。

烧年节 节令习俗。十二月二十四日,徽州民间百姓要做灶粿、烧香烛,以送灶神,谓之烧年节。自此日起,家家忙于张罗新年,在外亲人则陆续回家。

浴佛节 节令习俗。四月初八为浴佛节,在徽州民间,流行蒸制乌米饭团献佛,馈赠亲友。传说吃了乌米饭团不挨饿。当日,农家会祭牛。

请鬼节 见824页"清明节"条。

接八老爷菩萨 地方民俗活动。"八老爷"为汪公大帝(汪华)第八子,其庙在歙县城南七里头。府、县、村各社做会,均于二月初一上午接迎其神像。先为之穿戴装束,奉入菩萨轿,由道士卜圣告而后起轿。迎神队伍由司年(做会负责人)执头旗居队首,旗绣社名;其后仪仗队依序摆开:高照(一种高挑于木架之上的长方形大灯)、金银筒纸、开道大锣、半副銮驾(12对锡制护圣武器)、彩旗;再后为接神人众(童稚居多),或执香,或挎罗汉包;再后为神轿,锣鼓队护拥于后。接入社屋后,连轿置于大门之内,直面戏台,每日祀以香火。俗称"八老爷好看戏,请八老爷看会戏"。

接天地 徽州民间年俗。每年正月初一天未明时,家家户户点起红烛,燃放鞭炮,撒彩纸,开始接天地。然后全家大小,由男主人准备三套茶,吃过后,再吃"浇头面"。参见800页"三套茶"条。

接灶 正月十五日为接灶日。在徽州民间,人们认为灶司老爷中也有好坏之分,谁家接得早,就能接到好的灶司老爷,接晚了只能接到好吃懒做、贪杯之徒。故有的人家正月十三或十四日就"接灶"。

接张康二王 地方民俗活动。张王即唐张巡,康王为宋真宗时与契丹作战死难的康保裔。此祀典于每年三月十八日举行,黟县城程、王、汪、胡等36姓轮值其事。前七日,由胡姓掌钥老者启开香亭中玉皇大帝神座,继由轮值姓族行沐礼,即给"老爷"沐身,换新蟒袍。至十八日,迎于祠厅。迎时銮驾全导,鼓乐齐鸣,周游全城。其日演戏娱神,至夜于神前领福受胙。

做社 徽州民间的地方民俗活动。春、秋两季中,一些富裕的人家均做寿糕、寿面、寿包、寿粽等向南山求寿。奉祀之后,将寿包、寿粽分送给新眷邻居,以示托福、托寿。得到寿包、寿粽的人家会回赠鸡蛋寿糕,祝福长寿。

*做社

清明节 俗称"请鬼节"。在徽州民间,沿袭唐朝遗风,家家插柳于户,用面粉、糯米粉做"清明粿"。全家老小上坟扫墓,清除杂草、堆土、摆供献、燃香跪拜、敬酒、烧锡箔、放爆竹,悬纸钱于墓,称"挂钱",或送花圈,或以火纸置于坟的四周,以示墓界。旅外子孙其日亦往往回乡祭扫祖坟,远迁门户则请近旁代祭。有的宗祠、支祠均集族丁扫墓,每人发胙肉、油粿之类当午餐,晚上共吃清明酒。民间还有"老坟用白纸,新坟用红纸"和"新坟不过社"之习俗。此节只宜提前过,否则被视为不孝。其日又有采食野生马兰的习惯,谚谓"清明吃一根,到老都不昏(指眼睛不花);清明吃一夹,到老都不瞎"。而清明前后,农户都要采摘嫩艾叶拌肉、笋、豆腐、菠菜等为馅,做米粉艾叶饺。俗话说:"吃了艾叶饺,一年四季百病消。"

渔梁亮船灯会 地方民俗活动。歙县渔梁村保安会活动之一。以渡船两船并系,拆去船篷,铺以木板,上架亭台馆榭,绘以丹青,缀以纱帘帷幕,盛置灯火,谓之亮船灯。渔梁社辖8馆,每馆制亮船1艘,均极尽工巧,争奇斗艳。又各馆共制3艘,只以木板铺为大舟,共为11艘。灯会举行于十月,历4天:2天水游,2天旱游,交替进行。首船载龙舟,高挑九莲灯,大王、二王分置舟两侧;次船载五帝、七圣,上供三牲;随后八艘遍燃灯烛,为戏文船,村民扮演戏文场景于其上,如闺阁梳妆、学士论文、旗亭举酒、丽姝争艳等,载歌载舞;末艘为鲤鱼,逐波翻浪。旱游以各式花灯擅胜,抬游神主为太子菩萨。

喊年 流传于徽州一些地方的拜年习俗。正月初一、初二,由村中年长者领班,男性青年、儿童紧随其后,到本村附近的村庄喊拜。领班者高喊某户户主姓名或称谓,随行者紧接其后高喊:"向宝厅拜年了!"受拜者应道:"多谢大家了!"如果某家近办丧事,即在大门口贴一蓝纸"制"字,喊年者则悄悄经过。

腊八节 徽州民间节令习俗。旧时每年到了十二月初八(俗称腊八),家家户户都要打扫灰尘,清除垃圾,以迎新年。并用板栗、芋头、干角豆、赤豆、玉米等掺入稻米内,煮一大锅腊八粥全家共吃。据传古时有一对夫妻因好吃懒做而饿死于这天,后人以吃腊八粥来告诫自己勤俭持家。此外,腊八节含岁末之意,又谓之"分岁"。

腊八扫屋尘 又称"洗除日"。节令习俗。徽州人每年吃过腊八粥,家家户户都要扫屋尘,既表示一年的罪过全扫除,亦以清洁祈求新年青青吉吉。刚出嫁的新娘这一天不能回娘家。

善会 徽州某些地方流行的民俗活动。每年六七月间,农事较闲,都举行迎神赛会,也称善会,奉祀唐名臣张巡、许远,名将南霁云、雷万春等。会期一周。其时家家扫除斋戒。祠堂大厅上搭一座观音架,用彩纸彩线扎成观音菩萨、十八罗汉。另扎一条龙舟,舟头舟尾立着"大王菩萨"雷万春、"二王菩萨"南霁云,舟中坐着张巡、许远像。赛龙舟时,人山人海,喊叫声、欢呼声四起,鞭炮声不绝于耳,会场硝烟缭绕,如云雾盖天。另外还搭戏台演戏,常常两个徽班拼台演出。

谢灶 见824页"送灶"条。

摸秋 徽州民间节令习俗。中秋节晚上,任何人都可以到别人农田里偷摘一样农作物果实,通宵不禁,谓之"摸秋"。主要是讨吉兆,试运气。民谚所谓"摸着冬瓜一身毛(霉),摸着芝麻节节高"。但有的地方,妇女喜偷冬瓜置床上,求早日得子。也有一些地方摸秋只行于青年男女之间:男偷瓜果,女子伺防。以偷得而未被抓获者为胜。被偷人家概不追责,反以富有被"偷"而自喜。

新春节 节令习俗。立春日为新春节,在徽州民间,俗称"新春大似年"。这天,家家用碗盛一棵青菜,置于厅上,焚香烧纸,迎春接福。有的用红纸写一个"春"字,倒贴在大门上,以示"春到福临"。

* 昌溪村舞动草龙迎新春

福临祖社嬉菩萨 时令民俗活动。福临祖社为徽州府城二社之一,每逢大年(闰年)九月做会,会名"献彩",嬉菩萨为其中两夜的活动内容。该社有10馆,菩萨多至40余座。游行时,每座之前均高挑两火篮照明。首为真君张巡(唐朝封为景佑真君);次为龙舟,"大王菩萨"雷万春、"二王菩萨"南霁云分置前后;次为五帝、七圣;再次为社会、祖殿太子、沉香太子;再其后依次排列的各馆菩萨,其中除共同供的太子菩萨外,另有各馆专供的大菩萨:一馆钟馗,二馆华光大帝,三馆汪公大帝,四馆刘铤将军,五馆萧大元帅,六馆金龙四大王,七馆四舍人,八馆土地菩萨,九馆周宣灵王(周处),十馆胡大元帅。大菩萨扎于木架之上,由一人扣于肩头,扭摆着前后跳跃。嬉菩萨时一路高抛利市,大锣大鼓,炮仗争鸣。

端午节 又称"端阳节"。徽州民间节令习俗。五月初五,家家户户大扫除,插艾叶,吃粽子,喝雄黄酒,挂"石菖蒲剑",房屋正堂悬贴钟馗像。下午进行"嬉钟馗"活动,以消邪祛瘟,保障平安。又有用丝织成红菱、彩蝶等物,内装大蒜、樟脑等,挂于小孩胸前以驱邪。当年生的小孩,外婆家要送端午衣、虎头鞋帽等。端午节的衣食游乐以避邪疫、求吉祥为主。此日演戏一般演白蛇传。

端阳节 见825页"端午节"条。

* 端午节赛龙舟

[十二] 方言民俗

徽州方言　生产习俗　生活习俗　礼仪习俗　岁时习俗　其他风俗

一品官，二品客 茶界谚语。客指茶客（茶商）。祁门盛产名茶，尤以祁红为贵，故祁门茶客备受汉口、上海等口岸茶栈欢迎。每年春茶上市，祁门各茶号将新茶装箱，派员送样品到汉口、上海，口岸茶栈均大开中门迎接，设宴招待，如酬贵宾。故在祁门有"一品官，二品客"之谚。

九都社 黟县屏山村旧属行政区划九都，为长丰大社，有社庙，奉土神社公、社婆，每年行春秋二祭，通称"九都社"。春社为农事兴而祈谷，在立春后第五个戊日举行；秋社庆秋收而酬神，在立秋后第五个戊日举行，故祭仪更为隆重。

打飚 休宁县保安会法事名目之一。在白天进行，时徽班停止演出，由道士登台演《郭子仪擒斩安禄山》。表演前先由道长"点光"，即持笔饱蘸法水，依次点"大王菩萨"雷万春、"二王菩萨"南霁云双目，置之于社屋大门之两侧，相传"点光"后目即能视。待戏演到安禄山跪于台下、郭子仪高喝一声"斩"时，即有屠夫以刀捅入事前备好的肥猪喉内，而扮安禄山的道士亦随声而倒。

右文之习 地方民俗。唐末黄巢农民起义以后，中原一带的衣冠士族为躲避战乱，纷纷迁居南下，不少士族就在徽州定居。在他们影响下，徽州民俗由尚武趋向文雅，故清末民国初歙县许承尧载言："右文之习，振于唐宋。"

占屋柱 游戏名。在黟县常见，一般在有四柱或六柱的厅堂、亭间里进行。参加的儿童各占一柱，为守柱者；另一儿童立于中间，为游戏中的抢柱者。游戏开始时，守柱者必须迅速互相转移，抢柱者则须乘机抢占一柱，如能占到，则失柱者转为抢柱者。游戏中抢、守双方均须有机敏的反应和迅速的行动。

叫吓 俗称"叫魂"。徽州旧时对受惊吓而致病的小孩所采取的一套康复方法。常由母亲或者老婆婆自问自答，呼患者之名，到村口"找魂"。

叫魂 见826页"叫吓"条。

老鹰捉鸡 黟县俗称"躲索"，实为捉迷藏游戏。游戏划地为"鹰子窝"，小孩以布蒙眼站其中，称"鹰子"；其余小孩各扮为"小鸡"隐藏。届时，"鹰子"去掉眼布四处寻觅"小鸡"，"小鸡"须乘机迅速跑入"鹰子窝"而得安全。如在"鹰子窝"外捉到一人，则即由此人充当"鹰子"。

吃饼封山 护林习俗。在徽州乡间，封山育林前，由宗祠或村落管理机构，制作封山育林饼，分发给大家。以后凡有私自上山砍柴挖笋者，即须承担饼的制作费。林区流传有护林民谣："吃了封山饼，记住护森林。若要乱砍树，要拖家中猪。"参见826页"杀猪封山"条。

先农坛 祭祀神农之坛谓先农坛。为表示对农业的重视，祭祀先农已成为封建社会的一种重要礼制。每年开春，地方官员都在先农坛行藉田礼。

杀猪封山 徽州乡间护林习俗。实行封山前，先由族长征款，买猪若干头。宰杀后，以猪头祭山，猪血涂写封山碑牌，并请来全村男子，宣布禁山、封山乡规，喝血酒，吃封山肉。此后，有违反山规，私自上山砍伐树木或挖笋者，即将其家所养的猪拖到山场，宰杀祭山，全村分食。

争讼 自宋朝以来，徽州人逐渐"习律令、性喜讼"，遇事好打官司，竟至诉讼不休，且不胜不止。诉讼当事人几乎包括了徽州社会的各个阶层，既有地主、农民、商人，也有缙绅官僚，甚至地痞无赖、三教九流，无所不包。诉讼的主要内容涉及土地山林、风水坟地、婚姻继承、租佃关系、债务纠纷等。

邑厉坛 祭坛名。祭无祀鬼神场所。每年清明节，七月十五日、十月初一祭无祀鬼神。是日设城隍位于坛上，设无祀鬼神位于坛下，由礼生两人引宋官公服诸神位前行礼。礼毕，奉城隍神位还庙。

社 社会基层组织。徽州古时大体上一村一社（元制50家为一社），或一里一社。社之下依地段设馆，馆数依村落之大小而定。馆有馆名，如"寿馆""三福馆"等。各馆轮行祭祀值年，负责组织、举办每年的祭祀。

社稷坛 祭坛名。社是土地神，稷是五谷神，祭祀社、稷神祇的祭坛谓之"社稷坛"。由于土地和五谷是农业社会最重要的根基，故历代都要祭祀社和稷。不仅京师有国家祭祀的场所，地方各级城市也都设有社稷坛。徽州各县也是如此。一般而言，坛基北向，社左稷右，立木主二，分别题曰"县社之神""县稷之神"。以春秋第二月上戊日为祭祀日，皆正官亲祭，学官纠仪，生员充礼生，仪式极为隆重。

尚武之风 地方民俗。汉晋以前栖居于徽州地区的土著居民山越人身材矮小,平日习惯于袒胸露背,但生性勤劳勇敢,尚武好战,崇尚气力,往昔特多凭借体力保捍乡土而著称,此后到梁陈朝代尤为突显,故而清末民国初期歙县许承尧载言:"尚武之风显于梁陈。"此风后衍化成一种护身健体的徽州武术。

呼猖 在徽州,使普通的泥木塑像接受仙佛灵光而成为奉祀于庙宇神坛之菩萨的神化过程,此过程通过呼猖这一特定的宗教巫术仪式而告成。有呼野猖与呼正猖两个相衔接的环节。所谓呼野猖是于神像塑造完成的当天夜里进行。夜至三更,以红布蒙住神像之首,置之荒山乱冢深处,再由五位道士扮作五路猖神,呼神灵鬼雄于塑像躯壳之内,谓之"上神",而后抱回。"菩萨本是鬼来做",即谓此。所谓呼正猖是在菩萨安于庙坛神位时进行。夜间以五丁扮作五路猖神,由道士施法,呼台猖庙之神于五丁身上,而后奔归菩萨所在庙坛,仍由道士施法转介于菩萨身上。

和瘟待宴 徽州民间保安会法事名目之一。保安会于深夜关闭社屋大门,由道士设宴招待五路瘟神与旱涝二灾神女。天明开门"送圣"。参见827页"送圣"条。

保安会 祈求保佑地方平安的祭祀活动。祭祀行于城乡社庙之中,每行祭祀谓之做"会",做会时间依俗成为定例。其内容为:接神,好接菩萨,接八老爷菩萨;做法事,其节目有解魔、打飚、㷀火、推沙和瘟待宴、送圣等;搭台唱戏。会场布置为:立法台;法台左右列"大王菩萨"雷万春、"二王菩萨"南霁云,以为护二将军;台前布列五帝菩萨、七圣(瘟魁、二灾女神、四瘟)、八老爷菩萨。七圣位称"瘟部大堂",八老爷位于大堂门下。保安会有一年一做者,有大年(闰年)一做者,亦有数年一做者。

送圣 保安会法事的最后一项内容,即主菩萨(社中供奉的菩萨)送别客菩萨(纸扎店接来的菩萨)。送圣之日黎明,一路鞭炮,将所有菩萨(客前主后)抬到河滩旁,主菩萨"一"字形置于滩上,将客菩萨汇聚一处,进行焚烧。

郡分五俗 地方习俗分类。清嘉庆歙县的村志《橙阳散志》中将徽州风俗分为五类:徽州府郡城的附郭是歙县,歙县的西北,休宁县的东部,这一区域居民殷富厚实,民俗行事均备藏在礼节之中,衣缝整齐,服饰文貌独特胜出;休宁县西是祁门县,其西南是婺源县,这一区域的民俗是崇尚儒雅而矜于议论,居民财富稍见绌短,习惯朴素实诚,而有欲攀比的人也渐渐增添他们的服饰装束;休宁县北是黟县,地方窄狭人口稀少,纤细持俭类似于祁门、婺源,然而居民却能勤身稼穑耕种、手操纺织缝纫,具有古人遗风;歙县东南的两个乡,比起歙县西北的居民显得俭朴,然而对于绩溪人来说又显得较奢侈;绩溪县民俗极其俭朴而又安守本分,这是其他诸县所不及的,故有民谚说"唯有绩溪最老实"。

健讼 徽州民俗现象。健讼盛行千余年,成为宋至明清徽州社会中最具有特色的民俗事象之一,直到近代才基本消除。参见826页"争讼"条。

接菩萨 民俗活动。徽州人谓神像为菩萨,接菩萨是各社做会的程序之一,由道长与司年至纸扎店接取。所接菩萨包括:五帝,各骑神兽;大王雷万春、二王南霁云;七圣,五路瘟神与二灾女神;龙舟,木架纸扎如真船,中设二亭,满布众多菩萨,近舟尾后亭中坐张巡、许远。接菩萨时先由道长祭拜,卜圣告。卜圣告时用告杯,告杯以竹根剖为两半而成,内经为阴(凹面),外周为阳(凸面)。凡卜先祷告,以杯摔于地,以见一阴一阳者为吉,为赞许,事可行;否则为不吉、不赞许,事不可行。然接神时卜圣告,遇不顺,则再祷再告,总以见一阴一阳而后止。菩萨接至社,均置于社屋,龙舟置于社屋门前。

*接菩萨

菩萨重光 民俗活动。庙中供奉的菩萨因年久而重加修饰、著彩,使之焕然一新;而饰新的菩萨须经呼猖或接猖才奉回神座。这一过程,总称"重光"。"重光"犹如婴儿出世,其后第三天须进行贺三朝的庆祝活动。

蛇崇拜 民间信仰。蛇与人类起源有亲缘关系,故许多地方以蛇为图腾,其影响尚保留在徽州民间。如房中出蛇,谓之祖宗显灵,须焚香烧纸,任其自行爬出或隐去。并忌捕食蛇。

猜中指 一般在两个小孩间进行的游戏。一人右手握齐左手手指,只露指尖,而指尖互相叠搭不易辨识。然后让另一人猜其中指所在。以猜中与否定胜负。胜者打负者手心,边打边唱:"猜中指,打罗平,打死何家一只鸡。前十三批,后十三批,打了还有一十三批。"继而又猜,直至尽兴。

椎髻鸟语 对汉晋以前栖居于徽州地区的土著居民山越人的称呼。他们盘椎着发髻,诉说着鸟鸣似的言语,在刀耕火种、取给山林的环境中过着近乎与世隔绝的生活。

喝形 风水术语。指凭直觉观测,将某山比作某种动物,如狮、象、龟、蛇、凤等,并将所隐喻的吉凶与人的吉凶衰旺相联系,借以确定人在自然界的居住位置。古徽州的村落选址,大多以此为依据。如清黟县《湾里裴氏宗谱·鹤山图记》载:"鹤山之阳,黟北之胜地也。面亭子而朝卯山,美景胜致,目不给赏。前有溪,清波环其室;后有树,葱茏荫其居。悠然而虚,渊然而静……惟裴氏相其宜、度其原,卜筑于是,以为发祥之基。"再如绩溪县冯村设"天门""地户",并衬以四周的龟、蛇、狮、象几座山,强烈烘托出村落的安全感。

登第 指科举考试中试及第。在徽州民间,明清时期一旦获知子孙登第消息,全族、合村欢腾,礼迎《喜报》及"中榜"子弟归里。登第人家挂灯结彩,亲友登门道喜,摆宴接待。择日进祠堂挂"金匾"、立旗杆磴,并在祠堂摆设宴席,族人共享荣耀。

献彩 民俗活动。徽州民间保安会法事活动中,有两项内容,一是烺火,二是推沙,为时两日。在此两日夜晚,做会之社必须大呈灯火,名为"献彩"。"渔梁亮船灯""福临祖社嬉菩萨"均属献彩之举。参见824页"渔梁亮船灯会"、825页"福临祖社嬉菩萨"条。

禁河养生 徽州乡村宗族为保护自然生态,常立有禁河养生的村规族规。或一族立规,他族共遵守,或众族共议,以村立约。多自村头至村尾一段河道划定为禁区,称为养生河,立碑示禁,不准捕捞垂钓。有的村为增加鱼的品种,还选购红鲤等放入河中,供人观赏。若干年后经众议开禁一次,捕大留小,村人分食;或租给业渔者,收取鱼价归众人。对于在禁期里犯禁者,即依约处罚,或罚款,或悔过,或宰猪,或鸣锣游村,甚至押进祠堂交众人商议处置。

跳无常 民俗活动。昔时逢七月半(七月十五日)举行,为时三天。

跳五帝 保安会活动之一。于东、南、西、北、中五隅各选壮士若干人,扛五帝神像,做远距离接力赛跑。

躲索 见826页"老鹰捉鸡"条。

满顶床 在徽州民间,床顶、床后、床侧围木板,前挂帐幔,谓之"满顶床"。其床多用榧木或梓木制作。榧树花果,三年相见,同树而去,取"四代同堂"之瑞。床板常用七块,寓"五男二女"之意。

舞狮祈子 祈祷习俗。在徽州民间,依旧俗,婚嫁之家,或久婚不产之家,常延聘舞狮者至卧房(或新房)作舞。舞罢寝其床,以被蒙体,作产小狮

*跳五帝

状,以此祈子。小狮由童子扮饰。

赛春 民俗活动。立春之日,村中青年自发组成迎春队,用锣鼓、爆竹、乐器催春,日夜不停。若有应赛者,另组队参赛,先停者为负,称输春。

镇宅石 风水镇物名。在徽州民间,一些人家在宅子后面的墙角上嵌一小石碑,上凿"泰山石敢当"字样,谓之"镇宅石"。此俗源自三国时华佗师徒上山采药,得一镌有"泰山压顶,百鬼宁息"八字之石的故事。

徽州六邑绰号 六县别称。古代徽州人笃信风水,属号多以县治地形、山形或县域形状而得名。休宁县域形如长蛇,故以蛇称之;歙县县域附近有山如犬,黟县县域附近有山如蛤蟆,故以狗、蛤蟆称之;绩溪县域形状如牛,祁门县域形态如猴,婺源县域形状如龙,故以牛、猴、龙称之。故徽州六邑有民谣谓:"休婺蛇,祁门猴,黟县蛤蟆歙县狗,绩溪骆驼山里走。"或谓:"休宁蛇,歙县狗,黟县蛤蟆绩溪牛,祁门猴子婺源龙。"又谓:"黟县蛤蟆歙县狗,祁门猴子翻跟斗(猢狲翻筋斗)。休宁蛇,婺源龙,一犁到头(㙮)绩溪牛!"徽州六邑县城各因其所处地理形势被堪舆家分别命名为蛇形(休宁)、猴形(祁门)、狗形(歙县)、蛤蟆形(黟县)、骆驼形(绩溪)。婺源亦属蛇形,婺源城别名蚺城。

*满顶床

徽州文化
大辞典

[十三]
徽州人物

政治军事
经济实业
人文宗教
科学技术
文学艺术
体育杂艺

[十三] 徽州人物

政治军事
经济实业
人文宗教
科学技术
文学艺术
体育杂艺

于聪 1403~1484。官吏。字公达。明歙县人，原籍徐州丰县。祖海，明初仗剑从戎，入补御林军，赴新安参战牺牲，父兴代之，以功为什伍长。建文初，随军下交趾，授新安卫百户，再往征交趾叛者，殁于柳州。时聪方9岁，哀恸不自胜，少长知自立，读书史务通其大义，而识度宏远。极其孝母。永乐二十年（1422年）以父殁于王事，进袭副千户。洪熙初，负责屯田，百废并举。启筑泾县潘村陂坝，蓄水灌田，惠利久远。宣德年间，督运京储，立法除弊，粮不耗而军无私逋，上官取为漕规。正统八年（1443年），诰授武略将军，管军千户。居常语："治家与治官一也，家之不淑其如官何？"乃节缩浮费，以治生为事，男女各司其职，而责之成，所积遂以万计。置庄跨徽、池、宁三郡。赈贫苦者，贷而无力偿还者，焚其券。歙县学圣贤像久弊，紫阳朱子祠亦就圮，乐助而新之。部卒壮无室者为之娶。修新岭、箬岭孔道，造三溪桥，以利行旅。60岁即言于朝，以职授子明，端居自适。成化二十年（1484年）卒，享年82岁。其子明曾为于谦部属。

马廷鸾 1222~1289。官吏。字翔仲，号碧梧。南宋饶州乐平县人，赘于婺源县甲路张氏，遂寓居甲路。淳祐七年（1247年）进士，历官中书、右丞相兼枢密院使等职。因贾似道当政，不能施展才华，辞官归乡。有子六人，其五还居乐平，唯任绍兴教授之季子端益定居婺源甲路。

马国宝 ？~1372。武将。元末明初祁门人。生性淳厚，有才学。元至正十二年（1352年），蕲黄义军攻克徽州进军祁门，国宝率众阻击。明初归附，授武德将军，镇守襄阳。从子添寿嗣职，移守宁夏，授明威将军。

王之翰 生卒年不详。官吏。字献卿。明祁门严潭人。对《礼》造诣颇深，嘉靖三十八年（1559年）举进士。卒于建昌府推官任上。

王友端 ？~1860。官吏。字汝仁，号月川。清婺源祠坑人。道光二十二年（1842年）举人。道光二十七年（1847年）进士，授户部广西司主事。时漕运梗阻，请试行海运，节省漕运银60余万两。咸丰三年（1853年）升员外郎，寻为山东司郎中、浙江粮储道加盐运使衔。在任兴利除弊，督办海运，事毕召见加三级。咸丰八年（1858年）命代浙江布政使。咸丰十年（1860年）太平军攻城，督兵巡城防堵，城破，巷战死之。朝廷照布政例议恤，世袭骑都尉，交翰林院立传，祀于京城昭忠祠。

王凤生 生卒年不详。官吏。字振轩，号竹屿。清婺源漳村人。监生。嘉庆年间游学京师，大司寇姜晟器重之，补任嘉州通判。著《保甲事宜册》，经浙闽总督通檄所属州县，刊为程式。升玉环厅同知，未一年，清理积案700余件。帅承瀛抚浙时，清查盐务暨通省州县仓库、兴浙西水利，均委任凤生，所在有声。后摄河南藩司，再擢两淮都转盐运使。又奉旨调赴湖北，综办水利。平生勤学，每官一方，辄审度情势，作为图志。慷慨好义，京师婺源新会馆、江宁上新河义济堂与广善堂之设立，皆其为首。著有《浙西水利图说备考》《宋州从政录》《江淮河运道全图》《楚北江汉宣防备览》《学治体行录》《江声帆影阁诗》《沧江感旧集》《河北采风录》《汉江纪程》《荒政便览》等。

王文企 生卒年不详。官吏。字子及。明末歙县人。崇祯元年（1628年）进士，授吏科给事中。值淮阳、山东遭灾，百姓大饥，赋重民忧，文企三次上疏陈情，触怒思宗，谪国子典籍归。

王文进 生卒年不详。官吏。字簣夫。清婺源漳村人。由国子监博士荐升郎中，初选放贵西道，后历粮储道、贵东道。在苗疆，才明守洁，为官清廉，士民皆服。后以贵州按察使致仕归家。居乡修书院，凡义之所在，无不勇为。

王文德 生卒年不详。武将。南宋婺源中云人。淳祐年间，以军功授湖南安抚使。

王文藻 1875~1937。社会活动家。清末民国时期黟县人。为人豪侠。清光绪三十四年（1908年）毕业于南洋政法学堂。宣统三年（1911年），投身辛亥革命，组织敢死队起义，参加光复上海之役，任沪都督府警卫军司令。旋徙江苏警卫宪兵司令，辞不就，呈请编遣所属部队，受嘉奖，补授陆军少将。民国二年（1913年），参加讨伐袁世凯之役。作战时坠马负伤，仍坚持奋战，受到孙中山的称赞。民国六年（1917年），跟随孙中山，在护法援桂和北伐战争中奋勇作战，或出谋联络友军，或参与机密，皆切中要害，为中山先生所倚重。民国十六年（1927年），任南京国民政府文官处参议。民国二十六年（1937年），因旧创复发卒,享年63岁。

王以衔 1761~1824。官吏。字署冰,一字凤丹,号勿庵。祖居休宁沲阳(今属屯溪区),先世迁浙江归安(今浙江吴兴),遂寄籍。乾隆五十四年(1789年)领乡荐,乾隆六十年(1795年)与弟以铻同登进士,原以铻第一,以衔第二,因和珅与主考官窦光鼐不和,诬陷窦徇私舞弊,殿试以衔被钦定为第一,授翰林院修撰。嘉庆五年(1800年),任顺天乡试同考官,嘉庆十二年(1807年)任江西乡试副主考。嘉庆十四年(1809年),以国子监司业衔任会试同考官。升右庶子,入值南书房。端正谨慎,教皇子读书恪尽师道,改值上书房,擢翰林院侍讲学士。嘉庆十九年(1814年)二月由少詹事升为詹事,后出任江苏学政,升内阁学士、工部左侍郎。嘉庆二十三年(1818年)任江西乡试主考。道光元年(1821年),调任礼部右侍郎。性宽厚,平生不言人过。担任考官和学政,文章力主平正通达,取士开明廉洁。有《闲燕斋诗存》藏于家。

王仕云 生卒年不详。官吏。字望如,号过客。清歙县岩寺(今属徽州区)人,寄籍江宁(今江苏南京)。顺治九年(1652年)进士,授泉州府推官。转广东程乡县令,多有惠政。修缮城垣,葺新铁汉楼。又兴学主讲,人称"滨海邹鲁"。生平矜肝胆意气,待人以诚。著有《论史同异》。

王汝舟 生卒年不详。官吏。字公济,晚号云溪翁。北宋婺源武口王村人。皇祐五年(1053年)进士。熙宁年间知舒城县,推行荒政,散利、薄征、缓刑、弛力,救人甚众。后历任剑州、建州、虔州知州,又擢京东转运判官、江西路与夔州路提点刑狱。历官50载,未曾有过失。善文,著有《云溪文集》。

王观国 生卒年不详。官吏。字宾老。南宋祁门平里人。绍兴十八年(1148年)进士,授陕州宜兴县尉。黄巾军克宜兴时被绑,后致死。

王寿 生卒年不详。官吏。字希仁,明婺源县城人。弘治九年(1496年)进士,历官礼部仪制司郎中、桂林郡守。亲老归养后,家居读书课耕以自给。著有《碧溪稿》《归养录》《余庆集》等。卒祀乡贤祠。

王应桢 生卒年不详。武将。明祁门人。善骑射,以武勇称。嘉靖三十四年(1555年),从征倭寇,每战皆提刀开道,冲锋陷阵,以功补通州百户、新安卫指挥。后从同知战于婺源,被围力战,身负重伤卒。

王应超 生卒年不详。官吏。字仙隽。清婺源清源人。乾隆元年(1736年)举人。历官山西交城、晋阳县令。在任赈灾济民,狱政平允,人称"白脸包公"。升平定知州,重教育,有政绩。

王应瑜 生卒年不详。官吏。字尹孚,号韫斋。清婺源清源人。乾隆十六年(1751年)进士。由翰林院编修转湖广道御史、平凉州同知、凉州知府等,曾考绩为"八郡第一",两膺"卓荐"。卒于任所。著有《周礼精华》《四子书质疑》《性理阐微》《书经质疑》等。

王武扬 1896~1934。武将。字肖吉,号仗吾,化名建勋。清末民国时期祁门严潭人。民国七年(1918年)赴广东投身革命,旋入黄埔军校,历任国民革命军第三支队副官、东征军总政治部上尉书记,参加讨伐陈炯明及北伐战争。民国十六年(1927年)任湖北保康县长。开展农民运动,组织农民自卫队,与地主武装和国民党夏斗寅部进行多次战斗。南昌起义后,会同罗荣桓成立通城、崇阳农民自卫军,任总指挥,罗荣桓任党代表。旋在鄂、湘、赣边境遭国民党军队包围,突围后隐寓上海。民国十七年(1928年)十月,在南京被捕入狱,翌年因病保释,侨寓安庆。"九一八"事变后,无比激愤,作述怀诗数首。民国二十三年(1934年)病逝于安庆,终年仅39岁。

王茂荫 1798~1865。名臣。原名茂萱,字树之,号蒻甫。34岁捐监生在北闱应京兆试,改名茂荫,字椿年,号子怀。清歙县杞梓里人(晚年迁居同邑义成)。祖槐康弃儒游贾京师,乾隆四十五年(1780年)创"森盛茶庄"于北通州,31岁病殁于潞河。父应矩以贫故废学,即任家政,克承家业,为晚清著

*王茂荫

名茶商。茂荫少幼刻志于学,尝师于名儒吴柳山。在南闱报考进士多次均不第,道光十一年(1831年)赴北通州,值辛卯恩科取士,以监生应顺天府乡试中举,翌年会试又联捷成进士,殿试为第三甲第四名,钦点主事签分户部广西司行走。后历任户部云南司主事、贵州司员外郎、江西司员外郎、陕西道监察御史、署湖广道监察御史、太常寺少卿、太仆寺卿。善理财,咸丰元年(1851年)九月上奏《条议钞法折》和《振兴人才以济实用折》,认为用人和理财是当务之急。建议由政府发行一种由银号出资负责兑现的钞币,认为这是缓解财政危机的"不得已之计",必须严格控制发行额,坚持"以实运虚",防止通货膨胀。其奏未被采纳。后清廷强制发行的户部官票和大清宝钞并非茂荫原拟之法,其实质是以通货膨胀来搜刮民财。他对内务府大臣肃顺等人提出的铸大钱主张,一再奏陈反对意见,"官能定钱之值,而不能限物之值"是他的著名论断。咸丰三年(1853年)十一月奉旨补授户部右侍郎兼管钱法堂事务。咸丰四年(1854年)三月,目睹银票钱钞和低值铸币发行后,店铺纷纷歇业倒闭,物价涌贵,民怨沸

腾,茂荫夙夜焦思补救之术,向咸丰帝再次上奏《再议钞法折》,建议清廷将不兑现的银票和宝钞改为可兑现的钞票,又受到亲王们的指责和咸丰帝的"严行申饬"。马克思在《资本论》卷一注释八十三中提到的即此事。茂荫受"申饬"后调任兵部右侍郎,旋又左迁。咸丰八年(1858年)七月因病请求开缺调理。曾主讲潞河书院。同治帝登基后,主持朝政的慈禧与议政王奕䜣启用了一批老臣,茂荫为其一,同治帝谕称其"志虑忠纯,直言敢谏"。在同治朝,他先后署都察院左副都御史、户部右侍郎兼管钱法堂事务、吏部右侍郎,同治四年(1865年)六月,在籍经营继母吴太夫人葬事后,因旧疾复发,延医不治而谢世。茂荫性恬淡、寡嗜欲,京宦30余载,未尝挈妻子侍奉,家未增一瓦一垄,粗衣粝食,处之晏如,始终独居于北京宣武门外歙县会馆中。刚正不阿,遇事敢言,于国计民生政事得失,知无不言,言无不尽,以直言敢谏声震朝野。方宗诚代李鸿章所撰《王公神道碑铭》云:"海内称大臣清直者,必曰王公。"著有《皖省褒忠录》《王侍郎奏议》等。

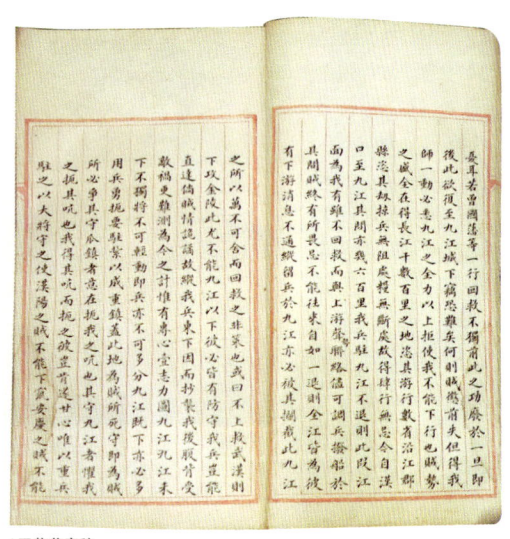

*王茂荫奏稿

王京祥 生卒年不详。官吏。字用极。明祁门历溪人。嘉靖三十一年(1552年)举人,授湖广湘阴知县。邑赋税繁苛,贫民多被迫逃赋,无以为生。京祥招抚贫民,裁减夫役,减轻税负,并亲临村落劝督耕种,复令乡正察其勤惰,使无荒废田地。又省兑耗,废票帖,擒巨盗,使百姓安居乐业。

王学书 1837~1879。官吏。清末黟县三都百户人。为记名总兵官。光绪初年,随左宗棠赴新疆。光绪五年(1879年),在收复新疆的战斗中阵亡,以身殉国,享年43岁。

王经天 生卒年不详。官吏。字无文。明休宁溪头人。万历二十四年(1596年)中乡举,任河北栾城知县,按章行事,体恤民情。后因遭忌,退仕归里。曾筑"三槐堂",气势宏伟,有"金銮殿"之称。工诗善文,著有《耐寒斋集》行世。参见526页"徽州建筑"部"溪头三槐堂"条。

王昺 生卒年不详。官吏。字晋卿,一字伟文。宋婺源中云人。北宋宣和六年(1124年)进士。初任丰城主簿、台州录事,后授奉使印参议湖南。因上书《中兴要务》排和议,秦桧怒,左迁吉州致仕。卒赠光禄大夫。著有《云岩集》《史评》等。

王畏三 1881~1933。官吏。又名尉三、补三。清末民国时期歙县洪坑(今属徽州区)人。曾就读南京随营学校,后留学日本,加入同盟会。回国后供职于军政界。民国八年(1919年),与张恨水相识于芜湖,惜其才华,力劝同赴北平,寓歙县会馆,亲如兄弟。曾任记者,性任侠,处事敢为。民国二十二年(1933年)在南京遭暗杀,享年53岁。

王俊得 生卒年不详。官吏。字太本。明黟县珠川人。永乐十三年(1415年)进士,授福建道监察御史,寻改山东道巡按河北。洪熙初年巡按云南,莅事不宽不猛,民夷沾化。后升广东布政使司左布政使。一生操履端严,识略宏远,遇事竭其心力。著有《留芳集》。

王泰征 1600~1675。官吏。字圣嵩,嘉生,号芦人、半士,别号黄谷老人。明末清初歙县王干人,寄籍江陵(今属湖北)。明崇祯十年(1637年)进士,历任吴川、新会、建阳知县,所至俱大著政声,治行卓异。擢礼部主事,世称"祠部王先生"。尚未赴任,而明已亡,遂归隐岩寺,在丰溪之北筑别业檀山苑。建檀山文社,杜门教授,日与其徒讲习经史百家,旁引曲证,学者翕然宗之,六邑从游者数百人。与歙县许楚、程弘志、浙江等交善,并分别为许楚、程弘志撰《新安江赋序》《黄山志序》。生性嗜学,博览通经史,勤于著述。著有《诗书评》《长书隽》《南华质》《寡过语》《樗庵集》《樗庵诗评》《友林漫言》《纪事诗随笔》《道德经颂》《五代史叹》《周礼考工辨》《春秋四传辑言》等。子王棠,能承家学。

王珣 生卒年不详。官吏。字克温,号竹坡。明祁门城西人。成化十四年(1478年)举人,选庶吉士,擢户部给事中。立朝以刚直闻名,权贵惮之。曾稽查两京军饷,藩、臬之不法者行贿求免,均遭拒斥并弹劾。因得罪当朝掌权者,左迁广西布政司参议。后以病辞官归乡。著有《竹坡小稿》《代思集》。

王恩注 生卒年不详。官吏。字珥璃,号芑泉。清婺源清源人。嘉庆元年(1796年)进士,授内阁中书,改补山东莱阳知县。后调知浙江镇海,晚年又改丹徒教谕。著有《味香书塾制艺》《芑泉诗文集》。

王梓材 生卒年不详。武将。号心田。清婺源人。以武童随左宗棠于军。初任百长,旋递补蓝翎把总,再升守备。后调新疆游击,荐为参将加副将衔;继升提督,授振武将军。

王朝兴 生卒年不详。武将。字临旺。清祁门鸿村(今属新安乡)人。嘉庆九年(1804年)武举人,选授卫千总。

王朝佐 ？~1855。官吏。字辅臣。清黟县人。幼遵母命从王有宽受经学。道光年间补浙江瑞安县丞,后历东阳丞、武义知县。咸丰五年(1855年)檄察严州防务,卒于途中。著有《浙中吟草》1卷。

王集成 1886~1944。社会活动家。字振之。清末民国时期绩溪庙子山人。民国十九年(1930年)戴戟邀任浙江省政府秘书。民国二十六年(1937年)回乡,集资创办私立古源小学并任校长,与妻弟、女儿均行义务教学。民国二十八年(1939年)荐任铜陵县长,与新四军合作抗日。新四军赠以"口碑载道,两袖清风"锦旗。后回乡接任县志总纂,书未成病逝。现存《绩溪县文献志序例稿》。

王舜举 生卒年不详。官吏。字伯俞,号云平。北宋祁门平里人。绍圣四年(1097年)进士,官信州通判。方腊至信州,舜举于柳家都伏击,以功授朝请大夫、直秘阁,寻擢江东提点刑狱公事。卒后赠太中大夫。

王瑜 生卒年不详。官吏。又名翰,字信之,号双杉。唐婺源县城人,江南西道观察使王仲舒之孙。历官至门下省侍中。赋性纯朴,言行举止凭礼义规约束。乾符五年(878年)为避兵乱,由宣州船莲塘逃移歙县篁墩(今属屯溪区);广明元年(880年)转迁婺源县城弦高镇,成为婺源"双杉王氏"派始祖。

王愈 生卒年不详。官吏。初名惊,字原道,号北山老人。北宋婺源武口王村人。14岁试于国学,以《腐草化萤赋》夺冠。绍圣元年(1094年)登进士第,授建昌县令,岁饥赈济,救活数万人。政和二年(1112年)徽宗改赐名"愈",命知信州府。方腊起义,以督兵有功除秘阁修撰,赐金紫。南宋绍兴二年(1132年)知无为军,半载以老辞归。卒后旨赐葬,崇祀乡贤祠。

王璋 ❶1873~1909。官吏。字霱和,号剑侠,又号东亚隐侠。清末祁门严潭人。诸生。光绪三十一年(1905年),毕业于安徽武备学堂,后留学日本,加入同盟会,为浦信铁路事,英人对华要挟,璋愤写《浦信铁路危亡书》以唤醒民众,外争国权。归国后,推崇新学,与乡人筹办祁门第一所新学——南乡高等小学堂。又联络长江一带寺僧,策划反清起义未遂。再次东渡日本,就读于东京明治大学,回国后,在安庆援助熊成基发动反清起义。起义失败后返乡,宣统元年(1909年)病殁,享年37岁。❷生卒年不详。学者。字特泉。清黟县人。举人。顾身癯视,目空古今,为人伉直敢言。诗文清腴可诵,旁通岐黄及相地之学。著《璞山诗文钞》行世。

王震 生卒年不详。官吏。字元威。五代后唐婺源县城人。同光三年(925年)进士。官至山南东道节度使。

王璧 845~912。官吏。字大献。为东周太子晋四十八世孙,东晋名相王导二十世孙,唐肃宗丞相王玙之曾孙。"生有奇节,好读书任侠,由杭迁祁门北隅",为新安琅琊王氏始祖。唐乾符年间,黄巢兵入江东,王璧与婿郑传集众捍御,保境安民,因功补军职,累授银青光禄大夫、检校兵部尚书加金紫光禄大夫。曾出任祁门自永泰二年(766年)建县后的第六任县令。后请老卜居祁门县城西苦竹坑。卒葬文溪社湾坦(今祁门县闪里镇铜锣湾)。王璧墓现为黄山市重点文物保护单位。王璧有9子23孙,裔孙散处皖、赣、苏、浙、鄂、豫等地。

毛甘 ？~208。山越首领。东汉末歙县人。东汉建安十三年(208年),东吴命威武中郎将贺齐领兵略取山越,毛甘率万户屯歙县乌聊山抵御吴兵,兵败身亡。

仇自坚 生卒年不详。官吏。号松逸。元歙县王充人。系出蒙古族。祖大都,又名悬,为徽州路总管府达鲁花赤,有惠政,因居歙,卒葬于歙。子孙世居歙县仇家塘。自坚曾任扬州路学录,工诗,有吟稿。入明,仇氏后裔多刻工,徽版图书镌刻多出其手。《新安文献志》录其《记先祖嘉议公遗事》诗云:"歙州山水似桐乡,先子神游岁月长。乌府落成存旧柏,黄山遗爱说甘业。名题梵宇祈亲寿,文刻丛祠祷岁穰。百世图经公论在,已闻名字入循良。"

仇钺 1466~1522。武将。字廷威。明歙县王充人,寄籍江都(今江苏扬州)。宁夏总兵府都指挥佥事仇理卒,因无子嗣,佣兵仇钺得袭其爵位。正德二年(1507年),因功擢宁夏游击将军,骁勇敢战。正德五年(1510年),安化王置镃率都指挥何锦、周昂,指挥丁广等叛乱。仇钺驻扎城外玉泉营,遂带兵入城,佯作归顺,并将兵卒分隶叛军各营,自己则卧床称病不出,取得叛将信任。仇钺派人潜出城外,密约兴武管守备保勋为其外应,并佯与联姻以麻痹叛军。里应外合,18天平息叛乱。因功得升都督佥事、宁夏总兵,封咸宁伯,食禄千石,授予世券。正德七年(1512年)二月,充平贼将军,偕都御史彭泽平定河南刘惠、赵鐩叛乱,因功进侯,加禄百石,再次授予世券。正德十年(1515年)冬,以疾解甲。

仇继恒 1859~1936。官吏。号涞之,晚号赘叟。清末民国时期歙县人,寄籍江宁(今江苏南京)。光绪十二年(1886年)进士,授翰林院庶吉士,散馆迁户部主事。光绪十九年(1893年),任陕西乡试同考官。光绪二十五年(1899年),累迁陕西城固、凤县知县,皆有政绩。光绪二十八年(1902年),调补陕西郃阳(今陕西合阳)知县。未几,转任富平知县。光绪三十年(1904年),调西安总督署学务处。光绪三十一年(1905年),创办陕西第一所新式高等学堂(西北师范学院前身),并任监督,选派邵力子等留学海外。旋以亲老乞归,后被推选为江苏省咨议局副议长,南京农会、地方公会、商会会长。辛亥革命后,以商会会长身份面见两江总督张人骏,请求宣布独立以响应革命,惜张人骏未听。民国时期,任南京马路工程处会办、孤儿院董事长,并将全部地产捐作江宁校产。民国十一年(1922年),手书《金陵贡院遗迹碑》(今存江南贡院)。晚年以卖字为生。

文献 生卒年不详。官吏。明徽州人。成化年间举人,授御史,巡按河北、云南、河南等地。所至之处,贪官恶吏,望风遁去。擢湖广副使,治行卓异。

方元泰 生卒年不详。官吏。字通甫,号雪莲。方体次子,清绩溪人。嘉庆二十年(1815年)为山东候补盐运判官,旋乞请归乡。著有《华阳山房诗钞》6卷。

方日昱 生卒年不详。武将。字柳卿。明祁门人。少习讲《孙子兵法》,好击剑,善骑射。正德十四年(1519年)从征广西,以功授柳卫指挥使、武略将军。

方升 生卒年不详。官吏。字世猷。明婺源方村人。嘉靖二年(1523年)进士,授永嘉县令。在任律清弊政,豪强慑服。时丞相张璁曾给家乡亲人写信说:"方令尹铁汉也,尔等对其戒勿犯。"官至福建按察司副使。凡出仕五任,以正直闻名,家无余财。曾自题住室曰:"一官如洗人应笑,四壁全空盗不窥。"著有《亦愚集》《南隐录》等。

方可权 生卒年不详。官吏。字惟中。明朝绩溪人。万历年间,以举人选授江西星子县知县。在任置船拯救溺水之人,造哨船以替代服徭役。病逝于任上。

方石 生卒年不详。官吏。方岳孙,南宋祁门城北荷嘉坞人。举神童科,宝祐四年(1256年)进士,授文林郎,任职平江府监仓。

方汉 生卒年不详。官吏。字孔殷。明歙县人。景泰年间领乡荐,为举人,授山西道监察御史,巡按陕西、甘肃。成化年间,巡按四川,值贵州地区骚乱,受命督军平息。官终南京太仆寺卿。撰《齐云山志》7卷。

方必元 生卒年不详。武将。明祁门荷嘉坞人。年少豪侠,遇事勇敢。万历年间贵州皮林、新添反叛,以从征功授云南武定府守备。后卒于任上。

方邦休 生卒年不详。乡绅。字仲材,号桂岩。晚清婺源荷田人。父方棣好义,在乡创义仓、解纠纷,力行不息。邦休承父训,律己严,待人恕,热心乡里公益。时欧洲传教士初至婺源,莠民趋附,以教会为护符,毒害乡里。邦休赴邑,拜谒县令面陈利害,约束教士,乡民得安。清末科举废,倡立荷源小学堂。

方邦庆 生卒年不详。官吏。字以贤。明婺源方村人。嘉靖二十九年(1550年)进士。官至福建布政使司右参政。

方圭 生卒年不详。官吏。别号"竹溪先生"。北宋祁门东乡赤桥人。宋仁宗朝任都昌县令。里有银河赤岸,后归于水口,建亭曰"赤桥",官至太常礼院秘书、太常寺兼尚书事。圭有三子:迪、游、道。

方百花 ?~1121。武将。农民起义军领袖方腊之女(一说为方腊之妹),北宋歙县人。自幼习武,参加方腊起义,歼灭宋将蔡遵、颜坦率领的军队,控制浙、苏、皖部分地区。义军驻扎杭州时,曾在凤山门馒头山点将。宣和三年(1121年)四月,宋军攻入青溪邦源,因叛徒告密,方腊及其家人和义军将领50余人被俘,八月,30余人在汴京被害。

方有开 生卒年不详。官吏。字躬明。南宋歙县临河(今属徽州区)人。隆兴元年(1163年)进士,初任建昌军南丰尉,升国子录。时值岁荒,陛见论对,切中时弊,授司农丞。又献屯田策,改任和州知州,提举淮西茶盐兼三司事。以屯田有功,再授转运判官兼庐帅。力主抗金,每入朝奏对,辄陈恢复大计,历官中外,必求尽职尽责。博览能文,留心经世之说。著有《方司农说》10卷、《司农奏议》5卷、《屯田详议》3卷。

方舟 生卒年不详。官吏。字时济。明婺源方村人。嘉靖八年(1529年)进士,授富阳县令。在任数年,政平讼简。时丞相张璁罢官归里,方舟执礼恭敬;后张璁复相位,衙署官吏纷纷望风趋奉,方舟对之一如既往。张璁叹赏曰:"方令真古人,炎凉不入其胸者也!"后改迁比部郎、都转盐运使,所至实心实政,上下信服。尤以清白自励,退居之日,行李萧然,时以借贷餐食。尝题句居室:"斗室盈今古,衡门谢要津。"

方兆鳌 1883~1959。社会活动家。字晓沧,号沧海。现代祁门人。上海复旦公学肄业。清光绪三十四年(1908年)加入同盟会,任《民呼》《民吁》两报访员和《民立报》撰述记者。撰文抨击清廷,鼓吹民主革命。历任同盟会徽属分部特派员、驻沪铁路督办处外勤秘书、国民党滇省党部视察员、两湖巡阅使署谘议、驻粤元帅府大本营参议。追随孙中山革命,有"智囊"之称。"四一二"政变后,退而归家。

方纪达 1464~? 。官吏。字行可,号拙庵。明歙县人。正德十二年(1517年)进士,累迁南丰、襄阳知县,以廉洁称。擢南给谏,时张璁、桂萼位高权重,纪达毅然上书弹劾。张璁欲中伤纪达,苦于不得其短。人虑其危,而纪达坦然:"谏官遇事如障狂澜、冒镝矢,冲波骇机,宁暇避耶?"调广西按察佥事,奖廉汰贪,治所公正。后以参议致仕,两袖清风,死后无钱殓葬,姻亲挚友力为治丧。《南宁府志》称其为"国朝名宦第一"。

方进 生卒年不详。官吏。号勉庵。明歙县结林人。成化十四年(1478年)进士,历官山东济南知府,颇有政绩,进阶亚中大夫。著有《勉庵私稿》,改注《千字文》《地理大全》诸书。

方远宜 生卒年不详。官吏。字伯时,号柏庄。明歙县岩寺(今属徽州区)人。嘉靖二年(1523年)进士,授吴桥县令,豪绅悼之。转任青田县令,值岁饥,发仓廪赈灾,邻县民众亦来就食。后历任监察御史、湖广参议、鄜州兵备,在任曾疏奏显陵营缮事,节省东南纲费达千万。性高亢,以清廉称,终以苑马寺卿致仕归家。青田百姓奉祀于学官。

方贡孙 生卒年不详。官吏。字吉言,号竹溪。方岳侄,北宋祁门城北人。咸淳元年(1265年)进士,授金陵监仓,调毗陵节度推官。德祐元年(1275年),元兵下徽州,知县董更生逃遁,居民流散,井邑为墟,郡守荐举贡孙掌领全县政事,境赖以安。后徙兴国路判官,在任七年,日用饮食之物悉自其家致之。虽为小吏,但以廉能称。元至正年间,祁人在贡孙所建县治之北隅,建中山书院,因怀其德而祀之。休宁金梦岩《九贤咏》有诗赞之:"闻君家世出秋崖,乡邑鸣琴众所谐。德政何当兵燹后,甘棠终古系民怀。"

方体 生卒年不详。官吏。字道坤。清绩溪揭关人。乾隆五十五年(1790年)进士。历官刑部郎中、九江知府、湖北布政使。清慎正直,捐资筑桑洲堤,疏浚秦淮支河。在家乡捐建扬溪源山道。著有《仪礼今古文考》《正仪礼古文考误》《绿雨山房集》。

方沛霖 生卒年不详。官吏。字雨三。清歙县古关人。乾隆十九年(1754年)进士,授虹县县学教谕,勉励诸生敦行力学。虹县远离江宁,乃与邑中士绅创置常稔田,作为赴考经费,一时士风大振。虹县遇水灾,常生大患。总督檄令所在官吏分护,赖沛霖御灾有法,民免于难,极受虹人称颂。大宪以卓异举荐,未及陛见,患疾而卒。县城胡赓善按谥法"纯行不二为定,慈义短折为怀",私谥"定怀"。

方宏静 1517~1611。官吏。一名主静,字定之,号采山、补斋。明歙县岩寺(今属徽州区)人。嘉靖二十九年(1550年)进士,授东平知州。嘉靖三十二年(1553年)迁南京户部云南司员外郎,因不附权要而辞官,里居四载。起授南京户部湖广司员外郎,累迁郎中、四川佥事、山东参议、江西按察使副使、饶州兵备、广西学政、江西参政、湖广按察使、江西右布政使、粤东左布政使。万历元年(1573年)以右副都御史抚浙,时朝廷因财政紧张而压缩兵备开支,以致士气不振,水军厌战,战舰破损。乃上书增备海防,大修战舰,操练水兵,攻击盗寇,覆其水寨九处。论功当晋升,因遭蜚语中伤罢归,乡居十年。三省上书讼其冤,诏补郧阳知府。万历十四年(1586年)晋南京户部右侍郎。卒赠南京工部尚书。著有《素园存稿》《千一录》。

方良曙 1516~1586。官吏。字子宾,号旸谷。明歙县忠堂(今属徽州区)人。嘉靖三十二年(1553年)进士,授南京刑部司官。累官工部都水司员外郎、河南副使、江西左参政、湖广按察使、河南右布政使、云南左布政使。曾治理黄河,疏浚昆明湖以灌溉民田。以应天府尹退居乡里,殁祀乡贤祠。

方初 生卒年不详。官吏。方储之后,晋新都郡始新县人。器识雄果,襟灵爽彻,官至襄阳太守,封晋安郡公。

方若坤 生卒年不详。官吏。字子静,号九野。明祁门城北人,方谦之孙。少颖异博闻,应童子试作《黄河清赋》,援笔立就。嘉靖十九年(1540年)中举人,授桂平知县。在任抑豪右,励廉节,省刑罚。时州府推官贪婪,每至一地,均责属官送礼,若坤不理,推官衔恨疏劾。同被劾者有40余人,吏部独留若坤,若坤耻为小人所诬,于是辞官归家。

方国儒 生卒年不详。官吏。字道醇。明歙县人。幼孤,侍母极孝。天启初,举于乡,授湖北保康知县。崇祯年间,农民起义军至县境,官服坐堂上,不屈而死。

方昂 1740~1800。官吏。字叔驹,一字讱庵,号坳堂。清黟县四都(今西武乡)原善人,占籍山东历城。乾隆三十六年(1771年)进士。乾隆四十八年(1783年)由刑部贵州司主事迁员外郎、郎中出知江西饶州知府,迁苏松道。嘉庆三年(1798年)擢贵州按察使,次年擢江苏布政使。嘉庆五年(1800年)四月,以劳瘁卒于官。曾归黟省祖墓,值邑人于黛峰立文峰塔,乃输俸助之;见四都文会,以为立法善,亦赴之。居匝月去,与族人泣别:"他日得归田,愿返故土,以乐余年。"

方育明 生卒年不详。官吏。号东墅。明歙县人。正德八年(1513年)乡荐,授醴陵令,有政声。著有《东洲小稿》《东墅一得》及《牧民管见》诸书。

方思孝 生卒年不详。官吏。字立行。清歙县岩寺(今属徽州区)人。乾隆十八年(1753年)举人,授直隶隆平县令,以清勤为本。县大饥,请发粮赈济,未获允准。因叹曰:"若再待请,百姓已葬沟壑,吾愿以一官殉之。"遂命开仓赈济,全活无数。

方勉 生卒年不详。官吏。字懋德,号怡庵。明歙县潜口(今属徽州区)人。永乐十三年(1415年)进士,授庶吉士。正统二年(1437年)迁御史,出按江浙。累升湖广参议,兼督粮储。进阶亚中大夫。著有《怡庵集》。

方洋 生卒年不详。官吏。南宋祁门北乡六都伟溪(今胥岭乡塔下村)人。绍兴二十七年(1157年)进士,历官工部屯田员外郎。

方恬 生卒年不详。官吏。字元养,又字仲退,号鉴轩。南宋歙县联墅(今属徽州区)人。自少敏于属文,波澜横阔。初筑室茅田,号师古。乾道五年(1169年)进士,试礼部第一,教授荆门。周必大、李焘、程大昌交荐之,方议除京官,授太平州教官。朝廷嘉其静退,授太学博士。其学贯穿经史,务为可用。有《正论》10篇,《机策》3篇,皆切中时弊。

方敏 ❶生卒年不详。官吏。字敏文,号惠斋。明绩溪人。成化年间入选国子监,寻授福建永清知县。性耿直,重操守,居官先德化而后刑罚,民畏而敬,遇上司可使牒害民者,敢于直言,为民请命。曾捐俸建云龙桥、龟龙桥。年未五旬,退归故里。琴书自娱,里人多以师礼敬之。❷生卒年不详。官吏。字汝修。明祁门伟溪人。曾从邹守益讲学,长于策论,以气节自持。嘉靖三十二年(1553年)举进士,入仕湖州,在任平反冤狱,谢绝请托。转授德清知县,时倭寇四处劫掠,敏建城防护,使百姓不受其害。后升登州知府,以病卒于任上。

方清 ?~766。农民起义领袖。唐歙州人。宝应元年(762年),江南发生大规模疫灾,百姓民不聊生,方清率领歙州饥民揭竿而起,依托山区险要地形同官军对抗,一时应者如云,队伍很快发展到数万人。广德元年(763年),方清率农民军进兵贵池秋浦的乌石山,与广德一带陈庄、陈五义军会合,随后积极进攻,连克周围县邑。永泰元年(765年)正月,方清义军勇猛进击,一举攻克歙州,擒杀刺史庞濬,一时威震江南。同年,攻占黟县赤山镇并修筑城池,设置阊门县。永泰二年(766年),朝廷诏命河南道副元帅李光弼率军进剿,同时征发其他诸道官军相继助战,阊门土豪吴仁欢则暗聚武装数千人从背后偷袭。是年五月,在官兵的合围之下,方清虽据险扼守,但终寡不敌众,战败而死。

方瑛 生卒年不详。武将。字灿望。清祁门茅山人。乾隆四十五年(1780年)武举人,选授卫千总。

方琢 1174~1229。官吏。字元章。南宋歙县临河(今属徽州区)人。庆元元年(1195年)以诗经魁首贡。先是徽州乡贡额12人,无以诗经与贡者。琢赴礼部陈请,获增诗经一科名额,于是以此入贡。嘉泰二年(1202年)补入太学,嘉定七年(1214年)举进士,授楚州教授,蜀士执经门下之人皆喜得师。改授吉阳军教授,辟升龙平县令,调广西经略司干办公事,权判融州。后受诬陷贬谪到封州。琢学问赅博,而胸次恢疏,常与时人相违忤。

方释 生卒年不详。武将。晋新都郡始新人。志向清白,才兼文武,仕晋为裨将。淝水之战,方释在谢玄军中,抡刀陷敌,以功拜骁骑将军、散骑常侍,封吴兴郡开国公,食邑两千五百户。

方腊 ?~1121。农民起义领袖。原名朕。北宋浙江睦州青溪人,祖籍歙县。出身贫苦,以种田、箍桶为业。北宋末,辽夏入侵,朝廷多奉物帛,百姓不得温饱;继而建造"寿山艮岳",行"花石纲",更加重人民苦难。方腊利用明教组织召集饥民"仗义而行",于宣和二年(1120年)秋在浙江青溪漆园誓师起义,建立农民政权,自号"圣公",年号"永乐"。十一月下旬在青溪息坑全歼两浙都督蔡遵、颜坦所部5 000余人,十二月初二一举攻克睦州(今建德县)。是时,各地纷起响应。十二月十八至二十日,攻占歙州城及休宁等地;十二月二十九日攻占杭州,并将杭州作为起义军中心。仅半年,义军驰骋苏南、两浙、皖南、赣东北,攻占6州52县,威震东南。宋王朝急命童贯、王禀等统率京畿劲旅及秦晋精兵15万镇压。方腊以战略失误,加上洪载等叛变投敌,致使连战失利,杭州、青溪相继失守。方腊退守帮源洞,宣和三年(1121年)四月,再战被俘,同年八月,方腊及家人、义军首领30余人被杀于东京(今河南开封)。余部吕师囊等转战温州、台州等地,次年夏秋间亦被镇压。

*方腊

方斌 1890~1944。官吏。字镕秋。清末民国时期黟县宏潭人。早年投笔从戎,为保定军官学校第一届毕业生。北伐中历任排长、连长、营长、参谋主任。民国二十六年(1937年),抗日战争爆发后,出任第五战区少将参谋,后因病去职。民国三十三年(1944年)病卒湖南宣章,享年55岁。

方谦 生卒年不详。官吏。字纯吉。明祁门城北人。弘治十二年(1499年)进士,历任河北雄县知县、浙江平阳和鄞县知县。知鄞县时,刘瑾侄女杀人,吏不敢捕,谦下令缉捕,按律论刑。刘瑾借故陷害他,将其捉拿囚禁监狱一年。刘瑾败遭诛杀后,重新起任工部主事,出监芜湖关税。关前江水迅疾,商船难泊,巡检人员每以逃关报官论处,船户深受其害。谦亲自勘探水情,改设泊位,船户称便。著有《伟溪稿》。

方骞 生卒年不详。官吏。字荫山。清歙县岩寺(今属徽州区)人。乾隆元年(1736年)进士,授广西融县知县。在任兴学校，振颓废，为政平恕。后调凌云县，融县之民泣送者至万人。平生孝友仁慈，喜爱读书，积书几万卷。

方愿瑛 生卒年不详。官吏。字符白。清歙县联墅（今属徽州区）人，寄籍江都。初守河南怀庆，政声甚著，有"白面包公"之誉。孙女婉仪，号白莲居士，工诗画，为画家罗聘妻。愿瑛官至广东按察使。著有《石村诗稿》。

方觐 生卒年不详。官吏。字近雯。清歙县石壁下（今属徽州区）人，寄居江都。康熙四十八年（1709年）进士，授编修，督学四川，授御史，进户科给事中，擢浙江按察使，官至西安布政使。赠太常寺正卿。著有《石川诗钞》。

方操 生卒年不详。官吏。字持志。晋新安郡始新县人。倜傥英爽，磊落奇节。《严陵志》载孔祥上奏说方操"执心正直，积德慈仁"。累官至谏议大夫、尚书仆射，封上虞县公。

叶天球 生卒年不详。官吏。字良器。明婺源外庄人。正德九年（1514年）进士。初授户部主事，差监太仓，除污吏，肃粮政。旋擢升东昌知府，至则问民利病，分三等以均徭役。继升河南左参政，时齐鲁大饥，流民集郡城，日有千余，天球令逐日登册安置，救活2万余人。后转四川右参政，未赴卒。入祀乡贤祠。

叶天爵 生卒年不详。官吏。字良贵。明婺源外庄人。弘治九年（1496年）进士。任崇仁知县七年，制猛烈，锄梗阻，政大治。后升户部郎中，继升饶州知府。

叶元龙 1898~1967。官吏。谱名元隆，又名卫魂，字月秋。近现代歙县蓝田人。民国四年（1915年），考入上海大同大学。民国七年（1918年），自费留学美国，获威斯康星大学经济学硕士学位、金钥奖。民国十一年（1922年）底回国，历任大同大学、光华大学、国立政治大学、上海商科大学等校经济系教授、南京国立中央大学教务处处长兼法学院经济系副教授。民国十四年（1925年），赴英国、法国进修。民国十六年（1927年）回国，任南京大学教务长，兼任金陵大学经济系教授。民国十八年（1929年）、民国二十四年（1935年），两次保释共产党员、文艺理论家叶以群。民国二十一年（1932年）四月，任安徽省政府委员兼教育厅厅长，后兼省财政厅厅长。支持陶行知手脑并用的教育思想，在省立第四女子中学试办职业训练班，派严永济、胡沙白来歙主持教育工作，发展国民小学。民国二十二年（1933年）后，历任暨南大学经济系主任兼教授、商学院院长，贵州省政府委员兼教育厅厅长、财政厅厅长，国民党中央军事委员会重庆行营第二厅中将厅长等职。西安事变后，面见周恩来，赞成和拥护共产党人所提的"国共两党合作、建立抗日统一战线"主张。民国二十八年（1939年）五月，任省立重庆大学校长，多次邀请陶行知、郭沫若、黄炎培、邹韬奋、邓颖超等共产党人和知名人士到校演讲，坚决反对训导处开除思想进步学生。聘用教授不问政治背景，唯才是举，如聘用经济学家马寅初为商学院院长。民国三十年（1941年）八月，马寅初因大骂孔祥熙大发国难财触怒蒋氏，被监禁江西铅山鹅湖。叶元龙愤而辞职并专程前往探望，后历任国民政府监察院监察委员兼川康监察使、联合国善后救济总署安徽救济分署署长兼安徽学院院长、上海中孚银行名誉董事长等职。其间，在合肥、芜湖设立难民疏遣站，向过境难民提供食宿、发放车船票；以工代赈加高加固无为二坝段长江堤岸；成立扬子江、青弋江江堤工程队，兴修水利；设立巡回医疗队、徽州医院（歙县人民医院前身），实行免费医疗；设立蚌埠工人医院，配发医疗设备及药品。民国三十五年（1946年）秋，淮河决口，蚌埠、怀远成为泽国，成立淮河工程队、急赈工程队，配合全国水利机关按完成土方发放面粉、棉衣、毛毯办法修复决口；加高蚌埠至正阳关段淮河堤岸，并倡修淮河全部堤岸；将安徽救济分署的面粉、药品、毛毯等物资，以国际救援组织名义，运达泗县解放区，用以救济皖东北难民。新中国成立后，任大同大学商学院院长、教授。著有《中国财政》《现代经济思想》《苏联的经济贸易》《马歇尔价值学说批判》等。

叶元良 1901~1961。官吏。近现代歙县冬寺人。民国三十年（1941年），在南云尖打猎时，与中国共产党歙绩（溪）旌（德）工委领导的新四军游击队接触。此后，多次为游击队制造松树炮，采购药材、布匹、粮食等。民国三十三年（1944年），加入中国共产党，旋建立汪满田村秘密党小组，任组长。民国三十七年（1948年），叶宅被保四团烧毁，工委号召当地民兵重建，不出五天即落成。后历任新民乡副乡长、汪满田高级农业社监察主任等职。其间主持创办水利茶叶机械加工厂，试验修剪新茶园3万余平方米。

叶份 1501~1536。官吏。字原学，号莲峰。明婺源外庄人。嘉靖二年（1523年）进士，初授刑部主事，后升山东按察司佥事。常以名臣自励，政绩有声，卒入祀乡贤祠。著有《莲峰文集》。

叶时新 生卒年不详。官吏。字惟怀，号柳沙。明休宁人。隆庆五年（1571年）进士，授承天府推官，补浙江宁波府申政县令，革除浸溺女婴及婚嫁聘礼陋俗。摄慈溪、鄞县政事，修治海塘。擢户科给事中，改吏科，出为河南府知府，兴办学校，奏免关隘征课，不当征者列举70条，并刻石为记。官终按察司副使。

叶伯鸣 生卒年不详。官吏。字云羽。明休宁人。万历年间，任山东沂州同知，塞矿穴、疏盐禁。署篆单父（今山东单县），平马政，释因白莲教起义案株连系狱者百余人。改河北汤州审理正，曾上筹边九策。

著有《二峰集》3卷。

叶宗茂 生卒年不详。官吏。名保翁,字宗茂,以字行。明休宁星洲人。幼从余复卿受《礼记》。元至正十二年(1352年)与婺源汪同御寇保乡里。入明,官至饶州知府。后受诬谪贬濡须,其子叶仁上书请代,得免归。著有《茂斋集》。

叶宗春 生卒年不详。官吏。字仁卿,号鹤墩。明祁门城西人。嘉靖三十五年(1556年)进士,授户部主事,升郎中,出任金华知府。金华婚俗重财礼而轻盟约,且有溺女婴陋习,宗春申以礼义,辅以赏罚,民俗遂变。继升云南按察司副使。

叶修 生卒年不详。官吏。字永夫。南宋休宁人。宝庆元年(1225年),以乡荐授诸暨县尉,徙浙西,主持专卖茶盐事物,力除积弊。擢江西发西提举,以忤权贵辞归。宝祐年间,提举鸿庆宫,兼焕章阁待制。

叶祖洽 1036~1109。官吏。谱名椿,字永年、元茂。宋歙县蓝田人。父叶芝美官邵武县知事,遂宦居。12岁能吟咏,父以日月为题命作诗,随声而出:"月属阴兮日属阳,不分昼夜两轮光。长空皎洁无云翳,普照东西南北方。"知府以松柏为题命其作诗,应声而对:"众木芳时不异芳,岁寒独我耐风霜。生来自得乾坤气,把与皇家作栋梁。"为熙宁三年(1070年)状元,授福州知府及赐建文耀坊。后升参知政事,因与丞相王安石政见不合辞官。终官司马尚书,爵广平郡开国公。居家不问有无,喜周贫寒。及卒,家无余资。葬蓝田二坞口,后迁渝川,人称"司马墓"。

叶鼐 生卒年不详。官吏。字致和,号畏斋。明祁门城西人。成化十年(1474年)举人,知湖广黄梅县。为政清廉,以"不贪财,不害民,不唯唯以奉上,不赫赫以立民"自律,在任施行惠政。一民妇负税外逃,召回令纺织以偿。告归返乡时,百姓涕泣相送。后重起用,授大冶知县,死于途中。

叶蕳 生卒年不详。官吏。字德敷。叶琦子,明祁门城西人。弘治八年(1495年)举人。官广西庆远知府,有政声。嘉靖五年(1526年),以从征田州岭猛功晋秩参政。著有《风木衷情集》《征苗录》。

冯伟 生卒年不详。官吏。字长卿。明祁门南汉人。精于《易》。举万历二十二年(1594年)顺天乡试解元,翌年登进士。官至广东按察司副使。

冯谧 ?~962。官吏。本名延鲁,字叔文。延已弟,唐末从广陵南渡居歙县。南唐李煜称帝,谧与延已并因文学显,官中书舍人。其时闽中大乱,谧受命安抚,而私发数郡兵攻福州。战败自杀,为部下所救,流亡舒州。遇天下大赦,复任中书舍人,旋改工部侍郎、东都(今江苏扬州)副留守。后周世宗下扬州,谧削发为僧,为周兵所执,授太常卿,继改刑部侍郎。后放还南唐,为户部尚书,寻改常州观察使。为文清丽,有《平晋颂》。

冯靖 生卒年不详。官吏。字遇安。明绩溪坦头人。纯笃博学,领宣德元年(1426年)乡荐。授临城教谕,士多造就,升监察御史。时陕西罕东因茶马互市而哗变,朝廷命其率兵前往相机处理,靖至以理喻,众人欣服。正统十三年(1448年),受命前往福建讨邓茂七、吴金七农民义军,以功加禄一级。后升浙江按察使司副使。终请还乡。

宁本瑜 1855~?。官吏。字瑨香,号昆圃。近代休宁黎阳(今属屯溪区)人。清光绪九年(1883年)会元,殿试二甲第十九名进士,选庶吉士,散馆改浙江台州府仙居知县。后改任嘉兴府秀水知县和绍兴府山阴知县。光绪二十六年(1900年)官山阴期间,立有高1.95米、宽0.71米、厚0.13米的《禁开羊山石告示碑》,此石碑今立浙江绍兴县齐贤镇。官至江苏候补道。光绪三十三年(1907年),与数学家、歙县人汪莱之孙廷栋等募捐重修金陵新安会馆,编《重修金陵新安会馆录》。

毕力忠 生卒年不详。官吏。字公式。明歙县人。邑诸生。以太学任南兵马指挥。居官清操,不受民间一钱。海瑞时为南都御史,甚重之。以执法忤当道,遂投檄归。萧然襆被,有廉吏之风。

毕锦 生卒年不详。官吏。明歙县人。嘉靖十年(1531年)举人,授任衢州司理,寻转莱州副职。时严世蕃索贿鬻官,毕锦肃然自远,投檄归里。擅长书法。

毕懋良 生卒年不详。官吏。字师皋,号见素。明歙县人。万历二十三年(1595年)进士,授江西万载知县。擢南京户部主事,督学浙江两台。徙福建督粮道,积谷数万石迁福建副使、布政使。赈饥民,减加派,抚降海寇,以善绩称。迁顺天府尹,擢户部左侍郎,督仓场。以不附宦官魏忠贤,为御史张讷诬劾,落职闲居。时族弟懋康,亦遭魏诬劾削籍。兄弟相继去国,并有清誉,时称"二毕",士论荣之。崇祯初起兵部左侍郎,旋致仕归里,卒于家。关心桑梓教育,曾于万历三十六年(1608年)修葺歙县斗山书院。

毕懋康 生卒年不详。官吏。字孟侯。明歙县人。万历二十六年(1598年)进士。弱冠工古文辞,与汪道昆、许国、方宏静为忘年交。初任中书舍人、广西道监察御史,除上芦盐税积弊。又先后巡按陕西、山东,各以赈灾著绩。以京兆丞任郧阳巡抚,魏忠贤归之入东林党人,遂解职家居。数年后起复,任南京通政升兵部右侍郎,受命造武刚车、神飞炮。改授南总督,在任厘正财赋,稽查耗弊,遭权珰忌,遂告归。著有《西清集》《疏单》《管涔集》。

光时亨 生卒年不详。官吏。字羽圣,号含万。明末祁门五都人,后迁居桐城。崇祯七年(1634

年）进士，授四川荣昌知县。历兵、刑二科给事中。张献忠军逼京，李明睿建议南迁，时亨上疏劝阻。城陷，潜行南下至宿迁被绑，阮大铖、马士英以阻南迁罪将其处死。清顺治二年（1645年），其子廷瑞赴闽上疏唐王朱聿键，乃得昭雪。著有《狱中遗稿》。

吕午 1179~1257。官吏。字伯可，号竹坡。南宋歙县岩寺（今属徽州区）人。嘉定四年（1211年）进士，授乌程主簿，徙当涂县丞。得宋理宗器重，擢为监察御史，兼崇政殿说书。遭权相史嵩之排斥，迁起居郎，兼史院官，累迁中奉大夫。退归闲居12年，享年79岁，追赠华文阁学士。两任谏官，以风节自励，知无不言，其论宰相，台谏之弊，尤为剀切，风采凛然，皆于裨于世。著有《左史谏草》《竹坡类稿》等。《宋史》有传。

吕文仲 生卒年不详。官吏。字子臧。北宋歙县人。五代时举进士，为大理评事，掌宗室书记。入宋后，任少府监丞，参与撰修《太平御览》《广记》《文苑英华》。后充任翰林侍读学士，奉诏集太守诗歌30卷。景德年间历刑部侍郎、集贤院学士。文仲富词学，有器韵，善应对，周密详审。曾出使高丽，廉洁无所求。文仲子士永被录为奉礼郎。《宋史》有传。

吕沆 1195~1275。官吏。字叔朝，午子。南宋歙县岩寺（今属徽州区）人。以恩荫补将仕郎。端平三年（1236年）铨试第一，授黄岩县主簿。改知于潜县，有重囚逃逸，闻沆至，遂自归。又历淮西总领辟充主管文字，通判婺州。特遣充提领两浙转运董事使司主管文字，历四辖、六院书拟尚书左右郎官事。景定四年（1263年），权相贾似道议行公田，计划于两浙、江东收购官民田，以田租供国用，沆疏请罢公田还民。翌年，贾似道矫诏推行"经界推排法"，史称"江南地尺寸都有税"，民力益困。又废十八界会子，发行金银现钱关子，一贯抵十八界会子三贯，物价益腾。沆又力言不便，贾似道怒，徙匠作监簿，旋主云台观，起知兴国军泉州，皆不赴，改与仙都观。德祐元年（1275年）三学伏阁上书讼沆屈，召起行在，沆终不复出。享年81岁。《宋史》吕午传附。

吕溱 1013~1068。官吏。字济叔。北宋歙县向杲人，寄籍扬州。宝元元年（1038年）举进士第一，曾任翰林学士、集贤院学士、龙图阁学士、枢密直学士等职，卒赠礼部侍郎。溱精识过人，辨讼立断，豪恶敛迹。宋神宗闻溱死，深表悼念，并诏中书曰："溱立朝最孤，知奉君之节，绝迹权贵，故中废十余年，人无言者。方擢领要剧，而奄忽沦亡，家贫子幼，遭此大祸，必至狼狈。宜优给赙礼，官庀其葬，以厉臣节。"《宋史》有传。

吕德元 生卒年不详。武将。号芸僧。民国时期休宁人。曾留学英国海军学校，归国后，历任通济练船教习，上海海军总司令部参谋兼军需次长，南京临时政府海军经理局局长，海军编译处处长。民国三十七年（1948年）九月，授予海军少将军衔。

朱士刚 生卒年不详。官吏。清休宁人。康熙年间贡生，以教习授辰州通判，后署理沅州，尝捐资倡建学宫。寓京之时，参与筹建北京休宁会馆。

朱元贞 生卒年不详。官吏。明婺源香田人。建文二年（1400年）进士，初授吏科给事中，继升詹事府丞，又迁荆州知府。善理纷繁，治剧政，百姓感其功德。后因宽释囚犯，降职广信府同知。

朱太 生卒年不详。佃仆起义领袖。清初黟县人。从宋乞率领佃仆起义。宋乞死，朱太复举义旗，于顺治三年（1646年）三月率领义军围黟城，放炮震威。后张天禄遣兵镇压，不幸死之。参见865页"宋乞"条。

朱文翰 生卒年不详。官吏。字良甫、屏兹，号苍湄、见庵。芫星子，清休宁浯村（今属屯溪区）人。生性聪颖好学，拜名儒胡心泉为师，生平学优，修养醇真，文笔优美，诗赋高雅，酷似其舅孔广森，与阮元为至交。乾隆四十五年（1780年）选呈诗赋，南巡召试行在，钦赐举人，授内阁中书。乾隆五十五年（1790年）会元，累迁刑部主事、两淮盐运使，官至浙江温（州）台（州）处（州）道。温州江心寺有其楹联："长与流芳，一片当年干净土；宛然浮玉，千秋此处妙高台。"乾隆六十年（1795年）任陕西乡试副主考。嘉庆三年（1798年）为河南乡试主考官。嘉庆五年（1800年）任旌德洋川毓文书院山长，以朱熹《白鹿洞揭示》为学规。道光十年（1830年），主持黟县碧阳书院，卒祀歙县紫阳书院。著有《可斋经进文存》《退思粗订稿》《退思续稿》《名学类通》及诗集《省余笔》《课艺余录》等，还纂有《山阴县志》30卷。

朱为弼 1771~1840。官吏。字右甫，号椒堂。清初休宁月潭人，侨寓平湖县。嘉庆十年（1805年）进士，授兵部主事，寻迁员外郎。道光元年（1821年）改任御史，迁给事中；道光四年（1824年）擢顺天府府丞、府尹。后擢兵部侍郎，出为总督漕运。性廉正，屡上书言事，不避权要，落落大方。某相柄政赇贿，贪枉无忌讳，为弼首劾之，举朝大惊。擢顺天府尹时，京畿遭蝗灾，弼单骑巡视，属官准备丰盛宴会请享用，却之曰："吾为蝗来，若乃蝗我耶！"意为我为蝗灾而来，你们把我也当成蝗虫吗？其清操之如于成龙。又工诗文、金石绘画。刻印神似秦汉。著有《蕉香馆诗文集》《续纂积古斋钟鼎彝器款识》《伯右甫吉金释》等行世。

朱权 1155~1231。官吏。字圣与。南宋休宁首村人。8岁能文，曾编纂《易说》百余万言。淳熙十四年（1187年）进士。知惠州，转朝奉大夫不就，坚决请辞。绍定四年（1231年），补授朝散大夫。其知饶州余干县，民为绘像立祠；曾上书论边备，陈明"用人望，计战守，讲边备之至计，兴屯田之大利，收民兵之用，坚忠义之心,定乘机"七策;在惠州,崇正奖善,先教后刑,劝农宽赋。著有《纳言》10篇、《末议》4篇和《默斋文集》20卷藏于家。

朱存莹 生卒年不详。官吏。字本静,号月潭。明休宁月潭人。嘉靖四年(1525年)举人,授知金华县。金华习俗子女可均分财产,故生女多溺毙。存莹至,令有生女者应禀报;又捐俸以倡,份发给养直至出嫁,且令不准分取财产,自此溺女之风平息。县境多水患,率众筑坝以平。著有《易俗集》《冷淡集》《地理订要》。

朱光圉 生卒年不详。官吏。字西仲。清休宁霞瀛人。康熙年间历官刑部郎中、赣州知府,岁饥赈济,全活甚众,为民称颂,后因属吏亏空公帑罢职。居家设义学、置义田。著有《事亲通论》《敦伦实学》。

朱光裕 生卒年不详。官吏。清休宁人。康熙年间,官浙江鄞县知县,时提督材官为盗,有司不敢捕,光裕亲率众衙捕盗百余人,绳之以法。邑民有被诬陷者,则予平反雪冤。

朱廷瑞 生卒年不详。官吏。字灵五,一字增城。明末清初休宁浯村(今属屯溪区)人。明崇祯九年(1636年)举人,清顺治四年(1647年)进士。初任福建福清知县,值兵燹之后,招抚流亡人员,修缮城堡,劝课农桑,修学兴文,为官勤廉。因政绩突出,受擢为礼部主事。

朱安国 生卒年不详。官吏。字康候。南宋休宁霓湖人。绍兴二十一年(1151年)进士,授泰宁县尉,旋改青阳县令,均有政声。擢升监察御史,条陈税法,蒙准施行。任职广州知府,擒巨盗陈青。进直徽猷阁,授宁国府尹,又改婺州。后于还京途中病故,追赠朝议大夫。生平喜谈兵,著有《阴符元机》。子佛,著有《龟峰文会录》。

朱芫会 生卒年不详。官吏。字蕙缵。芫星弟,清休宁浯村(今属屯溪区)人。乾隆二十二年(1757年)进士。历任江西乐平知县、广东肇庆、广西思恩、福建泉州及漳州知府,擢督粮道,调汀漳龙道,代理按察使,巡抚上奏为有用之才。乾隆五十一年(1786年),台湾发生林爽文事变,朝廷平乱,芫会总理军需供给。后因失察属地盗案而降级调任,奉旨特许留任。积劳成疾,归里病逝。

朱芫星 1733~1784。官吏。字式山,号榆园。清休宁浯村(今属屯溪区)人。自幼聪慧,出生七个月能识"花好"二字,人比之于唐白居易。乾隆二十一年(1756年)举人,乾隆二十六年(1761年)会试后挑取为内阁中书。性刚正不阿,为官勤勉,清廉自持。任曹州知府时,清除犯científ邪教,百姓平安无忧。为官山东登州、东平,皆有政声,离任时父老夹道泣送。任永平知府,鞠躬尽瘁于公事。擢分巡清河道,未任,病卒于永平府东馆舍。

朱松 1097~1143。官吏。字乔年,号韦斋。宋婺源人。唐末朱师古因避战乱由姑苏始迁歙州篁墩(今属屯溪区),天祐年间,师古子瓖(古寮)受歙县刺史陶雅之命领兵三千戍婺源,子孙遂居弦高镇。松之曾祖振、祖绚、父森皆不仕。松曾作《先君森行状》,称其教子以忠孝为本,尝曰:"吾家业儒,积德五世,后当有显者。"松妻祝氏,为歙城祝确女。少从程门弟子罗从彦学。北宋政和八年(1118年)以上舍登第,授迪功郎,任建州政和县尉。宣和五年(1123年)更调南剑州尤溪县尉,摄监泉州石井镇税。南宋绍兴四年(1134年)除秘书省正字。此后历官左宣教郎、秘书省校书郎、著作佐郎、度支员外郎兼史馆校勘,参与修《哲宗实录》。又历司勋吏部两曹转奉议郎,再转承议郎。秦桧当政,对金议和,朱松以吏部郎与同僚上章极言其不可。秦桧怒,诬以"怀异自贤",贬为饶州知州。未就任请赋闲,改主台州崇道观。建炎四年(1130年),松退隐尤溪,生子熹。熹年14岁而孤。松博学,擅诗文,为徽州硕儒,松幼年曾在歙紫阳山读书,入闽以"紫阳"名其斋。学者称韦斋先生。著有《韦斋集》《韦斋外集》行世。元追谥为"献靖公"。

朱承泽 生卒年不详。官吏。字蓝湖。清休宁人。15岁,为诸生,轻财好施,屡试不第,家计益贫。50岁以资为河北栾城令。昔令檄民纳物,然例不贡物,而比市价高出一倍折钱交纳。承泽悉罢之,终其任邑民节费计万万缗。偶遇升堂理事有误,复讯时引过改正。邑民有杀妻而以妻逃亡报案,承泽查访侦知其夫所杀,并于废井中查出妇尸,民以为其断案如神。栾城为贫瘠小县,官县令者不久辄改他邑,而承泽则安于任所,六年任满,大吏以治行卓异奏于朝,未迁秩而病卒。梅曾亮为撰《墓志铭》称之。

朱钰 生卒年不详。官吏。明休宁人。万历年间官湖北黄陂典史,廉明洁己,执法严峻,专锄豪右,为民除害。

朱舫 生卒年不详。官吏。清初休宁人。官山西汾州推官,后被马文毅延入幕府。康熙三年(1664年),授浙江富阳知县,改补山东宁阳知县。决冤狱,除恶僧,锄豪强,扶贫弱,为百姓称颂。

朱陵 1688~1768。官吏。字紫冈。清休宁浯村(今属屯溪区)人。雍正二年(1724年)进士,选庶常。历礼部郎中、刑部郎中、监察御史,出任江西赣州知府,分巡赣南,受命统一管理由赣通往闽粤的东西两关要冲,兴利除弊,受到嘉奖。因母亲去世,调任辰沅永清道未赴任。官至湖南按察司副使。

朱通 生卒年不详。官吏。朱文公熹九世孙,明黟县九都朱村人。18岁,补郡诸生,天顺五年(1461年)以选贡入京师候铨选。不久即被授河南归德州同知,在任兴利革弊。时州滨大河缺少整治,河水泛滥,百姓呼声彻夜不绝。朱通怜而悯之，即请于上官在河堤外再修建外堤，并亲任工程指挥，凡度地、测壤、工食、力作诸事，皆为之督理。河堤告成后，百姓称为"朱公堤"。堤塝立有石碑，上有"朱通，父母官也"等字，病中的朱通闻之垂泪，嘱将碑文改为"朱通叩谢衣食父母"。莅位两年半，积劳成疾，卒于任上。卒之日，囊无余资，同官为之敛赗，棺木得归故里。生平著有《史汉杂录》《西村文钞》，因家贫未能付梓成书行世。

朱埜 生卒年不详。官吏。字文之。熹次子，南宋婺源人。以父荫补迪功郎，差监湖州德清县、户部新市犒赏酒库。卒赠朝散大夫。

朱晞颜 1132~1200。官吏。字子渊。南宋休宁人。隆兴二年（1164年）进士，授靖州永平令，苗獠悦服，民为之立生祠。淳熙八年（1181年）知兴国军，入对论三事，切中时弊，为孝宗采纳。后历任靖州、吉州知州，颇多善政。绍熙四年（1193年）除直焕章阁、静江知府，主管广西经略安抚司公事。卒赠宣奉大夫，封休宁县开国男。

朱模 ？~1370。官吏。字子范。元休宁苦竹人。贡生。幼从陈栎求学，为文有司马迁《史记》风格，诗亦清丽。壮岁，师从三山余载。余载博学明经，尤擅长音律之学，所注《乐通》，朱模为之校正。明初授滁州来安主簿，上书建言将来安并入清流，从之。又授六安州通判，颇有惠政。洪武三年（1370年）辖境胡五纠众叛乱，不幸遇害。著有《白沙行稿》2卷。

朱稳 生卒年不详。官吏。字伯诚。明婺源人，熹第十代裔孙。天顺六年（1462年）进士。历仕南京户部四川司主事、郎中，旋升福建、两浙都转运使，以廉洁干练著称。

任亨泰 生卒年不详。官吏。字古雍。明初休宁鼓楼（后改古楼）人，寄籍湖北襄阳。梁新安太守任昉后裔。宋任敬始自歙县迁鼓楼，是为休宁任氏一世祖，传四世到任念四，自休宁迁襄阳。亨泰幼聪敏，读书过目成诵，博学通经史。洪武二十一年（1388年），以贡士接受明太祖策问，举止从容，太祖称赞其对答详明，以天下为己任，特任亨泰等进士及第，并钦点为状元。授翰林院修撰，累官至礼部尚书。太祖重其学行，每呼襄阳任而不呼其名。曾出使安南，为越人所尊重。亨泰状元及第后，太祖下旨在其故里休宁建状元坊，因石坊俗称牌楼，后人为纪念亨泰学行与功业，遂将村名鼓楼改为古楼。

任原 生卒年不详。儒将。字本初。明初休宁万安富川人。父鼏，筑精舍于富川之上，延请祁门名儒汪克宽授《春秋》，又从学本邑名儒赵汸。学有渊源，博学通经史，能文工诗。元末，朱元璋部将下徽州，原出佐军，以功官至显武将军，雄峰翼管军万户。旋病卒，由其弟任序代之。任序亦工诗善文。钱谦益《列朝诗集》选有原、序兄弟诗作。原、序曾参与校订其师汪克宽所撰《春秋经传附录纂疏》及《纲目》诸书。

庄观 生卒年不详。官吏。字居正。明歙县人。初任义乌县训导，后升陕西视学。为人刚正，提调有方，修学政，士风大振。

刘和珍 1904~1926。爱国志士。女，祖籍徽州，生于江西南昌。民国七年（1918年）秋，考入江西省第一女子师范学校。民国八年（1919年），北京爆发"五四"运动，以刘和珍为首的女师学生自治会联合南昌各女校，致电北京学生界，表示"誓为诸君后盾"，另致电徐世昌总统，要求其电令驻巴黎专使拒绝在卖国和约上签字。民国十年（1921年），在女师掀起女子剪发热潮。学校当局认为她"首倡剪发，有伤风化"，勒令退学。同年冬，在南昌发起组织进步团体觉社，并主编《时代文化月刊》《江西女子师范周刊》。民国十二年（1923年），加入中国共产主义青年团。同年，考入国立北京女子高等师范学校预科，不久转入北京女子师范大学英语系，被选为女师学生自治会主席。民国十三年（1924年），女师掀起反对校长杨荫榆封建管治风潮，刘和珍带领学生进行不屈不挠的斗争，终于取得驱杨斗争胜利。民国十五年（1926年）三月十八日，以女师学生自治会主席名义向林语堂教授请准停课一天，参加北京各界人民群众集会，反对日本军舰炮击大沽口，被北洋军阀枪杀于段祺瑞执政府门前，震惊全国。鲁迅撰写《纪念刘和珍君》一文，赞颂刘和珍等47名遇难者的勇毅精神。民国十八年（1929年），北平圆明园遗址立三一八烈士纪念碑。

刘荣 ？~1372。武将。元末明初歙县敬兴人。元至正十二年（1352年）战乱起，刘荣倡乡兵保乡井。明洪武元年（1368年）主河州茶马司，寻升进义副尉同千户侯；因擒寇张明远等有功，再升为兵马司正指挥。后从征广东鬼版等寨，死于任上。

刘德智 生卒年不详。官吏。字彦明。元歙县人。喜好孙子、吴起兵法，旁穷释老佛道方技之书。官居建德路学正，终至平江路总管府知事。

齐士宽 生卒年不详。官吏。婺源齐氏始祖，原籍饶州德兴县。北宋景祐元年（1034年）进士，官至工部尚书。后弃官，由德兴醴泉迁家婺源隐居。

齐冲 生卒年不详。官吏。字羽峰。清婺源冲田人。乾隆二十八年（1763年）进士。历官广东始兴、电白、高要县知县，后升南澳厅同知，署嘉应州知州。文思敏捷，知名一时。著有《杜诗本义》《三晋见闻录》《思补斋日录》《雨峰全集》《雨峰诗钞》等。

江一桂 生卒年不详。官吏。字伯馨。明婺源旃坑人。正德五年（1510年）举人，选任建宁知府。在任制狡吏，铲弊政，置学田，建书院，有"师帅父母"之称，民众建祠祀之。升入留曹，督中都提九库，洗刷积弊，尚书倚重之。出守广西，前往交趾诏降莫登庸称臣，因晋亚中大夫。后以副使卒于边陲，边郡及诸酋建桄榔祠于关内祭祀。著有《蓄德录》《留都小稿》《中都行稿》《岭南类稿》等。

江一麟 1520~1580。官吏。字仲文，号新源。明婺源江湾人。嘉靖三十二年（1553年）进士，授安吉州知州。随历官工部郎中、广平知府。万历二年（1574年）任广东监军副使，时倭寇占据海丰岛，进逼电白县，江一麟设伏平定之，因迁右副都御史。巡抚贵州间，奏议置长宁县。帝嘉其功，升户部右侍郎兼佥都御史，总督漕运。又以治河功，受赐玺书蟒袍。卒后旨赐葬。著有《易说》《尚书约旨》等。

*江一麟

江人镜 1823~1900。官吏。字云彦，号蓉舫。清婺源晓起人。道光二十九年（1849年）中顺天乡试南元，次年考入觉罗官学，任镶白旗汉学教习。咸丰三年（1853年）考授内阁中书，充任方略馆编纂。咸丰十年（1860年）以军机章京助镇捻军起义，叙功赏戴花翎，升内阁侍读。同治九年（1870年）考察一等，简放山西蒲州知府，在任禁溺女，劝积谷，捐薪俸资助书院膏火，又奏河防与恤民四策，得上宪采纳嘉奖。旋调太原府知府。又改河东盐法道，到任整顿盐务，有益于公款以亿万计。再摄为山西按察使、布政使期间，清理冤狱积案，革除陋规，减免徭役；办理朔州教案时，坚持胁从者不治罪。山西76州县流行大疫，募巨资，运粮米，救治灾民；三年办完赈事，余银20万两全数交地方为善后之需，山西人广为称颂。后历山西巡抚、河东盐法道、湖北盐法道、汉黄德道，监督江汉关兼管中外通商事务，办理交涉时不卑不亢，外固邦交、内存国体。光绪十六年（1890年）迁两淮盐运使，清除积弊，年减盐商供应费7 000余金，帝特旨赏一品顶戴。教子崇俭去奢，秉公立事。卒赠荣禄大夫。

*江人镜

江万和 生卒年不详。官吏。字一中。明黟县人。秉性清介。任桐乡知县时，兴学清赋，平沈瓒等120人之冤案。有释狱者进献2 000两银，不受。后擢升胶州守。

江天一 1602~1645。抗清首领。字文石，又字淳初。明末歙县江村人。从小读书刻苦，但科考不顺，36岁仅中秀才。后拜金声为师，遂成当地知名学者。为人耿直，崇尚气节。清兵南下，南京失陷，随金声起兵抗清，分兵扼守山隘。战败，拜辞老母、祖庙，追及被俘的金声同赴南京。降将洪承畴劝降，天一痛斥之，随后与金声就义于南京通济门外。

江元辅 生卒年不详。官吏。字尧卿。明婺源游坑人。正德十二年（1517年）进士。初授新喻县令，后代理南昌、新建两县事，以"清谨"称。终迁户部主事。著有《仁山遗稿》。

江云梯 生卒年不详。官吏。明黟县二都人。由举人初授安陆县令，举乡约，修学宫，捐俸赈饥，兴利除害。后擢守邓州，此地少数民族与汉族杂处，号称难治，云梯安抚说服，民赖以安，民为其立祠碑永颂。

江世璋 生卒年不详。官吏。字达侯。清歙县皋径人。咸丰八年（1858年），张芾召为幕僚。一日，侦察兵数次来报太平军即将入境。张芾刚部署完毕，江世璋从容道："敌屡攻五岭（休宁县新岭、婺源县塔岭、羊斗岭、对镜岭、芙蓉岭）不克，今必悉锐袭风车岭，宜遣重兵扼之。"张芾恍然大悟，即命其领兵200人先往。刚至岭头，太平军已踞岭脚，遂勇猛进击，援兵踵至，太平军败走。因功以附贡生擢主簿，晋县丞，加州同知衔。旋黄郁（今璜蔚）百姓捣毁街口厘局，张芾大怒，欲派军屠杀，江世璋谏阻，只诛首犯二人。张芾委以重任，江世璋力辞不就，毅然归里。著有《再生草诗》4卷、《红槲馆诗》8卷等。

江可爱 1821~1861。讼师。清黟县蓬厦人。幼聪颖，长有胆略，多智谋。不畏权势，目睹不平事，忿慨据理力争。研究律例，代人昭雪，有名于世。为文效法《史记》《左传》，雄辩如《东策博议》。终身为讼师，遗闻轶事广为流传于民间。著有《法律全书》。

江东之 ?~1599。官吏。字长信。明末歙县江村人。万历五年（1577年）进士，后擢御史。忠谋直节，虽逸言蜂起，而持论不屈。因最先揭发锦衣徐爵骄纵而受知于神宗。驸马都尉侯拱宸叔父依仗外戚权势强夺民田，江东之亦予揭发。巡抚王宗载谋杀刘台等直臣，江东之上疏劾其杀人以媚权相张居正，乞从先朝杨路谋杀沈炼抵罪例惩治。出督畿辅屯政，会小阿卜户率百余寇袭破黑峪关，杀数百人而去。边臣周咏等埋尸后诈以功上报，为按臣所劾。江东之受命核勘，微服行关外，见蔬畦土新，疑窦顿生，立命深挖，得尸九具，皆刀伤致命。冒功者陈文治等被判死罪，江东之政声大振，累迁进太仆寺。时值张居正、冯保余党复炽，构陷张岳、沈思孝、吴中行、赵用贤、邹元标等建言名臣，江东之愤而上疏请先自罢。后以争大峪山皇陵事忤犯当事，被贬职方员外郎，出知霍州，以病免，起任邓州知府，累官右佥都御史。阉宦格杀亲弟，法官惮其势，从轻发落。江东之挺而揭发，法官被贬，旋迁贵州巡抚。时贵安疆臣桀骜觊觎贵竹，江东之洞悉其奸，倡设天柱、铜仁县。万历二十五年（1597年），主持建造甲秀楼。派指挥使杨国柱征讨播州（治今贵州遵义），败绩，忌者借机中伤，遂被削籍。满怀愤懑，抵达故里而卒，魏禧为之作传。

江应晓 1530~1598。官吏。字觉卿。明歙县人。屡试不第，遂不再应试，闭户屏居，苦读不倦，常自言：："公车之业，我不逢资；谀墓之金，资不逢我。吾虽无李氏之架，而不减李氏之藏，束身其间，安知以蠹而入者，不以仙而出乎？人目吾乡吾辈腹无一爪，吾愿为一洗之。"累迁涪州通判、山西道监察御史。著有《嚣嚣集》《无宴集》《献赠》等，皆览胜吊古之作，有英雄侠烈之气。

江应晴 ?~1601。武将。字季明。明歙县人。初为杭州诸生，因不得志于主司，遂怀裹革沙场之志。总督胡宗宪戡乱海上，应募军前赞画，屡立战功，升游击把总。后历官辽东、两广，再升新安卫右所正千户。后统督舟师出海防汛，患疯瘴疠而死。

江秉谦 1564~1625。官吏。字兆豫，号瞻坡。江应晓子，明歙县人。万历三十八年（1610年）进士，授鄞县知县，为政廉明。逻卒诬陷福建海商，牵连数百人，江秉谦尽力平反昭雪。寻擢御史，巡视南城，屡次上疏请求修屯田、疏壅遏、广延揽、黜奸邪，俱列入《西台奏议》。沈阳被后金占领后，京官多怀念熊廷弼，而宦官魏忠贤党羽郭巩、张鹤鸣却排挤熊廷弼而庇护王化贞。江秉谦极为愤慨，再三上疏辩争。魏忠贤创设东西厂，增置武阉万人，恣意妄为，朝野危疑。江秉谦同诸谏臣联名上疏弹劾，另上疏奏言："经抚失职，枢臣属一体，不得蟒玉行边。"因此更受阉党嫉恨，最终遭贬谪。值副院杨涟上疏弹劾阉党恶行及左降江秉谦事，阉党忌恨益深。锦衣卫四出搜捕反对者，制造冤案。江秉谦自度难逃此劫，而疡病一直缠身，加上忧国愤时，病情加剧而卒。卒后四月余，阉党矫旨削江秉谦籍。崇祯初年，阉党被诛灭后，复江秉谦前秩，并崇祀徽州府乡贤祠，于朱家巷口立豸绣重光石坊。

江珍 生卒年不详。官吏。字民璞。明歙县人。嘉靖二十三年（1544年）进士，授高安县令；考绩第一，擢礼部主事。请南调，迁守广信，再升浙江参政。游民踞铜山，破婺源，掠歙县，珍请督府发兵断其归路，尽诛之。后以贵州左布政使致仕。

江闿 生卒年不详。官吏。字辰六，号雏萱，晚号卤夫。清初歙县江村人，寄籍贵阳。康熙二年（1663年）举人。少有俊才，为王士祯弟子。召试博学鸿词，授益阳县令。在任建19贤祠，设书院以教士子。后历任均州知府兼郧阳知府、解州知府兼平阳知府，考绩甚优。著有《江辰六文集》（又名《政在堂文》）16卷、《河汾诗集》等。

江恂 生卒年不详。官吏。字禹九，一作于九；号蔗畦，一作蔗田，又号邻竹。清歙县江村人，寄籍江都。由拔贡知清泉县，建白沙、东州两书院，文风以振。历署安徽兵备道，辅徽州知府，积劳成疾，卒于官。居官廉洁，虽任故乡，毫无瞻徇。恂博雅工诗，能隶书、善治印。收藏金石书画颇富，甲于江南。子德量，能传家学，亦工书画篆刻。著有《通书志疑》《蔗畦集》《诗稿》《楮叶集》等，主编《清泉县志》。

江起龙 1611~1666。官吏。初名百子，字跃渊、为霖。本汪氏子，名瑞仪，改从江姓。明末清初歙县江村人。具才干，强膂力。明末以战功授总兵，封伯，后隐去。一心剿灭张献忠、李自成而未果，闻清军灭此二人，喜不自禁："吾耻雪矣！"应募而入芜采营，随征多立战功，如献计独拔仙霞关。清顺治十三年（1656年），官广东白鸽营参将。康熙元年（1662年），擢高州、雷州、廉州三府水师副将，驻扎海安所，曾追敌至暹罗（今泰国），建城御敌，平定海疆，多著勋绩。康熙五年（1666年）六月，率船16艘出海缉盗。七月二十二日，夜泊北墩洋，飓风陡作，船沉海中，与中军都司王爱国同殒水。雍正九年（1731年），世宗诏封英佑骁骑神威将军，立庙于雷州、琼州，每岁祭祀，世给奉祀生员一名。子文林、文桂、文权，皆居雷州。

江轼 1497~?。官吏。字子敬。明婺源江湾人。正德十一年（1516年）举人，授任绍兴府通判，数决疑狱。后以父病归乡，屡被荐举不出仕，以孝亲与诗文自娱。著有《古枫文集》《尚书会旨》。

江致一 生卒年不详。官吏。字得之，号石室。宋休宁石佛人。少与兄致虚游胡瑗之门。北宋宣和五年（1123年）乡举第一，继入太学。宣和、靖康年间，与陈东等伏阙上书六次请斩蔡京、童贯等六贼，复李纲相位，皆如其请，名震中外。寻中兵科优等授录信郎。南宋建炎初，有旨特换文资与正录，力辞不拜，乃归营别墅，学者称"石室先生"。有集50卷。子三：衮、衰、褒。衮从学东莱吕公，号南斋，著《临淄家传》。褒子宋符，乡贡两魁，授本府儒学正。宋符子应求，号畏斋，漕试夺魁，授登仕郎，著《畏斋文集》。

江致虚 生卒年不详。官吏。宋休宁石佛人。与弟致一俱以乡荐入太学。北宋宣和七年（1125年）冬至靖康元年（1126年）春，与弟致一及陈东等太学生先后六次诣阙上书，请斩蔡京等六贼，复李纲相位，指陈军国大事。旋以优校释褐，授太学录。学者称"松菊先生"。

江峰青 1860~1933。社会活动家。字湘岚，号襄楠，晚号息庐老人。清末民国时期婺源东山人。清光绪十二年（1886年）进士，由浙江嘉善知县累官至道员、大学士。光绪二十八年(1902年)大学士孙家鼐奏保经济特科第一,户部右侍郎李昭炜亦专折奏保;翌年召试钦取优等,礼部尚书葛宝华又奏保硕学通儒第一。宣统年间任江西省审判厅丞,一品封典授荣禄大夫。宣统末奉母命还乡,民国元年(1912年)被公举为安徽省议会议员,并任县紫阳学社社长兼商、农、教育会会长等职。曾捐银洋1 000元,总纂民国《婺源县志》。为官较开明,有政声。常言:"官尽一分心,民受一分富。"其知嘉善县时,慷慨解囊,修废继绝,设库馆创时山亭社课,深得当地士民称许。光绪二十七年(1901年),新淦县天主教徒在法国天主教士梅望馨和美国耶稣教士列格思的挑唆下,聚众斗殴;江峰青审理此案时,愤于以往教堂徇外人之情,不恤冤累百姓,乃循情公断,以伸张正义,并著《金川教案述略》以正是非。一生著作较多,有《戊戌新政刍言》《策论》《癸卯时务策》《里居楹语录》《清隐庐文赋诗存》《魏圹署斋随笔》《魏圹揭帖录存》《魏圹南浦吟》《浪游浪墨》《紫云峰唱和集》《潜峰纪胜诗集》《莲廊雅集》等。

江浩 生卒年不详。官吏。字敬夫。明歙县人。弘治八年(1495年)乡荐,初任广昌县令,清慎自持,侍郎揭稽为颜其楣曰"清白"。邓茂七起事,逼广昌境,浩率兵控御,民赖以安。擢徽州通判、累升徽州知府,进秩三品。在任13年,益励清操,治行为天下第一,擢两浙都转运使致仕,旧民怀思,请祠立祀,并祀郡之乡贤祠。著有《慎斋诗稿》《衍庆集》。

江寅简 生卒年不详。官吏。字靖一。南宋黟县江村人。与弟一鹗从师江万里,就读于石鼓书院。博通经史,尤喜诵张载《西铭》,于政治弊端具真知灼见。宝祐四年(1256年)登进士第。任泾县知县,晓喻居民,呼吁因年荒迁徙池、饶外地者归于故里,并奏请免征、减征赋税。以政绩卓著,进秩朝请大夫,士民泣留不得。而事为贾似道所阻,于是辞官告归。返乡之日,囊空如洗。

江登云 生卒年不详。武将。字舒青。清歙县江村人。乾隆十三年(1748年)武进士,授御前侍卫,赐戴花翎。乾隆十六年(1751年)因父丧行孝乡里,逢岁大灾,至扬州募同族购粮发赈。在南漳游击任,立游巡法,并严禁高利贷。继任均州参将、郧阳副将、乾州游击。因功升南安参将、袁临副将。三署南赣总兵,定储粮、振兵、舒民之法。乾隆十六年(1751年)歙岁饥,流亡夹道,登云寓书扬州族人,筹策救荒,得金若干买谷赈乡里。性嗜学,究心乡邦文献,编纂《橙阳散志》10卷传世。还著有《修本堂集》《素壶便录》《爱山诗草》《东南三国记》等书行世。

江粹青 1888~1959。官吏。名仁纯,以字行。近现代歙县皋径人。清宣统二年(1910年),毕业于新安中学堂。宣统三年(1911年),经省试,授岁贡生,后任休宁县屯溪阳湖农业学校音乐、体操、算术教员。民国二年(1913年),任京师京卫军左翼第一团(团长冯玉祥)司书,后升一营书记长。该团改编为陆军第十六混成旅时,任第一团二营书记长,随军历驻豫、陕、川、甘,先后参加推翻洪宪帝制、粉碎张勋复辟战争。后历任辰州竹木税关襄办兼窑河分关主任、陕西督军公署书记官兼机器局文牍主任、河南督军公署、长春地方审判厅书记官、京师税务监督公署前门稽核主任、邮局局长、税局局长、萨拉齐县善后局局长、甘肃全省善后局襄办、宁夏县(治今银川)县长、民勤县县长、靖远县县长、渭川区行政视察公署专员兼天水县县长,革除宁夏监狱陋规,严禁大户逃税,整顿天水警署风纪。匪军马廷贤杀害天水乡民数百,并逼其入伙,江粹青愤然辞职。民国十九年(1930年),任山东省政府秘书。民国二十一年(1932年),调任第三路总指挥部参谋处科长兼山东省官立印刷局局长。民国二十五年(1936年)正月任山东文登县长。四月,因山东省主席韩复榘不同情革命,借病辞职归里。民国二十七年(1938年),当选歙县财务委员会主任委员,收抚难民过境,宣传抗战。民国二十九年(1940年),辞职归里,靠自种田、少量积蓄及变卖衣饰字画维持生活。后当选歙县第一届各界人民代表会议常务委员会驻会委员、加入中国国民党革命委员会,历任歙县政协驻会副主席、安徽省政协委员等职。

许万相 生卒年不详。官吏。字一夔,号三峰。明绩溪金沙人。由胄监任巫山知尹。时有茶税,为百姓沉重负担,万相陈请削减。嘉靖间,以子汝骥赠兵部员外郎。

许天赠 生卒年不详。官员、学者。字德夫。明朝黟县屏山人。嘉靖四十四年(1565年)进士,授浙江海宁知县,擢户部主事,以廉惠称。旋迁两浙、长芦盐运使,官至山东布政参政,平反冤狱。博学通经史,亦通晓盐政。著有《诗经正义》27卷、《两浙长芦事宜》等。

许元 988~1057。官吏。字子春。原籍祁门历口,后徙宣城。以父荫为大庙斋郎,改大理寺丞,迁国子博士,监在京榷货务三门发运判官。《宋史·许元本传》言其"为官强敏,尤能商财利"。北宋庆历年间,江淮岁漕不给,京师军储匮乏,参知政事范仲淹推荐许元为江淮制置发运判官。不久,京师足食,以功擢为发运副使。皇祐三年(1051年),特赐进士出身,授侍御史。后改任扬州知府,又移迁越州、泰州知府,卒于任上。《宋史·许元本传》言:"元在江淮十三年,以聚敛刻剥为能,急于进取,多聚珍奇,以赂遗京师权贵,尤为王尧臣所知,发运使治所在真州,衣冠之求官舟者日数十辈,元视势家贵族立权臣舰与之,即小官茕独伺候岁月有不能得。人以是愤怨,而元以为自然,无所愧悍。"《宋史·许元本传》称其为"宣州宣城人"。明弘治《徽州府志》编者据《许氏谱》考出:许元原籍为祁门,后徙宣城。其父许逖世居祁门，任过侍御史等职，生五子：恂、恢、怡、元、平。

许友山 1265~1321。官吏。名洪寿，以字行。宋末元初歙县许村人。元至元二十七年（1290年），奉台省檄令率乡众平定绩溪县民变。时官军欲全歼，友山存活胁从牵连者500余人，世人钦其阴德。建友山楼于任公钓台，藏书数千卷，甄御史为之题匾"友山"，又建昇溪任公桥（高阳桥前身）、昉岭彦昇亭、登堂忠烈庙。至正十二年（1352年），红巾军项普略部攻入歙县，友山次子德绍领郡府檄令，率义勇力助宁国治中从事使李克鲁收复徽州城。德绍告诫部下要体先人之意，勿伤百姓，故存活胁从牵连者亦500余人。平章三旦八论功行赏，欲授以官，德绍力辞不受。德绍长子许启（字伯昇）初从军中时，呼叫红巾军速降，红巾军正树旗以张声势，许启奋力发三矢，旗裂而竿折，遂一散而去，后官汀州知府，善政极多，人称名宦。时谓："许氏三世义勇，而德足以庇乡间。"

许文玠 ？~1647。抗清首领。字师五。文瑾弟，明末祁门许村人。郡庠生。少师汪伟、金声，善骑射，习韬略。崇祯十六年（1643年）三月，凤阳总督马士英所募黔兵190余人由赣入祁，一路剽掠，文玠率六县乡勇围歼之。后与兄文瑾起兵抗清，初战池州获胜。金声败，兄被执遇害，乃率子生佳赴闽，唐王朱聿键授兵部职方司员外郎。出师广信，经40余战，生佳战死，兵困江西弋阳、贵溪间。为保将士，单骑奔清营，被执不降，遭害于江宁。陈二典有《许文玠殉国纪》。

许文蔚 生卒年不详。官吏。字衡甫，号环山。朱熹在徽州十二高第弟子之一，南宋休宁东郭人。尝师于朱熹、吕祖谦，博学通经史。绍熙元年（1190年）进士。绍兴年间，历任通州教授、海宁丞、国子监学录和博士、兵部郎官与著作郎。曾曰："国家强弱在于元气，元气盛衰在于风俗，风俗振作在于立表，表率立于朝廷之上，影响在于四海之间。"尝以生平所集资财，购田设置义庄，周济宗族之贫乏者。卒于任所，程珌为作墓志。

许文瑾 ？~1645。抗清首领。字在予。明末祁门许村人。太学生。清顺治二年（1645年）清兵南下，与弟文玠起兵响应金声抗清。金声败，文瑾扼守渔亭亦战败，被执至江宁，不屈死之。

许孔明 生卒年不详。官吏。字元熙。南宋祁门人。嘉熙二年（1238年）入太学，值理宗巡幸太乙宫，上书力谏游幸，劾丁大全斁理失道，为理宗所纳。宝祐四年（1256年）登进士第，历任宣教郎、湖广总领所干官。

许书 生卒年不详。官吏。字元文、仲寻，号浣月。清歙县人。顺治十二年（1655年）进士，授保定府涞水知县。涞水满汉杂处，号称难治，许书调剂有方，旗民畏悚。治涞九年，不遗余力，每祷雨辄应。因功擢礼部，后出榷浙江南新关。康熙十七年（1678年）闰三月，母鲍氏88岁寿辰，吏部尚书宋荦（字牧仲）、宋德宜（字右之）等10位亲友至交为诗祝寿，人各一幅。后迁南康（治今江西星子）知府，捐俸养士，葺白鹿书院暨先贤祠，筑鄱阳湖畔紫阳堤，设渡生船。庐山多虎患，鄱阳湖又为盗薮，许书励精图治，虎盗遂息，吏治民俗丕变。康熙二十四年（1685年），以母年高告归，奉养至百岁。卒后，入祀乡贤祠。

许仕达 生卒年不详。官吏。字廷佐。明歙县人。正统十年（1445年）进士，授监察御史。出按福建，革除弊政，劾守官廖秀、薛希琏贪暴，又捕漳州知府马嗣宗送京师。累官福建右参政、山东左布政使、贵州右布政使。

*许仕达

许立礼 生卒年不详。官吏。字季履，号莲岫。明歙县许村人。许国季子。以父荫补中书舍人，官至工部主事。喜好经史，擅长晋唐书法。

许廷佐 ❶ 1654~1710。官吏。字廉伊。清歙县人。康熙二十一年（1682年）武科传胪，授宁夏平罗营守备。后累迁江西铅山营都司金书，河南、河北镇标中营游击。按察司命铅山知县拘捕编民查氏，将解送时，廷佐以"良民查氏犯何重罪"追问来吏，见其言语支吾，又见公文封缄有谬字，因告知县不要急于解送，并嘱其密不告人。许廷佐又向按察司核实，果为奸人伪造文书图谋不轨，查氏得以无恙。❷ 生卒年不详。商人。字良辅。清黟县南屏胡村庙高阳旧里人。幼家贫，入蒙塾不息。12岁时，远贸河北通州，习典业。生平勤俭成性，家家小康。年老归乡，慈善为怀，修宗祠，立祀会，贫者给米炭，死者助棺木，从不吝啬。90寿辰，兴国州王凤池太史题赠"美意延年"匾额。享年96岁。临终检取友人借券尽焚之。

许汝骥 生卒年不详。官吏。字德卿。明绩溪金沙人。嘉靖三十一年（1552年）举乡试第二，次年登进士，授户部郎中。官至河南按察司副使。终以省墓告归。著有《筹边奏议》《近勇轩存稿》《尚书臆见》《蓟镇图说》。

许安治 生卒年不详。官吏。字天牧。清歙县洪村口人。擅文，曾任通判。著有《诸史提钩》若干卷、《积石山房诗稿》1卷、《宦游小草》1卷。

许伯昇 1332~1383。官吏。名启，号讷庵，以字行。友山孙，元末明初歙县许村人。敬贤爱士，恤寡怜贫，去暴惩顽，挪奸剔蠹。曲直不能辨，皆请其评定是非，得其片言而解，谚称："有事诉伯昇，何须理讼庭。"元至正年间，红巾军攻克徽州，伯昇率众护村，连发三矢，悉中旗杆，红巾军由是溃遁，居民得以无虞。明洪武六年（1373年），太祖诏谕天下，搜求隐逸，以辅朝政。徽州知府上其名，伯昇以疾力辞。洪武十三年（1380年），复谕群臣，各举所知，以备任用。徽州知府张孟善力荐伯昇，授汀州知府。汀俗骄嚣尚讼，刚愎好斗，古称难治。伯昇至任即劝课农桑，宣教化民，力除苛政，时人将其比作汀州名太守陈轩。旧有百余家避税洞居，后感其仁政，不觉下涕来归："有守如此，吾忍悖之群乎？"伯昇以劳瘁卒于任上，汀人悲号如丧考妣，立遗爱祠，肖其像，岁时致祭。柩归许村，汀人攀挽相送百余里，潜口方勉为作行状，槐塘唐子仪为撰墓志。永乐七年（1409年）十二月，葬后金村。正德二年（1507年），于大观亭北立五马坊旌其德政。

许启敏 生卒年不详。官吏。字元健，号莳沙。明歙县许村人。万历四十六年（1618年）举人，后授苏州府学博士。为首反对阉党魏忠贤专权，几遭险厄。迁登州府推官，登州军民杂处，素不易治，抵法系狱数百人。至任多所平反，并乞院道奏请宣赦，对不可宽恕者，令煎盐贷死，全活甚众。关上禁烟打击范围过大，殃及无辜，启敏议止，仅治罪烟贩头首。因陆路运输受阻，登州绝粮，几酿不测，启敏建议借春潮至关外之机，由水路运粮而事偕。因功晋兵曹，力辞南返，军民遮道，万人泣送于河滨。旋以疾卒。

许国 1527~1596。名宦。字维桢，号颍阳。明歙县人。嘉靖四十年（1561年）中举人。嘉靖四十四年（1565年）成进士，选翰林院庶吉士。嘉靖帝病故，奉首辅徐阶之命，作《世宗肃皇帝神功圣德碑》，得徐阶赏识。隆庆帝登位，又奉命作《圣主登极颂》昭告天下，得穆宗赞许，授翰林院检讨职掌修史。隆庆元年（1567年）夏，以赐一品朝服出使朝鲜，朝鲜援例所奉馈礼，一概拒收，朝鲜国特勒碑铭称颂。回京师后，升任翰林院编修。隆庆六年（1572年）初，充日讲官兼司经局校书，为皇太子朱翊钧讲学。六月，太子继位，年号万历。万历元年（1573年）升任右春坊、右赞善，继续为神宗朱翊钧讲解经书。次年三月，

*许国

神宗御笔亲书"责难陈善"以赐。万历十一年（1583年）四月，升任礼部尚书兼东阁大学士，参与机务，位居次辅；九月，封太子太保，改授文渊阁大学士。次年九月，因平定云南边乱决策得当，加封少保兼太子太保，授武英殿大学士；十月，神宗特旨恩赐许国于家乡建牌坊，并两次驳回他自请免建的上疏，加批"毋得固辞"四字，以表彰他"协忠运筹，茂著劳绩"。万历十四年（1586年），三次疏请乞休不允，晋封少傅兼太子太傅。万历十五年（1587年），主修《会典》，书成改授建极殿大学士；次年兼吏部尚书。万历十九年（1591年），首辅申时行遭弹劾告假，许国代理首辅；同年，告老回乡。明万历《歙县志》云："国貌温气和，襟宇冲旷，生平不念旧恶，无毫芥蒂，然独持大体。凡进退人才，引当不奥乡党，乡人不能无少望，而海内服其公。"卒赠太保，谥"文穆"。著有《许文穆公集》16卷。

许迥 生卒年不详。官吏。字光远。许逊之弟，南唐祁门历口人。少时甘贫自守，孝养父母。初仕南唐，宋军攻伐金陵时，兄许逊以南唐光庆殿使守护北城，许迥以光庆殿承旨从兄守城。后许逊归顺宋朝，许迥则终身不仕。

许试 生卒年不详。官吏。字廷扬。明祁门许村坞人。嘉靖三十一年（1552年）举人，授福建长乐知县，将赴任，以丁忧归。后改授福建漳浦知县。漳浦临海，屡遭倭寇蹂躏，许试修城墙，编保甲，练乡兵，倭寇不敢犯境。

许询茇 生卒年不详。官吏。南宋祁门五定源（今属金字牌镇）人。淳熙二年（1175年）进士，授朝散郎，官知婺州金华。

许珏 1843~1916。官吏。字静山，晚号复庵。清末民国时期歙县城东关人，寄籍无锡。清光绪二年（1876年），任山东巡抚丁宝桢幕僚。光绪八年（1882年），中乡试。光绪十一年（1885年），随张荫桓出使欧美。光绪十六年（1890年），以候补知县任薛福成参赞，出使英、法、意、比等国。访英时，得知该国众议院不准在印度种烟，喜道："中国自强之机在此！"拟写《禁烟章条》甚为详尽，惜未采用。光绪十八年（1892年），因母丧回国。光绪二十年（1894年），以知府任杨儒参赞，出使美、西、秘等国，力主签订新约保护在美华工权益。中日甲午战争时，抨击朝政，被迫辞职，回国后一度任张之洞等幕僚。因严禁鸦片的主张未为清廷采纳，遂设无锡戒烟局，提倡戒烟。光绪二十八年（1902年），以候选道赏四品卿，任出使意大利大臣。当变法议兴，诸使臣皆言君主立宪符合时代潮流，但许珏却道："中外立国根本异，宜慎所择。"光绪三十二年（1906年）回国，奏陈立宪问题，又奏陈学务宜正本源、防末流。议者咸加诋毁，而许珏力持已见，不为所动。以道员候补广东一年告归。生平信服高攀龙之学，著有《辑要》《复庵先生集》等。

许将 ？~1102。官吏。字士明。许逖曾孙，北宋歙县许村人。嘉祐八年（1063年）状元，授昭庆军判官，后累迁明州通判、集贤校理、右正言、判流内铨、知制诰。恪尽职守，契丹陈兵20万于代州边境，遣使索地，战争一触即发。许将奉诏使辽，不卑不亢，晓以利害，使辽国放弃侵吞意图。回国后，任兵部尚书。在开封知府任上，因遭蔡确、舒宣陷害，被黜知蕲州。后以龙图阁待制起知秦州，累迁知扬州、郓州。其间，狱无系囚，士不谤政，人称"王曾（仁宗朝第一贤臣）在世"。绍圣元年（1094年），任吏部尚书，拜尚书左丞、中书侍郎。宰相章惇奏请掘元祐党首司马光墓，许将进言不要因政见不同而轻易杀戮朝臣，哲宗嘉纳。崇宁元年（1102年），擢门下侍郎，累官金紫光禄大夫。因收复河湟失地有功，转特进。卒赠开府仪同三司，谥"文定"。

许逖 生卒年不详。官吏。字景山。宋祁门历口人。宋初以孝悌辟举，仕主簿。后历任官国子博士、太常丞与京西、荆湖转运使，授金紫光禄大夫。所至有政声，曾上书论时政，为宰相赵普所器重。任职兴元知府时，修山河堰，溉田无数。

许球 生卒年不详。官吏。字叔玉。清歙县人。道光二年（1822年）由乡里荐举，次年联捷成进士。授河南道监察御史，历任主持江西、河南、湖北会试。官至山东兖曹济道。著有《西治奏议》《古今体诗》《养云山馆杂著》。

许登瀛 生卒年不详。官吏。字沧亭，号蘧园。清歙县人。初从商，拥多财，辄以利人济世并为，惠及亲族。雍正五年（1727年）进士，授邵陵知县，综理周详，出人意表。秩满出守楚邦，旋任衡、永、郴、桂四郡观察使，庭无滞狱，楚人惊以为神。湖北汉口新安会馆，专祀徽国文公朱熹，栋宇宏敞。同乡欲扩充径路，额"新安巷"，开辟码头，以方便坐贾行商出入。因汉口人阻挠，兴讼六载，破财巨万，不能成事，以致力竭资耗，而祭典缺然40余年，岁仅朱子生辰一祭。雍正十一年（1733年），许登瀛倡首捐输，得银1.5万两，置买店房，扩充径路，石镌"新安街"额，开辟新安码头，建造奎星楼，为汉口镇巨观。又收买会馆附近房屋基地，造屋数十栋，作为同乡往来居止之处，并设经学，延师儒以为同乡子弟旅邸肆业之所。雍正十二年（1734年），为汉口紫阳书院题匾"治纪南国"。

孙士梧 生卒年不详。官吏。字凤栖。清黟县古筑人。附贡生。嘉庆十九年（1814年）知广西庆远府，辖内汉人瑶族杂处，民风强悍，时有冲突。士梧重于教化，兴办学校，讲求礼让，风俗渐改。遇荒年，则捐款周济。在任五年后卒，灵柩启运回乡，民众夹道涕泣相送，并建祠祀之。著有《瑶俗杂记》。

孙文质 生卒年不详。官吏。字守彬。北宋婺源县孙氏始祖，祖籍青州。建隆年间，以宣议郎官拜御史中丞。时新安烽火兵燹，文质奉命镇抚，重孝义，兴学校，民颂之。

孙抗 998~1051。官吏。字和叔。北宋黟县北街人。少孤力学，寄食浮屠山中。尝步行数百里借书，升楼诵读而去楼梯，潜心问学，博览群书。宝元元年（1038年）举进士，庆历二年（1042年）授监察御史，后官工部郎中。性直敢谏，若奏事不当则自请罪己。其任都官员外郎提点江南西路刑狱时，正值荒年，或议荒年开仓粜米，价宜略高。孙抗以为价高则违便民平粜之意，因奏明平粜。官江南西路提典刑狱时，与鄞县令王安石友善，卒后王安石为撰墓志铭。著有《文集》百卷、《映雪斋诗集》1卷。

孙吴会 1210~1270。官吏。字楚望，号霁窗，晚更号牧随翁。南宋休宁雷溪（今属屯溪区）人。父孙玠迁居六安州霍山县。端平二年（1235年）进士，初任无为监军，淳祐二年（1242年）改差淮西运干，以疏浚河道有功，宝祐年间为沿江制置司参议，后转文林郎。襟度恢廓，外粹内刚。景定五年（1264年），迁知常州，因直言时政被罢职。咸淳四年（1268年）夏，复领建昌军仙都观，授朝奉大夫。吴会嗜学，工诗词，不尚绮丽，重在反映世事利弊。淳祐九年（1249年）回徽州祭扫草市先茔，滞留半月余，作有《题雷溪亭记》。咸淳五年（1269年）复至徽州游审坑庵。著有《煮石吟稿》，惜已佚。《全宋词》收其诗词《雁来红》《摸鱼儿·题甘露寺多景楼》等多首。

孙怡 生卒年不详。官吏。字德容。明祁门益村人。成化二十年（1484年）进士，授刑部主事，后擢本部郎中。持身清谨。办案淮安，屏绝请托，时人称之"一身清彻骨，三尺法无私"。丁艰返里，囊空如洗。

孙学治 生卒年不详。官吏。字赞平。清黟县古筑人。以举人知清溪县，有政声。值彭山滨江水涨，民居荡析，抚赈有方。卒于任所，无钱入殓，百姓纷纷凑钱为其办理丧事，并护送灵柩回归。著有《天香阁》。

孙适 1027~1055。官吏。孙抗长子，北宋黟县古筑人。14岁，前往江东求学于临川王安石，"议论著书，足以惊人"，深受王安石赏识。庆历六年（1046年）考中进士，始为工部御史，后为永州军事推官。"父卒，万里致丧，疾不忍废事。既葬，携扶幼老，将就食淮南，疾益革，遂卒于池州大安镇，实致和二年。"（见王安石《永州军事推官孙君适墓志铭》）享年仅29岁。王安石得知孙适卒，非常悲痛，作挽辞一首："丧车上新垄，哀挽转空山。名与碑长在，魂随帛翣还。无儿漫黄卷，有母亦朱颜。俯仰平生事，相看一梦间。"曾巩亦为其撰《永州军事推官孙君适墓志铭》，其中有言："君于学问，好其治乱得失之说，不狃远卑。于为文，以古为归，不夸以浮。虽素羸不废书，虽进不息为止，既肆而通矣，而不得极其至。"

孙球 生卒年不详。官吏。字鸣虞。清休宁人。举人，授内阁中书。历官监察御史，于乾隆末、嘉庆初，两次疏劾权相和珅。后以目疾归里。道光十一年（1831年）赏四品卿衔。

孙勷 生卒年不详。官吏。字子未，号城斋。清婺源李坑人。本姓李，因继嗣长洲令孙某为子，故改姓孙。幼聪敏，康熙二十年（1681年）取山东解元，康熙二十四年（1685年）成进士。初授翰林院检讨，后官至大理寺少卿。著有《鹤侣斋集》。

李士珪 生卒年不详。官吏。南宋婺源李坑人。庆历年间荐用，官至招讨使。

李大任 生卒年不详。官吏。南宋祁门孚溪盘田人。庆元五年（1199年）进士。官浙东提刑司佥事，秉性耿直，为官清廉，以提举台州崇道观告退。裔孙李遇龙，宝祐四年（1256年）进士，知真州六合县；李遇凤，官承信郎，监江州甲仗库。

李友闻 生卒年不详。官吏。明朝祁门城西人。少习《春秋》。正统十年（1445年）进士，授行人司左司副使，迁工部郎中加奉政大夫。

李仁 生卒年不详。武将。字居卿。北宋婺源李坑人。天禧元年（1017年），为征南先锋。后以战功封安南武毅大将军。

李训典 1865～1931。社会活动家。字旭寅。清末民国时期祁门景石人。邑庠生。民国元年（1912年）任祁门茶商公会会长，翌年出任巴拿马万国博览会筹备会劝导徽属红、绿茶出品专员。民国四年（1915年）委办意大利都朗博览会祁茶展出事宜。两次任事，使"祁红""屯绿"声播海外。

李西樵 1875～1937。社会活动家。字离藻，号采薇。近代祁门溶口人。清末邑庠生。民国元年（1912年）供职于广东军政府，同时加入同盟会。安徽优级师范学堂毕业，历任祁门县劝学所所长、教育局局长。

李均亮 ?～1415。武将。元末明初祁门孚溪（今属凫峰乡）人。元至正年间，蕲黄兵至，率众保乡里。归明后，调守滁阳。侄李泰世袭其职，因征讨有功，升任永平卫指挥佥事、本卫指挥，授明威将军。

李芾 ?～1276。官吏。字叔章，又字俊良，号竹溪。南宋婺源李坑人。初荫补安南司户，继升湘潭、德清知县和永州、温州知州等，咸淳元年（1265年）知临安府。性刚直，不附奸佞，因被贾似道罢黜。德祐元年（1275年），元军取鄂州时起用为湖南提刑，随授湖南安抚使兼潭州知州。到任招兵募士抗元军，坚守数月，城破自命部属杀其本人及全家，以尽忠贞。死后赠端明殿大学士，谥"忠节"。

李泛 生卒年不详。官吏。字彦夫，号镜仙。明祁门李源人。弘治十八年（1505年）进士，授南京工部主事，升郎中。出知广西思恩府，值思恩兵变，李泛单骑抵任，招抚3万余人，诛其叛首，边境由是安定。后因遭人妒恨，辞官归里，在家捐田入李源书院。著有《镜山文集》。

李叔和 生卒年不详。官吏。字介夫。明祁门福洲人。嘉靖三十二年（1553年）进士，由推官擢御史，巡按辽东、浙江。后因劾相臣擅政，几至不测，贬谪归家。著有奏章若干卷。

李知诚 生卒年不详。武将。字德实。南宋婺源李坑人。乾道二年（1166年）举武状元，授军抚司。

李念祖 生卒年不详。官吏。南宋婺源严田人。淳祐四年（1244年）进士。官至淮东安抚使。

李厚 生卒年不详。官吏。字执中。明祁门李源人。永乐元年（1403年），由太学生授刑部主事，因上疏释童子冤被谪安南。三年后起任吏部主事，未几解绶归家。

李昭炜 生卒年不详。官吏。字理臣，号蠡纯。清婺源李坑人。同治十三年（1874年）进士，由翰林院庶吉士授检讨。大考优等，开坊官至户部右侍郎。年老归里，为人谨厚，受人敬重。

李起 生卒年不详。武将。字允升。明婺源李坑人。少以骑射、读书为务。崇祯六年（1633年）中武举，次年成武进士。初授守备，镇守采石矶，兵民两便，巡更不惊，江右赖以安。后升参将，出征屡著奇捷，阁部史可法褒赠"甲洗天河"匾额。终以副总兵死于任上。

李寅宾 生卒年不详。官吏。明婺源理田人。嘉靖四十一年（1562年）进士。初授嘉兴知县，有政声。继升南京工部主事，署理漕运于真州。时有宦官奉旨采香，乘巨船游赏，差役征夫数百。寅宾愤然登舟，请上采者服役，百姓遣还，宦官惧怕逃之夭夭。漕事之暇，聚士讲学，忌者诽谤他，他惊愕道："不枉法而枉官，这正符我所愿望。"

李善长 1314～1390。官吏。字百室。元末明初歙县东乡人。传云本姓胡，名以进，昌翼之裔。尝读书灵金山，后任昱岭吏。逢遇兵乱，携子往来池、凤间，遂落籍定远。朱元璋过定远，求见时被留作幕府掌书记，与谋军机，筹划粮饷。元至正十六年（1356年）朱元璋克建康，称吴国公，善长任江南行中书省参议，留守建康。至正二十四年（1364年）朱元璋称吴王，善长任右相国。至正二十七年（1367年）封宣国公。明朝建立，以左相国兼少师，次年封韩国公，进太师、左丞相。曾总管江南40万移民垦濠田事八年。其祖墓在歙县桂林狮塘。明洪武三年（1370年），授号"开国辅运推诚守正文臣"，晋升特进、光禄大夫、左柱国、太师、中书左丞相，晋爵韩国公，子孙世袭，可谓位极人臣。朱元璋长女临安公主下嫁善长长子祺，祺受封为驸马都尉。洪武二十三年（1390年），因受胡惟庸案牵连，朱元璋将善长连同其妻女弟侄70余人一并处死,享年77岁。

李道同 生卒年不详。官员。字咏霓。清末民国时期婺源李坑人。京师大学师范分科毕业,授学士,历任内阁中书、吏部员外郎。民国时任国务院佥事、总统府谘议员等。曾获五等嘉禾勋章。

杨宁 1400~1458。官吏。字彦谧。明歙县人。宣德五年(1430年)进士,历官刑部主事、刑部郎中、刑部右侍郎等职。景泰初,召拜礼部尚书,旋以足疾徙南京刑部,凡六年,断狱宽恕。史称宁有才干而善交权贵。博览经史,尤长于《春秋》。弟宜,举进士,拜监察御史,迁广东按察副使。子埙,授新安卫世袭副千户,著有《白云稿》。

吴士千 生卒年不详。官吏。字揆铨。清婺源花桥人。贡生。考授内阁中书,后改主事,补楚雄府丞、知府。

吴大吉 生卒年不详。官吏。字鉴忠。南宋婺源吴源人。绍兴二十三年(1153年)进士。历官礼部员外郎、国子祭酒。

吴之儒 生卒年不详。官吏。字道卿。明祁门外巷人。嘉靖三十七年(1558年)授知州,为官清廉,囊无余资。

吴天骥 生卒年不详。官吏。字伯骏。南宋休宁东村(今休宁西街东青巷一带)人。隆兴元年(1163年)进士。初任建昌司户,兼理狱政,继改授太常博士。后出知信州,适岁荒饥,开仓储平粜济灾民,并减免积欠租赋。再任衢州知府,迁户部员外郎。著有《凤山集》20卷。

吴云 ❶生卒年不详。官吏。字松玉,号润之。清休宁长丰人,寄籍江苏吴县。乾隆年间进士,官山东道监察御史,弹劾不避权贵,尝疏劾两江总督,直声震朝野。官终彰德知府。著有《醉石山房诗文钞》。子信中,嘉庆十三年(1808年)状元,官侍读学士。❷生卒年不详。画家。字伯雨,号一叶楼。明休宁人。画兼米芾、黄公望,逸韵绝人。字兼赵孟𫖯、文徵明之法。著有《一叶楼集》。❸生卒年不详。诗人,画家。字秋南。清歙县人。工诗,善画山水。著有《听雨楼稿》。

吴中明 ?~1556。官吏。字知常,号左海,小名麟寿。明歙县南溪南(今属屯溪区)人。万历十四年(1586年)进士,初授瑞州、汀州两府推官,以公平廉洁为人称颂,升南京刑部主事,对权贵执法不阿。后转任南京吏、礼两部,时权宦陈奉横行三楚,言官上朝参劾,缇骑派出后,却拿陈奉没办法。中明不畏权贵,将其暴戾罪状一一揭露,获社会舆论称颂。在南京任主事时,还曾延请意大利传教士利玛窦重修《山海舆地图》,万历二十八年(1600年)《坤舆万国地图》(1卷)在南京翻刻刊行。后升河南提学,晋参政,分守汝宁道,遇灾荒,竭力赈济。汝宁王纵容家奴张瀹恃强杀人,中明坚持将其正法。领军驻守河北蓟镇,整修城墙台堡,加强边关防卫。万历三十六年(1608年)任河南布政司左参政,出任万历《歙志》分裁。任职陕西布政使、广西巡抚时,均树政绩,朝野称颂,朝廷嘉奖。后晋升南京户部右侍郎、都察院右副都御史、总督粮储。卒葬金城院(位于今南溪南)对面山,赠南京户部尚书。

吴仁欢 727~807。官吏。字怀忠,一字世达。唐古黟赤山镇(今祁门县祁山镇)人。永泰元年(765年),聚集地方武装数千人,助官军击败方清义军,授朝散大夫、石州刺史,未赴任。翌年,奏请建县。诏令划黟县六乡及浮梁县东北,委之筹措,因立祁门县。事成,仍知石州。继而以父母年老求归乡里,乃以刺史俸任祁门县令。在任九年,与民休养生息,百姓安居乐业。后升郑王府长史,辞不就,隐居县西武陵。

吴文炎 生卒年不详。官吏。字麟章。清婺源花桥人。康熙三十六年(1697年)进士,授翰林院检讨。后改湖北监利知县,以廉能征拜刑部郎。康熙五十四年(1715年)分校礼闱,寻简放知云南。卒授中宪大夫。著有《经学辨疑》《勤庵就正集》。

吴孔嘉 1589~1667。官吏。字元会,号天石,别号石庵。明末清初歙县西溪南(今属徽州区)人。天启五年(1625年)第二名进士(探花),授翰林院编修。参与纂修《实录》,与姚宗衡总修《歙志》。著有《玉堂视草》《臣鉴汇编》《知非录》《后乐堂集》。

吴正治 生卒年不详。官吏。字当世,号赓庵。明末清初休宁临溪人,寄籍湖北汉阳。清顺治六年(1649年)进士,授编修,顺治十一年(1654年),以侍讲出补江西参政,转陕西按察使,召为工部右侍郎,转刑部侍郎,释江南无辜诸生200余人,倡率同官奏免逃人十家连坐。擢都察院左都御史,晋礼部尚书。康熙二十一年(1682年),晋武英殿大学士,主纂重修《太祖实录》,任《大清一统志》《大清会典》总裁官。康熙二十六年(1687年),以病乞休,以太子太保、礼部尚书、武英殿大学士致仕,卒谥"文僖"。

吴宁 ❶1389~1452。官吏。字永清。明歙县莘墟人。宣德五年(1430年)进士,授兵部主事。正统十四年(1449年),也先犯大同,宦官王振劝英宗率50万大军亲征,大败于土木堡,死伤数十万,英宗被俘。景帝即位,任于谦为兵部尚书。是年十月,也先挟英宗破紫荆关,进犯北京,于谦命兵部右侍郎赴军营议事。及宁归,城门紧闭,寇骑充斥,宁立雨中指挥将士奋战,待寇稍去始得入城。也先被击退后,京畿人心惶惶,相率南逃。时有人建议招兵勤王,宁曰:"是益使之惊也,莫若告捷四方,人心自定。"因具奏行之。景泰元年(1450年)以疾乞归,遂不复出。有鉴识,尝为于谦择婿朱骥。性耿介,与人交开心见诚,是非之际直言无隐。待族姻故旧,恩义兼至。与乡人处,漠然无贵势。退归后,足迹不入城府。❷生卒年不详。诗人。字元侣。清歙县路口人。幼年丧父,孝事寡母,勤苦力学。乾隆二十二年(1757年)召试二等,候选训导。乾隆《歙县志》多出其手,文名远播。著有《槛雄诗集》。

吴礼 ?~1359。武将。字和叔。元休宁城南人。至元十三年(1276年)以茂才辟为浙江行省令史,旋调江西行省转静江路经历,授廉州推官。以操办团练、保障廉州功,升任钦州总管及海南、海北道元帅。先后镇守钦州10年,卒于任上。著有《野航集》。

吴必昱 生卒年不详。官吏。字德纯,号恒庵。明祁门人。成化二十三年(1487年)进士,授江西太和县令,擢九江同知,官终长沙知府。晚致仕归故里城子山,创设紫潭书院,致力于桑梓教育。

吴圣楫 ?~1667。官吏。字石舟,号雪岩。清歙县人。顺治年间,以拔贡授陕西文县知县。文县与西羌接壤,番汉民族杂处难治,而圣楫控御有为。故有远屯,按新例应归并附近州县,前任只据丁粮移并,而军屯士卒700余人仍不肯离去。前任临行前,军屯鼓噪,几有不测。圣楫单骑巡行谕令解散军屯,并及时请求上官豁免士兵罪责。又将闹事头目以他事重惩,军屯士卒遂慑服。又有远屯丁瑶、地草拖欠白银3 000余两,犹在县籍,吴圣楫力请台司拜疏题豁。奸民尚应魁冒充旗丁大肆骚扰百姓,圣楫将其绳之以法,诸旗丁惊惮,未敢犯境。县境当松潘孔道,蜀军往来,不可一世,多干贩马等勾当。圣楫擒其桀骜不驯者押赴茶马司,蜀军遂大为收敛。康熙六年(1667年)六月,奉檄巡行边寨,清踏熟番地亩,深入异境,以疾卒。棺椁经玉垒关,父老攀号。丁壮百人牵挽前行,梯山陟峻,荆棘堕折之苦浑然忘却。著有《雪岩集》。

吴成器 生卒年不详。武将。字德修。明休宁柏墩人。父为靖州尉,成器前往省亲时,适苗人暴动,应募平乱,授会稽典史。倭寇入侵会稽、嘉兴、陶家堰、曹娥江、山阴诸郡县,成器率兵征讨,大小数十战,身先士卒,进止有方略,屡战屡捷。以功擢布政司经历,继授绍兴总兵通判。乱平,辞官归里。

吴华孙 生卒年不详。官吏。字冠山,号翼堂。吴炜侄,清歙县南溪南(今属屯溪区)人。雍正八年(1730年)进士。选庶常,授翰林院编修。雍正十三年(1735年)夏为婺源江永《四书典林》作序。乾隆年间任福建学政时,上疏奏请重新查勘死刑冤案,使蒙冤二人得免于死。后由山东道监察御史致仕。乾隆三十六年(1771年)倡修《歙县志》。

吴自新 生卒年不详。官吏。字伯恒。明祁门福州人。隆庆二年(1568年)进士,授工部都水司主事,寻改任杭州知府。有重犯匿权贵家,自新捕而戮之。一豪门子犯死罪,贿请减刑,不允。后迁兵备副使,历左、右布政使,以南京刑部右侍郎致仕。好读兵书,题其室曰"洗心"。

吴江 生卒年不详。武将。字君举。南宋休宁璜源人。庆元年间中武举,授武副尉,监税吉州龙泉。嘉定年间转承信郎,曾随邑人程卓出使金国,充贺正旦副使。使金回,至江州病卒。

吴安朝 生卒年不详。官吏。字元镇。宋末元初绩溪人。咸淳七年(1271年)登进士第,初授衢州教授,继除礼部阁文学、太府寺丞,以本职参议闽浙招捕司事。元初,授池州路总管府判官,知贺州。门无私谒,州政肃然。后弃官归隐故里,事农读书。

吴观国 ?~1390。武将。字用宾。元末明初休宁璜源人。英迈好学。蕲黄兵乱,与婺源汪同举义兵,保障乡土,境域获安。归明后,拜枢密分院都事。后与弟良因事获罪同殁于南京。著有《石松稿》。

吴远 生卒年不详。官吏。字惟明。明歙县岩寺(今属徽州区)人。弘治九年(1496年)进士,授莆田县令。岁荒多盗,劝农桑,赈民急,公余亲为生员讲学;修葺学舍、桥梁、邮馆而不征于民。升黎平知府,其地多民族杂居,屡有械斗,吴远教以礼让,使和睦相处。

吴应明 生卒年不详。官吏。字以诚。明歙县西溪南(今属徽州区)人。万历十四年(1586年)进士,授福安令,有政绩。历任兵、户二科给事中,曾主浙江乡试。转工科都给事中,进言立国之本,晋太常寺少卿。著有《教养录》《荒政要录》《乡约从先录》。

吴怀贤 ?~1625。官吏。字齐仲。明休宁商山人。天启四年(1624年),参与纂修《实录》,授制诰房中书舍人。杨涟劾魏忠贤,怀贤有"即时遣戍"之语;又致书吴昌期,谓"事极必反,反正不远"。魏忠贤侦知其语,矫旨下其于狱,并以结纳汪文言,为左光斗、魏大中鹰犬之罪名,拷掠致死。崇祯二年(1629年)追赠工部主事。

吴良 ?~1390。武将。初名良升。元末明初休宁东里人。赋资豪迈,武艺过人。元至正年间红巾军起,与同邑俞茂聚众捍卫乡里,后附汪同保郡。明初归附邓愈,征战严、衢、饶州一带,授昭信校尉,管军百户。洪武三年(1370年)赐名"良",转战云、贵等地,授武毅将军。洪武二十三年(1390年)因事获罪,死于金陵。

吴范 1914~1937。军人。又名桂生。民国时期歙县方祈人,寄籍杭州。小学毕业后,因家境中落辍学,去苏州学徒。16岁考入杭州笕桥中央航空学院,以飞行科第一名毕业,授少尉军衔。先在南昌空军第一队见习,后调往汉口空军第三十队。先后获南京海陆空秋操(学习)银质纪念章、航委会侦察班学习第一名等。后赴美国深造空战技术,"八一三事变"后回国,誓言"国难方殷日,男儿效死时",先后击落、击伤日军飞机10余架次。民国二十六年(1937年)十月二十五日,奉命驾驶德国产1025号轰炸机由南京起飞,在三架护航机的配合下，偷袭停泊于上海吴淞口至崇明岛之间的日军旗舰（指挥舰）出云号。日军先派出战斗机拦截，被吴范等人逐一击落。吴范利用超低空飞行技术，避开火力网，进入炮火死角区后，陡然拉起机头，将炸弹准确投入出云号烟囱，敌舰中弹起火，受到重创，几乎瘫痪沉没。但吴范驾驶的飞机因油箱不幸中弹，返航时摇摆不定。地面指挥员命令弃机跳伞，但吴范爱机如命，人在机在。飞抵镇江时，飞机已难控制，吴范命副手跳伞后独自驾机返航。在南京机场着陆时，油箱爆炸，机毁人亡，遗骸国葬于南京钟山航空公墓。国民政府在南京举行隆重追悼大会，并定该日为"吴范牺牲纪念日"，全国各大报纸均以显著版面宣扬吴范事迹。歙县各界在白杨吴氏宗祠召开追悼会，由国民党徽州驻军第十一师师长彭善主祭，蒋介石、李宗仁、林森等高级官员及社会各界致送挽联、挽词、诔文，参加追悼会者逾万人。辑有《侦察术汇稿》。

吴杰 1837~1910。官吏。字吉人。清末歙县人。少时在浙江龙游学茶漆生意。生性喜武，以勇力闻名，能立于马背疾驰。青年时弃商从戎，官把总，驻守宁波，积功升常山千总。光绪四年（1878年），擢镇海威远炮台守备。光绪十一年（1885年）正月十五日，法兰西远东舰队司令孤拔率军进犯宁波沿海，敌舰悍然炮击，炸死总台守兵4人。十七日，吴杰数次请求出击未允，遂划小舟至威远炮台亲自开炮，击中巴雅号烟筒，再发炮击断头桅，横木下坠砸伤孤拔。二十一日，孤拔率舰队南逃，后卒于澎湖。长官心生忌恨，以不遵军令奏请革职。后经宁绍台兵备道薛福成入觐讼冤得复原职，旋分发江苏候补。浙江巡抚刘秉璋爱才如命，将其留在身边。刘秉璋升至四川总督，又带其入川。光绪二十年（1894年），中日甲午海战爆发，浙江巡抚奏请调其总领镇海炮台，德宗诏允。后三署总兵，一摄提督，统全浙水师、嘉湖水陆各营、镇防各军，因功受封巴图鲁（满语为勇士）。卒葬镇海县（今镇海区）东南黄梅堰，子孙遂著籍为镇海人。

吴郁 生卒年不详。官吏。字文盛。明休宁冰潭人。成化年间会试中亚魁，授工部都水司主事，提督清江提举司，力革积弊。升员外郎，革新荆州竹木税制，以恤商贾之苦。再迁郎中，出督遵化铁冶矿，政绩卓著。累官至云南布政司右参议。著有《冰潭稿》。

吴贤 生卒年不详。官吏。字思焉。清休宁人。侍母尽孝，甘于贫素。乾隆二十一年（1756年）举人。任溧水知县，毁五通神祠，改建武庙。知荆溪县，修学宫，复修前明卢忠肃公祠。知元和县，痛惩浮靡治游之习。

吴国仕 生卒年不详。官吏。字秀升。明歙县人。万历三十二年（1604年）进士。由刑部主事升嘉兴知府，在任均调赋税，改漕运为官运。集工修筑海堤，建石梁于王江泾，人称"吴公桥"。又擢辰沅（今属湖南）参政兵备，转川东参政，当时屠崇明父子起事，樊龙等盘踞重庆，乃单骑入涪，设水哨，擒樊龙，收复重庆。调任湖南，常德宁乡悍民占据锡矿，抢掠居民，因扼要立营，民赖以安。再升福建布政使，复平海盗。晋少司农，督流泉，上疏陈五议，俾商民两利。卒于任所。著有《楚图说》。

吴炜 1685~1764。官吏。初名仕赓，字觐扬，号南溪。清歙县南溪南（今属屯溪区）人。雍正八年（1730年）进士，乾隆七年（1742年）六月，任山东道监察御史，为汉口紫阳书院题"羽翼圣经"匾额。乾隆九年（1744年）任工科给事中，奏请为歙县紫阳书院御书"道脉薪传""百世经师"。刚正不阿，敢于言事。上疏奏章几十，累受褒奖。因上章弹劾河臣完颜伟及九卿荐举朱文灏、毕宗高不妥当，声名大振。有廷臣以国用不足上请，吴炜激切陈词，娓娓数千言，有当朝第一奏疏之称。出任口北道，兴利除弊。某年遭灾荒，情况紧急，来不及禀报即开仓赈济，灾民得以保全。乾隆二十五年（1760年）春，作《重编棠樾鲍氏三族宗谱序》。次年十二月，任上书房行走、光禄寺少卿、恭请御书"洛闽溯本"颁赐篁墩程朱阙里祠。乞休后，应徽州府之聘，掌教紫阳书院。有乾隆刻本《吴少卿文集》（1卷）、《光禄公自叙年谱》。尚有《吴南溪叙文》及《四书文》等。

吴宗尧 生卒年不详。官吏。字仁叔，号谦庵。明歙县北岸人。万历二十三年（1595年）进士，授益都知县。自采矿权税议起，阉宦专权，肆无忌惮，每至崤山以东，知县与百姓俯首相迎，阉宦却颐指气使，不可一世。吴宗尧至任未几，上疏千余言，列举阉宦陈增违旨开矿营私、剥官毒民等大罪，给事中及山东巡抚亦极论陈增罪过。神宗大怒，将吴宗尧削籍。陈增诬吴宗尧阻挠矿务，吴宗尧被逮。青州府（治今山东益都）、济南府（治今山东历城）数万百姓遮道卫送，争愿戮陈增雪恨，民愤逾月乃定。吴宗尧虽遭罢官，而阉宦气魄已夺，遂不敢毒益都之民。审讯数年仍无果，后由大学士沈一贯救释为民，不久卒。天启年间，赠光禄寺少卿，赐重祭，任用一子。

吴定洲 ?~1858。武将。号老明。清末绩溪人。常居歙北，以修建水碓为业。雄伟有武力，使大刀能敌百人。曾与太平军接触，萌发革命思想，遂于歙北跳石以组织"花会"（聚赌组织）为掩护，所聚数千人。咸丰二年（1852年），徽州府诱捕定洲入狱，遣散群众。咸丰三年（1853年）春，太平军进逼徽州，原所聚众欲劫狱起义。徽州府乃释放定洲，尊为上宾，邀其为官府组织"义练"。定洲组成义练约5 000人，与太平军交锋皆晨战暗纵。咸丰五年（1855年）正月，太平军项天侯陈狮子攻入祁门，定洲奉命率部进击，其缓慢开进，使太平军安然撤退。咸丰六年（1856年）五月，太平军从婺源县大鳙岭直达休宁县，进入歙县，徽州军务督办张芾率果毅军及定洲部驻扎七里亭。战斗中，定洲见太平军受挫后，方才率众上阵，让太平军得以从容撤出。

吴显 生卒年不详。官吏。北宋婺源莒溪人。庆历年间荐用,官至右仆射。

吴信 生卒年不详。官吏。明祁门墩上人。少习《春秋》。成化元年(1465年)中举人,授江西东乡知县。在任修城垣,平冤狱,以廉直著称。三年后告老还乡。

吴信中 1770~1830。官吏。字阅甫,号蔼人。清休宁长丰人,寄籍江苏吴县。幼承家学,于嘉庆十三年(1808年)会试中,成一甲第一名进士,大魁天下,授编修,历典河南、广东、湖北乡试,大考一等,擢庶常,入直南书房,由侍讲学士迁侍读学士,时其父70余岁,老病归里,信中请归养,不久病卒于家,终年61岁。著有《玉树楼稿》。

*吴信中

吴闻礼 生卒年不详。抗清将领。字去非。明末休宁商山人,寄籍钱塘。崇祯十六年(1643年)进士。曾与金声协谋抗清,聚众保郡。顺治二年(1645年)十月,清兵下徽州。闻礼去福州,以右副都御史巡抚福建上游,与詹兆恒同守仙霞岭关。次年清兵压境,率乡勇抗敌,战败不屈饮药死。

吴诵芬 生卒年不详。官吏。字兰府,号梅生。清祁门渚口人。道光十一年(1831年)举人,知龙山县。龙山苗族聚居,诵芬以兴教为己任,筹经费,创书院,公余悉心批生童课业。改任芜湖教授,亦以训士有方为邑人称颂。曾奉令采买兵米,以期限紧迫,无所措,得士民踊跃输米解困。著有《五经精义》《蕊香文钞》。

吴盈安 生卒年不详。官吏。字彦恭。明休宁桃源人。洪武二十七年(1394年)举贤良方正,历官县令、光禄寺少卿。永乐继统,弃官不仕。诏命复职,坚不应命。寻以违诏发配北京兴州中屯卫军,在戍十余年。后其子永文德代,才获释归家。

吴载勋 生卒年不详。官吏。字荩卿,号慕渠。清末歙县丰南(今属徽州区)人。咸丰八年(1858年)补历城知县,捕斩大安等叛匪,以功保授知府。咸丰十一年(1861年),捻军东进,载勋擒其魁渠,势少止。次年七月,遭溜川之变城陷,久不能复,被罢职。同治五年(1866年),谪黑龙江,将军德英委办江东俄罗斯事及赍送定界牌杜特尔伯特界,以累功赦归,侨居江苏高邮。著有《味陶轩文集》。子二:长子义培字集生,光绪二十六年(1900年)摄堂邑令;次子荫培字少

渠,同治十二年(1873年)举人,历官刑部、外务部郎中,潜心学术,著有《易象图说》《史记引经征》《新安吴氏诗文存》《吴氏艺文志略》《文章轨范》《蜀抱轩文钞》《紫云山房诗词稿》等。

吴格 生卒年不详。官吏。字之平。南宋休宁石田人。淳熙十四年(1187年)进士,历官左曹郎、直秘阁、帅绍兴。越地素有征浮财定例,甚为民害,力奏免征。曾提举浙西常平茶盐,值旱蝗岁荒,进议"令民于不种之田"种杂粮自食,官不收税,主不收租。官至焕章阁起居舍人。著有《备边管见》。

吴恩诏 生卒年不详。官吏。字仲延。华孙次子,休宁名宦汪由敦婿,清歙县南溪南(今属屯溪区)人。乾隆十七年(1752年)举人,授中书。任金(华)衢(州)严(州)巡道时,力禁浙东溺杀女婴陋俗和虐待、禁锢奴婢的恶习,减除仓无余粮、派买贴费等弊端。后调任宁(波)绍(兴)台(州)兵备道。乾隆四十五年(1780年),诸暨发生洪灾,奏请免赋赈灾。灾后督修海塘堤坝,日夜操劳,心力交瘁,卒于任上。

吴继京 生卒年不详。官吏。字用宾,又字带河。明休宁商山人。万历十三年(1585年)举人,初授贵溪知县,寻擢广东德庆知州,以清廉著称。致仕后,在乡创道南会,阐明儒学,后学者师之。

吴辅 生卒年不详。官吏。字友仁。南宋休宁江潭人。登嘉定十三年(1220年)进士第,授崇安主簿,升监察御史兼崇政殿说书。宋理宗赞其"山立而镇浮,玉洁而廉俗。问学有经世之具,议论有济世之才"。

吴渊 生卒年不详。官吏。字道父,号退庵。状元吴潜兄,南宋休宁人,寄籍宁国。嘉定七年(1214年)进士,历官宝章阁直学士、兵部尚书、资政殿大学士,封金陵侯;复晋爵为公,赐宅第志勤楼。累官至观文殿学士、参知政事,卒赠少师。有才略,所至兴学养士。著有《易解》《退庵文集》《庄敏奏议》。子存远,宝祐年间为建宁府判;从子日起为吉州刺史,封休宁县开国男。

吴绥诏 生卒年不详。官吏。字青纾,又字澹人。华孙长子,清歙县南溪南(今属屯溪区)人。乾隆十三年(1748年)进士。入翰林院后升御史。历甘陕学政、奉天府丞,入值尚书房。校勘《四库全书》,以详慎称,擢京尹,愈加体察民间疾苦。后晋通政司。著有《吴澹人石林诗集》。堂祖炜、父华孙,皆雍正八年(1730年)进士,弟恩诏。

吴琼 ❶生卒年不详。官吏。字德辉。明祁门墩上人。少习《诗经》。嘉靖十四年(1535年)进士,历任宜春、南昌知县,有政声。召为监察御史,奏行戍边之策。擢升温州知府,未几告归乡里,结屋墩上,绿竹环绕,自号"竹墩"。著有《吴温州稿》。❷生卒年不详。诗人。字邦珍。明休宁商山人。嘉靖十四年

(1535年)进士。家多藏书,手不停披。豪于吟咏,开"紫芝社",风雅冠一时。著有《紫芝社稿》《敝帚集》。《明诗综》录有其诗。

吴雯清 生卒年不详。学者。字鱼山,号方涟。明末清初歙县岩寺(今属徽州区)人。清顺治八年(1651年)领浙江乡荐。顺治九年(1652年),成进士,授浔州司理,官至江南道御史,卒于官。生平笃行孝道。著有《闻见录》《寒浔吟》《星槎草》《劝善集》《纪游草》各1卷,《啸轩集》4卷。

吴景明 生卒年不详。官吏。字复阳。明休宁人。嘉靖三十一年(1552年)举人,历任湖南常宁知县,擢广西上石西州知府,后致仕归。著有《西州集》。

吴椿 ?~1845。官吏。字荫华。清歙县西溪南(今属徽州区)人。嘉庆七年(1802年)进士,授编修,历通政司副使,督学福建。道光九年(1829年),以光禄卿充会试副考官。道光十一年(1831年),以兵部侍郎督学浙江,复充浙江乡试正考官。擢左都御史,留浙督办海塘工程。善治水,经其对海塘实地考察,并吸取海塘治理的历史经验,创议修建条块石塘,并添筑坦水,海塘因之以固。道光十六年(1836年)竣工,得旨嘉奖。擢礼部尚书,徙户部。道光十九年(1839年),因疾辞官,道光二十五年(1845年)卒。

吴锡龄 生卒年不详。官吏。字纯甫,一字纯渊。清休宁大斐人。3岁失怙,继父长兄长龄弃举子业,抚其成立,族人亦予救助。乾隆三十七年(1772年)举人,乾隆四十年(1775年)状元及第,由内阁中书入直军机章京,官翰林院修撰,未满一年病卒。

*吴锡龄

吴鹗 生卒年不详。官吏。字羽骞,号翼亭。清黟县横冈人。康熙二十四年(1685年)进士,授山东历城知县。在任省徭役,弭贼盗,理积赋,选英才,颇有德政。

吴箕 生卒年不详。官吏。字嗣之。南宋休宁江潭人。乾道五年(1169年)进士。初任仁和主簿,兼临川教授,与陆九渊等讲明义理。后调当涂县令,在任洞察民情,明断诉讼,以其经历剖析案情,分门别类,汇编成《听讼类稿》12卷。博学能文,精于史学,著有《常谭》1卷,其书多为评骘史事,间亦有考证。

吴肇荣 生卒年不详。官吏。字子华,又字本仁。清婺源花桥人。考授东昌府同知,三摄知府,又摄主考。后升任常德知府,再转安陆知府,皆有政声。

吴肇新 生卒年不详。官吏。字子盘。清婺源花桥人。国学生。选授兵部职方司主事,寻改刑部。后荐为彰德府郡守。在任修葺学宫,振兴文教。卒赠中宪大夫,士民祀于学宫。

吴镐 生卒年不详。官吏。字宗周。明绩溪人。嘉靖年间举人。初任上虞知县,捐俸置田,以恤贫士。后升安州知州,筑堤防水,散种助耕。

吴潜 1196~1262。官吏。字毅夫,号履斋。南宋休宁人,寄籍宁国。嘉定十年(1217年)举进士第一,授承事郎,签广德军判官。历广东安抚留守,尝应诏陈九事,因正直忤时相,罢归,淳祐十一年(1251年),由知绍兴府入为参知政事,累迁左丞相,封庆国公,改封许国公。因论丁大全、沈炎、高铸奸谋,卒为沈炎论劾落职。谪建昌军,屡徙循州,卒于贬所。德祐元年(1275年)追复原官,曾少师。著有《履斋遗集》4卷及《履斋诗余》3卷、《许国公奏稿》行世。

*吴潜

吴疆 生卒年不详。地方豪杰。字季六。清婺源蕉源人。健伟有力,善骑射,曾手搏二虎。性豪迈,尚侠义,四方交游多名俊。一日独行,被数十骑追之,吴疆就道旁拔大树一棵横置路中,骑不敢近。一次招饮酒,满席盘碟,吴疆手握桌角举起,汤羹酒浆稳置桌席,一滴不倾,人称"吴千斤"。又善画兰竹,时人赏识。

邱龙友 生卒年不详。官吏。元歙县人。南宋德祐二年(1276年),李世达踞徽州起兵反元。元万户孛术鲁敬下令屠歙县、休宁诸县。龙友偕同父老谒见孛术鲁敬,进言"叛元者非百姓,请勿杀无辜"。孛术鲁敬嘉许,并授任其为徽州知府。

邱锡 生卒年不详。官吏。字公爵。南宋祁门邱村人。宝庆二年(1226年)进士,官建安县主簿。

何乃容 生卒年不详。官吏。字雅堂。清歙县人。任浙江缙云知县时主纂《缙云县志》16卷。

何子实 ?~1566。武将。明休宁人。本姓朱,幼佣于何氏,故从何姓。倭寇入扰,从军抗倭,计取徐海,斩倭首级22枚,以功授卫左所百户。

何如申 生卒年不详。官吏。明婺源田坑人。万历二十六年(1598年)进士。授户部主事、郎中,督饷辽东,有清操。官至浙江右布政使。

何如宠 ？~1641。官吏。字康侯。明末婺源田坑人，寓居桐城。万历二十六年（1598年）进士，由庶吉士升国子监祭酒。天启年间任礼部右侍郎，协理詹事府。不久转任礼部左侍郎，因魏广恶言加害，被夺职闲居。崇祯元年（1628年）复起用，授吏部右侍郎，旋擢升礼部尚书。时宗藩婚嫁必报朝廷审定，而贫宗报礼部被积压者上千人，致有头白仍有不能完婚者。如宠理之，立审报于朝，使贫宗嫁娶者600余人。大学士刘鸿训因谏事，帝欲处其死，如宠力为剖析，得免死流放边陲。崇祯二年（1629年）受命兼东阁大学士，入阁辅政。时金军绕道从古北口入长城犯北京，帝中反间计，误认兵部尚书袁崇焕与后金有密约，欲诛其九族，如宠大力申救，得免死300余人。后因功累加少保、户部尚书、武英殿大学士。崇祯四年（1631年）春，会试结束后辞官，上疏九次获准。卒赠太保，谥"文端"。

何沛霖 生卒年不详。官吏。字两三。清黟县人。乾隆年间县学生，后入四库全书馆，议叙知县，补授江西大庾知县，颇有政声。能诗，著有《行绳集诗选》。

余一龙 1535~1601。官吏。字汝化，号见田。明婺源沱川燕山人。嘉靖四十四年（1565年）进士。初任浙江江山县令，任内筑城墙，兴利除弊，集生徒讲学，教以亲逊，江山风俗大变。隆庆二年（1568年）行取授南京江西道监察御史，寻出为湖广按察司佥事，分巡荆西兵道。时例在任者年赐税金800，一龙全用于建闸筑堤、修理四城，民众感其恩德。万历二年（1574年）迁浙江布政使司左参议，分守宁绍台兵道。旋擢贵州按察使司副使，整饬威清等处兵备。此后累转江西布政使司左参政、浙江按察使司按察史、四川布政使司左布政使、南京太仆寺卿，在任皆以己俸施于公益，深得民心。万历二十五年（1597年）因病辞官归家。卒后，四川、浙江、贵州均建祠祭祀。

余元良 生卒年不详。官吏。号河汾。明祁门汾溪人。洪武年间任本县训导。著有《河汾集》。

余光 生卒年不详。官吏。字晦之，号古峰。明祁门三都人。嘉靖十一年（1532年）进士，廷试传胪，授大理寺评事，擢浙江道监察御史。又值大同军变，朝议纷纭，复三次上疏，议出，四方传诵。议征安南（今越南），上疏献策被责为轻率，令夺其官俸。曾献《南北两京赋》，洋洋万言，人比作张衡。后擢升礼部尚书，受斥于严嵩被削职。著有《古峰集》。

余自怡 ？~1639。官吏。字士可，号鲁瞻。明婺源沱川理坑人。崇祯元年（1628年）进士，初授湖广湘阴知县，有政绩，召为户部广东司主事。其间，因与尚书假赋税之意见不合，调九江征税官。事毕迁为副都御史，督象房草场。帝阅其绩，赐申钱，表"旌异"。崇祯十一年（1638年）改调广州知府。广州为珠贝产地。自怡身先俭朴，吏民翕然改观。随之清冤抑，绝请托，严武备，饬文治，政声甚隆。会当赴京入宫朝觐，士民遮道乞求留任，帝诏以循良优叙。因积劳致疾，病逝于任所。贫不能治丧，同僚资助成殓，士民哀悼，祀于学宫。著有《星槎集》《经书疑义》《三才蠡测》《三教测》《鲁瞻文集》《寻关杂咏》等。

余庄 生卒年不详。官吏。字文敬。清黟县城西人。少聪颖，5岁时，日必赴其兄塾馆，窃听塾师讲授经义。初人以儿嬉视之，后师以所授经义试问之，对答如流，乃令其与兄同受业。读书过目成诵，10岁毕受五经。中试后，授任江西广信府同知。秉性介直，勤政爱民，稽奸禁暴，政德彰著。卒祀于广信府名宦祠。

余丽元 ？~1882。官吏。字步东，号介石。清婺源沱川燕山人。咸丰元年（1851年）举人。初授知浙江浦江县，穿民服到任，询察民间疾苦。两调同考官，得士称盛。转知平阳县，振文教，修葺龙湖书院、昆阳书院。又力挽颓风，捐金设育婴堂。补授仙居知县，清积案700余件。曾以寺观田产成五乡十书院，并分建义学。再转石门知县，勤政爱民，修建桥梁、道路、塘陂20余处。革除收运粮时踢斛堆尖等弊，溢米全归于民。并捐廉总纂《石门县志》。为官廉能，政绩卓著，光绪五年（1879年）擢知府，以道员留浙江补用。著有《复性集》《卦变考义》《陶轩文集》《弧矢历算图说》《昆阳思补录》《辅潜庵崇祀录》《兵占捷法》等。

余启元 1543~1633。官吏。字伯贞，号大鄣。明婺源沱川鄣村人。万历二年（1574年）进士，初授河南内黄知县，寻转北直临城知县。万历十四年（1586年）以不新丈田土谪霸州学正，因之谢病归家，居15年。万历二十八年（1600年）起为武定州学正，旋改国子监助教。万历三十年（1602年）以户部主事奉监豫章漕粮，严肃吏治，勤谨管理，减虚耗，漕政一新；寻又督河北易州粮储，被誉为"清廉第一"。万历三十八年（1610年）任南京大理寺丞，署本寺卿、总督粮储、通政司通政使三印；在任督办粮政，查处贪官，清理积案，以俭养廉，日仅支十数文买茶消渴。时南都有民谣云："谁言南储如山积，余公十文买水吃。"再升为太理寺卿。后三疏告病，80岁晋阶资治尹，予告退休。卒以"理学名臣"奉祀乡贤祠。

余孟麟 生卒年不详。官吏。字伯祥。明祁门人。万历二年（1574年）会试夺魁，中会元，殿试一甲第二名进士。官翰林院学士，改南京国子监祭酒。

余荫甫 生卒年不详。地方豪杰。字子良。明初黟县人。元末兵乱，起兵保障乡里。知县礼聘之并委以安抚事宜，遂于黟城西隅拓地以居。筑环山楼、一经堂，示不忘先世耕读之意。

余衍 生卒年不详。官吏。字文盛。明黟县人。天顺七年（1463年）举人，授福建崇安县知县，持身廉洁,处世安详。宋廉吏赵清献曾任是邑县令,百姓称之赵公复来。在任六年,政教振兴。擢升本郡同知,未任先卒。士民思其德政,立祠祀之。

余泰符 生卒年不详。官吏。字庆会。南宋休宁人。好读书,有才略,景定元年(1260年)赐进士出身,授承节郎,出督临安府酒税。德祐初,饶、睦二州战乱,泰符建言迁京都,应先保徽州,以固根本。皇帝给予优敕奖答,勖以忠义。宋亡不仕,卒于家。

余莹 生卒年不详。官吏。字宗器,号北山。明婺源沱川理坑人。弘治十七年(1504年)领乡荐,授广昌知县。宸濠变乱,余莹陈请郡发义兵勤王,追战于江,斩首500,俘获甚众。权奸攘其功,余莹还旧职。在任惠政甚多,条陈兴革六事,为民永利。后因忤当权宦官致仕,归隐时民持金为赠,不受。卒祀于广昌名宦、郡县乡贤祠。著有《牧民政条》《北山稿》行世。

余道潜 生卒年不详。官吏。字希隐。婺源余氏始祖,舒城宰永锡子。北宋政和八年(1118年)进士,授任桐庐主簿。为政精密严恕,民甚德之。时朱勔采奇石异卉进贡,将路过桐庐,道潜曰:"吾岂剥民以媚权贵!"遂挈妻带子隐居婺源沱川篁村。生平博览群书,精于天文、地理。

余镛 生卒年不详。官吏。字子韶。明初休宁凤湖人。自幼力学,15岁设塾馆于乡。清养自守,不为世屈。洪武四年(1371年),以贤良征发开封府荣泽县丞,到官即有政绩闻于京师,君慕其清,民感其德。后提刑按察使至邑,怒其傲慢,遂枉法诬陷之,镛不屈而死。后朝廷雪其冤。镛博览能诗文,其诗壮丽顿挫,为时所尚。著有《尚友斋集》。

余懋学 1539~1599。官吏。字行之,号中宇。明婺源沱川理坑人。隆庆二年(1568年)进士,初授江西抚州推官,断案如神,望重一时。万历元年(1573年)召入京都,进为南京户科给事中。尝上书论斥守备太监申信不法,又疏陈"防谀佞"五事,触怒首辅张居正被削职为民。万历十年(1582年)张居正死,复原职,继升尚宝卿。万历十三年(1585年)御史李植、江东之因诤论帝建寿宫事被贬,懋学为之辩解,上言列举朝政中"十蠹",直指新任首辅申时行。《明史·本传》称他"夙以直节著称"。不久,继升太仆寺少卿、光禄寺卿和通政使、南京户部右侍郎兼都察院右金都御史等职。任侍郎时总督南京粮储,署大司空事,压抑宦官浮费,节省开支甚多。万历二十一年(1593年)以门下士上章忤申时行受牵连,因之称老辞官。回乡后,或闭户读书著述,或与士人讨论学问,人称"淳朴尚齿,咸以身先",声名颇著。卒御赐祭葬,赠工部尚书。天启元年(1621年)又追谥"恭穆"。平生著作较富,有《春秋蠡测》《读史随笔》《说颐》《丽事馆余氏辨林》《尚书折衷》《明代实录》《大政辑要》《字学辨略》《南垣疏草》《读论勿药》《仁狱类编》等。

余懋衡 ?~1629。官吏。字持国,号少原。明婺源沱川理坑人。万历二十年(1592年)进士,授吉安府永新知县。在任洁己爱民,修复学宫,开凿石渠,修筑玉洲浮桥。任满征拜江西道监察御史,曾上疏议罢矿税,以"忤旨"罪被罚停俸禄一年。继而视察长芦盐政,至后赡养贫苦,赈济饥荒,一切例钱全部归公,受到当地士民称颂。万历三十四年(1606年)巡视陕西,奏斥税监中官梁永私吞公物藏于京郊等罪,为之梁永买通司厨投毒加害,幸未死。不久丁忧归乡。天启元年(1621年)召起为大理寺右寺丞,寻转左少卿、都察院右金都御史、左副都御史、兵部左侍郎。既授南京吏部尚书,五疏力辞未受命,引疾告归。第二年再授前职,因魏忠贤弄权,称身染疾病坚卧不出。直至崇祯元年(1628年)追叙其功,赐金帛并复官,曾短期出任南京国子监祭酒,随之复吏部尚书职。卒御赐祭葬,以"理学气概,远溯紫阳"特祀于三贤祠。著有《关中集》《奏议》《古方略》《明新会志》《少源语录》《乾惕斋集》《涧滨嘻语》《太和轩集》《经翼》等。《明史》有传。

余徽 生卒年不详。官吏。明黟县城西人。宣德七年(1432年)知直隶保定府祁州,在任革除弊政,安定民心,务兴教化,莅政七年政声颇著。终卒于任所。

汪士安 生卒年不详。官吏。北宋祁门芦溪人。庆历二年(1042年)进士,历官浙东安抚使。

汪大受 生卒年不详。官吏。字叔可,号西潭。明婺源人。嘉靖八年(1529年)进士,选翰林院庶吉士。后历官杭州榷官、兵部员外郎、广西佥事、广东参议、福建参政。升任都察院右副都御史巡抚湖广间,适湖南北部州郡饥荒,亲临各地查询,令开仓救济;又委廉洁者外出买粮,运至荒区赈给,并奏议减租停征。后因参论宰相姻亲熊护,触怒权要,罢官归家。著有《西潭诗集》等。

汪大章 1480~?。官吏。字一夔。明休宁梅林(今属屯溪区)人,入贵州普定卫军籍。弘治十二年(1499年)进士,初授曲周知县,御河防水,民得以安。再任新野知县,筑城防盗,一境安然。后迁北京锦衣卫经历,升浙江按察司水利道佥事,临危受命,赴开化、常山二县筑城御敌建功,擢云南布政司参议,巡按郡县,士民咸服。故里梅林为其建进士坊和台宪坊,后毁。著有《梅溪文集》《汪氏谱序》等。

汪大燮 1859~1929。政治家、外交家。字伯唐。近代黟县宏村人。光绪十五年(1889年)中举,先后任内阁中书、侍读、户部郎中、外务部右侍郎、邮传部左侍郎,曾以大臣出使英、德、日等国。民国二年(1913年)任熊希龄内阁教育总长。民国三年(1914年)任平政院院长、参政院副院长兼参政。民国四年(1915年),袁世凯称帝,大燮毅然辞退。民国五年(1916年)任交通总长。民国六年(1917年)任外交总长代国务总理。民国十一年(1922年),黎元洪大总统特任大燮署国务总理兼财政总长,曾代表中国签署收回为德国强租和日本强占的胶州湾和青岛。后辞去国务总理及兼任的财政总长,任平政院院长。第一次世界大战结束后,任巴黎和会外交后援会委员长。晚年致力于平民教育和红十字会、社会福利等事业。

*汪大燮

汪山 1435~?。官吏。字仁夫。明歙县潜口(今属徽州区)人。成化八年(1472年)进士。官福建监察御史,出巡陕西茶马,号令严明,尽除宿弊。敕称:"克称激扬之任,益彰勤慎之名。"又巡按云南,平息延续30余年之边患。成化二十一年(1485年)升浙江按察佥事,卒于任上。有诗文一册。

汪义和 生卒年不详。官吏。字会之。南宋黟县黄陂人。淳熙八年(1181年)进士,官至侍御史兼侍讲。其守武冈时,以郡统溪洞,民尚健武,乃兴学,欲变其风习。

汪义荣 生卒年不详。官吏。字焕之。作砺长子,南宋黟县黄陂人。乾道五年(1169年)进士。仕崇仁县令,有豪猾武断乡里,前令不敢治,义荣至,录其名姓于籍,余皆望风敛迹。改知桂阳军,因逢郡经兵革之后,乃增筑城垣,开辟道路,以政绩优,升任大理丞。

汪义端 生卒年不详。官吏。字克之。作砺次子,南宋黟县黄陂人。乾道五年(1169年)进士,廷对第三人。庆元年间使金贺金主生辰,知悉金时为回纥所扰,回朝乃建言:和议虽未可违,但应当密为自治待时之策。继以集英殿修撰知太平州,以华文阁待制帅绍兴,并于绍兴任上,奏请废除和买。后以徽猷阁待制知鄂州,卒于任所。著有《盘隐集》《奏议》,藏于家。

汪之斌 生卒年不详。武将。字鬻武。明婺源北官源人。崇祯四年(1631年)武进士,授南京兵部中军守御。寻迁任安庆巡抚标下游击,屡防各要冲。崇祯八年(1635年)春,统兵挡江浦李自成军,以战功再擢水兵营参将。后因病归里。

汪子严 生卒年不详。官吏。明祁门尚田人。正统三年(1438年)以岁贡生中顺天乡试,授山东灵山卫教授。

汪元龙 生卒年不详。官吏。字云甫,号松波。宋末元初婺源人。南宋咸淳元年(1265年)进士,官绍兴司户、婺源知事。元兵南下,于安靖乡里有功,授朝列大夫、徽州路治中。

汪元兆 生卒年不详。官吏。字本中。明末婺源段莘人。崇祯七年(1634年)进士,授平湖知县,以母老未赴。补任山阴知县,廉明勤慎,"一尘不染"。后以嘉兴郡守辞归,研究性命之学,旁及星历、堪舆,诗文自成一家。

汪元标 生卒年不详。武将。号锦江。清婺源符村人。少时从泉州寺僧学武。咸丰十一年(1861年)投清军彭玉麟部,以解湖口围赏五品顶戴;是年冬天,改投刘铭传部,屡立战功。同治四年(1865年)航海援救福建,收复漳州郡县,受奖蓝翎千总。接着带队北上,又解扶沟县之围。旋寻调驻湖北黄陂县。曾国藩嘉其"智勇",保任都司,寻升参将并授二品衔。后官至正定中营游击。

汪元锡 生卒年不详。官吏。一作玄扬,字天启,号东峰。明婺源大畈人。正德六年(1511年)进士。三任都给事中,秉性刚直,屡斥时弊。世宗即位,升太仆寺卿。以直言忤张璁,廷杖罢官。居家14年,复起为都御史巡抚江西,返京以户部右侍郎终,御赐祭葬,赠户部尚书,入祀乡贤祠。著有《东峰奏议》。

汪云任 生卒年不详。官吏。字萃畣。清祁门候潭人。嘉庆二十二年(1817年)进士。官陕西按察使司按察使,兼署布政使司布政使。

汪日章 生卒年不详。官吏。字首禾。清黟县宏村人。性聪敏,自幼有文名。乾隆三十年(1765年)中举人,官至江苏巡抚。久居京城,以黟无会馆,而邑人应试北闱者众,乃与众筹之,置会馆于宣武门外南半截胡同。

汪介然 生卒年不详。武将。字彦确。宋婺源大畈人。太学生。初从岳飞军,再从韩世清军,以战功补进义校尉。收复襄阳六县,升承节郎。南宋绍兴年间,洪皓陷金,受命与侍郎沈昭远出使。洪皓密授腊丸书,介然割开大腿把它藏匿于内,回后奏报朝廷。淳熙年间,领兵驻吉州,犹能走马以枪提米一石。后授观察使,主管台州崇道观。曾自题画像:"似僧有发,似俗无尘,一片闲心,明月白云。"

汪从政 生卒年不详。官吏。号龙泉。元末明初祁门汪村人。元至正年间,授瓜州闸官,荐升兵科给事中。明洪武年间,诏除中书舍人。后以疾辞归,优游林下。

汪文伟 生卒年不详。官吏。字仲简,号六虚。明婺源大畈人。万历二十五年(1597年)举人。官冀州知州,多善政,人称之"真为天子襁褓百姓者"。

汪文言 ?~1625。官吏。明末休宁车田人。官中书舍人。天启年间支持东林党,受知于杨涟、左光斗。初因左案株连被魏忠贤逮之下狱,革职为民。后又以威逼其陷害杨、左,复逮下狱,不屈而死。

汪文和 生卒年不详。官吏。字国辅。东汉歙县人,祖籍颍川。仕汉为龙骧将军。汉献帝建安年间避乱渡江,不久,被孙策表授会稽令,遂为江南汪氏始祖,子孙繁衍为新安望族。卒葬于歙县邵石山(今浙江淳安境内)。

汪文辉 1534~1584。官吏。字德充,号都山。明婺源古坑人。嘉靖四十四年(1565年)进士,授工部主事。隆庆年间改任云南道御史。时高拱以内阁大臣掌吏部,权势煊赫,其门生韩楫等并居言路,"日夜走其门",营私苟且以升官。文辉亦为高拱门生,坚决不同流合污,毅然上疏条陈四事,专责这些言官。高拱为之大怒,将其贬谪为宁夏佥事。文辉至后,清屯政,改石坝,宽积欠,监五市,兴办学校,招抚流民,深得边民爱戴。万历元年(1573年)诏授尚宝卿,寻以张居正专权称病辞官。居家12年,闭门著述,撰有《易意》《四书草窗见意》《四君司直》等。

汪以时 生卒年不详。官吏。字太易。明婺源大畈人。万历十七年(1589年)进士,授河南南召知县,在任除弊惩奸。以治有绩调嵩属,岁大灾,发仓煮粥,劝富者平粜,活人数万计。召授四川道御史,理仓储,兼摄屯、马二政,革除宿弊。督理河东,策凿三晋中脉。狂吏迎合矿监税使奏开南池,暴征盐税,他不忍以三边军士所寄命、百年纪纲所维持糜烂于群奸之手,上疏抗阻。转按晋中,平冤赦囚800余人。阅视三关时,对边臣将领赏罚分明,置城堡于青龙驿,边境得以安靖。九载考绩,升太仆寺卿。著有《河东奏议》《豁冤录》。

汪正元 生卒年不详。官吏。字展奇,号少霞。清末婺源对坞人。同治元年(1862年)进士,选翰林院庶吉士。寻授刑部主事,升郎中、浙江道监察御史,为政以风纪严正见称。光绪八年(1882年)参与纂修《婺源县志》。著有《余绮山房文钞》《余绮山房制艺》。

汪节 生卒年不详。武将。唐绩溪大徽村(今高迁)人。十五六岁时,即有拔山曳牛之力。游历长安,见东渭桥有石狮重千斤,汪节提起石狮掷投而去,远者有数米,然后再将石狮提回置于原地。后选入禁军,授神策将军。曾卧地身负石碾,上置数米方木和坐榻,乐师上坐之奏龟兹乐一部而下,汪节起身面不改色。屡战有功,德宗帝甚加宠恩惜爱。

汪申 生卒年不详。地方豪杰。元末黟县黄陂人。有才略。值元末兵乱,众推为弓长御寇,一方之民赖以安宁。

汪由敦 1692~1758。名宦。字师茗,号谨堂,又号松泉居士。清休宁上溪口人。19岁因父客游钱塘循例以商籍就试,补博士弟子。24岁就读于杭州敷文书院。雍正二年(1724年)以殿试二甲第一名(传胪)钦赐进士出身,授翰林院庶吉士。雍正十三年(1735年)任翰林院侍读。雍正去世时,承揽一切应奉文字和大典的进御之作,为国丧与乾隆帝登基忙碌。因受乾隆赏识,升任提督太常寺少卿,兼日讲起居注官。后奉命入直南书房,补内阁学士兼礼部侍郎。乾隆每有高文典册、润色鸿业必委由敦,殿陛乐章、郊坛祭器和朝会仪制等礼法,也由其制订定夺。乾隆二年(1737年)五月,任殿试读卷官。又历官工部尚书、刑部尚书署都察院左都御史,奉旨在军机处行走。每每随侍承旨,能耳受心识、出即传写,一字不漏,深得圣心,得赐御书"松泉"二字,并以此自号不忘。乾隆十四年(1749年)春,平定金川,议叙军功加三级,旋加太子少师、协办大学士,并得赐御书"黼黻宣勤"匾额。乾隆十七年(1752年)秋,旅京休人创办京师休宁会馆,由敦积极支持,撰碑记志其事。当年赐御临快雪时晴帖,后跋中有"时晴快雪对时晴"之句,即以"时晴"二字命其斋名。乾隆十八年(1753年),又获赐御临颜真卿书。乾隆二十三年(1758年)正月侍驾圆明园,以中风寒得病去世。死后乾隆帝亲临祭奠,加赠太子太师,谥"文端",入祀贤良祠。又以由敦擅长书法而命馆臣集其书为《时晴斋帖》10卷,勒石内庭。著有《松泉文集》20卷、《松泉诗集》26卷。

*汪由敦

汪汉文 生卒年不详。官吏。北宋祁门芦溪人。景祐元年(1034年)进士,官观察使。

汪必达 生卒年不详。官吏。字兼善。南宋黟县人。天资警悟,援笔灿然成章。见时习崇尚辞赋,以为骈俪无益于世,乃致力治经,尤长于《礼记》。乾道二年(1166年)省选列榜首,程大昌见其文大加赞赏。淳熙二年(1175年)与弟必进同登进士第。初任滁阳、岳阳教职,以师道自重,士林归向。后官旌德县令,为政务在教化。遇年岁饥荒,放县仓廪存粮平粜,并出文告劝富民捐赈。廉使陈士楚巡灾至境,赞称"旌德真福地"。终因病逝于任所。

汪必进 生卒年不详。官吏。字止善。南宋黟县人。淳熙二年(1175年)进士,官至陕州知州。其在建平任上,作《邑政论》五篇;在江陵机幕,正值襄阳陷落金军之手,有人献策焚烧舍弃沙市,必进正然肃色排斥。居家著《易编》《墓志纪实》。

汪永聪 生卒年不详。官吏。字颖思。清休宁上溪口人。乾隆十七年(1752年)进士,授陕西甘泉知县。值逢荒年，不忍苛征扰民，甘愿自请处分，缓征赈饥，以五年偿还常平仓谷3万余石。甘泉向无邑志，其为之编撰《甘泉县志》。

汪同 ？~1362。武将。字仲玉。元末婺源浯村人。至正十二年（1352年），红巾军占领婺源州，汪同与兄汪睿集众捍乡里，先后助元兵收复婺源、饶州城，授余干州同知。至正十五年（1355年），明兵占太平路，元军起汪同为婺源知州、浙东同知、副都元帅，领军屡与明兵战。至正十七年（1357年），汪同率部归明，并与邓愈前往金陵觐朱元璋，授枢密院判镇守婺源。在婺治兵筑城，官舍仓廪一新，浮梁、德兴皆来附。至正二十年（1360年）六月，领兵攻夺饶州失败。至正二十二年（1362年）在平江为张士诚所杀。明赠"推诚效节辅国郡公"。

汪回显 生卒年不详。官吏。字汝光，号休庵，又号见一山翁。明祁门城东人。正统十三年（1448年）进士，授户部主事。翌年北兵犯边，奏请行劝借赈恤之法以筹粮秣。景泰元年（1450年）筹办军饷，调度有方，奏请发粮10余万石赈济灾民。复核四川盐井，屏绝请托，躬亲调查，增减有变，曾奏除赋税积欠10余万。旋转任刑部郎中，广州、惠州知府，持身清慎，皆有善政。著有《休庵稿》《养晦集》《丛岿行稿》。子直，成化二年（1466年）进士，历官户科给事中；子表，贡授景宁县训导。

汪廷栋 1830~1909。官吏。字云甫，号芸浦，别号黄海山人。汪莱孙，清歙县瞻淇人。渊源家学，专注于算学、舆地学研究。咸丰四年（1854年），协助鄱阳知县夏燮校订祖父汪莱《衡斋算学》《衡斋遗书》，合刻刊行。同治初年，入左宗棠部刘典幕，后随左部入陕西、甘肃。因精于测绘，左宗棠授以直刺，留于甘肃兰州节署。光绪五年（1879年），署甘肃河州知州，治理黄河及其支流湟水。光绪十一年（1885年），校订其父汪光恒《小衡箕说》4卷，付梓刊行。光绪十二年（1886年），闽浙总督杨昌濬赠匾"泽洽河湟"。光绪十八年（1892年），精心校勘并刊行《衡斋算学》7册合刻本、《衡斋遗书》9卷合刻本。光绪二十三年（1897年），任陕西水利总局提调，履勘华州、华阴，新开河渠28道，疏浚旧河13道，改河1道，引水入渭，灌田80余万平方米。德宗赐赏顶戴二品花翎，表彰其治水之功。光绪三十年（1904年），测绘并印制《歙县舆图》。著有《二华开河浚渠图说》等，绘有《甘肃全省地图》。

汪乔林 生卒年不详。官吏。字南皋。清歙县人。康熙四十八年（1709年）武进士，选授甘肃柳沟卫守备。柳沟地处边疆，民贫难治，乔林招户垦种，经画水利，一年后，拓地升科已数百顷。又设立义学，延师以教。乾隆二年（1737年），详请分棚考试，学使赞道："边卫文艺如柳沟者盖寡。"乾隆三年（1738年），遇岁歉，虽已请赈，恐灾民不能久等，乃先捐俸发赈，民赖以苏。经纪军需多年，因贤能卓异被荐举，惜以病卒。

汪仲成 生卒年不详。官吏。字汝玉。明绩溪人。嘉靖五年（1526年）进士，授大理寺评事，居官守法不阿。转右寺正，条陈八事，以革弊兴利。先后出任思恩知县、柳州知州，剿灭巨盗，建书院以育诸生，清财税以备军饷。致仕归家，囊无余金，唯有图书。家居20余年，结会林泉，联诗饮酒。著有《环川文集》。

汪华 586~648。官员。又名世华，字国辅，一字英发。隋唐时歙县登源里（今属绩溪瀛洲）人。少以勇侠闻名乡里。隋大业元年（605年），婺源山寇频起，汪华受新安刺史招募并授裨将，率领郡兵平定山寇。时值隋朝末，群雄割据，战乱不断，生灵涂炭。大业十二年（616年），众人公推汪华为刺史，镇守一方，保护地方平安。义宁元年（617年），宣城刺史遣兵进犯新安，汪华部署抗敌，亲带800精兵先行攻入宣城境地。宣城郡将陈罗明出城应战，败走，被汪华追击斩杀。兵临城下，宣城刺史自缚投降，汪华为其解缚不问罪，安抚百姓，兼并宣城郡。稍后，又领兵先后攻占余杭、遂安、东阳、鄱阳郡，拥兵10万，建号称"吴王"；王城设于休宁县万岁山，次年迁歙县乌聊山。唐朝建立，于武德四年（621年）九月奏表归唐。高祖李渊诏奖其识时务、顺潮流和保护地方之功，并改新安郡为歙州、宣城郡为宣州、余杭郡为杭州、遂安郡为睦州、东阳郡为婺州、鄱阳郡为饶州，授予汪华歙州刺史之职，总管歙、宣、杭、睦、婺、饶六州诸军事，封上柱国、越国公，食邑三千户。武德七年（624年）入朝觐见。贞观二年（628年）奉诏入京，授左卫白渠府统军事，参掌禁兵。贞观十七年（643年）改忠武将军，行右积福府折冲都尉。太宗李世民征辽东，汪华留京被委为九宫留守；李世民回朝后，称赞其忠心勤恳。贞观二十二年（648年）三月初三，病逝于长安。永徽年间归葬歙县云岚山。徽州民众为纪念汪华保障地方不受战乱之功，在州衙之西建祠祀之。大历十年（775年）刺史薛邕将祠移于乌聊东峰。元和三年（808年）刺史范传正又迁祠于南阜山最高处。徽州六县及宣、杭、睦、婺、饶等地百姓，亦相继建立了许多汪王（公）庙，封其为越国公汪王神。北宋政和四年（1114年）正式钦定建庙，赐额"忠显"；后加封"信顺显灵英济广惠王"。

*汪华

汪守珍 生卒年不详。官员。字聘耕。清末民国时期婺源对坞人。清光绪二十三年（1897年）拔贡，曾任奉天高等检察厅检察长、黑龙江省提法使。民国元年（1912年），历任赵秉钧内阁、段祺瑞内阁、熊希龄内阁司法部次长。民国三年（1914年），任福建省厦门道尹。次年十二月后，任国务院秘书长及中央赈灾委员会秘书长等职。

汪守鲁 生卒年不详。官吏。字得惟。明歙县人。以国学生选授甘州行都司断事。当地人不事耕稼，不习礼法，守鲁至后，条陈四事：一广开垦，以裕粮储；二定法制，以变习俗；三严甄别，以端风化；四兴种植，以阜财用。

汪如洋 1755~1794。官吏。字润民，号云壑。清休宁西门人，寄籍秀水（今浙江嘉兴）。祖玄孙，父仲鈖。少孤，贫而早慧，励志力学，博览群书。乾隆四十五年（1780年），以殿试第一名成进士，授翰林院编修，入直上书房，典试山东，督学云南。在云南兴学，严督课法，诲人不倦，弊绝风清，人文蒸蒸，两掌文柄，选拔皆知名士。乾隆五十二年（1787年）乡会试，原惯例为分经中试，士子大困，如洋奏定五经并试在分经轮试之后，以解士子聚改专经之忧。正值如洋壮年，以学行政事受到高宗优奖渥赉之际，竟于乾隆五十九年（1794年）病逝，享年仅40岁。如洋不寿，英年早逝，时人扼腕叹息。为人谦谨，性沉厚，喜怒不形于色，外和易而内方介，守洁用敏，才气过人。为人清梗，居家无担石，却不苟取。著述甚富，惜多散佚，仅存其手定《葆冲书屋诗集》行世。

*汪如洋

汪进 生卒年不详。官吏。初名焆，字希颜，号止斋。明婺源大畈人。天顺八年（1464年）进士。初授刑部山西主事，严于治法，多为冤案平反。升任山西、湖广按察佥事，有政绩。继升福建按察副使，奉旨敕巡海道。时有暹罗（今泰国）兵数千人乘大舰，借进贡之名逼进国境，汪进识其奸，亲率官军前往驱逐，暹罗兵逃之夭夭，海关整肃有度。再升贵州按察使，后官至陕西左布政使。为官30余载，家无余蓄。

汪均信 ❶ ?~1384。武将。元末明初祁门二都人。元至正十二年（1352年）蕲黄兵攻祁，均信率众保乡里。明初归附，授武略将军。守襄阳，以功改授武毅将军；寻调守重庆。子进袭职，授武德将军，镇守宁夏。❷ 生卒年不详。理学家。名善寿，以字行。别号樵牧子、临清居士。元祁门朴墅人。幼敏慧，志趣卓然，不随俗进退。初辟任新昌学教职，历紫阳书院山长、仁安马师幕下都事；后归隐祁门南潘村。生平深究理学，著有《敬义箴》《道隐诗集》。

汪杞 1090~1183。官吏。字南美。宋婺源石田人。南宋建炎二年（1128年）进士。授福建崇安县丞，主持植桑160万株，民享其利。历官广东英德、曲江两郡知事和韶州知府，有政声。

汪佐 生卒年不详。官吏。字汝贤。明歙县岩寺（今属徽州区）人。嘉靖年间任南昌通判八年，严谨如一日，持身简朴，食唯菜羹米粥。民颂云："前有梅公福，后有汪菜粥。"升职九江，值南昌水灾，百姓请留，汪佐捐俸佐助，倡议富户出粟赈灾。后卒于官。弟伊，嘉靖十七年（1538年）举进士。

汪作砺 生卒年不详。官吏。字必武。枢密汪勃长子，南宋黟县黄陂人。以乡荐入太学。补承务郎，授浙西仓，主管临安府城北右厢。乾道元年（1165年）岁荒，以救荒功，主奉常簿。据守延平，体察民情，为之请命，奏请朝廷诏令宽恤民赋20年，又奏请蠲免兴化三县民丁米钱14 000余贯。终以提点湖北刑狱告归侍亲。子义荣、义端、义和。义荣、义端同登进士第。义荣为大理寺丞，义端历官徽猷阁待制，赠少师。义和之子曰纲，宋理宗朝为尚书户部侍郎，曰统，为尚书吏部侍郎。义端之子曰绎，历官淮东运使。纲之孙汉卿仕元，为翰林院修撰。

汪伯彦 1071~1141。官吏。字俊廷。北宋祁门县城人。崇宁二年（1103年）进士。靖康元年（1126年）上《河北边防十策》，授龙图阁直学士，官相州知府。康王使金营归至磁州，金兵围城，伯彦率兵迎归，因受知遇。康王开大元帅府，任副元帅，升集英殿修撰。翌年康王即位，擢升为枢密院知事，拜右仆射。居相位专断恣意，反对抗金，力主南迁。南宋建炎二年（1128年）以扬州失陷罢职，栖居永州。绍兴元年（1131年）复职，任池州知府、江东安抚使。绍兴四年（1134年）复夺职。绍兴九年（1139年），在秦桧等人支持下，起任宣州知府。后以献《中兴日历》拜检校少傅、保信军节度使。绍兴十年（1140年）致仕返乡。著有《春秋大义》《中兴日历》《汪伯彦文集》。

汪谷 生卒年不详。官吏。字次元。北宋婺源浮溪人。皇祐五年（1053年）进士，初授抚州宜黄尉，后擢为庐州推官，俱有善政。致仕归田治田桑，尽兴读书答问，凡辞章、文学、书画均可为人师表。其子汪藻，蜚声于南宋绍兴年间。

汪应元 生卒年不详。官吏。字元卿。元祁门人。家世书香，以儒饰吏。由江东直阁椽授将仕郎、海道都漕运万户府知事。后升登仕郎，卒于任所。

汪应凤 生卒年不详。官吏。字子文，号桐阳。明祁门城西人。嘉靖年间以恩贡知广东封川县。时有诏采集胭脂斑竹，百姓疲于奔命，应凤力请蠲免。又奉旨丈量田地，税多增加，应凤严加核实，蠲免羡额、徭役，百姓称颂。后因患瘴疠乞请归休，家居以诗文自娱。著有《桐阳山房稿》《官游代言稿》《抒李居闲稿》。

汪应蛟 生卒年不详。官吏。字潜夫，号登源。明婺源段莘人。万历二年（1574年）进士，授南京兵部主事。后历任南京礼部郎中、兴泉宪副、济南参政、山西按察使、右都御史代天津巡抚与保定巡抚、工部右侍郎、兵部左侍郎，累迁至户部尚书。为人亮贞有守，视国如家。在天津，治理葛沽、白塘盐卤地，筑堤围田，创天津种植水稻之始并获成功，年获租银6万两。在保定，力赈蝗灾，疏罢矿税，获准减半。未几辞官归里，居家19年，捐俸置义田，建"正经堂"，修"三贤祠"并讲学其中。光宗即位，复起任户部尚书。尝上疏爱民十八事，得熹宗嘉奖。后因年老，七次辞官获准，诏加太子少保。卒御赐祭葬，旨有"理学真儒，经济实用"之语。著作甚富，有《诗礼学略》《诗礼品节》《学诗略》《中诠》《读庸悟言》《理学经济汇编》《九问密语》《独言》《蜀语》《古今彝语》《病吟诗草》等。子元泰，为刑部郎中。

汪应镛 生卒年不详。官吏。字怪堂。清歙县人。乾隆五十七年（1792年）副榜。与纂纯庙实录，选授泸州州判。著有《经说》《杂著》《蜀游小草》。

汪良 1257~？。官吏。字贞万。南宋绩溪坦川人。幼聪慧颖悟，博览群书。德祐二年（1276年）登进士，授学士，以诗词名世。后因忤旨谪贬为琼州刺史。元初，世祖欲起用，被害于赴朝廷途中。

汪纲 生卒年不详。官吏。字仲举。南宋黟县黄陂人。曾祖勃，祖作砺，父义和。淳熙十四年（1187年）中铨试，先任镇江司户参军、湖南转运司。以所事无补于"用世泽物"，乃刻意向学，博通古今。后任知县、知州，为政重民生而兴利除弊，面对宋金对峙而谋国于安。任平阳知县时，县蛮汉杂处，汪纲一律以恩信待之，革弊政，减苛税。饥民千余人为乱，汪纲深入山寨，惩首恶，赈济其余。任兰溪知县，决狱如神。岁旱，立常平仓，劝富民捐资浚河筑堰，大兴水利。任高邮知军，建言屯兵扬、楚，"而以高邮为家计"以备金兵。在任筑寨三面，依水为阻，西南坦夷处则浚沟堑、设伏扼冲要；招水卒，造战船，立三寨于湖上以备非常；又增修滨海堤堰，防碱卤害稼。提举淮东常平时，奏请籴金陵、京口谷入淮，而广贮谷于昇、润，以为两淮系京都屏障，昇润则抗金要堑，并建言"合两淮为一家，兵财通融，声势合一"，期于"不假江浙之力"而自固。淮东盐场多弊，汪纲抉发隐伏，厉行改革，转虚为盈。任绍兴知府，开浚萧山古运河，治卤害，招水军，创营置甲兵以拱卫都畿。宝庆三年（1227年）大水，又蠲减苛赋，发粟赈济。宋理宗即位，召为右文殿修撰，加宝谟阁待制。绍定元年（1228年），台赴行在，权户部侍郎。越数月，上章致仕，特升二级，授户部侍郎。卒后，越人闻悉噩耗多垂泪，甚者在寺观相率哭泣。《宋史》有汪纲传，言"汪纲之遗爱在越"。汪纲所学有本原，多闻博记，兵农、医卜、阴阳、律历诸书靡不深究。神机明锐，遇事立断。善为文，论事则援古今，辨博雄劲。著有《恕斋集》《左帑志》《漫存录》。

汪武 ？~902。武将。唐末婺源曹门人。乾符四年（877年），由歙州游奕使差充婺源制置来婺镇守。中和二年（882年）因盗寇猖獗，以私财于弦高镇（今县城）买民地建城堡，于腰滩、蚺蛇二港架木立栅，并在港旁立营，治战守。龙纪初因战守功，淮南节度使杨行密升其为节度押衙、检校司空。光化三年（900年）遥领汀、滁二州。时歙州刺史陶雅暴征赋税，民不堪命，汪武不为屈，率百姓拒之。天复元年（901年），将婺源县治从清华移迁至弦高镇。次年，陶雅巡视至婺，以汪武反征赋"抗命"罪，绑缚并处死。婺源人为纪汪武关爱百姓之德，建"汪司空庙"祀之。其子汪充，补官左押衙长剑都副指挥使、检校工部尚书。

汪若海 1101~1161。官吏。字东叟。汪叔詹次子，南宋歙县古城关人。18岁入太学。靖康元年（1126年），诏求会用兵者，若海应诏上策。曾上书议立赵构为大元帅镇抚河北，牵制金兵，以解京城之围。汴京失守，徽、钦二帝被掳，若海夜缒城而出，前往济州见赵构，劝进帝位，以图中兴。高宗赵构即位，授承奉郎，力主遣张俊宣抚川陕，为恢复计。后因议论时事为当政所忌，谪守英州。过临川时，节制江夏军马李允文拥兵自重，若海为陈说形势，晓以成败逆顺之理，李氏感悟，率军东下。李氏部将曹成欲杀若海，其用计获取军印，夺其5 000人。官至直秘阁、江州知州。《宋史》有传。

汪若容 生卒年不详。官吏。字正夫。若海从弟，南宋歙县潜口人。绍兴五年（1135年）进士，授兴国军永兴县主簿，在任大兴水利。后升洪州知府，玺书召赴行省，陛对数千言，皆切中时弊，除将作监丞。金人南侵，愤慨而死。临终书辞满幅，乃心系国家事，凛凛犹不死者，朝士痛愕。有文集30卷。弟若思，字行夫，绍兴十二年（1142年）进士，官至秘书丞。子浑、浩，皆登第。

汪叔詹 生卒年不详。官吏。字至道。宋歙县人。北宋崇宁五年（1106年）进士，摄芜湖县令。卢宗源围丹阳湖造田，上奏制止。南宋高宗即位，摄太常博士。尝随高宗至扬州，议帝外行途中暂停小住事，叔詹以扬州无险要屏障，改驻金陵为宜。未几，扬州果失守。后授司农少卿，总领湖广六路财赋。

汪尚宁 1509~1578。官吏。字廷德，号周潭。明歙县竦口人。幼时常听祖父提起陈献章、湛若水，朝夕思为圣人门徒。嘉靖八年（1529年）中进士，累迁行人、陕西参政、都察院右副都御史，所官均传善政之声。不阿权贵而遭贬，归时年仅47岁。嘉靖四十五年（1566年），主纂《徽州府志》。著有《日录》《广资录》《周潭集》《四书晚钞》《事物图说》等。

汪尚谊 生卒年不详。官吏。字宜言。明婺源段莘人。万历二十三年（1595年）进士。初由比部郎中转任长沙知府时，一意抚民造士。擢升河南宪副期间，正值岁饥，捐俸煮粥施与灾民。寻转任大梁道分守，民间苦于痢疾病疫，其捐俸施药，并散府县储蓄以广赈恤。后卧病归里，升广西按察使，不赴任。在乡立社学资贫就教，捐建石桥、施茶、施棺，德惠乡里。

汪鸣銮 1839~1906。官吏。字柳门，号郋亭，又号得生。清休宁城东汪村人，出生于钱塘（今浙江杭州），侨居苏州。曾祖云栋，候选训导，山东候补通判。祖彦采，官武定府海防同知。父继昌，钱塘庠生，后经营盐业。鸣銮自幼颖慧，7岁通小篆。外祖韩履仰家"宝铁斋"多藏金石图籍，每随母至外祖家，辄得以浏览，学业大进，登同治四年（1865年）进士。历官编修、陕甘、山东、江西、广东学政、内阁学士、总理各国事务衙行走、五城团防大臣、吏部右侍郎等职。历学政和典乡试期间，为朝廷培养和选拔诸多名流，故自号"得生"。任职期间，提倡改革，反对专制统治，同情民主革命。甲午战争后反对签订不平等的"马关条约"，反对割让台湾及澎湖列岛给日本，与工部尚书、军机大臣翁同龢积极奔赴各国领事处，以期废止割地条款，终未成功。一生勤研经学，学问渊博，以精于说文之学和精通篆书而得名，蝇头小楷隽秀清逸，旷古少有。吴大澂系其姨表兄弟，著《孽海花》之曾朴为其女婿。《清史稿》有传。

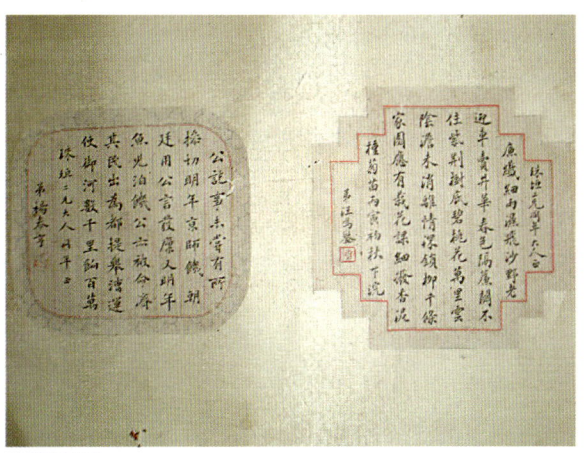

*汪鸣銮手札图

汪秉元 生卒年不详。官吏。字初甫。明婺源人。万历四十四年（1616年）进士，仕至九江知府。在任革宿弊，多建设，不附权贵。卒配祀名宦祠。

汪侃 生卒年不详。官吏。字仲和。明歙县岩寺（今属徽州区）人。生有异秉。幼时拾得别人丢失金钱，守于道数日，归还失主。举成化二十三年（1487年）进士，授行人。殁后，里人赛神必设其像，又祀于里西双烈庙。

汪泳 生卒年不详。官吏。字伯游。南宋休宁旌城人。乾道五年（1169年）进士，历任湖口县主簿、蒲圻县令、大理寺丞和泰州、湖州、处州府知府。嘉定年间以中奉大夫致仕，赠通议大夫，封休宁县男。晚居吴中，有田数顷，以其半分与诸弟。又置田百亩于歙，以奉祀祖墓，余周济宗族。

汪波 生卒年不详。官吏。字子迁。北宋绩溪六都（今坦头）人。嘉祐二年（1057年）进士，授慈溪县令。在任疏导德门乡河，溉田无数。升任太平知州，为政廉洁清明。著有《朱子义学遗规》。

汪泽民 1273~1355。官吏。字叔志，号堪老真逸。元婺源浮溪人。少警悟，家贫力学，贯通诸经。初以《春秋》中乡贡，授宁国路儒学正。延祐五年（1318年）中进士，授承事郎，历任岳州路平江州同知、南安路总管府推官、信州路推官、平江路推官和兖州知州等职。至正三年（1343年）召为国子司业，参与撰修辽、金、宋三史，书成迁集贤殿直学士。未几，以年老辞官，朝廷给嘉议大夫、礼部尚书衔，退居宣州。为官清廉，办案秉公执法。任职平江州时，一次查抄罪犯家财产，在账册中发现，从郡县到省诸多官员都曾收受罪犯的贿赂，但汪泽民名下记录的却是"不受"二字。任兖州知州期间，以德治政，崇尚儒学，修缮孔庙并复庙学，使邹鲁大地弦歌礼乐，风貌一新。肃政廉访使巡视至兖州界境，改道返回说："有汪兖州在，我们不用去了。"卒谥"文节"，追封谯国郡公。著有《春秋纂疏》《巢深集》《燕山集》《宛陵遗稿》，与张师愚同编《宛陵群英集》12卷。

汪宗顺 生卒年不详。官吏。字彦仁。明祁门彭龙人。幼习《春秋》。永乐元年（1403年）中举人，授河南杞县教谕，后升知县。

汪宗洙 生卒年不详。官吏。字鲁源。清婺源浯村人。顺治元年（1644年），以岁贡生授河北内丘知县。在任捍御盗寇，抚安流亡，明于断狱，政绩甚著。州府推官检阅囚犯至其辖境，见县监狱仅关两人，感叹其有古循吏之风。后因劳累卒于任所，贫至无以为殓。

汪承霈 1737~1805。官吏。字春农，号时斋，又号蕉雪、菊叟。由敦子，清休宁上溪口人。乾隆二十五年（1760年）由兵部主事擢军机处章京，历任左都御史、兵部尚书。后遭劾致仕。舟抵山东阳谷县病卒。善于绘画，擅长花卉人物，又能作指画，并工诗兼古文。著有《时晴斋集》《蜀行纪事》《草种绿山房集》等。

汪绂贤 生卒年不详。地方豪杰。明末婺源段莘人。崇祯十四年（1641年），有寇400余行劫掠至婺源县境，绂贤率乡勇追剿，死于寇贼之手。知县题额"英气犹存"以旌表。

汪垍 生卒年不详。官吏。字仲宏。汪由敦高祖，明休宁上溪口人。嘉靖二十三年（1544年）进士，授福建兵备佥事，分守福宁。以抗御倭寇功，升贵州参议。后因忤于太宰李默被罢官归家。隐居30余年，足迹不入城市。著有《海外游记》。

汪标 1461~1540。官吏。字立之，号双溪，别号白石山人。明祁门查湾人。弘治十二年（1499年）

进士,知山东武定州,又改知北直隶定州。在任兴教化,省刑罚,减夫征。迁南京刑部郎中,因忤宦官刘瑾,被谪出守云南鹤庆、大理两府。两府夷汉杂居,素称难治。汪标至后除宿弊,靖边境,劝农桑,兴水利,修学校,创书院,终使政通民和。后以云南按察司副使致仕归家。著有《白石诗稿》《白云文集》。

汪勃 1088~1171。官吏。字彦及。南宋黟县黄陂人。绍兴二年(1132年)进士,任严州建德主簿,处事决断明敏。绍兴十三年(1143年),除太常寺主簿,擢监察御史。绍兴十八年(1148年),以端明殿学士枢密院事,兼权参知政事,封新安郡公。因与秦桧不合,求出,乃以端明学士领外祠,凡六年。秦桧死,起知湖州,廉俭至骨,不费公使一物,德政昭彰,百姓为立生祠,称其"贤哲太守"。旋辞归,筑"培筠园",以教子孙为务。性诚笃,自少至老不欺无妄,简朴安详。行田野中,与农夫坐语禾桑,就像一家人。岁饥,开仓低价售稻谷,富室亦响应,市籴常平,惠及乡民,黟人亦以为佛。卒后诏赠龙图阁学士。有子四:作砺,湖北提刑;作舟,监行在都茶场;作霖,京西安抚司干官;作乂,清江丞。

汪奎 生卒年不详。官吏。字文灿。明婺源浯村人。成化二年(1466年)进士,授秀水县令。寻擢御史。因上疏条陈十事,切中时弊,当权者恨之,借故中伤,调任夔州府通判。弘治元年(1488年)升任成都知府时,适逢饥荒,下令缓刑宽役,开仓救济,使流散者回乡。后历陕西参政、广西布政使、都察院右副御史致仕。卒后御赐葬祭。

汪轸 生卒年不详。武将。文和子,东汉末新都郡始新县人。中平六年(189年)在故鄣攻破黄巾军,为弭寇将军、故鄣县令。卒葬新都郡前都督山。

汪贵 生卒年不详。官吏。字由贵。明朝歙县人。成化十四年(1478年)进士,授嘉兴县令。任上抑强扶弱,力纠富户买田不过税之陋规,深得民心;被诬转送吏部时,百姓数千人围拥舟船号啕大哭,请留衣建"留衣亭"。经县人周寅等上书辩解冤情,使其复职。后改任固始县令,卒于任所,遗物仅有衣被而已。著有《贻笑集》。

汪思 生卒年不详。官吏。字得之。明婺源大畈人。正德十二年(1517年)进士,授翰林院庶吉士。寻改刑科左给事中,内蕴刚正,敢于直言,见重一时。后迁广东右参议,升至云南副使。著有《方塘文集》。

汪勋 ❶生卒年不详。官吏。字鼎叔。南宋黟县人。少尚气节。嘉定年间先后任婺州户曹、淳安尉,值邑受水灾,勋派船抢救,数千人幸免于难。绍定初,改奉义郎,授辰溪(今湖南黔阳)县宰,邑内少数民族杂居,民族矛盾尖锐,勋单车至邑,治之教化,百姓悦服。卒于任,囊无余资,赖同僚资助始得殡葬。其在广西日,同僚曾赠以诗云:"不能巧宦官常小,更拙身谋橐屡空。"❷生卒年不详。商人。字建业,别号西山。明休宁藏川人。家饶于资,携资客吴楚,曾不数年,缠往捆归,业由是益振,一方莫之与竞。自是谓:"知止不耻,知足不辱,与吾流浪湖海,战惕风涛,孰与陶写丘林,偃仰云石。"因与西山鸾鹤定交朝爽,建号西山,优游林下。

汪恺 1070~1142。官吏。字伯疆。北宋婺源浮溪人。绍圣四年(1097年)进士。官太平知县时,有"五斗米"道者行妖术惑众,不从者立置之于死地,汪恺绳之以法。后历岳州录事参军、抚州知州,所至平反冤狱,判事如神。

汪泰来 生卒年不详。官吏。字陛交。清歙县瞻淇人,寄籍钱塘(今浙江杭州)。康熙南巡时,召试诗赋,名列第一,授武英殿纂修。康熙五十一年(1712年)钦赐进士,授内阁中书。后出为潮州府同知,旋摄府事。潮州滨海多盗,严行禁缉。管东西两界盐场,余盐毫厘不入私贩,征收盐税超额定。又变革渔船规例,严禁踏勘供应。潮州北门外长堤毁于山洪,募金重筑,并躬亲修复,不数月堤成,百姓命为"汪公堤"。善绘花卉,尤长松石。子绎辰,字陈也,世其学。

汪皋会 生卒年不详。官吏。字元赞。南宋黟县人。绍兴二年(1132年)进士,授严州寿昌主簿,迁建昌教谕。创建学宫,培育士子,徙潭州醴陵知县,正值县邑遭寇贼作乱,又遇天旱,民逃田荒,公庭衙门颓废积弊,于是致力振兴。擢奉议郎后致仕归里,以诗书自娱,著文数十卷。黟学者称之"醴陵先生"。

汪浩然 生卒年不详。官吏。字我长。清歙县瞻淇人。康熙九年(1670年)进士,授户部主事。著有《楚游草》《燕游草》《宛陵游草》,顺治时刊行,曹鼎望、吴雯清为之序。

汪理 生卒年不详。官吏。字玉文。清祁门大坦人。康熙十一年(1672年)选贡,出任衡水知县。时有边警,竭力供应军需,不扰百姓。调任新知县,裁革陋规,剔除奸弊。及辞官归里,士人设帐送之。

汪彬 生卒年不详。官吏。字学之,号纯斋。明祁门朴墅人。弘治十五年(1502年)进士,授工部都水司主事。寻改通州仓部,同事王俊失火,仓库被焚,按法当下狱,汪彬自任归咎,被囚三个月。后升户部郎中,又改广西南宁知府。逾年进京觐见,卒于舟中。

汪彪 生卒年不详。武将。清祁门石谷人。嘉庆十二年(1807年)武举人,选授卫千总。

汪得时 生卒年不详。官吏。字养中。明婺源段莘人。万历十六年(1588年)举人,以才望出知袁州。在任兴利除弊,造士、劝农、通商、惠工,善政备举。

汪彩 生卒年不详。武将。字天怡。清祁门查湾人。康熙二十六年(1687年)武举人,授武备将军。

汪惟效 生卒年不详。官吏。字仪坤，号澹石。汪溱孙，明末祁门查湾人。崇祯四年（1631年）进士，授山东青州府推官。督师爱其才，召至幕府参赞军务，以功补任户科都给事中。曾任山东同考官，又主持江西考试职事，号称"得士"。后任兵部郎官，奉派往西藏平乱，功绩颇著。崇祯十七年（1644年），李自成陷北京，惟效被俘，幸免于难。入清不仕。

汪维祺 生卒年不详。官吏。字寿甫。元歙县信行人。由江东漕解殿试中丙科，授青阳县尹。父亲年老，乞请归家。著有《富山余稿》。

汪琦 生卒年不详。官吏。字时用。明祁门朴墅人。成化元年（1465年）中举，授江西德化知县。在任免欠赋，缓刑罚，恤水灾。后榷理钞厂，收纳船料，均力革旧弊，廉以处己，惠以及民。

汪斯醇 生卒年不详。官吏。字德含。清婺源段莘人。顺治五年（1648年）以国子监入幕，后以军功授宝庆知府，再转调任建昌知府。为政重师爱民，活跃商业，施设有方。

汪辉 生卒年不详。官吏。号柱河。明休宁石砧人。万历三十二年（1604年）进士，选庶吉士。旋授编修，迁南吏部左侍郎。时魏珰弄权，自建生祠，碑文多出自馆阁手笔，并又特请汪辉代撰祠祀，遭拒绝，以此被夺职削籍。崇祯元年（1628年）复原职。著有《课玉堂集》20卷。

汪铉 1466~1536。官吏。字宣之，号诚斋。明婺源大畈人。弘治十五年（1502年）进士，初授南京户部贵州清吏司主事。易任数职后，正德八年（1513年）授任广东按察司副使，奉敕巡视海道，处理边疆戎务，立《要策十二事》。正德十六年（1521年）升广东按察使，时值佛朗机（葡萄牙）殖民者佯以进贡，驻兵屯门，"占据海岛，杀人抢船"，暴行令人切齿。汪铉召濒海之民激以大义，护巡逻士卒出入佛朗机船舶之地，得其火器反击其船，又仿制小蜈蚣战船进击，一举挫败佛朗机贼寇的侵略。嘉靖元年（1522年）擢浙江布政使，继以右副都御史提督南赣军务。嘉靖九年（1530年），官拜兵部尚书兼都察院右都御史掌管院事。为保证监察御史自身的廉洁和忠诚，制定"勤巡历、精考察、慎举劾、谨关防、禁逢迎、亲听断、稽储蓄、严督率、戒奢侈、谨礼度、慎请差"等监察制度。嘉靖十一年（1532年）加太子太保吏部尚书，廉以律身，秉公执法，"数汰不称任者"，使"朝廷为之肃然"。嘉靖十三年（1534年）进勋柱国，授太子太保吏部尚书兼兵部尚书。次年，以年老疏请致仕。卒赠少保，谥"荣和"。

*汪铉

汪舜民 ?~1507。官吏。字从仁。明婺源大畈人。成化十四年（1478年）进士，授行人，擢都察院监察御史。弘治元年（1488年）调江西佥事，再转云南、徐州按察副使。时遇徐州饥荒，上疏奏请留粮赈饥，又发动商人运粮救济，救活120余万人。寻升福建按察使，一岁三迁至右副都御使，抚治郧阳。平生好学砥行，弘治十五年（1502年）撰修《徽州府志》12卷传世，并著《静轩稿》《增校类编通鉴纲目》及《奏议》行世。卒于弘治二十年（1507年），御赐祭葬。入祀乡贤祠。

汪道安 生卒年不详。武将。汪华十三世孙。有才勇。大中十二年（858年），歙州刺史于德晦奏补为衙前兵马指挥使，遣领兵镇守婺源。道安先驻来安（今江湾镇头），次移清华，再扎弦高蜘城。其散兵耕耨，兵备食足，内安黎庶，外攘贼盗，保境安民，以功升衙前都虞侯护卫大将军。后战事稍平，遂从歙县迁家婺源。是为婺源汪氏始祖。

*汪道安

汪道亨 生卒年不详。官吏。字汝立。明婺源大畈人。万历十一年（1583年）进士。官至兵部右侍郎兼佥都御史。卒赠兵部尚书。

汪溃 生卒年不详。武将。字清叟。汪道安次子，唐婺源鳙溪人。智勇过人。乾符四年（877年）补授卫前都虞侯，领兵分戍婺东三梧镇，累战有功。景福二年（893年）授歙州团练使，旋历任殿中侍御史、都知兵马、银青光禄大夫、检校太子宾客兼御史大夫、上柱国。后出征战死，称"端公"，婺源人立庙祀之。其弟汪淦，骁勇绝伦，随兄汪溃出征为先锋，亦累战有功，授银青光禄大夫。

汪滋畹 生卒年不详。官吏。字薰亭，号兰畬，晚号缓斋。清休宁北街人。乾隆五十四年（1789年）进士，由翰林先后任武英殿校录、总校、总纂，兼会典馆纂修总校。迁武英殿及功臣庶常馆提调，翰林院办事官。擢任内阁学士、礼部侍郎。生平校书50余种，考订校雠无讹误。

汪谦 生卒年不详。官吏。字复之。明祁门城东人。弘治八年（1495年）举人，授山东恩县知县。慈惠清正，笃志爱民，上官索贿，不为所屈。后乞请退归故里。

汪巽元 生卒年不详。官吏。字称隐，号退密老人。元休宁西门人。"柳塘先生"汪莘族裔。历官漳、饶二州教授，将仕郎，钱塘县主簿，后以建康路总管府判官致仕。著有《退密老人诗集》8卷。

汪楠 生卒年不详。官吏。字良山。明婺源外庄人。嘉靖七年（1528年）举人，授山东沾化县令。时值蝗灾盛行，下令捕蝗，奖以斗粟；民众响应，七日蝗灾息平。在任奉公爱民，任满父老乞留。终因母老不得归养，忧思成疾而卒，旌表"孝廉"。

汪楫 1636~1699。官吏。字舟次，号悔斋。明末清初休宁西门人，寓居扬州。岁贡生，署赣榆县训导。清康熙十八年（1679年）荐试博学鸿词，授翰林院检讨，入史馆参修《明史》。康熙二十一年（1682年），赐一品服充册封琉球国正使；既达，册封琉球世子尚贞为琉球国中山王，御赐"中山世士"额。事毕临归时，例有馈赠，汪楫概却不受，当地民众特造"却金亭"志之。归撰《使琉球录》，评述琉球山川、风物。又据琉球史料，编写《中山沿革志》2卷。后历官河南知府、福建按察使，又迁福建布政使。在河南任内置办学田，倡导文风，治绩为中州最；福建任内明刑敷政，民载其德。诰授通奉大夫。工诗，其诗"以古为宗，以洁为宗，以清冷峭茜为致"，诗境幽深。另著有《悔斋集》《京华集》《消寒集》《观海集》等。

汪嵩 生卒年不详。官吏。字季高。明婺源大畈人。成化十三年（1477年）乡荐授州同知，补安吉督运。后知随州，又改抚州府同知。居二年上书乞休，途归舟至上饶，闻宸濠作乱，即慷慨勤王。乱平，都御史王守仁挽留不从，言"久存恬退，遇乱复留，已尽报国之忠"。归乡居家20年，宽易清粹，居室萧然。

汪锡魁 生卒年不详。官吏。字履曾。清徽城东关人。乾隆四十三年（1778年）进士。直武英殿，总校《四库全书》，夙夜勤慎，升宗人府主事。

汪錞 生卒年不详。官吏。字钟如，号惕斋。清休宁西门人。父雅会，营商江夏。汪錞以江夏籍就读于江汉书院。康熙九年（1670年）进士，授内阁中书。后迁升户部主事，又转吏部文选司主事。服官10年，处事秉公，一无所私。

汪靖 生卒年不详。武弁。字溪安。元末休宁石田人。父名极清，因代父从军，更名清。朱元璋与陈友谅战于鄱阳，汪靖与丁普郎等35人诈降陈友谅为内应。入夜举火为号，内外夹攻，中火战死。卒后授万户，赠"盱眙子"，享祀康郎山。

汪溱 1493~1552。官吏。字汝梁，号蛟潭，别号梅南山人。汪标子，明祁门查湾人。幼颖异，未冠领乡荐。正德十二年（1517年）进士，授大名府推官，执法严明，公正无私，权贵惮之。帝巡幸大名，汪溱进陈军民疾苦，因冒犯刘瑾，差点罹祸触网。后历湖广按察佥事、江西布政使司左参议、河南按察河道副使，政声颇著。再升江西左参政，因与时俗不合，遂以回家守孝为由，退归。著有《蛟潭集》《蛟潭诗稿》。

汪溥 ❶生卒年不详。官吏。字渊学。明绩溪梧村人。以天顺三年（1459年）举人任蓟州知州，兴庙学，教化诸生，治理龙池河，纂修《蓟州志》。任满，民赴阙请留，升从四品禄，续任三年。后擢升庆远知府。其地处于边陲，各族杂处，素称难治。汪溥抚驭有方，诚谨廉明，万民皆安。再擢为广西按察司副使，以积劳成疾，卒于任所。❷生卒年不详。书画家。字永思，号芝田，又号问政山樵。清歙县人。善山水，《汪溥山水册》中有"芝田""永思""问政山樵""三十六峰居士"等印铃。

汪殿鳌 生卒年不详。武将。字策六。清祁门石谷人。由郡武庠生投金陵督标营，旋授江宁城北司把总。以荡平倭寇靖定海疆有功，加授千总。后历署任句容、铜陵和州城守。

汪睿 生卒年不详。官吏。字仲鲁，号蓉峰，后以字行。元末明初婺源浯村人。元至正十二年（1352年），婺源为红巾军占，汪睿与弟汪同集众保乡里。因助元兵收复饶州，授浮梁同知，不受，归家养亲。后又举授休宁县尹，摄政婺源知州，事宁退居。明洪武十七年（1384年）秋朝廷征贤，命讲《西伯戡黎》篇，授左春坊左司直郎。曾奉命作《薰风自南来》诗，太祖以"善人"呼之。逾年以疾辞归，太祖戒以杜门绝客，享命终年。著有《蓉峰文集》《浯溪集》。卒祀乡贤祠。

汪毓洙 生卒年不详。武将。字鲁秀。明末婺源浯村人。官至副总兵。

汪潚 生卒年不详。官吏。字尚渊。明黟县碧山人。孝友笃至。幼失父，耕读奉母。里人报举生员，母泣言："吾儿不幸失父，今入学读书，两小男不谙田事，奈何？"汪潚谓难得者兄弟，易得者田地。"所登产业，悉与弟共"。贡入太学，例应出差监巡按事，汪潚差南，一生差北而不悦，即顾与互易。祭酒告以"北寒地苦，南差美可千金"。答曰："生有叔配辽地，未知存亡，若由是得与叔会，不啻千金。"果遇叔，适叔冻饥雪中，解羊裘相赠，以厚资相济。后选任遂昌知县。在任平冤抑，捐俸代民补偿欠交赋税，称名宦。卒于官，民罢市三日。祀之名宦祠。

汪漋 生卒年不详。官吏。字荇洲。清休宁西门人，寄籍江夏（今湖北武汉）。康熙三十三年（1694年）进士，授翰林院侍读学士。出抚粤西、江西，擢户、工部侍郎，终以大理卿、内阁学士致仕。服官50余载，老成谨饬，政绩颇著。先后修治高堰河工、浙江海塘，奉命参与纂修《康熙字典》《大清一统志》《治河方略》等书，另著有《得石轩集》等。

汪镇 生卒年不详。官吏。字冰臣。清歙县大理人。官河南堰圩同知。光绪十五年（1889年），议疏郑州黄河决口有功，摄淮安府尹。晚好谱录之学，辑古今贤哲年谱200家。著有《文衡山年谱》《桃花潭馆诗存》。

汪德渊 生卒年不详。社会活动家。字允宗。民国时期歙县大里人。初求学于芜湖中江书院，后留学日本，加入同盟会。归国后主编《神州日报》。时值俄日之战，内忧外患交迫，德渊辟《神州论坛》专栏，旨在畅言"种族之隐痛，民生之疾苦"，以期拯救民族危难，一时影响颇大。晚年因屡遭挫折，愤而欲出家为僧。著作大多散佚，仅存《孟子绪义》14卷、《马氏南唐书笺》20卷、《今事庐笔乘》6卷。

汪遴卿 生卒年不详。官吏。字邦臣。清歙县人。以贡生考授云南楚雄州通判，旋调四川重庆府。康熙二十八年（1689年），署夔州知府。时四川耕民稀少，赋税难以征收完额，遂履亩亲勘，核其荒熟，酌定赋税，招徕垦种。迁广西泗成军民府同知，地连交趾，瑶蛮杂处，遴卿结以信义，创建学宫，集诸耆老勤宣训诫。土司欣欣相告："不遇汪司马，安识朝廷德化也！"值黔省上江土司为争地动武，总督檄书令汪遴卿会同黔省同官排解。遴卿星夜驰谕，两各诚服。

汪潜 生卒年不详。官吏。字蟠雯。清祁门城西人。顺治年间以贡生授临清知州。明末战乱，临清卷册散佚，赋不准田，汪潜至田间躬亲勘核，又礼士爱民，州由此得以大治。随后移任许州知州，是州地处征剿孔道，其供兵需，理政务，有条不紊。曾受命征马料，适涝后无草，汪潜曰："吾终不以此扰民，愿以身殉职！"离任时，士民遮道相送。著有《守情志略》《蟠室集》。

汪澈 1109~1171。官吏。字明远。南宋歙县籍人，徙居饶州浮梁。绍兴八年（1138年）以《春秋》登进士第，授左迪功郎、临江军新喻县主簿。高宗时任监察御史、殿中侍御史，特赐鞍马。对于抗金，主张"养民养兵，自治预备"；对于选才用人，主张"文武职事，务选实才，不限资格"。绍兴末年，授御史中丞兼湖北、京西宣谕使，再诏擢为参知政事，与宰相陈康伯同辅佐朝政。孝宗即位，督军荆襄，兴修水利，募闲民，汰冗卒以屯田。乾道元年（1165年）转任枢密使，先后荐知名士118人。卒赠金紫光禄大夫，谥"庄敏"。著有文集20卷、奏议12卷。《宋史》有传。

汪翰 生卒年不详。官吏。字以渊。明祁门朴墅人。景泰四年（1453年）举人，授福建福州府通判。时沿海倭寇纷扰，率兵民捕获甚众，以军功升浙江处州府同知。后因病退归。善真、草书。

汪镗 1526~1581。官吏。字汝和，号怀峰。明歙县瞻淇人。以太学生得选授南京北城兵马司副指挥，拘捕首恶赵应举、巨盗张汉等，都城恶徒被其威势屈服，市狱称平。未几，任楚雄府通判。建议督学向寒儒发放宽衣大带，后被作为国家考核和选用学官的律令之一。遇灾年，令民移籴境内外，饥而不伤。北胜州马敕二司因言语不和而劫杀数年，上官难平，汪镗受檄单骑前往，三言两语便冰释前嫌。旋授白盐井盐课提举司使，力辞不就，以病乞归。

汪镛 生卒年不详。官吏。字振廷。明祁门城西人。景泰四年（1453年）举人，历官广西全州知县、河南裕州知州，皆有善政。在裕州，上司额外赋州钱800缗，争之不得，于是退归返乡。

汪襄 生卒年不详。官吏。字公弼。北宋绩溪岭北六都坦头（又称"坦川"）人。自幼天资过人，读书刻苦，为人谦恭，处事极有主见。18岁乡试中试"领乡荐"，后随兄汪奕入京师太学，每试名列前茅。精于诗赋，个性张扬，谈吐儒雅，为人爽快，深得国子监祭酒旌德县人汪瀚厚爱。元祐六年（1091年）登进士。历官旌德县尉、南陵主簿、建德县令、湖州知府，以勤于政事、刚正有声著称。政和十二年（1122年）湖州岁遇罕见蝗灾，汪襄穿梭于乡间田头，组织百姓灭蝗，并开仓赈济安民，湖州百姓感戴其恩德，称之为"贤哲太守"。政满返乡，热衷公益，造福乡梓。村北之西干田畈有田，常年缺水，汪襄亲临勘察，带头捐资发动族人，征派义工开渠，灌田无数。

沈坤 1507~1560。官吏。字伯生，号十州。明休宁人。幼时随为官的父亲流寓安徽和县，后常住江苏淮安。嘉靖二十年（1541年）以状元及第，授翰林院修撰，官至南京国子监祭酒。嘉靖三十五年（1556年）八月，在为亡父母合墓守孝期间，曾组织乡兵抗击倭寇，声震朝野。

*沈坤

宋乞 生卒年不详。佃仆起义首领。字汝达。明末清初黟县人。善搏击、骑射，膂力过人。世为奴仆，对土豪劣绅久积愤恨。清顺治二年（1645年）四月，黟县奴仆结12寨，索主家文书，稍拂其意，即焚杀之，皆云："皇帝已换，家主亦应作仆事我辈矣。"主仆俱兄弟相称。时有嫁娶者，新人皆步行，竟无一人为童仆，与江阴之变略同，而黟邑更甚。衣冠之家，惊恐万状。五月，万村人万黑九为主仆名分事，与主家韩氏发生冲突，官府袒护家主，激起奴变，连夜围攻韩家，焚其屋，杀其全家后立寨，揭开佃仆奴隶起义之序幕。宋乞乘机鼓动奴仆曰："以吾辈祖父为仆役，子孙录其籍，终不能自脱，天之授我，此其时矣。"并称地主豪绅"皆屠弱不胜干戈"。遂于七月间率佃仆奴隶数千人发难于奇墅屏山，列营立寨36处，各寨设有首领，互通信息，共推宋乞为首，尊之为"宋王"。九月，二都江村财主江雷勾结汪日俞、江宗孔等，趁宋乞巡视江村寨时相机行刺，乞遂遇害。后义军在朱太率领下，坚持斗争。朱太遭镇压遇难后,余部分散山林,坚持数年。

宋贶 生卒年不详。官吏。字益谦。其先祖自河南开封,徙居安徽当涂。南宋建炎年间,父平随驾南渡驻当涂,奉使金国,殁于王奉。贶荫补将仕郎,授新安尉,乐其山水明秀,因家于歙葛塘。知上元县,除军器监簿,累官至户部侍郎,以权吏部尚书,知临安府。后镇金陵,兼总饷,以言谪居梅州。孝宗即位,召赴行在,因奏制敌、便民、理财三事几万言。除集英殿修撰,知京口。转光禄大夫。卒年79岁,墓葬歙邑之北。

宋梦兰 ?~1861。官吏。字滋九。清歙县屯田人。咸丰三年(1853年)进士,授翰林院庶吉士,散馆改官编修。咸丰八年(1858年),分校顺天乡试。是科贿考案发,牵涉者众,独梦兰无染,时论大为赞赏,旋请假归里。时值太平军群集箬岭之北,而屯田临近箬岭,遂募集乡勇协防,与建德训导宋锡曾(族人)日夜巡视警戒。咸丰十年(1860年)秋,加侍讲衔,督办皖南团练。太平军李世贤部攻破绩溪县丛山关,占据府城,防兵星散。时都司程绍鸾、汪胜徽部安勇乡兵,屯聚山谷间。梦兰急招至麾下,投奔曾国藩部(时屯兵祁门县),并请统安勇协剿。曾国藩嘉其奋勇,令自为一军会攻休宁县。提督鲍超、按察张运兰诸军皆精锐,以安勇习地利,倚为前导。咸丰十一年(1861年)二月,曾国藩以休宁县城久攻不克,认为受上溪口、石田各敌垒牵制,乃派朱、唐二镇军统兵合张军攻其前,命梦兰偕鲍军攻休宁县城以防城中太平军出援。前军乘夜直扑上溪口、石田,掷火弹,焚栅栏,荡毁太平军营垒12处。霆营随安勇由蓝渡直逼城下,克复休宁县城。梦兰认为"桑梓苦蹂躏久矣。今敌弃辎重去,其心必摇",遂率兵追击溃敌。至歙西岩镇(今属徽州区),闻岭外太平军分窜西北后路,官兵驰援,势不能进,乃独以所部回驻七里头汪村。程绍鸾请人城,梦兰未从,曾国藩大为嘉许,奏请梦兰任皖南团练。梦兰檄告乡人集练,以辅兵力。太平军侦知汪村兵力薄弱,乘晓雾突袭。梦兰分所部为三队,自己居中督战。因受伤坠马,危在旦夕,被千总梅魁员单枪救出,而梅魁员阵亡。宋梦兰带伤召集溃勇,左右队驰至,将其抬至大营医治。额头受三刃,创口深寸许。安勇被遣散,按察张运兰从中挑选壮士20余人自随,清军多得其引路之力。五月十三日,府城收复,梦兰旋因伤势过重而卒。

张一桂 1540~1592。官吏。字庭芳、穉圭,号玉阳。明歙县黄备人,寄籍祥符(治今河南开封)。隆庆二年(1568年)进士,累迁翰林院编修、修撰、侍讲学士、詹事府右春坊、国子监祭酒、司业、太常寺正卿。万历十三年(1585年),外放顺天乡试主考官。因浙人冒籍得隽而占取京畿学士名额,张一桂遭弹劾而贬官南吏部右侍郎,后迁北礼部右侍郎兼翰林院侍读学士,旋擢北礼部左侍郎。为黄备张氏宗祠题额"义隆一本",刻有《资治通鉴》。

张习孔 生卒年不详。官吏。字念难,号黄岳。明末清初歙县柔岭下人,侨居江都。清顺治六年(1649年)进士,历官刑部郎中、山东督学佥事。著有《大易辨志》《檀弓问》《诒清堂集》《云谷卧余集》等。与周亮工交谊厚。子潮,能承家学,亦博览工诗文,著述称富。

张开祚 生卒年不详。武将。字翼万。明婺源甲路人。以武举授温州守备。同官诬商为盗,仗义力辩,被构陷去官职。后起用,授肇庆府游击,寻推为杭州嘉湖参将。战死,受赠左府都督同知。

张芝 生卒年不详。官吏。字廷毓。明歙县良干人。幼师海阳周成,言行一尊儒术,仓促不显惰容,其师极为推崇,呼为益友。弘治九年(1496年)进士,授大理评事,数决疑狱。弘治中期,孝宗下诏求言,张芝屡次上疏,无虑数万言,多被采纳。正德年间,阉宦刘瑾专权误国,张芝极论时政阙失,请正体统、收威福,言甚切直。通政司恐忤刘瑾,不敢进呈。守母丧期满,起督广西学政,条刺伊洛微言,导示教本。有人以非言官而劝其少上奏疏,张芝道:"一职所效有限,言而见听,惠益良广,他不足计也!"以劳得疾,乞休未许。擢荆南副使,未赴任而卒,时年41岁。学士杨廷和叹道:"廷毓无福,天下之人无福!"身无子嗣,家无余资,妻无饱食,靠官府接济勉强度日。著有《拟声音经纬》《书易讲草》《经世续卦》等,纂有《大理府志》《广西通志》等。

张光祁 1607~1651。官吏。字云仲。明末清初歙县黄备人。清顺治四年(1647年)进士,授河南邓州知州。邓州遭兵燹,十室九空,土地抛荒。光祁加意安抚,招徕百姓开垦。值发兵湖南,督造战舰,谋划有方,军需以济。单骑直入下庄贼窝,谕以向化,盗贼皆感泣就抚。治邓州三年,清操不渝。任满举卓异,赐蟒服,升礼部仪制清吏司员外郎。即将赴任,值黄河决堤,不忍离去,庀工治理,七昼夜未入公署,因劳瘁致疾卒。

张全 生卒年不详。官吏。号秋谷。明婺源碧山人。嘉靖十年(1531年)举人,任四川雅州知州,为官廉正,多有惠政,民谣颂之曰:"急流下有险滩,刘泽后有张全。"

张应扬 生卒年不详。官吏。字以言。明休宁人。万历十一年(1583年)进士,授浙江兰溪令。禁绝溺女恶习,识拔才学之士。遇荒年民饥,捐俸倡置社仓。擢御史,巡按滇南、福建,奉命入漳,卒于任所。博览工诗文。著有《星轺草》《忠勤堂集》《澄清堂稿》《畿省奏疏》。

张秉 961~1016。官吏。字孟节。谔子,北宋歙县漳潭人。秉仪状丰丽,属辞敏捷。善书翰。太平兴国五年(980年)进士,太宗喜。擢甲科,深受宰相赵普器重,以弟女妻之。历盐铁副判官、知制诰、判礼部铨、知审官院。景德初,徙知河阳、澶州、滑州,值真宗纵幸河上,秉迎谒于境,遣与马应昌、张晟往来河上,部署丁夫凿黄河冰凌,以防契丹南渡。累官礼部侍郎,加枢密直学士。大中祥符九年(1016年),得暴疾卒。

张宗杰 生卒年不详。官吏。明祁门人，由县西润田徙居北乡善和。少习《诗经》。永乐九年（1411年）中举人，任江西安远县教谕。

张珏 生卒年不详。官吏。字公予，号竹溪，自号竹溪逸士。南宋婺源绯塘人。尝代弟徙边于蕲王韩世忠幕下，以军功辟为参军、副尉、朝请郎。建炎二年（1128年）从朱熹族叔祖朱弁使金，与弁同被羁留16年。归宋后，官至银青光禄大夫、礼部尚书致仕。卒诏旌昭义坊。著有《竹溪诗集》30卷。

张敏 生卒年不详。官吏。字志学。明祁门石坑人。成化十七年（1481年）进士，授河南桐柏知县。在任分俸优礼贤士，锄强扶弱，民风大变。升任御史，纠大司马，劾皇戚内宫，时称"张铁面"。以四川布政司参议致仕。

张谔 生卒年不详。官吏。字昌言。北宋歙县漳潭人。初仕南唐秘书丞，通判鄂州（今武昌）。宋师南伐，谔与州将许昌裔商议归款，太宗劳赐良厚，授赞善大夫。乾德三年（965年）蜀平，选知阆州。太平兴国年间，授四川转运副使。先是，土人罕见舟楫，乃取峡江中竞渡者给漕运之役，覆舟常十之五。谔建议置威棹军，专管漕运事，自此无覆舟之患。迁荆湖、江浙等道制置茶盐副使，卒于官。子秉，官礼部侍郎。

张鲁德 生卒年不详。官吏。字沛如。清末祁门石坑人。上海商团公会会员。宣统三年（1911年）九月十三日，上海闸北军民举行反清起义，鲁德参加稽查硝矿局及攻打江南制造局战斗，在战斗中壮烈牺牲。临终前犹大呼："好男儿效命疆场，死得其所，不虚此生矣。"鲁德牺牲后，上海各界送葬者数千人，公谥为"光汉义勇士"。

张敦实 生卒年不详。官吏。张敦颐弟，南宋婺源游汀人。绍兴五年（1135年）进士，官监察御史。在任体察时弊，为民请命，曾上书户部蠲免乡邑赋绢。著有《潜虚发微论》《文集》等。

张霁 生卒年不详。官吏。清祁门田里人。康熙四十四年（1705年）举人，授内阁中书。后任常州府宜兴县教谕。

张震 生卒年不详。官吏。字彦亨。南宋婺源东溪人。乾道五年（1169年）进士。历官芜湖县令、潮州知州、太常寺丞兼吏部郎中，所至皆有政声。

陆梦发 1222~1275。官吏。字太初，号晓山。曾祖陆荣由金陵始迁歙南贵溪（今小溪）。梦发博览群籍，过目成诵，尤精《春秋》。南宋宝祐四年（1256年）进士，授无为军节制司干办公事，后迁淮西转运司干办公事。裁决如流，安抚使马光祖深为敬佩惊异，命其起草笺牍。旋迁溧阳县知事兼淮西饷管，遇灾年开仓放粮，民得无饥。省惜浮费，俱充军饷。因太傅赵观文力荐授临安府左厢公事，监行在榷务茶盐事，条奏私盐之弊，转太府寺丞。奸相贾似道狎党蔡幼习罪当诛，潜逃在外。梦发奉命率兵缉拿，朝士多认为极具危险。梦发道："既为臣受命，当致身而已。"讨捕失利，落水而殁，得赐银绢葬仪，赠朝请大夫、庆元知府。著有《乌衣集》《圻南集》《晓山吟稿》。

陈于泰 生卒年不详。官吏。字大来。明末清初绩溪三都人，寄籍江苏宜兴。明崇祯四年（1631年）状元。官至翰林院修撰。

陈士瀛 生卒年不详。官吏。字步洲。清祁门文堂人。嘉庆十八年（1813年）拔贡，考录正红旗教习。嘉庆二十三年（1818年）应顺天乡试，中举人，选授广西罗城知县。在任俭让廉明，政绩卓著。转任广西灵川知县，以积劳成疾卒于任上。为官清廉自持，身后不名一钱，旅榇不得归，赖同僚、友人资助，始得归葬。著有《景园杂锦》《陈孝廉父子遗著抄存》。

陈大道 生卒年不详。官吏。字惟一。明末祁门城西人。监生。客游江湖间，见湖口税卡宦官敲诈盘剥，商旅深受其害，乃上书力陈其弊，遂被撤卡。天启年间授南京鸿胪寺序班，值魏忠贤擅权乱政，愤然辞归。崇祯初魏忠贤败死，复以原官起用。

陈王业 生卒年不详。官吏。又名元。南宋祁门桃源人。绍兴二十一年（1151年）进士，官宣德郎。

陈仆 生卒年不详。山越首领。东汉黟县人。仆与邑人山越首领祖山率众屯林沥山。建安十三年（208年），吴国孙权遣中郎将贺齐攻打山越，陈仆、祖山率众居高临下，以巨石抗击吴军，后吴军从山后偷袭，终因寡不敌众，兵败遇害。

陈邦俊 生卒年不详。官吏。南宋祁门桃源人。绍兴三十年（1160年）进士，官庐州府司理大夫。

陈庆勉 生卒年不详。官吏。字志问。陈尚文之族，陈栎族祖。世居休宁陈村，曾祖嘉文始迁五城。祖仁杰，父伯绍，皆不仕，叔唯实以《春秋》于南宋绍熙三年（1192年）冠乡举，庆元二年（1196年）举进士，调德安府应城尉而卒。庆勉绍定五年（1232年）进士，授舒城尉，累官福州通判。博学能文，长于论事，有陆宣公之风，诗歌典重纯雅。著有《陈通守集》。

陈孚先 生卒年不详。官吏。南宋休宁陈村人。绍兴二十四年（1154年）进士，官至新淦县宰。

陈明 生卒年不详。官吏。南宋休宁陈村人。嘉定元年（1208年）进士，官终广南路市舶提举。

陈宝善 1821~1889。官吏。字子余。清末歙县东山人。历任钱塘、归安、山阴、会稽、永嘉、西安、临海、黄岩县知县和浙江海运沪局总办、东三省练兵支应总办、发审筹饷局总办等。光绪元年（1875年），左宗棠为钦差大臣，督办新疆军务，收复阿古柏匪帮侵占的新疆大部和被苏俄侵占的伊犁，宝善以辅佐筹饷有功,受委督办新疆行营粮台,总查新疆善后抚辑事宜,并署理甘肃镇迪粮务兵备道。后授钦差大臣,"随带加二级",督办新疆军务营务处议叙军功。新疆归复后,补授喀什噶尔兵备道。善书法,擅长行草,与赵之谦友善,常有诗词和唱。卒后诰授资政大夫。

陈宜孙 1231~1297。官吏。字行可,号弗斋。宋末元初休宁城南人。南宋开庆元年(1259年)召对,因忤权贵,降同进士出身,授江州瑞昌县主簿,后应教官科试被录用。咸淳年间,元兵南侵,社会动乱,宜孙集众保乡土,境得以安靖。奉差知休宁县事,以籼米代输粳米,民得便利。任职三年乡县大治,江东宪使荐举充任郡庠(府学)教授,大力兴复学宫。后授将士郎,调任开化县令,曾擒倡乱魁首刘元五等10余人。终以通州判官告归。著有《弗斋集》《汴梁吟稿》。长子元方,为浦城县丞;次子季方,为休宁县五岭巡检。

陈济 ❶?~1384。武将。字伯舟。明休宁陈村人。元至正十七年(1357年),随朱元璋大将邓愈征江西,授百户,调驻永新县。明洪武十年(1377年)其子陈余庆代理其职。洪武十四年(1381年),陈济升任云南沾兴州知州。洪武十七年(1384年)征南阵亡,次子袭升天策卫副千户,又升清浪卫指挥佥事,后又战死,孙陈忠袭父职,正统八年(1443年)征麓州阵亡。三子陈节又袭升湖广都指挥佥事,因成功升本司都指挥同知。四子陈景、孙陈文、曾孙陈恩,世袭武昌左卫指挥使。❷1546~1608。商人。字仁卿,号凤麓。明休宁珠里人。值家中纪,乃操奇赢远客齐鲁,居积大过其先。尚义好德,族建宗祠,输银500两、地一区,为族人倡。

陈鼎新 生卒年不详。官吏。字森之。南宋祁门桃源人。淳祐十年(1250年)进士,官咸宁知县。

陈蕃 生卒年不详。官吏。字秉虚。清祁门城西人。太学生,喜读纵横家之言。清兵南下两广,以从征功授守备,不受;旋改授乐会知县。乐会地邻海岛,海寇出没无常,勾结刁民为奸,陈蕃抚剿并用,海寇不敢再犯。后调任临高知县,卒于任上。

陈篆 生卒年不详。官吏。南宋休宁陈村人。乾道八年(1172年)进士,授余姚县令。

陈樾 生卒年不详。官吏。字茂之。南宋祁门竹源人。绍定五年(1232年)进士,官安庆府司户参军。

邵伟 生卒年不详。武将。字元奇。明末休宁城南人。天启六年(1626年)以武科授留都把总,以平白莲教有功,升任南赣把总、行都指挥事。后山寇作乱逼境,中伏被绑,不屈而死。卒后赠忠烈将军。

邵齐焘 1717~1768。官吏。字荀慈,号叔宁。原籍休宁黎阳(今属屯溪区),高祖嘉祚始迁居江苏昭文(今常熟),遂入昭文籍。祖甲临,12岁为博士弟子,人称"奇童"。父辉,精通史学,善悬臂书法。齐焘少时极聪颖,初读文章就能知晓文义,塾师惊讶其早慧而辞馆。乾隆七年(1742年)举进士,授翰林院庶吉士,散馆授编修,与兄齐烈、弟齐熊、齐然、齐鏊,合称"五凤齐飞"。乾隆八年(1743年)进献《东巡颂》,人誉为"班(固)扬(雄)之亚",名公巨卿争相罗致门下。齐焘不屑官场揣摩迎合,居词馆10年,其间两任顺天乡试同考官,后充京兆分校。36岁,卸职归乡,热心讲学传道,自题授业之所门楣"道山禄隐"。乾隆三十一年(1766年),主讲常州龙城书院,黄景仁、洪亮吉从其学。擅骈体文,崇尚汉魏,清雅绝俗。全椒吴鼐选其与洪亮吉、孔广森、孙星衍、袁枚、刘星炜、吴锡麒、曾燠诗文,合编为《国朝八家四六文钞》。善书,长章草入晋人室。著有《玉芝堂集》10卷。

邵齐然 生卒年不详。官吏。字暗谷。清休宁黎阳(今属屯溪区)人。乾隆十三年(1748年)进士,选庶常。寻改刑曹,办事严谨,案牍劳形,而废寝忘食。升部郎,出守温州,寻迁杭州太守,在任厘正南粮仓积弊。性喜文学,又善书法,真书近似欧阳修、褚遂良,行书直逼苏轼。修《杭州府志》,稿未成病卒。

邵辅 1808~1862。官吏。初名伯营,行名开壹,字吉壶、清斋,号雪巢、否庵。清绩溪伏岭下人。道光二十四年(1844年)举人。道光年间客寓京师时,曾为供职户部的王茂荫"作行钞陈利害十事,凡万余言"。咸丰三年(1853年)大挑二等,授教谕。咸丰四年(1854年)"以知县需次广西,旋擢知州",次年官陕西葭州(今佳县)知州,后调陇州(今陇县)知州。历充咸丰八年(1858年)、咸丰十一年(1861年)陕甘乡试同考官。同治元年(1862年),因王茂荫疏荐,被同治皇帝召见,旋以"破故关回巢"之功奉旨"以知府尽先升用,并赏戴花翎",同年,署同州府(今陕西大荔)知府,于赤延镇之战中力竭阵亡,诏赠太仆寺卿、世袭云骑尉,并准于陇州暨凤翔府建立专祠。为官清廉,关心民瘼,行仁政,民大悦。能文善武,又精医博学,研究领域甚广,著述甚丰,有《周易私说》《候虫吟稿文内外集》《葭陇图籍问答》诸书共21卷待刊。咸丰、同治年间,"日治军书,夜则坐室中综论经史未尝释,若《史学分纂》诸书亦十余万言未成而及于难。"南开大学图书馆藏有其次子邵作舟等所编《先太仆遗集》(一函五册红格抄本),除《太仆年谱》及《太仆行述》各1卷外,录存的《否庵读易》2卷、《书小笺》2卷、《春秋征》1卷、《葭州纪略》1卷、《秋草编》2卷、《否庵文集》3卷、《候虫吟稿》4卷皆邵辅所著。

邵绮园 1756~1833。讼师。又名棠,号国宝。清绩溪纹川(伏岭下)人。少笃学,博览群书,行侠尚义,洒落不羁。曾任奎文阁典籍,后辞归故里。处乡党刚直明断,善排解。善于讼诉词文,为名讼师。一生多善举。著有《庐黄纪游》2卷、《徽志补正》2卷和《闻见晚录》《大鄣山辨》。

范传正 757~827。官吏。字西老。唐顺阳人。因仕于歙州,爱其风土,遂定居于休宁博村(今属屯溪区),为休宁范氏始祖。祖冬芬,于神龙元年(705

年）任宣州太守。冬芬生子愉，为户部员外郎，天宝年间徙居邓州。传正为愉次子，贞元十年（794年）进士，授集贤殿校书郎，历官歙州刺史，转苏、湖二州，进宣、歙观察使，元和末拜光禄卿，不赴，隐于休宁博村。宝历三年（827年）卒，享年71岁。曾疏浚湖州河道，修筑上塘运河，使芜城（今江苏扬州）与大运河连接。著有《西陲要略》3卷，《赋诀》1卷。

范初 生卒年不详。官吏。字世元，号复斋。明休宁林塘（今属屯溪区）人。弘治七年（1494年）以《诗经》补邑庠生。弘治十七年（1504年）领应天府乡荐。正德十二年（1517年），任山西平阳府隰州知州，执法严明。有强横霸道之徒为害地方，范初悉数拘捕，民人赖以为安。邻近陕西的一股强人原想乘其刚到任骚扰隰州，闻其威名，相互提醒告诫"此范太守所辖地也"，不敢越境犯事，士民无不敬仰。正德十六年（1521年）升江西九江府同知，在任克己勤民，兴利革弊。著有《复斋集》。

范涞 1538~1617。官吏。字本易，又字原易，号晞阳。明休宁林塘（今属屯溪区）人。早年师从名儒汪思舟居约山读书。嘉靖三十七年（1558年）以易经补府庠生。嘉靖四十三年（1564年）领应天府乡荐。万历二年（1574年）进士。授江西建昌府南城知县，劝农兴学，提倡节俭。益王府有人光天化日仗势行凶，致人死之后扬长而去，藏匿王府。范涞顶住压力，勒令交出凶手，依法严惩。在任六年，经考核治行天下第一。万历八年（1580年），迁南京刑部山西清吏司主事，旋任刑部员外郎。万历十年（1582年），晋升南京户部山西清吏司郎中。三年后任江西南昌知府，惠政爱民，举荐布衣章演和举人邓元锡、刘元卿，均得任用。奏劾当地豪强利用长河官港牟取私利，采取措施方便商民。万历十八年（1590年），迁江西按察司清军驿传道副使，次年春因奏劾淮扬巡监御史龚云致，遭龚朋党嫉恨参劾，后蒙调家居，入休宁颜公山修撰《休宁范氏族谱》。万历二十一年（1593年），补浙江按察司杭严道兵备副使，见都指挥李隆所铸西湖岳飞墓前秦桧、王氏、万俟㚔像被游人击碎，遂用生铁重铸，并加铸张俊跪像，深受百姓称道。万历二十三年（1595年），迁四川布政使司分守川西道左参政。万历二十六年（1598年），升浙江按察使兼巡海道兵备督理边储。三年后晋升浙江右布政使，重返西湖岳飞墓，见王氏、张俊跪像又被击碎，自取俸禄，再次将铸铁像补齐。万历三十二年（1604年），转任福建左布政使。后因年老请求致仕。范涞平生好学，尊崇程朱，素持清节，孤介寡合，特立独行。居乡维风易俗，为汪思舟刊印遗稿，建祠置田。日居宜园，布衣蔬食，不入城府，不谒官长，专事著述。著有《两浙海防类考续编》10卷、《休宁理学先贤传》《晞阳文集》、《朱文公语录类要述》18卷、《卮言》10卷、《休宁范氏族谱》及《水堂吟》41卷等。此外，还著有《尺牍》31卷。

罗汝楫 1089~1158。官吏。字彦济。北宋歙县呈坎（今属徽州区）人。政和二年（1112年）进士，历官大理丞、监察御史、殿中侍御史、右谏议大夫、御史中丞、吏部尚书等职。著有《东山稿》40卷。子灏、吁、颉、颂、愿、頍，皆博览能文。《宋史》有传。

罗苍期 生卒年不详。官吏。字姬生。清初歙县呈坎（今属徽州区）人。顺治十六年（1659年）进士，授推间司理，寻补藁城县令，均有政声。后擢内阁中书。著有《聚星堂集》。

罗应鹤 1540~1630。官吏。字德明，号闻野。明歙县呈坎（今属徽州区）人。盐业巨贾罗灌宗次子。隆庆五年（1571年）进士，历景陵、黄冈知县，擢御史，差巡茶马，清除宿弊。复巡按粤东，徙太仆卿。擢保定巡抚，修筑东湖，长垣河堤。以丁忧归。博学，善属文，工篆书。参与万历、天启《歙志》编修，主持续建呈坎罗东舒祠，撰《东序公祠堂记》。卒后赐祭赐葬，诰赠嘉议大夫、户部右侍郎，入祀乡贤祠。子罗人望，天启五年（1625年）进士。

罗宣明 1324~1392。官吏。字传道，号易庵。罗愿七世孙，元末明初歙县呈坎（今属徽州区）人。元至正十二年（1352年）蕲黄兵起，散家资募乡兵保卫乡里。次年修治邑城，复捐资筑城。至正十六年（1356年）城陷，因赴江浙请兵，妻蒋氏与子罹难。明洪武元年（1368年）授山阳令，有"山阳之政冠南北"之誉。洪武二年（1369年）任满归乡，兴教育，修祖坟，续族谱，程敏政为其书"经文纬武"匾，今存。

罗颂 1133~1191。官吏。字端规。汝楫长子，南宋歙县呈坎（今属徽州区）人。官至鄂州知府。笔力高古奇特，奇诡跌宕，著有《狷庵集》。与弟愿鄂州太守并称"郢鄂二州"。

金云槐 生卒年不详。官吏。字莳庭。清歙县岩寺（今属徽州区）人。乾隆二十六年（1761年）进士。由中书授翰林、改御史，出任常州知府。任上问民疾苦，除暴安良，捐俸赈灾，修葺书院、津渡、道路。擢升浙江督理漕务。卒后，杭嘉湖三府百姓追念遗爱，赠之"抚字心劳"匾额。

金允声 生卒年不详。官吏。字振夫。南宋婺源县龙槎金村人。宝庆年间荐用，官至宝文阁直学士。

金邦平 1881~1946。社会活动家。字伯平、亚砕。清末民国时期黟县渔亭玛川人。留学日本早稻田大学，先后任翰林院检讨、北洋大臣直隶总督袁世凯秘书、练兵处参议、宪政编查馆咨议官、资政院秘书长等职。民国元年（1912年），任中国银行筹办处总办。民国三年（1914年），任袁内阁政事党参议，次年任农商部次长、全国水利局总裁，是年曾来皖南作森林学说讲演。民国五年（1916年），任段祺瑞内阁农商总长。此后曾在商务印书馆、上海银行、启新公司任职。民国十五年（1926年），任天津启新总公司经理，随之任上海银行监察等职。

金自暭 生卒年不详。官吏。字熙伯。明休宁人。领乡荐,授官六安州学正,旋擢江西峡江知县。下车伊始,倡兴革十议,筑乌口、象口石桥,民称便利。后升河南陕州知州,因劳累卒于任上。父鼎铉,号象源,著有《自修斋集》。

金庆慈 生卒年不详。官吏。原名殿祥,字炽昌,号苏城。清黟县城东人,居渔亭玛川。少就读于杭州阮元所创诂经精舍。光绪十四年(1888年)中举,授湖北枝江知县。在任整治陋习,以治水著名,所筑之堤民众称为"金公堤"。光绪三十一年(1905年),以母丧归家,未周年而病逝。著有《枝江公牍》。二子邦平、邦正均为知名士。

金安 生卒年不详。官吏。字日安。唐末婺源人,原籍京兆。咸通年间进士。初授浮梁县令,历官检校右仆射、绍信军节度,赐金紫光禄大夫。后迁婺源隐居,为龙槎金氏始祖。

金安节 1095~1171。官吏。字彦亨。宋休宁峡东人。北宋宣和六年(1124年)进士。南宋绍兴年间官殿中侍御史。因劾秦桧之兄秦梓受贿鬻官事,遭秦桧忌恨。寻因母去世,回家守孝,不出仕18年。秦桧死后复起,历任严州知州提点浙西刑狱、大理卿、兵部侍郎、吏部尚书兼侍读,高宗谓之"孤立无党",丞相张浚称之"真金石人"。孝宗嗣位,以敷文阁学士退归,安节致仕之日,朝中文武官员送者数百人,皆相与叹羡,以为中兴以来,全名高节,鲜有其比。道旁观者如堵,皆言"可惜此老子去"。《宋史》有传,有辞评曰:"(金安节)与秦桧忤,不出者十八年。及再起,论事终不屈,人以此服之。"又言:"安节拒秦桧,排(龙)渊、(曾)觌,坚如金石,孤立无党。生死祝福,曾不动其心……有古大臣风烈。孔子所谓'岁寒,然后知松柏之后凋'者。"卒赠通奉大夫,累赠开府仪同三司、少保,谥"忠肃"。著有《周易解》、《文集》30卷藏于家,又《奏议》1帙。

金声 1598~1645。抗清首领。字正希,又字子骏,号赤壁。明末休宁瓯山人。治学严谨,文风雄秀。崇祯元年(1628年)进士,授翰林院庶吉士。次年十月,清兵攻入北京附近,上书建议破格用人御敌,并自请领兵上阵,崇祯不允,于是托病辞归。曾讲学于还古书院,并组织乡勇,在县城西门外凤山之上,习射演武。崇祯末北京失陷,福王朱由崧在南京称帝,升金声为左佥都御史,不受。清顺治二年(1645年),唐王朱聿键在福州称帝,封金声为兵部右侍郎兼都察院右都御史。其以"杀房者昌,降房者亡"为行动口号,总督诸道军,相继连占宁国、旌德、泾县、宣城等县,威震江南。同年八月,清军分三路围攻徽州,其与江天一等依凭山关险隘,固守绩溪,清兵久攻不下。后因降清之明御史黄澍(休宁人)诈称援军,导致县城失守、徽州失陷。十月,金声被押往南京。洪承畴以同科进士身份劝降,遭到痛斥。十二月初五在南京慷慨就义。唐王闻讯,赐其礼部尚书,谥"文毅"。著有《金太史集》9卷等。

金奇 生卒年不详。山越首领。东汉歙县人。率万户驻歙安勒山。建安十三年(208年),吴国孙权遣威武中郎将贺齐攻打山越,金奇率部抗御,兵败遇害。

金革 生卒年不详。官吏。字贵从。南宋休宁珰溪人。咸淳年间举武进士,授武冈新宁主簿,廉谨自持,严于抚绥。邑有大狱,积久不决,宪使文天祥委以评审,金革本之于宽,一一结案。天祥欲荐用之,革坚辞,后以年老归隐,卒于家。

金烈 生卒年不详。官吏。字扬武。清休宁七桥人,寄籍桐乡。读书务实。历任盛京刑部主事、户部贵州司主事、广西司员外、吏部文选司郎中。后擢广东惠潮嘉道。所属郡县民狡悍健讼,金烈莅任后抚惩并举,捐俸筑河堤防水患,又以广州道郡无府志,开局纂修。

金符申 生卒年不详。官吏。字彦直。元末明初休宁珰溪人。元至正十三年(1353年),红巾军首领项奴儿犯休宁县,符申率乡勇保乡井,智擒项奴儿,以功授宁国榷茶副提举。能诗善文,著有《竹洲渔隐》《珰溪钓叟》。

金樟 生卒年不详。官吏。字匡秀。清休宁七桥人,寄桐乡籍。康熙三十九年(1700年)进士,历任内阁中书、司经局正字、分校京兆试、工部都水司主事。居官廉慎勤敏,对于修学宫、建桥梁、赈荒施药诸政,均捐资倡行。著有《南庐诗文集》10卷。

金德瑛 1701~1762。官吏。字汝白,号慕斋、桧门。清休宁瓯山人,寄籍仁和。乾隆元年(1736年)廷试第一,授修撰,累迁至都察院左都御史。入闱监临,出外督学,担任主考官逾20年,所至廉明严谨,赏拔真才。乾隆二十六年(1761年)擢升都察院都御史,审定秋审章程,兴利除弊。著有《桧门诗存》4卷和疏议、杂文等。

金慰农 1882~1955。社会活动家。原名猷澍,晚号眇翁。近现代休宁瓯山人。清光绪二十五年(1899年)中秀才。次年入保定直隶高等师范学堂学习,结识爱国志士吴樾等人,积极支持吴樾创办两江公学,并担任教学任务。与吴樾共同主办《直隶白话报》,用以传播革命思想,扩大革命影响。光绪二十九年(1903年),赴美国威斯康星州立大学工学院留学,结识宋蔼龄、马寅初、胡适等人,加入同盟会。回国后,在上海任《民立报》《英文大陆报》和神州编译社主编,常为同盟会机关报《民报》撰稿。还担任过殖边银行上海分行、东三省分行经理,华仪商业银行总经理。在段祺瑞执政时,任过国务院秘书。北伐胜利后回到安徽,任安庆市政筹备处处长,主持建造吴樾街。此后,怀"实业救国"抱负,任省建设厅技正(总工程师)和技术委员会交通组主任。在慰农的推动下,民国十六年（1927年）初，省建设厅将兴筑芜（湖）屯（溪）公路列入计划。后历任湖北电政管理局局长、芜湖工务局局长、芜屯路督修专员、黄山建设委员会驻山办事处主任等职。主持建成屯溪至休宁段公路，开辟屯溪至杭州水上航线，集资重修休宁古城岩胜迹，并最早建议筑建新安江电站。抗日战争时期，出任皖南民众动员委员会副主任委员、第三战区党政分会委员、皖南食盐调剂处副主任等职。抗日战争胜利后，被选为安徽省参议员。为人正直敢言，疾恶如仇，劣绅酷吏既恨又怕，背后称他"金疯子"。民国三十八年（1949年）春，参与策动屯溪国民党城防司令方师岳部起义，促成屯溪和平解放。新中国成立后，任安徽省第一届人大特邀代表、省政协委员、省文史馆馆员。

周士选 生卒年不详。官吏。字万中。清绩溪人。顺治年间以贡选任陆川知县。在任降寇盗，垦田土，招流亡，修学宫，教养齐济。

周廷采 生卒年不详。官吏。字赞平，号霁园。清绩溪城西人。乾隆年间举人，出宰广东龙川县。在任扫除陋习，屡雪冤狱。凡署中购物，均依平价；又捐俸重建三台书院。

周启鲁 生卒年不详。官吏。清绩溪人。嘉庆六年（1801年）进士，授福建泰宁知县。在任捐资筑坝，水患永息。后因修城积劳成疾，辞世。

周昂 生卒年不详。官吏。字廷举。明祁门城东人。少习《春秋》。成化二十二年（1486年）中举，授江西宁州府学正。曾两典乡试。

周颂 生卒年不详。官吏。字德音。明绩溪人。以贡选授台州训导，称教官第一，学者称之"光霁先生"。著有《四子讲义》《光霁集》《又思亭集》《林泉嘉会集》《急流勇退集》。

周继忠 生卒年不详。武将。北宋祁门城东人。乾德年间，郡盗蜂起，继忠奋身讨寇，保安乡民。以功授祁邑县令，历九年，建元观。开宝九年（976年）入京，授西头供奉官、阁门祗候舍人。累迁至银青光禄大夫、检校太子宾客兼监察御史、飞骑尉、持节潼川府路巡检使。卒葬高塘长乐源，百姓祠祀于眉山左侧。

郑千龄 生卒年不详。官吏。字耆卿。元歙县郑村人。曾任延陵巡检，祁门、淳安县尉和休宁县尹。操守廉介，所至有惠政。卒后士民私谥"贞白先生"。有司易其所居郑村善福里为贞白里。里人建"贞白里石坊"以怀之。今坊仍存。子玉，著名学者。

郑之文 生卒年不详。武将。字贞卿，号衷素。清初休宁屯里人。少从贾于山东临清，顺治六年（1649年）武进士，官浙江宁绍台道中军守备，驻守台州。顺治十四年（1657年），郑成功遣兵数千"用木罂法，人挟瓷罐，插荷叶潜浮海，乘潮而上"，之文望见，亟登城守。未几，郑军大至，围攻月余，城陷巷战，力屈被执。成功爱其勇，欲劝降之，之文不从，绝粒五日不得死。郑军怒，将其倒缚于云梯鞭之，仍不屈，遂遇害，取其首。仆朱某走郑营求之，哭不绝声者数日，郑军义之，仍归其首，得殓而归故里。

郑礼 生卒年不详。官吏。字獬仁。北宋祁门人。皇祐年间进士，官翰林院学士。

郑传 ？~911。官吏。字国宝。唐末祁门西乡人。广明至天祐年间，拥兵3万，创置岩寨垂30年，保安乡里，以功屡迁金紫光禄大夫、检校司徒兼御史中丞、上柱国。弟鲁，为朝议郎，官宣州司马、检校工部郎中，知祁门县事；攻，官至检校尚书、右仆射。子延晖，官至工部尚书；延辛，历官歙州都知兵马使、殿中侍御史；延匡，官至工部尚书；延光，历都知兵马使、银青光禄大夫；延绍，充节度押衙、前兵马副使；延芳，授将仕郎、检校饶州驿巡官。

郑行简 1385~1459。官吏。名汝敬，以字行。明歙县郑村人。永乐十三年（1415年）进士，官刑部。上疏弹劾吏部候铨官抡选先后倒施，成祖诏令严办。奉命往督陕右粮储，遭诬坐役北京。役满，授顺天府永清知县。永清为京畿大邑，号称繁杂，郑行简治之有方，不烦劳而事以次理。调绍兴府上虞知县，至则抑豪强、劝农桑、赈饥穷、治梁道、兴学宫。监察御史尹崇高问绍兴知府："六邑令孰优？"答曰："惟郑令清介肯为，但其人气大尔。"崇高曰："人惟有气，斯能生圣贤；能养是气，故充塞宇宙。可无气而为人乎？"既而考浙江72知县，置为第一。凡别邑疑讼难决，多付其判决。以母年高无以为养自请解职，并建郑氏宗祠。卒后，因贫不能襄丧事，直至成化二年（1466年）十二月方入土。

郑安 生卒年不详。官吏。字子宁。宋末元初歙县郑村人。南宋德祐二年（1276年）李世达反元，元万户孛术鲁敬驻昱岭，下令屠城。郑安与邱龙友等求见，进言道："叛元者李世达一人而已，百姓无罪。不杀则可得民心。"孛术鲁敬采纳之，兵不血刃，民皆安堵，时邱龙友摄郡事，以安为歙县令，三年大治。因有功德于民，民称其郑令君，建祠祀之。程文为撰《歙郑令君安庙碑》纪其事。子千龄、孙玉，能世其家，有名于时。

郑进善 生卒年不详。官吏。字仲祥。明祁门湘源人。永乐年间以岁荐授监察御史。巡按云南，不畏权贵，奸贪胆落。旋巡按山东、贵州，皆公正不阿，留有政声。后擢升湖广按察副使，因积劳成疾，乞请归家。

郑佐 1488~？。官吏。字时夫，号双溪、吕滨。明歙县岩寺（今属徽州区）人。正德九年（1514年）进士，初授南京刑部主事，执法公平。后出任福建按察佥事、饶州兵备，前后擒诛闽、饶宿盗。调任贵州参政，辞官归家，屡被举荐不赴。家居键户著书，潜心经学，不入公府。仿效北宋吕大钧《蓝田乡约》以束一乡，而首端士习，每月定期讲论于南山之阳，为士林推崇。躬率乡贤兴修水口文峰塔、凤山台、佘文桥等以固里居，皆不朽之业。著有《春秋史义》《周易传义》《四书求义》《五经杂著》《吕滨子集》传世。

郑亨 1356~1434。武将。元末明初歙县跳石人，寄籍合肥。刚毅纯笃，膂力过人。朱元璋起兵淮甸，其父郑用自和州率先应募，积军功授平阳右卫百户，升大兴卫副千户。明洪武十六年（1383年），袭父职。洪武二十五年（1392年），出使漠北，至斡难河抚辑鞑靼，因功升密云卫指挥佥事。建文元年（1399年）秋，燕王朱棣借口清君侧举兵靖难，命其攻蓟州。郑亨百计攻克，并生擒都指挥马宣。旋攻雄县、真定，俱获大捷。及辽东军围永平，燕王亲率诸将以援，郑亨奋勇杀敌，所向披靡，旋收复大宁，因功升北平都指挥佥事。未几，战郑村坝，克紫荆关，复广昌，所向无敌。建文二年（1400年），取蔚州、大同，大战白沟河，乘胜追击，直抵济南，因功升都指挥同知。沧州之役，北门聚有军粮，故为两军必争之地，郑亨力战获胜。建文三年（1401年），败顺德军于深州夹河。藁城西水寨连战俱捷，遂耀兵广平、略地彰德（治今河南安阳），所至皆下，因功升中军都督佥事。建文四年（1402年），从燕王南下，历取诸县及东平、汶上等堡，对敌小河、鏖锋灵璧、捣泗州、取镇淮、渡江克金川门。成祖登基，策勋颁爵，封武安侯，赐白金、文绮、袭衣，前后赏赐不可胜计。永乐八年（1410年）后，成祖屡次亲征北虏，郑亨扈从，每著劳绩。永乐十一年（1413年）夏，奉命出关巡视山川险易，抚辑军士。时关外军卫统摄无纪，遇有边警辄猝难制敌，郑亨奏调大同前卫兼管东胜等卫，措置得宜，自是各卫皆从所隶，以听调用。旋奉命领兵筑长安岭城，谋划有方，士不知劳，未满月而成。洪熙元年（1425年），仁宗念其旧德，特命佩征西前将军印，充总兵官，镇守大同。郑亨严操练，固屯守，胡骑远遁，不敢窥边。宣宗倚任尤重，屡降玺书褒异。卒葬北京西山麓里，追封漳国公，谥"忠毅"。

郑奇树 生卒年不详。官吏。字荔墙。清歙县岩寺（今属徽州区）人。乾隆三十五年（1770年）举人。初任东河县令，终以济南府同知退归。著有《凝山诗稿》。

郑昭祖 1260~1310。官吏。字孔明，号敬斋。元歙县人。父申道，宣教郎。昭祖11岁而孤，善事祖母，自树立成其家。16岁，独立材推择得管库，以明敏称。27岁，授将仕郎，广南西道儒学提举，不赴。44岁，诏授承事郎、保定等路管民提举。次年，诏授江淮等处财赋都总管，加奉训大夫。至大三年（1310年）卒于家，享年50岁。性嗜学，喜藏书教子。礼聘名儒鲍云龙终生馆于家，相交甚笃，资之著书。云龙所著《天原发微》，时人未之知，昭祖独爱其书，于大德二年（1296年）为之刊刻行世。该书于清朝被《四库全书》收录。其乐善好义之美、能尽师友之义，为世人称誉。

郑恭 生卒年不详。官吏。字子安。明绩溪人。家贫，樵不废读，日记万言。嘉靖八年（1529年）中进士，授浙江黄岩县令。在任除民患，擒海寇，疏河道；逢大旱，开仓发赈。升任南京户部主事，转刑部郎中，均廉干有政绩。某上官以征书籍为名索贿，郑恭曰："吾不忍心剥民取悦讨好。"佯装不解，直接送去书籍。改调云南大理知府，兴办教育，亲授诸生，理喻土司，平息械斗。晚年退归养老。著有《东屏集》。

郑晃 生卒年不详。官吏。字晦之。明祁门奇岭人。弘治十七年（1504年）举人，任曹正学正，流贼入境，率诸生守御。擢升长沙府通判，又转任马湖府同知。为官清廉，居官20余年，家人仍不免饥寒。

郑通授 生卒年不详。官吏。字伯卿。清祁门奇岭人。道光元年（1821年），由廪生举孝廉方正，取一等，授山东黄县知县。在任五载，留有清廉名声。终卒于任上。

郑琏 1317~1360。武将。字希贡。郑千龄次子，元歙县郑村人。至正十二年（1352年）闰三月，红巾军徐寿辉部项普略率兵1万余人攻克徽州城，郑琏破家募兵克复。至正十三年（1353年），随福建道都元帅帙古迭儿克复婺源州，擢太白渡巡检。至正十六年（1356年）正月，红巾军再次攻克徽州城，郑琏募兵350人助官兵克复，并攻取黟县渔亭霭峰河红巾军营寨。后克复祁门县城，守御黟县，斩杀红巾军20余人，生擒伪百户牛子俊、伪千户巴子城数人。元将李诚以其功绩卓著报呈枢密院，擢行军都镇抚。

郑梦龙 生卒年不详。官吏。南宋祁门奇岭人。淳祐八年（1248年）进士，授彭州刺史。

郑绳祖 生卒年不详。官吏。字孙卿，号翼堂。清祁门奇峰人。嘉庆二十四年（1819年）进士，授河南正阳知县。县有盗贼，久为民害，绳祖惩其首犯，严究余党，一境于是安定。遇岁荒，农户多欠赋税，绳祖酌情缓征，并设粥厂，施棺舍衣，使野无受冻挨饿之人。在任虽政务繁忙，仍每月课教诸生，批改课业。曾两次充当乡试簾官，又补鲁山知县。后辞官归家。

郑维诚 生卒年不详。官吏。字伯明，号少潭。明祁门奇岭人。嘉靖十三年（1534年）中解元。嘉靖二十年（1541年）举进士，授金华府推官，寻召补南京礼科给事中。因劾宰相擅权，出知长沙府。旋任陕西督学，又改任巡视广东海道按察司副使。因拒绝阿附严嵩，罢官归家。

郑肇 1374~1418。官吏。字太初。明朝歙县丰口人。以贡登太学，治经学，于辞翰书札之事尤精。参与编修《永乐大典》，自总裁而下多器重。书成，受赏赐宴。后授处州遂昌知县，律己廉慎，莅事宽简，修葺学校，课试诸生，而躬较其优劣，士风益振。轩名"瞻云"，以寄思亲之意。隶事工部，受命赏劳漕运官军于两淮。事竣无扰，得改授莒州沂水知县，持身愈谨，施政愈密，民乐从化，一如遂昌。时方营建北京，役事严迫，郑肇督起所部夫匠，上下安抚稽事。且念僚属董工日久，劳逸宜均，身往相代，未几卒于任上。

单光国 生卒年不详。官吏。字任之，号莘畬。清朝婺源漳村人。贡生，选授云南楚雄府同知，旋改任广南知府。任上修水利，赈灾荒，兴书院，设义学，修《广南府志》。后转调东川知府。终以祖老告归，返里时送者遮道。

单国佐 生卒年不详。官吏。字汉卿。清朝婺源和源人。贡生，选授贵州铜仁知县。其地苗汉杂处，下令振兴文教；铜江书院经费不足，捐俸输之。后因母病告归终养，士民感泣不已。在乡修族荒冢百余座，临终时嘱诸子建立祀产，累费千金。

项士俊 生卒年不详。武将。字用章，号石屏。明朝歙县小溪人。初以武举人总练刘家河，旋奉檄移守吴江，先后擒获大盗数百人。继随辽抚张涛至辽阳，寓辽七年，时策马出入后金之地，尽览其地势，洞悉其情形，慷慨陈边事，有"衅不可挑，祸不可速"等语，幕府不以为然，士俊遂拂衣入燕，以辽沈旦暮不能保语诸缙绅，果不出其所料。万历四十四年（1616年）武进士，授延绥守备。后金军队三攻其城，末下而退。未几，转任定广守备，戎马倥偬，不忘握管敲诗，雅歌啸咏，寻常文士自叹不如，世人比之"羊祜（字叔子）、杜预（当阳县侯）"。天启四年（1624年），巡抚方孔炤移咨宣化府，称其为"西方屏翰"。士俊亦以肃清西塞自任，主张补长峪城以镇边疆，修筑李信屯堡以固两镇，为书数千言，将呈幕府，以疾卒，朝野痛惜。

项国辉 1585~1664。官吏。谱名继华，乳名黑九，又名慎初，字伯符、镇祁，号思樵。明末清初歙县小溪人。以徽州府椽得考授北直隶静海县典史，因擒大盗李胜功升南河县主簿，后擢湖广常德府卫经历。时值流贼猖獗，全楚震恐，御史让其代任龙阳知县。到任时，邻县皆已陷落，项国辉召问军民："贼且至，走与守孰宜？"众人错愕，不知所对。项国辉又道："汝曹不见邻邑开门迎贼杀掠之惨乎？"众人痛泣响应，项国辉遂率义勇登城固守三个月，陈宏范援兵至，方解围。因功晋兵部司务、卢九龙监军。旋收复八县，进阶兵部职方司主事，参杨嗣昌军事。因杨嗣昌专事招抚，从不加强防备，项国辉屡争弗得，遂告归。

项绸 1672~1728。官吏。字书存，号澹斋。项宪次子，清歙县小溪人。以府学庠生官延安府神木县同知，代理府谷县知县，候补按察司副使。以实心行实政，威信并行，如除总练以驱民害、裁公费以恤民生，三秦咸欢戴称道。崇本乐善，见义勇为。缵承父志，历经10余年建成"东南邹鲁"石坊。建小溪项氏宗祠寝堂，增置义田。生平重交游，刊行故友遗文。雅好博古，牙签（象牙所制图书标签）玉轴，盛极一时。刊刻《水经注》《隶辨》等书籍10余种，校雠精善，艺林视若奇珍。

项晋蕃 生卒年不详。官吏。字书巢。清歙县小溪人，寄籍钱塘（今浙江杭州）。累迁淮南监掣同知，通州、泰州、海州（治今江苏灌云）盐运分司运判。在海州任上，值西坝盐运滞留，商贩困乏，项晋蕃提议放宽销售期限，旋即裁汰新引，谋复旧额，兴利除弊，上下称便。又以余力修复水利，兴学赈贫。光绪十六年（1890年），辑成《淮北票盐续略》10卷。卒后，附祀于海州板浦场陶澍专祠。

项蕙 1639~1691。官吏。字素修、景原，号临漪、俟庵。清初歙县小溪人。康熙五年（1666年）云南榜举人，授广宁知县。汰除耗羡，政简刑清，大京兆赞道："关东令牧惟项某一人而已。"升广顺州知州，益凛廉洁，冰蘗自持，蒔蔬自给。大中丞问僚属："汝辈知有种菜知州耶？"凡有疑狱，京兆吕中丞俱檄令其赴谳，剖断如神。母殁讣至，哀恸悲号，诱发喉疡，卒于任上。贫无以殓，大中丞为之募资。殓无以归，大中丞再次募资。因募资仅够运抵湖南常德，家人变卖财产往迎，始得归葬。

项德时 ?~1555。官吏。明歙县岩溪人。嘉靖三十四年（1555年），倭寇从小道向绩溪县雄路推进，歙县官民震怖无备。知县史桂芳招募民众抵御，德时与浯村朱顶鹤奋不顾身，射死两寇，杀伤四寇，以援兵不至，力屈阵亡，知县亲为营葬，并手书碑文"烈士"。

项镛 生卒年不详。官吏。字大声，号木斋。明歙县小溪人。素精兵律、稽天文。以掾吏援例授西安左卫经历。敌寇扰境，项镛敦请督府曾铣驰军急击，大胜而还。河套不宁，建议仿西汉营平侯赵充国留屯，寓兵于农，发展经济，但督府未采纳。嘉靖二十八年（1549年），升沅州判官。项镛拜见督臣张任，建议宜用唐李愬雪夜袭蔡州以平淮西之策。振旅而往，身先士卒，一时智者摅其谋，勇者效其力，不出旬月，悉以平定，民安如初。筑晃州城，远近缉宁，遂使旧壤敌区化为乐土。嘉靖三十三年（1554年）夏，署麻阳县知事。清心寡欲以正其本，励精图治以振其纲，兴学重儒以倡其俗，平心处事以顺其情，移顽悍之风，易薄恶之俗，故众志安定，上下和同，翕然称颂。因功升武冈州同知，沅州民众立祠以祀。

赵吉士 1628~1706。官吏。字天羽，号恒天。明末清初休宁旧市人，寄籍钱塘（今浙江杭州）。顺治八年（1651年）举人。康熙七年（1668年）授山西交城知县。境内交山为盗贼巢穴，由于山高谷深，道路险阻，官府一时无计可施。吉士到任后，定先抚后剿之策，对投降者宽大处理，并令他们招抚其他党羽。同时选拔乡兵，将百余名武艺高强之人组成一队，并命缙绅之家每户出一丁，一同承担护城任务。另行保甲法，凡匿贼者连坐，使盗贼不敢明目张胆下山抢劫。为了剿除山贼，他还亲自化装上山观察形势，发现交山最险要之地是三坐崖，东西两葫芦川绕崖而下，只要占据葫芦口，官军就无法登山；于是暗记心里，伺机破敌。随之其使用离间计，离间山贼任国铉、黄弁之间关系，孤立任国铉，迫使其暗地投靠官府。康熙十年（1671年），剿灭群盗。康熙二十年(1681年)任户部主事,奉使征扬州关钞,革胥吏苛敛之弊。康熙二十三年(1684年)任会典馆纂修。康熙二十五年(1686年)擢户部给事中,因有人劾其父子籍贯不同,被黜,侨居宣武门外之寄园。寻补国子监学正,卒于任所。祀交城名宦祠,以"循吏"入载《清史稿》。工诗文,著有《万青阁全集》8卷、《林卧遥集》3卷、《寄园寄所寄》12卷及《续表忠记》等,均被《四库全书总目提要》收录。主编有《徽州府志》,康熙三十八年(1699年)刊行。

*赵吉士

赵时用 生卒年不详。官吏。字德友,号霖宇。明休宁汉川人,寓居瓜州。万历四十一年(1613年)进士,历官福建南安、闽县知县,户部、吏部给事中。又迁枢密院,升太常少卿。天启年间,以抗言中官被魏忠贤诬奏削职。崇祯元年(1628年)任南鸿胪卿。后告老还乡。著有《经略间》《奇轮飞阵法》《巷语》《谏垣疏草》等。

赵希衢 生卒年不详。官吏。号可山。南宋婺源北亭山下人。其大父伯固为从义郎,以宗室南渡始迁婺源。淳熙十六年(1189年)登武进士,初以荫庇补将仕郎、迪功郎,授福州侯官簿,再转真州司法参军。著有《可山集》。

赵景从 生卒年不详。官吏。吉士子,清休宁旧市人。由选贡历任部曹,出任山东济宁道佥事,迁湖南衡永杉参议。官兵部时,值施行逃人法,十家连坐,遭冤系狱者甚众,景从多释无辜者。

赵然明 生卒年不详。官吏。一名云阿、仲然,字勉耘。元婺源湖坑人。专意于《易》,由本府学录授建德县尹。至顺三年(1332年)江浙行省召为对读官,再迁为汉州县尹,终以松江府判官致仕。著有《意言图辨》50卷。

赵善璙 生卒年不详。官吏。字德纯。宋宗室,南宋歙县人。嘉定元年(1208年)进士,授修职郎、湖州德清主簿。未几,任大理评事,又改广德军通判。值大饥荒,借官仓米平粜,民赖以活。擢升江州知州时,又值水灾发生,从他地籴米调拨所属各县,米价减其半。后召为尚书郎。性嗜书好学,读书勤于笔札,时以名言以自励。著有《自警编》9卷。

赵道元 生卒年不详。官吏。字莘若。清休宁旧市人。康熙末任平乡知县,多所建树。曾捐俸倡修滏河六闸,添建新闸二;又招募良工制造水车,减轻民众劳苦,提高灌溉效率。

赵端 生卒年不详。官吏。字又吕。清休宁旧市人。康熙年间以贡生授职,历任政绩可称。任长洲县丞,遭逢岁饥,设粥厂赈济,活人甚众。升介休县令,蠲免编审陋例,赋役以均。补抚宁县令,建书院讲学。迁太原府同知,在任置纺车,购木棉,教民纺织自给。归里时人有宴请,一概婉言辞绝。著有《振古堂杂咏》《骊城杂咏》《牧爱堂纪略》。

胡乙公 生卒年不详。官吏。字贯之。南宋黟县西川(今西递)人。宋室南渡时,愤恨金兵入侵,招集义旅抗金,宋高宗授以辖六州诸军事。

胡士著 1631~1696。官吏。字文纲,号璞崖。明末清初祁门渚口人。清康熙二年(1663年)中举人,翌年登进士,官詹事府右春坊兼翰林院侍讲。擅长书法,为文雄健,曾参与纂修《明史圣训》《政治典训》《太宗实录》。著有《璞崖文集》。

胡大鹤 生卒年不详。武将。清祁门城东人。行伍出身,勇悍善斗。调守北疆,屡立战功,荐授应天京营守备。

胡元熙 1787~1857。官吏。字叔咸,又字篴农。清黟县西递人,胡学梓三子,曹振镛女婿。道光元年(1821年)举人,历任浙江衢州、湖州、嘉兴、杭州知府,为官清廉。性喜文翰,乐善好施,捐资倡建碧阳书院,修葺府、县学宫和祠堂、道路;捐俸周济族中鳏、寡、孤、独、残疾。道光二十二年(1842年),歙县府城河西太平桥被洪水冲毁,元熙与歙县程祖洛承重任,历时八年而成。著有《决事录》。

胡仁昉 生卒年不详。官吏。字德绍。北宋婺源玉坦人。庆历二年(1042年)进士。官至正议大夫、资政殿大学士。卒后谥"文靖"。

胡公著 生卒年不详。官吏。字纲思。清初绩溪龙川人。顺治十五年(1658年)进士,授灵寿知县。任上惩贪污,减刑罚。后因诱擒匪首投之入狱,群盗劫狱而遭害殉职。

胡文光 生卒年不详。官吏。字原中。明黟县西川(今西递)人。嘉靖三十四年(1555年)举人,授江西万载知县。在任修整城垣,兴办学校,建储粮仓,设敬老院,百姓爱戴之。后历任胶州知府、荆王府长史。终以亲老告归,卒后葬黟县一都。今西递村口尚存万历六年(1578年)经明神宗恩准所建"胶州刺史"石牌坊。

胡文学 生卒年不详。官吏。字道南,一字卜言。清初徽城人。顺治九年(1652年)进士。初任真定司理,审谳案,释无辜,考绩第一。后升福建道监察御史,改巡视两淮盐政,斟酌损益,革弊兴利。终以河南道御史致仕。著有《淮鹾通论》，辑有《盐政通考》《甬上耆旧诗》。

胡文柏 生卒年不详。官吏。字心原。清绩溪人。道光九年（1829年）进士。曾任曲靖知府，惩黠讼，清积案，修水利，课书院，多惠政。后调云南知府、补迤南道。

胡文擂 生卒年不详。官吏。字秉筠。清祁门胡村人。乾隆六年（1741年）举人，翌年会试中乙榜，授任寿州学正。勤于课士，上司以其洞达干练，委以查饥、散赈、捕蝗等事，皆著成效。在任兴水利，备积贮，正习俗，编保甲，整河防，修城垣，以政绩卓著升郸阳知县。尚未赴任，卒于寿州。

胡世英 1618~1680。武将。字汝迪。明末清初歙县人。从军福建，累升官参将。清康熙十二年（1673年），擢湖广副总兵，镇守荆州。康熙十四年（1675年），跟随大将军、顺承郡王勒尔锦自荆州渡江，攻打起兵反清的云南平西王吴三桂。康熙十六年（1677年），常沣诸郡饥馑，吴三桂部将吴应麒屯兵岳州，售卖仓谷为利。胡世英密令大量买进，并向勒尔锦提议，乘敌军乏粮之机，督兵水陆并进。勒尔锦命其为前锋，棹小舟直抵巴陵。胡世英逼岸大呼："得城陵矶矣！"全军登陆，兵临城下。康熙十八年（1679年），吴应麒败退，士民迎师入城。因功授后路总兵，旋调彝陵。康熙十九年（1680年），跟随治都克巫山、占凤歧、取重庆。后因病离军，未几卒。

胡用宾 生卒年不详。官吏。字晋卿。明婺源玉坦人。隆庆二年（1568年）进士，授乐清知县。在任兴利除弊，培育人才，每出巡视都自带饭食，人不知他为县令；任满四年检点行装，仅余薪俸银16两，行李一挑，乐清县民送行数十千米。转任南京监察御史，巡察江南，奖励廉者，惩处贪官污吏。后擢升南京符宝卿、太仆寺卿。著有《山涧漫语》《观俗肤言》。

胡永兴 生卒年不详。官吏。字彦隆。明祁门赤桥人。9岁补邑庠生，20岁被召入文渊阁，参与编纂《洪武实录》。永乐十六年（1418年）中进士，授户部主事，寻出任三河知县，迁赵王府有长史。汉王高煦谋不轨，密使通赵王，永兴力谏不从，遂指使人杀来使、焚书毁迹，又面陈极言其利害关系，赵王感悟。后汉王获罪而赵王安然。入仕40余年，卒于任上。

胡永焕 1755~1805。官吏。字奎耀，号雪蕉。清婺源清华人。乾隆五十二年（1787年）进士，授工部营缮司兼都水司主事，为官严明，以能干声闻遐迩。嘉庆九年（1804年）秋河决衡家楼，日夜讲求治河之策，以所见陈于当事，多所采纳。曾充文渊阁详校、会典馆协修官，后授奉直大夫。著有《诗文集丛话》《龙尾山房诗存》等。

胡有德 生卒年不详。官吏。南宋祁门贵溪人。淳祐七年（1247年）进士，授任吉水县丞。

胡光 生卒年不详。官吏。字文光。明绩溪龙川人。成化二十年（1484年）进士，授广州府推官。见大旱之年跨市街台，演俳优之戏，遂撤毁戏台，揭露害民罪状，故被谪白泥驿丞。七年后改任灌县知县，在任兴建学宫，筑都江堰，灌田无数。后以曲靖府同知致仕，归故庐读书自娱。

胡廷凤 生卒年不详。胥吏。字枢巢。清歙县人。少孤力学，13岁补庠生。以拔贡授行人司行人。著有《依云轩诗集》。

胡廷进 生卒年不详。官吏。又名延政。昌翼长子，北宋婺源考水人。开宝八年（975年）任绩溪县令，后赴浙江任建德知军，卒于任上。儿胡忠于景德四年（1007年）由建德迁往绩溪龙井村（今宅坦村）定居。

胡廷琛 ?~1908。官吏。字绶卿，号瘦青，晚号厓原老人。佩芳四子，清末祁门城西人。年少业贾，喜好读书，常及夜半时分。同治九年（1870年）优贡第一。同治十二年（1873年）中举人，应聘与修《庐州府志》。光绪二年（1876年）大挑一等，分发江苏，历任上元、江宁、如皋知县和江宁府尹、淮阳道等职。著有《醉经堂诗集》《厓原文集》。

胡廷琮 1829~1905。官吏。字星石，号玉汝。佩芳次子，清末祁门城西人。同治七年（1868年）进士。历任四川筠连、射洪、通江、威远知县，曾充四川乡试同考官。后升直隶州知州。为官40余年，勤政爱民，有政声。致仕归家，县人空巷相送。著有《味经堂诗集》《玉汝诗钞》。

胡伟 生卒年不详。官吏。字远迈。舜申子，宋绩溪人。以庇荫入仕为官，由天台令历江西宣抚使。著有《宫词集句》1卷。

胡传 1841~1895。官吏。字铁花，又名守三、守珊，号钝夫。胡适之父，清末绩溪上庄人。贾儒出身，性格强悍，平生以畏难苟安为耻。同治四年（1865年）举秀才。光绪七年（1881年）北行宁古塔，作舆地考察，历时一年有余，所谓"周游黑水白山外，久住冰天雪地中"。撰成东北地形、山脉河流、道路关隘等文。吴大澄上疏荐为知县，继擢升抚民府同知。后客游广东，应两广总督张之洞之邀勘察琼州，访问黎民。光绪十四年（1888年）黄河决口，应河督吴大澄之召赴豫襄赞治河。光绪十八年（1892年），受荐赴台湾，任营务总巡，校阅、整顿全台营哨。后任台东直隶州知州，兼统镇海后军。在任练兵、储粮、内肃军纪，外防日本，设学校延师教民。光绪二十年（1894年）中日战争爆发，拒受清廷撤退内渡诏令，愤然写下"青山白骨有余荣"诗句，遣使妻、儿（胡适）归乡，而应总兵刘永福之约，留台坚守抗日。次年秋，因心力交瘁，逝于厦门，归葬故里。

胡自舜 生卒年不详。官吏。字九疑。明祁门城东人。万历年间以岁贡生授浙江绍兴训导。寻迁池州府教授，选士有方，条规齐备。权知上虞县，境内运河、曹娥江堤岁久圮坏,江水泛滥,倡导士民开塘建闸,兴修水利。

胡行印 生卒年不详。官吏。明末清初歙县良干人。字号。官内阁中书,刚直敢言,明天启五年(1625年),左金御史左光斗被魏忠贤诬陷下狱。行印力辩而遭廷杖,后仍归葬左光斗遗骸。明亡,削发为僧,号半庵头陀。清康熙三年(1664年),寓居江宁大报恩寺。江宁知府陈开虞欲将其收录至《江宁府志·流寓》,胡行印辞谢,以所书《妙法莲华仁王护国般若经》等归供歙县北黄山慈光寺。

胡汝明 生卒年不详。官吏。字传道。宋黟县横冈人。北宋政和二年(1112年)以进士入仕。曾主临安粮院,高宗赞称其能,升殿中侍御史。时边事初息,上奏建言:"开办太学,培育人才,以备中兴;明刑罚,惩处官吏之为奸犯科者;罢免添差酒税,实现买卖公平等。"多被采纳。南宋绍兴年间出任饶州知州,后告退还乡。

胡阶庆 生卒年不详。官吏。字象泰。明末绩溪人。崇祯年间举人,授余杭知县。时值蝗虫为灾,率民捕捉,并以米示酬,庄稼因得保全。

胡寿安 生卒年不详。官吏。字克仁。明黟县横冈人。洪武年间以生员入国子监。历任信阳、获鹿、新繁知县。在任期间常延请地方父老询问县中弊病,劝民以耕为本,财力不足者资助之。生性淡泊,布衣素食,寝处仅置蚊帐一床。凡任新县时自种菜圃,以供宾客,人称"菜知县"。儿来探视,两月内仅宰鸡一只,仍遭其责斥。凡历三县,不偕妻室,任期结束离开时,囊箧荡然告罄,仅书籍布衣而已,泣送者数千人。

胡闳休 生卒年不详。武将。字良弼。北宋婺源清华人,寄籍开封。宣和元年(1119年)入太学,时忌谈兵事,闳休却著《兵书》2卷。靖康元年(1126年)初创兵科,应试优等,补承信郎。金兵围城,闳休分城而守;帝陷金营,欲结义士劫帝还朝。二帝北迁,范琼散勤王师,闳休改投辛道宗军勤王部队,以"忠义"进两官。后从岳飞征讨,授成忠郎。岳飞被诬死,发愤不出门,称疾居家10年后卒。著有《勤王忠义集》《致寇》《御寇》等。《宋史》有传。

胡良铨 1849~1923。官吏。字衡甫。清末民国时期绩溪人。少流浪无依,后从师受学。清光绪八年(1882年)补两浙横浦场盐大使。后历任广东始新、大埔知县。居官清正廉洁,曾扩充盐户、创立盐灶、捐俸疏浚河道、创办学校。擅长篆隶书法及图画绘事,又精于医学。晚年侨居上海,所作字画,时人视如珍品。施医以活人济世为乐,不受酬金。

胡松 1490~1572。官吏。字茂卿。明绩溪人。正德九年(1514年)进士。正德十四年(1519年)任陕西道监察御史。正德十六年(1521年)转山东临清军监察御史,上疏劾宸濠之党内外为奸,祸国殃民,乞付法司。嘉靖元年(1522年),以上疏荐举谢迁等而被罢官。嘉靖六年(1527年),复任浙江道监察御史,又因劾王琼谪贬为廉州推官。嘉靖九年(1530年),授任福建按察司佥

*胡松

事、布政司右参议;任上察民情,平冤狱,为政有声。嘉靖二十年(1541年),任贵州按察使,消弭土酋安万全之乱。嘉靖二十六年(1547年),以都察院右副都御史总理河道,上疏治淮,并陈方策。嘉靖二十七年(1548年),总督河漕,兼巡抚凤阳、淮安等处。再历户部左侍郎、工部尚书、刑部尚书;因与严嵩有隙,于嘉靖二十九年(1550年)托病乞请归家。在家修筑东门长堤,解除县城水患。隆庆二年(1568年)晋阶荣禄大夫,位一品。隆庆六年(1572年)病卒。所著《文集》已佚。

胡尚礼 生卒年不详。官吏。南宋祁门贵溪人。淳祐四年(1244年)进士,授广昌知县。

胡明星 生卒年不详。官吏。字太白。南朝梁黟县横冈人。天监二年(503年)诏正雅乐,明星以国子生预其事,乐成,授湘东王府法曹参军。后入朝为太学博士,累迁至太常卿。梁武帝崇尚释佛,明星与周舍等上疏力谏,未被采纳。普通六年(525年)归隐,栖居黄姑墅(今横冈),凿渠穿城,长数千米,灌田无数。其子文焕助成其事。乡人感其惠德,在黄姑墅建"胡公祠";又县城有庙,春秋奉祀。

胡学 850~906。官吏。字真翁,号东山。唐婺源人,原居歙县篁墩(今属屯溪区)。咸通九年(868年)进士。初授庐州舒城县令,后历官宣歙节度讨击使、银青光禄大夫、检校国子祭酒兼殿中侍御史、散骑常侍等。诏赐新安郡开国男,食邑三千户。光启三年(887年)诏加御史中丞,由篁墩迁婺源清华,是为婺源常侍胡氏(安定胡氏)始祖。文德元年(888年)致仕。生子八:延简、延昇、延厚、延晖、延稀、延乐、延鲁、延照,世家婺源清华。

胡宝铎 1825~1896。官员、学者。行名成钜,字大问,一字浒晴,号昆圃。清绩溪宅坦人。同治四年(1865年)补廪生,旋中举人。同治七年(1868年)成进士,分发兵部武选司,历员外郎、郎中、选道员、军机章京、总理各国事务衙门行走。特赏三品衔,诰授资政大夫,赐世袭云骑尉。淡于仕进,旋以亲老退归。后参与修纂《安徽省志》。晚年课馆授徒,潜心治学。著有《浒晴丛稿》。

胡宝瑔 生卒年不详。官吏。字泰舒，号怡斋，晚号瓶庵。清歙县人，寄籍青浦（今属上海市）。雍正元年（1723年）举人，授中书。出任顺天府丞，征剿金川参赞军务，升府尹。后以副都御史兵部右侍郎巡抚山西，又历官湖南、江西、河南节制兼提督，以军功加太子太保。复任江西，转授命赴河南赈灾安民，劳累过度卒于任上。诏加封兵部尚书太子太保，谥"恪靖"。

胡宗明 生卒年不详。官吏。字汝成。明绩溪龙川人。正德十二年（1517年）进士，授户部主事。嘉靖初，督饷有功，升为四川参议，再升河南副使。后历福建参政、广西左都御史、云南和山东布政使。以副都御史巡抚辽东，严武备，明赏罚，申禁令，筑屯堡，边敌畏惧之。著有《兰言集》。

*胡宗明

胡宗宪 1512～1565。名宦。字汝真，号梅林。明绩溪龙川人。嘉靖十七年（1538年）进士，授山东益都知县，屡决悬案，平反冤狱，晋三级。任杭州知府，修整西湖，扩建岳坟。嘉靖三十三年（1554年），歙县汪直、徐海、陈东等踞五岛，引倭寇骚扰东南沿海。宗宪于嘉靖三十四年（1555年）任

*胡宗宪

浙江巡按御史，旋升总督，总制七省抗倭军务，与俞大猷、戚继光、卢镗等制定"攻谋为上，角力为下""剿抚兼施，分化瓦解"的方略，转战江浙，每役躬擐甲胄，指授机宜。嘉靖三十五年（1556年）斩徐海，俘陈东，降汪直，断倭寇之内应；又数年，弥平倭患。以功授太子太保加少保、兵部尚书。嘉靖四十一年（1562年），南京给事中陆凤仪劾宗宪为"严（嵩）党"而入狱；获释后之次年，御史汪汝正又劾宗宪付严世蕃手书中有"自拟圣旨"之语，乃重入狱。狱中上书数千言，有"宝剑埋冤狱，忠魂绕白云"之慨叹。嘉靖四十四年（1565年）病死于狱中。隆庆六年（1572年）朝廷予以昭雪，并录其平倭功勋。万历十七年（1589年）赐葬故里天马山，谥"襄懋"，世袭锦衣卫佥事。杭州石龟巷亦建报功祠。所辑《筹海图编》13卷行世，另著有《三巡奏议》《督抚奏议》《忠敬堂记录》等。《明史》有传。

胡思伸 1552～1624。官吏。字君直，号充寰。明绩溪人。万历二十三年（1595年）进士，历官上虞知县、兵部主事、山东按察司按察使、山东左布政使、都察院右佥都御史。其在上虞，筑三湖，灌田无数。又筑梁湖包村港口石闸，灌田、通航，民立碑称"新安闸"。神宗朱翊赞之"立起膏肓，登之强固"。在上虞九年，民众为立生祠，刊布《俄顷弦歌永赖编》《古虞野史德政录》以赞颂。在按察使任上，周视厄塞，询问军民疾苦，增城浚池，加强防务。敌众10万忽然进犯，思伸令布置疑兵，不战而退敌，人称其"一管笔胜雄兵十万"。在隆庆修渠引水，今怀来大黄庄一带水渠仍称"胡公渠"。又捐俸在怀来、延庆购学田，兴办教育。天启二年（1622年）以病辞官归家。著有《边垣图记》《督抚奏议》。

胡俊杰 生卒年不详。官吏。字朝佐。南宋祁门贵溪人。绍兴三十年（1160年）进士，授杭州通判。致仕回乡后，倡议建立救贫义山于林沥源。

胡宥 生卒年不详。官吏。字子仁。明休宁百石充人。隆庆五年（1571年）进士，授河南长垣知县。万历初，丁母忧归。改建学宫，建尊经阁，并捐家藏图书入存，供士子阅读。服满，补河南道，代守苍梧，兼摄广东盐法，卓有政绩，赐尚方金印。后以谏阻裁废天下书院忤旨，徙贵州佥事，以劳瘁卒于黔。

胡晟 生卒年不详。官吏。明婺源清华人。以举人任湖南沅陵知县。时荣藩督租，为百姓之害，晟不畏权势，绳之以法。

胡晓 生卒年不详。官吏。字东白。明绩溪人。嘉靖二十三年（1544年）进士，选庶吉士。后改授御史，言事不避权贵。为人倜傥魁岸，不作世俗媚态，文亦如其人。著有《翰苑》等。

胡清隼 生卒年不详。胥吏。字鸿臣。清末祁门城西人。幼随父宦游江东，应乡试不中，援例以知县分发江苏。时江苏督学开办仕学馆，清隼考取超等。曾任两江督辖发审局委员、湖北督销淮盐总局文案、广东巡察使署执法处承审。擅长辞章，广结海内文人，唱酬无虚日。著有《倚虹楼稿》。

胡清瀚 1867～1940。乡绅。字文波。廷琼次子，清末民国时期祁门城西人。幼侍父于四川官廨。返里后，任祁门县商会会长。见县禁烟局以禁烟为名，行敲诈之实，因力请撤除，除此民瘼。又发起请撤厘金分厘运动，终至裁撤闪里、吴板头两卡，商旅以安。民国十五年（1926年），北洋军刘宝题部溃退祁门，羁留月余，赖其全力应付，地方安宁。尝修葺城南凤凰山亭台楼阁，为邑人游憩之地。

胡深 生卒年不详。官吏。字文渊。明祁门城东人。正统十年（1445年）进士，授南京四川道御史，简视京营，振风纪，声誉甚为隆盛。任上狱无冤滞，总宪张纯有疑狱，立即为之剖决。时称"无冤"。

胡遇 生卒年不详。官吏。字道亨。北宋绩溪湖里人。庆历二年（1042年）进士，授进义县尉。皇

祐四年（1052年），授为行营参谋，随狄青进兵宾州，攻克邕州，大败侬智高于归仁铺。以功擢升湖南、江西安抚使。

胡集成 生卒年不详。武将。字斯远。清祁门桃峰人。乾隆四十五年（1780年）武举人，选授武略骑尉营千总。其子兆青，字沛瞻，嘉庆十三年（1808年）武举人，分发安徽中营千总。

胡舜举 生卒年不详。官吏。字汝士。舜陟弟，宋绩溪城北人。南宋建炎二年（1128年）进士。历官朝议大夫、剑州盱江知县。撰《延平志》10卷、《盱江志》10卷。

胡舜陟 1083~1143。官吏。字汝明，号三山老人。宋绩溪人。北宋大观三年（1109年）进士。宋室南渡前，官监察御史。靖康初，金人南侵，力主抗战。高宗即位，授秘阁修撰，任庐州知州。在任修城池，备战具，安定人心；又招降刘之舜部万余人，加强防守力量。时淮西八州，七州降金，唯庐州坚守抗战，故加官集英殿修撰，百姓为之建立生祠。又上书恳请率部北上，高宗未采纳，而诏加徽猷阁待制、淮西制置使、建康知府、措置水军使。金兵过江，舜陟私遣将士从太湖出抄，获大胜。后提举江洲太平观，擢临安知府。父亡，回乡守孝。南宋绍兴元年（1131年）以原职宣谕京、淮、湖北，舜陟以秦桧执掌朝权，"与时相不合"，辞不赴职。绍兴二年（1132年）至绍兴五年（1135年），任江州知州兼沿江安抚使，京畿数路安抚使，庐、寿州宣抚使，淮西安抚使及庐州知州等职。所至爱民，严于治军。绍兴六年（1136年），授徽猷阁学士、静江知府，兼广西经略安抚使。绍兴七年（1137年），封绩溪开国男，进子爵。绍兴八年（1138年），上疏劾秦桧十大罪状。秦桧指使御史中丞上奏，罢其官职。绍兴十年（1140年）复任广西经略、邕州知州。绍兴十一年（1141年），节制广东、广西、湖南三路官军，讨平骆科之乱，进封新安伯加金紫光禄大夫、明国公，食邑九百户。秦桧诬陷岳飞入狱，舜陟上疏为之辩诬，再次触怒秦桧。绍兴十三年（1143年），吕源诬舜陟"赃污潜拟"，又寄书秦桧诬告其"诽讪朝廷"，终被秦桧害死于静江府狱中。舜陟死后，其夫人汪氏申诉冤狱，获昭雪，赠少师，遗体赐葬在湖州归安县谢勘村，命墓地名为"胡家坞"。著有《奏路》《论语义》《孔子编年》《咏古诗》《师律阵图》《文集》。《宋史》有传。

*胡舜陟

胡湮 生卒年不详。官吏。字斯政。明黟县城北人。以贡生选授福建泉州府推官。到郡不久，邻火延烧衙署，风狂莫救。胡湮取署内门匾尽投火中，再拜自责，以祈求火灭。

胡富 1454~1522。官吏。字永年。明绩溪龙川人。成化十四年（1478年）进士，授南京大理寺评事。弘治初任福建佥事，清理滞狱积案，释200余人。寻授广东副使任，在任靖安地方，垦荒泷水，招瑶、僮民耕种，又平海南。自湖南按察使调任陕西右布政使，民众塞道攀留。正德初任顺天府尹，时刘瑾擅权，富独果敢执法，不畏权贵。后历南京大理寺卿、南京户部右侍郎，以刘瑾专横退归。刘瑾诛后，擢升为南京户部尚书，上疏指陈弊政10余条，为权贵所阻。后因自责居大位而不能举职，七次上疏告退归里。居乡清正，多举盛德之事。卒赠太子少保，恩赐祭葬，谥"康惠"。著有《龙川文集》。

*胡富

胡煜 生卒年不详。官吏。字廷和。明歙县人。弘治壬戌科传胪（会试二甲第一名）。制策斥时弊，授吏科给事中。正德年间，犯颜敢谏，弹劾刘瑾不被采纳，辞官归家。著有《竹岩遗篇》数十卷。

胡镇孙 生卒年不详。官吏。字安国。南宋祁门人。咸淳元年（1265年）赐同进士出身，授黄州户曹参军。后升江西星子知县。任满居家，郡守委治本县事，民赖以安。

胡德 生卒年不详。官吏。字全之。明婺源清华人。正德三年（1508年）进士，授南京户部主事。监督福建、浙江粮运,宦官搜其箱,仅扇数把。后擢四川参议、云南参政。时云南土司侵吞盐税凡九年,户部使者拟请用兵处置,胡德单车前赴,教谕土司,补收盐税数万。后辞官归养,卒后奉祀府县乡贤祠。著有《郑谷稿》《遇樵杂著》。

胡德迈 1660~1715。官吏。字卓人,号鹿亭。清初歙县人,寄籍浙江鄞县。13岁补博士弟子,后中举。官中书舍人。历任江南、山东、山西、陕西、河南、浙江道御史,以正直名。屡次上疏请宽风闻之禁,广行仁政。后转顺天府府丞。善诗文,工书画。书学钟、王,画法倪瓒。著有《台中疏草》《适可轩集》《适可轩近草》。

胡潜 生卒年不详。官吏。字孔昭。明绩溪人。弘治年间任福建德化知县。居官三年,廉洁自持,捐俸倡修水利、桥梁、廨舍,劝息诉讼,不施鞭扑。

胡瞳 生卒年不详。武将。又名炼,字叔明。唐末歙州人。入仕唐朝为宣歙府尹,致仕后居家在歙县篁墩(今属屯溪区)。广明元年(880年)黄巢犯宣、歙,胡瞳应诏起义,集壮士守御祁门,屡战克捷,取巢兵于宣歙境上,升为浙西节度副使,加赠金紫检校尚书、右仆射。光启年间封为金紫光禄大夫,廪给二品。卒葬祁门义城都,乡民感戴其德,立庙祀之。

柯大统 生卒年不详。地方豪杰。元末绩溪瑞川人。伟岸有勇力。至正年间,连岁灾劫,大统暗散家财,结纳乡里豪杰。至正十年(1350年)聚众起义,攻取绩溪、旌德两城,与江淮群雄相呼应。

柯庆施 1902~1965。政治家。学名尚惠,又名孜史,曾化名怪君、何乃康。近现代歙县水竹坑人。15岁就读于安徽省立第二师范学校,因受《新青年》等进步书刊影响,思想激进,被学校开除。民国九年(1920年)入南京中学学习,尝与陈独秀通信,接受马克思主义思想。同年冬入上海外国语学社习俄文,旋加入中国社会主义青年团。民国十一年(1922年),赴苏联参加远东各国共产党与民族革命团体第一次代表大会,同年加入中国共产党。翌年回皖,经江彤侯介绍,编辑《新建设日报》副刊及国内新闻,宣传马克思主义,建立安庆、芜湖共青团组织。第一次国共合作时,在芜湖参加国民党,旋返沪。民国十三年(1924年),赴苏联海参崴党校中国班执教。民国十五年(1926年)赴皖,任国民党安徽省党部秘书长,利用省党部

*柯庆施

机关作掩护,派人至各县市建立党团组织。翌年,任中共安徽临时省委书记,先后在安庆、芜湖、宣城、六安、合肥、宿县等地恢复和建立党组织,并领导芜湖、广德、六安的农民暴动。旋任河北省委前委书记和组织部长。抗日战争时期调往延安,任中共中央统战部副部长。解放战争时期,历任晋察冀边区行政委员会民政处处长、财办副主任、石家庄市市长。新中国成立后,历任中共南京市委书记、南京市市长、江苏省政府副主席、中共江苏省委书记。后任中共中央上海局书记、中共中央上海市委第一书记、南京军区第一政治委员、中共中央华东局第一书记、国务院副总理。其间当选为中央政治局委员。病逝于成都。撰有《胜利十年》《关于工业战线的群众运动》《全国一盘棋》。

查文徵 生卒年不详。官吏。字希音。南唐婺源人,祖居休宁。南唐时官为寿州六安县令,累迁至宣歙观察使,与兄工部尚书文徽并著勋业。遭逢乱世,于北宋乾德元年(963年)挂冠隐居婺源县治蚺城,见西郊廖坞岩壑幽秀,因结庐定居,是为婺源查氏始祖。其间石罅有芳泉时出,尝枕漱以自娱,并与县令廖平暨一时名卿硕士修德讲学其间。卒后即葬北山之巅。后人号其山曰"查公山",泉曰"廖公泉"。婺城星源八景之一"廖坞鹤烟"即其结庐处。

查师诣 生卒年不详。官吏。唐河内人。从九江匡山药炉源徙宣城,转徙休宁篁墩(今属屯溪区)。官至游击将军、折冲都尉。三世曰文徵,历官工部尚书,徙休宁县城,弟文徽,官至歙县观察使,居婺源。

查陶 937~1006。官吏。字大均。北宋休宁北街人。初仕南唐,以明法登科,任常州录事参军。宋太祖赵匡胤当朝后,历任大评事、大理正、侍御史、判大理寺等职。《宋史·查道传》附称其"以明法登科""持法深刻"。

俞士英 生卒年不详。乡绅。字服膺。元末休宁溪西人。善诗能赋,以孝闻乡里。蕲黄军犯婺源,时帅府汪同率义兵驻开化,士英率子侄,募义兵屯军马金岭。初战告捷,后凡四战均不敌众,战死。

俞上运 生卒年不详。官吏。清徽州人。乾隆五十年(1785年)由鄞县县丞署石门知县。正值大旱,冒暑步祷,不辞劳瘁。同时亲勘灾田,详为奏报,请求缓征;又出仓谷平粜,劝殷实富户捐粟救灾。因积劳成疾而卒。事迹载光绪《石门县志·名宦传》。

俞天倪 生卒年不详。官吏。南宋婺源汪口人。景定三年(1262年)进士,授芜湖县尉,摄理邑事。有宗室以樵夫不让路告于县衙,天倪判曰:"按仪制,贱当避贵,樵夫合避宗室;可按正常让路规则,轻当避重,宗室合避樵夫。"宗室败诉,时人称之。

俞文诏 生卒年不详。官吏。字麟生,号抑翁。清婺源龙腾人。道光年间援例捐郎中,分发刑部,

选授四川嘉定知府。在任兴文教,修书院,设义学,以培风俗。总督琦善令其理粮务,因春雨粮运艰难,他倾囊重赏,并借八旗兵兼程往接,使粮食如期运至。曾署叙州、夔州、渝关税务和通省盐茶道等,以清廉名世。后升建昌上南道,摄按察使。咸丰二年(1852年)为四川文武乡试监试官,诰授中宪大夫,累迁至通奉大夫。寻督办两湖战船,因被诬落职。归乡后杜门养亲,屡诏不起。著有《史论择存》《蛰庐遗集》。

俞乔 生卒年不详。官吏。字君望。明婺源汪口人。万历十六年(1588年)举人,选授郑州知州。在任省刑缓征,召聚流移,开荒田,建水利,安民息盗。任满后,士民请之留任。

俞伯华 生卒年不详。武将。明婺源钟吕人。袭父职,任温州府盘石卫昭信将军。

俞纵 生卒年不详。官吏。东晋歙县人,祖籍河间。曾任征西大将军。永嘉年间,随元帝渡江,遂居于新安之歙县。成帝初,为桓彝部将。咸和二年(327年),庾亮征苏峻入朝,峻与祖约起兵反于历阳。次年渡江,进军建康,迁成帝于石头城。时纵守阑石,与苏峻部将韩晃相遇,因寡不敌众,左右劝退守,纵不从,曰:"吾之不负桓侯,犹桓侯之不负国也。"遂力战而死,以身殉职。追赠兴古太守。其子孙遂定居于歙。纵为新安俞氏始迁祖。

俞茂 生卒年不详。武将。初名荣,字子茂。元末明初休宁溪西人。早年读书授徒,通兵法。元末,父士英集结乡兵与红巾军垒战,死于马金岭。俞茂随枢密院判婺源汪同保障本土。后归明,授枢密院判官。从军取婺源,下严陵,靖三衢,定德兴,克乐平,收复江西诸郡,还守南昌。明太祖取永新,授任俞茂为武德将军、正千户守御之。其在永新修城池,兴庙学,刊刻《陈定宇增广通略》《李一初文集》行世。

俞昭显 生卒年不详。官吏。字绍明。南宋婺源丰田人。匹配徽宗龙德公主,授驸马都尉,出使于金国。乾道元年(1165年)进武德大夫,后迁昭庆、保康、保宁节度使。卒赠云安郡公,谥"忠武"。

俞勋 生卒年不详。官吏。字怡叔。南宋婺源汪口人。淳祐四年(1244年)进士。历官来安知县、滁州通判、淮东师府参议,以清廉名世。

俞诵芬 生卒年不详。官吏。字郁兰,号茗溪。清婺源人。嘉庆二十四年(1819年)进士,选翰林院庶吉士,散馆改户部山西司主事。道光二年(1822年)考补军机章京,后调吏部稽勋司掌印郎中,继任福建兴化知府、兴泉兵备道。宣宗曾钦命其总理八省漕务。著有《亦爱堂诗文集》。

俞清 生卒年不详。武将。明婺源丰田人。以父功袭授真定卫左所百户。洪武二十三年(1390年)升北京前卫副千户。后随驾战克真定有功,先后擢升正千户、卫指挥签事。永乐元年(1403年),进阶明威将军。

饶钦 生卒年不详。官吏。字克恭。明祁门胥岭人。天顺四年(1460年)进士,授户部主事。寻改南京户部员外郎,后迁澂江知府。其地彝汉民杂处,饶钦首兴学校,轻徭赋,与民休息,民俗大变。入朝觐见皇上,民众攀轩泣告挽留。又所属路南州土官无子,欲让女儿沿袭,以重礼贿赂他。饶钦严词拒绝,以职官替土官。居官以廉洁称,郡人立"清白祠"祀之。建书舍于茅山万松间,自号万松散人,以诗文自遣,著有《万松遗稿》。

施海 生卒年不详。武将。明婺源诗春人。袭父职,有战功,景泰元年(1450年)授凤阳留守卫指挥佥事。

姜才 生卒年不详。武将。宋末绩溪高车人。少习骑射,读兵书,20岁从军。后随文天祥抗元,瓜州一役,力战阵亡。文天祥亲为其举行祭典,撰祭文并主祭。陪祭者有陆秀夫、张世杰、吴坚等。

姜肇山 生卒年不详。官吏。字似农。清绩溪高车人。拔贡生,乾隆年间任霍邱县训导。振作士子,以名教为己任。助赈乡里,踏田驱蝗。著有《禁草堂遗集》。

洪一新 生卒年不详。武将。字瑞符。明末歙县人。崇祯十四年(1641年)武状元,授以军职。曾在河南直隶、湖广间与李自成、张献忠农民军作战。由守备擢副总兵。崇祯十七年(1644年)后解甲归田。入清不仕,躬耕田亩30余年卒。

洪中孚 1051~1131。官吏。字思诚。北宋休宁黄石(今属屯溪区)人。14岁,乡贡第一,有声于太学。元丰二年(1079年)进士,初试校书郎,授黄冈县尉。元祐年间任成都县簿。崇宁初,召对便殿,纵论钱币源流及河东用度之策,甚合徽宗圣意,被委任为河东提举,改转运判官,直龙图阁,升转运副使,旋擢熙和兰湟路转运使。因功被召为户部侍郎,旋以徽猷阁直学士知山西太原府。又先后任永兴知军、真定府帅。政和六年(1116年),金遣使入京,约宋夹攻辽,许以燕、云二州归还,徽宗遣内侍谭稹衔命察访河北、河东诸帅,皆以为可行,唯中孚不计个人得失,力持不可,得罪中贵,被劾罢官。宣和二年(1120年)复知扬州。宣和末年,以礼部尚书身份抚谕山东农民起义领袖张仙,又遭宦官李彦嫉恨,贬为提举明道宫。南宋建炎元年(1127年)以龙图阁待制致仕。卒赠光禄大夫、少师。著有《春秋解义》20卷。

洪文衡 1560~1621。官吏。字平仲,号桂渚。明歙县桂林人。万历十七年(1589年)进士,授户部主事,后官太常,督四夷馆。请求振兴政教,神宗一无所动。后请求之人与日俱增,神宗特起用以疾辞归的顾宪成。有人担心顾宪成被重用后对己不利,御史徐兆魁最先上疏弹劾顾宪成。洪文衡忧神宗惑于徐兆魁之言,上书直言辩白:"今两都九列,强半无人,仁贤空虚,识者浩叹。所堪选而使者只此起废一途,今宪成尚在田间,已婴罗网,俾圣心愈疑,连茹无望,贻祸贤者,流毒国家,实兆魁一疏为之!"天启年间,升太常卿,上疏指正祧庙礼仪之误,虽与宗伯言论不合,但不为之屈。卒赠工部右侍郎,赐祭葬,谥"庄定",入祀乡贤祠。

洪世俊 生卒年不详。官吏。字用章。明歙县桂林人。万历二十三年(1595年)进士,初授同安知县。后升礼部主事,迁福建右布政使。荷兰人入侵,严阵以待,得不为害。转山东左布政使,值白莲教为患,又值饥馑,因运转有方,升任太常卿。卒赠兵部右侍郎。著有《闽古节烈集》《兰台疏稿》。

洪汉 1432~1508。官吏。字朝宗。明歙县桂林人。成化八年(1472年)进士,授行人,累迁户部郎中。督储湖南,奏免欠税数万。擢云南参议,进亚中大夫。提督银场,持官廉正,身处金穴,心饮廉泉,有"宝山空回"之誉。裁省宠宦例贡羡余,仍令矿官赴司交税,后成定例。著有《适志录》《云鹤集》,作有《八景图卷》。

洪朴 生卒年不详。官吏。字素人。清歙县洪源(即洪坑,今属徽州区)人。乾隆三十年(1765年)与弟榜同应召试,赐举人,授内阁中书,作《玉壶冰赋》,以清名节操而立志不移。乾隆三十六年(1771年)举进士,升主事,擢吏部郎中。乾隆三十九年(1774年)典湖南乡试。乾隆四十二年(1777年)视学湖北,所至崇尚实学,奖励名节。转补刑部郎中,总理秋审,执法刚正不阿,以御史用。后任直隶顺德知府。与弟洪榜、洪梧有"同胞三中书"之誉,时称"新安三凤"。著有《伯初诗钞》2卷、《文钞》2卷、《江汉风骚集》4卷。与弟洪榜合刊《二洪遗书》传世。

洪佐圣 1561~1622。官吏。字仲邻,号经寰。洪启蒙三子,明歙县桂林人。万历二十九年(1601年)进士,官南京工部,出榷芜关,政从简肃。转南京礼部,寻转南京吏部,有"水镜(喻明鉴)"之誉。视学江西,士习丕变。按察山西,民无冤事。升湖广右布政司,转江西左布政司。旋升巡抚,随授南都御史,卒于任上。

洪作霖 生卒年不详。武将。明末祁门浒溪(今属凫峰乡)人。崇祯十六年(1643年)举武进士,授江西水营参将。

洪范 生卒年不详。官吏。字养泉,号石农。清歙县王充东源人。曾任山东运河道。擅长绘画,兰、竹尤有名气。安徽省博物馆藏其浅绛《山水》条幅,有朱文印"小蓬莱"。

洪尚同 生卒年不详。官吏。字子善。明祁门檡墅(今洪村)人。万历二十二年(1594年)举人,官湖广武陵县知县,以"卓异"升河南光州知州。时光州唯有种麦,鲜知播谷,躬亲教民种植,变瘠地为沃田。

洪思忠 生卒年不详。官吏。号义虬。明歙县洪源(即洪坑,今属徽州区)人。以国子生补任邹平县主簿,判事操笔立断。著有《闲亭集》。

洪钧 ❶1839~1893。外交家。字文卿。清歙县桂林人,寓居吴县。同治七年(1868年)状元,授翰林院修撰,出督湖北学政。累迁内阁学士兼礼部侍郎。光绪十三年(1887年)冬,偕妾赛金花出使俄、德、奥、荷四国大臣。时中外交涉频繁,论辩多以电报往复。国外电用三码,中国用四码,洪钧创以干支代一、十、百、千字,亦成三码,岁省巨万。光绪十六年(1890年)秋任满还,擢兵部左侍郎,旋授总理各国事务衙门大臣。曾视学江西,订立经训书院规程,主讲求经世之学。出使俄国时,幸得元拉施特《蒙古全史》,是为阿拉伯文,于是遍访俄国通人及各国驻俄使臣,译为中文。复考元人官私书及《元史》。光绪十九年(1893年)秋病卒,终年55岁。嗜学,通经史,辑《元史译文证补》30卷。❷1885~1949。商人。字云卿。清末民国时期绩溪伏岭卓川人。清光绪二十三年(1897年),至兰溪学习酒业经营,后任庆茂酒坊经理。为人恪守信义,急难救人。同乡章某因经营不蕰,负债入狱。章母求助于洪钧,其以债权人出面调解,约以三折了却债务,因此自己损失巨资但引以为乐。光绪三十二年(1906年)于乡里卓溪与大石门之间,独力修建路亭以供行旅憩息。一生克己待人,身后一无所有。

洪炯 生卒年不详。官吏。字子明,号蒙斋。清祁门檡墅(今洪村)人。16岁补弟子员,援例授江苏镇洋县训导。莅任申严条规,士习文风大振。道光十六年(1836年)擢扬州学正。时宝山海塘倾圮,江苏总督林则徐、巡抚陈銮择人督修,炯被选中,精勤干练,在同僚中出类拔萃;经费不足,自倾囊资助。道光十九年(1839年)又受命修金山塘。后因二兄相继谢世,乞请归。在家捐资创建考棚;复捐银倡导,修葺东山书院。

洪景行 生卒年不详。官吏。字山至。清歙县洪源人。康熙贡生。初任牛流、五河教谕,后升浙江平阳知县。在任首惩豪猾隐瞒田亩逃避赋税,按实有田亩均派差徭;修筑肥艚、鹅颈二埭,蓄淡水以障海潮;建义学,定冠婚丧祭礼,禁巫师邪教赁妻诸恶俗。解官归家时,兵民号泣追送。

洪湛 963~1003。官吏。字惟清。北宋休宁黄石(今属屯溪区)人,一说休宁洪家山人,寄籍昇州上元(即江宁,今江苏南京)。曾祖洪勋为南唐崇文馆直学士,祖洪寿为桐城令,父洪庆元为新喻令(归宋后为冤句令)。自幼好学,5岁即能诗,年未冠,著录《龆年集》10卷。北宋雍熙二年(985年)廷试未中,以文采遒丽,被宋太宗赐进士第,初授归德军节度推官,寻以右拾遗入直史馆,赐绯鱼袋。端拱元年(988年),因与宋沆等疏奏立太子事触怒真宗,谪容州知州,后迁比部员外郎、郴州知州、舒州知州。咸平二年(999年),召试皇帝孝德颂,甚合真宗意,出仕舍人院,复直史馆。后任三司磨勘司通判,授知制诰,知贡举,与修《起居注》。咸平五年(1002年),因受科场案牵连,在出使陕西途中被召回,削职流放海南儋州,官府抄家,一贫如洗。次年遇赦,改流放广东惠州,行至化州调马驿病卒,仅一幼儿相随。真宗诏赠1万钱抚恤,命当地府衙护送其灵柩归葬。尝以俊秀善辩,才干超群,五次奉诏出使西北议定边陲防守要务,颇得真宗赏识。出席恩赐曲江宴,即席赋诗,深受赞赏。著有《比部集》15卷。子鼎,大中祥符四年(1011年)进士,官度支员外郎、直史馆、盐铁判官。《宋史》有传。

洪遐昌 1849~1893。外交家。字松年,号心连。清末祁门檡墅(今洪村)人。精儒家经典,于医学、外交、洋务亦颇有研究。光绪十一年(1885年)任江西通判,随刘瑞芳出使英、法、德、俄、意五国,归国升任同知。光绪十七年(1891年)出任驻日本神户兼大阪正理事官,创办中华会馆。任满回国,升九江知府。

洪璟 生卒年不详。官吏。字昆霞。清歙县洪源人。康熙三十七年(1698年)拔贡,入太学。后由教习授山西交城县令。在任谨慎治事,设义学,修卢川书院,讲学月波书院,捐俸修筑卧虹堤。擢升大同知府,清廉自守,猾吏敛迹。

洪赞善 生卒年不详。官吏。清祁门檡墅(今洪村)人。廪贡生,候选教谕。以军功保举江西会昌知县,补直隶州同知,升知府。

洪翼圣 1560~1621。官吏。字季邻,号南池。洪启蒙长子,明歙县桂林人。万历二十六年(1598年)进士,授宁国知州。后升户部员外郎,外放南阳知府。谢宾客,杜交际,赎银俱归县库,积谷不入府藏,所藏唯有公文。举卓异,治行第一。督学陕西,提拔之人多成名士。寻转汝宁参政、江南按察使、山西右布政,清操峻节数十年如一日。入为光禄寺卿。著有《尚书约解秘旨》。入祀名宦祠、乡贤祠。弟辅圣,万历三十五年(1607年)进士,授工部行人;佐圣,万历二十九年(1601年)进士,历官巡抚、南京都御史。兄弟三人均入翰林,俱为显宦。

祝华 生卒年不详。官吏。字继章。南宋婺源高砂人。绍兴二十四年(1154年)进士。初授衡阳知县,后历任象州、梧州、南剑州知州,均有政绩。

聂冠卿 987~1041。官吏。字长孺。聂师道玄孙,北宋歙县人。大中祥符五年(1012年)进士,授连州推官,极受学士杨亿器重。后累迁大理寺丞、集贤校理、蕲州通判、太常博士、判登闻鼓院、开封府判官、三司盐铁度支判官、工部郎中。景祐年间,以李照之荐,与冯元、宋祁修撰乐书《景祐广乐记》。诏制《奉禋歌》以备《三叠》,命聂、李二人造辞以配声,是年郊祀即予采用。特迁刑部郎中,直集贤院,以兵部郎中知制诰,判太常礼院,纠察刑狱。后为贺契丹生辰使,契丹国王言:"君家先世奉道,子孙固有昌者。尝观所著《蕲春集》,歌诗极清丽。"契丹国王亲为击球纵饮,命聂冠卿赋诗,礼遇甚厚。康定二年(1041年),授翰林学士。著有《蕲春集》10卷、《河东集》30卷。弟聂世卿、宋卿,分别官宣州通判、校书郎。子聂友仲、平仲、仪仲、文仲、公仲,皆贵显一时。《宋史》有传。

夏元康 生卒年不详。官吏。唐末浙江会稽人,徙居休宁南门。乾符年间,黄巢入宣州,犯浙江东,士民外逃,时元康知苏州,改歙州刺史,募兵拒之。随遇草寇毕鹗、查高、范珠、陈儒等继至,又率兵力战,获免。居岁余,又闻董昌潜据于越,乃叹曰:"遭此时世末,如之何矣。"遂还政,因家于休宁之南门。

夏亢善 生卒年不详。官吏。字从之。南宋休宁南门人。幼有大志,励志向学。绍定五年(1232年)进士,授文林郎、濠州钟离县尉。

夏师尧 生卒年不详。官吏。字达德。南宋休宁南门人。咸淳十年(1274年)进士,授谏议郎。寻升翰林学士,迁承旨。宋亡,从祥兴帝航海。元兵袭崖州,殉于国难。

钱翯 生卒年不详。武将。字悦道。由歙南汝溪始迁淳安蜀阜别业,吴越王钱镠十一世孙。气概轩昂,倜傥尚义。北宋宣和三年(1121年),与兄钱岂(字安道)率乡兵剿流寇,民得以安。靖康元年(1126年)十二月,遂安(后并入淳安)凤林倪从庆在广洲源赵侯庙揭竿而起,后侵扰淳安,被击溃。南宋建炎三年(1129年)七月,金兀术溯富春江而上,欲袭徽州。倾资招募乡兵5 000余人,星驰东下。至桐庐时,谍报敌船蔽江西上,以"彼众我寡,难与争锋,而牛山狭逼,当据险出奇以待",令将门板杂草扔入江中梗滞敌船。敌船至牛山脚,箭如雨下,石似雹落,乡兵潜水凿舟。驾舟者多江浙人,因橹势伸四指相示"伪四太子在其中"。惜乡兵未领会,争击第四舟,致贼酋侥幸弃船逃脱。严州知府忌阻,未以实上报,钱翯、钱岂仅补承信郎。后衢州张花项侵扰歙县,逼近淳安时亦被击溃,民赖以安。绍定三年(1230年),歙县进士朱焕等以其功大赏薄宜加褒赠,江东提举袁甫既领状牒,移文徽州转委判官魏骥至孝女乡研审。绍定四年(1231年),理宗诏立英烈庙于汝溪。端平元年(1234年),理宗诰称"二侯勋烈当与刘韩并驱",追封钱岂为惠显侯,钱翯为惠济侯,绘像入庙。孙钱时,为理学家。

倪时思 生卒年不详。武将。字康民。唐末歙县篁墩(今属屯溪区)人。猿臂善射,好读《左氏》《国语》及诸子兵书。初助刺史崔铉平军乱,署骑兵校尉。

乾符年间，与郑传聚民保乡里。曾应召协剿王仙芝于黄梅，阻黄巢部将乔铃于深渡，杨行密以为右先锋、都指挥兼遏镇使。杨行密拜吴王，时思晋秩淮南节度行营都统、保信指挥，加封金紫光禄大夫、检校兵部尚书。后以年老乞休，迁居祁门县西伊川（今渚口乡伊坑）。

倪思辉 生卒年不详。官吏。字韫之，号实符。明末祁门渚口人。万历三十五年（1607年）举进士，授太常寺博士，寻历吏科给事中。天启二年（1622年），上疏劾皇帝保姆客氏怙宠窃权，被谪贬福建按察司知事。旋起为兵科给事中，迁通政使，又以忤违魏忠贤遭削职为民。崇祯初复起为刑部左侍郎，后升南京总督粮储、户部尚书。

倪嘉谦 生卒年不详。官吏。字有光，晚号塞翁。清休宁人，仁和籍。乾隆元年（1736年）进士，授陕西安塞县知县。莅任时正值丰年，倡行储粮备荒，令所属二十四保设常平仓，储粮数万，并严禁胥吏侵吞。后遇歉年，赖以度荒。在任18年，洁己奉公，尤喜奖掖后进。著有《三桂堂文集》。

徐上镛 ？～1845。官吏。字序声，号蓉舫。清歙县徐村人。道光六年（1826年）进士，授兵部主事，裁革陋规，不受请托，颇有政声，后迁员外郎。道光七年（1827年），重修徐村文峰亭。道光十四年（1834年），重修《歙县会馆录》，曹振镛、潘世恩、徐宝善为之作序。道光二十年（1840年），外放黄州（治今湖北黄冈）知府，署汉黄德道。黄州连年遭受水灾，捐廉抚恤。崇阳钟人杰叛乱，上镛率兵防御于长江之滨，地方得以安定。卒于任上，士民于黄冈河东书院设祀位追思其功德。子承沛，太学生。

徐元文 1634～1691。官吏。字公肃，号立斋。清歙县人，寄籍江苏昆山，为顾炎武外甥。幼聪颖力学，14岁为诸生，与兄乾学、秉义究心学业，倡为古文，泛滥百家，根柢于六经，务为明理致用之学。顺治十六年（1659年）以一甲一名成进士，清世祖启太皇太后曰："今岁得一佳状元。"赐玉带、蟒服、裘靴。谢恩时，帝临御殿，百官陪列鸿胪读表，礼遇之隆，前所未有。历仕翰林院编修、国史馆修撰、侍读、国子祭酒等职。主考陕西，所取多为寒苦力学之士。康熙十三年（1674年）进内阁学士，兼礼部侍郎，充《太宗实录》副总裁。康熙十八年（1679年），监修《明史》。康熙二十八年（1689年），拜文华殿大学士，兼翰林院事，充《政治典训》《平定三逆方案》《大清一统志》及国史馆总裁官。平生无他嗜好，独喜购书，皆自行整理校刊，收藏称富。著有《含经堂文集》《得树园诗集》《含经堂书目》等。尚著有《明史稿》未成编。

徐旭龄 生卒年不详。官吏。字元文，号敬庵。清休宁北门人，寄籍钱塘。顺治十二年（1655年）进士，入部曹，转吏部掌选。康熙五年（1666年）主试南闱。旋擢御史，差巡两淮盐课，革除盐厘宿弊。转任金副都御史，出任山东巡抚，莅任劾贪墨数人，吏治肃清。进工部侍郎，漕运总督，禁漕粮收兑之弊。革河夫佥派之扰，猾吏敛迹，两任督抚，清操著称。

徐景轼 1827～？。官吏。字肖坡。清歙县徐村人。幼家贫好学，咸丰六年（1856年）中进士，官庶吉士，后改官礼部曹，娴习掌故克举其职。时有请行明堂配帝之礼者，举朝聚议，景轼一言决之，议覆疏即采其说，由是声望大起。直枢廷以捷才见称，居谏垣以正论推崇。后调雅州守，徙成都守，权署绵龙茂道及建昌道，所至有声。生平勇于为义，在京时，醵钱赎故人二女，嫁于士族。工于诗，著有《草心阁诗存》1卷，存诗115首，刊于光绪二十年（1894年），俞樾为序，称其诗"沉着似杜，敷畅似白，缠绵悱恻，又似西昆"。景轼少时曾以文字受知于王茂荫。同治四年（1865年）六月王氏在籍病逝时，景轼挽以联云："千古谏臣心，不愧隐微幽独；平生知己感，岂徒文字因缘。"

徐谦 1871～1940。社会活动家。字季龙，教名乔治，自号黄山樵客。清末民国时期歙县徐村人。清光绪二十九年（1903年）进士，授翰林院编修。次年留法，入巴黎大学学法政。光绪三十一年（1905年）在巴黎加入同盟会。旋游南洋群岛，协助孙中山筹款。光绪三十四年（1908年）补授京师高等检察厅检察长。

*徐谦

民国元年（1912年），任唐绍仪内阁司法部次长。曾草拟法院编制法，力求实行三审四级制，各县分设审判厅和检察厅，奠立司法独立基础。民国六年（1917年）随孙中山南下，任护法军政府参议。民国十二年（1923年）孙中山准备北伐，徐谦受委往北平联络冯玉祥，促冯与胡景翼、孙岳联合倒曹成功。国民军一、二、三军组成后，任驻第一军代表。民国十五年（1926年）任国民党中央执行委员兼北京政治分会主席。是年天安门前举行国民大会，为主席及请愿游行总指挥，以此遭通缉。"中山舰事件"后，反对蒋介石独裁，成为国民党左派，矢志尊奉孙中山的三大政策，领衔提出提高党权、反对军事独裁和成立军事委员会两案，当选为国民党二届三中全会中央常委会委员、国民政府委员、中央政治会议常委、司法部长兼革命军事裁判所所长。蒋、汪"宁汉合流"后，谦被诬为"媚共卖党"，受到排斥，乃出走香港，以律师为业。民国二十二年（1933年），应邀任十九路军在福州成立的"中华共和国人民革命政府"委员兼司法委员会主任委员。事败后，再走香港。抗日战争期间，与港澳同胞联合组织抗日后援会，卖字筹款，用以劳军和救济难民。民国二十八年（1939年）四月，因病赴香港治疗,翌年十月病逝于九龙,享年70岁。谦去世后,毛泽东、朱德等挽联曰:"安得横磨十万,斩尽奸邪,慰先生平生抱负;谨率貔休百旅,扫荡妖氛,还中华锦绣山河。"周恩来、邓颖超挽曰:"国难方殷,老成凋谢,愿先生精神不死;抗战正急,团结濒危,幸同胞万众一心。"谦博学工诗文,善书法。夫人沈彬仪,善诗词,工国画,著有《徐季龙先生言行概略》。谦生前著有《民法总论》《刑法丛编》《诗词学》《笔法探微》《劳资合一论》,遗著有《季龙先生遗诗》等。

徐嘉会 生卒年不详。官吏。字以礼。明婺源人。嘉靖三十七年(1558年)举人。历任梧州通判署理容、藤县事和广东德庆知州,在任留心教育,捐俸办学。后转四川潼川同知,任内致仕归家。家贫好学,死后无以为殓。

殷正茂 1513~1592。官吏。字廷实,一字养实,号石汀。明歙县殷家村人。嘉靖二十六年(1547年)进士,授行人,后升兵科给事中。隆庆三年(1569年)升兵部侍郎。隆庆五年(1571年)任两广总督,御倭寇,升右都御史。后历兵部尚书、南北户部尚书,终以刑部尚书致仕。《明史》有传。

凌子俭 生卒年不详。官吏。字仲广,号素庵。明末歙县沙溪人。万历十六年(1588年)举人。万历三十三年(1605年),署江宁府高淳县教谕,后擢云南曲靖知府。途经贵州,值安酋叛乱,献计平定。台司极力举荐,授以威、安、平三地监军。招募良家子弟,昼则戎装训练,夜则绾钥登城。数万叛军合围攻城,凌子俭率军屡挫其锐气。叛军时散时合,苦战10个月,围仍未解。城中粮尽,军民日食米粮仅半勺,后皮草马匹也尽食一空。凌子俭誓以死守城,欲遣散家人,家人伏地恸哭不忍离去,全家18人饿死15口。凌子俭遂大书于壁:"一瞑万世弗视,九死百折不回。厉鬼宁同张许(张巡、许远),饿夫无愧墨胎(伯夷、叔齐)!"三天之后,援兵至,围得以解。凌子俭再次奉檄任平坝等处监军,随从督战盘江。官至户部侍郎。以久劳致瘁,卒于军中,赠太常寺少卿。

凌骊 1599~1645。武将、义士。字龙翰。明末清初歙县沙溪人。明崇祯十六年(1643年)进士,授兵部郎。李自成部逼近保定,凌骊随内阁李建泰率军征讨,身中六箭,不幸被俘,宁死不屈,受砍数刀,伤致昏仆。李自成部以为已死,遂离去。凌骊被邻僧救活后,奔抵临清,被推举为主事,冒险斩伪官,百姓咸归,人心颇振,复山东东部80余城。福王命其巡按山东,旋改河南,监管督镇兵马,经理河北、山东招谕等事。督帅史可法上疏云:"臣与凌骊原未识面,不知其为人,但从书揭奏疏中想见之。万一仍照原官,则敕乞置臣军,朝夕相商,薪胆共励,必有设施!"有人劝凌骊:"河南既棘,宜奏改两淮就史公。"凌骊毅然答道:"未有河南失而江左得安者!"至归德时,清军已逼近城下,官民仍出城迎接凌骊。豫王下令务必生擒凌骊,凌骊死则屠城。凌骊与族侄凌润生单骑赴敌营,为民请命。豫王备珍馐美酒,赠木底皮靴,凌骊毫无所动。夜宿帐中,留书豫王:"请存初志,勿进窥江南,否则扬子江头凌御史,即昔日钱塘江上伍相国也!"凌骊望南泣拜,题诗:"自古文山(文天祥)能有几,不如仗节学平原(颜真卿)。"遂自缢。入祀归德昭忠祠、徽州府及歙县乡贤祠。其故居改为凌忠节公祠堂,俗称"官厅"。

凌唐佐 ?~1132。官吏。字公弼。宋休宁矶川人。北宋元符三年(1100年)进士,历任光禄寺正丞、南京鸿庆宫翰林、开封府尹等职。南宋建炎元年(1127年)提点京畿刑狱。建炎三年(1129年)知应天府。时金兵10万攻城,城陷拒降,以蜡书密报军情于宋。事泄被捕,遭杀害,临刑谓"恨不能生枭刘豫之首"。诏赠徽猷阁待制。著有《周易解义》10卷、《周易集解》6卷。《宋史》有传。

凌瑁 1523~?。官吏。字惟和。明歙县沙溪人。嘉靖四十一年(1562年)进士,授南安推官。巢贼自广东突袭南安,凌瑁率军分哨痛击,跟从御史一直追杀到省城。擢御史,刚正不阿。清平伯叔父吴三买婢女,风波大起,影响恶劣,凌瑁依法惩办,毫不以私。百户王桐随阉宦镇守陕西,阉宦被查处后,王桐被抓捕归案,审问追查赃物,留在狱中,一直到老,家产尽绝,凌瑁上疏请求释放。都御史路楷与阉宦严嵩狼狈为奸,诬告沈炼,遂致被害,神人共愤,朝审时权贵欲释放路楷,凌瑁坚决要求严惩,因而名声大振。时值边境告急,凌瑁巡视东城点闸官军,见阉宦亲眷前来刺探,便执鞭追打。出为福建佥事,饬兵诘戎,改游手为勇士。后任河南参议,收充粮米,不耗折色,清出囤基。转任贵州提学,申严禁约,大加清汰,远近皆震。改任四川参政,治西充之捶死无辜,究营山之用刑非法。所历必兴文教,且著廉能声。旋任陕西按察使,上疏乞归,居家不入公门,一巾数年不易,几如晏子之裘,隔一日一肉食,虽三品大臣,清苦犹如寒士。子凌尧伦,官金华倅,绰有父风。

唐仕 生卒年不详。官吏。字信之,号琴山。明歙县人。正德十一年(1516年)举人,授福安县令。在任兴葺学宫,销淫祀神像为文庙,废白莲教院为书院射圃,创立医学、药局。后升景州知府,以养亲乞归。

唐吉祥 生卒年不详。官吏。字彦祯。明歙县人。建文二年(1400年)进士,授祁阳知县。赴官一仆一驴而已,清介自守,考绩为"天下第一"。后调叶县、南阳县令,所至均有清廉声。卒于工部营缮司任上。

唐廷瑞 生卒年不详。官吏。字君祥。南宋歙县人。宝祐四年(1256年)进士,授福州文学。转任于安县主簿,在任劝农桑,兴教化,简狱讼。以《尚书》预荐,再授儒林郎、铜陵县丞。著有《容斋杂著》10卷。

唐泽 生卒年不详。官吏。字霈之,号南冈。明歙县槐塘人。弘治十二年(1499年)进士。历平乡知县、吏部郎中。刘瑾擅权,吏部官员曲意逢迎,唐泽独执法公正,触怒刘瑾,被矫诏罚跪午门;又因疏劾刘瑾党羽不法事而罹祸。转任福建按察使,平海盗苏世海。按察浙江,治行为最。升都御史、甘肃巡抚,时哈密吐鲁番叛顺无常,适痢疫大作,诸将乘机进攻,唐泽则派遣医生为之治疗,而后率兵约战,吐兵解甲归顺。又发兵屯耕边境荒地,擢户部右侍郎。后卒于凉州,追赠户部左侍郎,谥"襄敏"。著有《南冈集》《南冈奏议》《定西录》。

唐相 1444~1505。官吏。字希恺,号豆坞。明歙县槐塘人。成化十一年(1475年)进士,授保定府唐县知县。招流亡,除奸匿,选拔良才入学宫,亲授经世致用之学。召拜侍御史,不避权贵,宫廷某近侍犯有命案,逍遥法外,唐相将其绳之以法。出按粤西,风裁峻厉,因进谏忤犯权贵,谪为永城县丞。值知县渎职被免,遂替任。在位一年,政治民和。改任桐庐知县,因疾力辞,卒于家中。

唐晖 生卒年不详。官吏。字文季。明歙县槐塘人。万历三十八年(1610年)进士,累迁开封、武昌府推官。两地多藩封,宗室、平民杂处。唐晖至任,妥善治理,安定无事。后任吏部郎中,因忤宦官意而被削籍。数年后起用为尚宝司卿,迁太常寺少卿,负责征收楚地军饷。百姓久闻其大名,积极交纳,不日即筹毕。崇祯五年(1632年),流寇蜂起,思宗诏令唐晖巡抚湖广兼都察院右金都御史。时粤寇已攻至江西吉安,与楚地接壤。唐晖认为兵贵神速,下令速援吉安,流寇望风而逃。衡州府临武、蓝山两县土匪顺流而下直逼长沙,唐晖立即发兵征剿,擒杀数百人,直捣匪窝,平定骚乱。豫寇企图经应山攻郧中,唐晖征召敢死队乘夜直捣匪窝,匪首十阎罗中三人被割耳、两人被生擒,其余斩获甚多。土匪知其戒备森严,遂潜逃鄂西,与当地土匪联合攻陷当阳、远安。唐晖调集湘西镇筸(今湖南凤凰南部)兵收复双城。官田、石门、胡家冲三战三捷,斩敌万余人。水寇高大易、洪宇称帝,芦花沟、仙桃镇寨堡成片,唐晖明里调兵防卫于沔水、汉水一带,暗中派精兵全歼水寇。唐晖认为汉口为财赋要冲,遂调重兵镇守,寇无敢逼。

唐鸿举 生卒年不详。官吏。字鸿扶。清歙县槐塘人。康熙二十七年(1688年)顺天榜进士,授镇海知县。镇海风俗,无子则卒而不殓,又多强娶寡妇。鸿举赴任,立移其俗。听讼立为剖决,狱无停滞,人无株连,常道:"民讼早断一日,即农功早尽一日矣!"善察色辨辞,他邑之民陈诉上官,往往乞下镇海县理问,上官多予准许。农时则裹粮亲历田间,简稽勤惰,殷勤应酬,亲如家人。民赠以酒食,辄力辞不受。因政绩斐然,上官极力保举,吏部行文调取至京,经考选补授户部主事,擢兵科给事中。子唐廷赓,字舜谟,雍正八年(1730年)浙榜进士。

黄大本 生卒年不详。武将。南宋休宁古林人。以武进士授怀远将军。祥兴元年(1278年),与张世杰同殉国于崖州。

黄元治 生卒年不详。官吏。字自先,一字涵斋,号樵谷钝夫。清黟县四都(今西武乡)黄村人。顺治年间两中副榜。缮《皇室实录》完稿后,以通判任用。历官贵州平远府、江西建昌府、云南大理府、景东府事。在刑部山东司郎中任,疏浚河道,参察民情,平反冤狱。后出任云南澂江知府,为官清廉,种菜自给,人称"青菜太守"。卒祀澂江名宦祠、黟县乡贤祠。工诗,著有《黔中杂记》《黄山草》《燕晋游草》《滇南草》《朝京草》,主纂康熙《大理府志》30卷、康熙《荡山志略》2卷。擅书法,西递村"桃李园"后厅木雕《岳阳楼记》即其手迹。

黄云海 生卒年不详。官吏。字用敷,号莲峰。清祁门人。增贡生,以军劳保举选授训导、加盐提举衔。著有《黄云海古今体诗》。

黄友谅 生卒年不详。官吏。明祁门蓝桥人。少习书经。永乐九年(1411年)中举人,官河南道御史。

黄文光 生卒年不详。官吏。字应奎。明休宁黄村人。正德八年(1513年)领乡荐,授山东冠县知县。其地人素好讼,文光莅任后,清廉自持,勤于调解化导,繁讼于是息。任职八月,染病而亡,贫不能殓。

黄文炜 生卒年不详。官吏。字飞赤。清歙县潭渡人。以拔贡生授韶州知府。康熙五十四年(1715年)后,在西北军中效力,一度驻留肃州(治今甘肃酒泉)。雍正五年(1727年),调任高州知府。廉明严断,礼士爱民,留心教育,补置学宫残缺祭器、乐器。莅治数月,颂声四起,郡人比之"黄颍州"。后累迁广东盐法道、广东按察使。雍正六年(1728年),捐养廉银重修广州府学戟门、射圃、大成殿及两庑,于殿东重建明伦堂,明伦堂旧址改为崇圣祠,并于府学棂星门外另辟西门方便学子出入,又重修乡贤祠、名宦祠。雍正八年(1730年)九月,为汉口紫阳书院题匾"学海朝宗"。雍正十年(1732年)正月十六日,上疏查办两广散札(邪术)案。旋上疏反映广州十三行状况。同年,总理凉州以西台运,兼理高台县三清湾、柔远堡等处屯务。后分巡肃州道,兼管水利、屯田、马政,并署安西兵备道。为鳏寡孤独、残疾无者兴建广济院,置田数区,纳租费以为久远奉养之计,前后捐俸2 000余两。乾隆元年(1736年),鸠工疏浚西汉酒泉(今酒泉公园内),垒土辟地,前建楹,中置亭,后树轩,回廊耳室,鳞次周列,并作《酒泉记》。乾隆二年(1737年),纂成《重修肃州新志》30卷。乾隆三年(1738年),因查郎阿奏劾军需道沈青崖等私运侵蚀,并及总督刘于义徇庇,论罪牵连文炜。在任多德政,入祀肃州三公祠(另二人为徐浩、康基渊)。

黄文炎 生卒年不详。官吏。字宗器。明祁门人。成化五年(1469年)举进士,授刑部主事,后迁本部郎中出任四川布政司左参议。时松藩等处仓储被卫所官军侵扰,弊窦丛生;文炎持廉秉公,正己率下,剔除奸弊,粮储有加。任满辞官归家,号"西山居士"。

黄文珏 ❶生卒年不详。官吏。字宗镇。文炎弟,明祁门人。少习《春秋》。成化元年(1465年)举人,授浙江处州府同知,后升山东青州府知府。❷生卒年不详。画家。字星庐,号酒痴,铎子,清婺源人,占籍江宁。咸丰年间移家上海。诗画俱承家学,并工墨菊,左手画尤为著名。

黄正宾 生卒年不详。官吏。字宾玉。明休宁人。纳资为中书舍人。万历十九年(1591年)因册立东宫事上奏,弹劾首辅申时行过失,被下狱拷问,贬斥为民。熹宗即位,复被起用,再迁尚宝少卿,不久以疾辞归。崇祯初,魏忠贤党羽徐大化、杨维垣等虽已罢官,仍潜居京城,勾结宦官,正宾揭露此事,京中上下无不拍手称快。《明史》有传。

黄训 生卒年不详。官吏。字学古,一字黄潭。明歙县潭渡人。嘉靖八年(1529年)进士,授嘉兴县令,多惠政。在任拒收样金,并以此为例。以政绩受召拟升给谏,训之属官索贿遭拒,乃授郎署。擢湖广按察使,卒于赴任道中。邃于理学,尤工于古文词。著有《黄潭文集》,胡宗宪序之,以为昌黎复出,又著有《书经简端录》《读书一得》《〈大学衍义〉肤见》,辑有《名臣经济录》。

黄全初 ?~1612。官吏。字性甫,号镜予。明歙县檀墅黄村人。8岁时作《乳鸭见水》文,中有"沐浴咏归曾点志"之句,识者已知其洒落不凡。万历十七年(1589年)进士,授崇德知县。崇德赋重而又为疲邑,欠税达15万两,全初请宽赋缓征。上官催旧欠与新税甚急,全初自度不能强征,遂病告归。后得补授南武学教授,转任南国子监博士。倡议增加科额,大司成冯公条上报可,比旧增加10人。守母李氏丧期满,补授北国子监博士。寻擢南户部主事,转员外郎中,司廪守藏,料量钩稽,务求其核。先是振武兵变,军皆预支,神宗诏令地方筹集军饷。主计(财政主管官员)徘徊观望,军饷无着。全初大力相助,岁输军饷1.4万两。及榷浙江北新关,撰成《榷关纪》。后遭诬陷辞官归里,营建家庙,又治水口以屏藩其村。慷慨喜施,本乎天性。见有人依仗声势欲篡改《歙县志》以混淆是非,遂起草《辨志》若干篇,其谋乃止。卒后,入祀乡贤祠。

黄兴仁 生卒年不详。官吏。字元长。状元黄轩之父,清休宁古林人。官刑部江西司员外郎,擢福建司郎中。雍正年间,随军平定黔苗之乱。乾隆元年(1736年),因黔省用兵恐误农事,奉诏供给牛具籽种,亲视发散,不经胥吏之手。还京后,授湖南衡州知府,不久署衡永郴桂道。后去职宅居苏州狮子林,清高宗南巡曾五幸其处。作有《南征集》《南归集》《松园灾楮编》《狮子林纪胜》等。

黄孝则 1235~1295。义士。字诚夫,号德庵。宋末元初歙县潭渡人。父兄早卒,事母尽孝,抚其侄孙。乡里事无巨细咸推其主,有讼必先由孝则正其曲直,或相责而退,或望庐而返。徽州府招讨使李铨与之交厚,欲辟从事,孝则力辞不就。南宋景炎元年(1276年),元兵围困徽州,李铨谋复宋祚不成,遂将幼女托付后潜逃。孝则悉心抚育,成人后嫁如己女。元至元二十七年(1290年)三月,潜口、松源等处盗贼并起,居民骇散,孝则曲为抚谕,一乡独安。监郡马思忽发兵征剿,孝则挈酒劳军,力言"玉石俱焚,兵家大忌",遂留军中,擒贼酋凌六乙而返。余党复炽,监郡欲进兵剿杀,孝则复谏:"残寇未悛,当谕之恩信,示之祸福,使其来降,不降诛之未晚。"监郡感其言,差使孝则招谕余党。孝则单车入贼营招降,余党3 200人知其名德,皆罗拜投戈感泣,各偕妻儿来降。各乡避乱而远走之民皆复返里,监郡以功议授巡检,孝则力辞不受。黄质(号宾虹),为孝则二十一世孙。

黄轩 1738~?。官吏。字日驾、小华,号蔚塍。清休宁古林人,流寓苏州狮子林。乾隆三十六年(1771年)进士,廷对第一名,授翰林院编修,掌修国史。尝奉诏入上书房行走,京察一等,出任四川川东道按察使。乾隆五十一年(1786年)冬,天地会林爽文起义,次年清廷派兵镇压,川省协济军粮,事务繁重,轩以督办劳瘁卒于任所。博学多艺,善诗文,工书法。与袁枚交善。寓京时,曾参与汪由敦等主持创建的休宁京师会馆,并撰写碑记。

*黄轩

*黄轩所书匾额

黄应坤 1532~1584。官吏。字惟简。明歙县人。隆庆二年(1568年)进士,授浮梁知县。丁母忧去职,邑人遮留,并立生祠。守丧期满,补新淦知县。擢云南道御史,浮梁一父老不远万里探望。后出按云中、上谷,考核、选用学官。三次出塞宣明朝廷威德,匈奴酋首诚服,愿为外臣。疏陈通贡市可弭边衅、省军兴、纾国用、寝房谋,诏允其议。再按山西、山东,齐晋囚犯口供记录文书山积,应坤躬治无让劳,每至夜半,甚且呕血。旋迁大理寺丞,当廷尉追问不继时,应坤旁出一语,囚多立服,廷尉大以为能。

黄叔宏 生卒年不详。官吏。字知国。唐末祁门左田人。光启三年(887年)进士,初授长垣县令,后任福州刺史，以功擢升武安将军。五代后梁贞明元年（915年）以贤良迁开府仪同三司，历三载，以年老乞请归家。

黄叔琳 1672~1756。官吏。字昆圃，号砚北。清歙县人，寄籍大兴（今属北京）。原姓程，父程华蕃继嗣大兴黄尔悟，改黄姓。叔琳为王渔洋高足，精研性理经世之学，为康熙三十年（1691年）探花，授翰林院编修。康熙三十六年（1697年）散馆后，充方略馆纂修官。康熙三十七年（1698年），协修《一统志》《渊鉴类函》。康熙四十八年（1709年）六月，以山东学政按试泰安，割俸重建三贤祠（祀泰州胡瑗、兖州石介、晋州孙复）。七月，重修济南白雪书院，严课程，厚廪饩，延师儒，选材俊，士习不变，时誉为"热心书院教育、着急擢拔人才之名臣"。康熙五十年（1711年）正月，捐俸修复青州（治今山东益都）松林书院。十一月秩满，诸生请留未果，遂制长生禄位，奉安松林书院。雍正元年（1723年）六月，进吏部左侍郎。十月，奉旨驰武昌平盐价。及还朝，沿江商民执香载道，绵延数里。十二月，得赐御匾"冰心玉尺"。雍正二年（1724年），加兵部侍郎衔巡抚浙江。仁和、海宁、平湖、萧山、余姚、上杭等县遭受潮灾，田庐淹没无数，叔琳亲驰灾区，督修海塘海堤月余，民赖以安。乾隆二年（1737年），晋山东布政司使。乾隆三年（1738年），齐河等28州县卫遭受水灾，叔琳虑三、四月二麦未收，虽开仓平粜，而贫民未免拮据，因奏筹借给仓参，得旨参酌施行。乾隆四年（1739年），代任抚军。黄河曹县段泛溢，菏泽等6州县卫田禾被淹，而佃户由业主照管，按旧例官不发赈。叔琳查知业主多自顾不暇，势难赡及佃户，遂奏请一体加赈，奉旨允行，惠民无数。济东等73州县卫秋禾被淹，黄叔琳先后奏请筹措赈恤、漕粮缓征事宜，均得旨允行。乾隆七年（1742年），受山东会揭事牵连被罢官。乾隆十六年（1751年）十一月，恭遇皇太后六旬万寿，恩谕"原任詹事府詹事黄叔琳，以康熙辛未探花，年跻大耋，重遇胪传岁纪，洵称熙朝人瑞，着从优加给侍郎衔"。藏书甚富，家有万卷楼、养素堂。著有《砚北易钞》《砚北杂录》《诗经说说》《夏小正传注》《史通训故补注》《文心雕龙辑注》《颜氏家训节钞》等。子登贤、登谷，均为举人。

黄昌辅 生卒年不详。官吏。字虎卿。清末歙县潭渡人，寄籍扬州。咸丰元年（1851年）举人。同治元年（1862年）擢署汉黄德道湖北按察使兼布政使。曾重建黄鹤楼。著有《寸草轩稿》。

黄金色 生卒年不详。官吏。字炼之。明祁门人。隆庆二年（1568年）进士。历任晋江、德兴知县，南京户部主事和礼部郎中，因忤权贵罢官。后以广西参议起任。

黄思永 1842~1914。官吏。字慎之，号亦瓢。清末民国时期休宁五城人，寄籍江宁。幼丧母，历经磨难，曾设馆课徒，当过太平军。光绪六年（1880年）以第一名进士及第，授翰林院修撰，官至四品侍读学士。光绪二十三年（1897年），奏请实行"昭信股票"，借用民间闲散资金，创办民族企业，开创了清廷借用民间资本的先河。旋又上书请求变法，招致守旧派权贵诬陷入狱。出狱后，又创立首善工厂。光绪二十九年（1903年），清廷设立了商部（后改农工商部），思永与张謇被特聘为头等顾问。两人共同起草并颁布了《奖励公司章程》《商会简明章程》以及铁路、矿物和商标等章程，大力扶持民族工商业。思永在其子中慧协助下，扩充了工艺局，所制景泰蓝铜器，曾两次获国际博览会奖。

黄益逊 生卒年不详。官吏。字尧天。唐祁门左田人。贞元元年（785年）进士，官秘书省正字。

黄家驹 1886~1946。官吏。号艮峰。清末民国时期歙县潭渡人。工书，善文，能画。清光绪二十八年（1902年）举人，以知县签分江苏。光绪三十四年（1908年），奉谕接管徽州府立新安中学堂，兼教席。民国元年（1912年），代任歙县知事。未久，调任无为县知事。因修浦圩功显，百姓赠万民伞。后为安徽省咨议局议员、厘金局局长，所至有政声。晚年辞职归隐，协修民国《歙县志》。

黄葆光 1069~1126。官吏。字元晖。北宋黟县黄村人。少苦学，16岁入太学，在学曾从使高丽。归，吏部考试优等，赐进士出身。政和三年（1113年）升太学博士，继任左司谏；因言抵触大臣，降为符宝郎。政和七年（1117年）升侍御史，敢于直言，不畏权势。适政和末岁大旱，上疏斥责蔡京"侈大过剩"，背元丰之法，"强悍自专"。时蔡京权势震赫，举朝结舌，独葆光无畏。故蔡京以"附交结"罗织罪名，贬其官。后任处州知州。州当方腊乱后，葆光尽心治理休养，州人感其恩德，立祠祭祀。葆光性格耿介，崇尚气节，喜推挽后进。开口论事，无所隐讳，博洽经史，文尚理趣。素恶积财，俸余以周亲旧，为嫁女奉丧，家无所余。卒后，州人为集奠金，其子由中坚辞不受。《宋史》有传。

黄辉 生卒年不详。官吏。字耀廷，号秋圃。清婺源黄村人。乾隆四十二年（1777年）拔贡，朝考以知县用，分发关中署洛川。乾隆四十四年（1779年）授镇安知县。乾隆四十五年（1780年）乞归养，居家20余年，授徒山中。及丁外内艰服阕，委办赈乾州，署汧阳、白河县。后因积劳成疾，得予告回籍，诰授奉直大夫。著有《丛钞》《制艺、试帖、律赋》《秋圃诗钞》《三儒类要》等书。

黄遇龙 生卒年不详。官吏。南宋祁门西塘人。淳祐十年（1250年）进士，官从事郎、录事。

黄赓 生卒年不详。官吏。字仲叙。明末清初休宁龙湾人。明崇祯十六年（1643年）武状元。有膂力，能运12千克铁鞭。清顺治二年（1645年），清兵犯徽境，赓与金声、江天一同时起义抗清，率众数千人固守徽州。每战必身为先锋，与清兵19战皆捷，斩获甚众。旋转战至宁国，自水东御清兵于港河时，敌骑日增,遂被围。赓举鞭奋击,铁鞭忽折,重6千克。乃换新鞭,重12千克。赓所乘马见敌马即跪,赓怒举鞭杀马,遂徒步与清骑战。将举鞭奋击,清将以刀捍之,连击三鞭,清将捍之如前,赓乃走,左手于腰袋中取出搭箭一支,毛竹而淬以桐油者,回身向清将射去,正中其左目,又一鞭将其击杀。然终因清兵甚盛,赓以寡不敌众乃走。旋复闽,闽复陷,清帅招之,不从,乃削发为僧。清封为天下都纲僧,后以善终。

＊黄赓

黄澈 生卒年不详。官吏。字景明。南宋婺源横槎人。绍兴二十七年(1157年)进士,官至太子太傅。

萧彩 生卒年不详。官吏。字云坞。清歙县人。康熙二十四年(1685年)武科传胪,授福建建宁府守备。建宁府某县知县以催科激起民变,萧彩以祸福谕民,父老求其代收粮税,欠税悉数缴清。历任山东兖州府都司、北直隶张家口游击、浦城游击。在浦城任上,塘保兵获悉罗平王伪制官品印札,杀牲竖旗,遂密陈其状,萧彩闭城拒守,绑缚杖杀贼首13人。遇荒年,饥民2 000人以叶飞龙为首啸聚乡野。萧彩作檄招抚,叶飞龙感泣归顺,其党尽散。

梅友月 生卒年不详。官吏。字如恒。明婺源梅田人。万历二十九年(1601年)进士。历官吏部郎中、四川参政。

梅鋗 生卒年不详。武将。秦末汉初番阳县东北乡(今祁门县西闪里)人。原为番阳令吴芮部将。秦二世元年(前209年),陈胜、吴广起义,梅鋗随吴芮起兵响应。二世三年(前208年),领兵助刘邦攻克析(今河南省西峡县)、郦(今河南南阳西北)二县。汉高祖元年(前206年),又从项羽入函谷关,被封为10万户侯。封侯后即在封地建城,称"梅鋗城",简称"梅城"。唐永泰二年(766年)祁门置县后,梅城即成为祁门县城的别称,沿袭至今。

曹士鹤 生卒年不详。官吏。字元翀。明歙县雄村人。万历二十二年(1594年)举人,以太史荐第一人秉教庐江。历官南国子助教、闽泉州教授、豫裕州知州。在州浚城壕,募兵勇,勤操练,平强寇鲁和尚。解官归田后,讲学有"相近相远""莫知无言"诸说法。有讲义百余种,垂为庭训。

曹元瑞 生卒年不详。官吏。字侣白。清歙县雄村人。乾隆十五年(1750年)举人,授范县知县。范县土地瘠薄,元瑞为民生长久计,借谷种,修义仓,不辞劳苦。旋署濮州,有恶人系狱,妻儿逃匿,远亲株连。元瑞捕当坐,释无辜。后署束鹿,民俗健讼,诉牒尘积。莅事弥月,案牍一清。仓谷多被侵渔,严厘别、塞弊窦,恶人始收敛。擢南路同知,旋补东路。两遇水灾,赈济有法,流亡得所。终官宣化知府。

曹文埴 1736~1798。名宦。字近薇,号竹虚。清歙县雄村人。乾隆二十五年(1760年)二甲一名进士(传胪)。改庶吉士,授编修,历任侍读学士,在南书房行走,教习皇子。在翰林院供奉内廷20余年,曾总裁《四库全书》,典试广东,视学江西、浙江。乾隆皇帝褒称其不肯扶同徇隐,得公正大臣之体。曾赴通州督办漕运,不十日而理。浙省仓廪亏缺,经盘查核实,立善后章程。勘察柴、石两塘,查明旧柴塘关系石塘之保障,因奏请岁修,浙人赖安。历官至户部尚书。乾隆五十二年(1787年)因母老求归养,加太子太保衔,御书赐其母。居家时倡修府考棚,重兴古紫阳书院。卒后谥"文敏"。工诗文,善书法。著有《石鼓砚斋文钞》20卷、《石鼓砚斋诗钞》32卷、《直庐集》8卷、《石鼓砚斋试帖》2卷。子淇,盐商;子振镛,官至武英殿大学士。《清史稿》有传。

曹允源 1856~1927。官吏。字根荪,号复庵。清末民国时期歙县人,寄籍吴县。清同治年间,父曹恺业挈戚友700余人避兵燹于上海,尽供服食器用,又焚2万余两银债券,家境由是中落。允源工骈俪文,治古文辞以黄宗羲、顾炎武二家为法,为凤阳淮南书院山长。冯煦称其文"远希欧(阳修)曾(巩),近亦不弱尧峰、竹垞(朱彝尊)"。光绪十五年(1889年)进士,授兵部主事,后累迁员外郎、郎中。光绪二十七年(1901年),任宣化知府。前任议赔教案144万两白银,允源力争大府,以直隶省(后改称河北省)之款分认,余由府民筹集,怨言灭息。光绪二十八年(1902年),允源调任青州知府。驻防满营兵米由州县解银,而府以银易钱放米,常截留自肥。允源认为"此市道也",以银径解满营,清除百余年积弊。光绪三十一年(1905年),任徽州知府,旋任襄阳知府。光绪三十四年(1908年),调任汉阳知府兼新堤关监督。后复任襄阳知府,累迁直隶口北兵备道、湖北安襄郧荆兵备道,得诰授光禄大夫。凡所至任,重视地方所缺所乏,开凿河渠,创办学堂,振兴实业,充实仓储,加强捕务,所需经费力争以公家支出为主、以向民筹集为辅。每当解任,辄朝夕研考其利病得失,以期泽被生民。直督袁世凯以人才荐,鄂督陈夔龙以贤能荐,东抚周馥以循良荐,时人比作"两汉循吏",惜未大用。辛亥革命爆发,襄阳民众乞留不得,允源浩然东归,卜居苏州泗井巷,闭门读书,钩玄提要,一如宋朝王应麟。民国四年(1915年),允源被聘省立苏州图书馆馆长,以"葆存古学,牖启新知"为办馆宗旨。馆中原存经史古籍7万余卷,允源续购科学、新学类图书3万卷,并续撰文学、政书、实业书目三编。民国五年(1916年),被推选为吴县修志局主任,总纂《吴县志》。劳心焦思,伏案不辍,病重时,犹颤手作翻书状,喃喃不休,可谓尽瘁。著有《复庵类稿》8卷、

《续稿》4卷、《外稿》2卷、《鸒字斋诗略》4卷、《诗续》1卷、《淮南杂志》2卷、《苏州文徵甲编》若干卷、《乙编》24卷等。卒于任上，葬吴县状元浜花园山麓。

曹有光 生卒年不详。官吏。字晖吉。清朝绩溪旺川人。康熙三年（1664年）进士，知山西关壶县。县多盗贼，素称难治。有光多方缉抚，盗风始息；又革除粮政积弊。后内擢，未赴而卒。善书，工山水，笔墨秀雅。曾作乾隆《绩溪县志序》。

曹观远 生卒年不详。武将。字启善。元末明初歙县岩寺（今属徽州区）人。元至正十二年（1352年）蕲黄兵入歙境，率里人保乡井。至正十七年（1357年）朱元璋至徽州，授总旗。明洪武十四年（1381年）从征云南，兵守普定卫，屡立战功。洪武十八年（1385年）调四川大渡河守御都司，卒于任上。

曹作云 1849~1910。武将。字诚业、季龙、望霓。清末绩溪旺川人。体格魁梧，臂力过人，善骑射，尤精剑法。光绪五年（1879年）中武举人。光绪六年（1880年）会魁，授蓝翎侍卫。后任两江总督督标左营守备，升署城守营都司护理左营游击加副将衔。诰授建威将军，钦赐御前侍卫。

曹泽 生卒年不详。官宦。字子德。明婺源晓鳙人。议论常依名节，"义利"二字剖析透彻。选授漳州通判，清苦自甘，一切馈赠概不受纳。摄龙溪、浦城、清岩诸县令，任内免积欠，清垦粮，整肃吏治，抑制豪强，视民间疾苦若在己身之上。后积劳成疾于任上，仅余官俸四金，士民哀而助殓，诸寺庙宇皆塑其像。

曹振镛 1755~1835。名宦。字俪笙，号怿嘉。文埴子，清歙县雄村人。乾隆四十六年（1781年）进士，选庶吉士，授编修。在乾隆、嘉庆、道光三朝，历任侍讲、侍读学士、少詹事、通政使、内阁学士、工部侍郎、吏部侍郎、工部尚书、军机大臣等。嘉庆皇帝巡狩塞外，振镛以宰相留守京城决事，总理国务。在军机处10余年，深受倚重；凡所综理，事必躬亲。京城歙县会馆倾圮，捐金首倡葺，又捐资入家祠、书院。后以平喀什噶尔功赐为太傅，图形紫光阁列功臣之首。道光十五年（1835年）卒于任上，帝亲临吊丧，赐谥"文正"。《清史稿》有传，曰："曹振镛实心任事，外貌讷然，而献替不避嫌怨，腾深倚赖而人不知，揆诸谥法，足以当'正'字而无愧。"又言："世以盐荚起家，及改行淮北票法，旧商受损，振镛曰：'焉有饿死之宰相家？'卒赞成，世特以称之。"著有《纶阁延辉集话》、《话云轩咏史诗》2卷，辑有《宋四六

*曹振镛

选》24卷，合编《平定回疆剿擒逆裔方略》。

曹祥 1450~1534。官吏。字应麟，号南峰。明歙县雄村人。成化二十年（1484年）进士，后授南京户部主事，旋擢户部云南司员外郎。弘治十三年（1500年），守父丧期满，擢南京工部都水司郎中，黜淫巧，遵矩度，民不告扰。弘治十五年（1502年），擢宝庆知府。当地民贫寡学，科举乏人。曹祥兴文重教，学风大振。民多务水田，山地荒芜，纵放畜牧，因生盗窃。曹祥严惩盗窃，劝民垦辟平沃，教民置水车以灌高阜之田，虽遇天旱亦有全丰之入，税粮增收，民颂"除吾之害，足吾之食。伊谁之为，曹侯之力"。正德四年（1509年），擢四川左参政，分守川东道。大盗蓝鄢率党羽10余万倡乱，曹祥亲冒矢石平定，擒斩7 960余人。正德八年（1513年），擢陕西左布政使，陆续补还原先汉中诸府欠缴王府军卫粮米。正德十年（1515年），擢右副都御史，巡抚贵州，督理军务，兼制湖广湖北道，并四川酉阳等处。正德十一年（1516年），平定镇筸（今湖南凤凰南部）、铜平等处叛乱，先后擒斩5 000余人，抚安并招回逃民各300余户，武宗赞其"处置有方，委任得人"。普安州阿则、阿马等纠集乌合之众，自封官职，凯口阿向等借机煽动暴乱。曹祥领兵擒剿，酋首自缚乞降。察天象知大旱将临，即具章奏闻，嗣果如此，乃飞奏请得朝廷赈济贵州。复自江南采购荞麦种，教民播植。70天后，荞麦大熟，正当青黄不接之际，民得饱腹，美称荞麦为"曹麦"，以示不忘。因疾乞归，民留不得，遂立生祠，逢诞辰必焚香叩拜，并演剧游行。清乾隆年间，立大中丞坊、都宪公祠于雄村。

曹深 生卒年不详。官吏。字文渊。明歙县人。正德三年（1508年）进士。时刘瑾擅权，曹深率同榜进士百余人上疏弹劾，被斥，罚跪午门五日。后任南京兵部主事。

康人杰 生卒年不详。官吏。字汉英。南宋祁门板石人。乾道二年（1166年）进士，历任江陵潜江县主簿、均州知录、通直郎。

康汝芳 生卒年不详。官吏。字仲实。明祁门曲坞人。正统元年（1436年）进士，授兵部武选司主事。寻改任工部职官，在河南治水，升辰州知府。后告老归家，家居24年，足迹不入官府。少时一同舍生诈取其钞，后此生因罪逮至京，汝芳时虽贵，遇之如故。人称"长者"。

康佑 生卒年不详。官吏。明祁门礼屋人。父康坚，以助兵饷10万，赠七品教官。康佑幼习诗经，弘治八年（1495年）中举人，任湖广光化县知县，有政声。

康闻韶 生卒年不详。官吏。汝芳次子，明祁门礼屋人。幼习《春秋》。成化二十二年（1486年）中举人，授国子监学正，典顺天乡试。

康海 生卒年不详。官吏。字德广。明祁门礼屋人。洪武四年（1371年）岁贡生。以出使辽东有功，

授福建道监察御史，又改任四川。后因犯上直谏，谪烈山，饿馁七日而死。

康戬 生卒年不详。官吏。北宋祁门人。雍熙年间进士，历官光州知州、都转运使。

章钊 生卒年不详。官吏。明绩溪瀛洲人。任云南曲靖府通判，督海潮军。后以军功升山西太原府同知，叙加太仆寺少卿，赐金蟒，食一品俸禄。性喜吟咏，著有《筹亭稿》。

章洪钧 ？～1887。官吏。字琴生。清末绩溪镇头人。同治三年（1864年）优贡。同治六年（1867年）中举。同治十年（1871年）登进士。历官编修、国史馆协修、直隶宣化府知府。勤于吏治，积劳成疾，卒于任上。灵柩回乡归葬之日，百姓设案迎送。

章淮 生卒年不详。官吏。字源豫。明绩溪瀛洲人。嘉靖年间以举人授太平县（今黄山区）教谕，勤教化，捐俸恤贫士。后升长沙府推官，又历善化、济阳掌县篆，终死于湖北衡永。在任不携家室，性廉正，一丝不苟。百姓著《全楚遗哀录》以志怀思，并立祠祭祀。

章道基 生卒年不详。官吏。字惺斋。清绩溪人。道光年间附贡生。曾任浙江盐经历，署曹娥等场大使。在任修复漤铁等14处盐灶，裁减建平积费3 000余，勘升沙地。政绩颇著。

章瑞 生卒年不详。官吏。字廷召。明绩溪瀛川人。弘治十二年（1499年）进士，初授行人，旋擢四川公道监察御史。正德初，刘瑾窃权，章瑞上疏五次，言甚剀切。寻巡按苏、松等郡，又以忤违刘瑾被谪贬江西布政司都事。后以南京太仆寺丞调任思恩府守备都司，在任整饬军政，弹压乱魁，止息变乱。

阎睿 生卒年不详。官吏。字汝思。明祁门人。弘治年间官浙江监察御史。巡视海道，操练舰战，倭寇敛迹。

葛良治 生卒年不详。官吏。字仲文。清绩溪人。道光二十一年（1841年）进士，授内阁中书。后出任贵州知州，历署思州、铜仁知府。

葛湘 生卒年不详。官吏。字元海。北宋绩溪双古井人。昔时绩溪县城西积庆坊街右有地名"双古井"，葛氏世家焉。先世在句容，至葛泽（子晋）于唐天祐年间任绩溪县主簿，因家扬溪。湘为葛氏徙绩溪第四世。9岁能诗。时有朝使过其乡，群儿皆走，独葛湘拱立道旁。朝使异之，携入公庭试以梧桐诗，因荐之。后仕为屯田郎。子葛琳，景祐元年（1034年）进士。

董诰 生卒年不详。官吏。字雅伦，又字西京，号蔗林。清婺源人，寓居浙江富阳县。乾隆二十八年（1763年）进士。累官至文华殿大学士，晋太师。工诗文，善画。卒谥"文恭"，赠太傅。

蒋果 生卒年不详。乡绅。字明道。南宋歙县黄山（今属黄山风景区）人。其先世天台人，因宦游于歙，爱其风土遂家焉。果性刚明仗义，不挠不屈。建炎四年（1130年），金兵从宣城犯歙境，蒋果率乡兵败金将马吉于乌泥岭，授进义副尉。后金兵自上饶掠歙，蒋果复自备粮饷，遣乡兵数与战。事平，有人劝其求仕，蒋果曰："吾前勤劳捍寇，忠义所激；今偷安田里，满足矣。"绍定元年（1228年），郡人建祠祀之，知州事范钟成之。

蒋贯 生卒年不详。官吏。字一之。明祁门白塔人。以《春秋》补县学诸生。正德五年（1510年）中举人。嘉靖八年（1529年）举进士。官南京户科给事中。

蒋贵 生卒年不详。武将。字文富。明歙县蒋家坞人，客居江都。其父从龙随朱元璋起兵，隶朱棣。蒋贵成年后代父服役，随朱棣"靖难"，渡江入南京，论功自十夫长升至昌国卫指挥同知。后一征交趾，四征沙漠，复至大松岭擒杀乱众。四川松潘起事，以右参将率军征剿；事平，镇守密云诸关，升都督同知充总兵官、平蛮将军。又奉命征剿阿台，出奇制胜，封荣禄大夫柱国定西伯。复以镇压云南乱军有功，封定西侯。卒封泾国公，谥"武勇"。

蒋琬 1432～1486。官吏。字重器，号筠轩。蒋贵孙，明歙县蒋家坞人，寄籍江都。嗣爵定西侯，掌左军都府事。天顺元年（1457年），命总府军官兵。天顺六年（1462年），入典宿卫。成化初年，诏佩平羌将军印，总兵镇甘肃。坚堡壁、严军纪、请和籴、积边储、佐战守，西陲赖之以宁。后为南京副守兼总操江，疏陈足舟师、利器械、诘奸邪、备战船、严禁令、恤病兵等六事。成化十年（1474年）诏还，疏陈预防房虏、保障京师、避任襄灾、暂息操军、屯田富国、修饬戎器等六事。成化十二年（1476年），兼总神机营。成化十四年（1478年），进太子太保。成化二十年（1484年）秋，胡虏入侵，宪宗诏佩平胡将军印率京营兵往御。至大同，由野口门出，考按形势，授方任能，胡虏败北。檄诸路严警，遣兵援威远，大胜偏头关。成化二十一年（1485年），监修灵济宫，未成而疾，宪宗诏进太保兼太子太傅。卒葬北京西榆河乡泥井里，追封凉国公，谥"敏毅"。著有《筠清轩集》10卷。

蒋雍植 1720～1770。官员。字秦树，号渔村。清歙县江村人，寄籍怀宁皖口（今安庆市大观区山口）。天资聪慧，幼称"神童"。乾隆十六年（1751年）选进诗赋，高宗召试南京，雍植名列一等，得赐举人，授内阁中书，开南方士人召试得官先河。乾隆二十六年（1761年），恩科传胪，授翰林院编修。同年秋，总领方略馆，奉诏编修《平定准噶尔方略》。凡日月先后、地理职官，必穷搜旁咨，条分缕析，一丝不苟，夜以继日，垂成而卒。著有《待园诗文集》等。

程九万 生卒年不详。官吏。字鹏举。南宋婺源龙山人。绍兴十五年（1145年）进士。官至华文阁待制。

程大宾 1515~1585。官吏。字汝见，号心泉。明歙县槐塘人。嘉靖三十五年（1556年）进士，授南吏部考功主事。继升广西按察司副使，缮甲兵，严巡辑，境内肃然。后督学滇南，学政一新。后以母老辞归。

程之藩 1589~1644。武将。字镇野。明歙县人。少时随父贾于四川，至建昌时结识雅州宣慰司董仆。击剑、骑射俱佳，勇力绝人。天启年间，熹宗诏令遵义土司奢崇明援辽，而奢崇明反杀巡抚徐可求，并围攻成都。布政使朱燮元调董仆部相救，董仆犹豫不决。之藩晓以大义，董仆终于出兵。之藩率军沿沟堑潜行，直逼敌营，大败奢崇明，朱燮元遂留其于幕府中。侦知奢崇明骁将宋荣举行夜宴，之藩率数十壮士抄小道抵寨，入席大呼："斩荣首！"烛灭匪惊，自相残杀数百人，元气大伤。之藩入寨宣天威、谕利害，诸头目皆听命归顺。朱燮元奏其功于兵部，授遵义府都司佥事。之藩刚赴任即裁缺，只得入京候职，结果闲居八年。思宗下诏征辟勇士以镇压李自成起义，之藩为首选，兵部遂叙前功，授游击将军，管湖广承天府（治今湖北钟祥）守备事，守昌平（今属河北）仁宗献陵。巡抚余应桂奇其才，使援黄州，救德安，皆有功。余应桂罢免边将钱中选，以之藩为练总。崇祯十二年（1639年），巡抚方孔炤命其守荆门州。之藩率部千人赴任，并出奇计退郊外张献忠数十万兵，以功升广东香山参将。家无余资，遂留家人于承天府，孑然一身赴任。原先巡按御史林鸣球因索贿向之藩索贿不成，遂唆使言官诬陷。崇祯十五年（1642年），之藩被押至承天，家人已以莫须有罪名被害狱中。崇祯十六年（1643年），李自成部破承天，钱中选遇难，余部500人均系之藩所练，遂奉之为统领。崇祯十七年（1644年），李自成攻陷京城，思宗自缢于景山。此时，全楚皆被李自成部占据。之藩率兵陆行至汉川，即将渡江时，被李自成部追上。之藩兵少食匮，遂与500人俱阵亡。当地百姓含泪将其掩埋，立碑其上，名为"程老将坟"。楚人过此，多为流涕。

程元凤 1200~1269。官吏。字端甫，又字申甫，号讷斋。南宋歙县槐塘人。绍定二年（1229年）中进士，授江宁府教授。端平三年（1236年）为宗学博士，极论世运剥复之机理。理宗嘉其"有古遗直风"，升著作郎，权右司郎官、饶州知州。后召任监察御史兼崇政殿说书，又历侍御史、工部尚书、端明殿学士。宝祐四年（1256年）授参知政事，进右丞相，封新安郡公。曾条陈时政八事：正心、待臣、进贤、爱民、备边、守法、谨微、审令。丁大全为相，元凤素鄙薄之，屡疏请外用。宝祐六年（1258年）以观文殿大学士判福州。咸淳元年（1265年）度宗登极，恩进少保。咸淳三年（1267年）升少傅、右丞相兼枢密院使，封吉国公。因贾似道排斥异己，元凤旋被勒罢，以少保，观文殿大学士致仕。咸淳五年（1269年）卒于家。谥"文清"。著有《讷斋集》《经筵讲义》。《宋史》有传。

程元岳 1218~1268。官吏。字远甫，号山窗。元凤从弟，南宋歙县槐塘人。宝祐元年（1253年）进士，授承直郎、史馆检阅。开庆元年（1259年）任太学录及武学博士，曾率同僚上疏言时事，三叩宫闱而不得入，于是离国门。有旨命留，授朝奉郎、宗学博士。清介自持，理宗赞其"拥俊望以重来，知直心之犹在"。咸淳元年（1265年）为侍御史，上书言帝王致寿之道，要在修德；修德要在清心、寡欲、崇俭。咸淳三年（1267年）封歙县开国男，授集英殿修撰、太平知州。未赴任即去世。著有《山窗集》。

程元谭 242~322。官吏。字平，又字会普。河北洺水（今邯郸一带）人，祖籍河南洛阳程聚（今河南洛阳上程聚），为程姓始祖程伯符第四十五代孙，新安程氏始迁祖。东晋大兴元年（318年），随晋元帝司马睿渡江南下，初任江阳守，不久迁襄州刺史，在任期间关心民生。大兴二年（319年），以镇东将军、襄州刺史衔假节新安太守，有善政，为士民拥戴。任满，郡民请留，竟不得离去。事闻于晋元帝，诏褒嘉。永昌元年（322年），元谭卒于任上，晋元帝闻之，为之震悼，赐程氏子孙宅第于新安郡之篁墩，赐葬郡西二十三都十里牌。其后子孙繁衍，程氏成为新安望族，称"篁墩程"。新安程氏子孙以篁墩为桑梓之邦。宋追封程元谭为忠祐公。

程仁寿 生卒年不详。胥吏。字寿卿。元歙县人。以儒士补徽州路府吏，历任东阳等县幕官。著有《刑统》《赋解》。

程文季 ？~579。武将。字少卿。灵洗长子，南朝陈海宁县（后改休宁县）篁墩（今属屯溪区）人。幼习骑射，才干谋略过人，颇有其父风范，十五六岁时随父征讨，每每第一个上阵，陈高祖特赏识并厚待之，陆续升迁贞毅将军、新安太守、临海太守。灵洗死后，文季管理其父手下众兵，升为超武将军。陈太建二年（570年）任豫章内史，袭封湖南重安县公。因随都督章昭达征讨荆州又立战功，加封散骑常侍、安远将军，增邑五百户。太建五年（573年），都督吴明彻征讨北齐至秦郡。秦郡前江浦通涂水，齐军在水下设置大柱为水栅，文季领骁勇军士为前锋，拔开水栅，与吴明彻所率大军攻克秦郡。其后又围泾州、拔盱眙、战寿阳，北齐军深惮之，称其为"程虎"。以战功授散骑常侍、新安内史，累迁至北徐州刺史，加都督。太建九年（577年）在与北周作战中兵败被俘。太建十一年（579年）死于长安狱中。至德元年（583年），陈后主诏赠散骑常侍，封重安县侯，食邑一千户，使其子程子响袭封。

程文著 生卒年不详。官吏。字美中。明婺源长径人。嘉靖四十一年（1562年）进士，授永嘉县令。后擢升度支员外郎、郎中，不久出守袁州，入为南京工部漕仪，筑学堂讲舍，漕事之暇讲学。后因忤上官而归里，在乡结社赋诗。

程文彝 生卒年不详。官吏。字铭仲,号梓园。清休宁浯田人。康熙三年(1664年)进士,选庶常。寻改刑部主事,又擢监察御史,校工部物料领银,禁军需私派及滥税,清理驿马贴累,禁止冒名武弁,设仓备荒,革除里役,政绩甚著,后升大理寺少卿,官终工部右侍郎。

程世绥 生卒年不详。官吏。字犀岸,又字秋鸣。世绳弟,清朝休宁率口(今属屯溪区)人。康熙五十三年(1714年)举人,授灵宝知县,有政绩,提授陕州。在任组织士民捐修硖石、张茅险径,垦荒分给平民,兴修水利,鼓励种粮。升任东昌知府,再擢湖北驿盐道,迁甘肃布政使。兄世绳卒后卸任归里。康熙五十五年(1716年),程大位玄孙程光绅翻刻《算法统宗》,世绥为之序云:"风行宇内,迄今盖已百有数十余年,海内握算持筹之士,莫不家藏一编,若业制举者之于四子书、五经义,翕然奉以为宗。"著有《秋鸣诗文集》若干卷。

程世绳 ?~1731。官吏。字准存,自号晴湖。清休宁率口(今属屯溪区)人。康熙五十六年(1717年)举人。任湖北京山知县,有惠政,加强治安,兴修水利,发展生产,崇文重教,减除杂税。著有《尺木楼诗集》4卷。

程世缤 生卒年不详。官吏。字花谷。世绳、世绥弟,清休宁率口(今属屯溪区)人。康熙贡生,选任马龙州知州,治理瘠土,教化民风,勤政廉明。调补黑盐井提举,为民请命上奏,使久废盐务得以整饬。任长芦盐运同知,兴利除弊。因政绩卓著,钦赐蟒袍,升江西南安府知府。后以疾致仕。

程可久 生卒年不详。官吏。字季成。明初婺源高安凤岭人。洪武三十年(1397年)以太学生授监察御史,巡按云南、辽东。所到之处莅事刚果,纠劾严肃,民众受其恩泽。

程旦 生卒年不详。官吏。字孟明。明歙县临河(今属徽州区)人。嘉靖二年(1523年)进士,授户部主事,总理宣府粮储。后任云南兵备,升云南按察使,上疏陈征安南十余事,言中机宜。转任浙江布政使时,云南民众攀辕号泣追送。一生行为方正,时宰相笼络之、排斥之,其均处之泰然。曾曰:"吾不以宰相之言求进,亦不以宰相之言而退。"

程吉辅 1330~1408。官吏。字昌祐。元末明初休宁陪郭人。尝从学于陈实卿、赵汴,涉猎经史,尤好兵律星筮之学。元至正末,红巾军起,婺源汪同起兵保州里,吉辅弟国胜发兵应之,己则悉力持家,以佐军需。及明兵下徽州,邓愈见吉辅兄弟,奇之,送京师入见,国胜留置帐下,吉辅辞归。后国胜殉难无子,有司以吉辅应诏。吉辅居家严而有法,尤笃于行义,周恤贫族,至倾囊不惜。

程机 生卒年不详。武将。字枢一。清歙县人。康熙二十四年(1685年)武进士,授甘肃提标守备。康熙三十四年(1695年),圣祖亲征厄鲁特(别译额鲁特)蒙古准噶尔部噶尔丹,振武将军孙思克率西路军出平罗口,程机请求随军出战。五月,兵至召磨多。某日上午激战数小时仍未决胜负,程机建言:"敌屯山顶,我军在其下。火药将尽,非决死,力不济!"孙思克采纳其建议,命士卒全部下马,以程机为前锋,冒矢石强攻。下午苦战数小时才攻占敌阵,程机砍杀2人,射杀3人。又只身追敌至特勒尔济口,杀敌20余人。因功世袭带一拖沙喇哈番,后任漕标副将。入宫朝见,圣祖赞叹:"江南亦有此勇健敢斗者!"子程尚炜袭职。

程迈 1068~1145。官吏。字进道。宋黟县南山(今南屏村)人。北宋元符三年(1100年)举进士,先后任仁和县尉、西安知县,颇有政声。宰相刘正夫荐之于朝,任提举江西常平,升福建转运使直龙图阁,继升武美殿修撰、福建知府,平杨勍、范为之乱。南宋绍兴二年(1132年)进徽猷阁待制,任职温州知府。在任整肃吏治,严治平阳不法官吏40人,他县不法吏望风而遁。高宗曾言:"程迈温州之政,光绝前后,今之吏师。"后调饶州知府。时值鄱阳岁荒,地方不靖,到任奏请除免舟车征税,提高米价以招商贾,不一月,大米涌至,饥荒平息。又手书宽恤条例30余事,张贴衙前,民心为之欢悦,地方赖以安宁。以功进显谟阁直学士,再任福州地方官。迈与汪藻同时,藻掌词翰,以文雅称,迈累更麾节,以劳绩著。深得宋高宗器重,御屏有云:"文章汪藻,政事程迈。"著有《漫浪编》5卷,奏议、表、启30卷,诗200余篇。

程光庭 生卒年不详。官吏。字朝望。南宋休宁人。嘉定元年(1208年)进士,授信阳军罗山尉。元兵犯境,屡战屡克,授罗山知县。三任边关,周旋师旅之间,终卒于任所。死后追赠朝奉郎,诰词赞其"国尔忘家"。

程廷策 生卒年不详。官吏。字汝阳。明休宁临溪人。嘉靖三十二年(1553年)进士,授户部主事,寻迁员外郎中。天启二年(1622年)分守京都,后出守辰州。因与抚台有隙,退居林下10年。抚按两次举荐,坚辞不就,时称高逸。著有《忠孝经订注》《读易琐言》《高言》《中星图说》等。

程仲繁 生卒年不详。武将。字茂行。唐末祁门人,原居篁墩。乾符年间其父为歙州兵马统帅东密岩将,仲繁方弱冠而骁勇,屡为先锋。以镇守祁门县,遂居祁门善和。后以御寇移迁浮梁县兴田,仍命其子令诇留居善和。

程全 ?~1129。武将。字禹昌。宋休宁陪郭人。为程忠壮公灵洗第二十一世孙,迁休宁陪郭始祖南节曾孙宿之孙。通《春秋》,习武艺。北宋靖康元年(1126年)应募随宗泽督师勤王,力主抗金。高宗即位后,授武翼大夫御前宿卫官。南宋建炎三年(1129年)

随刘光世平乱,先后任开州团练使、池州御前诸军统领,封休宁县开国伯,食邑九百户。是年冬,金帅兀术分兵入池州,寡不敌众阵亡。绍兴三年(1133年),追赠协忠大夫。

程安节 生卒年不详。武将。字元亨。南宋休宁山斗人。少熟读武经,好骑习射。嘉定四年(1211年)应募入伍抗金,授京西招抚司游击义士、军副将兼统领。后随李珏、赵方讨金,死于军中。

程安道 生卒年不详。乡绅。元末休宁富溪人。体长魁梧,美髯。少有大志,元季倡义兵保乡里。事平后,隐居不复出。

程均佐 生卒年不详。官吏。名佛祐。元末休宁泰塘人。至正年间,红巾军入侵婺源,均佐率部属接应汪同,以夹击有功擢升祁门县尉。后红巾军复犯休宁,又与吴讷分道防御,县境赖以安靖。邓愈入徽,隐居不出。

程均保 生卒年不详。武将。明初黟县桂林人。骁勇有谋略,以从剿罗寇功授正千户武德将军。洪武十三年(1380年),知县郭衡赠以"功靖军国"匾。又从征陕西,授指挥使。留镇甘肃卫,卒于任上。

程芳 生卒年不详。官吏。字湘皋。清休宁率口(今属屯溪区)人。初任山东冠县知县,雍正十三年(1735年)任福建永安知县,均有政声。乾隆三年(1738年)转任台湾凤山知县,只身单骑深入土著人聚居地,恩威并施,劝服众人开源畅流,使下游农田免遭田干禾枯。乾隆五年(1740年),襄助刘良璧重修《福建台湾府志》。次年卸任。

程材 1466~1506。官吏。字良用。明歙县岑山渡人。弘治九年(1496年)进士,任汀州府推官,治狱有声。召试御史,首疏弹劾尸位素餐大臣二人。台长诚道:"试御史不得言事!"程材反问:"试御史非言官耶?"正德元年(1506年)上疏:"陛下登极之初……良由阉尹马永成、谷大用、刘瑾辈窃弄威柄?愿反身修德,信用忠贤。"疏入不报,以疾卒。三年后,刘瑾仍追论往疏,将程材妻儿流放海南。嘉靖初年,世宗召还,遣官谕祭,乡人立祠岑山。著有《三礼考》《岑山类稿》。

程近仁 生卒年不详。官吏。字毅思。清休宁率口(今属屯溪区)人。雍正十二年(1734年)秋,在云南赵州知州任上,修复大雨冲毁的赵州东西城墙。乾隆元年(1736年)主持修成《赵州志》4册(赵淳等纂)。乾隆十七年(1752年),赵州景东文庙地基下陷,建筑多处损坏,府同知程近仁率士绅梁文元、程其珫等,将景东文庙迁玉屏山麓文庙旧址,并进行部分修复。在景东建书院,减粮税,受百姓爱戴,刻石碑记事留世。

程应奎 生卒年不详。官吏。南宋祁门六都人。咸淳十年(1274年)进士,官太平州教授。

程沄 生卒年不详。武将。字元功。唐末休宁海宁人。乾符年间,黄巢农民军至歙州,沄聚众保土,被推为将,依东密岩筑寨,协力战守。景福二年(893年),淮南杨行密遣将田頵临歙州,令人谕之。沄曰:"所以自保者,不欲三百年太平民为贼虏耳,他又何求?"因献谋行密,授为歙州同知兵马使、东密岩将兼马金岭防拓事,金紫光禄大夫、检校右散骑常侍、御史中丞、上柱国,兵声大振。弟湘、淘,子南节,皆预有功,历任显职,子孙后代相继镇守,直至宋平江南。

程宏 ❶生卒年不详。官吏。字毅夫。明祁门善和人。成化二年(1466年)进士,授河南道监察御史,曾巡按广东、江西、河南。后升广东按察司副使,未赴病卒。❷生卒年不详。画家。字天合。清歙县人,移家金陵(今江苏南京)。家贫善画,家人窃画以易米,宏闻大恚曰:"男人乃以画食邪?"遂不复作。酒酣耳热,抵掌论事,人笑为狂。

程灵洗 514~568。武将。字玄涤。誓孙,南朝海宁县(后改休宁县)篁墩(今属屯溪区)人。少勇猛有力,善骑射。梁朝侯景之乱时,地方动荡不安,灵洗聚黟、歙гия勇保护乡里,抗拒侯景乱兵。梁元帝授之谯州刺史,领新安郡太守,封巴丘县侯,食邑五百户。陈朝取代梁朝后,灵洗归顺新朝,佐国安民,被陈武帝任命为兰陵太守,封遂安县侯。后以军功授都督南豫州刺史、左骑将军。天嘉四年(563年),率部击败周迪兵寇,迁中护军,都督郢州刺史。陈废帝即位,进封云麾将军;后又以平判有功封为重安县公。治军严明,能与士卒同甘共苦,颇受将士拥戴。性好播植,躬勤耕稼,虽老农不能及。卒后赠镇西将军、

*程灵洗

*程灵洗墓

开府仪同三司,谥"忠壮"。宋嘉定间敕建世忠庙,追封广烈侯。元泰定三年(1326年)加封忠烈显惠灵顺善应公。著有《太极拳十五式》。《陈书》《南史》均有传,为徽州(新安)正史入传之第一人。

程若川 生卒年不详。武将。沄十一世孙,珌从子,宋休宁汉口人。幼读书,习武,有膂力,善刀、棒等武艺。去临溪舅父家,将舅父家门前各重75千克的两只石锁,挺于两只手掌之上,围观乡亲为之欢呼称绝。舅父欲雇人用车将石锁送到汉口去,供小甥作练功用具。若川说不用车送,便将石锁夹在两腋之下,带回汉口家中,勇力遂名闻乡里。后应试,中武状元。历任监丞、滁州太守等职。尝出使金国,金人见其勇武状,叹曰:"真乃奇男子也。"

*程若川

程叔达 1120~1197。官吏。字元诚。程迈侄孙,南宋黟县南山人。绍兴十二年(1142年)进士,授教职典湖学。时金主将背盟,朝论纷纷,叔达上书宰相,论抗金"秣马厉兵、坚守淮汉、招募军旅、侦察敌情、整理财赋"五策。乾道年间以监察御史赈饥两浙,孝宗称之"甚有劳绩"。淳熙元年(1174年)以崇政殿说书兼直学士院,次年兼权中给人给事中,奏敬天、爱民、有志事功三事,并上《敬天图》,孝宗褒奖此图颇觉有益。淳熙十六年(1189年)进集英殿修撰,因求归侍亲,以显谟阁待制致仕。光宗即位,抚问之诏有"渴见"之语。庆元二年(1196年)特除华文阁直学士,封新安郡侯。卒后谥"庄节"。平生嗜学,至老不倦,自儒经下至阴阳卜筮之学无不精通。善隶、行书,尤精小草。著有《玉堂制草》9卷、《台省论谏存稿》10卷、《元诚诗文稿》16卷。

程卓 1153~1223。官吏。字从元。大昌从子,南宋休宁会里人。淳熙十一年(1184年)进士。历任扬州司库参军、崇仁与龙泉知县,颇有政绩。升宗正寺簿、司农丞,倡言各州公费过侈,请革除积弊。嘉定四年(1211年)以工部尚书衔出使金国。使还,奏金人积弱之势,建言固邦本、修戎备、俟复仇。出为闽帅巡长海道,建言注意钱币流入国外,外人会将其销铸为器皿,致使中国之铜日少。自幼传伯父大昌之学,为学本之以忧,养之以厚,守之以正。累官至同知枢密院事,封新安郡开国公,卒谥"正惠"。著有文集、奏议共20卷。

程尚义 生卒年不详。官吏。字雅宜,号纬堂。清婺源人。乾隆四十九年(1784年)召试二等,以拔贡补山东肥城知县,历任曹州同知、滋阳知县和广西思恩、平乐知府。以远官不及侍母,乞归。

程昊 ❶ 生卒年不详。官吏。字希大。明婺源凤岭人。正统十三年(1448年)进士,授河南道监察御史。景泰年间巡按浙江,不避权贵,屡次奏劾不法之徒,人赞颂弹劾如汉之恒典、张纲,耿直如宋之刘觊、赵抃。未几,卒于任上。❷ 1442~1489。学者。字时亨,号文峰。明祁门善和人。成化二十三年(1487年)会试亚魁,殿试中进士。奉差纂修《庙实录》。

程杲 1461~1528。官吏。字时昭,号兰峰。程泰子,明祁门善和人。弘治六年(1493年)进士,授户部主事。后历官南昌知府、湖广郴桂兵备副使,正德十年(1515年)擢为江西布政司左参政。著有《兰峰稿》。

程国仁 1763~1824。官吏。字济棠。清歙县槐塘人,寄籍河南商城。乾隆五十九年(1794年)河南乡试解元,嘉庆四年(1799年)传胪,授编修,与修《高宗实录》。居官勤慎,典四川、陕西乡试,所取多名士。巡视淮安漕运,条陈革除积弊。曾于腊冬凿冰蓄水以利挽运。历官浙江、山东、陕西、贵州巡抚,均严于律己,吏治清肃。诗文力追前代名家。道光四年(1824年),因小腹生疽,开缺回籍,出黔中,卒于途中,终年62岁。

程国栋 生卒年不详。官吏。字玉亭。清休宁榆村人。康熙五十二年(1713年)举人。历任嘉定、盐城、沛县、滕县知县,皆有惠政。曾建议疏浚东界河、西盐河,附近七邑水利大治。主编《嘉定县志》13卷。

程国胜 1333~1363。武将。初名元佐,朱元璋赐名曰国胜。元末明初休宁人。元至正十七年(1357年),明大将邓愈率军入徽州,国胜以义兵元帅归附,为总管府先锋,累功至万户。后从朱元璋战鄱阳,张定边直前犯朱元璋,国胜与韩成等左右备击,护驾力战,援绝身亡。卒赠定远大将军,追封安定郡侯、梁国公,谥"忠愍",祀于豫章、康山两忠臣庙。

程国祥 生卒年不详。官吏。字仲若。明歙县古关人。万历三十二年(1604年)进士,授确山、光山知县,以清廉名。后转南京吏部主事,复调礼部、吏部。因魏党张纲诬之为邪党,除名。崇祯元年(1628年)复起,任考功郎。累官至户部尚书,转礼部尚书兼东阁大学士。时杨嗣昌等当政,委蛇其间,因辞官告退。虽历官至卿相,仍布衣蔬食,卒后家贫不能举火。著有诗集传世。

程昌 1475~1551。官吏。字时言,号和溪。程泰子,明祁门善和人。甫冠领乡荐,登正德三年(1508年)进士,授蕲水知县。拜御史,极言敢谏。谏劝武宗南下巡幸。巡按福建、广东,讨平南靖、新会、新宁盗乱。终湖广、四川按察使致仕。著有《和溪文集》《发蒙近语》《大学古文注释》《宗谱》《家规》等。嘉靖十八年(1539年)编纂《祁阊志》。

程昌期 1752~1795。官吏。字阶平,号兰翘。清歙县绍濂人。乾隆四十五年(1780年)探花,官翰林院侍讲学士，直上书房。为皇孙师，启迪有方。曾前后主试浙江、广西、福建。幼具凤慧，4岁入塾，见书即不释手；成年后熟谙经学、汉注、唐疏，皆能琅琅成诵。尤精礼制，朝廷逢大典必有咨询。诗宗师韩愈，雄健典雅。著有《周礼义疏约贯》10卷、《安玩堂集》30卷。乾隆六十年(1795年)卒于山东学政任所，终年仅44岁。博学通经史，工诗能文，精研儒家典籍，尤邃于考据之学。子恩泽，能承家学，官侍郎，负文名。

程鸣凤 1225~？。武术家。字朝阳，号梧冈。南宋祁门善和人。少时研读经史，博学洽闻，且爱好武艺。淳祐六年(1246年)乡试中武举。宝祐元年(1253年)赴临安参加会试和殿试，获射策第一，成为武状元；授殿前司同正将，任职于禁军。后又以经学两次赴漕举，授阁门宣赞舍人，掌殿廷传宣赞谒之职。其人性格刚直，谈议时事，言论剀切，无所回避；终以事忤旨，谪为广东德庆知府。将任时值该地山猺猖獗，毅然赶往赴任，出奇掩击，擒斩魁首，平定叛乱。后改任南雄知州，关心民众疾苦，屡上书请免当地常赋外之"折银钱"。由于朝政昏庸，奸臣当道，三年期满愤然辞官归里。在乡建"梧冈书院"，授艺村族子弟。其不仅文武兼优，书法、绘画亦颇有造诣，尤工草书。著有《读史发微》30卷与诗文集《盘隐集》《梧冈》行世。

程金 ❶ 1518~1597。官吏。字德良，号丽川。明歙县临河(今属徽州区)人。嘉靖三十二年(1553年)进士及第，授南京工部主事，主持管库，一介不取，秋毫不染，盈余财物悉数入册。历官吉州同知、汉阳太守、户部郎，性耿直，不畏强权，廉洁自持，史称其为"第一廉吏"。后遭诬陷去职，家居力耕以食，绝影公门。工诗，与方弘静交情莫逆。卒后入祀长沙、汉阳名宦祠与歙县乡贤祠，汪道昆为立传。❷ 生卒年不详。堪舆家。明婺源长径人。精于堪舆，与董德彰、江本立友善，所扦皆名地。至今犹啧啧称之。

程定祥 生卒年不详。官吏。字轶凡，又字履吉，号译楚居士。清休宁率口(今属屯溪区)人。道光三年(1823年)进士，历任云南楚雄府南安州(今双柏县)知州、云南云州知州、宁州(治所今云南华宁县)知州等职。能书善文，闲暇常抄佛经。有文集被《清人别集总目》收录。道光十三年(1833年)仲春清明前五日于京师宣武门外澄心居敬书第十七本《金刚般若波罗蜜经》。著有《澄心居诗草》1卷。

程弥寿 1324~1403。官吏。字德坚，一字仁山，号全真子。元末明初祁门善和人。英伟豁达，能诗，擅长草书，谙熟韬略。明洪武初随朱元璋下江南，以功授行枢密院都事，镇守景德镇，有惠政。后辞官归家，屡召不起，遁迹江湖，遨游名胜。著有诗集《仁山遗稿》。

程珌 1164~1242。官吏。字怀古，号洺水遗民。南宋休宁汉口人。幼聪慧异常，10岁曾作《咏冰》。绍熙四年(1193年)中进士，授昌化县主簿。昌化处万山之中，士风不振，到任后竭力劝学，读书风气渐浓。有感于昌化赋税太重，又向御史上奏减免，深得百姓称颂。嘉泰元年(1201年)任建康府教授。嘉定二年(1209年)改任富阳知县。嘉定十七年(1224年)任礼部侍郎兼直学士院薇垣。理宗即位，擢升刑部尚书，后又相继兼礼部尚书、吏部尚书。绍定元年(1228年)任焕章阁学士、建宁知府。在任奉行宽政，教化民风，审案洞察细微，豪强猾徒失势，属县无苛政，百姓称为"贤太守"。继又任提举隆兴府玉隆宫、宁国知府、赣州知州、福州安抚使等职。淳祐二年(1242年)以端明殿学士致仕，不久去世。程珌为政颇有才力，讨论备边、蠲税等国计民生大事，剖析详明，切中时弊利害。知识渊博，文以儒学为旨，风格雅健，蕴意情深。闲暇时喜作小词，与辛弃疾时有来往，撰有《洺水词》1卷。书法造诣亦高，齐云山有其手书"云岩"摩崖石刻。著有《洺水集》60卷、《内外制类稿》30卷。《宋史》有传。

程显 1399~1472。官吏。字孔著，号慎庵。明祁门善和人。正统六年(1441年)中举，授北直任丘县教谕。时蒙古军入境，知县先逃遁，程显率诸生守卫学宫。后以朝列大夫致仕归家。

程显祖 ？~1363。武将。字继祐。元祁门程村(今属金字牌镇)人。元末，陈友谅踞江西，朱元璋发兵征讨，檄各州民兵随征。显祖凭娴熟兵略被用作旅帅，领乡勇千人从朱元璋舟师战于鄱阳湖，在追击陈友谅时受伤而死。

程思温 生卒年不详。官吏。字叔玉。明婺源人。正统元年(1436年)进士，授中书舍人，赠礼部员外郎。以清慎著称。后从北征，死于战事。

程信 1417~1479。官吏。字彦实。晟子。明休宁陪郭人。正统七年(1442年)进士，授吏科给事中。继迁南京太常寺少卿，逾年以刑部右侍郎召还。宪宗时谴兵部侍郎，因功升兵部尚书提督军务。后又兼大理寺卿。卒赠太子太保，谥"襄毅"。信仪观魁伟，性资刚果，六籍百子，无不涉猎。为诗略不经意，而雄浑可传。事亲孝，少时尝力耕以养。待贫乏亲族及故人子弟，矜恤振拔，恩义兼尽。著有《晴洲集》《容轩稿》《榆庄集》《尹东稿》《征南集》等。《明史》有传。子敏政，官至礼部右侍郎，以博学能文称，另有传。

程洙 ？~1275。官吏。南宋休宁汉口人。淳祐十年(1250年)进士，授贵池县主簿，寻调任上元。德祐元年(1275年)元兵攻建康，守将出走，百官降附，程洙仰天叹曰："吾受宋官二十八年，忍移所守，为降虏以偷生乎？"遂自缢而死，以身殉国。生平好吟咏，忠义之气一发于诗。著有《南窗集》。

程宪 ❶ 生卒年不详。官吏。字伯度。明婺源人。宣德五年(1430年)进士，授南京云南道监察御史。曾巡抚陕西及直隶苏松等处，所至风声凛肃，奸豪为之胆落。卒于行台。❷生卒年不详。商人。字世纲，号克己。明休宁人。爱读经书，能通训诂。后承父业商于淮浙间，贸迁有道，虽世于商者莫之及，以故资雄于乡。晚年厌商游，养静山中，自题其轩曰"克己"。尝增修世宗祠宇，传写远祖遗像。

程祖洛 ?~1848。官吏。字问原，号梓庭。清歙县人。嘉庆四年（1799年）进士，由主事荐升湖南布政使。道光元年（1821年）调任山东。道光二年（1822年）升陕西巡抚，旋改任河南巡抚。先后导治漳、洹、卫三河，挑引沟、筑坝堰；又疏浚虞城、夏邑、永城各沟河。道光四年（1824年）江南高家堰漫口，从河南拨米、银、麻以赈，赢得"尽心国事，不分畛域"褒语。后历任江南巡抚、浙闽总督兼署将军。卒赠太子太保，谥"简敬"。《清史稿》有传。

程泰 1421~1480。官吏。字用元，号竹岩。明祁门善和人。景泰五年（1454年）举进士，授户部主事，升郎中。时户部欲加派徽州粮数万，程泰力辩，遂得免。后升广西右参政，时安南以边界不定，屡有冲突。程泰勘明边界，制止侵扰，南疆得靖。改任河南治理国储，定"转输远近适均法"。再迁河南左布政使，卒于任上。泰为官清廉，严于律己，以倡僚属，为时所称。著有《竹岩稿》。子四：昂、旦、杲、昌。

程珪 生卒年不详。官吏。北宋祁门城西人。宝元元年（1038年）进士，授泰州军事推官。

程振甲 ?~1826。官吏。字音田，号也园。清歙县人。幼聪敏，读书一目十行。乾隆四十九年（1784年）召试赐举人，授内阁中书，后升吏部考功司主事。曾任乾隆《万寿盛典》纂修官，再升文选司员外郎、军机处行走。居官勤慎，明敏通达有大体。嘉庆二年（1797年），因亲老解官归养，孝义闻于乡里。曾多次承重臣查办事件，"雪冤却贿，不附权势"。后从军湖南，回京后，因不附权臣和珅而告归，时年39岁。家本富饶，因慷慨好施，且不责报，致家中落，晚年陷入贫困。为生计所迫，尝充当大吏幕客，流遇四方。道光六年（1826年）客殁于广东，终年60余岁。性嗜学，博洽多艺，尤工书法，词翰特妙。喜收藏，精鉴赏，家藏典籍及金石彝鼎甚多。又兼能制墨。

程振钧 1886~1932。社会活动家。字韬甫。清末民国时期婺源人。清末毕业于安庆安徽高等学堂。民国元年（1912年）考取留英庚款，赴英国格兰斯哥大学深造，攻读数学。民国六年（1917年）归国后，任教北京大学担任数学系主任，同时兼清华大学、北京高等师范学校教授，与李四光等共事。民国十六年（1927年），任浙江省政府委员兼建设厅厅长。到任后，重点抓紧落实修筑浙江省公路之事，推进"徽杭公路"建设。民国十八年（1929年），成功组织筹办了首届"西湖博览会"。民国十九年（1930年）底，赴欧美考察实业，回国后在南京担任实业部工业司司长兼农业试验场场长。民国二十年（1931年），调任安徽省政府委员兼建设厅厅长。为修筑京（南京）芜（湖）、宣（城）兴（长兴）、芜（湖）屯（溪）、安（庆）合（肥）、合（肥）六（安）公路四处奔走，八方筹资。次年，因劳累过度突发脑出血而逝。

程哲 1668~?。官吏。原名祖念，字圣跻，号蓉槎。程浚子，清歙县岑山渡人。以监生授宁远知州，后累迁锦州知府、崖州知州、户部陕西司员外郎、两广盐运司运同、湖州府同知、刑部福建司主事。立崖州唐宋三贤祠，祀李德裕、胡铨、赵鼎。雍正三年（1725年），在崖州藤桥立《劝诫客民碑》："勿嗜酒而沉睡，勿见色而贪淫；勿因雨而晓坐，勿被露而夜行；勿因饥而饱食，勿因渴而多饮；勿因垢而晨沐，勿因倦而昼寝。"雍正五年（1727年），崖州各地米价腾贵，程哲呈请开仓平价售粮，民得聊生，州人勒碑称颂。雍正十一年（1733年），手书"天涯"，刻于崖州下马岭南麓大海石。家有七略草堂，为其师王士禛精刊《带经堂集》，并刊有《旧唐书》200卷等。

程桓生 1819~1897。官吏。字尚斋。清歙县槐塘人。道光二十九年（1849年）拔贡，署桂平知县，旋去职。后入李武愍、曾国藩部，累擢至道员。同治二年（1863年），曾国藩创立鄂、湘、西、皖岸淮盐督销局，令其出综江西，总办西岸淮盐督销局。桓生于吴城建仓区，分岸及时运送，僻远皆得其盐。又排除万难审定五府一州引界、江苏总督左宗棠加引之案。同治五年（1866年），署两淮盐运使，修万福桥，藏清水潭，功绩显赫。同治六年（1867年），总办鄂岸淮盐督销局，凡总卡、分局、子店皆亲任谋划。光绪十年（1884年），再署两淮盐运使，后卒于扬州。子程善之，自有传。

程烈 生卒年不详。官吏。字惟光。明歙县岑山渡人。嘉靖八年（1529年）进士，授工部主事。榷税于浙，生活始终寒苦。著有《水部集》《灯窗稿》。

程輅 生卒年不详。官吏。字邦载，号石泉。明绩溪程里人。正德十六年（1521年）进士，授行人。奉使湖广，抵枣阳王府赠以厚礼，不受，被称"古廉吏"。后选为兵科给事中，奏革累年兵科弊端，查革滥职武官。因上书劾武定侯郭勋、张寅被削职，后获赦免。著有《石泉稿》《应言诗》《程氏世谱》。

程晟 1390~1446。官吏。字士明。吉辅孙，明休宁陪郭人，寓居河间。洪武年间，父坐累谪戍北方，晟年幼侍行，即慨然有亢宗志。初徙卫辉，三徙河间，虽遍经险阻，家业不坠，安养父母如常。有病，汤药必亲调理。弟昱爱以城中里舍日估之利，即与之，己则督家农耕。未几，土沃田腴，所得反胜城中，弟又欲农，复以相付无吝色。昱卒，抚其子女如己出。见其子信有伟质，每抚其首曰："吾家本世族，幸播迁于兹穷厄矣，振吾宗者其在汝乎？"因遣信入学，亲课其业，以砥于成。晟襟宇阔略，名士多乐与之交。尤慈爱，体谅他人，家虽不甚裕，逢人急难，宁自捐以济之。子信，官至兵部尚书。孙敏政,官至礼部右侍郎。

程资 生卒年不详。官吏。字仲朴,号炳峰。明婺源韩溪人。孟汉子,正德十二年(1517年)进士。初授温州府推官,对狱中疑案重新审理,平反冤案多起。府属黄州埭圯河决,民众忧心,程资计议方略,数月堤成。百姓感其恩德,呼作"程公埭"。余暇与儒生讲论,以吏治为学。后擢户曹出守豫章,大兴学校,重视教育。不久以宪副整饬云南兵备,官终云南参政。著有《婺源姓图》《程氏支派谱》《韩溪程氏祠堂约规》《闻德录》《朱程问答》等。刊刻《尊德性斋集》诸书。

程浩 生卒年不详。官吏。字淼澜。清黟县古筑人。初官户部福建司员外郎。乾隆四十三年(1778年)授知镇远府。乾隆四十五年(1780年)因病告归。返乡时身无余财,仅有亲手绘制的苗疆风土百册。著有《养斋小稿》10卷、《四留堂稿》20卷、《韵府补》20卷。

程家柽 1874~1914。志士。字韵荪。清末民国时期休宁汊口人。少时攻读儒家经典,清末中秀才。后入武昌两湖书院,未几,被书院选送日本留学。在日本,经人引荐见孙中山后,加入兴中会,成为追随孙中山的坚定革命者。同秦力山、戢翼翚等创办《国民报》,鼓吹革命学说,公开提出推翻清王朝的革命口号。清光绪二十八年(1902年)四月,会同章炳麟、秦力山等发起"中夏亡国二百四十二年纪念会"。次年,为抗议侵华联军中的俄国部队企图长期赖在东三省不走,留日学生成立拒俄义勇队,家柽被推选为归国运动员,先后至南京、武昌、合肥等地鼓吹革命,策动武装起义,遭到清政府的通缉。光绪三十一年(1905年),联合宋教仁、陈天华、白逾桓等创办《二十世纪之支那》杂志,任编辑长。孙中山自欧洲抵日,经家柽介绍同黄兴、宋教仁、陈天华等接触晤谈,促成革命核心力量的联合,铺平成立中国同盟会的道路。同年八月二十日,中国同盟会在东京举行建盟大会,大会通过了黄兴、家柽等起草的会章及有关文件,推举孙中山为总理,黄兴为庶务科长(相当协理),家柽为外务科长;改《二十世纪之支那》为同盟会机关报(后改为《民报》)。次年,受北京京师大学堂聘请回国担任农科教授。宣统元年(1909年)应陆军部之聘,担任编纂陆军中小学教科书工作。武昌起义爆发后,在京创办《国风日报》。袁世凯遇刺,北京政局紧张,家柽的革命身份暴露,善耆、良弼悬赏1.5万元通缉。在友人的协助下其逃出北京,赴南京谒见临时大总统孙中山,被授幽燕招讨使。宣统三年(1911年),清帝宣布退位,遂急流勇退回到休宁家乡休息,只应安徽军政府之请担任高级顾问。南京政府北迁后,曾安排家柽为农林次长,被谢绝。民国二年(1913年),袁世凯在上海车站谋刺宋教仁,接着血腥镇压"二次革命"。家柽毅然出山,参加"讨袁战争",在《国风日报》公开发表《袁世凯黄粱梦》一文,揭露袁世凯筹划的帝制阴谋。为了推翻袁世凯,其还不顾个人安危,潜入北京与熊世贞等共同策划反袁活动。不幸事泄,程、熊二人同时被捕,民国三年(1914年)九月二十三日英勇就义。

* 程家柽

程通 ?~1402。官吏。字彦亨,号贞白。明绩溪人。洪武十八年(1385年)入太学。洪武二十三年(1390年)顺天乡试第一,授辽府纪善。燕王遣使潜入辽府联络为兵,程通拒之。燕王兵起,上防御北兵封事,擢为左长史。"靖难"以后,有告程通上书事,因捕解至京,从容就义。两子亦被处死,家属流放边疆。万历年间诏褒"靖难"死节诸臣,建通祠于新安卫前以祭礼。著有《从亡录随笔》、《贞白遗稿》10卷、《忠显录》2卷。《明史》有传。

程梦余 1883~1982。社会活动家。原名饭牛,又名贤孙,字幼鲁。近现代黟县桂林人。京都法政大学毕业后,随程家柽、白逾桓赴延吉从事革命活动,由吴禄贞、柏文蔚介绍加入同盟会,并至北京筹创《国风报》,任主笔。曾以记者身份见孙中山,组织发起"国会地点研究会",选为会长。袁世凯获悉,遣人游说,许以重薪显职,被其拒绝;继遣特务来访,为同寓人乔子山识破。民国二年(1913年),在《中国报》发表冯国璋向袁劝进表章,冯即向法院控诉,以败诉告终。为反袁称帝,在《中国报》发表《讨袁世凯檄》一文,袁发令通缉,梦余名列第八。民国五年(1916年)六月袁世凯死,梦余致电李烈钧,主张肃清袁党余孽。民国六年(1917年)七月,在黟组织"自治研究社",推为社长。安徽督军倪嗣冲令各县成立"公益维持会",又推为会长。民国八年(1919年)南北和议告成,徐世昌荐梦余为国务院咨议,坚辞不就。民国十七年(1928年),因中共地下党负责人嫌疑被捕,支持汪希直等发动2 000余人至县衙前抗议,并组织全城罢市、罢课以及营救工作。民国三十八年(1949年),率黟县各界人士迎接游击队进城,和平解放黟县。新中国成立后,任皖南行署政协委员。当选为黟县历届人民代表,安徽省第一、二、三届人大代表,一至五届政协常委,并应聘为安徽省文史馆馆员。后逝世,享年100岁,遗著有《回忆录》《述怀诗稿》等。晚年亲自口述、程耀芳记录的《赛金花发配原籍》一文,为王健元辑入《名妓赛金花遗事》,《晚清民国逸史丛书》收录。

程梦瑛 生卒年不详。官吏。字天玉,号敬亭。清休宁榆村人。康熙年间官刑部浙江司员外郎。后发往江南委勘苏松河道,监修太仓州浏河,又督疏浚丹阳九曲河、大仓州七浦河。擢升郎中,仍监修扬州水利,管理江南水利事务,次第完成江南诸河道疏浚工程。终以署理松太道一职致仕。

程盛修 生卒年不详。官吏。字凤沂,号双桥。清休宁尤溪(今属屯溪区)人。康熙九年(1670年)进士。由编修历官顺天府尹,以廉明著称。善诗,乾隆四年(1739年)曾进呈乐府十二章。后辞官归家颐养。著有《夕阳书屋诗文稿》《南陔松菊集》。

程鸾台 生卒年不详。官吏。字紫垣,号蝶仙。清婺源人。嘉庆二十四年(1819年)举人。道光六年(1826年)大挑一等,分发陕西署清涧、石泉、安康等县,旋任兴安州掾补中部知县。中部僻处陕南,文教不昌,鸾台到任后修文庙,立书院,延儒讲学;又修复黄帝轩辕氏墓,立祭典;再创义仓,赈孤贫,清积案。任职十余年,两袖清风。著有《阴骘文试贴诗》。

程隆 生卒年不详。官吏。字君熙。南宋休宁陪郭人。喜研学问,与同邑金革、朱焕并号"三俊"。德佑二年(1276年),辟为休宁尉。宋朝覆亡,县邑秩序扰攘不靖,县政无主,程隆因请毕凤主宰政事,并鼎力相保聚。纷乱稍定,毕氏离走,又辅佐陈宜孙主县事,抚民勤政,安靖一方。

程绳祖 生卒年不详。官吏。字叔武。明休宁泰塘人。洪武二十五年(1392年)以明经荐举,授御史。曾差陕西盘粮,复调任湖口知县。湖口县东黄麻潭田,累为洪水淹没,奏请豁免田赋。因有惠政,民立祠悬挂肖像祀之。

程维铣 生卒年不详。官吏。明黟县人。曾捐资助建学宫,与两兄合建桂林、柏林支祠,独建文孝桥。府县清丈田亩,举作公正,豪强侵占者悉令归弱户,义声载道。官至德州同知,有廉声。

程策 生卒年不详。官吏。字献可。明休宁人。万历三十八年(1610年)进士,初授西安司理,寻转礼部主事。时魏忠贤专权,拜谒其生祠之人络绎不绝,惟程策不往。后出守德安,又督学广西、湖北郧、襄参政,后致仕。著有《易说》。

程善 生卒年不详。武将。元末明初休宁临溪人。元末举义兵,保障乡里。至正十七年(1357年)率众归邓愈,连取各处城寨,以战功授百户。明洪武十一年(1378年)调任遵化卫,卒于任所。

程道东 生卒年不详。官吏。字震伯。明歙县介塘人。嘉靖三十八年(1559年)殿试,拟置进士第一,主者引嫌,遂让清河丁士美夺魁,而道东为二甲三十一名。后授工部主事,奉诏营建景藩之宫。事竣,治理黄河,成绩斐然。遭诬陷出守深州,旋任青州倅。因治海有功迁南京兵部郎,寻转户部郎。再遭诬陷出守滇中,以亲老不便迎养告归。

程渭老 生卒年不详。官吏。字少吕。宋黟县人。以登仕郎授蕲春簿,奉檄审狱,严拒重贿,置罪者于法。转任池州建德令,正值岁荒之年,查田亩、察灾情,奏求蠲免赋税。事后调江西监司,通判邵州,摄州事。待人接物,律己甚严,不以寒素轻人,对无力婚嫁者予以周济。书法绘画清劲有节,自成一家。

程富 生卒年不详。武将。隋末唐初海宁县(后改休宁县)人。以勇力闻名乡里。隋末天下乱,募乡兵据古城岩,推汪华为帅,以太尉转战六州,保障一方。史称汪华之据六州并称吴王,"富力居多"。唐武德四年(621年)劝汪华归唐,受封为行军司马、休宁县侯。

程瑞祫 1654~?。官吏。字孚夏。端德子,清休宁率口(今属屯溪区)人。历任西域兵马司副指挥、贵州布政使司经历等,为官守正不阿。居乡行事谨慎。善诗,与黄仪通、邓汉仪、孔东塘等为诗友。康熙五十三年(1714年),河南程氏后裔来篁墩谒祠拜墓,瑞祫作《篁墩三夫子祠记事》。雍正十三年(1735年),于观照堂为柏山齐祈寺撰《示禁碑文》。著有《云峰诗集》。

程嗣功 1525~1588。官吏。字汝懋,号午槐。明歙县槐塘人。嘉靖二十六年(1547年)进士,授武康知县。三年任满,仅《论徒》一牍,诸父老赞其为第一循吏,勒碑以系遗爱。后倭寇侵扰南京,嗣功居中调度,谭纶出师抵御,倭寇向东逃窜。迁四川按察司佥事,治兵安绵、龙川。未几,进湖广布政司参议。丁母忧期满,补浙江布政司参议。故太保陆炳徒属仗势横行,嗣功严惩不贷。未几,进河南按察司协堂副使。丁父忧期满,起补贵州。土酋安国亨内衅,王开府主征讨,嗣功建议不宜出兵。王开府刚愎自用,一意孤行,结果无功而返。累迁江西布政司参议、河南按察使、广东右布政使、广西左辖、应天府府尹,至则省费轻徭,休养生息。赣州编户通盗扰民,嗣功密请李中丞潜师剿平。督抚殷正茂(歙县人)领兵剿杀古田县罗旁等山贼,嗣功主转饷,兵至宿饱。权应天府时,丞吏仓皇告失金,嗣功色自若。已而得金以告,程嗣功色仍自若。吏退而吐舌:"公度如裴晋国,吾侪幸有生。"治狱务当人心,无事苛细。擢南京户部右侍郎,以督军储,兼宪职。洞悉利弊,进呈《五便事》,神宗嘉纳,诏为律令推行。

程煌 生卒年不详。官吏。字于明。明婺源人。嘉靖二年(1523年)进士。历官国子监博士、深州知州、浙江按察司佥事。

程嘉赞 生卒年不详。官吏。字汝华。清绩溪人。监生。乾隆年间授盐大使,后历任永嘉、萧山、漳浦、南安知县。值年岁饥荒,捐万金办赈济。

程箕 生卒年不详。抗倭志士。字斗南。明绩溪仁里人。嘉靖年间以贡生选为当阳训导,后升福安教谕。倭寇入境,程箕自请防守西城。倭寇突冲城下,击退之。后因外援不至城陷,人劝其遁去,程箕言:"分城以守,当与城共存亡。"督战益力。终被俘,死节。

程銮 1667~1727。官吏。字坡士,号渔山。清歙县岑山渡人。以廪膳生入河督于襄敏幕,旋因功补授虞衡司主事，历阶郎中，出为全浙督粮道。察核工曹吏胥冒滥太和殿工料，名慑群司。浙江大灾，大学士黄盖奉诏大开常平仓赈灾，而各属仓皆短缺，无不束手。程銮独慨然身任，急召老吏领钱分头购粮，限期完成。又招远商以平米价，全活数万。饥民推举名士上报朝廷，程銮得赐御书联句、彩缎。杭州、湖州、嘉兴漕粮征收积弊深重，程銮悉发其奸。修废举坠，不可枚举。

程攀熊 生卒年不详。勇士。清黟县人。庠生。喜习武，善骑射。曾置一可坐数人之大木凳于一石柱数米外，运动内力，手不触凳，而将其推至石柱，且使柱磴移离石柱数厘米，屋瓦亦即哗哗作响。

程骧 生卒年不详。武将。字秀龙，又字师孟。南宋休宁富溪人。开庆元年（1259年）进士。时元兵日渐迫近，程骧慨然思谋为国效力，于是与诸义士日习武事。后赴御射场以备遴选，被赐武举出身。历任御前诸军统制、建康府侍卫、大都督府帅干等。因贾似道执掌权柄误国，遂致仕归家。在居旁凿池引泉，构建"林泉风月"亭，游息吟咏其中。曾曰："未遭诋毁是个誉字，未央求人是个富字，未屈从人是个贵字。"宋亡，元访求旧臣，程骧坚不出仕，自号"松轩"以明志。有宋一代，双登文武两榜者，程骧为第一人。著有《松轩集》。

舒迁 生卒年不详。官吏。字于乔。明黟县人。嘉靖十四年（1535年）进士，授行人。力谏停征增收山林税。擢御史，巡按山西等地，政声卓著。巡按广东，贪吏望风解绶。不阿权贵，所治免无辜坐死者数十人。临监文武试事，时皆服其公明。尝撰《居官》《慎己》二铭以自戒勉。

舒华先 生卒年不详。官吏。字衢石。清黟县屏山人。性聪颖，文章落笔立成，尤善钟、王书法，绰有父（舒崇功）风。16岁补博士弟子员，25岁授山东莱州府通判，督理德州仓储。在任兴利除弊，冰清自守，颇有德政。公暇以诗酒自娱，著有《练涛集》《槐署日记》。

舒荣都 生卒年不详。官吏。字曰俞，号泰廷。明黟县屏山人。万历三十五年（1607年）进士，授中书舍人。官至四川道御史，两次巡按湖广。贵州土司叛，滇南不通，荣都上疏陈献进剿之策，叛乱赖以平定。天启初，阉宦魏忠贤专权乱政，残害忠良，排挤东林诸臣，荣都列疏劾之。天启五年（1625年）魏忠贤兴大狱，捕杨涟、左光斗等，均遭酷刑惨死狱中，荣都闻之，愤不欲生，乃饮鸩而卒。崇祯元年（1628年）追赠太常寺卿，祀于乡贤祠。著有《间署日钞》《练兵实纪》行世。

舒崇功 生卒年不详。官吏。字谦夫。明黟县屏山人。万历四十四年（1616年）进士。任衢州知府时，捐橘林之租金，罢云雾山采木之议，以抑奸商。后升福宁道兵备副使，卒于任上。著有《诗经讲议》。

舒德辉 生卒年不详。地方豪杰。清初黟县人。顺治十六年（1659年），叛兵唐士奇蹂躏各县，祁将李芝反叛策应，攻破祁城，并欲乘势入黟。德辉应募率乡兵前往抵御，屯兵石坑。叛兵至，德辉刺杀其渠帅刘养心，随之追击李芝，获得马匹、兵器无数。归报知县，不谈功劳，亦不受奖赏。

游汉龙 生卒年不详。官吏。字蜇初。明婺源济溪人。万历二十六年（1598年）进士，授山东章邱知县，旋守备居庸、倒马、紫荆关。时遇旱、蝗灾，发粮，半炊粜、半煮粥，以赈饥民；并简军需，革积弊，多著政，考绩记"卓异"。擢参政、两浙御史后，以振刷风纪闻名遐迩。荷兰人在闽骚乱，汉龙严禁奸民与通，主兵进剿、擒夷，因功升南京光禄寺卿。后以宦官魏忠贤专权，辞官归乡。

游有伦 生卒年不详。官吏。字明上，号碧岑。明末婺源济溪人。崇祯十三年（1640年）进士，初授行人，后迁江西道监察御史。时马士英、阮大铖以利诱使其归附于己，有伦叹曰："吾岂可丧失廉耻以邀宠禄，背负国恩而羞辱家学呢！"于是上书奏劾。但反遭中伤，故而辞官归家。居乡多行义举。著有《易义真诠》《西台奏议》等。

游有常 生卒年不详。官吏。字心甫。明婺源济溪人。嘉靖四十年（1561年）举亚魁，授河北井陉县令。在任捐俸置田，创兴学校，编《六喻歌》通晓乡民，移风易俗。后升南昌府同知，署理进贤县事。值干旱，亲临勘田，中暑发疽去世。著有《四书旁注》《天文地舆图说》。

游应乾 生卒年不详。官吏。字顺之。明婺源济溪人。嘉靖四十四年（1565年）进士。初授户部主事，寻升南京刑部郎中，与编《大明律例》。后出为宁波太守。在任疏浚陂塘，沟通水利，刊置图说。郡国丞张孚敬令毁书院，唯宁波书院独存。改任两浙盐运使间，除贪官，革弊病，盐政一清。转广西太守时，恢复旧河道，以沟通盐运，民多受利。擢云南按察使后，以治平盗寇有功，受赐金帛。再升南京太常寺及大理寺卿，狱中冤案、积案多获处理。嗣授户部右侍郎，总督仓场，先后条陈40多事。生平谦和、廉洁，在乡置祀田，设义仓，创学舍。终因劳瘁病逝，卒赐祭葬并追赠户部尚书，入祀郡县乡贤祠。

游悦开 生卒年不详。官吏。字懋信。明婺源济溪人。隆庆元年（1567年）举人，选授仪封知县。俭约宽和，拒绝馈送，严惩奸吏，清肃衙蠹，著为县令之甲。岁旱大灾，跣步祈祷烈日中，多方请赈，捐俸煮粥以救饥民。黄河荆隆段洪患决溃之日，亲督修堤筑坝，因治荒劳累病逝，卒时身无一钱，仪封县尉张廷助棺殓。著有《竹岛稿》。

游震得 生卒年不详。官吏。字汝潜，号让溪。明婺源济溪人。嘉靖十七年(1538年)进士，授行人，寻擢监察御史。世宗好方士，公卿之下皆"附祠官祝釐"，震得多次上疏切谏，为之受到廷杖责罚，并谪外任赣州宪副。后移湖南辰州，在任"罢采砂、采木，损税榷，停积逋，掣壮裁调"，因政绩卓著，升任左副都御史。督抚福建期间，正值倭寇骚扰东南沿海，举荐谭纶、戚继光、欧阳深等人，并与谭、戚等曾一月三捷会浙江。后倭寇突南窜福建，兴化等地失守，指挥欧阳深孤军战殁，震得作为封疆大臣，责任不可推诿，于是引咎去职。不久重新起用，督辖南京粮储，但仍因前事受责，为之辞官还乡。在乡创建虹东书院，捐资堆筑坤维山，设常平仓。著有《怡晚录》《性理纂要》《周易传义会通》《覃艺要录》《让溪甲集》《让溪乙集》《湖北民隐录》《游氏家乘》等。

游德敬 生卒年不详。武将。元末明初婺源济溪人。臂力超群，善骑射。元至正十二年(1352年)，偕汪同拒战红巾军，防御婺东牛、济二岭。因战功，明初授为武节将军，管军万户。

游潘 生卒年不详。官吏。字士元。明婺源济溪人。乡试中试，初选宜春教谕，继署福州教授。后升任象山、分水知县，为政清顺和易，民建专祠祭祀。寻擢湖州别驾，再升顺州知州。仕宦生涯20年，清介绝尘，家贫如故。居乡温和谨厚，与人解纷息讼。著有《三泉文集》。

谢允伦 生卒年不详。官吏。清祁门城西人。少习《春秋》。顺治十七年(1660年)以副榜中顺天乡试，授江宁府教授。分典浙江乡试，擢山西沁水知县。

谢有进 生卒年不详。官吏。南宋祁门城北人。景定元年(1260年)进士，授南康军都昌县丞。

谢存仁 生卒年不详。官吏。字生甫，号大涵。明祁门城西人。万历二十三年(1595年)进士，授户部主事。任上榷关税，督粮储，以清廉闻名。后历官云南左、右布政使与巡抚。万历二十七年(1599年)，主纂《祁门县志》9卷传于世。著有《大涵剩存》。

谢安邦 生卒年不详。官吏。字康民。南宋祁门昉源人。乾道八年(1172年)进士，授江宁县尉。

谢杰 生卒年不详。官吏。字文英。明祁门昉源人。成化四年(1468年)举人，授湖广武陵知县。武陵地处要冲，供需费用皆征之士民，谢杰裁罢之。囚犯罗绍祖，纳金求免，严词拒绝。百姓敬其公正，颂之。

谢泌 生卒年不详。官吏。字宗源。东晋谢安二十世孙，北宋歙县人。太平兴国五年(980年)进士。历任龙州、青州、绵州知州。迁殿中丞、直史馆，曾上书依唐例分经、史、子、集为四库，各置官分掌。王禹偁奏百官谒见宰相须待散朝后，以防私托，谢泌以为不可，论谓"疑则不用，用则不疑"。转左司谏，太宗称其"狂直敢言"。后以右谏议大夫判吏部铨致仕。《宋史》有传。

谢经国 生卒年不详。武将。清祁门昉源(今阳坑)人。乾隆四十二年(1777年)武举人，选授卫千总。

谢封 生卒年不详。武将。明末祁门城西人。崇祯十三年(1640年)武进士，授庐州守备。后升扬州游击。

谢莹 生卒年不详。官吏。字廷献。谢杰从子，明祁门昉源人。成化十七年(1481年)进士，由行人授河南道监察御史。时太监汪直擅权，谢莹风范凛然，不为所屈。巡视浙江，奏请减免盐户税额，又奏请私贩盐至千斤者充伍，肩担背负者无罪。寻历云南、山西按察司副使。继升陕西按察使，在任谨守边防，释平冤狱，多有善政。有僧妙正，为秦王所宠，持势杀人，官吏不敢问，谢莹正之以法。正德二年(1507年)擢广东右布政使，翌年转左布政使。后卒于任所。

谢润 生卒年不详。官吏。字德泽。明祁门昉源人。天顺四年(1460年)进士，授刑部主事。后迁郎中，升浙江按察司佥事。处州大禅寺有僧千余，多行不法，谢润以修葺为名，遣散僧徒，而密令所隶州县予以扣押，遣返被掠妇女，焚烧僧寺。有姐妹同时分娩，姐贿赂接生婆以己之女换妹之儿，诉状告至谢润；其令人抱儿入后室，密取活鱼裹成儿状掷入池中，姐安然如故，妹即赴水捞救，于是决断将男婴判还。

谢骏 生卒年不详。官吏。南宋祁门昉源人。咸淳四年(1268年)登进士第，官户部郎中。

谢崧 生卒年不详。官吏。字骏生。嘉修子，清祁门昉源人。嘉庆十年(1805年)进士，由翰林历官御史、给事中、云南迤西兵备道。

谢琼 生卒年不详。官吏。字文莹。明祁门中山人。成化元年(1465年)举人。生性至孝，以父母有病不赴礼部试，授松阳知县。松阳多水旱，有溺女婴习俗，谢琼力陈民众疾苦，奏请蠲免租税之半，劝止溺女陋习。县人感其恩德，立祠祀之。任职六载满，乞请归隐桃峰山下。著有《桃峰遗稿》。

谢登集 生卒年不详。官吏。又名才叔、易堂、梅农，字金门。清祁门昉源人。乾隆三十七年(1772年)进士，授国子监学正，寻改助教。善书画，名著一时。时大学士和珅势焰熏天，请入幕府，拒不赴。继改任宜昌府同知，又迁知府。在任谢绝请托，严拒贿赂，人称"冰壶太守"。后历任汉阳、黄州、德安、汉口诸府同知，所到之地百姓爱戴，60岁卒于任上。生平致力于诗、文、词，精于鉴古，绘画潇洒出尘。著有《退滋堂集》。

谢瑄 生卒年不详。官吏。明祁门城西人。天顺三年(1459年)举人,授浙江寿昌教谕。从子谢镒,字万卿,嘉靖十四年(1535年)进士,授山东历城知县。

谢溥 生卒年不详。官吏。字公济。谢理子,明祁门城西人。弘治十一年(1498年)举人,授知福建长汀县。在任裁罢冗费,革除例钱。会清戎苛刻,属县官员多望风行贿,谢溥独不屈从,长留廉洁正直之名。百姓视为名宦,立祠祀之。

谢嘉修 生卒年不详。官吏。字永田。清祁门旸源人。少时与谢登隽、谢文涛并称"祁门三谢"。乾隆三十三年(1768年)举人,充四库全书馆誊录,后授宁国府训导。乾隆五十一年(1786年)大水,奉檄调查各属灾户,救活灾民甚多。宣州书院佃户负租,请准予全部豁免。后因病归家。著有《归燕楼诗文集》。

谢舆隆 生卒年不详。官吏。字孔吉。明祁门人。嘉靖三十一年(1552年)举人,授浙江云和知县,为官清廉。值夏日大旱,冒酷暑徒步巡察灾难,因中暑致疾卒。

谢霖 生卒年不详。官吏。字世泽。明祁门钟楼下人。少习《春秋》。正德十六年(1521年)举进士,授南京户部主事。嘉靖三年(1524年)因议大礼,受钦命取道赴京,卒于途中。

谢赞 生卒年不详。官吏。字元卿。谢杰子,明祁门旸源人。弘治五年(1492年)应顺天乡试,中会元,授江西进贤知县。

谢瀹 生卒年不详。官吏。字宗明,号文谷。明祁门城西人。嘉靖年间以岁贡生授浙江江山县训导。后历广西兴安教谕、睢州(今属河南)学正。著有《近圣居南明馆集》《壁间粘言》。

詹必胜 生卒年不详。武将。字公进。唐婺源庐坑人。光启元年(885年)为军校。景福初擢为先锋兵马使,从王审知收复福州,领兵攻城时身先士卒,死在阵中。王审知题额曰"奉忠"。

詹同 生卒年不详。官吏。初名书,字同文。元末明初婺源庐坑人。少聪敏好学,学士虞集称为"才子"。元至正年间举茂才异等,授湖南郴州路学正。赴任途中遇难道阻,遂家于湖北黄州。陈友谅委以翰林学士兼御史,不予拜见。明太祖朱元璋下武昌,召为国子监博士,赐名"同"。后累官考功郎中、起居注官、翰林院学士、侍读学士。洪武四年(1371年)擢吏部尚书,旋兼翰林院学士承旨。曾与宋濂为总裁官,编成《皇明日历》100卷传世。寻以年老乞请归家。卒谥"文敏",入祀乡贤祠。著有《天衢吟啸集》《海岳涓埃集》《海涓集》《詹同文集》。《明史》有传。

詹州 生卒年不详。官吏。字登之。明婺源庆源人。隆庆元年(1567年)举人。初授高安县令,后升成都判官、象州知州。在职清勤忠慎,同僚有"学政俱就,节行双美""学行真笃,庶几先哲"颂语相赠。朝廷欲再度擢升,以年事高迈极力辞之。曾与詹淮合撰有《性理集要》《性理大全》。

詹应甲 生卒年不详。官吏。字麟飞,号湘亭。清婺源虹关人。乾隆五十三年(1788年)举人。历摄湖北天门、远安、汉阳、汉川诸县事。嘉庆六年(1801年)迁汉阳知县。嘉庆二十一年(1816年)又摄宜昌府通判、直隶州知州。为官30余载,廉明守法,政声卓著。天门县有其督民修筑的"詹公堤"。著有《赐绮堂集》《湘亭归省诗集》等。

詹崇义 生卒年不详。武将。唐婺源庐坑人。咸通年间以武功授邠州刺史。后官至节度使。

詹徽 生卒年不详。官吏。字资善。詹同子,明婺源庐坑人。洪武十五年(1382年)以荐举入仕。历官左都御史、吏部尚书加太子少保。洪武二十六年(1393年),凉国公蓝玉因谋反罪下狱,语连及其子尚宝卿绂,徽也受株连被诛。

鲍元康 生卒年不详。乡绅。字仲安。元末明初歙县棠樾人。于书无所不读,从郑玉游学,深得其学识,尤尽心于《易》。生平好义,嫁孤女,养孤子,设义仓,赎回婺源文公祠祭田,唯义是赴。至正十二年(1352年)红巾军至饶州,元康捐资出粟,结集丁壮,保卫乡里。

鲍安国 生卒年不详。乡绅。字康候。隋歙县鲍屯人。富甲乡里。与弟安民、安福及堂兄弟安常、安时、安叙、安物、安邦、安禄、安世10人,亲属300口共灶,号其居曰"十安堂"。大业年间天下大乱,资助妻兄汪华保障乡土。唐武德四年(621年),追封六州总管府司马。

鲍应鳌 生卒年不详。官吏。字山甫,号中素。明歙县鲍屯人。万历二十三年(1595年)进士,授户部主事,以清操见称。后权崇文门税、管太仓库粮,一钱不入私囊。主试山东,手书考纪于木牍,士林得之视为奇珍。旋擢兵部武选司主事,后改驸马教习,因驸马私自回籍,严旨削教习职。时应鳌以兵部差出尚未至任,沈四明因其不合污而加以诬陷。后复职,补祠祭司员外郎。值孝靖皇太后薨,神宗诏依世庙沈贵妃例行。应鳌以沈贵妃例过于简略,乃考《世宗实录》所载"穆宗母孝恪皇太后薨,礼部尚书欧阳德所具仪注"仍增13条,疏上即行。因议谥请恤守正不相假借而告归。万历三十八年(1610年),联络在京邑人,倡议捐资开发黄山。万历四十年(1612年)三月十六日,在其努力下,得赐额"护国慈光寺",列为慈圣皇太后香火地。万历四十一年(1613年)春,得赐金佛、佛经、袈裟、僧冠、锡杖、钵盂等及建寺帑银300两。天启元年（1621年），熹宗诏起废，升尚宝卿，旋擢太仆。卒于任上，得赐祭葬，追赠太常寺卿。著有《臣谥汇考》2卷、《瑞芝山房集》等。

鲍孟英 生卒年不详。官吏。字惟醇，一字瞻鲁。明歙县棠樾人。万历间，补曾祖象贤荫选授河南开封府通判。天启元年（1621年），擢山东都转盐运使司同知，兼管莱州府海防事宜。孟英饶具才干，在任尽心серb力，帝褒以"心勤防输劳著，为朕分东顾之忧"奖语，遂晋阶朝议大夫。金声曾为之作传。

鲍桂星 1764~1824。官吏。字双五，一字觉生。清歙县岩寺（今属徽州区）人。少时聪颖，8岁能吟咏。成年后益肆力于诗、古文辞。嘉庆四年（1799年）进士，授编修。曾典试河南、山西，视学河南、湖北。累官至工部右侍郎。慷慨好施，京都歙邑会馆，屡为筹划经费。著有《诗集》24卷、《毛诗注疏揽要》《诗解》《录诗解辨》各1卷，《廉史录》10卷、《廉士录》2卷，《唐诗品》80卷、《赋选》30卷、《好鸟数飞斋漫录》16卷、《古文》4卷。其论文以经术为宗，不尚浮藻；诗学尤深，海内称之。书法欧、虞，颇有成就。《清史稿》有传。

鲍冕 1481~1556。官吏。字惟瞻，号易庵，晚号东津。明歙县棠樾人。童年随祖父鲍存修商游淮洛，后习儒，两次以民间秀异应乡举，补县文学诸生。倜傥敢言，请罢筑城、禁遏籴、均租庸等事，有司极为推崇。声名日盛，及门之士百人。嘉靖十四年（1535年），以吏部出守晋宁州。以无害得民和，吏治日起。守祖父丧期满，得起授奉直大夫，补建水州，砥行立名，尽职无缺。未几，改福建市舶司提举，商贸秩序井然。往来道经晋宁，父老皆扶杖郊迎，挽留勿去。著有《东津漫稿》。

鲍象贤 ?~1568。官吏。字复之，号思庵。明歙县棠樾人。嘉靖八年（1529年）进士，授四川道监察御史。累迁左副都御史，巡抚陕西。嘉靖二十九年（1550年）云南元江土舍那鉴起兵，杀知府那宪，布政使徐越前往招降被害。云南巡抚石简率兵攻之不克，被罢。朝廷命象贤代之，象贤调集土汉兵7万人攻之，那鉴兵败，仰药死，复择那氏后人立之。迁兵部右侍郎，总督两广军务。时东南沿海倭寇猖獗，贼魁徐铨等纠结倭寇横行海上，象贤檄副使汪柏等击斩之。广西黄父将等扰庆远，亦被讨平。以军功授象贤一子官，迁南京兵部左侍郎。旋以象贤平叛云南，抗击倭寇屡建功勋为人所嫉，被劾回籍勘听十年。嘉靖四十二年（1563年），起为太仆寺卿。翌年，改户部左侍郎，以年老告归。隆庆三年（1569年）卒于家。追赠工部尚书，谕予葬祭，葬于歙城古关。天启二年（1622年）建牌坊旌表，坊额上"官联台斗""命涣丝纶"字样出自隆庆帝《特赠工部尚书鲍象贤诰命》。此坊即棠樾牌坊群之"忠"字牌坊。

鲍深 生卒年不详。乡绅。字伯源。寿孙曾孙，元康侄，元末歙县棠樾人。至正十二年（1352年），与叔募乡众抵御红巾军。郑师山为红巾军所执，以重资解其难。元兵逻卒捆缚鲍深等七人欲杀之，鲍深脸不变色，曰："吾一山林遗民，亦举义保全乡里，将军奉天子命以行师，奈何用不以法律。"主将动容，将其留于军中咨询安靖之计。曾立社仓赈济贫乏之人，受乡人祭祀于社屋。

鲍颎 1332~1371。官吏。字尚纲。鲍深子，元末明初歙县棠樾人。明洪武初荐举入尚宾馆编修《元史》，充编修官。后历翰林院修撰、同知制诰兼国史院编修、耀州同知。洪武四年（1371年）秋，西安府经历常达获罪，牵连鲍颎受诬，死在狱中。

鲍道明 1503~1568。官吏。字行之，号三峰。明歙县岩寺（今属徽州区）人。嘉靖十七年（1538年）进士及第，官至南京户部尚书。为官30余载，致仕家居时，屋仅两椽，死后不久，子孙贫乏无以生存，长子跟着屠户卖肉。当时，岩寺街上有一位花钱买"引礼舍人"官衔的人，其子甚骄奢。有人戏作一联："引礼舍人，日日街头骑骏马；尚书公子，朝朝门首剁腌猪。"

鲍㷆生 1640~1691。义士。字子韶。明末清初歙县人，寓居江西赣县。12岁丧父，茕茕客寄，日以窘穷，无力就外傅。然聪颖天授，于诸章句闻而诵，诵而解，赣县宿儒莫不嗟异。稍长，窃摹拟为诗词，出语即能惊人。31岁时，遭母丧，哀毁骨立。后出游吴、鲁、燕、齐间，一时名士咸乐与交。数年后，因避靖南王耿精忠起兵反清之乱返赣。清康熙十六年（1677年），从蔡都督攻吉安。康熙十七年（1678年），客宣义将军幕，从破江西崖石寨，又破浙闽敌垒。先后以儒服运筹策军门10余年，所至能相与有成，全活被难民妇甚众，雩都（治今江西于都）人士为刻石纪德。宣义将军欲请于朝授予官职，鲍㷆生力辞，其后声名益盛。康熙二十年（1681年），自京师归，近臣达宦咸为诗歌以颂。康熙二十七年（1688年），客佟将军幕。康熙三十年（1691年），游东粤，旋以疾卒。著有《江上集》《红螺词》《蕉桐引》《江楼合选》等。

蔺亮 生卒年不详。武将。隋歙州人。骁勇一时。曾屯兵于歙浦口山上。当地有岩石称"蔺将军岩"。

廖千三 生卒年不详。官吏。宋祁门石门人。由中书舍人迁翰林学士，官至银青光禄大夫。

熊梦飞 1882~1942。官吏。字桂馨，号渭鱼。清末民国时期绩溪上胡家人。毕业于浙江政法专门学校。民国十八年（1929年），录为京师地方审判厅学习推事。后历任上海、鄞县、锦州、福建等地审判厅厅长和中央政府司法部参事、两浙盐运使署顾问、海军总司令部少将参议。

滕隆 生卒年不详。官吏。字行可。宋婺源东溪人。以太学生恩科入仕，授营道主簿，凡见有异缺之政，辄上言不忌。熟《八阵图》，曾经献策于朝廷，不纳，遂辞归。汪伯彦尝遗书荐之，隆投书于汪曰："穷达有命，何能折腰于此。"博学能文，著有《盘庵集》。

潘之祥 生卒年不详。官吏。字伯和，号泰符，晚号节庵。明婺源坑头人。万历二十六年（1598年）进士。初任湖北潜江知县，廉明敏决，民称神君。潜江因水患年损田赋十之二三，之祥筑河堤防之，使水患除而田地肥沃。寻召补山西道监察御史，巡视长芦盐法，坚持廉正剔蠹，所上奏章有"任用贤能，重事权，禁止盐官不法行为"等语，多切中时弊。再迁为江西布政司右参议，分巡南昌、饶州、九江三郡，又因议减湖关税额与巡抚不合，故称病辞官归家。后朝廷大臣屡派使者荐举出任，之祥决意辞绝。卒后奉祀乡贤祠。著有《兰台疏草》《居潜小录》。

潘世恩 1769~1854。官吏。初名世辅，字槐堂，号芝轩。清歙县大阜人，寄籍吴县（苏州）。曾祖煊，贡生。祖冕侯，选布政司理问。父奕基，附贡生，四库全书馆议叙同知，始自钱塘改籍吴县。世恩出于贾而兼仕之家。16岁应童子试，拔置前列。乾隆五十八年（1793年）状元，授编修。嘉庆三年（1798年），大考一等，擢侍读、侍读学士、云南学政兼礼部侍郎。徙兵部，历浙江乡试考官、学政，充《四库全书》总裁、文颖馆总裁、翰林院掌院学士。嘉庆十七年（1812年），擢工部尚书，徙户、吏部，充武英殿总裁、国史馆总裁。丁母忧服满，以父年老请终养，家居10余年。道光七年（1827年）起复，历吏、工部尚书。道光十三年（1833年）拜体仁阁大学士、军机大臣、翰林院掌院学士、上书房总师傅。道光十八年（1838年），进武英殿大学士。道光二十九年（1849年）引疾乞休。咸丰四年（1854年）卒，享年86岁，谥"文恭"。世恩居官廉正。嘉庆初，和珅当国，有意招至门下，令其亲信通指，遭拒绝。善于识别、爱护和重用人才。教子甚严，学宗程朱。著有《真意斋文》1卷、《思补斋诗集》6卷、《正学编》1卷、《读史镜古编》32卷、《清暑随笔》及《思补堂集》。《清史稿》有传。

潘旦 1476~1549。官吏。字希周，号石泉。明婺源孔村人。弘治十八年（1505年）进士。初历官福建漳州守、邵武知府、浙江左布政使。嘉靖八年（1529年）以右副都御史抚治郧阳，数平盗寇，因迁刑部左侍郎。嘉靖十五年（1536年）冬，又以兵部右侍郎提督两广军务。时朝议征讨安南，潘旦谏议劝阻，部臣罢其议，毛伯温又加以诋毁，故决意辞官归里。卒赠工部尚书，入祀本县名宦祠、本州乡贤祠。著有《两广奏疏》《西征杂录》《寒泉诗文集》。

潘丝 生卒年不详。官吏。字朝言。明婺源桃溪人。通心性之学，德行卓越。以保障乡里功入贡，辞之。应廷试，居第一，授睦州别驾。时睦州巡逻士卒多诬执商旅，潘丝至，除其患；并檄分水邑，蠲除虚丁千余。旋襄理建德县事，清理岁征，声誉日起。后擢升云南北胜州知州，以病辞官。归家时，送者盈道。民众立碑颂其遗爱。

潘廷试 生卒年不详。武将。字懋功。明婺源孔村人。善骑射，曾仗剑游历高丽三韩（马韩、辰韩、示韩）。随李凝远征东，以军功升守备、云中游击。嘉靖二十九年（1550年）鞑靼攻北京，未敢有人犯其辖境。后升为通州参将，兼督漕运总兵。

潘纪恩 生卒年不详。官吏。字筱浦。清婺源坑头人。咸丰年间投笔从左宗棠军，以"劳积"有功授官，历任常山知县、杭州水利通判、杭州西防同知、仙居知县、德清知县、乍浦同知。在浙为官40余年，事必躬亲，常巡行村落，访民间疾苦。所到之地设二木柜于厅堂，让辖地百姓有言地方官过失之状投左柜，有言地方利弊之状投右柜。

潘应椿 生卒年不详。官吏。字仿泉。清歙县大阜人。乾隆二十四年（1759年）举人，授怀来知县。遇朝廷大臣勘察玲珑石坝，以为坝和合口为妨水、桑乾、洋河咽喉，如果扎束而使其变狭，必致横加溢流酿成祸害。于是上书数千言，力陈得失，帝诏令允准。后调任丰润知县，又补广宗知县，因积劳成疾，卒于任上。

潘钺 生卒年不详。官吏。字希行。明婺源坑头人。嘉靖十七年（1538年）进士。初授行人，屡奉使册封藩府，尽却其馈赠。寻任户部员外郎中，以清慎著称。后出守青州，解烦涤苛，与民更始。对巨奸大猾，搏击不稍饶恕，士民敬畏怀念之。移任信阳兵备副使，严饬保甲。再擢为江西右参政，卒于任上。青州人以名宦祀之。著有《直源存稿》。

潘珏 1446~1523。官吏。字玉汝，号澹翁。明婺源坑头人。成化二十年（1484年）进士，授蕲水知县。在任10年，重视粮仓积储，旱灾开仓赈济，正直清廉。后擢金华同知，再迁为福建按察司佥事。一日，见官差解送无罪囚犯，叹曰："无罪杀戮，力不能救，此官何用！"因之辞官归乡。居家致力于学，著有《三觐稿》《甘堂集》《澹翁稿》《云萍唱和集》《晚游录》等。

潘珍 1477~1548。官吏。字玉卿，初号朴庵，又号峨峰，晚号碧峰。明婺源坑头人。弘治十五年（1502年）进士。历官诸暨知县、山东佥事、福建副使、湖广左布政使。嘉靖七年（1528年），以右副都御史巡抚辽东，治边疆，严防守，升兵部左侍郎。时安南请兵，潘珍以谏阻被去职。后诏复职，不赴。卒赠右都御史。善文学，著有《愚衷录》《省愆录》《两峰存稿》等。

潘祖荫 1830~1890。官吏。字东镛，号伯寅，又号郑庵，小字凤笠。世恩孙，曾绶子，清末歙县大阜人，寄籍吴县（今江苏苏州）。咸丰二年（1852年）以一甲第三名成进士，授编修。历侍讲学士、国子祭酒、左副都御史、工部尚书、军机大臣、充国史馆总裁，兼顺天府尹事。自入翰林，遇事敢言，飙举风发，不顾忌讳。咸丰末，左宗棠以举人参湘抚骆秉章幕，有人力言左氏之非，骆亦几为所动。祖荫三疏密保，力辨其诬，称"国家不可一日无湖南，湖南不可一日无此人"。旋左宗棠以四品京堂随曾国藩襄理军务，而祖荫时却与左氏不相识。咸丰八年（1858年），英军侵犯天津，祖荫怀忠愤发，密疏请诛媚夷辱国之粤东督抚，力主战议。终因"屡劾要人，忌者日众"，当权者嫌其为词臣而哓哓言事，致使多年不得升迁。自宋元以来，吴赋最重，苏州、松江、太湖尤甚。祖荫于同治二年（1863年）疏请减江苏赋税，得旨允行。祖荫治事勤勉，日寅而起，至官署恒在人先。性坦率，谦恭下士，充乡、会试阅卷官10余次，务得奇魁沉博之士，所取不限一格。祖荫收藏甚富，其中包括国家级青铜器大盂鼎和大克鼎，其后裔于新中国成立后献给国家，辑有《攀古楼金石款识》2卷、《新郑所藏泥封》1卷、《重编说文古籀疏证记》6卷。撰有《秉烛篇》4卷、《秦轺日记》、《滂喜斋藏书记》3卷。《清史稿》有传。

潘曾沂 1792~1853。初名遵沂，字功甫，自号小浮山人。潘世恩长子，清歙县大阜人，寄籍吴县，林则徐赞其为"天人之师"。嘉庆二十一年（1816年），乡试中试。嘉庆二十五年（1820年），父为其援例报捐内阁中书。道光元年（1821年），到阁行走。道光二年（1822年），充国史馆分校。道光四年（1824年），乞假归，绝意仕进。道光五年（1825年），礼佛凤池亭，究心大乘诸典，认为"佛是过去之儒，儒是方来之佛"。道光七年（1827年），捐田建苏州丰豫义庄，专备里中荒年平粜以及诸善举之用，并详定章程，悉心经理。道光八年（1828年），认为"田制之坏、田价之贱、土之瘠、农之惰、租之薄、赋之重莫甚于吾吴，惟区田之法行，而后民有余谷，有余谷，而后可以讲积储"，遂创课耕会，试种于娄郊，果大获丰收。道光九年（1829年），修成《大佛（今大阜）潘氏宗谱》。在苏州葑门外试种区田，再试再验，遂详定规制，并撰《丰豫庄书》1卷，列直讲32条，刊版流传，以贻农人。与僧悟开、如德倡捐重修苏州城南开元寺，次第兴复。道光十年（1830年），浚兴福塘河，农田得以灌溉。倡立尊经文会于葑门钟楼时习堂，造就人才极多。道光十一年（1831年）冬，江北灾民踵至，曾沂首倡留养之议，独任4 000余口，措理裕如。富绅应之如响，雪中亲载杂粮谷种，至西园、积善等厂分赈。道光十二年（1832年），米价昂贵，择城中极贫户6 000余口，按期发钱于天宫寺。道光十三年（1833年），以捐办留养赈灾议叙光禄寺署正衔。全免本年田租。道光十四年（1834年），捐田为松鳞义庄学田，所得作为族中贫乏子弟读书之费。道光十七年（1837年），开杭州护生庵千金池，倡放生之举。喜游名山胜水，东游海昌，西抵岳阳，南蹑天台，北登泰山。所至萧然行李，晦名隐姓。道光十八年（1838年），湖广总督林则徐闻其至江夏，不带随从，只身往访于舟中，留之不可，赋诗唱和而别，为一时佳话。后至铜陵浮渡山，遍游诸岩洞，寻前身涅槃处。道光二十二年（1842年），苏州米价甚昂，采买籼米平粜。道光二十九年（1849年）春，吴中大水，捐资放赈留养，并派人于丹阳、甪里、乍浦分别购得荞麦种、谷种、杂粮散发灾民，又劝同人各备饭干收入瓮中以济贫苦。咸丰二年（1852年）春，浚凿义井四五十处，唯旧子城龙王庙前万斛泉最为深大，而无人测知大旱临头。八月至十一月滴雨未落，苏州城每担水值百钱，居民赖以得饮，受益无算，咸服其先见之明。生平乐于行善，施衣食、赠医药、育弃婴等，不可胜计。于医理别有会心，立方辄无不见效。著有《诗集》32卷、《东津馆文集》3卷、《小浮山梦志》2卷、《开元寺志》9卷、《船庵词集》1卷、《护生庵集》1卷等。

潘曾绶 生卒年不详。官吏。字绂庭。世恩子，曾莹弟，清歙县大阜人，寄籍吴县（今江苏苏州）。道光年间举人，官至内阁侍读。早年以诗文闻名京城，壮年即致仕，以读书著述自娱。

潘鉴 1482~1544。官吏。字希古。明婺源孔村人。正德三年（1508年）进士。初授南京大理寺评事，寻改任福建佥事，继升四川左辖、右副都御史。巡抚四川期间，四次上书陈疏时务，皆切中要害。安南寇逼近蜀地，用计平定之，因此擢升工部左侍郎兼左佥都御史。曾奉命总督川贵诸省采办木材八年，见百姓疲于采办，上疏请减缓民困，获准。后升兵部尚书兼右副都御史，提督两广军务。终以疾乞归。卒后谥"襄毅"，入祀乡贤祠。著有《潘襄毅公文集》《方塘文集》。

潘潢 1496~1555。官吏。字荐叔，号朴溪。明婺源坑头人。正德十六年（1521年）进士。初授乐清知县，后征入礼部，再调吏部。任吏部左侍郎署选事时，宰相私下荐取两人，潢执意不从，为此仍调回礼部。督学福建期间，严明学规，为诸生建立"品行""学业"二册，并资助贫苦学子。后升户部尚书，因议条例与宰相意见不合，故改调至南京。在南京先后任工部尚书、吏部尚书、兵部尚书职，留守南都。卒后谥"简肃"，入祀乡贤祠。著有《论语阙疑》《五宗考义》《乐成刀笔》《朴溪文集》等。

潘镒 生卒年不详。官吏。字希平。明婺源豸峰人。正德十六年（1521年）进士。授官南京户部主事，监浙江北新关，时镇守无名需金每年2 000两，镒至罢之。擢郎中，革减部员300，宿弊为之一清。后迁荆州、长沙、兖州知州，所到之地兴学清狱。再授山东副使、霸州兵备,累官到河南左参政。著有《叠峰集》。

戴长禄 生卒年不详。地方豪杰。清黟县考溪人。3岁时,父被老虎咬死。其长大后知此事,遂习搏虎之技,立誓杀虎。后终杀虎供祭于父坟之前,乡人无不称颂。

戴心亨 1749~1786。官吏。字习之,号石士,别号卧禅居士。原籍休宁隆阜(今属屯溪区),后迁居江西大庾县(今大余县)。清乾隆四十年(1775年)与叔父均元同登进士。授翰林院编修,历任江南乡试副主考官、湖北学政,均以公正得士,时论称服,与父第元、叔父均元、弟衢亨以"一门四翰林,叔侄大学士",被誉为"西江四戴"。

戴世篆 生卒年不详。官吏。字引书,号防心。清婺源长溪人。乾隆三十三年(1768年)举人。初摄宁海知州,后历曹州同知、兖州通判和汶上、金乡、鱼台、嘉祥知县,所到之处皆留有德政。

戴兰芬 1781~1833。官吏。字畹香,号湘圃。清休宁城北人,祖籍安徽天长。先后参加嘉庆十四年(1809年)、嘉庆十六年(1811年)、嘉庆十九年(1814年)、嘉庆二十二年(1817年)、嘉庆二十四年(1819年)、嘉庆二十五年(1820年)的会试,均不第,遂回祖籍地天长县苦读应考。道光二年(1822年),再次参加会试,被道光帝钦点为状元,授翰林院修撰。两江总督琦善尝聘请其主持尊经书院。道光八年(1828年)任福建正考官。随后又充任殿试收卷官。道光十年(1830年),简放陕甘学政,典试督学。次年,擢为翰林院侍讲。道光十三年(1833年)转侍读,六月转詹事府右庶子,八月迁翰林院侍读学士,充文渊阁校理,教习庶吉士。由陕甘回京后不久即卒,享年53岁。有《望湖轩诗集》若干卷。

戴有祺 生卒年不详。官吏。字丙章,号珑岩。清休宁瑶溪人。其父戴文俊,经商江苏金山卫(今上海市金山),随父入金山卫籍。康熙二十七年(1688年),由秀才考中举人。康熙三十年(1691年)以一甲第一名进士举状元授翰林院编修。康熙四十一年(1702年)冬,因事左迁,由六品翰林修撰降为七品候补知县,遂乞假归。康熙五十六年(1717年)春,汉口紫阳书院西厅修缮一新,有祺应

*戴有祺

邀题写"兼山丽泽"横匾。是年冬,病卒。性孤介,工诗,善书法。退隐后颜其室曰"慵斋"。著有《寻乐斋诗文集》。

戴安 901~949。官吏。字宁叔。五代南唐休宁隆阜(今属屯溪区)人,祖籍亳州。祖扩,为兵马使。父寿,拜武翼郎,擢中书舍人。保大年间,安历官银青光禄大夫,检校国子祭酒兼监察史,上柱国,饶州太守。卒谥"忠恭",赐葬乐平槟榔山。在饶甚有威望惠德,卒后士人感其恩德,立祠祭祀。夫人廉氏先卒,葬篁墩小练源。子奢,始迁于隆阜。安为休宁戴氏始祖。

戴均元 1746~1840。官吏。字修原,一字恒泰,号可亭。原籍休宁隆阜(今属屯溪区),曾祖洪度自隆阜迁江苏甘泉县(今扬州市江都县)西浮桥戴家村,祖父偕子佩、珊(均元父)定居江西大庾县(今大余县)。乾隆四十年(1775年)进士,选庶吉士,授翰林院编修,迁御史。五任江南诸省乡试主考,四任四川、安徽诸省学政,三任会试总裁,两读殿试朝考卷,两次教习庶吉士,门生遍天下。嘉庆三年(1798年),由安徽任满还京,因侄儿衢亨已超授军机大臣,按亲属对品回避惯例,均元改授六部员外郎,特命以鸿胪寺少卿候补。累擢工部侍郎。嘉庆八年(1803年),历户部、吏部侍郎。嘉庆十一年(1806年),以勘察、治河有功,擢升南河总督。三年任满,加太子少保。因事降三品京堂,授左副都御史,督顺天学政。寻迁仓场侍郎。嘉庆十八年(1813年)秋出为东河总督。多次督办南北运河堵防抢险工程,劳绩卓著。嘉庆十九年(1814年),擢都察院左都御史。寻迁礼部尚书,调吏部。嘉庆二十年(1815年),任协办大学士。逾年,授军机大臣,充上书房总师傅。嘉庆二十三年(1818年),拜文渊阁大学士,晋太子太保,管理刑部。嘉庆二十五年(1820年)七月,随驾幸热河,未几,嘉庆帝驾崩,与大学士托津等辅佐道光帝即位。道光四年(1824年)告老还乡,食全俸。道光七年(1827年)晋加太子太师衔。为官50余年,历仕乾隆、嘉庆、道光三朝,性坦白,服食俭约,办事清正。通晓经史,于学问亦颇有建树。《清史稿》有传。

戴应昌 生卒年不详。官吏。字士全。清初休宁人。顺治九年(1652年)进士,授龙门知县,知民疾苦,请免百姓徭役,为士民称颂。

戴贵 生卒年不详。武将。字安荣。明绩溪人。父海明,洪武初任襄阳百户。戴贵以荫庇补任留守右卫百户。洪武三十年(1397年),率兵征讨五开等处建功,升羽林左卫、千户世袭。永乐四年(1406年)征安南。永乐七年(1409年)征交趾,每战辄先捷登,升本卫指挥佥事,调守交趾。宣德三年(1428年)升都指挥佥事参赞、南京守备,管领六教场官操练。

戴振清 生卒年不详。乡绅。号彝斋。清婺源桂岩人。游幕江苏,见曾国藩,请以地方公款筹办地方公益,栽培士类,扩充试馆。经奏准,拨婺源茶税四成用之,自是南京、北京婺源新试馆均得建立。

戴第元 生卒年不详。官吏。字正宇,号筼圃。清休宁隆阜(今属屯溪区)人,占籍江西大庾县(今江西大余)。曾祖洪度始商游甘泉(今江苏扬州),祖时懋携二子,又自甘泉旅食江西大庾。父佩,岁贡生,始著籍大庾。第元为乾隆二十二年(1757年)进士,官至太仆寺少卿。与弟均元,长子心亭,次子衢亨,相继成进士,入翰林。父子兄弟,并在词垣,而主试督学之差,屡奉简命。世人称之曰"西江四戴",士林荣之。

戴敏 ❶ 生卒年不详。官吏。字逊之。明婺源桂岩人。弘治九年(1496年)进士。历官易州知州、南部郎中、辰州知府、贵州左参政。后因父丧守孝,急乞请归家。❷ 生卒年不详。商人。字惟学,号慕山。明末休宁隆阜(今属屯溪区)人。13岁,父戴瑞(字丹山)患偏瘫卧床不起,戴敏朝夕侍奉,直到三年后父亲去世。家庭因父病陷入于贫困,戴敏苦身力作,以供家用。经商齐鲁,家境渐为宽裕。商游在外,每年都返里探望母亲,对两个弟弟在经济上极力扶持。乡里树他为孝友典范,奏请朝廷旌表,敏竭力阻止。享年79岁。长子应昌,明崇祯十五年(1642年)举人,清顺治九年(1652年)进士,曾任广东龙门知县,体恤民情,奏免徭役,士民称颂。

戴鸾翔 生卒年不详。官吏。字莲溪。清婺源岩前人。道光十八年(1838年)进士。初由庶吉士、翰林院编修选为河南开封知府。寻转主治邺郡(今河南安阳),捐资聘请博学者主讲郡中书院,月试亲自批奖,文教大兴。邺郡下属安阳、汤阴两县交界,旧有汤河久失疏浚,汤阴百姓筑堤防灾,祸及邻县,由是械斗成讼,县令屡勘不决,民众怨声载道。鸾翔闻讯亲至勘察,命取河土增高堤坝,堤成河亦浚深,水归故道,灾祸平息。咸丰二年(1852年),曾为河南文科乡试监试官。后保道员,加盐运使衔,任职北洋大臣营务处。

戴朝干 生卒年不详。官吏。字亮采。清初休宁人。康熙五年(1666年)举异才科。康熙十二年(1673年)冬,吴三桂在云南起兵,朝干署守备,督理战舰进剿,夹击岳阳反清义军。以军功擢洞庭水师营守备,后升江西都司佥事。以丁父忧归。

戴骝 生卒年不详。官吏。字致远,号弘斋。明绩溪人。成化十年(1474年)举人,授福建建安知县。上任询问民间疾苦,革除苛政,拆毁化人亭,撤僧寺为养济院,政绩斐然。后调山东堂邑。弘治十四年(1501年)致仕归家,随身囊箧中仅有图书、贴身衣服。弘治十五年(1502年)冬,修纂成《绩溪县志》。

戴嘉猷 生卒年不详。官吏。字献之,号前峰。明绩溪人。嘉靖五年(1526年)进士。授乌程知县,在任均田赋,置义田,建学舍。寻擢户科给事中,因言论之事遭廷杖,谪贬桂林尉。又迁高州府同知,署理雷州府事,任上减舟税,设石闸。再升四川佥事,缉获私茶金额巨万,以筑马湖城。后任浙江巡海副使。著有《三行稿》《前峰漫稿》《省衍录》。

魏平仲 生卒年不详。官吏。魏羽之孙,北宋婺源人。天禧三年(1019年)进士,仕至礼部侍郎。

魏羽 生卒年不详。官吏。字垂天。北宋婺源人。少能文,熟读史书,喜借古喻今,以史论证。入仕南唐为雄远军判官,以城降宋,升太子中舍。太平兴国元年(976年)任棣州知州,寻转京兆知府。太平兴国六年(981年),奉诏到瀛洲查处军中市租问题,查出隐漏者数万,以功升任太常博士。后历任宋阆滑三州知州、膳部员外郎、大理寺度支、户部判官、盐铁判官、河北东路营田副使、两浙转运使、兵部郎中、秘书少监、左谏议大夫、工部侍郎、开封府知府等,有吏干才,尤小心谨事。宋太宗称其有心计,明吏道。咸平年间,以户部度支使辞疾解职,拜礼部侍郎而卒。《宋史》有传。

魏绍 ?~1094。官吏。字承之。魏瓘子,北宋婺源人。性孝友和谨,以父魏瓘荫庇授将作监主簿。曾任虞城知县,禁捕赌博而盗贼行止。遇饥荒,先开仓放粮后再报请朝廷。寻通判降州代行州事,振兴教化,为时所称。后以右朝散郎任嘉州知州。嘉州自唐开元以来向皇宫进贡荔枝,后世产量微少而诉争者仍众,百姓甚苦;嘉祐中前知州哀怜此情,曾题刻两诗于石以讽。魏绍到任之后,诸权贵有致书信求取荔枝的,遂摹抄前知州诗报之。在任有能干声,劳多而赏不及,从不言语。

魏琰 生卒年不详。官吏。字子浩。魏瓘弟,北宋婺源人。以父魏羽恩授秘书省正字。为吏强敏,名齐于兄。通判陈州,岁饥众民强取他人粟,魏琰仅坐其首,黥之。历官司农寺卿、江宁知府。晚年致仕,进卫尉卿。《宋史》有传。

魏瓘 生卒年不详。官吏。字用之。魏羽之子,北宋婺源人。为人正直,有胆识。真宗时为开封府仓曹参军,寻历循、随等州知州,继任提点广南西路刑狱,奏疏赦免流落至邕州妇女2 000余人还家。旋就任转运使,免雷(广东雷州半岛)、化(广东化州)、钦(广西钦州和灵山)、廉(广西合浦)、高(广东茂名和高州)诸州计口税,减柳州无名役400人。又以太常少卿襄理广州知事,筑城环围2.5千米,疏浚东门江,开凿东、西澳设置水闸。后来侬智高进攻广东、广西,唯广州城强攻不下,朝廷论魏瓘筑城之功,升其为工部侍郎、集贤院学士。复纠察京城刑狱,持法精审,明吏事,进龙图阁直学士。终以吏部侍郎致仕。卒赠太尉。《宋史》有传。

[十三] 徽州人物

政治军事
经济实业
人文宗教
科学技术
文学艺术
体育杂艺

丁肇文 生卒年不详。商人。字焕廷。清黟县三都人。捐官从九品。少从父商，以后独立经营，家产渐饶。侍父疾累月不解带。善事继母，友抚幼弟，赎中表江氏何氏子之为僧者，皆娶妻生子。赎族人二女为婢者，各为择配，归松岭汪城东姚。其余如救木工胡连自尽给以金，还扬州尤姓券，不取偿。

马曰琯 1687~1755。商人、藏书家、刻书家。字秋玉，号嶰谷。清祁门人，侨居江苏扬州。与弟曰璐并擅清才以诗名，世称"扬州二马"。祖承运，因业盐始居扬州新城东关街。父谦。曰琯承祖业，贾而好儒，亦贾亦儒，好学博古，工诗词，能文章，喜藏书刻书。乾隆初，举博学鸿词不就。家有小玲珑山馆、丛书楼，贮书10万余卷，颇多秘籍善本，有"藏书甲东南"之誉。清高宗南巡幸其园，赐以御书及诗，海内荣之。无子，以曰璐子马裕（振伯）为嗣。著有《沙河逸老集》10卷及《嶰谷集》等刊行于世。性慷慨好义，曾为王士祯刊刻《感怀集》，为朱彝尊刊刻《经义考》300卷，为姚世钰刊刻《莲花庄集》。书法家蒋衡历时12年手写《十三经册》，马氏费千金助其装订成册，极为精美。曾刻有《许氏说文》《玉篇》《广韵》《字鉴》及《韩柳年谱》8卷、《韩文类谱》7卷、《困学纪闻》30卷等，校勘精审，印刷精良，时称"马版"。乾隆三十八年（1773年），四库全书馆开馆，诏求遗书，其子马裕献书776种。翌年，高宗上谕赏给《古今图书集成》1部，共5 020册，继又赐《平定伊犁御制诗》《平定金川御制诗》《得胜图》，传为士林佳话。曰璐著有文集6卷、词2卷，合为《南斋集》刊行。

*马曰琯

马曰璐 1697~1766。商人，藏书家，刻书家。字佩兮，号半槎。清祁门人，侨居江苏扬州。参见907页"马曰琯"条。

马禄 生卒年不详。商人。字天祥。明祁门城北人。初家境贫寒，父身患疾病，靠伐柴薪以供父治病。后凭经商立业。曾客居常州，有友将四百金寄存他处，但被与他同居一室之人盗取逃离，马禄秘其事，以己金赔偿与友。后盗金者事发败露，友始知，将金归还马禄，不受。嘉靖三十七年（1558年）祁门修缮学宫，捐金300两。抚孤侄如同己出。获赠登仕郎。

王一标 生卒年不详。商人。字士名。清徽州人。勤谨尚义。少贫，负贩营生，贾于安徽繁昌荻港镇。竭力经营，家稍裕，即增修祠宇，捐置祀田。里中有不平事辄赴诉，一出言而人信服。曾拾遗金百两，于道坐守至暮，失者至，询其实而还之，失者欲以金分谢，辞曰："吾欲贪此，何必守汝。"其人稽首而去。年八旬，辞亲友庆贺，置米设局，凡乞者给米作开贺费。邑令延为乡饮宾，给匾额曰"祁山硕望"。

王士汲 1660~？。木商。清歙县褒嘉坦人。康熙十七年（1678年），士汲19岁，侍父华顺往四川贩木。

王大善 1750~1829。商人。字符长。清歙县人。曾祖廷格，祖士璠，父文遜，两世皆赠奉政大夫。大善性强立，能任事，尤工心计。伯父业淮北盐，多亏空，命大善振之，大善知无可为，乃弃而之毗陵（今江苏常州），毗陵亦世鹾业也。大善极力操作，业以大兴。曾对人说："凡业鹾，当察天时，审人事，知物力赢绌，则天时得知，俯仰高下，则人事修。然非巧算不能解，故特精乎算。"凡数过百亿则持筹者苦无法，大善即屈指之算结果，经详核准确无误。家虽富却好赈济穷人，家乡待其资助存活者数十人，而大善不仅毫无洋洋得意之色，人偶谈及此事，大善辄引愧自咎，认为做得很不够。后由太学生捐输，议叙通判衔加二级，封奉政大夫。

王云翔 生卒年不详。茶商。字次卿。清婺源中云人。随父经商，闲时习中西政要诸书，手加丹黄，人有疑问，能凿凿明确指示。生平好善嫉恶。广东李某闻其名，欲委以大任，云翔侦知李某已入日本籍，常改华茶为日茶，于是斥之卖国，严词拒绝。对乡里祀田、教育、路政、卫生等地方公益,无不竭力支助。知县曾赠额"规宏广路"誉赞。

王太祐 1489~1567。商人。字元吉,小名太富。明歙县人。性仁厚,早岁有搏击科场之志,后因家贫弃儒商游于浙,克昌其家。

王中梅 1691~？。商人。字开先。清绩溪人。家贫,力不能读书,犁雨锄云,耕于盘川之野。善于经商,常远出贩运,屡屡得手。积数年,家渐裕。诸子弟有请建宅第者,公怃然曰:"《记》有之,君子将营宫室,宗庙为先。今祠宇未兴,祖宗露处,而广营私第,纵祖宗不责我,独不愧于心乎?"乃慨然有建祠之志。

王仁宅 生卒年不详。商人。字道南。清黟县中百户人。国学生。经商起家,事父母以孝闻。性聪明,工书法,善堪舆,尤精岐黄(医药学)。与余毓祥、俞正燮相友善。晚年退养在家,不仅医活多人,且送贫者以药金。其他如兴学、抚孤、棺殓、掩埋、婚娶、养赡等善举,无不量力资助。邑之前后左右通衢大路,独力营造;建本村石桥、造世德堂支祠,皆输巨资。

王文俊 生卒年不详。商人。字羡卿。清婺源中云人。家贫,20岁就商江苏。兼善医,救活病人无数。侨居宜兴杨巷镇,创建该地徽州会馆、接婴堂、经堂桥赈饥局。宜兴知县赠额"仁者必寿"誉赞。

王世勋 生卒年不详。商人。字伯琅。清婺源阳村人。贡生。幼孤,事母克顺。后业茶广东,资渐裕。邑有胡某自粤同归,携只箱寄存世勋家,去三年未返。一日ость至,见箱封锁如故,谓勋曰:"内有白金千两,何不发箧以资营运?"勋答以物非己有,至今未敢动移。曾念祖祠未建,独力构造,费银千余两。族中贫不能娶者,世勋贷资使其完婚。娶妇不能养者,拨田赡养。至周急济困,靡不乐施。

王汉山 1898~1950。商人,实业家。字光辉。近现代歙县蔡坞人。13岁,随父至苏州经商,后开设米店和大有福酱园。民国二十六年(1937年),开设新华茶叶行,并合资经营汇业银行、新丰面粉厂,任总经理。后又在上海、苏州、歙县深渡开设绸布店、蜜枣厂和食杂店。曾任苏州酱业公会理事长、新安同乡会理事。虽商游于外,但心系桑梓,家乡每遭灾歉,均从苏州运米至蔡坞平粜。捐资修建歙县大阜等小学校舍、拓宽蔡坞前山山道。

王延宾 1485~1563。商人。明歙县富泽(王村)人。商于吴越齐鲁间。性颖敏,好吟咏,士人多乐与之交,而诗名日起。有人言于其母:"业不两成,汝子耽于吟咏,恐将不利于商也。"其母叹曰:"吾家世承商贾,吾子能以诗起家,得从士游幸矣,商之不利何足道耶!"

王华祀 生卒年不详。商人。字宗文。清婺源绍溪人。性仁厚好施。乾隆三十二年(1767年)灾荒,米价腾贵,比户啼饥,华祀捐金买米周给。又出粟,恤同里被灾之家。晚年念族产未裕,输祭田若干,以其余资给贫士膏火,知县胡嘉其行义,延致宾筵。

王时沐 1575~1641。盐商。字惟新。明歙县富泽(王村)人。其先人为唐秘书省正字希羽,祖籍池州。时沐祖福风始业盐,父正茂承基业。时沐少承盐业,不克读书,而性好友,急公好施,有远见,能自树。富泽有宗祠,时沐重建于龙溪。恤人之穷,振人之困。好从士君子游,而耻谒贵人。顾炎武应其长子王玑之请,为作《歙王君墓志铭》。

王应达 生卒年不详。商人。字书端。清婺源中云人。贡生。少失母,事父及继母得欢心,亲继殁,事祖父母孝。抚异母弟树庸,早为婚教,别以田6 000余平方米资之。弟卒,无嗣,以自己季子鼎炽为弟后人。乾隆二十年(1755年)冬,米价昂,命子远炽等赴江西饶州运米减价平粜,自十一月至次年七月止,总计耗银2 500余两,族人呈册报县,县令陈赠额"膏沾桑梓"。后遇小灾,应达亦倡率减价以济。其余输地建支祠,捐桥助赈,亦多义举。享年91岁。

王应矩 1776~1848。茶商。字方仪,号敬庵。槐康子,茂荫父,清歙县杞梓里人。因自幼丧父,"以贫故废学,即任家政",继承先父未竟事业,为晚清著名茶商。笃于追远报本,修祖祠堂,置墓田,敦宗睦族,恤孤怜贫,于造桥、修路、兴水利、施医药诸善举,恒以身任其劳,孜孜不倦。生四子,长茂荫,次茂兰,三茂茹,四茂藴。因子茂荫贵诰赠光禄大夫。

王启仁 生卒年不详。商人。字能五,号鄣峰。清婺源鄣村人。代父业商,仗义好施。凡族中贫乏者,必为之谋赡养、完婚娶、助殡葬。又创精舍,督后学。康熙三十七年(1698年)县邑遭遇火灾,从和州购米平粜。邻村双河失火,尽倾家中财物以济。对远近桥梁、道路之开辟与修葺,捐资不下数十处。尝购置芜湖澛港田亩,用以掩埋暴露荒野的枯骨。又曾于徽宁孔道建亭施茶,方便旅人。足迹所至,见义必为,仁声四处闻达。

王茂荣 1495~1549。商人。字元信。明歙县富泽(王村)人。其才长于经营,综理甚密。商于京浙,虽豪商大贾无不推尊。善观事变,资用日饶,基产日盛,为商之杰出者。

王杰 生卒年不详。木商。清婺源人。偕堂弟货木三楚,各一筏。弟筏遭风,十不留一。杰慰之曰:"吾木尚在,汝毋忧。"比抵仙镇,获利数倍,悉与弟分。

王国椿 生卒年不详。商人。字松亭。清黟县十都上双干人。捐官从九品衔。贾于太湖徐家桥垂50年,信义素著。性好善,遇公益事竭力襄成,且精岐黄之术,医药拯人疾苦,人尤德之。

王金 生卒年不详。盐商。字守一。明休宁宣仁里人。承家业，客游燕赵齐楚间，后寓浙江，以盐策起家，以资赐承仕郎。部使者立王金为贾人祭酒，诸贾人有隙，金居间调处遂平。县大猾张实出贱币横行贾肆，以口舌构人罪，即世家富豪争折节下之，金独谢实不与通，实终不能中之，寻败死。诸豪贾借资贵人，往往倾下贾，王金主退让，耻与贵人交结，故缙绅大夫皆愿与之交。

王学炜 生卒年不详。木商。字文吉。清末婺源环溪人。幼家贫，佣工为生。一日主人命扫舍，拾白金一锭，归还主人，主人爱其诚实厚道，遂以女妻之。及长，业木江苏泰州，值水灾民饥，首捐银、米为倡，知州金氏以"义行可风"褒奖。后归里，修广济桥，造枧田路，葺沾坑岭，俱不惜巨资。

王学洧 生卒年不详。商人。字惠中。清黟县东隅人。监生。父母年老，学洧经商以供养。礼兄嫂，抚诸侄。赈岁荒，施棺木，捐义冢。咸丰十一年（1861年）死于兵难。

王城 生卒年不详。商人。字树庭。清黟县人。天性孝友。幼习商于江西之浔阳，嗣业蓰于江西吴城镇。所居房东为江浦侯某，本淮南大商，与王城为莫逆交。重城信义，盐业重务，累资巨万，皆交王城经办。城亦忠信自守，持计簿管财利十数年，而己产不更饶。光绪五年（1879年），王城因事请假归里，侯以孙某暂办，孙更事不多，不数月亏银2 000两。王城回来后引为己过，将代谋担负，侯不同意，城执不可，仍尽出其所有，以偿孙所亏空，闻者贤之。不幸病殁客邸。

王泰邦 1793~1860。商人。字式南。清绩溪盘川人。国子监生。聪敏好读，以家贫弃儒从贾。弱冠后贾于苏之周庄镇，创设商业，经营筹划，获利颇丰。于是推广营业，扶植后进，为久远计。慷慨好义，善居积又善散财，年必储巨金谋义举，救灾恤贫与造桥修路种种公益，尽力而为。绩溪《盘川王氏家谱》卷四《文苑·颂泰邦公》载其后人赞辞："我祖泰邦公，作贾在吴中。设市周庄镇，居然端木风。春季市茶叶，冬季海货通。"

王悠炽 生卒年不详。商人。清婺源人。与房叔、房弟各出500金为资本合伙经商。邻乡潘某贷400金商于苏，未几亏蚀，竟不欲归，悠炽复偿之银两，俾其归里。听说潘某归里后迫债成疾，遂造其门取券焚之，诸索逋者亦感而纾缓。乾隆四十六年（1781年）自苏州抵杭州，洪水陡溢，沿途漂骸暴露者，赙棺费，俾掩埋之。

王康吉 生卒年不详。商人。字履安。清黟县城南人。幼随父习商江西乐平，父死后遗产啬薄，康吉勄勤养母，抚诸弟妹以次成立，家亦渐裕。曾独购乐平县北门外山麓施为义冢，凡遇善举，虽困瘁不息。使季弟从名师游，并为购书至12万余卷。

王清 生卒年不详。商人。字于蓝。清婺源樟前人。监生。家本寒素，力敦伦纪，兄弟六人，清行居五。父有宿债，王清独任其责，如数偿还。中年稍有积累，均之兄弟，不以自私。美食鲜衣终身不御。所居亦湫隘，仅庇风雨，而以敬宗收族为急务。乾隆二十九年（1764年），独力倡建祠宇以奉祀，费银3 000两。在里中虽异姓亦缓急相接济，又以地少田耕，村无米商，贫民升斗之需，虽丰年无所得食，清时时运米平粜，岁以为常。清卒，人咸思之。

王朝栋 1831~1907。商人。字守之。清黟县上田干人。自幼禀性聪慧，长习商于江西景德镇粮食耆坊店，其店系祖遗业，乏人料理，几至中落，朝栋努力经营，不数年仍复旧观。咸丰之季遭兵燹，迨烽烟甫息，家无长物，仅钱300余文为川资，赴和悦州就业于泰昌盐行，每月俸钱2 000文，历年所进无多。自甘刻苦，凡遇急难者，量力周之。胞弟遭兵后，艰于生计，将产业典质殆尽，公以累积俸金尽为赎回，历欠旧粮尽带完纳，且助金为谋生计，其轻财重义如此。刚30岁，道员李辉亭辄以盐务委任，朝栋不负信任，名誉日隆。闲暇时即以劝世文撰成白话，用红朱写大字沿途张贴。无论何处茶楼、酒馆、行衢亭庙，见之皆知公所写贴。光绪二十六年（1900年），和悦州会匪逆乱，盘踞多日，抢掳不堪，有群匪拥入泰昌盐行，忽有匪急阻曰："此王先生盐行，王先生好，善人也，毋得惊扰。"匪悉退去。至于矜孤恤寡、施棺助葬诸善举，人所难能者，朝栋以为常事。石埭老鸦滩为大通大路，往来如梭，当春水发生或淫雨多日，泛涌横溢，行人忧之，公倡首集资建造石桥，过者口颂不绝。李道员助赈晋豫大饥，燕齐苏皖粤西江右郑州诸水灾及浚修铜陵江堤各巨款，皆公赞成之力，故李观察曾曰："教人以善谓之忠，君真吾忠友也。"

王槐康 1755~1785。茶商。字以和。清歙县杞梓里人，德修次子，茂荫父亲的父亲。兄弟四人原均习举子业，后迫于家庭生活压力，遂弃儒从贾，从族人游贾于京师。乾隆四十五年（1780年）创"森盛茶庄"于北通州。因操劳过度，乾隆五十年（1785年）客殁于潞河，享年31岁。因孙茂荫贵诰赠光禄大夫。

王锡燮 生卒年不详。商人。清婺源人。族人某借其银500两业茶进粤，亏折不能偿，留粤数年不归。锡燮悯之，嘱令还家，置不问。

王福启 生卒年不详。商人。字德宣。清黟县西山人。少时承祖父业，作贾蓼州（今安徽霍邱）。性伉直有隐德，曾于年末到乡间讨债，见赤贫者每焚券不索偿。生平以忠恕待人，信因果，服膺《太上感应篇》《宝筏图说》诸书。

仇星农 1864~1933。商人。名光照，字藜仙，号星农。清末民国时期歙县霞峰仇村人。随父营商在外，定居浙江衢州。在衢所设商号有：仇开泰纸庄、仇德昌红庄、仇恒裕布店纸庄、仇怡泰布店纸庄。资金雄厚，生意兴隆，人称"仇半街"。民国十一年（1924年）至民国十六年（1927年）任衢州商会会长期间，孙传芳率败兵3万围衢城，勒索军饷10万两。星农临难从容，四处奔走筹得3万，己另出资7万，始得平息灾祸。因之得授嘉禾勋章，民众赠以"急公好义"匾额。

方三应 生卒年不详。商人。字伯贞。明歙县岩寺（今属徽州区）人。经商建昌（今江西南城）。一次，曾于路途拾得别人丢失之金数百两，其逗留等待失者月余，每次外出必携以行。数年后，在抚州舟中遇一贩鸡者，众人诉言嫌此人贫困邋遢。那人说他从前也有不少金银，某年在建昌不慎丢失，以致落得这般窘况。三应询问得实，将金悉数归还。后三应之子方铉出任宜黄县令，偶然在一家民舍躲雨，见堂间供奉有方三应的长生牌位，经询问，即前遗金者，遗金者曰："民自蒙还金，今复能成家矣。"以子贵，赠宜黄县令，子铉居官亦著廉能声。

方于鲁 1541~1608。墨商。一名大滶，字建元。明歙县岩寺（今属徽州区）人。万历初，因贫寄食程大约门下，并由大约授其制墨之技。后因娶大约侍妾，两人分道扬镳，故而独立经营起墨业。万历十六年（1588年），于鲁将己数年来的墨模图形绘刻为《方氏墨谱》，并聘请画家丁云鹏将其应用到版画创作领域，使之成为徽派版画的代表作品之一。

方文箴 生卒年不详。商人。字远之。明末歙县人。完婚后，母命之商游，遂往来于浙江嘉湖间，历10余年，贾辄不利，资耗过半。时时称贷以给亲友，而不令母知。后移贾于常熟，终以致富。常熟为大邑，居江湖水陆之会，有湖山膏庾之产，凡鱼盐米布之属充斥，闾阎富乐，可以遂什一之利。文箴乃占市籍，督诸子多转闽越之货以与时逐，业因渐起，不三数年，凡致千余金。令三子修其业，后自居里中。

方兆钥 生卒年不详。粮商。字汉望。清祁门城西人。授例从九品衔。少贫苦，曾拾得金首饰，坐守以待失主。后从商，在饶州（治今鄱阳县）开粮行，家境渐丰裕。乾隆五十三年（1788年）祁门大水，亲族多有饥饿者，尽出其米助赈。对族中不能婚娶或丧葬之人，一一周济。临终前还命子输金500两入县东山书院，以作学子膏火。

方汝梓 1508~1570。商人。字惟恭，别号环墅。明歙县人。其先睦州淳安人，有惠诚者隋初为歙令，令子叔洤系籍歙之东乡，遂世为歙人。汝梓少习举子业，屡试不第，遂与弟携资遨游青、齐、梁、宋间，转徙积贮，稍仿计然之画，贾乃大起，赀用益饶。归而大治宫室、市良田，为终老计。

方尚伦 1629~1722。字中茂，号存庵，又号见舫山人、香谷逸叟。清歙县人。初习儒，因念古人有言，儒者亦须急于治生。乃游毗陵（今江苏常州）经商。数年，徙业苏州，僦居阊门。奔走吴越近30年，家业大起。生平好儒，经商途中，涉江淮，历中州，足迹所至，罔不凭吊古今，舒写胸臆，高情逸致，具见于诗。晚年归新安，构"忘乐园"，亭台池沼备具，延名师督孙辈诵读其中。

方尚侠 1629~1722。商人。字中茂，号存庵，又号见舫山人、香谷逸叟。明末清初歙县人。生而颖异，10余岁攻举子业，为文雄博英伟。明崇祯十七年（1644年），16岁，值干戈攘扰，遍观史鉴经济诸书。时乡寇充斥，族仆杨继云纠党肆掠无宁日夜，举家避居渔梁，佐祖父设策翦除，党羽尽散，乡赖以宁。清朝定鼎，顺治八年（1651年）以祖父命，出应童子试，受知于学使李嵩阳。因念古人"儒者亦须急于治生"言，顺治十五年（1658年）至顺治十六年（1659年）游毗陵（今江苏常州），小试计然术。数年，徙业姑苏（今江苏苏州）僦居阊门吴越。康熙十三年（1674年），三藩变乱，盗贼蠢起，有司务姑息容隐，尚侠被劫，愤然陈白督抚，题奏诛锄，一时萑苻渐息，万室奠安。寓迹吴越20余年，涉江淮，历中州，足迹所至舒写胸臆，高情逸致，具见于诗。康熙二十二年（1683年）归徽州，于居之西构"忘乐园"，延名师督孙辈诵读其中，风晨月夕，杖履逍遥，率意成吟，无非天籁。

方岩耕 生卒年不详。商人。字景真。明歙县岩寺（今属徽州区）人。家世经商，曾寓荆州以贾茶入蜀，资斧堇堇。经商之暇以篆刻自娱。汪道昆为其作传，称之为"儒侠"。

方泽春 1869~1951。商人。字景霖。近现代歙县瑶村人。少时随父至兰溪，为郑三阳布店学徒，后升任经理，受雇郑氏达60年。其间，曾与他人合伙开设恒大有布店、永兴和山货店、宝成银楼、同仁泰参行、天泰南货店，成为兰溪商界徽帮巨子。一生乐善好施，凡借款与亲朋，从不问归还期限。并告诉儿孙："我百年之后，人家欠我的债务，你们决不可索取。"对于同乡会施材、施米、助殡葬等义举，无不乐为率先倡行。

方南滨 1484~1545。商人。名廷联，字天曜，以号行。明歙县瀹潭人。9岁丧母，事父及继母凤夜不懈。励志经营，商于吴、梁间，所至交纳豪杰，望重江湖，家业益以丕振。40岁，将店务交长子方宸经营。村北汪洋港舟道斜迤，下多巨石，善舟之人过此亦胆寒。南滨募工开凿，曲尽筹划，三年乃大通。沿江无路，纤夫行走不便，南滨伐石筑堤，直抵瀹岭麓。滨江建路亭三所，以憩行旅。倡修村周石垣、前溪石埠，肇建书屋于水口金山隩，见义必为，不胜枚举。训迪子弟严而有礼，乡人有事皆因其而平释，屹然一邦之望。

方钟美 生卒年不详。商人。字耀华。清婺源方村人。幼失母，随父往外地业木。16岁，父令携银，运木于苏州。途遇张某夫妇相持泣甚哀，趋问之，知为债逼鸳妻，美慨然倾囊代偿。归来长跪父前，告以故,请笞,得到父亲谅解。后挈眷归里,有堂兄钟旺与樊家贫,年老,妻子继逝,无有所依,美皆招与同居,衣食终其身,并出金为两人置田祭扫。族人均称其义。

方勉弟 生卒年不详。盐商。明歙县寒山人。父贾中州。兄勉孝,为邑诸生。勉弟蹶然而起曰:"吾兄以儒致身显亲扬名,此谓之孝;吾代兄为家督,修父之业,此谓之弟(悌)。"乃辍学从商,随父贾中州。坐而贩卖,操其奇赢。旋以中州离家遥远,改而受盐策,贾于淮南。谈知于尺寸之间,窥窬于分毫之际,虽老宿亦无以逾。尝怜乡人过河不便,为建石梁,人目为"方氏桥"。歙县岩寺镇(今属徽州区),其远祖建有千佛阁,后毁于火,其父有志重建未果,勉弟终修建立之,以成父志。

方勉柔 1547~1625。商人。字时刚,号坤斋。明歙县寒山人。13岁工文章,后从仲兄贾大梁。又从大梁走云间(今上海松江县),道经广陵(今江苏扬州)见峨舸大鯿,慨然曰:"此吾家世业,中叶偶失之,吾不可以不复。"乃谋诸父兄,修盐策之业于淮。淮地商贾辐辏,奸伪时作。勉柔修然自修洁,兢兢奉法唯谨,能保其业,不为豪猾所中。

方振鉴 生卒年不详。商人。号菱塘,清歙县磻溪人。生仅五月,其父客死。稍长习商,往来吴、越、幽、燕间。事母以孝闻,四十年如一日。事仲父尽敬。于抚孤恤寡,敬宗睦族诸事,秉承母命,尤乐不倦。道光二十二年(1842年),奉旨建坊旌表。著有《菱塘遗照》,何绍基题签,名人歌咏甚多。

方原生 1395~1467。商人。一名庆师,字功杰。明歙县人。直谅方刚,处事果断。商游汴梁,王公巨卿器重。能敬以持身,恕以接物,誉播郡邑,惠遍乡间。

方善祖 1694~1755。商人。字圣述,又字栳林。清徽州人。曾从其叔父梦堂服贾于江西豫章,经营盐策之出入,计划周密,而其家因益以饶裕。然为童子时,从塾师读书,颖悟已异于常儿。虽其后经商,而读书好学至老死不倦。故其见理通明,遇事揆度无有不当。虽当时名卿大夫,皆乐与交游。有以事就商校,则代为筹划,竭一己之忠诚,而悉以中其窾要。以故士大夫书札问讯无虚日,而善祖手答之,一日曾至数十函。

方翔 生卒年不详。商人。字元之。明末清初歙县渝坑人。3岁丧父,育于母程氏,孤苦相依,形影孑立。少长习儒,磊落倜傥有远志。久乃喟然叹曰:"儒固美名,成可必乎?亡父之堂构,寡母之甘旨,奈何?"遂投笔从商。于是挈之往来贾于大江南北,转徙贸易,以时伸缩,业渐渐起,归则增置新产。

方道容 1474~1541。商人。字公和,别号松崖。明歙县罗田人。从父命,携资游吴越,操计然之策,审盈缩低昂,人称为良贾。箧笥充溢,恢产构室,业骎骎起。事父母以孝谨闻,修行谊时。晚年笃于教子,因材造就,伯仲子服商贾,季子习举子业。

方锡荣 生卒年不详。商人。清婺源荷田人。从父营商,轻财重义。曾捐金2 000两入郡紫阳书院,学使赠额"积善余庆"旌表。兼通医学,尤精疡科,辑有《外科经验方》传家济人。

巴源绶 生卒年不详。盐商。字金章。慰祖兄,清歙县渔梁人。商游扬州,以治盐策起家。家有画舫,暇日好游瘦西湖上。性纯厚端正,少时家有邻女夜奔者,闭门拒之,乡里称其盛德。子树恒(字士能)承家业,心多奇计,经营有方。

石民群 生卒年不详。商人。清末民国时期绩溪人。清末,初赴兰溪商铺学徒,后定居兰溪自营商业。民国二十年(1931年)转去上海,任豫源海味山杂货行经理。民国三十四年(1945年)在兰溪开设泰和祥、隆泰祥、义兴泰等数家蜜枣厂。由于改进蜜枣加工工艺,精制"新安金丝琥珀蜜枣",产销占据当时兰溪蜜枣总产量十分之六。随后,其又以上海豫源为基地,控制芜湖、宣城、苏州、嘉兴等地的蜜枣货源,远销香港、新加坡、菲律宾等地,被誉为"蜜枣大王"。

石光达 生卒年不详。商人。字应大。清婺源古汀源人。一次营商江西,资本亏折,仅存银30余两。回乡途中夜投宿旅店,听到邻房有妇人哭声直至天亮,询问缘故,原是洪某因负债欲驱遣自己之妻,情难离别。于是,光达倾囊以赠。

石葵斋 1881~1945。商人。字尹谐。清末民国时期绩溪人。清光绪三十四年(1908年)中秀才,无意仕进,经商兰溪。民国二十八年(1939年),由徽帮商人推举为兰溪县商会会长、徽州六邑旅兰同乡会会长。任期内能为商界维护正当权益仗义执言;又为同乡主持公道,提倡互助互济,深得众商拥戴。

石瑞熊 生卒年不详。商人。字卿云。清婺源古汀源人。兄瑞麟(字次云)在河口经商创业,为商会会长。瑞熊随兄业商,创办河口浮桥,并捐田为修筑常备费;又创河口新安善泽堂、婺源同善祀会、河口商会育婴堂、树艺公司等。民国总统徐世昌曾褒匾题额"急公好义"。

叶万生 生卒年不详。典当商。字道一。明末清初黟县人。少守礼义,胸有智略。明清易朝之际,社会动荡,山贼土寇骚乱,万生对父亲世卿说:"说不好贼寇哪天就到,家藏东西多是个祸害。"得到父亲允诺,他检验契据,不用拿钱就将所当器物归还原主。当物者纷纷来取,没几天便全部取完。清顺治五年(1648年)三月,江西土寇王之贞破黟城,掠掳四乡。村民逃匿吴家坞,数日不得食。万生为探ება情,为绝粮村民送食,偷偷潜回村里。途中被贼所执,贼问村民去向,万生矢口不言,贼持刀威吓,仍不言。贼积薪燃火,将其置于火堆之上逼问,万生骂贼不止,遂于三月二十七日遇害。

叶上林 生卒年不详。商人。字启文。清婺源朗湖人。贡生。赋性恂谨,中年贸易岭南(主要指广东一带),家渐裕,自持俭约。遇善举则慷慨不少吝,杰坑、朗湖、新岭以及西云庵、永丰桥皆独力修造,其他如捐建祠宇、恤灾户、施棺木、造义渡,义举不断,乡人赞颂。

叶天赐 1723~?。商人。字孔章,号咏亭、韵亭、谁庄。清歙县蓝田人,占籍江苏仪征。为遗腹子,赖母亲汪氏抚育成人,卓然有自见。初以家贫为人行贾,尝为大盐商兼名士江春管理盐务,"料事十不失一"。后独自业盐,一跃而成巨富。重然诺,恤患难,族党戚里间赖其施助而得以举火者甚众。侨居扬州铁门口街路北鸿文、崇德二巷间,名其居曰"谁庄",颜其门曰"高风崇德,大雅鸿文",一时名流题咏几遍。总商江春治事多咨询之。曾随江春议公事于某所,在与会者胁迫下,江春将签字画押,天赐见状,越阶夺其笔摔之,众惊问:"此为何人,竟鲁莽至此?"天赐大呼曰:"吾吃江之饭,所以报之者,在此时也。"江春遂得以乘间出门去,事赖以不失。天赐耽好文学,工诗,擅书法,为诗清华和婉,书法钟、王,多逸趣。

叶日葵 生卒年不详。商人。字贞如。清歙县新州人。在浙江经营盐业,气字不凡,物望归之。三藩之乱时,盐业欠税5万余两,日葵创议均摊,公私称便。康熙二十四年(1685年),温所积欠国家税银8400余两,日葵倾囊代完其额,众商皆得以缓舒。学使王剡为表彰其这一义举,特撰文勒石纪之。有群盗于栖水劫其将要上缴的税银,捕获后皆知必死,日葵念他们迫于饥寒,转求当局释放。有一官员借日葵银300两,到期遣一吏去还,却被吏私用,官追比,吏无偿,愿以妻子为仆妾,日葵峻拒不纳,竟焚其借券。康熙三十三年(1694年),杭州大灾,日葵捐米以赈济饥民。郡守李铎书"羽仪乡国"以旌表其门。

叶文基 生卒年不详。药商,实业家。明末清初徽州府人。早年习医故里,得新安名医真传,后挟技走江湖。明崇祯十年(1637年),在汉口鲍家码头创办了"叶开泰药室"。起初,叶文基一边悬壶诊疾,一边自制"人宝光明散""虎骨追风酒"等中成药,药效灵验,取利微薄,声誉远播。清乾隆年间,其曾孙松亭将药室改称药堂,至清末民国初期经营额达白银50万两,与北京同仁堂、杭州胡庆馀堂、广州陈李济堂并称为全国四大药堂。文基治家甚严,礼义教子,诗书传家。曾孙松亭为乾隆年间进士。裔孙名琛为道光年间进士,官至两广总督。

叶正运 生卒年不详。商人。清婺源晓起人。少业儒,敦孝友,不吝惠施。曾为孙先贷汪衍500金,孙后亏折,汪追金,孙将鬻妻偿息,正运恻然,倾产代偿,家遂以穷。乃贾吴越间,获大利,益乐善行。

叶本立 生卒年不详。商人。字道生。清末民国时期歙县蓝田人。清光绪年间,在浙江衢州坊门街创办叶泰兴布号、叶泰兴纸号、叶豫兴染坊、叶晋兴酱园,水亭街创办叶震兴布号、烟丝号,资本雄厚,称雄衢城,人称"叶半城"。民国初期,三子叶建修开设叶震兴纸号;五子叶仕衡创办坊门街晋升钱庄、水亭街晋大南货店、新桥街晋元酱园。民国中期,叶仕衡又创办晋丰油行、晋记卷烟号。修竦口至蓝田大路,建衢州石板路。

叶仕衡 1879~?。商人。谱名开铨,以字行。叶本立五子,清末民国时期歙县蓝田人。14岁,入浙江杭州瑞丰布店学徒。满师后,至衢州,接父职任叶泰兴纸号经理;在晋兴酱园内兼酿白酒,并创"涌"字牌;在新桥街开设晋元酱园,兼酿黄酒。酿酒原料多为自产,本小利大。在水亭街创设晋大南货店,增加门市收入。民国十三年(1924年),在叶泰兴纸号增设晋升钱庄,后在杭州闸口买地建土纸仓库。数年后,生产规模扩至8槽,年销土纸10万担。其间盘进上营街汪同顺油行,移址临美俗坊北侧,更名晋丰油行,专营衢属各县所产桐油、柏油及其他油脂,远销上海。以油质好、信誉佳而颇受大户青睐,上海桐油出口商沈元来油行就只认晋丰。20世纪20年代末,关内与东北恢复交通,土纸可由上海港海运营口,转销东北各地,销量大增而纸价涨幅达50%。因叶泰兴纸号规模大,存货多,获利甚丰。又在晋丰油行增设晋记烟号,经营上海颐中烟草公司名牌卷烟。审时度势,将叶泰兴纸号、晋兴酱园、晋元酱园、晋升钱庄、晋丰油行、晋记烟号等组成企业集团,以晋升钱庄为总经理处,另有若干店号。民国三十一年(1942年),日寇攻占衢州,各店损失惨重。光复后,仅存元泰纸号(新中国成立后改为衢县土纸联营处)、晋兴酱园、恒记酒坊、晋记烟号,至于衢杭两地往来商号,仍以叶泰兴纸号相称。

叶自耀 生卒年不详。商人。字光远。清黟县南屏人。自耀虽经商而好浏览史籍,学子多不及。以近村至中墩路失修,乃自出资董理维修。戚友中文行素优者,自耀每资助不责报。

叶寿萱 生卒年不详。商人。字坚吾,号切斋。清末民国时期黟县南屏人。性孝友,宽厚待人,质直好义,业儒。成年后承父命,服贾休宁、万安。父殁后中因诸兄皆在外经商,寿萱复弃贾归儒,入县学。后购地于南屏山之麓,耕且读。提倡实业,手植茶桑梓栗千余株。清光绪三十一年(1905年)就学上海理化学堂,益究农业。灾年族议积谷,寿萱捐资助之,且董其事,会计悉当。生平热心教育,恢复族中私立南阳初等小学,岁费独力支持积三年,族子弟及邻村之就学者,先后计200余人。竟以校务积劳卒,年仅43岁。

叶良茂 生卒年不详。商人。字筠友。清歙县叶玕人。曾在常熟经商,值灾年,以粟出贷,粟尽又贷人以钱或什器。及秋获,诸人谋欲偿之。良茂焚其券,颂声载路。

叶贤 生卒年不详。商人。字德辉。清黟县南屏人。从九品衔。性耿直,家贫不苟取,为人排难解纷持公道。长年在江西经商,深得众人信任,市有争议不能决,得其一言立判。居乡不妄言,律己端严,族中义举多襄成之。

叶明绣 生卒年不详。商人。清婺源晓川人。监生。好施与,多济困。伯兄殁,嫂哭至两目丧明,明绣敬事之,并嘱己妇奉如姑焉。曾贩木钱塘江,江潮骤至,木漂过半,明绣驾舟追木,抵范村。江岸有老媪携女子哭而哀者,明绣问故,媪曰:"吾夫林姓,负人二十两银,每年一倍利息,今四载,已百六十金矣。夫亡,索负,欲夺吾女,女奔下欲死。"明绣恻然,自念木未尽漂,殆天意留余于此,即如数补偿。后林媪访知明绣老而无子,欲以女为其妾,明绣固辞曰:"难道你也把我看成要债的人吗?"第二年,林媪又坚决与之,并告之女非明绣不嫁,明绣乃可,时年已62岁。不久生子文通,人以为善报。

叶峙亭 1878~1956。工商业主。字德钦。近现代歙县蓝田人。民国初年,先后开设歙城裕大布店、屯溪怡裕布店、衢县复昶、德茂新布店和歙县竞新电器有限公司。曾任歙县商会会长。民国二十三年(1934年)夏秋之际,歙县干旱禾枯,他任地方财务委员会委员长,自费往来京、沪、苏、浙等地,募赈平粜,使歙县人荒年无饥色。曾集资创办正谊两等小学,参与修纂民国《歙县志》。

叶兹堂 生卒年不详。商人。字德坚。清婺源明堂人。性刚直,在饶州经商时,领导建婺源会馆,首输银1 000余两。考虑到会馆地基狭隘,极力商于店主,买地一半扩之。居家继父志培植育婴会,无论贫富,给资遣嫁,严禁以山场赌博,并经请示后勒石为碑。生平喜读书,课子侄,隆礼延师。

叶敏东 生卒年不详。商人。字如松。清婺源阳村人。以经商营生。咸丰之后,县邑通道多设关卡,抽厘助饷。立局之人为一时雄豪,操控切断,从中渔利以肥己。敏东力控官府究办,终除弊政。

叶赏钺 生卒年不详。商人。字承烈。清黟县南屏人。经营布业于江西,为人诚实,商界信孚。县中碧阳书院复兴,慷慨乐输,地方官赏给"惠被士林"匾额。

叶道传 生卒年不详。商人。字省三,号诚斋。清歙县新州人,寄籍仁和(今浙江杭州)。官户部云南司员外郎,谙练部务,章文简极为倚重。谢事而归,隐于盐业,盐使征课缉私多赖其力。道光三年(1823年)浙中大水,中丞帅承瀛办理赈抚,叶道传与堂弟叶道春出力协助,民沾实惠。创建叶氏宗祠于圣安山麓虎跑泉大路旁,捐置巨额盐券作为祠产,族人感德。

叶懋适 生卒年不详。米商。字宇涵。清黟县南屏人。营粮业于江西,宽厚诚笃好拯济,造中墩石路,焚借券。咸丰十一年(1861年),兵燹粮贵,子瑞训尽春积谷平粜。

史世椿 生卒年不详。商人。字延龄。清黟县屏山金钗人。少清贫,业商起家。勤俭好义,曾重建家祠、兴文会、造村路、助修溪桥、施棺助葬、散赈济荒与输建书院、考棚、助建文峰塔等。道光年间,安徽遭遇水灾,施钱米赈济,救活灾民甚众。石埭县(今石台县)的大小岭路,均由其独力重修;贵池徐庄岭、东坑桥梁,也是由其倡募创建;祁门、石埭间之大洪岭为徽皖要道,倡捐经修,垫费千金。又对皖东府县城隍、药王、火神、地藏诸庙以及九华山、齐云山诸寺观,或建殿宇,或饰神像,或捐月钱,施助亦大。

毕成梅 生卒年不详。商人。字淑和。清歙县人。商于维扬(今江苏扬州)。性好义,施棺舍药,恤寡抚孤。有亲戚三代未葬,为营墓穴,且为其后人娶妻延嗣。乾隆三十五年(1770年),维扬中堡大火,延烧400余家,毕成梅周行慰问,按户赠金。后归里,捐资修葺祖祠,立龛主。81岁,因病弥留,命取箧中贷券百余纸,悉数焚毁。

毕兴 生卒年不详。木商。清婺源人。年四旬,业木楚尾吴头,备尝艰辛。

毕周万 ?~1810。商人。字汝高。清婺源白石人。读书粗知大义。亲老家贫,二弟俱幼,乃佣工于木商家。练达勤谨,遂为主人信任,每岁薪俸,悉寄交二亲,无私积。双亲相继逝后,友爱两弟,先为完娶,而不自谋。后苦积银80两,将归娶,恰逢房兄某负吴人债,官追急,欲鬻妻以偿。某已40岁,子才半岁,周万悯之曰:"嫂去侄必不活,吾蓄金为嗣续计,忍使之先绝乎?"乃出金偿之,不足又称贷补之。60岁,犹佣于吴,囊又裕,乃谋娶。决意非处女不娶,唯何姓女愿配,遂聘之,成婚日红颜白发传为美谈。65岁,生一子,皆谓其仗义之报。

毕周通 生卒年不详。商人。清婺源人。以家贫而弃举子业从商。邻村故旧王某病笃,子初喜尚幼,延请周通至榻前,以60余两银置于周通衣袖,为托孤计,人无知者。周通回到家中,另立一簿记其年月数目。初喜长大后,日事樵采。周通知其能克志成家立业,乃置酒约初喜及其叔父至,并拿出当年的簿记,合计本息若干,如数交给初喜。闻者惊叹为人间奇事。

朱云沾 1501~1568。商人。字天泽。明休宁新溪人。少从兄贾游浙江,以父病归。父卒后,复从兄贾于福建,在山中冶铁,家业大饶。旋值灾歉,贷佣工钱百万。

朱文灿 生卒年不详。商人。字锦光。清婺源官桥人。服贾业茶，家益裕。尝于桃园箬坦输银百两，重修桥路。施棺助葬、周急扶危，亦费巨资。

朱文炽 生卒年不详。茶商。字亮如。清婺源官桥人。为人憨厚刚直。在珠江贩售茶叶时，每当出售的新茶超过贸易限期，交易文契上必书写"陈茶"二字，以示不欺。市侩牙商力劝他不必如此，文炽坚执不移，虽因此亏耗数万两银，但毫无怨悔。在广东日久，乡族中死去之人多不能归葬，于是邀同志者捐资集会，建立"归原堂"，限五年载柩回乡，给资安排，自是无枯骸弃外情况发生。道光年间，曾两次襄助军需，蒙宪给奖。

朱光斗 生卒年不详。商人。字以衡。清黟县朱村人。营商景德镇。生平乐善，赈贫助葬，至老不倦。

朱光宅 生卒年不详。商人。字阜民，号黄亭。清黟县人。幼而敦敏，喜读《温公纲鉴》。少随父经商，时社会动乱，或劝他图，光宅不允，竭力经营，其后家隆隆起。为人抗爽有大度，而处事则缜密无间。性孝友，与人交不设城府，又自甘退让，虽贾出身，却彬彬儒者。至如修黉序、建考棚、创书院诸义举赴之若渴。其他如施棺埋胔、出粟拯饥，唯恐不及。尤重问学，一时根底朴学之彦，皆与之交。卒之日，集家人而谕以一言曰"和"，不及私事。

朱庆霱 1704~1781。商人。字沛深。先世自婺源徙泾县。少劬苦于学，不得志于科场，遂弃去到汉阳习贾。然志不在贾也，极其重视子弟的教育，家业稍裕即告归，建书屋积书其中，延师教诸孙及侄子侄孙辈。自己朝夕往视，洒扫馔食唯谨。每到老师考试时，令诸子孙列坐一堂，亲自督守。考后，以请于师奖励优秀者，批评成绩不好者。每年皆如此，终身不懈。后其家多以学致通显者，又多好善乐施与，皆庆霱教之有方。

朱作楹 生卒年不详。商人。字良友，号朴园。清黟县朱村人。秉性孝友，恭厚持躬。父读书乐道，不求利达，耕田数亩仅堪自给。弟作檄，常患瘵疾，服侍左右。作楹一身经商四方，而奉养无缺。当其贸易昌江(今祁门县)，落拓抑郁，而先安之如常。其后锱积铢累，常携银300两偕友贩于吴市，船经鄱阳湖被窃，其友愤不欲生，而作楹反覆劝之反棹，复假前数与友同往。吴市商人又因前歉货执不售，诸人为之不平，作楹曰："时之不济，命也。物在人手，争复何益，不如暂回昌江作他图。"过饶郡，祁闻谢君闻其事嘉之，因贷作楹大批粮食而归。第二年江西水灾，米价腾数倍，作楹遂获厚利。时年已五旬，从此生意渐顺致富。其先人殁，作楹寻吉地安葬，有指祖墓旁为吉壤者，作楹不从，或诘之，曰："既吉壤，人谁不欲？且为祖业则争之者必多，不可以先人而启争端。"因诫诸子孙曰："我先人重厚一生，谕我曰'凡事毋占便宜'，今我每学吃亏，汝曹当奉为则傚！"又好读《中庸》，曾曰："圣贤书中道理无穷，吾人开卷有益，得力一二字，即终身受用不尽，岂必读书人始事于诗书哉！"又曰："读书为保家之本，行事无巨细，在自勇为，汝曹勉之以慰吾志。"故本邑创书院、建考棚、输义冢、赈贫乏以及道路桥梁之利涉往来者，其后人悉力行而不息。

朱宏基 1724~1782。商人。字开承，号改亭。先世歙人，后迁苏州。少敏悟，攻诗书。14岁，遭父母丧，依舅氏居。家贫，遂弃举业，习商业以自赡。而诸兄构讼不休，宏基乃让宅于兄，自迁他所。其后诸兄皆困，宏基不计前嫌，养生送死，一身任之。到中年，家业渐饶。清釐先世墓地，岁时祭扫，周恤族党，旁及故交。有告急，无不应者。平居喜诵先儒格言，雅善鼓琴，与交游者皆乡之耆儒宿学。德性和平，能容人过。曾有窃贼入室，视之则邻家子也，与之银，劝其改悔，终身不言其姓名。

朱其传 生卒年不详。盐商。字寿芝，号思贻。清歙县人。由贡生授江苏镇江府丹阳县训导。居家有孝友风，能属文。初以儒治盐业于两淮，为官逾年而归，办理浙江绍所盐务，多中机宜，诸盐商无不矗之。

朱昌孝 生卒年不详。商人。字永言。清婺源带川人。幼读书，后以父年迈，弃儒就商。设钱肆于湖南常德德山。婺邑木商簰夫不下数千人，往来必经其地，常有客死他乡之人靠租赁一地草草埋葬，甚至有委诸草莽中者。昌孝输资首倡，买山一所为义阡，中构"笃谊堂"，用以收俭待载骸骨归葬乡里；并置守家一家，清明祭扫。

朱承训 生卒年不详。商人。清黟县紫阳里人。商于江西吴城。对觅业而来的乡人及失业贫困者，承训因材推荐，或赠归资，死则施棺殓。

朱钟元 生卒年不详。商人。字万初。清休宁长丰人。少功举子业，为谋甘旨弃儒学贾，后以盐策起家。性孝友。曾倾橐捐重资建造祠宇，复捐祭田以充祀产。其他如扶孤恤寡见义必为，不遗余力。例授儒林郎。

朱晋侯 1882~1961。商人。自号白岳山人。近现代黟县朱村人。少随父至铜陵大通和悦钱庄习商业。辛亥革命后偕胞兄朱家书至芜湖开设久余钱庄，集资万两，晋侯掌管店务。民国十四年(1925年)，得北洋政府财政总长周学熙赞助，创立"安徽银行股份有限公司"，聘周学熙(北洋政府财政总长)为董事长，自任总经理。民国十七年(1928年)在上海设立分行，与外商亚细亚煤油公司签订合同，经销该公司全部产品。民国二十八年(1939年)，在芜湖创建久泰钱庄、久泰源疋头号、久泰裕纱号。曾被邀出任芜湖裕皖银行行长。

朱继承 生卒年不详。商人。字玉台。朱熹后裔，清婺源人。从小即衣朴素食粗粝，务崇节俭，成年后勤耕作，兼作商业，备曾辛苦，家业故隆隆起致大富。而能惠一方，急人之急，不必其求我而后应也。往来闾里，闻见有贫不能继者，则怀银借故去其家，暗放银而去，其家即得银者亦不自知其所由来。尤好为人排难解纷，有争讼者置酒相劝，必其事冰释而后已，或更需费则解囊无少吝。喜与文士相往还，恂恂然有儒者气象，常自嫌其疏于经史，暇即手持一卷，讲求古义，然竟以心力过劳，得疾而卒。

朱继楫 生卒年不详。商人。字汉骞。清休宁长丰人。尝商于濑水。乾隆四十一年（1776年），本地大灾，邻境阻籴，独力呈请上官出示开禁，复首捐资平粜助赈。

朱基 生卒年不详。商人。号汝守。元末明初婺源人。父焖（号文明）为朱文公六世孙，属建阳派。朱基贸易江湖，常客于常州。因元季兵乱，家遭兵燹，不得归，遂迁居无锡。

朱嗣初 生卒年不详。商人。字以肇。清歙县人。在杭州业盐。性至孝，事父母能先意承志。母患噎症，医者皆以为高年莫治，嗣初侍汤药、调饮食，终将此病治好。子旦，字畅伯，钱塘县学庠生，孝亦如父。性慷慨，见义必为。时有父子以无辜陷狱者，旦倾橐救之，后其子显达，绝不言报。

朱嗣隆 生卒年不详。商人。字际熙。朱熹之裔，清歙县浯村里人。父朱明阳在扬州业盐，遂家江都。顺治二年（1645年）清军攻克扬州，父率长子虎变、次子澄之两诸生，挺戈巷战不胜，俱自杀。时嗣隆14岁，偕两弟蕙宾、嗣英奉母刘居外邑得免。乱定，家中资业荡尽，一无倚藉，茕茕一身，肩荷家计。两弟皆幼，二女弟俱未字，母又遗腹生弟嗣光，七口待哺，岁凶谷贵，资生乏策，母忧。嗣隆乃日负盐汁数斗，至旧城西郭易米数升以给，如此者凡数年。家中稍裕后即在扬州经营盐业，昼夜持筹，业遂大振。娶妻王，善内助，又数年终致大富。然其为人轻财尚义，慷慨任侠，善与人排解。喜周恤贫乏，遇婺人子，即非识人，以情来，无不应。急难告者，挺身任，不避艰难嫌怨。有友人客居卧病不起，嗣隆密令资以汤药薪水，友人病痊入谢，嗣隆却之曰："君误矣，我实未曾周旋足下也。"困穷之家，相识者有死丧事，闻之必周济。其于父也，至老犹思慕之，每春秋祭，哭必尽哀。祖父坟墓丘垄，嗣隆岁岁培植，手植松至30万棵，曰："吾不能生事以礼，吾第竭力事死而已。"两个妹妹出嫁、诸弟结婚，皆躬身力任。业师卒，无子，嗣隆奉其师母以终老，尽如子职。弟蕙宾无子，即以爱子为其嗣，曰："聊以慰吾弟之老。"及卒，昆季哭皆失声，乡党无不垂涕。

朱腾达 生卒年不详。商人。号道通。明婺源罗田人。生性好义。行贾芝城，听见邻家妇人通宵达旦发出哭泣声，询问得知，其夫被诬下狱，非千金不可解救。腾达倾囊以赠，力助其夫出狱。

朱德灿 生卒年不详。商人。字英三。清休宁珰坑街人。从商皖城，曾筑潜山县石桥以济行人，造救生船于江边防溺水者，备水桶于省城以为防火之用。又置义地，施茶汤，善行义举时人称许。

任钧 1874~1938。商人。字子钧，号新禧。清末民国时期绩溪人。少时赴兰溪游埠镇源茂酱园学徒，后升任经理。平易精干，好交友，善营商，热心社会公益。镇上街道改铺石板，附近桥梁、码头、凉亭、庙宇等建筑，多为他所倡修。其他如施棺会、培土会、消防会、义冢地皆捐资促成。后任镇商会会长。任上调停各业，平衡持重。人有急难，救济唯恐不周。卒时家无积蓄，殡期吊唁者千人，路为之堵塞。

邬仕大 生卒年不详。茶商。明祁门金山殿人。嘉靖年间贩木南京，曾助修殿廷。

刘正实 生卒年不详。商人。字充符。清末民国时期歙县上向杲人，因业盐落籍江苏仪征。当初，歙县有排年总催（赋役名），长期积欠逾银2万，官府追催，百姓大困。正实与弟赴官言民困状，并慨然任捐。自念合兄弟之资尚不敷，又谋于在淮南业盐的歙县商人，并力以应，邑困大苏。正实曾经路过江宁镇，有鬻妇偿负而哭之哀者，正实为捐金赎还之。又造救生船于江口，其余修桥葺亭，善行甚多。以营田例授知州。弟丰年（字雨田），官宾州，廉声大著。丰年看到当地百姓每天早上不吃早饭就出来劳作，恻然曰："晨出而午食，馁者众矣。"遂于船田庵每天清晨煮饭以济百姓。每岁夏于朴树湾僧舍施茶，寒夜设姜汤以给路人，冬日城内外捐棉衣以给贫者。正实子标成，进士，任开封知府。

刘淮 生卒年不详。粮商。明休宁人。贾于浙江嘉湖，值年荒民饥，淮仓贮米甚多，或言可乘时获厚利，淮持不可，曰："孰若使斯土之民得苏之，为大利也。"遂减价出售，又设粥以食饥民。

刘紫垣 1888~1953。实业家。近现代休宁县城人。16岁，至江西九江立大钱庄、苏州银行学生意，25岁返乡。民国四年（1915年）在屯溪开设刘紫记香烟煤油公司及大康钱庄，成为富商。后任国民党全国赈灾委员会委员，安徽省第十行政监察专员公署参议，第三战区难民救济会常委。民国十八年（1929年），朱老五（富润）火劫屯溪街后，曾出任屯溪匪灾善后委员会主任委员，与姚毅全、孙列五等函电各地乞赈救济，复兴屯溪。民国二十二年（1933年）后，任安徽黄山建设委员会委员，做过一些有益工作，如协助许世英修路筑亭等，曾为国民党"国大代表"。民国三十年（1941年）寓居上海，开设南洋橡胶厂、景德镇瓷器公司、义生搪瓷厂、光大染织厂、利民银行、国太股票公司、春茂钱庄、振泰钱庄等。

刘燕 生卒年不详。商人。字公信。明休宁前街人。少时随父行商广东。父患疾病，刘燕割腿肉和药以呈进，遂渐痊愈。粤岭山路陡峭，行人不便，乃于岭顶建亭供行旅憩息。生平济人急困，乡里高赞其义。

齐彦钱 生卒年不详。商人。清婺源嵩峡人。早失恃，事继母克孝。性耿直洁修。代程某司理于无锡木行，俸金悉寄母，为弟侄婚教。咸丰年间售茶上洋，被行主欠银5 000余两，未获归家，虑母成疾，行主见之汗颜，遂兑银五百两。时商友亦多窘滞，彦钱慨然愿与分，使他们都得归里，其敦气谊尤人所难。

江人龙 生卒年不详。盐商。字霖公，号蘧轩。清歙县人。以家业中落，弃儒业鹾广陵（今江苏扬州）。家声由是大振，名播江淮楚豫间。深谙盐法，利弊周知，督运观察使朱公闻其贤，一切有关盐政事必礼请面商，以其清介无私，惟义是断。乡里之间，恒多善举，祖宗祭祀，捐助不惜。后卒于广陵。

江才 1475～1549。商人。字大用，号终慕。明歙县长沙里人。3岁丧父，依兄奉母以居，家祚中落，荧然无以生。十二三岁，从兄屠酤里中。稍长，在钱塘开店，售米盐杂物，兄弟服勤如初，而收入不丰。江才叹曰："丈夫当观时变，察低昂，立致富厚耳，安能久为此琐琐乎。"遂辞其兄为转运商人，游贾青齐梁宋间，久之复还钱塘，时已挟重资为大贾。已而，财益裕。时时归歙，渐治宅第田园为终老之计。年逾不惑，有四子，即收余资，令子江琇、江佩北贸维扬，而身归于歙，教子江瓘、江珍习举子业，不再复出。嘉靖十九年（1540年），江珍在应天府乡试中中举，越四年登进士，后授江西瑞州府高安县知县，赴任道过歙，江才勉励儿子："吾祖宗厚积久不发矣，汝今始受命为民司牧，汝其勉哉。吾闻高安财赋之区，而疲癃之余也。汝毋要（邀）名，毋希上官之旨，唯廉唯勤，唯镇之以静，而抚之以宽。勉之行矣。"

江元凤 生卒年不详。商人。字玉辉。清黟县石屏江村人。形貌修伟，胸怀磊落，经商数十年，见利思义。常以"尚俭为厚福之基，好奢为致贫之渐"自勉兼勉后人，其行谊有足尚者。

江元庆 生卒年不详。商人。字万邦。清黟县梧村人。幼随父商于安徽安庆府，后太平军占领安庆，乃归力田以养亲。巨商李宗煊贫时，幼时其父与之契，遵父命往随宗煊负贩于青阳一带，继复佐宗煊创业于和悦州，家因稍丰裕。捐资造坝，兴本村山后大路，又捐造青阳县将军庙。凡施棺、修桥诸善举，无不竭力为之。

江长遂 生卒年不详。商人。字惟成。清歙县人。业鹾宛陵（今安徽宣城），待人接物，诚实不欺，以此致资累万。弟长遇佐诸兄业盐起家，慷慨好义。

江文魁 生卒年不详。商人。清歙县人。经营盐业寓居钱塘。清初，盐运使者访求谙练盐业之商，众商推荐文魁，文魁条陈种种利弊，深得当局赞许。子孙相继业盐，仁厚信义，已有五代。先是鲍郎场煎盐，向来用锅熬盐，熬出之盐皆坚韧不可食用。后其孙江永请易以盘煎，灶商均得益。

江玉琦 生卒年不详。商人。字绍华。清黟县蓬厦人。少贫，30岁后始业浙鹾，家渐康裕。捐资甃治蓬厦村口至龙蟠桥沿溪石路，行人便之。子国镛，钱塘商籍廪生。

江玉衡 生卒年不详。商人。字虞在。江人龙子，清歙县人。受父命弃举子业从贾，综理盐策事，忠厚自持，接物和蔼。

江正迎 生卒年不详。商人。字其机。清婺源江湾人。携资游江湖，侨居无锡经商，力致脺洁奉其亲。所赢入悉与昆弟均，且延名师训弟。人有贫乏者，不惜倾囊以济，有纷难者，出片言释之。南省滩租为商民之患，全赖正迎力吁当局，终于罢征。归展先墓，见鼻祖祠田以他故鬻去，正迎独为出资赎回。尤重念本源，诸祖骸悉殚力妥葬之。修葺宗祠，正迎左右之力为多。

江世运 生卒年不详。商人。字文开，号易斋。清歙县江村人，严毅端方，具知人之鉴，业鹾甬上（今浙江宁波）30余年。

江世俊 生卒年不详。典商。字智千。明歙县人。承父资生殖，初于北关溪上开店经营，不久在家乡开张典铺。万历十六年（1588年）家乡灾荒，乡人典物，不取利息，饥民赖以存活者甚众。

江可烈 生卒年不详。商人。字功达。清婺源龙尾人。贡生。少贫，经商浙江，渐充裕，事亲抚弟尽职尽责。于杭州之南关倡建徽商公所，捐千余金。族有祖祠倾圮，捐资重建。又施棺木、葺祖茔，沿途平粜，义举多端，县令俞赠以"古道照人"之匾额。

江东达 生卒年不详。商人。字尔通。清歙县人。在浙江业盐，性豁达，与人交，开诚布公，不爽然诺，当事亦以其直谅，每器重之。尤喜助人之困，奖进后人。五世一堂，子孙科第不绝，人以为长厚之报。

江永俅 生卒年不详。商人。字公仪。清歙县江村人，侨居扬州。父业贾，业中落，永俅刻苦成家。母早故，事父与祖母极孝。居扬已数世，不远千里，归故乡展谒先墓。曾奉三世栗主入祀支祠，作还乡日记以遗子孙。

江有科 1792～1854。商人。字静溪、致远。清歙县芳坑人。道光初年，将茶叶运至对外贸易口岸广州，俗称"漂广东"。10余年后，在歙南漳潭赁屋开设江祥泰茶号，向附近茶庄收购毛茶或支付佣金在茶庄坐地收购。又在江氏宗祠及家中，开办茶叶作坊。每年押运茶叶一两万千克赴广州销售外商，耗时近两月。在芳坑建静远堂，在广州建别墅。太平天国战争爆发后，徽州茶商运粤路线中断。咸丰四年（1854年）五月返里，半年后病逝。今存《江祥泰进广誉清账册》。

江廷仲 生卒年不详。木商。字怀友。清婺源谢坑江村人。家境贫寒，贩布为业。曾于婺北庐坑村外亭内拾得遗银百余两并银票款甚巨，其坐等失者候至太阳落山，次日又去坐候。直到有一广东人策马来寻，始奉还，且不受酬谢。失主诺言，他日如果有幸到广东，问"谦和昌"即可相遇。廷仲后因布业失利，赴粤寻访之。那人已用丢失之钱开设木行，委廷仲为经理代之经营。数年后，致巨富。

江孝彰 生卒年不详。商人。字圣洋。清婺源谢坑江村人。服贾于万年县石镇街，为人仗义疏财。曾邀集同仁创建新安同济堂，施给棺椁，有不能运柩回乡者则为买地代葬。光绪四年（1878年）饶河洪水成灾，浮尸下流，其中有未死呼救命者。孝彰招募善于泅水人员，许诺每救生1名酬给20金，捞尸1具酬钱4 000。顷刻救生3人，捞尸12具。又精于医术，常对贫困者送诊施药。

江希贤 生卒年不详。商人。明歙县人。弱冠之龄，与伯仲二兄继承祖业，贾于北关溪滨。资日饶裕，寸缕不入私室。携资游两浙三吴，不辞艰劳。贵贱赢诎，悉中心计。和易近人，然诺不爽，以良贾闻。急人阽危，宗党戚属多所施与。修祠宇，造桥梁，一生懿行难数。

江应全 生卒年不详。商人。字遂志。明歙县里村人，江竹岗遗腹子。幼时雅意诗书，见家计萧然，两母苦节，遂默负奇志，振家报亲。弃产走北地，虽舟车道路，恒一卷自随，以周览古今贤不肖治乱兴亡灵之迹，领会古人忍苦发奋事，而身体力行，不敢履错。于是天涯羁旅，有还金全妇诸美绩，江湖间人争传颂。随遭诬税珰，尽没其囊，又舟覆，一无所有，赤手回到里中。里人窃叹之曰："子素有大志，今仍作此寂寞。"应全不为所挫，说："古人植槐庭中，以有硕德，吾父高行照人，吾母薪赡一世，何至今不能以生事赡。"更弃权产老豫章，至彭蠡，大风坏舟，仅以身免，徒手来归，里人又叹之，谓其穷未易瘳也。应全说："是区区不得志于时也，乌足难我。"时年已50岁，益念两母困苦不能抑，乃作焚舟计，尽弃其产来金陵淮扬诸盐策地，终以业盐起家。怡养未几，两母先后寿终正寝。里中父老感其节，将其事迹上报，应全覃恩授光禄寺丞。

江应萃 生卒年不详。商人。字叙五。清婺源江湾人。兄弟六，萃居三。因贫，往江西浮镇为佣。积累有资，自开磁窑。念兄弟株守，贻亲忧，遂以陶业基本让诸昆季，自己另去创业。

江良芳 生卒年不详。商人。字兰谷。清婺源龙尾人。8岁失父，与母相依为命。成人后出外经营粮业，逐渐致富。父生前好施与，良芳继其志。戚邻贫不能娶者、葬无以为礼者，必任恤之。水灾冲毁村口道路百余丈，良芳独力重造。大旱缺粮，良芳减价平粜。抱病垂危时，犹嘱家人节食，以所贮谷千百秤出粜，无留余焉。其好义率类此。

江灵裕 生卒年不详。茶商。字淦川。清婺源江湾人。贾于温州，总理茶务。

江茂星 生卒年不详。商人。清祁门西乡十八都人。茂星成年后在郑世昌店作店伙，自奉俭约而好义。每年薪资余赢，积铢累寸数十年，聚银200两。当世昌捐助乡试卷费时，茂星心窃慕之，遂将所积倾囊捐出。

江国政 生卒年不详。商人。字范先。明末清初歙县江村人。业贾淮阴，亲友见公谨厚，附本数千两银于国政，国政诚实持别，丝毫不苟。当时正值明末动乱，资赀尽失，而附本亦被掠无存，国政乃以家之所有，尽偿所附，不少负焉，以此家徒壁立。

江明生 生卒年不详。商人。字寅初。清歙县人。自小而孤，家庭又迭遭变故，家业逐渐中落，只得务农，淡泊自如。本族中有富室，素知明生能干厚道，乃聘往扬州，任以盐务。扬州是东南一大都会，四方大商辐辏，征贵征贱，变动不测。明生诚笃谙练，全心实意，握算庭户管钥之间，业兴海滨千里之外，深得主人信任，互相倚重，相与有成，明生也因此积累资金，后来独立在历阳（今和县）经营盐业。

江迪 生卒年不详。盐商。字耘织，号麓村。清歙县江村人，流寓扬州。业盐淮扬，才识明敏，谙练老成，家业隆起。后于东台采买引盐，各灶户领资营运，恒多折耗，积欠不下万金。或有讽迪挖追，冀得完归，而迪念灶户贫困，终不追偿。迪之盐业因而亏损，却视之淡如，绝无介意。

江岷 生卒年不详。盐商。字蟠友，号左嵋。清歙县江村人。奉父命客游广陵（今扬州），受聘为真州鹾务总理。

江承东 生卒年不详。商人。字晓苍。清歙县江村人。少时商于湖北汉阳，渐成富家。见义必为，如营葬伯父母数十年浮厝，归葬堂兄江承彩夫妇。先世侨居邗江（今江苏扬州），江承东归里则搜罗旧籍，为高祖以下绝户营葬立碑，并捐输祭田于支祠，奉高祖以下之祀，附祭绝户。乾隆六年（1741年），棚民蚁聚汉口，生活拮据，江承东密遣子侄于除夕每棚暗给银钱，同辈仿行，全活甚众。

江承封 生卒年不详。商人。字卫候。清歙县江村人。性豪爽，重然诺。客居维扬，恒多建树。惧祖德湮没不传，请名流作《信录》，令以传世。与人交不设城府。族人业鹾邗上者,寄以转运重务,承封受托,实力经营,数十年无私蓄。

江承联 生卒年不详。商人。字公捷。清歙县江村人。父懋儒客寓金陵(今江苏南京),承联出生于旅次。姿性明敏,敦本尚义,弱冠迁真州从事盐策,家业日起。

江承燧 生卒年不详。商人。字敬和。清江村人。性好义,平生义举之费计有数万两。笃于宗亲故旧,养育孤子,教之读书,多有所成。遣嫁孤女,玉成节义,尤不胜枚举。商于湖南,目击洞庭湖冷饭洲船多覆溺,乃筑石台,环植柳树数万株,建神祠于上,使舟人不迷所往,且数十年修筑不懈。辰州清浪滩水势险恶,船工过此胆寒。江承燧凿山开径,使挽运出险就夷。又于常德府紫草湾上游建两个大石樁,以提示舟人趋避。挖凿坍岸盘根15处,以利舟航。康熙五十三年(1714年)、康熙五十四年(1715年),洞庭飓风伤人无算,承燧募人收捞埋祀。修常德府西南两条城外大道,植柳于湖口钞关之旁。植樁、堆石于柁桿洲洲沚,以扼江涛,费6 000余两。乾隆十年(1745年),湖广督抚迈柱、蒋洲先后奏请旌表。乾隆十一年(1746年),高宗赐建乐善好施坊于原籍,并入祀武陵(治今湖南常德)忠义祠。

江春 1721~1789。盐商。字颖长,号鹤亭。清歙县江村人,客居江苏扬州南河。早年读书应试,后弃文从商,协助父亲江承瑜(盐业总商)经营盐业。乾隆十四年(1749年)父病故,由于江春为人机敏练达,熟悉盐法而又精通商务运筹,主持盐政的官吏因此推荐他接任两淮盐业总商。任职后,充分施展了自己的谋略与才华,举重若轻,勤勉诚恳,有难独当,有危勇赴,获得上下一致好评,成为乾隆朝"两淮八大总商"之首。其任总商40年,于乾隆帝六次下江南筹划接待出力甚多,并个人捐银30万两,深得乾隆好感。乾隆帝为了慰勉他,先后赏赐其"内务府奉宸苑卿""布政使"等头衔,荐至一品,并赏戴孔雀翎。乾隆五十年(1785年),还曾受邀赴京城乾清宫参加"千叟宴",并受锡杖,"以布衣上交天子",一时颇为荣耀。生平急公好义,乐行不倦,如建宗祠、修书院、救济贫寒士子等。著有《随月读书楼诗集》《黄海游录》等。

江政观 生卒年不详。商人。字振华。清歙县江村人。经商居无为州,再迁桐城。父以望,有长者称。政观性孝义,凡诸善举,倾囊不吝,宗族有人为债权人所迫,政观脱裘衣代偿之。本支祠毁,倡议重建,并纂诸谱牒,以联宗族。

江南能 生卒年不详。商人。初名彦宣,字元表。清歙县里村人。业鹾淮南,知礼达义。明末,关津丛弊,九江关蠹李光宇等把持关务,盐舟纳料,多方勒索,停泊羁留,屡遭覆溺,莫敢谁何。南能毅然叩阍,奸蠹伏诛,鹾商永利。

江禹治 生卒年不详。盐商。字念功,号岚冈。清歙县江村人。豪迈多才,维持乡党,总司汉鹾,调济得当。汉臬(即湖北汉口)新安会馆之建,经营赞助,出力为多。会馆码头出路为当地人阻抑,禹治想方设法,四处奔波,终于圆满解决这一难题。

江佩 1496~1555。商人。字廷和。明歙县长沙里人。江才次子。本习儒,以母暴卒,父令其服贾,遂与叔父随父游贾吴越,旋徙维扬。20岁,即以善贾闻名远近。父续娶东归,悉以贾事委之,家口日蕃,计所入仅仅以给。佩又徙于梁楚,什九居外,积勤逾30年。尝游宋,中过吕梁,旋至秣陵(今江苏南京),过孟河口,卒于舟中,终年60岁。

江恭堉 生卒年不详。木商。字开仲。清中期婺源晓起人。尝购木于浙江开化,有王姓兄弟各分一山,兄木价多于弟,连年构讼。恭堉晓弟以大义,并购其木600金,价与等,兄弟感之,和好如初。德清陈万年,与恭堉合股,死于仁和,子才4岁。恭堉检市籍,并万年应得本利银1 800余两,亲致其家,万年妻谢之以银,不受。生平好读《纲鉴》,虽处市肆中,亦手不释卷。

江善积 生卒年不详。商人。字以名。清歙县人。在浙江经营盐业。生平重信义,好施与,族党之间莫不蒙其周恤。事父母孝,待弟友爱,建宗祠以妥先灵。子作楫乡试中榜。

江嘉谟 1704~1777。盐商。字仲书,号勉亭。清歙县江村人。少幼丧母,事父并继母极孝。随伯父江岷客真州,课诵之余,即留意当世时务,凡盐策出入盈缩以及交游酬接皆能洞达明核。父客皖城办鹾务,经营拮据,嘉谟甫弱冠往服其劳,克襄父业,力担家计,使父能优游乡井,整顿村间。后客邗城,肩任鹾务,凡豫章、饶、吉诸盐埠,尽司其责无少负托。不蓄私财,公平正直。质直好义,人咸敬服。本宗族人居邗上者无不钦服,被奉为祭酒数十年。长子绍薇(字百开,号晓声),候铨州佐,亦尝捐青塘尾山祖墓。

江嘉霖 生卒年不详。商人。字沛川,号雨亭。清歙县江村人。弱冠,走淮扬。其族多事盐策,聚赴扬州。嘉霖左右乡党间,族贤者倚为肩臂。急公务,耻营私,营商之人,辄以奉亲。居扬州50余年。

江演 1637~1710。商人。字次羲,号我拙。明末清初歙县江村人。以太学生考授州同知,敕封征仕郎、内阁中书,居官多惠政。商于扬州,以济人利物为怀,无自私自便之念,故名公巨卿皆乐与之交。处家至俭,一如春秋齐国晏婴。至于为人排难解纷,扶危持颠,即捐万两亦无所吝。广陵火患,延烧数十百家,江演慨然赈济,且不令灾民知道出自何人。广陵下河多水患,江演尽策拯救。康熙十八年(1679年),广陵大旱,伍祐至东河125千米及安丰串场官河断流,江演捐金疏浚,盐船免车运之劳,商民皆受益。康熙三十三年（1694年）闰五月，独资开凿新岭路径，文学吴菘为审度形势，处士江承元、江廷英为董率工事。康熙三十五年（1696年）二月，夷成坦道，宽广可通车辙，无陵高驾险之劳，行旅称便，邮递汛防皆还其旧址，又于茶柯坪建引道庵指路施茶。由镇头至孔灵，计程15千米余，费银数万两，事载《安徽通志》。至如重修金陵（今江苏南京）燕子矶关帝庙、徽州城北万年桥，皆乐输不倦。慈祥深厚，重义轻财，比之战国赵胜（平原君）、田文（孟尝君），可以不愧。而骨鲠性成，肝胆相照，面斥人过，知无不言，尤有西汉汲黯（字长孺）之风。子江承瑜、承珩，孙江晟、江春、江昉，或商或学，皆时贤。

江蕃 生卒年不详。盐商。字均佐，号春园。清歙县江村人。敦厚诚笃，器量过人。治鹾广陵（今江苏扬州），早自树立。于诸义举肩任不辞。尝捐修宗祠，设立义学，并于歙云岚山创建忠义节孝诸祠，以崇祀典。对族中贫乏者，按口给谷。于广陵城街衢，或输己资，或劝义助，力为甃治，以便行旅。逢盛典，特邀议叙，由知府晋秩二品。卒年48岁。子士相、士栻克绍父志。

江璠 1509~1594。商人。字延瑞。明歙县篁南里人。初与父贾于里中，父性至孝，时祖母年事已高，家计不丰裕，甘旨或不具，江璠自请曰："大人幸无恙，儿何不东走吴、西走越、北走淮泗，取四方甘毳佐大人一日养，而坐令自窭为？"乃携资游江淮间，得方物，岁时致之二尊人及祖母。游既久，橐中装益起，为孝养计，复贾里中。

江霖 生卒年不详。木商。字澍三，号雨坡。清婺源思溪人。平生慷慨仗义。山东建孔子庙，所采办木材需关税千金，江霖倾资代纳，赠额"望重东山"。龙江关阻梗商筏，江霖控于御史台，陈吏胥六害，获勒石申禁。在乡修岭路、葺桥梁、建亭施茶、助婚丧、兴学校，义行誉称闾里。县中修学宫，复输金。

江镛 生卒年不详。商人。字序堂。清黟县沙溪人。幼贫而孝，商于广东，家稍丰裕。性乐善好施，建彭田溪桥，置上大山义冢。族中孝女殁，捐地葬之，世为祭扫。倡建宗祠，浙抚李赠以"缔造功宏"匾额。

江羲龄 生卒年不详。商人。字舜年。清歙县外村人。性正直。少读书，以父老弃儒服贾，博微利以养父，得优游以终。曾贸易芜湖，有误给多金者，却之弗受，人称"江公道"。

江懋宜 1866~1924。木商。号辅卿。清末民国时期黟县人。13岁，由外祖父引荐去九江一钱庄学徒，17岁升任"跑街"（外出联系存储业务）。清光绪十六年（1890年），与同乡孙毓如、范蔚文合伙于九江创办"同和"钱庄。宣统初，中外银行在京沪大商埠出现，他审时度势，将钱庄全部资本改营木材，在合肥东门外设"森长沅木行"。去江西吉安贩运"白梢"或买青山雇人砍伐。木材从小河运往赣江，再扎排汇入长江下游芜湖，转巢湖运至合肥出售。民国四年（1915年），各股净利均得3万余元。孙、范年老退股后，懋宜偕子友石独资经营，五年后在巢县、大通、无为等沿江要津相继设分行。民国十三年（1924年）因操劳过度去世。后其子友石将父亲遗下的10余万元资金继续惨淡经营，于抗战胜利前郁郁而逝。

江缵绪 生卒年不详。商人。号湘云。清婺源江湾人。乐善好施，入湖北盐道幕20余年。

江耀华 1827~1925。茶商。名明恒，以字行。清末民国时期歙县芳坑人。祖有科、父文赞业茶于广州致富，遭咸丰兵燹，家中落。少时曾入茶号学徒，后到苏州开茶叶店，偶然机遇结识了两江总督李鸿章，并介绍其与上海谦顺安茶栈老板唐尧卿相识，委之以联络徽州茶商，向茶商贷款，收购徽茶等重任。积累一定资金后，他采用合资、贷资等形式，先后在歙县、屯溪等地开设永盛怡记、德裕隆、谦顺昌、泰兴祥、德声和等茶号，大量收购毛茶，加工后运沪经谦顺安茶栈售给洋行，年最高销售金额为银22 000余两，获利银3 400余两。光绪中后期，因洋商压价而渐趋衰落。

许士魁 生卒年不详。商人。字名标。清婺源读屋泉人。家贫幼孤，事母克孝。成年后佣工江北，积所得，值遇同乡之穷不能归、死不能殡者，悉资助之。后经商获利，居于家，有邻邑邵姓来卖8岁女为婢者，券已成矣。父母相持泣，士魁毁券，但如数与之银，令偕女回，不责偿。乾隆四十五年（1780年）灾荒米贵，士魁倡首捐金，减价平粜。知县彭赠匾曰"望重达尊"。

许大兴 生卒年不详。盐商。字充晚。明歙县人。家本富裕，自高、曾祖以来，累世家食，不治商贾业。大兴一日忽念曰："予闻本富为上，末富次之，谓贾不若耕也。吾郡保界山谷间，即富者无可耕之田，不贾何恃！且耕者什一，贾廉者亦什一，贾何负于耕。古人非病贾也，病不廉耳。"乃挟素封之重而外出经商，因知取与之道，能根据市场情况及时购进或卖出货物，故资用大起。后改营盐业，往来淮楚之间，起家累巨万。堂构田园，大异往昔，声名奕奕而盛。久之，以税甲于乡，输粟赈边，诏令赐爵淮南府典膳，累檄不起。年且六旬，即将产业交与后人，归休家乡。

许大辂 生卒年不详。商人。字存殷。明末清初歙县人。幼颖异，读书一目十行。家贫，弃举子业在浙江业盐，凡事知无不言。时有势豪，众皆侧目，敢怒不敢言，大辂挺身而出，赴官告之，将其法办。清顺治年间，灶盐不产，亏空国税数十万两，追呼无偿。大辂请于当局，创为"折引并包"之法，于是空国税得以偿清。曾经去苏州贸易，别人欠其银以万两计，大辂全部焚其债券。苏人感恩，赠匾颜其门曰："万金市义子，志义郡庠生。"博学能文，兼工书画。

许之涵 生卒年不详。商人。字肇修,号文山。清休宁孚潭人。以亲老弟幼,弃儒从贾。为人乐善好施,凡族中孤苦无告者,皆周济之。中年侨寓江西。生有五子,寄籍南昌,其中一子膺乡荐,三子举进士。

许仁 1777~1834。商人。字静夫,号耕余。清歙县许村人。少聪颖,喜读书,以父老且贫,囊书就贾。嘉庆十九年(1814年),安徽大旱,饥民就芜湖索食,且酿乱,地方官问计于许仁,许仁曰:"非先资流民出境,乱不解。"遂议章程十条,大府称善,下他县仿行,乱乃已。芜湖有凤林、麻浦二圩,左大江,右天成湖,为南乡诸圩门户。田皆以二圩为保障。道光十年(1830年)大水,许仁自汉上归芜湖,主持以工代赈修筑二圩。次年春竣工,夏水又至,漫过圩堤丈许,许仁乃赁船载老弱废疾置高堙,设席棚,给饼馒,独力赈灾。又议二圩通力合作章程16条,令民人奉行。芜湖人感其德,请于官,立祠于凤林圩之殷家山以祀。

许文才 生卒年不详。商人。字世用,别号逸庵。明歙县人。承父绪,孜孜生业,资用大起。与兄弟同灶,一钱寸帛,不入私室。壮年经商淮泗间,务周人之急,力弗偿者,不责其逋。自认为苟役于利而违于亲,虽日赢千金,亦不愿也。贸迁货居,市不二价。

许文广 生卒年不详。商人。字良材,号柏源。明歙县人。少时家贫,母仍延师课子,一日文广泣曰:"我为人子不能养母,顾使母养耶! 我生之谓何?"乃弃儒就商,日夜淬励,唯以母劬劳忧涉,经商10年遂能立门户。感"父母在不远游"之语,经营江湖,每年必一次或两次省亲。与兄文卿合资商游,必居其兄于逸而以劳自任。

许世积 生卒年不详。典当商。明歙县人。幼习儒,好读书,父玉宗曰:"书是以记姓名而已,安用苦学。"遂弃儒从商,经营典当业。尝在姑苏经商,岁凶困甚,值宗人馆为姑苏诸生,亦贫困,世积数就馆慰问,每月均有馈给。后瑁登嘉靖二年(1523年)进士,官福建兴化知府,而世积业亦起,两人遂为刎颈交。尝与他贾交易大米,他贾教他一种方法,一年能获倍利,世积竟谢去,人或问之,世积曰:"出入不同量,以是为利,虽什百非我愿也。"去而至芜阴(今安徽芜湖),鬻财取十分之二之利,有急者愿多出利息,世积曰:"吾十分之二足矣。"曾有人负其券反而控告世积,官调查得其真相,为计所负金重偿之,世积悉弃不取,官以为义让。其妻宋氏则私给讼者粮糟,世积笑曰:"奈何助攻我者?"妻曰:"其夫不良,何与其妻。"世积怃然自失曰:"此真吾妻也。"性好施,所居数十千米内修路建亭,不遗余力。官建歙县万年桥,以丁田起赋如其计之,世积曰:"是故当籍富民,某虽非富,愿输金以为富者先。"率用其义缓征。曾捐资创宗祠,修统谱,讲乡约,定义仓。家塾延名师,日督诸子诵读。

许禾 生卒年不详。商人。字本中。明歙县东关人。至性诚笃,轻财好义,宗族乡党,多倚赖之。因为善于经营,家业丰饶。首捐2 000金鼎建宗祠,又捐资置义田、义舍、义塾、义冢。复又储若干金,以资族中因为穷困而不能婚者和不能葬者,义声大振。

许立勋 ?~1878。商人。字雨田。清歙县人。国子生。少年时来嘉定县钱门塘乡跟从秦垚奎学习经商。善诗词,工雕刻。垚奎殁,立勋经理典当事,有条不紊。常亲手种菊,与名人觞咏不减曩时。太平天国被镇压后,卜居静逸轩西偏,须发皓然,耽吟自若,曾作《千里欲归图》以见志。享年70余岁。

许达 生卒年不详。商人。字仲善。明初婺源人。风度巍峻,恬淡寡欲,以勤俭起家,非其有不取。业贾于江淮,时天下草创,盐课未盈,许达率诸商竭力以资国税。厚资饶,业甲于乡。济人之贫,悯人之孤,大小咸德之。

许廷元 生卒年不详。商人。祖籍歙县,清康熙十八年(1679年),六世祖文之始迁徙无锡。廷元以善贾,手致千金,而脱贫窭。妻孙氏尤贤,相夫以勤,许氏自始小康。

许谷 生卒年不详。商人。字本善。明嘉靖年间歙县东关人。兄许禾以善贾起家,乐善好施。许谷初习儒,少以搏击称豪,将服贾,兄给千金,乃贩缯航海,贾于岛中,得利百倍,舟泊浯岛,为群盗所掠。兄弟再给千金,就地市易,又逢凶岁,百姓饥馑,悉发窖粟,以赈嗷嗷。兄三给千金,乃择地贾于就李之皂林,诸豪杰争以牛酒劳之,以暑天大热,饮酒过量暴卒。许谷性倜傥,负大略。尝鉴倭褐猖獗,上十三策言疆事,建言歙守令史某筑城、练乡兵防御,令守不纳。嘉靖三十四年(1555年),倭寇六七十人流窜歙境,许谷奉太守陶公命守东门,被甲横刀先登,以为民望。等到倭寇临城下,乃闭五门,守令史某奉母入城避,昼旌旗,夜火鼓,倭寇见有防备乃遁去,歙城赖以保全。未几,守令委以筑城事,直至竣工。

许松径 生卒年不详。商人。明歙县人。少操奇赢,日游都市,深得经商之术,积岁而资益雄,乃输课于边,结宾而游。

许尚质 生卒年不详。典商。号朴翁。明歙县人。父荆南经贾于湖北荆州,因亡其资而不欲归,尚质独采山灌园以奉其母。稍长,受母命外出寻父,不仅复所亡资,而且让父亲归里,自己专任贾事,他说:"丈夫不能浮游四方,取什百之利,以欢亲心,乃独固守穷巷,坐取困辱,非计之得也。"于是负担东走吴门,浮越江南,至于荆,再西入蜀,并居于蜀。数往来荆湖,西涉夜郎、牂牁、邛笮之境,所到之地,诚信始终,以厚重长者闻名远近。后蜀王知之,欲辟为典膳,尚质以老不任事而辞归。居蜀20年,为人淡泊,不竟芬华,归既富厚,犹兢兢力作,衣敝食疏,步行二三十千米如贫时。尚质好礼义，喜施与。荆蜀曾因连年饥荒，道殍相望，尚质"悉收瘗之"。有称贷者，"贫不能偿，往往焚券弃之"。晚年，偕妻配程孺人居问政山所自为之圹侧"继思堂"中。时夫妇已垂老，乃力作不歇，采山灌园，种瓜芋，树梨栗。曾将自己平生艰难辛苦状，勒石堂右，以语子孙。许国大学士为尚质族子，许国有言"（许）国尝乏，翁时时周之，然翁不欲言，人莫有知者"。

许明大 1478~1538。商人。字德昭，号竹庵。明歙县人。携资走吴楚燕赵间，民之衣食不给者，咸向其称贷，明大均以义为先。值岁凶年荒，负债者争鬻子女以报，明大止之曰："吾岂以利而割人之至爱耶。"悉以券焚之，示不复取。有王姓客与明大同住于金陵一旅舍，遗金而去。明大得之，默以待主，未几，客返舍告之曰："吾何归焉？如果遗金不获，则只有投水自尽耳。"明大曰："毋忧，吾待子来久矣。"遂出金而授之，略无德色。客曰："吾今日得以复生者，公所造也，愿分公金半。"明大叹曰："吾素视不义富贵若浮云耳，吾何汝金为哉！"竟却而不受。

许明贤 生卒年不详。盐商。字仲容。清初歙县唐模人，占籍江都（今江苏扬州）。少读书于白岳，后贾于淮，以治盐策起家。深研性命之学，以诚敬为宗。尝取诸子所辑时文，投之江中曰"此无益之学"，并命诸子辑《历代史论》《名臣事略》。为人敦笃，富而博施，孜孜致力于赈饥、焚券、施药诸善事。子承宣、承家俱为康熙年间进士，时称"同胞翰林"，士林荣之。

许岩保 生卒年不详。商人。字景瞻。明歙县人，许国同宗族人，许国未第时，岩保极力推隆之。性直谅，乐善好施，葺路建亭，不遗余力，徽州府造河西万年桥，岩保率先捐输。

许倬先 1512~1565。商人。字汝德，号西皋，别号湖山。明歙县人。曾祖仕达为正统十年（1445年）进士，名御史，有异政，终于山东布政使。祖道宽经商睦族，果敢正直。父淳庵禀性质朴，寄业濡须，坦易积德，不求人知。倬先受父命经商，尝语诸人曰："人之处世，不必拘其常业，但随所当为者。士农工贾，勇往为先，若我则贾业者也。或辞利涉之艰，则大事去矣，奚以充其囊橐，裕身肥家乎。于焉苦其心志，劳其筋骨，以致富有。"

许金 1496~1552。商人。字廷宣，别号南山。明歙县人。父母卒后抚育幼弟成人，与弟业盐淮扬，资蓄日盛，大振家声。未几弟卒，遗侄日澳、日沂俱在襁褓，许金抚之如抚其弟。后将资产与侄平分，秋毫无私。时人咸曰："许氏诸孤再见成立，公真义人也。"乡邻有称贷或逋负逾期，恬不与较。

许栋 1522~1566。海商。明歙县人。明初严海禁，片板不得下海，后因承平日久，海禁渐弛，东南沿海商民遂引倭（日本）、佛郎机（葡萄牙）人前来互市。嘉靖十九年（1540年），因事囚于福建狱之许栋与闽人李光头逃逸入海，充当走私贸易保证人。某部僚汪直复于嘉靖二十四年（1545年）至双屿市易。嘉靖二十七年（1548年），许栋与李光头等据双屿，为明指挥使卢镗击破，李光头被捕，许栋逃逸，亡命南洋。

许铁 1496~1561。商人。字德成。许国父，明歙县东关人。铁幼丧父，依于外公家。力习儒，因家贫无以为生，妻汪富英劝经商，并变卖嫁妆充资，遂随叔汝弼贾于无锡。工心计，善经营，为叔倚重。叔好与士大夫游，凡存问报酬书信悉由铁为之，江淮间推为文雅。叔初无子，以铁胞弟钰为嗣。后叔生子金，金幼时，叔卒于客地，铁扶丧归葬，待金年长，悉归其财。有人煽钰曰："金非尔叔所生，谋逐之。"金惧，言于官，钰以败诉愤卒。时同产诸弟欲报复金，铁曰："钰自无理耳，死非由金，顾何罪？"为涕泣劝解乃已。人又煽金曰："若父亡时，资出兄手，非有明也。"金疑其父果有资，铁愈不自解，遂解囊授之。金益无厌，屡诬屡割，终不自白，不胜所求。加之奉养诸寡母，又慷慨好施，遂趋贫困。仅存千金，亦尽散之贫族交游，时人称铁"不能忍人之困，而自能忍困。"铁经商破产后，生活困顿，乃为蒙师以自给。子国，7岁入学。铁令其习书算，邻人莫晓窗谓铁曰："是子非握算人，吾当授之经。"三年而通经，又授举子业，凡饮食、纸笔皆晓窗所给。学成后，铁携国归歙，旋举南京乡试第一，嘉靖四十四年（1565年）成进士，入翰林，官至内阁大学士、礼部尚书。

许炳勋 1833~1905。商人。字静大，号砚耘。清歙县许村人。孝友于乡，信义于世。太平军攻入安徽，其父许允升商于定远县炉桥镇，孑身逃归，妾程氏暨子女留滞。炳勋见父忧念成疾，奋然请往："庶母亦母也，况有弟妹在耶？！"躬冒万险，昼伏夜行，至繁昌三山镇，险为太平军骑兵所俘。逾月抵炉桥，觅得庶母及弟妹后，绕洪泽湖，越淮扬，渡江至镇江，经常州、江宁、句容至宁国，遇险而转道江宁再奉归，往返半年。咸丰五年（1855年），资用告乏，北走海州，贩布为业，后设大有布肆于州城。咸丰七年（1857年），于扬州石牌楼15号创永隆盐号。同治六年（1867年）科试，名列前茅，补县学生员。同治九年（1870年）、同治十二年（1873年），乡试均落第，遂游扬州，转运使方濬颐礼为上宾，延掌盐策、综出纳。崇实黜浮，勇于任事，能以片言决庶务。亲朋谋汲引，炳勋慎察言行，量材授事，所取皆不负所荐，为方氏倚重近30年。声誉藉甚。光绪四年（1878年），因助赈晋、豫，祖父母、父母、庶母获赠五品封典。光绪十五年（1889年），因捐输，曾祖父母又获赠五品封典。光绪十八年（1892年），许村天马山左侧道路毁于山洪，倡修数百米。许村至旌德界中隔箬岭，路曲道险，加上骡马践踏，碎石刃立，禀县倡修，后又捐资续修，坦夷无阻，行旅称便。先后捐修许村大观亭、仁寿亭（原名永济亭）、邦伯门祖祠。光绪二十二年（1896年），以训导归，吏部铨选中书科中书衔。在歙日少，亲族若纠纷难解，常悬待其返里排解。

治家以勤俭忠厚为本。遗家训数十卷，尤以"敦诗书，绵世泽"殷殷勖勉。光绪三十一年（1905年）春返里，拟回扬州，染疾而卒，遗命捐助歙北太尉殿石桥工银1000两。著有《断铁集诗稿》2卷。民国十年（1921年），徐世昌大总统题额"乡国垂型"特褒。子家麟、家修、家泽（官两淮盐运使），咸饬学行，有声于时。

许莲塘 1518~1543。商人。明歙县人。少从父游贾，叹曰："吾闻范蠡居陶，数致千金，为良贾者，以有长子左右就养为之理也，吾可使吾父奔走江湖间乎？"于是效法范蠡、计然之策，择人任时。能薄饮食、忍嗜欲、节衣服，与所携童仆同苦乐。财以义取，闻名维扬、姑孰间，以善富名称素封。所获利毫不自私，又招延名儒为诸弟师资，给诸弟无所不用其情，而自己宁处粗粝。英年早逝，享年仅26岁。

许秩 1494~1554。商人。字平山。明歙县人。曾学贾河北，后束装商游，南至闽广，北抵充冀。善于经商，积10余年，业殷殷兴盛。嘉靖二十五年（1546年），自山东入湖北湖南，次年北上，长途贩运，获利数倍。翌年，自济北归，资财甲于乡，成为大贾。游贾20年，回归方两月，又欲远行，有人劝阻他说："公老矣，即田里亦足自乐，何苦历经险阻为也。"许秩说："男子生而桑弧蓬矢以射四方，明远志也。吾虽贾人，岂无端木所至，国君分庭抗礼志哉？且吾安能效农家者流，守镪基、辨菽麦耶？"一日读《史记·货殖列传》，见蜀民工于市易，由于经商致富，田池射猎之乐比之于人君，勃然动游兴。于是买舟浙江，溯流而上，直达成都，历川陕之胜，运其物产到齐鲁间，如是两番往来，资本大饶。

许翁 生卒年不详。典当商。佚名。清歙县人。家故巨富。开设典铺40余家，遍布于江浙间。翁为人厚道，说话滞钝，而其子弟中三四人则豪侈自喜，浆酒霍肉，奉养逾王侯。家童百数十人，马数十匹，每出则前呼后拥，炫耀于乡里。一日，太守以其豪横欲逮问之，上下行贿求免。事始获解。此三四人乃相与谋曰："家乡不可居矣，盍出游乎？"乃各具舟车出游间。凡其家设店之地，无远不至，至则日以片纸给店中，取银无厌足。主管人或不给，辄怒曰："这是我家的钱，与你有什么关系？"又使所善娼家至店中，恣意索取。主事人大惧，乃以书白许翁。许翁自度不能约束诸子弟，乃曰："今吾悉闭诸肆，使无所以，则已矣。"遂为书遍告诸肆，使同日停业。旋店员大哗曰："主人所不足者，非财也，何为悉罢诸肆，主人自为计则得矣，但我们怎么办？"许翁闻之曰："诚如公等言。"乃命自管事者以下，悉有所赠，管事者或与之千金，或两千金，视肆之大小，自是递降，至仆役皆有分，最下亦与钱10万。翁出此计时，未曾统计店员人数，及出此议，主者按籍而计之，则48店，几近2000人，各如数拜而去，而许翁之家财亦尽净。数十世之积，数百万之资，一朝而尽，闻者骇异。俞樾馆于休宁汪氏时，尝于翁婿汪镜轩家见翁，其冠犹戴青金石顶，缀鹖羽兰翎，镜轩告俞氏云："翁所有惟此矣。"

许烶 1516~1564。商人。字德明，号邻溪。明歙县人。14岁即携资东游，随许添荣贾于太平郡（今安徽当涂），后偕仲弟贾于黄池，居积转输，日以赢足。常独自贸迁于吴越燕赵间，稍有所获，与弟均分。一次从外地抵达庐江欲采购大批粮食，适逢县官下令遏籴，诸商皆袖手无策，许烶躬见县令，陈述民隐，由是令除。平时虽待奴仆，亦必以恩御之。生活朴素。然热心赈人之穷，来称贷者，从不推辞。对无力偿还者，不复问其偿。

许海 1502~1561。商人。字伯容。明歙县人。父殁后携资往来吴越燕赵间，为人认真，胸无城府善交往。又涉野史，善继大事，事有不平，居间数言而解。即商游乃心好儒术，延请名师教育子弟，寄予厚望。

许琏 生卒年不详。商人。字竹轩。明歙县人。30岁，商游淮扬徐泗之间，橐橐克赢。平时只要逢亲人诞辰，必自外返里捧觞。迨40岁，资产益增，堂构鼎新，富而好礼。

许韵清 1856~1937。商人。字咏青。清末民国时期歙县许村人。幼年丧父，家境贫寒，业盐致富。清光绪二十三年（1897年），江西鄱阳湖泛涨成灾，韵清派人赴芜湖购米赈灾。光绪二十七年（1901年），大学士孙家鼐见洋货充斥中国市场，欲仿造土货以抵制洋货，派韵清远度重洋考察实业。韵清回国后，于上海创设机制面粉厂。晚清捐税重重，韵清上书清廷力陈利害，德宗诏可："凡本国土产以机器制成洋货者，行销国内，沿途概准免再重征。"宣统元年（1909年），以安徽巡抚朱家宝之荐，举为孝廉方正，后捐官知府。民国十七年（1928年），某军过许村，于中夜哗变，韵清闻警冒死只身前往，晓以大义，力为抚绥，地方幸获安定，未罹浩劫。民国二十三年（1934年）大旱，田稼无收，韵清乃至八门祭产余款赈济灾民。排难解纷，乡里咸遵。兼精外科，为人施治不倦。著有《继吟文集》8卷等。

许溶 生卒年不详。商人。字月波。清歙县人，先世迁居钱塘（今浙江杭州）落籍。世代业盐。性纯孝，好施与，有鬻女抵逋欠者，许溶代为偿之。辑《菜根谈》一编，多警世语。因孙许烺官庶吉士，貤封如其官。子富梓，字敬旃，条析婺郡盐务事宜，请之上官，平均食盐市价，杜绝私盐，使长年积压盐引得以疏销，保证国税无缺，郡人无不赞赏。

许镇 1503~1533。商人。字邦靖，别号梅轩。明歙县人。携资游淮扬间，不屑屑于规利，而信义所孚，人不忍欺，浸浸乎自埒于陶朱、猗顿。心胸开阔，无谄谀拘拘态。遇良辰美景，必与志同道合朋友登高眺远，适意陶情。惜英年早逝。

许赠 1454~1504。商人。字孟洁，别号默斋。明歙县人。父宗沧，诚笃无伪，富而好礼。许赠刚20岁就经商六安团山郦，继而商于寿春（今安徽寿县）之正阳20余年。正阳为淮泗通津，士大夫过者无不登门。教子以义方，作"云山书屋"命子孙业儒，视侄如己子，戒其骄奢。与人处，乐闻善言。生财以大道，虽富而自奉如寒士。卒后，挽者近3 000人，观者万人皆叹息，以为商而感人如此，虽达官贵人未之有也。

阮弼 1504~？。浆染商。字良臣，号石泉。明歙县岩寺（今属徽州区）人。幼入学，读书勤奋，与其同师、后中第官户部尚书的鲍某曾自叹不如。因家道中落而辍学，遂至芜湖经商。先做染色业小本生意，讲求信誉，注重质量，受到顾客的青睐。后从事"赫蹏"（染色纸行业），筹集资金开设染纸厂；并创设赫蹏局，被推选为"祭酒"，成为芜湖染色纸业的主导者。同时，制定染色纸行业条规及转运贩卖规定，将芜湖染色纸载至南京转运全国，"利且数倍"。有了资本积累后，阮弼开始经营浆染业。其依靠雄厚资金购得大量优质浆染碾石，又从皖南、苏南等地聘请了一大批技术工人，使芜湖布帛、丝绸浆染质量大大提高，产品一时畅销江苏、浙江、湖北、山东、河南、河北等地。宋应星在《天工开物》中对此介绍："凡布缕紧则坚，缓则脆。碾石取江北性冷质腻者（每块佳者值10余金），石不发烧，则缕紧不松泛。芜湖巨店首尚佳石。"生平乐善好义，资助宗亲、乡友不遗余力。嘉靖三十四年（1555年），一股倭寇越过浙江突袭徽州，随之北上逼近芜湖，阮弼"倡贾少年强有力者，合土著壮丁数千人"，力抗倭寇，倭寇畏惧有备，绕道而去。后又倡筑芜湖城垣，捐修芜湖至南陵砖石道路。芜湖知县为表彰阮弼之功绩，特将芜湖西门城楼命名为"弼赋门"。神宗诏赐民间80岁以上者爵一级，阮弼以79岁受朝廷破格，并名列榜首。

孙天庆 生卒年不详。商人。号小筑。清黟县古筑人。爽直有至性，服贾养亲。后商于浙江湖州。浙江江头向有新安书院，毁于兵，天庆创议集资重建，数载工竣。旅浙同乡嘉其老，以其父灿文附祀书院。

孙元旦 生卒年不详。商人。字履端。清黟县古筑人。服膺宋儒理性之学，居家常讲解朱子学问，事父母至孝。父为武庠生，不事家人生产，人口又多，家因中落。元旦居长，弃儒业贾于六安，每年徒步一归省。及母疾剧，星夜归侍奉汤药，同妻万氏衣不解带者逾月。母殁，哀毁逾节。待诸弟以友爱称，常共眠宿，生养死葬不以相累。家中过去欠债银数百两，元旦独自归偿，人咸义之。

孙从理 生卒年不详。典当商。字南石。明休宁人。家世业典，曾赴浙江吴兴修理故业，而取什一之利，取予有道，故质其门者踵相及，趋之如从流。慎择掌计若干人，分部而治。不断发展壮大，遂以典当业发家。

孙式道 生卒年不详。商人。字瞻仁。清黟县古筑人。初业儒，后迫于家计，父令赴湖北襄阳汉皋改习钱业。太平军起，避难归家。乱平后再次至汉，锱铢积累，自创钱号，遂以起家。先人凤负3 000金，独力清偿，不以累弟。性乐善好施，凡遇灾歉必输巨资，本村千金堨木桥岁需修理，一人任其责。每年施棺十余具或数十具至汉皋，代送徽州人逝者旅榇一事，式道倡议集巨款以为基本，不辞劳瘁，经营数载，始观厥成，人尤德之。享年81岁。

孙有燨 生卒年不详。木商。字仲延。清婺源读屋泉人。弃儒就贾，家境渐丰饶。侨居金陵，曾捐助江南、江北诸会馆，独造万福庵河桥，置租兴社课文及襄建本都书院，捐资京师文明会。道光五年（1825年）、道光六年（1826年）纂修《婺源县志》及建造文庙、考棚，倡输银1 500两。对族中贫乏者予以周济、溺女者予以拯救，遇灾荒赈饥平粜，时称"孙善人"。

孙华梁 生卒年不详。茶商。号亦桥。清末婺源晓起人。家贫，在屯溪经营茶业。聚财而能散财，好公义。曾创设屯溪公济局，施医育婴；又输资助县署戒烟局。知县吴某赠额"积善余庆"。

孙志堂 ？~1942。实业家。清末民国时期黟县古筑人。家境贫寒，13岁即至祁门县柏溪顺成杂货店学徒；继由同村孙理和携至汉口葆和祥疋头布店学徒，后升至经理。第一次世界大战期间，创设"裕华纱厂"。日商泰安纱厂以高薪聘兼经理、顾问，均遭拒绝。生平关心公益事业，曾独资建造古筑石桥、砌村溪石塝，又与孙理和捐银万两修复古筑堨。在汉口，同乡营商亏损者代赔之，无力返乡者资助之。

孙启祥 生卒年不详。商人。字廷瑞。清黟县古筑人。贡生。少孤，事母孝。仲兄在外经商，启祥奉其兄，丰而自处俭约。仲耗其财，无少怨。启祥妻子殁，子女婚嫁听命于嫂家，无怨言。后启祥贾于安庆，有族人携资寓僧舍，病笃，托后事于启祥，启祥经理之，悉归其余。有查姓者，以数千金托启祥放贷求息且恐为家人耗，叮嘱毋使知。启祥给簿请其记录。后查突然亡故，其家人果不知。启祥等其丧事处理完毕，呼其家人至，计本若息，出旧账悉付之，时传为仅见事。启祥醇谨自守，见信于人。创建家庙，经理祠会，悉有条理，族党咸仰嘉行焉。生平多善举，乡有不平，经其排解，讼端为息。

孙岳五 生卒年不详。商人。字紫封。清婺源读屋泉人，诰授奉直大夫。孝亲恭兄，多义举。曾贩木湖南，抵浔江，木尽火，计耗银数千两。时同侣贷岳五金买木者20余人，既火，皆表示有负岳五。岳五反安慰曰："是予咎累公等也。"尽焚其借券，并各给归资。居里捐银800两，倡建家庙。兼谙岐黄施药，岁寒多施袍，盛夏煮茗济渴，输田6 000余平方米为永久计。余如修家乘，造桥路，义举必先，至今称德。

孙美时 生卒年不详。商人。字兴周。清黟县古筑人。幼家贫，无资读书，辄自勤学。性孝友，稍长习商业,质朴忠勤,肆主甚信任之。善周人之急,排难解纷,倾囊不恤。稍有积蓄,辄散去。贾于祁门柏溪镇时,邻居之贫穷者时受其惠。次子志堂,湖北纱厂经理,商界推为巨擘。

孙洪维 1714~？。商人。字期张。清黟县古筑人。自幼读书,14岁弃儒经商,乐善好施。乾隆五十年(1785年),倾资上万银两,历时四年整,重修邑西武岭往来孔道、岭道,几乎全用花岗岩石板铺陈,弯道外有石榫相嵌,险要处筑高坝抵挡,八人抬大轿可直上下。古筑《孙氏宗谱》载:"洪维自经始,时袱被宿岭麓庵内,日夕监视。"乾隆五十一年(1786年)、乾隆五十二年(1787年),连岁歉,洪维赈其族及乡邻,计籴米费银1.2万余两。县里建书院,倡先输资,因事中辍,嘉庆年间临终前,嘱存银2 000两为书院费。其弟客于外,曾寻之10余年,迹踪几遍宇内,且抚侄如子。其他如修陈间石桥、建石乳茶亭、施茶水济行人,均为邑人称道。《江南通志》载其义举。

孙理和 生卒年不详。实业家。清末黟县古筑人。以家贫幼至汉口习业经商。后入钱庄,相继任管账、经理。生平克勤克俭,能文且精于盘算,一眼可知一串钱之数,终成巨商大贾。尝投资3万兴办(官商合办)汉口水电公司,又创办钱业公会汇划所,实行总汇划收支。同时热心公益,曾与村人孙志堂捐银万两修复古筑石堨,使良田水旱无虞。

孙烺 生卒年不详。商人。清休宁人。为徽州巨商,侨居杭州。在京师与覃溪善,覃溪殁后,孙慷慨赠赙仪5 000两银,故其家所藏金石书画半归烺。《宋拓公房碑》《化度寺碑》《嵩阳帖雪浪帖》《诗文杂箸手稿》40巨册均在焉。

孙徽五 生卒年不详。木商。字紫封,号乐山。清婺源读屋泉人。尝贩木湖南,运抵浔江,木材尽遭火焚,损失数千两银。当时同侣向他借贷资金市木者有20余人,徽五宽慰他们说:"是我连累了你们。"随之焚烧他们的债务契约,并给资费让他们返归乡里。其在家乡,捐银倡建家庙,施田以其租济助贫乏之人。凡造桥、修路义举所在,必先为之。诰授奉直大夫。

苏大志 生卒年不详。商人。字成学。清徽州人。自幼好读书,善属文,人以大器相许无奈每试辄阻,遂绝意仕进,弃儒经商。君质直而好义,见人之所为或有不合理者,则必为之劝惩。至遇事属可为,人所畏缩不前者,君必踊跃争先。自处虽甘淡泊,而实与人不吝,遇亲朋之有急,则必忘己周之。虽弃举业事贸易,而尤手不释卷,熟悉历史,叩以历朝人物,孰是孰非,每娓娓言之而不倦。

李士葆 生卒年不详。商人。字养辉。晚清婺源理田人。家故贫,弱冠佣工芜湖,备尽辛劳。中年贷本经商,家道隆起。性慷慨赴义,芜湖建会馆,倡输

千余金。子天本、天干克承父志,输本邑城垣银800两,凡桥梁亭渡无不捐资襄助。

李大鸿 生卒年不详。商人。字碧泉。明婺源人。3岁丧父,故产破落,孤苦无依。及长,出外就师诵读,不久弃儒,服贾于金陵和龙都间,虽囊橐不充,而志存远大。尝叩诸叔曰:"人弗克以儒显,复何可以雄当世。有语之,阳翟其人采千乘而丑三族,素封之谓,夫非贾也耶!"于是茹苦咉辛,勤勋商务。妻金氏拮据善持家,得无后顾之忧。一商再商,画多奇中,30岁,已成中贾。其生平任侠,膂力过人,逆旅中无敢欺凌者。会店主词少据,乃于诸父曰:"余尝过江宁,睹江宁为南都重镇,四方会集,贾而不就都会以罄其情,何徒侷促尺寸为哉。"乃罢龙都而贾江宁,居中调业,未逾10年,足当上贾。到了50岁,犹孜孜不倦,念念在商。时盐商大贾,皆侈借奢靡,大鸿戒勉诸掌计曰:"闻贾由积纤而巨者,未闻委约趋侈,而不反丧故有也。"诸掌计奉命唯谨,又投资于姑熟兴办两个典铺,姑熟距江宁近,声息互通,众商咸奉之为祭酒。每念幼失怙恃,不及治儒,于是令仲弟改儒业,日引名儒课读,且建筑精舍以归教读之所。

李大暠 生卒年不详。商人。明婺源人。贾于云间(今上海松江)、白下(今江苏南京),又酤贾于皖城(今安徽安庆),又质贾于姑熟(今安徽当涂)。传教于受承者曰:"财自道生,利缘义取,陶朱公、秦青等辈何在?"闻者洒服。

李大镕 1834~1886。茶商。字丽生,号华山。清祁门溶口人。贡生。后弃儒业贾,贩茶于浔、沪等地。以巨商大贾身游历靡丽之乡,恪守俭朴家风;远游来归,依然素我。

李广璧 生卒年不详。商人。一名得春,字延田。清婺源理田人。贡生。性严重,须髯长尺余。后弃儒服贾,往泰州海门厅业木,艰难起家。会海门新建城垣,所需木料及工费均系广璧捐助。又建赤山岭石亭及里中义仓文社,均输资不吝。孙李必科业医,名噪一时,享年85岁。

李元黑 1832~1876。商人。字胜清。清黟县人。6岁而孤,兄元熙早逝。家贫乏食,母氏余庸工以教养。14岁学贾于江西之浮梁县,逾五年学成归娶,又逾年归省亲,适太平军陷金陵,乃力食故乡,为侍亲避乱计,不出游者四年。曾国藩克复江西全境后,都市无恐,元黑与其堂兄弟集股为钱业,合创者四人,以元黑之经营皆赢获大利,群商视为陶朱公(范蠡)再世。元黑生活俭朴,未曾鲜衣美食。独公德义举,不惜巨资为世倡。于景德镇兴孤魂祀会,又购地为义冢,咸颂弗衰。

李长庚 生卒年不详。商人。字躔。清黟县考溪人。事亲孝,兄殁视侄犹子。弟中年丧偶,助资为续娶,寻生二子。咸丰、同治年间太平军犯黟,叔举家遇

害，长庚于乱离中备棺殓葬，且为立后。避难赴杭州，被太平军所掳，逼迫其为会计。军兵拘执家妇女数十人幽于密室，哭之哀。长庚悯而阴释之，尽脱其厄，自己也乘间潜逃。由是经商顺利，家渐裕，乐善好施。

李世贤 生卒年不详。商人。字圣甫。清歙县人。其先唐宗人，避黄巢乱居歙初迁界田，再迁婺源严田，三迁环田。三田李氏之望甲新安。世贤少有大志，业儒不竟乃从诸父贾云间（今上海松江）、白下（今江苏南京）。后治盐策货荆楚，心计过人，数为上官陈便宜，上官善之，使其为同行商人领袖。后来考虑到远涉江湖，风波不可知，就改贾姑孰（今安徽当涂），业益饶。

李训谟 1861~1896。茶商。字兆寅。清末祁门凤田人。少业儒，为县庠生。后弃学随伯父华山在涩浦（今属江西九江）经销茶叶。曾携资游江汉、瓯越间，赢利颇丰。其伯父所创红茶字号至训谟而隆盛。

李有诚 生卒年不详。茶商。字允安。清婺源理田人。初经商沪上，曾涉历东洋；因风土异宜，遂返归鸠江谋业铜绿。既又偕友业红、绿茶于九江。时九江徽州会馆财政紊乱，有诚与六邑绅商兴利除弊，会馆财政多倚赖之。复在家乡开设茶号。

李守恭 生卒年不详。商人。字润之。清黟县霞坦人。其先世经商湖北岳家口，20岁丧父，祖父年迈，诸弟幼稚，守恭力承先业。太平军起，停业远避，店伙数十人皆同乡，道梗不得归，不忍患难相弃，守恭率之上避于川陕。乱平，重理旧业，绌于资本，人以其信义素著，皆乐与之往来。岳家口徽州会馆被太平军烧毁，守恭集资建之，修圩堤、施义赈、设善堂，竭力襄办，官绅赖之。有远省友寄存巨货，友归乡后殁券也遗失，乃无索偿意，守恭清算本息寄还，其质直如此。

李良朋 1525~1585。商人。字汝信，号继山。明婺源理田人。携资游江淮，凭借资本经营或发放贷款，获利可观。但不多久，遇到天灾，即焚毁所有债券，罄囊以归。

李贤 1502~1575。商人。字士希，读《愚溪赋》而有得，自号愚溪。明朝婺源人。初习举子业，后弃儒从贾，辅父经商。父殁时，资产以数万计，李贤深笃大义，铢两不与诸弟较。平生胸次脱略宏伟，不为局促鄙琐之态，一日得千金无喜色，一日挥千金无吝容。乐与贤大夫亲。贾于吴时，梅林公（胡宗宪）方宪两浙，有冒贷李贤百余金者，梅公知是自己子弟所为而白于李贤，李贤既弗之取。后梅公遭难，人有为公谋讼其事者，李贤正色拒之曰："梅公忠贯天日，功在国家，吾恨不能辨其诬，乃乘其危而讼其子弟哉！"又尝奏除镇江沿河之积棍，立苏州上下之两牙行，以繁荣商业，使国课日增。

李尚吉 生卒年不详。商人。字希甫。清黟县人。少好学，善事父母。因少兄弟，承父业弃儒经商。暇则读书，藏并至数千卷。且性喜诙谐，亲友有争讼事，群不能决，尚吉以一二谐语释之，人皆悦服。说者谓犹有淳于髡、东方曼倩之遗风也。

李迪 1447~1526。商人。明婺源人。出囊借贷，共集资金，抵江西广信，广买山材，木尽还山，雇佣工数十人，货成无限数。河道巉岩屹峡，艰通贸易，乃炼石凿河。功甫垂成，忽遭疾归，自是工佣星散，资货山材竟荡然。

李宗煝 1827~1891。盐商。一名金榜，字辉亭，晚号爱得。清黟县南屏人。少家贫，稍长便随亲友经商于大通镇（今属安徽铜陵）。由于其处事机灵，心地和善，诚信待客，勤俭积累，渐渐发展到自己既开钱庄，又设当铺。咸丰、同治年间，太平军与清兵在江淮和江南展开拉锯战，使原来利润极丰的淮盐经营无法进行。时曾国藩管理盐政，改纲为票，四处招徕商人运营。宗煝抓住时机，仅仅"纳货三百"，就从曾国藩手中获得淮盐南运的特权。太平天国战乱平定之后，淮盐畅行，利润数倍上涨，宗煝因此获利，不几年就成了名震江南的富商。致富以后，其不忘回报社会，乐善好施。曾捐万金修筑铜陵长江大堤20余千米，亦出资将大通至青阳一段5千米长的险道改成石板大道。晋、豫饥荒，输赈数万金。两燕及苏、粤等地大水，又输金数万。在家乡建祠堂，设家塾，捐千金修复碧阳书院。同治十一年（1872年）朝廷以其输赈有功，议叙道员，分发江苏，赠三代二品封典。生平喜藏书，曾出重金访求刻印徽州先贤著作多部，如南宋罗愿的《新安志》、明金声的《金正希集》以及吴殿麟、俞正燮诸文集，尤以校刊《徐骑省集》最为善本。

李承武 生卒年不详。商人。字绍先。清婺源甲椿人。太学生。业贾金陵，遵父训以义为先。有婺商贩木苗疆，地痞拦河劫木筏，承武毅然向官府宪台控告，并拜谒当地乡老晓以利害。木筏至九江，由于税饷外浮费太重，又挺身向大吏禀明情况，请求按章完纳。输资赴义，享誉远近。

李昭燠 生卒年不详。木商。字春台。清婺源李坑人。监生。才识卓越超人，经营木业于通州时，置屋供宿通海客商。通州孤老院、如皋义学、扶幼局之设，皆输巨金。族人在外有病者给医药，欲返者给资遣归。乡人亦多赖其周济之力。

李祖玘 生卒年不详。木商。字得成，号两源。明婺源人。弃儒就贾，时婺源江湾江氏以贩木起家，祖玘与之同事，精理精勤，竹头木屑之微，无不各当于用，业以日起，而家遂饶。家既饶裕，仍食粝衣苴，一婺人子不若也。所居庐极卑隘，后指繁不能容，然终不兴造。常服一布衣，历十年如新。云履一双，客至，穿以见，去则搁之，其俭率如此。

李教育 1865~1930。茶商。官名大伦，字英才，法号养真老人。清末民国时期祁门溶口人。少以父逝弃学业，随叔祖衡山习制红茶，得其真传，业茶者推为巨擘。热忱关心桑梓教育,民国十六年(1927年)输巨资建明理坛、尚志堂,以为村童就学之所。复出资就近建茶号,以商养校。

李章泮 生卒年不详。商人。字芹香。清婺源李坑人。国学生。随父避乱沪地,通商学习外语,继之研究商业,经营纱厂。好义乐施,周济乡里贫者不恤其力。

李棨 生卒年不详。商人。字信行。清婺源李坑人。家贫无力读书,14岁从兄经商浙东,以勤俭起家。咸丰年间商于衢州,府县难民接踵而至,李棨给粥饭、赠行费,历数年不倦。资济乡里亦不竭,对孔庙输以重资,任事六载;建大成殿及文公阙里,亦输千金;又倡建塔山桥、正义祠。曾自书"乡谊"二字,训诫子孙。

李登瀛 生卒年不详。商人。字亘千。清婺源理田人。事母以孝闻,性慷慨,见义勇为。曾贩茶往广东,经江西被盗,力控究办,请示勒石于通衢,商旅以安。江西乐平土匪阻船勒索,登瀛诉诸总督、巡抚,经整治河道肃清。凡文庙、义仓以及京都会馆、桥梁、道路等事无不踊跃乐输。

李锡禄 生卒年不详。商人。字寿眉。清黟县鼎石台人。邑庠生,性古朴寡言笑。父早丧,母性严厉。向有合股店业在江西浮梁县之倒湖,父逝后锡禄精心维持,仍见兴旺。当病笃,将人欠债券交还各债户,其重义如此。平日邻里孤寡贫苦及丧葬,力所能为,资助不辞。

杨春元 生卒年不详。商人。清黟县八都人。经商以奉父母、抚诸弟无私蓄。遍历吴、越、闽、楚、关、陕间,所至辄有声。曾在粤东,有人贷藩王尚可喜资无法偿还,挈其子同赴水死,春元亟呼救之,代偿所负,且厚给其家,无吝色。

吴一莲 1540~1612。商人。字伯清,号南冈。明歙县丰南(今属徽州区)人。家世业贾,祖殁瓜分,资斧既薄,弃儒贾淮海之间。性故长厚,不操市心,子钱多为人负。轻财好义,宗人有冬田被松毛者,一莲曰:"贫至此极乎!"遂厚给衣被,殁而赙焉。江行遇穷人子,辄助金钱。告诫举进士而步入仕途的儿子要"宁静""淡泊",多多关心民生疾苦,廉洁自律。晚年独居别业,时探理学诸书,亦不乏山水趣。值好风日,乘桴策杖,与齐年者同游,足迹不入公庭。尝笑语人曰:"吾欲吾儿为清吏,吾独不为清吏父乎哉!"

吴一新 生卒年不详。商人。明末歙县丰南(今属徽州区)人。父训以廉俭。刚满20岁即乡试中试,后弃儒业蓰浙中,以古君子自励,经营中坚持"宁奉法而折阅,不饰智以求赢"。

吴山南 生卒年不详。商人。字石湖。清婺源水路人。绩学工文,兼书法。父侨居江宁经商,山南随侍左右,孝养备至。江宁上新河旧有徽商会馆,年久失修,山南谋划维修,捐资倡首,不辞劳瘁。遇公事辄以身先,期于有济。县中硕儒江慎斋著书多未梓,山南先为刊行。至其备文庙,培义冢,立祀收族,成桥济旅,尤多义举云。

吴广厚 1771~1841。商人。字重其。永评孙,清歙县昌溪人。青年时即承祖业进京经商,一生积累财富颇多,在故里建有"德裕堂"。妻歙磻溪方彩球,生子五:锡樑、锡棋、锡帐、锡棓、锡梓。

吴义斋 生卒年不详。商人。清歙县人。经商来昆山。有儒行,好济物,不求人知,世亦罕知之者。所为诗及小令,聊以寄意,而音节圆美,修然尘外。所著《经畲堂诗》,嘉定黄淘耀曾序之。

吴之骏 1672~1749。商人。字瑶骏,号捐斋。清歙县丰南(今属徽州区)人。少丧父,哀毁如成人。颖悟绝人,日记数千言,习举子业,乡先辈器重之。刚满20岁,弃儒从贾继兄之邗江(今江苏扬州),综理鹾务,又亲诣擘画西江典业。60岁时,左目微眚,遂决意杜门,雅意林壑之间。孝友性成,敦善行不怠。祖祠倾圮,不惜重资以襄厥成。凡道路之险仄者,路亭之摧颓者,皆一一鬈治。康熙五十七年(1718年)洪水暴涨,里中桥堤冲塌数十米,倡集同人构造,凡两易寒暑始竣工。置义田数千亩,以济族中贫乏者。对族之弟之秀者,或无力延师,谋设义塾以教。其他如振困穷、焚贷券、施医药等阴行善事不可殚述。

吴天行 生卒年不详。巨商。名允,一作允复,字天行,以字行。明末清初歙县丰南(今属徽州区)人。祖光训,父逸,均服贾。吴允承先业,业盐于广陵(今江苏扬州),业典于金陵(今江苏南京),又贸米布于运漕(今属安徽含山),富称百万。清军南下,天行献饷于豫亲王,授员外郎衔,御侍姬百人,半为家庭乐班。时有李大娘者,字宛君,性豪侈,所居台榭亭室,极其华丽,每置酒高会,弹琵琶、筝瑟,吹洞箫,唱时曲及狭妓声于莫愁桃叶间。后归天行,常郁郁不乐,遂托病,荐其所欢胥生为之医。李大娘以金银珠宝纳药笼中给之,胥生本家徒四壁,以获吴氏家财而致富。天行死后,李大娘卒归胥生。吴天行曾从外地远致奇石无数,建别墅园林,亭榭楼阁幽丽,取"春色先归十二楼"句意,名其园曰"十二楼",后又造"松石庵"。

吴天衢 生卒年不详。商人。明末休宁北郭人。弃儒从商,周流湖海数载,未能展其志,遂远游百粤,寓于昭漳,以信义交易,数年后业大振,称素封。

吴云鈖 生卒年不详。商人。乳名尼姑,字席儒。世玺长子,近代歙县昌溪人。终生经营茶叶,经管祖传基业永和、聚丰等茶庄,协助父亲管理北京其他产业。卒于京城,享年47岁。子成溜继其业。

吴少樵 1888~1968。实业家。近现代休宁人。少时在景德镇天长钱庄学徒,后升账房。清光绪三十四年（1908年）被聘为恒升钱庄经理。民国元年（1912年）为震达钱庄经理。民国八年（1919年）召集亲友四人，合伙创办景德镇久昶钱庄，任经理；钱庄贷款对象，系长江沿岸各埠之瓷店。民国十六年（1927年），以"徽帮"代表被选为景德镇商会会长。民国二十二年（1933年），国民政府实行"废两改元"，钱庄利源告绝，久昶钱庄宣告停业。民国二十五年（1936年），少樵在景德镇设立中央储金会支会，代理储蓄业务，招揽居民存款。抗日战争时期，瓷业濒于停产，曾应香港顺泰祥瓷号老板杨有翰与国兴瓷号张树青等邀请，赴香港访问调查。民国二十八年（1939年）在上海创办"景德镇瓷业有限公司"，同时在景德镇设立瓷庄。战后又与徽商何杰一在景德镇开设华记烟公司，经营吴商颐中烟厂出产的机制卷烟；又与同乡胡西垣、俞昌鼎等创办建安织布厂。热心公益事业，民国三十一年（1942年）景德镇创办天翼中学，献田1万余平方米。

吴日连 生卒年不详。商人。字连玉。清休宁东里人。13岁，父光蕃在湖南经商，音问少通。祖父母年老且贫，日连每天砍柴贩以供养。后以家贫出外经商，不欲母知其累，每归，必整容易衣，然后见。

吴日法 1882~1926。商人。字审度。清末民国时期歙县南溪南（今属屯溪区）人。幼读书，及长服贾，饱尝商旅跋涉之艰辛。民国期间，至杭州开设山阳关酱园及井阳岗酱园，并列为杭州两大酱园。撰有《徽商便览》一书，刊于民国八年（1919年），书中记载徽州经营茶木杂业外出必经之道，如新安江沿岸集镇名称，相距里程等，为商旅提供方便。

吴公 1491~1541。商人。字烈夫，号存节。明歙县丰南（今属徽州区）人。高祖宗鲁公为洪武初巨商，富而好义。父野牧公，倜傥豪逸，不事生业。公挟妻奁以服贾，累金巨万，拓产数顷，而与弟均分。后其弟发了大财，父野牧公仅拨本银300以偿公，公让弗获，始勉承之。既而曰："商贾末业，君子所耻，耆耄贪得，先圣所戒。"遂归老于家开圃数万平方米。朝廷聿新三大殿，督诸道采木，而徽尤峻诛求，公带头响应所求，为诸道倡。

吴公进 1555~1624。盐商。字彦先。明末歙县丰南（今属徽州区）人。祖父曰正学，曾祖曰尚莹，七世业盐策，客于淮海。贾集而嚣，每惟才能为长，而皆诚服公进。"彦先能权货之轻重，揣四方之缓急，察天时之消长，而又知人善任，故受指出贾者利必倍。"虽隐于商界，有空辄浏览史书，与客纵谈古今得失，即宿儒自以为不及。诸孙各专其业，治贾则挟与俱客所，治经则使习静黄山。

吴文彦 1508~1603。商人。又名四毛，字德美，号双塘。明歙县岩寺磡头（今属徽州区）人。奉父命辞塾师经商，即能征贵贱，别良苦，精明勤事。邑中筑城，输殿材诸巨费上千两银，文彦独身受事，不以分赋昆弟。旅湖阴（今安徽芜湖），正值县令准备建筑新城，文彦捐资经营以为民倡。歙令李侯、彭侯前后劝民储粟铺饥，文彦也欣然应教。其他敦宗睦里、周急拯危事迹，难以枚举。

吴文畿 生卒年不详。商人。字民止。清祁门金璧人。初贾溧阳。有一借金未偿还者，病危时，嘱咐家人卖其妻置备殓具，余额偿还文畿。时文畿客商湖北，家人告之其友，友说文畿四十无子，愿出金买此妇人为他置妾可也。文畿归家，朋友告之。文畿道："哪有在人生前贷之与金，人死后却以其妻来当质偿债的呢？"当即取婚约及借据焚烧之。

吴孔龙 1556~1623。盐商。字见甫，号文学。明末歙县丰南（今属徽州区）人。父殁，从叔父思云公经商淮阴，所谈盐策，悉中利害。后贾固陵（今河南大康南），运筹转毂，故业益饶，诸兄弟贾海上者辄出橐中金佐之。歙邑汪景纯，倜傥不凡之士，慕孔龙高义，请得与交，并以淮阴盐策借以主划，孔龙遂担其事，戮力经营。后景纯殁，诸孤尚幼，孔龙不恤劳怨，终使故业复昌。此为死者知人之明，亦生者为友之忠。

吴玉润 生卒年不详。粮商。字方刘。清休宁人。乾隆六年（1741年）运麦回徽州，至小金山遇久雨溪涨，多有溺水之人。玉润即行雇船捞救，并给以衣食，救活者甚众。其子吴襄，以举人登正榜。

吴田 生卒年不详。种粮业主。字景芳。明休宁新塘人。以勤俭务农起家，徽郡多山谷，以谷量人，土地之入，不足以供什一。于是舍本富而趋末富，重商而轻农。景芳曰："不然，自昔王者重农，有土皆有籍，今用不稼不穑，艳锥刀之末利而走四方，纵自轻其失得犹辐辏耳。籍令人人贾也，民其无天乎！"乃孜孜务力田，省耕敛。每年所收，则根据市场行情变化随之而变，因而财富不断积累，不经商而能致富。只要哪里歉收，则以积粮倾里中，人言："任民窖粟以待不赀，此其故智也。"景芳笑曰："使吾因岁以为利，如之何？遏籴以壑邻，是谓幸灾，天人不与。"乃尽发仓廪，平价出之。居数十年，其富超过上贾，而折节务俭，衣服饮食不及中等人家。正德年间，扬州守瑶从车驾，为侍卫所困，景芳出囊中千金，各餍其欲，守乃得脱，言未遇时，与景芳相善。

吴永评 生卒年不详。商人。字衡品。清歙县昌溪人。少服贾燕京，为清歙县昌溪太湖吴氏进京经商先驱者之一。尝捐金建会馆、置义冢。生子四：大烈、大章、大正、大量。

吴永厚 生卒年不详。商人。字广仁。清徽州府人。少孤贫，弟双目失明，拮据以奉其母。稍长后赴北京经商，异省人无不服其诚信，以故事业隆隆起。以母老故，归养。念弟失明，分财以足其衣食。灾年时，偕族中之富户合赈，所活人无数。

吴永钥 生卒年不详。商人。字金声。清婺源梅溪槎坑人。幼失母，帮人佣力养父。后往汉口业贾，逐渐致富。值水灾，永钥雇舟救援，全活甚众。尤笃根本，修祀厅、葺宗谱，所费不下500金。又太尉庙之石桥、十九都之孔道，均捐资倡修。

吴永琮 生卒年不详。商人。字廷璧。清歙县人。业盐于江苏如皋之掘港场，慷慨好义。弟永瑞（字拱璧），孜孜为善如其兄。

吴老典 生卒年不详。商人。清徽州人。初为富室，居扬州旧城，以质库名其家。家有10典，江北之富，未有出其右者，故谓之为"老典"。后中落，里人尚指其门曰："老典破门楼。"

吴成溠 生卒年不详。商人。又名成济、来贵。云鋡之子，近代歙县昌溪人。早年在福建经营吴家茶厂，负责选购、窨制、贮运等事务，兼营福建油漆，后转任杭州府书办。惜英年早逝于杭州，年仅29岁。

吴光祖 生卒年不详。商人。字自烈。清休宁人。性慷慨，重然诺。尝贾于羡阳（今江苏宜兴），值岁歉民饥，买谷百石不卖，贫民不能自存者则贷以直，谷尽复设粥以赈之，羡阳民目为"休宁吴善人"。族人以华借其300金，以华死，家人无力偿，光祖遂以券还其子，复赠金20，使之婚娶。族人贫不能葬及有志读书而无力者，必周济之。

吴光裕 1574~1632。商人。字肖甫。明歙县丰南（今属徽州区）人。父正模（字伯清，号立庵）贾于楚，因光裕年少即有营商才能，遂命光裕与俱。正模善权万货重轻，故市多倍得。有光裕筹划其间，则更巧于父亲。父亲喜曰："人谓汝胜我，果然。"从兄吴光升造宗祠，复捐金构支祠，推光裕董其事，十载而祠成。后移贾广陵（今江苏扬州）。

吴廷芳 1854~1927。商人。字兰圃。清末民国时期休宁海宁人。因其家世代业盐而入嘉兴籍。年轻时曾拜人认傅，晓读诗书。太平天国后期，因家业受创，遂捐书服贾，学做生意。在嘉兴开设吴大成烧酒行，创"人寿酒"，后于民国十八年（1929年）获西湖博览会优等奖。虽寄业商贾而行止志向于儒门，孝于亲，睦于族，仁于物。谨身节用但好善乐施，焚烧债券，施行义举，有"今之孟尝"之称。又以诗礼传家，有"一门双陆，书画琳琅"赞语。

吴传芳 生卒年不详。商人。字述之。明嘉靖年间歙县溪南人。商游江淮间，资累数万。70岁归里，结庐曹溪，买山数万平方米，家居终老。曾不惜巨资倡修祥符寺，又凿石铺路，自曹柘岭直达汤口，由汤岭抵于汤泉，并凿石结亭覆于池上。复捐资修葺、扩建大圣山普祐寺，又捐田1.3万余平方米，供养众僧。汪铉为撰《重修大圣山普祐院碑记》。

吴延支 生卒年不详。商人。字尔世，曾自称"卷石山人"。清歙县西溪南（今属徽州区）人。伯祖应明，明万历年间登第，官太常寺少卿。祖应曙，太学生。父自诚笃孝，遭疾早卒，母胡氏方娠，阅四月，延支生。祖父喜曰："天祚我吴，其在斯乎。"泣而名之曰"延支"，怜爱甚。及就学，不以孤自恣，刻厉诵记。13岁能通帖括，但科考不利，念祖父既年老，寡母当户劳苦，中夜抱书泣曰："嗟乎，富贵当须何时，安能郁郁冀万一，无以奉晨夕欢乎？"遂辍经生业，更治盐业。家稍富裕，奉养尊老，具旨膳，而自身俭素，衣裳无纨绮。事叔父如父，亲党困急，随多寡赈施。曾过东亭见河岸崩徙，朽棺暴骨，黯然伤之，捐款为编木护河堤，又谋别置义冢，以掩胔骸。人有颂义者，辄谢曰："此吾母氏意也。"延支商余喜读书，好文辞，与名流硕彦多交往。曾刻晚唐秘本诗数家传于世。晚得疾，憩僧舍，不敢以疾告母，犹时时归省起居。卒年46岁，亲交闻者皆流涕。子承勋、承励，并向学，曾买山千余亩为义冢，人谓有父风。

吴自充 生卒年不详。盐商。字幼符。歙县西溪南（今属徽州区）人。业盐策。慷慨好施，病危时，命家人取来所有借券全部焚之。

吴亦炜 1815~1870。商人。字珥彤，号小渔。清歙县昌溪人。自高祖永评公兄弟（昌溪太湖吴氏第二十二世）于乾隆年间进京经商，后代继承家业，为几代茶商，传至亦炜已是第五代，亦炜与从兄亦辉在京设茶庄多家。时清廷有规定，不准汉人在京城营商，

＊吴亦炜

而吴氏兄弟在京城开设的"吴记永和茶庄",却成为京城仅有的四家汉人开设的商号之一,足见其政治背景和经济势力之坚实雄厚。亦炜晚年主持析产时,留4 000银元和一爿店铺作为祭祀之产,三子世玺承继亦辉为嗣不参加析产外,其余四子均以分得资产作资本,继续经营茶叶。长子世昌(又名全庆,号炽甫)将吴氏家族商业推向鼎盛。

吴亦辉 1807~1859。商人。字含光。锡樑次子,清歙县昌溪人。毕生经营茶叶、典当、房地产,奔走于京徽两地。在北京拥有多处茶庄,其中吴记永和、吴记聚丰等茶庄久负盛名。在北京通州郎各庄建有庄园,置有地产。在京城东四北大街、石榴庄等处置有豪华四合院。在故乡昌溪建有精美宅院"德望堂"。无嗣。锡棋公孙、亦炜次子吴世玺继。世玺年幼时,受亦辉夫人方氏之托,世玺胞兄世昌代为料理在京产业。

吴兴周 1868~1941。实业家。行名正尘。清末民国时期绩溪高迁人。14岁时,由同乡介绍至六安一钱庄学徒,23岁于芜湖创设"宝兴京广货店"。受孙中山先生实业救国思想影响,清光绪三十二年(1906年)与程次濂接手合办原芜湖明远电灯股份有限公司,并不断扩大投资规模(民间集资和贷款),改造电厂,实现由民用电到工业用电的延伸和公司管理制度的创新规范。在短短的几年时间内,他以明远公司为基础,陆续与人合伙开办了大昌火柴厂、恒升机械厂、恒茂五金号、恒升里房地产公司、安徽银行、江南汽车运输公司、国货公司、生生延记电镀厂等,独资创办芜湖电话局,在屯溪建水电站。先后出任芜湖商会会长,安徽省商联会主席,全国商会执委等职。民国二十六年(1937年)十二月,日本军侵占芜湖,明远公司落入日本人之手,已染病中风的吴兴周悲痛欲绝。日伪汉奸维持会想说服他继续留在明远公司,吴兴周不屑与日寇汉奸为伍,遂愤然返回绩溪老家。民国二十九年(1940年),在家乡招股建立翚溪林场。民国三十年(1941年)深秋,在绩溪病逝。去世时,曾有一副挽联云:"艰苦创业守成难,民族工业靠自救。"吴兴周热心于教育事业,在芜湖创办过工人夜校,在绩溪老家,捐资建"兴周小学",后又捐款扩建为高级小学,并将其个人在"明远"的股份划出一部分另设专户,以股息红利作为小学常年经费。吴兴周在芜湖商会会长期间,对芜湖的城市建设也曾做过诸多贡献。

吴克成 生卒年不详。商人。字开雯。清初歙县人。补仁和县学庠生。经营盐业有干济才,于蓥政利弊尤悉。清初盐政凋敝,克成殚力经营,众商皆依赖之。当时有人兴起一场大案,连及当事官员,克成毅然身任,庭讯言词侃侃。狱上大司寇,事情遂得以澄清。其他济困扶危、疏财仗义之事不可枚举。

吴时 生卒年不详。商人。字茂松。歙县下长林人。夜出被盗执,问里中富户为谁,答曰:"无逾我者。"引至其家,任劫其资而去。郡邑察其厚德,举为乡宾饮。

吴良儒 生卒年不详。商人。明歙县西溪南(今属徽州区)人。9岁而孤。既长,授经习儒。后体念母意,弃儒为贾。曰:"儒者直孜孜为名高,名亦利也。藉令承亲之志,无庸显亲扬名,利亦名也。不顺,不可以为子,尚安事儒。"于是到吴淞江,以典铺起家,时时奉母起居。寻离吴淞江,挟千金徙于浙,为盐策祭酒。后又挟世资徙淮业盐。暇则闭户读书,摹六书古帖,课诸子授经,以承先志。后卒于武林,终年68岁。汪道昆为撰《墓志铭》曰:"古者右儒而左贾,吾郡或右贾而左儒。盖诎者力不足于贾,去而为儒,赢者才不足于儒,则反击为贾。此其大氏也。"

吴尚相 1513~1581。商人。字海甫,号宾阳。明歙县丰南(今属徽州区)人。弱冠攻举子业,勤奋苦学,贮书充栋。不久其母其妻相继病逝,乃攻读医学,后又挟微资走江湖,南游浙、闽、粤、桂等地,近50岁,游于亳、宋之间,三致千金,后南归返里,筑室所居之旁,莳花叠石,安度晚年。

吴国诊 生卒年不详。商人。字子诚。清黟县十二都洪径墩人。少孤,贾于桐城枞阳镇。经商垂50载,一介不苟取,无论是帮人经营还是自己经营,皆能以义为利。有堂姊幼与同里汪氏订婚,未婚而夫故,茹荼守贞60年,以家贫未能请求政府旌表,国珍为其请旌,事成而姊卒,足慰乃心。家庙未修漏圮,国珍独倡捐重资,未葳事而卒。子聚庆踵成其志。

吴国锦 生卒年不详。盐商。字绣文。清休宁和村人。善经营,家渐富。尝以资财分予诸侄,使其各谋生计。姻族邻里之缓急及无力婚葬者,皆尽力周济。

吴昂 生卒年不详。商人。字若千。清休宁人。以营商侨居芜湖。其地大江之西有险矶,石骨嶙峋,江水涨落,不时妨碍行舟,为害不浅。芜人曾议建矶台,终因经费无着落未能动工。吴昂乃告县府,独力兴建,垒石为台,台上立庙建旗。工程始于雍正六年(1728年)十月,雍正八年(1730年)三月落成,题名"永宁矶"。此后商舶畅通无阻。

吴钏 1486~1544。商人。字希璧。明休宁莒山人。9岁而孤,辄当室。既长,贾真州(今江苏仪征)。其人魁梧,广颡丰下,有辩才,一见倾四座欢。商车结辙于门,争下吴钏。寡母且老,夫人查氏奉母欢,留滞真州。及次子景晖成家,吴钏以资斧授之,未尝问出入。重侠轻财,寡积聚。长子景明受业吴会(今浙江绍兴),继母严氏脱簪珥佐游资。嘉靖二十三年(1544年)吴钏客死真州。

吴荣让 生卒年不详。实业家。字子隐。明歙县西溪南(今属徽州区)人。父在襄阳经商卒,荣让8岁而孤,家贫,幼时扫松毛作薪。16岁,跟从族人贾于松江,始能自立,数年后,资渐富饶。以里俗奢侈,乃奉母率妻子迁居到本县临溪。居未久,知其俗与故里同,复奉母率妻子徙居浙江桐庐之焦山。喜曰:"此吾畏垒（乡野）也。"于是部署土著，以身先之，废原湿地使之田，度山林使植树。山林多薪木，虎时时出噬人，遂议伐薪，居人则以为10岁利也。复易以茶漆枱栗之利，虎患乃已。3年而有收获，再过3年而能丰熟，居20年，遂致巨万，远近归之。荣让以幼家贫辍学，及长服贾，始购书读之，然无常师，独从人受教古文章节和句读。既通大义，辄孜孜躬行之。曾读范仲淹《义田记》，仰慕其为人，后遂立宗祠，置田以供祭祀如古法。召门内贫穷弟子，一一分派任务而供养之，又于桐庐建立义塾、义仓，皆仿古人遗意。自俸甚俭，居常衣大布衣，粗茶淡饭，而所至津梁甓道，则捐资修筑，赴义如流，后卒于桐庐，享年86岁。

吴荣寿 1873~1934。茶商，实业家。字永柏，号俊德。清末民国时期歙县岔口人。少时随兄在屯溪经营茶行。清光绪二十七年（1901年），在阳湖开设吴怡和、吴怡春、吴永福等茶号，多时10余家，茶工2 000余人，制作精茶。民国七年（1918年）秋，将精制茶外销，获利10余万两白银。翌年，在屯溪增设建华胜、公兴等茶号，年产精茶占外销"屯绿"之半。荣寿以高薪聘请婺源制茶高手，创制"抽珍""特贡""珍眉"等名茶，在上海夺魁，誉满沪、港，久盛不衰。宣统二年（1910年），捐资创办崇文学堂，并与茶商洪朗宵等组织公济局，向贫苦百姓施济医药、棺木和资助育婴等善举。曾任徽州茶务总会会长、休宁商会会长。

吴荣运 生卒年不详。茶商。字景华。歙县北岸人。幼习儒。父元贯尝贩茶至京师，遇乡人之贫困者辄解囊相济。父殁后家贫，荣运弃儒就贾，好善如其父。岁饥，捐金助赈，全活无算。又代输贫户积年逋粮，其他掩枯骨、修道路，一无倦色。

吴南坡 生卒年不详。商人。明歙县岩寺磡头（今属徽州区）人。身为布商，其信条是："人宁贸诈，吾宁贸信，终不以五尺童子而饰价为欺。"天长日久，四方之人，都非常信任南坡公。每到市场买布，只要看到南坡氏字的封识，辄买去，从不管布的精恶长短，因为他们相信绝不会受骗。

吴柯 1499~1590。商人。字汝则。明歙县丰南（今属徽州区）人。初攻举子业，有人劝曰："士而成功也十之一，而贾成功也十之九。夫临清为古平原，山东之集而中国之枢也，君贸迁乎！"于是，殚策而至青原，择人任时，从贾60年，十致千金，随积随散。急者贷之，逋者舍之，恩者报之，仇者忍之，夸者解之，争者息之。横祸之来三不较，一饭之施屡致谢。仁厚其心，宽容其怀，恬淡怡情，年逾耄耋。

吴思沐 生卒年不详。商人。字新之。明歙县向杲人。商于滕沛，适遇灾年，出粟米以赈饥馑，置义冢以埋饿殍。黄河徙柳椿，巉石没于波中，舟触立破。吴思沐捐资募夫起拔，杨司空大加赞赏。由徐沛至清河，三年拔削始尽，自是舟行如平地。又于夏镇（今湖北武汉东南）砌石堤、造二舟，募夫操渡40余年，杨司空建坊旌表。

吴钟 生卒年不详。商人。字方鬵。清徽州人。候选光禄寺署正。业蘖汉阳，理繁治剧，得心应手。能消除祸患于未萌之时，同业均依赖之。博施泛爱，游士、旅人、执艺操觚者，恩礼相接者无虚日。乾隆十六年（1677年）大灾，郡守何达善劝谕平粜，有余粟贮仓。第二年很多百姓缴不起赋税，钟请于邑令，以其粟代输民逋，百姓感恩不绝。

吴钟洪 1612~1659。盐商。字鼎卿，别号仰皋。明末清初歙县丰南（今属徽州区）人。家道中落时随父亲弃所居，持千金贾钱塘，复又经营盐业。父亲九皋公以节侠闻名东海，至则诸商更引以为重。居久，业益饶。后九皋公厌习贾，日挟少年饮湖上，夜则二八更侍，为晚年乐也。钟洪曲意奉之，实以身当户事，殆10余年。不久，九皋公客死武林（今浙江杭州），钟洪以柩归葬后复出钱塘，因其明习盐法得失利害，一如其父，为诸贾所推崇。

吴勉学 生卒年不详。刻书商。字师古、肖愚。明歙县西溪南（今属徽州区）人。著名刻书家，世代经商。官光禄署丞，后弃官专事刻书。生平最喜搜集皮藏典籍，尤以刻书著称于世。吴氏凭借富厚家资与宏富藏书，整理校刻经史子集及医学古籍计300余种3 500余卷，特别在校刻医学典籍上贡献最大。其刻书校雠精审，版式划一，刊刻精良，极少舛误，多精善本，为书林珍视。其中《史记集解索隐正义》《痘症大全》《二十子全书》等，为徽派刻书中精品。万历二十九年（1601年），辑刻《古今医脉正统全书》，共收录44种204卷医学典籍，被列为中华十大医学丛书之一。所辑《河间六书》被《四库全书》收录。又尝与吴养春校《朱子大全集》。著有《儒门事亲》。子吴中珩（字子美），克承父志，专一刻书，亦为明时著名刻书家。其父子所设师古斋刻坊直至清康熙年间仍在刻书。

吴养春 ?~1626。商人。字百昌。明歙县西溪南（今属徽州区）人。祖守礼、父时佐，均经营盐业，为徽州早期著名盐商家族之一。养春早年承继祖业，并发扬光大，至万历、天启年间，京津、两浙等地商埠均有其店号，经营项目有盐、典、钱庄、珠宝、绸缎、木材等，家资累万，富堪敌国。万历年间，捐军饷30万两得中书舍人衔。天启六年（1626年），因"黄山大狱"被魏忠贤逮捕入狱，拷掠致死。崇祯初，魏忠贤败死，冤狱始得昭雪。养春嗜学，喜藏书刻书，家有泊如斋刻坊，尝刻万历十六年（1588年）版《泊如斋重修宣和博古图》30卷，由丁云鹏、吴左千绘图，黄德时等镂刻。又刻《泊如斋重修考古图》，传原本为李公麟绘，丁云鹏、汪耕等摹绘，均为徽派版画之佳作。养春还曾与吴勉学等协刻《朱子大全集》60种,112卷等。

吴炽甫 1847~1929。商人、实业家。行名世昌，又名全庆，以字行。亦炜长子，清末民国时期歙县昌溪人。考取翰林院供事官，议叙即补，未入流，貤封四品封典。其先人世代商于北京，经营茶叶，兼营百货。炽甫承家业，以北京为基地，专营内销茶，形成了从茶叶收购、加工、窨制，至批发、销售的完备体系，销售范围遍及皖、浙、苏、闽、赣、鄂、冀、辽各省。他在福州设立同德茶厂，窨制花茶，在天津设立批发点，将窨制花茶运往北京、营口等地销售。在歙县设吴介号，在休宁设泰昌号，在北京设恒瑞、星聚、源成、肇祥、德润、祥瑞等号茶叶店，在张家口设德祥号，在宣化设德裕号。后又在汉口经营房地产业，开办牙刷厂和百货公司。民国初期，又在扬州开设协和祥、利通盐场。积累资本达200万银元，被称为歙县南门首富。关心桑梓教育与公益事业，曾捐4 000银元重修昌溪石桥，资助昌溪复兴小学，又置田数万平方米，以地租资助族中穷人。

吴宪 生卒年不详。盐商。又名云风，字叔度，一字无衍。明万历年间歙县丰南（今属徽州区）人，侨居杭州。明制，科举之法，士自应童试，必有籍，商游外地都市者可入商籍，始能于侨居郡县就试。而杭州原无商籍，徽商子弟甚众，若回原籍应试，山河阻隔，甚为不便。万历三十二年（1604年），吴宪与邑人汪文演上书巡盐御史叶永盛，请立商籍。经叶氏奏报朝廷批准，例由两浙驿传盐法道取送学院，岁科两试，各拔取新生50名。"杭州有商籍，自宪倡之"。复与汪文演等，择地吴山之阳，建尊文书院，以祀朱子，岁时登拜，举办文会，后来改称紫阳书院。

吴继良 生卒年不详。商人。字君遂。明休宁商山人。业商，乐善好施。在乡倡建宗祠，造义屋数百楹，置义田，济宗族之贫乏者，葬亲戚之无主者。又创设"明善书院"，开义塾；捐本县学田6万平方米，输金千两于"还古书院"助学。另独建本邑小溪石桥两座，浙江九里、太阳、朱柳、双溪、五圣石桥五座，并铺砌歙县查坑、浙江朱柳石路数百千米。

吴继祺 生卒年不详。商人。字任文。清休宁大斐人。邑附贡生。生平仗义疏财。曾捐资4万余金修黟、祁间孔道，计长30余千米，并在途中建造茶亭，以利行旅。复倡葺明伦堂，筑魁星楼，重修城隍庙宇，兴筑蓝渡、封登两桥等。侨寓汉口时，又募款重建紫阳书院，以作寓汉同乡崇祀朱熹及聚会之所。在乡兴义学、聘名师、立学规，并立惜字会、施茶局、漏泽园，义举不胜枚举。

吴职 1670~1725。商人。字荩思。清歙县人。生有慧性，甫就学，即善解悟，父深器之。20岁补徽州府学诸生试获优等，又以例贡入太学。与三弟鸿、五弟觐攻苦食淡，期以科举起家。父殁之日，橐无余财。吴职昆季凡六人，伯兄聘、四弟肇圣、六弟肇耿相继早世。庶母丁孺人守节，有幼妹在室，生活艰难。吴职因先世经营盐业，于是弃儒赴扬州经理旧业，不惮劳瘁，以为婚嫁、葬埋、饔飧之费并供养两弟读书。后吴觐成进士，官翰林。吴鸿亦中副榜，侄梦骃举于乡，诸子并列学校。吴职性孝友，事两叔母以礼，待众侄子弟咸有恩。晚年命吴鸿归里，卜葬父母。凡葺宗祠，增祀田，治道路，助婚敛，皆捐款次第举行。将议法范文正公置义田事，未成遽逝。临终时，语不及家事，唯遗命子士赓等曰："友人某曾以金托我，今已殁，其家鲜知者，汝辈当如数归之。丧事崇俭，毋妄费，无益亡者。"语毕，奄然而化。

吴基承 生卒年不详。商人。字公业。清休宁和村人。在浙江业盐。性孝友，父遘疾濒危，侍汤药衣不解带，夜必诣神前祷祝，父梦神授灵丹，吞之而愈。家小康，重建昌化县太平桥。平生见义必为，屡为盐运使所器重。

吴琨 生卒年不详。商人。明休宁人。父纲，负气好游，家穷贫，时出时归。嘉靖四十三年（1564年），琨20岁时，其父已逾50岁，贫益甚，复拾行装，别妻子，贩赫蹄（纸）西楚，奴友富相随。嘉靖四十五年（1566年），又转贩豫章（今江西南昌）。隆庆元年（1567年），又转贩关中，多折本，音信断绝。琨居家酤酒养母，间往近地刺探父踪迹。久之，琨有子女，食贫不能自给，以屋典钱，以半偿债，以半治生。后去维扬习贾，辛苦一生。

吴敬仲 1553~1606。商人。明歙县丰南（今属徽州区）人。诸兄经商于广陵（今江苏南京），敬仲惭而自奋曰："吾不阜于贾而昌于儒。"22岁，补邑诸生，然而理家业，管理田产，按山泽课诸佃仆。既又贾于楚、泗、广陵间。博览多技艺，习中药，善书画，精鉴赏，古玩器一经其鉴赏则声价倍增。每言："非诗书不能显亲，非勤俭不能治生，字虽小技，文人用之则大。"万历三十四年（1606年）卒，终年54岁。

吴鼎英 生卒年不详。商人。字仲裕。明末清初歙县人。少负伟略，值明末动乱，不乐仕进，弃儒赴浙业盐。清初战争未歇，时局动荡，盐商未集，鼎英竭力招徕，俾各安业，国家盐税赖以无缺。嗟使潘朝选重其才，赠匾额以旌奖。

吴景松 生卒年不详。商人。字鹤年。清歙县昌溪沧山人。同弟景桓在北京经商，以茶业起家致富。晚年归里，创崇文义塾，捐银万两购市屋七所，以其租值，资助族中子弟读书。又曾刻朱子《小学》。

吴铉璋 生卒年不详。商人。字礼南。清歙县昌溪人。幼受业于杭世骏之门，父被诬害，铉璋以身代，屡控于上，事乃息。乾隆五十九年（1794年）大饥，掘石粉、刳树皮以食。铉璋倾囊得千余金，妻张氏亦典发簪珥以助，贩米星夜运归，设粥厂赈给，每人一升，全活数千人。其他如置义冢、修道路、善事甚多。晚年延师课读，教训子孙。孙绍彬为浙江籍辛巳（1821

年)恩科举人。

吴道暹 生卒年不详。商人。字达先。清休宁和村人。因家贫经商四方奔走,于浙江某所如厕,见遗一巨囊,守候良久,有号恸而来者,查实乃知其父被盗诬,急需金300冤可雪,即以原物还之,其人解半酬谢固辞,又请以50金报德,道暹怒而责之,失主因泣拜求姓氏,不答而行,亦未曾闻于人也。失物者布告其事,人乃知之。翰林编修汪士锽曾为之作传。

吴瑞鹏 1602~1676。商人。字雪翀。明末清初歙县西溪南(今属徽州区)人。父经营盐业起家。瑞鹏初耻为商人子,铁宕不治,家业稍落,亲人不欢,于是尽力经营盐业。然颇慷慨,喜负气,内收宗党,外恤闾巷亲交,故其家虽自给,却无余财。遇其赴人急,即使典当家物也应之。常说:"士不得已而贾,寄耳,若龌龊务封殖,即一钱靳不肯出,真贾竖矣。"曾请其兄收债于楚,兄许诺,久之,兄返将所收交瑞鹏。瑞鹏却持为兄寿,曰:"兄病矣,吾敢以收吾债役使兄吗?"众人皆叹,以为难。晚年弃贾不复事,日督诸子读书。好蓄古砚墨,见前人嘉言懿行,辄涤研吮墨,手自书之。又喜录医方,时与医老耆宿相游。其经商四方,多购书画金石诸古物置左右,间一寓目,婆婆自得。

吴锡芳 1681~1735。商人。字尊千。清歙县人。12岁丧父,弱弟才4岁。值家业中落之时,无奈弃儒赴湖北经营盐业。虽服贾于四方,蓰务纷纭,而旦晚稍暇,即书常不去手。尤爱朱子《纲目》之书,披阅至再三。秦关、蜀栈、粤岭、海峤靡不游,游辄有以考其风土俗尚之异与其山川人物之奇。故其学综往古而又能通晓时事,遇事之疑难,论断敏决,操纸疾书,而莫不中其窾要。

吴锡樑 1788~1815。商人。字镇西。广厚长子,清歙县昌溪人。随父进京经商。建豪宅"福安堂"。妻王氏,生子二:亦爔、亦辉。

吴鋗 1708~1778。商人。字岘山,号嵩堂。清歙县西溪南(今属徽州区)人,寓居江苏仪征。平生仁心为质,视人之急如己,力所可为即默任其劳,事成而人不知其德,其或有形格势阻辄食为之不宁。居常对儿辈说:"我祖宗七世温饱,惟食此心田之报。今遗汝十二字:存好心、行好事、说好话、亲好人。"又尝曰:"人生学与年俱进,我觉'厚'之一字,一生学不尽亦做不尽也。"子绍濂、绍浣,分别为乾隆四十年(1775年)、乾隆四十三年(1778年)进士,时称同胞翰林。勉儿读书报国。子绍濂成进士后授武英殿总校官。吴鋗以书戒曰:"汝膺是职,人以为喜,我以为忧。古云校书如扫落叶,汝宜竭心力图之。未求邀功,先求免过。"儿子将其告诫铭之衣带间不敢忘。

吴鹏翔 生卒年不详。粮商。清休宁人。经商汉阳,值岁饥荒,鹏翔恰贩运川米抵达,本可获利数倍,然其悉数减值平粜,以救灾民,郡县均褒奖之。又曾买胡椒,后发现其有毒,售者请毁议,鹏翔却以值全部买下然后焚之,盖惧其他售而害人也。曾屡被举为乡饮酒礼之乡贡士子,均不就席。

吴翥 1875~1916。实业家。字子敬。清末民国时期黟县横冈人。经商沪上业蚕丝,在闸北建丝厂数处;兼英商怡和洋行买办。第一次世界大战期间,因丝业获利颇丰,集资巨万。清光绪三十四年(1908年),曾在无锡独资建造钢桥"吴桥",无锡人感德,于尊贤祠祀之。在乡里,以1.2万两银修复石山挹秀桥,另建吴翥亭于桥之东端。又捐资刻印《黟县四志》。民国三年(1914年),捐金7万创办"横冈私立敬业小学",为桑梓培育人才。再捐银2 000余两建"延寿亭"12座于本区,以为商农休憩之所,并以田亩作为各亭岁之修费。

吴肇福 生卒年不详。茶商。字德基。清歙县北岸人。少贫力田,慷慨尚义。30岁,航海贩茶归,积有盈余,设义塾、造桥、砥道、施棺椁、蕨仓囷,囊罄不惜。

吴懋鼎 1850~1928。实业家。又名荫柏,字调卿。清末民国时期婺源人。少随父经商苏州。清同治三年(1864年)进入上海英商汇丰银行。同治十年(1871年)升为该行副买办。光绪六年(1880年),被派往天津与博维斯筹建汇丰天津分行,任买办。后又任英商仁记洋行买办。光绪二十年(1894年),被朝廷任命为关内外铁路总局总办,任职三年以"办事干练"称;随之任河工赈务与电报差务,赏给三品京堂。光绪二十四年(1898年)曾上书光绪帝,建议在全国各大城市筹设商会。戊戌变法"百日维新"期间,被任命为京师农工商总局三督理之一。早在19世纪80年代中期,懋鼎便始办实业,先后开办天津自来火公司(火柴业)、天津织布局(织呢厂)、北洋机器硝皮厂、打包公司、天津电灯公司和自来水公司等,为当时天津著名"四大买办"之一。光绪三十一年(1905年),清廷赏其二品顶戴,委以商部三等顾问官。晚年,清廷又拟派其任山西巡抚、财政总长,均推辞未就。

*吴懋鼎

吴鳌 生卒年不详。盐商。字近龙。明歙县丰南(今属徽州区)人。善聚财而好义行。尝贩盐行白沙江上,遭逢大风覆舟,捐资命船户救起五人。客居广陵,为其地水利兴浚指陈方略。又拯救18人于锦衣卫狱。在乡里，倡修溪河道路。著有《虹山集》。

邱启立 生卒年不详。茶商。字见参。清祁门汊口人。家境贫寒，出远行贾，事亲供养之物莫不全数给供。后偕侄联旺在湖口贩茶，侄之舟船倾覆，启立急悬赏救。侄货物尽失，以为生不如死，启立以己茶一船与之。

何永昌 生卒年不详。商人。字思敏。清歙县富竭人。贾于广济县武穴镇，见义必为。尝伐石甃江西彭泽县之梧桐岭，建太平庵于其上，构茶亭以荫渴者，施田亩以资僧廪，修黄州之牛关矶庙，设救生船，掩埋广济午山湖灰劫场之暴露骨骸。广济令陈某失上官意将以亏帑劾，永昌倾囊银6 000两助之，事乃解。在武穴镇数十年，人称"何善人"。《广济邑志》备载其善行。

何老廷 1846~1928。商人。字廷之。清末民国时期黟县人。13岁始，在景德镇习瓷器包装"打络子"。清光绪十年（1884年）弃工为商，摆杂货摊；后以生平积蓄及筹借资金开设"何亨顺"油盐店。民国初年，舶来品与国产卷烟兴起，开设华成烟公司，经营大英、单刀、金鼠、美丽牌香烟，垄断景德镇卷烟批发市场，为景德镇"三尊大佛"之一。此后，商业经营发展到"因业易迁、随利易逐"的程度。除独资开设何广有钱庄、中英百货店、华记煤油公司以外，并与他人合伙经营共和大酒楼、公和第一圃、裕丰源粮行等，财运亨通，被称作"财神菩萨"。又把资金投向不动产，相继购置房屋、店面100余幢。民国十六年（1927年），将家产交付长孙何杰一、次孙何杰仁。由于后继者不善经营，加上因日机轰炸，家境日趋衰落。

何庞 生卒年不详。商人。字溪威。清婺源人。少贫困，曾为县吏自给，不久弃去。或教授生徒，或入幕府掌记。久之，亦弃去。家居种植，稍至盈余。性孝谨，重然诺，慷慨能任事。婺源有余粮之弊，起于明末，自是胥吏为奸，日益增。民有田者轮役，常役之年，每粮一石正供外，私加白银至二三两，合一县计之，每岁苛征数万两，民皆困。何庞与县人朱烈等诉之上官，弊竟革。父早卒，母70余岁，何庞孝事之。婺源僻处深山，田少且硗，居民多种杉为生，翁最精种杉之术，为书其方法，加以推广。

佘文义 生卒年不详。商人。字邦直，因晚喜植梅自娱而号梅庄。明歙县岩寺（今属徽州区）人。少孤贫，及长服贾，折节纤俭操奇赢，诚笃不欺人，亦不疑人欺。往往信人之诳，而利反三倍。中年积累数千金。好义如渴，构屋数十楹，买田80万平方米，择族人领其储。丰年散其余，歉年益贷补之，年终赠给衣絮。又度地1.6万余平方米，作冢于岩溪之旁，听乡里死者归葬。又建石梁于文几山侧，以济行旅。捐四千金建石桥，以固岩镇水口，人称"佘公桥"。性情俭朴，不

喜奢华，布袍芒鞋，游名卿大贾间，淡泊自如，年逾八旬仍行义不衰。郡太守请与宾饮，题其门曰："小燕子蔡遗风。"

佘兆鼎 生卒年不详。商人。字宸凝。清歙县岩寺（今属徽州区）人。天性淳厚。幼学时跟随在汴经商的父亲，阻于兵革者数年，幸随父得间归。20岁后受他人之托在宣城经商，岁获无几，故意夸大之，欲父母见其有余裕，以快其心。隔年一归省，侍侧不过月余。凡亲心之所欲无不委曲承顺，父母为之欢乐加膳。康熙十八年（1679年），江苏布政使丁泰严知兆鼎诚信可任，以赈米数万石委托购买之。兆鼎偕弟兆鼐为之措置，事集费省，而人心悦服，例当拜爵酬金，鼎不受，曰："此吾父之教也。"兆鼎生平恂恂然孝友恭逊，一本至诚。人无疏戚智愚莫不以佛菩萨称之。康熙二十一年（1682年），徽州知府林公推行乡约，设立旌善、记过二册，合镇公举兆鼎主持记录。歙县知县靳公旌表之曰"一乡善士"。

佘兆鼐 生卒年不详。商人。字季重。兆鼎小弟，清歙县岩寺（今属徽州区）人。7岁时，父与伯兄在汴梁（今河南开封）经商，因战乱不能回家，兆鼐与仲兄兆鼎事母于家。后贾于宣城，父母每念之，即心动驰归，敬问所欲，必承其欢。伯兄病于金陵，急自宣城奔候，听说扬州有医某甚良，兆鼐辄驾扁舟破浪而往求之医，医不允，跪泣于其庭者三日。邻人皆批评医，医乃行。延登舟，躬执仆役以事之，伯兄终不救。在宣城经商时，有毕惟新者曾负兆鼐钱百余缗。一日请兆鼐饮酒，半酣，其女儿靓妆拜于筵前，兆鼐问其故，毕曰："我负君钱无以偿君，愿给女以偿债。"语未竟，兆鼐夺门而出，至河边则无舟可济。毕追至，恳言谆切。兆鼐以理谕之决不能这样做，且发誓终不要此债。毕乃感泣，具舟送归。后其女得嫁富室，父母皆得所依，感其德，尸祝于家。

余干臣 生卒年不详。茶商。名昌恺。清末民国时期黟县立川人。原在福建为官，曾任知县，清光绪元年（1875年）辞官归里。因见经营红茶多利，遂于至德县（今安徽东至）尧渡街设茶庄，仿"闽红"试制红茶。次年迁至祁门县，先在历口设庄制茶。光绪三年（1877年）又设庄于闪里。所制红茶，具有苹果、兰花味香，畅销海外，被誉为"祁门香"。民国四年（1915年），"祁红"在巴拿马万国博览会上荣获金质奖章。子伯陶，光绪二十二年（1896年），在屯溪长干塝开设"福和昌"茶号，改进绿茶制作技术，在"珍眉"提取"抽芯"进行精制，首创"抽芯珍眉"绿茶，远销上海，得到茶界好评。

余士英 生卒年不详。商人。字荷浦。清末黟县环山人。曾远赴芜湖，爱集同人创办金融事业，日积月累，扩充至九江。由是20余年，囊橐日实，良田美宅如愿以偿。

余士恩 1839~1888。商人。字永泽。清末黟县名贤里人。12岁,学商于邑东渔亭,夙夜习勤。太平天国军兵入黟,士恩回籍奉亲出走,负贩为养,日行百里不为苦。兵燹后往鸠兹(今安徽芜湖)经营,日积月累,大创厥基,获利巨万。经商之术有陶朱、猗顿之风。凡有急难求救者,帮助毫无吝色。遇旅地义举,慷慨解囊。在芜湖,还曾捐金创立徽州会馆。

余士溥 1846~1911。商人。字博思。清黟县人。少习举业,以咸丰战乱习商于休宁之和村盐栈。17岁丧父,事母孝。性嗜学,手不释卷,无事不出户庭。家贫力难置书,或假于亲友或租于书肆,焚膏继晷,每至夜深。楷字抄录,盈筐累箧,学问渊博,虽通儒尚不逮焉。医书汗牛充栋,各执一偏,先生融会贯通,独有心得。以古圣经书为体,以后时贤书为用。临症时细心体会,议病立方,故能着手成春,活人无算,求医者踵相接。当时不取医金,病愈不受酬谢,贫不能药者且资之,数十年如一日。巨室富家虽重资延请亦不往,朋友有疾或不请而至,以是休之士大夫常与之游。士溥管理栈务,事必躬亲,获利则较人见优,折耗亦较人见少。六旬以后精力渐衰,同人皆劝其节劳,先生则谓:"食焉而不尽其职,心有天殃。享清闲福,非在栈供职所宜,同人宜加勉励。"循规蹈矩,如对严师。士溥有过必规,虽东家亦为之敬畏。有轻佻子弟,经先生苦心婆口无不改革前非,熏其德而善良。晚岁在栈时贫血,出汗虚脱者两次,气冷如尸,同人倚床抱之相向而哭,历数时始苏,犹不忍释手。其维持调护,无异家人父子。当时拟送士溥回家养疴,而士溥以东君、副经理均不在栈为辞,同人曰:"脱有不幸将若何?"先生曰:"死生有命,死于栈犹死于家也。"同人固请弗许,星夜促令子至,服侍汤药。阅数日,副经理到,交代清白乃返。士溥家居日少,治家以勤俭为主,而以身先之。一布衣十余年,非祭祀宴客不茹荤,独于培植子弟读书不稍吝惜。亲朋无故借贷常不轻与,遇有庆吊无不从优资助。铢积寸累,而家计亦稍裕如,惟不独立经商。有以高利贷劝之者,士溥则谓:"与其取之多,不如用之少。不节若则嗟若,虽多何益后世。子孙能读书明理,师吾俭足矣,而多财则反为子孙之累。"

余士鳌 生卒年不详。商人。字涵川。清末黟县环山人。少时家贫,随父居城服贾,效法计然之术,善居积。咸丰兵燹之后,举襄时经商所得之资,悉归乌有。太平天国农民军退后归里,囊中仅剩50金。又独自重整旧业,家道日以渐裕。

余之叶 生卒年不详。商人。字辅宜。清黟县艾坑人。少业儒,早失父母,乃辍业就贾于苏之常熟,勇于任事,遇义举尤不辞劳瘁。为人通达大体,和蔼可风。屈承福为常熟人,与其友好最笃,承福为黟县知县时常称道其叔侄之贤。

余之光 生卒年不详。商人。字桐村。清黟县人。国学生。俊伟有力,好读书,喜击剑。年长经商于湖南北,置田庐于石首县。某次运货,舟泊云梦,盗猝至,之光执其魁,数之曰:"何事不可营生,乃行劫耶?罪当死,念首断,父母妻子无可托,姑纵汝,勿复为也。"盗众罗拜而去。

余开勋 1846~1884。商人。字光瑞。清黟县人。生甫逾年丧父,唯母是依。咸丰兵难,家如悬磬。旋即去江西浮梁学贾。习计学、练算术,事无巨细,未曾稍涉推诿,唯不知有疑者必询之详且尽,故自执事以下均称其醇笃有父风。不久祖父弃养,开勋仅15岁,哀毁之余,益自奋勉。既长,操奇计赢,兢兢弗倦。终岁所入取以赡家,而自奉则节衣缩食,不与时髦相竞逐。在浮梁经商日久,信义益彰,浮梁之士大夫皆乐与之交,家业也渐起。光绪六年(1880年),浮梁东大水,饿殍载道。开勋输资劝募,施急赈、造义渡、设粥厂,全活无算。嗣有被灾而撄疾病者,施药疗治。浮东士民啧啧称道。光绪十年(1884年),霪雨兼旬,蛟洪暴发,市肆荡然浸成泽国,开勋忧劳成疾,遂至不起,39岁病故。

余文艺 生卒年不详。茶商。字瑞田。清婺源沱川人。轻财重义。曾至休宁西境买茶,于布袋中得遗金,访还之。

余文芝 生卒年不详。商人。字瑞田。清婺源沱川人。监生。生旬日而母逝世。比长,事继母如亲生,待异母弟如同胞,分家析居时取瘠推肥。尤轻财不苟取,曾至休宁西部买茶,于布袋中得遗金,访还之。其他恤贫焚券,义行不一而足。

余文彬 生卒年不详。商人。字自英。清绩溪人。父好义乐施,文彬继之。有族叔落魄在外,五子已鬻其三,文彬遣人觅归,并割己资予以抚养。贾于衢州,值岁饥,民相抢夺,总戎闭城,将授甲。时宰西安者歙县人许执中,文彬急觅之,声称连赈平粜可弥变,愿先出粟为诸商倡,许韪之,言与总戎。后果以平粜怙服。又于航埠造渡济人,捐田为经久费,衢人德之。

余丕盛 生卒年不详。商人。字嘉谟。清婺源沱川人。性慈善,好施与。经商饶州乐平县,信用卓著。凡同乡在乐平设肆资本不足者,多借其担保告贷。曾有匪入乐平,洗劫商肆。有稍遭损失者,借口被掠不偿所贷。由于丕盛当初担保,于是各债主纷纷质问于丕盛。计所负,不下2万金,丕盛慨然典质自己产业,一一代偿。亲友笑其愚,丕盛谓:"宁可吾受人愚,不可人受吾愚。今乡人背德以愚吾,吾复背德以愚债主,是尤而效之也!"自是常陷于困境,而没齿无怨。

余邦朝 生卒年不详。盐商。字国华。清黟县余光人。以监生选用盐大使,商于上海。乐善敦义,公推为徽宁会馆董事。咸丰三年(1853年)至咸丰十年(1860年)间,沪地两遭寇乱,邦朝奋不顾家,驻馆处理一切事务,毫无倦容、毫无难色。馆旁两舍,寄厝同乡旅榇数以千计,贼至纵火,意图掠资。邦朝急率堂丁，奋力扑灭。嗣后召集两郡董事，择地掩埋之。生性慷慨好施，周恤贫寒无吝色。

余达 生卒年不详。商人。字尔逵。清黟县双溪人。家本饶裕，少从叔庵经商于上海，慷慨好施，千金不吝，戚党之仰其衣食者不可胜计。道光年间华洋通商，凡至上海营业者，余达力为保荐，间有不善营业耗资负贷者，余达为代偿，不责贷券，一时将其视为"小孟尝"。

余光焕 生卒年不详。商人。字西谷。清黟县双溪人。勇于为义，不厚自封殖，在广信府（今江西上饶）经商，独捐巨资建徽国文公祠前楹，并购店屋以租息为春秋祭祀之需。凡同乡之无业者代为谋事，或给资令归，不少吝惜，集资数千赈恤孤贫，尽耗无存。殁之日，哭临者途为之塞。

余光敦 生卒年不详。商人。字辉远。清黟县人。3岁而孤，赖祖母暨母氏抚养成立。幼读书，资质聪颖。成年后到上海经商，后因江苏常熟有祖遗店业，经营不得人，光敦乃改赴常熟，自为料理，店务复兴。由于祖母、母氏年岁已高，光敦不忍远离，遂弃店事而归侍养。光敦曾祖以下亲属在外经商者居多，家事悉以付托光敦。族祠祀会亦赖光敦维持，权其出入，为计长久。祖母、母氏相继殁，哀毁逾常，祭葬如礼。光敦无兄弟，有一姊嫁横冈吴氏，家极贫，夫又早逝，光敦欲迎姊于家以养之，姊不许，乃为姊僦居渔亭河东，每月馈米若干、钱若干，数十年如一日，姊获以存活。光敦生平虽无奇行异节，而践履笃实，不愧一乡善人。

余光徽 生卒年不详。商人。字芳五，一字方午。清黟县艾川人。少孤，知识异常儿。事母以孝闻，20岁丧母。外出经商，贸易四方，在浙江嘉定南浔、上海、常熟等地来往，均有建树。性嗜学，商务余闲，恒坐书城，至晚年不衰，遂于德善养气，而识量过人。家虽富有却自奉俭约，恶衣食不耻，常曰吾家故寒素耳。其为人也，秉慈心，负侠骨，轻财好施，所在能急人之急。虽离乡不忘桑梓，遇里中故旧，必殷勤话短长，询亲朋情状，恒馈衣推食不倦。每临岁末，必汇银归乡，周给贫乏。有时途行，遇待哺于道、啼饥号寒于室者，解囊无吝色。乡之人或落魄无以归，则资而遣之，或为之介绍工作，使得以温饱。而地方所有兴作，若渔亭修石梁，办自治，关于社会事宜，一函径寄，即寄巨金以归。常熟商工业间有争执，或久不能决，得其一言，靡不立解。商界后进奉若榜样，谓能以片言决成败利钝，历试不爽云。

余廷纬 生卒年不详。商人。清祁门龙源人。监生。从商业贾而好义乐施。乾隆五十三年（1788年）水灾，沿河漂尸很多，廷纬出资备棺，募人捞殓。有向其借贷超限未还者，一日携金来还，他询问得知是卖子钱，于是焚烧债券并归还其金。道光十五年（1835年）大旱，百姓饥荒，廷纬对村人按口救济给米数月。又捐银立粮局，为村中贫者代完粮赋。

余廷珪 生卒年不详。商人。字国珍。清黟县人。家世代经商，廷珪辍读后随父居肆中，早作晏休，与学徒同服劳，而勤且过之。体本弱，以朝夕劳瘁，故益弱。婚娶后，人口渐多，乃益刻苦自励。咸丰战乱后，田产荒芜，营业衰薄，家道已稍中落，又遭大故，费益不资。兄弟分家析产约得银300两，重事商业，本金既薄，获息不丰，计划虽周，仍不免岁有亏蚀，而廷珪以焦心劳思，故一病10余载。病愈后又遭夫人之丧，乃命长次子赴外就商，借供养家，而己则节衣缩食，以谋居积，不数年家资乃渐丰裕。时道其少年艰苦事，谆谆以节俭训其后人。

余兆骥 生卒年不详。商人。字德良。清黟县城西人。性刚直，贾于江西饶州府。时当军兴，百税并征，兆骥条举繁苛，呈于当局，商困因以渐纾。见有奸商垄断，亦绝对排斥。经理饶地徽州会馆垂20年，百废俱举。与诸弟友爱甚笃，弟殁，抚孤侄如己子。

余观德 生卒年不详。商人。字均怀。清歙县余岸人，侨寓扬州。少家贫，赋性豪迈不羁。后以经商致富，晚居扬州埂子上，创修小东门水仓。乾隆六十年（1795年），请于太守任兆炯，修通龙头关河道，建造太平码头。

余寿山 生卒年不详。商人。一名光奎。清黟县城西人。初经营建德、义宁茶务，默察祁茶香味绝佳，乃游说有资金者在祁制茶。宗兄育之赞同其议，授以资金。寿山悉心规划，果投洋人所好。迄今祁茶名于世界者，寿山有功焉。

余含章 生卒年不详。商人。又名启铉，字坤三。清婺源沱川人。承父业在景德镇经商。时婺通往景德镇道路崎岖，因之创捐千金，亲董其事，历八年辟路10千米，建成康庄通衢。德性至孝，父染危疾，其割腿肉和药以进。父殁母丧后，卜地葬时堪舆家言其地不利长房，含章说，卜宅系为以安先人，非为求佑福已。

余应焕 生卒年不详。商人。字圣章。清黟县城西人。父长年经商景德镇，6岁父殁于外，应焕闻耗呼天而泣，其母哀毁绝食，应焕跪请进膳。后到浙江学商，逐渐起家。侍母孝，闻母病驰归，侍汤药，衣不解带。母殁，哭泣之哀，见者动容。

余启榜 生卒年不详。商人。字庭标。清婺源沱川人。捐职从七品。性孝友，孝敬双亲，父及生母殁，哀毁逾恒。长年在粤、沪经商，资饶。遵遗命，尚义举。如年饷、考棚及文庙、县署，均量力输资弗吝。

余国镇 生卒年不详。商人。字康亭。清婺源沱川人。性醇厚，家贫，少兄弟，未成年即去苏州从事墨业，主人称其能，厚遇之，得俸以养亲。后逐渐致富，睦族、敬宗、建祠、置产，尤友爱从堂昆季，婚娶丧殡，悉依国镇之力。岁饥，输粟平粜。凡有善举，无不量力资助，府学教授俞赠以"积厚流光"匾额。

余荣龄 1831~1906。商人。字玉堂。清黟县名贤里人。兄弟二人，受教于兄。咸同间遭兵燹，惟兄是依，事之如父。与友合创药业，坦率相示，不校锱铢，而资本为经理者蚀尽，亦无言焉。君产不如中人，而勇于为善。曾言："待有余而好施，曷若先施之为得也。"见富而吝者鄙之于口。里中端人正士，无论老少，必加敬礼。不畏豪强，遇事据理以判，无左右袒，故质直者乐与之交。宗族建"向辰楼"，知荣龄公而忘私，不辞劳瘁，众议举董其事，一石一木，无敢犯者。

余笏 生卒年不详。商人。字政平。清黟县枧溪人。性孝友，与人交有肝胆。商于浙江，与候补同知余辛伯交最厚。咸丰十年（1860年），太平军将陷杭州城，城闭，难民麇集江边，钱塘江又封不得渡。余笏谋划假公差船以济之，脱险者甚众。后余辛伯卒于湖北杂瘗丛冢间，余笏寻访数年始得之，为请于官资归其柩，始获安葬。

余逢盛 生卒年不详。商人。字际虞，号唐珊。清黟县环山人。5岁丧父，育于母氏，师于其兄。稍长，奋志苦读，善属文，应试不利，思赴国子监肄业，爰捐国子生。而三兄蕴章谢世后，遂弃儒从贾，接理江右"源源"米号，所至与文人学士游，终不废书史。旋治盐策，凡整纲裕课，杜弊畅销，一应章程，悉心妥置近50年，口岸同业赖之。嘉庆、道光年间，两次参加淮商报效，得捐叙营千总加戴卫千总，遇缺即补，人呼为"飞骑君"。

余益富 生卒年不详。商人。字衢之。清黟县城西人。性醇谨，不苟取，经商屯溪镇，自学徒以至执事，数十年如一日。年老谢职归，主人酬以银500两弗受。咸丰、同治年间兵乱，十室九空，益富以所余俸金资助诸姊妹，人多称之。

余锡 生卒年不详。商人。字士荣。清黟县余光人。率直好义，处事周详，交友诚信。营商沪上近50年，凡徽人在沪公益之事，莫不力尽义务，历10余载如一日。输资赴义，尤为踊跃。

余锡荣 1877~1916。商人。字稚鸣。清黟县人。父为祖业计弃儒就商，商业日益盛。锡荣自幼时即了解继志，及长，决意习商业，又以志在四方男子事，故不商于本邑本业，而远商于中江芜湖，数年即有异于众，众亦交口称誉之。其在外善与人交，久而敬之，生平以壮志未酬，不愿长居林下，曾一渡汉水再至皖城，后乃远赴京师，在中国银行任职。仅年余病殁，仅40岁。

余毓焜 1782~1864。商人。字蔼三，谱名广义。清黟县人。公昆弟六人，上有三兄，下有两弟。自少天性友爱，兄弟怡怡，虽异母，犹同胞焉。时当乾隆间，行科举制，文武并重。毓焜体气强健，父令习武，弱冠试，为邑庠生，而于文事亦颇有心得，盖不惟以技艺见长也。有以劝从戎，而毓焜则以父年事日高，不忍远去。故宁晨昏定省，长此家居，以为菽水承欢。家中人口多，所入有限，毓焜布衣蔬食，处之晏然，对于非分之财，一介不取，视名与利无动于衷。父殁后10余年，毓焜有志于商，顾念母健在，不肯远离。适亲戚有渔镇盐业距邑近，聘毓焜代为经营，遂往任焉。为人谋无不忠，盐业日起，群钦敬之，因共推主持盐公堂事务。利人利己，相得益彰，毓焜也逐渐致富。

余增祥 生卒年不详。商人。字云峰。清黟县城西人。五品封职。孝亲笃友，忠信诚信。在浙江经营典业40余年，为铺主所信任。母早故，兄弟五人，长、三、四相继去世，家务一身支持。父逝，殡葬尽礼。在浙江杭州，创立六邑同乡会，修造徽州会馆，众望所归。至周恤乡邻，提携亲戚，为五弟完婚及地方善举，无不极力助之。

闵世璋 生卒年不详。盐商。字象南。清歙县岩寺（今属徽州区）人。少孤贫，9岁失学，长而自学晓文义。读《史记·蔡泽传》，慨然思欲有为于世。遂走扬州为乡人掌计簿，以忠信颇得主人倚任。久之，自致千金，行盐策，累资巨万。从此不复贾，岁入自家食外，余尽以行善事。故管财利数十年而产不更饶。凡做好事好隐姓埋名，或假名他人，或辞多居少，很多好事都不知是他而为，而士君子及里巷行旅之人，指其事而口颂之者，不胜计数。康熙年间，扬州大灾，象南首倡募米赈粥，又请示当局设厂分赈。日食2万余口，凡数年。既而水不退，前来就食饥民益众，象南更倡同仁请于巡盐御史，计盐引捐助米薪，四境设粥厂，并施絮衣。自康熙九年（1670年）九月至康熙十年（1671年）三月，每日就食者4万余口，所全活不可胜计。三藩叛乱，妇女罹难，逃江南者甚多，象南怜之，捐金为赎，完其夫妇以千数。首倡创办扬州育婴社，坚持20余年，存活三四千婴儿。为救长江覆舟，象南岁僦渡江船数艘于金山，高价招募善驾船者，遇舟覆，则飞桨救之。并与同仁更立约云："凡渔船皆得救人，得生还者酬以银一两，死者十分之六，另给埋葬费，京口瓜洲各养僧主其事。"某年夏，扬州四乡疫病大作，象南延医施药于三义阁下，扶病就药者日五六百人，凡百日。以后又爆发病疫，象南继续施药浮山观百日。后来第三次疫作，再施药高家店，凡两月。三药所济，约9万人，所费银上千两，募助者十之二。扬州运河距南门2.5千米处，盐艘粮船及他巨船过者，每遭破坏，为害数百年，损失数千上万两银，甚至丧失生命。故老皆言下有神桩，为灵怪所凭。某年正月，河涸而桩出，有巨楠无数，植其下。象南乃出金悬赏："有能起一大桩者，予一金，小者金递减。"人争趋利，凡三日起160余桩，自是舟患永绝。百姓称之为"闵善人"。晚岁好读书，每夜漏下二三十筹，犹手不

汪一龙 生卒年不详。药商。字正田。明休宁人。精于医学。万历年间侨居芜湖西门外大街,创立正田药店,字号永春。此店经营200余年,凡九世皆同居。所制丸散,均慎选优质药材,四方争购之。外藩入贡者,多取道芜湖,购药而归。

汪一麟 1514~1560。商人。又名文征,字从周,号东川。明休宁西门人。高祖思美、曾祖希仁,咸以输粟,例得赐冠服,旌其门曰"尚义"。祖麟祥,敦善乐施,父福坚(号西潭)。一麟少习举子业,因念家庭世代货殖淮扬间,又无兄弟可托,遂弃儒就贾。与伯氏子分产,不计较田地腴薄。见人贫必贷,不能偿即焚券不责,乡党称为善人。慕古嗜学,尤喜墨子。40岁即退隐,课诸子学业,优游自适。子良举(字司直,号少川)以资入南太学。曾授山西按察司经历,升滇南白盐井提举,有善政。

汪人御 生卒年不详。商人。清徽州人。性豪迈,有识力。康熙年间,为两淮盐业总商,名重京师。平生乐善好施,置义田周恤宗族之鳏寡贫乏者,岁有常数。岁歉捐赈,设粥厂,全活甚众。其他如掩骼、施榇、修治桥梁、道路,义举不一而足。后歙县渔梁坝倾颓,事关紧要,需费甚巨,人御倡议修筑,惜未竟其功而殁。

汪士达 ❶生卒年不详。商人。字兼万,号逸斋。清黟县宏村人。承父业盐,素为督盐使者器重,康熙五十二年(1713年)春,众商士绅祝康熙皇帝万寿,士达奉委北上,即为弟援例授任云南提举司,父母俱膺覃恩(皇帝封赏)。由贡生考授知州,钦命水利营田,兼任玉田县县丞,俭约自矢,勤劳王事,政声藉藉。❷生卒年不详。诗人。字道鸣。明绩溪城南人。贡生。曾任山东浦县丞。能文工诗,与汪士仁等12人结"郪山诗社",在城东建"十二楼",唱和其中。著有《郪山诗集》《台峰集》《切韵谱》。

汪士良 生卒年不详。商人。字千石。清休宁凤湖人。幼时家庭贫寒,服贾楚汉之间40余年。为人尚义,积蓄4000金,尽为其友吴某债务所支付。对侄视如己出,为其成家立业。曾倡立急公会,输指课税,数十年不间断。

汪士明 生卒年不详。商人。明歙县潜川人。父良士,故儒生,后弃儒贾于广陵,时赋诗饮酒取乐。士明好学益甚,涉猎百家,尤长于《左氏春秋》。明习世故,所亿屡中,不苟然诺。同人有难,尝以身覆护唯谨,人推为祭酒。即有积怨,片方立解。其忍嗜欲与童仆同苦乐如自丰,能择人而任时如范蠡,贾业大起,家财益富。

汪士桂 生卒年不详。商人。字森远,一字生原。祖先世居歙县,自祖父来杭州业盐,遂占籍为仁和人。遭父丧,为同业所欺,家遽贫。与兄事继母尽孝。士桂时方幼冲,持盂赴市购粉饵之类,有戴翁茂齐者,往往见之,感其孝且诚,招致其家,任以事。早先父亲欠人银,其人立券去,越20余年,其人始持券向求偿,而士桂力不能应。恰逢士桂帮人治病得重酬,悉以偿还父所欠债。外舅康翁,在宁夏做幕僚,所积薪金远莫能寄,召士桂往携归,悉畀内兄,未曾有丝毫侵占,其取予守义如此。士桂治《易》,通其理于医,著《生原医学读本》10余卷,并诗稿俱散佚。

汪士雅 生卒年不详。商人。字清怡。清黟县宏村人。随父业盐两浙,数十年来成为众盐商领袖。如亲任加勔、残引两公务,盐运官员李公嘉其办事勤敏妥当。士雅每自恨不获读书为亲扬名,弟由国学考授州同知,敕授儒林郎。

汪大录 生卒年不详。商人。字万青。清黟县宏村人。幼甚贫,以信义见重于人,业浙盐起家。每还乡必为义举,邻村火延烧数十家,大录以米遍赈之。独力修支祠,用银数百两。屡次助修敦善堂,捐款建叶村溪义冢。道光十一年(1831年)水灾,大录捐重资赈济。

汪大浚 生卒年不详。商人。号仰源。明休宁斯干人。在徐州、沛县经商,以善营业起家。出身虽属庶出,而财产悉归嫡母,与弟均分。弟后为山西盐官幕僚,亏欠课税3 000余金。大浚以为"官以恤民",不可取之于民而毙贫民之命,乃以己金代为偿还。

汪之萼 生卒年不详。商人。字壑庵。明末清初歙县人。家世代业盐,有苏松濒海票地。明崇祯十四年(1641年),之萼曾议请在此建所、升课、增引,并设官署,但无果。后长子于翰继承父志,于清康熙七年(1668年)亲具赴户部呈请,一如前议,盐额销量增至九万余引。与弟翼云、于高、于藩一堂聚处,兄友弟恭,食口400余人,同餐共食,家庭礼让,远近传为美谈。

汪之蛟 生卒年不详。商人。字化卿,后改长鱼,号颐庵。清徽州人。稍长随兄经商。性酷爱书籍,每于书肆中收买残书。诵习久之,遂有诗名。在吴门(今江苏苏州)经商时,暇辄进书店,购古人法书名帖及名人书画。晚归江村,葺一室曰"柳舫",图书充牣,客至咏诗、弹琴、敲棋,举觞其中,有逸士风。

汪开祚 生卒年不详。商人。字方至。清初歙县人。太学生。为养亲计,奔赴浙江绍兴经商。作为粮商,从不言苦。事父母极孝。晚年声望益隆,地方举办乡饮酒礼时,县中贤士大夫一致推举开祚主持。在乡里移风易俗,受其德者实多。生平不喜经生家言,然酷爱读书,虽行旅中,手不释卷。

汪天赋 生卒年不详。商人。明休宁西门人。其妻朱氏日勤女红，操井臼以事公婆。汪君家世，长者不事生业。孺人归而食贫，于是劝说夫君收余资贾荆襄："君第去，吾为君侍养，必当而父母心，君无反顾。"在妻子劝说下，天赋终以贾起家。

汪元台 生卒年不详。商人。字文宇。清黟县宏村人。生而颖异，气宇凝重，雅嗜书史。后以父母年岁高，遂仔肩家政，绝意进取，业盐于杭州，乃居家钱塘。惟是盐业利广而用繁，且日与官员交道，往往易涉侈靡。元台独俭约，一切甘食鲜衣，却之弗御。处事明断，有功于盐业不少，以故为同事所推崇。至于敦本睦族，尤出自至性。念迁杭以来，祖宗坟墓俱在故乡，歉然于中。每年两次返里，躬亲祭奠。捐田亩以备不时修理支祠。

汪中山 生卒年不详。墨商。明休宁人。休宁派制墨业创始人之一。所制元香大守、松滋侯等名墨，品种多、质量好，有圆、圭、璋等各形态，开套墨（集锦墨）之先河。

汪仁晟 生卒年不详。盐商。字曙堂。清歙县霞峰人。少孤贫，服贾淮安，洞悉盐务利弊，于场海支河尤考核详审。嘉庆十九年（1814年）黄河漫口，运道艰险，佥议无成。仁晟亲自拜谒河院黎长官，奏开李工口门，放水入场河，冲刷积淤入海。事竣，北盐运道通利，南河工料亦得全数运贮，长年为利。嘉庆年间，里中旱灾，出资平粜。道光二年（1822年），捐银千两发典生息，为阖邑应试者卷烛费，刊有碑记，慕义者复捐银继之。

汪从钜 生卒年不详。茶商。又名大顺。清婺源江村人。随叔卖茶至广东，遇战乱，家道中落。暮年肩负行贩，以余资独造金光岭路，又捐巨金修司马墩通休（宁）浙（江）大路，再捐修漳溪履安桥。

汪文雅 生卒年不详。商人。字以南。清黟县十一都岭下人。附贡生。家贫，性质朴，言行不苟。后赴芜湖为商号主持笔札，谨慎自饬，善积累以致小康。后独立营商，获利颇丰，遇善举必力成之。村中水口亭系其独建。

汪文演 生卒年不详。商人。字以道，号宾石。明歙县岩寺（今属徽州区）人，侨居杭州。万历年间，宦官高时夏奏增浙江盐税，文演上书御史叶永盛，得免税征15万。时流寓浙江各地徽商大多未入流寓地户籍，按当时科举应试规定，徽商子弟如应试，应回原籍。为解决徽商子弟应试的困苦，文演与同县人吴宪，于万历三十三年（1605年）上书叶永盛，请就寓居地设立商籍，准许徽商子弟就地应试。经叶永盛奏请朝廷批准。文演尝于杭州建尊文书院，以祀朱子，又倡立18州县配引行盐法，使课源不匮。

汪文德 生卒年不详。商人。字是修。明末清初祁门大坦人，侨居扬州。幼习儒，入郡学，后承祖父家业从商。日不旰食，心计过人，持筹握算无遗策。明崇祯十三年（1640年）大饥，慷慨捐金倡赈，多所存活。清顺治二年（1645年），豫亲王多铎率兵南下围扬州城，扬州军民在史可法率领之下，抵御坚守，但终因寡不敌众，从城破之日起，清军对扬州居民进行了血腥大屠杀，史称"扬州十日"。时文德与弟文建为拯救扬城人民性命，亲至清营谒豫亲王，献家财30万金犒师，曰："愿王下令勿杀。"多铎义而许之。欲授以官，以无才辞，请求归里，王笑曰："痴蛮子。"遂给一木符令其还乡。文德兄弟遂领家口20余人遣归，沿途清军关卡阅符皆不问。

汪方锡 生卒年不详。盐商。字溥韩。清黟县宏村人。业浙鹾，经营10年，积巨资，与弟分之，不留私财。曾施医药，集资重修羊栈路，亲督其工，三载乃竣。

汪以功 1598~1665。商人。字惟敏。明末清初歙县潜溪人。父文鉴在汴（今河南开封）经商。以功在家读书。后承父命弃儒而贾，到饶州经营。是时父在汴置有侧室，生有一子二女。不久母病逝。既葬，乃赴汴侍父。父命贾于昌江（今祁门）。父病逝，奉汴母归，复赴汴收债。李自成军围汴久不克，城中人相食，以功煮所市药物及皮革饷之，人多借以存活。后去扬州。清顺治二年（1645年）闻扬州将受清军包围，又撤出。以功虽经商，但多智能，喜赴人困厄。始游吴，客有死逆旅，厚殡载归。当他从扬州撤出回乡时，秣陵（今江苏南京）故友张叟以幼子相托，以功挈其归乡，给钱使其藏匿山谷间。乱定后又将孩子送还张叟，张氏父子环拜而泣。族中无赖诬言曾在汴时寄放银两若干于以功处，要求立即返还。对簿公堂，县官根本不容以功辩解。以功直叹曰："命矣乎。"以功贾败于汴，于扬又败于讼，由是金立尽。有吴公者知以功能干豪爽，委托银数千两，帮助主人经营盐业，以功勤勤恳恳，为主人赚了一大笔财富。康熙四年（1665年）卒，享年68岁。以功虽弃儒而贾，但手不释书，用以督教其子，终以文学显于世，为名人。

汪世贤 生卒年不详。商人。明歙县人。倜傥有大度，偕其舅服贾于汴（今河南开封）30余年。从事布业经营，能贱征贵，贵征贱，敏识行情，取与有方，遂起家政富。《史记》引白圭曰："吾治生产，犹伊吕之谋，孙吴用兵，商鞅行法。"此数语者，世贤皆心得之，尝曰："富无经业，货无常主，能者辐辏。"

汪可钦 生卒年不详。典当商。字尧俞。清休宁西门人。学有至性，事亲至孝。伯兄以高资设质铺于粤，值兵乱，亏本殆尽。可钦千里前往为之料理，尽还故物，而己一无所取。

汪平山 1469~1529。商人。字君与。明休宁方塘人。商于安庆、潜阳、桐城间。弟璜卒于经商地，平山加田若干亩给弟媳以养孤侄。正德年间，岁大歉饥,蓄储谷粟可乘时射倍利,但平山不困人于厄,悉贷诸穷民,不责其息,远近称德。

汪令钰 生卒年不详。商人。字征三。清黟县官路下人,监生。兄弟八人,异母所出。性孝友,太平军攻黟,全家几至离散,令钰子身冒险赴皖之石牌镇创商业,挈全家前往避难。乱平,家渐裕,尽室偕归。后以手创财产八兄弟均分之,无私蓄。三兄乏嗣,以长子承其祧,其友爱如此。族祠遭兵难损坏,雇工修葺。会内产业,妥为筹处,桥梁道路乐助修理。

汪用成 生卒年不详。商人。字克贤,号济怀。明歙县人。少以孝友称,14岁家道中落,曾从数十千米外负米养亲。每日天将晓出,至次日晚归,罕有知者。过婺州南门拾一布囊,启视皆银,候其人还之。明末鲁王强召再三,佯狂不就,因著《狂饮集》。

汪立政 1827~1895。茶商。又名锡纯,字以德。清末绩溪余川人。13岁,随族人赴上海学贾。略集资本后,得父支持变卖部分祖传田产,于上海旧城老北门(今河南路)开设了汪裕泰茶庄(南号)。立政知人善任,不惜重金雇聘茶界老手以窨制南北名花茶10余种,店业兴盛。咸丰六年(1856年)又筹集资金于五马路(今广东路)开设了汪裕泰茶庄(北号)。两爿茶号经营得法,生意兴隆。

汪玄仪 生卒年不详。盐商。道昆祖父,明歙县人。汪氏自曾祖以上,历代务农力田,家无资财。玄仪聚三月粮,客游燕代间,遂以盐策起家。旋客游东海诸郡,起瓯括(泛指今浙江宁波一带),徙武林(今浙江杭州)。由是诸昆弟子姓10余人,皆从其受业,凡出入必由其决策而后行。及致巨富,资财较前增加数倍,言虽甚得而未尝自功。玄仪少文辞,徒以口舌取重,朝廷盐官巡视盐政,必造访咨询谋划。有司籍名,遂以玄仪为盐策祭酒(总商)。

汪兰培 生卒年不详。商人。字永芳。清黟县宏村人。考授州司马,以盐业居松江头场一团。《南汇县志》称其刚直好施,康熙四十七年(1708年)春饥,兰培平粜米、豆、麦。当时盐价低贱,兰培增价广收,亭户不私鬻,犯法者大为减少。雍正七年(1729年),为疏浚护塘港兰培捐银百余两,助各坝工。以汪氏支祠未建,引为己责。乃集本宗支之同业盐者,倡为"承启会",开始营建支祠。该会始于康熙五十一年(1712年),本利领息,日积月累,其祠遂以乾隆十二年(1747年)秋落成,父母即以"承启"名其堂。

汪永椿 生卒年不详。实业家。清歙县洪琴人,侨居山东临清。永椿于乾隆三十三年(1768年)至临清开设"江南美酱园店",生产腐乳、豆腐、酱油、酱菜、食醋并配制金玻玫瑰、状元红、葡萄绿酒。因经营有方,价廉质优,遂畅销于临清各地,并吞并了当地原有名店"远然斋"酱园。至道光后,其产品远销华北各地乃至全国。民国九年(1920年),该店生产的豆酱销入日本。至民国二十年(1931年)前后,该店生产的甜酱瓜、包瓜获南京国际贸易大会嘉奖。新中国成立后,该店成为国营企业,但仍沿用"济美"商标。

汪弘 1491~1545。盐商。字希,号南山。明休宁人。幼失母亲,承父多艰,孤苦伶仃,崛有卓志。尝自策曰:"生不能扬名显亲,亦当丰财裕后。"既长就学,又弃儒就贾,北跨淮扬,南游吴越,服贾鹾卤之场,挟刘晏之奇,谋猗顿之资,积数十年遂有余蓄。晚归桑梓,构堂室,辟沃壤。能散好施,无所顾靳。尝输金造文峰塔,以资学校。复输百金航梓宫,以济王事。他认为"士商异术而同志"。

汪弘运 生卒年不详。商人。字励能。清黟县宏村人。少习儒业,好学深思,心知其意。20岁时,父亲偕之到浙江海宁盐官镇,经理盐业。家业虽不富厚,但一生疏财仗义,然诺不欺。五服以内,婚丧缓急,周恤咸宜。县之桃源洞,背山面水,弘运捐款鑿石为门。巅岸有王祖庙,路径崎岖,行人艰难,弘运首倡雇工沿岸势高低,排石并建栏杆,以卫行人。乡人群起附和,续建栏杆石数十米,使栈道顿成康庄之路。悯宗祠祭器颓坏,默捐己资,依样置就,不令人知。并在祭器上刻上"乐叙堂办"字样,盘匜椅几,焕然一新。岁时伏腊,父老子弟世世传为美谈。

汪圣林 生卒年不详。商人。字孔传。清歙县东关人。为经商自给,常负囊贩卖。某次回乡途中拾得遗金,私念失主定当来找遗金,乃坚守以待。第二天,有人哭而至,圣林询问得实,完璧归还。遗金者泣请姓名,弗告。

汪执中 生卒年不详。茶商。字桀文。清婺源晓起人。经商业茶于武昌,栽培后进甚多。性耿直,乡人敬服。年迈回归林下,借诗酒自娱。

汪存朴 生卒年不详。商人。字卫南,号存朴。清休宁人。生而敦敏,事亲孝。父在毗陵(今江苏常州)经商,存朴随侍。父还徽途中,以骤疾亡。家中兄弟五人,存朴居中,兄弟中小为8岁,大为中年,一家相居无猜。及兄弟相继殁,存朴独立支撑一大家庭,一切经济活动,独自主张,虽家居能料千里外盈虚事,丝毫不爽,以故家业日丰,大家庭雍雍睦睦。族有宗祠久圮,存朴就其基而恢宏之。润枯给乏,由亲及疏,无不周到。遇灾年,则散廪米赈济。平时修路施药,好善不绝。无他娱乐,唯喜读书,手握一编,寒暑罔间。或摘书中芳言懿行,教育子辈和戚里,闻者多感化焉。享年63岁。循例得知府衔,蒙覃恩(皇帝封赏)三代。子汪秾、汪和,俱好学能文。

汪光元 生卒年不详。商人。字万资。清歙县人。12岁,随父加民迁居扬州经商,躬勤孝养。一日，挟厚资往苏州进货，道遇他舟倾覆，举囊与之，毫不吝啬。康熙十三年（1674年），三藩叛乱，朝廷以军需为由增加盐税。三藩乱平后，虽然恢复旧额征收，而每引增税五分没有减免。光元亲赴京城陈诉，朝廷乃定以河东为之先，两淮一例并获全免。凡盐业政策有不便于两淮者，光元即身奏疏赴通政司，陈说疾苦。官员奇其才，为之转上，终奉旨允准。先祖坟墓在歙县，兵燹之后被人侵占，光元一一恢复之，并置祭田供先祀。瞻穷乏而教诸子读书，终登仕成令名。以覃恩（皇帝封赏）诰封通议大夫、河南管河道布政司参政。享年91岁。

汪光球 生卒年不详。木商。字美璠。清婺源官坑人。国学生。为人勤慎笃实。因家境贫困，初习缝工。嗣后在苏州经营木业生意数年，积累2万余金。在家乡疏财乐义，捐银数百两修大东岭砌石坎。在苏州曾经买得二婢女，得知是良家女子，遂各具百金妆奁，令她们嫁配夫婿。

汪光翰 生卒年不详。商人。字文卿。明末清初婺源人。明末，在川南道胡恒幕中。胡恒阖门死于张献忠部队，惟媳朱氏与幼子得脱，光翰极力保护。灾年时，光翰或服贾，或课蒙，稍获盈余，即资助给其母子，经20余年不倦。蜀平道通，又将其母子送还，时称义士。

汪当 1490~1546。盐商。字景达。明休宁人。少长知学，醇颖英发，业盐吴越间。性淡易足暇则乐翻旧籍，择古人言行之懿者粘于四壁，以为治生淑后之训。方其治盐，雅志有在，不屑奇赢。积聚数十年，即使财富不增益亦无悔。

汪廷扬 生卒年不详。商人。字一言。清朝人，先世自歙县自杭，以经营盐业寓居江苏昆山。廷扬继承先业，挈家居昆。性俭约，好施与。戚友负官帑（公款）不能偿还，廷扬辄代偿之。县中重修志书，首先捐资，以助其役。长子献瓒，字在中，慷慨好义如其父。少精医理，制药济人，终身不倦。乾隆六十年（1795年），应召参与宫中千叟宴，赐拄杖、锦缎归，卒于孙本庆山东官署。

汪廷俊 生卒年不详。商人。字简臣。清黟县宏村人。业鹾两浙。商务之余，雅与文人墨士行吟两峰三竺间。钱塘文学家卢文弨等追溯高风，力主请崇祀廷俊于六一泉阁。六一泉，旧名广化寺，建于陈天嘉元年（560年），明朝工部官员陈调元扩而大之，始汉至明，凡名贤皆得崇祀，今名六一泉。兼祀时人之有德义者，廷俊获崇祀其中，可谓荣耀。

汪廷璋 ？~1760。盐商。字令闻。清歙县人，自曾祖镳始以鹾业侨居维扬。父资政公允信孝友尤笃，一门五世同居共灶无间言。廷璋13岁，能文章，稍长喜读经史，论衡古今。20余岁，承父命弃儒就贾，肩负重荷，谨慎坦白，无所矫激，赞襄举措，悉中肯綮。两淮盐策运课所入甲于天下，凡转饷、捐赈、兴工、动关国计。鹾运达大吏量入计出，有补于公而本不告匮，必资业鹾数大家才堪任事者，商榷赢绌以综厥事。廷璋在其中起到重要作用，深受倚重。乾隆十六年（1751年）冬，值皇太后万岁，随班入都叩祝，赏赐貂皮30张，内纻六端。乾隆帝巡幸江浙，赏御书"福"字翰墨数种，内府珍品数十种，赐宴于高旻寺行宫，加奉宸苑卿衔，以示优异。

汪乔羽 生卒年不详。商人。字乔羽。清休宁西门人。伯兄翱专以督诸弟侄读书，乔羽独肩经商之任，业渐隆隆起。尤博览群书，手不释卷，能继其家学。

汪仲英 1875~1913。茶商。名为青，以字行。清末祁门城西人。光绪年间岁贡生。弃儒业茶，于城西桃峰山至甲第岭垦殖茶叶，雇工采制，并在县城及屯溪开设红、绿茶号。其行事好标新立异，无因循守旧之累，时人称之"飞天拐"。

汪任祖 生卒年不详。木商。清婺源人。初家贫，嗣业木吴楚间，渐有余蓄。建东岭亭及文公岭亭，并造屋舍亭畔，置租施茶，以济行旅。尝售田，代族某及邑中程某赔偿债逋，卒无怨悔。

汪自新 ？~1941。实业家。谱名志学，字惕予。立政之子，清末民国时期绩溪余川人，居上海。少年攻举子业，15岁，立志医学救国，拜奉贤名医夏景垣为师。父亲去世后，兼理汪裕泰茶庄店事。清光绪二十五年（1899年），将店事委托他人代管，本人赴日本筱崎医校深造。四年后学成返回上海，在上海广西路开设诊所。光绪三十年（1904年），利用茶庄利润2.2万元，又得两江总督端方、江苏巡抚瑞征及使美大臣伍秩庸等人资助2.2万元，共4.4万元，租用伍秩庸上海爱文义路之洋楼，创办中国自新医科学校，并于南京东路创办附设中国自新医院，亲任院长。光绪三十四年（1908年），增办医学补习学校，吸收中西医士业余补习。宣统元年（1909年），于上海创办中国女子看护学校，为国内学校传授护理知识之始。民国二年（1913年）于上海创办中华女子产科学校，同时开办协爱医专，同年被推举为全国医界联合会会长、全国慈善改进会副会长，获中国西医之父殊荣。民国五年（1916年），捐资2 000元创办余川燃藜小学，并赠送教具乐器。自新在医界创业同时，汪裕泰茶庄也进一步繁荣。宣统元年（1909年）后，相继在上海福州路增设汪裕泰第三号茶庄，在南京路增设汪裕泰第四号茶庄，在福煦路（今金陵西路）增设汪裕泰第五号茶庄。民国九年（1920年）在上海静安寺区购地建"余村花园"，内设别墅。民国十六年（1927年），在杭州西湖畔投巨资百万金购地建"汪庄"别墅（新中国成立后，此别墅改作接待党和国家领导人、外国元首等贵宾的浙江西子宾馆，毛泽东曾多次下榻于此）。

汪兆璿 生卒年不详。商人。字衡玉。清黟县宏村人。性温和,气豪迈,能过日不忘。自少经营盐业,历40余年,诸所佐理之事,皆合当事者意。雍正二年(1724年),为祁门分销黟县引盐事宜,率本族同事数人,力请两淮巡盐御使噶尔泰具题,奉旨依议,载于钦定盐法志中。值盐务余暇,兆璿雅集二三知己,讨论史书,以故缙绅先生乐与之游。首倡重建吴山宝奎寺,使其焕然一新,事载《浙江通志》。

汪庆 生卒年不详。商人。号百滩。明休宁双溪人。20岁始经营木业。初贩江西,未利,转贩松江府,也无利。因与弟石桥商曰:"我虽未得木之利,然已知木业可为。但我们兄弟皆徒手,非得一饶区有木材每年可续才行。"乃与弟集资称贷,筹措一笔重资赴衢州、严州诸处深山贩木。从此每年皆有木材上抵浙江,而生理遂如春花,欣欣向荣。不到20年,拥资巨万,所置产屋视祖遗百倍,富比素封。凡商之聚而大,有专官治者,必推一人为首,以领众务,谓之纲。东南之木聚于浙,工部岁遣榷官一员驻南关。众商推举汪庆为纲,汪庆洗心奉公,而不敢一毫自便,从此凡来南关业木者皆以汪庆为首。江浙诸官有额外之征,汪庆力辩,终于豁免。时布政司、按察司以皇木派商,而按察司性严刻,素无敢与言,众商袖手无策。汪庆率诸商赴大堂辩解,词严义正,音吐琅琅,二司动容,遂改派。由是众商益推崇汪庆。

汪庆澜 生卒年不详。茶商。字位三。清婺源荷田人。重然诺,好施与。与乡人洪圣才同贾江西,圣才病故,以孤托庆澜抚养,婚教一如己子,至老不衰。咸丰兵乱时期,输金赈流民。有自乱军逃出者,皆给资斧以归。镇河洪水骤涨,棺尸漂没,雇工沿河捞溺。曾货茶祁门,见道路棺骸暴露,捐洋元雇工掩埋。施米衣、修道路诸义举,难以缕陈。享年70余岁,子孙林立。

汪汝雯 生卒年不详。商人。字次颜。清黟县雷冈人。恩贡生。咸丰、同治年间军兴,在分局襄办练饷颇著劳绩。曾与人合股经商,经理人侵吞殆尽,汝雯怜其穷老,即取簿注销不责偿所负,他股不肯,竟因勒索酿成人命,人共服汝雯之先见而尤叹其慷慨。善教子弟,有侄游荡废业,多方启迪,纳诸正轨,并为婚娶。董办公事与地方长官从无私谒,宁乡梅锦源领兵过黟时,极钦重汝雯品学,后梅守徽郡,数遣信使礼问。

汪汝蕃 生卒年不详。盐商。字生伯。明清之际休宁西门人,汪楫父。少孤贫,倜傥负奇略,以盐策起家。业盐扬州,运筹帷幄,每多奇中,群商推为首领。明崇祯十七年(1644年)高杰驻军扬州时,属下多肆虐掠民,汝蕃抵营慷慨陈说,扬人赖之以安。生性耿直率真,寓居维扬乡族,依附其生者多人。

汪如钺 生卒年不详。商人。清休宁长塘人。幼读书,成年后因家境贫穷弃举子业,经商于江汉间,渐致富。性孝友,有所得,辄分润同族,以故乡无婆人。平生诚朴不欺,深得人们信任。著有《穆斋文集》《行旅无虞》二书。

汪志俊 生卒年不详。商人。汪兆璿公长子,字熙臣。清黟县宏村人。少颖异好读书,14岁到浙江随父从事盐业,遂弃举子业,由国学生考授州司马,敕授儒林郎。父母一体荣封。勤于教子,长子君坼,弱冠乡试中榜。

汪志德 1411~1482。商人。字世宁。明休宁安乐乡人。15岁贾江湖,有倜傥之才。虽寄迹于商,尤潜心于学问无虚日。琴棋书画不离左右,尤熟于史鉴。凡言古今治乱得失,历历如指诸掌。既冠,克勤干蛊,家业愈兴。晚乐林泉,或觞或咏,或棋或书,唯适是安。

汪声洪 1866~1924。布商。字宽也。清末民国时期休宁人。出身于商人家庭,读过短期私塾,辍学后赴上海叔祖汪厚庄的"祥泰布庄"学徒,旋因勤苦忠诚,被聘为布庄管事。精心运筹,严把质量关,没几年便利市三倍。其在上海近郊川沙、南汇、青浦诸县均设立有专门为"祥泰"服务的"庄口",以略高于市场基价的价格,大量收购乡民按照布庄技术标准自纺自织的土布;又自建染坊,自购染料,并从休宁聘请名染匠精染,使布匹质量超过赫赫有名的"阴丹士林"布。数年后,"祥泰"毛蓝布以质优价廉畅销全国,同时出口东南亚和法国,"祥泰布庄"因此跃居全国同业之冠,盈利丰厚。清朝末年,朝廷财政匮乏,常向商家勒索,每年索布不休,并令布商出"津贴"(运输费)。声洪会同王书田等人,于光绪三十三年(1907年)报请总督、巡抚,转奏户部撤销此积年弊政,得到布业同人的称赞。之后,其又先后在上海开设聚生钱庄、祥生钱庄、振大典当铺、鸿济典当铺等,曾经在著名民族资本家荣宗敬资金缺乏时,一次贷给荣家纹银10余万两,使荣氏家族得以振兴。宣统三年(1911年),上海布业公所推举声洪为总董事。曾在屯溪阳湖创立屯溪第一毛巾厂,并捐款修复东峡溪桥。民国七年(1918年)休宁水灾,专从上海运回大米千担平售。民国十三年(1924年),病逝于上海。翌年,上海布业公所为之铸铜像,立于豫园湖心亭东侧。

汪材 生卒年不详。商人。字世用,号东源。明休宁人。早岁丧父,与兄标营商于外,历任艰辛,创业于家。以"居安佚而志在辛勤,处盈余而身甘淡泊"自律。

汪连夔 生卒年不详。商人。清黟县宏村人,业醝于浙江。20岁,丧妻,以子托于嫂,终身不娶,亦无侍妾媵。

汪步元 1896~1970。油业商。又名春祥。近现代绩溪大坑上人。少时在浙江龙游从商。民国十年(1921年)至兰溪从事油业,先后担任壬源、庆成油行经理。为人正直,重信义,善经营,在同业中极具声望。曾任兰溪县油业同业公会理事长。

汪时英 生卒年不详。商人。字育青,号素庵。承先人业,于浙江业盐,遂家钱塘(今浙江杭州)。少习举子业,由诸生授兵马指挥,以俸禄太少不能养家而辞去。继承祖业,惟兢兢以承先启后为己任,家渐富裕。葬三世先人,皆重跧深谷,运畚臿,营窀穸,必躬必亲。虽大寒暑不敢告劳。其后见盐业用广费繁,恐子弟辈渐习奢侈,遂弃盐业。以每年积余建支祠,捐祀产。扶贫济困,乐善好施。言必信于心,崇孝义,重根本,孜孜不倦。徽杭两地称其盛德君子。

汪时济 生卒年不详。商人。字鸿洲。清歙县人。娶唐氏,持家有德,惜23岁而殁,时济遂不复娶,鳏居53年,每每告诫子孙以不重婚之义。业盐来浙,当时盐引票地官私混淆,时济创议改革,不仅使国课不减,时弊也皆革除,后人便之。

汪应干 生卒年不详。商人。清祁门人。有休宁商人携千金寓居其家。顺治十六年(1659年),祁门发生寇乱,商人遁去,应干为贼所执,以刃索金,应干顾其子曰:"赶快取吾所有来。"其子知其意,出家资给贼得免死。后商人来,应干如数出金还之。

汪应川 1896~1957。商人。字顺寿。近现代歙县唐模(今属徽州区)人。幼家贫,聪颖好学。12岁,随父汪执入金华址城新味和粮食火腿庄习业,满师后即任金华西市街大元京广货店经理。民国十七年(1928年),至兰溪任英美烟草公司金衢严总经理,为兰溪商界名士。擅长金石书法,与同里许承尧称莫逆交。兰溪书画界名流柳屏山、童之丰、夏家丞等人均与之相互交往。曾出资建亭于唐模檀干园之桃花坝,供游人歇憩;许承尧专为题额"拾橡亭"。

汪应时 生卒年不详。商人。字惟中。明休宁西门人。父石渠,正德、嘉靖年间以孝友闻名于邑,妻金氏不宜子,后以盐策贾真州,娶胡氏、黄氏,生子四,惟中居仲,胡氏出。惟中七龄而孤,甫髫,治博士家言,寻弃而佐大哥惟行贾,往来于真州。惟中有心计,多奇中,渐起富。后兄弟析产,业稍落,从而贾淮北。念诸母老,遂罢四方之事归里,在休邑之东构别业以居。

汪应亨 1540~1583。盐商。字子通。明休宁西门人。少受儒书,励志于学。后从父命弃儒就贾,执劳不倦,所历维扬、豫章诸都会,智能察物情,义能周人急,人归之如流水。时盐业以行鄱江为最得利,应亨应得鄱江,而他却有意让于弟,父谓纷更不可,而心已识其高谊。

汪应庚 1680~1742。商人。字上章,号云谷,别号万松居士。清歙县潜口(今属徽州区)人。汪氏自高祖始,累世业盐于两淮,集资巨万,其父修业已成两淮巨商。应庚承先世治盐策,秉性老成,精于盐务,为众商所推崇。富而好施,笃于宗族。雍正九年(1731年),遭灾民饥,作糜粥以赈伍佑盐仓盐民三月。雍正十年(1732年)、雍正十一年(1733年),江潮迭泛,百姓流离,又捐金救济,运米往赈。雍正十二年(1734年),又运谷赈灾。应庚关心教育,乾隆元年(1736年),扬州郡邑学宫倾圮,应庚捐银5万两重建。又以银2000余两购置祭祀乐器,以银1.3万余两购田100万平方米,悉归学宫。乾隆三年(1738年),岁旱大饥,首捐金备赈,当公厂煮赈期满后,复独力展赈一月。乾隆十年(1745年),河决丰县,又捐银6万两赈济。还捐资修建平山堂、棋灵寺、五应祠、贞节墓。又捐金资助育婴堂,建桥以济行旅,造船以拯覆弱,动以十数万计。乾隆四年(1739年),应庚年届花甲,为避亲友祝寿,潜避徽歙,探亲祭祖。途径杭州,发愿捐施云林寺,修葺殿宇。对桑梓亲族婚丧,无不隐相周恤。子起,于雍正元年(1723年)授刑部湖广司郎中,应庚为书戒之曰:"刑法至重,鞫讯维严,哀矜勿喜。汝为司属,宜殚心明慎,无偏执,无徇狥,务朝研求再四而后安。"著有《平山揽胜志》。孙立德、秉德,好义如风,乐施不倦。

汪宏 ❶生卒年不详。商人。字义生。清休宁人,因业蹉迁居杭州。性至孝,事兄尤谨。后兄殁于京邸,宏鬻产奔丧,长号数千里,哀感行路。奉寡嫂如母。生平从不识长吏,邻有无赖子夜窃其财,宏伴寐俟其出,终不言。戒子弟曰:"蓄财当俾有用,否则与暴殄同耳。"故友老而无家,宏养之30年,殁后为其殡葬。杭州多火灾,数及其庐,辄反风而灭,人皆谓仁德之报。享年66岁。❷生卒年不详。医家。字广庵。清休宁人。得休宁程氏授以医术,后遍访名医历20余载,于医理、本草、诊法、脉理均无所不通。著有《望诊遵经》《入门要诀》《神农本草经注解》《本经歌诀》《本草附经歌诀》《脉诀》。

汪良彬 1504~1581。商人。字文质,号双塘。玄仪子,道昆父,明歙县千秋里人。先随父为贾,后习武,学道,学医,皆半途而废。长期居家以终。

汪良植 1504~1579。商人。字文林,号罗山。道昆叔父,明歙县千秋里人。少继父业,在杭州为盐商,官府立为市正(管理市场)。晚年归乡,置田46000余平方米,自营十之一,十之九授田夫。

汪良谟 生卒年不详。商人。字希文,号禹符。清黟县宏村人。生平慷慨,乐诗书,因不获以科名显,遂隶安徽巡抚麾下,作为幕僚,襄赞机务。后因长兄早丧,母亲无所倚,遂弃职谋养,黟县各地食盐均由其营运,而家业隆隆起。然富而能散,时清朝初建,黟县奴仆聚匪为寇,世家旧族,多受兵燹惨祸。良谟尽出典质散给本族奴仆,劝勿荼毒生灵。故本族鲜罹其害,县志称其"捍灾卫患,多维持之力",不虚也。延名儒课子,训以义方。康熙五十二年(1713年),以子贵,恭逢覃恩（皇帝封赏），敕封文林郎江西赣州府长宁县宪知县。

汪启逊 生卒年不详。商人。字志修。清婺源大畈人。幼孤贫，晨昏就塾，日伴母入山采薪。12岁，往海阳（今休宁）佣于商家。每语人曰："食人之食当忠其事。"竭蹶操作，无刻偷安。后与程某共贾获利，清厘账簿，分无求多。尤重伦谊，叔世僖无子，客死余杭，启逊往扶榇归葬。支祠圮坏，输资重建。祖茔被侵，极力保全，族人称道之。

汪社生 生卒年不详。布商。字百谷。明休宁上资人。家素贫，往来吴越，肩贩棉布。为人正直仗义，途拾遗金，坐等数天，悉数归还失者。后家境渐富，捐资建宗祠，输田供祭祀。居乡多行善举，设粥厂以赈饥，施棉衣以济贫苦无告者。

汪君实 生卒年不详。商人。明末休宁西门人。天性孺慕，颖异不伦。受父命弃儒业，挟计然之策，游方城汉水间，根据市场行情，采取灵活策略，产业渐丰。

汪直 ？~1560。商人。又名王直，号五峰。明歙县柘林人。少时有任侠之气，成年后足智多谋。以商贾之道谋生。嘉靖十九年（1540年），偕同徐惟学、叶宗满等远赴广东沿海打造巨舰，置备明王朝严禁出海之硝磺、丝绵等物品，驰抵日本、暹罗（今泰国）等国出售，短短数年即成为巨富。嘉靖二十三年（1544年），他加入许栋海商集团，初任管柜，后升管哨，兼理军事。许栋被明军剿灭之后，汪直遂收拾残部占据舟山烈港，另起炉灶。由于其沉勇有机略，很快吞并了当时横行东南沿海的几大走私集团，发展到拥有兵众20余万和船上可驰马且可容2 000人、载重120吨以上的巨舰百余艘，成为走私集团的总头领。沿海诸国对他的实力深为叹服，加上他在贸易中讲究信誉，故深得各国商人信任，称之为"五峰船主"。嘉靖三十一年（1552年），汪直曾应官军所请，击败围攻舟山城的倭寇，并在舟山定海海关主持开市贸易，自称"靖海王"。继之，他向朝廷提出开放海禁、通商互市的请求，朝廷不仅不允，反派总兵俞大猷率兵围攻之。汪直突围而去，将大本营由宁波的双屿移至日本萨摩洲松浦津，僭号为"宋"，自称"徽王"。嘉靖三十六年（1557年）十一月，被浙江总督胡宗宪诱捕。嘉靖三十九年（1560年）初被斩首于杭州官港口。

汪尚权 生卒年不详。商人。字守之，号柳渠。明休宁人。父以正，字孟举，号朴庵，贾于金陵（今江苏南京）。嘉靖五年（1526年）父卒，尚权继贾于湖阴（今芜湖）。数年后，"乃摹唐宋之匠于湖阴，业榷生之锻于柳下"，大力募工冶铁，躬自精勤，指挥百人，斩斩有序，工无不效，遂以冶铁致富。

汪尚松 生卒年不详。商人。字茂青。清黟县城北箭亭里人。幼孤贫，佣力养母。成年后到江西

*汪直

经商，人咸称其诚恳。致富后力为善事，族戚中子弟失业者均赖援引，修族祠绵祀会等。

汪国仪 生卒年不详。瓷商。字羽丰。清婺源晓起人。业瓷于景德镇，集资设肆，运贩粤东，以信实见称。先以运瓷往粤，关卡留难，国仪集众予以控告，奉准示禁。旋捐巨资建婺源会馆在景德镇，手订章程，遇事会决，乡人均感其恩。后因生意失利，退老家居，问安与求教者书札不绝。

汪国柱 生卒年不详。商人。字廷佐。清休宁凤湖人。少孤贫，习贾勤俭成家。生平乐善好施。嘉庆七年（1802年）饥荒，捐银800两赈济灾民。迁移海阳书院时，捐银千两以充经费，另捐银5 200两存典铺生息，以作士子应试费用。又助修文庙，疏浚城内沟渠，铺筑凤湖街、南门正街、高市巷、金家巷等路和修复旌孝、宣仁、"名儒世里"牌坊。还置西乡、小北乡义冢三处，设本族文会，建支祠，置祀田，于戚族孤寡无告者养生葬死。

汪国玺 生卒年不详。商人。字成玉，号琢斋。清黟县历川人。好善嗜书，于《灵枢》《素问》殚精研究，箪瓢屡空，晏如也。中年，休邑陈姓聘往巢县主持典铺事，克称厥职。薪资除支家计，悉以施济。

汪岩福 1517~1602。商人。字世美，别号东海。明休宁西门人。从父兄贾市肆，出纳、平征、逐廉，毫无市侩态。务为节约，与家人同艰苦，大布之衣，大帛之冠，脱粟之饭，身自甘之。尤重视课督众子。

汪秉键 生卒年不详。商人。清黟县丰坞头人，随父贾于江苏泰州，逐渐致富，因移家居此。质直少文，见义必赴。村中贫乏者，隆冬遍送棉衣米炭。建支祠、修古路、置义冢、施棺衾，皆竭力为之。

汪育 生卒年不详。商人。字赞可，号素在。清婺源裔村人。国学生。初以亲老家贫，弃儒就商。后因父晚岁眼盲，归家服侍赡养。生平济孤贫，恤亲友，见义必为，输资至巨万。以子贵诰封儒林郎。

汪学礼 1830~1906。商人。字淦庭。清黟县七都玛坑人。从九品衔。先随父贸于浙之泗安，后习典衣业。20岁时，张幼翘服其能，竟以店肆业务悉付学礼管理。既接事，兢业以图，历获优利。咸丰年间，太平军占据宁国、广德，泗安壤地相接，军兵往来靡定，民人虽避迁深山密林，无不屡屡被掠。学礼恐负付托之雅，通筹熟计，将货物雇船扬帆运浙。不数月，军兵撤退，学礼归泗安，将货物册籍逐一交卸。统计货资超过以前一倍，闻者慕之。信义久孚，闻望益著，泗安之徽人啧啧称道，遇有危疑之事，径就学礼以调剂，皆涣然冰释。年既老，退而家居，捐租宗祠岁供祭祀，地方义举，竭力资助。从前父遗积债，悉偿无缺。

汪学鉴 ？~1860。商人。字宝霞。清黟县城北箭亭里人。13岁就经商于常州和桥镇，为程氏综理肆务垂50年。咸丰十年（1860年），太平军进攻和桥，学鉴看守店肆未逃，遂死之。

汪承显 生卒年不详。商人。字毓京。清婺源晓起人。生平待人宽厚，处己规约，重义疏财，名噪武汉。经商善运筹意断，不数年而累资巨万，同业推为邦董，遇事听其判决。新安书院之重造，安徽会馆之创建，以及徐淮、皖北之义赈，无不慷慨捐献巨资。同乡于会馆立像祀之。

汪承恩 生卒年不详。商人。字冀阶。清黟县十都人。先世以盐业发迹于宜兴，后中落。承恩经理经过努力，家业重振。虽商却重文，幼学敬事耆宿，从齐彦槐学诗，曾刊有《摩罗别墅集》。

汪珊 生卒年不详。商人。字汝光，号罗峰。汪璋弟，明休宁人。5岁，父廷桢公先于母亡，困穷已极，奋然自树，商于南陵，贸迁有无，夙兴夜寐，不敢荒怠，积10余年而成大贾。

汪拱乾 生卒年不详。商人。字象坤。清婺源段莘人。以家贫贾贸，营商精会计。对于货物，人弃我取，往往利市数倍。致富后蓄赢资，以平时花费资金出入，凡有急事求者悉数答应，任凭借者先后偿还。曾尽出债券订银8 000余两，归还与借贷者。总督于成龙给予冠带荣身，乡里旌表"满门孝义"。

汪选敏 生卒年不详。商人。字逊修。清黟县石门厦人。父习商业，服贾苏州。选敏14岁赴苏州学贾，每念母在家勤苦，辄不乐。父因使归，治贸易于邻邑休宁西乡江潭，数年业大赢。江潭僻处万山中，距黟35千米。三两月必归省母，母殁哀痛惨成，丧葬尽礼。后以其父年事日高，远贸为忧，遂赴苏州迎归奉养。太平军起，大江南北一片战乱，黟县遭祸尤剧。选敏乃奉父避乱于江潭，族戚相随而往者，老幼男女百数十人，皆仰食于选敏，供给周到。社会安定后族戚还乡，悉资以钱米归，皆不至于冻馁。君性善施与，凡属义举无不竭资赞助。然平居饮食服用，未曾稍奢靡，终其身不改行。

汪狮 1501~1553。商人。字本威，号石渠。明休宁西门人。17岁值父丧，哀毁甚切，既而毅然自愤，携资客淮扬。历诸名郡，业日以饶，岁时归觐老母。休宁之俗，携资豪侠者，多往来达官贵人，以相炫耀。而汪狮却独自守，所交不计身份。粗衣粝食，淡泊自如，而周急通匮，从无难色。及母年高，自戒远游，筑室石渠，得以承欢膝下，以尽孝道。

汪洪 生卒年不详。盐商。字汝源。明休宁西门人。业鹾于海上，积帛赢金，至累巨万，而不以为富。性孝友刚正，气度恢宏，乐善亲贤，疏财仗义。既有兴学校、建丁峰塔、浚泮池、造奎星楼之役，又有佐城筑、修道桥、构路亭及恤孤寡之功。虽迭蒙旌匾，而终无德色。壮游湖海，遇缙绅贤士大夫，无不纳交。晚营别筑于小塘山之源，终以书史自适。

汪泰护 生卒年不详。商人。字本亨。明歙县稠墅人。家饶裕，自处淡泊，勇于为义。初年，操资贾毗陵（今江苏常州），值岁旱，出谷大赈，毗陵民皆德之，无不知有汪某者。后值里中饥，输粟，徽州知府孟津人李天宠申请建"尚义坊"。子元傅克承先志。

汪振寰 生卒年不详。茶商，实业家。自新次子，祖籍绩溪余川，居上海。赴日本早稻田大学习商，民国十七年（1928年）回国执继汪裕泰茶号。先后在上海浙江中路441号开设汪裕泰第六号茶庄、在建国路襄阳路口开设汪裕泰第七号茶庄，另设正祥源茶号一爿，并在苏州、奉贤等地设立分号多处。又在金陵西路怡乐里和塘沽路、河南路增设加工栈房两处，专门精制出口茶货。抗日战争爆发，时局动荡，市面萧条，振寰先后关闭一、二、三、四号茶庄及外埠分店，将一部分资本转移国外，在日本、英国、美国、摩洛哥等地设茂昌茶行，在台北市绥远路、贵阳路开设茶店、茶厂。民国三十八年（1949年），振寰赴外地营茶，沪上另四爿茶庄由其兄振时经营，后各茶号均转国营上海茶叶公司。

汪晋和 生卒年不详。茶商。字学文。清末民国时期婺源晓起人。性刚直好义，读书不倦。乡族贫困者,尽力周济抚恤。对于地方公益事业,竭力捐输。邻居发生纠纷,调处矛盾立解。承继先人茶业,艰苦经营,累资巨万。持家律己,布衣蔬食,休(宁)婺(源)往来不假车马。在屯溪创立"林茂昌"茶号,经营范围为全屯溪之最,成品质量亦名列前茅。后见茶业凋敝,悉志改良,所制精茶先后获南洋展览会一等奖章和巴拿马万国博览会二等奖状。民国总统黎元洪赐奖黄紫绶银质奖章,文曰"孝思锡类"。

汪朔周 生卒年不详。盐商。字曼思。清歙县人,以业鹾迁居江都。笃于孝友,族人多荒田赔粮之苦,朔周捐置腴产,以岁入抵粮,永以为赡。乡党中有急难,朔周解推不少吝。

汪涛 生卒年不详。商人。字亦山。清歙县西溪人。曾独力更新徽郡试院,所费不下万金。从商台州,其地滨海,坟茔多为狂风暴雨所毁,汪涛捐棺瘗之高处。另其地贫家多弃婴,故特捐建育婴堂,活人甚众。在乡里,铺筑县西古关至西溪石路,成坦途;又置义学、义冢。凡赈贫恤孤,赴义不急。

汪海 生卒年不详。商人。字德宗,明嘉靖年间休宁兖山(今属屯溪区)人。随父亲汪实贾于山西吕梁房村,祖孙三代以曲蘖(酒母)起家。坚持以廉贾自励。曾告诫儿子:"与其以诎为赢,无宁以赢为诎。"尝渡京口(今江苏镇江),客遗金橐舟中,留无行,待亡金者至,验之合,举全橐归之。问姓名,不告而去。后因黄河决于吕梁,为避水患,于是改业典当,"以质剂息子钱"(典当业),一居云间,一居东省,业愈益起。兖山濒临淛江,常有水患,汪海筑堤捍之,并甃石梁以济涉者。汪海英年早逝,享年仅34岁。两子各修其职,长子体仁受命承家世其业,次子体义治经术。明朝人汪道昆为其撰《明处士兖山汪长公配孙孺人合葬墓志铭》。

汪宽也 参见941页"汪声洪"条。

汪家湍 生卒年不详。商人。字沧海。清黟县札坑人。在安徽望江县经商,积银20两回家。既渡华阳河,江风浪覆后面一船,家湍大呼:"救一人酬谢十金。"众舟拯二人,倾囊与之,家湍又返望江不归,其尚义如此。

汪通保 1476~1571。商人。字处全,号思云。明歙县岩寺(今属徽州区)人。15岁左右,即居上海,从事典当业。倜傥负大志,倾贤豪,沪人多嘉其能,争与交易。初服贾时,资财不逾中人,既而日益富饶,附者甚众。乃就上海治垣屋,部署诸子弟四面开庐以居。客至,则四面迎之,户无留履。并与诸子约业:居他县,勿操利权,出母钱勿以苦杂良,勿短少,收子钱勿入羡,勿以日计取盈。于是人人归市如流,邻县客户也都赶来,遂至大富,家乡富人无出其右者。嘉靖二十二年(1543年)徽州大旱,汪通保率先输百金,并设糜粥以济饥民。乐善好义,各捐百缗

重修苏州洞泾桥,建歙县堨田桥、尤溪桥;费数千金建岩镇狮山三元庙;不惜财力追复被豪强侵占的灵山汪氏宗祠、叶村先世墓地,其他如建雁塔、赈贫乏、置义田、设义冢等善事无不勇为,济人利物不能概举,人颂其德,巡抚书"尚义"以旌其门,徽州知府称其为"义士",太史陆寄写有"手挥千金作义士"之赞句,状元吕柟赠言"冢器已能名太学,岂惟庭训五车书",皆为实录。寿96岁。卒后,汪道昆为作传记,许国为作行状。

汪焘 ❶1734~1769。盐商。字宇周,号式溪。世籍歙县。自高祖汪镳始侨居维扬(今江苏扬州),以盐业起家。祖父资政公汪允性孝友惇笃。父汪廷璋恪守家教。汪焘幼年颖异,颇知读书,见盐务繁忙,不欲祖、父殚其劳瘁,遂弃举子业,偕伯兄熙佐父经商,被父亲倚为左右手。乾隆二十五年(1760年)祖父、父亲相继去世,汪焘哀毁备至。与伯兄汪熙强起经理盐务,能因时制宜,公私交济,同业者得其擘画,以杰出称。❷生卒年不详。诗人。字蘅州。清黟县宏村人。乾隆三十年(1765年)拔贡,授崇明县教谕。才高博学,娴于典故。善书法,亦工诗。著有《莲西阁诗集》行世。

汪崇镛 生卒年不详。商人。字友笙,号振声。清黟县城北箭亭里人,寄居渔亭之复山。父早逝,母守节抚养,得旌于朝,学使祁公嶲藻以"贞松慈竹"额其坊。崇镛奉母孝,事叔父如父,暑月施茶以济行旅。商于江西之玉山,地当江西浙江之要冲,徽州人贸易其间者甚众。向无义堂以厝旅榇,死者往往寄柩郊野,暴露堪伤。崇镛首先捐资提倡,玉山之有新安旅榇厝所,崇镛之力也。同时并购山地以备阡葬,其章程皆所手定云。又建婺源大镛岭头之乐善亭、渔亭惜字炉,凡诸义举无不以身先之。

汪琴 生卒年不详。商人。字声和。清黟县岭下人。服贾广东。有同邑叶甲贩茶未售而暴卒,琴素不识甲,殡殓之,代售茶,归其资。

汪琼 生卒年不详。商人。字时献。明祁门人。以经商致富。祁门城南闻门易翻船,汪琼捐银4 000两伐石为梁,另购田数万平方米凿为河道,年纳税500两至数十年。在乡兴宗祠,立家塾,建桥梁,置义田义冢,捐资不下数万金。

汪联洪 1810~1877。商人。字元治。清末黟县人。沪为通商巨埠,华人与洋人贸易,颇因银质参差多受亏折,众皆谋求抵制,合力组织公估,推举联洪综理其事,中外商界倾心信服。劳勤致疾,命儿子办理,乃养疴里居。常以勤俭持家,而于地方义举辄倾囊助,无所吝。如修葺宗祠、建筑桥梁、导达沟渎、开通道路以及救灾恤患、匡困赈贫,乡之人受其惠者咸称道不绝。妻程氏,性行淑均,循规蹈矩。当联洪在外经商,程氏侍事衰翁,实能尽敬尽孝。咸丰年间徽州战乱之

时，乡人练团防守，急需军费，程氏慷慨脱钏助饷。人谓联洪之得以发家，有程氏内助功。

汪雅会 生卒年不详。商人。字清卿。清休宁西门人。8岁失父，事母至孝，事兄如父，终身未分产。壮年到湖南经商致富。有至戚负300金，愿以腴田偿之，雅会悯其贫，焚券不受。性甘淡泊，17岁结婚成家，同妻蔬食以终其身。课子成名，三受封诰建坊。

汪景龙 生卒年不详。商人。字云从。明末清初歙县人。15岁来浙江业盐，有成人气度。明崇祯元年（1628年），盐场受水灾漂没，灶户欠景龙银不下千两，景龙悉焚其借券，概不追偿。明末清初，政局不宁，民迁徙不定，税课则虚悬难征，景龙提议借场买补，当局同意实行。当初，宁波下八场场盐出仓，漫无稽查，多售私贩，景龙请于通明坝设稽查之法，私盐断绝。

汪景晃 1666~1761。商人。字明若，号旭轩。清歙县西溪人，西溪汪氏第八十四世，新安画派著名画家汪孔祁（字采白）之先祖（采白为西溪汪氏第九十二世）。22岁，弃儒从商于浙江兰溪，朝夕辛勤。后创业于湖南谷水，统率诸侄，因材而用，使泛槎江、浙、广、闽，卧薪尝胆，破浪乘风。服贾30年，家资称富。他认为"一家饶裕，而族有四穷（鳏寡孤独），耻也"，乐施不倦。50岁后，将商业交由子孙经营，自以赈穷济艰为乐事。族人中有孤苦者给粟，病者给医药，无寒衣者给衣，贫而不能从师者议义管，死无棺者给予棺。并设茶亭以待行旅。至90岁时，所费以万余计。次子汪泰安常拮据万方，甚至变卖妻子陪嫁物品以应其求取。乾隆十七年（1752年），兰溪歉收，景晃以赈灾功议叙加一级。乾隆二十四年（1759年），被举为乡饮宾。学者江永为之立传，刘大櫆为撰墓志。孙汪梧凤为学有成。

汪鉎 生卒年不详。商人。字惺凡。明休宁上溪口人。商游京口（今江苏镇江），路拾遗金500两，悉还失者；失者愿以其半相酬，不受。居家精研理学，以"希圣超凡"自我期冀。

汪鲁门 1858~1940。商人。名咏沂，晚号玄元老人，以字行。汪镇子，清末民国时期歙县大里人。工诗文，常与周嵩尧（周恩来六伯父）、杨文俊、李逸休等人相唱和。代理海州直隶州知州、淮安知府、山阴知县兼淮安、大河两卫。后因厌倦仕途，遂弃官经商，在左营开建产盐圩堤。与扬州友人创建大德、大阜、大源、公济、裕通、大有晋、庆日新等七家盐业公司，先被推选为总代理，后任董事长兼总经理。辛勤经营，重振盐业。豁达大度，急公好义。晚年，辞职居家，笃信佛教。民国二十六年（1937年）扬州沦陷前夕，举家辗转避居江都（今扬州）丁沟、海安角斜，后迁居上海法租界，卒于上海。故居世德堂在今扬州南河下170号，占地面积3 440平方米。

汪翔麟 1795~1854。商人。字东垣，号樵邻。清休宁汪村人。5岁入塾读书，10余岁《十三经》《两汉书》《文选》皆卒业，补博士弟子员，但乡试屡荐皆不中，乃弃儒经商，并移家侨寓常州。翔麟虽累世富厚，却无声伎之好。重金延聘浙中知名士教其子弟。豪饮喜客，名其所居曰"乐数轩"。每至秋日，插菊花数百盆，张灯置酒，召宾客觞咏其中，至深夜犹未休。有《秋兴分咏》《销寒偶吟》诸集行于世，皆其时所作也。母卒归里，性喜施与，又好医，虽不读岐黄书，而每得良方，辄手录以归，制如法。有求者，问所苦，投之立愈。

汪道斐 生卒年不详。商人。字文忠。明歙县水南里人。父贾池阳，道斐以心计佐之，业渐起。后治盐业于维扬，众商目为稚孩，殊不知其不少计谋与策划出人意表，业因大起。

汪献祥 生卒年不详。商人。字帷贞。明祁门城东人。服贾治典业，往来江淮间，累千金，为赣榆人称贷尽。适赣有悍令诛遗赋，箠楚其民，邑半流亡。献祥积券满一箧，无能偿者，曰："去之，无助人为虐。"遂焚其券而归。归而课子，子体其意，亦能清修自愍，以文章德量见重于时，皆其义方教也。

汪源 生卒年不详。商人。字卓峰。清黟县横冈人。父因家贫，援徒四方。15岁废读而贾。太平军来黟县，汪源在江西之玉山，跟跄奔归，奉父母挈家避难，至玉山，而江西亦有太平军。店务殷繁，烽烟一月数徙，备历险艰。或竟日不食，或终夜不寝。克服一切困难竭蹶经营，家业亦因此渐裕。迨大局底定，奉亲归里，买田筑室，以垂久远之规。律己甚严，喜阅先贤格言，训其子曰："名为读书人，必要宅心忠厚，无坠先传。求古人嘉言嘉行，必体诸身而淑于世，岂特尚文词、博富贵，以夸荣乡里而已哉！"即此可以见其志之所存。好施与，不使人知。地方义举，无不乐助。不言人过，人有善，誉之不容口，因此人多赞之。

汪源茂 生卒年不详。商人。字学川。清婺源大畈人。国学生。秉家政，营商乡里。曾有友人托源茂名，存店银数百两取息。友突然暴病而死，店伙将银归属源茂，不受，召友人之子归还。

汪溶 生卒年不详。木商。字尔昌。清婺源太白人。质厚性爽。家贫，佣于木商，跋涉江湖，远及苗洞。中年稍裕。道光年间，参与创立湖山书院，振兴文教。

汪福光 1491~1566。盐商。字世耀，号西溪。明休宁西门人。少胸怀大志，效学陶朱公，研习心算。后出道经商，服贾业盐于江淮间，有船千只，率子弟营运四方。为商知人善任，运筹恒得上算，获利巨万。居乡重信义，喜施舍。赈岁饥，重建夹溪、汶溪两桥，又捐修城门洞一座，筑城楼、城墙，所费银凡数千两。

汪福坚 1494~1538。商人。字世节，号西潭。明休宁西门人。父静江经商，擅自然之利，富甲乡邑。福坚既长就学，读书循理，敦行寡言，长衣高帽，不乐时俗。受父命业盐淮越，历游徐、扬、青、兖、齐、楚间，遇名胜停舟驻节，于蜂园蝶径（泛指妓院之类），从不涉足。见饥寒无告者恤之，得高明胜己者友之。时人评曰："世之为商者，处财货之场，而能修洁如西潭者鲜矣。"

汪福南 生卒年不详。商人。字式邦。清黟县黄坡人。值咸丰、同治年间兵乱，辍学随父习贾，仍不废诵读。孝亲敦品，下笔千言，叙事举要，体拟唐宋工书。常经商垄坪，力除船户积弊，行旅赖焉。同乡推举主持会馆事。后商于安庆及芜湖，遇同族失业者每赡之，默察其品行能力，介绍适当工作，对那些浮薄者，量远近给资遣回乡。

汪璟 生卒年不详。商人。字汝瞻，号竹泉。明休宁人。11岁丧父，家贫，贾于南陵，居积成富。三个儿子均克承父志，卓然自立，择人而任时，富饶益充。

汪嘉树 生卒年不详。商人。字滋荣。清歙县人，先世由葛川始迁古城关（今古关）。16岁，弃儒从商，致富后砌西关墙路，代输本村所欠赋税，两修汪氏支谱。乾隆十五年（1750年），奉有神主的堂屋毁于火。汪嘉树驰归故里，规度旧基建祠供奉，次年大旱，米价骤增，人劝其辍工，汪嘉树道："先灵未妥，吾眠食俱废，且古人有以工代赈者，吾反停工乎？"卖田举债将祠建成。而民仍困于饥，甚至吞食观音土以活命，汪嘉树不免恻然，遂自桐江运粮减价平粜。乾隆二十一年（1756年），孝丰（今浙江湖州）遭遇饥荒，汪嘉树倡捐设厂煮粥以赈。其他如周亲族、助丧葬之事甚多，浙省官吏及徽州知府、歙县知县皆给匾嘉奖。徽州知府何达善载其名于《平粜碑记》，并登其名于彰善坊。

汪箕 生卒年不详。典商。明末徽州人，侨居北京。有典铺数十处，拥资数百万。崇祯十七年（1644年）三月，李自成农民军陷北京，箕自知家室难保，乃向李自成献《下江南策》，疏称愿为先锋，引兵南进，以效犬马之劳。李自成觉疏甚喜，乃问宋献策曰："汪箕可遣否？"宋献策曰："此人家资数百万，典铺数十处，婢妆颇多，今托言领兵前导，是金蝉脱壳之计也。"李自成悟，遂将箕发往刑官，追赃10万两。并施以重刑，用三夹一脑箍刑，箕不能胜其刑，命家人取水，饮三碗而卒。

汪銮 生卒年不详。商人。字玉振。清歙县人。在两浙经营盐业。雍正年间，贩私盐者多，銮于石堰场访巨枭数十人，赠以很多银两，晓以利害，劝其归农。不久朝廷派李卫巡抚浙江，整顿盐务，严惩枭贩，多置极刑，事先归农者无事，皆欢呼曰："汪公活我。"

汪肇正 生卒年不详。商人。清初休宁方塘人。家境贫寒，少即在外学做生意。康熙十三年（1674年），家遇兵警，其闻讯驰归，汤药服侍双亲。生平所入，概均分给兄弟，以孝友闻名乡里。

汪鼎 生卒年不详。商人。字调元，号越江。汪兰培次子，清黟县宏村人。国学岁贡生。承父命业盐，居松江南汇县头场一团。雍正十年（1732年）七月，人死潮灾。雍正十一年（1733年），旱灾且大疫。雍正十二年（1734年）春犹饥。初被灾，知县程纲劝捐赈，鼎遵母程氏命，首输银60两，贮库分赈，出资募人舟收尸，棺埋之一团，建骨塔，助钱拾贯。平粜米周贫恤灶。雍正十一年（1733年）春，平粜豆、麦，给药施棺。雍正十二年（1734年）春，捐赈粥银50两，又自赈三日。江南督抚各宪具题，奉旨议叙以县丞用，轮班候选按南汇县分建达部。

汪德光 1888~1960。商人。字仲容，晚号归洁。近现代休宁石田人。民国初期在杭州高等学堂求学，曾任同学会会长。毕业后入进京师优级师范进修。辛亥革命前回乡，在屯溪掌管"德后昌""永泰隆"南货店店务，与陈布雷常有书信来往、诗词唱和。民国十一年（1922年），被选为休宁县商会会长。民国十七年（1928年）组织"商团"，招募团兵，以新式枪械装备。次年，朱老五率众入屯溪，欲取商团枪械不得，乃火烧屯溪街，德光自此辞去商会会长职务，退居乡间行医。

汪德昌 生卒年不详。商人。字心田。清歙县人。习举子业，屡试不第，遂游贾淮扬，佐办南巡大差，诸商人咸赖之。家小康，不事居积，专以周贫济急为事。与兄怀昌、弟孕昌捐资重建宗祠、置办祭器。孕昌（字持正）慷慨慕义，曾以数千金贷贫乏，归偿无力，悉焚其券。

汪德昭 生卒年不详。商人。字起潜。清婺源闻善里人。监生。7岁丧父。初习儒，因少兄弟未卒业改去经商。母程氏慈惠好施，昭克承志。曾输建祖祠，砌西关外路，独造环漪亭并屋，煮茶济行人。又助造东关函谷亭、全真阁及西关桥梁，为费皆巨。乾隆十六年（1751年）、乾隆二十一年（1756年）、乾隆二十六年（1761年），三次岁歉均运米平粜，其他如施棺埋骴，亦有年所，人皆义之。

汪霖 生卒年不详。商人。字雨苍。清歙县人。家故饶，业盐，父殁后家业衰败。生平喜读书，负大略。曾至杭州，渡钱塘江，潮怒涌，舟没。同舟者伙，乃奋身入巨浪，左右腾跃提掷，全部救出溺者，使其一一登岸。

汪燧 生卒年不详。商人。字遂有。清歙县瞻淇人。家贫，竭力养亲，所欲无不致。中年经商于浙江，家业稍振起，念两兄贫，所入辄分与之。里党孤贫赖以存活者甚众。康熙六十一年（1722年），岁饥，散积谷以赈济族人,凡设义渡一,创祠宇三。子绂(字方来),太学生。以父老代治盐策,盐政官员知其才,推举为浙江盐业甲商(总商),益体父志,务为善,郡邑有大役,急公恐后,邑中逋赋积至2.8万余两,诸士绅倡义举,分年代输,绂带头参与。名载邑令汪文坦《绅士公输旧粮碑记》。曾居苏州,宗族中有业盐者因得罪一贵官而以他事被告,以盐法乞援于绂,绂慨然曰:"吾罪也。"即诣官府自诬。贵官发怒,械系并用刑,濒死者数。幸逢有为其鸣冤者,后责其修苏州城墙,大狱乃解。时人称其义侠。

汪寰 生卒年不详。盐商。字伯瀛,别号还一。明嘉靖年间休宁西门人。业盐,累万资,雄里中。尝以"宝善堂中善为宝,安仁室内仁是安"为对。喜结纳贤豪长者。重义轻财货,五十年如一日。遭变故资财罄然,家贫。曰:"财,身外物也。丈夫负躯天地间,宁以此介介耶?"穷老以终。

汪徽寿 生卒年不详。商人。字美之。明歙县西沙溪人。性纯朴,好施与,焚券济贫,义闻乡曲。万历年间捐资2 000金修河西桥梁,徽州知府麻城人董石尝作《重修河西太平桥记》勒于碑亭纪其事。

汪燮 生卒年不详。商人。字容若。清黟县宏村人。附贡生,以浙鹾议叙主簿。善事亲,待族人厚,尚义好施。曾以岁荒三赈其族,修北庄岭及潭口路旁建路亭。又修渔亭通济桥、羊栈岭茶亭、施棺埋尸。刊行《苍生司命经验良方》《金刚经集注》,增删《坚瓠集》行世。

汪霨 ❶生卒年不详。盐商。字胥原。清歙县人。以国子生候选州同。乾隆十六年(1751年)逢乾隆南巡,恩加顶戴二级。霨生而颖异,始就学,口授成诵。及握管,文采英英照人。辅佐两弟操理家业,葺宗祠,增祀产,家业旺盛。恩及姻族乡间,赈饥恤困,费银巨万,矢志不懈。霨有爱女,巨室谋求婚,霨婉辞不允,径以归故友子,曰:"吾不负所托孤也。"性嗜画,笔意苍郁生动。❷1678~1761。画家。字胥成,号涤崖,又号灵室主人。清初歙县岩寺(今属徽州区)人,客扬州,家珍从孙。善画山水,山水宗大痴(黄公望),而气韵出町畦之外,时称逸品。尝画《黄山图》于法净寺之平远楼。世宗南巡,绘《五岳朝天图》以献,赐笔墨。安徽省博物馆藏其《山水》条幅,有"灵室主人"钤印。天津市博物馆藏其《虞山图》卷,雍正十三年(1735年)作。

宋应祥 生卒年不详。粮商。字允吉。明歙县上丰人。万历十年(1582年),与子承恩贾于金陵(今江苏南京),遇族人应期解运南粮,江行遇风,倾覆殆尽。大司农以罪责偿,檄下县捕其属入狱。应祥闻之,就狱省视,见其憔悴状,行将瘐死,因倾囊金偿之。后经商池阳,有行商二人,各携重金寄宿,天明早起去,子承恩洒扫,见有遗金甚重,启视之,有苏州米行主人姓号,计银250两,遂告之于父,守待再宿。翌日,见前二人哭踊而来,遍觅不得,急欲投江死。应祥力挽之,询其姓名,为许邦伟偕弟邦佐,所言相符,即呼集街众验明而尽还之。二人愿分金相谢,应祥辞不受。邑令额其堂曰:"奕世德音。"榜其门曰:"世德作求门第,还金拒报人家。"

宋学思 生卒年不详。商人。清歙县人。居会山,乐善好施。道光十一年(1831年)会山饥馑,捐粮助赈,被推举为县丞。道光二十八年(1848年)、道光二十九年(1849年)大水,奉命督修无为州坝,又捐银2 000余两。道光三十年(1850年),歙县故里大饥,学思典质田地,得银300余两,全数助赈。

宋振华 1843~1919。商人。清末民国时期歙县上丰人。中年迁居浙江金华,以卖肉起家。清光绪元年(1875年),金华山区铜鼓园农民起义,村民将粮食低价抛售后外逃,宋振华倾囊统购。不久义军被镇压,村民还乡,粮价上涨,振华获厚利。宣统二年(1910年),拥有地产300余万平方米、房产800余间,开设南货、酱园、钱庄、茶庄、浴室等22家店铺,人称"宋半城"。为金华新安会馆首席董事。

宋惟贤 生卒年不详。商人。字可大。清歙县人。刚就学,言动辄如成人,惟日以读书临帖为务。后值明清鼎革,兵燹播迁,乃随父经营于三吴浙闽之间,业稍稍起。公虽游于贾人,而体貌端重,望之知为有道之容。三藩之乱时,惟贤在闽,诸所熟识,多投奔三藩并授伪衔,朱衣黄盖,俨然一达官。惟贤有铁数千石,其他物资也不少。时有要人谓以公之才略,苟肯出建功业,金印大如斗,指顾间事。惟贤坚不应。要者又恐吓说:"苟不奉命,将不利于尔。"惟贤乃以计脱之。既而惟贤朋友亦劝其投靠三藩,否则货物难保。惟贤说:"得保首领就够了,哪顾得上货物呢?"朋友说:"你将以此得罪三藩,首领亦难保也。"惟贤说:"得保名声就够了,哪顾得上首领呢?"惟贤揣度不能免,因悉弃其货物,只身远逃。后三藩之乱平,当初接受封官者皆处以重刑。而惟贤独弃万金,保身保名。惟贤收合余资,拮据经营,不十载而业复大起,德益厚,而名益震郡邑。徽州知府罗公表其间曰"德高望重",歙县知县邵公赠匾曰"盛世高风"。

张大雾 生卒年不详。商人。清婺源人。幼佣工为生,长而贩木竹售于西江。后又子母,家渐饶。曾收债婺源之古江村,有姚某鬻妻还债,姑媳分离,哭声载路。大雾了解得实,非但不责其偿债,还赠银40两,使夫妻复得完聚。

张友深 1876~1946。商人。又名友森,字益三。清末民国时期歙县武阳人。清同治八年(1869年)六月,其父张国英以长崎泰记号商人登记上等籍牌,后在新地26番开设顺记号,并任三江会所董事。光绪二十年(1894年),从长崎移居神户,友深初在浙江孙淦(字实甫)益源号学徒,后任李光泰东源号大阪

张友深（续）

支店经理、怡昌震号店主。宣统元年（1909年），捐赈湖北水灾，获赐举人。同年，在大阪川口町28番开设同益（华商）合资会社，经营海运业务。宣统二年（1910年）五月，被推举为大阪中华商务总会（后改称大阪中华总商会）协理。民国元年（1912年），因资助孙中山革命被授予二等嘉禾章。民国二年（1913年），被推举为大阪国民党分支部部长。三月十一日，接待访问大阪的孙中山一行。民国六年（1917年）六月，被推选为神户三江会所理事。民国八年（1919年）六月，大阪三江会所改称大阪中华南帮商业公所，被推举为首任理事长。民国九年（1920年）四月，同益合资会社改组为同益株式会社，本金10万元，任总经理，为首席股东，经营运输、贸易、中介、保险等业务。七月，投资吴兴周创办的芜湖大昌火柴有限公司（安徽第二家火柴企业）。民国十一年（1922年）七月，被农商部任命为大阪中华总商会会长。民国十三年（1924年），被推选为大阪中日协会副会长。五月，任大阪中华书报社社长。六月，在神户亚细亚人同盟时事问题大演说会上演讲，抗议美国排斥亚洲移民。民国十四年（1925年）八月，被日本内阁府任命为国势调查员。民国十五年（1926年）十二月，负责大阪华侨中日同商旧约废止后援会总务。同年，为神户海上火灾保险会社（日本三大保险公司之一）代理大阪华商保险业务。民国十六年（1927年）一月，任（大）阪神（户）华侨教育统一协会副会长。六月，任神户三江会所理事。民国二十年（1931年）秋，同益株式会社神户支店长方某携款潜逃回国，张友深虽对簿公堂仍无济于事。神户支店被迫关闭，张友深退出保险行业。民国二十七年（1938年）二月，日本激进派改编华侨组织。民国三十四年（1945年）三月，川口町商号住宅遭美军空袭化为灰烬。九月，促进成立大阪华侨总会，华侨组织得以重建。次年三月二十五日，卒于大阪。

张曰瑗 生卒年不详。商人。字仁公，号蓼存。清婺源人。壮年遂弃儒从商，经营木业，放浪巨筏间30余年。曾南游江淮，东走齐鲁，泛洞庭湖，溯彭泽湖，所至往往与骚人墨客登高作赋，樽酒论文，纵横骏发，有一掷千金之慨。致富后晚居乡里，修家谱、经先垄、兴祖祠。75岁，矍铄如壮，时灯下能作蝇头小楷书，与人谈论古今人物，终日无倦容。一日端坐，无疾而逝。生平著作甚伙，惜未整理，所定者只有《蓼存诗集》。

张弘治 生卒年不详。商人。字汝助。清初休宁南街人。6岁丧父，从兄贾吴楚，经营一无私蓄。康熙三十五年（1696年），岁饥，减粜价、施糜粥、布橇檨，数月不息。又命子正绅葺祠、修路、劝善、解纷，承其志。

张守富 1631~1718。商人。字继美。清祁门石溪人。幼而聪慧，长而练达，纯厚性成，克敦孝友。20岁即贸易毗陵（今江苏常州）。经营劳瘁，渐至丰裕。恢拓产业于华墅祝塘上诸镇，心计精明，然功不居己，财不自私。爱甚切于一本，义莫重于同堂。抚诸弟侄成立，谋婚娶赡田产，均平专一，罔有肥瘠。居常言谨行笃，貌庄气和，俭德可风。至其待人也，然诺无欺，取与必慎，济困恤穷，排纷解难。居店肆40余年，众人咸折服于其才，而尤服其古道照人。

张观法 生卒年不详。商人。字宪周，号逸溪。清祁门石溪人。成年后远服贾于江苏江阴，贩运起家，以后定居长泾镇。观法幼时，即心计异人。经商后常获几倍利润，10余年间累资至巨万。然其为人好善乐施，积而能散，凡有义举无不以身任。曾捐资修江阴学宫。江阴滨海，遇海水啸溢，往往田成泽国，岁歉无收，则民苦饥。观法既蠲免佃遍廷田租，又煮粥以赈灾民，冬寒制棉衣以给冻者。生平喜与文士名流往来，三吴缙绅先生皆愿与之交。其殁也，常熟大学士蒋恒轩、宜兴宗府丞储梅夫皆邮寄匾额挽之。

张良楷 生卒年不详。商人。清徽州人。性孝友，曾在浙江经商，后改业盐。慷慨好义，宗族中贫乏者，出银以济之。生平好行其德，遇人之急，必多方赈恤而后已，深得乡民敬服。乾隆四十九年（1784年）南巡，恩赐御书，良楷特建"赐书楼"贮之。

张贤颂 1817~1892。商人。字竹斋。清歙县人。经商于浙江吴兴南浔镇。其先人在南浔华家桥开设糕团店、酱园，略有积蓄。贤颂承祖业。于鸦片战争后，开设恒和丝行，以经营湖丝致富，成为"南浔四象"之一。旋又开设张恒昌、张恒泰、张启泰、张义隆等酱园店。至咸丰年间，复经营浙盐，并在上海设立盐务总管理处，一次购进10万银元的跌价盐引票，不久，盐引票涨价，增值至200万银元。年经营上海、浙北、苏南、皖南浙盐200万引，获纯利50万银元以上，成为清末最大的盐商。相继购进田庄数百万平方米，并开设当铺、钱庄、通运公司、信托公司、投资商业银行，又在上海经营房地产业。子静江继其业，并转入政界，曾加入同盟会。民国时期，官至国民党中央执委会常务委员会主席，与蔡元培、吴稚晖、李石曾并称国民党"四大元老"。

张明侗 1710~1794。商人。字正昭，号愿庵。清歙县后坞人。商于苏州，天性超迈，抚育幼孤，里中孀妇及贫乏计月授粮，诸善事无不为之。创立飞霞文会，延师以教里中子弟。乾隆二十六年（1761年），参与创建苏州甪直镇同仁堂，施棺掩骼，舍药惜字。乾隆三十九年（1774年），大水冲毁大圣桥，张明侗独力修建，并筑堤蓄水，以灌田禾。乾隆五十五年（1790年），恭祝万寿，以登仕郎晋授修职郎，以年高得赐粟帛。

张荣春 生卒年不详。商人。清婺源西乡大坑人。少孤，继母抚养成立。14岁，习木业于泰州城北。咸丰十年（1860年），贩盐七船过长江，停泊句容茅山下。适有太平军下山,逐妇女儿童,妇女儿童投河甚众。张见之,急命船户将盐抛下河27包,救出投水妇女儿童27人。是夜,给难民做饭苦无柴,张命船户劈船板以炊。归时,即以新板偿船户,童妇领德。次日,船至乡镇,镇上局董某孝廉指挥杀盐贩,焚盐船,次缚张船户,正就戮,间有少女奔呼:"某舅爷,此张客人船户,救我们投水者二十七人,是真好人,断不可杀。"某孝廉闻呼声,知是外甥女口音,便止戮,问故。外甥女哭且诉,局董因请张入局,款以酒食,颂盛德不置。遂遣乡勇数名,持局护票送出江。

张顺 生卒年不详。商人。明徽州人。父显达值家道中落之际行贾于铜陵之张湾潭,并迁居于此。显达生颢、顼、顺三子后而卒。长兄、二哥孱弱不事事,无以为衣食业,为维持生计,张顺随从兄行贾泾川贸米盐零星之物,执勤不懈。30岁时聘同郡方媪女为妻,俱居陋巷,家徒四壁。妻工于织纴,椎髻操作,怡然相得,相敬如宾。妻脱簪珥佐夫充作原始资本经商,张顺"善决算,明积著之理",业渐起。

张恒卿 生卒年不详。商人。清休宁人。经理典业,商铺始名"同生",继名"同昌",后改"保源",并集资创"开义泰"碗店,一生未曾易主。

张辅阳 生卒年不详。商人。字翼之。清婺源人。少读书,以家累弃去,服贾孝养。曾以寒冬率子姓向某甲收债,看见甲之子衣不蔽体,乃令己子解下衣以赠之,并夙债也一笔勾销,其笃厚多类此。

张淑 1567~1645。商人。字子贞。明末清初徽州人。少孤贫,因念族之贾者常往来京师间,思踵修其故业,遂挟策壮游,豪爽多智,资用殷饶。

张翰 1578~1648。商人。字从鲁。明末清初歙县旃田人。17岁,随祖父游虎林,世以经商起家。翰独喜于博士业,刻励下帷,淹贯经史,兼工古文辞及晋唐各家书法,为士林所重。及壮,弃举子业,商游四方,往来于京口、句曲间。每喟然曰:"丈夫孤矢有志,宁能俯首羁下,郁郁此一方乎!"乃移居濑水(今属江苏溧阳)经商,资日以饶。如是者历18年,游荆溪张渚,乐其山川、人物、风土之美,谋挈家归老。乃广置田宅,买邻屋小居,不复问家人生产。崇祯元年(1628年),当道以笃行明经举儒士,而翰绝意进取,不愿为五斗米折腰,自号农隐。

陈一桂 1575~1657。商人。字德芳,号三色。明末清初休宁珠里人。善经营,筹算无遗,长年奔波晋楚豫吴,克成大业,时值明清战事,倾覆几尽。复起经营,大业以振。

陈一新 1564~1653。商人。字汝得,号景吾。明末清初休宁蓝渡人。初业儒,寻就贾,远游江湖,所至好行其德。历30余年为乡人判是非,罔有所私。常书嘉言彝则以训族里。乐与人为善。

陈一澜 生卒年不详。商人。明休宁蓝渡人。从父贾于襄阳,明季流贼寇襄阳,适逢父丧,不忍去,贼疑棺内有所藏欲破之,一澜抚棺痛泣,贼怒断其一臂仆地昏死,贼破棺见尸乃去。一澜苏醒后恸哭而亡。

陈天从 1228~1275。田庄主。字君弼。新安藤溪颍川陈氏始迁祖陈禧二十世孙,宋歙县石门人。警敏恢廓有大度,相父拓业,在徽州府域内置田庄15所(藏溪、黄坑、胡驾、戴村、瑶溪、亭子干、临溪、巧坑、隆阜、博村、梅林、结竹、盈叶、酉王、公舍),输税以金,号称金户。生平好义,不吝施与。事亲至孝,出自天性。《藤溪陈氏宗谱》主纂者陈澧评曰"君弼公富埒万户,望擅郡国"。

陈天宠 生卒年不详。商人。号仰山。陈禧公二十五世孙,明休宁古城人。服贾江右,乐义好施,捐多资造桥梁以利行旅者,又凿井以便居民。

陈元春 生卒年不详。商人。字长仁。明末清初歙西南尖山人。赋性明敏,立行端方,幼业贾即善操奇赢,以致饶裕。生平不置私橐,唯父命是尊,俾诸弟无内顾忧,闾里称之无间。尤好读书,动必则古,循循若儒者。或有横逆之加,淡然处之而已。

陈正耀 生卒年不详。商人。字羽丰。清休宁蓝渡人。家虽非富足而慷慨好义,休宁蓝渡石桥为七省通道,乾隆九年(1744年)被洪水冲毁,正耀与族人永吉倡捐巨资修复。其他如立急公会、平粜、施茶以及焚券、施棺等,亦乐此不疲。

陈廷柱 1578~1642。商人。字镇石。明休宁古城人。承祖辈盐业于淮南,虽操利谋,因之利导,不与人争。值岁饥,出谷物赈贷于人缓急。对无力偿还者,焚其券以免,疏财好义,人咸称颂。

陈廷斌 1554~1644。商人。字子文,号万泉。明休宁古城人。长游闽粤经商,渐至殷饶。虽挟计然、白圭之术,而仁义行焉。遇岁饥,输资赈贷贫乏,为人排忧解难,脱人于困陋。

陈志宏 生卒年不详。商人。字谨斋。清休宁陈村人。行贾六合县。乐善好施,捐重资修学宫。里居陈村对河路通婺源,向来募船渡客,迄无成绪。志宏独捐田租,立义渡户,名为造船及渡夫工食之费,岁修亦取给。族中无宗祠,独立捐建,并置祭田。子文龙官浙江衢州府通判。

陈应朝 1589~1636。商人。字中立,号凤生。一新次子,明末休宁蓝渡人。少善钟、王书法,通星学,尤工计然术。家累素封,尝多赈贷,家虽富而喜俭约。事父母孝养备至。晚立继嗣,财产之遗,诸侄皆有所颁。人咸以为大义。

陈启元 生卒年不详。商人。字乾若。清歙县石门人。服贾苕雪。创建宗祠，修桥砌路。乾隆五十三年（1788年），梅雨兼旬，米价腾贵，出谷平粜，全活甚众。

陈其祥 1609~1644。商人。字伯闻。明休宁陈村人。幼业儒，寻从贾，志气遒上。服贾濠梁间，交游多名隽，排难解纷有鲁仲连风。以艰嗣置妾于临淮，甫有子，壮志未酬而终。

陈学 1503~1578。商人。号瀛山。陈禧二十六世孙，明末休宁陈村人。据《藤溪陈氏宗谱》称，陈学"天性豪迈，识力过人。尝游广陵（今江苏扬州）事醯业，凡醯务中有当革者，恒以身先，敷闻当事，塞弊窦去陋规，而公利源一时赖之，以任侠称"。醯业为酿酒业，陈学以事醯业闻名当时，后人世传其业。

陈祖相 生卒年不详。商人。号熙阳。祖卿弟，明休宁环珠人。7岁能书，10岁能文，壮志不遂，乃事贾历游江皖淮阳，操盐策，卒成大业。以节侠闻名。晚居丘园，日行善不怠，贫穷者周之，困陇者振之，婚嫁殓葬无力者资助之。

陈祖卿 生卒年不详。商人。号若海。明休宁环珠人。幼颖悟，嗜读书，长操计然之术，不为诡遇，不欲苟得，而以廉贾称，晚殚精轩岐（医药）之学，既治其身亦尝以此济其济。

陈能 生卒年不详。田庄主。字弘道，号悠山。天从四子，宋元之际歙县石门人。少治举业，学宗考亭（朱子），为文纯正。岁租盈余，凶年倡义平粜，不令米价腾踊，乡里存活者数以千计。以儒望荐授潭州路教授，未几赋归，辟园宅畔，日与朱枫林（升）、曹弘斋（泾）诸君子临流赋诗，登山舒啸。因慕陶渊明"悠然见南山"之句，遂自号悠山。

陈碧 生卒年不详。商人。明休宁山头人。生平乐善好施，嘉靖三十五年（1556年）捐修休宁西门城墙。万历三十五年（1607年）又捐修蓝渡石桥，并倡造齐云山大殿，立急公会，捐资代纳绝户粮。巡按、郡守、县令均赠有匾额。

陈德 生卒年不详。田庄主。字梅窗。天从三子，宋元之际歙县石门人。少嗜学，淹通经史，州里有声，家素殷饶，饥年出仓廪以赈贫乏，台官以闻于朝，授官长泰县尹。

邵天民 生卒年不详。商人。行名盛天。民国时期绩溪伏岭下人。12岁赴上海同春园菜馆学做生意。民国二十六年（1937年）任南京别有天菜馆账房，未几，开设天民百货店。继之，又与乡人去汉口开设南京新苏饭店，任经理；随后盘顶下大集成饭店，改造成豪华徽馆。日军西进后，他率徽厨南下衡阳、柳州、都匀、昆明、桂林、宜山、独山、金城江、畹町，所至创设菜馆，自任13家徽馆总经理。其中衡阳新苏大饭店，设有冠以省市名称之餐厅32个，经营既重徽菜特色，又兼营南北名菜。西南名士为之题联：独步嘉肴人创新，山城美酒出姑苏。生性豪爽，喜交谊，徐悲鸿由印度回国时曾下榻其远东餐厅，盘桓二月余。

邵正已 生卒年不详。墨商。一名琼琳，字格之，自号青岳山人。明休宁人。出身于制墨世家，又身为墨工，技巧熟练，与同邑汪中山同为明朝休宁派制墨业创始人之一。所制文玩、世宝、蟠螭等均为名品，与歙派罗小华、方于鲁、程君房并列为明朝制墨四大家。长于诗，著有《元石山房草》，未见传本。

邵鸿恩 生卒年不详。商绅。字以棠、季侯，号草市山樵。清绩溪人，寓居屯溪。在屯溪设茶号外销绿茶。光绪十五年（1889年）五月，与孙华梁、洪廷俊等14人发起创建"新安屯溪公济局"，为茶工及城市贫民施医施药施棺等。工画山水，作品自署"屯浦散人"，钤"海阳邵氏""遗棠"等印。安徽省博物馆藏其山水轴、山水扇面。安徽中国徽州文化博物馆藏其《山水》轴及《山水》册页多幅。

范崇松 生卒年不详。商人。字梦征。清黟县江柏山人。监生，捐官五品封职。性纯笃，乐善好施，贾于江西之贵溪县。致富后尤乐善好施。同乡有某氏妇，夫亡子幼，贫不能归，崇松出资以送之返乡，并其孤子之养学各费，竭力资助。至乡中有以姻事告乏者，必如其愿。同治二年（1863年），贵溪县城圮坏，崇松捐金并督工修固，后太平军至得保无虞，大吏嘉其劳，奖以县丞补用。

范蔚文 1864~1935。商人。名崇炳，以字行。清末民国时期黟县柏山人。幼小家境贫寒，父亲早逝，倚赖母亲种菜、磨豆腐以糊生计。稍长，即入芜湖某钱庄学徒。寻转经营木业，成为芜湖木材巨商。后设聚和钱庄于大通，设长余、和太两钱庄于芜湖。为人勤俭，遇义则施。曾遵母训建廉让桥（俗名"柏山石桥"），捐资助建城东小东门桥，设义仓于村中，施药助殡于乡里。民国十八年（1929年）捐资4 000余银元，在黟城城隍山创办蔚文小学，收贫寒子弟免费入学，并将芜湖一所房产年租金1 900余元，充作学校基金；凡品学兼优而贫乏者，则资助其深造。后国家接管蔚文小学，改名"麻田小学"。

林道宏 生卒年不详。商人。字得晖。清黟县漳溪人。五品封职。幼习贾，贩茶粤省多次，皆称职。嗣复营业于江西、祁门等处，由于运输受阻，未能展其才。性孝友好义，兼有勇力。咸丰年间，太平军来黟，道宏屡集乡团族众以与抗拒。社会安定后，道宏访查族中殉难妇女及捐躯者，汇案呈准朝廷旌表如例。至于修理宗祠、建造亭宇诸善举，倾囊不稍吝，乡里贤之。晚年与人合资营染纺业于县城北街，强健犹昔。享年78岁。子履平，继其业。

林履平 生卒年不详。商人。清黟县漳溪人。12岁侍父远游经商,学经营,精书计。暇则浏览诗书,兼弄笔墨,耽吟善画,习若性成。20岁时受金某聘,将石塘、湖坊两镇纸号悉委任管理,嗣曹某也委其经营。最后只身创业,在上海杭州经商,家计略丰,然不屑为子孙计。咸丰、同治年间兵燹频仍,宗祠倾圮,履平捐金提倡建醮告成,数十成百栗主汇书总牌,捐己山痊焉。遇急难亲邻,指困泛舟,挥金若土。此外造桥修路,载在口碑。10余年来地方公益,百废渐兴,息讼平争,履平尽心尽力。

罗福履 生卒年不详。商人。字绥来。清歙县呈坎(今属徽州区)人,后迁歙县岩寺(今属徽州区)。乾隆末治商业于如皋,以才智忠信交贤豪。乾隆四十九年(1784年)江北大旱,倡以工代赈之策,并亲自督工,活饥民数千。嘉庆十九年(1814年)又旱,平价出所储麦,捐2万余金,如皋人德之。

金一凤 生卒年不详。商人。字鸣虞。清婺源城西人。笃于孝友,重义气,经商屡致千金,积而能散。康熙年间三藩叛乱,额、巴二将军领兵恢复失地,一凤潜越五岭,诣军门,恳陈婺源人仰望之殷。兵既至,婺得安堵。饶州彭家埠,邑绅买地造馆为婺舟泊岸所,凤亦输金。后饶埠有人勒索舟人银,一凤又偕婺源士绅控告于当局,当局立碑严禁。

金文燿 生卒年不详。商人。金声之父,明休宁瓯山人。少从事贩运,成家后仍与诸弟辈同居一处,为维持家计而商于湖北嘉鱼。时值矿监税使激起民变,欲兴大狱,首事者均逃走。文燿挺身赴官府进行申辩,事始平息。

金玉成 生卒年不详。商人。清婺源人。少奇颖,通经史诸子书,屡遭坎坷,见椿庭(父亲)独力难支,遂弃儒从商,往来白下(今江苏南京)、湘汉间,累巨资。性好施,尝捐千金倡修紫阳书院。嘉庆七年(1802年)邑大饥,指困平粜,且买金陵地掩骼埋胔。又建桥梁10余处,修道路数十千米。

金弇 生卒年不详。商人。字子顺。明休宁汪溪人。商贾为业。居家孝友,与弟金甫同居,和睦相处数十年。曾建宗祠,修族谱,置义田义宅,饥年以佣代赈。每遇青黄不接,贷谷于民度荒,秋后收所贷谷不计息,乡人感德之。嘉善顾九槐曾于其处寄金500两,次年顾氏死于倭寇之乱,金弇以所寄金全数归还其子。

金华英 生卒年不详。商人。字松望。清黟县钟山人。好读书,所交多名士。父老,贩于湖北,耗资负贷,不肯归。华英尽偿所负,迎父归养。爱诸弟甚笃。友范某有子不善持家,范以银数十两付华英代为经纪。数年,范子果耗家资,华英屡周之。及病重,召范子至,具道范翁付托意,以银归之,则已获利千两矣。范子感涕,卒守成业。

金启镕 生卒年不详。商人。字仲和。清婺源延村人。性敦厚,事亲承志。曾商寓金陵(今江苏南京),遇江潮泛溢,居民旬日不能举火,启镕买饼分与众吃,并出重资集同人设局赈恤。时疫病流行,死伤无数,复与同乡士绅请府宪设立"义济堂",并自肩负任,部署办理毫无差池。事后,因之获"伦纪克敦"匾额褒奖。

金坤 生卒年不详。茶商。字文载。明休宁古楼人,寄籍宿松。邑诸生。每出经商,必谆嘱妻善待继母。曾在小孤山途遇同乡乞者,倾囊相助,并教以贩茶之道。后10年,路过建德州,再次遇见乞者。时乞者已从商致富,见金坤作揖行礼,并归还所赠之金。

金法宝 1519~1570。商人。字文海,号瀛山。明休宁玙珰溪人。12岁而孤,家境贫苦。及冠,念大丈夫当迈其迹思奋起,乃服贾于浙江焦山。焦山,为其伯叔经营旧所,然已衰败不振。法宝至后,即克自树立,以勤持己,以俭率诸人,以和联络日来贸易者,厉气作为,资财渐起。久之,贾即大行,所投辄赢,至其子且立,则集资益倍而志益远。其在焦山凡30余年,拥厚资于外,终未葺理其家。隆庆四年(1570年)卒,终年52岁。

金学烈 生卒年不详。商人。字承武。清休宁七桥人。县庠生。业商经营,寄居吴门30余年。性敦厚,宗族门人旅居苏州者,遇患难周恤备至。家乡祀祠颓毁,倡率族众集资恢复。

金起凤 生卒年不详。商人。字子荣,号瑞梧。清婺源延村人。少习举业,通经史。因父在外经商,奔走四方,欲代其劳,遂弃儒服贾。起凤曾自扬州赴金陵收债,客邸闻哭声甚哀,问其故曰:"家贫债重,将鬻妻子以求活耳。"起凤检自己囊中得百余金,慨然相赠。

金起国 生卒年不详。商人。字弼良。清黟县五都钟山人。性质直,少孤,事母孝,乡里无间言。经商钱业于休宁之屯溪镇,豪爽迈众,处事不苟,数十年如一日。凡遇公益善举,无不慷慨输将,踊跃襄助,皆出自至诚焉。

金敬德 生卒年不详。商人。字峦昭。清婺源延村人。贡生。曾在金陵经商,闻父病驰归,侍汤药阅数月如一日乃痊。叔金耿经商盐城病故,敬德不远千里扶榇归葬,且为立后。弟贷资贩木过洞庭,遇飓风,资尽丧,敬德倾己囊为其还债。生平朴诚自矢,取与无私,修桥路,怜难厄,亦多义举。

金鼎和 生卒年不详。商人。清休宁人。身虽服贾,犹精治经史,有儒者风。

金照 生卒年不详。商人。字封亭。清婺源延村人。性喜施与,业木金陵(今江苏南京),曾捐资置义冢一区,以安旅榇。又修上江考棚、府嘉义坊、婺源城垣，共捐银一千数百两。生平重义轻财多此。

金瑭 1509~1564。商人。字伯献。明休宁中市人。从父业盐贾淮海，淮海人以为贤。

金潭 生卒年不详。商人。字汝清，号松溪。明休宁珰溪人。父素称善贾。潭17岁，随父学贾于白下（今江苏南京）。父营一小邸试之，潭榷会贩卖如老贾，父曰："孺子可役也。"即以所主邸委之。父素号善贾，潭在邸步趋父贾无不及，岁计所获，或饶于父。父卒，因同邸有人妒忌，遂迁于六安，10余年又迁南谯，屡易贾地而资岁益长。

周大忠 生卒年不详。商人。字汝荩。清徽州人。家世代经商，大忠承先世积累，不辞栉风沐雨，以商致富。虽富而朴素自安，俭而适中，不作奢侈态。动循理法，治家有条，闺门雍穆，富而好礼。又能赈贫恤乏，掩骼埋胔，凡桥梁倾圮者辄捐资甃砌以利跋涉，人有所负贫不能偿者，辄焚券弗惜。且历年以来，夏施茗、冬施汤以济行人，富而能仁。以故啧啧为人称颂不衰。极重教子，建"浴月轩"，延师课读。

周友仲 1874~1945。实业家。又名孝侯，字允仪。清末民国时期歙县周邦头人。家世业商，父青晖和外祖父吴鸿泉分别在浙江经营漆茶店，友仲协理店务。每年赴四川、陕西、湖北等地采购生漆。民国初，在湖北老河口开设利生裕漆栈，资金达28万银元。继而又在杭州、绍兴、临海、宁波等地新设恒升诚、永泉汇、同茂隆、新泰泉、泰丰、长吉漆店，生意兴隆，在徽州商界中，享有"周漆吴茶潘酱园"之称。民国十九年（1930年），投资上海万里油漆厂股份有限公司，并总理该厂帆船牌各色磁漆在宁波的销售业务。民国二十二年（1933年），赞助兴建临海至天合、长乐公路。抗日战争爆发后，商业受挫，遂归故里。后因参加同善会，被国民党政府杀害。

周仲高 生卒年不详。商人。字超然，号涵三。明末清初徽州人。幼喜读书，志在凌云，游学东南，声名藉甚。26岁偕弟子北上开封，以访求天下奇士，而一时贤士大夫咸乐与游。30岁科场屡不利，遂弃儒而经商，在开封经营典铺。夫妇相与兢业，历30余载，家渐致富。时值明末动乱，李自成军进攻河南。乃将商业交与儿子，南迁回乡。在家乡整葺宗祠，鸠工饬材以及匾额诗联，罔不俱举。至于正彝伦、崇祀典、劝后学、立祠规、抚孤寡、济颠危诸大事，一乡皆所依赖。

周宗良 1876~？。商人。又名忠良，俚名阿良，字亮。祖籍歙县周邦头人，出生于浙江宁波。青年时期，宗良在上海私人开设的进出口公司任职员，由于办事利索，从而获得人缘。不久，逐步自创业务，扩展规模。民国初年，宗良被推任上海"谦信洋行"的业务主持人。该洋行是上海最早经营汽油等批发销售业务的进口公司，宗良总管其业务时，因德商对其信任，将从德国进口的狮马牌颜料，统归周宗良独家经销。由于经理推销得当，达到主客两利，顿成蒸蒸日上之势，名噪中外商界，宗良也赢得"中国颜料大王"的桂冠。抗日战争后移居美国。

周绥之 1878~1947。商人。行名汝贵，字履安，以绰号周老四名世。近现代绩溪城内东街人。少时读书，后去浙江孝丰县城经商。民国初年，开设"周茂兴"杂货店。布食素食，外出采购，草鞋步行，勤俭创业至20世纪30年代，成为安吉、孝丰两县巨富，人称"周百万"。置有山林和水田数百万平方米。20世纪30年代后，经营重心逐渐转向浙江湖州、兰溪和上海等地，开设独资和合资商号。20世纪40年代初曾捐绩溪县修志经费700元，并承诺按月续捐和负担出版经费，因志事中断停捐。抗日战争期间，在孝丰城的部分企业被日本飞机炸毁，晚年居上海。

周锡圭 生卒年不详。商人。一讳昭淦。清末绩溪人。弱龄好读书，父以家境困难，携之经商浙江兰溪，而气度温雅，见者以为不类商界中人。父卧病，衣不解带，以侍汤药，居丧尽礼。事母爱敬兼至，与弟友爱甚笃，以其服贾宣城染病，乃招之至兰溪，朝夕与偕，保护备至，弟疾以愈而体质日强。兵难后，以所集资金在兰溪创仁泰布业，家用以充，皆得力于兄之友爱以致之。锡圭与人交，必信义为重，一时浙江士商咸知其名。兰溪原房东张氏，海宁富商，家道中落，布业渐不能支，势将休歇。锡圭感念旧谊，慨然以助其兴复为己任，不数年而获利之富，超过当日鼎盛时，然锡圭处之淡然。平生乐善不倦，凡修道建梁、赈贫施药等事，无论在徽在浙，苟力所能为，皆不吝推解。咸丰难平，而荒疫交迫，宗族戚属流离载道，锡圭极力周恤保全者众。在市井萧条之日，复至兰溪为张氏经营旧业，百废俱举，以劳瘁感染时疫，45岁逝世。

周锡熊 生卒年不详。商人。一名培铎，字以兴，号久苍。清绩溪人。自幼随舅氏经商于宣州，而风采骏发，人视为嘉士。侍父母孝，与兄友爱无间言。咸丰、同治战乱期间，家眷随兄避地括苍山中，而己独携资贸易于江浙闽豫之境。同治元年（1862年），与友醵金在浙江兰溪设布店，亏本甚巨，同人巧为营脱，而以亏累贻锡熊，锡熊恬然任之，人嗤其愚，乃自独握算，后财源日裕，获近三倍之利，于是咸服其识量之大。至若葺宗祠，整祖基，修桥路，赈贫未曾不慷慨倾囊，为长者先。兵难时，有房侄沦落海阳（今休宁）人家为仆，闻寡嫂命，即派人携金将其赎回，并资助其成家立业。内侄程某乱后无依，锡熊解囊抚育之，以至成立。

周懋桃 生卒年不详。商人。官名翠珊。清末绩溪人。太学生。生而丧父，两兄尚稚，母亲含辛茹苦，以教以养。童年即随舅氏到浙江湖州孝丰镇经商,历10余年始能成家。不意咸丰战乱,连年烽火,母与妻相继去世。只得在家耕作。社会安定后,以仲兄资在孝丰设店,10余年商业大兴,逐渐致富。每值地方善举,必慷慨挥金,以为之倡,而自奉俭啬,布衣蔬食,一如贫窭时。享年54岁。

郑士寰 生卒年不详。商人。字名区。清歙县郑村人。在江西经商,适顺治五年(1648年)金、王二寇煽乱,米价如珠,民人羁困城中,嗷嗷待食,士寰捐金买籴,全活甚众。及城陷,混行杀戮,凡被掳者需以银赎,士寰罄其所有力救同乡之被掳者,凡七命。先是士寰无子,妻吴氏买妾送至江西,比至,问妾来由,乃已聘夫家,因夫家太穷未能成婚,士寰随将其寄居隔壁老妇人家,次日即遣人亲送还徽州,给其夫家,身值不责收,且资其生理。

郑之彦 生卒年不详。盐商。字仲隽,号东里。明歙县长龄人,侨寓扬州。父景濂,以歙之长岭有龙潭,因自号清洁翁。旧产为族豪强占垂尽,景濂偕妻子被迫离乡,先贾游于贵池,越五年,徙居扬州,终以盐策起家。之彦幼习儒,19岁,补扬州府秀才,精于青乌家言,深明利国通商之道,被时人誉为"盐商祭酒,儒林丈人"。子四:元嗣、元勋、元化、俟如,或商或儒,俱为名士。

郑天镇 1491~1545。实业家。字定之。明歙县长龄里人。幼即服贾于福建建安,从事铁矿开采和冶炼,因以致富。举宗食指千计,天镇率族人,长途贩运,获利甚丰。居然拥素封,致巨万。晚年,犹经营铁冶,客殁建安寓所。

郑永成 生卒年不详。商人。清歙县人。居于安丰业盐。安丰灶河故淤浅,一旦下雨过多或久旱不雨,亭户挽运盐船就相当困难。永成乃建议预借课本银万余两,雇工疏浚加深拓广后,陆续扣除盐值以补偿课本。河成,利及百年,分司汪兆璋有碑纪其事。

郑吉人 生卒年不详。商人。原名良。清末民国时期屯溪人。清末继承祖业,经营屯溪老街郑景昌南货店,后相继在上海、杭州、宁波等地开没分店。并在宁国港口镇开设酱园,在茶园镇开设油坊作中转站。至抗日战争前夕,"郑景昌"已拥资20余万元,职员60余人。称"皖南三昌"("景昌""隆昌""森昌")第一昌。

郑再能 987~1084。商人。字可念。北宋歙县律村人。富甲一方,方圆数十里无他姓土地,当岭产山核桃、枇杷、杨梅,律村产菱角,丰口产香梨年,皆供御之果。常赋外另供虎皮7张,獭皮10张及兔毫5千克。每逢纳税期,雇挑夫1 500人送至京师,岁输产赋3 700两如数纳足。歙州知州喜其完粮,设席宴饮送归律村,声鼓鸣锣,旗号上书"郑半州",人称"郑田真""郑巨万"。

郑时祯 ?~1503。商人。明歙县人。早年与弟时祥贸迁三吴(泛指苏州、常州、湖州一带),业不利,移商湖阴(今安徽芜湖),资积累千。

郑明允 生卒年不详。商人。字志上。清歙县人。曾与其戚某同贾苏州,戚大失利,号哭不欲生。明允发橐中银悉赠之。明允有宗族子,因事自缢于客舍,同舍者惧怕牵累,皆逃避去。适夜至,明允担心夜间老鼠肆虐,乃秉烛坐尸傍,等到天明诉于官府,然后出私财殓焉。淮北友人某以豪侠荡其资,困甚,明允至淮北恻然,倾囊助之。

郑崇学 1474~1556。商人。字孔敦,号溪南翁。明歙县人。壮岁商游大梁(今河南开封),寓金陵(今江苏南京)最久。待人处事,一以谦和退让不欺为本,人称为长者。

郑铣 生卒年不详。商人。字子金,号郑谷。清歙县岩寺(今属徽州区)人。家世代经商富有,后中衰,弟铎善贾而无资,铣语妇许尽出奁具授之。铎贾荆扬间,业大振。铎请先计本钱归兄,而后利润平分,铣固辞不可,乃中分之。后铎客死外地,恤其孤(郑)滂与(郑)泽,曲尽其道。生平多智,交友甚严,既定交,即披肝胆胆,无当面谀而背后诽,人皆服之。晚年为诗酒之会,陶写性情。享年59岁。

郑庸 1474~1539。商人。字宜简,号可斋。明歙县人。壮岁服贾,商于吴淞,不屑屑于刀锥之末,意气豁如。

郑朝霁 1481~?。商人。字伯望。明歙县人。事贸迁,驰心猗顿,托迹计然,东涉淮泗,西历邹鄢。审势趋会,顺时卑昂,虽商而儒。后客死芜湖。

郑富伟 1448~1532。商人。字成大。明歙县人。壮年与兄东游吴淞,北游临清,逾40年,累资甚巨,声业懋值。晚岁归闲于双桥之上督耕课读,优游自适。

郑鉴元 1714~1804。盐商。字允明,号澄江,又号余圃。清歙县岩寺(今属徽州区)人,居扬州。先世业盐,自歙迁江苏仪征,迁江宁,迁扬州,皆占籍。鉴元总司盬事10余年,诰授通议大夫,候选道。好读史书,恒不释卷,性节俭,虽处丰厚,身甘淡泊,尚义乐为。修京师扬州会馆,独捐数千金置香火田;建祖父江宁宗祠,三置祭田,由县立案于府;修洪桥(古名洪福桥)、郑氏宗祠(洪桥郑氏宗祠在岩寺),修族谱,举亲族中婚葬之不克举者;建荥乐堂于扬州宅后,子姓以时奉祀。乾隆五十五年(1790年)入京祝万岁,加一级,召预千叟宴,赐御制诗及粟帛。又以输军饷1万两以上,议叙加五级,覃恩诰封中宪大夫,刑部山东司员外郎。

郑鉴源 1902~1959。茶商。字华宝。近现代婺源沙城李人。14岁始学经商,先后在其舅父"永发杂货店"源顺"茶号学徒。民国十一年（1922年），与弟焕章在乡开设"鉴记芬""德记芬""郑德记""郑鉴记"茶号和在上海开设"源利"茶厂。民国十四年（1925年），连着在上海开设"润记·鸿怡泰"茶庄"鉴记·源丰润"茶栈，并在江西上饶、玉山和浙江温州、诸暨、新昌、奉化以及屯溪、祁门等产茶区，设立季节性庄口收购茶叶，然后就地加工精制打上源丰润"鉴记"商标，直运上海洋行。民国二十八年（1939年）在上海成立"中国茶叶贸易有限公司"（后改组为"中国茶叶公司"）；又相继开设了"久丰润绸缎庄"和"信孚永钱庄"。曾被誉为"茶叶大王"，被同乡推为婺源旅沪同乡会名誉会长。

郑璋 生卒年不详。商人。字明夫。明祁门奇岭人。正德年间年岁饥荒，其捐金以赈。濮濠之变，兵费不足，以输粟供饷授给七品散官。弟郑璲（字洁夫），行商瓜渚，见运河官民要道，遇粮运即阻商行，因捐金以疏河运。

单启泮 生卒年不详。商人。号三怡。清婺源金源人。8岁失父，事嫡母得欢心，兄弟四人友爱无间。成年后，业木江西豫章，家始裕。见义勇为，金竹桥渡口，废弛已久，倡捐重修。族中人口不蕃，堪舆家归咎村口水碓，启泮购地易置之，族赖以安。宗族祠宇将倾，输己地集资，独任营造，三年落成。其他如学宫、考棚、城垣邑乘、桥路、寺观均有资助。

宗谊 生卒年不详。商人。字在公，号正庵。明末歙县人。曾祖商于浙江鄞县，渐成富豪。宗谊少而好学，结交义士。钱肃乐起兵于肃乐，宗谊捐10万两助饷，钱肃乐上奏请求朝廷予以嘉奖。监国鲁王召见于官署，宗谊以汉武帝时巨贾、河南卜式捐资助国而受高官为耻，力辞不赴。工诗，如怪峰奇澜，嵯峨淡列。与鄞县陆披云、陆雪樵、叶天益、董晓山、定海范香谷、四川余生生等人结成诗社，号称"湖上七子"。晚年所居仅破屋，甚至断粮，仍吟哦不衰。著有《南轩集》《南楼集》《湖上集》《萝岩集》《西村集》《疗饥集》等诗集，合为《愚囊稿》6卷。另有《内集》，秘不示人。

项天瑞 生卒年不详。商人。字友清。清歙县小溪人。长年经交，深得众人信任。在淳安时，有洪姓某病危，子幼，以积金寄放天瑞处，无有知者，过10余年，其子已长大成人，天瑞以当初双倍数额送还，其子大惊不受，天瑞曰："是尔先生所贻也，毋却。"

项英蔚 1874~1934。商人。又名康年。清末民国时期歙县人。14岁，弃儒从商浙江新城（后改称新登）。清光绪二十六年（1900年），承父职任同裕布庄、恒裕钱庄经理。光绪三十年（1904年），合资创办致和酱园（新登酿造厂前身），为新城官酱制作之始。民国十三年（1924年），以下肢不遂在家养病，闻知新登县文庙将圮于白蚁之患，遂于病榻上率先捐资重修，县知事敬赠"尊师重道"匾嘉奖。民国十六年（1927年），捐资修复新登县胥口至查村水毁道路。其他如创办医院、赈济贫乏，莫不尽力而为，浙江省民政厅、新登县政府分别敬赠"慈善可风""功昭发轫"匾褒扬。爱文艺，尤好书画，收藏明清、民国名家作品甚夥，甲于全县。新任县官到任，均上门问政。崇信义而薄虚名，笃践履而耻空谈，多次被荐任县商会委员、顾问，皆以废疾为由婉拒。

项绍裘 生卒年不详。商人。字麟征。清黟县榆村人。少聪明，读书敏捷，父经营粮业于六安西金家寨，因随侍。不久独立主持商业。金家寨地界豫、鄂，匪徒杂处。光绪二十四年（1898年）大灾，斗米千钱，市侩欲囤积居奇，势汹汹将激变。绍裘急集绅耆议平粜以抑米价，首捐米略仿社仓遗法，手订规约，切实举行，全市得以无患。嗣纳资为候补府经历，分发江宁，旋归，卒于家。

项宪 生卒年不详。盐商。字景原，又作景元。清歙县小溪人。其祖父始业盐扬州，宪承祖业。康熙中，刑部尚书徐乾学（祖籍歙县）曾发本银10万两，交景元于扬州贸易。晚年定居故里小溪，独修郡学，费银万两，并在郡学内建"东南邹鲁"石坊（宪殁后，由其子纲继续，历久落成）。子纲官延安知府，威信并行。宪又一子纶，治盐策，尝不吝巨资，捐输于朝廷，朝廷追封其曾祖德明、祖父时瑞、父宪为一品光禄大夫。

项琥 生卒年不详。商人。清歙县小溪人。长年经商致富，生平敦本好义，临终时，嘱其子捐修学宫。乾隆五十三年（1788年），子士瀛、士溥等遵遗命独力葺治学宫，复增制文庙祭器，用银1万余两。又修城南紫阳书院，用银1 000余两。祔祀紫阳书院卫道斋。

赵有贵 生卒年不详。商人。字钰堂。清黟县屏山人。幼孤贫，稍长，赴屯溪学锡罐业。锡罐为储茶之器，徽茶为欧美所贵重，而屯溪又系徽茶汇聚之地，故业颇盛。后铢积可累，遂开老号，家称小康。宗祠年久倾颓，独力修葺；其他公益，亦不吝资财。

赵连 1690~1750。商人。初名琏，以避讳改字商珍，号检亭。先世徽州休宁人，高祖承恒始徙归安（今浙江湖州），遂占籍。历三世，皆未通显。少贫，曾佐人给事典库中。性慷慨，轻财好施与，遇人有急，虽倾囊济之不吝。尤喜为人解纷，有两姓以资财构衅者，赵连具酒食和好之。昆弟三人，伯兄珊早世，赵连事寡嫂能尽礼，抚孤侄能尽恩。一妹嫁胡世巽，世巽早逝，赵连偕其孤儿胡缙至家教督之，后成举人。未几又卒，遗一子在襁褓中，赵连复携归抚之，仅2岁而殇，赵连泣曰："吾一生心力至此皆乌有矣。"命幼子光镛为胡缙之后。与弟璜友爱甚挚，训子侄常笃于根本。

赵相 生卒年不详。商人。字渡南。明末休宁汉口人。幼贫负贩孝养，一日远负米急甚，憩道旁草舍，有妪啜以浆，乃能前。中年时业隆起，居休宁县城西门。后业鹾两浙，推为祭酒。性质直，然诺取予不苟。

胡士诰 生卒年不详。商人。字明瑞。近现代黟县横冈人。好济人于困，毕生所施以巨万计。立学校以扶植人才，设医馆以疗病人，创阅报室以启民智，葺先祠以笃宗谊。辛亥革命中居九江，市人惊惶多逃匿，交易将绝。士诰独起，通运货源应接市场，安定民心。

胡山 生卒年不详。商人。字仁之。明歙县富源人。在嘉禾开米店，有一年闹饥荒，斗米千钱，同人请杂以苦恶，胡山坚持不可。俄而，诸市米家群蚁聚食，而胡山米店独免。居平耳提面命其子孙曰："吾有生以来惟膺天理二字，五常万善莫不由之。"因名其堂曰"居理"。

胡广耀 生卒年不详。商人。官名文耀，字挹辉，号郎轩。清婺源人。太学生。父在景德镇千佛楼，以春瓷土运贩为生计。广耀承父业，商而好儒，尤精心于文翰，临摹颜真卿《圣教序》《争座位》，神骨迫肖。咸丰、同治年间，社会战乱，乡先辈筹办团练，广耀在永绥局，襄理得力。乱平后，复往景德镇理旧业。自念家世寒微，非诗书无以振家声，非名师无以宏造就。适戴村朱卓然公设帐于教忠书院，乃遣四个儿子先后就学。在景德镇创建星江会馆，扩增新安会馆规程，日与商界往来，声气广通，凡公务皆推广耀为领袖。同治年间，宗族五门议修统谱，石埭、太平、休、黟诸同宗多在景德镇经商，广耀竭情联络，会修者众。晚年退老家居，以商业付三子鸣玉，命各析爨。夫妇白头偕老，颐养林泉。

胡之兰 生卒年不详。商人。字洪声。清黟县西川人。少从学，遭世乱辍读。在休宁蓝田经商数十年，逐渐起家。为人排难解纷，集资修路，见重于地方。本乡争端亦复极力调解，正直为人所称。

胡开熙 生卒年不详。商人。字士端，一字葆亭。清婺源清华人。祖应裳，父廷瑾，俱有隐德，以淑行闻。君生而孤露，祖父痛爱，教之诵习，博览群书，志洁而行芳。乡里有难决事，咸就正于开熙。弃儒业木，采木黔中，贩运毗陵（今江苏常州）。出没毒淫险绝之地，屡屡涉险，所得微薄资，皆寄归供母。宗族公有祭田，卖出已久，开熙尽捐资赎还，并增加若干平方米。念族中绝嗣者有100余人，仿古礼于清明后一日，聚各栗主具普馔（指黍稷）以供，合族欢呼曰："吾宗有葆亭，此后无子者其无忧乎。"好学，工诗，记性绝人。少时登黄鹤楼，默识楼中翰墨，归录不遗一字。有子三人，皆训以义方。与次子永焕渡江，故犯险浪而行，曰："忠信涉波涛，胆可习也。"及永焕以丁未科进士候补工部主事，又训之曰："汝年少受国恩，惟勤以集吏事，谦以达众怀，其庶几不负君父耶？"享年70岁。

胡天注 1742～1809。墨商。原名胡正，字柱臣，号在丰。清绩溪上庄人。乾隆二十年（1755年）出门谋生，在休宁县城"汪启茂墨店"学徒。由于勤奋好学，为人诚实，精于店务，深受主人器重，被汪启茂招为上门女婿。乾隆三十年（1765年），天注承顶汪启茂墨店。接管店务后，他另起店名，撷取"天开文运"匾额中的"开文"二字，冠以姓氏，将汪启茂墨店改名为"胡开文墨庄"。天注花巨资购买上等原料，聘请良工，精心刻模制墨，终于生产出一批墨质极佳、式样新颖的名牌产品，在墨林独占鳌头，获得厚利。之后，其又开设茶号、枣庄，置田产，成为乡里巨富。晚年热心公益事业，曾独资修建上庄村观澜阁至杨林桥石板路、竦岭半岭亭。

*胡天注

胡元龙 1835～1924。茶商、瓷土商。字仰儒。清末民国时期祁门贵溪人。初垦山数十万平方米兴植茶树，建培桂山房，自制干茶。光绪初，绿茶滞销，仿宁红自制祁门红茶，为"祁红"创始人之一。随后又在祁门东庄岭开发太和坑、林家坞瓷土矿，年产瓷土25万余千克，为景德镇烧制高档瓷器提供优质原料。民

*胡元龙

国四年（1915年），太和坑、林家坞瓷土获巴拿马万国博览会甲级奖状和银质奖章。

胡文相 生卒年不详。商人。字亮公。清歙县人。长年在北京经商，以义侠著名。康熙五十三年（1714年），有友仇谅臣抱病南还，以橐金寄放文相处，不久仇病死，其家不知有金。文相恐其子幼，骤与重金对其并不利，乃绝口不言，唯资给其家薪水20余年。及仇氏子长成，乃召见，出原橐金并谅臣亲笔信，一一归焉。仇氏子喜出望外，感谢不尽。而文相信义，亦一时名震京邸。

胡文焕 生卒年不详。刻书家。字德甫、德文，号全庵、抱琴居士。明婺源人，居杭州。博览多艺，通诗文、音乐，家富藏书。经商致富后，在金陵、杭州从事刻书业。家有文堂会刻坊，世称"胡文焕版"。辑刻有《格致丛书》、《古器具名》2卷（附《古器总说》1卷）、《文会堂琴谱》6卷、《诗学汇选》2卷。还编刻《胡氏粹编》5种20卷、《养寿丛收》16种36卷、《延寿书》13种25卷、《佛经汇要》8种54卷。辑刻《文会堂诗韵》《万世统谱》《华夷风土志》、传奇《余庆记》等。刻书子目600余种1 320卷。

胡孔昭 生卒年不详。商人。清婺源清华人。国学生。家贫，事亲有至性。比长，就鲍某聘，委以重资，远涉施南（今属湖北）、黔江（今属重庆）等处经商，会计悉当。某年大灾，死亡相枕藉，孔昭以所积俸金、储谷百余石减价平粜，继而又罄其所藏以赈之，饥民多赖全活。归家见宗祠倾圮，集众议修，倡捐200金，由是群相激劝，鸠工庀材，孔昭综理其事，辛勤三载，栋宇焕然聿新。

胡玉成 生卒年不详。字玉成，号温斋。清婺源清华人。4岁而孤，鞠养于祖父母，影支形单无兄弟，不数年而祖父母复相继殁。玉成稍习小贸易，资渐裕。及成人，乃远走荆楚，贩杉松，可赚三倍之利。某年运大批木材抵金陵，邻居遇火灾，玉成之资亦遂荡然无存。幸其信义著于江湖，亲友贷以资金，玉成仍复理旧业，综理周密，倍益精勤。盖木筏由苗疆抵本省，路程不下数千余里，风涛险谲，艰难万状，玉成事预防，措置得宜，以故趋时观变无亏折之虞，业遂隆隆起。天性敦厚，重伦纪，痛祖父母及父之早逝，祭祀必尽礼。诚奉母氏必备极承欢。食用服御按时赍送，或迎养于家。与从兄弟处，怡怡无间。侄子无依靠者，资给不倦。凡义所当为，与力所能为，亦一切为之。宗人有漂泊异地者，助其婚娶。骨有暴露者，辄买棺埋之。路有倾圮者，辄雇工平之。独力造程村至黄家亭路100余米，虽病重，犹念念不忘也。教子极严，不以独子而宽恕，督责且教之曰："予所望于汝者，非从博浮名，求无愧实行已耳。"

胡世闱 生卒年不详。商人。清婺源仁村人。贡生。生八月而孤，家贫食力。成人后经商以供孝养，家稍裕。输地建祠，并输重资助其成。曾因岁歉运米平粜，输银数百两入祠，公置义田，为久远计。其他若修造桥路，周贫济急，未可枚举。

胡世炳 生卒年不详。商人。字沛霖。清婺源清华人。8岁失母，弟世涛方2岁，继母性严，公敬惮之，携弟依乳媪。稍长以木业往来楚粤间，暇则习书算，生平未多读书，而谈吐出风入雅，笔札玉润珠圆。父遗训曰"惜物便是惜福"，世炳遵之，木屑竹头，珍藏如宝。弟世涛广交游，工诗字，世炳喜其有文者风，凡丰衣美食必推让之，而自处淡泊，其友爱类此。后父及世涛夫妇先后谢世，其子亦殇，世炳哀痛欲绝，祭葬如礼。以次子绍弟后，嫁其女。姐夫叶故，姐亦逝，甥之年少未更事，世炳代持家政三年，勉之学而谕以正道。后甥卓志成人，远近皆言世炳之劳。中年家居课子。本里文会几废弛，世炳经理裕如，资充于昔。道光二十九年（1849年），江北水灾，饥民成批流入婺源，世炳集资以赈，民多赖活。其他如排难解纷，负不责偿，啧啧人口。

胡世卿 1764~1846。商人。字列三，号素亭。清婺源人。10余岁随祖父及四叔父经商，自食其力。祖父积稍盈余，始在里中设店铺，以粮食起家。后两叔父、祖父相继去世，家中稍显困难，坚持不分家析产，独立经营，支撑大家庭。直到60岁时，始议分异，凡财产视前已增数倍，世卿无毫发私念。性嗜学，虽终日躬亲百务，每稍暇辄手书一卷，凡经、史、子、集及稗官小说，靡不究览，遇一字疑必详考源委。曾谓儿子曰："某少苦，识字无多，每读书至不解处，无从资问，惟求之架上。"晚尤于算法九章洞极精蕴，爱读《同文算指》及《梅氏历算丛书》，虽年余八旬，犹每夜灯下作蝇头小字，批阅梅氏勾股方程诸卷。性好检，至老不御绢帛。膳稍丰，辄色怒不食。独举正务，虽甚费不惜。买废址于江子山下，建新书塾，礼聘婺源名宿教子。后又置庄田于乐邑之黄石滩，为子孙读书永远计。凡膏火脩膳程仪等费酌给者，均有定额。世卿见识高，遇事有断，乡人屡就门请断曲直。凡乡族大事集议，必俟世卿至，至则立为剖决，乡族中悉倚之如柱石。

胡吉 1848~1918。药商。清末民国时期绩溪城人。14岁，赴休宁万安胡松茂药店学徒。九年后筹资1 000元，赴淳安县威坪镇创设胡咸春药号。数年后，又在淳安城内开设分店。两店各聘经理主持，自揽财权。经营讲求信誉，薄利多销，员工年发14个月工资，另发月规钱，伙食免费并包医药费，节日设宴款待。数十年上下同心协力，生意兴隆，流动资金7万余，誉满新安江流域。清光绪三十四年（1908年），捐资数千元创办淳安县商会并建会馆，当选为商会总理。另捐资创办同济育婴堂，收养弃婴。又义务办理淳安全县邮政义务。

胡贞观 生卒年不详。墨商。锡熊长子，清末绩溪上庄人。咸丰年间恩科举人，诰授奉直大夫，覃恩晋封通奉大夫、户部贵州司员外郎兼广东司。掌营休城"胡开文墨庄"期间，善于用人，重金聘请管事汪鉴堂、副管事金节甫、点烟房总管吴纯卿，均精明能干。为解决制墨所需油烟原料，曾投巨资在重庆建立一座大点烟房。同时，利用自己商儒双兼身份，广泛与文人墨客、宿学名儒、达官显贵接触，吸引他们纷纷前来墨庄定制墨品，使"胡开文"的影响越来越大。规模亦得到扩大，年产高级墨锭数万千克，资产达20万银元。

胡光墉 1823~1885。巨商。小名顺官，字雪岩。清绩溪湖里人。出身贫寒。初经同乡引荐，到杭州一家钱庄学徒；后因擅自做主，将钱庄银两借与湘军一位营官，遭到解雇。失业后，在这位营官的帮助下，自开了"阜康钱庄"。由于湘军在杭官兵的钱财纷纷存入阜康，阜康的资本愈来愈雄厚。为了扩大生意，他还与时任浙江巡抚王有龄拉上关系，捐得江西补用道员衔，当上王有龄的粮台官。王去世后，又同新任浙江巡抚左宗棠拉上关系，并受左信任，一切军需均交由其经办。同治二年(1863年)五月，左宗棠擢为闽浙总督兼浙江巡抚，将光墉由江西补用道员奏改为福建补用道员。三年后，左宗棠调任陕甘总督，奉命西征；随后又督办新疆军务，平定阿古柏叛乱，收复伊犁，阻止俄军蚕食新疆。光墉为左宗棠经营东南补给线，任上海采办转运局委员，负责为左军提供军需。此后，其凭借左宗棠的支持和上海采办转运局委员身份，频繁活动于军事、政治、外交、商业、金融各界，不断扩大自己的经济势力。他以杭州为起点，以上海为中心，并在苏州、镇江、宁波、福建、汉口、北京、天津等地遍设阜康分号，引入官僚巨款。全盛时期，在杭州创办"胡庆馀堂"，成为与北京同仁堂齐名的国药号。因其助左宗棠西征有功，左多次保举，先后赏加盐运转使、按察使衔。光绪四年(1878年)，左宗棠会同陕西巡抚谭钟麟联衔上奏，请求破格奖叙光墉，赏穿黄马褂。除经营钱庄、药号外，光墉还经营丝茶，并在上海开办了一家缫丝厂。为了同外商竞争，光绪八年(1882年)他以本银2 000万两，把市场上的生丝全部收囤起来，由于外商联合起来，拒收新丝，使光墉折损本银800万两，同时赔去一年利息。囤丝亏本影响到钱庄，光绪九年(1883年)十一月初五，杭州的钱庄先行歇业。接着，上海阜康钱庄和各地的阜康分号也纷纷倒闭，其一生苦心经营的事业开始总崩溃。由于阜康各号倒闭，朝廷官吏的巨额存款，胡一时无法还清，于是清廷谕令将光墉革职查抄。光绪十一年(1885年)八月，左宗棠在福州病逝，光墉亦于十二月初六郁悒而终。

胡廷贤 生卒年不详。商人。字希圣，号轶士。清黟县古杏墩人。家贫，11岁随父习贾六安。肆主人江姓父子皆名诸生，爱君勤敏，暇则授之读，通四书大义。20岁，遂受主人委托管理店肆，由是得以积累。开钱铺、医铺各一，每业必与江合，曰："吾不敢忘本也。"廷贤习俭，自奉甚啬，然遇善举，施舍不吝。在六安倡修徽州会馆。大洪岭圯，捐资修治，行旅便焉。雅喜儒术，为诸子择师，曾诫之曰："读书须学古圣贤，若徒标辞华，博虚誉，吾不取也。"咸丰年间太平军将占六安，廷贤只身归家，半生创业悉付浩劫。太平军占领徽州后被俘死。

胡廷巍 1764~1836。商人。字仰山，号仁征。世居婺源清华。国学生。秉性忠厚，笃于孝友，幼学举业，虑无以供养父母，乃与胞兄海溪到滁州经商。不久兄归，时值岁歉，廷巍独任艰巨，不辞劳瘁。因家境困难，旋游楚南，与兄聚首，乡人知其厚重可托以大事，延至会馆。一切公务，廷巍竭忠尽信，不惜心力，无偾事无私情，经理裕如，商旅加赞。又若干年，兄往金陵，遽卒旅舍，侄甫10岁，嫠妇孤儿，几难度活，廷巍维持调护，以养以教，俾得生全。性和平，与人无忤，与物为争，尤喜为人排解。虽富有仍自奉俭约。

胡华伟 1775~1824。商人。字俊卿，号健庵。清徽州人。19岁，父弃世，母独肩家政，偕兄仪五载，慈侍均未远离，昆弟间友爱特甚。兄去世后，子楸生仅5岁，嫂氏有改嫁意，华伟婉转晓劝，抚侄婚教如己子，事寡嫂如兄在日。37岁，偕侄往金陵(今江苏南京)，就木业于镇江。39岁丧妻，坚不续娶。道光四年(1824年)病故。

胡名泰 1798~1838。商人。又名朔生，字鲁岩。清绩溪人。嘉庆、道光年间创"资生"药店于屯溪。克勤克俭，惨淡经营，再经子孙努力，终于成为屯溪的一家百年老店。不幸的是，民国十八年(1929年)清明节前一日，朱老五(富润)"火烧屯溪街"，致使该百年老店顷刻间毁于一炬。其子定煦(字宇和)，孙依周先后继业与守业。

胡名教 1768~1832。商人。又名万富，字政森。清绩溪人。乾隆年间，先在绩溪市东设"万和斋"药铺，继而又在南关设"太和斋"药铺。由于经营有方，康泰履安，令人羡慕。名教悯贫抚孤，好义疏财，急人之所急，有济人之美德。

胡安定 826~1894。商人。字允恭。清末绩溪人。初习钱业，后改习药业。同治初，在屯溪创办杨记药店。时值咸丰、同治战乱平息不久，安定为地方善后的重建曾历尽艰辛。被推为商董，在设粥厂、招清道夫、购消防器材、倡修屯溪大桥(今老大桥)等善后赈灾公益事业中，出力最多。

胡寿六 1845~1913。商人。清末民国时期绩溪上胡家人。一生瘁力地方公益事业，诚朴著于乡里。清光绪三十年(1904年)，与里人方国卿募修荆磡岭道10千米。宣统元年(1909年)发起募修竹岭15千米，铺成蜈蚣岭脚至栈岱头险段梯形石级。民国二年(1913年)三月，督修黄泥岭石砌山路、建公兴石桥时，因年迈积劳病逝。安徽省政府奖以"一乡善士"匾额。

胡远烈 生卒年不详。实业家,胡玉美酱园传人。清末民国时期休宁万安人,寄居安庆。学徒出身,谙知制酱、营业和管理。清光绪二十四年(1898年)父殁后承家业,主管胡玉美酱园,开始启用安庆振风塔商标。光绪三十二年(1906年)开始试制酱业新品,经上千次试验和苦心摸索,终于创制出绛紫泛红、辛味细腻、微辣而甜,风味独特的胡玉美蚕豆辣酱。宣统二年(1910年)获南洋劝业会"日月""地球"银质奖章。宣统三年(1911年),获巴拿马万国博览会金质奖章及奖状。民国二年(1913年),获上海国货展览会和西湖博览会铜质奖章各一枚。民国十三年(1924年)开始用机器生产蚕豆辣酱罐头,日产2 500千克,盛名远播,畅销国内外。民国十七年(1928年),病逝上海。侄子穆继其业,后公私合营。

胡远龄 1718~1798。商人。字永曾。先世居婺源县,元至正年间,迁泾县东乡溪头都。7岁丧母,随父读书,因家贫不能卒业,遂去服贾,往来楚蜀间。久之,家业稍裕,未到50岁,将产业交子,已归乡里,遂不复出游。率族人营墓田、建祠屋、设义仓、兴塾课,诸所规划,皆为众所服从。顾性刚,能面折人过,人信之,亦不以为忤。乡里有曲直忿争者,辄相就剖诉,往往以一言解其怨,因以息事所全者不少。晚岁筑书舍数间,额曰"种义园"。当年远龄在蜀经商时某次经瞿塘峡,猝遇暴风,覆舟无数,急解囊中金悬募速救,一时获生者16人,余得尸悉瘗之,其生平所为,济人于危而苏其困者,固尚不止此。

胡佐唐 生卒年不详。商人。字秀唐,号松柏。清婺源清华人。9岁丧父,唯母是恃。10岁外就某店学徒,该店局面小,无甚出色,佐唐慨然曰:"非耐剧烦,不足以炼才具。"乃托亲友荐,到另一大店学徒,东家知其有经商才能,非常信任,不几年累升而任为主计,生意渐渐发达。久而外有谗言,佐唐求退,东家坚决不允,后有代者,佐唐乃得自开店肆经营。交易者知君信用素著,多与其合作。不数年,家业渐起。广田产,买地基,居宅、店铺焕然一新。捐资为国子生,留心文墨,勤学好问,远近儒士及乡先辈乐与之交。

胡位宜 1851~1924。商人。清末民国时期绩溪人。13岁习贾于屯溪,以"守信"著称,被誉为"货殖能者",经其拼搏,终于在清光绪三十年(1904年)创办了"俊记"南货店,接着民国七年(1918年)又在绩溪城内办起了分号,分别由长子与四子承继店业。四子裕塘经营有道,在绩城称誉一时。

胡位寅 1865~1930。商人。胡位宜弟,清末民国时期绩溪人。12岁远涉浙江兰溪,习贾于老盛夏布行,经多年惨淡经营,于宣统初创设"聚和教"布号。事必躬亲,克勤克俭,复又集资开设"恒源""泰来""聚产""同大升"等店,名噪一时。

胡位勤 1804~1888。商人。清绩溪人。先在江苏松江经商,咸丰八年(1858年)又引荐其侄胡裕煜学贾于松江东门外新桥镇,叔侄二人,通过自己的辛劳积累,终于先后各自在松江创设了"同盛号""同盛西号",并迁居该县。胡裕煜在商业上取得成功,不忘故土,慷慨地将祖传屋基捐赠东山书院,支持故乡的教育。

胡余德 1762~1845。墨商。天注长子,清绩溪上庄人。少随父入墨店,聪敏好学,志存远大,颇具才力。父去世后,余德掌管休城胡开文墨庄。为了发扬光大"胡开文",大胆创新,制造出集锦墨,深受人们的喜爱。曾制贡品集锦墨"御制文渊阁诗墨"。墨式奇特,正面镌有乾隆进士、工部尚书、协办大学士彭元瑞书写的诗,背面镌有描摹的文徵明等名家之画,加上用料考究,制作精细,进呈后赢得皇帝的赞赏。为扩大商务,又开设有"启茂典铺""启茂茶号""和太枣栈"。致富发家后为提高自己身份,捐得"议叙盐运司知事、覃恩累赠中宪大夫、晋赠资政大夫"等衔。重学兴教,乡士人建"东山书院",捐银1 000余两。

胡应沂 1713~1797。商人。字百川,号学海。清婺源人。少孤贫,成年后,刻苦自砺,外出经商。时某氏家富,而雅重应沂,以苏州店业延聘应沂助理30余年,应沂一心任事,丝毫不苟。苏州乃一大都会,诸肆往来皆称百川先生,百川先生至,百货可不先付款即可取也。后应沂积累一定资金后乃自谋振立,逐渐致富。晚乃返回故乡,而以家业付其子。性质直,年既高,于族中又为祖父辈,凡有纷争,先生往言侃侃辄解。先生曾诲孙曰:"惜人福便是惜己福。"习勤守约,至老不倦。

胡良祥 1845~1913。以农兼商。一名寿六。清末民国时期绩溪上胡家人。为人诚朴,在乡兴办水利,创立私塾,开辟荆州对外山路。清光绪三十年(1904年),与里人募修墈岭山道10千米。宣统元年(1909年)发起募修竹岭山道15千米,铺成蜈蚣岭脚至岱头险段的梯形石级。民国二年(1913年)督建黄岭段石砌山路。建公兴石桥时因年迈积劳病倒工地,三日后卒于家。安徽省政府授奖"一乡善士"匾额。

胡际瑶 生卒年不详。商人。字美堂。清黟县人。自曾祖起业商江西,传至际瑶家业不坠。然好读书,能诗画,精音律,有士行。孝母敬,礼寡嫂,鞠嫁兄女有恩。教子有方,子朝贺最知名,户部尚书罗公惇衍先前督学安徽时,器拔之并为际瑶作传,称其尽伦尽质。际瑶有《浪谈斋诗稿》1卷。

胡顶荣 生卒年不详。商人。清绩溪人,徙居休宁陪郭。于道光十五年(1835年)开设切面店,旋在休城西街开设"胡永泰"杂货糕饼店,子孙相承,历经胡华远、胡树滋、胡文思、胡槐三、胡集堂等经营,因质优价廉,生意兴隆,延续110余年,抗日战争时期,因时局动荡,进货困难,捐税繁重,于民国三十四年(1945年)停业。

胡尚熷 生卒年不详。商人。字如川，一字昆泉。清黟县西递人。经商致富，好善乐施。嘉庆十一年（1806年），捐银1.5万两，倡造碧阳书院。既竣，邑人循紫阳书院例，请准设尚熷牌位以配卫道。又捐建东岳庙及潭口癸酉桥、襄成考棚、缮学宫、培祀会。修治歙、休、祁、黟道路，捐助府紫阳书院膏火、惠济义仓，施汤药、置义渡、舍棺、埋骸、助饷、赈饥，垂50年，善举不可殚述。又曾于村北隅造亭阁以培水口，重刊先儒胡炳文《纯正蒙求》。

胡秉祥 生卒年不详。实业家。字履吉。清绩溪人。尝于大鄣买山、田地、矿山，多招佣工，相土种植，家道因之日裕。别墅之旁，遍植梅花，俨然有宋隐士林逋之风。

胡秉淳 生卒年不详。商人。字惟素，号觉非。清婺源人。公幼失父，性聪敏，甫就塾，授四子书辄晓大意。稍长因贫就商，与兄秉存友爱弥笃，家业隆起。尊祖敬宗，因本宗祠堂未建，乃偕同房叔侄捐资创造。虽属众资合力所建，而秉淳夙夜勤劳，指画鼓舞，一木一石无不措置得宜，出力为多。时有人因墓地兴讼，未几兄秉存离世，秉淳独力御侮，讼延数载，历三县主理获伸，人咸服其刚明。此后秉淳遂结庐于墓侧，每晨夕必至墓所，焚香拜跪，数十年如一日。又于其旁构"三树轩"，延名师以课子孙焉。虽出身商人，却翩翩有儒者风度。族众皆仰其贤。

胡学诏 生卒年不详。商人。字佐庭。清末歙县长林（今属徽州区）人。父简堂，性友爱，凡贫苦亲族儿童至10余岁，多赠银100两，以资助学。学诏与弟学诚克承父志，亦仍岁以为常，迭供不倦。族人无力婚娶，赖其资助者20余家。咸丰六年（1856年），太平军占据休宁，清军进御沽露岭，为不使官兵骚扰百姓，学诏出资募2筑沟垒，并负责供给军营柴火，使民赖得安宁。休宁县城居民逃至上长林者有300余人，亦赖学诏兄弟日赈一粥一饭以存活。

胡学济 生卒年不详。商人。字锦华。朝黟县郭隅杏墩人。家素贫，与兄学潮经商于江西彭泽县马当，家渐富裕。两兄相继逝，抚诸侄如子，慈爱备至，而教之甚严，咸克成立。舅舅吴有东遭乱逃亡，学济寻觅数年乃得之于放牛人中，赎归教之读书习商，且为其成亲。得秘方制药油，济人疡疥诸疾，涂之无不立效，邑人称之为"百益油"。治家严而有法，至今孙曾繁衍，居官居乡咸以清谨见称。

胡学梓 1733～1794。巨商。字贯三，号敬亭。清黟县西递人。少以孝闻名乡里。14岁始，随本家大人外出学徒经商。由于俭朴勤劳，善于经营，数十年后成为江南豪富。在江西鄱阳、九江、景德镇及休宁县万安等地开有多家当铺、钱庄、布店、作坊等，号称拥有"三十六典""七条半街"。致富后重视教育，县倡议修建碧阳书院，捐银5 000两相助。事后患病，弥留之际仍不忘嘱咐其子捐建书院。长子尚熷遵父遗愿，以其祖和父名捐银6 600两，己另独捐银8 300两，使书院得以建成。性喜济人，乐善好施，独资齐云山脚"登封桥"、黟县霭冈桥，襄助建造渔亭永济桥。又出资修建黟县至歙、祁门、休宁大路九处。卒赠中宪大夫、通议大夫。生有三子，长尚熷，次尚焘，季元熙。

胡宗启 生卒年不详。商人。字汝贤，号涂山。清婺源人。成年后，在江西从事粮食贩运，代人任其事，毫不自私。时忽遭亏折，则垫己资补偿，以此人悦服，源源相继，如是者终其老。性至孝，母俞青守节，弟长年在外经商，宗启趋侍左右，不忍远离。虽因家计奔驰，逢节必归省。笃友于弟，妻俞蚤殁，子幼，宗启视如己子，饮食教诲，使弟无内顾忧。

胡宗煌 生卒年不详。商人。清婺源人。幼孤，家赤贫，9岁于浮梁县昌浦之芋肆做佣工。20岁经商即能独树一帜，持筹握算，因致小康。娶汪氏，益资内助。家道隆隆，商铺林立。先生经常说，人生大端，无过慎终追远，既不克慎厥终，尤当追乎远。故非常重视宗祠之建，捐资首倡，竭力经营。

胡承坤 生卒年不详。商人。字配三，官名秉干。清婺源人。太学生。父开彦以儒兼商，设肆里中，资本不充，店业仅以维持。父殁，承坤弃书就贾，继承父业。居恒恂恂若儒者，人不知其为阛阓中人，及与之谈贸易、订交易，则锱铢无爽，以是田产累增，资本日厚，而店所经营糕点也益驰名。不幸中年而殁。

胡贯三 参见960页"胡学梓"条。

胡荣命 生卒年不详。商人。字希禹。清黟县西递人。贾于江西吴城50余年。吴城是联结秦、晋、冀的贸易通道，舟楫争集，商业兴旺，街市商号沉浮多变，荣命慷慨好义，名重吴城。古稀之年还乡，吴城有人以重金购其店号，荣命坚辞不可，答曰："彼果诚实，何藉吾名？欲藉吾名，彼先不诚，终必累吾名也。"

胡荣彬 1833～1876。商人。字郁廷，号五峰。清婺源清华人。由国学生加县丞衔。幼聪敏大为，塾师器许，稍长以家境困难弃儒就商。咸丰年间太平军占领婺源，亲人东西趋避。用度日繁，倍形困惫。荣彬能以诚实取信于人，得襄会与人合作贸粮食，渐致饶裕。然心高志大，见近世起家多从茶叶，故改业茶，不期茶大失利。旋贩木于浙之灵湖，以图恢复，淹滞数年，资斧尽丧，素手归来，才经两载，抑郁成疾，赍志以终。为人耿直，排解不避嫌怨。事父母能得欢心，父母殁，营斋营葬悉尽礼。抚弟侄，极尽友爱。念先世书香未续，极其重视教育弟弟，虽身居县地，而家信频频，劝勉殷殷。房祖祀产确碻，屡被洪水冲坏，修理动费多金，无公储，拖肉医疮，势莫支持，众集议面面相觑，荣彬挺然独任，筹划经营，碻始巩固。一生嗜学，经商之暇，手不释卷。尤精青囊术（医术），著有《青囊遗义》，惜病笃，未成稿。

胡南金 生卒年不详。商人。字佩芬，号默庄。清婺源人。赋性忠厚诚笃，儿时辄能怡怡和悦，与人无忤无争。家道小康，乡邻戚族有急，均能周恤。少习举子业，郡县试屡列前茅，惜科场不利，弃儒就贾，业茶十载，亏蚀其八，侨寓沪上，如鱼失水。同治十二年（1873年），五门续修第九届统谱，南金尽义务，司会计，支派纷繁，散谱时轰轰烈烈，输纳资财，出入盈千累万，均于一身综理，其任劳苦罔辞，未解衣寝者10余夜。出纳唯谨，一钱尺帛涓滴归公，得有盈余。无奈以业茶失败，家道衰微，积虑累劳，因成目疾而丧明，年仅38岁。越七载，遽归道山。

胡美坤 1817~？。商人。字旭初，号东升。清婺源清华人。自幼读书聪敏，为塾师器许。17岁弃儒，佐父经商于高川。越两年父逝，事母尤谨。母殁后，仲弟体弱多病，美坤劝静养勿视事，独任店务，不使精神扰累。其司出纳，一钱尺帛无私。持家俭约，独弟医药调摄，诸费不惜。析箸平分财产，无间言。壮年赴江西经商，酷暑沍寒不顾。因兵燹频仍，店屋数椽，顿成焦土，半生积累，尽付东流。然志不少衰，虽血症时发，犹不稍歇。复设店肆于本里之双河，十几年来，起而衰，衰而起，转枯为荣，辛苦万状。族人慕其才识，事多商榷。祖祠重新，举美坤同经纪，美坤慨然膺任，巨细躬亲，病魔缠身，犹惓惓系念不置，祠将落成，未克共图，终赍志而殁。

胡美铭 1798~1871。商人。字丹书。清婺源人。14岁随父到苏州典铺谋活，常患足疾，三载还乡，足旋愈，娶凤山查姓，夫妇敦好。不久又业木于楚北江右等处，备历艰苦，未获亨通。于是束装归里，设药肆于市中。性温和，生平无忿言怒色，处家人怡怡如也。少读医书，得其蕴奥，殷殷有济世心。晚年研究尤精，举手辄效，远近来请者，无论寒暑早夜，罔或辞谢。同治八年（1869年），兵难未靖，时疫大行，四方流民患水湿者，枕卧亭庙，公悉为医治，施汤药不较，活人无算，流民德之。享年74岁。

胡炳衡 1884~1920。茶商。清末民国时期绩溪龙川人。国立工业学校毕业。初与兄炳华参与泰兴黄桥、靖江季家市和泰县姜堰等地茶庄商务，成为其父胡树铭的帮手；又到姜堰东大街设"东泰源"茶庄。民国初期，胡震泰茶庄被盗，兄弟俩采取调整人事、严格规章、分开经营（炳华经营胡震泰，炳衡经营胡源泰）等办法，终使一蹶不振的茶庄得以恢复。

*胡炳衡

胡振柝 1796~1852。商人。又讳炳熙，字卫邦。清婺源人。始蒙父故业，家双河，偕伯兄振邦经营糖坊为活，既复分铺中市十数年，拮据经营，家日起。事母孝，侄辈中故鬻果品，每戚友谒母，母必袖果品以赐，虽甚费，惟母欲勿靳。与人接一团和气，或犯之勿较。

胡起川 1770~1849。商人。字利舟。祖居婺源清华，后父迁居沱川筼村。生而忠厚，尚勤俭。少窭甚，无立锥地，父佣于姊家，起川念亲无以为养，奋然有以自立，力田服贾，不辞劳苦，终于起家，造屋宇，在乡设店，遂得以致富。村人聚族而居，起川以异姓人往来酬酢，无异同姓，村人咸敬重之。自少至老从未与人有争端者，故里中无论老幼，咸以伯叔兄弟相称，人几忘其为异姓也。与人交，肝胆如见，人有急难，莫不倾囊助之。而一身俭朴，有非人所可及者，日食不过稀粥菜羹，冬不衣絮。置薄田数亩，为祖宗祭扫计。清华旧宅原鬻于人，不惜重资而取赎焉，祖宗凭依之处，岁时伏腊，率子妇辈尽孝尽敬，而享祀焉，以不忘本。曾诫子曰："人生不能读书上达，宜各安一业，毋贪酒色，毋事赌博，毋好嘻闲，三者有一皆不能安生也。"

胡桂森 1877~1950。徽馆业主。字材逸。近现代绩溪胡家人。14岁到安徽郎溪、芜湖等地当学徒，工余苦学武术。清宣统二年（1910年）在汉口开设"胡兴园菜馆"。民国十二年（1923年），合资创办"徽州同庆酒楼"于武昌黄鹤楼，后又在汉口开"胡元太茶庄""胡庆和酒楼""太和酒楼"。民国十七年（1928年）后，发展到驻马店、堰城、黄石港、歙县县城等地，计有徽菜馆六个、茶叶店八个。雇请乡民四五百人。曾任汉口菜馆同业公会会长20余年。20世纪30年代还在乡里独资创办小学。县内修桥铺路捐款甚多，济贫亦多。抗日战争期间，店业大部分倒闭，桂森双目失明归里。

胡家燕 1771~1841。商人。字召滨，一字甘棠。清婺源人。9岁失母，随父去汉口。稍长善经商，产业日起。两异母弟诞生后，更加竭心力为经营，厚修脯请命弟从名宿游。父老返里，家燕每年归省，佐营造，以余资平道路，使崎岖为坦途。事继母以孝闻，母亦爱之逾所生。居乡尚俭，质简酬酢，为所当为。家燕经商通齐楚晋豫，当地为贾者皆知有家燕。推诚待人，终身与两弟共业无私蓄，甚且盈归弟、歉归己，无计较心，家庭以是称雍睦。子姓百余人，未曾有以资财而不和。

胡继杭 1790~1844。商人。官名肇森，字苇舟，号东谷。清婺源清华人。太学生。初习儒，不到20岁即弃儒服贾，到三吴（泛指长江中下游江南一带）经商。三吴为财富之区、繁华之地，继杭虽经商致富，但服御俭约，豪饮外无他嗜。生平善举不一而足，赈饥恤贫、解纷排难，与夫悯人之孤、济人之困，赖以提携者众。家资也因是大减，而继杭亦不以为忧。暇犹嗜学，课子读书。

胡继柱 生卒年不详。商人。字北辰，又字百川，号竹溪。清婺源人。5岁丧母，父在镇江经商，17岁时父客殁镇江。性聪颖，家多故，未能竟学，15岁就商，资金不足，自当佣人，10余年终不能如意。30岁，从事星卜（根据星象、相貌和卦象预测人事吉凶），或坐馆教书，朝出暮归，严寒酷暑，罔有息足。家数口粗赖支持，如是驰逐者有30载。既念终非计，60岁复在本里之双河经商，精神益壮，儿子赞襄，生意非常顺利，家庭终于富裕。家境既裕，不鸣得意，谦抑俭约，坚持如曩。时人或有星卜求，未曾谢绝，直抉精奥。晚益术进，身居阛阓，案头书籍齐整不乱，有余闲辄手披阅不倦。

胡继桢 生卒年不详。商人。字焕周，号维新。华伟子，清婺源清华人。习木业，常驻镇江。14岁，母弃世，弟仅5岁，赖祖母抚养成立。赋性聪敏，因家多故，未能竟学，独肩家政，经商继志养亲。父去世后，为弟婚娶授室，代谋生理，靡不周至。居乡解忿息争，义重乡间。

胡雪岩 参见958页"胡光墉"条。

胡敏艺 1829~1878。商人。字叔安，号肃堂。清婺源清华人。少颖隽，文字清秀，乡先生多器重之。父亲在白下（今江苏南京）经营木业，归见敏艺笃学，欲挈外择名师教之以成器。母亲因一子不忍远离，遂止。父亲在外经商，10余载始一归，敏艺以弱小处家庭，温和笃实，凡冠婚丧祭、日用往来，未曾偶违母命，事诸伯父伯兄孝友毕至，户庭内怡怡如也。16岁习商，旋在乡里设店铺，每稍暇，则习书算诗文及星命地理，弱冠后研究尤精，闾里间多取资焉。咸丰年间战乱，店屋居货被毁一空。父去世后，继续营商。生平仗义疏财，与人合股业茶13年，折亏甚巨，人有侵渔不加责问，其度量尤非人所可及也。迩来财产荡然，复以嗣续多艰，忧愁交迫，竟于光绪四年（1878年）卒，享年50岁。敏艺体弱目秀，口恂恂若不能言，人皆推为谨厚君子。

胡商岩 1872~1944。商人。字学汤，号福生。清末民国时期绩溪人。国学生。幼承母教，敦品励学，14岁博通经传，尤通土木、农桑、货殖之学。后弃儒经商。兄弟四人遵父母遗愿，由弟福春经营店务，二弟福和种田理家，三弟福顺执教义塾，并协力支助商岩续修竹岭15千米山路。此举先由其家垫资和举债维持，后得上海、汉口等地旅外同乡募捐，经营七载竣事。躬身公益事业30年，几倾家积。曾独资或募捐主持修筑荆磡岭、竹岭、栈岭、芦塘岭、浪广岭、灰石岭、小九华和歙东仙茶至绩溪南界牌岭等处道路；应聘督修绩岭、江南第一关和翚岭黄莲栈等道；资助或主持修建桥、碣、坝、水碓、校舍、图书馆、寺庙、路亭、茶亭、社仓等工程百余处；捐资创办荆山学堂、荆州小学及绩溪中学荆州分部；首捐中正职业学校开办费1 000元及基金1万元。民国二十七年（1938年），其长子钟吾任

*胡雪岩

*胡雪岩庆馀堂

宣城县长，日军入侵，与军民坚持抗战收复县城；任内因救济难民，工薪入不敷出，商岩即将临溪泰源商店出卖，款项交儿还债。民国三十一年（1942年），命子钟吾将家藏昌化鸡血石章310颗，送交屯溪礼会服务社义卖，捐献慰劳抗日军队。安徽省政府颁赠"乐善不倦"匾额。酷爱书法，广收历代名家书帖，集王右军字成《大同篇》《孝经》《十思疏》。著有《通俗工程图解》《乡村建筑浅说》《七十自述》等。

胡清溪 1794~1854。字以书，号竹溪，又号云浦。清徽州人。6岁入塾，15岁六经成诵，作字有帖法，学为诗文，笔气灵澈，塾师大为许可。17岁因

家贫,随伯仲两兄学习记账。19岁偕叔祖游白下(今江苏南京),在俞曙堂宅襄办木业。曙堂昆季相爱如亲弟兄,每天做事,井井有条。后受王南桥先生之聘,委以木号经营。素笃孝承母,归家必竭力奉养,离家涕泣拜别。及抵客地,家信连篇累幅,深以不得侍左右、视晨昏为憾。伯兄窭而多病,清溪曲谅其苦,善体其意以寄补之。尤钟爱两幼侄。至待族戚与交游,或家乡、或外地,有谋必襄成,有危必排解,一腔热肠,但率真益人,不肯设机害人,人皆服其德。居王南桥府第40余年,南桥极器重。南桥故后,又协助菊泉先生经商,不久即为总任。大小事咸由清溪决定。积劳成疾病故。

胡瑛 生卒年不详。商人。号执卿。清婺源人。侨居沪南,董徽宁公所事20年。在职捐建义园,为乡人寄榇所;乡人治病,从丰给予补助;遇灾荒则筹捐助赈。举凡义行、公益事业,无不竭力以赴。

胡朝金 生卒年不详。商人。字御亭。清黟县陈闾人。幼贫,采薪为生,9岁就学,旋赴江西河口镇习商业。为人勤慎诚朴,由学徒一直晋升到经理,数十年未易他肆,其为东家所信任如此。性乐善,母九旬寿辰,奉母命将庆筵资捐给祀会。至修宗祠、组文会、治道途,或捐资首倡,或见义勇为,为人争称之。若其家庭之中,一以节俭为本,不令后辈稍涉奢侈也。

胡植登 生卒年不详。商人。字亮远,号维新。清婺源清华人。幼失父母,不及20岁,即寄居外地,开设店铺。咸丰之世,太平军踞金陵(今江苏南京),时时进攻徽州、饶州,植登被兵房,后脱归。继又家室毁于兵灾,家人嗷嗷,日用所需,有不胜其忧勤者。植登以赤手成家,创造室庐,竭力维持商务,家财颇觉日丰。隆师课子,娶媳生孙,数十年间,始得由困转亨。其时植登已年老,四代一堂,乃将家事付子,而商务付长孙,唯次孙从师应试,冀遂课读之愿。一生好观书,店务稍暇,手不释卷,故堪舆甲子之学,靡不旁通。村中有公益事,或修硚路茶亭,无不欣然乐输。

胡善增 生卒年不详。商人。清末绩溪上庄人。光绪十一年(1885年),与胡适之父胡铁花等合资在上海小东门外开设大酺楼,由善增任经理。该楼经营各式徽面面点,擅长烹调传统徽菜,尤以红烧方块肉、鳜鱼、板鸭等为著,荤油重、香味浓、色棕黄,颇多徽菜真味,深受旅沪徽州同乡及本地和外来食客喜爱,生意兴隆。至光绪十六年(1890年),改名"老大酺楼",另于上海东郊开设"东大酺楼"和南郊"南大酺楼",均享誉一时,成为早期名扬沪上的徽菜馆之一。

胡椿 ?~1898。工商业主。清末休宁万安人,寓居安庆。祖父胡元彬于清朝中期流寓安庆行医。父亲胡光祥,道光年间与内兄甘志义在安庆北门外开设"四美"酱园。胡椿与弟胡杰继承父业,咸丰三年(1853年)与舅氏在城内开设"玉美义字"及"玉成仁字"酱坊。同治二年(1863年),胡、甘二家协议,由胡氏独资在安庆四牌楼开设"胡玉美酱园",胡椿为胡玉美酱园创始人。后其子胡远烈为继承人,采用振风塔商标,苦心经营多年,制出有名的胡玉美蚕豆辣酱,列全国名酱榜首。宣统二年(1910年),在南洋劝业会上获"日月""地球"银质奖章各一枚,又在巴拿马国际博览会上获金质奖牌奖状。"胡玉美"至今仍饮誉海内外。

胡嗣迪 1847~1932。商人。字吉之。清末民国时期绩溪人。同治年间入上海汪裕泰茶号,遂毕生业茶。他手创茶号多处,辛苦经营,业务蒸蒸日上,为同业所钦仰,被选为上海茶叶商民协会执行委员。他在杜绝"回魂茶",提高茶业信誉上做出积极贡献。

胡锡友 1782~1856。商人。字克明,号笃斋。清婺源人。少孤贫,11岁就塾,14岁,为家困窭辄负贩以养亲。稍壮,开一店铺,于里中莫氏处贷银30两,不久已还,莫氏记不清,久复来取,公虽骇异,仍结债以偿。后莫氏于灰炉中寻获前银,始知锡友一借两还,遂将银送还,并好言相慰,锡友亦无芥蒂。由是人咸信任,多倾囊襄助,以故资本日充,生意日盛,家道得隆隆起。而公布衣蔬食、朴素如前。生平性喜动,虽年近大耋,而精力未少衰。凡园圃诸细务,靡所不为,自奉甚俭约,待昆弟伯侄辈,不惜锱铢。居乡党,敦伦睦族,然诺勿欺。与人交,坦白宽厚,胸无城府。遇邻里有忿,必力为排解。

胡锡鲁 生卒年不详。商人。字省吾,号钝斋。清婺源清华人。2岁丧父,靠祖父养育。14岁,应童子试,辄列前茅。以家道中落旋服贾经商,一任纷纭,部署停当,乃祖重任唯一人肩之。其贸易下通江西,上抵休宁,借箸前筹,算无不中,故家业渐起。至于分人任理,谓某功、某过、某功过参半,咸折服无怨。居家菜羹必祭礼神,必敬亡者,生辰忌日祭必齐。如遇子弟,必问所常业,总以无游惰为劝勉。为人严气正性,一介不苟取,作字端楷,虽一简一札,造次不苟。自宗祠、境庙、坟墓、厅堂,及宾客游宴与夫关锁门户、洒扫庭除、俎醢瓜果之属,皆亲自检点。性最节俭,即一粟一丝,至木屑竹头,咸为珍惜。享年35岁。

胡锡意 1764~1840。商人。字亮远,号郎斋。清婺源人。少随大伯父出外经商。成年后,分理家政,不贻祖父忧。中年赴广东经营茶叶,不数年家道渐起。晚年里居多暇,与族中文社诸友,相与晨夕,杯酒谈心兴酣,抑或信口咏哦。居恒好施与,修桥造路,凡有益于人之事,或倡或和,靡不赞成之。曾有失金于道者,沿途寻觅,痛不欲生,里人奔告,锡意急取家中银偿如其数。

胡锡熊 1803~1862。墨商。余德次子,清绩溪上庄人。父辞世后接管休城"胡开文墨庄"。捐有覃恩通奉大夫、晋封资政大夫等衔。其掌管"胡开文"墨店期间，徽州是为清军与太平军激烈争夺的重要战场，战乱持续10余年。锡熊曾请带兵驻扎祁门的曾国藩题写"胡开文墨庄"招牌，同时结交各界名流，使墨庄在咸同兵燹、多灾多难之际，未受到多大损失，并能一枝独秀。据说当时"胡开文"老店仍有职工200余人，年产墨品1.5万千克。

胡德礼 生卒年不详。商人。字步青。清婺源高安人。少家贫，稍长往景德镇学瓷工三年，工资函寄供养。后父召归襄理茶务，渐臻小康。析居，田产悉让昆季，独力经营，家隆然起。复拨己资，帮助同胞弟妹婚教。葺桥、修路、周族、恤贫，慷慨捐输。

胡德昶 生卒年不详。粮商。字维桢，号松岩。清婺源人。21岁，父逝，同怀弟德曦才3岁，德昶上事两母尽得欢心，下抚弱弟及两妹友爱真挚，终日怡怡。不幸弱弟早世，遗一侄，德昶复教诲殷勤，俾于成立。40岁后，足迹不至市肆，以书史自娱，算术医卜亦能曲畅旁通。

查世章 生卒年不详。商人。字中含。清休宁西门人。家境贫困，父老母病，赖其赡养。弟稍长，遂前往楚地业商，家渐丰裕。双亲去世后，析产与弟自立。中年，以积劳咯血而逝。

查有忠 生卒年不详。商人。字良臣。清黟县沙围人，八品职衔。幼孤家贫，母以针线度日，抚养成立。13岁，学贾于江西，克勤厥业，性至孝。太平军占领黟县，有忠负身避难于浙之东浦，嗣又改于杭州城经商。闻母病，星夜驰归，侍奉汤药衣衣不解带者数月，乡党称之。享年71岁。

查有堂 生卒年不详。商人。字尊如。清婺源凤山人。嗜学能诗，有堂弟流落于外，有堂恤其家，俾侄得以成家立业。初经商星沙（今属湖南长沙），与交皆贤达士，经理会馆、文公祠，倡修整饬。后游川东，兴同义会，资给同乡旅榇及旅游难归者。生平笃亲厚，故有晏范遗风。

查杰 生卒年不详。商人。明休宁人。13岁丧父，二孤一寡，父之遗产为托孤者吞并，生活困顿。年弱冠，弃儒业，率弟至芜湖随亲戚服贾。杰命弟居芜湖为基根，自己往来吴越扬楚间，历30年辛苦经营，商业大起，遂成巨富。杰慷慨好义，曾砌石埠于姑熟（今安徽当涂），拓广石道百里至南陵。在芜湖募粟赈饥，输谷以为倡。在休邑捐资修建尊经阁、修葺明伦堂，竖文笔峰，设常平仓，饰白岳观，修建登封桥，煮糜赈饥。有贷千金者卒，为之表丧，焚其借券。有以祖产典银千两者，查杰怜其为祖业，折券不责偿。

查尚庆 生卒年不详。木商。又名永辉，字月轩。明婺源凤山人。曾随父入京经销粮食，途遭劫掠，以负父逃入山中得以免难。父查公道，替官商贩木，缘事拟将发成边关；尚庆挺身而出进行庭辩，受到拷打，而父冤终得雪白。景泰五年（1454年）大歉，输粟赈济楚之饥民，朝廷因此敕旌"尚义之门"并建坊。

查奎（广东）者，为行户亏折，久踬于外，查奎以1500金贷之，始获归家。未数年，折其券。

查道大 1461~1531。商人。字世宏。明休宁人。才识不群，客吴楚间，货殖多中。中年在事业发展势头很好时，幡然弃贾归来，独捐一室曰"慎斋"。有人问他何故，他说："天道忌盈，可不慎乎？"

俞大霭 生卒年不详。商人。字元晖。清婺源新源人。家经商因以往欠债被讼移逮，大霭倾身积劳以偿，不遗父兄忧。旋商黔楚，获盈余，悉均诸兄弟，毫无私积。父国林疾，调治期间，衣不解带。母胡氏病瞀，归侍五载，衣食必恭亲，不委家人。远近祖先俱置墓田，隆祀典。殁前三日，犹捐百余金资贫族生计，人甚德之。

俞日昇 生卒年不详。商人。字扶曦。清婺源长滩人。贡生。性慷慨，村基濒河多水患，议筑百堤以护之，需费银数千两，日昇首捐银500两以为倡，众遂踊跃，殚心经理。堤成，村赖以安。每遇饥荒，则买米平粜，于至亲极贫者按口给之，不取值。曾贩木，伐木工人不戒于火，巨资灰烬，佣工百数十人行李尽毁。日昇每人给银2两为衣服资。平生集古方制丸、散膏药，普施20余年。其他如桥梁、道路，随分乐施，指不胜屈。

俞仁耀 1896~1989。商人。字子良，号龙甫。近现代婺源人。8岁读私塾，11岁进村头杂货店学徒六年，17岁务农四年，21岁到上海，在陈家渡（北新泾）达亨昌木行学徒三年，帮人撑木簰。24岁于曹家渡裕丰木行和源昌盛木行（婺源俞子标所开）就职，七年后该行亏损歇业。31岁同金绍香、刘瑞昌、张玉清合股开设协泰祥木行。同舟共济，齐心协力，业务得到了空前发展。为扩大市场，派玉清去常州与当地李经理开设协大祥棉布号，派瑞昌赴康脑脱路（现康定路）主持协和木行，仁耀则仍在本行坐镇，以后又抽资金和别人开设协义木行。民国二十八年（1939年），由于日本侵略，以致百业萧条，股东分道扬镳，各奔前程。民国三十二年（1943年），俞仁耀用拆股之钱，回乡置田。民国三十五年（1946年）抗日战争胜利后，仁耀独资在原地（今上海梵航渡路，抗日战争前称极司非尔路，1466~1468号）开设协泰祥良记木行，时年51岁。

俞国桢 生卒年不详。商人。字德隆。清歙县龙腾人。质直谨厚。少负贩，孝养双亲。父殁，抚季弟婚教成立，克笃友恭。伯兄早卒，抚侄如子。协力经商，家道日起。嘉庆九年（1804年），县中兴建紫阳书院，国桢念父大凤好善乐施，偕弟鹏万承先志，输千金以助膏火。居平勤俭持家，礼让率下，门庭雍睦，足式乡间。诸如造路、修桥、平籴、周急，义举不一，咸谓有长者风。诰赠奉直大夫，晋赠中宪大夫。

俞培咏 生卒年不详。商人。字颖堂。清婺源汪口人。性仁孝，年少经商，曾赴江西买米，舣舟康山，居民不戒于火，延烧40余家。培咏见之恻然，倾资给恤，择其甚者倍之，至今婺源之人过其地者，仍闻当地民诵高义不绝。后到豫章经商，知母病，徒步走数百千米，六昼夜归，则足跗筋缩如丸。而培咏负痛侍汤药，逾月不懈，母病获痊，然咏足自是拘挛不伸，积成痼疾，未数载遂卒。

俞盛 生卒年不详。商人。字郁文。清婺源西冲人。国学生。幼孤，事母能孝，尤乐善好施。业木金陵，值水灾，挥金平粜，活人无数。其他如助团费、输军饷、捐救生局、修城隍庙、疏上新河水道、证文昌阁大路，义举之多，所在不一。

俞铨 生卒年不详。商人。字以湘。清婺源龙腾人。幼失父，性耽书史，后经商资裕，为支祖立祀田祭扫，修葺本支谱牒，凡先茔未妥者卜吉地安葬，费不下千金。在金陵经商时，见义冢倾颓70余所，出资雇工掩埋。上新河俞家茶亭，亦输资修整。本里水口园林被毁，倡捐银200两，经理重造。至于济团饷，助军需，均有捐款。每岁新春，给米给衣，贫乞多赖之。

俞悠琢 生卒年不详。商人。字韫山。清婺源新源人。少颖悟，生有至性，父患痼病百计疗治，昼夜不懈。比殁，哀毁骨立。家贫弟幼，悠琢一身持家政，事祖母克得欢心，抚诸弟，使各成家。业木维扬，资颇饶，辄喜施与。族有宗子，累世单传，无力再娶，悠琢慨然赠金，使其得以续娶，获生两男，宗祧赖以不坠。其他如捐资修谱、市米平粜、好义勇为，不一而足。

俞焕 生卒年不详。商人。字文光。清婺源长滩人。少倜傥，壮年业贾，以资财称雄吴楚间。积财而能散财，尝输金建饶州、苏州、金陵会馆，在芜湖立蜡矶庙、修澹港堤。乾隆二十一年（1756年）金陵灾荒，俞焕施槥、置义冢。乾隆二十八年（1763年）捐资修城池。叠叙至运同加二级，授中议大夫。居乡曾捐资修葺本县文庙、造祖祠、建桥梁、修道路，所费超过百万。70岁时，吩咐子孙撕毁他人所借债券，价值不下6万金。

俞瑛 生卒年不详。商人。字供武。清歙县城西监生。七龄失母，不到20岁即佐父服贾。事继母曲承其意。父卒，不忍遽与弟析产，临终谓其妻曰："吾承先人遗业，固贵之能守，然义之所在，亦毋庸吝。"县中兴建书院，其妻李氏继承俞瑛志输银1 000两。知县给匾额曰"足式须眉"。

俞鹏万 生卒年不详。商人。字进万。清歙县龙腾人。少孤，经商有得辄好施与，亲戚赖鹏万得生计者10余家，尤多助人婚娶。客某附鹏万舟赴粤，窃鹏万银，鹏万发觉，客泣告以亲老故，鹏万恻然释之归。厥后客亦悔悟，竟自立。其他如修祠、建亭诸美行悉捐倡，不少吝惜。嘉庆九年（1804年），邑建紫阳书院，偕兄国桢输千金。以子镳，诰封朝议大夫。

饶华阶 ？~1952。实业家。近现代祁门人，寓居景德镇。少家贫，至景德镇学画瓷。由于勤奋好学，出师后则独立从事彩瓷加工。民国初期，其在北京经营景泰蓝生意时，结识同乡康达，寻被康达聘任为景德镇瓷厂厂长。民国十一年（1922年），尝被推选为景德镇瓷业美术研究社副社长。民国十六年（1927年）独立经营，在迎祥弄口北侧开办"饶华丰瓷厂"。初始做两只利坯的脱胎器，后逐步发展为有两处细瓷青花脱胎，一处白胎锅三大碗，计六只利坯、工人100余名的烧做两行大户。经营活动中，注重产品质量，讲求信誉。此后，承制了国府赠予英国公主伊丽莎白结婚用的白胎瓷。民国二十三年（1934年），杜重远到景德镇后，对华阶颇为倚重，多次晤谈，并聘其负责改良柴窑工作。杜氏对瓷业的改革，多采用华阶与江梦九之计划，为景德镇瓷业生产发展做出了积极贡献。

施文德 生卒年不详。商人。字鲁堂。清婺源诗春人。幼业儒，生性任侠。后从伯兄经商，侨居石港场。时有商船20余艘，避乱泊岸，巡逻者视为奸宄，欲将缚起予以法办。文德怜悯，向当道者恳请，愿以一家身命担保，遂使全部获释。

施世洰 生卒年不详。商人。字其大。清婺源诗春人。幼失父母，家赤贫，事祖母唯谨，后经商景德镇，逐渐致富。有汪姓者，贫而能孝，敝衣骨立，人皆憎之。世洰知其孝，召与共业，分给资财，遂赖以成家，两家子孙世代缔好。村有路临溪狭而险，为行者患，世洰输园地之半以广之，且墁以石，遂成坦道。县令赠匾曰"乡邦矜式"。

施圭锡 生卒年不详。木商。清婺源人。生平慕义好施。佐父业木，孳息悉均予兄弟，不以自私。郡邑修志及造文庙、书院、考棚、河西桥，均挥金襄助。大学士曹额以"藩垣佐理"，太守马赠以"义行可风"匾额。

施德栾 生卒年不详。商人。字兰皋。清婺源诗春人。承父志，弃儒服贾30余年，遇乡间亲属及族邸困乏者，必周济恤助。客居金陵，督理会馆，以朴诚著誉。江宁太守屡荐其担任总商务。余暇时寄情诗酒，著有《北山诗稿》，袁枚采入《同人集》。

洪什 1501~1543。商人。字承章。明歙县洪源人。祖父和，有阴德。父玑，当户后"释儒术商四方"。洪什自幼丧父，稍长好读书。成婚后，妻吴氏佐夫奉母欢。奉母命经商吴越，迭出迭困，亡故资。妻吴氏脱簪珥佐之，乃复举盐策入楚，后业骎骎起。洪什家殷饶后,斋用无所芬华,人有急,赴之不遗余力而让义。

洪正治 生卒年不详。盐商。字廷佐,号陔华。清康熙年间歙县桂林人。文衡曾孙。父玉振徙家于扬州,以业盐起家。正治倜傥有干略,料事多中,诚朴接物,持家尚俭,好循古风,喜周济他人。康熙五十三年(1714年)歙灾歉民饥,其父赡给桂林族人,多赖存活。正治则广其惠,修复故宅,构读书堂。又辑先祖遗稿及像曰:"先父之志也。"家仆尝挟重资逃匿,一日遇之,佯为不顾而任其逃逸,曰:"先父之教也。"郡人争相称誉其父仁,而服正治之孝。与著名画家石涛相交游,善画竹,工于诗。享年63岁。(注:洪文衡,字平仲,歙县桂林人,万历十七年(1589年)进士,历任户部、礼部主事,南京工部郎中,光禄寺卿,太常卿,大理寺少卿,太仆寺卿,卒赠工部右侍郎,史称其天性孝友。《明史》有传。)

洪廷俊 生卒年不详。茶商。字其相。清末婺源洪村人。中年以商起家,侨居屯溪。好施与,在屯溪立茶业公所、创公济善局、开茶商学堂,凡公益事皆身先倡率。宣统初,公举为省议员。

洪伯成 1782~1858。商人。字禹功,号梅庵。清歙县三阳坑人。王茂荫姑丈。尝敕封为儒林郎光禄寺署正,貤封奉直大夫,户部贵州司员外郎,覃恩诰封资政大夫议叙道加四级。其慷慨之怀,为世所稀。王茂荫在《恭祝例授儒林郎貤封奉直大夫梅庵姑丈大人例封安人貤封宜人从洪门二姑母大人七旬双寿序》中说,梅庵"周邻里,济孤贫,必酌理势之可行,而不务为名高"。又说:"建新亭以荫暍人,修古路以利行旅。诸凡善举,姑丈力行之,姑母实力赞之。"

洪性鋾 生卒年不详。商人。字杭原。清歙县桂林人。邑庠生,每考试皆能夺冠。对《六经》所研深邃。诗格调高远,步趋韦、孟间。父业鹾于扬,乃老,鋾代之。才本大且以诚信待人,10年之间,声名遂出诸巨商之右。众商于鹾业利弊及一切公事无不唯鋾是命,是以淮扬盐业日盛,皆其力也。至乡党宗族之事,尤一身肩其任,凡修桥、砌路、济弱、扶贫等,犹其末务。人未中年而弃世,未能大展其用,人皆惜之。所著有《绘本楼诗文集》,其事附载于程瑶田《通艺录五友记》。

洪宗旷 生卒年不详。陶瓷商。字日辉,号永旦。明末清初婺源人。少业儒,精制义。时值清鼎革之际,无心进取,自适于丘园。继经兵燹之余,侨居江西景德镇,经营陶业。尝自载瓷器往外江,舟次鄱阳湖口,有客号哭,询之云:"被窃失本银百余两,进退维谷,自求自尽而已。"言毕,即以身投水。宗旷即命舟人救起,留宿舟中。并曰:"余舟中上(尚)载瓷器货值百金外,愿以相赠,何轻生乃尔。"客曰:"若得君此赠济,某当结草以报,约三月后,总还本利,断不有误。"后客果来兑价,宗旷却之,客固请受,再辞不获,不得已而收之,时称儒侠。

洪承业 生卒年不详。商人。字继可。清歙县桂林人。投笔从商,所得不多,而好行其德。乾隆十六年(1751年)、乾隆二十一年(1756年),歙县先后遇灾,洪承业出粟平粜。乾隆二十九年(1764年),捐钱助建桂林石梁,并铺石路若干里,寓赈于工。商于中州,以母病遄归。途中遇虎,虎不为逗。两值暴客将劫,知其为洪承业,即退避三舍:"若厚德人,况以母病急归乎!"时称"铁汉"。著有《铁汉诗》1卷。

洪胜 生卒年不详。商人。字友云,号雅轩。清婺源人。少时食贫力稿,稍长,慨然曰:"大丈夫即不扬镳皇路,一展生平之志,胡郁郁久居田舍为?"乃携资斧经营江西广丰,不数年而家给充裕。生平慎取与,重然诺,有季布风。

洪庭梅 1650~1732。商人。字友三,别号雪斋。清婺源人。推心置腹,然诺不苟,名卿巨公争慕与之交。雅爱书籍,常肆力于经史百家,常读不懈。迨邀游江湖,不屑屑权子母计,携书数箧,晨夕长吟。所过名山胜迹,见辞赋诗联,嘉言硕论,辄笔之于书,书名为《雪斋日记》。又以余闲,取晋唐法帖模仿其意,故其翰札楷书俱工绝一时。常以弃儒服贾不克显亲扬名为恨。藏书千余卷,视子之明敏者,严加督课,循规蹈矩,罔或陨越。

洪致晖 生卒年不详。木商。号吉人。清婺源张溪人。少孤贫,事母克孝,尝运木至浔阳。

洪乘章 1775~1825。商人。本名乘璋,字焕庭。其先由徽州迁鄞(今浙江宁波),七传至乘章。少读书,为文有法度,未成,连遭父母、兄弟之丧,弃儒而贾,以养其家。厚待兄弟子侄,衣食婚嫁,无微不至。自以少废儒业,稍暇,即读书。酒酣对客背诵,虽大篇不遗一字。自谓一生朴素,非教子无妄费者。每诸子在塾,夜深必待诸室问日中程课。为文成必取视,业进则喜;不则反复指示其得失。治事中肯要,明敏而慈厚,处三党友朋必以诚,遇困急周之亦无德色。

洪宾彩 1870~1944。茶商。清末民国时期歙县人。幼家贫,靠卖菜糊口,人称"卖菜董事"。35岁后开始经营茶叶,在歙县开设洪泰茶号,继而又在上海、山东、山海关开设洪顺泰、洪怡泰等茶号,年销干茶三四万千克,成为徽州茶叶巨商。热心地方公益。

洪淑鉴 生卒年不详。商人。清歙县桂林人。事孀母克尽子职,兄弟无间言。捐纳同知,请封二代及本生父母。业盐湖北,为汉口盐纲总商。乾隆五十一年(1786年),湖北岁歉,捐赈饥民,得赐御匾"谊敦任恤",远近称"洪善人"。

洪辑五 生卒年不详。商人。清婺源人。弃儒就商。轻货财,重然诺,义所当为,毅然为之。不挠于俗论，有古君子风。故凡乡之鼠牙雀角者，必尽言排解，而于桀骜难顺者，往往解己囊以阴调之。人咸敬重，被推为群商领袖。

洪德佛 生卒年不详。商人。字公胜，号慎斋。清婺源人。幼贫苦，饔飧不继，兄弟力食，孝养双亲。壮年游吴楚，服贾牵车，家道渐裕。居金陵（今江苏南京），遇事耿直。

洪德税 生卒年不详。商人。字尚徽。明婺源车田人。生性仁厚，急救人难倾囊不惜。营商京口（今江苏镇江），见江风折楫摧舟，慨然捐数百金买田2万平方米，雇渡工，拯溺者，名之"救生渡"。六合城圮，捐银千余两浚筑。又拟建本邑清华石桥，未成卒。其子益善承父遗志，鸠工董役，费资2 000余两银，历时三载完成。

洪檀 生卒年不详。商人。字旃林、少号。清歙县人。数世业盐汉口，遂寄籍。洪檀家于居仁坊，兴筑随园，轩窗窈窕，楼阁深沉，颇饶花木之趣。后增辟荷池，宽盈数丈，筑方墩，建得月亭于其上。界以柳堤，架以卍桥，较前更为轩敞。道光元年（1821年）初春，积雪乍霁，邀芜湖常芝仙、南浔范锴（号白舫）、歙县程瀚（字浩亭）赏青问青阁，吟诗作赋，直至夜半时分方散。蓄养罗江（今属四川）野生孔雀两只，雌雄各一，伏卵成雏，年得数群，驯服如家鸡。春日对客开屏，宛转就人而舞，稀有堪夸。

祝确 生卒年不详。实业家。字永叔。朱熹外祖父，北宋歙县人。先世居江陵，自承俊由德兴迁歙城望京门。世以资力顺善闻于乡州。其邸肆生业几占郡城之半，因号"半州祝家"。确性淳厚孝谨，诸弟求分家产，确为涕泣劝说，不听。时四妹尚未嫁，确独以己资嫁之。其一嫁黟县汪勃（后官至枢密）。婺源诸生朱松读书于郡学紫阳山，年甚少，未为人所知，确独器重，以女归之。宣和二年（1120年）冬，方腊农民军攻克郡城时，有人挟朝廷墨敕徙州治于北门外，以便其私，众皆以为不便，将列其事诉诸朝廷者2 000余人，无人敢为之首，确奋然以身任之。其人忿疾取旨，加确以违御笔罪，确乃变姓名，辗转逃遁。数年后，时事变更，群小破败然后得免，而州治亦还故址，乡人德之。确亦因此家境益落，而好施仍不少衰。享年83岁。子萃、峤。孙康国，徙崇安。重孙穆，从朱熹受学，以儒学昌其家。

姚叶 生卒年不详。商人。字任华。清休宁苏田人。长年经商。顺治初，山寇起，姚叶散金募勇士抵御，寇不得越境蹂躏，郡守欲上其功，固辞。又曾为排一难，捐千金。生平嗜书，购及万卷。

姚成盈 生卒年不详。商人。字松青，号寿龄。清黟县人。幼颖悟，12岁随父至建德（今属浙江）习商，质行如父，信誉颇著。时当太平军起，成盈勤业不辍，乱平归家，捐金及购米以赈乡之贫乏。家产日丰，尤乐善好施。

姚贯因 生卒年不详。药商。人称"姚老贯"。清末民国时期歙县深渡人。在故里开设大生堂药店，经营药材批发与零售业务，并在上海、江西等地设有分店，颇有声誉。后又经营外销茶，从温州运销香港等地。曾参与反清活动，与孙中山、冯玉祥有交往。热心公益，颇多义举。

姚柱 生卒年不详。商人。号小洲。明休宁苏田人。在江苏高邮经商。曾倡筑堤，易砖以石，使堤固不圮。大堤竣工后，其地遂成沃壤。高邮士民深仰之。

姚家勤 生卒年不详。商人。字广之。先世由休宁苏溪迁杭州，遂著籍钱塘。国学生。11岁丧父。兄常在外经商以养家。20岁时，忧家计之不支且不忍兄之独任劳，乃弃儒经商，常往来四明、东瓯间。家幸渐饶而伯兄遽殁，继又居母丧。伯兄两子，长子与其妇相次偕殁，次子又早世。数年之中，迭遭大故。君独身仔肩，备极忧瘁，一切殡葬咸如礼。兄遗一女，家勤为其择夫，厚其奁，赠而遣之。一再省祖墓于新安，渐夷者培葺而谨护之。与族人叙辈行，恤弱周贫，极尽敦睦之谊。姚先世多名人，家藏法书名画甚富，中经世变遂致散佚，君多方购求。一日于肆中见《荪溪草堂图》为远祖琴泉公物，唐六如所赠者。大喜，亟予多金，携归宝藏之。所居扁署率用先世旧题，以不忘祖泽。

姚嘉长 生卒年不详。商人。字明远。清黟县环山人。质直聪敏。服贾经商浙江建德，慎勤廉俭，见善必为。建德鸡头岭，道路崎岖，嘉长输金倡导，劝募集资，铺平岭路。

姚毅全 1872~1939。实业家。清末民国时期歙县深渡人。早年至上海学徒，后返屯溪与人合股开设怡怡茶号。第一次世界大战期间，屯绿外销不畅，毅全联合茶商呈请政府，获准屯绿出口减税。民国十八年（1929年），朱老五火烧屯溪，商界损失惨重，毅全多方奔走，为善后及商业复兴出力颇多。民国二十三年（1934年），创设"姚大来茶行"，又在杭州设"姚大来运输行"。次年，当选休宁县茶叶公会主席、休宁县商会常委，并任茶商小学校长。抗日战争时期，徽茶陷入困境，毅全通过与安徽省地方银行行长程振基的私交，促成发放巨额茶叶贷款。曾协助歙县旅沪同乡会筹建首安堂，并建深渡满坦第二殡舍，停放客殁徽人灵柩。

柴景星 生卒年不详。商人。字东泉。先世自歙县迁杭州，由吏员考授州同知，效力海塘。总督李卫知景星谙盐务，题请以盐课大使补用，授长亭，不久便侍奉父母家居。其时温、台二所盐政废弛，李卫以景星在长亭时深悉台所机宜，令往配办台属引地，景星请拨国库银资助灶户，废者以振。又以德清一邑为贩私窃占，景星代为擘画，遂收成效。时又有朱云裳，字绚斋，休宁人，与景星同为李卫所知。景星理浙东引地，云裳理浙西引地，李卫治盐政兴利除弊，一半皆二人之力。

倪一圣 生卒年不详。商人。字化之，号慕麟。明祁门人。习儒不得志，叹曰："男子生桑弧蓬矢（古时男子出生，以桑木作弓，蓬草为矢，射天地四方，象征男儿应有志于四方）。以射天地四方，不贵则富，安事毛锥子（原指毛笔，此指读书）终老乡井乎？"寻仿猗顿术经商江湖。一日抵荆涂，见其地为江北要区，可贩盐鹾。直走淮阴，运筹以鬻诸市，不数载辄拥素封。父亲止斋翁奇之，曰："此儿一不为少，百不为多。"一圣生宗魁、宗典、宗章三子，其中二、三子均业盐。

倪尚荣 1838~1912。商人。字锦章，号季亭。清末民国时期祁门人。7岁丧父，家境寒窘，稍长采薪养母。久之慨然曰："终身樵岂能为俯仰计耶？"乃时遭大乱，年谷凶荒，不得已而学操舟之业。又久之，慨然曰："此岂足以赡身家耶？"爰以铢积寸累之资，去而学贾，往来于鄱阳湖与闽水之间，不避艰险，操奇计赢，境遇渐丰。光绪十年（1884年）以后，家道日隆，慈善之念愈笃。

倪思喜 生卒年不详。木商。字乐之，念父一斋不寿，因号慕斋。清祁门人。少习举子业，缘家计维艰，弃而就贾，以木殖起家。

倪炳经 1828~1909。陶瓷商。字遂良。清祁门人。父求章，为太学生，后为瓷商。炳经少承父业，窑栈连云，畎亩鳞接，家境甚裕。而守以淡泊，布衣暖、菜根香，俨然苦寒素子。笃志诗书，手不释卷，虽遭咸丰中兵燹之乱，亦不改其志。

倪起虬 生卒年不详。商人。字驷五。明祁门人。幼习举子业，未遂厥志，携资出游，操奇赢于淮泗间，积累渐丰，家业隆隆起。

倪起蛰 生卒年不详。商人。明祁门人。父国时，货殖多才。贩木饶河，不幸沉沦于古县渡而遇难，时妻35岁，儿起蛰出生六个月。起蛰长习贸迁，"以义为利"，家产自此丰。

倪望铨 生卒年不详。木商。字锦河，号启垣。清末祁门人。父长远治业于祁门城西，频年折阅，大丧其资，逋负山积，催索频来，削产以偿。素封之后变贫窭。30岁，始生望铨。望铨因家道中落弃举子业而就商，16岁贩木于鄱阳湖与闽水间，以信任见重于同侪，所得滋丰。光绪十年（1884年），祁门洪水为虐，望铨运米于西江，驶舟西上，未几水患大作。巨祲之后，居民嗷嗷待哺，望铨降其值以售之，受惠者甚众。后商业日盛，家道日隆。

倪辉远 生卒年不详。商人。字君表。明祁门人。父倪人才（字兼三）业陶瓷于江西景德镇，本利皆薄，竟负债3 000余两银，忧劳成疾，郁郁而终。辉远治父丧事毕，即以衰绖行，承父旧业，在守业的同时注重创业，父亲所负债务，三年之中统还清，及至第七年，生业隆隆，获金累万。辉远"秉性刚直，人咸信其诚悫，通有无者，麇至如水之归下然也"。家道兴盛之后，仍恂恂不骄吝。

倪道昭 1586~1662。木商。字惟明，号辉宇。明末清初祁门人。初贫苦，以贩木起家，始饶蓄积。

徐士业 生卒年不详。商人。字建勋。士修胞弟，清歙县人。长年经商致富。凡襄兄善举，精明周匝，阙里祠成，更醵金增置祀产。又增建歙县会馆南院屋舍，独修县西达休宁孔道数千米，徽州知府何公为记其事，树碑于道左。

徐士修 生卒年不详。盐商。字禹和。清歙县傅溪人。徐氏累代业盐于扬州，家资富厚。士修奉父命于乾隆十三年（1748年）捐资修葺歙县紫阳书院，增建学舍60楹，并捐银1.2万两，购置学产，以赡养学者。复与从叔景镛捐巨资将明朝前期建于湖田的程朱阙里祠迁至篁墩，士修子麟志于乾隆二十六年（1761年）落成。又捐银5 000两购粟谷救济故里灾民，并资助傅溪私塾经费、修鲍南蒨等诸多善举。

徐海 ？~1556。海商。明歙县旱南人。少时为杭州虎跑寺僧，法名普净，又称名山和尚或明山和尚。后随其叔徐惟学和汪直等人从事海上贸易，被封为天差平海大将军。一次，徐惟学将徐海抵作人质，向倭寇贷了大批银两，后无力偿还被杀。徐海走投无路，遂与倭寇勾结，开始了烧杀抢掠的海盗生涯，并逐渐组建一支数万人的海盗集团。早在此前，徐海已与汪直分裂。徐海的身边是陈东、麻叶等力量稍弱的海盗头目。胡宗宪出任浙江总督不久，曾率明军与徐海进行过激战，认为以武力剿灭徐海等难度不小，于是另图他谋。即利用徐海的同乡太学生罗龙文去招抚徐海。罗龙文接近徐海之后，离间徐海与陈东、麻叶之间的关系，迫使三人力量分散。为表示招抚诚意，胡宗宪曾派人给徐海送去招降书信，并送上大量礼物；还准备了许多珠宝玉器、发钗耳环等特意送与徐海宠姬王翠翘。翠翘力劝徐海归顺，并让其设计将陈东、麻叶等捆绑起来献给胡宗宪。徐海从之，结果被胡宗宪设伏围歼，在桐乡沈庄投水而亡。

徐景京 生卒年不详。商人。字维镐。清歙县路口人。多年经商，家业渐起。性端谨，笃于孝义。曾捐银修儒学，建宗祠，纂家谱，重葺紫阳书院，未竣而卒，遗命其子士修成之。徽州知府何达善，以景京有卫道功，率士民祀其主于紫阳斋舍。

徐璟庆 生卒年不详。商人。字赞侯。清歙县路口人。曾与兄景京建祖祠，纂家谱，力行义举。每年安徽人郡五州士子录科必绕道姑孰（今安徽当涂），资斧孔繁，乃捐己置江宁巨宅改为安徽学使行署。冢孙本增受命督造，落成后士人称便。先是独修本邑文庙，又于金陵建全婴堂，京口设救生船拯人风涛中，岁费银无数。又捐银万两生息，以赡族之贫者。晚年复独建宗祠于皇呈祖居，盖敦本重伦，天性然也。

徐赞侯 生卒年不详。盐商。名景庆，以字行。清歙县傅溪人。祖伟芳，父嘉玉，累世业盐于淮扬。赞侯业盐与巨贾汪廷璋齐名，家住扬州南河下街，与江氏康山草堂比邻，有晴庄、墨耕学圃诸胜。又于蜀冈之东筑有"石壁流淙"别墅，亦称"徐工"。乾隆三十年（1765年），高宗南巡幸扬州，赐名"水竹居"。赞侯与兄景京、景章建祖祠、修家谱；捐江宁巨宇为安徽学使官署；于金陵建全婴堂、金陵试院；于京口（今江苏镇江）设救生船。捐万金赡养族中穷人。

凌日荣 生卒年不详。商人。明末清初歙县沙溪人。幼失怙恃，备历艰辛时值鼎革，家贫不获攻举子业，遂习计然术。重义轻财，瘠己肥人。为木商，多往来临安（今浙江杭州）、云间（今上海松江），遇有急者必周之，人称善士。

凌世明 生卒年不详。商人。明朝歙县沙溪人。与弟世节，长居村里，耦耕力食。一日辍耕陇上说："一年所入，只完一年所出，倘遇岁侵，将何所恃以无恐。"于是请命于父："四民之中士农工贾，士固不能，工非所习，儿欲以农兼贾，积盈余以备凶荒之岁，可乎？"父曰："尔行尔志，可也。"于是择东溪街古渡旁屋，欲租赁之。屋主人说："田舍翁居委巷，力田亩足矣，何用此为，且余屋僦金，尔果有此大力乎？"世明听了气得欲发怒，但还是强忍为止，他只回了一句："吾异日居街上，当先买此屋。"后业贾家业丰盈，买宅果从此屋起，积至数十间。

凌顺雷 生卒年不详。商人。字贯日。清歙县沙溪人。7岁丧父，与兄采薪养母。稍长，偕兄服贾，虽甚惫，不敢告劳。后生计渐裕，而勤敏不倦。乾隆元年（1736年）兄弟分家时，无一丝一粟留私箧。雅嗜经史，尝置别业，暇则披览于其中，教诸子以读书为首务。

唐祁 生卒年不详。商人。清歙县人。少即出游经商以养亲。亲殁，遂不出。父曾贷某人金，后某人伪以失借券告诉唐祁，唐祁曰："券虽无，事则有也。"乃如数偿之。既而他人复持借券来，唐祁曰："事虽伪，券则真也。"又如数偿之。人传为笑，唐祁曰："吾感其当初能救吾父之急。"临终对其子曰："力能济人，自亲族始，毋见德，毋市名。"

黄义广 生卒年不详。商人。字以大。明休宁人。早年游淮浙、六安、固始经商，晚而归隐力田以自给，嗣守先业。

黄义刚 1431~1505。木商。字养浩。明休宁人。始营木业，行木筏于浙杭、姑苏。及壮，经营往来正阳、固始等地。晚年，筑室买田，立纲振纪，家声文物，焕然一新。

黄之采 生卒年不详。书商。明万历年间歙县人。以刻书为业。尝刻经史子集图书40余种200余卷，版本精善，多为名版。万历年间刻《道言内外秘诀全书》34卷、《吕东莱左氏博议》12卷、高诱注《吕氏春秋》26卷、翻刻吴勉学原版《二十子》143卷。

黄元芳 生卒年不详。商人。字文瓒。明歙县潭渡人。业陶朱之学，慕司马迁之为人，往来荆吴齐鲁徐梁之区，足迹殆遍。妙于心计，贸易有道，展扩先业，以资雄于乡。

黄五保 1474~1540。盐商。字万安，号乐斋。明歙县竦塘人。读书不拘寻行数墨，唯求一通大义，识古今事变。曾叹曰："生新都（徽州）之地，无富给之资，固不得不窥市井。"乃携资治盐业淮阴间，善察盈缩，与时低昂，以累奇赢致饶裕。

黄长寿 生卒年不详。商人。字延祉，号望云。明歙县潭渡人。初习儒，后商于齐鲁间，后至扬州业盐致富。性慷慨，好施与，以儒术饰贾事，远近慕悦。喜吟咏，好蓄书，著有《望云遗稿》，亦好刻书，刊刻有《文公家礼》《诗文玉屑》《江湖览胜》及《望云集》《壬辰集》等。

黄文茂 生卒年不详。商人。字廷秀。明歙县竦塘里人。雅好儒术，博览多通。弃儒从贾商于清源。清源北邻燕赵，西接三晋，为都会之地，商旅云集，大贾争相奢侈。文茂善于治生，折节为俭，任人择时，尤为勤力，以此起富，资日饶，业大丰，雄于齐鲁新安间。文茂治生虽纤以勤，而于周穷赈匮，挥金不靳，富而好行其德。

黄正位 生卒年不详。书商。字叔。明万历年间歙县人。初为刻工，后积资开设尊生馆刻坊，从事刻书。万历年间刻有《草玄》《虞初》、《新增格古要论》13卷、《剪灯新话》4卷、《南华真经》8卷、《云仙杂记》10卷。又辑刻大型戏曲丛书《阳春奏》，分元明清专辑，子目达38种。尚刻有《琵琶记》。

黄世权 生卒年不详。商人。字仲谋。清婺源潢川人。在襁而孤，长大后佐叔兄三凤携资经营四方。性慷慨，有大度。顺治五年（1648年），以厚资托付给故交，贩木于福建，其人不慎，尽失其资，世权仍以余资前往接济之。刚到福建，兵荒道殣相望，世权竟散金市义而还。康熙二年（1663年），在江西经商，遇假"逃人"肆害，乡民病之，世权勇执之，扭送当局，正其罪，群凶为之敛迹。康熙十三年（1674年），额附石大将军建营房千间于京口（今江苏镇江），当事者仓皇无措，大将军知权名，召见之，悉以委权，一月不到而工告竣。将军嘉其才义，赐以袍帽，待以礼，镇江士民感德。至其孝友性成，哭父早逝，敬事孀母，友爱诸昆，人无间言。

黄玄赐 生卒年不详。商人。字仕政，号问政山人。明歙县竦塘人。父孟孙公为弘治时人，清识远量，不慕仕进。玄赐丰颐广额，神清俊迈，志气高亮，博闻多通，辞藻俊丽。崇信儒术，克慎言动。商于齐鲁，而齐鲁之俗，宽缓阔达，喜儒备礼，有周公之风。玄赐临财廉取与义，齐鲁之人称其"非惟良贾，且为良士"。择地趋时，致数万金，誉重素封。值边境告缺军粮，诏募民实塞下，慨然输粟给边境，皇帝嘉之，赐以冠服。族党邻里有匮乏者，辄解囊不吝。晚年优游林下，诗酒自娱。以寿考终，享年73岁。

黄玑芳 1499~1559。商人。字仲枢，别号忍斋。明歙县竦塘人。沉静诚悫，孝友恭让。少读朱子小学，至温公训刘无城以诚，读《尚书》至"有忍乃济"，即有颖悟，谓"诚"与"忍"乃二字符，当佩之终身。商游清源，而清源为齐鲁之墟，有周公遗风，俗好儒备礼。然其俗又宽缓阔达，而足智好议论，玑芳一以诚御之。以故足智好议论者服其诚，而好儒备礼者亦钦其德。

黄吉文 1883~1953。实业家。近现代歙县人。十三四岁，由舅氏郑培根介绍入上海凯利洋行学徒，业余自学。凯利洋行主要是推销丝织品兼收购蚕丝。当他积有数十万千克蚕丝资本时，即辞职开办"美文绸厂"，拥有100余部铁机，生产丝绸织品，生产的华丝格、毛葛、印度绸、文新缎，质地优良，畅销国内外。后又陆续创建"安裕丝厂""裕丰丝厂""惠文丝厂""泰丰丝号""美亚丝绸局"。他以丝绸业为主，开展多种经营：创办"环球帽厂"，专制呢帽、草帽，销往国内各地和南洋；办"文新实业社"，生产绿铁丝纱布；与人合资开设"正大祥五金号"。日积月累，终成百万富翁而名噪申江。新中国诞生前迁往香港。吉文关心桑梓教育事业，曾负责西溪南小学经费筹措，对修桥铺路和水旱灾经常捐款，资助贫寒子弟读书、介绍工作等。其善行深得家乡父老赞扬。

黄存芳 1488~1561。盐商。字汝贵，号东庄。明歙县竦塘人。16岁，随父贾于历阳（今安徽和县）。年弱冠，即能与时俯仰，握计然之划，数年遂积千金。已而治盐策于天门，审积著，察低昂，择人而任时，故资财日振，乃广土构堂，家益富饶。但其自奉俭约，纷华盛丽之际，众商趋之，而存芳自甘淡泊。遇岁饥，辄指困以济民。虽为贾人，而言论风旨，雅有士人标格，缙绅乐与之交。

黄志礼 生卒年代不详。商人。清歙县人。商游失意，久不归。其子黄鉴（字德昭）儿时常问父亲在哪，辄号泣不食。家素贫，拾薪养母。黄鉴14岁时辞母外出寻父，与仲弟诀别："若不能归父者，不复返也。"寻遍四方莫能得。一日舟至黄州遇一舟，鉴倚蓬立，另一舟上一人见之，谓志礼曰："那个少年很像你啊。"志礼急呼，鉴舟去稍远，闻呼心动，返舟问讯，知为父子，相持大恸，两舟之人无不嗟异。

黄克念 生卒年不详。商人。字希倩。明末清初歙县潭渡人。清顺治七年（1650年），商于湖南湘潭，见白骨遍野，乃与歙南岑山渡程奭商议掩埋，买地招僧，结竹篓以盛尸，置冢201处，耗时190天。康熙十三年（1674年），复至其地，湘潭再遭惨毒，横尸无算，又与歙县曹翊、休宁汪辉捐资掩埋数十冢，并修葺前冢，建祠其旁。

黄应宣 1456~1544。商人。明歙县竦塘人。师计然之策，商隐江湖，任人趋时，取什一之利以自给。生平不设机智、仰利巧以网利。乡人有以窭急求济其门，具贷券，欣然出金周之，却其券而不受。贷者疑惑不解，他说："嘻！与其将来毁券，不如不收券更好。"信义之声翕然播于州间。

黄启高 1709~1787。书商。字云锦，号延古。清歙县虬村人。少贫，初务农，空暇时贩书。稍发迹，设铺雇工刻书画，跻身刻书雕版业。刻书甚多，有乾隆三十五年（1770年）本《黄山志》等。广蓄古籍，曾在歙县徽城镇设"延古楼"从事校勘补正。

黄诏 1508~1548。商人。字伯宣，号凤山。明歙县竦塘人。祖文茂，父永源，家世殷饶。初永源公没有儿子，乃大肆施舍，家道稍弛。黄诏20岁即携资远游淮泗齐鲁间，不畏劳苦，先业复振。接人怡愉，义理是非，确守不易，人咸服其断。

黄明芳 生卒年不详。商人。字仲高，号双泉居士。明歙县竦塘人。13岁，生母汪氏卒，哀慕如成人。时父亲仕政公以雄资贸易，在吴越齐鲁间赫赫有名。17岁，负四方之志，辅助父亲经营江湖，往来南北，心计之妙，素号老成者有所不及。能辟基拓产光前之业，盛冠乡里。好接斯文之士，当时名士如沈石田、王太宰、唐子畏（伯虎）、文徵明、祝允明（枝山）辈皆纳交无间。问政公六旬，子畏辈皆亲洒翰为贺。同邑潘希周官东山，最慎许可，而对明芳却独所加厚。中岁因无子，且以父亲在堂遂不事远出，优游林泉，以所居有双井之胜，自号双泉。嘉靖元年，任政公以寿终，哀毁如礼。办完丧事，忽然生病，终于不治而逝。

黄侃 生卒年不详。商人。清休宁人。生平卓荦，在扬州业盐。曾条陈淮南北盐策利弊，盐运使称善。居家收族建祠，置义社、义冢、义田。其他如黉宫、白岳、仓庾、道路诸役，侃悉捐款参与。曾输粟佐国，奉诏树立"褒义"牌坊。

黄金印 生卒年不详。商人。字函五。清休宁居安人，寄籍浙江。行贾濡须（今属安徽无为）。顺治十六年（1659年）海盗犯境告警，金印倾家捐款，以佐军需。

黄承志 生卒年不详。商人。字秋槎。清休宁人。虽经商却喜吟咏，时为人所嘲笑，侨寓黄溪廿年而诗成。所居有妙月轩，与洪朴为莫逆之交。既老，洪朴序其稿,携归刊刻行世。

黄美渭 生卒年不详。商人。字兴周。清黟县黄村人。捐官五品衔。长年经商,性好施与,邻里匮乏,有求必给,不能偿者,辄焚券且不居其名。幼时,父为盐、典商,家颇饶裕。有戚汪某贷公款颇巨,请渭父作担保,经咸丰战乱,汪某已贫极,根本无法偿还公款。美渭念此信用所关,谋于兄弟代还之,其轻财好义如此。

黄振甲 生卒年不详。木商。号春谷。清婺源潢川人。自少运木毗陵(今江苏常州)。咸丰、同治年间兵燹后,业木者资本多丧失殆尽。振甲检积券数千两尽举焚之。当地所设安徽会馆、施棺所、养济院、育婴堂及汪子双池书局,振甲皆曾输金资助,以襄义举。

黄莹 1499~1555。盐商。字元洁,号云泉。明歙县竦塘人,侨居扬州。出身于业盐世家。幼有至性,庄重寡言,及长,沉虑善断,于繁剧事务中不略动声色。两淮称为首商,或呼云泉公。莹幼习儒,通大义,其读《史记·货殖列传》至计然之言曰:"知斗则修备,时用则知物,二者形则百货之情可得而观已。"又曰:"论其有余不足,则知贵贱。贵上极则反贱,贱下极则反贵。贵出如粪土,贱收如珠玉。"又见猗顿以盐业起富,遂用计然之策,静观盈缩大较,揣摩低昂。其经画盐务,则存大体,谨出入,明会计,时低昂,不屑屑竞锥刀,终成巨富。性喜交游,好施与,乐与缙绅文士交往,故多愿与其缔交。尝遇饥年,族之贫困者多求贷,愿出息。莹悯然曰:"吾恨不能悉周也,何必谈什么利息呢。"故里人多蒙其惠。

黄豹 1486~1545。盐商。字用韬。明歙县竦塘人。少时辞父游贾,起初游荆襄南楚,数年后未能致富,乃聚资经营于淮南。淮南为东楚都会之地,鱼盐之饶。黄豹杜绝机诈,一为廉贾。久之,一年给,二年足,三年大获,终成大贾。富好行德,见海滨灶丁有饥寒者,无室以蔽风雨,失时不婚嫁者,罹患难而逋官课者,施以周济,唯恐落后,海滨之人感戴之不啻父母。

黄家珣 生卒年不详。商人。字蓝孕。明末清初歙县潭渡人。性孝友,重义气,平居好读书,知古今大略,以干材见称于时。少习制举业,后同伯兄家佩贾于扬州,经营盐业。伯兄为人刚正,好义任侠,而先生事之诚谨,兄弟友爱无间言。潭渡宗祠,族人经营五六十年未能建成,家珣力赞伯兄,首捐银千两为之倡,而祠因之得成。新安俗多客游,久之落籍他县,而乡里役粮长期无人交纳,旅居外地商人往往视乡井为畏途不敢归。先生又捐金千,置义田完公税,族之游子乃敢归省坟墓。而宗族贫不能读书者,亦取义田余羡给之,岁有常数,得以完成学业而成名者甚众。其笃本支、敦宗谊,多此类。顺治初期,严海禁,族子有被诬者,却误逮先生去,先生也不辩解,竟为族子洗白其诬

而归。国家财赋一半依赖东南,两淮盐课岁征银200万两,事最重大。当御史之初莅事也,数百盐商晋见,御史必访问兴革所宜,盐商辄条疏画一以进,御史采而施行之。以前御史巡按都是这样,今虽沿袭以往,而盐商率慑于威,噤不敢言。即言,亦言不中要害。而家珣善于审时度务,有不便于盐商者,必力请诸当局,往复开陈,援据明切,当局谓先生持论公直,往往采纳。盐政凡有不平,亦必依靠家珣上诉当局平之。三藩之乱时,销盐受到极大阻碍,御史疏请盐税获免,而好事者欲补行之,公私引课将大壅。家珣率领同仁,冒暑渡江,力言于制府,事始以寝。诸场运河干涸,当局决定雇工疏浚,盐商出银,计有数十万两。家珣认为如此盐商不堪重负。旧制,事有大不便者,商得赴京自陈。当时恰逢康熙南巡,家珣率先赴行在拜章陈诉,竟面奉谕旨如所请。家珣负有才略勇于任事,受到众盐商的拥戴。享年73岁。

黄谊 1499~1560。商人。字宜之,号东泉。明歙县潭渡人。贾于闽、鲁,由于能够勤俭节约,精心筹划,果敢行事,颇以奇胜。后辗转奔波于温州、杭州及汴州、扬州等都会之区,业盐与放贷并举,择人而任之,利更加倍,厚积而速成,同侪莫之或及。

黄焉学 生卒年不详。商人。字识堂。清休宁古林人。家贫,商于江汉。乾隆六十年(1795年)捐资重建古林桥,改名为"蔚林桥"。又倡立培元会以恤孤苦,先后捐银2 000余两。侨居汉口时,修复三元殿改为"海阳(休宁古称)公所",居病者,寄旅榇,施惠于旅汉同乡。

黄崇敬 1471~1524。盐商。字用礼,号竹窗,别号竹山。崇德弟,明歙县竦塘人。弃儒从贾,初游齐鲁燕赵之间,既而止淮扬,效猗顿氏经营盐业。能择人而任时,取与有义,不效世俗沾沾然竞锥刀微末利,义入而俭出,资大饶裕。常曰:"积而能散,礼经明训。"时时输粟赈匮,自里闬至客邸,多有需被。有年大饥荒,人且相食,有人携子来卖,崇德询知其无他出,问道:"你卖掉他,谁做你的后人?"鬻者泣曰:"姑且顾不到这些,活一天算一天了。"崇敬给其值而还其子。崇敬襟怀冲淡,远避名势,佩服老子"深藏若虚,盛德若愚"之训,乃铲迹销声,高尚寡欲。生平不喜诒媚逢迎,事当利害,侃侃而论。而周穷恤匮,慕义如渴,至老不倦。

黄崇德 1469~1537。盐商。字用仁,号金竺山人。明歙县竦塘人。初有志举子业,父文裳谓之曰:"象山(陆九渊之号)之学以治生为先。"崇德体喻父意,乃携资商于齐东。齐带山海,沃壤千里。崇德商于其间,知人善任,勤俭节约,一年中获利十分之一,已而升倍之,遂为大贾。于是修猗顿业,治盐淮海,治生之策,一如在齐东,乃集资累巨万。崇德尝谓:"经商有术,猗顿师于陶朱,陶朱师于计然。贪贾昧昧然,罔识贵贱上极下极之原,数致贫困,亦可羞

也。其善治生，不惟任时，且惟择地。淮海为都会之地，鱼盐之饶，于是携资于淮海。惟任人趋时，正道自牧，居商无商商之心，不效贪贾锱铢必较，然资日饶而富甲里中。崇德致富后折节为俭，不以富故矜夸，而是津津行德施于州间，泽及乡党。又好贤礼士，遇贤士挥金不靳，有李白散金之风。与弟崇敬极相友爱，人比之于元方、季方。时人评论曰："若公者，非但廉贾，其实商名儒行哉！"

黄铨 ❶1519~1553。商人。字子公，为人朗澈无私，如明镜止水，自号鉴塘人，亦称鉴塘翁。明歙县竦塘人。早年丧父，商游吴门，终致富饶。好行其德。❷1527~1612。刻工。字子衡，号东洲。明歙县虬村人。曾刻嘉靖本《世忠程氏泰塘宗谱》《十万程氏会谱》《皇明名医经济录》《东川刘文简公集》《程端明公洛水集》。

黄朝美 生卒年不详。商人。字苠臣。明末清初歙县人。幼读书，知大义，性质朴厚重。弃儒经商公平交易，自江淮以达湘汉间，得以丰衣美食孝养父母。母亲96岁卒，时朝美已64岁，犹举身掷地作孺子泣，人以为纯孝。貌清古，语爽直，遇事善断，见义乐为，不受官爵，"以为惟仁人则荣"。

黄鼎瑞 生卒年不详。书商。字辑五。清歙县虬村人。在歙县城开设古香书店，集藏书画、刻书画与出售三位一体。

黄鉴 生卒年不详。盐商。字国明。应麟子，明歙县竦塘人。治猗顿蓰业，商游通泰，耳闻目睹诸贾设智巧、仰机利，他说：这些人以卑鄙的手段取富，只顾眼前利益，不计长远利益。大商人能够这样吗？要成为大商人，应该"种德"。德就是人品。国明与父亲互相以大贾励志，好气任侠，富而好礼。视诸贾人琐琐者多不屑。曾有一魁侠雕悍前来寻衅，国明瞋目叱之曰："蠢尔海夷，不知新安有黄国明耶！"其人缩踏而退，从此待诸贾人小心低首，不敢作雕悍态。诸贾人德之，拜国明为商纲（总商）。

黄锜 ?~1553。商人。字良和，号节斋。豹长子，明歙县竦塘人。弃儒从贾，始游吴会（今浙江绍兴），生意欣欣向盛，乃去淮扬业盐。生平以刚直自许，面折不能容人过，生平无玩好，唯喜读书史。与人谈古今事，亹亹不倦。教育其子有志四方，立身扬名以显父母。

黄嘉惠 生卒年不详。书商。明休宁人。平生喜读文史、嗜古籍，爱好刻书。以校刻文史、戏曲类图书而闻名当时。曾刊刻《史记》130卷，同时刻有南朝宋裴《史记集解》和唐代司马贞的《史记索隐》、张守节的《史记正义》等。另辑刻苏轼、黄庭坚撰《苏黄风流小品》6种16卷，《列女传》16卷，均配有插图。

黄奭 生卒年不详。辑佚家。字右原。清歙县人，寄籍扬州。祖父黄筠（字个园），曾为两淮总商，嗜学好儒，家富藏书。黄奭早年就学于江藩，辑名家《尔雅》古注为《尔雅音义》8卷，从此致力于辑佚。江藩去世后的10余年中，专心汉学，先辑东汉郑玄著作14种为《高密遗书》；续辑唐以前古逸书280余种、233卷为《汉学堂丛书》。所辑刊书还有《知不足斋丛书》215种、215卷及《清颂堂丛书》8种、62卷。黄奭编刊有《黄氏佚书考》，对所收逸书一一注明出处，校勘精审，读者称便。

黄镛 生卒年不详。商人。字时振，号松涧。明歙县潭渡孝行里人。少习举子业，既而弃儒经商，游贾闽越齐鲁30余年，十一取赢，资大丰裕。虽业商，但晓天人盈虚之数、进退存亡之道。年近花甲，幡然归里，将产业悉付其子，嘱曰："尔曹当励志，毋替先业。"

萧南金 生卒年不详。商人。字德斋。清歙县人。幼随父营商杭州，后移家桐乡青镇立业。乾隆五十年（1785年）大旱，支河汉港皆涸，田地荒芜。德斋捐资倡募，发起赈灾，救活灾民无数。嘉庆九年（1804年）水灾，又出资设厂施粥，子萧潇助资襄理其事。里人咸称颂其父子盛德，事迹载之府志、县志。

曹子光 生卒年不详。商人。行名耀灿。民国时期绩溪伏岭人。少家贫，随村人谋职上海，于积庆楼学艺。后至南京，获同乡携助，合股设远光饭店；数年后又设大罗天菜馆。抗战伊始，村人生计窘迫，村童失学日众，乃投资接办私立新华小学，公推为校长。独资支付教师年薪，供给伙食，修建校舍，添置设备。

曹元恒 生卒年不详。商人。字智涵，号沧州，晚遭世变，取兰薰雪白之意，自号兰雪老人。清歙县人。清初先世迁苏州。从曾祖起世代业医。元恒承累世医学，继续从医。究极精微，黎明而起，深宵而息，箴育起废，倍极劳瘁。有所入悉奉亲，无一毫私。

曹止斋 1898~1934。实业家。名照，以字行。清末民国时期休宁屯溪（今属屯溪区）人。民国二十年（1931年），独资创办屯溪电灯厂和屯溪达聪电话公司，架设屯溪至休宁、上溪口、阳湖及歙县四条电话线路，解决城市照明和商民通讯。曾被推举为屯溪商会主席。因不阿附权贵和劣绅，36岁时被诬告以"私通红军、阻建碉堡、贩卖红丸"等罪状，惨遭杀害。

曹圣臣 1615~1689。墨商。原名孺昌，字昌言、苠庵，号素功，以号行世。明末清初歙县岩寺（今属徽州区）人。自幼酷好收藏名家墨品，收藏同镇程大约（君房）墨品为多。入清后曾追求功名，顺治十二年（1655年）考取秀才，五年后以明经成贡生，后曾授布政使衔。因无实职，渐心灰意冷，于是返乡以制墨为业，墨庄名为"艺粟斋"，最初借用名家吴叔大的墨模，后墨品精良，声播远近。能传程大约、方于鲁制墨之法，与歙县汪节庵，绩溪汪近圣、胡开文并称"清代制墨四大家"。谚称"天下之墨推徽州,徽州之墨推曹氏"。康熙二十三年(1684年),康熙皇帝南巡江宁,曹素功进呈《黄山图》集锦墨36锭、《白岳图》集锦墨10锭,蒙赐额"紫玉光",一时投赠诗文极多,集为《墨林》2卷。曹氏所制天琛、文露、笔花、岱云、漱金、非烟、兰烟、紫英、紫玉光、千秋光、苍龙珠、大国香、香玉珏、寥天一、薇露浣、豹囊丛赏等18种名墨盛行于世。辑有《鉴古斋墨薮》等。子维高,应诏入京,制墨称旨,名声大振。乾隆四年(1739年)起,分为三支,各自独立经营,并至苏州设店。咸丰中期,八世孙云崖将墨庄由苏州迁至上海,并开分店于福州。曹氏制墨世家历14代,绵延300余年。

曹其瑞 生卒年不详。商人。号庸斋。清末民国时期绩溪岭北旺川人。家境贫困,经人介绍在休宁胡子卿笔墨文具店学徒。三年满师后,始则向店家批发一批徽墨、湖笔,孤身只影,在四川境内,走村串户,沿门出售。苦干数年,百般节约,历尽艰辛,积起一些资金,并娶一川女为妻。在光绪年间,回到武昌杂院坡,开设"曹庸斋号"小店,经售徽墨、湖笔及文具用品等。薄利多销,老幼无欺,很得顾客欢迎。儿继发外出联系文教和政府机关等,定点推销,送货上门。生意越做越兴旺,终于积下一笔相当可观的资金。为拓大营业范围,其瑞便将小店名号改为"师竹友梅馆",除继续经营上述业务外,还经营苏裱对联、字画、寿屏、扇面、册页等等。为树立信誉,打开销路,不惜重金,聘请国内第一流裱匠名技师,精心裱褙,并采用优等绫绸镶边。一时声誉鹊起,赢得书画界广泛重视。辛亥革命后,市面渐呈萧条,其瑞年老力衰,难任繁剧,即将店业移交长子曹继发负责。继发苦心孤诣,殚精竭虑,力谋改进与发展,馆内分设印刷、裱画两个作坊,加强管理,精研技术,职工30余人,团结协作,视馆为家。又在汉口前花楼开设师竹友梅馆分馆,聘曹子九为经理。在经销产品方面,徽墨、湖笔,选择用料良好的厂家进货,进行加工出售。另外还选用特种原料,独家配方自制"八宝印泥"一种,颜色鲜艳,历久不褪,深得书画家喜爱。民国五年(1916年),继发为拓展该馆业务,扩大社会影响,又联系一批有名书画家,成立书画研究社,其中有汪子久、杨寿泉、吴保恒、杨乙父、史久望等等,湖北省督军萧耀南、省长夏寿康,也为该书画社为创始人之一,名流学者,荟萃一堂,极一时之盛。后继发又把眼光瞄准茶叶市场,师竹友梅馆业务不再发展,抽出一大部分资金,在武昌狮山口开设"瑞馨太"茶叶店总店,聘曹太和为经理,经过数年苦心经营,获利甚厚,便又先后在武昌长街开设"谦顺和"茶叶店,聘沈瑞堂为经理,汉口前龙花楼观(关)帝庙开设"瑞馨太老号",聘汪龙廷为经理,汉口前花楼龙家巷口,开设"瑞馨太西号",聘曹渭泉为经理;汉口胜利街开设"瑞馨太北号",聘汪鸣之为经理,一时分店林立,几乎垄断武汉三镇茶叶市场。对各店经理,采取会议方式,集思广益,讨论制定制度,严格执行。明确规定各分店年终销售额,凡超额者另发奖金,对有特殊贡献者,予以重奖。随着经济积累的雄厚,社会地位不断提高,又在武昌滨溪门外田家庵,购下荒丘百余亩,雇工建起瑞馨太花园一幢,规模宏大,气象雄伟,假山水池,楼台亭榭,奇花异草,四季常青,成为一处别有天地人间乐园。每年春秋雨季,武汉三镇达官贵人,名流学者,时有游园盛会,为武汉三镇一大景观。时继发胞弟曹胜之、胞妹曹诚英,均先后自费赴美留学。归国后,曾在花园里,多次接待外宾来访、参观。

曹定远 生卒年不详。墨商。字西侯,号班亭。圣臣长孙,清歙县岩寺(今属徽州区)人。监生。曾与弟霖远至顺天府乡试,未取;旋入国子监。后因父永锡去世,回乡承袭父业,经营"艺粟斋"40余年,以制作贡墨出名。

曹显应 1475~1558。商人。一名文,字武应,号锦里。明绩溪旺川人。父富积,任徽州府税吏,秉公办事,清正廉明,深孚众望。显应于歙县城北开设万年米行,从旌德、南陵、泾县收购稻谷运至旺川,用水碓加工成大米。时旺川、昆溪两岸15座水碓有13座是专为显应加工米面,每年可加工150余万千克稻谷和50余万千克麦子。一般多由妇女加工,不要工钱,只要米糠麦麸,用来喂猪。显应将米面运往歙县万年粮行销售,并转销浙江淳安、开化等地。重商德,守信誉,生意兴隆,经久不衰,以此致富。子永祚、永辅承父业,并相继在歙县深渡、街口,浙江淳安城关、威平镇和昌化等地设分号。显应父子济困扶危,乐于助人。大学士许国为诸生时家贫,显应"设肆郡城,乐善好施,尝助其膏火",许国金榜题名身居高位后,显应已逝多年,仍与其子交往甚笃。徽州府城北万年桥,显应曾独资建九石墩,并认捐完成桥面,桥上原立有碑刻,有"左歙州绩北曹万年兴建"等字样,故桥名"万年",寓意曹氏万年粮行资助兴建。显应父子还独资铺设从旌德至绩溪临溪石板路、七都文济石桥、八都龙须坑石桥等,又在故里建义仓,置学田,建良心书屋,资助村民中贫寒子弟就学。

曹美东 1865~1936。茧行业主。行名诚棋,字嗣球。清末民国时期绩溪旺川人。清末廪生,民国初为县参议员。民国十二年(1923年)任职县农会副会长、县苗圃督办,翻印沈浩渠《蚕桑说》免费散发,推广栽桑养蚕技术。民国十五年(1926年)招股集资,开设集成茧行,自任经理。翚岭10千米山道失修,倡行捐募,督修两年,拓宽路面,上下岭道铺成石阶。

曹崧 生卒年不详。商人。字理章。清婺源清源人。经商治生,兄二,家中人口多,父命分家。事亲恪恭子职,居丧竭诚尽礼。50岁后家稍裕,鄱阳石门街创建徽州会馆,崧捐银千余两。买桑园以为义冢,村右东山岭半有废亭所,崧独力维新。生平质朴谦和,与物无忤。

曹景宸 生卒年不详。盐商。清歙县雄村人。自祖父以来,业盐于扬州,成为巨富。与兄景廷尊祖好义,创建统宗祠,重教兴学,建竹山书院。并在休宁购置义田30余万平方米,以助族中寡妇和族子乡、会试费用,修丰隆岭7.5千米石面路,颇多善举。子文埴官户部尚书,长孙振镛官大学士、军机大臣。次孙锁承祖业,在扬州业盐,淮北人多赖之。

曹敦甫 1893~1959。商人。近现代屯溪人。13岁,到屯溪曹万隆南货店学徒。清宣统三年(1911年)和胞兄合股在屯溪还淳巷内开设"曹新盛南货店",贩来南通土布,去山区向农民换取箬叶等山货土产,运往杭州出售,获利颇丰。民国十八年(1929年),朱老五其人火烧屯溪之后,敦甫在屯溪上街当铺巷口新建店面,随即代销美孚洋行煤油,又经营矿烛、桐油。曾于歙县朱家村增建仓库,在歙县城和黟县渔亭建分销处,经销美孚洋行鹰牌煤油,在徽州年销煤油7 000大桶以上。还曾在祁门高岭脚设庄收购桐子,运往渔亭油榨加工,组织桐油出口,连续数年,均赚大钱。民国二十三年(1934年)还独资在屯溪黎阳设永华芬茶号,经营屯绿外销业务。尔后又与孙友樵合资开设怡新祥茶号,年产销数千担,为抗日战争后屯溪最大的茶号。此外,在上海还投资"大有赉"织布厂(即合营后的国棉十一厂),还开设"九华茶庄",建立基业。民国三十八年(1949年)四月,国民党刘汝明部溃逃经屯溪,纵火烧河街,敦甫的"有利"煤油公司仓库遭毁,"有利"从此消失,而此时的曹敦甫已寓居上海。

康达 1877~1946。实业家。字特璋。清末民国时期祁门人。幼聪颖,先后肄业于县学、书院与北京通艺学堂。清光绪二十五年(1899年)拔贡第一,授内阁中书。潜心新学,主张改革弊政。戊戌变法失败后被贬景德镇监制御瓷。光绪三十年(1904年)至日本学习陶瓷工业管理,加入同盟会。回国后,在上海协助于右任创办《神州日报》。旋回景德镇"会集各业,讨论商学",确立"改正行规,调息纷难""研究陶业,改良制造"之宗旨。又以徽帮代表会同都帮会首陈昌(仲西)、杂帮会首吴简廷(瑶笙),于宣统元年(1909年)成立景德镇商务总会,为首任总理。在任极力推行民主议事制度,协调三大帮关系,推行陶瓷改良,开拓瓷器外销,缓解劳资矛盾。后在瑞澂、张謇协助下,从直隶、湖北、江苏、安徽、江西筹资四十万元,兴办官商合资的江西瓷业公司,制造高级细瓷,为议董会总理。辛亥革命中,参与林森、吴铁城领导的九江战役,被委派为饶州知府,兼节制赣北各属巡防事宜。民国元年(1912年)以南方代表身份,参加"南北议和"。民国二年(1913年),在黄兴幕下参与讨伐袁世凯的斗争。由于战务纷繁,眼疾复发,致双目失明。因之又回景德镇,先后任交通部顾问、甘肃省政治咨议、国务院咨议、安徽省长名誉顾问,往返于景德镇、九江、祁门之间。其间,创办了国内第一所陶业职业学校——中国陶业学堂,宗旨是:"养成明白学理,精进技术人才,以改良陶业。"此校于民国四年(1915年)改称"江西省立甲种工业学校"。民国十年(1921年),曾捐资倡修景德镇名胜龙珠阁。晚年基本上在祁门故里佛龛前度过。民国三十五年(1946年)80岁寿辰时曾自撰一联:"革命精神,维新头脑;英雄肝胆,菩萨心肠。"同年病故于景德镇。

章正浩 生卒年不详。商人。字养然。清绩溪人。太学生。太平天国起时,正浩年刚幼冲,备曾艰苦。承平后,即往衢州贸易,以信义著闻,基业日隆,家道渐裕。

章必芳 生卒年不详。商人。字实甫。清绩溪人。弃儒服贾于浙江,经营筹划,亿则屡中。

章必焕 生卒年不详。商人。字斗南。清绩溪人。壮年随父经商,往来吴越间,以诚信见重于时。父年迈归养后,受聘为休宁朱姓者业盐策,历30余年,运筹帷幄,醇实朴诚,名著两浙。嗣是绩之业盐者以斗南为鼻祖。族叔道源始创盐业,知其熟谙盐务,亦重任委之。同行不能作梗抬价,斗南功居多。

章必鉴 生卒年不详。商人。字衡若。清绩溪人。先在宛陵(今安徽宣城)贸易,精于筹算,有大志,不甘为人后,后到兰溪游埠镇创立万泰基业,以贻子孙,家道所由兴也。

章传仁 生卒年不详。商人。一名公德,字行五。清绩溪人。太学生。性纯朴,乐易近人。家故贫,初耕种以养父母,后偕兄弟兴贩米粮于宛陵(今安徽宣城)。判断少误,不到10年,遂起其家致富。

章志乾 生卒年不详。商人。字象成。清绩溪人。少偕其父奔走姑苏,家计稍裕。父老家居,乃借旧址营运(贩茶),业益恢拓。后命二弟撑持家政,与三弟同事京师,积10余年,运茶北上,始大构彝德堂新居。瘗暴骨,治道路,轸恤孤贫,挥金勿惜。

章定春 生卒年不详。商人。字应茂。绩溪磡头人。幼极贫,为人饲牛。稍长,商于浙江孝丰,家稍裕,不居积贮,修本村路及胡乐司路各数百米,于大河口观音庵捐资助茶,复置田为永久计。遇邑中善举,无不倾囊乐输。荒年,施粥倍于常……凡穷者及无人祭祀者,治钱、米、纸箔之惠者尤多。享年82岁。

章健德 1773~1815。商人。字镇州。清绩溪人。少孤露,伯兄复早世,弱冠偕仲叔二兄贾于宣城。性沉毅,持身俭约,有义举辄踊跃从事。兄慷慨有大略,节驵会(是以说合买卖交易以便从中取利的中介人),贵出贱取,居数年,遂以起家。弟兄三人相继以资为国子监生。

章祥华 1884~1920。商人。字忠恕,号贯之。清末民国时期绩溪湖村人。武汉徽菜馆业创始人。出身于小商家庭,13岁在淳安航头镇杂货店学徒,16岁至上海"第一春徽菜馆"学艺。清光绪三十一年(1905年)偕章正权赴汉口,集资开设"华义园"徽菜

*章祥华旧居

馆；次年又开设"醉白楼"。后陆续在汉口开办置有红木大理石桌椅、银制与象牙餐具的高级徽菜馆八家，自任总经理，名播三镇，与京、津、川馆相颉颃。武昌起义前，资助同盟会员；起义期间组织商团，维护社会秩序，保卫市面安全。曾办家塾课读子女，免费附读贫家子弟。民国九年（1920年）初，出巨资为湖村观音会引进游艺节目"大花船"和花台布景。是年回乡做观音会"斋官"时操劳过度，返汉口后不久逝世。长子兴汉、次子兴旗成长后相继主持店业，并在武昌新设华东大酒楼。

章绪毓 1712~1775。商人。字子英。清绩溪人。早年丧父，既亡叔伯，终鲜兄弟，伶仃孤苦，唯母氏是依。天资英毅，卓然不群。读书即晓通大义。因家世清贫，又早孤露，以故不及于学。甫弱冠，师端木，法计然，贸易徽浙，持筹屡中，不十数年遂起其家。后以资为国子监生。

章策 1792~1841。商人。字灿然，号简斋。清绩溪镇头人。20岁，随父至兰溪师赵虹桥明经，习举子业。父殁后弃儒承父业学贾，家日以裕。积书至万卷，暇辄手一编，尤喜先儒语录，取其有益身心以自励，识量有大过人者。道光十二年（1832年）、道光十三年（1833年），邑频饥，偕叔父捐银1 000余两，邑令王玕以"克承世德"表其门。善草书，精音律。卒前呼儿耀庚语之曰："吾有遗恨二：吾族贫且众，欲仿古立义田、置义塾为经久计；吾乡多溺女，欲广为倡捐，俾生女者得给费以变其俗。汝无忘父志。"

董大田 生卒年不详。商人。字百谷，号中庵。清婺源人。邑庠生，善诗文。候选州司马。以父老弃儒就商，善聚善散，义声著江南北。笃于孝友，成父志建新家庙，侍母年花甲犹彩衣效舞，兄殁抚侄如子。

董邦直 生卒年不详。商人。号古鱼。清婺源人。国学生。兄弟五人俱业儒，食指日繁，遂奉父命就商30余年，奔走中仍携书盈箧。善诗工词，以文交游大江南北，稍暇即手执一书不辍。著有《停舸诗集》《小频伽词集》。唐知县、徐御史分别赠额"才优学瞻""艺苑清芬"。

董邦超 生卒年不详。木商。字亦吾。清婺源城东人。少读书，工诗词，后就木业。在南康，见一舟坏，舟中人抱桅号泣，遂购渡拯之，号泣者乃南赣兵备道郑公子。翌日府官迎去将厚酬，不受。又在河北江舟中救一米商，商言有金在坏舟内，为觅善泅者取而还之。在六合，拯救乡试者六人，赠金雇船送至金陵。享年83岁。著有《补笙堂诗》《露花词》。子桂山，青阳训导。

董昌瑗 生卒年不详。木商。字于玉。清婺源城东人。壮年游贾姑苏、江西，后买木南赣，遭水涨，漂失过半。抵苏出售，罄以还人。由是愿终养田，不复出。

韩文治 生卒年不详。商人。字心农。清黟县奇墅人。诸生，例贡，议叙同知，能竹上刻字或书，又能为双钩书，双钩书者古人碑版文字勾勒上石，又曰拓填。家本寒素，授徒应举。咸丰中游上海，遇粤人相友契，以巨资俾治茶业于徽、浙，渐富。处境既裕，修复祠宇，旷墙、辟道为义塾其右，皆独任焉。擅雕刻，能于竹上刻字或画，字刚劲有力，画形象逼真。得子晚，延师诲导，悉成一艺。

韩国仪 生卒年不详。商人。字凤翔。清黟县奇墅人。幼聪颖，师事族叔文治，极赏识之。然家贫不能读书，后随叔经营茶业。叔逝后，初为李宗煝聘请，继以九江钱业及大通盐务经理，旋入徐州兵备道沈守谦幕。光绪二十年（1894年）黄河决口，徐州附近一带水灾，道署募款委派国仪赴各处散赈，不敷数，国仪解囊助之。以劳绩奏保县丞，分发江苏试用，并赏加五品衔。捐请二代五品封典。归家后，凡遇地方公益事，亦复乐善好施。

程士爽 生卒年不详。商人。字晖堂，号清泉。清黟县桂林人。士爽少从孙某某学，因战乱罢读为商，信义昭著。性好善，且以劝人，自费刊有《欲海慈航》《性天真境》，请工书者缮之，使童蒙便于临摹。

程大功 1565~1648。盐商。字子懋。明末清初歙县槐塘人。起家盐策。缮祠睦族，筑堤卫乡。世际艰虞，输家佐国，钦授武英殿中书。

程大约 1541~？。墨商。原名士芳，字君房、幼博，号筱野，别号墨隐道人。明歙县岩寺（今属徽州区）人。工诗文，畅所欲言，不拘格律，如泛驾之马，不可范以羁勒。出身于墨工之家，以太学生官鸿胪寺序班。善制墨，沈德符《万历野获编》、邢侗《墨谭》分别誉为"墨妖""墨家董狐"。前人制墨以烧烟取胜，或以对胶见长，但烟浊则色黯易裂，胶重则积垢滞笔。唯其能兼前人沈珪漆烟制墨法、罗小华油烟制墨法之长，而独出机杼，首创烧漆取烟制墨法，刻意求精，竭桐膏之焰五石入漆，缩烟百两，在漆烟中加入金箔、珍珠、玛瑙、冰片、麝香、公丁香等原料，质地坚硬，光彩焕发，馨芬透纸，防腐防蛀。神宗称"此墨能入木三分，可谓超过漆矣"，遂名超漆烟墨。麻三衡《墨志》称其墨"坚而有光，黝而能润，舐笔不胶，入纸不晕"，故能千年不朽，百世流芳，即使最下者，亦被评为妙品。所制名墨有重光、芎泽、百子榴、青玉案、玄元灵气等。董其昌《程氏墨苑序》称："百年之后，无君房而有君房之墨；千年之后，无君房之墨而有君房之名。"万历三十三年（1605年），所辑《程氏墨苑》12卷刊行于滋兰堂，首创五色傅彩套印，为徽派版画杰出之作，郑振铎《劫中得书记》称"此国宝也，人间恐无第二本"。分玄工、舆地、人官、物华、儒藏、缁黄六类，每类分上、下2卷，共520式。图绘出于休宁县画家丁云鹏之手，精丽动人，雕镂出自歙县虬村刻工黄鏻之手，精妙绝伦。中有随利玛窦传入中国的比利时马罗坦·多·布斯铜版画《信尔涉海疑而即沉》《二徒闻实即舍空虚》《淫色秽气自遭天灭》《圣母怀抱圣婴耶稣》，明季西洋画见采于中国美术界，施之于文房用品，列之于中国载籍，则实为仅见。因与方于鲁竞胜成隙，遂后附《中山狼传》，意在诋毁方于鲁。后坐杀人罪入狱，绝食亡命。著有《幼博集》6卷、《閟中草》等。

程大宪 生卒年不详。刻书商。明万历年间歙县人。制墨名家大约（君房）弟。家设滋荪堂刻坊，刻有《程氏竹谱》《雪斋竹谱》《写竹语诀》《程氏印谱》及《汉印》诸书。

程广富 生卒年不详。商人。清婺源人。少以家贫佣于苏。旋挈二弟、三弟至苏州贸易，将廛业交弟经营，自归家就近业茶，渐至盈余。凡贫窭亲族友朋尽为提拔，有贷百金至数千金者。

程之鸿 生卒年不详。商人。字汉翔。清徽州郡城人。20岁即奉其父命到豫章（今江西南昌）经营盐业。之鸿请于父母，愿自今永守豫章之业。初娶潘氏，性贤孝，能得其父母之欢心。未几，潘氏早卒。有来议婚者，而之鸿认为以妇人之能和淑其性、以事舅姑如潘氏者，未可概望之他族，如新妇不如潘氏，是谓不孝，以致婆媳不和。况且两弟皆有子，也即己之子也，于是终身不复更娶，独居者50余年，享年79岁。

程子辅 生卒年不详。盐商。明末清初歙县褒嘉里人。无事于翰籍，乃携资往来于三吴两浙之间，携家寓松江，经营盐业。一向以管子天下可自任，凡从事盐业者无不推翁为领袖。一切会计筹算，莫不决策其胜。禀性方毅，伉直不肯容人之过，狷介不喜随俗。

程子谦 卒年不详。商人。字益仲。峻德次子，明末清初休宁率口（今属屯溪区）人。少孤，侍奉继母王氏，孝行闻于乡。因子程岳，受封朝仪大夫、户部广西清吏司主事。轻财乐善，捐资建宗祠，修族谱；设敦本会，助同宗贫困者；置文萃会，助本族子弟读书应试。筑率口上流沿溪石堤，造福桑梓乡邻。闲暇时，从史籍中摘录嘉言懿行，训导子孙。清康熙十四年（1675年），捐银300两修葺学宫明伦堂，又捐银1 000两置府县学义田。徽州府遭遇大灾，赈济稻谷60余万千克。康熙十五年（1676年）和康熙三十五年（1696年），戴时亮于明嘉靖十五年（1536年）创建的屯溪桥两次毁于洪水，均由子谦出资重修，第二次重修工程未竣，子谦卒，其子户部广西清吏司员外郎程岳续完工，花费为前次数倍。子谦还襄助建成闵口石桥。

程元利 生卒年不详。商人。字汝义。明嘉靖年间休宁人。幼颖悟，于书无所不读。尝贾于嘉定（今上海），与吴人吴仲蔚友善。仲蔚死后，元利不惜重金，将其遗稿千篇刊行于世，其笃于朋友之义多类此。王世贞为撰墓志铭。

程仁 生卒年不详。商人。明歙县人。客辽阳，有一名叫经宝的士人，系狱，当以金赎，家贫无从出，既而佣于富室，复鬻子妇于仁，券且成，程仁洞知其故，亟遣还之，焚券不取金，宝遂得输官吏免罪，又以余金赎子还。厥后，程仁孙程旦为布政使，当世宗三年，以争大礼，同丰熙等134人受廷杖，闻旗校中私语曰："谁为徽州程旦者？"旦自度无生理，谁知杖者乃曲护之，得不死，且莫解所以。旋杖者至旦邸问安，方知其为经宝孙也。

程文昂 生卒年不详。木商。号双石。清婺源香山人。业木造簰，以竹系缆，创自巧思，牢固异常，人利赖之。尝造成水口罗星（即在水口关栏中，当于门户、四面环水的突起的石墩或土墩），独挥重资，荫庇一村。邑筑城垣，捐资造瑞虹门。邑侯刘赠联文嘉奖。

程文彬 1886~1949。商人。清末民国时期黟县一都人。14岁始，至窄溪从商。20岁至兰溪县城开设程文记信托庄，专营南北山地货代购、代销。40岁后声誉鹊起，业务扩及沪、杭、赣、闽、皖、豫等省市。曾任徽州六邑旅兰同乡会理事、兰溪县商会理事兼财务股长。

程文傅 生卒年不详。盐商。字仲熙。明歙县东关人。父道中，官中书舍人，卒于京城。文傅时年仅6岁，闻讣哀号，迎柩归葬，一无失礼。家无恒产，乃赴扬州贩盐为业。母病，割股和药以进；及母卒，万念俱灰，不复为商求利。居家以济人为务，灾荒出粮赈饥，又助族人婚嫁、营葬、修建道路桥梁。80岁将卒，置酒召亲友，取债券当众焚之。诫子谦："继志莫如读书。荣名之来，听之而已。"

程文镐 1869~1940。绸缎商。清末民国时期黟县川人。家贫，初为杭州商店帮工。中年开设"德泰和"绸庄，后相继在上海、屯溪、休宁等地添设分号。生平信佛，仗义疏财，凡同乡急困相求，无不慨予周济。民国二十三年（1934年）黟大旱，遣人前往江西、山东购粮以济乡人；龙江、蜀里乡民凭牌每人日供大米，裕者按成本作价，穷户分文不取。曾在杭州莲花寺设厂施粥，以济贫困。又如修桥补路，兴建路亭，施棺木，建义仓，办义学，莫不唯义是赴。

程允兆 生卒年不详。刻书商。字天民。明歙县人。曾辑刻《天都阁藏书》25卷行世。

程双元 生卒年不详。商人。字瀛州。清婺源长径人。幼失父，家贫，经商金华。其地多同里人，每有囊空羁留，或死无殡者，双元悄然集同里人捐金，立"心义会"。凡有困乏者给之归，死后给之棺。享年80岁。县令孙赠匾额曰"行重乡间"。

程正奎 1477~1564。盐商。字时耀。明歙县临河人。始学为儒，将就业，会父（乐莘）病，受父命当户持家，弃儒而从贾，以盐策贾于吴越间。盐政之要在于盐法。诸盐场按籍坐支，如果户口逃亡，课额大减，正奎上请毋失课额。令得通融取盈，于法便。时人谓："高皇帝法，迄今数十年，安敢议纷更。"正奎笑曰："高皇帝法迄今数十百年，法穷矣，穷则变，变则通，庶可为长久计。故变法则法在，不变则法亡，是在经国者。"有司以奏请，诏从之，且令勒石盐官，著为法令。

程世杰 生卒年不详。商人。字怀邦。清婺源盘山人。由儒从商，往来吴楚，稍盈余则推以济众。尝置义田20余万平方米，立义仓，灾年行平粜；重建遗安义塾，充费以教乡族子弟，先后不下万余金。又邑建紫阳书院捐银1000两，京师创建会馆捐银300两，其他如修祠、造桥、施棺，皆勇为。诏旨建坊，旌表"乐善好施"。

程世锋 生卒年不详。商人。清歙县人。父在云南经商，遭三藩之乱，音耗断绝。世锋告庙寻访，历五年遇父于乌蒙，奉归尽养，雍正三年（1725年）获旨旌表。

程世德 生卒年不详。商人。字明友。清婺源溪头人。幼贫。成年后贸易江西，勤俭成家，见义不吝。祀厅被毁，慨输五百金襄成。族中创立文会，输租资助。其子欲为纳粟捐官邀荣，坚拒曰："无罪以当贵。"人以为有上古遗风。

程生 生卒年不详。商人。字又生。清休宁湖边（今属屯溪区）人。天性孝友，尚义乐为。创立家庙，独自捐资修筑湖边至歙县大道。冬季备棉衣济贫。替族人还债以免诉讼。乾隆十三年（1748年）举乡饮介宾，受赠"品端金玉"匾额。

程乐亭 1891~1912。商人子。名干丰。清末绩溪仁里人。家庭世代经商，先人曾设当铺三四十家于南通，资本雄厚。父松堂，叔亭东曾于光绪二十九年（1903年）集资创办仁里思诚小学堂。曾与友人程敷敏（士范）至金陵就学，旋转读上海复旦公学。遭母丧，遂得疾，享年仅22岁。乐亭在沪求学时，同乡胡适就读上海公学，相处极为友善。闻胡适欲报考清华留美官费生，苦于家贫缺乏路费赴京应试，遂转请父亲松堂，慷慨赠给胡适200银元相助，终于玉成胡适赴美留学深造。乐亭英年早逝后，胡适作《哭乐亭》诗悼念。不久程家中落，松堂谢世时，胡适送赙仪400元，以感报乐亭父子慷慨相助之情。

程永洪 1687~1754。商人。字涵度。清歙县人。行尚信义，贸易豫章（江西）数十年，又建业于浙江兰溪，置田产，增资本，家道日渐蒸蒸。

程永湘 1725~1800。商人。清歙县人。自幼随父佣耕，无力从师诵读。性直而好勤，不欲以田园终。堂兄程永洪常器之，携至江西玉山栈，习练贸易之道；后又带到浙江兰溪，荐于柳君，宾主相投得以立业40余年。后见事业日衰，唯恐负人，遂收志而归里党。身为族长，每为强暴陵抑，亦不与较。

程发嚞 生卒年不详。典当商。字东山。清婺源上溪头人。家贫,服贾崇明典业,勤谨诚信。业主临危托以孤子,发嚞尽诚保全其业且益扩其绪。在乡周济、提挈贫者百余家。

程邦本 生卒年不详。商人。清初歙县人。少以忠孝自期。家世代在浙江业盐,由于引地京口(今江苏镇江)贴近淮扬,私盐泛滥。顺治十六年(1659年),搜盐厅奉旨盘查回空粮艘,邦本为此筹划尽善,奸私莫能得逞。康熙三十九年(1700年),江南巨枭孔文泰贩私盐于两淮、两浙盐场,奉旨缉拿,最终江常镇道施朝辅将其擒获,邦本在此事上也做出重要贡献。杭州有二程夫子(程颐、程颢)祠,邦本每年捐银,使得祭祀无缺。子川,钱塘县学廪生,曾编辑朱子《五经语类》。

程邦灿 生卒年不详。商人。字启明。清婺源高砂人。兄弟五人,父每以贫不能婚教而忧。邦灿克志自树,服贾粤东,所获利尽归父母,为诸弟授室。后兄弟协力,勤于生业,家景日起。分居析产时,弟欲拨众家产与邦灿以酬其劳,坚不受。以子贵诰封奉直大夫。

程达昌 生卒年不详。商人。字希文。清歙县人,居丹徒(今属江苏镇江)经商,有典库在歙县,让其弟弟经营。歙人居京口(今属江苏镇江)无米下锅者30余家,达昌计口授粟济之,每年费粟1.2万千克。

程师达 生卒年不详。商人。字在都。清祁门柏溪人。监生。少贫,以经商致富。生平乐善好施。尝捐银300建柏溪钟秀石桥,又遗嘱其子延宜、延安铺筑通衢石路数百米,并捐银500两修《同治县志》。

程光国 ?~1800。盐商。字虚谷,号后村。清歙县人。自幼习儒,五试不举,遂弃儒从商,业盐于浙,兼营墨肆五云斋。家有枕善居,藏法书、名画甚富。乐输军饷,奉旨以主事即用。乾隆三十五年(1770年),知县张佩芳倡建问政书院,光国斥资筑于县学东侧江家坞。乾隆四十五年(1780年),乾隆南巡,恩赐御书。乾隆四十九年(1784年),乾隆第六次南巡,光国以府学庠生献赋行在,恭应召试,得赐御宴及福字。乾隆五十五年(1790年),偕棠樾鲍志道、雄村曹文埴倡复紫阳书院。独力修葺篁墩程朱阙里祠,并增置祀田以垂永久。悯里人客死江浙,归其旅榇,如后嗣力不能葬,光国购歙西潭渡高原为广阡,树碑以志。重修徽(州)青(阳)箬岭古道,以歙石易裂,溯新安江运来淳安茶园石,辛勤数十年方成。洪亮吉撰《新修箬岭记》纪其事彰其德。又倡捐建广厦10余间于歙问政山麓,以为诸生诵读肄业之所,后改称问政书院,凡紫阳书院未收之弟子,均可入问政书院,惠及士林。其他如设义学、置义冢、施棺施药、收养弃婴、赈恤孤贫、修府县两城大道、重修长庆寺塔顶等义事,不可枚举。卒后,歙人感其德,将其配祀紫阳书院卫道斋。嘉庆十年(1805年)奉旨崇祀乡贤祠。子振甲,孙洪溥。

程廷柱 1710~1781。商人。字殿臣,号理斋。清歙县人。佐父(永洪)行贾江广,父殁后,克绍箕裘,友爱诸弟。总理玉山栈事,增至田产;命二弟廷柏督任兰溪店业;命三弟廷梓坐守杭州,分销售货;命四弟廷桓往来江汉,转贩货物。主张多种经营,先后创立龙游典业、田庄与金华、兰溪盐务,以及歙邑丰口盐业,家业大饶。

程廷辉 生卒年不详。商人。清婺源人。少孤贫,与兄均赖孀母茹苦扶植。比长,营趁稍有微费,不私囊橐。后与兄业茶于粤,易岁往返,备甘旨供慈闱。

程后村 生卒年不详。墨商。名国光。清歙县人。乾隆南巡,迎銮钱塘江上。所设墨肆"五云斋",与程一卿的"佩韦斋"、程怡甫的"尺木堂"并称"程家制墨三支",称雄墨业。子振甲,设墨肆"翰云斋"。

程兆枢 生卒年不详。木商。原名兆遴,字辰中。清婺源上溪头人。15岁失怙恃,弃砚就商业木。奉长官之委航海采办材料,入河套,赴都门,由监生考授州同。归家创祠宇,助祀田,建仓库,督造水口桥梁及文昌阁。醵资集会生殖,修源头百丈冲岭并石栏杆。乾隆十九年(1754年),邑侯俞聘邑绅修志乘,公举兆枢为总理。

程守奎 生卒年不详。商人。字丽雯。清休宁兖山渠(今属屯溪区)人。康熙三十年(1691年)府学岁贡生。慷慨仗义。商游京华、吴越等地,有知交欠债数千金,出钱代偿。有好友卒于任上,馈赠其家人恒产。族中凡好学上进,皆助其成就科名,置祀产、造桥梁、疏垦浚渠、济贫解纷,尽心尽力。好诗文,有《岩溪近草》。

程守基 生卒年不详。商人。字永孚。德乾之孙,清休宁兖山渠(今属屯溪区)人。邑贡生,候选州同知,后赠征仕郎,国子监典簿加三级。好见义勇为,曾助亲族丧葬,又开义塾,延师以课子弟。又捐资重建宗祠,筑齐埚渠,疏通淤塞,灌田千亩,造福桑梓乡邻。随父程世罴商游吴楚,遇商船被抢、欠账逃债欲寻短见者,力济困厄。康熙四十七年(1708年)经商嘉定时,值吴越大水,连续两年闹饥荒,倾囊赈济饥民,活人甚众,大中丞于某褒以"功襄博济"匾额。

程志铨 1711~1768。商人。字符蘅,别号溉堂。程晋芳兄,世为歙县岑山渡人。高祖程量入自歙迁扬州,祖程文阶自扬迁淮之山阳,志铨又自淮迁于扬州继承父祖业为盐商。生而磊落明敏,遇事敢决断,性激烈,与人稍忤辄面赤气直上,目光如炬,人逡巡畏却,弗敢抗。然其事父母则柔伏如婴儿。母督子女犹严,恒因事责兄笞以百计,兄解衣受杖,未曾有怨色。曾读左氏传、太史公书,不三遍背诵一字不遗。援笔作文日五六首无艰苦态。父亲45岁目失明,志铨身理家事，外则宾友酬酢、内则米盐苟细皆井井有规划，父因而得以颐养从容。父在日，曾周济岑山贫无养者70家，寡妇保其节，孤子延其祀。父殁志铨踵而行之，20年不倦。

程时宇 生卒年不详。商人。字宏章。清婺源槎口人。康熙六十年（1721年）大饥，时宇捐重资买谷2.4万千克，减价平粜，全活者多。桥梁道路稍有颓坏，无论远近，或独力或倡捐，悉加修筑。族邻纷争，出资极力调停，不责回报。

程希道 1363~1411。木商。字仲生。元末明初徽州人。早年丧父，特达志气，好交朋友，善殖货财。尝往邻邑太平之弦歌乡置买山场，做造牌筏，得利无算。明永乐三年（1405年），因事致讼于邑，邑大夫舒公见其为人，遂令充刑曹吏典，明于法律，狱无冤因。

程应鸿 生卒年不详。木商。字志千。清婺源人。少攻举业。念父家政劳苦，弃儒就商，伐木于吴。时运木京口途多勒索，应鸿临事果敢，请于长官勒碑立禁，商旅赖之。

程序东 1873~1926。典当商。行名宗球。清末民国时期绩溪仁里人。父午桥，经商南通，设典当铺九、衣庄六，拥有浙江分水、寿昌等处大片竹山、田庄及本县祝山圩田产。序东承祖业，另在绩溪城南街设恒丰当铺，成为绩溪岭南首富。清光绪二十九年（1903年），与弟在仁里创办思诚小学堂，捐地五亩建楼，有图书室、体育室、师生宿舍，音、体、美教学器材齐备，楼前辟东、西花园，开皖南近代教育之先河。每岁冬季必制棉衣数十套济寒冻者；常备数十种中成药，施赠贫病者。在上海，曾为慈善团体捐棺千具。后值南通店业萧条、倒闭，乃变卖祝山圩田产支付各款项。

*思诚小学

程灶奎 1896~1982。徽馆业主。绩溪和阳乡人。民国二年（1913年）来屯溪公和园菜馆当学徒，民国十九年（1930年）后历任春园、石利、得利等菜馆经理，被选为屯溪镇菜面同业公会理事长。民国三十四年（1945年），在屯溪民权路独资开设富春园菜馆，任经理，规模、业务为屯溪徽馆业之冠。后任屯溪市工商联执委。从事徽馆业半个多世纪，精于烧、炒、蒸、炖、溜、烤等技艺，能烹制200余道徽菜。

程洴 1501~1577。商人。明歙县长源人。自幼丧父，稍长，母亦亡。乃叹曰："洴少孤，不能事六籍（即科举入仕）。母在，不能事四方。乃今幸席故饶，宁讵食旧德？歙岁入不足当什一，其民什三本事（务农），什七化居（经商），吾其为远游乎？"乃东出吴会，尽松江，遵海走维扬，北抵幽蓟，则以万货之情可得而观。东吴盛产棉花，则贸易棉布；维扬在天下之中，则经营盐业，徽郡瘠薄，则举行贷款。诸程聚族而从，惟公所决策。行之40年，程氏族人个个富饶，而洴"加故业数倍，甲长源"。洴以计然致富，举宗或以缓急来告，无所辞，甚者捐百金，不责其报。即使有人不还，则焚其券罢之。居常叹曰："洴故菲薄为儒，亲在，儒无及矣。藉能贾名而儒行，贾何负于儒？"以捐资拜新安卫指挥，爵万户，故亦称"万户公"。

程宏弼 生卒年不详。药商。字尧丞，别号樵云山人。清黟县人。性孝友，倜傥不群。初习儒，继奉父命改业商于浙江。后至上海，与友合开中西药房，各省分号皆其手创。为人尚义，凡遇善举公益，均捐款以倡。修葺宗祠，输资独多，并命其子立以银3 000两购祠畔隙地造"享堂"以护之。晚年徜徉诗酒，与沪上名流结社。著有《劫余吟》若干卷。

程奉直 生卒年不详。商人。字启明。明徽州人。祖士华、父廷实，均业贾。奉直经商辄能代父兄任贾事。性直好古，吴越人称其古愚先生而不名。顾持大体，策事若观火不操利权。"部使者行部时必任之以纪纲（商人领袖）之役，即诸豪贾善握算必就公受成。"

程其贤 生卒年不详。商人。字思齐。明歙县人。4岁丧父，寡母汪氏抚育四子（其贤排行老三），又值明季兵荒，家道拮据万状。其贤16岁远出服贾，往来闽越荆豫间，诚信自矢，不罔利，而业日振。

程茂梓 生卒年不详。商人。字丹彩。清婺源溪头人。家贫事贾，日渐充裕。好义。尝欲创建义仓，病未遂，因嘱其子："予一生勤劳所置薄产，足供尔辈衣食，尚存银1 600两，欲建义仓未遂，尔辈须陆续置田建仓归众，以备荒歉，必成吾志。"时二子年幼，及长，遵命奉行。

程英发 生卒年不详。商人。字千士。清休宁汊口人。长年经营粮业。积蓄银3 000余两，贩米运于宝山（今属上海）。雍正十年（1732年），宝山水灾，英发呈请县令，愿以所有给散饥民，囊橐一空。县令申报，府省官奖之以匾额。

程尚隆 生卒年不详。商人。字绪三。清黟县人。9岁丧父，事母孝。兄尚升读书，尚隆以家政自任。14岁即就贾，使兄得一意为学。久之家渐裕，母令分家析产，尚隆恻然言："兄家人口多，必合乃相济。"母鉴其诚，罢议。母殁后10年，兄子女毕婚嫁，老屋隘甚，不得已乃始分宅居。一生俭约，而黟之善举必踊跃捐资，若书院军饷义冢掩骼之类，或共为之，或独为之。债券近千金，皆焚烧不责还。虽早年发迹，却不废读书，尤精《左传》、"三史"，皆能贯串，为宋儒学辑《修齐格言》4卷。

程国远 生卒年不详。商人。清婺源渔潭人。以亲老家贫而弃儒服贾，历艰苦，家渐裕。尝偕粤人合伙贩茶，共亏金800，粤人惧不敢归，国远怜之，慨然独认。其他如修宗祠、建义仓、兴赈会、施棺木等义举，均归美于父，不自以为德。

程国明 生卒年不详。商人。字潜若。清歙县人。父仲台，在淮南业盐，因家扬州。国明幼时授书即达大义，稍长，益嗜学，文誉蔚然。因父疾作，委以家政，遂弃举子业，专意盐业，以例考授州佐。国明虽为布衣，其志与众异常，不自私己，而慨然以济人利物为务。于财物无所顾计，赈施挥千金不吝。以故诸官员皆重之，与其过从甚密。黄河旧为淮扬大患，泰州串场河势尤湍急，上官每年令商人疏浚，费以巨万计，力不支，将以误公获罪。恰逢皇帝南巡，驻跸茱萸湾，国明率众跪迎道左，恳切陈诉商困。皇帝采纳，终大减其役，商困得以复苏，而河工亦告成。不久，扬之盐商中有以盐价病民为御史所纠劾，上官查询问及数十家，众噤不敢出声。国明条具盐法事宜，恺切陈之，当局悟其冤，为据实题覆，而商人皆得不罪，事载《两淮盐法志》中。

程旻 生卒年不详。商人。宋祁门柏溪人。业贾致富。南宋绍兴年间，边境不靖，国用维艰，捐缗5万佐北征饷。高宗召见，授朝散郎。

程鸣枝 生卒年不详。商人。字得邦。清婺源石砚人。幼极贫。长后佣撑木簰，勤慎愿悫，商客倚重。后集资贩木，渐饶裕。

程金广 生卒年不详。茶商。字以成。清婺源长径人。父与亲友合伙业茶，屡折阅，微有退志。时两兄守故业，一读一耕，金广请肩父任，父许之。经营有年，资饶裕。创建宗祠，输银数千两，以成父志。其他如修桥、葺亭、施棺、济乏，亦多捐助。

程周 生卒年不详。商人。明末休宁人。贾居江西武宁乡镇，既创建昌当（铺），又营南昌之盐，创业垂统，和乐一堂。

程宗德 生卒年不详。商人。字宗远。明休宁文昌坊人。初贫，商贩养亲，后家稍裕。为人好义，聚而能散。曾捐资修造万安、富来二石桥及董干、车田、竹筱岭、古城诸路，又买河西渡舟。在冀州，备棺收葬野殍；在常州，施济饥民无数。景泰六年（1455年）徽州饥荒，输粟赈饥，民为立"尚义坊"。

程建 生卒年不详。商人。字封延。清休宁尤溪（今属屯溪区）人。康熙四十二年（1703年）山东闹饥荒，呈请捐资赈灾，在汶上救济五千余人，并给流散京都的汶上人赈粥两个月。两年后，淮南发大水，复请捐助。楚中米价上涨，又输金买谷赈济。康熙五十六年（1717年），费重金独力重造歙县西门外大桥。又捐资修箬岭路，筑邵伯堤，置义田，购石料砌江苏仪征沿河之岸。在故里修学宫、助书院、营宗祠、设义渡、施医施棺等善举，岁以为常。子大英（字仲威），康熙五十年（1711年）举人，官中书，候补主事，力学笃行，乐善好施，有父风。

程承津 生卒年不详。商人。五代宋初祁门六都善和人。曾任和州签判，后经商致富，家资以数十万计。所置田产延至池州之石埭、宣州之太平，乡人号为"十万大公"。

程承海 生卒年不详。商人。承津弟，五代宋初祁门县六都善和人。历官省干。因经商致富，人称"十万二公"。

程珏 生卒年不详。商人。字美玉。清徽州人。太学生。初家苦贫，珏服贾得赢利，即建祖庙于雍溪，祀数世祖。嗣贩米江西，道经杭州府建德县，正赶上灾年，县人沿河买米，珏即减价平粜，耗费数百金，父老皆环舟欢呼称珏德。时建德杨县令闻而义之，馈羊酒鼓乐送别，赠匾额曰"克昌厥后"。

程桎 生卒年不详。商人。号思源。明徽州人。服贾，家业大饶，积逾10倍，皆赖妻内助。子尚安弃儒服贾江湖，产业益雄。年岁大饥，出粟以济，受惠者口碑载道。

程待诏 生卒年不详。商人。字公良。清婺源盘山人。家素寒，商于吴楚，渐至饶裕。性好施。尝于芜湖置义渡、立义庵，于店坞通衢造石亭、建茶庵，又置义田，所费不下2 000两银。族中迁墓、建祠，输银3 000两。

程胜恩 生卒年不详。商人。字恒之。清初歙县褒嘉里人，侨寓于吴。见祖、父服田力穑，朝夕劳作，值凶荒饥馑荐臻，室如悬磬，叹曰："丈夫生而志四方，若终其身为田舍翁，将何日出人头地耶！"乃效白圭治生之术，弃农就贾，往来荆襄吴越间，勤昧旦，忍嗜欲，趋时观变，人弃我取，与童仆同苦乐，以生以息，不十年而家成业就，享有素封之乐。

程祖德 1382~1446。商人。又名祖关，字彦武，号诚一。维宗孙，明休宁人。自祖父以来，累世经商，家资巨万。永乐二十年（1422年），祖德以人才赴京,授唐山二尹,为政以德,民咸感之,上司旌异,保升经历。祖德叹曰:"汉有两疏(疏广与其侄疏受的合称。广为太傅,受为少傅,因年老同时主动辞官,受到人们尊重),晋有元亮,可谓大丈夫。"遂辞归。

程斑 1491~1566。商人。字良生,号兰谷。明休宁人。14岁,随舅父贾于浙江乌程。后舅氏拆资,令斑从旁设他肆,斑以乌程人皆信已,若改设他肆,将不利于舅氏,遂徙之于平湖。平湖人亦信斑,无异乌程。性嗜学,好读《易》,通星律阴阳家学。尝与客饮,或报倭寇焚贾库且尽,一座惊愕,斑从容问伤人否? 恬不为动,人服其量。虽拥雄资,然遵道守礼,不为侈靡。

程振基 1890~1940。金融家。字铸新。清末民国时期婺源人。民国初留学英国爱丁堡大学,获经济学硕士学位。民国八年(1919年)回国,任国民政府教育部秘书兼全国学术工作咨询处主任。后调任国立北京大学经济系讲师、国立北京女子高等师范学校英语部主任、西安国立西北大学教务长与代理校长等职。民国二十年(1931年)投身实业界,出任浙江农工银行杭州分行经理,兼任杭州商会会长。民国二十五年(1936年)受聘在芜湖组建安徽地方银行,任行长。抗日战争期间,针对安徽地方工业凋敝、农业遭受水旱灾害等经济落后状况,振基主持制定了"不以谋利为目的,惟谋地方经济之发展"的办行宗旨,积极投资办企业。先后投资55万元兴建芜湖米厂、油厂和纱厂;与第三战区经济委员会合资50万元,创办"皖南实业公司",内设纺织、制革、造纸、火柴四厂;投放134万元,与江西裕民银行联合举办"皖赣红茶外销"业务;每年贷给安徽茶叶公司和皖南、皖西茶商茶农200余万元等。同时,大力经营土产和物资运销生意,组织收购运销茶叶、桐油、苎麻、土丝、猪鬃等土产,使银行成为一个兼工商运输业的经济实体,为扶助地方工业、农业、农产品加工业生产和拓展土产外销等,做出了一定贡献。

程莹 1471~1533。商人。字世现,别号谷隐。明休宁率东(今属屯溪区)人。经商外地,豪放之气,播于湖海。兄弟三人,程莹最幼,而从事乎商。寓湖州之双林市,凡浙之名流达士、骚人墨客,皆纳交往来。操纵综理之周,出纳平准之宜,井井有条不紊。不舞智以笼人,不专利以取怨,公平待人,故能丰殖货利。训诸子以耕读为本。早创见山楼于方山之前坞,50岁时即谢江湖而隐于其下,以古文图书诗卷自娱。

程致和 生卒年不详。商人。明末歙县褒嘉里人。行白圭治生之学,能薄饮食,忍嗜欲,节衣服,与用事童仆同苦乐。趋时观变若猛兽鸷鸟之发。以生以息,凡20年而业振。于是转徙鸠兹(今安徽芜湖),据喉卤,大规利便,凡10年而素封。其治生,能究竟仁强智勇之守,孙吴伊尹之谋,左画圆右画方,仰有取,俯有拾,敏而给之,勤而据之。深谙不散不聚之理,周贫急难,创胜扶倾,厉廉市义。

程峻德 生卒年不详。商人。明末清初休宁率口(今属屯溪区)人。富甲乡里,轻财重义。明崇祯年间,屯溪发生饥荒,峻德出资赈济,连续数月每月支给邻里乡亲每人300文,直到秋粮收获。清顺治五年(1648年)流民骚乱,四处劫掠,峻德出重金招募壮士,率众抵御犯境流民。

程浚 1638~1704。商人。原名希洪,字葛人,号肃庵。明末清初歙县岑山渡人,仁和(今浙江杭州)商籍诸生。贾于扬州,与石涛为至交。修辑《两淮盐法制》,陈奏商情疾苦,商民感其德。清康熙十三年(1674年)八月,靖南王耿精忠在福建起兵响应吴三桂反清,令部将宋标自饶州攻入徽州,占据府城。因久闻程浚大名,相诫勿扰。清兵收复府城,将牧马西郊平畴,实则纵兵下乡杀掠,程浚急赴军营,力陈不可,被采纳。客居江西吉安时,茶陵告急,献策大中丞,依计行事,盗匪遁迹。怀才不仕,归里庐墓,筑遂初堂课子。卒后,徽州府学、歙县县学公请入祀乡贤祠。

程宰 生卒年不详。商人。明徽州人。正德初,与兄采携银数千两至辽阳经商,贩卖人参、松子、貂皮、东珠,所向失利,不数年资本耗尽。徽地风俗,商人率数年一归,其亲友宗党妻室,皆视获得多少为轻重。盈利多者,尽皆受敬趋奉,获利少者,尽皆轻薄鄙笑。宰兄弟既折本落魄,无颜归里,乃投身于辽阳某徽商店铺为掌计谋生,两人联屋而居,抑郁愤懑,殆不聊生。约10年后,于正德十年(1515年)夏,宰忽于梦中见一美人,教其经营贸易之法。时值初夏,有贩药材者,诸药均已出售,独余黄蘗、大黄,无问津者,急于脱售。美人谓宰曰:"是可居也,不久大售矣。"遂以佣值10余两买归。不久,疫疠流行,黄蘗、大黄货缺,市价暴涨,果得利银580两。又有荆州贩彩缎商,途中遇雨,彩缎生斑,日夜涕泣,难以出售。宰又得美人指点,遂以500余金,购进彩缎400余区。月余后,宁王濠宸叛于江西,朝廷急调辽兵南讨,师期紧迫,戎装旗帜,限在朝夕,帛价腾跃,宰以三倍之利售出。正德十五年(1520年)秋,有苏州商人贩布至辽阳,已售出八成,尚有6 000余匹待售,忽闻母卒,急欲奔丧,美人又谓宰曰:"是亦可居也。"时苏州商获利已厚,归计又急,遂以原价脱手,宰又千金购之。翌年三月,武宗驾崩,天下服丧,辽阳不产棉丰,布价猛增,又获利三倍。宰类此经营四五年,获利五六万两,超出原亏资本10倍,遂成巨富。

程雪卿 1878~1934。药商。清末民国时期黟县人。14岁,在屯溪同德仁药店学徒,于中药性能及药业之经营管理悉心研究,颇有心得。24岁升为经理。经营主张货畅其流,注重商业信誉,以货真价实、信乎于众为标的。所售成药均按古法炮制。后在休宁万安、黟县渔亭、祁门县城均开设分号。

程焕铨 生卒年不详。茶商。字景廷。清婺源石岭人。国学生。性孝友,家近船槽,去水甚远,母临殁谓铨曰:"吾村为七省通衢,居人行旅皆嗟水乏,汝能置枧(悬架在地面上的引水木槽)通水以济之乎?"铨承母命,外为石沟,内置瓦枧以引水,亘两三千米,费银500余两乃成。曾与兄弟业茶,亏折负债数千金,焕铨鬻己田抵偿。番禺友人张鉴,使宗人运盐2万余往海南,托焕铨管领。比至,鉴已殁,宗人欲瓜分之,焕铨力争不可,完璧而归,其子感谢。邻人有负债鬻媳者,焕铨代集会以偿,得续宗祧,义声藉甚,乡里钦重之。

程鸿弼 生卒年不详。商人。字尧丞,别号樵云山人。民国时期黟县淮渠人。家贫,性孝友,倜傥不群。初习儒,继奉父命改业商于浙江,后至上海,与友合开中西药房,各省分号林立,皆其手创。为人好学尚义,凡遇善举公益,首先捐款倡修。修葺宗祠,输资独多,并命其子立以3 000金购祠旁隙地,造享堂以护之。视侄如子,栽培不惜巨资。晚年徜徉诗酒,与沪上名流联吟结社,著有《劫余吟》若干卷,又写《樵云图》以见志,征题成轴。享年65岁。

程维宗 1332~1413。商人。字明德,号仁叟。观保长子,元末明初休宁率东(今属屯溪区)人。少年潜心于学,19岁乡试不捷,更加发愤苦学,先后师从名儒郑玉、赵汸。后弃儒业商,如有神助,家业大兴。在休宁(含屯溪)、歙县等处购置田产200余万平方米,有佃户370余家。先后在阳湖等地建知报庄、宅积庄、高远庄、尚义庄、嘉礼庄五所庄园,各庄分别承担报警、岁祀、纳税、嫁娶、赈灾等职责。他不惜重资在临溪高远庄围堰开渠1千米,引水灌田80余万平方米,四方民众皆受益,此堨被称为"程堨"。明洪武十八年(1385年),为繁荣市面,方便南来北往商客,在屯溪八家栈造店房4所47间,用于商住和囤积商货物。其纳税的税粮为休邑之冠。又在上草市祖居地建"思本阁"奉祖,阁前建铺房数楹,招人贸易,铺前修路亭5间,方便行旅憩息,暑月还免费提供茶水。

*程维宗

程琪 1592~1645。盐商。字欲琢,号养泉。明末祁门六都人。事母以孝闻。生平仗义疏财。业鹾广陵,一时徽州黟、休、祁三县食盐者皆赖之。

程琼 ❶生卒年不详。商人。明休宁人。流寓浙江湖州北门外,开铺卖饮招宿,畜骡马送行。虽居市井,轻财好义。有归安人宗定者,携银百两至湖州买丝,丝未出,复归饭于琼铺。旋雇其马下梅溪,置其银于布囊,悬于营建上,不意中途坠于地,而宗定不知。跟马童拾之,埋于路旁竹园中。宗定至梅溪,解囊不见,初不意为童拾取,乃急驰回琼铺,榜诸途曰:"得银者愿平分之。"琼视童面色可疑,遂密诱之,不伏,又威吓之,童始吐实。琼遂押童至埋银所,以银还之。宗定以其半为谢,琼坚持不受,减至20两亦不受。琼拾遗而还,不止一次,而以此次数目为多。❷生卒年不详。诗人,女。字飞仙,号安定君,一号无涯居士,亦称转华夫人。吴震生妻,清休宁率溪人。幼聪慧,博闻强识。喜为诗画,眼见董其昌书画一遍,遂能捷悟。及长,书画算弈,无不精妙。撰《杂流必读》,作为启蒙读物。尝自题所居为"选梦阁",其窗联云:"缘窗明月在,青史古人空。"于世事、诗文均别具只眼,见解独特。认为:自古以来,有有法之天下,有有情之天下;诗以无为有,以虚为实,以假为真,每出常理之外;极世间痴绝之事,形之于言。素爱花,病中尤甚。常叹:"人犹花也,才情则香也;花生香在,花死香亡。"著有《香奁集》,雍正年间刊行。

程斯懋 生卒年不详。商人。清休宁人。仁和县学庠生,事亲善养志。值父盐业中落,斯懋继承父业,艰难拮据,不敢令亲知。亲有疾必亲侍汤药,衣不解带,每祷祠愿以身代。抚弟友爱,苦心经营,所得尽公诸弟,毫无私蓄。有劝以分家析产者,斯懋涕泣不从。子孙同居四世,宗族乡党咸称有孝悌之德。

程朝宣 生卒年不详。商人。字辑侯。清歙县人。父以信有故业在安东,召朝宣代之。朝宣不善此业去而业盐,与淮北诸盐商共事,不数年推为祭酒(总商)。以才受到御史堪泰如的器重。先请盐票以疏销积压盐引,既而又请借国库银以疏浚运河,御史皆破格从之。淮北私贩横行,朝宣曰:"此捕盐兵隶表里为奸也。"请于官置之法,私贩敛迹。康熙初年,高家堰溃,死于洪水者百万家,遗民栖大树上,复为毒蛇所噬,血肉狼藉。一僧侣欲募舟拯之,苦无力。朝宣倾囊出3 000两银给僧,所全活甚众。安东岁苦河患,康熙六年(1667年)河决茆良口,朝宣捐资鸠工修筑长堤,堤成,水患平息。乡人无不感恩戴德,一致同意其入籍安东,子可入学。由此,朝宣世为安东人。子埙,官知府。

程森 生卒年不详。商人。字鹤腾。清婺源人。木商。绰有父风,支祖清明祀典废,森捐资兴复。宗族有无嗣露棺数十冢,森捐资掩埋立碑。长兄贩木负债数百,森既代为偿还,复给数百两银与其子以贸易。森久住金陵(今江苏南京),凡流落者给银助其归乡,经商负本者焚其借券。将老,又嘱其子检孤寡贫难,积债券数千两银,毁弃之。郡学博(府学官员)姚赠匾额曰"乡邦硕望"。

程量入 生卒年不详。盐商。字上慎。清歙县岑山渡人。孝友仁恕,业盐起家。曾代众控得带办倒追盐斤银140余万两,义声大振。

程鼎调 生卒年不详。商人。字梅谷。清歙县人。生而敦敏,幼研史,为文高洁,嗜算学,好读孙吴书,旁及岐黄(中医药)之学,屡试不售,于是弃儒经商,赴扬州业盐。生平笃行孝友,著有《梅谷丛谈》10卷、《习医明镜》6卷、《配命录》2卷。享年49岁。

程锁 1499~1563。商人。字时启。明休宁尤溪(今属屯溪区)人。幼从乡先达受诗,父客死淮海,锁饮泣以安母心,于是奔丧。父故资悉贷他人,那些人又窃资亡匿,程锁至分文未取到,遂徒步日行百里,扶柩归葬桃林。复奉母命往山东侦得逃亡之人,但资财已尽。又自淮海,值年荒歉,焚贷者券,无所问。仅驴一乘老枥下,货物值千钱,只得携此归奉母。乡人催债者纷至,乃卖田宅、脱簪珥,悉还之。锁患病居一室,三年不出庭户,读书不稍懈。后奉母命弃儒从贾,与族贤豪10人相约,各出300缗(1缗为1串铜钱,1 000文)作本,贾于浙江吴兴新市。锁与同伴务以节俭,隆冬不炉。久之,业渐起,俱致巨富。中年后经商江苏溧水,当地风俗是春出母钱(本钱),贷一贫户,至秋倍收子钱(利钱)。锁则居是市中,终岁不过什一(利息为十分之一),百姓称便,皆赴之。嘉靖二十二年(1543年),谷贱伤农,诸商人乘机压低谷价,而锁独以平价收购囤积。翌年,受灾民饥,锁又以常年谷价售于下户,民感其德,颂义不绝。时东南沿海倭寇祸乱猖獗,旁及徽郡,郡中原无警备,士民褴负避山谷。锁曰:"吾以岩部阻上游,寇未必至,至则境内皆倭也,何避焉。"故集合里中少年,召三老豪杰,分据形胜,编制五营,锁领中军。选一强干者为长。乃分部伍,聚粮饷,勤训练,使遵约束,以御倭寇。嘉靖三十四年(1555年),倭一股流窜淳安、歙县,略郡东而遁。旋应士大夫之召,倡率诸富室捐筑休宁县城,又捐资助工修筑溧水县城,以御倭寇。锁致富后,与弟铨平分家产,晚年归隐,奉母课子。

程敦裕 1873~1960。商人。字荷生。近现代休宁文昌坊人。少时在江西乐平源茂杂货店学徒。18岁转赴南京谋事,后与友人开设源盛染织布厂,成为南京城西染织行业大厂家之一。抗日战争爆发后返乡,被皖南行署主任戴戟聘为皖南民众总动员委员会委员,为前方抗日战士筹募寒衣,他率先解囊捐法币千元,如期征募寒衣万件。抗日战争初期,被聘为皖南日用品公营合作团经理,保障民众日常生活必需品供给,结束时盈余法币2万多元,建议用于修建屯溪黎阳桥与华山堤坝。南京安徽中学内迁阳湖、柏山寺,因条件限制,借用茶号的拣茶板当课桌,敦裕主动捐助课桌椅600套。自奉俭约,烟酒不沾,对贫苦乡亲族众,周恤备至。又曾捐2 200银元修复休宁西门峡溪大桥和北乡洽舍桥。休宁海阳小学建校舍,捐地3 000余平方米。孙绍懋,浙江大学毕业,为中国民主同盟徽州早期盟员之一,曾任隆阜中学副校长,擅诗词,著有《慰帛词初集》和《慰帛词续集》。

程善敏 生卒年不详。商人。字公叔。明末清初歙县褒嘉里人。弃儒就贾,承祖父之遗业,客廛于春谷之清江,行白圭治生之术。克勤克俭,弃取尚异,未几而家温食厚,享有素封之乐。迨清朝定鼎,家业中落,而笃志经营,老成练达,行修而品著,体方而行圆,排难解纷,立纲陈纪,秉公扶正。

程鉴 生卒年不详。商人。字镜斋。清徽州人。父程阶,曾任绍兴司马。鉴由附监生,候选州同。少孤贫,经营盐业致富。振恤寒困,赴人急不及。鉴曾冬夜就卧,忽起呜咽失声,家人问故,曰:"我重衾尚苦寒如此,彼身无絮被者,独何人哉!"晨起,遍访穷人给之棉衣被。其存心之善大多如此。子沆,字琴南,进士,官翰林庶吉士,与弟洵俱有文名。

程锡庚 生卒年不详。商人。清婺源人。于广东贷银千两回婺贩茶,一路资给难民,至饶州资将尽,遇负逋鬻妻者,犹资助慰留。

程煜 生卒年不详。商人。字丽南。清婺源溪头人。承父业贾于汉口,凡岁歉,同业有支绌者必竭力济之。群推为商务总会董。徐、淮、皖北水灾,捐巨款以济,并集乡人筹办义赈。新安会馆火毁,集旅汉同乡筹资重建。又捐千金创建安徽会馆,推为会长。

程端德 生卒年不详。商人。字午公,号鼎庵。清初休宁率口(今属屯溪区)人。性敦厚,事亲以孝闻。因父年高,候选知县到期,不忍赴任。兄弟早逝后,待侄胜过亲生,资助完成学业。有族亲远为官蓟州,家中弱妇被强人掳走,端德多方奔走赎回。对族中婚丧嫁娶、就学和生计困难者,效仿义田做法悉予济助,倡立公约,记之祠堂。至楚业商,岁饥,出资以赈,活人甚众。嗜读书,精绘事,书法遒劲,长于吟咏。著有《文山稿》《鼎庵集》。

程肇都 生卒年不详。商人。字延周,号厚庵。清歙县人。父业盐入籍钱塘。肇都承父业继续经营盐业。性至孝,父过浙江遂安,经连岭30千米,道路崎岖,极其难走,归语肇都,肇都乃捐资修砌,建亭置宇,以成父志。父母殁,既葬,每朔望必往墓祭,寒暑无间。弟开周夫妇早殁,遗孤5岁,饮食教诲无异己子,及长出己资而中分之,侄予以半,二子共分其半。谕其子曰:"非我于汝等薄也,所以慰先灵也。"

程肇基 生卒年不详。商人。字玉书。清婺源龙山人。性慷慨,喜施与。业木金陵(今江苏南京),资饶裕。亲朋来求,欲留者,任事给俸;不欲者,给钱归里。借券自数百两至一两千两,贫不能偿者,悉召其人,当面焚烧债券。至于培植根本,兴祀置田之举,指不胜屈。

程增 ?~1710。商人。字维高。清歙县人。父朝聘自歙迁淮之涟水业盐,曾归乡展墓,返回遘病而逝。不到一月,母又病殁。程增本与二弟从师受书,此后乃移家山阳，使二弟学儒，而自己弃儒业盐，家遂饶。父族母族中死而无归者，程增全部给资营葬。余皆使其定居，使有常业。设义田、义学，以养疏族人而聚教之。乡人叩门告请，未曾有难色。或急难，则以千金为之解脱。于是声名著于江淮间。康熙年间，淮黄泛溢，数百里内平民皆露处堤上。程增捐出家财修邗沟两岸极险工段5千米，总督河道张鹏翮将其事迹上呈朝廷。康熙四十四年（1705年）皇帝南巡，阅芒稻河，召见程增，御书"旌劳"二字以赐。于成龙总督两江（江南、江西）时，经常微服出行，察疑狱，求民隐。奸人因造言散布，以倾怨家。程增也被牵连进去，程增进见于成龙，直陈其弊，且指目击一二事为证。成龙悚然曰："没有听到你的话，我怎知人心玩敝到这样。"程增曾以布衣三次受到皇帝召见。长子鏊，为浙江粮道，摄布政使。

程德成 生卒年不详。商人。字谨轩。清歙县冯塘人。谋生于上海，拾得一包，内装巨额现金和汇票，坐等失主并如数归还。失主为德国人，礼和洋行经理，以重金酬谢，德成力辞不受。失主甚为感激，邀至礼和洋行工作。第一次世界大战期间，洋行经理买进大批荒地相赠。后以经营地产业起家，累资千万。当时流传，程德成占有上海"两条龙"：一条是从河南路抛球场至西藏路，另一条是从新世界至卡德路（今石门二路）一带。生性淳笃，19岁徒步归里探母，而此时太平军占据东南，余杭道梗。转徙兵革间，艰苦备尝，故立志修筑余杭大道。偶一返歙，见渔梁坝倾圮，认为关系全县水利，独力修复，又捐资重修万年桥。凡县内慈善事业，无役不与。遗命每年捐银2万两以充义举，夏施药，冬施衣，其妻吴氏克承夫志，施与尤博。子霖生自有传。

程德鸣 生卒年不详。粮商。字之先。明休宁汉川人。商游吴、越，贩运粟千余石，适其地大饥，尽以粟捐赈。

程德容 生卒年不详。商人。号仁斋。明徽州人。携薄资游贾江淮，北溯燕代，10余年成中贾，又20余年成大贾。他介绍其治生经验："贾因俗时变，不规规什一（十分之一利润），务以宽大易纤啬，而所至有天幸，辄赢。"

程德基 生卒年不详。商人。字时履。清歙县槐塘人。贾于江西，资仅中人。嘉庆三年（1798年），广信灾荒，捐资倡议平粜，全活无数，事载《广信县志》。是年秋返里，复倡捐赈济乡里饥民，发粮独多。旋复赴广信，道经开化，山洪暴发，自桃林至霞山数十千米，道路尽圮，又捐千缗鬻治。尝捐修里中大田埒桥头，开正府圳，上自大柏圹，下至牌楼下道路，热心公益，修路惠民。

程德乾 生卒年不详。商人。字元初，一字符初。明末清初休宁充山渠（今属屯溪区）人。倜傥有大志，轻财乐善。中年服贾山东安邱，遂以致富。每有饥荒，宗族里人得赈济以保全。出资兴建本族宗祠寝楼，又与从弟德棠让出自家房屋供族人公用。知府郑永春褒其"仁让维风"。明崇祯十四年（1641年）在山东安邱经商时，当地发生动乱，助司牧参谋守城之策，仗义输饷，卒赖无虞。归故里后，为免乡邻遭受流民侵扰，招募兵勇守御。清康熙十三年（1674年），福建耿精忠举兵起事，德乾出钱出物，助团练据守通衢白际岭，防御自闽来犯之敌，保境安民，输饷累千，终因劳累过度去世。

程霖生 1888~1943。房地产商。又名源铨，字龄孙。清末民国时期歙县富堨人。父谨轩，在上海经营地产，家资千万。其承父业，掌有永安公司、大新公司、江宁路、常德路口黄金地段不少地产，后继续由东向西扩展，又在徐家汇一带购买了大批地产。民国二十年（1931年）一跃而成上海滩的"地皮大王"。除房地产外，霖生还首创我国第一家味精厂，以抵制日货"味の素"。随之在天津、开封、归绥、上海等地开设卷烟厂。另开设有根泰和合粉厂、新新公司、永大金号、衡吉钱庄等。同时经营银行、证券交易，为当时上海金融财贸界举足轻重的大亨。晚年，又做黄金生意，欲操纵上海黄金市场，结果受到宋子文、孔祥熙官僚资本倾轧，加上时局不稳，地价跌落，遂破产。一生乐善好施，曾资助民国《歙县志》出版，独资栽植杭（州）徽（州）公路两旁树木，赠送发电机开办屯溪电灯公司，赞助陶行知创办南京晓庄师范、淮安新安小学和歙县王充工学团，捐修歙县渔梁坝、凤凰桥等。历任歙县旅沪同乡会会长、旅沪同乡普及歙县教育助成会主任。嗜好收藏古铜器和古书画，藏有古彝器150余件，并印有《新安程氏收藏古金铜器影印册》；珍藏石涛、八大山人及新安诸名家作品甚多，辑印《石涛题画录》5卷。

程镛 ?~1943。实业家。字律谐，晚号笠翁。清末民国时期歙县敦仁里人。清光绪年间岁贡生。与同邑许承尧、许玉田均有诗文酬唱，与国画大师黄宾虹在沪创办《沪黄报》。曾担任上海惠源银行行长，又独资开设"上海慎余钱庄"。晚年返乡，担任屯溪国术馆教练。民国二十五年（1936年）创设"敦仁国学研究社"，鼓励后进问学。

程镜宇 生卒年不详。商人。字翼安。清末民国时期歙县槐塘人。置通州石港场盐大使。值岁荒，灶民不得食，镜宇力请于两淮盐运使，得开仓放赈，并首倡义捐，办冬赈以继之。清光绪三十年（1904年），有族人名慈湖者，携眷属经商于扬州之樊汉镇，渡江坠水死，旅榇无归，遗有老母、妻子。镜宇分宅与居，并为集资归柩，且教其子，又为其女遣嫁，慈湖虽殁而一家赖以存。镜宇精研医学，著有《喉痧阐义》一书。

程敝 1802~1859。木商。字泽云。先世自歙县篁墩（今属屯溪区）迁婺源，又迁江南，占籍江宁。兄弟五人，排行第二，性孝友。叔父某早世，子幼，教养致成立，与同患难，视之如子。自奉俭约，屏珠玉，玩好弗蓄，藏书甚富。教子严，子治孙在塾，程黻日从外归，必就塾问所课乃寝。以贸迁往来苏、宁间，而宁城义济堂、施材局、收养幼孩局，水旱赈恤，防夷团练，当局以程黻笃诚，必聘其董其事。太平军占江宁，程黻遂迁苏州。清军进剿太平军，屡就程黻借木植制云梯，造浮桥，值巨万。久之，当事代去不偿，程黻亦不自言。程黻善与人交，曾谓："人或薄待我，我不可薄待人。"见义必为，江宁陷之四月，有胡某者自太平军中逃出，清军获之将置之法，程黻以百口保其无他。总兵李公德麟曰："程某正人，言必可信。"得释。

程爵 生卒年不详。木商。明休宁榆村人。嘉靖三十六年（1557年），歙县许国第五次考举人失利后在家乡太平桥跳水自尽，幸被身在水中商船上的程爵救起，并赠银两封鼓励许国再考，表示愿以重金资助先生应考成功。嘉靖四十年（1561年）秋，许国第六次参加乡试，终于考中举人。应考前，程爵特地派账房先生给许国送来银两资助。许国进入仕途后，不忘恩人。隆庆五年（1571年）秋，许国奉诏顺道出使徽州期间，特地策马去休宁榆村拜谢程爵，得知程爵儿子程梦阳虽在读书，但无名师授学，遂将松江才子董其昌推荐给程家做家塾先生。经许国向万历皇帝举荐，程爵后被晋升为光禄寺署丞，其子程梦阳为大理寺右寺正。万历皇帝还恩准许国所奏，在休宁榆村为程家御建牌楼一座，许国为牌楼题名"义佐国家"。许国去世后，程爵在榆村村口建七级浮屠"辛峰塔"一座，激励后人历经艰辛登上峰巅。此塔如今尚存。

程燮卿 1878~1934。实业家。清末民国时期黟县石村人。14岁，至屯溪同德仁药店批发货栈学徒，10年后升任经理，将店址由梧岗巷迁至老街，前店后坊，主张货畅其流，业务范围不断扩大。并效仿杭州"胡庆馀堂"经营方式，印制贵重药品介绍仿单，扩大影响，使药店声名大振。他任经理期间，还在休宁万安、黟县渔亭和祁门县城设立分号，将原来只有12名职工的小药栈发展成为上百人的大药店，誉满徽州。民国二十年（1931年），他又邀股集资3 600银元，在黟县县城创办光寰电器厂。

程璧 生卒年不详。典商。字昆玉。明末清初徽州人，侨居江阴。清顺治二年（1645年），清军围江阴，典史陈明遇、阎应元率军民固守江阴，程璧捐银3.5万两助饷。又荐徽商邱康公为将，杀伤清军500人。复奉陈典史命往太湖黄萤、福山吴志葵处召师，皆不应。程璧复尽出所储钱14万金充饷，并亲赴徽州与金声抗清军联络，至徽，金声义军已溃败。程璧复返江阴，城已陷，遂削发为僧于徐墅。

程耀庭 1885~1943。商人。又名来全、明玉。清末民国时期歙县仁里人。民国初期，在浙江杭州创办华新服装厂，后涉足房地产业、金融业。民国十八年（1929年）四月，东流县（今安徽池州）朱富润（绰号朱老五）火烧屯溪老街，殃及民房，程耀庭建简易房安置灾民。民国二十七年（1938年），创办仁里保小学，长子程瑞安任校长，教员免费食宿。参股修筑徽杭公路，为董事之一。捐资修筑歙北霞峰护岸，独资铺设仁里上观音亭至石牌岭村石板路，建山里亭。在仁里发放"十滴水"（中药）多年，救助贫病农民，毫无吝色。多次接济从事中国共产党秘密工作的柯庆施，在其奉令北上后，将其父母及妻子接往杭州供养，并予掩护。抗日战争爆发后，又带至仁里，并为其岳母、妻子善后。

程镶 1490~1568。商人。字公辅，号严泉。明休宁率东（今属屯溪区）人。商游吴越，吴越之人喜其忠信，遐迩归心。夙夜懋迁，遂获奇赢，置田拓址，雄于一乡。从本宗族中选贤者，每人出300缗创为会约，严立章程，号曰"正义"。凡直人之枉，恤人之乏，均于此取资。郡有倭寇侵扰，邑侯营城，分配筑城任务，百姓求免者众，程镶慨然分任。曾告诫子孙："吾少业儒有志未就，弃而为贾，籍籍有声，汝曹当明经修行，以善继述。"

舒大信 生卒年不详。商人。清黟县屏山人。长年在江西经商。性好善，戚党求索殡葬，力助之。乾隆十六年（1751年），地方受灾，大信买米平粜。修村口至城路。修东山道院，旁置屋10余楹，为族人读书地。县人议建书院，大信存银2 400两助之。其生平曾修造五云庵、东岳庙第三殿、广安寺、正觉堂及其他桥亭道路。又于江西施棺木、设渡船、置义冢四处掩骼、助赈等。

舒凤翔 生卒年不详。商人。字棱庭。清黟县屏山人。性伉爽好义，兄弟六人，友爱最笃。家故窘，以米业自立，逐渐致富。遇有困乏者，量予周恤。支祠气象宏伟，咸丰年间太平军在黟时，门楼被烧毁，凤翔独力缮修之。经理祀会，维持之力尤多。

舒先庚 1866~1918。商人。号法甲。清末民国时期黟县屏山人。幼丧父，家甚贫。12岁入杂货店学徒，后创设钱庄于九江，兼营土产、杂粮贸易。清宣统三年（1911年）中，以共和党人与九江革命党人林森响应武昌起义，为九江军政府财政部长。九江总商会成立，推为会长。清兵南下，势逼武昌、九江，先庚召集商民，晓以大义，使人心大定，各安所业。民国元年（1912年），孙中山应江西都督李烈钧之请，路过九江，九江总商会集全市商民欢迎。孙中山先生赞誉说："武昌起义，九江首先响应，商民积极拥护革命，使革命顺利成功，我很钦佩。"孙氏与先庚等合影留念。民国时期，独资创办裕兴织布厂，资助设立育才学校，集资开垦龙开河西低洼荒地，又建学州桥以贯通龙开河两岸。遇荒年，捐资赈济灾民。

舒怀 生卒年不详。商人。字冀仙。清黟县屏山人。附贡生。幼好学诗文律,极谨严。后迫于家计,以儒兼贾,经商有术,家渐丰裕。咸丰、同治年间兵燹,奉父避于深山,产业几尽。乱平后收拾余烬,竭力经营,顿复旧观。热心公益事业,凡修筑桥梁、掩埋枯骨诸善举,无不尽力为之。晚年手不释卷,子孙辈游庠食饩,皆庭训有方。

舒怀勋 生卒年不详。商人。字尧钦。清黟县屏山人。捐官同知衔。经商致富,见义勇为,凡遇善举莫不极力赞助。同治间独解囊修筑本村巷口道路,亲身督工。贾于江西玉山,倡议购造新安会馆,迭次兴修,输资千余金。光绪年间,遗嘱捐造徽州旅榇所。春生支祠遭兵焚毁,怀勋于光绪二年(1876年)复创祠宇,捐资甚巨。兄弟嫂侄共21口,生养死葬及侄女辈抚育择配,皆一身任之。

舒法甲 生卒年不详。商人。字先庚。清黟县屏山人。幼孤贫,习商业于江西之九江,该地为通商巨埠,法甲先营钱土业,稍积余资,自行创业。日夕勤劳,信用渐著,埠商推为商会协理,居间排解,事无不谐。嗣举为商会会长,连任数次,名誉噪于长江。50岁大寿,官场及亲友祝寿者众,移答谢之筵资洋1 000元送助华洋北直义赈会以惠灾黎,其好义如此。

舒赐 生卒年不详。商人。字笃其。清黟县屏山人。少贫,随父劳作不辞辛苦。后服贾安徽望江,父因儿女拖累积欠别人数百两银,舒赐独力经商还之。咸丰末,太平军来皖,大江南北一片战乱,舒赐在战火扰攘中经理宏大店事,苦心谋划,店赖以安。不数年,集资盈万。时股东湖州褚姓归家后,久无音问,已视店为乌有。地方人士咸劝舒赐将褚股入己,舒赐断然拒之,曰:"此他人财,予何有焉?"跋涉数百千米,亲至湖州,觅褚裔,将赢金悉授之,无毫私发,人以此赞其高义。

舒廉 生卒年不详。商人。字效曾。清黟县屏山人。监生,五品衔。孝事父母,能得其欢。初贸于浙江遂安,未能展其所长。后商于景德镇20余年,为同事所倚重,集资颇裕。生平慷慨,遇困难必拯之。有江媪者,偕子行乞,舒廉问其何不令子谋生,媪以无人提挈对,舒廉即为其谋生理,母子得免为乞。

舒殿传 生卒年不详。商人。字心印。清黟县屏山人。幼习纸业于江西之吴城,后独立经营,商界颇负盛名,获利亦厚。父春秋高,双目俱瞽,殿传奉养周至,视于无形、听于无声,宗族称孝。父八旬寿诞,独出重资,并不与兄弟计较,父殁后祭葬费亦然。兄弟六人,殿传行五,一室之中,怡怡如也。

舒遵刚 生卒年不详。商人。字济柔,号遂斋。清黟县屏山人。随父商于饶州。生财以义为利,尚节俭,聚而能散。尝谓:"诸多以狡诈求财者,则自塞其源;奢侈而滥,则竭其流。"徽人昔建"徽国文公(朱熹)书院"于饶州,岁久将圮,创首葺而新之。道光十一年(1831年),饶州大水,波及数邑,民流离载道,人多染疫;遵刚日施馈粥,暮给钱文,疾者赠以药,死者予以棺。在乡里,其恤贫乏、施药、施棺,乐施不息。父疾,驰归侍药。母60岁大寿,施棉衣200余套。事亲以孝,闻名乡间。

谢正安 1838~1910。茶商。乳名闰年,字静和。清末歙县漕溪(今属徽州区)人。祖高望,父光云,累世以植茶业茶为生。遭咸丰兵燹,家业荡尽,正安矢志重撑门户,及至同治年间,商务奋进。他亲历漕溪诸峰,选采芽叶,又躬自炒焙,历时数载,摸索出"下锅炒、焙生坯,盖有圆簸复老烘"的制茶工艺,制成形似雀舌、锋显毫露的黄山毛峰。光绪元年(1875年)首批黄山毛峰打开上海市场。后被清廷诰封奉政大夫、朝议大夫。

谢玄象 1516~1587。商人。字元复。明歙县岩镇大塘(今属徽州区)人。圆孙七世孙。有兄弟四人,他最少。15岁,大哥玄护去世。越四年,三哥玄相死,二哥玄宝主持家政。四年后,父母继丧。又过两年,二哥玄宝亡故,刚过20岁的玄象抚膺恸哭:"吾生不辰,至此极哉!自寅(指明嘉靖九年庚寅,即1530年)迄子(指嘉靖十九年庚子,即1540年)仅十季耳,丧我二亲,夺我三兄,茕茕孤寡,何以聊生,将使糊口于四方乎?骨肉流离,吾不忍也!"为谋生计,25岁的玄象"谋集家人计,历相都会",准备经商,最终相中荻港镇(今属安徽繁昌,地处长江南岸,位于芜湖与铜陵之间,北与无为隔江相望),"荻港直控大江,南通吴越,北接荆襄,古要津也"。玄象与妻方氏迎养二嫂赵氏、徐氏(大嫂程氏时已故)共综内政,玄象本人则亲自带领诸侄(二哥玄宝之子德奎,时年18岁;三哥之子德泰、德和,分别年10岁、7岁)治产积居。其经营"与时推逐,无停货无息币,不拘拘以伎俩",玄象经商,以信义为重,薄利多销。"四方之贾襁至而辐辏,计终岁出入,总若千万缗,常倍他郡。行之九,而岁息奇羡,则常不逮他贾什之三",终成巨贾。有人向他请教生意经,他说:"吾昔以徒手来兹土,钱不充囊,货不盈箧,藉区区信义,辱诸行旅,不券而相往来,乃致有此。"晚年,玄象将一切业务委于子侄,自己寻归桑梓,敦宗睦族,乐善好施,见义乐为。子德金、孙正表克承其志。

谢步梯 1885~1948。茶商。名登鳌。清末民国时期祁门板桥人。一生经营公昌、日新、日昌、同大昌、公和隆等多家红茶号。曾任祁门茶商公会会董、祁门县参议员。热心教育事业,民国二十年(1931年)捐资创办塔坊育英小学,贫家子女免费入学。民国二十七年(1938年),捐银元3 000助创私立祁阊初级中学，另捐资银元1万作为学校教学基金。

谢珲 1514~1588。商人。字铭卿。明歙县岩镇大塘（今属徽州区）人。盛孙七世孙。曾祖积荣以友让著称。祖本芳克承先志，里人称孝。父社富袭故饶，孳孳赈人急，尤惠于宗祊。尝鬻鱼盐于淮海，会岁大浸，渔人逋负，折券弃负不取而回归故里。珲少颖异，善心计。与胞兄珖合谋："父资斧既丧，如仰事何？芜湖仍襟带一都会也，舟辐辏，是可得万货之情，且支属多贾于斯。"后遂与兄偕卜廛芜江之滨。他在经营中，坚持"不饬价不腾涌，雅目然诺重""诸贾人吴、越、荆、梁、燕、豫、齐、鲁之行商者，争相其所，以故市廛连楹，阡陌连顷，殷殷垺素封矣"。他在芜湖经商赚到钱后又商于胞兄珖："芜湖可以灌输，而不可以居积。"于是，又贮息于宛陵（今安徽宣城）。他告诫诸子弟："生母钱毋以苦杂良，毋短少，收子钱毋入奇羡，毋以日计取盈。"结果归市如流。对道经芜湖的薦绅之士，谢珲咸予晋接。一次囊部使者榷政芜湖，建议招商採木，令下，诸商皆有难色，唯谢珲毅然承担转运京师，司空大夫旌其贤劳。芜湖江滨建三元庙，谢晖捐资百金为之倡。处芜湖多年，所诸宗族亲戚闾里交游，无不推心置腹，"或不能婚则助之币，或不能葬则助之木，遇道殣则属傭人瘗之予之"。族人有负宿逋，欲鬻妇以偿，谢珲闻之，出金代之偿，使夫妇获全。与胞兄共甘苦均劳逸，胞兄惟坐镇主守，而较量、乾没、升降、盈缩诸事，均由他一身任之。生元经、元纶、元纲、元纪、元继五子，除元经、元纲服儒外，余均习计然术服贾。

谢晫 1488~1541。商人。字宣仲。明歙县岩镇大塘（今属徽州区）人。盛孙七世孙，谢晽堂弟。晫父兰芳，兄昭，兄暕。原先，兄弟三人均习经生业，后父亲兰芳安排晫经商，晫由由不欲就，父亲开导他说："若薄商贾弗为耶？夫儒者什一，贾之廉者亦什一。若欲为廉贾，贾不异儒。如徒为儒贾，儒不异贾，贾何负儒哉。"从父命，晫步入商界，去宛陵（今安徽宣城）放贷。他上当父心，下俾兄、弟悉心举子业，内外家政，一切倚办。晫贾宛陵时，"其俗春出母钱贷下户，比入秋，倍收子息，不啻催科"。晫明确告诫手下人："凡吾所为贾，唯行吾德为嚮利。若欲从他郡操利权，瘠人以肥己，吾不愿为之。终岁尽，息不过什一。贫则缓其母收其子，不则子母俱缓，又不则并其券焚之。"积20年，贷者日众，负者无虑，数十百家传诵其廉。其兄昭任浙江湖州德清县令亦清廉，"归不持一物，当道啧啧称廉史"。弟暕为官京师，"亦斤斤砺行，即一介必矜，都人士啧啧称廉士"，里人称其三兄弟为"三廉"。晫在宛陵经商遭中落，迁姑苏（今江苏苏州），又渐折资，仍恬然安之。息业归里后足不践声华，口不谈货利。晫性至孝，事双亲无疏节。亲族中有来称贷者，从未以无为解，常说："吾即不能赴义如文正，终不令亲族有婺人。"居常，生活简朴，"斋用所芬华，至周困穷，即倾箧不厌"。性坦率，煦濡豁然，

无边幅，悠悠然无町畦，邻里有纷争，一言以解之，他说："吾即不能排难解梦如仲连，令千里诵羡，何至袖手令里闻有忿心。"

谢晽 1460~1523。商人。字希远。故家黄山梓木坦，北宋谏议大夫谢泌之后。南宋宝祐年间，梓木坦谢伯润入赘宋监察御史吕午（字伯可）为婿，移居岩镇大塘（今属徽州区）。伯润有圆孙、盛孙二孙，后人多巨贾，盛孙之裔尤盛。谢晽为盛孙七世孙，生而颖异，少就外傅。母病，被召回，母嘱曰："而翁世事铅椠，未谙刀锥，汝复终日咕咕，家人资斧其何倚办剡？翁息子惟当户者将谁属乎？倘天亢吾宗而将有令子矣。"谢晽遵母教，侍母病愈，便"解儒服贾，直奔吴越都会""徽人以吴越为传舍，吴越所产利用于徽，公递置遄易无停舟焉，业用骎起"。歙县南乡，有谢家两处田庄，谢晽每年去征收赋税，念佃农终岁勤苦，尽量少征，"稍遇旱涝，辄半收之"，邻庄闻其义举，率循其例，一方佃户，感恩戴德。谢晽生平守正不阿，杜人私谒，遇事敢言，权贵惮之。治家严肃，子弟咸奉约束，不敢越成规。

谢琛 1520~1559。商人。字焕卿。明歙县岩镇大塘（今属徽州区）人。盛孙七世孙。长子汝霖（字子润）贾广陵（今江苏扬州）。高曾祖而下，代有隐德，且擅素封。琛为晫长子，与弟璜，本为富翁子，天资虽高迈，自幼不事生产，性倜傥，负义气，非随俗委蛇者流，因此虽然继承父业，经商放贷权子母，赚了不少钱，但因忼慨失度，挥金如土，终未成正果，年仅40岁便惜别人间。

谢德金 1537~1594。商人。字砺卿，别号少松。明歙县岩镇大塘（今属徽州区）人。玄象独生子，圆孙七世孙。父玄象为振兴先业，偕室人方氏卜居姑孰荻港。荻港在长江中下游南岸，夹岸而居者逾万家。玄象凭一小廛"懋迁经营，货日就裕"。德金自幼随父习贾，长后替父经营，多中窾窾。一日告父曰："财犹水也，濬其源不遏其流，财斯不匮乎，愿卒大人业。"其父然之，举一廛室授之经营。他秉家政后，与诸从贾者约定"毋亏母（本钱），母倍子（利息）有，出入直（值）而不相符者，非夫也"。其指挥经营，"每旦未及启扃，行贾坐贾远贾近贾环相错集"，他"以一人待诸沓至，分拨有差，毫无舛谬，守画一也"，忙得顾不上吃饭，以至"日晡罢市，公如就食，未知其饿"。为方便行旅他不惜重资购渡船、造石桥。其业丰盛之日，频念桑梓故庐荒弛、族姓疏遗。遂将荻港一切商务交由诸姪经营，自己奉二亲回里颐养。回里后，葺先茔、造宗祠，一切规划诸务独当什之五，宗人中贫者请贷，贷之并不责其偿。卒后，时人评论曰："公貌若不胜衣，而当事未尝却步；公性若不设机，而临变未尝失策。藏智于愚，运巧以拙。"又言"计然之后有陶朱，陶朱之后有少松，非虚语也！"

谢德奎 1523~1572。商人。字光卿。明歙县岩镇大塘（今属徽州区）人。圆孙七世孙。父玄宝

为振先业,治产南陵,志未竟,40岁而卒,时德奎18岁。为重振家业,德奎随从叔父玄象经商姑孰荻港,唯叔父之命,励精克家,虽严寒酷暑,贸易勤劳,罔敢自惜。"姑孰乡例,岁当夏春之季,大户发粟若干石,出钱若干缗,听细民货之,至期倍息完纳,不敢后期。后期者捕追甚严,不啻催科。乡人虽惠之,然当急不得不尔也。"谢德奎"性好施与,故窭夫有难,具券求贷,长公贷如其券,偿者奉子母。长公未尝却其不能者。纵其续办,久不能偿,则焚其券"。明时,荻港属繁昌县。繁昌县建城隍庙和重建青山古刹,德奎均捐重资以倡。德奎营商荻港几30年,卓立可纪事多多。后欲归桑梓,不意天命之年卒于荻港。其长子正时继其业,正时字允中,生于嘉靖二十六年(1547年),先娶潜口汪氏,继配繁昌萧氏。

谢璐 1521~1584。商人。字美卿。明歙县岩镇大塘(今属徽州区)人。盛孙七世孙。起先与兄谢球踢促于民房集中区域设肆,邻肆遭遇火灾,兄弟帮助抢救,事后他说:"丈夫有志于四方,奈何踢促一廛市,此非所以修业。"遂让长兄谢球继续原地经营,自己则远贾他乡。第一步,"事昆陵,舟事吴下,业遂骎骎起"。后兄弟分家,分资他让资,授产他让产。第二步,"贾吴下(苏州),业骎昌"。在苏州积聚了资本后,他走出了第三步,即"既去淮扬,用益起"。谢璐"负义气,义不受睚",虽"沉默寡言乎,至其(盐)策便宜若指诸掌,赴人之急甚己之私,遇不平必排斥而后已",后被推为盐篋祭酒。长子鸣阳继承其业。

路文彬 1851~1932。商人。清末民国时期绩溪近坑人。上海徽菜馆创始人之一。幼年丧母,家贫,8岁在苏州面馆学徒,12岁转上海老大面铺学徒,后为厨师。30岁后于四马路开设聚乐园、聚宝园菜馆,招收伏岭、北村等地乡人为徒。民国九年(1920年)后,在上海24家主要徽菜馆投股,至抗日战争前创成一批知名徽馆。民国九年(1920年)至民国十七年(1928年),任上海徽宁会馆理事长。为人乐善好施,常为旅沪徽人及宁国府人排难解忧,深孚众望。乡里兴学办医、修桥补路、建庙造祠,均捐资为倡。

詹万榜 生卒年不详。茶商。字文贤。天佑曾祖父,清婺源庐坑人。乾隆年间贷资经商于粤,在广州西关外开设"万孚"茶号。好义,曾为人偿积欠银数千两;祖祠灾毁,率弟捐资重造;村路水冲,偕众修理;乡里贫者皆恤之。

詹元甲 生卒年不详。磁器商。清末婺源庆源人。家贫,弃儒服贾,客皖省,设磁铺。性耽典籍,工于诗。太守陈其崧才名籍甚,见元甲诗,大加叹赏,造访后见元甲质实渊雅,遂与定交。有一年闹饥荒,陈太守囊金20余万,力请元甲采办米粮,谋再三乃诺。既至其地,逆旅主人告曰:"此地买米,例有抽息,自数百两至千万两,息之数,视金之数。今君挟巨货,可得数千金,此故例,无伤廉。"元甲怫然曰:"今饥鸿载途,嗷嗷待哺,予取一钱,彼即少一勺,瘠人肥己,吾不忍为。"坚不循例抽息。元甲著有《苍崖诗草》行世。

詹元吉 生卒年不详。商人。字骏先。清婺源虹关人。经商武林(今浙江杭州)。性豪爽,凡修桥筑路,饷药积谷,无不助资。暇则间涉岐黄,且近文学。著有《孽海新书》《隽仙文稿》《西窗杂录》《医家摘要》。

詹文定 生卒年不详。商人。字君静。清婺源庆源人。监生。父命为叔后,9岁,本生父母没,自是家益困,以樵采养继母,侍疾居丧,如亲母。中年经商,家资稍裕,勇于义,堂侄增崇病故,遗腹子文定养教之,后入太学。村外有鱼山,文定捐银七八百两,建文阁以凝秀气,但其地高风急,不久成邱墟。又新造祠宇,文定有劳。荒年平粜,率以为常。

詹文锡 生卒年不详。商人。字禹功。清婺源秋溪人。生数月,父远出未归。17岁立誓寻父,经楚蜀入滇南,不遇。再往黔,于商舶中认得,遂承父业商。蜀有险滩名"惊梦",悬崖峭壁,挽舟无径。文锡积储数载,以银数千两凿山开道,舟陆皆便。官府嘉其行谊,勒石表曰"詹商岭"。

詹世鸾 生卒年不详。茶商。字鸣和。天佑祖父,清婺源庐坑人。佐父理商业,贾于粤东。关外遭回禄,茶商窘,不得归,多告贷,世鸾慷慨资助不下万金。又如立文社,置祀田,建学宫,修会馆,多挥金不惜。

詹务勇 生卒年不详。商人。字义土。清休宁流塘人。从贾吴淞间,为人好义。新安会馆欲建寝楼以祀朱熹,因地基狭隘,司其事者拟购邻屋不成。务勇命其子增价购之,捐会馆促成其事。

詹永樟 生卒年不详。商人。字树滋。清婺源秋溪人。性仁厚,才卓异。曾随父客景德镇经商,逢建徽州会馆,众推永樟廉正,领袖督工。又推举专司会馆事务。道光年间,蛟水横流,浮棺无算,永樟雇人往援,认识者助资抬归,不识者代为埋葬。又于荒洲乱石中偏搜暴骸遗骸,给棺瘗之。嗣建"中元会",展墓赈孤。在镇40余年,力行不息。

詹伍 生卒年不详。商人。清歙县人。躯干雄伟,出身于墨工世家。旅居沪上无过而问者,独洋人视为奇货,挈之游欧洲诸国,满载而归。

詹谷 生卒年不详。商人。字式诏。清婺源庐源人。国学生。性纯朴,贸易崇明,为江湾典商某所聘用。某年老归家,值太平军起东南,崇邑孤悬海外,道途梗塞近10年。谷竭力摒挡,典业仍大振。后江湾某之子至崇肆,谷将历年出入账簿交还,涓滴无私,崇邑之人咸服其公直。某子亦深感焉,詹谷临归,在其10

年薪俸外再加赠400金作为奖励，谷固辞不受，惟殷殷部署后来肆务，悉当乃归。

詹若鲁 生卒年不详。商人。字惟一。清婺源虹关人。国学生。自幼讲易水制墨法，业墨苏州，名驰京省。稍有储积，便以利济为心，夏施善药以济旅病，冬制棉衣以给孤寒，行之至老不息。遇有客死不能殓者，并为买棺以殡。性好读书，值聘者必量力时助膏火，或以考试缺资斧，与之商量者无不满足所求。为人恂恂不露圭角，行多隐德，常不喜人知。

詹尚熊 生卒年不详。商人。字遇周。清徽州人。幼失母，后经商养父。道经婺源清华镇，拾得遗金，守至第二天得其人还之，众人称德。与德兴庐源汪某贷资合贾，亏本200余两银，汪家贫，熊独罄偿资。

詹思润 生卒年不详。茶商。字庚元。清婺源秋溪人。昆弟四人，思润居长，季弟甫生，父以家贫欲出祧他族，思润力劝留，独维持生计。后业茶，资裕，益力为善，修葺祖祠，捐银300两。秋溪治河，大路重造，费约千金。立祀产、赈荒歉，善行不一而足。

詹铨 生卒年不详。布商。字春台。清婺源庆源人。家贫从商，有胆识，凡公益事均挺身自任。尝集股在江西乐平设立布行，嗣营钱业。其间倡商团、建商会，公举为会长。又捐重资倡办济老会，储金生息，岁给孤贫。在乡招股禁山，敛资兴学。

詹添麟 生卒年不详。商人。字玉书。清婺源秋溪人。国学生。幼失母，续事继母，俱得欢心。年刚8岁，父欲招仆守宗祠，捐田3 000余平方米，先以一半征求添麟意见，添麟嫌少，请加之，父悦。后嗣捐资兴祭，添麟首输洋钱百元。壮年赴广东业茶，家道饶裕。疏戚告贷，悉为周恤。里中修浚沿河要道，添麟先输银500两，劝同仁量捐襄葺。咸丰、同治年间，团练费、军需费浩大，添麟均输巨数。居心尤笃厚。曾业茶过南雄，担夫数十人，窃货以逃，添麟以地方法禁严峻，不忍鸣官究治。年逾四旬病重，检出所有债券焚之，其善行乡人赞不绝口。

詹隆梓 生卒年不详。瓷商。字怜望。清婺源庐源人。国学生。随父营昌江瓷务，尝经理新安书院，量入为出，介然不苟。道光年间，景德镇荐饥，董理捐赈事宜，长官大称其能。浮梁东、西道及本里河岸倾圮，捐资修葺成坦途。弟隆楫贾于襄垣，亦捐四百余金助造南关大路。人称"二难济美"。

詹景瑞 生卒年不详。粮商。明婺源桃源人。万历三十五年（1607年），携市米25万千克至饶州，值岁歉，尽捐赈饥，饶民勒石颂德。诏旌"尚义"。

鲍士臣 生卒年不详。商人。字汝良。清歙县棠樾人。5岁丧母，20岁丧父，贫无所依，走鄱阳，困于旅舍，为主人舂米。居无何，有客投宿天未亮离去，遗一袋银于门，士臣如厕见之，持告主人，请待客至而还之。客酬以银，不受，人由是咸叹其贤，呼之"鲍先生"。于是有人贷银给他经商，因此逐渐致富，然亦能散其财。

鲍士伟 生卒年不详。商人。字文玉。明末清初歙县棠樾人。象贤后裔，家本富饶，至其父时，遭家仆盗墓事，诉讼不休，久之，事虽得直而家业倾圮。士伟贾于外，转徙于闽粤间，贸易于东南沿海各地。海上无知书识字者，士伟善笔札，居人贾客，群依赖之。子逢已，以父先客滨海，曾千里寻父，亦投身商海。逢已子宜生、宜春，宜春子廷枚，均承家业，累世业贾。士伟弟士臣，字汝良，五岁丧母，15岁丧父，后业盐淮扬，有廉贾之称。终身以俭约自持，衣食之奉如贫困时。子逢仁、孙宜瑗，世其业，治盐策于淮扬，至曾孙志道，遂致巨万，成为淮扬盐商巨贾。

鲍立然 生卒年不详。盐商。字廷表。清歙县新馆人。弱冠之龄丧父，弃举子业，与兄业盐于杭州。里中广厦数处任族人居住，不取其值。乾隆二十七年（1762年），邻邑绩溪大旱，有民人夺富家粟，讹传为民变，太守闻信前往视察，道经立然家，立然言绩溪民风淳朴，必无反侧，请捐平粜，一邑以安。徽州府城西通衢有太平桥，延袤里许，为水冲圮，倡首重修。

鲍光甸 生卒年不详。商人。字治南。清歙县蜀源人。幼通经艺，长往扬州营盐策。性俭约而乐于济人。于族中置祠产义田，修谱牒，立家塾于田中，又设社田、治坏道、葺废桥，凡匮乏者，告必应。

鲍光祖 1460~1540。商人。字允义、克绍，号执斋、鄣山。明歙县人。喜读书，好吟咏。业米开封，以诚信为本，"勿求人知，而求天知；勿求同俗，而求同理"。临大事，决大议，屹然如山。某年大饥，官府强制米商减价，导致米商纷纷引避，民众更陷困境。光祖上两全之策，使米粱聚集中州，既为饥民解困，亦为官府解围。士大夫以此尤加敬佩，皆折节纳交。

鲍光猷 生卒年不详。商人。字立勋。清歙县蜀源人。性孝友，多才能，佐兄光甸业盐维扬，上官知其贤，凡事皆与规划。博施泛爱，里中诸凡关系到众人利益之事，悉赞其见为之。后财富增于前数倍，皆归于兄，不私其子。乾隆四十九年（1784年）南巡，赐御书"福"字。乾隆五十五年（1790年），赴京恭祝万寿，由候选布政司理问，加顶戴一级。光猷感激图报，常戴星出入，积劳致疾卒。

鲍廷玙 生卒年不详。商人。字奂若。清歙县棠樾人。商于广济县武穴镇（今湖北武穴），诚信笃实，排难解纷，人多敬服，尤乐施与。嘉庆十六年

（1811年），见徽人客殁不能归葬，日久多暴露，遂倡立归榇局，提供路费葬资，若死者亲族绝嗣或虽有而年幼，则募人归其榇，以葬资归其家；买地为义冢掩埋无主死者。又广为劝输，以垂永久。时徽州婺源县朱庆光任武（昌）黄（州）同知，赞颂不已，并捐俸以助。此后行之不废，乡人皆颂其德。

鲍廷博 1728~1814。盐商，藏书家，刻书家。字以文，号渌饮。清歙县长塘人。徙居浙江桐乡青镇（今浙江乌镇）杨树湾。先人累世业盐、冶坊，家境富饶。幼习儒，为诸生，事父以孝闻，以父思诩嗜书，乃不惜重金购书以承欢。所聚书博而精，尤喜搜罗残帙，多为海内宋元旧椠善本。以其先人尝筑室储书，取《戴记》"学然后知不足"之意言其斋曰"知不足斋"。从所藏图书中择其善者而刊刻。敬业心强，治学严谨，校书刻书，一丝不苟，不仅慎选书目，而且亲自校勘，亲作注释、题跋。每刻一书，必广借诸藏书家善本，参互校雠。尝延请史学家钱大昕、医学家魏之琇、算学家丁传、历算家李锐等为校专业典籍。乾隆三十八年（1773年），四库全书馆开馆，诏求天下散佚古籍，廷博命其子士恭以家藏精本626种进献。乾隆三十九年（1774年）得褒奖，诏还原书，《唐阙史》及《宋仁宗武经总要》皆御制诗题之，复赐内府编纂《古今图书集成》《伊犁得胜图》及《平定两金川战图》等。毕生致力于丛书辑刻，内容包括经史、算学、金石、书画、地理、书目、诗文集和学术专著等。《聊斋志异》成书后，作者蒲松龄因家贫无力刊行，乾隆三十二年（1767年）廷博刊而行之，即今36卷421篇通行本。他还延请杭州商人汪翼沧等从日本搜购到《孝经》孔传，郑注，《论语集解义疏》《全唐诗逸》等国内已失传的珍秘本辑刊于丛书之中。好古积学，垂老不倦，弥留之际，手中尚执卷未释。工于诗，生前所作《夕阳诗》20韵盛传于时，袁枚、阮元因之称其"鲍夕阳"。著有《花韵轩小稿》2卷、《花韵轩咏物诗存》1卷。自乾隆三十四年（1769年）起至道光三年（1823年）止，经祖孙三代努力，纂成《知不足斋丛书》30集，收书222种、834卷（其中后4集为子士恭、孙正言继志续成）。性宽厚，笃于戚友，有贫乏者，必周恤之。对友人中贫而好学者，每以丛书赠之。一生积蓄，几为刊书所罄。

鲍廷爵 生卒年不详。盐商，刻书家。清歙县人，居江苏常熟。父振芳业盐，喜藏古书。廷爵承父业，继续搜求古籍，因慕族人鲍廷博之为人，仿《知不足斋丛书》体例，辑刻《后知不足斋丛书》若干集行世。

鲍兆瑞 生卒年不详。商人。字辑玉，号筠庄。清歙县人。以业盐客居汉口，雅好诗咏。每于春季花时，必高会吟朋，觞歌竟日。曾买得铜雀瓦研，邀同人赋诗。兆瑞于同人中最为年高，温和真率，有长者风，每遇寒素，绝无骄吝色。

鲍均 生卒年不详。商人。字虞卿，号冶亭。鲍漱芳长子，清歙县棠樾人。自奉俭约，见义必为。凡族中祠墓修造无少吝，戚友贫寒恒周济，且为计长久，多过所望。父整修徽州府学文庙、重建忠义祠未竟而卒，鲍均继志克成，并重修尊经阁、两学署、斗山文昌祠及魁斗亭，督抚请旨建乐善好施坊，得旨恩准。又修歙县县学文庙，捐银5 000两存两淮生息以增紫阳书院膏火，为同县应乡试会试者提供路费。道光四年（1824年），安素轩刻石200余方（今存175方）告成，中有唐钩本王羲之书《兰亭序》、宋徽宗行书《兰亭序》、米芾小楷《司空谥孝恭墓志铭》、赵孟頫小楷《道德经》、苏轼行书五言诗《云暗苍龙阙》、文天祥楷书《陈情表》、文徵明楷书《老子》、祝允明小楷《四十二章经》、董其昌行书《咏史诗》等。卒年35岁，时论大惜。

鲍志桐 1817~1875。盐商。更名森，字鸣歧。清歙县棠樾人。先从同乡同宗盐商鲍凤占习盐业，旋为凤占公之子司出纳，20余年未易主，家由是渐起。后浙东改票盐，志桐力劝凤占公孙辈不可株守，应作背城计："子兄弟幸协和，并力以图，犹可转败为攻，否则坐失时机，悔无及也。"凤占公后人听从劝勉，合资营运，悉力调度，获利益厚，10年累巨万。与所丧相较，几偿10倍。闻者均谓志桐有"管鲍风"。鲍氏倡建五思堂宗祠之际，志桐为其祖及父捐田3万余平方米以衬主，并捐石旐义冢地6 000余平方米。又以远祖向无祭产，谋两派，合捐祀户田1万余平方米，轮祀始迁祖以上三代。并为其祖置祭田3 000余平方米、父2万余平方米。

鲍志道 1743~1801。盐商。谱名廷道，字诚一，号肯园。宜瑗长子，清歙县棠樾人。11岁因家道中落，弃学往鄱阳习会计。未几，转客浙江金华，继客江苏扬州栟茶，南游及楚。27岁再至扬州，佐人经营盐业。后独资为盐运商，并以"资重引多"出任两淮总商20年。在职期间，干练敏达，倡议"一舟溺，众舟助"的津贴法，受到商界推崇。志道虽巨富，但生活勤俭，重礼好义，为世人称道。在扬州铺设钞关北抵小东门石板路；建十二门义学，供贫家子弟就读。在北京建扬州会馆，为往来商旅安排食宿，存放货物。在家乡，捐银8 000两，作为补修城南紫阳书院的经费；并同曹文埴一起倡议复建古紫阳书院，独自捐银3 000两；还出资建鲍氏世孝祠，并增置祀田；捐资修筑徽州府城东河（即扬之水）水射，修造古虹桥等。

鲍汪如 1346~1422。商人。字思齐，号安素。元末明初歙县棠樾人。好读书问学，善作律诗，时出奇句，人多称颂。长于乱离中，周旋应变，才智过人。明洪武初年，有司欲举荐，以疾力辞。壮游四方，交好士大夫，声誉益著。时边陲有警，朝廷推行开中法，募民上粮易盐。携资易粮应云南军饷，凭盐引赴温州南场支盐。时海寇侵扰，禁不得行，诸商联名吁请，有司不予理会。鲍汪如独备陈商困，条奏于朝，始得放行。值南场盐数不敷，稽延三载，鲍汪如为此往返数次，而且己支之盐多被船户所窃。鲍汪如发现后，船户表示愿意赔偿，而暗中却欲加害。当盐船行至海上，船户欲凿船沉海。鲍汪如及时察觉，得以脱险，并呈告官府。官府查明真相，即勒限追赔所失，并定以谋杀罪。鲍汪如以一时难以解决，而老母在堂，不可久留，遂请有司免除罪名。船长率众致谢，再拜而去。经此劫难，不再外出经商。积谷赈灾，散财济贫。面斥怙恶，礼待贤俊。德高望重，远近咸仰。

鲍直润 1768~1852。商人。后更名绍翔，字凤占。尚志次子，清歙县新馆人。14岁，赴杭州习贾。后佐父理盐业，课贵问贱，出入无不留意，遇事必询，询必和其辞色，虽仆人亦引坐与语，以故人多亲之。市价低昂，闻者莫之或先。贸易不占小利。他认为："利者人所同欲，必使彼无所图，虽招之将不来矣。缓急无所恃，所失滋多，非善贾之道也。"人服其远见。嘉庆二十一年（1816年），谋认盐引地，先后认西安与歙，皆失利，乃谋认浙江江山，家人咸忧相谏阻，直润曰："江山口岸，众商星散，势将食淡，所谓人弃则我取，譬如逐鹿，他人角之，我踣其后，时不可失，吾意决矣。"后果如所料，业大起。尚志公晚年事皆委任直润经理。

鲍尚志 1765~1859。盐商。清歙县新馆人。初为同邑江静澜司盐务，舅氏程明远（歙县人）告曰："依人非久计，子苟欲自立，当贷子二百金任自营，弗较息也。"先往丹阳贩米，后又以东江场倪茂芝盐灶为质，改业灶署，灶曰"明泰"（寓意舅氏明远出资）。年余，稍有盈余。终以业盐起家。

鲍宜瑗 1715~1779。商人。字景玉，号竹溪。鲍象贤七世孙，鲍志道之父，清歙县棠樾人。6岁，抄录族人所辑《世孝录》，并请人讲解明了。既长，商于外，年关必归家探视父母。及父年老，不复远出。疏浚里中大母堨、得公塘、上塘，重修族祖鲍宗岩、寿孙慈孝坊及十四世祖鲍灿孝子坊，复修宋朝所建七星墩。若力所不及，辄命子鲍廷道（更名志道）、廷运助成。

鲍省吾 生卒年不详。盐商。明末歙县新馆人。与鲍柏庭同以业鹾起家。性刚正不阿，善于经营。尝置有"斐堂"，以为子孙读书之所。

鲍勋茂 生卒年不详。盐商。字树堂。志道次子，清歙县棠樾人。由举人、内阁中书历官至通政使司通政使。生平慷慨好义。尝捐淮北运本，助江南防守费。堵筑淮扬千里河堤。仿河工旧制，造混江龙铁筏子百余具，供海口浚治之用。捐银千两，为郡中紫阳书院学子增卷烛费。特立崇义堂以资诸生课读、集英堂以教贫寒子弟。扬州岁歉，设兴化县赈厂。其他如恤颐堂、普济堂诸义举，亦竭力而为。子时基（字叙眉）官贵州黔西州知州，工书兼善诗，有《和陶诗》3卷。

鲍峻 生卒年不详。商人。字清誉。清歙县新馆人。家贫好义，后业盐于浙江，家资渐裕。尝捐屯饷，设义仓，助军需，浙抚表其事于朝，迭邀恩奖。子魁，字翰宣，好施如其父。乾隆九年（1774年）洪水之后岁饥，魁捐米赈济乡里，又捐资伐石甃邑东孔道数千米成坦途，行旅称便。

鲍继登 生卒年不详。盐商。明末歙县新馆人。自少老成，与诸父合业，并以盐策起家。尝建德文堂为书塾，广延名师罗益友以训其子孙。

鲍雯 1640~1701。商人。字解占。明末清初歙县人。少敦敏，喜读书，手录六经子史大义，积数十箧。遭父丧，家中落，欲以科目自奋，而连踬于有司。独撑门户，艰辛万状。先世曾治盐策两浙间，不得已往理其业。虽混迹廛市，一以书生之道行之，一切治生家智巧机利悉屏不用，唯以诚待人，人亦不君欺，久之渐致盈余。家既饶，特亟施与，遇人之急，推解无倦色。尤厚于宗族，周恤无算。常欲置义田以禀贫者，自书《钱公辅义田记》于屏，用志不忘。

鲍简锡 生卒年不详。盐商。字无傲。清歙县新馆人。自幼聪隽敏悟，父挈之游武林（今浙江杭州），既弃举子业，专心治盐策，参佐谋划，以智能分家父之劳。既久游浙东，练达时务，平日谨厚之性，一变而为慷慨卓荦。而且结纳四方名流，缟纻往还，几无虚日。当盐业凋敝之时，公私交困，而当局犹且以简锡素有干济才，必能排难解纷，公庭召议，或寅入酉出，或漏下数刻不归。务期公帑实而商力纾。

鲍漱芳 1763~1807。盐商。原名钟芳，字席芬，一字惜分。志道长子，清歙县棠樾人。幼随父业盐扬州，动操胜算，声名日著。父殁之后，公推为两淮盐纲总商。富而不奢，豪而不吝，以义举卓著闻名朝野。嘉庆八年（1803年），在平定川、楚、陕三省叛乱中，因集众商捐输军饷有功，授盐运使衔。嘉庆十年（1805年）夏，洪泽湖水暴涨，冲垮车逻、五里等坝，灾民嗷嗷待食。漱芳集议公捐大米助赈。同年，黄河、淮河大水，漫溢邵伯镇荷花塘，漱芳倡议设粥厂赈济，并力请公捐小麦赈两月，救活灾民数十万。方议坝决堤，召众商捐柴料200万千克，以应抢险之需。黄河改由六塘河从开山归海，又集众输银300万两以佐工需。疏浚芒稻河，独捐银6万两以济工用，又捐银5 000两助浚沙河闸。清廷以其屡次捐资，从优议叙加十级。家居敦本尚义，轻财好施；修里社，筑水塘，办义学，修新岭、王干、阳溪、清水塘、丛山关等处道路，广置惠济堂义冢地，周助婚葬，累巨万无所吝。喜收藏，精鉴别，平生搜集宋元古籍、法帖、绘画、墨砚等物很多。曾精选唐宋以来书法墨迹珍品，汇编《安素轩法帖》，并延请名匠党锡龄钩摹镌刻上石。

鲍臺 1559~1628。盐商。字柏庭。世居歙东新馆。家初以贫，奉养未能生，后以业盐，家颇饶裕。公之业盐，每先事图，所得辄如预计。性慷慨，好施与。会岁歉，蠲佃者租，未尝有德色。其教子以义方，延名师购书籍不惜多金。尝曰："富而教不可缓也，徒积资财何益乎！"

潘开祥 生卒年不详。商人。字希明。清婺源和睦人。幼贫，业茶起家。孤侄负券数千金，慷然代偿。兵燹后，振兴合族文社首捐租。施棺助殓、周急济荒，难以缕述。晚际家落。

潘元达 生卒年不详。商人。清初婺源人。经商吴楚间，以信义著，至获数百息，家殷富，自奉俭约，而解衣推食，好施不倦，尝举宾筵，乡邑重之。

潘仕 生卒年不详。商人。字惟信。明歙县岩寺（今属徽州区）人。父增寿贾昌江（今江西景德镇），居陶器，南售浙江，北售銮江（今江苏仪征）。仕承父业之后，以为"三江相距各千里而遥，左右狼顾俱不相及，非策也。銮江为江淮都会，当舟车水陆之冲，其并浙江归銮江，于策便"，既又以"古之货殖者秘因天时，乘地利，务转毂，与时逐，毋击一隅"，于是遂"以策贾江淮，质剂贾建业，粟贾越，贾吴"，终获厚利，诸商皆自以为不如。

潘启权 生卒年不详。商人。字遇隆。清婺源松山人。自少端重，塾师天德甚器之。未满20岁，为养亲赴外地经商，岁必归省。后天德子居外业木，病重，召启权嘱以后事。启权走100千米，经理天德子之簿籍，得百余金并椁归其妻子。曾与戚某贷资合贾，戚揣度货无余息，欲携资以逃，启权弗从，拨原金与戚去，这样启权所亏更多。但商伙皆信任启权，假以资本，使启权日渐饶裕，悉偿其所负。

潘祖谦 1842~1924。商人。字济之，号寅生，晚号平愉老人。潘世恩孙，清末民国时期歙县大阜人，寄籍吴县。清同治十三年（1874年），以优贡生应朝考，初授教职，后改内阁中书。光绪二年（1876年），乞假养亲。光绪十二年（1886年），奉南洋通商大臣檄令办理通商事宜，后主持苏州丰备义仓、普济堂等慈善事业。光绪二十四年（1898年），任苏经丝厂、苏纶纱厂副董。光绪二十九年（1903年），与尤先甲、王同愈、吴卓丞、张月楷、彭颂田发起组织苏州商务总会，任历届会董。光绪三十一年（1905年），任典业公所议董。辛亥革命爆发后，偕尤先甲、张一麟、沈恩孚等策动苏州巡抚程德全起义，促成苏州光复。民国元年（1912年），筹设苏州女子职业中学。民国二年（1913年），任江苏省典业公会会长。民国八年（1919年），任博习医院名誉董事。次年，被选为吴县总商会特别会董。行善甚多，如协助堂兄潘祖荫募款数万两赈济畿辅水灾、筹资修治金鸡湖堤岸等，并向贫民习艺所投资5 000元。

潘膺祉 生卒年不详。墨商兼书商。明歙县人。家设如皋馆刻坊。尝刻谢肇淛《五杂俎》及李孝美《李孝美墨谱》，绘刻出于丁云鹏、吴廷羽、郑重及黄氏兄弟。

潘瓒 生卒年不详。商人。字子安，其先祖以经商自徽州至虞，遂占籍。瓒既成年，为养家乃经商，往来江淮间。劳筋骨，饿体肤，冒风露，蹈险害，所不辞也。即家居，一切仆妾皆不用。几年累获大利，瓒敝衣粝食如故然。性至孝，平生俭啬，至忍人之所不能忍。及于养生送死，慎终追远之间，尽瘁尽哀。行贾贸易多于家居时，未曾求息于人，亦能阴行善。佃农有不给者，负租欲卖其子女，瓒弗许也，已而遂蠲免之。

戴英 1878~1948。实业家。字琴泉，号珠溪老农。清末民国时期休宁隆阜（今属屯溪区）人。清末秀才，少时随父游江浙间。平生致力振兴实业，兴办新学。清光绪三十四年（1908年），创办徽州第一所农业学堂，又集资创办肥皂厂、布厂、油坊等企业，担任总经理。宣统三年（1911年），产品送南洋劝业会参展，被评为优质产品，获金质奖章一枚，银质奖章两枚。民国初，在隆阜旧居宝华堂创办隆阜小学，对先后开办的明道小学、亦政小学和省立第四女子师范学校也出力甚多。民国十三年（1924年），帮助戴绳武建隆阜东原图书馆，倡议并筹备隆阜戴氏甲祠举办戴震200周年诞辰纪念会。曾受聘为休宁县农会咨询委员，任该会杂志总编四年，撰有《兴办森林以防水旱说》《休宁农田须重用磷肥说》《改良休宁农业的意见》等文。晚年将全部实业捐助地方兴办教育，拟在隆阜戴氏荆墩祠建东原小学，事未竟而病卒。

戴尚仪 生卒年不详。商人。字凤廷。清婺源长溪人。以负贩营生，30岁始娶，稍有微积。乾隆八年（1743年）春大灾，尚仪从江西买米归，见里中嗷嗷待哺，遂倾以赈，不取值，郡邑皆赠以匾额。

戴盛宏 生卒年不详。商人。字士宽。清婺源长溪人。乾隆十六年（1751年），邻乡阻止购米，贫民难以为生，盛宏刚从江西买米归，尽散之，不取值。族不戒于火，延烧左右邻，盛宏屋亦化为灰烬，盛宏将白石坞杉木任人伐取不校。村居四面皆峻岭，宏倡捐修理成坦道，人甚德之。

戴渶 生卒年不详。商人。字伊芳。清歙县人。父亲戴为毂在浙江业艖，自歙来杭，遂居湖州。渶事亲孝，居丧三年，足不入内。兄弟共爨数十年无间言。冠婚丧祭诸礼悉宗朱子，持身接物一以诚敬。太守胡承谋将其事迹采入府志。

[十三] 徽州人物

政治军事　经济实业　科学技术　文学艺术　体育杂艺　**人文宗教**

一九和尚　生卒年不详。僧人。明绩溪十二都人。俗家居于山，其父为虎所噬，一九挥拳击中虎眼，夺父尸于虎口而归。翌日独持械往山寻虎与斗，久之，械为虎折。复还持械往，卒杀虎。观者称赞，邑侯胡民仰旌曰"孝勇"。后于石金庵为僧，清修苦行，人咸重之。

马大壮　生卒年不详。学者。字仲复。明祁门城北人。万历二十九年（1601年）恩贡。从学于南城罗汝芳，性嗜书，博学能文，筑天都馆，读书、著述其中，著有《天都载》6卷传世。其书大抵喜采异闻，间有考证，而往往务求博引，虚实欠核。

马泰　生卒年不详。学者。字枝山，号虞尊。马惠子，清祁门城东人。道光二十二年（1842年）正贡，选任儒学教谕，授儒林郎。著有《清晖堂集》。

马锡　生卒年不详。学者。字公福，号双桥。明祁门城东人。嘉靖十三年（1534年）举人，授山东长山知县。以言忤当权者，改任江西南康府教授。又推为白鹿洞书院山长，修撰洞志。性温雅蕴藉，游交甚契，时康顺之、邹守益、罗洪先讲学院中。后以南雄府通判致仕归。著有《双桥稿》。

王友直　生卒年不详。学者。字季温。元末婺源人。初师事同邑学者程文，通经术。后至歙县师山书院，为名儒郑玉充助教达六年之久。至正末，朱元璋部将邓愈入徽，郑玉因遭诬陷被逮系狱，旋自经死。友直始终伴随郑氏，未尝一日舍去。

王日老　生卒年不详。学者。字旭东。清黟县人。廪生。家贫，初受业于父，后从师朱文瀚。两荐乡试未遂，于家坐馆，门多名士。著有《梅溪文稿》。

王以宽　生卒年不详。学者。字驭和。清黟县人。道光二十三年（1843年），助邑令练兵，储谷备荒。咸丰三年（1853年），建言捐款办团练。著有《经翼典览补》《尚友录读》《同姓名录》《四六大观》《黟山志乘》《字学求古录》及札记、诗文抄等。

王玉麟　生卒年不详。隐逸。字德祥。明祁门高塘鸿人。性淳淡，不求仕进。剪茅筑室，吟诗乐道，与名士唱酬，四方学者多从其学。子素敬入京候选，携其所著《四书特讲》拟为发刊，因殁于客舍，致书稿散佚。所存有《茅庵诗序》。

王邦柱　生卒年不详。学者。字砥之。明休宁人。万历四十七年（1619年）进士，累官湖广参议。博览通经术，尤深于易学，与同邑江楠合著《易经会通》12卷。该书解经之大旨多为士子应科举而设。

王廷桂　生卒年不详。学者。字任攀。清婺源中云人。乾隆三年（1738年）举人。通天文、音律，善古文、诗词，尤精研朱熹理学，且通医。著有《春秋提要》《一鉴斋全集》《百花诗》《医学集要》等。

王守敦　生卒年不详。学者。字履信，号丈峰。清绩溪人。乾隆六年（1741年）举人。好学不倦，著有《文山文集》《四如轩稿》。

王讽　生卒年不详。学者。字大忠。明祁门城西人。嘉靖十六年（1537年）领乡试第一。嘉靖二十年（1541年）应礼部试不第，遂绝意仕进。初应聘东山书院，后任秀水县教谕。未几告归，读书于严养斋。吏部荐疏称其"圣世名儒""才堪大用"，先后授国子监博士、南京大理寺评事，均不受。著有《宗朱录》《泣斋集》《秀水集》《天民斋摘梓》。

王佐治　生卒年不详。学者。字仲甫。清末祁门箬坑人。诸生。著有《癖石山房日记》。

王作霖　生卒年不详。学者。字雨臣，号容斋。清初婺源中云人。毕生崇尚朱熹理学。先后讲学于旌德、青阳，继任丹阳学博，观察使褒为"云阳师表"。曾参与纂修邑乘。享年90岁，海阳太史程恂致诔词称"道崇郭岳"，乡里孝廉吴日藻致挽联"文章奕世留青简，理学当年续夜藜"。著有《陶陶居集》《论孟正宗》《易正宗》《毛诗正宗》《学庸阐奥》等。

王伯巨　生卒年不详。隐逸。清黟县八都珠川人。有隐德，不求闻达。年过90岁，足迹未入城市。其训子弟必以孝悌为先。

王甸青　1865~1939。教育家。字邦杰，别号石羊退叟。清末民国时期黟县西递小坞人。清光绪六年（1880年）迁居屯溪河街。曾任阳湖曹家庄账房，后受聘屯溪盐厘局文案。光绪三十二年（1906年），任休宁海阳高等小学堂（海阳书院前身）国文教员，宣统年间任休宁县参议会副议长、徽州教育联合会副会长。民国年间,先后任休宁县劝学所所长、教育局局长。曾支持沈度如以祀产在长干塝办达成小学,促成俞植三以祖产办草市小学,擢升隆阜戴广煌私塾为区立东原小学。民国十一年(1922年),倡议社会募捐集资2 000余银元,利用阳湖滩边周灵王庙开办屯航国民学校,100余船民子弟得以就近入学。民国十二年(1923年),在休宁县城创办女子高等国民小学,为隆阜女子中学提供生源。著有《石羊退叟手稿》180篇、《读书随笔》1册等。

王张显 生卒年不详。学者,字达卿。明黟县人。性温行醇,学富文瞻。教授生徒,岁百余人。曾两举修英宗、孝宗实录。

王环 生卒年不详。学者。号石农。明末清初休宁美俗门人。诸生。曾从金声游,以古文为制艺。明亡,绝意仕途,周游四方,足迹几遍海内。著有《高雪堂集》《岳初集》。

王国本 生卒年不详。学者。字学源,号癸泉。清婺源词源人。乾隆五十一年(1786年)举人,授国子监学正。学精于经传。著有《春秋三传合参》《周官注疏辑解》。

王佩兰 生卒年不详。学者。字纫以,号晋亭。清婺源清源人。乾隆三十年(1765年)拔贡,授苏州府学训导署教授、常熟教谕。教人笃行为先,论文必宗雅正。著有《易读》《学庸讲义》《松翠小苑裒文集》《晋亭诗集》等。

王炜 生卒年不详。学者。号不庵。清歙县人。祖龙山,父贯一,皆穷究理学。王炜交游甚广,常与当世之名儒硕士唱和、切磋。著有《葛中子内集》《葛中子外集》《鸿逸堂稿》。

王炎 1138~1218。学者。字晦叔,号双溪。南宋婺源武溪人。乾道五年(1169年)进士。历任鄂州崇阳主簿、潭州教授、临湘县宰、临江通判、饶州与湖州知州,授太学博士,官终军器监、中奉大夫,赐金紫,封婺源县男。与朱熹交谊颇笃。著述甚富,有《读易笔记》《孝经解》《尚书小传》《周书音训》《双溪集》《象数稽疑》《韩柳辨证》《禹贡辨》《春秋衍义》《乡饮酒礼仪》《诸经考疑》《论语解》《礼记解》《考工记》《老子解》《纪年提要》《编年通纪》《伤寒论》《资生经》等。

*王炎

王宗瑞 生卒年不详。学者。字缉卿,号约川。清婺源中云人。嘉庆九年(1804年)正贡。道光元年(1821年)举孝廉方正。工制艺及古文词,行教以朱子学规为准绳,书法亦肖朱熹。著有《耕读堂稿》《爱余文集》《四书类钞》《易录钞》《尚书类钞》《仪礼章句旁训》《补牢集》等。

王昭三 1869~1940。教育家。字子乾,号抱吟馆主人。清末民国时期绩溪汪村人。以治经传著称,又精数理。先后任教于婺源崇报学堂、歙县新安学堂、紫阳师范、黟县碧阳学堂。清宣统二年(1910年),任绩溪劝学第二学务所总董兼祝学员;次年佐父维馥创办植基两等小学堂。民国二年(1913年)熊希龄电邀赴京,襄助政务,不就。居家读书著述,编著有《地学》《矿学》《电学》《重学》《力学》《气学》《珠算速成课本》《溥通学前编》《溥通学》《前知学》《神之研究》等。

王钟麒 1880~1913。新闻工作者。字毓仁、郁仁,号无生,别号天僇。清末民国时期歙县人,寓居苏州。南社社员。清光绪三十三年(1907年),为上海《神州日报》主笔。外国人在租界创办电车,撰写社论痛骂外国人搜刮金钱,断绝人力车夫生计。外国人因此触怒,派警探捉拿,后潜至扬州避祸。宣统元年(1909年)五月返沪,为《民呼报》主笔。宣统二年(1910年)三月,为《天铎报》主笔。辛亥革命后,创办上海《独立周报》,以正论与当世商榷。善诗能文,尤擅骈文,为世称道。深究小说理论,倡导小说界革命。光绪三十三年(1907年)在《月月小说》杂志上先后发表《论小说与改良社会之关系》和《中国历代小说史论》等论文,呼应梁启超"欲新一国之民,不可不新一国小说"的主张,推崇小说的社会地位,视小说为思想启蒙的武器。他还撰有《剧场之教育》等。

王炳燮 生卒年不详。学者。原名炳,字璞臣。清末婺源漳村人。光绪二年(1876年)进士,署直隶天津知县。旋调补邯郸,荐保直隶州,以知府用。著有《国朝名臣言行录》《读朱求是》《读呻吟语记疑》《纂统考略》《近思录集注校勘记》等。

王根 生卒年不详。学者。字性涵,号樾林。清婺源中云人。嘉庆十六年(1811年)进士,授山西广灵知县。寻转归主黟、祁两县书院,黟士人赠额"春风雨",祁士人赠额"铎振东山"。学以程、朱为宗,论经重义理。著有《经解》《四书释义指掌》。

王恩浩 生卒年不详。学者。字吾养。清婺源清源人。嘉庆元年(1796年)恩贡生。好学嗜古,六经注疏考核详释。教人以行为实。著有《经史子集辑要》《学庸翼注》《读易集要》等。

王笔帜 生卒年不详。经学家。字颖先,号骥山。清婺源中云人。嘉庆六年(1801年)举人。安贫乐道,笃志经学,博考江(永)儒以来诸家典籍。著有《四书粹精》《易源》《礼经提要》《听莺轩谈艺》《思训堂文稿》等。

王家宾 生卒年不详。学者。字尧卿。明祁门城北人。幼习《书》。万历十三年（1585年）举人，授江苏盐城教谕。

王野翁 生卒年不详。学者。字太古。元婺源武溪人。隐居力学，书无不读，且必推究其本意。尤沉潜《易》说，并以己学所得汇集于书。时诏令收集山林隐逸者著述，有司献其所著易学，翰林院校勘时见书奇之。监师吴徵方著《纂言》，多采其说。休宁朱淑光评曰："王先生之学，可谓前无古人者矣！"卒祀乡贤祠。

王俌 生卒年不详。学者。字伯武，号六善居士。元婺源武溪人。师从胡炳文，博览群书。凡天文、历法、象数之详，江河、海岛、山经、地志源委，古今州郡域疆之异同，礼乐名物度数，三代汉唐历世之制度仪文，无不日夕讨论，按注札录，图像具列，折中积之。于朱熹《仪礼经传通解》分类究精，考论其端绪依次集之，旁至于阴阳、医药、百家众技莫不悉载，凡20余册，总题曰《格物篇》。休宁朱升素称其博，诫学生"凡遇有难通者，记之，将以问伯武"。著有《天象考》《坤先考》。

王鸿宾 生卒年不详。学者。字仲时，号灵源。明婺源武溪人。幼以圣贤为志，弱冠求学于程松溪、钱绪山诸师。其学大要以赤子之初机为天然之体，亦遂以赤子之初机为天然之功。著有《克己由己说》《易测》。学者称之"灵源先生"。

王寅 生卒年不详。僧人。字仲房。明歙县王村人。少有大志，通阴阳遁甲之术。北上求学于李梦阳不遇，遂入少林寺习武。后散尽家产，与戚继光同入胡宗宪幕。晚年学禅于僧古峰，自号"十岳山人"。著有《秀运集》。邑圣僧庵有其题跋刻石一方。

王朝玥 生卒年不详。学者。字丹玉，号二峰。清婺源词川人。任职繁昌县教谕，修文庙，疏学问，剔陋规，宦绩称著。在乡置义田，济贫困，赈饥荒，使无饿殍。邑令吴赠额"理学名贤"。卒祀乡贤祠，立"孝义坊"。著有《经易发蒙》《二峰文集》。

王善庆 生卒年不详。学者。字仕积。元末明初歙县城北人。其先由婺源武溪徙歙城。祖清甫，父子华，相继业儒。善庆力于学，善行书，吟诗随口而就，不事雕琢；旁通堪舆星历。喜交游儒绅间。著有《秋斋野趣稿》。

王祺 生卒年不详。学者。字乃吉，又字汶山，号栗园。清婺源大鳙人。善诗，工古文，尤精理学。尝教授于苏州、杭州，交游多贤豪，受业者亦多名士。著有《易经定解》《四书定解》《五子性理编》《求是斋集》等。

王献苍 生卒年不详。学者。字德忠。明歙县岩寺（今属徽州区）人。幼习儒，有志于圣贤之学。及长，博览群经，尤潜心于《春秋》之学。深研《左传》《穀梁传》《公羊传》，著为《论说》，于经多所发明。居家授传，以布衣终。尝闻名儒吕楠讲学金陵，遂往师之。其学以躬行为先，以经世匡时为己任。卒祀乡贤祠。

王錞 生卒年不详。学者。号笔峰。明黟县城东人。敦行不怠，见重于士大夫。有隐德，贷金于人，无力偿还者，均焚其券。尝建"荷恩堂"，与兄王钦、侄大儒各捐己田以供祭祀。著有《聚好录》《笔峰稿》等。

王毓璞 生卒年不详。学者。字伯怀。明黟县人。博学能文。著有《续广月令》2卷。

王懋赏 生卒年不详。学者。字延季。清黟县人。家境贫寒。所授生徒，多知名士。馆俸每以周恤族邻，知县李登龙深为器重。著有《林沥诗集》。

王曜南 生卒年不详。学者。字灿文，号敬斋。清婺源中云人。廪贡生。精研经学，综汉唐以来各家注疏及宋五子书，剖析异同，数十年寒暑不辍，晚复融贯百家。道光五年（1825年）参与修《婺源县志》。咸丰元年（1851年）诏举孝廉方正，辞不就，主讲于县之紫阳书院。著有《礼书条考》《乐律条考》《春秋释义》《春秋总说》《十二公时事略》《务本堂制艺》《诗经集义》《毛诗采要》《禹贡水道图释》《仪礼省要》《离骚集注》《务本堂文集》。

王曜樾 生卒年不详。学者。字仰乔，号海岩。清婺源中云人。邑庠生。潜心经史，尤精易理，且通卜占。课生重伦常，敦实行。老不辍学，光绪八年（1882年）与修县志。享年79岁，侍读学士李赠额"品学如山"。著有《易学萃精》《四书要旨》《诗经简义》《书经简义》《易经简义》《周礼简义》《礼记简义》《春秋简义》《文选旁训》《亦政堂文稿》。

无影和尚 生卒年不详。僧人。清朝人。投太平寺，常在佛殿隙地趺坐，不住僧寮，髡首跣足，寒暑无异。博通经史，士林重之，尝为邑驱虎。

戈鲲化 1838~1882。学者。字砚约，一字彦员。清末休宁人。同治二年（1863年）前后，在美国驻上海领事馆任职。2年期满，移居宁波，又在英国领事馆任职15年；其间捐有宁波候选同知衔。擅长诗歌，出版有《人寿堂诗钞》和《人寿集》。19世纪末，美国哈佛大学设中文讲座，以培养通晓中文的人才；他们经过考察找到鲲化，聘请其出任教职，讲授中国文化。按照光绪五年（1879年）五月二十六日所签合同，鲲化的教学应到光绪八年（1882年）秋结束，但在是年二月，其却因感冒而转发肺炎，经多方治疗无效病逝。

仇埰 1873~1945。教育工作者。字亮卿,号述庵。清末民国时期歙县人,寄籍江宁金沙井。为南京如社和上海午社词人,与石凌汉、孙浚源、王孝煃并称"蓼辛社四友"。清光绪年间,留学日本弘文书院,学习教育。宣统元年(1909年)拔贡,后与伍仲文等在南京创办四区模范小学。历任第一模范学堂堂长、四区模范学堂总办、宁属师范学堂学监。辛亥革命后,创办江苏省立第四师范学校,任校长达15年。后创设栖霞乡村师范分校(栖霞中学前身)及附小乡村分部。兼善书法。著有《鞠宴词》2卷。

方之庆 生卒年不详。学者。字公趾。逢龙子,明祁门城北人。通诸子百家,嗜性理语录,与弟所庆相师友。诗文秀异,络绎百篇,著有《论性同看》《史独》两集。

方凤 生卒年不详。隐逸。方储七世孙,晋新都郡始新人。与子方鸾并传方储之学,优游道秘,放旷仙踪。

方可 生卒年不详。学者。字青君。清黟县人。著有《白沙翠竹集》,沈士成序。

方用 生卒年不详。学者。明祁门城北人。弘治十七年(1504年)举人,授钱塘县教谕。典试四川,升金华府教授。

方扬 生卒年不详。学者。字思善,号初庵。明歙县人。隆庆五年(1571年)进士,授陕州知州,迁南户部郎,以受诬谪浙江嘉兴同知,署嘉善县。官至杭州知府,旋请归。博学通经史,能文工诗。著有《方初庵集》16卷传世。

方志华 生卒年不详。逸民。字文实。元祁门城西人。博览能诗文,屡荐不就。筑室楚溪,四周植竹,自号"竹庵"。著有《竹庵稿》。

方时化 生卒年不详。学者。字伯雨,号少初。明歙县罗田人。万历二十二年(1594年)举人,初任滁阳教谕,后升朝城知县。白莲教徒攻逼朝城,时化智擒其教主阎氏,事平。旋历巨野知县、四川叙府丞,分署建武。卒于任所。著有《周易颂》《易疑》《易指要绎》《易引》《学易述谈》《易通》。

方甸 生卒年不详。学者。清绩溪人。岁贡生。博极群经,尤精于《诗》。著有《毛诗志疑》2卷、《芑田集》16卷。

方启大 生卒年不详。学者。字裕昆,号广居。清歙县环山人。学渊博,通六经,以毛诗为最。撰有《孝经全书》《全孝图说》《孝传》《孝经咏旨》《真孝录》《真学录》。

方纯仁 生卒年不详。学者。字时勉。明婺源平盈人。领乡荐,授邹县教谕。为巡抚曾铣所推崇,主湖南书院。后升国子监助教,又补郧阳府同知。学务赅博,天文、兵律之说皆通。著有《原人原性编》《律吕折衷》等。

方纲 1865~1926。教育工作者。谱名志顺,字静轩,号子长,别号千丈山主人。清末民国时期歙县和溪(今方村头)人。毕生从事乡村教育,倡行教育革新,深得地方拥戴。光绪末年,创办和溪作新两等学堂,被委任为堂长。其子方竹荪毕业于南洋武备学堂,时任吴淞炮兵教官,被召回执教。开设国文、算术、珠算、史地、军训、音乐、图画等课程,组建军乐队、歌咏队,声名日著。绩溪县登源亦有学生前来就读,因学生过多,后迁至鲤山(今里方村)。开创歙县男女共读先例。民国初年,获安徽省政府一等嘉禾章。歙县知事祝崧年赠匾"嘉惠士林",并作诗赞:"和溪之畔,桂桥之东,钟灵毓秀,笃生吾公,胸怀磊落,潇洒豪雄,书香绍世,景仰高风。"能诗善画,兰尤精绝。著有《桂桥诗集》2册。

方直 生卒年不详。学者。字舜举。明祁门城北人。成化二十二年(1486年)举人,授任永明县教谕。学行纯笃,立教有方。典试四川,称"得人"。后擢为国子监博士。

方牧 生卒年不详。学者。字孟邹,号拓园。方竹长子,清绩溪城东人。幼聪颖,但因体弱,被禁习举子业。19岁始致力于经史,酷嗜《左传》《檀弓》。诗承家学,意境天成。著有《拓园集》《蛾述编》。

方俦 生卒年不详。学者。东汉歙县霞坑人。曾祖望,原籍平陵(今陕西咸阳),祖绂,当王莽篡汉时,避乱渡江至吴,家于丹阳郡之歙东,为新安方氏始祖,其墓在今浙江淳安县东。俦父雄,为河西守,生三子,长俦、次储、季俨。俦官南阳太守,封关门侯,与弟储、俨以孟氏《易》自相讲授,俱以文学知名于世。

方宗诚 1818~1888。学者。字存之,号柏堂。清婺源人,寓居桐城。平生清勤,刻苦好学,治学博采众说而宗程(颐)、朱(熹)。曾创敬义书院,授徒著述,从学者甚众。著有《读易笔记》《说诗章义》《礼记集说补义》《春秋传正谊》《读大学中庸笔记》《读论孟笔记》《诗书集传补义》《春秋集义》《读诸子诸儒书杂记》。

方春熙 ?~1777。学者。字鳞伯。清休宁人。乾隆二十二年(1757年)进士,初授吏部文选司主事。乾隆三十九年(1774年)补考功司郎中。家贫而好义,创书院,建桥梁,分金助贫,乐行其德。为文务实,不事绮靡。有《侍耕梅诗文稿》藏于家。

方荣翰 生卒年不详。学者。清末休宁人。博洽工诗,尤长于骈文。著有《寸知斋诗钞》2卷、《寸知斋骈体文》2卷。

方星 生卒年不详。学者。字文奎。明祁门伟溪人。弘治年间贡生,先后授息县、饶州训导,又升漳浦教谕。尝聚漳州十邑生员，教以春秋。数年后，该州以《春秋》登第者有数十人。著有《春秋正义》。

方矩 1729~1789。学者。又名根矩，字在斋、睎原，号以斋。清歙县灵山（今属徽州区）人。祖上经商于汉皋，家境优裕。性恬静，不求名利。从方楘如、刘大櫆、江永等名儒习经籍、古文辞。嗜书好学，苦读30年，自汉注、唐疏以至宋五子之书，皆博涉遍观，择其善者而不泥于一家、不囿于一说。四方贤者至歙，无不乐与之交。金榜、戴震、郑牧、程瑶田等徽州俊彦之士数往来灵金山间，互以经术文章相淬励。著有《道古堂初刻》《道古斋诗文集》《校正水经注》等。子方轸（字岩夫）著有《漪岚草阁诗》《苍崖小集》等。

方逢龙 生卒年不详。学者。字腾甫，号季野。若坤子，明祁门城北人。万历年间以贡士任宁国府教授。有诸生穿红紫服，怒责之。微禄所入，辄分给诸侄，室因屡空。生平洁身自好，喜程颐《易传》，读辄达旦。门人汪乔年称其"行足以厉俗，学足以为师"。著有《理学枝言》《宛水日录》《天倪学集》。

方高 生卒年不详。学者。字延畏。明祁门城北人。诸生。著有《芙蓉日记》。

方琼真 生卒年不详。道士。号雪崖山人。明休宁石门人。性刚毅，奉母至孝。终生事道，嘉靖年间任道会13年，以廉谨闻。曾募建廖阳殿、椰梅庵、兴圣祠及渐入仙关等8亭5坊，墁石铺路7.5千米。又修理万人缘，以终其师汪泰元夙愿。著有《雪崖集》，并修纂《山志》刊行。

方储 ?~93。学者。字圣公、圣明，号颐真。东汉歙县东乡人。聪颖博学，精研《易经》，通天文、晓图谶。建初四年（79年），诏举孝廉茂才，丹阳太守周歆力荐方储；授郎中，补句章令。次年二月初一惊现日食，诏举直谏之士，周歆再荐方储，方储详述了天灾由来。寻又历阜陵、阳翟令。元和元年（84年），诏举贤良方正；章帝以理乱丝为试题，众莫能解。方储拔剑斩之说："凡乱必斩之，而后理！"章帝以其对策第一拜博士，旋任洛阳令。永元五年（93年）六月，和帝定日郊祭，问方储："天其何祥？"方储曰："其应有咎，愿乘舆毋往。"是日既祀，天无风霾，景候清明。祀毕，和帝遣使驰诏责备方储："储博学稽古，不以忠信而以欺诈，非事君之义。"方储答："臣受书先师，推步萌兆，天降有咎，不敢不言。今咎时且至，愿乘舆疾还。"使者去后，方储仰天长叹："为人臣耻蒙不忠之名！"遂愤然饮鸩自尽。和帝回归途中，大风骤起，冰雹突降，大如雁蛋，死者千计。和帝大惊失色，遣使急召方储。得知方储已死，非深感伤："储死，谁与我共治天下呢！"后追封方储为太常尚书令、歙县侯。命官护尸，归葬歙东淳安东郭飞龙山。因民间皆言"圣公仙去"，于是立庙祀之，曰"歙侯庙"，一曰"方储庙"，位于县南柳亭西小山上，即今霞坑村对河。民国初曾经修葺。今已荡然无存。

方椿 生卒年不详。学者。字子乔。清歙县岩寺（今属徽州区）人。嘉庆六年（1801年）举人。学以训诂见长，著有《楚颂山房诗文集》《歙艺文志》等。

方德懋 生卒年不详。学者。南宋黟县余溪人。尝至福建、浙江就学。与朱熹为学友。隆庆、淳熙年间，奉召至宫廷讲书，向孝宗疏呈恢复中原12策，力主抗金，反对与金人议和。未被采纳，旋辞归。孝宗重其节义学行，赐号"竹溪先生"。

尹蓬头 生卒年不详。僧人。明朝人，寓泾宣阳观。曾从道士索守犬作食，道士嘱徒烹之，徒偷食犬之两耳。尹食完，嚷曰"犬非全者"，因吐出，宛然一犬，惟缺两耳。岁余辞去。

孔愉 生卒年不详。隐逸。字敬康。西晋会稽郡山阴（今浙江绍兴）人。光熙元年（306年），永嘉之乱，避入新安山中，改姓孙氏，耕作读书，信著乡里。建兴元年（313年），为丞相，以讨华轶功，封余不亭侯，成帝时，迁尚书左仆射，出为会稽内史。修复汉时旧陂，灌田1000余万平方米，在郡三年，乃营侯山下数亩地为宅，草屋数间，弃官居之。卒谥贞。其所居后称"孔灵山"，郡人立庙祀之。歙南有孔灵村。

甘熙 1797~1852。学者。字实庵。清歙县人，寄籍江宁。博学强记，致力搜辑乡邦文献，证析异目。为文详赡典雅，切中事理，而于一方利病，尤所究心。道光十五年（1835年），于津逮楼旁增筑书舍数间，将36块宋砖绘图嵌于壁中，名为"三十六宋砖室"。津逮楼藏书甲金陵（今江苏南京），其中有宋赵明诚《金石录》30卷。道光十八年（1838年），进士登第，签分广西，以知县用。道光二十二年（1842年），改官郎中。道光二十三年（1843年），签分礼部仪制司。道光二十七年（1847年），改授户部广东司兼云南司主事。粤西用兵，度支告匮，甘熙请罢不急之务以充饷需，条举京东水利、屯垦事宜以固根本，侍郎卓文端、翁文端交章荐其可大用。两蒙召对，记名知府。咸丰元年（1851年），随同定郡王载铨、内务府大臣基溥、工部侍郎彭蕴章赴东陵、西陵周览形胜，奉命相吉地。谨视而得成子峪府君山，具图说以进，因功记名道员。咸丰二年（1852年），奉命复勘魏家峪、平安峪，差成而以微疾卒于邸舍。故居友恭堂在今南京南捕厅，俗称"九十九间半"，占地面积1.4万平方米，总建筑面积1.2万平方米，辟为南京民俗博物馆。著有《白下琐言》《桐阴随笔》《金石题咏汇编》《忠义孝弟祠传赞》等。

石舸 生卒年不详。僧人。清歙县人。与弟语山并祝发永寿寺为僧。善书画。

石隐和尚 生卒年不详。僧人。南宋人。相传原为进士，善诗画。在黟县石鼓寺数十年，与奇墅韩海为友，朝夕赋诗谈禅。坐化时作偈云："真性本自圆明，由妄心故起灭。今日真妄俱泯，火尽灰飞烟绝。"坐化后瘗寺旁，有两层石塔，塔上层刻石隐衣戴冠带像，下层刻其偈语。现无存。

叶介夫 生卒年不详。道士。号云崖山人。南宋休宁人。咸淳年间，先后与金士龙重修齐云山佑圣祠并两廊楼，与程大有、胡大祥建三清阁、四聚楼；并独资重修真武殿。善诗文、医学。辟"云崖山房"，著述其中。撰有《治安通鉴》《药石》《咏云岩诗》等。

叶氏女 生卒年不详。道人。宋歙县人。从小丧亲，养于叔父家。叔父为衙门小吏，被冤枉入狱。女以香置顶自灼，从昏达旦。狱官夜梦神命使其审狱，发现是前任小吏所为，叔获释。其后婶有疾，昼夜拜叩，心光晔然，割大腿肉和药进之，遂愈。叔婶卒，皆制丧三年。女自幼不愿嫁，至是于房后即山为庵庐，所事像设忽左右生两竹，每天早上有甘露降竹上。好佛法，每诵经有大蛇下听。时有郑姑亦自幼修炼，两人相遇，语欢甚，人窃听之，辄为猥下之语，闻者往往舍去。预自营冥蘐，皆作九龟，将终，西向右胁卧。兄子请曰："姑自幼重修，今不跏趺，无以厌人望。"女笑崛起，端坐而逝。又尝语其嫂，必毋焚我，其家竟以僧礼焚之，舌不坏，有骨缀舍利无数，享年81岁，墓在县治侧。

叶正蕃 生卒年不详。学者。字国宇。清婺源源口人。弱冠入泮，试辄高等。顺治四年(1647年)拔贡，试授知县。因性恬退，屡檄不出。在乡构"涉圃精舍"，聚子弟讲程朱理学，日涉成趣，无志荣显。居家数十年，有德于人者知无为。著有《说书随笔》《诗经讲意》《北行集》。

叶龙 生卒年不详。学者。字仲翔。元休宁城南人。少从学陈定宇。任青阳教谕，陈众仲称"其才足以振儒道"。

叶芎圃 生卒年不详。学者。清初祁门马山人。恩贡生，部选灵璧县教谕。性耿直，尚气节，与邑名宿洪嘉木为笃古交。晚年工青囊术，足迹所至，发为诗歌。著有《石林要语》《图书一得》《浪游山草》。

叶芳炎 1909~1982。学者。近现代黟县南屏人。能诗词，研究文史。早年就学于章太炎之门，陈毅赞为"章太炎高足"。北京革命军事博物馆和延安等地，均保存有芳炎为新四军政权建设所拟文稿。参与标点《二十四史》。

叶良仪 生卒年不详。学者。字采周，号简崖。清休宁小东门人。岁贡生。筑"书种堂"，藏书万卷，读书自乐。尝谓"治经不专，治生累之也"，因以腴田数万平方米，为宗族子弟入学膏火之资。著有《周易翼义》5卷、《余年闲话》等。

叶起凤 生卒年不详。塾师。字仰之，晚号养晦斋主人。明祁门庚岭人。诸生。授徒乡里，暇则采医家嘉言懿行与养生治病诸法，辑为《医家必阅》。

叶琦 1436~1464。学者。字廷珪，号勿斋。明祁门城西人。幼颖异，日读书盈寸，有"神童"之称。景泰四年(1453年)南畿乡试第一；屡应会试不第，遂潜心理学。天顺八年(1464年)始成进士，未仕遽然卒。

叶善新 生卒年不详。隐逸。号培斋。明黟县南屏人。好学力行，不交世务。隐居教授，以终其身。

史朝宏 生卒年不详。隐逸。号尚屏。明黟县七都(今渔亭镇)人。读书刻苦，不窥园者数十年，训子士撰成进士。年过70岁，犹闭户吟咏，不失寒素家风。

丘浚 生卒年不详。道士。字道源。北宋黟县人。天圣年间登进士第，因读《易经》悟《损》《益》二卦，以此能通数知未来兴废。尝语家人曰："吾寿终九九。"后在池州，一日起，盥沐索笔，为《春草诗》。诗毕，端坐而逝，享年81岁。及殓，衣空，众谓尸解。几年后有黄衣人持浚书至，家人启封，持书者忽不见。书中云："吾本预仙籍，以推步象数谪为太山主宰。"

包西来 生卒年不详。僧人。唐天竺僧人。编麻为衣，冬夏不换，人称"麻衣和尚"，后人尊称"麻衣祖师"。中和二年(882年)，在黄山翠微峰侧创建翠微寺。据康熙年间《黄山翠微寺志》载，麻衣和尚风闻朝廷欲毁寺庙、减僧侣，忧心忡忡，作偈语曰："敕命如雷下翠微，佛前垂泪脱麻衣。山中有寺不容住，四海无家何处归？"皇帝闻后作答："忍仙林下坐禅时，曾使歌王割四肢。况我圣朝无此事，只教修道又何悲。"上述对诗最早出自《五灯会元》福州龟山智真禅师，旧志所载，可能属于附会。

毕沅 1730~1797。学者。字缵蘅，一字秋帆，自号灵岩山人。原籍休宁闵川(今属屯溪区)，曾祖迁徙江苏太仓，雍正分县，遂入镇洋(今江苏太仓)籍。幼年丧父，赖寡母张藻督教。天资聪颖，5岁从母受《毛诗》《离骚》，过目成诵，10岁明声韵，14岁能作诗文。后至苏州灵岩山拜沈德潜和惠栋为师，学业益邃。乾隆十八年(1753年)中举人，授内阁中书，入职军机处。乾隆二十五年(1760年)进士，由第四特拔第一，授翰林院修撰。乾隆三十年(1765年)，升侍读学士。次年，迁太子左庶子，实授甘肃巩秦阶道员。乾隆三十五年(1770年)，擢陕西按察使。后历陕西布政使，陕西、河南、湖北、山东巡抚等职，官至湖广总督，卒于湖南辰州军营，赠太子太保。学问渊博，精通经史，旁及语言、金石、地理之学。名于诗而兼擅书、画，小

＊毕沅

真书笔致秀妩,蝇头八分尤佳。好延请名士助其编书。主持编写的著述有《传经表》《通经表》《经典辨正》《老子道德经考异》《关中胜迹图记》《关中中州左金石诸记》《西安府志》《湖广通志》《史籍考》《篆字释名疏证》《墨子集注》《晋书地理志校注》《吕氏春秋注》等,以《山海经新校注》《灵岩山人诗文集》为得意之作。《清史稿》有传。

毕恩溥 生卒年不详。学者。字韩原。清徽州府城人。光绪十一年(1885年)拔贡,朝考一等分发山东署邹县。擅长书法,小楷得晋人风韵。子振禧,亦工书法。

毕翰 生卒年不详。学者。字伯羽。明休宁人。性颖敏,刻苦力学。弘治年间得王守仁《传习录》,即寄书王守仁询以喜怒哀乐未发之至理,王与相约晤面研讨,因疾未能成行。后从毛伯温、罗钦顺问学。著有《性学衍义》《历鉴知新》《保和书》等。

朱之有 生卒年不详。学者。字尔余。清休宁鹤山里人。少颖异,九岁受《易》,即能悟晓。补邑庠生,有文名。著有《易翼》、《闲园摘钞》4卷。

朱之纯 生卒年不详。学者。字伯纯,号草庭。南宋休宁人。幼承家学,被郡守选入紫阳书院掌教。宝祐年间游太学有声。时宦官董宗臣擅权乱政,夺取民田,招权纳贿,人称"董阎罗",天下侧目。之纯愤其祸国殃民,乃率太学生抗疏,请斥邪妖,以清肃朝纲。咸淳十年(1274年),授平江府教授,以禄不及亲,未赴。隐居而终。

朱之英 生卒年不详。学者。字德圣。明黟县人。刻意为学,笃于躬行。每鸡鸣即起,澄心默坐,体识理趣,修身养性。与石台桂大涟和同邑汪敦敬、孙慎讲学林沥书院,学者群从,颇负时誉。著有《纂选古遥集》。

朱升 1299~1370。学者。字允升,号枫林,又号隆隐老人、墨庄主人。元末明初休宁回溪人。休宁"理学九贤"之一。幼师从同乡江敏求、金斋谕,年轻时拜同乡陈栎为师。元至正元年(1341年)中举人。至正八年(1348年)授任池州路学正。至正十二年(1352年)任满归里,移居歙县石门山中,授徒讲学,闭门著述。至正十七年(1357年),朱元璋攻克徽州后访求贤才,上门拜访朱升。朱升提出实行"高筑墙,广积粮,缓称王"三项策略,受到朱元璋的赏识,授中书咨议一职,成为朱元璋的主要谋臣之一。元军镇守使徽州路统帅福童等拒守徽州城,朱升独立城下,晓以大义,使其开城门归降。次年,朱升在故里建楼,朱元璋亲题"梅花初月"楼名,以示恩宠。至正二十七年(1367年)十二月,朱元璋的北伐大军平定山东,南征军降方国珍,天下已定。授朱升为侍讲学士、知制诰,同修国史。次年正月初四,朱元璋登上皇位,定国号大明,建元洪武,晋朱升为翰林学士。明初开国大封功臣

*朱升

的封诰、诏令、礼乐制度大多由其执笔撰写,深受器重。明洪武元年(1368年),朱升以年迈和"祭扫祖茔"为由辞官隐退,并固辞皇帝所赐的爵位和封地。洪武三年(1370年)病逝。其一生肆力为学,治学宗法程朱,尤擅经学,于《五经》皆有旁注。传世著作有《朱枫林集》10卷、《周易旁注图说》2卷等。《明史》有传。

朱文玉 生卒年不详。学者。字小琴。清婺源罗田人。善文学,工山水画,亦通医。著有《葆真堂文稿》《葆真堂吟草》《字典标帜》《蝴蝶梦传奇》《砦窳子商榷》《便用良方》等。

朱孔彰 1842~1919。学者。原名孔阳,字仲武,更字仲我,号江东半隐,晚年自署圣和老人。骏声幼子,清末民国时期黟县石村人。幼继家学,治经解字,对黟邑方言十分熟悉,发现黟方言与《说文解字》及其他古字书有诸多相同之处,便悉心研究。清光绪八年(1882年)中举,此后屡试不第。后襄校江南官书房,曾被两江总督刘坤一聘修《两淮盐法志》《凤阳志》,兼主淮南书局、江楚译书局,并协修《江南通志》,

*朱孔彰

又主讲于淮南蒙城书院、安徽存古学堂。著有《说文重文》《说文粹三篇》《说文通训定声读补遗》《释说文读若例》《说文讯语》《九经汉注》《周易汉注》《春秋谷梁传汉注》《三朝闻见录》《中兴将帅别传》。辛亥革命后，与其子师辙相继应清史馆聘请，参与《清史稿》编修。

朱卉 生卒年不详。学者。初名灏，字奕江，自号织履山人，人称朱草衣。清休宁人，侨居芜湖。4岁丧父，母以家极贫，难以自存遂改嫁，卉不肯随母去继父家，乃寄居于舅家。舅氏弃世后，卉孤苦无依，被迫靠吉祥寺僧生活。幼时曾订有婚约，后自度贫无以为家，亲书文约退之。及长，流寓芜湖、金陵间，以课徒为生。居金陵时尝娶妻，生一女。晚年依靠女儿为养。卒葬南京清凉山。工近体诗。与吴敬梓、程晋芳、袁枚为诗友。

朱世润 1714~1779。学者。字霖望，号雨亭。朱熹十八世孙，清婺源人。袭翰林院五经博士。著有《朱子年谱》6卷。

朱存仁 生卒年不详。学者。字体元。熹后裔，明黟县人。好六经、四子书及濂洛关闽之学。探索融会，务求躬行实践。万历年间，诸儒讲学被推为坛长，远近求学者甚众。著有《岩溪古训》《观心录》《乾一子性理宗旨》。

朱师辙 1879~1969。学者。字少滨，号允隐。孔彰子，近现代黟县石村人。幼随父研习治学，有所造诣。而立之年与父亲相继就任清史馆编修，《清史稿·艺文志》有100余篇出于其手。史馆工作结束，先后任故宫博物院专门委员会委员和北平辅仁大学、中国大学、河南大学、成都华西大学、广州中山大学教授。新中国成立后，执教于中山大学。后退休，在叶剑英、陈毅等关怀下定居杭州，安排为浙江省政协委员，并聘任为文史研究馆馆员。师辙承家学，对汉学研究造诣殊深，毛泽东对他非常关心，曾指示说："老成望重，应俸给从优，俾其足用，乃倍数江杭也。"师辙感激，致信并寄奉其父及本人刚出版的《商君书解诂》《和清真词》两书给毛泽东，毛泽东收到信和书后，亲笔复函问候："少滨先生：九月二十五日惠书并附大作各一件，均已收到，感谢先生的好意。谨此奉发，顺致敬礼！毛泽东。"毛泽东的复函让师辙惊喜万分，他写下"琅函飞下九重天，尧舜都俞在眼前"的诗句来赞颂毛泽东。师辙著有《黄山樵唱》《清史述闻》等。

*朱师辙

朱同 1338~1385。学者。字大同，号朱陈村民，又号紫阳山樵。朱升子，明休宁回溪人。少随父隐居山林。洪武十年（1377年）中举人，授徽州府儒学教授。其间编修《新安府志》10卷。以才华出众，举"明经"入东宫为官，曾任礼部侍郎。尝书《寿春堂记》，朱元璋长子朱标（懿文太子）十分喜爱，引为僚属。后朱元璋四子朱棣发动政变夺取皇位，因受牵连被赐死。其家学渊厚，文法先秦、诗宗盛唐，且能文善武，又擅长书画，并通音律，时称"三绝"。著有《覆瓿集》8卷传世。传世画作有《古木寒林图》《万松道人吹箫图》《云溪归隐图》《春江送别图》《墨竹图》《爪圃锄耘图》《溪山小隐图》等。

朱宏 生卒年不详。学者。字济臣。清休宁月潭人。康熙年间，尝与施璜、汪惕若联会讲学。为学首宗曾子，以喜闻己过、修身独省为要务。著有《朱宏文集》《诗集》《读书存部》。

朱佩湘 生卒年不详。学者。字莞山。清婺源带川人。增贡生。性颖异，嗜学。贯串经史，工诗、古文词，且通医。为文甚深经术，中翰洪梅坪延为西宾（塾师）30余载，一门三代造就多才。咸丰年间襄办团练，奖五品衔。尝董理饶州星江会馆，重建文公祠。光绪三年（1877年）校勘先贤汪子遗书，督学赠额"笃行不倦"。著有《蘅溪诗集》《明医存养》《脉诀》。

朱泗 生卒年不详。学者。字素臣。朱熹后裔，清歙县堨田人。行端好学，士林称颂。著有《淡云阁四书宗正录》《学庸续注》《易经续注》《春秋左传评选》《秦汉衡书》《战国策论锋》《唐宋八家评选》《淡云阁古艺》。

朱宗相 生卒年不详。道士。字道弘，号培山。明休宁前干人。曾参与嘉靖祈嗣醮事，赐太常寺寺丞。以亲老辞归。

朱钟文 生卒年不详。学者。字吾沧。熹后裔，明徽州人。曾官四川大足知县。性嗜学，对先祖朱熹及新安朱氏宗族史料留心搜求，著有《考亭朱氏文献全谱》12卷。

朱洪范 生卒年不详。学者。字子翁。朱熹从孙，南宋婺源人。学《易经》于胡师夔。宝祐元年（1253年）登进士第。历任县尉、临江军教授、武夷书院山长。一以古道，艰苦度日，俸有余，辄以裨公用。尝曰："士大夫居官，得如假馆授徒足矣！"闻者高其廉。

朱宦 生卒年不详。隐逸。字良卿。元休宁城北鹤山里人。敦行博学，不乐仕进，至正二年（1342年）赐号"澄节处士"。有文集行世。

朱素和 生卒年不详。道士。字瀹然，道号白岳山人。明休宁资村人。雅嗜文墨，掌道会事九年。曾筑"真真石室"，刻《云岩山史诗集》，自山麓至齐云观建"步云""登高""白岳""凌风""松月""云水""望仙""步虚""更衣"九亭。

朱骏声 1788~1858。学者。字丰芑，号允倩，自号石隐山人。清江苏元和（今吴县）人，寓黟县城郊石村。4岁能辨四声，10岁读完《四书》《五经》，13岁受许氏《说文》，一读即通晓，有神童之誉。15岁应童子试，得全郡第一名，补为府庠生。同年游历紫阳书院，被讲席钱大昕目为奇才，说："吾衣钵之传，将在子矣！"嘉庆二十三年（1818年）中举，七次赴礼部会试，不第。被江苏巡抚张师诚延请入幕，后在江南多个书院任教。道光六年（1826年），任黟县县学训导。致力《说文通训定声》著述。咸丰元年（1851年）进呈御览，赏国子监博士衔，升扬州府学教授，称病不受。咸丰六年（1856年）辞职，隐居黟县石村终生。长于经训、小学。一生著述颇丰，除《说文通训定声》外，另有《六十四卦经解》《尚书古注便读》《诗传笺补》《仪礼经注一隅》《夏小正补传》《大戴礼记校正》《左传旁通》《天算琐记》《数度衍约》《淮南书校正》等。《清史稿》有传。

朱彩 生卒年不详。学者。字景莱。清休宁北街人。邑庠生，讲究濂洛之学。著有《眉白集》，学者称"眉白先生"。

朱袞衣 生卒年不详。学者。字受堂。清休宁月潭人。笃学深思，工蝇头小楷。著有《国策编年》《两晋史书》。

朱焕圭 生卒年不详。学者。字药亭。清婺源严田人。家贫苦读，好学不倦，寒暑无间。道光五年（1825年）中经魁。其学以朱子为宗，精研力行，潜心著述。著有《四书解义》《十三经辨义》《读史管见》《六书精义》《音律考误》等。

朱敬舆 生卒年不详。字以礼。元休宁陈村人。深于经学，倪道川尝师之。

朱鉴 生卒年不详。学者。字子明。熹孙，塾子，南宋婺源人。早孤，能承家学。以荫补迪功郎，累迁湖广总领。于宝庆年间，居建安之紫霞洲，建朱熹祠于所居之左。精研祖父之学，著书阐述。著有《朱文公易说》23卷、《诗传遗说》6卷。

朱锡珍 生卒年不详。学者。字道南，号严溪。清婺源严田人。道光二十一年（1841年）进士，选翰林院庶吉士。散馆，改户部云南司主事。尝汇名贤事迹，以为服官准则。生平力守紫阳家学，躬行实践。著有《日新斋文集》《读史管见》《忍字辑略》等。

朱塾 1153~1191。学者。字受之。熹长子，南宋婺源人。幼从吕祖谦受学，以荫补将士郎。绍熙二年（1191年）卒。年仅39岁。承家学，能诗文。朱熹《题嗣子诗卷》云："大儿自幼开爽，不类常儿，予常恐其堕于浮靡之习，不敢教以诗文。既殁后，许进之乃出其与所唱和诗卷示予，予不知其能道此诗也。"

朱霈 生卒年不详。学者。原名荣朝，字熙佐。清黟县朱村人。举人出身。嗜书博览，为文纯正。工诗，著有《望岳楼诗集》《经学质颖》。

朱熹 1130~1200。哲学家、教育家。字元晦，一字仲晦，号晦庵，别称紫阳，小名沈郎，小字季延，行五二，自称云谷老人、云台外史、云台隐吏、嵩高隐吏、鸿台外史、鸿庆外史、沧洲病叟、遁翁、晦翁等。朱松子，南宋婺源人。从小聪敏，8岁通孝经大义。绍兴十七年（1147年）中举人，次年登进士第。绍兴二十一年（1151年）授左迪功郎、泉州同安县主簿。后历任知南康军、提举浙东常平茶盐公事、知漳州、知潭州兼荆湖南路安抚使、秘阁修撰、焕章阁待制兼侍讲等职。卒后，嘉定二年（1209年）诏赐"文"；理宗时赠太师，封"信国公"，后改"徽国公"，从祀孔庙。清康熙五十一年（1712年），诏升"先贤朱子于十哲之次"。受业于李侗，得程颢、程颐之传，兼采周敦颐、张载等人学说，集理学之大成，建立理学体系，世称"程朱学派"。朱熹理学，在明清两朝被提到儒学正宗的地位。积极从事教育活动，所到之处热衷开设书院与州县学校；其重建白鹿洞书院时手订的教规，成为全国书院典范。生平广注典籍，对经学、史学、文学、乐律以至自然科学都有不同程度贡献，并对绘画、书法、诗词、金石篆刻等亦有很高的造诣。曾吸收当时科学成果，提出对自然界变化的某些见解，如关于阴阳二气的宇宙演化说，如从高山上残留的螺蚌壳论证地质变迁（原为海洋）说等；英国学者李约瑟明确提出：世界上第一个辨认出化石的人，就是中国南宋理学家朱熹。学术著作甚富，有《四书章句集注》《易本义》《诗集传》《楚辞集注》及后人编纂的《晦庵先生朱文公文集》《朱子语类》等。《宋史》有传。

*朱熹

朱濂 1761~1836。学者。字理堂，号藕庄。清歙县义成人，寓居岩寺。幼年丧母，奉父及继母、庶母极孝，与诸弟友爱无间。文笔深远高雅，淹贯经史，尤精诗礼之学，认为"毛（亨）郑（玄）皆汉大儒，去古未远，其言有所依据"。博采、缕析、注疏先秦古书及唐宋诸儒学说，以补《礼经》之阙、证《礼经》之实。道光七年（1827年），知府马步蟾主修《徽州府志》，朱濂独纂沿革一门，博采增益皆有依据。生平然诺不欺，以身率教。著有《毛诗补礼》6卷等。子朱恒龄，光绪年间岁贡生，亦儒亦医。

刘伯证 生卒年不详。学者。字证甫。南宋歙县人。于书无所不读。端平元年（1234年）过吴门

（今江苏苏州），以文谒魏了翁，相与论理学，魏了翁敬叹，称其文"深衍闳畅，有朱熹渊源，而发以欧（阳修）苏（轼）体法"。魏了翁、真德秀交荐入仕，伯证力辞不赴。著有诗文20卷、《唐史撮要》《左氏本末》《三传制度辨》等。兄刘伯谌，字谌甫，事亲极孝，师杨简、友钱时，著有《理学正传》《四书讲说》等。

齐康 生卒年不详。学者。字晋蕃，号药浔。清婺源冲田人。嘉庆十九年（1814年）进士，选任江苏淮安府教授。以才裕学优，明于政事，荐举"卓异"，授文林郎晋奉政大夫。著有《稚园诗钞》《秋舫诗存》行世。

江一鸿 生卒年不详。学者。字孔瞻。清婺源江湾人。家贫舌耕。读书专宗紫阳，经史子集无不贯通，尤精于《易》及宋诸儒语录。乾隆六年（1741年）领乡荐。著有《四书融注会解》《易说》等。

江士燝 生卒年不详。塾师，女。字季婕。清歙县人。夫张用咸早卒，家徒壁立，为闺塾师以自给。善吟诗，有集。

江大楷 生卒年不详。道士。清婺源白坞人。幼入集虚道院修真，得甲马法，行走神速。又为邑民祷雨，相传屡著灵验。后趺坐而逝。

江之纪 生卒年不详。学者。字修甫，号石生。清婺源晓起人。道光六年（1826年）进士。历任金匮、常熟知县，钦加直隶州知州衔。著有《白圭堂文集》《白圭堂诗钞》《郑风补笺》《太极图说解》《说史通》《济阳江氏人物考》等。

江元宝 生卒年不详。学者。字位卿。明黟县人。博学多才，遍窥子史，又邃于《易》。著有《周易元备》行世，杨绍震、吴世翔作序。

江友燮 1873~1938。学者。字克庵。清末民国时期歙县人。清光绪二十六年（1900年）、光绪二十七年（1901年），恩科、正科乡试均中试。宣统二年（1910年），礼部会考一等，以知县签分河南，后加知州衔。入民国，历任歙县教育会会长、歙县督学、南京东南大学国文教授、《歙县志》分纂。善诗，诗作千余首毁于东南大学火灾。著有《游宁偶吟》《习字教育》《上古史述略》等。编有《歙县初等小学乡土地理教科书》等。

江文 生卒年不详。学者。字以文。元休宁和睦人。受业于汪炎昶门。勤学力行，精通义理，文章超迈。著有《遇斋文稿》。

江正月 生卒年不详。道人。清婺源白坞人。少读书，过目不忘。执教村塾，课余即趺坐运气，积久渐悟。与人言皆隐语，莫喻其旨。或出游，二三日不归，不饥不倦，露宿深崖。康熙二十二年（1683年）七月初七，忽题偈于案："满天皆星斗，遍地俱万物。星斗运天机，万物盈地轴。"遂弃家长往，不知所终。

江世育 生卒年不详。学者。字夫南。明婺源游坑人。郡庠生。设教馆，与友结社，互相砥砺。贫穷年老，手不释倦，达观自得。临终自吟："大道存乎我，超然生死垆。胸中有天地，旦暮自遂庐。"著有《四书正义》《近居录》《朱王异同辨》行世。

江永 1681~1762。经学家、音韵学家。字慎修，又字慎斋。清婺源江湾人。天资聪慧，少年读书过目成诵。为诸生数十年，蛰居乡里执教。治学以考据见长，善于比勘，开徽派经学研究的风气，被誉之为东汉郑玄之后第一人，为宋明理学向乾嘉汉学转化做出了重要贡献。著名学者戴震、金榜、程瑶田等皆从其受业。少时即研习《十三经注疏》。对"三礼"（《周礼》《仪礼》《礼记》）尤精思博考，撰《礼经纲目》88卷，以补正朱熹《仪礼经传通解》中未竟之绪。凡古今制度、天文地理、钟律推步、中外历算等，无不探究索隐。精研数学，读梅文鼎书，有所发明，并参考西洋算法作《数学》8卷、《续数学》1卷、《推步法解》5卷。又精于音理，注重审音，尝撰《古韵标准》，定古韵为13部，对研究中国古韵有重要创见。其《音学辨微》《四声切韵表》，阐明等韵学及韵书中分韵的原理。另著有《周礼疑义举要》，对先秦名物加以考释，其中《考工记》2卷，颇多创见。还著有《近思录集注》《乡党图考》《律吕阐微》《深衣考误》《读书随笔》《春秋地理考实》《四书典林》等。《清史稿》有传。

＊江永

*江永故居

江百谷 生卒年不详。学者。宏文子,清歙县篁南人。专忱儒学。著有《笠山杂志》4卷、《笠山诗钞》1卷。

江有声 生卒年不详。学者。字佩华,号静庵。清黟县梧村人。好诗,曾与江西诸名流相唱和,著有《芝阳诗草》。任亳州训导时,监修《亳州志》,并为之序。文爽笔锐,另著有《艰辛集》《管窥集》等。

江有诰 1773~1851。学者。字晋三,号古愚。清歙县人。不屑科举,致力于古音韵学研究。感慨周秦以来古音日失,认为婺源江永《古韵标准》能补顾炎武《音学五书》所未及,而分部尚多罅漏,遂将其所定古韵13部另立幽、侯、之、支、脂(从中分出祭部)、真、文部,总计20部。后阅金坛段玉裁《十七部韵谱》《六书音韵表》,所持观点多与之相合。见曲阜孔广森《诗声类》首创东、冬分部,遂改冬部为中部,统为21部。书成后,寄赠段玉裁,段玉裁大为赞叹:"余与顾孔皆一于考古,江氏戴氏则兼以审音,晋三与二者尤深造自得,不惟古音大明,亦且使今韵分为二百六者,得其剖析之故。"认为《尔雅》为《小学》之宗,遂取东汉许慎《说文解字》9 000余字,仿《尔雅》体例分隶19部之下,核其异同。徽州知府龚丽正对其礼重有加,而其从不因私事请托。后进以疑义相询,必使之满意而归。道光二十六年(1846年),不慎失火,已镌书版、未刻书稿化为灰烬。因双目失明,无法再著述。著有《音学十书》《入声表》《经典正字》《隶书纠缪》《音学辨讹》《说文汇声》《说文质疑》《说文六书录》等。未刻的有《唐韵再正》《廿一部韵谱》等,其中《唐韵更定》分64部128音,详略得当。《清史稿》有传。

江贞 生卒年不详。学者。字吉夫。明婺源龙尾人。嘉靖年间岁贡生,授绍兴府教谕。著有《歙砚志》传世。

江光启 生卒年不详。隐逸。字宾旸,号云山。元婺源旃坑人。侍父读书于歙之紫阳书院,郡守荐为校官,固辞。晚居冲陶山中,宣城簿张师夔为写"云山高隐图",一时名流赋咏传播,号曰"云山高士"。著有《蔡氏释疑》《序记杂文》。

江旭奇 生卒年不详。学者。字舜升。明末婺源江湾人。初入郡学,再入太学,博通诸籍。尝仕安岳县副尹。著有《尚书传翼》《皇明通纪集要》《学诗略》《书经疏义》《檀弓疏义》《孝经翼》《孝经疏义》《小学疏义》《汉魏春秋》《朱翼》《笔花斋集》等。

江庆元 生卒年不详。学者。字坚白。元歙县人。隐居乡里,屡征不就。精研经史,以"敦伦理,正人心,持世教"为志。著有《坚白遗稿》20卷。

江志修 生卒年不详。学者。字晋卿。清黟县蓬厦人。工诗、古文辞,致力经史。著有《周易·周礼表注》《读汉书笔记》。

江来岷 生卒年不详。学者。字本初。明徽州府城人。垂髫应乡试,授鄢县知县。曾游衡山,作《朱陵洞天碑文》。又仿骚体作迎神送神诸曲,传诵一时。为文冷僻古奥，难以诵读。著有《桃源集藁》。

江秀琼 生卒年不详。学者，女。字瑶峰，自号椒花馆主。清歙县人。江畹香女，如皋诸生张仰斋妻。工诗，兼善丹青、鼓琴。著有《椒花馆集》。

江宏文 生卒年不详。学者。清歙县篁南人。慷慨好义，苦习经史。著有《读史随笔》12卷、《心孩诗钞》3卷。

江尚溶 生卒年不详。学者。字二川。清黟县蓬厦人。幼颖悟，博涉经史。孝养父母，家贫常日不举火。富于学，乾隆年间岁贡生。教授生徒，日未出而起，开卷朗诵，必夜分而后寝。著有《愚溪文稿》行世。

江绍芳 生卒年不详。经学家。清歙县人。精经学，著有《默照轩读易管窥》4卷。

江绍莲 生卒年不详。学者。字依濂，号梅宾。清歙县江村人。嘉庆十六年（1811年）科考优，特赐国子监学正。著有《橙阳散志续编》15卷、《披云漫笔》18卷、《闻见闲言》4卷、《梅宾诗钞》6卷。

江南春 生卒年不详。学者。字梅屿。清婺源晓起人。增贡生，补博士员。工篆画，精医学。著有《周易图考》《考经训蒙辑解》《时令汇典大全》《敬修医说》《静寄轩诗钞》《静寄轩外集》等。

江昱 1706~1775。学者。初名旭，字才江，更字宾谷，号松泉。清歙县江村人，寄籍江苏仪征。以才略闻名，与弟江恂并称"广陵（扬州古称）二江"。雍正十一年（1733年），补县学庠生。乾隆元年（1736年），举博学鸿词科，江昱力辞不就。乾隆十七年（1752年），始食廪饩（膳食津贴）。拥书万卷于凌寒竹轩，上下古今，怡然自得，长洲（苏州旧县）沈德潜赞其为"国士"，海内名士乐与之交。入不敷出，继妻郭氏脱簪典衣以供。与程廷祚在秣陵辩论《古文尚书》，至申时仍忘食，袁枚称其为"经痴"。喜考订金石，如辨《岣嵝碑》为赝作，洋洋千言，证据精确，较朱熹、王世贞、顾炎武之论益晰。其他如石鼓铜柱、断碑残碣，莫不扪剔考证，为博雅名家所未及。著有《潇湘听雨录》8卷、《不可不知录》《草窗集外词疏证》《山中白云词疏证》《蘋洲渔笛谱疏证》《精粹词钞》《唐律颔珠集》《尚书私学》《药房杂志》等。另有《韵岐》4卷为艺林圭臬。

江彦明 生卒年不详。学者。原名登云，字晏其。明婺源旃坑人。曾两中副榜。沉潜理学，通阴阳、地理。著有《五经图考》《诗经笺疏》《四书约言》《诸史类钞》等。

江振 生卒年不详。学者。明祁门浯嘉潭人。幼习诗经。永乐二十一年（1423年）举人，授山东滨州训导。后升徽州教谕。

江起鹏 生卒年不详。学者。字羽健。明婺源旃坑人。万历二十三年（1595年）进士。历官永宁、姚江知县，又擢南京工部主事、礼部精膳正郎。一生致力撰著，有《近思录补》《悟道诗》《心性篇》《遵行录》《大易全书》《知姚问答》等。

江莱甫 1307~1332。学者。字芳卿。元歙县斗山街人。好读《易经》，喜尧夫语，遂自号草窗。至治二年（1322年）娶妻叶氏。翰林虞集极为赏识，特荐于朝。有司奉诏辟举，江莱甫以疾力辞，并复函虞集："祁皇际中天之运，尚容洗耳者流；赤帝握太紫之符，不屈茹芝之侣。士各有志，无容相强。"卒后，士民私谥"文贞"。莱甫病卒之年，妻叶氏仅26岁，后守节至百岁。明洪武二十四年（1391年），太祖诏立木质贞节牌坊旌表叶氏。

江敏求 1292~1340。学者。元休宁汊口人。力学明经，邑人朱升皆从其受业。朱升《祭先师江敏求先生文》云："先生科第禄仕之家也，而以清苦终其身，于书无不读，于理无不求，于事无不知，周于人无不曲成。折挫豪强，摧枯拉朽，而不见其刚；扶直孤茕，支倾补缺，而不知其劳。日以急贤渴义为心，服膺德言，诱奖后学。"弘治《徽州府志》有其传。

江清徵 1623~？。学者。字畏知。明末清初婺源旃坑人。家贫，朴实嗜学。清康熙二十一年（1682年）进士。居家日搜其祖起鹏所著《近思录补》《心性篇》《遵行录》《大易全书》等书参订注释，付梓行世。

江谦 1876~1942。教育家。字易园，号复阳。清末民国时期婺源江湾人。清光绪二十八年（1902年），户部右侍郎李昭炜奏保"经济特科"，两江总督端方保"员外郎"。宣统元年（1909年）举为安徽省谘议局议员，次年选充京都资政院议员。民国元年（1912年）推为安徽省议会副议长。民国二年（1913年）转国民政府众议院议员。曾助南通张謇创办通州师范，造就人才。嗣任江苏省教育司司长、南京高等师范学校校长，成绩卓著，大总统授予二等嘉禾章。中年归里，研究"儒佛合一"之学，并创办"佛光社"。一生刻苦好学，对语言学研究造诣较深。著述颇丰，有《小学三字经注解》《说音》《天然声音学》《阳复斋丛刊》《阳复斋文集》《梦游纪恩诗》《宏法联语集》《江易园讲演录》《灵峰儒钟寄编》《安徽佛门龙象传》《阳复斋诗偈集》《佛儒经颂》《心经颂》等。

*江谦

江德中 生卒年不详。学者。字汉若。清歙县人。博洽能文，通经史。官至广西布政司参议，与史德轩（康熙九年（1670年）进士）、弟铭勋俱以文名，时称"三凤"。精于天文地理之学。著有《西粤对问》《卮坛对问》等。

江德量 生卒年不详。学者,钱币学家。字成嘉,一字量殊,号秋史。江恂子,清歙县江村人。乾隆四十五年(1780年)以第二名及第,授编修。多识旧闻,通掌故,究以刑狱、河渠、漕运、灾赈、损益、古今之宜。尝注《广雅》,辑《泉志》,皆未成。工鉴书画。所书《武成王庙碑》为世所重,画以北宋为法。

*江德量

汤余善 生卒年不详。学者。明黟县人。曾任孝感知县,多善政,以倡明理学为己任。后解绶归里,授徒于县治之旁,崇奖后进,远近慕风。尝捐资建石亭于县南郊,利之往来者。著有《文集》行世。

汤球 1804~1881。学者。字伯珩,又字笏卿。清黟县白干人。少时从俞正燮、汪文台学,在史学、经学、历算等方面造诣颇深。一生以奉养双亲、讲学课徒和著述为乐。同治六年(1867年)曾被荐为孝廉方正,辞不就。深究两晋历史,尝把散佚之23家晋史辑录成册,分门别类进行"补阙"与"纠伪",完成对23家晋史的辑佚与校勘。又根据何镗《汉魏丛书》的简本《十六国春秋》,参考《晋书》张轨、李暠两传以及《三十载记》等,补足全文对其进行校勘。还辑《两晋诏钞》19种和《太康地记》《邺中记》《林邑记》《晋诸公别传》《名士传》《世语》《语林》《山公启事》等;另著录晋别集300家,晋文集300家。《清史稿》有传。

许月卿 1217~1286。学者。字太空,后更字宋士,小名千里驹。宋末元初婺源许村人。少受学魏了翁。入江淮幕中,以军功补校尉。理宗时,廷对赐进士及第,授濠州司户参军。曾率三学(太学上、内、外三舍)讼权相,理宗目为"狂士"。改江西常平事,治政廉肃,人号为铁符。贾似道当国,以月卿试馆职,言语不合罢去。归故里,闭户著书,号泉田子。宋亡后,月卿衰服深居一室,三年不言。后虽言,尝如病狂,时人称为山屋先生。谢枋得尝自题其门曰:"要看今日谢枋得,便是当年许月卿。"著有《百官箴》《先天集》《山屋集》。

许会昌 生卒年不详。学者。字鹤汀。清绩溪人。举人出身,授溧阳教谕。著有《鹤汀诗文稿》。

许坚 生卒年不详。隐逸。五代南唐江左庐江人,宋初游于黟,遂归隐于此。今桃源洞有许氏后裔。所著《入黟吟》云:"黟邑小桃源,烟霞百里宽。地多灵草木,人尚古衣冠。市向晡时散,秋菊露溥溥。吏闲民讼简,秋菊露溥溥。"

许宗尧 生卒年不详。隐逸。字子仁。元绩溪水村人。博通经史,屡征不就。隐居大鄣山,构筑"明经轩",读书其中。

许宣平 生卒年不详。道士。唐歙县人。景云年间隐于城阳山南坞,结庵以居。不知其服饵,但见不食。颜若四十许人,轻健行疾奔马。时或负薪以卖,薪担常挂一花瓢及曲竹杖,每醉行腾腾以归吟曰:"负薪朝出卖,酤酒日西归。借问家何处?穿云入翠微。"常拯人之危,访之多不见,唯见壁间题诗:"隐居三十载,筑室南山巅。静夜玩明月,闻朝饮碧泉。樵人歌垄上,谷鸟戏岩前。乐矣不知老,都忘甲子年。"《续仙传》《历世真仙体道通鉴》《唐诗纪事》《太平广记》均有其传记。

许润 生卒年不详。学者。字子莹。宋绩溪磡头人。博学洽闻,名声甚著。政和间屡征不就。尝于沈山建乐山书院,于村右建南楼数间,时往登览。又创天月亭及卷山环12间,时与文人讲道其中。有诗文传世。

许琳 生卒年不详。学者。字采之,号仲玉。清黟县屏山人。少孤,事母孝,弟年幼,友爱纯笃。品端学粹,授徒乡里数十年,循循善诱。著有《采之诗文集》。

孙元明 ?~1175。道士。自称野仙。宋朝人。南宋绍兴年间居祁门城东祁山栖真岩,不食五谷,服石元丹,时食酒果。尝乞钱买酒,醉则掷余钱施于乞丐。盛暑不挥扇,严寒浴于溪,为人言祸福多验。淳熙二年(1175年)四月自作颂云:"佯狂八十六年,识得玄中又玄。今朝摆手归去,笑彻蓬壶洞天。"遂坐瞑。

孙汉 生卒年不详。学者。字广思。清黟县古筑人。平生刻苦为学,四书五经披诵不倦,诸子百家亦究其源流。性淳谨、笃厚,言行表率乡间。晚年布衣蔬食,萧然一室。著有《孝经集解》《遽庵诗草》。

孙冲 生卒年不详。学者。字升伯,一字子和。北宋黟县人。原籍越州平棘。举进士,知含山县。历匠作监丞,迁太常博士。官终给事中。邃于史学。著有《五代纪》77卷。今已佚。又著《遗士传》,亦佚。

孙迪 生卒年不详。学者。字元吉。明祁门城东人。景泰四年(1453年)举人,授中书舍人。有才名,诗文典雅。

孙春洋 生卒年不详。学者。字绮澜。清婺源读屋泉人。嘉庆十三年(1808年)举人,候补福建藩库大使。曾参修《福建省通志》。著有《经史订讹》《易经集义》《五经分别异同解》《日知考镜》等。

孙垣 生卒年不详。学者。字象三。清黟县人。精心孤诣为文,力追先正。群经皆能默记,字读官韵,不杂南音。持躬端谨,乐道安贫。所著《龙门诗集》有句:"曾从江北泛孤舟,渡到江南几度秋。任尔狂风喧巨浪,坚持桂楫溯洄游。"可略见其风貌。

孙济聘 生卒年不详。学者。字希尹。明黟县人。少孤，事母孝。时新安会讲，主讲多高座，济聘慨然以道自任。其讲儒学以紫阳（朱熹）为宗。平生与人和厚，律己端严，乡人称之"真儒先生"。著有《笺注孝经》。

孙嵩 生卒年不详。学者。字元京。南宋休宁野山（今属屯溪区）人。貌怪奇趣，性尚幽洁，以荐入太学。宋亡，归隐海宁，自号"艮山"，以示不复仕。杜门吟咏，凄恻断肠，以寄没世无涯之悲。时婺源名儒许月卿、江凯、汪炎昶，皆绝意当世，俱从嵩游。歙县方回云："元京诗，有近陶者，有似二谢者，有似元次山、孟东野者，清劲枯淡，整严幽远。五言古体如《秋怀》《感兴》及《初冬杂兴》诸作，近世诗人，所不能为。不谓吾州近有此人，持是以见朱文公，无可愧矣。"著有《艮山集》行世。《新安文献志》选收嵩诗作30余首。弟孙岩，字次皋，亦以诗名。

如净 生卒年不详。僧人。北宋歙县项氏子。曾为弓手，可饮斗酒，啖肉数斤。一日忽弃妻子，求事长老道才，住天宁寺。宣和年间，城阳院毁于火，如净徙建于长寿街。

志满禅师 生卒年不详。僧人。唐河南洛阳人，俗姓康，幼入龙兴寺为僧。大历年间来游黄山，露宿云岭，山虫卫绕，数日不知饥渴，人以为佛也，故名其地佛岭。后结茅黄山汤泉，创建汤院。永贞元年（805年）卒。

苏大 生卒年不详。学者。字景元。明休宁南街人。家贫嗜学，曾从学于赵汸。所著有《瓮天集》，并编纂《新安文粹》《皇明正音》《新安苏氏族谱》。

李士睿 生卒年不详。学者。字熙胜。清婺源甲椿人。少颖悟，称神童，屡试皆获冠。专以经术为事，治经折中于朱子。诗主集传，识精字笃，学与时进。文章探源左马，笃好昌黎。晚年手辑《读书管见》，教人唯读《小学》《近思录》。

李之芬 生卒年不详。学者。原名卓，字子约。清婺源李坑人。生平恬静清介，所与游多名士。尝谓："儒者之学，当以孝悌为先，以忠恕为本，以力行为实。舍此而掠浮华，无益也。"著有《西庵杂存》《凝玉堂诗集》《山居诗》《瓴遗草》等。晚精于《易》，撰《易经钩画》。

李日新 生卒年不详。学者。字圣铭。清黟县景溪人。品端学粹，修身明理，门生多言规行矩之士。

李训诰 1865~1916。教育家。字仲寅，号诚吾。清末民国时期祁门景石人。清末正贡，候选训导。清光绪三十一年（1905年），与里人共创南乡乡立高等小学堂，任校长。后任祁门县教育会副会长、会长。积极发展国民学校，兴办县图书发行所及教员讲习所。

李伟 生卒年不详。学者。字敬叔。宋末元初祁门孚溪人。少颖异，师胡方平。南宋咸淳年间以经学举乡贡。元初授邵武教谕，以养亲不赴。尝参定胡一桂《易本义附录纂疏》，又患经史训注繁多，乃撰二图以便观览。

李赤肚 1510~？。道士。原名梦仙，或称彻度。明黟县人。10岁父逝；稍长，收歇父业，游江湖间。40岁，从清静遨蓬头修炼丹术，更名"一了"。乃筑"石南庵"于万年县，奉道修持。后弃妻子、财物，云游湘山太和、终南、匡庐、茅山，访师北海。所至散发啸歌，人目为"狂者"。在茅山，曾投身清涧中，自此赤身以为常，遂称"赤肚子"。其治病不假药饵，视色行法；论道一本无欲，人问仙术，答以"欲未绝，谈无益"。每坐定，辄叩齿闭唇含液，液漱漉漉而咽之，以手摩面抓发，示曰："诀尽此矣。"曾至京师，自公卿至士民，争相出迎。人赠金帛，多不接纳；时接纳，即全付其弟子作功德。又为气功养生家，晋江扬道资曾为作传，言"赤肚九十一矣，而头发加黑，步履加健，容貌加润"。《性命圭旨》载《赤肚胎息诀》，述养气强身之要。太仓王锡爵作《李彻度赞》，并赠诗云："三度逢君鬓未星，从知大药九还成。烟霄路迥翔黄鹄，参井扪来下赤城。彩笔行吟高忌气，青囊市隐足平生。相期五岳朝真去，为问何人尚子平。"

李希士 生卒年不详。学者。字圣治。明黟县七都人。治学主张先治心。负笈入张公山，默坐观心。后与邹守益、湛若水、韩懋德、汪济等人创中天书院于渔亭。晚年所学益粹，欲继考亭（朱熹）之学，与海阳（休宁）金声创桃源书院于黟，一时立志求知者均以为师。著有《三经约言》《会讲录》。

李应乾 生卒年不详。学者。字御六。清婺源甲椿人。淹贯经史，宗仰程（颐）朱（熹），屡主讲郡紫阳书院、休宁还古书院。著有《四礼合参》《切韵入门书》《稽古随录》《墨茹制艺》《重订感兴诗阐义》等。督学称之"修礼通儒"。

李季札 生卒年不详。学者。李绩子，南宋婺源人。朱熹在徽州十二高第弟子之一。著有《近思续录》《字训续编》《明斋蛙见录》《肤说》《家塾记》《会遇集》等。卒祀乡贤祠。

李承端 生卒年不详。学者。字方彦，号椿田。清婺源甲椿人。乾隆五十二年（1787年）进士。历任工部都水司主事、屯田司主事、水司员外郎、制造库郎中，所在有声。精朱熹理学，师从同邑名家江永、汪绂，深究力行。先后主讲紫阳、海阳、滋阳书院。著有《读书摘记》《椿田诗集》《古今体诗》。

李健 生卒年不详。学者。字天行。清婺源甲椿人。涉猎群籍，尤得于毛诗，工吟咏。晚膺岁荐，80岁司训太平。著有《写心诗集》。

李家骧 1884~1930。教育家。字蛰凡,号竹舫。清末民国时期祁门景石人。清末邑庠生。毕业于安徽高等学堂。曾任祁门县视学、教育会长。著有《祁门乡土地理志》。

李鼎 生卒年不详。学者。字仲铉。元婺源人。隐于乡里,尝校正《皇元诗》梓行于学。

李筠 生卒年不详。学者。字焕文。清婺源高砂下市人。潜心研究程朱学术。学四书五经,多有心得,并能以身实践。尝裹粮徒步访朱熹讲学之白鹿洞书院,流连慕之。著有《春秋三传释经》50卷、《增补三鱼堂四书大全》48卷、《读书随录》和《内省笔记》等。

李缙 生卒年不详。学者。字参仲,号钟山。南宋婺源人。绝意科举,筑室钟山讲学终老。朱熹归里,每与程洵至其家讲论,称其文章高古奇崛如其人。著有《西铭解义》《论语解义》《山窗丛书》《诗文集》等。卒祀乡贤祠。

杨玄相 生卒年不详。道士。法名玄初,道号针洞。明黟县叶村人。性敬谨,寡言词,常告诫弟子"宜洁身心,分毫英苟"。暇则静坐行修,或课徒诵经。因参与祈祷皇绪灵应,拜恩奉敕三上京都面圣,钦授太素宫住持。

杨湄 生卒年不详。学者。字文在,号伊溪。清休宁板桥人。精研濂洛之学,兼工书法。为邑庠博士弟子,曾讲学还古、紫阳书院,诲人不倦。著有《枚轩集》。

吴士奇 ?~1626。学者。字无奇,号恒初。明歙县西溪南(今属徽州区)人。万历二十年(1592年)进士及第。先后知福建宁化、浙江归安县,擢曹承乏司,未几权关西,擢南京户部主事,后出守江西吉安。与邹元标推明性道,创三祀于白鹭书院。历四川、江西两省提学副使,后以忧归。守丧期满,补浙江绍(兴)宁(波)分守副使,后任湖广右布政使。举卓异,擢陕西布政使,尚未就职,晋太常寺卿。时魏忠贤肆焰,遂致仕归田。后以叙平川功,命以原官起用,坚卧不起,以所著《史裁》26卷、《绿滋馆稿》9卷、《考信编》2卷、《征信编》5卷、《三祀志》《楞严同》及其未刻之《皇明副书》100卷进呈。家居14年,读书治学,著书论断,上下古今,无依傍前人语。博学通经,善诗文,尤邃于史学。卒赐祭葬,加赠工部右侍郎。

吴大澂 1835~1902。学者,官吏。字清卿,号恒轩,晚号窟斋。祖籍歙县,寄籍吴县。清同治七年(1868年)进士,授翰林院庶吉士,散馆改官翰林院编修。同治十二年(1873年),外放陕甘学政,视学西陲,民不爱宝,鼎卣尊篹之属,廉石归装,往往满载。以此文采风流,照耀京国。疏请停修圆明园、裁减穆宗大婚典礼费用,以一词臣言人所不敢言,直声震九卿,潘祖荫、翁同龢交称其贤。光绪三年(1877年),奉诏襄助山西赈务,全活无算,疆臣左宗棠、李鸿章交荐其才堪大用。光绪四年(1878年),得补授河南河北道,舒饥荒,轻徭役,民颂其德。光绪六年(1880年)春,以伊犁议约,赴吉林随同将军铭安训练巩、卫、绥、安四军,招募屯垦,并疏请创立吉林机器制造局、兴筑三姓及珲春炮台。山东韩效忠盗开吉林夹皮沟金矿,沦为金匪,党徒四五万,有司屡剿难平。大澂单骑入山招抚,韩效忠见其不带一兵,出谒道左。大澂宿其所三日,谕以朝廷德意,劝其及时投效毋自误,韩效忠遂归顺于朝。光绪十年(1884年),擢都察院左都御史。同年冬,奉命往平朝鲜内乱。光绪十二年(1886年),会同吉林珲春都统依克唐阿与俄使巴拉诺伏合勘边界,收回被俄侵占之黑顶子,此地为边塞重地和沙金产区。自书大篆勒铭"疆域有表国有维,此柱可立不可移"。铜柱界碑立于吉林长岭子一带,并制铜柱界碑形徽墨以传世,成为青史美谈。欲以图们江出口为中俄公共海口,议虽未行,而中国船出入图们江时不必再向俄方领照。旋擢广东巡抚,革签稿之弊,赈惠州之灾,勘葡萄牙侵占毗连澳门的香山土地,疏陈原定界址与新占地界限不清,请总理各国事务衙门与葡国驻京使臣逐条辩论,暂缓定约,德宗诏可。光绪十四年(1888年),奉诏署理河东河道总督,重筑黄河郑州段决堤,仅四个月即告成,并省银60余万两。德宗嘉其绩,实河督。光绪十八年(1892年),守母韩氏丧期满,起授湖南巡抚。设课吏馆以考核属员,立求贤馆以招致高才,建蚕桑局以广增民利,筑百善堂以惠养贫乏。光绪二十年(1894年),日军侵略朝鲜,大澂毅然请缨,率湘军约3万人赴辽抗日。德宗大加赞赏,命驻山海关帮办军务。光绪二十一年(1895年)三月,湘军轻敌,首战牛庄即溃败。大澂自请治罪,部议革职。德宗以其首请从戎,败非其罪,改为留任湖南巡抚。言官交相弹劾,始遭开缺。光绪二十四年(1898年),慈禧恶其结党翁同龢,欲追论失律罪,赖袁世凯营救,仅处以永不叙用。罢官后精研金石学、文字学,尤能审释古文奇字。工书,篆书参以籀文,行楷方正流丽。善画,山水得王维神韵,花卉用笔秀逸,仿恽格山水花卉册及临《黄易访碑图》尤妙。兼长刻印,精鉴别。故居友恭堂在今苏州人民路双林巷。著有《古籀补》6卷、《恒轩吉金录》2卷、《字说》《古玉图考》《权衡度量考》各1卷、《窟斋诗文集》《窟斋集古录》等。辑有《十六金符斋印存》等。嗣孙吴湖帆,擅青绿山水,与溥儒并称"南吴北溥"。《清史稿》有传。

吴之骒 1639~1710。学者。字耳公,号达庵。清歙县西溪南(今属徽州区)人,寄籍江苏仪征。康熙十一年(1672年)举人,授绩溪县学教谕。后任英山县学教谕,重建学宫。针对溺女陋习,作《戒溺女歌》以教,设育婴堂以扶,一本于诚,不以官位卑微而挫其志。康熙四十八年(1709年),擢镇江府学教授,英山士民攀留哭送至两百里外。及至任,修学宫,课士子,乐于教职。严课程,饬行检,一循朱熹《白鹿洞书院揭示》,士风大振。以阐明儒学为己任,认为"天下事莫非吾分内事,必无愧于心,而后即安"。康熙四十九年(1710年),江苏巡抚张伯行读其所著《理学正宗》,喜其学行之醇,聘至苏州讲学。同年秋,以染疟疾辞世。著有《孝经类解》18卷、《桂留堂集》等。

吴子玉 生卒年不详。学者。字瑞谷。明休宁茗洲人。万历十六年(1588年)贡生。童幼好学,过目成诵,尝踏雪负书从师数百里外;17岁即主师席。擅古文词,应聘纂修《白岳志》《郡志》《金陵人物志》《中立四子集》《名世文宗》《韵学大成》《硕辅宝鉴》等书。郡邑诸谱牒、祠记,多出其手。著有《瑞谷诗文集》12卷、《茗洲吴氏家记》100卷。晚年曾任应天府训导,并被荐入史馆任职。卒于任所。钱谦益《列朝诗集》选其诗作。

吴云山 生卒年不详。学者。字苍伯,号古罍,又号苍二。清祁门渚口人。乾隆五十一年(1786年)举人。笃志经史,善诗、古文辞,工书。聘为东山书院主讲,辞不就。从游者甚众,大学士朱圭赞之为"笃行君子,不以人欲杂天真"。著有《九经集解》《易义纂训》《春秋楚辞述指》《西汉文类选》《东溪古文集》《古罍诗赋集》及《制艺》《拟策》。

吴云岫 生卒年不详。学者。字远平,号春台。清祁门渚口人。乾隆时由岁贡生任吴县训导。好稽古,经史子集博览无遗,天文、地理、社会、经济亦精心考究;工诗、古文辞。监督正谊书院,规矩整严,操守廉洁,诸生倾服。文庙倾圮,捐俸倡修。屡乞休,不允,卒于任所。著有《笔来余谈》《吴中百一谣》《春台诗》《春台古今文》。

吴曰慎 1622~?。学者。字徽仲,号敬庵。明末清初歙县南溪南(今属屯溪区)人。自少至老,钻研《易经》,尤致力于"宋五子"(周敦颐、程颐、程颢、张载、朱熹)学说。清顺治十三年(1656年),与施璜、无锡张绍等拜无锡东林学派高世泰(字汇旃)为师治经。学成后返回徽州,与施璜会讲歙县紫阳书院和休宁还古书院,阐扬朱子易学,从学者甚众。康熙十一年(1672年)撰成《朱子感兴诗解》,博稽明晰,多所贯通。康熙三十一年(1792年)任紫阳讲会会长,偕讲会者数百人捐资修治大堂。耄耋之年,仍参加紫阳书院讲会。著有《吴徽仲文集》《周易本义翼》《周易集粹》《周易愚按》《大学中庸章句翼》。康熙年间文渊阁大学士李光地辑引《周易愚按》45条入《周易折中》。中年后亦究心医术,顺治十四年(1657年)曾寓淮浦(今江苏淮安)授徒施诊。《清史稿·儒林》有传。

吴曰藻 生卒年不详。学者。字鱼依。清婺源中云人。乾隆元年(1736年)乡试夺魁,候补知县。60岁任上海县教谕。著有《植槐堂杂述》《芸溪书屋论文》《元魁要诀》等。子吴鳌(字抃山),肄业于紫阳书院,著有《养心录》《随笔录》《易经解义》。

吴从周 生卒年不详。学者。字文卿,号平沙。明婺源苔溪人。学问淹博,精研性理,以明经膺选授教皖城,寻历太学正。其教阐明正学,卓然师表。后擢杭州通判,卧理钱塘,时称"吴青天"。著有《易经明训》《春秋心印》《语录汇编》等。崇祯年间入祀乡贤祠。

吴文光 生卒年不详。学者。字有明,号一源。明婺源花桥(今属休宁溪口镇)人。嘉靖二十五年(1546年)举人,选授湖北应山知县。后弃职归,居家讲学,学宗紫阳(朱熹)。著有《尚书审是》《周易会通》《感兴诗解》《祀礼从宜》《性理要删》《门人答问录》《论稿》《一源文集》等。

吴尹 生卒年不详。学者。明黟县横冈人。潜心经史。尝著《纲目策问》,以阐明紫阳(朱熹)之学。

吴玉搢 生卒年不详。学者。字籍五,号山夫。清歙县丰南(今属徽州区)人,寄籍山阴。贡生。曾任凤阳训导。幼好辨识古文字,稍长研习经学,博通群籍,旁及金石彝器。著有《说文引经考》2卷、《别雅》5卷、《金石存》15卷、《篆书》52种和《隶书》68种。

吴龙翰 生卒年不详。学者。字式贤,号古梅。宋末元初歙县向杲人。南宋咸淳年间贡生,授迪功郎,入国史馆充实录。入元后,庠序诸生礼请为教授,任教10余年。为堂曰"跻寿"。嗜奇学博,释老之书,无不究观,而卒归于正。著有诗集16卷、杂著200余篇。子霞举,字孟阳,著有《易管见》60卷、《筮易》7卷、《太玄潜虚图说》《文公丧礼考异》。

吴甲三 1896~1934。教育工作者。字迈众,号畏庵。吴棣长子,清末民国时期歙县人。胆识过人,历任歙县教育会长、上海全国赈济委员会干事、安徽省省长许世英私人秘书、上海红十字会中文秘书、安徽省建设厅编辑股股长兼印刷厂厂长。民国十三年(1924年),歙南旱灾严重,与县城汪己文、王充、方与严组织灾民同县府作斗争,迫使其开仓粜谷赈灾。民国十六年(1927年),自筹资金创办徽州六邑中学,自任校长。提倡民主办学,主张男女平等。组织歙县造林工会,主张保护私人林场,发展实业。

吴尔宽 1865~1925。学者。字仲容。清末民国时期休宁万安人。幼颖慧勤学,12岁考秀才,后因科举失利,遂以设馆授徒为业。陶行知七八岁时,尝随父至万安外祖父家拜年,外祖父母见行知天资聪慧,即将行知留住家中,从塾师尔宽受学。行知至十一二岁时,已能在三刻钟内熟读《左传》43行,一时传为佳话。尔宽博学能文,惜所著文稿已散佚。

吴永昌 生卒年不详。字孟文。明休宁县虞芮乡趋化里茗洲村人。洪武十三年(1380年)举人材,授句容县知县。

吴成志 生卒年不详。学者。字儒达。明婺源花桥(今属休宁溪口镇)人。穷经书,长于史,文词范今铸古。著有《尚书制意》《四书制意》《周易补过》《晤语》等。

吴伟 生卒年不详。字子充。明休宁县虞芮乡趋化里茗洲村人。嘉靖三十一年(1552年)岁贡生,任湖广桂东县教谕。著有《四书周易要旨讲索》《礼经集成》《春秋传粹》《书经大意》《桂东学政录》等。

吴汝遴 生卒年不详。字慎先。明休宁县虞芮乡趋化里茗洲村人。邑庠生,赋性醇笃,少习举子业,后谢去青衿,一以讲学为事。每逢紫阳书院、还古书院会讲之期,不以风雨疾病阻。殁后祀德邻祠。著有《葩经臆说》《中庸臆记》等。

吴守道 生卒年不详。学者。号培峰。明祁门城西人。诸生。著有《瞻圣楼集》《谢氏四礼图》。

吴观万 生卒年不详。学者。字亨寿。元休宁大溪人。笃尚朱子之学,见解独特,发前人所未发。著有《潮说》《夏小正辨》《闰月定四时成岁议》。

吴买 生卒年不详。学者。字汉臣,号之翰。元末明初休宁上溪口人。性敏嗜学。通《五经》,尤精于《易经》,为文古雅。明初累征召,不就。著有《药溪集》。

吴甸 生卒年不详。学者。字禹南,号志堂。清婺源赋春人。少颖悟。其学博综今古,尝著《四书五经说》自抒心得。尤精律吕,能自制乐器,读书闲暇弹琴寄意。又以善病涉中医,以医术施惠于人,并著有《麻疹切要篇》行世。乾隆五十二年(1787年),授和州训导。

吴应申 生卒年不详。学者。字文在。清歙县人。博览群书,通经史,深于《春秋》之学。著有《春秋集解读本》12卷传世。以《春秋》经解卷帙浩繁,难于遍读,遂荟萃众说,择其合于《春秋》经旨者,详注于经文之下,以资士子记览。

吴应选 生卒年不详。学者。字安倩,号周虚。清休宁商山人。嘉庆年间邑庠生,曾署县学训导。著有《有籁集》2卷。

吴应莲 生卒年不详。学者。字藻湘,号映川。清休宁人。幼聪颖好学,读书不求仕进。工诗文,每有所作,必呈父阅,以博其欢。著有《淇竹山房文集》。

吴应紫 生卒年不详。隐逸。南宋休宁璜源人。16岁领乡荐,升上舍。左史吕午奇其才,以女妻之。宋亡退居林下。有诗云:"自甘白屋为闲叟,敢说青云有故人。"

吴苑 1638~1700。学者。字楞香,号麟潭,晚号北黟山人。明末清初黟县传桂里(今属徽州区)人。康熙二十一年(1682年)进士,选翰林院庶吉士。散馆授检讨,分修《大清一统志》《明史·礼志》《礼经讲义》,后充日讲起居注官。康熙二十九年(1690年)总修《歙县志》12卷。后升右春坊右中允兼翰林院编修官、翰林院侍讲,擢国子监祭酒。曾整理历代进士题名碑,凡所获旧碑皆为重建,以振兴文教为己任,主讲紫阳书院,深究太极、西铭、河洛之理。大学士王熙誉之为"近今第一祭酒"。热心家乡公益,出资浚昌竭,与弟吴荃、吴崧一起倡议歙邑诸绅捐资重修渔梁坝。族子贫不能婚者,每年捐资助婚二人,按长幼之序。生性至孝,读阳城责诸生归养语有感,即以母老乞归。著书10余种,汇编为《北黟山人集》《大好山水录》等。

吴昌龄 生卒年不详。学者。字京少。清休宁大斐人。邑贡生。学识精深,通古晓今,与堂兄鹤龄、弟锡龄人称"三吴"。屡试不第,遂无意进取。居家讲学,争相入学者甚众。对贫而颖敏者免其学费,且资助书籍。乾隆间重建魁星楼,嘉庆年间重修县学宫,均与其事。著有《读易图经》《文选增注》《梅村诗笺》藏于家。

吴季扬 生卒年不详。隐逸。明休宁由山东乡人。性严毅。谙经史,文高古,称疾不仕。

吴侃 生卒年不详。学者。字怀英。清休宁遐槎塘人。为人端庄,持论卓有见地。明季魏忠贤矫旨毁天下书院,还古书院亦在毁中,吴侃力为之修复。著有《在是集》行世。

吴宗信 生卒年不详。学者。字冠五,号螺隐,人称"屯溪先生"。清休宁屯溪(今属屯溪区)人。少时潜心科举,科场不利,乃出任浙江按察司部曹。父丧后不再外出。身材魁伟,学识渊博,在文坛颇享名气,对文论有独到见解,认为:"我辈为文,不能扶翼世道,虽艳如花,热如火,只堪覆瓿耳。"处世重义气,好出游,游览山水之余,以文会友,以诗联谊,结交文人墨客甚多。生性放荡不羁,兴至辄吟,不拘格调,直抒胸臆,无一步人后尘。自云:"与其伶伦截竹而效雍雍之凤鸣,何若山鸣谷应自存天籁!"著有《履心集》4卷,周亮工、毛奇龄、王暨等为其作序。与周亮工友善,为其校订笔记《因树屋书影》。顺治十五年(1658年)周亮工因被劾押于刑部白云司,宗信告别家人,赴京陪其候审。康熙五年(1666年)案审终结,周亮工作《送冠五还黄山》五律相赠。

吴承仕 1881~1939。学者。字检斋,号展成。清末民国时期歙县沧山源人。清光绪三十三年(1907年)以朝元(朝考一等第一名)授大理院主事。民国四年(1915年)改任司法部佥事。早年拜章太炎为师,在音韵训诂和古代名物制度考辨方面造诣很深,与章氏另一弟子黄侃并称为"北吴南黄"两大经师。晚年主要从事教育工作,历任北平师范大学、中国大学国文系主任和北京大学兼职教授等。民国二十四年

（1935年），与齐燕铭、张致祥创办《盍旦》月刊。次年，加入中国共产党，成为中共北平支部的特别党员。北平沦陷避居天津租界内，拒绝日伪政权收买出任北平师范大学文学院院长的企图。民国二十八年（1939年）秋，因患伤寒于北京协和医院去世。中国大学师生将校园中一座凉亭改名为"检公亭"，以示怀念和景仰。毛泽东称吴氏病逝为"老成凋谢"。民国二十九年（1940年）四月，延安各界举行追悼大会，周恩来挽曰："孤悬敌区，舍身成仁，不愧青年训导；重整国学，努力启蒙，足资后学楷模。"吴承仕在文字、音韵、训诂研究上，将汉至唐近百家音切分别辑录，参校典籍原文进行辨证，成书25卷；后缩简为7卷出版，名为《经籍旧音辨证》。另著有《经典释文序录疏证》《说文略说笺识》等。

*吴承仕

吴承煊 生卒年不详。学者。清歙县人。著有传奇《花兰侠》《绿绮琴》。

吴珏 生卒年不详。学者。字西玉。清徽州府城人。乾隆二十八年（1763年）进士，候补内阁中书。曾主讲维扬安定书院。著有《绎水经注》《古歙诗钞》。

吴珊 生卒年不详。字朝重。明休宁县虞芮乡趋化里茗洲村人。由邑入国学，官湖广辰州府经历（即《家典》中所称"除辰州少府"），后转宁化薄等。

吴钦 生卒年不详。隐逸。字敬远。宋末元初休宁璜源人。曾中漕举，授徽州府学教授。宋亡不仕，以高节自况，时人推之。

吴修月 1866～1894。学者，女。原名印，字绣月。清歙县人。工吟咏，乡党间以"才媛"称。著有《修月遗稿》存世，清末学者俞樾、周赟为之序。

吴垕 1151～1218。学者。字基仲。俛子，南宋休宁商山人。笃学，嗜文辞，天姿孝友，诚确温恭，乐天知命，恬于势利。10岁能属文，叔父吴儆深相期待，尝曰："能世吾学者，是子也。"乃以闻诸当世大儒之学授之。15岁游乡校，升讲书，讲篇必祖述濂洛诸儒及考亭夫子之说。尤精于举子业，与同邑程卓（程大昌从子）同门，卓甚相敬服。与程若庸（达原）、范启（弥发）相友善，俱宗程朱理学。平生好修洁，足不妄践，口不妄议，非类友不交，非圣人之书不读。尝署其斋曰"自胜"，又营别墅于易村，颜曰"溶月轩"。究心家学，学有源委，著有《自胜斋集》6卷、《雪窗二十咏》等。子锡畴能世家学，著有《兰皋集》。

吴度 生卒年不详。学者。字叔子。清徽州府城人。幼聪慧异人，博闻强记。康熙十一年（1672年）拔贡。著有《竹田集》《琴言行谱补遗》《郡志四考》等。

吴姜 生卒年不详。学者。字贤二，号吾庐。清婺源中云人。少颖异，于书无不读。乾隆四十八年（1783年）府正贡，馆于福山书院授徒，从学者众。著有《纯正蒙求句释》《易经补注》《书经补义》《礼记集说》《天文考》《诗文集》等。

吴昶 1155～1219。学者。字叔夏，号友堂。南宋歙县向杲人。朱熹在徽州十二高第弟子之一。少刻志为学，通五经，与罗愿、洪迈、程大昌相友善，皆负盛名。淳熙三年（1176年），文公朱子以扫墓归婺源，至歙紫阳山瞻仰外祖祝确故庐，昶幡然悟俗学之陋"率先执经馆下，获闻伊洛至论"。后"伪学"党作，弟子多更他师，而昶益坚，"徒步走寒泉精舍，就正所学，得文公心印"。深得朱子器重，书翰往来不辍，待昶如滕德粹、德章、程允夫相等。尝请得朱熹亲笔《四书注》稿以归，终身守其师说，造诣愈深。著有《易论》、《书说》80卷，尝受朱熹嘉许。尚著有《史评》7卷、《诗文集》50卷。吴昶孙吴豫能守祖训，为堂曰"延芬"，储书万卷以待学者

吴逊 1378～1459。学者。字以恭，号可筠。明歙县人。少时即能诗，出语清奇，尤工乐府歌曲。壮年，商游武林（今浙江杭州）、姑苏（今江苏苏州）、金陵（今江苏南京），所至名士请交，英誉藉甚。30余岁后居家，益用心温旧学。喜史伯璿《四书管窥》、黄楚望《六经补注》，扩先儒所未发，皆手录而精究。晚年学问老成，为文更有理致。士大夫于礼文稽古事有疑处，多向其请教。郡邑举行乡饮，必请其正宾席。

吴浩 生卒年不详。隐逸。字义夫，号直轩。锡畴子，元休宁商山人。精研理学，隐居不仕。所著《大学口义》为《永乐大典》收录，另著有《直轩集》。

吴彬 生卒年不详。学者。字仲文。元末休宁古墩（今吴田）人。少聪敏，偕弟吴显从舅父陈栎学，并有文名。躬耕不仕，为学严谨，凡所著书必详加甄核。《新安学系录》有传。陈栎赞扬称："能传吾学者，吾甥也。"又言："吴甥耕猎经史，种学绩文，每有悟入，予凤器之虚谷方公，余学胡士，弘斋曹公，三公国士，天下皆于甥加赏识。"所著数百卷，传世者仅《性理问答》1卷，附录于《陈定宇文集》。

吴梦炎 生卒年不详。学者。字文英，号南窗。宋末元初歙县丰南（今属徽州区）人。南宋景定元年（1260年）举于乡，初授休宁教谕、紫阳书院山长。在任修文公祠，兴小学，勤于化导。迁本府教授，后转处州路教授，以学田四百亩建石门书院，教化士民。累迁浙江道廉访、池州路铜陵县尹。著有《补周易集义》《朱文公传》。

吴维佐 生卒年不详。字咨亮。清休宁县虞芮乡趋化里茗洲村人。太学生,讲学紫阳、还古两书院,施诚斋深器重之,事节母,曲尽欢心。母殁,哀毁骨立,祭葬尽礼。倡建宗祠,出私田以供公祀,置义田以润孤寡,立学田以给胶庠。著有《松筠堂集》。

吴棣 1877~1918。学者。字奠秾。清末民国时期歙县人。14岁,报考优廪生。后见榜上无名,遂与考官理论,终获重考机会。援笔立就,考官已觉惊讶,及阅卷辄赞叹:"吴棣者,真无敌也。"由此博得"无敌大将军"雅号,而刚介勇毅如初。清光绪三十一年(1905年),在知县邓瑜支持下,创办官立两等小学堂(城关小学前身)于府城段宅(今斗山街40-1号),费无所出,堂长、教习皆自兼。光绪三十二年(1906年),助许承尧创办紫阳师范学堂,与知府力争,几至攘臂,风谊可感。时乡人在安徽芜湖设旅学,招其前往。吴棣艰难赴任,卒具绩效,极受合肥蒯光典推崇。后历任歙县、皖省视学,直声卓著。

吴遇龙 生卒年不详。学者。字子云。南宋婺源梅溪人。绍定五年(1232年)进士。初任临汝校官,继改兴隆府通判。博学,与同郡方岳、程元凤齐名,号称"新安三博士"。又与丞相江万里、何子举、陈松龙号为"易义四英"。著有《易旨疏解》。

吴景超 1901~1968。社会学家。一名纪谦。近现代歙县岔口人。民国四年(1915年)考入清华学堂。民国十二年(1923年)赴美国留学,先后在明尼苏达大学和芝加哥大学攻读社会学,先后获得学士、硕士、博士学位。民国十七年(1928年)归国,任金陵大学社会学系教授兼系主任,并开展城市经济调查。民国三十六年(1947年),任教清华大学社会学系。曾主编《新经济》《社会研究》《新路》等刊物,从社会学角度研究中国社会的贫困,抨击丑恶与黑暗。同时侧重于从经济的角度来研究社会,特别是都市社会。明确界定"都市区域"和"都市的区域"两个概念,探讨了理想都市等问题;还提出"发展都市以救济农村的理论"。又根据人口密度和职业两个标准将国家划分为四种,指出中国是属于人口密度颇高、靠农业谋生之人百分比较高的第四种国家,其出路在于充分利用资源,改良生产技术,实行公平分配,节制人口。著有《社会组织》《都市社会学》《社会的生物基础》《第四种国家的出路》《劫后灾黎》等。后历任清华大学、中央财经学院、中国人民大学教授,并被推选为民盟中央委员和全国政协委员。

*吴景超

吴程 生卒年不详。隐士。字伯章。元婺源人。隐居读书。著有《四书音义》,休宁朱升更其书名为《四书经传释文》。

吴瑚 生卒年不详。字朝荐。明休宁县虞芮乡趋化里茗洲村人。曾给事铨司,时称为精进掾史。后隐于梅山之阪,遂自号梅山。一时名士重之,有欲荐于朝,坚意不仕。

吴锡畴 1214~1276。学者。字元伦。吴昼子,南宋休宁商山人。幼励志于学,师事程若庸,精研理学。咸淳年间,南康守叶闾聘为白鹿洞书院山长,辞不赴。性喜植兰,自号"兰皋"。工诗,为方岳所赏。著有《兰皋集》3卷。

吴蔚光 生卒年不详。学者。字哲甫,号竹桥。清休宁大斐人。乾隆四十五年(1780年)进士,授翰林院庶吉士。后乞归退,潜心著述。著有《毛诗臆见》4卷、《方言考据》2卷、《易以》2卷、《洪范音谐》1卷、《春秋去例》4卷、《读礼知意》4卷、《求闲录》10卷、《闲居诗话》4卷、《骈体源流》1卷、《杜诗义法》8卷、《唐律六长》4卷、《诗余辨伪》2卷、《姜张词得》2卷、《素修堂文集》20卷、《寓物偶留》4卷、《小湖田乐府》14卷、《古金石斋诗前后集》60卷。

吴儆 1125~1183。学者。初名偁,字益恭,号竹洲。少微九世孙,南宋休宁商山人。休宁"理学九贤"之一。少善属文,与兄俯驰声太学,时称"眉山三苏,江东二吴"。绍兴二十七年(1157年)进士,初授鄞县尉,后改知安仁县,历官奉议郎。淳熙年间曾署邑州通判、广南西路安抚使等职,终以泰州知府致仕。与朱熹、张栻、吕祖谦、范成大等相友善,张栻称其"忠义果断,缓急可仗",朱熹得其所作《尊己堂记》,喜曰:"今读其记文有以见其所存矣!"范成大称:"吴益恭,豪士也。"后以双亲年迈请辞,主管台州崇道观。在家居竹洲,暇与其徒穷搜经史。四方来学者数百人,结茅舍于其旁,分斋教之。为文峻洁雄丽而折中于道。著有《竹洲集》30卷。

吴翟 ?~1736。字青羽,号介石。清休宁县虞芮乡趋化里茗洲村人。少颖悟,及长力学,于经义无不洞彻,为雍正二年(1724年)徽州府学岁贡生,曾主讲紫阳书院讲席。终生未仕,是一位有声望的宿儒。著有《茗洲吴氏家典》等。

吴聪 生卒年不详。字克敏。明休宁县虞芮乡趋化里茗洲村人。弘治十四年(1501年)岁贡生,正德年间授浙江嘉兴县丞。

吴璠 生卒年不详。学者。字宗虞。清黟县横冈人。性孝友,优于学。著有《剑堂纂四书说要》,南州俞炜为之序。

吴缵修 生卒年不详。字宗彝。清休宁县虞芮乡趋化里茗洲村人。府庠增生,道光元年(1821年)

荐举孝廉方正，钦赐六品顶戴。

何士玉 生卒年不详。学者。字璞山。清婺源人。雍正七年（1729年）魁南闱。乾隆二年（1737年）登明通榜，授太湖教谕。门下多名彦。乾隆十六年（1751年）部选邑令，先补清河教职，未任病卒。著有《学庸约》《评点左国两汉古文》《唐宋诗选》。

何仙姑 生卒年不详。道人。宋歙县人，昌化旧隶歙，故亦云昌化人。驻跸山有何家坞，传言上世出一仙姑，其地无蚊，相传此地为其俗家。

何瑞龙 生卒年不详。学者。字信芳。清黟县人。乾隆五十一年（1786年）举人，精《四书》，于经史子集均有评注，惜未成编。晚年，自辑文稿数百篇，成《塾读存稿》，由门人江海梓行。

余元昌 生卒年不详。学者。字得全。清婺源沱川人。7岁能文，13岁补郡庠。其为学，日取关闽濂洛之书，博综而精研，沉潜反复，要于躬行心得。仰其门墙者，争以得入为荣。著有《四书心传》《尚书汇要》《尘北居文集》。

余元遴 1724~1778。学者。字秀书，号筼溪。清婺源沱川人。少好学，因家贫兼行樵汲。补邑庠生后，受业于名儒汪绂。汪绂卒，收其遗书数百卷，乾隆三十八年（1773年）献以学使朱筠。朱筠嘉赏，命学官缮写上四库全书馆。居家授徒以终。著有《庸言》《染学斋诗集》《诗经蒙说》等。

余世儒 1518~1579。学者。字汝为，号念山。明婺源沱川人。8岁能文。嘉靖十三年（1534年）中举人，次年选授浙江瑞安知县。时两浙有倭警，世儒调度有方，民倚之若慈母。隆庆三年（1569年）改南康知县，在任更役法，课士移风。万历二年（1574年）升四川台州知州，辞不赴。归乡后筑"中心精舍"，与同好讲业。著有《破蟋蟀集》《幼学稿》《未信稿》。卒祀乡贤祠，南康、瑞安人祀于名宦祠。

余龙光 1803~1867。学者。字灿云，号黼山。清婺源沱川人。道光十五年（1835年）中举人，补江苏娄县知县。后历官昆山、元和、清浦知县。继其祖元遴研理学，能诗文，有名于时。著有《唐书》《朱子祠祀考》《元明儒学正宗录》《经学管窥》等20余种。

余有敬 生卒年不详。学者。字盘友。清婺源沱川人。庠生。德行高洁，深受乡人推崇，众题其居巷为"志仁里"。撰有《朱子精语》《朱子节要》《近思录辑注》《吕氏蒙童训注》《先儒腋裘集》等。其弟余有为（字次棠），郡庠生。沉酣六经，综览百氏。工诗、古文辞，浑灏雄深，不落寻常蹊径。著有《古城书院文集》《芝山草堂诗稿》《白云深处杂吟》。

余光耿 生卒年不详。学者。字觐文，又字介遵，号念斋。清初婺源沱川人。康熙三十七年（1698年）拔贡，考授承德郎。康熙四十四年（1705年）中举人。博学多才，常托吟咏以自遣。著有《一溉堂诗集》《一溉堂赋集》《蓼花词》《雅历》《枌榆杂述》等。

余华 生卒年不详。学者。字积中。清婺源沱川人。邑廪生。性端重，其学服膺躬行，教人以器识为先。为文纯正，诗亦潇洒出尘。著有《写心集》《法古录》《敦实编》《学庸集解》《实观录》《省吾录》等。

余含棻 生卒年不详。学者。字芬亭，号梦塘。清婺源沱川人。少颇负壮志，于书无所不读，才学渊博。性刚介，中年客旅广东沿海等地，适逢海疆多故，上书万余言指陈形势，条述卫国安民之策。制府祁公壎、中丞梁公宝均仰其才，有"留侯借箸，景略扣虱"之誉。工诗词、文赋，亦精医术。著有《筹海策略》《培荆阁文集》《培荆阁诗集》《梦塘三书》《保赤存真》（又名《幼科心法保赤存真》）和《医林枕秘》等。

余鸣雷 生卒年不详。学者。字长公，号章节。明末婺源沱川人。其学无所不窥，星象、河渠、疆域、礼乐、律法、兵制与上下数千年沿革得失，皆能悉数。时魏忠贤专权，禁道学，感愤时政不入考场。崇祯九年（1636年）行荐辟之令，欲举其应诏，力辞不就；按例父（余懋衡）荫可得恩职，亦不补官。居乡辑述父书，绍明性学以终。著有《天闻斋稿》《天经阁集》《经济典汇》《军资备考》《考经末简》《秦税纪》等。

余岩显 生卒年不详。学者。明黟县人。隐居教授，学富才赡。嘉靖年间，举修《三朝实录》。

余宗英 生卒年不详。学者。字伯雄，号毅斋。清婺源沱川人。受业于同里余元遴，得读大儒汪绂著述，学问益深。乾隆五十一年（1786年）乡试中榜。著有《易经参议》《书经提要》《礼经撮要》《春秋提要》《禹贡辑注》《读书随录》《浮吉堂诗集》等。

余垣 生卒年不详。学者。字大微，号寓公。明婺源沱川人。尝与弟余维枢著书金陵（今江苏南京），未几授内阁中书，寻推户部主事。以亲老归，构"宝晖楼"讲学授徒，时以比金仁山、许白云。著有《史学析疑》《性理粹言》《诸儒语录合编》《静深堂诗》。

余养元 生卒年不详。学者。字食其。明婺源沱川人。少警敏，渊源家学。弱冠入郡庠，工古文辞，淹贯经史百家。诗文逼汉魏盛唐，理学中所罕比者。著有《周易燃藜》《货殖传》《秣陵集》《今言》《诗文遗稿》。

余宣和 生卒年不详。道人。字大臭。清婺源沱川人。佣于景德镇，得值养母弟。偶于茶肆遇一僧，委以寄书庐山长老。事返，僧出书数卷授之。从此云游，称"飞霞道人"，人莫测其踪。通政司副使王友亮有诗咏其事曰："沱川有仙人，姓余字飞霞。

体中配龙虎，不藉丹鼎砂。遨游数十年，貌若春松华。既乃隐形去，十洲寻故家。仙兮盍归来，吾欲借青蛇。"

余冠贤 生卒年不详。学者。字耀庭。清婺源沱川人。少聪颖。郡邑冠军入泮，肄业于紫阳书院。曾多方聘其任职，但虑父母年迈，当不离身边以尽孝而不往，借设馆授徒资养亲人。恒谓"习医以延亲寿，觅地以妥先灵，皆人子分内事"，故常"晴则裹粮游山，以营宅兆"。著有《三传参考》《芝湖诗稿》《医学险症随笔》《活幼心传》《葬法口义》《地学理气合编》等。

余振鸿 生卒年不详。学者。字杨翼。清婺源沱川人。顺治十七年（1660年）由廪贡考授州判，改浙江卫经历，后升沙河知县。精研理学。著有《周易精解》《明心俚话》《勿盈轩诗稿》等行世。

余基 生卒年不详。学者。字士履，号洙源。明婺源沱川人。少治《春秋》。尝任南京英武卫参军，条陈清理屯政诸事，受嘉奖，并著为令。游学南京，所交多名士。居家养亲，"精理学，重孝德"，人称"洙源先生"。卒祀郡、县宗庙。著有《洙源文集》《戏彩堂诗》《麟经辨疑》《问学悟语》。

余崧 生卒年不详。学者。字冠山。清婺源沱川人。乾隆五十三年（1788年）正贡，入国子监，以母老不应试。著有《周礼读要》《尔雅集注》《格言书绅》《困学善行录》等。

余维枢 ？~1666。学者。字中台，号慎旃。清初婺源沱川人。天性孝友，禀质端凝，童时即潜心理学。祖父懋衡奇之，遂悉授以心性之学。顺治九年（1652年）岁贡生廷试第三名，授直隶永年知县。为政一本学道爱人，葺黉宫，立义塾，朔望集诸生论性道。又疏河筑堤，以防水患；捐资贸田，以养无告；凿井建闸，以资灌溉；诸所举行尤为数百年计。康熙二年（1663年）改山西临县知县。次年行取迁司马，授兵部职方司督捕主事。著有《从祀诸儒系议》《泮宫礼乐合集》《令洺录》《池上楼诗集》《中台文集诗稿》等。

余道元 生卒年不详。方士。号天谷子。南宋婺源人。宝庆年间自黟北游齐云山。慕齐云之胜，遂请向道诸居士献地捐资，于齐云岩下斩草结庵，供真武神像（相传百鸟衔泥塑成），辟创"佑圣真武祠"。晚年倡建"西山祖殿"于横江北岸，羽化后亦葬于此。

余嘉辰 生卒年不详。学者。字声洪。清黟县城西人。读书有疑必穷究，主张为师表者宜身体力行。著有《四书解疑》8卷、《义桂庭谷贻文集》4卷。

余懋交 生卒年不详。学者。字全之。明婺源沱川人。少颖敏，善属文。与从弟懋衡号称"双璧"。万历二十六年（1598年）廷试第一，授宁州司训。谈经论艺，不泥一家之言。后除贵池司训，未任卒。

余懋进 生卒年不详。学者。字用之，号云门。明婺源沱川人。万历四年（1576年）领乡荐。嗣19载贫苦如诸生，力学砥节，处之泰然。著有《四书解》《五经管窥》《性学质疑》。

余懋孳 ？~1617。学者。字舜仲，号瑶圃。明婺源沱川人。万历三十二年（1604年）进士。初授浙江山阴知县，在任以德化民，力维风教，勤于造士；尤明慎刑狱，以析疑狱难案为人钦服。同时为官清廉，一切羡余馈饷分文不取，两次考绩皆为"卓异"，遂于万历三十八年（1610年）征为礼科给事中。工真、草书，有《紫光楼临古》等帖；又娴熟古文词。著有《黉言》《春明草》《龙山汇牒》《礼垣疏草》等。

余瑾 1463~1547。学者。字廷献，号屏山。明婺源沱川人。精研性学，议论深得宋儒宗旨。任浙江松阳县丞六载，公正廉明。致仕居家，勤于著作，有《松阳课士条录》《屏山文集》。自额居屋"学耕处"，题柱曰"数椽陋室居平地，一点灵台对上苍"。

汪九漪 生卒年不详。学者。字紫润，号梅圃居士。明休宁梅林人。少娴文辞，通经史，晚尤精邵子易学。潜心著述，有《续皇极经世说》《书七音类集述》《雪中集述》《替复集》《梅圃诗文集》等。

汪士仁 生卒年不详。学者。字道修。明绩溪城南人。诸生。晚年筑室灵山之麓，读书自娱。著有《灵沧集》。

汪士汉 生卒年不详。学者。字暗然。清婺源人。以贡生入国子监，考授州同知。绝意仕进，专心著述，有《四书传旨》《易经集解》《古今记林》《贵海虞衙》《集古山房文集》《秘书廿一种》等行世。晚年侨居南京，堂坐藜影阁讲《易》。

汪士逊 生卒年不详。学者。字宗礼。元休宁南门人。博览群书，精于理学。至元十八年（1281年）举授南轩书院山长。元贞年间，征充本县教谕。勤于教育，化洽乡间，主张"凡读书以践履致用为本，立身以孝悌为先"，为世人所推崇。

汪士通 生卒年不详。学者。字宇亨，号东湖、廷青阁。清黟县人。乾隆六年（1741年）拔贡。乾隆十八年（1753年）中举。曾任萧山知县。工诗文，善画，名噪一时；亦精篆刻。著有《书经讲义》《东湖诗集》，惜印谱无存。

汪士魁 生卒年不详。学者。字伯伦。明休宁人。邑庠生，博古通今。著有《易经约说》《易林宗旨》《四书宗旨》等书。

汪大业 生卒年不详。学者。字简宣。明末清初婺源大畈人。明崇祯十五年（1642年）郡院举考第一，因非生员仅中副榜，故而无意再进，于婺源、歙县教授生员。其学秉承伯父念祖之教，谨守"文贵步虚，行宜切实"之道。笃志宋儒理学，诗文自成一家，淡而不枯，颖而不纤。著有《四书觉路》《四书要旨》《学庸表注》《学庸图说》《易经析义》。

汪大发 生卒年不详。学者。字敷之，号腾坡。宋休宁人。师事魏鹤山。晚年建平山书院，教授于乡。著有《九经要义补》。

汪大海 生卒年不详。学者。字谷丰，号愿晏。明祁门城东人。诸生。博学多才，评论时势，皆切时弊。郡、邑大夫闻其贤，每登门造访。著有《能下斋稿》，并辑定《朱子家礼》。

汪云隐 生卒年不详。道士。明黟县城北天尊观住持。四方师从者众。婺源胡月潭慕名前来参拜为师，从学太元法，功成亦名闻于时。

汪中 ❶1745~1794。学者。字容甫。清歙县古塘人，寄籍扬州。治经宗汉学，不信阴阳神怪之说，亦不喜宋儒性命之说。遍览经史百家，博综典籍，于古今制度沿革、民生利病之事，毕博问而深究之。著作甚多，有《仪礼经注正伪》《大戴礼记补注》《尔雅补注》《春秋述义》《广陵通典》《述学内外篇》《春秋后传》等；另撰有《黄鹤楼铭》《广陵对》。❷生卒年不详。画家。字无方。明歙县丛睦人。翎毛、山水、人物精湛一时，亦工佛像。汪泓、汪亦午俱得其传。

汪升 生卒年不详。学者。字兰友。清婺源段莘人。生平栽培后学，为士林推崇。郑督学赠匾"亚学通儒"，罗郡侯赐额"明道敦伦"。著有《四书辨讹》《学庸要旨》《三教辨》《地理辨》《四书纯解》《古文奇珍》《历科墨镜》《评释古今巧对》等。

汪文台 1796~1844。学者。字南士。清黟县碧山人。善文，聚书万卷，笃志汉儒。读阮元《十三经注疏校勘记》，以为有益于后世。然书出众人之手，中有讹误，乃撰《十三经校勘记识语》寄阮元，阮元读后"服其精博"，遂礼聘其赴文选楼校书。道光二十一年（1841年）清廷查禁鸦片，英国发动侵华战争，文台因作《红毛番英吉利考略》一书。另著有《后汉书辑》《说文校字录》《小学勘记》等行世。

汪文旺 生卒年不详。学者。明黟县人。自幼敏慧，博通古今。遍游吴越、江汉，所过胜地，流连赋诗。后定居复岩，绝迹城市，终身泉石。著有《屏山集》。

汪以先 生卒年不详。道士。道号潜养子，法名智了。明绩溪人。曾赴九华山参拜无念禅师，聆受普度众生济世之旨；又访李幽岩师于武当，得静修养之法。永乐十八年（1420年）来白岳，栖止于齐云观。在山募修宫观、山道，于宣德四年（1429年）建三清及厢廊斋舍，未竟病卒。

汪允宗 1873~1918。学者。名德渊，笔名寂照、寂音、胜因等，以字行。清末民国时期歙县大里人。少时师从西溪汪宗沂，肄业于芜湖中江书院，深受袁昶器重。清光绪二十八年（1902年），留学日本。光绪三十一年（1905年），加入中国同盟会，与于右任、郭礼征义结金兰。《警世钟》被查封后，即与于右任、杨笃生、汪彭年等奉命回国，开展革命宣传鼓动工作，后就职于金粟斋编译局。光绪三十三年（1907年）四月，与于右任、邵力子、杨笃生等12人在上海英租界四马路（今福州路）创办《神州日报》，为东南八省同盟会喉舌。汪允宗撰稿抨击时政，笔锋犀利，博通经籍，文辞优雅。每立一义，贞固不拔，适为人人心中所欲言，而于种族隐痛、民生疾苦微言寄慨，入人尤深，故当时神州论坛俨然为民党壁垒，有功于后来兴复为多。副刊《晶报》开上海小报之先河。后由于清廷勾结英租界加以干涉，于右任不得不离开报馆。光绪三十四年（1908年），杨笃生又前往英国伦敦，《神州日报》即由允宗、汪彭年具体负责。宣统三年（1911年）十月，武昌起义消息传至上海，允宗欣喜若狂，连夜赶写社论声援。在《神州日报》舆论影响下，上海新闻界纷纷发表消息表示拥护，对促使上海迅速光复做出贡献。辛亥革命后，允宗不断撰写文章抨击帝国主义勾结军阀祸国殃民。不料总负责汪彭年接受袁世凯的条件，将报馆交给袁世凯亲信孙震东。此后《神州日报》面目全非，但允宗依然坚持与袁世凯斗争。袁世凯死后，段祺瑞执政，公然撕毁约法。允宗挺身而出，竭力撰文抨击，段祺瑞恨之入骨，买通医生将其暗害。著有《孟子辑义》14卷、《马氏南唐书笺》20卷、《新都今事庐笔乘》16卷、《志小录》《诗词存余》《寂照随笔》等，均未刊行。

汪龙 ❶生卒年不详。学者。字叔辰，又字蜇泉、起潜。清歙县人。乾隆年间举人，拣选知县。精研《毛诗》数十年，著有《毛诗异议》4卷、《毛诗申成》10卷，又精熟许慎《说文解字》，段玉裁注《说文》时，多采汪龙之研究成果。晚年主讲邑城古紫阳书院。曾参与纂修郡志，写成人物志稿8册。❷1904~1952。统计学家。字希辰。近现代黟县陈闾人。就读上海震旦大学时，曾领导学生会"反对神父，要求收回教育权运动"。毕业后赴法留学，入巴黎大学统计学院，专攻社会学统计、人口专业。归国任国民政府主计处统计局科长；抗日战争期间任国民政府社会部统计处处长。曾先后代表国民政府赴美国纽约、加拿大、瑞士等地，出席国际劳工统计会议和专家会议，向其他国家提供《社会部公务统计》《物价指数和工资指数》等资料，扩大中国国际影响。民国三十八年（1949年），拒绝去台湾，退出政界，任上海商学院教授。新中国成立后，任上海财经学院统计系教授、系主任等职。❸ 生卒年不详。卜筮师。字潜夫。明休宁隐充人。少颖悟，性孝。年十五遇异人善射覆者，以卜筮授之。时倭寇入侵，督府延聘之参赞军事。华亭徐文长高其节，相交友善。

汪四 生卒年不详。道人。宋歙县人。谏议谢泌微时读书乌聊山，汪心爱敬之，且就市得钱，暮辄携以相资。后数日不来，谢下山问之，人云："已盗驴窜去矣。"及谢登第为蜀县令，一旦，有道人访，乃汪也。与坐书室，汪起画壁为岩洞，有朱门金锁，解腰间钥开之，挽谢同入。谢请归，言之，汪遂先出。比出，壁如故，汪不复见矣。

汪仪凤 1207~？。学者，官员。字祥甫、翔甫。南宋歙县山泉（今属徽州区）人。6岁能文，师吴自牧、程元凤。嘉熙元年（1237年）漕试第一，以荐赐文学出身，授隆兴司户。以功充淮东置制使司干办公事，因丁大全构陷而罢职。曾以诗与贾似道结交。度宗即位，荐任史馆之职，力辞，以通直郎致仕。性嗜读书，手不释卷。晚筑山泉亭，自号老山居士，世称"山泉先生"。著有《山泉类稿》42卷等。

汪仝 生卒年不详。学者。字仲协。南宋婺源大畈人。靖康初入太学，于围城中与诸生请任李纲抗金。绍兴年间，见奸邪并进，乃归乡里，教授以终。所居名"丛桂轩"，人称"丛桂先生"。

汪立中 生卒年不详。学者。字品端，号庄甫。清婺源人。道光十五年（1835年）举人。道光二十四年（1844年）大挑（乾隆以后定制，三科以上会试不中的举人，挑取其中一等的以知县用，二等的以教职用。六年举行一次，意在使举人出身的有较宽的出路）授宁国县教谕。后升六安州学正、宁国府教授、国子监博士。著有《易经如话合校记》《画荻轩文集》《画荻轩诗集》等。

汪立烁 生卒年不详。学者。字质堂，号南墀。清绩溪人。乾隆二十一年（1756年）副贡生。精研"三礼"（《周礼》《仪礼》《礼记》），为江永所推崇。著有《吹剑集》《蕙间剩语》。

汪汉卿 生卒年不详。学者。字景良，自号菊坡。南宋户部侍郎汪纲孙，元黟县黄陂人。以祖荫中选，知贵池。任满回京，值开馆修史，翰林、集贤两院荐其才，授翰林院国史编修官；后转翰林院修撰承事郎。至大三年（1310年）告退。为人谦和博闻，在翰林院10年，朝中讨论典故，人所不识者问之均能应答。著有《养浩集》20卷行世。

汪汉溪 1874~1924。报人。字龙标。清末民国时期婺源段莘人。毕业于梅溪书院，曾考中秀才。先后任松江塔山司巡检、浦东总巡等职，上级衙门重案，多委审判。在上海南洋公学任总务时，得到公学监督福开森的赏识，清光绪二十五年（1899年）福开森购进《新闻报》后，聘其入报社，任总经理兼董事。曾对该报经营管理和业务工作进行改革，提出"经济自立"为报纸宗旨，确定以商界为主要发行对象，标榜"无偏无党"，注重迎合市民兴趣，使《新闻报》在上海销数超过历史悠久的《申报》。逝世后，其子伯奇继任该报总经理。

汪幼凤 生卒年不详。学者。字子翼。元婺源符村人。以《诗》领至正元年（1341年）乡荐，授衢州学正。后转采石长，又为州照磨。曾编修婺源《星源续志》。

汪有训 生卒年不详。学者。字得时。明休宁人。家贫力学。精研《易》，与朱升、吴买友善，相与切磋学问。著有《周易句解注》《尚书论语孟子注》。

汪有烜 生卒年不详。学者。字圣基。明黟县人。生性爽朗，披览务求大旨，而以反躬实践为本。所著《经义注释》《涵虚阁草》，皆阐明诸儒未尽之旨。

汪有常 生卒年不详。学者。字圣基。清黟县人。持身整洁，性爽学丰。著有《经义注释》《涵虚阁草》等行世。

汪有章 生卒年不详。隐逸。明黟县人。博览群书，于技无不通晓。早年嗜游山水，足迹几遍天下。后隐碧水深处，终身不入城市。自号"半憨"，著有《半憨子集》。

汪存 1070~？。学者。字公泽，学者称"四友先生"。北宋婺源大畈人。元丰七年（1084年），15岁领乡荐。元祐年间，与弟汪仔同入太学，每试冠诸生。授西京文学，上书陈时政得失，不纳，遂辞归。政和年间复游京城，六馆之士请于朝，欲留为师，终以所言不得行，坚辞。靖康末，以父汪绍在乡设义塾教子弟，讲《经》终。邑人胡伸状其行略云："才气刚毅，言行端恪，其志弗获施，故深造自得。真儒林之豪杰，后学之楷模。"

汪同祖 1906~1975。教师。又名大同。汪采白堂弟，近现代歙县西溪人。民国九年（1920年）考取半官费留法学生，先后入巴黎政治大学外交系、巴黎高等社会学院学习。留学期间，与陈延年、陈乔年、李慰农等积极开展革命活动，并加入中国共产党。后任法国共产党机关报《人道报》外文翻译，布鲁塞尔反帝大同盟成立大会宋庆龄、邵力子、鹿钟麟翻译。民国二十二年（1933年）回国，历任上海暨南大学、南京军官外语训练班、长沙陆军大学、遵义浙江大学法文教授，并任法国驻华新闻处翻译、希腊驻华大使馆秘书。新中国成立后，就职于中国人民大学外国语教研室。

汪屺 生卒年不详。学者。明祁门朴墅人。正德十一年（1516年）举人，授国子监助教。曾分典湖广乡试。

汪廷铉 生卒年不详。学者。字宣卿,号清玉。明末祁门城西人。天启年间以岁贡生授镇江府训导,寻改颍上县教谕,继升湖州府教授。时国家多事,廷铉减俸以佐军需,为一府倡。

汪伟 生卒年不详。学者。字位三。明黟县人。隐居深山,兄弟四人励志儒学,穷经明理。著有《大易解》《广孝编》《听石吟》《天潜讲义》等行世。

汪会授 生卒年不详。学者。字薪传。清休宁上资人。举人出身。品学俱优,执教还古书院,从游多知名士。著有《易经阐注》《左传分类》《梅溪时艺》等。

汪汝安 生卒年不详。道士。明婺源段莘人。弃儒学道于龙虎山,后归朝宗观。万历初奉召入京,恩奖"云波真人",赐真人府,仪仗并玺书、神像等。

汪汝渊 生卒年不详。隐逸。字澄甫。宋末元初祁门城西人。南宋端平元年(1234年),以乡贡第一任国子监学正。力排和议,主张抗金,为当政者排斥,遂归隐梓溪,自号"逸庵"。元兵下临安,改号"南隐",以示无北仕之意。入元屡被举荐,均不应。每谈论国事,辄悲恸流涕。100余岁而卒。著有《三乐堂稿》《南隐集》。

汪兴祖 生卒年不详。隐逸。字汝舟,号龙岩。宋末元初祁门尚田人。读书求大旨,不拘于章句,通五经及仪礼、经传。入元,三以礼聘不仕。隐居乡里,教授乡中子弟,学者称"北岩先生"。

汪声 1890~1935。教育家。字冕承。清末民国时期祁门下汪村人。清末邑庠生。毕业于安徽法政学校,民国十年(1921年)任县立高等小学校长。其时县知事蔡振洛暴政殃民,汪声支持学生反蔡,并亲赴省府揭露蔡之罪行,将蔡逐出祁门。又创办祁门第一所图书馆,捐藏书数万册。

汪芳 生卒年不详。学者。字世芳,号松崖。明祁门朴墅人。宣德四年(1429年)中举,乡试《春秋》第一人。祁门《春秋》得名,自汪芳始,故从其学者甚众。曾历蓝田、吉安、常山县训导,又升吉水县教谕,并聘典河南乡试。所至培育人才,多有造就,号称"得人"。著有《松崖集》。

汪克宽 1304~1372。学者。字德辅,一字仲裕,别号环谷。元祁门桃墅人。幼天资聪颖,延祐四年(1317年)秋,闾里传录乡试题目,下笔成篇。至治元年(1321年)随父至浮梁县,拜吴仲迁为师,刻苦攻读,学业益进。泰定三年(1326年)秋,中江浙乡试举人。次年春会试,论《春秋》与主考官之观点不合,名落孙山。自此专心研究经学,以著述自娱,并在宣州、徽州一带讲学。明洪武元年(1368年)诏求贤,朝廷大臣一再举荐,辞不就。次年春,朝廷聘其协修《元史》,欣然应聘。八月事毕欲授官,以年老多病不受。继之留其修《大明集礼》,献上所录《周礼类要》以供纂辑,方允告归。一生著作较丰,对"六经"均有论说。《春秋》以胡安国为主,博考众说,荟萃成书,名为《春秋经传附录纂疏》30卷,《易》有《程朱传义音考》,《诗》有《集传音义会通》30卷,《礼》有《经礼补逸》9卷,《纲目》有《凡例考异》。又有《春秋作义要诀》《六书本义》《左传分纪》和《环谷集》8卷。文学颇有造诣,诗歌以"造语新警"闻名。

汪丽清 生卒年不详。道士。号玉泉。明休宁渠口人。性谨密谦恭,道众多爱敬之。尝协其师杨玄相,募建净乐宫于桃花涧上。

汪时中 生卒年不详。学者。字天麟,一字德卿。元祁门城西人。早年从学兰溪吴师道,究心"六经"诸史,体以精微。归隐查山,与从兄汪克宽讲学于中山书堂。又复建楂山书堂,学者称之"楂山先生"。至正年间辟都事,不就。工诗文,著有《三分稿》。

汪鸣相 1794~1840。学者。字沛蘅,一作佩珩,号朗渠,又号珏生。清休宁汪村人,寄籍江西彭泽。道光十二年(1832年)中举人。次年以一甲第一名成进士,授翰林院修撰。道光十四年(1834年),充顺天乡试同考官。道光十五年(1835年)充广西乡试考官。著有《云帆霜铎联吟草》《新安汪氏宗祠通谱》。

汪佑 生卒年不详。学者。字启我,号星溪。明末清初休宁人。幼嗜学,言动循理;弱冠后日遵朱子课程,半日静坐,半日读书。为学以"实心务实理,实功成实修"自警,而以事亲守身为本务。曾与薄子珏、杨维斗讲学姑苏。入清后绝意仕途,致力讲学于紫阳、还古两书院近30年。订会规、定会籍,孜孜不倦。著有《诗传阐要》《明儒通考》《星溪文集》《礼记问答》《大乐嘉成》《四书讲录》《五子近思录》《明儒性理汇编》《紫阳会籍》《日记》《家礼仪节补订》。

汪应铨 1685~1745。学者。字度龄,又字杜林。清休宁梅林(今属屯溪区)人。祖父汪九漪(字紫澜,号梅甫居士,精音韵,著有《续皇极经世》《七音类集述》《雪中集述》等)迁常熟,遂入常熟籍。幼英敏,师从名儒陈董策、曾倬,学问益充。康熙五十三年(1714年)举人。康熙五十七年(1718年)以一甲第一名进士高中状元,授翰林院修撰,掌修国史后入值南书房,进呈其父所著《续经世说》诸书。未及散馆,任康熙六十年(1721年)会

*汪应铨

试同考官，官至五品左春坊赞善。因才华发露，得罪权贵，遭罢归乡。后主讲江宁钟山书院，传授经学。又被聘修《湖广通志》《江南通志》。谙于经史，文章苍古典奥，诗文出入韩（愈）、苏（轼）。工小楷，书法圆劲秀逸。曾为汉口新安紫阳书院题写"肇开文运立中极，旋转玉衡见太平"楹联。作《题读书楼》描述自己退隐研读之乐："人生何谓富？山水绕吾庐。人生何谓贵？闭户读我书。君构读书楼，楼与山水俱。藏书数千卷，任君畋且渔。"著有《闲绿斋文摘》《容安斋诗文集》。

汪沆 ❶ 1704~1784。学者。字西颢，号槐堂。清歙县槐塘人，寄籍仁和（今浙江杭州）。与杭世骏、符之恒、王曾祥、张燮并称"松里五子"。少时学诗于钱塘厉鹗（号樊榭）。乾隆元年（1736年），应试博学鸿词科落第，客居天津查氏水西庄，南北诗人争趋就教。乾隆四年（1739年），刊行《津门杂事诗》百首，特色鲜明，格律工整，既有江南竹枝词的清新雅致，又有天津风俗诗的乡情气息。大学士史贻直欲荐经学，汪沆以母老力辞。生平讲求有用之学，凡农田水利、边防军政、古今沿革、方俗利病，言之均有条有理。《咏保障湖》诗称"也是销金一锅子，故应唤作瘦西湖"，此诗一出，"瘦西湖"之名遂流传开来。著有《说疟》（一名《疟苑》）1卷、《新安纪程》《汪氏文献录》《槐堂诗文集》等。协修《浙江通志》《西湖志》等。❷ 生卒年不详。商人。字西沆。清钱塘人，原籍歙县。性孝友，20岁时，弃儒业盐，重振家业。沆在南屏峰下建有壑庵别墅，乾隆十六年（1751年），恭逢皇帝巡幸江浙，沆就旧墅增建台榭，乾隆帝亲临观览，赐名"小有天园"。迨后乾隆历届南巡，迭颁手诏，汪氏奉为世宝。晚年，居横山庄祠，每晨起，必省亲墓，曾检箧中宗族亲戚债券，悉焚弃不究。

汪若楫 生卒年不详。学者。字作舟。宋休宁人。北宋崇宁年间为紫阳书院山长，历官宣城尹。精研理学，尤工诗。建秀山书院于县东南藏溪南山之阳，著有《秀山集》。

汪松寿 生卒年不详。学者。字正心，号石田。元休宁石田人。有文名，曾任绍庆路儒学教授。著有《汪氏渊源录》10卷、《姚江集》等。

汪尚和 生卒年不详。学者。字节夫。明休宁汉川人。性孝友，不求仕进。志于理学，奉先人"育才为本"之遗训，筑书室汉川之滨，讲学于柳溪书院。著有《紫峰家训》《蓄德录》和《紫阳道脉录》4卷。

汪尚相 生卒年不详。道士。道号南石。明婺源大畈人。志行卓越，师祖雪崖山人方琼真甚器之。授任都纪10年，遵循齐云山道教正宗，革兴教事，深得信士、道众赞许。

汪国楠 生卒年不详。学者。字仲木。明婺源大畈人。万历二十三年（1595年）进士，历官兰溪知县、真定郡守。时滹沱河屡决成灾，历任官员皆不敢筑堤，国楠采用铁锅连锁载石沉填法，平息水患。后升南瑞、东宁道副使，以积劳卒于任所。毕生宗儒学，精心研究"二程"及朱熹之说。尝筹创歙县崇文书院、婺源紫阳书院藏书楼。著有《读史纂要》《理学精文解》《崇仁堂奏疏》《偶吟集》等。

汪炎昶 1261~1338。学者。字懋远，号古逸民。元婺源大畈人。工诗，咏新竹有"待成竿后节方露，自作笋时心已虚"佳句。其学渊源"六经"，尤得程、朱性理要旨。尝取朱子四书旁采博择，每有所获则注疏之，积成《四书集疏》。教人必使循序渐进，去华务实，勿徇虚名。著有《古逸民先生集》《古逸民诗集》。

汪泽 ？~1860。学者。字子存，号竹庄。清绩溪人。岁贡生。精研经史，由考据发为辞章，文隽洁简拔近乎"桐城派"，县中碑铭、传记多出其手。论古有识，不肯强为异同。咸丰十年（1860年）以怒斥太平军，与侄为渊同被杀。著有《字说解义》8卷、《竹庄诗文集》24卷、《经解》12卷、《读书记》4卷和《登源题咏》等，俱毁于兵燹。

汪学圣 生卒年不详。学者。字惕若。明末休宁洪方人。廪生。精研文史，崇尚朱子理学；学术宏丰，与金正希为砚友。曾从名儒高世泰讲学东林书院。归里后，执紫阳、还古书院讲席有年，提掖后进颇多。著有《问易》《思诚录》等。

汪宗讯 生卒年不详。学者。字君畴。明黟县人。少孤，与母、兄相依。性好学，结庐复山，涉猎经史，通今博古。闻邹南皋倡学江右，负笈问业，以为"道学正传"所在。归而闭门不出，穷究理学，以程朱为依归。著有《秋鸣草》《蓬庐草》《独居录》《证学吟》等。

汪宗沂 1837~1906。学者。字仲伊，一字咏村，号弢庐。王茂荫女婿，清歙县西溪人。光绪六年（1880年）进士。对宋明理学、乾嘉汉学，专精研究；于《周易》、兵法、诗词、音韵、琴曲、剑术乃至岐黄之学，亦有所深研。曾出任山西知县，旋即弃官归隐。先后主讲于安庆敬敷书院、芜湖中江学院、徽州紫阳书院，又于家开馆授徒，黄宾虹、许承尧、汪吉修、汪鞠友、汪植圃等皆出其门。生平好舞剑，毕生勤奋。著述宏富，有《礼乐一贯录》《周易学统》《今古文辑逸》《尚书》《逸礼大义论》《五声音韵》《金元十五调南北曲谱》《诗经读书》《逸论语》《孟子释疑》《伤寒杂病论会编》《三家兵法》《兵法逸文》《武侯八阵兵法辑略》《卫公兵法》《三湖（曾国藩、胡林翼、左宗棠）兵法》《道德经实注》《弢庐文稿》等。晚年曾购浙西优质桑秧数百株，移植歙县。

*汪宗沂

*汪绎

汪宗淳 生卒年不详。学者。明黟县弘村（今宏村）人。富于学，屡试冠军，授宿松教谕。性耿介，重名节。著述《中原文献》行世，《易义》未梓。

汪孟邹 1878~1953。出版家。行名邦伊，字炼。近现代绩溪县城人。晚清秀才。后毕业于江南陆师学堂。清光绪二十九年（1903年）在芜湖创办科学图书社，承印和发行陈独秀编辑的《安徽俗话报》，为新文化观念在安徽的传播做出了较大贡献。民国二年（1913年）接受陈独秀建议，在上海创办亚东图书馆，先后任经理、董事，并发行《建设》《少年中国》《新潮》等杂志，又承印章士钊主编的《甲寅》。此外，还出版由汪原放标点的《水浒》《红楼梦》《西游记》等10余部古典小说，在民众中影响很大。胡适曾称："给新文化做了二十年的媒婆。"陶行知赞扬："赈济了二十年的学术饥荒。"

汪绂 1692~1759。学者。一名烜，字灿人，号双池。应蛟元孙，清婺源段莘人。少家贫，佣于景德镇为画碗之役多年，勤学不辍，所画山水、人物、花鸟精细。后至福建，在枫岭、浦城间设馆授徒，从游者甚众。博览群书，学问淹洽，与同邑江永齐名。其学自"六经"下逮乐律、天文、地舆、阵法、术数、医卜以至琴弓、篆刻、绘画无不用心，而以宋儒理学为依归。乾隆中以诸生终。著作甚富，有《易经诠义》《书经诠义》《诗经诠义》《四书诠义》《春秋集传》《礼记章句》《参读礼志疑》《双池文集》《琴谱》《医林纂要探源》等30余种。

汪绎 1671~1706。学者。字玉轮，号东山。清休宁西门人，寄籍江苏常熟。康熙三十六年（1697年）会试中贡士，因丁父忧而失去殿试机会。三年后，按例恩准补考殿试，以一甲第一名高中状元，授翰林院编修。康熙四十二年（1703年），充《朱子全书》纂修官。康熙四十四年（1705年）校刊《全唐诗》。次年因病卒于扬州，年仅36岁。书法遒劲，诗文淡雅。著有《秋影楼诗集》。

汪相 生卒年不详。学者。字魏夫。元祁门桃墅（今桃树里）人。与弟汪华皆学于饶鲁，兄弟相问难叩击，悉得其蕴奥。祁门理学之盛，自二人发之。汪华之孙克宽，为一代理学名儒。

汪威 生卒年不详。学者。字伯重。明休宁石田人。郡增生。潜心讲学，游吕泾野、邹东郭之门，有古人风。著有《四书录》。

汪轶群 生卒年不详。学者。号静庵。清祁门伦坑人。诸生。著有《见闻录》。

汪显德 生卒年不详。学者。字孔昭。明祁门城东人。少从族兄四显学《春秋》，深得其旨。两次应举不第，肆力于经史百家，学益宏博。工诗赋。弘治元年（1488年），举修《宪庙实录》。著有《梅峰小稿》。

汪思敬 生卒年不详。学者。名敬，以字行，一字养浩。明祁门城西人。幼丧父，及长母殁，无意仕进。修葺曾祖楂山书堂，潜心学问，工诗文。其学一遵叔曾祖汪克宽之说，江西巡抚杨宁荐于朝，屡征不起。著有《经传考补》《春秋考异》《易学象数举隅》《周易传通释》《六经发明》《文学管见》《养浩斋集》《祁闾杂咏》。

汪钢 生卒年不详。学者。字允坚，号纯斋。清婺源大畈人。家贫，尝以医为业，后弃医讲求心性之学。凡经史、诗书、礼乐、方舆、步算无不推究，尤精于《易》。乾隆三十九年（1774年）中经魁，授盱眙县教谕，有"功存名教"之誉。著有《周易夏殷易占法考》《读史记八书质疑》《纯斋笔记》《躬厚堂诗古文稿》等。

汪洪道 生卒年不详。僧人。字无涯。清黟县宏村人。有勇略，通术数。明末参左良玉幕，及左梦庚兵变，遂归。顺治五年（1648年），江西寇王之贞等攻破黟城，洪道率乡兵抗御，杀贼数百，贼遁去。乱定，剃发为僧，栖梓路寺。所著诗文，颇饶禅门韵味。如《破衲》云："破衲已粉碎，除非从新做。要补百孔穿，补得那一个？"《唤猫》云："昨朝猫儿出门，要去远方行脚。不是它自归家，大众如何寻着！"

汪洗 生卒年不详。学者。字彦辉。明休宁西门人。从朱升、赵汸、汪蓉峰讲明性理之学，诗文高古。

创柳溪书院。后自柳溪迁至邑南汉川（今秀阳乡钗坑）继续授徒,人称"养晦先生"。著有《汪洗遗稿》1卷。

汪济 生卒年不详。学者。字君楫。明黟县人。承家学,早岁自力于道,为人静重寡言。遵古训,学主诚敬为本,孝悌为先。与湛若水、李希士诸人创中天书院,大会六邑学者,相与阐明儒学。又创里仁讲会。著有《继善录》《达观语录》《培神文集》。

汪神驽 生卒年不详。学者。字孟祯。明休宁西门人。克承家学,居云水山房。辑有《新安汪氏文献录》《袜线稿》,另有《学仙》《昭服篇》。

汪泰元 生卒年不详。道士。道号养素。明休宁蓝田人。正德十年(1515年)建"玉虚宫"于紫霄崖下,结"退思庵"以居,故又号"紫霄道人"。历任玉虚宫主持、齐云山道长。筑七星台,夜焚香礼斗。生平四出募化,建阙一、宫殿二、石坊三、祀楼五,并于紫霄崖飞泉下筑池,池上建钟、鼓二楼。又于云龙关凿天梯、风虎关辟石阶、展旗峰筑雷坛、华林坞栽果树,挖塘垦地,供香火之资。养一鹿,温驯若童子善解人意。后绝粒于栖霞洞,羽化后,棺悬葬于舍身崖壁穴。道众为纪念他,因名栖霞洞为"驯鹿洞"。

汪泰初 生卒年不详。学者。字希贤。元黟县七都（今渔亭镇）霞阜人。家世以儒学相传。泰初承家学,筑"遗经楼",贮书3万卷,礼聘休宁名师倪道川先生为诸子师,讲求朱子之学。一时名儒陈定宇、赵汸、汪克宽等皆与游。并与同仁发起霞阜诗盟。

汪莘 生卒年不详。学者。字叔耕。南宋休宁西门人。朱熹在徽州十二高第弟子之一。自幼不羁,卓荦有大志。不慕仕进,安于乡里,韬钤释老之书靡不研究。嘉定年间上书论民穷吏污之弊、行军布阵之法,杨简赞为"爱君忧国之言"。曾为洪州推官,后屏迹黄山读《易》。晚年筑室于柳溪之滨,自号"方壶居士",每醉必浩歌赋诗,宜其郁积。著有《归愚集》《柳塘集》等,今存《方壶存稿》8卷。

汪晋征 生卒年不详。学者。字符尹,号涵斋。清休宁上溪口人。康熙十八年(1679年)进士,由翰林改给事中;后历任顺天府丞、户部侍郎。居乡讲学于紫阳、还古两书院。康熙三十二年(1693年)参与纂修《休宁县志》。著有《宋元明正学录》《双溪草堂集》。

汪桂 生卒年不详。学者。字芗林。清婺源人。嘉庆四年(1799年)进士。历官翰林院庶吉士、户部主事、江西道监察御史,曾两任同考官。其读书务通大义,为文正雅。尝谓:"学当内治身心,外有补于世。今世才士,竟以考纤碎饰辞章相尚,末矣。"同里太史董桂敷悦其学而见于行。

汪逢辰 生卒年不详。学者。字虞卿。元歙县人。40岁始任乡校教谕,后迁嘉兴主簿。著有《鸣球集》《忠孝集》,编辑有《七经要义》《太平要览》。

汪浚 生卒年不详。学者。字泰茹。清休宁人。邑庠生。博览群书,工诗,讲学于还古、紫阳两书院。晚年尤好《易》,日持一篇不释手,学者多师之。著有《史中要言》2卷。

汪恕 生卒年不详。学者。字秉忠。明祁门城北人。景泰七年(1456年)举人,历职金溪、临海教谕,晋温州府教授。持教铎30年,尝5次聘为考官。著有《守晦集》。

汪基 生卒年不详。学者。字警斋。清休宁人。庠生。著有《三礼约编》19卷、《古文嘴风新编》8卷。

汪梦斗 生卒年不详。学者。字以南,号杏山处士。宋末元初绩溪西园人。南宋景定二年(1261年)江东漕试中解元,授江东司制干官。咸淳初任史馆编校,上书论贾似道擅权误国,被斥还乡。10年后,呈祖父晫所著《曾子子思子全书》于朝。元初,以尚书谢昌言荐,授徽州路学教授,不受;并作"执志只期东海死,伤心老作北朝臣"等诗以明志。县学宫毁于兵火,乃将昔苏辙讲学处扩建成斋,谓"古人遭艰可以不仕,未尝可以不学问"。后讲学于紫阳书院。著有《云间集》《北游集》《经书讲义》等。

汪梧凤 1725~1772。学者。字在湘,号松溪。清歙县西溪人。父汪泰安筑不疏园,延请婺源学者江永讲学其中,梧凤与同邑方矩、金榜、程瑶田、汪肇漋,休宁戴震、郑牧共师江永,世称"江门七子"。戴震深于经,郑牧精于史,梧凤熟于子,尤肆力《茈经》(《诗经》雅称)。戴震入京前两馆不疏园,先为学,后为师。桐城刘大櫆、武进黄景仁、同邑汪中等常聚于不疏园,诵习有诗书,切磋有师友,使不疏园成为徽派朴学发祥地。著有《诗学汝为》26卷、《楚辞音义》3卷、《松溪文集》等。为戴震刻《经考》《屈原赋注》等。子汪灼,字渔村,性耽书籍,能承父业,著有《诗经言志》26卷、《毛诗周韵诵法》10卷等。

汪清时 生卒年不详。道士。清朝人。修道于黟县朱村灵山庙,得胡月涧五雷法。后补黟县道会司。喜诗文,与紫阳朱钟、朱瀹唱和。预知死期,届时抱膝而逝。卒后绘像灵山庙。

汪鸿玙 ?~1697。学者。又名鸿瑞,字献其。清祁门查湾人。工诗赋、古文,尤精制艺,致力于《五经》注疏考订。康熙三十五年(1696年)举人,次年入京会试,发榜前卒于京。康熙览其文,称之"海内奇才"。著有《金谷行稿》《献其存集》《槎湾小稿》。

汪渐磐 生卒年不详。学者。字石臣。明休宁上溪口人。博学雄文。万历四十七年(1619年)中进士。授高要知县。治邑六年,颇著政声。后升山东布政司参议,曾主贡试,所拔多名士。晚年专忱理学,著有《宋贤事汇》行世。兄渐鸿,同学钱塘,人称"海阳二珠"。

汪敬 生卒年不详。学者。字思敬,一字益谦。明婺源人。宣德八年(1433年)进士,奉旨赴湖广与纂《宣宗实录》,事毕归家奉母。后授户部主事,以廉能著。天顺二年(1458年)上《折运疏》,为徽州奏请改本色粮米为折色轻赍,一郡德之。辞官归里时,行李简陋,唯送别诗文满箧。居乡隐逸著述,号称"梅边读易老人"。尝自书门联:"但得做官消息好,何惭归老事般无。"著有《学易象数举隅》《易传通释》《梅边读易解》《家礼集》等书。卒祀乡贤祠。

汪覃 生卒年不详。隐逸。宋绩溪西园人。少有奇才,应举八行科。苏轼见其文叹异之,赠诗云:"季子应嗔不下机,弃家来伴碧云师。中秋冷坐非因醉,半月长斋未肯辞。掷简摇毫无忤色,投石入社有新诗。飞腾桂籍他年事,莫志山中采药时。"后隐居不仕,晚年自号"水月居士"。

汪雄图 生卒年不详。学者。字思远。南宋休宁旌城人。淳熙十一年(1184年)进士。历峡州教授、建昌军教授。居石田村时,尝广植李树,四方学者多筑室其旁,因号"李顿先生"。著有《李顿集》。

汪鼎和 生卒年不详。学者。字公调。明休宁上溪口人。曾受业于冯少墟、余懋衡,凡天文、河渠、律历、兵刑、田赋等,无不洞悉。崇祯年间曾应召入京,陈《精鉴别》《防壅蔽》二疏。后返里,坐卧焉文草堂,讲学以终。江右盗踩郡,集乡勇御,邑赖以安。著有《文清读书录发明》《小学阐文》等。

汪晫 1162~1237。学者。字处微。南宋绩溪西园人。朱熹在徽州十二高第弟子之一。身材魁梧,仪态凝重。少从学直阁汪文振,博览群书。曾自问:"读书徒以应举乎?"乃厌弃科举。开禧三年(1207年)拒应举,赋诗感怀,以为"此非可求仕之时也"。后结庐山谷,屋壁书《养气篇》,居室名"善养",庭堂名"静观"。读书著述,成《曾子子思子全书》。西山真德秀赞"兹可同《语》《孟》作不朽也",欲荐于朝,因病未果。

汪循 生卒年不详。学者。休宁"理学九贤"之一。字进之,号仁峰,学者称仁峰先生。明休宁鹏源(现属流口镇)人。少从学庄昶。弘治二年(1489年)乡魁。弘治九年(1496年)中进士,初授永嘉知县,创鹿城书院。寻历玉田令、顺天府通判。正德初上书言内修外攘十策;刘瑾乱政,复疏请裁革中官。后以疾归,再召不起。"其学以涵养践履为功实,立身行道,生死不移"。著有《正学辩》《仁峰集》《帝祖万年金鉴录》等行世。

汪道灵 生卒年不详。僧人。北宋婺源人。壮岁,游四方。还家弃妻子,削发参五祖演禅师,诵金刚经有悟。辞去,游潭州天灵,寻住报慈、开福寺。政和三年(1113年)十一月初七坐化。坐化前两日,升座作偈,有句云:"报慈与麼来,满世无相识。水月与空华,谁坚复谁实。住院经五年,都庐如顷刻。瑞云散尽春风生,失却文殊遇弥勒。"

汪楚材 生卒年不详。学者。字太初。南宋休宁资村人。绍熙元年(1190年)进士,历官湖南安抚司、广西运司干官。学识渊博,曾通书朱熹、吴竹洲等问学,以儒学知名。

汪福谦 生卒年不详。学者。本名学谦,字益之。清黟县黄陂(今碧山村)人。善文,工辞章。晚年,屏山舒维礼聘课子孙。著有《四书异议》16卷、《善雅堂集》及《读书须识字》等。

汪禔 生卒年不详。学者。字介夫,号檗庵。明祁门城西人。诸生。笃志经学,作《持身箴》自勖,从学者众。到31岁,谓圣人是时已成立,吾何尚累于举子业。因弃科举,专意学问。时宦官欺压士子,汪禔上书督学谓:"士之风关天下之治乱,士之气关国家之盛衰,士风可厚而不可薄,士气可作而不可沮。"著有《家礼砭俗》《檗庵遗稿》。

汪嘉宾 生卒年不详。学者。字守敬。明休宁后街人。家贫力学,善诗词,以笔耕糊口。严于师范,先后及门下者数百人。其为教,每令受学者寻思下学上达之旨。凡贫苦入学者皆免束修。身后范涞倡诸弟子为之立祠,敬称"敦伦夫子"。

汪端闻 生卒年不详。学者。清休宁鹏源人。邑庠生。家贫力学,精于时艺,尤工诗歌、古文。晚年筑小斋,读书著述自娱。著有《非非集》行世。

汪肇龙 1722~1780。学者。原名肇潆,字稚川,号松麓。清歙县人。少丧双亲,兄亦早逝,嫂寡弟弱,举步维艰。乾隆二十七年(1762年)副榜举人,习篆日久,六书自通。篆刻自成家法,为"歙四子"之一。后师从江永,专力治经,宗东汉郑玄,精通尔雅、说文、水经、地志、步算、音韵、古礼、器数、名物,师友咸服。尊彝钟鼎诸古篆、云鸟蝌蚪文过目辄辨。观看国子监石鼓文后道:"是可注而读(音豆,断句)也。"回家后凭记忆书写无误,并逐一注释,又撰《石鼓文考》。研习"三礼"(《周礼》《仪礼》《礼记》),撰有书稿,惜未刊行。

汪德 生卒年不详。学者。字以名。明休宁南街人。博学好古,隐居读书。精研理学,谙经史,善鼓琴,尤工于诗。程敏政将其诗收录至《新安文献志》。著有《袜线集》。

汪德元 1576~1666。学者。字正叔,号旭林。明末清初歙县人。以岁贡生官苍梧知县,多有惠政。明崇祯六年(1633年),徽州知府陆锡明重建城南紫阳书院。汪德元董其事,当时阳明心学盛行,有志复兴朱熹理学。清顺治十六年(1659年)闰三月,与杨瑞呈、汪知默等人重振紫阳书院讲会,以尊朱辟王为宗旨。主持会事七年,春秋萃集,因以为常。学者推先正,必以之为首。

汪德馨 生卒年不详。学者。字伯卫,号菊坡。元婺源大畈人。读书好古,隐居不仕。尝与汪泽民纂修族谱。著有《菊坡集》。

汪慰 生卒年不详。学者。字善之。明婺源大畈人。崇儒学，师吕中石。尝参修郡志。著有《经书录疑》《杜诗订注》《蒙引酉词》行世。

汪豫 生卒年不详。学者。字立凡。清祁门城东鹤山下人。嘉庆二十三年（1818年）恩科举人，授教谕衔，署含山县训导。

汪璇 生卒年不详。学者。字德夫。明祁门城东人。嘉靖年间以岁贡生授新宁县训导。课督六年，民风大变。后丁艰归里。生平深究《春秋》，于诸家微言奥义靡不精析。著作多散佚，仅《鹤峰集》传世。

汪璲 生卒年不详。学者。字文仪。明休宁金塍人。9岁善文章，16岁从学高世泰讲学东林。后流寓江汉，筑密窝潜心研究《周易》。所著《周易质疑》，八易其稿而成，凡20卷。殁后祀东林书院，学者称"默庵先生"。另著有《语余漫录》《悠然草》《大学章句释义》《周易补注便读》诸书。

汪薇 1645~1717。学者。字思白，号棣园，别号溪翁，晚号辱斋。清歙县人，寓居岩镇双溪（今属徽州区）。14岁通《五经》。康熙二十四年（1685年）进士，选授翰林院庶吉士，官至户部郎中。致仕后购得昆山徐氏所刻《宋元经解》，闭门苦读17年，著有《经概》5卷、《诗论》2卷。还著有《堪舆悯俗》。卒后入祀学宫名宦祠。

汪鲸 生卒年不详。学者。字时跃。明绩溪孔灵人。嘉靖七年（1528年）举人，授四川保宁府通判，有政绩。自奉极俭，常禄之外，一无所取。致仕家居，杜门著述凡34年。著有《茹藋草》《日知录》《秋国一鉴录》《历朝名宦奏议》30卷、《大明会计类要》12卷。

汪凝魁 生卒年不详。学者。字梅臣。明末清初婺源江湾人，生于秣陵。明天启四年（1624年）郡试夺魁，清初复取冠多士。古文词宏博雄奇，诗善李贺体。著有《意构园集》《蝇客轩集》《五经解义》等。

汪璪 生卒年不详。学者。字文亮，一字廷美，号春雨。思敬子，明祁门城东人。弘治初征修《宪宗实录》，弘治十五年（1502年）征修《徽州府志》。著有《大学复古录》《祁闾杂咏续稿》《梅花百咏》《春雨轩集》《史评》。

汪曦和 生卒年不详。道士。法名震玄，道号石户。明休宁上资人。好学博识，曾偕徐秘元晋京访正一师探究玄旨。嘉靖十一年（1532年），在齐云山参与祷求皇嗣醮灵应。嘉靖二十五年（1546年），钦命主醮事以赞教，并升提点赐印掌教。著有《修真集》。

汪衢 生卒年不详。学者。字士员、世亨。璪子，明祁门城西人。少习举子业，旋弃去。筑室韩溪，杜门读书，10年不出。家甚窭，人问以生计，掉首不应。常与友人谈经论道，竟日忘倦。中年遍游九华、武当、泰山诸名胜，所见益广，学问益博。著有《春秋周正考》《韩溪漫稿续稿》《小石稿》。

宋松年 生卒年不详。学者。字德操。南宋休宁人。绍兴八年（1138年）进士。素嗜史学，对唐史尤有研究。曾任严陵户曹，又调信州录参。在官筑"绅书阁"，罗网百氏之书，萃集唐代文籍，正疑刊误，寒暑不倦。书成后卒。著有《岫书记》。

张友正 生卒年不详。学者。字正甫。唐歙县人。倜傥豪士，富有藻丽。结庐城阳山麓，读书其中，郡守州将常顾其庐。贞元十八年（802年），宣歙副使魏宏简建亭于披云峰顶，极重其才，请其作《披云亭记》（碑刻今存新安碑园）。张友正才思敏捷，挥笔立就。魏宏简大加赞赏，后携于朝，见者无不高其才，而柳宗元独惜其调略显零落。草书得汉人心法，用笔过于锋长而力弱，殆不可持，故握笔常动摇，势若宛转。别构一体，自得成就，虽神明潜发不及古人，而自然处却过常人。撰有《仪礼识误》。

张节 生卒年不详。学者。字心在，号梦畹。清歙县绍村人。贡生。8岁能诗，晚年学更淳厚。著有《周易溯源》3卷、《春秋献疑》12卷、《忠恕录》1卷、《颜瘤字》2卷、《杜滋余业》10卷、《欠书会指》4卷、《梦畹诗文集》58卷，选编同代人诗为《嘤鸣集》。

张存中 生卒年不详。学者。字德庸。元婺源游汀人。从学同里张学龙。尝言："朱子吾土产也，吾何独不能。"与胡炳文为友，读书岩堂中石，当坐处其石如磨。炳文谓："石坚争似其心坚，岩峻无如其节峻。"人称"兰室先生"。

张廷净 生卒年不详。学者。字地山。张节子，清歙县绍村人。嘉庆二十五年（1820年）进士，授内阁中书。著有《经学呓闻》，6卷、《大学古训》1卷、《四书逸典》3卷、《乡党备要》1卷、《率真草堂诗集》4卷。

张芸芳 生卒年不详。教员，女。字凤笙，号悟冈。民国时期婺源甲道人。张端典长女，同邑俞祖述妻。毕业于上海南洋女子师范学校。历任湖州旅沪女子中学、安徽旅沪女子中学教员。品端学粹，人多重之。33岁以劳瘵卒于上海。著有《芸芳女士遗稿》。

张松谷 生卒年不详。道士。字尹甫，号松谷。宋末元初浙江人。少时学儒，后偕妻室隐居钱塘江。南宋宝祐年间曾在天水任官，被革职后学道，来黄山建松谷道场，元大德四年（1300年）五月二十日子时坐化而终。明宣德年间，当地人为其募建寺庙，盛极一时。曾游历宣、歙、休、池诸州，信徒云集，祈求祷卜，有求必应。

张学龙 生卒年不详。学者。字云从，号竹房。元婺源游汀人。弱冠慕朱子之学，肆力躬行，人称"竹房先生"。卒祀乡贤祠。著有《诗经训释》等。

张定功 生卒年不详。学者。字裕中，号剑南。清绩溪人。郡廪生。少受业于婺源汪钢，钻研经籍，得其精华。又精于《小学》。著有《剑南集》。

张孟元 生卒年不详。学者。字贞甫，号蕉庵。明绩溪人。嘉靖二十八年（1549年）岁贡生。为文自成一家。在东皋建"吾庐"，以经授子孙。著有《吾庐集》《蕉庵书经提要》。

张复 生卒年不详。隐逸。字子远。明休宁黎阳（今属屯溪区）人。少聪慧，家贫躬耕，以读书自娱。后拜湖北黄梅理学家瞿九思为师，尽得其学。万历二年（1574年），知县张维翰强派苛捐杂税，遭百姓围攻殴打，九思被诬陷带头暴乱，受羁流放塞下。张复带着九思年幼的儿子甲、罕进京上书诉冤，诉状遍发朝野人士，得到首辅张居正支持，九思获得释放。张居正邀请张复到张府作客，细谈后识其才学，劝他出来做官，并赏赐许多财物，张复婉言谢绝。归筑茅屋自耕，孝养其母，怡然自适。休宁知县丁应泰题其门楣："伯夷叔齐一流人物。"后人称其所居闾门为"高士门"。著有《爨下语》2卷，《孝经本则》《小儿语》各1卷。

张胆 生卒年不详。学者。字贡赤。清休宁小丙人。幼颖敏，立志励学，经史百家无不通晓。及长，攻经济之学。后弃举业，隐居黟县天潜山，与汪有光讲学于石林书院30余年。曾辑《文统定传》《道统定传》《治统定传》《古今十大疑辨》，均毁于火。晚年复补辑《三统大略》及《批选韩苏文尤》2卷。

张炳 生卒年不详。学者。字文虎。元歙县上路人。铨授紫阳书院山长。延祐二年（1315年）夏，书院圮于水，由歙城南门内迁建于南阜，正对紫阳山。时书院田租少，因倾己资并募路，县官俸以佐不给，建大成殿、讲堂、文会堂、文公祠。后授徽州路儒学教授。卒年81岁。

张振德 生卒年不详。学者。字觉之。明祁门石坑人。邑廪生。后以诸生束缚于学宫，难以广求学问，遂弃学，广结四方名士，相与论道讲学。时行讲会，邑会季一次，郡会岁一次，徽、宁、池、饶四郡大会岁于暮春举行。振德逢会必至，至老不倦。著有《语录会纪》。

张宾 生卒年不详。学者。字含之，号石渠。明末祁门石坑人。崇祯年间处士。生性颖异，读书过目成诵。生平杜门穷经，布衣蔬食，自六经性理及诸子百家，靡不窥其奥。其学尊程朱，斥佛老，尤邃于《易》。著有《石渠稿》。

张敦颐 ？~1184。学者。字养正。南宋婺源人。绍兴八年（1138年）进士。由南剑州教授历知舒城、衡阳二州致仕。教授南剑州时，与同邑朱松友善，尝邀与返乡。朱松告以先业（田）已质于人，敦颐许办赎之。绍兴十三年（1143年）朱松卒，敦颐寄书慰文公（朱熹），质田百亩已赎归之。绍兴二十年（1150年）春，朱熹首次如婺源展墓，即以敦颐所赎归父质田其租入充省扫祭祀之用，并将田产授族人掌之，备日后祭扫之费。一生著述颇富，有《六朝事迹编类》《增广注释音辨柳集》《柳文音辨》《柳音集辨》《吕温集》《李观集》《孟东野诗集》等。

张谠 生卒年不详。学者。字时举。明绩溪城北人。岁贡生。选授宁波府训导，造就士子有方。后以母老归养。正德年间，曾参与修邑志。著有《前山稿》。

张瑗 生卒年不详。学者。字遽若。清祁门石坑人。康熙三十年（1691年）会元，初授编修，后改御史。巡城至香山，见碧云寺魏忠贤墓规制宏丽，不胜愤激，奏请平毁，朝野称快。督学河南，士民赞其公正清明，康熙以所临米芾书法所书朱子诗赐之。潜心理学，以濂洛关闽之徒自许。著有《易醒》《皖江集》《周易发微》《三礼会通》《潜虬斋诗文稿》，并纂修康熙《祁门县志》。

张聘夫 生卒年不详。学者。字时珍。明婺源甲路人。嘉靖四十三年（1564年）领乡荐，历任福建连江县、湖北郧阳府教授，后升国子监助教。著有《易钞》《二史解颐》《两汉禁脔》《唐书窥豹》《郧雍集》《自砭五篇》《事文义窥》《解颐续笔》《解颐三笔》《破蟋蟀诗》等。

陈二典 生卒年不详。学者。字书始，号梅城，又号黄山读书人。明末清初祁门石墅人。郡廪生。初教授于天都峰下。明亡，不复应试。崇尚程朱，究心理学，杜门著书。时徽州六邑会讲于歙县紫阳书院，同人推执牛耳。将卒，预书旌铭曰"紫阳学者"。后从祀紫阳书院、程朱阙里及祁门朱文公祠。

陈元祥 生卒年不详。学者。履祥弟，明祁门文堂人。隐居开元山，穷研经史，博学能文，尤工于诗，以布衣终。著有《花月楼稿》《阳春亭稿》《长啸台稿》《四家文拾》等。

陈文玠 生卒年不详。学者。字于石。明祁门文堂人。诸生。著有《周易鸣岗》。

陈业 生卒年不详。隐逸。东汉浙江上虞人。官会稽太守时，遁隐黄山。《会稽典录》载："朱育对濮阳兴云：近者太守陈业，洁身清行，志怀霜雪。……遭汉中微，遁迹黟山，以求其志。高邈妙踪，天下所闻。"

陈达英 生卒年不详。学者。字育之。清末民国时期祁门文堂人。邑廪生。清末停科举，兴学校，聘为乡校国文教员。著有《学务刍言》。

陈光 生卒年不详。学者。字实卿。定宇先生从侄，元休宁陈村人。博洽群经，隐居教授。曾受聘为商山书院讲席。名儒朱枫林、赵东山多所取正。定宇先生称其学"颖而淳"。《新安名族志》《新安文献志》言其"文学该博，人以书厨目之"。

陈兆骐　？~1828。学者。字仰韩。清休宁人。乾隆年间附贡生。尝从姚鼐学古文。著有《兰泉文钞》。

陈汝见　生卒年不详。学者。字性如,别号知无居士。昭祥次子,清祁门文堂人。少禀庭训,浸润理学,书法尤佳。著有《天隐斋诗草》。

陈轩　生卒年不详。学者。字德昂。明绩溪人。洪武十六年(1383年)进士,授荆州府教授。著有《荆南小稿》《郁蓝琼室记》。

陈良弼　生卒年不详。隐逸。明末清初东粤人。进士,督学江南。入清后隐迹山林,居黟县林沥山。或端坐垂珠洞,或吟啸香炉峰,不入市廛,优游终老。

陈郊　1863~1933。教师。字遂三,号鲁山,晚号蔷庵。清末民国时期祁门文堂人。尝任历口、闪里高等小学学监、校长;自律甚严,布衣蔬食。在乡倡导植树造林,严禁烟赌,为人排难解纷,深受乡人敬仰。生平嗜学,自少至老手不释卷。著有《学愈轩存稿》《学愈轩日记》。

陈栎　1252~1334。名儒、教育家。休宁"理学九贤"之一。字寿翁,号东阜,自称东阜老人。因居住、授徒于定宇堂,学者称"定宇先生"。宋末元初休宁藤溪(陈村)人,为新安藤溪颍川陈氏始迁祖陈禧十八世孙。休宁"理学九贤"之一。少颖悟,因有祖母口授,5岁能背诵《论语》及歌行古文。自7岁始,终生课馆训蒙的父亲履长公便将其"挟以身随,教之靡不至"。15岁时,束父书出游,为人师于休宁团圆山。后师于名儒黄智孙,学益以充。黄氏字常甫,号草窗,学者称草窗先生,五城人,尝从学于婺源饱学之士滕铅,铅之父琪与伯父璘均师于朱熹,故栎实为朱子四传弟子。宋亡科举废,隐居乡间课馆授徒,著书立说。元延祐元年(1314年),科举制恢复,因有司逼迫就试,栎赴浙江乡试,以书经登陈润祖榜第十六名,取得入京赴礼部试之资格,但他却"称疾固辞",仍然以课馆、著述为乐事。随后,休宁回溪朱升和休宁倪干倪士毅拜栎为师,后成高弟。栎与朱升、倪士毅合称"十里三贤人"。元统二年(1334年)二月十四日在籍无疾而终,享年83岁。栎从15岁为人师至辞世前一年仍授徒于家塾,终身授徒60余年,广纳四方学子,乐育天下英才。根据长时期教学实践,他对传统教材进行了改造,编撰了《论语训蒙口义》《中庸口义》《性理字义》《历朝通略》《增广通略》《小学字训注》等一系列适应学童特点的教材。在著述方面,他坚持涉猎群书,理道涵濡,罗络上下,贯穿古今,反复洞究,厚积薄发。他认为有功于圣人莫盛于朱子,"惧诸家之说乱朱子本真,乃著《四书发明》《书传纂疏》《礼记集义》等书数十万言,其畔朱子者刊而去之,其微词隐义引而伸之,其所未备补而益之。于是朱子之学焕然以明"。元名儒吴澄称栎有功于朱子,凡江东来人受学者,尽送而归陈先生。元文学家揭傒斯撰《定宇陈先生栎墓志铭》,称栎为"豪杰

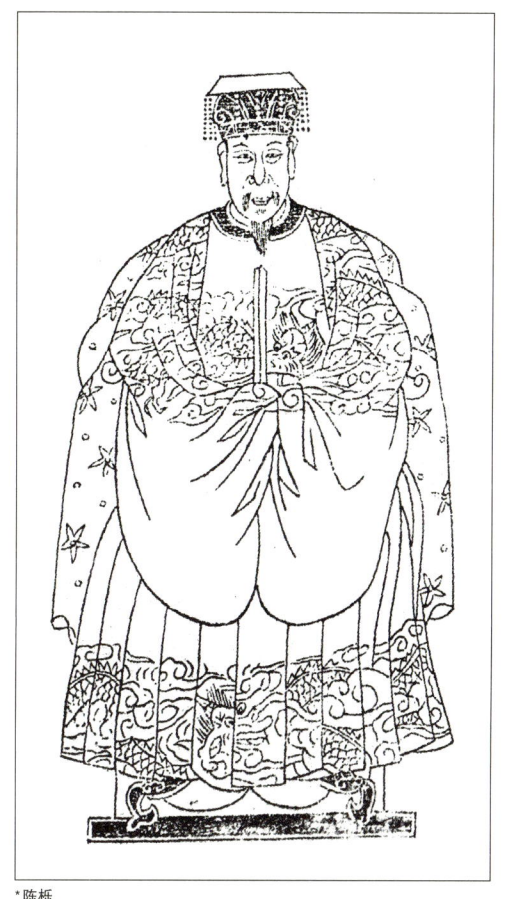

*陈栎

之士"。栎著文15卷,诗及诗余1卷,合为《定宇集》16卷,另有别集1卷,尚著有《新安大族志》未刊行。

陈昭瑞　生卒年不详。隐逸。字子升,晚号文堂山翁。明祁门文堂人。学识渊博,结庐隐处,以著述自娱。著有《玉壶斋诗钞》。

陈起敬　生卒年不详。学者。字惟修,号山子。明祁门文堂人。少肆力于诗、古文辞。辟一馆,广置书籍,日诵其间。岁一出游,历览吴越、齐鲁、燕赵诸名胜。著有《山子集》。

陈浩　生卒年不详。学者。字鲁庵。清绩溪人。道光二十六年(1846年)举人。博览群书,尤嗜《毛诗》。著有《云庵诗钞》4卷、《凤山文集》8卷。

陈淳　生卒年不详。学者。字本厚,号寒谷。清祁门石墅人。祖伟俊,讲习经史,精研易理。陈淳幼承庭训,苦志积学。著有《寒谷小稿》。

陈嵩　生卒年不详。学者。名一作高,字伯固。定宇先生族玄孙,明休宁陈村人。授《易》于朱子范。洪武初举明经,授徽州府学训导,升国子录。

陈履祥　生卒年不详。学者。字文台。明祁门文堂人。尝先后师事名儒罗汝芳、耿定向,与南阳杨贞并称罗门高足。授徒金陵、宛水间,从学者甚众,博通经史,著述称富。撰有《四书翼》《易会通》《大一

统论》《一映吹诗》《云中点》《愚谓》《正学疏》。与邑人陈昭祥、陈明良合编《文堂诗选》。

陈禧 生卒年不详。隐逸。字以和。为新安藤溪陈氏之始迁祖，唐末浙江桐庐人。广明年间，黄巢军纵横大江南北，禧避乱由桐庐溯流而上，至休宁之藤溪，爱藤溪山水之秀，遂家于此。在乡积德敦善。卒葬禺山，乡人立祠祀之。其后子孙繁衍，村落由洪村改名陈村（藤溪原为洪村俚名）。陈禧为颍川陈氏始祖陈实第二十九世孙，陈后主陈叔宝第九世孙。

*陈禧

陈鎜 生卒年不详。学者。字自新，号伴竹。定宇先生曾孙，元末明初休宁陈村人。性耿介，工于诗。师朱枫林、赵东山。继承家学，无意仕途。设馆故里，授徒为业。元至正二十七年（1367年），修复定宇先生所建之"勤有堂"，并请朱枫林作《勤有堂记》。明洪武年间，有荐之者，不就。

邵正魁 生卒年不详。学者。字长孺。明休宁东门人。幼家贫，佣为书童，因得以博览群书，通经史，善属文，工书法。万历十三年（1585年），与郡人汪时元、汪道会陪同戚继光游白岳，并于真仙洞府雨君洞内镌刻云："定远戚继光同新都汪时元、邵正魁、汪道会游此。时万历乙酉八月暨望。本山道官吴伯宇、胡日单立石。"著有《邵长孺集》。

邵作舟 1851~1898。学者。行名运超，字班卿。邵辅次子，清绩溪伏岭下人。晚清思想家、学者，与程秉钊、胡铁花并称"绩溪三奇士"，于政治、哲学、经济、军事、舆地、水利、铁道、音韵、文章学等领域多有建树和创见。8岁随母从绩溪至陇州（今陇县）居父任所，14岁返回绩溪，17岁补弟子员。他不满于邑中诸儒穷经皓首读经的风气，发出了"穷乡僻壤之中，苦于无所师法"的感叹，而学于杭州，以善古文辞、识时务、精地理见重于同辈。然此后多次参加乡试均报罢。光绪八年（1882年）起，游于天津直至去世。在津期间，曾入周馥幕，课其子周学熙学业，又入天津海防支应局，与局务总理李兴锐交往尤笃。光绪十一年（1885年）之后，有愍于中法战争失败，发愤研究经世之学，致力于著述。光绪十三年（1887年）成《危言》28篇（后更名《邵氏危言》），该著与郑观应《盛世危言》、汤寿潜《危言》并称晚清三危言，书中对君主专制制度、官僚制度之批判入木三分。光绪十四年（1888年）成《论文八则》，总结我国古文创作历史与手法，可谓"文章学之滥觞"。光绪十六年（1890年）成哲学著作《公理凡》，"堪称晚清思想史上之空谷幽兰，具有特别的学术价值"。光绪二十一年（1895年），与王修植代胡燏棻作《变法自强疏》（《因时变法力图自强条陈善后事宜折》），提出系统变法主张，系当时"留中"之首折（康有为的为第二折）。光绪十六年（1890年），还曾力劝胡燏棻"不用洋工程师，专任詹天佑办理工程，至路成而其名大著，中国有铁路人盖自此始"。光绪二十年（1894年），甲午中日战争爆发前夕，上书李鸿章条陈防御日军之详尽方案并进图说明，惜未被采纳。存世著作尚有：《人道纲目》《班公文稿》《丙丁记事》。还编有《拙庵诗草》《静斋公诗剩》《退佳公诗剩》。佚失存目之作有：《军凡》《政道纲目》《中国铁路私议》《虑敌》《治河策》《诗文集》等。近年，上海古籍出版社出版的《清代学术名著丛刊·危言三种》、中国人民大学出版社出版的《中国近代思想家文库·马建忠邵作舟陈虬卷》，均收有其部分著作。

*邵作舟

邵悦 生卒年不详。隐逸。字贞父。宋末元初休宁务东人。深究理学。宋亡不仕，隐于萝山精舍，施药救人。徽州路牒授惠民药局副使、两膺辟举，皆不就。

邵庶 ？~1615。学者。字明仲，号翼庭。明休宁西门人。万历十一年（1583年）进士，历任翰林院庶吉士、兵科给事中、工部给事中、大常寺少卿。以与内珰有忤，引疾归。居乡10年，与邑令祝世禄倡明理学，创建"还古书院"，置学田以资会讲，又修筑富琅塔。万历三十五年（1607年），知县李乔岱聘其总纂《休宁县志》。著有《五垣奏议》《涤元馆稿》《尚友集》等。

范处修 生卒年不详。道士。宋祁门人。智辨强敏，通翰墨，于经典无不精究。时黟城南许洞灵观年久失修，黟人乃至祁门延请处修为道观住持，并捐资修理。观成，处修赴京师乞赐名，得御赐"灵虚观"额，并授得"上清大洞法师"名号。

范启 生卒年不详。学者。字弥发，号求迹。南宋休宁博村人。博学穷理，从沈毅斋游。家巨富，志节高尚。不乐仕进，创"风月亭"，徘徊林泉之间。于别业创"绍宗楼"，以聚族人。宝庆年间，理宗征之不起，赐号"风月处士"。著有《鸡肋漫录》《管锥杂志》《井观杂说》。

范泓 生卒年不详。隐逸。字本涵，又字贞一。鉥长子，明休宁林塘（今属屯溪区）人。父早逝，事母以孝闻，与弟涞情同手足。以商贾起家，及弟显贵，手录经史百家，编纂《典籍便览》和《格言汇编》。《典籍便览》有8卷，万历三十一年（1603年）刻本有范涞补注，前题"新安隐士"，分天象、月令、地势、经世、德行、言语、政事、文学、人类、物类10部，每部又各有子目。时任休宁知县祝世禄慕其名，欲谋一面，而泓执意避而不见，祝令无奈，慨赠"隐君子"匾额。

范准 1338~1385。学者。休宁"理学九贤"之一。字平仲，自号病懒。明初休宁汉口人。从学朱枫林（升）、赵东山（汸）、汪蓉峰（仲鲁）。洪武十一年（1378年），以明经举为徽州府训导，擢陕西吴堡知县，廉介自若，修筑旧城，安置流民，兴办学校。秩满升工部主事，卒于官。著有《齑瓮稿》《缪稿》《悉白稿》《何陋轩稿》《西游率稿》。与礼部侍郎朱同、中军都督府断事程子静同庚、同师、同业、同仕，而死亦同。

范鉥 ？~1553。处士。字汝珍。明休宁林塘（今属屯溪区）人。平生孝敬父母，友爱兄弟。生性端洁严正，不信佛老符箓诸术，雅好文学，尤为博古。所交多吴下名士。曾筑室松林，祝允明手书为记，唐寅、文徵明、王宠各有题咏，称为松林先生。汪道昆为作《范长君传》，称其有仲弓、子方之风。做过浙江右布政使、被推为休宁理学先贤之一的范涞，为鉥次子。上海市档案馆藏有万历十一年（1583年）封赠南京户部山西清吏司郎中范涞父母诰命。

范瞻云 生卒年不详。学者。字腾路。清黟县人。甘贫乐道，歌诗自娱。身殁之日，四壁萧然。著有《南浦诗存》《五色赋》《雅言千字文》等。

林中蕙 生卒年不详。学者。字芳谷。清黟县二都（今龙江乡）章溪人。工诗文，创作依古法。善书，有笔力。生徒众盛，脩金所入，多以接济贫困，邑中善举率先为倡。著有《四书古人纂要》《字画订伪》。

林应节 生卒年不详。学者。明祁门栅村人。天启元年（1621年）乡试中举，授江西南康县教谕。

罗文佑 生卒年不详。道士。晋南昌人，因学道而迁歙县。父塘，与许逊学道。西晋太康年间，文佑奉母采药黄山，寻轩辕故迹，结庐歙之长春里。相传炼丹成，乘白狼去。里人祀之，称之"呈坎天尊"。母卒，葬灵金山北麓。

罗愿 1136~1184。学者。字端良，号存斋。南宋歙县呈坎（今属徽州区）人。绍兴二十五年（1155年）荫补承务郎，授临安府新城县监税，以办事干练称之。乾道二年（1166年）中进士，授饶州鄱阳知县，不赴；后改主台州崇道观。官至鄂州知州。为文崇尚秦汉古雅风尚，为词高洁精练，风骨挺然。朱熹曾评为有经有纬，骨实意丰。公务之余，重视对地方文献搜集抢救，杂采诸书，访故老，记遗事，于淳熙二年（1175年）编撰《新安志》10卷，体例完备，章法严谨，繁简得当。所著《尔雅翼》32卷，对当时社会生活多有记载，如关于蜜蜂采蜜就有"采花须粉置两脾"的描述。尤其解释各物，考据精博，被学术界称之为博物之作。另著有《鄂州小集》8卷。

罗璧 生卒年不详。学者。字子苍，自号默耕。南宋新安人。深研宋儒理学，考证经史疑义。著《识疑》10卷传世。该书以朱熹之学为宗，认为夫子之道，至晦翁始集其大成，诸家解经，亦自晦翁晰定始出于正。

金士林 生卒年不详。学者。原名芾，字昭南，号二木。清休宁人。邑诸生。工书画，善诗文。著有《读史论略》1卷、《二木诗集》8卷。

金元忠 1320~1369。学者。字居敬。元末明初休宁洲阳干人。师名儒朱升、赵汸。讲学于古朗山。校正朱升《经传旁注》、赵汸《春秋属辞》，不遗余力。尝授休宁县教谕。著有《通鉴纲目凡例考异》《春秋五论》《元忠集》。

金长溥 生卒年不详。学者。字瞻原。清歙县岩寺（今属徽州区）人。少家境贫寒，常朝出灌园、暮归读书。通"六经"百家之旨，为诗师法杜少陵，为文崇尚韩欧。乾隆十三年（1748年）中进士，官吏部主事。子二：一名云槐，乾隆二十六年（1761年）进士，为翰林院编修；一名榜，乾隆三十七年（1772年）状元，为翰林院修撰。

金邦正 1886~1946。学者。字仲藩。清末民国时期黟县渔亭玛川人。少时求学于天津严范孙氏家塾（南开学堂前身）、北京税务学堂。清宣统元年（1909年）考取公费留美生，入美国康奈尔大学和李海大学，专攻森林学。民国三年（1914年）毕业，获林学硕士和理学士学位。在康奈尔大学就读期间，与胡适、任鸿隽、杨杏佛、过探先等留美学生发起组织"中国科学社"，当选为推广部部长；该社出版《科学》月刊，向国内介绍留学生情况及西方科学知识，以唤起国人对科学的重视，提高民众的科学文化水平。回国后历任安徽省立农业学校校长、农业实验场场长、森林局局长。民国六年(1917年)，任北京国立农业学校(北京农业大学前身)校长。民国九年(1920年)，出任清华学校(清华大学前身)校长。民国十一年(1922年)转向实业，率领华北农民赴法国、比利时学习玻璃制造技术，继而创办秦皇岛耀华平板玻璃厂，任副总工程师。此后，曾任北平上海商业储蓄银行经理等职。

金成连 生卒年不详。学者。字宗璜。清休宁东阁人。笃志好古，淹通经学，家居教授数十年。晚年主讲海阳书院，学者宗之。著有《诗经集解》及文集等。

金约 生卒年不详。学者。字用博。明末休宁西山人。初领乡荐，署河南唐县教谕。时李自成攻唐县，率众坚守城池月余。后擢升国子助教，卒于任所。著有《守斋文集》。

金译 生卒年不详。隐逸。字定远。明休宁汪溪人。性颖敏好学，隐居避世。洪武年间以贤良召，授县丞。以疾辞，赐归田里。

金若洙 生卒年不详。学者。字子方，号东园。宋末元初休宁汪溪人。受《书》于同邑程若庸。曾官黔江县令，宋亡不仕。著有《东园集》《四咏吟》《性理字训集义》。

金若愚 生卒年不详。隐逸。字伯明。元休宁峡东人。从师于陈定宇。后弃举子业，隐居不起。

金枢 生卒年不详。学者。字衡中。清歙县岩寺(今属徽州区)人。嘉庆元年(1796年)举孝廉。性耿介，好学深思，不随流俗。著有《蓉胡制艺》等。

金显德 生卒年不详。学者。字世荣。明初休宁西山人。性敏慧，博览群书。元末从赵汸游，后历闽、越、金陵游，交结四方之士，时称"十才子"之一。性孝友，念父老在堂，郡邑荐于朝，力辞不就。居乡仗义疏财，岁饥出粟赈贫。晚年筑"西山书屋"，远近学者从之甚众，人称"节孝先生"。

金野仙 生卒年不详。方士。名良之，字彦隆。宋休宁峡东人。曾为奉新尉，以病狂肆，遂去官，妻亦携二女离去。自是祖跣垢污，每旬月不食，而神容和悦，貌无饥色。晚年多采食大黄，栖址无常处。郡守赵师夔强邀至郡斋，欲饮以斗酒，赠以千钱。野仙至，即作诗云："王侯门户懒开颜，斗酒千钱一笑间。"又一日，郡斋开宴庆雪，野仙曳杖至，郡守命之坐，以填字韵索诗。野仙即席赋云："昨夜嫦娥弄玉纤，也应招月作花钿。为嫌梅影太清瘦，几片飞来疏处填。"野仙自称"尘中仙"。卒葬城阳山。

金象 生卒年不详。道士。字乾阳，号鹤妈。明末清初歙县人。诸生。初入三茅修道，继居罗浮，后至武夷入道。善书画。

金维嘉 生卒年不详。学者。号潜川。清休宁潜阜人。精研儒学典籍，兼通佛老之学。讲学著述，致力颇勤。著有《圣学逢源录》18卷传世。

金道炤 生卒年不详。尼姑。翰林金声女，明末清初休宁瓯山人。自小许于御史中丞唐晖之孙。明亡后，随父回瓯山家中居住。清顺治二年(1645年)父抗击清军，兵败被俘，于南京慷慨就义。道炤闻讯，痛不欲生。遂矢志终身不嫁，削发为尼。修葺故居东厢为礼佛庙堂，题名"二胜庵"，法名"慈航"。自此"闭影熏修"，70岁坐化。

金瑶 生卒年不详。学者。字德温，号栗斋。明休宁珰溪人。嘉靖十年(1531年)贡生。历官会稽、庐陵县丞，皆有政声。迁桂林中卫经历，以母老未赴。在乡教授30余年，以讲学与邹守益、聂豹为至友。著有《云炎原意》《十七史摘奇》《蚕训》及《栗斋文集》11卷。

金榜 1735~1801。学者。字蕊中、辅之，号檠斋。清歙县岩寺(今属徽州区)人。少拜鲍倚云习制举；后拜江永习《经》，与戴震、程瑶田同学。桐城刘大櫆任职黟县教谕，又投刘氏门下习古文辞。乾隆二十九年(1764年)召试举人，授内阁中书，充军机处行走。乾隆三十七年(1772年)中状元，擢为翰林院修撰。天性怡淡，无意仕进，仅出一任山西副考官和会试同考官。寻以父丧守孝请辞归里，遂不复出。辞官后徜徉林下，著书自娱。潜心经史与小学，尤精于"三礼"，论述《司马法》赋出车徒，禘兼天、地、人，以及《生民》的感生之说等，戴震大为叹服。乾隆五十八年(1793年)冬，患风痹疾卧床期间，仍撰成《礼笺》3卷，朱珪欣然为之作序，次年经方起泰、胡国辅订为三卷印行。另著有《周易考古》3卷、《海曲方域小志》1卷传世。

金鹗 1771~1819。学者。字风荐，号诚斋。祖籍歙县，高祖金以德始迁浙江临海。幼承庭训，跬步必饬。惟天资愚钝，日仅诵三四行。稍长，折节读书，专心致志，熟而不忘。中年以后，转而敏捷。于书无所不窥，旁及形家言，尤精天文算法，辞章乃其余事。受知于大兴朱珪，补诸生。清嘉庆年间，受浙江巡抚阮元之聘，与临海洪颐煊、震煊讲学杭州西湖孤山诂经精舍，业益进，名益噪。著有《求古录礼说》15卷、《四书正义》8卷、《乡党正义》1卷等，莫不推阐汉末宋儒诸说，辅翼群经，发前人所未发，无墨守门户之见、矜恃标异之情。

金德玹 生卒年不详。学者。字仁本。明休宁汪坑桥人。家贫好学，博洽能文，举凡四书五经、诸子百家、山经地志、医卜星相、神仙佛道，无不悉心研究。以访觅徽州先贤文史资料，汇辑刊刻为己任，觅得陈氏《四书口义批点》百篇、倪氏重订《四书辑释》、朱氏《九经旁注》、赵氏《春秋集传》、上虞刘氏《选诗补注》、胡氏《感兴诗通》等30余种，手抄付梓。享年72岁。著有《新安文粹》15卷、《道统源流》《朱氏录》及《小四书音释》等。

周文 生卒年不详。学者。字二郁,号碧溪。清绩溪人。邑增生。博览群籍,至老手不释卷。为文迅捷,气骨似两汉文字。著有《碧溪文稿》。

周尼 生卒年不详。尼姑。明婺源东溪胡元靖继妻。元靖先籍德兴,以两考吏授蜀之岳池县主簿并署县事。元靖前妻子与吏朋比为奸,事觉元靖被论罚赃下狱。周氏借钱完赃,元靖得出狱。元靖愤子不肖,不肯归,留岳池与民杂处,拮据为活,凡10余年死,仆从俱去,周氏独偕两婢扶榇归。自蜀江下鄱湖数千里,倚榇坐卧,每风涛作则泣而呼天,抵家卖一婢为资,召前妻子与扶榇。葬德兴讫,子与妇均无留养意,遂仍归婺源,遂为尼。且并埋前妻之骨,而前妻之子亦荡败与妇俱死,尼又收葬之。乡人重尼节,筑庵居之。有俞氏女敛钱为铸钟,冶人以土为模。将重索价,诘旦其模有大士像现焉,冶人恐,一铸而就,可见诚之所感云。

周圭 生卒年不详。学者。字立廷。清祁门城东人。邑廪生。平生严取与,慎交游,与歙邑胡心莲为至交。勤学,有文名。家贫,课徒自给,以孝闻乡里。咸丰元年(1851年)举孝廉方正,力辞。著有《篁韵山房诗钞》《友于歌》。

周诒春 1883~1958。教育家。又名诒春,字寄梅。近现代休宁南塘乡周村(今属蓝田镇)人。因父在湖北汉口经营茶业,出生于汉口。12岁入上海圣约翰学院学习。清光绪三十三年(1907年)自费留学美国,就读于威斯康星大学和耶鲁大学,获学士、硕士学位。宣统元年(1909年)秋回国,先后在上海中国公学、圣约

*周诒春

翰学院任英文与历史教员,曾协助颜惠庆编纂《标准英汉双解大辞典》。宣统三年(1911年),参加清廷留学生考试,被钦点为翰林。辛亥革命后,任南京临时政府外交部秘书,并曾任孙中山的英文秘书。民国元年(1912年),清华学堂改名清华学校,唐国安任校长,诒春为副校长兼教务长。次年春,唐国安突发心脏病去世,诒春被任命为校长。在任期间,最先提出将清华办成完全大学的计划,主持筹建了图书馆、科学楼、体育馆、大礼堂等清华园的早期建筑。在教育理念上"着重德智体三育",奉行"端品励学";在体育上主张"强迫运动",以培养学生的"完全人格"。后历任中孚银行北京分行经理、全国财政整理委员会秘书长、中华文化教育基金委员会总干事、燕京大学代理校长等职。民国三十七年(1948年)冬赴香港。后被特邀为中国人民政治协商会议代表。

周英 生卒年不详。学者。字仲宾。明祁门城东人。少习《春秋》。成化七年(1471年)举人,授山东沂州学正。

周庠 生卒年不详。文字学家。字养田。清绩溪人。生平致力于篆籀之学50年。偶得嘉禾清仪阁所藏《石鼓文》,乃以元潘迪《石鼓音训》为本细为校勘,成《校录石鼓音训》传世。

周桂 生卒年不详。学者。明绩溪人。尝从湛甘泉(若水)、吕泾野(楠)、王心斋(艮)游学,见时士多抑朱子,因游齐山,作《齐山志》以挽其势。教谕王卿丧不能归,扶送颍水上,大中丞党以平、大方伯张鲲辈高其义,赠《义远居场册》。著有《义利纂释》《东泉稿》《永明读书录》。

周原诚 生卒年不详。学者。字彦明,号石泉。元歙县人。著有《春王正月辨》《先天图太极图河图洛书论》。

周旗 生卒年不详。学者。字元龙,号古山。明绩溪人。性敏笃行,潜修于光霁书屋。著有《古山文集》。

郑元文 生卒年不详。隐逸。号古逸。文天祥弟子,宋末元初歙县人。文天祥入卫京,元文以母病辞归,聚徒授经于沙溪别业。宋亡,隐遁于荆楚太和山凡24年。后归里,吟诵以终,门人私谥"靖一先生"。

郑玉 1298~1358。学者。字子美。元末歙县郑村人。父千龄,字耆卿,官至泉州录事,学者私谥曰"贞白"。玉幼敏悟嗜学。及长,覃思《六经》,尤邃于《春秋》之学。不慕荣利,绝意仕途,设馆授徒于故里,从学者甚众,所居室至不能容,门人鲍元康乃即其地筑室,中书省额曰"师山书院",玉遂读书、治学、讲授其中,学者称其师山先生。博学善属文,其文不事雕刻锻炼,流传京师,为名士揭傒斯、欧阳玄所称赏。至正十四年(1354年),征为翰林待制,不赴。至正十七年(1357年),朱元璋率部入徽,守将欲邀致之。玉因遭人诬陷,被囚于军营,幸得门人鲍深营救获释。至正十八年(1358年),明军守将复邀致之,玉拒不归附曰:"吾岂事二姓者耶?"复被拘囚。亲友携酒食具饷,玉从容为之尽欢,且告以必死状。次日,具衣冠北向再拜,殉节自缢,终年61岁。著有《春秋经传阙疑》45卷,《师山文集》8卷、遗文5传、附录1卷,《程朱易契》《周易大全注》《余力稿》等。

郑全福 生卒年不详。道士。唐浮梁人。开成年间游猎婺源,有老人为导游灵岩三洞。及出,有鹿引上半山,自是结茅居之,修炼为道士。后徙莲华洞之石室。石室前有天井,深不可测,乃求麻为绠辘轳而下,井中极宽广,有桃花溪。循绠而返,已七日。又二岁,是为开成五年(840年),全福100余岁,弟子200余人,及卒语门人曰:"必葬我浮梁白水乡。"

郑汝励 生卒年不详。理学家。号浣溪。郑恭孙,明绩溪城南人。万历年间岁贡生,三任教职。好学博洽,尤精理学。著有《图学心得》《吹万斋集》。

郑肃 生卒年不详。学者。明祁门奇岭人。成化二十二年（1486年）举人，授湖广蒲圻县教谕。

郑姑 生卒年不详。道姑。又称郑仙姑。宋歙县人。父学道，名八郎，家于歙县城东岳庙前。父死，守其柩于家，数十年未出城门。绩溪令苏辙慕其名而造访之，郑姑为论养生修道事。曾言："君谓道不在我，然我身何者非道？"言及养生，又云："人但养成婴儿，何事不了？君今如器已破，难成道矣。"

郑钟美 生卒年不详。学者，女。自号玉虚子。清初歙县人。著有《玉虚子集》。

郑桓 生卒年不详。学者。字居贞。元末明初歙县长龄桥（今属徽州区）人。偕父官闽中，从宣城贡师泰游学。明初，以耆儒与唐仲实等召对称旨。洪武中举明经，终河南布政司左参政。靖难兵起，与二子随方孝孺据命被逮死；兄子道同由进士为侍御，闻而自经。清乾隆四十一年（1776年）赐谥"忠愍"。著有《闽南集》《关陇行稿》《归来稿》《随稿》《桧庭稿》。

郑烛 生卒年不详。学者。字景明。明歙县贞白里人。尝从湛甘泉（若水）、罗念庵（洪先）讲学新安。以郡庠生入太学，授河间府通判。主密云饷，严出纳，谢羡余，闾左安之，吏治日起。移知辰州府，主沅州饷，一如密云。暇日，进诸生而自为之师。以父忧不胜丧卒，享年66岁。在乡教授时，颇负盛名。

郑接武 生卒年不详。学者。字泰先。明祁门奇岭人。以孝闻乡里。工文，人多乐从其学。教人先立诚，后修辞。谓《小学近思录》乃身心性命所关，宜人手一册；又谓昔林退斋云临终训子孙要学吃亏，世人不能孝悌忠信者，皆因不能吃亏。因作《吃亏录》。

项牧 生卒年不详。学者。字伯谦。宋歙县人。以进士授荣州文学，权丹阳簿。后迁郴州军事司理。以文学知名于时。

项梦元 1168~1237。学者。原名大同，字仲从。南宋歙县小溪人。12岁，师从项节推读书昌化（今属浙江）唐山，日记数千言，通大义。14岁，善属文。16岁，补府庠生，试《易言》5篇立就，中待补第四名。绍熙三年（1192年）后，多次中待补经魁、待补都魁。嘉定三年（1210年）中解元，改名梦元。宝庆元年（1225年），复中解元。端平二年（1235年），以进士登第，授开州（治今四川开县）教职。

项鸿祚 1798~1835。学者。初名继章，更名廷纪，字莲生。祖籍歙县桂溪（今小溪），高祖项渭征始迁钱塘（今浙江杭州）。世代业盐，至鸿祚已式微。沉默寡言，嗜古好学，避喧读书于南山僧院。道光十二年（1832年），乡试中试。姊婿许文恪视学江西，项鸿祚随行。某日至百花洲，忽有所悟，轻舟径归，不辞而别。喜填词，尤工小令，能自度曲，幽深颖秀，为浙西词派代表人物，又为清词后七家之一。认为"不为无益之事，何以遣有涯之生"，读者每悲其志。自订《忆云楼词稿》时称："吾词可与时贤角，诗不足存。"家中失火，无处安身，奉母往京师投奔姊婿。母与侄俱溺水身亡，鸿祚悲痛至极，黯然归里。忧心忡忡，加之会试落第，不久病卒。堂兄项名达。

项淳 生卒年不详。学者。字芸堂。清歙县岩寺（今属徽州区）人。乾隆二十六年（1761年）进士，授铨曹员外郎。后因病归里，课徒授业30余年。著有《一辐集》12卷、续编12卷。

赵时埅 生卒年不详。学者。字德范。南宋歙县人。原为赵宋皇亲宗室，南渡后遂成歙县人。景定年间登第，授兴国军教授。在任劝学兴化，修《富州志》。

赵汸 1319~1369。学者。字子常，号东山，学者称东山先生。元休宁龙源人。为休宁"理学九贤"之一。幼聪慧，曾至九江拜黄泽为师；后又拜临川虞集为师。至正十六年（1356年），休宁县创立商山书院，聘赵汸为书院山长。次年，朱元璋入徽，礼聘赵汸出山，几顾其舍拜请，其均托病推辞不仕。中年隐居乡里东山，建"东山精舍"，读书著述其中，且鸡鸣即起，潜心向学。明朝建立，太祖下诏修《元史》，征召赵汸参与编修；事毕即上书恳请还乡。精通《春秋》之学，师从黄泽时著有《春秋师说》3卷，后增为《春秋集传》15卷。因《礼记》经解有"属辞比事《春秋》教"之语，又著《春秋属辞》15卷。其认为学《春秋》，必先考证《左传》事实，杜预、陈傅良虽有《左传》注疏，但其中多有弊端，于是著《左氏补注》10卷。另著有《东山存稿》《周易文诠》等。

赵良金 生卒年不详。隐逸。字古淡。南宋婺源人。系出宗室，为恭靖王之后。其祖崇忠南渡时载父丧至婺源太子桥，卜葬北亭山下，因居焉。嘉定末选宗室嗣位，良金在选中，辞之。宝祐四年（1256年）登进士第，授无锡知县，文天祥、陆秀夫皆称之。尝移书责贾似道误国，不报，遂还婺源隐居以终。片言只字，后人珍藏。著有诗文《随意集》。

赵弥忠 生卒年不详。隐逸。字资敬。赵戣侄，宋末元初休宁龙源人。博学多才，尤善诗，方回称之"有朱韦斋之体，有罗鄂州之风"。郡府举为校官，不就。自号"云屋"，筑亭山椒，日笑傲其间。晚年，手不释卷，著有《云屋集》。

赵继序 生卒年不详。学者。字芝生，号易门。清休宁旧墅人。乾隆六年（1741年）举人。肆力经学，以朱子为宗。著有《周易图书质疑》。

赵滂 生卒年不详。学者。字伯雨。明歙县岩寺（今属徽州区）人。承祖志欲建"程朱阙里祠"于篁墩，因以《程朱源流考》上之县令。改湖田古圣堂为"三夫子祠"，坊名"程朱阙里"；继又搜寻诸书作《程朱阙里志》8卷，并清理朱熹祖墓三穴，各表以碣。

赵戣 生卒年不详。隐逸。字德成，号吟啸。宋末休宁龙源人。器识英迈，三请漕贡，试南宫不利，遂隐居，倘佯池园以自娱。博览工诗，名士程珌、吕午、方岳、刘克庄等皆重之。著有《吟啸集》行世。《新安文献志》选收其诗30首。

胡一桂 1247~1302。学者。字庭芳，因所居之前有两小湖，自号双湖居士。方平子，宋末元初婺源梅田人。理学"胡氏七哲名家"之一。生而颖悟，好读书，尤精于《易》。18岁领乡荐，试礼部不第，退而讲学，得朱子学源委之正。尝入闽博访诸名士，以求朱子绪论。入元不仕，教授以终，学者称双湖先生。幼承家学，集诸家之说，以疏朱子之《易》，一以朱子为宗，纂疏亦以朱子为断。著有《易学启蒙翼传》4卷、《易本义附录纂疏》15卷、《十七史纂古今通要》17卷。卒后，名儒作有《祭文》。

胡与高 生卒年不详。学者。字岱瞻。清黟县人。雍正元年（1723年）举人。善古文，著有《存悔集》。注《道德经》，分析章句义理，俱有心得。又通医术。勇于为义，康熙六十年（1721年）邑旱，首倡捐赈。生平不与显达者通，家居不入公门。

胡广饴 1892~1946。学者。字翼谋，号伯善。晋接子，清末民国时期绩溪北街人。早年留学日本，毕业于早稻田大学。承家学，嗜文史。通英、日文。对古董鉴定有独到之见。喜收藏，所藏古籍古器物甚富，其中《董解元西厢记》为海内孤本，今藏北京图书馆。曾任安徽图书馆馆长、徽州女子中学校长、徽州中学教员，毕生致力于文教事业。

胡元采 生卒年不详。学者。南宋祁门贵溪人。咸淳元年（1265年）进士，授和州学正。

胡升 生卒年不详。学者。字潜夫，号愚斋，晚号定庵。闳休曾孙，南宋婺源清华人。曾从朱熹高第弟子叶味道受学，博览通经，尤精史学。淳祐十二年（1252年）进士，授国史编校；史成赐迪功郎。咸淳九年（1273年）调太常寺司户参军。曾撰《四书增释》《丁巳杂稿》。咸淳五年（1269年），曾应婺源知县洪从龙之请，纂修《婺源县志》，为婺源自唐开元二十八年（740年）建县后首部县志，惜版本已不传。

胡从圣 生卒年不详。学者。字思谏。清绩溪城北人。增广生。潜修积学，每有所得辄见于诗歌。曾作《丧戒浮奢说》，嘱子孙务守家礼。著有《南楼偶兴诗集》《未信楼文集》。

胡月涧 生卒年不详。道士。明黟县人。为屏山真元道院住持。善治病疫。道院有柏树两株，上粗下细，传为月涧倒栽所致。

胡月潭 生卒年不详。道士。字守正。元婺源人。幼失父母，兄令入沙门，遇樗野翁训曰："汝忍髡其首，伤父母之遗体乎？"守正悟其言，由是去婺之天尊观，拜汪云隐为师，传太玄法。后又落魄江湖，饭礼王侍宸八世孙王月蟾，求天心五雷之秘、九灵飞步琼玑之书，竭诚十年，诸法皆明。其后馘狐精于太平，斩白蛇于本邑，召雷祷雨，立见感通。一日谓其徒曰："吾夜梦登于九霄与先师会，吾将逝矣。"言讫，遂沐浴更衣，无疾而逝。

胡凤池 生卒年不详。学者。字际非。清绩溪人。13岁能诵《通鉴纲目》。著有《易鉴斋古录》。

胡文壁 生卒年不详。学者。字东文，号贞素。清婺源清华人。居家施教，人称"贞素先生"。著有《易解》《慈训堂集》。

胡方平 1223~1278。学者。字师鲁，号玉斋。宋末元初婺源梅田人。理学"胡氏七哲名家"之一。从学于黄干门人董梦程、沈贵瑶，精研《易经》，沉潜反复20年，尽得朱熹易学源委。著有《易本义启蒙通释》《外翼》《易余闲记》诸书行于世。卒祀乡贤祠。

胡斗元 1224~1295。学者。原名梦季，字声远，号勉斋。宋末元初婺源考川人。理学"胡氏七哲名家"之一。师朱熹从孙朱洪范，精得《易》《书》之传，授徒50余年，弟子遍天下。门人俞洪等私谥为"孝善先生"。子三：炳文、焕文、灿文，炳文为时名儒。

胡玉达 生卒年不详。学者。清绩溪人。廪生。著有《崇性录》《梁安阐幽录》《小学三编》《性理图说考证》。

胡匡定 生卒年不详。学者。字性山。秉虔叔，清绩溪人。嘉庆年间诸生。博涉群书，尤邃于《易》。曾考核诸说著《周易臆见补义》7卷，又有《霁岗集》1卷。以侄秉虔赠文林郎。

胡匡宪 生卒年不详。学者。字懋中，号绳轩。清绩溪人。以子秉虔贵，赠朝议大夫。博通诸经，工诗文，精图籍十三经及许慎《说文解字》。著有《毛诗集释》20卷、《绳轩读经证》13卷、《读史随笔》6卷、《石经详考》4卷、《绳轩文集》3卷。

胡匡轼 生卒年不详。学者。原名匡梅，字君衡。清绩溪人。邑庠生。专力汉学，凡遇印证之处及参考群书别有心得者，辄记之。著有《读经随记》。

胡匡衷 1728~1810。学者。字寅臣，号朴斋。清绩溪人。以岁贡生选录候补训导，赠承德郎。曾任户部广东司主事，累赠资政大夫。幼承庭训，诸经无所不通，尤深于《易》。治学严谨，每读必究其所以，于先儒学说亦不苟同异。著书"以经证据""不敢信一家之言"，

*胡匡衷

广采宋元儒家之说，谨加考核，互相订正，而时下己见，补其隙漏，以发明宋学。著有《周易传义疑参》12卷、《周礼井田图考》《畿内授田考》《井田出赋考》《仪礼释官》《郑氏仪礼目录校正》《侯国官制考》2卷、《三礼札记》《礼记职官考》《论语补笺》《庄子集评》《离骚集注》与诗文集《朴斋存稿》等。凡所述作，立论持平，实事求是。以孙培犟曾孙肇智贵赠资政大夫、光禄大夫。

胡匡衷 生卒年不详。学者。字燮臣，号别庵。清絜子，匡衷兄，清绩溪人。著有《毛诗韵叶》。

胡圭 生卒年不详。学者。清祁门城东人。习《春秋》。顺治十一年（1654年）举人，授淮安府教授。尝分典浙江乡试。

胡在田 生卒年不详。学者。字雨公。清绩溪人。好学不仕，潜心古学，兼通历算之术。咸丰十年（1860年）秋，太平军入绩溪，征召四方贤士，拒而绝食死。著有《三礼郑义通释》《毛诗郑义发明》《经典述闻》《县志补正》等。

胡在渭 1892~1944。学者。字景磻、天石，号补天石、恨海余生。清末民国时期绩溪人。民国四年（1915年）起，先后任省立二师、省立五中、新安甲种商校、徽州师范、徽州中学、绩溪中学等校教员。民国七年（1918年）与胡运中、黄梦飞等控告绩溪县长李懋然擅增田赋、聚敛民财，迫其去职；并于南门外立"李懋然虐政石"。民国九年（1920年）与章笑如等创立绩溪天足会，反对妇女缠足。民国十七年（1928年）任《三民导报》编辑，并筹资创办《新都晚报》。著有《白雪新音》《新文苑》《文艺因缘》《徽州女子诗选》《金正希年谱》《松涛阁诗集》《陶园酬唱集》及续集、《徽难哀音》。在家设立有"胡氏陶园图书馆"。

胡成浚 生卒年不详。学者。字在郊，一字雪眉。清末黟县西递人。光绪十四年（1888年）岁贡生。博通经史，书法宗颜真卿。屡荐不偶，50岁绝意进取，专讲性理之学。为人寡言慎行，义不苟取，时吟咏以自娱。光绪十一年（1885年）《续黟县志》多出其手。著有《雪眉诗钞》行世。

胡贞波 生卒年不详。学者，女。字冰心。清歙县人。吴县周之标之妻。著有《古牌谱》2卷，署名冠以"天都女子"。有清初刊本，附于周之标《三咳集》后，分《宣和谱》《投琼谱》《双成谱》《斗腰谱》《除红谱》《续貂谱》。据贞波所写凡例，谓"投琼"即一色，二色为"双成"，三色为"斗腰"，四色为"除红"，五色为"续貂"，六色为"宣和"。书中所引唐宋人诗居多，明诗少，六朝及元亦间采之。所引诗句有会意、象形、辨色、谐声、记数等。

胡光前 生卒年不详。学者。字玉堃。清祁门伦坑人。诸生。教授乡里，著有《韫石遗稿》。

胡光琦 1727~1808。学者。字步韩，号韫川。清婺源玉坦人。乾隆三十七年（1772年）进士，授四川盐亭知县；尝任同考官。因病归家，执教乡里，设馆于福山书院。著有《日知笔记》，大学士汪瑟庵为之序；另有《古文诗集》。卒祀乡贤祠。

胡廷玉 生卒年不详。学者。字步姚，号古梅。清婺源清华人。嘉庆二十四年（1819年）贡生，选摄广德州学正，不就。居家培植后学，潜心经史，旁及星象、地理、六壬、勾股诸学。著有《春秋管见》《漱芳文集》《宜菊轩诗集》等。

胡廷珏 生卒年不详。学者。又名天祥，字涵卿，号问轩。佩芳子，清祁门城西人。以诸生援例授光禄寺署正，诰授奉政大夫。天性醇厚，淡于仕进，家居授徒。诗清越婉笃，著有《春草堂诗稿》。

胡行学 生卒年不详。学者。又名非佐，字尔辅。清绩溪城北人。著有《灵石斋语录》《灵石斋性理图说》《战国策史按断》。

胡次焱 1229~1306。学者。字济鼎，号梅岩，晚号余学。宋末元初婺源县考川人。少家贫，母氏策励以学。矻书不辍，博览强识，魁江东。南宋咸淳四年（1268年）登进士第，授贵池县尉。德祐元年（1275年）元兵至，郡帅张林以城降，次焱守节不屈，脱身归家，以《易》教授乡里终。著有《四书注》《唐诗绝句附注》《文公感兴诗注》、《梅岩文集》10卷等。

胡克钊 1894~1985。学者。字樵碧。近现代祁门城西人。幼随叔父清澍就读芜湖。返里后，佐父清瀚问理地方事。历任祁门县财政委员会委员长、银行董事长、县志编修委员会主任委员等职。建国后，以开明士绅选为祁门县人民代表大会委员，又被聘任安徽省文史馆员。好学工诗，著有《遁庵吟稿》《凤凰山志略》《祁门艺文考》《祁门氏族考》。

胡伸 生卒年不详。学者。字彦时。明经胡氏始祖昌翼八世孙，北宋婺源考水人。理学"胡氏七哲名家"之一。少颖悟。14岁游学杭州，月试辄先出，数居首。教官命移案就察之，所问应对如流。太守苏轼闻其名，遣鞍马召之，与语甚叹异。后入太学，与汪藻齐名，时人语曰："胡伸汪藻，江南二宝。"绍圣四年（1097年）登进士第，历授颖川教授、太学正博士、秘书丞著作佐郎、符宝郎、国子司业。继迁知无为军，有德政，民绘其像于学宫。其任秘书丞著作佐郎时，与修《神宗日历》及《礼书》。著有《四书解义》《尚书注》。卒谥"文通"。

胡近仁 1887~1934。学者。名祥木，字近人，又字董人。清末民国时期绩溪上庄人。先世经商，家境富裕。17岁，入郡庠为诸生，旋以第一名补禀生。翌年赴南京应试，自恃才高，在考场中先作一文卖给同场诸生，然后自己再写，因时间短促，不及深思，草草成文，结果买其文者中举，而近仁自己则落榜。幼年与堂侄胡适同学,学问渊博。尝经商、办学、教书。为胡适在上庄创办毓英小学主事人。常为胡适斟酌诗文稿件,书信往来频繁,互相质疑,友情深笃。后因染吸鸦片恶习,生意失败,家道中落。胡适一再劝其戒烟,言词恳切。民国二十一年(1932年),应聘为《绩溪县志》修纂,与总纂胡子承合作,因体弱多病,未果而卒。曾续修《明经胡氏宗谱》《柯氏宗谱》等。擅诗文,工书法。

胡际会 生卒年不详。学者。字云骧,一字芸细。清黟县西递人。潜心于学,通经能文。教授生徒,至老不倦,造就多士。为人沉默寡言,安贫乐道。著有《也轩文稿》。

胡昌翼 生卒年不详。隐逸。唐末五代初婺源胡村人。本姓李,为唐昭宗李晔之子。唐天祐元年(904年),后梁朱温搆祸,时婺源县胡村(今考水)人胡三公(名清,官金紫光禄大夫)宦于朝,遂将皇后何氏新产子"庇匿以归",改姓名为胡昌翼。五代后唐同光三年(925年),昌翼以《易》中明经科进士,义不屈仕,人号"明经翁"。好仁,尝于朱源架桥济乡人,人称"太子桥"。其后子孙世以经学传家,名其族曰"明经胡氏"。

*胡昌翼

胡秉元 生卒年不详。学者。字仲吉,号云林。秉虔弟,清绩溪人。监生,赠奉直大夫。著有《地理考实》。

胡秉虔 1770~1840。学者。字伯敏,号春乔。清绩溪人。父匡宪,精于经学,秉虔自少习闻庭训。18岁,通晓诸经大义。嘉庆四年(1799年)登进士第,授刑部山西司主事。后服官甘肃10余年,所至有声。曾辑《甘州成仁录》4卷、《河州景忠录》3卷,与编《扬州府志》。道光六年(1826年)新疆张格尔滋事,民多逃避他乡,兵至无所觅食。秉虔至,于城列肆供食,兵民安定。焦苦数月,须发半白;役平归,数千人阻于途,脱靴者众(泾州有脱靴悬城以示不忘之俗)。博通经史,于"三礼"(《周礼》《礼记》《仪礼》)深有研究,尤致力于小学(文字学)。晚年研求训诂、音韵有深得。著有《毛诗集释》、《毛诗序录》4卷、《论语小识》8卷、《绳轩读经记》、《周易小识》8卷、《卦本图考》《尚书序录》《周礼八识》《古韵识》、《汉西京博士考》2卷、《说文管见》3卷及《十三经条考》数十卷。所著被评为"所论细入毫芒""发扬绝学"。卒于任所后,遗稿《大学札记》《方言札记》等10余册,存于甘肃周子扬处;民国初辗转经许承尧、胡适、汪孟邹交胡晋接带回故里。

胡秉虞 生卒年不详。音韵学家。字伯敬。清绩溪人。幼嗜学,博通经史,尤精于音韵、训诂之学。著有《古韵论》。

胡佩芳 生卒年不详。学者。字诵芬,号云舲,晚号拙庵。清末祁门城西人。咸丰二年(1852年)岁贡生,注选训导。天性至孝,品学端方,与梅抱苏、桂丹盟等皆为江南名宿。其文清真雅正,著有《绿荫轩遗集》《拙庵诗钞》。

胡庚谋 生卒年不详。学者。字裕孙。清徽州府城人。文章幽邃淳厚,著有《后觉道人集》。

胡学礼 生卒年不详。学者。字文末,号立斋。清绩溪人。乾隆年间岁贡生,授崇明县训导。潜心礼学,精研六籍、宋五子书及"三礼"。著有《三礼考证》。

胡绍勋 1789~1862。学者。字文甫,号让泉。清绩溪人。邑庠生。少时受业于族兄培翚,精研《小学》。后设馆于歙县西溪,授徒读书从声音、训诂始。道光十七年(1837年)拔贡。先后辅佐江苏提学使祁文端、毛伯雨、张文毅兴教办学,历20余年。著有《周易异文疏证》《春秋异文疏证》、《四书拾义》5卷,均发前人所未言或言所未尽者。

胡绍煐 1792~1860。学者。字药汀,号汀泉。清绩溪人。岁贡生。少受业于族兄培翚。道光十二年(1832年)举人,选授太和县训导。在任议捐富户,筑城垣;捐俸助教,使民向学。后主婺源蚺城设教紫阳书院。咸丰十年(1860年)夏,督团练抗击太平军,战死于扬溪大塘尖。著有《文选笺证》32卷、《毛诗证异》《蠹海丛钞》《卤阳学舍杂著》《还读我书室文》等。

胡珊 生卒年不详。学者。字佩声。清歙县人。聪颖异常,文思敏捷。撰文探本溯源,著有《学庸讲义》《离骚笺注》。

胡思诚 生卒年不详。学者。字季真，号养默。清祁门溪头人。习诗经，博学潜修。曾参修万历《祁门县志》。著有《学庸要旨》《诗经要旨》。

*胡思诚

胡适 1891~1962。学者。幼名嗣穈，行名洪骍，字适之，号冬友。近现代绩溪上庄人。幼随母在绩溪长大，11岁能阅古文。清光绪三十年（1904年）随其三哥到上海，先后在梅溪学堂、澄衷学堂、中国公学求学。宣统二年（1910年）以"庚款留学生"赴美国康奈尔大学读农科；民国四年（1915年）转入哥伦比亚大学研究院学习哲学，师从杜威。民国六年（1917年）毕业回国，任北京大学教授，主讲中国哲学史。同年，在《新青年》发表《文学改良刍议》一文，揭开了中国现代文学革命运动的第一页。民国七年（1918年）加入《新青年》编辑部，大力提倡白话文体，并撰写了现代第一部白话诗集《尝试集》，成为新文化运动倡导者之一。民国八年（1919年），接替陈独秀主编《每周评论》，发表《多研究些问题，少谈些主义》一文，提出"大胆假设，小心求证"的实用主义方法论，在全国产生较大影响。民国十一年（1922年）创办《努力周报》，次年主编《国学季刊》，倡导"整理国故"。民国十七年（1928年）与徐志摩、梁实秋等人创办《新月》杂志，主张"为艺术的艺术"理论；同年，就任中国公学校长。民国二十年（1931年）任北京大学文学院院长。民国二十七年（1938年）任国民政府驻美国大使，代表蒋介石签订《中美互助条约》。民国三十一年（1942年）九月辞去大使职务，在美国专门从事学术研究。民国三十五年（1946年）回国，

*胡适

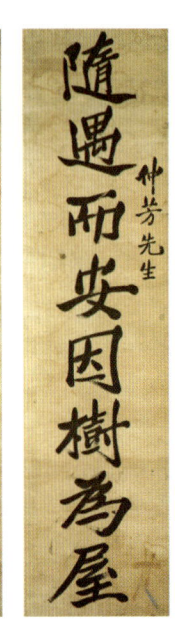
*胡适楷书对联

任北京大学校长和国民大会主席。民国三十八年（1949年）四月赴美国，潜心研究《水经注》一书。后因心脏病猝发去世。一生在哲学、文学、史学、古典文学考证诸方面颇有成就，著有《中国哲学史大纲》《戴东原的哲学》《胡适文存》《先秦名学史》《白话文学史》《尝试集》《中国章回小说考证》等。

胡炳文 1250~1333。学者。字仲虎，号云峰。元婺源考水人。理学"胡氏七哲名家"之一。自幼颖悟，秉承家学，夜读不辍。稍长，笃志朱子之学，上溯伊洛，接洙泗渊源，并对诸子百家、阴阳医卜、星历术数靡不推究，为元代一派学术大师。至大三年（1310年）族弟胡淀建明经书院，其代山长，以教四方来学，东

*胡适故居

*胡炳文

南学者宗之，夸其彬彬有儒风。延祐中，被荐为信州道一书院山长。后调兰溪州学正，未赴。治学以固守朱子之学为宗旨，以订正"异论"自任，在继承和发挥朱子学方面，付出了艰巨劳动。元理学大师吴澄说"有功朱子，炳文居多"。一生著述甚丰，列入《四库全书》者就有《周易本义通释》12卷、《四书通》26卷、《纯正蒙求》3卷、《云峰集》10卷。卒谥"文通"。

胡恢光 生卒年不详。隐逸。字素涵。宗宪五世孙，明绩溪龙川人。诸生。后绝意功名，纵观古籍，隐居山林以终。著有《率性篇》行世。

胡宣铎 1844～？。学者。字昭甫。清末绩溪宅坦人。少与兄宝铎受业于江宁汪士铎、县人胡肇昕。光绪八年（1882年）中进士，选授安庆教谕。甲午中日战争前随胡铁花赴台湾，为幕僚。后辞归，以课子弟为乐。继先业师肇昕校刊《礼仪正义》而毕其功，辑录成书，名《仪礼正义正误》。

胡珙 生卒年不详。学者。字邦享。明婺源人。一意儒行，不求闻达。潜心儒业，以著述自娱。著有《克己正家录》《易传纂要》《五经通释》。

胡晋 生卒年不详。学者。字淡中。清歙县人。少习武，后弃武从文。乾隆十九年（1754年）进士，曾任淮安教谕。其人廉直，文笔精美。

胡晋接 1870～1934。教育家。字子承，又字紫琴、止澄，号梅轩。清末民国时期绩溪人。廪贡生。父肇龄，主东山书院有年，晋接幼随父读书东山书院。14岁入府学，援例入贡。清光绪二十九年（1903年），受聘主办仁里思诚学堂，掌教八年。辛亥革命后，任县参议员、省教育厅特派员，视察督导徽州教育。民国二年（1913年）受命创办安徽省立第五师范学校（简称"省立五师"），同年四月，校址暂设歙县问政山麓的古紫阳书院，七月，租赁休宁县率口荷花池（今属屯溪）胡、毕两姓住宅为代用校舍，九月学校从歙县迁此。次年2月，改称安徽省立第二师范学校（简称"省立二师"），七月购休宁迈新塘任氏怀永堂房产"白果厅"，经修缮后，当年十二月二十九日，省立二师迁入万安新校舍，奠定永久性校址（省立五师、省立二师即今休宁中学前身）。晋接先生任校长15年。又创办"一师"附属小学，辅导推广徽州各县小学教育。主校期间大力提倡实用主义教育，求教育与生活、学习、应用的结合，积极倡导推行职业教育和社会教育，并鼓励和帮助汪孟邹创办芜湖科学图书社，与汪孟邹在屯溪开设科学图书分社。退休后，曾任安徽省志馆特聘编辑、委员，《绩溪县志》总纂。著作宏富，有《中华民国分省地图集》《中华民国地理讲义》《中华民国四大交通图》《中华民国自然图》《安徽省通志·地志山脉水系志》《安徽省通志·艺文志经部考》《周易焦氏学》《梅轩笔记》《周易错综图解》《绩溪山水歌略》，译有日本《稻程村自治志》。

*胡晋接

胡原宪 生卒年不详。学者。字监臣。清绩溪人。增广生。著有《六经思闻》《孝经外史》《四书释地纂》《尚书古训》。

胡效颜 1871～1938。教育家。名在渊，以字行世，号述园居士。清末民国时期绩溪人。廪贡生。幼承庭训，敦品励学。清光绪三十三年（1907年）与族人子承创胡氏初等小学堂，连任校长16年。任上廉洁俭朴，选聘优良教师，自减薪金低于教师20%；同时整肃校风，校誉日隆。民国十三年（1924年）任县劝学所所长。民国十五年（1926年）任教育局局长，倡导农村利用公产兴办学校，推行新学。又接管县宾兴文会款产，清理校产学田，充作教育经费；并设立全县私立小学奖学金。

胡培系 1813～1888。学者。字子继，号坞霞。秉元子，培翚从弟，清绩溪人。少受业于父秉元，读《段氏说文注》《励氏音学五书》《江氏四声切韵表》，沉潜于"三礼"（《周礼》《仪礼》《礼记》）。父卒后入徽州紫阳书院。时族人胡培翚以朴学倡海内，培系沐其风教，与里人学者程秉钊交厚，学业益进。曾以岁贡生授宁国府教谕。著有《绩溪金紫胡氏所著书目》《仪礼述义》《大戴礼记笺证》《十年读书室遗诗》《教士迩言》《风雨怀人录》《周礼述义》《小檀栾室笔谈》《十年读书室文存》《绩溪胡培翚行状》《仪礼宫室提纲》，辑有《绩溪金紫胡氏家藏录》《皇朝经世文续钞》《胡少师总集》。

胡培受 生卒年不详。学者。字子谦，号小云。培系弟，清绩溪人。诸生。著有《小云经说》。

胡培翚 1782～1849。经学家。字载屏，号竹村、紫蒙。清绩溪人。幼承家学，复师汪莱、凌廷堪，学业益精。嘉庆十五年（1810年）举于乡，次年赴京都寓叔父秉虔处。嘉庆二十四年（1819年）中进士，授内阁中书，充实录馆详校。寻擢户部广东司主事。为官清正，谓理财之本唯在清理收支。后以亲老告归，创东山书院。曾主讲于南京钟山惜阴书院及徽州、江宁、云间、庐州、泾川诸书院。积40余年之学，博采众说，撰《仪礼正义》40卷，成一家言，被称为

*胡培翚

"张皇幽渺,阐扬圣绪,二千余岁绝学"。晚年患疯痹,犹著述不辍。著有《燕寝考》《研六室文钞》《研六室杂著》《仪礼宫室定制考》《禘祫问答》《胡少师年谱》等。

胡铭琦 生卒年不详。学者。字又韩,号芥园。清绩溪人。诸生。著有《惜分轩文集》50卷。

胡得胜 生卒年不详。道士。五代婺源人。生而神异,尝曰:"某处覆舟,某处失火。"皆验。后有祷必应,遗剑犹存。据弘治《徽州府志》载,忠靖胡提点,名德胜,乃检察之子,生而神异,长有慧性。有术者相之曰:"生不封侯,死当庙食。"尝昼寝觉则汗流浃背,所穿履尽破。及卒,御灾捍患,有祷辄应,四方之人奔走祠下唯恐或后。元代道教第三十八代天师张与材赐号忠靖灵远大师胡提点,赐七星剑。元至正年间镇南王奏封忠靖灵远护国胡总管。

胡清焘 ❶生卒年不详。学者。字思平。清绩溪城东人。乾隆年间岁贡生。幼随父读书,为学以致知力行为本,剖释义理,不稍苟同。晚年杜门著述,撰有《四书说参证》《尚书存真》《诗经积疑》《春秋两端》《礼经辨误》及诗文集。❷生卒年不详。书法家。字照宇,号梅溪。清绩溪城西人。增广生。承家学,精书法,尤长古文。著有《孝思录》。

胡清澍 1877~1936。教育家。字雨甘,号傅霖。清末民国时期绩溪城东人。清宣统元年(1909年)拔贡,朝考以州判用。初肄业于敬敷书院,继毕业于安徽高等学堂,旋保送日本宏文学院学习。归国后,任安徽学务公所首席视学,兼安庆、庐江、滁县视学。民国初曾当选为安徽临时议会议员。著有《惜庐存稿》《春晖堂小吟》。

胡淀 1258~1318。学者。字卧龙,号安国。元婺源考水人。曾任江西吉安路龙泉县主簿。元至大三年(1310年)于村西山之麓创建"明经书院",为屋200间,输田20万平方米充膳费。又助造太白渡浮桥铁索数千米;建长寿、明经二桥和甘泉、湖山二亭,瀹煮茗水饮行客。族之贫老者,月给资养。研究经学,著有《发易十疑》。

胡敬庵 1870~1936。学者。字元吉。清末民国时期黟县杏墩人。清光绪二十二年(1896年)为敬敷书院学长。曾任山东菏泽县知县。生平致力著述,撰有《固易程传纂注》《吴康斋年谱》《治荷随军自订年谱待定录》《典礼会通》《杏墩文集》《万山烟雨楼诗集》《杏墩列记》《字塾训话》《商学偶存》《抑斋记闻》等。

胡朝贺 生卒年不详。学者。字藤圃。清黟县西川(今西递)人。举人出身。经术湛深,文章懋倩。曾主讲紫阳书院,士论翕然。又与叶效洛、汪登俊等人联修"月轩社",共相唱和。著有《藤圃杂著》,与编《黟县三志》。

胡舜俞 生卒年不详。学者。舜陟弟,宋绩溪人。好读书,多著述。著有奏议、文集和《孔子编年》《咏古》《师律阵图》。

胡赓善 生卒年不详。学者。字受毂。清朝徽州府城人。乾隆二十四年(1759年)举人。因母殁而绝意仕进,杜门著述,课子授徒。著有《新城伯正文集》等。弟赓熙,字台如,亦有文名。

胡翔云 生卒年不详。学者。字禹铭,号黄海。清婺源人。以廪贡生肄业国子监,期满选用教职。先后历泾县、太湖、绩溪、芜湖、休宁、青阳等县教谕或训导,所至文风丕振。去任后尝主讲广东、浙江两省及徽郡紫阳书院。嘉庆十三年(1808年)仁宗北巡,召试二等,赏赐缎帛。著有《仪礼文疏》《瓿余诗钞》《瓿余文钞》《煦诗图卷》等。

胡瑞临 生卒年不详。学者。字宜积。清绩溪人。邑廪生。生平嗜《春秋》,且经名师友授受,晚年志益笃。著有《春秋约读》。

胡献忠 生卒年不详。学者。号六六道人。明婺源人。著有《大统皇历》传世。

胡肇昕 生卒年不详。学者。字晓庭、筱汀。秉虔孙,清绩溪人。廪生。幼与族叔培系、绍勋、绍焕,族兄肇智等俱受学叔父培翚,能承家学,通经术尤精于声音训诂之学。从叔父培翚主讲云间书院,并助其撰辑《仪礼正义》;培翚病,命肇昕采辑诸说,续成"士昏、乡领、乡射、燕礼、六射"五篇。自著有《斋中读书诗》《方言补注》《筱汀诗话》等。

胡肇龄 1832~1896。学者。字与九,别号存斋。清绩溪人。恩贡生。沉潜程朱理学,未尝有意为诗而著有《存斋诗草》2卷。

胡璇 生卒年不详。学者。字衡可。清婺源清华人。受业湛若水之门,以性命之学自任。谓科举徒干禄非性所寄,故闭户读书,殚精阐明四子经传之秘,又精于《尚书》。讲学紫阳书院推首座,后学云集,仰为北斗。著有《四书点睛录》《尚书点睛录》《课孙庭训》。

胡德藩 生卒年不详。学者。字介人,号顽仙。清黟县杏墩人。博览群经,熟谙国朝掌故。与俞理初、孙立人共修邑志,而不居其名。富藏书,精鉴别。著有《杏墩日钞》、《集全唐诗》4卷。

胡澍 1825~1872。学者。字荄甫、甘伯,号石生。清绩溪人。父正晖弃儒经商,家境饶裕。9岁入塾,16岁与邑中名士结社唱和。道光二十四年(1844年)肄业紫阳书院,补府庠生。咸丰十年(1860年)二月,太平军入绩城,乃流离浙东、西,后寄寓杭州。性喜读书,每得一义,则怡愉累日。因体弱多病,遂治医术,成《内经校义》刊行。通声音、训诂之学,精于书法、篆刻,曾与赵之谦、吴昌硕合编篆体书法集。著有《释人疏证》《左传注义》《通俗文疏证》《淮南子校正》《一切经音义校正》等。

胡霖侠 生卒年不详。学者。字苏亭。清绩溪人。读书不仕。筑室名"卿云轩",破产购书3万卷藏其中，点窜殆遍。尝谓："我为子孙广树田园，使耕耘其中。"亦致力于名物象数之学。著有《论语丘文笺》《学庸浅解》《孟子剳记》等。

胡默 生卒年不详。学者。字孟成，号石丘生。明经胡氏始祖昌翼公十五世孙，宋末元初婺源考水人。理学"胡氏七哲名家"之一。师族祖炳文（云峰先生），尽得其传。为文奇崛而有气，作诗深远而无瑕。尝建石丘书院以居四方学者，刚毅典雅，有馆阁味。宋末元初遭遇乱兵，不屈而死。

柯华辅 生卒年不详。学者。字翼之，号竹泉。清歙县竹溪人。其先人为北宋宣和年间吏部尚书颖。颖次子渊，官歙县丞，因家歙南水竹坑。华辅与兄华国（字东旸）俱出程道锐（峻山）之门，工诗，嗜鼓琴，名所居曰"弹琴咏诗之室"。咸丰三年（1853年）后，襄治歙南团练事务凡八年。咸丰十年（1860年）四月，太平军由淳安犯歙，华辅督乡兵御之于六昼岭，拒守五昼夜，太平军由间道入竹溪，其妻王氏骂贼死，华辅仅以身免。后依曾国藩，办采访忠义局以终。兄华国及子钺、钠俱能诗。

柯泽舟 1868~1922。教师。清末民国时期绩溪瑞川人。邑庠生。致力于教育，在瑞川创办耕心小学，任校长。善诗文，擅书画。著有《耕心别墅医案》《杏林杂缀》和诗文《无机集》。

柯临久 1876~1942。学者。字日昌，号曙东，谱名广昌。庆施之父，清末民国时期歙县水竹坑人。清宣统二年（1910年），集资创办竹溪继述初级小学。尽心乡里子弟启蒙教育。后任区董，热心地方公益。尝获安徽省政府一等银质嘉祥章。

柯钺 ？~1864。学者。字晓荃，号房瞻。华辅子，清歙县水竹坑人。有夙慧，才名冠一时。道光二十九年（1849年）拔贡生，廷试一等第二名，以知县用，改选桐城教谕。咸丰元年（1851年）举人，官刑部主事。在都留心经济之学，尤负时望。咸丰十年（1860年），协防京城，以功加五品卿衔。旋考取军机章京第一，以丁内艰回籍。母王氏死难后，抚膺矢报，充两江总督曾国藩幕僚，每治军书，动中窾要，老兵宿将，咸折服。秉性刚直，遇事辄与曾国藩辩论，曾国藩深器之。常曰："柯君清才正气，人所不及。"积功保加四品卿衔。同治三年（1864年）四月，丁外艰，自侍疾时已病，及是益剧，呕血斗余，迨金陵克复，以七月中旬病故于安庆军营。曾国藩特为附奏请恤，称其以儒生从戎，勉学力行，清正不阿，从公尽瘁，赍志云殂，盖深以大任相期，而惜其早殒。得旨赠太仆寺卿衔，荫一子县丞。

查志隆 生卒年不详。学者。字鸣治。明休宁人，寄籍浙江海宁。嘉靖年间进士。尝授山东盐司同知。官至山东布政局左参政，主纂《山东盐法志》4卷传世，谭耀、詹仰庇参修。

查应光 生卒年不详。学者。字宾玉。明休宁西门人。万历二十五年（1597年）乡荐。生平热心公益，自建"池草阁"，蜗居其间，专事著述。崇祯九年（1636年）巡按两次举荐，均辞不赴。著有《陶瓶集》《四书·易经》《丽绮轩诗文集》；另辑有《群书纂》《斳史》《浸象录》《古文逸选》。

查显宗 生卒年不详。隐逸。元黟县蜀里人。隐居力学，不求仕进。为人公平正直，仗义疏财。凡筑路、修桥、浚辟水渠诸善事，均捐资倡赞之。洪武七年（1374年），征聘不就，因赐额"耆老逸叟"。

查慎行 1650~1727。学者。字悔余，号他山，一号初白。原名嗣琏，字夏雪。祖籍休宁城北，先世徙浙江海宁，成当地望族。深沉好古，肆力经史百家之学，尤邃于《易》，工于诗。敏颖嗜学，淡泊荣利。康熙三十二年（1693年）举顺天乡试。康熙四十一年（1702年）康熙帝南巡，以张玉书等荐，召试行在，赋诗称旨，诏随入都，入直南书房，旋特赐进士出身，授翰林院编修。先后三次从康熙帝西巡塞外。性嗜书，家有"得树楼"，藏书最富。雍正四年（1726年）秋，弟嗣庭遭文字狱株连系狱，全家被逮，雍正帝识其端谨，乃与其子克念并放归。筑初白庵以居，学者称初白先生。因痛家难，旋卧病。雍正五年（1727年）八月卒，享年78岁。著有《敬业堂集》50卷、《补注东坡编年诗》15卷、《周易玩词集解》10卷传世。尚著有《江西通志》《庐山志》《鹅湖书院志》《黔中风土记》《陪猎笔记》《得树楼杂钞》《庐山游记》《阴阳判》等。

查潜 生卒年不详。隐逸。字渊若。明末清初婺源人。郡学生。日诵数千言，为文高古奇特。同邑诸生倡正社，称"十二子"，推查潜为冠。邑宰金兰、郡守陆锡明皆以"国士"称之。清顺治二年（1645年），素服匿居幽谷，终日杜门阅古史；寻遁入高湖山。学者踪至，相与讲论宋儒理学，以廉耻相励。年老双目失明，食不饱腹，捉襟见肘，仍作《乐贫诗》以见志。著有《曙闻集》。

俞士千 生卒年不详。学者。字吉仲，号静斋。南宋婺源汪口人。宝祐四年（1256年）进士，授德安郡博士。乡人以其学行并著，合请调徽郡，乃授徽州学博士兼紫阳书院山长。

俞正禧 1789~1860。学者。字鼎初，号芎林。献子，清黟县嘉祥里人。长兄正燮，著名学者，二兄正馥，服贾江西。正禧深湛经学，尤熟于史，博览能文，与兄正燮齐名。道光十七年（1837年）举人，拣选知县。道光二十年（1840年），游京师应礼部试。邑人程鸿诏从其学科举文字。咸丰十年（1860年）卒于家，享年72岁。尝鼓掌论天下事，于帝王称康熙、乾隆二帝神功至德；于宰相称明张居正，谓明朝非居正，积弱贫寡久矣；于将领称唐张巡，守睢阳危城更数百战；于儒称王阳明；于文爱庄子。其处世与人无忤，煦煦妪妪，唯恐伤之，而性疾恶如仇，爱憎分明。里正汪有德有士行，呼为老友，而知州某至徽，"输过严急"，则众中大声训斥之。不甚饮酒，而好客，坐间议论风发，抵掌欢笑，踽踽席上，旁若无人。馆中有方竹砍去，易植圆竹，谓竹性本圆，方非竹性。岁寒，纳手衣中，携笼火行，衣带或不整，不饰威重，然处大事，决大疑，则守正不逾闲。临终前，执程鸿诏之手嘱作传，谓称"儒侠，魂魄乃喜"。程鸿诏作有《俞芎林先生传》。正禧著有《芎林堂文》2卷传世。

俞正燮 1775~1840。学者。字理初。清黟县人。乾隆五十七年（1792年），就学于父之任所句容（父俞献时任江苏句容县训导），与句容王乔年共撰有《阴律疑》，被时人誉为"穷理至性之书"。嘉庆三年（1798年）至京师求学，次年为国子监生；著有《书五礼通考后》《唐律疏义跋》《史记十二诸侯年表索隐书后》等。后游学山东曲阜、济南等地，写有《书左传精舍志后》《书五代史纂误后》《观世音菩萨传略跋》等，得学界及公卿器重；曾为湖南提督杨芳校刻《六壬书》。著述长于考据，嘉庆十年（1805年）经天津到北京，陆续著有《书旧五代史乐志后》《书唐书舆服志后》等篇。户部给事中叶继雯奉旨任会典总纂官，承修《大清会典》，礼聘正燮襄编。道光元年（1821年）中举人。道光十五年（1835年）林则徐任两湖总督，尝聘正燮至武昌编纂《湖北通志》。后受聘为江宁惜阴书院山长。学问渊博，经学、小学、史学、医学、天文、历算、边防、政治、宗教、地理、经济均造诣颇深，著述主要收录于《癸巳类稿》15卷和《癸巳存稿》15卷中。又著有《四养斋诗稿》3卷存世。

*俞正燮

俞师鲁 1269~1333。学者。字唯通。元婺源钟吕人。大德十年（1306年）应试茂材、异能等科，辟署史馆编修。以亲老求外任，授隆兴路学教授。至治间改松江府知事，多有政绩。著有《易春秋注说》。

俞桂彬 生卒年不详。学者。字慎之，号雅亭。清末婺源龙腾人。光绪二十年（1894年）举人，授萧山教谕。先后主讲慈溪、戢山书院，门下多名士。后隐居授徒，人称"贞介先生"。著有《读史类钞》《先儒语录》《读书心得》《读史厄言》《还读斋诗钞》《增广碧梧遗训新编》等。

俞皋 生卒年不详。学者。字心运，号永川。南宋婺源汪口人。受学于宗室赵良钧，恪守师说。宋时任学正，入元不仕，建"心远书院"于汪口。著有《春秋集传释义大成》，明、清修大全汇纂采其说。卒诏祀府、县乡贤祠。

俞献 生卒年不详。学者。字可亭。正燮之父，清黟县人。乾隆四十二年（1777年）拔贡，署望江县教谕。性耿介，能强记，熟掌故，工骈体。著有《星严集》藏于家。

俞靖 生卒年不详。学者。一名猷仲，字守祐，晚号西郊老人。南宋婺源韩溪人。与邑硕儒朱松相友善，绩学砺行，称名于时。与朱松等为星溪十友，最为朱熹所推敬。

俞塞 生卒年不详。学者。字吾体，号无害。清婺源汪口人。性孝友，好读书，达旦忘寐。通"六经"，亦工小楷、草书，又以善病涉猎医学。著述甚多，有《易寤》《诗起》《枢堂近语录》《续横浦论语颂》《理学资深录》《四书心诂》《四学辨疑》《序记书牍杂记》《五七言近体》《医易》《本草正误》等。

俞粹纯 生卒年不详。学者。字希文，号问樵。清婺源新源人。道光十五年（1835年）恩贡生，选授陕西乾州州判。中丞林则徐入抚陕右道时，委其查州内仓廒，以知州升用。著有《十三经经义参存》《经训感应篇》《读书检身录》《诗文集》等。

饶世恩 生卒年不详。学者。原名勋，字晋康，号竹溪。清末祁门石墅人。幼从兄（饶芳）学，博览群书，品行端正，为人所重。道光二年（1822年）副贡。道光十四年（1834年）改正贡，就教职。尝协修道光丁亥县志。著有《问礼堂文稿》《画舫斋古今体诗》《苏斋吟草》《竹溪试帖》《竹溪赋钞》《葵窗杂记》《续谐释》。

饶光 生卒年不详。隐逸。字扶晖。清祁门城西人。幼好学，工诗文。顺治年间岁贡生，而淡于仕进，莳花自娱。

饶际元 生卒年不详。学者。字长卿。清祁门石墅人。道光元年（1821年）举人，授旌德县学训导。

饶际可 生卒年不详。学者。字可亭。际元弟，清祁门石墅人。道光二十年（1840年）举人。以团防功，保举知县加知州衔；改就教职，任无为州学正。

饶恕良 生卒年不详。学者。字玉堂。清祁门石墅人。咸丰、同治间岁贡生，授庐江县训导。辑有《祁门纪变录》，详载太平军在祁门的兵事活动。

施璜 1635~1706。学者。字虹玉，号诚斋。明末清初休宁黎阳（今属屯溪区）人。祖籍婺源诗春。少时应试郡城紫阳书院，见乡先生讲学紫阳书院，甚为崇拜，瞿然曰"学者当如是矣"。于是便放弃举子业，发愤攻读儒经，致力程朱理学。以每日"存何念，接何人，行何事，读何书，吐何言"而自勘。与同邑汪燨、歙县吴曰慎游学梁溪（今江苏无锡），师事东林学派创始人之一、东林书院主讲高世泰。后讲学于郡城紫阳书院和休宁还古书院，学者称其诚斋先生。要求学子"九容以养其外，九思以养其内，九德以养其成"，学者宗之。李应乾、潘继高、潘继善、王士鉴、洪朝阳均其高弟。康熙四十年（1701年），与吴东岩兄弟倡修紫阳书院，并与吴曰慎商定左右从祀诸先贤。康熙四十二年（1703年），又与休宁同仁大修还古书院归仁堂，筑石台、置神龛，安奉孔子与朱熹神位，并题"乐群会友，当从名教关头讲求实际；继往开来，莫把斯文正脉视属等闲"。晚年主修《还古书院志》18卷（乾隆六年（1741年）刊本）。雍正八年（1730年），与原配戴氏合葬古城山麓。著有《诚斋文集》2卷并附《西铭问答》1卷、《紫阳通志续录》、《小学发明》6卷、《五子近思录发明》14卷、《塾讲规约》1卷等。《清史稿·儒林》有传。

闽真人 ？~1615。道士。俗姓黄，名浦，字越溪。明福建人，万历四十年（1612年）来歙，栖身赤岭关帝庙中。有诗述其来意："闽人黄蒲字越溪，思慕江南渡江西。因爱桃源能远俗，不恋白鹿看云飞。"以奇方为人治病立效，求医者盈门，一钱不取。词称："终要恤寡与怜孤，自然流芳千古。"逝后乡人为立"闽府庙"，塑像其中。

洪志吉 生卒年不详。学者。字蔼士，号蒙珊，后更名茂淦。清祁门柽墅（今洪村）人。同治六年（1867年）举人，选授宿州学正。后升宁国府教授，加国子监衔。善诗文，著有《蒙珊诗存》。

洪志明 生卒年不详。僧人。清婺源古坛人。通内典，擅书画。19岁观剧，慕真武得道，乃留书父母诀别，遁至如皋水德寺削发为僧，法名"妙参"。后受戒于安徽宝华山。尝为宜兴海会寺住持，自称"种竹道者"。曾应武进人盛宣怀（字杏苏）之请，注《心经禅宗直解》刊行。

洪启凤 生卒年不详。学者。字邦维，号澄斋。清婺源虹川人。性聪颖。岁贡生。少受学于邑名儒江永，称高弟。县郡试多冠群士，以明经终身。邃于经学。著有《诗苞》《易玩》《客谭》《经义辑要》《古诗十九首解》等。

洪启蒙 1529~1593。学者。字有本，号源泉。明歙县桂林人。府学诸生。潜心阳明之学，恍然有悟，凡所论说不背离朱熹理学。理学家耿楚侗督学南畿，阅其策问，极为赏识，认为"直探理窟，不坠言诠，士林罕见其匹"。遂向其讲解白岳，扬榷圣贤旨要。洪启蒙解悟益深，后授业歙县紫阳书院。子翼圣、辅圣、佐圣，分别为明万历二十六年（1598年）、万历二十九年（1601年）、万历三十五年（1607年）进士。

洪饴孙 生卒年不详。学者。字孟慈，又字佑甫。亮吉长子，清歙县人，寄籍阳湖（今江苏武进）。自幼沉毅，嗜学不倦，能承家学。嘉庆三年（1798年）举人，四试礼部不第，以荐卷排取国史馆誊录，默默不得志。嘉庆十四年（1809年）遭父丧，家益贫，以誊写期满，议叙谒选，得东湖知县，任职仅八月，于嘉庆二十一年（1816年）病卒，享年仅44岁。性嗜书史，自幼至壮，手不释卷，博学多闻。著有《世本辑补》10卷、《三国职官考》3卷、《史目表》2卷、《毗陵经籍志》、《青垂山人诗》10卷，皆成书。另有诂经、考史、氏族、地理诸篇，如《汉书经籍志考》《读史考略》《世本设解》等各数十卷，因过早逝世，均不及成书。

洪垣 生卒年不详。学者。字峻之，号觉山。明婺源北官源人。受业湛若水之门。嘉靖十一年（1532年）进士，历任永康县令、监察御史、温州知府。在任上奏章数百件，谏阻世宗巡幸、选宫女，声讨篡逆，议惩贪官污吏。所至捐俸置学田，立书院，聚士讲学，浙江、广东等地为之立祠。辞归乡里后，深究理学，四方之士问业者云集。著有《易说》《史说》《闻言》《应迹言》《周易玩辞》《理学要录》等。

洪亮吉 1746~1809。学者。字君直。清歙县洪源（今属徽州区）人，寄籍阳湖。幼孤，家贫力学。乾隆五十五年（1790年）中进士，授编修，充文颖馆修纂。嘉庆元年（1796年）改咸安宫总裁，入直上书房。以疏陈中外弊政遭执政忌，乃因弟卒告病归。嘉庆四年（1799年）起复，授纂修官，教习庶吉士。会诏求直言，以言词过激违背圣意拟处极刑，后得免死，流放伊犁。性至孝，笃于友谊。母殁，未及身临视殓，乃每逢忌日即终日不食。友黄景仁病困安邑，将死驰书托后事，即疾行四昼夜以扶柩回籍，并为营葬。晚年设馆旌德洋川。著有《左传诂》《比雅》《文书转注录》《汉魏音》《乾隆广州县图志》《三国疆域志》《东晋十六国疆域志》等。

洪载 生卒年不详。学者。字又张，号对山。清绩溪人。康熙六十一年（1722年）拔贡生，考取镶红旗教习，以候选知县用。后丁艰归乡，不复仕。著有《竹迈草堂文稿》。

洪莹 1780~1840。学者。字宾华，号钦庵。清歙县洪源（今属徽州区）人。榜族子，亮吉堂弟。嘉庆十四年（1809年）以一甲第一名进士高中状元，授翰林院编修。殿试后两月，给事中花杰诬劾殿试读卷官户部尚书军机大臣戴衢亨营私舞弊，徇庇芦商名额，并连及状元洪莹。清仁宗特派满洲军机章京将莹由福园门带至上书房，命二阿哥（次皇子）监看，令其默写试策，"校与原卷相符"。仁宗称莹为真才实学。并以莹枉被诋诬，赏纱两件以示奖异。花杰所劾戴衢亨他事，经诸大臣会审，均属子虚，花杰被交部议处。莹因无端遭险阻，寻辞官归，潜心治学。淹通以史，对《五经》皆有撰述。

洪章 生卒年不详。学者。字子成。明祁门柽墅（今洪村）人。少从学于湛若水、邹守益之门，工诗文，声甚著。嘉靖年间以选贡任惠州通判，旋署和平知县。在任修学育贤，捐俸筑城，以劳卒于官。

洪焱祖 生卒年不详。学者。字潜夫，号杏庭。元歙县人。为平江路学录，历官休宁县尹致仕。为文根极理要，而忧深思远，超然游意于语言文字之表。著有《新安后续志》10卷、《尔雅翼音注》32卷、《杏庭摘稿》50卷。

洪腾蛟 1726~1791。学者。字鳞雨，号寿山。清婺源车田人。乾隆十五年（1750年）举人。隐居教授，穷研经史，学宗宋儒，敦行不息。著有《春秋摘钞》《禹贡黑水说》《思问录》《寿山丛录》《寿山存稿》《稽年录》《郫麓常谈》诸书。

洪嘉木 生卒年不详。学者。字巽甫。清祁门桦墅（今洪村）人。乾隆时贡生。笃志经学，凡汉儒笺注之书，靡不悉心研读。读书僧寺，日手一篇，历数寒暑不出，罕与里人往还。而与海内名士阮元、陈用光、梅曾亮、姚莹、方东树、俞正燮等驰柬往还，参证经义，为莫逆交。博览群书，偶有心得，随按卷端，所注有《四经》《语孟》《二戴》。著有《孝经章句》《夏小正考经》《孔子三朝七篇》等。

洪嘉植 生卒年不详。学者。字去芜。清歙县洪源（今属徽州区）人。有文名，以布衣终老田园。著有《易说》15卷、《春秋解》20卷。

恒证据 生卒年不详。僧人。清朝人，原籍新安程氏子。13岁，削发遍游丛林，最后住黄山慈光寺暨开黄禅院，为黄山燃一灯。顺治中示寂。

祝穆 生卒年不详。学者。少名丙，字和父（一作和甫）。南宋歙县人。朱熹在徽州十二高第弟子之一。穆曾祖父确为朱熹外祖父。祝氏世居徽州府城，以资力闻。祝穆父康国始寓居福建建安。穆幼孤，与弟癸同从朱熹受学，性温行醇，刻意问学，隐居不仕。终以儒学昌其家。博览群籍，学富文赡，尤精于地理方志之学。著有《事文类要》前集60卷、后集50卷、续集20卷、别集30卷及《方舆胜览》70卷传世。尚著有《类编古今事林群书一览》15卷等。《事文类聚》为中国古代大型类书，《方舆胜览》为宋代地理总志，宋朝名臣歙县人吕午为之序。

姚之骃 生卒年不详。学者。字鲁斯。清休宁苏田人，寄籍钱塘。康熙六十年（1721年）进士，官至监察御史。博学好古，尤长于史学。编著有《后汉书补逸》21卷、《元明类事钞》40卷传世。

姚允明 生卒年不详。学者。字汝服。清休宁苏田人。博览群书，质古问今，辄口成诵，不遗一字。曾著《史书》10卷，仿《春秋》用字法，以编年体纪事而析论之。张溥为之梓行。

姚际恒 生卒年不详。学者。字立方，一字首源，又字善夫。清休宁商山苏田人，寄籍杭州。喜读书，涉猎百家，尤精经史。著有《九经通论》《庸言录》、《尚书通论辨伪例》10卷、《好古堂书目》4卷、《书画记》2卷。

姚琏 生卒年不详。学者。字廷用，又字叔器，号云一懒翁。元末明初歙县渔梁人。元至正年间，以文学举为池州路学正，累administered太平路学教授，江西行省平章星吉辟为幕属，陛理问所知事。尝献10策于参政董孟起，寻以病免。琏博学通经史，曾教学于紫阳书院，学者称其凤池先生。至正十八年（1358年）冬，朱元璋入徽，访见名儒朱升、唐仲实、姚琏、凌庆四人，问以军政方略。《五伦书》载："明朝初年，琏与仲实同迎跸于歙街口，被顾问。朱元璋即帝位后，召琏入朝授官，琏婉言谢绝。"朱叹曰："姚琏真是紫阳山下一懒翁。"琏著有《凤池山房集》行世。

珠溪谦禅师 生卒年不详。僧人。宋歙州人。师云居道膺，通禅学，能译经义。饶州刺史为谦造大藏殿，谦与一僧同去观看。谦唤某甲，僧应诺，谦曰："此殿着得多少佛。"曰："着即不无，有人不肯。"谦曰："我不问这个人。"曰："若此则某甲亦未曾只对珍重。"韶国师到，闻犬咬灵鼠声。国师便问："是甚么声？"师曰："犬咬灵鼠声。"国师曰："既是灵鼠，为甚么却被犬咬？"师曰："咬杀也。"国师曰："好个犬。"师便打。国师曰："莫打，某甲话在。"师休去。因造佛殿毕，一僧同看。师曰："此殿着得甚么佛？"曰："着即不无，有人不肯。"师曰："我不问那个人！"曰："怎么，则某甲亦未曾祇对和尚。"谦后终于兜率山。

振妙和尚 生卒年不详。僧人。俗姓汪。清黟县碧山人。幼在广安寺为僧，从僧侣成林习武。张文毅尝以"美媲少林"奖褒之。

耿介 1870~1922。教育家。行名广泰，字履安。清末民国时期绩溪龙川人。家贫，尝营商于宁国。后以廪生考选典史。曾任绩溪公立东山小学堂长、绩溪县学务佐治、绩溪县视学兼劝学所长。所至改革教育，废私塾，兴新学。学识渊博，擅书法、金石。

聂师道 生卒年不详。道士。字宗微。唐歙县人。祖父聂时泰由清江玉笥山始迁歙县。少时入老子法，中年事道士于方外，后得内传服松脂法，乃与同侣登绩溪县百丈山采松脂。夜半峰顶月明，东南紫云冉冉而来，周旋于石金山，天乐即起，久之声益近，至石金山少止。两山相距15千米，然凭高相望则近在咫尺。未几，小鼓声声小，复通奏笙箫、金石、弦匏，以拍节大鼓，其音清扬，不类人世，至鸡鸣时止，山下居人是夕皆闻。同侣叹道："方采myto药，而所闻如此，此亦君得道之证也。"聂师道自是能辟谷作远游，后至南岳衡山招仙观，闻知彭真人、蔡真人仙隐处距洞灵源不远，遂前往一访。及归乡里，每入山，虎豹遇之皆弭耳驯伏，手抚乃起，或以所采薪药令负还。后闻知汉梅福、梁萧子云皆隐玉笥山，乃三入郁木坑，遇谢通修，后访其弟子紫芝于九嶷山。景福二年（893年），宣帅田頵率兵围歙，城将陷落。聂师道请于刺史裴枢，冒险夜缒，使敌罢兵。刺史陶雅接任，亦屈尊问政。杨行密据有江淮，征召至广陵（今扬州），为其建真元宫，使为人祈福，赐号问政先生、逍遥大师。卒后，杨行密以师礼入殓，厝棺太平门外。五代吴顺义七年（927年），睿帝以云鹤群集问政山房数年不散，诏允归葬故山，恤典殊厚，改故居为归真观（后改称兴道观），赐田奉香火，复租庸，加赠国师、银青光禄大夫、鸿胪卿。

聂绍元 生卒年不详。道士。字伯初。聂师道从孙，宋歙县人。母程氏始孕即厌荤不茹，梦天人指腹道："此子当证道果！"及长好文史，尤精玄学。诣金陵（今江苏南京）受戒箓，希长生。是夜梦入一城，官府森严，中有朱衣人凭几道："此司禄之所也，可自阅籍。"籍上图形旁题"聂绍元十八入道，二十受上清华坛，二十六年往南岳"，遂掩卷而醒。返歙后，就问政山房别筑草堂，事母勤瘁，不交流俗之人，德高思精，自号无名子，世人尊称"练师"。撰有《宗性论》《修真秘旨》各1篇，学士徐铉、徐锴兄弟称其"吴筠、施肩吾不能过也"。

夏弘毅 生卒年不详。学者。达才子，南宋休宁南门人。善文章。著有《放翁集》。

夏达才 生卒年不详。学者。字行可。南宋休宁南门人。淳祐六年（1246年）乡试膺浙省第一。会试不利，自是授徒于家，四方从学者众。龙源村赵弥忠、赵象元和稍云吴田村吴瑛、吴琼均从学门下，为一时名士。著有《图南课》《兰畹斐作》。

钱时 1175~1244。学者。乳名刘三，字子是，号融堂。吴越王钱镠十三世孙，祖籍歙县汝南（今米滩），祖父钱㶸始迁淳安蜀阜。幼年即奇伟不群，善谋能断，读书不为世儒之习，后以精通《周易》魁漕试，既而绝意科举，精贯理学。深受其师杨简推许，特为其居室手书匾额"融堂"以励。南宋绍定四年（1231年），为信州（治今江西贵溪）象山精舍（次年改称书院）主讲，远近士子翕然云集，又徽州、严州、绍兴延聘其开讲郡学。嘉熙元年（1237年），右丞相乔行简力荐："其夙负才识，尤通世务，自田里之休戚利病、当世之是非得失，莫不详究而熟识……而时亦人物魁岸，慷慨激昂，有乃祖风，不但通诗书、守陈言而已！"理宗以为然，特赐进士出身，补迪功郎，召授秘阁校勘。钱时以国史宏纲未就力辞。后奉旨添差浙东，古越大饥，僵尸枕道，钱时不以史事废民难，冒暑救灾，存活以万计。嘉熙三年（1239年），以太史李心传奏请得改授史馆检阅，助修国史。因不愿与权奸为伍，辞官归里，漱石眠云，筑经史阁，以著述自娱。创办融堂书院，延师聚教，成就人才甚众。赈贫乏，绝淫祀，禁赌博，弥争讼，见义乐为，不可枚举。卒葬淳安县蔗川村。著有《周易释传》《尚书启蒙》《春秋大旨》《学诗管见》《四书管见》《两汉笔记》《冠婚记》《蜀阜集》《百行冠冕集》等。

倪一升 生卒年不详。隐逸。字立之，号无心居士。南宋祁门渚口人。天资聪敏，潜心经史，长于《春秋》，明于天文地理，旁及诸子百家、阴阳卜。入京，见贾似道当国，朝政腐败，乃归隐县西禾山坡，题其室为"灵山会院"。自是不出里门，以医终世。

倪士毅 1303~1348。学者。字仲弘，号道川。元休宁倪干人。为休宁"理学九贤"之一。曾祖机、祖文虎、父良弼皆为经文学教授，为时硕儒。士毅幼承家学，先后师事休宁陈村朱敬舆（以礼）和名儒陈定宇，以课馆授徒为业，守身制行，不为名高，不计名利得失，"事亲孝，接物诚；非其人不交，非其有不取，非朱熹之说不以教人"。受黟县汪泰初礼聘，奉父母在汪氏所居霞阜渔亭，教授23年，从学者甚众，时人称为"道川先生"。著有《四书辑释》《历代帝王传》《授图记》等。初葬休宁县赤邱，后以其地低湿，黟县门人汪志道与弟存心改葬于黟县南坑。赵汸作有《倪仲弘先生士毅改葬志》。

倪尚纲 生卒年不详。学者，教育家。字志成。倪士毅长子，元末明初休宁倪干人。尚纲幼承家学，克承父业，尝为黟县县学教谕，晚岁双目失明，终于林下。

倪尚谊 生卒年不详。学者。字思敬。倪士毅第三子，元末明初休宁倪干人。出绍婺源从叔士安为嗣。幼承家学，后与兄尚德同师名儒赵汸（东山），博览通经，尤邃于《春秋》之学。赵汸著《春秋属辞》后，复改《春秋集传》，使归于一，撰至鲁昭公二十八年（前514年），未完编而卒，尚谊据其师《春秋属辞》义例，参证续成《春秋集传》15卷。子应祥（号望泉），以才能举，授广东化州吴川县尉。

倪尚德 生卒年不详。学者。字明善。倪士毅次子，尚纲弟，元末明初休宁倪干人。幼从父学，后师朱升、赵汸。明洪武初，有司以明经举，但终不愿仕。

倪望重 1834~1904。学者。字仲荣，号愚山。清末祁门渚口人。父伟人，廪生，以家贫，授徒自给。博学工诗，有著述传世。望重幼颖敏好，同治十二年（1873年）举人，翌年成进士，历任浙江分水、淳安、诸暨、黄岩、临海知县，有政声。性嗜学，喜蓄书，于光绪十年（1884年）建万卷楼于渚口，设求我斋书室，藏书150余柜，多宋元旧本。后其子启佐以海运功，官至知府，又大量添购近代版本图书，使万卷楼藏书益富。新中国诞生后，倪氏后人将大部分藏书捐献给安徽省图书馆。博学，工诗文。著有《读读书录》2卷、《读困知录》3卷。

倪樾奇 生卒年不详。学者。字征和，号左垣。清祁门渚口人。善诗文，咸丰八年（1858年）岁贡生。少从父静斋居山谷，朝夕讲诵，寝食俱忘；弱冠，补县庠生。手录经史盈箧，于《四书》参考尤详。著有《四书袖珍》《五云文集》《左垣诗文集》。

徐同善 ？~1893。学者。字子取、公可，号季铁。清歙县柘林人。工诗，古体冲淡，近体俊朗，卓然名家。咸丰五年（1855年）二月，太平军攻克歙县，同善避乱浙、赣、鄂、蜀，居无定所。同治六年（1867年）五月归里，募资重修岑山星岩寺（俗称小南海），殊得段荣基（字耕野）、叶西白、周养吾、胡小农等人之助，而倪莲舟出力最多，扬州、衢州徽商亦解囊喜舍。与应山和尚为至交，酬唱为乐。著有《小南海诗钞》等。

徐卓 生卒年不详。学者。字陶友。清休宁人。幼孤贫，尝经商，后励志力学，通经史及天文、地理、历算之学。道光十三年（1833年）进士。主讲黟县、祁门书院多年，悉心培育士子。性嗜学，勤撰述，著有《休宁碎事》，多载乡邦逸闻，有嘉庆十六年（1811年）徐氏海棠书巢刊本。还著有《白岳纪闻》《更漏中星表》《节序日考》及《经义未详说》《声韵合表》《射字表》《双溪唱和集》行世。道光《休宁县志》有传。

徐秉义 1633~1711。学者。字彦和，号果亭。乾学弟，清初歙县人，寄籍江苏昆山。康熙十二年（1673年）以第三名成进士，历官内阁学士兼礼部侍郎。康熙十八年（1679年），其弟元文充《明史》纂修官，秉义并被召入明修馆，得以检阅明季史料。后以兄弟并在华省，位居важ要，议者纷纷，乃乞假归，杜门谢客，购求古书，与黄宗羲、万斯同、胡渭等研求经史大义。康熙三十八年（1699年）出为《明史》总裁。性好学，嗜典籍。除购求古籍外，尚借稿本抄录，收藏称富。其读书藏书处名"培林堂"。著有《明末忠烈纪实》20卷及《耘圃培林堂代言集》《培林堂书目》等。

徐美 生卒年不详。学者。字克充。明祁门城北人。成化十九年（1483年）举人，授长沙府湘潭县教谕，后升国子监助教。工诗，尤善《春秋》。曾编修《辰溪县志》。著有《纯斋小稿》。

徐振 生卒年不详。学者。字廷声。明祁门城北人。少习《春秋》。成化二十二年（1486年）中举，授岳州府巴陵县教谕。丁父忧归，起复改临江府新喻县教谕。后迁国子监学正，再升为韩王府长史。在任刚直不阿，未逾年而三上疏，严内禁，纠外奸，一境肃然。

徐秘元 生卒年不详。道士。明休宁珊坑人。曾赴武当山、武夷山访求道家修身养性之学。回齐云山后，于沉香洞结"八卦庵"以居，潜心修道。84岁，绝粒49日怡然而逝，棺柩悬葬于舍身崖壁穴中。生前曾倡造蓝渡、东亭两处石桥。后人为其塑像立祠。

徐宽 生卒年不详。隐逸。字德孚，号清叟。南宋祁门人，原籍江西。咸淳七年（1271年），以部丞奉敕督劝吴江等州农桑事。景炎二年（1277年）元兵南下，端宗遣使请降，徐宽愤而弃官，迁居祁门城内。

徐乾学 1631~1694。学者。字原一，号建庵。清初歙县人，寄籍江苏昆山。康熙九年（1670年）以一甲第三名成进士，授编修。历官明史馆总裁、侍讲学士、直南书房，擢内阁学士、左都御史、刑部尚书。自幼受舅舅顾炎武影响，学有端绪。于义理宗程朱而黜陆王，于训诂则宗汉儒古注而不废宋元之说。康熙年间钦定官书，大部分都是乾学监修总裁，发凡起例，以总其成。《修明史条例》《古文渊鉴凡例》《大清一统志凡例》等皆其手定，条分缕析，妥当精审。晚年引疾归里，仍受命以《一统志》书局自随。性好嗜书，自少至老，手不释卷。筑藏书楼于所居室后，藏书甲天下。坐拥万卷，晨夕校雠，学因日益博而精。黄宗羲为作《传是楼藏书记》。弟秉义、元文并富藏书，博学能文，时称"昆山三徐"。乾学著述甚富，撰有《读礼通考》120卷、《资治通鉴后编》38卷、《古文渊鉴》64卷等。《传是楼书目》著录图书3 900余种，其中收录宋元善本书455部。

凌子任 生卒年不详。学者。字肩吾，号觉庵。明歙县人。官至永安知州。著有《政拙编》，辑有《全唐诗话》6卷、《皇明世说》101卷。

凌云鹏 生卒年不详。学者。字万里。明休宁碜溪人，流寓浙江。举人，授临江司理，徙京兆，擢刑部员外郎，致仕归，博览通今。著有《三送诗文集》《五经纂经》《修身格言》。

凌廷堪 1757~1809。学者。字次仲，又号仲子先生。清歙县沙溪人，出生在海州板浦（今属江苏省灌云县）。幼聪慧，熟读四书五经；成年纵观两汉之文，遍览诸子百家著述。经商学徒期间，坚持业余自学，学问日长。乾隆四十六年（1781年）游历扬州，受盐使伊龄阿聘请，编辑古今杂剧和传奇。因慕江永、戴震之学，遂钻研经学。乾隆四十八年（1783年）入京，得到内阁学士、金石学家翁方纲的赏识。乾隆五十四年（1789年）应江南乡试中举，次年登进士，授宁国府学教授。嘉庆十一年（1806年），因母丧辞官回乡。晚年，曾在宣城敬亭书院、徽州紫阳书院任教。廷堪对于经史、历算、六书无所不窥，长于考辨，尤对古代礼制和乐律深有研究。所撰《礼经释例》13卷，提出"以礼代理"，是研究古代礼制的重要参考书。《燕乐考原》6卷，以论述琵琶调为主，并结合当时俗乐宫调，考证唐宋以来燕乐调的演变。另著有《校礼堂文集》36卷、《校礼堂诗集》14卷、《梅边吹笛谱》2卷、《充梁新书》2卷等。

凌如焕 生卒年不详。学者。字榆山，号新斋。清休宁碜溪人，寄籍上海。康熙五十四年（1715年）进士，授编修。雍正年间，督学湖北，疏请于长江三峡设救生船，以护行旅。历内阁学士，乾隆年间官兵部左侍郎，后以养亲告归，以读书著述自娱。尝为汪启淑《飞鸿堂印谱》作序。著有《应制》《楚游》《读史》《皇华》《黄海纪游》诸集行世。

唐子仪 1347~1432。学者。名文凤，字子仪，号梦鹤、梧冈，以字行。元末明初歙县槐塘人。生而颖悟过人，以能文见重于当世，于经史子集，无不精研。工书法，善真草隶篆四体书。与祖父唐元（字长孺，号筠轩）、父唐仲实（名桂芳，号白云）并称"小三苏"。被徽州知府黄希范聘任为紫阳书院山长，继任知府陈彦回以文学荐于朝，授兴国知县，在任重教兴学，士习不变。山贼常危害地方，民不得安，子仪率卒追剿，悉数落网，因功入朝为官。明成祖朱棣亲自挑选名流，授其为赵汉二藩宫属，后为赵王府纪善，以礼义导翼，数有谏诤。著有《梧冈集》8卷。有程敏政辑《唐氏三先生集》明刊本。

唐子彰 生卒年不详。学者。明初歙县人。幼聪颖好学，读书十年不出户。尝征入文渊阁，参与撰修《永乐大典》。又长于钟（繇）王（羲之）书法。著有《拙庵集》4卷。

唐元 生卒年不详。学者。字长孺，号筠轩。元歙县槐塘人。幼贫寒，发愤读书，以诗名。与洪焱祖、俞师鲁并称为"新安三俊"。屡试不第，遂笃志古文辞。后征为平江学录，又迁徽州路学教授。著有

《易传义大意》10卷、《见闻录》20帙和诗文50卷。

唐仲实 生卒年不详。学者。名桂芳,以字行,号白云,学者称白云先生。明歙县槐塘人。状貌魁伟,颖悟绝人。10岁从学杏庭洪潜夫（焱祖）,日记经史数千言。受《毛诗》于通州钱重鼎,又从平江龚子敬游学。尝客建康（今江苏南京）,郡太守聘为明道书院司训,转建宁路崇安县学教谕,迁南雄路学正。元末兵起,隐居授徒,不复仕进。朱元璋驻跸郡中,延请耆旧,守臣邓愈以名闻,与姚琏、郑桓、朱升俱召对称旨,赐尊酒束帛,事载《五伦书》。后摄紫阳书院山长。为文以气为主,辞严理正,为诗清新流丽,格律高古。著有《武夷小稿》《白云集略》。尝嫁兄之孤女,周穷恤匮,行谊甚笃。

唐皋 1469~1524。学者。字守之。明歙县岩寺（今属徽州区）人。正德九年（1514年）廷对第一,授翰林院侍讲学士。性豪爽,好言时事,常犯颜强谏,以此屡受罢黜。家贫力学,博洽群书,下笔数千言立就,气概英迈。著有《心庵文集》《史鉴会编》《韵府增定》等。

海心和尚 生卒年不详。僧人。明婺源项村人。家贫,竹工为业。尝得遗金百两于途,俟失主还之,后削发为僧,断食油酱,人称"淡斋和尚"。生平苦修积行,好公义。邑之山头桥路及霍口、狮田、三官、椰树、横槎诸石桥,皆所募建,又置茶庵数处济渴者。

海球和尚 生卒年不详。僧人。明歙县人。为婺源大鄣山开山住持僧。初募建大鄣禅室,遇一樵妇症发,呼海球央求为其束薪。旁有牧者,即言和尚私于妇。海球愤,遂持樵斧回屋自尽气绝;逾日,死而复苏,一时传为"活佛"。禅室不日成,宏大壮丽,为婺源第一丛林。

陶行知 1891~1946。教育家。原名文濬,曾用名知行。清末民国时期歙县黄潭源人。15岁入学读书,先后就读于歙县崇一学堂、杭州广济医学堂、金陵大学文学系。民国三年（1914年）赴美国伊利诺大学主修市政学,后转入哥伦比亚大学攻读教育学,成为杜威和孟禄的弟子。民国六年（1917年）归国后,历任南京高等师范学校教授、东南大学教育系主任、北京中华教育改进社主任干事、南京安徽公学校长等职。民国十二年（1923年）,发起组织中华平民教育促进会。民国十五年（1926年）,起草发表《中华教育改进社改造乡村教育宣言》。次年,在南京郊区创办中外闻名的实验乡村师范学校——晓庄师范,并提出了"社会即学校""生活即教育""教学做合一"的生活教育理论。民国十九年（1930年）四月,晓庄师范被国民党政府查封,行知受到通缉,被迫逃亡日本。次年春回国,在上海创办自然学园,开展科学普及工作。"九一八事变"后,积极参加抗日民主运动,在《申报》上发表了一系列宣传抗日的文章。民国二十一年（1932年）,创办山海工学团、生活教育社和国难教育社,提倡"小先生制",主张教育深入民间,为民众生活服务、为抗日救国服务。民国二十四年（1935年）,同沈钧儒、邹韬奋等人发起成立上海文化界救国会,次年当选为全国各界救国会理事,并与沈钧儒等联合发表了《团结御侮的几个基本条件与最低要求》的共同声明,受到毛泽东的赞赏。同年七月,以国民外交使节身份访问欧、美、亚、非28个国家,宣传抗日救国的国民心愿。民国二十八年（1939年）七月,在重庆市郊合川县创办育才学校。民国三十三年（1944年）十月参加中国民主同盟,当选中央常委和教育委员会主任,主编《民主教育》杂志和《民主》周刊。民国三十五年（1946）一月,在中共南方局支持下,与李公朴等人在重庆创办社会大学,并担任校长。同年因积劳成疾,病逝于上海。著有《中国教育改造》《古庙敲钟录》《斋夫自由谈》《行知书信集》《行知诗歌集》等。

*晓庄时期的陶行知

*陶行知

黄士埌 ?~1714。学者。字伯和,号瀛仙。清初休宁高堨人,寄籍浙江石门。康熙十二年（1673年）进士,授翰林院编修。康熙十七年（1678年）假居林下。康熙二十四年（1685年）还京,分纂《一统志》。工诗,超然脱俗。著有《弘雅堂集》4卷、《瀛仙笔记》等。

黄之隽 1668~1748。学者。字石牧,号瘖堂。清休宁高仓人,寄寓华亭。康熙六十年（1721年）进士,选庶吉士;历左春坊中允、福建学政。乾隆元年（1736年）荐举博学鸿词,后罢归。乾隆十一年（1746年）,应巡盐御史淮泰之聘至扬州,纂修《两淮盐法志》。幼即通四书,为学尊程朱,综览浩博;晚年充《江南通志》总裁。著有《唐堂集》61卷。

黄中理 生卒年不详。学者。字逢泰。清祁门龙源人。康熙年间拔贡。工诗、古文辞。初任清河县教谕,后两任桃源县教谕,寻改通州学正,又迁桃源知县。著有《翼经堂课草》。

黄中琦 生卒年不详。学者。字奇玉。清祁门龙源人。乾隆年间岁贡生。博学通经,精究易理。尝荟萃诸家,参互考订,集成《易经释义》。曾任宝应县训导,造就有方,名士多从游。

黄生 1622~1676。学者。谱名瑁,庠名起溟,字扶孟,一字房孟,号白山,又号莲花外史、冷翁。明末清初歙县潭渡人。明崇祯十七年(1644年)后,与屈大均(翁山)相酬于淮海间,典裘沽酒,高咏唱和。后归里,闭门著书30年。著有《一木堂诗稿》12卷和《文稿》18卷、《内稿》25卷、《外稿》30卷等;其中《字诂》1卷、《义府》2卷列入《四库全书》。辑有《一木堂字书》4部、《杂书》16种。又工书,且善画山水。

黄汝济 生卒年不详。学者。字巨川。明祁门城西人。善诗文。永乐元年(1403年)以《春秋》中举,授山东巨野县教谕。寻改湖广攸县,茬任以《春秋》教,攸县人才始兴。后升杭州府教授,一时名士多出其门。终以南京国子监助教致仕归。尝主纂永乐《祁阊志》。

黄声谐 生卒年不详。学者。字宫畅,号余庵。清婺源潢川人。康熙十年(1671年)以恩贡拔入国子监,议叙得官不就。精研儒学,工欧阳询书法,屡旌为"理学名儒""洛徽正脉""紫阳重光"。著有《书经提训》《易经补义》《参订四书述朱》《征应录》等行世。

黄枢 生卒年不详。学者。字子运,又字远臣,号后圃。明初休宁古林人。为邑名儒赵汸、朱升门人。洪武初征校官,以左躄不就,隐居教授以终。尝与二弟权、机析产,悉以祖屋让之,自取后隙地以居,乡人义之,号后圃先生。著有《后圃存稿》4卷行世。弟权(号云林),元末任黟县教谕。

黄叔裕 生卒年不详。道士。字志道。元婺源横槎人。隐居烟霞洞修道,为人治病立愈。天历二年(1329年),奉诏入宫为皇后祷疾,文宗敕封"妙应真人"。

黄尚礼 生卒年不详。学者。明祁门霞坞(今下坞)人。成化十三年(1477年)举人,授湖广崇阳县训导。

黄国瑞 生卒年不详。道士。俗名吉甫,号无心道人。明休宁五城人。家本富有,世代孝谨。因崇向道学,壮年弃家绝谷食,栖岩露宿,遍游东南诸名山,访师问道。后归齐云,施助良田百余亩,筑"桃源洞天"各殿宇,延迎邈邈仙之而师之。远近士人墨客,皆乐与其游。在山修道34年,盛时徒众有百余人。羽化后,弟子景岳继其业。

黄昌衢 生卒年不详。学者。字康谣。清婺源潢川人。由贡生选授教职,专志于学问。著有《四书述朱》《明二十四家诗选》《韵要类编》。

黄承吉 1771～1842。学者。字谦牧,号春谷。清歙县潭渡人,寄籍江都(今江苏扬州)。先祖黄华(字实夫)筑有黄山楼,藏书数万卷,后家道中落。12岁,以《白蝶诗》受知于全椒金兆燕(字棕亭),受馆于同邑鲍氏,遂娴习盐法,兼精算理。嘉庆三年(1798年),乡试夺魁(解元)。嘉庆十年(1805年),进士登第,补广西兴安知县,累迁岑溪知县、戊辰乡试同考官。为同考官时,偶诣它房,阅一落卷,见其文义精奥古茂,及荐主司,果置解元。揭晓为浙人汪能肃,寄籍粤西。议事皆以才能屈其坐人,由是为同僚嫉恨,后以文书过境失落未能遽获而遭劾罢官。道光六年(1826年)捐复道员,但候补时日较长,因年已老,遂绝意仕进。业盐汉口,未几致富。笃志研讨汉儒之学,得其精微。通历算,能辨中西异同之处。善承家学,深研六书,工诗、古文,自出机杼,不屑世俗。注释族祖黄生(号白山)《字诂》《义府》,刻为《字诂提要》《义府提要》,根底奥博,引据精确,考究淹通,推陈出新,不为无稽臆度之谈,与方以智《通雅》相伯仲。《字诂义府合按》《字义起于右旁之声说》倡言"声中有义、义起于声",以至"以声为纲之说寖以大昌",后刘师培衍为《字义源于字音说》。为扬州学派巨子,与江藩、焦循、李锐友善,世称"江、焦、黄、李四友"。卒葬甘泉(扬州旧县)西山双墩,阮元为撰墓志铭。著有《梦陔草堂文说》11篇30余万言,评论汉魏诗作尤具卓识;《梦陔草堂诗集》50卷,仁和谭献赞为"近代之冠"。

黄承增 ?～1821。学者。字心庵。清歙县人。嘉庆年间监生,工诗词,文思斐然。往来燕北、汴梁、三湘、吴下,所至公卿争相延至,视为上客,文士亦无不乐与之交。嘉庆十一年(1806年),侨寓汉口居仁坊痘姥祠,遂有终老于此之意。后入尊花诗社,酬唱日增,与浙江南浔范锴(号白舫)并称"黄范"。每推敲过市,见者莫不视为两异人。著有《汉口漫志》23卷、《楮山草堂诗文稿》。

黄桂芳 生卒年不详。学者。字含芬。清祁门人。乾隆年间恩贡。幼日记千言,长通经史,尤精《春秋》。生平不求仕进,在乡筑馆课徒,奖掖后进,成就甚多。著有《春秋集解》。

黄崇惺 生卒年不详。学者。原名崇性,字麟士,号茨荪。清末歙县潭渡人。同治四年(1865年)进士,历官湖北归化、福清知县,颇负政声。诗文雅建,勤于撰述,多为有关乡邦掌故之作。所撰《凤山笔记》上、下2卷,1.5万余言,专记太平军入徽始末,史料珍贵。还著有《郡志辨证》1卷及《草心楼读画集》《二红草堂诗集》《劝学赘言集》等。

黄智孙 生卒年不详。学者。字常甫,号草窗。宋末元初休宁五城人。14岁通诸经,为文汪洋滂沛,道德文章为时所重。好谈兵,以古豪杰自许。就学于婺源滕和叔兄弟,尤笃信朱子之学。南宋景定五年(1264年)由郡庠贡入太学,擢上舍,为右丞相马廷鸾所赏识,旋以不满贾似道擅权乱政而辞归。结庐山中课弟子。时或高帽瘦筇,出入水云山月间;或啸傲于静寂无人之境,学者称"草窗先生"。名儒陈栎、程道显皆为其门人。著有《易经要旨》10卷、《春秋三传会要》30卷、《草窗集》8卷、《四书讲义》200篇。

黄德孚 生卒年不详。学者。字惟修。明祁门人。弘治年间选贡,授松江县训导。在任选士有方,捐俸倡修文庙,助贫生膏火,一时名士多出其门。旋升阳武县教谕。著有《思补轩小稿》。

黄衡 生卒年不详。学者。字任帆，一字蘅皋。清歙县潭渡人。聪颖好学，有"神童"之誉。屡试不第，遂致力研习经史。著述颇多，有《周礼集注》《蘅皋诗话》《梅龙阁诗集》《碧云秋露词》等。

曹天佑 生卒年不详。学者。字尚贤。清绩溪人。乾隆十二年（1747年）举人，授松江府学教授。曾参与纂修乾隆《绩溪县志》。著有《两水屋制艺》。

曹元忠 1865~1923。学者。字夔一、揆一，号君直，晚号凌波老人。清末民国时期歙县人，寄籍吴县。曹沧洲堂弟。诗学李商隐。清光绪十年（1884年），考中吴县县学第一名秀才，后肄业于江阴南菁书院。光绪二十年（1894年）乡试中试，后屡试不第，遂报捐内阁中书。光绪三十一年（1905年），任玉牒馆校对官，检阅清廷大库书籍，考订宋元旧本。后聘为学部纂修，兼京师大学堂、中州学堂教席。光绪三十二年（1906年），任国史馆校对官。光绪三十四年（1908年），任礼学馆纂修。宣统元年（1909年），任实录馆详校官，委署侍读。民国初年，弃官行医。藏书处名"笺经室"，藏书钤"勾吴曹氏收藏金石书画之印"。与松江韩氏读有用斋主、常熟瞿氏铁琴铜剑楼主、吴县顾氏、吴兴蒋氏等藏书家悉心精校宋元旧本，详加考证，区分门类，缀以长跋，说明原委，撰成《笺经室宋元书跋》。门人编定其诗文为《笺经室遗集》20卷。

曹汝弼 生卒年不详。学者。字梦得，号松萝山人。宋休宁城南人。以经术、德义名重于世。与名士林逋、魏野相友善，故为诗亦颇有相似之处。著有《海宁集》。

曹孚 生卒年不详。学者。字非闻。清歙县雄村人。少好学，9岁能文。专精经史，以开馆授徒为业。著有《蔚华堂稿》等。

曹泾 1233~1315。学者。字清甫，号宏斋。宋末元初休宁人。8岁通诵《五经》。长穷研经学，尤精于朱子之学。南宋咸淳四年（1268年）中殿试丙科，授迪功郎、昌化县主簿。入元充信州考官，宋元之际著名史学家马端临曾师之。后归里，推为紫阳书院山长，讲学授徒，循理笃行，士林宗之。晚年专事著述，撰有《古文选》《服膺录》《读书记》《杂作管见》《泣血录》《曹氏家录》等。次子仲楚，著有《诗文·讲书》2卷、《通鉴目纂》24卷。长孙次炎，曾孙宗垔，皆承其学。

曹原宥 生卒年不详。道人。宋休宁人。寄食歙之长春里，凡数十年未尝有求于人。破窗尘榻，凝坐达旦，或一卧辄六七日。一旦，以衣物道具散乡里，遂卒。

曹超 生卒年不详。学者。字晋山。清绩溪人。岁贡生。嗜学，通经典，善属文，为文清新，订正有《大学辑解》。

曹嗣轩 生卒年不详。学者。字叔明。明休宁海阳曹村人。国子生。父诰，字仲宣，号北海，隆庆五年（1571年）进士，官礼部郎中。万历七年（1579年），婺源洪垣（觉山）来访曹村，临别时将其与程尚宽等纂《新安名族志》授诰续修，诰承诺而别。后诰因出仕，无暇续修，直至诰与洪氏相继辞世，事终未尽。嗣轩承父师遗愿，于天启五年（1625年）纂修《新安休宁名族志》3卷。嗣轩还辑有《曹氏统宗谱》，著有《玉华编》《尺牍寸玉》《草堂诗余》《古今诗选》等。

龚栖霞 生卒年不详。道士。唐朝人。乾元年间隐于齐云山石门岩，绝粒。为齐云山最早的道士。后人名其所栖之岩为"栖真岩"。

虚谷 生卒年不详。僧人。本姓朱，号虚白，又号倦鹤。清歙县人，居扬州。工山水、花鸟、蔬果、虫介、写真，亦偶作古器物。落笔冷隽，另开蹊径。书法亦妙。

康飞鸣 生卒年不详。学者。字声远。清祁门礼屋人。邑诸生。家贫，课徒自给。事双亲以至孝闻乡里。弟客死关中，只身徒步数千里扶榇归；途中囊空，卖字以给。平生重躬行实践，从学者众。有同舍友学富而家穷，飞鸣盼咐门下士令从之学，以济其困。

康怀 生卒年不详。学者。明祁门芦溪人。少习《春秋》。永乐十二年（1414年）举人，授江西弋阳县教谕。

康南龙 生卒年不详。学者。字尧彰。元祁门大北港口人。至元二十九年（1292年）进士，授饶州府学教授。

章天山 生卒年不详。道士。号月鉴，一号乐真子。清绩溪西关人。幼喜修炼，尝游石镜山，遇梅道人，授以长生术，遂豁然有悟于阴阳辟翕之理，独得真谛，乃注魏伯阳《参同契》、张紫阳《悟真篇》等书。著有《般若波罗蜜多心经上乘正法》。结茅大嶂山，昼夜瞑目端坐，野火焚其庐，面不热。复归城中，额其庐曰"紫云回寓"，望气者见其居处时有紫云覆其上。每为里人言休咎皆中，尸解时鼻中有白气二道腾空，须臾而减，举室咸闻笙箫之声。后数十年乡人至南海，有复见乐真子于普陀岩者，犹携月鉴踞盘石鼓琴。

章元崇 生卒年不详。学者。字德昂。南宋歙县章祁（今瞻淇）人。博通诸经，尤精于《春秋》。两应贡试，连为第一。礼部论天下19才俊，章元崇居其一。建炎四年（1130年），率六邑士民诣阙。乾道五年（1169年）进士，授予潜县（今属浙江）主簿，后改夷陵（治今湖北宜昌西北石鼻山）知县事。以奉议郎致仕，于歙县杏城（今浯村）溪畔筑读书堂，人号"环溪先生"。著有《蟹螯集》。

章平 生卒年不详。学者。字赓陶，号兰轩。清绩溪城西人。著有《诸经闻故》《纪年》《晋魏军证》《仪礼注疏》《史记校异》。

章汇江 生卒年不详。学者。字钧五，号海门。清祁门平里人。道光年间，以廪贡生选授颍江县训导。后佐邑人吴诵芬治理湖南龙山县。工吟咏，著有《黔役吟》《培桂堂诗草》。

章如愚 生卒年不详。学者。字俊卿，号山堂。宋歙县章岐人。官迪功郎、史馆编校间，认为是徒糜时日，乃辞归。著有《山堂考索》。因侨寓外郡，故《新安文献志》"先贤事略"列之外郡文士中。

章佐圣 生卒年不详。学者。字右臣。明末祁门平里人。贡生。工诗文，善词曲。时当国变，尝出而为僧。崇祯十七年（1644年）归里，设馆授徒，人称"章明经"。著有《麟经志在解》《大易时义注》（又名《周易时义注》）、《佛幻禅喜集》。

章法 生卒年不详。学者。字事可、金子。清绩溪人。庠生。邃于经籍，为文遒健，古文辞亦严谨有家法。著有《味腴集》。

章宝鉴 生卒年不详。学者。字继武。清绩溪人。廪生。博综经籍，于青乌、玉尺诸书，亦无不研究。著有《我爱庐文集》。

章树逵 生卒年不详。学者。字敬顽。清绩溪人。廪贡生。博综经史，文宗"三苏"（苏洵、苏轼、苏辙），豪放有奇气。著有《可仪堂文稿》《四书辑注》。

章炤 生卒年不详。学者。字子临。清绩溪人。康熙年间岁贡生。学问渊博，诗宗陶孟，文酝酿深醇。曾与马天桂、田家修等人唱和，并主持诗社。著有《来学轩文集》《先儒语要》，编有《古今名家文后集》。

章维嘉 生卒年不详。教员。字礼卿，号春甫。清末民国时期祁门平里人。光绪三十一年（1905年），与乡人倡办祁门第一所新学——南乡乡立高等小学堂，主持教务。著有《自牧轩诗集》。次子叔仁，工诗，著有《采薇吟联语》。

章紫电 生卒年不详。学者。字宇光。清绩溪人。庠生。嗜学，为文典贵高华。著有《唾余编》。

章遇鸿 生卒年不详。学者。字可仪。清绩溪人。道光十七年（1837年）举人，考授咸安宫教习，八旗子弟皆宾服。后以知县用，补中城副指挥；又出知浙江德清县。致仕归里后，居家悉心著述。撰有《周易管窥》《毛诗蠡测》《郑氏诗谱考紊》《论文正伪》《三国志地舆考》等。

章衡 生卒年不详。学者。字子平。北宋歙县人，占籍浦城。嘉祐二年（1057年）举进士第一，通判湖州。召试除校书郎，迁太常寺丞，改盐铁判官，同修起居注，出知颍州、汝州。熙宁初，还判太常寺、知审官西院。尝编纂历代帝系，名曰《编年通载》，神宗览而称善。判吏部流内铨，旋知通进银台司，值舍人院，曾出使辽。拜宝文阁待制，知澶州，徙知成德军。元丰四年（1081年），坐事落职，提举洞霄宫。元祐年间，起知秀州。元祐三年（1088年），所著《编年通载》，由族叔案作序而刊之。

章熺 生卒年不详。学者。字玉亭。清绩溪人。廪生。著有《理鉴统宗》《诸经传引言序》。

葛士光 生卒年不详。学者。字辉楚，号眉麓。清绩溪人。乾隆年间邑庠生。尝购书万卷，闭户手订。精《尚书》。著有《禹贡注释》《眉麓文稿》《安徽艺文稿别集》。

葛士揆 生卒年不详。学者。字瑞卿，号存斋。清绩溪城西人。康熙年间廪贡生。博览群书，尤精于《易》，诗文皆自成一家，一时贤达咸相器重。著有《岁寒亭诗文稿》、《周易秘解》4卷。

葛文显 生卒年不详。学者。字纯之。明绩溪城西人。性颖敏，童年补诸生。博洽群书，精治《尚书》。著有《经书纂义》《思文堂稿》。

葛文献 生卒年不详。学者。字粹之。明绩溪扬溪人。嘉靖年间岁贡生，廷试第一，授浙江崇德县训导。后迁山东定陶县教谕。致仕后居乡，绝迹城市。著有《书经大旨》《四书纂义》。

葛文简 生卒年不详。学者。字敬之。明绩溪人。沉酣经籍，为文快捷，有"书柜"之称。著有《可斋文集》。

葛应秋 生卒年不详。学者。字万说。懋学子，明绩溪人。美髯白皙，人称"璧人"。读书自六经、子、史以逮百家，无不精研成诵。万历二十八年（1600年）中举人，授浙江遂昌县教谕。人赞其"倜傥可当国士，吟哦又是书生"。文数理窟，穷研深钩，出之自然。著有《石文斋文集》。

葛启铭 生卒年不详。学者。字警文，号汀庵。清绩溪人。副贡生。家贫，以亲老不就试，设馆教读。丹铅经史，至老不辍。著有《两余堂集》。

葛启然 生卒年不详。学者。字天叙。清绩溪城西人。康熙年间邑增广生。笃学嗜古，为文自成一家。乾隆年间应聘分修县志，书将成而卒。著有《梅斋集》。

葛惇綮 生卒年不详。学者。字临雅，号西庄。清绩溪城西人。乾隆年间岁贡生。家贫苦学，经、史、子、集皆借抄诵读，寒暑不辍，人多从其学。著有《西庄文集》《书经汇解》。

葛懋学 生卒年不详。学者。字伯思。明绩溪城西人。万历年间监生，授仁和县丞。著有《切韵之书》《梅邱晤言》。清雍正十三年（1735年），其玄孙士韬刊附《石丈斋集》。

董大鲲 生卒年不详。学者。字北溟。清婺源人。生平好行其德，以孝友称。著有《十三经音画辨讹》《春秋列国考叙》《春秋四传合编》《二十一史编年》《丧服图考》《姓氏郡望考》等。

董应崧 生卒年不详。学者。字业勤，号艺岑。清婺源人。同治九年（1870年）举人。少习经义，通晓勾股；及长，慕朱熹理学，力学躬行。尝受聘编修邑志。于家设馆教授，生徒入国学者多人。著有《八线表》《律吕存知》《春秋年表》《春秋经传人名类编》《经史口诀》《学庸脉络》《春秋同名韵篇》《用晦轩稿》等。

董昌玘 生卒年不详。学者。字厚山，号尚友。清婺源人。国学生。笃志学问，嗜朱子书。著有《朱子书简考证》《近思录补注》《离骚章段》《耕读堂遗稿》等。

董昌祠 生卒年不详。学者。字念祖。清婺源人。性好学，行笃才隽。雍正十年（1732年）乡试中榜。雍正十三年（1735年）聘为山东同考官。事毕归，掌教邑紫阳书院。旋以知县衔改补邳州学正。著有《中庸解钞》《洪范正解》。

董彦辉 生卒年不详。学者，数学家。字叔允。清婺源人。究心经史，旁及诸子百家，精于名物训诂。著有《守国考略》《求是记》《深衣考误辨证》《三江解》《开方算法通考》《勾股算法》《星学》等书。

董起予 生卒年不详。学者。字卜公，号峙虹。清婺源人。顺治十一年（1654年）贡生。康熙五年（1666年）考授州同知，以侍母弃官归。待人谦恭谨慎，交友诚信，久而不渝。好学，文章条畅通达。著有《易经合纂》《易讲便览》《杂记汇纂》《学庸要旨》等。

董桂山 生卒年不详。学者。字小丛，号香雪。清婺源人。嘉庆六年（1801年）举人，选授青阳县教谕，课士首重孝悌。著有《诗雅通释》《琅环仙庐诗文集》《修献堂时艺》等。

董桂林 生卒年不详。学者。字彬曜，号郁斋。清婺源人。嘉庆六年（1801年）入选内务府，为西席教习。后分发山西，为阳曲知县。著有《丽泽居文钞》《丽泽居赋钞》行世。

董桂科 生卒年不详。学者，天文学家。字蔚云，号恒轩。清婺源人。道光三年（1823年）进士，以知县就教任江苏松江府教授。勤于著述，撰有《周礼参存》《春秋管窥》《石经考》《说文考》《历代中星考》《测时便考》《星象全图说》《中星更录》《中星十二月新图说》《治经笔记》等。

董桂新 1773~1804。学者。字茂文，号柳江。清婺源人。少承家学，曾与弟苦读山中，专志以穷经，研精于名物训诂，尤精通《尔雅》。嘉庆七年（1802年）中进士，授翰林院庶吉士，充词林典故馆协修官。尝受诏赐宴，赐御集《杜诗》、砚纸、彩绢等。著有《毛诗多识录》《尔雅古注合存》《埤雅物异记言》《易图驳议》《读书偶笔汇编》等。

董桂敷 生卒年不详。学者。字宗邵，号筱槎。清婺源人。嘉庆十年（1805年）进士。历官翰林院庶吉士、教习、编修。尝两任同考官，所荐多名士。嘉庆二十四年（1819年）以疾乞归，主讲于豫章书院，士人赠以"文模道范"。博览诸先儒书，恪守程、朱学说，躬行实践。著有《书序蔡传后说》《儒先语录汇参》《诸子得失异同参断》《见闻赘语》《周官辨非解》《夏小正笺注》《十三经管见》《诸史蠡测》《自知室文集》《自知室诗集》等。

董祥晖 生卒年不详。学者。字旭曦，号启斋。清婺源人。治经，旁及律吕、韵学、算学、射经、琴学。性耽吟，工书画。著有《五经算术》《射经》《琴学》《蜩城纪难》《越游草》《爱日山房诗稿》等。

韩殿拔 生卒年不详。学者。清黟县十都奇墅人。善文章。言规行矩，闭户读书，至老不倦。著有《四书辨语》《古文格言》行世。

韩懋德 生卒年不详。学者。字鸣起。明黟县人。尝与李希士等建"中天书院"，会六邑士人，讲求经义。又建家祠，聚族讲《十约》，以禁戒子弟。著有《先觉集》。

程一 生卒年不详。学者。字汰万，号海鹤。明休宁城北人。生平好学，善吟咏，工绘事，通研孙吴兵法、黄老学说。尝历游楚、蜀、赵、燕。正德年间，江西姚源洞盗侵逼县南境，佐邑令詹勋攻围战守。嘉靖四年（1525年）募建西门东峡溪石桥，历时五年建成。

程一飞 生卒年不详。学者。字翀甫。宋末元初歙县人。博习群经，尤精于《诗》。文章操笔立成，不喜穿凿附会。南宋景定年间乡试，以书经举第二。早孤，事祖母孝。文清劲如其人，专以经学训诲乡里子弟。

程一枝 生卒年不详。学者。字仲木。明休宁太塘人。博览群书，为王世贞、汪道昆所推崇。筑别墅"青藜阁"，潜心著述。撰有《青藜阁纪集》《史诠》《汉诠》《郼大事记》《休宁县志补》《程典》诸书。

程大昌 1123~1195。学者。字泰之。南宋休宁会里人。休宁"理学九贤"之一。绍兴十三年（1143年）朝廷重立太学，参试即中。次年登进士，以迪功郎授吴县（今江苏苏州）主簿，因父丧未赴任。绍兴二十六年（1156年）任太平州教授，翌年召入京都任太学正，试馆职，为秘书省正字。历任直龙图阁、江东转运副使、浙东提点刑狱、吏部尚书、泉州知州，终以龙图阁学士致仕。回乡创办"西山书院"，讲学其中。一生著述多，涉及领域广，且精于考证，为新安理学奠基人之一。其《禹贡论》和《禹贡山川地理图》，引各家成说，辨析疑难讹误，堪称名著；《雍录》图文并茂，考订关中古迹，搜罗资料极为丰富，辩证亦很详细，是早期地方志中的善本；《演繁露》16卷，其中记载了许多中国古代的科学技术成就，如对光色散现象的发现、玻璃起源及其特点的认识、印书起源的考证、日月性质的认识等，在中国科学史上都是较早的重要发现和认识；《诗论》最早提出《诗》与音乐有关。卒谥"文简"。《宋史》有传。

程万里 生卒年不详。学者。字天衢。清婺源溪头人。庠生,讲学海阳数十载。著有《毂音》2卷;纂辑有《汉书》20卷、《三传合选》24卷、《史记选》10卷、《左国辑要》4卷。

程义山 生卒年不详。塾师。字毓燕。清休宁富溪人。为人敦厚。父病危,汤药无效,割臂和药以进。安于贫素,授徒赡亲。善诗词,著有《学吟稿》。

程元翰 生卒年不详。隐逸。字翰如。明祁门柏溪人。刻苦为学,每试夺魁。见明末政乱,遂葬其先人数世于石钟峰下,隐居不出,浣衣敝履于廛市中。工诗文、草书。其书苍老磅礴,得古遗法。入清之后,忧思抑郁,歌泣无常。

程文 生卒年不详。学者。号简庵。明祁门善和人。成化十三年(1477年)举人,授山东新泰县教谕。

程以庄 生卒年不详。学者。字临之。清休宁尤溪(今属屯溪区)人。幼从朱儒斋游,潜心理学。每逢朔、望,讲学不辍。著有《禹贡图说》《六经选要》。

程功 生卒年不详。学者。字次立,号拙城。明黟县城南人。少壮好学,耄期不倦。康熙二十年(1681年)岁贡生。87岁,授南陵训导。著有《姓氏景行录》40余卷、《梦余录》10余卷及古文12卷,诗15卷。

程可绍 生卒年不详。学者。字致和。元婺源高安人。幼从伯父程复心学,壮游胡云峰之门。精通易学,善吟咏,有诗集。天性孝友,隐居不仕。临溪构"观澜堂",居之藏修教子;东建"孝则堂",奉祀先祖。尝刻《孝经刊误》,以惠学者。至正十二年(1352年)兵乱,大发所积以赈饥民。

程龙 生卒年不详。学者。字舜俞,号苟轩。宋末元初婺源龙陂人。南宋咸淳元年(1265年)进士,授睦州推官。入元历永嘉县尹、松江府判官、湘阴知州;后以忠顺大夫、徽州路同知致仕,寻加上骑都尉、新安郡伯。著有《春秋辨证》《三分易图》《尚书毛诗二传释疑》《礼记辨证》《弄丸余说》《归田录》《筮法》等。

程令说 生卒年不详。学者。字彦举。南宋休宁霞阜人。绍兴二十七年(1157年)进士,授饶州府鄱阳县主簿。后知静江府理定县。精通经学,为乡里宗法。著有《茅堂诗集》。子穆,庠生,著有《书约义》《书博文》。

程用晦 生卒年不详。隐逸。字明远。明休宁会里人。博学能文,洪武年间以明经荐举,屡征召不就。寄情高逸,迁山斗隐居,闭门著述。著有《清隐集》。

程永奇 1150~1221。学者。字次卿,号格斋。南宋休宁陪郭人。为朱熹在徽州十二高第弟子之一。曾专至建安拜朱熹就学,朱熹手书"持敬明义"四字勉之。自建安归,遂以"敬义"为堂名,邑子弟群相从学。尝聘为白鹿书院山长,辞不就。隐居东山,致力著述,学者称"格斋先生"。著有《六经疑义》20卷、《太极图说注释》、《格斋稿》40卷、《中和考》3卷、《四书疑义》10卷等。

程式濂 生卒年不详。学者。字子珍,号心岩。清婺源人。通经史,擅古文词,下笔立就。著有《读史方舆形势指掌》《二十四史举要》《养吾浩然斋自娱篇》《涤笔余读》《咄咄篇》《邺架虹蟫》《黉宫统考》《诗文集》等。

程存 生卒年不详。学者。字伯顺,号淡成。元休宁富溪人。恕子。幼承家学,复师从同邑名儒陈栎,博学通经,于宋儒理学探研尤深。所著《太极图说》,朱升甚为称赏。又著《易学》、《论语说》3卷、《读书漫录》5卷、《淡成集》4卷。

程光显 生卒年不详。学者。字希晦。明黟县人。嘉靖元年(1522年)举人,授江西安义知县。善属文,洽闻强记。与汪孟泏、戴廷明等纂辑《新安名族志》。

程同文 生卒年不详。学者,官员。原名拱字,字春庐。清徽州人,寓居浙江桐乡千松庄。父尚质,举人,官盐场大使,以好施馨其家。春庐4岁丧父,母授之书,过目成诵,人称"神童"。稍长,淹贯经史。肄业青镇分水书院。乾隆五十五年(1790年)东巡,召试列一等一名,赐举人。嘉庆四年(1799年)成进士,授兵部主事、军机处行走凡10余年。每拟稿,辄当上意。凡遇议大政、断大狱、行大典,阁部诸大臣咸倚重之。充会典馆提调,承修《大清会典》80卷,裁酌损益,不假旁助,自谓生平精力尽于是书。其学无所不窥,尤长地志,凡列国舆图、古今沿革,言之极慎。后擢大理寺少卿,旋授奉天府丞。终以引疾归里卒于道。著有《从政观法录》30卷、《〈元秘史〉译》《〈元史〉译音》《地理释》《职方图》《密斋文集》《密斋诗存》等。

程先 生卒年不详。学者。字传之,号东隐。南宋休宁陪郭人。父程全殉国,乃隐居不仕。崇尚理学,尝问道于朱熹,为朱熹在徽州十二高第弟子之一。因年老未能卒其业,故命子永奇从朱熹学于闽。著有《东隐集》,《宋诗纪事》录其诗。

程廷祚 ?~1772。学者。字启生,号绵庄京萼子、青溪居士。清歙县人,寄籍金陵(今江苏南京)。少好学,经史诸子无不涉猎。14岁曾作《松赋》7 000余言,名噪乡里。屡试不第,致力著述,成一家言。著有《易通》《大易择言》《尚书通议》《青溪诗说》《鲁说》《春秋识小录》《礼说》等,另有诗、文各30卷。

程汝继 生卒年不详。学者。字志初,号敬承。明婺源溪头人。万历二十九年(1601年)进士,历官余杭知县、南京刑部主事、袁州知府。生平深究《易》,著有《周易宗义》《易经疏义课士略》。后世康熙御纂《周易折中》,多采其说。

程汝器 生卒年不详。学者。名昆,字汝器,以字行。明初休宁人。名儒赵汸门人。洪武二十三年(1390年)举明经,授黟县训导。擢浦江知县,旋改山东长寿县丞。律己极严,为政清廉。永乐初,擢蕲州知州,卒于官。博学通经,深于易理。著有《周易集传》10卷、《覆瓿集》行世。

程守 1619~1689。学者。字非二,号蚀庵。明末清初歙县人,寄籍钱塘(今浙江杭州)。学有造诣,四方名宿知其名。明亡后改名以忠,隐居一隅,一意为诗,刻画多创语,不肯寄人篱下。亦工书,奇崛之致。留心佛家经典,熟知禅宗派别,邑中寺庙多有题咏。与歙西潭渡后许(今后浒)许楚(字芳城)等重结白榆社,宣城施闰章赠诗:"白榆彦会须夜歇,霜天云散留寒月。籧冠闭世栖墙东,当年玉树今山翁。"其风致可知。著有《汰锦词》《省静堂集》等。

程观保 1314~1367。隐逸。字国英,又字景臣,号静翁。维宗父,元休宁率东尤溪(今属屯溪区)人。至顺年间其父程道为避兵乱由上草市迁居率口东之由溪。观保幼而好学,长而好书。成人之后,商游江湖,尝游滕、薛,拜师求学数年而归,颇有所得。休宁县尹唐棣(字子华)爱其才学,邀其佐治。观保感其知遇之恩,知无不为,尽其所能。红巾军侵扰郡邑,忍辱负重,保全乡民无数。在黄石渡独造渡船,以济往来行者。有休宁县幕官去世,因道途艰阻不能还乡,妻儿无依,观保怜其流落,割田结庐以供居住,其二子长大,感其恩德,称其为父。弟观佑早逝,观保抚三侄成立。故宅毁于兵燹,退居乡里,于率水之东、方山之前建方山楼安居,在圃中筑一小亭,名为"时止",作游观之处。至正二十二年(1362年),朱升为作《方山楼记》,称"静翁,气义之士也,扬貌而硕肤,善谈论而重然诺,使人望而重之,亲而倚之"。所交友朋皆为宿儒。郡县以其贤能举荐其出仕,以病未行。卒后,友人陈鎏(名儒陈栎曾孙)为作行状,朱升为作志,驸马都尉王诚斋为篆碑。

程寿保 1844~1919。学者。字恭甫,号鲁眉。清末民国时期黟县人。曾入李鸿章幕,官至山西河曲知县。继承父(程鸿诏)志,充《安徽通志》分纂,后为总纂。曾与编《黟县四志》。著有《清吟稿》1卷。

程杞 生卒年不详。学者。字献可,号森崖。清休宁霞阜人。乾隆三十五年(1770年)举人。嘉庆元年(1796年)举贤良方正。好古力学,设教里门,教人以崇实学、端士品为宗旨。著有《程森崖文稿》《砚谱》等。

程岘 生卒年不详。学者。字和卿。元休宁陪郭人。尝会修《程氏世谱》30卷,又撰《程谱提要》20篇。所居作见山楼,甚为壮观,自号"见山居士"。

程良儒 生卒年不详。学者。字慎为。清祁门善和人。邑增生。著有《藻国遗稿》行世。

程启祐 生卒年不详。学者。字后纯。清歙县人。乾隆二十一年(1756年)举人,授铜陵教谕。经史典籍过目成诵,作文立说常独据心得。著有《周颂韵考》。

程坦然 生卒年不详。学者。字徽典。清绩溪人。庠生。笃嗜宋五子书,80岁犹手不释卷。著有《四书标旨》。

程若庸 生卒年不详。学者。字达原,号勿斋、徽庵。程珌从侄,南宋休宁汊口人,徙居江西抚州。休宁"理学九贤"之一。初师饶鲁沈宝贵,得朱熹之学。淳祐七年(1247年)为湖州安定书院山长。淳祐十年(1250年)为抚州临汝书院山长。咸淳四年(1268年)举进士,复为福建武夷书院山长。累举教席,及门之士极盛。其在新安时号勿斋,范弈、金若洙、吴锡畴皆其弟子;在抚州时号徽庵,寓不忘故土之意,吴澄、程钜夫为其弟子。著有《近思录注》《洪范图说》《太极图注》《性理字训讲义》等。

程直方 生卒年不详。学者。字道大,号前村。宋末元初婺源龙陂人。幼丧父,自励读书。通诸经,尤精于《易》,自辟书室"观易堂"。宋亡绝意仕元,行部台宪至婺者,必登门求教或延至学宫执礼。著述甚富,有《程氏启蒙翼传》《四圣一心》《观易堂随笔》《蔡传辨疑》《春秋诸传考证》《春秋旁通》《学诗笔记》《前村吟》等。卒祀乡贤祠。

程秉钊 1838~1893。学者。又名秉铭,字公勖,号蒲荪。清绩溪仁里人。少习"三胡礼学",兼及音韵、训诂、金石、文字。同治九年(1870年)至光绪四年(1878年),受聘与赵之谦编修《江西通志》。光绪十六年(1890年)举进士,授翰林院庶吉士。著有《绩溪备乘》《淮南子补注》《龚定庵年谱》《琼州杂事诗》《少师长室外文存》《知一斋尺牍》《龚学古今体诗》《丹荃诗余》等。

程质 生卒年不详。学者。字文夫。明婺源高砂人。性敏好学,涉猎经史,亦能诗文。弘治初与修《宪宗实录》;又佐程敏政编《新安文献志》。著有《南峰小稿》《文献录》等。

程炎震 1875~1922。学者。字笃原。清末民国时期歙县槐塘人。博览群籍,深究四史、通鉴、九章、八线之术,熟识六朝、三唐之文。长于古文辞及诗歌,凡所著述,必殚精极思,不落窠臼。清光绪二十八年(1902年)副贡,后念时世艰难,更为经世致用之学。凡西方译编、时贤名著于政治哲理有所阐述者,无不涉及,观其会通。入民国,累任要职,清操自励,不名一钱。晚年好读南朝宋刘义庆《世说新语》,所补之笺,考证极详。稽考《晋书·地理》未竟而卒。著《自订诗稿》2卷、《自订文稿》若干卷。

程宗泗 1870~1946。教育家。字仲沂。清末民国时期休宁湖边(今属屯溪区)人。清末附贡生。

早年坐馆绩溪，后得友人资助，赴日本早稻田大学攻读政法学。民国初，先后执教南京政法学堂和北京的高等学府。是《新青年》杂志早期撰稿人之一，民国五年（1916年）第二卷第三号载其《北京清华学校参观记》。曾任上海神州女校教务长。民国十一年（1922年），经陶行知举荐，任隆阜省立第四女子师范学校校长。宗泗在隆阜女师开展平民教育，参加者2 000余人，三年基本扫除学校所在地隆阜的文盲，陶行知赠诗"栽桃种李，盛德岂能朽"。宗泗学识渊博，治校勤恳，成就斐然。离职后，学界在校园立碑纪念。子海峰，别名瀛元，曾赴美国斯坦福大学攻读教育学，又转哥伦比亚大学学习远东史，在美学习期间参加维护国共合作的中山学会，被选为留美中国学生总会会长，新中国成立后，曾在北京国际贸易促进总会工作，参加过国庆十周年天安门观礼。

程定 生卒年不详。学者。字静夫，别号后野。明绩溪人。弘治十八年（1505年）进士。幼颖敏，日记数千言。肄业南雍，为章懋、罗钦顺所赏识。又与增城湛若水、上海陆深友善。著有《后野集》《金台遗稿》。

程组 生卒年不详。学者。字仕纡，号纫兰。清婺源人。乾隆五十七年（1792年）举人，授内阁中书。后乞归专心宋儒之学，辨证《周礼》《仪礼》疑义，至老不倦。著有《资治通鉴札记》《春秋经传集解》《艺荪堂制义》《艺荪堂律赋》《九天求玉》《小蓬莱山人诗稿》等。

程珍 生卒年不详。学者。字尔虚。清休宁文昌坊人。家传理学，博综语录。著有《质庵集》。

程荣秀 生卒年不详。学者。字孟敷。程颐后裔，元休宁陪郭人。初师方回，后从许月卿学《易》。延祐年间，荐为建康路明道书院山长。后历任平江路儒学录、嘉兴路儒学教授。再授浙江儒学副提举，以老不赴，举婺源胡一桂、四明程端礼自代。其为教率先行义，为学以治心为主，非程朱之书不读。著有《孔子世系图》3卷、《翼礼》1卷。

程标 生卒年不详。学者。字时立。清绩溪人。由增贡生入南雍，谒选处州。自宣平署归，与胡松结"林泉诗社"。著有《两泉稿》《永感录》。

程复 1433~1502。学者。字用初，号柏岩。程显子，明祁门六都人。博通经史，尤善《春秋》。屡举不第，遂隐居筑石山清隐亭，以读书自乐。诗文丰实，书法亦成一家。弘治初，举修《宪宗实录》。著有《明善斋稿》《善和乡志》。

程修兹 1869~1952。学者。行名裕济，号学圃，晚号不老斋主人。近现代绩溪北村人。19岁考取秀才，后即剪辫发、着短衣，追随江彤侯、金慰农进行反清革命活动。清光绪二十四年（1898年），任教于歙县中西蒙学堂（后为崇一学堂），陶行知、洪范五、姚文采、汪采白等均为其门生。宣统二年（1910年）任南京汇文书院（金陵大学预科）国文教员。民国十年（1921年）改任天津南开大学国文教员。后辞职回徽州，先后在省立"二师""二中"、徽州中学及徽州女中教授国文。工书法，喜画墨梅。著有《学圃笔谈录》《春石老斋诗稿》《殷龟文考》等。

程炯 1879~1927。教员。字昭吾。清末民国时期祁门六都人。清末邑庠生。毕业于安徽优级师范学堂。历任祁门县劝学所所长、督学和师范讲习所所长。在乡创办善和小学，率先提倡男女同校，劝导佃户子女入学，禁止女孩缠足，均开风气之先。民国八年（1919年），选任安徽省临时议会参议员。

程洪溥 生卒年不详。学者。字丽仲，号木庵。振甲子，清歙县人。家有别业铜鼓斋，藏三代青铜器甚夥。嘉庆十四年（1809年），仿南唐李廷珪法，为阮元造积古斋摹拓金石文字碑形墨。道光十六年（1836年）四月，偕杭州释达受（号六舟）同来歙品鉴、传拓青铜器。亲朋至浦口迎接，沿途应接不绝，犒赏甚丰，其平日惠及亲朋、豪于挥霍可见。同年冬，释达受离歙，程洪溥赠送《蕤宾铁（琴名）题咏卷》、唐寅纸本长卷《沧浪图》。道光二十二年（1842年）四月，释达受第四次来歙，八月，传拓四大卷告成，程洪溥即命装裱，卷高80余厘米，长10余米。道光二十五年（1845年）夏，程洪溥向释达受赠送石笋，其中两株长数米，三株长两三米，遣人送至杭州南屏山，所费运资甚巨，释达受将石笋植于净慈寺妙香轩小园中。辑有《木庵藏器目》《捃古录》，校录刊行《观石录》《后观石录》等。

程洵 1135~1196。学者。字允夫，号克庵。南宋婺源环溪人。父鼎，号韩溪翁，家贫力学，博览经史，尤好读左氏书，为表兄朱松（朱熹之父）门人。洵在家学，复从表兄朱熹受学，为朱熹在徽州十二高第弟子之一，熹尝以"尊德性"名其斋。初任衡阳主簿，登门求学者云集。后调庐陵录参，与州守不协，以"伪学"去官。著有《尊德性斋集》10卷。

程济 生卒年不详。学者。字君楫。明绩溪人。博学，通术数。洪武末举明经，授四川岳池教谕。建文初，上书言西北将有兵变，被斥为胡言，捕解至京下狱。燕王兵起，授翰林院编修，以军师随伍北征。建文四年（1402年）燕兵破京师，传说程济化装为道人，相从帝流离至滇。又曾遍历艰难，游蜀、粤、吴、楚至定居武定狮山，均与帝相随，朝夕不离凡40年。撰有《从亡录随笔》，详记历年事始末；书稿交僧了空藏于石室。

程宣 1437~1460。学者。字用德。程显子，明祁门六都人。幼颖异，以经业为人师。著有《四书经义》《程氏助田疏》《召对录》。

程晋芳 1718~1784。学者。字鱼门，号蕺园。清歙县岑山渡人，寓居江苏淮安。出身于盐商世家，家境一度富有。好学不倦，购藏书籍5万余卷，常邀才学之士共同研习。曾拜刘大櫆、程廷祚为师，并与袁枚、朱筠、戴震、姚鼐等名流相交游。学识渊博，语言学、经学、史志、诗文均造诣颇高。乾隆二十七年（1762年）高宗南巡，诏试中举，授中书。乾隆三十六年（1771年）登进士，先后任吏部主事、吏部员外郎等职。四库全书馆开馆，荐为纂修官，议叙改翰林院编修。一生视书如命，不理家产，性慷慨且喜接济拮据之人，晚年家境败落竟至债务缠身。袁枚曾写诗赞晋芳："平生绝学都探遍，第一诗功海样深。"著述颇丰，有《勉行堂诗文集》《左传翼疏》《礼记集释》《诗毛郑异同考》《尚书今文释》《周易知旨》《蕺园诗集》等。《清史稿》有传。

*程晋芳

程恩泽 1785~1837。学者。字云芬，号春海。昌期子，清歙县绍濂人。师从凌廷堪，于金石、书画、医算，无不涉及。嘉庆十六年（1811年）进士，授翰林院编修。后历任贵州学政、侍读学士、内阁学士，官至户部侍郎。学识渊博，天文、历算、六书、训诂、金石无所不通。诗雄浑豪放，意境深邃。与阮元并为嘉庆、道光年间儒林之首。所著多收录至《粤雅堂丛书》，另著有《国策地名考》。曾入值上书房，奉诏校刻《养正书屋集》《御制诗文初集》。《清史稿》有传。

程牲 1603~1672。学者。字幼林，一字宾鹿，号紫阁。明末清初祁门善和人。明崇祯十五年（1642年）举人，初授如皋县教谕，后升州学正。

程途远 生卒年不详。学者。字玉章，号平山。清绩溪人。庠生。嗜经史，手不停披，文誉藉甚。建"幽清书屋"，立"屏山文社"，聚文者会课，后进多所成就。著有《说经随录》《平山遗稿》。

程逢午 生卒年不详。学者。字信叔。宋末元初休宁汊口人。南宋理宗、度宗间两举进士不第，遂弃科举。入元，杜门教子，绝意仕进。元元贞二年（1296年），荐为紫阳书院山长。任满授海盐州儒学教授，未赴。著《中庸讲义》3卷，说本朱熹兼以心得，具"言外不传之妙"。

程恕 生卒年不详。学者。字以忠，号桂岩，后以字行。元休宁富溪人。师事同邑学者黄智孙（草窗）。曹泾谓其敏颖过人，躬行可敬。方回称其"学海一针元自正，词场百喙不能鸣"。深研程朱理学，著有《敬说》3卷、《桂岩集》5卷。孙程亿（字子元，号泉石斋），著有《泉石稿》。

程梦龙 生卒年不详。学者。南宋祁门柏溪人。端平元年（1234年）进士，授临安县教谕。

程梯功 ?~1861。学者。字鹤槎。祖洛季子，清歙县人。少时负奇气，有睥睨一世之慨。道光十四年（1834年）举人，后五应礼部试均不第。善书，能兼各家，尤精草书。生性嗜酒，他人大多提酒求书。兴酣磅礴，振笔疾书，数十纸立就。认为"晋下以草书名者，代无多人，其传者大半行书耳"，其意盖欲以草书名天下。居家数十年，足不入官府，闭户诵读。太平军攻入徽州，程梯功避居竹溪（即水竹坑）柯华辅半舫圃，课徒自给，窘迫劳苦，至死不悔。虽处境日蹙，但绝不向其父故交旧吏及当道贵人求助。其诗雄浑豪迈，其文长于议论。至于骈体、试帖、词曲之类，皆能各擅其胜。

程鸾池 生卒年不详。学者。字汝洋。清婺源人。道光年间岁贡生。授徒40余载，同治四年（1865年）学宪赠额"芹香重撷"。通岐黄，医不受谢。著有《绿满轩诗文稿》《史学述要》《周易述义》《诸儒辑要》《手批四书》《四书对偶》，校订《医林纂要》。

程翊夫 生卒年不详。学者。号月友。元末由休宁柳塘迁同邑之鬲山。父芳，号桂轩，邃于《易》学。翊夫创"月友书院"，与赵东山、倪尚纲、倪尚谊、陈伯同、陈自新、朱升、金孟章、詹以南、县尹唐以华诸贤肄业其中。著有《月友诗集》《同声录》。

程鸿诏 生卒年不详。学者。字伯敷，号黟农。清末黟县人。勤于学问，躬行实践，精通经史、骈文、音律、星算、岐黄。歙县汪宗沂撰《管乐元音谱》，鸿诏为之跋，立论精确。时历法混乱，撰《夏小正集说》与《存说》《说补》。尝受聘主纂《安徽通志》与《黟县三志》。咸丰十一年（1861年），曾国藩延入幕府，官至按察使、山东补用道员。著有《先673记》《论语异义》《鸡泽月坐录》《迎銮笔记》《有恒心斋诗集》《有恒心斋骈体文集》和《诗集》《诗余》《词余》《外集》。

程惟象 生卒年不详。道士。宋婺源人。以占算游京师，言人贵贱祸福若神。家近三灵山，故自号三灵山人。宋英宗未发迹前，惟象预言其兆，既贵，得赐御书，王安石赠诗云："占见地灵非卜筮，算知人贵自陶渔。"谓此也，而诗人梅圣俞等皆有诗送之。耆老犹及见其家有御书楼者，独其占验事多逸，或言惟象有子传其术。

程琢 生卒年不详。学者。字宇章。明休宁芳干人。10岁通经义，博涉诸子百家，而独推崇朱熹。闻闽地多宋贤遗踪，不惮千里往访。游邹东廓之门，深研性理。工古文辞。晚年筑居"栖云楼"，杜门绝客，乡人推为"宗老"。

程鼎 生卒年不详。学者。字复亨，号环溪翁。宋婺源韩溪人。朱松表弟。幼孤，尝从朱松学于闽中，抄缀诵习，晨夕不倦，朱松爱其勤敏，书六言以赠之，皆事亲修身为学之要。鼎拜受师言归，益自树立，博览群书。不事修饬，为人坦荡。好读左氏书，为文辄效其体。应试不利，以布衣终。子洵，好学而敏于文，鼎奇爱之，曰："是足以成吾志矣。"后洵从朱熹受学，官吉州录事参军，著有《尊德性斋集》。朱熹撰有《环溪翁程君鼎墓表》。

程鼎新 生卒年不详。学者。字炜文，号草庭。元婺源清源人。曾任教谕，献议于州学立乡贤祠。著有《随笔稿》《读书管见》等。

程景伊 生卒年不详。学者。字聘三。清歙县云雾塘人。因曾祖侨居常州，入武进籍。乾隆四年（1739年）中进士，入翰林院。尝上《保泰箴》，乾隆命书于屏。官至吏部尚书、文渊阁大学士。穷究理学，以任重道远为己任。其居内阁，力持大体，献赞均关大计。任清史、三通、四库全书馆总裁，燃灯校阅，午夜不休。同时热心桑梓公益，在京倡兴歙县会馆。卒谥"文恭"。帝遣大臣临祭，祭文有"执笏无惭真宰相，盖棺还是老书生"句。著有《云塘书屋钞存诗稿》15卷、《云塘文集》12卷、《代言存草》2卷。

程智 生卒年不详。学者。字子尚，号云庄。程颐十七世孙，明休宁会里人。幼读诗书，弱冠专攻《易》，至废寝忘食。后隐居深山，闭关三年刻苦砥砺，幡然领悟易理。著有《大衍说》1卷、《大易要语》1卷、《大易宗旨》1卷、《中庸旨说》1卷、《易说》9卷。

程御龙 生卒年不详。学者。字翼山，号枫溪。清歙县临河（今属徽州区）人。与弟骞龙相师友，以考订典籍为务，间或诗文自娱。康熙五十二年（1713年）举人，领乡荐，至京师，以文见重于公卿。著有《枫溪吟》。

程善之 1880~1942。学者。又名庆余。清末民国时期歙县槐塘人，寓居扬州。父程桓生督教极严，非经书不读，非史册莫睹。后因应试寄宿业师家，得私窥《红楼梦》《花月痕》等书，颇涉遐想，便私效为稗官家言，撰成笔记体《骈枝余话》。为文古茂，读《周礼考工记》《黄帝内经》《墨子备城门》《吕览上农》诸篇，认为这是以美术谈科学，学既征实，辞复斐美，遂仿撰《说枪》《说炮》《锡兰茶园》，得推陈出新之妙，读者无不惊叹。14岁学击剑，16岁补博士弟子员，旋邀同人结社讲学，研究历代政治，后加入同盟会、南社。辛亥革命时，执笔于《中华民报》。民国二年（1913年），讨袁之役，任孙中山秘书，嗣归扬州从教。民国八年（1919年），组织扬州学界声援北京"五四运动"。民国十五年（1926年），与弟子包叔明创办《新江苏报》，任主笔。民国二十一年（1932年）春，被聘为国难会议会员。抗日战争爆发后，随报社迁泰县。民国二十七年（1938年）春，在武进县遭日伪清乡检查，受刺激后病逝。著有《沤和室文存》《沤和室诗存》《文存》《残水

浒》《四十年闻见录》等。

程锡类 生卒年不详。学者。字不匮。明末休宁芳干人。诸生。曾受业于金声门下，凡律历、经史以及词曲百家，莫不纂辑手抄，夜以继日，目为之盲。性刚直不阿，人多敬服。著有《对类便谈》7卷、《见闻传闻录》124卷、《金正希先生年谱》等。

程鹏程 生卒年不详。学者。字南谷，号瓦叟。祖籍新安。迁居桐乡县城已历数世。博览群书，践履笃实，绩学多文。《桐乡县志》自康熙十七年（1678年）仲弘道重修后，百余年无人续修，事多湮没。鹏程搜罗文献，编列纲目，穷年撰述，成《桐溪纪略》8卷。知县李廷辉以此书为基础，聘徐志鼎增纂辑成《嘉庆桐乡县志》12卷。

程猷 生卒年不详。塾师。字嘉二。清休宁文昌坊人。少时其叔商于黔南卒，祖父命随之跋涉险远，归其丧。父早殁，复随祖父读书恒山，与兄程汉相师友。日以教授生徒，赡养母及继母。

程瑶田 1725~1814。学者。字易畴，号葺荷、让堂。清歙县城东人。幼时愚钝，读书百遍，仍不能诵。故以勤奋补智商，鸡鸣而起，燃灯达旦，夜分就寝，数十年如一日。后得江永教诲，与同学辈戴震、金榜等长期相互切磋，学问遂日益精深。乾隆三十五年（1770年）中举人，选授嘉定教谕；旋因病辞归。嘉庆元年（1796年）举孝廉方正。精通训诂，所著《蝶蠃转语记》，借释"蝶蠃"以阐发意义通转之理和声随形命的规则，是清朝语源学代表作之一。学问渊博，数学、天文、地理、生物、农业种植、水利、兵器、农器、文字、音韵等均有深入研究，堪称一代通儒。著述甚丰，有《释虫小记》《释草小记》《禹贡三江考》《周髀矩数图注》等26种，合称为《通艺录》。暮年双目失明，仍以口授形式完成《琴音记续编》1卷。《清史稿》有传。

程霆 生卒年不详。学者。字仲复。明婺源龙山人。嘉靖五年（1526年）进士，授户部主事；举博学，同修《大明会典》。后迁郎中，主给百司禄俸，深受推敬。生平问学不倦，著有《井田议》《图书辨》《太极图说》《四书说》《周易说》《秋山文集》等。卒祀乡贤祠。

程睿 生卒年不详。学者。字彦思，号思斋，晚号留山遁叟。元末明初婺源留山人。父程复，尝游胡炳文之门，受《易》学。兄程璇，为紫阳书院训导，著有《春秋守约》。程睿承家学，至正中以《春秋》领试江浙，遭乱不仕。洪武年间，倡族众经理先人墓。晚年乐志高洁，作《思斋遂老》文以终。

程端蒙 1143~1191。学者。字正思，号蒙斋。南宋德兴新建人，祖籍歙县。父易，修职郎。自幼天资端懿，稍长博求师友，以词艺庠校。朱熹返婺源故里祭祖访亲友时，端蒙从其受学，慨然发奋，以求道修

身为己任。淳熙年间入太学,见士子喜趋时好,不复知有圣贤之学,遂择其可告语者,因事推诚,诲诱不倦,化者颇众。时禁洛学,持书上谏议大夫王月然,责其斥正学,以对策不合去,自是不复应举。49岁,病卒于家。朱熹为作《程君正思端蒙墓表》。著有《性理字训》《毓蒙明训》《学则》等。

程震 生卒年不详。学者。号韦航。清黟县人。由岁贡生授松江训导,署金山卫学正。著有《易述诗文集》。

程镐 生卒年不详。学者。字子京,号印山。明祁门善和人。少从学湛若水,以贡生选任广东吴川知县。致仕后笃志励学,访友东南,先后主讲南雍观光馆、新泉精舍、维扬行窝和池阳九华、黄山翠微、休宁天泉诸书院。

程曈 1480~1559。学者。字启曈,号莪山。明休宁富溪人。早年失怙。年弱冠,弃举子业,潜心于《六经》及宋儒理学之要,深研精思。对自"二程"(程颢、程颐)和朱熹以来的新安理学之源流,探索尤深,为新安理学发展史上承先启后之重要人物。其重要的传世著作有《闲辟录》(10卷)及《阳明〈传习录〉考》《朱子早年定论》《朱子晚年定论考》《新安学系录》《新安经籍志》《富溪集》等。其中《新安学系录》16卷是一部凝聚程氏一生心血的力作,无论在新安学派之营构,或文献保存方面,均有不可忽视的价值。

程儒 生卒年不详。学者。字素时。明绩溪仁里人。博学好古,工诗画。重教化,倡复"翠阳书院"。编纂有《绩溪文献诗》《程氏世胄录》等。

程襄 生卒年不详。学者。字资仲,一字赞元。清祁门六都人。乾隆年间邑庠生。尝续修《善和乡志》。

程襄龙 生卒年不详。学者。字夔侣,号古雪。清歙县临河(今属徽州区)人。举拔萃科。自律甚严,好学不倦,晚年文益醇。著有《雪崖文稿》、《澄潭山房诗文集》21卷。

程缵洛 生卒年不详。学者。字速肖,号承斋。明休宁富溪人。守家学,不图仕进,教授生徒为业,远近学子多师之。著有《大学翼》《切学韵诀》《承斋集》《烟霞外史》《大明混一古今人物表》。

舒正大 生卒年不详。学者。字直方,号梅野。元绩溪人。至元二十四年(1287年),选授饶州路长芗书院山长;后转广德路学正。子舒宏(字彦洪,号白云山人),历昌化、钱塘教谕。孙舒顿。

舒远 生卒年不详。学者。字仲修,顿弟。元末明初绩溪人。著有《北庄遗稿》。

舒希武 生卒年不详。学者。字懋功,号常斋。明黟县屏山人。幼聪颖,7岁能文。19岁以白衣应试,补博士弟子员。笃志力学,博洽经史,督学黄沧溪委掌白鹿书院。在任兴文教,阐正学,四方从游者甚众。后升山东武定知州。

舒学旦 生卒年不详。学者。字镐怀。清黟县屏山人。读书东山道院,历50载无间。康熙五十九年(1720年)领乡荐。为人诚朴,为时矜式,文亦高雅可诵。著有《四书问答》等。

舒度 生卒年不详。学者。字越凡。清黟县屏山人。事亲至孝。性耿介,不妄取与,苦心向学,门弟子日益众。剖析先儒学说,往往发其未尽之蕴。年逾80岁,讲论不倦。著有《周易会通证》《四书会通》。

舒祥 生卒年不详。学者。字维桢。明黟县人。历任山东沂州训导、处州宣平教谕、湖广广济学正。善文辞,著有《窃芳集》《黔川八咏》等。

舒顿 1304~1377。学者。又名鼎,字道元,号贞素、天台山人。元末明初绩溪人。父舒宏,曾任临安、昌化教谕。舒顿幼聪颖,忠实有志,博学多才,文章、书画俱佳。元(后)至元三年(1337年)授贵池教谕,后调丹徒。至正十年(1350年)擢台州路儒学正,以道路梗阻不赴。归隐故里,所居名"贞素斋"。明初,屡招不出。文章颇有法律,诗纵横排宕,不尚纤巧。七言古诗,尤为擅长。著有《古淡藁》《北庄遗稿》《华阳集》及《贞素斋》8卷。

舒雅 生卒年不详。学者。字子正。五代末宋初歙县人,寓居金陵(今江苏南京)。才思敏捷,深得韩熙载器重。南唐保大八年(950年)庚戌科,拔为第一。归宋后,入秘书监,任校理。太平兴国年间参与编撰《文苑英华》。著有《孝经》《论语正义》《七经疏义》等。

舒道翁 生卒年不详。道士。宋黟县人。少时,曾受养生之术。后入山修道,其妻寻觅数年未得。后被樵者发现,遂自焚其庵舍,迁居于东山之巅。山高数百仞,牵扪萝藤,攀援石磴,方可登上。有求问养生之法者,以"无嗜欲"三字相答。享年105岁。

释了容 生卒年不详。僧人。字大方。明朝人,河南开封人。7岁颖悟禅理,未入空门,能诵诸般经品。10岁随父宦燕京,竟私奔五台山削发为僧,父大索不得。后了容周游名山,至婺北遇猛虎毒蛇如林拦截,独空一径,了容信步前往,原是诸潭山,于是结茅以居,不复出。猿猱时献果,山主胡景儒闻而奇之,爱施诸潭为了容道场,建刹供养。了容绝火食,惟日食果蔬及生米,住山10余年。一日,景儒往视,了容喟然叹曰:"凡胎不能白日飞升,又那用此臭皮囊为也。"会野烧,跃入火中而去。

释广寄 生卒年不详。僧人。字寓安。明衢州开化人,净土宗高僧。15岁投新安郡张公山无为法公为沙弥,往来于休、婺之间,一时士大夫无不器重,乐与为忘年交。24岁投杭州云栖袾宏大师，受具足戒，得一心不乱，念佛法门。万历三十八年（1610年）入黄山丞相源，结庵精修，一方信徒者众。天启元年（1621年）二月初二，跏趺而逝。有《憨山老人梦游集》和《新安黄山掷钵庵寓安寄公塔铭》著其生平、语录及行迹。

释子珣 生卒年不详。僧人。南宋祁门东松庵僧。绍兴初，岳飞尝提兵过此，与僧语。岳问："何处响涓涓？"僧曰："接竹引清泉。"岳问："春夏常如此？"僧曰："秋冬亦自然。"岳心奇之。先是僧种芋储壁中，群僧异之，至是出以犒军。秦桧杀岳飞时，闻子珣与岳飞语，遣李吉杀之，子珣先觉，题诗曰："急忙收拾旧袈裟，钟鼓楼台莫管他。袖拂白云归古洞，杖挑明月到天涯。可怜松顶新巢鹤，犹忆篱边旧种花。好把犬猫随带去，莫教流落野人家。"以佛像一轴置庵西桥，复题诗云："李吉从东来，我向西头走。不见佛力大，几乎出场丑。"乃遁入山。吉至庵，见诗欲追之，及展佛像恍惚夺目，始见为一，俄而变千，吉乃错愕，赞僧慧力以还。僧寻构庵隐遁，逾时坐化，其所置佛像桥后名千佛桥。

释云林 生卒年不详。僧人。南宋人，俗姓宋氏，淳祐四年（1244年）来游黄山，结茅其间。此地初名佛岭，唐大历中志满禅师露宿岭上，山虫卫绕，数日不知饥渴，人以为佛也，故名佛岭。在郡城西北15千米，自歙至太平亦多取道焉，但经行数千米无居人，行者苦之。及建禅院，岿然林表，四时姜茶，取携甚便，行旅德之。时事变迁，故院湮废，及云林来后，知为龙象修真旧地，乃造华严楼以居，为开山始祖，因以云名其岭。林有《归山诗》云："沧海尘生望不还，虚空粉碎步方艰。时人欲识今行履，一衲萧然云岭间。"又《答友》云："搔首何须更问天，此心灰尽不重然。休将琐琐尘寰事，换我山中枕石眠。"评味其旨趣，实高蹈远引，无惭禅德。方凤《寄林诗》云："竹杖芒鞋去未能，鞅尘十丈苦相仍。去来今了三生事，输尔寒岩晏坐僧。"方凤曾与谢皋羽结汐社，云林为方、谢旧友。

释文齐 生卒年不详。僧人。明歙县人，55岁出家。为僧不参禅诵经，只讲"万法俱空，一善是实"。为僧七年，崇祯三年（1530年）十一月卒。

释永素 生卒年不详。僧人。号淡轩。宋祁门人，居柏山院。诵华严经，撰《瑜伽文》《罗汉文》《弥陀文》《水陆科文》成，各具二本，奏闻三界，存一化一，设香烛不燃，祝曰："吾文可行于世，请香烛自燃。"坐至夜半，香果自燃，烛自明，炉灰中有一"依"字，其文见行于世。一日沐浴升堂，说法作偈曰："看不上面，笑不出唇，淡轩之上，独对松云。呵呵，有人若问西来意，山僧原是大朝人。"言毕而逝，火葬后得舍利（火化后所产生的结晶体）满盘。

释行印 生卒年不详。僧人。俗姓胡氏，名文社，法名行印，号半庵。明末清初歙县良干人。明天启年间任内阁中书掾，左忠毅公受廷杖，文社并杖之，不死，卒收左氏骨骸。清顺治二年（1645年），两膝患疮，经七年。一日，疮口气腾出作语，称是梁时卢昭容，被害洛阳宫。半庵不解，疮怒曰："弑昭宗者谁？"半庵悟，遂力疾书经1 200卷，患平。康熙三年（1664年），寓居江宁大报恩寺修藏禅院。经藏院中有碑记印曰："我歙人也，何忘本根？"以所书《妙法莲花经》《仁王护国般若经》等20卷供黄山慈光寺，已入《黄山志》。

释行明 生卒年不详。僧人。北宋人，黄山祥符寺住持。景祐年间，刻印《黄山图经》，记述黄山名胜与历史，并辑录唐宋人题咏。元符三年（1100年）重刻，现为存世第一部黄山志书。

释如本 生卒年不详。僧人。字妙园。明万历年间与妙光慧禅师同游黄山，止于佛岭，把茅葺亭，设姜施茶，弘其愿力，相与胼胝，百废更新，遂成盛地。妙光慧为歙县王氏子，如本则不详其里。尝自述《佛岭纪事》一篇，略云万历三十二年（1604年）自浙江虎跑寺来游黄山，至歙县西潜口之上2.5千米曰佛岭处，方圆5千米悄无人烟，岭头有亭额曰"佛岭云亭"，就亭右构茅棚为蔽风雨，日煮水以赡行旅。忽于荒草中见一断碑，载于唐有志满，于宋有云林，自宋至元，兴废不常等事。如本爱其佳境，于是与道友定居。尝参憨山清，清有《示妙园禅者偈》曰："湛湛青莲花，居泥而不染。明明出世心，雪在玻璃盏。"形容其禅心彻悟。后圆寂时偈云："打破虚空，如风扫叶，天外山青，岭头日白。"

释如镜 生卒年不详。僧人。字东明。明朝人，海阳汪氏子，弱冠弃家往庐山削发，后游饶州，结屋茅仙山，跪诵华严经三载。来婺源赵州庵，遇大机谈性学，遂师大机。专志宗旨，每日焚香，手书华严一卷，20余载，造次无辍。戒行最肃，一语不苟。临寂，预集友徒，跌坐无语，一笑而逝。

释氺氺 生卒年不详。僧人。清朝人，不知自何方来，顺治初到王平山伐茅结庵，日晏坐习禅一室中，不漫与人交语。鹏原汪三省，理学名人，宦归，尝至山，则与为酬答，久益善。康熙间，将化，预吩咐其徒置两缸，俟寂后龛而藏之，计若干年月乃开。如其言，及期启视，肉身不坏，爪发如新，乡人其异焉，因髹漆涂金，升置座上奉之。

释茂源 生卒年不详。僧人。唐歙州人，得法于吉州性空禅师。平田来参，源欲起身，平田把住，曰："开口即失，闭口即丧，去却甚么，时请师道。"源以手掩耳。平田放手曰："一步易，两步难。"源曰："有什么死急。"平田曰："若非此个？阿师不免诸方检点。"师不对。

释定庄 生卒年不详。僧人。唐新安人，牛头寺法融禅师传三世，旁出12人，庄其一也，无机缘语句。《传法正宗记》曰："三十一祖之二世，曰法融禅师，旁出法嗣凡十人，一曰金陵钟山昙璀者，一曰荆州大素者，一曰幽栖月空者，一曰白马道演者，一曰新安定庄者，一曰彭城智瑳者，一曰广州道树者，一曰湖州智爽者，一曰新州杜默者，一曰上元智诚者。"

释弥本 生卒年不详。僧人。清徽州人。善琢砚，兼擅竹木、牙角雕刻，为名匠。

释真松 生卒年不详。僧人。明绩溪人。字翠林，俗姓汪，为释真柏亲甥。生而胎斋，稍长随舅氏真柏往宛陵（今安徽宣城）千顷山，师僧守庵，又随住婺石门，共传心印。释真松深解禅理，戒行严洁，常说偈言："浮生元大梦，幻体亦非坚。亦欲超凡世，无如净土禅。"后火化，凝然趺坐。一夕湛梦松语曰："昨辞尘世，今向乘云寺里一游耳。"孙海谓严持戒律，思松不至，建听松庵置松舍利。湛即松侄，曩幼同谒肇林，时已露慧性。浴佛日，歙汪司马肇林手书一偈云："小小一沙弥，法身长六尺。摩诘并肩行，祇陀同日浴。"其衣钵盖有自矣。

释真柏 生卒年不详。僧人。明歙县人。字欝林，俗姓叶。往宛陵（今安徽宣城）千顷山，师僧守庵。后住婺石门，诣歙汪司马肇林、荆山珂公法席，共传心印，江中丞一麟复建礼迦古迹，请为住持。释真柏解脱泥滓，求见心性，远近皈依。一日忽辞大众，衣钵授徒如湛曰："漫说从来多弟子，破颚方识印心人。"复偈曰："年华过甲子，净业了诸缘。一证无生理，花开九品莲。"吉祥而化，舍利藏庵侧。

释智显 生卒年不详。僧人。字大机，俗姓欧。明池阳人，初削发昌江大龙山，后游婺源赵州庵。超悟博洽，称善知识。邑人士钦其高，延住登高山为华严经主，后遇火灾，里人俞仁科复延之继竺庵，与弟子慧海、本如等俱往。显精禅理，一棒一喝俱属秘教，惟慧海能参取，遂先化。一日智显起床盥沐，三礼佛毕，敷席端坐，朗说西方公案一则，瞑目而逝。其衣钵由慧海孙雪牛传之。著有《禅林宝训》《音义》。

释智琚 生卒年不详。僧人。唐朝人，俗姓李氏，其先居翼州赵郡，晋室东迁以后为新安人。父袆仕梁为员外散骑侍郎，琚19岁便独自出家，听坦法师《释论》、雅公《般若》、誉公《三论》，27岁即就敷讲，无碍辩才。口不言人，服无受色，后三年逝于常州建安寺。

释普信 生卒年不详。僧人。字师古，号梅屿，俗姓郑。清歙县人。母梦道人手持《法华经》一卷来，遂诞信。幼而多病，礼云岭参照哲御为师，年才十龄，受以经论，俱能了解，哲喜其灵慧。未几进见于华山见月，既研律仪，更究文艺，好学深思，每见骚客词人，虚怀请益，人以是称之。著有《听松阁诗》4卷，郡司马安丘曹贞吉为之序，称为"草际幽兰，难寻野鹤"。又辑《云岭志》6卷、《读书楼》1集，均附刊。

释道宁 生卒年不详。僧人。俗名汪道灵。北宋末年婺源人，临济宗著名禅僧，因常住潭州开福寺，人称开福道宁禅师。南宋云居山真如禅院祖证曰："师祖宁禅师生于徽州婺源县汪氏家，得业建康府蒋山，出世开福，唱道语录昔尝镂版闽中，然江湖丛林禅衲故艰得之，谨令新安毗丘怀璋募众缘，依旧本重刊以广流通。"在当时产生了重要的影响，是北宋末年临济宗的四大丛林之一，时称"二勤一远一宁""祖席晚出之子"。日本僧人慈麟元趾曰："（宁）以大法授月庵果，果克大家声，横出十二支神足，老衲证传月林观，观传无门开，开传日本法灯，灯东归旺化南纪鹫峰也。于戏！宁师之道造诣深稳，践履明白，其为东山、圆悟之所称许也如此，足以为后学之蓍镜，孰不钦仰！宜其遗风余烈流之海外，历数百载而不湮没也矣。"

释道茂 生卒年不详。僧人。号雪山。宋歙县纪氏子。少时每遇盛夏辄以昏暮伏草莽中，求以身施蚊蚋者20年。始住休宁普满院，时郭三益为尉，道茂与其交谈几次，郭公由是好佛法。后住通州白狼山，晚归自号觉庵，未尝为人白椎（佛教仪式）。或问之，答曰："是第一义者，可轻以假人耶？"有妻死求出家者，茂终不纳，曰："彼一时所激，非为法来也。"果然不久，此人再娶，已又买妾，竟如所料。大观中郡守使其乡僧普月住天王院，月自言云门下，求与茂通法属，茂不答。及茂去世，月言："彼非坐灭，乃其徒伪为之。"守使检尸，检者踏其腰股使伸。伸已，随结焚之西关渡，项骨诸根不坏，火烟所及，虽水皆得舍利。

释照宏 生卒年不详。僧人。字缘鹤，俗姓李。清仙源人。将诞之夕，一童子跨鹤翩跹飞入其家，觉而身动，呱呱在地，圆顶广颡，眉目清奇，知有凤果，不入尘俗。稍长，拜常乐如心，字曰缘鹤，以符其兆。由是委怀内典，细绎梵音，虽贝叶灵文，过目即能记诵。后得戒于宝华尝松，心契波罗之旨，力任行持。及遇韵松莲城，抉其素蕴，怃然曰："超六尘通三昧者是子也。"乃付以戒本为律学真传。时诸檀越（施主）请主持寺席，信众来归。每当讲论，剖析精微，闻其片偈，如证道果。戊申以波罗法脉传之黄石普开，端坐迁化。

释照通 生卒年不详。僧人。明黟县人。初为衙役，偶有感悟，削发来婺源平案山苦修净土，寻住碧云庵，20余年见人不作一语，人呼为哑照。一日熏沐辞佛屠维以化，乃于休之竹林富室托生，背有"照通"二字。

释嗣汉 生卒年不详。僧人。明朝人。修行于休宁普满寺。戒行清卓，禅林所宗。卒之日，沐浴趺坐，作偈而书之，奄然坐化。成祖朱棣赐龛殡殓，瘗于灵谷浮屠。

释嗣宗 生卒年不详。僧人。俗姓陈，又称宗白头、真白眉。南宋初年歙县人。曹洞宗。受业歙县水西寺，试经得度。20岁，游方参径山睿，深见器重，去即龙门远道林，来往江浙、庐皖、荆楚、湘汉之间，遍该各处禅林。《五灯会元》曰："明州雪窦闻庵嗣宗禅师，徽州陈氏子，幼业经圆具，依妙湛慧禅师。诘问次，释然契悟，慧以尘尾拂付之。后谒宏智，蒙印可，其道愈尊，出住普照、善权、翠岩、雪窦。"为明州天童宏智正觉禅师的嗣法弟子，青原行思下十四世法嗣。大慧宗杲很少赞人，尝赞嗣宗曰："太湖三万六千顷之渺茫即师之口也，洞庭七十二峰之峭峻即师之舌也，不动口，不饶舌，已说，未说，今说，当说也，大奇也。大奇，此是吾家真白眉。"

释慧明 生卒年不详。僧人。字元照。唐歙县人。幼愚陋，长乃神异。民间疾疫，医、卜皆无法，慧明与之交臂，患者即获痊愈。天旱祷雨辄验，能使瞎者复明，跛者复行，人称为圣僧。《江南通志》曰："圣僧山，在府治西，旧志云唐武德间，僧慧明居此，故名。下有泉曰灵塘，左为洗眼池，巅下有石曰仙人幢，南渡时有道人居此，明汪道昆为僧自明创般若台，冯梦贞谓之莲花国土。"《安徽佛门龙象传》曰："释慧明，字元照，歙人，幼愚陋，长乃神异，莫知师法，止邑西北数十年，人莫知之者。忽民间疾疫，医十不起一，明交臂之际即获痊。旱祷，甘霖立至，能使眇者视，跛者履，转俭为丰，回殃作佛，称为圣僧菩萨。"

释慧琳 生卒年不详。僧人。字抱玉，俗姓柯。唐新安人。幼时受业于灵隐西峰为金和尚弟子，所传经义，从不再问。大历初，受具于灵山会，习学三乘，一领无遗。不乐声华，惟好泉石，一入天目二十余年。此山高出云表，顶有蛟龙池三所，最上池人不可近，臭气逆人，师居之，每多妖异而心不挠。元和间，杜太守陟、斐刺史棠棣请于永福寺、天竺寺主坛，白居易等辈公事之余，皆至院问法相。太和六年（832年）示寂，葬于钱塘玛瑙坡。

普门 1546~1625。僧人。俗姓奚，名淮安。明西鄜县人。幼年孤贫，投入佛门，受戒为僧。青年开始云游海内，求师访友，数十年间来往于少林、五台、太行、普陀等名山寺院。万历三十四年（1606年）进入黄山，创建"法海禅院"。万历三十八年（1610年），为扩建禅寺曾入京化缘。万历四十年（1612年）三月十六日，神宗亲题"护国慈光寺"庙额，并赐银300两以作扩建之资。次年春，神宗再次赐金银及袈裟、僧冠、锡杖、钵盂等物；中宫圣后王娘娘，亦有赐赠。除慈光寺外，普门还建造有文殊院、大悲院，并修建了登山石磴。圆寂葬于黄山，门徒在慈光寺后为其立灵塔。

普满明禅师 生卒年不详。僧人。住宋朝休宁普满寺。问："一佛出世，各坐一花。师今出世，为什么却升此座？"师云："一片红云起，千山地布金。"僧拈起坐具，云："且道这个是什么？"师云："不借看。"僧曰："为什么不借看。"师云："贼是小人。"问："远涉江山即不问，西来祖意事如何？"师云："达摩西归辞震旦，至今犹自笑儿孙。"僧曰："那么则诸圣入廛，殊无利济？"师云："面壁九年空费力，得皮得髓太无端。"上堂，顾视大众云："牙齿一把骨，耳朵两片皮，从始至于今，禅人犹未知。诸仁者，只那么会得，便是出尘罗汉、英灵丈夫。若也未然，江北江西问王老，一狐疑了一狐疑。参。"上堂云："吾祖家风岂涉途，失宗随照用心粗，一言为报知音者，近日南能不姓卢。"上堂，顾视云："铁牛不吃栏边草，丫角牧童互相报。放在高坡卧白云，任渠七颠与八倒。阿，呵呵，债有头，冤有主，拾得要打寒山老。参。"上堂，顾视大众云："一佛手，二驴脚，生缘各各自斟酌。日出东方夜落西，砖头太厚瓦子薄。错、错。前三三与后三三，莫道文殊对无着。参。"

游芳远 生卒年不详。学者。字兰仲。元末明初婺源济溪人。受学于汪仲鲁，匾其书室为"初月梅轩"。元末避难读书，三年不出户。通《五经》，精博物理，隐居教授，以师道自任。著有《沟断稿》《皇明雅音》。出其门者皆有诗名；族子祖贤、泰、亨、寿等编其诗为《初月梅轩集》。

游国良 生卒年不详。学者。字晖吉，号贞文。清婺源济溪人。性孝友，居家侍亲，深究学问，人称"贞文先生"。著有《易解粹义》《梅花诗集》。

游逊 生卒年不详。学者。字以礼。明婺源济溪人。邑诸生。无意仕进，居家论文，"立讲会以明正学，躬行以范俗"。90岁仍为学不倦。著有《四书说铨》《风化小补》《赞化通史》《字林便览》等。

游琯 生卒年不详。学者。字舜玉。清婺源济溪人。讲道论艺，致志儒学，通晓诸子百家。著有《四书辑训》《易图衍义》《修身约记》等。

谢天达 生卒年不详。学者。字兼善，号容岩。明末清初祁门城北人。初习制艺，后潜心理学。明亡，隐逸不仕，负笈讲学。晚年独居自炊，皓发苍颜，咏歌自乐。辑有明朝学人笃信朱熹者之言论，名为《明儒语要》。

谢芊 生卒年不详。学者。字时春，号凤山子。明祁门旸源（今阳坑）人。少能诗。师事湛若水，讲学于南京新泉精舍。归与东南士人讲道，从者益众。尝谓"学问须刀刀见血，始为实得""学问须从生身立命处凝聚精神，自然盛下流行，万变莫可摇夺"。又谓"学非师友指点，百般病孽无从得知"。乃作《辅仁录》，记师友之语而序之。另著有《神交馆集》《肩山集》。

谢希和 生卒年不详。学者。字子温。元末明初祁门人。元末兵起,社会动荡,隐居不仕。明初,筑室于先人故址,朝夕讲习其中。宋濂为题额曰"东轩",同邑名儒汪克宽为文记之。

谢显 生卒年不详。学者。字惟仁,号一墩。明祁门昜源人。家贫,苦志学问,弱冠为人师。博综经史,尤深研《易》。尝从湛若水讲学于南京。归里,筑"神交馆",与从叔谢芊、婺源方瑾等研讨学问。著有《一墩稿》《圣谕演易说文集》(一名《易说》)。

谢复 1441~1505。学者。字一阳,号废翁、南塘渔隐。明祁门城西人。少笃志于学;及长弃科举业,从吴与弼游。三年归,构"南山书堂",聚徒讲学。身体力行,务求自得,主张"知行并进",学以致用。孝宗时应聘协修《徽州府志》。晚年徙居西山,学者称"西山先生"。诗文浑厚典则,中正和平。著有《西山类稿》5卷。

谢俊民 生卒年不详。学者。字章甫,号适斋。元祁门昜源人。隐居不仕,筑云深坞"乐安书舍",与汪克宽为友,讲明道学。著有《玉泉集》《寓意稿》。

谢陛 1547~1615。学者。字少连。明歙县开黄里(今属徽州区)人。精通历代典籍,尤精史学。曾游秣陵关与王孙名士结社谈艺,王士禎极推崇之。著有《季汉书》《定唐书》《西宁卫志》《读书说》《黄山总记》。万历三十七年(1609年),纂成《歙志》30卷,为歙县首部县志,其中多为谢陛裁定。

谢琎 1162~1238。学者。字公王,号彦德,别号竹山,又号菊窝。南宋祁门城西人。尝从朱熹受学,笃志理学,为朱熹在徽州十二高第弟子之一。宝庆二年(1226年)进士,特奏名授迪功郎,官龚州助教,革除陋俗,使龚州"风一道同,媲美中土"。年老归里,辟"虚直楼",以为治学讲学之所,从学者甚众。人称"竹山先生"。庆元二年(1196年),与邑人余岩、汪师心等,协助知县林世谦建县学大成殿,绘从祀诸贤于壁。著有《谢氏语录》《谢氏日录》《竹山遗略》《淡乐轩集》。

谢理 生卒年不详。学者。字文温。明祁门城西人。成化十九年(1483年)举人,授长垣县教谕。后升临江府教授,尝两校省试。

谢维甸 生卒年不详。学者。字禹功,号春郊。清末祁门城西人。咸丰六年(1856年)恩贡。辑有《谢氏之贤遗稿》。

谢喆 生卒年不详。学者。字士哲。明末清初祁门城西人。明末世乱,不就试。日搜元人手稿,裒集成书。清顺治七年(1650年),授高要县训导,力辞不赴。

谢熙和 生卒年不详。隐逸。字子温。元末明初祁门城西人。元末兵起,隐居不仕。明初乱平,筑室于先人故址,朝夕讲习其中。宋濂题其室为"东野",汪克宽为文记之。

简上座 生卒年不详。僧人。宋徽州人。径山颜首座因问之曰:"一二三四五六七,明眼衲僧数不足,你试数看。"简便喝。颜复曰:"七六五四三二一,你又作么生。"简拟对,颜便打出,即曰:"你且莫乱道。"简于言下有省,遽说偈曰:"你且莫乱道,皮毛卓竖寒。只知梅子熟,不觉鼻头酸。"尝颂狗子无佛性话,曰:"赵州老汉,浑无面目,言下乖宗,神号鬼哭。"先是,大慧老师揭榜于佛殿。简既犯所戒,遭删去。未几而卒,未满30岁,交朋无不惋惜。

詹大圭 生卒年不详。学者。字懿文。宋休宁五城人。深研理学,待补郡序,尝设馆于休城。同邑程大昌嘉其才,以弟全昌之女妻之。曾师朱熹。庆元伪学党禁,遂不仕,隐居乡里。主讲西山书院时,从学者称西庵先生。著有《西庵集》《太极图说》。

詹方桂 ?~1645。学者。字无木。明末清初休宁流塘人。精于书画,通术数。凡天文地理、六壬遁甲、医星诸术,均悉通晓。明末避居松萝山下,闭门著述。撰有《四家小品》行世。

詹考祥 生卒年不详。学者。字腾飞,号履庵。清婺源庆源人。乾隆五十一年(1786年)举人,授高邮州训导。著有《四书萃精》《读史随笔》《育松山房文集》《息园吟草》《赈灾刍言》等。

詹初 生卒年不详。学者。字以元,一作子元。休宁流塘詹姓派出婺源庆源,北宋詹百一始迁詹干,传二世曰初,复迁流塘。詹初为休宁流塘詹氏始迁祖。举进士,援县尉,宋淳熙间荐入太学任学录。因上疏请辨君子、小人邪正之分,忤韩侂胄而遭罢官。遂隐居庐山构"寒松草阁",读书其中。性狷介,慎于交友。居尝构"寒松草阁"诵读其间,凿三塘潴水,贯流不息;日行吟咏以明志,学者咸称"流塘先生"。著有《流塘集》21卷,毁于火。今仅存《寒松阁集》3卷传世。

詹固维 生卒年不详。学者。字静思,号珀峰隐叟。清婺源庐坑人。志于道学,同治十一年(1872年)正贡。乡里旧有天衢书院年久湮没,固维禀庭训复建,并就之教授。兼通医术。著有《天崇汇选》《虚斋草堂制义》《医学求实》。

詹岩福 生卒年不详。道士。民国时期婺源人。8岁随父至齐云山,入道教正一派。16岁拜师受业,后被推为道长。

詹绍庆 生卒年不详。学者。字本修,号大麓。清婺源庆源人。生平研朱熹心性之学,纂述盈箱,有《三经整》《三疑篇》《左凡印可正续编》《大麓野钞》等。

詹轸光 生卒年不详。学者。字君衡，别号问石。明婺源庆源人。万历七年（1579年）举人。万历十六年（1588年）问学于南京耿定向，与耿编成《天关证学录》。万历二十六年（1598年）就职亳州教谕。后转北雍学正，再升宝庆郡守、平乐知府。为官清廉，革除积弊。终因厌浮名，辞归著书以自见。撰有《阳春别墅录》《会讲百八箴》《自讲百八箴》《浮海寓言》《青隐山书》《垩几稗语》《狂夫言》《白门草》《蓟门草》等。

詹淮 生卒年不详。学者。字柏山。明婺源庆源人。博学通经，精研宋儒程朱理学，与其弟洲及陈仁锡合著《性理综要》22卷、《性理标准汇要》22卷。

詹惟修 生卒年不详。学者。字六宏。明婺源庆源人。郡庠生。博学好古，以婺源理学虽著，而古文词衰落，因与李空同以倡兴文风自励。生平不涉官场，潜心以古文激扬后学。著有《尚书代言》《左氏摘艳》《史记拔奇》《汉书哀瞻》《六朝文脍》《秦汉精华》《云寥杂疏》《云寥乐府》等。

詹渭 生卒年不详。学者。字笏山。明婺源庆源人。资性颖敏，过目成诵，每以人杰自负。嘉靖初，议大礼，詹渭持继统不继嗣之论。时王阳明倡学东南，海内风响，适知县集诸生讲学紫虚观，詹渭以为真伪混淆，因赋《一剪梅》云："老君在上笑吾儒，得罪程朱，玷辱程朱。"知县怒，谓"尔有一剪梅，我有三等簿"。事申于督学，受黜斥，因复入县署题于壁云："一剪梅，恶邪乱正；三等簿，假公济私。"

鲍云龙 1226~1296。学者。字景翔，号鲁斋。宋末元初歙县枫口人。自幼嗜书，稍长博通经史，尤精于《易》。南宋淳祐九年（1249年）赴省试不利，遂绝意科举，居乡课馆授徒，潜心钻研理学。入元不仕，授徒讲学以终。元元贞二年（1296年）病卒，享年71岁。著有《天原发微》5卷。终生课馆郑昭祖家，与郑氏友情深笃，郑氏既资之著，又为之梓刻行世。

鲍正元 生卒年不详。僧人。字元则，释名真沐。明歙县人。工兰竹。高迈绝俗，建"莲花庵"于桃花源，与僧印我及郑重、郝壁诸人结社参禅，鼎革后为僧。

鲍宁 1391~1462。学者。字廷谧，号谧斋。鲍颖孙、鲍寿孙七世孙，明歙县棠樾人。7岁能诗，8岁属文，不事藻饰，辞远理明，而义无不周。凡理学、阴阳、地理、医药，无不穷究。于学未有师承，而内心通达，独得圣人精义。永乐七年（1409年），挟古今书作司马迁游，两经古汴，历览齐鲁、吴越、楚蜀名胜。归隐以求志，明天人之理，求事物之源。景泰三年（1452年），纂成《新安程氏会通谱》，不遗微以疏亲，不附显以借重，澄其源，清其流，志其实，且立为定式，使后人有所取法。景泰五年（1454年），代宗诏令各地纂修府志，徽州知府孙遇礼请鲍宁从其事。天顺四年（1460年），撰成《天原发微辨正》25篇，于太极、河图二章各著总论，其他则随文见义于其下，通数万言。因稍感心气疾，而留意于医，探轩歧之奥，得卫生之理，复推以济人，远近疾危赖以痊者甚众。或有讼于官而不能决，质于鲍宁，必两得其情，人咸感服。著有《谧斋集》。

鲍寿孙 1250~1309。义士。字子寿，号云松。宋末元初歙县棠樾人。南宋咸淳三年（1267年），江东漕解第一。咸淳四年（1268年），会试落第，益加刻苦。值宋末兵乱，不复试。创办西畴书院，聘曹泾、方回主讲其中。元至元十三年（1276年），郡将李世达军叛，歙西乡北乡群贼窃发，烧杀抢掠，富豪皆不能免。劫掠至鲍家，搜索未遂，将其父鲍宗岩拽至贼首前，缚于村东侧龙山大松下，举刀欲杀。鲍寿孙趋至，乞代父死，而父愿自死。贼首于心不忍，犹豫不决。忽风起草丛，声振林谷，贼以为军骑至，遂骇散，父子俱得免，被旌为"慈孝鲍氏"。归附后，寿孙任杭州许村盐场管勾。至元三十年（1293年），擢徽州儒学教授，作新士类，笃学力行。发廪割俸以修学舍，并建七贤祠，祀宋代名儒程颢、程颐、朱熹、张栻、吕祖谦、陆九渊、周敦颐。秩满，转宝庆路儒学教授。致仕归里，撰《易注》未竟而终。卒葬沫滩（今妹滩）灰山胡家庄，方回为之作记。事载《宋史·孝义传》。明永乐十八年（1420年）赐御制诗二章载入《孝顺事实》，并命有司伐石立碑树下，旌村为慈孝里，松为慈孝松。孙鲍同仁、鲍元康，曾孙鲍深，玄孙鲍颖，曩孙鲍宁。

鲍实 1882~1940。学者。又名文秀，字筱斋。清末民国时期歙县人，寄籍芜湖。幼承家学，诗词、文章、书画、医学造诣较深，享誉芜湖。民国三年（1914年）主纂《芜湖县志》，认为"志不同于正史，史重善恶褒贬，志则以资料见长"。民国八年（1919年），纂成《芜湖县志》60卷，刊印3 000余套。此志虽未摆脱旧志重人文、轻经济的窠臼，但较昔日县志为优。民国十一年（1922年），任定远县知事。守母丧期满后，因时局动荡，遂绝意仕途，在芜湖县东门外乡朴老巷（今劳动巷）以教书行医为业。认为"西医治标，中医治本，两不相妨，可交相为济……此时乐得相资互证，将来不难殊途同归"，深信中国医学必能发扬光大。与遗老弹唱于银筝铁板之中，将芜邑行将式微的乡乐收集整理成《湖阴曲》初集。集资垦荒于芜邑南乡东湖滩，因涉讼多年，资财耗尽。抗日战争爆发后，避居歙县，而在芜藏书、手稿惜遭日伪焚毁。著有《修篁轩医学随笔》《浪迹偶吟》等。其父鲍世期为清光绪十四年（1888年）举人，官含山县学教谕。

鲍倚云 生卒年不详。学者。字薇省。清歙县岩寺（今属徽州区）人。贡生。性方正严峻，诗文空灵脱俗。著有《寿藤斋诗集》《丛话尺牍》《家乘制艺》等。

鲍康 1810~1881。钱币学家、金石家。字子年，自号观古阁主人，又号臆园野人。清歙县岩寺（今属徽州区）人。曾随叔父文渊阁直学士鲍桂星居京城，道光十九年（1839年）应乡试中举。咸丰四年（1854年）在京都应礼部试，不第。后相继任内阁中书和四川州知府，因忤上官去职，退隐北京臆园，潜心于古钱币研究。历道、咸、同、光四朝，收藏古钱币甚富，且多前人未见之品。与李佐贤、吕尧仙、刘师陆诸同好过从甚密，被尊为"泉师"。叔父去世后，移居长安，与苏兆年、张二铭有往来，与古泉币收藏家刘燕庭晨夕过从。鉴别古钱币，强于同好。同治三年（1864年），李佐贤撰《古泉汇》行世，常常依靠康相助。康著有《观古阁泉说》《大钱图录》《论泉绝句》，与李佐贤合著《续泉汇》14卷，补遗1卷。又哀其金石题跋成《观古阁丛稿》初、二、三集若干卷，刊刻刘燕庭遗稿《海东金石苑》1卷，为刘师陆刊《虞夏赎金释文》1卷。曾为同乡王茂荫夫人作《恭祝诰封一品夫人王母洪夫人寿序》。康卒后，遗物由侄子恩绶继承。

鲍增祥 1836~1905。学者。字绍庭，号云巢。清末蜀源（今属徽州区）人。工诗词，旁及绘事、篆刻，好为经世之学，尤精舆地。中日甲午战争爆发，曾上书指陈形势。著有《绿雨楼集》。

新安道人 生卒年不详。道士。宋歙县人。尝游洪尚书中孚之门，待之不倦，忽告别他适，言曰："愿呈一术以为公欢。"时当岁晚，洪指园中枯李曰："可使开花结子乎？"曰："能。"即请以青幕罩其上，白洪延客置酒以赏之，乃于腰间探药一粒纳李根封以土。少顷揭视，李已著花。又覆其幕如初，及再揭李已结实，累累可爱。摘食味胜常种，但惊讶而不识其为异人。去后悟其神仙，欲见而不可得矣。

僧岛云 生卒年不详。僧人。唐朝人，武宗时还俗，因慕东国僧人掷钵神异，来游黄山，登天都峰，是唐代题咏黄山景物最多的诗僧。旧山志中收有《黄山怀古》《仙僧洞》《汤泉》《登天都峰》《仙桥》等10首诗，《全唐诗》中录有断句，称其诗尚奇险。

僧真达 1870~1947。僧人。俗姓胡，名惟通，号体范、逸人。清末民国时期歙县佛岭脚人。13岁丧母，17岁又丧父，经亲友介绍，至苏州南货店学徒。后随店主朝拜普陀山，遂起离俗出世之心。清光绪十四年（1888年），师普陀山三圣堂峭岩和尚，削发为僧。光绪十五年（1889年），乞受具足戒于宁波凤凰山白云寺闻果上人。经圆光、慧静法师介绍，与普陀山法雨寺印光法师（净土宗十三世祖）相识，一见如故，日久尤契。宣统三年（1911年），应苏州木渎镇严良灿居士之请，任崇报寺住持。民国三年（1914年），任上海供养庵（普陀山三圣堂下院）住持。民国十一年（1922年），募资重建供养庵并更名为太平寺，设静室一间为印光驻锡之所，并捐金以备其印刷经书不济之需，对净土宗弘化上海贡献极大。民国十五年（1926年），与印光商议改崇报寺为十方专修净土道场，并延戒尘法师为住持，住僧限20人，所有经费由太平寺提供。民国十八年（1929年），太平寺香火日盛，人事益繁，印光欲另寻清净之所。真达捐资数千元重修苏州报国寺，又分别延弘伞、明道法师为住持、监院。民国十九年（1930年），请印光卓锡苏州报国寺。民国二十一年（1932年），崇报寺改称灵岩山寺，真达先后捐资3.5万元建念佛堂、大雄宝殿。民国二十六年（1937年），日寇入侵，真达请印光卓锡灵岩山寺。民国二十九年（1940年）印光圆寂前三天，真达奉嘱为妙真法师升座灵岩山寺住持。真达得王一亭、关炯之、简玉阶等居士悉心护持，故法缘极盛。平生不仅投身佛教弘化利生大业，而且热心社会慈善公益事业，外示僧伽之相，内蕴菩萨之心。捐建南京法云寺放生池、慈幼院，苏州监狱感化院，歙县佛岭脚小学，其他捐助不胜枚举。重辑《西方公据》2册，主编《觔劳集》4册。圆寂于太平寺，灵骨入塔置于三圣堂后灵岩山寺斥资3万余元立汉白玉石塔以纪其功德。

僧清素 ?~911。僧人。祁门县西上元山西峰，唐光化二年（899年）有僧清素师自五台山来。里人郑传保据乡间，师造其垒求安禅之地，传言："自紫溪入上元山有数亩古木，曲涧中有洞穴神龙潜焉，宜居之，其旁可以安禅。"师曰："吾今夕当飞锡往观之。"传馆之于楼，肩镐严甚，比夜半失之，及明寝自若也，谓传曰："吾已用锡表其处，坤山而壬首，自此以往者涉溪三十六，度岭二十四。"传使人视之，垄上新有行迹，他皆如其言，大敬异之，为筑室百余间，白郡刺史陶雅，请于吴杨氏，号上元西峰宝林禅院额，开坛度僧。是岁久旱，传结彩楼延师求雨，师表竹于楼之四隅曰"雨于竹外"，已而果然。时扬州亦旱，令属郡遍祷群祀，雅梦伟人自称汪王为雅言："师乃水晶宫菩萨也，有五龙行雨，不由天降，可往求之。"乃请之，师曰："吾已遣施雨扬州三昼夜矣。"验之果然。一日赴吴，杨氏封禅大德，赐锦袄钱米而归。天祐八年（911年）入寂，住山17年，聚众数百人，尝作偈有"文殊遣我来"之语。三年后，有僧自五台来，为塑像于院中。北宋元丰三年（1080年）赐号惠应大师，饶州亦奏诏赐神惠禅师。南宋绍兴十三年（1143年）加神惠永济禅师。

僧惠周 生卒年不详。僧人。北宋人。皇祐年间，住持休宁白岳山密多院古刹。时古刹荒芜已久，募化修葺，并建"精舍佛祠"。

僧道政 生卒年不详。僧人。北宋人。休宁白岳山密多院古刹住持。绍圣二年(1095年)，募资重建金仙如来宝殿，历时三年竣工。

廖机 生卒年不详。学者。字彦衡。清祁门诚化人。乾隆初以岁贡生选任江浦训导，后迁上元教谕。精《春秋》，白下通经之士多出其门。著有《四书体注补》。

慧融和尚 生卒年不详。僧人。明朝人。由西蜀来黟县，隐于黟山石门洞中。初无路，攀藤而上，人代为凿石成路。洞中唯一钵一瓢，人或施米则煮饭为餐，无则寂坐石上，兼旬不食。相传有人朔日夜行山下，月照溪潭，仰视则见月光自山洞生，盖因慧融"修月观云"功所致。其后往天童、密云等地。

滕恺 生卒年不详。学者。字南夫。南宋婺源东溪人。幼颖悟好学，茅屋经卷，夜读不倦。学"三苏"文章，才学骤进。绍兴五年(1135年)中进士，调信州司户参军。朱熹赞称："滕司户公虽稍后出，然其才智杰然远过流辈。"

滕珙 生卒年不详。学者。字德章，号蒙斋。南宋婺源朱塘人。为朱熹在徽州十二高第弟子之一。弱冠入太学，登淳熙十四年(1187年)进士。官合肥令有声。尝与兄滕璘从朱熹学，朱熹称其"学问精敏，深造有道"。著有《蒙斋集》。

滕铅 生卒年不详。学者。字和叔。南宋婺源朱塘人。父璘，叔珙，均师朱熹，为朱熹在徽州十二高第弟子之一。铅承家学，博学通经，学有渊源。淳祐七年(1247年)，建晦庵祠堂于朱塘，祭祀朱子，而以其父璘、叔珙陪侍。著有《尚书注》行世。

滕璘 1150~1219。学者。字德粹，号溪斋。南宋婺源朱塘人。为朱熹在徽州十二高第弟子之一。淳熙八年(1181年)进士。历任鄞县尉、鄂州教授等。时韩侂胄当国，有人劝其去求见可得掌政，鄙而不去。后知绍兴府嵊县，值岁饥行荒政，赈济灾民。升福建帅司参议，因议更盐法，帅不从，乃挂冠归乡。与弟滕珙从朱子学，造诣深邃。尝自述平生："居家孝悌，居乡善良，居官廉洁，少年勤学，晚年静退，斯足矣！"著有《溪斋类稿》。

潘士藻 1537~1600。学者。字去华，号雪松。明婺源桃溪人。万历十一年(1583年)中进士，授温州府推官。后擢福建道监察御史，因不畏权贵结怨东厂，受诬谪广东布政司照磨。寻改南吏部主事，再迁尚宝司少卿。生平专忱《易经》，孜孜不倦。一贯主张"克己而后能格心，正身而后能纠邪"。著有《暗然堂类纂》《洗心斋读易述》等。后人赞其"政绩在郡县，风采在庙廊，信义在交游，学术在天下"。

潘书馨 生卒年不详。学者。字汝璜，号颍川。清婺源桃溪人。好学崇儒，著述自乐。施惠穷乏，乡里称道。著有《颍川文集》《闻和诗草》《小窗逸案》《四书讲醇》《学庸探珠》。

潘邦协 生卒年不详。学者。字律和。清歙县大阜人。庠生。精于理学，考订《礼经》，为文峭拔曲折。著有《学庸广义》《读经疑义》。

潘华 生卒年不详。学者。字肇夏，号崔冈。清婺源桃溪人。少通经籍，童试夺魁。生平沉潜理学，恪守道义，游学其门者，多以文名世。尝任蒙城司训，旌为"文考先生"。著有《尚书续义》《四书续义》《性理要笺》《三礼会要》《义方堂文集》《义方堂诗集》《崔冈集》等。

潘步云 生卒年不详。学者。字华雯。清徽州府城人。贡生。研精经史，旁通金石遗文，晚年尤喜觅读残编佚稿。著有《煦堂经说》等。

潘宗硕 生卒年不详。学者。字在涧。清歙县人。乾隆三十年(1765年)举人。人品方正，喜提携后进。著有《修吉堂诗文》《律吕考说》《篆禹贡汇注》《四书说意》《读经笔记》《离骚补注》《文矩时艺》等。

潘荣 生卒年不详。学者。字伯诚，号节斋。元婺源桃溪人。先世为闽之三山人，一世祖逢辰，唐广明年间避黄巢乱徙歙之篁墩(今属屯溪区)，后迁桃溪。荣为逢辰十三世孙，博学通诸经，尤长于史，隐居乡里，尝著《历代史要通论》，以为："治天下有道，亲贤远奸，明而已矣；治天下有法，信赏必罚，断而已矣；治天下有本，礼义教化，顺而已矣。明则君子进而小人退，断则有功劝而有罪惩，顺则万事理人心悦，而天下和。三者之要在身，身端心诚，不令而行矣。"其说反复数千言，尽括古今兴亡大要。卒后，桃溪人祀于社。

潘显道 生卒年不详。学者。字焕斗，号言劭。清婺源桃溪人。为学躬守实践，不求虚名，绝意仕进。隐居教授，求学门下者数百人，以文章、行谊著称。著有《四书讲义》《尚书汇纂》《爱日堂存稿》《言劭文集》等。

潘祖同 1829~1902。学者。字桐生，号谱琴。潘曾莹长子，潘世恩孙，清歙县大阜人，寄籍吴县。咸丰六年(1856年)，荫恩赐进士，后授翰林院庶吉士，充国史馆协修。咸丰八年(1858年)，肃顺等起科场狱，处死五人牵连既广，潘祖同亦以嫌被逮。文宗查其冤，得免官纳赎。鉴于仕途险恶，遂绝意仕进，以文史自娱，极受李文田、俞樾推崇。光绪初年，双亲于同日俱亡。门人李鸿章赠白银千两助葬，潘祖同拒收："家虽贫，丧纪能自尽，不以累公。"李鸿章赞叹："吾师有子矣！"潘祖同守丧期满，家无余财，以田二顷自给。后将祖父所藏御赐珍宝古玩、父所藏法书名画悉推与诸弟，独取书数箱："此吾所好也！"竟以是成书藏，所蓄四万余卷，皆手自钩校，分部而处。家风肃然，世人效法。以堂弟潘祖荫贵，貤封光禄大夫、户部左侍郎。卒葬苏州木渎镇寮里村。子成谷、亨谷，分别官光禄寺典簿、署正。

潘继高 生卒年不详。学者。字骏孙，号顾岩。清婺源桃溪人。邑廪生。每言学问之要在主敬，致力莫外于知行，教人必竭其诚。游其门者多隽彦，乡邑称之"学道君子"。著有《四书讲义》《尚书薪传》《近思续录》《字学辨似》《艺游诗稿》等。

潘继善 生卒年不详。学者。字取大，号本庵，又号凤麓居士。清婺源孔村人。雍正四年（1726年）副贡生。从学宿儒施璜，讲求居敬以立本，读书穷理以致知。于朱（熹）、陆（九渊）异同，儒、道分合，辩论精详；尤对程、朱学说独有心得。著有《圣门求仁辑要》《经史笔记》《志学编辨》《蒙学目》《音律节略考》等。

潘培 生卒年不详。学者。字笃卿。清婺源孔村人。少苦志于学，昼常负薪而读，夜则燃藜照字，倾心邑学者汪绂著作。后教学乡里。撰有《书经会通》《诗经晰体志略》《觉窗论说》《半憨文集》《半憨诗集》等。

潘第 生卒年不详。学者。字仲高，号念庵。清婺源桃溪人。潜心圣学，精研性理诸书，于程、朱奥旨多有阐发。其教生徒以修心身为本，人称"名德真儒"。著有《易经参微》《尚书讲意》《正心录》《迪吉录》等。

潘联元 生卒年不详。学者。字耘经。清婺源坑头人。教馆为业，读《易》废寝忘食。著有《敬升堂辑语录》《四书指略》《读易笔记》等。

潘道南 生卒年不详。学者。字佩三，号抑峰。清婺源桃溪人。初任凤阳教谕，嗣摄宿松、宁国知县，士民颂为"玉润冰清"。致力儒学，工书法。著有《十三经通义》《周易阐蕴》《学庸讲义》《正字辨伪》等。

潘滋 生卒年不详。学者。字汝霖。明婺源桃溪人。嘉靖七年（1528年）乡荐，司理登州。后擢建宁别驾。著有《蓬莱观海亭集》《浮槎稿》《闻蛩集》《桃谷集》，编纂《登州府志》等。

潘殿昭 生卒年不详。学者。字和叔。清婺源桃溪人。好学有成，后进宗仰之，多游其门。著有《学庸大旨》《切韵了然》《历代赋役总论》《黄河考》。

澜大德 生卒年不详。僧人。名清澜。唐朝人。为歙县兴唐寺僧。性孤高。池州石埭九华山人杜荀鹤曾赠以诗："祇恐为僧心未了，为僧了了总输僧。"清澜答："如何便是僧心了，了得何心是了僧？"与婺州僧贯休相善，多有诗文往返。

戴大昌 1753~1827。学者。字斗源，一字泰之。清婺源桂岩人。少孤，力学不倦。乾隆五十一年（1786年）中举人。乾隆六十年（1795年）大挑二等得教职，先后授宣城、怀远教谕。饶州郡守尝聘为芝阳书院主讲。著有《驳毛西河四书改错》《四书问答》《读经》《补余堂文集》《补余堂诗钞》《琴音标准》《金陵杂咏》《斗源随记》等。

戴元侃 生卒年不详。学者。字二如。清初婺源桂岩人。幼孤贫，母余氏口授经书。后从其舅余绍祉读书大鄣山，专意经传，尤精于《易》。所著《大易奥义》《麟经辨疑》二书，因贫未付梓。

戴伟 生卒年不详。学者。字当世。明绩溪人。工诗，尤嗜研《庄子》。曾与唐正音在龙都结社。欲修辽、金、元史，未就卒。著有《龙都集》《雷声稿》等。

戴昭 生卒年不详。学者。字廷明。明休宁和村人。嗜学，淹通经史。学识渊博，与兄廷昶俱工诗。正德十三年（1518年）曾请唐寅撰齐云山《紫霄宫玄帝碑铭》。参与编著《新安名族志》，著有《本族光复集》《乘虹集》等。

戴思孝 生卒年不详。学者。字永言。清婺源清华人。弱冠，补郡庠生。逢世变，绝意仕进。归里读书授徒，凡经、史、性、理、经济、百家无不深究，督学李嵩阳旌为"明经大儒"。著有《四书壁经解》《阅史随笔》《编年家训》《文集》等。

戴祖启 1725~1783。学者。字敬咸，别字东田，号未堂。清休宁隆阜（今属屯溪区）人，寄籍江宁（今江苏南京）。乾隆二十七年（1762年）与戴震同举于乡。乾隆四十三年（1778年）中进士。被召纂修《四库全书》，坚辞不就。应陕西巡抚毕沅之聘，主持关中书院六年，从学者甚众，教绩可观，升国子监学正。性笃学，议论一以宋儒为宗，著述称富。著有《尚书涉传》16卷、《春秋测义》12卷、《史记协异》16卷、《道德经解》1卷、《尚书协异》8卷、《陕甘诸山考》1卷、《六合县志》6卷，还著有《师华山房文集》等。

戴祥 生卒年不详。学者。字应和。明绩溪人。正德六年（1511年）中进士，授行人。后历任户、礼、工三部郎，又出知云南导甸府。因疾辞归，日与周颂辈唱和，为泉石友。著有《槐溪集》，编纂《戴氏族谱》卷首。

戴铣 生卒年不详。学者。字宝之，号翀峰。明婺源岩前人。弘治九年（1496年）中进士，选翰林院庶吉士。散馆，授兵科给事中。时孝宗帝诏直言，戴铣陈《保治纲目》。正德初，太监刘瑾专权，以直言上疏廷杖除名。其治学明理，讲实用。平生甘淡泊，以古人忠孝大节自勉。卒赐葬，赠光禄寺少卿，入祀乡贤祠。著有《朱子实纪》《翀峰奏议》《翀峰文集》《成是录》等。

戴鸿绪 生卒年不详。学者。原名鸿渚,字绳武,号缵斋。清婺源桂岩人。孤贫力学,舌耕奉母。嘉庆二十四年(1819年)乡试中榜。道光六年(1826年)大挑二等署庐州府教授,旋选任江苏盐城县教谕,后擢泗州学正。著有《批注五经》《春秋经史论》。

戴蓥 生卒年不详。学者。清乾隆年间休宁人。乾隆三十八年(1773年)开设四库全书馆,以钦赐举人。充四库全书馆分校。博学通经。著有《尔雅部补正》9卷。

戴嘉谟 生卒年不详。学者。字陈之,号祥子。明绩溪人。嘉靖年间太学生。仕为于东臬司经历、河南郑府审理正。归乡建"东山书院"。著有《寓粤稿》。

戴震 1724~1777。学者。清乾嘉朴学宗师,中国近代启蒙思想的先驱。字东原。清休宁隆阜(今属屯溪区)人。幼入私塾,读书过目不忘,且善思好问,每字必穷究其义。后因家贫,随父客居江西南丰贩布,又曾在福建邵阳设馆讲学。回乡后拜婺源江永为师,旋又往南京族人戴瀚处专攻八股文,学问大进。28岁,补县学诸生。后因避祸去北京,寄居徽州会馆,虽衣食不周仍刻苦攻读,受到纪昀、钱大昕、王鸣盛等赏识。乾隆二十七年(1762年)乡试中举人,此后六次参加会试,均未及第。乾隆三十八年(1773年)经纪昀推荐,召为四库全书馆纂修官。乾隆四十年(1775年)与会试中试者同赴殿试,御赐同进士出身,授翰林院庶吉士。未几,因积劳成疾,病逝于任所。一生治学严谨,知识广博,对天文、算学、地理、哲学等均有深入研究,尤精通音韵、训诂学。著述极丰,天文方面有《迎日推策记》《释天》《续天文略》《观象授时》《历问》《古历考》;数学上有《策算》《勾股割圜记》;文字学方面有《声韵考》《声类表》《方言疏证》;地理学上的贡献,是核定了《水经注》一书;最大学术成就为哲学研究,《原善》《孟子字义疏证》二书是其代表作。《清史稿》有传。

*戴震

*戴震全集

*戴震藏书楼

戴瀚 生卒年不详。学者。字巨川、镇东,号雪村。清休宁隆阜(今属屯溪区)人,寄籍上元(今江苏南京)。家贫力学,博览通经。戴震为其族裔,尝从其受学。雍正元年(1723年)举进士第二,官至侍读学士,后居吴江。博雅工诗文,善画人物、花卉、龙马,兼工篆籀、刻金玉章。晚年尤工写梅。著有《探梅集》《雪村编年诗剩》。

戴衢亨 1755~1881。学者。字荷之,号莲士。清休宁隆阜(今属屯溪区)人。幼敏颖,6岁能诗文。乾隆三十七年(1772年)中举。乾隆四十一年(1776年)乾隆帝巡天津,以举人诏应试钦取一等,授内阁中书。乾隆四十三年(1778年)戊戌科状元及第,授翰林院修撰。曾任提督山西、广东学政。嘉庆元年(1796年)擢礼部侍郎、加恩军机大学士,凡行政大典文翰皆出其手。继入翰林,并居馆职,迭任文御。著有《震无咎斋诗稿》等。

*戴衢亨

[十三] 徽州人物

政治军事　经济实业　人文宗教　**科学技术**　文学艺术　体育杂艺

丁惟曜 生卒年不详。堪舆家。字贞白。云鹏族叔，明休宁人。学问渊博，精于诗词，尤长于舆地之学。留心桑梓山川地理，著有《海阳山水志》4卷。该书刊刻于万历四十六年（1618年），记休宁境内名胜，凡山29篇、水8篇，各冠以图。

丁瓒 生卒年不详。医家。字汝器，号海仙。明休宁西门人。其先人自宋朝即以医为业，父丁绳于嘉靖元年（1522年）以医闻名。丁瓒继祖业，亦以医名，临诊每奇中。

万青 生卒年不详。医家。字纳人。叶桂玄孙，清歙县人，占籍吴县（今江苏苏州）。累世业医，传承家学。尝见家藏《祖传方案》1册，认为即先人天士《临证指南医案》选刊时所遗方案。后又取故人家所见天士方案，摘录百余首，简洁高妙，堪称诊籍之精华，于道光十二年（1832年）辑成《叶案存真》3卷，亦名《评点叶案存真类编》。有光绪十二年（1886年）刻本。

马如春 生卒年不详。医家。清末民国时期祁门人。医术精湛，享有盛誉，人称"急诊妙手"。才思敏捷，为人风趣，玩世不恭，有"马疯子"之称。

马肃 生卒年不详。医家。字叔敬，号敬斋。元婺源竹庄人。尝以儒医至燕京，游虞集、揭傒斯之门。初授福州路医学教授，后提举江西等处医学。著有《竹庄吟稿》。

王一仁 1898~1949。医家。原名晋第，后改名依仁、一仁，号瘦秋。清末民国时期歙县蔡坞人，寓居衢州。精医术，尤长于湿温症治，善用轻灵之剂，兼善诗文。与秦伯未、严苍山、章次公、许半龙等创办上海中医专科学校，并任教员，兼任上海交通大学古文教员。民国十七年（1928年），在衢州行医。民国二十年（1931年），至杭州行医，并设馆课徒，参加永义善堂施诊。与中西医师王心源、沈仲圭、董志仁等创办《医药卫生月刊》。耽于文学，与章太炎、马一浮、陈鼎丞等名流时相往来，并结诗社于西湖之滨。抗日战争爆发，杭州即将沦陷，避战乱返居衢州。晚年因病极少医事活动。著有《仁庵吟草》《中国医药问题》《中医系统学》《内经读本》《难经读本》《伤寒读本》《金匮读本》《温热论治》《分类方剂》《饮片新参》。

王一姣 生卒年不详。医家。明绩溪余川人。博文善医，荐入太医院。万历三十三年（1605年）医愈太后疾病，授医官。

王开 生卒年不详。医家。一名镜潭、镜泽，字启元。元初人，原籍兰溪，徙居婺源。家贫，工于医。尝流寓北京，从名医窦汉卿之门受业20年，悉传其术。遇人有疾，辄施以针灸，无不立愈。元初，尝领扬州路医学教授，以母老辞归。尝与子国瑞作《增注医境密语》《垂注标幽赋》《针灸全书》，均佚。子国瑞、孙廷玉、曾孙宗泽，皆承其业。

王少峰 1867~1932。医家。字浚，又字炳生，号润基。清末民国时期休宁上溪口人。初服贾，在浙江湖州恒裕典当学徒，因家人患病为庸医所误，遂弃贾习医。日站柜台，夜攻医学，博览群籍，五年不倦。清光绪十五年（1889年），从学于湖州名医凌免（晓五），行医于吴兴。光绪二十年（1894年）返乡，于休宁县城设寓所坐诊。擅内外妇幼各科，尤长于外感时症，远近求医者络绎不绝。购历代医书390余部，刻苦攻读，晚年几乎失明。著有《伤寒从新》16卷及《脉学提要》《妇科汇编》诸书。

王从之 1868~1949。医家。轮粹第三子，近现代歙县正口人。以擅长妇科闻名。乐善好施，求医者众。80寿辰时，五河县长张宽赠"七世良医"额。长子崎山，次子竹楼承其学。

王有礼 生卒年不详。医家。字三五。明休宁县城人。善治伤寒。著有《养生内编》10卷、《养生外编》8卷。

王廷相 生卒年不详。医家。字赞宸，号河滨文人。清休宁陈村人。少业儒，学识丰富。中年弃举业习医。治学严谨，著《注伤寒论》曾十易其稿，戴震作序。另著有《摄生要义》1卷。

王仲奇 1881~1945。医家。名金杰，号懒翁。清末民国时期歙县富竭人。王氏数代业医，仲奇15岁随父学医，22岁挂牌应诊。以治温热病著称，不数年名扬江、浙。民国十二年（1923年）移居上海。一生行医40余年，对中医内、外科别具心得，有丰富的临床经验。认为治病之道，在于明阴洞阳，而用药以酌其盈、济其虚，补其偏、救其弊。又采徐泗溪"药性专长"

之说，辨证立方，既用经方，亦用时方，或经方、时方并用，或单方参入复方，多收良效。临床首重望诊，不忽问诊，亦向病人解释病因。处方立案字斟句酌，一丝不苟；且书法精良，曾受到黄宾虹称赞，很多病人珍藏有其处方笺。仲奇虽承家学，而能博涉诸家，变通化裁，不为前人所囿，且少门户之见，常涉猎现代医学，主张中西医互相学习。

王任之 1916~1988。医家。名广仁，字任之，以字行，曾用笔名英子。现代歙县富竭人。高祖履中、曾祖心如、祖漾酣、父殿人、伯父仲奇，均以医名世。16岁丧父，去上海随伯父仲奇习医。民国二十四年（1935年）回歙悬壶应诊。民国二十六年（1937年）春，与友人方士载陪同王璜，赴歙县义成实地考察了王茂荫的

*王任之

家世生平，是我国《资本论》研究中最早的考察。抗日战争期间，曾任歙县战地服务团副团长、县民众动员委员会委员，民国二十九年（1940年）五月加入中国共产党。新中国成立后，被选为皖南各界人民代表会议代表、安徽省一至三届人民代表大会代表、一至五届省政协常委。后调安徽省卫生厅，历任副厅长兼中医研究所所长、安徽医学院中医教授。曾为国家卫生部学术委员会委员、安徽省中医学会会长、安徽省哲学社会科学联合会副主席。从政期间坚持临床诊断，对治疗内科、妇科疑难杂症，临床经验丰富，对中风、骨质增生、前列腺炎、肝炎、肾炎等症的诊治，融经方、时方、单方于一炉，辨证施医，疗效显著。曾任《安徽医学》编委会主任。后因肾癌并发症去世。临终前，嘱将房产和藏书分别赠给歙县中医院和歙县图书馆。王世杰为撰墓志铭。

王轮粹 生卒年不详。医家。清末民国时期歙县正口人。五世祖始业医，长于妇科。轮粹承家学，亦精妇科。传于三子从之，孙寿山、竹楼，共历八世，专精妇科，人称"正口妇科"。

王尚 生卒年不详。医家。明休宁人。自幼习外科，以手术超卓见称，于伤科尤有专长。有病者腹穿肠出，王尚为之洗肠纳腹中，以桑皮线缝合，旋即愈合。

王国端 生卒年不详。医家。元婺源人。精针灸，著有《扁鹊神应针灸玉龙经》。是书专论针灸之法，有穴位、证治、日时配合等内容，对后世针灸学之子午流注、灵龟八法等产生过较大影响，并先后被朝鲜大型综合性医书《乡药集成方》（1433年）和《医方类聚》（1442年）所引用。《江西通志稿》称其书"文义亦多浅近""剖析简要，循览易明""托名扁鹊者，重其道而神之"。

王学健 生卒年不详。医家。名履中，以字行。清歙县王家宅人，后徒居歙县富竭。幼从程有功学医，医术专精，名闻苏、浙、皖、赣间。张蒂、左宗棠常约治疾。子心如（土恕）、孙谟（养涵），曾孙仲奇、殿人，玄孙任之、乐陶，俱世其业。世称"新安王氏医学"。

王绍隆 1566~1624。医家。名继鼎。明歙县人，寓居钱塘（今浙江杭州）。少孤而弃学，家传医业亦废。弱冠听讲于土桥绍觉师。师悯其钝朴，指令求慧。绍隆乃发愿拜清净，三年如一日。忽心中若初燃之灯，乍明乍暗。日久而觉灯光渐大，灯焰渐高。试一开卷，便能解悟，一扫往昔茫然态。自此日明一日，即大乘中秘、义理幽玄之书，皆若焚山照渚，水陆现形，一无逃遁。发灵兰金匮之缄，尽其术，皆解验。治病辄豁然无疑难，妙手回春。医道因之尊崇，家声借以振起。门人潘楫（字邓林）辑其医论为《医灯续焰》21卷，意在挑灯而续其焰，借此一续，而后得以普照四方。门人倪朱谟（字纯宇）辑其论药之言入《本草汇言》。

王荫陵 生卒年不详。医家。字本高。清婺源下山坦人。精外科，善针灸。有儒生暑月患结喉痈咀者，咽喉肿塞，针之数日即愈。又有项后高骨患天柱疽者，独以艾叶灸，半月获愈。江西一布商患走马牙疳，牙根腐烂变黑，饮食不下已数日，请其诊之，投药渐愈。著有《手录方》自随。

王显璈 生卒年不详。医家。字音。清黟县郭门街人。精于医，诊病谨慎，治多良效。曹文正赠以"功同良相"匾额。

王勋 ❶生卒年不详。医家。字于圣。清歙县人。撰有《慈航集三元普济方》一书，对疟、痢等症记述较详。据运气理论制定60花甲之方。❷生卒年不详。画家。字立甫。清歙县人。工画山水、松石。安徽省博物馆藏立甫《墨松》轴，款署"歙西虬溪王勋"，下有"立甫"印。

王禹 1894~1926。医家。字化龙。清末民国时期绩溪人。随父习医，于旌德县城设寓悬壶。后迁往宁国胡乐，医有盛名。贫者求医即往，不计酬，且多资助药费。著有《个人卫生谈》《内科学讲义》。

王炳照 生卒年不详。医家。字彦文。清婺源清源人。道光年间岁贡生。凡《六经》、秦汉诸子百家无不探其蕴奥，为文卓有大家风格。尤精岐黄，通命理。著有《命理脉诀》。

王桂元 生卒年不详。医家。字邓林。清婺源清源人。潜心《内经》，深通其奥。诊诀人生死，明如烛照。尤精易理，凡河洛、理数及《参同契》诸书，

无不洞悉精蕴。道光五年(1825年)与修邑志,多所参证。著有《内经探微》《乔轩文集》。

王琠 1497~?。医家。字邦贡,号意庵,别号小乐山人。明祁门历溪人。自幼研读《素问》诸书,甚得医学精奥。治病善于随症应变,不泥古方,药到病除,有神效。嘉靖年间游京师,见城墙张贴皇榜,皇子自小戴金项圈,因未及时取下,后将脖子箍紧,危及生命,群医束手,求高士献策。王琠揭榜入宫,取采自牯牛降之断金草划金项圈,项圈自裂而开。授太医官,值圣济殿事,加授登仕郎。后告假还乡,皇帝准修五凤楼(祠堂),赐玉石鼓一对。这对玉石鼓至今仍立于历溪王氏祠堂大门两侧。著有《医学碎金》《意庵医案》等。

王谟 1859~1904。医家。字养涵,又字养醰。清歙县富竭人。祖履中、父心如均为名医。王谟聪颖好学,医术高超卓异,人称"新安王氏医学"。

王殿人 生卒年不详。医家。名金华,初字叔五,后改字殿人,以字行。曾祖学健、祖心如(士恕)、父谟(养涵),俱以医名世。与长兄伯扬、二兄仲奇,并受家学。父谟卒时,殿人年仅16岁,其医术之精进,赖二兄仲奇传授。25岁悬壶,即有声乡里。民国十二年(1923年),仲奇应邀赴沪开业,殿人于里中诊务益繁,医名日盛。民国十六年(1927年),赴沪探亲归歙途中,因寓杭诸父老挽留,停车应诊,疑难病症,辄应手回春,求诊者络绎于途。寓杭四年,声动官府,誉满钱塘。惜天不假年,于民国二十年(1931年)早逝,享年44岁。卒后,许世英题其遗容云:"名满湖海,棠棣二王。"谓其医名与二兄仲奇相埒。浙江名士吴士鉴挽诗有"调阴胜调阳"之句。殿人医道颇有心悟,诊脉处方,极有见地。其生平所治,大抵在歙以时邪症为多,居杭则以内伤调摄较著。性豪爽,施诊舍药,有仁声于乡里。兼善书法,手书方案,雅秀可爱。子任之,承家学,名著皖省。

方一乐 生卒年不详。医家。字成于。清婺源方村人。性醇厚温和,善岐黄术。虽穷,但有疾患求者,无论寒冬深夜必起往救,诊不责酬。著有《痘治答难》行世。

方士恩 ?~1904。医家。字锡三。清末黟县厚善人。岁贡生。工医,遇贫困者求诊,不取分文。创同益堂药铺于村内,精研药料,不计其利。尝语药铺经理云:"我开创药铺,是为了便于治病救人,不可因贪图利益而损害了我的心愿。"光绪三十年(1904年)应乡试,而殁于南京试寓。亦能诗。著有诗集、医书藏于家。

方广 生卒年不详。医家。字约之,号古庵。明休宁人。先学儒,后业医。医学宗朱丹溪,著有《丹溪心法附余》等。

方开 生卒年不详。医家。清徽州人。曾抄录整理《摩腹运气图考》(后改名《延年九转法》)1卷,由颜伟于雍正十三年(1735年)作序。是书列有九图,并附图说,论述揉腹导引、健康长寿之法。认为人身阴阳动静合宜,气血和畅,则百病不生;阴阳失正,变化之机受塞,则宜用导引之法治之,导引有祛病延年之功。

方天士 生卒年不详。医家。字吉人。明徽州人。用药经验丰富,钱塘倪朱谟所撰《本草汇言》录其药论多条。

方氏 生卒年不详。医家,女。程相之妻,清初歙县人。程相父邦贤,母蒋氏皆精医,擅幼科。方氏亦精儿科。史载方氏:"内操井臼,外诊婴儿,求治者日盈坐,计所全活者不下千人。遂致道路啧啧,有女先生胜男先生之称。"

方允淳 生卒年不详。医家。字耐庵。清休宁人。精医,尤长妇科、儿科症治。遴选古今名方,汇成《广嗣编》2卷,刊行于乾隆十五年(1750年)。

方玉簡 生卒年不详。医家。字岳封。清绩溪人。国学生。潜心医学,师事歙县叶尧士,殚究名家方书。著有《本草诗笺》10卷。

方仕恭 生卒年不详。医家。明婺源大麓人。善医术。永乐十八年(1420年)荐任北京太医院医生。有孝行,建陟望亭。

方有执 1523~1594。医家。明歙县灵山(今属徽州区)人。因妻及子女先后死于疾病,乃发愤习医。所著《伤寒论条辨》8卷,于万历二十年(1592年)问世。

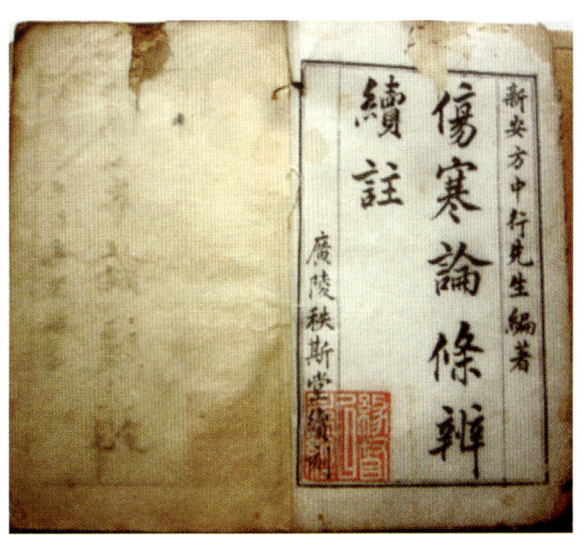

*《伤寒论条辨续注》

方音 生卒年不详。医家。字舜和。明歙县岩寺(今属徽州区)人。初服贾,后研岐黄术,以医名世。性慷慨,喜助人,乐善好施。尝贾于淮阴,见书生孙一松穷饿,遂赠以金,不告姓名,一松私问从者识之去。后音到绍兴,一松遇之于途,谢以金,不受,乃出秘方授音,音术由此入神。岩镇名士唐皋未第时,家贫苦,音尝给药笼资以卒岁。正德九年(1514年),皋以第一名举进士,官于朝。皋归里,非音在座,则里人之宴请不赴,以报其往昔解囊相济之情。音殁后,皋为之立传。子一诚,后裔德辅、嗣塘、孝续、孝儒,均承其业,累世以医称闻。

方炳文 1904~1944。动物学专家。字质文。清末民国时期歙县罗田(今属徽州区)人。高小毕业后,奉父母命至屯溪万隆衣庄学徒。后继续求学,于民国十五年(1926年)毕业于国立东南大学。应聘为南京中央研究院研究员,从事动物学研究。民国二十七年(1938年),应法国巴黎博物馆聘请,赴巴黎从事鱼类研究。在鱼类形态结构学、分类系统学研究方面多有创见。曾纠正鱼类学权威、大英博物馆馆长莱格对居氏银鱼命名的错误。他还通过对巴黎博物馆藏中国鱼类标本的清理核对,澄清中国鱼类分类学研究中存在的许多疑问。认为根据平鳍鳅鱼腹鳍基骨构造的不同,可分为不同的类别,这不同的类别在演化过程中,彼此间无直接关系,只因环境相同,其主要特征极其相似。炳文著述甚富,发表动物学研究论文41篇,其中研究鱼类的34篇,记述鱼类新属14个,新种44个,新亚种5个。以方氏命名的鱼种有"方氏密鲷""方氏拟腹吸鳅"。并于20世纪30年代,专门研究了黄鳝的性逆转,受到同行专家的称誉。民国三十三年(1944年)八月二十六日,法西斯德国飞机轰炸巴黎时,炳文不幸遇难,年仅41岁。时中国科技界学术刊物《科学》,增刊出悼念专辑。抗日战争胜利后,其故乡亲友在歙县罗田为他举行了悼念活动。邑名士鲍幼文挽曰:"毕生为学,因学丧生,成古今希有之畸人,发宇宙无穷妙理;辅世需才,其才去世,值薄海欢欣祝捷,向遥天鸣咽招魂。"

方鼎 生卒年不详。医家。明歙县人,徙居合肥。善医,治奇疾累效。常施药济贫。与洪武时合肥名医李恒(伯常)齐名,合肥人称:"前有李恒,后有方鼎。"

方肇权 生卒年不详。医家。字秉均。清休宁万安人。家境贫寒,少年辍学,为衣食奔走。母患血崩症,延医五年无效而亡。肇权深恨庸医误人,遂立志习医。广涉医籍,揣摩印证,又下浙江、越汉湘广结医友,切磋其道。归而闭门著述。乾隆十二年(1747年)撰成《脉症正宗》4卷,并于乾隆十四年(1749年)刊行。

巴锡麟 1859~1924。医家。字菊仙。清末民国时期歙县城南街人。师从叔父巴堂谊(字道明),得其传而有发挥,遂医名大噪。审症周详,用药果简,临床立方,得心应手。尤擅伤寒热病,对伤寒初病者,始以温宣为主,用药灵活,往往一剂霍然,故有"巴一帖"之誉。

卢云乘 生卒年不详。医家。字鹤轩,号在田。清黟县卢村人。精医理。捐职翰林院,授金芩医学教授。著有《医学体用》《伤寒医验》。

帅嘉谟 生卒年不详。数学家。字禹臣。明歙县人。自言"文不能冠士,武不能冠军,当有他长"。见九章勾股,而立志于算。尝取天下册籍阅其户口税粮,见徽州丝绢一税歙县岁输7 000缗,独多负担,因具文遍访邑中士大夫、三老,诣阙上疏,旨准均之六邑。休、黟等五邑大哗,盐司出而调停,终以他项钱粮移补。歙邑乃得免超额之税,而嘉谟以起事端谪戍。

叶天士 1667~1746。新安医学名家。名桂,字天士,号香岩,别号南阳先生,以字行。清朝人,祖籍歙县蓝田。曾祖叶隆山为歙东名医,祖父叶时(字紫帆)始迁苏州,父叶朝采亦业医。天士为温病学派宗师,与薛雪(字生白)、缪遵义(字宜亭)并称"吴中三家"。14岁丧父,家贫不能自给,遂弃儒从医。7年拜师17人,承家学,又集众家之长。精于岐黄之学,一如程朱之于孔孟,深得道统真传。切脉望色,听声写形,言病所在,如见五脏症结。治痘尤神,远立而嗅,死生立判。所开处方,一二味不为少,10余味不为多,习见不妨从同,独用不嫌立异,信手拈来,备极变化无穷之妙。某乡人身患痼疾,天士道:"服此百剂,终身不复发矣。"其人服至80剂,病体霍然,乃止不服。一年后,旧病复发。天士令ご再服40剂,即永不复发,卒如其言。某富室新妇病如痴愚,医治无效。天士命于空室掘地作池,内贮不洁,覆板抬患者卧其上。达旦移还内室,神志清爽。有人问其故,天士答道:"此香闭也,臭可解香耳。"邻妇难产,他医已开方,其夫转问叶天士。天士仅加桐叶一片,产立下。他人效法而不验,天士笑道:"吾前用梧桐叶,因是日适立秋故耳,今何益?"认为治病必彻医理,方获奇效,故于疑难病症,或就其平日嗜好而得救;或他医处方略加变通而得治;或竟不与药,而调其饮食居处而得愈;或于无病时预知其病而得防;或预断数十年后,皆验如神。30岁时,名闻天下,大江南北言医辄以之为宗。雍正十一年(1733年),苏州疫气流行,天士广制甘露消毒丹、神犀丹,活人甚众,时人比作"普济消毒饮"。长于治疗时疫、痧痘,温病以东汉张仲景之说为体,而以金代刘完素之论为用。倡导以卫气营血为温热病辨证纲领,明确划分温热与伤寒界限,奠定温热学派基础。临床辨治杂病,多从脾胃立论,于养胃阴说阐发尤多,对奇经病治疗亦颇有心得。天士寓扬州盐商黄晟(歙县潭渡人)家,常盘桓数月,浏览黄氏所藏珍本孤籍。黄氏为其引介公卿、宿儒名流,并为刻印《叶氏指南》。叶氏弟子甚众,顾景文、刘执持、吴瑭、章楠、王士雄等,皆为名医。著有《产宝》1卷、《温症论治》(又名《温热论》)1卷、《幼科心法》1卷、《幼科要略》2卷、《医效秘传》3卷、《南阳医案》4卷、《轩岐心印》4卷、《叶案括要》8卷、《临证指南医案》10卷、《本事方释义》10卷、《本草再新》12卷等。叶氏故居在今苏州阊门外下塘叶家弄。《清史稿·艺术》有传。

叶朝采 ？~1681。医家。字阳生。清歙县人，寄籍吴县。幼承家学，益精医术。有范少参长期无子，晚年得子伏庵，生无谷道（肛门），啼不止，延医视之，皆束手。阳生至，诊之曰："是在膜里，须金刀割之。"遂用刀割之而谷道果开。伏庵既长，为太史，乃为朝采父紫帆作传以报之。博雅多艺，喜吟咏，工书画。康熙二十年（1681年）卒时未满50岁。门人朱某继其术，后授其学于朝采子桂，医术益精。

叶馨谷 1820~1890。医家。名昶，号涪兰。清休宁人，原籍歙县梓坑。幼读诗书，因体弱多病，遵父命随名医程有功学医10年，业成后徒居休宁县城行医。医术精湛，善治温热病及杂病。咸丰年间，皖、浙、赣兵火连绵，瘟疫流行，多为伤寒、霍乱之症，馨谷自出资在休、歙、黟等地设药局，自制丸散膏等成药，奔赴疫区，送药施治，全活甚众。皖、浙、赣间慕名求治者，信之如神，门庭若市，致民间流传"见了叶馨谷，死了不要哭"之谚。卒后，其孙光祖将其生前效验医方编成《红树山庄医案》12卷，于平易中见神奇。长子熙锟精医，亦工篆刻，著有《东山别墅医案》3卷。四子熙铎亦工医，著有《种蕉山房医案》。孙伯武、曾孙孟辄，著有《梅州庵医案》。

史谋 生卒年不详。医家。明黟县人。善针灸。贫人求疗者日以百计，未尝受一钱。设大宅，以为四方男妇就治之所。

吕田 生卒年不详。医家。字心斋。清新安人。摘录杨璿、陈良佐《伤寒条辨》一书，编成《伤寒条辨摘要》。

吕和轩 1895~1945。医家。清末民国时期绩溪浩寨吕村人。精脉理，擅治内科，于温病诊治尤有心得。民国十一年（1922年），休宁县知事赠"术比仓公"匾额。抗日战争时期，江苏省第五临时中学迁绩溪坦头村，和轩受聘为名誉校长。著有《和轩医案》4卷、《汤头歌诀》诸书。

吕献沂 生卒年不详。医家。字鲁南。清婺源汾水人。幼习儒，后改习医，悉心研究。业愈精，济人愈切，常以己资制药，散以应贫者之求。行医数十年，活人无数。郡宪旌之"行为世则"。

吕霞 1797~1852。医家。字建功，号茶村。清朝人，其先世自徽州徙居杭州。家世业儒。道光五年（1825年）举人，历官湖北荆门州判、直隶州州同，旋弃官，于道光十二年（1832年）定居于苏州。生平酷嗜好医，精医道。学宗《内经》《伤寒论》。临症问切精审，立方必先起草，数阅始定，诊疗辄有奇效。尝究心张仲景20余年，谓《伤寒论》实为羽翼《内经》之书，不限于伤寒立法因不论伤寒、杂症，均以六经辨证为要。于道光三十年（1850年）著《伤寒导源》3编，论述均有精辟之言，著名医学家陆懋修持论多以茶村之说。

朱之光 生卒年不详。医家。字尔韬。明休宁鹤山里人。精于针灸，擅治喉项疾患。医德高尚，于贫者不取酬。

朱日辉 生卒年不详。医家。字充美。清婺源沱川人。天性温粹，笃志嗜学，于书无所不读。后弃举子业，专治岐黄家言。按脉审方，一以儒理为权衡，治愈甚众。著有《医学元要》《加减十三方》《试验奇方》《大家文翰》《闻见录》等。子朱莹继其学，亦以医名世。

朱世泽 生卒年不详。医家。字钟川。清婺源人。继父业医，内、外科各造其精微，兼精针灸。施药济人，远近求疗者无不应。于贫者且解囊以助。尝汇《古今丹方》布世。邑侯旌之"花城橘荫"，学师赠曰"古道照人"。

朱有治 生卒年不详。医家。字君平。清婺源罗田人。承祖医业，不拘方书，求治者多愈。著有《便用良方》。

朱廷銮 生卒年不详。医家。字殿臣。清婺源带川人。少习举业，为监生。弱冠后精研岐黄术，活人甚众。著有《芝圃医学治法》。

朱齐龙 生卒年不详。医家。字澄源。明休宁月潭人。著有《本草澄源》。

朱荣国 生卒年不详。医家。字治平。清黟县人。监生。因父患病经年，遂精研医学，晚年乃行医。其施治用药审慎，投剂辄效，名噪一时。怀宁知县郑泰赠额"春回妙手"。

齐功枚 生卒年不详。医家。字毓麟。清婺源冲田人。监生。幼苦读诗书，郡邑试，屡列前茅。中年穷困，弃儒习医，渐精其术。远近求诊者赠以金，却之不受。平时只要辑有一个处方，就珍藏于家。

齐彦槐 1774~1841。天文学家。字梦树，号梅麓，又号荫三。清婺源冲田人。少时读书刻苦，下笔成章。嘉庆十四年（1809年）中进士，历任翰林院庶吉士、金匮知县、苏州府同知保荐知府。职间清理积案，剖决如流，民称"齐青天"。又针对旱灾创立"图赈法"，解救饥民无数。尝因抗旱排涝，钻研制造出龙尾车、恒升车，一车可抵普通水车五部，巡抚林则徐试之大加赞赏。道光十年（1830年），精心制成"中星仪"，可准确观测星象位置和运行，时人誉为"开千古以来未有之能事"。又精于文学，其诗出入韩苏，尤长骈体律赋；且工书法。著有《北极经纬度分表》《天球浅说》《中星仪说》《梅麓诗钞》《梅麓文钞》《双溪草堂全集》《双溪草堂书画录》《松雪斋墨刻》等。

江一道 生卒年不详。医家。字养初。明婺源江湾人。精医术。兄一麟督办漕淮上河工程,疫死者不可计数。尚书潘季驯礼请一道诊治,救活者甚众。因之特荐于朝,授太医院吏目。

江之兰 生卒年不详。医家。字含徵。清歙县人。撰有《医经一筏》1卷,主要为对《内经》的注疏。

江之迈 生卒年不详。医家。字怀民。清初祁门中涧人。弃儒业医。行医江南浮梁县,治痼疾即愈。康熙五十一年(1712年),供奉太医院。

江考卿 生卒年不详。医家。字国兴。清婺源清华人。精外科。侄某溺管阻塞,考卿敷以麻药,剖茎去其滞瀯后而缝之,数日愈。有患痰迷者,自割肾囊晕倒,考卿重割去其碎者,愈后一肾仍生育。其他奇症,敷药辄效,远近嘉赖之。

江廷镛 生卒年不详。医家。字景昭。清婺源旃坑人。善属文,尤工诗赋。设馆于淮,脩脯悉归兄,兼周贫乏。精岐黄术,深得严太医心传,活人无算。著有《江抱一公医论》《痘疹心法补遗》《医案参补》等。

江志洪 生卒年不详。医家。字禹襟,自号存济。清婺源旃坑人。初攻举子业,后弃儒从医,深得岐黄秘奥。沉疴痼疾,诊治投剂立愈。在婺蚺城开设药局,活人甚众,赠匾"济世为心"。

江时途 生卒年不详。医家。字正甫。明婺源江湾人。因少多疾,故遍阅医书,精研奥秘,投剂辄效。曾有少年病垂危者,进药一剂即愈,为此名扬郡县,登门求医者川流而至。著有《医学原理》《丹溪发明》。

江应宿 生卒年不详。医家。江瓘次子,明歙县人。少随父学医。20岁后游于江浙、山东、河北等地,博采名医验方、治案,将父遗稿《名医类案》编次增补。历19年,五易其稿乃成。

江国龙 生卒年不详。医家。清休宁梅林人。家世业医,至国龙,医术益精,尤擅妇科。乾隆年间,被高宗敕封为御医。传至四世家论(芝田),以世传妇科著称,求医者远至苏、浙、赣等地,人称"梅林妇科"。

江哲 生卒年不详。名医。字明远。南宋婺源人。精医术,远近病者群集,一剂而愈。时理宗久病未愈,前郡守范中荐江哲赴京诊治,进药后遂愈。帝欲封官,辞之。宝祐间公主患小产病,诸御医诊治无效,江哲以草药和剂,立愈。帝赐住宅一区,留居京都10年,名扬一时。

江家伦 1834~1916。医家。字芝田。清末民国时期休宁梅林(今属屯溪区)人。为梅林江氏妇科第十二代传人。高祖江国龙在乾隆年间被敕封御医后,江氏妇科名扬皖、浙、赣三省。其妇科主宗《济阴纲目》,以调理气血为主,尤其侧重心脾二脏调摄,兼重心理治疗。家伦著有《家传秘方》2卷。子泽州、孙颐齐(字莲舫,别号荣珍)传承家学。

江德泮 生卒年不详。医家。字文育。明婺源旃坑人。求学于屏风山异僧,得秘术,自此内、外、针灸诸科皆精,奇症应手可治。常施药济贫,活人甚众。子天元、孙震亨、曾孙原岷,皆继其业。

江瓘 ?~1565。医家。字民莹,号篁南子。明歙县南溪南(今属屯溪区)人。博学多才,考取秀才后因劳累过度,患病呕血症。由是弃举业,专心研究医理和医方,并自下药治愈了己病。此后,始为亲朋好友疗病,医名渐扬。经过多年临床,有感于参考名医医案验方施治常获奇效,遂广搜博采、择精取要,历20余年,于嘉靖二十八年(1549年)编撰完成《名医类案》初稿。去世后,其次子应宿对遗稿进行编次增补,刊刻问世。

汤成礼 生卒年不详。医家。清黟县丽川人。著有《医学先难》2卷行世。

许佐廷 生卒年不详。医家。字乐泉。清歙县人。少业儒,为贡生。曾仕为太守。因留心医学,觅得同乡郑鏖所藏秘本《喉科秘钥》,用之临症,效果良好。后将此书及己治喉症之经验,编辑增订,于同治四年(1865年)刻行。又结合治疗"白腐"(白喉)40余年经验,撰成《喉科白腐要旨》,光绪元年(1875年)由其子思文编校刊行。另与侄维贤编有《活幼珠玑》一书,同治十三年(1874年)刊行,简明论述儿科病症。

许国忠 生卒年不详。医家。字惟诚,号慕庵。明歙县人。精医术,尝行医北京。隆庆二年(1568年)在京参加徐春甫组织的"一体堂宅仁医会"。

许思文 生卒年不详。医家。字隽臣。佐廷子,明歙县人。承父学,精医术。撰有《喉科详略》《幼科简便良方》《妇科阐微》等。

许毓人 1829~1911。医家。字良溪。清末祁门人。祖居许家坦,后徙居城内。幼年笃志学医,颖悟勤奋,孜孜不倦。平生扶病济危,闻名遐迩,为祁邑著名中医。

许豫和 1737~?。医家。字宣治,号橡村。清歙县人。少弃科举,好医术,先后从程嘉予等学医。博览医籍,善儿科,尤长于痘疹,人称"橡村先生"。撰有《重订幼科痘疹金镜录》《橡村痘诀》《痘诀余义》《怡堂散记》《散记续编》《小儿诸热辨》《橡村治验》,合称《许氏幼科七种》,刊于乾隆五十年(1785年)。

孙一奎 1522~1619。医家。字文垣,号东宿,别号生生子。明休宁县十六都前坑口人。出身于儒商之家,少时习《周易》。青年游历浙南括苍山时,偶遇高人传授祖传禁方,遂立志习医。从此,求师问教于四方,博采众家之长。治病救人,以医术游于公卿之间,判死断生,多有应验。声名远播,足迹遍及江、浙、湘、赣。他以《素问》《难经》等经典医著为基础,务求融会贯通。用药多重温补,学术上以命门、相火、三焦的研究为独到,首创"命门太极说",被人称为神医。其医学理论在医学史上有较大影响。著有《赤水玄珠》30卷、《医旨绪余》2卷、《痘疹心印》2卷等。其子泰来、明来和门生余煌,整理一奎生前医案250余例,按地区分类,编成《三吴治验》《新都治验》《宜兴治验》3部,合订为《孙文垣医案》5卷,有较高的临床价值,为医学界所重视。

*孙一奎

孙文胤 生卒年不详。医家。字对薇、薇甫,号在公,自号尊生主人。明末休宁人。著有《丹台玉案》《伤寒捷经》、《医经、经方两家指该诀》(又名《伤寒一科》)。

孙立鳌 生卒年不详。医家。字凌沧。清黟县人。好学深思,通晓医理。诊病处方,得古法度。

孙佑 生卒年不详。医家。字慎修。清休宁人。悬壶于苏州。著有《参订医学传心》4卷。

孙树澡 生卒年不详。医家。字勋和,号漱荷。清黟县古筑人。曾任当涂县教谕。精医学,擅脉诊。以脉断病,不待痛者自述。

孙美善 生卒年不详。医家。字恪继。清黟县古筑人。行医40余年,精于疡科。施药诊病,不受酬谢。

孙泰来 生卒年不详。医家。一奎子,明休宁人。曾与弟明来整理编辑父一奎的《孙文垣医案》。

严春生 1883~1945。医家。字彭久。清末民国时期黟县人。童时随父迁屯溪,38岁在闵口设寓行医。抗日战争期间,严寓为第三战区屯溪防疫处中医第六施诊所,求医问诊者甚众。第三战区随军运输的民夫"铁肩队"军运劳苦,春生为民夫中患者诊治,队长陈光祥为其仁心所感,以队员口粮糙米六斗(合45千克)为酬,严氏坚辞不受。有难民署名"沙鸥",在《徽州日报》副刊赞扬其"对赤贫送诊"救急济贫医德。民国二十三年(1934年),被推选为休宁国医公会常务理事。著有《临症经验脉案》4卷、《启悟集》2卷等手稿,惜已不存。

李少微 生卒年不详。制砚名家。南唐徽州人。南唐中主李璟精意翰墨,歙县令进献歙砚佳品,少微被擢为砚务官。少微雕有歙砚《砚山》,奇峰耸立,山水相依,被后主李煜视为至宝,又被米芾收藏并题铭:"五色水,浮昆仑,潭在顶,出黑云,挂龙怪,烁电痕,下震霆,泽厚坤,极变化,阖道门。"后米芾用《砚山》换取友人苏仲恭宅地。北宋宣和年间,《砚山》入藏深宫,后流落民间,为台州戴氏所有。明朝被次辅许国(歙县人)收藏,后又被朱文恪、朱彝尊、高澹人等人收藏。

李文来 生卒年不详。医家。字昌期。清婺源人。工医,著有《李氏医鉴》《李氏医鉴续补》。

李永洄 生卒年不详。医家。字声远。清黟县人。家六世业医。永洄事父孝亲,殁思慕甚,绘像堂上,事如生,朝斯夕斯无倦色。兢兢以克承先业从医,以昌明所学为义务,终竟名噪一时,所活及千人。曾训子培芳云:"医之精义尽在书,不达书理而欲成名医,未之有也。"培芳由是发愤力学。享年60岁。

李廷圭 生卒年不详。医家。字允亭。清末婺源万田庄人。国学生,由经历加知县衔。闻外洋传种牛痘之法,专赴闽从师;学成归里,技术佳妙。郡守闻其名,设牛痘总局于屯溪聘其驻局,兼授生徒,声名著甚。

李能谦 生卒年不详。医家。字光瑞。清黟县三都人。出身于岐黄世家,擅治湿及疮疡。施治心存济世,不牟利。世称:"李能谦之医、程门之画、黄土陵之篆刻,三者皆能精诣入神,登峰造极。"

李培芳 1888~1945。医家。清末民国时期黟县碧山人。其家六世业医,祖父能谦、父永洄皆名噪一时。培芳承家学,精内、外诸科,尤以妇科见长,人称"三都先生"。施治不收贫者诊费,以济世为志。民国时期曾任县诊疗所长、县医学会主席。

杨光先 1597~1669。天文学家。字长公。明末清初歙县人。明末,世袭新安卫副千户,不受而让职于弟光弼,自以布衣游北京。崇祯十年(1637年),备棺木死谏大学士温体仁奸佞误国,被杖谪辽西充军。清初,废除明《大统历》,授任德意志国传教士汤若望为钦天监,用《西洋新法历书》。光先撰《群邪论》《辟缪论》反对,嘲笑传教士的地球说不合理,天主教荒诞无稽。顺治十七年(1660年)和康熙四年(1665年),向礼部控告传教士有颠覆中国之阴谋,称汤若望所订历法不准,为荣亲王选择葬期、山向"俱犯杀忌"。礼部会审,定汤若望凌迟(后赦免)、南怀仁等三名传教士流放,并取缔天主教;在钦天监任职的中国人亦以"附逆"之罪全部清除。同时,任命光先为钦天监副,未几升监正,复用《大统历》。光先以仅知历理、不知历数为由,五次提出辞职,未准。康熙八年(1669年),康熙让其与南怀仁辩论中西历法高低,经实测,西法准确。朝臣议复光先死罪,妻子流徙。康熙念其年老免予处死,着撤职遣返原籍,行至山东时暴卒途中。著有《不得已》2卷，为其与传教士辩难之文章汇集。其死后，传教士们以每部200金高价收购销毁，幸赖黄丕烈、阮元有心保存得以流传。

杨松亭 生卒年不详。医家。清休宁人。撰有《临证秘诀》《医验录》《松亭医案》。

吴士云 生卒年不详。医家。宋休宁江潭人。工医，以治时疫见长。

吴士龙 生卒年不详。医家。明休宁临溪人。求仕不第，改攻医学。于《内经》及诸家经典潜心研读，得其精要。一般医者束手之病，士龙投剂辄效。

吴大椿 生卒年不详。医家。字宜园。清休宁和村人。邑监生。以母患瘫疾而刻苦习医。母病愈，远近求医者不绝于途。

吴之龙 生卒年不详。医家。字子云。宋休宁人。善治时疫。任淮东兵监时，逢疫疾流行，乃躬亲救治，活军民以万计。

吴元溟 1561~1642。医家。字澄甫。明歙县岩寺（今属徽州区）人，寓居杭州。官光禄寺署丞。幼习儒，后随父道川习医，尤擅儿科。万历十五年（1587年）冬，杭州痘疹流行，从父治疗，日活数百人。著有《痘科切要》《儿科方要》传世。

吴文冕 1605~1680。医家。号鹤逸民。明休宁人，徙于浙江海盐县。为杭州府秀才，亦精医学。清兵入关后，隐居著述于潋浦。撰有《医学指南》10卷、《幼幼心法》2卷、《经验良方》12卷、《儿科秘要》4卷。

吴文献 生卒年不详。医家。字三石。明婺源花桥人。幼好岐黄，既补邑诸生，犹不废方书。久之，自谓"古人不为良相，则为良医"，因辞博士籍，以医终。著有《三石医教》《药性标本》。

吴正伦 1529~1568。医家。字子叙，号春岩子。明歙县澄塘（今属徽州区）人。好医术，游三吴、山东、北京。曾治愈明神宗朱翊钧之疾于襁褓，又治愈明穆宗贵妃之疾，赏赐甚丰，名噪一时。因遭太医妒忌，置酒招待，欢饮而散，午夜即逝，享年仅40岁。学宗《黄帝内经》，兼能吸取各家之长。将《伤寒论》要旨归纳为阴、阳、表、里、虚、实、寒、热，与绩溪县方博九、休宁县孙一奎、汪文绮、汪副护、歙县程衍道、吴澄、吴楚等同为新安医学甘温培补派名家。临床则详审脉、症、治、方，认为脉明才能识症，症明才能论治，治法明才能议方，注重无病先防。著有《养生类要》2卷、《脉症治方》4卷、《虚车录》《活人心鉴》等。其论以固本培元为旨。长子行素、三子行兆皆以儒入仕，兼知医，次子行简继父业。侄孙昆，曾孙冲孺、任弘，玄孙楚、力田，累世传其医术，直至清乾隆年间，相传10代，均以医闻名，为新安名医世家。

吴邦林 生卒年不详。医家。字惟和。本姓施，因继承吴云川医业，遂从其姓。清休宁黎阳人。精儿科，行医凡50年。著有《痘疹心法》。

吴百祥 生卒年不详。医家。字家裕。清黟县叶家湾人。监生。通医，尤精小儿科，名闻远近。知县吴甸华赠额"寿回指上"。子、孙俱承医业，精于幼科。人称"幼科世业"。

吴有馨 生卒年不详。医家。号培庵。清休宁山培人。乾隆年间名医，专治小儿眼疾，名闻遐迩。配制药剂，事必躬亲。贫家求诊不受酬，且给以饮食或资助之。邑人汪由敦曾为立传。

吴任弘 生卒年不详。医家。明末清初歙县澄塘（今属徽州区）人。承先祖正伦医学，精岐黄术。程敬通于清顺治十年（1653年）为吴正伦《脉症治方》作序称，冲孺及其弟任弘"深得医家三昧，其言多与余同，而复时发余之所为速"。子力田。

吴行简 生卒年不详。医家。字居敬。正伦次子，明歙县澄塘人。父为名医，因遭太医忌害，时行简15岁，扶丧从北京返歙。家贫力学，攻读医书，能承父业，亦以医名世。兄行素、弟行兆皆以儒入仕，兼知医术。侄昆医名尤著。

吴守一 生卒年不详。天文历算专家。字万光。清歙县人。精天文历算之学，造诣殊深。著有《春秋日食质疑》1卷传世。该书系推考岁差加减，以证《春秋》所载日食之误。

吴昆 1552~？。医家。字山甫，号鹤皋山人。明歙县澄塘人。自幼慕医术，屡试不第，弃儒从医。师从歙西富山余淙，三年尽得其传。历游三吴、两浙、荆襄、燕赵等地，求师访友，医术日精。治病不胶陈迹，拒受禁方，以为"以古方治今病，须出入而通其权，不然，是以结绳治季世也，去治远矣"。重视脉诊，论脉简要。认为太素脉实为风鉴巫家之教，主张针药并施。于历代医方、针术等均有研究。人以其洞参黄帝之奥，故号其为"参黄子"。万历十二年（1584年），取良方700余个，酌以己见，考方药、见症、名义、事迹、变通、得失，著成《医方考》6卷。同年，著成《脉语》（又名《脉学精华》）2卷。万历二十二年（1594年），著成《黄帝内经素问吴注》24卷，批却导窾，深入浅出。万历四十六年（1618年），著成《针方六集》。另有《药纂》《参黄论》《砭焫考》《十三科证治》等。

吴学损 生卒年不详。医家。字损斋。清休宁人。精儿科，擅治痘疹。撰有《麻疹心法》《痘疹图像善本》。

吴承忠 1901~？。医家。字篆丹，号适庐。清末民国时期黟县人。出身于世医之家。幼多病，小学卒业后侍父行医，习读《内经》。民国八年（1919年）拜于景德镇名医吴拱辰门下。民国十三年（1924

年）入上海中医专门学校深造。重视和善于总结临床经验，撰有《适庐医话》《舌疹概述》《中医急宜研习新手术》《妇女乳岩之实验》《候牲子阳阴病案平议》等文论；且以擅治内科疑难杂病、妇科顽症驰名景德镇。医德高尚，对求医者无论贫富一视同仁，临症一丝不苟。曾赋诗自况："谈何容易说工医，事系安危笔一枝。清夜扪心应自省，自家功过自家知。""百十年来三世医，慎思明辨是吾师。精心致志唯求效，补正除邪在及时。"

吴砚丞 1792~1861。医家。谱名亦鼎，又名步蟾，以号行。清歙县昌溪人。精于麻疹诊治，颇多奇验。咸丰元年（1851年），汇集古人灸法，编成《神灸经纶》4卷，分别论述灸疗方法、禁忌、灸后调养、十二经络及奇经八脉经穴位置、诸病病候及灸法等，于灸法理论多有发挥。言灸不言针，认为"用针之法，先重手法，手法不调，不可以言针，灸法重在审穴，审得其穴，立可起死回生"。唐王焘《外台秘要》始力言误针之害，凡针法针穴俱删不录，惟立灸法一门。元西方子《明堂灸经》亦言灸不言针，吴砚丞鼎足而三，后先媲美。咸丰三年（1853年），吴砚丞针对俗医偏信"治痘难、治麻易"之说而草菅人命，乃采古人良法，删繁就简，撰成《麻疹备要方论》1卷。分别论述病因、诊脉、辨证、初热、诊治合时、见形论治、收没论治等，又述杂症、禁忌、备用诸方等。

吴显忠 生卒年不详。医家。字用良，号雪窗。明休宁人。推崇张子和汗、吐、下三法，并在实践中补充了利、温、和三法。后人徐春甫称其善用"六法"救治，"足以尽其医道之妙"。著有《医学权衡》。

吴洋 生卒年不详。医家。字篁池。明歙县岩寺（今属徽州区）人。先世以治眼科和痹症为业，在当地颇有声望。洋受家学熏陶，又四处求学，从儒生学《易》以知阴阳，从浙江凌氏学针灸以明脉络，从常山杨氏学伤寒，从祁门汪机学温补，得其精奥而贯通之。善用参芪补脾胃，治病多奇中，众医诚服之。徽州人服习参芪，则自吴洋始。汪机曾有"请割海阳以东听子矣"之语嘉许之。居九龙池畔，人称"池上公"。以诊务繁忙，暴病身亡。其子桥，字伯高，少从父学医。诊脉审证，用药确当，擅治伤寒、杂症，神效屡奏，声名出其父之上。岩镇制墨名家方于鲁患痨病、食瘠，汪道昆之弟脾弱腹泻不止，均赖其救治。游于楚，襄王神其技，称曰"国手"。归，筑堂池上，襄王颜之"池上草堂"。《续名医类案》及汪道昆《太函集》均载其验案。子和仲、文仲世其业，名闻于时。

吴菊芳 生卒年不详。医家。字道达。清黟县人。14岁至景德镇钱庄学徒，后以代写瓷字为生。30岁因子为庸医所误，遂立志学医。苦攻医籍，质疑于名医余兹吾、刘定恒两先生。40岁后，医名大振。其学于《伤寒论》所得甚深，以为伤寒与湿病均属外感热病，其辨证层次与治疗规律，有相得益彰之妙。其临症以经方为法，时方为用。著有《吴菊芳医案》。

吴梅玉 生卒年不详。医家。字景仁，号香岭。清婺源中云人。庠生。以孝亲而精研于医，济人甚众。虽家贫，但遇贫寒者求医，送诊施药不受酬。尝训子曰："穷得硬，守得定，方为有用之学。"著有《医学源流》《搜奇碎稿》《杂体诗》等。

吴冕 生卒年不详。医家。字君仪。元休宁璜源人。曾任徽州路医学学正、饶州路医学教授。

吴莺 生卒年不详。医家。字天涯。清休宁大斐人。贡生。暇时致力医学，起人于垂危者众，不受酬。

吴谦 ?~1759。医家。字六吉。清歙县人。早年曾拜10余位伤科医生为师，终成疗伤整骨一代圣手。康熙年间，与张璐、喻嘉言并称为全国三大名医，并被选入京城任太医院判。为人谦恭，深得内廷赏识。乾隆初，受命编纂医学丛书。乾隆七年（1742年）书成，凡90卷，名为《御纂医宗金鉴》。又删订《黄帝内经》，编写《订正伤寒论注》《订正金匮要略注》。

吴楚 ❶生卒年不详。医家。字天士，号畹庵。吴正伦玄孙，吴昆侄孙，清乾隆年间歙县澄塘人。勤奋严谨，凡平日诊治验案，皆随时笔录，并将疑难而易误病例另录一册，以资研讨。乾隆二十九年（1764年）入京应试落第，居京月余间，为人疗疾，历起沉疴，奇验如神，世人竞相传诵，咸称"奇士"，医名日噪。著有《医验录二集》5卷、《宝命真诠》4卷。子贯宗，孙日熙、日蒸，承其业。❷生卒年不详。制墨家。明休宁莴山人。工草书，以琴书自娱。尝得李廷珪制墨遗法，又善制墨。文徵明尝记其墨法，谓为"神品"。

吴源 ?~1173。医家。字德信。宋休宁凤山人。上世遇异人秘传《金匮玉函经》，故家世习医。吴源继祖业，善疗痨瘵。南宋绍兴年间由郡人枢密汪勃引荐，应试居榜首，授翰林医官。晚年弃官，隐于儒，号南薰老人。善诗词，与休宁商山"江东二吴"（吴俯、吴儆兄弟）过从甚密。著有《南薰诗集》。

吴墀 生卒年不详。数学家。清初休宁人。精数学，致力于中国古代数学典籍研究，造诣甚深。著有《夏侯阳算经参详》传世。

吴德熙 生卒年不详。医家。字群洪。清休宁人。著有《食物本草》。

吴澄 生卒年不详。医家。字鉴泉，号师朗。清歙县岭南人。出身于儒学世家。少承家学，研习诗书经典，尤精《易经》。因屡试科考不第，遂改习医。潜心医著10年，用于临床诊治，活人不计其数，一时医名大噪。有感于时日"治虚损者少，做虚损者多；死于病者寡，死于药者众"之状，专攻虚损之症数十年，且于乾隆四年（1739年）完成医著《不居集》，开创"外损论"综合预防理论。另著有《伤寒证治明条》6卷和《推拿神书》《医易会参》《师朗医案》。

吴履黄 生卒年不详。花师。清徽州人,流寓扬州。为盐商巨贾江春亲戚。善培植花木,能于寸土小盒中养梅,历数十年而花繁似锦。

吴麟书 生卒年不详。医家。清黟县人。道光二十二年(1842年),撰成《医学提纲》1帙(不分卷)。

何元巩 生卒年不详。医家。清黟县人。著有《历验方》行世。

何多裕 生卒年不详。医家。字振周。清黟县上轴人。家世业医,名颇著。多裕承家学,求医者踵门。于贫者不受酬,并施药以济。弟多祝,字献尧,亦著医名。

何应勋 生卒年不详。医家。清末黟县何村人。身短而精悍,善拳术,得少林师法。通医,精外科,专治跌打损伤。

何第松 生卒年不详。医家。字任迁。清婺源高仓人。少读书。母风痼延医无效,因而弃儒学医,遍求医方精心研究,阅四年治愈亲病。后医术益精,药下病除,活人无数;于贫无力医治者资助之。著有《经穴分寸歌》《针灸歌诀》《药性捷诀》等。

何鼎亨 生卒年不详。医家。字德嘉。清休宁东门人。师从俞圣瑞,擅小儿科。治疗小儿痘疹,人称有"起死回生"之术。著有《活法启微》行世。

余午亭 1516~1601。医家。名淙,以字行。明歙县余家山(今属徽州区)人。初为秀才,业儒30年。后从兄傅山御任归里,以所得医术传于午亭,遂潜心研究医学,始创富山余氏内科。临症不泥于古方,随机应变,辨证详明,效如桴鼓,行医数十年,活人无算。所提"甘寒清解治温病说",发温热学派甘寒养阴治温病之先声。著有《诸症析疑》《余午亭医案》《医宗脉要》等10余种。子时雨、时庠,孙幼白,曾孙士冕,玄孙之俊、志宁,来孙林发,晜孙卫苍,门人吴昆等,皆继其医业。

余介石 1901~1968。数学家,珠算理论家。又名竹平,字慰慈。近现代黟县人。民国八年(1919年),考入南京东南大学(现南京大学)数学系。民国十二年(1923年)毕业后留校任教。历任重庆大学、金陵大学、四川理学院等院校数学教授。后调任北京农业机械化学院数学教授、数学教研室主任,兼北京化工学院教授。所著所译有《高中代数学》《高中平面几何》《高中立体几何》《高中三角学》等10余种参考书。晚年从事珠算改革,主编《珠算教学研究通讯》;又编有《筹珠联合使用法》《算盘上冗子直拨法》,并与长子宁生合编《速成珠算法》,与次子宁旺合编《简易珠算法》。20世纪30年代,余介石和赵淞、傅种孙三教授被誉为"三大中等数学权威"。他先后讲授过高等数学、高等方程式论、数论、微分几何、微分方程和统计原理,为中国数学界培养了大批人才。

*余介石

余正宗 生卒年不详。医家。字秉赤。清休宁西门人。胸怀韬略而隐于医。常以人参、鹿茸等贵重药材掺制丸散,疗效特著。

余述祖 生卒年不详。医家。字宗承,号小黼。清婺源沱川人。咸丰元年(1851年)举人,以工部候补郎中充屯田司行走。嗣改玉牒馆纂修,议叙以道员升用。生平笃于天性,因父病习岐黄,遂精医术。著有《式遏要略》《缕冰集》《医白》《伤寒翼》等。

余淳 生卒年不详。医家。明黟县人。通经史,尤精医学。万历十六年(1588年)休宁大瘟疫,余淳适在其地讲学,施秘方、济疫者。休宁人感其德,挽留之定居于休。

余傅山 生卒年不详。医家。明歙县余家山(今属徽州区)人。嘉靖年间任湖北钟祥县令,得隐者医术。著有《论医汇粹》。

余煌 1764~1840。天文学家。字汉卿,号星川。清婺源沱川人。廪膳生,嘉庆三年(1798年)中举人。品行端方,博览群书,学问渊博。工诗、古文辞,尤精天文、历算,治学严谨。曾精密推算嘉庆十九年(1814年)后10年日月交食,分秒时刻皆准。著述甚丰,有《春秋求故》《天官考异》《夏小正星候考》《长历》《二十星距离》《二十八宿距离推步考要》《勾陈晷度》《勾股正义》《日星测时新表》《中星表》《新安揲日定方便览》《预推十年日月交食分秒时刻》《弧角简法》《垂弧捷术》《次形八线用例》《读书度圜记》《读书度圜续记》《诸家岁实异同》《星名异同录》《参订天官考异》《衍谈录》《勾股、三角、八线诸法纂要》《吹壶草》《北征草》《芝阳草》《九九吟》《梅花书屋集唐》《呾闻录》《野云诗余》《词鲭》《梅窗余墨》等。70寿辰时,自拟堂匾和挽联密封交付子孙,嘱在逝世盖棺之日悬挂;后启封,匾曰"乐天安命",联曰:"读父书颇知三畏,宅我心不失一诚。"给自己"力为穷理,淡于宦达"之一生作了定论。

余鹭振 生卒年不详。医家。字彩轩。清末婺源沱川人。监生。初业儒。父殁后,就商崇明。精于医术。光绪二十八年(1902年)崇明痧疫大作,鹭振诊治救活病人无数。并著《瘪螺痧论》,详述疫病发生之由及医治之法。沪医学馆主笔周雪樵函请入会，日征医案登报。后归里，求诊者踵接，暇则著述方书。

余馨 生卒年不详。医家。字问吾。清婺源沱川人。岁贡生。少颖悟，孜孜勤学，为文典丽裔皇，试辄冠军。素精医术，远近求诊者，无不应手奏效。著有《艺林富艳》《医理析微》行世。

汪大镛 生卒年不详。医家。字采宜。清黟县城西人。性谦让、好义，事母至孝。以医为业，求诊者众。著有医书两种。

汪元本 生卒年不详。医家。清婺源人。以医名。施药济世，沉疴立起。著有《医学心传》《痘科辨论》。

汪中立 生卒年不详。医家。字砥峰。清婺源晓起人。邑庠生。初习"六经"，善楷书。后研岐黄，晚精于医，施方药不受馈赠。著有《岐黄总括》《春秋举要》。

汪文绮 1700~1775。医家。字蕴谷。清休宁鹤山里人。秉承家学，博览群书，深得景岳之秘。临症善于变通，求诊者户限为穿。著有《杂症会心录》《卫生弹珠集》《温疫论两诠》《脉学注释汇参证治》。

汪文铿 1876~？。电信工程师。一名百安，字纯斋。清末民国时期绩溪余村人。随兄立钧毕业于上海官立高等电报学堂。曾受任经办广西、湖南、湖北等省电报局建设，组织架设常德、衡阳、武汉等电话线路工程。又与兄捐资为家乡造桥、办学校。

汪文誉 1695~1780。医家。字广期，又字文芳。清休宁鹤山里人。县学生。能文，精医学。用药甚平淡，而奏效如神。著有《济世良方》《见心集》《伤寒阙误三注真经》等。

汪世渡 生卒年不详。医家。字问舟。清初歙县人。祖父、父均有医声。世渡承家学，博考群书，不泥成法。著有《时疫类方》4卷。子大顺，亦精医，乾隆年间以治愈皇母病，诰封中宪大夫。

汪立钧 1866~1932。电信工程师。一名百寿，字铁航。清末民国时期绩溪余村人。上海官立高等电报学堂毕业。初由清廷派往台湾创办台南、彰化、嘉义等地电报事业，因功赏五品顶戴、候选府经历。辛亥革命后，督修衡州、常德、岳州等处电话线路工程。后历任天津电报局长、安徽省电报局总工程师。晚年，与弟立铿合捐巨款建造余村"百寿桥"（石拱桥），创办燃藜小学。

汪机 1463~1539。医家。字省之，号石山。明祁门朴墅人。出身于名医世家。少诵读经史，为庠生。其母患头风病，常头痛、呕吐；父虽为名医，然遍翻药书、尽寻良方仍无策。汪机遂弃儒学医，凡经典医书、名家论著，无不细读。终融会百家之长，自开单方亲熬药汁，治愈母之病症。此后远近凡有病者，纷纷上门请予诊治。汪机医出奇招，凡奇难杂症治无不中，活人数以万计。其不仅精《内经》《本草》《伤寒》《脉经》以及运气学说与临床各科，而且善于进行理论总结，撰

*汪机

写医著13部76卷。其中有《续素问钞》9卷、《运气易览》3卷、《针灸问对》3卷、《石山医案》3卷附案1卷、《外科理例》7卷附方1卷、《痘治理辨》1卷附方1卷、《伤寒选录》8卷、《本草会编》20卷、《医学原理》13卷、《医读》7卷、《内经补注》1卷等。学术上在传扬丹溪之学的同时，悉心钻研《内经》《难经》与《伤寒》。提出"舍卫补营"观点，总结出习用参、芪的"补营"方法和理论。反对滥用苦寒、倡用甘温，填补了前人养阴理论的不足，形成"补气即是补阴"的独特学术见解，为"培元固本"论打下理论基础。

汪有光 生卒年不详。地理学家。字谦之。清黟县人。擅长地舆学，撰有《黟邑山水记》传世。是书今名《黟山纪略》。

汪光爵 1663~1718。医家。字缵功，号学舟。清歙县渔梁人。以太学生考授州同知，后随父汪应龙行医江苏吴县。精于别脉，究探古人精奥，而不拘古方。为人慷慨，安贫乐道。先于叶桂（字天士）、薛雪（字生白）闻名，制保阴煎以疗虚劳患者千百人。所著《医要》未刊行，同行多传抄，视作秘本珍藏，《吴医汇讲》所载"治虚劳保阴煎"即出于此。

汪廷榜 生卒年不详。数学家。字自占，号仰山，学者称仰山先生。清黟县黄陂（今碧山）人。少从贾至汉口，见江波浩渺，舟楫相蔽数十千米，忽心动，叹为天地之大文章，乃归而读书。曾就学钟山书院，为学好深思，为文"追幽凿险"。后自以为病，改为"雄俊廉悍"之文，久之乃归于中正和平。通算学，从梅氏得勾股法。为人直而婉，善奖励后进。乾隆三十六年（1771年）中举人。嘉庆元年（1796年）举孝廉方正，以病不赴试。著有《自占文稿》。

汪汲 生卒年不详。医家。号古愚老人。清休宁竹林人。一生萃诸家秘传，合内外之方术，博采旁搜，撰为《怪疾奇方》《汇集经验方》《解毒篇》等方剂之书，供病者按症寻方。

汪汝桂 生卒年不详。医家。明休宁渠口人。少时体弱多病，遂立志学医。学成后游于苏州、

常熟，更得名师指点，医术日精。其治法出入于东垣（即李杲，金元四大家之一）、丹溪（即朱震亨，金元四大家之一）间，疗效卓著。

汪汝麟 生卒年不详。医家。字石来。清休宁海阳人。著有《证因集要方论》。其著书态度严谨，以为"医之为道广矣，大矣，精矣，微矣"。而"浅尝者流，择焉不详，谋道之心不足以胜其谋食之心。其弊伊于胡底，余甚恻然"。在诸家学说中，以为"脉象诊候，须详考沈金鳌《脉诀》、张石顽《脉中三昧》以融会贯通；伤寒六经表里，条例繁多，须综合喻嘉言《医门法律》、柯韵伯《伤寒论翼》"。

汪寿椿 1884~1943。医家。清末民国时期黟县泉水村人。金陵医学院毕业，任芜湖圣母医院医生。民国三年（1914年）在乡创办"汉美医院"，求医者甚众，于贫者不取酬谢。

汪时泰 生卒年不详。医家。字春溥。清休宁人。精研伤寒，著有《伤寒经晰疑正误》12卷。

汪时鹃 生卒年不详。医家。清祁门石潭人。精医学，于贫者免费施诊施药。著有《加减汤头歌括》。

汪纯粹 生卒年不详。医家。字惇士，号春圃。清黟县十一都（今际村）人。康熙、雍正年间两次乡试失意，乃弃儒从医。其后精研医术，著有《孝慈备览》《游秦医案》和《伤寒论编》4卷。

汪松友 1863~1940。医家。清末民国时期休宁人。少时随祖亦庄、父楚南习经史、医典，25岁在下黎阳设寓行医，擅内、喉、小儿诸科，尤以喉科称著。常与唐右英、李柳和等名医切磋医学。曾应石翼农、同德仁诸中药名铺之聘，传授中药药性和膏丹配制。清末，状元陆润庠、王寿彭年老多病，委人述病，松友签方供服，病愈后，分别亲书"良相良医""功同良相"匾额相赠。民国初，休、歙白喉蔓延，患者不计其数，松友药到病除。继承医德，向贫者送诊赠药，深得赞誉。

汪明紫 生卒年不详。医家。字明紫。清休宁人。著有《脉学注释》《证治格言》。

汪昂 1615~1699。医家。初名恒，字讱庵。明末清初休宁西门人。明亡弃儒学医，清康熙二十一年（1682年）撰《医方集解》，刊行后迅速流行全国。康熙二十八年（1689年）完成《素问灵枢纂约注》3卷，作为学医必读入门书籍。康熙三十三年（1694年）从诸家本草中精选常用药400种，编成《本草备要》4卷，为医界提供了简明实用之药物读本。是书后经太医院判吴谦审定广为刊行，总数有70余种版本；日本国植村藤治郎于享保十四年（1729年）将该书在日本刊行。另著有《汤头歌诀》《经络歌诀》《痘科宝镜全书》《本草易读》等书。为中国清朝著名医学科普及启蒙派的代表人物。

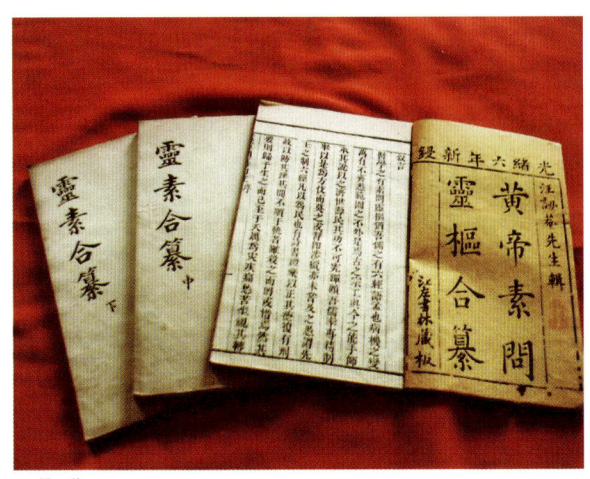

*汪昂医著

汪香 生卒年不详。医家。字艺书。清黟县宏村人。监生。精于医，诊者盈庭，屡奏奇效。安徽巡抚夫人病，众医束手；汪香至，数剂而愈，赠额"艺苑擒华"。

汪宦 生卒年不详。医家。字子良，号心谷，一号寅谷。明祁门人。幼从兄汪宇习儒，后弃儒习医。精医理，以医术鸣世。嘉靖、万历年间著有《医学质疑》《统属诊法》《证治要略》《六气标本论》。

汪莱 1768~1813。数学家。字孝婴，号衡斋。清歙县瞻淇人。少时博览百家之书，经学、天文、数学、训诂、音韵、乐律、地理等造诣均深。乾隆五十二年（1787年），至苏州葑门外教馆；因结识焦循，开始研读《梅氏历算全书》和《数理精蕴》等。乾隆五十七年（1792年）返归故里，在家自制浑仪、简平仪观测天象，同时著有《参算两经》。随后，相继完成了《弧三角形》《勾股形》《平圆形》《递兼数理》（后成为《衡斋算学》之一至四）。嘉庆六年（1801年）至扬州，在翰林秦恩复家教馆。秦家藏书颇丰，汪莱在此读到宋元数学家秦九韶、李冶的著作，并在对秦、李算书研究的基础上，写成关于方程论的《衡斋算学》之五。是年秋，离扬州赴六安，途中撰成《衡斋算学》之六；年底，汪延麟在扬州为其刊刻了《衡斋算学》。嘉庆九年（1804年），李锐应知府张敦仁之邀来扬州充任幕宾，时焦循也在扬州，汪莱与之交往频繁，时人称为"谈天三友"。在此期间，其继续钻研方程论，撰成《衡斋算学》之七。嘉庆十二年（1807年），以优行第一考取八旗官学教习，入国史馆参与纂修《天文志》《时宪志》。嘉庆十六年（1811年），外任池州石埭县训导。尽力办学，卒于任上。死后家中萧然，囊无余资，石埭百姓感其清廉，输资送其柩归故里。

汪钰 生卒年不详。医家。字勉斋。清休宁小坑人。幼从太医王国瑞学，尽得其传。曾寓居涿州，值时疫流行，汪钰自制辟瘟丸、散，分赠贫苦患者。著有《难经释义》。

汪容伯 1873~1948。医家。名宏度，以字行。清末民国时期歙县人。寓居浙江龙游。世代业医，至其已历9代。20岁，中秀才第一名。后弃儒从医，博览历代医著，为探索精奥，常挑灯读至深夜。清光绪二十四年（1898年），随父汪佩卿行医。光绪二十六年（1900年），独立应诊，余暇辄手不释卷，功底益深，医道日进。光绪三十四年（1908年），在龙游城郊茶圩开设云杏堂药号。民国三年（1914年），龙游大旱，颗粒无收，民不聊生。汪容伯率先联合各界向省府请赈，并要求豁免田赋，惠及万民。民国十二年（1923年），聘任浙江省卫生处咨议。民国十九年（1930年），因施医舍药过多而导致药号停业，举家迁至龙游县城壕沿街徽州会馆边屋（今龙游剧院售票处址）继续行医。民国三十五年（1946年）七月，桥下、兰石数百名壮丁流行恶性疟疾，日毙数人，汪容伯闻讯前往救治，壮丁得以无虞。同年，当选龙游县第一届参议会参议员。邻县兰溪某壮年农夫嗜酒，致使脚拇指屈伸不便已6载，每逢冬春则肿痛不堪，双足难以着地，多方求治而无一见效，汪容伯断为风寒湿痹，13剂而愈。国民党第二十五集团军总司令李觉、龙游县长徐人骧等均经其治愈，先后赠予"仁心仁术""佛手仙心""着手成春"等银盾或匾额。每逢隆冬岁末，汪容伯差人召集城中乞丐，施以薪米，使其免受冻馁之苦。闲暇以诗画自娱，善画梅兰菊竹。为龙游县中医师公会常务理事、国医馆馆长、卫生委员会委员、卫生运动委员会主任、衢（县）龙（游）汤（溪）兰（溪）四县抗疟防痢委员会委员。卒后无片瓦寸土之蓄，千余人（内有乞丐30余人）送葬，绵延两三千米，沿途祭奠香案10余处。弟汪宏康，熟习中草药炮制。子汪体之、孙汪文献、曾孙汪望，俱传其术。

汪继昌 生卒年不详。医家。字伯期。明婺源大畈人。承先世业，工医术。尤精痘科，活人甚众，称"国手"。尝谓："痘科无死症，其不治者，医之咎也。"著有《痘科秘诀》行世。其子法参、求参，均世其学。

汪梧 生卒年不详。医家。字济风。明婺源大畈人。从学于开化县林氏，尽得其传，尤精太素脉。为人治疾，投剂即效，四方求医者车马填门。

汪副护 生卒年不详。医家。字天相。明休宁城西人。师从祁门汪石山。学崇李东垣，治以扶元气为主，因号"培元医"。行医40余年，乐善好施，救治甚众。著有《试效集成》。

汪喆 生卒年不详。医家。字朴斋。清休宁人。师从程仲龄，悉得薪传，尤擅妇科。著《产科心法》2卷；其立论：种子重节欲，孕后重安胎，临产主镇静，产后偏温补。

汪朝邦 生卒年不详。医家。字用宾。明婺源段莘人。业儒，而以医名，远近求疗者盈门。著有《方书集说》。

汪鼎铉 生卒年不详。医家。字台未。清婺源汪家埠人。精医术，能决生死，邑侯赠额"名高橘井"。著有《四字病机》。

汪湛 生卒年不详。医家。字主静。明绩溪西园人。通易学，精医理。以医济人甚众。著有《刍光集》《清风亭稿》。

汪渭 1443~1525。医家。字公望。汪机父，明祁门朴墅人。精医学。行医数十年，活人甚众。

汪瑞英 1866~1937。医家，女。清末民国时期绩溪人。出身于书香闺秀。少随弟希颜、孟邹在家塾听读。后曾学医数年，出嫁后又从名医胡贯之习妇儿科。清光绪二十一年（1895年）始，免费为妇婴治病。光绪三十一年（1905年）创办城西女塾，自授新课，开徽州女校先河。民国四年（1915年）改办"县立女子国民学校"，学生增至百人。民国十三年（1924年）于育才坊建成新校舍楼，更校名为"绩溪县立女子小学"。又致力于妇女解放运动。民国九年（1920年）倡导组织"天足会"，并提倡剪头蒂、剪辫，其女章笑如被县政府任命为副会长。民国十六年（1927年）二月北伐军进驻绩溪，瑞英组织建立绩溪县妇女协会（其女笑如被公推为会长）。随即通电徽州各地，发布"解除妇女身上的封建枷锁，恢复妇女的人格地位"宣言。

汪嘉谟 生卒年不详。医家。字至言。清休宁人。精妇科。有感于妇人之症莫危于胎产，妇科之书多略而不详，古今鲜有专著。故博访群书，精择方论，间附己意，萃前人之已验，发前人之未明，撰为《胎产辑萃》4卷。

汪镇国 生卒年不详。医家。字载扬。清休宁万安人。府庠生。善医，擅眼科，民间有"拨云见青天"之誉。著有《明光奥旨》，曹竹虚为之序。

张正金 生卒年不详。医家。字汝南，号丹崖。清婺源朱绯塘人。世业岐黄。有高怀逸致，善丹青，工墨竹，书法"二王"，超绝一时。能诗，洒然出尘，有陶白气味。前后邑大夫雅爱重之。著有《鸥雨亭茶话》。

张立仁 1550~1598。医家。又名守仁。明歙县定潭人。首创"劳力伤寒末药"，疗效显著。子以挥，承父业，医名更盛。

张永祚 生卒年不详。天文学家。字景绍（景韶），号两湖。清歙县人。精历算，官钦天监博士。善画山水，著有《两湖诗草》。

张扩 1050~1102。医家。字子充，号承务。北宋歙县人。少从学湖北名医庞安常，又学脉于四川王朴。擅治伤寒，人称"神医"。行医汴梁，徽宗封为假承务郎。后以罪谪永州,行至洪州而卒。著有《医流论》《伤寒切要》。

张亘 生卒年不详。地理学家。明祁门人。著有《张亘地记》《先贤留题记》《名师留题记》《歙县记》《地理三会集》《地理全书》。

张师孟 生卒年不详。医家。字彦醇。挥季子,宋歙县人。承家学,亦精医术。尝居岩镇,有病风寒者垂死,棺衾悉备,家人号泣。师孟视之,笑曰:"此热极证也,以新汲水和药饮之,夜半必退热,能晓人事,不妨敲门来报。"至期果苏醒,及使人敲户,师孟已整衣秉烛而待,遂往投以匕剂,次日即复生。环山方氏有病心恙者,持刀杀人,医者皆莫能治,师孟探囊取一药投之,经夕而愈,且留药与之曰:"来岁某日病当再作,宜再投以此药。后三岁某日复作,则不可治矣。"

张守仁 1550～1598。医家。字立仁。明歙县定潭人。先经营药铺,在药铺门口搭棚,夏施药茶,冬施姜汤。传言感动异人相助,授以仙方,遂为医。某日,进山采药,异人假为乞丐瘫倒路旁,将其背回家好生侍候,后异人留一药方不辞而别。张守仁将异人药方研制成劳力伤寒末药,以白术、茯苓、陈皮、砂仁、广木香等18味中草药制成,号称"十八罗汉",冲服干吃均可。有疏风散寒、理气和营、健胃宽中、渗湿利水之功,尤适于治疗外感伤寒、腹泻气滞、胃脘疼痛等症,往往一帖而愈,人称"张一帖",谚称"定潭向有车头寺(即定山庙),半夜叫门一帖传"。子孙传家学。

张芳 生卒年不详。医家。正金子,清婺源朱绯塘人。守家学,精通脉理,求医者屦满户外。著有《痘科管窥》《梅村便得方》。

张杲 1149～1227。医家。字季明。南宋歙县人。家族三代业医。伯祖张扩、祖张挥、父张彦仁,皆以医名世。张杲得真传,以"儒医"著称。平生安贫乐道,究心医学50余年。尝广征博引,于淳熙十六年(1189年)著成《医说》一书,内记录治疗多种疑难杂证之经验,载有古代医家小传及有关疾病之史料。日本、朝鲜均有译本。

张明征 生卒年不详。医家。字定甫。清婺源甲路人。初以世精岐黄业授太医院医官,后辞归回籍开馆。尝施药于金陵,四方求者踵至,应之不倦。邑人詹轸光叙其行云:"视天下犹一家,救路人如骨肉。"著有《形症心法方书》行世。子盛昌,能世其业,好义亦有父风。

张挥 生卒年不详。医家。字子发。扩弟,南宋歙县人。幼受业于兄扩,并从兄扩行医于南京等地,后悬壶于徽歙,以医鸣世。绍兴十七年(1147年)秋冬,资政殿学士何涛谪任徽州太守,多赖挥诊治,尝赠序曰:"余谪居新安,识其(扩)弟挥,方知子充为此邦人,且闻其事甚详。挥当指教于子充,故其议论有据,切脉精审,为此邦医师之冠。余居徽三年,多赖其诊治,故特书之。"时在徽视事的曾开,亦常诏挥诊治。享年84岁。子彦仁、孙杲,俱承家学,为新安名医。

张柏 生卒年不详。医家。字世茂。明歙县人。随父营商于兰溪。以父病痞久不愈,遂弃商习医,延治多验。行医不责人报,人有请夜起十数弗辞。事亲有礼,有古人风。著有《医案》,徐学恕为之序。

张遂辰 1589～1668。医家。字卿子,号相期,别号西农老人。明末清初歙县人,寓居钱塘(今浙江杭州)。少时羸弱,医不获治,乃自检方书,上自轩岐扁鹊,下至刘张朱李,务穷其旨,宗张仲景《伤寒论》,病得除。延治辄效,医名渐起。明万历末年,以国子生游南京,才名鹊起,为云间(今上海松江)陈继儒、董其昌所赏,时人称之为文苑中人,惜为医名所掩。天启四年(1624年),在金代成无己《注解伤寒论》10卷的基础上,参照北宋蕲州庞安时(字安常)、南宋真州许叔微(字知可)、金代易州张元素(字洁古)、元末明初昆山王履(字安道)诸家之旨,撰成《张卿子伤寒论》10卷,立论平正,于伤寒学说有所阐发,为伤寒研究者所常研读。不屑为举子业,退而博综四大部,及于星文、历象、医学、内外典,考究古今,尤邃于《易经》。明亡后隐居城东菖蒲巷行医自给,能起沉疴,远近争迎,其悬壶处人称"张卿子巷"。清顺治十年(1653年),撰成《经验良方》。先后点校医书100余种行世。高怀卷迹,如严君平、郑子真之流,而文藻稍胜。年老益谦谨,日读书不倦。工诗,尤长七言排律,澄淡孤峭,多自得之语,在右丞(王维)、襄阳(孟浩然)之间,于西泠流派之外可自名家。其《野花》诗10首,人尤称艳,时称"张野花",如吴振棫《题张卿子隐君像》称"诗里野花传世早,山中灵药活人多"。与钱塘名医潘楫(字邓林)隔水而居,两家弟子无少别异,问难和衷,相长相益,一时传为杏林盛事。著有《张卿子集》4卷(分别为《湖上》《白下》《蓬宅》《衰晚》)、《射易淡咏》4卷、《易医合参》《名山胜记》《说郛》等。

张温 生卒年不详。医家。明婺源甲路人。少习儒。以亲老业医,妙得其解,尤精仲景方书。凡伤寒诸症,半剂即愈,人称"张半帖"。

张腾光 生卒年不详。医家。字云青。清休宁龙源人。行医济世,每自制药丸以施病者。远近就诊者,日填门下,时号称"神手"。

张懋辰 生卒年不详。医家。字远文。明休宁人。著有《脉便》《本草便》行世。

陆彦功 生卒年不详。医家。明歙县人。医名远播。成化中召入太医院,后以母丧辞归。著有

《伤寒便览》。

陈士缙 生卒年不详。医家。字绍充。清休宁尤溪(今属屯溪区)人。世以医为业,至士缙尤精。颇有善行,济贫扶危,有名于时。子廷善,亦工医。

陈文佑 生卒年不详。医家。字天申。清祁门柏树下人。监生。精医学,为贫者诊治不求报。

陈双溪 生卒年不详。医家。字嘉麟。明绩溪人。工医,善痘科。著有《青囊明辨》,专述痘科各症之辨证治疗,分篇阐述,辨证精详。该著于天启六年(1626年)附刊于唐玄真《痘科奇衡》书后。

陈石麟 生卒年不详。鹌鹑饲养专家。字令章。清休宁人。幼习儒,康熙十五年(1676年)贡生。出于训斗鹌鹑目的,辑撰《鹌鹑谱》1卷刊行。全书分原始、相法、饲养各法三个部分。是一部对鹌鹑的形态、习性和饲养方法等叙述周详的专著,其中有些内容对现今鹌鹑饲养业仍有参考价值。

陈廷善 生卒年不详。医家。字敬充。士缙子,清休宁尤溪(今属屯溪区)人。承家学亦精医,活人无算。善鼓琴,工绘事。

陈进庠 生卒年不详。医家。字宗虞。清祁门桃源桐山下人。精岐黄术。为人治疾每早晚探视,愈后不言劳亦不言利。于贫病者馈以药并以财相济,亲疏远近视同一体。家本丰裕,晚年竟无以自给。

陈桷 生卒年不详。医家。字惟宜。明祁门石墅人。学医于同邑汪机。弘治、正德年间,取汪机诸弟子所记其治疗效验,整理编成《石山医案》。

陈鸿猷 生卒年不详。医。字维嘉,别号长谷。清祁门闪里人。道光年间诸生。精于医。撰有《偶有轩诗钞》《管见医案》《医学引略》。

陈慈祥 生卒年不详。医家。字仁夫。昭祥弟,明祁门文堂人。学问博洽,兼精医理。著有《姓源珠玑》。

陈嘉宪 生卒年不详。地理学家。字君贞,又字敬一,号朴木。明祁门文堂人。精地理学,著有《地理分合》。

陈嘉谟 1486~1570。医家。字廷采,号月明。明祁门石墅人。少业儒。以体弱多病留意医术,遂善医,尤精《本草》。著有《本草蒙荃》《医学指南》。亦工诗词,善书法。

范天赐 生卒年不详。医家。字寿朋。元休宁汉川人。精研《内经》《难经》,精邃医理、诊脉。诊病注重脉法,用药不泥古方,灵活变通应手取效,称"神医"。曾任郡医学提领。

罗士琳 1789~1853。数学家。字次璆,号茗香。清歙县呈坎(今属徽州区)人,寄籍扬州。太学生,34岁游京师,考取天文生,为阮元门人,相从阮元最久。与数学名家焦循、李锐等,互相砥砺学问。潜心攻研中西算学,20岁时,在著《宪法一隅》后,又将中国古代数学名著《九章算术》中有关应用题,改用"比例法"解之,集成《比例汇通》一书。他在数学上的主要成就,是他历时12年,完成了对元数学家朱世杰所著《四元玉鉴》的演算、校订和阐发,于道光十五年(1835年)著成《四元玉鉴细草》,使原书3卷24门,扩充为24卷。道光十九年(1839年),士琳据朝鲜重刻本,又校订了朱世杰的《算学启蒙》3卷。由于他的辛勤耕耘,使中国数学史上的辉煌创造显于世,为世界科学界所仰慕。士琳在数学上的主要成就还有:撰《续畴人传》6卷,补充了阮元所著《畴人传》46卷,合共52卷,有光绪二十一年(1895年)刊本(后储可宝撰《畴人传三编》,黄仲骏著《畴人传四编》,立传人物由原始立传243人,扩充至880余人)。士琳还著有《春秋朔闰异同考》《缀术辑补》、《观我生室汇稿》12种、《勾股容三事拾遗》及《附例》《三角和较算例》等。未刊稿有《勾股裁积和较算例》《淮南天文训存款》《博能丛话》等。

罗小华 ?~1565。制墨家,鉴赏家。名龙文,字含章,以号行。明歙县呈坎(今属徽州区)人。工书画,精鉴别,蓄古器、法书、名画甚富。又善制墨,明邢侗《墨谭》誉称"豪游哲匠"。家饶于财,侠游结宾客,附于严世蕃。浙江总督胡宗宪征倭,诱招汪直、徐海,罗小华为说客,因功授中书舍人。嘉靖四十四年(1665年),严世蕃因罪伏诛,罗小华受牵连同死西市,乡人多讳言其事。子罗南斗,为避祸改名王常,传其术,辑其父所遗古印章为《云间顾氏印谱》《海阳吴氏印谱》。

罗美 生卒年不详。医家。字淡生,别字东美,号东逸。清歙县人,流寓虞山(今江苏常熟)。著名儒医。幼爱医学,深研《内经》《难经》及张仲景之学,对运气理论有较深研究,著述称富。著有《内经博义》4卷、《古今名医方论》4卷、《古今名医汇粹》8卷,均刊于康熙十四年(1675年)。《内经博义》是研究《内经》之论文集。《古今名医方论》,共载名方136首。《古今名医汇粹》8卷,卷一为"论集",卷二为"脉法要集",卷三至卷八为"病能集",著于嘉庆四年(1799年),徐文明之于陶柏筠堂刊之。嘉庆六年(1801年)有五柳居藏版刊行。道光三年(1823年)嘉兴新南刊本。民国十三年(1924年)上海大成书局重刊。

罗浩 生卒年不详。医家。字养浩。清歙县人。精脉学。以为历代医籍精粗杂糅,异同互见,遂取古今脉书之精粹,历时10余年,于嘉庆四年(1799年)编撰《诊家索隐》2卷。该书引述45家脉学,涉及34种脉象及主病,并记述诸家诊脉经验、持脉之法及临床注意事项,堪称脉学集成。嘉庆十八年(1813年),又撰《医经余论》1卷,弟子扬州黄龙祥等尽传其术。

罗慕庵 生卒年不详。医家。名周彦,字德甫,号赤诚。明歙县呈坎(今属徽州区)人。幼多病,遂精研《素问》《难经》及诸家医说。曾南游吴楚,北涉淮泗,广交博采。后侨寓江苏泰州,以医名世。编《医宗粹言》9卷,历时10年,于万历四十年(1612年)刊行。

金山农 生卒年不详。医家。字履升。清休宁人。著有《本草衍句》。

金有奇 生卒年不详。医家。字养纯。明末休宁上溪口人。曾任太医院吏目。崇祯十四年(1641年),战争纷起,疾病丛生,金氏以医济人甚众。

金硕袗 生卒年不详。医家。字介石。清休宁瓯山人。博通经史,尤长于医。幼从程郊倩习医,精研仲景之学。临床重视脉诊在辨证中的作用,崇古不泥,随症圆通。著有《脉症方治存式》《惜孩微言》。

周镜玉 生卒年不详。医家。号士遑。明末清初绩溪胡里人。出身于儒,与休宁金声交契。明崇祯九年(1636年),习麻痘幼科,初通本草。明亡,隐于医。清顺治二年(1645年)冬,专业大方脉,穷寒暑昼夜之功,通读《内经》及金元四大家之书,又至武林、虎丘等地遍访名师。顺治四年(1647年)返绩溪城北教书,与名医胡钦邻比邻,从之学《灵枢》《难经》诸书,旋又从族侄少塘受学。顺治十四年(1657年),至太平举人崔某家教书,同时亦给患者诊治。顺治十五年(1658年)夏,至休宁县城悬壶行医。后又行医歙县河西。康熙六年(1667年),将10余年临床经验辑成《杏圃老人医案》1卷。该书内容多为杂症及妇幼痘疹,辨证用药,颇多心得。后歙县卫生局予以整理删节,改名为《周镜玉医案》。尚著有《本草详要》。

周懋元 1821~1908。医家。字俭斋。清末绩溪人。幼好读书,研习天文历法。道光十六年(1836年)补博士弟子员;次年入钦天监。后因愤去职,立志学医。游鲁、豫间,嗜酒任气,治法怪异,于险症尤多奇效,人称"周疯子"。后慕高炉酒醇,定居雉河集(今涡阳县城),开设"太乙斋"药铺,坐堂行医。子汝鸳,亦精医术,尤擅针灸。

郑于丰 生卒年不详。医家。清歙县郑村人。自明嘉靖时高祖郑赤起,世代行医于乡里。康熙五十年(1711年),与弟于藩客商江西南丰,见福建人黄明生精喉科,即具币负笈,受业门下三年。尽得其技后返里应诊,渐以喉科著。康熙六十年(1721年)兄弟分家,于丰之宅名"南园"、于藩之宅名"西园"。后世遂以园名为郑氏喉科之号。

郑宏纲 1727~1787。医家。字纪原,号梅涧,又号雪萼山人。于丰子,清歙县郑村人。幼得父传闽人黄明生喉科秘传,医术益精。擅用汤药和针刺治疗喉疾,救危起死,求治者盈门。对危重症则刺其颈,出血如墨,豁然大愈。尝集多年临症经验,经挚友方成培整理,于乾隆三十三年(1768年)撰《重楼玉钥》2卷传于世。该书以道家《黄庭经》谓"咽喉为十二重楼"之语命名,意为治疗喉病之钥匙。重视医德修养,刻有"一腔浑是活人心"印章,于处方笺上均盖此印以自勉。此印在郑氏子孙中世代相传,以遵循祖训,不乘病家之危而邀利。此印至今无损,存其裔孙景岐处。梅涧所撰《重楼玉钥》成书后,初为抄本流传。嘉庆二十年(1815年)春,天津冯相棻从友人抄本中录存一帙,爱而读之,恍然有悟。凡遇喉疾,按方投药,无不神验。是年时疫流行,患喉疾者极多,因感治不得法,往往受害,遂将此书再录一帙,寄给苏州孙学诗,于道光十八年(1838年)刊行。光绪年间大兴于锟从天津商人刘东垣处获此书,后于锟旅居沈阳,闻刘启庭藏有抄本,乃借之刊行。后人民卫生出版社影印发行。梅涧尚著有《痘症正传》《笔余医话》,传世较少,其裔孙景岐处藏有。另著有《灵药秘方》。后人能承家学。相传9世,均以喉科名世。

郑宏绩 生卒年不详。医家。字慎斋,号禹东。清歙县郑村人。精喉科。子承湘、孙麟亦为名医,世称"西园喉科"。

郑承洛 生卒年不详。医家。字既均,号杏庵。宏纲次子,清末歙县郑村人。初攻举子业,能诗文。后专攻医学,与兄郑瀚朝夕共研医学,亦精喉科。撰有《熟地黄论》《咽喉伤燥论》《杏庵医案》等。

郑承海 生卒年不详。医家。字青岩。宏绩次子,清末歙县郑村人。继家学。撰有《喉科杂证》一书。

郑承湘 生卒年不详。医家。字雪渔。宏绩长子,清末歙县郑村人。少攻举子业。后承继家学,潜心医术。撰有《伤寒金匮经方简易歌括》《医汇简切》《医学正义》《痘治正名类参》《愚虑医草》《喉菌发明》等。

郑重光 生卒年不详。医家。字在章。清歙县人。精医术,深研伤寒、温病之学。撰有《伤寒论条辨续注》,删减前人对《伤寒论》注释的繁复部分,并以个人见解加以续注。又对吴又可的《温疫论》,加以补注而成《温疫论补注》。另撰有《素圃医案》一书。

郑复光 1780~1862。物理学家。字元甫,又字瀚香。清歙县长龄桥人。早年师从于吴熔,为监生。然无意仕途,对自然物理和机械制造却颇有兴趣。道光二十二年(1842年),其将日常观察和闻听的各种自然异象,排比为220余条,用热学、光学等原理加以系统阐释,撰写了《费隐与知录》一书,内容涉及物理、天文、气象、地理、生物、化学、医药、烹饪等学科领域。同时十分注重从事光学实验，精心研制光学仪器。曾做过削冰透镜取火的试验；制造出昼夜均可放映的幻灯机；研制成一架望远镜，用以观察月面，能见到"黑点四散，作浮萍状"，使观者"欢呼叫绝"。其还用这架望远镜长期观测日食、月食，并系统进行研究，撰成光学名著《镜镜詅痴》5卷，集当时中西光学知识大成。随后，撰有《火轮图说》一文，较为详细地介绍了火轮船的构造和蒸汽机的工作原理。又对传教士带入中国的多用比例规进行简化，制成效用基本相同而结构简单的"半规仪"。设计过一种潜水换气装置和一种虹吸装置，切于实用。一生著述较丰，在算学上有《笔算说略》《筹算说略》《周髀算经浅注》《割圆弧积表》《正弧六术通法图解》等。另著有《郑元甫札记》《郑瀚香遗稿》。

郑晟 生卒年不详。官吏兼医家。字励明，号莲亭。清歙县郑村人。先世每年按期修合药物济人，郑晟受此影响，虽身为徽州府同知，而素嗜医书，每遇效验，则予抄录，20余年不辍。康熙五十七年（1718年），辑成《郑氏生生录》3卷，详述胎产诸症、产后十忌，又述产前十忌及小儿新生诸症调治方法等，末列方100余种。其论述虽多辑自前人，但内容丰富、实用。

郑康宸 生卒年不详。医家。字奠乙。明歙县郑村人。师从歙县槐塘程衍道（字敬通），兼善太素脉，能识翰林汪薇于未遇之时。崇祯十三年（1640年），穷十载之功，与师及同门程林校勘重刻唐代王焘《外台秘要》40卷。著有《瘟疫明辨》（一名《瘟疫扼要》《郑氏遗书》）4卷。自序称："取（明末）吴子（又可）之原本（《瘟疫论》），或注释，或增订，或删改，意在辨瘟疫之通体异于伤寒，而尤慎于辨见症之始。"

郑瑚 生卒年不详。医家。字友夏。清祁门奇岭人。幼习儒，长业医。于《素问》、方脉诸书靡不精研以究其源，与人诊疾，投药立效。著有《扶婴录》。

郑麈 生卒年不详。医家。字玉挥。宏绩孙，清末歙县郑村人。承家学。撰有《喉科秘钥》一书，由许佐廷增订，于同治七年（1868年）刊行。

郑瀚 1746~1813。医家。一作郑承瀚，字若溪，号枢扶。宏纲长子，清歙县郑村人。自幼爱好医学，曾游湖北、江苏、浙江等地。后承家学，专心钻研医术数年，亦擅长喉科。嘉庆二年（1797年）著《咽喉白腐要诀》，创养阴清肺汤，立养阴清肺法。并通儿科、针灸。又补充其父《重楼玉钥》一书，撰成《重楼玉钥续编》，由章洪均录存，并于民国十二年（1923年）由裘庆元校刊印行。郑氏喉科自此医名远播，成为我国喉科四大流派之一。另著有《咽喉辨证》《白喉阐微》《痘科切要》等，未见刊行。

项名达 1789~1850。数学家。原名万淮，字步莱，号松侣。清歙县桂溪人，寄籍仁和（今浙江杭州）。嘉庆二十一年（1816年）举人，考授国子监学正。道光六年（1826年）进士，改授知县，不就，归里专攻数学。尝主讲紫阳书院。官京都时，曾从李锐高弟黎应南（见山）游，因接李锐之绪，精于数学，著述甚富。与当时数学名家陈杰、戴煦交善。所著《象数原始》未竟而卒。病危时致书戴煦，希续其书。后戴氏于咸丰八年（1858年）从名达侄锦侨处得其书稿，历时半年，为之补增成书。原稿至卷四第六页止，书成凡7卷，戴煦补纂2卷有余。

胡正心 生卒年不详。医家。字无所。正言兄，明末休宁人。家世业医，正心承家学，通医术，喜刻医籍，崇祯五年（1632年）将所汇辑之《十竹斋袖珍本医书》13种刊刻于世。该书为汇刻著名医家薛己、陈长卿、杜本增等医学著作，全书包括内、外、妇、儿科。著有《伤寒三种》诸书。

胡田 生卒年不详。医家。明祁门城东人。诸生。母有痼疾，求良医不得，乃学医。尤善针灸。弘治十八年（1505年）以诸生任祁门医学训科，解药入京，考授御医。

胡存庆 生卒年不详。医家。清黟县人。著有《中西医学新论》2卷行于世。

胡光岳 1897~1980。数学家。字术五。近现代祁门城西人。民国十五年（1926年）毕业于南京国立东南大学数学系，寻执教于南京、滁县、休宁县等地。抗日战争期间，回祁家居。民国二十八年（1939年），创办祁门第一所普通中学——私立祁闻初级中学，自任校长五年。新中国成立后，历任屯溪、休宁、合肥、芜湖等地中学教员与大专院校讲师。为人襟怀坦白，不喜世俗应酬，教学之暇专心著作。曾与黟县余介石合作，为商务、中华和北新书局编著中学数学教科书多种，撰写数学专著18种，并择要编译、校释《勾股举隅释义》《九章算术校解》《李潢九章算术细草图说摘录》等古代数学著作多种。亦工诗、书画。著有《湖边吟稿》《窗前草》。

胡乔相 生卒年不详。医家。字延翰。清黟县人。医学承家传。精太素脉，善治疑症，有名于时。

胡庆龙 生卒年不详。医家。字潜初。明婺源玉坦人。初业儒，工诗。后学医，钻研《内经》《素问》等书，尽揭其秘。精于色脉，断人休咎多中。遇危症，诸医束手，经其诊治即愈。按察使汪尚谊雅重之，书其楣曰"罗浮清隐"。北游辽蓟，曾随军行医，以功授把总衔。复游南粤，以医名博罗县。

胡学本 生卒年不详。医家。字绍基。清黟县旧庵人。精研《本草》，擅太素脉，诊病多神效。道光十一年（1831年）邑多疫，求治者踵门，赠药济贫，活人甚众。

胡宗升 生卒年不详。医家。字赐谷。清黟县人。弃儒从医,善脉诊。曾任县医学训科。有歙人兄弟来求医,其兄病重,其弟尚健,宗升诊脉毕,谓其兄"不过二剂自愈",谓其弟"肝气已改,来春病发,虽良医亦难治愈"。其后果然。知县王某赠额"跻世春台"。

胡品瑜 生卒年不详。医家。曾名在廷、怀瑾。民国时期绩溪人。随父悬壶兰溪,开设"一元堂"药店,人称"一元堂先生"。其店自制红纸膏药,拔毒生肌,疗效甚佳,远近闻名。治病辨阴阳虚实,用药因部位而异,主张局部与整体结合、内外兼治,以清为主少施手术,有内消派之称。善治疮疡、痈疽、痔瘘。

胡铁 生卒年不详。医家。字思恒,一字廷威。明祁门城西人。幼从父习医。毕生致力医术,行医邑中及东流县。后至京师,考授太医院吏目。

胡润川 生卒年不详。医家。清绩溪人。三世业医,遇贫者辄送诊给药。著有《医学锦囊》《伤寒辨微》《女科临症指南》。

胡新揖 ?~1820。医家。字佳为。清黟县人。父维迈以医名世。新揖承父业,行医数十年。晚年好静,避居广安寺,而求诊者日盈门;又避居林沥山高层岩峭壁,求诊者仍牵绳而上。乃喟然而叹:"吾能返家,死而后已。"

胡震来 1896~1943。医家。字雨田。清末民国时期绩溪坑口人。十世业医,家学渊博。少随伯父学医,足不出户三四年,广搜百家医案,精研经史医典,终融会贯通,医术超群。悬壶问世后,于贫病者不取酬,赤贫者给药。有联"识超学粹,仙手佛心"赞之。

*胡震来

查廷章 生卒年不详。医家。字礼南。清休宁人。通医术。曾与缪之伟等重订《景岳全书》。

俞世球 生卒年不详。医家。字得琈。清婺源长滩人。幼颖悟,能文章。以咸丰年间停试弃而学医,活人甚众。援例捐县丞,分发江苏,历任苏州府知事和震泽、嘉定、华亭、长洲等县丞,均有政声;旋以海运劳绩保升知县。后弃官从医。著有《麻痘新编》《经验医案》《梦兰草堂诗稿》。

俞圣瑞 生卒年不详。医家。清初休宁万安人。精儿科。治痘疹自程伯益后称高手,善于通过望诊准确判断预后及转归。传业何鼎亨。

俞启华 生卒年不详。医家。字旭光。清婺源思溪人。精于医术,远近驰名。为人治病不计酬报,善施乐助,人皆祝其长寿百岁,称之"百寿先生"。著有《医方辑要》《彩亭医案》《本草释名》等。郡侯刘额以"丰年嘉玉"赠之。

饶进 生卒年不详。医家。明祁门城西人。性木讷,学医于休宁丁公。丁公得异授,非其人不传。从之三年,日为灌园夜读书,时遭呵斥,而事之愈谨。丁公喜,自此乃口授秘旨,数日遣还。饶进得其授,自此诊人生死无不验。

施成章 生卒年不详。医家。又名天球。清婺源诗春人。善岐黄术,精制丸、散,济人甚众。邑侯吴给以"心存恺恻"之额。著有《痘疹心传》。

洪正立 生卒年不详。医家。字参岐。清歙县人。曾对龚廷贤纂辑《医学入门万病衡要》(又称《医衡》)一书加以编录。

洪玥 生卒年不详。医家。明歙县洪坑(今属徽州区)人。幼孤贫,拾薪养母。初习儒,攻学子业,后以母病而弃儒习医,精研《素问》《难经》诸书,尤长于外科。《安徽通志》称其"多起奇症,有病疽见脏腑者,投剂辄愈"。道光《徽州府志》载:"自玥之后,郡之治外科者,始有宗法。"著有《外科秘要》,未见传本。

洪奇达 生卒年不详。医家。字绍庄。清婺源官源人。善外科,喜济人利物。客居四川20余年,药多自制,施人不计酬。曾一举救活中烟毒之人40余名,士民为其请功于政府,官员赠额"好行其德"以赞。

洪桂 1829~1896。医家。字月芬。清歙县洪坑(今属徽州区)人。其家七世行医,精内科。后世辑有《洪桂医案》。

洪基 生卒年不详。医家。字九有。明徽州人。业儒,究心医籍。访求四方名方,历20载,得方以万计。择其丸、散之著效验者,制药以施人。崇祯十一年(1638年)著《胞与堂丸散谱》4卷,又名《摄生总要》《摄生秘剖》。近代刻印者,分别用《摄生秘剖》《生育宝鉴》《种子秘得》《生育指南》《摄生种子秘方》等书名行世。

姚仲南 1847~?。医家。清末民国时期祁门人,祖籍南京。医术精湛,素有"标症姚仲南"之称。热心地方公益事业,尝捐巨资倡复育婴所。

姚慎德 生卒年不详。医家。清黟县人。工医,精于外科。著有《外科方略》行世。

姚嘉通 生卒年不详。医家。字海镛。清黟县溪南人。监生。熟读《本草》《脉诀》,治宗景岳、东垣。咸丰年间随湘军诊疾，获军功六品衔。

倪前松 1780~1865。医家。原名前权，字均宜，号苍松。清祁门人。少贫甚茹苦，坚于自守，及长，悬壶于江西景德镇，每诊人疾，询其困乏孤寡则不受酬。旋以货殖多才，家事日益隆隆。

徐存诚 生卒年不详。医家。一名宗吉。明祁门城北人。家世业岐黄，祖仁斋医术精湛，驰誉州里。存诚承祖父业，精方脉，授医学训科。家设"存诚堂"蓄药，有丸有散。为人治病，只诊脉，不立方，而以所蓄之药济人，不计酬。

徐杜真 生卒年不详。医家。道聪子，元休宁人。承家学儿科，复精于诊治成人疾病。著有《徐氏方书》。

徐宗彝 生卒年不详。医官。字孝威。明休宁南街人。曾任太医院吏目。返乡后，施医不受酬。

徐春甫 1520~1596。医家。字汝元，号东皋，又号思敏、思鹤。明祁门人。幼从太学叶光山攻举子业，人称之"龄青质颖，赅博群集"。少年通达儒学，既而多病，改从邑名医汪宦学医。博通医家经典，一方一药皆穷其要义，精内、妇、儿科，治病奇中。曾辗转江浙一带行医，后迁寓顺天（今北京市）。嘉靖帝穆贵妃病危，以布衣受荐应诏，一剂便显转机，数剂而起。嘉靖四十二年（1563年）诏入太医院，授太医院吏目。隆庆二年（1568年），仿效儒学创办"文会"之例，在京发起组织中国医学史上第一个医学团体——"一体堂宅仁医会"，会名取"医为仁术，宅仁为会"之意，参会者有苏、浙、湖、广、闽、粤、川七省在京太医、名医46人，其中新安医家占12人。嘉靖三十五年（1556年）辑成《古今医统大全》100卷，其中收录已著《历代圣贤名医姓氏》《内经要旨》《翼医通考》《内经脉侯》《经穴发明》《针灸直指》《妇科心镜》《螽斯广育》《老老余编》《幼幼汇集》《痘疹泄密》《本草集要》《养生余录》。另著有《医学入门捷径六书》《医学未然金鉴》。

徐道聪 生卒年不详。医家。字士明。元末休宁人。精儿科。元末战乱频仍，婴儿多病，道聪制方授药，救活幼儿以数千计。子杜真，精方脉。

殷云舫 1854~1910。医家。清歙县南源口人。祖世春、父长裕均为名医。云舫9岁丧父，15岁从父之门人巴道明学医。精幼、痘科，有医名。所设"养真堂"药店，驰誉歙邑。

殷安涛 1854~1910。医家。字景修、云舫，号海峰。清歙县人。同治元年（1862年），奉母命从巴堂谊习医。学成归里，益勤精研，造诣日深。辨证立方，一丝不苟。遇疑难杂症，当机立断。治病不计报酬，贫病患者辄送医药。宣统二年（1910年）秋，歙南痢疾流行，日夜救治，积劳染病而卒。撰有《殷云舫医案》2卷。

唐世禄 1877~1946。医家。字受言，人称受言先生。茂修侄，清末民国时期休宁新塘舟山人。家世业医。茂修殁后，世禄承其寓，临症严谨，用药特效。抗日战争前，其门诊日达百号。授徒10余人，其中刘申之、汪念慈、胡述庭等传其术。

唐石英 1869~1949。医家。清末民国时期休宁屯溪（今属屯溪区）人。家世业医，至石英达七世。幼习儒兼从父学医。熟读《内经》《难经》诸书。父殁后，承父业，精内、外、儿、妇科，医术精湛，临症投剂辄愈，求诊者盈门，名闻皖、浙间，有"神医"之誉。民国二十三年（1934年）倡议并联络休、屯各地中医成立休宁国医公会，被推为理事长。曾任《皖南新报医药专栏主编》。著有《石英医案纪录》《唐氏临床经验续编》等。

唐茂修 1840~1910。医家。字竹轩。清休宁新塘舟山人。其先世以铃医自苏州徙居休宁，传至茂修为第八代。承祖传，对《金匮》深有研究，擅内外科，尤以治内伤疑难杂症称著。求医者甚众，民间有"五劳七伤何处治，休宁遍地问舟山"之谚。关心患者疾苦，医德高尚，常施诊舍药于贫苦患者，不取分文，救治甚众。撰有《舟山医案》6卷传世。

黄士迪 生卒年不详。医家。字纯夫。清休宁居安人。家传世业妇科，历30余代。士迪幼习经史，崇向理学，曾补县学生。后承家学业医，以儒理参会医术，"所治疗若神，平生医案积至盈尺"。

黄子顺 生卒年不详。医家。字叔和。明末休宁居安人。曾寓庐江，设粥厂赈饥。晚年喜蓄诸名家秘方，施药济人，无不效验。

黄予石 1650~1737。医家。字允陆。清歙县人。家世业医，精妇科，号曰"医博世家"。著有《妇科秘要》《妇科衣钵》《临床验案》三稿。

黄古潭 生卒年不详。医家。明黟县人。少业儒，通《五经》。以疾从医，汪机弟子。治病有卓见。著有《赤水元珠医旨》行于世。

黄仕纶 生卒年不详。天文学家。清休宁古林人。精天文术数。相传祈雨辄应验，太守尝赠以"法雨济时"匾额。

黄有祺 生卒年不详。医家。字香云。清婺源环溪人。监生。平生专医，得心应手。遇瘟疫，诊治辄效，救活甚众。治贫者疾，不取分文。著有《医余别论》。

黄光霁 生卒年不详。医家。字步周。清婺源潢川人。监生。素习岐黄术，既精，名著金陵、姑苏，人以董奉（东汉名医）目之。侍郎景濂赠额"杏林春永"。著有《本草衍句》。

黄廷杰 生卒年不详。医家。字士豪。清祁门人。好古博学，悉地理，精医术。行医皖西，凡求医之贫苦者，为立方送药，乡民德之。著有《伤寒歌诀》《杂症诗括》。妻殁时年仅及壮，念妻贤惠不再娶，课子读书，鳏居数十年。

黄竹泉 1884~1943。医家。名裕滨，又名国钧，以字行。清末民国时期歙县人。清宣统元年(1909年)，考入歙县巡警学堂。宣统三年(1911年)，奉令筹办歙南深渡警察所。民国元年(1912年)，事多演变，致所学未获展布，乃一意专攻医业。鉴于歙县中医缺乏联系，乃与毕霞轩、江友梅、江济华、黄育庭等筹设歙县中医药协会。后加入全国医药总会，并成立歙县支会，旋改组为歙县中医公会，历任执委兼主任等，维持会务，不遗余力。抗日战争时期，任第三战区难民救济委员会义务诊疗所分所长，县长楼文钊题赠"奕世戴德"。为黄氏妇科第二十二代传人。

黄孝通 生卒年不详。医家。南宋歙县人。精妇科，孝宗时御赐"医博"。

黄利中 1652~1738。刻书家。字义先。清歙县虹村人。7岁而孤，家境中落。力田之暇，稍习为书商及镌工，出售自刻童蒙书籍。及久，镌益工，售益广，凡经史、古文、诗赋、试艺无所不刻，缙绅皆乐与之交，业隆隆渐起。而黄利中益自刻苦，布衣蔬食，淡薄自甘。家置一小椟，蓄其所余，数载遂出其所储以济乡里。捐资修复村中聚源桥，以便行人。

黄迎 生卒年不详。医家。字青田。清婺源黄家人。精研医术，游江南、北，活人甚众，人以"黄半仙"称之。泰兴县令毓均叔病几不治，一剂即愈，县令因之赠额"妙手回春"。晚年好为善事，施诊施药。

黄良佑 生卒年不详。医家。字履祥。明休宁五城人。弃儒学医，擅长针灸。撰有《麻痘秘法》《本草类方》等。

黄炜 生卒年不详。医家。字用和。清婺源潢川人。邑庠生。侨居金陵，以医济世。安抚胡方伯聘其入幕，颜其居曰"煮石山房"，赠额"率真养粹"。著有《医案》8卷。

黄宗山 生卒年不详。医家。字橘泉。元末明初休宁古林人。医术精湛，疗效卓著。学士朱升器重之，徽州府赠以"医学名家"匾额。

黄俅 生卒年不详。医家。元末明初歙县人。精通医术。著有《黄俅医案》。

黄宰 生卒年不详。医家。字敬甫。明祁门人。正德年间弃儒业医。存心济世，不受酬答，贫者免费施药，数千里外病者咸来就诊。著有《针灸仅存录》。

黄鼎铉 生卒年不详。名医。字再遂。明末歙县人。家世业医，精妇科。曾应召治愈崇祯帝田贵妃病，首辅万逢年手书"医震宏都"匾额与赠，载誉返歙。

黄楷 ❶生卒年不详。医家。字端士。清休宁高堨人。所居地土质硗确，易旱，乃审察地形高下，筹资筑石䃲渠，蓄洩引灌。善医，施药济众，就诊者每脱手而愈。又擅画花卉，妙若天生，得者宝之。❷生卒年不详。书法家。字端木。清黟县四都人。工汉唐隶法。所书如苍松老桧，铁屈银蟠，居然大家。

黄德清 生卒年不详。地理学家。字廉政，号古田。元末明初祁门左田人。从戍滁州，数立战功。元亡，退隐以终。性好山水，尤精地理，与青阳张宗道为莫逆交。著有《地理契心集》《农桑备考》。

曹沧洲 1849~1931。医家。名元恒，字智涵，以号行，晚号兰雪老人。清末民国时期歙县人，寄籍吴县。祖父曹云洲，精理内科方脉，兼治外科疽痈等症，编有《叶氏医案存真》。父曹承洲，叔父曹春洲世其业，曹春洲著有《雪蘸轩集》。曹沧洲承家学，并上宗轩岐灵素、下法喻(昌)张(璐)叶(桂)薛(雪)。辨证精审，立法谨严，症必分清，方必细切。历治各症，尤精内科，医名日隆。用药以轻灵见长，多著奇验，远近求诊日以百计，时有"不及看到之病人，至曹氏门槛一坐即能愈病"之谣。对温病救治有丰富经验，其治温病初起，以透达表邪，宣泄肺胃，疏畅中宫为法。温病后期，津耗热陷，则重祛邪泄热，参以养阴扶正，往往收效。对烂喉丹痧救治亦具独到经验。自订外敷药方连城散、消坚散，方便病家。清光绪三十三年(1907年)，德宗不豫，诏征名医。曹沧洲与青浦(今属上海)陈莲舫同征入京，治得见效，由是名望益重。传用萝卜子治好慈禧消化不良症，得封官职，世称"三钱萝卜子，换个红顶子"。光绪三十四年(1908年)，因病假归，杜门养疴，谢绝诊事。手批《素灵类纂》《徐泗溪医案》等，参校刊行《叶氏医案存真》《叶选医衡》《静香楼医案》《温热论笺正》等。生平无暇著作，侄曹惕寅辑其《霍乱救急便览》《戒烟有效弊法》，弟子屠锡淇、再传弟子董雪帆分别辑其《内外科医案》2卷、《内科医案》2卷。子岳镇、岳祐、岳昭，孙凤冈、凤钧、凤闿，俱承世业。

曹启梧 1836~1901。医家。字鸣岐。清末歙县蜀口(今属徽州区)人。咸丰年间师从嘉兴名医程玉田习医，尽传其术后，回家乡行医。擅外科，凡遇疮疡痈疽顽疾，他医所不能治者，曹氏应手辄效，世称"蜀口曹氏外科"，声名远及休宁、绩溪、淳安等县。施诊时能审证求因，辨证立法精确，主张外科应注重外治法，使药性直达病所。传世验方有朱砂生肌散、玉肤止胀散、乾坤消肿散、南星外消散等，疗效显著。子承延、承隆，孙崇竹、典成，曾孙嘉耆，玄孙恩泽、恩溥，皆承其业。

曹若揖 生卒年不详。医家。字济臣。清绩溪旺川人。业医。博学能诗，兼工书画。著有《伤寒寸金》《诗韵启发》《枕流诗集》等。

曹素功 参见972页"曹圣臣"条。

康永韶 生卒年不详。天文学家。字用和。汝芳子，明祁门曲坞人。天顺年间举于乡，入国学。后选授御史，有直声。以劾大臣行私，谪顺昌。后以知天文荐，召授钦天监正，进太常少卿，掌监事。

蒋氏 生卒年不详。医家，女。程邦贤妻，明休宁人。通医学。曾为一出生七日、肛门闭锁之婴儿施行手术：以小刀刺入，排出胎粪，再以蜜蘸棉团堵塞创口，为先天性肛门闭锁婴儿手术之首例。

程士范 1892~1960。土木工程学家。行名敷模。近现代绩溪仁里人。清宣统二年（1910年）秋，以榜首入北洋大学土木工程系。后历任安徽甲种工业学校校长、上海宝山海塘工程处主任工程师、江苏省建设厅技正、安徽省建设厅技正、杭州自来水厂工程处长、上海邮政储金汇业总局副局长。

*程士范

民国二十四年（1935年）应江静请，任淮南铁路建设总工程师，全权负责修筑淮南铁路。事毕，任淮南矿路公司总经理兼总工程师、淮南煤矿局长。民国二十八年（1939年）日军入侵矿区，士范辗转至上海，开始从事上海、芜湖等地中共党组织的秘密工作。后历任安徽省人民政府委员、省工业厅厅长、省科普及科联主席、省政协副主席，并当选为第一届全国人大代表。

程大位 1533~1606。数学家、商人。字汝思，号宾渠。明休宁率口（今属屯溪区）人。少时随父外出经商，足迹遍及长江中下游一带沿江城镇。尝利用经商之便，遨游吴楚，博访闻人名士，学习算学知识且收集资料，受益匪浅。当时，有感于采用筹码计数法的不便，使之萌发编撰一部集各种算理算法之大成、雅俗共赏的算法著作之想法。40岁后，大位弃商归乡，埋头著述。

*程大位

*程大位珠算资料馆

其综合前人的数学理论，集众家之长，并结合多年钻研数学的心得体会，于万历二十年（1592年）完成了《算法统宗》的编写。是书共分17卷，所收内容丰富，其中包括加减乘除、丈量土地、计算稻米布帛、开平方、立方和解方程的运算，以及用勾、股、弦测量高、深、广、远的方法等。书中列举的595道演算题，均记载了详细解法。后大位又将该书删繁取精，缩编成4卷本的《算法纂要》，万历二十五年（1597年）刊行后，很快风靡全国。明末，日本人毛利重能将此书带回日本译成日文，开日本"和算"之先河。18世纪前后，又传入东南亚及欧洲。

程门雪 1902~1972。医家。又名振辉，字九如，号壶公，自称皖南程氏。近现代婺源溪头人。少年在沪，学医于汪莲石。后由汪引荐于丁甘仁为大弟子，在其创办的上海中医专门学校就读。毕业后留校任教，受聘任教务长兼沪南广益中医院医务主任。建国后，曾任上海中医学院院长、上海市中医学会主任委员、华东区"血防"九人小组成员、中华人民共和国卫生部科学委员会委员等职，并当选为第二、三届全国人民代表大会代表。长期从事临诊实践和中医教学工作，擅长中医内科，对中医辨证诊疗方法得心应手，对《伤寒论》和温病学说颇有研究。著有《伤寒六种》《女科三种》《温热三种》《藏心方》《叶案存真评注》《论医杂著》《诊法抉要》《程门雪医案》《金匮篇解》等，为中医学的发展和中医教学事业做出了较大贡献。

*程门雪　　　　　*程门雪处方印章

程云鹏　生卒年不详。医家。字华仲。清歙县人，寄籍江夏。喜谈王霸之道，曾匹马塞外，穷溯河源。又曾游淮河，作《河务心书》。著有《春秋约旨》《新安女行录》20卷，作《士行录》未成而卒。旁通医，著有《伤寒问答》《慈幼筏》数种，辑入《一统志》。

程少轩　生卒年不详。医家。清绩溪人。精方脉，授太医院吏目。

程公礼　生卒年不详。医家。字耆祥。明休宁人。幼有至性，事亲孝。自以家贫无以济人，遂研究方书，诊治多验。著有《医家正统》《行仁辑要》《保赤方略》。

程六如　1904~1985。医家。字冷庵，号乐贤。近现代休宁榆村人。受业于浙江吴兴名医沈懿甫，悬壶于乡里。先以疡科著名，继以男、妇、儿科树绩。曾主编《新安医学半月刊》。

程文囿　生卒年不详。医家。字观察，号杏轩。清歙县槐塘人。精于医。著有《医述》《杏轩医案》，立论严谨切要，为医家推崇。

程本邅　生卒年不详。医家。字永龄。清绩溪人。家世业医，精研《内经》及名家方书。著有《脉证指疑》《医方类》等。

程邦贤　生卒年不详。医家。字君敬。公礼子，明休宁人。父丧哀毁逾礼，日夜哭不绝声，项下顿发大瘿。遂承父业，习医，于幼科独神，人称"大瘿"先生。撰《医集大成》未竣卒。妻蒋氏、子程相，均精医术。

程芝田　生卒年不详。医家。清歙县槐塘人。世业医。著有《医博》《医约》行世。门人雷逸仙得其传；逸仙子少逸于光绪八年（1882年）著《时病论》，书中论叙本之芝田薪传。

程有功　生卒年不详。医家。字思敏。清歙县冯塘人。精深医学。著述甚丰，惜皆毁于兵火，仅存《冯塘医案》2卷。门人王履中（学健）、叶昶，均以医名世。

程伊　生卒年不详。医家。字宗衡，号月汐。明歙县人。初学儒，继以家世业医习岐黄术。精医理，撰有《释方》4卷、《释药》4卷、《脉荟》2卷、《医林史传》4卷、《医林外传》6卷、《史传拾遗》1卷，合称《程氏医书六种》。

程充　生卒年不详。医家。字用光，号后庵居士。明休宁汊口人。业儒，兼习医。见《丹溪心法》一书经后人编辑，或有重出、或有遗漏而附以他说，有失丹溪原旨，故就丹溪原著予以重订，撰为《重订丹溪心法》。后以亲疾习医，号"复春居士"。又善诗，曾在族中结诗社。著有《管天稿》。

程约　生卒年不详。医家。字孟博。南宋婺源人。世代工医，精于针灸。

程志熙　生卒年不详。医家。字赞虞，号凯堂。清婺源人。少习儒业。以父老病绝意科名，精究岐黄，遂成名医。著有《脉论》《治病杂论》。

程时彬　生卒年不详。医家。字文质。清歙县槐塘人。康熙年间以伤科名噪于世。曾孙永裕继其业，迁居吴山铺。后世称为"吴山铺伤科"，至今不衰。

程伯益　生卒年不详。医家。字长裕。明末清初休宁北村人。精幼科，与程敬通、程时卿共名噪一时，人奉为"神工"。长于望诊，一睇目能决病情轻重，投剂即效。行医凡70年。

程应旄　生卒年不详。医家。字郊倩。明末清初歙县西乡人，寓扬州行医。清康熙九年（1670年），撰成《伤寒论后条辨》15卷。康熙十一年（1672年）又撰《伤寒论赘余》。另著《医经句测》，对明程玠所撰《松崖医经》进行注解。又辑《医学分类编》，并校《河间三书》（金代医学家刘完素撰）。

程良书　生卒年不详。医家。字琴堂。清婺源溪头人。少业儒，后改事医，存心济世。遇贫者求治，辄解囊资助。从军行医，江苏巡抚薛保授五品医官，赏蓝翎。

程玠　生卒年不详。医家。字文玉，号松崖。明歙县槐塘人。成化二十年（1484年）进士。精医学，旁通天文历算。著有《松崖医经》《眼科良方》等。

程林　生卒年不详。医家。字云来。清初休宁人。先叔祖敬通为名医，其曾于叔祖处搜阅宋代《圣济总录》刊本和抄本，加以删订，编成《圣济总录纂要》。又在断简残篇中，搜集到唐杜光庭所撰《玉函经》，于顺治四年（1647年）加以校订刊行。另于康熙十一年（1672年）撰《即得方》、康熙十二年（1673年）撰《医暇卮言》、康熙十五年（1676年）撰《金匮要略直解》等书刊行。

程国辅 生卒年不详。医家。字廷佑。元末明初休宁榆村人。精儒术，尤长于医。驸马王克恭镇守新安，每延访之。王后调任福建，公主有病，仍遣人延请。所治多一剂奏效，名著于时。

程国彭 生卒年不详。医家。字仲岑，号恒阳子。清歙县人。因少时多病而刻苦学医，钻研多年，临症经验丰富，名噪于康熙、雍正年间。雍正十年（1732年）刊行所著《医学心悟》《外科十法》，多为后世医家所采用。门生甚多，授徒严谨，言教身教并重。

程国瑞 生卒年不详。医家。字静庵。清黟县人。康熙五十五年（1716年）入太医院，授御医官首领。著有《难经释义》。门人汪钰（休宁人）传其学。

程昂 1441~1520。医家。字时望，号静乐。程泰子，明祁门善和人。成化十二年（1476年）授医学训科。乡里公益乐输以赴，曾捐资建"静乐亭""竹岩祠"和石桥。

程知 生卒年不详。医家。字扶生。明休宁人。精医术。著有《医经理解》9卷、《伤寒论注》13卷、《伤寒赘余》1卷，均足启迪后学。

程建勋 生卒年不详。医家。字君望。清黟县人。乾隆年间县学生。通医，尤精痘诊，人称"天花圣手"。曾辑《痘书》，言行诊应以察色验气为主。

程政煌 生卒年不详。医家。清黟县人。精于医。著有《医学类求》。

程南 生卒年不详。医家。字圣可，号庸庵。清绩溪人。游于林壑，寓意岐黄。著有《类方秘录》《脉症应绳录》。

程相 生卒年不详。医家。字子位。邦贤子，清休宁人。性至孝，精医术。妻方氏亦精儿科。

程衍道 生卒年不详。医家。字敬通。程玠侄孙，明末清初歙县人。初为庠生，学儒兼精医术，治疾多验。曾至江苏求教于名医李中梓。明崇祯十三年（1640年），重刻唐朝《外台秘要》。撰有《心法歌诀》1卷，李中梓序之。另著《治法心传》1卷，后经程曦（锦霞）将其遗方手迹57方，于道光十三年（1833年）加以编辑注释成2卷，名《仙方遗迹》。今《仙方遗迹》更名为《程敬通医案》。

程庭祺 1670~？。医家。一名翔，字介眉，号羽翁。清祁门善和人。邑增生。以医术济世。著有《梦草吟稿》。

程绣 生卒年不详。医家。字章服。明休宁榆村人。万历年间任太医院吏目。捐私奉公，乐善不倦，村民为建"义佐国家"石坊。子程爵授光禄寺署丞，长孙梦阳授大理寺右寺正，富盛甲于一邑。

程珊 生卒年不详。医家。字文炳，号宝山。程玠兄，明歙县槐塘人。因多病，遂习医，治皆获良效。著有《太素脉诀》《经验方》等。

程深甫 生卒年不详。医家。元休宁汊口人。业儒，精于医学。曾任浙江太医提举。以应召为元帝治疾立愈，誉满南北。世有"好人程太医"之称。

程琦 生卒年不详。医家。字自超。清休宁尤溪（今属屯溪区）人。精于医，善治伤寒，独得张仲景秘旨。著有《医案草述》。

程锐 生卒年不详。医家。明徽州人。精痘科。嘉靖十八年（1539年）编纂诸家痘疹之论，成《治痘方书》。

程剩布 生卒年不详。医家。字长年。明休宁人。少时豪爽任侠，散万金不顾。万历年间移居桐乡县之梧桐乡，行医自给。每有余，辄以济人。曾为桐乡大儒张杨园诊治病症，一剂即愈。年过70岁，旅居无子，族人因移书金陵，以其弟之次子为之嗣。著有《素问发明》，张杨园为之序。入载《桐乡县志·寓贤传》。

程道周 生卒年不详。医家。又名仁寿，字颂南。清歙县舍头人。同治年间附贡生，亦儒亦医，治病有奇术。书法家杨沂孙赠联："神术君能发金匮，济人我久契灵兰。"歙县大阜某患者踵门求治，道周一见即道："神不内敛，危在俄顷，其速行！"患者大怒，转身赴村中友家，刚抵其门，仆地而亡，人以为神。著有《疡科外治验方》《锦囊医话》。子义林、孙雁宾、曾孙亦成，世其业。

程履新 生卒年不详。医家。字德基。清休宁汊口人。学医于松江名医李士材。行医苏州有年，遐迩闻名。著有《简易方论》6卷及《山居本草》。

程徽灏 生卒年不详。医家。字幼梁。清休宁尤溪（今属屯溪区）人。邑附监生。书法宗董香光，气韵潇洒。又精于医，著有《幼梁医案》。

游廷受 生卒年不详。医家。字汝承。明婺源济溪人。精医术。族子希太得其真传，治伤寒症一剂即愈，人称"游一剂"。子守正和孙公庆、公甫继其业，均以医名世。

谢养弦 1895~1949。医家。又名养园，号元漏居士。祖籍徽州，生于桐乡屠甸镇年。笃信佛教，名其室为"心无挂碍斋"。精岐黄，以医为业，颇负盛名。性耿直，不畏权势，有"狂人"之称。每遇贫病者,则送医赠药。抗日战争时期,于行医之余兼办"养园小学",收罗失学儿童。日军胁其出任"维持会长",怒拒之。

谢调元 生卒年不详。医家。字仁卿,号春谷。清祁门旸源人。以医名。行医长垣兼服贾,累资丰厚。回归乡里,于谷地辟池亭,题额"春谷"。其孙谢德,字士行,尝采集诸所颂美者,辑为《王源春谷录》。

詹天佑 1861~1919。铁路工程专家。字眷诚。清末民国时期婺源庐源人,出生于广东南海县。早因其祖詹世鸾(字鸣和)承家业经商业茶,偕家寓居广州。清同治十一年(1872年),天佑作为清廷第一批官费留美出洋幼童,前往美国学习。次年,入美国康奈狄克州威士哈芬(West Haven)小学,寄宿校长诺索布(L.H.Northrop)家中。光绪四年(1878年),考入耶鲁(Yale)大学雪菲尔德(Sheffield)理工学院土木工程系专习铁路工程。光绪七年(1881年)毕业回国,入福州船政局水师学堂学习驾驶。光绪十四年(1888年),通过留美同学邝孙谋的推荐,受聘天津中国铁路公司帮工程师,参与修筑(天)津(塘)沽铁路,开始从事铁路建设生涯。光绪十七年(1891年),参加修筑天津到山海关的津榆铁路。首次使用"压气沉箱法"修筑滦河铁桥桥墩基础获得成功,解决了英国工程师因滦河水流湍急、洪水冲毁木桩而无法施工的困难,引起中外注意。光绪二十年(1894年)被选入英国土木工程师学会会员。光绪二十八年(1902年),被派参加自帝俄手中接收关外铁路;是年秋,任新易铁路总工程师。事毕,清廷赏知府衔、以道员选用。寻因父病故,回广东。光绪三十一年(1905年),由直隶总督、督办铁路大臣袁世凯举荐,出任京张铁路总工程师兼会办,光绪三十三年(1907年)升任总办局务。京张路全长180千米,又桥梁2 300余米,天佑把全路工程分为三段。当年十月初二动工,次年一月初六丰台至南口段开始铺轨。八达岭隧道长1 091米,天佑打破常规,创造性地从隧道通过之山坡开凿两口竖井,垂直下去连同隧道两头六面同时开凿,大大加快了工程进度。居庸关、八达岭一带地势陡峭,坡度大,其采用"人"字形线路,并设计两辆机车推挽列车的配套方案,使列车顺利爬过陡坡。宣统元年(1909年)十月初二,京张路通车典礼在南口车站举行。为表彰天佑的功绩,清政府授予其工科进士第一名,邮传部奏请以丞参候补;美国工程师学会也接纳天佑为该会会员。此后,历任商办川

*詹天佑

汉铁路总工程师、张绥铁路总工程师、河南铁路公司顾问工程师、商办广东粤汉铁路有限公司粤路段总理兼总工程师、汉粤川铁路督办等。民国六年(1917年),担任交通部铁路技术委员会会长,主持拟定中国国有铁路标准。著有《华英工学字汇》《京张铁路工程纪略》等。

詹文昇 生卒年不详。医家。字旭初。清婺源环川人。弃儒就医,活人无数。有请即往,不计诊金,人称"痴先生"。著有《医学十四种》。

詹汝震 生卒年不详。医家。字公远。清婺源秋溪人。承祖传医术,治多奇效。尝精录方书,授梓《经验良方》。旁通卜筮、堪舆等书,手抄成帙,毫釐不倦。

詹应城 生卒年不详。医家。字贞子。清婺源人。幼习举业。后以"济人莫如良医"律己,乃精研岐黄术。治多奇效,乡绅赠额"春满杏林"。子新兰,传其业。

詹钟珣 生卒年不详。医家。字含辉。清婺源庆源人。国学生。素精医术,以利济为本,不受酬,人称"有脚阳春"。在里义举尤多,诸如修路葺桥、周贫济乏、修祠宇、置祠田,均不惜捐资。著有《外科集验》。

鲍山 生卒年不详。医家。字元则,号在斋,别号香林主人。明末婺源人。筑室黄山白龙潭上,隐居七年,备尝野蔬诸草,别其性味,详其调制,次其品汇,著为《野菜博录》并图绘其形。

鲍子义 生卒年不详。医家。清黟县北庄人。精小儿科,尤擅痘疹。有3岁小儿患痘疹,其痘细碎,红紫不分,鲍谓"医则死,不医则瞎",未下药。后果如其所论。

鲍同仁 生卒年不详。医家。字国良。元歙县人。精于针灸,"凡四末受邪,痛疽瞋眩,治无不中"。著有《通元指要》《经验针法》等。

鲍宜翁 生卒年不详。医家。五代婺源人。少学医于江松壑之门,及长以博济为怀。居常凡先民之言能劝世者,辄书而刻之,于每岁四月授予四方来者,劝人为善。

鲍集成 生卒年不详。医家。字允大。鲍漱芳胞兄,清歙县棠樾人。习疡医三年,试之颇效,又遍览医籍加以印证。远近就诊者无虚日,名闻皖浙。凡所经验,均随记其方,久而成帙,编成《疮疡经验》3卷。首述疮疡各症,次及杂症、幼科屡验之方。嘉庆三年(1798年),胞弟漱芳为之分类,汇集为4卷。

潘大槐 生卒年不详。医家。字公植。清婺源桃溪人。嗜学,博涉群书。尤善医学,投剂多奇效。其门士,皆有名于当世。

潘元森 生卒年不详。医家。字茂堂。清黟县城西人。附贡生。出身于名医世家,承家学而尤擅幼科。求医者满庭,贫者每不受酬。著有《可行集》《草略》行世。

潘文源 生卒年不详。医家。字本初。清婺源桃溪人。少业儒,及长改学医,即精工。所投剂辄效,日求诊者盈门,遇贫者概不责酬,且给惠助。行医30余年,而家无数亩之蓄。著有《方脉纂要》20卷。子大桂,继其业。

潘为缙 生卒年不详。医家。字云师。清歙县人。少时游学江苏吴县,于书无所不窥,极受娄中名士赏识。弱冠染血症,医不能疗,遂遍考医经本草,洞悉阴阳升降之理,顿悟"人身乃一小天地,水枯则火旺"。由明末李时珍《本草纲目》知童子尿可养水制火,饮服数年而愈。康熙五十一年(1712年),辑成《血症经验良方》,并广为印送,造福苍生。

潘伦 生卒年不详。医家。清休宁人。精儿科,著有《痘疹约言》。

潘国珍 生卒年不详。医家。号梅溪。清婺源桃溪人。以廪贡生肄业国子监得教职。后改官南河,由县丞荐升府同知。通文学,精岐黄。著有《医门汇要》8卷、《困勉斋笔录》1卷、《古今体诗》2卷、《韫玉山房文存》2卷等。

潘登云 生卒年不详。医家。字学廷。清婺源芳溪人。监生。精医术,多奇效。痘科尤善,活小儿无算。著有《痘科全书》。

戴式信 1810~?。医家。字以成。清婺源桂岩人。祖逢瑞行医苏、浙,洁己济人。式信承祖业,活人甚众。同邑齐彦槐赠联云:"六代苦心传扁鹊,一生清节学夷鱼。"光绪十五年(1889年)80寿辰,诏赐冠带。子崇杆、孙经阶世守其业。

戴谷孙 生卒年不详。医家。清休宁人。精医术。著有《谷孙医话》。

戴荣基 生卒年不详。医家。字子初,号梅泉。清黟县际村人。医术精湛,著有《医学汇要》。

戴朝显 1869~1941。医家。号在廷,别名元信。清末民国时期黟县人。曾祖、父俱精于医,朝显弃儒从之。施治病者慎于用药,立方不标新立异亦不泥古不化,主张细察病源、辨证施治,王仲奇誉为"新安流派后继之佼佼者"。民国十六年(1927年)黟邑疫病流行,免费施药。平日施治,于贫者亦免收诊费。有四子,均承其志。

[十三] 徽州人物

文学艺术 / 体育杂艺 / 科学技术 / 人文宗教 / 经济实业 / 政治军事

丁云萼 生卒年不详。篆刻家。字佩芳。清黟县人。善篆刻，著有《印谱》1卷存世。

丁云鹏 1547~1628。画家。字南羽，号圣华居士。明休宁人。其父丁瓒擅长丹青，云鹏自幼受父熏陶，喜爱书画。万历五年（1577年），拜书画家詹景凤为师，精研艺理，画技大进，声名日著。又与董其昌交往密切，董曾赠其印章"毫生馆"。40岁左右奉诏入宫担任画师，50岁后返乡。晚年栖居黄山禅院，助普门和尚创建慈光寺。绘画作品以人物画居多，白描释道人物得吴道子、李公麟神髓，线条飘逸柔韧。代表作有《古佛调狮图》《白马驮经图》等，存于歙县小溪村寺院的水墨观音像则为壁画人物名品。山水画早年工细，后取法文徵明，笔墨则与詹景凤相近。日本东京松涛美术馆藏有其《夏山欲雨图》。尝与歙县黄氏刻工合作，绘制了大量书籍插图和墨谱，如为程大约、方于鲁绘制《程氏墨苑》《方氏墨谱》等。对黄山、齐云山有细致观察，作有《黄山总图》《白岳全图》，采用传真手法对两山进行全景式描绘。

*丁云鹏

丁自宣 生卒年不详。诗人。明休宁人。隐居不仕，结茅黄山，累年不出，与潘之恒、王之杰等游山吟咏，交谊甚契。万历三十八年（1610年），潘之恒复举天都诗社，自宣与弟廪采及鲍正元、吴士奇等过之恒有苞堂，咸与入社，尝买云涛庵山地东至祥符寺界，南至云门峰麓，后尽输给慈光寺，以供樵采。

丁俊 生卒年不详。画家。又名琦士、柳塘、莲砂、筠轩。清休宁人。嘉庆十一年（1806年）恩贡。善绘事，所画墨笔《山水小景册》，放笔草草，颇具工力，一洗临摹习气。道光三年（1823年）修《休宁县志》，由其补绘海阳八景及岐山、还古书院图。

丁惟暄 生卒年不详。诗人。字以舒。明万历年间休宁西门人。国子监生。博洽古今，善属文，喜吟咏，各贤多与之游。著有《官浒集》。万历二十七年（1599年），邑令鲁点主纂《齐云山志》5卷，惟暄参与其事。

丁僎 生卒年不详。诗人。字文同。清黟县三都（今碧山村）人，寓居如皋。工诗。著有《碧山草堂吟稿》，康熙四十四年（1705年）广陵李于涛为之序。

马惠 生卒年不详。诗人。字天石，号秋水，一号梦桥。清祁门城东人。天资聪敏，9岁能文。博通经史，工诗、古文辞。乾隆四十五（1780年）与乾隆四十九年（1784年），两次迎銮献诗赋，钦取二等。乾隆六十年（1795年）中恩科举人，旋补海州学正。后卒于官。著有《小草山房诗文集》《黄山游草》《幽芳录》。其诗雍容尔雅，与歙县吴野马齐名，为"新安七子"之一。

马锡仁 生卒年不详。诗人。字体乾。清祁门城北人。廪生。少苦志力学，诗词多忧患沉郁之思。著有《蜨岑诗草》。

马锡庚 生卒年不详。诗人。字西甫。清末祁门城东人。工楷书，善诗。著有《樨圃诗存》。

马豫 生卒年不详。诗人。字启明，号斗山。马惠子，清祁门城东人。道光年间优廪生。著有《启明诗稿》。

王大凡 1886~1960。书画家。名堃，别号希平居士、黟山樵子。近现代黟县人。12岁至景德镇学绘瓷，拜婺源人汪晓棠为师，主攻人物，兼画山水、花鸟。民国四年（1915年）作《富贵寿考图》人物瓷画，获巴拿马万国博览会金质奖章。民国十三年（1924年）与王琦等人组成景德镇陶瓷美术研究社，任副社长，石印画谱，编写教材，办社报，出会刊，办画展。民国十七年（1928年）组织"月圆会"，参与者共8人，称"珠山八友"，并作《珠山八友雅集图》。曾针对当时崇尚洋彩之现象，首创"落地粉彩"陶瓷技法。又善诗，著有《希平草庐诗草》。

王友亮 1742~1797。官员，文学家。字景南，号葑亭。清婺源漳村人。乾隆三十年（1765年）领顺天乡荐。乾隆三十四年（1769年）会试授中书，派军机处行走，以精明勤慎为刘文正器重。乾隆四十六年（1781年）成进士，改授刑部主事；旋擢员外郎，总办秋审，疑狱多所平反。后历官通政司参议、太仆寺少卿、通政司副使，赠中宪大夫。生平邃于学问，工文章，尤以诗名。著有《双佩斋文集》《葑亭文集》《双佩斋骈体文》《双佩斋诗集》《视漕小草》《金陵杂咏》等。

王少华 生卒年不详。词人，女。字浣芗。知府王廷言女，陈其松妻，清婺源漳溪人。撰有《浣芗词》，徐乃昌《小檀栾室闺秀词钞》著录。

王孔嘉 1871~1919。戏曲家。字靖邦，自号醒世山人、悟真子。清末民国时期歙县长标人。秀才出身。后辍举子业，设蒙馆授徒。曾延韶江人传目连戏单片本未果，遂遁居劝善楼经年，编辑《梁武帝》《劝善记》《罚恶记》《解司记》《西游记》等5册总纲。书成，组班聘浙江开化县艺人教习，名"劝善班"，自任班主兼饰丑角。其子有生任司鼓及第二代班主。曾将目连戏锣鼓乐曲汇集成册传世，名《工尺汇集》。

王玉芬 生卒年不详。诗人，女。字华芸。两淮都转盐运使王凤生女，清婺源漳溪人。仁和同知严逊继室。夙耽吟咏，著有《江声帆影阁诗》，清潘衍桐《两浙𫐓轩续录》著录。

王玄度 1602~1656。书画家。字尊素，号符素。明末清初歙县王干人，寓居江都。诸生。工古文词。书法初学颜真卿，后宗"二王"。间画山水，江淮人得其片纸，珍藏若宝。晚逃于禅。著有《轩辕阁集》。

王伦 生卒年不详。画家。一作国隆，字仲道。明歙县人。工人物、山水。

王纫佩 1856~1891。诗人，女。字韵珊。江西道员江峰青妻，清婺源人。幼聪慧，入塾读书，过目不忘。书法秀润，能属文。著有《佩珊珊室诗存》1卷，凡诗104首，并附有所作《牙牌词》《天缘配合图》《藕断丝连图》。

王圻 生卒年不详。书画家。又作王畿，字郇雨，号西溪。清歙县人，寄籍浙江湖州。能诗工书，善画兰竹，晚年益工。子宝锤，工花卉，画宗南田。孙王淦，号滨石，工画竹。

王声 生卒年不详。篆刻家。字振声，一字寓恬，号于天。清歙县人。工篆刻，宗法汉印，刀法自然活泼，不事修饰，布局直追汉人，以平整见长，尤善治小印。与董洵、巴慰祖、胡唐合刻《印存》1卷，即《董巴王胡会刻印谱》，共4册，其中振声一册，共印29件，多是替董洵、巴慰祖、胡唐所刻，自用印2件。有民国六年（1917年）锌版影印本行世。

王步霞 1889~1943。书画家。名绍隽，号子翁，又字村鸥，别号宅五居士、归山居士。清末民国时期歙县蔡坞人。热心教育，蔑视权贵。工书，学何绍基，活泼流畅，洒脱矫健。擅画，以兰草、竹石闻名，尤善白菜。能诗，通俗易懂，寓有生活哲理。因从事进步活动而遭通缉，流落浙江嘉兴、杭州，开设书画店谋生。经商期间，因组织船业工会入狱，后被保释。民国二十八年（1939年），避乱返歙，寓居歙南深渡。村民索画，一挥而就，喜在作品钤"不受促迫"印。著有《村鸥诗集》。

王言 生卒年不详。篆刻家。字纶紫，一作纶聊。明末清初休宁城北人。诸生。汪俌门人。长于诗，精秦汉篆刻，画仿米氏，书兼正草隶篆，尤长于八分。与江注（允疑）齐名。《啸虹笔记》称其"篆书出赵宦光之上，隶书直追中郎，至于行楷，各尽其妙"。

王绍娴 1905~1935。诗人，女。瑾伯女，汪定执次子邦钟妻室，清末民国时期歙县人。贤而能诗。所作多不存稿，仅遗《西泠垂钓图》1首。

王胜甫 生卒年不详。画家。元婺源人。善绘事。休宁名儒陈栎称胜甫工绘人物，尤传神。

王起龙 生卒年不详。画家。字德见。清婺源慈坑人。祖雨峰、父荆山，世以丹青著名。起龙尤长于花鸟、人物，所画为名公巨卿所珍。写真得神，有颊上三毛遗意。子自吉，亦以画名家。

王梦弼 生卒年不详。篆刻家。字叔卿。明歙县人。善刻印。

王维馨 生卒年不详。画家。字心荃。清歙县人。工山水。尤善模仿各家，均能肖似。嘉庆八年（1803年）曾摹名家山水册12册。又尝与王谷原合作《饯春图》。

王棠 生卒年不详。诗人。字勿剪，一字名友。清歙县王干（今属徽州区）人。王泰征子。性通达，不修边幅。足迹遍及江淮闽越，所至多有吟咏。著有《燕在阁文集》50卷和诗集50余卷、《知新录》32卷及《汉乐府古诗十九首笺》《〈离骚〉〈天问〉注》《陶诗集注》《〈世说新语〉解》。

王鼎 生卒年不详。画家。字定周。清黟县城南人。善画松，高古苍劲。山水师郭照，花鸟师黄筌，人物师韩幹。亦能诗，惜未辑刊。

王毂 生卒年不详。篆刻家。字御辀，号东莲。清黟县人。少嗜临池，精鉴赏，访求周彝秦鼎法帖碑版不遗余力。后从事六书研究，爱好篆刻。常与吴兆杰、汪肇隆探讨六书渊源，切磋刀法急凿缓铸之道，章法、刀法深得古意。

王楫 生卒年不详。诗人、书法家。字汾仲。清黟县七都人，寓居金陵上新河。生平喜交游，相往来者多为当时名士。工诗文，善书法。泰山上"巍巍荡荡"四个大字为其手笔。著有《江栖阁诗集》8卷。

王瑶芬 生卒年不详。诗人，女。字云蓝。两淮都转盐运使王凤生女，云南顺宁知府桐乡严廷钰妻室，清婺源漳村人。著有《写韵楼诗钞》1卷。

方士亮 生卒年不详。画家。字君绳，号慕庵。明歙县岩寺（今属徽州区）人。崇祯四年（1631年）中进士，历嘉兴、福州推官，擢兵科给事中。善画，晚年尤工画竹。

方士庶 1692~1751。画家。原名洵，一作循远，号环山，又号研云、小狮道人。清歙县石川人，侨居扬州。幼聪慧，作文多奇思。因乡试屡不第，遂弃科举营商，以盐为业。与徽商马曰琯、马曰璐兄弟往来甚密，是常出入马氏小玲珑山馆墨客之一。曾求教于名画家黄鼎，画艺大进，气韵骀荡，有"出蓝之誉"。后广征博取，远宗黄公望、王蒙，兼学沈周，近师王翚、王原祁，确立了笔墨醇厚、清润雅致的风格。山水画造诣颇高，时人推为王原祁后第一。兼善花卉写生，得意之作皆钤"偶然拾得"小墨印。其把绘画看做是表现画家主观情思和笔墨意趣的载体，认为"山川草木，造化自然，此实境也；因心造境，以手运心，此虚景也。虚而为实，是在笔墨有无间衡是非，定工拙矣。"倡导以笔墨的精妙，于天地之外别构一种灵奇。书法端秀，行楷结构严谨，纯学董其昌。更以诗作享誉维扬，为乾隆前期扬州五大名家之一，与厉鹗、胡期恒、唐建中、姚世钰齐名。著有《环山诗钞》1卷、《天慵庵笔记》2卷。

方士廉 生卒年不详。画家，诗人。字右将，号西畴，又号蜀泉。士庶弟，清歙县环山石壁下（今属徽州区）人，侨居江苏扬州，寄籍江苏仪征。附贡生。博雅工诗，精于绘事。与马曰琯、马曰璐、农金、厉鹗、全祖望等名士为诗友，结寒江诗社，时有唱和。笃于乡情，酷爱故土，虽客寓扬州，亦时返故里，摄取故里风物、民俗入诗。乾隆十四年（1749年）梓行之《新安竹枝词》36首，风格质朴，脍炙人口。尝建宗祠于扬州，并置祀田，聚族人之商于扬州者，属修祀事。乾隆十六年（1751年）岁饥，出千金助建惠济仓。又于本里设义塾，助亲族中贫不能婚娶者。人欠巨款不能偿，愿质以田地房产，辞而不受。著有《西畴诗钞》4卷行世。年逾70卒。

方大炜 生卒年不详。画家。原名兖，号补堂。清歙县人。能诗，工画山水。

方元鹿 生卒年不详。书画家。字竹楼，一作苹友，又号红香词客。清歙县人，侨居江苏镇江。能诗。善画，山水工细，似李龙眠。墨竹尤佳，能以书法行乎其中。亦工书法，楷书近衡山（文徵明），行书兼苏（轼）米（芾）。著有《寒衾集》1卷。

方元焕 生卒年不详。画家。字晦叔、子文，号两江，自署方氏季子、小山居士。明歙县联墅（今属徽州区）人，占籍山东临清。嘉靖十三年（1534年）举乡贡，以擅行草名重于时。安徽省博物馆藏其字轴，邑人许承尧记云："歙县张志节概传，明方元焕字两江，联墅人，山东榜举人。工书法，名重当时，有'家无两江字，不是大人家'之说。严相寿，意两江书屏，称疾不应，严罢斥后，人称其明哲。"又藏粗笔山水条，自题诗："江水连天色，氤氲佳气浮。微薄烟树里，独见有渔舟。"署款"两江"，有"两江方氏季子印"印，"小山居士"朱文圆印，与上方轴款印同。北京故宫博物院藏元焕《行草千字文》20册，纸本，为明嘉靖四十三年（1564年）作。

方文隽 生卒年不详。书法家，篆刻家。字啸琴。清歙县人。工八分书。尤精鉴别，家藏有秦汉印谱数十种。篆刻每奏一刀，骎骎入汉人之室。

方亢宗 生卒年不详。画家。字麟振。明歙县人。工山水、花鸟。

方玉瑽 生卒年不详。诗人。字兆玉。清祁门城北人。康熙年间岁贡生。尝与陈希昌等合编《祁诗合选》，另著有《杏墩留书》。

方世振 生卒年不详。画家。字子玉。明歙县人。工人物、山水、花鸟。

方式 生卒年不详。画家。字学棱，号印潭。清绩溪人。擅丹青，长于山水。乾隆年间《绩溪县志》名胜诸图，皆出其手。

方式玉 生卒年不详。画家。字玉如。清初歙县岩寺（今属徽州区）人。顺治元年（1644年）以贡生授昆山训导。工诗，尤长于画。精研雅乐，绘刻为图，悉如阙里。又作《格庵山水合锦卷》，精美无匹。著有《涉江草》《醉翁石照诗》《集杜诗》。

方成培 1713~？。剧作家。字仰松、后岩，号岫云。清歙县横山人。早年多病，遂绝科举入仕之念。居家闭门读书，修习医理、乐理及儒道经典，尤以乐律造诣精深。著有《听奕轩小稿》《香研居词麈》《香研居谈咫》《方仰松词椠存》等。戏曲作品有传奇《双泉记》和《雷峰塔》两种，前者在清代已被列为"违碍书籍"，今已不传。《雷峰塔》原有两个本子，一是黄图珌本，另一是两淮盐商延请名流撰写的新本。成培认为此两本均有不足，故而重撰《雷峰塔》。修改后的本子与黄图珌的《雷峰塔》相比，新增了"求草""水斗""断桥"等重要场次，故事情节更完善，白蛇形象更完美，剧中的法海则成为破坏他人幸福之恶势力的代表人物，因而作品的思想性有进一步的提高。闲暇时习篆刻，专攻程邃一家，风格古致磊落。非知音、佳石，不屑奏刀。同汪启淑交情深厚，为其刻印多方，收录于《飞鸿堂印谱》。并著有《后岩印谱》

行世。业余还习医，与喉科名医郑梅涧为至交，曾助郑氏纂辑《重楼玉钥》和《重楼玉钥续编》。其著述另有《听奕轩小稿》3卷、《金华金石文字记》1卷、《香研居谈咫》1卷。

方回 1227~1307。诗人、诗评家。字万里，号虚谷。宋末元初歙县临河（今属徽州区）人。出身于缙绅之家，幼时父遭贬谪，由叔父教养成人。才华早露，青年时即以文名享誉乡里，郡守魏克愚特聘之为郡府幕宾。南宋景定三年（1262年）以别院省元及第，授随州教授，旋升迁为严州知州。元兵南下，在任迎降，受命为建德路总管。后遭罢免，寓居钱塘，徜徉湖山之间，以诗书自娱。醉心于唐、宋律诗的选评，编著有《瀛奎律髓》一书，在理论上标榜"江西诗派"的主张，并对"江西诗派"进行了全面系统的总结，首倡"一祖三宗"论（即以杜甫为一祖，黄庭坚、陈师道、陈与义为三宗）。诗歌创作平易朴实，以反映民生疾苦见长。文章尊崇朱熹，文字简单扼要。著有《桐江集》《桐江续集》《续古今考》《虚谷闲钞》等。

方廷玺 生卒年不详。书画家。字信之。明歙县人。能诗，擅书画。

方竹 1713~1795。书画家，篆刻家。行名元钦，字瞻录，号白山。清绩溪人，后迁居冬青岭。岁贡生。工诗善画。书法师欧阳修、苏轼、米向阳，苍劲中姿媚自生。作画尤爱墨梅，槎枒数十重，悉含生气。尤精篆刻，曾刻"寄居梅间竹里，结庐霞水云间"一印，嵌入居地附近4村名。著有《抱山初集》及二、三、四集和《白山集》《汲古斋文集》《庄子闲评》等。

方仲艺 生卒年不详。篆刻家。清歙县人。工刻牙与黄杨印章。周亮工所用印，均出其手。

方向 生卒年不详。画家。又名问孝，字胥成。明歙县人。能诗，工画山水。著有《苍耳斋诗集》。

方兆曾 生卒年不详。画家。字沂梦，号省斋。明末清初歙县人，侨居芜湖。工山水画，能诗，与汤燕生友善。著有《今古四略》《诗集》。

方如川 生卒年不详。诗人。字雨村。清歙县人。能诗，著有《粤游吟草》，洪亮吉、鲍桂星、汪桂为之序，嘉庆年间梓行。诗极秾砺。

方启蒙 生卒年不详。画家。字凡庵。清歙县人。工写墨兰，每幅千本，淋漓可观。

方岳 1199~1262。诗人。字巨山，号秋崖。南宋祁门城北人。自幼聪敏，人称"神童"。绍定五年（1232年）中进士，授南康军教授。后官至袁州知州。其气貌清古，声如钟，性刚正，所居何家坞自名为"归来馆""荷嘉坞""著图书所""茧窝"。著有《宗维训录》10卷、《重修南北史》117卷，今皆不传；唯《秋崖小稿》83卷行世。擅诗，受杨万里、范成大影响，以疏朗淡远见长。洪焱祖称其"诗文四六，不用古律，以意为之，语或天出"。所作表、奏、启、策，用典精切，文气纡徐畅达，为时人所称道。议政论事之文，流畅平易，且颇有见地。词作属辛弃疾派，善用长调抒写国仇家恨；词风慨慷悲壮，豪气不减辛弃疾与刘过。

方庙桂 1896~1967。徽剧艺人。近现代歙县蜈蚣岭人。工武旦，精于昆腔、秦腔。技艺、扮相皆妙，高跷功尤为出色，在徽州、淳安一带颇负盛名，人称"庙桂旦"。曾组织"笑舞台"并自任班主。擅演《新安驿》《梁红玉杀四门》《水斗》《断桥》《汴梁图》等。新中国成立后曾聘入安徽省徽剧团任教。

方秋宇 生卒年不详。诗人。清歙县人。气度伟岸不群，长于诗。隐于黄山，以吟咏自适。著有《钝人萍问》。

方乾 生卒年不详。画家。字又乾，号希仙。清初歙县岩寺（今属徽州区）人。工山水、花鸟，秀韵闲逸，超妙入神，与宋人同工。

方梅 生卒年不详。画家。字圣一、圣因，号雪屏、抱璞山人、白岳山樵。清歙县人，寄籍石门（今浙江崇德）。书摹海岳（米芾），画梅菊兰竹杂卉，得赵孟坚笔意，兼善山水。蒋宝龄见其《瓶菊图》，称"有徐渭风趣"。性豪放，好浏览。晚岁无家，卒于僧舍。亦能诗，著有《雪屏诗存》。子薰，能世传家学。

方辅 生卒年不详。书法家，制墨家。字君任，号密庵。清歙县岩寺（今属徽州区）人。工书，法苏（轼）米（芾），能擘窠大书，尤善分隶，曾游汉皋，作"大别山"三字，方3米有余，沉着飞鸷。后同邑鲍桂星视楚学时为镌于山崖。与金农相得。兼善制墨，名品有"桐膏""开天容""点漆""仿隃糜"等。其墨磨研至尽，砚台不留渣滓。著有《隶八分辨》《集大成解》《学术辨注》《异学辨注》《茹古斋稿》等。

方婉仪 1732~1779。画家，女。又作畹仪，字仪子，号白莲居士，亦号朱华诗林中人。河南怀庆守愿瑛孙女，罗聘妻，清歙县联墅人。从夫罗聘习画，聘称其有出尘之致。工梅、兰、竹、石，一枝半叶，点染翰墨，瘦影疏香，自有意趣。所作《涉江采芙蓉图》，淡冶清妙，用"两峰（罗聘号）之妻"小印。又工诗，受学于沈子亦。著有《学陆集》《白莲半格诗》。

方维 生卒年不详。画家。字尔张。明歙县人。工山水、佛像。

方琦 生卒年不详。画家，雕刻家。字诗僧。清末民国时期绩溪竭头人。善画山水、花卉。精雕刻，于方寸瓷瓶刻《兰亭序》全文，字体维肖。原在杭州鬻艺为生，抗日战争期间返里，旋病故。

方掌珍 生卒年不详。诗人，女。字伯珠。潘世镛妻，清歙县人。著有《琴言阁诗集》4卷，《安徽才媛纪略》著录。

方善 生卒年不详。画家。字水若。明歙县人。工画山水、花鸟、佛像。

方筠雪 生卒年不详。诗人,女。太学方澍长女,休宁程先勋妻,清初歙县人。清汪启淑《撷芳集》著录其《鹤汀余草》。

方薰 1736~1799。画家。字兰坻,一字懒儒,号樗庵、长青。清歙县籍人,先世由歙迁居石门(今崇福镇)。生而敏慧,幼承家学。15岁随父游三吴两浙,交往于士大夫之间,以画见重一时。性高逸狷介,朴野如山僧,醉心书画,以布衣终身。与杭州奚冈交契甚深,被誉为"浙西两高士"。后侨寓嘉兴梅里,中年入赘梅里王氏。父殁后寄寓桐乡。著有《山静居诗稿》8卷,程同文为之序;另有《山静居词稿》1卷、《题画诗》2卷;又《山静居画论》2卷,对后世画坛影响尤大。

方翼 生卒年不详。书画家。字子飞,号倦翁。清歙县人。擅指画山水、花鸟,法高其佩(且园),气韵生动。书法亦圆润。安徽省博物馆藏其墨笔《岩兰竹》条生动健秀,与高氏异趣。款书"倦翁",有"翼"一字朱文印。

方璧 1914~1942。戏剧演员,女。原名彩菱,又名彩琳。民国时期歙县王渡人。早年寓沪教书,在袜厂做记账员。民国二十七年(1938年),经作家胡兰蛙介绍,赴延安抗日军政大学二分校学习,次年七月分配至晋察冀军区抗敌剧社,从事文艺创作和演出,被军区授予模范社员称号。民国三十一年(1942年)四月十二日,在悸县(今平原县)神岗头村演出,次日被日寇包围,在突围中牺牲。民国二十九年(1940年),在话剧《日出》中成功塑造了"小东西"的形象,聂荣臻司令员夸奖她"演得有感情,活灵活现"。曾创作《小玲子》和戏剧《街头小景》《一块去》等。

巴慰祖 1744~1793。篆刻家。字隽堂、晋堂,号予籍,又号子安、莲舫。清歙县渔梁人。出身于徽商世家。家藏法书名画、金石文字、钟鼎尊彝甚多,工篆隶摹印。篆刻初宗程邃,后深得秦、汉精髓。其印作"巴予藉""下里巴人""遁夫"等,篆法雅妍端庄,刀法光洁细润。"己卯优贡辛巳学廉"朱文印,篆法近于六朝、唐、宋之朱文印,笔力厚实,稳健圆转;刀法近于汪关、程邃稳健平和之作风,边款则用程邃双刀冲刻。乾隆三十九年(1774年),尝借金榜所藏之明顾氏《集古印谱》墨拓卷本,摹刻印作230方,并仿效顾氏卷子作墨钤本行世。此后,注意把玺印文字的率意同汉官印的端正巧妙地结合在一起,力求打破明人"款识篆"的乖异。又

*巴慰祖"乙卯优贡辛巳学廉"印

善作画,山水、花鸟均皴染。著有《四香堂摹印》2卷、《百寿图印谱》1卷。

孔端木 生卒年不详。文学家。曾名端朝,字子与。宋徽州人。孔子四十八世孙。南宋建炎年间为黟县令,遂家歙之城南。传八世曰克焕,为学正,偕弟克炜、克新、克文迁绩溪八都,以文学知名,至老名益高。著有《南渡集》10卷。

石芝 生卒年不详。诗人。字眉士。清绩溪人。郡诸生。著有《鹤舫诗词》2卷。

叶大红 生卒年不详。画家。字道一,号无佛尊者。清休宁屯溪(今属屯溪区)人。工画芦雁,师事边寿民。亦工花卉。

叶为铭 1866~1948。篆刻家。初名铭,字品三,号叶舟,自称"新安叶氏"。祖籍歙县,寄籍杭州。博学多识。精篆刻,尤善刻石拓碑。清光绪三十年(1904年)与丁辅之、王福庵、吴潜泉等创建"西泠印社"于西湖孤山,为印人聚会之所。著有《广印人传》《金石家传略》《叶氏印谱存目》《歙县金石志》《列仙印玩》等。

叶以群 1911~1966。文艺理论家。笔名华蒂、以群。近现代歙县人。早年留学日本东京法政大学。民国二十年(1931年)回国,任《北斗》《青年文艺》等刊物主编。次年加入中国共产党,同时加入中国左翼作家联盟并曾任组织部长。抗日战争期间,相继参与《抗战文艺》《文艺阵地》《文阵新辑》等的编辑。毛泽东赴重庆谈判时,组织重庆文艺界人士与毛泽东会见。曾任文化部对外文化联络局副局长;后返回上海,历任华东与上海中苏友好协会副总干事、上海电影制片厂副厂长、上海文联副主席、上海作协副主席、上海文学研究所副所长,《上海文学》和《收获》杂志副主编等。

叶权 生卒年不详。诗人。字时中。明休宁人。性豪放,好远游,尝游吴、越、闽、广、燕、赵间,博学多见闻,工诗文。钱谦益《列朝诗集》选权诗作,称其《巫山高》诗中"月下人嗟夜夜楼,江边花发年年树"句,为时人称赏。以布衣终老。

叶达仁 生卒年不详。画家。字尊一,号无佛尊者。清休宁黎阳(今属屯溪区)人。工画芦雁。师事边寿民,亦工花卉。安徽省博物馆藏其白描《折枝桂》一页,秀润清洁,题五言绝句一首。又《庆余图》轴,写意蒲艾数事,亦甚生动,乾隆四十九年(1784年)书,款署"叶达仁写",有"无佛尊者"印。

叶朱 生卒年不详。诗人。字孔旸,一字宗晦,号梅峤。元休宁八都人。有诗集,迪功郎曹泾为之序。

叶名沣 1811~1859。诗人。字润臣,号翰源。名琛弟,清徽州人,寄籍汉阳。道光十七年(1837年)举人,官内阁侍读,以汲引人才自任。在京时,闻翁

方纲孙女流落市中，贫无以度日，遂引为己女，择名门子嫁之，士林称其贤。咸丰九年（1859年）援例出为浙江候补道，自京赴浙途中，闻兄名琛卒于印度，悲愤致疾，卒于杭州。博学好古，尤工于诗。诗有真意，张际亮称其诗深得唐人三昧。著有《敦夙好斋诗》初编12卷、续编8卷以及《桥西杂记》2卷传世。

叶志灏 生卒年不详。画家。又作浩、志浩，款书懒云、药庄。清休宁人。工画山水。安徽省博物馆藏志灏浅绛《山水》条，题款云："柳溪渔隐，曾见浙江上人设色，即学其意，懒云。"有"志浩私印"白文印。又仿梅花庵山水轴，款书"浩字药庄"。时年84岁。

叶应龙 生卒年不详。诗人。字士龙。明末祁门马山人。善草书，工诗。平生豪爽好义，放浪不羁。后隐居岩谷。著有《玉林诗草》。

叶尚标 生卒年不详。书法家。明黟县人。庠生。天性孝友，嗜读。所为文词，纯雅可式。善大草，纵笔烟云满纸，识者珍之。著有《南游集》行世。

叶宗昌 生卒年不详。书法家。明祁门人。工书法，尤擅行楷。尝于嘉靖二十七年（1548年）书"入图画"三字，镌于休宁齐云山真仙洞府。楷书，字径32厘米。

叶荣 生卒年不详。画家。字澹生，号櫺叟。清祁门城西人。好游山水，自言于匡庐得绘画妙法，故所绘峰峦石骨多似庐山，时人称为"逸品"。

叶洮 生卒年不详。画家。字金城，号秦川。清朝人，祖籍徽州，寓居青浦（今属上海市）。工山水，喜作大劈斧。康熙中在宫廷作《畅春园图》，赐锦绮，即命监造。事毕，以疾乞归。奏对时自称"山农"。又善诗词。

叶菁 生卒年不详。画家。字成山，号也园。清歙县新州人。钱塘贡生。文思敏妙，画法云林。著有《也园草》。

叶铭 1866~1948。书画家。谱名为铭，字盘新、品三，号叶舟。清末民国时期歙县人，寄籍杭州（高祖叶仲宜始由歙县新州迁杭州）。善书，尤擅篆隶，淳雅古朴，结体谨严，用笔凝练。刻印宗法秦汉，悉心摹习古玺、汉印、元朱及近代皖浙诸家，融会贯通，功力深厚，汉铸、玉印尤得古人神髓。精金石考据，多次返歙访求古碑。清光绪三十年（1904年），与丁仁、王褆、吴隐创设西泠印社于西湖孤山，以保存金石、研究印学为宗旨。民国十五年（1926年）夏，请黄宾虹、黄山寿、吴昌硕、吴谷祥、陆廉夫等25位画家作《歙县访碑图》，历10年辑成画集行世。晚年刻细线元朱文战国小玺，秀润遒劲，典雅自然。著有《歙县金石志》14卷、《广印人传》16卷、《补遗广印人传》《金石家传略》《徽州访碑录》等。辑有《叶氏丛书》《列仙印玩》《铁花庵印集》《叶氏印谱成目》以及西泠印社十周年《社志》等。

叶熙锟 生卒年不详。篆刻家。字匀生。清歙县人。工铁笔，精医学。辑有《说剑庵印存》《学汉印存》。

叶蕙芬 生卒年不详。画家，女。字静芳，号练溪女史。叶逊女，明末清初歙县人。工诗词及山水画，有《玉台彤管》画册。

叶德嘉 生卒年不详。画家。字载畴，号则柔。清歙县人。画师江蓉，又精鉴别。

叶瀚 生卒年不详。篆刻家。字北溟。清休宁奕棋（今属屯溪区）人。工琴善画，尤精篆刻，得秦汉遗意。著有《十二琴斋印谱》。

冯照 生卒年不详。画家。字菽塘，号临川，别署华屏山樵。清歙县人。曾偕孙笠人、胡雪湄游黄山，为雪湄作《黄山图》，为笠人作《丛桂读书图》。

弘仁 1610~1664。画家。本姓江，名韬，字六奇；出家后法名弘仁，字无智，号渐江。明末清初歙县人。早年家极贫，以砍柴、替人抄书养家活口。明末，曾参与金声、江天一的抗清斗争。兵败后在武夷山出家，从古航禅师为僧。其学画从模仿程嘉燧、李周生入手，上溯倪瓒。自清顺治八年（1651年）始，直至逝世，每年均要登黄山写生。画作意境清峭，笔墨瘦韧，能够于极瘦削处见腴润，极细弱处见苍劲。作品多以峻岭奇松、悬崖峭石、疏流寒柯、老干枯枝入画，格局简约，笔墨精谨，神韵逸趣似元，风骨法度似宋。所画黄山岩壁之雄奇、丰溪两岸之平远、古刹河畔的秋林渡口、练水江旁的晓月风帆，"笔如钢条，墨如海色"之艺术特色跃然纸上。代表作有《林泉图》《黄海松石图》《晓江风便图》《天都峰图》《陶庵图》《始信峰图》《山水册》等。与查士标、汪之瑞、孙逸合称"海阳四家"，为新安画派代表人物之一。

毕宏述 生卒年不详。书画家。又名述，字既明，号念园。清歙县人，流寓浙江海盐。能诗文。书法、印章、棋、画，无不精妙冠时。所作篆、隶，能直逼秦汉。尝手写《六书通鉴》行世。著有《念园草》。

毕尚忠 1416~1497。剧作家。明歙县人。主要作品有《七国志》《红菱记》等，时在戏剧界广泛流传。

毕泷 生卒年不详。画家。字涧飞，号竹痴。沅弟，清休宁闵口（今属屯溪区）人，占籍镇洋。工诗画，富收藏。凡遇翰墨精粹之书画，不惜重价购之，故多宋元名家珍品。所绘山水、竹石，苍润深秀，得曹云西（知白）遗意。以其藏弆旧迹，融会胸中，发抒腕下，加之天资超绝，故与那些轻率随意下笔者迥异。

毕星海 生卒年不详。书法家，篆刻家。字峕圃，号古愚。清歙县人。善属文，工篆、隶、铁笔。著有《六书通摭遗》。

毕昭文 生卒年不详。书画家,女。名朗,字少陵。明末清初歙县人。明崇祯十五年(1642年),以能诗,工画山水、仕女、兰菊以及善鼓琴和容貌选入内廷。明亡,流落吴地,嫁与昆山王圣开。夫殁,寄居城南熊家村,课徒卖画以自给。著有《织楚集》2卷。

毕著 1622~?。诗人,女。字韬文。明末清初歙县人。自幼禀姿卓异,工文翰。又善击剑、骑术,能挽强弓。明崇祯年间,其父任蓟州太守,随父居之。崇祯十五年(1642年),清将阿巴泰率兵进犯蓟州城,父出战身亡,尸身被清军掠去。毕著报仇心切,说服将佐乘敌骄袭之,当夜率精锐将士杀入敌营,亲斩主将阿巴泰,夺回父尸。清初在嘉定南翔镇教授蒙馆。善诗,著有《韬文诗稿》传世。

毕渊明 1907~?。书画家。号至乐老人。近现代歙县人。幼家贫,随父至景德镇学画瓷。精于诗、书、画、金石篆刻,并在创作中相互渗透,浑然一体。擅画走兽,尤精于画虎,人称"画虎大师"。所创作品曾远销欧、亚、美洲,在东南亚和港、澳、台地区尤有影响。尝与其女共创大型瓷壁画《百猴图》。兼工山水、花鸟、鱼藻,善博取诸家之长。

毕溥 生卒年不详。书法家。字逢源,号竹涛。沅从弟,清休宁人,占籍镇洋。久客关中,唐人碑碣,临摹殆遍。工书法,深入赵(孟頫)、董(其昌)之室。王文治谓其书簪花美女,风姿绝伦。包世臣《艺舟双楫》将溥行书列于逸品。又精绘事,尤工兰竹。

吕芝 生卒年不详。画家。字瑞芳。明歙县人。工山水、花草、人物、佛像,尤工于画竹。

吕志 生卒年不详。画家。字熙甫,又名继志,号寿甫,别署上龄、松窒。清休宁人。工画山水、花卉、虫鱼,小品尤精。每写山石树木,于空白处题诗句,以印章代款,融诗、书、画、印于一体。安徽省博物馆藏其墨笔《山水册》,仿潘恭寿,有吕志、吕继志、熙甫、寿甫、松窒等印。

吕佐 生卒年不详。画家。字西伦,号卓亭。清休宁人。能诗善画,工画金鱼,灿然欲活,每自珍惜,不轻与人。积成跂语教卷,题曰《在藻集》。

吕起朋 生卒年不详。画家。一作起鹏。清徽州人。善人物写真,精于白描。乾隆十三年(1748年),为歙县汪启淑绘《秀峰先生二十一岁小像》,后刊载于《飞鸿堂印谱》卷首。小像左上方署有"练川吕起朋写",钤有小朱印章。

吕鹏 生卒年不详。画家。字羽侯。明歙县人。工画竹。

朱弁 1085~1144。文学家。字少章,号观如居士。朱熹族叔祖,宋婺源人。少颖悟,日读数千言。弱冠入太学,以诗见重于晁说之。南宋建炎二年(1128年)正月,以太学生擢任通问副使赴金;不屈于金人诱胁,言和战利害甚悉,为金拘留16载方归。归宋后论功当迁,然秦桧恶其言,仅授奉议郎。次年病逝。生平善文学,文慕陆贽,援据精博,曲尽事理。诗学李商隐,词气雍容,羁金期间怀念故国之诗,深切宛转。著有《曲洧旧闻》《风月堂诗话》《聘游集》《续骫骳说》《杂书》《南归诗文》《新郑旧诗》等。

朱邦 生卒年不详。书画家。字近之,别号九龙山樵,又称丰溪渔父、隐叟、酣鼾道人。明歙县人。画野仙云村,生气流逸,草草用笔,墨法淋漓,与郑颠仙如出一手。现存有《柳仙图》《雪景山水》。

朱佐 生卒年不详。画家。字廷甫、廷辅。朱琪子,明歙县人,侨居江苏常熟。精于人物,入京隶画院。

朱启声 生卒年不详。诗人。字宣和。清黟县朱村人。博学嗜古,好奖励后进。诗文俱佳,尤以诗见长。著有《律堂诗钞》行世。

朱松邻 生卒年不详。竹刻家。名鹤,字子鸣,一字松龄,号松邻,以号行。明歙县人,初寓居华亭,后东徙侨居嘉定。为人孤介绝俗。早年得缪篆不传之秘,雕镂图绘极佳,兼工韵语、书法。所制簪钗、簪匣等,时人宝之。尤精竹刻,开"嘉定派"竹雕先河。作品有笔筒、香筒、杯、罂诸器,精致古雅,世人宝若法物。金坚斋论其工艺以"制度浑朴"相评。子小松名缨,孙三松名稚征,均以竹刻名世,且技艺益臻妙绝,世称"嘉定三朱"。北京故宫博物院藏有其浮雕海棠花笔筒,江苏省博物馆藏有其松鹤笔筒。

朱明元 生卒年不详。画家。字丹丘。明歙县人。善画仕女,所作或处蕉桐砌侧,或在明月中亭,或捣衣弄花,俱能神化。山水尤工。

朱侃 生卒年不详。画家。字廷直。朱琪子,佐弟,明歙县人。画精人物。山水师法夏珪,尤超逸。

朱弦 生卒年不详。诗人。字阜公。明黟县朱村人。工诗、古文辞,与金陵王仲儒友善。著有《岳青堂诗存》《黄山游草》行世。

朱承经 1857~1916。篆刻家。字醉六,号衡孙,又称拙静子。清末民国时期休宁月潭人。清光绪二十五年(1899年)举人,授文林郎,候选知县。后会试屡不第,遂隐而不仕。先是"以诗书画为三益友",后又精于治印。善古文,尤工诗,有《拾遗斋诗存》数卷刻行于世。书善行楷,用金石味创作"朽木体"。安徽中国徽州文化博物馆藏有其楷书楹联"岛佛诗情无碍瘦,坡仙书法不嫌肥"一幅。绘事擅兰竹。治印大胆、肯定、敏捷,风格善变,富于创新。

朱南一 生卒年不详。画家。字德彦。宋休宁人。潇洒闲逸,至老不娶。工画山水、梅兰竹石。

朱栋 生卒年不详。画家。字东臣。清休宁人，侨居扬州枫桥。善画山水人物，尤工荷花，得朱巨山秘传。性耿介，嗜酒。尝有贵官以重金求画，愤然拒之。有载酒求者，则奋笔为之，淋漓满幅。

朱树彦 生卒年不详。篆刻家。字松亭，自号"赘依"。清黟县朱村人。长于诗文，通勾股算术。又学秦汉钟鼎，篆镌图章饶有古意。

朱绣 生卒年不详。画家。字彩章，号贲村。清休宁人，乾隆年间流寓濡须。工山水，擅花卉，得恽南田笔法。平生喜游览，逢佳山秀水辄必有画。曾挟册游黄山，踞莲花峰顶作《黄山全图》。

朱淑贞 生卒年不详。词人，女。号幽栖居士。宋休宁人，寓居钱塘（今浙江杭州）。出身于仕宦之家。能画，通音律。因婚姻不幸，撰有大量伤怀之作。曾离家寓居汴梁，结交文人雅士，渐有文名。后因金兵南侵返家。作品被后人辑录为《断肠集》。

朱琪 生卒年不详。画家。字孟棋，号拙庵居士，又号痴懒。元末明初歙县人，迁居虞山。工画山水，兼诸家所长。

朱景 生卒年不详。画家。又名璟，字景玉，号爱梅。元歙县人。善画山水。少时读书于府学，见壁挂米芾之画，观察临摹，久而得其神妙。及长，又摹研高克恭青山白云之作，遂合二公之法，自成一家。常独坐空山，写胸中丘壑，作画自娱。

朱集球 生卒年不详。诗人。字韶鸣。清黟县朱村人。授徒休宁县海阳，与郑用牧友善。长于诗及古文词，生平漫不收拾，稿多散失。友人程堂为刻《偃谷诗钞》。

朱稚征 1570~1650。竹刻家。号三松。朱缨次子，明末清初歙县人，寄籍嘉定。擅竹根雕，然刀不苟下，兴至始为。所刻笔筒及臂搁，或人物、螃蟹、蟾蜍之类，问世即不啻拱璧，价值连城，名重五都。又精绘事，花鸟宗徐熙，写意人物、山水在马（远）夏（珪）之间。

朱简 1570~？。篆刻家。字修能，号畸臣。明休宁人。幼读书，即能辨古文奇字、铜盘和石鼓之章；稍长，精研八法、六书及诗文，曾从陈继儒游。究心字学，尤精古篆。篆刻不拘泥于时尚，独辟蹊径，以草篆入印，自成一家。创用短刀碎切法，增强点划之间、字与字之间笔势的牵连和呼应，使笔意和笔趣更为强烈。印学理论亦颇有建树，先后著有《印书》《印图》《印品》《印经》《印章要论》《印学丛说》《集汉摹印字》等。同时探讨章法、辨别真伪、考证玺印、纠正谬说，把"璞极小而文极圆劲"之战国玺印断为先秦印章，为金石史上著名论断。又善诗，与陈继儒、李流芳、赵宧光等均有酬唱。

朱缨 1520~1587。竹刻家。字清父，号小松。松邻子，明歙县人，寄籍嘉定。刻竹木为仙佛像，鉴者比为吴道子所绘。又能雕琢犀角、象牙、香料、紫檀图盒、香盒、扇坠、簪纽之类，种种奇巧，向迈前人。并能以画意剪栽小树，供盆盎之玩，时人争购。

朱鹤 生卒年不详。雕刻家。字子鸣，号松邻、松龄。明歙县人，占籍嘉定（今属上海市）。先世于南宋建炎年间由新安徙华亭（治今上海松江），后徙嘉定。与子朱缨、孙朱稚征并称"嘉定三朱"。早年得缪篆不传之秘，雕镂图绘极佳，兼工韵语、书法。以竹与竹根雕笔斗、臂搁、酒杯、香筒、烟筒、簪钗、簪匜及人物之像，精致古雅，形象生动，世人宝若法物。得其器者，不以器名，而直呼"朱松邻"。首创嘉定派竹刻，后裔流传280余年而不废。为人孤介绝俗，而与书画家、文学家时相过从。极受长洲（今江苏苏州）郑若庸推崇，赠以《松邻子歌》。北京故宫博物院藏有浮雕海棠花笔筒、江苏省博物馆藏有松鹤笔筒。

朱懋麟 生卒年不详。篆刻家。字翊如，号筱舫。清末黟县紫阳里人。幼而颖异，读书之晦兼治钟鼎篆文，铁笔亦佳。曾应上海"点石斋"之聘，嗣以艺游江西。晚年归里。

朱鹭 1553~1632。画家。初名家栋，字白民，自署西空老人。明婺源人，占籍吴江。工古文词，尤邃于《易》，间写兰竹，深得文同、吴镇之旨。有小玉蟾、自愚等印。生平喜游历，尝登华山乐而忘返，结茅于莲花峰，虽贫甚，却不受人一钱，写作刻印，卖以自给。崇祯五年（1632年）卒，享年80岁。南京博物院藏其《竹雪图》；北京故宫博物院藏其《竹石》轴（墨笔绫本）、《行书诗》扇页（洒金笺）、与文点合作《松竹梅》轴（墨笔纸本）；上海博物馆藏其天启四年（1624年）作《竹图》《墨竹图》2幅（纸本）。

朱麟 生卒年不详。诗人。字理之，号友芝。清黟县紫阳里人。尚风雅，事亲孝，兄弟和睦，言谨行慎。工诗能文，而以诗见长。著有《友芝吟稿》。

刘卫卿 生卒年不详。篆刻家。字梦仙。清休宁人。博识古篆，善治印，刀笔古朴。

刘光 生卒年不详。诗人。字元辉，号晓窗。元歙县人。幼孤，力学，授徒50余年。郡守许楫深敬之，请主乡邑文学。行省差充宁国路学正，不赴。喜为诗，有《晓窗吟稿》。

刘然 生卒年不详。书法家。字一然、季然、子布、子矜。明歙县人。家境贫寒，放达不羁。口若悬河，谑而不虐。工小楷，每试文不常工，而字则压卷，主司辄置高等。兼善行书诸体，其师汪道昆为人作传及《太函集·序》，均由其书写。主家则奉资为取酒，家稍用给。苦无法帖可临，亦赖汪道昆兄弟出面借来，晚年，书有古意。

齐学培 生卒年不详。诗人。字滋圃,号兰畹。清婺源玉墀人。生平潜心经史,旁及诸子百家。著有《太上感应注证诗》《宝诰诗》《惜字诗》《廿四孝诗》《朱子治家格言诗贴》《文昌帝君劝敬惜字文诗》《见吾随笔》等。

齐学裘 生卒年不详。诗人。字子治,一作子贞,号玉溪,晚号老颓。彦槐子,清婺源冲田人。性闲适,不求仕进,以贵公子隐居,工诗词,善画。光绪中寓上海,与刘熙载、毛麟祥时相过从,多唱酬之作。著有《蕉窗词存》(又名《云起楼词》)3卷、《卖渔湾词》。

齐梅孙 生卒年不详。书法家。一作梅生。彦槐孙,清末婺源冲田人。承家学,善书法,尤工汉隶。得西岳《华山碑》真本,吸精髓而去糟粕,挥洒纯雅。

江士相 生卒年不详。画家。字景伯,号练溪学人。清歙县人。工画。所赠程也园《富春归棹图卷》中题句云:"笑我欲归归不得,为君点笔写家山。"

江万全 生卒年不详。篆刻家。字昌符。清歙县人。工篆刻,刻有《姓苑印章》。

江云锦 生卒年不详。画家。字枫原,自号默道人。清歙县人。画山水多用干笔,圆劲苍润。

江月娥 生卒年不详。诗人,女。字素英。清歙县人。工诗善画,兼通医学。著有《餐菊轩诗稿》。

江玉 生卒年不详。画家。字子玉,号蒹浦。清歙县人。嘉庆五年(1800年)进士,授溧水教谕。黄钺弟子。工篆、隶。所画花鸟笔致清拔,傅色浓艳,于时贤恽派外,别树一帜。

江必迈 生卒年不详。画家。字无沐,号螺青。明歙县人。工画花卉。

江必名 生卒年不详。画家。字德甫。明歙县江村人。为董其昌入室弟子。工山水画,得沈周真诀。

江彤辉 生卒年不详。画家。字管生,号柏亭。清歙县人,客于瀛。工画山水、花卉、松石。

江昉 生卒年不详。书画家。字旭东,号橙里,又号砚农。清歙县人,寄寓江都。其父曾官两浙盐运使。昉性亢爽,喜交游。嗜书画,所绘秋葵最工。又工于诗,尤善宋元词曲。著有《练溪渔唱》《晴绮轩集》。

江念祖 生卒年不详。画家。字遥止。必名从弟,清初歙县人。字画皆极力摹古,颇有自得之致,与必名并称。

江注 生卒年不详。画家。字允凝。浙江侄,清歙县人。曾题其所居曰"若米舫"(今歙县城桃源坞口)。师事浙江,能诗善画。隐居黄山,与施愚山、宛陵诸梅、僧半山交游。所画山水用笔苍劲,有逸韵;勾勒山石,先赭后墨,少皴染。人物尤工整有法,近似唐寅。著有《允凝诗草》。

江泮 生卒年不详。诗人。字妆化。明休宁梅田人。颖敏博学。尝游吴浙,与诸名士酬唱赠答,后汇其诗成集。及归,守志山林,构轩凿池,闭门读书,终身不复出。

江珏 生卒年不详。书法家。字荔田,号天都山人。清歙县人。善鼓琴,能擘窠书,精于刻石。栖身黄山数十年,常于山中悬崖处,令人缒己下临万丈,于崖壁上刻方丈大字,或"荔田读书处",或"荔田弹琴处",不一而足。又始信峰有"山人琴台",亦其所刻。

江南鸣 生卒年不详。画家。清歙县人,侨寓扬州。能诗,善画。

江钟岷 生卒年不详。诗人。字莲青。清歙县人。邑庠生。凡书画文辞,无不通晓。尤工于诗,著有《含翠楼诗文集》行世。

江炳炎 生卒年不详。书画家。字砚南,号冷红。清歙县人,寓居浙江。诗、书、画称"三绝"。画尤工,钩染花卉、草虫,取法元人。

江振鸿 生卒年不详。盐商,书画家。字文叔,又字颉云,一字吉云。扬州盐商巨贾江春之子,清歙县籍江都(今江苏扬州)人。官候补道。家曾有"康山草堂",好延接名流。江春逝后,家道败落。工草书,善诗、古文词,尤工山水花卉,颇自矜惜,不轻为人染翰。著有《鹦花馆诗钞》。

江桂 生卒年不详。画家。自号黟山。明黟县人,流寓丹阳。工山水、人物,用笔力求摹古。

江益 生卒年不详。画家。字无方,号无疆,自署黄白山樵、竹香斋主。明歙县人。工画山水,笔墨苍润秀逸,似学元四家(倪云林、黄子久、吴镇、王蒙)而上溯荆关(五代十国时期画家荆浩、关仝)余韵。

江浦 生卒年不详。画家。字五宾。清歙县人。工画仕女、花鸟。

江鸿 生卒年不详。画家。清歙县人。善画,用笔古拙。

江敬宏 生卒年不详。诗人。元末明初休宁石佛人。少受业于赵东山,博学能诗。洪武初以吏谪濠梁,与同谪唐隶、董嘉、王端、元瑄等结诗社,吟咏相酬。后即免归。著有《斐然集》。

江锐 生卒年不详。画家。字青岩,号亦安。清新安人。善画。安徽省博物馆藏锐《翎毛》立轴,款书"拟八大山人法,画于养心山馆,青岩江锐",押脚有"新安江氏"印,又"一安氏"印。

江蓉 1833~1905。画家。字莲峰，号倦云，又号剑华庵主。清歙县人。山水、人物、翎毛、花卉无不工，尤长于仕女。诗亦淡雅。曾游赣，客居邗江。著有《听秋斋集》。

江嗣皆 生卒年不详。画家。字晋昌，一字容棠，号青渠。清歙县人。能诗，善画。

江源 生卒年不详。篆刻家。字豫堂，号修长。清歙县人，后迁居松江。精医理，善鼓琴。又寓兴篆学，追摹秦、汉，有印谱数卷。

江福宝 生卒年不详。诗人，女。字绥多，号欣欣，又号采渝。清歙县人。同邑雄村曹荣妻。著有《采渝女史诗钞》1卷，王茂荫为之序，道光八年(1828年)《歙县志》著录。

江缟臣 生卒年不详。篆刻家。清歙县人。善治玉印，用刀如划沙，为刻玉印之显者。

江嘉梅 生卒年不详。画家，学者。字晚柯，号老云。明末清初歙县人。秀水诸生，尝寓西湖。博雅能文，善画。

江管生 1840~1932。画家。名彤辉，号柏亭、筱坪，以字行。清末民国时期歙县江村人，寓居上海。工画，山水笔墨苍润，意境新雅，类胡公寿；花鸟秀丽多姿，意趣横生；松石别具一格，超逸脱俗。成年后经商，不辍绘事。在上海、杭州分别开办永泰源、江荣茂茶栈，并有钱庄。清光绪二年(1876年)，从杭州致信上海福生和茶店经理江耀华(歙南芳坑人)，请其代为招徕交易画作3件。作品被编入《芥子园画谱续集》。安徽省博物馆藏其浅色《荷花》扇面，颇有荷花送香之韵。又有着色《山水》扇面，仿王叔明，苍劲有会心处。

江德新 生卒年不详。文学家。字懋昭。清歙县人。举进士，授中书。与弟德中皆以文名。德新著有《尚古堂诗文》，德中著有《厄坛对问》《西粤对问》。

江衡 生卒年不详。画家。字衡生，又字位南、慧南、岳南，号岩溪。清初歙县人，寓居常熟。山水学元四家(倪云林、黄子久、吴镇、王蒙)，与吴尧圃近而微枯，用侧笔。善作小景，境极幽妙，别开蹊径。

江濯之 生卒年不详。篆刻家。字汉臣。清歙县人。刻晶玉印绝精。

许士骐 1900~1993。画家。士骥弟，近现代歙县人，侨居上海。早年毕业于上海美专，尝留学法国巴黎美术学校，又去德国德累斯顿卫生博物馆研究艺用人体解剖。回国后，历任南京中央大学艺术系、建筑系教授，南京师范学院美术系、教育系教授。与陶行知为挚友，尝执教于南京晓庄师范和重庆育才学校。创办歙县行知小学，任校长。擅国画、西画，工篆隶，诗、书、画俱佳。山水宗荆浩、关仝、李唐，花鸟法林良、吕纪，融诗情画意于一炉，形神兼备。作品参加比利时、英国、日本及香港等国际艺术展。为中国美协会员、新安画派研究会顾问。成都杜甫草堂藏其作品《望岳》，安徽省博物馆藏《黄山云海松涛图》，庐山博物院藏其《黄山松峰》。著有《人体解剖与造型美术之研究》《晚学斋吟草》《黄山纪游画集》《许士骐·贝聿珰书画集》。妻贝聿珰为建筑大师贝聿铭之姐，亦善书画。

许士骥 生卒年不详。画家。字德臣。近现代歙县人，侨居上海。工书法，尤擅榜书。弟士骐，工山水、书法，善诗词。

许生植 生卒年不详。画家。字逢吉。清末民国时期祁门许村人。11岁父文介殉难，遂无意仕进，以绘画自娱。好游山水，每至一处，辄写其意，所画松石尤妙。传有《梅城十二景图》。

许尚远 生卒年不详。书画家。字文羽，号补峰。明黟县城西人。性恬澹，不乐仕进。博览群书，工吟咏。书画皆学米芾，黟之工山水者江仲壁而后罕有其匹。80余岁，犹伏案伸纸，濡染淋漓；草书益见苍劲。著有《补峰集》。

许实球 生卒年不详。诗人。字虞徽。清黟县人。诗、词均佳，善制楹联，且工书法。藏书数千卷，而囊贫如洗。著述未辑。

许承尧 1874~1946。诗人。字际唐，号疑庵，晚号婆娑翰林。清末民国时期歙县唐模(今属徽州区)人。幼聪颖好学，为府贡生。清光绪二十年(1894年)中举后，曾拜汪宗沂为师。光绪三十年(1904年)登进士，授庶吉士。次年回乡办学，任新安中学堂、紫阳师范学堂监督。民国六年(1917年)获教育部八级嘉禾奖。曾与黄宾虹、陈去病、陈纯等，秘密组织旨在废除君主、推行新学、纪念黄宗羲的"黄社"。未几返京，任翰林院编修兼国史馆协修。辛亥革命后，应皖督柏文蔚聘请任全省铁路督办，筹建芜(湖)屯(溪)铁路。寻随甘肃督军兼巡按使张广建前往甘肃，历任省长公署和督军公署秘书长、甘凉道尹、权兰州道尹等职。民国十一年(1922年)任渭州道尹。次年辞职回乡，晚年寓居上海。诗初学韩愈、杜甫，后受龚自珍、黄遵宪的影响。在艺术上，其诗格律谨

*许承尧

严,托意渊微,意境高远,卓然自成一家。诗作有《疑庵诗》14卷、《诗稿》4卷、《疑庵游黄山诗》1卷。书法作品受汉简和唐人写经的影响,风姿绰约,流畅大方。又十分重视乡邦文献的整理,民国十五年(1926年)至民国二十六年(1937年)间,任《歙县志》总纂,成《歙县志》16卷。另撰编有《歙事闲谈》30卷、《歙故》(抄本)、《新安佚诗辑》4卷、《明季三遗民诗》(抄本)等,为后人研究歙县历史和民情提供了宝贵资料。生平喜爱收藏古物,在甘肃时收集唐人写本藏经较多,后又陆续收藏不少珍贵书帖和绘画作品。逝后,家人遵照其遗嘱,将所有藏品和手稿悉数捐献安徽省博物馆。

许承宣 生卒年不详。文学家,诗人。字力臣,号筠庵。清歙县唐模(今属徽州区)人,寄籍江都(今江苏扬州)。与弟承家时称"同胞翰林"。父明贤,业盐扬州,贾而好儒,督诸子读书有方,勉弃时文,攻读历代史论及名臣事略,务求实用。承宣秉父训,励志力学,康熙十五年(1676年)举进士,选庶常,典试陕西,历工科给事中,深知农商为重赋所困,首陈扬州水利、赋税二疏,认为天下之大无逾"士农工贾"四民,而"士仅处十之一耳,农与商贾则大半天下",呼吁朝廷重视农商。康熙二十年(1681年)典试陕西时,疏陈《秦晋间利弊六事》,请刊《御制文集》等,均被嘉纳。性嗜书,博览能文,工于诗词,喜交游,明遗老如许楚、程邃、魏禧等曾聚其斋,同享文酒之乐。弟承家,康熙乙丑进士,亦工诗文。王渔洋(士禛)《冶春诗》有"云间洛下齐名士,白岳黄山两逸民"句,前句言承宣、承家兄弟,推誉其兄弟为陆机与陆云、曹丕与曹植兄弟一样的名士,后句谓程邃、孙默。著有《青岑文集》《缩影亭稿》《西北水利议》诸书,惜未见传本。

许承家 生卒年不详。文学家,诗人。字师六,号来庵。承宣弟,清歙县唐模(今属徽州区)人,寄籍江都(今江苏扬州)。康熙二十四年(1685年)进士,与兄承宣时称"同胞翰林",传为士林美谈。授翰林院编修官。康熙三十年(1691年),充会试同考官。博涉经史,工诗能文,许承尧称其兄弟"两人诗学渔洋一派,而自成馨逸者"。著有《猎微阁诗文集》行世。子昌龄,官刑部主事,著有《碧摩阁集》。孙迎年,康熙三十九年(1700年)进士,官中书,著有《槐墅诗钞》。曾孙佩璜,监生,官河南卫辉府管河通判,举鸿博,擢开封府上河同知,著有《抱山吟》。陈鹤柴《尊瓠室诗话》云:"师六太史,文学欧阳,因以为号。诗笔典赡。家富有,喜施济,四世簪缨,文学相嬗,为江右巨室。"

许绍曾 生卒年不详。诗人。字探梅,自号林下人。清歙县人。善诗,能医,工画梅。著有《林下人诗集》12卷及《诗说》《杜诗评选》《盛唐诗选》《保赤心书》《谈兵》《禅机语录》《酒谱》等。

许荣 生卒年不详。画家。字晚香,号爕斋,又号逸轩。清歙县人。工画人物、虫鸟、花卉,其墨蟹小轴率笔疏逸,极尽物态。署款字亦秀俊。

许鈫 生卒年不详。篆刻家。字锡范。清歙县人。年弱冠,通十三经,兼及史汉八家,下至刑名钱法之书,无不涉猎。补博士弟子员。屡试不第,以游幕负盛名。工篆刻,规范何震、朱简、程邃诸家而能自出机杼,脱去作家窠臼。同邑汪启淑所辑《飞鸿堂印谱》选其"纵情诗酒""琴书从癖""无识相思处""仰老庄之遗风""慎仪"诸印品。

许荼 生卒年不详。诗人。字广存、春及。清黟县人。幼聪颖,13岁即读完群经。肆业宏文书院。归里后与同邑韩玫、朱辂以诗唱和。博览子史,旁及星卜,熟精韩文杜诗。著述颇丰,有《语燕篇》《弃树吟》《诗学小识》《学诗集证》《云深处吟草》《江千钓舫吟草》《春及草店诗文钞》等。

许湘 生卒年不详。画家。号衡州老人。清歙县人。所画山水,笔墨古雅,神韵妩媚,设色淹润,堪与郑爕、黄慎、李鱓并传。曾画《红艳秋图》,郑爕为之题诗。今藏南京博物馆。

许楚 生卒年不详。画家。字芳城,号青岩,又号小江。明歙县人。善画山水,又淹通经史,著有《青岩集》。

许嶪 生卒年不详。画家。清歙县人。工山水。乾隆六年(1741年)曾为《黄山志》绘图16幅。

孙光祖 生卒年不详。篆刻家。字荫生。清黟县人。捐同知衔加一级。继承父大纲遗志,经商饶州。善丹青,工篆刻。著有《六书缘起》《古今印制》《拙轩印谱》《钟表图解字》《篆印发微》。

孙廷冕 1769~1833。诗人,篆刻家兼收藏家。字冠贤,一字菽直,号蔚堂。清黟县人。为人磊落奇伟。好诗画、古印,聚藏甚多。家藏书画古印甚富,诗书画无不工,尤精篆印。仿汉迄元时印章毕肖,见称于邑名士孙星衍、俞正爕。书宗黄山谷,善画山水、花卉。著有《止室山房印谱》等。

孙延瑞 生卒年不详。画家。号艺田。宋末元初休宁草市(今属屯溪区)人。淹贯经史,邃于理学。尝从曹泾弘斋公游,公奇其才,以女妻之。为文不苟,尤精篆隶。著《谱系》10卷,弘斋为之序。

孙阳 ❶生卒年不详。诗人。字士辉。明休宁汉口人。颖敏能诗,隐居不仕。著有《蚓鸣稿》《闻见》《诗律钩元》《皇明正音》,编有《新安文粹》。❷生卒年不详。诗人。字思杰。明休宁南街人。洪武十四年(1381年)秀才。初授县学训导,后迁怀安县丞,复谪河南偃师主簿。工诗,著有《松萝吟稿》。

孙克述 1700~？。篆刻家。字汝明。清黟县人。少有文誉，因科举不第，遂究心六书，寄情篆刻。常至郡城与吴兆杰、汪肇龙、程瑶田、巴廷梅讨论六书渊源，追踪秦汉古印。章法、刀法高古浑朴，超绝时流。暇时临池学书，以晋人为师。梁巘对其书法、篆刻作品极为赞赏，曾寄书称许。

孙良楹 生卒年不详。书法家。清黟县古筑人。工书。真草行书，皆苍然遒劲，为一时名笔。

孙茂芳 生卒年不详。画家。清黟县人。廪生。工画。曾游日本，从东洋山水画中摩研画艺。

孙采芙 生卒年不详。诗人，女。绩溪胡培系继室，清休宁人。以诗名世。著有《宫闱丛话》《丛笔轩遗稿》，由其女瑞珠为之整理刊行。女慧珠亦工诗。

孙学道 生卒年不详。诗人。字笠人。清黟县古筑人。笃于亲友，和易近人，人皆乐就而敬之。为诗迥绝，尤得韦柳神韵。著有《苦竹山庄吟稿》。

孙绍敖 生卒年不详。诗人。字孟然。清黟县人。品行端正，师表一方。嗜古能诗，尤擅长歌行。著有《补拙轩集》。

孙耕 生卒年不详。画家。字汝心，号井田。明祁门人。安徽省博物馆藏有其写景小册，着浅色，颇见秀韵。

孙逸 ？~1658。画家。字无逸，号疏林，又号逸之。明末清初休宁人，流寓芜湖。工画，善山水，亦擅书法。山水得黄公望法，多用枯笔淡墨。其《歙山二十四图》，绘乡里山水，淡而神旺，简而意足，歙令靳治荆为之刊刻成册。人物学文徵明，有"文待诏后身"之称。亦工花卉。与查士标、汪之瑞、僧渐江合称"海阳四家"；与萧云从合称"孙萧"。

孙湛 生卒年不详。画家。字子真。明休宁草市（今属屯溪区）人。能诗工画，善书草篆隶，好游侠。曾倾橐重构晋孙楚（子荆）酒楼于金陵故址。许林（芳城）《西干词·云根》注云："今城南绝壁'一带云根'四隶字，即子真笔，苍劲有汉法。"又云："子真化去垂四十年，字久为荒薛所翳。近雅流重濡丹笔，精加勾勒，复颖颖于澄川巘翠间。""云根"为歙城郊西干名胜之一。

孙默 1612~1678。诗人。字元言，号桴庵。明末清初休宁草市人，侨居江都。贫而好客，不慕荣利，晚年归隐黄山。王士禛称其"一穷老布衣，而名闻天下"。著有《笛松阁集》《三家词存》2种4卷，《红桥唱和集》1卷，《十五家词》37卷，《十六家词》19种40卷。

红嬉 1895~1923。徽剧艺人。姓名不详，艺名红嬉。清末民国时期歙县人，为"新采庆班"演员。工花旦，名噪一时。因每年包银300块大洋，故俗绰称"三百块"。擅演《胭脂虎》。

纪荫老人 生卒年不详。诗人。本姓游。清婺源济溪人。幼颖慧，过目成诵。淹贯百家，尤工诗。父母早丧，披缁游历，旅居扬州神骏寺。康熙三十八年（1699年）圣祖南巡，闻其能诗召见，诗赋俱称，御赐"纪荫老人"印记。著有《宙亭诗集》《黄河清百韵》《添翠窗三十韵》《升平万年颂》等。

苏宣 1553~1623。篆刻家。字尔宣，一字啸民，号泗水，又号朗公。明歙县人，寓居泗水。幼年失怙恃，倾心文章之道，被人誉为"才子"。后因遭遇不平事，弃书学剑，杀人报仇，寻遁迹于淮海。事平后，苏宣因其父与文彭有交情，遂前往苏州投奔之。随后，设馆教学于文彭家中，并得其教以篆刻之道。后又在顾从德、项元汴等收藏家处博览秦汉玺印，摹汉印近千钮，技艺大进。其治印师古而不泥古，创新求变，所刻作品气势雄健，布局严正。刀法上冲刀时取涩势，内质凝重；边款艺术上，最早用草书刻写边款。著有《苏氏印略》4册。

李永昌 生卒年不详。书画家，收藏家。字周生，号瑞墨。明末清初休宁皂荚树人。善书，与董其昌齐名。山水仿元人笔意，汪之瑞师之。家富收藏。曾作《画响》4卷，皆自题所画之作，多阐扬画理之语。代表作有《溪山策杖图》。

李希乔 生卒年不详。书画家。字迁于，号石鹿山人。清初歙县人。以善书客四方。尝从施闰章游幕10年，专心学书，通六书大意。多艺能，善画竹石与摹勒人物，又工篆刻，竹刻尤精妙。

李杭之 生卒年不详。书画家。字僧筏。流芳子，清初歙县人。中年弃举业，放浪山水。好古彝器，遇人困难辄赠之。书画克绍其父，不多作。张鸿盘题《月泛图》云："小李风流继阿翁，萧疏笔墨见心胸。"

李流芳 1575~1630。画家，诗人。字长蘅，号檀园，晚年自称慎愚居士。明歙县丰南（今属徽州区）人，侨居嘉定。与唐时升、娄坚、程嘉燧合称"嘉定四君子"。其诗天真烂漫，《嘉定四先生集》收录。好读书，尤喜游山水名胜。为人重信用，通达鲠介，交友患难与共。与钱谦益友善，常往来常熟。书法崇师苏东坡，画出元人笔法。所作《芥子园画谱》乃传世之名作。其画布白奇古，墨痕浑化，神味盎然。善写生，出入宋元，逸气飞动，韵味隽永。著有《檀园集》。

李敏 生卒年不详。诗人。字功甫，号东麓，别号浮丘山人。明休宁人。善诗，与陈有守合编《徽郡诗》。著有《东麓山堂集》《白岳游稿》《撷芳集》等。

李淑仪 生卒年不详。艺人，女。自号三十六峰女史。清徽州人。为梨园子弟，演青衣，多才艺。诗有《疏影楼吟》1卷，凡40首，黄仁麟校订，李玉章书镌。另著《疏影楼名花百咏》1卷，首列自序1篇，后附《百花诗成漫题》2首，所咏百种名花，序为花镜，叙其状态。

还著《疏影楼名姝百咏》1卷，所咏名姝百人，各写有小传。三书有合刻本，道光十三年（1833年）刊行。

李道生 生卒年不详。诗人。字本立。明休宁五城人。曾师事黄枢，以诗闻名。隐居不仕，学者称"尚古先生"。著有《汪意味集》行世。

李谦 生卒年不详。画家。字自牧。流芳侄孙，清歙县人。绘事步武前人，更出以工细。

杨明时 生卒年不详。书画家。号不弃。明歙县人。博雅多能，精于鉴古。词翰、丹青，无不擅美。善临摹古帖，曾将《余清斋贴》钩摹入石（吴用卿刻）。万历二十一年（1593年）作有《秋江亭子图》。

时幻影 生卒年不详。画家。名有祥，字习之，号鱼痴。民国时期黟县人。8岁丧父，12岁弃学从商，在景德镇为布店学徒、南货铺店员。喜画鱼，常对鱼写生，所谓"画鱼以鱼为师"。复得其岳父画蟹大师黄德甫的指导，终成瓷都艺坛"非鱼知鱼乐""鱼痴画鱼痴画鱼"的画鱼大师。所作笔酣墨饱，章法多变，兼得文人画之秀逸、民间画之朴拙、宫廷画之精致；并编有《鱼谱》。代表作鲭、鲂、鲤、鳜四幅彩粉瓷板画，为生平得意之笔。又善画蟹、虾、花鸟、幽默人物，皆自然真实，灵巧活脱。一生收有门徒数十人。

时惠宝 1863~1930。艺人。清末民国时期黟县时村人。幼聪颖。习京剧，拜上海李杜春为师。登台扮相俊俏，发音响亮，吐字清晰，名噪一时。黄金大戏院、天蟾舞台、大世界等各剧院，纷纷延聘。后自创一班，被誉称"天下闻名，独一无二"，每次演出座无虚席。外人开设的蓓开、高亭、胜利和国产百代、大中华等唱片公司，纷至沓来，邀请灌片。天津、北京、武汉、杭州等城市也常来人邀请演出。

吴一桂 生卒年不详。画家。字延秋，号五水。明歙县西溪南（今属徽州区）人。与文伯仁交善，从学山水画，人物、花卉亦工。吴守淮题其《三春图》诗有句云："披图三尺清梦醒，万卉千花照眼明。"

吴又和 生卒年不详。画家。清初歙县西溪南（今属徽州区）人。工画山水，石涛极称之。书画皆清绝，然不喜题款。

吴大冀 生卒年不详。画家。字云海，号子野。清歙县人。官工部郎中。工画，亦善刻石。黄均作《桃花书屋图》，大冀为刻石传世。

吴万春 生卒年不详。画家。字元生，又字敬阳。明歙县人。善画山水、花卉、翎毛无不工。山水得力于王蒙、黄公望，卓然成家。

吴山 ❶生卒年不详。诗人。字镇国。南宋休宁江潭人。嘉定元年（1208年）以荐授任宣州通判。工诗词，著有《麟坡集》。❷生卒年不详。画家。字烟谷，号春江，更号南阳。清歙县人。善画，山水师王军，与唐岱、杨晋相伯仲。❸生卒年不详。篆刻家。字仁长，一字拳石。明末清初歙县丰南人。与程邃为儿女姻家。善篆刻，所刻印不规规于垢道人，而稍有纵横习气。亦精制墨。子万春，为程邃婿，亦善治印。

吴山涛 1623~1710。书画家。字岱观，号塞翁，又号醉吟先生。明末清初歙县人，寄籍钱塘（今浙江杭州）。明崇祯十二年（1639年）举人。清初官甘肃同谷知县，有政声。后以建少陵七十歌堂被诬而罢官。其后浮家泛宅，浪游江湖。所画山水，挥洒自然，品在清溪、梅壑之间。其细密之作，深入元人阃奥，潇然淡远，几无墨路可寻。书法飘逸，亦多佳作。少著有《知寒草》行世，晚岁有《西塞诗》30首。北京故宫博物院藏其《北河行役记》轴纸本，上海博物馆藏其《书画合装》10开册，南京博物院藏其《行书十绝诗》轴。

吴之俊 生卒年不详。音乐家。明末歙县西溪南（今属徽州区）人。尝与吴县楚问生合撰《乐府遏云编》。

吴之骙 生卒年不详。画家。字子野，号驭千，别号莲道人、古香阁主。清歙县澄塘（今属徽州区）人。能诗，工画山水、花卉。其扇面山水，笔墨峭拔，秀色可餐。

吴之黼 生卒年不详。书画家。号竹屏。清歙县石桥（今属徽州区）人，侨寓扬州。工书。画竹兰洒脱老到，兼水墨山水。喜收藏金石文字。著有《乐山堂集》。

吴元澄 生卒年不详。画家。字湛若，号心庄。清初休宁隆阜（今属屯溪区）人。少习画，师从王石谷。中年游京师，朝夕摹王麓台所藏宝笈，画艺益精。后遍游天下名胜，足迹所至，皆有绘图。晚年笔墨苍秀，卓然成家。代表作有《武夷山水册》。

吴少微 659~743。文学家。又名远，字仲芳，又字仲材，号遂谷。唐休宁石舌山（今凤凰山）人。长安元年（701年）进士，授晋阳（治今山西太原）县尉。时文坛崇尚南朝浮靡文风，赋诗撰文均以仿"徐庾体"（徐陵和庾信）为正宗，文辞华美而骨气不振。少微与武功（今陕西眉县）人富嘉谟同官，相友善，他们倡导为文以经典为本，文体为之一变，时人称为"吴富体"。又以文名卓著，同任太原主簿的魏郡人谷倚、富嘉谟合称为"北京三杰"。神龙元年（705年），升任左台监察御史。任职期间兢兢业业，遵循法规，秉公办案，曾受睿宗帝亲笔嘉勉。著有《吴少微集》10卷，《全唐诗》收其6首。子巩能世家学。

吴日昕 生卒年不详。画家。字药雨。清歙县西溪南（今属徽州区）人。工山水，临摹文徵明、沈周。

吴日宣 生卒年不详。诗人。字大士。明休宁人。博览能诗。万历三十七年（1609年）秋，自南京归里，游黄山撰有《黄山游记》。又有《晒药台》等记游诗。

吴介 生卒年不详。画家。名李，字寿仙。清歙县丰南（今属徽州区）人。擅画花卉，兼长兰竹，为赵之谦所称。安徽省博物馆藏其《墨兰》《竹石》多幅，颇佳。绘有《梅花图册》12幅。分红、绿、墨三种，用笔干练劲拔，墨色清雅古拙。有虚谷题跋，为原国民党上将司令桂永清之侄桂良收藏。后上海画家富华在英国伦敦大学举办个展，桂良出于爱国之情，将此册并虚谷题跋相赠。富华回国后，通过吴立奇等，将此画册转交吴介故里歙县收藏，传为艺林美谈。

吴文徵 生卒年不详。书画家。字南芩。清歙县人。生性简傲，游迹甚广。流寓山左，以诸生入资为山东同知。善画，山水师法黄公望、倪瓒、王蒙、吴镇四大家，亦间涉北宋。花卉杂品，师白石翁（沈周）。工书、篆、隶、真、行、草书，皆遒媚入古。兼擅篆刻、碑刻摹印，均得神味。道光元年（1821年）所作山水图现存日本。

吴心来 生卒年不详。画家。字田生，号望稊子，又号白里、宾龙子。明末清初歙县西溪南（今属徽州区）人。工画人物、山水、佛像。汪洪度盛称其画，谓与石田、伯虎相仿佛。为新安画派代表画家之一。北京故宫博物院藏其《山水》10开册，设色纸本。中央工艺美术学院藏其《人物故事》8开册，设色绢本。安徽省博物馆藏其浅绛《山水人物》小轴、墨《松石》大幅，绢本《人马画册》。

吴正贞 生卒年不详。画家。字坚之，号竹虚外史、浪里画生。清黟县人。工画竹石，惟妙惟肖。安徽省博物馆藏其纸本竹石堂幅。

吴正旸 生卒年不详。篆刻家。明末休宁人。少始刻印，即为人所赞许，常有人登门向其索之。尝将己对印学认识及其印风三变概括为：盖印有古法，有笔意。古法在按古不可泥古，笔意若有意又若无意，意在笔先，得心应手，可以自喻，不可以告人。余笔意凡三变矣，故后与前参观，若出两手。初变散而不存，再变存者十一，三变存者十九。

吴正肃 生卒年不详。画家。字静闲。清歙县丰南（今属徽州区）人。善临石田山水，笔墨苍劲。

吴世恩 生卒年不详。画家。字肖仙。明歙县人，侨居浙江嘉兴。善以粗笔写人物，笔笔生动，深得吴伟笔意，几欲过之。

吴本初 生卒年不详。诗人。字以平，号声中。清休宁人。诸生。先后授学于孙莪山、何义、汪专喜。博览工诗。著有《万言阁诗钞》。

吴可贺 生卒年不详。篆刻家。字汝吉。清歙县人。善刻印。著有《古今印选》传世。

吴龙 生卒年不详。画家。字在田，号云友、研友。清歙县西溪南（今属徽州区）人。善画山水、人物，颇见神志。汪洪度（字于鼎）称其山水画与沈周相近。子以智、以来工花卉。

吴龙锡 生卒年不详。文学家。字怀万。清休宁陪郭人。岁贡生。深邃理学，为文本经术，求教者盈门。康熙年间邑令廖腾煃书题"经醇行笃"相赠。著有《四书翼注稿》《藻云斋诗文集》。

吴申 画家。字惠姬，号鹤仙。清歙县人。生卒年不详。工诗、画，水墨花卉，楚楚有致。著有《双梧阁小草》。

吴生 生卒年不详。诗人。字子春。明休宁雁塘人。笃志力行，隐居不仕。工诗。其诗录于《海宁风雅续集》。

吴永成 生卒年不详。画家。字莲生。清歙县人，流寓上海。写兰竹有古法，又精于医。

吴邦治 1673~？。画家、篆刻家。字永康，一字允康，号鹤关，又自署江上放鹤翁、深山一老、古槎、乐此翁、诵芬堂、烟波江上草堂、鸢飞楼主人。清歙县西溪南（今属徽州区）人，侨寓汉口。善画，尝登大别山作《看雪图》，汪洪度为题诗。又工篆刻。所著《鹤关文剩》中有《题汪种石山房印谱》《与汪寿文说印》等文。亦能诗。又著有《鹤关诗》《论诗》《论画》《论印》诸篇。

吴巩 生卒年不详。诗人。少微子。唐休宁石舌山（今凤凰山）人。承家学，亦负文名。开元年间，官中书舍人。由歙徙居休宁后，以道德文章闻名，被后人誉为"人中凤凰"，遂将石舌山改称凤凰山，改称莲池为凤凰池。工于诗。

吴廷羽 生卒年不详。画家。又名羽，字左干。明歙县丰南（今属徽州区）人。少从丁云鹏学画人物、佛像，后竟逼肖之。又从古本画谱学，作山水、花鸟，气韵生动。曾多次与丁云鹏合作，为徽墨图谱作画，对徽派版画的形成做出重要贡献。

吴廷瑛 生卒年不详。诗人。字修五。清休宁和村人。康熙年间诸生，为黉门祭酒。远近以诗文请其删正者，几无虚日；游其门者多知名士，而以汪由敦为最。著有《逊志轩诗文稿》、《增订汉魏唐诗摘钞》8卷和《僦云书屋时艺》等。

吴自孚 生卒年不详。画家。号浣华、小阮，自署浣花溪老渔。清休宁人。家有老树古香之室，能诗，工书画。于山水、花鸟，无不精妙。安徽省博物馆藏其《花鸟》2轴，分别作于光绪十年（1884年）、光绪二十年（1894年）。

吴兆 生卒年不详。诗人。字非熊。明休宁鉴潭人。少警敏，喜传奇词曲。万历年间游金陵，与郑应尼合作《白练裙》杂剧。后刻意为诗,诗学谢灵运沿及卢、骆,近体学岑参。尝与侯官曹学诗偕游诸名山,后客死新会。为人率真自放,好穷山水、花鸟之致。著有《广陵草》《豫章草》《姑苏草》《金陵草》各2卷和《吴非熊集》4卷。

吴兆杰 生卒年不详。篆刻家。字隽千,号漫公。清歙县人。幼从同邑吴天仪学,通六书,精篆刻。性豪侠、诙谐,治印酬报多用于购买法书、古物,则亦随手散之。乾隆十五年(1750年)春,汪启淑因事回歙,身体欠佳闭门谢客,兆杰直入寝榻找之论印。乾隆二十年(1755年)秋汪启淑再次归歙,两人相见,汪称兆杰印作"更苍老,而各体俱工,于文、何两君外,另开生面"。其不仅能刻石,而且还能刻金、玉、晶、牙、瓷、竹,款识尤为精绝。

吴旭 生卒年不详。画家。字子升。清歙县人。工山水、人物写照。

吴进贤 1903~1998。书法家。字寒秋。近现代歙县里河坑人。5岁习书,因家贫以水代墨,以砖代纸。13岁至常熟东唐学典业,后在同乡杨振淮、蒋炳章资助下就读苏州晏成中学和南京金陵大学。随后辍学处馆苏州,课余临摹碑帖。书法曾得蒋炳章、张一麐、李根源、沈佺的悉心指导,苍老中寓秀逸之气,质朴中含典雅之美,神韵飞动,迥异流俗。南社王钝根赞其"汉隶折中道州,笔间老劲,气魄雄厚,当世艺林巨擘无不许为佳品"。又通音律,能为昆剧谱曲填词,是苏州昆曲研习社创办人之一。工诗、善文。一生以教书为业,并创办进贤小学,资助贫寒子弟。热心公益,卖字筹款赈灾。著有《嘘寒集》《毛主席诗词隶书帖》。

吴克让 1773~1849。诗人。字筱庄,号沤放老人。清歙县人,出生在扬州。工诗。善山水、兰竹,花卉尤所长。著有《沤放诗集》。

吴求 生卒年不详。画家。字彦侣,又名志鸿。清休宁人。乾隆十六年(1751年)进士。能诗善画,人物学仇十洲。尝作《豳风图》《十饮图》,人或摹袭之,并冒署其名以获重利,吴求怡然不以为怪。安徽省博物馆藏其《仕女》斗方。

吴辰 生卒年不详。画家。字东白。清徽州人。工画山水。安徽省博物馆藏其《仿云林山水轴》,自题云:"迂翁真迹,为槎溪张氏藏本,笔墨蹊径,脱尽尘俗,拟其概并系小诗,黄山吴辰。"有朱文"吴辰"、白文"东白"两印。

吴希龄 生卒年不详。画家。字劲莲。清歙县人,侨寓扬州。工写梅。曾于扬州法净寺殿东廊壁画梅一株,纵横数丈,千花万蕊,观者骇然。

吴谷祥 生卒年不详。画家。字秋农,号秋圃。清末歙县人,寄籍秀水。工山水,苍秀沉郁,气韵生动。亦擅画松及人物、花卉,游京师声誉鹊起。晚客上海卖画。

吴启元 生卒年不详。诗人。字青霞,自号三十六峰老农。清休宁桠权塘人。少孤贫嗜学,工诗。长遍游秦蜀吴越,交诸名士,所至有诗。有故人为达官,不与往来;后故人谪戍辽阳,匹马走数千里访问之,相对悲歌,数月乃归。著有《秀濯堂诗集》4卷和《万石山房词》《游天都峰记》。

吴叔元 生卒年不详。画家。字思堂,号思翁,自署金山农。清休宁人,占籍江苏仪征。性孤迥,行谊修洁,能诗善篆书,尤工山水,笔力苍浑,卒于如皋,程化鹏为立传。安徽省博物馆藏其《山水》条幅,题款"思翁叔元画",有"金山农"等印。又浅色《山水人物》轴,乾隆四十三年(1778年)作,款"秋芸馆叔元",有"藻雪斋"押脚印。两幅混点加皴,笔墨苍浑。

吴国廷 1556~？。收藏家。一名廷,字用卿,号江村,自署余清斋主。明歙县西溪南(今属徽州区)人。博古善书,收藏晋唐名迹、宋元精品甚富,如右军将军王羲之《曼倩帖》(又名《官奴帖》)真本等。董其昌、陈继儒游歙,均住其家。董其昌在其赠送的米芾真迹上题跋"吴太学,书画船为之减色"。万历二十四年(1596年),延请董其昌、陈继儒鉴评所藏历代书迹墨本后,精选出26种,延请雕刻名手歙县杨明时双钩摹勒入石,史称《余清斋帖》。万历四十二年(1614年)告成,为明朝著名法帖,至今世人视为奇珍。该丛帖有馆本晋王羲之《十七帖》,唐人双钩本宋濂跋《鸭头帖》,宋高宗御题《胡母帖》《行穰帖》《思想帖》,赵孟頫、文徵明等跋《迟汝帖》《霜寒帖》《兰亭帖》(天下第一行书),董其昌跋以为虞永兴临摹楷书《黄庭帖》《曼倩帖》《乐毅帖》,王献之《兰草帖》《东山帖》《中秋帖》,王珣《伯远帖》,虞世南《积时帖》,智永书《归田赋》,孙过庭书《千字文》,颜真卿《明远帖》,米芾书《千字文》及临王羲之《至洛帖》等(正帖16卷,续帖8卷,总计24卷),刻石36通,长期存于西溪南,后辗转为岩寺鲍氏珍藏,后捐献歙县人民政府,今藏于歙县博物馆。

吴昕 生卒年不详。画家。字仲征。清歙县人,寓居杭州。山水淹润,人物宗吴伟。

吴忠 生卒年不详。篆刻家。字孟贞。明歙县人。工刻印,为何雪渔(震)弟子。著有《栖鸿馆印选》传世。

吴迥 生卒年不详。篆刻家。字亦步。明歙县人。善篆刻,有《晓采居印谱》行世。

吴治 生卒年不详。画家。字孝甫。明歙县人。写墨梅法赵孟坚,枝干盘折,花蕊秉秀,清寒之气沁人心脾。

吴宝骥 1870~1934。竹刻家。字柳堂,又字柳塘,别号秋水钓徒。清末民国时期歙县人,寓居石门崇福镇。性聪颖，勤奋好学。善书法，工金石，尤擅刻竹。清光绪三十年（1904年），与吴昌硕、叶为铭等同结西泠印社。晚年热心社会公益，被推为崇德新安会馆会长，又曾参与筹办"文明女校""结群阁书社"。

吴宗儒 生卒年不详。诗人、书法家。字次鲁，号黄麓，晚号上耕。明休宁人。博学能文，工诗词，擅书法，其诗以工声律称誉。尝于齐云山廊最高峰题有岩刻《廊岩诗》行书，刻石宽113厘米、高50厘米。与程大位友善，尝为程氏《算法纂要》卷首撰《宾渠程君小像赞》，赞誉程大位为"率溪一代之伟人"。著有《巢云轩诗集》6卷、《续集》5卷、《巢云轩诗余》1卷行世。

吴定 ❶1632~？。画家。字子静，号息庵、于一。明末清初休宁人。所画《溪山亭子图》，深得倪瓒笔法，与渐江如出一辙。绘"山水八法"56幅，模仿唐宋元明诸大家，于山水浅深、林木枝叶疏密、人物、屋宇、舟车悉为图谱，分别其用笔的先后次序，洵为艺苑指南。又重视画理、画法的研究，在"画山病"图例中总结出势目、歪斜、方薄三病，对习画者颇有教益。生平好游历黄山、白岳之胜，遍览诸峰，探索前人画法与真山水之间的关系。安徽省博物馆藏有其清康熙十五年（1676年）细笔着色《秋高叶醉图》长轴。其画录在《画征录》《耕砚田斋笔记》《笔啸轩画录》《古今画史》均有记载。山水画传统功力扎实，画风承续新安一脉。❷1744~1809。学者。字殿麟，号澹泉。清歙县岩寺（今属徽州区）人。少时与姚鼐同受学于刘大櫆，工古文辞。文必韩（愈）欧（阳修），谨严有法；诗必汉魏，超隽出尘，极受姚鼐、王灼推崇。许承尧称"先生诗皆五言，律古亦浑成劲直"。与江永、戴震、金榜、程瑶田等徽州名流时相过从，然独尊桐城派义理之学。乾隆二十二年（1757年），赴童子试，因文思出众，以第一名中廪膳生员。嘉庆元年（1796年），举孝廉方正，授六品卿衔。家境贫寒，至老益困，而力学不倦。精研经籍，尤专于《易经》，遍读古今注《易经》之书，以40年之力纂成《周易集注》10卷，贯穿理数，为唐宋以来所罕见。著有《紫石泉山房文集》12卷、《诗集》6卷、《大学中庸训释》《四书集疑》等，所论冠婚丧祭诸作，姚鼐认为有益于人心风俗。卒后，附祀歙县紫阳书院，王灼为撰墓志铭，姚鼐为之立传，《清史稿·文苑》有传。子邦俊、邦佐，俱能世其学。

吴肃云 生卒年不详。画家，篆刻家。字竹荪，号盟鸥。清歙县人。工山水，亦擅篆刻。

吴绍泽 生卒年不详。古文词人。字惠川，一作蕙川。清歙县丰南（今属徽州区）人。少与方矩读书于歙西灵金山，与戴震、金榜、程瑶田等，数往来山间，互以经术文章相督劝。及壮，师事桐城刘大櫆，习为古文词，得欧阳神理，声闻燕赵吴楚之交。虽为富贵之裔，而朴诚谦退，尚信义，雍然儒者。吴定为撰《吴惠川墓志铭》，祭文有"子之文章，具体吾师。灌欧沃苏，献其华滋"等语，推奖至甚。

吴荫培 生卒年不详。画家。字少渠。清歙县西溪南（今属徽州区）人。工山水及画像，曾作《溪南图》。

吴秋林 生卒年不详。书画家。明歙县人，寄寓浙江嘉兴。书法赵孟頫，画宗周臣。兼工兰竹。

吴秋鹿 1852~1935。画家。名镁，号秋叟，以字行。清末民国时期歙县西溪南（今属徽州区）人。工花卉、翎毛，构图生动，精妙传神，设色艳而不俗、雅而有韵。传其绘画，为应酬而画辄鸟喙坚闭，为易米而作辄嘴张舌启，别有风趣。安徽省博物馆藏其公鸡竹石横幅、花鸟扇面，浙江金华古婺轩藏其花卉册页、条幅及中堂多幅。亦善书法，书联"闲来写幅丹青卖，不赚世间造孽钱"自勉，自成一家风骨。

吴保珹 生卒年不详。画家。字仲城。清歙县人。工书画。继室吴芸燮和女韵清、澄寰、浣秋均善画，并有全家画册行世。

吴彦国 生卒年不详。画家。字文长。清歙县人。喜览名山胜景，又爱搜阅宋元名迹，足迹半天下。故所作山水，落笔灵妙，布置得宜，名重其时。

吴泰 生卒年不详。篆刻家。字去骄，一作在骄，号一侗，一作桐一。清歙县人。善书画，工画兰，尤精篆刻。汪启淑所辑《飞鸿堂印谱》选其印章数方，有"飞鸿堂""相思一夜蘋花老""恭为德守慎为行基""情随事变""启淑之印"等。康熙四十一年（1702年）已届101岁，犹徒步行10千米，访张石柯，豪饮清谈。

吴晋 生卒年不详。篆刻家。字日三、进之。清歙县人，侨寓娄县。渊雅朴懋，精研字学，洞悉大小篆源流。又工篆刻，善画山水，风格清隽。

吴桢 生卒年不详。收藏家。字周生。明末歙县莘墟（今属徽州区）人。昵古好读，收藏法书名画甚富。崇祯七年（1634年），延请董其昌、陈继儒鉴定品评所藏历代书迹墨本，由雕刻名手钩摹入石，名为《清鉴堂帖》，其目较《余清斋帖》为多，钩摹亦精。首为《澄清堂主帖》上、下2卷；次为楷书《黄庭帖》《曼倩帖》《曹娥帖》《乐毅帖》，另有虞世南书《破邪论》《汝南公主墓志》，褚遂良书《阴符经》《灵宝度人经》，欧阳修书《般若波罗蜜多心经》，颜真卿书《祭侄文》（天下第二行书），怀素书《苦笋帖》，杜甫书《谒玄元皇帝庙诗》，王维、王缙、裴迪《青龙寺弹棋诗》；又次为苏（轼）黄（庭坚）尺牍，米芾书《十七帖》《萧间堂叙》，赵孟頫书《过秦论》，余皆董、陈二人投赠手迹。桢亦以书名。

吴俯 生卒年不详。文学家。字益章。少微九世孙，南宋休宁商山人。乾道二年（1166年）登进士，官至太学录。从其游者相率100余人，皆以文学知名。又与弟吴儆（初名偶，字益恭）并以诗闻名于世，时有"眉山三苏，江东二吴"之称。后以父老告归。著有《棣华杂著》1卷，附其弟吴儆《竹洲集》行世。

吴伋 生卒年不详。书法家。字以安，号枫原。清休宁后街人。邑庠生。性恬澹，善属诗及古文辞。书法崇唐人笔意。著有《学书述略》。

吴高节 生卒年不详。书法家。字希夷。明休宁玉堂巷人。工书，功力独至。小楷、行楷神似赵松雪，意境仿文衡山。

吴宽 生卒年不详。诗人。字祺药。吴宁弟，清歙县路口人。乾隆二十二年（1757年）召试赐举人，官至汀州同知。工诗词，通音律。著有《兰蕙林文钞》《拗莲词》。

吴家风 生卒年不详。字瑞生。明歙县西溪南（今属徽州区）人。善丹青，尤工篆刻。山水仿吴仲圭，又工水墨花卉及大土像。安徽省博物馆藏其纸本浅绛《山水·人物》大幅，书款"天启二年（1622年）七月望日为昌国老叔寿，家风"。《飞鸿堂印谱》选收其所治印章"香远舫""莲峰樵客""诗心情怀淡""好读书学击剑""中心藏之何日忘之""人生乐尔忧戚何为""野猿夜守丹炉灶"等。

吴娟 生卒年不详。画家，女。明末歙县人。幼娴诗歌，兼通绘事。嫁司马汪道昆之孙为妇，相偕游吴越间，借砚田以供资斧。长于声律，诗词婉畅，书体遒媚，画法出入米芾、倪瓒间而得其意外之韵。所写竹石及水墨花卉，标韵清远，时称"女博士"。

吴绣砚 生卒年不详。诗人，女。翰林吴翼堂妹，洪琰妻，清歙县人。著有《蕙孺小草》，汪启淑《撷芳集》著录。

吴逸 生卒年不详。画家。字疏林。清歙县人。擅仿名家山水，皆妙似。曾手绘康熙《歙县志》诸图，安徽省博物馆、安徽省图书馆均有藏本。

吴清望 1883~1960。书法家。谱名叶封，字莱滋。近现代歙县昌溪人，晚年寓居苏州。府增生。工楷书，师法刘墉（号石庵），浑厚雄劲，古拙朴茂。清光绪末执教于歙县旱南岔口双溪师范学堂。民国九年（1920年），出任昆山知县。与善草书的余觉、精篆书的蒋吟秋，并称"吴门三俊"。民国二十年（1931年），苏州书画界组织书画赈灾义卖，"吴门三俊"之书法与歙县吴进贤的隶书四屏，被誉为"珠联璧合，艺苑精品"，并誉其四人为"吴门新四杰"。

吴鸿勋 生卒年不详。书画家。字子嘉，号心兰，又号小竹，晚号知非翁。清歙县昌溪人。举人出身，曾入曾国藩幕府。工画兰竹，洁行修直以自持。亦工书。同治年间流寓上海，鬻画自给。

吴淑仪 生卒年不详。诗人。字香溪。同邑程秋渚妻室，清歙县人。著有《织余集》。

吴淑娟 1853~1930。画家，女。号杏芬女士，晚号杏芬女史、杏芬老人。画家吴鸿勋女，江苏知府唐光照妻，清末民国时期歙县昌溪人。幼秉庭训，人物、山水、花鸟、虫鱼无不工。性喜游历，探颐穷奇，不惮跋涉。每至一处，归辄摹绘，有《十八省名胜》《西湖图》《黄山图》印本行世。清光绪七年（1881年）作《百花图》，一时名流题咏殆遍。宣统二年（1910年）画作参展意大利罗马国际博览会，被誉为"近世空前手笔"。性慈善，作画所得润资，悉数捐赠，赈济灾黎。著有《杏芬老人遗集》《吟华阁画稿》等。

*吴淑娟

*吴淑娟画作

吴绮 1619~1694。诗人。字薗次，晚号听翁。清歙县西溪南（今属徽州区）人，寓居江都。以贡生荐授中书舍人，又迁湖州太守。多惠政，有风力、风节、风雅，人称"三风太守"。后因忤于上，罢官归里。晚年双目失明，故自号"听翁"。购得江都粉妆巷废圃以安居，以花木竹石为润笔，不数月而花木满园、竹石错落，因名"种字林"。与名士宿儒结"春江花月社"，诗才富艳，工骈文，词最有名，通俗易懂，妇孺能解，以"把酒祝东风，种出双红豆"句博得"红豆词人"美誉。著有《秋风啸》《绣平原》等传奇，以及《林蕙堂集》《皋亭诗钞》《扬州鼓吹词》《宋金元诗咏》《选声集》

等，其中《岭南风物记》被《四库全书总目提要》称为"所述率简雅不支，与范成大《桂海虞衡志》可相伯仲"。妻黄之柔，工诗，尤善大书，时比之卫夫人，著有《玉琴斋集》。

吴琳 生卒年不详。诗人，女。字道颐。清三原人，嫁歙县岑山渡程氏。能诗、工画。著有《奁余集》《古渡诗评》。

吴喜珠 生卒年不详。诗人，女。同邑方如麟妻，清歙县人。工诗，沈善宝称"诗极雄丽"。著有《吴孺人诗集》。

吴啎 生卒年不详。画家。字风音。清黟县城南人。工山水，浅绛丹碧，水墨清韵，无不洒洒可爱。人物皆传神，鲜明温润，名著一时。

吴皖生 1897~1990。书法家，画家。近现代歙县岔口人。民国八年（1919年）毕业于安徽省立第三中学。善鼓琴，工诗，善书画。书法苍老朴拙，兼善山水，尤以墨竹闻名，有"江南一枝竹"之誉，亦善菊石。居乡里，颇贫寒，不求闻达，品格高洁，以鬻书画为生。曾受聘为安徽省文史馆馆员，尝为歙县政协委员。90岁曾续弦，相依为命。有题画诗云："九秋风露菊堆金，篱畔花枝艳复芬。在昔渊明乘鹤去，如今知己更谁人。"编有《联苑撷华》。

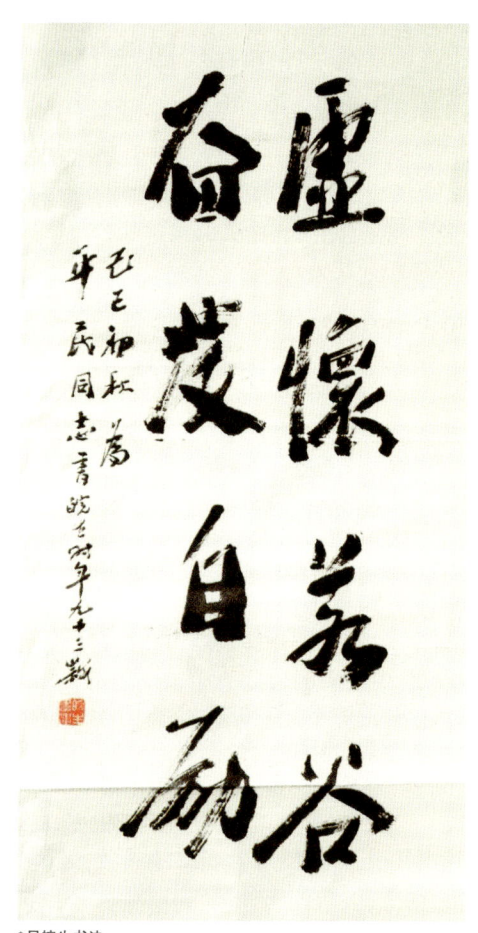

＊吴皖生书法

吴斌 生卒年不详。诗人。字蕴中。明休宁人。洪武年间荐授平阳县主簿。《明诗综》录其诗，《量田谣》尤为脍炙人口。著有《韫玉山房集》。

吴道荣 生卒年不详。篆刻家。字尊生。清歙县人，后迁家于闽。善篆籀之学，刻印能自致其情。又工诗。

吴焯 1676~1733。诗人。字尺凫，号绣谷，又称绣谷老人。清歙县人，占籍钱塘（今浙江杭州）。以诗、古文擅名东南。喜聚书，尤攻倚声（填词）。擅绘事，工画竹。著有《药园诗稿》。

吴瑗 生卒年不详。书画家。字子钦，号岱南。明歙县人。善草书，又能作花鸟、昆虫。

吴照 生卒年不详。画家。字青晖，号雨香。清休宁人，流寓苏州。善写真及白描人物，得上海俞宗礼（人仪）法。南京博物馆藏其《兰竹石图》轴，墨笔纸本，乾隆十五年（1750年）作。

吴颖芳 生卒年不详。诗人。字西林。清初休宁人。屡试不第，遂弃举业。擅诗文，与厉鹗相知。精于乐律、六书、音韵之学。晚年信佛，自号"树虚"。著述甚丰，有《吹幽录》50卷、《临江乡人诗》4卷、《金石文释》6卷。

吴廉 生卒年不详。画家。号嵋川，又作湄川。清歙县人，侨居江苏仪征。工山水。与从弟之俊，究心绘事。著有《清漾书屋吟卷》。

吴滔 1840~1895。画家，诗人。字伯滔，号铁夫，又号疏林。清歙县人，寓居石门鹭鸶湾，居所名"来鹭草堂"。幼聪颖，能诗善画，不慕荣利，无意功名。画擅山水，卓然大家，与蒲华、吴昌硕、胡钁、沈伯云等友交甚笃。晚年画名愈盛，曾为嘉兴张鸣珂作《春柳图》《海上访僧图》，备极精妙。著有《来鹭草堂诗集》。

吴睿清 生卒年不详。画家。清歙县人。以画供奉内廷，官至户部主事。

吴熊 生卒年不详。诗人。字建国，号梅颠。清歙县人。工诗，能医。著有《北溪草堂吟稿》。

吴震生 1695~1769。篆刻家。字祚荣、长公，号南村、可堂，别号玉勾词客。清歙县西溪南（今属徽州区）人，寄籍仁和。家本富饶，以顺承母志丰人约己，以致家境中落。出游海昌（治今浙江海宁），居于双忠里之南，遂自号"南村"。博雅多艺，工诗善画，山水尤长。工篆书，兼通医术。精通音律，擅长戏曲，尤工于金元乐府，熟南北宫调。以岁贡生入资为刑部贵州司主事，未几乞归，徜徉林泉，以读书著述自娱。著有《太平乐府》《都官集》《南村遗集》《可堂笔话》《摘庄》《葬书或问》《大藏摘髓》《金箱壁言》《性学私读》《丰南人事考》等。妻程琼，诗、文、书、画、算、弈无不精妙，论事评理微妙独绝，著有《香奁集》《绣牡丹》《杂流必读》等。

吴德修 生卒年不详。文学家。清歙县人。著有传奇《偷桃记》。

吴徵 1878~1949。画家。字待秋，号春晖外史，一号鹭鸶湾人，别署括苍亭长；以曾得文后山旧藏"三斗铜"，因又号抱铜居士。吴滔第五子，清末民国时期歙县人。幼承家学，习画甚勤。其画初拟奚铁生，后宗四王，尤得王麓台神髓，擅山水、花卉、翎毛、佛像。又酷嗜收藏，遇书画精品、珍玩古器，靡不尽力购求。虽终日挥毫，时仍入不敷出，自奉甚俭。民国十六年（1927年）于苏州大王家巷购置"残粒园"，乃移居姑苏。

吴瞻泰 生卒年不详。诗人。字东岩。吴苑长子，清歙县莘墟（今属徽州区）人。为人豪爽淳厚，人有过则不容，有善则褒扬之，能急人所难，扶危济贫。诗文豪放简淡，不假修饰，妙合自然。著有文10卷、古今体诗10卷、《杜诗提要》8卷。

吴麐 1638~？。篆刻家。字仁趾。明末清初歙县西溪南（今属徽州区）人，寓居扬州。清顺治二年（1645年）四月二十五日，清兵攻破扬州，其父遭兵燹死。时吴麐年仅8岁，与母避乱金陵，旋赖母亲授《汉书》《孝经》等教养。成年后，学诗于吴嘉纪，复移家扬州。诗余习篆刻以治生，颇得时誉。周亮工尤为赞赏，称其"每于兔起鹘落之余，别生光怪，文三桥、何雪渔所未有也"。并说："予最好雉皋黄济叔、黄山程穆倩印，两君者皆近七十，苍颜皓发，攻苦此道数十年，始臻妙境。而仁趾以英髫之年，遂复及此，其年与济叔、穆倩齐其所造当十百两无疑也。济叔已矣，同穆倩后先振起广陵，舍仁趾其谁与归。"

吴藻 1799~1862。词人，女。字苹香，自号玉岭子。钱塘县望平村许振清妻，清黟县叶里人，以父葆真营典业于杭州遂寓居浙。幼聪敏，长工诗画，精音律，善弹琴，尤善填词。曾自画男装小影，题名《饮酒读骚图》，借屈原之不遇，抒自身之郁忿。一首词成，操管弦者每争相传唱。其初作《浪淘沙》云："莲漏正迢迢，凉馆灯挑，画屏秋冷一支箫。真个曲终人不见了，月转花梢。"19岁寡居后，词更凄婉，如《喝火令》下阕云："百种风华擅，千秋月旦评，花仙历劫下蓉城。累我低吟吟到月高升，累我月高升处，怀想对红灯。"晚年移家南湖，撰有《香南雪北词》《花帘词》《花帘书屋诗词》等。

吴麟 1691~1772。篆刻家，画家。字尧圃，又字栗园，号质道人，又号西溪老圃、南邨。清歙县西溪南（今属徽州区）人。山水学黄子久（公望），以疏散简淡为宗，用墨得法，干湿兼参，不见痕迹。客寓江西景德镇珠山最久，家有瓷土窑，能仿古法产秘色器，与唐、熊、年三窑齐名，世称"吴窑"。北京故宫博物院藏其《仿古山水》11开册，设色纸本；上海博物馆藏《仿李唐山水》轴，设色纸本；天津市艺术博物馆藏《仿云林山水》轴，墨笔纸本；安徽省博物馆藏其《山水》小册，金农题款。

何文煌 生卒年不详。画家。字昭夏，号竹坡。清休宁屯溪（今属屯溪区）人。查士标弟子。工书画，亦能诗。画笔超卓，尽得师传。善画山水，代表作有《淡墨山水图》。

何龙 生卒年不详。画家。字禹门。清休宁人。工指头画。尝为王柏崖绘《渔樵问答图》，随意点抹，情致宛然。

何佩玉 生卒年不详。诗人，女。字婉碧，一字坞霞。两淮盐运知事何秉堂三女，扬州人祝麟妻，清歙县人。著有《藕香馆诗钞》，为道光十八年（1838年）、道光十九年（1839年）之作。

何佩芳 生卒年不详。诗人，女。字吟香。两淮盐运知事何秉堂次女，范志全妻，清歙县人。与妹佩玉、佩珠俱娴吟咏，人称歙邑"何氏三姝"。著有《绿筠阁诗钞》。

何佩珠 生卒年不详。诗人，女。字芷香。两淮盐运知事何秉堂四女，张子元妻，清歙县人。与姐佩芳、佩玉俱有诗名，著《津云小草》行世，有道光二十年（1840年）刊本，王勋为之序。因舅官于天津，诗为婚后作，故以"津云"名篇。还著有《梨花梦》5折（5卷）、《环花阁诗钞》和《竹烟兰雪斋诗钞》行世。

何桢 生卒年不详。画家。字雪樵。清歙县人。工画花鸟。

何涛 生卒年不详。篆刻家。字松庵，又字海若、巨源。震子，明末休宁人。承家学，亦能治印，所刻印章体势颇近其父。著有《何萨奴印略》。

何震 ❶1535~1604。篆刻家。字主臣，一字长卿，号雪渔。明休宁人，晚年寓居南京。性豪爽，喜爱结交。一生深究古籀，精研六书，被时人尊奉为篆刻艺术的"集大成者"和"海内第一"的大家，素与"吴门派"篆刻创始人文彭并称"文何"。其对古篆精髓领悟较深，曾针对当时金石篆刻界风行怪异与杜撰字形入印之恶习，明确提出治篆应以秦、汉印为宗，"以六书为准则"，荡涤芜杂，矫弊正本。其治印突出特点是实现了书法与刀法一致，"刀随意动，意指刀达"。篆刻作品以印无讹笔著称，刀锋洒脱洁净，风格猛辣劲逸，在审美趣味上同中国画的大写意形态有一致性，故而时"海内图书出长卿手，争传宝之"。印学理论著作有《续学古编》2卷。中年尝学画竹，苍莽淋漓，风格尤胜。子何涛，亦能印。❷1843~1904。商人。字东樵，号寄围。清黟县南屏人。里有林沥古刹，故朱熹讲学地，震读书其中，喜为径大字，雄劲有古致，老师宿儒咸惊异之。性孝友，嗜古成癖，15岁即好篆隶，书案左右列金石文百数种，课余辄摩拟不倦。14岁，父母相继殁，家中落。适太平军起，何震挈兄弟流离避难，家藏篆隶诸刻悉付于火。兄弟四人无以为生，何震乃弃儒而贾，去苏州跟从木商往来贩运，得资以赡家。暇仍浏览经史，或摹临汉魏碑版，日以为常。湖口高碧湄先生，尤长汉隶，见何震书法激赏之，引为金石友。都转盐运使刘蔚卿亦好古隶，与何震如旧相识，昕夕接席论文字，析奇疑。何震于谈文外无私求。何震既承当代名公推崇，益致力于书法，心慕手追垂30年。俞樾、吴大澂、费念慈皆潜研金石，世所称泰斗者，咸推崇何震书法，题记数四。何震虽业商，而手不释卷，平居常以朱子小学教子弟。吴中士夫崇公品谊，争乐与游。性慷慨，好族谊，以是家无恒产，冬一败裘，萧然行李。后为阳湖余澹湖太守幕宾，太守殁，震即侨居苏州，日摹金石以自娱，不复涉世事矣。值山东大灾，何震以所节约六秩寿资助赈，由太学生加翰林院待诏。何震于历朝金石无所不窥，临摹辄得其意，不拘拘袭其貌，其晚岁所书尤精。

何濂 生卒年不详。画家。字元吉。明休宁人。出于丁云鹏之门。善绘画，而以花卉得名，落笔娟秀，傅色淹润。

佘华瑞 生卒年不详。诗人。字胐生。清歙县岩寺（今属徽州区）人。善诗，工古文辞。雍正十三年（1735年）选授桐城训导。行端言规，为文整严有法度。著有《绿萝山人集》《岩镇志草》等。

佘国观 生卒年不详。书画家。字颙若、石痴、石颠，号竺西、竹西、吉叟。熙璋子，清歙县人。官云南巡检。善行楷，精铁笔，兼工镌晶、玉章。又善绘事，尤工兰竹。写竹喜作新篁，微雨初洗，嫩箨徐解，令见者心爽。竹边多作巨石，以浓淡笔迅扫而成，阴阳凹凸自见，时或间以朱绿，别具真趣。

佘熙璋 生卒年不详。画家。清初歙县人，侨寓扬州，寄居宛平。善画，为王原祁弟子，供奉启祥宫。

余元英 生卒年不详。文学家。字冠群。清婺源沱川人。邑增生。博通经史、制艺，尤工古文辞，屡试名列前茅，时称"新安奇才"。著有《兰畹遗稿》《尺木集》《过庭录》《牧苗编》《商山旅吟》等。

余圭 生卒年不详。画家。又名汝圭，字友桐。清黟县城关人。工画山水、人物、花鸟、草虫，写真亦臻上品。曾绘俞正燮像，毕肖其生。兼善书，宗米芾、赵子昂。安徽省博物馆藏其绘俞正燮像，无款，像额有邑人程鸿诏书传后记云："咸丰二年，怀方兄曰，余君友桐，追貌遗像。"怀方为正燮次子。

余有道 生卒年不详。画家。字万山。明婺源沱川人。善丹青，翎毛尤为独步，落笔有神，顷刻挥就。悬其所画之鹰于堂上，鸡雀见之而惊。邑人户部右侍郎游应乾于广东见其画，疑为古人所作，归家后，才知桑梓中有此绝技。相国吕本赠其诗中有"胸中藏宇宙，笔内吐山河"之句。子德辉，能传其艺。

余尚德 生卒年不详。诗人。字武南。清休宁人。诗词超逸，书法李阳冰，清挺拔俗。晚游黄山、武夷，诗更清卓。以布衣终其身。著有《啸山诗钞》。

余国圣 生卒年不详。诗人。字尔思。明末清初绩溪城南人。庠生。幼聪颖，人称"神童"。工诗、古文词，与休宁金声为密友，常随左右。金声就义后，杜门读经，淡于仕进。著有《壶天集》。康熙中曾参与修撰县志、府志。

余绍祉 1596~1648。诗人。字子畤，号凝庵居士。明末清初婺源沱川人。18岁，筑室大鄣山读书，善制艺及古文辞。又工书，行草追钟（繇）张（芝）；尤工诗，师法白居易。著有《晚闻堂集》《山居琐谈》《元邱素话》《樵云居诗》《山中吟草》《访道日录》等。

余香 生卒年不详。工艺家。字开山。清黟县八都府均人。家境贫寒，无力入学，从业石工。曾以石制箫、笛，饰以篆文，谐于音律，工艺精湛，人称"绝技"。所制石箫、石笛、石篪等乐器，远传至东南亚。

余逢时 生卒年不详。诗人。字际昌。清黟县城西人。乾隆四十五年（1780年）恩贡。好读书，以廉自饬，尝以不苟取戒其弟。居家授徒，至老不倦。诗传神，著有《柳塘诗钞》行世。

余新民 生卒年不详。画家，篆刻家。字四维。清歙县人。工山水，善篆刻。

余襄 生卒年不详。画家。字鲁生。明休宁人。工画山水。安徽省博物馆藏其《山水》轴（绫本），题款"梅花春早，丙戌春日写余襄"，有"余襄之印""余氏子襄"两枚朱文印。细笔浅色，苍秀润韵。

余藩卿 生卒年不详。诗人。字翰臣。清婺源沱川人。邑诸生。少游张艺山门，攻苦博洽。当甲申之变，遂弃诸生，寄情山水30年，以诗、古文辞见长。著有《家居四礼》《天经堂文集》《顽石居诗集》等。

余麟 生卒年不详。画家。清黟县石村人。工画，善着色，尤擅用大绿。一山一水，必师古人，无不神肖。

闵麟嗣 1628~1704。字宾连、檀林、铸堂，号橄庵。明末清初歙县岩寺（今属徽州区）人，流寓扬州，晚年寓居潜口半豹堂。博洽多闻，长于史志之学，为扬州府学诸生。工书、诗、词，颜其居为"南郭草堂"，收藏经籍古玩甚富。与魏禧、王定九、张符骧等名士友善。喜游历，踪迹几遍天下，意之所感，耳目之所及，悉见于诗，而《游庐草》一集，尤脍炙人口，沈德潜收录至《清诗别裁集》。著有《黄山志定本》8卷、《黄山松石谱》1卷、《悟雪草堂集》《卧雪诗草》《闵宾连集杜》等。

汪一新 生卒年不详。诗人。字宗一。明绩溪孔灵人。县学生。能文工诗，屡试未中，以诸生终。著有《破愁草诗稿》。

汪又苏 生卒年不详。诗人,女。举人汪昌女,清歙县人。撰有《双桂书屋诗草》。

汪士云 生卒年不详。书法家。字苏黎。明黟县十都人。善行草,得赵子昂法;归晋唐诸帖,用笔浑然古朴。

汪士建 生卒年不详。画家。字次友。明歙县岩寺(今属徽州区)人。与弟士道俱以画名。士道善设色,士建善水墨,合作竹石,尤苍秀可喜。

汪士钺 1632~1706。诗人,剧作家。原名征远,字扶晨、栗亭,号梅旅,别号蕊栖居士。清歙县潜口(今属徽州区)人。岁贡生,工于诗,有王维、韦应物之风。亦工曲,撰有杂剧《沧浪亭》《铁汉楼》《平津阁》《十锦堤》。喜交游,笃风谊,一度流寓苏州、扬州间,与遗民黄宗羲、屈大均及邑人江韬、汪沐日、王炜、闵麟嗣等交谊甚笃,复与施闰章、王士禛、查士标、梅文鼎、吴嘉纪、吴绮等为诗友,时相酬唱。晚年归返故里,徜徉林泉,以诗文自适。著有《栗亭诗集》《黄山志续集》《四顾山房集》《谷玉堂诗》。

汪士豹 生卒年不详。诗人。士仁子,明绩溪城南人。工诗,精楷书。曾随父参与郭山诗社,后与程校、戴伟等结"龙都诗社"。著有《石门山人诗集》《风雅则》。

汪士煌 生卒年不详。诗人。字君宣。清休宁人。乾隆元年(1736年)举博学鸿词,授翰林院庶吉士。寻改编修,督学河南。著有《筠川诗文集》。

汪士慎 1686~1759。书画家。又名慎,字近人,号巢林,又号溪东外史、天都寄客、心观道人。清休宁富溪人,侨寓扬州。为"扬州八怪"之一。所居有七峰草堂、青衫书屋、卧雨书屋、一林书堂、碧梧深处、春深卧雨楼、鱼眠轩、寿萱堂、勤斋等。自幼勤奋好学,多才艺,诗书画印均有很高造诣。诗清永,擅八分书,工花卉,尤擅画梅。所画梅枝繁桠密,千花万蕊,精妙独步。生平穷愁潦倒,安贫乐道,卖画为生。54岁左目失明,然为人画梅、作八分书,工妙胜于未瞽时。67岁双目瞽,犹能以意运腕,展纸作狂草,神韵不减。刻有"左盲生""尚留一目著花梢""晚春老人""一生心事为花忙"等闲章,以志其情。篆刻取法小篆,结合汉印结体与章法,能破能收,自成格局。著有《巢林诗集》。

汪之瑞 ?~1657。画家。字无瑞,号乘槎。明末清初休宁抱村人。为"海阳四家"之一。善画山水,师从李永昌。其画以悬肘中锋、运渴笔焦墨著称,多麻皮荷叶等皴法,爱作背面山。嗜酒,酒酣兴至,落笔如风雨骤至,一日可得数十幅。书法仿李北海。

汪子祐 生卒年不详。诗人。字受夫,别号石西。明祁门城西人。喜作诗,自20~70岁所作,皆编

*汪士慎

年为集。太守吴绮称其词博而昌、诗清而越。著有《石西集》。

汪元麟 生卒年不详。画家。字石恬。清歙县人,客扬州。山水法梅道人(吴镇),以画长堤春柳得名。

汪文柏 ❶生卒年不详。诗人。字季青,号柯庭。汪森弟,清休宁西门人。康熙年间附贡生。初官京师东城兵马司正指挥,寻调北城,又改行人司。任职三年辞归,建"古香楼"收藏法帖名画,以文会友。工诗词,秀水朱竹垞盛赞之。程敏政汇撰《新安文献志》迄200余年,其欲续之,因作《征成化以后六县诗文启》。晚年优游林下,极唱酬之乐。著有《柯庭余唱》《杜韩集韵》《古香楼吟稿》行世。❷生卒年不详。藏书家。汪森弟,清初休宁人,旅居浙江桐乡。家筑藏书处"古香楼",所藏书多精善本,名贵珍籍有刻本《隶释》、抄本《皇明献实》、弘治刻本《遗山先生诗集》等。另广收书法精品、名画和簿籍,暇时焚香啜茗,与友人精研其中妙趣。

汪心 生卒年不详。画家。字冰玉。清婺源清华人。初业儒,工书法。以食贫,去而肆力于丹青,花卉、翎毛惟妙惟肖。尤长于写真,士大夫得其亲笔画像,子孙宝而藏之。子济源,能世其艺。

汪孔祁 1887~1940。画家。字采白、采伯,号澹庵、洗桐居士。宗沂孙,近现代歙县西溪人。出身于书香门第。少承家学,以叔父律本为师。5岁拜黄宾虹门下,习四书五经和绘画。随后就学于歙县崇一学堂,21岁入读南京两江优级师范学堂国画手工科,拜李瑞清为师。清宣统二年(1910年)两江师范毕业后,历任武昌高等师范学校教授、北京师范学校教授、南京中央大学国画系主任、安徽省立第二中学校长、北平艺术专科学校教授。是"新安画派"的重要传人,画作古雅清逸,形神兼备,尤擅长小青绿山水,在近现代画坛上别具一格。前人评道:"用青绿写他最熟悉的黄山山

水，胆大而笔细，有剪裁而无夸张，是中国现代画史上的一种有意义的尝试。"为人崇尚气节，清介不阿。民国二十四年（1935年）在南京举办画展时，名作《风柳鸣蝉图》已为法国大使预订，日商出资两千银元请重画，其愤然拒绝："我非机器也！"陶行知称誉"行止有耻"。抗战时避乱回乡，忧愤交集而患病，寻死于庸医之手。著有《汪采白画集》《黄山卧游图》传世。

*汪孔祁

汪玉英 生卒年不详。诗人，女。号吟香。郎中启淑长女，内阁中书洪榜妻，清歙县人。诗才秀逸。撰有《吟香榭初稿》《瑞芝堂诗钞》。佳句有："一缕沉烟消永昼，半帘花影漾微风。""晴日烘梅香意透，春风拂水碧纹圆。""一声远雁羁人思，数点青山故国心。""石松少土偏饶翠，盆藕无花却有香。"清丽可诵。

汪世藻 生卒年不详。诗人。字蓉洲，别号倚园、憩庵、研云山客、秋江钓徒。清休宁西门人。贡生，举博学鸿词。擅诗画，尤工骈体文。雍正九年（1731年）由教习选任扬州县知事，识郑板桥而资给之，助其成名，传为士林佳话。著有《春晖楼集》《词科掌录》、《西湖十景诗》1卷和词1卷。

汪印泉 1883~1959。书法家。名寿彭，号述斋，以字行，又字荫荃。近现代歙县西溪人。工楷书，脱胎颜（真卿）柳（公权），致中极和，风神超迈，字字生动，笔笔见功。光绪三十二年（1906年）应黄宾虹之聘，执教于歙西潭渡敦悈小学堂。民国八年（1919年），供职上海商务印书馆书缮股，与郑振铎、胡愈之、周建人、沈雁冰、黄宾虹共事。沪上求写广告、招牌、中堂、对联者甚众，声名日隆。"八一三事变"后返歙。

汪立名 生卒年不详。诗人。号西亭。清婺源人。曾官工部主事。善诗，精通六书。著有《钟鼎字源》，并辑有《白香山诗集》《唐四家诗》等。

汪发宰 生卒年不详。诗人。字兆行，号肖凡。清祁门候潭人。工诗。所撰不自收检，多已散佚。仅《肖凡诗存》传世。

汪芝 生卒年不详。音乐家。号云岚山人。明歙县人。自幼爱好音乐，尤擅弹琴。嘉靖二十八年（1549年），编成《西麓堂琴统》（为收曲最多的明代琴谱），与凤阳朱权《神奇秘谱》、朱厚爝《风宣玄品》并称"明代三大琴谱"。失传古曲得以复鸣，中多远年遗响，如《广陵散》《神人畅》《风云游》《问弦明君》《宋玉悲秋》等。对研究楚汉以来琴学及鉴定琴曲创作年代具有重要参考价值，琴学泰斗查阜西誉之为"今日瑰宝"。

汪芌 生卒年不详。剧作家。字羲仲，号药房。明末清初歙县人。著有传奇《金杯记》《纳翠记》。善诗，浙江和尚曾录其诗以题画。

汪廷讷 1573~1619。戏曲家。字昌朝，号无如，别署坐隐、无无居士、全一真人、松萝道人、清痴叟。明休宁汪村人。早年以业盐致富，家境殷实。曾由贡生授南京盐运使、宁波府同知。博学能文，寄情诗赋，兼爱填词，好乐府、传奇。家中建有"坐隐园""环翠亭"，常与汤显祖、王伯谷等名士交往。曾在南京陈所闻协助下，作传奇14种、杂剧8种。其中《投桃记》《彩舟记》《天书记》《义烈记》《三祝记》《种玉记》《狮吼记》7种有刻本传世，除《种玉记》外另6种均冠以《环翠堂乐府》名称。《狮吼记》传奇在昆曲中有折子戏流存。杂剧今传《广陵月》1种。戏曲作品兼采临川、吴江诸派之长，于曲坛别树一帜，被《曲品》誉为"词场之俊士"。又通围棋，撰有《坐隐老人弈薮》1卷、《坐隐先生精订捷径棋谱》5卷。在金陵开设有"环翠堂书坊"，刊刻书籍插图精美，对明代木刻版画艺术有较大影响。所刻《环翠堂园景图》长卷版画，囊括内容之繁、表现场景之宏、运用手法之细，为徽派版画代表性作品之一。

汪廷桂 生卒年不详。篆刻家，书法家。字古看。清歙县人。工书法、篆刻。所著《谦受堂诗集》有云："我学系羲徒刻鹄，君宗皇象富雕虫。书佣石友神仙姑，不到穷时不得工。"

汪廷儒 生卒年不详。画家。字醇卿，又字莼青。清歙县人。道光二十四年（1844年）进士，授翰林院编修。书法、山水，极得董其昌用笔用墨之妙，皴减有法，墨润骈宕，笔意沉着而苍润。尤长画册页及扇面。辑《广陵思古·内外编》，书未成而卒。

汪延庆 生卒年不详。画家，女。字晓芸。清歙县人。善画山水，笔致工整。

汪关 生卒年不详。篆刻家。原名东阳，字杲叔。明末歙县人，寓居娄东（今江苏太仓）。少时酷爱古文字，收藏金玉、玛瑙、铜印不下200方。后遭家难，藏品大多散失。故汪关参习佛学，心平气和，治印亦沉稳安详，篆法精严，于工雅秀致中蕴涵疏宕朴拙意趣。其印风力求汉印风范的书卷气，多为后世取法，巴慰祖、黄士陵印中可见其风格的延续。

汪如 生卒年不详。书法家。字元波。明休宁人。以善书名，著有《桐阜集》。

汪如椿 生卒年不详。书法家。字寿生，自号种石山房主人。清歙县人，寓居扬州。能诗。工书，通汉分章草，又善画。曾刻有《种石山房帖》。

汪志曾 生卒年不详。书画家。字养可。清婺源大畈人。善画山水，能以箸代笔，不亚于明朝同里画家汪都。画竹尤入神,相传以其长幅挂堂上者,群燕争栖。性幽僻,尚气谊,非所善虽百金弗作也。又工诗,擅篆刻,犹善行草。

汪来贤 生卒年不详。画家。字樵云。明婺源人。家设"浣月轩",用以刻书画、藏书。注重搜集民间野史,辑刻地方典籍,尤重刊刻文学作品小说、传奇、戏曲、诗词类,并附以己作之插图。万历三十四年(1606年),刊刻《新镌全像蓝桥玉杵记》4册,其为书中所作插画讲究诗情画意,情景交融;线描人物突出,形象秀逸。

汪肖野 生卒年不详。画家。清初歙县人。工画,桐城李雅《画美人歌赠天都汪肖野》诗有"何以君画空江东,写景写神非逐队"句。

汪伯荐 生卒年不详。诗人。字士倩。明祁门城西人。崇祯元年(1628年)恩贡生。著有《崇礼堂诗集》。

汪罕 生卒年不详。书画家。字仲罕。元歙县人。官主簿。工书善画,《师山集》称其"所至醉墨淋漓,人争取之以为奇玩"。

汪阿秀 1905~1927。诗人,女。字琼芝。清末民国时期歙县人。爱风雅,善诗词,授业于其从兄石青。治曲学,慧心妙悟。著有诗集《惜红吟》1卷。

汪青萍 生卒年不详。诗人。号薛门。清婺源城南人。潜心向学,不知有世味纷华。工诗赋,为文渊博宏丽。著有《粹撷录》《绀珠录》《日读纂要》《醉月轩漫录》。

汪玢 生卒年不详。诗人,女。字孟文。清黟县宏村人。幼聪敏,工诗词,与兄弟唱和。适钱塘举人陈善,篝灯伴读,造诣益深。无诗作留存,其资才见族弟方钟《谢姊孟文题扇并索拙集启》。

汪林苓 生卒年不详。画家。字萼辉、华南。清黟县人。善画竹。安徽省博物馆藏有其纸本墨竹小幅,秀逸洒落。

汪尚阶 生卒年不详。画家。字印苔,号子涛,又号莲痴、唯悔道人。清末歙县人。画龙传谢祚法,分书学金农,均极逼真。亦画鱼藻,又精鉴别。著有《歙浦余晖录》。

汪鸣珂 生卒年不详。书画家。字宣纶,号瑶圃。清歙县人,占籍江苏吴江。能诗词,善书,工画山水。晚年官广西知州,遂家桂林。

汪图 生卒年不详。书法家。字将南。清祁门大坦人。监生。幼从其叔学楷书,颇有名。康熙四十二年(1703年),以字学应南巡召试,钦取第二。七亲王以宾礼延聘,教授书法。

汪和友 1896~1976。书法家。名可群,号荷牖,以字行世。印泉侄,近现代歙县西溪人。工书,楷书尤善。民国十二年(1923年),任职上海商务印书馆校对股,后调书缮股,与郑振铎、叶圣陶、王云五、沈雁冰、黄宾虹等共事。尝由上海锦章书局出版《缩临皇甫君碑小楷》,黄宾虹为之题签。抗日战争爆发后返歙,任私立芜关中学文书。民国三十六年(1947年),再次任职上海商务印书馆。曾以正楷手书小学国语课本、《四角号码词典》检字笔型说明等,工整规范。

汪佩玉 生卒年不详。篆刻家。字韫辉。清歙县人。工篆、隶,精刻印。

汪采白 参见1106页"汪孔祁"条。

汪注 生卒年不详。诗人,画家。字允凝。民国时期歙县人。工诗,善画山水。有《岑山诗》《湖上草》《宛陵诗》,附渐江(弘仁)画偈后。

汪宝光 生卒年不详。书法家。字肤壁。清黟县城西人。书法初学颜,后变化其体,骨力浸峻。所书每用"晋斋"印钤。

汪宗姬 1573~1620。剧作家。明歙县人。著有传奇《丹管记》《续缘记》。

汪绍勋 生卒年不详。画家。清黟县黄陂人。善画,工设色,花卉翎毛气韵飞动。尝从漕督杨殿邦游,杨谓其画能夺天工。

汪绎辰 生卒年不详。画家。字陈也,号卷勺主人。清歙县人。传家学,工花卉。著有《即是染山馆诗集》。

汪荀 生卒年不详。诗人。字淑子。明末清初休宁西门人。邑诸生,入清弃去。善古文,以诗歌自娱,词隽秀古雅。著有《霜崖集》《自怡篇》《鸿雪居诗余》。

汪姕 1781~1842。诗人,女。字雅安。锡维长女,诰赠奉直大夫程鼎调继室,清歙县人。幼随父母侨居扬州,从名宿黄秋平及其夫人张净因读书,渊源有自。著有《雅安书屋诗集》4卷和《文集》2卷,刊于道光二十四年(1844年),首有阮元序,末有同邑女诗人江月娥后序,并有儿媳夏玉鑫跋;凡诗281首,古文50篇。清沈嘉宝《名媛诗活》评云:"雅安学力宏深,调旨简远。且能阐发经史微奥。集中多知人论世经济之言,洵为一代女宗。"

汪南鸣 生卒年不详。画家。清歙县人,寓扬州。善画山水。有《江山烟雨图卷》存世。

汪是 生卒年不详。诗人,女。字贞庵。镇江府教授吴之骙妾,清歙县人。好读书,喜吟诗,然善韬晦。临终前一日,将其两种诗集《梅影楼诗》《伏枕吟》嘱夫之骙订定,附刊于吴之《桂留堂集》后,总名《余香草》。

汪昱庭 1872~1951。琵琶演奏家。名敏，号子夷。近现代休宁人。少时至上海，经商终生。业余喜习书画，颇有造诣，其画有板桥法。更喜音乐，初学箫和三弦，后习琵琶，从师于琵琶名家王惠生、李芳园、倪清泉、陈子敬、殷纪平等。民国十年（1921年）应上海大同乐会邀请，悉心传授琵琶技艺。受其教益后成琵琶演奏家者有李廷松、孙裕德、程午加、柳尧章、金祖礼等，因之被誉为近代琵琶艺术一代宗师。其谦虚好学，博采众长，能集近代琵琶流派"浦东""平湖"两派之长而独树一帜，后人称之为"汪派"。演奏以古朴简洁著称，讲究力度和音色的变化对比；在技法上主张右手演奏时要形成拳心，并根据演奏者手的条件各异，确定右手夹弹的"龙眼""凤眼"手形；并首运用从食指开始的"上出轮"弹法，被后人普遍采用。由其传谱并演奏的乐曲有《浔阳夜月》《塞上曲》《青莲乐府》《阳春古曲》《月儿高》《平沙落雁》《将军令》《十面埋伏》《霸王卸甲》等；流传至今的民族乐队合奏曲《春江花月夜》，即由柳尧章等人根据其《浔阳夜月》传谱改编。后经中央音乐学院民族音乐系收集，辑成《汪昱庭琵琶谱》。

汪适 生卒年不详。诗人。字畯民。明歙县人。工诗，善画兰石，尝植竹栽花于问政山麓。兄弟三人，俱负才名。

汪律本 1867~1931。诗人。字鞠卣、鞠友，号旧游。宗沂次子，清末民国时期歙县西溪人。清光绪二十年（1894年）举人。废科举后赴江宁求学，接受西方科学的影响，倾向革命。后任教两江师范学堂，倡导民主革命。曾入新军，任江西九江驻军管带。因不满军阀异权，辞职隐居池州乌渡湖畔。著有《萍蓬庵诗》《壶中词》《薄寒词》《曷归词》《劫尘词》《荒径词》《黄海后游集》等。工诗词，擅画。诗词幽异深婉，意境高妙。山水花竹超然有趣，为汪采白启蒙老师。

*汪律本

汪亮 生卒年不详。画家，女。字映辉，号采芝山人。兵马司指挥文柏孙女，清休宁人。费雨坪妻。文柏以诗、画名，汪亮能传其学。师从张庚，尽得书画之精妙。所画山水，轻俊秀润，设色淡雅。侨居嘉兴天带桥，以丹青擅名。《画诗录》称其画有"清逸之致，出尘自得"之语。

汪炳 生卒年不详。篆刻家。字虎文。清初休宁旧墅人。明崇祯年间，以父兄均在京城为官，出生于北京。少时读书，过目成诵，又从兄习篆、隶、真、草四体书法。清兵入关后，全家南迁，移居杭州。见朱简《印谱》，特喜爱之，遂握刀摹刻，得其意趣。后在扬州遇程邃，彼此出自印谱互相求证，程对其篆刻技艺甚为叹服。高镜庭酷嗜程邃印作，偶见汪炳印作后，专程前往拜访求印。浙中篆刻名手徐念芝闻其名，见其印，亦拜为师。从学者，另有吴下扬敏来诸人。

汪洪度 生卒年不详。书画家。字于鼎，号息庐。清歙县松明山（今属徽州区）人，寓扬州。工诗、古文词。善书，康熙四十八年（1709年）曾作《字帖》。又善画山水，平淡简古，颇近渐江。与弟洋度并称"新安二汪"。晚年归卧黄山。著有《息庐诗》《黄山领要录》。

汪洋度 生卒年不详。书画家。字文治，号耨学。洪度弟，清歙县松明山（今属徽州区）人。善书画。康熙三十八年（1699年）曾作《字册》。

汪祚 生卒年不详。剧作家。清歙县人，寓居扬州。著有传奇《十贤记》。

汪耕 生卒年不详。画家。字于田。明歙县人。善绘图，画有《人镜阳秋》《坐隐图》《仿唐六如〈莺莺像〉》等。

汪珙 生卒年不详。诗人。字抑之，号澹斋。明绩溪人。博学能文，长于诗词。有诗作《澹斋集》上、下集。

汪都 生卒年不详。书画家。字瀛海。明婺源大畈人。官亳州史目。工书画、文词。尤以画有绝技，以双箸代笔，山水人物点染颇佳。曾自赋诗云："自识丹青绝世无，几年磊落在江湖。老来不用狸毛笔，双箸能挥十丈图。"著有《拟古诗》《早朝诗》《铜钱赋》等。

汪恭 生卒年不详。画家。字恭寿，号竹坪，别号锦沙外史。清休宁汪村人。乾隆二十八年（1763年）进士。工画人物、山水。著有《焦石白鹤图》《吉阳山水图》等传世。

*汪恭书画

汪桂馨 生卒年不详。书法家。字钧五。清祁门人。诸生,幕游大江南北。工书,晚擅汉隶,得史晨之髓。

汪烈 生卒年不详。书法家。字扬廷。清黟县四都官路下人。生性醇谨,孝友克敦,好古博雅。工翰墨,临池学钟、王及宋、元、明诸家,潜心米南宫最久。40岁殁,流传片纸,人争宝之。

汪铎 1889~1968。画家。字声远,号北野山樵,别署浙江渔父、一笔画者。近现代歙县人。早年拜黄宾虹为师,专攻山水。先后任上海美专、新华艺专、南京艺术学院教授,从事国画艺术教育40余年。为人谦和,诲人不倦,教人用笔强调中锋。著有《六法评解》《画史百咏》《历朝名人画法津梁》。曾以三小时写就《渐溪探胜》10余米长卷,被誉为第一快笔。

汪徐 生卒年不详。诗人。字孟旸,号清叟,又号斗山。宋绩溪人。以诗文名。托迹江湖,与汪杏山唱和。著有《水云词》1卷。

汪海鼎 生卒年不详。诗人,画家。字映琴,号浣云,又号蓼塘。清休宁竹林人。乾隆五十八年(1793年)进士,官至浙江道御史。为人性澹直率。善诗,诗格在王孟间。工书画、鼓琴。画工兰石花卉,得宋元古人神髓,姚鼐谓为董其昌再世。为林远峰所作《双树图》,老干交缠,离奇夭矫,笔墨纵逸。著有《浣云诗钞》8卷及《舟车小草》《皋桥诗集》《谷诒诗集》,另有文集若干卷。

汪家珍 生卒年不详。画家。又名葵,字叔向,又字璧人。清歙县岩寺(今属徽州区)人。所画山水,摹拟黄公望及王蒙,与汪之瑞、孙无逸齐名。画花鸟虫鱼,尤传神入妙。

汪梦燕 生卒年不详。诗人,女。字燕友。清歙县人。著有《绿窗余韵》,汪启淑《撷芳集》著录其诗。

汪舸 生卒年不详。诗人。字可舟,号客吟老人。清婺源岠山人,寓居扬州。性不谐俗,一生坎坷。工诗,著有《岠山人集》8卷。

汪淇 生卒年不详。画家。字竹里,号白岳山人。清歙县人,侨居常熟。工诗。所画山水,潇洒出尘,疏落有致,傅色者极少。

汪淮 生卒年不详。诗人。字禹乂。明休宁东门人。初从陈达甫游,通籍大学。善诗,有文名。书法工妙,尝书"山阳寺"匾额,董其昌过休宁见之,叹为"此中有人"。著有诗集10卷、文4卷。

汪渊 1851~1920。词人。字时甫、诗圃,号词痴。清末民国时期绩溪郎家溪人,寓居休宁商山村。清光绪十五年(1889年)拔贡,例叙教职。因恶时弊,绝意功名,唯讲学家巷,潜心诗词。集词《麝尘莲寸集》刊行后,书称奇书、人称奇人。全集共集词284首,156调。所集句全是宋元人成句,不夹入诗句或己句。集成由妻程淑校句,详注出处。另有《味菜堂诗集》《瑶天笙鹤词》《藕丝词》等。

汪娟 生卒年不详。诗人,女。桂林别驾汪玉峰妹,清休宁人。聪慧寡言,有天女风度。14岁,未嫁而卒。撰有《瓣香楼词》。

汪绳煐 生卒年不详。画家。一作绳英,字祖肩,号静岩。清休宁人,移居桐乡。善画山水,得法于徐白洋,笔气高远,识力亦超。收藏宏富,资以抚摹。在家构筑"一经堂",旁为"寄圃",凿池垒石,种竹栽花,居然山林幽致,每日吟诗作画其中。

汪超 1865~1924。书法家。字次青。清末民国时期祁门大坦人。清光绪二十八年(1902年)举人。历任奉天审判厅丞、福建连城知事。才思俊逸,诗文并茂。工书,楷、行诸体,圆润端秀;间写墨梅。著有《觉未盦吟稿》。

汪联松 生卒年不详。书法家,篆刻家。字枢文,号楼斋。清黟县碧山人。道光二十九年(1849年),桃源古洞易名"桃花源"额,为其所书。又善金石,著有《璞斋印谱》集。

汪景旦 生卒年不详。戏曲家。字希周。明休宁上资人。嘉靖三十四年(1555年)贡生,授通州训导。据传《远山堂明曲品》为其所撰。

汪然 生卒年不详。画家。字于然(《古今画史》作"子然"),号蔼庭,又号蔼庵道人。家珍从弟,清初歙县岩寺(今属徽州区)人。善画,与方式玉友善,尝合作画卷。

汪敦敬 生卒年不详。诗人。明黟县碧山人。少励志操,绝意仕宦。喜吟咏,书法亦优。遍游名山,适楚遇缪昌期,相得甚欢,遂与缪缔"两人社"。适燕朱之蕃闻而造访,又与朱缔"两人社"。既而悔其所为尽属意气。遂归居碧山,自号"汉绮山人",闭门终老。著有《汉绮吟》等集,人争传之。

汪斌 生卒年不详。诗人。字以质。元婺源大畈人。至正十二年(1352年)兵乱,从汪同起兵保乡里。能诗善文,著有《云坡樵唱集》《壬辰稿》。

汪道全 生卒年不详。书法家。明婺源大畈人。工书,师法赵孟頫,笔法遒丽潇洒,以婉媚胜。程敏政《篁墩集》称其书法"清婉可爱"。今存墨迹颇多,后出版有《汪道全书赤壁赋》。

汪道会 生卒年不详。诗人。字仲嘉。汪道昆堂弟,明歙县千秋里(今属徽州区)人。诸生。为诗秀色天然,尽去雕饰,与从兄道贯并称"二仲"。曾与汪道昆、王世贞、屠隆等在杭州共举南屏社。著有《小山楼稿》,辑有《泛舟诗》1卷。

汪道昆 1525~1593。文学家,官员。字玉卿、伯玉,号太函、南溟。明歙县松明山人。郡诸生。20岁后曾游学浙江,拜余姚邵世德为师。嘉靖二十六年(1547年)中进士,授义乌知县。旋调任户部主事,主管崇文门税务,次年督工修筑城墙。嘉靖三十六年(1557年)出任襄阳知府,寻升福建按察司副使,备兵福宁。嘉靖四十一年(1562年)十一月,倭寇攻陷兴化府,全闽大振,道昆急走浙江乞援。总督胡宗宪命参将戚继光自浙江引兵8 000往闽,道昆为戚监军。平倭战事中,道昆主策划,戚继光主作战,捣平横屿倭巢,收复宁德县,大战兴化府,斩首3 000余级。以功迁福建按察使,协掌监督全省水陆军兵事务;次年升任福建巡抚。后官至兵部右侍郎。为文简而有法,作诗风骨俱佳,有《太函集》120卷,其中收散文106卷、诗歌1 520首。精通音律,所作杂剧清新俊逸、诙谐多姿。创作有《高唐梦》《洛水悲》《五湖游》和《远山戏》,合称《大雅堂杂剧》。

*汪道昆

汪道贯 1543~1591。诗人,书法家。字仲淹。汪道昆弟,明歙县千秋里(今属徽州区)人。国子监生。吟诗作字古色天真,绝无时调,且笃人伦,广交游,纵横艺苑,与兄道昆号"二汪",与从弟道会并称"二仲"。对徽墨颇有研究。著有《汪次公集》12卷,《二仲集》2卷,《墨书》《墨赋》《墨表》各1卷。

汪滋 生卒年不详。诗人。字蜿仙。清绩溪人。县学生。精书法,诗以陶渊明、白居易为法。著有《小眉山诗集》。

汪韫玉 1742~1778。诗人,女。字潜辉,一字兰雪。清休宁人。作霖姊,湖州诸生金潮妻。性颖异。幼从叔父学诗,所作诗词格律极严,风格清新。尝谓"治诗当咀咪其意旨,和谐其音节,以己之性情融会作者性情。久之,诗人性情皆我性情"。著有《听月楼遗草》2卷、《兰雪诗钞》。遗草有其弟作霖跋金潮悼亡八绝,乾隆四十八年(1783年)刊印。

汪荃 生卒年不详。书法家。原名埴古,字芸石。清末歙县大里人。光绪五年(1879年)举人,授国子监学正。工篆书。著有《尔雅正名》2卷与《铜竹斋记》。

汪痴 生卒年不详。书画家。自呼痴丐。明末清初歙县人。工画芦雁。

汪瑶 生卒年不详。诗人,女。字云上。诸生汪书绅女,元和朱昂妻,清休宁人。工骈体,著有诗集《拾翠轩吟稿》《文稿》。

汪嘉淑 生卒年不详。诗人,女。字德容。清休宁人。桐乡贡生金桀妻。著有《剪灯吟》。

汪蔼 生卒年不详。词人。字吉臣,号风村。宋黟县宏村人。8岁能辞赋,12岁作《松烟绿萼梅赋》,时人以"神童"称之。有《文集》8卷藏于家。

汪韶 生卒年不详。诗人。名荐,字东美,自号竹庸。南宋黟县人。咸淳四年(1268年)进士。诗有美有刺,得300篇之遗意。其诗为《新安文献志》收录。

汪肇 生卒年不详。画家。字德初。明末休宁东门人。尝于嘉靖年间与歙县程达同师于詹景宣(景凤从兄)学绘事。景凤称汪、程二人在当时的徽州每一幅画价在20余金,远超过元王蒙、倪瓒和明沈周画价。道光《徽州府志》称其"工绘事,尤长于翎毛,豪放不羁,自谓其笔意飘飘若海云,因自号曰海云"。

汪肇镕 生卒年不详。书法家。字子冶,号镜涵,一号经巢。清末祁门人。光绪八年(1882年)举人,授东流县教谕。工草书。诗不为作,著有《耐倩老人诗稿》。

汪镐京 1634~1702。篆刻家。字宗周、快士,号西谷,别号洋湖居士,自署红术轩主人。清歙县古塘人。工诗善画,精篆刻。生性磊落,安贫乐道,不求仕进,遍历名胜。治印所得充作游资,既足,人遂难求得其印。名人通士,多所交接,新城王士祯赠诗称道。著有《文字原》《黄山印篆》《红术轩山水篆册》《红术轩紫泥法定本》。子良泽,传其学。

汪德贞 生卒年不详。诗人,女。字孟淑。钱耆孙妻,清休宁人。著有《余园附草》。

汪懋麟 1640~1688。文学家。字秀甬,号蛟门。明末清初休宁人。清康熙六年(1667年)中进士，授内阁中书。曾受业于王渔洋，后举博学鸿词，荐为刑部主事，入史馆编修《明史》。三年后补刑部，能断疑狱，为时人所称道。诗学韩、苏，古文喜王安石，在都时与田纶霞、宋牧仲等唱和，时称"十子"。归里后，生病将逝，令人洗砚磨墨嗅之，自谓香沁心骨。著有《百尺梧桐诗集》26卷和《文集》《锦瑟词》等。《清史稿》有传。

汪徽 生卒年不详。书画家，篆刻家。字仲徽。明婺源大畈人。工诗，擅八分书，善画山水，尤精秦汉图章，称"四绝"。

汪藻 ❶ 1079~1154。文学家。字彦章，号龙溪。宋婺源浮溪人。北宋崇宁二年（1103年）第进士，调婺州观察推官；后迁著作佐郎。钦宗时，召为屯田员外郎。高宗即位召试中书舍人，擢给事中，迁兵部侍郎兼侍讲，拜翰林学士。时诏令多出其手，帝曾以自用白团扇亲书"紫诰仍兼馆，黄麻似六经"赐之。累官至显谟阁学士，封新安郡侯。南宋绍兴二十八年（1158年）诏赠端明殿学士。生平博览群书，尤喜《春秋左氏传》和《汉书》，学问博雅，为"南渡后词臣冠冕"的文学家。徽宗时曾任《九域图志》编修官，高宗时撰《靖康要录》16卷。宋高宗甚为器重，御屏有云："文章汪藻，政事程迈。"绍兴八年（1138年）又编《政事纪录》665卷，后朝廷修《徽宗实录》多取材此书。工诗，初学江西诗派，后学苏轼。擅四六骈文，所作制诰为世所称。善小篆，有《古今雅俗字》44篇。著有《浮溪集》《裔夷谋夏录》《青唐录》《世说叙录》等。《宋史》有传。❷ 生卒年不详。学者。字少章。清绩溪人。道光年间庠生。著有《读史札记》《游齐云山诗草》《锦川小稿》。

汪霦 生卒年不详。诗人。字朝采，号东川。清婺源大畈人，寓居浙江钱塘。康熙十二年（1673年）进士。出仕行人、编修、户部侍郎、国子监祭酒。著有《西泠唱和集》。

汪灏 生卒年不详。诗人。字紫沧。清休宁西门人。性孝友，弱冠曾割股疗亲。由廪生考取教习，期满选任陕西知县。康熙四十一年（1702年）圣祖南巡，献赋，召入南书房供奉；屡试称旨，先后赐举人、进士。旋选翰林院侍讲学士。康熙四十五年（1706年）散馆授编修。后又入武英殿，总《御选唐诗佩文韵府》《方舆路程》《月令广义》诸书修纂事。与戴名世有文字交，后因《南山集》一案牵累，赖纂书有功得免死。著有《知本堂集》24卷和《读杜》《随銮纪恩》《啸虹集》《披云阁诗词》《街西柳映斋集》等传世。

宋和 生卒年不详。文学家。字介三。清歙县西干人。9岁孤，14岁习武未成，24岁经商破产，遂习弦唱，漂泊于世。后偶得断简汉文，苦志钻研，故能吟诗作文。善记述变异之事，文简淡古朴。

张一芳 生卒年不详。画家。清初休宁屯溪（今属屯溪区）人。尝为康熙《徽州府志》画《黄山前海》《黄山后海》图。两图气势宏伟，直传黄山神韵。前海图云绕群峰山头多有变化，高低、大小峰峦相互穿插，呈现出黄山前海一派景色；后海和前海虽同样云漫山峦，然其用象征手法，把云海描绘成水浪波纹滚滚，群峰像海中岛屿，滔滔水浪纹在群岛中穿过。由于前海、后海两图表现手法不同，避免了云海之雷同，巧妙使其达到异工同曲的艺术效果。

张文在 生卒年不详。诗人。字子经，号紫阳山樵。宋婺源东溪人。善琴，工诗。尝游吴浙，有"小东坡"之称。

张立夫 生卒年不详。篆刻家，书法家。清歙县虬村人。工镌刻。上而籀、篆、钟鼎之古，下逮花鸟、虫鱼之细，书、画摹刻，不爽毫发。又兼通书法，所刻字画波磔，神采飞动，无不如意。间刻竹杖、笔格诸铭，人尤珍之。咸丰年间，曾佐曾国藩幕，四方闻风来学者亦不乏人。

张成稷 生卒年不详。诗人。字文孺。清婺源甲路人。善诗赋。著有《智愚铭》《衔窝集》《笃睦集》《唐诗心镜大观》。

张志和 714~774。诗人。本名龟龄，字子同，号玄真子。唐祁门人，祖籍婺州。隋朝末，其七世祖张泓由饶州别驾弃官，迁隐黟县赤山镇（今祁门祁山镇）石山坞；至唐永泰年间，因志和葬母于镇西，遂移居润田（今张村庇）。16岁以明经及第，先后任翰林待诏、左金吾卫录事参军。后因事贬南浦县尉，遂无意仕进。返里，适母、妻相继离世，遂浪迹江湖，隐苕雪间，人称"烟波钓徒"。屡征不起，肃宗帝特赐奴婢各一，名之"渔童""樵青"。大历九年（774年）访颜真卿于湖州，与之东游平望驿，酒酣戏水，溺水而逝。李德裕称其"隐而有名，显而无事，不穷不达，严光之比"。今传著作有《玄真子》3卷、诗词9首。其《渔父词》五首之一"西塞山前"为人传诵不衰，唐时即远播异域，入选日本汉诗集《国经集》。兼擅丝竹、绘画。《新唐书》称其画"酒后击鼓吹笛，或闭目或背面，舞笔飞墨而成，景象奇绝"。

张启 生卒年不详。词人，女。汪汝萃副室，清休宁人。工诗。《安徽名媛诗词征略》卷五选有其词《南歌子》1首。

张诏 生卒年不详。诗人。字棠署。清祁门石坑人。道光三十年（1850年）岁贡生。少好学，工诗文，日手一篇，至老不倦。善奖掖后进，远近贫士皆从之学。著有《知不足轩诗集》《知不足轩课草》《偷闲吟》。

张君逸 1905~1969。书画家。翰飞子，近现代歙县定潭人。毕业于清华大学。幼受父影响，显露有绘画天赋，又得黄宾虹、汪采白等指导，并且善于吸收各家之长，画艺大进。所作构图新颖，挺拔俏丽，秀逸清幽，山水、花鸟俱佳。寓居北京20年，与汪采白、张大千、汪慎生等为书画友，常往故宫博物院临摹宋元明清名家真迹，同时精于研究。抗日战争爆发后返乡，曾在屯溪举办个人画展。新中国成立后，执教于安徽省艺术专科学校。教学之余，写成《新安画派的继承和发展》，未印行。生前曾捐赠歙县博物馆古玩字画17件。子仲平，承家学，工山水。

张尚玉 生卒年不详。诗人，女。字谢琴。吴景湖妻，清歙县人。著有《谢琴诗钞》。

张绍龄 生卒年不详。画家。字度如，晚号梅谷老人。清绩溪人。能诗，工山水。其画云物秀逸苍深，有咫尺万里之概。游金陵，作《汉官春晓》，被赞为"真夺化天工之生意者也"！亦善画人物肖像。安徽省博物馆藏其《山水》大幅多件，以《江舫》《溪山》最为精细。

张钧 ？~1784。篆刻家。字右衡，号镜潭。清歙县人。幼即有志古学，然家庭贫困，室无奇书。偶游汉口，道人笑其好古而不识字。因称贷戚友，购觅陈仓、石鼓、禹穴（位于陕西旬阳县东）、峄山诸碑，忘餐废寝，朝夕研讨，遂工篆刻，刀法苍劲古雅。邗沟（今江苏扬州）族人雄于资，重其诚实，延使理财，借以少裕，遇亲戚近支贫乏辄竭力推食解衣。与汪启淑为友。后家境渐艰窘，不数年病卒。著有《镜潭印赏》10卷。

张泉 生卒年不详。书画家。字子渊，自号喜道人，又自号三十六峰喜道人、冷翁、更翁。清歙县人。善画山水，宗渐江及倪瓒，作画凡50年，未尝设色。自谓"少时摹米芾三十年，复一再览黄山、白岳之胜，偶一搦管，觉磅礴之气，从腕底出"。王学浩称其"独得写字诀"。尤喜画梅。著有《定川草堂文集》。

张苣贞 生卒年不详。诗人，女。山东候补知府、同邑鲍瑞骏妻，清歙县人。善吟咏。著有《琴秋阁集》。

张致 生卒年不详。诗人。字牧堂。清末祁门石坑人。邑庠生。毕业于安徽高等学堂。嗜学，善诗。著有《松下升吟》。

张崇达 生卒年不详。画家。字渔仲，号旷亭。清歙县人。工画山水。著有《旷亭书画舫》。

张婉仙 生卒年不详。诗人，女。观察张建亭之女，清婺源甲道人。著有《倦绣吟》。

张道浚 生卒年不详。书画家。字廷先，又字庭仙，号小颠、鹤还堂、来鹤堂。清歙县人，从父张钺寓居江苏常熟。能诗，书法"二王"，善画竹，兼工山水。著有《鹤还楼诗集》。

张潮 1650~1707。文学家。字山来，号心斋。清歙县柔岭下人。出身于缙绅之家。幼好读书，博通经史百家；且才思敏捷，爱诗辞赋，杂收旁学。以岁贡生曾官翰林院孔目。能文，古文尤雅，擅词曲，与文士孔尚任、冒辟疆、陈维崧等深交。以辑录、刊刻丛书知名于当时。著有《四书会意解》6卷、《心斋杂组》《心斋诗钞》各4卷、《奚囊寸锦》2卷、《幽梦影》《花影词》《聊复集》《友声集》《焦山古鼎考》各1卷及《尺牍偶存》《笙诗补辞》等；另有《虞初新志》20卷，意在"表彰轶事，传布奇文"。承父业诒清堂刻坊，又设霞举堂刻坊，辑刻有《昭代丛书》150卷、《檀几丛书》158卷等。

张翰飞 1884~1939。书画家。字鹏翎，号新安居士。清末民国时期歙县定潭人。自幼聪颖，成年后被选拔为县知事。因酷爱书画，遂弃仕从艺。中年北游，曾在铁道部和《北京晨报》编辑部工作。嗜画，由新安画派上溯元四家（倪云林、黄子久、吴镇、王蒙），同时博学历代各家之长，书画技艺飞速提高。曾得黄宾虹、汪采白、陈师曾等赏识，称赞其诗、书、画为"三绝"。擅山水，笔苍墨润，纵逸多姿，继承了新安画派清逸空灵之特色。尤善用墨用色，达到墨不碍色、色不碍墨，二者相融不悖、互为衬托的境界。其作品曾获教育部美术展览最优奖，名噪北京。出版有《张翰飞画集》。字学章草，诗宗唐人，诗书画俱佳。"七七事变"后返乡定居。晚年作品多描绘家乡山川风物，笔法锤炼凝重，气势磅礴，风格沉雄浑厚，感情深沉真挚。歙县博物馆藏其与张大千等合作扇面。

张儒 生卒年不详。画家。字素堂、寿堂，号问政山樵。清歙县人。工画山水。安徽省博物馆藏其《山水轴》。

张曙 1909~1938。音乐家。原名恩袭。清末民国时期歙县柔川人。从小喜爱音乐，民国十五年（1926年）考入上海艺术大学音乐系。民国十七年（1928年）转入田汉筹组的南国艺术学院学习，不久又转上海国立音乐学院主修声乐。此后，参加田汉领导的"南国社"和中国左翼戏剧家联盟，投身于文艺革命的洪流中。民国二十二年（1933年）参加中国共产党，并同聂耳一起组织了中国新兴音乐研究会和歌曲研究会，用革命歌曲作为武器唤醒民众，揭露社会黑暗。次年，受党组织派遣去长沙从事地下活动，创作了《抗战进行曲》《还我山河》《保卫国土》等一批以抗日救国为主题的歌曲。抗日战争爆发后，应郭沫若邀请至武汉，与冼星海一起负责国统区的抗战音乐工作，曾组织武汉十万人抗战歌咏大会等大型活动，成为抗日文化战线上的一员猛将。武汉陷落后转移到桂林，民国二十七年（1938年）十二月二十四日，在日机轰炸桂林时牺牲。张曙是中国革命大众音乐开创者之一，同时亦是优秀的作曲家，一生创作歌曲200余首，其中像《洪波曲》《大刀进行曲》《丈夫去当兵》《日落西山》《芦沟桥》等在全国影响很大，代表了那个时代的民众心声。

陈介祁 生卒年不详。画家。字受滋。清休宁人。工书，善画兰竹木石。

陈玉 生卒年不详。诗人。清休宁人，侨居长洲。嘉定光禄寺卿王鸣盛室，从鸣盛学韵语。著有《散花室学吟》。

陈邦华 生卒年不详。画家。字绍虞。清休宁陈村人。善绘画,工山水人物。康熙《休宁县志》所附山川、城郭、坊市、隅都及"海阳八景"诸图,皆出其手笔。

陈有守 生卒年不详。诗人。字达甫。明休宁南街人。幼有"神童"之称。父在沁水为官,随往求学。鄙薄科举文,专攻三玄五典。文祖左氏,诗宗大历,同郡定之、汪道昆等推为诗坛祭酒。好游山水,广交宾客。郡有南浦六水汇入新安江,因自号"六水山人"。著有《六水山人诗集》,又与李敏、汪淮选同郡诗8卷。

陈有寓 生卒年不详。画家。号墨泉、安甫。明休宁人。善绘人物,仙姬尤妙。兼工山水,云烟入画尤为所长。笔墨豪放,为吴小仙一派。晚年改号"水云山人",遂绝笔。

陈汝继 生卒年不详。诗人。字启光。清祁门文堂人。以监生授将仕郎,官袁州府通判。后弃官家居30年,辟"无芜斋",啸吟于山水之间。其诗清真绝俗,淡而远,婉而曲。著有《袁阳官稿》《十七尺牍》《无芜斋诗集》。

陈希昌 生卒年不详。诗人。字秉文。清祁门城西人。康熙年间岁贡生。与方玉缙、倪渊侍、汪起鸿合编《祁诗合选》。

陈尚文 生卒年不详。诗人。字质夫,号漫翁。新安藤溪陈氏始祖禧公十一世孙,南宋休宁陈村人。与兄陈尚忠(字正夫)并游太学,同登绍兴二十一年(1151年)进士,任袁州宜春县主簿。以杜鹃诗知名,人称"陈杜鹃"。著有《漫翁集》。

陈昂 生卒年不详。诗人。字术崖。名儒陈栎后裔,清初休宁人,侨寓嘉兴梅里。家颇富饶,尝入资官同知,而未出仕。生平嗜书,好客,工诗。与朱彝尊父子为邻,时相唱和。家有承雅堂、梅花书屋、涌石山房,收藏图书称富,且多宋元旧本。

陈佩 生卒年不详。诗人,女。字怀玉。太守于豫女,江昱妻,清歙县人。幼颖慧,10岁吟诗云:"惜花有梦疑春雨,爱月多情怕晚云。"传诵一时。惜22岁即早卒。著有《闺房集》1卷传世。凡诗40首,长短句10首,附以传诔及江昱所作墓碣。其诗为沈德潜《清诗别裁集》所选录。

陈昭祥 生卒年不详。诗人。字少明,号味川。明祁门文堂人。少有奇志,不求闻达。善草书,好游名山,所至多有题咏。其诗风格高逸,一时名士皆折节下交。晚年与祝世禄为莫逆交,世禄造访其庐,为筑"玉芝园",题额"昭代大儒",遂号"玉芝居士"。著有《颍西社集》《石竹山房天游稿》《玉芝草》。另与陈履祥、陈明良合编《文堂诗选》。

陈浦 生卒年不详。诗人。字楚南。清休宁屯溪珠里(今属屯溪区)人。性耿介,耽于吟咏,老而弥笃。著有《楚南集》。乾隆三十七年(1772年)与友人陈古渔一同持诗册访袁枚,袁谓其诗"学唐人能得其神趣"。其《秋月》诗云:"秋月一何皎,照人生还哀。闭门不忍看,自上纸窗来。"《鄱阳湖》诗云:"岸阔山沉水,天低浪入云。"题庐山瀑布诗云:"喷雪万峰巅,风吹直下天。长悬一匹练,飞作白重泉。"《醉后题壁》为其布衣终生写照:"贫归故里无生计,病卧他乡死亦难。放眼古今多少恨,可怜身后识方干。"袁氏在《随园诗话》中对陈浦诗有点评。

陈棣 生卒年不详。篆刻家。字郁唐。清歙县人。喜刻印。著有《望古遥集》。

邵士钤 生卒年不详。画家。一作士铨,字用耕,号东田。士燮仲弟,清休宁人,占籍芜湖。少贾于和州,好谈老庄,弃贾游幕,继弃之仍贾。擅绘事,山水沉着,专师王原祁(麓台)。

邵士恺 生卒年不详。画家。字犀函,号铁君。士燮季弟。清休宁人,占籍芜湖。乾隆五十六年(1791年)进士,官福建政和县令。卒于官。亦工书善画,诗词文赋俱精。

邵士燮 生卒年不详。书法家,画家。字友园,号范村,自署桑枣园丁。孜九世孙,黄钺妻弟,清休宁人,占籍芜湖。诸生。工诗,善分隶、篆刻,嗜画山水,师邵弥(瓜畴),尝自写《荒江老屋图》以寄意。

邵龙 生卒年不详。画家。号云窝。明休宁万安人。所画人物、山水,得唐宋名人笔法,名重一时,人争宝之。有《图绘宝鉴》传世。

邵田 生卒年不详。书画家,女。号井九。清歙县人。工隶书,亦善花卉。

邵孜 生卒年不详。画家。字思善。邵谊弟,元末明初休宁东门人。工山水,兼工梅竹。曾师事唐棣,尽得其传。

邵振华 生卒年不详。作家,女。班卿女,桐乡劳暗文妻,清末绩溪伏岭下人。光绪年间作通俗小说《侠义佳人》40回,由商务印书馆出版,入《中国通俗小说目》。

邵谊 生卒年不详。画家。字思谊,自号瓜圃锄云。元末明初休宁东门人。洪武初,以文学荐授本县县学训导;后调黟邑县学。善篆隶,兼工山水,尤精红梅墨菊。为时名士詹希原、朱同所推崇。

邵继贞 生卒年不详。书法家,画家。字汝恒。明休宁人。琴棋书画皆精,好涉猎经史,以文艺受知于鲁藩。

青生 1880~1936。徽剧艺人。姓名不详。清末民国时期歙县渔梁人。工跌打花脸,俗称"二花剑青生"。擅少林醉拳,演《醉八仙》尤为出色,得"盖徽"之誉。曾任徽班"采庆班"管事。

范良 生卒年不详。诗人。字伯生。清初休宁人。编撰《诗苑天声》21卷传世。该集选自汉至明亡诗,分乐章、应制、应试、朝堂、馆课五类,皆铺张富丽之作,因其崇尚馆阁体所致。

范淑钟 生卒年不详。诗人,女。字秀林。清休宁人。沈德潜《清诗别裁集》选录其《送夫子之鸠江》诗。

范满林 生卒年不详。诗人,女。诗人范良、范满珠妹,清休宁人。能诗,才与兄相称。著有《绣余征略》,红豆老人吴绮为之序。

范满珠 生卒年不详。诗人,女。字劬淑。戴邵庵(绍虞)妻,清休宁人。满珠诗才与兄范良相称。著有《绣余草》。

罗文瑞 生卒年不详。书法家。字范阳,号伯符,又号何痴。明歙县呈坎(今属徽州区)人。工书法。后居任城,燕、赵、齐、鲁间碑碣多出其手。

罗允绍 生卒年不详。画家。字介堂,号介人。罗聘子,清歙县呈坎(今属徽州区)人,侨居扬州。善画梅,能守家法而变化之,人谓"罗家梅派"。

罗允缵 生卒年不详。画家。一作元缵,字铁堂,一字炼堂,号小峰,又号继学。聘次子,清歙县呈坎(今属徽州区)人,寓居扬州。善画梅,能守家法。间作山水、蔬果、花卉。

罗龙 生卒年不详。画家。字锡三。清歙县人。工画秘戏图,与大同马相舜、太仓王式齐名。

罗会煜 1911~1941。画家。清末民国时期歙县呈坎(今属徽州区)人。幼嗜art,由杭州美术学术毕业考入上海美术专科学校,于民国二十五年(1936年)毕业,深受刘海粟校长器重。是年秋,邀请刘海粟至呈坎作客,并同游黄山,成为刘氏第一次黄山之旅。尝与刘氏合作国画多幅。擅油画、国画。善写山水、花鸟,技法娴熟,才华横溢,被刘氏视为得意门生。后因患骨结核去世,享年仅31岁。现南京市博物馆藏其《牡丹图》。

罗芳淑 生卒年不详。画家。字香雪,一字润六。罗聘女,清歙县呈坎(今属徽州区)人,寓居扬州。能写梅及花卉,有父风。乾隆四十年(1775年)作《梅花册》,父聘、母方白莲为之题记。

罗克昭 生卒年不详。画家。字冶亭。清休宁人,侨居扬州。吴门张宗苍弟子。曾任湖北兴国知州,工山水,善用焦墨,沈郁苍秀。

罗补衮 1582~1621。画家。字山甫。明歙县呈坎(今属徽州区)人。万历三十七年(1609年)中武举,工画人物、山水、花卉。

罗周旦 生卒年不详。书画家。字孔兼,自署方外余生。明歙县呈坎(今属徽州区)人。善画花鸟,极工雅。又工六书,兼擅篆刻,并精于鉴赏。

罗南斗 生卒年不详。书画家。因避祸改名"王常",字伯厘,别署吴野生、延年、青平生。罗小华子,明歙县呈坎(今属徽州区)人。工书画。龙文所遗古印,南斗辑为《云间顾氏印谱》《海阳吴氏印谱》。

罗聘 1733~1799。画家。字遁夫,号两峰,自号花之寺僧、衣云和尚。清歙县呈坎(今属徽州区)人,侨居扬州。为金农弟子,"扬州八怪"之一。喜爱佛学,工诗,精于鉴赏。画路较宽,人物、山水、花卉、佛像无不精通,尤以画鬼见长。生平得意作品《鬼趣图》8幅,刻画诸种离奇鬼像以讽当世。画成后,随身携带游历楚、越、齐、赵等地,袁枚、钱大昕、翁方纲、蒋士铨、张问陶等名流均为之题咏,"画鬼专家"一时声名大振。人物肖像画,特色鲜明。其将绘山水、花鸟之写意法引入人物画,放笔直挥,不饰丹粉,写神不写貌,写意不写形,有"描来影欲飞"之誉。所作《冬心先生蕉荫午睡图》《药根和尚像》《丁敬像》等,形神俱佳,惟妙惟肖,开创了写意文人肖像画新领域。著有《香叶草堂诗草》。

罗煜 生卒年不详。词人。字然倩。明末清初歙县人,流寓扬州。清顺治元年(1644年)后,隐居扬州北湖,以读书著述自遣。能文工诗词。论诗斥"初唐、盛唐、晚唐"之说,辑有《中晚唐诗钞》。尤精于词,著《霞汀诗余》1卷,大抵祖述屯田,寓意深远。

金式玉 生卒年不详。诗人。字郎甫。金榜侄,清歙县岩寺(今属徽州区)人。嘉庆七年(1802年)进士,授翰林院庶吉士。旷放洒脱,有竹林七贤之风。文词清雅,意境深远。擅骈体文,又精通音律。著有《竹邻遗稿》。

金光先 生卒年不详。篆刻家。字一甫。明休宁人。家资雄厚,性好风雅,究心于篆籀之学,精篆刻。尝游访何震、文彭,摹刻大量秦汉印,神形并得,自成一家,为世人所推许。其作品刀法浑朴厚实,布局工整平稳,兼有王谷祥、文彭、何震、黄圣期之长。著有《金一甫印选》(又名《复古印选》,共2册,上册为摹秦汉官私印,下册为自刻印,成书于万历四十年(1612年))。

金庆旺 生卒年不详。诗人。字子相。明休宁珰溪人。好学工诗,著有《枕骚山人诗集》。

金应宿 生卒年不详。诗人。字少孺。明休宁珰溪人。屡举不科,筑舍岑山,日事著作。著有《少孺集》9卷、《诗集》10卷、《读史百二咏》《春秋论》。

金若兰 生卒年不详。诗人,女。字春香。金翀女,清休宁瓯山人。性恬静,工诗。早寡居,常焚香啜茗,以笔墨自娱。著有《花语轩诗钞》1卷,嘉庆年间刊行。另有《吟红阁诗词》(抄本)。道光二十四年(1844年),娜嬛别馆选其诗26首刊入《国朝闺阁诗钞》第六集。

金树彩 ？~1852。诗人，女。字幼文。清休宁人。武昌知府云门季女，20岁未许人。咸丰二年（1852年）太平军攻武昌时，与母、姐妹同殉难。遗有诗集《月破轩遗草》。

金品卿 生卒年不详。画家。清黟县人。于光绪初，继泾县王廷佐（少维）之后，为江西景德镇著名画瓷艺人。工于浅绛绘瓷，所绘以人物著称，如《渊明爱菊》《羲之笼鹅》等人物故事，用笔刚劲，意态潇洒，落落大方。

金宣哲 生卒年不详。诗人，女。字太霞，又字梅轩。金渭女，遂安毛绍兰妻，清休宁人。著有《梅轩诗钞》，前有金楹序，后附吴蔚光序。

金桂科 生卒年不详。篆刻家。字小琴，一作吟秋，号小竹里主人。清休宁人。工画山水、花卉、仕女及鱼龙。精楷书及篆刻，刻印婉转流丽，刀法庄整。

金翀 生卒年不详。诗人。字振之，号香泾。清休宁瓯山人。诸生。曾官板浦盐大使。工诗词，许乔林称其"五古探源正始，七古似吴伟业，近体不名一家，其得气极腴者，尤属逸品"。词多言情之作，诗凡2 000首，集为《吟红阁诗钞》12卷、词抄3卷、词续草3卷，嘉庆八年（1803年）刻行。

金塘 生卒年不详。书法家。字伯献。明休宁人。以孝名乡里。能诗文，工书法。齐云山一天门口《登天门碑》为塘所书，刚健遒劲。又书《咏白岳诗碑》树于石门岩内。著有《伯献集》。

周沛昌 1843~1921。书画家。号吉甫。清末民国时期绩溪人。同治七年（1868年）进士。官南京粮台。工书法、兰草，名重京师。"忆兰轩""青葭草堂"为其画苑尊号。胡适尝叹："吾邑吉甫兰花、宗鲁字，双绝也。"

周桂清 生卒年不详。诗人，女。字稚娴。合肥阚潆鼎继妻，清歙县人。与潆鼎妹寿坤订姊妹，闺阁中尝共吟哦。撰有《缥缃馆稿》，清《篯诗汇》著录。

周皑 生卒年不详。词人。字用昭，别署梅花词客。清歙县岩寺（今属徽州区）人。布衣，博雅多艺，工诗善书，兼能画兰，尤致力于音韵律吕之学，擅填词。与邑人方成培友善，合刊有《新安二布衣词》24卷，其中成培7卷，皑17卷，未梓行。还著有《荫槐楼词》行世。诗4册稿藏于家。

周懋泰 1827~1911。篆刻家。字阶平，晚号松石老人。清末绩溪城东人。咸丰年间，曾经由商从政，充任屯溪茶局，金陵粮台幕友。应曾国荃招聘任金陵戎幕，因病未赴。博雅工诗，善书法，汉隶苍劲。精篆刻，直摹秦汉。著有《松石斋诗草》3卷、续集2卷，《松石斋印谱》。集中论及徽州印人、书家何震、朱简、程邃、巴慰祖、胡唐、曹赞梅、胡澍等人的艺术造诣与风格，是研究徽派篆刻和书法的珍贵史料。

周翼圣 生卒年不详。画家。字横山。清歙县人，寓居芜湖。工诗善画。

郑九夏 生卒年不详。画家。字子阳，号披云山人。明歙县郑村人。博雅工诗文，尝游汴梁间，为李东阳所称赏。工画人物、山水，字、诗、画在邑中号三绝。尝作郑村《十二景图》，每图题诗一首，盛赞村景之美。安徽省博物馆藏其《山水人物册》，有陶广跋。著有《披云集》行世。

郑之珍 1518~1595。戏曲家。字汝席，号高石。明祁门清溪人。幼时颖异超凡，因患眼疾不便看书，靠听人读书洞然于心。后受业于一山、光山、陈文溪、刘苏庵门下，习《春秋》《礼记》。嘉靖十三年（1534年）入县学，然因屡试不第，遂弃科举，以写作自娱。著有《五福记》《新编目连救母劝善戏文》。其中《新编目连救母劝善戏文》，在民间影响甚大。清朝，目连故事风靡东南和华中一带，徽剧、川剧、湘剧、昆曲等诸多剧种都移植上演了《戏文》；现不少剧种中还存有《双下山》《王婆骂鸡》等有关折子戏。

郑元勋 1598~1644。画家。字超宗，号惠东。郑重从子，明末歙县长龄桥（今属徽州区）人。祖父郑景濂在扬州经营盐业，家江都，占籍江苏仪征。崇祯十六年（1643年）进士及第，授南京兵部职方司主事。崇祯十七年（1644年），清军占领北京，郑元勋出资募通侠以保国，并疏陈抗清意见。同年，率部守扬州城，与弟元化为乱民所杀。善画山水，师法吴镇，措笔洒落，苍健秀逸，全以士气得山川之骨性，笔法出入赵孟頫、黄公望、王蒙、倪瓒之间。墨笔金笺扇页《山水图》今藏北京故宫博物院，设色纸本册页《纪游山水图》今藏南京博物院。著有《佐国类函》《影园诗稿》《影园文稿》《读史论赞》《英雄令终录》《英雄恨》等。

郑凤铸 生卒年不详。画家。一作风铸，字冶生，别号谷山樵、青萍道人。清歙县人。工山水、人物，尤擅白描罗汉。

郑为虹 1622~1646。画家。字天玉，号去疾、师山后学。明末歙县长龄桥（今属徽州区）人，寄籍江苏仪征。崇祯十六年（1643年），与叔郑元勋同登进士第。谒选浦城知县，有廉名。清兵渡江南犯，以御史巡视仙霞关，驻浦城。清顺治三年（1646年）城破被执死，以身殉国。史称："清兵南来，凡忠义之士，有缢者、赴水者、自焚者、不食者、自投杀者，亦不一矣。若乃大骂而死之最烈者，唯郑公一人而已。"事载《明史》。善画，山水师倪瓒、黄公望。

郑以进 生卒年不详。书画家。字成德，号爱竹。元歙县人。工画墨竹，著有《爱竹画稿》。

郑由照 生卒年不详。剧作家。字伯庸，号晓涵、啸岚。清末歙县丰口人。同治初恩贡。曾以军功授任江西靖安知县。所著杂剧有《雾中人》《木樨香》《雁鸣霜》3种，合为《暗香楼乐府》。另著有《晚学斋诗文集》《莲漪词》。

郑由熙 生卒年不详。书画家。字伯庸，号晓涌。清歙县人。工画兰、梅。其自题墨梅诗云："画梅才十日，略得梅之似。何术取其神，退而求篆隶。"著有《晚学斋诗集》。

郑全 生卒年不详。画家。字全德。郑重次子，明末歙县长龄桥（今属徽州区）人。工山水、佛像。

郑圻 生卒年不详。画家。字木瘿，号牧牛。清初歙县人。郑旼弟子。工山水画。

郑芬 生卒年不详。诗人，女。字雅蕙。巡检郑芳妹，南昌通判天津王煊继妻，清歙县人。撰有《凝翠阁诗钞》。

郑杏花 1889~1936。徽剧班主，女。清末民国时期歙县东门岭人。民国十四年（1925年），叔父云维委为徽班"大舞台"管事。次年得歙北呈狮村商人资助，另组成"凤舞台"徽班，并自任班主。延至"凤舞台"散伙后，郁悒而死。

郑完 生卒年不详。画家。字完德。郑重长子，明末清初歙县长龄桥（今属徽州区）人，流寓金陵。承家学，工画山水、人物。天津艺术博物馆藏其《山馆清秋图》轴，设色绢本，清顺治十年（1653年）作。

郑其相 生卒年不详。篆刻家。字宏祐。清初歙县人，流寓金陵。治印得何震之传。隐于秦淮。虽贫老，不以此技奔走权贵门，向人亦绝口不言，时爱弄小古玩，或易之人以自给。以贫终。

郑旼 生卒年不详。学者，书画篆刻家。字慕倩，号穆倩，别署慕道人、遗生、荆蛮民。明末清初歙县人。其居有寓学斋、拜经斋、致道堂、正己居、输廖馆诸称。嗜理学，工书，善画山水，所用押脚印云"闲来写幅青山卖，不使人间造孽钱"。尤工篆刻，以先秦、两汉为宗。画法笔墨高古，纯以气韵生动示意，故能追步无人。因遭明亡之痛，其诗或哀而伤、或怨而怒。所画山水中堂，每有"不知有晋""留作忠魂补"印，以矢其志。著有《拜经斋集》《致道堂集》《正己居集》《梦香诗集》等。清康熙十二年（1673年）游黄山，作《九龙潭图》。

郑重 生卒年不详。画家。字千里，号重生，又号无著，自署潭上居、天都懒人、风道人。明末清初歙县朱郑（今属徽州区）人，流寓金陵。工画佛像，必斋沐而后举笔。山水仿宋元，丁云鹏推为赵伯驹后身。后学道，与黄山印我和尚晤谈吻合，遂结茅白龙潭，为印我绘"水陆道场"。万历四十二年（1614年），普门邀之北上，绘《法海图》进呈；神宗复命画《御书华严经》引首，赐锦宴。又为东宫画扇。拟待诏中翰，以方外辞，仍归黄山。黄钺《游仁义寺观吴仲道、郑千里画壁》诗注云："杭州净慈寺方丈悬千里所画大士像，长丈余，有须数十茎，极庄严之致。江宁大报恩寺殿壁天尊相，相传亦千里笔也。"

郑桂芳 生卒年不详。诗人。明初黟县人。善诗能文。洪武年间为钱塘令，未几归里。性迂疏不拘，葛巾野服，徜徉山水间。著有《乐清集》，徐大章为之序。

郑康叙 生卒年不详。画家。一名序，字秩生，号非庵。明歙县郑村人。工画山水，尤善墨竹。安徽博物馆藏其《泼墨山水》轴，款书一序字，有"郑序字秩生""非庵"两印。

郑鸿 生卒年不详。画家。字渭川，号兰浦。明末清初歙县人。工水墨蔬果，秀逸逼人。

郑瑜 生卒年不详。文学家。清歙县人。著有《梅花词客传奇》（又名《滕王阁传奇》），嘉庆元年（1796年）刊刻。

郑嵩 生卒年不详。画家。字息中（一作近中），自号白岳山人。清歙县人。善画花鸟、草虫，尤精写生。

郑颖荪 1893~1950。古琴家。近现代黟县碧山上西田人。早年留学日本早稻田大学，回国后在北京大学任教。对古代乐器造诣深湛。

郑鹧鸪 1880~1925。戏剧演员。清末民国时期歙县人。早年毕业于南京江南随营学校，曾在清军中任职，后因参加反清活动而隐身商界。酷爱戏剧艺术，曾在上海创办大江东剧社。民国三年（1914年）加入新剧同志会，与陆镜若等人登台演出。民国五年（1916年），在郑应秋创办的药风剧学馆任佐教。民国七年（1918年），与周剑佐等创建新民图书馆，任总经理。民国十一年（1922年），与郑应秋、张石川等创建明星影片公司，任明星影剧学校教导主任。同年，在中国第一部影片《劳工与爱情》中饰主角木匠，后在《孤儿救国记》《滑稽大王游华记》《大闹怪剧场》《张欣生》《王梨魂》《诱婚》《苦儿弱女》《好哥哥》等影片中饰主角或配角，是中国早期主要电影演员之一。有遗著《我之影剧回忆录》。

单岳 生卒年不详。画家。字书岩。清歙县人。善画花卉，写真得恽寿平家法。歙县汪讱庵曾延请致其家，教其侍姬素云学画。

春桃 生卒年不详。诗人，女。姓氏已佚。女诗人洪县蕊侍从丫环，清歙县人。《安徽名媛诗词征略》选有其《和乩仙》一诗。

项怀述 1718~？。篆刻家。又名述，字惕孜，号别峰。清歙县桂溪人。幼从外舅吴云门习诗文。吴间或自制小印，怀述亦仿效操刀，不数年即登堂入室，慕名求印者甚众。后以眼疾，不再刻印。乾隆五年（1740年）其父逝，守孝之余，又稍事篆刻，并以示族叔项青来。青来精于治印，见怀述篆刻有功底，劝其不要轻易放弃。于是怀述勤于操刀，直溯秦汉，技益进。尝辑自刻印成《伊蔚斋印谱》和《黄山印册》行世。与族人项松、项道旷、项绥祖，被邑人曹文埴目为"南河四项"。

项松 生卒年不详。画家。字林士，号真山，又号渐上一翁。项惊子，清歙县人。善山水，人以小米目之。安徽省博物馆其《山水》一幅。与族人项怀述、项道旷、项绥祖，被邑人曹文埴目为"南河四项"。

项承恩 生卒年不详。画家。字宠叔。明歙县人，寓居杭州西湖。善山水，仿沈周，苍莽淋漓，得黄公望家法。

项根松 生卒年不详。书画家。字上章，号玉岑。清歙县小溪人。幼聪颖，能文章，屡试不中，遂绝意科举，改号干木道人。专事诗、古文辞，卓然名家。兼精绘事，画项氏祠图、桂溪村图刊入族谱，以贻远居之族，俾知故乡风景。善篆籀，追摹汉印，骎骎入古。工八分书，世人得其片纸珍同拱璧。阐籀医理，汲汲济人。其他技艺不能枚举，若董其昌身通72艺，名播儒林，用之以方，殆亦无愧。

项绥祖 生卒年不详。画家。字藕湄。清歙县小溪人。善缪篆，精绘事。与族人项怀述、项松、项道旷，被邑人曹文埴目为"南河四项"。

项绥德 生卒年不详。篆刻家。清歙县小溪人。工书画，精篆刻。

项继泉 生卒年不详。字兰谷，晚号懒叟。清歙县人，流寓无锡。年弱冠至无锡，初从事质库（典当）业，得暇勤学书画。善山水，宗法米芾，晚年嗜酒落拓，鬻画为生。

项惊 生卒年不详。画家。字屺云。清歙县人，流寓嘉定。山水仿董其昌、李流芳，笔墨淋漓，颇称入室。安徽省博物馆其《山水》轴，笔墨漫漶，或为其早期作品。

项琳 生卒年不详。文学家。字王玉。清初歙县小溪人。屡试不第，乃致力古文辞。文风高雅古朴。著有《太璞山人集》。

项道旷 生卒年不详。书画家。字鲁青，号青来山人，又号白云红叶山村人。清歙县小溪人。精缪篆，工绘事，墨松犹苍健。安徽省博物馆其《墨松》轴，款书"青来山人""道旷鲁青"印。与族人项怀述、项松、项绥祖，被邑人曹文埴目为"南河四项"。

项道旸 生卒年不详。画家。字嵎谷，号石林。清歙县小溪人。善丹青。安徽省博物馆藏其书画集册，其中有其墨笔《兰》《竹》《牛》各一页，款书"桂溪项嵎谷"。邑人许承尧记云："桂溪即小溪，在歙南。"又《兰竹》大幅，款书"项道旸"。又《画梅》轴，款书"道旸"。

项道玮 生卒年不详。清乾隆年间歙县小溪人。精绘事。尤擅篆刻，《篆刻丛谈》选收其刻"自是无名渔父"一印。《飞鸿堂印谱》选其刻"书剑飘零二十年""读书养性""高卧养清虚""认得如何是本乡""百计不如归好""我生疏懒无所能""万事不忧终在天"诸印。

赵尹 生卒年不详。画家。字莘子。清初徽州人。钱塘名画家刘度（叔宪）高弟，山水仿北宋人，笔墨遒劲，蹊径缜密，有出蓝之誉。

赵时朗 生卒年不详。篆刻家。字天醉。明休宁人。善书画，尤善篆刻，以书画清妙，篆刻苍老严谨有声于时。

赵咏清 生卒年不详。画家。字鹤琴，号东山旧主。吉士裔孙，清末民国时期休宁旧市人。监生。清光绪三十二年（1906年），授四川荣昌知事，后改福建闽侯厘金卡税官。善诗词，工山水，有"画意诗情一手兼"之誉。为官清操自守，公余以翰墨自娱。安徽省博物馆藏其《日下第一流雅集图》。

赵继禾 生卒年不详。诗人。号凤阿。清休宁旧市人。雍正十年（1732年）举人。学识渊博，曾聘为海阳书院山长。著有《棣晖堂文集》《碧梧书屋诗稿》。

胡士育 生卒年不详。诗人。字基仁。清黟县人。勤修好学，富于立言。幼侍父佐安于吉州，后以著书为务。著有《苠余堂诗》《清馆集》《性理标旨》《黟史汇录》《森玉庭诗》《古文》《兼山草堂诗》和古迹诗、往哲诗各1卷。

胡大有 生卒年不详。篆刻家，画家，诗人。字以谦。清绩溪宅坦人。府诸生。擅长篆刻，能诗善画，画法师承梅谷老人。筑"邱园"，读书吟咏其中。著有《云涛诗草》等。

胡正言 1584~1674。版刻艺术家。字曰从。明末清初休宁人，侨居金陵（今江苏南京）。少习书画，精于六书、篆籀，18岁即能治篆刻。明万历四十一年（1613年）定居金陵鸡笼山下，植翠竹10余竿于庭院内，自号"十竹主人"，并在寓所开设"十竹斋"古玩铺，兼营刻书业。明末曾授职翰林院，任中书舍人。崇祯十七年（1644年）奉南明朝廷之命，曾刻一方龙文螭纽的国玺御宝，印风规矩，端重平稳。清初江从治藏辑之《江氏图书府》第一卷，亦即其所篆。有印谱《胡氏篆草》《印存初集》《印存玄览》等行世。其刻书业始于明天启年间，下限至清康熙初年，见于著录和有传本的即有30余种，经史子集俱备。尤其是在总结前人经验、悉心研究雕版赋彩印刷技法的基础上，创制出"饾版""拱花"两种制版印刷形式，开彩色套版印刷艺术之先河,成为中国在世界印刷史上第二大贡献。其编辑印行的《十竹斋书画谱》和《十竹斋笺谱》,即首次采用饾版和拱花技法印制。所体现的套版印刷法,不仅再现了历代名画动人的笔墨韵味,而且成为画面立体感强、层次变化丰富之古代印刷精品。

胡本琪 生卒年不详。篆刻家。字华伯。清绩溪人。邑诸生。精篆刻。著有《静虚精舍印谱》。

胡仔 1110~1170。诗歌理论家。字符任,自号苕溪渔隐。宋名臣舜陟次子,宋绩溪城东人,寓居湖州苕溪。南宋建炎四年(1130年),以父荫补将仕郎,授迪功郎。绍兴六年(1136年)随父任赴广西桂林,为广西经略安抚司书写机宜文字,转文林郎、承直郎,就差广西提刑司干办公事,居岭外七年。公务闲暇,除遍游桂林大好山水外,又利用路过湘中的机会多次观赏浯溪摩崖石刻,并抄录了大量的名诗佳作;其间还至零陵郡淡山岩观赏石刻。绍兴十三年(1143年)父死冤狱后,胡仔丁忧离任,隐居苕溪,日以渔钓自适。在投闲20载间,其取诸家诗话及史传小说所载事实,完成《苕溪渔隐丛话》前集60卷的编纂工作。绍兴三十二年(1162年),复任福建转运司干办公事。三年任满,仍归苕溪,续成《苕溪渔隐丛话》后集40卷,合前集共100卷。又采摭经传,著有《孔子编年》5卷。后授奉议郎知常州晋陵县,未赴任。

*胡仔

胡光硕 生卒年不详。画家。字庭有。清初绩溪人。工人物、山水,张绍龄叹为画中绝笔。

胡廷标 生卒年不详。画家。字贵皋。清婺源考水人。善丹青,每游山水,辄挥笔成画。尤精工画人物、竹、马,人争宝之。

胡廷瑞 1823~?。书画家。字朗轩。清祁门城西人,精金石、书画,终生以刻、画自娱。与四川过伯安、滕塔轩友善,常携食盆寻幽访胜,终日作画。其画浓如点漆,淡若轻云,有墨呈五色之妙。

胡位威 1875~1942。书法家,画家。字泽山,号黄山懒禅。清末民国时期绩溪东街人,寄居上海。清光绪二十九年(1903年)进士,授浙江桐庐知县,徙户部主事。精鉴赏,富收藏,工书画,善诗词。抗日战争时期寄寓沪上,以鬻画卖字为生,山水粗笔雄健。

胡应卿 生卒年不详。画家。字梅宾。清绩溪人。善画松,骨苍秀。

胡尚英 生卒年不详。诗人。字超凡。明歙县人。举进士,官至南京国子监祭酒。著有《南华旁训》《击钵吟》《解弦微中》《玉屑篇》《超凡集》《词林纪》。

胡佩兰 生卒年不详。画家,女。字畹香,号国香。歙县汪启淑妻,清人,原籍休宁,生于江苏太仓。幼攻经书,能小楷。工画兰竹,兼通声律。著有《国秀楼诗钞》。

胡春生 生卒年不详。画家。本姓吕,字夏昌,号赤岸。明歙县人。父不光官鸿胪,徙居江都。春生好客,以中宦官之祸家中落,初移居池州,旋移金陵,以岐黄谋生。兼善山水,尺幅中能尽千里之势。著有《赤岸集》。

胡显灿 生卒年不详。文学家。字明若。清绩溪人。廪生。文学永叔(欧阳修),诗学昌黎(韩愈),因号"叔黎子"。著有《紫阳山房诗文集》48卷。

胡思永 1903~1923。诗人。清末民国时期绩溪上庄人。民国八年(1919年)入天津南开中学,因病辍学。喜文学,致力于白话诗,自谓作诗"只求表现我的感触,我的意思,我的所见"。胡适评其诗:明白清楚,重意境,能剪裁,有组织,有格式。诗作《月色迷朦的夜晚》《寄君以花瓣》等为传诵之作。程仰之辑其遗诗成《胡思永的遗诗》3卷103首。20世纪30年代,思永被列为白话诗革创时期之九家诗人之一。

胡峤 生卒年不详。画家。字文峤。五代绩溪华阳人。为北宋名臣胡舜陟高祖,曾任同州合阳县令。尝入契丹,于周广顺三年(953年)回中原,引入西瓜种植。留心画坛文献,著《梁朝名画录》(一作《广梁朝名画录》)。宋刘道醇续补作《五代名画补遗》。

胡晋文 1835~1916。诗人。字焕章。清末民国时期绩溪人。清光绪十六年(1890年)岁贡生。著有《醉月山房诗草》。

胡皋 生卒年不详。书画家。字公迈。明婺源清华人。工书、诗、古文辞。善画,可追顾(恺之)陆(探微),游京师,公卿争视为宝。天启年间随将军赵佑宣抚朝鲜,韩人宝其画,求者沓至,砚儿磨穿,因著《穿砚赋》。返回复命,将受重用,以时宦官魏忠贤肆虐,辞官归。家贫不妄取,人求其画,必灶无烟时始应允。

胡唐 1759~1838。篆刻家。初名长庚,字子西,号西甫、目宰翁,别署城东居士、城东老人、木雁居士。巴慰祖外甥,清歙县城人。精篆书,善治印,得钟鼎笔法,端严浑穆,妙绝天下。摹印上溯秦汉下至程邃,皆逼肖入微。作品风格婉约清丽,所刻行书边款尤为精绝。世与巴慰祖并称"巴胡",与程邃、汪肇龙、巴慰祖合称"歙四子"。绩溪周懋泰《论篆诗》咏长庚云:"早岁诗名传日下,晚年书学亦专门。能于周鼓秦碑外,写出肥圆古篆文。"慰祖印风以工致挺秀为主，晚期受汉法影响，趋于古茂质朴；而胡唐印风则纯工致一路，尤其是朱文印，既采秦汉印章的工整端庄，又收宋元印章的疏朗空灵，婉约清丽而不失遒劲。徽派篆刻因巴、胡二人而光大。著有《印谱》《砚谱》《岭云词》《木雁斋诗》《木雁斋杂著》等行世。

胡唯 生卒年不详。书画家。字贯道，号瀛东老樵，又号樵墅。明婺源瀛山人。善画山水、云龙、梅竹，工书法，兼擅诗词，人称"三绝"。尝摘经史之要，持文、书、画之法纂集成书，名《致知编》。

胡清泰 1869~1923。画家。字履周，号吉六。清末民国时期祁门城西人。早年留学日本，回国后执教于安徽优级师范学堂、陆军测绘学校。曾任祁门县教育科长。擅工笔墨蝶，间作花鸟，求画者日不暇给，为徽州一代画蝶名家。

胡清灏 生卒年不详。书法家。字养素。廷璟子，清祁门城西人。江西试用通判，加盐提举衔。幼随父居四川官廨，从学仓弼臣。善书，字丰肌秀骨，酷似弼臣。编有《兰簃丛稿》。

胡寅 生卒年不详。画家。字觉之。清歙县人。工画，擅鸟与走兽。游吴门寓狮子林寺，为寺僧画狮像巨幅，形神兼备而笔墨雅饰。

胡琪 生卒年不详。画家。号二梅。胡璋弟，清歙县人。山水宗"四王"，得其胎息。

胡瑞朱 生卒年不详。诗人，女。慧珠妹，赵玉妻，清绩溪人。能诗，《安徽名媛诗词征略》卷二，录有其诗2首。

胡颐 生卒年不详。诗人。字依莲。清歙县人。乾隆丙辰科恩科中副榜。为文力宗古人，善吟咏。晚年任崇明县教谕，严学规，勤课徒。著有诗集《依云轩小言》《束笋海上》等。

胡锡元 生卒年不详。书法家。字象威。清祁门鳙潭人。善草书，运笔飞舞，苍秀有致。

胡慧珠 生卒年不详。诗人，女。名士培系长女，清绩溪人。母孙采芙，以诗名。慧珠幼承母教，故亦工诗。

胡璋 生卒年不详。书画家。字铁梅，号饶城子。胡寅子，清歙县人。工书及人物、山水、花卉，与王冶梅并以画梅得名。冶梅能瘦，铁梅能腴，并为巢林遗派，有《梅花高士图》。尝游日本，或以胆瓶求绘，设色精妙。后复至日本，卒葬于神户。

胡履坦 生卒年不详。诗人。字遵道。清绩溪宅坦人。廪贡生。曾从师于武进扬希曾。著有《实园文稿》《近古斋诗集》。

胡翰 生卒年不详。书画家。字览亭。清末婺源汪村人，旅居扬州仙女庙。能文善书。绘画尤有绝技，山水、人物、翎毛、花卉无不精工，光绪年间名扬大江南北。然画不轻易与人，得者珍之。

胡燮元 生卒年不详。诗人。字赞廷，号庞夫。清绩溪人。乾隆年间廪生。幼工诗，于紫阳书院录取冠于徽州六县。著有《庞夫杂诗》。

查士英 生卒年不详。诗人，女。字寄幻。清休宁人。诗人于周女。幼聪颖，7岁工诗词。好学，读书破万卷。与夫州佐汪仲渊唱和闺阁，茗椀琴樽，乐晨数夕。惜早卒，其子用滨辑其遗诗为《白云遗草》。

查士标 1615~1697。书画家。字二瞻，号梅壑。明末清初休宁城西人。出身于书香世家，诗、书、画诸艺皆精通。画初学董其昌，上溯宋元诸家，对倪瓒尤为崇拜。倪瓒自称"懒瓒"，故效之为"懒标"，然学倪不为倪所拘，重视师法自然。青年时多次登临黄山、白岳，徜徉于名山大川间。晚年虽寓居扬州，但对家乡山水一直念念不忘。安徽中国徽州文化博物馆藏有其一幅山水轴，近景坡石上有几棵柳树，树旁疏叶中露出几间茅舍，隔水中远景是横向延展的山峦，完全是徽州山水真景写实。画面勾皴点染笔笔清晰，尤其是线条的运行，折带皴参披麻皴，遒逸刚劲，同渐江笔墨有相似之处；与渐江风格不同的是生涩多致，生动富润。代表画作有《狮子林图册》《南山云树卷》《冈陵秋晓图》等。诗作有《种书堂遗稿》3卷及《黄山诗钞》。士标、士模所撰《皇清处士前文学梅壑先生兄二瞻查公行述》（载清乾隆抄本《增广休宁查氏肇禋堂祠事使览》一书），比较详尽地记述了查士标的生平与为人为学，是研究查氏的珍贵史料。

查士模 1624~？。书法家、画家。字楷五，号秋谷。士标弟，明末清初休宁城西人。明诸生。诗文书画与兄士标同时驰名海内，艺苑有二难之目。

查为义 1700~1763。画家。字履方，号续堂。清休宁人，占籍宛平（今北京丰台区）。官淮南仪所通判。善绘事，工画兰竹、花卉，具简淡萧疏之趣。

查成 生卒年不详。画家。清黟县十都人。工虫草，一花一叶，工致可爱，各天臻其妙。

查克承 生卒年不详。画家。字坤元、寄材。慎行子，清休宁人，占籍浙江海宁。承家学，工于诗书。善画花竹、翎毛，神似恽寿平，笔底有神。书法董其昌。尝梦吕仙与丹授拂，因以名斋。著有《授拂诗存》。

查若农 生卒年不详。篆刻家。璇继孙，清休宁人，占籍浙江海宁。善治印，能传家学。

查非异 生卒年不详。画家。士标侄，清休宁城西人，流寓扬州。承家学，亦工画山水。存世作品《林亭小景图》轴，现藏上海朵云轩，上有超凡题款：

"余自邗沟归黄濑,非异兄作此相遗,志同好也,梅道人见而题之。"又有查士标题:"月岸道人归黄山,家侄非异画此奉别,笔势翩翩,亦自有致,正不以似倪迂为至也,梅壑观。"

查昉 生卒年不详。画家。字日华。清休宁人,占籍浙江海宁。工画山水,仿沈周,能作大劈斧。花卉、翎毛鲜艳夺目。

查岳 生卒年不详。篆刻家。原名圣俞,一作舜俞,字胜予。清休宁人,占籍浙江海宁。璇继侄,善法印,能传家法。

查容 生卒年不详。诗人。字韬荒,号浙江。清浙江海宁人,祖籍休宁。性好游。曾至云南,吴三桂延为上宾。旋察三桂有异志,遂佯醉而去。能诗文,著有《弹筝集》。

查景璠 生卒年不详。诗人。字冠玙,一字灌畲。清休宁人,诸生。以诗鸣于乡,往来吴楚。其诗出入汉魏唐宋,工整隽丽,无靡曼之音。曾取上古至宋史事为乐府百篇,融炼混成。中年所作千篇,晚年删存为600篇,分9卷,名《敬恕堂诗钞》。

查道 955~1018。文学家。字湛然。文徽孙,元方子,陶从弟,五代南唐末北宋初休宁前街人。奉母以孝闻。母病思鳜鱼羹,时方苦寒,市之不获,泣于河,凿冰取之,得鳜鱼。北宋端拱元年(988年)第进士,为馆陶尉。寇准荐其才,授著作佐郎,掌编纂国史。咸平四年(1001年)擢贤良方正,对策第一,能直言进谏。大中祥符元年(1008年)归直史馆,迁刑部员外郎,参修《册府元龟》。继历官左正言、东京漕运使、龙图阁待制。后出知虢州,关心民间疾苦,以廉洁厚道闻名。曾奉使契丹。著有《文集》20卷传世。

查鼐 1506~1559。琵琶演奏家。字廷和。明休宁城北人。出生时恰逢祖父80大寿,大喜,遂名"八十",人称"查八十"。成年后,随父经商,行走江湖。初拜乐师张老六和谢彦明为师,得两人琵琶弹奏技法。后又拜寿州钟山为师,尽得真传,由是抑、扬、按、捻俱臻绝妙。诗人王稚登有"查翁琵琶天下闻,奇妙不数康昆仑"之赞誉。与名士祝允明、杨慎、王庞、唐寅等以友相交。流寓金陵,穷困潦倒,病死。

查璇继 生卒年不详。篆刻家。字寅工,号介庵,晚号髯仙。清休宁人,占籍浙江海宁。积学,工篆籀,遗有印谱。大小篆,上迄三代,下隶六朝,书学源流,无不赅贯。陈鳣(仲鱼)论印云:"介庵工铁笔,为查初白所称。"初白,为其族人查慎行之号。侄舜俞,孙若农,并传家法。

查義 生卒年不详。书法家,画家。字如冈、尧卿,号选佛。清浙江海宁人,先世居休宁。监生。考授主簿。尝游京师,为族人查礼所重。书法钟、王,画兰有神韵。亦能诗,著有《区农诗稿》。

俞元膺 生卒年不详。诗人。字元应。元婺源城南人。治《春秋》,工诗。至正十三年(1353年)领乡荐,授翰林院学士。著有《二李家数》,曾参与编纂县志。

俞正钟 生卒年不详。书法家,画家。字静初。清黟县人。工书画。书学赵孟頫,画学唐寅,颇得神似。筑旁溪书舍,有楷书石刻。

俞可进 生卒年不详。书法家。字于渐。明婺源冲山人。精钟繇、王羲之书法,苦练10余年,毛湛称"不愧二王"。所书《黄庭心经》,董元宰、陈眉公赞为"绝品"。

俞斑 生卒年不详。篆刻家。初名培廷,字君仪,号笏斋。清婺源人,流寓姑苏。明吏治,善指头画,肆力于六书古文、工篆刻,印学步趋何震。与汪启淑交谊甚契。汪氏《飞鸿堂印谱》选其"臣淑""退斋""秀峰甫""梦华斋""西湖渔隐""耽玩水石以乐野性""拙懒居士""布衣暖菜根香诗书滋味长"诸印品。

俞梅 生卒年不详。画家。字琴舫。清末民国时期休宁人。善画。安徽省博物馆藏其设色《花卉》册,色泽鲜艳,布局雅宜。邑人夏慎大题云:"俞公琴舫,为吾邑近数十年著名画家也。写生设色,工致细腻,尤以菊荷榴为最。"

俞啸 生卒年不详。篆刻家。字松楸。清新安人,占籍杭州。诸生,善医,工治印。著有《续三十五举》《铁笔十三法》《抉摘入微》。

俞富仪 1901~1927。诗人,女。字宝娥。中书祖馨女,同邑沱口郎传仁妻,清末民国时期婺源人。幼聪慧,承祖训,能诗。出嫁入门事姑,先意承志。夫在浔阳病甚,欲往一视,姑不许,乃潜往。夫病不治,偕回婺源,姑不许其入门,因寄居母家。未几夫卒,一子复夭,以无生趣,乃自尽。殁后,父搜其诗付乞江峰青评定,刊以行世,名《莲心室遗稿》,凡诗90首、绝命词12首。

俞鹔 生卒年不详。书法家。字崔舟。清婺源长滩人。博览群书,以国学生授州佐。精书法,备诸体,尤工楷书。所书银钩铁画,苍古见奇,巨公学士争相珍赏。

饶芳 生卒年不详。书法家。字亦芳。清祁门石墅人。嘉庆五年(1800年)恩贡,举孝廉方正,不就。学行纯笃,善诗文。工书,书法娟秀;又擅画兰。著有《涵春稿》。

饶忠良 生卒年不详。诗人。字金门,号心庵。清祁门石墅人。道光二十四年(1844年)恩贡。品纯绩学,名噪一时。著有《心盦试帖诗品诗全》。

饶景 生卒年不详。画家。字景玉,号石臞、至愚、秋水伊人、碎月溪渔。清初歙县北关人。父病卦股,隐居不仕。精书画,善山水,得吴镇(梅道人)笔意。片纸寸笺,人珍藏之。与施闰章相善,施氏有《题饶景玉画》诗。顺治十三年(1656年)作《山水图》。安徽省博物馆藏其书词笺《烟寺晚钟》《山寺晴岚》二阕,款书"石臞",有"秋水伊人""碎月溪渔""至愚"诸印。歙县许承尧记云:"郡北关人,与浙江同时,书画高逸。"亦工诗文,擅词曲。著有《山居雪课》《贝研斋诗集》《凤凰媒传奇》。

施宗鲁 生卒年不详。书法家。又名功懋,字无伐。清婺源施村人。精"二王"书法,片语只字,人皆珍之。性至孝,尝割股疗祖疾。

施添准 生卒年不详。书画家。号秋舫。清婺源诗春人。工书法,草、正、篆、隶皆擅长,尤善丹青。绘画师事张乃耆,花卉、翎毛得真传,山水、人物落笔入神。刻有《梅花集》3卷。

姜远 生卒年不详。画家。一作尚远,字履坦,号蝶巢。清歙县人,侨居江都(今江苏扬州)。擅诗,尝与布衣沈大修、道士惠源等在宜陵镇东结诗会,合刻所作《东庄诗钞》。兼工画山水,萧疏冲淡。安徽省博物馆藏其色《松亭望山图》堂幅。钱塘屠倬题云:"姜远,字履坦,号蝶巢,古歙人,官布政使,清廉有声。善山水,与先祖为忘年交。是幅为其得意作,以遗先祖公者。其用笔之高,直入宋元堂奥。"

洪上庠 生卒年不详。书法家。字序也。清末歙县桂林人。曾署通州运判,道光二十九年(1849年)补海州。好书法,自少至壮作书不辍,尤工篆、草。

洪元志 生卒年不详。诗人,女。太仆少卿胡文学妻,清歙县人。著有《世德堂草》。

洪钊 生卒年不详。诗人。字勉臣,号石荪。清祁门檡墅(今洪村)人。祖荫楠,恩贡生,设塾乡里;父绍朋(字锡余),同治六年(1867年)举人,任庐江县训导。洪钊幼承庭训,聪颖过人。19岁中举,选授繁昌训导。著有《双红豆诗稿》。

洪昙蕊 生卒年不详。诗人,女。双桥郑某妻,清歙县人。好吟事。侄女郑湘筠亦工诗,尝与其唱和。著有《梦莲绣阁剩草》1卷。

洪承祖 生卒年不详。画家。字灵士,号林士,又号紫霞山人。清歙县人,流寓扬州。善画花卉,写生钩染,天趣横发,师法南田,为士林高品。比陈道复而点缀却工,较恽寿平而蹊径自别,盖寓钩染于写意者也。安徽省博物馆藏其《秋山行旅图》册一页,淡墨着色,溪山回环,于小幅中山川性情,默然深会,笔墨清逸。

洪南秀 生卒年不详。诗人,女。洪琰女,徐士义之妻,清歙县人。兄洪榜(状元)、弟洪朴(御史)。著有《初月吟》。

洪柏 生卒年不详。画家。字松溪。清歙县人。工画山水。安徽省博物馆藏其粗笔《山水轴》,似学查士标,款署"天都",有"松溪"印。

洪祖培 生卒年不详。画家。字锡卿。清歙县人。工画人物、山水、花鸟。

洪梧 1705~1817。诗人。字桐生。清歙县洪源(今属徽州区)人。乾隆五十五年(1790年)进士,官至沂州知府。曾主讲安定府梅花书院。著有《易箴》2卷、《韩江唱酬集》等。

洪野 生卒年不详。画家。又名禹仇。清末民国时期歙县人。出身于行伍,酷嗜书画,自学成才。民国三年(1914年),执教于上海图画美术学校,接替刘海粟教色彩学,为著名女画家潘玉良之启蒙教师,继任上海神州女校、上海东南高等师范学校(上海大学前身)美术科主任,讲授色彩学、素描、西洋画、国画、透视学。善国画及西洋油画,作品多为写实题材。曾为俞平白诗集《西还》设计装帧,被认为"五四"时期新文学美术装帧珍品。又为胡山源五幕剧《风尘三侠》画人物插图,融合西洋画和中国绣像画白描手法。民国十八年(1929年)四月,所绘《黄昏》等作品,曾参加国民政府教育部在上海举办的第一届全国美展。

洪超 生卒年不详。书法家。原名宜昌,字义符。清末祁门檡墅(今洪村)人。同治十二年(1873年)举人。曾任湖北知府,加盐运使衔。当戊戌变法维新期间,因与谭嗣同等交往甚密,为朝贵所忌,未赴官而殁。著有《仰正斋随笔》。善书,宗颜真卿。

洪朝采 生卒年不详。画家。字亮卿。明歙县人。善画蕉石,兼工书法。

洪皓 生卒年不详。文学家。字光弼。宋鄱阳乐平人,祖籍歙县。皓九世祖遇,居歙县洪坑,七世祖延寿由歙迁婺源轮溪,五世祖古雅再迁乐平枫木桥。皓五世孙元中复迁回婺源。皓少有奇节,慷慨有志。北宋政和五年(1115年)进士,历秀州司录,累官徽猷阁待制。南宋建炎初以礼部尚书使金,被留北15年,不屈,还宋后除徽猷阁直学士,以论事忤秦桧,数责濠州团练副使,安置英州。后复朝奉郎,徙袁州,至南雄州而卒,谥"忠宣"。著有文集及《帝王通要》《姓氏指南》《金国文具录》《鄱阳集》《松漠纪闻》等传世。子适、遵、迈,俱博学能文,有著述传世。

洪墨卿 生卒年不详。书法家。明休宁人。善书径丈大字,每作书以尺量壁,涂抹即成,而饶生动之致。徽州六邑寺观多有其手迹。

洪畿 1887~?。画家。原名基,字庶安,一字丽生。清末民国时期婺源人,流寓上海。善画,尤善花卉,勾勒写生,渲染傅色,出入恽寿平、沈铨,而尤近程璋(瑶笙)。妻程兰善书法。

姚宋 1648~？。画家。字雨金，号羽京、号野梅、三中子、木石间人。清顺治、康熙年间新安人，流寓芜湖。山水师法渐江，所画黄山图有如渐江作，黄宾虹称"非巨眼人，莫能辨之"。居芜湖时，与繁昌吴豫杰齐名，芜湖某富室盛邀两人合作竹石屏幛。姚宋画石多作欹侧之势，而吴豫杰蘸墨横飞，风驰雨骤，顷刻竹成，悉与石势相称。又工人物、花鸟、虫鱼、兰竹，尝在瓜子上画十八罗汉，为绝技。书法工行草，有董其昌潇洒出尘之风韵，楷书有隶书笔意。北京故宫博物院藏其《山水》十二开册(1688年)、《小景山水》十开册(1710年)、《山水》八开册、《山水人物》六开册、《仿各家山水》十二开册、《仿吴镇山水》四开册(1689年)。安徽省博物馆藏其《三星图》堂幅和《山水图》大幅(1716年)，画面极似渐江笔法。另有康熙五十六年(1717年)所画《仿倪云林山水图》，与渐江笔墨似出一人。

姚静芳 生卒年不详。诗人，女。穆先长女，仁和翟柜原妻，清歙县人。撰有《碧窗遗集》，郑江、吴廷华、沈廷芳作序。

姚潜 生卒年不详。诗人。字后陶，原名景明，字仲潜。明末清初歙县人，寄籍扬州。明亡后弃举子业，以诗酒自豪。值其妹家被祸，没入戚里为奴。潜不惜罄毁家资，走京师，极尽谋虑，赎妹氏及孤甥以归。中年妻子俱丧，不叹无家，遨游自适，世称达者，享年85岁。复赠金命其从孙蓼怀，远迁其妻方檖，合葬于京口中廷尉冢侧。有遗稿1卷。《遗民诗》卷十三录其诗14首。

班亭 生卒年不详。画家。清歙县人。画师吴克谦家佣工，亦工于画。

素云 生卒年不详。画家，女。姓佚。汪启淑侍姬，清歙县人。工花卉，师从单岳。

夏文纯 生卒年不详。诗人。字雪湄。清休宁人。布衣，以课馆授徒为生。工诗。著有《味秋馆诗钞》传世。集中有《劝捐》2首，其一云："捐者哭，劝者笑，哭本人情笑难料。此曹积累始锱铢，省啬用之非不屑。奈何恫吓更恢嘲，局内机关称妙妙。千金万金捉笔书，归来妻子坐相吊。嗟吁呼，昔日富家翁，今日窭人子。贼梳军枇捐愈难，有似敲骨还别髓。"该诗真实反映了咸丰年间徽属各邑招募乡勇，大力团练，以"劝捐劝输"形式向百姓摊派费用、敲骨别髓的真实情景。

夏雨金 生卒年不详。诗人。字韩云。明末休宁城南人。崇祯七年(1634年)进士，授绍兴知县。调河间，施政以修、储、练、备为要务。升刑部郎，授粤东副主考，再进为泉州太守。入清不仕，改字"寒云"。善诗文，著有《梦庄诗草》《秋水堂文集》。

夏基 生卒年不详。书画家。字乐只，又字乐子。清歙县人，侨寓杭州西湖。能诗，工书画，旷然有高士之风。

钱妍 生卒年不详。书法家，女。清黟县宏村人。能文。工草书，运笔苍劲。随夫居浙，有女弟子数十人。

倪伟绩 生卒年不详。书画家。字熙臣，号岂切。清祁门渚口人。邑庠生。善诗，尤工书画，著有《渔舟小草》。

倪渊侍 生卒年不详。诗人。字天章。清祁门渚口人。康熙年间岁贡生。著有《拙庵集》，又与陈希昌、方玉缙、汪起鸿合编《祁诗合选》。

徐七宝 生卒年不详。诗人，女。字雅闲。贡生芳源女，清歙县人。曾许嫁曹榜，嫁前一日，病殁。病中尝读朱子《或问》，父见而笑之，对曰："求明此理耳。"平日喜作诗，作后常自焚毁，仅余病中所赋《伤心吟》1册。

徐午 生卒年不详。画家。字耀亭，号芝田。清歙县徐村人，侨居扬州。乾隆二十九年(1764年)举人，官南昌知县。善画山水，中年自成一家，有宋元人气味。安徽省博物馆藏《甘泉山图》小册，其中有徐午绘一册，墨笔小景，近似梅青风格，款书乾隆二十二年(1757年)夏日徐午补图，有"耀亭"二字小印。

徐丹甫 1860~1947。书法家。名受麟，中年改名识耜，以字行世，又字端甫。同善子，清末民国时期歙县拓林人。书法秀丽，晚年于郑文公碑用力最勤。喜集魏碑字作诗赋，朴质易诵，难处见巧。康有为赞道："置于六朝人集中，殆不能辨，况出于集字耶。"间亦画梅，得清逸之趣。民国二十五年(1936年)主编《歙县志·物产》，罗列蔬果、草药、野菜，如数家珍。著有《芳躅心室集碑诗文稿》。孙仁初、沧初，均工书法。

徐南苹 生卒年不详。诗人，女。字竹畦。清歙县人。著有《绣余吟草》。

徐柱 生卒年不详。画家。字锏立，号石沧，又号南山樵隐。清歙县人，客扬州。工诗，善画山水、花卉、写照。尝自绘《南山樵隐图》，点染精妙，题咏者众。又自画像，其师方士庶为之补图。著有《南山樵隐诗》2卷。

徐起 生卒年不详。篆刻家。字仙客。清休宁人。工书法，喜篆刻。

徐嘉干 生卒年不详。画家。字耘叔。清歙县人。工诗，善写兰。《歙志·诗林》云："家贫幕游，诗神似昌谷(李贺)、玉溪(李商隐)。"著有《不易居诗存》。

殷德徽 生卒年不详。诗人,女。知县钱抚堂继妻,清歙县人。著有《清映堂诗稿》。

奚冈 1746~1803。篆刻家,书画家。初名钢,字纯章,号萝龛、蝶野子,后号铁生,别号鹤渚生、蒙泉外史、蒙道士、奚道士、散木居士、冬花庵主等。清黟县际村人,随经商父亲寓居浙江杭州。9岁作隶书,长后兼工四体,真书法褚遂良。20岁时,书画已很出名。性情耿介。乾隆帝南巡赴杭州,杭州知府在西湖旁建了行宫,请奚冈前往宫内作画。当时,奚冈正应童子试,遂一口回绝,知府大怒,派人将他捆绑押至行宫,逼其作画于白壁。奚冈大怒说:"岂有叫作画,却又把我捆绑而至的道理?头可断,画不可得!"押解他的人慨然而叹:"尔非童生,乃铁生也。"此后,奚冈便自号"铁生",并绝意仕进,不再应试科举,毕生钻研篆刻、书画艺术,以布衣而终其生。奚冈的篆刻宗法秦汉古印,博采文彭、何震、巴慰祖、胡唐等人之长,所作篆刻枯涩中寓意坚挺,与丁敬、黄易、蒋仁,被誉为"西泠四家",又与陈豫钟、陈鸿寿、赵之琛、钱松等合称"西泠八家"。其书画善山水,笔墨超逸松秀,潇洒自得。兼工花卉,作品有恽寿平气韵,兰竹亦极超然脱俗。晚年接连遭受丧弟、失子打击,家宅又毁于火灾,生活甚是凄楚。著有《东花庵烬余稿》。

翁鼎 生卒年不详。诗人。字绍梅,号实斋。清休宁人。父大业游学六安,遂家其地。雍正十二年(1734年)岁贡生。生平精研经史,又以诗文自娱。其诗"优柔平中,深具风人之旨"。著有《实斋诗钞》3卷。

凌畹 生卒年不详。书画家。字又蕙。明歙县人。工佛像、山水。尤喜画墨竹,如写草书,人争宝之。

唐汝龙 生卒年不详。诗人。字起潜,又字一宇、一羽。皋孙,明歙县岩寺(今属徽州区)人。幼承家学,博览工诗。万历《歙县志》载:"唐心庵之孙汝龙,字一宇,工诗,与王十岳结社天都,是十六子之外,尚有人也。"

唐慎微 生卒年不详。诗人。字辑五,号东白,晚号六亿子。清绩溪人。康熙年间岁贡生,授昆山训导,不就。淹贯群书,诗宗李白、苏轼。晚年著述颇多,有《集数书》12卷、《南窗散集》90卷、《东归诗集》8卷。

唐熊 生卒年不详。画家。字吉生。清末民国时期歙县昌溪人。父光照,官江苏知府,母吴淑娟为著名画家。熊幼承母教,亦工绘事。书法苍古,画宗八大山人(朱耷)。民国十五年(1926年)作《梅花册页》。曾参加海上题襟馆。印有《泰山残石楼画》。

黄士陵 1849~1908。篆刻家。字牧甫、穆甫,号黟山人、倦游窠主。清黟县黄村人。所居斋名有蜗篆居、延清芬室、旧德邻屋、古槐邻屋诸称。幼从父读书习字,八九岁即能操刀治印,20余岁曾出版《般若波罗蜜多心经印谱》。光绪十一年(1885年),经荐举入学国子监,又得到吴大澂、王懿荣、盛昱等名家指授,广泛涉猎三代秦汉金石文字。光绪十三年(1887年)吴大澂奉派广东巡抚,士陵应邀至广州寄食其门下,为吴氏辑《十六金符斋印谱》。后吴大澂调湖南巡抚,仍留广州为梁鼎芬钩摹石经及石鼓文,另在广雅书局校书堂担任编校。光绪二十八年(1902年),应湖广总督端方邀请,至武昌协助编辑《匋斋吉金》和《匋斋藏石记》。事毕归隐故乡,筑"旧德邻屋"安居。治印初学邓石如、吴熙载和赵之谦,融各家之长为一体,并从古玺和商周铜器文字里推陈出新,为篆艺继承传统开拓了一条全新路径。篆刻艺术特色鲜明,人称"黟山派"。在用字上,举凡彝鼎、泉币、镜铭、权量、诏版、汉铭、砖文、摩崖、石刻、碑版等,各体悉入;刻印章法讲究疏密、穿插、变化,于平实中追超逸,意趣横溢;刀法以薄刃冲刀为主,运刀猛辣刚健、洗练沉厚,气韵与线之美感非常强烈。又工书画。喜写大篆和魏楷,运笔犀利,犹如刀刻;所绘重彩花卉和彝器,参用部分西画技法,风格特异,自成一家。

*黄士陵

黄之柔 生卒年不详。诗人,女。字静宜,号玉琴。词人江都吴绮妻,清歙县人。与夫日相赓和,有"江夏君"之称。著有《玉琴斋集》《词苑丛淡》《名媛绣针》等。

黄少云 生卒年不详。篆刻家。清婺源人。工治印,橐笔江苏吴江,颇负时名。

黄凤池 生卒年不详。画家。明末歙县人。天启年间,辑《集雅斋画谱》成书。

黄文 生卒年不详。画家。字含章。清初歙县人。诸生。工文翰,余事书画。山水用笔苍劲,未满30岁,笔墨若自成家。

黄文瀚 生卒年不详。篆刻家。号瘦竹。清婺源潢川人，侨居沪。善诗词，工篆隶，尤精铁笔。著有《揖竹馆诗》《诗律摘要》《晴翠楼丛话》《苍筤轩印存》。

黄以照 生卒年不详。书画家。字青焕。清徽州人，迁居杭州。工书，游山水辄为图咏。著有《黄山游草》。

黄世恺 生卒年不详。诗人。字甘泉。清休宁高堨人。乾隆年间优贡生。少立志劢学，每试皆列前茅。曾主讲靖江书院四年，继入曾国藩戎幕。辞归里，旋病卒。著有《征苗笔记》《秦汉蜀漫游录》《雪香诗钞》。

黄伋 生卒年不详。画家。字细侯。明末歙县人。官游击。画品甚高，疏林断桥，秘光满纸。

黄立庄 生卒年不详。画家。清末黟县黄村人。画仿李龙眠，善白描法。

黄在中 1715~1774。诗人。字溯从。清歙县潭渡人。著《岸园集》，其中文1卷诗2卷，乾隆五十九年（1794年）刻本，侄孙黄晖作序，受业侄孙黄筏（虚舟）撰传。传称："岸园弱冠于廿一史俱卒业，为文穿穴险固，不随时俗，但性坦率，视金钱如土苴。每春秋佳日，招同人郊游，席地而饮，虽村童亦引入坐，惟俗子败意者必麾之去。"生平与本里黄醒园载东、黄约斋兄谐、黄凤六吕、黄俟庵暨为友，尤推服郑木瘿及大里江榷庵由宪、傅溪胡寄园裕昆。

黄吕 生卒年不详。书画家。字次黄，自号凤六山人。明末清初歙县人。精绘事，山水、人物、花鸟、虫鱼皆臻妙境。书法晋人，晚年益朴茂。兼工篆书、刻印，所制印遒劲苍秀，有秦汉遗风。又工诗文。作画、题诗、书作、镌印四者均自为之，人谓"四美俱备"。

黄廷荣 1878~1953。篆刻家。字少牧，号问经，又号黄石、黄山等。士陵长子，近现代黟县黄村人。承父技艺，通金石文字及书画、篆刻。对先秦石鼓文习研精勘，于金石下功夫亦深，汲其神髓。其魏碑书体，独具风格，与清末魏碑名家陶睿宣、李瑞清之朱板、涩滞者大相径庭，亦不似北碑大师赵之谦的妍媚、轻滑。篆刻于秦汉钵印的摩研至精。所治小印每见奇崛，配以魏碑体边款，更为遒劲古朴、超逸天真。曾编《黟山人黄穆甫先生印存》4卷，末有"少穆印附"60方，为艺林所重。《陶斋吉金录》，半出其手。又工诗词，著有《黄山诗稿》《黄山文稿》。

黄守孝 生卒年不详。画家。黄柱子，明歙县人。善绘事，能传家法。

黄圻 生卒年不详。画家。字文石。继祖弟，清歙县人。工钩染花卉，画菊笔情幽秀，冷香可掬。

黄志皋 生卒年不详。书画家。字允鸣。清休宁古林人。善丹青，落笔有神韵。兼工书法。

黄克巽 生卒年不详。诗人，女。清黟县人。幼聪慧，喜为诗。一字未安，即竟日忘食。嫁郑氏，20岁而卒。著有《绣余偶草》，杨以牧为之序。

黄应澄 生卒年不详。书画家。字兆圣，号苍梧。明歙县人。善书法，工绘山水，写真尤为其能事。

黄启兴 生卒年不详。诗人。字石香。清婺源潢川人。廪膳生。潜心经史，兼通六书、篆隶、勾股。工诗，著有《吟窗小草》《南州草》《砾鸣集》《观云集》《毛诗集古笺注》等。

黄坦 生卒年不详。画家。字小痴，号静庵。清休宁人。善画山水、花卉。安徽省博物馆藏其设色《山水》堂幅，款书"戊子菊秋写于见山楼小痴黄坦"，有"静庵"二字朱文印，又"休宁黄坦"印。另藏其设色《牡丹》轴，书年"甲辰"。

黄尚文 生卒年不详。书画家。字无文，号三操。明歙县人。工书画。小楷行草，深得《兰亭序》《圣教序》之意。画于宋、元及明朝名家无不临摹，而自有意趣。又工刻木版。

黄国隆 生卒年不详。诗人。字镇安。清祁门人。幼孤，性孝友。绩学能文，精医理，尤工吟咏。甘贫乐道，不求仕进。著有《力余集》。

黄明邦 生卒年不详。画家。字君亮。黄柱长孙，明末歙县人。善画。明亡殉节，私谥"义烈先生"。

黄明扬 生卒年不详。画家。黄柱次孙，明邦弟，明末歙县人。传家学，尤工山水。

黄岳 生卒年不详。书画家。字景乔。清黟县人。画笔墨苍劲，款书秀润。安徽省博物馆藏有其松石立轴，款为"黄岳"，下角有"黄山白岳"四字印。其字册款书"黟山黄岳"，有"景乔"印章。

黄卷 生卒年不详。诗人，女。字册仙，小名赛男。中书愚庵女，太学吴袖池妻，清休宁人。著有《烟鬟阁遗草》。

黄定华 1829~1894。画家。国画大师黄宾虹之父，清末歙县人，侨居浙江金华。好吟咏，工擘窠大字。晚年善写梅竹。

黄珍 生卒年不详。书法家、画家。字怀季。明休宁人，流寓金陵。正德二年（1507年）贡士，官教谕。能诗，善书画。书学徐霖（髯仙），几能乱真，花卉有黄筌笔意。

黄柱 生卒年不详。画家。字子立，号碧峰，又号又痴、黄山老人。明歙县人。善音律，工梓刻。于丹青尤精，翎毛、花卉、佛像、人物皆入妙品。尝于圣僧庵两庑、后壁绘制渡海罗汉与观音大士像，壁画今存。

黄俪祥 生卒年不详。诗人，女。字荔芗。直隶州知州虹关詹应甲妻，清婺源人。应甲与弟振甲均以诗名。俪祥与振甲妻时瑛亦工吟咏，妯娌日相唱和。

黄埙 生卒年不详。篆刻家。字振武，号丙塘。清歙县人，占籍杭州。工大小篆八分书，画墨菊，有幽致，写兰竹，则以双管交飞，解悟昔人喜怒行笔之旨。后寄兴篆刻，宗苏宣（啸民）、吴迥（亦涉），章法刀法古朴苍劲。尝馆于汪启淑家。《飞鸿堂印谱》收其刻"贱不可恶，可恶是贱而无能""抗志凌霞""知命者不怨天""梦华斋""纸短情长""世情尘土休问""无能为能，不用为用""离愁未了酒病相仍"诸印章。

黄都 生卒年不详。书法家。号草堂。清婺源潢川人。工书法，兼擅钟（繇）、王（羲之）、虞（世南）、褚（遂良）、苏（轼）诸家，而酒醉中洒墨，尤觉有神，人以张旭狂书视之。大家祠宇厅堂，皆具重金求书联匾。至老笔愈遒劲。

黄莆 生卒年不详。文学家。字世瑞，号屏山聋叟。明休宁古林人。少负豪气，博学好古。游历濠、梁、汴、洛间，诗文雅澹。著有《新安文粹辨正》《媒皋集》《光裕堂琴谱》。

黄桂 生卒年不详。诗人，女。字斌英。中书黄松妹，清休宁人。著有《吟窗草》。

黄铎 生卒年不详。画家。字子宣，号小园，又号鹭洲诗渔。清婺源人，寄籍江宁。咸丰年间，避乱至上海。工诗、精医、善书画。喜绘墨菊、松石，书法与父鼎齐名。

黄海 生卒年不详。书画家。字卧云。清婺源环溪人。善书画、篆刻，且工诗，名重江南。

黄浣月 生卒年不详。诗人，女。清初休宁人。著有《喷香阁稿》。

黄宾虹 1865~1955。画家。原名质，字朴存，又字朴人，号宾虹。近现代歙县潭渡人。出生于浙江金华。清光绪三年（1877年）回歙县应童子试，从族人读书学画、习拳术、击剑、骑马，并求观世家旧藏书画、印谱和古印。光绪十一年（1885年）又回歙参加院试，后遂定居潭渡村。曾至安庆向郑珊求教画法，得"实处易、虚处难"六字诀。光绪三十年（1904年），应友人邀请到芜湖襄办安徽公学。次年，邑人许承尧奉谕创办新安中学堂，宾虹与陈巢南、陈鲁得、汪鞠友等受聘任教；同时参与创立反清组织"黄社"，并在家中为黄社铸造铜元充作活动经费。光绪三十三年（1907年）私铸钱币事被人告发，出走上海避风。此后，便以上海作为栖身之地，随后又徙居北平，终定居于杭州。其画以新安派为宗，陶冶宋元，师法自然，屡经变革而自成一家，以精于墨法，善用焦墨和浓墨著称，享有"南黄（宾虹）北齐（白石）"之誉。书法广采博收，所学由钟鼎北碑至唐宋元明清诸大家，无不涉猎。书风高古，沉稳健拔，气清味厚，与其国画作品浑然一体，相映成彰。另喜治印，诗文亦清隽疏朗。作画之余，勤于著述，撰有《黄山画家源流考》《中国画学史纲》《虹庐画谈》《画学通论》《画法要旨》《印学》《宾虹诗钞》等35种。

*黄宾虹

*黄宾虹画作

黄继祖 生卒年不详。画家。字弓良,号秋山,又号秋屏,别署清旷楼主人。清徽州人,侨寓扬州,后徙居嘉兴。善画,精鉴别。写意花鸟,在青藤(徐渭)、白阳(陈道复)间;图绘山水,意味渊懋,颇近梅花庵主(吴镇)。

黄骏 1871~1956。书法家。字子良,晚号电紫山隐。近现代休宁万安人。清末廪生。写书取法于唐代李邕,从《麓山寺碑》《云麾将军李思训碑》中得其沉雄之气;又取法于元代赵孟頫,从赵氏《洛神赋》《道德经》《胆巴碑》诸碑帖中得其圆转遒丽之气;并曾致力临习魏碑。楷书骨力遒劲,行书温润妩媚,中时见丝丝露白,具有飞白之美。

黄琳 生卒年不详。收藏家,鉴赏家。字美之,号休伯、国器。明休宁人。寓居南京。喜收藏,精鉴赏,家藏宋元名迹甚富。

黄琬 生卒年不详。画家。明末清初歙县人。工画。

黄梧 生卒年不详。画家。字守愚,号柳溪。清歙县人。画学王原祁,山水、人物俱佳。其现存山水条,上分别有"古歙黄梧""守愚""柳溪黄"等印章。

黄鼎 生卒年不详。诗人。字秋园。清婺源潢川人。监生。擅长吟咏,精铁笔,善草书,名噪一时。汤雨生雅重之,赠诗两首。著有《秋园诗钞》。

黄筏 生卒年不详。文学家。字可堂。清歙县潭渡人。深究经济伦理,文才雄峻。著有《虚船诗文集》。

黄翔麟 生卒年不详。书法家,篆刻家。号少云。清婺源环溪人。工楷书、隶书,尤精篆刻,寓笔法于刀法。所作《印谱》,名流题赠甚多。相国张子青抚苏时,招考江南铁笔,翔麟取第一。议叙七品衔。

黄道充 生卒年不详。书法家。字于泰,号楚源。明歙县人。官中书舍人。工诗文,好奇字及异书僻事。书宗钟、王,染翰屡获神宗赏赐。又好收藏古书画、器物,品题鉴别甚精。

黄媛宜 生卒年不详。诗人,女。字素安。清歙县人。著有《环秀轩诗稿》。

黄照 生卒年不详。画家。字煦堂。继祖叔,清歙县人,寓居扬州。善山水,墨晕融和,神采飞动。人谓继祖以沉着为宗,而其别具疏秀之致。

黄熔 生卒年不详。诗人,女。字宏因。中书黄松女,清休宁人。父殁,侍母不嫁。著有《雪窗集》。

黄熙 生卒年不详。画家。字真民。清歙县潭渡人。家世多蓄名作。所作山水、松石俱佳,尤善画马。安徽省博物馆藏有其道光十六年(1836年)所作松溪人物轴。

黄燿照 生卒年不详。画家。字默谷。清歙县人。官广东佛山同知,罢归后旅居汉口。能诗。善画,作品苍浑清润。与夏芳原友善。

萧氏 生卒年不详。诗人,女。名已佚。清歙县人。夫姓柴,外出10年不归。萧氏孝事翁姑,与小姑并处,长斋修佛以终。传有《落花》诗4首。

梅鼎 生卒年不详。画家。字可大。明歙县人。善画,尤工山水。

曹文在 生卒年不详。诗人。字景范,号芥溪。清绩溪人。乾隆年间岁贡生。博涉群书,尤长于古文,从游多知名士。著有《芥溪杂著》《芥溪诗集》。

曹聿金 生卒年不详。文学家。字象成。清歙县雄村人。贡生。性耿直,学渊博,文清逸遒劲。著有《冶园古文》2卷。

曹应钟 生卒年不详。戏曲作家,篆刻家。字念生。清末歙县雄村人。咸丰元年(1851年)举孝廉方正。善画,精于篆刻。酷爱戏曲,与徽班"庆升班"交谊甚契。曾著《救赵记传奇》《指南车传奇》于雄村"彝伦堂"排练,自任导演。又篆有《九千三百五十三字斋印谱》《金石过眼录》。

曹泓 生卒年不详。画家。字秋水。清休宁人。善画。安徽省博物馆藏其《听瀑图》叶子,笔意俊逸,款书"白岳曹泓"。

曹学诗 生卒年不详。诗人。字以南,一字震亭。清歙县雄村人。乾隆十三年(1748年)进士,官崇阳知县。丁忧归里,课徒终老。善作骈文、诗、文、词绮丽。著有《经史通》《易经蠡测》《香雪文钞》《笠荫楼诗集》《宦游集》《古诗笺意》《黄山游记》等。

曹恒占 生卒年不详。画家,诗人。字心立,一字守堂,号虚舟。清歙县人。能诗,尝集同人结诗社于澄潭山,名"钓台社"。山水宗倪、黄,画松尤见盘崛。亦精医学,著有《医补》。

曹堂 生卒年不详。画家。字仲升。明末清初绩溪人。淹悦山水,丹墨精工。所传画作有明崇祯二年(1629年)《仿王叔明山水册》、清顺治四年(1647年)《潭水松风》画扇等。

曹崇庆 生卒年不详。书画家。字绎元,号逸园。振镛从子,清歙县人。工书画,梅尤高逸。著有《逸园诗稿》。

曹鼎 生卒年不详。书画家,篆刻家。字石亭。清歙县人。工楷法,摹印学文(彭)何(震),画花卉赋色精整。

曹鹏 生卒年不详。画家。字云程。明休宁人。工画。安徽省博物馆藏其《秋香传桂图》堂幅,设色桂花双兔,款书"云程曹鹏",下有"新安休邑"四字印。上端有嘉靖十年(1531年)婺源汪铉题诗。

曹榜 生卒年不详。画家。字玉堂，号竹园，一号个斋。清歙县人。工花鸟，苍逸似八大山人（朱耷）。又擅草虫、蔬果。乾隆年间游楚北，识者重之。

曹赞梅 生卒年不详。篆刻家。字肖石。清歙县人。富收藏。工篆刻，尤精于小篆。

雪庄 生卒年不详。画家。法名道悟，字雪庄，号黄山野人、青溪后学、铁鞋道人等。原楚州（今江苏淮安）人，康熙十八年（1679年）因避祸出家为僧，康熙二十八年（1689年）由太平进入黄山，适逢大雪，其跌坐达旦，积雪盈顶，山僧晨起发现大感诧异，惊呼"真乃雪桩！"，挽留之栖居黄山。道悟遂以"雪庄"为字，在炼丹峰东巨壑中用树皮结庐为庵，取名"皮蓬"，居此专心工研书画。康熙三十二年（1693年）冬，应诏入京，不逾月仍以"一瓢一笠"回黄山。友人汪辉叹其清苦，慕其高格，特为修筑"云舫"。此后雪庄长住云舫，独自畅游七十二峰，绘黄山图百幅，悉得山灵真面。另画黄山奇花异卉120种，均着色彩，并逐一命名系诗。又尝为黄筠庵评定黄海真形图。居山30余年，终于黄山时100岁，或说120岁。

章上松 生卒年不详。文学家。字筠亭，号鹤屏。清绩溪瀛洲人。廪生。笃行力学，诗文秀丽。著有《鹤屏文稿》。

章延炯 生卒年不详。诗人。字明也，号梅坪。清绩溪人。乾隆年间岁贡生。为文精思，诗亦典澹刻画，不媚时俗。著有《浙游诗集》10卷、《丰笠樵吟》2卷。

章衣萍 1901~1946。文学家。乳名灶辉，行名洪熙。清末民国时期绩溪北村人。民国九年（1920年）入北京大学预科。毕业后，在陶行知创办的教育改进社主编教育杂志。后任大东书局总编辑，协助鲁迅筹办《语丝》。民国十七年（1928年）任暨南大学文学系教授，讲授国学概论、修辞学；其间参与鲁迅组织的普罗文学作家联盟。抗日战争时期初任成都大学教授。所著有短篇小说集《古庙集》《儒林新史》等，诗集《深誓》《种树集》，散文《樱花集》《倚枕日记》《秋风集》等，学术著作《修辞学讲话》《中国新文学论》；译作有《婀娜》（托尔斯泰著）、《契诃夫随笔》《苦儿努力记》等；整理古籍有《霓裳续谱》（十曲集）、《樵歌》等；另有儿童读物《我的祖母》《文天祥的故事》等。

章茂林 生卒年不详。诗人。字秀岩，号锄月。清绩溪人。廪生。幼即能文工诗，长益沉酣于古。著有《守拙斋诗稿》。

章昊 生卒年不详。诗人。字宾旸，号泉鉴。清绩溪瀛洲人。3岁丧父，奉母训，笃学苦读。工诗、古文词。其文纵横豪放，自成一家。诗宗元白，时染宋之风格。著有《泉鉴居文集》。

章颂 生卒年不详。诗人。字仓音。明绩溪人。殚心诗文，邑人多从其学。著有《凤山笔草》。

章熊 生卒年不详。诗人。字于牧，号耳山。清祁门平里人。顺治年间岁贡生。屡试不第后北游燕赵，登高吊古，慷慨悲歌。穷益工诗，晚构"柘园"，日觞咏其间。著有《拓园草》（又称《游梦草》）。

渐江 见1091页"弘仁"条。

葛万庄 生卒年不详。画家。字瑞和。清绩溪人。邑庠生。工诗善画，山水、人物、草虫均所擅长。画作《松荫雅集图》，具宋元风格。

葛文栋 生卒年不详。词人。字吉卿。明绩溪人。善辞赋。著有《玉华苑集》。

葛启林 生卒年不详。文士。字林木，自号养余老人。清绩溪人。性高旷，遍读父藏书，不求仕进。嗜酒，爱探游山水之胜。著有《黄山纪胜》。

葛铨 生卒年不详。画家。字司衡。清绩溪人。工写山水、人物。

董邦达 生卒年不详。画家。字秀存，号东山。清婺源人，寓居浙江富阳。家贫力学。雍正元年（1723年）拔贡。雍正十一年（1733年）登进士第，授编修。以博学嗜古，命入内庭襄事，充日讲起居注官。后升工部尚书。篆刻得古法。工画山水，取法元人，善用枯笔。卒谥"文恪"。

蒋良赐 生卒年不详。画家。字天纯，号歙川。清歙县人，寄籍江苏仪征。善戏谑，从邑人方元鹿游，始作画，山水、花卉似之，安徽省博物馆藏其《秋山行旅图》册。

蒋锦楼 生卒年不详。诗人。清歙县人。著有《锦楼诗草》。

韩润 生卒年不详。画家。清黟县奇墅人。善指画。游京城，为时贤所重。

韩琠 生卒年不详。诗人。字昆山。清黟县十都韩村人。家贫力学。能诗，书法米芾。著有《一枝草堂诗集》。

韩铸 生卒年不详。书画家。字冶人，号逸槎，又号莲渚，别署野老草堂。清休宁人，侨居芜湖。博通经史，淡于进取，遍历名山川，与一时贤大夫、高人逸士诗酒往还。尤眈山水，兴至泼墨，烟云风雨咸集毫端，尺幅中变态万状且生气淋漓，见者咸以为米颠（米芾）后身。著有《莲渚诗集》《学画一得》。

韩廉 生卒年不详。书画家。字仲廉，号樵野。明婺源高砂人。家贫好读，博学多能。能诗文，善画，兼工翰墨，时人目为"三绝"。著有《樵野集》。

*渐江

*渐江黄海松石图

*渐江扰龙松

*渐江墓

程于逵 生卒年不详。书法家。字居仪。清黟县桂林人。善书，写米兼苏，笔力清健，结构端严，求字者如市。性不懒笔，一挥即成，人得之如获至宝。

程士镛 生卒年不详。画家。字盛瞻，号樾亭。清歙县人。性豪放不羁，喜饮酒，能诗，善画山水、人物，见推于王原祁。仿戴进山水，草草而成，风格与渐江稍殊。尝游览并摹写黄山、白岳之胜，布局开阔，意境爽朗，以宏伟富丽取胜，然仍不失粗犷奔放的浙派痕迹。安徽省博物馆藏其作于康熙二十八年（1689年）《瘦西湖图》，工整朴茂，人物亦佳。

程门 1875~1908。书画家。名增培，字松生，号雪笠。清末黟县田暇人。幼聪慧，工书善画。平日沉潜历代大家作品，细加揣摩，摄其神髓。随笔写忌，则点染生姿，所作山水、人物、花虫、鸟兽无不精工。行书上画随心，潇洒自如。为张公来所绘《寒松阁图》，尤称精妙。客居景德镇画瓷，以浅绛彩绘闻名。

程义 生卒年不详。画家。字正路，一字耻夫，号雪斋，又号晶阳子、三十六峰子。清歙县人。能诗文，善画山水、人物。以军功授黄陂县丞，因拒为权贵作画罢归。精于造墨，设墨肆"悟雪斋"，并著有《墨史》2卷。与施闰章、罗铁牛、程邃友善。

程之舜 生卒年不详。画家。号豫庵。清歙县人，后移家嘉善枫泾镇。诸生。精绘事，笔墨古雅，尤擅花卉。

程子仙 1900~？。徽剧艺人。近现代歙县街口人。工花旦。技艺，扮相皆出众，被誉为"徽州梅兰芳"。

程元愈 生卒年不详。诗人。字偕柳。清歙县槐塘人，寄籍宣城。邑禀生。博洽能文，工于诗。其诗为朱彝尊、王士祯所称。著有《骈骊文钞》《昭明诗选注》。

程云 ？~1790。诗人，女。字友鹤，号梅衫。江苏仪征徽商汪文琛妻，清歙县人。著有《绿窗遗稿》。

程曰可 生卒年不详。书法家。明休宁人。善书法。邑人詹景凤称可"楷书结体纤长，而笔雅秀，腕力在陈文东（璧）以上"。

程长铭 生卒年不详。诗人。字铭也。清休宁霞阜人，寄籍钱塘。邑诸生。16岁补博士，游幕于闽。生平著述，得于闽者居多。工诗赋，黄九烟、黄秋岳皆推崇之。晚年还归故里。著有《绿晓草堂稿》。

程凤娥 生卒年不详。画家。字映碧。清休宁人。工诗词，擅绘事，写生得北宋遗意。著有《桐月居集》。

程文在 生卒年不详。画家。字郁卿。清休宁人。善画人物、仕女，精治印，兼刻竹。

程文运 生卒年不详。文学家。字耕方。清婺源人。廪膳生,肄业钟山书院。绝意功名,好文学。著有《史液》《吴门刻烛诗》等。

程心宇 生卒年不详。诗人。字天怀,号肯堂。元休宁率口人。诗文清雅。时乡民苦于科差,每以诗抒其伤时悯世之怀。曹泾称其"以清文得隽,以吉人擅誉"。

程以辛 1661~?。篆刻家。字万斯,小字辛郎。邃仲子,清歙县岩寺(今属徽州区)人。幼在家学,亦善治印。父邃晚年诸作,皆出万斯之手。

程正思 生卒年不详。诗人。字用礼。明休宁富溪人。著有《月涧诗集》。

程正揆 1604~1676。书画家。初名正葵,字端伯,号鞠陵,又号青溪道人、青溪老人、青溪旧吏。明末清初歙县人,占籍湖北孝感。明崇祯四年(1631年)进士,历任翰林院编修、尚书司卿、右庶子等职。入清后曾任工部侍郎,顺治十四年(1657年)被革职还乡。晚年居黄山。善属文,工诗。书法李邕,而风韵萧然,不为所缚。山水初学董其昌,后则自出机杼,多用秃笔,枯劲简老,设色秾湛。尝言:"北宋人千丘万壑无一笔不简,元人枯枝瘦石无一笔不繁。"黄山松壑之奇,尽著于画。曾作《黄山卧游图》500幅。

程令观 生卒年不详。画家。字不山,一字石山。清休宁人。家贫走都下,课徒糊口。善画花卉,写生疏秀而多逸致,体裁章法,迥别时流。间作仕女,尝绘《宓妃图》,曲尽柔情绰约之态,可谓能事。虽创本仇英,而得其三昧者。

程永祥 生卒年不详。诗人。字云书。清末休宁人。咸丰九年(1859年)举人。博雅能文,工于诗。著有《花南笈屋诗文稿》。

程永康 生卒年不详。书画家,篆刻家。字载言。清婺源盘山人。工书,善画兰竹,尤精篆刻。所镌印章,有邓石如法。

程芝云 生卒年不详。篆刻家。字麋生。鸿绪子,清末休宁尤溪(今属屯溪区)人。咸丰年间副贡生。深谙谱印源流,识见超群,"歙四子"一说由其始,与弟芝华同得家传,客都门几十载,长期外任。著有《读雪轩词》《黄山白岳纪游诗》。

程芝华 生卒年不详。篆刻家。字曜春,号萝裳、小石。鸿绪弟,芝云弟,清末休宁尤溪(今属屯溪区)人。有家学渊源,性好古。家中多藏秦汉以降印谱,朝夕临摹,未冠即能奏刀,游刃而无俗媚。与巴慰祖外甥、篆刻家歙人胡唐甚为契合。篆刻博采众长,兼收并蓄,虽师承外祖项怀述而不为拘囿,印路宽博,神韵高古,别有逸致。道光七年(1827年),篆刻程邃、汪肇龙、巴慰祖、胡唐四家印辑成《古蜗篆居印述》4卷,由芝云作跋。又辑自刻印成《程芝华印谱》4册(即《由溪十二景印册》《怡园二十四景印册》《瑶原十六景印册》《海阳八景印册》),题咏摹景绘声,铁笔赏心悦目,左诗右印,朱墨相映,形式新奇,匠心独具。《由溪十二景印册》扉页为阮元以隶书题签,前存自撰《由溪十二景印叙》,黄金鼎题词"范水模山",以下每景一印。怡园,为芝华先祖程拙田卸官归里于宅旁所筑构园名,道光十一年(1831年)归程氏昆仲,二人葺之,芝云即景咏成24篇,芝华以24景篆刻于印;瑶原,为先祖程竹溪所营退耕息影之地,林壑优美,芝华取其16景入印,印册之前有程鸿绪作《瑶原记》。

程达 生卒年不详。画家。明末歙县人。尝与休宁汪肇(德初)同从詹景凤从兄詹景宣学画。道光《徽州府志》称其"善绘事,人物山水能尽六法,论者谓墨庄之画,遒劲秀朗,为郡第一"。

程光祖 生卒年不详。画家。字芥舟。清歙县人。善画。安徽省博物馆藏其为邑人徐玉作白描《奉萱图》。人物泉石,工整有法。

程朱溪 1906~1952。作家。近现代绩溪北村人。民国十四年(1925年)入中国大学,开始诗歌、小说创作。著有散文诗《天鹅集》、中篇小说《父与子》等。

程廷梁 生卒年不详。诗人。字震楣、云苏。清歙县人。乾隆四十四年(1779年)举人。工辞翰、书画。著有《留竹草堂诗集》。

程份 生卒年不详。篆刻家。清歙县人。善刻印。著有《红蕉馆编年印谱》。

程兆熊 生卒年不详。书画家。字孟飞,一字梦飞,号香南,别号枫泉、澹泉、寿泉、筠巢、小迂、桐花庵主、小沧澜、随月读书楼主。清歙县人,寄籍江苏仪征。工诗词,能书善画。书法虞世南,亦精分篆。间作写生画,多逸品。凡扬州名园、甲第榜署、屏障、金石碑版之文皆多所题榜,颇名于时。亦精篆刻。著有《藻雪吟稿》《固哉亭集》。

程名世 生卒年不详。诗人,画家。字令延,号筠樹、梦星侄,清歙县岑山渡人,寄籍扬州。博雅工诗,亦能画。与杭世骏、厉鹗、江昉为诗友,与马曰琯、马曰璐兄弟相善。著有《思纯堂集》《坐雨安居诗》《饮渌冷稿》《柘溪集》《海上集》《春雨楼集》等。

程庆琰 生卒年不详。书法家。明休宁富溪人。书法家。善草书,精研草书书法理论。博览能诗文,勤于撰述。著有《励庵稿》、《草韵会正》5卷、《草书疑似》1卷。

程齐 生卒年不详。篆刻家。字圣卿。明海阳(休宁)人。善治印。著有《稽古斋印谱》。

程汝楫 生卒年不详。诗人。字作舟。清黟县桂林人。工诗文,得刘大櫆指授。其诗以唐人为宗,晚年吟咏颇近苏、陆,而不违唐格。曾游黄山赋七言律诗8首。著有《芥舫集》藏于家。

程均敬 生卒年不详。画家。元末休宁五城人。工画山水。邑人朱同有《题五城程均敬画》诗:"云散山连晴碧,江空树倚高楼。天外归舟何处,山中十二层楼。"

程极 生卒年不详。书法家。字用其。清婺源溪头人。业儒工书,楷宗黄庭坚,行法赵雪松。尤善擘窠大字,径一两米者,一挥而就。

程丽先 生卒年不详。剧作家。字光距。明末歙县人。工于曲。著有传奇《笑笑缘》《双麟瑞》。

程时言 生卒年不详。诗人兼书法家。字元中。明休宁人。能诗工书。尝于万历二十二年(1594年)赋《齐云山谣》长诗并书镌立碑齐云山望仙亭中,时年78岁。全诗266字,略云:"齐云镇南天,众星拱北极。道途人肩摩,方国梯航继。"末云:"甲午万历年,余七旬八岁。积虑对辰阊,长怀追盛世。受附此贞珉,以俟诸来裔。"碑由黟县青琢成,高257厘米,宽89厘米,厚18厘米。

程奂轮 生卒年不详。书法家。字扶雅。清歙县人。工大小篆、八分书,曾手写十三经、《说文解字》。又工刻石。

程言 生卒年不详。画家。号次笠。清黟县田段人。工画,山水潇洒出尘。安徽省博物馆藏有其《河西、河东图卷》,笔墨苍莽,人物、车辆各具神态。

程沧 生卒年不详。画家。字之初。明休宁人。工画山水。安徽省博物馆藏其《山水》扇页,笔墨老到,树亦苍古,款署"白岳程沧"。

程宏浩 生卒年不详。书画家。清歙县人。嘉庆年间贡生。工书画,擅草书。著有《五华轩文集》《达原诗钞》。

程玩 生卒年不详。书法家,堪舆家。明休宁汊川人。善书法,旁通地理、星历、卜筮之学。晚年穷先天之理,号"悟易老人"。编有《程氏谱》60卷。

程其复 生卒年不详。画家。字公恢,一字心之。清末歙县人。擅丹青。安徽省博物馆藏其墨笔《山水》轴,款书"公恢程其复",有"古歙程其复字心之一字公恢"印。

程尚甄 生卒年不详。画家。清黟县桂林人。画翎毛、花卉,鲜明工雅。所作《桃叶春燕图》乃得意之笔,某贵者欲以重价购,不可得。

程昉捷 生卒年不详。文学家。字蔡墩。清绩溪人。岁贡生。著有诗集4卷、语录2卷、日记和游记各1卷。

程鸣 生卒年不详。画家,诗人。字友声,号松门。清初歙县人,寄籍江苏仪征。诸生。山水学石涛,参以程邃笔法,以秃毫渴墨、运以中锋书法手法成立,不加渲染而自然沉郁苍浑。诗学王士祯,与陈撰、方士庶、厉鹗为诗画友。渔洋称其"绿杨城郭是扬州"句,得古人六法三昧,不为新安派所束。著有《讷庵集》《无声集》《且闲轩稿》。

程京萼 1645~1715。书画家。字韦华,号袯斋,别号抱犊翁。清歙县槐塘人,寓居上元(今江苏南京)。未弱冠,即以方正见信于乡党。绝意科举,湛深古学,诗文俱佳。行草师法黄庭坚,空灵瘦硬,雄伟奇崛,见重于世。南昌朱耷(号八大山人)遣兴泼墨,任人携取,人亦不知贵,及老,常忧冻馁。程京萼客居江西时,投笺索朱耷画:"公画超群轶伦,真不朽之物也。"江西人大哗,遂以重资踵接抢购,朱耷顿为饶裕,由是名满天下。程京萼家境贫寒,常书屏幅以换柴米。客居扬州时,手书大字"白下(今江苏南京)书生,偶来卖字"于门上,时人获其片楮只字,莫不视为卞玉隋珠。暇与名流觞咏于红桥、平山间,潇洒从容。康熙三十六年(1697年)冬,归居上元,遂不复出游。以"始终如一,表里无二"自勉。卒后葬江宁府太平门外仓山。子程廷祚,另有传。

程法 生卒年不详。书画家。字宗李,号砚红。兆熊子,清歙县人。书法得家传。能翎毛,精于作画眉鸟。

程学金 生卒年不详。诗人。字式如。清婺源人。由增贡生官户部主事。曾在南京参与创建婺源会馆,居乡亦多义举。自"六经"及唐宋诸家之文,无不精研。著有《金石纪闻》《书巢吟草》《消寒诗帖》等。

程宗鲁 1891~1952。书法家。字平生,号东屏、遁盦、钝莽。近现代绩溪仁里人。从小由祖父韵兰抚养、课读,13岁中秀才。废科举后,入省立"二师"求学;毕业后历任"二师""徽中""皖中"教员,以学识丰富,教学认真,深受徽州各界仰慕。擅长书法,楷、隶、行、草俱佳,求字者甚众。曾以作书所得,捐修村前桃花堤。又喜收藏图书、文物,并于生前将名贵珍品献给芜湖博物馆。

程宗濂 1539~1579。诗人。一名原汾,字宋文,号达泉,一号惺瘁。明祁门善和人。邑庠生。幼有奇才,可应乡试九次不录。著有《醉梦吟》《梦觉吟》行世。

程孟 生卒年不详。诗人。字又实,号澹斋。南宋丞相元凤七世孙,明歙县槐塘人。博览工诗文,隐居不仕,以读书著述自任。著有《槐濒集》、《黄山小录》1卷,辑有《黄山图经题题咏》、《世忠事实源流录》

10卷、《明良庆会录》3卷。

程绍升 生卒年不详。诗人。字大中，号漱润书屋、退密轩。清歙县人。工诗、画。著有《漱润书屋诗草》《退密轩草》。

程茯娥 生卒年不详。词人，女。字莲村。蒋玺妻，清休宁人。工词，著有《双松词》。

程南锐 生卒年不详。诗人。唐歙县篁墩（今属徽州区）人。登李日用科宏词科，授万年尉，征拜水部员外郎。后以太平公主事贬睦州别驾。所著见于唐《艺文志》，有《出师赋》《拟洞箫赋》《长安早春诗》。

程峤 生卒年不详。篆刻家。字方壶。清末歙县人。尝官浙江盐场。曾师事赵之谦，工摹印。

程胜 生卒年不详。书画家。字仲奇，号六无。明歙县人。善画山水，间以焦墨作蕉、兰，肆笔草草，而晴雨风烟，各臻神妙。

程庭鹭 生卒年不详。画家。初名振鹭，字缉真、问初，号绿柳。后改名庭鹭，字序伯、埗伯，号蘅乡、公之翮、红蘅生、园香庵主、怀甄子、鹤槎山民，晚号庵、梦庵。清歙县翰山（今属徽州区）人，占籍嘉定。诸生。工辞章，擅书画，精篆刻。画山水得钱杜指授，清苍浑灏，副近李流芳。其铁笔由丁敬、黄易上溯秦汉，印风质朴古拙，厚重静穆，颇自矜许。博雅多艺，陈文述称其"抱鸾凤之姿，挹烟霞之气，诗情画境，一如其人"。为程嘉燧（松圆）族裔，故其斋为"小松圆阁"，又因所居为邑人李流芳（长蘅）旧址，因号"蘅乡"。著有《恬养志斋集》《红蘅词》《弱庵笔廛》《金暇录》《小松圆阁杂著》《小松圆阁印存》《红蘅馆印存》《虞山游草》《练水画征录》等行世。南京市博物馆藏其《花卉》15册。

程盈 生卒年不详。画家。又名湘生，号小松。清黟县田段人。画工仕女，赋形栩栩如生，风神俏丽。安徽省博物馆藏其《仕女图》轴，署名"湘生"。

程泰京 生卒年不详。书画家。一作程京，字紫晋，号了鹿山樵。清歙县人。工山水，学元人不喜设色。兼善草书。

程振铎 生卒年不详。诗人。字舜若，号七峰。清绩溪人。廪贡生。工诗文，有清初诸大家风范；晚亦浑脱自然。著有《六雅集》《七峰别墅制艺》等。

程起龙 生卒年不详。画家。字伯阳。明徽州人。万历年间所绘《孔子家语图集校》《女范编》插图，构图多变，人物刻画生动，情景处理巧妙。

程原 生卒年不详。字孟长、六水。清歙县人，寓居湖州。素负篆刻癖，尤醉心于休宁何震，既得其体，又得其意。细朱、满白、烂铜、切玉、盘虬、屈曲之文，各臻妙境。广征何震篆刻，并檄书四方同好邮寄，潘藻生自白门（今江苏南京）、茅次公自武林（今浙江杭州）又代为购石搜谱，得印石5 000余方。命子程朴精选千余方，摹刻集成《雪渔印谱》4卷。清周亮工《印人传》赞叹："孟长父子之于主臣可称毫发无余憾矣！"

程衷素 生卒年不详。书法家。字阿白。清休宁文昌坊人。善书法，临池一丝不苟，能为欧（阳询）、虞（世南）、颜（真卿）、柳（公权）诸体，典尽古法。为一代大手笔，尤善大字。邑人金声尝为撰传。

程萝 生卒年不详。画家。字宾白，一作諟庵。清歙县人。工诗画。山水、人物得倪云林、黄子久法，笔意在华岩、王树谷之间。上海博物馆藏其《松林竹石图》轴，笔墨纸本，康熙五十六年（1717年）作，又《古桧图》轴，墨笔绢本，康熙六十年（1721年）作。安徽省博物馆藏其《山馆纳凉图》轴，康熙五十二年（1713年）作。

程梦星 1679～1755。文学家。字伍乔，一作午娇，号汧江。清歙县岑山渡人，寄籍扬州。康熙五十一年（1712年）进士，选翰林。康熙五十五年（1716年）以亲丧归，后不复仕。累世业盐维扬，家富饶，博雅多才，工诗书画，善琴弹，于艺事无所不能。著有《今有堂集》《茗柯词》《李义山诗注》《平山堂志》等。居扬州为诗坛盟主数十年。

程敏政 1446～1499。官员，文学家。字克勤，号篁墩。明休宁陪郭人。景泰六年（1455年），父程信任四川参政，随父入川；敏政时虽年仅10岁，但能文善对，巡抚罗绮惊异之，特向英宗帝推荐。英宗召见面试，其赋《瑞雪》一诗，作《经书义论》一文，大受称赏，特准入翰林院就读。成化二年（1466年），以殿试一甲第二名授翰林院编修。孝宗嗣位，擢少詹事兼侍讲学士，直经筵。后官礼部右侍郎，专典内阁诰敕。弘治十二年（1499年），与礼部尚书、大学士李东阳主持会试。由于举人唐寅、徐经预先所写论文与试题相合，遭弹劾，被勒致仕。并于当年发痈而逝，卒后赠礼部尚书。敏政一生著述甚富，有《篁墩集》《皇明文衡》《宋遗民录》《休宁县志》等书10余种。《篁墩集》93卷100余万字。所撰《新安文献志》100卷，费时最长，耗力最多，影响最大。"工巨役繁"，积30年始克成。敏政工诗，飘逸清新，善于赋比，既重格律又显洒脱；散文逸兴飞动，语言淳美。

程敏德 生卒年不详。画家，书法家。字克俭，号梧冈、在庵。信子，敏政弟，明休宁陪郭人。素负大志，议论侃侃，以父官荫补胄监，屡试不受，入吏试优等，授参事府主簿。后以言事谪判蕲州，未赴卒。博雅多艺，工书画，山水学高克恭，篆隶学余阙，俱可观。

程鸿渐 生卒年不详。篆刻家。字为仪。清歙县人。工篆刻，有《印苑》行世。

程鸿绪 1756~1814。篆刻家。字苕堂，号石琴。清休宁尤溪（今属屯溪区）人。家富藏书，博学好古，善治印。师从岳父、篆刻家歙县项怀述。尝为怀述《伊蔚斋黄山印薮》题跋。著有《浣月斋诗存》2卷、《浣月斋印谱》8卷、《印述》《瑶原十二景谱》《程氏所见诗钞》、《松谷遗印》2卷等。《浣月斋印谱》收印238方，其中有程氏自刻印数方。上海文物商店藏程氏"伊远昭印"与"近岑"两面印。子芝云、芝华、翁婿及孙辈，皆究心篆刻，一门风雅。

程淑 1858~1899。诗人，女。又名文淑，字秀乔、绣桥。绩溪寓居休宁贡生汪渊继妻，清休宁人。好吟咏，擅赋词，著有《绣桥诗存》附词。又与夫汪渊著《麝尘莲寸集》4卷，渊集词，淑为注；光绪十六年（1890年）由染翰斋刊印问世。

程琳 生卒年不详。书画家，篆刻家。字云来。清歙县人，寓居嘉兴。善花草，工篆刻，能作水墨牡丹。

程鹄 生卒年不详。画家。字昭黄。清歙县人。康熙六年（1667年），以善画供奉南薰殿，挥翰称旨。酷爱笔墨，凡一技一能，无不延揽。生平喜游，尝遍游襄、楚、晋、燕，寄情山水，故所摹宋元诸家，无不肖似。山水绝伦，人物、花鸟悉精妙。

程道显 生卒年不详。画家。号玉川道人。明休宁瑶关人。善诗画。尝绘《玉川四景图》，著有诗文集行世。

程㩦 生卒年不详。书法家。明婺源人。程敏政称㩦好学能书，为里塾师。

程瑞祊 1666~1719。诗人。字姬田，号槐江。清休宁率溪人。诸生。曾官内阁中书，致仕后尝游黄山诸峰，读书于练江精舍。文章有奇气，诗浑然大雅。自信"汉魏唐宋不必专师一家，更不可不自成一家"。与孙东塘、王阮亭、杜于皇、邓孝威、黄义逌、袁杜少为诗友。著有《槐江诗钞》《麟经集义》《飘风过耳集》《黄山纪游》《南徐游山诗》《游西山诗》《七闽游草》等。

程瑜秀 生卒年不详。诗人，女。淮阴王介眉妻，清歙县丰山人。著有《自怡草》。

程嗣立 生卒年不详。书画家。一名城，字风衣，号篁村，一号水南。清歙县岑山渡人，寓居安东（江苏省涟水旧称）。荐博学鸿词，不就。性放浪，率意不拘。所居称"菰蒲曲"。能诗，善书，工山水。或求其书则以画应，求画则以书应，求书与画，则与讲《毛诗》《庄子》数则。

程訾 生卒年不详。文学家。南朝梁休宁篁墩（今属徽州区）人。父茂，齐郢州刺史。訾幼能文，以诸生选授司徒长史，累迁散骑侍郎。大同年间为秘书少监。善属文，与柳恽齐名，尝作《东天竺赋》以自况，发"物固有弱而刚，微而彰，为其时也，雷轰而骑翔；非其时也，穴蟋而泥藏"之感慨。该赋为文士广为传诵。孙灵洗，官郢州刺史，卒谥"忠壮"。

程嘉木 生卒年不详。书画家。字理祥。清黟县人。善书法、诗词，画与篆刻亦颇有造诣。著有《六六居集》。

程嘉燧 1565~1644。画家，诗人。字孟阳，号松圆、偈庵、耦耕，晚年皈依佛门，法名海能。明休宁人。20岁离乡，初寓武林（今浙江杭州），后侨居嘉定。与唐时升、娄坚、李流芳交往甚密，合称为"嘉定四先生"。论诗主张先立人格，后觅诗格，反对"前后七子"复古摹拟的立论。又通音律，常邀请民间歌叟至家中，残灯落月仍清音袅袅，直至通熟节拍方才送客。工山水，画宗倪瓒、黄公望，笔墨枯淡、意

*程嘉燧水墨山水

境萧索,但气韵沉厚腴润。代表作有《龙潭晓雨扇》《西涧图轴》《松林江山图卷》《林亭高话图轴》等。晚年,曾在钱谦益别墅深居10年,两人交谊深挚。崇祯末年返回故乡,成为"新安画派"萌芽期的领袖。著有《松圆浪淘集》《松圆偈庵集》《破山兴福寺志》等。

程管侯 1881~1958。画家。名家炜,别署纯侬。近现代休宁临溪人,后迁居隆阜(今属屯溪区)村。清末秀才。善诗精画,尤以没骨梅花称著。

程璋 ❶1869~1936。画家。字德璋,号瑶笙。清末民国时期休宁率口(今属屯溪区)人。幼随父移居江苏泰兴。13岁,入典当学徒。酷爱绘画,后拜画家汤润之为师。学成后,离开典业,在常州学校任国画及博物教员,后执教上海中国公学、苏州草桥学舍及北京清华学校。20世纪初寓居上海。清宣统元年(1909年)参与发起豫园书画善会,并参加上海书画研究会。与吴昌硕同为上海题襟馆画社主要成员,交往甚密。早年习没骨花卉,中年以国画为基础,参以西洋画法,自创风貌,蜚声上海画坛,为清末民国时期上海画坛融会西法的代表画家之一。擅花卉、翎毛、草虫、走兽,兼能山水、人物。性豁达大度,喜济人之急,自奉俭朴,食无二荤。晚年返回泰兴,因患眼疾,几于失明,不能作画,只能作擘窠大字,钤盖朱其石镌刻的"盲人骑瞎马"印章。绘画长达半个世纪,传世作品有《猫》(藏故宫博物院)、《乡景图》(藏上海博物馆)等。《天都山猿图轴》描写短尾猴戏顽古松,生气喜人,妙趣横生。民国二十五年(1936年),墨缘堂集作品80余幅,出版《程瑶笙画册》影印本。民国三十年(1941年),商务印书馆以珂罗版印行《程瑶笙先生遗作精品集》2册,胡适为之题签。❷生卒年不详。书法家,女。字弱文。同邑方元白妻,清歙县人。性极慧。工诗文,善书。喜植花,更爱花叶,能于如钱大小之莲叶上书写《心经》1卷。元白常客广陵,其每以诗文缄寄。著有《程璋文集》行世。

程震佑 生卒年不详。书画家。字春麓,号觉园。清歙县人。官山西河津知县。工书,能山水。因事戍新疆,后放归。著有《西行东归唱和集》。

程德椿 生卒年不详。篆刻家。字受圃,号寿岩。清歙县人。精六书,工篆刻。著有《十友斋印赏》《四执园印林》《述古堂印谱》。

程澍 生卒年不详。诗人。字苷园。清末休宁人。光绪十七年(1891年)举人,授度支主事。工诗,11岁即登洋山矶望江作歌。其诗不主一格,奇气喷溢。著有《苷园诗录》4卷,于宣统元年(1909年)刊行。

程履丰 1834~?。官员、诗人。字宅西,号芑田。清婺源人。同治三年(1864年)优贡朝考一等,以知县用分发甘肃,委署秦安县兼西征粮台。寻升补静宁知州,在任屡雪冤狱,裁货厘,禁罂粟,垦荒安回。又以勤明干练再转泾州,任上劝农兴学,除暴安良,尤多善政。后挂冠告归不入公门,闭户著书,以医济人。著有《陇上鸿泥》《出岫吟草》《食破砚斋赋草》《四书多识录》《五经异文考》《全唐诗韵数》《历代六言诗钞》《本草摘要》等。《甘肃省志》祀名宦。

程赞宁 生卒年不详。诗人。字定甫。名世次子,赞和弟,清歙县人,寄籍江苏仪征。乾隆六十年(1795年)恩科副榜。幼承家学,能文工诗。阮元刻《淮海英灵集》,曾属赞宁及其弟赞普征词事。与李斗相善。《扬州画舫录》卷首《题词》中有赞宁《将至都门替题即去志别》五律四首。

程赞和 生卒年不详。诗人。字中之。梦星侄孙,名世长子,清歙县人,寄籍江苏仪征。乾隆四十二年(1777年)拔贡生。博雅能诗。曾与李斗同客阮元西园幕中,时值李斗撰《扬州画舫录》,赞和多所增补,并题词多首。

程赞皇 生卒年不详。诗人。字平泉。名世第三子,清歙县人,寄籍江苏仪征。名诸生。承家学,亦能诗。

程赞普 生卒年不详。诗人。字一亭。名世第四子,清歙县人,寄籍江苏仪征。幼承家学,能文工诗,笃于交谊。30岁时病卒。

程寰 生卒年不详。画家。清歙县人。善青绿山水、人物,派从仇英出。

程邃 1607~1692。篆刻家,书画家。字穆倩,号朽民,又号垢区、垢道人、江东布衣、野全道者。明末清初歙县岩寺(今属徽州区)人,出生于云间(今上海松江)。明末诸生。品行端正,崇尚气节。明末任兵部尚书杨廷麟幕僚时,因纵论朝廷事,流寓白门(今江苏南京)10余年。视忠奸如水火,始终不与马士英、阮大铖等为伍。明亡时,曾跟随黄道周至余杭大涤山参加抗清斗争。明亡后自称"朽民""垢道人",并刻"江东布衣"印章,断绝功名,隐居扬州。家富收藏,精于鉴别,兼擅诗文、书法,尤以篆刻著名。篆刻效法秦汉,首创朱文仿秦小印,又博采何震、文彭诸家之长,融会贯通,自成一家,人称"歙派"。作品章法严谨,笔意古雅,风格苍茫简远。清顺治时,辑钤有《程穆倩印薮》行世。画学黄子久,中年后有己特色,纯用枯笔,干皴中含苍润春泽。行书、隶书、篆书俱佳,不蹈袭古人。诗文有奇气,著有《会心吟》《萧然吟》等。

程蟾仙 生卒年不详。画家,女。清徽州人。中书海宁朱燮妾。精绘事,惟妙惟肖。著有《三宜楼遗诗》。

舒元达 生卒年不详。书法家。字非闻。清黟县人。究心书法，老尤入神。人称其"笔势飞舞如怒猊，抉石风雨合离"，而结构极谨严。

舒文炜 生卒年不详。画家，诗人。字去文。清黟县屏山人。善丹青，有平淡清远之气。诗承米南宫之遗法。兼善古律。

舒姒 生卒年不详。诗人，女。字嗣音。薛可庵妻，清黟县人。著有《倚云楼稿》。

舒逊 生卒年不详。诗人。字士谦。舒顿弟，明绩溪城北人。屡荐不仕。与长史程通、侍郎朱同称诗于乡。著有《可庵搜枯诗集》《可斋诗余》1卷。

舒晓 生卒年不详。画家。字应日。清黟县屏山人。善丹青山水，学李成墨竹，仿文湖州花卉。翎毛神气飞动，不为法拘，颇诗雅趣。

舒绣文 1915~1969。电影演员，女。近现代黟县屏山人。民国二十年(1931年)，只身赴上海，参加中国第一部有声电影《歌女红牡丹》的配音工作。同年底，入上海集美歌舞剧社，担任话剧演员。次年，在杭州参加五月花剧社，因演出抗日剧目，剧社被当局查封。民国二十二年(1933年)春，参加田汉组织的春秋剧社，演出进步话剧，被中国左翼作家联盟吸收为盟员。同年冬，随田汉至上海艺华影片公司工作。后随中国旅行剧团到南京演出话剧《梅萝香》，声誉大振。次年，转入上海明星公司，同胡蝶、白杨等合作，拍摄了10余部故事影片，以高超的表演艺术蜚声影坛。抗日战争爆发，主演了许多宣传抗日的话剧，与当时同在渝的白杨、秦怡、张瑞芳被誉为中国话剧界四大名旦。抗日战争胜利，参与昆仑影片公司《一江春水向东流》的拍摄。

*舒绣文

游士衡 生卒年不详。画家。字文若。明婺源人。工画山水、花卉。

游之科 生卒年不详。书法家。字孔文，号原泉。清婺源济溪人。以字学驰名，小楷尤称独步。著有《书法七论》，曾三勒石行世。

游旭 生卒年不详。画家。字稚生。清婺源济溪人。善绘画，凡山水、人物、虫鸟、花卉时称奇绝。兼善秦汉篆刻，且工诗。居芜湖，求画者众；游苏、浙、闽，所在名家皆推服之。其所绘短幅残扇，人亦争之为宝。

游思道 生卒年不详。画家。一作斯道，字伯弘。明婺源人。工画山水、花卉。

游遵宪 生卒年不详。画家。字季章。明婺源人。工画梅兰、竹石。

游襄臣 生卒年不详。画家。字苍叟。明婺源人。工画山水、花卉。

谢才 生卒年不详。诗人。字松涧。明祁门旸源人。善诗，工篆刻。著有《松涧集》。

谢上松 生卒年不详。书法家。字筠亭。清祁门城西人，寓居上海。工书，矩范颜真卿而得何道州之神。尤善擘窠，宗祠与商店匾额，多请书之。

谢长庚 生卒年不详。书法家。字西垣。清祁门人。善书，工小楷，兼精隶书及金石。所书寺观碑记，整齐无少懈。

谢成铸 生卒年不详。书法家。字治亭。清祁门城西人。书法直逼王梦楼，虽劲挺稍逊，而娟秀有余。

谢承业 生卒年不详。画家。字敏之，号心余。清祁门城西人。工书善画，翎毛、花卉，规范八大山人(朱耷)，淡雅宜人。子少余，克绍父艺。

谢绍烈 生卒年不详。书画家。字承启，别署浏泉。清歙县人。同里程士龙谓其"博综典籍，隐居不仕，书画苍劲遒逸"。黄白山有《谢颠歌》，以张颠、米颠相比。黄宾虹存其画稿、手札多通。

谢春 生卒年不详。诗人。字西麓。明祁门城西人。博闻强识，精《春秋》，以经学教授乡里。正德年间知县洪晰聘修县志，书成，或以为词不雅驯，遂自焚其稿。晚隐柏山，好作诗。著有《西麓遗稿》。

谢珍瑛 生卒年不详。诗人。字玉清，号旸源樵隐。明祁门旸源人。尝搜集旸源历代诗人遗稿，辑为《旸源谢氏诗录》。

谢荣光 生卒年不详。书法家。字信川，号旸谷。清祁门旸源人。道光十七年(1837年)拔贡，历任山东泰安、济阳、博山、高苑、阳谷知县。精隶书、行书，时推江南第一。又工金石。著有《旸谷遗稿》。

谢桢 生卒年不详。书画家。一名祚，字养竹。清歙县人。书法苍劲，山水、花鸟俱工，画墨龙尤得心应手。

谢黄山 生卒年不详。篆刻家。清歙县人。工刻印，手笔逼秦汉，晶玉尤绝。

谢景章 生卒年不详。诗人。号樵隐。元末祁门人。曾提领浙右田赋，以厌俗辞归。率子弟卜居祁西小壶天，与同侪设诗社，徜徉山林，以读书著述自娱。家有"聚德堂"，邑名儒汪克宽为之作记。著有《樵隐俚语》行世。

詹大 生卒年不详。画家。明休宁流塘人。善画牛。族人景凤称："吾家詹大画牛，亦足与学士詹俨画马敌。"

詹万里 生卒年不详。书法家，画家。字鹏翼。希贤子，景凤侄，明休宁流塘人。幼承家学，受笔法于景凤。亦擅丹青，尤以善书名重一时。

詹万善 生卒年不详。书法家，画家。景凤子，明休宁流塘人。与其弟万英、万化，俱承家学，均工书画。景凤《书画旨》云："吾家自孟举（希原）、以宽（俨）而来，多能书画，诸儿能者颇众，予三子万善、万英、万化，书画亦翩翩。"

詹天宠 生卒年不详。书画家。字君锡。清婺源庆源人。性敏。精绘事，尤善花卉，得者珍之。书法仿朱熹，见者谓得其神。另于阴阳、星纬、术数之书，无不精晓。

詹天爵 生卒年不详。书法家。字时修。明休宁流塘人。景凤族兄，尝受法于景凤，并工书画。曾以儒士授检讨，升鸿胪班序，以擅书名于时。

詹吉 生卒年不详。书法家，画家。字吉人。景凤孙，明休宁流塘人。太学生。工书擅画，图章篆刻，宗法秦汉。

詹伯麒 生卒年不详。书法家。字宾镜。明婺源庆源人。薄视官爵。唯憾字不如晋、诗不如唐，遂入山临池摹"二王"遗墨，10年攻苦，克肖其神。诗亦近于"王孟"（王维、孟浩然）之间，与休宁詹景凤齐名，时称"新安二詹"。书法与东溪江希曾、田坑何福善并著。著有《楚游草》《啸园诗集》行世。

詹希贤 生卒年不详。书法家。明休宁流塘人。由儒生授江西检校。工书，善篆、隶诸体，四方有志于书法者，多宗师之。著有《书签》一书。子万里，以善书名重一时。

詹希源 生卒年不详。书法家。初名希元，字孟举。元末明初婺源庐坑人。元末为善用库大使。明洪武元年（1368年），吏部奏差铸印局副使，后升中书。以书法名于世，宫殿及城门坊匾，皆其所书。杨士奇推其大字为国朝第一，有欧（阳询）、虞（世南）、颜（真卿）、柳（公权）之法，并有冠冕佩玉之风度。

詹贵 生卒年不详。书法家。字存中。景凤族人，明休宁流塘人。景凤称贵善书，行书似苏轼而酷似苏辙，其法赵孟頫并宛然似之。

詹俨 生卒年不详。书法家。字以宽。明初休宁流塘人。洪武初为翰林学士，以善书名。尤工章草，与邑人朱同旗鼓相当，而韵稍不逮。擅丹青，画马师法唐人而少韵致。与松雪（赵孟頫）分蹊，以水墨者取胜，亦工山水。

詹景凤 1528~1602。书画家。字东图，号白岳山人、中岳山人、天隐子、天隐生、迟梦庵、大龙宫客等。明休宁流塘人。隆庆元年（1567年）举人，授南丰教谕。后历官湖北麻城教谕、南京翰林院孔目、吏部司务、广西平乐府通判等。工书善画，明末朱谋垔《书史会要续编》称，詹氏"深于书学，用笔不凡，如冠冕之士，端庄可敬，狂草变化百出，不失古法，论者谓可与祝京兆押主当代"。道光《休宁县志》称其"性豁达，负豪侠，侃侃好谈……雅好诙谐，抵掌古今成败，历历可数，人言癖古如倪元镇，博洽如桑民怿，书法如祝希哲，绘画如文徵仲"。景凤对家乡的白岳（又名齐云山）情有独钟，少时常常游览，青中年时更是以山为家。他曾在白岳之石桥岩附近、天泉书院隔壁辟台筑书斋，名"詹东图读书台"六字，镌刻于石桥岩上。白岳有其题刻多处。景凤一生所做官不大，但书画艺术成就并不低，晚年以书法写墨竹，一竿直上，瘦劲绝伦。北京故宫博物院藏其墨笔纸本《竹》等书画七件。书法以草书为著，传世书法代表作《千字文》有多种，除原休宁县文化馆有收藏外，北京、上海、南京、天津、安徽、广东、江西等博物馆（院）均有收藏。

詹景宣 生卒年不详。画家。明初休宁流塘人。少时家境殷实，颇富收藏，有倪、黄真迹，故而自小耳濡目染。善画人物、山水、花鸟。为詹景凤堂兄与绘画启蒙之师，汪肇、程达亦受业其门。

鲍元俍 生卒年不详。诗人。字质人。清黟县鲍村人。凡黟邑诸生能诗者，多得其指授。为诗悉入格律，每有题咏，不经下笔，研炼精好，一归自然。著有《聊复尔集》。

鲍文芸 生卒年不详。诗人，女。字伴香。诸生文林妹，清歙县人。著有《红香馆诗集》。

鲍印 生卒年不详。诗人，女。字尊古。邵鲍风妻，清歙县人。著有《绿筠亭草》《藏翰楼诗稿》和词各1卷。

鲍娄先 生卒年不详。书画家。初名奎，字星南，50岁后改字娄先，遂以字行。民国时期歙县棠樾人。久居扬州，卖画自给。日军侵华陷扬州后，生徒来请业者，为讲日寇侵华史，义形于色。论艺术，以为"供有钱人玩赏非本意也。艺术应务工务农"。书法初习颜（真卿）、欧（阳询），后改临赵（孟）、董（其昌），兼习"二王（王羲之、王献之）"。幼嗜画，喜摹说部中图像，能于鸡蛋壳上画仕女。又擅花果、古藤、枯树，用笔苍劲有力，厚重渊雅。晚年专事写生，遗作颇多。

鲍桂孙 生卒年不详。篆刻家。清黟县人。善篆刻。著有《石鼓今文考》《紫微塾仿汉印谱》。

鲍淑媚 生卒年不详。词人，女。字咏洲。同邑程惠川妻，清歙县人。工词。丁绍仪《国词综补读编》选有其词《临江仙》。

鲍瑞骏 生卒年不详。诗人。字桐舟。清歙县竭田人。咸丰二年（1852年）举人。同治年间以军功举任馆陶知县。诗作气势恢宏，著有《桐华舸诗集》《褒忠诗》《咏史诗》。书法崇师欧阳询，画与汪昉齐名。

鲍楷 生卒年不详。画家。字端人，号棠村，又号龙山，别署天都去邪子。清歙县棠樾人，侨居江苏扬州。少工花鸟，师法恽寿平。后客沈凤凡民署，遂事山水，疏朗秀润，得古人笔意。

蔡汝佐 生卒年不详。画家。字元勋，号冲寰。明歙县人。善画人物、山水、花卉、鸟兽、鳞介，尤喜梅、兰、竹。工诗，亦善刻木版画。万历时，曾为黄凤池辑《唐诗五言画谱》配诗画，能解诗意，画境高雅味足。又为陈继儒辑《六合同春》《丹桂记》插图，人物、景物简练耐看。万历三十五年（1607年）为杨尔曾辑《图绘宗彝》绘图，人物、花卉、鸟兽生动活泼，画面感人。

舞媚娘 生卒年不详。艺人。姓张，艺名舞媚娘。明歙县河西人。万历二十八年（1600年）初，登徽城"迎春赛会"表演，技艺超群，"一郡见者惊若天人"。该会组织者潘之恒甚为赞赏，厚礼嘉之。

翟善 生卒年不详。画家。字从之。清徽州人。山水仿宋人法，树石柯枝夹叶，山头皴染，各得其宜。

潘之恒 1556~1621。文学家。字景升，号鸾啸生、冰华生，自署天都山人、天都外史。明歙县岩寺（今属徽州区）人。出身于商家，祖侃、父仲公，文学造诣俱深，与倡优艺人交往甚密。之恒好学，能诗，尤嗜戏曲。汪道昆举办白榆社，之恒以少年才俊树帜其间，由是知名。后入太学，累试不第，遂弃举子业，专精于古文词。尝从袁宏道兄弟游，论诗倾向于公安派。晚年访钱谦益，酒间唱酬甚欢。晚岁家道中落，客卒于金陵。平生喜爱戏曲，与汤显祖、沈璟、张凤翼等交契。曾参与徽籍巨商汪季公、吴越石家班演出的艺术指导，抱病观看吴氏家班演出的《牡丹亭》。其所撰《鸾啸集》与《亘史》中，保存了许多珍贵的戏曲史料。尝参与《盛明杂剧》的编校，选录徐渭《四声猿》、康海《中山狼》、陈与郊《昭君出塞》等名剧60余种。所著《叙曲》《吴剧》《曲派》等剧评，有独到之见。著有《黄海》60卷、《天下名山注》《亘史钞》《涉江诗选》7卷、《鸾啸集》《广菌谱》1卷、《新安山水志》等传于世。

潘承厚 生卒年不详。画家。字温甫，号博山，又号遽盫。祖荫后裔，民国时期歙县人。博闻强记，嗜古成癖。搜罗典籍，访求书画，虽捐衣食无所恤。鉴别精审，曾任故宫博物院顾问。善丹青，山水初学王军，后习王原祁；花卉宗恽寿平，设色工致。

潘秬 生卒年不详。书画家。明末清初歙县人。书法赵松雪（孟頫），墨竹尤有潇潇出尘之致。

潘恋 生卒年不详。艺术家。字汝瞻，号碧井。明婺源桃溪人。经纬、象数及书画，皆窥其奥。尤精通音律，嘉靖二十九年（1550年）应试中省，为荆王所识。荆、益诸王聘为纪善，考古乐章制器，聚徒按歌舞，颇臻其妙。撰《切韵指南》一书，所制雅乐准确；另著有《礼乐志》《文庙乐编》《辨惑编》《八家行草》《篆法辨疑》等。

潘奕均 生卒年不详。画家。一作钧，字效先，号鹤舟。清歙县大阜人，流寓吴县（今江苏苏州）。工人物、山水、花卉，尤擅草虫及水墨佛像，颇得李龙眠法。

潘奕荫 生卒年不详。画家。字巨椿，号石泉。奕均弟，清歙县大阜人，流寓吴县（今江苏苏州）。画师乃兄，又从学于缪椿。工花鸟。

潘奕隽 生卒年不详。书画家。字守愚，号榕皋，又号水云漫士、三松老人。清歙县大阜人，后寓苏州。乾隆年间进士。工诗文，善书画。画宗倪、黄，书法颜（真卿）、柳（公权），写意花卉尤具天趣。从弟奕楠、族弟奕鳌亦善书画。

潘涵 生卒年不详。画家。号幼堂。清歙县人，居江苏仪征。以画名。家筑南园别业，与诸名士吟啸其中。

潘琮与 生卒年不详。书法家。清徽州府城人。庠生。性恬淡，资质聪颖。工书善诗。晚年结庐桃源坞，杜门著述。著有《听松楼集》。

潘曾莹 1808~1841。画家。字申甫，号星斋。潘世恩次子，清歙县大阜人，寄籍吴县。进士，授翰林院庶吉士，后累迁功臣馆、国史馆纂修、咸安宫总裁、国子监祭酒、吏部右侍郎、工部左侍郎。学有根底，尤长于史学。善画，初写花卉，以明徐渭、陈淳为宗，冶澹有致。工山水，秀逸旷远，每作扇头小景，极似清初恽（格）王（翚）。工书，初学元赵孟頫，晚年学宋米芾，尤得其神髓。著有《小鸥波馆文钞》《诗钞》《词钞》《画品》《画寄》《画识》《题画诗》《墨缘小录》《花间笛谱》等。故居位于今苏州南石子街7号。孙潘承弼（号景郑），为版本学家。

潘遵祁 生卒年不详。画家。字觉夫，别字顺之，自号西园。奕隽孙，祖籍歙县，寄籍苏州。清道光二十七年（1847年）翰林，旋乞归隐于邓尉，筑"香雪草堂"以居。得杨补之《四梅花卷》，因以名其阁；戴熙尝为绘《四梅花图》。工画花卉。著有《西园集》。

戴文英 生卒年不详。画家。字蔚生。清休宁隆阜（今属屯溪区）人。善丹青，名噪一时，画品人争宝之。

戴允让 生卒年不详。书法家。字苈公。清休宁隆阜（今属屯溪区）人。书法宗颜、柳，笔力遒劲。

戴本孝 1621~？。画家。字务旃，号前休子、洞天樵夫、长真璐秀、无根道人、破琴老生等。明末清初休宁隆阜（今属屯溪区）人，寄籍和州（今安徽和县）。因隐居和州鹰阿山中，又自号鹰阿山樵。世居休宁隆阜，远祖仲礼因随明太祖朱元璋征战有功，世袭千户，赐田宅于和州，数传至本孝父重，遂入和州籍。祖淳，明秀才，能诗。父重（字敬夫，号河村）明崇祯贡生，官湖州推官。清军渡江南下，重在湖州率众起兵抗清，后受伤潜回故里，赋绝命诗15首，绝食死。重著有《河村集》。本孝15岁师萧云从，师法倪瓒、王蒙、黄公望而自出新意。工诗词，擅山水，亦善画松梅。生值朝代更替之际，饱尝国破家难之痛，遵父《绝命诗》"隐匿此山三十年，许儿子孝即臣忠"遗训，隐居不仕，以卖画为生。性喜交游，与渐江、龚贤、石涛等友善。历游五岳，眼界开阔。康熙五年（1666年）北游京师，与王士祯、冒丹书、净尔梅等交善。竟夜与友人谈华山之胜，晨起即襆被往游。创作主张学古人，而不拘泥古人成法，重视"师法自然"，山水多取材于黄山，所作册卷小景，丘壑简朴，善用枯笔焦墨，清淡中别具浑厚气韵，深得元人三昧，为新安画派重要画家。其画在意境上，高古而不荒寒，幽旷而不萧索，清逸高雅，达到了"笔少画多，境显意深，险不入怪，平不类弱，经营惨淡，结构自然"的四难境界。本孝兼善治印，宗秦汉，能宋元，形式多变，行刀稳健。著有《前生诗稿》《余生诗稿》《不尽诗稿》《守砚庵文集》等。还纂有《江宁府志》14卷。存世画作有：北京故宫博物院藏《仿启南山水轴》、《雪桥梅图》卷等4件；上海博物馆藏《华山十二景》15开册、《山水图册》、《黄山四景图》四条屏等11件；沈阳故宫博物院藏《山水册》12页；广东省博物馆藏《黄山图册》；安徽省博物馆藏《巢氏老人观菊园》《白龙潭图轴》《黄山云海图》小幅等。

戴丙南 生卒年不详。书画家。字司夏，号蕉岩，又号筠斋。清婺源桂岩人。乾隆三十三年（1768年）乡试中榜。乾隆四十六年（1781年）选授镇洋司训。生平寄情书画，善墨竹。著有《蕉岩遗稿》《莲塘诗稿》《元灯心法》。

戴光斗 生卒年不详。书法家。字杓文。清休宁隆阜（今属屯溪区）人。书法清劲，运笔有神。

戴廷畅 生卒年不详。画家。字青城。清休宁人。为查士标弟子，画艺精湛。士标尝寄以诗，有"虚怀""性情真"之评。

戴仲德 生卒年不详。画家。元绩溪人。精绘画六法，画马几夺造化。相传曾画骏马于驿道旁祠堂壁上，过此之马，皆惊嘶疾奔而避。

戴远 生卒年不详。画家。字士宏，一作士弘，号敬斋。清新安人，侨居吴门。善画人物、花卉，笔意工丽。早年游京师，乾隆十六年（1751年），高宗第一次南巡，远参与修纂《南巡盛典》。

戴拱微 生卒年不详。诗人。字紫垣。清休宁隆阜（今属屯溪区）人。郡庠生。与妻黄氏、子文敏均工诗，所著有《黄山记》并题咏。

戴省 生卒年不详。画家。字德充。清休宁隆阜（今属屯溪区）人。画宗米芾，善山水、木石。

戴思望 生卒年不详。书画家。字怀古。清初休宁隆阜（今属屯溪区）人。能诗词，善鼓琴，工书画。山水宗元人，峰峦林壑，清疏淡雅，秀逸高韵。每成一艺自矜为稀世之珍。尝乘扁舟往来三吴两浙间，每遇佳山秀水，流连忘返。闻有画家辄往造返，然不轻许可。喜谐笑，或旬日不语，人谓其痴类王虎头。著有《鸥波思草》1卷。

戴胜徵 生卒年不详。诗人。字岳子。清休宁人，康熙年间侨居泰山。爱游白岳，以舟载其石归，因号"石桴"。穷居吟咏自适，与吴野人同歌啸于寒芦野水间。著有《石桴诗钞》上、下卷，又名《河干草堂集》。

戴泰运 生卒年不详。画家。字孚阶。清休宁人。邑庠生。工山水，不泥古法，每信手点染，神肖成趣。

戴玺 生卒年不详。诗人，女。字闰韫。邵虞女，清休宁人。少承母训，工诗词。著有《荆山小草》。

戴烜姒 生卒年不详。诗人，女。字红贞。河南开封知府鸾翔女，江西候补道员晓起江忠赓妻，清婺源桂岩人。著有《絮春榭诗存》，凡诗84首。

戴彝 生卒年不详。画家。字尚古，号松门。清休宁人，流寓金山。善鼓琴，精绘事，山水得王祁原正派。

[十三] 徽州人物

体育杂艺

子威 生卒年不详。刻工。佚姓。明歙县人。嘉靖三十五年（1556年）尝刻《程端明公洺永集》。

王存德 生卒年不详。刻工。明歙县虹村人。万历时，曾刻《龙游志》。

王传文 生卒年不详。刻工。明歙县虬村人。尝与黄汝清合刻万历《金华府志》。

仇中 生卒年不详。刻工。明歙县人。弘治二年（1489年）与黄文敬等合刻《雪峰胡先生文集》。

仇以才 生卒年不详。刻工。明歙县虬村人。

仇以寿 生卒年不详。刻工。明歙县虬村人。弘治十二年（1499年），与族人仇以茂、仇以忠、仇以才、仇以淳及黄文敬、黄文通刻程敏政《新安文献志》100卷，复与人同刻正德二年（1507年）本《篁墩程先生文集》。

仇民 生卒年不详。刻工。明歙县人。曾与人合刻弘治五年（1492年）本《文公家礼仪节》。

仇寿 生卒年不详。刻工。明歙县人。曾刻嘉靖四十五年（1566年）本《徽州府志》。

仇学 生卒年不详。刻工。明歙县人。曾与人合刻弘治十二年（1499年）本《新安文献志》、正德二年（1507年）本《篁墩程先生文集》。

仇剑 生卒年不详。刻工。明歙县人。曾与人合刻嘉靖五年（1526年）本《秋崖先生小稿》、嘉靖本《张氏统宗世谱》、隆庆六年（1572年）本《李诗选注》。

仇高 生卒年不详。刻工。明歙县人。曾与人合刻嘉靖五年（1526年）本《秋崖先生小稿》、嘉靖本《张氏统宗世谱》、隆庆六年（1572年）本《李诗选注》。

仇源 生卒年不详。刻工。明歙县人。曾与人合刻嘉靖五年（1526年）本《秋崖先生小稿》、嘉靖本《张氏统宗世谱》、隆庆六年（1572年）本《李诗选注》。

方子谦 生卒年不详。围棋名家。明徽州人。以善弈名于时。隆庆、万历年间弈家号称三派即新安派、永嘉派、京师派，鼎立棋坛。新安派以程汝亮为之冠，汪曙、方子谦附之。冯元仲《弈旦评》云："新安派则汪曙、程汝亮、方子谦等数人为之冠。"

方正 生卒年不详。制墨家。明初徽州人。善制墨，名品有"碧天龙气""金凤鸣阳""极品清烟""牛舌墨"等。子方冕，孙方激、方泳，曾孙凤岗均传其业，所制墨品均印有姓名、辈分。

方思棠 生卒年不详。堪舆家。字植南。清婺源沙源人。博览群书。星命、堪舆诸术，均悉心研究。为人卜葬多获吉壤，名誉因之大起。邑侯晏赠额"澄心慧眼"。

方瑞生 生卒年不详。制墨家。字澹玄。明徽州人。为袁中道弟子，诗文颇负盛名。酷爱制墨，造型工巧，墨品绝妙。著有《墨海》。

叶泰 生卒年不详。堪舆家。字九升。清初婺源人。著有《山法全书》19卷传世。

叶景葵 生卒年不详。收藏家。字葵初，一作揆初。清末民国时期歙县新州人，占籍杭州。好学嗜书，博雅渊粹，家藏图书称富。尝与张元济、顾起潜、陈步通等创办合众图书馆于上海，所藏多木版线装古籍。新中国诞生后并入上海图书馆。据顾起潜撰《叶公揆初行状》云，揆初，浙江杭州市人，原籍安徽新州。明万历年间仰湖公始迁杭。葵初与张謇、张元济并称当代三大实业家。著有《卷庵书跋》。

白南轩 生卒年不详。刻工。明歙县人。芥子园本李卓吾评《忠义水浒传图》有其刻页。

过旭初 1903~1992。围棋名家。近现代歙县人，寓居北京。父铭轩早年在歙城开古玩店，精于棋艺。旭初承父技，幼棋艺过人，9岁时在乡已无对手，被誉为"神童"。后去上海寻师访友，曾战胜过关祥麟等名手。民国十一年（1922年），至安庆陪安徽省议员江友白弈棋，由江供给膳宿。次年仍回上海，以棋谋生。民国十三年（1924年）至北平，在八宝胡同俱乐部举行的围棋赛中获得冠军，一时名声大振。段祺瑞是个棋迷，闻讯后召旭初去段府对弈；此后两年，其常陪同段祺瑞及其子段宏业下棋，由段氏津贴生活费。民国十八年（1929年）至武汉，在粤汉铁路局任职员，与围棋同好创办中华围棋社。后转北平参加《北京围棋特刊》的编辑工作，其间撰写《弈林漫谈》，介绍围棋起源与发展，并和黄宾虹等筹办琴棋书画社。抗日战争爆发回徽州，在屯溪组织中国围棋会东南分会，担任总干事兼围棋指导员。抗日战争胜利后到上海,与顾水如、刘棣怀诸名手组织上海棋社,任指导。曾与林志可、过惕生合编《围棋名谱精选》,著有《围棋布局要则》《沧桑谱》等。

过惕生 1907~1989。围棋名家。旭初弟,近现代歙县人,寓居北京,少习围棋,艺精湛。民国十五年(1926年),至沪与关祥麟等高手对弈,开始其围棋生涯。次年,北上京城拜访老棋手顾水如;寻转至武汉,创办武汉中华围棋社。民国二十二年(1933年),与顾水如合办上海围棋社。民国二十五年(1936年)再次北上,与崔云趾、金亚贤等合办北京四定轩棋社。"七七事变"回歙隐居,深研棋艺。抗日战争胜利后,到上海继续以棋谋生。注重棋艺理论研究,著有《围棋战理》《古今围棋名局鉴赏》《棋理与要诀》等,又整理有古代围棋名家施襄夏的《弈理指归》《棋法口诀》等书。

吕存吾 生卒年不详。围棋名家。明徽州人。冯之仲《弈旦评》将其与苏亦瞻并列为"新安派"主将。

朱之赤 生卒年不详。收藏家。字卧庵。清休宁月潭人。为明宗室后裔,布衣,藏书家。

朱秋浦 生卒年不详。围棋名家。清黟县人。善弈,通诸葛武侯术,尤精于弈理。尝与谢坤父对弈,言弈之道,与行军法无异,四角即四境也。战者、守者、伏者,力完气锐。彼战我守,彼守我诱,然后攻其无备,使彼易破而难守。中腹最为要害,当先收之。若彼先战于四达之境,则易窜而难防,须坚固中防。左角争一当避其锋,以右角应之,屯其要害,以为救兵。他角有警,则连络而往救。卷甲而直趋,俟彼凋敝不足恃,急攻之,片必有自乱之势矣。谢坤知秋浦为怀才不遇之隐于弈者,益器重之。

廷芳 生卒年不详。刻工。明歙县虬村人。万历年间,曾与黄伯符(即黄应瑞)等同刻《闺范》中插图。

刘应组 生卒年不详。刻工。明歙县人。曾与人合刻《金瓶梅》插图百幅。

刘启先 生卒年不详。刻工。明歙县人。尝与黄战之合刻《水浒传精图》50页。

刘铁笔 生卒年不详。雕刻家。清歙县城人。精镂刻,能以径寸之砖、木、石作种种奇器。在江村江嗣嵛家,曾以三年时间刻就白玉牌楼一具,方广20余厘米,中镂山水、树木、桥梁、楼阁。其间窗户,长不盈黍,尽能启闭。下骑狮踞兽,外环石栏,玲珑洞彻,细极毫发。

齐普渊 生卒年不详。堪舆家。号黄溪。明婺源古坑人。通青囊术。指点吉壤,辄获昌炽,如孔村潘、花桥吴基福祖茔,皆其手扦;新田宅基、冲田水口,预决发祥,已兆瑞有证。

江本立 生卒年不详。堪舆家。字道生。明婺源旃源人。能世堪舆之学。孙凤,字羽皇,亦精其业。

江用卿 生卒年不详。围棋名家。字君辅。明婺源江湾人。精棋艺,不依旁故谱,奇创变幻。游艺苏州、湖北、广东等地,无敌手。大学士何芝岳、周把斋与弈,局中不知有相国,局外亦不自诧为相国客也,两公益相引重。左司马孙皖同赠以诗,句有"座上无非且无刺,酒中能狷亦能狂"。

江仲京 生卒年不详。堪舆家。字林泉。明婺源旃源人。得异授堪舆之学。与兄抱一、东白,时称为"婺东三仙"。

江星羽 生卒年不详。刻工。字右趁。清歙县人。曾刻《游艺集》2卷。

苏亦瞻 生卒年不详。围棋名家。亦作具瞻,名之轼。明休宁人。幼喜弈,9岁名满乡里,16岁成国手。游南京、北京交流棋艺,时称"小苏"。棋风典雅,计算深远,以熟悉棋势见长。《弈旦评》称其"雅熟棋势"。著有《弈薮》6卷,注疏《棋经》13篇。其对弈局谱载于《仙机武库》。

李文俊 1893~1982。焰火制造家。乳名来富。近现代休宁黎阳(今属屯溪区)人,祖籍婺源。少随父习纸扎工艺,后承父业,开设"来富纸扎店"。尤擅焰火制作。民国十八年(1929年),杭州举行西湖博览会,浙江省建设厅向文俊订制屯溪焰火50架,其率职工至杭州制作,历100余日完工。燃放时,数十万中外观众欢欣雀跃,名驰杭州。民国二十三年(1934年)后,文俊焰火制作先后进入上海新世界、大世界、半松园和黄家花园等地,以"焰火大王李文俊"为广告招徕顾客。民国二十五年(1936年),曾应邀赴新加坡献艺。后定居上海。

李邦祥 生卒年不详。堪舆家。字和徵。明婺源李坑人。资颖悟。博贯青囊、星学,尤得阳宅真传,卜筑应验如响。士大夫多信服,宾致之。

李芳园 生卒年不详。堪舆家。字逸峰,号心史。清婺源理田人。赋性灵敏。为文沉博绝丽,又或清微谈远。兼通岐黄、堪舆,著有《地理》及诗、古文辞等书。

李忠 生卒年不详。刻工。南宋徽州人。嘉泰四年(1204年)曾刻新安版《皇朝文鉴》。有开版较紧、字体端秀新风格。

李景溪 生卒年不详。堪舆家。明婺源李坑人。精通易学、卜宅、星日诸家。凡修造选择,应答迅速,咸称神奇。著有《阳宅秘诀》《雷霆心法》。

吴天章 生卒年不详。制墨家。清初休宁人。善制墨,开设"暗然室"墨肆。

吴凤台 生卒年不详。刻工。明徽州人。万历年间，曾刻容与堂本《李卓吾先生批评忠义水浒传》。

吴孔祚 生卒年不详。围棋名家。清徽州人。《兼山堂弈谱》载其与汪汉年对垒二局，尚有与周候东对弈一局、吴贞吉对弈一局。

吴世玺 1855~？。武术家。又名振禄，字传甫。父亦炜，过继亦辉，清末民国时期歙县昌溪人，寓居北京。青少年时与胞弟世型从师著名武术家大刀王五习武，武艺精湛，清末至民国间在京开设武馆。世玺承继吴亦辉在京和在故里昌溪的全部产业，经营吴记永和、吴记聚丰等处茶庄、当铺和通州地产。卒年90余岁。卒葬于京。

吴贞吉 生卒年不详。围棋名家。字瑞徵。清歙县人，寓居嘉定。幼喜观弈。成人后与江淮间名手切磋棋艺，为时所重，誉为"国手"。棋风勇于冲锋陷阵，豪放善战，气魄宏大。尝与修《宫子谱》，另著有《不古编》传世。

吴应之 生卒年不详。刻工。明歙县人。曾刻万历本《圣僧庵记》。

吴怀敬 生卒年不详。收藏家。字德聚。明歙县丰南（今属徽州区）人。由太学入中翰。好收藏古玩，尤嗜汉玉器，得300余件，故名其斋曰"思玉"；书画，则尚宋、元。

吴叔大 生卒年不详。制墨家。明末歙县人。万历年间设墨肆"玄粟斋"于岩寺（今属徽州区）。所制墨多仿古，开创集锦墨之先河，名品有"千秋光""天琛""天瑞""寥天一"等。

吴明本 生卒年不详。收藏家。明歙县丰南（今属徽州区）人。自幼持斋楼上，供奉佛像皆镀金，所藏大小不计其数。唯准提像为新铸，系万历年间藏经内检出，始行于世。

吴绍浣 生卒年不详。收藏家。字杜村、秋岚。清歙县丰南（今属徽州区）人，寄籍江苏仪征。乾隆四十三年（1778年）进士。官至署河南汝光道。嗜好书画，精于鉴赏。家中多藏四方名家手迹，如颜真卿竹山联句墨迹（今藏北京故宫博物院）、徐季海《朱巨川告身》（委任状）、怀素小草《千字文》、王维《辋川图》、杜甫《送卫八处士诗》、贯休《十八应真像》等，皆为稀世之珍。

吴拭 生卒年不详。制墨家。字去尘，号逋道人。明休宁商山人。善诗，工书画。所制墨及漆器精妙，人争宝之。又精琴理，常自入山择琴材。性豪纵，有洁癖，尝持千金一日尽之。晚年栖吴市，避兵虞山，旋病卒。著有《订正秋鸿谱》传世。

吴俊甫 生卒年不详。刻工。元歙县人。至治年间，曾与人合刻《全相平话·武王伐纣书》《乐毅图·齐国春秋后集》《全相秦并六国平话》《全相平话·前汉书续集》《全相平话·三国志》等。

吴振坦 生卒年不详。堪舆家。字鹤亭。清婺源车田人。性聪敏，多才艺。研究堪舆，多得吉穴。著有《地理》4卷，为识者所珍。

吴起仍 生卒年不详。卜筮师。字公远。清婺源城东人。性爱山水，研究青乌之术，尤精六壬；学成后别人问卜每多奇中。汪二尹给以"术精易数"额。孙朝伟，能承家学。

吴豹韦 生卒年不详。收藏家。号千扇主人。明休宁商山人。典商。笃好古玩，收藏颇丰，书画嗜真迹。

吴家驹 生卒年不详。收藏家。明歙县丰南（今属徽州区）人。为人讷于言。好摹秦汉图章，所收书画甚富。

吴鲁衡 1702~1760。罗盘制作工匠。原名国柱。清休宁万安人。少从师学习罗盘制作，因心慧手巧，精通整套工艺技术，遂成为同业中之佼佼者。雍正间，于万安镇老街创设"吴鲁衡罗经店"，融制作、经营于一体。所制罗盘、日晷及指南针等，工艺精益求精，一丝不苟，形式承继古法又能适时创新，故深受消费者欢迎。其系列制品不仅畅销国内各地，而且传入朝鲜、日本和东南亚诸国。鲁衡之后，子光煜承父业，其后分"涵记""毓记"两支。民国四年（1915年），吴鲁衡毓记生产的日晷，获美国"巴拿马万国博览会"金质奖章。

吴滋 生卒年不详。制墨家。南宋婺源人。《汪彦章帖》记云："吴滋作墨，新有能声。"孝宗赵昚曾因其所造之墨甚佳，例外"犒赏"他缗钱两万。世人评吴滋所制之墨，不外"取松烟，择良胶，对以杵力"，但独到之处在于"砚不留滓"。时参政李司农赞曰："新安出墨久矣，惟李超父子擅名。近日墨工尤多士大夫，独吴滋使精意为之，不求厚利，骎骎乎及前人矣。"

吴骞 生卒年不详。藏书家。清休宁人，因经商侨寓海宁。工诗善文，间绘山水。家建"拜经楼"，藏书5万余卷。传至子寿旸、孙之淳，收藏日益丰富，遐迩闻名。刻书有《拜经楼丛书》43种98卷。咸丰年间，毁于战火。

何可达 生卒年不详。堪舆家。何令通后裔，明休宁人。永乐年间，黟县宏村汪思齐见村中一处泉眼，冬夏涌流不息，遂三次延请何可达及族内高辈能人，"遍阅山川，详审脉络"，制订出扩大村基及改造村落环境、构建"牛形"水系的规划。即：凿引西溪水，通过牛肠水圳九曲十弯，把水引至村中心天然井泉处；并建池塘，以便村民饮用、洗涤与防火等。

何令通 934~1019。堪舆家。名溥，字令通。五代末北宋初河南颍阴（今许昌）人。精堪舆。仕南唐，为国师。显德中，因谏牛首山陵不利，谪官休宁。北宋太平兴国四年（979年），潜入婺源芙蓉峰（灵山）幽隐，礼拜古佛昭禅为师，改号"慕真"，修道40年。里人江文采于山顶建"碧云庵"，为慕真栖隐之所。天禧三年（1019年）十月十八日，江文采、叶文义等至碧云庵拜访，见其肃入正席跌坐，忽火从心出自灼，顷刻焚化，其徒收舍利为塔葬之。相传其仙一日留偈云："八十五年，默默无言。吾今一去，明月当天。"著有《铁弹子》1卷，形家宗之。

余怀瑾 生卒年不详。堪舆家。字伯瑜。清婺源沱川人。习青乌家言。著有《地理辨讹正义》。

汪士从 生卒年不详。堪舆家。明婺源人。得郭璞《青囊经》真传。永乐初，应诏赴京卜天寿山陵（今十三陵）。受褒典，御赐《罗经》。

汪士珩 生卒年不详。刻工。明歙县人。《唐诗画谱》原本为其所刻。

汪大黉 生卒年不详。巧工。字斗张，号损之。清歙县人。工分、隶，家蓄碑板甚富。有巧思，所制自鸣钟甚精妙。客扬州，常为盐商江鹤亭制作器物充贡。

汪文佐 生卒年不详。刻工。明新安人。曾刻万历本《牡丹亭记》。

汪文桂 生卒年不详。藏书家。汪森兄，清初休宁人，旅居浙江桐乡。家藏书万卷，终日忙于典籍校勘事务。又尝刻书20种40卷。

汪节庵 生卒年不详。制墨家。名宣礼，字蓉坞，以号行。清歙县信行（今属屯溪区）人。世守制墨家法，选料精贵，工艺精细，以擅制集锦墨著称。清乾隆中期，开设"函璞斋"墨肆于岩镇，与曹素功的"艺粟斋"墨肆、汪近圣的"鉴古斋"墨肆齐名。曹素功墨肆迁苏州后，汪节庵成为徽州制墨业领袖，与曹素功、汪近圣、胡开文并称"清代制墨四大家"。所制名墨有青麟髓墨、仿古钱集锦墨（12锭）、黄海群芳图墨（20锭）、兰陵氏书画墨、新安大好山水墨等，深受推誉。乾隆四十五年（1780年），制御制西湖名胜图墨，图绘、雕刻均出自宫廷如意馆画家和墨刻名匠之手，有双峰插云、三潭印月、苏堤春晓、曲院风荷、雷峰夕照、平湖秋月、断桥残雪、柳浪闻莺、南屏晚钟、花港观鱼等10景，西湖名胜历史原貌得以保存。一景一锭，形状大小各异，正面为风景图，背面镌御制诗七绝一首。编有《函璞斋墨苑》，中有御制耕织图墨，题有御制诗，阮元、彭元瑞、梁同书、卢文弨、曹振镛、曹文埴、程振甲等名流题识于上。

汪仕周 生卒年不详。堪舆家。明初祁门伦坑人。洪武年间，与同邑郑英才、陈伯齐从青阳张宗道学青乌术，尽得其秘。于阴阳二宅营制精微，时师莫能测其妙。

汪兰庭 生卒年不详。鉴定师。清末黟县碧山人。光绪二年（1876年），承祖业入"上海公估局"主事，专司鉴定金银成色。鉴宝技艺精湛，信誉颇著。凡上海英商汇丰银行、美商花旗银行和日商道胜、正金银行，均请其鉴定，并经其注册成色加盖钢印后，方可在上海市场流通。子汪立三，传其艺。

汪汉年 生卒年不详。围棋名家。清歙县人。早年游于江、淮，交流棋艺。在扬州与国手周候东对弈，人谓"足可雄视一世"。棋风险而粗，不避逼窄，精悍之气逼人。后研悟棋理，棋风变为轻如飘逸，构思灵活，平明自然。《梅谷偶笔》评之为"洒然自得，独运神明，脱略形骸"；邓元鏸亦赞其"羲之染翰，挥洒自如"。在棋坛率先试用"太极图布局"对弈，对开创新棋艺起先声作用。著有《眉山墅隐弈谱》。现存对局数十谱，分载于《周懒予先生围棋谱》《寄青霞弈选》。

汪幼清 ?~1662。围棋名家。名一廉。明末清初歙县人。有勇力，擅武术。又喜诗文。棋风有侠气，属力战型。棋艺雄肆奔放，机略纵横，勇于冲锋陷阵，出奇制胜。人称其"善用败局"，处颓势而沉着应战。常因轻敌失误而濒于困境，仍能敛乎精思，自误而自救，自救而制胜，时人有"不畏其不误而畏其误"之评语。编有《棋谱新局》，另与周元服选批《弈时新编》。

汪成甫 生卒年不详。刻工。明末歙县人。所刻《吴骚合编》插图，雕山石、树木用遒劲涩刀，给人以苍劲古拙的感觉；刻人物、楼台、行云、流水用轻巧切刀，给人细腻明快的印象，达到了艺术形式完美统一的境地。

汪如藻 生卒年不详。藏书家。汪森玄孙，清休宁人，寓居浙江桐乡。为浙西大藏书家。承祖业，家拥有裘杼楼、古香楼、摘藻堂、华及堂、小方壶、碧巢旧藏书馆及自建"拥书楼"。乾隆三十八年（1773年）四库全书馆开馆征书，如藻两次献书271种，为全国献书最多之十家之一。

汪近圣 1692~1760。制墨家。字鉴古，行名元林。清绩溪尚田人。原为曹素功墨店主桌墨工。康熙六十一年（1722年），自设"鉴古斋"墨店于徽州府城。精墨理，能鉴古法而更为调燮，并善采各家之长，讲究用料，制法精致。所制之墨"光可以鉴，锋可以截，其声铮铮，其色苍苍"，被视为当世之宝。于明末吴叔大集锦墨有较深研究，所制集锦墨造型、图案、题识均精巧出众，著者有"御制四库文阁诗墨"（5锭）、"御制花卉图诗墨"（48锭）、"御制耕织图诗墨"（47锭）、"御制铭园图墨"（64锭）、"黄山图诗墨"（36锭）及乾隆御铭的仿古墨等。遗有墨图88种，由其孙炳宇、君蔚、惠政和曾孙天凤辑为《鉴古斋墨薮》4卷刊行。次子惟高，曾于乾隆六年（1741年）应召进京，任宫廷御书处制墨教习。

汪良梦 生卒年不详。堪舆家。号九元子。明末祁门彭龙人。天启年间诸生。善堪舆，刊有《珠行经》行世。

汪启淑 1728～1800。收藏家。字慎仪，一字秀峰，号讱庵，别号"印癖先生"。清歙县绵潭人，侨寓杭州小粉场。以父业盐，家富资饶。官至兵部郎中。工诗，与杭世骏、厉鹗等人在净慈寺结社，称"南屏诗社"。著有《焠掌录》《水漕清暇录》《撷芳集》《兰溪棹歌》《小粉场杂识》等。酷爱藏书，所筑"开万楼"藏书甚富，有数千种。乾隆三十七年（1772年）纂修《四库全书》时，进献珍本书524种，高宗大加褒奖，御赐《古今图书集成》一部，并旨准在绵潭村建"御书楼"收藏御赐书籍。好古，嗜金石文字。搜罗自秦、汉至元、明历朝印章数万钮，藏于"飞鸿堂"，为东南藏印巨擘。刻篆文于巨珠，以补诸品所未备。为便世人欣赏古印精品，辑刻有《锦囊印林》《退斋印类》《汉铜印丛》《讱庵集古印存》等集古印谱10余部。又广交印坛名士100余人，邀约篆刻作品3 000余方，编辑厘定，钤印成《飞鸿堂印谱》5集40卷，另编著《飞鸿堂印人传》（后易名《续印人传》）8卷，一并刊刻行世。

汪忠信 生卒年不详。刻工。明新安人。万历三十年（1602年）曾刻武林张氏白堂本《海内奇观》，精细非常。

汪复庆 生卒年不详。砚工。清婺源龙尾山人。善琢砚，所刻山水、人物、翎毛、草虫、花卉无不精工。尤擅长雕刻素石或顽缺，品成，如其形似。时名士奇其技，争相请托，为之立传。尝取生平所制佳品立《墨撮》一册，郡太守谢公为之序。

汪桂亮 生卒年不详。砚工。清婺源段莘人。善刻砚。同治元年（1862年）迁居徽州府城，开设汪义兴砚号，斋名"翰宝室"。

汪培玉 1860～1944。砚工。字韫辉，号谷如。桂亮子，清末民国时期婺源段莘人。承父业制砚，于歙砚上精雕人物、花卉、动物图案和格言，价倍素砚，爱者争购。何蘧《春渚纪闻》称："歙汪氏，庄户砚工也。模仿历代名人砚式，加以琢磨之，力篆刻之功，久为艺术珍赏。"撰有《印谱》2册。

汪鸿 生卒年不详。雕刻家。字延年，号小迂。清休宁人。钱塘陈曼生官溧阳、袁浦，汪鸿皆客幕中，所学咸得力于曼生。工铁笔，凡金铜、瓷石、竹木、砖瓦之属无一不能奏刀，亦无一不工妙。

汪森 生卒年不详。藏书家，刻书家。清初休宁人，旅居浙江桐乡。警悟好学。与兄文桂、弟文柏相酬唱，以诗名满京师，黄宗羲称赏为"汪氏三子"。建有藏书处"碧巢""华及堂""裘杼楼"，藏书数万卷。撰《裘杼楼藏书目》，著录刻本史书、别集530种5 565册，抄本文集、笔记155种720册。又喜刻书，先后刊刻古籍15种400余卷。

汪智 生卒年不详。砚工。清歙县人。善刻砚。

汪曙 生卒年不详。围棋名家。号坐隐。明婺源人。著有《弈隅通会》11卷，又重刻《玄玄棋经》。《宛委余编》载鲍一中、汪曙、程汝亮为棋坛名流。

沈珪 生卒年不详。制墨家。宋浙江嘉禾人。以贩缯往来黄山，因学制墨。出师便享誉墨林，其上品墨有"一点如漆，十年如石"之称。

张小泉 生卒年不详。制剪工匠。明末清初黟县人。自幼随父锻制剪刀，于锻打、出样、泥磨、装钉、抛光诸工艺技无不精，颇负盛名。清康熙年间携子赴杭州大井巷搭棚设灶，所制剪吸取龙泉宝剑之铸造技术，选用浙南优质钢材镶入刃口，以镇江泥砖研磨。乾隆年间，"张小泉"剪列为贡品。小泉逝世后，其子近高承父业，在"张小泉"字号下冠以"近记"二字，以资区别时杭州冒牌设店者。宣统二年（1910年），张小泉剪在"南洋劝业会"获银质奖。民国四年（1915年），在"巴拿马万国博览会"又获二等奖。从此，"张小泉"世家剪刀，蜚声国内外。

张兆炘 生卒年不详。雕工匠。字渠成。清婺源人。善书画、篆刻，尤精雕饰。所作手书、图章、纸扇之类，士林争购珍藏之。尝刻佩带十件匣，长10厘米，宽与厚各6.7厘米，内贮文房四宝、诗韵、算盘、日晷、铜镜、印色匣、裁纸刀等；匣外两面分别刻十八罗汉、渭水访贤，左右布置花卉、昆虫。艺技精细奇巧，名噪一时。

张希乔 生卒年不详。砚工。清歙县人。善雕砚，兼擅笔搁、界尺制作，名于当时。

张谷 生卒年不详。制墨家。北宋歙州人。与子处厚在黄山以"远烟鱼胶"制墨，以意用油烟入脑麝合之。徽墨之向油烟发展，当从张氏父子始。所营薄利多销，"恐堕家声，不汲汲于利"，备受时人称赞。

张树棠 1901～1962。雕刻家。名灶法，以字行。近现代歙县小洲人。幼随杨村砖雕名手李文祥学艺五年。所雕作品主要有八仙、百忍图、琴棋书画、梅兰竹菊、鹤鹿狮虎等，工艺精湛，立体感强，多为镂空雕。代表作有歙南金滩方文明宅、棉溪汪观珠宅门楼砖雕，今藏北京历史博物馆。

陈伯齐 生卒年不详。堪舆家。号云水先生。明初祁门文堂人。洪武年间，与同邑人郑英才、汪仕周从青阳张宗道学青乌术，得郭廖正传。

罗士钰 生卒年不详。收藏家。家庭株,号香雪。盐商巨贾江春内侄,清歙县人,居扬州。工诗,善书法,好收藏古帖。

金德舆 1750~1800。收藏家。字鹤年,号云庄、鄂严。清休宁人。寄籍浙江桐乡。幼敏颖,7岁能诗。监生,工书画,精鉴赏。累世家藏法书名迹及宋刻善本典籍甚富。乾隆四十五年(1780年)高宗南巡,德舆献宋椠书籍,赐以文绮,补刑部顺天司主事。

郑英才 生卒年不详。堪舆家。字膺才。明初祁门人。洪武年间,从青阳张宗道学青囊之术,尽得其秘。居家在乡,唯代积善之家卜吉。邑中暨浮梁、黟县大族阴阳二宅,多其手测。

郑侠如 生卒年不详。收藏家。字介士,号伴庵。明末清初歙县长龄(今属徽州区)人,居扬州。祖景濂,父之彦累世业盐于两淮,家资巨万,食指数千,同堂共爨,有张公艺、陈子静之风。至侠如分居,兄元嗣有王氏园,元勋有影园,元化有嘉树园,侠如有休园。明亡后侠如归隐休园,园内有植槐书屋、金鹅书屋、湛华卫书轩、九英书屋,内藏文震孟、董其昌、徐元文真迹。家有丛桂堂,藏书甚富,黄宗羲曾向借钞珍稀典籍。工词能诗。著有《休宁诗余》。

胡天生 生卒年不详。刻工。明绩溪人。嘉靖四十一年(1562年),曾刻绩溪胡宗宪刊本《筹海图编》。

胡存天 生卒年不详。堪舆家。民国时期黟县人。长于地理之学,与胡瑞林合著《黟县乡土地理》一书,于民国十四年(1925年)刊行。

胡国宾 1848~1931。墨模、木雕艺人。字祥源、殿臣,号杨林山人。清末民国时期绩溪上庄人。少时在胡开文墨店学刻墨模,操刀之余,致力于书法绘画。18岁时,仿刻名家墨模已乱真;寻成为浮雕、立体雕和版面设计高手。其仿制的"御园图""棉花图""十二生肖"等墨模,创作的"八仙""黄山景""北京十景""名花十二客""提梁"等集锦墨模,为制墨家传世珍品。时胡开文、曹素功、詹大有等徽墨名店的墨模多出其手。兼刻建筑装饰木雕,亦作中堂条幅字画。书法真、草、隶、篆俱佳。又喜画撇兰,栩栩如生。尝集墨模印谱24册(今存2册),集自作墨印拓片318幅。

胡洪开 1904~1961。制墨家。近现代绩溪上庄人。幼丧母,赴上海随父学刻墨模。16岁入叔父胡祥钧所开"广户氏胡开文墨庄"做学徒,后管理业务。叔父逝后,遵嘱接手经营,把墨庄扩展为大墨厂,并在南京、天津、北京、沈阳、武汉、汕头、成都、重庆开设支店。又创办宁国、贵州制墨烟厂,以制作高档徽墨闻名。

胡珽 1822~1861。收藏家。字心耘。清休宁人,寄籍杭州,居于苏州。家有琳琅秘室,藏书称富。诸生。幼染家风,亦好收藏宋本书,手自校勘。与吴郡叶廷琯校勘秘籍数十种,名曰《琳琅秘室丛书》,共刊刻4集,30种,有宋于庭、徐山民序,为世所珍重。凡经其手录批校之书,皆精工可喜,为藏书家所钟爱。

胡积堂 生卒年不详。收藏家。字汝华,一字琴生(又作琴声),号迥坞山人。巨商胡学梓(贯三)之孙,胡尚熷第三子,清黟县西递人。一生绝大部分时间在家乡西递度过,"履福堂"为其故居,既无意仕途,也不想经商,依靠祖辈留下的丰厚遗产颐养天年。娴熟音律,精于数学,兼善星相,嗜书画好古玩,精鉴赏富收藏,广交名士。为远近闻名的书画收藏家。藏室名"笔啸轩",著有《笔啸轩书画录》2卷,著录宋元名迹4种,以明清作品为多,亦有同时代人之作,该著仿高士奇《江村销夏录》体例,但不记尺寸,亦无自跋语,刻于道光十九年(1839年),芜湖王泽为之序。《笔啸轩书画录》至今仍为书画收藏界鉴定古书画真伪的重要参考书籍。尚著有《致知一得录》,曾国藩在《胡琴生〈致知一得录〉序》中评述道:"凡地与经纬度数里差,太阳出入、星宿分野悉能挈其大要。附说音律,谓善礼者与乐副,善乐者与礼准,理尤精当,信乎其得于致知也,深矣。"胡氏故居"履福堂"历300余年沧桑,至今保存完好,堂中挂有松鹤中堂,两侧木柱上刻有"世事让三分天宽地阔,心田存一点子种孙耕""几百年人家无非积善,第一等好事只是读书"的古训。

胡舜申 生卒年不详。堪舆家。宋婺源清源人,南宋绍兴年间寓居苏州。擅堪舆,"通风土阴阳之术"。尝周行苏州四郭,勘察地理,并著《吴门忠告》。

柳真保 生卒年不详。裱画师。明歙县人。家世业装裱书画。先世应召内府,授文思院官。真保承祖业,成化十年(1474年)官至文思院副使。

俞德魁 生卒年不详。名漆工。乳名如意。清末民国时期休宁中岩溪人,自祖父起定居休宁上黎阳。少读私塾,后拜名漆工范正顺习艺。擅仿明清漆绘,于云雕漆碗、漆盒制作尤精。修复古玩,仿制古漆,20世纪30年代屯溪首推俞德魁作坊。从明《髹漆录》(新安黄士成著)发现失传的徽州传统工艺"菠萝漆",精心仿制得以成功。制螺钿漆器砚盒,配以仿乾隆歙砚,珠联璧合,被安徽中国徽州文化博物馆收藏。子俞金海传其艺。

施应旭 生卒年不详。技工。字晓山。清婺源诗春人。岁大旱,尝利用风力,造风碓以代水碓,试之适用。闻广东南门有"铜壶滴漏"(古代计时仪),亦按式创新造作,无论寒暑,计时准确。

姜体乾 生卒年不详。刻工。明歙县人。曾刻万历容与堂本《李卓吾先生批评红拂记》。

洪兆芳 生卒年不详。堪舆家。字锦斋。清婺源官源人。殚心堪舆术，凡数十年，人多师之。又精医，尤善儿科，活人以千计。著有《地学举隅》《婆心集》各1卷。

洪国良 生卒年不详。刻工。明徽州人。曾刻崇祯本《新刻绣像批评金瓶梅》。

洪敬沧 生卒年不详。制墨家。字汉东。清婺源鸿村人。乾隆年间，在姑苏设墨肆"聚宝斋"。所制"云水研交""光被四表""苍龙珠""千秋光""注经丹"等墨闻名遐迩，日本市河氏《米庵墨谈》有记。经营崇尚商德，不取非分。时邻火延烧店屋，有游氏两人寄存两笼，内存银信数百号，敬沧冒险抢出奉还物主，己资灰烬不顾也。

徐广 生卒年不详。刻工。明祁门人。曾刻嘉靖五年（1526年）本《秋崖先生小稿》、嘉靖本《张氏统宗世谱》。

徐履安 生卒年不详。技工。清歙县岩寺（今属徽州区）人。工技艺，亦娴女红。尝绣十八尊者像，为世罕见，兼工篆、籀，人呼之为"铁笔神针"。能用徽州传统髹漆工艺，仿斜塘杨汇戗金法，以黑漆为地，针刺字画，敷以金箔，光彩艳异。

高庆和 生卒年不详。制墨家。宋歙县人。所制"漆烟再和墨"为徽墨史上首创。制法即以松枝蘸漆烧烟，又掺入三分之一"三韩贡墨"。

陶得和 生卒年不详。制墨家。元歙县荆溪人。以专制油墨著名。画家倪瓒有诗赞之，句云："请看陶法妙非常，一点浓云琼楮透。"

黄一木 1586~1641。刻工。字二水。明歙县虬村人。曾刻万历徽州汪氏玩虎轩本《有像列仙全传》、万历本《歙志》和《剪灯新（余）话》中插图。

黄一中 1611~？。刻工。字肇初。明末清初歙县虬村人。曾刻明天启四年（1624年）本《歙志》、万历刊清修补本《闺范》、明末清初刊本《水浒叶子》。

黄一凤 1583~？。刻工。字鸣岐。明歙县虬村人，寓居杭州。曾刻万历本《南琵琶记》、万历本《李卓吾先生批评浣纱记》、万历三十七年（1609年）本《罗颖楼初稿》、万历四十七年（1619年）本《古杂剧》、万历末刊本《牡丹亭》《还魂记》。

黄一心 1608~1642。刻工。字养正。明歙县虬村人。曾刻天启本《黄山普明和尚行迹》、明刊本《外台秘要》。

黄一枝 1587~？。刻工。字伯芳。明末清初歙县虬村人，后迁居杭州。曾刻万历本《宋诸名家年表》《歙县志》、万历刊清修补本《闺范》。

黄一松 1599~？。刻工。字汝光。明歙县虬村人，寓居杭州。曾刻万历十七年（1589年）本《书言故事大全》。

黄一明 生卒年不详。刻工。明徽州人。曾刻万历三十四年（1606年）彩色本《风流绝畅图》、崇祯五年（1632年）本《休宁隆兴戴氏族谱》。

黄一柱 1561~1613。刻工。字国干，号心斋。明歙县虬村人。曾刻万历四十三年（1615年）本《性命双修万神圭旨》、万历新安程氏《汉魏丛书》本《论衡》。

黄一桂 1570~？。刻工。字子芳，号樵夫。明歙县虬村人。曾刻万历本《读易述》和吴勉学刊本《医说》、万历三十六年（1608年）本《海岳山人存稿》。

黄一乾 1614~1672。刻工。字元值。明末清初歙县虬村人。曾刻《古文传灯》。

黄一彬 生卒年不详。刻工。明歙县虬村人。程大约编、丁云鹏绘《程氏墨苑》，由其与黄应泰、黄鏻等所刻。创用四色、五色赋彩印制，为中国彩印版画之先导。

黄一梧 1600~1673。刻工。字彩凤。明末清初歙县虬村人。曾刻明天启四年（1624年）本《歙志》、崇祯元年（1628年）本《篆诀》。

黄一森 1584~？。刻工。明歙县虬村人。曾刻万历本《剪灯新（余）话》、明刊本《梁千秋印隽》。

黄一遇 1629~1695。刻工。字际之。明末清初歙县虬村人。曾刻清康熙本《黄山续志定本》。

黄一楷 1580~1622。刻工。明末清初歙县虬村人。曾刻明万历起凤馆本《南琵琶记》和《元本出相北西厢记》、万历本《李卓吾先生批评浣纱记》、万历四十二年（1614年）本《梵网经菩萨戒》、万历四十七年（1619年）本《古杂剧》、万历刊清修补本《闺范》。

黄一鹤 1598~？。刻工。字于皋。明末歙县虬村人。曾刻崇祯本《印范》。

黄三老 生卒年不详。刻工。明歙县人。曾刻万历本《歙志》。

黄山阳 1553~？。刻工。明歙县虬村人。曾刻万历七年（1579年）本《九华山志》。

黄子成 生卒年不详。刻工。明徽州人。曾刻嘉靖三十五年（1556年）本《程端明公洺水集》。

黄子明 生卒年不详。刻工。清歙县虬村人。尝与黄和卿合刻康熙《徽州府志》。

黄子和 生卒年不详。刻工。明末清初徽州人。曾刻明崇祯刊本《新刻绣像小说清夜钟》、清初刊本《花幔楼批评分图小说生消剪》。

黄开梧 1812~？。刻工。字凤冈。清歙县虬村人。曾刻道光本《四养斋诗稿》。又与族人黄开簇(字冠华,号野耕)、黄开植(字立之)合刻道光十年(1830年)本《虬川黄氏宗谱》。

黄元吉 生卒年不详。刻工。明徽州人。曾刻万历三十七年(1609年)刊本《状元图考》。

黄元则 生卒年不详。刻工。清徽州人。曾刻明万历刊清修补版《闺范》。

黄五中 生卒年不详。刻工。明歙县人。曾刻万历新安程氏《汉魏丛书》本《论衡》。

黄升 生卒年不详。刻工。明徽州人。曾刻万历刊本《文章又玄》。

黄升士 生卒年不详。刻工。明末歙县人。天启五年(1625年)曾刻《休宁县赋役官解条议全书》。

黄升中 1644~1711。刻工。字和卿。明末清初歙县虬村人。曾刻清康熙三十二年(1693年)本《休宁县志》和康熙三十八年(1699年)本《徽州府志》,又刻康熙本《查士标书尺牍》。

黄仁 生卒年不详。刻工。明徽州人。曾刻正德本《旌川西溪里朱氏族谱》、嘉靖二十七年(1548年)本《休宁县志》。

黄文汉 生卒年不详。刻工。明歙县虬村人。曾刻弘治二年(1489年)本《雪峰胡先生文集》、弘治六年(1493年)本《丹溪先生心法》、弘治十二年(1499年)本《新安文献志》、弘治十五年(1502年)本《徽州府志》。

黄文迪 生卒年不详。刻工。明歙县人。曾刻弘治十二年(1499年)本《新安文献志》、弘治十五年(1502年)本《徽府州志》。

黄文显 生卒年不详。刻工。明徽州人。曾刻宋刊正统修补本《纂图亘注荀子》。

黄文通 生卒年不详。刻工。明歙县虬村人。曾刻弘治二年(1489年)本《雪峰胡先生文集》、弘治五年(1492年)本《文公家礼仪节》、弘治六年(1493年)本《丹溪先生心法》、弘治十二年(1499年)本《新安文献志》与《休宁流塘詹氏宗谱》。

黄文敞 1439~1507。刻工。字拙庵。明歙县虬村人。曾刻天顺、成化年间刊本《草字千字文》,成化十八年(1482年)本《程氏贴范集》、弘治二年(1489年)本《雪峰胡先生文集》、弘治十二年(1499年)本《新安文献志》。

黄方中 1650~1718。刻工。字正如,号直庵。清歙县虬村人。曾刻明万历刊清修补版《闺范》、顺治十七年(1660年)本《堪舆贯》、康熙二十年(1681年)本《歙县志》和康熙本《左策史汉约选》等。

黄允中 1625~？。刻工。字元执。明末清初歙县虬村人。曾刻明万历刊清修补版《闺范》,清初又尝复刻明万历本《寂光镜》。

黄正达 生卒年不详。刻工。明歙县人。万历年间刻《新镌徽郡原版校正绘图注释魁字登云故事》4卷。

黄正选 生卒年不详。刻工。明歙县人。万历年间,曾刻《新刊徽郡原版校正绘图注释登云日记》2卷等。

黄世忠 生卒年不详。刻工。明歙县人。曾刻《宗信谱》。

黄龙 生卒年不详。刻工。明歙县人。刻有《郑师山集》。

黄四安 1675~？。刻工。清歙县虬村人,寓居杭州。曾刻天启四年(1624年)本《歙志》。

黄仕鑵 生卒年不详。刻工。明歙县人。曾刻嘉靖《淳安志》。

黄用 生卒年不详。刻工。明徽州人。曾刻嘉靖四十一年(1562年)绩溪胡宗宪刊本《筹海图编》。

黄用中 1644~1706。刻工。字尧民。明末清初歙县虬村人。曾刻明万历刊清修补版《闺范》。

黄乐 生卒年不详。刻工。明歙县人。曾刻嘉靖《徽州府志》。

黄吉甫 生卒年不详。刻工。明歙县人。曾与黄一凤、黄翔甫、黄端甫等合刻《还魂记》。

黄成 生卒年不详。漆工。字大成,号平沙。明歙县人。精古今之髹法,著有《髹饰录》一书。

黄师教 1675~1737。刻工。字子修。清歙县虬村人。曾刻明万历刊清修补版《闺范》、康熙三十八年(1699年)本《徽州府志》、乾隆余氏本《岩镇志草》。

黄华之 生卒年不详。刻工。清徽州人。曾刻道光本《黄山纪述》。

黄仰朱 生卒年不详。刻工。清歙县人。曾刻《礼笺》。

黄兆文 生卒年不详。刻工。明歙县人。曾刻《地图综要》。

黄州 生卒年不详。刻工。明歙县人。曾刻《徽州府志》。

黄汝贞 生卒年不详。刻工。明歙县人。曾刻万历新安程氏《汉魏丛书》本《论衡》。

黄汝清 生卒年不详。刻工。明歙县人。曾刻万历《金华府志》。

黄守言 生卒年不详。刻工。明歙县人。曾刻《剪灯新话》。

黄安 生卒年不详。刻工。元歙县人。曾与吴俊甫合刻《全相平话·武王伐纣书》《乐毅图·齐国春秋后集》《全相秦并六国平话》《全相平话·前汉书续集》《全相平话·三国志》。

黄异人 生卒年不详。匠人。佚名，清歙县黄村人。凡西洋所贡内廷之奇器皆能仿制，与所进无毫发之爽，且精巧远过。康熙中期，西洋人进贡宝座一只，黄异人拆开略视，不日即制成奏进，入坐则八音自鸣，而贡使尚未回国。其童仆悉为木人，门设木狗，窃贼至则被啮，脱逃不得，束手就擒。传说其制小函，方仅四寸，内可装物件数百种，取出竟盈案。

黄玘 生卒年不详。刻工。明歙县人。曾刻《后圃黄先生存集》。

黄秀中 1646~1697。刻工。字会通，号伯文。清歙县虬村人。曾刻雍正十三年（1735年）本《介子园绘像第七才子书》。

黄伯符 参见1147页"黄应端条"。

黄应中 生卒年不详。刻工。明歙县人。尝刻《诗经税通》。

黄应光 1592~？。刻工。明歙县虬村人，早年随父黄铝迁居杭州。刻有《精选点板昆调十部集乐府先春》《昆仑奴》《重刻订正元本批点画意西厢记》《新校注古本西厢记》、李卓吾批评客与堂本《忠义水浒传》100回和《李卓吾批评琵琶记》《红拂记》《玉合记》等插图。

黄应组 生卒年不详。刻工。号仰川。明歙县虬村人。刻《捷径弈谱·坐隐图》，精湛富丽；并用大小不同黑白点，构成山石之凸凹感及明暗面，点粒不苟，繁而不杂，使原画神韵更为充沛，开徽派版画新风。又刻有《人镜阳秋》插图和《环翠堂园景图》等。

黄应瑞 1578~1642。刻工。字伯符。明歙县虬村人。曾刻《古今女范》《墨海》《状元图考》《四声猿》《大雅堂杂剧》《程朱阙里志》等书插图。所刻山水、树木、楼台、仕女无不精绝，为徽派版画之典型作品。

黄应椿 生卒年不详。刻工。明歙县人。曾刻万历《歙县志》。

黄沛 生卒年不详。刻工。明歙县人。曾刻《刘文简公集》《洺水集》。

黄启钊 生卒年不详。刻工。字子康。清歙县虬村人。曾与里人黄启玲（字细成）、黄启晃（字振远）刻乾隆二十年（1755年）《存悔斋诗草》。

黄启岱 1724~1783。刻工。字宗鲁。清歙县虬村人。曾刻乾隆三十六年（1771年）本《歙县志》。

黄启梓 生卒年不详。刻工。字敬斯。清歙县人。尝与黄启高等合刻《黄山志》。

黄启模 1724~1787。刻工。字楷如，一字锦如。清歙县虬村人。曾刻乾隆本《雪眉诗钞》。

黄君蒨 生卒年不详。刻工。明歙县人。天启四年（1624年）与黄一彬等合刻《彩笔情辞插图》。

黄际之 生卒年不详。刻工。明歙县人。曾与黄松如合刻《黄山图》。

黄茂中 生卒年不详。刻工。字松如，号林溪。清歙县虬村人。曾刻康熙二十年（1681年）本《歙县志》、康熙本《黄山续志定本》。

黄松如 生卒年不详。刻工。明歙县人。尝与黄际之合刻《黄山图》。

黄杭鼎 生卒年不详。刻工。清歙县人。曾刻道光《徽州府志》、道光《歙县志》。

黄奇 生卒年不详。刻工。明歙县人。曾与黄鏻等合刻《养正图解》。

黄尚汶 生卒年不详。刻工。明歙县人。曾与黄尚文同刻《徽州府志》。

黄尚松 生卒年不详。刻工。明歙县人。曾刻《洺水集》。

黄尚忠 生卒年不详。刻工。明徽州人。曾刻嘉靖二十九年（1550年）本《西湖志摘粹奚囊便览》中插图。

黄尚润 生卒年不详。刻工。字仲桥。明歙县虬村人，寓居杭州。曾刻嘉靖四十五年（1566年）本《徽州府志》、万历七年（1579年）本《九华山志》、万历新安程氏《汉魏丛书》本《论衡》。

黄尚涧 1574~？。刻工。字思桥，号锦堂。明歙县虬村人，后迁居杭州。曾刻万历本《通鉴辑要》、《周礼述要》、新安程氏《汉魏丛书》本《论衡》和天启张氏本《论衡》。

黄尚清 生卒年不详。刻工。明徽州人。曾刻嘉靖本《平倭祇役纪略》。

黄尚澜 1531~1626。刻工。字近桥，号贤梁。明歙县虬村人。曾刻嘉靖本《徽州府志》《程氏续编本宗谱》，又刻万历七年（1579年）本《九华山志》、万历二十七年（1599年）本《齐云山志》、万历三十一年（1603年）本《黄囊穴髓》，以及万历本《竹里馆诗说》、新安程氏《汉魏丛书》本《论衡》等。

黄明 生卒年不详。刻工。明徽州人。曾刻万历本《诗经正义》《五代史》《文子》《天隐子》《亢仓子》。

黄鸣岐 生卒年不详。刻工。明歙县人。曾与黄应淳、黄吉甫合刻木版画《还魂记》。

黄钖 1521~1600。刻工。字君宏，号南溪。明歙县虬村人。曾刻嘉靖本《注解伤寒论》《休宁县志》《皇明名医经济录》《徽州府志》《徽郡诗》。

黄和卿 生卒年不详。刻工。清歙县人。曾与黄子明合刻康熙《徽州府志》。

黄诚之 生卒年不详。刻工。明歙县人。尝与刘启先同刻《忠义水浒传精图》。

黄建中 生卒年不详。刻工。字子立，一彬子，明末清初歙县人。所刻明崇祯《九歌图》、清顺治《博古叶子》极精工，线条拙朴，刀法谨严，不失画意，且能别具一格。又刻崇祯《新刻绣像批评金瓶梅》《新刻绣像批评玄雪谱》和万历刊清修补版《闺范》。

黄组 生卒年不详。刻工。明歙县人。刻有《孔子家语图》并参与刻《论衡》。

黄细 生卒年不详。刻工。明歙县人。曾刻《后圃黄先生论集》。

黄贯 生卒年不详。刻工。明歙县虬村人。曾与村人黄钞等合刻嘉靖三十年（1551年）本《皇明名医经济录》、与黄健等刻嘉靖三十五年（1556年）本《程端明公洺水集》。

黄珑 生卒年不详。刻工。明歙县人。尝刻《唐氏三先生集》《师山先生文集》。

黄珀 生卒年不详。刻工。明歙县人。曾刻《张氏统宗世谱》。

黄昱 生卒年不详。刻工。明徽州人。曾刻万历五年（1577年）本《文子》《天隐子》，又与乡人黄朝等刻万历本《无能子》。

黄钟 1519~1607。刻工。字应元，号冬野。明歙县虬村人。曾与村人合刻嘉靖二十四年（1545年）本《注解伤寒论》、嘉靖三十年（1551年）本《皇明名医经济录》《欣赏编续》、嘉靖四十五年（1566年）本《徽州府志》。

黄钦 1537~？。刻工。明歙县虬村人。曾刻嘉靖四十一年（1562年）本《筹海图编》、嘉靖四十五年（1566年）本《徽州府志》。

黄顺吉 生卒年不详。刻工。明末清初歙县人，寓居苏杭。曾刻明末清初本《女开科》、清初本《新采高文小说全编斛泉》、顺治本《续金瓶梅》、康熙六十年（1721年）本《赛花铃》。

黄俊 1553~1620。刻工。字君佩，号秀野。明歙县虬村人。曾刻嘉靖本《张氏统宗世谱》《筹海图编》《徽州府志》，又刻万历本《辞赋标义》《帝鉴图说》《程朱阙里志》《玉玦记》《新刊汇编秦汉精华》《秦汉六朝文》《剪灯新（余）话》《寂光镜》《仙佛奇踪》等。

黄亮中 1633~？。刻工。字子明。明末清初歙县虬村人。曾刻明万历刊清修补本《闺范》、康熙三十八年（1699年）本《徽州府志》、康熙本《余年闲话》。

黄庭芳 生卒年不详。刻工。明徽州人。曾刻万历四十七年（1619年）本《古杂剧》。

黄炼 生卒年不详。刻工。明歙县人。尝刻《刘文简公集》《洺水集》。

黄癸 1554~1623。刻工。字迎阳。明歙县虬村人。曾刻万历观化轩本《新镌女贞观重会玉簪记》。

黄骅 生卒年不详。刻工。明歙县人。万历年间曾刻《茶录》。

黄珙 生卒年不详。刻工。明歙县人。曾与黄珣、黄珪合刻《张氏统宗世谱》。

黄真如 生卒年不详。刻工。明末清初歙县人。曾于明清之间刻《盛明杂剧》。

黄钱 1537~？。刻工。明歙县虬村人。曾与村人黄锐、黄铉、黄铁等刻嘉靖四十一年（1562年）本《筹海图编》，并参与刻嘉靖四十五年（1566年）本《徽州府志》、隆庆四年（1570年）本《汪氏统宗正脉》。

黄钺 ❶1542~1585。刻工。字子威，号少昆。明歙县虬村人。曾刻嘉靖四十一年（1562年）本《筹海图编》、嘉靖四十五年（1566年）本《徽州府志》、万历五年（1577年）本《春秋左传节文》、万历本《丰干社泛舟诗》。❷生卒年不详。官吏。字在田，号壹斋。清祁门左田人。乾隆五十五年（1790年）举进士，官至户部尚书。著有《壹斋诗集》。

黄钿 1530~？。刻工。字应试。明歙县虬村人。曾刻嘉靖二十七年（1548年）本《后圃黄先生存集》。

黄铄 1542~？。刻工。一名乐。明歙县虬村人，寓居杭州。曾刻嘉靖四十一年（1562年）本《筹海图编》、嘉靖四十五年（1566年）本《徽州府志》、万历十四年（1586年）本《珰溪家谱补戚编》。

黄爱　生卒年不详。刻工。明歙县人。曾刻《注解伤寒论》，又刻嘉靖四十五年（1566年）本《徽州府志》。

黄宾　生卒年不详。刻工。明歙县虬村人。曾刻嘉靖四十一年（1562年）本《筹海图编》、嘉靖四十五年（1566年）本《徽州府志》。

黄祥魁　1616~1658。刻工。字兆文。明末清初歙县虬村人。曾刻明刊本《地图综要》。

黄球　生卒年不详。刻工。明歙县人。曾同黄琦、黄琰刻《张氏统宗世谱》。

黄梓　生卒年不详。刻工。明歙县人。曾刻万历本新安程氏《汉魏丛书》本《论衡》。

黄铝　1534~1609。刻工。字少潭。明歙县虬村人。曾刻嘉靖四十五年（1566年）本《徽州府志》，又刻万历本《南华真经副墨》《书言故事大全》和《道德真经》。

黄铠　生卒年不详。刻工。明徽州人。曾刻嘉靖十二年（1533年）本《石山八种》。

黄铤　生卒年不详。刻工。明歙县虬村人。卒于北京，祀于吏家。曾刻万历十年（1582年）高石山房本《新编目连救母劝善戏文》、万历本《周记述注》。

黄铧　生卒年不详。刻工。明歙县虬村人。曾刻万历本《茶录》。

黄铭　1562~？。刻工。一名银，字子清，号少竹。明歙县虬村人。曾刻嘉靖四十一年（1562年）本《筹海图编》、嘉靖四十五年（1566年）本《徽州府志》和万历本《玉玦记》。

黄惟敬　生卒年不详。刻工。明徽州人。曾刻天启七年（1627年）新安汪氏校刊本《远西奇器图说录最》。

黄瑛　生卒年不详。刻工。明歙县人。尝刻《环谷、杏山二先生诗稿》《世忠程氏泰塘族谱》。

黄琥　生卒年不详。刻工。明歙县人。曾刻《秋崖先生小稿》《张氏统宗世谱》。

黄锋　1543~1602。刻工。字子光，号龙桥。明歙县虬村人。曾刻嘉靖四十五年（1566年）本《徽州府志》、万历十年（1582年）本《新编目连救母劝善戏文》、万历十四年（1586年）本《珰溪家谱补戚编》、万历本《宫礼乐疏》。

黄锭　1555~1633。刻工。字子宣，号愚野。明歙县虬村人。曾刻万历五年（1577年）本《春秋后传节文》。

黄翔甫　生卒年不详。刻工。明歙县人。尝与黄一凤、黄应淳、黄端甫合刻《还魂记》。

黄道　生卒年不详。刻工。明歙县人。曾刻程大约编丁云鹏绘《程氏墨苑》。

黄琪　❶1558~1629。刻工。字时卿，号莘野。明歙县虬村人。曾刻万历十六年（1588年）本《汪虞卿梅史》《程氏族谱》。❷生卒年不详。画家。字筠庵，号麓亭，又号十亩山人、玄芜居士。清初歙县人。工山水，尝以淡墨作素石，不用渲染，而凸凹自具。

黄锡　生卒年不详。刻工。明歙县人。曾刻《注解伤寒论》。

黄镇　1545~1592。刻工。字子震，号少山。明歙县虬村人。曾刻嘉靖四十五年（1566年）本《徽州府志》、万历六年（1578年）本《选辑诸名家详注批点苏文》。

黄魁　生卒年不详。刻工。明歙县人。曾刻弘治《休宁县志》。

黄新之　生卒年不详。刻工。明歙县人。曾刻《荪堂集》。

黄慎　生卒年不详。堪舆家。字仲修。明休宁海阳人。精堪舆术。著《堪舆类纂人天共宝》12卷传世。

黄碧　生卒年不详。刻工。明歙县人。曾刻弘治《休宁县志》。

黄锴　1554~？。刻工。一名魁，字子魁，号心字。明歙县虬村人。曾刻嘉靖二十七年（1548年）本《休宁县志》、嘉靖四十五年（1566年）本《徽州府志》。

黄锵　1550~1661。刻工。字子和，号怀玉。明末清初歙县虬村人。曾刻明嘉靖四十五年（1566年）本《徽州府志》和万历本《春秋后传节文》《黄山诗选》《孔子家语》。

黄镃　1523~1606。刻工。字应时，号东湖。明歙县虬村人。曾刻嘉靖二十四年（1545年）本《注解伤寒论》、嘉靖三十年（1551年）本《皇明名医经济录》。

黄銮　生卒年不详。刻工。明歙县人。尝刻《张氏统宗世谱》《注解伤寒论》。

黄端甫　生卒年不详。刻工。明歙县人。曾与黄一彬、黄桂芳合刻《青楼韵语》（张梦徵编、张学徵绘）。

黄镐　生卒年不详。刻工。字子周。明歙县虬村人。曾刻万历三十四年（1606年）本《刘尚古列女传》。

黄镑　生卒年不详。刻工。一名钫。明歙县虬村人，迁居婺源。曾刻嘉靖四十一年（1562年）本《筹海图编》、嘉靖四十五年（1566年）本《徽州府志》，又刻万历本《新编目连救母劝善戏文》《国朝名公尺牍》《战国策钞》。

黄镒 1532~1573。刻工。字子重，号竹野。明歙县虬村人。曾刻嘉靖三十三年（1554年）本《东川刘文简公集》、嘉靖三十五年（1556年）本《程端明公洺水集》、嘉靖四十五年（1566年）本《祁门奇峰郑氏本宗谱》。

黄德进 1564~？。刻工。字长舆，号凤竹。明歙县虬村人。曾刻万历本《书言故事大全》《淮南鸿烈解》《歙志》。

黄德时 生卒年不详。刻工。明歙县人。曾刻《方氏墨谱》《宣和博古图录》等。

黄德宠 1566~？。刻工。宇玉林。明歙县虬村人，寓居苏州。曾刻万历本《书言故事大全》《新镌仙媛纪事》《图绘宗彝》，又刻崇祯六年（1633年）本《汝水巾谱》。

黄德新 1574~1658。刻工。字原明。明末清初歙县虬村人。曾刻明万历本《书言故事大全》《淮南鸿烈解》《南淮真经旁注》《荪堂集》《秦汉印统》《古杂剧》《奕图历序》《歙志》。

黄德懋 1571~1641。刻工。字懋宫。明歙县虬村人。曾刻万历本《杜律七言注解》《书言故事大全》《淮南鸿烈解》《南华真经旁证》《程氏墨苑》《泊如斋考古图》《歙志》等。

黄鋑 生卒年不详。刻工。明歙县虬村人。所刻嘉靖四十一年（1562年）本《筹海图编》、嘉靖四十五年（1566年）本《徽州府志》、万历本《玉簪记》和《程朱阙里志》等插图，为徽派版画代表作。

黄翰 生卒年不详。刻工。明徽州人。曾刻万历三年（1575年）本《史记》、万历四年（1576年）本《五代史》。

黄镗 1528~1601。刻工。字子声，号联松。明歙县虬村人。曾刻嘉靖三十年（1551年）本《皇明名医经济录》《六医注文选》，又刻嘉靖四十五年（1566年）本《徽州府志》、嘉靖本《徽郡诗》、隆庆四年（1570年）本《汪氏统宗正脉》。

黄磷 1565~？。刻工。号瑞愚。明歙县虬村人。曾刻万历玩虎轩本《养心图本解》《北西厢记》《程氏墨谱》《太史杨复所先生证学编》。

黄瀚如 生卒年不详。刻工。清初歙县人。曾刻《琴音记》。

黄鑢 1545~？。刻工。字子仪，号仰园。明歙县虬村人。曾刻嘉靖本《筹海图编》、嘉靖四十五年（1566年）本《徽州府志》。

黄鏙 1541~？。刻工。字子五，号明川。明歙县虬村人。曾与里人黄吾、黄镊等刻嘉靖本《徽郡诗》，又与里人黄铎、黄允等刻嘉靖四十五年（1566年）本《徽州府志》，另刻隆庆本《休宁率口程氏续修宗谱》。

程九圭 生卒年不详。卜筮师。清休宁五城人。善卜筮，尤精六壬课教，以占人凶吉辄验。其行术自谓须全身神贯，静心致意，"以先天之灵，触自然之妙，则百不失一"。

程大猷 生卒年不详。武术家。清末民国时期黟县人。幼习武，注重练习弓、刀、马、石功夫，尤擅南拳，武艺高强。能用长铁条击头顶，铁条弯曲而头颅无损。尝叠七块厚砖，一击之下，块块断裂。对前来习武者，只收取照明费，悉力传授。兼知医，擅伤科，常为人治病。

程天泽 生卒年不详。堪舆家。字韵卿。清婺源彰睦人。专治地理、星学。选择吉课，捷应如神，所扦名地尤多。万年钟国梁名士也，一见师事之。著有《秘传理气正宗》1卷。

程元 生卒年不详。刻工。明歙县人。曾刻君度道人所编《导引秘图》。

程公瑜 生卒年不详。墨工。号隐道人。明末歙县人。设墨肆"真实斋"。制墨技法高超，名墨有"卿云露"。汇都姚思考题赞："若烟非烟，若云非云，郁郁纷纷，萧索轮困，是谓卿云。"

程以藩 生卒年不详。漆艺名家。清歙县人。心慧手巧，所制漆器精妙绝伦，尤擅银胎嵌细、红黑退光等高级漆器制作。普通器具亦必以竹木为骨、丝麻为表，布漆其上，镂刻井然，不仅纹理精美，而且质地坚韧，人立其上亦不摧裂。兼善缀补修复漆器旧物，使无迹可寻，完好如初。

程正言 生卒年不详。收藏家。梦庚子，明末清初休宁榆村人。收藏甚丰。据载，所藏"铜器有姜望方鼎、方觚，窑器则官窑彝、白定彝；汉玉器、项氏所集图章百方，皆各值千金者；又双鸠镇纸雌雄各一，雄者栖雌背，雌者则塌下，可见汉人工巧耳；又有大眼珑宝环歪头勾压胜，皆汉器之著名者。余物精巧不胜计"。

程兰如 参见1151页"程慎诒"条。

程仲容 生卒年不详。围棋名家。清初新都人。藏念宣《弈理析疑》称仲容与国手黄霞（龙士）一局，仲容掌先或言龙士掌先，未知孰是，可见其棋艺与黄龙士相仿佛。又尝与吴贞吉（瑞征）对局，吴让一先。

程冲斗 1561~？。武术家。字宗猷，又字伯嘉，号新都耕叟。明休宁汊口人。少有志于疆场，四处求师习武。其相貌虽臂长额宽、身材雄健、力气惊人，但谈吐却温文尔雅，给人以儒生印象。曾前往河南嵩山少林寺学艺10余年，随洪纪、洪转法师习棍法，并得僧人宗恕、宗岱的指点。后又拜广按为师，侍奉甚谨，尽得绝技真传。其武艺以少林白眉棍驰名，亦精于长枪、单刀。长枪学杨家将艺法，得自河南人李克复、刘光度的指授；单刀则传自浙江刘云峰，得倭刀其传。并善于融会贯通，独出机杼地将古弩加以改造，所制之弩，腰肘均可携藏，使用捷利方便。因其武艺高强，在家传授武术，弟子甚众，故而乡里无剽劫之警，百姓得以安居乐业。天津巡抚李公慕名请其出任军职，特聘为都司金书，冲斗率家族子弟八十余人从戎。晚年辞职返家，继续教艺乡里子弟，并组织子弟兵保卫家乡。著述亦多，有《少林棍法阐宗》《单刀法选》《长枪法选》《蹶张心法》等，合编为《耕余剩技》，于天启元年（1621年）刊行。民国期间再由周越然影印出版时，易名为《国术四书》。另著有《射史》一书传世。

程汝亮 生卒年不详。围棋名家。字景明，号白水。明歙县人。棋风属正统派，技术全面，着法稳妥，计算深远，擅长持久作战。王世贞《四部稿》称其"修诸葛不破之法"，喻之如汉代以弈棋稳健闻名的程不识；又于《弈旨》中称其棋艺为"明代第一品"。编有《程白水遗局》行世。

程克显 生卒年不详。堪舆家。字君谟。明婺源城西人。于星卜堪舆家言，靡不洞究。

程宗志 生卒年不详。砖雕刻工。又名灶贵。清绩溪仁里人。少时牧牛，后从老砖工学徒。善壁画，擅雕刻。其砖雕作品"平湖秋月"，玲珑剔透，雅致脱俗。

程梦庚 生卒年不详。收藏家。明休宁榆村人。典商。收藏颇富。天启二年（1622年），藏品楼"飞霞阁"落成，新得汉玉图书约300方。

程慎诒 1690~？。围棋名家。字兰如，号钝根。清歙县槐塘人。幼从同邑郑国任习棋艺，艺成无敌乡里。棋风刚柔兼济，着法浑厚，变换灵妙，时人赞其"如齐楚大国，地广兵强"。壮年游京，与"棋坛霸主"徐星友对弈十局，大胜而还。雍正八年（1730年）在湖州与国手施定庵对局，互有胜负，名声大振。《巢林笔谈》称程慎诒、施定庵、范西屏"鼎足棋坛"，时人莫出其上。乾隆十九年（1754年）辑成《晚香亭弈谱》，又评注汪秩所辑《弈理妙悟》，人称有"观止"之叹。与梁魏今、范西屏、施定庵并称为盛清"围棋四大国手"。

游克敬 生卒年不详。堪舆家。字务德。宋婺源济溪人。精于青囊术，足目所到，心思赴之，至其妙处，如解牛削璞，人所不能。《狐首经》为地理书之祖，注释数年而成；端明殿学士程珌、侍郎王欢、左史吕午见之皆称好，为引跋俾刊行。另于历学、数学、易学皆精。藏书之所，植桂树环之，匾曰"生桂"。

游恕 生卒年不详。堪舆家。字彦忠。明婺源济溪人。工于诗，雅好名山水，游屐所到，辄有题咏。晚尤究心形家言。著有《地学纂要》。

游朝宗 生卒年不详。堪舆家。字元礼。明婺源济溪人。世传何（令通）国师地学，至朝宗益精。永乐初，赴京卜建天寿山陵时，应诏者12人，唯朝宗与杭僧识独优，尤见嘉赏。三年竣事，以老疾辞不受职，赐绯衣一袭。

游暹 生卒年不详。堪舆家。明婺源济溪人。精青囊术。初学于舅氏，警敏抉其秘。所卜多吉壤，如本邑县治公署皆其所扦。其后族人能世其业，游太冲著《游氏家传》、游永昊扦本府仪门、游文烱扦大畈下山虎，俱以堪舆名家。

谢尚德 生卒年不详。堪舆家。明祁门旸源人。善堪舆，著有《地理辑要》。

詹元生 生卒年不详。制墨家。字成圭。清婺源虹关人。康熙年间，设立"玉映堂"墨肆于姑苏，市墨生理。乾隆三年（1738年）制有"竹燕图""道谊遗风"等墨锭。乾隆五年（1740年），由钦差内务府郎中苏赫讷监制，为乾隆定制"御墨"。所造墨品模制之精细，造型之新奇，款式之别致，时所罕见。为人惠而廉，孝而友，恤贫周急，尝捐千金买地以瘗旅榇。子若鲁，继父业。孙詹淳，著有《省吾斋墨谱》。

詹云鹏 生卒年不详。制墨家。明婺源人。所制"金盘露"墨，选入《雪堂墨品》。

詹应虬 生卒年不详。制墨家。字子云。清婺源虹关人。国学生。乾隆九年（1744年），尝制"八宝药墨""龙鱼"等墨锭。日本松井元泰在其《古梅园墨谱跋》中称：徽州曹素功、游元绍、詹子云，三子盖当世之名家也。

詹武凤 生卒年不详。制墨家。字鸣岐。清婺源虹关人。乾隆年间曾制"文华上瑞"等墨锭，形制朴实，雕镂浑茂，人称佳品。嘉庆十七年（1812年），日本市河氏《米庵墨谈》记婺源詹氏墨工中，有詹鸣岐之名。

詹武龙 生卒年不详。制墨家。字振升。清婺源虹关人。善治墨。康熙间尝制"江汉朝宗""龙膏""钓璜""尚方"等墨锭，为百姓和士人珍爱。其墨品在邱学敏《百十二家墨录》中有载。

詹晃祖 生卒年不详。制墨家。字方寰。清婺源县虹关人。国学生。商于齐、鲁、吴会（今江苏苏州）间，仗义疏财，所至有声。创"世宝斋"墨肆，尝制"凤阁腾辉""青麟髓""天下文明""龙翔凤舞"等墨锭，见赏艺坛。日本市河氏所撰《米庵墨谈》中载有其制品。

鲍四 生卒年不详。砖雕工匠。明歙县人。初为窑工，后经商淮安。由于受一善做莲花的妇人启发，领悟到"钱财有限，技艺无穷"，遂归里重操旧业。其在烧制莲花砖的同时，并一心研究砖雕艺术，于砖面刻上花木、虫鱼、人物、楼阁等图案。此后，徽州砖雕逐渐发展起来，精美秀丽、清新淡雅的砖雕亦被广泛应用。

鲍松 1467~1517。收藏家。明歙县棠樾人。尝任新安卫指挥金事。嗜学重义。究心于搜求稀有之书，不惜重金购求，藏书万余种。并对有关书籍进行校勘，刊刻行世，惠及士林。

鲍崇城 生卒年不详。收藏家。清歙县人。尝寓扬州。性嗜学，好蓄书、刻书。曾从阮元处借得精校本《太平御览》1 000卷、《目录》15卷，于嘉庆十二年（1807年）刊刻行世。该书为宋代李昉等奉敕辑成，分55门，征引至为浩博，所采类书，皆有渊源，可籍此考见古籍佚文。全书为线装120册，为皖籍刻书家出版的最大的一部类书。

鲍蘅 生卒年不详。收藏家，篆刻家。字逸农。清歙县人。收藏金石碑版甲于东南，藏品如《安素轩石刻》等。工小篆，喜治印。

潘一驹 生卒年不详。制墨家。字嘉客，号蝶庵，又号客道人。明末歙县岩寺（今属徽州区）人。曾任广东通判，后弃官归里，诗文自娱，制墨为乐。能绘制墨模，书法遒劲，图案精美。所制墨品有"吉云露""紫极龙光""金质""寥天一""九玄三极"等。

潘方凯 生卒年不详。制墨家。字膺祉。明歙县岩寺（今属徽州区）人。得先辈潘谷造墨遗法，善制墨。曾力矫时墨家"骛名而遗实"之弊。所制名品有"开天容""天保九如"等。

潘谷 生卒年不详。制墨家。北宋歙县人。有"墨仙"之誉。所制"松丸""狻猊""枢廷东阁""九子墨"被称作墨中神品，遇湿不败，"香彻肌骨，磨研至尽而色不衰"。苏轼有诗赞之："徂徕无老松，易水无良工。珍材取乐浪，妙手准潘翁……墨成不敢用，进入蓬莱宫。"又善辨墨。黄庭坚请其鉴墨，谷隔囊揣测其一，言"此承宴软剂，今不易得"；又揣测其一，言"此谷二十年前造者，今精力不及，无此墨矣"。秦少游有半锭李（廷珪）墨，不见纹理而质如金石，潘谷见之，竟至下拜，言"真李家故物也，我生再见矣"。为人豪爽，与己合者，求其墨不拒；否则高价难求。晚年嗜酒，因醉落井死，苏轼有诗吊之。

潘怡和 生卒年不详。制墨家。清歙县人。初设墨肆"酣咏斋"，道光初并入"尺木堂"，并以尺木堂斋名利墨行世。林则徐有诗赞其所制墨："根同易水应齐辙，概想徽风八百年。"

戴彦衡 生卒年不详。制墨家。宋婺源人。南宋绍兴八年（1138年）荐作"复古殿"墨，米元晖为画"双角龙"墨面制模；继作"圭璧""戏虎"等墨。《新安志》记云，新安墨（徽墨）"数十年来，造者乃在婺源黄冈山，戴彦衡、吴滋为最"。

蟹钳 生卒年不详。铜模刻工。姓名佚。清歙县人。善制铜器，镂彩亦精妙，逾于他工。所制仿汉"雁足灯"，烛座高数尺许，鹤形跂足，独立不仆。又善制墨范，上镌山水花鸟，细入毫芒，精绝之极。往来黄山白岳间，右手仅存食指、中指，但钳物伸屈自如，若蟹螯然，以故得名。黄宾虹《四巧工传》称："近之良工，必推蟹钳，以方古人无多让也。"

徽州文化大辞典

附录

附录一 徽学研究状况概览
附录二 徽州文化大事记

[附录]

附录一 徽学研究状况概览

附录二 徽州文化大事记

徽学学科

歙学 学科名。20世纪30年代黄宾虹和许承尧在通信中,提出"歙学"的概念,而许承尧所指的"歙"并非指"歙县",而是指唐宋之"歙州",故"歙学"实际上指的是"徽学"。

徽州文化 区域文化名。古徽州一府六县物质文明和精神文明的总和。"徽州"既是地域概念,也是时间概念。徽州这一名称始于北宋宣和三年(1121年),方腊起义遭到镇压,改歙州为徽州,一直到清宣统三年(1911年),徽州这一名称一直没有变更,或称路或称府。民国元年(1912年)废府留县,徽州这一名称随之不复存在。后设立的徽州专署或行署,由于管辖范围不同,已不属于徽州府这一概念。"一府六县"是地域概念,即原徽州府属歙、黟、婺源、休宁、祁门、绩溪等六县。在长达790年的时间里,这六个县一直隶属于徽州,这在中国历史上极为罕见。"物质文明和精神文明的总和"是徽州文化内容,主要有:徽州土地制度、徽商、徽州宗族、徽州历史名人、徽州教育、徽州科技、新安理学、新安医学、徽派朴学、徽州戏曲、新安画派、徽派篆刻、徽派版画、徽州工艺、徽州刻书、徽州文献、徽州文书、徽派建筑、徽州村落、徽州民俗、徽州方言、徽菜、徽州宗教、徽州地理、徽州动植物资源等。涉及徽州经济、社会、教育、学术、文学、艺术、工艺、建筑、医学等诸学科,凡与徽州社会历史发展有关的内容,都属徽州文化范畴。徽州文化是一个极具地方特色的区域文化,其内容广博、深邃,有整体系列性等特点,深切透露了东方社会与文化之谜,全息包容了中国后期封建社会民间经济、社会、生活与文化的基本内容,无论是在器物文化层面、制度文化层面,还是在精神文化层面,都有深厚的底蕴和杰出的创造。被誉为后期中国封建社会的典型标本。

徽州文化生态 区域文化环境。徽州文化与当地的地理环境相关联,并与徽州社会形态相适应。地理环境对徽州文化造成影响,并促进徽州文化特色的形成。社会形态随着社会物质生产的发展而发展,渗透于老百姓的生活常态中。社会物质生产发展的连续性,决定文化的发展也具有连续性和历史继承性。

徽州文化生态保护区 古徽州"一府六县"与相关的周边地带,是徽州文化孕育和发展的主要空间。随着中国社会历史的发展,时至今日,徽州作为一个独立的行政区划概念已被徽州文化概念所取代。徽州文化生态保护区就是在徽州文化产生、发展、传承的区域对其所承载的各种文化表现形式,以物质和非物质手段开展全面保护。

徽州文化现实意义 学科术语。徽州在一定历史时期做到了经济、社会、文化和自然的和谐发展。对其发展模式及兴衰更替深层原因的剖析,不仅有助于认识中国古代社会背景下的区域兴衰史,而且对当代也会有借鉴意义。一、徽商当年盛极一时,其甘于吃苦的精神仍然是今天我们从事一切工作和事业所需要的精神。二、徽州人重视教育,元朝就有"十里之村,不废诵读"之风气,因此才有明清时期经济文化的发达。这些无疑是徽州文化中弥足珍贵的精神遗产。三、徽州是宗族社会,现存不少宗族公约中有值得人们学习和借鉴的条文,如禁止滥砍滥伐和禁止赌博等。从内容上看,符合我们今天所提倡的环境保护和社会文明;从实施机制上看,非依赖于行政系统,而靠"公约"的形式自我约束。四、徽州文书中的商业合同,反映了徽州人市场观念的成熟;分家契约反映了徽州人既遵从中国传统的伦理观,又理性地处理家庭财产等经济问题;诉讼文书,反映了古代徽州民间已经有较强的法制观念。五、徽州古村落人与自然和谐,一切以人为本的思想贯穿村落建设。村落中的防火措施、水系设计都十分讲究,科学性很强。对现在进行环境规划设计有着重要的启示。六、徽州文化是中国传统文化的重要组成部分,随着电脑普及、互联网开通,中国已融入世界。西方文化不断侵蚀和占领中国市场,一些年轻人对中国传统文化失去兴趣。唯此,弘扬和宣传中国传统文化显得尤其重要,而徽州文化作为中国传统文化的一部分,很多方面体现了中国传统文化的精华。对徽州文化进行深入的研究,弘扬其精华,就是使中国传统文化能"永远立于世界文化之林"。七、对黄山市而言,以旅游立市。一个地级市,有两处世界遗产,世所罕见,这不能不说是徽州文化的功绩。对徽州文化进行研究,有助于高水平、高质量地向世界推介徽州文化,把徽州文化转化成宝贵的旅游资源,促进黄山旅游经济的发展。

徽州文化学术价值

学科术语。 徽州文化的学术价值主要体现在:一、徽州文化为研究中国封建社会后期农村社会实态提供了一个范本。徽州保存有5 000余处地面文物遗存、4 000余种文献、100余万件文书,跨越千年历史,涵盖政治、经济、文化各个领域。尤其地面文物遗存、非物质文化遗产和文书档案,均为第一手资料,是人们了解中国封建社会后期农村社会实态不可多得的资料,为按历史本来面貌做综合实态研究创造了前所未有的有利条件。二、徽州文化是中国封建社会后期传统文化的典型代表。徽州文化流派纷呈,独树一帜,在很多领域都处于领先位置,具有典型标本研究价值。徽州文化研究,实际也就是对中国封建后期传统文化的研究,窥一斑而见全豹,具有普遍的学术意义。三、徽州文化具有地理文化单元的人类文化学研究价值。徽州四面环山,作为一个独立的自然地理单元,风景秀丽,人们的审美观自然受到山水环境的影响。徽州四雕艺术、文房四宝艺术、徽派盆景艺术、新安画派、徽派版画等,是徽州自然环境同徽州人审美观相结合的产物,而新安医学、徽菜、徽州方言的形成,同徽州独特的自然地理环境及资源有关联,徽州宗族社会构成和村落结构,同徽州地理环境也有关系,具有地理文化单元的人类文化学研究价值。四、具有研究文化融合规律的价值。徽州文化是一种移民文化,首先,表现在徽州的社会、人口、文化的本身原本就由移民形成,由此决定了其社会与文化的诸多现象和特点都受移民问题决定、影响。其次,徽州文化的昌盛与发展,本身还存在着一个由徽州本土再向外移民的问题,并对侨寓地的文化产生影响。研究徽州文化,可以获得中华文化融合各民族文化、各地方文化的一般与个别规律,为繁荣中华文化做出贡献。

徽州文化研究方法

学科术语。 徽州学研究主要使用的是史学研究的理论与方法,同时要综合采用法学、社会学、经济学、哲学和自然科学的理论与方法,对徽州学采取多学科、多角度、多层次的综合研究。首先,要抓资料搜集,区域社会整体研究的资料在正史中并不多见,这就需要从局部、口述、实物等方面加以搜集,尤其应注意专题资料和民间资料的搜集、整理与调查;其次,区域历史地理、人口的考察,是区域整体研究的基础工程,倘若对徽州历史地理、人口情况不了解,就谈不上对徽州社会整体进行研究;其三,徽州学研究要运用系统论的方法,注意处理好局部与整体的关系,对某一专题的研究必须把它放到纵横结合的历史坐标上去,在纵向的时间与横向空间坐标中找到它的位置;其四,跨学科的方法,如文化人类学的方法、计量史学的方法、社会心理学的方法等;其五,加强国际学术交流,促进徽州学的发展;其六,进行区域比较研究,推动徽州学向纵深发展。

徽州文书

区域民间历史档案。徽州所属歙、休宁、祁门、婺源、绩溪、黟等六县遗存的民间历史档案,是徽州历史上的国家机构、社会组织或个人为从事或解决某些具体事务活动而留存下来的书面记载。包含:地权赋役文书,如山契、地契、田契、租佃契约、置产簿、佃仆文约、鱼鳞图册、赋税黄册、易知由单、串票、推税单、完纳钱粮执照等;宗族文书,主要有手抄谱系、像赞、家规族法、修祠合约、捐资票据、建祠账簿、添丁簿、婚嫁书、命书、继嗣文书、丧葬簿、墓志、行状、祭祀簿、祭祀仪礼、祭文、族产簿、租簿、阄书、族学学规、课卷等;商业文书,如经商执照、商业合同、商业广告、发票、货单、账簿等;官府文书,如公文、政令、保甲与户籍、诉讼、奏议等;社会关系文书,如会社文约、借贷字据、兰谱、信札、卖身契等;教育与科举文书,如试卷、书院学规、捐纳功名执照、毕业证明等;除上述文书以外的第一手文字图片资料。

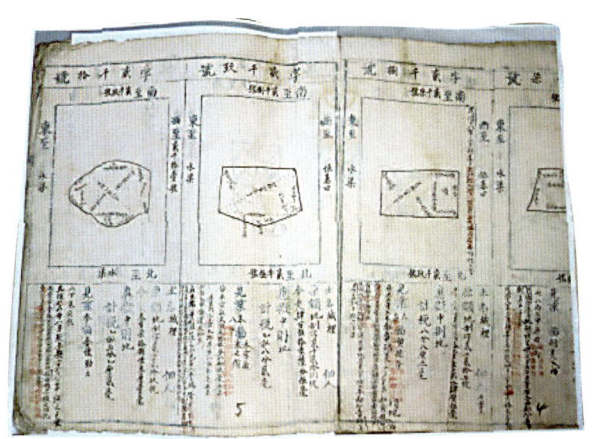

*徽州文书(1)

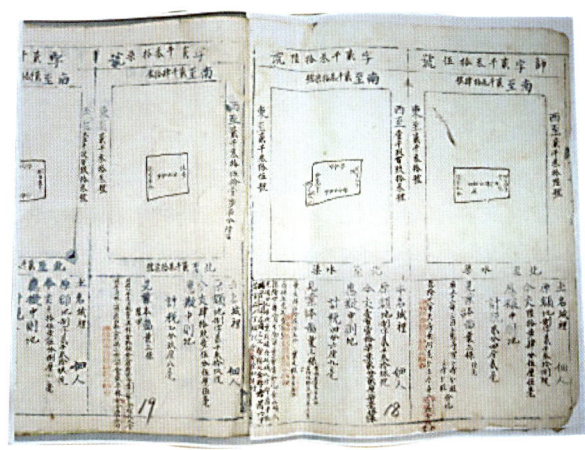

*徽州文书(2)

徽州学

学科名。 徽州学是以徽州文化为研究对象的综合性学科。徽州学研究的时间和地域概念不限于徽州文化的时间和地域。徽州文化的时间概念是北宋宣和三年(1121年)至清宣统三年(1911年),对徽州文化研究的时间不限于这一时间范围。

一个文化的形成,有一个渐进的过程和影响力的延续,徽州宗族社会始于宋,形成于明清。中原氏族迁徙到徽州这块土地上来,却从汉朝就已经开始,其逐步土著化的过程,是宗族研究不可或缺的一部分。宗族文化在民国时期乃至于今天,仍然有着极大的影响,这在研究中也不可忽视。民国期间在全国和在全世界都有一定影响的胡适、陶行知、黄宾虹等,都是在徽州文化熏陶和浸淫下成长起来的名人,是徽州文化张力在民国时期学术、教育、艺术领域中的突出表现,同样纳入徽州学研究的范畴。在地域上也有"小徽州"与"大徽州"之分。徽州文化的内容涉及历史学、文献学、经济学、社会学、人类学、地理学、文学、美学、民俗学、建筑学、环境学和医学等诸多学科,故徽州学的属性为综合性学科。

徽学 学科名。徽学即徽州学,徽学是徽州学的简称。历史上曾经将徽州府学称之为"徽学",也有将新安理学和徽州学术称为"徽学"的,但这种称呼只是临时性的或个别的,不是一种概念,同徽学学科概念不同。徽学也不是安徽学,徽剧是属于徽州的地方剧种,不是安徽剧;徽派篆刻是徽州地方篆刻流派,不是"皖派"篆刻;徽商也不是安徽商帮,而是徽州商帮。作为一门专门的学科和学术研究领域,"徽学"最早可溯源至20世纪30年代。民国二十一年(1932年),黄宾虹在致许承尧的一封信函中率先提出了"徽学"的概念。黄宾虹所说的"徽学",实际上仅仅指徽州地方史研究,与后来所称的"徽学"的内涵尚有很大距离。但自那以后,随着富有特色的徽州佃仆制、徽商和徽州宗族与徽州艺术研究的不断深入,现代意义上的"徽学"才逐渐进入学者的视野。

徽学学术基础 学科术语。徽州学学科确立的基础:一是大量的历史文献和文书。据统计,现在徽州人的著述总数在4 000种以上,文书100余万件。徽州文献数量之多,涉及面之广,学术质量之高,在全国极为罕见。而徽州文书被誉为是继甲骨文、汉晋简牍、敦煌文书、明清内阁大库档案之后的"中国历史文化第五大发现"。文献或文书,都是以文字形式记录下来的历史,或称为文字资料。二是大量的文化遗存。文化遗存并非以文字形式,而是以实物形态保存下来的资料。据统计,原徽州府属六县有各种文化遗存5 000余处。另外还有各类馆藏文物近20万件。这些文化遗存,可以补充文字资料的不足,也是徽州学研究重要资料来源之一。徽派建筑、徽州村落、新安画派、徽州工艺等课题的研究,往往大部分要依赖于这些物态文化资料。而很多文献、文书资料的记载也可以通过这些文化遗存来得到验证,以辨真伪。三是以口述和演唱形式保留下来的无形文化遗产。如傩舞、目连戏、徽剧、民间游艺、传统工艺以及民俗、方言等。徽州戏曲、徽州民俗、民间工艺、民间艺术、徽州方言等课题的研究主要依赖这类资料。

机构团体

上饶师范学院朱子学研究所 研究机构名。1993年成立,前身为1989年成立的上饶师专朱子学研究室。侧重儒学与文化交流、朱熹理学思想研究、儒学文献整理与研究,形成了以朱子学研究为中心,拓及理学、儒学乃至中国传统文化的立体式研究框架。

上海师范大学陶行知研究中心 学术团体名。2007年1月17日成立。主要任务是研究人民教育家陶行知的生平、教育理论和实践;研究、借鉴陶行知教育思想以促进当前教育改革与发展;逐步发展成为全国陶行知资料与研究中心。上海师范大学与中国陶行知研究会、上海市陶行知研究协会共建的陶行知研究中心"行知行"主题网站,分为国内平台和国际平台两个核心资讯平台。在国内平台上,网站聚焦国内基础教育、平民教育、外来务工者子女教育和乡村教育等;在国际平台上,网站关注海外陶研的最新动态和进展、发展中国家的基础教育、生活教育资讯、教育经验、各国教育界的多边交流、中国教育经验的输出等,意欲成为国际教育交流的一座桥梁。

中华朱子学会 学术团体名。2011年3月16日成立。发起单位主要有华东师范大学、清华大学,中华朱子学会会长由清华大学国学研究院院长担任。华东师范大学出版社出版有《朱子著述宋刻集成》,收藏了由中国国家图书馆、上海图书馆、山西祁县图书馆、台湾汉学研究中心珍藏的南宋晚期朱子著作官、私、坊刻本。

中华朱子研究会 学术团体名。2010年10月19日成立。清华大学国学院院长担任会长。中华朱子研究会秘书处设在华东师范大学朱熹研究中心。研究会的理事要有朱子学研究的专著,并对宋朝哲学思想有专门的研究和贡献。

中国朱子学会 学术团体名。2011年10月9日成立。国家一级学会,其挂靠单位为厦门大学,主管单位是中华人民共和国教育部。前身是厦门大学朱子学研究中心。侧重整理朱子学派的文化典籍,翻译朱子学派的主要传世经典,发掘朱子学派的精神文化遗产,开展相关的文物保护工作等。

中国状元博物馆 位于休宁县城。休宁从南宋嘉定十年(1217年)到清光绪六年(1880年)的600余年间,先后走出19位文武状元。该馆是目前国内唯一一家展示状元文化,兼及中国传统文化与地方民俗于一体的组合型博物馆。博物馆坐落在休宁县衙旧址上,以安徽省文物保护单位海阳钟鼓

* 中国状元博物馆

楼为中心，坐北朝南，楼前为占地7 100平方米的状元文化广场，楼后为占地5 000平方米的附属展厅、甬道、亭台、廊庑、古宅等庭院式建筑。该馆共设两个展厅，第一展厅主要采用实物、图片、音像、文字介绍等方式展示科举知识、状元文化及休宁19位文武状元生平事迹。陈列有"明清时期状元产生程式图解"，读书人的启蒙读本《三字经》《千字文》《幼学琼林》，童生、秀才、举人学习的参考书和考试卷、会试卷、砚台、笔洗、灯盏等古代学子的学习用具和照明用具。还有"骑马游街"图，"衣锦荣归""瓜瓞绵绵"木雕、仿制状元衣冠等。第二展厅主要展示休宁部分历史名人墨宝和明清鱼鳞图册，历史名人与状元文化相映衬。

中国社会科学院徽学研究中心 研究机构名。中国社会科学院历史研究所20世纪50年代至20世纪60年代初购藏大约14 000份徽州契约文书，20世纪70年代末开始利用这批资料从事学术研究。为充分利用这部分资料，该所于1983年设立徽州文书整理组，负责整理契约文书和研究徽州社会经济史。后改为徽州文书研究室。1993年，为适应徽学研究的发展需要，改为徽学研究中心。

兰溪市徽学研究会 学术团体名。2003年9月7日成立，挂靠兰溪市人大常委会。每年出版两期《兰溪徽学研究》。

安徽大学徽文化传承与创新研究中心 研究机构名。2013年3月成立。以安徽大学为牵头单位，联合国内徽文化研究、保护和传承的主要单位南京大学、中国社会科学院、安徽省委宣传部、安徽省文化厅、安徽省社会科学院、安徽省文物局、黄山市人民政府、合肥工业大学、黄山学院、安徽中医药大学、安徽建筑大学、安徽中国徽州文化博物馆、黄山市文化产业投资有限责任公司等，共建"徽文化传承与创新中心"，搭建"徽文化基础研究中心""徽州文化遗产保护与利用研究中心""徽派建筑文化研究中心""新安医学与文化研究中心""徽文化产业开发研究中心"等五大平台。

安徽大学徽学研究中心 研究机构名。1992年，安徽大学建立徽学研究所，1999年将徽学研究所改组为徽学研究中心，并以此申报教育部人文社会科学重点研究基地。经教育部专家的严格评审，进入该年度教育部批准建立的首批15所重点研究基地行列。研究中心设有"伯山书屋"，收藏刘伯山捐献契约文书11 000余份（部），其中家谱33部、112册，各种稿本、抄本及刻本书300余部、600册。研究中心主办有大型学术集刊《徽学》，每卷50万字。还办有《徽学研究通讯》，刊登研究中心和国际、国内的徽学研究动态。

安徽中国徽州文化博物馆 安徽省第二大综合性博物馆，也是国内唯一全面体现徽州文化主题的博物馆。其前身是徽州地区博物馆，成立于1963年，1978年徽州地区展览馆并入。1987年，徽州地区博物馆更名为黄山市博物馆，2008年1月8日，安徽省徽州文化博物馆开馆，原黄山市

*安徽中国徽州文化博物馆

*安徽中国徽州文化博物馆夜景

博物馆和黄山市文物商店并入安徽省徽州文化博物馆。2008年5月28日国务院办公厅复函同意更名为安徽中国徽州文化博物馆。主办有学术刊物《徽州文博》。

安徽师范大学皖南历史文化研究中心
研究机构名。20世纪80年代初,安徽师范大学历史系成立明清史研究室,从事徽商的研究。1993年改组为徽商研究中心,2001年更名为徽学研究所,2003年更今名。该所的重要研究成果有《明清徽商资料选编》《徽商研究》等。

安徽省朱子研究会
学术团体名。成立于1996年5月18日,2004年元月,原设于安徽大学的安徽省朱子研究会秘书处改设在合肥学院中文系。与江西省上饶师范学院共同主办《朱子学刊》,在《合肥学院学报》上开辟《朱子学研究》专栏。该研究会的重要研究成果有《朱子学与徽州》《朱子学说与社会和谐》《朱子学研究》,参与国家重点图书《朱子全书》27卷的编纂。

安徽省陶行知研究会
学术团体名。1980年2月23日成立。原名安徽省陶行知教育思想研究会,2000年10月改今名。办有学会刊物《行知研究》。

安徽省徽学学会
学术团体名。1985年5月,安徽省徽州学学会成立。2003年3月,更名为安徽省徽学学会。学会刊物为《徽州学丛刊》,后更名《徽学丛刊》。

杭州徽州学研究会
原名"黄山市徽学研究会杭州分会"。学术团体名。1989年1月成立,1991年3月改今名。学会刊物为《杭州徽学通讯》,每年4期,至2006年,共出47期,每期约5万字,设有《徽州学研究》《漫话徽州》《旅游文化》《诗词苑圃》《新书荐读》《学会活动》《八面来风》等栏目。先后编辑出版《杭州徽州学研究会十周年纪念文集》《徽州学研究文集》等。

美国国际徽学会
学术团体名。2007年5月9日,美国国际徽学会(国际徽商会)在美国北加州湾区宣告成立。这是由旅居美国来自安徽、祖籍安徽、热爱安徽、关心安徽的有心人士,为继承发扬光大中华优秀传统文化而建立的民间社团组织。学会成立旨在继承徽商传统、发扬徽学精粹,把徽州文化推广到世界各地。

珠算博物馆 位于黄山市屯溪区屯溪前园渠东5号。珠算博物馆由珠算资料馆、程大位故居、祭祖楼三部分组成。珠算资料馆又称算盘城，大厅有程大位先生的塑像，上方有一匾额，题为"万事敷华"。两边有两副对联："尺寸纫伟业，锱铢铸丰碑。""察天地沉浮衍六三数象，辨阴阳清浊穷二五机微。"天井下有一副对联："以一介布衣岁时搜什江湖百问为后世自学成材导夫先路，竭毕生精力算数统宗中外同钦使今朝交游有地瞻彼故居。"横批"誉满珠坛"。珠算资料馆经过10余年的征集和国内外珠算界的支持，珍藏有数百种由金、银、铜、铁、锡、骨、玉、石、象牙、竹、红木等材料做成的算具。参见522页"徽州建筑"部"程大位故居"条。

海南徽文化研究会 学术团体名。其前身为海口徽文化研究会，2003年9月6日成立，2012年重新注册为海南徽文化研究会。海南徽文化研究会是在琼皖籍人士自愿组成的具有法人资格的学术性、公益性、群众性民间社团，由省文联主管，民政部门正式注册。学会刊物《家园》《徽商徽文化报》。

陶行知纪念馆 位于歙县城。坐落于原来的崇一学堂旧址，2003年扩建仿徽古建筑的新厅，占地1 700平方米，总建筑面积3 600平方米。人民教育家陶行知1891年诞生于歙县城西的黄潭源村，1906年在英国人唐进贤创办的崇一学堂就读，馆名在1984年开馆时，由时任中共中央总书记胡耀邦题写。正厅陶行知塑像落座中央，梁柱上的"捧着一颗心来，不带半根草去"以及"千教万教教人求真，千学万学学做真人"两副陶行知的对联，集中体现他的人生追求和教育思想。对联为郭沫若手书。"万世师表"为宋庆龄所题。正中照壁，镌刻着毛泽东主席的手书"伟大的人民教育家"，端正庄严。大厅四壁的巨型组合漆雕画，鲜明形象地表达了陶行知的人生实践和教育成就，让人领会到陶行知由"知行"到"行知"的思想转变过程，以及通过实践所创立的平民教育、生活教育、社会教育理论，对整个民族教育发展产生的重大影响。七个展区系统介绍了陶行知在平民教育、乡村教育、普及教育、国难教育、战时教育、民主教育六个时期的主要事迹，概括其教育实践、教育理论和教育贡献。展区还陈列了国家一级文物陶行知的面模和手模等实物。陶行知纪念馆为首批国家级爱国主义教育示范基地。

黄山市三函金瓶梅研究所 学术团体名。2008年3月31日在徽州区西溪南村成立。研究所所在的黄山市徽州区西溪南村，是明清时期徽州最富庶的村落之一。研究所首任所长是西溪南当地的民间学者潘志义。

黄山市汪华文化研究会 学术团体名。2008年4月3日成立。旨在对汪华文化进一步研究宣传，促进黄山的徽文化旅游和寻根旅游，进一步促进黄山文化旅游的深度结合，从而推动文化经济的综合发展。

*陶行知纪念馆

*陶行知先生坐像

黄山市故园徽州文化促进会 学术团体名。2008年7月19日成立。旨在开展徽州文化资源挖掘整理和推广传播，为地方党委政府、文化企事业单位和其他社会组织提供研究、咨询和项目设计等专业化服务。

黄山市陶行知教育思想研究会 学术团体名。1986年7月14日成立。挂靠黄山市教育局。

黄山市程朱理学研究会 原名"黄山市新安朱子研究会"。学术团体名。成立于1997年10月18日。2003年8月更名为黄山市程朱理学研究会。出版有《朱熹与徽州》论文集。

黄山市新安朱子研究会 见"黄山市程朱理学研究会"条。

黄山市新安医学研究中心 原名"黄山市新安医学研究所"。学术团体名。成立于1986年，侧重新安医学的文献整理、发掘出版，以及新安医学的临床应用与中医中药的开发研究。

黄山市新安医学研究所 见"黄山市新安医学研究中心"条。

黄山市戴震研究会 学术团体名。1986年4月23日成立。挂靠黄山学院。出版有《戴震全集》(共六册)等。

黄山市"徽州之友"俱乐部 学术团体名。2007年4月16日在屯溪成立。该俱乐部是以保护和推介徽州文化为主要活动目的的民间非营利公益性组织,侧重创新认证保护、以居住权换修缮义务、科学合理地改变古民居居民居住环境和条件等保护方法。

黄山市徽州文化研究院 学术团体名。挂靠中共黄山市委党校,2002年7月24日成立,研究院主办有徽学研究辑刊《徽州文化研究》。

黄山市徽学研究会 学术团体名。1985年6月,徽州地区徽学研究会成立,1988年改为黄山市徽学研究会。学会刊物有两种,一种是《徽学通讯》,另一种是《徽学》。《徽学通讯》集信息、资料、学术为一体,侧重信息。《徽学》是纯学术性刊物,刊登徽州学研究论文。均为不定期刊物。《徽学通讯》1985年1月创刊,由当时的徽州地区徽学研究会筹备组编辑发行。

黄山市徽学研究会杭州分会 见"杭州徽州学研究会"条。

黄山学院徽州文化研究所 原名"徽州师范专科学校徽州文化研究所"。研究机构名。成立于1994年6月,2002年改今名。办有《徽州文化研究通讯》。研究所在《黄山学院学报》每期都开辟有《徽州学研究》专栏。

绩溪县胡适研究会 学术团体名。2011年12月15日成立。侧重对胡适的历史定位、胡适的主要学术思想、胡适的功过评价、胡适对徽州文化的贡献、胡适对绩溪的影响,有关胡适文化遗产的保护等方面研究。

绩溪县徽文化研究会 学术团体名。2009年4月18日成立,挂靠绩溪县政协。研究会旨在挖掘、整理、抢救徽文化,研究、宣传、普及徽文化上下功夫,并有针对性地选准主题,强化研究成果的转化工作,确立绩溪在徽文化中的地位,让国内外人士在徽文化中看绩溪。研究会主编有会刊《中国徽学》。

绩溪县徽学研究会 学术团体名。1990年成立。出版了绩溪徽学会十周年纪念文集《名城遗韵》。

绩溪县徽墨协会 学术团体名。2011年12月29日成立。侧重深挖徽墨文化内涵,推进国家级非物质文化遗产徽墨技艺原真性、生产性保护。

婺源文化研究会 学术团体名。2005年6月成立。研究会下设古建、朱子、徽商、民俗、民艺、楹联、茶文化、砚文化、民间故事等9个研究分会。主要任务是以朱子文化为核心,发展吸收,并发动会员全面系统地搜集、整理、研究、展示婺源的历史文化资源。

婺源县婺源文公阙里文化协会 学术团体名。2010年1月13日成立。侧重朱子文化研究。

歙县陶行知教育思想研究会 学术团体名。1981年10月成立。与安徽省陶行知纪念馆合办学会刊物《陶行知纪念馆通讯》,其前身为《陶馆简报》。

歙县歙砚协会 学术团体名。2006年8月8日成立。侧重歙砚制作技艺的继承、研究和发展,促进歙砚原产地的建设与保护,开发歙砚佳作精品,组织经济实体,建设生产基地。

歙县徽州学学会 学术团体名。歙县徽州学学会挂靠歙县政协,2003年9月26日成立,主办有《徽园》季刊。

徽州区徽州文化研究会 学术团体名。2008年1月26日成立。挂靠徽州区政协。

徽州文化黟县研究所 学术团体名。2001年8月成立,设在黟县中学。主办刊物《文化桃源》。

徽州师范专科学校徽州文化研究所 见"黄山学院徽州文化研究所"条。

黟县徽州文化联谊会 学术团体名。2007年8月8日成立,挂靠黟县政协。以徽州文化及其发展为研究对象,挖掘徽州文化资源,为经济建设、社会进步服务的群众性联谊团体。侧重构建徽学研究平台,联谊多方优秀人才,服务古黟经济发展,展示桃源文化风采。

学术活动

1998年国际徽学研讨会 1998年8月15~20日在绩溪县召开,由中国社会科学院历史研究所、安徽大学、安徽师范大学、绩溪县政府联合主办,绩溪光明集团协办。来自日本、韩国、中国香港、中国台湾和中国内地各省市的70余位学者与会，代表们共向大会提交论文60余篇，内容涉及徽州宗族社会、土地制度、徽商、文化艺术等各个方面。会议组织考察胡适故居和棋盘村、胡氏宗祠。

2000年国际徽学学术讨论会
2000年8月15~20日在安徽大学及黄山市召开，由安徽大学徽学研究中心主办。来自日本、韩国、中国内地及中国香港、中国台湾的代表近百人参加会议，收到论文近百篇。会议分两个阶段进行，首先在安徽大学内举行学术讨论，之后组织代表到黄山市对徽州文化进行实地学术调研与考察。本次会议最显著的特点是集文史哲为一体地对徽州文化进行全面认识与研究，推动徽学研究在21世纪跃上新台阶。

2004年国际徽商论坛与中国徽学国际学术研讨会
2004年11月12~14日在黄山市举行，由黄山市政府主办，市社科联、黄山学院联合承办。来自法国、韩国、日本和中国内地及中国香港、中国台湾地区的100余位专家参加会议。会议围绕徽州文化的定位与发展大势，徽学的内涵、界定与构建，徽州文化区域的形成，徽州文化的开放与未来等课题进行广泛深入研讨，交流新安理学、徽派朴学、徽州宗族、新安医学、徽商精神理念与建立现代企业制度等方面的研究成果。与会的100余位国内外徽学专家就徽州文化的研究、开发利用和保护发表《徽州文化宣言》，宣言的主旨为，对徽州文化的研究不能停留在历史的和学术研究的层面上，更应注重于徽州文化对现代社会、经济发展的价值开发利用；政府应高度重视徽州文化的研究，加强领导，积极扶持，使徽州文化与时俱进，永葆青春；要全面保护徽州文化的文物遗存和文书资源，抓紧成立徽州文化旅游集团股份有限公司，建立永久性的徽州文化研究交流场所"徽州文化论坛"，传承徽州文化，开创美好未来。

2010年安徽省徽学会学术年会
2010年11月9~12日在歙县召开，100余位徽学专家参加会议。本届年会由安徽省徽学会主办，黄山市社科联、歙县徽学会承办，黄山学院徽州文化研究所、黄山市徽州文化研究院、黄山市城建设计院、歙县徽府置业有限公司协办。会议收到70余篇论文，21位代表在研讨会上发言。

"21世纪徽学"学术研讨会
2007年10月19~21日在中共黄山市委党校举行，由安徽省徽学会、中共黄山市委党校、休宁县人民政府主办，黄山市社科联、市方志办、市徽学会协办。来自省徽学会的近60位理事出席了会议。21日，应休宁县人民政府邀请，与会全体代表先后考察了德胜-鲁班木工学校、中国状元博物馆、三槐堂和黄村。

千年徽州：人才与经济社会发展学术研讨会
2012年7月28~29日在黄山市举行，由安徽省社会科学院、安徽省社会科学界联合会、安徽大学、黄山市人民政府、中国明史学会、省历史学会联合主办，安徽省社会科学院历史研究所、安徽大学徽学研究中心、中共黄山市委宣传部共同承办。来自海内外知名徽学专家和学者60余人应邀参加了会议。大会共收到学术论文40篇。与会代表围绕"千年徽州：人才与经济社会发展"的主题和徽州人才兴盛成因、徽州人才与中国区域社会经济发展、徽州人才的历史作用和贡献、徽州各类人才专题研究等四大议题进行了充分交流与研讨。

"千年徽州家谱与社会变迁研究"启动暨开题报告会
2011年12月3日在芜湖铁山宾馆召开。来自复旦大学、江苏省社科院、江南大学、安徽大学、池州学院、黄山学院、安徽中国徽州文化博物馆和安徽师范大学等高校及科研单位的全体课题组成员共30余人出席了会议。"千年徽州家谱与社会变迁研究"是国家社科基金重大招标项目，课题项目研究分为主体工程和基础工程两部分。基础工程包括"徽州家谱谱序选编""徽州家谱资料类编""徽州家谱编年"和"徽州家谱叙录"四类资料的整理，主体工程由"宋元明清徽州社会与徽州家谱编修""宋元明清徽州家谱的历史演进""千年徽州家谱与徽州基层社会秩序"三个具有内在逻辑联系的部分组成。课题组成员就如何进一步优化项目设计及回应评审专家提出的建议等问题展开研讨。

历史档案的多国比较研究研讨会
2005年8月25~27日在上海宝隆宾馆召开，是"历史档案的多国比较研究"国际合作项目的第二次学术会议，由复旦大学历史地理研究中心、日本国文学研究资料馆和东京外国语大学联合召开。此次会议以徽州文书为研讨重点。与会中国代表6名、日本学者17名、韩国和土耳其学者各2名。会议共发表翟屯建（黄山市地方志办公室）、王宏（上海图书馆）、藏持重裕（日本立教大学）、王振忠、吉田ゆり子（日本东京外国语大学）、渡边浩一（日本国文学研究资料馆）、唐力行、高桥实（日本国文学研究资料馆）和阿风的9篇论文，分别围绕以徽州文书为重点的民间档案对东亚的家庭、商业、诉讼、城市社会管理等诸多侧面展开讨论。南京大学历史系教授范金民、韩国国史编纂委员会教官金炫荣和土耳其安卡拉大学言语历史地理学部历史学科教授Ergenc Ozer分别作总体解说。会后，与会学者于28~31日到黄山市，参观考察世界文化遗产地黟县西递、宏村，以及棠樾、唐模、灵金山和呈坎等文化遗存，在安徽中国徽州文化博物馆观赏该馆收藏的珍稀文书，并就中、日、韩及伊斯兰世界历史档案的形式及保护等问题交换意见和看法。

中央部级文化讲坛徽州文化讲座 2007年3月17日，中国社科院徽学中心顾问研究员、安徽大学特聘教授栾成显在中央部级以上干部历史文化系列讲座上，专门以《经济和文化的互动——徽商兴衰的历史启示》为题作学术报告，宣传徽州文化。

中国徽州古街文化论坛 2006年11月5日在屯溪召开，由黄山市人民政府主办，黄山市社科联、黄山学院徽州文化研究所承办，黄山市一楼公司协办。来自广东、浙江和黄山市本地的40余位专家出席。论坛就"徽州古街的历史价值研究""徽州老街的保护和管理""徽州老街整体开发经营如何体现文化品位"等方面进行交流研讨。本次论坛旨在加深对徽州古街历史价值的认识，加大对徽州古街的保护力度，深化对徽州古街的研究，挖掘徽州古街的文化内涵，扩大对徽州古街的利用范围。

中国徽商学术讨论会 1996年10月24~27日在屯溪召开，由中共黄山市委宣传部、上海中汇金融外汇咨询公司、上海市地方史志学会、《上海滩》杂志社联合主办，黄山市《徽州社会科学》编辑部协办。来自上海、广东、江西、安徽等近10个省、市、自治区的代表70余人参加，会议收到论文40余篇，这是一次国内学术规格较高的专题讨论徽商的学术性会议，研讨内容涉及徽商的经营形式与发展、徽商的儒商本质、徽商的经营艺术、徽商的衰退、徽商研究的现代意义等问题。

地方社会研究中田野资料的解读学术研讨会 2007年4月10日~11日在屯溪举行，由安徽大学徽学研究中心和台湾东吴大学人文社会学院联合举办。来自中国内地、中国香港、中国台湾以及韩国等地的学者近40人出席研讨会，交流学术论文和报告20多篇。会议着重就徽州文化田野资料的解读和解读方法进行了较为深入的研讨。与会学者认为，对徽州契约文书、徽州谱牒、徽州碑刻、徽州口传资料等徽州民间资料，进行多侧面、多视角的解读，还原其历史原生态，能使大家更深入、更准确把握徽州历史。对田野资料的解读不仅要特别重视方法论，还应将其解读和对中华典籍文献的解读结合起来，达到通过地方社会研究探索中华文化历史实态的目的。这次会议提交的论文，涉及面很广，一半以上以徽州文化为主题，徽州宗族、徽州民俗、徽州古村落、徽州文书方面都有论及。

地域中国：民间文献的社会史解读研讨会 2006年8月18~22日在屯溪召开，由中国社会史学会主办、安徽大学徽学研究中心和黄山学院徽州文化研究所承办。来自日、韩等国和中国港、台、澳、内地的180多位专家学者出席会议。徽州民间文献的发掘整理研究、价值意义探讨成为此次学术研讨会的重要论题，提交大会的100多篇论文中徽州学主题论文近一半。与会中外学者认为对徽州民间文献的深入解读，将给中华国学带来新的发展。会议组织代表对徽州文化遗存进行了实地考察。

回顾·反思·展望徽学百年研讨会 2011年10月30日，安徽省徽学会和安徽大学徽学中心联合在合肥举办，与会学者就徽学的发展历程、理论思考及现实关照等进行了广泛深入探讨。徽学研究方兴未艾，尤以近30年更趋成熟和普及。研讨会在关注徽州历史文化的同时，还就当下徽州的文化生态保护、中华精神家园的守护和建设、徽学的学科建设和理论思考、徽州文化的现代转型和国际化等方面进行了热烈探讨。

"朱子民本思想与当代"学术研讨会 2007年5月12~14日在屯溪召开。这次会议由安徽省朱子研究会、江西上饶师院朱子研究所、福建武夷山朱熹研究中心联合主办，黄山市程朱理学研究会协办。来自三省和国内各高校、科研机构的近90位朱子学专家学者出席会议，提交学术论文40余篇。会议主要就朱熹民本思想的内容实质、价值意义及在当代精神文明建设中的作用等问题进行了研讨并就中华朱子学研究机制的创新和朱子学发展的前景取得了共识。黄山市徽学界代表20余人出席研讨会并交流了学术论文，会议期间代表们考察了程朱阙里篁墩、古紫阳书院、徽州古城和呈坎古村。

朱子学与地域文化学术研讨会 2013年7月16~18日在婺源县召开，由江西省上饶师范学院朱子研究所、安徽省朱子研究会、福建省闽学研究会、台湾朱子学研究协会联合主办，上饶师范学院朱子研究所承办，婺源县朱子文化研究所协办。来自中国内地、中国台湾地区及韩国、日本近百位朱子学专家学者参加会议。研讨会收到会议论文80篇，会议主要以"朱子学与地域文化"为主题，就朱子学与婺源名人江永等的研究、朱子后学的文化传播研究、朱子学与地域文化结合研究、海外朱子学传播研究及朱子学说体系研究等朱子学热点问题进行了讨论。

朱熹与新安理学国际学术讨论会 1995年8月1~4日在屯溪召开，由徽州师范专科学校发起，徽州文化研究所主办。来自日本、韩国及中国内地、中国香港、中国台湾的专家学者40余人参加。大会收到论文近30篇。这是第一次在朱子故里召开的关于朱子的学术讨论会，是一次深入地专题性讨论朱子与新安理学、朱子与徽州文化关系的高规格学术讨论会。

全国元明清文学与徽州学讨论会 1993年8月4~7日在屯溪召开，由黄山市《徽州社会科学》编辑部、黄山文化学术交流中心主办。来自上海、深圳、河北、黑龙江、广西、山东、辽宁、浙江及安徽的代表近40人参加会议，大会收到论文20余篇，内容涉及徽商与徽班、袁宏道与《金瓶梅》、戴东原与曹雪芹、钱谦益与徽州诗人、明清小说反理学思潮与戴震反理学思想等。

全国徽学学术讨论会暨徽学研究与黄山建设关系研讨会

1993年10月22~28日在屯溪召开，由黄山市社科联与中国社科院历史研究所、安徽大学联合主办，安徽师范大学、安徽省文物管理局、《江淮论坛》编辑部、安徽省社科联协办。来自全国及美国（2人）、韩国（1人）的徽州学研究专家学者55人参加会议，大会收到论文45篇。重点讨论徽学的学科建设及走向世界大趋势，以及徽州社会经济、宗族、文化等诸多具体问题，也涉及徽州学研究与黄山建设的关系问题。

安徽省徽学学会二届二次年会暨"徽州文化与和谐社会"学术研讨会

2007年1月13日在合肥学苑大厦召开。来自全省各地的学会理事代表和徽州学研究者70多人参加会议。学术研讨会由学会副会长刘苹、王世华、鲍义来、张脉贤轮流主持，学会会长杜诚在会议上作了讲话。研讨会上李琳琦等8位理事作了主题发言。

安徽省徽学学会第四次会员代表大会暨2014年学术年会

2014年11月22日在安徽大学磬苑校区召开，由安徽省徽学学会主办、安徽大学徽文化传承与创新中心承办。会议共收到代表文章50余篇。大会第一阶段为安徽省徽学学会第四届会员代表大会。大会第二阶段为2014年学术年会。在上午的大会主旨学术报告中，大会邀请安徽省社科院科研处处长陈瑞研究员、安徽大学徽学研究中心主任卞利教授、安徽师范大学历史与社会学院副院长刘道胜教授和黄山市地方志办公室原主任翟屯建研究员作主旨发言。在下午的大会学术报告中，先后邀请安徽大学商学院章尚正教授、黄山学院方利山研究员等10余位专家学者做了学术报告。与会专家就徽州宗族、徽州社会经济、徽州历史人物、徽州教育、新安理学、新安医学、徽派建筑、徽文化应用等主题进行了广泛、深入的探讨与交流。

戏曲·民俗·徽文化国际学术研讨会

2003年2月6~12日在安徽池州和黄山市举行，由安徽大学徽学研究中心等单位主办。来自北京、上海、江苏、江西、山西、浙江、福建、安徽等有关高校、科研机构的代表以及美、德、加、日、韩等国与中国港台地区的专家学者100多人参加研讨会，交流徽学及相关论文59篇。会议在深入学术理论探讨的同时，实地考察池州农村民俗、傩俗、徽州歙县、黟县、祁门的古村落、古街区、民俗表演、目连戏表演，把徽州文化研究的理性探析和感性认知相结合，以深化对徽州文化的认识。

纪念戴东原逝世230周年学术座谈会

2007年7月11日（农历五月二十七日）是清朝杰出思想家戴震（东原）逝世230周年。由戴震研究会、戴震纪念馆、黄山学院徽州文化研究所主办，钟氏紫云酒楼协办的座谈会于2007年7月11日在戴震故里举行。戴震研究会会长、黄山学院党委书记汪良发在会上发表戴震民本思想及现代意义的纪念讲话。与会专家学者就戴震的哲学思想、戴震与徽州文化、戴震与徽商、戴震遗迹保护和文化旅游开发等话题进行了研讨。参加会议的代表还参观了戴震纪念馆，前往戴震公园瞻仰了戴震像并敬献了花篮。

走向世界的徽学·敦煌学·藏学高端论坛

2010年11月15日在安徽大学磬苑校区召开，由《光明日报》社和安徽大学联合发起主办，教育部人文社科重点研究基地安徽大学徽学研究中心承办。来自全国各地的50余位专家学者出席论坛。论坛围绕徽学、敦煌学、藏学三大学科的内涵、三学之间的关系、三学研究方法、学科建设及其学术价值等主题进行高端演讲与对话。通过举办这一高端论坛，旨在共同推进具有鲜明特色及广阔前景的"三学"向纵深领域扩展，形成"三学"并进的学术发展态势。

"汪华文化与皖南国际旅游文化示范区建设"高端论坛

2014年12月12~14日在安徽省合肥市举办，由安徽大学徽学研究中心和北京徽州汪华文化艺术中心共同主办。来自国内外30余所高校、研究机构、中央电视台及新华出版社等60余位专家学者，围绕"汪姓起源""汪华信仰和祭祀""汪华文化研究""打造汪王文化品牌，加快皖南国际文化示范区建设"等议题进行了广泛的探讨和交流。会议收到专题论文40余篇，使"汪华文化"研究达到一个新高度，同时也为徽学研究提供了重要课题。

汪华现象与徽州社会学术研讨会

2012年12月29日在安徽省合肥市学苑大厦召开，由黄山文化书院、安徽财经大学合肥研究院主办，黄山汪一挑餐饮公司协办。来自北京中国人民解放军总参谋部、安徽省政府、安徽省政协、安徽省文联、安徽省社科联、安徽省社科院、安徽大学、安徽财经大学、黄山学院、汪华文化研究会等机构的专家学者及部分博士生、硕士生等60余人参加会议。汪华是新安汪氏宗族的显祖，也是徽州的地方神，对汪华的崇拜与信仰在徽州延续了千百年，汪华现象深刻地影响了徽州社会，涉及方方面面。对汪华及汪华现象的研究，不仅是徽学界的重大课题，其在哲学、人类文化学、民俗学、社会史研究等领域都具有重要和典型意义。

宋明以来的谱牒编纂与地域社会国际学术研讨会

2009年10月27~29日在安徽大学召开，由安徽大学徽学研究中心主办。海内外专家学者和有关代表60余人参加会议,交流学术论文60余篇,徽州宗族社会和徽州谱牒修撰成为会议热点,共有论文26篇。

国际朱子学术讨论会 1995年10月10~13日在屯溪召开,由黄山市社科联与江西上饶文公故里朱子研究会、中华朱子学会(筹)、江西教育学院、安徽省朱子学会等单位联合主办。来自日本、加拿大、新加坡、韩国及中国香港、中国台湾和中国内地学者60余人参加,大会收到论文、论著近40篇(部)。全面、系统地探讨朱熹的学术思想与徽州文化的关系,明确朱子学为徽州文化的核心之学,是徽州文化得以长期繁荣昌盛的思想意识支柱。

明清契约文书与历史研究国际学术研讨会 2013年11月23~24日在黄山市举行,由安徽大学徽学研究中心、上海交通大学地方文献研究中心和西华师范大学国家社科基金重大项目"清朝南部县衙档案整理与研究"课题组共同主办。此次研讨会的主题为"多视角看明清契约文书与历史研究",包括中国社会科学院、南京大学、南开大学、复旦大学、安徽大学、厦门大学、日本东京外国语大学、韩国高丽大学的专家学者共76人参加此次研讨会。大会共收到论文62篇,既有宏观探讨,又有微观考察,内容涉及明清契约文书与明清政治、经济、法制、社会、思想、文化和民众日常生活等方面。

明清徽州篆刻学术研讨会 2008年1月13~16日在黄山举行。研讨会由西泠印社、黄山市文联联合主办,黄山印社、西泠印社印学理论与社史研究室、黄山恒大商贸有限公司承办,黄山学院徽州文化研究所协办。这是国内印学界围绕徽州印学展开的首次专题性学术研究活动。会议共收到江苏、上海、浙江、安徽、山东、黑龙江以及台湾地区论文来稿23篇,作者来自南京艺术学院、南京大学、杭州师范大学、山东财经学院、上海博物馆、中国印学博物馆、安徽中国徽州文化博物馆、黄山市方志办、黑龙江省书协、台湾中正大学等,论题涵盖明清徽州篆刻家研究、印谱研究、徽州篆刻与周边地区的交流与影响、明清徽派篆刻发展的经济文化因素、明清徽州印人交游考等方面,是当代印学界对明清徽州篆刻史研究成果的一次集中呈现。《明清徽州篆刻学术研讨会论文集》于会议期间面世。西泠印社副社长兼秘书长陈振濂出席会议开幕式并致词,印学理论与社史研究室主任、西泠印社副秘书长黄镇中和理事孙慰祖主持会议,各方面专家学者近30人参加研讨。此次会议开展了多学科的协同研究,研究角度和方法涉及社会文化史、经济史、传播学、版本学、艺术风格分析和人物生平研究等多个领域,填补并廓清了过去在徽州篆刻研究中存在的一些空白点和疑点。

首届国际徽学学术讨论会 1994年11月7~12日在屯溪召开,由黄山市人民政府、安徽大学、安徽师范大学、安徽省新闻出版局、安徽省社科院、安徽省社科联联合主办,黄山市社科联承办。来自美国、日本、韩国、中国香港、中国台湾的代表12人及中国内地的专家学者共80余人参加会议,大会收到论文60篇。重点讨论徽学研究的进展、徽州的社会经济与土地制度、徽州文书研究等。

第二届国际徽学学术讨论会 1995年8月4~9日在屯溪召开,由黄山市社科联与中国社科院徽学研究中心、安徽大学徽州学研究所联合主办。来自美国、日本、韩国、中国香港的代表17人及中国内地的学者共近60人参加。大会收到论文论著近50篇(部)。重点讨论徽州社会形态与变迁、徽州农村经济与徽商,徽州儒家文化与学术等问题。

程灵洗与徽州社会学术研讨会 2013年12月29日在屯溪徽商国际大酒店举行,由黄山市程朱理学研究会主办。这次学术会议同时也是安徽省社科联重点研究项目"程灵洗对徽州社会的影响研究"的一次结题会议。来自华中理工大学、绩溪县等地学者、本土研究专家学者及"程灵洗对徽州社会的影响研究"课题作者共30余人参加了会议。会上对"程灵洗对徽州社会的影响研究"课题开题以来的工作成果进行了全面梳理和总结,对"程灵洗对徽州社会的影响研究"课题的研究成果进行了评议,就程灵洗及早期程氏对徽州社会的影响、程灵洗崇拜的产生与发展、程灵洗与太极拳起源等问题进行了进一步的探讨。太极拳师还就程灵洗"小九天"现场进行了表演。

儒学与地域文化:徽学国际学术研讨会 2014年8月20~23日在安徽省合肥市召开,由北京大学中国古文献研究中心和安徽大学徽学研究中心联合主办。来自韩国、日本以及中国台湾、中国香港、中国内地的40余所高校和研究机构的90余名专家学者,围绕"儒学研究""地域文化研究""'新安理学'与'皖派'学术研究"三个议题,进行了广泛的探讨和交流。这次学术研讨会收到学术论文82篇,内容丰富,为徽学研究提供了更为宽广的发展思路。

戴震文学创作研讨暨戴震研究会2009年会 2009年11月29日在屯溪召开,由黄山学院戴震研究会、屯溪区文化局、戴震纪念馆联合举办。来自上海、江苏、广东、浙江等地的专家学者和戴氏后裔代表40余人参加了研讨会。

徽州历史档案与敦煌历史档案开发利用研讨会 2001年5月21~27日在合肥和黄山市召开,由安徽省档案局和甘肃省档案局联合主办。来自甘肃和安徽两省的22位敦煌学和徽州学研究者与会,收到论文20篇。会议分两段进行,前半段为学术研讨,在合肥市举行。后半段为学术考察,组织会议代表对歙、休宁两县档案馆收藏的徽州历史档案及黄山市的其他徽州文化遗存进行考察。

徽州历史档案与徽州历史文化国际研讨会

1998年5月31日至6月2日在屯溪召开,由中国国家档案局和美国马里兰大学倡议,安徽省档案局主办,黄山市档案局协办。会议期间,美国、新加坡等国和国内部分省市35位研究历史、人文、信息、档案方面的专家学者实地考察黄山市区域内的人文景观和自然景观,并着重考察歙县、休宁档案馆的历史档案。参加会议的中外代表认为,徽州历史档案不仅具有重要的学术价值和史料价值,而且具有不可替代的经济价值,是一种高品位的文化旅游资源。与会中外代表希望徽州历史档案与徽州历史文化能为实现地方历史档案信息资料共享,促进人类文明进步,促进黄山市乃至安徽省政治、经济、文化的全面发展发挥积极作用。

徽州历史档案与徽州文化国际研讨会

1999年12月3~7日在美国马里兰州美国国家第二档案馆召开。研讨会是根据中美档案交流项目计划,由美国国家档案文件管理局、中国安徽省档案馆、美国马里兰大学共同主办。中国安徽档案代表团、美国马里兰大学、美国国家第二档案馆、美国纽约大学、美国麻省波士顿皮包得·埃塞克斯博物馆等单位30余人参加会议。黄山市档案局局长余亚青、歙县档案局局长汪楚作为代表团成员出访,并在美国国家档案馆二馆的讲演厅里作《浅析黄山市各级档案馆馆藏徽州历史档案特点》《从歙县看徽州文化与徽州历史档案》的大会发言,并就中外学者的提问进行讨论和回答。在美期间,中国档案工作者还对美国国家档案一馆、二馆、马里兰州档案馆、华盛顿史密森博物院档案馆及美国私人档案馆进行了专业考察。

徽州文化生态保护实验区建设工作研讨会

2008年8月11日在黄山市政协召开。黄山市徽学专家、学者、各相关单位负责人参加,研讨徽州文化生态保护区建设之计,探究非物质文化遗产保护传承之策。研讨会上,与会专家学者围绕着徽州文化生态保护实验区的意义、地位、作用及定位,古村落、古街区保护地的规划与管理,保护实验区的保护与加快形成城乡一体化新格局的关系等问题进行了交流,大家认为建设徽州文化生态保护区是黄山市"现代国际旅游城市"战略定位内涵的重要组成部分,是黄山现代国际旅游城市文化功能建设的重要任务。大家建议,要加大人力、物力的投入,完善保护区各项规划,加强古建筑、古民居的保护,加强对徽文化的研究,加强对非物质文化遗产整体性保护等,使徽州文化得以更好地保护和传承。

徽州文化生态保护研讨会

2008年11月9日 在合肥召开,安徽省徽学会主办。来自高校、研究院所和徽州本土的专家学者及有关人士展开了热烈研讨。研讨会就徽州文化生态保护的学理层面和实际操作、保护的对象和空间、保护的重点和难点等诸多问题进行研讨。与会者认为,国家级徽州文化生态保护区的建设,就是要充分发挥该地绝美的自然环境和丰厚的人文特色优势,打造一个自然与人文和谐统一,中华传统文化和现代文明完美结合,中华儒学文化脉络一以贯之而又地域特色彰显、富裕安康、文明进步的"中国当代桃花源"之示范区,将以最靓丽的、典型的姿态向世界生动展示、推介中华文化。该学会已将徽州文化生态保护作为2009年的重要课题,并及时将研究成果反馈给政府,以提供决策参考。

徽州文化生态保护前端论坛

2010年1月29日,为纪念国家级"徽州文化生态保护实验区"设立两周年,由国家社科基金项目"徽州文化生态保护研究"课题组、黄山市社科联、黄山徽州寻根馆在屯溪联合举办。黄山市徽学专家、学者和有关领导出席论坛。论坛着重对徽州文化生态保护实验区设立两周年以来的推进情况、徽州文化生态保护的理论和实践问题、保护实验区建设的前瞻等进行热烈的讨论。提出徽州文化生态保护"四维"空间新学说,探讨了徽州文化生态分级保护的具体措施。

徽州文化生态保护高峰论坛

2008年10月23~24日在黄山市举行。论坛以文化部批准的"徽州文化生态保护实验区"保护对策为中心,同时兼顾我国文化生态保护区建设等主题,集中探讨文化生态和文化生态保护实验区的理论和实践问题,深入挖掘徽州文化的深厚内涵,传承弘扬优秀传统文化。来自文化部、国家非物质文化遗产保护中心、中国艺术研究院、同济大学、云南大学、华中师范大学、安徽大学等高校从事非物质文化遗产、文化生态和徽学研究的学者,与黄山市及绩溪、婺源从事徽学研究和文化保护工作的同仁汇聚一堂,就徽州文化生态保护与合理利用,徽州文化生态保护实验区的科学规划、发展远景、保护机制、传承机制以及徽州文化生态保护与社会主义新农村建设等问题各抒己见,建言献策。

徽州文书契约整理学术讨论会

1988年在安徽大学召开。由中国社会科学院研究所、经济研究所、安徽大学和安徽省博物馆共同发起主办,与会代表围绕徽州契约文书的价值与整理、出版问题进行讨论。

徽州文献与文书学术研讨会

2001年11月6~10日在屯溪举行,由安徽大学徽学研究中心主办。来自全国部分高校、科研机构和图书馆、博物馆的50余位专家学者与会,收到论文36篇。会议交流国内徽州文献、文书发掘搜集和收藏整理的信息,对徽州的文献、文书在徽州学研究中的重要价值和作用,徽州文献、文书基础工程建设等问题进行讨论,对徽州文书的特性、归类、著录方法等问题进行较为深入的探究。

徽州社会经济史学术讨论会 1990年在芜湖举行，由中国社会科学院历史研究所、中国社会科学院经济研究所、广东省社会科学院和安徽师范大学联合主办。与会30余位代表重点围绕徽商、徽州土地制度和徽州社会风俗等问题展开讨论。会议呼吁徽州学研究应加强联系与合作，抓紧资料的整理与编纂，拓宽徽州社会经济史研究的领域，深化已有课题的研究，使徽学研究尽快走向世界。

徽州宗族与徽州社会国际研讨会 2004年8月17~18日在安徽大学举行，由安徽大学徽学研究中心主办。来自日本、美国、国内各高校以及科研机构的40位专家参加研讨会。会议收到论文32篇，与会专家围绕会议主题宣读论文，展开讨论。通过研讨，来自外地的学者进一步了解到徽州极其丰富的历史文献，从事徽州宗族和徽州社会研究的学者则获得新的研究信息，得到方法上的启迪。

徽州谱牒：家族与社会国际学术研讨会 2005年10月20~24日在屯溪召开，由安徽大学徽学研究中心和黄山学院主办，美国Myfamily.com联合公司协办。来自美国、加拿大、法国、日本、韩国、中国内地和中国香港、中国台湾等国家和地区的60余位专家与学者参加研讨会，会议收到学术论文38篇，有43位代表进行大会学术报告。

徽学与明清安徽典籍研究暨中国历史文献研究会第25届年会 2004年10月16~21日在黄山区太平湖召开，由安徽大学和中国历史文献研究会主办。与会专家学者对如何探徽学源流、振徽商经济进行研讨，并进行实地考察。安徽省内外130余名专家学者出席会议，并围绕"徽学与明清安徽典籍"研究主题提交相关论文百余篇。大会期间专家们就徽学、徽文化的渊源、内涵、特征、意义等问题展开热烈讨论。此次会议采取研讨与考察相结合的方式，对徽州文化的内涵与理论框架的构建作有益探讨，又通过实地考察加深对徽州文化的领悟。

徽学研究百年：回顾、反思与展望研讨会暨安徽省徽学学会2011年学术年会 2011年10月30日在安徽大学磬苑校区召开，由安徽省徽学学会主办，安徽大学徽学研究中心承办。来自省内外的70余位理事参加了会议。大会围绕徽学研究的回顾与展望，徽文化的保护、开发与利用，徽学专题三大类，进行了三场学术报告。会议共收到40篇学术论文，21位学者做了大会发言。

徽学·徽商·徽文化与安徽文化建设论坛 2008年8月27~28日在安徽大学磬苑校区举行，由安徽大学徽学研究中心承办。来自北京大学、中国人民大学、南京大学、中山大学、复旦大学和厦门大学等国内一流大学的著名专家和学者，国家和安徽省各级领导以及新徽商代表上海安徽商会执行会长等应邀参加论坛。论坛收到论文或报告40篇，分成中国区域历史文化与安徽历史文化研究、徽商研究和徽州历史文化与安徽文化建设研究三个主题。与会专家学者围绕上述三个主题，进行了五场精彩演讲。

徽派传统民居保护利用国际论坛 2014年4月19~20日在黄山市举行，由安徽建筑大学主办，黄山市建筑设计研究院承办，中国科学技术大学协办。清华大学教授单德启、王路，奥地利维也纳技术大学教授阿尔方斯·德沃斯基，英国格拉斯麦金托什建筑学院教授查理·萨泽兰，英国伦敦市可持续发展首席顾问、breeam绿建体系首席评审官阿兰·福格蒂等出席会议。论坛会上，单德启、阿尔方斯·德沃斯基、王路、阿兰·福格蒂等分别作了《从传承和创新实践中感受徽派建筑的文化自信、文化自觉和文化自强》《地方建筑与村落更新：欧洲的案例》《演变中的乡土建筑》《可持续发展技术在生态新城中的应用》等学术报告。

徽商与徽州文化学术研讨会 2013年10月26~27日在合肥市翡翠湖迎宾馆举行，由安徽省社会科学院、安徽省社会科学界联合会、安徽大学、安徽师范大学联合主办。论坛围绕徽商与徽州文化这一主题，对徽商与徽州文化的形成、发展、影响展开了讨论，来自中国社科院、复旦大学、南京大学等各地学者60余人参加了会议，大会收到正式论文47篇。与会代表围绕徽商与徽州文化这一主题，主要就徽商与徽州文化的关系，徽商与侨居地文化的关系，徽商的经营文化，徽商文化与其他商帮文化的比较，徽商精神的当代价值，徽商与艺术、学术发展繁荣的关系，徽商与宗族文化的关系，徽商的经营行业、经营实态、经营方式，徽商的生存伦理，徽商的家世，徽商诉讼，徽商商业账簿，徽商与早期宗族形成的关系，徽商与徽州本土社会变迁的关系，徽商与宗族建设的关系，徽商与慈善的关系，徽商中的文化商人、徽州海商，徽州的四民观、儒贾观，徽州文化形成与发展演变的历程，徽州礼文化，徽州孝文化，徽州文化中的拜金思想，徽州文学，徽州教育等问题，进行了交流与研讨。

黟县林沥山文化研讨会 2007年12月24日在黟县中学召开，由黟县徽州文化研究所、黟县徽州文化联谊会、黟县民盟支部、中共黟县县委党校、县政协文史委和县教研室联合举办。来自黟县各界的徽州文化研究者、县有关领导参加会议，会议对黟县重要的徽州文化遗址林沥山的历史和文化遗存之价值、意义作了研讨，会议交流学术论文12篇。

学术成果

15~18世纪的徽州典当商人

著作名。关小娟、周宇著。天津古籍出版社1995年出版。全书分为6章：第一章"徽商的兴起及其热衷于治典的原因分析"；第二章"透视徽商在典当经营业上的成功"；第三章"徽州典商例说——以休宁西门汪氏、婺源三田李氏、歙县许氏等族中的典商为范例"；第四章"静态分析：徽商发展过程中典商所起的作用"；第五章"动态观察：明清时期徽典的总体发展趋势以及影响"；第六章"徽典资本的传承方式及其对徽商发展的意义"。

1600~1800年皖南的土地占有制和宗法制度

论文名。美国学者居蜜撰。发表于《中国社会经济史研究》1982年第2期。文章对明清时期宗法强固的徽州土地占有制与宗法制度之间的关系问题，从几个侧面作了探讨。除了从历史的角度对土地制度与血统组织作研究外，对徽州宗法制度下佃仆制的特殊性进行了阐述。

19世纪50年代至60年代：中国社会的战乱与徽州商帮的衰落

论文名。周晓光著。刊于《货殖》1996年第2辑。文章认为，徽州商帮的衰落，是多种因素作用的综合结果，其中19世纪50年代至19世纪60年代清朝封建政府和太平天国农民政权之间的战争，乃是加速徽州商帮衰落的重要因素之一。因为包括鄂、赣、皖、苏、浙在内的长江中下游地区，是这一时期中国社会战乱最严重的地区，也正是徽州商帮商业经营活动最主要的区域，这就使得徽商传统的"吴楚贸易"几近中止，徽商在江南市镇中的商业活动陷于瘫痪，也严重打击了盐、典、茶、木等四大徽商支柱行业。这一时期战乱对徽州本土也造成严重冲击，徽州财货及徽商资本遭受巨大损失，徽州士民以及徽商人员遭受重大伤亡，徽商家园遭到毁灭性破坏。战乱对徽州商人及其商业资本也造成了直接的打击，主要表现在清政府大幅度增加茶叶税和开征厘金，徽商被迫赈饷和捐助团练，商人颠沛流离无心经商，从此一蹶不振。

GRAVUREHUT 徽派版画

著作名。意大利学者米盖拉（Michela Bussotti）著。法文版。法国远东学院2001年出版。全书分五部分，第一部分探讨了中国书籍的特色、明末清初江南出版业的发展情况，以及与书籍相关的法律、价格问题；第二部分介绍徽版图书代表作的版本及图书内容；第三、四部分重点对徽派版画进行研究，探讨了徽派版画的特色、风格，徽派版画与唐宋版画及其他地区版画的比较研究，明朝绘画对徽派版画的影响，徽派版画同本地刻工的其他雕刻艺术品的比较研究；第五部分探讨了明末清初参与版画创作的画家、刻工和插图书籍读者群的情况。

上海徽商余之芹的生平及其时代——近代徽州重要史料《经历志略》研究

论文名。王振忠著。刊于《安徽史学》2013年第2期。文章利用近代徽州的一份重要史料，探讨一位著名徽商的生平及其时代：出自黟县的余之芹，经历了晚清至民国起伏跌宕的时代变迁，晚年的他所追忆的毕生经历，涉及太平天国以来的徽州社会实态、晚清民国时期上海的典业经营以及上海与徽州的互动等等。从中可见，《经历志略》一书的记载，具有多方面的史料价值，有助于我们理解彼时彼境的商业、社会与思想变迁。

"千丁之族，未尝散处"：动乱与徽州宗族记忆系统的重建

论文名。唐力行撰。刊于《史林》2007年第2期。清咸丰年间的战乱是徽州历史上最大的动乱，宗族文化的物质载体——祠堂、祖坟和族谱遭受破坏，宗族记忆被打断，祭祀仪式难以为继。短时段的事件对宗族记忆的冲击，反倒使隐没在长时段日常宗族生活中的记忆系统显现出来。论文以徽州绩溪宅坦村胡氏为样本，考察胡氏在咸丰战乱后，是如何重建宗族记忆的，揭示徽州宗族记忆系统由文本与仪式两个子系统所组成，这两个子系统相互作用制约，构成一个完整、复杂的记忆系统。这是徽州社会得以保持"千丁之族，未尝散处"的内在机制。宗族记忆系统的重建得到了国家的支持，因为它与地方社会秩序重建是一致的。传统中国社会特有的不同层次、不同地域交织而成的完善记忆系统，是中华文明历经劫难而长盛不衰的内在机制之一。

千山夕阳：王振忠论明清社会与文化

著作名。王振忠著。广西师范大学出版社2009年出版。全书分10讲：第一讲"梦里徽州"，论述明清徽商与徽州文化；第二讲"徽州文书的再发现"，论述民间文献与传统中国研究；第三讲"鱼雁留痕"，谈传统时代的情感档案；第四讲"漂广东"，论述徽州茶商的贸易史；第五讲"商路上的武艺"，论述徽商与少林功夫；第六讲"太平欢乐图"，论述盛清画家笔下的日常生活图景；第七讲"小说中的徽商与徽商撰写的小说"，论《我之小史》的发现及其学术意义；第八讲"诗意的历史"，论竹枝词与地域文化；第九讲"无绍不成衙"，论绍兴师爷与明清社会；第十讲"南河习气"，讲述河政与清朝社会。"斜阳残照"的意象，是对徽州文化的恰当定位。收录文中的10篇中，有7篇围绕徽州的社会与文化展开，故以"千山夕阳"为题，另外3篇涉及明清时期全国各地的地域文化。

元代契尾翻印件的发现

论文名。赵华富撰。刊于《安徽大学学报》2003年第5期。元朝有没有政府制定的土地典卖、地权转让的税契证书——契尾，一直是学术界探讨的重点。作者

从《婺源茶院朱氏家谱》中发现一张元朝契尾,这是一个突破。

元代徽州的宗族建设
论文名。陈瑞撰。刊于《安徽师范大学学报》2009年第2期。文章指出,元朝徽州的宗族建设主要涉及族谱编纂、祠堂建设、祖茔建设、族田设置、宗族内部管理等方面。元朝是徽州宗族走向明清时期全面繁荣兴盛的一个承前启后的重要阶段,明清徽州宗族社会发展的一些重要因素和特征在元朝特别是元朝中后期已经得到较为充分的孕育和发展。而且,元朝徽州宗族建设所涉及的内容和领域,在明清时期的徽州更有极其蓬勃的展开。

元代徽州路的手工业
论文名。陈瑞撰。刊于《安徽大学学报》2009年第1期。文章指出,元朝徽州路境内的手工业主要有矿冶、丝织、酒醋酿造、文房四宝制造、刻书等生产门类,其中尤以文房四宝制造、刻书等行业较为发达。官府经营和民间经营是元朝徽州手工业生产经营的主要形式。官府手工业生产规模相对较大,管理控制严格,官僚化倾向严重。民间资本与人力的投入和参与,使刻书业等民营手工业获得发展。元朝政府对徽州路手工业课税较重,在一定程度上束缚了手工业的发展。

无徽不成镇——明清时期的徽商与城市发展
论文名。卞利撰。刊于《社会科学》2011年第1期。文章认为,崛起于明朝中期的徽商,凭借良好的文化素质、艰辛的开拓精神、灵活的经营方略,取得了巨大成功,成为独执商界牛耳300余年、富甲一方的地域性商帮。徽商活跃在祖国的都市和乡镇,形成了"无徽不成镇""钻天洞庭遍地徽"的局面。徽商有力地推动了明清时期我国城市经济社会的发展、丰富了城市多元的文化生活,在促进中国城镇化进程中发挥了重要的作用,谱写了多彩的城市经济文化生活画卷。

中国传统社会的资产运作形态——关于徽州宗族"族会"的会产处置
论文名。刘淼撰。刊于《中国社会经济史研究》2002年第2期。文章认为,徽州现存大量的宗族"族会"文书中,有许多关于其会社产业的处置文书,从其产业的处置过程、交易方式及"族会"产业经营状况等方面的记载,大体上可以看出传统中国农村中宗族会社组织的产业经营活动及其经营性质、产业走向,已具备近代企业经营的要素。正因为如此,对徽州契约文书中"族会"产权关系问题的研究,对于今天深入认识传统中国农村社会的解体、转型过程中会社产业结构的演变及其与"法"的关系诸问题,提供了较为翔实的依据。文章从产权关系形成的"法"的角度,重点分析宗族"族会"产权关系的形成过程及其基本制度,并集中讨论不同"族会"产业的处置程序和基本制度及由之而形成的社会经济关系等问题。

中国徽州文书(民国编)
资料集名。由黄山学院编纂,清华大学出版社2010年出版。该书共分10卷,涉及卖田契、卖地契、卖山契、卖屋基契、当田契、当地契、租田契、添找价契、赋役文书、商业文书、宗族文书、官府文书、教育文书、会社文书、社会关系文书、民间文化文书、其他文书等17类文书。该书的出版,为研究清朝、民国时期特别是近代徽州的经济关系,综合揭示清朝、民国时期特别是近代徽州的社会实态,全方位解读清朝、民国时期特别是近代徽州文化,探求清朝、民国时期特别是近代中国社会的有关规律,提供了第一手的、连续不断的徽州文书凭据。采用全彩印刷,横向开本。

中国徽商小史
著作名。王世华著。中国长安出版社2015年1月出版。全书分为11个部分,分别为:走出丛山——徽商的兴起,血缘地缘——商帮的黏合剂,如日中天——徽商的鼎盛,无货不居——徽商经营的行业,贾而好儒——徽商的特点,钱势之交——徽商与封建政治势力,利以义取——徽商的商业道德,古道热肠——徽商倾心公益事业,文化酵母——徽商对文化的贡献,仰事俯育——徽商妇的贡献,风云突变——徽商的顿挫。

从柳山方氏看明代徽州宗族组织的扩大
论文名。韩国朴元熇撰。刊于《历史研究》1997年第1期。文章分析了明朝宗族组织扩大的社会经济契机和原因,认为徽州拥有十分有限的生存资源。当这种"安土重迁"的心理与"土"类实物性资源的有限性相互联系在一起,"以农为本"的脆弱性表现得异常明显,当利益受到侵犯时,宗族与宗族之间的矛盾不可避免地就会爆发。明朝中期以来,由于商品经济的发达,社会变化急剧,生存竞争更加激烈,因此欲以"聚族而居"的宗族为单位,为确保生存空间而进行的斗争就愈演愈烈。指出由人地矛盾产生祀产纠纷和乡村社会失衡状况是宗族联合的契机。

从新发现的徽州文书看"叫魂"事件
论文名。王振忠撰。刊于《复旦学报》2005年第2期。清朝前期的叫魂案是席卷全国、影响广泛的妖术大恐慌,本文根据新发现的徽州文书(包括迄今为止首次发现的"治割辫符方"实物),对此一历史事件作了新的分析,指出:叫魂案早在康熙年间即已发生,而不仅见于此前学界所认为的乾隆时期以后。

从谱牒和商业书看明清徽州的商业教育
论文名。李琳琦撰。刊于《中国文化研究》1998年第3期。文章通过对徽州谱牒和徽商编撰的商业书的分析,认为明清徽州的商业教育有这样的特色:注重对传统商业价值观的改造;商业教育内容具有实用性和可操作性;教育方式的多样化;重视商业道德和伦理观的教育。

以歙县虹源王氏为中心看明清徽州宗族的婚姻圈

论文名。陈瑞撰。刊于《安徽史学》2004年第6期。文章认为，明清徽州宗族的婚姻圈在县境内以周边宗族为主要对象，在县境外与徽商的经营地域有关，同时几个大宗族间存在世婚现象。

双子星座：徽商、晋商比较研究

论文名。王世华撰。刊于《安徽师范大学学报》2005年第6期。文章认为，明清时期的徽商与晋商兴衰轨迹极其相似，商帮性质也别无二致。但经营机制各具特色：徽商任用宗族人员，使用僮仆，慎择掌计；晋商避亲用乡，采用人身顶股制和层级管理制。价值取向也迥然有别：读书仕进是徽商的终极追求，而经商谋利是晋商的第一选择。由此产生的不同影响是：徽商衰落了，但其所支持的文化事业发展了，他们培养的一代代文化精英，推动了我国传统文化的发展；晋商衰落了，随之而来的文化事业上的空白，给我们留下了无穷的遗憾。

古徽楹联的文化蕴涵

论文名。郤延红撰。刊于《探索与争鸣》1998年第10期。文章对于遍及古徽境域的民宅园林、祠堂庙宇、古迹名胜与亭台楼阁之中的那些产生于明清时期至民国初年的数量可观、精美难得，作为传统的徽州文化之一大"化石"的旧式楹联珍品进行采集，并从体现昔世徽州经济、政治、文化以及社会等方面切入，揭示古徽楹联的传统文化蕴涵。

田宅交易中的契尾试探

论文名。周绍泉撰。刊于《中国史研究》1987年第1期。文章排列、分析了自元及清末各个时代的契尾，探讨了的税契发展的历史与契尾在土地买卖中的作用，填补了研究空白。

《永乐大典》徽州方志研究

著作名。蒲霞著。安徽大学出版社2013年3月出版。本书对《永乐大典》收录的徽州方志进行了研究。根据方志编修源流、地区建置沿革、佚文内容以及其他线索，对这些方志的编修时间和编修者进行了分析和推断；根据保存下来的志序和其他文献记载，总结了大典本徽州方志中的方志理论，并说明了这些方志编修的基本情况；通过与现存徽州方志以及其他文献的对比，分析和总结了大典本徽州方志佚文的价值，并对其中存在的讹误进行了校正；查阅现存徽州方志，对大典本徽州方志佚文进行补辑。

民国时期徽州方志编纂中的创新与守旧

论文名。翟屯建撰。刊于《中国地方志》2010年第11期。文章认为，民国时期是中国封建帝制进入近代宪政时期，帝制时期的志书体例，从内容到形式已经不再适应新时代。因此，对志书的内容和体例进行创新变革，非常必要。民国时期，徽州六县都普遍开展了修志，成稿并出版的有歙县、婺源、黟县三县，未成稿或部分完成的有绩溪、休宁、祁门三县。民国时期徽州方志编纂的实践，充满了创新与守旧之间的冲突与矛盾。已出版的志书，都是遵循旧志体例，而未完成编纂出版的志书却都充满了创新意识，这也证明循例容易，创新难。

民国徽商、乡村工业与地方市场——培本有限公司经营账簿研究

论文名。马勇虎撰。刊于《中国社会经济史研究》2011年第2期。文章指出，民国初年培本有限公司经营账簿系统完整，类型多样，内容丰富。账簿完整地记录了培本有限公司生产经营等活动，较为细致地展示出近代徽商经营乡村工业的实态。这批账簿揭示了徽商经营乡村工业与地方资本市场、商品流通市场和劳动力市场的关系，也反映出近代徽商转型的若干特点。文章认为，培本有限公司在资本市场、销售市场，以及劳动力要素市场上表现出新的变化。这些变化反映出近代徽商与传统徽商的不同，显示出近代徽商转型之后生产、经营的具体形态，从中揭示出徽州乡村工业与近代徽商、地方市场等若干重大问题。

对清代徽州分家文书书写程式的考察与分析

论文名。张研撰。刊于《清史研究》2002年第4期。文章对清朝徽州分家文书书写程式作了考察，认为"分家"是中国传统社会家庭发展周期的起点，中国传统社会的家庭在"分家"引起的聚散升降的反复进程中，整体上保持着社会地位和经济实力的动态平衡，"诸子平分"的"分家"削弱了家庭，却强化了宗族，使小家庭成为宗族网络上牢固的"结"。

朱熹理学体系及其对徽州文化的影响

论文名。王国良撰。刊于《徽学》第2卷。该文阐述了朱熹体系，并认为它对徽州文化的影响有四点：一是形成了新安理学学派；二是促进了徽州教育的发达；三是贾而好儒；四是形成刚毅风节。

安徽师范大学馆藏千年徽州契约文书集萃

资料集名。李琳琦主编。安徽师范大学出版社2014年12月出版。10卷本。该书选用了馆藏中颇具特色的簿册文书，内容丰富，珍贵稀见，涉及族产、商业、诉讼、实征册、鱼鳞图册、保甲册等诸多类型。

论当代徽学

论文名。赵华富撰。刊于《安徽大学学报》2004年第5期。文章指出，当代徽学是：利用历史文书档案和其他历史资料，研究宋朝以来徽州社会、经济和文化发展变化规律，阐明徽州人在异地他乡的活动和徽州文化的发展，探讨中国封建社会后期社会运动问题的学问。提出当代徽学研究对象的特点是：内容丰富、成就辉煌、现象典型、影响广泛。在当代徽学形成过程中，宋朝以来徽州的社会、经

济和文化的发展及其在外地的影响是社会基础；20世纪50年代，徽州历史文书档案的大量发现是决定因素。

论明代徽州刻书 论文名。严佐之撰。刊于《社会科学战线》1986年第3期。文章从徽州刻本的源流及其兴盛的原因、徽州刻书的性质及其名家刻本、徽州刻书的成就及其文献价值等几个方面入手，对徽州刻书进行研究。

论明清时期徽州地区司法官的思维特点及其影响 论文名。丁国锋撰。刊于《南京大学法律评论》2010年第2期。文章认为，明清时期徽州司法官在审判中形成的思维特点，是由徽州独特的地理特征和人文环境决定的。在徽州健讼之风驱使下，司法官逐渐在审判实践中形成自身独特的思维特点，追求个案实质的公平和正义乃为其形成的根本原因。明清徽州司法官的思维特点主要表现为：凸显了循情调处的审案方式；赋予了乡规民约的法律效力和教化之功；注重对健讼之风的合理平抑；倾向于重私权而轻公权四个方面。明清徽州司法官思维特点的产生有着深层次的原因，明清徽州司法官的思维特点对社会和谐建设产生了重要影响。

论明清徽州文化的阶段性发展 论文名。周晓光著。刊于《江汉论坛》2015年第1期。文章指出：徽州文化是中国传统社会后期既有典型性、又具普遍意义的地域文化。明清两朝是徽州文化发展的鼎盛时期，该时期徽州文化发展经历了四个阶段：一是明前期，从明初洪武年间开始，于嘉靖、万历年间告一段落，其间徽州文化整体风貌彰显的主题是求变与创新。二是明后期，大致从万历中期开始，到明末结束，该时期徽州文化在传承与深化中，呈现出丰富多彩的特色。三是清前期，从明末开始，至清康熙、乾隆之交告一段落，此期的徽州文化经历了一段顿挫与复苏的历程。四是清中叶，大致从康、乾之交开始，至道光年间告一段落，该时期徽州文化体现的特征是博大与精致。徽州文化在明清时期出现的阶段性发展，既与历史环境的变迁有着密切的关系，同时与其自身内在的发展逻辑也密切相关。

论徽州传统社会的近代化 论文名。刘伯山撰。刊于《学术界》2006年第6期。文章认为，徽州传统社会在清朝中后期以后，内部发生了变化，特别是太平天国运动造成的灾害，导致徽州长期稳定的社会结构出现了裂痕，传统社会开始衰落，在经历了清末民国初期的徽州人自我认识之后，徽州开始步入了近代社会，展开了自己的近代化进程。但徽州社会又恰是存在自身的以及那个历史时期不可避免的因素，内在阻挠近代化的发展，结果导致徽州社会的近代化进程不能完成，传统文化一直在延续。

论徽州宗族祠堂 论文名。赵华富撰。刊于《安徽大学学报》1996年第2期。文章探讨了徽州宗族祠堂的兴起时代、建造规模、建筑装饰及其历史背景和社会作用，认为徽州宗族大建祠堂在明嘉靖年间夏言进行民间祭祖礼制改革以后，其祠堂规模宏大，装饰精美，用以加强宗族观念和宗族团结，巩固宗族组织和宗族制度。

论徽州商人文化的内涵、特征及其历史地位 论文名。唐力行撰。刊于《安徽史学》1992年第3期。文章首先论述了徽商文化的基本特征，即科学性与实用性、封建性与伦理性、通俗性、广泛性；接着叙述了徽商文化推动中国早期启蒙思想和近代启蒙思潮的作用。

论徽州商业资本的形成及其特色 论文名。陈学文撰，署名陈野。刊于《安徽史学通讯》1958年第5期。文章指出：徽商在推进商品经济的发展，促进市场的培育、兴旺，繁荣商品交换和物资流通，丰富人们日常生活需求和对江南社会经济的发展各个方面都起着巨大的作用。强调明朝中期以后徽州的商业资本已不是完全走向与高利贷资本、土地资本相结合的道路。

论徽商"贾而好儒"的特色 论文名。张海鹏、唐力行合撰。刊于《中国史研究》1984年第4期。该文强调了徽州盛行的儒风对徽商带来的影响，指出徽籍学者王道昆提出的"商何负于农"的观点，极大地解放了徽州人的思想观念，使徽州人能够理直气壮地去经商营生。同时徽商把儒家道德观念运用到经营活动中，形成了"徽人的商业道德"——"以诚待人""以信接物""以义取利"。

苏州与徽州 著作名。唐力行著。商务印书馆2007年出版。全书由绪论和九章组成：绪论"16世纪以来苏州、徽州的区域互动与江南社会的变迁"；第一章"苏州与徽州的家庭-宗族结构"；第二章"苏徽两地间的家族移徙与互动"；第三章"苏州与徽州的妇女"；第四章"苏州与徽州的基层社会控制方式"；第五章"苏州与徽州的社会保障"；第六章"苏州与徽州的市镇"；第七章"苏州与徽州的民间信仰"；第八章"苏州与徽州的风尚习俗"；第九章"苏州与徽州进士的文化素质与文化互动"。著作在区域研究的基础上，进而关注区域之间的相互作用，认为任何区域的发展都不可能是孤立的，必然会与其他相关区域发生人员、经济、文化等的交往与互动。一方面，各个区域的地理、物产、区位、交通、文化乃至经济社会结构都有其自身的特点；另一方面，区域之间的互动互补也是各区域形成并保持这些特点的必要条件。因此区域互动关系的研究必将把区域研究引向深化。该书在对苏、徽两州区域研究的基础上，着重对这两个区域间的互动加以考察，进而探讨了区域互动对两地的发展以及整个江南社会变迁的影响。

乱世中的商业经营——咸丰年间徽商志成号商业账簿研究

论文名。马勇虎撰。刊于《近代史研究》2010年第5期。文章指出,清咸丰年间徽商志成号商业账簿数量巨大,类型多样,内容丰富。账簿完整地记录了志成号历年进货、销售、开支、结算、银钱兑换等经营活动,较为细致地展示出徽商经营的具体形态。与此同时,账簿还详细记载志成号历年上交厘金、地方规费的种类和数额,以及银钱兑价。这批账簿揭示了商业经营与地方市场、地方社会的关系,也反映出咸丰年间持续多年的社会动乱严重地恶化了商业经营的环境,降低了徽商经营效益,折射出乱世状态下商业经营的艰难。

何震的生平与篆刻艺术

论文名。翟屯建撰。刊于《明清徽州篆刻学术研讨会论文集》,西泠印社2007年12月出版。文章指出,何震是中国文人篆刻艺术流派史上开宗立派的人物,在篆刻史上占重要的地位。长期以来对他的生平事迹、艺术成就及著述成果都有不同的说法和议论,至今还没有一篇文章对他的生平与篆刻艺术进行过系统的研究,该文的目的就是弄清何震的生平,将何震置于文人篆刻艺术流派史的长河中加以考察,对他的篆刻艺术作一些探讨,并对他的著作《续学古编》的真伪作考证。

近代徽商汪宽也

著作名。言行一著。陕西师范大学出版社2012年7月出版。汪宽也为休宁人,曾任上海布业公所总董。该书通过对清末民国初期上海布业巨子汪宽也一生的叙述,使读者可以寻觅清末民初时代的徽商踪迹,感受到近代中国城市和乡村政治、经济、社会生活历史。

宋元时期的徽州商人

论文名。王裕明著。刊于《安徽史学》2015年第3期。文章指出:宋元时期徽州商人十分活跃。徽商萌芽于两宋,兴起于蒙元。徽商兴起的根本原因,是由徽州经济结构决定的,而非所谓的地理、文化因素。宋元时期徽州商人的活动,加快徽州地方物产商品化,促进徽州人口流徙,推动徽州社会阶层分化。该时期的徽州商人属于专业商人,在经营过程中,获得大量财富,改变了徽州人的职业观,激起时人对四民观的审思;改变了自身和徽州经济面貌,形成区域经济中的徽州模式。宋元时期的徽州商人是明清徽商的基础。

甬商徽商晋商文化比较研究

著作名。张实龙著。浙江大学出版社2009年9月出版。全书分为9章:第一章"引言";第二章"甬商、徽商、晋商价值观念比较";第三章"甬商、徽商、晋商经营策略比较";第四章"甬商、徽商、晋商非营利性投资及社会影响比较";第五章"甬商、徽商、晋商地理环境因素分析";第六章"甬商、徽商、晋商民俗环境因素分析";第七章"甬商、徽商、晋商的政治环境因素分析";第八章"甬商、徽商、晋商的学术环境因素分析";第九章"结语"。在明清时期,甬商、徽商、晋商都曾经盛极一时,但是面对中国社会近代转型的格局,在时代风浪的吹打淘洗之下,徽商、晋商渐趋衰落,而甬商仍然活跃依旧。兴衰的轨迹显现出不同商帮文化的内在特质,可为我们今日之商业文化建设提供一些借鉴。

卖身婚书与明清徽州下层社会的婚配和人口问题

论文名。胡中生撰。刊于《明清人口婚姻家族史论》,天津古籍出版社2002年出版。文章以明清时期徽州婚书类人身买卖契约为依据,研究得出卖身婚书具有一种缓解社会紧张和解决社会问题作用的结论。指出:明朝中后期徽州下层社会性别的失衡和婚龄女性的缺乏,婚书买卖使得女性人口向富贵之家集中的同时又向贫穷的男性保持了一种开放,使得部分被卖者解决了"婚娶无措"问题;同时它又是一种身份下降的人口分流,一部分生存艰难的下层民众被他们的家庭或主人出卖给控制着物质资源和婚姻资源的富贵人家,担负着各种各样的服役义务,从而缓解了下层社会的"衣食钱粮紧急"问题。

明代乡村纠纷与秩序——以徽州文书为中心

著作名。日本中岛乐章著。江苏人民出版社出版。作者以明朝徽州文书,特别是诉讼文书为主要史料,参之以族谱、地方志、文集等史料,以诉讼个案分析为线索,对于明初"老人制"在徽州的实施背景,里甲体制下民间纠纷的解决方式,明朝中期以后宗族的结合和扩大,以及徽州的佃仆制与主佃纷争等方面的内容都有详尽的论述。作者认为明初以来,"老人"作为县以下诉讼程序中重要的一环,接收民间词状,处理纷争。15世纪后半期开始,"老人"与里长除继续接收"乡里之状"外,在诉讼调停、实地勘证以及判决的执行等方面开始发挥着更大的作用,他们在乡村纠纷中所扮演角色有所变化。16世纪以降,乡约、保甲以及亲族、中间人等成为乡村纠纷的重要调节力量,但里长仍然存在,并发挥着作用。这些内容不仅对于理解徽州的历史,而且对于解决宋明以来中国社会诸多方面的变化有着十分重要的意义。

明代黄册研究

著作名。栾成显著。中国社会科学出版社1998年出版。关于赋役黄册研究,以往研究中主要问题在于缺乏实物原件,因而出现一些依据文献记载进行推测的现象。该论著在大量占有明朝徽州黄册底籍以及黄册归户册的基础上,结合其他文献材料,对明朝黄册的攒造时间、登录事项、户帖制度、小黄册与大黄册之区别与联系、黄册里甲的编制原则与图保划分、甲首户问题、黄册制度的本质及其衰亡原因等,都提出了不少新的见解。指出黄册不仅是一种赋役之法,而且是一种户籍制度。甲首是一种职役,每里共设有百户甲首,而非一甲之首领,更非一里只有一甲首。著作还通过对明清大户经济形态的分析,揭示庶民地主在中国封建经济结构中的地位和作用。

明代徽州文契所见土地关系初探

论文名。张学慧撰。刊于《'98国际徽学学术讨论会论文集》，安徽大学出版社2000年出版。文章通过对明朝徽州土地文契的分析，认为当时宗族势力对土地所有权的限制日益削弱，土地所有权与使用权的分离现象较为普遍。明朝徽州土地买卖不把首先询问房亲邻人作为制度，明朝徽州土地买卖中的宗法制色彩和传统势力趋于淡薄；明朝徽州地区的族田祠产也开始成为土地买卖的一个组成部分，宗法土地所有制逐渐衰落。

明代徽州庄仆文约辑存

论文名。傅衣凌撰。刊于《文物》1960年第2期。文章对这批庄仆文约进行了类辑考释，对庄仆制度的成因、庄仆的来源以及身份等问题进行了研究。认为，明清徽州庄仆制度的成因是由于地主阶级压迫的结果，而又通过"政权""族权""神权""夫权"等四大绳索残酷地使一部分无地少地的农民失去自由，成为他们的仆奴。这一形成过程有四个原因：一、耕种地主田地；二、住居地主庄屋和埋葬地主山地；三、入赘婚配；四、负债。指出，庄仆有自己的私有财产，从法律上说，地主对于庄仆也不像古代奴隶那样可以任意自由处置，而必须通过地方保甲送官理治。其身份显然不是古代的奴隶，而是封建的农奴。

明代徽州批契及其法律意义

论文名。阿风撰。刊于《中国史研究》1997年第3期。文章利用徽州文书中的批契以及有关的土地买卖文书，对批契书立的方式、反映的内容、所具有的法律效力具有什么特点，它主要发生在哪些领域做了说明。文章指出：批契作为实现财产转移的法律文书，它的主要特点在于其财产转移的无偿性，因此，"批受"多发生于家族内部，亲戚之间，它既不同于土地买卖，也与家产分析有着许多不同。从现存的大量徽州文书中可以看出，有明朝，至少在徽州地区，"批契"作为一种成熟的法律文书，在财产（主要是不动产）转移中占有一定的地位。

明代徽州的民事纠纷与民事诉讼

论文名。卞利撰。刊于《历史研究》2000年第1期。文章利用大量的原始资料和地方志，论述了明朝徽州民间诉讼增多的原因、诉讼的基本内容、处理程序和依据标准等。文章指出：在明朝，包括徽州在内的全国许多地区诉讼案件的增多，一方面说明人们的法制观念增强，越来越懂得用法律保护自己的权利；另一方面反映了商品经济的发展和社会文明的进步。这一点在徽州地区尤其显著。

明代徽州的地痞无赖与徽州社会

论文名。卞利撰。刊于《安徽大学学报》1996年第5期。文章从剖析明朝徽州地痞无赖产生和发展的历史背景入手，罗列了明朝徽州地痞无赖在徽州社会、经济和文化领域猖獗活动的种种表现，并着重提示了地痞无赖活动对明朝特别是明朝中期以后徽州社会、经济和文化等诸多方面的影响。文章指出：处在明朝中后期社会剧烈变革的时期，地痞无赖作为社会阶层的一个重要组成部分，其横行的结果是直接污染了社会空气，扰乱了社会秩序，助长了官场腐败，阻碍了徽州社会经济的发展进程，造成了整个徽州社会的混乱无序状态。

明代徽州洪氏誉契簿研究

论文名。刘和惠撰。刊于《中国社会经济史研究》1986年第3期。大多数学者都认为，"住主房、种主田、葬主山"是农民沦为佃仆的三大主要原因，刘和惠认为三大条件中，"住主房"是一个中心问题，从许多佃仆文约来看，绝大多数佃仆都是由于"住主房"而沦为佃仆的。通过对《洪氏誉契簿》的研究，刘和惠认为明朝徽州地区占主导地位的是实物额租，分成租主要限于山区林业经济物范围，而货币租只是刚刚开始。

明代徽州谱牒的纂修、管理及其家国互动关系研究

论文名。卞利撰。刊于《江海学刊》2010年第1期。文章指出：徽州谱牒纂修在明朝达到了巅峰，无论是类型、体例、内容，还是纂修、刊刻的管理制度，都远胜前朝，呈现出日臻成熟和完善的发展趋势。其中各类统宗谱以及跨地域的徽州名门望族谱牒——《新安名族志》和《休宁名族志》的问世，标志着明朝徽州谱牒纂修理论与实践的繁荣和成熟。文章从纂修和管理的视角，对明朝徽州谱牒纂修与管理制度及其家国互动关系进行了系统的探索。

明代徽商考

论文名。傅衣凌撰。1947年完成，刊于《福建省研究院研究汇报》第2期。该文是第一篇对徽商进行专门研究的长篇大作，全文约3万字，从徽商形成原因、徽商的活动范围、经营行业进行了全面考察，并从社会经济史的观点对徽商在中国商业上的历史地位及所代表的商业资本的类型作出评价，指出：明朝徽商资本在分解封建社会的过程上所起的作用，且产生有不少新的资本主义成分的萌芽因素，然终被这旧生产方式的坚固性和内部结构紧紧地限制着，于是使得徽商资本的发展，一方面受着古旧老朽的生产方式的残存所压迫；另一方面，又为资本主义生产的不发展所苦，死者捏住生者，形成了徽商资本的一个基本特点。

明代徽商染店的一个实例

论文名。范金民撰。刊于《安徽史学》2001年第3期。文章利用《徽州千年契约文书》所收《万历程氏染店查算账簿》，对徽商合伙开设染店的经营状况进行考察。指出《万历程氏染店查算账簿》反映了徽商合伙开设的染店的经营状况，该染店设在江南，是一个为棉布布庄批量加工而非门面零星加工服务的店铺。由染店将染色的布匹分为青布、蓝布等可知，以往论者标点史料论述棉布时连称"青蓝布"是不妥当的。同时提出，有学者主张"余利"已在清朝前期出现，由账

簿所载可知，"余利"至迟在明万历中期已经出现。该染店除了合伙人出资外，也吸纳社会资金，而且社会资金还略多于合伙人资本，但合伙人所得利润远较社会集资的比例为高。染店经营年利接近20%，大大高于当时一般商业利润的"什一之利"，但历年支用大于投入，生产规模到后来反而不断缩小，成为商业资本未能获得发展的典型。

明后期祁门胡姓农民家族生活状况剖析

论文名。周绍泉撰。刊于日本《东方学学报》1995年第67册。该文利用中国社会科学院历史所收藏的36张从明成化二十三年（1487年）至崇祯十年（1637年），涉及一户胡姓农民家族的文书资料，分析该农民家族的世系、沦为佃仆的过程以及家族的经济状况，从而勾画出一个普通农民家族在平常情况下的生活状况。认为在徽州像胡姓这样的小户家族，无法改变被剥削、被压迫的仆人地位，也无法摆脱其贫困的生活状况。他们可在某段时间里积累起一些田产，但却无法长期保持下去，最终被大户地主采有种种手段掠夺去。该文为了弄清胡氏家族各房的关系，还尝试利用契约文书的有限内容编列了胡姓家族的族谱和世系递嬗表。

明初地主积累兼并土地途径初探

论文名。栾成显撰。发表于《中国史研究》1990年第3期。文章以明初祁门谢能静户为例，探讨了一个家庭通过土地兼并成为庶族地主，而后又以子孙科举入仕成为官僚地主的过程，展示了中国封建社会一般庶民地主的发展道路。

明清以来徽州区域社会经济研究

著作名。唐力行著。安徽大学出版社1999年出版。该书由作者有关徽学的21篇论文结集而成，从徽州宗族、徽州商人、徽州文化、徽州社会和徽州人物五个方面全面展开对徽州区域社会的研究，并对徽学研究的方法论问题，提出了诸多见解。

明清以来徽州村落社会史研究

著作名。王振忠著。上海人民出版社2011年出版。著作利用通过田野调查在徽州民间收集到的珍稀文献撰写的系列论文整合而成，为村落文书与村落社会史研究的专题论文集。分为七个专题：一、徽州村落文书的形成——以抄本《新安上溪源程氏乡局记》二种为中心；二、清朝前期徽州民间的日常生活——以婺源民间日用类书《目录十六条》为例；三、大、小姓纷争与清朝前期的徽州社会——以《钦定三府世仆案卷》抄本为中心；四、礼生与仪式——明清以来徽州村落的文化资源；五、迎神赛会与地缘组织——明清以来徽州的保安善会与"五隅"组织；六、晚清民国时期的徽州宗族与地方社会——黟县碧山何氏之《族事汇要》研究；七、清朝一个徽州小农家庭的生活状况——对《天字号阄书》的考察。专著主要利用徽州文书，结合文集、族谱和方志等相关史料，对明清时期徽州村落的生活环境（经商风气的蔓延、交通与商业）、棚民经济、祭祀礼仪与社会生活、自然灾害与民间信仰、风土习俗等，均作了探讨。

明清以来徽州的疾疫与宗族医疗保障功能——兼论新安医学兴起的原因

论文名。唐力行、苏卫平著。刊于《史林》2009年第3期。明清以来徽州地区的宗族保障日趋完善，文章着重探讨徽州宗族在医疗方面所建立的疾病预防、医疗（侧重在族医体制）和救助较为完善的医疗体系。徽州宗族的长期延续，某种意义上来说，也是族人身体的世代相续，故徽州宗族十分重视其医疗保障功能。这是徽州瘟疫发生次数较毗邻的其他江南地区少的重要原因之一。同时，族医制度与宗族"显亲宁亲，孺医等耳"的价值观促进了新安医学的发展，成就了新安医学的辉煌。

明清时代之宗族与宗教

论文名。日本臼井佐知子撰。刊于《上海师范大学学报》2004年第1期。文章认为：明政府采用在庶民间渗透强化宗族关系，强调以宗法为基础的伦理观念的政策。文章以徽州文书及其他地域文书中与宗教相关的材料为基础，探讨上述政策及其对人们的渗透而产生的影响，在明清时期是如何使人们对带有宗教性的事物，特别是对寺院或僧侣的意识行为发生变化的。

明清时期徽州出家现象考论

论文名。康健著。刊于《历史档案》2014年第3期。文章指出：明清时期徽州出家现象较为普遍，出家者包括农民、胥吏、妇女和士绅等社会各个阶层。这种特殊的社会现象有着鲜明的时代背景和原因，如因生活贫困、家庭变故、民族气节等，折射出明清时期徽州社会动荡不安，以及贫富分化日益严重的社会现实。出家为僧的遗民，或从事文学艺术创作，颇有建树；或在出家后一心向佛，成为"僧"，推动了徽州佛教事业的发展。徽州宗族对出家现象的不同态度，显示出徽州社会存在多元、多样的生活方式，也说明徽州宗族社会存在松懈的一面。

明清时期徽州妇女在土地买卖中的权力与地位

论文名。阿风撰。刊于《历史研究》2000年第1期。文章依靠大量土地买卖文书分析明清时期徽州妇女在土地交易过程中的角色与地位，并在此基础上分析当时社会的礼法观念与民间实际生活的结合程度与方式。

明清时期徽州刻书

论文名。翟屯建撰。刊于《图书馆学通讯》1989年第1期。该文认为徽州刻书兴盛的原因：一是环境和传统雕刻技艺的影响；二是学术促进，读书、著作、藏书需求；三是徽商的推动，在出版方式和印刷技术上都有革新；四是宗法观念编谱的需要。指出徽州刻书的贡献;一是发展了我国的版画艺术;二是推动了我国版本学、校雠学的发展;三是保存了大量有价值的文献;四是对中国古代科技的发展做出了贡献。

明清时期徽州森林保护碑刻初探

论文名。卞利撰。刊于《中国农史》2003年第2期。作者根据在徽州调查和收集到的27通明清徽州森林保护碑刻资料,结合徽州历史文书和文献,对徽州森林保护碑刻的时空分布、类型划分和基本内容与形式进行了分析。文章还着重探讨了明清徽州寓禁止性、惩戒性和奖赏性于保护之中的森林保护碑刻规条的制定、实施与监督的动态过程。文章指出:明清徽州森林保护碑刻在严禁乱砍滥伐森林、维护当地居民生产与生活以及生态平衡方面,在保护和发展以林业为支柱性产业的徽州经济方面,具有其他质地特别是纸质文书所不可替代的地位和作用,它是当地人人皆知的乡规民约,更是约定俗成的民间习惯法。

明清晋商与徽商之比较研究

著作名。刘建生、燕红忠、张喜琴等著。山西经济出版社2012年8月出版。全书分17章:第一章"导论";第二章"商业文明的发展与晋、徽商的兴起";第三章"晋、徽商的整体商业实力及其变化";第四章"盐业中的晋商与徽商";第五章"茶叶业中的晋商与徽商";第六章"粮布业中的晋商与徽商";第七章"典当业中的晋商与徽商";第八章"其他行业中的晋商与徽商";第九章"晋、徽商的衰落过程及其原因探析";第十章"晋、徽商制度安排的基本模式:地缘与血缘、乡土与宗族之间";第十一章"晋、徽商文化归因之比较:形成机理分析";第十二章"晋、徽商乡约民俗安排之比较";第十三章"晋、徽商与官商关系之比较";第十四章"晋、徽商教育之比较";第十五章"晋、徽商家族的个案比较";第十六章"晋、徽商经营管理机制比较";第十七章"晋、徽商业务制度安排之比较"。论著对明清时期最具特色的两大商帮集团——晋商与徽商进行了全面、系统的比较研究。在阐释两大商帮各自经营的主要行业、整体实力、发展进程、特点及兴衰过程的基础上,分析了晋、徽商的制度安排、制度模式和经营管理机制。比较了晋、徽商制度模式选择、文化归因、行会组织和制度、乡约民俗安排、官商关系、教育制度、名门望族、资本和人事组织、企业治理机制、内外部业务制度的同异性。探讨了在华夏文化大背景下,区域文化的不同特征及由此所决定的区域经济体发展的不同路径和制度安排的多样化问题。这有助于建立区域经济体比较研究新的分析框架,深入探寻现代经济体之间不同发展路径的历史归因。

明清徽州土地金业考释

论文名。栾成显撰。刊于《中国史研究》2010年第4期。土地金业为明清徽州社会经济方面的一个关键性用语。文章指出:徽州土地金业始于元末明初,在徽州一府六县广泛实行,并于明清两朝贯彻始终,为业户土地产权方面的一项基本制度。金业与土地清丈关系十分密切。所谓金业,即是通过土地清丈,经过官府认定,而登录于国家版籍即鱼鳞图册上的土地产业。从业户的角度来说,金业则指经过官方认定的土地业主。至清朝,田土交易亦须经过金业认证,土地买卖也被纳入金业制度。金业作为民间私有土地的一种书证,在家产继承、土地买卖、土地转让以及田产诉讼等诸多方面,都展现出其特有的社会功能,表明金业实质上具有私有土地产权认证的性质,而成为民国时期徽州土地私有产权确立的历史出发点。

明清徽州土地契约文书选辑及考释

论文名。陈学文撰。刊于《中国农史》2002年第3期。文章从明永乐到清光绪500余年间的田契中选取24份作个案剖析与比较研究,描述了土地转移的一般法律程序,探讨了土地价格升降的原因以及田底田面(田骨、田皮)的土地所有权与使用权之间的分离现象。作者论证后认为,这一现象意味着封建土地所有制有所松懈。尤其是作者对契尾进行研究后认为,政府已介入地权的转移,并形成了一定的制约机制。

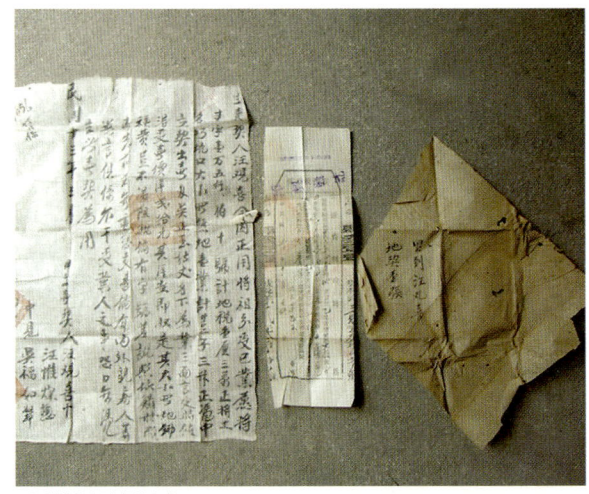

*明清徽州土地契约文书

明清徽州生存伦理下的多元文化

论文名。胡中生撰。刊于《中国文化研究》2004年第4期。文章提出:在徽州生存伦理的影响下,明清时期的徽州社会文化中有着奢侈和节俭的双重体现,有着多样化的婚姻形态,有着对赋役的抗争和主流职业价值观的重新诠释。徽州社会文化的表层呈现出多元性的生存意识强烈的一面。

明清徽州农村社会与佃仆制

论著名。叶显恩著。安徽人民出版社1983年出版。作者采用文献资料和田野调查相结合的研究方法,在批阅大量丰富的徽州文献材料和各种徽州民间契约文书的基础上,吸收了历史学、社会学、人类学和经济学等学科的理论与方法,对徽州的历史地理、徽州人的由来、徽州历史上人口与土地变动、明清时期徽州土地占有关系和乡绅阶层、徽州商业资本、徽州的封建宗法制度、徽州的封建文化、徽州的佃仆制等问题进行了深入而全面的探讨和研究。把徽州明清时期的诸多历史问题,如缙绅地主势力的强大、商业资本的发达、宗法土地所有制的发展和宗法势力的强固、封建文化的发达、理学和礼学的盛行、佃仆制的顽固残存等,一一放到徽州历史发展的全过程加以考察,揭示其起源、性质和演变情况。

明清徽州村规民约和国家法之间的冲突与整合

论文名。卞利撰。刊于《华中师范大学学报》2006年第1期。文章以明清徽州村规民约为例,全面探讨了村规民约的性质,以及村规民约与国家法之间的互动关系;指出,村规民约是国家法的必要补充和延伸,构成了国家和社会稳定和谐的基石;但两者又经常有冲突和抵触,为了维护社会稳定和巩固政权统治,在发生抵触与冲突时,国家法通常采取妥协和让步的路径寻求消弭冲突、进行整合之道,而村规民约则采取主动"邀请"国家权力进入的方式,从而实现与国家法的整合。

明清徽州社会经济资料丛编(第一辑)

资料集名。安徽省博物馆编校。中国社会科学出版社1988年出版。全书近50万字,分卖田契、卖田皮契、土地契、卖山契、卖塘契、典当田地契、加价契、租田地文约、租山文约、庄仆还约文书、对换田地文书、卖屋契、卖地基契、典屋契、租屋文约、卖身契、借贷券和其他等18类,共标点收录徽州自明洪武初至清光绪末950件原始契约文书。

明清徽州社会经济资料丛编(第二辑)

资料集名。中国社会科学院历史研究所徽州文契整理组编校。中国社会科学出版社1990年出版。全书近50万字,分两篇,第一篇收录宋元土地买卖文契12份;第二篇收录明朝土地买卖文契685份,分为卖田文契、卖地文契、卖屋基田地文契、卖园文契、卖塘文契、卖山文契6类。

明清徽州社会研究

论著名。卞利著。安徽大学出版社2004年出版。该书分八个主要部分,分别叙述了徽学的形成与发展、明清徽州的社会变迁、明清徽州的社会结构、明清徽商与徽州社会、明清徽州民俗与徽州社会、明清徽州的法制与社会、明清徽州的社会问题、徽州文书与文献资料研究。以上这些内容涉及了徽学研究的主要内容,其中社会变迁和社会结构两部分都有个案剖析。该书主要围绕明清徽州社会的研究为中心展开,考虑到研究主题自身客观发展的过程,因此,一些专题的研究在时间上还适当地向前或向后作了延伸。

明清徽州典当蠡测

论文名。郑力民撰。刊于《中国史研究》1991年第3期。文章对土地典当进行了研究,通过对歙县许荫祠典、当、绝、活卖契约四件进行分析,认为土地典价一般较卖价为高,是买地人诱人出典,最终达到绝买的一种手段。

明清徽州典商研究

著作名。王裕明著。人民出版社2012年9月出版。作者以徽州典商为研究对象,以徽州典商文书研究为出发点,全面探讨徽州典商诸问题。在此基础上,把握明清典当业和明清社会,重点考察徽商典铺的经营实态以及明清社会变迁过程。全面而系统地搜集、整理、解读和研究徽州典商文书,以契约文书为基本资料和出发点来研究徽商典商,是本书最大特色。作者在搜集典商文书资料上下了很大功夫,在解读典当文书资料方面成就卓著。作者对当票和典当账簿的草书墨迹,一一加以辨认和解读,显示出文书研读的深厚功底。作者在大量搜集典票并一一解读的基础上,又将典票所载各个事项进行分类统计,揭示出有关典当的各种社会经济信息。著作多角度地论述徽典经营中各种利润和利润率;详细阐述了徽州典商所采取的正余利制、官利制、月折制和津贴制等多种分配制度;阐明了典业经营环节之间的关系,重新考辨了典当类型和存款业务;揭示了徽州典商家产积累过程、利润流向及对地域社会影响,并论及徽典内部员工生活状况。

明清徽州的佃仆制

论文名。叶显恩撰。发表在《中国社会科学》1981年第1期。文章将佃仆的身份总结为:是具有奴与佃户双重身份的人。他们和庄主具有主仆名分、被束缚于庄屋土地上,没有迁移自由,可随屋地的变卖、赠送、分籍而变换或增加主人,在法律上划归"奴仆类"。但佃仆的实际地位高于奴仆,有自己的简单工具,个别的还有少量土地房屋,有自己的家庭组织和独立的家庭经济。主家只能部分占有其人身而不是全部,对其支配奴役是有限制的,他们的生命肢体安全已得到一定保证。佃仆也不同于一般佃户,对主家的人身隶属和所受超经济强制远比一般佃户严酷,服劳执役也远为繁苛。佃仆往往隶属整个宗族,带有宗族农奴的性质。

明清徽州宗族与乡村社会控制

著作名。陈瑞著。安徽大学出版社2013年9月出版。本书以徽州宗族为视角,利用历史学、社会学、人类学和管理学等学科的理论与方法,对明清时期徽州乡村社会控制诸问题进行了全面系统的实证研究。全书分为上编"明清徽州宗族的内部控制"和下编"族权与政权互动视角下的明清徽州乡村社会控制:以保甲制推行为中心"两大部分。上编集中讨论明清时期徽州宗族内部的控制结构、控制实施主体、控制设施、控制手段及其运用、内部控制的主要领域和内容;下编主要探讨明清时期徽州境内宗族与保甲的关系状态,以及二者联手实施乡村社会控制的具体情形。

明清徽州宗族与乡村治理：以祁门康氏为中心

论文名。郑小春撰。刊于《中国农史》2008年第3期。文章以民间合约为切入点，对祁门康氏宗族处理纷争的实态进行了个案介绍，指出：民间合约是宗族惯用而有效的解纷方式；在传统乡村治理中，宗族发挥着多方位的自我调控功能，是国家扶持和利用的主要社会力量，并与国家一道形成了"协调共治"的景象。

明清徽州宗族文书研究

著作名。刘道胜著。安徽人民出版社2008年出版。徽州文书，被认为是20世纪继甲骨文、汉晋简帛、敦煌文书、明清内阁大库档案之后新资料的第五大发现。在丰富的徽州文书中，宗族文书为其大宗。该书作以明清徽州宗族文书为中心，采用文书档案与文献记载相结合的方法，以解读文书的形式，阐释文书的内涵，以揭示明清徽州宗族所固有的种种社会关系，进而考察国家和宗族的制度规范与民间实际运作之间的差异。主要分为四个部分，第一、二部分从文献学的角度对徽州宗族文书作总体性考察，第三、四部分则以历史学、社会学等视角对徽州宗族文书所反映的各种社会关系加以阐发。

明清徽州宗族史研究

著作名。韩国朴元熇著。2002年在韩国出版，中文修订版于2009年由中国社会科学出版社出版。该书从歙县方氏的个案研究入手，分析了歙县柳山方氏十派联合的契机和原因，对柳山方氏各派将纪念汉朝方氏名人方储的真应庙转为方氏宗祠的过程进行了全面考察，指出柳山方氏族人经商没有走向解体宗族制，反而加强了宗族制。同时他通过对岩镇方氏的研究，得出徽州本土市镇并不太体现出商业和专业市镇的特点，反而具有强烈的人文、宗族色彩。

明清徽州宗族的异姓承继

论文名。栾成显撰。刊于《历史研究》2005年第3期。文章讨论了明清时期徽州宗族的异姓承继问题，认为明清徽州宗族的异姓承继相当普遍，而不是个别现象。同宗继子乏人是异姓承继的原因之一，保全家产为异姓承继的重要经济因素。异姓承继亦有感情问题。血缘关系是宗族组织建立的基础，宗祧承继为宗法制度的一个核心内容。明清异姓承继的普遍及有关法规的调整，表明封建宗法关系的松弛。

明清徽州家谱与徽州社会风俗

论文名。周晓光、徐彬合撰。刊于《安徽史学》2011年第6期。文章认为：明清徽州社会是具有典型特征的区域社会，盛行"仁让之风"、重视血缘关系、重视婚姻门第是其中主要的几种社会风俗。这些社会风俗的形成是多种因素共同作用的结果，而明清徽州家谱在其中所起的作用则不可低估。明清徽州社会利用家谱宣扬了"仁让"之风，通过家谱保持血缘纯洁性，也利用家谱维持婚姻的门第等级。

明清徽商人才观考鉴

论文名。郜延红撰。刊于《徽州学研究》2009年第4集。文章综合考察了明清徽商重才用贤、知人善任之类的商业人才观正是取诸传统儒家所主张的"德才兼备""任贤用能""人尽其才""宽厚待人"等思想。这为"贾而好儒"的徽商们提供了一条重要的经商成功之路——识人、选人、用人、待人之道，值得后人深思体察，鉴而取用。

明清徽商与江南棉织业

论文名。王廷元撰。刊于《安徽师范大学学报》1991年第1期。文章认为：明清数百年间，徽商一直是江南棉布收购、染色和运销的主要经营者，因此他们的活动既促进了江南棉织业中商品生产的发展、棉织技术的提高，也有助于棉布染织业资本主义萌芽的滋长。

明清徽商的诉讼研究

著作名。王亚军著。安徽大学出版社2013年2月出版。本书将徽商置于"重农抑商"和"无讼"的传统法律文化下，以法学的研究方法来审视明清时期徽商的各类诉讼活动，论证分析徽商在缺乏国家法律制度的有效保护下，主动依附封建政治势力，锻造出徽商"好讼"性格，却带来不可避免的弊害，迫使徽商最终沦为封建性商帮，最终走向衰败的悲剧性命运。最后通过中西比较的研究方法，从宏观方面来分析徽商的诉讼与欧洲中世纪商人的诉讼之间的差异，以证明注定徽商和西方中世纪商人不同命运的法律根源。

明清徽商资料选编

资料集。张海鹏、唐力行、王廷元、王世华同选。黄山书社1985年出版。全书分七章：第一章"明清时期的徽州社会"；第二章"徽商资本的来源与积累"；第三章"徽商的经营行业"；第四章"徽商的活动范围和经营方式"；第五章"徽商资本的出路"；第六章"徽商的政治态度"；第七章"徽商与学术文化"。该书所收资料以明朝及清朝前期（1368~1840）有关徽商的记载为主，间亦涉及明朝以前和1840年以后的记载，以便于考察徽商的盛衰过程。

宗族历史的建构与冲突——以黄墩叙事为中心

论文名。冯剑辉撰。刊于《安徽史学》2007年第4期。文章指出，徽州宗族历史上的"始迁黄墩"记载，更多的是一种传说，而非史实，其实质是徽州宗族为建构自身历史而做出的叙事。从历史观上来说，各宗族的黄墩叙事，其历史越追溯越久远，越是后起的文献记载越详细。这一建构的进程有时可以持续数百年之久，其间种种看似反常的举动，其实是出于正常的需要，不可思议的杜撰则往往是出于崇高的目的，这充分体现了宗族活动的复杂性。

试论徽州商人资本的形成与发展

论文名。叶显恩撰。刊于《中国史研究》1980年第3期。文章侧重从徽州佃佃仆制的角度出发,论述徽商的形成与发展,提出:"徽商的形成和发展的原因是复杂的,其中一个重要原因是根植于佃仆制的基础之上。身兼地主的徽商将从佃仆身上榨取来的杉木、茶、漆等土特产,以及用以承担商品运输的劳役租直接转化为原始型的商人资本,并使用佃仆营商或充当行商的保镖,这对徽商资本的形成和发展起了重要作用。正因为如此,徽商慷慨捐资,置祠产,建祠堂,修祖坟,叙宗谱,强固封建宗法制,通过强化封建'四权',顽固坚持佃仆制。"

话说徽商
著作名。李琳琦主编。中华工商联合出版社2006年6月出版。全书分9章:第一章"营商观念";第二章"致富内幕";第三章"徽商精神";第四章"儒商风度";第五章"谁与争锋";第六章"客居生活";第七章"乡土之链";第八章"钱势之交";第九章"商海案例"。该书是《中国商人谋略坊》系列之一,内容丰富,深入浅出,史论结合,风格活泼,体现了商业文化与传统文化、地域文化的兼容并蓄,包含着经济与文化的联姻、历史对现实的观照。

战前祁门红茶的海外销售与市场价格分析
论文名。刘淼撰。刊于《中国农史》2004年第4期。该文从具体的祁门红茶经营研究入手,探索现代经营方式对传统经营方式的影响。集中考察了祁门红茶海外销售制度、上海外销商与海外市场的关系、外销茶的销售量及销售价格体系变动诸问题,以期对内陆地区传统农业产品与市场,特别是国际市场关系问题有所认识。

品鉴与经营:明末清初徽商艺术赞助研究
著作名。张长虹著。北京大学出版社2010年1月出版。全书共分8章,从作为收藏家的明朝文豪王世贞入手,通过王世贞的收藏观考察明中期后社会鉴藏风气的转移,即由收藏宋画转为收藏元画。在此过程中,新兴的徽商起了重要的推波助澜的作用。明清徽商的活动范围遍及南北,在经济发达的江南地区活动尤多,苏州、嘉兴、杭州、南京,甚至徽州本土的艺术市场上,无不活跃着徽商的身影。第一章为绪论。第二、三、四、五章多层次、多角度地讨论了徽商在各级艺术市场的活动。既有个案探讨,也有综合论述。第六、七、八章讨论了明末清初徽商艺术收藏品的出路问题。第六章尤其梳理出一批徽州籍艺术交易人,拈出了一个有价值也有意思的话题;第七章讨论徽商艺术收藏品的家族"世守"问题,即家族承传;第八章则探讨徽商艺术收藏品的海外市场。

唐末五代徽州的北方移民与经济开发
论文名。张宪华撰。刊于《安徽师范大学学报》2006年第6期。文章根据方志家谱资料,论述唐末五代初徽州北方移民的迁徙路线、定居点等基本状况,考证移民家族的大概数字,探讨经济开发、古村落的创建,证明唐末五代初是徽州社会经济发展的转折时期。农业方面的开发向广度和深度进军,大批山间盆地开发出来,移民初至并创建了古村落。手工业方面在文具业上专业化制造优势产品,形成了地方经济特色。商税的征收,亦折射出商品经济的进步。唐末徽州,主要依赖于移民的推动,移民推动了徽州山区农业的开发,促进了社会活力与新因素的形成。

阅读徽州
著作名。吴建春主编。中国科学技术大学出版社2015年6月出版。全书分为徽州风光、徽州村落、徽州建筑、徽州商帮、徽州教育、徽州艺术、徽州科技、徽州人物8个方面,以翔实的史料、生动的文字、精美的图片,把徽州的自然美、人文美和徽州文化的独特创造、价值理念、鲜明特色充分展现出来,为人们了解徽州、阅读徽州提供了很好的向导。

理学社会化与元代徽州宗族观念的兴起
论文名。章毅撰。刊于《中国社会史评论》2008年第1期。文章指出:元朝后期的徽州出现了宗族观念兴起的趋势。它不仅体现在地方精英的言论中,也表现为家谱编纂的普及和祭祖方式的变化。它是有元一代理学在徽州的深入传播和地方社会结构变动相互作用的结果。元初对于科举的中止以及重视"出身"和注重"功利"的铨选方式,一方面产生了新的拥有世袭权力的地方豪强,另一方面也促使很多习儒者转而成为民间师儒,促进了理学的广泛传播,并使理学中独特的鬼神观广为人知,宗族观念也由此得到了内在的观念基础。而元朝后期豪强世家对于理学的接受则最终刺激了理学社会化的实践。宗族观念在元朝后期徽州的兴起正是这一系列因素作用下的结果。

略论家谱内容与体例的演变
论文名。翟屯建撰。刊于《中国谱牒研究》,上海古籍出版社1999年出版。该文利用安徽中国徽州文化博物馆收藏的10部徽州明朝家谱,分析了家谱内容与体例的演变。认为明嘉靖时期是家谱由单纯的记血缘世系向一族之全史式的氏族管理典籍制过渡阶段,隆庆、万历是近世家谱的定型期,标志着徽州宗族社会的成型。

略论徽商与吴楚贸易
论文名。王廷元撰。刊于《中国社会经济史研究》1987年第4期。文章侧重论述了徽商在吴楚贸易的情况。指出明清时期徽商在吴楚贸易中最为活跃,其中又以盐商实力最为雄厚,控制了淮盐在湖广行销的专利权,而且吴楚之间的粮食贸易也大部分操纵在徽商之手。湖广四川出产的木材,多由长江水运至江宁、再转销苏州、扬州以及北方各地,而在这里拥巨资、操利权的又是徽商。徽商的活动有利于长江中下游商品流通的扩大和商品经济的发展,也促进了城市经济的发展,对沿江一带市镇的兴起与繁荣更起着重要作用。

商人与中国近世社会
著作名。唐力行著。浙江人民出版社1993年出版。该书从商人与近世社会相互作用的视角,考察了商人在近世变革时代的特有功能。对近代商人群体的形成、商人群体内部结构、商人的地域分布、各具特色的经营活动及其方式、商人与家族之间的联系、同行商人的竞争与合作、商人的家庭生活与心态以及商人文化等诸多侧面,都作了详细的分析。

商人与文化的双重变奏——徽商与宗族社会的历史考察
著作名。唐力行著。华中理工大学出版社1997年出版。该书探讨了徽州宗族社会的形成及其结构变迁,分析了宗族文化、商人文化对徽商及徽州社会的影响,研究了宗法制度与社会生活的相互影响和相互作用;探讨了宗法制度在徽商经营活动中所发挥的重要作用,研究了以宗族文化为核心的新安文化的双重作用以及儒学与现代化的关系。

清末徽州户口循环册研究
论文名。刘猛、陈琪著。刊于《安徽史学》2015年第1期。文章指出:户口循环册是清朝保甲制度中的一种册籍。它与保甲册、保甲门牌等均为清朝户籍管理的重要组成部分。户口循环册随时修改,动态管理,有单独的特殊人群登记。透过现存的户口循环册,可以看出清末徽州人从事行业广布,社会流动频繁。以商为业的户口数量远远大于其他行业的单独数量,从商人员依然众多,20岁以下经商者颇有人在。

清代中后期徽州宗族社会的松解——以《黟县一都榆村邱氏文书》为中心
论文名。刘伯山著。刊于《中国农史》2012年第2期。文章指出,黟县榆村邱氏宗族遗存了280余份文书,时间跨度达330年,从中我们可以知道该宗族的近代变迁情况。从黟县榆村邱氏宗族在本土的迁徙、大量的增置财产、频繁的异姓承嗣及广泛地与其他宗族的经济合作等,可以窥见传统徽州宗族社会在清朝中后期的松解及近代特征的出现。具体表现在:宗族血缘性的松解促进了各宗族之间的融合,社会性宗族的观念得到培养;聚族而居的松解淡化了宗族的地缘性,强化了村落的社会性;经济合作的加强冲击了传统宗族及家庭的分立性,宗族之间的经济共同体意识得到强化。

清代以来徽州家族修谱谱局管理模式研究
论文名。徐彬、祝虻著。发表于《史学史研究》2014年第4期。文章指出:清朝以来徽州家族的自然裂变,主要表现在家族内房户规模和外迁范围的扩大,给徽州家族家谱修纂工作带来很大的压力。同时家谱内容的扩容,大宗家谱的盛行和清朝以来乾嘉学派的影响更是增大了徽州家族家谱的编纂难度。面对复杂的修谱环境,清朝以来的徽州家族适时作出改变,在家谱修纂过程中增加必要的纂修和辅助人员。与此同时,纂修家谱的费用不断攀升,也促使徽州家族加强对修谱资金的管理。在这些背景影响下,徽州家族逐步采取了谱局这一族内集体修纂家谱的新形式。通过对其管理模式的研究,能够管窥清朝以来徽州家谱文本的形成过程。

清代扬州徽商与东南地区文学艺术研究:以"扬州二马"为中心
著作名。方盛良著。人民文学出版社2008年12月出版。马曰琯和马曰璐兄弟都是寓居于扬州的徽商。徽商和扬州的关系,自明朝以来,便十分密切。著作讨论的主要是"扬州二马"与当时文学艺术发展的关系,涉及商业文化与文学的互动。全书分2章10节,第一章"徽商与扬州园林"主要介绍"扬州二马"家世与生平,讨论清朝徽商与扬州园林的关系,重点介绍了马曰琯的"小玲珑山馆"。第二章"'小玲珑山馆'筑建的人文情怀与文化生态圈"主要介绍"扬州二马"的人文情怀,以及"二马"文化生态圈的结构与运行,重点介绍了厉鹗、樊榭与"二马"的关系。

清代顺治朝土地清丈在徽州的推行
论文名。汪庆元撰。刊于《中国史研究》2007年第3期。文章采用文书资料就清顺治清丈在徽州的推行进行考察,指出清顺治朝徽州土地清丈由县衙发布告示,图正组织实施。明清鱼鳞图册登记土地数字有"积步"和"税亩",由"步"换算成税亩,或统计"积步"总数。清丈后,图正颁发归户票,业主执票经"册里"归户纳税。归户册为土地纳税册籍。地契所见清丈过程清晰。清初鱼鳞图册所载表明其土地数字为实际丈量所得,并非赋税原额。鱼鳞图册登载的土地数字具有土地产权性质,与官府为保持税额而编制的土地数字性质不同。

清代徽州传统学术文化中心地类型分析
论文名。周晓光撰。刊于《安徽史学》2010年第5期。文章指出:学术文化中心地是指有具体地理位置、存在一定时间、对周边地区产生一定影响的学术文化聚散地。清朝徽州传统学术文化中心地包括三种不同层次的类型,即第一类型紫阳书院、不疏园所在地;第二类型府、县学所在地;第三类型其他书院所在地。它们在存在时间、人才凝聚力和学术影响力等方面,有明显的差异。三类中心地共同构成了徽州传统学术文化中心地的层级网络,该网络具有每一层级的中心地数量,从最高层级往下依次递增;而每个中心地的影响力,则由最高层级往下依次递减的基本特征。就徽州传统学术文化中心地空间分布而言,它具有广泛性、差异性以及分布格局的时代性等特征。

清代徽州鱼鳞图册研究
论文名。汪庆元撰。刊于《历史研究》2006年第4期。文章通过对《休宁县新编弓口鱼鳞现业的名库册》文书考察,指出清康熙年间徽州府休宁县新编弓口鱼鳞图册,以现业主"的名"登记土地产权,跟踪地权变动,在人口流动和地权频繁转移中使鱼鳞图册名实相符。房屋基地、路、坟等非生产用地分割零碎、地权分散，而图册登记非常详细。在土地登记中，都图管理者在册改错、验明契税、局部丈量、厘清产权，对地籍实行动态管理。休宁县康熙鱼鳞图册一直沿用至民国，反映出农村的地权关系处于有序状态。

清代徽州宗族聚居村庄的社会、经济与文化——以祁门红紫金氏宗族为中心

论文名。卞利撰。刊于《安徽大学学报》2008年第4期。红紫村位于祁门西部山区，是徽州金氏宗族的聚居中心。文章对祁门红紫金氏宗族进行了剖析，指出清朝红紫金氏宗族在经济上以农耕、山林生产为主，兼有少量经商，其宗族经济发展反映了清朝徽州宗族的一般特征。其文化则以祭祖活动为中心，通过会社组织祭祀活动，并致力于科第功名。但因该宗族既未产生显赫官员，也没有富商大贾，其发展更多地显示出清朝徽州一般宗族聚居村庄的特征。

清代徽州商帮的慈善设施

论文名。范金民撰。刊于《中国史研究》1999年第4期。文章指出，徽商在江南的慈善设施最基本的是殡舍（丙舍）和义冢。在清朝，徽商的慈善设施遍布江南城乡各地，其数量之多，没有其他商帮可比。从发展教育、延病就医到身后的妥善安置，徽商都有相应的保障性设施。发扬徽商以众帮众、互帮互持精神，实践逐利思义、化利为义的伦理追求，从而增加凝聚力、向心力和商业竞争力，应是徽商创建或不断扩建慈善设施的最基本动机和最直接的出发点。这些慈善设施的资金来源，全部或大部是江南当地和外地徽商承担，体现了不同区域间徽商横向之间频繁的联系。慈善设施的管理运作一概都依照订立的规条章程进行，条理清楚，职责明确，制度严密规范，因此，运作较为成功。

清代徽州族谱对女性上谱的规范

论文名。胡中生撰。刊于《安徽大学学报》2007年第1期。文章认为：清朝徽州族谱对女性上谱作出了非常全面和复杂的规范。女性上谱遵循夫为妻纲和母以子显、重门第、正名分、彰显封典节烈以及善于持家等原则，虽然大多数谱牒规定为亲者讳，但与男性相比，女性上谱的规范带有更多的耻辱性。透过这些规范，反映出清朝徽州地区宗族在不断扩张和普及化的同时，礼教也日益向基层渗透，儒家伦常已经世俗化。

富甲一方的徽商

著作名。王世华著。浙江人民出版社1997年出版。该书论述了徽州商人崛起于明朝中期，继而称雄商界和最终衰落的历史条件和原因，着重介绍了几位徽州巨商的兴衰过程。

婺源傩初探

论文名。陈爱中撰。刊于《民俗》1996年第2期。文章除对婺傩保留古傩不歌而舞的原始面貌、鬼斧神工的傩面具和朴素稚拙、粗犷雄劲、夸张简练动作的独特风格进行勾勒外，并多方考证史乘，纠正了原来一直认为"婺源傩舞是于明嘉靖间从陕西引入"的谬误。

新安名医考

编著名。李济仁主编。安徽科学技术出版社1990年出版。该书共收录清末以前志书和史籍上有记载或有医著传世的徽州籍名医668人。

新安画派史论

著作名。张国标著。安徽美术出版社1990年8月出版。该书资料翔实，对新安画派形成的条件、主要代表人物及与新安画派有关的画家，都进行了介绍，是新安画派研究中较为系统的一部论著。

新安理学

著作名。周晓光著。《徽州文化全书》之一，安徽人民出版社2005年出版。分七章：第一章"新安理学概说"；第二章"新安理学的形成"；第三章"新安理学的发展"；第四章"新安理学盛极复衰"；第五章"新安理学向皖派经学的转变"；第六章"新安理学在中国学术史上的地位"；第七章"新安理学与徽州社会"。该书把新安理学的发展、演变分为四个时期：南宋形成时期，宋元之交与元朝的发展时期，元明之际与明朝的盛极复衰时期，清朝终结时期。同时，揭示了新安理学对徽州社会及徽学其他领域的影响。

新安理学与徽商的崛起

论文名。翟屯建撰。刊于《徽州师专学报》1994年第3期。文章指出，关于徽商的形成，大多数学者持"地理环境决定论"，但是全国同徽州地理环境相差无几的地区很多，都没有达到徽商的实力，徽商的成功是新安理学促进的结果。文章论述了新安理学从政治上对徽商予以扶持，从思想观念上予以提倡，对经济又有帮助。反过来，徽商对理学又给予了经济上的援助，促进了新安理学的发展。

新安理学源流考

论文名。周晓光撰。刊于《中国文化研究》1997年第2期。该文把新安理学近700年的发展、演变过程分为四个时期：一是南宋形成时期，确立了学派以朱子学为宗旨的基本原则；二是宋元之交与元朝的发展时期，致力于维护朱子之学的纯洁性，将排斥"异论"、发明朱子学本旨作为学术研究的重心；三是元明之际与明朝的盛极复衰时期；四是清朝终结时期，完成了由新安理学到徽派朴学的转变。

新安商人的研究

著作名。日本学者藤井宏著。1953年完成，连载于日本《东洋学报》第三十六卷第一号、第二号、第三号、第四号（1953年6月、9月、12月和1954年3月）。傅衣凌与黄焕宗合作将《新安商人的研究》翻译成中文发于《安徽历史学报》1958年第4期、《安徽史学通讯》1959年第1期。《新安商人的研究》全文约10万字，分七章，对徽商的活动范围、营业项目、商业资本蓄积过程、经营

形成、徽商与生产者和消费者的接触面、更系统地进行了研究,并注意把徽商的经营活动置于明末清初全国物资流通的大环境内加以考察,资料翔实,论证精辟。藤井宏最终得出的结论是:新安商人是集中体现着以旧中国社会特质为背景的最典型的前期商人,他们与专制国家的官僚体制相结合,依靠两者的联合压力进一步加强对农民大众的榨取;但在另一方面,徽商在与专制国家相结合的同时,也成为他们自己的掘墓人。同时徽商在从事城乡经营活动的同时,使地主对佃户的一元支配为不可能,从另一层面推动历史前进。

魅力徽商 著作名。郑佳节、高岭著。北京工业大学出版社2007年8月出版。全书分为9章:第一章"徽商探源";第二章"徽商人物";第三章"徽商的行业";第四章"徽商精神";第五章"徽商的发展";第六章"徽商商旅";第七章"徽商故里";第八章"崛起的新徽商";第九章"商人的性格"。论著讲述了被称为"徽骆驼"和"绩溪牛"的徽商传奇故事,展现他们的经商理念、致富内幕、儒商风度。特别是作为成功关键因素的徽商精神。有句民谚说:"无徽不成商"。徽商在长期经营中相信"财自道生,利缘义取",逐渐形成了"诚""信""义""仁"的商业道德。同时,徽商注重自身形象的树立,对今天行商富于启迪意义。

谱牒的纂修与管理 论文名。翟屯建撰。刊于《中华谱牒研究》,上海科学技术文献出版社2000年出版。文章对徽州家谱的纂修方式、方法及管理手段进行了探讨,认为编纂家谱不单单是编一部书,在近世宗族社会中,编谱的过程本身就是一个正本清源,联络宗谊,褒忠惩奸的过程,每年对家谱进行定期验谱检查和读谱活动,更是实行宗族统治的重要手段之一。

徽州土地关系 著作名。刘和惠、汪庆元合著。《徽州文化全书》之一,安徽人民出版社2005年出版。该书以契约文书为根基,结合文献记载,并吸收和借鉴已有研究成果而写成。其中有不少独到的见解,例如明清时期流行的定额地租,过去研究者大多认为是实租,定额相对固定,并依据这个定额来推算地租剥削率和田亩产量。可是,根据徽州文书契约和收租簿等资料,定额地租的定额并非是固定不变的。它不但随着歉年减产而减额,而且即使在常年的情况下,大多也不是按定额交足。到了清朝中期,定额地租的定额普遍均有折扣,并订出折扣率,定额成了虚额。所以,如果按照定额地租的定额推算地租剥削率和农田的产量,以至据以论断某一历史时期单位面积产量的增长和地租剥削率的提高,那就与历史事实大有出入了。

徽州大姓 著作名。金立民主编。安徽大学出版社2005年10月出版。以姓氏为单元,讲述徽州方、王、江、许、吕、朱、汪、吴、余、陈、张、罗、金、洪、胡、项、章、黄、曹、程、詹、鲍、潘、杜等24个主要姓氏概况,分别介绍了姓氏渊源、子姓流徙、族群分布、典型村落、聚落史迹、名贤举隅、重大事件等内容。

徽州千年契约文书 资料汇编名。王钰欣、周绍泉主编。花山文艺出版社1993年出版。本书收录了徽州宋至民国时期的租佃文约、田土契约、合同文书、卖身契、典当文约、税契凭证、赋税票据等契约文书。分宋元明编和清民国编,每编各20册,其中宋元明编共精选汇集了中国社会科学院历史研究所图书馆收藏的徽州各类文书散件1 800余件、簿册43余册、鱼鳞图册13部,清民国编则汇集了该所图书馆收藏的各类文书散件1 400余件、簿册79册、鱼鳞图册3部。

徽州历史上的林木经营初探 论文名。张学慧著。刊于《中国史研究》1987年第1期。文章指出:徽州人非常重视林木生产,徽州不但有栽种林木的经验,还有各种管理、养护的措施,砍伐有时限,严禁乱砍、滥伐和防止火灾,明清徽州许多地区性的封山禁约和官方告示生动地再现了养护林木的一些情形。

徽州历史档案总目提要 目录书名。严桂夫主编。黄山书社1996年出版。全书分上、下2卷,上卷为徽州历史档案总论,下卷为徽州历史档案要目。总论论述徽州历史档案的形成、流传与损毁规律,及徽州历史档案的数量、种类、特点、价值与作用。要目系根据上卷研究所得,从大量徽州历史档案中选编的宋、元、明、清、民国时期重要档案的目录,约9 600条。要目分宋、元、明、清时期和民国时期两部分编排。参考《中国档案分类法》,结合现存徽州历史档案的实际情况,将宋、元、明、清档案要目分为政务、宗法、文化、土地、赋税、工商、邮政和方志等8类,后附休宁县清朝鱼鳞图册;民国档案要目分为歙县档案要目和休宁县"户领丘册地亩等则归户表"案卷目录两部分,歙县档案要目分政务、经济、财政金融、军事、司法、民政、教育、文化、卫生、邮电交通、宗教等11类。

徽州文化与徽学 论文名。朱万曙撰。刊于《中国发展》2003年第3期。文章讨论了"徽州文化"与"徽学"这两个不同概念的内涵,指出:徽州文化是历史上徽州区域富有特色的文化积淀和文化现象,而徽学则是一门以大量的徽州文献、文书和文物遗存为依据,以历史上徽州的区域文化为直接研究对象,并通过它认识中国历史文化的综合性学科。

徽州文化史 著作名。翟屯建、周晓光、卞利主编。安徽人民出版社2014年11月出版。全书120万字,3卷本。此书是国家出版基金项目、安徽省哲学社会科学规划项目、安徽大学徽学研究中心重点项目。由安徽省徽学学会组织编撰。《先秦至元代卷》由翟屯建担任主编;《明清卷》由周晓光担任主编;《近代卷》由卞利教授担任主编。该书系统的从历史发展的角度进行梳理,全面阐释了徽州文化的起源、发展演进的历程和规律,揭示了徽州文化的底蕴。

徽州文化全书

丛书名。安徽人民出版社2005年出版。由20部专著和千幅以上彩色黑白照(图)片构成,有600多万字,是新中国成立以来安徽省规模最大的一部学术著作,也是一部系统总结和展示徽州文化和徽州居民生活的百科全书。该书将徽州文化体系中那些最具特点、在全国乃至在国际上颇具影响的文化现象作为研究对象,分门别类为20个子课题,形成20部研究专著:《徽州土地制度》《徽商》《徽州宗族社会》《新安理学》《徽州教育》《徽州建筑》《徽州村落》《徽州科技》《徽州民俗》《徽派篆刻》《徽州方言》《徽派版画》《徽派朴学》《新安画派》《徽州历史档案》《徽州刻书》《新安医学》《徽州戏曲》《徽州工艺》《徽菜》。

徽州文化的传承与创新

论文名。叶鸣声、都延红合撰。刊于《理论建设》2004年第1期。文章阐明传统徽州文化颇为鲜明地体现出儒本化、平实式、开放型、创新性等本质特征,要从器物文化层面的实态化传承、精神文化层面的意念化传承、复合文化层面的多维化传承等方面做好传承文章,更要着眼于切实推进现实的经济政治文化等项事业,去整合这种传统文化资源从而进行体现时代发展要求的扬弃式推陈出新。

徽州文书与徽州研究

论文名。日本臼井佐知子撰。刊于日本《时潮》1993年第32号。文章提出:包括徽州文书在内的庞大的资料的存在,使得对以往分别研究的各种课题做综合性研究成为可能,这些课题如土地所有关系、商工业、宗族和家族、地域社会、国家权力和地方行政系统、社会地位和阶级以及思想、文化等。这些资料是延至民国时期的连续不断的资料,给我们提供了考察前近代社会和近代社会连续不断的中国社会的特征及其变化的重要线索。

徽州文书的由来、发现、收藏与整理

论文名。翟屯建著。刊于《上海师范大学学报》2006年第1期。文章对徽州文书的由来、发现、收藏与整理进行了系统的梳理,以廓清源流。认为徽州文书是徽州所属歙、休宁、祁门、黟、绩溪、婺源六县遗存的民间历史档案,具有原始性、系统性、连续性、归户性的特点,形成一个庞大的数据系统,是研究中国封建后期社会史和经济史不可或缺的重要资料。

徽州文书类目

目录书名。中国社会科学院历史研究所收藏编纂。黄山书社2000年出版。《徽州文书类目》收录文书14 137件,分为3种,9类,117目,128子目。依据文书原件形式,分为散契、簿册、鱼鳞册3种,每种再按时间顺序排列。9类为:土地关系与财产文书、赋役文书、商业文书、宗族文书、官府文书、教育与科举文书、会社文书、社会关系文书、其他文书。

徽州文书(第一辑)

影印资料集名。刘伯山主编。广西师范大学出版社2005年出版。《徽州文书》由收录安徽大学徽学研究中心"伯山书屋"和祁门县博物馆所藏部分徽州文书。全书共计10卷,其中"伯山书屋"所藏徽州文书编成5卷,祁门县博物馆所藏徽州文书编成5卷。按文书收集发现后的留存形式,分为归户文书和散件文书两大部分。归户文书在前,散件文书在后。归户文书和散件文书中的属簿册形式的文书,凡知道其收集和发现时间、过程的,皆以发现批次为单位,注明寻获记。

徽州方志中的重商思想

论文名。翟屯建撰。刊于《淮北师范大学学报》2011年第2期。文章指出:徽州方志具有浓郁的重商思想,认为徽州方志与中国传统的"重农轻商"观念背道而驰,强调环境决定徽州人对经商职业的选择,不存在职业的卑贱。志书代表地方官府和地方精英的观点,他们的看法为徽州人经商带来宽松的环境,鼓励和促进了徽州人闯荡商海。志书还从勤俭、尚义两个方面,对徽州人格给予肯定。志书还鼓励徽商创业,提倡"廉贾"价值观。在志书中,编纂者通过各种方式为商人代言,创造良好的经商环境。

徽州方志研究

著作名。刘道胜著。黄山书社2010年11月出版。著作分上、下2编。上编是徽州方志述论,分为徽州方志的编纂源流、徽州方志的编纂特点、徽州方志的编纂理论、徽州方志的资料价值、盛世修志:正统化的学术活动、因时修志:地方性知识的积累六个部分;下编是徽州方志考录,分为徽州佚志辑录、徽州府县乡镇志提要(今存)、徽州专志著录(不论存佚)、各种方志丛书收录徽州方志一览、明弘治《徽州府志》卷十一《词翰一》艺文目录一览五个部分。

徽州古民居探幽

著作名。李俊著。上海科学技术出版社2003年出版。该书从徽州古民居着手,解读消防历史文化,集历史、文化、学术、艺术与旅游于一体,用大量精美的照片和清新的文字,将读者领进古徽州峰峦环绕、清溪回流的桃花源里。该书共分23节:漫步徽州古民居消防历史博物馆、德政碑讲述了封火墙的故事、屯溪老街、牛形宏村、桃花源里西递村、有消防活化石之称的呈坎村、万安水龙庙会、理源双龙记、火不可一日不防的昌溪、无水有龙宅坦村、棋盘村的故事、水火交融的一品雄村、幽幽深巷南屏村、独占鳌头说江村、天人合一话江湾、龙川詹昭大堂镇安水龙、珠算大师程大位故居、一代宗师黄宾虹故居、祁门古戏台、渚口贞一堂与"一府六县"、从虹关看农村消防发展方向、天池满布齐云山、天一阁与徽州建筑的深厚渊源,介绍了独特的徽派建筑中关于古代防火、灭火的巧妙构思及悠久的消防文化。

徽州记忆

调查报告名。黄山市文化局编纂。2009年7月内部出版。该书是黄山市非物质文化遗产全面普查的成果。2007年开始,黄山市组织大量

的人力物力，对分布和流传全市各地的非物质文化遗产进行普查、分类、立项和申报。普查登记的项目共有1 305项，涉及民间文学（包括口头文学）、民间美术、民间音乐等14大类；已申报成功四级"非物质文化遗产"项目，其中有国家级"非物质文化遗产"15项，占全省总数的32%，居榜首。省级"非物质文化遗产"40项，市级"非物质文化遗产"91项，县级"非物质文化遗产"184项。《徽州记忆》是一部专门收集徽州历史文化记忆，整理人文遗迹、轶事掌故，记录历史烟云和社会变故的系列丛书。全书分区县编排，共分5卷，既有历史记录的真实性和挖掘整理的全面性，又有可读性和资料性。

徽州民间私约研究及徽州民间习惯调查 著作名。田涛著。法律出版社2014年6月出版。全书系统地研究了徽州地区民间私约习惯和当地残留的社会习俗，上册是作者对2 000余件徽州民间私约进行的分类研究，通过分类统计和比较的方法，全面地阐述了徽州民间私约的内在关系和量化分析。下册利用田野调查的方法对徽州地区农村进行深入的社会调查，从而挖掘和整理出一批对于研究中国当代民法有价值的文献资料和调查成果。通过两次田野调查，从已经占有的大量的实物标本和对当地人员的采访，形象地勾画了徽州地区民事习惯的现状，并进行了法理学分析。

徽州民俗 著作名。卞利著。《徽州文化全书》之一，安徽人民出版社2005年出版。全书分16章：第一章"徽州民俗与徽州社会"；第二章"徽州的物质生产民俗"；第三章"徽州的物质生活民俗：居住习俗"；第四章"徽州的物质生活民俗：服饰民俗"；第五章"徽州的物质生活民俗：饮食民俗"；第六章"徽州社会组织民俗：家庭与宗族民俗"；第七章"徽州社会组织民俗：会社民俗"；第八章"徽州社会组织民俗：乡约民俗"；第九章"徽州的人生仪礼"；第十章"徽州婚姻、过继和继承的民俗传承"；第十一章"徽州的岁时节日民俗"；第十二章"徽州的民间信仰和禁忌"；第十三章"徽州民间语言与口头文学"；第十四章"徽州的楹联与曲艺"；第十五章"徽州的争讼和健讼民俗"；第十六章"徽州历史上的陋俗种种"。对徽州的物质生产和生活民俗、社会组织民俗、精神生理民俗及陋俗进行了阐述，并从理论上对徽州民俗发展的过程和基本特征展开讨论，作者还努力注意把握古今的尺度。

徽州地区明清建筑的形成及其类型 论文名。吴兴汉撰。刊于《安徽文博》1980年第1期。该文从政治背景、自然资源、商人资本、水路交通和文风昌盛对徽派建筑的形成进行了探讨，认为徽派建筑有生产作坊、民居建筑、地主庄园、宗祠牌坊、桥梁、宗教建筑、园林建筑7种类型。

徽州传统民居综论 论文名。王治平撰。刊于《东南文化》1991年第2期。该文对徽州民居的建筑特色、徽州民居的群体布局进行了探讨，认为朴素淡雅的建筑色调、别具一格的山墙造型、紧凑通融的开井庭院、奇巧多变的梁架结构、精致优美的雕刻装饰、古朴雅致的室内陈设构成徽州民居建筑特色；依山临水的自然布局、错落有致的空间变化、紧凑热闹的商业街区、幽深有宁静的街坊小巷构成徽州民居的布局特色。

徽州传统学术文化地理研究 著作名。周晓光著。安徽人民出版社2006年出版。全书分5章：第一章"徽州传统学术文化区的形成与变迁"；第二章"徽州区域传统学术文化的历史变迁"；第三章"徽州传统学术文化的区域表征"；第四章"徽州传统学术文化的空间传播"；第五章"徽州传统学术文化景观"。该书从空间和地理的角度，探讨了徽州传统学术文化区的形成和变迁、徽州区域传统学术文化的历史变迁、徽州传统学术文化的区域表征、徽州传统学术文化的空间传播、徽州传统学术文化景观等问题。

徽州私撰家谱与公修族谱的差异 论文名。翟屯建撰。刊于《安徽史学》2006年第6期。明朝中期，徽州近世家族制度形成以后，宗族设立谱局修谱成为纂修族谱的主要形式，但也还存在个人撰写家谱的现象。设立谱局修谱为公修族谱，个人撰写家谱为私撰家谱。本文主要从规模、篇幅与流传形式，体例与内容，记载内容的真实性三个方面，对徽州私撰家谱与公修族谱之间的差异进行比较研究。认为公修族谱动用全族的人力和财力，族谱的规模宏富，篇幅一般都比较大；私撰家谱由于是以个人力量撰写，谱的规模、篇幅一般都比较小。公修族谱众手完成，体例较为完备；私撰家谱体例较为简单。公修族谱是全族参与，集体修订，所以内容涉及面也广。私撰家谱是个人行为，家谱内容受编撰者学识、修养、个人爱好的影响很大，同时族谱中收录自己的诗文和褒扬直系祖父母的文章相对较多。公修族谱反映是文献历史，私撰家谱更接近于历史实态。

徽州社会文化史探微 著作名。王振忠著。上海社会科学出版社2002年出版。全书分4章：第一章"村落、宗族与社会变迁"；第二章"乡土习俗及民间文化"；第三章"启蒙读物与商业书类"；第四章"'徽侨'与长江中下游区域社会"。该书力图透过村落文书、家族文书、宗教科仪及相关的文书、商业文书、教育科举文书、徽商的尺牍和诉讼文书等所展示的基层社会之不同侧面，着重于徽州社会文化史特别是民众日常生活的研究。全面探讨了徽州民间民俗文化，内容涉及生产生活习俗、岁时习俗、人生礼仪、民间娱乐。

徽州社屋的诸侧面——以歙南孝女会田野个案为例

论文名。郑力民撰。刊于台湾汉学中心1995年3月编《寺庙与民间文化研讨会论文集》。徽州虽为宗族社会,但却极少有宗族间的械斗,原因何在?郑力民采用田野调查的文化人类学研究方法,对民间社屋奉祀时的"嬉菩萨"活动进行了认真研究。指出徽州各村都有社屋与神祇,每逢赛会,各村"嬉菩萨"时都能打破族的概念,社屋的神可以轮流到各族的祠堂里去"坐"(落座)。社屋的神以"汪公大帝"(汪华)最为常见,凸现了徽州地方神的"一体化"理念,族与族之间也在"嬉菩萨"的过程中,达成默契。

徽州明代住宅

调查报告。张仲一编著。建筑工业出版社1957年出版。1954年夏,张仲一、曹见宾、傅高杰和杜修均等组成调查研究小组,赴歙县、绩溪、休宁和屯溪等地,对20余处古民居建筑,分别从自然条件、社会背景、建筑概况(包括总体布置、大小住宅平面、外观、结构与建筑装饰特色)等方面进行了调查和研究,该书即是这次调研的成果。全书附录有90幅徽派建筑的原样图,为研究徽州提供了大量有价值的原始资料。

徽州典商述论

论文名。王廷元撰。刊于《安徽史学》1986年第1期。文章分析了徽州典商发展的原因:明清时期,随着商品经济的发展,贵金属白银已成为社会上通用的货币。明清时期南方各省盛行的押租制也扩大了白银支付手段功能。由于商品经济的发展,使广大农民、小生产者所必需的生产资料、生活资料更加依赖市场,用钱的机会越来越多,而农民的日益贫困使他们对货币的需求日益迫切,从而使他们越来越多地依赖典铺以解燃眉之急,而拥有大量财富的徽商,也需要新的牟利渠道,典业是最适合商人放债的一种经营方式。因此,徽州典业迅速发展起来。

徽州的家族文献与宗族文化

论文名。汪庆元撰。刊于《安徽史学》2006年第1期。文章通过对歙县吴氏《冲山家乘》的考察,提出徽州家族文献具有丰富的社会内容,修谱以家族文献为依据。家族文献从多方面反映了宗族文化的内涵。南宋以降,精英学者关注宗族文化,把确立始迁祖作为宗族文化构建的基点;保护祖墓与生态伦理观念相关联;聚族而居的村落景观具有独特的文化品质。在徽州,不仅家族精英的文献得以传世,即普通族人的著述亦被录存,反映了社会文化的普及与深入。

徽州宗族志与宗族社会构建

论文名。翟屯建撰。刊于《中国家谱论丛》,上海古籍出版社2010年出版。文章指出,元以后,随着徽州宗族社会的不断完善,族谱编纂被广泛提上宗族议事日程。由于面临史料文献严重匮乏的困扰,世系重建产生很多问题,为了争夺血统正宗,同姓宗族之间闹出很多矛盾。理学精英通过编纂宗族志对宗族建设予以引导,把宗族世系重建纳入理学家所设置的正确轨道。先后编纂了《新安大族志》《新安名族志》《休宁名族志》以大一统思想统揽血统认同,以儒家伦理促进宗族建设,对徽州宗族社会构建起到重大作用。

徽州宗族社会

著作名。唐力行著。《徽州文化全书》之一,安徽人民出版社2005年出版。全书分8章:第一章"徽州宗族社会的形成与分布";第二章"徽州宗族社会的结构";第三章"徽州宗族社会生活实态";第四章"徽州宗族对徽商经营活动的支持";第五章"徽州宗族的文化教育";第六章"徽州宗族与社会控制、社会保障";第七章"徽州宗族的迁徙与定居活动";第八章"徽州宗族与社会变迁"。

徽州宗族研究

著作名。赵华富著。安徽大学出版社2004年出版。该书对徽州宗族的兴起、宗族的组织结构、宗族祠堂的建设与规制、谱牒的编纂与收藏、族产的管理、族规家法的作用都有详细的考察。论述了徽州宗族的兴起、结构和发展演变的过程,探讨总结了宗族制度在徽州社会历史发展中的作用与影响。

徽州海盗商人胡胜

论文名。王廷元撰。刊于《安徽师范大学学报》2003年第1期。文章对徽州海盗商人胡胜进行了考证与论述,认为这些人充当了葡萄牙殖民势力侵华的帮凶,是葡萄牙人在商业上的附庸。胡胜等人的活动有悖于徽州商业资本的运行方向。

徽州家谱宗族史叙事冲突研究

著作名。冯剑辉著。合肥工业大学出版社2014年6月出版。全书分为6章:徽州程氏家谱宗族史叙事冲突研究、二程家族史叙事冲突研究、徽州黄氏家谱宗族史叙事冲突研究、徽州汪氏家谱宗族史叙事冲突研究、徽州胡氏家谱宗族史叙事冲突研究——以婺源二胡争祀案为中心、徽州家谱黄墩叙事研究。分别研究了程氏、黄氏、汪氏、胡氏各姓家谱中的宗族历史建构过程及其特点,并对众多宗族家谱中都存在的"黄墩叙事"做了重点叙述。作者认为,家谱作为宗族内部流通的文献,与学术著述具有不同的性质,对于家谱存在的此类虚构与叙事冲突,应放在宗族文化的背景下解读,而不必一味地拘泥于家谱中早期宗族历史的"真"与"假"。

徽州教育

著作名。李琳琦著。《徽州文化全书》之一,安徽人民出版社2005年出版。全书分8章:第一章"宋元时期的徽州教育";第二章"朱熹和郑玉的教育思想";第三章"明清时期徽州的官学、书院与讲会";第四章"明清时期徽州的蒙学教育";第五章"明清时期徽商、徽州宗族与徽州教育的发展";第六章"明清时期徽州的科举与仕宦";第七章"戴震、程瑶田和凌延堪的教育思想";第八章"明清时期徽州教育的整体特色与历史作用"。

徽州商人及其网络 论文名。日本臼井佐知子撰。刊于日本《中国——社会と文化》1991年第6辑。文章探讨了基于同族关系的商人在近代向客商地定居及与清政府对立的变化,指出徽商"建立起一张几乎覆盖大半个中国的商业网络。一些重要的商业大都会,如北京、山东临清、南京、扬州、汉口、苏州、杭州、广州等,都是徽商麇集之地,它们是网络的枢纽和基点。网络从这些基点再散衍到周边的村镇"。

徽州商人的小本起家 论文名。王廷元撰。刊于《首届国际徽学学术讨论会文集》,黄山书社1996年出版。文章认为,徽州大贾出自缙绅之门者并不乏见。这种商人当然可以把他们的封建剥削收入转化为商业资本,并在商业活动中使用佃仆劳动。但如果把徽商资本形成与发展的主要原因归结于此,那就未必符合实际。徽商中出自地主缙绅之门者只是少数人,出身于贫苦之家者则占绝大多数。后者都是迫于生计而不得不出外经商的小商小贩,他们虽然资本无多,但却能以小本起家,在商业活动中逐渐发财致富。徽州的豪商巨贾往往出自他们之中。就这些商人而论,他们资本的来源和积累都是与剥削佃仆的制度没有关系的。

徽州商人的绅士风度 论文名。唐力行撰。刊于《史学月刊》2003年第11期。文章指出,16世纪后,贾而好儒的徽商不再是简单模仿士子的风度,而是以商业为功名进行价值观的整合。认为"学者以治生为本",从而实现与士绅的合流。徽商具备了士绅的使命感、道德关怀和儒雅风度。他们在争"功名"时,与白头进考场的书生一样,往往有百折不回、不成功便成仁的精神。徽商价值观的整合,虽然增强了商人的自信心,并给传统社会的四民等级带来一定的冲击,然而士商合流所造成的绅商风度却是从根本上消除了商人的独立性。处处以绅士风度自律的商人与传统政治势力更为紧密地黏合,使他们根本不可能成长为欧洲历史上的第三等级,从而成为封建制度的掘墓人。

徽州商人研究 著作名。日本臼井佐知子著。日本汲古书院2005年出版。全书分三部分共九章。第一部分中的序章,主要介绍徽州的历史和徽学研究的现状,其余三章对徽商的形成进行了考察。第二部分第四章,对徽州不动产"典"与"当"的区别进行了探讨;第五章则通过"清康熙三十六年(1697年)徽州程氏应盘存收支总账",探讨典当业经营的一个侧面。第三部分第六、七、八三章重点探讨了明清徽州社会构成中,徽州宗族构成及其与宗教的关系、家族"承继"与财产分割。这本专著的书名为《徽州商人的研究》,实际上,它的研究范畴远远超过了对徽商的研究,其内容涉及徽州社会生活中的各个层面,是作者对前期徽州研究的总结。

徽州散件印刷品研究 论文名。翟屯建撰。刊于《法国汉学》13辑,中华书局2010年出版。文章从徽州散件印刷品的种类、徽州散件印刷品的印刷方式与印色、印刷新技术在散件印刷品中的运用、徽州散件印刷品的文化内涵等方面对徽州散件印刷品进行了研究,认为徽州散件印刷品内容丰富,是印刷史研究和史学、艺术和民俗研究的重要资料;徽州散件印刷品中保存着世界上最早的汉字木活字印刷品;"饾版"、"拱花"印刷技术产生于徽州;徽州的写刻印工创造了中国古代标准的印刷字体——宋体。

徽学的界定与构建 论文名。栾成显撰。刊于《探索与争鸣》2004年第7期。文章指出:徽学是以徽州文书档案、徽州典籍文献、徽州文物遗存为基本资料,以徽州历史文化为对象,进而研究中国传统文化的一门综合性学科。作为徽学构建体系的第一个层面,是徽学基本资料的搜集、整理、公开与研究;徽学构建体系的第二个层面,是各个学科分门别类的基础性研究,即依据翔实的资料,对涉及历史学、经济学、法学、社会学、人类学、伦理学、文学、语言学等社会科学,以及艺术、工艺乃至自然科学等众多学科的分门别类的基础性研究,同时包括各学科交叉的综合性研究,以及不同地域的比较研究等等;徽学构建体系的第三个层面,是理念性和精神方面的概括与总结,即在各学科研究的基础之上,做出理论、观念与学说的总结,这是徽学构建体系的最高层面。

徽学漫议 论文名。张海鹏撰。发表于2000年3月24日《光明日报·历史周刊》。文章对徽学的涵义、渊源、范围、特征、研究内容和意义进行了详尽阐述,认为:徽学形成的基因是历史上中原迁到徽州的移民所带来的中原儒风、中原的宗族文化。正是中原文化在徽州的长期积淀,产生了作为地域文化的徽学的基因。崛起于明朝的地域商帮——徽商则是徽学产生的催化剂。徽学的最大特点就是"商成帮,学成派"。

徽派版画史论集 著作名。周芜编著。安徽人民出版社1983年出版。这是第一部对徽派版画进行系统研究的专著,书中附录有360幅徽派版画作品,解决了徽派版画资料难觅的困难,为徽派版画的研究提供了方便。

徽派版画的兴起与发展 论文名。翟屯建撰。刊于《中国典籍与文化》

1999年第1期。文章论述了徽派版画的兴起与发展全过程,认为徽州商人的参与,使得画家、刻工、印工三者更容易结合到一起,促进版画艺术的繁荣,并将商人的思想与价值观念渗透到版画的艺术风格中去。清乾隆以后,由于徽派版画的最大支持者徽州商人开始走下坡路,徽派版画也开始走下坡路。

徽派篆刻的兴起与发展
论文名。翟屯建撰。刊于《徽学》第2卷,安徽大学出版社2002年出版。该文把徽派篆刻分为徽派篆刻地位的确立、徽派篆刻的发展、徽派篆刻的后振三个阶段,对徽派篆刻的兴起与发展进行了系统的探讨。文章将徽派篆刻置于文人篆刻艺术发展历史的长河中加以考察,指出徽派篆刻是最早的篆刻流派。对一些徽派篆刻家的生卒年月、籍贯、事迹、艺术成就以及徽派篆刻形成的原因进行了考证和研究,认为徽州考据学和徽商对徽派篆刻的形成和发展具有重大影响。

徽商
著作名。❶ 王世华、王廷元合著。《徽州文化全书》之一,安徽人民出版社2005年出版。该书论述了徽商兴起的自然条件,把社会同自然联系起来进行考察。突出对徽商"经营行业"的阐述,加强了作为主体的商业活动的论述,并论述了徽商的婚姻和家庭,从而使家庭—商业—社会—国家这个相互连接的链条在"徽商"现象中得以充分反映出来。"徽商人物举例",增强人们对徽商个体的感性认识。❷ 杨晓民著。人民文学出版社2006年4月出版。全书分为儒商、徽骆驼、红顶商人、无徽不成镇、四水归堂、日暮乡关、无梦到徽州七个部分,著作图文并茂地介绍了徽州的儒商、红顶商人胡雪岩、盐商业、古建筑、徽商盛衰之道、人文教育及弹唱艺术。著作指出:徽商是独特的,亦贾亦儒的文化自觉,使徽商从众多的商帮集团中脱颖而出;徽商也是唯一的,商业资本罕见地转化为精致的文化创造,卓然独立的徽州文化至今仍薪火不熄。倚重于封建政治势力的庇护,注定了徽商的悲剧命运。

徽商:人才培养的催化剂
论文名。王世华、夏建圩著。刊于《安徽史学》2013年第2期。文章指出:徽州历史上人才辈出,灿若星辰,其原因是多方面的,但最重要的原因是明清时期徽商的崛起。徽商对人才的培养作用表现在五个方面:一是重教兴学,奠定成才文化基础;二是以饶养学,确保成才多方需求;三是藏书刻书,提供成才丰富营养;四是惺惺相惜,帮助人才排忧解难;五是贾而好儒,刻苦自励力学成才。可以说,徽商是人才培养的催化剂。

徽商大典
辞书名。孙永林主编。上海世纪出版股份有限公司上海书店出版社2013年12月出版。全书共计200余万字,1 200余张珍贵文史图片,由国内外近百位徽学专家历时4年完成。全书分为10大类:"徽州环境"记载徽商成长的背景,包括地理环境、人文环境、经济背景和民俗风情;"徽商资本"记载徽商经营的资本来源和资本流向;"徽商行业"记载徽商盐业、典当业、茶业、木业、丝绸棉布业、药业、饮食业等主要行业;"徽商经营"包括经商足迹、徽商组织、市场选择、市场信息、取信顾客、营销策略、经营管理、求变创新等方面的经营状况;"徽商特色"对徽商贾而好儒、利国惠民、官商互济、乡党互助、勤俭发家、乐善好施等特点进行了勾勒;"徽商价值"主要对徽商精神和徽商的历史作用进行概括和提炼;"徽商文化"对徽商在学术、教育、艺术、文学、收藏等方面的贡献进行记载;"徽商遗存"主要记载徽商遗留下来的一些建筑遗迹,并对徽商保存下来的经商文书、商业文献和牌匾楹联进行记述;"徽商人物"记载有文献可查的徽州商人的事迹;"徽商研究"则是对20世纪以来徽商研究的成果,进行一次全面的总结。1 200余张图片不采用插图式的编排方式,而是一个独立的编排体系,其结构顺序为徽州地理环境、徽州民风民俗、走出徽州、徽商经营行业、徽商活动主要城市、徽商与文化、徽商生活村庄七个板块。做到图文并茂,相辅相成。即使不看文字,浏览图片,对徽商文化也有一个基本的了解。《徽商大典》已成为一部徽商研究的参考书,徽商文化的工具书,徽商知识的通俗读本,徽商图像的精美画册。

徽商与长江文化
论文名。王世华撰。刊于《安徽师范大学学报》2003年第1期。长江流域是明清徽商主要的活动区域,徽商对长江文化的发展和繁荣产生了深远的影响。文章对徽商与明清时期长江流域文化的发展趋势进行了深入研究,认为徽商引发了长江文化价值取向的变化,促进了重商思潮的出现;提升了长江商业文化的水平;促使众多商书的出现,丰富了长江商业文化的内容;刺激了扬州青楼文化的繁荣,导致了消费文化的畸形发展,给长江文化造成了负面影响;推动了徽派建筑与长江园林文化的发展;徽商重教兴学为长江文化精英的成长提供了物质保证,也为长江精英文化的繁荣创造了良好的条件。

徽商与明清徽州教育
著作名。李琳琦著。湖北教育出版社2003年出版。全书分8章:第一章主要介绍徽州区域的社会文化特点及宋元时期徽州的教育概况,为后面的论述提供必要的历史背景;第二、三、四章着重探讨明清徽州学校教育的发展及其与徽商的关系;第五、六章考察明清时期徽州的社会教育及其与徽商的关系;第七章为徽商与教育关系的个案分析;第八章就明清徽州教育发展与商业发展的相互作用进行了总结和阐述。

徽商与徽学
著作名。陈学文著。方志出版社2003年出版。该书涉及徽州手工业、徽州历史、徽州社会与宗族制、徽州土地契约文书、徽州民俗、徽州商业书、徽州人物诸领域，揭示出徽商对明清社会经济发展所起的重要作用，并以专章讨论了徽学的定义。

徽商：正说明清中国第一商帮

著作名。潘小平著。中国广播电视出版社2005年12月出版。全书分10章：第一章"前世不修，生在徽州"；第二章"宗祠连云，举族而商"；第三章"漫漫古道，商贾四出"；第四章"红顶商人拿什么染红顶子"；第五章"扬州繁华以盐盛"；第六章"儒道经，立于不败"；第七章"亦贾亦儒，左儒右贾"；第八章"一世夫妻三年半，十年夫妻九年空"；第九章"弥天花雨唱徽州"；第十章"一个商帮的衰落"。著作以散文的笔调和图文并茂的形式，深入浅出，全面系统地介绍了徽商崛起的自然和人文历史环境，徽商形成和发展的历史过程，徽商奋斗的足迹和涉及的经营领域，徽商对中国封建社会的经济、政治、文化以及民风、民俗的影响，徽商的经营理念，徽商"亦贾亦儒，贾而好儒"的特点，徽商与徽州文化的关系，徽商的情感生活和徽州女人的人生命运，徽商衰落的历史原因等等。

徽商史话

文集名。朱世良、张犁、余百川主编。黄山书社1992年5月出版。此书分上、下2篇，上篇为古代徽商，下篇介绍当代徽商。古代徽商分"徽商短论·商史漫话""徽商百业·经营谋略""徽商人物·逸闻轶事""徽商会馆·商俗及其它"4个部分，当代徽商刊载了黄山市9家有代表性企业的专稿，以反映当代企业重振徽商雄风的情况。古代徽商的文稿，大多选自《徽州报》《黄山日报》《富园》等报刊已发表过的文章。

徽商利润的封建化与资本主义萌芽

论文名。叶显恩撰。刊于《中山大学学报》1983年第1期。文章对徽商巨额利润的去向进行了考察，认为徽商将巨量的利润和高利贷利息投入捐纳、捐输、修族谱、办书院等，同时又力求向封建官僚转化，这种商业利润的封建化，必然会导致徽商随封建体制的衰落而衰落。另外，徽商造成大量货币在个人手里的积累，容易导致新的生产关系萌芽的出现，有进步意义。

徽商的衰落及其历史作用

论文名。叶显恩撰。刊于《江淮论坛》1982年第3期。文章认为徽商所进行的远距离的商品贩运，对商品经济的发展和各地区间经济联系的加强，起到促进作用；对各地区域市场的兴起和繁荣，起了积极的作用。

徽商的智慧

著作名。林左辉著。海潮出版社2008年12月出版。全书以徽商的由儒入贾至贾儒结合、儒为贾用为主线，通过对徽商的思想变通、经营理念、培育人才等各个方面进行解析，以通俗易懂的语言，讲述徽商是如何利用智谋为自己的商业发展营造更加有利于自身的条件；如何把对文化知识的学习和尊崇运用到结交文人士子、官府权贵，以便为自己的经商事业打开方便之门；如何把儒家的仁义之道转化为经商之道，以义取利、谋取大利；如何依靠宗族乡党的力量打造经商网络、形成天下第一商帮的大智慧。徽商的变通能力、对知识的学习以及对当时局势的运用、对传统道德和新思想的融合，以及依靠血缘、地缘关系团结宗族同乡等等智慧，成就了明清第一商帮的辉煌。而这些智慧的运用对现代商人或许会有一定程度的启发。

徽商研究

著作名。张海鹏、王廷元主编。安徽人民出版社1995年出版。全书分11章：第一章"徽州商帮的形成与发展"；第二章"徽商的资本积累"；第三章"徽商在长江流域的经营活动"；第四章"徽商与两淮盐业"；第五章"徽商在茶、木、粮、典和棉布业中的经营活动"；第六章"徽商与封建势力"；第七章"徽商的'儒贾观'和商业道德"；第八章"徽商资本的出路"；第九章"徽商与徽州文化"；第十章"徽商个案研究"；十一章"徽商的衰落"。该书是安徽师范大学徽商研究中心的集体攻关项目，对徽商的形成与发展、资本积累与出路、经营活动、徽商与政治的关系、徽商的儒贾观和商业道德、徽商与徽州文化进行了全面研究。

徽商家风

著作名。王世华著。安徽师范大学出版社2014年10月出版。由孝亲、教子、友爱、勤俭、修身、创业、睦邻、交友、诚信、助人、义行、守法等12个方面组成，以此来考察徽商的家风。每一方面都通过家规、家训、语录、故事、插图等形式表现出来。

徽商密码

著作名。汪崇赟著。中华书局2012年7月出版。全书分为6章，前有引言，后有尾声。引言"历史也可以这样来写"；第一章"洪武三年六月"；第二章"敏感人做了敏感事"；第三章"离开土地的人们"；第四章"登上那个舞台唱戏"；第五章"商亦儒来儒亦商"；第六章"打破那个清规戒律"。著作以通俗笔法详细叙述500年来徽商从诞生到发展再到形成气候的真实历史，构思十分独特，它不是如教科书般正襟危坐地讲述那些枯燥的历史，而是以第一人称做叙述主体，以"张老板"这个神奇人物作为引线，用虚拟的现实生活故事，去推动历史故事的讲述。将那些纷攘的历史背景、复杂的经济核算以及多位具有不同性格的徽商人生演绎得生动有趣。

黟县宏村古村落旅游形象设计研究

论文名。章锦河、凌善金、陆林合撰。刊于《地理学与国土研究》2001年第3期。文章分析宏村古村落的地理文脉、村落特性、聚落景观、市场感应等，提出了宏村古村落旅游形象定位理念，认为这对古村落的开发与保护，实现古村落的可持续发展具有重要意义。

[附录]

附录一 徽学研究状况概览
附录二 徽州文化大事记

先秦至隋

西周（前1046~前771），徽州境内建有"闰"方国。屯溪西周墓葬出土的一只尊内底有铭刻，其文为"闰父乙"。按殷周彝器通例，"父乙"是人名，"闰"是国族名。

西周至战国（前1046~前221），屯溪西郊奕棋村附近先后发现8座西周至战国早期的墓葬。出土的青铜器、原始青瓷和几何印纹硬陶，在形制、纹饰和构图风格上，具有浓厚的南方特色，属越文化。

秦（前221~前206），置黟（黝）、歙二县，属鄣郡。

西汉元狩二年（前121年），改鄣郡为丹阳郡，歙县为都尉治。

西汉元始五年（5年），王莽摄政，司马长史方纮为避祸，从河南迁居歙县东乡。此为文献记载最早的迁徽中原士族。

东汉（25~220）歙县岩寺小岩村（今属徽州区）建古岩院，是徽州记载最早的佛教活动场所。

东汉永元五年（93年）六月，歙县人、太常方储因劝和帝不要郊祭，不允，饮毒酒自尽。和帝郊祭回归途中突降冰雹，知方储忠心，追封方储为太常尚书令、黟县侯，归葬歙县东乡。方储作为歙、黟历史上第一位在朝廷名声显赫的人物，对扩大歙、黟的文化影响起到重要的作用。

东汉建宁二年（169年）九月，丹阳山越围攻太守陈寅，被陈寅击破。这是"山越"最早的记载，其时徽州属丹阳郡。

东汉建安十三年（208年），吴将贺齐领兵平歙县金奇、毛甘及黟县陈仆、祖山等山越。分歙县东部地区为始新县，南为新定县，西为黎阳、休阳县，加原置黟、歙二县，建新都郡。

三国吴黄武五年（226年），诸葛恪征讨丹阳郡山越，俘获很多黝、歙短人。孙权以黝、歙短人男女各10人送给大秦商人秦论，并令会稽刘咸护送。后来刘咸死于途中，此男女20人仍回东吴。

西晋（265~317），孔愉避居歙县（今绩溪县孔灵）期间，以中原文化的礼仪处事待人，获得当地越人的信任。

西晋太康元年（280年），改新都郡为新安郡。

东晋大兴二年（319年），僧天然建南山寺（位于今休宁县万安镇水南村），为徽州佛教寺院之始。

东晋咸和二年（327年），鲍宏在歙县岩寺（今属徽州区）开筑鲍南堨，灌田240余万平方米。

东晋太元六年（381年），武陵王司马晞被放逐于新安郡。司马晞在被放逐新安的前四五年中，喜令倡伎作新安人歌舞离别之辞，其声悲切。说明了徽州土著居民善于歌舞的文化习性。

南朝宋元嘉五年（428年）至元嘉八年（431年），著名文学家谢灵运隐居会稽期间游历新安江，写有《初往新安至桐庐口》五言古诗，这是今存最早的有关新安山水的诗篇，也是徽州文学史上第一首吟咏徽州山水的诗歌作品。

南朝齐永元三年（501年），海宁黄墩（今属屯溪区）人程茂任郢州长史，当时萧衍在襄阳起兵造反，分兵围住郢城。程茂行文进谏萧衍，劝其不要造反，写有《责萧衍犯顺书》，这是目前见到的徽州籍作家所写的第一篇议论性散文作品。

南朝梁（502~557），萧几为齐皇室宗亲，梁文学家，曾任新安太守，在任上去世，死于徽州。在徽州期间完成一部《新安山水记》，是徽州山水游记作品的最早篇章，可惜该游记已经失传。

南朝梁普通六年（525年），黟县胡明星倾资募工，修建江柏山堨，疏筑二渠，长数千米，引城北溪水入堨，灌田6 000余万平方米。

南朝梁大同元年（535年），析歙县华阳镇置良（梁）安县，为绩溪县建县之始。

南朝梁太清二年（548年），海宁人程督著《东天竺赋》，为徽州史载最早的文学作品。

南朝陈光大二年（568年），安西将军、重安县公程灵洗卒。死后，赠镇西将军、开府仪同三司，谥"忠壮"。是徽州历史上第一位在正史上立传的名人。

隋(581~618),州学在歙城东北隅,谢杰任歙州教职。

隋开皇十一年(591年),置歙州,治黝县。

隋大业三年(607年),改歙州为新安郡。

隋大业十二年(616年),歙县汪华起兵占据新安郡地及宣、杭、睦、婺、饶五州,号称吴王。

唐

武德二年(619年),智琚卒于常州建安寺。智琚著有《大智度论义疏》,是徽州有记载的第一位高僧。

武德四年(621年),汪华附唐,封越国公。改新安郡为歙州,在歙县置总管府。持节总管歙、宣、杭、睦、婺、饶六州事。

长安元年(701年),休宁吴少微中进士,任晋阳县尉。吴少微成为徽州历史上的首位进士。为文气格高迈,一时蔚为风尚,与同事富嘉谟并称,时人称为"吴富体"。

景龙年间(707~710),著名书画家薛稷任黟县令,带动黟县人也爱好写字画画,宋朝流传黟县人写字画画为"薛公之余风"。

开元年间(713~741),猎人叶氏追逐野兽至婺源长城里,见众石坚润、莹洁,拣回数块,雕琢成砚,为歙砚之始。

开元二十四年(736年),休宁洪贞起义,被镇压后,割休宁回玉乡与乐平怀金乡置婺源县,治设清华以镇之。属歙州。

天宝六年(747年),改歙州为新安郡,改黝山为黄山。

天宝十三年(754年),李白游历徽州。留下了《赠黄山胡公晖求白鹇》《夜泊黄山闻殷十四吴吟》《送温处士归黄山白鹅峰旧居》等诗。

乾元年间(758~760),道士龚栖霞云游至休宁齐云山,在石门岩一带隐居。龚栖霞是齐云山有史记载最早活动的道士,后世徒众为了纪念这位开辟道教圣地的先驱者,特将他隐居的岩洞命名为栖真岩。

宝应元年(762年),歙县方清起义,被朝廷镇压后,析休宁地置归德县,析黝及饶之浮梁县地置祁门县。

大历五年(770年),废归德县,歙州领黝、祁门、婺源、休宁、歙、绩溪六县。

大历十年(775年),歙州刺史薛邕迁汪王庙于乌聊山,汪华之"神"地位确立,称呼为"越国公汪王神"。

贞元年间(785~805),王敷在《茶酒论》中载有"浮梁歙州,万国来求",说明了茶在唐朝社会、经济、文化中的地位,也反映出歙州茶叶的影响。

咸通三年(862年),歙州马张途撰《祁门县新修阊门溪记》,记载了祁门县茶叶受茶商的欢迎盛况。

唐末,河北省易水县墨工奚超、奚廷珪迁居歙县,创制徽墨,南唐后主李煜赐奚氏国姓(李)。李煜辟"澄心堂"贮藏徽纸,徽纸遂以"澄心堂纸"著称。

宋

北宋太平兴国三年(978年),知州苏德祥迁州学于罗城东门内街乌聊山上,景德三年(1006年)曾经修葺。

北宋景德至天圣年间(1004~1032),绩溪县置桂枝书院,为徽州有记载的最早书院。

北宋天禧至南宋庆元年间(1017~1200),黝县黄陂汪勃一门出了5名进士,一家11人相继入仕。

北宋天禧三年(1019年),向敏中撰《闵氏尊经阁记》,记载歙县岩寺(今属徽州区)闵景芬建尊经阁,藏书万卷的事迹。

北宋嘉祐三年(1058年),王安石由江西取道徽州赴宣州,夜过绩溪县翚岭,留有《过葛职方琳宅题壁》和《寄沈鄱阳》等诗篇。

北宋元丰八年(1085年)三至十月,苏辙任绩溪县令,任内曾在城西门外筑堤防患,人称"苏公堤"。

北宋政和三年(1113年)十一月,名僧道宁(婺源人)在潭州开福寺圆寂。嗣法弟子有月庵善果,以后依次传承是:老衲祖证—月林师观—无门慧开—法灯觉心。觉心是入宋求法的日本僧人,说明早在13世纪时,道宁禅师的佛法一脉东传,与日本禅宗的传播发生过一定的关系。

北宋宣和二年(1120年)十月初九,歙县佣工方腊在七贤村起义,先后占领绩、旌、黝、祁、休等县。

北宋宣和三年(1121年),方腊起义遭镇压。改歙州为徽州。

北宋靖康元年(1126年)秋冬,岳飞由宜兴至绩溪,访殿中侍御史胡舜陟,留有《与咸公话别》诗一首。

南宋建炎元年(1127年),康王赵构在商丘即帝位,祁门汪伯彦升任知枢密院事、右仆射等职,为丞相之职。是徽州历史上第一位达到如此高位的人,对提高徽州文化的知名度起到重要作用。

南宋绍兴元年(1131年),岳飞提兵从江阴出发,赴江西与招讨使张俊会合,同讨叛将李成,途经徽州。岳家军过祁门时,曾在县城西2千米处的东松庵驻宿,受到庵僧子珣热情接待,岳飞在庵壁上题记留念。岳飞的题记遗碑,直到清同治年间仍保存完整,今不存。

南宋绍兴九年(1139年),祁门人在东松庵前建岳王行祠,县尉黄维撰有《岳武穆王生祠》。从彼时起至清同治年间,岳王行祠先后移建和重修六七次之多。

南宋绍兴十一年(1141年),知州汪藻复建州学,增购藏书《周易》《尚书》《毛诗》《周官》《中庸》《春秋》《左传》《论语》《孝经》《孟子》《乐毅论》《羊祜传》,以及《御制文》《宣王赞》《七十二子赞》《损斋记》等,这也是州学藏书最早的记录。

南宋绍兴二十九年(1159年)至绍兴三十一年(1161年),洪适任徽州知州时,在州城建了一座类似于展览馆的建筑,专门陈列当地的笔、墨、纸、砚产品,并将苏易简所著《文房四谱》书于展室四壁,取室名为"四宝堂"。

南宋绍兴三十二年(1162年),徽州商人在境内发行"会子",代替货币流通。

南宋乾道三年(1167年),绩溪胡仔所编《苕溪渔隐丛话》完成。这既是一部综合性的诗话汇编,又是一部诗论著作,为北宋诗话总集。具有丰富的文献价值和珍贵的诗学意义,对后人的诗学研究受益匪浅。

南宋淳熙二年(1175年),歙县罗愿撰就《新安志》10卷,该志是中国方志史上著名的志书。

南宋淳熙三年(1176年)二月,朱熹第二次回徽州祭祖,并从事讲学活动,阐述自己的思想,理学由此在徽州广为传播,形成新安理学。

南宋淳熙十六年(1189年),歙县张杲撰《医说》一书。《医说》是中国医学史上第一部医史传记。

南宋庆元五年(1199年),岳飞的孙子岳珂来祁门东松庵和岳王行祠,以祀其祖父。他赋诗一首纪其事:"东松一建几经春,景物清幽匪俗邻。曾识当年驻金节,尚存遗墨勒坚珉。晚生不服究前烈,所幸犹来指壁尘。市虎欺天畴敢尔,东风回首一沾巾。"

南宋宝庆三年(1227年),道士天谷子从黟北移居齐云山,创设道院,供奉玄武大帝,从而创立齐云山道教基业。

南宋淳祐六年(1246年),以朱熹号"紫阳",在郡城南门外紫阳山建书院纪念朱熹,宋理宗专门题写"紫阳书院"匾额。

南宋宝祐元年(1253年),祁门程鸣凤参加武科会试和殿试,总成绩第一名,成为武状元。

南宋宝祐年间(1253~1258),徽州知府谢墍与宋理宗赵昀有亲戚关系,每年都要向理宗进贡徽州生产的"汪伯立笔""澄心堂纸""李廷珪墨"和"羊头岭古坑砚"四种文房珍品,被称作"新安四宝"。

元

至元十四年(1277年),改徽州为徽州路,属江浙行中书省江东建康道。

至元二十年(1283年),歙县方回所编唐宋五七言律诗总集《瀛奎律髓》完成。该书每诗之后,多附以评语。评语中有不少好的见解,也保存了一些宋朝文人的逸闻轶事。在理论上标榜"江西诗派"的主张,并对"江西诗派"进行了全面系统化的总结,首倡"一祖三宗"论,以杜甫为一祖,黄庭坚、陈师道、陈与义为三宗。

延祐元年(1314年),官府强迫休宁学者陈栎参加科举,乡试中选以后,以身体有病,力辞不赴礼部就试,不肯失节。元朝新安理学家以"风节"标榜,不同蒙元合作。

延祐三年(1316年),陈栎《新安大族志》编纂完成,这是第一部全郡宗族总谱。

天历二年(1329年),婺源医家王国瑞撰《扁鹊神应针灸玉龙经》刊行。该书是一本理论与临床、普及与提高相结合的针灸专著,在中医史上具有较高的学术价值。

至正十七年(1357年)三月,朱元璋所部大将邓愈、胡大海攻入徽州,取徽州路,改徽州路为兴安府,奉小明王韩林儿龙凤年号。婺源知州汪同率部归顺。

至正十八年(1358年)十二月,朱元璋入徽,驻兵玉屏山,召见休宁朱升、歙县唐仲实等人。朱升献策:"高筑墙,广积粮,缓称王。"

至正二十四年(1364年),改兴安府为徽州府。

元末,休宁程维宗弃儒经商致富,置田地200余万平方米、佃仆370余家,又在屯溪构建4所店房,共屋47间,用以"居商贾之货"。

明

洪武元年(1368年),改徽州府直属中书省。

洪武二年(1369年)初,祁门汪克宽受聘协修《元史》。

洪武三年(1370年),明政府实行盐法——开中法,徽州商人中的少数先行者,跻身其中,歙商汪玄仪"聚三月粮,客燕代,遂起盐策,客东海诸郡中"。是徽州商人业盐的较早记载。

洪武八年(1375年),明廷开始在全国城乡推行社学之制,徽州六县共设立社学462所,其中歙县112所、休宁140所、婺源140所、祁门27所、黟县13所、绩溪30所。

永乐元年(1403年),徽州府隶属南直隶,徽州府设织染局,制造上贡帛。

天顺六年(1462年),曾全宁辑刻宋朝的《黄山图经》,图目作36峰,使我们可以从中得见宋朝徽州版画的状况。

弘治二年(1489年),休宁程敏政始编《新安文献志》,弘治十年(1497年)九月志成。

弘治十三年(1500年),唐寅游齐云山,应道长汪泰元之请,作骈体文《紫霄宫玄帝碑铭》,首尾共1 028字,延新安名家汪肇篆额,戴炼书丹,由歙、休刻碑能手汪阳熙、朱云亮执錾主镌,费时两年竣工。同年,由徽州工匠雕刻的山东曲阜孔庙大成殿28根雕龙石柱完成,造型优美生动,雕刻玲珑剔透,刀法刚劲有力,龙姿栩栩如生。

嘉靖年间(1522~1566),湛若水亲临徽州,先后在斗山、天泉、中天等书院讲学,心学迅速在徽州流布开来。

嘉靖年间(1522~1566),江西弋阳腔传入徽州,产生徽州腔,是为徽剧先声。同时,休宁吴继灼编辑的明朝传奇、志怪小说选集《虞初志》刊行,是我国古代文言古典小说中的"虞初系列"之祖。

嘉靖二十二年(1543年),歙县商人汪直驾驶一艘预定从澳门开往浙江双屿(位于今浙江省舟山市佛渡岛)的走私贸易船,遭遇台风漂流到了日本九州南侧的种子岛,几个葡萄牙人也在船上。种子岛岛主时尧以各2 000两黄金的价格买了两把火绳枪,且让号称"种子岛锻冶栋梁"者仿制,成为日本最早的火枪。

嘉靖三十年(1551年),歙县江瓘完成《名医类案》编纂,其次子江应宿编次补遗,于万历十九年(1591年)刊行。《名医类案》是我国第一部研究医案的专著。

嘉靖三十五年(1556年),祁门医家徐春甫著成《古今医统大全》。

隆庆年间(1567~1572),徽州漆工黄成著《髹饰录》,是为现存的唯一古代漆工专著。同时,休宁县松萝山僧人大方创制松萝茶。

隆庆二年(1568年),祁门徐春甫在应天府(今北京)发起成立"一体堂宅仁医会",这是我国历史上第一个民间医学学术团体。

隆庆四年(1570年),休宁黄汴刊《一统路程图记》8卷行世,记载各地水陆交通情况,是较早的商书。

万历年间,著名戏剧家、后七子盟主王世贞,带领三吴两浙有名的文士100余人由水路游徽州,徽州汪道昆和潘之恒出面主持接待,以徽州"各逞其技"的文人、演员与之对垒,从容应对这一挑战性的文化之旅。

万历十一年(1583年),祁门郑之珍《新编目连救母劝善戏文》刊刻行世。《目连救母》杂剧一直在民间流传,但一直没有系统的文字剧本。《新编目连救母劝善戏文》的刊行,目连戏才算是有了正式的文字剧本。

万历十二年(1584年),歙县城内大学士许国石坊建成。

万历二十年(1592年),休宁县在古城岩建还古书院,成为宣扬王阳明心学的重要阵地。

万历二十年(1592年),休宁率口(今属屯溪区)程大位著《算法统宗》17卷刊行。《算法统宗》是对近代珠算算盘的完整叙述。

万历二十二年(1594年),丁云鹏将"圣母怀抱耶稣之像""信而步海疑而即沉""二徒闻实即舍虚空""淫色秽气自遭天火"四幅铜版画摹绘成白描墨模稿,在吸收西洋绘画的形象与技巧基础上将以明暗为主的西洋版画改变成线条造型的传统白描,画面表现生动自然,不显丝毫生涩呆滞,对欧洲和东洋美术交流的研究做出了很大功绩。

万历二十八年(1600年),休宁何震以自刻印成《何雪渔印选》,开创印人汇辑自刻印成谱之先河。

万历三十三年(1605年),歙县程大约在中国印刷史上首次用四色或五色赋彩印刷《程氏墨苑》,图版精丽动人程度大大超过一般雕版插图。

万历三十九年(1611年),歙县潘之恒食宿于黄山上,着手编纂《黄海》这部全面系统介绍黄山的专著。《黄海》分为纪初、纪藏、纪迹、纪游、纪导五部分,是明朝黄山最为丰富的文献集成。

万历四十年(1612年),徽州出版商程百二辑刻的《方舆胜略》18卷附《外夷》6卷,书中全载利玛窦《世界舆地全图》,在中国引入西洋地图。

万历四十一年(1613年),绩溪县城"白鹤观"内演戏发生火灾,死伤107人。

万历四十二年(1614年),歙县西溪南(今属徽州区)吴国廷将家藏的王羲之、王献之、王珣、虞世南、孙过庭、颜真卿、苏轼、米芾等名家作品真迹,请歙县书画家杨明时勒摹上石,汇刻成《余清斋帖》行世。

万历四十四年(1616年)初春,地理学家徐霞客先后游历齐云山、黄山,并作《白岳山日记》《游黄山日记》。同年,歙县江旭奇编辑的《朱翼》一书,由徽商吴养春校阅梓行,此书具有现代流行刊物性质,是"期刊之先河"。

天启七年(1627年),休宁胡正言创制饾版彩印技法。这种方法称为"多版复色印刷",又称"套版印刷",是我国在世界印刷史上的第二大贡献。

崇祯七年(1634年),歙县莘墟(今属徽州区)吴桢,将王羲之、虞世南、褚遂良、欧阳询、颜真卿、怀素、杜甫、王维、苏轼、黄庭坚、米芾、赵孟頫、鲜于枢、陈继儒、董其昌等名人的书法作品，汇刻成《清鉴堂帖》行世。

清

顺治二年（1645年）六月，清兵入徽，休宁金声、歙县江天一等起兵阻御于绩溪县丛山关。九月，金声等兵败被俘，后遭杀害。是年，胡正言再创拱花印刷技法。

康熙六年（1667年），设立安徽省，取安庆、徽州两府首字为省名。

康熙十二年（1673年），周亮工撰《赖古堂别集印人传》3卷由其子周在浚整理刊行，称："自何主臣继文国博起，而印章一道遂归黄山。"首次提出黄山篆刻流派，即徽派篆刻。

康熙十三年（1674年），靖南王耿精忠叛清，八、九月攻陷徽州，占据月余。八月，三藩叛兵遭党羽罗其雄率兵数万由德兴进入婺源，城陷。九月，郡兵收复婺源。康熙十五年（1676年）八月，闽寇白显忠率众由开化突入婺源县东济溪、大畈一带，焚掠村庄。

康熙二十二年（1683年），休宁廪生金兰、胡琏应征协修《江南通志》。

雍正十三年（1735年），绩溪知县王锡藩引桑栽种，开设敬业书院，讲授蚕桑技术。

乾隆二十年（1755年）前后，张庚在《浦山论画》中又提出："新安自渐师以云林法见长，人多趋之，不失之结，即失之疏，是亦一派也。"提出新安画派的概念。

乾隆三十年（1765年），绩溪上庄胡天注在休宁县开设胡开文墨店。

乾隆三十四年（1769年），歙县鲍廷博着手刻印《知不足斋丛书》，该丛书是一部以精善著称的综合性丛书，海内皆推崇。

乾隆三十七年（1772年），戴震完成《孟子字义疏证》一书初稿，着重于批驳程朱理学的"存天理，灭人欲"的理念，以其前所未有的深刻性和颠覆性，被视为近代最重要的启蒙先驱之一。次年，北京四库全书馆开办，祁门马裕献藏书776种，居全国藏书家之首。

乾隆三十八年（1773年）八月，戴震参加编纂《四库全书》。

乾隆四十五年（1780年），休宁汪如洋继吴锡龄、戴衢亨后，为休宁县得中三连魁状元。

乾隆五十五年（1790年），弘历80岁生日，徽剧三庆班入都祝寿。随后四喜、启秀、霓翠、和春、春台等徽班也相继进入北京演出。后六班合并为三庆、四喜、和春、春台四班，成为驰名当时北京城的四大徽班。

乾隆五十六年（1791年），《红楼梦》书成后，仅有抄本流传，本年与次年，徽州程伟元两次用活字印出，即后来的程甲本、程乙本。

道光七年（1827年），程芝华摹程邃、汪肇龙、巴慰祖、胡唐印，成《古蜗篆居印述》4卷，程芝华在凡例中首次提出"新安印人"的称呼，其兄芝云在跋中首次提出"歙四子"称呼，成为后人称呼"新安派""歙派"的滥觞。

道光二十六年（1846年），歙县郑复光完成《镜镜詅痴》一书，该书系统地论述了光线通过各种镜子之后的成像原理，说明利用望远镜进行天文观测的各种方法，是当时中西光学知识的集大成之作。郑复光还根据自己的研究成果，制作出了中国第一台测天望远镜。

咸丰四年（1854年），歙县户部右侍郎兼管钱法堂事务王茂荫，上奏《论行大钱折》，主张将不兑现的官票、宝钞改为可兑现的钞票，制止通货膨胀，受到咸丰皇帝的"严行申斥"。这件事后来被马克思《资本论》中提到，王茂荫成为马克思《资本论》中提到的唯一中国人。

咸丰十年（1860年）前后，清军与太平军在徽州展开多次激烈的战斗，造成了大量人口的死亡和逃亡，庐舍、祠堂被损毁，田地荒芜，徽州遭受到前所未有的破坏。

同治十三年（1874年），中国首次选派赴美留学官费生，休宁吴敬荣、黟县程大业被选取，次年八月赴美。

光绪元年（1875年），英国"内地会"传教士在歙县创设教堂。此后，法、美、西班牙等国传教士，先后至各县设立教堂、教会。是年，祁门胡元龙、黟县余干臣分别试制红茶成功。

光绪五年（1879年）七月，休宁戈鲲化应聘赴美国哈佛大学任汉语教授，成为第一个站上西方讲台讲授中国文化的中国人。

光绪六年（1880年），婺源吴懋鼎担任汇丰银行天津分行首任买办、英商仁记洋行买办，号称天津四大买办之首。

光绪十四年（1888年），黟县程弘弼与人合伙在上海开设中西大药房，成为上海第一家民族资本的西药经营企业，外文招牌为"Great China Dispensary"。

光绪十七年（1891年），婺源詹天佑参加修筑天津到山海关的津榆铁路，首次在我国铁路使用压气沉箱法修建滦河铁桥桥墩基础成功。其后将自己的一生献给中国的铁路事业，被誉为"中国铁路之父"。

光绪二十六年（1900年），歙县城内创办崇一学堂，为徽州最早的新式学校。

光绪三十年(1904年),歙县叶铭与吴隐、丁仁、王禔在杭州孤山创设西泠印社。

光绪三十三年(1907年),天津静海刘汝骥出任徽州知府。任上开展地方民事、商事习惯进行调查,致力于在徽州实施宪政,推行地方自治。

光绪三十四年(1908年),休宁戴瑛在隆阜创设休宁县农业初等小学堂,设有蚕桑科,开有实业课。为徽州实业教育之始。是年,歙县程谨轩在上海法华乡(今静安区)建店楼数十间,进行房地产开发,成为中国第一代房地产开发商之一。

宣统二年(1910年),徽州罗绢参加全国南洋劝业会展览,获农商部颁发的特等奖。

宣统三年(1911年),武昌起义后,徽州知府许月涵、歙县知县宋灿弃官逃跑。徽属各县相继光复。同年,徽州歙、休宁、婺源、祁门、绩溪、黟六县自办六邑民团,维持地方秩序,歙县鲍振炳任团长。

中华民国

民国二年(1913年),中国成立第一个西医界全国组织——全国医界联合会,徽商汪惕予被推举为会长,享有"中国西医之父"之殊荣。

民国三年(1914年),金陵大学毕业生汪寿椿在黟县西武乡创办西医汉美医院。为徽州第一所西医医院。

民国四年(1915年)八月,胡开文墨店生产的墨、药材,万安"方秀水元记""吴鲁衡""胡茹易"罗盘店生产的日晷,汪声潮监制的红茶和休宁名茶"贡熙",均获巴拿马万国博览会金牌奖。

民国七年(1918年),黟县篆刻家黄士陵弟子李茗柯发起,在广东成立濠上印社,研讨黄士陵印艺,形成"黟山派",又称"粤派"。

民国十一年(1922年)七月,安徽省立第四女子师范学校在休宁隆阜(今属屯溪区)创办,校长程宗泗,成为徽州第一所女子师范学校。

民国十二年(1923年)六月,休宁省立二师和歙县省立三中在休宁组织"徽州二三同学会",创办刊物,宣传民主,提倡新文化。

民国二十三年(1934年)四月一日,著名作家郁达夫、林语堂、全增嘏、潘光旦、叶秋原一行到屯溪游览。

民国二十五年(1936年)五月,著名科学家李四光至黄山景区考察,在慈光寺前海拔720米处,发现第四纪冰川移动剥蚀而形成的U形峡谷。是年,祁门瓷土参加上海全国商品展览会,获金牌奖。

民国二十七年(1938年),因抗日战争爆发,南京安徽中学、芜湖芜关中学、上海复旦大学附中、上海法学院和江苏联中等校先后迁至徽州。

民国三十三年(1944年)秋,安徽学院皖南分院在休宁万安建立,为徽州第一所高等学校。皖南行署主任张宗良兼任院长。

民国三十八年(1949年),婺源县解放,出于军事管理需要,被划归江西省赣东北行政区浮梁专区管辖。

徽州文化大辞典

索引

词目音序索引
词目笔画索引

[索引]

索引 词目笔画
索引 词目音序

A

矮竹　100
霭门书屋　313
霭山河　75
霭山水　75
霭山院　601
安床礼　810
安福桥　555
安阜桥　555
安徽大学徽文化传承与创新研究中心　1157
安徽大学徽学研究中心　1157
安徽繁昌徽州会馆联　378
安徽省第十区农林实验学校　321
安徽省徽学学会　1158
安徽省徽学学会第四次会员代表大会暨2014年学术年会　1163
安徽省徽学学会二届二次年会暨"徽州文化与和谐社会"学术研讨会　1163
安徽省徽州崇一私立中学堂　321
安徽省立安徽学院皖南分院　319
安徽省立长淮临时中学　319
安徽省立第八职业学校　320
安徽省立第二女子师范学校　319
安徽省立第二师范学校　320
安徽省立第二中学　319
安徽省立第三中学　320
安徽省立第四女子师范学校　320
安徽省立第四女子中学　320
安徽省立第五师范学校　320
安徽省立第一茶务讲习所　336
安徽省立黄山临时中学　319
安徽省立徽州初级农林科职业学校　321
安徽省立徽州女子初级中学　321
安徽省立徽州女子中学　321
安徽省立徽州师范学校　321
安徽省立徽州中学　321
安徽省立绩溪初级中学　320
安徽省立绩溪高级农业职业学校　320
安徽省立绩溪农业职业学校　320
安徽省立天长中学　319
安徽省立屯溪工业职业学校　319
安徽省立屯溪医院附设高级护士学校　319
安徽省立休宁女子中学　319
安徽省立休宁中学　319
安徽省陶行知研究会　1158
安徽省朱子研究会　1158
安徽师范大学馆藏千年徽州契约文书集萃　1169
安徽师范大学皖南历史文化研究中心　1158
安徽芜湖徽州会馆联　377
安徽学府　336
安徽中国徽州文化博物馆　1157
安勒山　20
安苗节　796
安山　810
安素轩珍藏　740
安葬　810

鹌鹑谱　357
鞍山　37
按院禁约碑　674
暗然堂类纂　293
暗香楼乐府　373
鳌溪　609
鳌溪桃谷　609
鳌鱼洞　49
鳌鱼峰　39

B

八八哥　410
八宝葫芦鸭　746
八宝鲫鱼　746
八宝药墨　247
八达岭　451
八大家藻井彩绘　475
八都话　792
八都雄　792
八公石　49
八公溪桥　543
八沟　75
八卦池　638
八卦桥　543
八家栈　159
八家栈来历　386
八脚牌坊　528
八戒戏球　746
八戒岩　39
八骏图　475
八社花朝　819
八碗八　766
八碗十二盘　766
八仙洞　45
八贤堂联　375
八眼井　638
八音鸟　79

八隐　168
八阵图　451
八字门楼　610
巴隽堂印存　445
巴陵桥　549
巴氏　170
巴慰祖　1090
巴慰祖故居　491
巴慰祖故居匾额群　698
巴慰祖刻象牙印章　708
巴锡麟　1064
巴源绶　911
坝祠　500
白板桥　553
白瓷五彩佛板　709
白读　792
白鹅峰　17
白鹅岭　17
白腹蛇雕　84
白鹳　84
白圭趋时　254
白鹤山　17
白鹤溪　64
白际岭　16
白祭　807
白颈长尾雉　84
白龙洞　46
白龙潭　64
白龙溪　64
白龙岩　41
白鹿源　64
白马源　64
白茅岭　16
白南轩　1139
白砂岭　17
白山　16
白山鸡　84
白石讲堂　306

白石井 640	百药源 64	苞芦粿 777	鲍夔生 902
白石塔 56	百丈瀑 64	苞芦松 777	鲍立然 989
白石涌泉 640	百丈泉 64	苞雪轩藏书 741	鲍娄先 1136
白尾海雕 84	百丈潭 64	剥皮大烤 759	鲍孟英 902
白鹇 84	百丈岩 41	褒忠庙 601	鲍冕 902
白香山诗集 365	百柱宗祠 495	宝华楼菜馆 235	鲍南堨 650
白象峰 17	百子灯 808	宝伦堂坊 536	鲍宁 1056
白胸翡翠 84	百晬 808	宝善堂 702	鲍瑞骏 1137
白雪斋选订乐府吴骚合编插图 439	佰翰林 701	宝塔峰 24	鲍山 1084
白杨书院 306	柏墩 139	宝贻堂 702	鲍尚志 991
白杨院 592	柏木源 68	宝印斋印式 447	鲍深 902
白榆社 360	柏山 25	保安会 827	鲍实 1056
白岳峰 17	柏山堨 648	保安山 26	鲍士臣 989
白岳黄芽 161	柏山皖中 325	保和堂药店 236	鲍士伟 989
白岳金芽 161	拜祷田公、田母 798	保护祠产碑 677	鲍氏 192
白岳山 17	拜经楼藏书 742	保命桥 561	鲍氏宗祠 525
白岳山房 662	拜敬 813	保熟节 798	鲍寿孙 1056
白岳山人冰玉姿碑 662	拜年山 26	保长儿子 413	鲍淑媚 1137
白岳山人传碑 662	拜师 252	保障六州 703	鲍漱芳 991
白岳文昌祠碑记 662	拜石山房印谱 448	葆真山 34	鲍漱芳父子义行坊 541
白岳重葺玄君殿记碑 662	拜堂 813	报慈 701	鲍漱芳获御笔"乐善好施" 253
白云庵 592	拜堂唱词 813	报慈庵 594	
白云禅院 592	班亭 1123	报德桥 557	鲍四 1152
白云洞 46	颁胙 203	报计 811	鲍四创徽州砖雕 408
白云集 364	搬嫁资 817	报国禅院 594	鲍松 1152
白云深处 662	搬行嫁 817	抱笏峰 23	鲍廷博 990
白云书院 306	板栗饭 755	抱一书斋 324	鲍廷博藏书献书 744
白云溪 64	板栗蒸鸡 755	鲍安国 901	鲍廷爵 990
白云岩 41	板龙 466	鲍灿孝子坊 541	鲍廷珸 989
白云岩大雄宝殿 592	板桥 559	鲍崇城 1152	鲍同仁 1084
百步云梯 628	板桥头桥 559	鲍道明 902	鲍屯十安堂 408
百城襟带 76	板树坑 135	鲍德润茶叶店 225	鲍橐 992
百代蒸尝 699	板子豆腐 769	鲍逢昌孝子坊 541	鲍汪如 990
百桂尖 18	版画画稿作家 440	鲍公墓坊 540	鲍文龄妻节孝坊 541
百果糕 784	办后事 807	鲍光甸 989	鲍文渊妻节孝坊 541
百花洞 46	半边洞 46	鲍光猷 989	鲍文芸 1136
百花源 64	半边石屋 46	鲍光祖 989	鲍雯 991
百花赠剑 453	半茶村财神庙联 376	鲍桂孙 1137	鲍象贤 902
百家名书 228	半春园 603,699	鲍桂星 902	鲍象贤坊 541
百脚尖 18	半春园联 376	鲍蘅 1152	鲍省吾 991
百鸟亭 579	半街胡 171	鲍集成 1084	鲍勋茂 991
百日礼 808	半岭 17	鲍继登 991	鲍宜翁 1084
百世不迁 200	半流铺 105	鲍简锡 991	鲍宜瑗 991
百世经师 699	半仙亭 579	鲍颎 902	鲍倚云 1057
百寿图印谱 446	半源桥 553	鲍均 990	鲍印 1136
百岁不庆寿 808	蚌壳舞 469	鲍峻 991	鲍应鳌 901
百岁坊 532	包条 739	鲍楷 1137	鲍元康 901
	包西来 998	鲍康 1057	鲍元侲 1136

鲍云龙 1056	毕锦 838	波斯进宝石 53	苍耳斋诗集 366
鲍增祥 1057	毕力忠 838	钵盂峰 29	苍龙洞 46
鲍兆瑞 990	毕泷 1091	钵盂潭 69	苍龙山 21
鲍正元 1056	毕懋康 838	菠萝漆器 479	苍龙坞 46
鲍直润 991	毕懋良 838	泊如斋 230	苍玉砚 478
鲍直润赢利观 253	毕溥 1092	泊如斋重修宣和博古图 724	沧浪水 66
鲍志道 990	毕尚忠 1091	博风板 620	藏云洞 49
鲍志道以俭相戒 253	毕氏 171	博缝板 620	藏舟石 56
鲍志桐 990	毕兴 913	薄刀峰 38	糙杆苔 101
鲍子义 1084	毕星海 1091	薄拓鲜 780	曹榜 1128
北岸 121	毕业灯 465	檗庵大师塔 577	曹榜松鸟图 433
北岸廊桥 552	毕渊明 1092	檗庵集 374	曹沧洲 1080
北岸吴氏宗祠 493	毕沅 998	补过轩 701	曹超 1043
北边备对 284	毕昭文 1092	不是篁墩不是程 169	曹崇庆 1127
北村 121	毕周通 913	不浴心也清 659	曹鼎 1127
北海 75	毕周万 913	不居集 340	曹定远 973
北河 63	毕著 1092	不老山 10	曹洞宗僧 300
北蒋居一 170	碧莲池 646	不疏园 602	曹渡桥 566
北京 211	碧山 37	不疏园藏书 738	曹敦甫 974
北京绩溪会馆 241	碧山半亩园 608	不疏园研讨 274	曹孚 1043
北京歙县会馆 242	碧山桥群 571	布袋石 50	曹公溪 70
北京婺源老会馆 242	碧霞元君祠 601	布龙舞 464	曹观远 889
北京婺源新会馆 242	碧阳书院 313	布射水 63	曹恒泰布店 226
北京休宁会馆 241	碧阳书院碑记 691	布水峰 15	曹恒占 1127
北路郑半州家 170	碧阳书院复旧章记碑 691	布水源 63	曹泓 1127
北山岭 16	碧阳书院群碑 691	步月 701	曹泾 1043
北宋景德镇窑影青钵 709	碧阳镇 154	步云亭 580	曹景宸 974
北溪桥 552	壁立万仞 692		曹美东 973
北野县 105	边商 217	**C**	曹门厅 518
北游集 364	编苇夹泥墙 621		曹鹏 1127
北园书院 306	扁担钱 413	猜中指 827	曹其瑞 973
北云尖 16	扁担山 28	才子牡丹亭 362	曹启梧 1080
辈分 205	扁担石 53	财自道生,利缘义取 254	曹汝弼 1043
奔丧禁忌 812	扁担亭 581	采莲船 53	曹若揖 1081
奔丧礼 812	变直销为函购 250	采庆班 454	曹深 889
本草备要 341	鳖咙洞 49	采石峰 24	曹圣臣 972
本草蒙荃 341	别有天地 667	采薇子墓 672	曹士鹤 888
本草择要纲目 341	宾虹草堂藏古玺印 448	采药源 67	曹氏 189
本庄茶 222	宾兴盘费 315	彩虹桥 566	曹氏二宅 519
笔峰 30	殡礼 818	彩礼 816	曹氏外科 348
笔架峰 30	冰操玉洁 700	踩高跷 473	曹嗣轩 1043
笔架尖 30	冰凌阁 498	菜花桥 566	曹崧 973
笔架山和仙人脚的来历 404	冰崖 664	菜坑地 32	曹素功 1081
毕成梅 913	兵坑河 66	菜知县纸帐题诗 405	曹素功墨庄 226
毕恩溥 999	兵坑口桥 557	蔡从题壁 691	曹堂 1127
毕翰 999	饼茶 164	蔡汝佐 1137	曹天佑 1043
毕宏述 1091	并笔 447	参读礼志疑 278	曹文在 1127
毕家堨桥 554	并亲 810	参算两经 354	曹文埴 888

曹文埴父子刻书 232	茶商崇正学堂 336	长于推理 274	陈济 868
曹溪 70	茶商小学 336	尝试集 369	陈继儒书般若波罗蜜多心经立轴 717
曹溪桥 566	茶亭 207	常熟徽州会馆 244	陈嘉谟 1075
曹显应 973	茶业 223	常熟县永禁扰累典铺碑 683	陈嘉宪 1075
曹祥 889	茶业公所 246	常遇春大战伯颜图 456	陈嘉言梅花白头轴 718
曹学诗 1127	茶栈 223	场商 218	陈郊 1023
曹应钟 1127	茶庄 223	畅滞搭配批发 250	陈介祁 1113
曹庸斋笔墨庄 232	查木岭 25	巢云轩诗集 372	陈进庠 1075
曹有光 889	槎湾 153	朝 817	陈楠 1075
曹聿金 1127	汉口 128	朝朝 817	陈栎 1023
曹元恒 972	汉口世忠行祠 593	朝奉 817	陈良弼 1023
曹元瑞 888	汉水 66	朝糕 789	陈闾桥 558
曹元忠 1043	拆易 741	潮糕 790	陈履祥 1023
曹原宥 1043	柴景星 967	吵新娘 811	陈猛墓 671
曹允源 888	潺田 156	吵新人 811	陈明 867
曹赞梅 1128	蟾溪楼 587	炒板子豆腐 755	陈能 951
曹泽 889	昌堨 648	炒粉丝 756	陈鏊 1024
曹振镛 889	昌溪 136	炒河螺 777	陈佩 1114
曹振镛故居联 382	昌溪桥 559	炒米片 777	陈仆 867
曹振镛巧改佳对 405	昌溪忠烈庙 595	炒米香糕 787	陈浦 1114
曹振镛坐棺材 405	昌源 66	炒青鱼片 755	陈其祥 951
曹止斋 972	猖会 469	车轮滩 61	陈启元 951
曹子光 972	闾江 70	车盘岩 40	陈起敬 1023
曹作云 889	闾江双桥 567	车田古墓 659	陈庆勉 867
草豆腐 769	闾门县 107	扯红布 811	陈汝继 1114
草架 616	长充铺 104	辰枢拱向 701	陈汝见 1023
草龙舞 468	长春班 452	沉香洞 46	陈尚文 1114
草市 138	长春社 589	陈昂 1114	陈石麟 1075
草堂随笔 369	长短梯 627	陈邦华 1114	陈士缙 1075
草鞋桥 401	长幡 807	陈邦俊 867	陈士瀛 867
草心楼读画集 741	长丰社庙 589	陈宝善 867	陈氏 180
策算 356	长陔 117	陈碧 951	陈氏建祠碑 671
岑山 22	长工歌 411	陈伯齐 1143	陈氏捐产觉乘寺碑 671
岑山渡 130,642	长和馆 234	陈淳 1023	陈双溪 1075
岑山书院 308	长淮临中 318	陈慈祥 1075	陈嵩 1023
层级管理 250	长林村 117	陈达英 1022	陈天宠 950
叉烧肉 748	长岭桥 548	陈大道 867	陈天从 950
叉手 611	长岭尖 11	陈德 951	陈廷斌 950
插拱 620	长宁八古桥 548	陈棣 1114	陈廷善 1075
插剑峰 34	长钱 807	陈鼎新 868	陈廷柱 950
插米舅 817	长庆寺塔 573	陈定宇祠 595	陈王业 867
插米仂 817	长生桥 548	陈二典 1022	陈文玠 1022
茶庵巨石 53	长生亭 578	陈蕃 868	陈文佑 1075
茶行 223	长生亭桥 548	陈孚先 867	陈希昌 1114
茶号 223	长亭 578	陈公堨 648	陈禧 1024
茶客 251	长尾巴 807	陈光 1022	陈孝廉父子遗著抄存 367
茶礼 803	长溪水 61	陈浩 1023	陈轩 1023
茶区歌 413	长啸台稿 363	陈鸿猷 1075	

陈学 951	城阳山志 289	程德基 984	程国仁 894
陈业 1022	城中第一泉 644	程德鸣 984	程国瑞 1083
陈一桂 950	程安道 893	程德乾 984	程国胜 894
陈一澜 950	程安节 893	程德容 984	程国祥 894
陈一新 950	程昂 1083	程德馨 237	程国远 980
陈宜孙 868	程邦本 978	程鼎 1049	程昊 894
陈婴都渐 398	程邦灿 978	程鼎调 983	程浩 897
陈应朝 950	程邦贤 1082	程鼎新 1050	程宏 893
陈有守 1114	程本遐 1082	程定 1048	程宏弼 979
陈有寓 1114	程珌 895	程定祥 895	程宏浩 1131
陈于泰 867	程珌墓 686	程端德 983	程洪溥 1048
陈玉 1113	程璧 985	程端蒙 1050	程鸿弼 982
陈元春 950	程标 1048	程敦临公柏山祠堂记 686	程鸿渐 1133
陈元祥 1022	程秉钊 1047	程敦裕 983	程鸿绪 1133
陈樾 868	程伯益 1082	程遏 650	程鸿诏 1049
陈昭瑞 1023	程材 893	程恩泽 1049	程后村 978
陈昭祥 1114	程沧 1131	程发矞 978	程桓生 896
陈兆骐 1023	程策 898	程法 1131	程寏 1134
陈正耀 950	程詧 1133	程芳 893	程奂轮 1131
陈之茂兴学 398	程蟾仙 1134	程昉捷 1131	程焕铨 982
陈志宏 950	程昌 894	程份 1130	程煌 898
陈篆 868	程昌期 894	程汫 979	程徽灏 1083
陈祖卿 951	程长铭 1129	程逢午 1049	程机 892
陈祖相 951	程朝宣 982	程凤娥 1129	程箕 898
蛏干烧肉 760	程桱 980	程奉直 979	程吉辅 892
撑拱 622	程承海 980	程茯娥 1132	程极 1131
成道会 298	程承津 980	程戴 984	程季白父子收藏 743
成道节 298	程充 1082	程复 1048	程济 1048
丞相源 66	程冲斗 1150	程富 898	程家柽 897
呈坎 129	程存 1046	程杲 894	程家柽墓 686
呈坎村古建筑群 501	程达 1130	程镐 1051	程嘉量题壁 686
呈坎罗氏新祠八则 196	程达昌 978	程公礼 1082	程嘉木 1133
呈坎罗氏祖训 196	程大宾 891	程公瑜 1150	程嘉燧 1133
诚斋文集 369	程大昌 1045	程功 1046	程嘉燧孤松高士图 433
承恩堂 510	程大功 976	程功搜古编诗遗 407	程嘉燧设色山水轴 433
承揽式经营 251	程大位 1081	程鹄 1133	程嘉燧信札 433
承启堂店铺联 380	程大位故居 522	程观保 1047	程嘉燧幽亭老树图 433
承庆堂联 379	程大位故居联 383	程管侯 1134	程嘉赞 898
承唐 138	程大宪 976	程光国 978	程建 980
承祧 202	程大猷 1150	程光庭 892	程建勋 1083
承志堂 510	程大约 976	程光显 1046	程鉴 983
承志堂联 380	程待诏 980	程光祖 1130	程峤 1132
城北仙岩 400	程旦 892	程广富 976	程玠 1082
城隍会 823	程道东 898	程珪 896	程玠起死回生 407
城隍庙 597	程道显 1133	程国栋 894	程金 895
城里有官府 412	程道周 1083	程国辅 1083	程金广 980
城山观 597	程德成 984	程国明 980	程近仁 893
城阳山 25	程德椿 1134	程国彭 1083	程晋芳 1048

程晋芳藏书献书 743	程萝 1132	程睿 1050	程守基 978
程珅 1083	程迈 892	程若川 894	程守奎 978
程京萼 1131	程迈墓 686	程若庸 1047	程寿保 1047
程景伊 1050	程茂梓 979	程森 982	程叔达 894
程镜宇 984	程门 1129	程善 898	程淑 1133
程炯 1048	程门雪 1081	程善敏 983	程恕 1049
程九圭 1150	程孟 1131	程善之 1050	程澍 1134
程九万 890	程梦庚 1151	程尚隆 980	程双元 977
程珏 980	程梦龙 1049	程尚义 894	程思温 895
程爵 985	程梦星 1132	程尚甄 1131	程斯懋 982
程爵义救许阁老 407	程梦瑛 897	程少轩 1082	程嗣功 898
程均保 893	程梦余 897	程绍升 1132	程嗣立 1133
程均敬 1131	程弥寿 895	程牲 1049	程邃 1134
程均佐 893	程旻 980	程深甫 1083	程邃山水册页 434
程君房墨 227	程敏德 1132	程慎诒 1151	程锁 983
程峻德 981	程敏政 1132	程生 977	程泰 896
程浚 981	程敏政藏书 743	程绳祖 898	程泰京 1132
程浚收藏 743	程敏政巧对 407	程圣文墨店 226	程坦然 1047
程可久 892	程名世 1130	程胜 1132	程梯功 1049
程可绍 1046	程鸣 1131	程胜恩 980	程天泽 1150
程克显 1151	程鸣凤 895	程晟 896	程廷策 892
程兰如 1150	程鸣枝 980	程盛修 898	程廷辉 978
程乐亭 977	程南 1083	程剩布 1083	程廷梁 1130
程丽先 1131	程南锐 1132	程师达 978	程廷柱 978
程良儒 1047	程攀熊 899	程时彬 1082	程廷祚 1046
程良书 1082	程鹏程 1050	程时言 1131	程庭仿等宅 524
程良锡驰骋抗倭战场 253	程齐 1130	程时宇 979	程庭鹭 1132
程量入 982	程其复 1131	程士范 1081	程庭祺 1083
程烈 896	程其贤 979	程士鑣 1129	程霆 1050
程林 1082	程琪 982	程士爽 976	程珽 981
程琳 1133	程琦 1083	程氏 191	程通 897
程霖生 984	程杞 1047	程氏墨苑 232	程同文 1046
程霖生热心公益事业 253	程启祐 1047	程氏墨苑插图 441	程曈 1051
程霖生收藏 744	程起龙 1132	程氏内科 348	程途远 1049
程灵洗 893	程庆琰 1130	程氏三宅 522	程玩 1131
程灵洗与徽州社会学术研讨会 1164	程琼 982	程氏伤科 349	程万里 1046
程令观 1130	程全 892	程氏兄弟分家议约 735	程惟清收藏 744
程令说 1046	程仁 976	程氏医书六种 349	程惟象 1049
程六如 1082	程仁寿 891	程氏宅 523	程维铣 898
程龙 1046	程荣秀 1048	程氏宗祠 523	程维宗 982
程隆 898	程儒 1051	程世缤 892	程渭老 898
程骆 896	程汝楫 1131	程世德 977	程文 1046
程履丰 1134	程汝继 1046	程世铎 977	程文昂 977
程履新 1083	程汝亮 1151	程世杰 977	程文彬 977
程鸾池 1049	程汝器 1047	程世绳 892	程文傅 977
程鸾台 898	程锐 1083	程世绥 892	程文镐 977
程銮 898	程瑞祊 1133	程式濂 1046	程文季 891
	程瑞禴 898	程守 1047	程文彝 892

程文囿 1082	程应旌 1082	程振基 981	程祖德 980
程文运 1130	程镛 984	程振甲 896	程祖洛 896
程文在 1129	程永洪 977	程振钧 896	程缵洛 1051
程文著 891	程永康 1130	程震 1051	程左笔东坡游赤壁图中堂 735
程希道 979	程永奇 1046	程震佑 1134	
程锡庚 983	程永湘 977	程正奎 977	程左笔山水人物中堂 735
程锡类 1050	程永祥 1130	程正揆 1130	澄潭 156
程先 1046	程用晦 1046	程正揆江山卧游图 433	澄塘 156
程显 895	程猷 1050	程正思 1130	澄溪 156
程显祖 895	程有功 1082	程正言 1150	澄心堂纸 481
程岘 1047	程幼博集 372	程政煌 1083	橙阳散志 296
程宪 895	程于迓 1129	程之藩 891	秤管糖 788
程襄 1051	程瑜秀 1133	程之鸿 976	吃饼封山 826
程襄龙 1051	程御龙 1050	程之舜 1129	池草集 366
程骧 899	程煜 983	程芝华 1130	弛儒而张贾 254
程镶 985	程元 1150	程芝田 1082	持敬 269
程相 1083	程元凤 891	程芝云 1130	齿福兼隆 701
程楷 1133	程元翰 1046	程知 1083	赤帝庙 594
程燮卿 985	程元利 976	程直方 1047	赤岭 21
程心宇 1130	程元谭 891	程志铨 978	赤岭文昌阁 584
程信 895	程元谭墓 686	程志熙 1082	赤桥 557
程修兹 1048	程元愈 1129	程质 1047	赤山 129
程绣 1083	程元岳 891	程治题壁 686	赤山书堂 308
程序东 979	程原 1132	程致和 981	赤水 66
程宣 1048	程曰可 1129	程智 1050	赤水玄珠 344
程学金 1131	程约 1082	程衷素 1132	赤水玄珠全集 344
程雪卿 981	程云 1129	程仲繁 892	赤水玄珠医案 344
程洵 1048	程云鹏 1082	程仲权诗文集 372	冲刀法 446
程言 1131	程沄 893	程仲容 1150	冲锅面 751
程炎震 1047	程允兆 977	程周 980	冲山 19
程衍道 1083	程宰 981	程朱理学 271	冲山营 105
程瑶田 1050	程赞和 1134	程朱阙里 271	冲喜 809
程耀庭 985	程赞皇 1134	程朱阙里志 271	充头货 739
程一 1045	程赞宁 1134	程朱溪 1130	翀麓齐氏敦彝堂祠规 198
程一飞 1045	程赞普 1134	程洙 895	翀山 31
程一枝 1045	程灶奎 979	程卓 894	虫窠 775
程伊 1082	程增 983	程琢 1049	重订水经注 354
程以藩 1150	程璋 1134	程资 897	重建富村桥碑 675
程以辛 1130	程璋秋圃逸趣图 434	程子辅 976	重建还金亭碑 675
程以庄 1046	程璋双猫窥鱼图 433	程子谦 976	重建觉乘寺碑 675
程义 1129	程昭黄仿王摩诘雪霁图 735	程子仙 1129	重楼玉钥 346
程义山 1046	程兆枢 978	程宗德 980	重兴寺 597
程翊夫 1049	程兆熊 1130	程宗濂 1131	重修府堂碑记 676
程英发 979	程肇都 983	程宗鲁 1131	重修徽州府堂记 676
程盈 1132	程肇基 983	程宗鲁行书中堂 433	重修金紫祠记 676
程莹 981	程哲 896	程宗泗 1047	重修觉乘寺碑 676
程应鸿 979	程珍 1048	程宗志 1151	重修齐云玄君殿碑记 675
程应奎 893	程振铎 1132	程组 1048	重修色岭梅花岭碑 675

重修陕西安徽会馆暨议该馆录序 243	传桂里 125	祠堂 203	翠岩书院 313
重修歙学圣庙碑 676	传戒法会 298	祠堂会 203	存诚堂 228, 343
重修太素宫捐助名氏碑 675	传是楼藏书 739	祠堂形制 617	存好心 254
重修唐圣僧庵碑 676	传宗 809	祠田 202	寸金糖 783
重修羊栈岭路碑 676	船舱岩 43	慈光庵 600	
重修渔梁坝题名碑 676	船槽岭峡 57	慈光阁 600	**D**
重修竹岭碑记 675	船洞 48	慈光寺 600	
重阳节 823	船福会 208	慈航集 349	达摩祖师石 52
重游感兴碑 677	船石 54	慈航集三元普济方 349	打飚 826
崇报祠 519	椽 621	慈航石 55	打禅七 297
崇报书院 310	窗前草 373	慈仁斋 232	打长工 411
崇本书院 310	窗扇 621	慈寿堂 704	打佛七 297
崇德女校 325	垂花柱 615	慈帏春永 704	打个巴掌都不放 390
崇教祠 599	垂珠洞 672	慈孝里坊 541	打狗馃 807
崇寿观 598	春草堂诗稿 369	慈孝里来历 408	打箍井 640
崇文书院 310	春回黍谷 702	慈雨谣 690	打鼓洞 45
崇一小学堂 325	春节 823	次仲学派 277	打鼓送瘟船 821
崇一学堂 325	春节禁忌 823	刺巴 89	打锣封山 796
崇一学堂旧址 632	春节嬉灯唱戏秩序碑 673	枞竹梅灯 467	打锣通知 807
崇正书院 310	春卷 756	葱卷 779	打络子 237
宠惠 702	春祈秋报 702, 823	骢步亭 582	打米汉 807
铳销 219	春秋地理考实 278	从安桥 548	打米舅 807
仇学风潮 334	春秋集解读本 269	从今不再拜菩萨 411	打七 297
稠墅 153	春秋集传 268	从柳山方氏看明代徽州宗族组织的扩大 1168	打石降 56
稠墅牌坊群 540	春秋集传释义大成 269	从谱牒和商业书看明清徽州的商业教育 1168	打食桃 774
愁娘子豆腐 770	春秋醮 798	从新发现的徽州文书看"叫魂"事件 1168	打水陆 297
筹海图编 294	春秋金锁匙 268	丛桂堂藏书 739	大安洞 45
出殡 808	春秋经传附录纂疏 268	丛林寺 592	大安山 3
出地方 464	春秋经传阙疑 268	丛林寺壁画 417	大鏊山 4
出嫁衣 807	春秋蟠虺纹铜匜 725	丛山关 105	大鳌岭 4
出翘 614	春秋青铜剑 725	淙潭桥 568	大悲顶 4, 588
出师酒 796	春秋日食质疑 268	粗皮狮头橘 97	大悲院 588
初等小学堂 323	春秋师说 268	霵下语 296	大北港河 59
初山精舍 309	春秋属辞 269	催亲 818	大北河 59
初五定事 797	春秋左氏传补注 268	催生 818	大本堂 489
初仙台 56	春秋左传句解 268	催席 804	大本堂古戏台 528
初一朝 823	春笋 89	萃灵洞 48	大刀灯会 462
樗庵类稿 374	春台班 455	萃文书屋 232	大刀石传说 387
除夕 824	春桃 1117	萃英文社 360	大肚病谣 411
杵臼石 52	纯正蒙求 264	翠眉岭 37	大畈 112
础石 618	淳安城区话 794	翠眉山 37	大夫第 488, 696
楚辞集注 272	淳城话 794	翠眉亭 582	大夫第联 375
穿斗式构架 617	辍耕吟稿 372	翠微洞 49	大夫牌坊 528
穿山甲 91	词综 367	翠微峰 37	大阜 112
穿堂式 617	祠产 203	翠微源 74	大阜小阜来历 387
传袋 809	祠规 203		大阜瀛 112
	祠户 202		大阜瀛石鸡 79
	祠首 203		大富贵酒楼 234

大共山 3	大司徒 697	戴安 905	戴彝 1138
大谷瓮 112	大汜古香榧 79	戴本孝 1138	戴英 992
大谷运 112	大塔岭道 626	戴本孝黄山图 436	戴溁 992
大观亭 578	大坦水口 602	戴本孝茅斋梅鹤图轴 436	戴銮 1060
大观亭联 375	大塘古井 638	戴丙南 1138	戴应昌 905
大广山 3	大厅式 610	戴长禄 905	戴有祺 905
大好河山 655	大头目 258	戴朝干 906	戴元侃 1059
大洪（岭）古道 626	大王松 79	戴朝显 1085	戴远 1138
大洪山 4	大屋 489	戴大昌 1059	戴允让 1138
大洪水 59	大舞台 451	戴第元 906	戴昭 1059
大户 199	大坞尖 3	戴东原质疑 409	戴振清 906
大徽州 2	大溪桥 544	戴缟 818	戴震 1060
大会山 3	大新酒楼 234	戴拱微 1138	戴震辨"理" 281
大嘉福 234	大兴会馆 241	戴谷孙 1085	戴震藏书楼 587
大尖山 3	大姓 199	戴光斗 1138	戴震读书处 527
大郡伯第门坊 528	大雄宝殿 697	戴贵 905	戴震复原算经十书 358
大坑口 112	大学士 697	戴瀚 1060	戴震墓 693
大坑口来历 387	大学士坊 528	戴鸿绪 1060	戴震巧对 409
大坑桥 544	大雅堂 227	戴嘉谟 1060	戴震题跋江永像 436
大块脸 451	大雅堂杂剧 362	戴嘉猷 906	戴震文学创作研讨暨戴震研
大连岭 3	大雅堂杂剧插图 437	戴均元 905	究会2009年会 1164
大连山 3	大洋湖 59	戴兰芬 905	戴震珠塘建石坝 409
大灵猫 79	大鳙岭 4	戴骝 906	戴仲德 1138
大岭 4	大鳙山 4	戴鸾翔 906	戴祖启 1059
大龙井 59	大游山 4	戴敏 906	黛峰塔 577
大买 159	大有恒钱庄 220	戴衢亨 1060	丹井 50, 660
大苗 159	大余山 4	戴荣基 1085	丹台玉案 340
大母碣 647	大鱼退兵将 748	戴尚仪 992	丹溪心法 341
大睦段糊汤 748	大源 60	戴胜徵 1138	丹溪心法附余 341
大鲵 80	大源河 60	戴盛宏 992	丹霞峰 11
大屏山 4	大源桥 544	戴氏 194	丹霞溪 62
大酺楼 234	大越徙民 388	戴氏私立东原图书馆 338	丹岩 40
大桥下郑 168	大战岭 4	戴世篆 905	丹阳分治 104
大庆 806	大鄣 112	戴式信 1085	丹阳郡 104
大全福酒菜馆 234	大鄣河 60	戴思望 1138	单刀刻边款 447
大生号织布厂 225	大鄣山 4	戴思孝 1059	胆水浸铜法 355
大生日 806	大障道 626	戴泰运 1138	当归獐肉 751
大圣坑 75	大中臣 697	戴廷畅 1138	当坑山 18
大圣菩萨宝塔 572	大中丞坊 528	戴伟 1059	当门尖 41
大盛织布厂 226	大中国酒菜馆 233	戴文英 1138	当年 200
大石门 111	大中华酒菜馆 233	戴玺 1138	荡秋千 468
大石门道 626	大中华酒楼 233	戴铣 1059	刀板香 747
大石门桥 544	大洲源 59	戴铣赤脚走羊岭 409	刀笔手戏弄新知县 387
大石桥 655	大总 217	戴祥 1059	倒挂松 93
大石塔 3	大租 159	戴心亨 905	倒马墩 107
大石头 3	岱峰碑 672	戴省 1138	道场音乐 301
大士岩 39	岱宗逊色 672	戴烜姒 1138	道川书院 312
大司成 697	待诏 814	戴彦衡 1152	道存书院 312

道观洞 49	登源道 633	钓月台 56	东晋青釉盘口壶 709
道光徽州府志 293	登源河 72	掉汉 815	东坑霞照碑 661
道光祁门县志 293	等郎媳 413,817	叠梁式构架 622	东麓书院 306
道光歙县志 293	邓石如隶书屏条 708	叠罗汉 472	东门桥 552
道光婺源县志 293	滴翠潭 74	叠嶂峰 36	东门石坝 647
道光休宁县志 293	滴水泉 646	丁饼 783	东门万年台 531
道光休宁县志插图 442	滴水岩 44	丁村坎坝 647	东门永吉桥碑记 661
道光黟县续志 293	迪吉堂 506	丁峰 2	东密岩 41
道家茶 804	地方社会研究中田野资料的解读学术研讨会 1162	丁峰塔 572	东南名岳 661
道家墓葬 687		丁俊 1086	东南邹鲁 314,661
道理气 280	地球墨 477	丁米 198	东瓶西镜 801
道脉薪传 704	地狮舞 465	丁头拱 610	东坡观砚图 708
道人峰 35	地戏 465	丁惟暄 1086	东坡尖 16
道人尖 35	地域中国：民间文献的社会史解读研讨会 1162	丁惟曜 1061	东谯楼 584
道人山 35		丁云鄂 1086	东山 16
道士戏 301	地藏殿 593	丁云鹏 1086	东山庵 591
道外无文,文外无道 337	地藏宫 593	丁云鹏佛像图 416	东山存稿 260
道一编 272	第二届国际徽学学术讨论会 1164	丁云鹏绘程氏墨苑原稿散页 416	东山精舍 306
道一堂 312			东山井 640
道一学说 272	第十三楼 683	丁云鹏漉酒图 416	东山书院 306
稻穰龙 473	第一春 235	丁云鹏默画商人像 386	东墅书院 306
得济桥 566	第一洞天 683	丁云鹏秋景山水图 416	东松庵 591
得胜鼓 469	第一蓬莱 683	丁云鹏夏山欲雨图 416	东松僧留诗坐化 390
得胜岭 33	棣萼联辉 704	丁云鹏玉川煮茶图 416	东亭桥 552
德安庵 601	颠倒歌 414	丁瓒 1061	东图玄览编 739
德本堂联 384	典当业 220	丁肇文 907	东文古道 627
德林儒牛肉脯 763	典籍便览 289	丁僎 1086	东吴大学附属中学(黟校) 318
德兴亭记碑 691	典口庵 595	丁自宣 1086	
德政碑 691	典首 162	顶市酥 786	东吴附中 318
灯笼峰 20	典业须知 724	顶游峰 23	东溪桥 552
灯油费 315	典业须知录 724	订婚礼 807	东峡溪桥 552
灯油田 319	典业杂志 724	订正伤寒论注 341	东贤堂 493
灯油银 201	点点脚 413	定亲 812	东扬州 104
登第 828	点主 813	定事酒 798	东园 493
登第桥来历 408	佃仆 201	定潭 137	东园书院 306
登丁岭道 633	佃仆制 162	定宇集 267	东原学派 275
登封桥 569	店伙 250	丢儿郎帽 802	东源乐输碑 662
登封桥坊 540	店主 250	东壁春台 699	东源书院 306
登峰造极 688	奠仪 817	东方蝶蜗 83	东岳庙 591
登高亭 581	靛池水定青联 384	东干堨 647	东岳山 16
登科坊 540	碉垒 634	东港 63	冬菇 768
登齐云碑 688	吊棺洞 663	东皋塔 575	冬瓜饺 774
登齐云山次徐比部韵诗碑 687	吊梨尖 18	东古寺 591	冬瓜煸火腿 751
	吊平顶 614	东关堨 647	冬瓜鱼锅 750
登齐云山排律八韵碑 688	吊狮舞 465	东关冯氏家戒家规 195	冬瓜盅 750
登齐云岩诗碑 688	钓桥庵 596	东关杨氏 170	冬笋 84
登水 72	钓台石刻 672	东和 699	冬笋茴香豆 774
登位 817	钓雪园 701	东夹溪 63	冬笋煨火腿 751

冬笋盐水豆 774	督府部院禁革颜料当官碑记 689	敦本会 208	法水岩 42
冬至节 822		敦本堂 524	法眼泉 643
董邦超 975	独立三间 617	敦本堂古戏台 539	蕃村 155
董邦达 1128	独母柴 677	敦典堂古戏台 539	蕃村雪梨王 100
董邦直 975	独耸峰 27	敦化堂古戏台 539	犯十恶不准入祠 200
董昌祠 1045	独耸塘 652	敦履堂 524	饭稻羹鱼 162
董昌玙 1045	独耸梯 630	敦睦堂 524	饭干救驾 397
董昌瑗 975	独秀峰 27	敦仁里 151	饭箩担 803
董大鲲 1044	独寻其义例 279	多花兰 86	饭甑尖 22
董大田 975	独资建"吴桥" 252	躲索 828	泛水 615
董诰 890	读书一得 290		范不娄庙 595
董公祠 599	读易质疑 270	**E**	范崇松 951
董桂敷 1045	读宗谱 204		范初 869
董桂科 1045	笃敬堂 513	鹅鼻石 54	范处修 1025
董桂林 1045	笃敬堂联 381	鹅头尖 35	范传正 868
董桂山 1045	笃谊庭 513	鹅掌楸 99	范泓 1025
董桂新 1045	杜冒宗碑 667	额枋 622	范涞 869
董君生祠碑 685	杜诗说 366	恶山 28	范涞墓 671
董良史行书诗轴 734	杜字虾米豆腐干 768	鄂州小集 372	范良 1115
董其昌品帖 407	渡仙桥 569	歇田 149	范满林 1115
董其昌行书五言诗轴 734	渡云船 55	歇田水口 607	范满珠 1115
董起予 1045	渡云峰 35	歇田吴宅古戏台 538	范启 1025
董氏 189	端时节 818	恩谌松筠坊 538	范鉫 1025
董氏族规 198	端午节 825	恩荣坊 538	范氏 180
董祥晖 1045	端喜酒 818	尔雅翼 352	范淑钟 1115
董彦辉 1045	端阳节 825	二程亭 577	范天赐 1075
董应崧 1044	端则女校 328	二都 111	范蔚文 951
动石 52	短尾猴 99	二峰书院 304	范瞻云 1025
冻米糖 785	段莘 140	二龙桥 543	范准 1025
洞门玉树 677	段莘古银杏群 91	二陆齐名 696	方昂 835
洞天福地碑记 678	段莘祭猪 823	二阳春 451	方百花 834
洞元观 597	段莘水 68	二月八庙会 819	方邦庆 834
斗拱 613	段莘养田碣 354	二月二打老虎 819	方邦休 834
斗山 12	断凡桥 567	二月二祭土地 819	方必元 834
斗山书院 305	断桥 567		方璧 1090
斗山寺 590	断石村 146	**F**	方斌 836
斗床檐词 807	断石山 33		方炳文 1064
斗鸟 463	对八字 808	发包 774	方操 837
豆豉 776	对镜岭 17	发糕 784	方茶 160
豆豉粿 776	对门厅 494	发利市 802	方侨 996
豆腐老鼠 776	对面山上一只鸡 412	发明朱子之学本旨 261	方成培 1088
豆腐肉盒 753	对清代徽州分家文书书写程式的考察与分析 1169	发亲 808	方初 835
豆腐渣粿 776		罚胙 202	方初庵集 364
豆沙粿 776	对问编 286	阀阅家不惮为贾 255	方储 997
豆香糖 785	惇睦堂 520	法袋石 53	方春福宅 491
饾版 441	惇仁堂 520	法冠卿千里求教 400	方春熙 996
痘治理辨 349	惇叙堂 520	法霖玉界 673	方椿 997
窦山书院 313	惇正堂联 382	法石台 56	方纯仁 996

方村 118	方庙桂 1089	方释 836	方愿瑛 837
方大炜 1088	方敏 836	方思山红豆杉 82	方岳 1089
方大有茶漆号 221	方牧 996	方思棠 1139	方允淳 1063
方道容 911	方南滨 910	方思孝 835	方泽春 910
方德懋 997	方沛霖 835	方塘 652	方掌珍 1089
方甸 996	方琦 1089	方体 835	方兆鳌 834
方鼎 1064	方琦花画轴 417	方天士 1063	方兆钥 910
方逢龙 997	方启大 996	方恬 835	方兆曾 1089
方凤 996	方启蒙 1089	方廷玺 1089	方肇权 1064
方辅 1089	方谦 836	方婉仪 1089	方振鉴 911
方干竭 647	方骞 836	方维 1089	方正 1139
方纲 996	方乾 1089	方文隽 1088	方症会要 341
方高 997	方清 836	方文箴 910	方之庆 996
方糕 784	方琼真 997	方吴岭 12	方直 996
方贡孙 835	方秋宇 1089	方锡荣 911	方志华 996
方广 1063	方日昱 834	方翔 911	方志图谱 438
方圭 834	方荣翰 996	方向 1089	方钟美 910
方国儒 835	方如川 1089	方星 996	方仲艺 1089
方汉 834	方汝梓 910	方薰 1090	方舟 834
方汉题壁 660	方瑞生 1139	方言成语 792	方竹 82,1089
方宏静 835	方若坤 835	方言古语词 792	方琢 836
方纮避难 390	方三应 910	方言婉辞 792	方子谦 1139
方壶词 364	方三应数年寻失主 389	方岩耕 910	方宗诚 996
方壶存稿 364	方山 12	方扬 996	芳干竭 648
方壶书屋 305	方山楼 583	方洋 835	枋 615
方回 1089	方善 1090	方一乐 1063	房 202
方纪达 834	方善祖 911	方翼 1090	房长 202
方家老屋联 375	方尚伦 910	方音 1063	昉溪 66
方家岭 12	方尚俟 910	方音偶借说 274	昉源 66
方家岭古道 627	方升 834	方瑛 836	放光石 53
方家园遗址 627	方石 834	方用 996	放戒 300
方进 834	方时化 996	方用彬典 220	放蒙山 823
方觐 837	方士恩 1063	方用彬收藏 738	放生池 643
方矩 997	方士亮 1088	方用彬书札 708	放生池碑 673
方筠雪 1090	方士庶 1088	方有开 834	放生潭 67
方开 1063	方士庶仿古山水图 417	方有执 1063	放飏灯 823
方亢宗 1088	方士载宅 491	方于鲁 910	飞布山 7
方可 996	方士𡒄 1088	方于鲁墨 226	飞布书院 304
方可权 834	方氏 169,1063	方舆胜览 351	飞川来历 388
方腊 836	方氏墨海 438	方玉蔺 1063	飞椽 611
方腊鱼 749	方氏墨谱 438	方玉瑬 1088	飞蝠山 7
方腊鱼的传说 390	方氏十二派 170	方育明 835	飞鹤瑶台 56
方腊寨 627	方氏外科 341	方元焕 1088	飞虹 697
方良曙 835	方氏宗祠 491	方元焕秋江渔隐图 417	飞鸿堂 227
方梅 1089	方世振 1088	方元鹿 1088	飞鸿堂印谱 444
方勉 835	方仕恭 1063	方元泰 834	飞鸿堂印人传 444
方勉弟 911	方式 1088	方原生 911	飞举冲霄 656
方勉柔 911	方式玉 1088	方远宜 835	飞来洞 45

飞来石　49	峰岭　29	夫子山　8	复返坐□　677
飞来椅　611	冯村　123	伏岭玫瑰酥　784	复古印选　448
飞龙峰　7	冯村进士坊　531	伏岭舞狮班　465	复合式连接　617
飞泉溪　60	冯村十三桥　553	伏岭下　125	复还天巧　677
飞身所　656	冯靖　838	伏牛岭　19	复盆　479
飞升台　56	冯梦龙等十七人书法册页	凫峰话　793	复山　26
飞升台藏经楼碑记　656	709	凫荷图　711	复岩　26
飞鱼石　50	冯谧　838	凫绿　161	袝主　204
飞雨　656	冯氏　171	扶柩禁示碑　665	副手　252
飞雨泉　60	冯塘遗址　627	芙蓉庵　594	赋春　150
飞云洞　45	冯伟　838	芙蓉洞　46	赋春水　72
飞云石　49	冯照　1091	芙蓉峰　21	傅村桥　569
飞云亭　578	冯照秋林返照图立轴　709	芙蓉糕　785	富八郎墓　687
翡翠池　74	逢田则吉　198	芙蓉岭　21	富村桥　569
翡翠岩　44	凤池　118	孚灵庙　594	富岱枇杷王　99
废著　250	凤池书院　305	孚潭　66	富登钓台　58
费丹旭仕女轴　726	凤灯舞　463	孚潭渡　642	富碣　152，650
费公书院　309	凤炖牡丹　749	茯苓糕　787	富国堤　650
费隐与知录　355	凤凰桥　549	浮梁祁门会馆　244	富甲一方的徽商　1179
分家　200	凤凰泉　640	浮丘峰　31	富来桥　569
分理　274	凤凰山　11，452	浮丘溪　70	富琅塔　576
分岁　821	凤凰山志略　284	浮丘源　70	富琅潭　72
坟庵　300	凤凰石　50	浮溪　70	富林山　35
坟山冒占诉讼碑　665	凤凰松　81	浮云峰　31	富室茶　804
粉蒸鸡　758	凤凰台　104	浮云岭　31	富溪　152
粉蒸肉　758	凤山　11	福昌隆纸烛爆号　240	富资水　72
粉蒸鱼　758	凤舞台　452	福固寺　601	覆瓿集　273
粉蒸猪蹄　758	凤岩　40	福建　215	覆载通几　358
丰干诗社　360	凤岩溪　62	福临祖社嬉菩萨　825	
丰口四面坊　528	凤眼井　640	福泉井　646	**G**
丰乐河堨群　647	凤眼泉　62	福泉山　36	
丰乐水　60	凤游山　12	福山　36	陔口渡　644
丰南　114	奉　812	福山书院　313	陔源　67
丰南志　283	奉宪禁丐殃良碑　671	辅溪桥　566	改纲为票　218
丰溪　60	奉宪示禁碑　671	腐乳爆肉　762	改溪取石　398
丰溪甲秀　697	奉宪永禁赌博碑　671	父乙铭尊　708	盖面彩　816
风火水洞　45	奉宪永禁棚民碑　671	父子尚书　314	盖头饼　789
风流绝唱图　438	佛偈　669	父子四登科　314	干贝萝卜　747
风义桥　549	佛教协会（皖南）　300	父子乡贤　698	干锅炖　747
风雨廊桥　549	佛伦岭道　629	妇女禁忌　810	干锅烧肉　748
风雨诗竹木刻画　477	佛像青石浮雕　478	附本经营　250	干笋里脊丝　747
枫林类选小诗　368	佛像中堂　712	附阶柱　615	干渍菜焖肉　747
枫林书院　309	佛岩山　22	阜陵山　24	甘草水鱼　83
枫树亭　580	佛掌峰　22	阜岩　24	甘露仙　297
封基　813	佛掌岩　42	复办水龙碑志　677	甘泉溪　62
封山禁林　202	夫子洞　45	复初集　369	甘泉源　62
封山育林　202	夫子峰　8	复旦大学附属中学（皖校）	甘熙　997
峰岔　143	夫子尖　8	325	赶煞　815

纲商 218	葛氏 189	古洞天 660	挂贺联 812
高等小学堂 325	葛万庄 1128	古槐桥 550	挂落 616
高第弟子十二人 310	葛文栋 1128	古徽楹联的文化蕴涵 1169	挂钱 813
高公桥 563	葛文简 1044	古箭渡 640	挂喜轴 813
高柜台 221	葛文显 1044	古今蹉略及蹉略补 284	挂纸祼 777
高湖山 30	葛文献 1044	古今伪书考 275	怪石嵯峨 53
高枧铺 107	葛湘 890	古今医统大全 341	关帝庙 593
高枧山 30	葛应秋 1044	古今彝语 284	关帝桥 555
高岭 30	隔断 621	古津 699	关节 810
高迁 143	隔扇 621	古来桥 550	关麓 127
高桥 564	各定式并联 615	古老焰火 477	关麓八大家 498
高庆和 1145	各定式串联 615	古林 119	关麓大路 628
高荣班 456	根窝 219	古林桥 550	关起门来砌鞋底 412
高砂水 70	根心堂 703	古林双节坊 530	关王会 822
高山柏 93	亘古奇观 663	古楼桥 550	关王爷磨刀日 822
高山流水 680	亘史 365	古梅吟稿 364	关阳桥 555
高氏 188	亘史钞 365	古淇园 603	关英桥 555
高阳廊桥 564	耕余剩技插图 440	古桥村水口 603	关中集 287
高阳桥 563	耕云峰 28	古桥物色 699	观察第 500
膏火费 316	耕织图册页 726	古歙山川图 438	观察河东 700
膏火田 328	耕织图墨模 479	古事焰火 477	观化轩 229
膏火银 316	耿介 1038	古坦水 62	观龙桥 555
诰敕封赠银 203	工学团 334	古铜印丛 445	观瀑楼 500
诰命 703	公孙果 81	古蜗篆居印述 445	观山 665
戈鲲化 995	公兴隆茶栈 221	古稀再度寿印 445	观星台 56
戈溪河 61	公学 318	古溪桥 550	观音庵 594
戈溪桥 547	公议碧阳书院规条碑 660	古延寿桥 549	观音洞 46
戈溪源道 627	功德寺 297	古岩院 297	观音豆腐 768
疙瘩式盆景 479	龚栖霞 1043	古印概论 445	观音峰 21
搁船尖 34	拱北桥 560	古油潭 62	观音阁 584
革除逸史 289	拱花 440	古韵标准 275	观音会 300
格扇 618	拱日峰 25	古筑河 62	观音桥 555
格物致知 269	贡菊酥鸭 753	古筑桥 550	观音洒净 52
格致丛书 231	贡阳山 21	谷川 131	观音山 21
格子门 618	供奉祖祠香灯碑 672	谷雨刈青 797	观音山庙会 822
髙山 29	供七 812	股份制经营利润分成 250	观音石 52
髙山铺 107	勾股割圜记 351	牯牛降 26	观音台 56
葛惇繁 1044	沟洫疆理小记 354	贾而好儒 255	观音堂 593
葛粉圆子 779	狗熊 89	贾何负于耕 255	观音岩 42
葛良治 890	姑父 812	贾何负于儒 255	官路下 138
葛懋学 1044	菇熘鱼皮 759	鼓峰 35	官人 812
葛启林 1128	古城观音殿 590	鼓楼记 688	官山桥 560
葛启铭 1044	古城桥 550	鼓手 205	官厅 616
葛启然 1044	古城塔 574	顾氏 186	官学 315
葛铨 1128	古城岩石刻 660	雇工经营 253	倌 815
葛胜仲题壁 684	古城岩五猖庙 590	瓜柱 614	棺材头并亲 817
葛士光 1044	古川水 62	寡妇桥 571	馆规 252
葛士揆 1044	古登津木桥 550	寡妇再嫁 818	贯香糖果 787

贯休罗汉画 400	滚铜钱 471	韩懋德 1045	何家坞 130
冠巾银 202	国际朱子学术讨论会 1164	韩润 1128	何可达 1141
冠礼 814	国立八中 324	韩僧伏虎处 632	何老廷 933
惯煞男儿偷咸鱼 406	国民军财政总局壹串票 719	韩氏 190	何濂 1105
光分列爵坊 532	国民政府第三战区救济分会第二义童教养院 336	韩氏宗祠 522	何令通 1142
光明顶 18		韩琪 1128	何龙 1104
光时亨 838	国民政府第三战区救济分会第一义童教养院 336	韩文治 975	何乃容 853
光绪两淮盐法志 286		韩铸 1128	何庞 933
光绪婺源县志 286	果子狸 89	寒泉精舍 312	何沛霖 854
光绪婺源县志插图 439	蜾蠃负螟蛉 281	寒松阁集 293	何佩芳 1104
光绪行盐执照 709	裹尸 818	喊年 825	何佩玉 1104
光裕堂 496	过继 200	汉白玉石画 477	何佩珠 1104
广安寺 588	过街楼 614	汉朝苦楮 84	何如宠 854
广德国城 114	过惕生 1140	汉公坑水口林 603	何如申 853
广德王国 104	过五 220	汉口新安书院 306	何瑞龙 1012
广东 210	过旭初 1139	汉口紫阳书院 306	何绍基行书七言联 712
广菌谱 350		汉铜印丛 446	何士玉 1012
广群芳谱 350	**H**	汉铜印原 446	何氏 176
广艳异编 363		汉魏别解 284	何涛 1104
广印人传 444	虾蟆井 644	汉魏丛书 228	何文煌 1104
广月令 283	蛤蟆峰 35	汉正街 211	何仙姑 1012
广州 210	蛤蟆井 645	旱船 466	何歆德政碑 668
广州新安会馆 241	蛤蟆酥 789	旱芹 87	何应勋 1070
归德县 105	海船石 54	翰林书院 313	何永昌 933
归宁 801	海国春秋 370	翰苑印林 450	何元巩 1070
龟山遗址 629	海华楼酒菜馆 235	行名 200	何桢 1104
龟蛙跳涧 52	海南徽文化研究会 1159	行实谱 200	何震 1104
龟鱼石 52	海宁县 107	杭溪水 66	何震的生平与篆刻艺术 1171
规则式盆景 478	海球和尚 1041	杭州 214	何执中题壁 668
鬼火班 455	海商 240	杭州徽州会馆殡所灵堂联 379	何子实 853
鬼节 824	海石榴 93		和春班 454
鬼头尖 26	海棠洞 48	杭州徽州学研究会 1158	和村沂源桥头亭联 379
癸巳类稿及癸巳存稿 279	海天一望亭 581	蒿粿 780	和尚桥 559
癸酉桥 562	海心和尚 1041	好命老倌 810	和顺堂古戏台 535
贵和堂匾额群 703	海阳八景柱 479	好命老孺 810	和瘟待宴 827
贵溪 139	海阳公所 207	耗 815	和溪 137
贵溪石桥 561	海阳话 793	合伙经商 248	和溪桥 559
贵州 214	海阳书院 310	合卺酒 809	和义堂 507
桂风秋馥 703	海阳书院联 381	合馓 200	和云岩 42
桂花肉 758	海阳四家 429	合刻三国水浒英雄谱 439	和衷粮局 206
桂林里 703	海阳县 107	合食 200	河村刘氏家规 197
桂林桥 562	海阳镇 144	合一堂 497	河防刍议 289
桂林书院 310	海阳钟鼓楼 585	合掌峰 19	河间凌氏家训 197
桂林堂 516	含口钱 811	合资经营 248	河南 214
桂林镇 142	涵虚洞 48	何第松 1070	河西程氏 183
桂岩书院 310	韩殿拔 1045	何鼎亨 1070	河西桥 559
桂枝书院 310	韩国仪 976	何多汾 1070	荷包红鲤 92
滚龙 471	韩廉 1128	何公坐化碧云庵 396	荷嘉坞 142

荷叶包鸡 757	弘仁梅花图 419	虹溪桥 561	洪桥郑 185
盒礼 816	弘仁峭壁竹梅图 419	虹形桥 561	洪琴 141
盒子焰火 480	弘仁始信峰图 418	虹源 140	洪上库 1122
贺将军庙 597	弘仁疏泉洗研图卷 420	洪柏 1122	洪尚同 881
贺九不贺十 815	弘仁松壑清泉图 418	洪宾彩 966	洪胜 966
贺礼 815	弘仁松溪石壁图 418	洪伯成 966	洪什 965
贺礼银 203	弘仁天都峰图 417	洪超 1122	洪氏 185
贺陶澍60岁寿诞联 381	弘仁西岩松雪图 417	洪朝采 1122	洪氏宗祠群廒 703
贺仪 815	弘仁溪山春霁图 420	洪承业 966	洪世俊 881
喝形 828	弘仁溪山清幽图 420	洪承祖 1122	洪淑鉴 966
鹤戴金牌,狗不识字 409	弘仁晓江风便图 419	洪乘章 966	洪思忠 881
鹤溪洲 78	弘仁幽亭秀木图 419	洪船出海 53	洪昙蕊 1122
黑鹳 99	弘仁雨余柳色图 418	洪村 141	洪潭 69
黑虎松 98	弘仁竹石幽居图 417	洪德佛 967	洪檀 967
黑虎岩 44	弘治徽州府志 285	洪德税 967	洪腾蛟 1037
黑虎岩碑 686	弘治休宁县志 285	洪范 881	洪廷俊 966
黑麂 99	红包糖 785	洪福桥 562	洪庭梅 966
黑金树 99	红(洪)半边街 213	洪桂 1078	洪文衡 880
黑龙岭梯道 632	《红楼梦》程甲本 229	洪国良 1145	洪梧 1122
黑熊 99	《红楼梦》程乙本 229	洪汉 881	洪武祁门户帖 725
恒大有茶叶店 224	红绿豆腐 753	洪皓 1122	洪遐昌 882
恒河猴 91	红泉溪 66	洪基 1078	洪性鍋 966
恒证据 1038	红烧臭鳜鱼 752	洪畿 1122	洪秀全祭祖 402
横槎古战场 635	红烧果子狸 752	洪辑五 966	洪秀全祖居婺源 401
横槎水 74	红烧马鞍桥 751	洪家大屋 515	洪焱祖 1037
横冈桥 571	红烧木琴鱼 751	洪家戏台 537	洪野 1122
横冈四老 193	红烧石斑鱼 752	洪嘉木 1038	洪一新 880
横弓山 37	红烧桃花鳜 752	洪嘉植 1038	洪饴孙 1037
横涧堨 651	红烧头尾 752	洪景行 881	洪翼圣 882
横江 74	红烧瓦块鱼 751	洪璟 882	洪莹 1037
横绿书院 313	红术轩印范 447	洪敬沧 1145	洪元志 1122
横云石 55	红术源 66	洪炯 881	洪垣 1037
衡斋算学 358	红嬉 1097	洪钧 881	洪源 141
烘糕 788	红先生 344	洪钧行书七言对 429	洪源水茶栈 224
弘眉草书轴 420	红釉天球瓶 712	洪钧赠联 726	洪玥 1078
弘仁 1091	红纸包 785	洪坑 141	洪载 1037
弘仁等冈陵图卷 419	宏村 132	洪坑尖 27	洪赞善 882
弘仁仿倪云林山水图 417	宏村枫杨 87	洪坑岭 27	洪湛 881
弘仁丰溪秋色图 417	宏村古民居群 503	洪坑三桥 562	洪章 1037
弘仁高桐幽筱图 419	宏村私营本布厂 226	洪坑溪 69	洪钊 1122
弘仁黄山天都峰图 419	宏济桥 558	洪亮吉 1037	洪兆芳 1145
弘仁江边独棹图 418	宏潭豆腐乳 769	洪墨卿 1122	洪正立 1078
弘仁枯槎短荻图 418	宏潭胡氏家规 196	洪南秀 1122	洪正治 966
弘仁枯木竹石图轴 418	宏元典 220	洪朴 881	洪志吉 1037
弘仁林泉图 418	虹关 140	洪奇达 1078	洪志明 1037
弘仁林樾寻梅图 418	虹关巨樟 90	洪启凤 1037	洪致晖 966
弘仁临水双松图 419	虹井 644	洪启蒙 1037	洪稚存诗评 402
弘仁柳岸春居图 419	虹瑞关 140	洪桥 562	洪中孚 880

洪宗旷 966	胡椿 963	胡慧珠 1120	胡默 1035
洪祖培 1122	胡次焱 1030	胡积堂 1144	胡南金 961
洪佐圣 881	胡从圣 1029	胡吉 957	胡培春白土行 239
洪作霖 881	胡存庆 1077	胡集成 878	胡培翚 1033
鸿飞 147	胡存天 1144	胡际会 1031	胡培受 1033
鸿飞水口 607	胡大鹤 874	胡际瑶 959	胡培系 1033
鸿济公司 240	胡大有 1118	胡继杭 961	胡佩芳 1031
鸿栖馆印选 449	胡得胜 1034	胡继桢 962	胡佩兰 1119
鸿山 33	胡德 878	胡继柱 962	胡品瑜 1078
鸿怡泰茶庄 224	胡德昶 964	胡家 138	胡仆射营 106
鸿运酒楼 235	胡德藩 1034	胡家村遗址 630	胡琪 1120
鸿运楼 235	胡德礼 964	胡家燕 961	胡起川 961
侯峰 27	胡德迈 879	胡阶庆 876	胡潜 879
喉白闸微 348	胡德源店借种田契 742	胡近仁 1030	胡乔相 1077
喉科白腐要旨 348	胡淀 1034	胡晋 1033	胡峤 1119
猴形山 35	胡顶荣 959	胡晋接 1033	胡清焘 1034
猴子石 54	胡斗元 1029	胡晋文 1119	胡清溪 962
后岸村 126	胡方平 1029	胡敬庵 1034	胡清瀚 877
后海 76	胡凤池 1029	胡焜墓 674	胡清灏 1120
后知不足斋丛书 229	胡铁 1078	胡焜兴复县学 401	胡清澍 1034
呼猖 827	胡富 878	胡俊杰 877	胡清隼 877
呼龙石 53	胡富墓 674	胡开文墨 226	胡清泰 1120
狐狸岭 24	胡皋 1119	胡开文墨庄 702	胡庆龙 1077
胡霭溪故居联 380	胡皋和风烟雨图 425	胡开熙 956	胡庆馀堂 236
胡安定 958	胡庚谋 1031	胡克钊 1030	胡庆馀堂联 380
胡宝铎 876	胡赓善 1034	胡孔昭 957	胡庆馀堂秘制"龙虎丸" 251
胡宝琭 877	胡公祠 597	胡匡裁 1030	胡仁昉 874
胡本琪 1119	胡公井 644	胡匡定 1029	胡仁之不掺杂使假 251
胡秉淳 960	胡公著 874	胡匡轼 1029	胡日顺 224
胡秉虔 1031	胡珙 1033	胡匡宪 1029	胡荣彬 960
胡秉祥 960	胡贯三 960	胡匡衷 1029	胡荣命 960
胡秉虞 1031	胡光 875	胡里 138	胡荣命不赁肆名 251
胡秉元 1031	胡光琦 1030	胡里桥 560	胡汝明 876
胡炳衡 961	胡光前 1030	胡良铨 876	胡瑞临 1034
胡炳衡宅 512	胡光硕 1119	胡良铨隶书中堂 425	胡瑞朱 1120
胡炳文 1032	胡光墉 958	胡良祥 959	胡润川 1078
胡炳文墓 674	胡光岳 1077	胡霖侠 1034	胡山 956
胡埠口戏台联 380	胡广耀 956	胡履坦 1120	胡珊 1031
胡昌翼 1031	胡广诒 1029	胡梅林行实 290	胡善增 963
胡昌翼墓 674	胡圭 1030	胡美坤 961	胡商岩 962
胡长庚篆书中堂 425	胡桂森 961	胡美铭 961	胡尚礼 876
胡朝贺 1034	胡国宾 1144	胡敏艺 962	胡尚英 1119
胡朝金 963	胡翰 1120	胡名教 958	胡尚增 960
胡成浚 1030	胡阆休 876	胡名泰 958	胡绍勋 1031
胡承坤 960	胡宏发南货号 239	胡明星 876	胡绍煐 1031
胡传 875	胡洪开 1144	胡明轩书许国撰程公寿中堂 425	胡伸 1030
胡传墓 674	胡华伟 958		胡伸蝶梦诗 401
胡春生 1119	胡恢光 1033	胡铭琦 1034	胡深 877

胡升 1029	胡珽 1144	胡乙公 874	胡宗明 877
胡晟 877	胡曈 879	胡寅 1120	胡宗明金书中堂 425
胡士诰 956	胡万春茶号 224	胡瑛 963	胡宗启 960
胡士育 1118	胡唯 1120	胡应卿 1119	胡宗升 1078
胡士著 874	胡伟 875	胡应沂 959	胡宗宪 877
胡氏 183	胡位勤 959	胡永焕 875	胡宗宪刻书 230
胡氏宗祠奉宪永禁碑 674	胡位威 1119	胡永泰 702	胡宗宪墓 674
胡世炳 957	胡位宜 959	胡永兴 875	胡佐唐 959
胡世卿 957	胡位寅 959	胡用宾 875	葫芦洞 49
胡世闹 957	胡文柏 875	胡有德 875	葫芦峰 413
胡世英 875	胡文壁 1029	胡宥 877	葫芦潭桥 568
胡适 1032	胡文光 874	胡余德 959	鹄溪渡 645
胡适故居 511	胡文光刺史坊 536	胡余德创制集锦墨 251	湖村 151
胡适、江冬秀家书手迹 725	胡文焕 957	胡与高 1029	湖村民居 525
胡适楷书对联 425	胡文焕版 230	胡玉成 957	湖里 151
胡适是吃茶叶长大的 401	胡文摺 875	胡玉达 1029	湖里窑址 632
胡适一品锅 756	胡文泰偕妻捐产碑 674	胡玉美 237	湖山书院 312
胡寿安 876	胡文相 957	胡遇 877	湖田山 35
胡寿六 958	胡文学 874	胡煜 878	蝴蝶面 762
胡澍 1034	胡锡鲁 963	胡元采 1029	糊豆腐 763
胡澍篆书字轴 425	胡锡熊 963	胡元龙 956	糊汤 763
胡舜举 878	胡锡意 963	胡元熙 874	糊猪肺 763
胡舜申 1144	胡锡友 963	胡元熙独资建桥 401	虎岭 24
胡舜俞 1034	胡锡元 1120	胡原宪 1033	虎皮毛豆腐 755
胡舜陟 878	胡显灿 1119	胡源泰 224	虎滩 66
胡思诚 1032	胡献忠 1034	胡远烈 959	虎头岩 42
胡思伸 877	胡翔云 1034	胡远龄 959	虎溪桥 559
胡思永 1119	胡晓 877	胡月涧 1029	琥珀玉丬 761
胡嗣迪 963	胡效颜 1033	胡月潭 1029	互济会 206
胡松 876	胡燮元 1120	胡仔 1119	护茶碑 666
胡松墓 674	胡新揖 1078	胡仔藏书 742	护净 615
胡太常祠 597	胡行学 1030	胡在田 1030	护来龙林碑 665
胡唐 1119	胡行印 876	胡在渭 1030	护林永禁碑 666
胡天春茶票 741	胡宣铎 1033	胡璋 1120	护水口碑 665
胡天生 1144	胡璇 1034	胡肇龄 1034	护寺产碑 665
胡天注 956	胡学 876	胡肇昕 1034	护阳桥 557
胡天注故居 511	胡学本 1077	胡贞波 1030	沪西大中华菜馆 235
胡田 1077	胡学济 960	胡贞观 957	花板 615
胡廷标 1119	胡学礼 1031	胡振栎 961	花朝会 822
胡廷琛 875	胡学诏 960	胡震来 1078	花朝节 822
胡廷凤 875	胡学梓 960	胡镇孙 878	花菇石鸡 753
胡廷进 875	胡雪岩 962	胡正心 1077	花棍舞 466
胡廷珏 1030	胡雪岩送痧药 251	胡正言 1118	花倮 775
胡廷琅 875	胡雪岩五可七不 251	胡正言宅 511	花好月圆人长寿 701
胡廷瑞 1119	胡湮 878	胡之兰 956	花鳗 87
胡廷巍 958	胡延政报功图 440	胡植登 963	花鸟春秋 353
胡廷贤 958	胡一桂 1029	胡自舜 875	花钱买打 395
胡廷玉 1030	胡颐 1120	胡宗煌 960	花桥 557

花桥保长等保吴双龙吴双喜具保状 712	环谷集 367	黄宾虹山水徐识耜书法成扇 430	黄帝内经素问校义 348
花山 21	环联岭碑 671	黄宾虹山水中堂 429	黄帝内经素问吴注 348
花山鸡 87	环泉井 643	黄宾虹设色山水成扇 431	黄钿 1148
花山摩崖石刻 666	环砂 134	黄宾虹设色山水横幅 431	黄鼎 1127
花山寺 594	环山楼 585	黄宾虹设色山水中堂 431	黄鼎瑞 972
花神三多诗社 360	环山余氏家规 197	黄宾虹书画册页 431	黄鼎铉 1080
花生酥 785	环溪书屋 309	黄宾虹水墨山水立轴 430	黄定华 1125
花厅 501	环秀桥 558	黄宾虹文集·诗词编 371	黄都 1126
花牙子 615	环秀桥的故事 399	黄宾虹溪村雨后图轴 432	黄端甫 1149
华昌照相材料行 238	环中亭联 378	黄宾虹雁荡山图立轴 432	黄堆山 32
华东黄杉 85	换亲 815	黄宾虹玉兰堂诗意图中堂 431	黄铎 1126
华蕚园 604	换索 798		黄筏 1127
华盖岩 41	浣火石 54	黄宾虹钟鼎文楹联 432	黄方中 1146
华廉科班 454	浣纱溪桥 564	黄宾虹煮茗图 432	黄锋 1149
华塘 126	浣月轩 231	黄宾虹篆书联 433	黄凤池 1124
华佗庙 593	浣月斋印谱 448	黄伯符 1147	黄冈寨山 32
华阳六桥 554	皇明文衡 369	黄昌辅 887	黄岗寺 598
华阳十景图 439	黄爱 1149	黄昌衢 1042	黄镐 1149
华阳镇 126	黄安 1147	黄长寿 969	黄诰兴学 405
华质英文 366	黄柏铺 107	黄朝美 972	黄赓 887
华山 19	黄梧 1127	黄澈 888	黄珙 1148
华山禅院 593	黄镑 1149	黄成 1146	黄古潭 1079
华山精舍 307	黄葆光 887	黄成伯得砚 405	黄贯 1148
画眉笔谈 354	黄豹 971	黄诚之 1148	黄光霁 1079
画响 368	黄陂 32	黄承吉 1042	黄癸 1148
话说徽商 1177	黄陂诗画社 360	黄承增 1042	黄桂 1126
怀德堂 701	黄备 146	黄承志 970	黄桂芳 1042
淮安 215	黄备水口 607	黄崇德 971	黄国隆 1125
淮安私立新安学校 325	黄碧 1149	黄崇敬 971	黄国瑞 1042
淮安新安会馆 244	黄鐄 1150	黄崇惺 1042	黄海 291,1126
淮鹾本论 292	黄宾 1149	黄村 145	黄翰 1150
淮渠 653	黄宾虹 1126	黄村进士第 518	黄瀚如 1150
槐桥 570	黄宾虹丹霞峰轴 431	黄村民居联 382	黄杭鼎 1147
槐渠 653	黄宾虹故居 518	黄村木桥 566	黄何捐筑青陂堨 207
槐塘 153	黄宾虹黄山画稿册页 432	黄村文昌阁 586	黄和卿 1148
槐塘双坊 540	黄宾虹竭力追古图轴 433	黄存芳 970	黄衡 1043
槐塘水口 608	黄宾虹金文对联 432	黄大本 885	黄铉 1149
槐溪书院 313	黄宾虹漓江昭平图轴 432	黄道 1149	黄猴 95
还古书院 308	黄宾虹连山绝险图轴 432	黄道充 1127	黄琥 1149
还金亭 579	黄宾虹拟垢道人笔法立轴 431	黄德宠 1150	黄花 95
还金亭联 378	黄宾虹齐山纪游图立轴 431	黄德孚 1042	黄花粿 778
还雅斋 229	黄宾虹秋林图轴 432	黄德进 1150	黄花尖 32
还愿 802	黄宾虹山水册页 430	黄德懋 1150	黄华之 1146
环翠堂 230	黄宾虹山水方澍颐书法成扇 430	黄德清 1080	黄骅 1148
环翠堂乐府 367	黄宾虹山水四屏 430	黄德时 1150	黄铧 1149
环翠堂园景图 439		黄德新 1150	黄浣月 1126
环翠堂坐隐集选 367		黄帝坑 78	黄辉 887
			黄玑芳 970

黄锛 1149	黄珑 1148	黄山佛教 300	黄山阳 1145
黄斋豆腐 759	黄吕 1125	黄山谷口 77	黄山异萝松 94
黄吉甫 1146	黄铝 1149	黄山怪石 77	黄山游草 370
黄吉文 970	黄銮 1149	黄山花楸 94	黄山玉兰 94
黄伋 1125	黄茅尖 32	黄山画派 429	黄山鸳鸯 95
黄际之 1147	黄茂中 1147	黄山黄连 95	黄山云海 76
黄继祖 1127	黄美渭 971	黄山黄牛 95	黄山真景图 441
黄家大厅 518	黄明 1148	黄山菊 95	黄山志 290
黄家基与黄灯耀宅 518	黄明邦 1125	黄山灵芝 95	黄山志定本 290
黄家驹 887	黄明芳 970	黄山楼 586	黄山志略 291
黄家珣 971	黄明扬 1125	黄山楼藏书 743	黄山志续集 291
黄嘉惠 972	黄鸣岐 1148	黄山毛峰 164	黄尚涧 1147
黄建中 1148	黄铭 1149	黄山梅 95	黄尚澜 1147
黄鉴 972	黄泥尖 32	黄山摩崖石刻 681	黄尚礼 1042
黄金色 887	黄沛 1147	黄山木兰 94	黄尚清 1147
黄金印 970	黄珀 1148	黄山奇松 77	黄尚润 1147
黄经纸 479	黄莆 1126	黄山山脉 32	黄尚松 1147
黄荆庵 598	黄圻 1125	黄山胜境坊 538	黄尚文 1125
黄荆墩 57	黄奇 1147	黄山市程朱理学研究会 1159	黄尚汶 1147
黄精 95	黄锜 972	黄山市戴震研究会 1160	黄尚忠 1147
黄精叶钩吻 96	黄玘 1147	黄山市故园徽州文化促进会 1159	黄少云 1124
黄夋 1150	黄启岱 1147		黄社 337
黄卷 1125	黄启高 970	黄山市徽学研究会 1160	黄慎 1149
黄君蒨 1147	黄启模 1147	黄山市徽学研究会杭州分会 1160	黄慎草书七言诗轴 728
黄俊 1148	黄启兴 1125		黄升 1146
黄骏 1127	黄启钊 1147	黄山市徽州文化研究院 1160	黄升士 1146
黄开梧 1146	黄启梓 1147		黄升中 1146
黄铠 1149	黄钱 1148	黄山市"徽州之友"俱乐部 1160	黄生 1041
黄楷 1080	黄锵 1149		黄声谐 1042
黄锴 1149	黄钦 1148	黄山市三函金瓶梅研究所 1159	黄师教 1146
黄侃 970	黄俅 1080		黄狮岭 32
黄克念 970	黄球 1149	黄山市陶行知教育思想研究会 1159	黄石坑水 70
黄克巽 1125	黄全初 886		黄士迪 1079
黄魁 1149	黄铨 972	黄山市汪华文化研究会 1159	黄士陵 1124
黄乐 1146	黄仁 1146		黄士陵故居 517
黄立庄 1125	黄熔 1127	黄山市新安医学研究所 1160	黄士陵故居联 382
黄利中 1080	黄汝济 1042		黄士垍 1041
黄利中刻书致富 405	黄汝清 1147	黄山市新安医学研究中心 1159	黄氏 188
黄俪祥 1126	黄汝贞 1147		黄氏妇科 347
黄连凹茶亭碑记 682	黄三老 1145	黄山市新安朱子研究会 1159	黄氏刻工 231
黄连源 70	黄山 31		黄氏宗祠 517
黄炼 1148	黄山白龟 94	黄山寿桃 778	黄世恺 1125
黄良佑 1080	黄山冰川遗迹 77	黄山四绝 77	黄世权 969
黄亮中 1148	黄山登山古道 631	黄山图经 291	黄世忠 1146
黄琳 1127	黄山冬雪 77	黄山温泉 78	黄仕鑨 1146
黄镈 1150	黄山杜鹃花 94	黄山谢氏 188	黄仕纶 1079
黄龙 1146	黄山炖鸽 759	黄山学院徽州文化研究所 1160	黄奭 972
黄龙口 145	黄山峰林地貌 78		黄守孝 1125

黄守言 1147	黄兴仁 886	黄用中 1146	黄子明 1145
黄枢 1042	黄秀中 1147	黄友谅 885	黄子顺 1079
黄叔宏 886	黄轩 886	黄有祺 1079	黄梓 1149
黄叔琳 887	黄玄赐 969	黄又收藏 743	黄宗德过闾门 405
黄叔裕 1042	黄垻 1126	黄予石 1079	黄宗山 1080
黄顺吉 1148	黄训 886	黄郁 146	黄组 1148
黄铄 1148	黄焉学 971	黄昱 1148	黄嘴雕 96
黄丝洞 48	黄锡 1148	黄遇龙 887	凰腾村村民大会决议 729
黄思永 887	黄仰朱 1146	黄元芳 969	璜茅木桥 571
黄思永行书八言联 429	黄一彬 1145	黄元吉 1146	璜田 154
黄四安 1146	黄一凤 1145	黄元龙诗集 371	璜蔚 155
黄松如 1147	黄一桂 1145	黄元龙小品 291	篁村双桥 571
黄檀 96	黄一鹤 1145	黄元则 1146	篁墩 155
黄坦 1125	黄一楷 1145	黄元治 885	篁墩集 374
黄镗 1150	黄一明 1145	黄媛宜 1127	篁墩忠烈庙 601
黄堂少府 703	黄一木 1145	黄岳 1125	篁岭 37
黄廷杰 1080	黄一乾 1145	黄钺 1148	灰喜鹊 84
黄廷荣 1125	黄一森 1145	黄云海 885	灰汁馃 775
黄庭芳 1148	黄一松 1145	黄允中 1146	灰汁粽 775
黄铤 1149	黄一梧 1145	黄宰 1080	翚岭 35
黄土源唐窑址 631	黄一心 1145	黄在中 1125	翚岭驿道 633
黄琬 1127	黄一遇 1145	黄兆文 1146	翚溪河 72
黄惟敬 1149	黄一枝 1145	黄诏 970	翚溪桥 569
黄炜 1080	黄一中 1145	黄照 1127	翚阳书院 313
黄文 1124	黄一柱 1145	黄珍 1125	徽安古道 636
黄文迪 1146	黄以照 1125	黄真如 1148	徽班 457
黄文光 885	黄义刚 969	黄振甲 971	徽班行规 457
黄文珪 886	黄义广 969	黄镨 1150	徽班进京 458
黄文汉 1146	黄异人 1147	黄正宾 886	徽班戏 458
黄文瀚 1125	黄易山水扇面 728	黄正达 1146	徽笔 485
黄文茂 969	黄易山水中堂 728	黄正位 969	徽菜 764
黄文散 1146	黄益逊 887	黄正选 1146	徽菜馆 764
黄文通 1146	黄谊 971	黄之采 969	徽茶 166
黄文炜 885	黄镒 1150	黄之隽 1041	徽城方言 795
黄文显 1146	黄燡照 1127	黄之柔 1124	徽城话 795
黄文炎 885	黄应澄 1125	黄志皋 1125	徽城献彩 474
黄五保 969	黄应椿 1147	黄志礼 970	徽城镇示范中心学校 332
黄五中 1146	黄应光 1147	黄智孙 1042	徽池古道 636
黄锡 1149	黄应坤 886	黄锧 1149	徽池雅调 457
黄熙 1127	黄应瑞 1147	黄中理 1041	徽厨 764
黄细 1148	黄应宣 970	黄中琦 1041	徽浮古道 637
黄祥魁 1149	黄应中 1147	黄钟 1148	徽馆 764
黄翔甫 1149	黄应组 1147	黄州 1146	徽国文公祠 225
黄翔麟 1127	黄瑛 1149	黄竹泉 1080	徽杭古道 636
黄孝通 1080	黄迎 1080	黄柱 1125	徽杭古道摩崖石刻 693
黄孝则 886	黄莹 971	黄镒 1149	徽杭驿道 637
黄心楠 95	黄镛 972	黄子成 1145	徽河零货捐小史 736
黄新之 1149	黄用 1146	黄子和 1146	徽泾古道 637

徽剧　458
徽剧程式　460
徽剧丑行戏　459
徽剧大花戏　459
徽剧旦行戏　459
徽剧的服饰　460
徽剧武戏　460
徽剧小生戏　459
徽剧行头　460
徽剧须生戏　460
徽郡诗　374
徽开古道　636
徽刻商业书　233
徽临滩　216
徽岭　38
徽岭关　110
徽路徽戏　461
徽骆驼　255
徽面　764
徽墨　485
徽墨酥　790
徽宁驿道　636
徽派版画　443
徽派版画的兴起与发展　1184
徽派版画刻工　443
徽派版画史论集　1184
徽派传统民居保护利用国际论坛　1166
徽派盆景　484
徽派朴学　281
徽派篆刻　450
徽派篆刻的兴起与发展　1185
徽漆　166
徽腔　461
徽青古道　636
徽人重商　799
徽商　1185
徽商便览　296
徽商出行陆路　216
徽商出行水路　216
徽商大典　1185
徽商的衰落及其历史作用　1186
徽商的智慧　1186
徽商妇与纪岁珠　409
徽商公所征信录序　296
徽商家风　1186

徽商利润的封建化与资本主义萌芽　1186
徽商买办　240
徽商密码　1186
徽商木业公所　225
徽商：人才培养的催化剂　1185
徽商史话　1186
徽商收藏记事书　744
徽商研究　1186
徽商隐语　253
徽商与长江文化　1185
徽商与徽学　1185
徽商与徽州文化学术研讨会　1166
徽商与明清徽州教育　1185
徽商：正说明清中国第一商帮　1186
徽商殖民地　216
徽声（京）剧团　457
徽式醋鱼　764
徽式酱排　763
徽式两面黄　781
徽式汤包　781
徽式汤面　763
徽式月饼　790
徽属茶钱两商公立小学　332
徽属联立职业学校　332
徽水河　75
徽婺古道　637
徽溪　75
徽溪桥　572
徽戏　457
徽学　1156
徽学的界定与构建　1184
徽学·徽商·徽文化与安徽文化建设论坛　1166
徽学漫议　1184
徽学学术基础　1156
徽学研究百年：回顾、反思与展望研讨会暨安徽省徽学学会2011年学术年会　1166
徽学与明清安徽典籍研究暨中国历史文献研究会第25届年会　1166
徽语　795

徽纸　484
徽州　110
徽州白茶　165
徽州版画　233
徽州本土刻书　233
徽州茶艺　804
徽州朝奉　221
徽州传统民居综论　1182
徽州传统学术文化地理研究　1182
徽州丛林　301
徽州大姓　1180
徽州道教　301
徽州的家族文献与宗族文化　1183
徽州地区明清建筑的形成及其类型　1182
徽州典商述论　1183
徽州豆黄粿　781
徽州方言　794
徽州方志研究　1181
徽州方志中的重商思想　1181
徽州坊刻　233
徽州府文庙　332
徽州府学　316
徽州府学宫　332
徽州府紫阳师范学堂　332
徽州富人收藏　744
徽州古柏　101
徽州古建三绝　622
徽州古民居探幽　1181
徽州古戏台　542
徽州古银杏　101
徽州鼓吹　473
徽州挂面　772
徽州官刻　233
徽州裹粽　782
徽州海盗商人胡胜　1183
徽州话　795
徽州基督教　301
徽州记忆　1181
徽州夹酒　772
徽州家刻　233
徽州家谱宗族史叙事冲突研究　1183
徽州甲酒　772
徽州教育　1183
徽州教育联合会　339

徽州烤烟　165
徽州刻工　233
徽州历史档案与敦煌历史档案开发利用研讨会　1164
徽州历史档案与徽州历史文化国际研讨会　1165
徽州历史档案与徽州文化国际研讨会　1165
徽州历史档案总目提要　1180
徽州历史上的林木经营初探　1180
徽州六邑绰号　828
徽州六邑旅兰同乡会　246
徽州旅杭木业福利社　225
徽州旅芜公学　332
徽州罗绢　165
徽州米酒　772
徽州民歌　414
徽州民间私约研究及徽州民间习惯调查　1182
徽州民俗　1182
徽州民俗版画　442
徽州民谣　414
徽州明代住宅　1183
徽州牡丹　102
徽州木版年画　442
徽州木雕　482
徽州木莲　101
徽州农校联　385
徽州弄　216
徽州谱牒插图　442
徽州谱牒：家族与社会国际学术研讨会　1166
徽州千年契约文书　1180
徽州区徽州文化研究会　1160
徽州三雕　482
徽州三石　772
徽州散件印刷品研究　1184
徽州扇　165
徽州商人的绅士风度　1184
徽州商人的小本起家　1184
徽州商人及其网络　1184
徽州商人研究　1184
徽州烧卖　781
徽州社会经济史学术讨论会　1166

徽州社会文化史探微 1182	徽州文献与文书学术研讨会 1165	惠济仓条规 685	棘胸蛙 98
徽州社屋的诸侧面——以歙南孝女会田野个案为例 1183	徽州婺北镜心堂重修浙岭征信录 296	惠济邻封 704	集成书院 312
		惠济桥 568	集诚文会 361
徽州师范专科学校徽州文化研究所 1160	徽州学 1155	惠民药局 208	集福桥 569
	徽州伊斯兰教 301	惠政桥 568	集王圣教序拓本碑帖 735
徽州狮子头 764	徽州乙种农业学堂 332	慧融和尚 1058	集贤馆 312
徽州石斑鱼 102	徽州乙种商业学校 332	蕙的风 374	集雅斋书画谱 232
徽州石雕 483	徽州园林 608	婚嫁银 205	己酉避乱录 283
徽州水口 608	徽州圆子 764	馄饨鸭 760	脊瓜柱 618
徽州私撰家谱与公修族谱的差异 1182	徽州竹编 165	混元洞 48	纪念戴东原逝世230周年学术座谈会 1163
	徽州竹雕 483	活法启微 347	
徽州四雕 483	徽州竹笋 772	活幼珠玑 347	纪荫老人 1097
徽州汤面 764	徽州砖雕 484	火把会 821	系白围裙纪念郑子木 397
徽州天主教 301	徽州砖塑 484	火佃 200	忌日 812
徽州同庆楼 236	徽州宗族社会 1183	火儿 200	忌言卖甜 803
徽州图经 358	徽州宗族研究 1183	火耕水耨 160	际下桥 558
徽州土地关系 1180	徽州宗族与徽州社会国际研讨会 1166	火烤鳜鱼 749	季汉书 289
徽州推行平民教育办法 338		火烧林音寺 390	济川桥 562
	徽州宗族志与宗族社会构建 1183	火神庙 590	济岭 27
徽州文化 1154		火狮舞 463	济美录 290
徽州文化的传承与创新 1181	回峰 18	火腿炒冬瓜 750	济生国花号联 381
	回峰亭 579	火腿豆腐 749	济生国药号 703
徽州文化全书 1181	回顾·反思·展望徽学百年研讨会 1162	火腿炖甲鱼 749	济阳江氏家训 198
徽州文化生态 1154		伙佃 200	济众桥 562
徽州文化生态保护高峰论坛 1165	回呼 809	伙计 248	继兰庵 598
	回澜石 52	豁然亭 582	祭会 204
徽州文化生态保护前端论坛 1165	回廊三间 615		祭梁 798
	回岭 18	**J**	祭田 204
徽州文化生态保护区 1154	回龙桥 554		祭祖 204
徽州文化生态保护实验区建设工作研讨会 1165	回门 808	鸡蛋饺 754	寄山楼 586
	回水 614	鸡公峰 23	寄信割驴草 406
徽州文化生态保护研讨会 1165	回头亲 808	鸡公关 106	寄园寄所寄 292
	回溪村洪氏宗祠联 376	鸡公尖灯笼柿 88	绩歙片方言 794
徽州文化史 1180	回易 248	鸡笼山 23	绩溪 72
徽州文化现实意义 1154	茴香萝卜枣 798	鸡山 23	绩溪炒粉丝 761
徽州文化学术价值 1155	毁墨 408	积庆坊葛氏家训 198	绩溪城 149
徽州文化研究方法 1155	毁墨保名声 253	积庆义济茶亭碑 680	绩溪糍粑 779
徽州文化黟县研究所 1160	汇源桥 553	笄礼 815	绩溪方言 794
徽州文化与徽学 1180	会里 126	基督教中华内地会私立明道小学 325	绩溪揭群 649
徽州文书 1155	会里程氏园林 604		绩溪公立竞实两等小学堂 326
徽州文书的由来、发现、收藏与整理 1181	会同朱陆 263	嵇公关 108	
	会源堂古戏台 532	稽古印鉴 450	绩溪公立簧进两等小学堂 326
徽州文书(第一辑) 1181	会族 200	稽灵山 37	
徽州文书类目 1181	晦庵集 371	吉阳庙 593	绩溪公立临溪两等小学堂 326
徽州文书契约整理学术讨论会 1165	晦庵书院 310	吉阳山 18	
	晦庵先生朱文公文集 270	吉阳水 64	绩溪公立尚志两等小学堂 326
徽州文书与徽州研究 1181	惠化坝 650	极婺稀龄 701	
		急公会 207	绩溪公立振起两等小学堂

326	绩溪中学 326	剪刀峰 33	江光启 1003
绩溪官立东山高等小学堂 326	霁水 74	简上座 1055	江桂 1094
绩溪官立明伦两等小学堂 327	鲫鱼背的传说 409	简易识字学塾 328	江国龙 1066
绩溪黑猪 97	夹沙羊尾 775	剑石 53	江国政 917
绩溪惠民染织传习所 337	夹身洞 46	剑侠传 370	江浩 844
绩溪李 97	夹溪桥 554	健讼 827	江衡 1095
绩溪龙川胡氏禁碑 684	灾源水 65	涧洲 144	江宏文 1004
绩溪旅沪同乡会 246	夹苎脱胎 478	浙江 71,1128	江鸿 1094
绩溪旅沪同乡会联 382	佳日楼集 368	浙江面壁 406	江家伦 1066
绩溪旅宁新安同乡会 246	佳溪 137	浙江墓 684	江嘉霖 918
绩溪民筵 770	佳源 137	鉴古斋墨薮插图 442	江嘉梅 1095
绩溪儒学 316	家祠 204	江百谷 1003	江嘉谟 918
绩溪私立胡氏初等小学堂 326	家法 203	江本立 1140	江敬宏 1094
	家祭 815	江必迈 1094	江珏 1094
绩溪私立胡氏两等小学堂 326	家庙 203	江必名 1094	江阁 843
	家人相处禁忌 803	江秉谦 843	江考卿 1066
绩溪私立思诚初等小学堂 326	家长 203	江炳炎 1094	江可爱 842
	家佐 203	江才 916	江可烈 916
绩溪私立思诚两等小学堂 326	袈裟池 645	江长遂 916	江来岷 1003
	袈裟峰 34	江承东 917	江莱甫 1004
绩溪私立植基两等小学堂 326	嘉会堂古戏台 541	江承封 917	江丽田先生墓 664
	嘉靖徽州府志 296	江承联 918	江良芳 917
绩溪私立中正职业学校 326	嘉靖两淮盐法志 296	江承燧 918	江霖 919
	嘉靖新安志补 296	江春 918	江灵裕 917
	嘉靖休宁县志 296	江春一夜建白塔 393	江茂星 917
绩溪四胡 189	嘉庆徽志补正 295	江粹青 844	江懋宜 919
绩溪塘群 653	嘉庆绩溪县志 295	江村 127	江孟明购藏书画 739
绩溪文庙 337	嘉庆两淮盐法志 295	江大楷 1002	江岷 917
绩溪县 108	嘉庆两浙盐法志 295	江德量 1005	江敏求 1004
绩溪县城西女校 326	嘉庆婺源县志 295	江德泮 1066	江明生 917
绩溪县鼓楼记碑 684	嘉庆黟县志 295	江德新 1095	江南春 1004
绩溪县官立师范传习所 337	嘉善桥 571	江德中 1004	江南第一关 105
	甲路 122	江登云 844	江南第一桥 555
绩溪县胡适研究会 1160	甲路油纸伞 160	江迪 917	江南东道 105
绩溪县徽墨协会 1160	甲溪 63	江东达 916	江南鸣 1094
绩溪县徽文化研究会 1160	假胡 189	江东道院 308	江南能 918
绩溪县徽学研究会 1160	驾鹤洞 47	江东二吴 174	江南诸镇 212
绩溪县教育会 337	驾睦堂 510	江东之 842	江念祖 1094
绩溪县立初级中学 326	嫁女哭别歌 414	江都徽州会馆 242	江泮 1094
绩溪县立女子小学 326	尖吻腹 84	江蕃 919	江佩 918
绩溪县立中心实验小学 326	间歇泉 642	江璠 919	江浦 1094
	监视 203	江昉 1094	江起龙 843
绩溪县私立天岑初级小学 326	监司袁使君平寇碑 679	江峰青 843	江起鹏 1004
	笺卉 356	江福宝 1095	江谦 1004
	笺注牡丹亭 372	江缙臣 1095	江清徵 1004
绩溪县学 315	煎饼 780	江恭坝 918	江庆元 1003
绩溪学宫 337	枧溪桥 559	江管生 1095	江人镜 842
绩溪一品锅 761	茧馃 777	江瑾 1066	江人龙 916

江蓉 1095	江一道 1066	江致虚 843	教忠书院 310
江锐 1094	江一桂 841	江致一 843	皆如庵 597
江善积 918	江一鸿 1002	江钟岷 1094	接八老爷菩萨 824
江尚溶 1004	江一麟 842	江仲京 1140	接财神 798
江绍芳 1004	江益 1094	江注 1094	接待茶 815
江绍莲 1004	江寅笥 844	江濯之 1095	接菩萨 827
江时途 1066	江应萃 917	江缵绪 919	接天地 824
江士燝 1002	江应晴 843	将军井 644	接外甥 413
江士相 1094	江应全 917	将军桥 561	接武桥 566
江氏 173	江应宿 1066	将军山 27	接新娘 816
江氏儿科 343	江应晓 843	将军石 27	接引松 94
江氏内科 343	江镛 919	姜才 880	接灶 824
江世俊 916	江永 1002	姜糖 788	接张康二王 824
江世育 1002	江永观牛论易 393	姜体乾 1144	街口渡 645
江世运 916	江永墓 664	姜田载指墨山水中堂 725	街源 72
江世璋 842	江永佚 916	姜远 1122	节比松筠 699
江轼 843	江用卿 1140	姜肇山 880	节俭户 200
江嗣皆 1095	江友爕 1002	讲会 308	节礼 807
江苏省立第二临时中学 319	江有诰 1003	蒋公书院 311	节日谣 411
江苏省立第五临时中学 319	江有科 916	蒋贯 890	节孝总坊 530
江苏无锡徽州会馆联 377	江有声 1003	蒋贵 890	结橧 815
江韬削发为僧 393	江禹治 918	蒋果 890	结竹营 413
江天一 842	江玉 1094	蒋锦楼 1128	姐妹放羊石 53
江廷镛 1066	江玉衡 916	蒋良赐 1128	姐妹看灯 468
江廷仲 917	江玉琦 916	蒋氏 190,1081	解毒篇 349
江彤辉 1094	江昱 1004	蒋氏节孝坊 538	解枷锁 804
江湾 127	江裕泰号 218	蒋琬 890	解渴会 165
江湾祠堂 499	江元宝 1002	蒋希鲁砚 480	戒欺 700
江湾路亭联 377	江元凤 916	蒋雍植 890	戒石亭 579
江湾水 65	江元辅 842	降价赢声誉 251	戒烟歌 412
江湾水口林 604	江元庆 916	将隐岩 42	借靴 455
江湾雪梨 86	江源 1095	交杯酒 810	金安 870
江万和 842	江月娥 1094	交切糖 784	金安节 870
江万全 1094	江云锦 1094	浇岭 27	金安节墓 672
江文 1002	江云梯 842	椒盐排骨 761	金邦平 869
江文魁 916	江哲 1066	椒盐蹄膀 761	金邦正 1025
江西 212	江贞 1003	蛟潭书院 312	金榜 1026
江希贤 917	江珍 843	鲛鲤 100	金榜行书诗册 425
江羲龄 919	江振 1004	鲛鱼 100	金扁担 400
江孝彰 917	江振鸿 1094	角柱 615	金弁 952
江馨泰号 218	江正迎 916	绞股蓝 91	金蟾岩 42
江星羽 1140	江正月 1002	脚庵 599	金长溥 1025
江秀琼 1004	江政观 918	叫魂 826	金成连 1026
江旭奇 1003	江之纪 1002	叫吓 826	金翀 1116
江恂 843	江之兰 1066	轿顶峰 29	金道炤 1026
江演 918	江之迈 1066	轿下食 815	金德玹 1026
江彦明 1004	江志洪 1066	教学做合一 337	金德瑛 870
江耀华 919	江志修 1003	教职俸薪银 310	金德與 1144

金登逢窑白釉芦雁纹如意形枕 724	金式玉 1115	金字牌 137	经学三胡 278
金殿传胪 702	金枢 1026	津贴制 219	经义堂 511
金顶 454	金树彩 1116	襟弟 818	荆磡岭道 630
金鼎和 952	金舜卿宅 508	襟兄 818	荆州河 68
金东河 67	金硕礽 1076	紧浅碗石 54	荆州明经胡氏祖训 197
金鸭 1026	金丝猴 89	锦城 153	荆州山核桃 89
金法宝 952	金丝琥珀蜜枣 787	锦城诗存 373	旌德城区话 793
金符申 870	金粟笺 479	锦城志略 294	旌烈坊 704
金革 870	金太史读书台 56	锦囊印林 449	旌孝坊 538
金光先 1115	金潭 953	锦霞洞 49	旌阳话 793
金桂科 1116	金塘 1116	锦营郑氏宗族祖训 198	旌占片方言 793
金华 214	金瑭 953	锦鱼溪 73	精林院 601
金华英 952	金万年宅 508	进内交易 700	井花香处 697
金鸡石 53	金维嘉 1026	进师酒 797	井南山 7
金敬德 952	金慰农 870	进士 700	井水当酒卖 388
金匮要略直解 346	金文燿 952	进士坊 534	井亭 578
金坤 952	金吾勋祠 596	进香 797	景德镇 215
金栗庵 596	金显德 1026	进香题壁 665	景德镇徽州会馆 245
金脸 454	金象 1026	进学堂 412	景德镇明经会 246
金烈 870	金蟹皂荚 89	进主 201	景德镇紫阳中学 327
金铃子盒 467	金星歙砚 479	进主银 201	景苏楼 586
金陵婺源试馆 315	金星石玉堂砚 479	进馔儿童 201	景溪桥 569
金岭 24	金宣哲 1116	近代徽商汪宽也 1171	景星桥 569
金炉峰 24	金学烈 952	近蓬莱 669	净炒蟹粉 755
金銮殿 508	金瑶 1026	近思录集注 278	净度庵 596
金牛汲水 53	金野仙 1026	晋主 203	净瓶石 53
金瓯奖学 400	金一凤 952	禁赌碑 689	净土会上叙长幼 300
金品卿 1116	金一甫印选 447	禁伐祖茔荫木告示碑 689	竞兴电气公司 239
金奇 870	金译 1026	禁河养生 828	竞兴机器碾米厂 239
金启锳 952	金应宿 1115	禁强讨强要乞丐碑 689	敬爱堂 521
金起凤 952	金有奇 1076	禁挖盗砍祖坟荫木碑 689	敬爱堂联 383
金起国 952	金玉成 952	禁止赌博碑 689	敬本堂 520
金钱豹 89	金元忠 1025	禁止勒索阻挠回徽棺柩碑 688	敬财神 799
金庆慈 870	金约 1026	禁止溺婴碑 689	敬德堂 522
金庆旺 1115	金云槐 869	禁止棚民开山种植碑 688	敬思堂联 383
金若兰 1115	金允声 869	禁止侵占坟山碑 688	敬修堂 521
金若愚 1026	金樟 870	禁止私宰耕牛碑 688	敬修堂联 383
金若洙 1026	金兆玉宅 508	禁止酗酒赌博打降碑 688	敬序堂 520
金沙河 67	金照 952	京杭大运河 214	敬义堂联 382
金砂岭 24	金钟潭 67	京师休宁会馆碑 425	敬斋箴 270
金山农 1076	金竹庵 596	经礼补逸 268	静乐池 646
金山时雨 162	金竹冬瓜灯 467	经历志略 741	静乐宫 601
金声 870	金竺岭 24	经畬堂藏书 741	静乐宫兴建记碑 691
金声故居书斋联 379	金柱 615	经史笔记 289	镜镜詅痴 357
金声七龄试文 400	金紫祠 508	经世致用 278	镜屏岩 44
金士林 1025	金紫胡 181	经文纬武 702	镜亭碑刻 691
金氏 181	金紫山 24	经序录 289	迥出诗林 701
	金自皞 870		纠过 200

纠仪　200
九成斋联　375
九栋桥　543
九都社　826
九都迎三姑神　819
九谷考　350
九件衣　451
九江新安笃谊堂征信录序　241
九九歌　410
九老芙蓉山　2
九龙池　58
九龙洞　45
九龙峰　2
九龙矼　49
九龙瀑　59
九龙泉　58
九龙潭　59
九龙溪　59
九龙岩　39
九龙源　58
九曲泉　59
九死还魂草　79
九碗六　766
九碗六盘　767
九碗十二盘　766
九阳凹山　2
九有凝熙墨模　475
久昶油盐号　217
酒席禁忌　803
旧德邻屋　699
居安洞亭　580
居安桥　560
居家十慎　197
居士林　300
居养院　207
崌毛尖　33
鞠嗣复题壁　693
菊花冬笋　759
菊花锅　759
橘井流香　704
举折　617
蒟蒻豆腐　770
榉根关古长城　634
榉根关古徽道　634
榉根岭　36
榉根岭古道　634
榉根岭禁碑　689

榉根岭造养茶亭碑　689
巨龙峰　10
巨门峰　10
具瞻　672
聚福堂古戏台　541
聚和烤鸭球　762
聚奎文会　361
聚星桥　571
捐资抗倭　252
卷棚顶　616
卷酥　787
卷筒粉蒸肉　755
卷资银　201
觉公堤　648
觉岭　27
觉山　27
绝卖　164
蕨菜　100
蕨粉　771
蕨粉羹　762
蕨粉团　780
蕨粉圆子　780
军营山　20
君鱼　88
君鱼搭桥渡元璋　398
菌阁藏印　448
筠轩集　373
郡分五俗　827
浚源山　31
浚源水　70

K

开祠堂门　199
开洞房门念诗　806
开工酒　796
开轿诗　806
开戒　297
开脸　451
开眉眼　806
开门石　50
开门银　199
开面　806
开明灵　806
开泰染坊联　375
开文书院　304
开咽喉　806
开秧门　796

开张　247
开张礼　796
开中法　217
开中折色　217
槛窗峰　37
看娘亲　413
看屋宇　813
看戏　413
看指纹　413
磡头　156
康达　974
康范诗集　372
康飞鸣　1043
康海　889
康怀　1043
康戬　890
康南龙　1043
康人杰　889
康汝芳　889
康山草堂　232
康氏　189
康闻韶　889
康熙徽州府通志　292
康熙徽州府通志续编　292
康熙徽州府志　292
康熙两淮盐法志　292
康熙祁门县志　292
康熙歙县志　292
康熙婺源县志　292
康熙休宁县志　291
康熙黟县志　292
康永韶　1081
康佑　889
抗金误课案　218
抗战灯　466
考川水　64
考订朱子世家　286
考工记图　277
考古编　261
考棚　314
考水　123
考水群桥　554
考溪水　64
柯长春　455
柯大统　879
柯华辅　1035
柯临久　1035
柯庆施　879

柯氏　184
柯钺　1035
柯泽舟　1035
科举中试银　202
科学图书社　231
科学下嫁运动　336
瞌睡虫　414
壳饼　785
刻书业　230
客商规略　290
客座　309
坑口　129
坑口麻饼　785
空中闻天鸡　673
孔端木　1090
孔灵村　119
孔庙　335
孔庙双桂　82
孔明灯　463
孔雀开屏石　50
孔雀兰　82
孔雀松　82
孔愉　997
孔子编年　284
孔子家语图集校　438
孔子先师庙　334
口大欺天　388
扣三丝汤　751
枯柏变翠　401
苦斋火腿　755
会稽郡　105
块头香糕　785
宽耳犬吻蝠　93
旷古斋　502
奎壁斋　230
奎光祠　513
奎光堂联　380
奎文阁　597
奎星阁　597
魁枓山　36
魁星阁　586
魁星楼　587
傀儡班　456
坤德永贞　701
昆溪　66
廊崖　36
廊崖题壁诗　690

L

拉面 812	榔源山 34	黎阳 155	李筠 1007
腊八豆腐 770	朗山 31	黎阳跑马 473	李坑 129
腊八节 825	老大桥 554	黎阳汪公庙大殿联 384	李坑古紫薇 87
腊八扫屋尘 825	老大先生 796	黎阳县 109	李坑口 129
腊八收账 799	老殿 593	黎阳仗鼓 473	李坑炙肉 753
腊八粥 780	老福盛酱园 237	礼百列行厂 238	李良朋 925
腊鸡萝卜 762	老官 808	礼包 774	李流芳 1097
蜡烛峰 37	老汉 808	礼记训义择言 276	李流芳山水图 421
蜡烛石 55	老黑班 453	礼笾 276	李懋延虐政石 396
蜡烛松 100	老虎报恩 391	礼经纲目 276	李敏 1097
来龙山顶 21	老徽调 453	礼经释例 276	李能谦 1067
来龙神树 87	老龙潭 64	礼让行走 802	李念祖 848
来苏桥 557,701	老婆舅 808	礼式 807	李培芳 1067
莱山旧业 310	老人峰 18	礼书纲目 276	李起 848
兰皋集 365	老孺 808	李白钓台 56	李榮 926
兰桂庵 592	老屋阁 494	李白徽州府求师 395	李谦 1098
兰花火腿 768	老姨 808	李白问津处 628	李仁 848
兰溪 211	老鹰捉鸡 826	李邦祥 1140	李日新 1006
兰溪江南公所 242	老妪 808	李长庚 924	李善长 848
兰溪市徽学研究会 1157	老竹大方 161	李承端 1006	李善长祖墓 667
兰溪新安会馆 242	老竹古道 627	李承武 925	李尚吉 925
兰溪新安同乡会 245	乐成桥 553	李赤肚 1006	李少微 1067
兰簃丛稿 365	乐泉井 641	李大嚣 924	李士葆 924
兰宇尼庵 592	乐泉桥 553	李大鸿 924	李士珪 848
拦路祭 812	乐山书院 306	李大任 848	李士睿 1006
栏板 616	乐善可风 699	李大镕 924	李氏 175
栏杆 616	乐善堂联 376	李道生 1098	李氏三师 300
蓝膀鹊 99	乐寿桥 553	李道同 849	李氏真人 395
蓝川桥 570	乐输达钵岭茶庵碑 662	李登瀛 926	李世贤 925
蓝田 152	乐贤堂 699	李迪 925	李守恭 925
蓝田花猪 99	乐叙堂 494	李鼎 1007	李叔和 848
蓝田前川三阁台水口 608	乐叙堂联 376	李泛 848	李淑仪 1097
澜大德 1059	勒石永禁碑 681	李方膺墨梅图 712	李廷圭 1067
烂糊面 757	雷喝 650	李芳园 1140	李廷珪墨 478
烂锦岩 42	雷峰塔 373	李苧 848	李惟仁茶信 740
烂柯岩 42	雷岗山 36	李苧墓 667	李伟 1006
郎官庙 597	雷鼓尖 36	李广璧 924	李文俊 1140
郎山 24	雷霆纠罚司 600	李杭之 1097	李文来 1067
狼豹洞 48	雷溪 73	李鸿章行书七言对 712	李西樵 848
阆山 31	累世簪缨 703	李鸿章扬名祁门香 395	李希乔 1097
阆山书院 310	冷饭馃 776	李厚 848	李希士 1006
琅瑘渡 645	冷暖自知 669	李季札 1006	李锡禄 926
琅源松萝 164	冷水田 162	李家村李氏宗祠联 378	李贤 925
廊柱 619	冷水岩泉 642	李家骧 1007	李训典 848
榔梅 98	冷云庵 594	李健 1006	李训诰 1006
榔木岭 34	离娘衣 815	李教育 925	李训谟 925
	离心式宇宙起源假说 356	李景溪 1140	李寅宾 848
	黎明尖 37	李均亮 848	李应乾 1006

李永昌 1097	利济桥 557	梁安高氏祖训 198	麟趾桥 572
李永沺 1067	利市茶 811	梁下 148	檩 622
李友闻 848	利市果 811	梁柱式构架 619	檩子 622
李有诚 925	利市人 811	两朝十举人 315	蔺亮 902
李元㷍 924	利市田 201	两等小学堂 322	灵官殿 594
李源书院 308	利市纸 811	两个儿媳妇 396	灵官桥 558
李缙 1007	例监生授职银 201	两汉笔记 287	灵官亭 580
李章泮 926	栗 93	两淮提引案 218	灵惠庙 595
李昭炜 848	栗木 143	两淮盐场 218	灵惠庙碑 671
李昭燠 925	笠阁批评旧戏目 372	两坑尖 21	灵金山 22
李之芬 1006	笠人石 54	两面黄 776	灵猫 88
李知诚 848	嶂崌山 38	两清明 201	灵鸟山 22
李忠 1140	连根松 87	两人诗社 360	灵鸟山旧治 106
李卓吾批评忠义水浒传插图 439	连科三殿撰,十里四翰林 315	两双眼睛 412	灵牌 201
李宗煝 925	连理松 87	两香问政山笋 754	灵泉寺 594
李宗煝济世疏财 249	连理枝树 87	两匀照分 162	灵山 22
李祖玘 925	连檐 615	两浙海防类考续编 287	灵山茶 162
里碓桥 557	莲花洞 47	两浙盐场 218	灵山村 132
里方 130	莲花峰 28	辽阳 212	灵山米 162
里庄水口林 604	莲花峰的传说 402	寥阳殿 601	灵山庙 594
理坑 145	莲花尖 28	了拙轩遗稿 362	灵堂 812
理气 270	莲花岭 28	廖公泉 74	灵锡泉 643
理田 145	莲花山 28	廖机 1058	灵虚观 595
理学社会化与元代徽州宗族观念的兴起 1177	莲花源 69	廖千三 902	灵岩洞 46
理一分殊 270	莲华洞 47	鼳羚 103	灵阳村 133
理欲 270	莲金山 28	林道宏 951	灵应祠 594
理欲之辨 270	莲蕊峰 28	林沥庵 595	灵芝松 88
理源 145	莲饮集 370	林沥山 23	岭北乡道 630
理源桥 565	联璧馆 311	林沥书院 309	岭脚山温泉 67
历朝通略 259	联村堨 650	林良垂柳孔雀图中堂 719	岭脚下 137
历代二十一传残本 283	联墅 149	林良枯木雄鹰图中堂 719	岭南风物记 354
历口 115	廉贾归富 255	林良松月双鹤图中堂 718	岭下桥 559
历山 10	廉泉 646	林履平 952	凌风亭 581
历史档案的多国比较研究研讨会 1161	廉让桥 571	林泉诗社 360	凌珀 884
历水 61	濂溪书院 313	林氏 180	凌驷 884
历溪 115	濂溪书院联 385	林塘三房 180	凌日荣 969
立佛石 52	练江 67	林卧遥集 368	凌如焕 1040
立高见远 699	炼丹峰 27	林应节 1025	凌氏 187
立马峰 17	炼丹台 56	林中蕙 1025	凌世明 969
立马峰的传说 391	炼丹源 68	临川匾额群 702	凌顺雷 969
立夏节 822	炼心石 53	临清 214	凌唐佐 884
立雪台 56	潋溪水 74	临溪 139	凌廷堪 1040
立柱 614	良安县治 106	临溪桥 561	凌畹 1124
吏部右侍郎林平泉公白岳修路碑记 663	良安驿 106	临证指南医案 346	凌虚洞 48
	良贾何负闳儒 255	琳琅秘室藏书 743	凌虚台 57
	良蕨 769	琳琅秘室丛书 232	凌云鹏 1040
	梁 619	麟石 56	凌子俭 884
		麟书 296	凌子任 1040

菱角酥 788	龙川胡 170	龙爪松 83	吕献沂 1065
零戏 456	龙川胡氏宗祠 492	隆埠 148	吕芝 1092
领魂香 816	龙川胡氏宗祠联 376	隆阜 148	吕志 1092
领粮经摺 204	龙川桥 551	隆阜渡 645	吕祖祠 593
刘伯证 1001	龙川书院 306	隆阜花台 470	吕佐 1092
刘德智 841	龙川水 63	隆阜文昌阁联 382	旅淳绩溪同乡会 246
刘光 1093	龙丛源道 627	隆阜中学 325	旅汉徽商运柩回籍 404
刘和珍 841	龙灯舞 464	隆兴桥 568	旅汉绩溪同乡会 246
刘淮 915	龙都诗社 360	楼上楼 55	旅杭绩溪同乡会 246
刘津屯田 392	龙峰书院 306	漏窗 622	旅京绩溪同乡会 246
刘克治题壁 664	龙凤恩永 699	漏斗坝 650	履道含和 704
刘门亭 579	龙糕 784	漏泽园 208	履福堂 527,704
刘猛将军庙 593	龙宫寺 739	卢村 122	履福堂联 384
刘启先 1140	龙井潭 63	卢潘题壁 662	律古词曲赋叶韵 290
刘然 1093	龙井宅坦 121	卢氏 170	律吕阐微 279
刘荣 841	龙门道院 591	卢氏宅 493	律吕新论 279
刘氏 173	龙门桥 551	卢崖题壁诗 662	绿豆酥 789
刘铁笔 1140	龙蟠桥 552	卢云乘 1064	绿豆酥饼 789
刘卫卿 1093	龙桥 551	芦塘山 21	绿毛龟 98
刘燕 916	龙泉井 640	庐山 22	绿绕亭 581
刘应组 1140	龙山 15	庐水 66	绿笋 98
刘埔字轴 712	龙山古楠木 83	鲁班亭 581	绿杨桥 568
刘正实 915	龙山寺 591	鲁公堤 650	绿荫轩遗集 372
刘紫垣 915	龙潭 63	陆梦发 867	绿照亭 581
流杯池 645	龙塘镇 121	陆润庠楷书七言对 717	绿滋馆稿 372
流口 144	龙天宝塔 574	陆彦功 1074	鸾啸小品 372
柳黄同声集 369	龙天塔 575	陆治山水图轴 717	乱世中的商业经营——咸丰年间徽商志成号商业账簿研究 1171
柳溪书院 309	龙头菜 83	路菜鸡 762	
柳真保 1144	龙头石 50	路饭馃 780	
六部四尚书 314	龙湾水口林 603	路公桥 570	略论徽商与吴楚贸易 1177
六朝声偶删补 363	龙王庙 591	路公溪 73	略论家谱内容与体例的演变 1177
六朝事迹编类 284	龙尾山 15	路文彬 988	
六大盘 767	龙舞 464	吕存吾 1140	轮车桥 559
六都 118	龙溪河 63	吕德元 839	轮年 201
六都祠群 491	龙溪桥 551	吕堨 647	论当代徽学 1169
六都牌坊群 529	龙溪天水万年台 531	吕公桥 554	论徽商"贾而好儒"的特色 1170
六都水口 602	龙涎池 661	吕公滩 65	
六股尖 12	龙涎泉 63	吕沆 839	论徽州传统社会的近代化 1170
六合桥 549	龙须山 15	吕和轩 1065	
六进士苏州扫墓 389	龙须岩 41	吕鹏 1092	论徽州商人文化的内涵、特征及其历史地位 1170
六书正义 274	龙须源 63	吕起朋 1092	
六顺堂 491,698	龙须纸 477	吕溱 839	论徽州商业资本的形成及其特色 1170
六爻原意 259	龙眼井 640	吕氏 172	
六月会 821	龙眼桥 551	吕田 1065	论徽州宗族祠堂 1170
龙池 640	龙吟石 51	吕文仲 839	论明代徽州刻书 1170
龙川 120	龙源坊 530	吕午 839	论明清徽州文化的阶段性发展 1170
龙川古戏台 530	龙源赵氏园林 603	吕霞 1065	
龙川官桥 551	龙爪肉丝 750	吕仙井 641	论明清时期徽州地区司法官

的思维特点及其影响 1170
论曲绝句三十二首 366
罗壁 1025
罗补衮 1115
罗苍期 869
罗春溪题壁 672
罗纯夫宅 507
罗东舒祠 506
罗芳淑 1115
罗福履 952
罗汉灯 467
罗汉洞 47
罗汉级 630
罗汉松 89
罗浩 1075
罗洪先诗碑 672
罗洪先题诗睢阳亭 399
罗会炳宅 507
罗会煜 1115
罗进木宅 507
罗克昭 1115
罗坑同善桥会 206
罗昆桥 559
罗岭 24
罗龙 1115
罗美 1075
罗慕庵 1076
罗南斗 1115
罗聘 1115
罗聘探梅图轴 425
罗汝芳题壁 672
罗汝楫 869
罗润坤宅 507
罗士琳 1075
罗士钰 1144
罗氏 181
罗颂 869
罗文瑞 1115
罗文献祠联 379
罗文佑 1025
罗纹山 24
罗小华 1075
罗宣明 869
罗应鹤 869
罗煜 1115
罗愿 1025
罗允绍 1115

罗允缵 1115
罗周旦 1115
锣鼓担 471
螺钿漆 165
螺司 253
螺丝块 763
骆驼峰 28
落石台 58
落石台群刻 685
落苏瘪 780
落苏馃 779
落枕 817

M

妈 810
麻糍 778
麻痘灯 469
麻酥糖 789
麻衣洞 48
麻衣祖师塔 576
麻疹备要方论 348
蔴打滚 780
马鞍山庙会 820
马鞍鳝 748
马鞍鳝的由来 388
马版 227
马丞相花园 602
马齿苋 767
马打滚 773
马大壮 993
马峰凹 104
马褂木 80
马国宝 830
马惠 1086
马迹石 50
马兰头 767
马岭关 104
马禄 907
马如春 1061
马氏 168
马肃 1061
马泰 993
马蹄鳖 80
马蹄岭 114
马蹄石 50
马蹄酥 783
马廷鸾 830

马头墙 612
马头石 50
马尾泉 60
马锡 993
马锡庚 1086
马锡仁 1086
马豫 1086
马曰琯 907
马曰琯父子藏书献书 738
马曰璐 907
马榨大路 626
埋剑所 630
买柴护柏 394
卖花渔村 135
卖棉花车 412
卖身婚书与明清徽州下层社会的婚配和人口问题 1171
脉诀刊误集解 347
脉学精华 347
脉语 347
脉症治方 347
蛮王尖 35
鳗鱼 103
满顶床 828
满师酒 799
满天星 58
满月 818
满月酒 818
猫石 54
猫爪 96
毛豆腐 748
毛腹水草 81
毛甘 833
毛人岩 40
茅棚座 135
茅蓬庵 595
茅坦铺 106
茂兰艺馆 701
茂荫桥 559
帽子戏 456
眉公书院 309
眉毛峰 28
眉山 28
梅城 107
梅椿书舍 310
梅鼎 1127
梅干菜猪肉烧饼 778

梅花初月楼 586
梅花灯 469
梅花古衲墓 682
梅花鹿 96
梅花杂咏 371
梅家洞 48
梅坑岭道 631
梅岭 32
梅岭积庆义济茶亭碑 682
梅桥 566
梅山 32
梅圣俞诗讽刘攽 405
梅氏 189
梅松 96
梅镌 888
梅镌墓 682
梅岩文集 371
梅岩小稿 371
梅友月 888
梅园 607
梅园碑 682
梅源山 32
梅源水 70
媒合 817
霉豆腐 771
美国国际徽学会 1158
美人靠 617
美荫堂 231
魅力徽商 1180
门 199
门鞍 611
门当户对 806
门客 738
门脸 610
门楼 610
门前岩 40
门扇 610
门头 610
门向 610
门簪 611
门罩 611
焖蛋 760
焖粉 760
孟子字义疏证 278
梦笔生花松 96
梦草堂稿 371
梦真楼联 382
梦真桥碑 682

弥陀峰 24
迷宫洞 47
猕猴 96
猕猴桃 97
米脆 775
米粉糊 751
米虹桥 555
米元章黼字砚 478
秘阁书院 310
密多岩 44
密山 33
绵潭 149
勉济局 207
面壁峰 26
面南而居 803
面皮汤 756
面馓 777
面拖黄鱼 756
面拖黄鱼条 756
面拖石斑鱼 756
面鱼汤 756
庙桂班 455
庙口镇 137
庙前程氏 182
庙王山 24
民国重修婺源县志 285
民国徽商、乡村工业与地方市场——培本有限公司经营账簿研究 1169
民国祁门县志 285
民国歙县志 285
民国时期徽州方志编纂中的创新与守旧 1169
民国婺源县志 285
民国黟县四志 285
民国浙东乡第六保公民立公约 709
民国浙东乡第三保公民立公约 709
民国浙东乡第四保公民立公约 709
民居防火工程 352
民居建筑功能 614
民主小学校 318
闵口 131
闵麟嗣 1105
闵氏 177
闵世璋 936

闵雨楼 584
闵贞三老观鹤图中堂 713
闽真人 1037
名山注 287
名医方达抗倭 392
名医类案 343
明八角形银杯盘 719
明碧玉刻花卉云鹤纹拱肩小缸 723
明蝉形歙砚 723
明长方形抄手端砚 720
明长方形抄手眉纹歙砚 720
明长方形抄手十五眼端砚 720
明长方形眉纹歙砚 720
明尝瞻园铭抄手端砚 722
明朝和尚樾 89
明臣谥汇考 288
明臣印谱 447
明螭虎纹犀角杯 724
明重校唐王焘先生外台秘要 288
明重刊许氏说文解字五音韵谱 722
明初地主积累兼并土地途径初探 1173
明代黄册研究 1171
明代徽商考 1172
明代徽商染店的一个实例 1172
明代徽州的地痞无赖与徽州社会 1172
明代徽州的民事纠纷与民事诉讼 1172
明代徽州洪氏誊契簿研究 1172
明代徽州批契及其法律意义 1172
明代徽州谱牒的纂修、管理及其家国互动关系研究 1172
明代徽州文契所见土地关系初探 1172
明代徽州庄仆文约辑存 1172
明代乡村纠纷与秩序——以徽州文书为中心 1171

明德书院 309
明鹅形歙砚 723
明鹅形砚 723
明法华釉三彩荷叶形枕 722
明矾红彩杂宝纹瓷板 722
明飞雀祥云纹金霞帔坠子 719
明夫妻合葬墓志铭砚石 719
明归石山房铭文抄手绿端砚 721
明荷蟹图竹雕笔筒 722
明荷叶歙砚 479
明后期祁门胡姓农民家族生活状况剖析 1173
明嘉靖重广注扬子法言 288
明嘉靖齐七府制松鹤鎏金铜渣斗 723
明嘉靖青花双狮戏球纹大缸 723
明嘉靖天禄阁外史 288
明交易地契 721
明经 701
明经祠 506
明经胡 180
明经书院 309
明九鹤朝阳抄手砚 719
明刻铭文金簪 722
明刻谪仙楼集 722
明龙泉粉青釉长颈小瓶 721
明龙泉划花小碗 721
明龙泉窑划花葵口小盏 721
明伦堂 701
明伦堂及县学甲第坊 506
明伦堂小学 324
明伦小学 324
明眉纹抄手歙砚 722
明睦堂 506
明漆竹丝编描金花鸟纹果盒 724
明漆竹丝编圆盒 724
明千里制款漆嵌螺钿人物纹盘 719
明青白玉玉带饰 721

明青花人物四足长方形盖盒 721
明青花昭君出塞图权 722
明青玉描金凤纹佩 721
明青玉蒲纹圭 721
明清徽商的诉讼研究 1176
明清徽商人才观考鉴 1176
明清徽商与江南棉织业 1176
明清徽商重收藏 741
明清徽商资料选编 1176
明清徽州村规民约和国家法之间的冲突与整合 1175
明清徽州的佃仆制 1175
明清徽州典当蠡测 1175
明清徽州典商研究 1175
明清徽州家谱与徽州社会风俗 1176
明清徽州农村社会与佃仆制 1174
明清徽州社会经济资料丛编（第二辑） 1175
明清徽州社会经济资料丛编（第一辑） 1175
明清徽州社会研究 1175
明清徽州生存伦理下的多元文化 1174
明清徽州土地契约文书选辑及考释 1174
明清徽州土地佥业考释 1174
明清徽州篆刻学术研讨会 1164
明清徽州宗族的异姓承继 1176
明清徽州宗族史研究 1176
明清徽州宗族文书研究 1176
明清徽州宗族与乡村社会控制 1175
明清徽州宗族与乡村治理：以祁门康氏为中心 1176
明清晋商与徽商之比较研究 1174
明清契约文书与历史研究国际学术研讨会 1164
明清时代之宗族与宗教 1173

明清时期徽州出家现象考论 1173
明清时期徽州妇女在土地买卖中的权力与地位 1173
明清时期徽州刻书 1173
明清时期徽州森林保护碑刻初探 1174
明清以来徽州村落社会史研究 1173
明清以来徽州的疾疫与宗族医疗保障功能——兼论新安医学兴起的原因 1173
明清以来徽州区域社会经济研究 1173
明三彩仕女瓷枕 719
明善书院 309
明善先生家训 197
明双足荷叶形歙砚 721
明水晶雕东方朔骑虎像 719
明松下宴乐图竹雕笔筒 722
明天启五雅 288
明天师像轴 719
明万历登坛必究 287
明万历青花五彩人物盖罐 719
明万历群经考索古今事文玉屑 287
明万历壬辰年汪廷讷铭文眉纹抄手歙砚 719
明万历许志古撰城阳山志 719
明文衡 368
明象牙雕双鹿笔架 723
明象牙雕送子观音像 723
明象牙笏 723
明象牙笏板 723
明永乐七年金簪 721
明鱼蝠纹翡璧 722
明御敕戴嘉猷文碑 672
明圆形青花瓷砚 723
明远电气股份有限公司 238
明远楼 585
明云蝠纹犀角杯 719
明竹雕松枝杯 721
明砖雕山水鹿纹笔架 722
鸣弦泉 66

鸣阳书院 309
鸣赞 201
茗洲 138
茗洲茶 163
茗洲吴氏家典 197
洺水词 370
洺水集 370
摸秋 825
摹印秘论 450
摩腹运气图 349
磨石铺 110
莫水 69
墨模雕刻 481
墨仙潘谷揣囊知墨 408
母石山 17
母主 200
牡丹荣辱志 353
牡丹诗寄讽 396
拇指峰 23
木雕八仙桌椅 476
木雕楼 490
木雕满顶床 476
木刻食桃模 476
木牌楼 529
木簰 225
木商重建大兴会馆捐款人姓名碑 659
木樨花开 411
木业 225
木鱼峰 9
木榍 613
木主 199
目连戏 452
沐英源出婺源李氏 398
募建唐栖新安会馆缘起 244
墓祠 205
慕云山 37

N

男子发型 802
男子服式 802
男子帽式 802
男子佩戴 802
男子鞋式 802
南当山 25
南当水 68

南渡桥 560
南方铁杉 89
南港 68
南瓜饼 787
南瓜枣 777
南关许氏惇叙堂祠规 197
南海县正堂通告 742
南湖 605
南湖书院 324
南湖书院联 380
南京 214
南京国立中央大学实验中学 324
南京私立安徽中学徽州分校 324
南京私立现代中学 324
南京私立钟英中学 324
南坑岭 25
南门书院 309
南门外牌坊群 536
南门夏 184
南宁河 68
南屏 138
南屏古民居群 512
南屏水口 605
南屏西园 605
南屏叶氏祖训家风 197
南谯楼 585
南山 25
南山道院 597
南山岭 25
南山桥 560
南山书堂 309
南山书院 309
南山下郑 184
南山院 597
南宋龙泉窑青釉碗 725
南宋龙泉窑青釉小盏 725
南塘桥 560
南无阿弥陀佛 674
南无无量寿佛 674
南溪 68
南溪别墅 309,513
南溪南 138
南轩书院 309
南薰别墅 513
南薰别墅联 380

南阳书院 309
南阳亭 580
南园喉科 346
南源桥 561
南云关 106
楠木谷 100
楠木林 100
楠木岭 36
楠崖 688
楠岩 44
闹洞房 812
闹新房 812
内翰桥 547
内商 217
能者从之 681
尼姑背和尚 52
尼潭 64
泥鳅矼 53
倪炳经 968
倪道昭 968
倪辉远 968
倪嘉谦 883
倪康民墓 680
倪模奇 1039
倪起虬 968
倪起蛰 968
倪前松 1079
倪尚德 1039
倪尚纲 1039
倪尚荣 968
倪尚谊 1039
倪时思 882
倪士毅 1039
倪氏 186
倪思辉 883
倪思喜 968
倪望铨 968
倪望重 1039
倪望重宅 517
倪伟绩 1123
倪一升 1039
倪一圣 968
倪渊侍 1123
霓潭 74
年庚 809
年头不动帚 802
拈周试晬 812
鲇鱼套 215

輂辂峰 34	偶有轩诗钞 372	潘士藻 1058	跑街先生 252
輂辂岭 34	藕塘 654	潘氏 193	跑龙套 456
娘娘 815		潘氏宗祠 526	跑马灯 470
鸟门 391	**P**	潘世恩 903	跑马矴 54
聂冠卿 882		潘仕 992	跑马楼 586
聂绍元 1038	琶塘胡氏墓碣 684	潘书馨 1058	陪郭 144
聂师道 1038	琶塘水口 607	潘丝 903	陪客松 93
宁本瑜 838	拍寒山 466	潘廷试 903	培德堂 703
宁可少点田产 391	排岭大道 631	潘为缙 1085	培桂山房 224
凝瑞庵 601	排山柱 619	潘文源 1085	培筠园 607
凝瑞庵石梅瓶 482	牌坊材质 620	潘显道 1058	培筠园赋诗酬答 404
凝霞 692	牌坊峰 35	潘象安诗集 374	培筠园诗碑 681
凝秀桥 572	牌坊工艺 620	潘一驹 1152	培坑桥 565
牛鼻峰 11	牌坊形制 620	潘怡和 1152	培阆书屋 310
牛福会 796	牌楼灯 470	潘钛 903	培植兰菊法 356
牛坑渡 639	牌谱 205	潘奕隽 1137	裴公出黄蘗之门 408
牛皮糖 784	牌位 205	潘奕均 1137	棚民 164
牛泉山 11	派 202	潘奕荫 1137	棚民垦殖山场 407
牛泉水 61	潘邦协 1058	潘镒 904	蓬壶深处 688
牛乳柿 81	潘步云 1058	潘膺祉 992	蓬莱岛 36
牛首峰 11	潘承厚 1137	潘应椿 903	蓬莱观海亭集 373
牛尾狸 81	潘琮与 1137	潘元达 992	鹏咏第一人 316
扭旋式 478	潘大槐 1084	潘元森 1085	碰头石 55
农家茶 802	潘旦 903	潘瓒 992	披云峰 23
农经酌雅 343	潘道南 1059	潘曾绶 904	披云松 88
农科举人 700	潘登云 1085	潘曾沂 904	霹雳徽 782
农者十三贾十七 797	潘第 1059	潘曾莹 1137	枇杷木 88
浓泛蒻香 703	潘殿昭 1059	潘珍 903	漂广东 216
女中君子 697	潘方凯 1152	潘之恒 1137	拼合柱 616
女子发型 800	潘谷 1152	潘之恒刻书 233	拼舞奇巧板 468
女子服式 800	潘国珍 1085	潘之祥 903	品鉴与经营：明末清初徽商
女子帽式 801	潘涵 1137	潘滋 1059	艺术赞助研究 1177
女子佩戴 800	潘华 1058	潘宗硕 1058	聘礼 817
女子鞋袜 801	潘潢 904	潘祖谦 992	平鼻岭 16
暖房 818	潘纪恩 903	潘祖同 1058	平地一声雷 390
暖生 818	潘继高 1059	潘祖荫 904	平渡堰 647
暖寿 818	潘继善 1059	潘遵祁 1138	平里 121
暖坐 818	潘鉴 904	攀云捧日 693	平里水口 603
傩仆 205	潘鉴墓 691	盘岭松 96	平盘斗 613
傩舞 456	潘柜 1137	盘山花灯 469	平山书院 306
傩戏 456	潘珏 903	盘云岭 33	平天矼 51
糯米糕 790	潘开祥 992	磻坑奇樟 101	屏风墙 618
糯米狮子头 765	潘联元 1059	磻溪 157	屏风山 28
糯米子糕 790	潘峦 1137	盼客松 90	屏山村 141
	潘伦 1085	旁通互证 280	屏山楼 585
O	潘培 1059	旁溪 144	屏山舒氏宅 515
	潘启权 992	旁注诸经 269	屏障山 28
瓯山 135	潘荣 1058	庖刀卡 615	瓶花斋 231

瓶花斋藏书 742
破肚石 54
破蒙 815
破石松 93
破血湖 815
扑蝶舞 463
仆城里 118
菩萨重光 827
菩提本无树碑 682
蒲葵扇 165
蒲团石 55
蒲团松 99
朴学先驱 277
浦口渡 645
普安塔 576
普度大斋水陆法会 301
普慧堂 600
普济桥 569
普满明禅师 1054
普满寺 599
普门 1054
普门禅师塔铭 687
普门和尚塔 576
普陀庵 599
普贤洞 49
谱牒的纂修与管理 1180
瀑布泉 75

Q

七布泉 58
七都语 792
七姑山 2
七节猫 79
七经图 258
七门方氏 168
七七 805
七擒孟获 451
七十二福地真人名氏碑 655
七碗细点四 766
七贤村 111
七贤村来历 386
七贤桥 543
七星井 638
七星山 2
七星台 56
七姓碣 647

七姓蜂起 386
七叶胆 79
七叶衍祥 696
七月半 819
七政训练班 334
栖真岩 43,679
戚继光游齐云山题壁 683
期礼 817
漆业 240
齐冲 841
齐碣 648
齐功枚 1065
齐康 1002
齐梅孙 1094
齐普渊 1140
齐祈寺 593
齐山 19
齐士宽 841
齐氏 173
齐氏四世刻书 229
齐学培 1094
齐学裘 1094
齐彦槐 1065
齐彦钱 916
齐云道场 299
齐云道乐 299
齐云二天门 532
齐云讲学 393
齐云毛峰 161
齐云清规 298
齐云三天门 532
齐云山 19
齐云山道教音乐 465
齐云山道长巧治盗墓贼 393
齐云山佛教 298
齐云山古墓 664
齐云山石刻 664
齐云山石像群 478
齐云山唐朝窑址 628
齐云山望仙亭的传说 392
齐云山谣碑 664
齐云胜景 664
齐云天下岩 76
齐云香会 298
齐云形胜冠江南 76
齐云崖葬 664
齐云岩 41
齐云岩题壁 664

齐云岩组诗碑 664
齐云斋戒 298
祁德片方言 793
祁红 162
祁门安茶 161
祁门采茶戏 454
祁门茶业改良场 222
祁门茶业合作社 222
祁门城 128
祁门城区话 793
祁门瓷器 162
祁门瓷商 238
祁门瓷土 162
祁门多虎 393
祁门碣群 648
祁门方言 793
祁门港 162
祁门功夫红茶 161
祁门古道 628
祁门古戏台 532
祁门官立高等小学堂 322
祁门红茶 161
祁门红茶创制 222
祁门津渡 642
祁门科第 315
祁门码头 213
祁门民筵 768
祁门木瓜 86
祁门南路话 793
祁门谯楼 584
祁门儒学 315
祁门试院 315
祁门塘群 652
祁门西路话 793
祁门县 106
祁门县茶业同业公会 245
祁门县凫东乡赤桥民主小学 321
祁门县立简易师范学校 321
祁门县梅南高等小学校 322
祁门县民众教育馆 321
祁门县南乡乡立高等小学堂 322
祁门县商会 246
祁门县私立祁闾初级中学 322

祁门县私立天智初级小学 322
祁门县私立育英小学校 322
祁门县西乡乡立高等小学堂 321
祁门县学 315
祁门乡土地理志 287
祁门义童学校 321
祁门中和馆 234
祁山 20
祁山话 793
祁蛇 86
祁诗合选 366
祁术 86
岐山 21
岐山劝农题壁 667
岐山石桥岩碑记 668
岐山题壁 668
奇峰独拔 672
奇峰郑氏私塾学序碑 671
奇岭水口 604
奇冤报 454
歧阳山 24
耆年博学 703
骐阳书院 311
骑门梁 620
棋盘石 54
棋枰松 98
棋石峰 34
棋石源 72
旗匾银 205
蕲蛇 100
麒麟灯会 474
麒麟松 103
麒麟舞 474
杞梓里 129
启蒙田 323
启圣祠 594
起翘 618
绮咏 372
气冠群山 660
弃儒就贾 254
汽糕 786
憩贤驿 110
掐月岩 43
洽舍桥 562
千层饼 783

"千丁之族,未尝散处":动乱与徽州宗族记忆系统的重建 1167
千佛台 56
千里山 7
"千年徽州家谱与社会变迁研究"启动暨开题报告会 1161
千年徽州:人才与经济社会发展学术研讨会 1161
千秋桥 546
千秋泉 60
千秋潭 60
千山夕阳:王振忠论明清社会与文化 1167
千张酥 783
千丈岭 7
牵茶歌 413
谦如书院 312
谦顺昌茶号 225
谦泰恒号 225
前世牌坊 537
钱时 1039
钱时敏题壁 680
钱鬻 882
钱妍 1123
乾嘉学派 280
乾隆广丰布店账簿 743
乾隆徽州府抄呈 729
乾隆绩溪县志 291
乾隆两淮盐法志 291
乾隆歙县志 291
乾隆婺源县志 291
乾隆黟县志 291
乾隆御题鲍家茶 405
乾泰永金号 240
潜川 156
潜村 156
潜德堂 704
潜口 155
潜口山茶 100
潜口水口 608
潜口塔 577
芡实糕 785
嵌字豆糖 789
墙基 622
墙里门 526
墙体 622

抢发利市 811
抢亲 811
抢亲谣 412
敲更楼 587
桥东铺 107
桥堨 649
桥路局 207
切刀法 444
茄子瘟 777
钦点翰林 703
钦点内阁中书 703
亲见七代 703
秦汉印范 448
秦汉印统 448
秦琼逃关 455
琴台 58
琴溪 149
廑原文集 373
青陂堨 648
青柴讨吉兆 797
青麂 88
青精饭 776
青莲峰 23
青莲洞 66
青岭山 23
青楼韵语插图 440
青鸾峰 23
青萝禅院 595
青萝洞 46
青萝寺 595
青萝岩 42
青螺 88
青螺炖鞭笋 754
青螺炖鸭 754
青牛溪 66
青萍剑 454
青山尖 23
青山书院 309
青生 1114
青狮峰 23
青狮瀑 66
青狮石 52
青铜钟形五柱器 718
青蛙峰 23
青鱼肚裆 754
青鱼划水 754
青云轩 504
卿云洞 48

清白釉五彩双耳瓶 730
清朝休宁科举 315
清炒鳝糊 761
清代徽州传统学术文化中心地类型分析 1178
清代徽州商帮的慈善设施 1179
清代徽州鱼鳞图册研究 1178
清代徽州宗族聚居村庄的社会、经济与文化——以祁门红紫金氏宗族为中心 1179
清代徽州族谱对女性上谱的规范 1179
清代顺治朝土地清丈在徽州的推行 1178
清代扬州徽商与东南地区文学艺术研究:以"扬州二马"为中心 1178
清代以来徽州家族修谱谱局管理模式研究 1178
清代中后期徽州宗族社会的松解——以《黟县一都榆村邱氏文书》为中心 1178
清单耳白釉杯 731
清炖荷包红鲤 760
清炖马蹄鳖 760
清炖塘鱼头 761
清翡翠手镯 733
清风潭 71
清和桥佳话 406
清鹤纹金星长方形歙砚 734
清华古窑址 632
清华古楮 97
清华婺酒 770
清华县治 108
清华镇 146
清霁蓝双耳瓶 733
清江慎修先生古韵标准稿 731
清钧红四棱瓶 731
清康熙二十四年古文渊鉴 292
清蓝釉龙凤双耳瓶 733
清蓝釉描金龙纹贯耳方瓶 733

清蓝釉五福捧寿纹盘 732
清蓝釉象耳方瓶 733
清凉峰 33
清凉台 57
清料龙首带勾 732
清鎏金银冠饰 734
清梅园 607
清明包 778
清明饼 778
清明粿 779
清明花 97
清明祭祀 205
清明节 824
清明节祖坟堆土 816
清末徽州户口循环册研究 1178
清漆描金山水人物纹花口盘 733
清漆嵌螺钿山水人物纹方盘 734
清漆嵌螺钿山水人物纹台屏 734
清漆嵌螺钿仕女人物纹圆盘 734
清漆剔红山水人物纹屏 733
清乾隆甲午年吴梅颠铭文长方形歙砚 732
清乾隆御赐黄轩漆金福字匾 732
清浅青灰玉桃式连盖水盂 731
清青白玉瓜迭绵绵摆件 731
清青灰玉大笔洗 731
清狮钮三彩罐 731
清十八罗汉端砚 730
清兽钮白玉方印章 732
清水鳗鲡 97
清随形犀牛望月纹端砚 732
清潭 71
清潭峰 33
清潭桥 567
清唐英墨彩山水镶瓷漆挂屏 732
清套料四君子鸟食罐 732
清同治休宁茶税告示 730

清王茂荫汪畹腴等人信札 730	丘浚 998	全寺 593	仁公祠 490
清吴桂圆具款漆描金人物纹盘 731	邱龙友 853	全真庵 593	仁里 117
	邱启立 933	拳头菜 93	仁里程氏家训 195
清溪 71	邱氏 176	劝诫乌烟歌 411	仁里巷口窑址 627
清溪村 146	邱锡 853	劝农亭 578	仁山遗稿 363
清榍圭款红漆描金人物纹盘 734	秋浦河 68	劝农文 351	仁寿桥 548
	秋泉 68	劝善班 452	仁王寺 589
清象牙雕佛手摆件 732	秋日登齐云岩诗碑 675	劝学所 335	仁宗赐墨 389
清象牙雕山水人物纹臂搁 732	秋崖集 369	雀替 619	忍草堂印选 447
	秋崖先生小稿 369	雀鹰 96	切庵集古印存 446
清象牙刻山水人物纹饰件 732	秋崖小稿 369	鹊桥峰 36	任公钓台 56
	仇琛 996	鹊桥石 55	任亨泰 841
清象牙龙纹提携 732	仇高 1139	群经补义 281	任钧 915
清漪碣 649	仇继恒 833	群犬吠石 408	任氏 173
清懿堂 519	仇剑 1139		任熊人物册页 711
清玉方连牌双喜 730	仇民 1139	**R**	任薰洛神像立轴 711
清查士标家书册页 731	仇氏 169		任颐人物扇面 711
清蒸石斑鱼 761	仇寿 1139	蚪城桥渡 645	任原 841
清蒸石鸡 761	仇星农 909	蚪城山 33	日用本草 351
清蒸鹰龟 761	仇学 1139	蚪城镇 146	日月叠璧歙砚 476
清竹镂雕人物香筒 730	仇以才 1139	蚪蛇港 645	荣庆 813
清竹镂雕松石人物纹摆件 731	仇以寿 1139	燃藜阁联 385	荥阳桥 560
	仇源 1139	让溪甲集乙集 365	容成朝轩辕石 54
清砖雕三国戏剧人物门罩 731	仇钺 833	饶芳 1121	容成洞 48
	仇中 1139	饶光 1036	容成峰 31
清砖雕戏剧人物门罩 731	仇自坚 833	饶华阶 965	容成台 57
清浊塘 653	求亲 811	饶际可 1036	容成溪 70
清自然形龙纹端砚 731	求雨 797	饶际元 1036	容甫先生遗诗 370
晴虹三桥 569	求真求是 277	饶进 1078	容溪峰 31
请封捐输执照 742	求真是之归 264	饶景 1121	融销 220
请鬼节 824	裘杼楼藏书 744	饶钦 880	柔川 142
请六七 815	曲尺塌 647	饶氏 185	如净 1006
请七 815	曲尺堰 352	饶世恩 1036	如意鸡 751
请期 815	曲水 65	饶恕良 1036	如意鸡的传说 394
庆成油行重管 248	曲洧旧闻 286	饶忠良 1121	儒林桥 572
庆春和 454	屈原赋注 278	扰龙石 52	儒学山 38
庆丰塌 648	屈原庙功德碑 673	扰龙松 86	儒学与地域文化：徽学国际学术研讨会 1164
庆山土地庙联 377	趋时观变 255	人丁龙 462	
庆升班 454	衢州徽州会馆 245	人际称呼 805	乳水源 67
庆寿 809	去蔽 275	人近云天 655	乳溪河 67
庆熟节 796	去思亭纪碑 660	人镜阳秋插图 437	入殓 805
庆源 126	权子母 247	人皮桥 386	入歙 362
庆源戒烟所 206	全国徽学学术讨论会暨徽学研究与黄山建设关系研讨会 1163	人弃我取 247	入图画 655
庆源三桥 555		人世蓬瀛 655	入赘 806
庆云洞 46		人王寺 588	阮弼 923
庆云岩 41	全国元明清文学与徽州学讨论会 1162	人物香灯会 462	阮弼抗倭 249
琼芝洞 49		人字瀑 58	阮峰 20
	全徽教育协进社 335	仁本堂联 375	阮公溪 66

阮公岩　42
阮公源　66
阮溪　66
瑞川　152
瑞阳阿集　373
瑞玉庭　525
瑞玉庭联　383
润田　144
若庵集　367
箬坑茶亭　582
箬岭　37
箬岭头　58
箬帽尖　37

S

撒帐　818
赛春　828
赛琼碗　770
三茶　800
三茶六礼　806
三禅院鼎立　297
三代进士　314
三代容像中堂　705
三挡　451
三凳石桥　543
三叠泉　59
三分分　159
三峰精舍　304
三伏酱油　247
三伏老油　767
三福馆做焰口　820
三府山　3
三姑定桥名　387
三姑峰　3
三姑尖　3
三姑庙　588
三姑山　3
三贾不利犹未餍　254
三观岭　3
三憾三畏　387
三合河　59
三胡家刻　227
三胡礼学　274
三胡商号题额　696
三花尖　3
三槐堂　696
三尖杉　79

三间式　610
三教峰　3
三坎潭　59
三礼约编　258
三礼札记　274
三里街中和楼　233
三里郑氏　168
三立堂　696
三灵山　3
三门桥　543
三亩丘　111
三清殿　588
三庆班　451
三庆桥　543
三三班　451
三十六洞天碑记　655
三十夜下并亲　806
三石桥　543
三书六礼　806
三丝鸡卷　747
三思桥　543
三台式盆景　475
三套茶　800
三天子鄣山　2
三王山　2
三味泉　59
三梧镇　111
三溪水口　602
三溪镇　111
三虾面　747
三贤堂　588
三新妇山　3
三星照玉堂　411
三眼井古庙联　375
三阳　111
三阳洪氏宗祠　488
三叶粉蒸石斑鱼　747
三叶竹　79
三元会　820
三元节　819
三元井　638
三元桥　543
三云山　2
三朝　806
三朝分大小　806
散商　219
散福　205
散花坞　78

散牛犊倮　799
散胙　205
丧礼　812
色散现象　353
森长源木行　225
森盛茶庄　224
僧岛云　1057
僧道政　1058
僧惠周　1057
僧家墓葬　691
僧清素　1057
僧真达　1057
杀猪封山　826
沙堤　701
沙堤亭　580
沙堤叶氏松岩公家训　196
沙堤叶氏宗族四箴　196
沙地鲫鱼　754
沙地马蹄鳖　754
沙溪　132
沙溪洞宾井　642
沙溪集略　287
纱面　769
晒大圣　798
山柏　80
山鸡　80
山居清赏　283
山君岩　40
山口岭　6
山乐鸟　80
山里好　411
山里囡　411
山鳗　80
山门　451
山墙　610
山市　697
山树莺　80
山头桥　545
山屋书院　304
山喜鹊　80
山秀桥　545
山芋枣　773
山越　104
山越经济　159
山云岭　6
山中天　697
山中邹鲁　697
山茱萸　80

山柱　610
山子集　362
山陬海涯无所不至　210
珊厚古柳树　89
闪里　123
单光国　873
单国佐　873
单启泮　955
单岳　1117
扇子松　93
善长当　221
善和　151
善和双桥　569
善和乡志　293
善化亭联　383
善会　825
善山　35
善山商周遗址　632
伤寒从新　343
伤寒论后条辨　343
伤寒论后条辨直解　343
伤寒论条辨　343
伤寒选录　343
商不畏险　406
商籍　219
商家门背南　799
商人与文化的双重变奏——徽商与宗族社会的历史考察　1178
商人与中国近世社会　1177
商山　146
商山书院　310
商山吴氏收藏世家　743
商总　219
上草市渡　639
上渡桥　545
上国琳琅　697
上海　210
上海菜馆　234
上海法学院附属中学　317
上海飞达凸凹彩印厂　237
上海公估局　237
上海徽宁会馆　241
上海徽商余之芹的生平及其时代——近代徽州重要史料《经历志略》研究　1167
上海师范大学陶行知研究中心　1156

上海中西大药房 236	少女花 81	射霞岩 43	歙县私立崇诚两等小学堂 331
上胡家 113	少潭讲院 304	涉江诗选 370	
上金山 5	邵辅 868	涉岭道 631	歙县私立溧川两等小学堂 331
上井 639	邵鸿恩 951	涉药禁忌 803	
上梁 796	邵鸿恩山水轴 425	摄元堂 232	歙县私立端则女子小学堂 331
上梁歌 411	邵继贞 1114	歙岭 38	
上梁酒 796	邵龙 1114	歙南九九歌 414	歙县私立惇愫初等小学堂 331
上马石 388	邵齐然 868	歙浦 608	
上南洞 45	邵齐燾 868	歙绅捐粜碑记 692	歙县私立惇愫两等小学堂 331
上清灵宝道院 588	邵绮园 868	歙绅士公输旧粮碑记 692	
上饶师范学院朱子学研究所 1156	邵士恺 1114	歙四子 450	歙县私立弘光小学 330
	邵士钤 1114	歙味笋丝 763	歙县私立徽州国医专门学校 331
上三眼井 638	邵士燮 1114	歙县 110	
上升峰 5	邵氏 180	歙县昌溪村吴氏宗祠联 385	歙县私立剑华小学 331
上水村 113	邵庶 1025	歙县城关小学 332	歙县私立敬宗两等小学堂 331
上田 113	邵天民 951	歙县城中小学 332	
上头茶 806	邵田 1114	歙县重修府堂记碑 692	歙县私立民族中学 330
上汶溪渡 639	邵万资堂店铺联 378	歙县第一工学团 338	歙县私立南山中学 330
上溪口 113	邵伟 868	歙县斗山街 157	歙县私立启悟两等小学堂 330
上阳尖 5	邵谊 1114	歙县揭群 651	
上叶渡 639	邵悦 1024	歙县方言 794	歙县私立青年中学 330
上游永济桥会 206	邵振华 1114	歙县公立崇正高等小学堂 329	歙县私立绳正两等小学堂 331
上元节 820	邵正魁 1024		
上正梁 796	邵正已 951	歙县公立大洲两等小学堂 328	歙县私立右任中学 330
上庄 113	邵孜 1114		歙县私立战时临时中学 330
上庄古建筑群 489	邵作舟 1024	歙县公立凤山两等小学堂 328	歙县私立正本初等小学堂 330
尚宾坊 535	绍村 138		
尚村 135	绍德堂寿屏 702	歙县公立济通两等小学堂 329	歙县私立正谊两等小学堂 330
尚德堂 505	绍熙州县释奠仪图 267		
尚廉二桥 559	赊购 252	歙县公立乐育两等小学堂 329	歙县私立中正学校 330
尚书第 505	赊销 252		歙县私立作新两等小学堂 330
尚书集传纂疏 264	舌华录 287	歙县公立求是两等小学堂 329	
尚书岭 24	佘公桥 558		歙县塘群 654
尚书旁注 264	佘国观 1105	歙县公立师山两等小学堂 329	歙县陶行知教育思想研究会 1160
尚素堂 505	佘华瑞 1105		
尚田 135	佘氏 177	歙县公立务本两等小学堂 329	歙县文庙 338
尚田河 66	佘文义 933		歙县县立城关完全小学 329
尚田徽班 454	佘熙璋 1105	歙县官立两等小学堂 332	
尚田降 135	佘兆鼎 933	歙县花茶 165	歙县县立初级中学 329
尚田铺 106	佘兆熹 933	歙县徽州学学会 1160	歙县县立第一高等小学校 329
尚武之风 827	蛇崇拜 827	歙县津渡 646	
尚义桥 559	蛇雕 96	歙县旅沪同乡会 246	歙县县立简易师范学校 330
尚义堂 505,701	设酒席待客 802	歙县民筵 772	
烧六日 798	社 826	歙县千年古樟 100	歙县县立简易师范学校附属小学 330
烧年节 824	社会即学校 323	歙县儒学 316	
烧纸轿 815	社稷坛 826	歙县歙砚协会 1160	歙县县立明伦堂小学 329
梢云山 32	社屋前陂 652	歙县石楠王 101	歙县县立师范讲习所 338
苕溪渔隐丛话 367	社学 323	歙县示范中心国民学校 329	歙县县学 316

歙县乡土志 296
歙县新安六邑联合中学 332
歙县行知小学 329
歙县许村私立仪耘初级小学 329
歙县学宫 338
歙县义童学校 328
歙县中学 328
歙县钟英女子小学堂 332
歙学 1154
歙砚 481
歙砚雕刻 482
歙州 110
麝尘莲寸集 374
申禁公约碑 662
深渡 645
深渡包袱 779
深渡镇 148
深衣考误 280
神皋闹时 678
神交精舍 309
神灸经论 347
神龛 617
神仙洞 47
神仙井 645
神仙廊 630
神鸦 91
神蚁救徽商 402
沈珪 1143
沈坤 865
沈士充设色山水册 713
审坑庵 596
审石头 400
审乌盆 455
慎独格物 281
慎思堂 526
慎余庭联 384
生活即教育 335
生聚教训 699
生生局 206
生生子医案 342
生笋 84
生意蒙训俚语十则 284
省会通衢 702
省立第一茶务讲习所联 380
省立二师 336

省立二中 325
省立二中驱左学潮 336
省立三中五四学潮 336
圣母池 641
圣母灵祠 592
圣泉 641
圣泉峰 17
圣僧庵 592
圣僧庵壁画 421
胜泉桥 561
胜水泉 644
盛德堂联 382
盛明杂剧序 371
盛泽徽宁会馆 244
尸衣 806
师古斋 228
师山书院 307
师山文集 261
师山学派 262
师竹友梅馆 229
诗集传 267
诗寄茅山道友 400
诗经集注 725
诗经正义 267
诗论 267
诗送刘夫子 400
诗学汇选 369
诗志 267
诗传遗说 267
狮球峰 27
狮山 27
狮山掌录 290
狮子洞 47
狮子峰 27
狮子林庵 597
狮子林高山柏 91
狮子岭 27
狮子桥 561
狮子石 53
施成章 1078
施德棨 965
施孤会 824
施圭锡 965
施海 880
施璜 1036
施氏 185
施氏桥 562
施世沮 965

施水庵 597
施水路亭 581
施添准 1122
施文德 965
施应旭 1144
施宗鲁 1122
十安堂 168
十八进士题名钟 314
十八块金砖 386
十八罗汉 79
十八罗汉朝南海 49
十八中 168
十百斋收藏 738
十二都地名谣 410
十二生肖墨模 475
十二月花名调 410
十二月劝经 410
十番锣鼓 462
十府君 168
十家易象集说 258
十家之村,不废诵读 317
十里三贤人 334
十里岩 39
十里岩上桥 543
十六国年表 282
十鹿八骏图 475
十亩园窑址 626
十七史纂古今通要 258
十耍 451
十送郎 410
十跳 451
十碗八 766
十五家词 362
十姓九汪 168
十岳山人诗集 362
十竹斋 227
十竹斋笺谱 437
十竹斋书画谱 437
十竹斋印存 444
石壁花 83
石壁源 63
石步岱 75
石城古树群 83
石城山 14
石床峰 14
石村 119
石雕科举花窗 477
石雕双松图 477

石雕桌凳 477
石竭头 647
石耳 83
石耳豆腐丸 750
石耳炖鸡 750
石耳山 14
石佛洞 45
石佛嵌 45
石舸 997
石蛤蟆 83
石屺山 14
石鼓峰 15
石鼓山 15
石鼓寺 591
石棺岩 40
石光达 911
石龟探海 50
石鹤山 15
石户 660
石鸡 83
石家村 119
石家村古建筑群 492
石金山 14
石井潭 63
石葵斋 911
石老山 14
石林山 14
石榴岩 40
石龙洞 45
石龙精舍 306
石螺峰 15
石马 477
石门峰 14
石门山 14
石门寺 591
石门滩 62
石门亭水 62
石门溪 62
石门岩 40
石门源 62
石门院 591
石民群 911
石墨井 640
石墨岭 15
石墨龙芽茶 160
石牛塔 56
石浦 119
石墙里 15

石桥 551	时幻影 1098	释米汖 1052	书画估 739
石桥村 119	时惠宝 1098	释普信 1053	书画收藏三等 739
石桥观月碑 660	时习堂 308	释如本 1052	书箱峰 13
石桥岩 40	时雨鸡丝 754	释如镜 1052	书院 305
石桥岩记 660	实备仓 207	释嗣汉 1053	叔哥代称 812
石桥岩铭 661	实事求是 702	释嗣宗 1054	舒崇功 899
石桥岩诗 661	实物租 163	释文齐 1052	舒赐 986
石桥岩题壁 661	食桃米粿 778	释行明 1052	舒大信 985
石丘书院 306	食惟馐粥 255	释行印 1052	舒道翁 1051
石泉书院 306	史砭 284	释永素 1052	舒德辉 899
石人峰 13	史裁 284	释云林 1052	舒顿 1051
石乳亭 579	史朝宏 998	释照宏 1053	舒殿传 986
石乳岩 40	史谋 1065	释照通 1053	舒度 1051
石瑞熊 911	史诠 284	释真柏 1053	舒法甲 986
石山坞 119	史世椿 913	释真松 1053	舒凤翔 985
石山医案 341	史书 284	释智琚 1053	舒华先 899
石上流泉 660	使金录 289	释智显 1053	舒怀 986
石狮偷麦苗 390	使朱升乡里世沾皇恩 400	释子珣 1052	舒怀勋 986
石氏 170	始信峰 25	谥苑 293	舒廉 986
石室源 63	始于摹拟,终于变化 447	收发喜粿 810	舒迁 899
石守信报功图 438	士商类要 282	收工福宴 797	舒荣都 899
石墅 120	世德亭 579	首村 140	舒氏 191
石笋峰 15	世恩堂 699	首村朱氏园林 605	舒氏九檐楼 524
石笋矼 50	世光第 491	首届国际徽学学术讨论会 1164	舒姒 1135
石潭 120	世落 801		舒文炜 1135
石亭村门枋联 376	世贤书院 305	首善儒宗 703	舒希武 1051
石亭记 660	世孝祠 491,699	首事 202	舒先庚 985
石头粿 774	世泽楼藏书 739	首总制度 219	舒祥 1051
石头桥 551	世忠庙 590	寿 665	舒晓 1135
石蛙 83	市心桥 553	寿昌新安同乡会 246	舒绣文 1135
石屋 45	事文类聚 264	寿富康宁 665	舒学旦 1051
石屋山 15	试剑石 673	寿乐堂 500	舒逊 1135
石歙 120	试论徽州商人资本的形成与 发展 1176	寿民桥 557	舒雅 1051
石新妇山 15		寿木 810	舒元达 1135
石信将军庙 591	柿心黑木 90	寿衾 810	舒远 1051
石鸭 83	是乃仁术 702	寿庆 810	舒正大 1051
石燕洞 45	适园藏书 742	寿山 21	舒遵刚 986
石羊干 660	释草小记 357	寿山桥 557	输置祠产碑 689
石隐和尚 997	释虫小记 356	寿桃粿 775	塾馆 328
石印山 14	释道茂 1053	寿延桥修建记 665	塾学 328
石盂崇福院 591	释道宁 1053	寿岩 42	蜀川桥 570
石盂庙 591	释定庄 1052	寿衣 810	蜀川书院 313
石盂山 14	释广寄 1051	受经堂联 379	蜀马 153
石照山 15	释慧琳 1054	授经图 270	蜀水桥 570
石芝 1090	释慧明 1054	书馆 318	蜀源 153
石竹山房天游稿 364	释了容 1051	书画藏品 739	蜀柱 622
石柱峰 14	释茂源 1052	书画船 739	曙戒山房 313
石柱厅 492	释弥本 1053	书画舫 739	述古堂印谱 447

树人堂 702	水帘洞 45	四季调 412	松萝山 24
树志堂 702	水岭道 627	四角方 171	松泉诗文集 368
竖琴松 90	水陆平安 283	四井 640	松山书屋 309
耍钹 468	水南桥 547	四门新安源古树林 603	松山寺 595
耍叉 468	水商 217	四女中 318	松石竹梅石雕漏窗 479
耍流星 468	水石盆景 476	四色礼 807	松鼠跳天都 52
帅嘉谟 1064	水塘纪氏家训 195	四声切韵表 276	松砣树 89
率口 146	水馅包 773	四十不贺 807	松下笔吟 368
率水 70	水星桥 548	四世一品坊 531	松崖医经 346
率溪书院 311	水淹七军 452	四书典林 276	松源 135
率溪书院联 382	水运快利公司 237	四书发明 260	松月岭 24
双爆串飞 750	水楂山遗址 627	四书通 260	松月亭 580
双脆锅巴 750	水竹坑 117	四书通义 260	松云书院 309
双冬肉包 774	顺本堂古戏台 537	四书通证 260	松脂 89
双峰山 12	顺德堂遗址 630	四书章句集注 260	松子糕 786
双龟石 50	顺则集 369	四书章图 261	嵩年桥 571
双桂胡氏 170	顺治歙志 290	四水归明堂 613	耸翠庵 598
双节坊 529	顺治黟县志 290	四水归堂 613,801	竦口瓷窑址 632
双口古井 640	舜溪桥 569	四体千字文横卷 709	竦口东汉墓 687
双岭 12	说媒 814	四碗四 768	竦岭道 632
双龙松 82	说颐 290	四碗四盘 768	竦岭尖 35
双龙戏珠金桂 82	司帛 200	四喜班 452	竦塘 151
双门寺 590	司姑桥 554	四贤祠 591	宋长方形抄手端砚 713
双桥 549	司盟 200	四香堂摹印 445	宋抄手箕形歙砚 714
双清道院 590	司过 200	四香堂印余 445	宋抄手歙砚 714
双泉井 640	司谏第 494	四易通义 261	宋代圣人 701
双杉书院 305	司爵 200	四友堂 306	宋法华三彩诗文枕 715
双寿承恩坊 529	司马第 494	"四元宝"刻书 228	宋和 1112
双坦尖 12	司年 200	四元玉鉴细草 352	宋黄篆法坛碑 671
双溪草堂诗集 364	司平坊 531	四月天 412	宋活心歙砚 715
双溪集 364	司值 200	寺观祠 297	宋箕形砚 717
双溪桥 549	司祝 200	祀会 201	宋吉州窑绿釉蕉叶纹瓷枕 714
双忠庙 590	司馔 200	泗洲庵 596	宋家山亭 580
双子星座：徽商、晋商比较研究 1169	司樽 200	驷车桥 560	宋蕉叶纹绿釉瓷枕 717
水壁虎 81	丝布业 226	嗣昌堂联 383	宋禁中板刻皆用徽墨 398
水村桥 547	私塾 323	松风亭 580	宋景德镇窑影青釉八棱四系荷叶盖罐 717
水碓桥 548	私学 323	松杆糖 787	
水浒牌 438	思诚小学联 380	松糕 787	宋景德镇窑影青釉弦纹执壶 717
水浒全传插图 438	思耻台 56,675	松谷庵 595	
水浒叶子 437	思溪村 140	松谷亭 580	宋觋 866
水环岳拱 698	思义堂刊征信录启 243	松谷印遗 447	宋龙泉盘口执壶 714
水晶糕 783	死不回头 453	松谷真人塔 576	宋龙泉双耳瓶 714
水晶井 639	死于理 277	松花蛋 769	宋梦兰 866
水蕨菜 767	四不像 84	松林峰 24	宋明以来的谱牒编纂与地域社会国际学术研讨会 1163
水客 247	四才子 364	松林溪 66	
水口神皋 573	四川 211	松萝茶 162,412	宋齐邱墓 671
水口塔 573	四封桥 553	松萝茶创制 399	宋乞 865
	四合式 613	松萝茶的传说 399	

宋青白釉魂瓶 714	送出 798	孙从理 923	孙义顺安茶号 222
宋青白釉盘 714	送房唱诗 814	孙打渔渡 642	孙逸 1097
宋青白釉狮形枕 714	送嫁 814	孙迪 1005	孙逸夜半听哑哑图 421
宋青釉瓷枕 714	送客松 91	孙耕 1097	孙有爔 923
宋青釉划花盘 714	送客戏 455	孙公桥 555	孙佑 1067
宋青釉魂瓶 715	送年节 824	孙光祖 1096	孙元旦 923
宋青釉四系罐 714	送圣 827	孙汉 1005	孙元明 1005
宋歙石砚板 717	送灶 824	孙洪维 924	孙垣 1005
宋歙州倅江公夫人苏氏墓 671	送终 814	孙华梁 923	孙岳五 923
	诵法台 57	孙徽五 924	孙湛 1097
宋氏 179	苏大 1006	孙济聘 1006	孙湛绘江瑞宇像中堂 712
宋松年 1021	苏大志 924	孙抗 847	孙贞吉典 220
宋陶带冠半身俑 716	苏公堤 648	孙克述 1097	孙志堂 923
宋陶带座鸟 716	苏曼殊力挺徽州茶 395	孙娘 924	荪堂集 369
宋陶狗 716	苏门羚 87	孙理和 924	笋菇素肉 758
宋陶狗头人身俑 716	苏氏印略 447	孙立鳌 1067	娑罗园红豆 93
宋陶观音 715	苏同裕典规章 249	孙良楷 1097	梭柱 619
宋陶鹤 716	苏维埃农民团学校 322	孙茂芳 1097	所得乃清旷 702
宋陶虎 715	苏宣 1097	孙美善 1067	
宋陶虎头人身俑 716	苏亦瞻 1140	孙美时 923	**T**
宋陶鸡头人身俑 715	苏辙游社 395	孙默 1097	
宋陶马头人身俑 715	苏州 213	孙启祥 923	塌餜 780
宋陶鸟 715	苏州府禁止地匪棍徒向安徽码头及凉亭晒场作践滋扰碑 667	孙起孟故居 500	塔坊 149
宋陶牛头人身俑 715		孙球 848	塔坑铺 108
宋陶盘蛇 716		孙勤 848	塔岭 34
宋陶蟠龙 716	苏州府为核定踹匠工价严禁恃强生事碑 666	孙绍敖 1097	塔山 34
宋陶双面虬身连体卧像 715		孙士梧 847	挞餜 777
	苏州府为照章听布号择坊发踹给示遵守碑 666	孙氏 174	台阁 465
宋陶躺姿佛像 716		孙式道 923	台基 614
宋陶羊头人身俑 715	苏州徽郡会馆 243	孙适 847	抬阁 466
宋陶俑 716	苏州私立中山体育专科学校 322	孙树澡 1067	抬角 466
宋陶鱼 716		孙嵩 1006	抬梁式构架 615
宋陶鸳鸯 716	苏州与徽州 1170	孙泰来 1067	抬尸禁忌 812
宋陶执笏俑 715	酥夹 789	孙天庆 923	太白渡 639
宋惟贤 948	酥月 789	孙廷冕 1096	太白湖山 10
宋文府墨 713	素圃医案 347	孙王墓 664	太白楼 583,698
宋学思 948	素问灵枢纂约注 347	孙文胤 1067	太白楼联 375
宋遗民录 287	素心桥 562	孙文垣医案 343	太函集 363
宋影青刻花纹碗 717	素园存稿 370	孙文质 847	太湖祠 490
宋影青葵口暗花碗 717	素云 1123	孙吴会 847	太极 259
宋影青釉兽钮划花执壶 717	算法纂要 357	孙学道 1097	太极山 10
	睢阳亭 581	孙学治 847	太娘坟 659
宋影青釉小碟 717	随梁 620	孙延瑞 1096	太平春 452
宋应祥 948	随梁枋 620	孙阳 1096	太平军攻城图壁画 707
宋雍熙三年铜官印 717	岁寒亭 579	孙一骏绘崑源肖像图立轴 712	太平军题字 659
宋元徽州藏书家 741	孙采芙 1097		太平岭 10
宋元时期的徽州商人 1171	孙冲 1005	孙一奎 1066	太平锣鼓 463
宋振华 948	孙春洋 1005	孙怡 847	太平桥 546

太平天国军营遗址 626	728	棠樾古民居 522	陶诗汇注 370
太平天国路凭 707	唐抄手"风"字砚 728	棠樾来历 407	陶氏 188
太平天国题壁字遗址 626	唐大司徒郑公祠 517	棠樾牌坊群 538	陶行知 1041
太平窝 115	唐"风"字形歙砚 728	糖炒栗子 781	陶行知纪念馆 1159
太平兴国寺戒坛 297	唐皋 1041	糖醋鹅颈 763	陶行知赠长城砖 404
太平乐府 363	唐洪氏墓 680	糖醋鳝背 763	陶雅增赋 404
太液玄精 659	唐鸿举 885	糖人 790	陶姚 337
太医妒杀名医 389	唐晖 885	韬庐 313	陶渊明隐居潜口 404
太乙池 639	唐吉祥 884	桃谷 703	讨饭灯 464
太乙桥 546	唐家坞唐氏宗祠联 381	桃花峰 28	讨饭料 391
太乙桥碑记 659	唐金山 30	桃花沟 76	讨饭米钱 807
太宰读书处 698	唐菱形花鸟纹镜 728	桃花鳜 92	套版印刷 441
太子鸿避于歙 389	唐茂修 1079	桃花涧 69	特祭祠 203
太子会 821	唐模 143	桃花米 164	特馐 203
太子庙 589	唐模水口 606	桃花潭 69	特主 203
太子千秋钟 707	唐末五代徽州的北方移民与	桃花溪 69	滕琪 1058
太子桥 546	经济开发 1177	桃花岩 43	滕恺 1058
太子堂 589	唐祁 969	桃花鱼 92	滕璘 1058
泰塘程氏祖训 198	唐人写大般若波罗蜜多心经	桃花源 69	滕隆 903
泰州 214	727	桃花源里人家 516	滕铅 1058
泰州海陵新安会馆 244	唐人写经 727	桃李园 516,703	藤浦 609
泰州姜堰新安会馆 243	唐人写经残本卷 727	桃林村水口林 605	藤溪 75
弹琴石 54	唐人写经卷 727	桃面鱼 758	踢毽歌 414
弹琴蛙 97	唐汝龙 1124	桃墅山 29	踢毽子 473
谭公岭 37	唐歙州军事判官赵弘益墓	桃溪 142	荑言 369
潭渡 156	680	桃溪群桥 563	提根式 480
潭渡黄氏祠规 198	唐慎微 1124	桃溪水 69	提引案 219
檀干群桥 572	唐石英 1079	桃园居 703	题柱桥 571
檀干园 608	唐氏 188	桃源 142	体仁会 206
坦川汪氏家训 197	唐氏三先生集 370	桃源大冲山 28	剃头礼 814
坦头 134	唐世禄 1079	桃源洞 48	天榜石 50
探海松 94	唐仕 884	桃源洞联 381	天池 61,657
探水石 54	唐式遵青鸾峰摩崖题刻 680	桃源洞石刻 679	天灯 462
汤成礼 1066	唐廷瑞 884	桃源洞天 300	天顶山 8
汤池 65	唐翁猎虎 404	桃源古洞 47	天都峰 8
汤池泛赤 393	唐相 885	桃源古桥 563	天都派 416
汤公书院 308	唐熊 1124	桃源里桥碑 679	天都社 297
汤口桥 555	唐寅清溪泛舟图 728	桃源桥 563	天都诗社 360
汤岭 20	唐元 1040	桃源书院 310	天都十子 416
汤岭关 664	唐越窑青釉碗 728	桃源书院联 381	天都书院 304
汤球 1005	唐泽 884	桃源水口 605	天都仙子题崖诗 657
汤泉 65	唐仲实 1041	桃源问津图石雕 479	天都载 363
汤泉桥 555	唐子仪 1040	陶村 144	天鹅孵蛋石 50
汤泉溪 65	唐子彰 1040	陶村陶氏宗祠联 382	天官上卿府 489
汤泉源 65	堂谱 204	陶得和 1145	天海 75
汤余善 1005	堂仪银 204	陶家岭 31	天海佛像 658
汤院桥 555	棠梨岭 35	陶家岭古道 631	天湖山 8
唐长沙窑青釉褐彩双系执壶	棠樾 150	陶潜裔孙卜居诗 404	天花 612

天鉴精诚 698	田底 160	同德仁 700	屯绿 159
天津 211	田骨 161	同德仁起死回生 248	屯绿四大名家 159
天津徽州会馆 241	田面 161	同德仁药店 236	屯浦 602
天井 612	田皮 160	同德仁药店联 376	屯山书院 304
天井窟 60	田氏 171	同佛庵 593	屯溪 61
天井山 7	田宅交易中的契尾试探 1169	同和秤店联 376	屯溪博济医院附设助产士学校 317
天井山道院 588	田中前 123	同伦堂 496,699	
天井岩 40	甜酒酿 770	同庆班 453	屯溪大王松 81
天开神秀 657	条垄塌 648	同善亭 579	屯溪港 160
天开图画 657	跳场 471	同鞋 808	屯溪公济局 160
天理之自然 258	跳格 471	同衣 808	屯溪津渡 639
天龙池 61	跳石 55	同游题壁 663	屯溪老街 115
天马山 7	跳童 471	同治徽州府志辨证 286	屯溪绿茶 160
天门坎 7	跳无常 828	同治祁门县志 286	屯溪盆地 2
天门诗碑 657	跳五帝 828	同治祁门县志补 286	屯溪桥 547
天门岩 40	跳钟馗 471	同治青花云龙纹碗 710	屯溪桥头卖姜人 389
天目山脉 8	跳珠 471	同治黟县三志 286	屯溪烧饼 773
天女花 80	贴壁松 90	同尊五美 700	屯溪市私立行知中学 317
天牌石 50	铁釜潭 70	桐乡崇德新安会馆 244	屯溪私立福音小学 317
天启歙志 283	铁拐李报恩 402	桐源河 69	屯溪私立建国中学 317
天桥岩 40	铁拐李惩罚封桥官 403	桐源桥 562	屯溪私立进修小学 317
天泉 61	铁拐李惩治县太爷 403	桐子龙 469	屯溪私立天山小学 317
天泉书院 304	铁拐李捣桥 403	桐子山遗址 630	屯溪镇 116
天泉岩 40	铁皮门大屋 516	铜杯 729	囤积 250
天堂山 8	铁线潭 70	铜鼓斋收藏 743	托脚 614
天问天对解 363	听泉楼 584,701	铜练大路 632	脱胎漆器 480
天无体 350	听涛居 503	铜锣丘桥 566	驼背峰 25
天锡纯嘏 698	廷芳 1140	铜钱炉尖 33	驼峰 616
天锡遐龄 698	庭院布置 617	铜匜 729	拓馃 776
天下路程图引 283	停凤塔 576	铜柱墨 480	拓鲜 776
天下名泉 657	停雪石 54	童生入学银 205	
天下奇观 657	通济桥 564	童养媳 817	W
天下水陆路程 283	通津桥 565	童柱 620	
天下之汪皆出新安 169	通渠筑防 356	童子拜观音 54	蛙石 54
天心堂 489	通生 681	头首 200	娃娃鱼 91
天星洞 45	通天洞 48	土地祠 588	外埠徽人刻书 228
天眼泉 61	通天岩 48	土地节 820	外科理例 342
天乙真庆坊 528	通晓字义 280	土地租佃 159	外屋四房厅 494
天造名山 657	通艺录 280	土井 638	外溪岗 56
天中泉 60	通幽 681	土杉 79	外柱 614
天竹叶 411	通元观 598	兔耳石 53	弯弓桥 561
天柱峰 8	通元观古刨花楠 94	团积 248	玩古 741
天子墓山 7	通赞 204	团结松 84	玩虎轩 230
天尊观 588	通镇 145	团圆戏 453	宛陵群英集 368
添丁谱 205	通转楼 618	推求师意 347	皖南第一纺织厂 226
添丁银 205	同榜六进士 314	退思岩 43,678	皖南区绩溪中学 327
田边菊 768	同胞翰林 314	退位 814	皖南区歙县初级中学 327
田川玉帝会 822	同胞翰林坊 532	退斋印类 448	皖南区歙县中学 327

皖南区屯溪女子中学　327
皖南区屯溪中学　327
皖南区休宁中学　327
皖南苏维埃政府旧址　632
碗头面　762
万安渡　638
万安复办水龙碑　655
万安罗盘　475
万安山　4
万安水口　602
万安镇　112
万川家塾　317
万春庵　588
万春书院　304
万村爱敬堂　489
万峰晴雪　656
万峰塔　572
万贯洲　75
万和号茶铺　221
万卷方家　738
万卷楼　583
万卷楼藏书　738
万历程氏染店查算账簿　738
万历绩溪县志　282
万历齐云山志　282
万历祁门县志　282
万历歙志　282
万历休宁县志　282
万历黟县志　283
万箩山　5
万年桥　544
万年松　80
万年希　362
万青　1061
万青词　362
万青阁全集　362
万青阁诗余　362
万山拱圣　655
万山书院　304
万善庵寺产碑　656
万寿峰　5
万寿山　5
万寿塔　572
万松桥　544
万松亭　578
万岁山　4
万岁驿　104

万印轩联　375
万知县破龙脉　388
万竹山楼　583
汪阿秀　1108
汪蔼　1111
汪霭　948
汪妟　1108
汪昂　1072
汪宝光　1108
汪必达　857
汪必进　857
汪标　861
汪彪　862
汪彬　862
汪斌　1110
汪霦　1112
汪秉键　944
汪秉元　861
汪炳　1109
汪波　861
汪波潭　66
汪伯荐　1108
汪伯立笔　478
汪伯彦　859
汪勃　862
汪勃墓　670
汪步元　941
汪材　941
汪采白　1108
汪采白巇岩积雪图轴　424
汪采白仿石涛山水轴　423
汪采白仿查士标山水轴　423
汪采白黄山丘壑图轴　424
汪采白两江师范学堂毕业文凭　713
汪采白墓　670
汪采白青绿山水中堂　423
汪采白青绿山水轴　423
汪采白青鸾峰轴　423
汪采白秋壑鸣泉图中堂　424
汪采白松下观景图轴　423
汪采白为爱清淡图轴　422
汪采白渔村小景立轴　424
汪彩　862
汪超　1110
汪朝邦　1073

汪澈　865
汪成甫　1142
汪承恩　944
汪承霈　861
汪承显　944
汪痴　1111
汪崇镛　945
汪楚材　1020
汪纯粹　1072
汪諄　864
汪次公集　367
汪从钜　938
汪从政　856
汪漼　864
汪村　131
汪村桥　558
汪村水　66
汪存　1015
汪存朴　939
汪大发　1014
汪大海　1014
汪大黉　1142
汪大浚　937
汪大录　937
汪大受　855
汪大燮　855
汪大燮故居　503
汪大业　1014
汪大镛　1071
汪大章　855
汪当　940
汪焘　945
汪道安　863
汪道安墓　670
汪道斐　946
汪道贯　1111
汪道亨　863
汪道会　1110
汪道昆　1111
汪道昆等纪游题壁　670
汪道昆与天下文士盛会　398
汪道灵　1020
汪道全　1110
汪得时　862
汪德　1020
汪德昌　947
汪德光　947

汪德馨　1020
汪德渊　865
汪德元　1020
汪德昭　947
汪德贞　1111
汪殿鳌　864
汪鼎和　1020
汪鼎铉　1073
汪都　1109
汪端闻　1020
汪敦敬　1110
汪铎　1110
汪发宰　1107
汪方锡　938
汪芳　1016
汪玢　1108
汪濆　863
汪逢辰　1019
汪绂　1018
汪绂贤　861
汪福光　946
汪福坚　947
汪福南　947
汪福谦　1020
汪复庆　1143
汪副护　1073
汪纲　860
汪纲墓　670
汪钢　1018
汪皋会　862
汪璟　947
汪镐京　1111
汪舸　1110
汪耕　1109
汪恭　1109
汪拱乾　944
汪珙　1109
汪谷　859
汪关　1107
汪光翰　940
汪光爵　1071
汪光球　940
汪光元　939
汪贵　862
汪桂　1019
汪桂亮　1143
汪桂馨　1110
汪国楠　1017

汪国玺 943	汪垍 861	汪奎 862	汪溥 864
汪国仪 943	汪济 1019	汪来贤 1108	汪淇 1110
汪国柱 943	汪继昌 1073	汪莱 1072	汪琦 863
汪海 945	汪家湍 945	汪莱精研科学 353	汪屺 1015
汪海鼎 1110	汪家珍 1110	汪莱数学成就 353	汪杞 859
汪罕 1108	汪家珍乔松图 425	汪兰培 939	汪启淑 1143
汪汉年 1142	汪嘉宾 1020	汪兰庭 1142	汪启淑藏书献书 741
汪汉卿 1015	汪嘉谟 1073	汪理 862	汪启逊 943
汪汉文 857	汪嘉淑 1111	汪立钧 1071	汪鋐 946
汪汉溪 1015	汪嘉树 947	汪立名 1107	汪谦 863
汪翰 865	汪渐磐 1019	汪立烁 1015	汪前村 132
汪沆 1017	汪节 857	汪立政 939	汪潜 865
汪浩然 862	汪节庵 1142	汪立中 1015	汪乔林 858
汪灏 1112	汪介然 856	汪丽清 1016	汪乔羽 940
汪和友 1108	汪金紫祠碑 670	汪连萼 941	汪琴 945
汪弘 939	汪金紫祠记 670	汪联洪 945	汪溱 864
汪弘运 939	汪进 859	汪联松 1110	汪青萍 1108
汪宏 942	汪近圣 1142	汪良 860	汪清时 1019
汪洪 944	汪晋和 944	汪良彬 942	汪庆 941
汪洪道 1018	汪晋和茶号 223	汪良梦 1143	汪庆澜 941
汪洪度 1109	汪晋征 1019	汪良谟 942	汪琼 945
汪鸿 1143	汪鲸 1021	汪良植 942	汪衢 1021
汪鸿玓 1019	汪景纯收藏 741	汪亮 1109	汪然 1110
汪鋐 863	汪景旦 1110	汪烈 1110	汪然明收藏 741
汪鋐登齐云山题壁诗 670	汪景晃 946	汪林苾 1108	汪人御 937
汪鋐题壁 670	汪景龙 946	汪遴卿 865	汪仁晟 938
汪华 858	汪璘 1021	汪霖 947	汪任祖 940
汪华据保六州 397	汪敬 1020	汪令钰 939	汪日章 856
"汪华文化与皖南国际旅游文化示范区建设"高端论坛 1163	汪敬上疏 397	汪龙 1014	汪容伯 1073
	汪靖 864	汪滢 864	汪容甫狂放旷达 397
汪华现象与徽州社会学术研讨会 1163	汪九漪 1013	汪鲁门 946	汪溶 946
	汪聚和行盐招牌 218	汪律本 1109	汪如 1107
汪华筑州城 397	汪均信 859	汪銮 947	汪如椿 1107
汪淮 1110	汪君实 943	汪满田 132	汪如洋 859
汪寰 948	汪浚 1019	汪懋麟 1111	汪如钺 941
汪宦 1072	汪开祚 937	汪孟邹 1018	汪如藻 1142
汪辉 863	汪恺 862	汪梦斗 1019	汪汝安 1016
汪徽 1112	汪侃 861	汪梦燕 1110	汪汝蕃 941
汪徽寿 948	汪可钦 938	汪明紫 1072	汪汝桂 1071
汪回显 858	汪克宽 1016	汪鸣珂 1108	汪汝麟 1072
汪会授 1016	汪克宽楷书卷 421	汪鸣銮 861	汪汝雯 941
汪机 1071	汪孔祁 1106	汪藄 947	汪汝渊 1016
汪机墓 669	汪口 131	汪南鸣 1108	汪瑞英 1073
汪基 1019	汪口渡 642	汪楠 864	汪睿 864
汪箕 947	汪口堨 648	汪凝魁 1021	汪若海 860
汪汲 1071	汪口双桥 558	汪培玉 1143	汪若楫 1017
汪楫 864	汪口水口 604	汪佩玉 1108	汪若容 860
	汪宽也 945	汪平山 938	汪森 1143

汪山 856	汪氏家庙 701	汪通保 945	汪心 1106
汪山人集 367	汪氏敬斋 308	汪通保四面开门 250	汪莘 1019
汪珊 944	汪氏三子藏书 741	汪仝 1015	汪兴祖 1016
汪尚和 1017	汪氏收藏家族 741	汪同 858	汪雄图 1020
汪尚阶 1108	汪氏住宅 503	汪同祖 1015	汪徐 1110
汪尚宁 860	汪氏宗祠 503	汪图 1108	汪玄仪 939
汪尚权 943	汪世渡 1071	汪王故城 629	汪选敏 944
汪尚松 943	汪世贤 938	汪王故宫 594	汪学鉴 944
汪尚相 1017	汪世藻 1107	汪王庙 594	汪学礼 944
汪尚谊 860	汪仕周 1142	汪威 1018	汪学圣 1017
汪韶 1111	汪是 1108	汪薇 1021	汪勋 862
汪绍勋 1108	汪适 1109	汪惟效 863	汪荀 1108
汪社生 943	汪守鲁 859	汪维祺 863	汪循 1020
汪申 857	汪守珍 858	汪伟 1016	汪巽元 864
汪神弩 1019	汪寿椿 1072	汪伟等题壁 670	汪雅会 946
汪升 1014	汪叔举始迁登源 397	汪渭 1073	汪延庆 1107
汪声 1016	汪叔詹 860	汪慰 1021	汪岩福 944
汪声洪 941	汪曙 1143	汪文柏 1106	汪炎昶 1017
汪绳煐 1110	汪恕 1019	汪文德 938	汪洋度 1109
汪圣林 939	汪舜民 863	汪文桂 1142	汪仰陶故居书斋联 378
汪狮 944	汪朔周 945	汪文和 856	汪瑶 1111
汪时济 942	汪思 862	汪文辉 857	汪一麟 937
汪时鹍 1072	汪思敬 1018	汪文铿 1071	汪一龙 937
汪时泰 1072	汪斯醇 863	汪文绮 1071	汪一新 1105
汪时英 942	汪四 1015	汪文台 1014	汪仪凤 1015
汪时中 1016	汪松寿 1017	汪文旺 1014	汪遗民诗 367
汪始历题壁 670	汪松友 1072	汪文伟 856	汪以功 938
汪士安 855	汪嵩 864	汪文雅 938	汪以时 857
汪士豹 1106	汪宋构怨 397	汪文言 856	汪以先 1014
汪士从 1142	汪璲 1021	汪文演 938	汪义端 856
汪士达 937	汪燧 947	汪文誉 1071	汪义和 856
汪士桂 937	汪泰初 1019	汪文佐 1142	汪义和刊刻大学 397
汪士汉 1013	汪泰护 944	汪鸣相 1016	汪义荣 856
汪士珩 1142	汪泰来 862	汪梧 1073	汪绎 1018
汪士铉 1106	汪泰元 1019	汪梧凤 1019	汪绎辰 1108
汪士煌 1106	汪覃 1020	汪武 860	汪轶群 1018
汪士建 1106	汪铠 865	汪锡魁 864	汪印泉 1107
汪士魁 1013	汪涛 945	汪曦和 1021	汪应川 942
汪士良 937	汪天赋 938	汪洗 1018	汪应凤 859
汪士明 937	汪廷榜 1071	汪显德 1018	汪应干 942
汪士仁 1013	汪廷栋 858	汪献祥 946	汪应庚 942
汪士慎 1106	汪廷桂 1107	汪芗 1107	汪应庚富而好仁 250
汪士通 1013	汪廷铉 1016	汪相 1018	汪应亨 942
汪士逊 1013	汪廷俊 940	汪香 1072	汪应蛟 859
汪士雅 937	汪廷讷 1107	汪襄 865	汪应蛟垦田种稻 353
汪士云 1106	汪廷儒 1107	汪翔麟 946	汪应铨 1016
汪氏 177	汪廷扬 940	汪肖野 1108	汪应时 942
汪氏典业阄书 713	汪廷璋 940	汪燮 948	汪应镛 860

汪应元 859	汪湛 1073	汪作砺 859	王家宾 995
汪莹 1111	汪兆璿 941	汪祚 1109	王家大厅 489
汪镛 865	汪肇 1111	王邦柱 993	王杰 908
汪永椿 939	汪肇龙 1020	王笔帜 994	王金 909
汪永聪 857	汪肇镕 1111	王璧 833	王京祥 832
汪泳 861	汪肇施展画才自救 398	王璧墓 657	王经天 832
汪用成 939	汪肇正 947	王昺 832	王俊得 832
汪由敦 857	汪喆 1073	王炳燮 994	王开 1061
汪由敦京都题妙联 397	汪轸 862	王炳照 1062	王康吉 909
汪由敦墓 669	汪振寰 944	王伯巨 993	王孔嘉 1087
汪由敦墓石刻 669	汪镇 864	王步霞 1087	王伦 1087
汪由敦行书诗轴 421	汪镇国 1073	王朝玥 995	王轮粹 1062
汪有常 1015	汪正元 857	王朝栋 909	王茂荣 908
汪有光 1071	汪之斌 856	王朝兴 832	王茂荫 831
汪有烜 1015	汪之蕚 937	王朝佐 833	王懋赏 995
汪有训 1015	汪之蛟 937	王偁 995	王梦弼 1087
汪有章 1015	汪之瑞 1106	王城 909	王谟 1063
汪又苏 1106	汪之瑞山水图 421	王传文 1139	王佩兰 994
汪幼凤 1015	汪之仪竹刻帽筒 478	王錞 995	王圻 1087
汪幼清 1142	汪芝 1107	王从之 1061	王祺 995
汪佑 1016	汪禔 1020	王村 114	王启仁 908
汪禹乂诗集 367	汪执中 939	王存德 1139	王起龙 1087
汪玉英 1107	汪直 943	王大凡 1086	王清 909
汪育 944	汪志德 941	王大善 907	王仁宅 908
汪昱庭 1109	汪志俊 941	王甸青 993	王任之 1062
汪钰 1072	汪志曾 1107	王殿人 1063	王纫佩 1087
汪裕泰 223	汪智 1143	王鼎 1087	王日老 993
汪毓洙 864	汪中 1014	王恩浩 994	王汝舟 831
汪豫 1021	汪中立 1071	王恩注 832	王善庆 995
汪渊 1110	汪中山 938	王封遗址 626	王尚 1062
汪元本 1071	汪忠信 1143	王讽 993	王少峰 1061
汪元标 856	汪仲成 858	王凤生 830	王少华 1087
汪元麟 1106	汪仲英 940	王福启 909	王绍隆 1062
汪元龙 856	汪娟 1110	王根 994	王绍娴 1087
汪元台 938	汪注 1108	王公峰 7	王畲峰 7
汪元锡 856	汪晫 1020	王毂 1087	王声 1087
汪元兆 856	汪滋 1111	王观国 831	王胜甫 1087
汪源 946	汪滋畹 863	王桂元 1062	王石山 7
汪源茂 946	汪子严 856	王国本 994	王石岩 7
汪云任 856	汪子祐 1106	王国椿 908	王时沐 908
汪云隐 1014	汪自新 940	王国端 1062	王实杖责从兄 388
汪允宗 1014	汪宗淳 1018	王汉山 908	王士汲 907
汪韫玉 1111	汪宗姬 1108	王鸿宾 995	王氏 168
汪璪 1021	汪宗顺 861	王华祀 908	王氏故宅 489
汪藻 1112	汪宗讯 1017	王槐康 909	王氏内科 340
汪藻新建州学 398	汪宗沂 1017	王环 994	王世勋 908
汪泽 1017	汪宗洙 861	王集成 833	王仕云 831
汪泽民 861	汪佐 859	王楫 1087	王守敦 993

王寿 831	王荫陵 1062	望仙岭 33	文经魁 698
王澍铁线篆轴 705	王寅 995	望仙台 57	文魁 698
王舜举 833	王应超 831	望仙亭 581	文谟典 220
王孙桥 546	王应达 908	望诊遵经 348	文闪河 62
王太祐 908	王应矩 908	危峰岭 19	文士茶 801
王泰邦 909	王应瑜 831	威风岭 26	文殊洞 45
王泰征 832	王应桢 831	薇省坊 542	文殊台 56
王棠 1087	王悠炽 909	韦斋集 363	文殊院 590
王琠 1063	王友端 830	维则堂 704	文肃公祠 698
王琠墓 656	王友亮 1087	伟溪塔 575	文堂诗选 364
王廷桂 993	王友直 993	伪派盗䇲碑 664	文献 698,834
王廷珸收藏 738	王有礼 1061	委托经营 250	文孝庙 590
王廷相 1061	王瑜 833	为国干臣 698	文选颜鲍谢诗评 364
王廷钊五世同堂 388	王禹 1062	为惟敏画山水图 417	文元 698
王维馨 1087	王玉芬 1087	味经堂诗集 368	文徵明山水大中堂 708
王炜 994	王玉麟 993	渭桥 569	文字原 445
王畏三 832	王愈 833	渭水耆贤 704	闻居寺 597
王文德 830	王毓璞 995	蔚德堂 526	闻钟岭道 630
王文进 830	王月德墓 656	蔚林 154	雯居士诗碑 685
王文俊 908	王云翔 907	蔚林桥 571	问余亭 579
王文企 830	王张显 994	魏瓘 906	问政山 19
王文藻 830	王璋 833	魏平仲 906	问政山来历 393
王文治诗碑 656	王昭三 994	魏绍 906	问政山笋 86
王问山水中堂 705	王震 833	魏琰 906	问政书院 307
王武扬 831	王之翰 830	魏羽 906	问政先生 300
王锡燮 909	王中梅 908	文白异读 792	翁鬴 1124
王显璈 1062	王钟麒 994	文昌祠 590	瓮城 137
王献苠 995	王仲奇 1061	文昌阁 583	窝根 219
王珦 832	王梓材 832	文昌正路 660	蜗牛岩 44
王玄度 1087	王宗瑞 994	文萃会 160	卧碑立规 399
王学健 1062	王佐治 993	文读 792	卧龙洞 46
王学类禅臆断 258	王作霖 993	文峰 12	卧龙桥 559
王学书 832	旺川 135	文峰庵 590	卧龙松 89
王学炜 909	旺川财神庙联 379	文峰塔 574	卧云峰 24
王学洧 909	旺川曹氏家训 197	文峰亭 574	乌饭 773
王勋 1062	旺川桥群 559	文府墨 477	乌饭团 774
王延宾 908	望板 619	文公祠 305	乌金麂 81
王言 1087	望朝回门 816	文公家礼 259	乌聊山 11
王炎 994	望春妹 413	文公庙 589	乌聊山明墓 660
王瑶芬 1088	望敌台 57	文公庙复田 389	乌龙台 56
王曜樾 995	望夫石 54	文公泉 640	乌门 118
王曜南 995	望古遥集 449	文公阙里 259	乌泥岭 11
王野翁 995	望湖楼 586	文公丧礼考异 259	乌纱帽岩 40
王一标 907	望君如镜 406	文公山 12	乌鸦台的传说 389
王一姣 1061	望客松 97	文公杉 81	乌岩清泉 640
王一仁 1061	望齐云岩 684	文公书院 305	乌镇新安义园 206
王以宽 993	望泉松 97	文会堂 228	邬仕大 915
王以衔 831	望仙峰 33	文济桥 549	屋脊 618

屋面板　618
无典不徽　220
无徽不成典　220
无徽不成镇　211
无徽不成镇——明清时期的
　徽商与城市发展　1168
无量寿佛　658
无量寿佛宫　588
无量寿佛赞碑　658
无钱嫁女一箍柴　806
无人问起　806
无寿无疆　388
无影和尚　995
毋许招佃民姓棚民碑　660
芜湖　213
芜湖徽州公学　322
芜湖徽州会馆　243
芜湖浆染业　226
芜湖科学图书社　229
芜湖同庆楼　235
芜湖芜关中学徽州分校　322
吴安朝　850
吴昂　929
吴鳌　932
吴百祥　1068
吴邦林　1068
吴邦治　1099
吴宝骥　1100
吴宝珠宅　502
吴保珹　1101
吴豹韦　1141
吴本初　1099
吴必昱　850
吴彬　1010
吴斌　1103
吴錀　932
吴昌龄　1009
吴昶　1010
吴焯　1103
吴辰　1100
吴成器　850
吴成志　1009
吴成滆　928
吴承仕　1009
吴承仕宅　502
吴承煊　1010
吴承忠　1068
吴程　1011

吴澄　1069
吴墀　1069
吴炽甫　931
吴炽甫广开市场　249
吴楚　1069
吴楚分源碑　667
吴楚山　21
吴传芳　928
吴钏　929
吴椿　853
吴从周　1008
吴聪　1011
吴大澂　1007
吴大椿　1068
吴大吉　849
吴大冀　1098
吴道荣　1103
吴道暹　932
吴德熙　1069
吴德修　1104
吴棣　1011
吴甸　1009
吴鼎英　931
吴定　1101
吴定洲　851
吴度　1010
吴萼　1069
吴鹗　853
吴恩诏　852
吴尔宽　1008
吴范　850
吴丰典　220
吴凤台　1141
吴俯　1101
吴辅　852
吴高节　1102
吴镐　853
吴格　852
吴公　927
吴公和油坊　238
吴公进　927
吴公桥　557
吴巩　1099
吴谷祥　1100
吴观国　850
吴观万　1009
吴光裕　928
吴光祖　928

吴广厚　926
吴国锦　929
吴国仕　851
吴国廷　1100
吴国诊　929
吴浩　1010
吴鸿勋　1102
吴铉璋　931
吴垕　1010
吴瑚　1011
吴华孙　850
吴怀敬　1141
吴怀贤　850
吴辉　130
吴基承　931
吴箕　853
吴季扬　1009
吴继京　852
吴继京功名坊　534
吴继良　931
吴继祺　931
吴家风　1102
吴家古井　642
吴家驹　1141
吴甲三　1008
吴江　850
吴江盛泽镇徽宁会馆缘始碑
　记　667
吴姜　1010
吴疆　853
吴喈　1103
吴杰　851
吴介　1099
吴进贤　1100
吴晋　1101
吴景超　1011
吴景明　853
吴景松　931
吴儆　1011
吴敬仲　931
吴迥　1100
吴菊芳　1069
吴娟　1102
吴珏　1010
吴俊德不用添加剂　249
吴俊甫　1141
吴侃　1009
吴柯　930

吴可贺　1099
吴克成　929
吴克家撕对　396
吴克让　1100
吴孔嘉　849
吴孔龙　927
吴孔祚　1141
吴口村　130
吴宽　1102
吴昆　1068
吴琨　931
吴老典　928
吴礼　850
吴廉　1103
吴良　850
吴良儒　929
吴琳　1103
吴麐　1104
吴麟　1104
吴麟书　1070
吴龙　1099
吴龙翰　1008
吴龙锡　1099
吴鲁衡　1141
吴履黄　1070
吴买　1009
吴懋鼎　932
吴梅玉　1069
吴梦炎　1010
吴勉学　930
吴勉学刻医书　396
吴冕　1069
吴明本　1141
吴南坡　930
吴能远收藏　740
吴宁　849
吴鹏翔　932
吴启元　1100
吴起仍　1141
吴绮　1102
吴谦　1069
吴骞　1141
吴潜　853
吴钦　1010
吴清望　1102
吴琼　852
吴秋林　1101
吴秋鹿　1101

吴求 1100	吴叔元 1100	吴县潘氏刻书 229	吴又和 1098
吴仁欢 849	吴淑娟 1102	吴县永禁踹坊垄断把持碑	吴玉搢 1008
吴仁欢墓 667	吴淑仪 1102	667	吴玉润 927
吴任弘 1068	吴思沐 930	吴宪 931	吴郁 851
吴日法 927	吴诵芬 852	吴晓东宅 502	吴遇龙 1011
吴日连 927	吴肃云 1101	吴心来 1099	吴裕泰 222
吴日昕 1098	吴太子墓 667	吴昕 1100	吴渊 852
吴日宣 1098	吴泰 1101	吴信 852	吴元澄 1098
吴日藻 1008	吴倓 1102	吴信中 852	吴元溟 1068
吴荣让 929	吴滔 1103	吴兴周 929	吴源 1069
吴荣寿 930	吴天骥 849	吴行简 1068	吴远 850
吴荣运 930	吴天衢 926	吴熊 1103	吴苑 1009
吴汝遴 1009	吴天行 926	吴修月 1010	吴瑗 1103
吴芮、梅锅兵起鄱阳 396	吴天章 1140	吴绣砚 1102	吴曰慎 1008
吴芮墓 667	吴田 927	吴旭 1100	吴越钱氏家训 196
吴瑞鹏 932	吴田吴氏园林 604	吴璿 1011	吴云 849
吴睿清 1103	吴廷芳 928	吴学损 1068	吴云山 1008
吴山 1098	吴廷鉴藏 740	吴逊 1010	吴云岫 1008
吴山南 926	吴廷瑛 1099	吴延支 928	吴云鉁 926
吴山寺 594	吴廷羽 1099	吴砚丞 1069	吴载勋 852
吴山涛 1098	吴头楚尾 2	吴彦国 1101	吴藻 1104
吴珊 1010	吴皖生 1103	吴洋 1069	吴灶根立抵茶票 740
吴尚相 929	吴万春 1098	吴养春 930	吴翟 1011
吴少樵 926	吴维佐 1011	吴一桂 1098	吴瞻泰 1104
吴少微 1098	吴伟 1009	吴一莲 926	吴长史祠 594
吴绍浣 1141	吴炜 851	吴一新 926	吴兆 1099
吴绍浣收藏 740	吴蔚光 1011	吴伊筑逸豫堂 396	吴兆杰 1100
吴绍泽 1101	吴蔚起进士坊 534	吴义斋 926	吴照 1103
吴申 1099	吴文长收藏 740	吴亦辉 929	吴肇福 932
吴生 1099	吴文光 1008	吴亦炜 928	吴肇荣 853
吴圣楫 850	吴文矱 927	吴逸 1102	吴肇新 853
吴时 929	吴文冕 1068	吴荫培 1101	吴贞吉 1141
吴士龙 1068	吴文献 1068	吴尹 1008	吴桢 1101
吴士龙故居联 378	吴文炎 849	吴盈安 852	吴振坦 1141
吴士奇 1007	吴文彦 927	吴颖芳 1103	吴震生 1103
吴士千 849	吴文徵 1099	吴应莲 1009	吴徵 1104
吴士云 1068	吴闻礼 852	吴应明 850	吴正伦 1068
吴氏 175	吴雯清 853	吴应申 1009	吴正肃 1099
吴氏八龙 176	吴希龄 1100	吴应选 1009	吴正旸 1099
吴氏宗祠 501	吴希元收藏 740	吴应之 1141	吴正贞 1099
吴世恩 1099	吴锡畴 1011	吴应紫 1009	吴正治 849
吴世玺 1141	吴锡芳 932	吴永昌 1008	吴之黼 1098
吴拭 1141	吴锡樑 932	吴永成 1099	吴之俊 1098
吴守道 1009	吴锡龄 853	吴永琮 928	吴之骏 926
吴守淮收藏 740	吴喜珠 1103	吴永厚 927	吴之骐 1098
吴守一 1068	吴贤 851	吴永评 927	吴之龙 1068
吴绥诏 852	吴显 852	吴永钥 928	吴之骆 1007
吴叔大 1141	吴显忠 1069	吴有磬 1068	吴之儒 849

吴职 931	五福镇 115	武水 66	婺源儒学 316
吴治 1100	五阜山 10	武亭山 23	婺源杉木 99
吴治收藏 740	五谷树 81	武溪 66	婺源私立初等小学堂 327
吴中明 849	五股尖 10	武溪水 66	婺源塘群 653
吴中明尚书坊 534	五桂名家 698	武阳 134	婺源桐油 164
吴忠 1100	五侯阁 583	武义徽州会馆 243	婺源文化研究会 1160
吴钟 930	五花尖 10	舞草龙 472	婺源文庙 338
吴钟洪 930	五匠 159	舞媚娘 1137	婺源县 108
吴㸌 932	五教堂 490	舞狮 472	婺源县立初级中学 327
吴㸌亭 580	五郎庙 589	舞狮祈子 828	婺源县立简易师范学校 338
吴滋 1141	五老峰 10	舞新娘 818	婺源县商会 246
吴子玉 1008	五老峰碑 659	戊己桥 551	婺源县私立紫阳初级中学 327
吴自充 928	五老耆英 169	戊子秋夜登齐云 661	婺源县婺源文公阙里文化协会 1160
吴自孚 1099	五老山 10	务本堂 242,699	婺源县学 316
吴自新 850	五老上天都 389	务东邵 171	婺源县游山村桥亭联 383
吴宗儒 1101	五雷峰 10	务前郑 171	婺源学宫 338
吴宗信 1009	五龙尖山 10	坞溪 66	
吴宗尧 851	五龙泉 61	悟法万安寺 598	**X**
吴缵修 1011	五龙山 9	悟空禅师塔 576	
浯田水口林 606	五龙潭 61	焐衣衫 816	西安 699
梧川汪氏家训 198	五轮沙漏 351	婺城板龙灯 470	西畴书院 307
梧冈集 371	五马坊 529	婺浮古道 633	西川 124
梧冈书院 310	五梅花尖 10	婺化古道 633	西递 124
梧赓桥 566	五门桥 546	婺江 73	西递古民居群 495
梧桐岩 43	五明寺泉 639	婺乐古道 633	西递桥 554
蜈蚣桥 570	五男桥 546	婺绿 164	西峰寺 593
五百罗汉朝南海 50	五世同炊 199	婺饶航道 633	西府海棠 84
五步倒 81	五世一堂 199	婺水 73	西干山 18
五步龙 81	五世则迁 199	婺休古道 633	西干志 286
五步蛇 81	五通庙 589	婺源陂群 653	西关埠头 641
五猖会 820	五味和 698	婺源道观 600	西海 75
五城茶干 767	五溪大圣祠 589	婺源都制置 108	西海群峰 76
五城豆腐干 767	五溪山 10	婺源揭群 650	西湖名胜图墨模 477
五城铺 104	五溪山毛峰 159	婺源方言 794	西界岭 18
五城水 61	五显行祠 589	婺源公立初等女学堂 327	西坑 124
五城水口林 602	五姓同善会 206	婺源公立初等小学堂 327	西坑桥 554
五城镇 114	五样红 807	婺源公立师范传习所 338	西门桥 554
五重岭 10	五友诗社 360	婺源公立正谊两等小学堂 327	西门月城 124
五代堆婆冢 659	五岳朝天 613	婺源古道 633	西山类稿 365
五代青白釉瓜棱形双系壶 707	五云源 61	婺源官立高等小学堂 328	西山书屋 307
五代越窑浅盘 707	五珠山 10	婺源官立两等小学堂 328	西山书院 307
五代越窑青釉碗 707	武昌徽州大中华酒楼 235	婺源津渡 646	西爽堂 228
五丁峰 9	武汉 213	婺源绿茶 164	西塘黄氏家训 196
五都清明 820	武汉同庆楼 235	婺源民筵 770	西武岭 18
五坊 159	武口王氏庭训 197	婺源名宦祠 600	西武岭古道 628
五福祠联 375	武口镇 134	婺源傩初探 1179	
五福桥 546	武陵岭 23	婺源七哲名家 272	
	武陵源 134		

西溪 125	霞光月色 693	仙石村 123	香炉峰 26
西溪南 125	霞间 158	仙石周氏家法 195	香炉石 53
西溪南农民夜校 318	霞间古窑址 635	仙石周氏祖训 195	香炉亭 580
西溪南收藏 739	霞举堂 233	仙桃峰 51	香泉池 644
西厢记序 365	霞水村 157	仙桃石 51	香泉溪 68
西瀛峰 18	霞水桥群 572	仙岩 41	香砂池 68
西园 495	霞外奇观 693	仙寓山 16	香砂井 644
西园喉科 342	霞源书院 313	仙猿 84	香蕈 770
西园女先生 342	下大桥 543	先农坛 826	镶嵌漆器 486
西园书屋 307	下渡桥 544	弦高镇 138	祥符寺 598
西园遗稿 365	下架 796	弦歌洞 47	祥云洞 48
西粤对问 286	下尖塔 572	弦歌溪 67	响山 26
希夷梦 366	下林塘遗址 626	咸近士风 255	向辰楼 584
奚冈 1124	下马桥 543	显村古戏台 537	向阳桥 555
晞阳岩 683	下人称 199	显济庙 597	项承恩 1118
惜字局 208	下三里桥 543	苋菜粉肉 753	项淳 1028
锡杖泉 646	下水村 111	苋菜糊 753	项惊 1118
溪口 153	下汶溪桥 544	县街 130	项道旷 1118
溪口关帝庙 600	下屋 488	县前总铺 106	项道玮 1118
溪南 154	下元节 820	县衙古槐 87	项道旸 1118
溪南渡 646	下寨山 111	县主禁示碑 667	项德时 873
溪头 154	夏达才 1039	宪伯坊 537	项根松 1118
溪头三槐堂 526	夏弘毅 1039	陷泥田 164	项国辉 873
溪子里 154	夏基 1123	馅心馃 778	项鸿祚 1028
熙春楼 232	夏亢善 882	献彩 828	项琥 955
嬉鱼灯 473	夏师尧 882	乡党图考 274	项怀述 1117
嬉在外婆家 414	夏氏 186	乡党以齿 199	项蕙 873
席次 803	夏文纯 1123	乡圣 697	项继皋 1118
洗杯泉 69	夏雨金 1123	乡贤里 697	项家山 412
洗涤泉 69	夏元康 882	乡约碑 656	项晋蕃 873
洗染 814	仙道洞 46	芗石 52	项琳 1118
洗三朝 814	仙灯洞 45	相反之名 278	项梦元 1028
洗心池 69	仙都峰 16	相思鸟 89	项名达 1077
洗心泉 644	仙姑背石郎 390	相思树 90	项牧 1028
洗心斋读易述 269	仙姑尖 16	相思笋 756	项山村严池水口林 605
洗眼泉 644	仙女峰 16	香椿 90	项绍裘 955
洗药池 644	仙人床石 51	香椿馃 777	项士俊 873
洗药溪 69	仙人洞 45	香榧 90	项氏 183
喜庆银 316	仙人对弈石 51	香风茶 163	项松 1118
戏曲·民俗·徽文化国际学术研讨会 1163	仙人峰 16	香糕 787	项绥德 1118
戏坦桥 555	仙人挂画岩 41	香菇 769	项绥祖 1118
细沙炸肉 756	仙人晒宝石 51	香菇板栗 757	项天瑞 955
虾仁锅巴 757	仙人台 56	香菇盒 757	项宪 955
虾子蹄筋 756	仙人下棋 51	香菇金鱼 757	项纲 873
匣商 218	仙人靴石 51	香谷源 68	项英蔚 955
霞城集 374	仙人岩尖 16	香果树 90	项鏞 873
霞阜诗盟 361	仙人指迷峰 16	香狸猫 90	项元汴瓶砚 479
	仙僧洞 46	香林源 68	相公桥 561

相公潭 68	小溪 114	谢嗏 987	谢莹 900
象鼻岩 43	小溪桥 545	谢长庚 1135	谢有进 900
象气岩 684	小媳妇 806	谢成铸 1135	谢舆隆 901
象山 33	小先生制 334	谢承业 1135	谢裕大 224
象石 54	小心坡 6	谢春 1135	谢瀹 901
象眼岭 33	小姓 199	谢村禁碑 687	谢允伦 900
橡子豆腐 771	小洋湖 60	谢存仁 900	谢赞 901
逍遥溪 69	小洲源 60	谢德金 987	谢灶 825
逍遥溪诸潭 69	小竹里馆印存 444	谢德奎 987	谢喆 1055
逍遥岩 43	小租 159	谢登隽 900	谢珍瑛 1135
逍遥岩道 630	晓采居印 448	谢调元 1084	谢桢 1135
萧彩 888	晓川 143	谢枋得桥亭卜卦砚 480	谢正安 986
萧南金 972	晓起 143	谢封 900	谢晔 987
萧氏 1127	晓起高跷 469	谢复 1055	解缙渔梁对对子 408
萧桢指江易姓 405	晓起水口 606	谢黄山 1135	蟹壳黄 782
小补桥 545	晓鳙老水酒 770	谢珲 987	蟹钳 1152
小昌溪 60	孝慈池 642	谢硁贡四宝 408	蟹钳竭 651
小赤东 80	孝经句解 264	谢嘉修 901	心法歌诀 341
小胍望馆藏书 738	孝经类解 264	谢杰 900	心性 259
小鬼蒂与小贼 388	孝经衍义 264	谢班 1055	心学阵营 260
小孩发型 800	孝女村来历 395	谢经国 900	心远书院 305
小孩佩戴 800	孝婆岭来历 395	谢景章 1136	辛峰塔 575
小孩鞋式 800	孝思楼 500	谢俊民 1055	忻赏斋 229
小户 199	孝堂 811	谢骏 900	莘墟 142
小华山 6	孝行里 701	谢理 1055	新安碑园法书刻石 690
小徽州 2	孝友信义之家 395	谢琫 987	新安碑园帖刻 736
小尖山 6	孝子池 642	谢霖 901	新安大好山水 78,690
小江村 210	孝子得福地 395	谢璐 988	新安大好山水墨模 480
小九华 5	孝子坊 534	谢泌 900	新安道人 1057
小连岭 6	笑狮洞 48	谢溥 901	新安府志 294
小潋水 60	笑舞台 455	谢芊 1054	新安府志续编 294
小灵池 60	笑拙墅稿 370	谢琼 900	新安公立甲种商业学校 328
小灵猫 80	效上塍沟渠 653	谢荣光 1135	新安公立乡村师范学校 328
小岭 6	啸天龙 33	谢润 900	新安公立中等职业学校 328
小龙山 6	啸余谱 372	谢上松 1135	新安恭善堂 245
小买 159	啸月楼印赏 449	谢尚德 1151	新安古道 634
小苗 159	歇山顶 621	谢绍烈 1135	新安古戏台 541
小母竭 647	协和昌 222	谢氏 191	新安关豆腐脑髓 780
小木兰花 80	协济桥 554	谢氏三贤遗稿 373	新安广录 294
小南海 6	斜撑 619	谢崧 900	新安河 73
小年 820	写封信啊上徽州 412	谢天达 1054	新安后续志 294
小年饭 796	写怀诗卷 709	谢维甸 1055	新安胡氏历代报功图 442
小娘 806	写经楼藏书 739	谢希和 1055	新安画派 436
小三苏 334	写联忌讳 802	谢熙和 1055	新安画派史论 1179
小上海 159	谢安邦 900	谢显 1055	新安江水系 73
小石桥 545	谢陛 1055	谢瑄 901	新安街 215
小桃源 104	谢步梯 986	谢玄象 986	新安郡 109
小西湖 602	谢才 1135	谢养弦 1083	新安理学 273,1179

新安理学与佛老思想　273
新安理学与徽商的崛起
　　1179
新安理学源流考　1179
新安六邑旅溧同乡会　246
新安陆氏保和堂　236
新安旅行团　338
新安码头　215
新安名医考　1179
新安人歌舞离别之辞　408
新安山　36
新安山水记　294
新安商人的研究　1179
新安胜境　690
新安四宝　480
新安四大家　436
新安四家　436
新安王氏家范　198
新安文粹　373
新安文献志　294
新安仙释碑记　690
新安县　109
新安续志　294
新安学系录　273
新安医学　349
新安医学家　349
新安医学世家　349
新安原版士商类要　294
新安志　294
新安中学堂　328
新安竹枝词　373
新编目连救母劝善戏文　374
新编目连救母劝善戏文插图
　　442
新编直指算法统宗　357
新采庆　457
新长春　456
新川冯氏宗祠联　383
新春节　825
新德庵　208
新都郡　109
新丰　153
新福桥　571
新记布店　226
新建碧阳书院碑　690
新九华　600
新刻士商要览天下水陆行程
　　图　295

新刻水陆路程便览　295
新岭驿道　634
新宁郡　108
新庆班　457
新庆升　457
新声票社　457
新石器时代玛瑙钺　736
新天乐　456
新屯　153
新屋里　525
新溪桥　571
新溪书院　313
新细妇　818
新阳春　457
新黟学会　338
新州石塔　577
新州遗址　634
薪水银　205
信奉母亲不要愁　413
兴安府　106
兴岭　20
兴贤会　360
星江　68
星江水系　68
星岩寺　702
省吾堂　230
杏墩碑　667
杏花源　66
杏仁酥　785
杏亭摘稿　366
杏轩医案　344
性即理　266
性理学　267
性理之学　267
性理字训讲义　267
性灵稿　368
兄弟三进士　314
兄弟松　84
雄村　150
雄村水口　607
雄村文昌阁　586
雄路桥　568
雄狮子岗　58
熊梦飞　902
休淳古道　628
休龙古道　628
休宁矮竹　85
休宁竭群　647

休宁方言　792
休宁浮潭志　287
休宁河　65
休宁话　792
休宁绩溪同乡会　245
休宁津渡　641
休宁理学九贤　263
休宁理学先贤传　263
休宁旅沪同乡会　245
休宁民筵　768
休宁儒学　314
休宁杉　85
休宁塘群　652
休宁文庙　335
休宁县　105
休宁县公立初等农业学堂
　　318
休宁县官立海阳高等小学堂
　　318
休宁县会馆碑文　663
休宁县立初级中学　318
休宁县立海阳小学校　318
休宁县立海阳中学校　318
休宁县立简易师范学校
　　335
休宁县私立白岳战时初级中
　　学　318
休宁县私立黄氏初等小学堂
　　318
休宁县私立临川初等小学堂
　　318
休宁县私立屯溪两等小学堂
　　318
休宁县私立原道初等小学堂
　　318
休宁县私立战时临时中学
　　318
休宁县私立振西初级小学
　　318
休宁县学　314
休宁县中　318
休宁学宫　335
休宁鱼鳞图册　710
休宁字舞　465
休歙收藏名族　739
休阳县　105
休黟片方言　792
修建徽郡会馆捐款人姓名及

　　建馆公议合同碑　677
修建水埠亭碑　677
修建水埠亭收支碑　677
修理寝堂碑　677
修谱　202
修月轩文会　360
鸺山　33
秀拔诸峰　668
秀才第　503
秀墩山　22
秀山书院　308
绣桥诗存　370
胥王庙　597
虚谷　1043
虚危池　645
虚直楼　310
徐秉义　1040
徐春甫　1079
徐存诚　1079
徐丹甫　1123
徐道聪　1079
徐杜真　1079
徐广　1145
徐海　968
徐嘉干　1123
徐嘉会　884
徐景京　968
徐景轼　883
徐璟庆　968
徐宽　1040
徐履安　1145
徐美　1040
徐秘元　1040
徐南苹　1123
徐婆坑桥碑　680
徐七宝　1123
徐起　1123
徐谦　883
徐乾学　1040
徐上镛　883
徐士修　968
徐士业　968
徐氏　187
徐氏龙尾砚　479
徐氏宗祠　517
徐氏祖祠坊及蒋氏节孝坊
　　538
徐同善　1039

徐万隆杂货店 239	许立勋 920	许宣平 1005	薛公井 646
徐午 1123	许莲塘 922	许宣平题壁诗 394	学不可私 315
徐霞客两游齐云山 404	许琏 922	许询莪 846	学春秋必自左氏始 267
徐新和春班 455	许琳 1005	许岩保 921	学达性天 702
徐旭龄 883	许明大 921	许友山 845	学耕处 702
徐元文 883	许明贤 921	许毓人 1066	学如击石火 315
徐赞侯 969	许俸先 921	许豫和 1066	学士祠 596
徐振 1040	许启敏 846	许元 844	学田 324
徐柱 1123	许球 847	许月卿 1005	学徒 250
徐卓 1039	许仁 920	许钺 1096	学徒苦 412
徐宗彝 1079	许荣 1096	许韵清 922	学易述谈 267
许安治 845	许溶 922	许赠 922	学易象数举隅 267
许本智宅 499	许汝骥 845	许镇 922	学愈轩存稿 368
许炳勋 921	许润 1005	许之涵 920	雪糕 789
许伯昇 846	许煙 922	许秩 922	雪柳 96
许承家 1096	许尚远 1095	许宗尧 1005	雪泥 683
许承宣 1096	许尚质 920	许佐廷 1066	雪渔派 448
许承尧 1095	许绍曾 1096	序秩堂 503	雪庄 1128
许承尧故居 499	许生植 1095	叙伦堂 514	雪庄画黄山册页 433
许楚 1096	许声远宅 499	叙伦堂古戏台 537	血岭 19
许村 128	许实球 1095	叙摹印 448	血气心知 277
许村水口 604	许士骥 1095	叙秩堂 514	熏浴斋戒饲养蚕 799
许达 920	许士魁 919	恤孤堂 207	巡栀 700
许大骆 919	许士骐 1095	续表忠记 293	浔阳钓赤鱼 402
许大兴 919	许氏 174	续列女传 292	浔阳桥 562
许登瀛 847	许氏家庙 499	续素问钞 348	浔阳台 57,678
许栋 921	许氏文会馆 308	续学古编 449	浔阳亭 581
许菜 1096	许氏幼科七种 343	续印人传 449	驯鹿洞 46
许铁 921	许氏宗祠 499	轩辕碑 667	巽峰塔 577
许谷 920	许世积 920	轩辕船 52	
许谷献策抗倭 249	许仕达 845	轩辕峰 21	**Y**
许国 846	许试 846	轩辕峰石室 46	
许国石坊 533	许书 845	轩辕行宫 667	鸭蛋饺 758
许国石坊题额 700	许思文 1066	宣德墨 479	鸭脚树桥 563
许国智解徽商难 394	许松径 920	玄帝传碑 662	牙行 247
许国智竖八脚石坊 393	许逖 847	玄天金阙坊 531	亚东图书馆 228
许国忠 1066	许天赠 844	玄天妙境 662	烟村 144
许海 922	许廷元 920	玄天太素宫 592	烟村渡 645
许禾 920	许廷佐 845	玄武林古井 641	烟楼峰 31
许会昌 1005	许万相 844	玄真子 352	烟云万状 680
许坚 1005	许文才 920	玄芝洞 662	腌菜 770
许将 847	许文广 920	悬山顶 619	腌斋 770
许金 921	许文玠 845	悬崖式 480	腌斋煮豆腐 762
许迥 846	许文瑾 845	悬鱼 619	延川 126
许珏 846	许文蔚 845	旋溪 70	延村 126
许巏 1096	许翁 922	旋溪塔 576	延村古民居 497
许孔明 845	许翁散财 394	靴石潭 73	延芬楼藏书 739
许立礼 845	许湘 1096	薛公祠 601	延庆院 593

严春生 1067	燕翼堂 527	仰高堂 497	叶村叠罗汉 822
严禁霸滩勒诈碑 666	扬溪桥 554	仰氏 173	叶村堆罗汉 822
严禁祠庙堆放杂物罚戏碑 666	扬溪源道 627	养济院 207	叶村梅树 84
严禁伪谱紊宗碑 666	扬溪镇 124	养老田 202	叶村桥 552
严潭王氏义积会记碑 666	扬之水 64	养生禁示碑 677	叶达仁 1090
严州片方言 793	扬州 212	养性结合入世 269	叶大红 1090
岩村溪桥 559	扬州徽州会馆 242	姚成盈 967	叶道传 913
岩脚 136	扬州休园志 286	姚贯因 967	叶道卿砚 477
岩口桥 559	羊斗岭 20	姚际恒 1038	叶德嘉 1091
岩前水口 605	羊角酥 785	姚家勤 967	叶芳炎 998
岩山尖 24	羊头岭古坑砚 478	姚嘉长 967	叶份 837
岩寺 136	羊栈岭 20	姚嘉通 1078	叶公孟婆墓 662
岩寺上街桥亭联 379	羊栈岭古道 628	姚静芳 1123	叶瀚 1091
岩寺水口 605	羊栈岭水 65	姚琏 1038	叶蕙芬 1091
岩寺塔 576	阳产 128	姚潜 1123	叶介夫 998
岩寺新四军军部旧址 629	阳春班 454	姚慎德 1078	叶菁 1091
岩寺镇 136	阳春古戏台 533	姚氏 186	叶景葵 1139
岩溪 67	阳村 128	姚氏家规 198	叶开泰药店 236
岩溪书院 309	阳俸 249	姚氏宗祠 516	叶奎光堂 494
岩镇 137	阳和门 584	姚宋 1123	叶藟 838
岩镇四郑 181	阳湖 128	姚叶 967	叶良茂 912
岩镇志草 289	阳湖渡 642	姚毅全 967	叶良仪 998
盐饼 788	阳山 20	姚允明 1038	叶龙 998
盐策祭酒 219	阳台水口林 604	姚之驷 1038	叶懋适 913
盐户 219	杨春元 926	姚仲南 1078	叶敏东 913
盐业 219	杨干寺联 378	姚柱 967	叶名沣 1090
阎睿 890	杨光先 1067	瑶岭铺 109	叶明绣 913
颜公山 37	杨林桥 557	瑶龙洞 49	叶铭 1091
檐枋 622	杨梅 87	瑶原十六景印谱 449	叶肅 838
檐柱 622	杨梅山 21	药芹 89	叶琦 998
兖山渠 652	杨梅丸子 753	药铫药瓢石 53	叶起凤 998
衍峰传碑 677	杨湄 1007	药业 236	叶权 1090
偃月池 645	杨明时 1098	噎潭 74	叶日葵 912
演繁露 273	杨宁 849	鹢 100	叶荣 1091
演戏敬神合同碑 691	杨山尖 21	野艾粿 778	叶善新 998
演戏申禁碑 691	杨时金星歙石砚 478	野菜博录 356	叶赏钺 913
砚峰 26	杨氏 175	野鬼 816	叶上林 912
砚贡 401	杨氏小儿科 344	野款盆景 480	叶尚标 1091
砚山 26	杨松亭 1068	野麻 96	叶时新 837
砚瓦尖 26	杨桃岭道 629	野趣有声画 371	叶氏 170
宴筵席次 803	杨万里过阊门 396	野生姜 96	叶氏女 998
雁荡 72	杨玄相 1007	野猪垱 57	叶氏女智救朱元璋 390
雁塘 72	旸谷遗稿 366	业盐甲两淮 217	叶氏文会 360
雁溪 72	旸源谢氏诗录 366	叶本立 912	叶氏宗祠 493
燕乐考原 281	殃灯 466	叶伯鸣 837	叶仕衡 912
燕岭 38	洋湖 141	叶朝采 1065	叶寿萱 912
燕舍 704	洋湖矼 53	叶聪桥 553	叶泰 1139
	洋庄茶 164	叶村 122	叶洮 1091

叶天赐 912	一体堂宅仁医会 340	黟县古桂 102	诒清堂 230
叶天爵 837	一天星 410	黟县鼓楼 587	怡新祥 223
叶天球 837	一田二主 159	黟县宏村古村落旅游形象设	宜男宫 596
叶天士 1064	一统路程图记 282	计研究 1186	贻经堂 231
叶万生 911	一文钱 386	黟县话 795	贻清堂集 369
叶为铭 1090	一文钱开发市场 247	黟县黄村小学画像灯事件	遗经楼 586
叶文基 912	一坞白云 655	339	遗经楼藏书 743
叶熙锟 1091	一线洞天 44	黟县徽州文化联谊会 1160	疑庵诗 374
叶贤 913	一线泉 638	黟县会试旅资 316	彝伦攸叙 704
叶芛圃 998	一线梯 626	黟县京师会馆 245	以秤计田 160
叶馨谷 1065	一线天 39	黟县考棚 316	以佃为仆 160
叶修 838	一映吹诗 362	黟县黎明商业学校 333	以风节相砥砺 260
叶以群 1090	一镇四状元 314	黟县林沥山文化研讨会	以歙县虹源王氏为中心看明清
叶应龙 1091	一只鹅 410	1166	徽州宗族的婚姻圈 1169
叶元良 837	一中桥 543	黟县民筵 772	以实理求之 260
叶元龙 837	伊雒渊源录 263	黟县民众教育馆 339	以妥堂旅栈所 206
叶源桥 552	伊蔚斋印谱 446	黟县南屏李氏支祠联 385	以文家塾 318
叶正蕃 998	衣云印存 446	黟县贫民初等小学堂 333	以义为利 254
叶正运 912	医补 344	黟县千年古榧 102	以众帮众 254
叶志灏 1091	医法心传 345	黟县儒学 317	倚南别墅 516
叶峙亭 913	医方集解 344	黟县杉木王 103	亿同昌茶号 221
叶朱 1090	医方考 344	黟县私立崇德女子初级小学	义成 114
叶兹坐 913	医家必阅 345	校 333	义方桥 546
叶自耀 912	医述 344	黟县私立敬业小学 333	义府 274
叶宗昌 1091	医说 345	黟县私立沥川小学 333	义合桥 546
叶宗春 838	医暇卮言 345	黟县私立南阳两等小学堂	义积桥 546
叶宗茂 838	医学心悟 345	333	义井 639
叶祖洽 838	医学原理 345	黟县私立启蒙初等小学堂	义廪 199
液池 645	医旨绪余 344	333	义塾 317
谒齐云诗碑 684	医宗粹言 345	黟县私立天主堂小学 332	义田 199
谒潭 71	医宗金鉴 345	黟县私立蔚文小学 333	义乌新安会馆 241
一本堂 488	依仁典 221	黟县塘群 654	义姓亭 578
一代高一代 805	黟川 75	黟县文庙 339	义学 317
一担挑 805	黟祁古道 637	黟县县立初级中学 332	义冢 206
一方硕士,六县宗师 333	黟山 39	黟县县学 316	义重衡嵩 388
一溉堂诗集 362	黟山派 450	黟县县衙正堂联 385	义庄 199
一根面棍打到苏门答腊 210	黟山人黄牧甫先生印存 450	黟县乡土地理 296	议婚 807
一鉴胡氏 168	黟柿 103	黟县乡土志 296	亦政堂联 377
一九和尚 993	黟太古道 637	黟县新学 339	邑厉坛 826
一科同郡两元 314	黟县 110	黟县学宫 339	邑小士多 315
一门八进士 313	黟县碧阳公立高等小学堂	黟县学会 317	易安书院 309
一门九进士 314	333	黟县一志 296	易本义附录纂疏 265
一品峰 2	黟县崇德女子学堂 333	黟县钟楼 587	易本义启蒙通释 264
一品官,二品客 826	黟县揭群 651	黟音便览 795	易贾而儒 255
一品锅 746	黟县二志 296	黟渔古道 637	易经补义 265
一善流芳 696	黟县方言 795	仪礼释宫增注 276	易经会通 265
一身暖 805	黟县方言调查录 795	仪礼释例 276	易经释义 265
一岁芳华 350	黟县古糙叶树 103	仪礼正义 276	易述赞 278

易水法制墨 250	引针峰 12	庸言录 280	游士衡 1135
易通 265	引针石 50	雍录 357	游恕 1151
易学启蒙通释 265	饮福 201	雍睦堂 525	游思道 1135
易学启蒙翼传 265	饮和食德 397	雍正两淮盐法志 295	游太阳 470
易疑 265	饮鹿涧 66	雍正两浙盐法志 295	游太阳降童 470
易引 264	饮马坑 642	鳙水 75	游廷受 1083
易原 265	饮食礼 803	永安桥 554	游暹 1151
易指要绎 265	隐佛岩 44	永安衣服店联 376	游襄臣 1135
易赘 265	隐里来历 406	永吉桥 554	游旭 1135
绎思堂 510	隐云峰 33	永吉桥碑记 663	游逊 1054
奕世尚书坊 537	隐张山 34	永济仓 206	游应乾 899
挹秀桥 562	印钉 807	永济桥 554	游有常 899
挹秀桥敞轩联 381	印墩 52	永禁碑 663	游有伦 899
益寿桥 564	印法参同 445	永禁匪丐入境碑 663	游悦开 899
逸史搜奇 372	印经 445	永来河 64	游震得 900
翼峰塔匾额 704	印可 445	《永乐大典》徽州方志研究	游之科 1135
翼经堂 313	印品 445	1169	游遵宪 1135
翼梅 358	印商 446	永乐祁阊志 284	友泉 659
翼然桥 572	印薮 446	永卖 161	友声票社 452
因声求义 277	印章法 446	永明电灯公司 238	友松祠 490
阴俸 249	应公井 642	永宁寺 592	友陶书院 304
阴符经考异 263	英山书屋 309	永晟典 220	友于歌 363
阴火潜然 665	莺谷石 54	永思堂 699	有恒心斋骈体文集 365
阴坑源 66	莺石 54	甬商徽商晋商文化比较研究	有恒心斋诗集 365
荫秀桥 560	婴儿服式 804	1171	有益书报社 228
音律节略考 269	婴儿取名 803	咏白岳诗碑 672	黟山 38
音学辨微 279	婴孩帽式 804	咏史集解 368	黟县 110
音学十书 279	鹦哥石 56	涌狮山 31	又新书屋 317
音乐鸟 91	膺福堂 527	用筷禁忌 802	右龙水口林 603
殷安涛 1079	膺福堂砖雕 486	幽梦影 369	右文之习 826
殷德徽 1124	鹰扬发轫 704	尤溪渡 639	于聪 830
殷公井 645	迎恩院 594	油粿 777	余邦朝 934
殷尚书坊及大司徒坊 538	迎和门 584	油煎毛豆腐 756	余川 130
殷氏 187	迎客式盆景 478	油淋仔鸡 756	余川桥 558
殷氏内科 347	迎客松 87	油榨石 53	余淳 1070
殷翁桥 563	迎亲 811	游朝宗 1151	余达 935
殷云舫 1079	迎亲先生 812	游德敬 900	余道潜 855
殷正茂 884	营安馆柳杉 96	游芳远 1054	余道元 1013
唅香阁印谱 449	楹泉 73	游琯 1054	余藩卿 1105
银河泻碧 683	瀛奎律髓 374	游国良 1054	余逢盛 936
银屏寺 599	瀛山岩 44	游汉龙 899	余逢时 1105
银芽火鸡 760	瀛洲 158	游花船 470	余傅山 1070
银洋珠宝谱 729	瀛洲桥 572	游黄山宿狮子林诗碑 687	余干臣 933
尹蓬头 997	瀛洲仙侣 704	游克敬 1151	余观德 935
引礼 200	颖滨书院 313	游龙式 480	余冠贤 1013
引窝 217	影壁 622	游潘 900	余瑾 1013
引仙桥 549	硬黄纸 480	游齐云岩志山碑 687	余光 854
引赞 200	硬山顶 620	游山 152	余光耿 1012

余光焕 935	余廷珪 935	俞伯华 880	俞正燮墓 677
余光徽 935	余廷纬 935	俞粹纯 1036	俞正钟 1121
余光敩 935	余完养容像中堂 713	俞大霶 964	俞纵 880
余圭 1105	余维枢 1013	俞德魁 1144	渔梁坝 649
余国圣 1105	余维枢草书七绝诗轴 421	俞富仪 1121	渔梁灯船 469
余国镇 935	余文彬 934	俞皋 1036	渔梁亮船灯会 824
余含棻 1012	余文艺 934	俞桂彬 1036	渔梁桥 568
余含章 935	余文芝 934	俞国桢 964	渔梁双渡 645
余笏 936	余午亭 1070	俞焕 965	渔梁镇 148
余华 1012	余锡 936	俞靖 1036	渔亭糕 789
余怀瑾 1142	余锡荣 936	俞可进 1121	渔亭桥 567
余煌 1070	余香 1105	俞可进楷书临钟繇荐关内侯	渔亭山 33
余徽 855	余香石雕 396	季直表册页 428	渔亭水 71
余基 1013	余襄 1105	俞茂 880	渔亭驿 108
余家鼎行书四条屏 421	余新民 1105	俞梅 1121	渔亭镇 147
余嘉辰 1013	余馨 1071	俞培泳 965	隅 205
余介石 1070	余宣和 1012	俞鹏万 965	榆村七桥 570
余开勋 934	余岩显 1012	俞启华 1078	榆花溪 73
余丽元 854	余衍 854	俞乔 880	虞初新志 373
余麟 1105	余养元 1012	俞清 880	虞山溪 73
余龙光 1012	余一龙 854	俞铨 965	舆礼 818
余鹭振 1070	余益富 936	俞仁耀 964	宇宙大观 664
余懋衡 855	余荫甫 854	俞日昇 964	羽竿尖 21
余懋交 1013	余应焕 935	俞塞 1036	羽客题壁 665
余懋进 1013	余莹 855	俞上运 879	羽翼之功不可没 263
余懋学 855	余镛 855	俞圣瑞 1078	雨君洞 47,671
余懋孳 1013	余有道 1105	俞盛 965	雨伞下并亲 812
余孟麟 854	余有敬 1012	俞师鲁 1036	雨岩山人 671
余鸣雷 1012	余毓焜 936	俞士千 1035	禹贡后论 355
余丕盛 934	余元昌 1012	俞士英 879	禹贡论 355
余启榜 935	余元良 854	俞氏 184	禹贡三江考 354
余启元 854	余元遴 1012	俞氏宗祠 514	禹贡山川地理图 354
余庆堂古戏台 534	余元英 1105	俞世球 1078	禹门塥 648
余庆堂门坊 534	余垣 1012	俞诵芬 880	玉川豆豉 774
余荣龄 936	余增祥 936	俞天倪 879	玉带桥 549
余尚德 1105	余兆骥 935	俞珽 1121	玉勾十三种 364
余绍祉 1105	余振鸿 1013	俞文诏 879	玉皇殿 590
余绍祉草书七绝诗轴 421	余正宗 1070	俞献 1036	玉几山 13
余士鳌 934	余之光 934	俞啸 1121	玉兰片 784
余士恩 934	余之叶 934	俞勋 880	玉林书院 305
余士溥 934	余庄 854	俞鹬 1121	玉琳斋 699
余士英 933	余自怡 854	俞瑛 965	玉米粿 774
余氏 177	余宗英 1012	俞悠璹 965	玉面狸 83
余世儒 1012	鱼川耿氏家训 197	俞元鹰 1121	玉屏峰 13
余寿山 935	鱼川桥 559	俞昭显 880	玉屏山 13
余述祖 1070	鱼灯 467	俞正禧 1035	玉器皮货谱 708
余崧 1013	鱼鳞潭 67	俞正燮 1036	玉汝诗集抄存 364
余泰符 855	鱼亭山 24	俞正燮故居 515	玉山 13

玉枢庵 590	碗 706	岳王井 643	云液庵 589
玉台峰 13	元铭文人物纹铜镜 707	岳王庙 596	云艺庵 588
玉台山 13	元青白釉连座双耳炉 707	阅读徽州 1177	云庄书堂 304
玉堂公遗训碑 660	元青白釉戗金高足杯 707	悦山 680	允忠兄弟顶开茶铺合同 738
玉兔峰 13	元青白釉如意枕 707	悦有桥 564	运枢会 206
玉虚坊 530	元武功万六承事太君胡氏生	越 108	运留班 454
玉虚宫 590	茔 658	越国祠田碑记 684	运气易览 344
玉芝草 364	元宵节 820	越国公汪华墓 684	运商 218
育英文约会场联 379	元影青高足龙纹杯 707	粤述 293	
育婴堂 207	元元统二年初登第浮雕石刻	粤西诗载文载 373	**Z**
昱岭 26	组群 705	瀹坑 158	
昱岭关 106,597	元之国学 258	瀹潭方氏宗祠记碑 693	杂捐 161
浴佛节 824	员公支祠 502	云豹 81	杂证会心录 343
浴仙池 645	原本韩文考异 370	云巢洞 45	杂桩 478
欲理知 280	原坑水 69	云程进步坊 528	攒尖顶 622
喻起钟不求暴利 253	原善 280	云川 114	赞梁词 414
御书楼 586	原始江南古陆 76	云川六桥 546	赞齐云诗碑 691
御园图墨模 480	圆尖 29	云川王氏祠规 195	赞我中颂碑 691
御制佩文斋广群芳谱 356	圆台式盆景 479	云端舞 463	早日找个男子汉 412
御制齐云山玄天太素宫之碑	圆通庵产碑 679	云峰集 363	藻井 623
687	圆通岩 43	云谷寺 589	灶粿 776
寓安大师塔 577	圆通岩题壁 679	云际峰 9	灶户 218
裕和祥 704	猿猴石 55	云岚桥 546	灶神庙砖雕 478
裕生布厂 226	猿猴岩 44	云岚山 8	择日进新屋 803
毓秀亭 582	源顺盐号 219	云朗岚光 698	曾大椿诗碑 687
鸳鸯饼 788	源液 690	云林遂思 698	赠性腴联 384
鸳鸯冬菇 758	辕门松 100	云门峰 8	甑山书院 313
鸳鸯粿 788	远近等差殊科 277	云门书屋 304	查成 1120
鸳鸯礼书 815	远晴阁 701	云门塔 573	查道 1121
元宝梁 612	月池 62	云门溪 61	查道大 964
元代徽州的宗族建设 1168	月光光 411	云门溪诸潭 61	查昉 1121
元代徽州路的手工业 1168	月华池 639	云门源 61	查非异 1120
元代契尾翻印件的发现	月华街 118	云平庵 589	查公山 25
1167	月梁 613	云铺海 75	查杰 964
元刻石瓜匙 707	月潭 62	云深处 658	查景璠 1121
元蓝釉爵杯 707	月潭承志堂诸匾 698	云水泉 61	查克承 1120
元龙泉窑刻花盖罐 706	月潭渡 639	云天佛国 658	查孔交谊 401
元龙泉窑青釉双鱼洗 706	月潭胜景印志 444	云天一啸 658	查奎 964
元龙泉窑影青釉高足碗	月友书院 305	云外峰 8	查蕭 1121
706	月沼东宅 491	云雾茶 159	查潜 1035
元隆茂茶叶号 221	月折制度 217	云溪堂 490	查容 1121
元镂雕玉荷鹭圆牌 707	岳飞到此 672	云溪堂帖 417	查汝元行书四条屏 428
元卵白釉缠枝菊花纹匜	岳飞东松庵题壁 399	云溪堂帖碑 658	查若农 1120
707	岳飞过绩溪 399	云岩 658	查尚庆 964
元卵白釉葫芦形执壶 706	岳飞过婺源 399	云岩朝真后览胜有述诗碑	查慎行 1035
元卵白釉印花缠枝牡丹纹盘	岳飞题壁碑 672	658	查师诣 879
706	岳精忠武王庙 596	云岩湖 61	查士标 1120
元卵白釉印花缠枝牡丹折腰	岳青诗会 360	云岩开辟兴复碑记 658	查士标仿黄公望富春胜览图

427	詹崇义 901	詹武龙 1151	张道浚 1113
查士标空山结屋图 427	詹初 1055	詹务勇 988	张德馨典 220
查士标年老思乡 401	詹大 1136	詹希贤 1136	张定功 1022
查士标秋景山水图 427	詹大圭 1055	詹希源 1136	张敦实 867
查士标日长山静图 427	詹东图读书台 58,689	詹岩福 1055	张敦颐 1022
查士标山水图 426	詹方桂 1055	詹俨 1136	张谔 867
查士标山水轴 426	詹谷 988	詹彦文墨号 227	张芳 1074
查士标溪山放棹图 428	詹固维 1055	詹应城 1084	张辅阳 950
查士标信札 428	詹贵 1136	詹应甲 901	张复 1022
查士标行草书法轴 427	詹淮 1056	詹应虬 1151	张杲 1074
查士标行书通屏 427	詹晃祖 1151	詹永樟 988	张亘 1074
查士标行书中堂 427	詹徽 901	詹有乾墨号 227	张公堤 648
查士标云容水影图 426	詹吉 1136	詹元吉 988	张公山 23
查士标字画谋生 401	詹景凤 1136	詹元甲 988	张谷 1143
查士模 1120	詹景凤千字文长卷 435	詹元甲拒收回扣 253	张观法 949
查士英 1120	詹景凤山水图 434	詹元生 1151	张光祁 866
查氏 184	詹景凤收藏 744	詹源生花爆店 240	张翰 950
查世章 964	詹景凤手书杂记册页 436	詹云鹏 1151	张翰飞 1113
查陶 879	詹景凤题崖 689	詹轸光 1056	张恒卿 950
查廷章 1078	詹景瑞 989	詹钟珣 1084	张恒裕典 220
查湾 139	詹景宣 1136	詹州 901	张弘治 949
查为义 1120	詹考祥 1055	瞻淇 158	张挥 1074
查文徽藏书献书 742	詹隆梓 989	瞻淇水口 609	张霁 867
查文徵 879	詹铨 989	斩尾龙挂钱 399	张节 1021
查羲 1121	詹汝震 1084	展诰峰 31	张九成诗碑 671
查显宗 1035	詹若鲁 989	展旗峰 31	张珏 867
查璇继 1121	詹商岭 215	占屋柱 826	张君逸 1112
查应光 1035	詹尚熊 989	栈阁 630	张钧 1113
查有堂 964	詹绍庆 1055	栈阁石门 630	张开祚 866
查有忠 964	詹氏 192	战国楚郢爰金钣 725	张扩 1073
查岳 1121	詹氏制墨世家 480	战国谷纹瑗 725	张立夫 1112
查志隆 1035	詹世鸾 988	战前祁门红茶的海外销售与	张立仁 1073
查稚圭花鸟四条屏 428	詹思润 989	市场价格分析 1177	张良楷 949
楂山书堂 313	詹天宠 1136	张柏 1074	张林福宅 504
札溪桥 551	詹天爵 1136	张弼草书诗轴 717	张鲁德 867
闸挡板 615	詹天佑 1084	张宾 1022	张懋辰 1074
炸扣肉 757	詹添麟 989	张秉 866	张孟元 1022
炸熘鸡卷 757	詹同 901	张炳 1022	张敏 867
斋堂桥 564	詹万榜 988	张苣贞 1113	张明侗 949
翟善 1137	詹万里 1136	张潮 1113	张明征 1074
翟院深款雪山归猎图中堂 736	詹万善 1136	张成稷 1112	张聘夫 1022
	詹惟修 1056	张崇达 1113	张启 1112
寨门坞 78	詹渭 1056	张村 133	张全 866
寨门源 78	詹文定 988	张存中 1021	张泉 1113
栴檀岭 28	詹文昇 1084	张大隆剪刀铺 238	张荣春 949
詹必胜 901	詹文锡 988	张大雾 948	张儒 1113
詹伯麒 1136	詹伍 988	张胆 1022	张尚玉 1113
詹成圭墨号 227	詹武凤 1151	张谠 1022	张绍龄 1113

张绍龄人物山水中堂　425
张师孟　1074
张氏　179
张氏伤寒　346
张守富　949
张守仁　1074
张淑　950
张曙　1113
张曙故居　504
张树棠　1143
张顺　950
张松谷　1021
张遂辰　1074
张腾光　1074
张廷净　1021
张婉仙　1113
张温　1074
张文在　1112
张希乔　1143
张习孔　866
张贤颂　949
张小泉　1143
张小泉后人告状　398
张小泉剪刀店　238
张学龙　1021
张一芳　1112
张一桂　866
张应扬　866
张应扬功德坊　535
张永祚　1073
张友深　948
张友正　1021
张瑗　1022
张曰瑷　949
张芸芳　1021
张兆炌　1143
张诏　1112
张振德　1022
张震　867
张正金　1073
张芝　866
张志和　1112
张志和诗画　398
张致　1113
张宗杰　867
章宝鉴　1044
章必芳　974
章必焕　974

章必鉴　974
章策　975
章传仁　974
章道基　890
章定春　974
章法　1044
章昊　1128
章恒升酱园　237
章衡　1044
章洪钧　890
章淮　890
章汇江　1043
章健德　974
章岭古道　632
章茂林　1128
章平　1043
章岐　146
章如愚　1044
章瑞　890
章山　33
章山佛经壁刻　684
章山题壁　684
章上松　1128
章氏　189
章树逵　1044
章颂　1128
章天山　1043
章维嘉　1044
章熺　1044
章祥华　974
章熊　1128
章绪毓　975
章延炯　1128
章衣萍　1128
章遇鸿　1044
章元崇　1043
章钊　890
章焰　1044
章正浩　974
章志乾　974
章紫电　1044
章佐圣　1044
鄣峰　36
鄣公山　36
鄣郡　109
鄣山　36
鄣山诗社　361
鄣山悬瀑　74

漳岭山　154
漳水　74
漳潭　154
漳溪书院　313
樟源书院　313
长子　199
掌计　252
掌事　205
丈汉　806
丈量步车　350
仗鼓舞　464
涨山铺　107
招亲　812
昭代丛书　231
昭君出塞　455
昭孝积庆寺　597
找不敷　162
找价　162
找戏　454
赵道元　874
赵东山助饷献策　400
赵端　874
赵光玵家砚　479
赵吉士　873
赵继禾　1118
赵继序　1028
赵景从　874
赵㲄　1028
赵连　955
赵良金　1028
赵弥忠　1028
赵汸　1028
赵滂　1028
赵然明　874
赵善璙　874
赵时埕　1028
赵时朗　1118
赵时用　874
赵氏　183
赵氏多进士　315
赵希衢　874
赵相　955
赵怡丰布店　226
赵尹　1118
赵咏清　1118
赵有贵　955
赵之谦花卉扇面　725
照壁　621

照壁峰　36
肇林社　301
折扁担　811
折扁担配折打杵　811
折打杵　811
柘坑　106
柘林　139
柘木岭　25
浙北水　70
浙江　70
浙江嘉善新安会馆联　381
浙岭　31
浙皖铁杉　93
浙源　144
浙源山　31
浙源水　70
贞白里坊　532
贞白遗稿　366
贞洁可风　699
贞靖罗东舒先生祠　699
贞素斋集　366
贞一堂　496
针灸问对　345
珍善斋印谱　448
珍珠帘　674
真白郑氏　186
真胡　186
真境　679
真灵伟绩　679
真武殿　598
真仙洞　47
真仙洞府　678
真仙洞府记　679
真应庙　598
真元道院　598
真知之说　269
枕石小筑　505
枕头峰　24
枕头粽　777
振华肥皂厂　239
振妙和尚　1038
振绮堂　231,703
镇东阁联　384
镇东铺　109
镇国寺遗址　635
镇海桥　571
镇山　37
镇头　155

镇头水 74	郑令君庙 596	郑璋 955	掷钵峰 31
镇头香椿稞 780	郑梦龙 872	郑昭祖 872	掷钵源 70
镇宅石 828	郑旼 1117	郑肇 872	智保胡开文 253
争讼 826	郑旼、汪汝谦书法合册 425	郑鹧鸪 1117	鹰绣坊 541
蒸糕 789	郑旼溪山独径图 425	郑之文 871	中渡桥 547
整轮 220	郑明允 954	郑之彦 954	中共皖南特委旧址 627
正道居 491	郑圻 1117	郑之珍 1116	中国传统社会的资产运作形
正德黟县志 284	郑其相 1117	郑之珍墓 673	态——关于徽州宗族"族
正殿 590	郑奇树 872	郑钟美 1028	会"的会产处置 1168
正款盆景 477	郑千龄 871	郑重 1117	中国徽商小史 1168
正田药店 236	郑全 1117	郑重光 1076	中国徽商学术讨论会 1162
正主 200	郑全福 1027	郑烛 1028	中国徽州古街文化论坛
证因集要方论 345	郑汝励 1027	郑子莘以书法伴驾 400	1162
郑安 871	郑绳祖 872	郑佐 871	中国徽州文书(民国编)
郑鏊 1077	郑晟 1077	支 199	1168
郑朝霁 954	郑时祯 954	支祠 199	中国社会科学院徽学研究中
郑承海 1076	郑士寰 954	支天顺木器店 225	心 1157
郑承洛 1076	郑氏 182	芝兰日露茶 161	中国朱子学会 1156
郑承湘 1076	郑氏师山两等小学堂 324	芝麻雕 84	中国状元博物馆 1156
郑崇学 954	郑氏世科坊 536	知不足斋丛书 230	中和峰 11
郑传 871	郑氏宗祠 509	知不足斋丛书插图 440	中和岭 10
郑村 137	郑司徒营 106	知新录 289	中和楼 234
郑芬 1117	郑嵩 1117	知行 265	中和汤 748
郑凤铸 1116	郑肃 1028	织金池碑 673	中和堂 490
郑复光 1076	郑天镇 954	蜘蛛吊水过难关 414	中虎岭 10
郑富伟 954	郑通授 872	执定 808	中华民国国立第八中学
郑公钓台 56	郑完 1117	值年 203	318
郑恭 872	郑为虹 1116	值十当五 221	中华朱子学会 1156
郑姑 1028	郑维诚 872	职虽为利,非义不取 255	中华朱子研究会 1156
郑桂芳 1117	郑铣 954	植山 34	中立石铭 659
郑瀚 1077	郑侠如 1144	止原公墓启 389	中平营 104
郑亨 872	郑燮诗轴 724	纸风车 466	中巧村木牌楼联 375
郑宏纲 1076	郑行简 871	指路石 53	中秋拔路 796
郑宏绩 1076	郑杏花 1117	指象石 53	中秋接月光 821
郑鸿 1117	郑以进 1116	至顺祁阊志 286	中秋节 821
郑瑚 1077	郑英才 1144	志诚堂 501	中秋拖缸片 821
郑桓 1028	郑颖荪 1117	志诚堂联 378	中山民众学校 317
郑晃 872	郑庸 954	志存闻道 277	中山书堂 304
郑吉人 954	郑永成 954	志满禅师 1006	中山体专 334
郑鉴元 954	郑由熙 1117	志书插图 439	中山沿革志 283
郑鉴源 954	郑由照 1117	豸峰 131	中天书院 305
郑接武 1028	郑于丰 1076	豸下 131	中土坑新石器遗址 627
郑进善 871	郑瑜 1117	质剂 250	中王桥 547
郑九夏 1116	郑玉 1027	治典者唯休称能 221	中五台庵 589
郑康宸 1077	郑玉题壁 673	治世仁威坊 536	中央部级文化讲坛徽州文化
郑康叙 1117	郑元文 1027	治寿藏记碑 673	讲座 1162
郑礼 871	郑元勋 1116	致思馆 325	中庸点缀 259
郑琏 872	郑再能 954	掷鳖 469	中庸讲义 259

中元保苗 796	周氏 182	朱绯塘 652	朱砂洞 46
中元节 821	周氏宗祠 508	朱枫林集 263	朱砂峰 19
中云 116	周颂 871	朱光斗 914	朱砂泉 65
中正坊 529	周绥之 953	朱光圉 840	朱砂石 52
中柱 613	周太捐修活人路 207	朱光裕 840	朱砂溪 65
忠烈祠坊 535	周廷采 871	朱光宅 914	朱砂岩 41
忠烈庙 595	周王阁 596	朱翰尊师刻遗诗 392	朱砂源 65
忠烈岩 42	周王庙 596	朱鹤 1093	朱升 999
忠孝曹家 181	周文 1027	朱宏 1000	朱升的草鞋生意经 392
忠孝里 136,701	周锡圭 953	朱宏基 914	朱师辙 1000
忠义水浒传插图 440	周锡熊 953	朱洪范 1000	朱士刚 839
忠周岭道 629	周庠 1027	朱宦 1000	朱氏 172
钟鼎字源 279	周宣灵王庙 596	朱焕圭 1001	朱氏祠规 196
钟峰 26	周诒春 1027	朱卉 1000	朱氏支祠承志堂联 376
钟鼓山 26	周诒春故居 509	朱基 915	朱氏支祠树德堂联 376
钟玲三七 90	周易本义 266	朱集球 1093	朱世荣屡败不馁 248
钟山书堂 309	周易本义通释 266	朱继承 915	朱世润 1000
钟英楼 585	周易独坐谈 266	朱继楫 915	朱世泽 1065
种玉里 140	周易旁注图说 266	朱简 1093	朱淑贞 1093
冢祠 204	周易时义注 266	朱鉴 1001	朱塾 1001
仲止仰止 663	周易颂 266	朱晋侯 914	朱树彦 1093
众存 200	周易图书质疑 266	朱景 1093	朱泗 1000
众家厅 498	周易文诠 266	朱敬舆 1001	朱嗣初 915
重排场 455	周易宗义 266	朱骏声 1001	朱嗣隆 915
舟楫岩 41	周翼圣 1116	朱侃 1092	朱松 840
舟庐 497	周英 1027	朱孔彰 999	朱松邻 1092
州学 315	周游列国棋 467	朱濂 1001	朱素和 1000
周皑 1116	周友仲 953	朱麟 1093	朱太 839
周昂 871	周裕民宅 509	朱陵 840	朱塘 652
周髀用矩法 354	周原诚 1027	朱陆始异而终同 262	朱塘铺 105
周昌谔砚 479	周仲高 953	朱鹭 1093	朱腾达 915
周大忠 953	周宗良 953	朱褧衣 1001	朱廷鎏 1065
周圭 1027	妯娌坊 536	朱懋麟 1093	朱廷瑞 840
周桂 1027	朱安国 840	朱明元 1092	朱通 840
周桂清 1116	朱邦 1092	朱模 841	朱同 1000
周继忠 871	朱升 1092	朱南一 1092	朱为弼 839
周家园 605	朱彩 1001	朱佩湘 1000	朱文灿 914
周镜玉 1076	朱昌孝 914	朱霈 1001	朱文炽 914
周礼述注 265	朱承经 1092	朱齐龙 1065	朱文公墨池 652
周礼疑义举要 278	朱承训 914	朱其传 914	朱文公文集 262
周懋泰 1116	朱承泽 840	朱琪 1093	朱文公易说 262
周懋桃 953	朱村冠山园 603	朱启声 1092	朱文翰 839
周懋元 1076	朱村铺 105	朱庆霱 914	朱文玉 999
周尼 1027	朱存仁 1000	朱秋浦 1140	朱稳 841
周沛昌 1116	朱存莹 840	朱权 839	朱晞颜 841
周旗 1027	朱德灿 915	朱仁宅 496	朱锡珍 1001
周启鲁 871	朱栋 1093	朱日辉 1065	朱熹 1001
周士选 871	朱舫 840	朱荣国 1065	朱熹理学体系及其对徽州文

化的影响 1169
朱熹两返故里 392
朱熹十二弟子 263
朱熹与新安理学国际学术讨
　论会 1162
朱熹誉茶 392
朱熹智撤水卡 392
朱弦 1092
朱相公尖 19
朱绣 1093
朱茋会 840
朱茋星 840
朱埜 841
朱翼 287
朱缨 1093
朱有治 1065
朱玉宅 496
朱钰 840
朱元璋备战快活林 391
朱元璋感悟攻城计 391
朱元璋赏牌铅券 710
朱元贞 839
朱云沾 913
朱之赤 1140
朱之纯 999
朱之光 1065
朱之英 999
朱之有 999
朱稚征 1093
朱钟文 1000
朱钟元 914
朱子大全 262
朱子功臣 262
朱子家礼 262
"朱子民本思想与当代"学术
　研讨会 1162
朱子实纪 287
朱子学异论 262
朱子学与地域文化学术研讨
　会 1162
朱子语类 262
朱子之学复兴 262
朱宗相 1000
朱佐 1092
朱作楹 914
洙村黄桐 91
珠兰精 164
珠帘洞 47

珠帘洞碑 678
珠帘泉 69
珠泉 678
珠算博物馆 1159
珠塘 652
珠塘坝 355
珠溪谦禅师 1038
珠溪寺 598
诸昌油坊 240
诸潭山 31
诸天阁 586
楮怀樟 100
竹板龙 465
竹雕如意 478
竹竿尖 19
竹根尖 19
竹节龙 465
竹林里 125
竹林桥 554
竹岭古道 628
竹岭石松亭联 377
竹萌 85
竹蜻蜓 465
竹瑞堂诗抄 366
竹山书院 307
竹山书院联 377
竹笋 84
竹溪 125
竹溪书院 307
竹溪水口 603
竹芽 84
竹源 125
竹洲集 366
竹洲书院 307
主簿山 17
渚口 146
苎麻 87
苎叶粿 775
住宅禁忌 803
驻跸山 25
柱棒山 26
柱础 616
柱顶石 616
柱礤 616
祝板 202
祝华 882
祝活 202
祝穆 1038

祝确 967
祝确墓 678
祝三村路会 207
祝山 141
祝氏 185
祝氏女位最高 186
祝世禄草书轴 726
祝寿 814
祝允明草书诗卷 726
祝允明为西溪南外甥 402
抓痒扒 478
抓周 811
转身洞 47
庄 201
庄观 841
庄仆 201
庄氏 173
状元糕 786
状元桥 558
状元图考 439
追慕堂 513
椎髻鸟语 828
准望简法 355
卓锡庵 595
卓锡泉 643
卓溪河 66
资福寺 598
资河 70
资溪资福院 598
滋兰堂 232
子母钱 247
子思子 258
子孙钉 806
子威 1139
梓坑水 70
梓路寺 598
梓路寺石狮 480
梓棚桥 566
梓舍桥 566
梓桐桥 566
梓潼屏 32
梓潼山 32
梓坞祠堂 518
紫宸近侍坊 538
紫金山 34
紫楠 98
紫屏峰 35
紫石峰 34

紫驼峰 35
紫溪 72
紫霞莲芯 164
紫霄道人传 686
紫霄宫 599
紫霄宫玄帝碑铭 685
紫霄崖 35,686
紫烟源 72
紫阳观 599
紫阳讲会 312
紫阳课艺 312
紫阳桥 568
紫阳山 34
紫阳师范学堂 327
紫阳书院 311
紫阳书院学田碑 685
紫阳塾讲 312
紫阳学派 271
紫阳学社 312
紫阳镇 150
紫玉屏 685
紫云庵 599
紫云庵联 383
紫云峰 34
紫云馆 235
紫云溪 72
紫云岩 44
紫芝 98
紫芝源 72
紫竹庵 599
自然式树桩 478
自省自悟自揣摩 254
自由组合 615
字诂 277
字舞 465
宗 201
宗祠祭礼 201
宗二公墓道坊 536
宗副 201
宗谱 201
宗谊 955
宗长 201
宗正 201
宗族历史的建构与冲突——
　以黄墩叙事为中心 1176
综形名任裁夺 280
棕噪鹛 98
总灵洞 47

总商 219	钻天洞庭遍地徽 215	坐月子 803	1600~1800年皖南的土地占有制和宗法制度 1167
潊川 74	最高峰 686	柞子豆腐 769	19世纪50年代至60年代：中国社会的战乱与徽州商帮的衰落 1167
邹鲁黄山摩崖题刻 669	醉打山门 457	座盘石 54	
走贩 249	醉经堂诗集 374	做大夜 816	
走马楼 584	醉石 55, 691	做风水 816	1998年国际徽学研讨会 1160
走向世界的徽学·敦煌学·藏学高端论坛 1163	醉翁峰 37	做九不做十 816	2000年国际徽学学术讨论会 1161
走油拆炖 753	尊德性 271	做礼生祭 816	2004年国际徽商论坛与中国徽学国际学术研讨会 1161
奏新印存 447	尊德性与道问学 272	做满月 816	
足迹常遍天下 213	尊经私塾 327	做七 816	
足迹几半禹内 213	尊生馆 232	做七不做八 816	
族丁饼 789	遵孝寺 601	做三不做四 816	2010年安徽省徽学会学术年会 1161
族规 205	遵义胡 193	做三朝 816	
族谱 205	左儒右贾 254	做社 824	"21世纪徽学"学术研讨会 1161
族长 204	左史谏草 284	做神福 252	
族佐 204	作退一步想 701	做阴寿 816	GRAVUREHUT徽派版画 1167
祖成庵 597	坐轿骑马禁忌 803	做周岁 816	
祖孙四进士 315	坐堂医生 345		
祖训祠规碑 678	坐隐先生精订捷径棋谱 439	15~18世纪的徽州典当商人 1167	

[索引]

词目笔画索引

一画

- 一九和尚 993
- 一门八进士 313
- 一门九进士 314
- 一天星 410
- 一中桥 543
- 一文钱 386
- 一文钱开发市场 247
- 一方硕士，六县宗师 333
- 一本堂 488
- 一田二主 159
- 一只鹅 410
- 一代高一代 805
- 一岁芳华 350
- 一坞白云 655
- 一体堂宅仁医会 340
- 一身暖 805
- 一担挑 805
- 一线天 39
- 一线泉 638
- 一线洞天 44
- 一线梯 626
- 一品官，二品客 826
- 一品峰 2
- 一品锅 746
- 一映吹诗 362
- 一科同郡两元 314
- 一统路程图记 282
- 一根面棍打到苏门答腊 210
- 一善流芳 696
- 一溉堂诗集 362
- 一鉴胡氏 168
- 一镇四状元 314

二画

- 二月二打老虎 819
- 二月二祭土地 819
- 二月八庙会 819
- 二龙桥 543
- 二阳春 451
- 二陆齐名 696
- 二都 111
- 二峰书院 304
- 二程亭 577
- 十二月劝经 410
- 十二月花名调 410
- 十二生肖墨模 475
- 十二都地名谣 410
- 十七史纂古今通要 258
- 十八中 168
- 十八进士题名钟 314
- 十八块金砖 386
- 十八罗汉 79
- 十八罗汉朝南海 49
- 十五家词 362
- 十六国年表 282
- 十百斋收藏 738
- 十竹斋 227
- 十竹斋书画谱 437
- 十竹斋印存 444
- 十竹斋笺谱 437
- 十安堂 168
- 十里三贤人 334
- 十里岩 39
- 十里岩上桥 543
- 十亩园窑址 626
- 十岳山人诗集 362
- 十府君 168
- 十姓九汪 168
- 十耍 451
- 十家之村，不废诵读 317
- 十家易象集说 258
- 十鹿八骏图 475
- 十番锣鼓 462
- 十碗八 766
- 十跳 451
- 丁云蕚 1086
- 丁云鹏 1086
- 丁云鹏玉川煮茶图 416
- 丁云鹏佛像图 416
- 丁云鹏秋景山水图 416
- 丁云鹏绘程氏墨苑原稿散页 416
- 丁云鹏夏山欲雨图 416
- 丁云鹏漉酒图 416
- 丁云鹏默画商人像 386
- 丁头拱 610
- 丁自宣 1086
- 丁米 198
- 丁村坎坝 647
- 丁俊 1086
- 丁饼 783
- 丁峰 2
- 丁峰塔 572
- 丁惟暄 1086
- 丁惟曜 1061
- 丁譔 1086
- 丁肇文 907
- 丁瓒 1061
- 七十二福地真人名氏碑 655
- 七七 805
- 七门方氏 168
- 七月半 819
- 七节猫 79
- 七布泉 58
- 七叶衍祥 696
- 七叶胆 79
- 七贤村 111
- 七贤村来历 386
- 七贤桥 543
- 七姑山 2
- 七姓堨 647
- 七姓蜂起 386
- 七经图 258
- 七政训练班 334
- 七星山 2
- 七星井 638
- 七星台 56
- 七都语 792
- 七碗细点四 766
- 七擒孟获 451
- 八八哥 410
- 八大家藻井彩绘 475
- 八公石 49
- 八公溪桥 543
- 八仙洞 45
- 八达岭 451
- 八字门楼 610
- 八阵图 451
- 八戒戏球 746
- 八戒岩 39
- 八沟 75
- 八社花朝 819
- 八卦池 638
- 八卦桥 543
- 八贤堂联 375
- 八宝药墨 247
- 八宝葫芦鸭 746
- 八宝鲫鱼 746
- 八音鸟 79
- 八都话 792
- 八都雄 792
- 八家栈 159
- 八家栈来历 386
- 八骏图 475
- 八眼井 638
- 八脚牌坊 528
- 八隐 168

八碗十二盘 766
八碗八 766
人丁龙 462
人王寺 588
人世蓬瀛 655
人皮桥 386
人字瀑 58
人近云天 655
人弃我取 247
人际称呼 805
人物香灯会 462
人镜阳秋插图 437
入图画 655
入殓 805
入赘 806
入歙 362
九九歌 410
九龙池 58
九龙矼 49
九龙岩 39
九龙泉 58
九龙洞 45
九龙峰 2
九龙源 58
九龙溪 59
九龙潭 59
九龙瀑 59
九老芙蓉山 2
九有凝熙墨模 475
九死还魂草 79
九成斋联 375
九曲泉 59
九件衣 451
九江新安笃谊堂征信录序 241
九阳凹山 2
九谷考 350
九栋桥 543
九都迎三姑神 819
九都社 826
九碗十二盘 766
九碗六 766
九碗六盘 767
了拙轩遗稿 362
刀板香 747
刀笔手戏弄新知县 387
又新书屋 317

三画

三十六洞天碑记 655
三十夜下并亲 806
三三班 451
三门桥 543
三王山 2
三天子鄣山 2
三元井 638
三元节 819
三元会 820
三元桥 543
三云山 2
三分分 159
三书六礼 806
三石桥 543
三叶竹 79
三叶粉蒸石斑鱼 747
三代进士 314
三代容像中堂 705
三立堂 696
三礼札记 274
三礼约编 258
三台式盆景 475
三丝鸡卷 747
三尖杉 79
三伏老油 767
三伏酱油 247
三合河 59
三庆班 451
三庆桥 543
三阳 111
三阳洪氏宗祠 488
三观岭 3
三坎潭 59
三花尖 3
三里郑氏 168
三里街中和楼 233
三亩丘 111
三间式 610
三灵山 3
三贤堂 588
三味泉 59
三府山 3
三姑山 3
三姑尖 3
三姑庙 588
三姑定桥名 387

三姑峰 3
三挡 451
三茶 800
三茶六礼 806
三胡礼学 274
三胡家刻 227
三胡商号题额 696
三星照玉堂 411
三虾面 747
三思桥 543
三贾不利犹未餍 254
三套茶 800
三峰精舍 304
三教峰 3
三梧镇 111
三眼井古庙联 375
三清殿 588
三朝 806
三朝分大小 806
三禅院鼎立 297
三槐堂 696
三新妇山 3
三溪水口 602
三溪镇 111
三福馆做焰口 820
三叠泉 59
三凳石桥 543
三憾三畏 387
干贝萝卜 747
干笋里脊丝 747
干渍菜焖肉 747
干锅炖 747
干锅烧肉 748
于聪 830
工学团 334
土井 638
土地节 820
土地祠 588
土地租佃 159
土杉 79
士商类要 282
才子牡丹亭 362
下人称 199
下三里桥 543
下大桥 543
下马桥 543
下元节 820
下水村 111

下尖塔 572
下汶溪桥 544
下林塘遗址 626
下屋 488
下架 796
下渡桥 544
下寨山 111
寸金糖 783
大刀石传说 387
大刀灯会 462
大士岩 39
大广山 3
大王松 79
大夫第 488,696
大夫第联 375
大夫牌坊 528
大厅式 610
大中臣 697
大中华酒菜馆 233
大中华酒楼 233
大中丞坊 528
大中国酒菜馆 233
大户 199
大本堂 489
大本堂古戏台 528
大石门 111
大石门桥 544
大石门道 626
大石头 3
大石桥 655
大石塔 3
大龙井 59
大北河 59
大北港河 59
大生日 806
大生号织布厂 225
大头目 258
大司成 697
大司徒 697
大圣坑 75
大圣菩萨宝塔 572
大母堨 647
大共山 3
大有恒钱庄 220
大尖山 3
大全福酒菜馆 234
大会山 3
大庆 806

大氿古香榧 79	大雅堂 227	万安水口 602	上海 210
大兴会馆 241	大雅堂杂剧 362	万安罗盘 475	上海飞达凸凹彩印厂 237
大安山 3	大雅堂杂剧插图 437	万安复办水龙碑 655	上海中西大药房 236
大安洞 45	大悲顶 4,588	万安渡 638	上海公估局 237
大好河山 655	大悲院 588	万安镇 112	上海师范大学陶行知研究中心 1156
大观亭 578	大游山 4	万寿山 5	
大观亭联 375	大富贵酒楼 234	万寿峰 5	上海法学院附属中学 317
大买 159	大塘古井 638	万寿塔 572	上海菜馆 234
大坞尖 3	大睦段糊汤 748	万村爱敬堂 489	上海徽宁会馆 241
大坑口 112	大新酒楼 234	万青 1061	上海徽商余之芹的生平及其时代——近代徽州重要史料《经历志略》研究 1167
大坑口来历 387	大鄣 112	万青词 362	
大坑桥 544	大鄣山 4	万青阁全集 362	
大块脸 451	大鄣河 60	万青阁诗余 362	上清灵宝道院 588
大连山 3	大源 60	万松亭 578	上梁 796
大连岭 3	大源河 60	万松桥 544	上梁酒 796
大余山 4	大源桥 544	万知县破龙脉 388	上梁歌 411
大谷运 112	大溪桥 544	万和号茶铺 221	上渡桥 545
大谷瓮 112	大障道 626	万卷方家 738	上游永济桥会 206
大肚病谣 411	大藈山 4	万卷楼 583	上溪口 113
大灵猫 79	大嘉福 234	万卷楼藏书 738	小九华 5
大坦水口 602	大醵楼 234	万贯洲 75	小三苏 334
大苗 159	大舞台 451	万春书院 304	小上海 159
大岭 4	大鲵 80	万春庵 588	小木兰花 80
大阜 112	大徽州 2	万峰塔 572	小户 199
大阜小阜来历 387	大鳌岭 4	万峰晴雪 656	小心坡 6
大阜瀛 112	大鳙山 4	万善庵寺产碑 656	小石桥 545
大阜瀛石鸡 79	大鳙岭 4	万笋山 5	小龙山 6
大鱼退兵将 748	丈汉 806	上三眼井 638	小母堨 647
大学士 697	丈量步车 350	上马石 388	小西湖 602
大学士坊 528	万山书院 304	上井 639	小尖山 6
大姓 199	万山拱圣 655	上元节 820	小年 820
大战岭 4	万川家塾 317	上水村 113	小年饭 796
大畈 112	万历休宁县志 282	上升峰 5	小先生制 334
大总 217	万历齐云山志 282	上正梁 796	小竹里馆印存 444
大洪山 4	万历祁门县志 282	上叶渡 639	小华山 6
大洪水 59	万历绩溪县志 282	上田 113	小江村 210
大洪(岭)古道 626	万历程氏染店查算账簿 738	上头茶 806	小买 159
大洋湖 59		上庄 113	小赤东 80
大洲源 59	万历歙志 282	上庄古建筑群 489	小连岭 6
大郡伯第门坊 528	万历黟县志 283	上阳尖 5	小补桥 545
大屋 489	万印轩联 375	上汶溪渡 639	小灵池 60
大屏山 4	万岁山 4	上国琳琅 697	小灵猫 80
大桥下郑 168	万岁驿 104	上金山 5	小苗 159
大租 159	万年希 362	上草市渡 639	小昌溪 60
大盛织布厂 226	万年松 80	上胡家 113	小岭 6
大塔岭道 626	万年桥 544	上南洞 45	小姓 199
大越徙民 388	万竹山楼 583	上饶师范学院朱子学研究所 1156	小南海 6
大雄宝殿 697	万安山 4		小鬼蒂与小贼 388

小胍望馆藏书 738	千年徽州：人才与经济社会发展学术研讨会 1161	义积桥 546	马打滚 773
小洋湖 60		义冢 206	马兰头 767
小洲源 60	"千年徽州家谱与社会变迁研究"启动暨开题报告会 1161	义塾 317	马头石 50
小孩发型 800		义廪 199	马头墙 612
小孩佩戴 800		尸衣 806	马廷鸾 830
小孩鞋式 800	千里山 7	己酉避乱录 283	马丞相花园 602
小桃源 104	千佛台 56	子母钱 247	马如春 1061
小租 159	千层饼 783	子孙钉 806	马尾泉 60
小娘 806	千张酥 783	子威 1139	马齿苋 767
小溪 114	千秋泉 60	子思子 258	马国宝 830
小溪桥 545	千秋桥 546	女子发型 800	马岭关 104
小媳妇 806	千秋潭 60	女子佩戴 800	马版 227
小潋水 60	亿同昌茶号 221	女子服式 800	马肃 1061
小徽州 2	久昶油盐号 217	女子帽式 801	马迹石 50
口大欺天 388	广月令 283	女子鞋袜 801	马泰 993
山口岭 6	广东 210	女中君子 697	马峰凹 104
山门 451	广印人传 444	飞川来历 388	马惠 1086
山子集 362	广州 210	飞云石 49	马禄 907
山云岭 6	广州新安会馆 241	飞云亭 578	马锡 993
山中天 697	广安寺 588	飞云洞 45	马锡仁 1086
山中邹鲁 697	广艳异编 363	飞升台 56	马锡庚 1086
山乐鸟 80	广菌谱 350	飞升台藏经楼碑记 656	马褂木 80
山市 697	广群芳谱 350	飞布山 7	马榨大路 626
山头桥 545	广德王国 104	飞布书院 304	马鞍山庙会 820
山芋枣 773	广德国城 114	飞龙峰 7	马鞍鳝 748
山里囡 411	门 199	飞来石 49	马鞍鳝的由来 388
山里好 411	门头 610	飞来洞 45	马豫 1086
山秀桥 545	门当户对 806	飞来椅 611	马蹄石 50
山君岩 40	门向 610	飞身所 656	马蹄岭 114
山鸡 80	门前岩 40	飞雨 656	马蹄酥 783
山居清赏 283	门客 738	飞雨泉 60	马蹄鳖 80
山茱萸 80	门扇 610	飞鱼石 50	乡圣 697
山柏 80	门脸 610	飞虹 697	乡约碑 656
山柱 610	门楼 610	飞泉溪 60	乡贤里 697
山树莺 80	门罩 611	飞举冲霄 656	乡党以齿 199
山屋书院 304	门鞍 611	飞鸿堂 227	乡党图考 274
山陬海涯无所不至 210	门簪 611	飞鸿堂印人传 444	
山越 104	义井 639	飞鸿堂印谱 444	**四画**
山越经济 159	义乌新安会馆 241	飞椽 611	
山喜鹊 80	义方桥 546	飞蝠山 7	丰干诗社 360
山墙 610	义田 199	飞鹤瑶台 56	丰口四面坊 528
山鳗 80	义成 114	叉手 611	丰乐水 60
"千丁之族，未尝散处"：动乱与徽州宗族记忆系统的重建 1167	义合桥 546	叉烧肉 748	丰乐河埧群 647
	义庄 199	马大壮 993	丰南 114
	义府 274	马曰琯 907	丰南志 283
	义学 317	马曰琯父子藏书献书 738	丰溪 60
千丈岭 7	义姓亭 578	马曰璐 907	丰溪甲秀 697
千山夕阳：王振忠论明清社会与文化 1167	义重衡嵩 388	马氏 168	王一仁 1061

王一标 907	王传文 1139	王学类禅臆断 258	王朝栋 909
王一姣 1061	王延宾 908	王学洧 909	王棠 1087
王士汲 907	王仲奇 1061	王学健 1062	王鼎 1087
王大凡 1086	王任之 1062	王宗瑞 994	王集成 833
王大善 907	王伦 1087	王实杖责从兄 388	王畲峰 7
王之翰 830	王华祀 908	王绍娴 1087	王舜举 833
王开 1061	王问山水中堂 705	王绍隆 1062	王善庆 995
王云翔 907	王汝舟 831	王经天 832	王谟 1063
王太祐 908	王守敦 993	王封遗址 626	王祺 995
王友直 993	王讽 993	王城 909	王瑜 833
王友亮 1087	王孙桥 546	王荫陵 1062	王毂 1087
王友端 830	王观国 831	王昺 832	王献芝 995
王少华 1087	王纫佩 1087	王显璈 1062	王楫 1087
王少峰 1061	王寿 831	王昭三 994	王槐康 909
王日老 993	王圻 1087	王畏三 832	王锡燮 909
王中梅 908	王声 1087	王勋 1062	王錞 995
王仁宅 908	王村 114	王钟麒 994	王愈 833
王从之 1061	王步霞 1087	王禹 1062	王福启 909
王公峰 7	王时沐 908	王俊得 832	王殿人 1063
王月德墓 656	王佐治 993	王胜甫 1087	王瑶芬 1088
王氏 168	王作霖 993	王炳照 1062	王毓璞 995
王氏内科 340	王伯巨 993	王炳燮 994	王璋 833
王氏故宅 489	王甸青 993	王泰邦 909	王震 833
王凤生 830	王言 1087	王泰征 832	王澍铁线篆轴 705
王文企 830	王应达 908	王珣 832	王懋赏 995
王文进 830	王应矩 908	王起龙 1087	王曜南 995
王文治诗碑 656	王应桢 831	王桂元 1062	王曜槭 995
王文俊 908	王应超 831	王根 994	王璧 833
王文德 830	王应瑜 831	王恩注 832	王璧墓 657
王文藻 830	王启仁 908	王恩浩 994	开工酒 796
王孔嘉 1087	王张显 994	王笔帜 994	开门石 50
王以宽 993	王环 994	王家大厅 489	开门银 199
王以衍 831	王武扬 831	王家宾 995	开中折色 217
王玉芬 1087	王茂荫 831	王梦弼 1087	开中法 217
王玉麟 993	王茂荣 908	王梓材 832	开文书院 304
王世勋 908	王杰 908	王野翁 995	开戒 297
王石山 7	王轮粹 1062	王悠炽 909	开张 247
王石岩 7	王尚 1062	王偶 995	开张礼 796
王仕云 831	王国本 994	王康吉 909	开明灵 806
王玄度 1087	王国椿 908	王清 909	开面 806
王汉山 908	王国端 1062	王鸿宾 995	开咽喉 806
王邦柱 993	王佩兰 994	王寅 995	开洞房门念诗 806
王有礼 1061	王金 909	王维馨 1087	开祠堂门 199
王存德 1139	王京祥 832	王琠 1063	开眉眼 806
王廷钊五世同堂 388	王炜 994	王琠墓 656	开泰染坊联 375
王廷相 1061	王炎 994	王朝兴 832	开轿诗 806
王廷桂 993	王学书 832	王朝佐 833	开秧门 796
王廷琯收藏 738	王学炜 909	王朝玥 995	开脸 451

井水当酒卖 388
井花香处 697
井南山 7
井亭 578
天乙真庆坊 528
天下之汪皆出新安 169
天下水陆路程 283
天下名泉 657
天下奇观 657
天下路程图引 283
天门坎 7
天门岩 40
天门诗碑 657
天子墓山 7
天女花 80
天马山 7
天开图画 657
天开神秀 657
天井 612
天井山 7
天井山道院 588
天井岩 40
天井窟 60
天无体 350
天中泉 60
天心堂 489
天龙池 61
天目山脉 8
天竹叶 411
天问天对解 363
天灯 462
天池 61,657
天花 612
天启歙志 283
天顶山 8
天官上卿府 489
天柱峰 8
天星洞 45
天泉 61
天泉书院 304
天泉岩 40
天津 211
天津徽州会馆 241
天都十子 416
天都书院 304
天都仙子题崖诗 657
天都社 297
天都诗社 360

天都派 416
天都载 363
天都峰 8
天桥岩 40
天造名山 657
天海 75
天海佛像 658
天理之自然 258
天堂山 8
天眼泉 61
天鹅孵蛋石 50
天牌石 50
天尊观 588
天湖山 8
天鉴精诚 698
天锡纯假 698
天锡遐龄 698
天榜石 50
夫子山 8
夫子尖 8
夫子洞 45
夫子峰 8
元之国学 258
元元统二年初登第浮雕石刻
　　组群 705
元龙泉窑青釉双鱼洗 706
元龙泉窑刻花盖罐 706
元龙泉窑影青釉高足碗
　　706
元代契尾翻印件的发现
　　1167
元代徽州的宗族建设 1168
元代徽州路的手工业 1168
元卵白釉印花缠枝牡丹折腰
　　碗 706
元卵白釉印花缠枝牡丹纹盘
　　706
元卵白釉葫芦形执壶 706
元卵白釉缠枝菊花纹匜
　　707
元武功万六承事太君胡氏生
　　茔 658
元青白釉如意枕 707
元青白釉连座双耳炉 707
元青白釉戗金高足杯 707
元刻石瓜匙 707
元宝梁 612
元宵节 820

元铭文人物纹铜镜 707
元隆茂茶叶号 221
元蓝釉爵杯 707
元镂雕玉荷鹭圆牌 707
元影青高足龙纹杯 707
无人问起 806
无寿无疆 388
无典不徽 220
无钱嫁女一箍柴 806
无量寿佛 658
无量寿佛宫 588
无量寿佛赞碑 658
无影和尚 995
无徽不成典 220
无徽不成镇 211
无徽不成镇——明清时期的
　　徽商与城市发展 1168
韦斋集 363
云川 114
云川王氏祠规 195
云川六桥 546
云门书屋 304
云门峰 8
云门塔 573
云门源 61
云门溪 61
云门溪诸潭 61
云天一啸 658
云天佛国 658
云艺庵 588
云水泉 61
云平庵 589
云外峰 8
云庄书堂 304
云岚山 8
云岚桥 546
云谷寺 589
云际峰 9
云林遂思 698
云岩 658
云岩开辟兴复碑记 658
云岩朝真后览胜有述诗碑
　　658
云岩湖 61
云峰集 363
云豹 81
云朗岚光 698
云液庵 589

云深处 658
云巢洞 45
云铺海 75
云程进步坊 528
云雾茶 159
云溪堂 490
云溪堂帖 417
云溪堂帖碑 658
云端舞 463
木业 225
木主 199
木鱼峰 9
木刻食桃模 476
木商重建大兴会馆捐款人姓
　　名碑 659
木梆 613
木牌楼 529
木樨花开 411
木雕八仙桌椅 476
木雕楼 490
木雕满顶床 476
木籤 225
五丁峰 9
五门桥 546
五马坊 529
五云源 61
五友诗社 360
五世一堂 199
五世同炊 199
五世则迁 199
五龙山 9
五龙尖山 10
五龙泉 61
五龙潭 61
五代青白釉瓜棱形双系壶
　　707
五代堆婆冢 659
五代越窑青釉碗 707
五代越窑浅盘 707
五老上天都 389
五老山 10
五老耆英 169
五老峰 10
五老峰碑 659
五百罗汉朝南海 50
五匠 159
五坊 159
五花尖 10

五步龙 81	太乙桥 546	车盘岩 40	中五台庵 589
五步倒 81	太乙桥碑记 659	巨门峰 10	中巧村木牌楼联 375
五步蛇 81	太子千秋钟 707	巨龙峰 10	中正坊 529
五男桥 546	太子会 821	牙行 247	中平营 104
五谷树 81	太子庙 589	屯山书院 304	中央部级文化讲坛徽州文化
五轮沙漏 351	太子桥 546	屯浦 602	讲座 1162
五味和 698	太子堂 589	屯绿 159	中立石铭 659
五明寺泉 639	太子鸿避于歙 389	屯绿四大名家 159	中共皖南特委旧址 627
五岳朝天 613	太平天国军营遗址 626	屯溪 61	中华民国国立第八中学 318
五阜山 10	太平天国路凭 707	屯溪大王松 81	中华朱子学会 1156
五股尖 10	太平天国题壁字遗址 626	屯溪公济局 160	中华朱子研究会 1156
五郎庙 589	太平乐府 363	屯溪市私立行知中学 317	中虎岭 10
五姓同善会 206	太平兴国寺戒坛 297	屯溪老街 115	中国朱子学会 1156
五城水 61	太平军攻城图壁画 707	屯溪私立天山小学 317	中国传统社会的资产运作形
五城水口林 602	太平军题字 659	屯溪私立进修小学 317	态——关于徽州宗族"族
五城豆腐干 767	太平岭 10	屯溪私立建国中学 317	会"的会产处置 1168
五城茶干 767	太平春 452	屯溪私立福音小学 317	中国状元博物馆 1156
五城铺 104	太平桥 546	屯溪盆地 2	中国社会科学院徽学研究中
五城镇 114	太平窝 115	屯溪津渡 639	心 1157
五显行祠 589	太平锣鼓 463	屯溪桥 547	中国徽州文书（民国编）
五重岭 10	太白湖山 10	屯溪桥头卖姜人 389	1168
五侯阁 583	太白渡 639	屯溪烧饼 773	中国徽州古街文化论坛
五珠山 10	太白楼 583,698	屯溪绿茶 160	1162
五都清明 820	太白楼联 375	屯溪博济医院附设助产士学	中国徽商小史 1168
五桂名家 698	太极 259	校 317	中国徽商学术讨论会 1162
五样红 807	太极山 10	屯溪港 160	中和汤 748
五通庙 589	太医妒杀名医 389	屯溪镇 116	中和岭 10
五教堂 490	太函集 363	戈溪河 61	中和峰 11
五梅花尖 10	太宰读书处 698	戈溪桥 547	中和堂 490
五猖会 820	太娘坟 659	戈溪源道 627	中和楼 234
五雷峰 10	太液玄精 659	戈鲲化 995	中柱 613
五溪大圣祠 589	太湖祠 490	互济会 206	中秋节 821
五溪山 10	历口 115	切刀法 444	中秋拔路 796
五溪山毛峰 159	历山 10	止原公墓启 389	中秋拖缸片 821
五福祠联 375	历水 61	少女花 81	中秋接月光 821
五福桥 546	历史档案的多国比较研究研	少潭讲院 304	中庸讲义 259
五福镇 115	讨会 1161	日月叠璧歙砚 476	中庸点缀 259
支 199	历代二十一传残本 283	日用本草 351	中渡桥 547
支天顺木器店 225	历朝通略 259	中土坑新石器遗址 627	内商 217
支祠 199	历溪 115	中山书堂 304	内翰桥 547
不老山 10	友于歌 363	中山民众学校 317	水口神皋 573
不居集 340	友声票社 452	中山体专 334	水口塔 573
不是篁墩不是程 169	友松祠 490	中山沿革志 283	水石盆景 476
不浴心也清 659	友泉 659	中王桥 547	水竹坑 117
不疏园 602	友陶书院 304	中天书院 305	水运快利公司 237
不疏园研讨 274	尤溪渡 639	中元节 821	水村桥 547
不疏园藏书 738	车田古墓 659	中元保苗 796	水陆平安 283
太乙池 639	车轮滩 61	中云 116	水环岳拱 698

水岭道 627	长春班 452	分家 200	凤池书院 305
水帘洞 45	长亭 578	分理 274	凤岩 40
水南桥 547	长钱 807	公议碧阳书院规条碑 660	凤岩溪 62
水星桥 548	长啸台稿 363	公兴隆茶栈 221	凤炖牡丹 749
水浒叶子 437	长淮临中 318	公孙果 81	凤眼井 640
水浒全传插图 438	长短梯 627	公学 318	凤眼泉 62
水浒牌 438	长龄桥 548	月友书院 305	凤凰山 11,452
水客 247	长溪水 61	月光光 411	凤凰山志略 284
水馅包 773	长幡 807	月华池 639	凤凰石 50
水商 217	仁山遗稿 363	月华街 118	凤凰台 104
水淹七军 452	仁王寺 589	月池 62	凤凰松 81
水晶井 639	仁公祠 490	月折制度 217	凤凰泉 640
水晶糕 783	仁本堂联 375	月沼东宅 491	凤凰桥 549
水塘纪氏家训 195	仁寿桥 548	月梁 613	凤游山 12
水楂山遗址 627	仁里 117	月潭 62	凤舞台 452
水碓桥 548	仁里巷口窑址 627	月潭承志堂诸匾 698	六大盘 767
水蕨菜 767	仁里程氏家训 195	月潭胜景印志 444	六爻原意 259
水壁虎 81	仁宗赐墨 389	月潭渡 639	六月会 821
牛皮糖 784	仆城里 118	风义桥 549	六书正义 274
牛坑渡 639	仇中 1139	风火水洞 45	六合桥 549
牛尾狸 81	仇氏 169	风雨诗竹木刻画 477	六进士苏州扫墓 389
牛乳柿 81	仇以才 1139	风雨廊桥 549	六股尖 12
牛泉山 11	仇以寿 1139	风流绝唱图 438	六顺堂 491,698
牛泉水 61	仇民 1139	丹井 50,660	六都 118
牛首峰 11	仇自坚 833	丹台玉案 340	六都水口 602
牛福会 796	仇寿 1139	丹阳分治 104	六都祠群 491
牛鼻峰 11	仇学 1139	丹阳郡 104	六都牌坊群 529
气冠群山 660	仇学风潮 334	丹岩 40	六部四尚书 314
毛人岩 40	仇星农 909	丹溪心法 341	六朝声偶删补 363
毛甘 833	仇剑 1139	丹溪心法附余 341	六朝事迹编类 284
毛豆腐 748	仇钺 833	丹霞峰 11	文士茶 801
毛腹水草 81	仇高 1139	丹霞溪 62	文元 698
长于推理 274	仇继恒 833	乌门 118	文公山 12
长工歌 411	仇垛 996	乌龙台 56	文公书院 305
长子 199	仇源 1139	乌饭 773	文公杉 81
长丰社庙 589	父乙铭尊 708	乌饭团 774	文公丧礼考异 259
长生亭 578	父子乡贤 698	乌纱帽岩 40	文公庙 589
长生亭桥 548	父子四登科 314	乌岩清泉 640	文公庙复田 389
长生桥 548	父子尚书 314	乌金鹿 81	文公泉 640
长宁八古桥 548	从今不再拜菩萨 411	乌泥岭 11	文公祠 305
长庆寺塔 573	从安桥 548	乌鸦台的传说 389	文公家礼 259
长充铺 104	从柳山方氏看明代徽州宗族组织的扩大 1168	乌聊山 11	文公阙里 259
长尾巴 807		乌聊山明墓 660	文白异读 792
长林村 117	从新发现的徽州文书看"叫魂"事件 1168	乌镇新安义园 206	文闪河 62
长岭尖 11		勾股割圜记 351	文会堂 228
长和馆 234	从谱牒和商业书看明清徽州的商业教育 1168	凤山 11	文字原 445
长陔 117		凤灯舞 463	文孝庙 590
长春社 589	分岁 821	凤池 118	文昌正路 660

文昌阁 583	方氏 169,1063	方进 834	方秋宇 1089
文昌祠 590	方氏十二派 170	方远宜 835	方勉 835
文府墨 477	方氏外科 341	方贡孙 835	方勉弟 911
文肃公祠 698	方氏宗祠 491	方志华 996	方勉柔 911
文经魁 698	方氏墨海 438	方志图谱 438	方音 1063
文选颜鲍谢诗评 364	方氏墨谱 438	方村 118	方音偶借说 274
文济桥 549	方凤 996	方时化 996	方炳文 1064
文殊台 56	方文隽 1088	方吴岭 12	方洋 835
文殊洞 45	方文篋 910	方体 835	方恬 835
文殊院 590	方亢宗 1088	方甸 996	方振鉴 911
文峰 12	方允淳 1063	方言古语词 792	方壶书屋 305
文峰亭 574	方玉瑂 1088	方言成语 792	方壶存稿 364
文峰庵 590	方玉萬 1063	方言婉辞 792	方壶词 364
文峰塔 574	方正 1139	方沛霖 835	方原生 911
文读 792	方世振 1088	方宏静 835	方逢龙 997
文萃会 160	方可 996	方良曙 835	方高 997
文堂诗选 364	方可权 834	方启大 996	方症会要 341
文谟典 220	方石 834	方启蒙 1089	方家老屋联 375
文献 698,834	方仕恭 1063	方初 835	方家园遗址 627
文魁 698	方用 996	方初庵集 364	方家岭 12
文徵明山水大中堂 708	方用彬书札 708	方纮避难 390	方家岭古道 627
方一乐 1063	方用彬收藏 738	方纯仁 996	方乾 1089
方三应 910	方用彬典 220	方纲 996	方梅 1089
方三应数年寻失主 389	方汉 834	方若坤 835	方辅 1089
方干谒 647	方汉题壁 660	方直 996	方敏 836
方于鲁 910	方必元 834	方尚伦 910	方清 836
方于鲁墨 226	方邦休 834	方尚倓 910	方婉仪 1089
方士亮 1088	方邦庆 834	方国儒 835	方维 1089
方士载宅 491	方式 1088	方昂 835	方瑛 836
方士恩 1063	方式玉 1088	方岩耕 910	方琦 1089
方士庶 1088	方圭 834	方牧 996	方琦花画轴 417
方士庶仿古山水图 417	方扬 996	方岳 1089	方琢 836
方士寏 1088	方百花 834	方侪 996	方琼真 997
方大有茶漆号 221	方有开 834	方庙桂 1089	方掌珍 1089
方大炜 1088	方有执 1063	方育明 835	方鼎 1064
方山 12	方成培 1088	方泽春 910	方储 997
方山楼 583	方回 1089	方宗诚 996	方释 836
方广 1063	方廷玺 1089	方春福宅 491	方腊 836
方之庆 996	方竹 82,1089	方春熙 996	方腊鱼 749
方子谦 1139	方仲艺 1089	方茶 160	方腊鱼的传说 390
方开 1063	方向 1089	方荣翰 996	方腊寨 627
方天士 1063	方舟 834	方南滨 910	方斌 836
方元泰 834	方兆钥 910	方星 996	方善 1090
方元鹿 1088	方兆曾 1089	方思山红豆杉 82	方善祖 911
方元焕 1088	方兆鳌 834	方思孝 835	方翔 911
方元焕秋江渔隐图 417	方汝梓 910	方思棠 1139	方道容 911
方日昱 834	方如川 1089	方钟美 910	方谦 836
方升 834	方纪达 834	方矩 997	方瑞生 1139

方塘　652
方椿　997
方锡荣　911
方筠雪　1090
方寋　836
方愿瑛　837
方舆胜览　351
方肇权　1064
方觐　837
方德懋　997
方操　837
方糕　784
方薰　1090
方翼　1090
方璧　1090
火儿　200
火把会　821
火佃　200
火狮舞　463
火神庙　590
火耕水耨　160
火烤鳜鱼　749
火烧林音寺　390
火腿豆腐　749
火腿炖甲鱼　749
火腿炒冬瓜　750
为国干臣　698
为惟敏画山水图　417
斗山　12
斗山书院　305
斗山寺　590
斗鸟　463
斗床檐词　807
斗拱　613
订正伤寒论注　341
订婚礼　807
心远书院　305
心法歌诀　341
心性　259
心学阵营　260
尹蓬头　997
引仙桥　549
引礼　200
引针石　50
引针峰　12
引窝　217
引赞　200
巴氏　170

巴隽堂印存　445
巴陵桥　549
巴锡麟　1064
巴源绶　911
巴慰祖　1090
巴慰祖刻象牙印章　708
巴慰祖故居　491
巴慰祖故居匾额群　698
孔子先师庙　334
孔子家语图集校　438
孔子编年　284
孔灵村　119
孔明灯　463
孔庙　335
孔庙双桂　82
孔雀开屏石　50
孔雀兰　82
孔雀松　82
孔愉　997
孔端木　1090
办后事　807
以义为利　254
以风节相砥砺　260
以文家塾　318
以众帮众　254
以佃为仆　160
以妥堂旅榇所　206
以实理求之　260
以秤计田　160
以歙县虹源王氏为中心看明清徽州宗族的婚姻圈　1169
允忠兄弟顶开茶铺合同　738
邓石如隶书屏条　708
劝农文　351
劝农亭　578
劝学所　335
劝诫乌烟歌　411
劝善班　452
双口古井　640
双门寺　590
双子星座：徽商、晋商比较研究　1169
双节坊　529
双龙戏珠金桂　82
双龙松　82
双冬肉包　774
双寿承恩坊　529
双杉书院　305

双龟石　50
双坦尖　12
双忠庙　590
双岭　12
双泉井　640
双桂胡氏　170
双桥　549
双峰山　12
双脆锅巴　750
双清道院　590
双溪草堂诗集　364
双溪桥　549
双溪集　364
双爆串飞　750
书画收藏三等　739
书画估　739
书画舫　739
书画船　739
书画藏品　739
书院　305
书馆　318
书箱峰　13
毋许招佃民姓棚民碑　660

五画

玉几山　13
玉山　13
玉川豆豉　774
玉勾十三种　364
玉兰片　784
玉台山　13
玉台峰　13
玉芝草　364
玉米馃　774
玉汝诗集抄存　364
玉林书院　305
玉枢庵　590
玉兔峰　13
玉带桥　549
玉面狸　83
玉皇殿　590
玉屏山　13
玉屏峰　13
玉虚坊　530
玉虚宫　590
玉堂公遗训碑　660
玉琳斋　699

玉器皮货谱　708
打七　297
打个巴掌都不放　390
打水陆　297
打长工　411
打石降　56
打米汉　807
打米舅　807
打佛七　297
打狗粿　807
打食桃　774
打络子　237
打禅七　297
打鼓送瘟船　821
打鼓洞　45
打锣封山　796
打锣通知　807
打箍井　640
打飚　826
正田药店　236
正主　200
正款盆景　477
正道居　491
正殿　590
正德黟县志　284
扑蝶舞　463
功德寺　297
去思亭纪碑　660
去蔽　275
甘草水鱼　83
甘泉源　62
甘泉溪　62
甘熙　997
甘露仙　297
世光第　491
世孝祠　491,699
世贤书院　305
世忠庙　590
世泽楼藏书　739
世恩堂　699
世落　801
世德亭　579
古川水　62
古今伪书考　275
古今医统大全　341
古今鹾略及鹾略补　284
古今彝语　284
古印概论　445

古老焰火 477	石山坞 119	石城山 14	石燕洞 45
古延寿桥 549	石山医案 341	石城古树群 83	石雕双松图 477
古来桥 550	石门山 14	石柱厅 492	石雕科举花窗 477
古坦水 62	石门寺 591	石柱峰 14	石雕桌凳 477
古林 119	石门岩 40	石信将军庙 591	石壁花 83
古林双节坊 530	石门亭水 62	石泉书院 306	石壁源 63
古林桥 550	石门院 591	石狮偷麦苗 390	石螺峰 15
古事焰火 477	石门峰 14	石亭记 660	右文之习 826
古岩院 297	石门源 62	石亭村门枋联 376	右龙水口林 603
古油潭 62	石门溪 62	石室源 63	布水峰 15
古城观音殿 590	石门滩 62	石屋 45	布水源 63
古城岩五猖庙 590	石马 477	石屋山 15	布龙舞 464
古城岩石刻 660	石井潭 63	石桥 551	布射水 63
古城桥 550	石牛塔 56	石桥观月碑 660	布袋石 50
古城塔 574	石氏 170	石桥村 119	戊己桥 551
古洞天 660	石户 660	石桥岩 40	戊子秋夜登齐云 661
古津 699	石龙洞 45	石桥岩记 660	龙山 15
古桥村水口 603	石龙精舍 306	石桥岩诗 661	龙山古楠木 83
古桥物色 699	石丘书院 306	石桥岩铭 661	龙山寺 591
古梅吟稿 364	石印山 14	石桥岩题壁 661	龙川 120
古铜印丛 445	石头桥 551	石鸭 83	龙川水 63
古淇园 603	石头餜 774	石笋矼 50	龙川书院 306
古稀再度寿印 445	石民群 911	石笋峰 15	龙川古戏台 530
古筑河 62	石老山 14	石浦 119	龙川官桥 551
古筑桥 550	石耳 83	石家村 119	龙川胡 170
古登津木桥 550	石耳山 14	石家村古建筑群 492	龙川胡氏宗祠 492
古槐桥 550	石耳豆腐丸 750	石舸 997	龙川胡氏宗祠联 376
古楼桥 550	石耳炖鸡 750	石隐和尚 997	龙川桥 551
古蜗篆居印述 445	石芝 1090	石碣头 647	龙门桥 551
古韵标准 275	石光达 911	石葵斋 911	龙门道院 591
古溪桥 550	石竹山房天游稿 364	石棺岩 40	龙王庙 591
古箭渡 640	石羊干 660	石蛙 83	龙井宅坦 121
古歙山川图 438	石守信报功图 438	石蛤蟆 83	龙井潭 63
古徽楹联的文化蕴涵 1169	石村 119	石瑞熊 911	龙天宝塔 574
节比松筠 699	石步岕 75	石鼓山 15	龙天塔 575
节日谣 411	石佛洞 45	石鼓寺 591	龙爪肉丝 750
节礼 807	石佛嵌 45	石鼓峰 15	龙爪松 83
节孝总坊 530	石龟探海 50	石歙 120	龙凤恩永 699
节俭户 200	石床峰 14	石照山 15	龙丛源道 627
本庄茶 222	石鸡 83	石新妇山 15	龙头石 50
本草择要纲目 341	石孟山 14	石墙里 15	龙头菜 83
本草备要 341	石孟庙 591	石榴岩 40	龙灯舞 464
本草蒙荃 341	石孟崇福院 591	石墅 120	龙池 640
札溪桥 551	石林山 14	石墨井 640	龙吟石 51
左史谏草 284	石响山 14	石墨龙芽茶 160	龙尾山 15
左儒右贾 254	石金山 14	石墨岭 15	龙泉井 640
石人峰 13	石乳岩 40	石潭 120	龙须山 15
石上流泉 660	石乳亭 579	石鹤山 15	龙须纸 477

龙须岩 41	东坑霞照碑 661	北海 75	叶朱 1090
龙须源 63	东吴大学附属中学（黟校）	北野县 105	叶份 837
龙涎池 661	318	北蒋居一 170	叶自耀 912
龙涎泉 63	东吴附中 318	北游集 364	叶名沣 1090
龙宫寺 739	东园 493	北路郑半州家 170	叶寿萱 912
龙都诗社 360	东园书院 306	北溪桥 552	叶志灏 1091
龙桥 551	东坡尖 16	占屋柱 826	叶芳炎 998
龙峰书院 306	东坡观砚图 708	卢云乘 1064	叶村 122
龙眼井 640	东松庵 591	卢氏 170	叶村桥 552
龙眼桥 551	东松僧留诗坐化 390	卢氏宅 493	叶村堆罗汉 822
龙湾水口林 603	东贤堂 493	卢村 122	叶村梅树 84
龙塘镇 121	东图玄览编 739	卢崖题壁诗 662	叶村叠罗汉 822
龙源坊 530	东和 699	卢潘题壁 662	叶时新 837
龙源赵氏园林 603	东岳山 16	业盐甲两淮 217	叶伯鸣 837
龙溪天水万年台 531	东岳庙 591	旧德邻屋 699	叶应龙 1091
龙溪河 63	东南名岳 661	帅嘉谟 1064	叶良仪 998
龙溪桥 551	东南邹鲁 314,661	归宁 801	叶良茂 912
龙舞 464	东峡溪桥 552	归德县 105	叶贤 913
龙潭 63	东亭桥 552	目连戏 452	叶尚标 1091
龙糕 784	东晋青釉盘口壶 709	叶大红 1090	叶明绣 913
龙蟠桥 552	东原学派 275	叶万生 911	叶宗茂 838
平山书院 306	东皋塔 575	叶上林 912	叶宗昌 1091
平天矼 51	东瓶西镜 801	叶开泰药店 236	叶宗春 838
平地一声雷 390	东密岩 41	叶天士 1064	叶荣 1091
平里 121	东港 63	叶天球 837	叶奎光堂 494
平里水口 603	东源书院 306	叶天赐 912	叶峙亭 913
平盘斗 613	东源乐输碑 662	叶天爵 837	叶修 838
平渡堰 647	东溪桥 552	叶元龙 837	叶兹坐 913
平鼻岭 16	东墅书院 306	叶元良 837	叶洮 1091
东干堨 647	东谯楼 584	叶日葵 912	叶祖洽 838
东山 16	东壁春台 699	叶介夫 998	叶泰 1139
东山井 640	东麓书院 306	叶公孟婆墓 662	叶起凤 998
东山书院 306	北山岭 16	叶氏 170	叶菁 1091
东山存稿 260	北云尖 16	叶氏女 998	叶铭 1091
东山庵 591	北边备对 284	叶氏女智救朱元璋 390	叶敏东 913
东山精舍 306	北村 121	叶氏文会 360	叶琦 998
东门万年台 531	北园书院 306	叶氏宗祠 493	叶朝采 1065
东门石坝 647	北宋景德镇窑影青钵 709	叶文基 912	叶赏钺 913
东门永吉桥碑记 661	北岸 121	叶为铭 1090	叶景葵 1139
东门桥 552	北岸吴氏宗祠 493	叶以群 1090	叶善新 998
东文古道 627	北岸廊桥 552	叶正运 912	叶道传 913
东方蝶螈 83	北京 211	叶正蕃 998	叶道卿砚 477
东古寺 591	北京休宁会馆 241	叶本立 912	叶源桥 552
东扬州 104	北京绩溪会馆 241	叶龙 998	叶熙锟 1091
东夹溪 63	北京婺源老会馆 242	叶仕衡 912	叶萧 838
东关冯氏家戒家规 195	北京婺源新会馆 242	叶芛圃 998	叶聪桥 553
东关杨氏 170	北京歙县会馆 242	叶权 1090	叶蕙芬 1091
东关堨 647	北河 63	叶达仁 1090	叶德嘉 1091

叶懋适 913	四书章图 261	仙猿 84	图 439
叶蕌 838	四世一品坊 531	仙僧洞 46	白象峰 17
叶瀚 1091	四合式 613	仪礼正义 276	白祭 807
叶馨谷 1065	四色礼 807	仪礼释例 276	白鹿源 64
甲路 122	四声切韵表 276	仪礼释宫增注 276	白颈长尾雉 84
甲路油纸伞 160	四体千字文横卷 709	白山 16	白鹅岭 17
甲溪 63	四角方 171	白山鸡 84	白鹅峰 17
申禁公约碑 662	四贤祠 591	白马源 64	白鹇 84
田川玉帝会 822	四易通义 261	白云书院 306	白榆社 360
田中前 123	四季调 412	白云岩 41	白腹蛇雕 84
田氏 171	四封桥 553	白云岩大雄宝殿 592	白鹤山 17
田皮 160	四香堂印余 445	白云洞 46	白鹤溪 64
田边菊 768	四香堂摹印 445	白云庵 592	白鹳 84
田宅交易中的契尾试探 1169	四喜班 452	白云深处 662	瓜柱 614
田底 160	四碗四 768	白云集 364	丛山关 105
田面 161	四碗四盘 768	白云禅院 592	丛林寺 592
田骨 161	生生子医案 342	白云溪 64	丛林寺壁画 417
史书 284	生生局 206	白石井 640	丛桂堂藏书 739
史世椿 913	生活即教育 335	白石讲堂 306	用筷禁忌 802
史诠 284	生笋 84	白石涌泉 640	印可 445
史砭 284	生意蒙训俚语十则 284	白石塔 56	印钉 807
史谋 1065	生聚教训 699	白龙岩 41	印法参同 445
史裁 284	丘浚 998	白龙洞 46	印经 445
史朝宏 998	仗鼓舞 464	白龙溪 64	印品 445
兄弟三进士 314	仙人下棋 51	白龙潭 64	印章法 446
兄弟松 84	仙人对弈石 51	白圭趋时 254	印商 446
叫吓 826	仙人台 56	白杨书院 306	印墩 52
叫魂 826	仙人床石 51	白杨院 592	印薮 446
四十不贺 807	仙人岩尖 16	白尾海雕 84	尔雅翼 352
四才子 364	仙人挂画岩 41	白际岭 16	乐山书院 306
四川 211	仙人指迷峰 16	白茅岭 16	乐成桥 553
四门新安源古树林 603	仙人洞 45	白板桥 553	乐寿桥 553
四女中 318	仙人晒宝石 51	白岳山 17	乐贤堂 699
四井 640	仙人峰 16	白岳山人传碑 662	乐泉井 641
四元玉鉴细草 352	仙人靴石 51	白岳山人冰玉姿碑 662	乐泉桥 553
"四元宝"刻书 228	仙女峰 16	白岳山房 662	乐叙堂 494
四不像 84	仙石村 123	白岳文昌祠碑记 662	乐叙堂联 376
四友堂 306	仙石周氏祖训 195	白岳金芽 161	乐善可风 699
四水归明堂 613	仙石周氏家法 195	白岳重葺玄君殿记碑 662	乐善堂联 376
四水归堂 613,801	仙灯洞 45	白岳峰 17	乐输达钵岭茶庵碑 662
四月天 412	仙岩 41	白岳黄芽 161	犯十恶不准入祠 200
四书发明 260	仙姑尖 16	白南轩 1139	外柱 614
四书典林 276	仙姑背石郎 390	白砂岭 17	外科理例 342
四书通 260	仙都峰 16	白香山诗集 365	外屋四房厅 494
四书通义 260	仙桃石 51	白胸翡翠 84	外埠徽人刻书 228
四书通证 260	仙桃峰 51	白瓷五彩佛板 709	外溪岗 56
四书章句集注 260	仙道洞 46	白读 792	冬瓜鱼锅 750
	仙寓山 16	白雪斋选订乐府吴骚合编插	冬瓜盅 750

冬瓜饺 774
冬瓜焐火腿 751
冬至节 822
冬笋 84
冬笋茴香豆 774
冬笋盐水豆 774
冬笋煨火腿 751
冬菇 768
鸟门 391
务本堂 242,699
务东邵 171
务前郑 171
包西来 998
包条 739
主簿山 17
市心桥 553
立马峰 17
立马峰的传说 391
立佛石 52
立柱 614
立夏节 822
立高见远 699
立雪台 56
冯氏 171
冯伟 838
冯村 123
冯村十三桥 553
冯村进士坊 531
冯梦龙等十七人书法册页 709
冯谥 838
冯塘遗址 627
冯照 1091
冯照秋林返照图立轴 709
冯靖 838
玄天太素宫 592
玄天妙境 662
玄天金阙坊 531
玄芝洞 662
玄武林古井 641
玄帝传碑 662
玄真子 352
闪里 123
兰宇尼庵 592
兰花火腿 768
兰桂庵 592
兰皋集 365
兰溪 211

兰溪市徽学研究会 1157
兰溪江南公所 242
兰溪新安同乡会 245
兰溪新安会馆 242
兰簃丛稿 365
半仙亭 579
半边石屋 46
半边洞 46
半岭 17
半春园 603,699
半春园联 376
半茶村财神庙联 376
半流铺 105
半街胡 171
半源桥 553
汇源桥 553
头首 200
汉口紫阳书院 306
汉口新安书院 306
汉公坑水口林 603
汉正街 211
汉白玉石画 477
汉铜印丛 446
汉铜印原 446
汉朝苦楮 84
汉魏丛书 228
汉魏别解 284
宁本瑜 838
宁可少点田产 391
讨饭米钱 807
讨饭灯 464
讨饭料 391
写怀诗卷 709
写经楼藏书 739
写封信啊上徽州 412
写联忌讳 802
让溪甲集乙集 365
礼书纲目 276
礼包 774
礼让行走 802
礼记训义择言 276
礼式 807
礼百列行厂 238
礼经纲目 276
礼经释例 276
礼笺 276
议婚 807
《永乐大典》徽州方志研究 1169

永乐祁闻志 284
永宁寺 592
永吉桥 554
永吉桥碑记 663
永安衣服店联 376
永安桥 554
永来河 64
永卖 161
永明电灯公司 238
永思堂 699
永济仓 206
永济桥 554
永晟典 220
永禁匪丐入境碑 663
永禁碑 663
讱庵集古印存 446
司马第 494
司平坊 531
司过 200
司年 200
司帛 200
司姑桥 554
司祝 200
司值 200
司谏第 494
司馔 200
司樽 200
司盟 200
司爵 200
尼姑背和尚 52
尼潭 64
民主小学校 318
民国祁门县志 285
民国时期徽州方志编纂中的创新与守旧 1169
民国重修婺源县志 285
民国浙东乡第三保公民立公约 709
民国浙东乡第六保公民立公约 709
民国浙东乡第四保公民立公约 709
民国婺源县志 285
民国歙县志 285
民国徽商、乡村工业与地方市场——培本有限公司经营账簿研究 1169

民国黟县四志 285
民居防火工程 352
民居建筑功能 614
弘仁 1091
弘仁丰溪秋色图 417
弘仁天都峰图 417
弘仁西岩松雪图 417
弘仁竹石幽居图 417
弘仁仿倪云林山水图 417
弘仁江边独棹图 418
弘仁林泉图 418
弘仁林樾寻梅图 418
弘仁松溪石壁图 418
弘仁松壑清泉图 418
弘仁雨余柳色图 418
弘仁始信峰图 418
弘仁枯木竹石图轴 418
弘仁枯槎短荻图 418
弘仁柳岸春居图 419
弘仁临水双松图 419
弘仁幽亭秀木图 419
弘仁晓江风便图 419
弘仁峭壁竹梅图 419
弘仁高桐幽筱图 419
弘仁黄山天都峰图 419
弘仁梅花图 419
弘仁等冈陵图卷 419
弘仁疏泉洗研图卷 420
弘仁溪山春霁图 420
弘仁溪山清幽图 420
弘治休宁县志 285
弘治徽州府志 285
弘眉草书轴 420
出地方 464
出师酒 796
出翘 614
出嫁衣 807
出殡 808
辽阳 212
边商 217
发包 774
发利市 802
发明朱子之学本旨 261
发亲 808
发糕 784
圣母池 641
圣母灵祠 592
圣泉 641

圣泉峰 17	老黑班 453	西门月城 124	百步云梯 628
圣僧庵 592	老福盛酱园 237	西门桥 554	百果糕 784
圣僧庵壁画 421	老殿 593	西关埠头 641	百城襟带 76
对八字 808	老徽调 453	西安 699	百药源 64
对门厅 494	老孺 808	西坑 124	百柱宗祠 495
对问编 286	老鹰捉鸡 826	西坑桥 554	百桂尖 18
对面山上一只鸡 412	执定 808	西园 495	百家名书 228
对清代徽州分家文书书写程	地方社会研究中田野资料的	西园女先生 342	百脚尖 18
式的考察与分析 1169	解读学术研讨会 1162	西园书屋 307	百晬 808
对镜岭 17	地戏 465	西园遗稿 365	有恒心斋诗集 365
台阁 465	地狮舞 465	西园喉科 342	有恒心斋骈体文集 365
台基 614	地球墨 477	西武岭 18	有益书报社 228
纠仪 200	地域中国：民间文献的社会	西武岭古道 628	存好心 254
纠过 200	史解读研讨会 1162	西府海棠 84	存诚堂 228,343
母石山 17	地藏宫 593	西界岭 18	灰汁粿 775
母主 200	地藏殿 593	西峰寺 593	灰汁粽 775
丝布业 226	场商 218	西递 124	灰喜鹊 84
	扬之水 64	西递古民居群 495	达摩祖师石 52
六画	扬州 212	西递桥 554	死于理 277
	扬州休园志 286	西海 75	死不回头 453
动石 52	扬州徽州会馆 242	西海群峰 76	成道节 298
寺观祠 297	扬溪桥 554	西厢记序 365	成道会 298
吉阳山 18	扬溪源道 627	西爽堂 228	夹苎脱胎 478
吉阳水 64	扬溪镇 124	西畴书院 307	夹身洞 46
吉阳庙 593	亚东图书馆 228	西粤对问 286	夹沙羊尾 775
扣三丝汤 751	芝兰日露茶 161	西湖名胜图墨模 477	夹源水 65
考工记图 277	芝麻雕 84	西塘黄氏家训 196	夹溪桥 554
考川水 64	芎石 52	西溪 125	毕力忠 838
考水 123	朴学先驱 277	西溪南 125	毕氏 171
考水群桥 554	权子母 247	西溪南农民夜校 318	毕业灯 465
考订朱子世家 286	过五 220	西溪南收藏 739	毕成梅 913
考古编 261	过旭初 1139	西瀛峰 18	毕兴 913
考棚 314	过继 200	百丈岩 41	毕沅 998
考溪水 64	过惕生 1140	百丈泉 64	毕宏述 1091
托脚 614	过街楼 614	百丈潭 64	毕尚忠 1091
老人峰 18	亘古奇观 663	百丈瀑 64	毕周万 913
老大先生 796	亘史 365	百子灯 808	毕周通 913
老大桥 554	亘史钞 365	百日礼 808	毕泷 1091
老龙潭 64	吏部右侍郎林平泉公白岳修	百世不迁 200	毕星海 1091
老汉 808	路碑记 663	百世经师 699	毕昭文 1092
老竹大方 161	协和昌 222	百代蒸尝 699	毕恩溥 999
老竹古道 627	协济桥 554	百鸟亭 579	毕家埧桥 554
老妪 808	西干山 18	百岁不庆寿 808	毕著 1092
老虎报恩 391	西干志 286	百岁坊 532	毕渊明 1092
老官 808	西山书屋 307	百寿图印谱 446	毕锦 838
老屋阁 494	西山书院 307	百花洞 46	毕溥 1092
老姨 808	西山类稿 365	百花源 64	毕翰 999
老婆舅 808	西川 124	百花赠剑 453	毕懋良 838

毕懋康 838	吕祖祠 593	回溪村洪氏宗祠联 376	朱世润 1000
至顺祁阊志 286	吕起朋 1092	回澜石 52	朱弁 1092
贞一堂 496	吕堨 647	年头不动帚 802	朱邦 1092
贞白里坊 532	吕献沂 1065	年庚 809	朱权 839
贞白遗稿 366	吕鹏 1092	朱士刚 839	朱有治 1065
贞洁可风 699	吕溱 839	朱之有 999	朱存仁 1000
贞素斋集 366	吕德元 839	朱之光 1065	朱存莹 840
贞靖罗东舒先生祠 699	吕霞 1065	朱之赤 1140	朱师辙 1000
师山文集 261	同伦堂 496,699	朱之纯 999	朱光斗 914
师山书院 307	同庆班 453	朱之英 999	朱光宅 914
师山学派 262	同衣 808	朱子大全 262	朱光圉 840
师古斋 228	同佛庵 593	朱子之学复兴 262	朱光裕 840
师竹友梅馆 229	同和秤店联 376	朱子功臣 262	朱同 1000
尖吻腹 84	同治祁门县志 286	"朱子民本思想与当代"学术研讨会 1162	朱廷瑞 840
光分列爵坊 532	同治祁门县志补 286		朱廷銮 1065
光时亨 838	同治青花云龙纹碗 710	朱子学与地域文化学术研讨会 1162	朱庆鼍 914
光明顶 18	同治徽州府志辨证 286		朱齐龙 1065
光绪行盐执照 709	同治黟县三志 286	朱子学异论 262	朱安国 840
光绪两淮盐法志 286	同胞翰林 314	朱子实纪 287	朱芫会 840
光绪婺源县志 286	同胞翰林坊 532	朱子语类 262	朱芫星 840
光绪婺源县志插图 439	同善亭 579	朱子家礼 262	朱村冠山园 603
光裕堂 496	同尊五美 700	朱元贞 839	朱村铺 105
当门尖 41	同游题壁 663	朱元璋备战快活林 391	朱佐 1092
当归獐肉 751	同榜六进士 314	朱元璋赏牌铅券 710	朱作楹 914
当年 200	同鞋 808	朱元璋感悟攻城计 391	朱宏 1000
当坑山 18	同德仁 700	朱云沾 913	朱宏基 914
早日找个男子汉 412	同德仁药店 236	朱太 839	朱启声 1092
虫窠 775	同德仁药店联 376	朱日辉 1065	朱陆始异而终同 262
曲水 65	同德仁起死回生 248	朱升 999	朱其传 914
曲尺堰 352	吊平顶 614	朱升的草鞋生意经 392	朱松 840
曲尺堨 647	吊狮舞 465	朱仁宅 496	朱松邻 1092
曲洧旧闻 286	吊梨尖 18	朱氏 172	朱枫林集 263
团结松 84	吊棺洞 663	朱氏支祠承志堂联 376	朱昌孝 914
团圆戏 453	吃饼封山 826	朱氏支祠树德堂联 376	朱明元 1092
团积 248	因声求义 277	朱氏祠规 196	朱侃 1092
吕午 839	岁寒亭 579	朱文公文集 262	朱佩湘 1000
吕公桥 554	回门 808	朱文公易说 262	朱泗 1000
吕公滩 65	回水 614	朱文公墨池 652	朱宗相 1000
吕氏 172	回龙桥 554	朱文玉 999	朱弦 1092
吕文仲 839	回头亲 808	朱文灿 914	朱承训 914
吕田 1065	回易 248	朱文炽 914	朱承泽 840
吕仙井 641	回呼 809	朱文翰 839	朱承经 1092
吕芝 1092	回岭 18	朱为弼 839	朱荣国 1065
吕存吾 1140	回顾·反思·展望徽学百年研讨会 1162	朱孔彰 999	朱南一 1092
吕志 1092		朱玉宅 496	朱栋 1093
吕佐 1092	回峰 18	朱卉 1000	朱相公尖 19
吕沆 839	回峰亭 579	朱世泽 1065	朱树彦 1093
吕和轩 1065	回廊三间 615	朱世荣屡败不馁 248	朱砂石 52

朱砂岩 41	朱鹤 1093	休龙古道 628	休淳古道 628
朱砂泉 65	朱熹 1001	休宁文庙 335	休歙收藏名族 739
朱砂洞 46	朱熹十二弟子 263	休宁方言 792	休黟片方言 792
朱砂峰 19	朱熹与新安理学国际学术讨论会 1162	休宁民筵 768	伏牛岭 19
朱砂源 65	朱熹两返故里 392	休宁字舞 465	伏岭下 125
朱砂溪 65	朱熹理学体系及其对徽州文化的影响 1169	休宁杉 85	伏岭玫瑰酥 784
朱钟元 914	朱熹智撤水卡 392	休宁县 105	伏岭舞狮班 465
朱钟文 1000	朱熹誉茶 392	休宁县中 318	延川 126
朱秋浦 1140	朱翰尊师刻遗诗 392	休宁县公立初等农业学堂 318	延庆院 593
朱洪范 1000	朱濂 1001	休宁县立初级中学 318	延芬楼藏书 739
朱宦 1000	朱懋麟 1093	休宁县立海阳小学校 318	延村 126
朱素和 1000	朱翼 287	休宁县立海阳中学校 318	延村古民居 497
朱晋侯 914	朱鹭 1093	休宁县立简易师范学校 335	仲止仰止 663
朱钰 840	朱麟 1093	休宁县会馆碑文 663	任公钓台 56
朱舫 840	先农坛 826	休宁县私立屯溪两等小学堂 318	任氏 173
朱陵 840	丢儿郎帽 802	休宁县私立白岳战时初级中学 318	任亨泰 841
朱通 840	延芳 1140	休宁县私立战时临时中学 318	任钧 915
朱绣 1093	舌华录 287		任原 841
朱继承 915	竹山书院 307		任颐人物扇面 711
朱继楫 915	竹山书院联 377	休宁县私立临川初等小学堂 318	任熊人物册页 711
朱骏声 1001	竹节龙 465	休宁县私立振西初级小学 318	任薰洛神像立轴 711
朱基 915	竹芽 84		伤寒从新 343
朱垫 841	竹林里 125	休宁县私立原道初等小学堂 318	伤寒论后条辨 343
朱晞颜 841	竹林桥 554		伤寒论后条辨直解 343
朱彩 1001	竹板龙 465	休宁县私立黄氏初等小学堂 318	伤寒论条辨 343
朱亥衣 1001	竹岭古道 628		伤寒选录 343
朱焕圭 1001	竹岭石松亭联 377	休宁县学 314	华山 19
朱淑贞 1093	竹竿尖 19	休宁县官立海阳高等小学堂 318	华山禅院 593
朱绯塘 652	竹洲书院 307		华山精舍 307
朱琪 1093	竹洲集 366	休宁孚潭志 287	华东黄杉 85
朱敬舆 1001	竹根尖 19	休宁鱼鳞图册 710	华阳十景图 439
朱景 1093	竹笋 84	休宁河 65	华阳六桥 554
朱集球 1093	竹萌 85	休宁学宫 335	华阳镇 126
朱塘 652	竹瑞堂诗抄 366	休宁话 792	华佗庙 593
朱塘铺 105	竹源 125	休宁津渡 641	华昌照相材料行 238
朱鉴 1001	竹溪 125	休宁旅沪同乡会 245	华质英文 366
朱嗣初 915	竹溪水口 603	休宁理学九贤 263	华盖岩 41
朱嗣隆 915	竹溪书院 307	休宁理学先贤传 263	华萼园 604
朱锡珍 1001	竹蜻蜓 465	休宁绩溪同乡会 245	华塘 126
朱稚征 1093	竹雕如意 478	休宁碣群 647	华廉科班 454
朱简 1093	伟溪塔 575	休宁塘群 652	仰氏 173
朱腾达 915	传戒法会 298	休宁矮竹 85	仰高堂 497
朱模 841	传宗 809	休宁儒学 314	伙计 248
朱稳 841	传是楼藏书 739	休阳县 105	伙佃 200
朱塾 1001	传桂里 125		伪派盗粢碑 664
朱缨 1093	传袋 809		自由组合 615
朱霈 1001			自省自悟自揣摩 254
朱德灿 915			自然式树桩 478

伊蔚斋印谱 446	凫荷图 711	刘墉字轴 712	次仲学派 277
伊雒渊源录 263	凫峰话 793	刘德智 841	充头货 739
血气心知 277	凫绿 161	刘燕 916	问余亭 579
血岭 19	争讼 826	齐士宽 841	问政山 19
向阳桥 555	邬仕大 915	齐山 19	问政山来历 393
向辰楼 584	色散现象 353	齐云二天门 532	问政山笋 86
后岸村 126	冲刀法 446	齐云三天门 532	问政书院 307
后知不足斋丛书 229	冲山 19	齐云山 19	问政先生 300
后海 76	冲山营 105	齐云山古墓 664	羊斗岭 20
行名 200	冲喜 809	齐云山石刻 664	羊头岭古坑砚 478
行实谱 200	冲锅面 751	齐云山石像群 478	羊角酥 785
舟庐 497	冰凌阁 498	齐云山佛教 298	羊栈岭 20
舟楫岩 41	冰崖 664	齐云山唐朝窑址 628	羊栈岭水 65
全寺 593	冰操玉洁 700	齐云山望仙亭的传说 392	羊栈岭古道 628
全国元明清文学与徽州学讨论会 1162	庄 201	齐云山道长巧治盗墓贼 393	并亲 810
	庄仆 201		并笔 447
全国徽学学术讨论会暨徽学研究与黄山建设关系研讨会 1163	庄氏 173	齐云山道教音乐 465	关王会 822
	庄观 841	齐云山谣碑 664	关王爷磨刀日 822
	庆山土地庙联 377	齐云天下岩 76	关中集 287
全真庵 593	庆丰堨 648	齐云毛峰 161	关节 810
全徽教育协进社 335	庆云岩 41	齐云讲学 393	关阳桥 555
会同朱陆 263	庆云洞 46	齐云形胜冠江南 76	关英桥 555
会里 126	庆升班 454	齐云岩 41	关帝庙 593
会里程氏园林 604	庆成油行重管理 248	齐云岩组诗碑 664	关帝桥 555
会族 200	庆寿 809	齐云岩题壁 664	关起门来砌鞋底 412
会源堂古戏台 532	庆春和 454	齐云香会 298	关麓 127
会稽郡 105	庆源 126	齐云胜景 664	关麓八大家 498
杀猪封山 826	庆源三桥 555	齐云斋戒 298	关麓大路 628
合一堂 497	庆源戒烟所 206	齐云崖葬 664	米元章黼字砚 478
合伙经商 248	庆熟节 796	齐云清规 298	米虹桥 555
合刻三国水浒英雄谱 439	亦政堂联 377	齐云道乐 299	米脆 775
合食 200	刘门亭 579	齐云道场 299	米粉糊 751
合卺酒 809	刘卫卿 1093	齐氏 173	灯油田 319
合馂 200	刘氏 173	齐氏四世刻书 229	灯油费 315
合资经营 248	刘正实 915	齐功枚 1065	灯油银 201
合掌峰 19	刘光 1093	齐冲 841	灯笼峰 20
众存 200	刘克治题壁 664	齐学培 1094	州学 315
众家厅 498	刘伯证 1001	齐学裘 1094	江一桂 841
杂证会心录 343	刘应组 1140	齐祈寺 593	江一鸿 1002
杂捐 161	刘启先 1140	齐彦钱 916	江一道 1066
杂桩 478	刘和珍 841	齐彦槐 1065	江一麟 842
危峰岭 19	刘荣 841	齐梅孙 1094	江人龙 916
名山注 287	刘津屯田 392	齐康 1002	江人镜 842
名医方达抗倭 392	刘铁笔 1140	齐堨 648	江士相 1094
名医类案 343	刘猛将军庙 593	齐普渊 1140	江士燡 1002
各定式并联 615	刘淮 915	交切糖 784	江才 916
各定式串联 615	刘紫垣 915	交杯酒 810	江大楷 1002
多花兰 86	刘然 1093	衣云印存 446	江万全 1094

江万和 842	江贞 1003	江春 918	江湾雪梨 86
江之兰 1066	江光启 1003	江春一夜建白塔 393	江湾路亭联 377
江之迈 1066	江廷仲 917	江珏 1094	江裕泰号 218
江之纪 1002	江廷镛 1066	江珍 843	江谦 1004
江天一 842	江仲京 1140	江政观 918	江登云 844
江元凤 916	江旭奇 1003	江南东道 105	江蓉 1095
江元庆 916	江庆元 1003	江南鸣 1094	江嗣皆 1095
江元宝 1002	江孝彰 917	江南春 1004	江源 1095
江元辅 842	江志修 1003	江南诸镇 212	江福宝 1095
江云梯 842	江志洪 1066	江南能 918	江缟臣 1095
江云锦 1094	江苏无锡徽州会馆联 377	江南第一关 105	江韬削发为僧 393
江友夔 1002	江苏省立第二临时中学 319	江南第一桥 555	江嘉梅 1095
江长遂 916	江苏省立第五临时中学 319	江星羽 1140	江嘉谟 918
江月娥 1094	江村 127	江昱 1004	江嘉霖 918
江氏 173	江丽田先生墓 664	江钟岷 1094	江管生 1095
江氏儿科 343	江来岷 1003	江禹治 918	江粹青 844
江氏内科 343	江时途 1066	江彦明 1004	江演 918
江文 1002	江秀琼 1004	江闾 843	江蕃 919
江文魁 916	江希贤 917	江炳炎 1094	江德中 1004
江玉 1094	江彤辉 1094	江恂 843	江德洋 1066
江玉琦 916	江应全 917	江振 1004	江德量 1005
江玉衡 916	江应晓 843	江振鸿 1094	江德新 1095
江正月 1002	江应萃 917	江起龙 843	江璠 919
江正迎 916	江应宿 1066	江起鹏 1004	江霖 919
江世运 916	江应晴 843	江都徽州会馆 242	江镛 919
江世育 1002	江宏文 1004	江哲 1066	江衡 1095
江世俊 916	江良芳 917	江恭埙 918	江羲龄 919
江世璋 842	江灵裕 917	江莱甫 1004	江懋宜 919
江本立 1140	江茂星 917	江桂 1094	江濯之 1095
江可烈 916	江尚溶 1004	江轼 843	江缵绪 919
江可爱 842	江国龙 1066	江致一 843	江馨泰号 218
江东二吴 174	江国政 917	江致虚 843	江耀华 919
江东之 842	江明生 917	江峰青 843	江瑾 1066
江东达 916	江昉 1094	江益 1094	池草集 366
江东道院 308	江迪 917	江浦 1094	汤口桥 555
江用卿 1140	江岷 917	江浩 844	汤公书院 308
江必迈 1094	江秉谦 843	江家伦 1066	汤成礼 1066
江必名 1094	江佩 918	江敏求 1004	汤池 65
江永 1002	江念祖 1094	江清徵 1004	汤池泛赤 393
江永观牛论易 393	江注 1094	江鸿 1094	汤余善 1005
江永俅 916	江泮 1094	江寅简 844	汤岭 20
江永墓 664	江承东 917	江敬宏 1094	汤岭关 664
江考卿 1066	江承封 917	江锐 1094	汤泉 65
江西 212	江承联 918	江善积 918	汤泉桥 555
江百谷 1003	江承燧 918	江湾 127	汤泉源 65
江有声 1003	江孟明购藏书画 739	江湾水 65	汤泉溪 65
江有科 916	江绍芳 1004	江湾水口林 604	汤院桥 555
江有诰 1003	江绍莲 1004	江湾祠堂 499	汤球 1005

汉口 128	安徽省立第五师范学校 320	祁门县 106	许大辂 919
汉口世忠行祠 593	安徽省立第四女子中学 320	祁门县立简易师范学校 321	许万相 844
汉水 66	安徽省立第四女子师范学校 320	祁门县民众教育馆 321	许之涵 920
兴安府 106	安徽省立绩溪农业职业学校 320	祁门县西乡乡立高等小学堂 321	许天赠 844
兴贤会 360	安徽省立绩溪初级中学 320	祁门县凫东乡赤桥民主小学 321	许元 844
兴岭 20	安徽省立绩溪高级农业职业学校 320	祁门县私立天智初级小学 322	许友山 845
宇宙大观 664	安徽省立徽州女子中学 321	祁门县私立祁阊初级中学 322	许仁 920
字诂 277	安徽省立徽州女子初级中学 321	祁门县私立育英小学校 322	许月卿 1005
字舞 465	安徽省立徽州中学 321	祁门县学 315	许氏 174
安山 810	安徽省立徽州师范学校 321	祁门县茶业同业公会 245	许氏文会馆 308
安床礼 810	安徽省立徽州初级农林科职业学校 321	祁门县南乡乡立高等小学堂 322	许氏幼科七种 343
安苗节 796	安徽省朱子研究会 1158	祁门县梅南高等小学校 322	许氏宗祠 499
安阜桥 555	安徽省陶行知研究会 1158	祁门县商会 246	许氏家庙 499
安素轩珍藏 740	安徽省第十区农林实验学校 321	祁门码头 213	许文才 920
安勒山 20	安徽省徽州崇一私立中学堂 321	祁门采茶戏 454	许文广 920
安葬 810	安徽省徽学学会 1158	祁门官立高等小学堂 322	许文玠 845
安福桥 555	安徽省徽学学会二届二次年会暨"徽州文化与和谐社会"学术研讨会 1163	祁门试院 315	许文蔚 845
安徽大学徽文化传承与创新研究中心 1157		祁门城 128	许文瑾 845
安徽大学徽学研究中心 1157	安徽省徽学学会第四次会员代表大会暨2014年学术年会 1163	祁门城区话 793	许孔明 845
安徽中国徽州文化博物馆 1157		祁门茶业合作社 222	许书 845
安徽师范大学馆藏千年徽州契约文书集萃 1169	安徽繁昌徽州会馆联 378	祁门茶业改良场 222	许世积 920
安徽师范大学皖南历史文化研究中心 1158	讲会 308	祁门南路话 793	许本智宅 499
	军营山 20	祁门科第 315	许生植 1095
安徽芜湖徽州会馆联 377	祁山 20	祁门津渡 642	许禾 920
安徽学府 336	祁山话 793	祁门瓷土 162	许仕达 845
安徽省立天长中学 319	祁义童学校 321	祁门瓷商 238	许立礼 845
安徽省立屯溪工业职业学校 319	祁门乡土地理志 287	祁门瓷器 162	许立勋 920
安徽省立屯溪医院附设高级护士学校 319	祁门木瓜 86	祁门碣群 648	许达 920
	祁门中和馆 234	祁门港 162	许廷元 920
安徽省立长淮临时中学 319	祁门方言 793	祁门塘群 652	许廷佐 845
安徽省立休宁女子中学 319	祁门功夫红茶 161	祁门谯楼 584	许会昌 1005
安徽省立休宁中学 319	祁门古戏台 532	祁门儒学 315	许汝骥 845
安徽省立安徽学院皖南分院 319	祁门古道 628	祁术 86	许安治 845
安徽省立黄山临时中学 319	祁门民筵 768	祁红 162	许声远宅 499
安徽省立第一茶务讲习所 336	祁门西路话 793	祁诗合选 366	许村 128
安徽省立第二女子师范学校 319	祁门多虎 393	祁蛇 86	许村水口 604
安徽省立第二中学 319	祁门安茶 161	祁德片方言 793	许坚 1005
安徽省立第二师范学校 320	祁门红茶 161	许士骐 1095	许佐廷 1066
安徽省立第八职业学校 320	祁门红茶创制 222	许士魁 919	许伯昇 846
安徽省立第三中学 320		许士骥 1095	许谷 920
		许大兴 919	许谷献策抗倭 249
			许启敏 846
			许松径 920
			许尚远 1095
			许尚质 920
			许国 846
			许国石坊 533
			许国石坊题额 700

许国忠 1066	许豫和 1066	孙汉 1005	阳台水口林 604
许国智竖八脚石坊 393	许赠 922	孙式道 923	阳产 128
许国智解徽商难 394	论当代徽学 1169	孙有燨 923	阳村 128
许明大 921	论曲绝句三十二首 366	孙贞吉典 220	阳和门 584
许明贤 921	论明代徽州刻书 1170	孙光祖 1096	阳春古戏台 533
许岩保 921	论明清时期徽州地区司法官的	孙廷冕 1096	阳春班 454
许迥 846	思维特点及其影响 1170	孙延瑞 1096	阳俸 249
许侔先 921	论明清徽州文化的阶段性发	孙华梁 923	阳湖 128
许金 921	展 1170	孙冲 1005	阳湖渡 642
许宗尧 1005	论徽州传统社会的近代化 1170	孙阳 1096	收工福宴 797
许实球 1095	论徽州宗族祠堂 1170	孙抗 847	收发喜馃 810
许试 846	论徽州商人文化的内涵、特	孙志堂 923	阴火潜然 665
许询荛 846	征及其历史地位 1170	孙克述 1097	阴坑源 66
许承尧 1095	论徽州商业资本的形成及其	孙吴会 847	阴俸 249
许承尧故居 499	特色 1170	孙佑 1067	阴符经考异 263
许承宣 1096	论徽商"贾而好儒"的特色 1170	孙良楹 1097	丞相源 66
许承家 1096		孙启祥 923	如净 1006
许绍曾 1096	农者十三贾十七 797	孙茂芳 1097	如意鸡 751
许珏 846	农经酌雅 343	孙迪 1005	如意鸡的传说 394
许荣 1096	农科举人 700	孙岳五 923	妇女禁忌 810
许栋 921	农家茶 802	孙采芙 1097	好命老倌 810
许思文 1066	设酒席待客 802	孙怡 847	好命老孺 810
许铁 921	弛儒而张贾 254	孙学治 847	妈 810
许将 847	阮公岩 42	孙学道 1097	戏曲·民俗·徽文化国际学
许炳勋 921	阮公源 66	孙绍敖 1097	术研讨会 1163
许宣平 1005	阮公溪 66	孙春洋 1005	戏坦桥 555
许宣平题壁诗 394	阮峰 20	孙垣 1005	羽竿尖 21
许莲塘 922	阮弼 923	孙树澡 1067	羽客题壁 665
许钺 1096	阮弼抗倭 249	孙适 847	羽翼之功不可没 263
许秩 922	阮溪 66	孙美时 923	观山 665
许翁 922	孙一奎 1066	孙美善 1067	观化轩 229
许翁散财 394	孙一骏绘崑源肖像图立轴	孙洪维 924	观龙桥 555
许逊 847	712	孙济聘 1006	观星台 56
许煃 922	孙士梧 847	孙耕 1097	观音山 21
许海 922	孙义顺安茶号 222	孙泰来 1067	观音山庙会 822
许润 1005	孙王墓 664	孙起孟故居 500	观音石 52
许球 847	孙天庆 923	孙球 848	观音台 56
许琏 922	孙元旦 923	孙理和 924	观音会 300
许菜 1096	孙元明 1005	孙逸 1097	观音豆腐 768
许琳 1005	孙从理 923	孙逸夜半听哑哑图 421	观音岩 42
许湘 1096	孙公桥 555	孙烺 924	观音阁 584
许登瀛 847	孙氏 174	孙湛 1097	观音洒净 52
许楚 1096	孙文质 847	孙湛绘江瑞宇像中堂 712	观音洞 46
许韵清 922	孙文垣医案 343	孙嵩 1006	观音桥 555
许溶 922	孙文胤 1067	孙默 1097	观音峰 21
许嵘 1096	孙打渔渡 642	孙徽五 924	观音堂 593
许毓人 1066	孙立鳌 1067	孙勣 848	观音庵 594
许镇 922		阳山 20	观察河东 700

观察第 500
观瀑楼 500
买柴护柏 394
红术轩印范 447
红术源 66
红包糖 785
红先生 344
红纸包 785
红泉溪 66
红(洪)半边街 213
红烧马鞍桥 751
红烧木琴鱼 751
红烧瓦块鱼 751
红烧石斑鱼 752
红烧头尾 752
红烧果子狸 752
红烧桃花鳜 752
红烧臭鳜鱼 752
红绿豆腐 753
红釉天球瓶 712
《红楼梦》程乙本 229
《红楼梦》程甲本 229
红嬉 1097
驯鹿洞 46
纪念戴东原逝世230周年学术座谈会 1163
纪荫老人 1097
巡栀 700

七画

寿 665
寿山 21
寿山桥 557
寿木 810
寿乐堂 500
寿民桥 557
寿延桥修建记 665
寿庆 810
寿衣 810
寿昌新安同乡会 246
寿岩 42
寿桃粿 775
寿衾 810
寿富康宁 665
进士 700
进士坊 534
进内交易 700
进主 201
进主银 201
进师酒 797
进学堂 412
进香 797
进香题壁 665
进馈儿童 201
戒石亭 579
戒烟歌 412
戒欺 700
远近等差殊科 277
远晴阁 701
运气易览 344
运柩会 206
运留班 454
运商 218
扶柩禁示碑 665
扰龙石 52
扰龙松 86
找不敷 162
找价 162
找戏 454
扯红布 811
走马楼 584
走向世界的徽学·敦煌学·藏学高端论坛 1163
走贩 249
走油拆炖 753
贡阳山 21
贡菊酥鸭 753
坝祠 500
赤山 129
赤山书堂 308
赤水 66
赤水玄珠 344
赤水玄珠全集 344
赤水玄珠医案 344
赤岭 21
赤岭文昌阁 584
赤帝庙 594
赤桥 557
折打杵 811
折扁担 811
折扁担配折打杵 811
抓周 811
抓痒扒 478
抢发利市 811
抢亲 811
抢亲谣 412
孝子池 642
孝子坊 534
孝子得福地 395
孝女村来历 395
孝友信义之家 395
孝行里 701
孝经句解 264
孝经衍义 264
孝经类解 264
孝思楼 500
孝堂 811
孝婆岭来历 395
孝慈池 642
坞溪 66
坟山冒占诉讼碑 665
坟庵 300
坑口 129
坑口麻饼 785
抗金误课案 218
抗战灯 466
护水口碑 665
护寺产碑 665
护阳桥 557
护来龙林碑 665
护林永禁碑 666
护净 615
护茶碑 666
壳饼 785
志书插图 439
志存闻道 277
志诚堂 501
志诚堂联 378
志满禅师 1006
块头香糕 785
扭旋式 478
报计 811
报国禅院 594
报慈 701
报慈庵 594
报德桥 557
芙蓉岭 21
芙蓉洞 46
芙蓉峰 21
芙蓉庵 594
芙蓉糕 785
芜湖 213
芜湖同庆楼 235
芜湖芜关中学徽州分校 322
芜湖科学图书社 229
芜湖浆染业 226
芜湖徽州公学 322
芜湖徽州会馆 243
苋菜粉肉 753
苋菜糊 753
花山 21
花山寺 594
花山鸡 87
花山摩崖石刻 666
花厅 501
花牙子 615
花生酥 785
花鸟春秋 353
花好月圆人长寿 701
花板 615
花神三多诗社 360
花桥 557
花桥保长等保吴双龙吴双喜具保状 712
花钱买打 395
花菇石鸡 753
花粿 775
花朝节 822
花朝会 822
花棍舞 466
花鳗 87
苍玉砚 478
苍龙山 21
苍龙坞 46
苍龙洞 46
苍耳斋诗集 366
芡实糕 785
芳干竭 648
严州片方言 793
严春生 1067
严禁伪谱紊宗碑 666
严禁祠庙堆放杂物罚戏碑 666
严禁霸滩勒诈碑 666
严潭王氏义积会记碑 666
苎叶粿 775
苎麻 87
芦塘山 21
苏大 1006
苏大志 924

苏门羚 87	李氏真人 395	李承端 1006	杨桃岭道 629
苏公堤 648	李文来 1067	李厚 848	杨梅 87
苏氏印略 447	李文俊 1140	李昭炜 848	杨梅山 21
苏同裕典规章 249	李方膺墨梅图 712	李昭燠 925	杨梅丸子 753
苏亦瞻 1140	李世贤 925	李祖玘 925	杨湄 1007
苏州 213	李白问津处 628	李起 848	求雨 797
苏州与徽州 1170	李白钓台 56	李健 1006	求亲 811
苏州私立中山体育专科学校 322	李白徽州府求师 395	李流芳 1097	求真求是 277
	李训典 848	李流芳山水图 421	求真是之归 264
苏州府为核定踹匠工价严禁恃强生事碑 666	李训诰 1006	李家村李氏宗祠联 378	匣商 218
	李训谟 925	李家骧 1007	豆沙馃 776
苏州府为照章听布号择坊发踹给示遵守碑 666	李永昌 1097	李能谦 1067	豆香糖 785
	李永泗 1067	李教育 925	豆豉 776
苏州府禁止地匪棍徒向安徽码头及凉亭晒场作践滋扰碑 667	李邦祥 1140	李培芳 1067	豆豉馃 776
	李西樵 848	李敏 1097	豆腐老鼠 776
	李有诚 925	李章洋 926	豆腐肉盒 753
苏州徽郡会馆 243	李廷圭 1067	李鸿章扬名祁门香 395	豆腐渣馃 776
苏宣 1097	李廷珪墨 478	李鸿章行书七言对 712	两人诗社 360
苏曼殊力挺徽州茶 395	李伟 1006	李淑仪 1097	两个儿媳妇 396
苏维埃农民团学校 322	李守恭 925	李惟仁茶信 740	两匀照分 162
苏辙游社 395	李赤肚 1006	李寅宾 848	两双眼睛 412
杜字虾米豆腐干 768	李均亮 848	李鼎 1007	两汉笔记 287
杜诗说 366	李坑 129	李景溪 1140	两坑尖 21
杜冒宗碑 667	李坑口 129	李善长 848	两面黄 776
杏仁酥 785	李坑古紫薇 87	李善长祖墓 667	两香问政山笋 754
杏花源 66	李坑炙肉 753	李道生 1098	两浙盐场 218
杏轩医案 344	李苻 848	李道同 849	两浙海防类考续编 287
杏亭摘稿 366	李苻墓 667	李棨 926	两清明 201
杏墩碑 667	李芳园 1140	李谦 1098	两淮盐场 218
极婺稀龄 701	李希士 1006	李登瀛 926	两淮提引案 218
杞梓里 129	李希乔 1097	李锡禄 926	两朝十举人 315
李士珪 848	李应乾 1006	李筠 1007	两等小学堂 322
李士葆 924	李泛 848	李源书院 308	医方考 344
李士睿 1006	李良朋 925	李缯 1007	医方集解 344
李大任 848	李杭之 1097	李懋延虐政石 396	医旨绪余 344
李大鸿 924	李叔和 848	杨干寺联 378	医补 344
李大嵩 924	李卓吾批评忠义水浒传插图 439	杨万里过阊门 396	医述 344
李大镕 924		杨山尖 21	医法心传 345
李广璧 924	李贤 925	杨氏 175	医学心悟 345
李之芬 1006	李尚吉 925	杨氏小儿科 344	医学原理 345
李元羆 924	李迪 925	杨玄相 1007	医宗金鉴 345
李友闻 848	李忠 1140	杨宁 849	医宗粹言 345
李少微 1067	李知诚 848	杨光先 1067	医说 345
李日新 1006	李季札 1006	杨时金星歙石砚 478	医家必阅 345
李长庚 924	李念祖 848	杨林桥 557	医暇卮言 345
李仁 848	李宗煝 925	杨松亭 1068	辰枢拱向 701
李氏 175	李宗煝济世疏财 249	杨明时 1098	还古书院 308
李氏三师 300	李承武 925	杨春元 926	还金亭 579

还金亭联 378	吴广厚 926	吴文彦 927	吴成溍 928
还雅斋 229	吴义斋 926	吴文冕 1068	吴成器 850
还愿 802	吴之龙 1068	吴文献 1068	吴贞吉 1141
来龙山顶 21	吴之俊 1098	吴文徵 1099	吴光祖 928
来龙神树 87	吴之骏 926	吴文畿 927	吴光裕 928
来苏桥 557,701	吴之骙 1007	吴心来 1099	吴廷羽 1099
连科三殿撰,十里四翰林 315	吴之骊 1098	吴尹 1008	吴廷芳 928
	吴之儒 849	吴孔龙 927	吴廷瑛 1099
连根松 87	吴之黼 1098	吴孔祚 1141	吴廷鉴藏 740
连理枝树 87	吴子玉 1008	吴孔嘉 849	吴伟 1009
连理松 87	吴丰典 220	吴玉润 927	吴传芳 928
连檐 615	吴天行 926	吴玉摺 1008	吴延支 928
轩辕行宫 667	吴天章 1140	吴正贞 1099	吴任弘 1068
轩辕峰 21	吴天骥 849	吴正伦 1068	吴华孙 850
轩辕峰石室 46	吴天衢 926	吴正旸 1099	吴自充 928
轩辕船 52	吴元溟 1068	吴正治 849	吴自孚 1099
轩辕碑 667	吴元澄 1098	吴正肃 1099	吴自新 850
步云亭 580	吴云 849	吴世恩 1099	吴伊筑逸豫堂 396
步月 701	吴云山 1008	吴世玺 1141	吴行简 1068
旱芹 87	吴云岫 1008	吴本初 1099	吴兆 1099
旱船 466	吴云鉁 926	吴可贺 1099	吴兆杰 1100
呈坎 129	吴太子墓 667	吴龙 1099	吴旭 1100
呈坎村古建筑群 501	吴少微 1098	吴龙锡 1099	吴亦炜 928
呈坎罗氏祖训 196	吴少樵 926	吴龙翰 1008	吴亦辉 929
呈坎罗氏新祠八则 196	吴曰慎 1008	吴甲三 1008	吴江 850
时习堂 308	吴日连 927	吴申 1099	吴江盛泽镇徽宁会馆缘始碑
时幻影 1098	吴日昕 1098	吴田 927	记 667
时雨鸡丝 754	吴日法 927	吴田吴氏园林 604	吴汝遴 1009
时惠宝 1098	吴日宣 1098	吴生 1099	吴兴周 929
吴一莲 926	吴日藻 1008	吴尔宽 1008	吴守一 1068
吴一桂 1098	吴中明 849	吴头楚尾 2	吴守淮收藏 740
吴一新 926	吴中明尚书坊 534	吴宁 849	吴守道 1009
吴又和 1098	吴长史祠 594	吴礼 850	吴安朝 850
吴士千 849	吴仁欢 849	吴必昱 850	吴观万 1009
吴士云 1068	吴仁欢墓 667	吴永成 1099	吴观国 850
吴士龙 1068	吴介 1099	吴永评 927	吴买 1009
吴士龙故居联 378	吴从周 1008	吴永昌 1008	吴进贤 1100
吴士奇 1007	吴公 927	吴永厚 927	吴远 850
吴大吉 849	吴公进 927	吴永钥 928	吴芮、梅铒兵起鄱阳 396
吴大椿 1068	吴公和油坊 238	吴永琮 928	吴芮墓 667
吴大澂 1007	吴公桥 557	吴圣楫 850	吴克让 1100
吴大冀 1098	吴氏 175	吴邦林 1068	吴克成 929
吴万春 1098	吴氏八龙 176	吴邦治 1099	吴克家撕对 396
吴口村 130	吴氏宗祠 501	吴老典 928	吴求 1100
吴山 1098	吴凤台 1141	吴巩 1099	吴辰 1100
吴山寺 594	吴文长收藏 740	吴百祥 1068	吴时 929
吴山南 926	吴文光 1008	吴有磬 1068	吴县永禁踹坊垄断把持碑
吴山涛 1098	吴文炎 849	吴成志 1009	667

吴县潘氏刻书 229	吴定 1101	吴逊 1010	吴喜珠 1103
吴希元收藏 740	吴定洲 851	吴盈安 852	吴萼 1069
吴希龄 1100	吴肃云 1101	吴泰 1101	吴敬仲 931
吴谷祥 1100	吴承仕 1009	吴振坦 1141	吴棣 1011
吴甸 1009	吴承仕宅 502	吴载勋 852	吴雯清 853
吴应之 1141	吴承忠 1068	吴起仍 1141	吴辉 130
吴应申 1009	吴承煊 1010	吴晋 1101	吴鼎英 931
吴应明 850	吴绍泽 1101	吴桢 1101	吴遇龙 1011
吴应选 1009	吴绍浣 1141	吴格 852	吴景松 931
吴应莲 1009	吴绍浣收藏 740	吴晓东宅 502	吴景明 853
吴应紫 1009	吴珏 1010	吴恩诏 852	吴景超 1011
吴灶根立抵茶票 740	吴珊 1010	吴俯 1101	吴喈 1103
吴怀贤 850	吴拭 1141	吴俊 1102	吴铉璋 931
吴怀敬 1141	吴荣让 929	吴豹韦 1141	吴程 1011
吴良 850	吴荣寿 930	吴高节 1102	吴皖生 1103
吴良儒 929	吴荣运 930	吴浩 1010	吴鲁衡 1141
吴启元 1100	吴荫培 1101	吴宽 1102	吴斌 1103
吴苑 1009	吴南坡 930	吴家风 1102	吴道荣 1103
吴范 850	吴柯 930	吴家古井 642	吴道暹 932
吴杰 851	吴砚丞 1069	吴家驹 1141	吴焯 1103
吴郁 851	吴显 852	吴娟 1102	吴滋 1141
吴叔大 1141	吴显忠 1069	吴能远收藏 740	吴裕泰 222
吴叔元 1100	吴思沐 930	吴绣砚 1102	吴谦 1069
吴贤 851	吴钟 930	吴继良 931	吴瑚 1011
吴尚相 929	吴钟洪 930	吴继京 852	吴瑞鹏 932
吴昆 1068	吴钦 1010	吴继京功名坊 534	吴瑗 1103
吴国仕 851	吴秋林 1101	吴继祺 931	吴椿 853
吴国廷 1100	吴秋鹿 1101	吴职 931	吴楚 1069
吴国诊 929	吴修月 1010	吴基承 931	吴楚山 21
吴国锦 929	吴保珹 1101	吴菊芳 1069	吴楚分源碑 667
吴昌龄 1009	吴信 852	吴彬 1010	吴照 1103
吴昕 1100	吴信中 852	吴梦炎 1010	吴锡芳 932
吴明本 1141	吴俊甫 1141	吴梅玉 1069	吴锡畴 1011
吴昂 929	吴俊德不用添加剂 249	吴辅 852	吴锡龄 853
吴忠 1100	吴垕 1010	吴冕 1069	吴锡樑 932
吴迥 1100	吴勉学 930	吴逸 1102	吴鍚 932
吴钏 929	吴勉学刻医书 396	吴清望 1102	吴鹏翔 932
吴季扬 1009	吴度 1010	吴鸿勋 1102	吴颖芳 1103
吴侃 1009	吴彦国 1101	吴淑仪 1102	吴廉 1103
吴炜 851	吴闻礼 852	吴淑娟 1102	吴源 1069
吴治 1100	吴养春 930	吴渊 852	吴滔 1103
吴治收藏 740	吴姜 1010	吴绮 1102	吴骞 1141
吴学损 1068	吴炽甫 931	吴维佐 1011	吴㻬 932
吴宝珠宅 502	吴炽甫广开市场 249	吴绶诏 852	吴㻬亭 580
吴宝骥 1100	吴洋 1069	吴琳 1103	吴蔚光 1011
吴宗尧 851	吴宪 931	吴琨 931	吴蔚起进士坊 534
吴宗信 1009	吴昶 1010	吴琼 852	吴睿清 1103
吴宗儒 1101	吴诵芬 852	吴越钱氏家训 196	吴鹗 853

吴箕 853	听涛居 503	何令通 1142	余干臣 933
吴儆 1011	邑小士多 315	何永昌 933	余士英 933
吴肇荣 853	邑厉坛 826	何老廷 933	余士恩 934
吴肇新 853	囤积 250	何执中题壁 668	余士溥 934
吴肇福 932	别有天地 667	何多衿 1070	余士鳌 934
吴翟 1011	岐山 21	何如申 853	余川 130
吴熊 1103	岐山劝农题壁 667	何如宠 854	余川桥 558
吴墀 1069	岐山石桥岩碑记 668	何应勋 1070	余之叶 934
吴聪 1011	岐山题壁 668	何沛霖 854	余之光 934
吴震生 1103	岑山 22	何佩玉 1104	余开勋 934
吴镐 853	岑山书院 308	何佩芳 1104	余元良 854
吴德修 1104	岑山渡 130,642	何佩珠 1104	余元英 1105
吴德熙 1069	财自道生,利缘义取 254	何庞 933	余元昌 1012
吴徵 1104	针灸问对 345	何绍基行书七言联 712	余元遴 1012
吴潜 853	牡丹诗寄讽 396	何桢 1104	余午亭 1070
吴澄 1069	牡丹荣辱志 353	何涛 1104	余介石 1070
吴履黄 1070	乱世中的商业经营——咸丰年间徽商志成号商业账簿研究 1171	何家坞 130	余氏 177
吴懋鼎 932		何第松 1070	余文艺 934
吴璿 1011		何鼎亨 1070	余文芝 934
吴鳌 932	利市人 811	何瑞龙 1012	余文彬 934
吴瞻泰 1104	利市田 201	何歆德政碑 668	余正宗 1070
吴麐 1104	利市纸 811	何震 1104	余世儒 1012
吴藻 1104	利市果 811	何震的生平与篆刻艺术 1171	余丕盛 934
吴疆 853	利市茶 811	何濂 1105	余龙光 1012
吴缵修 1011	利济桥 557	佃仆 201	余邦朝 934
吴麟 1104	秀才第 503	佃仆制 162	余圭 1105
吴麟书 1070	秀山书院 308	作退一步想 701	余有敬 1012
县主禁示碑 667	秀拔诸峰 668	住宅禁忌 803	余有道 1105
县前总铺 106	秀墩山 22	佛伦岭道 629	余达 935
县街 130	私学 323	佛岩山 22	余光 854
县衙古槐 87	私塾 323	佛教协会（皖南） 300	余光耿 1012
里方 130	兵坑口桥 557	佛偈 669	余光焕 935
里庄水口林 604	兵坑河 66	佛掌岩 42	余光敫 935
里碓桥 557	邱氏 176	佛掌峰 22	余光徽 935
旷古斋 502	邱龙友 853	佛像中堂 712	余廷纬 935
旸谷遗稿 366	邱启立 933	佛像青石浮雕 478	余廷珪 935
旸源谢氏诗录 366	邱锡 853	近代徽商汪宽也 1171	余华 1012
足迹几半禹内 213	体仁会 206	近思录集注 278	余自怡 854
足迹常遍天下 213	何乃容 853	近蓬莱 669	余兆骥 935
男子发型 802	何士玉 1012	佘公桥 558	余庄 854
男子佩戴 802	何子实 853	佘氏 177	余庆堂门坊 534
男子服式 802	何元巩 1070	佘文义 933	余庆堂古戏台 534
男子帽式 802	何公坐化碧云庵 396	佘华瑞 1105	余观德 935
男子鞋式 802	何氏 176	佘兆鼎 933	余寿山 935
吵新人 811	何文煌 1104	佘兆焘 933	余丽元 854
吵新娘 811	何可达 1141	佘国观 1105	余含棻 1012
员公支祠 502	何龙 1104	佘熙璋 1105	余含章 935
听泉楼 584,701	何仙姑 1012	余一龙 854	余应焕 935

余怀瑾 1142	余懋进 1013	状元图考 439	汪士慎 1106
余完养容像中堂 713	余懋学 855	状元桥 558	汪大业 1014
余启元 854	余懋孳 1013	状元糕 786	汪大发 1014
余启榜 935	余懋衡 855	应公井 642	汪大受 855
余述祖 1070	余徽 855	冷云庵 594	汪大彔 937
余尚德 1105	余襄 1105	冷水田 162	汪大海 1014
余国圣 1105	余藩卿 1105	冷水岩泉 642	汪大浚 937
余国镇 935	余鹭振 1070	冷饭馃 776	汪大章 855
余鸣雷 1012	余馨 1071	冷暖自知 669	汪大镛 1071
余岩显 1012	余瓘 1013	庐山 22	汪大黉 1142
余宗英 1012	余麟 1105	庐水 66	汪大燮 855
余孟麟 854	希夷梦 366	序秩堂 503	汪大燮故居 503
余绍祉 1105	坐月子 803	辛峰塔 575	汪口 131
余绍祉草书七绝诗轴 421	坐轿骑马禁忌 803	弃儒就贾 254	汪口水口 604
余垣 1012	坐堂医生 345	间歇泉 642	汪口双桥 558
余荣龄 936	坐隐先生精订捷径棋谱 439	闵口 131	汪口埆 648
余荫甫 854	谷川 131	闵氏 177	汪口渡 642
余香 1105	谷雨刈青 797	闵世璋 936	汪山 856
余香石雕 396	孚灵庙 594	闵贞三老观鹤图中堂 713	汪山人集 367
余衍 854	孚潭 66	闵雨楼 584	汪义和 856
余养元 1012	孚潭渡 642	闵麟嗣 1105	汪义和刊刻大学 397
余宣和 1012	豸下 131	灶户 218	汪义荣 856
余冠贤 1013	豸峰 131	灶神庙砖雕 478	汪义端 856
余泰符 855	含口钱 811	灶馃 776	汪之仪竹刻帽筒 478
余振鸿 1013	龟山遗址 629	汪一龙 937	汪之荨 937
余莹 855	龟鱼石 52	汪一新 1105	汪之蛟 937
余笏 936	龟蛙跳涧 52	汪一麟 937	汪之斌 856
余逢时 1105	豹灯 466	汪人御 937	汪之瑞 1106
余逢盛 936	角柱 615	汪九漪 1013	汪之瑞山水图 421
余益富 936	条垄埆 648	汪又苏 1106	汪子严 856
余家鼎行书四条屏 421	邹鲁黄山摩崖题刻 669	汪士云 1106	汪子祐 1106
余基 1013	迎和门 584	汪士仁 1013	汪王庙 594
余崧 1013	迎亲 811	汪士从 1142	汪王故城 629
余淳 1070	迎亲先生 812	汪士汉 1013	汪王故宫 594
余维枢 1013	迎客式盆景 478	汪士达 937	汪开祚 937
余维枢草书七绝诗轴 421	迎客松 87	汪士安 855	汪天赋 938
余傅山 1070	迎恩院 594	汪士良 937	汪元本 1071
余道元 1013	饭干救驾 397	汪士明 937	汪元龙 856
余道潜 855	饭笋担 803	汪士建 1106	汪元台 938
余锡 936	饭稻羹鱼 162	汪士钦 1106	汪元兆 856
余锡荣 936	饭甑尖 22	汪士逊 1013	汪元标 856
余新民 1105	饮马坑 642	汪士珩 1142	汪元锡 856
余煌 1070	饮和食德 397	汪士桂 937	汪元麟 1106
余嘉辰 1013	饮食礼 803	汪士豹 1106	汪云任 856
余毓焜 936	饮鹿涧 66	汪士通 1013	汪云隐 1014
余增祥 936	饮福 201	汪士雅 937	汪日章 856
余镛 855	系白围裙纪念郑子木 397	汪士魁 1013	汪中 1014
余懋交 1013	冻米糖 785	汪士煌 1106	汪中山 938

汪中立 1071	汪由敦行书诗轴 421	汪光翰 940	汪守珍 858
汪升 1014	汪由敦京都题妙联 397	汪光爵 1071	汪守鲁 859
汪仁晟 938	汪由敦墓 669	汪当 940	汪如 1107
汪介然 856	汪由敦墓石刻 669	汪同 858	汪如洋 859
汪从政 856	汪四 1015	汪同祖 1015	汪如钺 941
汪从钜 938	汪仕周 1142	汪回显 858	汪如椿 1107
汪氏 177	汪仪凤 1015	汪屺 1015	汪如藻 1142
汪氏三子藏书 741	汪仝 1015	汪廷扬 940	汪寿椿 1072
汪氏收藏家族 741	汪令钰 939	汪廷讷 1107	汪进 859
汪氏住宅 503	汪用成 939	汪廷栋 858	汪均信 859
汪氏典业闱书 713	汪印泉 1107	汪廷俊 940	汪志俊 941
汪氏宗祠 503	汪立中 1015	汪廷桂 1107	汪志曾 1107
汪氏家庙 701	汪立名 1107	汪廷铉 1016	汪志德 941
汪氏敬斋 308	汪立政 939	汪廷榜 1071	汪声 1016
汪文台 1014	汪立钧 1071	汪廷璋 940	汪声洪 941
汪文伟 856	汪立烁 1015	汪廷儒 1107	汪芳 1016
汪文佐 1142	汪玄仪 939	汪乔羽 940	汪克宽 1016
汪文言 856	汪兰庭 1142	汪乔林 858	汪克宽楷书卷 421
汪文旺 1014	汪兰培 939	汪伟 1016	汪材 941
汪文和 856	汪汉文 857	汪伟等题壁 670	汪村 131
汪文柏 1106	汪汉年 1142	汪延庆 1107	汪村水 66
汪文桂 1142	汪汉卿 1015	汪仲成 858	汪村桥 558
汪文绮 1071	汪汉溪 1015	汪仲英 940	汪杞 859
汪文雅 938	汪必达 857	汪任祖 940	汪丽清 1016
汪文辉 857	汪必进 857	汪华 858	汪来贤 1108
汪文铿 1071	汪永椿 939	"汪华文化与皖南国际旅游文化示范区建设"高端论坛 1163	汪连萼 941
汪文誉 1071	汪永聪 857		汪步元 941
汪文演 938	汪弘 939		汪肖野 1108
汪文德 938	汪弘运 939	汪华现象与徽州社会学术研讨会 1163	汪时中 1016
汪方锡 938	汪发宰 1107		汪时英 942
汪心 1106	汪圣林 939	汪华据保六州 397	汪时济 942
汪孔祁 1106	汪幼凤 1015	汪华筑州城 397	汪时泰 1072
汪以功 938	汪幼清 1142	汪仰陶故居书斋联 378	汪时鹍 1072
汪以先 1014	汪执中 939	汪自新 940	汪鸣相 1016
汪以时 857	汪芝 1107	汪会授 1016	汪佐 859
汪允宗 1014	汪芗 1107	汪兆璔 941	汪佑 1016
汪玉英 1107	汪机 1071	汪庆 941	汪作砺 859
汪正元 857	汪机墓 669	汪庆澜 941	汪伯立笔 478
汪世贤 938	汪有训 1015	汪次公集 367	汪伯荐 1108
汪世渡 1071	汪有光 1071	汪关 1107	汪伯彦 859
汪世藻 1107	汪有烜 1015	汪汲 1071	汪近圣 1142
汪节 857	汪有常 1015	汪汝安 1016	汪谷 859
汪节庵 1142	汪有章 1015	汪汝桂 1071	汪应干 942
汪可钦 938	汪存 1015	汪汝渊 1016	汪应川 942
汪龙 1014	汪存朴 939	汪汝雯 941	汪应元 859
汪平山 938	汪成甫 1142	汪汝蕃 941	汪应凤 859
汪申 857	汪光元 939	汪汝麟 1072	汪应时 942
汪由敦 857	汪光球 940	汪兴祖 1016	汪应亨 942

汪应庚 942	汪昂 1072	汪承显 944	汪恺 862
汪应庚富而好仁 250	汪忠信 1143	汪承恩 944	汪宦 1072
汪应铨 1016	汪鸣珂 1108	汪承霈 861	汪神弩 1019
汪应蛟 859	汪鸣銮 861	汪孟邹 1018	汪祚 1109
汪应蛟垦田种稻 353	汪岩福 944	汪始历题壁 670	汪耕 1109
汪应镛 860	汪图 1108	汪绂 1018	汪泰元 1019
汪沆 1017	汪和友 1108	汪绂贤 861	汪泰护 944
汪宋构怨 397	汪秉元 861	汪绍勋 1108	汪泰来 862
汪宏 942	汪秉键 944	汪绎 1018	汪泰初 1019
汪良 860	汪侃 861	汪绎辰 1108	汪珙 1109
汪良彬 942	汪佩玉 1108	汪珊 944	汪振寰 944
汪良梦 1143	汪金紫祠记 670	汪拱乾 944	汪都 1109
汪良植 942	汪金紫祠碑 670	汪垍 861	汪恭 1109
汪良谟 942	汪采白 1108	汪荀 1108	汪莱 1072
汪启逊 943	汪采白为爱清淡图轴 422	汪妾 1108	汪莱数学成就 353
汪启淑 1143	汪采白仿石涛山水轴 423	汪南鸣 1108	汪莱精研科学 353
汪启淑藏书献书 741	汪采白仿查士标山水轴 423	汪标 861	汪莘 1019
汪社生 943		汪相 1018	汪晋和 944
汪罕 1108	汪采白两江师范学堂毕业文凭 713	汪勃 862	汪晋和茶号 223
汪君实 943		汪勃墓 670	汪晋征 1019
汪阿秀 1108	汪采白青鸾峰轴 423	汪威 1018	汪桂 1019
汪纯粹 1072	汪采白青绿山水中堂 423	汪奎 862	汪桂亮 1143
汪纲 860	汪采白青绿山水轴 423	汪轶群 1018	汪桂馨 1110
汪纲墓 670	汪采白松下观景图轴 423	汪轸 862	汪烈 1110
汪武 860	汪采白秋壑鸣泉图中堂 424	汪是 1108	汪钰 1072
汪青萍 1108		汪显德 1018	汪铎 1110
汪玢 1108	汪采白黄山丘壑图轴 424	汪昱庭 1109	汪皋会 862
汪若海 860	汪采白渔村小景立轴 424	汪贵 862	汪徐 1110
汪若容 860	汪采白墓 670	汪思 862	汪逢辰 1019
汪若楫 1017	汪采白巉岩积雪图轴 424	汪思敬 1018	汪朔周 945
汪直 943	汪育 944	汪勋 862	汪涛 945
汪林苾 1108	汪炎昶 1017	汪钢 1018	汪浩然 862
汪松友 1072	汪注 1108	汪选敏 944	汪海 945
汪松寿 1017	汪泳 861	汪适 1109	汪海鼎 1110
汪叔举始迁登源 397	汪波 861	汪香 1072	汪浚 1019
汪叔詹 860	汪波潭 66	汪复庆 1143	汪宽也 945
汪尚宁 860	汪泽 1017	汪禹乂诗集 367	汪家珍 1110
汪尚权 943	汪泽民 861	汪律本 1109	汪家珍乔松图 425
汪尚阶 1108	汪学礼 944	汪狮 944	汪家湍 945
汪尚松 943	汪学圣 1017	汪亮 1109	汪容甫狂放旷达 397
汪尚和 1017	汪学鉴 944	汪前村 132	汪容伯 1073
汪尚相 1017	汪宝光 1108	汪炳 1109	汪恕 1019
汪尚谊 860	汪宗讯 1017	汪洪 944	汪通保 945
汪国仪 943	汪宗沂 1017	汪洪度 1109	汪通保四面开门 250
汪国柱 943	汪宗顺 861	汪洪道 1018	汪继昌 1073
汪国玺 943	汪宗洙 861	汪洗 1018	汪焘 945
汪国楠 1017	汪宗姬 1108	汪济 1019	汪理 862
汪明紫 1072	汪宗淳 1018	汪洋度 1109	汪培玉 1143

汪基 1019	汪铉登齐云山题壁诗 670	汪源茂 946	汪薇 1021
汪彬 862	汪铉题壁 670	汪溶 946	汪翰 865
汪梦斗 1019	汪智 1143	汪福光 946	汪霖 947
汪梦燕 1110	汪循 1020	汪福坚 947	汪镗 865
汪梧 1073	汪鋐 946	汪福南 947	汪镛 865
汪梧凤 1019	汪舜民 863	汪福谦 1020	汪鲸 1021
汪副护 1073	汪鲁门 946	汪禔 1020	汪凝魁 1021
汪彪 862	汪然 1110	汪殿鳌 864	汪燧 947
汪崇镛 945	汪然明收藏 741	汪瑝 947	汪寰 948
汪得时 862	汪敦敬 1110	汪瑶 1111	汪璪 1021
汪舸 1110	汪斌 1110	汪嘉树 947	汪懋麟 1111
汪彩 862	汪翔麟 946	汪嘉宾 1020	汪曙 1143
汪清时 1019	汪道全 1110	汪嘉淑 1111	汪徽 1112
汪鸿 1143	汪道会 1110	汪嘉谟 1073	汪徽寿 948
汪鸿玙 1019	汪道安 863	汪聚和行盐招牌 218	汪燮 948
汪淇 1110	汪道安墓 670	汪蕙 1111	汪襄 865
汪渐磐 1019	汪道亨 863	汪睿 864	汪藻 1112
汪淮 1110	汪道灵 1020	汪箕 947	汪藻新建州学 398
汪渊 1110	汪道昆 1111	汪毓洙 864	汪霦 1112
汪惟效 863	汪道昆与天下文士盛会 398	汪銮 947	汪霭 948
汪娟 1110	汪道昆等纪游题壁 670	汪韶 1111	汪曦和 1021
汪绳煐 1110	汪道贯 1111	汪端闻 1020	汪灏 1112
汪维祺 863	汪道斐 946	汪潍 864	汪衢 1021
汪琴 945	汪渍 863	汪濴 864	沐英源出婺源李氏 398
汪琦 863	汪湛 1073	汪肇 1111	沙地马蹄鳖 754
汪琼 945	汪渭 1073	汪肇正 947	沙地鲫鱼 754
汪超 1110	汪滋 1111	汪肇龙 1020	沙堤 701
汪喆 1073	汪滋畹 863	汪肇施展画才自救 398	沙堤叶氏松岩公家训 196
汪斯醇 863	汪裕泰 223	汪肇镕 1111	沙堤叶氏宗族四箴 196
汪联松 1110	汪谦 863	汪肃 947	沙堤亭 580
汪联洪 945	汪巽元 864	汪镇 864	沙溪 132
汪敬 1020	汪瑞英 1073	汪镇国 1073	沙溪洞宾井 642
汪敬上疏 397	汪韫玉 1111	汪镐京 1111	沙溪集略 287
汪朝邦 1073	汪鎣 1111	汪德 1020	汽糕 786
汪森 1143	汪献祥 946	汪德元 1020	泛水 615
汪覃 1020	汪楠 864	汪德贞 1111	沧浪水 66
汪雄图 1020	汪楚材 1020	汪德光 947	沟洫疆理小记 354
汪雅会 946	汪楫 864	汪德昌 947	沪西大中华菜馆 235
汪辉 863	汪嵩 864	汪德昭 947	沈士充设色山水册 713
汪鼎和 1020	汪锡魁 864	汪德渊 865	沈坤 865
汪鼎铉 1073	汪錞 864	汪德馨 1020	沈珪 1143
汪晫 1020	汪痴 1111	汪遴卿 865	沉香洞 46
汪景龙 946	汪靖 864	汪潜 865	怀德堂 701
汪景旦 1110	汪溱 864	汪澂 865	忻赏斋 229
汪景纯收藏 741	汪满田 132	汪慰 1021	宋乞 865
汪景晃 946	汪溥 864	汪豫 1021	宋元时期的徽州商人 1171
汪遗民诗 367	汪源 946	汪璇 1021	宋元徽州藏书家 741
汪铉 863		汪璲 1021	宋长方形抄手端砚 713

宋氏 179	宋陶蟠龙 716	诒清堂 230	张节 1021
宋文府墨 713	宋黄篆法坛碑 671	君鱼 88	张立夫 1112
宋龙泉双耳瓶 714	宋梦兰 866	君鱼搭桥渡元璋 398	张立仁 1073
宋龙泉盘口执壶 714	宋惟贤 948	灵山 22	张永祚 1073
宋代圣人 701	宋景德镇窑影青釉八棱四系荷叶盖罐 717	灵山米 162	张弘治 949
宋吉州窑绿釉蕉叶纹瓷枕 714	宋景德镇窑影青釉弦纹执壶 717	灵山村 132	张扩 1073
宋齐邱墓 671	宋遗民录 287	灵山庙 594	张芝 866
宋抄手箕形歙砚 714	宋禁中板刻皆用徽墨 398	灵山茶 162	张亘 1074
宋抄手歙砚 714	宋雍熙三年铜官印 717	灵鸟山 22	张存中 1021
宋应祥 948	宋箕形砚 717	灵鸟山旧治 106	张成稷 1112
宋青白釉狮形枕 714	宋蕉叶纹绿釉瓷枕 717	灵芝松 88	张师孟 1074
宋青白釉盘 714	宋影青刻花纹碗 717	灵阳村 133	张光祁 866
宋青白釉魂瓶 714	宋影青葵口暗花碗 717	灵应祠 594	张廷净 1021
宋青釉四系罐 714	宋影青釉小碟 717	灵岩洞 46	张全 866
宋青釉划花盘 714	宋影青釉兽钮划花执壶 717	灵金山 22	张兆炘 1143
宋青釉瓷枕 714	宋歙石砚板 717	灵官亭 580	张守仁 1074
宋青釉魂瓶 715	宋歙州倅江公夫人苏氏墓 671	灵官桥 558	张守富 949
宋松年 1021		灵官殿 594	张观法 949
宋明以来的谱牒编纂与地域社会国际学术研讨会 1163	宏元典 220	灵泉寺 594	张志和 1112
	宏村 132	灵虚观 595	张志和诗画 398
宋和 1112	宏村古民居群 503	灵堂 812	张芸芳 1021
宋法华三彩诗文枕 715	宏村私营本布厂 226	灵猫 88	张芳 1074
宋学思 948	宏村枫杨 87	灵惠庙 595	张村 133
宋贶 866	宏济桥 558	灵惠庙碑 671	张希乔 1143
宋活心歙砚 715	宏潭豆腐乳 769	灵牌 201	张谷 1143
宋振华 948	宏潭胡氏家规 196	灵锡泉 643	张应扬 866
宋家山亭 580	良安县治 106	层级管理 250	张应扬功德坊 535
宋陶马头人身俑 715	良安驿 106	改纲为票 218	张良楷 949
宋陶牛头人身俑 715	良贾何负闳儒 255	改溪取石 398	张启 1112
宋陶双面虬身连体卧像 715	良蕨 769	张一芳 1112	张诏 1112
宋陶鸟 715	证因集要方论 345	张一桂 866	张君逸 1112
宋陶执笏俑 715	启圣祠 594	张九成诗碑 671	张林福宅 504
宋陶羊头人身俑 715	启蒙田 323	张大隆剪刀铺 238	张松谷 1021
宋陶观音 715	补过轩 701	张大雾 948	张贤颂 949
宋陶鸡头人身俑 715	初一朝 823	张小泉 1143	张尚玉 1113
宋陶虎 715	初山精舍 309	张小泉后人告状 398	张昊 1074
宋陶虎头人身俑 716	初五定事 797	张小泉剪刀店 238	张明侗 949
宋陶鱼 716	初仙台 56	张习孔 866	张明征 1074
宋陶狗 716	初等小学堂 323	张开祚 866	张秉 866
宋陶狗人身俑 716	社 826	张友正 1021	张学龙 1021
宋陶带冠半身俑 716	社会即学校 323	张友深 948	张宗杰 867
宋陶带座鸟 716	社学 323	张曰瑷 949	张定功 1022
宋陶俑 716	社屋前陂 652	张公山 23	张孟元 1022
宋陶鸳鸯 716	社稷坛 826	张公堤 648	张绍龄 1113
宋陶盘蛇 716	祀会 201	张氏 179	张绍龄人物山水中堂 425
宋陶躺姿佛像 716	词综 367	张氏伤寒 346	张珏 867
宋陶鹤 716		张文在 1112	张挥 1074
		张正金 1073	张荣春 949

张柏 1074	陈一桂 950	陈良弼 1023	邵士恺 1114
张树棠 1143	陈一新 950	陈启元 951	邵士燮 1114
张钧 1113	陈一澜 950	陈其祥 951	邵万资堂店铺联 378
张复 1022	陈二典 1022	陈尚文 1114	邵天民 951
张顺 950	陈于泰 867	陈明 867	邵氏 180
张泉 1113	陈士缙 1075	陈昂 1114	邵正已 951
张胆 1022	陈士瀛 867	陈佩 1114	邵正魁 1024
张炳 1022	陈大道 867	陈郊 1023	邵龙 1114
张恒卿 950	陈之茂兴学 398	陈学 951	邵田 1114
张恒裕典 220	陈王业 867	陈宝善 867	邵伟 868
张振德 1022	陈天从 950	陈定宇祠 595	邵齐煮 868
张茝贞 1113	陈天宠 950	陈宜孙 868	邵齐然 868
张致 1113	陈元春 950	陈栎 1023	邵作舟 1024
张宾 1022	陈元祥 1022	陈昭祥 1114	邵孜 1114
张辅阳 950	陈仆 867	陈昭瑞 1023	邵振华 1114
张崇达 1113	陈介祁 1113	陈闸桥 558	邵悦 1024
张敏 867	陈公竭 648	陈济 868	邵谊 1114
张淑 950	陈氏 180	陈祖相 951	邵继贞 1114
张谔 867	陈氏建祠碑 671	陈祖卿 951	邵辅 868
张婉仙 1113	陈氏捐产觉乘寺碑 671	陈起敬 1023	邵庶 1025
张鲁德 867	陈文佑 1075	陈浦 1114	邵鸿恩 951
张敦实 867	陈文玠 1022	陈浩 1023	邵鸿恩山水轴 425
张敦颐 1022	陈双溪 1075	陈能 951	邵绮园 868
张道浚 1113	陈玉 1113	陈继儒书般若波罗蜜多心经	忍草堂印选 447
张遂辰 1074	陈正耀 950	立轴 717	甬商徽商晋商文化比较研究
张温 1074	陈石麟 1075	陈桷 1075	1171
张谠 1022	陈业 1022	陈婴都渐 398	鸡山 23
张弼草书诗轴 717	陈邦华 1114	陈猛墓 671	鸡公尖灯笼柿 88
张瑷 1022	陈邦俊 867	陈鸿猷 1075	鸡公关 106
张聘夫 1022	陈有守 1114	陈淳 1023	鸡公峰 23
张腾光 1074	陈有寓 1114	陈棣 1114	鸡笼山 23
张霁 867	陈达英 1022	陈鼎新 868	鸡蛋饺 754
张震 867	陈光 1022	陈嵩 1023	纯正蒙求 264
张德馨典 220	陈廷柱 950	陈慈祥 1075	纱面 769
张潮 1113	陈廷斌 950	陈碧 951	纲商 218
张翰 950	陈廷善 1075	陈嘉言梅花白头轴 718	纸风车 466
张翰飞 1113	陈兆骐 1023	陈嘉宪 1075	
张儒 1113	陈庆勉 867	陈嘉谟 1075	**八画**
张懋辰 1074	陈汝见 1023	陈蕃 868	
张曙 1113	陈汝继 1114	陈篆 868	奉 812
张曙故居 504	陈进岸 1075	陈德 951	奉宪示禁碑 671
忌日 812	陈孝廉父子遗著抄存 367	陈履祥 1023	奉宪永禁棚民碑 671
忌言卖甜 803	陈志宏 950	陈樾 868	奉宪永禁赌博碑 671
际下桥 558	陈轩 1023	陈禧 1024	奉宪禁丐殃碑 671
陆治山水图轴 717	陈伯齐 1143	陈磐 1024	玩古 741
陆彦功 1074	陈希昌 1114	附本经营 250	玩虎轩 230
陆润庠楷书七言对 717	陈孚先 867	附阶柱 615	环山余氏家规 197
陆梦发 867	陈应朝 950	邵士铃 1114	环山楼 585

环中亭联 378	青楼韵语插图 440	范涞 869	松花蛋 769
环秀桥 558	青麂 88	范涞墓 671	松杆糖 787
环秀桥的故事 399	青精饭 776	范崇松 951	松谷印遗 447
环谷集 367	青螺 88	范淑钟 1115	松谷亭 580
环砂 134	青螺炖鸭 754	范鉧 1025	松谷真人塔 576
环泉井 643	青螺炖鞭笋 754	范满林 1115	松谷庵 595
环联岭碑 671	规则式盆景 478	范满珠 1115	松林峰 24
环溪书屋 309	拓锞 776	范蔚文 951	松林溪 66
环翠堂 230	拓鲜 776	范瞻云 1025	松泉诗文集 368
环翠堂乐府 367	拈周试晬 812	苕溪渔隐丛话 367	松砣树 89
环翠堂园景图 439	坦川汪氏家训 197	茄子瘿 777	松脂 89
环翠堂坐隐集选 367	坦头 134	茅坦铺 106	松萝山 24
武口王氏庭训 197	坤德永贞 701	茅棚座 135	松萝茶 162,412
武口镇 134	拍寒山 466	茅蓬庵 595	松萝茶创制 399
武义徽州会馆 243	顶市酥 786	林中蕙 1025	松萝茶的传说 399
武水 66	顶游峰 23	林氏 180	松崖医经 346
武汉 213	拆易 741	林应节 1025	松鼠跳天都 52
武汉同庆楼 235	抱一书斋 324	林沥山 23	松源 135
武阳 134	抱笏峰 23	林沥书院 309	松糕 787
武昌徽州大中华酒楼 235	拉面 812	林沥庵 595	枫林书院 309
武亭山 23	拦路祭 812	林良松月双鹤图中堂 718	枫林类选小诗 368
武陵岭 23	招亲 812	林良垂柳孔雀图中堂 719	枫树亭 580
武陵源 134	披云松 88	林良枯木雄鹰图中堂 719	杭州 214
武溪 66	披云峰 23	林卧遥集 368	杭州徽州会馆殡所灵堂联
武溪水 66	择日进新屋 803	林泉诗社 360	379
青山书院 309	抬尸禁忌 812	林道宏 951	杭州徽州学研究会 1158
青山尖 23	抬角 466	林塘三房 180	杭溪水 66
青云轩 504	抬阁 466	林履平 952	枋 615
青牛溪 66	抬梁式构架 615	枇杷木 88	述古堂印谱 447
青生 1114	拇指峰 23	枧溪桥 559	枕石小筑 505
青陂堨 648	苦斋火腿 755	杵臼石 52	枕头峰 24
青岭山 23	若庵集 367	板子豆腐 769	枕头粽 777
青鱼划水 754	茂兰艺馆 701	板龙 466	丧礼 812
青鱼肚裆 754	茂荫桥 559	板树坑 135	画响 368
青狮石 52	英山书屋 309	板桥 559	画眉笔谈 354
青狮峰 23	苞芦松 777	板桥头桥 559	卧云峰 24
青狮瀑 66	苞芦粿 777	板栗饭 755	卧龙松 89
青莲峰 23	苞雪轩藏书 741	板栗蒸鸡 755	卧龙洞 46
青莲洞 66	范天赐 1075	枞竹梅灯 467	卧龙桥 559
青柴讨吉兆 797	范不娄庙 595	松下笔吟 368	卧碑立规 399
青萝寺 595	范氏 180	松山书屋 309	事文类聚 264
青萝岩 42	范处修 1025	松山寺 595	刺巴 89
青萝洞 46	范传正 868	松子糕 786	雨伞下并亲 812
青萝禅院 595	范良 1115	松云书院 309	雨君洞 47,671
青萍剑 454	范启 1025	松月岭 24	雨岩山人 671
青铜钟形五柱器 718	范初 869	松月亭 580	卖花渔村 135
青鸾峰 23	范泓 1025	松风亭 580	卖身婚书与明清徽州下层社会
青蛙峰 23	范准 1025	松石竹梅石雕漏窗 479	的婚配和人口问题 1171

卖棉花车 412	国立八中 324	明代乡村纠纷与秩序——以徽州文书为中心 1171	明刻谪仙楼集 722
奔丧礼 812	国民军财政总局壹串票 719	明代黄册研究 1171	明法华釉三彩荷叶形枕 722
奔丧禁忌 812	国民政府第三战区救济分会第一义童教养院 336	明代徽州文契所见土地关系初探 1172	明经 701
奇岭水口 604	国民政府第三战区救济分会第二义童教养院 336	明代徽州庄仆文约辑存 1172	明经书院 309
奇峰郑氏私塾学序碑 671	国际朱子学术讨论会 1164	明代徽州批契及其法律意义 1172	明经胡 180
奇峰独拔 672	昌堨 648	明代徽州的民事纠纷与民事诉讼 1172	明经祠 506
奇冤报 454	昌源 66	明代徽州的地痞无赖与徽州社会 1172	明砖雕山水鹿纹笔架 722
瓯山 135	昌溪 136	明代徽州洪氏誉契簿研究 1172	明尝瞻园铭抄手端砚 722
转身洞 47	昌溪忠烈庙 595	明代徽州谱牒的纂修、管理及其家国互动关系研究 1172	明重刊许氏说文解字五音韵谱 722
斩尾龙挂钱 399	昌溪桥 559	明代徽商考 1172	明重校唐王焘先生外台秘要 288
轮车桥 559	畅滞搭配批发 250	明代徽商染店的一个实例 1172	明眉纹抄手歙砚 722
轮年 201	明八角形银杯盘 719	明永乐七年金簪 721	明荷叶歙砚 479
叔哥代称 812	明九鹤朝阳抄手砚 719	明臣印谱 447	明荷蟹图竹雕笔筒 722
歧阳山 24	明三彩仕女瓷枕 719	明臣谥汇考 288	明圆形青花瓷砚 723
齿福兼隆 701	明万历壬辰年汪廷讷铭文眉纹抄手歙砚 719	明竹雕松枝杯 721	明象牙笏 723
卓锡泉 643	明万历许志古撰城阳山志 719	明伦小学 324	明象牙笏板 723
卓锡庵 595	明万历青花五彩人物盖罐 719	明伦堂 701	明象牙雕双鹿笔架 723
卓溪河 66	明万历登坛必究 287	明伦堂小学 324	明象牙雕送子观音像 723
虎头岩 42	明万历群经考索古今事文玉屑 287	明伦堂及县学甲第坊 506	明清以来徽州区域社会经济研究 1173
虎皮毛豆腐 755	明千里制款漆嵌螺钿人物纹盘 719	明后期祁门胡姓农民家族生活状况剖析 1173	明清以来徽州村落社会史研究 1173
虎岭 24	明飞雀祥云纹金霞帔坠子 719	明交易地契 721	明清以来徽州的疾疫与宗族医疗保障功能——兼论新安医学兴起的原因 1173
虎溪桥 559	明天师像轴 719	明远电气股份有限公司 238	明清时代之宗族与宗教 1173
虎滩 66	明天启五雅 288	明远楼 585	明清时期徽州出家现象考论 1173
尚义桥 559	明夫妻合葬墓志铭砚石 719	明初地主积累兼并土地途径初探 1173	明清时期徽州妇女在土地买卖中的权力与地位 1173
尚义堂 505,701	明云蝠纹犀角杯 719	明青玉描金凤纹佩 721	明清时期徽州刻书 1173
尚书岭 24	明水晶雕东方朔骑虎像 719	明青玉蒲纹圭 721	明清时期徽州森林保护碑刻初探 1174
尚书旁注 264	明长方形抄手十五眼端砚 720	明青白玉玉带饰 721	明清契约文书与历史研究国际学术研讨会 1164
尚书第 505	明长方形抄手眉纹歙砚 721	明青花人物四足长方形盖盒 721	明清晋商与徽商之比较研究 1174
尚书集传纂疏 264	明长方形抄手端砚 720	明青花昭君出塞图权 722	明清徽州土地金业考释 1174
尚田 135	明长方形眉纹歙砚 720	明松下宴乐图竹雕笔筒 722	明清徽州土地契约文书选辑及考释 1174
尚田河 66	明文衡 368	明矾红彩杂宝纹瓷板 722	明清徽州生存伦理下的多元文化 1174
尚田隆 135	明双足荷叶形歙砚 721	明鱼蝠纹翡璧 722	明清徽州农村社会与佃仆制 1174
尚田铺 106	明龙泉划花小碗 721	明刻铭文金簪 722	
尚田徽班 454	明龙泉粉青釉长颈小瓶 721		
尚村 135	明龙泉窑划花葵口小盏 721		
尚武之风 827	明归石山房铭文抄手绿端砚 721		
尚素堂 505			
尚宾坊 535			
尚廉二桥 559			
尚德堂 505			
旺川 135			
旺川财神庙联 379			
旺川桥群 559			
旺川曹氏家训 197			
具瞻 672			
味经堂诗集 368			
果子狸 89			
昆溪 66			

明清徽州村规民约和国家法之间的冲突与整合 1175	明德书院 309	岩寺塔 576	罗颂 869
明清徽州社会经济资料丛编（第一辑） 1175	明螭虎纹犀角杯 724	岩寺新四军军部旧址 629	罗浩 1075
	易水法制墨 250	岩寺镇 136	罗润坤宅 507
明清徽州社会经济资料丛编（第二辑） 1175	易引 264	岩村溪桥 559	罗聘 1115
	易本义启蒙通释 264	岩前水口 605	罗聘探梅图轴 425
明清徽州社会研究 1175	易本义附录纂疏 265	岩脚 136	罗煜 1115
明清徽州典当蠡测 1175	易安书院 309	岩溪 67	罗福履 952
明清徽州典商研究 1175	易述赞 278	岩溪书院 309	罗慕庵 1076
明清徽州的佃仆制 1175	易学启蒙通释 265	岩镇 137	罗愿 1025
明清徽州宗族与乡村社会控制 1175	易学启蒙翼传 265	岩镇四郑 181	罗壁 1025
	易经会通 265	岩镇志草 289	岭下桥 559
明清徽州宗族与乡村治理：以祁门康氏为中心 1176	易经补义 265	罗士钰 1144	岭北乡道 630
	易经释义 265	罗士琳 1075	岭南风物记 354
	易指要绎 265	罗小华 1075	岭脚下 137
明清徽州宗族文书研究 1176	易贾而儒 255	罗氏 181	岭脚山温泉 67
明清徽州宗族史研究 1176	易原 265	罗文佑 1025	迥出诗林 701
	易通 265	罗文瑞 1115	钓月台 56
明清徽州宗族的异姓承继 1176	易赞 265	罗文献祠联 379	钓台石刻 672
	易疑 265	罗允绍 1115	钓桥庵 596
明清徽州家谱与徽州社会风俗 1176	昉源 66	罗允缵 1115	钓雪园 701
	昉溪 66	罗龙 1115	知不足斋丛书 230
明清徽州篆刻学术研讨会 1164	迪吉堂 506	罗东舒祠 506	知不足斋丛书插图 440
	典口庵 595	罗汉灯 467	知行 265
明清徽商人才观考鉴 1176	典业杂志 724	罗汉级 630	知新录 289
明清徽商与江南棉织业 1176	典业须知 724	罗汉松 89	垂花柱 615
	典业须知录 724	罗汉洞 47	垂珠洞 672
明清徽商的诉讼研究 1176	典当业 220	罗会炳宅 507	和义堂 507
明清徽商重收藏 741	典首 162	罗会煜 1115	和云岩 42
明清徽商资料选编 1176	典籍便览 289	罗汝芳题壁 672	和村沂源桥头亭联 379
明朝和尚榧 89	忠义水浒传插图 440	罗汝楫 869	和尚桥 559
明鹅形砚 723	忠孝里 136,701	罗进木宅 507	和春班 454
明鹅形歙砚 723	忠孝曹家 181	罗坑同善桥会 206	和顺堂古戏台 535
明御敕戴嘉猷文碑 672	忠周岭道 629	罗苍期 869	和衷粮局 206
明善书院 309	忠烈岩 42	罗芳淑 1115	和溪 137
明善先生家训 197	忠烈庙 595	罗克昭 1115	和溪桥 559
明睦堂 506	忠烈祠坊 535	罗应鹤 869	和瘟待宴 827
明碧玉刻花卉云鹤纹拱肩小缸 723	呼龙石 53	罗补衮 1115	季汉书 289
	呼猁 827	罗纯夫宅 507	委托经营 250
明嘉靖天禄阁外史 288	鸣阳书院 309	罗纹山 24	佳日楼集 368
明嘉靖齐七府制松鹤鎏金铜渣斗 723	鸣弦泉 66	罗昆桥 559	佳源 137
	鸣赞 201	罗岭 24	佳溪 137
明嘉靖青花双狮戏球纹大缸 723	咏史集解 368	罗周旦 1115	岳飞东松庵题壁 399
	咏白岳诗碑 672	罗春溪题壁 672	岳飞过绩溪 399
明嘉靖重广注扬子法言 288	岩口桥 559	罗南斗 1115	岳飞过婺源 399
明蝉形歙砚 723	岩山尖 24	罗美 1075	岳飞到此 672
明漆竹丝编圆盒 724	岩寺 136	罗洪先诗碑 672	岳飞题壁碑 672
明漆竹丝编描金花鸟纹果盒 724	岩寺上街桥亭联 379	罗洪先题诗睢阳亭 399	岳王井 643
	岩寺水口 605	罗宣明 869	岳王庙 596

岳青诗会 360	金庆慈 870	金匮要略直解 346	周太捐修活人路 207
岳精忠武王庙 596	金字牌 137	金硕祚 1076	周友仲 953
供七 812	金安 870	金野仙 1026	周氏 182
供奉祖祠香灯碑 672	金安节 870	金符申 870	周氏宗祠 508
使朱升乡里世沾皇恩 400	金安节墓 672	金脸 454	周文 1027
使金录 289	金约 1026	金象 1026	周礼述注 265
佰翰林 701	金声 870	金维嘉 1026	周礼疑义举要 278
例监生授职银 201	金声七龄试文 400	金敬德 952	周尼 1027
版画画稿作家 440	金声故居书斋联 379	金粟笺 479	周圭 1027
岱宗逊色 672	金吾勋祠 596	金紫山 24	周廷采 871
岱峰碑 672	金应宿 1115	金紫胡 181	周仲高 953
依仁典 221	金沙河 67	金紫祠 508	周沛昌 1116
阜岩 24	金启镁 952	金鼎和 952	周启鲁 871
阜陵山 24	金译 1026	金舜卿宅 508	周诒春 1027
质剂 250	金鸡石 53	金道炤 1026	周诒春故居 509
所得乃清旷 702	金坤 952	金登逢窑白釉芦雁纹如意形	周英 1027
金一凤 952	金顶 454	枕 724	周昌谞砚 479
金一甫印选 447	金若兰 1115	金塘 1116	周易文诠 266
金士林 1025	金若洙 1026	金照 952	周易本义 266
金万年宅 508	金若愚 1026	金殿传胪 702	周易本义通释 266
金山农 1076	金枢 1026	金瑶 1026	周易时义注 266
金山时雨 162	金奇 870	金瑭 953	周易图书质疑 266
金元忠 1025	金瓯奖学 400	金榜 1026	周易宗义 266
金云槐 869	金岭 24	金榜行书诗册 425	周易独坐谈 266
金太史读书台 56	金竺岭 24	金鹗 1026	周易颂 266
金牛汲水 53	金炉峰 24	金銮殿 508	周易旁注图说 266
金长溥 1025	金法宝 952	金樟 870	周昂 871
金氏 181	金学烈 952	金德玹 1026	周宗良 953
金文燿 952	金革 870	金德瑛 870	周庠 1027
金允声 869	金柱 615	金德舆 1144	周宣灵王庙 596
金玉成 952	金树彩 1116	金潭 953	周桂 1027
金东河 67	金砂岭 24	金慰农 870	周桂清 1116
金升 952	金显德 1026	金蟾岩 42	周原诚 1027
金丝琥珀蜜枣 787	金星石玉堂砚 479	金蟹皂荚 89	周颂 871
金丝猴 89	金星歙砚 479	采石峰 24	周家园 605
金邦正 1025	金品卿 1116	采庆班 454	周绥之 953
金邦平 869	金钟潭 67	采药源 67	周继忠 871
金式玉 1115	金宣哲 1116	采莲船 53	周皑 1116
金有奇 1076	金扁担 400	采薇子墓 672	周游列国棋 467
金成连 1026	金起凤 952	受经堂联 379	周裕民宅 509
金光先 1115	金起国 952	乳水源 67	周锡圭 953
金竹冬瓜灯 467	金桂科 1116	乳溪河 67	周锡熊 953
金竹庵 596	金栗庵 596	瓮城 137	周旗 1027
金华 214	金烈 870	股份制经营利润分成 250	周镜玉 1076
金华英 952	金钱豹 89	周士选 871	周懋元 1076
金自皡 870	金铃子盒 467	周大忠 953	周懋泰 1116
金兆玉宅 508	金陵婺源试馆 315	周王庙 596	周懋桃 953
金庆旺 1115	金翀 1116	周王阁 596	周髀用矩法 354

周翼圣 1116	郑天镇 954	郑承海 1076	单岳 1117
鱼川耿氏家训 197	郑元文 1027	郑承湘 1076	炒米片 777
鱼川桥 559	郑元勋 1116	郑姑 1028	炒米香糕 787
鱼灯 467	郑公钓台 56	郑昭祖 872	炒青鱼片 755
鱼亭山 24	郑氏 182	郑钟美 1028	炒板子豆腐 755
鱼鳞潭 67	郑氏世科坊 536	郑重 1117	炒河螺 777
兔耳石 53	郑氏师山两等小学堂 324	郑重光 1076	炒粉丝 756
狐狸岭 24	郑氏宗祠 509	郑复光 1076	法水岩 42
狗熊 89	郑凤铸 1116	郑恭 872	法石台 56
变直销为函购 250	郑为虹 1116	郑桂芳 1117	法冠卿千里求教 400
京师休宁会馆碑 425	郑以进 1116	郑桓 1028	法眼泉 643
京杭大运河 214	郑玉 1027	郑晟 1077	法袋石 53
店主 250	郑玉题壁 673	郑晃 872	法霖玉界 673
店伙 250	郑由照 1117	郑烛 1028	河西桥 559
庙口镇 137	郑由熙 1117	郑通授 872	河西程氏 183
庙王山 24	郑令君庙 596	郑琏 872	河防刍议 289
庙前程氏 182	郑礼 871	郑接武 1028	河村刘氏家规 197
庙桂班 455	郑永成 954	郑梦龙 872	河间凌氏家训 197
庖刀卡 615	郑司徒营 106	郑崇学 954	河南 214
疙瘩式盆景 479	郑吉人 954	郑铣 954	油馃 777
充山渠 652	郑再能 954	郑康叙 1117	油淋仔鸡 756
废著 250	郑传 871	郑康宸 1077	油煎毛豆腐 756
净土会上叙长幼 300	郑行简 871	郑庸 954	油榨石 53
净炒蟹粉 755	郑全 1117	郑鸿 1117	泗洲庵 596
净度庵 596	郑全福 1027	郑绳祖 872	泊如斋 230
净瓶石 53	郑汝励 1027	郑维诚 872	泊如斋重修宣和博古图 724
放生池 643	郑安 871	郑朝霁 954	泥鳅矼 53
放生池碑 673	郑进善 871	郑富伟 954	波斯进宝石 53
放生潭 67	郑坼 1117	郑瑚 1077	治世仁威坊 536
放光石 53	郑芬 1117	郑瑜 1117	治寿藏记碑 673
放戒 300	郑村 137	郑鉴元 954	治典者唯休称能 221
放飏灯 823	郑杏花 1117	郑鉴源 954	性灵稿 368
放蒙山 823	郑时祯 954	郑嵩 1117	性即理 266
刻书业 230	郑佐 871	郑颖荪 1117	性理之学 267
育英文约会场联 379	郑亨 872	郑肇 872	性理字训讲义 267
育婴堂 207	郑完 1117	郑璋 955	性理学 267
闸挡板 615	郑宏纲 1076	郑鹧鸪 1117	怪石嵯峨 53
闹洞房 812	郑宏绩 1076	郑爕诗轴 724	怡新祥 223
闹新房 812	郑其相 1117	郑鏖 1077	学士祠 596
郑九夏 1116	郑英才 1144	郑瀚 1077	学不可私 315
郑于丰 1076	郑奇树 872	卷资银 201	学田 324
郑士寰 954	郑明允 954	卷棚顶 616	学达性天 702
郑千龄 871	郑旼 1117	卷酥 787	学如击石火 315
郑之文 871	郑旼、汪汝谦书法合册 425	卷筒粉蒸肉 755	学易述谈 267
郑之珍 1116	郑旼溪山独径图 425	单刀刻边款 447	学易象数举隅 267
郑之珍墓 673	郑侠如 1144	单光国 873	学春秋必自左氏始 267
郑之彦 954	郑肃 1028	单启洴 955	学耕处 702
郑子莘以书法伴驾 400	郑承洛 1076	单国佐 873	学徒 250

学徒苦 412	诗送刘夫子 400	绍熙州县释奠仪图 267	挂钱 813
学愈轩存稿 368	诗寄茅山道友 400	绍德堂寿匾 702	挂喜轴 813
宝印斋印式 447	诗集传 267	绎思堂 510	挂落 616
宝伦堂坊 536	房 202	经义堂 511	封山育林 202
宝华楼菜馆 235	房长 202	经历志略 741	封山禁林 202
宝贻堂 702	诚斋文集 369	经文纬武 702	封基 813
宝塔峰 24	话说徽商 1177	经世致用 278	持敬 269
宝善堂 702	居士林 300	经史笔记 289	拱日峰 25
宗 201	居安洞亭 580	经礼补逸 268	拱北桥 560
宗二公墓道坊 536	居安桥 560	经序录 289	拱花 440
宗长 201	居养院 207	经学三胡 278	项士俊 873
宗正 201	居家十慎 197	经畬堂藏书 741	项山村严池水口林 605
宗祠祭礼 201	屈原庙功德碑 673	贯休罗汉画 400	项天瑞 955
宗谊 955	屈原赋注 278	贯香糖果 787	项元汴瓶砚 479
宗副 201	弥陀峰 24		项氏 183
宗族历史的建构与冲突——	弦高镇 138	**九画**	项名达 1077
以黄墩叙事为中心 1176	弦歌洞 47		项怀述 1117
宗谱 201	弦歌溪 67	奏新印存 447	项英蔚 955
定宇集 267	承庆堂联 379	春节 823	项松 1118
定事酒 798	承志堂 510	春节禁忌 823	项国辉 873
定亲 812	承志堂联 380	春节嬉灯唱戏秩序碑 673	项牧 1028
定潭 137	承启堂店铺联 380	春台班 455	项承恩 1118
宠惠 702	承恩堂 510	春回黍谷 702	项绍裘 955
宜男宫 596	承唐 138	春卷 756	项宪 955
审乌盆 455	承桃 202	春祈秋报 702,823	项绲 873
审石头 400	承揽式经营 251	春草堂诗稿 369	项晋蕃 873
审坑庵 596	孟子字义疏证 278	春秋日食质疑 268	项根松 1118
官人 812	降价赢声誉 251	春秋左氏传补注 268	项家山 412
官山桥 560	陉口渡 644	春秋左传句解 268	项绥祖 1118
官厅 616	陉源 67	春秋地理考实 278	项绥德 1118
官学 315	姑父 812	春秋师说 268	项继枭 1118
官路下 138	姐妹放羊石 53	春秋青铜剑 725	项梦元 1028
空中闻天鸡 673	姐妹看灯 468	春秋金锁匙 268	项鸿祚 1028
宛陵群英集 368	妯娌坊 536	春秋经传附录纂疏 268	项淳 1028
实事求是 702	始于摹拟,终于变化 447	春秋经传阙疑 268	项惊 1118
实物租 163	始信峰 25	春秋集传 268	项琳 1118
实备仓 207	驾睦堂 510	春秋集传释义大成 269	项琥 955
试论徽州商人资本的形成与	驾鹤洞 47	春秋集解读本 269	项道旷 1118
发展 1176	参读礼志疑 278	春秋属辞 269	项道旸 1118
试剑石 673	参算两经 354	春秋蟠虺纹铜匜 725	项道玮 1118
郎山 24	练江 67	春秋醮 798	项蕙 873
郎官庙 597	细沙炸肉 756	春桃 1117	项德时 873
诗传遗说 267	织金池碑 673	春笋 89	项镛 873
诗论 267	驷车桥 560	珍珠帘 674	挞粿 777
诗志 267	驻跸山 25	珍善斋印谱 448	城山观 597
诗学汇选 369	驼背峰 25	珊厚古柳树 89	城中第一泉 644
诗经正义 267	驼峰 616	挂纸粿 777	城北仙岩 400
诗经集注 725	绍村 138	挂贺联 812	城阳山 25

城阳山志 289	草堂随笔 369	胡太常祠 597	胡匡宪 1029
城里有官府 412	草鞋桥 401	胡日顺 224	胡匡轼 1029
城隍会 823	茧馃 777	胡升 1029	胡匡衷 1029
城隍庙 597	茴香萝卜枣 798	胡长庚篆书中堂 425	胡匡裁 1030
赵之谦花卉扇面 725	茯苓糕 787	胡仁之不掺杂使假 251	胡圭 1030
赵氏 183	茶区歌 413	胡仁昉 874	胡吉 957
赵氏多进士 315	茶业 223	胡仆射营 106	胡在田 1030
赵尹 1118	茶业公所 246	胡从圣 1029	胡在渭 1030
赵东山助饷献策 400	茶号 223	胡公井 644	胡有德 875
赵吉士 873	茶礼 803	胡公祠 597	胡存天 1144
赵有贵 955	茶行 223	胡公著 874	胡存庆 1077
赵光玐家砚 479	茶庄 223	胡月涧 1029	胡成浚 1030
赵连 955	茶栈 223	胡月潭 1029	胡贞观 957
赵时用 874	茶亭 207	胡氏 183	胡贞波 1030
赵时壄 1028	茶客 251	胡氏宗祠奉宪永禁碑 674	胡光 875
赵时朗 1118	茶庵巨石 53	胡凤池 1029	胡光岳 1077
赵希衢 874	茶商小学 336	胡文光 874	胡光前 1030
赵汸 1028	茶商崇正学堂 336	胡文光刺史坊 536	胡光硕 1119
赵良金 1028	茗洲 138	胡文学 874	胡光琦 1030
赵咏清 1118	茗洲吴氏家典 197	胡文相 957	胡光墉 958
赵怡丰布店 226	茗洲茶 163	胡文柏 875	胡廷凤 875
赵弥忠 1028	荡秋千 468	胡文泰偕妻捐产碑 674	胡廷玉 1030
赵相 955	荣庆 813	胡文焕 957	胡廷进 875
赵继禾 1118	荥阳桥 560	胡文焕版 230	胡廷贤 958
赵继序 1028	胡一桂 1029	胡文摺 875	胡廷珏 1030
赵景从 874	胡乙公 874	胡文壁 1029	胡廷标 1119
赵然明 874	胡士育 1118	胡方平 1029	胡廷琛 875
赵善璙 874	胡士诰 956	胡斗元 1029	胡廷瑞 1119
赵道元 874	胡士著 874	胡孔昭 957	胡廷瑢 875
赵滂 1028	胡大有 1118	胡玉达 1029	胡廷巍 958
赵楘 1028	胡大鹤 874	胡玉成 957	胡乔相 1077
赵端 874	胡与高 1029	胡玉美 237	胡伟 875
指象石 53	胡万春茶号 224	胡正心 1077	胡传 875
指路石 53	胡山 956	胡正言 1118	胡传墓 674
拼合柱 616	胡广饴 1029	胡正言宅 511	胡延政报功图 440
拼舞奇巧板 468	胡广耀 956	胡世闻 957	胡华伟 958
按院禁约碑 674	胡之兰 956	胡世英 875	胡自舜 875
荆州山核桃 89	胡开文墨 226	胡世炳 957	胡行印 876
荆州明经胡氏祖训 197	胡开文墨庄 702	胡世卿 957	胡行学 1030
荆州河 68	胡开熙 956	胡本琪 1119	胡名泰 958
荆磡岭道 630	胡天生 1144	胡田 1077	胡名教 958
革除逸史 289	胡天注 956	胡仔 1119	胡庆龙 1077
荑言 369	胡天春茶票 741	胡仔藏书 742	胡庆馀堂 236
草心楼读画集 741	胡天注故居 511	胡用宾 875	胡庆馀堂秘制"龙虎丸" 251
草龙舞 468	胡元龙 956	胡永兴 875	胡庆馀堂联 380
草市 138	胡元采 1029	胡永泰 702	胡次焱 1030
草豆腐 769	胡元熙 874	胡永焕 875	胡汝明 876
草架 616	胡元熙独资建桥 401	胡匡定 1029	胡安定 958

胡阶庆 876	胡学本 1077	胡宥 877	胡琪 1120
胡寿六 958	胡学礼 1031	胡珙 1033	胡瑛 963
胡寿安 876	胡学诏 960	胡珽 1144	胡敬庵 1034
胡远烈 959	胡学济 960	胡振柝 961	胡朝金 963
胡远龄 959	胡学梓 960	胡起川 961	胡朝贺 1034
胡克钊 1030	胡宝铎 876	胡晋 1033	胡植登 963
胡里 138	胡宝璟 877	胡晋文 1119	胡覭兴复县学 401
胡里桥 560	胡宗升 1078	胡晋接 1033	胡覭墓 674
胡佐唐 959	胡宗启 960	胡桂森 961	胡遇 877
胡伸 1030	胡宗明 877	胡原宪 1033	胡集成 878
胡伸蝶梦诗 401	胡宗明金书中堂 425	胡晟 877	胡舜申 1144
胡位宜 959	胡宗宪 877	胡晓 877	胡舜俞 1034
胡位威 1119	胡宗宪刻书 230	胡积堂 1144	胡舜举 878
胡位寅 959	胡宗宪墓 674	胡皋 1119	胡舜陟 878
胡位勤 959	胡宗煌 960	胡皋和风烟雨图 425	胡赓善 1034
胡近仁 1030	胡承坤 960	胡效颜 1033	胡善增 963
胡余德 959	胡绍勋 1031	胡唐 1119	胡翔云 1034
胡余德创制集锦墨 251	胡绍焕 1031	胡润川 1078	胡湮 878
胡应沂 959	胡贯三 960	胡家 138	胡富 878
胡应卿 1119	胡春生 1119	胡家村遗址 630	胡富墓 674
胡闳休 876	胡珊 1031	胡家燕 961	胡瑞朱 1120
胡宏发南货号 239	胡荣命 960	胡继杭 961	胡瑞临 1034
胡良祥 959	胡荣命不赁肆名 251	胡继柱 962	胡颐 1120
胡良铨 876	胡荣彬 960	胡继桢 962	胡献忠 1034
胡良铨隶书中堂 425	胡南金 961	胡埠口戏台联 380	胡椿 963
胡际会 1031	胡显灿 1119	胡培系 1033	胡嗣迪 963
胡际瑶 959	胡思永 1119	胡培受 1033	胡锡元 1120
胡顶荣 959	胡思伸 877	胡培春白土行 239	胡锡友 963
胡松 876	胡思诚 1032	胡培翚 1033	胡锡鲁 963
胡松墓 674	胡品瑜 1078	胡梅林行实 290	胡锡意 963
胡尚礼 876	胡峤 1119	胡雪岩 962	胡锡熊 963
胡尚英 1119	胡铁 1078	胡雪岩五可七不 251	胡新揖 1078
胡尚憎 960	胡适 1032	胡雪岩送痧药 251	胡煜 878
胡国宾 1144	胡适一品锅 756	胡唯 1120	胡源泰 224
胡昌翼 1031	胡适、江冬秀家书手迹 725	胡铭琦 1034	胡肇昕 1034
胡昌翼墓 674	胡适故居 511	胡敏艺 962	胡肇龄 1034
胡明轩书许国撰程公寿中堂 425	胡适是吃茶叶长大的 401	胡得胜 1034	胡慧珠 1120
胡明星 876	胡适楷书对联 425	胡商岩 962	胡璋 1120
胡秉元 1031	胡俊杰 877	胡清泰 1120	胡璇 1034
胡秉虔 1031	胡美坤 961	胡清隼 877	胡震来 1078
胡秉祥 960	胡美铭 961	胡清焘 1034	胡镇孙 878
胡秉淳 960	胡炳文 1032	胡清溪 962	胡德 878
胡秉虞 1031	胡炳文墓 674	胡清澍 1034	胡德礼 964
胡佩兰 1119	胡炳衡 961	胡清瀚 877	胡德迈 879
胡佩芳 1031	胡炳衡宅 512	胡清灏 1120	胡德昶 964
胡庚谋 1031	胡洪开 1144	胡淀 1034	胡德源店借种田契 742
胡学 876	胡恢光 1033	胡深 877	胡德藩 1034
	胡宣铎 1033	胡寅 1120	胡潜 879

胡澍 1034	南屏古民居群 512	427	柏山 25
胡澍篆书字轴 425	南屏叶氏祖训家风 197	查士标行书中堂 427	柏山碣 648
胡履坦 1120	南屏西园 605	查士标行书通屏 427	柏山皖中 325
胡翰 1120	南海县正堂通告 742	查士标行草书法轴 427	柏木源 68
胡霖侠 1034	南港 68	查士标字画谋生 401	柏墩 139
胡瞳 879	南湖 605	查士标空山结屋图 427	柳真保 1144
胡默 1035	南湖书院 324	查士标秋景山水图 427	柳黄同声集 369
胡燮元 1120	南湖书院联 380	查士标信札 428	柳溪书院 309
胡霭溪故居联 380	南渡桥 560	查士标溪山放棹图 428	柱顶石 616
荄堂集 369	南塘桥 560	查士模 1120	柱础 616
荫秀桥 560	南源桥 561	查木岭 25	柱棒山 26
南山 25	南溪 68	查公山 25	柱磉 616
南山下郑 184	南溪别墅 309,513	查氏 184	柿心黑木 90
南山书院 309	南溪南 138	查文徵 879	栏杆 616
南山书堂 309	南谯楼 585	查文徵藏书献书 742	栏板 616
南山岭 25	南薰别墅 513	查为义 1120	树人堂 702
南山院 597	南薰别墅联 380	查孔交谊 401	树志堂 702
南山桥 560	药业 236	查世章 964	咸近士风 255
南山道院 597	药芹 89	查有忠 964	威风岭 26
南门书院 309	药铫药瓢石 53	查有堂 964	砚山 26
南门外牌坊群 536	栈阁 630	查成 1120	砚瓦尖 26
南门夏 184	栈阁石门 630	查师诣 879	砚贡 401
南无无量寿佛 674	枯柏变翠 401	查廷章 1078	砚峰 26
南无阿弥陀佛 674	柯大统 879	查汝元行书四条屏 428	面皮汤 756
南云关 106	柯长春 455	查志隆 1035	面拖石斑鱼 756
南方铁杉 89	柯氏 184	查克承 1120	面拖黄鱼 756
南瓜枣 777	柯华辅 1035	查应光 1035	面拖黄鱼条 756
南瓜饼 787	柯庆施 879	查若农 1120	面鱼汤 756
南宁河 68	柯泽舟 1035	查杰 964	面南而居 803
南当山 25	柯临久 1035	查非异 1120	面懒 777
南当水 68	柯钺 1035	查尚庆 964	面壁峰 26
南关许氏惇叙堂祠规 197	柘木岭 25	查昉 1121	耍叉 468
南阳书院 309	柘坑 106	查岳 1121	耍钗 468
南阳亭 580	柘林 139	查奎 964	耍流星 468
南坑岭 25	相反之名 278	查显宗 1035	奎文阁 597
南轩书院 309	相公桥 561	查容 1121	奎光祠 513
南园喉科 346	相公潭 68	查陶 879	奎光堂联 380
南宋龙泉窑青釉小盏 725	相思鸟 89	查景璠 1121	奎星阁 597
南宋龙泉窑青釉碗 725	相思树 90	查道 1121	奎壁斋 230
南京 214	相思笋 756	查道大 964	牵茶歌 413
南京私立安徽中学徽州分校 324	查士英 1120	查湾 139	皆如庵 597
南京私立现代中学 324	查士标 1120	查稚圭花鸟四条屏 428	战国谷纹瑗 725
南京私立钟英中学 324	查士标山水图 426	查慎行 1035	战国楚郢爰金钣 725
南京国立中央大学实验中学 324	查士标山水轴 426	查萧 1121	战前祁门红茶的海外销售与市场价格分析 1177
南屏 138	查士标云容水影图 426	查璇继 1121	点主 813
南屏水口 605	查士标日长山静图 427	查潜 1035	点点脚 413
	查士标年老思乡 401	查羲 1121	临川匾额群 702
	查士标仿黄公望富春胜览图	柞子豆腐 769	

临证指南医案 346	贻经堂 231	秋泉 68	段莘养田碣 354
临清 214	贻清堂集 369	秋浦河 68	段莘祭猪 823
临溪 139	幽梦影 369	秋崖小稿 369	顺本堂古戏台 537
临溪桥 561	钟山书堂 309	秋崖先生小稿 369	顺则集 369
竖琴松 90	钟英楼 585	秋崖集 369	顺治歙志 290
省立二中 325	钟玲三七 90	科学下嫁运动 336	顺治黟县志 290
省立二中驱左学潮 336	钟峰 26	科学图书社 231	顺德堂遗址 630
省立二师 336	钟鼎字源 279	科举中试银 202	修月轩文会 360
省立三中五四学潮 336	钟鼓山 26	重订水经注 354	修建水埠亭收支碑 677
省立第一茶务讲习所联 380	钦点内阁中书 703	重兴寺 597	修建水埠亭碑 677
省会通衢 702	钦点翰林 703	重阳节 823	修建徽郡会馆捐款人姓名及
省吾堂 230	拜石山房印谱 448	重建还金亭碑 675	建馆公议合同碑 677
尝试集 369	拜师 252	重建觉乘寺碑 675	修理寝堂碑 677
是乃仁术 702	拜年山 26	重建富村桥碑 675	修谱 202
盼客松 90	拜经楼藏书 742	重修太素宫捐助名氏碑 675	保长儿子 413
显村古戏台 537	拜堂 813	重修竹岭碑记 675	保安山 26
显济庙 597	拜堂唱词 813	重修色岭梅花岭碑 675	保安会 827
星江 68	拜祷田公、田母 798	重修齐云玄君殿碑记 675	保护祠产碑 677
星江水系 68	拜敬 813	重修羊栈岭路碑 676	保和堂药店 236
星岩寺 702	看戏 413	重修金紫祠记 676	保命桥 561
昱岭 26	看指纹 413	重修府堂碑记 676	保障六州 703
昱岭关 106,597	看屋宇 813	重修陕西安徽会馆暨议该馆	保熟节 798
昭代丛书 231	看娘亲 413	录序 243	信奉母亲不要愁 413
昭孝积庆寺 597	牡牛降 26	重修觉乘寺碑 676	皇明文衡 369
昭君出塞 455	适园藏书 742	重修唐圣僧庵碑 676	鬼火班 455
贵州 214	香风茶 163	重修渔梁坝题名碑 676	鬼节 824
贵和堂匾额群 703	香谷源 68	重修歙学圣庙碑 676	鬼头尖 26
贵溪 139	香林源 68	重修徽州府堂记 676	禹门堨 648
贵溪石桥 561	香果树 90	重排场 455	禹贡三江考 354
虹井 644	香炉石 53	重游感兴碑 677	禹贡山川地理图 354
虹关 140	香炉亭 580	重楼玉钥 346	禹贡后论 355
虹关巨樟 90	香炉峰 26	复山 26	禹贡论 355
虹形桥 561	香砂井 644	复办水龙碑志 677	侯峰 27
虹瑞关 140	香砂池 68	复古印选 448	追慕堂 513
虹源 140	香泉池 644	复旦大学附属中学（皖校）	待图 814
虹溪桥 561	香泉溪 68	325	衍峰传碑 677
虾子蹄筋 756	香狸猫 90	复合式连接 617	律古词曲赋叶韵 290
虾仁锅巴 757	香菇 769	复还天巧 677	律吕阐微 279
虾蟆井 644	香菇板栗 757	复返坐□ 677	律吕新论 279
思义堂刊征信录启 243	香菇金鱼 757	复初集 369	叙伦堂 514
思诚小学联 380	香菇盒 757	复岩 26	叙伦堂古戏台 537
思耻台 56,675	香椿 90	复盆 479	叙秩堂 514
思溪村 140	香椿馃 777	笃谊庭 513	叙摹印 448
品鉴与经营：明末清初徽商	香榧 90	笃敬堂 513	俞士千 1035
艺术赞助研究 1177	香蕈 770	笃敬堂联 381	俞士英 879
响山 26	香糕 787	段莘 140	俞大儒 964
罚胙 202	种玉里 140	段莘水 68	俞上运 879
贴壁松 90	秋日登齐云岩诗碑 675	段莘古银杏群 91	俞天倪 879

俞元膺 1121	食桃米粿 778	奕世尚书坊 537	迷宫洞 47
俞日昇 964	食惟馓粥 255	庭院布置 617	前世牌坊 537
俞仁耀 964	胆水浸铜法 355	亲见七代 703	首村 140
俞氏 184	胜水泉 644	音乐鸟 91	首村朱氏园林 605
俞氏宗祠 514	胜泉桥 561	音学十书 279	首事 202
俞文诏 879	脉诀刊误集解 347	音学辨微 279	首届国际徽学学术讨论会
俞正钟 1121	脉学精华 347	音律节略考 269	1164
俞正禧 1035	脉语 347	施水庵 597	首总制度 219
俞正燮 1036	脉症治方 347	施水路亭 581	首善儒宗 703
俞正燮故居 515	勉济局 207	施氏 185	总灵洞 47
俞正燮墓 677	狮山 27	施氏桥 562	总商 219
俞世球 1078	狮山掌录 290	施文德 965	炼丹台 56
俞可进 1121	狮子石 53	施世泸 965	炼丹峰 27
俞可进楷书临钟繇荐关内侯	狮子林高山柏 91	施圭锡 965	炼丹源 68
季直表册页 428	狮子林庵 597	施成章 1078	炼心石 53
俞圣瑞 1078	狮子岭 27	施应旭 1144	炸扣肉 757
俞师鲁 1036	狮子洞 47	施宗鲁 1122	炸熘鸡卷 757
俞乔 880	狮子桥 561	施孤会 824	烂柯岩 42
俞伯华 880	狮子峰 27	施海 880	烂锦岩 42
俞启华 1078	狮球峰 27	施添准 1122	烂糊面 757
俞纵 880	独立三间 617	施璜 1036	剃头礼 814
俞茂 880	独母柴 677	施德栾 965	洪一新 880
俞国桢 964	独寻其义例 279	闻居寺 597	洪上庠 1122
俞昭显 880	独秀峰 27	闻钟岭道 630	洪元志 1122
俞勋 880	独耸峰 27	闽真人 1037	洪中孚 880
俞诵芬 880	独耸梯 630	阅阅家不惮为贾 255	洪什 965
俞珽 1121	独耸塘 652	养生禁示碑 677	洪氏 185
俞桂彬 1036	独资建"吴桥" 252	养老田 202	洪氏宗祠群阊 703
俞皋 1036	急公会 207	养性结合入世 269	洪文衡 880
俞培眒 965	饶氏 185	养济院 207	洪正立 1078
俞梅 1121	饶世恩 1036	美人靠 617	洪正治 966
俞盛 965	饶光 1036	美国国际徽学会 1158	洪世俊 881
俞啸 1121	饶华阶 965	美荫堂 231	洪汉 881
俞铨 965	饶进 1078	姜才 880	洪朴 881
俞悠瑃 965	饶芳 1121	姜田载指墨山水中堂 725	洪廷俊 966
俞焕 965	饶际元 1036	姜远 1122	洪兆芳 1145
俞清 880	饶际可 1036	姜体乾 1144	洪坑 141
俞瑛 965	饶忠良 1121	姜肇山 880	洪坑三桥 562
俞富仪 1121	饶钦 880	姜糖 788	洪坑尖 27
俞献 1036	饶恕良 1036	送出 798	洪坑岭 27
俞鹏万 965	饶景 1121	送圣 827	洪坑溪 69
俞靖 1036	饼茶 164	送年节 824	洪志吉 1037
俞塞 1036	弯弓桥 561	送灶 824	洪志明 1037
俞粹纯 1036	将军山 27	送房唱诗 814	洪村 141
俞德魁 1144	将军井 644	送终 814	洪钊 1122
俞鹬 1121	将军石 27	送客戏 455	洪秀全祖居婺源 401
剑石 53	将军桥 561	送客松 91	洪秀全祭祖 402
剑侠传 370	将隐岩 42	送嫁 814	洪佐圣 881

洪作霖 881	洪景行 881	济岭 27	祝允明为西溪南外甥 402
洪伯成 966	洪皓 1122	济美录 290	祝允明草书诗卷 726
洪启凤 1037	洪焱祖 1037	洋庄茶 164	祝世禄草书轴 726
洪启蒙 1037	洪湛 881	洋湖 141	祝华 882
洪武祁门户帖 725	洪遐昌 882	洋湖矼 53	祝寿 814
洪玥 1078	洪辑五 966	浓泛蒳香 703	祝板 202
洪范 881	洪稚存诗评 402	津贴制 219	祝活 202
洪奇达 1078	洪腾蛟 1037	浔阳台 57,678	祝确 967
洪尚同 881	洪源 141	浔阳钓赤鱼 402	祝确墓 678
洪昙蕊 1122	洪源水茶栈 224	浔阳亭 581	祝穆 1038
洪国良 1145	洪福桥 562	浔阳桥 562	祠户 202
洪饴孙 1037	洪嘉木 1038	恒大有茶叶店 224	祠田 202
洪性銁 966	洪嘉植 1038	恒证据 1038	祠产 203
洪宗旷 966	洪墨卿 1122	恒河猴 91	祠规 203
洪承业 966	洪德佛 967	恤孤堂 207	祠首 203
洪承祖 1122	洪德税 967	举折 617	祠堂 203
洪垣 1037	洪潭 69	觉山 27	祠堂会 203
洪南秀 1122	洪畿 1122	觉公堤 648	祠堂形制 617
洪柏 1122	洪璟 882	觉岭 27	诰命 703
洪思忠 881	洪赞善 882	宣德墨 479	诰敕封赠银 203
洪钧 881	洪檀 967	宪伯坊 537	说媒 814
洪钧行书七言对 429	洪翼圣 882	穿山甲 91	说颐 290
洪钧赠联 726	浇岭 27	穿斗式构架 617	诵法台 57
洪胜 966	洞门玉树 677	穿堂式 617	郡分五俗 827
洪亮吉 1037	洞天福地碑记 678	客座 309	退位 814
洪庭梅 966	洞元观 597	客商规略 290	退思岩 43,678
洪炯 881	洙村黄椆 91	冠巾银 202	退斋印类 448
洪祖培 1122	洗三朝 814	冠礼 814	屋面板 618
洪载 1037	洗心池 69	扁担山 28	屋脊 618
洪莹 1037	洗心泉 644	扁担石 53	屏山村 141
洪桂 1078	洗心斋读易述 269	扁担亭 581	屏山舒氏宅 515
洪桥 562	洗杯泉 69	扁担钱 413	屏山楼 585
洪桥郑 185	洗药池 644	祖训祠规碑 678	屏风山 28
洪致晖 966	洗药溪 69	祖成庵 597	屏风墙 618
洪乘章 966	洗染 814	祖孙四进士 315	屏障山 28
洪家大屋 515	洗涤泉 69	神仙井 645	费公书院 309
洪家戏台 537	洗眼泉 644	神仙洞 47	费丹旭仕女轴 726
洪宾彩 966	活幼珠玑 347	神仙廊 630	费隐与知录 355
洪基 1078	活法启微 347	神交精舍 309	眉山 28
洪梧 1122	派 202	神灸经论 347	眉毛峰 28
洪野 1122	洽舍桥 562	神鸦 91	眉公书院 309
洪船出海 53	洺水词 370	神蚁救徽商 402	胥王庙 597
洪章 1037	洺水集 370	神皋闹时 678	除夕 824
洪淑鉴 966	济川桥 562	神龛 617	娃娃鱼 91
洪琴 141	济生国花号联 381	祝三村路会 207	姚之驷 1038
洪超 1122	济生国药号 703	祝山 141	姚氏 186
洪敬沧 1145	济众桥 562	祝氏 185	姚氏宗祠 516
洪朝采 1122	济阳江氏家训 198	祝氏女位最高 186	姚氏家规 198

姚允明 1038	珠帘洞碑 678	荷嘉坞 142	桃园居 703
姚叶 967	珠泉 678	莘墟 142	桃谷 703
姚成盈 967	珠塘 652	晋主 203	桃林村水口林 605
姚仲南 1078	珠塘坝 355	恶山 28	桃面鱼 758
姚宋 1123	珠溪寺 598	莺石 54	桃源 142
姚际恒 1038	珠溪谦禅师 1038	莺谷石 54	桃源大冲山 28
姚贯因 967	珠算博物馆 1159	真元道院 598	桃源水口 605
姚柱 967	班亭 1123	真仙洞 47	桃源书院 310
姚家勤 967	素云 1123	真仙洞府 678	桃源书院联 381
姚琏 1038	素心桥 562	真仙洞府记 679	桃源古洞 47
姚慎德 1078	素问灵枢纂约注 347	真白郑氏 186	桃源古桥 563
姚静芳 1123	素园存稿 370	真应庙 598	桃源问津图石雕 479
姚嘉长 967	素圃医案 347	真灵伟绩 679	桃源里桥碑 679
姚嘉通 1078	振华肥皂厂 239	真武殿 598	桃源洞 48
姚毅全 967	振妙和尚 1038	真知之说 269	桃源洞天 300
姚潜 1123	振绮堂 231,703	真胡 186	桃源洞石刻 679
贺九不贺十 815	赶煞 815	真境 679	桃源洞联 381
贺仪 815	起翘 618	桂风秋馥 703	桃源桥 563
贺礼 815	盐户 219	桂花肉 758	桃溪 142
贺礼银 203	盐业 219	桂林书院 310	桃溪水 69
贺将军庙 597	盐饼 788	桂林里 703	桃溪群桥 563
贺陶澍60岁寿诞联 381	盐策祭酒 219	桂林桥 562	桃墅山 29
癸巳类稿及癸巳存稿 279	埋剑所 630	桂林堂 516	格子门 618
癸酉桥 562	捐资抗倭 252	桂林镇 142	格物致知 269
柔川 142	挹秀桥 562	桂枝书院 310	格致丛书 231
结竹营 413	挹秀桥敞轩联 381	桂岩书院 310	格扇 618
结棹 815	耆年博学 703	栖真岩 43,679	根心堂 703
骆驼峰 28	换亲 815	桐子山遗址 630	根窝 219
绝卖 164	换索 798	桐子龙 469	鬲山 29
绞股蓝 91	耿介 1038	桐乡崇德新安会馆 244	鬲山铺 107
	聂师道 1038	桐源河 69	栗 93
十画	聂绍元 1038	桐源桥 562	栗木 143
	聂冠卿 882	桥东铺 107	贾而好儒 255
耕云峰 28	莱山旧业 310	桥堨 649	贾何负于耕 255
耕余剩技插图 440	莲华洞 47	桥路局 207	贾何负于儒 255
耕织图册页 726	莲花山 28	栴檀岭 28	夏元康 882
耕织图墨模 479	莲花尖 28	桃花米 164	夏氏 186
耗 815	莲花岭 28	桃花沟 76	夏文纯 1123
泰州 214	莲花洞 47	桃花岩 43	夏亢善 882
泰州姜堰新安会馆 243	莲花峰 28	桃花鱼 92	夏弘毅 1039
泰州海陵新安会馆 244	莲花峰的传说 402	桃花峰 28	夏达才 1039
泰塘程氏祖训 198	莲花源 69	桃花洞 69	夏师尧 882
秦汉印范 448	莲饮集 370	桃花源 69	夏雨金 1123
秦汉印统 448	莲金山 28	桃花源里人家 516	夏基 1123
秦琼逃关 455	莲蕊峰 28	桃花溪 69	础石 618
珠兰精 164	莫水 69	桃花潭 69	破石松 93
珠帘泉 69	荷叶包鸡 757	桃花鳜 92	破血湖 815
珠帘洞 47	荷包红鲤 92	桃李园 516,703	破肚石 54

破蒙　815	铁拐李惩罚封桥官　403	倪嘉谦　883	殷云舫　1079
原本韩文考异　370	铁线潭　70	倪槭奇　1039	殷公井　645
原坑水　69	铁釜潭　70	倌　815	殷氏　187
原始江南古陆　76	特主　203	健讼　827	殷氏内科　347
原善　280	特龛　203	射霞岩　43	殷正茂　884
套版印刷　441	特祭祠　203	徐七宝　1123	殷安涛　1079
顾氏　186	秤管糖　788	徐士业　968	殷尚书坊及大司徒坊　538
轿下食　815	积庆义济茶亭碑　680	徐士修　968	殷翁桥　563
轿顶峰　29	积庆坊葛氏家训　198	徐万隆杂货店　239	殷德徽　1124
致思馆　325	秘阁书院　310	徐上镛　883	耸翠庵　598
柴景星　967	笄礼　815	徐广　1145	奚冈　1124
监司袁使君平寇碑　679	笔架山和仙人脚的来历　404	徐元文　883	颁胙　203
监视　203	笔架尖　30	徐午　1123	翁焘　1124
紧浅碗石　54	笔架峰　30	徐氏　187	狼豹洞　48
逍遥岩　43	笔峰　30	徐氏龙尾砚　479	卿云洞　48
逍遥岩道　630	笑拙墅稿　370	徐氏宗祠　517	逢田则吉　198
逍遥溪　69	笑狮洞　48	徐氏祖祠坊及蒋氏节孝坊　538	鸳鸯冬菇　758
逍遥溪诸潭　69	笑舞台　455	徐丹甫　1123	鸳鸯礼书　815
晒大圣　798	笋菇素肉　758	徐存诚　1079	鸳鸯饼　788
晓川　143	借靴　455	徐同善　1039	鸳鸯稞　788
晓采居印　448	值十当五　221	徐旭龄　883	饾版　441
晓起　143	值年　203	徐杜真　1079	凌子任　1040
晓起水口　606	倚南别墅　516	徐卓　1039	凌子俭　884
晓起高跷　469	倒马墩　107	徐秉义　1040	凌云鹏　1040
晓鳙老水酒　770	倒挂松　93	徐宗彝　1079	凌日荣　969
鸭脚树桥　563	倪一升　1039	徐春甫　1079	凌氏　187
鸭蛋饺　758	倪一圣　968	徐南苹　1123	凌风亭　581
蚌壳舞　469	倪士毅　1039	徐柱　1123	凌世明　969
恩荣坊　538	倪氏　186	徐美　1040	凌廷堪　1040
恩谌松筠坊　538	倪伟绩　1123	徐振　1040	凌如焕　1040
峰岑　143	倪时思　882	徐起　1123	凌驷　884
峰岭　29	倪尚纲　1039	徐秘元　1040	凌顺雷　969
圆台式盆景　479	倪尚荣　968	徐海　968	凌唐佐　884
圆尖　29	倪尚谊　1039	徐宽　1040	凌虚台　57
圆通岩　43	倪尚德　1039	徐乾学　1040	凌虚洞　48
圆通岩题壁　679	倪思喜　968	徐婆坑桥碑　680	凌瑁　884
圆通庵产碑　679	倪思辉　883	徐景京　968	凌畹　1124
钱时　1039	倪前松　1079	徐景轼　883	高山柏　93
钱时敏题壁　680	倪炳经　968	徐道聪　1079	高山流水　680
钱妍　1123	倪起虬　968	徐谦　883	高公桥　563
钱鬐　882	倪起蛰　968	徐新和春班　455	高氏　188
钵盂峰　29	倪康民墓　680	徐嘉干　1123	高迁　143
钵盂潭　69	倪望重　1039	徐嘉会　884	高庆和　1145
钻天洞庭遍地徽　215	倪望重宅　517	徐履安　1145	高阳桥　563
铁皮门大屋　516	倪望铨　968	徐璟庆　968	高阳廊桥　564
铁拐李报恩　402	倪渊侍　1123	徐赞侯　969	高柜台　221
铁拐李捣桥　403	倪辉远　968	徐霞客两游齐云山　404	高枧山　30
铁拐李惩治县太爷　403	倪道昭　968		高枧铺　107

高岭 30	唐皋 1041	浙岭 31	浣纱溪桥 564
高荣班 456	唐翁猎虎 404	浙皖铁杉 93	涨山铺 107
高砂水 70	唐家坞唐氏宗祠联 381	浙源 144	涌狮山 31
高桥 564	唐菱形花鸟纹镜 728	浙源山 31	浚源山 31
高第弟子十二人 310	唐鸿举 885	浙源水 70	浚源水 70
高等小学堂 325	唐寅清溪泛舟图 728	浦口渡 645	悟法万安寺 598
高湖山 30	唐越窑青釉碗 728	浯田水口林 606	悟空禅师塔 576
席次 803	唐慎微 1124	酒席禁忌 803	悦山 680
准望简法 355	唐模 143	涉江诗选 370	悦有桥 564
座盘石 54	唐模水口 606	涉岭道 631	宽耳犬吻蝠 93
斋堂桥 564	唐熊 1124	涉药禁忌 803	家人相处禁忌 803
脊瓜柱 618	唐歙州军事判官赵弘益墓 680	娑罗园红豆 93	家长 203
效上塍沟渠 653	资河 70	海天一望亭 581	家佐 203
离心式宇宙起源假说 356	资溪资福院 598	海心和尚 1041	家庙 203
离娘衣 815	资福寺 598	海石榴 93	家法 203
唐人写大般若波罗蜜多心经 727	竞兴电气公司 239	海宁县 107	家祠 204
唐人写经 727	竞兴机器碾米厂 239	海华楼酒菜馆 235	家祭 815
唐人写经卷 727	旁注诸经 269	海阳八景柱 479	宴筵席次 803
唐人写经残本卷 727	旁通互证 280	海阳公所 207	宾兴盘费 315
唐大司徒郑公祠 517	旁溪 144	海阳书院 310	宾虹草堂藏古玺印 448
唐子仪 1040	旅汉绩溪同乡会 246	海阳书院联 381	容成台 57
唐子彰 1040	旅汉徽商运柩回籍 404	海阳四家 429	容成洞 48
唐元 1040	旅杭绩溪同乡会 246	海阳县 107	容成峰 31
唐长沙窑青釉褐彩双系执壶 728	旅京绩溪同乡会 246	海阳话 793	容成朝轩辕石 54
唐氏 188	旅淳绩溪同乡会 246	海阳钟鼓楼 585	容成溪 70
唐氏三先生集 370	阅读徽州 1177	海阳镇 144	容甫先生遗诗 370
唐"风"字形歙砚 728	阆山 31	海国春秋 370	容溪峰 31
唐末五代徽州的北方移民与经济开发 1177	阆山书院 310	海南徽文化研究会 1159	请七 815
唐世禄 1079	瓶花斋 231	海球和尚 1041	请六七 815
唐石英 1079	瓶花斋藏书 742	海船石 54	请封捐输执照 742
唐仕 884	拳头菜 93	海商 240	请鬼节 824
唐式遵青鸾峰摩崖题刻 680	粉蒸肉 758	海棠洞 48	请期 815
唐吉祥 884	粉蒸鸡 758	浴仙池 645	朗山 31
唐廷瑞 884	粉蒸鱼 758	浴佛节 824	诸天阁 586
唐仲实 1041	粉蒸猪蹄 758	浮云岭 31	诸昌油坊 240
唐汝龙 1124	益寿桥 564	浮云峰 31	诸潭山 31
唐祁 969	烘糕 788	浮丘峰 31	读书一得 290
唐抄手"风"字砚 728	烧六日 798	浮丘源 70	读易质疑 270
唐茂修 1079	烧年节 824	浮丘溪 70	读宗谱 204
唐金山 30	烧纸轿 815	浮梁祁门会馆 244	家祠 204
唐泽 884	烟云万状 680	浮溪 70	扇子松 93
唐相 885	烟村 144	流口 144	祊主 204
唐洪氏墓 680	烟村渡 645	流杯池 645	祥云洞 48
唐晖 885	烟楼峰 31	润田 144	祥符寺 598
	浙北水 70	涧洲 144	剥皮大烤 759
	浙江 70	浣月轩 231	展诰峰 31
	浙江嘉善新安馆联 381	浣月斋印谱 448	展旗峰 31
		浣火石 54	陶氏 188

陶行知 1041	理源桥 565	黄一柱 1145	黄山市徽学研究会 1160
陶行知纪念馆 1159	琅源松萝 164	黄一桂 1145	黄山市徽学研究会杭州分会 1160
陶行知赠长城砖 404	琅瑘渡 645	黄一乾 1145	
陶村 144	排山柱 619	黄一彬 1145	黄山冰川遗迹 77
陶村陶氏宗祠联 382	排岭大道 631	黄一梧 1145	黄山异萝松 94
陶诗汇注 370	掉汉 815	黄一森 1145	黄山阳 1145
陶姚 337	推求师意 347	黄一遇 1145	黄山寿桃 778
陶家岭 31	授经图 270	黄一楷 1145	黄山志 290
陶家岭古道 631	教忠书院 310	黄一鹤 1145	黄山志定本 290
陶得和 1145	教学做合一 337	黄又收藏 743	黄山志略 291
陶渊明隐居潜口 404	教职俸薪银 310	黄三老 1145	黄山志续集 291
陶雅增赋 404	掐月岩 43	黄土源唐窑址 631	黄山花楸 94
陶潜裔孙卜居诗 404	培坑桥 565	黄士迪 1079	黄山杜鹃花 94
陷泥田 164	培桂山房 224	黄士垾 1041	黄山佛教 300
陪客松 93	培植兰菊法 356	黄士陵 1124	黄山谷口 77
陪郭 144	培阆书屋 310	黄士陵故居 517	黄山灵芝 95
娘娘 815	培筠园 607	黄士陵故居联 382	黄山画派 429
翀山 31	培筠园诗碑 681	黄大本 885	黄山奇松 77
翀麓齐氏敦彝堂祠规 198	培筠园赋诗酬答 404	黄山 31	黄山图经 291
通天岩 48	培德堂 703	黄山山脉 32	黄山炖鸽 759
通天洞 48	接八老爷菩萨 824	黄山云海 76	黄山怪石 77
通元观 598	接天地 824	黄山木兰 94	黄山学院徽州文化研究所 1160
通元观古刨花楠 94	接引松 94	黄山毛峰 164	
通艺录 280	接外甥 413	黄山玉兰 94	黄山胜境坊 538
通生 681	接财神 798	黄山四绝 77	黄山真景图 441
通转楼 618	接灶 824	黄山白龟 94	黄山峰林地貌 78
通幽 681	接张康二王 824	黄山冬雪 77	黄山鸳鸯 95
通济桥 564	接武桥 566	黄山市三函金瓶梅研究所 1159	黄山黄牛 95
通津桥 565	接待茶 815		黄山黄连 95
通晓字义 280	接菩萨 827	黄山市汪华文化研究会 1159	黄山菊 95
通渠筑防 356	接新娘 816		黄山梅 95
通镇 145	掷钵峰 31	黄山市故园徽州文化促进会 1159	黄山温泉 78
通赞 204	掷钵源 70		黄山游草 370
能者从之 681	掷鳖 469	黄山市陶行知教育思想研究会 1159	黄山谢氏 188
绣桥诗存 370	探水石 54		黄山登山古道 631
继兰庵 598	探海松 94	黄山市程朱理学研究会 1159	黄山楼 586
	职虽为利,非义不取 255		黄山楼藏书 743
十一画	基督教中华内地会私立明道小学 325	黄山市新安朱子研究会 1159	黄山摩崖石刻 681
			黄义广 969
理一分殊 270	菱角酥 788	黄山市新安医学研究中心 1159	黄义刚 969
理气 270	勒石永禁碑 681		黄之采 969
理田 145	黄一木 1145	黄山市新安医学研究所 1160	黄之柔 1124
理坑 145	黄一中 1145		黄之隽 1041
理学社会化与元代徽州宗族观念的兴起 1177	黄一凤 1145	黄山市戴震研究会 1160	黄子成 1145
	黄一心 1145	黄山市"徽州之友"俱乐部 1160	黄子明 1145
理欲 270	黄一枝 1145		黄子和 1146
理欲之辨 270	黄一松 1145	黄山市徽州文化研究院 1160	黄子顺 1079
理源 145	黄一明 1145		黄开梧 1146

黄元龙小品 291	黄古潭 1079	黄志皋 1125	黄松如 1147
黄元龙诗集 371	黄石坑水 70	黄声谐 1042	黄杭鼎 1147
黄元吉 1146	黄龙 1146	黄花 95	黄郁 146
黄元则 1146	黄龙口 145	黄花尖 32	黄奇 1147
黄元芳 969	黄四安 1146	黄花粿 778	黄叔宏 886
黄元治 885	黄生 1041	黄克念 970	黄叔琳 887
黄云海 885	黄仕纶 1079	黄克巽 1125	黄叔裕 1042
黄五中 1146	黄仕鑵 1146	黄村 145	黄尚文 1125
黄五保 969	黄伋 1125	黄村木桥 566	黄尚礼 1042
黄友谅 885	黄用 1146	黄村文昌阁 586	黄尚汶 1147
黄少云 1124	黄用中 1146	黄村民居联 382	黄尚松 1147
黄中理 1041	黄乐 1146	黄村进士第 518	黄尚忠 1147
黄中琦 1041	黄立庄 1125	黄连凹茶亭碑记 682	黄尚润 1147
黄冈寨山 32	黄玄赐 969	黄连源 70	黄尚涧 1147
黄升 1146	黄训 886	黄轩 886	黄尚清 1147
黄升士 1146	黄丝洞 48	黄岗寺 598	黄尚澜 1147
黄升中 1146	黄玑芳 970	黄利中 1080	黄国隆 1125
黄长寿 969	黄吉文 970	黄利中刻书致富 405	黄国瑞 1042
黄仁 1146	黄吉甫 1146	黄秀中 1147	黄昌辅 887
黄氏 188	黄在中 1125	黄何捐筑青陂堨 207	黄昌衢 1042
黄氏妇科 347	黄有祺 1079	黄伯符 1147	黄明 1148
黄氏刻工 231	黄存芳 970	黄迎 1080	黄明邦 1125
黄氏宗祠 517	黄成 1146	黄应中 1147	黄明扬 1125
黄凤池 1124	黄成伯得砚 405	黄应光 1147	黄明芳 970
黄文 1124	黄师教 1146	黄应坤 886	黄易山水中堂 728
黄文汉 1146	黄光霁 1079	黄应组 1147	黄易山水扇面 728
黄文光 885	黄吕 1125	黄应宣 970	黄鸣岐 1148
黄文茂 969	黄廷杰 1080	黄应瑞 1147	黄钖 1148
黄文迪 1146	黄廷荣 1125	黄应椿 1147	黄和卿 1148
黄文炜 885	黄竹泉 1080	黄应澄 1125	黄岳 1125
黄文炎 885	黄华之 1146	黄沛 1147	黄侃 970
黄文显 1146	黄仰朱 1146	黄良佑 1080	黄金印 970
黄文珪 886	黄全初 886	黄启兴 1125	黄金色 887
黄文通 1146	黄兆文 1146	黄启钊 1147	黄备 146
黄文散 1146	黄州 1146	黄启岱 1147	黄备水口 607
黄文瀚 1125	黄汝贞 1147	黄启高 970	黄卷 1125
黄方中 1146	黄汝济 1042	黄启梓 1147	黄炜 1080
黄心楠 95	黄汝清 1147	黄启模 1147	黄泥尖 32
黄以照 1125	黄兴仁 886	黄社 337	黄宗山 1080
黄允中 1146	黄守孝 1125	黄诏 970	黄宗德过闾门 405
黄予石 1079	黄守言 1147	黄君蒨 1147	黄定华 1125
黄正达 1146	黄安 1147	黄际之 1147	黄诚之 1148
黄正位 969	黄异人 1147	黄陂 32	黄建中 1148
黄正选 1146	黄玘 1147	黄陂诗画社 360	黄承吉 1042
黄正宾 886	黄圻 1125	黄坦 1125	黄承志 970
黄世权 969	黄孝则 886	黄茂中 1147	黄承增 1042
黄世忠 1146	黄孝通 1080	黄茅尖 32	黄组 1148
黄世恺 1125	黄志礼 970	黄枢 1042	黄细 1148

黄经纸 479	黄家大厅 518	黄崇惺 1042	黄锵 1149
黄贯 1148	黄家驹 887	黄崇德 971	黄镃 1149
黄珑 1148	黄家珣 971	黄铝 1149	黄鎏 1149
黄珀 1148	黄家基与黄灯耀宅 518	黄铠 1149	黄端甫 1149
黄珍 1125	黄宾 1149	黄铤 1149	黄精 95
黄荆庵 598	黄宾虹 1126	黄铧 1149	黄精叶钩吻 96
黄荆墩 57	黄宾虹山水中堂 429	黄铨 972	黄爽 972
黄柏铺 107	黄宾虹山水方濬颐书法成扇	黄铭 1149	黄镐 1149
黄柱 1125	430	黄惟敬 1149	黄镑 1149
黄昱 1148	黄宾虹山水四屏 430	黄瑛 1149	黄镒 1150
黄思永 887	黄宾虹山水册页 430	黄琳 1127	黄德进 1150
黄思永行书八言联 429	黄宾虹山水徐识耜书法成扇	黄琥 1149	黄德时 1150
黄钟 1148	430	黄琬 1127	黄德孚 1042
黄钦 1148	黄宾虹水墨山水立轴 430	黄葆光 887	黄德宠 1150
黄俟 1080	黄宾虹丹霞峰轴 431	黄朝美 972	黄德清 1080
黄俪祥 1126	黄宾虹文集·诗词编 371	黄棓 1127	黄德新 1150
黄顺吉 1148	黄宾虹书画册页 431	黄辉 887	黄德懋 1150
黄俊 1148	黄宾虹玉兰堂诗意图中堂	黄鼎 1127	黄鋑 1150
黄狮岭 32	431	黄鼎铉 1080	黄斋豆腐 759
黄亮中 1148	黄宾虹齐山纪游图立轴 431	黄鼎瑞 972	黄澈 888
黄庭芳 1148	黄宾虹设色山水中堂 431	黄遇龙 887	黄翰 1150
黄帝内经素问吴注 348	黄宾虹设色山水成扇 431	黄锋 1149	黄嘴雕 96
黄帝内经素问校义 348	黄宾虹设色山水横幅 431	黄铉 1149	黄镗 1150
黄帝坑 78	黄宾虹拟垢道人笔法立轴	黄智孙 1042	黄镛 972
黄美渭 971	431	黄筏 1127	黄衡 1043
黄炼 1148	黄宾虹连山绝险图轴 432	黄猴 95	黄檀 96
黄诰兴学 405	黄宾虹金文对联 432	黄赓 887	黄镣 1150
黄癸 1148	黄宾虹故居 518	黄翔甫 1149	黄燡照 1127
黄骅 1148	黄宾虹钟鼎文楹联 432	黄翔麟 1127	黄瀚如 1150
黄珙 1148	黄宾虹秋林图轴 432	黄道 1149	黄镴 1150
黄振甲 971	黄宾虹黄山画稿册页 432	黄道充 1127	黄镨 1150
黄坝 1126	黄宾虹煮茗图 432	黄媛宜 1127	菌阁藏印 448
黄都 1126	黄宾虹雁荡山图立轴 432	黄楷 1080	菜坑地 32
黄莆 1126	黄宾虹溪村雨后图轴 432	黄鉴 972	菜花桥 566
黄莹 971	黄宾虹漓江昭平图轴 432	黄照 1127	菜知县纸帐题诗 405
黄真如 1148	黄宾虹竭力追古图轴 433	黄錤 1149	菊花冬笋 759
黄桂 1126	黄宾虹篆书联 433	黄锜 972	菊花锅 759
黄桂芳 1042	黄宰 1080	黄锡 1149	萃文书屋 232
黄钱 1148	黄祥魁 1149	黄锁 1149	萃灵洞 48
黄钺 1148	黄谊 971	黄魁 1149	萃英文社 360
黄钿 1148	黄继祖 1127	黄新之 1149	菩萨重光 827
黄铄 1148	黄骏 1127	黄慎 1149	菩提本无树碑 682
黄铎 1126	黄球 1149	黄慎草书七言诗轴 728	菠萝漆器 479
黄爱 1149	黄焉学 971	黄熔 1127	营安馆柳杉 96
黄豹 971	黄堆山 32	黄碧 1149	乾泰永金号 240
黄益逊 887	黄梓 1149	黄嘉惠 972	乾隆广丰布店账簿 743
黄海 291,1126	黄堂少府 703	黄熙 1127	乾隆两淮盐法志 291
黄浣月 1126	黄崇敬 971	黄锴 1149	乾隆绩溪县志 291

乾隆御题鲍家茶 405	梓坞祠堂 518	曹素功 1081	常熟徽州会馆 244
乾隆婺源县志 291	梓坑水 70	曹素功墨庄 226	悬山顶 619
乾隆歙县志 291	梓舍桥 566	曹振镛 889	悬鱼 619
乾隆徽州府抄呈 729	梓桐桥 566	曹振镛巧改佳对 405	悬崖式 480
乾隆黟县志 291	梓棚桥 566	曹振镛坐棺材 405	野艾粿 778
乾嘉学派 280	梓路寺 598	曹振镛故居联 382	野生姜 96
萧氏 1127	梓路寺石狮 480	曹原宥 1043	野鬼 816
萧南金 972	梓潼山 32	曹祥 889	野菜博录 356
萧桢指江易姓 405	梓潼屏 32	曹堂 1127	野猪垱 57
萧彩 888	梭柱 619	曹崧 973	野麻 96
菇熘鱼皮 759	曹士鹤 888	曹崇庆 1127	野款盆景 480
梦草堂稿 371	曹门厅 518	曹庸斋笔墨庄 232	野趣有声画 371
梦真桥碑 682	曹子光 972	曹深 889	晦庵书院 310
梦真楼联 382	曹天佑 1043	曹超 1043	晦庵先生朱文公文集 270
梦笔生花松 96	曹元忠 1043	曹鼎 1127	晦庵集 371
梧川汪氏家训 198	曹元恒 972	曹景宸 974	晬阳岩 683
梧冈书院 310	曹元瑞 888	曹敦甫 974	略论家谱内容与体例的演变 1177
梧冈集 371	曹止斋 972	曹渡桥 566	略论徽商与吴楚贸易 1177
梧桐岩 43	曹公溪 70	曹嗣轩 1043	蚺城山 33
梧赓桥 566	曹氏 189	曹鹏 1127	蚺城桥渡 645
梢云山 32	曹氏二宅 519	曹溪 70	蚺城镇 146
梅干菜猪肉烧饼 778	曹氏外科 348	曹溪桥 566	蚺蛇港 645
梅山 32	曹文在 1127	曹榜 1128	蛇崇拜 827
梅友月 888	曹文埴 888	曹榜松鸟图 433	蛇雕 96
梅氏 189	曹文埴父子刻书 232	曹赞梅 1128	蛏干烧肉 760
梅圣俞诗讽刘攽 405	曹允源 888	副手 252	累世簪缨 703
梅坑岭道 631	曹圣臣 972	戚继光游齐云山题壁 683	鄂州小集 372
梅花古衲墓 682	曹有光 889	龚栖霞 1043	唅香阁印谱 449
梅花杂咏 371	曹汝弼 1043	盛明杂剧序 371	啸天龙 33
梅花灯 469	曹聿金 1127	盛泽徽宁会馆 244	啸月楼印赏 449
梅花初月楼 586	曹观远 889	盛德堂联 382	啸余谱 372
梅花鹿 96	曹作云 889	雪庄 1128	崇一小学堂 325
梅园 607	曹孚 1043	雪庄画黄山册页 433	崇一学堂 325
梅园碑 682	曹应钟 1127	雪泥 683	崇一学堂旧址 632
梅松 96	曹沧洲 1080	雪柳 96	崇文书院 310
梅岩小稿 371	曹启梧 1080	雪渔派 448	崇正书院 310
梅岩文集 371	曹其瑞 973	雪糕 789	崇本书院 310
梅岭 32	曹若挹 1081	辅溪桥 566	崇寿观 598
梅岭积庆义济茶亭碑 682	曹泓 1127	虚危池 645	崇报书院 310
梅城 107	曹泽 889	虚谷 1043	崇报祠 519
梅桥 566	曹泾 1043	虚直楼 310	崇教祠 599
梅家洞 48	曹学诗 1127	雀替 619	崇德女校 325
梅鼎 1127	曹定远 973	雀鹰 96	崛毛尖 33
梅铜 888	曹显应 973	堂仪银 204	婴儿取名 803
梅铜墓 682	曹美东 973	堂谱 204	婴儿服式 804
梅椿书舍 310	曹洞宗僧 300	常遇春大战伯颜图 456	婴孩帽式 804
梅源山 32	曹恒占 1127	常熟县永禁扰累典铺碑 683	赊购 252
梅源水 70	曹恒泰布店 226		

赊销 252
铜匜 729
铜杯 729
铜练大路 632
铜柱墨 480
铜钱炉尖 33
铜鼓斋收藏 743
铜锣丘桥 566
铳销 219
银芽火鸡 760
银河泻碧 683
银洋珠宝谱 729
银屏寺 599
甜酒酿 770
笺卉 356
笺注牡丹亭 372
笠人石 54
笠阁批评旧戏目 372
第一春 235
第一洞天 683
第一蓬莱 683
第二届国际徽学学术讨论会 1164
第十三楼 683
做七 816
做七不做八 816
做九不做十 816
做三不做四 816
做三朝 816
做大夜 816
做风水 816
做礼生祭 816
做阴寿 816
做社 824
做周岁 816
做神福 252
做满月 816
鸺山 33
偃月池 645
偶有轩诗钞 372
傀儡班 456
停凤塔 576
停雪石 54
假胡 189
得胜岭 33
得胜鼓 469
得济桥 566
盘山花灯 469

盘云岭 33
盘岭松 96
船石 54
船洞 48
船舱岩 43
船福会 208
船槽岭峡 57
斜撑 619
盒子焰火 480
盒礼 816
欲理知 280
彩礼 816
彩虹桥 566
领魂香 816
领粮经摺 204
脚庵 599
脱胎漆器 480
象山 33
象气岩 684
象石 54
象眼岭 33
象鼻岩 43
逸史搜奇 372
猜中指 827
猫爪 96
猫石 54
凰腾村村民大会决议 729
猖会 469
猕猴 96
猕猴桃 97
祭田 204
祭会 204
祭祖 204
祭梁 798
馄饨鸭 760
馅心馃 778
馆规 252
鸾啸小品 372
麻衣洞 48
麻衣祖师塔 576
麻疹备要方论 348
麻酥糖 789
麻痘灯 469
麻糍 778
廊柱 619
康人杰 889
康山草堂 232
康飞鸣 1043

康氏 189
康永韶 1081
康达 974
康汝芳 889
康佑 889
康怀 1043
康范诗集 372
康南龙 1043
康闻韶 889
康海 889
康戬 890
康熙休宁县志 291
康熙祁门县志 292
康熙两淮盐法志 292
康熙婺源县志 292
康熙歙县志 292
康熙徽州府志 292
康熙徽州府通志 292
康熙徽州府通志续编 292
康熙黟县志 292
庸言录 280
章上松 1128
章山 33
章山佛经壁刻 684
章山题壁 684
章天山 1043
章元崇 1043
章氏 189
章正浩 974
章平 1043
章汇江 1043
章必芳 974
章必焕 974
章必鉴 974
章传仁 974
章延炯 1128
章衣萍 1128
章如愚 1044
章志乾 974
章岐 146
章钊 890
章佐圣 1044
章茂林 1128
章杲 1128
章岭古道 632
章法 1044
章宝鉴 1044
章定春 974

章树迹 1044
章炤 1044
章洪钧 890
章恒升酱园 237
章健德 974
章颂 1128
章祥华 974
章淮 890
章绪毓 975
章维嘉 1044
章紫电 1044
章遇鸿 1044
章策 975
章道基 890
章瑞 890
章熊 1128
章衡 1044
章熺 1044
商人与中国近世社会 1177
商人与文化的双重变奏——徽商与宗族社会的历史考察 1178
商山 146
商山书院 310
商山吴氏收藏世家 743
商不畏险 406
商总 219
商家门背南 799
商籍 219
旌占片方言 793
旌阳话 793
旌孝坊 538
旌烈坊 704
旌德城区话 793
族丁饼 789
族长 204
族佐 204
族规 205
族谱 205
旋溪 70
旋溪塔 576
望夫石 54
望古遥集 449
望仙台 57
望仙岭 33
望仙亭 581
望仙峰 33
望齐云岩 684

望诊遵经 348	清代徽州鱼鳞图册研究 1178	清套料四君子鸟食罐 732	清鹤纹金星长方形歙砚 734
望君如镜 406	清代徽州宗族聚居村庄的社会、经济与文化——以祁门红紫金氏宗族为中心 1179	清唐英墨彩山水镶瓷漆挂屏 732	清樨圭款红漆描金人物纹盘 734
望板 619		清凉台 57	
望春妹 413		清凉峰 33	清鎏金银冠饰 734
望泉松 97	清代徽州商帮的慈善设施 1179	清料龙首带勾 732	清懿堂 519
望客松 97		清乾隆甲午年吴梅颠铭文长方形歙砚 732	添丁银 205
望敌台 57	清代徽州族谱对女性上谱的规范 1179		添丁谱 205
望朝回门 816		清乾隆御赐黄轩漆金福字匾 732	渚口 146
望湖楼 586	清白釉五彩双耳瓶 730		鸿山 33
率口 146	清同治休宁茶税告示 730	清梅园 607	鸿飞 147
率水 70	清竹镂雕人物香筒 730	清象牙龙纹提携 732	鸿飞水口 607
率溪书院 311	清竹镂雕松石人物纹摆件 731	清象牙刻山水人物纹饰件 732	鸿运酒楼 235
率溪书院联 382			鸿运楼 235
阊门县 107	清华古窑址 632	清象牙雕山水人物纹臂搁 732	鸿怡泰茶庄 224
阊江 70	清华古槠 97		鸿济公司 240
阊江双桥 567	清华县治 108	清象牙雕佛手摆件 732	鸿栖馆印选 449
阆睿 890	清华婺酒 770	清康熙二十四年古文渊鉴 292	浙江 71,1128
盖头饼 789	清华镇 146		浙江面壁 406
盖面彩 816	清自然形龙纹端砚 731	清兽钮白玉方印章 732	浙江墓 684
粗皮狮头橘 97	清江慎修先生古韵标准稿 731	清随形犀牛望月纹端砚 732	混元洞 48
断凡桥 567			淮安 215
断石山 33		清朝休宁科举 315	淮安私立新安学校 325
断石村 146	清吴桂圆具款漆描金人物纹盘 731	清蓝釉五福捧寿纹盘 732	淮安新安会馆 244
断桥 567		清蓝釉龙凤双耳瓶 733	淮渠 653
剪刀峰 33	清青白玉瓜迭绵绵摆件 731	清蓝釉描金龙纹贯耳方瓶 733	淮鹾本论 292
焐衣衫 816	清青灰玉大笔洗 731		渔亭山 33
焖粉 760	清明节 824	清蓝釉象耳方瓶 733	渔亭水 71
焖蛋 760	清明节祖坟堆土 816	清蒸石鸡 761	渔亭驿 108
清十八罗汉端砚 730	清明包 778	清蒸石斑鱼 761	渔亭桥 567
清王茂荫汪畹腴等人信札 730	清明花 97	清蒸鹰龟 761	渔亭镇 147
	清明饼 778	清溪 71	渔亭糕 789
清水鳗鲡 97	清明祭祀 205	清溪村 146	渔梁双渡 645
清风潭 71	清明粿 779	清霁蓝双耳瓶 733	渔梁灯船 469
清玉方连牌双喜 730	清和桥佳话 406	清翡翠手镯 733	渔梁坝 649
清末徽州户口循环册研究 1178	清单耳白釉杯 731	清漆剔别山水人物纹屏 733	渔梁亮船灯会 824
	清炖马蹄鳖 760	清漆描金山水人物纹花口盘 733	渔梁桥 568
清代中后期徽州宗族社会的松解——以《黟县一都榆村邱氏文书》为中心 1178	清炖荷包红鲤 760		渔梁镇 148
	清炖塘鱼头 761	清漆嵌螺钿山水人物纹方盘 734	淳安城区话 794
	清炒鳝糊 761		淳城话 794
清代以来徽州家族修谱谱局管理模式研究 1178	清浅青灰玉桃式连盖水盂 731	清漆嵌螺钿山水人物纹台屏 734	液池 645
			淙潭桥 568
清代扬州徽商与东南地区文学艺术研究：以"扬州二马"为中心 1178	清查士标家书册页 731	清漆嵌螺钿仕女人物纹圆盘 734	深衣考误 280
	清砖雕三国戏剧人物门罩 731		深渡 645
		清漪喝 649	深渡包袱 779
清代顺治朝土地清丈在徽州的推行 1178	清砖雕戏剧人物门罩 731	清潭 71	深渡镇 148
	清钧红四棱瓶 731	清潭桥 567	涵虚洞 48
清代徽州传统学术文化中心地类型分析 1178	清狮钮三彩罐 731	清潭峰 33	梁 619
	清浊塘 653		

梁下 148
梁安高氏祖训 198
梁柱式构架 619
惜字局 208
惇仁堂 520
惇正堂联 382
惇叙堂 520
惇睦堂 520
惯煞男儿偷咸鱼 406
寄山楼 586
寄园寄所寄 292
寄信割驴草 406
密山 33
密多岩 44
谒齐云诗碑 684
谒潭 71
弹琴石 54
弹琴蛙 97
随梁 620
随梁枋 620
隅 205
隆兴桥 568
隆阜 148
隆阜中学 325
隆阜文昌阁联 382
隆阜花台 470
隆阜渡 645
隆埠 148
隐云峰 33
隐里来历 406
隐佛岩 44
隐张山 34
婚嫁银 205
袈裟池 645
袈裟峰 34
绩溪 72
绩溪一品锅 761
绩溪中学 326
绩溪公立尚志两等小学堂 326
绩溪公立临溪两等小学堂 326
绩溪公立振起两等小学堂 326
绩溪公立竞实两等小学堂 326
绩溪公立箐进两等小学堂 326

绩溪文庙 337
绩溪方言 794
绩溪龙川胡氏禁碑 684
绩溪四胡 189
绩溪民筵 770
绩溪李 97
绩溪县 108
绩溪县立女子小学 326
绩溪县立中心实验小学 326
绩溪县立初级中学 326
绩溪县私立天岑初级小学 326
绩溪县学 315
绩溪县官立师范传习所 337
绩溪县城西女校 326
绩溪县胡适研究会 1160
绩溪县教育会 337
绩溪县鼓楼记碑 684
绩溪县徽文化研究会 1160
绩溪县徽学研究会 1160
绩溪县徽墨协会 1160
绩溪私立中正职业学校 326
绩溪私立胡氏两等小学堂 326
绩溪私立胡氏初等小学堂 326
绩溪私立思诚两等小学堂 326
绩溪私立思诚初等小学堂 326
绩溪私立植基两等小学堂 326
绩溪炒粉丝 761
绩溪学宫 337
绩溪官立东山高等小学堂 326
绩溪官立明伦两等小学堂 327
绩溪城 149
绩溪旅宁新安同乡会 246
绩溪旅沪同乡会 246
绩溪旅沪同乡会联 382
绩溪碣群 649
绩溪惠民染织传习所 337
绩溪黑猪 97

绩溪塘群 653
绩溪糍粑 779
绩溪儒学 316
绩歙片方言 794
骐阳书院 311
续印人传 449
续列女传 292
续表忠记 293
续学古编 449
续素问钞 348
骑门梁 620
绮咏 372
维则堂 704
绵潭 149
综形名任裁夺 280
绿毛龟 98
绿杨桥 568
绿豆酥 789
绿豆酥饼 789
绿荫轩遗集 372
绿绕亭 581
绿笋 98
绿滋馆稿 372
绿照亭 581
巢云轩诗集 372

十二画

琴台 58
琴溪 149
琶塘水口 607
琶塘胡氏墓碣 684
琳琅秘室丛书 232
琳琅秘室藏书 743
琥珀玉斗 761
琼芝洞 49
辇辂岭 34
辇辂峰 34
塔山 34
塔坑铺 108
塔坊 149
塔岭 34
越 108
越国公汪华墓 684
越国祠田碑记 684
趋时观变 255
提引案 219
提根式 480

博风板 620
博缝板 620
揭田 149
揭田水口 607
揭田吴宅古戏台 538
喜庆银 316
插米伢 817
插米舅 817
插拱 620
插剑峰 34
搁船尖 34
期礼 817
联村揭 650
联墅 149
联璧馆 311
葫芦洞 49
葫芦峰 413
葫芦潭桥 568
散牛犊馃 799
散花坞 78
散胙 205
散商 219
散福 205
募建唐栖新安会馆缘起 244
葛士光 1044
葛士揆 1044
葛万庄 1128
葛氏 189
葛文栋 1128
葛文显 1044
葛文献 1044
葛文简 1044
葛应秋 1044
葛良治 890
葛启林 1128
葛启铭 1044
葛启然 1044
葛胜仲题壁 684
葛粉圆子 779
葛铨 1128
葛惇繁 1044
葛湘 890
葛懋学 1044
董大田 975
董大鲲 1044
董公祠 599
董氏 189

董氏族规 198	落苏瘟 780	雁溪 72	棠樾牌坊群 538
董邦达 1128	落枕 817	雄村 150	掌计 252
董邦直 975	韩氏 190	雄村水口 607	掌事 205
董邦超 975	韩氏宗祠 522	雄村文昌阁 586	晴虹三桥 569
董应崧 1044	韩文治 975	雄狮子岗 58	最高峰 686
董良史行书诗轴 734	韩国仪 976	雄路桥 568	喊年 825
董君生祠碑 685	韩润 1128	雯居士诗碑 685	景苏楼 586
董其昌行书五言诗轴 734	韩琪 1128	辍耕吟稿 372	景星桥 569
董其昌品帖 407	韩铸 1128	辈分 205	景溪桥 569
董昌玛 1045	韩廉 1128	紫云岩 44	景德镇 215
董昌祠 1045	韩殿拔 1045	紫云峰 34	景德镇明经会 246
董昌瑗 975	韩僧伏虎处 632	紫云馆 235	景德镇紫阳中学 327
董彦辉 1045	韩懋德 1045	紫云庵 599	景德镇徽州会馆 245
董诰 890	朝 817	紫云庵联 383	跑马灯 470
董起予 1045	朝奉 817	紫云溪 72	跑马矼 54
董桂山 1045	朝朝 817	紫玉屏 685	跑马楼 586
董桂林 1045	朝糕 789	紫石峰 34	跑龙套 456
董桂科 1045	棋石峰 34	紫芝 98	跑街先生 252
董桂新 1045	棋石源 72	紫芝源 72	遗经楼 586
董桂敷 1045	棋枰松 98	紫竹庵 599	遗经楼藏书 743
董祥晖 1045	棋盘石 54	紫阳山 34	蛙石 54
葆真山 34	植山 34	紫阳书院 311	蛤蟆井 645
敬义堂联 382	森长源木行 225	紫阳书院学田碑 685	蛤蟆峰 35
敬本堂 520	森盛茶庄 224	紫阳师范学堂 327	蛤蟆酥 789
敬财神 799	椒盐排骨 761	紫阳讲会 312	蛟潭书院 312
敬序堂 520	椒盐蹄膀 761	紫阳观 599	喝形 828
敬思堂联 383	椎髻鸟语 828	紫阳学社 312	喉白阐微 348
敬修堂 521	棚民 164	紫阳学派 271	喉科白腐要旨 348
敬修堂联 383	棚民垦殖山场 407	紫阳桥 568	喻起钟不求暴利 253
敬爱堂 521	棕噪鹛 98	紫阳课艺 312	嵌字豆糖 789
敬爱堂联 383	棺材头并亲 817	紫阳塾讲 312	帽子戏 456
敬斋箴 270	椰木岭 34	紫阳镇 150	赋春 150
敬德堂 522	椰梅 98	紫金山 34	赋春水 72
葱卷 779	椰源山 34	紫驼峰 35	黑龙岭梯道 632
蒋公书院 311	棣萼联辉 704	紫屏峰 35	黑虎松 98
蒋氏 190,1081	惠化竭 650	紫烟源 72	黑虎岩 44
蒋氏节孝坊 538	惠民药局 208	紫宸近侍坊 538	黑虎岩碑 686
蒋希鲁砚 480	惠政桥 568	紫楠 98	黑金树 99
蒋良赐 1128	惠济仓条规 685	紫溪 72	黑麂 99
蒋果 890	惠济邻封 704	紫霄宫 599	黑熊 99
蒋贯 890	惠济桥 568	紫霄宫玄帝碑铭 685	黑鹳 99
蒋贵 890	棘胸蛙 98	紫霄崖 35,686	短尾猴 99
蒋琬 890	酥月 789	紫霄道人传 686	智保胡开文 253
蒋锦楼 1128	酥夹 789	紫霞莲芯 164	鹄溪渡 645
蒋雍植 890	硬山顶 620	棠梨岭 35	鹅头尖 35
落石台 58	硬黄纸 480	棠樾 150	鹅掌楸 99
落石台群刻 685	雁荡 72	棠樾古民居 522	鹅鼻石 54
落苏粿 779	雁塘 72	棠樾来历 407	稂公关 108

程一 1045	程氏 191	程龙 1046	程仲容 1150
程一飞 1045	程氏三宅 522	程旦 892	程仲繁 892
程一枝 1045	程氏内科 348	程生 977	程份 1130
程九万 890	程氏兄弟分家议约 735	程令观 1130	程伊 1082
程九圭 1150	程氏伤科 349	程令说 1046	程后村 978
程于迖 1129	程氏宅 523	程用晦 1046	程全 892
程士范 1081	程氏医书六种 349	程乐亭 977	程兆枢 978
程士爽 976	程氏宗祠 523	程兰如 1150	程兆熊 1130
程士镳 1129	程氏墨苑 232	程永奇 1046	程名世 1130
程大功 976	程氏墨苑插图 441	程永洪 977	程冲斗 1150
程大约 976	程凤娥 1129	程永祥 1130	程庆琰 1130
程大位 1081	程六如 1082	程永康 1130	程齐 1130
程大位故居 522	程文 1046	程永湘 977	程充 1082
程大位故居联 383	程文在 1129	程发嚞 978	程汝亮 1151
程大昌 1045	程文运 1130	程圣文墨店 226	程汝继 1046
程大宪 976	程文昂 977	程幼博集 372	程汝楫 1131
程大宾 891	程文季 891	程邦本 978	程汝器 1047
程大猷 1150	程文囿 1082	程邦灿 978	程守 1047
程万里 1046	程文著 891	程邦贤 1082	程守奎 978
程广富 976	程文彬 977	程式濂 1046	程守基 978
程门 1129	程文傅 977	程吉辅 892	程安节 893
程门雪 1081	程文镐 977	程芝云 1130	程安道 893
程义 1129	程文彝 892	程芝田 1082	程观保 1047
程义山 1046	程心宇 1130	程芝华 1130	程约 1082
程之鸿 976	程以庄 1046	程机 892	程寿保 1047
程之舜 1129	程以辛 1130	程有功 1082	程均佐 893
程之藩 891	程以藩 1150	程存 1046	程均保 893
程子仙 1129	程允兆 977	程达 1130	程均敬 1131
程子辅 976	程双元 977	程达昌 978	程志铨 978
程子谦 976	程正言 1150	程迈 892	程志熙 1082
程天泽 1150	程正奎 977	程迈墓 686	程芳 893
程元 1150	程正思 1130	程师达 978	程克显 1151
程元凤 891	程正揆 1130	程光国 978	程材 893
程元利 976	程正揆江山卧游图 433	程光显 1046	程极 1131
程元岳 891	程功 1046	程光庭 892	程杞 1047
程元愈 1129	程功搜古编诗遗 407	程光祖 1130	程丽先 1131
程元谭 891	程世杰 977	程同文 1046	程时宇 979
程元谭墓 686	程世铎 977	程朱理学 271	程时言 1131
程元翰 1046	程世绥 892	程朱阙里 271	程时彬 1082
程云 1129	程世绳 892	程朱阙里志 271	程岘 1047
程云鹏 1082	程世缤 892	程朱溪 1130	程伯益 1082
程少轩 1082	程世德 977	程先 1046	程近仁 893
程曰可 1129	程本退 1082	程廷柱 978	程希道 979
程长铭 1129	程可久 892	程廷祚 1046	程佽轮 1131
程仁 976	程可绍 1046	程廷梁 1130	程言 1131
程仁寿 891	程左笔山水人物中堂 735	程廷辉 978	程应奎 893
程公礼 1082	程左笔东坡游赤壁图中堂 735	程廷策 892	程应旂 1082
程公瑜 1150		程仲权诗文集 372	程应鸿 979

程序东 979	程旻 980	程思温 895	程浩 897
程灶奎 979	程昉捷 1131	程峤 1132	程浚 981
程沣 979	程鸣 1131	程复 1048	程浚收藏 743
程沄 893	程鸣凤 895	程修兹 1048	程家柽 897
程沧 1131	程鸣枝 980	程信 895	程家柽墓 686
程宏 893	程知 1083	程待诏 980	程宰 981
程宏浩 1131	程季白父子收藏 743	程衍道 1083	程恕 1049
程宏弼 979	程秉钊 1047	程胜 1132	程通 897
程良书 1082	程质 1047	程胜恩 980	程绣 1083
程良锡驰骋抗倭战场 253	程金 895	程庭仇等宅 524	程珽 1083
程良儒 1047	程金广 980	程庭祺 1083	程萝 1132
程启祐 1047	程周 980	程庭鹭 1132	程梦龙 1049
程君房墨 227	程京莩 1131	程炯 1048	程梦余 897
程灵洗 893	程炎震 1047	程洪溥 1048	程梦庚 1151
程灵洗与徽州社会学术研讨会 1164	程法 1131	程洙 895	程梦星 1132
程奉直 979	程治题壁 686	程洵 1048	程梦瑛 897
程玩 1131	程学金 1131	程济 1048	程梯功 1049
程玠 1082	程宗志 1151	程宣 1048	程盛修 898
程玠起死回生 407	程宗泗 1047	程宪 895	程雪卿 981
程坦然 1047	程宗鲁 1131	程祖洛 896	程敏政 1132
程其贤 979	程宗鲁行书中堂 433	程祖德 980	程敏政巧对 407
程其复 1131	程宗德 980	程盈 1132	程敏政藏书 743
程若川 894	程宗濂 1131	程泰 896	程敏德 1132
程若庸 1047	程定 1048	程泰京 1132	程鸾台 898
程茂梓 979	程定祥 895	程珪 896	程鸾池 1049
程英发 979	程建 980	程珽 981	程翊夫 1049
程直方 1047	程建勋 1083	程振甲 896	程焕铨 982
程林 1082	程弥寿 895	程振钧 896	程鸿诏 1049
程叔达 894	程承津 980	程振铎 1132	程鸿渐 1133
程卓 894	程承海 980	程振基 981	程鸿绪 1133
程尚义 894	程孟 1131	程起龙 1132	程鸿弼 982
程尚隆 980	程组 1048	程哲 896	程淑 1133
程尚甄 1131	程绍升 1132	程晋芳 1048	程深甫 1083
程昊 894	程珏 980	程晋芳藏书献书 743	程惟象 1049
程杲 894	程珍 1048	程莹 981	程惟清收藏 744
程国仁 894	程珌 895	程桓生 896	程隆 898
程国远 980	程珌墓 686	程原 1132	程绳祖 898
程国明 980	程政煌 1083	程烈 896	程维宗 982
程国栋 894	程茯娥 1132	程辂 896	程维铣 898
程国胜 894	程荣秀 1048	程致和 981	程琪 982
程国祥 894	程南 1083	程晟 896	程琳 1133
程国辅 1083	程南锐 1132	程恩泽 1049	程琦 1083
程国彭 1083	程标 1048	程峻德 981	程琢 1049
程国瑞 1083	程相 1083	程牷 1049	程琼 982
程昌 894	程桎 980	程途远 1049	程碣 650
程昌期 894	程显 895	程逢午 1049	程斯懋 982
程昂 1083	程显祖 895	程衷素 1132	程朝宣 982
	程昭黄仿王摩诘雪霁图 735	程资 897	程森 982

程量入 982	程箕 898	程缵洛 1051	舒迁 899
程鼎 1049	程管侯 1134	程耀庭 985	舒华先 899
程鼎调 983	程銮 898	程骧 899	舒远 1051
程鼎新 1050	程端蒙 1050	程镶 985	舒希武 1051
程景伊 1050	程端德 983	等郎媳 413,817	舒怀 986
程锁 983	程肇都 983	策算 356	舒怀勋 986
程锐 1083	程肇基 983	傅村桥 569	舒姒 1135
程智 1050	程璋 1134	牌坊工艺 620	舒法甲 986
程鹄 1133	程璋双猫窥鱼图 433	牌坊形制 620	舒学旦 1051
程剩布 1083	程璋秋圃逸趣图 434	牌坊材质 620	舒荣都 899
程策 898	程增 983	牌坊峰 35	舒度 1051
程御龙 1050	程震 1051	牌位 205	舒逊 1135
程敦临公柏山祠堂记 686	程震佑 1134	牌楼灯 470	舒晓 1135
程敦裕 983	程镐 1051	牌谱 205	舒祥 1051
程善 898	程德成 984	集王圣教序拓本碑帖 735	舒绣文 1135
程善之 1050	程德鸣 984	集成书院 312	舒顿 1051
程善敏 983	程德容 984	集贤馆 312	舒崇功 899
程道东 898	程德基 984	集诚文会 361	舒雅 1051
程道周 1083	程德乾 984	集雅斋书画谱 232	舒赐 986
程道显 1133	程德椿 1134	集福桥 569	舒道翁 1051
程渭老 898	程德馨 237	皖南区屯溪女子中学 327	舒廉 986
程富 898	程澍 1134	皖南区屯溪中学 327	舒殿传 986
程楷 1133	程履丰 1134	皖南区休宁中学 327	舒德辉 899
程瑞祊 1133	程履新 1083	皖南区绩溪中学 327	舒遵刚 986
程瑞禴 898	程霖生 984	皖南区歙县中学 327	释了容 1051
程瑜秀 1133	程霖生收藏 744	皖南区歙县初级中学 327	释广寄 1051
程鉴 983	程霖生热心公益事业 253	皖南苏维埃政府旧址 632	释子珣 1052
程嗣功 898	程曈 1051	皖南第一纺织厂 226	释云林 1052
程嗣立 1133	程镛 984	粤西诗载文载 373	释文齐 1052
程锡庚 983	程镜宇 984	粤述 293	释永素 1052
程锡类 1050	程赞宁 1134	傩仆 205	释虫小记 356
程鹏程 1050	程赞和 1134	傩戏 456	释行印 1052
程詧 1133	程赞皇 1134	傩舞 456	释行明 1052
程獃 1050	程赞普 1134	街口渡 645	释如本 1052
程煜 983	程儒 1051	街源 72	释如镜 1052
程煌 898	程寰 1134	御书楼 586	释米籴 1052
程慎诒 1151	程黻 984	御园图墨模 480	释茂源 1052
程瑶田 1050	程徽灏 1083	御制齐云山玄天太素宫之碑 687	释定庄 1052
程嘉木 1133	程爵 985		释弥本 1053
程嘉量题壁 686	程爵义救许阁老 407	御制佩文斋广群芳谱 356	释草小记 357
程嘉赞 898	程夑卿 985	舒大信 985	释真松 1053
程嘉燧 1133	程襄 1051	舒元达 1135	释真柏 1053
程嘉燧设色山水轴 433	程襄龙 1051	舒氏 191	释智显 1053
程嘉燧孤松高士图 433	程邃 1134	舒氏九檐楼 524	释智琚 1053
程嘉燧幽亭老树图 433	程邃山水册页 434	舒凤翔 985	释普信 1053
程嘉燧信札 433	程璧 985	舒文炜 1135	释道宁 1053
程霆 1050	程攀熊 899	舒正大 1051	释道茂 1053
程睿 1050	程蟾仙 1134	舒先庚 985	释照宏 1053

释照通 1053	普门禅师塔铭 687	渡仙桥 569	寓安大师塔 577
释嗣汉 1053	普安塔 576	游士衡 1135	窝根 219
释嗣宗 1054	普陀庵 599	游山 152	窗前草 373
释慧明 1054	普贤洞 49	游之科 1135	窗扇 621
释慧琳 1054	普度大斋水陆法会 301	游太阳 470	雇工经营 253
舜溪桥 569	普济桥 569	游太阳降童 470	裕生布厂 226
腊八节 825	普满寺 599	游龙式 480	裕和祥 704
腊八扫屋尘 825	普满明禅师 1054	游汉龙 899	谢才 1135
腊八收账 799	普慧堂 600	游有伦 899	谢上松 1135
腊八豆腐 770	尊生馆 232	游有常 899	谢天达 1054
腊八粥 780	尊经私塾 327	游廷受 1083	谢长庚 1135
腊鸡萝卜 762	尊德性 271	游旭 1135	谢氏 191
腌菜 770	尊德性与道问学 272	游齐云岩志山碑 687	谢氏三贤遗稿 373
腌斋 770	奠仪 817	游花船 470	谢允伦 900
腌斋煮豆腐 762	道一学说 272	游芳远 1054	谢正安 986
鲁公堤 650	道一堂 312	游克敬 1151	谢玄象 986
鲁班亭 581	道一编 272	游应乾 899	谢芊 1054
猴子石 54	道人山 35	游国良 1054	谢有进 900
猴形山 35	道人尖 35	游思道 1135	谢存仁 900
蛮王尖 35	道人峰 35	游逊 1054	谢成铸 1135
敦仁里 151	道士戏 301	游悦开 899	谢安邦 900
敦化堂古戏台 539	道川书院 312	游恕 1151	谢村禁碑 687
敦本会 208	道外无文,文外无道 337	游黄山宿狮子林诗碑 687	谢步梯 986
敦本堂 524	道场音乐 301	游琯 1054	谢希和 1055
敦本堂古戏台 539	道存书院 312	游朝宗 1151	谢灶 825
敦典堂古戏台 539	道光休宁县志 293	游震得 900	谢枋得桥亭卜卦砚 480
敦睦堂 524	道光休宁县志插图 442	游暹 1151	谢杰 900
敦履堂 524	道光祁门县志 293	游德敬 900	谢尚德 1151
痘治理辨 349	道光婺源县志 293	游遵宪 1135	谢泌 900
竦口东汉墓 687	道光歙县志 293	游潘 900	谢承业 1135
竦口瓷窑址 632	道光徽州府志 293	游襄臣 1135	谢绍烈 1135
竦岭尖 35	道光黟县续志 293	滋兰堂 232	谢经国 900
竦岭道 632	道观洞 49	寒松阁集 293	谢春 1135
竦塘 151	道脉薪传 704	寒泉精舍 312	谢珍瑛 1135
童子拜观音 54	道家茶 804	富八郎墓 687	谢封 900
童生入学银 205	道家墓葬 687	富甲一方的徽商 1179	谢荣光 1135
童柱 620	道理气 280	富村桥 569	谢显 1055
童养媳 817	曾大椿诗碑 687	富来桥 569	谢复 1055
善山 35	湖山书院 312	富林山 35	谢俊民 1055
善山商周遗址 632	湖田山 35	富国堤 650	谢养弦 1083
善长当 221	湖村 151	富岱枇杷王 99	谢陛 1055
善化亭联 383	湖村民居 525	富室茶 804	谢珲 987
善会 825	湖里 151	富资水 72	谢莹 900
善和 151	湖里窑址 632	富琅塔 576	谢桢 1135
善和乡志 293	渭水耆贤 704	富琅潭 72	谢润 900
善和双桥 569	渭桥 569	富碣 152,650	谢调元 1084
普门 1054	渡云峰 35	富登钓台 58	谢骏 900
普门和尚塔 576	渡云船 55	富溪 152	谢珽 1055

谢理 1055	登峰造极 688	婺源堨群 650	禁止勒索阻挠回徽棺柩碑 688
谢黄山 1135	登高亭 581	婺源傩初探 1179	禁止酗酒赌博打降碑 688
谢崧 900	登第 828	婺源道观 600	禁止棚民开山种植碑 688
谢维甸 1055	登第桥来历 408	婺源塘群 653	禁止赌博碑 689
谢琼 900	登源河 72	婺源儒学 316	禁止溺婴碑 689
谢喆 1055	登源道 633	编苇夹泥墙 621	禁伐祖茔荫木告示碑 689
谢晖 987	婺水 73		禁河养生 828
谢景章 1136	婺化古道 633	**十三画**	禁挖盗砍祖坟荫木碑 689
谢裕大 224	婺乐古道 633		禁赌碑 689
谢登隽 900	婺休古道 633	瑞川 152	禁强讨强要乞丐碑 689
谢瑄 901	婺江 73	瑞玉庭 525	楂山书堂 313
谢晓 987	婺城板龙灯 470	瑞玉庭联 383	楚辞集注 272
谢溥 901	婺饶航道 633	瑞阳阿集 373	槐桥 570
谢琪 987	婺浮古道 633	摄元堂 232	槐渠 653
谢嘉修 901	婺绿 164	摸秋 825	槐塘 153
谢熙和 1055	婺源七哲名家 272	塌馃 780	槐塘水口 608
谢舆隆 901	婺源公立正谊两等小学堂 327	鼓手 205	槐塘双坊 540
谢墅贡四宝 408	婺源公立师范传习所 338	鼓峰 35	槐溪书院 313
谢德金 987	婺源公立初等小学堂 327	鼓楼记 688	榆花溪 73
谢德奎 987	婺源公立初等女学堂 327	搬行嫁 817	榆村七桥 570
谢霖 901	婺源文化研究会 1160	搬嫁资 817	槎湾 153
谢赞 901	婺源文庙 338	聘礼 817	楼上楼 55
谢璐 988	婺源方言 794	靴石潭 73	榉根关古长城 634
谢瀹 901	婺源古道 633	鹊桥石 55	榉根关古徽道 634
谥苑 293	婺源民筵 770	鹊桥峰 36	榉根岭 36
谦如书院 312	婺源名宦祠 600	蓝川桥 570	榉根岭古道 634
谦顺昌茶号 225	婺源杉木 99	蓝田 152	榉根岭造养茶亭碑 689
谦泰恒号 225	婺源县 108	蓝田花猪 99	榉根岭禁碑 689
巽峰塔 577	婺源县立初级中学 327	蓝田前川三阁台水口 608	榅泉 73
隔扇 621	婺源县立简易师范学校 338	蓝膀鹎 99	椽 621
隔断 621	婺源县私立紫阳初级中学 327	墓祠 205	裘杼楼藏书 744
媒合 817	婺源县学 316	蓬壶深处 688	碉垒 634
翚阳书院 313	婺源县商会 246	蓬莱观海亭集 373	碰头石 55
翚岭 35	婺源县游山村桥亭联 383	蓬莱岛 36	碗头面 762
翚岭驿道 633	婺源县婺源文公阙里文化协会 1160	蒿馃 780	鹌鹑谱 357
翚溪河 72	婺源私立初等小学堂 327	蒟蒻豆腐 770	雷岗山 36
翚溪桥 569	婺源陂群 653	蒲团石 55	雷峰塔 373
登丁岭道 633	婺源学宫 338	蒲团松 99	雷堨 650
登水 72	婺源官立两等小学堂 328	蒲葵扇 165	雷鼓尖 36
登齐云山次徐比部韵诗碑 687	婺源官立高等小学堂 328	蒸糕 789	雷溪 73
登齐云山排律八韵碑 688	婺源津渡 646	献彩 828	雷霆纠罚司 600
登齐云岩诗碑 688	婺源都制置 108	楠木谷 100	零戏 456
登齐云碑 688	婺源桐油 164	楠木林 100	输置祠产碑 689
登位 817	婺源绿茶 164	楠木岭 36	督府部院禁革颜料当官碑记 689
登封桥 569		楠岩 44	虞山溪 73
登封桥坊 540		楠崖 688	虞初新志 373
登科坊 540		禁止私宰耕牛碑 688	
		禁止侵占坟山碑 688	

鉴古斋墨薮插图 442	筠轩集 373	詹谷 988	鲍氏宗祠 525
睢阳亭 581	简上座 1055	詹应甲 901	鲍文芸 1136
暖生 818	简易识字学塾 328	詹应虬 1151	鲍文渊妻节孝坊 541
暖寿 818	毁墨 408	詹应城 1084	鲍文龄妻节孝坊 541
暖坐 818	毁墨保名声 253	詹初 1055	鲍正元 1056
暖房 818	催生 818	詹武凤 1151	鲍四 1152
歇山顶 621	催亲 818	詹武龙 1151	鲍四创徽州砖雕 408
暗香楼乐府 373	催席 804	詹若鲁 989	鲍印 1136
暗然堂类纂 293	躲索 828	詹尚熊 989	鲍立然 989
照壁 621	魁枸山 36	詹固维 1055	鲍宁 1056
照壁峰 36	魁星阁 586	詹岩福 1055	鲍光甸 989
跳无常 828	魁星楼 587	詹绍庆 1055	鲍光祖 989
跳五帝 828	鹏咏第一人 316	詹轸光 1056	鲍光猷 989
跳石 55	詹大 1136	詹贵 1136	鲍同仁 1084
跳场 471	詹大圭 1055	詹思润 989	鲍廷珥 989
跳钟馗 471	詹万里 1136	詹钟珣 1084	鲍廷博 990
跳珠 471	詹万善 1136	詹俨 1136	鲍廷博藏书献书 744
跳格 471	詹万榜 988	詹彦文墨号 227	鲍廷爵 990
跳童 471	詹天佑 1084	詹晁祖 1151	鲍兆瑞 990
路公桥 570	詹天宠 1136	詹崇义 901	鲍安国 901
路公溪 73	詹天爵 1136	詹铨 989	鲍寿孙 1056
路文彬 988	詹元甲 988	詹商岭 215	鲍均 990
路饭馃 780	詹元甲拒收回扣 253	詹添麟 989	鲍志桐 990
路菜鸡 762	詹元生 1151	詹淮 1056	鲍志道 990
蜈蚣桥 570	詹元吉 988	詹惟修 1056	鲍志道以俭相戒 253
蜗牛岩 44	詹云鹏 1151	詹隆梓 989	鲍应鳌 901
嗣昌堂联 383	詹氏 192	詹景凤 1136	鲍灿孝子坊 541
蜀川书院 313	詹氏制墨世家 480	詹景凤山水图 434	鲍汪如 990
蜀川桥 570	詹文昇 1084	詹景凤千字文长卷 435	鲍直润 991
蜀马 153	詹文定 988	詹景凤手书杂记册页 436	鲍直润赢利观 253
蜀水桥 570	詹文锡 988	詹景凤收藏 744	鲍松 1152
蜀柱 622	詹方桂 1055	詹景凤题崖 689	鲍尚志 991
蜀源 153	詹世鸾 988	詹景宣 1136	鲍宜翁 1084
嵩年桥 571	詹东图读书台 58,689	詹景瑞 989	鲍宜瑗 991
锡杖泉 646	詹务勇 988	詹渭 1056	鲍实 1056
锣鼓担 471	詹必胜 901	詹源生花爆店 240	鲍孟英 902
锦鱼溪 73	詹永樟 988	詹徽 901	鲍南垱 650
锦城 153	詹吉 1136	鲇鱼套 215	鲍省吾 991
锦城志略 294	詹考祥 1055	鲍士臣 989	鲍勋茂 991
锦城诗存 373	詹有乾墨号 227	鲍士伟 989	鲍娄先 1136
锦营郑氏宗族祖训 198	詹成圭墨号 227	鲍山 1084	鲍桂孙 1137
锦霞洞 49	詹同 901	鲍子义 1084	鲍桂星 902
锦囊印林 449	詹伍 988	鲍元俍 1136	鲍峻 991
矮竹 100	詹州 901	鲍元康 901	鲍倚云 1057
稠墅 153	詹汝震 1084	鲍云龙 1056	鲍逢昌孝子坊 541
稠墅牌坊群 540	詹伯麒 1136	鲍屯十安堂 408	鲍继登 991
愁娘子豆腐 770	詹希贤 1136	鲍公墓坊 540	鲍冕 902
筹海图编 294	詹希源 1136	鲍氏 192	鲍崇城 1152

鲍象贤　902
鲍象贤坊　541
鲍康　1057
鲍淑媚　1137
鲍深　902
鲍雯　991
鲍集成　1084
鲍颀　902
鲍道明　902
鲍瑞骏　1137
鲍楷　1137
鲍简锡　991
鲍漱芳　991
鲍漱芳父子义行坊　541
鲍漱芳获御笔"乐善好施"　253
鲍增祥　1057
鲍德润茶叶店　225
鲍橐　992
鲍蘅　1152
鲍夔生　902
猿猴石　55
猿猴岩　44
颖滨书院　313
解毒篇　349
解枷锁　804
解渴会　165
解缙渔梁对对子　408
廓崖　36
廓崖题壁诗　690
廉让桥　571
廉泉　646
廉贾归富　255
鹰绣坊　541
新九华　600
新川冯氏宗祠联　383
新丰　153
新天乐　456
新屯　153
新长春　456
新石器时代玛瑙钺　736
新宁郡　108
新记布店　226
新庆升　457
新庆班　457
新州石塔　577
新州遗址　634
新安人歌舞离别之辞　408

新安大好山水　78,690
新安大好山水墨模　480
新安山　36
新安山水记　294
新安广录　294
新安王氏家范　198
新安中学堂　328
新安公立乡村师范学校　328
新安公立中等职业学校　328
新安公立甲种商业学校　328
新安六邑旅溧同乡会　246
新安文献志　294
新安文粹　373
新安古戏台　541
新安古道　634
新安四大家　436
新安四宝　480
新安四家　436
新安仙释碑记　690
新安竹枝词　373
新安后续志　294
新安名医考　1179
新安关豆腐脑髓　780
新安江水系　73
新安志　294
新安医学　349
新安医学世家　349
新安医学家　349
新安县　109
新安陆氏保和堂　236
新安画派　436
新安画派史论　1179
新安码头　215
新安府志　294
新安府志续编　294
新安河　73
新安学系录　273
新安胡氏历代报功图　442
新安胜境　690
新安郡　109
新安恭善堂　245
新安原版士商类要　294
新安旅行团　338
新安理学　273,1179
新安理学与佛老思想　273
新安理学与徽商的崛起　1179
新安理学源流考　1179

新安商人的研究　1179
新安续志　294
新安街　215
新安道人　1057
新安碑园帖刻　736
新安碑园法书刻石　690
新阳春　457
新声票社　457
新岭驿道　634
新采庆　457
新刻士商要览天下水陆行程图　295
新刻水陆路程便览　295
新建碧阳书院碑　690
新细妇　818
新春节　825
新屋里　525
新都郡　109
新编目连救母劝善戏文　374
新编目连救母劝善戏文插图　442
新编直指算法统宗　357
新溪书院　313
新溪桥　571
新福桥　571
新德庵　208
新黟学会　338
鄣山　36
鄣山诗社　361
鄣山悬瀑　74
鄣公山　36
鄣郡　109
鄣峰　36
雍正两浙盐法志　295
雍正两淮盐法志　295
雍录　357
雍睦堂　525
煎饼　780
慈仁斋　232
慈光寺　600
慈光阁　600
慈光庵　600
慈寿堂　704
慈孝里坊　541
慈孝里来历　408
慈帏春永　704
慈雨谣　690
慈航石　55

慈航集　349
慈航集三元普济方　349
满天星　58
满月　818
满月酒　818
满师酒　799
满顶床　828
源顺盐号　219
源液　690
溪口　153
溪口关帝庙　600
溪子里　154
溪头　154
溪头三槐堂　526
溪南　154
溪南渡　646
滚龙　471
滚铜钱　471
慎余庭联　384
慎思堂　526
慎独格物　281
窦山书院　313
福山　36
福山书院　313
福昌隆纸烛爆号　240
福固寺　601
福建　215
福临祖社嬉菩萨　825
福泉山　36
福泉井　646
群犬吠石　408
群经补义　281
嫁女哭别歌　414
叠罗汉　472
叠梁式构架　622
叠嶂峰　36

十四画

静乐池　646
静乐宫　601
静乐宫兴建记碑　691
碧山　37
碧山半亩园　608
碧山桥群　571
碧阳书院　313
碧阳书院复旧章记碑　691
碧阳书院碑记　691

碧阳书院群碑　691	螺赢负螟蛉　281	漳岭山　154	蕨粉羹　762
碧阳镇　154	蜘蛛吊水过难关　414	漳溪书院　313	蕨菜　100
碧莲池　646	舞草龙　472	漳潭　154	蕃村　155
碧霞元君祠　601	舞狮　472	滴水岩　44	蕃村雪梨王　100
瑶龙洞　49	舞狮祈子　828	滴水泉　646	蕲蛇　100
瑶岭铺　109	舞媚娘　1137	滴翠潭　74	横弓山　37
瑶原十六景印谱　449	舞新娘　818	演戏申禁碑　691	横云石　55
韬庐　313	熏浴斋戒饲养蚕　799	演戏敬神合同碑　691	横冈四老　193
墙里门　526	箬坑茶亭　582	演繁露　273	横冈桥　571
墙体　622	箬岭　37	漏斗坝　650	横江　74
墙基　622	箬岭头　58	漏泽园　208	横涧竭　651
嘉会堂古戏台　541	箬帽尖　37	漏窗　622	横绿书院　313
嘉庆两浙盐法志　295	算法纂要　357	寨门坞　78	横槎水　74
嘉庆两淮盐法志　295	毓秀亭　582	寨门源　78	横槎古战场　635
嘉庆绩溪县志　295	舆礼　818	赛春　828	樗庵类稿　374
嘉庆婺源县志　295	僧岛云　1057	赛琼碗　770	橡子豆腐　771
嘉庆徽志补正　295	僧真达　1057	寡妇再嫁　818	樟源书院　313
嘉庆黟县志　295	僧家墓葬　691	寡妇桥　571	醉打山门　457
嘉善桥　571	僧清素　1057	寥阳殿　601	醉石　55,691
嘉靖休宁县志　296	僧惠周　1057	谭公岭　37	醉经堂诗集　374
嘉靖两淮盐法志　296	僧道政　1058	肇林社　301	醉翁峰　37
嘉靖新安志补　296	魅力徽商　1180	谱牒的纂修与管理　1180	霉豆腐　771
嘉靖徽州府志　296	鲛鱼　100	翟院深款雪山归猎图中堂	瞌睡虫　414
聚和烤鸭球　762	鲛鲤　100	736	题柱桥　571
聚奎文会　361	疑庵诗　374	翟善　1137	噇潭　74
聚星桥　571	裹尸　818	翠岩书院　313	影壁　622
聚福堂古戏台　541	敲更楼　587	翠眉山　37	踢毽子　473
慕云山　37	膏火田　328	翠眉岭　37	踢毽歌　414
摹印秘论　450	膏火费　316	翠眉亭　582	踩高跷　473
蔡从题壁　691	膏火银　316	翠微洞　49	蝴蝶面　762
蔡汝佐　1137	塾学　328	翠微峰　37	墨仙潘谷揣囊知墨　408
蔴打滚　780	塾馆　328	翠微源　74	墨模雕刻　481
蔺亮　902	廑原文集　373	熊梦飞　902	镇山　37
熙春楼　232	腐乳爆肉　762	骢步亭　582	镇东阁联　384
蔚林　154	廖千三　902		镇东铺　109
蔚林桥　571	廖公泉　74	**十五画**	镇头　155
蔚德堂　526	廖机　1058		镇头水　74
槛窗峰　37	端午节　825	慧融和尚　1058	镇头香椿馃　780
楮怀樟　100	端则女校　328	璜田　154	镇宅石　828
殡礼　818	端阳节　825	璜茅木桥　571	镇国寺遗址　635
霁水　74	端时节　818	璜蔚　155	镇海桥　571
辕门松　100	端喜酒　818	撒帐　818	稽古印鉴　450
裴公出黄蘖之门　408	旗匾银　205	撑拱　622	稽灵山　37
翡翠池　74	精林院　601	蕙的风　374	稻穰龙　473
翡翠岩　44	漆业　240	鞍山　37	黎阳　155
蜡烛石　55	漂广东　216	蕨粉　771	黎阳仗鼓　473
蜡烛松　100	漱溪水　74	蕨粉团　780	黎阳县　109
蜡烛峰　37	漳水　74	蕨粉圆子　780	黎阳汪公庙大殿联　384

黎阳跑马 473
黎明尖 37
篁村双桥 571
篁岭 37
篁墩 155
篁墩忠烈庙 601
篁墩集 374
德本堂联 384
德兴亭记碑 691
德安庵 601
德林儒牛肉脯 763
德政碑 691
鹝 100
滕恺 1058
滕琪 1058
滕铅 1058
滕隆 903
滕璘 1058
鲫鱼背的传说 409
摩腹运气图 349
褒忠庙 601
颜公山 37
糊汤 763
糊豆腐 763
糊猪肺 763
遵义胡 193
遵孝寺 601
潜口 155
潜口山茶 100
潜口水口 608
潜口塔 577
潜川 156
潜村 156
潜德堂 704
潮糕 790
潭渡 156
潭渡黄氏祠规 198
漦川 74
潘一驹 1152
潘士藻 1058
潘大槐 1084
潘之恒 1137
潘之恒刻书 233
潘之祥 903
潘开祥 992
潘元达 992
潘元森 1085
潘氏 193

潘氏宗祠 526
潘文源 1085
潘方凯 1152
潘为缙 1085
潘书馨 1058
潘世恩 903
潘旦 903
潘仕 992
潘丝 903
潘邦协 1058
潘廷试 903
潘伦 1085
潘华 1058
潘纪恩 903
潘步云 1058
潘谷 1152
潘应椿 903
潘启权 992
潘钛 903
潘国珍 1085
潘怡和 1152
潘宗硕 1058
潘承厚 1137
潘珏 903
潘珍 903
潘荣 1058
潘显道 1058
潘柜 1137
潘恋 1137
潘奕均 1137
潘奕荫 1137
潘奕隽 1137
潘祖同 1058
潘祖荫 904
潘祖谦 992
潘继高 1059
潘继善 1059
潘培 1059
潘第 1059
潘象安诗集 374
潘涵 1137
潘琮与 1137
潘联元 1059
潘道南 1059
潘曾沂 904
潘曾莹 1137
潘曾绶 904
潘滋 1059

潘登云 1085
潘鉴 904
潘鉴墓 691
潘殿昭 1059
潘潢 904
潘镒 904
潘遵祁 1138
潘膺祉 992
潘瓒 992
澜大德 1059
澪田 156
澄心堂纸 481
澄塘 156
澄溪 156
澄潭 156
额枋 622
鹤溪洲 78
鹤戴金牌,狗不识字 409
履道含和 704
履福堂 527,704
履福堂联 384
嬉在外婆家 414
嬉鱼灯 473

十六画

靛池水定青联 384
燕乐考原 281
燕岭 38
燕舍 704
燕翼堂 527
薛公井 646
薛公祠 601
薇省坊 542
薪水银 205
薄刀峰 38
薄拓鲜 780
颠倒歌 414
翰苑印林 450
翰林书院 313
橙阳散志 296
橘井流香 704
整轮 220
融销 220
磟头 156
霓潭 74
鹦哥石 56
赠性腴联 384

镜亭碑刻 691
镜屏岩 44
镜镜詅痴 357
赞齐云诗碑 691
赞我中颂碑 691
赞梁词 414
憩贤驿 110
儒林桥 572
儒学与地域文化:徽学国际
　　学术研讨会 1164
儒学山 38
衡斋算学 358
歙四子 450
歙州 110
歙县 110
歙县千年古樟 100
歙县义童学校 328
歙县乡土志 296
歙县中学 328
歙县公立大洲两等小学堂
　　328
歙县公立凤山两等小学堂
　　328
歙县公立乐育两等小学堂
　　329
歙县公立务本两等小学堂
　　329
歙县公立师山两等小学堂
　　329
歙县公立求是两等小学堂
　　329
歙县公立济通两等小学堂
　　329
歙县公立崇正高等小学堂
　　329
歙县文庙 338
歙县方言 794
歙县斗山街 157
歙县示范中心国民学校
　　329
歙县石楠王 101
歙县民筵 772
歙县行知小学 329
歙县许村私立仪耘初级小学
　　329
歙县花茶 165
歙县县立师范讲习所 338
歙县县立初级中学 329

歙县县立明伦堂小学 329	歙县城关小学 332	戴心亨 905	戴骝 906
歙县县立城关完全小学 329	歙县钟英女子小学堂 332	戴允让 1138	戴缟 818
歙县县立第一高等小学校 329	歙县重修府堂记碑 692	戴世篆 905	戴嘉谟 1060
歙县县立简易师范学校 330	歙县津渡 646	戴本孝 1138	戴嘉猷 906
歙县县立简易师范学校附属小学 330	歙县旅沪同乡会 246	戴本孝茅斋梅鹤图轴 436	戴震 1060
歙县县学 316	歙县陶行知教育思想研究会 1160	戴本孝黄山图 436	戴震文学创作研讨暨戴震研究会2009年会 1164
歙县私立中正学校 330	歙县第一工学团 338	戴丙南 1138	戴震巧对 409
歙县私立正本初等小学堂 330	歙县揭群 651	戴东原质疑 409	戴震复原算经十书 358
歙县私立正谊两等小学堂 330	歙县塘群 654	戴兰芬 905	戴震珠塘建石坝 409
歙县私立右任中学 330	歙县新安六邑联合中学 332	戴式信 1085	戴震读书处 527
歙县私立民族中学 330	歙县儒学 316	戴有祺 905	戴震墓 693
歙县私立弘光小学 330	歙县歙砚协会 1160	戴光斗 1138	戴震题跂江永像 436
歙县私立作新两等小学堂 330	歙县徽州学学会 1160	戴廷畅 1138	戴震辨"理" 281
歙县私立启悟两等小学堂 330	歙味笋丝 763	戴伟 1059	戴震藏书楼 587
歙县私立青年中学 330	歙岭 38	戴仲德 1138	戴彝 1138
歙县私立南山中学 330	歙学 1154	戴安 905	戴瀚 1060
歙县私立战时临时中学 330	歙绅士公输旧粮碑记 692	戴远 1138	戴衢亨 1060
歙县私立剑华小学 331	歙绅捐粲碑记 692	戴均元 905	鞠嗣复题壁 693
歙县私立崇诚两等小学堂 331	歙南九九歌 414	戴谷孙 1085	藏云洞 49
歙县私立惇愫两等小学堂 331	歙砚 481	戴应昌 905	藏舟石 56
歙县私立惇愫初等小学堂 331	歙砚雕刻 482	戴英 992	檐枋 622
歙县私立绳正两等小学堂 331	歙浦 608	戴尚仪 992	檐柱 622
歙县私立敬宗两等小学堂 331	磨石铺 110	戴拱微 1138	檩 622
歙县私立端则女子小学堂 331	凝秀桥 572	戴荣基 1085	檩子 622
歙县私立漦川两等小学堂 331	凝瑞庵 601	戴省 1138	檀干园 608
歙县私立徽州国医专门学校 331	凝瑞庵石梅瓶 482	戴昭 1059	檀干群桥 572
歙县昌溪村吴氏宗祠联 385	凝霞 692	戴贵 905	磻坑奇樟 101
歙县学宫 338	糙杆苔 101	戴思孝 1059	磻溪 157
歙县官立两等小学堂 332	糖人 790	戴思望 1138	霞水村 157
歙县城中小学 332	糖炒栗子 781	戴胜徵 1138	霞水桥群 572
	糖醋鹅颈 763	戴彦衡 1152	霞外奇观 693
	糖醋鳝背 763	戴祖启 1059	霞光月色 693
	甑山书院 313	戴泰运 1138	霞间 158
	燃藜阁联 385	戴振清 906	霞间古窑址 635
	濂溪书院 313	戴玺 1138	霞阜诗盟 361
	濂溪书院联 385	戴炟妣 1138	霞城集 374
	壁立万仞 692	戴祥 1059	霞举堂 233
		戴盛宏 992	霞源书院 313
	十七画	戴铣 1059	曙戒山房 313
		戴铣赤脚走羊岭 409	螺司 253
	戴大昌 1059	戴第元 906	螺丝块 763
	戴元侃 1059	戴敏 906	螺钿漆 165
	戴长禄 905	戴鸢翔 906	巘岠山 38
	戴氏 194	戴鸿绪 1060	勣山 38
	戴氏私立东原图书馆 338	戴濩 992	勣县 110
	戴文英 1138	戴朝干 906	魏平仲 906
		戴朝显 1085	魏羽 906
		戴鏊 1060	

魏绍 906	徽州文化生态保护研讨会 1165	徽州夹酒 772	徽州挂面 772
魏琰 906	徽州文化生态保护前端论坛 1165	徽州师范专科学校徽州文化研究所 1160	徽州茶艺 804
魏瑾 906	徽州文化生态保护高峰论坛 1165	徽州同庆楼 236	徽州砖塑 484
黛峰塔 577	徽州文化全书 1181	徽州竹笋 772	徽州砖雕 484
徽人重商 799	徽州文化现实意义 1154	徽州竹编 165	徽州狮子头 764
徽开古道 636	徽州文化的传承与创新 1181	徽州竹雕 483	徽州圆子 764
徽水河 75	徽州文化学术价值 1155	徽州传统民居综论 1182	徽州旅芜公学 332
徽宁驿道 636	徽州文化研究方法 1155	徽州传统学术文化地理研究 1182	徽州旅杭木业福利社 225
徽式月饼 790	徽州文化黟县研究所 1160	徽州伊斯兰教 301	徽州烤烟 165
徽式汤包 781	徽州文书 1155	徽州米酒 772	徽州烧卖 781
徽式汤面 763	徽州文书与徽州研究 1181	徽州汤面 764	徽州海盗商人胡胜 1183
徽式两面黄 781	徽州文书的由来、发现、收藏与整理 1181	徽州农校联 385	徽州家刻 233
徽式酱排 763	徽州文书契约整理学术讨论会 1165	徽州弄 216	徽州家谱宗族史叙事冲突研究 1183
徽式醋鱼 764	徽州文书类目 1181	徽州坊刻 233	徽州扇 165
徽州 110	徽州文书(第一辑) 1181	徽州豆黄粿 781	徽州推行平民教育办法 338
徽州乙种农业学堂 332	徽州文献与文书学术研讨会 1165	徽州园林 608	徽州教育 1183
徽州乙种商业学校 332	徽州方志中的重商思想 1181	徽州牡丹 102	徽州教育联合会 339
徽州三石 772	徽州方志研究 1181	徽州私撰家谱与公修族谱的差异 1182	徽州基督教 301
徽州三雕 482	徽州方言 794	徽州社会文化史探微 1182	徽州商人及其网络 1184
徽州土地关系 1180	徽州古民居探幽 1181	徽州社会经济史学术讨论会 1166	徽州商人的小本起家 1184
徽州大姓 1180	徽州古戏台 542	徽州社屋的诸侧面——以歙南孝女会田野个案为例 1183	徽州商人的绅士风度 1184
徽州千年契约文书 1180	徽州古建三绝 622	徽州明代住宅 1183	徽州商人研究 1184
徽州天主教 301	徽州古柏 101	徽州典商述论 1183	徽州散件印刷品研究 1184
徽州木版年画 442	徽州古银杏 101	徽州罗绢 165	徽州朝奉 221
徽州木莲 101	徽州本土刻书 233	徽州图经 358	徽州道教 301
徽州木雕 482	徽州石斑鱼 102	徽州版画 233	徽州富人收藏 744
徽州区徽州文化研究会 1160	徽州石雕 483	徽州的家族文献与宗族文化 1183	徽州婺北镜心堂重修浙岭征信录 296
徽州历史上的林木经营初探 1180	徽州甲酒 772	徽州府文庙 332	徽州鼓吹 473
徽州历史档案与敦煌历史档案开发利用研讨会 1164	徽州四雕 483	徽州府学 316	徽州裹粽 782
徽州历史档案与徽州历史文化国际研讨会 1165	徽州白茶 165	徽州府学宫 332	徽州谱牒:家族与社会国际学术研讨会 1166
徽州历史档案与徽州文化国际研讨会 1165	徽州丛林 301	徽州府紫阳师范学堂 332	徽州谱牒插图 442
徽州历史档案总目提要 1180	徽州记忆 1181	徽州刻工 233	徽池古道 636
徽州水口 608	徽州民间私约研究及徽民间习惯调查 1182	徽州学 1155	徽池雅调 457
徽州六邑旅兰同乡会 246	徽州民俗 1182	徽州宗族与徽州社会国际研讨会 1166	徽安古道 636
徽州六邑绰号 828	徽州民俗版画 442	徽州宗族志与宗族社会构建 1183	徽戏 457
徽州文化 1154	徽州民谣 414	徽州宗族社会 1183	徽声(京)剧团 457
徽州文化与徽学 1180	徽州民歌 414	徽州宗族研究 1183	徽纸 484
徽州文化史 1180	徽州地区明清建筑的形成及其类型 1182	徽州官刻 233	徽青古道 636
徽州文化生态 1154		徽州话 795	徽杭古道 636
徽州文化生态保护区 1154			徽杭古道摩崖石刻 693
徽州文化生态保护实验区建设工作研讨会 1165			徽杭驿道 637
			徽国文公祠 225
			徽岭 38
			徽岭关 110

徽刻商业书　233
徽河零货捐小史　736
徽泾古道　637
徽学　1156
徽学与明清安徽典籍研究暨中国历史文献研究会第25届年会　1166
徽学的界定与构建　1184
徽学学术基础　1156
徽学研究百年：回顾、反思与展望研讨会暨安徽省徽学学会2011年学术年会　1166
徽学漫议　1184
徽学·徽商·徽文化与安徽文化建设论坛　1166
徽城方言　795
徽城话　795
徽城献彩　474
徽城镇示范中心学校　332
徽茶　166
徽面　764
徽临滩　216
徽派朴学　281
徽派传统民居保护利用国际论坛　1166
徽派版画　443
徽派版画史论集　1184
徽派版画的兴起与发展　1184
徽派版画刻工　443
徽派盆景　484
徽派篆刻　450
徽派篆刻的兴起与发展　1185
徽语　795
徽郡诗　374
徽骆驼　255
徽班　457
徽班行规　457
徽班戏　458
徽班进京　458
徽笔　485
徽浮古道　637
徽剧　458
徽剧大花戏　459
徽剧小生戏　459
徽剧丑行戏　459

徽剧旦行戏　459
徽剧行头　460
徽剧武戏　460
徽剧的服饰　460
徽剧须生戏　460
徽剧程式　460
徽菜　764
徽菜馆　764
徽馆　764
徽商　1185
徽商：人才培养的催化剂　1185
徽商大典　1185
徽商与长江文化　1185
徽商与明清徽州教育　1185
徽商与徽州文化学术研讨会　1166
徽商与徽学　1185
徽商木业公所　225
徽商公所征信录序　296
徽商：正说明清中国第一商帮　1186
徽商史话　1186
徽商出行水路　216
徽商出行陆路　216
徽商收藏记事书　744
徽商妇与纪岁珠　409
徽商买办　240
徽商利润的封建化与资本主义萌芽　1186
徽商的衰落及其历史作用　1186
徽商的智慧　1186
徽商研究　1186
徽商便览　296
徽商家风　1186
徽商密码　1186
徽商隐语　253
徽商殖民地　216
徽厨　764
徽腔　461
徽属茶钱两商公立小学　332
徽属联立职业学校　332
徽婺古道　637
徽路徽戏　461
徽溪　75
徽溪桥　572

徽漆　166
徽墨　485
徽墨酥　790
膺福堂　527
膺福堂砖雕　486
豁然亭　582
檗庵大师塔　577
檗庵集　374
翼经堂　313
翼峰塔匾额　704
翼梅　358
翼然桥　572

十八画

鳌鱼洞　49
鳌鱼峰　39
鳌溪　609
鳌溪桃谷　609
藕塘　654
藤浦　609
藤溪　75
覆载通几　358
覆瓿集　273
瞻淇　158
瞻淇水口　609
黟山　39
黟山黄牧甫先生印存　450
黟山派　450
黟川　75
黟太古道　637
黟祁古道　637
黟县　110
黟县一志　296
黟县二志　296
黟县千年古榧　102
黟县乡土地理　296
黟县乡土志　296
黟县文庙　339
黟县方言　795
黟县方言调查录　795
黟县古桂　102
黟县古糙叶树　103
黟县民众教育馆　339
黟县民筵　772
黟县考棚　316
黟县会试旅资　316
黟县杉木王　103

黟县县立初级中学　332
黟县县学　316
黟县县衙正堂联　385
黟县私立天主堂小学　332
黟县私立沥川小学　333
黟县私立启蒙初等小学堂　333
黟县私立南阳两等小学堂　333
黟县私立崇德女子初级小学校　333
黟县私立敬业小学　333
黟县私立蔚文小学　333
黟县宏村古村落旅游形象设计研究　1186
黟县林沥山文化研讨会　1166
黟县贫民初等小学堂　333
黟县京师会馆　245
黟县学会　317
黟县学宫　339
黟县话　795
黟县南屏李氏支祠联　385
黟县钟楼　587
黟县黄村小学画像灯事件　339
黟县崇德女子学堂　333
黟县揭群　651
黟县鼓楼　587
黟县塘群　654
黟县新学　339
黟县碧阳公立高等小学堂　333
黟县黎明商业学校　333
黟县儒学　317
黟县徽州文化联谊会　1160
黟柿　103
黟音便览　795
黟渔古道　637
鹰扬发轫　704
瀑布泉　75
襟兄　818
襟弟　818
彝伦攸叙　704

十九画

攒尖顶　622

藻井　623
攀云捧日　693
霭山水　75
霭山河　75
霭山院　601
霭门书屋　313
蟾溪楼　587
鳗鱼　103
鳙水　75
蟹壳黄　782
蟹钳　1152
蟹钳碣　651
麒麟灯会　474
麒麟松　103
麒麟舞　474
鳖咙洞　49
瀛山岩　44
瀛奎律髓　374
瀛洲　158
瀛洲仙侣　704
瀛洲桥　572

廿画

糯米子糕　790
糯米狮子头　765
糯米糕　790
瀹坑　158
瀹潭方氏宗祠记碑　693

廿一画

霹雳徽　782
麝尘莲寸集　374

廿二画

镶嵌漆器　486

廿三画

麟书　296
麟石　56
麟趾桥　572

廿四画

衢州徽州会馆　245

廿五画

鬣羚　103

三十画

爨下语　296

15~18世纪的徽州典当商人　1167
1600~1800年皖南的土地占有制和宗法制度　1167
19世纪50年代至60年代：中国社会的战乱与徽州商帮的衰落　1167
1998年国际徽学研讨会　1160
2000年国际徽学学术讨论会　1161
2004年国际徽商论坛与中国徽学国际学术研讨会　1161
2010年安徽省徽学会学术年会　1161
"21世纪徽学"学术研讨会　1161
GRAVUREHUT徽派版画　1167

徽州文化大辞典

后 记

党的十八大以来,党中央高度重视弘扬中华优秀传统文化。习近平总书记多次强调指出:"中华优秀传统文化是中华民族的精神命脉,是涵养社会主义核心价值观的重要源泉,也是我们在世界文化激荡中站稳脚跟的坚实根基。""中华文化积淀着中华民族最深沉的精神追求,包含着中华民族最根本的精神基因,代表着中华民族独特的精神标识,是中华民族生生不息、发展壮大的丰厚滋养。"

为认真贯彻落实习近平总书记关于弘扬中华优秀传统文化的重要指示精神,宣传、弘扬徽州文化的精髓,中共黄山市委、黄山市人民政府决定组织编写《徽州文化大辞典》,并将它列为黄山市的一项重要文化工程。

按照中共黄山市委、黄山市人民政府要求,黄山市社会科学界联合会组织一批专家学者本着对历史负责、对当代负责和对后人负责的精神,以严谨的治学态度,博采当今徽学研究新成果,对《徽州文化大辞典》进行了认真编写,同时广泛征集相关图片。经过近三年时间的编写,十余次讨论、修改,书稿最终完成。全书共有词目1万余条。

《徽州文化大辞典》分文化生态、宗族文化、徽商文化、学术宗教、教育科技、徽州文学、徽州艺术、徽州建筑、古迹遗存、徽州文物、徽州饮食、方言民俗、徽州人物13部和2组附录,由翟屯建、王世华、陈平民、郝延红、洪树林、陈安生、陈政、陈爱中、姚存山、方光禄、陈琪、洪璟、郑建新、吴兆民、李云等撰写。杨永生、翟屯建、王世华负责全书统稿工作,翟屯建、陈平民、郝延红对初稿进行了审核把关。

中共安徽省委、安徽省人民政府高度重视《徽州文化大辞典》项目,中共安徽省委常委、宣传部长曹征海同志亲自为本书写了序言。中共黄山市委书记任泽锋、黄山市人民政府市长孔晓宏十分关心《徽州文化大辞典》的编撰工作,任泽锋同志亲自审阅书稿,并就全书体例、目录、主要内容等提出具体指导意见,孔晓宏同志对编写工作提出明确要求。中共黄山市委常委、黄山市人民政府副市长吴建春主持召开会议,对《徽州文化大辞典》审稿工作进行安排。安徽省徽学会,中共黄山市委办公厅，黄山市人民政府办公厅，中共黄山市委组织部、宣传部，黄山市财政局、发改委、文化委，黄山市各区县委宣传部，黄山风景区管委会政治处，中共绩溪县委宣传部，绩溪县博物馆，中共婺源县委宣传部，婺源县博物馆，休宁县文物管理局，祁门县文广新局，安徽中国徽州文化博物馆，黄山市档案馆，歙县博物馆，戴震纪念馆等单位给予大力支持。

在《徽州文化大辞典》的编写过程中，叶显恩、栾成显、汤书昆、鲍义来等徽学专家给予了很多帮助。徐成志对辞书规范进行了审核。吴存心、郑清土、方满棠、汪炜、邵之惠等曾参加前期编写工作，付出辛勤劳动。田玉峰、章望南、方鹤影、梁卫国、张伟、潘志超、潘成、李俊、张建平等为图片征集做了大量工作。在此，一并表示诚挚感谢！

特别要指出的是，徽州文化博大精深，徽学研究新成果不断涌现，书中难免有些疏漏和不当之处，敬请读者批评指正。

《徽州文化大辞典》编委会
2015年12月25日